Ästhetische Grundbegriffe Historisches Wörterbuch
(ÄGB) in sieben Bänden

Herausgegeben von Karlheinz Barck
(Geschäftsführung)
Martin Fontius
Dieter Schlenstedt
Burkhart Steinwachs
Friedrich Wolfzettel

Redaktion Berlin *Redaktion Frankfurt/Main*
Dieter Kliche Maria Kopp-Kavermann
(Leitung und Koordination)
Christine Blättler
Bertolt Fessen
Martina Kempter

Ästhetische Grundbegriffe

Band 4
Medien – Populär

Studienausgabe

Verlag J. B. Metzler
Stuttgart · Weimar

Studentische Mitarbeiter: Marit Cremer, Karina Nippe, Valentina Six, Peggy Steinhauser (Redaktion Berlin) und Sandra Luckert (Redaktion Frankfurt am Main)

Bibliografische Information der Deutschen Bibliothek
Die Deutsche Bibliothek verzeichnet diese Publikation in der Deutschen Nationalbibliografie; detaillierte bibliografische Daten sind im Internet über <http://dnb.ddb.de> abrufbar

Gedruckt auf chlorfrei gebleichtem, säurefreiem und alterungsbeständigem Papier

Gesamtwerk:
ISBN 978-3-476-02353-7

Band 4:
ISBN 978-3-476-02357-5

Dieses Werk einschließlich aller seiner Teile ist urheberrechtlich geschützt.
Jede Verwertung außerhalb der engen Grenzen des Urheberrechtsgesetzes ist ohne Zustimmung des Verlages unzulässig und strafbar. Dies gilt insbesondere für Vervielfältigungen, Übersetzungen, Mikroverfilmungen und die Einspeicherung und Verarbeitung in elektronischen Systemen.

© 2002/2010 J.B. Metzler'sche Verlagsbuchhandlung
und Carl Ernst Poeschel Verlag GmbH in Stuttgart
www.metzlerverlag.de
info@metzlerverlag.de
Einbandgestaltung: Willy Löffelhardt/Melanie Frasch
Satz: Typomedia GmbH, Ostfildern
Druck und Bindung: Ebner & Spiegel GmbH, Ulm
Printed in Germany
September 2010
Verlag J.B. Metzler Stuttgart · Weimar

Inhaltsverzeichnis

Benutzungshinweise VI
Siglenverzeichnis VII
Verzeichnis der abgekürzt zitierten antiken und
biblischen Quellen XIII

Artikel

Medien/medial (JOCHEN SCHULTE-SASSE, Minneapolis) 1
Melodisch/Melodie (MICHAEL MAIER, Berlin) 38
Melodramatisch (PETER IHRING, Frankfurt am Main) 59
Metamorphose (VERENA KUNI, Frankfurt am Main) 72
Mimesis/Nachahmung (LUIZ COSTA LIMA, Rio de Janeiro) 84
Modern/Moderne/Modernismus (CORNELIA KLINGER, Wien) 121
Modisch/Mode (BRUNHILDE WEHINGER, Berlin/Potsdam) 168
Moralisch – amoralisch (ROMAN DILCHER, Heidelberg; MARTIN GESSMANN, Heidelberg; GUIDO KREIS, Heidelberg; JEAN-CHRISTOPH MERLE, Tübingen) 183
Motiv (ULRICH MÖLK, Göttingen) 225
Mündlichkeit/Oralität (PAUL ZUMTHOR, verstorben) 234
Musik (CHRISTIAN KADEN, Berlin; VOLKER KALISCH, Düsseldorf) 256
Mythos/mythisch/Mythologie (ERNST MÜLLER, Berlin) 309

Naiv/Naivität (CARLOS RINCÓN, Berlin) 347
National/Nation (PETER IHRING, Frankfurt am Main) 377
Naturalistisch (YVES CHEVREL, Paris) 404

Natürlich/Natur (HARTMUT BÖHME, Berlin) 432
Négritude/Black Aesthetics/créolité (KARSTEN GARSCHA, Frankfurt am Main) 498
Normal/Normalität/Normalismus (JÜRGEN LINK, Bochum) 538
Nützlich (MARKUS WINKLER, Genf) 563

Öffentlichkeit/Publikum (RUSSEL A. BERMANN, Ithaca; PETER UWE HOHENDAHL, Ithaca; KAREN J. KENKEL, Ithaca; ARTHUR STRUM, Stanford) 583
Original/Orginalität (JENS HÄSELER, Berlin/Potsdam) 638
Ornament (FRANK-LOTHAR KROLL, Erlangen; GÉRARD RAULET, Paris) 656

Passion/Leidenschaft (DIETER KLICHE, Berlin) 684
Pathos/pathetisch (MARTIN GESSMANN, Heidelberg) 724
Performance (JOACHIM FIEBACH, Berlin) 740
Perspektive/Perspektivismus (JOCHEN SCHULTE-SASSE, Minneapolis) 758
Phantasie (JOCHEN SCHULTE-SASSE, Minneapolis) 778
Phantastisch/Phantastik (HANS KRAH, Kiel; MARIANNE WÜNSCH, Kiel) 798
Plastisch (CHRISTINA DONGOWSKI, Gießen) 814
Populär/volkstümlich/Populärkultur (HERMANN HERLINGHAUS, Philadelphia) 832

Benutzungshinweise

Die Artikel der *Ästhetischen Grundbegriffe* folgen einem vorgegebenen Rahmen: Der Artikelkopf führt das Lemma an, wie es üblicherweise im Deutschen benutzt wird; dann, sofern möglich, auf Altgriechisch und Latein sowie in den europäischen Hauptsprachen Englisch, Französisch, Italienisch, Spanisch und Russisch. Die vorangestellte Artikelgliederung wird zur Orientierung des Lesers auch in der Kopfzeile mitgeführt.

Die Bibliographie am Ende des Artikels faßt die wesentliche Literatur zum Thema zusammen und dokumentiert die neuere Forschungslage. Sie verzeichnet keine Quellentexte; diese werden mit ausführlichen Angaben im Anmerkungsapparat genannt. So verstehen sich die Anmerkungen zugleich als eine durchlaufende Gesamtbibliographie zum Thema.

In den Quellenangaben erscheinen die zitierten Einzelschriften mit dem Datum des Erstdrucks. Liegt zwischen diesem und dem Entstehungsdatum ein großer zeitlicher Abstand, so wird letzteres verzeichnet. Zitiert wird, was die europäischen Hauptsprachen anbelangt, in der Regel nach den Originalquellen. Außer im Englischen und Französischen werden den Zitaten gängige und leicht zugängliche Übersetzungen nachgestellt. Quellenangaben altgriechischer und lateinischer Texte werden, wenn ein bloßer Verweis erfolgt, in der inneren Zitierweise gegeben. Wird ein Text zitiert, nennt die Angabe Edition und Seitenzahl der Übersetzung. Wo keine Übersetzung nachgewiesen ist, stammt sie vom Autor. Für sämtliche Zitate im Text werden Stellennachweise geführt. Sammelnachweise folgen auf das letzte der zu belegenden Zitate. Erscheinen Stellennachweise zu Zitaten direkt im laufenden Text, so beziehen sich die Angaben stets auf die in der vorausgehenden Anmerkung genannte Edition. Gelegentliche Flexionsänderungen in den Zitaten werden nicht eigens gekennzeichnet. Hervorhebungen im Original stehen ausschließlich kursiv.

Vielbenutzte und gut zugängliche Werk- und Einzelausgaben, ebenso große Wörterbücher und Enzyklopädien, werden mit Siglen bezeichnet, die das Siglenverzeichnis erschließt. Ihm folgt ein Verzeichnis der abgekürzt zitierten antiken und biblischen Quellen.

Siglenverzeichnis

1. Wörterbücher und Enzyklopädien

ADELUNG – JOHANN CHRISTOPH ADELUNG, Grammatisch-kritisches Wörterbuch der hochdeutschen Mundart, mit beständiger Vergleichung der übrigen Mundarten, besonders aber der Oberdeutschen (1774–1786); zweyte, vermehrte u. verbesserte Ausgabe, 4 Bde. (Leipzig 1793–1801)

BAYLE – PIERRE BAYLE, Dictionaire historique et critique, 2 Bde. in 4 Teilen (Rotterdam 1697); 2. Aufl., 3 Bde. (Rotterdam 1702); 3. Aufl., hg. v. P. Marchand, 4 Bde. (Rotterdam 1720); 4. Aufl., hg. v. P. Des Maizeaux, 4 Bde. (Amsterdam u. a. 1730); 5. Aufl., hg. v. P. Des Maizeaux, 4 Bde. (Amsterdam u. a. 1740); hg. v. A. J. Q. Beuchot, 16 Bde. (Paris 1820–1824)

BLANKENBURG – CHRISTIAN FRIEDRICH VON BLANKENBURG, Litterarische Zusätze zu Johann Georg Sulzers allgemeiner Theorie der schönen Künste [...] (zuerst integriert in: SULZER [1786/1787]), 3 Bde. (Leipzig 1796–1798)

BROCKHAUS – DAVID ARNOLD FRIEDRICH BROCKHAUS, Conversations-Lexicon oder kurzgefasstes Handwörterbuch für die in der gesellschaftlichen Unterhaltung aus den Wissenschaften und Künsten vorkommenden Gegenstände [...], 6 Bde. u. 2 Suppl.bde. (Amsterdam/Leipzig 1809–1811) [und spätere Auflagen, mit wechselnden Titeln]

CHAMBERS – EPHRAIM CHAMBERS, Cyclopaedia: or, An Universal Dictionary of Arts and Sciences, Containing an Explication of the Terms and an Account of the Things Signified Thereby in the Several Arts, Liberal and Mechanical, and the Several Sciences, Human and Divine, Compiled from the Best Authors, 2 Bde. (London 1728)

DIDEROT (ENCYCLOPÉDIE) – Encyclopédie, ou Dictionnaire raisonné des sciences, des arts et des métiers, par une Société de gens de lettres. Mis en ordre & publié par M. Diderot, [...] & quant à la partie mathématique, par M. d'Alembert [...], 35 Bde. (Paris/Neufchastel/Amsterdam 1751–1780): [A-Z], 17 Bde. (Paris/Neufchastel 1751–1765); Recueil de planches, 11 Bde. (Paris 1762–1772); Supplément, 4 Bde. (Amsterdam 1776–1777); Suite du recueil de planches, 1 Bd. (Paris/Amsterdam 1777); Table analytique et raisonnée, 2 Bde. (Paris/Amsterdam 1780)

EDWARDS – The Encyclopedia of Philosophy, hg. v. P. Edwards, 8 Bde. (New York/London 1967), 1 Bd. Supplement, hg. v. D. M. Borchert (New York u. a. 1996)

EISLER – RUDOLF EISLER, Wörterbuch der philosophischen Begriffe und Ausdrücke quellenmäßig bearbeitet (1899), 4. Aufl., 3 Bde. (Berlin 1927–1930)

ENCYCLOPAEDIA BRITANNICA – The Encyclopaedia Britannica, or, a Dictionary of Arts and Sciences, compiled upon a new plan, 3 Bde. (Edinburgh 1771) [und spätere Auflagen]

ERSCH/GRUBER – JOHANN SAMUEL ERSCH/JOHANN GOTTFRIED GRUBER, Allgemeine Encyclopädie der Wissenschaften und Künste, Sect. 1, 99 Bde. u. Reg.bd. (Leipzig 1818–1892), Sect. 2, 43 Bde. (1827–1889), Sect. 3, 25 Bde. (1830–1850)

FURETIÈRE – ANTOINE FURETIÈRE, Dictionaire universel, Contenant generalement tous les Mots François tant vieux que modernes, & les Termes de toutes les Sciences et des Arts [...] 3 Bde. (Den Haag/Rotterdam 1690); 2. Ausg., hg. v. H. Basnage de Bauval, 3 Bde. (Den Haag/Rotterdam 1701); Neue Ausg., hg. v. J. Brutel de La Rivière, 4 Bde. (Den Haag 1727) [und andere Auflagen]

GRIMM – JACOB GRIMM/WILHELM GRIMM, Deutsches Wörterbuch, 16 Bde. u. Quellenverzeichnis (Leipzig 1854–1971)

GROVE – The New Grove Dictionary of Music and Musicians, hg. v. S. Sadie, 20 Bde. (London/New York 1980); 2. Aufl., 29 Bde. (London/New York 2001)

HAUG – Historisch-kritisches Wörterbuch des Marxismus, hg. v. W. F. Haug (Hamburg 1994 ff.)

HEBENSTREIT – WILHELM HEBENSTREIT, Wissenschaftlich-literarische Encyclopädie der Aesthe-

tik. Ein etymologisch-kritisches Wörterbuch der aesthetischen Kunstsprache (Wien 1843)
HEINSIUS – THEODOR HEINSIUS, Volksthümliches Wörterbuch der Deutschen Sprache mit Bezeichnung der Aussprache und Betonung für die Geschäfts- und Lesewelt, 4 Bde. (Hannover 1818–1822) [und spätere Auflagen]
HEYDENREICH – CARL HEINRICH HEYDENREICH, Aesthetisches Wörterbuch über die bildenden Künste nach Watelet und Lévesque. Mit nöthigen Abkürzungen und Zusätzen fehlender Artikel kritisch bearbeitet, 4 Bde. (Leipzig 1793–1795)
JACOB – Encyclopédie philosophique universelle, hg. v. A. Jacob, 3 Abt., 5 Bde. (Paris 1989–1992)
JEITTELES – IGNAZ JEITTELES, Aesthetisches Lexikon. Ein alphabetisches Handbuch zur Theorie der Philosophie des Schönen und der schönen Künste […], 2 Bde. (Wien 1835/1837)
KLUGE – FRIEDRICH KLUGE, Etymologisches Wörterbuch der deutschen Sprache (1883), 23., erw. Aufl., bearb. v. E. Seebold (Berlin/New York 1995) [und frühere Auflagen]
KOSELLECK – Geschichtliche Grundbegriffe. Historisches Lexikon zur politisch-sozialen Sprache in Deutschland, hg. v. O. Brunner/W. Conze/R. Koselleck, 8 Bde. (Stuttgart 1972–1997)
KRUG – WILHELM TRAUGOTT KRUG, Allgemeines Handwörterbuch der philosophischen Wissenschaften, nebst ihrer Literatur und Geschichte. Nach dem heutigen Standpuncte der Wissenschaft bearb. u. hg. (1827–1829); zweite, verbesserte u. vermehrte, Aufl., 5 Bde. (Leipzig 1832–1838)
KRÜNITZ – JOHANN GEORG KRÜNITZ (Hg.), Oeconomische Encyclopädie oder allgemeines System der Land-, Haus und Staats-Wirthschaft (übers. a. d. Frz.), fortges. v. F. J. Floerke (ab Bd. 73), H. G. Floerke (ab Bd. 78), J. W. D. Korth (ab Bd. 124), C. O. Hoffmann (ab Bd. 226), 242 Bde. (Berlin 1773–1858)
LAROUSSE – PIERRE ATHANASE LAROUSSE, Grand dictionnaire universel du XIXe siècle, 15 Bde., 2 Suppl.bde. (Paris 1866–1888)
LITTRÉ – MAXIMILIEN PAUL ÉMILE LITTRÉ, Dictionnaire de la langue française, 4 Bde. (Paris 1863–1869) [und spätere Auflagen]

LTK – Lexikon für Theologie und Kirche, 2. Aufl., hg. v. J. Höfer/K. Rahner, 10 Bde. (Freiburg 1957–1965); 3., völlig neu bearb. Aufl., hg. v. W. Kasper (München 1993 ff.)
MEYER – HERMANN JULIUS MEYER, Neues Konversations-Lexikon für alle Stände, 15 Bde. (Hildburghausen 1857–1860) [und spätere Auflagen, mit wechselnden Titeln]
MGG – Die Musik in Geschichte und Gegenwart, hg. v. F. Blume, 17 Bde. (Kassel u. a. 1949/1951–1986); 2., neubearb. Aufl., hg. v. N. Finscher (Kassel u. a. 1994 ff.)
MITTELSTRASS – Enzyklopädie Philosophie und Wissenschaftstheorie, hg. v. J. Mittelstraß, Bd. 1–2 (Mannheim/Wien/Zürich 1980–1984), Bd. 3–4 (Stuttgart/Weimar 1995–1996)
OED – The Oxford English Dictionary. Second Edition, hg. v. J. A. Simpson/E. S. C. Weiner, 20 Bde. (Oxford 1989)
PANCKOUCKE – Encyclopédie méthodique, ou par ordre de matiéres, par une Société de Gens de Lettres, de Savans et d'Artistes, 196 Bde. (Paris/Lüttich 1782–1832)
PAUL – HERMANN PAUL, Deutsches Wörterbuch, 9., vollst. neu bearb. Aufl. v. H. Henne (Tübingen 1992)
PAULY – Pauly's Real-Encyclopädie der classischen Altertumswissenschaft, neue Bearb., begonnen v. G. Wissowa, Reihe 1, 47 Halbbde. (Stuttgart 1894–1963), Reihe 2, Halbbde. 1–18 (Stuttgart 1914–1967), Halbbd. 19 (München 1972), Suppl.bde. 1–12 (Stuttgart 1903–1970), Suppl.bde. 13–15 (München 1973–1978), Register d. Nachträge u. Suppl. (München 1980), Gesamtregister, Bd. 1 (Stuttgart/Weimar 1997)
PAULY (KL) – Der kleine Pauly. Lexikon der Antike, hg. v. K. Ziegler/W. Sontheimer, Bd. 1–3 (Stuttgart 1964–1969), Bd. 4–5 (München 1972–1975)
PAULY (NEU) – Der neue Pauly. Enzyklopädie der Antike, hg. v. H. Cancik/H. Schneider (Stuttgart/Weimar 1996 ff.)
RAC – Reallexikon für Antike und Christentum. Sachwörterbuch zur Auseinandersetzung des Christentums mit der antiken Welt, hg. v. T. Klauser (Stuttgart 1950 ff.)
RGG – Die Religion in Geschichte und Gegenwart. Handwörterbuch für Theologie und

Religionswissenschaft, 3. Aufl., hg. v. K. Galling, 6 Bde. u. Reg.bd. (Tübingen 1957–1965); 4., völlig neu bearb. Aufl., hg. v. H. D. Betz u. a., 8 Bde. u. Reg.bd. (Tübingen 1998 ff.)
RITTER – Historisches Wörterbuch der Philosophie, hg. v. J. Ritter/K. Gründer (Basel/Stuttgart 1971 ff.)
ROSCHER – Ausführliches Lexikon der griechischen und römischen Mythologie, hg. v. W. H. Roscher, Bd. 1–5 (Leipzig 1884–1924), Bd. 6 (Leipzig/Berlin 1924–1937)
SANDKÜHLER – Europäische Enzyklopädie zu Philosophie und Wissenschaften, hg. v. H. J. Sandkühler u. a., 4 Bde. (Hamburg 1990)
SOURIAU – Vocabulaire d'Esthétique, hg. v. É. Souriau/A. Souriau (Paris 1990)
SULZER – JOHANN GEORG SULZER, Allgemeine Theorie der Schönen Künste in einzeln, nach alphabetischer Ordnung der Kunstwörter auf einander folgenden, Artikeln abgehandelt, 2 Bde. (Leipzig 1771/1774); 2. verb. Aufl., 4 Bde. (Leipzig 1778/1779); neue [von Christian Friedrich von Blankenburg] vermehrte Aufl., 4 Bde. (Leipzig 1786/1787); neue [von C. F. v. Blankenburg] vermehrte zweyte Auflage, 4 Bde. u. Reg.bd. (Leipzig 1792–1799)
TRE – Theologische Realenzyklopädie, hg. v. G. Krause/G. Müller (Berlin/New York 1976 ff.)
TRÉVOUX – Dictionnaire universel françois et latin, vulgairement appelé Dictionnaire de Trévoux [...] (1704); 7. Aufl., 8 Bde. (Paris 1771) [und andere Auflagen]
TRÜBNER – Trübners Deutsches Wörterbuch, hg. v. A. Götze/W. Mitzka, 8 Bde. (Berlin 1939–1957)
TURNER – The Dictionary of Art, hg. v. J. Turner, 33 Bde. (London 1996)
UEDING – Historisches Wörterbuch der Rhetorik, hg. v. G. Ueding (Tübingen 1992 ff.)
WALCH – JOHANN GEORG WALCH, Philosophisches Lexicon. Darinnen Die in allen Theilen der Philosophie, als Logic, Metaphysic, Physic, Pneumatic, Ethic, natürlichen Theologie und Rechts-Gelehrsamkeit, wie auch Politic für kommenden Materien und Kunst-Wörter erkläret und aus der Historie erläutert; die Streitigkeiten der ältern und neuern Philosophen erzehlet, die dahin gehörigen Bücher und Schrifften angeführet, und alles nach Alphabetischer Ordnung vorgestellet werden (Leipzig 1726); 2. verbesserte und mit denen Leben alter und neuer Philosophen vermehrte Auflage (Leipzig 1733); davon Titelauflage (Leipzig 1740); 4. Aufl., mit vielen neuen Zusätzen und Artikeln vermehret, und bis auf gegenwärtige Zeiten fortgesetzet, wie auch mit einer kurzen kritischen Geschichte der Philosophie aus dem Bruckerischen großen Werke versehen, von Justus Christian Hennings, 2 Bde. (Leipzig 1775)
WATELET – CLAUDE HENRI WATELET/PIERRE CHARLES LÉVESQUE, Dictionnaire des arts de peinture, sculpture et gravure, 5 Bde. (Paris 1792)
ZEDLER – JOHANN HEINRICH ZEDLER, Grosses vollständiges Universal-Lexicon aller Wissenschaften und Künste, 64 Bde. u. 4 Suppl.bde. (Halle/Leipzig 1732–1754)

2. Werkausgaben und Einzelschriften

ADORNO – THEODOR W. ADORNO, Gesammelte Schriften, hg. v. R. Tiedemann u. a., 20 Bde. (Frankfurt a. M. 1970–1986)
AST – FRIEDRICH AST, System der Kunstlehre oder Lehr- und Handbuch der Ästhetik (Leipzig 1805)
BACON – FRANCIS BACON, The Works, hg. v. J. Spedding/R. L. Ellis/D. D. Heath, 14 Bde. (London 1858–1874)
BATTEUX (1746) – CHARLES BATTEUX, Les beaux Arts réduits à un même Principe (Paris 1746)
BATTEUX (1747) – CHARLES BATTEUX, Les beaux Arts réduits à un même Principe (Paris 1747)
BATTEUX (1773) – CHARLES BATTEUX, Les Beaux Arts Réduits à un même Principe (Paris 1773)
BAUDELAIRE – CHARLES BAUDELAIRE, Œuvres complètes, 2 Bde., hg. v. C. Pichois (Paris 1975/1976)
BAUMGARTEN – ALEXANDER GOTTLIEB BAUMGARTEN, Aesthetica, 2 Bde. (Frankfurt a. d. O. 1750/1758)
BAUMGARTEN (DT) – ALEXANDER GOTTLIEB

BAUMGARTEN, Theoretische Ästhetik. Die grundlegenden Abschnitte aus der ›Aesthetica‹ (1750/1758), lat.-dt., übers. u. hg. v. H. R. Schweizer (Hamburg 1983)
BENJAMIN – WALTER BENJAMIN, Gesammelte Schriften, hg. v. R. Tiedemann/H. Schweppenhäuser, 7 Bde. u. 2 Suppl.bde. (Frankfurt a. M. 1972–1989)
BLOCH – ERNST BLOCH, Gesamtausgabe, 16 Bde. u. Erg.bd. (Frankfurt a. M. 1959–1978)
BODMER - JOHANN JACOB BODMER, Critische Betrachtungen über die Poetischen Gemählde der Dichter (Zürich 1741)
BOILEAU - NICOLAS BOILEAU-DESPRÉAUX, Œuvres complètes, hg. v. F. Escal (Paris 1966)
BOUTERWEK – FRIEDRICH BOUTERWEK, Aesthetik (Leipzig 1806)
BRECHT – BERTOLT BRECHT, Gesammelte Werke, 20 Bde. (Frankfurt a. M. 1967)
BRECHT (BFA) – BERTOLT BRECHT, Werke. Große kommentierte Berliner und Frankfurter Ausgabe, hg. v. W. Hecht u. a., 30 Bde. u. Reg.bd. (Berlin/Frankfurt a. M. 1988–1999)
BREITINGER - JOHANN JAKOB BREITINGER, Critische Dichtkunst, 2 Bde. (Zürich 1740)
BROCH – HERMANN BROCH, Kommentierte Werkausgabe, hg. v. P. M. Lützeler (Frankfurt a. M. 1976 ff.)
BURCKHARDT – JACOB BURCKHARDT, Gesamtausgabe, 14 Bde. (Stuttgart/Berlin/Leipzig 1929–1934)
BURKE – EDMUND BURKE, A Philosophical Enquiry into the Origin of Our Ideas of the Sublime and Beautiful (1757), hg. v. J. T. Boulton (London 1958)
COLERIDGE – SAMUEL TAYLOR COLERIDGE, The Collected Works, hg. v. K. Coburn (London/Princeton 1969 ff.)
CONDILLAC - ÉTIENNE BONNOT DE CONDILLAC, Œuvres philosophiques, hg. v. G. Le Roy, 3 Bde. (Paris 1947–1951)
DESCARTES – RENÉ DESCARTES, Œuvres, hg. v. C. Adam/P. Tannery, 12 Bde. (Paris 1897–1910)
DIDEROT (ASSÉZAT) – DENIS DIDEROT, Œuvres complètes, hg. v. J. Assézat/M. Tourneux, 20 Bde. (Paris 1875–1877)
DIDEROT (VARLOOT) – DENIS DIDEROT, Œuvres complètes, hg. v. H. Dieckmann/J. Proust/J. Varloot (Paris 1975 ff.)
DILTHEY – WILHELM DILTHEY, Gesammelte Schriften, Bd. 1–9, 11, 12 (Leipzig/Berlin 1914–1936); Bd. 10, 13 ff. (Göttingen 1958 ff.) [und spätere Auflagen]
DU BOS – JEAN-BAPTISTE DU BOS, Réflexions critiques sur la poësie et sur la peinture (1719), 7. Aufl., 3 Bde. (Paris 1770)
FEUERBACH – LUDWIG FEUERBACH, Gesammelte Werke, hg. v. W. Schuffenhauer (Berlin 1967 ff.)
FLAUBERT - GUSTAVE FLAUBERT, Œuvres complètes, hg. v. d. Société des Études littéraires françaises (Paris 1971 ff.)
FREUD (GW) – SIGMUND FREUD, Gesammelte Werke, hg. v. A. Freud u. a., Bd. 1–17 (London 1940–1952), Bd. 18 (Frankfurt a. M. 1968), Nachlaßbd. (Frankfurt a. M. 1987)
FREUD (SA) – SIGMUND FREUD, Studienausgabe, hg. v. A. Mitscherlich/A. Richards/J. Strachey, 10 Bde. u. Erg.bd. (Frankfurt a. M. 1969–1975) [und spätere Auflagen]
GADAMER - HANS-GEORG GADAMER, Gesammelte Werke, 10 Bde. (Tübingen 1985–1995)
GOETHE (BA) – JOHANN WOLFGANG GOETHE, Berliner Ausgabe, 22 Bde. u. Suppl.bd. (Berlin/Weimar 1960–1978)
GOETHE (HA) – JOHANN WOLFGANG GOETHE, Werke, hg. v. E. Trunz, 14 Bde. (Hamburg 1948–1960) [und spätere Auflagen, seit 1972 in München] [Hamburger Ausgabe]
GOETHE (WA) – JOHANN WOLFGANG GOETHE, Werke, hg. i. Auftr. d. Großherzogin Sophie von Sachsen, 143 Bde. (Weimar 1887–1919) [Weimarer Ausgabe]
GOTTSCHED (DICHTKUNST) – JOHANN CHRISTOPH GOTTSCHED, Versuch einer Critischen Dichtkunst (1730); 4. Aufl. (Leipzig 1751)
HEGEL (ÄSTH) – GEORG WILHELM FRIEDRICH HEGEL, Ästhetik (1835–1838), hg. v. F. Bassenge (Berlin 1955)
HEGEL (GLOCKNER) - GEORG WILHELM FRIEDRICH HEGEL, Sämtliche Werke. Jubiläumsausgabe in 20 Bänden, mit einer Hegel-Monographie (Bd. 21–22) und einem Hegel-Lexikon (Bd. 23–26) hg. v. H. Glockner (Stuttgart 1927–1940)
HEGEL (TWA) – GEORG WILHELM FRIEDRICH

HEGEL, Werke, hg. v. E. Moldenhauer/K. M. Michel, 20 Bde. u. Reg.bd. (Frankfurt a. M. 1969–1979) (Theorie-Werkausgabe)
HEIDEGGER - MARTIN HEIDEGGER, Gesamtausgabe (Frankfurt a. M. 1976 ff.)
HEINE (DA) – HEINRICH HEINE, Historisch-kritische Gesamtausgabe der Werke, hg. v. M. Windfuhr, 16 Bde. (Hamburg 1973–1997) [Düsseldorfer Ausgabe]
HEINE (HSA) - HEINRICH HEINE, Säkularausgabe. Werke, Briefwechsel, Lebenszeugnisse, hg. v. d. Nationalen Forschungs- und Gedenkstätten der klass. dt. Literatur in Weimar (dann Stiftung Weimarer Klassik) u. d. Centre National de la Recherche Scientifique in Paris (Berlin/Paris 1970 ff.)
HERDER – JOHANN GOTTFRIED HERDER, Sämmtliche Werke, hg. v. B. Suphan, 33 Bde. (Berlin 1877–1913)
HOBBES (ENGL) - THOMAS HOBBES, The English Works, hg. v. W. Molesworth, 12 Bde. (London 1839–1845)
HOBBES (LAT) - THOMAS HOBBES, Opera philosophica quae Latine scripsit omnia, hg. v. W. Molesworth, 5 Bde. (London 1839–1845)
HOBBES (LEV) – THOMAS HOBBES, Leviathan (1651), hg. v. R. Tuck (Cambridge u. a. 1991)
HÖLDERLIN (FA) – FRIEDRICH HÖLDERLIN, Sämtl. Werke. Hist.-krit. Ausgabe, hg. von D. E. Sattler (Frankfurt a. M. 1975 ff.) [Frankfurter Ausgabe]
HÖLDERLIN (GSA) – FRIEDRICH HÖLDERLIN, Sämtliche Werke, 8 Bde., hg. v. F. Beissner (Stuttgart 1943–1985) [Große Stuttgarter Ausgabe]
HOME – HENRY HOME, Elements of Criticism, 3 Bde. (Edinburgh 1762) [und spätere Auflagen]
HUMBOLDT – WILHELM VON HUMBOLDT, Gesammelte Schriften, hg. v. d. Kgl. Preuß. Akad. d. Wiss., 17 Bde. (Berlin/Leipzig 1903–1936)
HUME – DAVID HUME, The Philosophical Works, hg. v. T. H. Green/T. H. Grose, 4 Bde. (London 1874–1875)
HUME (ENQUIRIES) – DAVID HUME, Enquiries Concerning Human Understanding and Concerning the Principles of Morals, hg. v. L. A. Selby-Bigge/P. H. Nidditch (Oxford 1975)

HUME (TREATISE) – DAVID HUME, A Treatise of Human Nature (1739–1740), hg. v. L. A. Selby-Bigge/P. H. Nidditch (Oxford 1978)
HUSSERL – EDMUND HUSSERL, Husserliana. Ges. Werke, auf Grund des Nachlasses veröff. vom Husserl-Archiv Louvain/Leuven unter Leitung von H. L. van Breda; ab Bd. 22 in Verb. mit R. Boehm unter d. Leitung von S. Ijsseling (Den Haag 1950–1987; Dordrecht/Boston/ London 1989 ff.)
HUTCHESON – FRANCIS HUTCHESON, Collected Works, hg. v. B. Fabian, 7 Bde. (Hildesheim 1969–1971)
HUTCHESON (INQUIRY) – FRANCIS HUTCHESON, An Inquiry Concerning Beauty, Order, Harmony, Design (1725), hg. v. P. Kivy (Den Haag 1973)
JEAN PAUL (HKA) - JEAN PAUL, Sämtliche Werke. Historisch-kritische Ausgabe, Abt. 1, 18 Bde. (Weimar 1927–1963), Abt. 2, Bd. 1–5 (Weimar 1928–1936), Bd. 6 ff. (Weimar 1996 ff.), Abt. 3, 9 Bde. (Berlin 1956–1964)
JEAN PAUL (MILLER) – JEAN PAUL, Sämtliche Werke, hg. v. N. Miller, Abt. 1, 6 Bde., Abt. 2, 4 Bde. (München 1959–1985)
JUNG - CARL GUSTAV JUNG, Gesammelte Werke, Bd. 1, 3, 4, 6–8, 11, 16 (Zürich/Stuttgart 1958–1969), Bd. 2, 5, 9, 10, 12–15, 17–19 u. Suppl.bd. (Olten/Freiburg i. Br. 1971–1987)
KANT (AA) – IMMANUEL KANT, Gesammelte Schriften, hg. v. d. Kgl. Preuß. bzw. Preuß. bzw. Dt. Akad. d. Wiss. bzw. d. Akad. d. Wiss. d. DDR bzw. Berlin-Brandenb. Akad. d. Wiss. (Berlin 1902 ff.) [Akademieausgabe]
KANT (WA) – IMMANUEL KANT, Werke, hg. v. W. Weischedel, 12 Bde. (Frankfurt a. M. 1974–1977) [Werkausgabe im Suhrkamp-Taschenbuch Wissenschaft]
KIERKEGAARD – SØREN KIERKEGAARD, Gesamelte Werke, hg. u. übers. v. E. Hirsch/ H. Gerdes/H. M. Junghans, 36 Abt. u. Reg.bd. (Düsseldorf/Köln 1950–1969)
KLEIST – HEINRICH VON KLEIST, Sämtliche Werke u. Briefe, hg. v. H. Sembdner, 2 Bde. (München ⁷1984)
KRACAUER – SIEGFRIED KRACAUER, Schriften (Frankfurt a. M. 1971 ff.)
LA METTRIE – JULIEN OFFRAY DE LA METTRIE,

Œuvres philosophiques, hg. v. F. Markovitz, 2 Bde. (Paris 1987)
LESSING (GÖPFERT) - GOTTHOLD EPHRAIM LESSING, Werke, hg. v. H. G. Göpfert, 8 Bde. (München 1970–1979)
LESSING (LACHMANN) – GOTTHOLD EPHRAIM LESSING, Sämtliche Schriften, hg. v. K. Lachmann/F. Muncker, 23 Bde. (Stuttgart ³1886–1924)
LICHTENBERG - GEORG CHRISTOPH LICHTENBERG, Schriften u. Briefe, hg. v. W. Promies, 4 Bde. u. 2 Kommentarbde. (München 1968–1992)
LOCKE (ESSAY) – JOHN LOCKE, An Essay Concerning Human Understanding (1690), hg. v. P. H. Nidditch (Oxford 1975)
LUKÁCS – GEORG LUKÁCS, Werke, Bd. 2, 4–12 (Neuwied/Berlin 1962–1971), Bd. 13–17 (Darmstadt/Neuwied 1974–1986)
MALEBRANCHE – NICOLE MALEBRANCHE, Œuvres complètes, hg. v. A. Robinet, 20 Bde. u. 1 Bd. Index des citations (Paris 1958–1970)
MEIER – GEORG FRIEDRICH MEIER, Anfangsgründe aller schönen Wissenschaften (1748–1750), 2. Aufl., 3 Bde. (Halle 1754–1759)
MENDELSSOHN – MOSES MENDELSSOHN, Gesammelte Schriften, hg. v. I. Elbogen u. a. (Stuttgart-Bad Cannstatt 1971 ff.)
MEW – KARL MARX/FRIEDRICH ENGELS, Werke, hg. v. Institut für Marxismus-Leninismus beim ZK der SED, 43 Bde., 2 Bde. Verzeichnis, 1 Bd. Sachregister (Berlin 1956–1990)
MONTAIGNE - MICHEL DE MONTAIGNE, Les Essais (1580), hg. v. F. Strowski/F. Gebelin/P. Villey, 5 Bde. (Bordeaux 1906–1933)
MORITZ – KARL PHILIPP MORITZ, Werke in drei Bänden, hg. v. H. Günther (Frankfurt a. M. 1981)
NIETZSCHE (KGA) – FRIEDRICH NIETZSCHE, Werke. Kritische Gesamtausgabe, hg. v. G. Colli/M. Montinari (Berlin 1967 ff.)
NIETZSCHE (SCHLECHTA) – FRIEDRICH NIETZSCHE, Werke, hg. v. K. Schlechta, 3 Bde. (München 1954–1956) [und spätere Auflagen]
NOVALIS – NOVALIS, Schriften. Die Werke Friedrich von Hardenbergs, hg. v. P. Kluckhohn/R. Samuel/H.-J. Mähl, Bd. 1–3, 2. Aufl. (Stuttgart 1960–1968); 3. Aufl. (Stuttgart 1977–1988)

Bd. 4–5 (Stuttgart 1975/1988), Bd. 6 [in 4 Teilbdn.] (Stuttgart 1998 ff.)
RIEDEL – FRIEDRICH JUSTUS RIEDEL, Theorie der schönen Künste und Wissenschaften. Ein Auszug aus den Werken verschiedener Schriftsteller (Jena 1767)
ROSENKRANZ – KARL ROSENKRANZ, Ästhetik des Häßlichen (1853), hg. v. D. Kliche, 2. Aufl. (Leipzig 1996)
ROUSSEAU – JEAN-JACQUES ROUSSEAU, Œuvres complètes, hg. v. B. Gagnebin/M. Raymond, 5 Bde. (Paris 1959–1995)
RUGE – ARNOLD RUGE, Neue Vorschule der Aesthetik. Das Komische mit einem komischen Anhange (Halle 1836)
SCHELLING (SW) – FRIEDRICH WILHELM JOSEPH SCHELLING, Sämmtliche Werke, hg. v. K. F. A. Schelling, Abt. 1, 10 Bde., Abt. 2, 4 Bde. (Stuttgart/Augsburg 1856–1861)
SCHILLER – FRIEDRICH SCHILLER, Werke. Nationalausgabe, hg. v. J. Petersen u. a. (Weimar 1943 ff.)
SCHLEGEL (KFSA) – Kritische Friedrich-Schlegel-Ausgabe, hg. v. E. Behler u. a. (Paderborn u. a. 1958 ff.)
SCHLEIERMACHER - FRIEDRICH DANIEL ERNST SCHLEIERMACHER, Krit. Gesamtausgabe, hg. v. H.-J. Birkner u. a. (Berlin/New York 1980 ff.)
SCHOPENHAUER – ARTHUR SCHOPENHAUER, Sämtliche Werke, hg. v. A. Hübscher, 7 Bde., 2. Aufl. (Wiesbaden 1946–1950) [und spätere Auflagen]
SHAFTESBURY – ANTHONY ASHLEY COOPER, EARL OF SHAFTESBURY, Complete Works/Sämtliche Werke. Standard Edition, hg. u. übers. v. W. Benda u. a. (Stuttgart-Bad Cannstatt 1981 ff.)
SOLGER – KARL WILHELM FERDINAND SOLGER, Vorlesungen über Aesthetik, hg. v. K. W. L. Heyse (Leipzig 1829)
SPINOZA – BARUCH DE SPINOZA, Opera. Im Auftr. d. Heidelb. Akad. d. Wiss. hg. v. C. Gebhardt, Bd. 1–4 (Heidelberg o. J. [1925]), Bd. 5 (Heidelberg 1987)
VALÉRY – PAUL VALÉRY, Œuvres, hg. v. J. Hytier, 2 Bde. (Paris 1957/1960)
VALÉRY (CAHIERS) – PAUL VALÉRY, Cahiers, hg. v. J. Robinson-Valéry, 2 Bde. (Paris 1973/1974)
VISCHER – FRIEDRICH THEODOR VISCHER,

Aesthetik oder Wissenschaft des Schönen.
Zum Gebrauch für Vorlesungen (1846–1858),
hg. v. R. Vischer, 6 Bde. (München 1922–1923)
VOLTAIRE – VOLTAIRE, Œuvres complètes, hg. v.
L. Moland, 52 Bde. (Paris 1877–1885)
WIELAND (SW) – CHRISTOPH MARTIN WIELAND,
Sämmtliche Werke, 39 Bde. u. 6 Suppl.bde.
(Leipzig 1794–1811)
WINCKELMANN – JOHANN JOACHIM WINCKELMANN, Sämtliche Werke. Einzige vollständige
Ausgabe, hg. v. J. Eiselein, 12 Bde. (Donaueschingen 1825–1829)
WOLFF – CHRISTIAN WOLFF, Gesammelte Werke,
hg. v. J. École/H. W. Arndt, Abt. 1, 22 Bde.,
Abt. 2, 37 Bde., Abt. 3, 31 Bde. (Hildesheim
1964–1995)

3. Text- und Quellensammlungen

MIGNE (PL) – PAUL MIGNE (Hg.), Patrologiae
cursus completus […]. Series Latina, 221 Bde.
(Paris 1844–1864), 5 Suppl.bde., hg. v. A.
Hamman (Paris 1958–1974)
MIGNE (PG) – PAUL MIGNE (Hg.), Patrologiae
cursus completus […]. Series Graeca, 162 Bde.
(Paris 1857–1912)
CCHR (L) – Corpus Christianorum. Series Latina
(Turnhout 1954ff.)

Verzeichnis der abgekürzt zitierten antiken und biblischen Quellen

Abkürzungen griechischer Werktitel

AISCHYLOS
Prom.   Prometheus
Eum.   Eumenides

ARISTOPHANES
Thesm.   Thesmophoriazusae

ARISTOTELES
An.   De anima
Cael.   De caelo
Eth. Eud.   Ethica Eudemia
Eth. Nic.   Ethica Nicomachea
Metaph.   Metaphysica
Phys.   Physica
Poet.   Poetica
Pol.   Politica
Probl.   Problemata
Rhet.   Rhetorica
Sens.   De sensu
Top.   Topica

HESIOD
Erg.   ἔργα καὶ ἡμέραι
Theog.   Theogonia

HOMER
Il.   Ilias
Od.   Odyssee

PINDAR
O.   Olympien

PLATON
Alk. 1, 2   Alkibiades 1, 2
Ax.   Axiochos
Charm.   Charmides
Epist.   Epistulae

Euthyd.	Euthydemos	Nat.	De natura deorum
Gorg.	Gorgias	Off.	De officiis
Hipp. mai., min.	Hippias maior, minor	Or.	Orator
Ion	Ion	S. Rosc.	Pro Sex. Roscio Amerino
Krat.	Kratylos	Tusc.	Tusculanae disputationes
Leg.	Leges		
Phaid.	Phaidon	HORAZ	
Phaidr.	Phaidros	Ars	Ars poetica
Phil.	Philebos	C.	Carmina
Polit.	Politikos	Epist.	Epistulae
Prot.	Protagoras	S.	Sermones
Rep.	De re publica		
Sis.	Sisyphos	OVID	
Soph.	Sophistes	Am.	Amores
Symp.	Symposion	Fast.	Fasti
Tht.	Theaitetos	Met.	Metamorphoses
Tim.	Timaios	Trist.	Tristia

SOPHOKLES
Ant. Antigone
Oid. K. Oidipus auf Kolonos
Phil. Philoktetes

XENOPHON
Kyr. Kyrupaideia
Mem. Memorabilia
Oik. Oikonomikos

PLAUTUS
Men. Menaechmi

PLINIUS
Nat. Naturalis historia

QUINTILIAN
Inst. Institutio oratoria

Rhet. Her. Rhetorica ad C. Herennium

SALLUST
Cat. Coniuratio Catilinae
Iug. Bellum Iugurthinum

Abkürzungen lateinischer Werktitel

SENECA
Benef. De beneficiis
Epist. Epistulae ad Lucilium
Nat. Naturales quaestiones

AUGUSTINUS
Civ. De civitate dei
Conf. Confessiones

TACITUS
Ann. Annales

CICERO
Ac. 1 Lucullus sive Academicorum priorum libri
Ac. 2 Academicorum posteriorum libri
De or. De oratore
Div. De divinatione
Fin. De finibus
Inv. De inventione
Leg. De legibus

VERGIL
Aen. Aeneis
Aet. Aetna
Ecl. Eclogae
Georg. Georgica

Abkürzung biblischer Bücher

ALTES TESTAMENT

Gen.	Genesis (1. Buch Mose)
Ex.	Exodus (2. Buch Mose)
Lev.	Leviticus (3. Buch Mose)
Num.	Numeri (4. Buch Mose)
Dtn.	Deuteronomium (5. Buch Mose)
Jos.	Josua
Jes.	Jesaja
Jer.	Jeremia
Am.	Amos
Mi.	Micha
Ps.	Psalmen
Koh.	Kohelet (Prediger)
Dan.	Daniel

NEUES TESTAMENT

Mt.	Matthäus
Mk.	Markus
Lk.	Lukas
Joh.	Johannes
Act.	Apostelgeschichte
Röm.	Römerbrief
1., 2. Kor.	1., 2. Korintherbrief
Kol.	Kolosserbrief
1., 2. Tim.	1., 2. Timotheusbrief
Tit.	Titusbrief
Hebr.	Hebräerbrief
1., 2. Petr.	1., 2. Petrusbrief
1., 2., 3. Joh.	1., 2., 3. Johannesbrief
Apk.	Offenbarung Johannis

AUSSERKANONISCHE SCHRIFTEN

Jdt.	Judith
Weish.	Weisheit Salomos
1., 2. Makk.	1., 2. Makkabäerbuch
Sir.	Jesus Sirach

Medien/medial

(engl. media; frz. media, médias, médiatique; ital. media, mediale; span. medios, mediatico; russ. средства массовой коммуникации, медиальное)

I. Einleitung; 1. Zur Wort- und Begriffsgeschichte; 2. Mediengeschichte und moderner Medienbegriff; **II. Mediologie (Debray) und Systemtheorie (Luhmann);** 1. Mediologie; 2. ›Medium‹ in der Systemtheorie; **III. Sprache als Primärmedium; IV. Mediengeschichte I: Oralität und Alphabetisierung;** 1. Von der Mündlichkeit zur Schriftlichkeit; a) Daten und Befunde; b) Auswirkungen; 2. Sekundäre Oralität; **V. Mediengeschichte II: Zur Geschichte des Buchdrucks 1452–1700;** 1. Einleitung; 2. Daten und Befunde; 3. Typographie und Infrastruktur; **VI. Mediengeschichte III: Zur Geschichte des Buchdrucks im 18. und 19. Jahrhundert;** 1. Daten und Befunde; 2. Das typographische Subjekt und die weltliche Erzählkultur; 3. Auswirkungen; a) Öffentlichkeit; b) Lesegesellschaften; c) Nationalismus; 4. Medienkritik im 18. Jahrhundert; **VII. Neue Medien;** 1. Daten und Befunde; a) Zur Geschichte der neuen Technologien; b) Krieg und/oder Wirtschaft als Anstoß der Medienentwicklung; c) Informationstechnologie; d) Das Internet; e) Die Globalisierung; 2. Die Transformation der Erfahrung von Raum und Zeit; 3. Ästhetische Repräsentation unter den Medienbedingungen der Postmoderne; a) Schriftkultur; b) Filmmedium

I. Einleitung

1. Zur Wort- und Begriffsgeschichte

Medium wurde im 17. Jh. aus dem Lateinischen in die naturwissenschaftliche und grammatische Fachsprache übernommen (lat. medius = der mittlere, mittelste, in der Mitte befindliche oder gelegene; subst. Medium = die Mitte, der Mittelpunkt; im Staate: der Ort, wo etwas öffentlich vorgelegt, verhandelt wird, wo jemand öffentlich auftritt; die Öffentlichkeit, die Welt, das Leben). Naturwissenschaftlich war das Medium Träger physikalischer oder chemischer Vorgänge; grammatisch die Zwischenform zwischen Aktiv und Passiv. Der übertragene und hier allein maßgebliche Gebrauch von Medium als ›vermittelndes Element‹ setzt sich in der zweiten Hälfte des 18. Jh. durch: »Das Wort ›Medium‹ im allgemeinen Sprachgebrauch wird [...] in seiner Singularform zumeist [...] im Sinne von ›Mittleres‹ oder ›Vermittelndes‹ gebraucht. Umgangssprachlich bleibt das Wort sehr vage und damit vielfältig verwendbar. Der Plural freilich (›Medien‹ oder ›die Medien‹) meint, neben den traditionellen Medien wie der Zeitung, meistens die elektronischen Medien, oft auch nur das Fernsehen, neuerdings in der Form der ›neuen Medien‹ auch Satelliten- und Kabelfernsehen, Telefax, Computer u. ä.«[1] Gegen diese (in der Singular- und Pluralform) vage Bedeutung hat sich seit dem 2. Weltkrieg eine andere Bedeutung von Medium durchgesetzt, vor allem unter dem Einfluß des kanadischen Medientheoretikers Marshall McLuhan und von Medienhistorikern wie Eric A. Havelock, Jack Goody und Walter J. Ong – ein Einfluß, der seit den 70er Jahren durch die Rezeption des französischen Poststrukturalismus verstärkt wurde. Gegenwärtig kann man zwischen einer schwachen und einer starken Bedeutungsvariante von Medium unterscheiden. Die schwache sieht das Medium als einen Informations- oder Kommunikationsträger, der auf das Übertragene nicht zwangsläufig einwirkt. Das Medium bleibt hier Instrument. In diesem Sinne definiert das *Fischer-Lexikon Publizistik*: »Im Kern bezeichnet der Begriff Medium die technischen Mittel, die für die Massenkommunikation notwendig sind.«[2] Die starke Bedeutungsvariante betrachtet das Medium als einen Träger von Informationen, der diese nicht mehr oder weniger neutral vermittelt, sondern sie grundsätzlich prägt, sich ihnen medienspezifisch einschreibt und dadurch dem menschlichen Zugriff auf Wirklichkeit Form verleiht. Den Medien wird hier eine nicht steuerbare, von ihrer Form stärker als ihrem Inhalt beeinflußte Wirkung zugeschrieben; ein Medienwechsel soll die Sinneswahrnehmung der Menschen verändern. Eines der frühesten Zeugnisse eines starken Medienbegriffs findet sich in Walter Benjamins Essay *Das Kunstwerk*

---

1 WERNER FAULSTICH, Medientheorien. Einführung und Überblick (Göttingen 1991), 8 f.
2 WINFRIED SCHULZ, Kommunikationsprozeß. Medium (Massenmedium), in: Das Fischer-Lexikon Publizistik, hg. v. E. Noelle-Neumann u. a. (Frankfurt a. M. 1971), 96.

im Zeitalter seiner technischen Reproduzierbarkeit von 1936: »Innerhalb großer geschichtlicher Zeiträume verändert sich mit der gesamten Daseinsweise der menschlichen Kollektiva auch die Art und Weise ihrer Sinneswahrnehmung. Die Art und Weise, in der die menschliche Sinneswahrnehmung sich organisiert – das Medium, in dem sie erfolgt – ist nicht nur natürlich sondern auch geschichtlich bedingt.«[3] Dieser starke Medienbegriff wird durch Marshall McLuhan, den bekanntesten Advokaten dieser Bedeutungsvariante, popularisiert: »All media are active metaphors in their power to translate experience into new forms.« Und: »Societies have always been shaped more by the nature of the media by which men communicate than by the content of the communication.«[4] Die Form des jeweils vorherrschenden Mediums (das phonetische Alphabet, die Typographie usw.) hat sich immer schon dem kollektiven Unbewußten eingeschrieben und menschliche Sehweisen und Praktiken modifiziert. Doch sollen die neuen Medien die Modellierung bzw. Fernsteuerung menschlicher Sichtweisen und Umgangsformen radikal verschärft haben: »The Medium, or process, of our time – electric technology – is reshaping and restructuring patterns of social interdependence and every aspect of our personal life.«[5] Gerade weil Medien unsere Lage bestimmen, werde die Beschreibung ihrer Formationskraft gleichzeitig dringlicher und schwieriger, ja ihre Möglichkeit zweifelhaft. Denn wenn derzeit »die realen Datenströme unter Umgehung von Schrift und Schreiberschaft nur noch als unlesbare Zahlenreihen zwischen vernetzten Computern zirkulieren«[6], dann wird das Subjekt erkenntnistheoretisch entmachtet: »Technologien aber, die die Schrift nicht bloß unterlaufen, sondern mitsamt dem sogenannten Menschen aufsaugen und davontragen, machen ihre Beschreibung unmöglich.« (3) »Medien zu verstehen, bleibt – trotz *Understanding Media* im Buchtitel McLuhans – eine Unmöglichkeit, weil gerade umgekehrt die jeweils herrschenden Nachrichtentechniken alles Verstehen fernsteuern und seine Illusionen hervorrufen.« (5)

Medium bezeichnet aber nicht nur einen Informationsträger im engeren Sinne (das Alphabet oder das Buch). In der amerikanischen Systemtheorie gilt Geld seit den vierziger Jahren des 20. Jh. als Medium schlechthin. 1975 schreibt Talcott Parsons rückblickend: »For me, the primary model was money.«[7] Parsons kritisiert die Einseitigkeit, die darin liegt, ein einzelnes Medium als zentral zu betrachten. Wichtiger seien strukturale Interdependenzen unterschiedlicher Medien wie z. B. Geld und Sprache. Es gehe bei der Medienanalyse nicht darum, »to treat each of these phenomena as unique in itself«, sondern darum, »to treat each of them as members of a much more extensive family of media« (94). Das den Medien Gemeinsame liege in ihrem »symbolic character« (96), »which was stated by the classical economists for money in the proposition that it had value in exchange, but not value in use.«

Im deutschen Sprachbereich griff Niklas Luhmann die These vom Geld als Leitmedium der Moderne auf und erklärte damit die Ausdifferenzierung von separaten Funktionssystemen der Gesellschaft: »Das Geld scheint [in der frühen Neuzeit – d. Verf.] auf dem Wege zu sein, das Medium schlechthin zu werden.«[8] In den Kulturwissenschaften hat vor allem Jochen Hörisch insistiert, daß Geld der eigentliche Vermittler bzw. das Leitmedium der Moderne ist: »Was nicht gleich ist (was haben schon ein Tuch und eine bestimmte Menge Wein gemeinsam?), wird im Medium des Geldes gleich, ja wertidentisch, eben äquivalent gesetzt.«[9] Dem Geld schreibt er eine »profane, aber kaum minder geheimnisvolle Kraft« zu, »bloße Zeichen auf Metall, Papier oder Monitoren« in das

---

3 WALTER BENJAMIN, Das Kunstwerk im Zeitalter seiner technischen Reproduzierbarkeit (1936), in: BENJAMIN, Bd. 1/1 (1974), 478.
4 MARSHALL MCLUHAN, Understanding Media. The Extensions of Man (1964; New York u. a. 1965), 57.
5 MARSHALL MCLUHAN/QUENTIN FIORE, The Medium is the Massage (New York 1967), 8.
6 FRIEDRICH KITTLER, Grammophon, Film, Typewriter (Berlin 1986), 3.
7 TALCOTT PARSONS, Social Structure and the Symbolic Media of Interchange (1975), in: P. M. Blau (Hg.), Approaches to the Study of Social Structure (London 1976), 94.
8 NIKLAS LUHMANN, Die Gesellschaft der Gesellschaft, Bd. 2 (Frankfurt a. M. 1997), 723.
9 JOCHEN HÖRISCH, Der Sinn und die Sinne. Eine Geschichte der Medien (Frankfurt a. M. 2001), 103.

zu konvertieren, was wir »reale Werte, nämlich Waren und Dienstleistungen nennen.«(402) Die starke Bedeutungsvariante von Medium akzentuiert demnach zwei Aspekte, den oben erwähnten erkenntnistheoretischen, der die (Ver-)Formung menschlicher Sichtweisen ins Zentrum rückt, und die Konversionskraft von Medien. »Medien aller Art wollen vermitteln, was zusammengehören will und doch nicht zusammenkommen kann. Medien verdanken also dem Problem der Abwesenheit ihre Existenz. [...] Ohne Differenz, ohne Distanz, ohne Abwesenheit (eines Senders, eines Empfängers, eines Erlösers, eines begehrten Gutes, eines Konsenses, eines geliebten Menschen etc.) keine Medien.« (34) In seinem Bemühen, für einzelne Kulturepochen Leitmedien anzugeben, liest Hörisch »Jesus Christus, in dem das göttliche Wort Fleisch ward und mitten unter uns wohnte, als Mittler, als Medium zwischen Gott und den Menschen« (53).

2. Mediengeschichte und moderner Medienbegriff

Wenn die »aktuelle Verwendungsweise«[10] des Wortes Medium, d. h. die hier im Mittelpunkt stehende ›starke‹ bzw. ›harte‹ Bedeutungsvariante ›jung‹ ist, »nämlich allenfalls 40 Jahre alt« (68), dann muß gefragt werden, ob eine Begriffsgeschichte von Medium sich nicht, abgesehen von kurzen Rückgriffen auf Vorläufer wie Herder und Hegel, auf das 20. Jh. konzentrieren sollte. In der einschlägigen Literatur kann man dementsprechend häufig lesen: »Schlichter, aber nicht untechnischer als die Glasfaserkabel von demnächst fungierte Schrift als Medium überhaupt – den Begriff Medium gab es nicht.«[11] Oder mit spezifischem Bezug auf die klassische Periode der deutschen Kultur- und Literaturgeschichte: »Die klassische Aufklärung im achtzehnten Jahrhundert hatte es verabsäumt, über ihr eigenes Medium (Sprache, Text, Bücher) angemessen zu reflektieren.«[12] Letzteres muß bezweifelt werden; es gab zahlreiche Bücher und Essays, die medienreflexiv angelegt waren, wie etwa die Schriften des Aufklärers Johann Adam Bergk.[13] Die Romantik ist so medienreflexiv wie keine andere Epoche, und auch Hegels *Phänomenologie des Geistes* kann als eine großangelegte mediale Reflexion auf Schrift- bzw. Textkultur gelesen werden.

Das Wort Medium allerdings wurde für diese Reflexion nicht oder, wie im Falle von Herder und Novalis, nur am Rande genutzt. Doch muß die Begriffsgeschichte von ›Medium‹, anders als die meisten Begriffsgeschichten, ihre Vorgeschichte (die Geschichte der Medien) miteinbeziehen; denn die heute vorherrschende ›starke‹ Bedeutungsvariante von ›Medium‹ ist Ausdruck einer anderen Sichtweise auf Mediengeschichte. Letztere ist Bestandteil des Begriffsfeldes ›Medium‹ geworden, woraus Bolz zu Recht die Folgerung gezogen hat: »Die Medialität eines Mediums ist unbeobachtbar. Um seine Funktionsweise indirekt zu erkennen, muß man die Formen studieren und die Elemente analysieren.«[14] Die in der zweiten Hälfte des 20. Jh. unternommenen Anstrengungen, den Einfluß der Schrift und der Erfindung ihrer typographischen Reproduktion auf die Kulturgeschichte zu erforschen, ist deshalb ein gewichtiger Teil der Begriffsgeschichte von ›Medium‹. Auch Régis Debray weist darauf hin, daß, wenn man sich mit dem Fernsehen »en médiologue [...], et non en sociologue de la communication« beschäftigen wolle, »il faut se faire une âme d'ancêtre et l'observer en perspective, dans le contre-jour de l'icône byzantine, du tableau, de la photographie, et du cinéma.«[15] Das heißt nichts anderes, als daß dem ›harten‹ Medienbegriff notwendigerweise eine geschichtliche Dimension inhärent ist. Andere Autoren sprechen von einer notwendigen »Eröffnung des archäologischen Blicks auf das uns bisher Selbstverständliche und teils Unbewußte«, eines Blicks, der die Medientheorie veranlassen sollte, ihr »Augenmerk auch auf die – historisch weiter zurückliegende – Entwicklung der Schrift und des

---

10 Ebd., 68; vgl. Benjamin (s. Anm. 3).
11 KITTLER (s. Anm. 6), 13.
12 FRANK HARTMANN, Cyber.Philosophy: Medientheoretische Auslotungen (Wien 1996), 32.
13 Vgl. JOHANN ADAM BERGK, Die Kunst, Bücher zu lesen (Jena 1799).
14 NORBERT BOLZ, Am Ende der Gutenberg-Galaxis. Die neuen Kommunikationsverhältnisse (München 1993), 45.
15 RÉGIS DEBRAY, Manifestes médiologiques (Paris 1994), 23.

Drucks zu richten.«[16] Hans H. Hiebel spricht gar davon, daß »uns der Innovationsschub, den die Drucktechnik bedeutete«, kulturgeschichtlich »erst unvollständig zu Bewußtsein gekommen« sei; »eine Logik der Auf*schreibe*systeme (Friedrich A. Kittler) darf an der Analyse der Leistung von Schrift und Druck nicht vorbeigehen.« (24) So sehr die »binär-digitale Computertechnik« einen »Ziel- und Endpunkt« der Mediengeschichte bilde, dieser »Endpunkt und der mit ihm verbundene revolutionäre Paradigmenwechsel« habe »zu einer Verfremdung [...] früherer Kommunikationstechniken« geführt. »Hier liegt der Grund für die Bewußtwerdung [...] der Medien-Praxis der Vergangenheit: Die mediale Revolution der Gegenwart fordert eine Archäologie der sukzessive ›archaisch‹ werdenden oder koevolutionär sich erhaltenden Informationstechniken der Vergangenheit heraus.« (29) Offensichtlich gilt dies besonders für die Geschichte des Buchdrucks; denn die medialen Folgen des Drucks sind, wie weiter unten argumentiert wird, erst im 18. Jh. voll zum Tragen gekommen. Ohne diese Folgen läßt sich der vielleicht wichtigste Abschnitt deutscher Literatur- und Kulturgeschichte von der Aufklärung über die Klassik bis zur Romantik nicht adäquat verstehen.

Repräsentativ für diese Verflechtung von Begriffsgeschichte und Mediengeschichte ist Marshall McLuhans *The Gutenberg Galaxy. The Making of Typographic Man* (1962), das über weite Strecken hin Forschungen zur Oralität und zur Alphabetisierung referierend zusammenfaßt und eigentlich nicht von *The Making of Typographic Man*, sondern, wie der deutsche Untertitel präziser formuliert, vom *Ende des Buchzeitalters* handelt und zu den einflußreichsten Publikationen der starken Bedeutungsvariante von Medium zählt.

---

16 HANS H. HIEBEL, Vorwort (1998), in: Hiebel u.a. (Hg.), Die Medien. Logik – Leistung – Geschichte (München 1998), 24.
17 DEBRAY (s. Anm. 15), 22.

II. Mediology (Debray) und Systemtheorie (Luhmann)

1. Mediologie

Der französische Philosoph und Medientheoretiker Régis Debray bemüht sich seit 1979, eine methodische Grundlage für eine sich der Medienanalyse widmende Fachrichtung, die er Mediologie nennt, zu schaffen. Dabei hält er den Begriff Medium, wie er in den Kommunikationswissenschaften benutzt wird (als Bezeichnung von Trägern zur massiven Verbreitung von Informationen), für »un faux ami du médiologue«[17].

Sein Begriff der Mediologie überschneidet sich mit dem der Vermittlung bzw. Konversion bei Parsons und Hörisch: »Dans *médiologie*, ›*médio*‹ ne dit pas *média* ni *médium* mais *médiations*, soit l'ensemble dynamique des procédures et corps intermédiaires qui s'interposent entre une production de signes et une production d'événements.« (29) Freilich kann Vermittlung nur auf der Grundlage eines Mediums (oder zwischen zwei Medien) erfolgen, so daß auch Debray nicht ohne eine Begriffsbestimmung von Medium auskommt: »Dans la transmission d'un message, *médium* peut s'entendre en quatre sens, qui ne se contredisent pas mais ne se confondent pas: 1/ un *procédé général* de symbolisation (parole, écriture, image analogique, calcul digital); 2/ un *code* social de communication (la langue naturelle dans laquelle un message verbal est prononcé, latin, anglais, ou tchèque); 3/ un *support matériel* d'inscription et de stockage (argile, papyrus, parchemin, papier, bande magnétique, écran); 4/ un *dispositif d'enregistrement* apparié avec un certain réseau de diffusion (manuscrite, imprimerie, photo, télévision, informatique).« (23 f.) Unter Medium »au sens fort« (24) versteht er dabei »le *système dispositif – support – procédé*«, also die unter 4, 3 und 1 genannten Begriffsaspekte. Es sind dies jene Aspekte, deren Veränderung »organiquement une révolution médiologique« (24) auslösen.

Medium ist für Debray ein notwendiger, aber die mediologische Methode nicht hinreichend charakterisierender Begriff. Zwar gilt: »Les productions symboliques d'une société à l'instant *t* ne peuvent s'expliquer indépendamment des technologies de la mémoire en usage au même instant.

C'est dire qu'une dynamique de la pensée n'est pas séparable d'une physique des traces.« (21 f.) Doch geht es ihm um die »fonctions sociales supérieures dans leurs rapports avec les structures techniques de transmission«, d. h. »cas par cas, de corrélations, si possible vérifiables, entre les activités symboliques d'un groupe humain (religion, idéologie, littérature, art, etc.), ses formes d'organisation et son mode de saisie d'archivage et de circulation des traces.« (21) Mit anderen Worten, die Mediologie unterscheidet sich von den vorherrschenden Medientheorien dadurch, daß sie sich nicht auf den Komplex materialer Träger/Dispositiv beschränkt, sondern auch die Rolle personaler Träger bzw. Vermittler in ihre Analysen einbezieht. Zu diesem Zwecke führt Debray den Begriff des Milieus ein. Ohne personale Vermittler könne eine mediale Revolution nicht stattfinden, weshalb jede Medienrevolution nicht nur ein komplexes, sondern auch brüchiges und widersprüchliches Ereignis darstelle. »Si le médium est nouveau, le milieu est vieux, par définition. C'est une stratification de mémoires et d'associations narratives, un palimpseste de gestes et de légendes incessamment réactivables, le répertoire feuilleté des supports et symboles de toutes les époques antérieures. Je suis papyrus, parchemin, papier et écran d'ordinateur. Je suis le Décalogue, François Villon, Lénine et Macintosh. Je suis pictogramme et alphabet, texte et hypertexte, manuscrit, page imprimée et écran rayonnant.« (28) Das Milieu besteht aus Vermittlern, die nicht nur in, sondern immer auch – zumindest diachron – zwischen Kulturen stehen. Es geht Debray, um einen Ausdruck von Ernst Bloch zu benutzen, um die ›Ungleichzeitigkeit des Gleichzeitigen‹.[18]

Laut Hörisch ist »eine der elementarsten Funktionen von Medien die Koordination von Interaktionen«[19]. Debray insistiert, daß diese Koordination nicht so sehr eine Funktion von (der Materialität von) Medien als von personalen Vermittlern ist. Die mediologische Erweiterung des Medienbegriffs erlaubt es ihm schließlich, den Ideologiebegriff in die Medientheorie einzuführen. In seinen *Manifestes médiologiques* von 1994 betont Debray, daß der Ideologiebegriff nur dann analytischen Wert habe, wenn er nicht zum Verständnis einer epistemè (Ideologie als falsches Bewußtsein bzw.

Gegensatz von Wissenschaft, Ideologie als Illusion usw.), sondern ausschließlich zur Analyse von Praxis verwendet werde. Ideologie sei ein Mittel der Organisation gesellschaftlicher Praxis, ein »*moyen d'une organisation*. D'une incorporation. D'une incarnation collective.«[20]

Debray stellt unter Berufung auf ein Argument Gödels fest, daß keine Totalität (système) von Elementen sich gegen ein Außen abschließen kann, d. h. nicht ausschließlich aufgrund ihrer Inhalte und von deren innerer Anordnung bestimmt werden kann. Ein Feld oder System oder eine Totalität kann sich nach außen hin nur dadurch widersprüchlich abschließen, daß es gleichzeitig einem äußeren Element als Ursprung, Gründungsakt oder Gründungsvater, als Heiliger Schrift oder als Verfassung oder Testament eine Sonderstellung zuschreibt. Solch ein ausgezeichnetes Einzelnes, das als Verlorenes und Wiederzugewinnendes ein System zusammenhält, muß, etwa als Ursprungserzählung, durch kollektiv anerkannte Vermittler in immer wieder neuen Diskursvariationen produziert werden. »Le moindre groupe organisé aura besoin d'un corps de médiateurs ou de clercs pour lui redonner cohérence et vigueur en l'ouvrant à une valeur suréminente.« (13) Die intellektuelle Elite einer gegebenen Zeit ist dafür zuständig, ihre Diskurse den Mediengegebenheiten anzupassen.

2. ›Medium‹ in der Systemtheorie

Gegenwärtige Gesellschaftstheorien, die am Projekt der Aufklärung, d. h. am erkenntnistheoretischen Primat der Vernunft und an ihrem Anspruch, Gesellschaft begreifen und auf der Grundlage dieses Begreifens eine ›vernünftige‹ Gesellschaftsidentität erstellen zu können, festhalten, halten implizit oder explizit auch an einem schwachen Begriff von Medium fest. Sprache wird hier, etwa bei Habermas, als ein Medium der Verständigung gesehen – ein Medium, dem keine grundsätzliche Formationskraft zugeschrieben werden kann. Mit anderen Worten, ein schwaches Ver-

---

18 Vgl. ERNST BLOCH, Erbschaft dieser Zeit (1935), in: BLOCH, Bd. 4 (1962), 104–126.
19 HÖRISCH (s. Anm. 9), 31.
20 DEBRAY (s. Anm. 15), 12.

ständnis der Medialität von Sprache ist Voraussetzung eines Begriffs von Vergesellschaftung, der an der Möglichkeit vernünftiger Identität von Gesellschaft festhält. Wie Norbert Bolz in einem kritischen Vergleich von Habermas und Luhmann schreibt: »Verständigung in Sprache ist das Medium guter Vergesellschaftung, weil in der Sprache selbst Anerkennungsverhältnisse verankert sind.« Im »verständigungsorientierten Diskurs« könne jede Gesellschaft »eine vernünftige Identität ausbilden«[21]. Aus einem solchen Diskurskonzept folgt fast zwangsläufig das letztendlich platonische Vorurteil, »technisierte oder strategische Kommunikation sei eine Verfallsform – gemessen an Dialog und Diskussion« (24).

Im Streit zwischen Habermas und Luhmann geht es deshalb auch um die mediale Differenz zwischen »Sprache als wahrheitsindifferentem Variationsmechanismus oder als Vehikel der Wahrheit« (24). D. h., in den Begriffen ›System‹ (Luhmann) und ›Lebenswelt‹ (Habermas) schwingt ein unterschiedlicher Sprach- bzw. Medienbegriff mit. »System – das ist die Welt des Medialen, Vermachteten, Instrumentellen, Strategischen. Lebenswelt – das ist das Idyll des Unmittelbaren, Intersubjektiven, Unversehrten.« (26)

Es kann deshalb nicht verwundern, daß der Begriff Medium eine besonders markante Rolle in der Systemtheorie Niklas Luhmanns spielt. Gesellschaft reproduziert sich, Luhmann zufolge, »im Medium ihrer Kommunikation«[22], die sich in spezifische Kommunikationssysteme ausdifferenziert. Ausdifferenzierte Kommunikationssysteme »konstituieren sich [...] mit Hilfe einer Unterscheidung von *Medium und Form*«, eine Unterscheidung, mit deren Hilfe Luhmann »den systemtheoretisch unplausiblen Begriff der Übertragung zu ersetzen« (195) sucht. Die begriffliche Abgrenzung von Medium und Form nimmt Luhmann »mit Hilfe der Unterscheidung von *loser und strikter Kopplung der Elemente*« vor: »Ein Medium besteht in lose gekoppelten Elementen, eine Form fügt dieselben Elemente dagegen zu strikter Kopplung zusammen.«

(198) Geschichtlich sind Medium und Form dem Prozeß eines »laufenden Koppelns und Entkoppelns« unterworfen, der »sowohl der Fortsetzung der Autopoiesis als auch der Bildung und Änderung der dafür nötigen Strukturen« (199) diene. Formen seien »weniger beständig als das mediale Substrat. Sie erhalten sich nur über besondere Vorkehrungen wie Gedächtnis, Schrift, Buchdruck.« (200) Luhmann interessiert dabei die Mediengeschichte, d. h. der Wechsel von Oralität über die Schrift und den Druck hin zu den modernen Massenmedien, als ein Wandel, der ansteigend soziale Komplexität ermöglicht. In »mündlicher Kommunikation« kann die Differenz von medialem Substrat und Form, d. h. »die Differenz von loser und strikter Kopplung [...] sich nur auf einzelne kommunikative Ereignisse beziehen – auf dies oder das, was man sagt. Die Schrift dagegen entkoppelt das kommunikative Ereignis selbst. Dadurch entsteht ein neuartiges mediales Substrat, das seinerseits dann ganz neue Ansprüche an die strikte Kopplung durch Satzformen stellt.« (267) Wie fließend dabei der Unterschied von Medium und Form mitunter wird, zeigt sich, wenn Luhmann Texte als im Medium der Schrift gebildete Formen ein »sekundäres Medium« nennt: »Nicht nur das Medium Schrift ist stabil, auch die in diesem Medium gebildeten Formen, nämlich Texte, sind noch relativ stabil. Texte dienen mithin als sekundäres Medium für die eigentliche Formenbildung, die erst durch Interpretation zustandekommt.« (260)

Den modernen »Verbreitungsmedien« schreibt Luhmann die Funktion zu, »die Reichweite sozialer Redundanz« (202) zu erhöhen. Denn Redundanz, für Luhmann ein wichtiges Moment gesellschaftlicher Reproduktion und gesellschaftlicher Komplexität, werde »durch die Erfindung der Druckpresse und dann nochmals im System der modernen Massenmedien [...] anonymisiert« (203).

Allerdings, wenn Luhmann darauf besteht, daß Geld, Macht und Recht »die wichtigsten symbolisch generalisierten Kommunikationsmedien« (203) und Druck, Fernsehen und Internet »die wichtigsten technischen Verbreitungsmedien«[23] sind, dann schwächt er den Begriff Medium schließlich doch ab. Das Medium vermittelt, d. h.

---

21 BOLZ, Weltkommunikation (München 2001), 23.
22 LUHMANN (s. Anm. 8), Bd. 1 (Frankfurt a. M. 1997), 201.
23 BOLZ (s. Anm. 21), 14.

es leitet wichtigere Prozesse wie Systemstabilisierungen ein, es flektiert oder transformiert nicht das, was es vermittelt; weshalb die Formen bedeutender sind als die Medien. Luhmanns Medienverständnis ist von seinem Komplexitätsbegriff abhängig. Denn er geht davon aus, daß funktional ausdifferenzierte Systeme wie Recht, Wirtschaft, Wissenschaft, aber auch Kunst und Intimität sich gegen ihre Umwelt durch Systemrationalität behaupten, indem sie ihre eigene Komplexität steigern und dadurch die Komplexität der Umwelt reduzieren. Es scheint, daß Luhmanns Systembegriff, obwohl er ganz wesentlich von einem starken Begriff von Medium im Sinne von flektierender Vermittlung abhängig ist, das Wort selbst nur in abgeschwächter Form benutzt. Form ist wichtiger, weil erst der auf der Basis eines Mediums ausdifferenzierte (systemspezifische) Diskurs für die einzelnen ausdifferenzierten Systeme bedeutend wird. Obwohl Luhmanns Systemtheorie für Medientheoretiker eine große Anziehungskraft besitzt (etwa für Bolz und Hörisch), ist sein Medienbegriff, zumindest wenn man sich am Wortlaut des Begriffs orientiert, relativ schwach. Indirekt bestätigt dies Bolz, wenn er in seiner Polemik gegen die Krieg-und-Medien-Theorie (s. u.) unter dem Einfluß Luhmanns behauptet, daß Medium »für die Gebildeten unter den Medienwissenschaftlern« »die Nachfolge von Michel Foucaults ›Diskurs‹ angetreten«[24] habe. Bolz hält der These, daß Medien historische Apriorais sind, d. h. eine Art Dispositiv oder Apparat, die das kollektive Unbewußte prägen, entgegen: »Medien bieten Rahmen und Schemata; sie begrenzen, sie kommunikativ möglich ist. Aber sie ›formen‹ nicht. Wenn der Computer ein Medium ist, kann er nicht Kommunikation formen. Man könnte eher umgekehrt sagen, daß Kommunikation Formen ins Medium Computer eindrückt.« (36) Die Systemtheorie Luhmanns habe, so Bolz, »einen erfolgreichen Medienbegriff ausgearbeitet, der sich mit dem der ›Medienwissenschaften‹ nur selten berührt« (37); es fragt sich allerdings, ob dies nicht nur für die »symbolisch generalisierten Kommunikationsmedien«[25] Geld, Macht und Recht gilt. Daß Luhmann sich der starken Variante des Medienbegriffs nur zögernd bedient und sie schließlich abschwächt, muß Bolz selbst eingestehen, wenn er unter Anspielung auf ein Buch von Paul de Man, und damit auf den Dekonstruktivismus, schreibt: »Doch kein *insight* ohne *blindness*. Die beiden blinden Flecke, die jeder Luhmann-Leser sofort sehen kann, sind ›das Unbewußte‹ und ›die Technik‹. Daß er die technischen Substrate von Kommunikation ausblendet, hängt mit der Konzeption emergenter Systemzustände zusammen. Kommunikationen reagieren auf Kommunikationen, nicht auf Schaltungen. Das heißt keineswegs, daß die Materialität der Kommunikation unwichtig wäre – sie liegt nur auf einem anderen Niveau der Analyse.«[26] Mit anderen Worten: Da der Einfluß von Medien nicht auf der Ebene ausdifferenzierter Systeme gemessen werden kann, weil er keinen Einfluß auf die Systemrationalität von Systemen hat, fallen Medientheorien im engeren Sinne aus dem Aufmerksamkeitsraster der Systemtheorie heraus.

In seinem Beitrag zu dem Band *Materialität der Kommunikation*, in dem Luhmann sich gezwungen sah, einen möglichen Einfluß der Materialität eines Mediums auf die Autopoiesis von Systemen direkt zu thematisieren, wird es mehr als deutlich, warum Luhmann den Einfluß von Medien bagatellisieren muß. Luhmann geht hier von einer strengen Unterscheidung von Bewußtseinssystemen und kommunikativen Systemen aus. »In beiden Fällen handelt es sich um strukturdeterminierte Systeme, das heißt um Systeme, die jede Reproduktion ihrer eigenen Operationen, was immer die externen Anlässe sind, nur an den eigenen Strukturen orientieren.«[27] Dabei gelte: »Die Evolution der gesellschaftlichen Kommunikation ist nur möglich in ständiger operativer Kopplung mit Bewußtseinszuständen.« (888) In medientheoretischem Zusammenhang entscheidend ist, daß er die spezifische Art solcher Kopplungen durchaus von Medien abhängig sein läßt: »Diese Kopplung ist zunächst durch Sprache, sodann mit einem weiteren Effektivi-

---

24 Ebd., 36.
25 LUHMANN (s. Anm. 8), Bd. 1 (Frankfurt a. M. 1997), 203.
26 BOLZ (s. Anm. 21), 37.
27 LUHMANN, Wie ist Bewußtsein an Kommunikation beteiligt?, in: H. U. Gumbrecht/K. L. Pfeiffer (Hg.), Materialität der Kommunikation (Frankfurt a. M. 1988), 886.

tätsschub durch Schrift und schließlich durch Buchdruck erreicht worden.« (888 f.) Allerdings handelt es sich dabei um eine Kopplung autopoietischer Systeme, die immer nur lose gekoppelt werden können. »Man kann, mit gebührender Vorsicht, Sprache und Schrift in dieser Kopplungsfunktion als Symbolarrangements bezeichnen, wenn Symbol nur heißen soll: daß im Getrennten die Kopplung des Getrennten präsentiert werden kann.« Hinsichtlich der Kopplung von kommunikativen Systemen und Bewußtseinssystemen gilt: »Sprache und Schrift und all ihre technischen Folgeeinrichtungen sichern [...] für das Kommunikationssystem [...] die ständige Bewußtseinsangepaßtheit der Kommunikation.« (889) Bei der Bewußtseinsangepaßtheit geht es letztlich um Evolutionsantrieb, ohne daß die autopoietischen Systeme von Bewußtsein und Kommunikation ihre Abschottung gegenüber anderen Systemen, einschließlich gegeneinander, aufgeben.

Die Konsequenz dieses Arguments ist es, daß Medium schließlich in Luhmanns Systemtheorie doch nur in schwacher Form eine Rolle spielt. Das Bewußtsein könne zwar »als ein *Medium* angesehen werden, das vielerlei Zustände annehmen und übermitteln« (890) kann. Doch so sehr diese angenommenen und übermittelten Zustände auch Komplexitätsschübe herbeiführen können, sie bleiben den ausdifferenzierten Systemen äußerlich: »So wie das Wahrnehmen beim Sehen und Hören Licht und Luft benutzt, gerade weil es sie als Medium *nicht* sieht und *nicht* hört [...], benutzt auch die Kommunikation Bewußtsein als Medium, gerade weil es das jeweils in Anspruch genommene Bewußtsein nicht thematisiert. [...] Als Medium funktioniert Bewußtsein, indem unterstellt wird, es könne alles aufnehmen, was gesagt wird; es sei eine lose gekoppelte Menge von Elementen fast ohne Eigendetermination, in die sich einprägen läßt, was jeweils gesagt oder gelesen wird.« (891) Die subjekttheoretische Illusion eines selbstreflexiven Bewußtseins mit freier Entscheidungskraft und freiem Willen wird so zur strukturellen Voraussetzung gesellschaftlicher Evolution. Die Frage, die sich Luhmann aufdrängt, ist: »*wie kann das Bewußtsein strukturdeterminiertes System und Medium zugleich sein?*« (891) Zu ihrer Beantwortung greift er auf seine Unterscheidung von Medium und Form zurück, d. h. auf die korrelativen Begriffe »von (lose gekoppeltem) Medium und (rigide gekoppelter) Form [...]. Ein Medium ist also Medium nur für eine Form, nur gesehen von einer Form aus [...]. So wenig wie Licht und Luft ist Bewußtsein Medium ›an sich‹.« (891) Dabei schreibt Luhmann den großen mediengeschichtlichen Einschnitten durchaus einen außergewöhnlichen Effekt auf die gesellschaftliche Entwicklung zu: »Der Zusammenhang von Bewußtseinsangepaßtheit der Kommunikation und der dann unvermeidlichen Eigendynamik und Evolution von Gesellschaft zeigt sich auch daran, daß Veränderungen der Formen, in denen Sprache für das Bewußtsein wahrnehmbar wird, von bloßer Lautlichkeit über Bilderschriften zu phonetischen Schriften und schließlich zum Buchdruck zugleich Schwellen im Prozeß gesellschaftlicher Evolution markieren, die, einmal genommen, immense Komplexitätsschübe auslösen, und dies in sehr kurzen Zeiträumen.« (889) An anderer Stelle begreift er semantische Neuerungen als Niederschläge mediengeschichtlicher Ereignisse: »Der Begriff des Individuums wird überhaupt erst im 18. Jahrhundert eindeutig auf Personen zugeschnitten, was zugleich den Personbegriff transformiert. Mit solchen semantischen Veränderungen wird deutlich auf gesellschaftsstrukturelle Veränderungen und nicht zuletzt auf eine Folge des Buchdrucks, auf die neue gesellschaftliche Relevanz eines ›lesenden Publikums‹ reagiert.« (901) Denn Bewußtsein hat als Medium »die privilegierte Position, Kommunikation stören, reizen, irritieren zu können. [...] Bewußtsein kann die Kommunikation in*struieren, denn die Kommunikation *kon*struiert sich selbst.« Gerade weil Kommunikation ein autopoietisches System darstellt, braucht es das Medium Bewußtsein als »eine ständige Quelle von Anlässen für die eine oder andere Wendung des kommunikationseigenen operativen Verlaufs.« (893) Paradoxerweise haben nach Luhmann die evolutionären medialen Einschnitte (er nennt sprachlich orale Kommunikation, Schrift, alphabetische Schrift und Buchdruck) den Effekt, »das Kommunikationssystem Gesellschaft mehr und mehr« zu »differenzieren gegen die stets gleichzeitig mitlaufenden Wahrnehmungs- und Überlegungsprozesse des Bewußtseins.« (895)

III. Sprache als Primärmedium

Die Begriffe Medium und Medialität verweisen auf die Bedeutung der materialen Basis von Sinn, die im Verständnis von Medientheorien eben nicht nur Basis, Grundlage, Untergrund ist, sondern essentiell teilhat an der Produktion von Sinn. Das ist einer der Gründe, weshalb die starke Begriffsvariante von ›Medium‹ neueren Datums ist.

Bis zum Ende des 16. Jh. wurde die Sprache – Michel Foucault zufolge – nicht als Medium, als Mittel der Erkenntnis betrachtet, sondern als Sprache des Seins selbst. In die Sprache hatte Gott die gleichen Gesetze eingeschrieben wie in die Natur; ihre Entzifferung war ebenso Naturwissenschaft wie die Betrachtung der Natur selbst; beide, Natur und Schrift, enthielten eine identische Mitteilung Gottes, deren Erkenntnis zu denselben Ergebnissen führte. Die Zeichen, seien es die der Sprache oder der Natur, existierten unabhängig vom Menschen; »ils n'avaient pas besoin d'être connus pour exister: même s'ils restaient silencieux et si jamais personne ne les apercevait, ils ne perdaient rien de leur consistence. Ce n'était pas la connaissance, mais le langage même des choses qui les instaurait dans leur fonction significante«.[28] Vom 17. Jh. an fragte man sich, »comment un signe peut être lié à ce qu'il signifie« (75). Man löste die Verbindung von Sein und Schrift und analysierte die Sprache als Mittel der Repräsentation von etwas, das außerhalb ihrer liegt und mit dem sie nicht mehr äquivalent ist. »Les choses et les mots vont se séparer.« (76) Es beginnt die Analyse der Sprache als Erkenntnis*medium,* das wie ein Prisma zwischen das erkennende Subjekt und das zu erkennende Objekt geschaltet ist. Erst die Analyse der Sprache als Repräsentation, als Medium, eröffnet die Möglichkeit, qualitativ unterschiedene, aber durchaus gleichberechtigte Repräsentations*weisen* anzunehmen. Der mediale Charakter der Sprache, einmal entdeckt, zwingt die Aufmerksamkeit auf ihre Materialität.

Die Sprachtheorie Johann Gottfried Herders bildet einen ersten Höhepunkt dieser Entwicklung. Für ihn ist Sprache »mehr als Werkzeug«[29]; und: »Möchten doch Schriftsteller [...] bedenken, [...] daß [...] hier das Wort den Gedanken, nicht der Gedanke das Wort erzeuge.«[30] So ist es nicht überraschend, daß er zu den ersten Autoren zählt, die Medium im übertragenen Sinne von ›vermittelndes Element‹ benutzen. In *Vom Erkennen und Empfinden der menschlichen Seele* (1778) geht er zunächst von der etablierten naturwissenschaftlichen Bedeutung des Begriffs aus und bezeichnet das »Licht fürs Auge« und den »Schall fürs Ohr« als ein »Medium der Empfindung für den geistigen Menschen«[31]: »Da gebraucht mein Sinn alle die Kunstgriffe und Feinheiten, die ein Blinder mit dem Stabe gebraucht, zu tasten, zu fühlen, Entfernung, Verschiedenheit, Maaß zu lernen, und am Ende wissen wir ohne dies Medium nichts, ihm müssen wir glauben.« (187) Allerdings betont Herder bereits für den physiologisch-physikalischen Kontext den Aspekt einer prägenden Vermittlung: »Auch kann der Gegenstand für tausend andre Sinnen in tausend andern Medien ganz etwas anders, vollends in sich selbst ein Abgrund seyn, von dem ich nichts wittre und ahnde; für mich ist er nur das, was mir der Sinn und sein Medium [...] dargibt.« (187 f.)

Herders Gebrauch von Medium klingt besonders modern, wenn er den Begriff zur Formulierung seiner Subjektivitätstheorie benutzt. Er geht davon aus, daß das Subjekt die Vielfalt seiner sinnlichen Eindrücke synthetisieren muß: Der ›innere Mensch‹ brauche eine »innigste Kraft, aus Vielem, das uns zuströmt, ein *lichtes Eins* zu machen« (193); d. h. Subjektivität erstellt sich als »ein *Bewußtseyn des Selbstgefühls* und der *Selbstthätigkeit*« (195) aufgrund einer »Art *Rückwürkung*« (194). Diese Rückkopplung leiste die Sprache, das wichtigste »Medium unsres *Selbstgefühls* und geistigen Bewußtseins«. Sie sei ein »Stab der Aufweckung«, der »unserm *innern Bewußtseyn*« ebenso »zu Hülfe

---

28 MICHEL FOUCAULT, Les mots et les choses. Une archéologie des sciences humaines (Paris 1966), 73.
29 JOHANN GOTTFRIED HERDER, Ueber die neuere Deutsche Litteratur. Erste Sammlung von Fragmenten. Eine Beilage zu den Briefen, die neueste Litteratur betreffend (1767), in HERDER, Bd. 1 (1877), 147.
30 HERDER, Ueber die neuere Deutsche Litteratur. Fragmente, als Beilagen zu den Briefen, die neueste Litteratur betreffend (1767), in : ebd., 390.
31 HERDER, Vom Erkennen und Empfinden der menschlichen Seele. Bemerkungen und Träume (1778), in: HERDER, Bd. 8 (1892), 190.

kommen muste, als das Licht dem Auge, daß es sehe, der Schall dem Ohr, daß es höre. So wie diese äußere Medien für ihre Sinne würklich Sprache sind, die ihnen gewisse Eigenschaften und Seiten der Dinge vorbuchstabiren: so [...] muste *Wort, Sprache* zu Hülfe kommen, unser *innigstes* Sehen und Hören gleichfalls zu wecken und zu leiten.« Sprache ist hier nicht nur Vermittlerin im technischen Sinne, Relaisstation innerhalb von Kommunikationsprozessen, sondern reflexiv in dem Sinne, daß sich das Subjekt durch das Medium Sprache auf sich selbst zurückbeziehen bzw. vereinheitlichen kann. Weshalb er betont: »Auch in den tiefsten Sprachen ist *Vernunft* und *Wort* nur *Ein* Begriff, Eine Sache: λογος.« (197) Sprache ist für ihn die unabdingbare materiale Grundlage der Vernunft; sein Medienbegriff folglich materialistisch: »Meistens ist diese ›*Geburt unsrer Vernunft*‹ [aus dem materialistischen Geist der Sprache – d. Verf.] den Weisen unsrer Welt so unanständig, daß sie sie ganz verkennen und ihre Vernunft als ein eingewachsenes, ewiges, von allem unabhängiges, untrügliches Orakel verehren. [...] Sie sprechen wie die Götter: d. i. sie *denken rein* und erkennen ätherisch«. (198)

Unter den Romantikern hat besonders Novalis die Materialität (und damit Medialität) der Sprache hervorgehoben. So schreibt er in dem kurzen Text *Monologue*: »Es ist eigentlich um das Sprechen und Schreiben eine närrische Sache; das rechte Gespräch ist ein bloßes Wortspiel. Der lächerliche Irrthum ist nur zu bewundern, daß die Leute meinen – sie sprächen um der Dinge willen. Gerade das Eigenthümliche der Sprache, daß sie sich blos um sich selbst bekümmert, weiß keiner. Darum ist sie ein so wunderbares und fruchtbares Geheimniß, –

daß wenn einer blos spricht, um zu sprechen, er gerade die herrlichsten, originellsten Wahrheiten ausspricht.«[32] In den *Fichte-Studien* greift er immer wieder auf den Medienbegriff zurück, um die Vermittlungsrolle von Sprache, Vorstellung, Bild, aber auch im Sinne Herders von Empfindung und menschlichen Sinnen zu thematisieren: »Die Vorstellung ist das Medium der Außenwelt«[33]. Der mediale Charakter von Sprache, Bild und Vorstellung werde erst dem reflektierenden Ich bewußt: »Das Bild ist für das sich bewußte Ich Realität – Für die Abstraction im sich bewußten Ich, die reine Form der Reflexion – Medium der Realität, Negation allein« (142), weshalb er die »Theorie des Zeichens« durch die Frage definiert, was »durch das Medium der Sprache *wahr* seyn« (108) könne.

Unter dem Einfluß Herders benutzt auch Hegel den Medienbegriff in der *Phänomenologie des Geistes*: Der Mensch erkenne »Wahrheit [...] nicht, wie sie an sich, sondern wie sie durch und in diesem Medium [der Erkenntnis – d. Verf.] ist.« Erkenntnis sei kein »passives Medium«, das bloß als »Werkzeug«[34] eingesetzt werde, sondern bestimme die Form des Erkannten. Vor allem in Hegels Diskussion der Dingheit des Dinges (d. h. wie und warum ein Ding mit diversen Eigenschaften als Einheit betrachtet wird) spielt der Begriff eine zentrale Rolle: »Die einfache sich selbst gleiche Allgemeinheit [des Dinges – d. Verf.] [...] ist das reine Sichaufsichbeziehen, oder das *Medium* [...]. Dieses *Auch* ist also das reine Allgemeine selbst, oder das Medium, die sie so zusammenfassende *Dingheit*.« (95) Letztendlich ist das Medium hier der erkennende, von Sprache abhängige Mensch: »Wir sind somit das *allgemeine Medium*, worin solche Momente sich absondern und für sich sind. Hierdurch also, daß wir das Bestimmtheit, allgemeines Medium zu sein, als unsere Reflexion betrachten, erhalten wir die Sichselbstgleichheit und Wahrheit des Dinges, Eins zu sein.« (99 f.)

Heute gilt gemeinhin, daß die Sprache das »grundlegende Kommunikationsmedium«[35] ist und alle anderen Medien fundiert: »Auf Grund von Sprache haben sich Verbreitungsmedien, nämlich Schrift, Druck und Funk entwickeln lassen.«[36] Akzeptiert man den Fundierungscharakter von Sprache für andere Medien, dann fragt sich, ob eine Begriffsbestimmung von Medium als Träger von

---

32 NOVALIS, Monolog (1798/99), in: NOVALIS, Bd. 2 (1960), 672.
33 NOVALIS, Philosophische Studien der Jahre 1795–96 – Fichte-Studien, in: ebd., 111.
34 GEORG WILHELM FRIEDRICH HEGEL, Phänomenologie des Geistes (1807), in: HEGEL (TWA), Bd. 3 (1970), 68.
35 LUHMANN (s. Anm. 8), Bd. 1 (Frankfurt a. M. 1997), 205.
36 LUHMANN, Soziale Systeme. Grundriß einer allgemeinen Theorie (1984; Frankfurt a. M. 1987), 221.

Informationen hinreicht. Der Trägerbegriff vernachlässigt den Vermittlungsbegriff, wobei Vermittlung immer nur zwischen Subjekten und einer wie auch immer definierten Realität stattfinden kann. Die (in der Publizistik gängige) Reduktion des Medienbegriffs auf den Trägerbegriff führt zu Verwirrungen: »Wenn Medien materielle Konfigurationen sind, die Informationen speichern, bearbeiten und übertragen, dann kann jedes Element dieser Welt Teil einer medialen Konfiguration sein oder werden; vom Sandkorn in der Wüste bis zur chinesischen Mauer; von der menschlichen Körperzelle bis zum Brillenscharnier. Der Blick auf diesen grundsätzlichen und simplen Sachverhalt wird stetig dadurch getrübt, daß Medien von der Kommunikation als einem menschlichen Sinngebungsprozeß her gedacht werden.«[37] Zu fragen ist, ob der Medienbegriff noch sinnvoll ist, wenn er den Aspekt einer Vermittlung von Subjekt und Realität verliert – selbst wenn ›Vermittlung‹ nur noch einen negativen oder unbewußten Vorgang anzeigen sollte.

IV. Mediengeschichte I: Oralität und Alphabetisierung

Man geht heute allgemein davon aus, daß sich in der Mediengeschichte »fünf große mediale Stadien feststellen [lassen]: primäre Mündlichkeit, Schriftlichkeit, Typographie, Analogmedien (Photographie, Phonographie, Film, Fernsehen) und elektronische Digitalmedien (PCM-Telephonie, Computer, CD etc.)«[38] Dabei soll die »im Bann von Stimme und Schrift stehende frühe Mediengeschichte« [...] sinnzentriert« gewesen sein, während »die neuere Medientechnik [...] unsere Aufmerksamkeit immer stärker auf die Sinne«[39] verschiebe.

1. Von der Mündlichkeit zur Schriftlichkeit

a) Daten und Befunde
Der Schritt von der Oralität zur Schriftlichkeit vollzieht sich in Etappen. Schrift hat sich allerdings erst dann als Medium voll etabliert, wenn der Schritt vom analogen zum digitalen (d. h. arbiträren) Schriftzeichen vollzogen ist. Zwar ist die Sprache, auch die gesprochene, abgesehen von ihren möglicherweise rein onomatopoetischen Anfängen, stets digital/arbiträr. Aber erst der Übergang von der Bilderschrift zum Alphabet begründet Schriftlichkeit. Jede bekannte Schrift war anfänglich eine Bilderschrift, die sich über die Stadien der Piktographie, Logographie und phonetischen Schreibweise zur Schrift im eigentlichen Sinne entwickelt hat. Die Piktographie »wird ab 3500 v. Chr. bei den Sumerern und ab ca. 3200 v. Chr. bei den Ägyptern (als Vorläufer der Hieroglyphen) verwendet.« Die Sumerer entwickelten bereits gegen Ende des 4. Jahrtausends v. Chr. »durch zunehmende Stilisierung ihrer Bilderschrift (via Abstraktion vom ikonischen Zeichen) eine Wort-, später eine Silbenschrift«[40], die sogenannte Logographie. Die Zahl der Zeichen verringert sich allmählich von 2000 (Piktographie) über 500 bis 700 (Logographie) auf 24 im griechischen Alphabet. »So erfolgt der Übergang von Bildvorstellung (Piktogramm) zum Lautzeichen (Phonogramm), indem die Referenzebene der skripturalen Aufzeichnung vom optischen Kanal in den akustischen wechselt und nach dem phonographischen Prinzip gleichklingende Silben mit demselben Zeichen repräsentiert werden. [...] Aus dem Ikon wird ein willkürlich gewähltes Symbol. In der ägyptischen Hieroglyphenschrift ist dieser Übergang von Logographie zu Phonographie besonders deutlich ersichtlich, da noch beide Systeme – Hieroglyphen als Lautzeichen und Hieroglyphen als Wortzeichen – Verwendung finden.« (35 f.) Von Schriftlichkeit im engeren Sinne kann gesprochen werden, »wenn Informationen mit Hilfe von gesellschaftlich konventionalisierten optisch-skripturalen Zeichen festgehalten werden, die nicht mehr rein abbildenden Charakter besitzen, [...] die also nicht nur die Bedeutung, sondern auch die Lautung (Worte, Sil-

---

37 HUBERT WINKELS, Leselust und Bildermacht. Über Literatur, Fernsehen und neue Medien (Köln 1997), 205.
38 KARL KOGLER, Schrift, Druck, Post, in: Hiebel u. a. (s. Anm. 16), 31.
39 HÖRISCH (s. Anm. 9), 14.
40 KOGLER (s. Anm. 38), 34.

ben und/oder Einzellaute) via ›Abbildung‹ des Signifikanten direkt bezeichnen. Dieser Schritt wurde ca. 3500 v. Chr. in den sumerischen Piktogrammen (Bildzeichen), der ältesten Form des mesopotamischen Schriftsystems, gesetzt.« (33)

b) Auswirkungen
Medien werden von Technologien bestimmt. Bereits das Schreiben ist eine Technologie. Die zwischen 800 und 700 v. Chr. in Griechenland stattfindende Einführung des phonetischen Alphabets schaffte Eric A. Havelock und Jack Goody zufolge die Voraussetzungen für die Entwicklung westlicher Philosophie und Wissenschaft. Beide Autoren insistieren, daß historische Umbrüche von sogenanntem magischen zu wissenschaftlichem Denken, von vorrationalem zu rationalem Bewußtsein erst durch den Wechsel von oralen zu Schriftkulturen ermöglicht wurden. Die Alphabetisierung habe eine neue Mentalität herbeigeführt, die ›alphabetic mind‹ (Havelock), die ihrerseits folgende kulturelle Veränderungen bewirkt habe: (1) Sequentielles, d. h. linear ausgerichtetes Denken habe ebenso zugenommen wie (2) klassifikatorisches und erklärendes Denken; (3) die Alphabetisierung habe zu einer Visualisierung bzw. Perspektivierung der Wahrnehmung geführt; (4) durch die Linearisierung des Denkens sei zeitliches (geschichtliches) Bewußtsein möglich geworden; dies wiederum habe (5) zu einer Zunahme objektiven, distanzierten Beobachtens und (6) zu einer Verselbständigung von Sinn in der Form von Texten geführt; letztere schließlich habe (7) die Praxis der Hermeneutik bzw. Interpretation nach sich gezogen. Prägnant faßt Ong die Mehrzahl dieser Punkte zusammen: »Literacy [...] is absolutely necessary for the development not only of science but also of history, philosophy, explicative understanding of literature and of any art, and indeed for the explanation of language (including oral speech) itself.«[41]

Schauen wir uns einzelne der Punkte genauer an. Zwar betont Ong: »All thought, including that in primary oral cultures, is to some degree analytic: it breaks its material into various components.« (8) Dennoch gilt in bezug auf den Zusammenhang der Punkte 1, 2, 4 und 5: »Die Schrift, dieses zeilenförmige Aneinanderreihen von Zeichen, macht überhaupt erst das Geschichtsbewußtsein möglich. Erst wenn man Zeilen schreibt, kann man logisch denken, kalkulieren, kritisieren, Wissenschaft treiben, philosophieren – und entsprechend handeln. [...] Dieses Feedback zwischen dem Schreibenden und dem historischen Bewußtsein verleiht dem Bewußtsein jene sich immer steigernde Spannung, die ihm erlaubt, immer weiter voranzustoßen.«[42] Zwar kann man dabei nicht von einem Kausalnexus ausgehen; denn: »On ne peut être sûr des types de comportement que va développer ou non l'écriture linéaire dans un milieu donné.« Doch gelte, »qu'une culture qui ignore ce procédé de mémorisation n'aura pas tel ou tel comportement: elle ignorera le classement, la liste des événements, la mise en colonnes, etc. (donc la logique de non-contradiction, l'histoire linéaire, la mémoire cumulative, etc.)«[43].

Die Visualisierung bzw. Perspektivierung der Wahrnehmung durch die Alphabetisierung hat vor allem McLuhan betont. Durch die Verinnerlichung der Technologie des phonetischen Alphabets, so McLuhan, habe der Mensch die magische Welt des Ohres verlassen und sei in die Gegenstände distanzierende Welt des Auges eingetreten. Dabei verbindet McLuhan den Prozeß der Visualisierung unmittelbar mit dem der Linearisierung durch das Alphabet: »Lineal, alphabetic inditing made possible the sudden invention of ›grammars‹ of thought and science by the Greeks. These grammars or explicit spellings out of personal and social processes were visualizations of non-visual functions and relations.«[44] McLuhans Überzeugung, daß der Prozeß der Alphabetisierung menschlicher Kulturen zu ihrer Visualisierung geführt habe, veranlaßt ihn zu einer Diskussion der Einführung des perspektivischen Zeichnens und Denkens in der italienischen Renaissance.

Letztendlich läuft McLuhans Medientheorie auf eine Geschichtsphilosophie hinaus, der zufolge Medientechnologien sich dem kollektiven Unbe-

---

41 WALTER J. ONG, Orality and Literacy. The Technologizing of the Word (London/New York 1982), 15.
42 VILÉM FLUSSER, Die Schrift (1987; Frankfurt a. M. 1992), 11 f.; vgl. FLUSSER, Medienkultur (Frankfurt a. M. 1997), 41–60.
43 DEBRAY (s. Anm. 15), 26.
44 MCLUHAN, The Gutenberg Galaxy. The Making of Typographic Man (London/Toronto 1962), 23.

wußten folgenreich eingeschrieben haben. In der These, daß Technologien menschliche Sichtweisen formen, d. h. auch auf die Inhalte des Denkens durchschlagen, liegt schlechtweg die Provokation gegenwärtiger Medientheorien; denn: »L'étude des sociétés continuait jusqu'à hier de séparer la machine ou l'outil, et de l'autre côté, la spiritualité ou la culture; *ici*, l'histoire des techniques et *là*, les ›sciences morales‹.«[45] Die Trennung von Maschine und Spiritualität, Werkzeug und Kultur setzt letztlich die cartesische Trennung von res cogitans und res extensa voraus. Medientheorie führt zur Implosion dieser Trennung und des ihr entsprechenden Subjektbegriffs. Paradoxerweise ist der frühmoderne Subjektbegriff, der das Subjekt als unabhängige res cogitans begreift, zur Zeit der Gutenberg-Galaxis, d. h. im Zeitalter des Buchdrucks entwikkelt worden; zu einer Zeit also, in der die Perspektivierung der menschlichen Sehweise graduell alle Denk- und Tätigkeitsbereiche westlicher Kulturen durchdringt, Technologie also eindeutiger und rasanter als je zuvor auf Denken durchschlägt. Die Perspektivierung westlicher Kultur hat schließlich zu einer kulturrevolutionären Transformation vertikaler (religiöser) in horizontale (weltliche) Kulturen geführt, d. h. zu einer Umpolung der menschlichen Blickrichtung von Transzendenz auf Immanenz.

Die Fixierung von Information durch das Medium der Schrift ist kein angebbares Ereignis, sondern ein Prozeß, der sich über Jahrhunderte, wenn nicht Jahrtausende hinzieht. Der Buchdruck hat diese Wirkung verstärkt. Noch die von Heidegger analysierte (zwischen 1600 und 1800 intensivierte) Transformation von Welt in ein Bild, die Vergegenständlichung von Welt als vor-gestelltes Bild, kann mit guten Gründen als eine mit Schriftlichkeit einsetzende Fixierung von Sinn angesehen werden.

Der Buchdruck hat in der Neuzeit mit der Perspektivierung und Visualisierung das Auge als Primärsinn in der Hierarchie der Sinne bestätigt. Schiller schreibt zur zivilisationsgeschichtlichen Bedeutung des Auges: »In dem Auge und dem Ohr ist die andringende Materie schon hinweggewälzt von den Sinnen, und das Objekt entfernt sich von uns, das wir in den thierischen Sinnen unmittelbar berühren. [...] Der Gegenstand des Takts ist eine Gewalt, die wir erleiden; der Gegenstand des Auges und des Ohrs ist eine Form, die wir erzeugen.« Das kultivierte Auge blockt den Wunsch nach Ekstase, indem es die zuvor bloß ›pathologisch‹ affizierenden Gegenstände vom Blikkenden hinwegrückt. Der Wilde, so Schiller, »erhebt sich entweder gar nicht zum Sehen oder er befriedigt sich doch nicht mit demselben. Sobald er anfängt, mit dem Auge zu genießen und das Sehen für ihn einen selbständigen Werth erlangt, so ist er auch schon ästhetisch frey und der Spieltrieb hat sich entfaltet.«[46] Das Auge zentriert den Menschen in seiner Individualität und Identität; es konzentriert ihn. Visualisierung kündigt demnach eine neue Weise an, sich auf Objekte zu beziehen, und zwar eine lebensweltliche Distanzierung von Gegenständen in Raum *und* Zeit. »Writing, and most particularly the alphabet«, so Walter Ong, »shifts the balance of the senses away from the aural to the visual, favoring a new kind of personality structure«, ein Prozeß, der nach der Erfindung und Kommerzialisierung des Buchdrucks einen weiteren Schub erfahren habe: denn »alphabetic typography strengthens this shift.«[47] Diese Entwicklung findet ihren Höhepunkt in der Textkultur um 1800. Die ästhetische Erfahrung soll die kulturell höchste Form eines visuellen Bezuges auf Gegenstände sein, weshalb Schopenhauer den ästhetischen Zustand als ein »Versetzen in den Zustand des reinen Anschauens«[48] begreift.

2. Sekundäre Oralität

McLuhans Ausdruck ›Gutenberg-Galaxis‹ bezeichnet ein Kommunikationssystem, das zusätzlich zum phonetischen Alphabet von einem eigenständigen ›typographischen Geist‹ bestimmt ist. Dieser Geist, der seinen profiliertesten Ausdruck in der

---

45 DEBRAY (s. Anm. 15), 30.
46 FRIEDRICH SCHILLER, Ueber die ästhetische Erziehung des Menschen in einer Reihe von Briefen (1794/95), in: SCHILLER, Bd. 20 (1962), 400 (26. Brief).
47 ONG, The Presence of the Word (New Haven/London 1967), 8.
48 ARTHUR SCHOPENHAUER, Die Welt als Wille und Vorstellung (1819), in: SCHOPENHAUER, Bd. 2 (1949), 236.

Literatur und einer ihr zugeordneten Lesekultur gefunden hat, scheint im Begriff zu sein zu verfallen. Einer Reihe von Medientheoretikern zufolge stehen wir gegenwärtig an einer neuen »Schnittstelle von Oralität und Schriftlichkeit«[49]. Selbst wenn heute weniger eine Wiedergeburt der Oralität als eine Integration schriftlicher, oraler und audiovisueller Kommunikation (Integration von Schrift, Bild und Laut) in dasselbe Kommunikationssystem angezeigt wird, hat man für diesen Vorgang den Ausdruck der sekundären Oralität geprägt. Ong schreibt über den Unterschied von primärer und sekundärer Oralität: »I style the orality of a culture totally untouched by any knowledge of writing or print, ›primary orality‹. It is ›primary‹ by contrast with the ›secondary orality‹ of present-day high-technology culture, in which a new orality is sustained by telephone, radio, television, and other electronic devices that depend for their existence and functioning on writing and print.«[50]

Eine Bemerkung Marshall McLuhans aufgreifend (»For myth is the instant vision of a complex process that ordinarily extends over a long period.«[51]), sehen manche Medientheoretiker die Welt der neuen Medien als eine Welt des Mythos. So heißt es bei Norbert Bolz: »Wie einmal die Welt des Mythos ist die heutige Welt der neuen Medien und Computer instantan statt sequentiell, geprägt von Konfigurationen statt linearen Verknüpfungen und erfordert pattern recognition statt Klassifikation.«[52] Bolz spricht von einem »neuen Vorrang der Taktilität« und konstrastiert die »visuell-diskursive Gutenberg-Galaxis« mit der »auditiv-taktilen Welt der neuen Medien« (123 f.). Sicher ist es richtig, daß die lange vorherrschende wertende Entgegensetzung von oraler (nicht-reflektierter) und literarischer Kommunikation gegenwärtig, unter dem Einluß der neuen Medien, im Begriff ist zu kollabieren. Es bleibt allerdings die Frage, ob dieses Kollabieren negativ, neutral oder positiv zu bewerten ist.

V. Mediengeschichte II: Zur Geschichte des Buchdrucks 1452–1700

1. Einleitung

Sieht man von der jüngsten Vergangenheit ab, so sind für die Geschichte der Literatur die Erfindung des Buchdrucks und die nachfolgenden drucktechnologischen Neuerungen wichtiger als die Alphabetisierung der Kultur zwischen 800 und 700 v. Chr. Debray nennt die Typografie »machine matrice et motrice d'une nouvelle structure anthropologique, caractérisée comme ›modernité‹.«[53] Auch McLuhan insistiert: »The difference between the man of print and the man of scribal culture is nearly as great as that between the non-literate and the literate.«[54] Doch ist Vorsicht geboten bei dem Begriff ›Buch‹. Zwar gilt: »Die Gutenberg-Galaxis hat sich im Medium Buch die Form ihrer Einheit gegeben«[55]; doch muß gleichzeitig bedacht werden, daß es auch vor der Erfindung der Typographie Bücher gegeben hat. McLuhan schätzt: »Only one third of the history of the book in the Western world has been typographic.«[56] Es geht also nicht um das Buch, sondern um dessen drucktechnische Vervielfältigung.

Wenn es richtig ist, daß die Typographie »eine neue Art des Schreibens und des Denkens«[57] darstellt, dann fragt es sich, ob das Neue quantitativer oder qualitativer Natur ist. Offensichtlich reicht es nicht zu sagen: »Typography has the strongest possible bias towards exposition: a sophisticated ability to think conceptually, deductively and sequentially; a high valuation of reason and order; an abhorrence of contradiction; a large capacity for detachment and objectivity; and a tolerance for delayed response.«[58] Denn nicht nur wäre, wenn das alles wäre, der Wandel rein quantitativer Natur; Postmans Satz zwingt dem Leser eine Perspektive auf, die eher nostalgisch als analytisch ist.

---

49 WINKELS (s. Anm. 37), 56.
50 ONG (s. Anm. 41), 11.
51 MCLUHAN (s. Anm. 4), 25.
52 BOLZ, Theorie der neuen Medien (München 1990), 120.
53 DEBRAY (s. Anm. 15), 25.
54 MCLUHAN (s. Anm. 44), 90.
55 BOLZ (s. Anm. 14), 192.
56 MCLUHAN (s. Anm. 44), 74.
57 FLUSSER (s. Anm. 42), 44.
58 NEIL POSTMAN, Amusing Ourselves to Death. Public Discourse in the Age of Show Business (New York 1985), 87.

2. Daten und Befunde

Papier wurde in China rund tausend Jahre früher eingeführt als im Westen und der Druck wahrscheinlich im 7. Jh. unserer Zeitrechnung erfunden. Dennoch haben diese Erfindungen nicht die gleichen Auswirkungen gehabt wie in Europa (die neuen Technologien blieben in China in den Händen des Staates, der nach 1400, unter der Ming- und der Ts'ing-Dynastie, Interesse an den Erfindungen verlor). In Europa wurden vor 1500, also zur Inkunabelzeit von 1455, dem Jahr der Gutenberg-Bibel, bis 1500, rund 30.000 bis 35.000 Buchtitel in zusammen rund 15 bis 20 Millionen Exemplaren publiziert. Febvre und Martin schätzen, daß 77 Prozent aller Bücher vor 1500 in Latein geschrieben waren, ungefähr 7 Prozent in Italienisch, 4–6 Prozent in Deutsch, 4–5 Prozent in Französisch und 1 Prozent in Flämisch.[59] Der Buchhandel war um 1500 noch nicht national organisiert, so daß Zentren der Druckindustrie wie Venedig, Straßburg, Antwerpen und Leiden übernationale Bedeutung hatten. Die Kataloge der Frankfurter Buchmesse, die vor dem Dreißigjährigen Krieg die bei weitem wichtigste Buchmesse Europas war, zeigen zum ersten Mal für das Jahrzehnt 1680–1690 mehr deutsche als lateinische Titel. Für die erste Hälfte des 17. Jh. zeigen die Kataloge 18.304 deutsche und 17.032 ausländische Titel an, für die zweite Hälfte 38.662 deutsche und 4.962 ausländische.[60] Diese Zahlen spiegeln einen Verfall des gesamteuropäischen Buchhandels und einen radikalen Anstieg nationaler Buchproduktion wider.

Der Anstieg zirkulierender Informationen durch die Einführung des Buchdrucks ist immens. Man weiß, daß die durchschnittliche Auflage der Inkunabeln, d. h. aller Bücher vor 1500, irgendwo zwischen 200 und 1.000 Exemplaren lag. Selbst wenn die durchschnittliche Auflagenhöhe nur 500 gewesen sein sollte, sind in den ersten 50 Jahren der Druckgeschichte zwischen 15 und 20 Millionen Bücher für eine Bevölkerung von weniger als 100 Millionen verlegt worden.[61] Für das 16. Jh. schätzen Febvre und Martin, unter Annahme einer durchschnittlichen Auflage von 1.000 Exemplaren, einen Druck von 150 bis 200 Millionen Büchern.[62] Die Zahl zirkulierender Bücher stieg vor allem deshalb an, weil der Preis für ein gedrucktes Buch im Vergleich zu den geschriebenen Büchern radikal absank. Die Gutenberg-Bibel von 1454/55 hatte eine Auflage von 185 Stück (35 auf Pergament und 150 auf Papier). 1483 hat eine Druckerei für denselben Umfang Text (Marsilio Ficinos Übersetzung der platonischen Dialoge), für den ein Kopist einen Florin verlangte, drei Florin in Rechnung gestellt, nur daß die Druckerei statt einer Kopie 1.025 Kopien herstellte. Der gedruckte Text war also 340 mal billiger als der kopierte.[63]

Wenn man sich diese Zahlen anschaut und sich vergegenwärtigt, welchen Einfluß die plötzliche Zugänglichkeit gedruckten Materials gehabt haben muß, dann ist es erstaunlich, daß man sich vor Elizabeth Eisensteins monumentaler Studie *The Printing Press as an Agent of Change* (1979) kaum Gedanken darüber gemacht hat, was eine solche Revolutionierung des Austausches von Informationen, ganz unabhängig von möglichen Veränderungen des Inhalts dieser Informationen, geschichtlich bedeutet hat. Die historischen Auswirkungen der Erfindung des Buchdrucks sind immer wieder mit dem Hinweis heruntergespielt worden, daß die gedruckten Inhalte weitgehend und auf lange Zeit hin die gleichen waren wie die zuvor auf Pergament geschriebenen. Eisenstein hat dem mit Recht entgegengehalten, daß eine solche Ansicht die materiale Organisation der Zirkulation von Gedanken, die das Verständnis und die Wirkung von Inhalten substanziell verändern kann, völlig außer acht läßt. »When ideas are detached from the media used to transmit them, they are also cut off from the historical circumstances that shape them, and it becomes difficult to perceive the changing context within which they must be

---

59 Vgl. LUCIEN FEBVRE/HENRI-JEAN MARTIN, L'apparition du livre (Paris 1958), 376 f.
60 Vgl. ebd., 353.
61 Vgl. ebd., 377; HELMUT HILLER, Zur Sozialgeschichte von Buch und Buchhandel (Bonn 1966), 89; LOUIS DUDEK, Literature and the Press. A History of Printing, Printed Media and Their Relation to Literature (Toronto 1960), 13.
62 Vgl. FEBVRE/MARTIN (s. Anm. 59), 397.
63 Vgl. ELIZABETH EISENSTEIN, The Printing Press as an Agent of Change. Communications and Cultural Transformations in Early-Modern Europe, Bd. 1 (Cambridge u. a. 1979), 46.

viewed.«[64] Bereits die Quantität der Bücher hat nicht nur den Austausch von Gedanken erleichtert, sondern letztlich durch erleichterte Vergleichsmöglichkeiten auch die Substanz der Gedanken verändert. »Printing encouraged forms of combinatory activity which were social as well as intellectual. It changed relationships between men of learning as well as between systems of ideas.« (76) Dabei geht es nicht unbedingt nur um neue Werke: »printers initially contributed to ›the advancement of disciplines‹ less by marketing so-called ›new‹ works than by providing individual readers with access to more works. The sheer increase in the quantity of copies in circulation was actually of immense significance. Augmented book production altered patterns of consumption; increased output changed the nature of individual intake.« (169)

Allerdings schlägt die veränderte Form des Umgangs mit Büchern schon bald in die Veränderung von Inhalten um. Denn das vergleichende Lesen führt einerseits zu einem Anstieg des Interesses an sachkundlichen Büchern, andererseits zur Ausbildung kritischer Methoden des Vergleichs. So war eine der ersten Auswirkungen des neuen Mediums eine Flut von Büchern, die Fachkenntnisse und Kunstfertigkeiten vermitteln wollten. Lehrbücher gehörten Eisenstein zufolge zu den profitsichersten Investitionen der ersten Drucker.[65] Ebenso setzt sich bald ein Ideal des ›methodischen‹ Vergleichs sich widersprechender ›Fachkenntnisse‹ durch. Neal Gilbert berichtet, daß der Begriff ›methodus‹, von den Humanisten als barbarisch verschrien, mehr als ein Jahrhundert vor Descartes voll akzeptiert war und »with almost unbelievable frequency in the titles of sixteenth-century treatises«[66] vorkam.

3. Typographie und Infrastruktur

Die Erfindung des Buchdrucks ist für die frühe Neuzeit auch wirtschaftsgeschichtlich ein wichtiges Ereignis: das gedruckte Buch wurde (1) zur ökonomisch wichtigen Ware, (2) zu einem Informationsträger, der geeignet war – als Folge einer Art Feedbackwirkung des Mediums auf den Handel –, seinen eigenen wirtschaftlichen Austausch zu organisieren, d. h. die Entwicklung von Infrastrukturen zu initiieren, und (3) zum Medium einer Veränderung von Inhalten und Einstellungen, die bald ihrerseits den Modernisierungsprozeß beschleunigen sollten. Die wirtschaftliche Bedeutung der Ware ›Buch‹ spiegelt sich unter anderem an der Abwanderung des Buchdrucks aus den Universitätsstädten in die kommerziellen Zentren wider. Die Zentren des Buchdrucks wurden zu Zentralen eines weit gespannten Handelsnetzes, was u. a. zum Niedergang der Zünfte (durch Veröffentlichung ihrer handwerklichen Kenntnisse) und damit zur funktionalen Ausdifferenzierung der Gesellschaft beitrug.

Auch die zweite Folge der Erfindung des Buchdrucks, der Ausbau der Infrastruktur Europas, verdient es, im Zusammenhang des ästhetischen Grundbegriffs Medium kurz skizziert zu werden. Denn der Ausbau der Infrastruktur Europas hat wesentlich zur normativen Revolutionierung europäischer Literatur um 1700, und hier vor allem der säkularen Umorientierung von Erzählliteratur, beigetragen. Auch die Briefkultur des 18. Jh. wäre ohne ein entwickeltes Straßennetz und Postkutschensystem mit Pferdewechsel bzw. Umspannstationen gar nicht möglich gewesen. Das moderne Postkutschennetz hat seinen Ursprung nicht zufällig in der Inkunabelzeit. »Der erste moderne Postkurs wird 1490 von König Maximilian I. zwischen Innsbruck und den Niederlanden eingerichtet und von der Familie Thurn und Taxis unterhalten. Aus dieser Einrichtung entwickelt sich ein europaweites, kostenpflichtiges Nachrichtenübertragungssystem, das in gewissen, zeitlich festgelegten Abständen bestimmte Orte anläuft, gegen Entgelt die sichere Zustellung der Nachricht bietet und schon zu Beginn des 16. Jahrhunderts privaten Nachrichten zur Verfügung steht. Um 1600 wird das deutsche Postwesen zum kaiserlichen Hoheitsrecht erhoben, quasi ›verstaatlicht‹, was zur allgemeinen Postbeförderung führt.«[67] Voraussetzung der Moderne im sozial- wie kulturgeschichtlichen Sinne ist die Möglichkeit eines reibungslosen Austausches von Waren und Informationen.

---

64 Ebd., 24.
65 Vgl. ebd., 102.
66 NEAL GILBERT, Renaissance Concepts of Method (New York 1960), 66.
67 KOGLER (s. Anm. 38), 73; vgl. HÖRISCH (s. Anm. 9), 197–200.

Ein großflächiger Austausch von Waren kann nur auf der Grundlage eines parallelen Verkehrs- und Kommunikationsnetzes organisiert werden. James Beniger hat am Beispiel des 19. Jh. gezeigt, wie die Warenproduktion in eine Kontroll- bzw. Steuerungskrise gerät, sobald der (hier durch die industrielle Revolution) angestiegene Warenfluß mit den herkömmlichen Mitteln des Informationsaustausches nicht mehr reguliert werden kann.[68] Einige der im 19. Jh. entwickelten Lösungsvorschläge, nämlich Rückkopplungs- und automatische Selbststeuerungstechnologien, die laut Beniger den Kern der ›Control Revolution‹[69] bilden, haben ihrerseits die Entwicklung der neuen Medien im 20 Jh. beeinflußt. Medienentwicklung, Infrastruktur und Warenproduktion und -austausch gehören eng zusammen. Prinzipiell läßt sich für die Mediengeschichte feststellen, daß »der Aspekt der – immer rascheren und immer weiter reichenden – *Übertragung von Information* historisch als ein *eminent wichtiger* Kommunikationsaspekt *sui generis*«[70] anzusehen ist und daß »das Bemühen um *Speicherbarkeit* der Daten und die *Erhöhung der Übertragungsgeschwindigkeit* wesentliche Prinzipien der Mediengeschichte«[71] sind.

In Grenzen können diese Befunde und Thesen auch auf das 15. Jh. (und die nachfolgende literarische Entwicklung) angewendet werden. Der Buchdruck führte zur Produktion des ersten industriell hergestellten Informationsträgers der Neuzeit; die schiere Quantität des Produkts ließ den Kommunikationsfluß über große Räume hin anschwellen. Um die historischen Nachwirkungen der Erfindung einschätzen zu können, darf man nicht nur auf den Druck gelehrter und unterhaltender Bücher sehen, sondern muß, woran Eisenstein erinnert[72], die Zirkulation gedruckter Verträge, Rechnungen und Eingaben, statistischer Tabellen und Schaubilder, Landkarten, Kalender, juristischer Bücher und Nachschlagewerke mitberücksichtigen. Mehr noch als das sich entwickelnde Postwesen, der Bau von Kanälen und sonstige Verbesserungen des Transportwesens hat die Erfindung und rasche Kommerzialisierung des neuen Mediums die Voraussetzungen für eine moderne Infrastruktur westeuropäischer Staaten geschaffen. Allerdings gilt die Parallele zwischen der Steuerungsrevolution des 19. und der Kommunikationsrevolution des 15. und 16. Jh. nur mit Abstrichen. Denn einen nennenswerten Austausch von Waren, der in eine ›Kontrollkrise‹ hätte geraten können und nach einer Kommunikations- oder Steuerungsrevolution verlangt hätte, hat es um 1500 nicht gegeben. Unter den von Eisenstein angeführten Auswirkungen des Buchdrucks auf Glaubensinhalte, Wissenschaft, Technologie, Politik und Wirtschaft ist der von ihr nur am Rande erwähnte einer Revolutionierung des Austausches von Informationen und Waren, in der die Ware ›Buch‹ ihre eigene Infrastruktur schafft[73], der langfristig wahrscheinlich wichtigste.

Die sich auf der Basis eines weiträumigen Handels etablierende Wirtschaft bildete die historische Voraussetzung bürgerlicher Öffentlichkeit, was sich in der Entwicklung einer Nachrichten- bzw. Zeitungskultur spiegelt. In der statisch-pyramidalen Gesellschaftsordnung des Mittelalters hätte ein ausgebildetes Nachrichtenwesen keine Funktion gehabt. Erst der Handel war auf Nachrichten angewiesen, die Auskunft gaben über Messen, über Absatzmöglichkeiten in urbanen Umschlagplätzen, über die Sicherheit der Verkehrswege usf. Aus dieser Notwendigkeit entwickelte sich ein organisiertes Nachrichtenwesen, das bald zur Gründung von Zeitungen und damit zu Formen publizistischer Öffentlichkeit führte. Die ersten Zeitungen, die wir kennen, wurden zur Blütezeit der deutschen Handelsstädte gegründet. Die ersten Wochenzeitungen wurden 1604 in Straßburg und kurz danach in Wolfenbüttel gedruckt.[74] »1618 gab es in Frankfurt am Main bereits drei konkurrierende Zeitungen. Die erste täglich erscheinende Zeitung im

---

68 Vgl. JAMES R. BENIGER, The Control Revolution. Technological and Economic Origins of the Information Society (Cambridge, Mass./London 1986).
69 Vgl. ebd.
70 HIEBEL (s. Anm. 16), 27.
71 KOGLER (s. Anm. 38), 31.
72 Vgl. EISENSTEIN (s. Anm. 63), 81.
73 Vgl. ebd., 140.
74 Vgl. ROLF ENGELSING, Die Perioden der Lesergeschichte in der Neuzeit. Das statistische Ausmaß und die soziokulturelle Bedeutung der Lektüre (1969), in: Archiv für Geschichte des Buchwesens, Bd. 10 (Frankfurt a. M. 1970), 974.

deutschen Sprachraum [...] erblickte am 1. Juli 1650 in Leipzig das Licht der Welt.«[75] Das frühbürgerliche Zeitungswesen signalisiert und schafft ein radikal neues Welt- und Zeitverständnis. So sehr die kirchliche Lehre auch noch in den folgenden Jahrhunderten die Ideen des Bürgertums bestimmte, die vertikale Blickrichtung mittelalterlicher Kultur wurde mehr und mehr durch ein horizontales Weltverständnis abgelöst; die sich entwickelnden wirtschaftlichen Verkehrsformen zwangen zur erkenntnismäßigen Verarbeitung von Zeit und Raum. Die Zeitung diente »dem Sinn für bloße Zeitgemäßheit, die der Zeitgemäßheit von Uhr und Mode entsprach, dem Geiste christlicher Erbauung aber widersprach, weil diese Zeitgemäßheit ihm fremd und unbeträchtlich war«[76]. Die Durchdringung des Raumes durch den Handel bildete eine der wichtigsten Voraussetzungen der Säkularisierung. In bezug auf die Artikulation weltlicher Bedürfnisse geht dem bürgerlichen Medium Literatur das Medium Zeitung voraus. Erst in der bürgerlichen Literatur des 18. Jh. fanden die Bemühungen ein Ende, für die Durchsetzung weltlicher Verkehrs- und Umgangsformen ein innerweltliches, nicht-religiöses Medium zu funktionalisieren.

---

[75] HÖRISCH (s. Anm. 9), 176.
[76] ENGELSING (s. Anm. 74), 975.
[77] ALVIN KERNAN, The Death of Literature (New Haven/London 1990), 129 f.
[78] Vgl. DUDEK (s. Anm. 61), 28.
[79] KOGLER (s. Anm. 38), 63.
[80] Vgl. FEBVRE/MARTIN (s. Anm. 59), 92 f.
[81] Vgl. JOHANN GOLDFRIEDRICH, Geschichte des deutschen Buchhandels vom Beginn der Klassischen Litteraturperiode bis zum Beginn der Fremdherrschaft (1740–1804), Bd. 3 (Leipzig 1909) 333 ff.

VI. Mediengeschichte III: Zur Geschichte des Buchdrucks im 18. und 19. Jahrhundert

1. Daten und Befunde

Was man für England festgestellt hat – »the old oral-scribal society was not fully transformed to a print culture until the eighteenth century«[77] – gilt für Westeuropa allgemein. Die typographische Revolution des 15. und 16. Jh. bildet die Basis einer außerordentlichen kulturellen Revolution im 18. Jh.

Die Geschichte des Buchdrucks kennt, um einen Ausdruck Engelsings zu gebrauchen, drei Leserevolutionen. Die erste, von der oben die Rede war, erfolgte um 1500. Die zweite findet in der zweiten Hälfte des 18. Jh. statt. Sie unterscheidet sich schon an der Oberfläche von der ersten. Lag der ersten eine technische Erfindung als auslösender Faktor zugrunde, so reagiert die zweite auf neu gewachsene, aus einem neuen gesellschaftlichen Organisationsmodus resultierender Bedürfnisse. Denn die Zahl der gedruckten Bücher stieg im 18. Jh. in Westeuropa radikal an, ohne daß sich dafür technische Neuerungen angeben ließen. Bücher wurden vom 16. bis zum späten 18. Jh. mit derselben Technik auf Handpressen gedruckt; erst am Ende des 18. und im frühen 19. Jh. hat eine Reihe technischer Erfindungen den Druckvorgang verändert.[78] Erst die erhöhte Nachfrage nach Büchern in der zweiten Hälfte des 18. Jh. ließ die Druckindustrie nach Technologien forschen, mit denen die Auflagenzahl erhöht werden konnte. »1790 erhält der Engländer William Nicholson ein Patent für die (damals noch nicht realisierte) Idee des Zylinderdrucks und führt damit ein neues Prinzip in die typographische Informationsverarbeitung ein: das Rotationsprinzip«[79], das wesentlich höhere Auflagen zuließ. Um 1795 entwarf Lord Stanhope in London eine Druckerpresse, die fast ganz aus Metall gefertigt war und ebenfalls eine wesentliche Erhöhung der Auflagenstärke ermöglichte.[80] (Allerdings berichtet der sonst sehr zuverlässige Johann Goldfriedrich von der Einführung eiserner Druckpressen schon ab 1765/70, wodurch schon damals wesentlich höhere Auflagen ermöglicht worden sein sollen[81]). Anders als in der ersten Leserevolution der frühen Neuzeit sind also

VI. Mediengeschichte III: Zur Geschichte des Buchdrucks im 18. und 19. Jahrhundert

in der des 18. Jh. neue Lesebedürfnisse auslösender Faktor technischer Neuerungen gewesen.[82] Wenn die Leserevolution des 18. gegenüber der des 19. Jh. zahlenmäßig auch verblassen mag, sind ihre Ursachen, ihr Verlauf und ihre Wirkungen um so wichtiger. Absolute Zahlen, die die Expansion des Buchmarkts im 18. Jh. im Vergleich zu den beiden voraufgegangenen Jahrhunderten zuverlässig anzeigen würden, gibt es nicht. Doch der Anstieg der europäischen Buchproduktion kann mit hinreichender Präzision an relativen Vergleichen abgelesen werden: Im 16. Jh. wurden in Frankreich zwischen 232 und 465 Millionen Druckbögen Papier pro Jahr hergestellt. Im späten 18. Jh., als viel mehr Länder Papiermühlen besaßen als im 16. Jh., produzierten die Papiermühlen Deutschlands allein jährlich 1.290 Millionen Druckbögen Papier. In England, wo zwischen 1700 und 1765 5.280 Buchtitel gedruckt wurden, also im Durchschnitt 81 Titel pro Jahr, werden gegen Ende des 18. Jh. jährlich 372 verschiedene Buchtitel, im Jahre 1800 gar 600 Titel gedruckt[83] – mehr als viereinhalb mal so viele Titel wie im jährlichen Durchschnitt in der ersten Hälfte des Jahrhunderts; andere Belege widersprechen zwar den Zahlen, aber nicht dem Trend: »Printing, generating its own markets,› took off,‹ as the economists say, during the eighteenth century [...]. Figures from the recent ›Eighteenth-Century Short Title Catalogue‹ [...] show that the number of English titles printed in England doubled [...] during the eighteenth century, going from 9267 in the decade ending 1710 to 20 068 in the decade ending 1800.«[84] Für Deutschland, das bis ins 20. Jh. hinein weit mehr Bücher als England produzierte, gibt es Auszählungen von Meßkatalogen und Bibliographien, die ein recht akkurates Bild der Entwicklung vermitteln. Nannten die Meßkataloge für das Jahr 1714 628 neue Verlagstitel, so für 1780 bereits 2.115 und für 1800 mehr als 4.000 Titel, was auf einen sechseinhalbfachen Anstieg der Titelproduktion hinausläuft. Gleichzeitig sank der Anteil lateinischer Bücher an der Gesamtproduktion von 33 auf 9,4 Prozent. (Die Auszählungen variieren je nach Messe und Oster- oder Herbstkatalog. Rudolf Jentzsch gibt für die Leipziger Ostermeßkataloge von 1740, 1770 und 1800 folgende Zahlen an: der Katalog von 1740 enthielt 754 neue Produktionstitel, 1770 1.144 und 1800 2.544. Fielen von den angegebenen Zahlen 1740 noch 27,7 Prozent auf lateinische Buchpublikationen, so waren es 1800 nurmehr 3,97 Prozent; in absoluten Zahlen fiel die Produktion lateinischer Titel von 209 in 1740 über 163 in 1770 auf 102 in 1800.[85]) Latein, ehemals häufig sogar für Handwerker und kleine Geschäftsleute die Sprache, in der sie ihre Bücher führten und Rechnungen ausstellten, war inzwischen zur Gelehrtensprache geworden. Der Rückgang lateinischer Titel zeigt an, daß es hier nicht nur um eine rein quantitative Ausweitung, sondern um eine qualitative Umschichtung des Marktes geht: die Buchproduktion für gelehrte Spezialisten wird abgelöst durch eine Produktion für eine breitere Öffentlichkeit, deren Leseinteressen zudem einem Säkularisierungsprozeß unterworfen sind.

Die aus Meßkatalogen gewonnenen Zahlen zeigen Trends an; eine zuverlässige Auskunft über die gesamte Buchproduktion des 18. Jh. können sie nicht geben, da sie nur die auf der Messe gehandelten Bücher erheben. Die Zahl der tatsächlich gedruckten Bücher liegt wahrscheinlich wesentlich höher. So kommt der Berliner Aufklärer und Buchhändler Friedrich Nicolai, der für das Jahr 1780 eine eigene statistische Auswertung aller in Deutschland erschienenen Bücher versucht hat, auf rund 5.000 Buchtitel, während in den Meßkatalogen dieses Jahres nur 2.095 Titel verzeichnet sind.[86] Insgesamt hat Engelsing für Deutschland und die erste Hälfte des Jahrhunderts eine Produktionsziffer von 56.100 Titeln, für die zweite von 110.300 Titeln errechnet; das bedeutet, daß ein einzelnes Land in der zweiten Hälfte des Jahrhunderts jährlich mehr Titel produzierte als alle europäischen Länder zusammen pro Jahr im 16. und

---

82 Vgl. ALBERTO MANGUEL, A History of Reading (New York/London 1996).
83 Vgl. DUDEK (s. Anm. 61), 13, 27.
84 KERNAN (s. Anm. 77), 129f.
85 Vgl. RUDOLF JENTZSCH, Der deutsch-lateinische Büchermarkt nach den Leipziger Ostermeß-Katalogen von 1740, 1770 und 1800 in seiner Gliederung und Wandlung (Leipzig 1912), Tafel 1 des Anhangs.
86 Vgl. GOLDFRIEDRICH (s. Anm. 81), 248.

17. Jh.[87] Hinzu kommt die Steigerung der Auflagenhöhe. Zwar ist 1803 vom Zeitgenossen Johann Christian Gädicke vermutet worden, »dass jetzt von einem Artikel im Durchschnitte nur halb so viel Exemplare abgesetzt werden können, als in jenen Zeiten, indem die ausserordentliche Menge der Bücher, welche jährlich herauskommen, den einzelnen Debit vermindert«[88]; aber viele Anzeichen weisen darauf hin, daß diese Vermutung falsch war. Realistischer wird eine Behauptung des *Journals von und für Deutschland* sein, in dem es 1785 hieß, daß die um 1750 übliche Auflagenhöhe von 400 bis 600 Stück 35 Jahre später auf 1.000 bis 2.000 Stück angestiegen war.[89] Berücksichtigt man die Steigerung der absoluten Produktionsziffern, der Auflagenhöhe und der ebenfalls höheren durchschnittlichen Leserzahl pro Buch, die durch die Gründung von Leihbibliotheken und Lesegesellschaften auf 10 bis 20 stieg, so darf man davon ausgehen, daß in Deutschland in der zweiten Hälfte des 18. Jh. rund 60mal so viel gelesen wurde wie noch fünfzig Jahre zuvor. Ähnlich liegen die Verhältnisse in den übrigen westeuropäischen Ländern.

Der Anstieg der Buchproduktion läßt sich nicht durch Preisrückgänge erklären; denn »in spite of the printing press, book prices rose steadily throughout the sixteenth century and after, in fact up until about 1800«[90]. Dudek kalkuliert, daß der Preisanstieg von Büchern für diese Jahrzehnte über der Inflationsrate lag und daß Bücher bis ins späte 19. Jh. hinein wesentlich teurer waren als heute, im 16. Jh. in England etwa drei bis viermal so teuer. Auch Vergleichszahlen für Deutschland zeigen, daß die Preisentwicklung eher den gegenteiligen Effekt hätte haben sollen. Auch eine merkliche Abnahme des Analphabetentums läßt sich für Westeuropa nicht nachweisen. In England z. B. blieb der Anteil der Analphabeten an der Bevölkerung vom späten 17. bis zum frühen 19. Jh. mit 40 Prozent für die männliche und 60 Prozent für die weibliche Bevölkerung gleich.[91] Ein nennenswerter Abfall der Analphabetenrate erfolgte in England erst zwischen 1880 und 1912. Warum also nimmt die Zahl der Leser im 18. Jh. so auffällig zu und warum wird der Buchdruck und das Verlagswesen hier zum »big business«[92]?

Der Grund wird sichtbar an Zahlen, die eine strukturelle Umschichtung der Leserinteressen widerspiegeln. Überall in Europa verlagert sich das Leserinteresse von religiösen zu weltlichen Titeln, und hier primär zur schönen Literatur. Der Säkularisierungsprozeß artikuliert sich auch in Daten der Druckgeschichte. In Frankreich schwankte der Anteil religiöser Bücher vom Beginn des 17. Jh. bis um 1730 zwischen einem Drittel und der Hälfte aller publizierten Titel; um 1780 ist er auf ein Zehntel der Buchproduktion abgesunken.[93] Eine Abnahme religiöser Erbauungsliteratur und ein Anstieg weltlicher Literatur läßt sich für ganz Europa nachweisen.

Allerdings wird religiöse Literatur primär nicht durch weltliche Literatur generell ersetzt, sondern durch Erzählliteratur. Die Produktion belletristischer Literatur stieg in der zweiten Jahrhunderthälfte geradezu atemberaubend an. Beherrschten in der ersten Hälfte des Jahrhunderts noch theologische Erbauungsbücher den literarischen Markt, so verdrängte die belletristische Literatur das Erbauungsschrifttum ab 1740 mehr und mehr. Der Marktanteil ästhetisch-narrativer Literatur stieg nach Jentzsch von 5,2 Prozent 1740 über 13,4 Prozent 1770 auf 16,5 Prozent 1800 (der der ›Schönen Künste und Wissenschaften‹ allgemein von 5,8 Prozent über 16,4 Prozent auf 21,5 Prozent). Hatte die theologische Erbauungsliteratur 1735 noch einen Marktanteil von 40,5 Prozent, so sank sie bis 1800 auf dürftige 6 Prozent ab.[94] Herbert Schöffler, der von einem »Ringen zwischen Erbauungs- und weltlich-schöngeistiger Literatur« spricht, hat

---

87 Vgl. ENGELSING, Analphabetentum und Lektüre. Zur Sozialgeschichte des Lesens in Deutschland zwischen feudaler und industrieller Gesellschaft (Stuttgart 1973), 63.
88 JOHANN CHRISTIAN GÄDICKE, Der Buchhandel von mehreren Seiten betrachtet (1803; Weimar ²1834), 67.
89 Vgl. ANONYMUS, Ueber den schlechten Bücherdruck in Deutschland, in: Journal von und für Deutschland 2 (1785), 12. Stück, 546.
90 DUDEK (s. Anm. 61), 18 f..
91 Vgl. DAVID CRESSY, Literacy and the Social Order. Reading and Writing in Tudor and Stuart England (Cambridge 1980), 176 f.
92 DUDEK (s. Anm. 61), 28.
93 Vgl. ROGER CHARTIER, Frenchness in the History of the Book: From the History of Publishing to the History of Reading (Worcester, Mass. 1988), 8 f.
94 Vgl. JENTZSCH (s. Anm. 85), Anhang Tafel I-III.

Jentzschs Zahlen auf den »Unterhaltungsteil der Gesamtbücherproduktion« folgendermaßen umgerechnet: 1740 76,60 Prozent Erbauungsliteratur, 23,40 Prozent weltliche Unterhaltungsliteratur; 1770 39,75 Prozent Erbauungsliteratur, 60,25 Prozent weltliche Unterhaltungsliteratur; 1800 21,28 Prozent Erbauungsliteratur, 78,72 Prozent weltliche Unterhaltungsliteratur: »Die Romanproduktion hat sich absolut verfünfzehnfacht, die einheimische ist sogar 25mal größer als 1740«[95]. Die Bibliotheken des städtischen Adels in Westfrankreich zeigen folgende Prozentzahlen: Religion 1757/58 36 Prozent, 1787/88 11 Prozent; Erzählliteratur 1757/58 24 Prozent, 1787/88 44 Prozent. Selbst wenn man hochspezialisierte Bibliotheken ausschließt, ergibt sich derselbe Trend: Abfall von 24 Prozent auf 11 Prozent für religiöses Schrifttum, Anstieg von 24 Prozent auf 30 Prozent für Literatur. Auch in England verlagert sich im 18. Jh. das Schwergewicht der Publikationen von theologischer zu weltlicher Erzählliteratur.[96] Der Prozeß motiviert Geschäftsleute, Geistliche und Verwaltungsbeamte, sich auch in fortgeschrittenem Alter noch dem Schreiben von Romanen zuzuwenden. So war Samuel Richardson (1689–1761) ein erfolgreicher Drucker mit eigenem Betrieb in der Fleet Street, bevor er im Alter von fünfzig Jahren anfing, seine erfolgreichen Romane zu schreiben.[97] Marion Beaujean hat die zwischen 1750 und 1800 rapide angewachsene Romanproduktion Deutschlands mit folgenden Zahlen belegt: 1750–1760: 73 Romanpublikationen; 1761–1770: 189; 1771–1780: 413; 1781–1790: 907; 1791–1800: 1.623.[98] Ähnliche Entwicklungstendenzen lassen sich auch an dem Druck von Schauspielen nachweisen: 1751–1760: 125 Schauspielpublikationen; 1761–1770: 304; 1771–1780: 1.069; 1781–1790: 1.135.[99] (Da die absoluten Zahlen der Roman- und Schauspielproduktion auf der Basis von wesentlich später erstellten Bibliographien ermittelt wurden, zu einer Zeit also, als viele nicht in den Kanon aufgenommene Titel bereits verloren und nicht mehr nachweisbar waren, ist es wahrscheinlich, daß die genauen Zahlen wesentlich höher liegen. Ein Zeitgenosse, Johann Georg Heinzmann, schätzt, daß zwischen 1773 und 1794 im deutschsprachigen Raum jährlich rund 300 Romane publiziert wurden. Die Romanproduktion wäre demnach innerhalb weniger Jahrzehnte um das 22fache gestiegen, während die gesamte Buchproduktion nur auf das Doppelte stieg.) Die Einführung einer ganzen Reihe neuer Drucktechnologien in der ersten Hälfte des 19. Jh. wie zum Beispiel der dampfgetriebenen Rotationsmaschine (1846) und zahlreicher anderer Drucktechniken waren nicht zufällig Nebenprodukte der industriellen Revolution; die Erfindung neuer Drucktechniken hatte ihren Grund in der Leserevolution des 18. Jh. Für die Zeit um 1800 stellt Hörisch generell fest: »Es gibt Begleitmedien wie literarische Zeitschriften, es gibt Buchhändler, es gibt einen funktionierenden Buchmarkt mit neuen Finanzierungswegen (zum Beispiel die Subskription), und es gibt ein Zustell- und Liefersystem [...], kurzum: es gibt eine druckzentrierte Medien-Infrastruktur mit Schulen, Universitäten, Verlagen, Postämtern und Großschriftstellern, die allerdings, um wirklich Großschriftsteller zu werden, noch darauf drängen müssen, ein wirksames Copyright in die Welt zu setzen.«[100]

2. Das typographische Subjekt und die weltliche Erzählkultur

Erzählliteratur wurde gegen Ende des 17. und in der ersten Hälfte des 18. Jh. als Medium radikal auf- und umgewertet: sie wurde fortan von einer weltlichen Intelligenz als zentrales bürgerliches Selbstfindungsmedium konzipiert. Der kirchlich-religiöse Diskurs, der bis dahin das vorherrschende Sozialisationsmedium war, war mit seiner vertikalen und statischen Diesseits-Jenseits-Perspektive nur solange zur Vermittlung von Sinnorientierun-

---

[95] HERBERT SCHÖFFLER, Protestantismus und Literatur. Neue Wege zur englischen Literatur des achtzehnten Jahrhunderts (Leipzig 1922), 190.
[96] Vgl. DUDEK (s. Anm. 61), 27.
[97] Vgl. COLIN CLAIR, A History of Printing in Britain (London 1965), 167.
[98] Vgl. MARION BEAUJEAN, Der Trivialroman in der zweiten Hälfte des 18. Jahrhunderts. Die Ursprünge des modernen Unterhaltungsromans (Bonn 1964), 178.
[99] Vgl. JOCHEN SCHULTE-SASSE, Die Kritik an der Trivialliteratur seit der Aufklärung. Studien zur Geschichte des modernen Kitschbegriffs (München 1971), 46.
[100] HÖRISCH (s. Anm. 9), 152.

gen geeignet, wie die Gesellschaft eine über Jahrhunderte hin stabile, hierarchisch gegliederte Körperschaft war, die – weil hauszentriert und nicht oder nur unzulänglich über den Markt vermittelt – nicht Sitten und Normen ausbilden mußte, die den öffentlichen Umgang miteinander regelten. Der Hausvater trug die theologischen Erbauungsschriften im Kreise der Familie vor und sorgte so für ein verpflichtendes Gemeinschaftserlebnis, das die Grenzen des Hauses prinzipiell nicht überstieg. Die so vermittelten Normen zielten nicht darauf ab, Verhalten positiv aufzubauen, sondern einen Teil der menschlichen Natur, weltliche »Gelüste« gleich welcher Art, zu unterdrücken. Mit dem wirtschaftlich bedingten Überschreiten der Hausgrenzen, d. h. mit dem Ausbau eines das Dorf, die Region, die Nation übergreifenden Marktes und mit dem einhergehenden Ausbau bürgerlicher Öffentlichkeit und des Verkehrs der Menschen untereinander wurde ein normatives Verhalten erforderlich, das den über den Markt vermittelten innerweltlichen und zwischenmenschlichen Verkehr formte und für die beteiligten Sozialagenten lesbar werden ließ.

Die Vermittlung von öffentlich relevanten Normen läßt sich nicht durch Vorschriften regeln; sie müssen hinter dem Rücken der Sozialagenten wirken. Dazu bot sich das exemplarische Erzählen von Geschichten an; in den Augen weltlicher Sozialagenten sollte die narrative Kultur der Moderne einen Diskursrahmen bilden, innerhalb dessen eine normative Vereinheitlichung öffentlichen Verhaltens möglich wurde.

Ein gutes Beispiel für den Konflikt zwischen kirchlichen Funktionsträgern und weltlichen Intellektuellen und damit für den Wandel kultureller Sozialisationsformen im Übergang von stratifizierten zu funktional differenzierten Gesellschaften bietet die sogenannte Jeremy-Collier-Kontroverse in England zwischen 1698 und 1726, selbst wenn bei ihr nicht Erzählliteratur im engeren Sinne, sondern die Schaubühne im Zentrum der Debatte stand. 1698 hatte der englische Theologe Jeremy Collier einen Angriff gegen das Theater, *A Short View of the Immorality, and Profaneness of the English Stage*[101], publiziert, eine Schrift, die noch im selben Jahr zwei Neuauflagen erreichte und über die nächsten drei Jahrzehnte hin eine Flut von Schriften und Gegenschriften auslöste (eine statistische Bestandsaufnahme dieser Kontroverse zählte 77 Schriften).

Die längste der Gegenschriften publizierte 1699 James Drake, Arzt und führender Repräsentant der bürgerlichen Intelligenz Englands. Er sieht sehr genau, daß Collier Sozialisation an einen religiösen Diskurs, an den vorschreibenden, begrifflich-direkten Gestus des ›Du sollst nicht […]‹ binden will. Drake selbst tritt für eine andersartige, indirekte, spielerische Form der Sozialisation ein und verschiebt deshalb die Diskussion der Moralität der Literatur von einer Diskussion moralischer Sentenzen zur Anschaulichkeit von Handlungen: »The Parts therefore of a Play, in which the morals of the Play appear, are the Fable, the Characters, and the Discourse. Of these the Fable (in Tragedy especially) is the most considerable«; die dramatische Handlung ist für ihn »the principle Instrument by which the Passions are weeded and purg'd.«[102]

Parallele Debatten finden in allen Ländern Westeuropas statt. In Deutschland beschreibt ein anonymer Goslaer Prediger 1727 die traditionelle kirchliche Position so: »was man nun nicht nennen dürfte, das solle viel weniger mit Geberden und Personen präsentiret werden […]; es hinge denen, so eine lustige Person in Comödien präsentiret, die Unart, so lange sie lebeten, an«[103]. Der Prediger selbst wendet sich entschieden gegen dieses Argument und verteidigt die Schauspielerei mit Argumenten, die an die der Anwälte einer weltlichen Erzählkultur in der Collier-Kontroverse erinnern: das Schauspiel bilde »dem Verstande und Gedächtniß gleichsam ad viuum [= ad vivum = im (Medium des) Lebendigen – d. Verf.] ein alte Geschichten: der Wille wird von Lastern abgeschreckt, und zu Tugenden angemahnet: junge Leute werden zu guten geschliffenen Sitten, höflichen Geberden, unverzagter παρρησία [Freimütigkeit, Offenheit – d. Verf.] angefrischet: und wird der todte Buchstab ihrer Bücher gleichsam erwek-

---

101 Vgl. ROSE ANTHONY, The Jeremy Collier Stage Controversy 1698–1726 (New York ²1966).
102 JAMES DRAKE, The Antient and Modern Stages Survey'd (London 1699), 121 f.
103 ANONYMUS, Goslarisches Programma für die Schulcomödien (1727), in: H. Freyer (Hg.), Programmata Latino-Germanica. Cum Additamento Miscellaneorum Vario (Halle/Magdeburg 1737), 355.

ket und lebendig gemacht« (362f.). Der Goslaer Prediger peilt ein ›Einbilden‹ (Johann Jakob Breitinger) gewünschter Verhaltensweisen im Medium des Lebendigen, d.h. im Medium von Geschichten an. Die ›geschliffenen Sitten‹ und ›höflichen Geberden‹ sowie die ›unverzagte Freimütigkeit bzw. Offenheit‹, von denen er redet, sind weltliche Ideale eines zwischenmenschlichen Verkehrs. Ähnlich verteidigt Samuel Johnson in einem Essay seiner moralischen Wochenschrift *The Rambler* fiktive Erzählungen als »lectures of conduct and introductions into life«. Er behauptet, daß eine weltliche Erzählkultur notwendig sei, um die Bevölkerung zu moralisieren und um so etwas wie eine konsistente Infrastruktur des Verhaltens zu schaffen. Fiktive Erzählungen, so schreibt er im Stile Gottscheds, seien notwendig für Leser »not fixed by principles«, die deshalb »easily [...] the current of fancy« folgen würden: »these familiar histories may perhaps be made of greater use than the solemnities of professed morality, and convey the knowledge of vice and virtue with more efficacy than axioms and definitions«[104].

De Certeau hat diese säkularen Formen gesellschaftlicher Praxis (»une nouvelle formalité des pratiques«) mit guten Gründen als Politisierung des Verhaltens (»politisation des comportements«[105]) beschrieben und betont, daß der Bezugsrahmen, in dem moralische Fragen im Laufe des 17. und frühen 18. Jh. diskutiert wurden, sich von religiösen Institutionen zur weltlichen Organisation einer ökonomischen und politischen Ethik verschiebt. Die neuen (oder doch neu propagierten) Sozialisationsformen streben eine Konstruktion von Subjektivität an, die im Medium von (ästhetischen) Vor- und Darstellungen stattfindet und Identität als Ergebnis eines innerpsychischen Vorgangs begreift; Individuen sollen sich durch Spiegelung in kulturell hochgewerteten Objekten imaginär als Einheit erfahren. Eine solche Textkultur wäre ohne die typographische Revolution des 15. und 16. Jh. nicht möglich gewesen. Wenn Marshall McLuhan recht hat, daß die Schrift und, eindeutiger noch, die typographische Reproduktion der Schrift den Menschen die Fähigkeit verliehen hat, »to focus a little way in front of an image so that we take in the whole image or picture at a glance«[106], dann läßt sich die Textkultur des 18. Jh. als einer der Marksteine dieses geschichtlichen Effektes beschreiben. Das bürgerliche Subjekt fokussiert sich im Medium von Texten, weshalb Herder insistieren wird, daß die Einbildungskraft nur dann ein positives Vermögen sei, wenn sie mit Selbstbewußtsein Bilder erschafft. Selbstbewußtsein ist ein Bewußtsein, das in sich, in einem Selbst zentriert ist. Zur Zentrierung seiner selbst braucht es einen Spiegel. Selbstbewußtsein ist folglich Ergebnis einer Textkultur. Ein Mangel an Textkultur führt nach Herder zu »bloßen Ejaculationen der Einbildungskraft«. Erst Texte erlauben es den Subjekten, sich als Selbst zu fassen: »was die darstellend-erzählende Poesie [...] um die Phantasie zu bändigen, und zu ordnen, um allen Kräften und Neigungen der menschlichen Natur Richtung zu geben, was sie hiezu für Hülfe geleistet, zeigt die Geschichte der Menschheit. [...] Sie zwang die ausgelassene Phantasie unwissender Menschen, die nirgend ein Ende findet, unter Gesetze, in Gränzen.«[107] Moderne Subjekte organisieren sich nicht mehr mit Hilfe von externen, autoritätsgestützten Disziplinierungsmaßnahmen, sondern – wie Schiller sagt – im Medium von »Anschauung und lebendiger Gegenwart«[108], die er auch ›Spiegel‹ nennt; denn so »gewiß sichtbare Darstellung mächtiger wirkt, als toder Buchstabe und kalte Erzählung, so gewiß wirkt die Schaubühne tiefer und daurender als Moral und Geseze.« (93) Man hat diese Einübung von Verhaltensweisen gegenüber (gelesenen oder angeschauten) Texten zu Recht eine Anthropotechnik genannt. »Anthropotechniken, also heftige Modellierungen an dem, was den Menschen ausmachen soll, [sind] deutlich älter [...] als die neuere Gentechnologie. Buchdruck, Alphabetisierung und Lesekultur zählen zu den machtvollsten unter den bisherigen Anthropotechniken.«[109]

---

104 SAMUEL JOHNSON, The Rambler 4 (31. 3. 1750), in: The Rambler, Bd. 1 (London 1809), 20.
105 MICHEL DE CERTEAU, L'écriture de l'histoire (Paris 1975), 156.
106 MCLUHAN (s. Anm. 44), 37.
107 HERDER, Kalligone (1800), in: HERDER, Bd. 22 (1880), 162, 149f.
108 SCHILLER, Was kann eine gute stehende Schaubühne eigentlich wirken? (1784), in: SCHILLER, Bd. 20 (1962), 91.
109 HÖRISCH (s. Anm. 9), 161.

Auch Friedrich Kittlers bemerkenswerte und einflußreiche mediengeschichtliche Studien bauen diese Erklärung aus: »Allgemeine Schulpflicht überzog die Leute mit Papier.« »Auch wenn das alphabetisierte Individuum ›Schriftsteller‹ aus seiner privaten Äußerlichkeit ›Handschrift‹ zuletzt in die anonyme Äußerlichkeit Buchdruck fallen mußte, um über Ferne und Tod hinaus ›seinen Rest und seine Vermehrung‹ zu sichern – alphabetisierte Individuen ›Leser‹ konnten diese Entäußerung allemal wieder rückgängig machen. ›Wenn man recht ließt,‹ schrieb Novalis, ›entfaltet sich in unserm Innern eine wirckliche Welt nach den Worten.‹« »An Buchstaben, über die sie als gebildete Leser hinweglesen konnten, hatten die Leute Gesichte und Geräusche. Um 1800 wurde das Buch Film und Schallplatte zugleich – nicht in medientechnischer Realität, sondern im Imaginären von Leserseelen.«[110]

3. Auswirkungen

Neben der Textkultur gibt es eine Reihe anderer, sich im 18. Jh. manifestierender Effekte der typographischen Revolution. Einige dieser Effekte seien hier kurz skizziert.

a) Öffentlichkeit
Die phänomenale Ausbreitung der Printmedien im 18. Jh. wird in der Regel im Kontext von ›Öffentlichkeit‹ untersucht, einem Begriff, der einen geschichtlich entstandenen Organisationsmodus rationaler, fortschrittsorientierter Diskussion bezeichnen will. »Nicht Moralisierung der Politik als solche, sondern ihre durch das Prinzip der Öffentlichkeit vermittelte Rationalisierung war die Absicht.«[111] Die »öffentliche Diskussion« ist entsprechend als »Medium der Aufklärung«[112] bezeichnet worden; »das morgendliche Erscheinen der Tageszeitung« (12) sei der »das Licht der Öffentlichkeit« (13) verbreitende »Sonnenaufgang der Aufklärung« (12) gewesen.

Bürgerliche Öffentlichkeit konstituiert sich nicht dezisionistisch aus mentalen Akten heraus. Sie braucht ihrem eigenen Verständnis zufolge ein Medium, in dem sie sich formen kann, gedruckte Anlässe des Gesprächs, in deren Erörterung sie öffentliche Umgangsformen entwickeln kann. So betont Adolph Freiherr von Knigge, daß »vor Erfindung des Papiers und der Buchdrucker-Kunst« durch das »Wiederstreben oder die Vergänglichkeit des Stoffs, welchem man seine Worte anvertraute«, es unmöglich gewesen sei, »die Abschriften so zu vervielfältigen, daß unsre Gedanken und Bemerkungen dadurch einen allgemeinen Cours bekommen«[113] können. »Schnell geht nun die Austauschung neuer Ideen unter den Denkern aller Nationen von Statten« (7). Dem durch Buchdruck ermöglichten Kreislauf der Ideen in modernen Gesellschaften hält er die mündliche und schriftliche (nicht typographische) Kommunikation in hierarchisch-autoritär gegliederten Gesellschaften der Vergangenheit entgegen: »Die Ueberlieferungen hüllen sich in das Gewand des Altherthums, oder gar einer heiligen Authorität ein; Ohne Beweise, ohne historische und gelehrte Prüfung, ohne genaue Zergliederung, werden sie, gleich viel, ob verfälscht, oder nicht, aus den dunkeln Zeiten, aus denen uns keine andre Documente übrig geblieben sind, für Wahrheit angenommen.« (8) Durch die »Circulation« (64) der Wahrheit werde »Schriftstellerey [...] öffentliche Mittheilung der Gedanken; gedruckte Unterhaltung; laute Rede, an Jeden im Publico gerichtet, der sie hören will; Gespräch mit der Lesewelt« (9).

Die Literatur als Kristallisationskern öffentlicher Diskussion ist nach Habermas aus der Geschichte des Bürgertums nicht wegzudenken. Die Aufklärung wollte Literatur nicht nur als bürgerliches Selbstfindungsmedium, als Medium der Reinigung (Moralisierung) menschlicher Affekte im Sinne einer Normenlehre des Bürgertums institutionalisieren; sie sah in Literatur ein Medium, durch das öffentliche Diskussionsabläufe allererst ausgelöst und organisiert werden konnten. Die literarische Öffentlichkeit wurde, so eine berühmte Formulierung Habermas', zur »Vorform der politisch fungierenden Öffentlichkeit«[114]. Die Verteilung des

---

110 FRIEDRICH KITTLER (s. Anm. 6), 17, 18, 19.
111 JÜRGEN HABERMAS, Strukturwandel der Öffentlichkeit. Untersuchungen zu einer Kategorie der bürgerlichen Gesellschaft (Neuwied 1962), 358.
112 BOLZ (s. Anm. 14), 13.
113 ADOLPH FREIHERR VON KNIGGE, Ueber die Schriftsteller und Schriftstellerey (Hannover 1793), 6.
114 HABERMAS (s. Anm. 111), 40.

Diskussionsanlasses (des Buches, der Zeitschrift oder der Zeitung) übernahm der Markt, der dadurch zur Einbruchstelle bürgerlicher Interessendivergenz in Organisationsformen bürgerlicher Öffentlichkeit wurde. Habermas stellt für das 18. Jh. fest: Das Publikum, dem die ästhetischen Werke »zugänglich wurden, verhielt sich zu ihnen als Gegenständen des Urteils und des Geschmacks, der freien Wahl und der Neigung. Gerade durch die kommerzielle Vermittlung entstanden die kritischen und ästhetischen Bezüge, die sich von bloßer Konsumtion unabhängig wissen. Eben deshalb beschränkt sich aber auch die Funktion des Marktes darauf, die Kulturgüter zu verteilen, sie dem ausschließlichen Gebrauch der Mäzene und adligen Connaisseurs zu entziehen.«[115] Allerdings schlagen die strukturellen Zwänge des Marktes auch schon im 18. Jh. in Lektüreweisen bzw. Rezeptionsformen, in Wertungskriterien und in Inhalte durch (s. u. zur Medienkritik).

b) Lesegesellschaften
Der bekannteste Effekt der Strukturzwänge des Marktes ist die Dichotomisierung der Literatur in ›hoch‹ und ›niedrig‹. Lesegesellschaften sind »vermutlich die ersten bürgerlichen Vereinigungen, die nicht dem Zwecke der Wahrnehmung berufsspezifischer Interessen wie die Gilden und Zünfte obliegen, sondern die [...] unter dem Merkmal der Lektüre die verschiedensten bürgerlichen Berufe aus ihrer jeweiligen Abgeschlossenheit befreien und einer neuartigen Gemeinsamkeit zuführen.«[116] Sie sind ein wichtiger Schritt hin zu der die Stände übergreifenden Publikumsform der Öffentlichkeit. In den Regularien eines Stuttgarter Lesegesellschaft heißt es: »Die Anzahl der Mitglieder soll sich fürs erste nicht über hundert belaufen, wobei in Ansehung der Annahme nicht sowohl auf Stand und äusserliche Vorzüge, als auf Vorzüge des Geistes und Herzens, und Liebe zur gesellschaftlichen Ordnung gesehen wird; wie überhaupt Gleichheit aller Mitglieder in allen gesellschaftlichen Rechten und Obliegenheiten ein Grundgesez des Instituts ist.«[117] Den Lesegesellschaften lag ebenso wie den Freimaurerorden an einer raschen Ausbreitung moralisch-gesellschaftspolitischer Handlungsnormen. In Deutschland wurden vor 1760 fünf, zwischen 1760 und 1770 acht, zwischen 1770 und 1780 rund fünfzig, zwischen 1780 und 1790 rund 170 und zwischen 1790 und 1800 rund 200 Lesegesellschaften neu gegründet.[118] Wenn viele dieser Gesellschaften auch bald wieder eingingen, so dokumentieren die Zahlen doch einen der Nebeneffekte der typographischen Revolution.

Narrative Texte, so läßt sich aufgrund zahlreicher Dokumente folgern, dienten unter Modernisierungsdruck geratenen Subjekten zur emotionalen und normativen Organisation ihrer Individualität. Dies läßt sich u. a. an Unterschieden zwischen dem (modernisierteren) protestantischen Norden und dem katholischen Süden ablesen: die Lesegesellschaften des katholischen Südens hatten wesentlich andere Ziele und wesentlich andere Lektüregewohnheiten als die des protestantischen Nordens. Die Regensburger Lesegesellschaft z. B. verbannte noch 1788 alle Romane; ähnliche Haltungen gegenüber der Erzählliteratur lassen sich in Bayern auch andernorts nachweisen. Von einer 1772 gegründeten Lüneburger Lesegesellschaft dagegen heißt es 1786, daß »die Hälfte aller Bücher aus Romanen bestehet, und doch hat das Romanenhungerige Publicum nicht genug«[119]. In Glückstadt gab es eine Gesellschaft, deren Bibliothek nur Romane enthielt. Prüsener weist darauf hin, wie deutlich in den Statuten der Lesegesellschaften das Bedürfnis zum Ausdruck kommt, daß Lektüre den Mitgliedern dazu dient, sich als Subjekte zu formen: »Primär ist das Selbstbewußtsein des bürgerlichen Lesers, die Suche nach einer eigenen neuen Lebensform« (466f.).

Es gehört deshalb zu einem genauen Bild der typographischen Revolution des 18. Jh. hinzu, daß sie im wesentlichen ein norddeutsch-protestanti-

---

115 Ebd., 18.
116 GÜNTER ERNING, Das Lesen und die Lesewut. Beiträge zu Fragen der Lesergeschichte, dargestellt am Beispiel der schwäbischen Provinz (1750–1800) (Bad Heilbronn 1974), 63.
117 ANONYMUS, Einrichtungen und Geseze der Stuttgartischen LeseGesellschaft, in: Erning, (s. Anm. 116), 116.
118 Vgl. MARLIES PRÜSENER, Lesegesellschaften im 18. Jahrhundert. Ein Beitrag zur Lesergeschichte (Frankfurt a. M. 1972), 412.
119 Nachricht von einer Lesegesellschaft zu Lüneburg, in: Journal von und für Deutschland 3 (1786), 2. Stück, 136.

sches Ereignis war, so daß ihre hier skizzierten Folgen hauptsächlich für den norddeutschen Raum gelten. »In Österreich und Bayern mußten Leser moderner französischer und deutscher Autoren wie Gellert, Rabener und Wieland noch bis zum Ende des 18. Jh. mit Strafen rechnen. In Passau wurde 1794 eine Leihbücherei konfiziert und verfügt, daß nur noch lateinische Bücher ausgegeben werden durften, keine deutschen wie Klopstocks Messias, Rabners Satiren und Briefe, Hagedorns, Schlegels, Kleists und Höltys Gedichte.«[120]

c) Nationalismus
Im modernisierten Staat findet die funktionale Ausdifferenzierung des gesellschaftlichen Systems ihr Komplement in Gegenbewegungen, die zur Projektion imaginärer Einheiten führen. Seit dem 18. Jh. spiegeln sich Kollektive in ihrer Sprache, ihrer Geographie, ihrer Kultur und Geschichte und erfahren sich so imaginär als nationale Einheit. »Erst die drucktechnische Reproduzierbarkeit des Nationalen macht diese [die Nation – d. Verf.] möglich.«[121] Genauer: Die Verkörperung (Imaginisierung) des Nationalen ist von seiner unentwegten bildlichen und textlichen Reproduktion abhängig, etwa in der Form von Landkarten: »The absence of uniform maps delineating political boundaries seems [...] to be more relevant to blurred political consciousness during prior eras than has been yet noted in most historical studies.«[122] Diese Vermutung kehrte John Brewer am Beispiel Englands ins Positive, indem er zeigen konnte, wie sehr die infrastrukturelle Erschließung des Landes und die Repräsentation der geographischen Einheit als Landkarte zur Entstehung eines nationalen Bewußtseins beitrug.[123] Das gleiche gilt für die Marginalisierung regionaler Dialekte zugunsten von Hochsprachen. Denn die Drucktechnik bewirkte, daß linguistische Trennungslinien akzentuiert wurden; innerhalb der so zentrierten Sprachräume vereinheitlichten die Drucker in der Folge durch Standardisierung die Mundarten.

4. Medienkritik im 18. Jahrhundert

Die typographische Revolution des 15. Jh. führt, wie erwähnt, erst im 18. Jh. zur definitiven Überwindung traditioneller (mündlicher und alphabetisierter) Kulturen. Mit anderen Worten, der Höhepunkt der Gutenberg-Galaxis liegt zwischen 1750 und 1850. Dies nicht nur wegen der ansteigenden Buchproduktion, sondern – wesentlicher – wegen veränderter Anthropotechniken. Wie alle kulturrevolutionären Veränderungen, so hat auch diese eine Gegenbewegung ausgelöst: eine Welle der Kritik, die gegen den Buchhandel und das Lesen, gegen das Vielschreiben und die Vieldruckerei gerichtet war. Überraschenderweise sind es häufig Buchhändler, die die Entwicklung negativ bewerten: »Wer erschrak nicht bei dem Anblick des diesjährigen Ostermeß-Cataloges! Wird denn dieses Verzeichniß mit jedem Iare wachsen? Wo finden wir die Gränzen dieses Wachsthums? Sicher im Verkümmern der Litteratur und im Ruin des Buchhandels.«[124] Derselbe Buchhändler macht dafür »Roman- und Schauspiel-Fabriken« (336) verantwortlich. Wenn man heute häufig lesen kann, daß durch die neuen Medien der Bruch mit den Bedeutungskonstruktionen der Aufklärung offensichtlich [wird]: ein Zerfall jener literarischen Öffentlichkeit, die nach Kant das Medium darstellt, über welches der Wahrheits- mit einem Publizitätsanspruch verbunden ist«[125], dann fällt auf, daß dies bereits Autoren des 18. Jh. für die alten Medien behauptet haben. Der so präzise wie schöne Ausdruck von Bolz, daß »die Horizonte der aufgeklärten Welt unter Medienbedingungen«[126] zerbrechen, gilt den Kultur- und Medienkritikern des späten 18. Jh. zufolge bereits für ihr Zeitalter. Die Polemik gegen die Lesesucht enthält übrigens interessante argumentative Parallelen mit der zur

---

120 ENGELSING (s. Anm. 87), 64.
121 ULRICH BECK, Die Erfindung des Politischen. Zu einer Theorie reflexiver Modernisierung (Frankfurt a. M. 1993), 117.
122 EISENSTEIN (s. Anm. 63), 227.
123 Vgl. JOHN BREWER, The Sinews of Power. War, Money and the English State, 1688–1783 (Cambridge, Mass. 1990).
124 ARMIN MALLINCKRODT, Über Deutschlands Litteratur und Buchhandel. Allen Gelehrten und Buchhändlern ans Herz gelegt (1800), in: Quellen zur Geschichte des Buchwesens, Bd. 9, hg. v. R. Wittmann (München 1981), 331.
125 HARTMANN (s. Anm. 12), 63.
126 BOLZ (s. Anm. 14), 114.

gleichen Zeit verbreiteten Polemik gegen die Onanie.[127] Hier kann nur kurz auf den Tenor dieser Kritik hingewiesen werden. Johann Gottfried Hoche etwa veröffentlichte 1794 eine Schrift, deren Titel symptomatisch ist: *Vertraute Briefe über die jetzige abentheuerliche Lesesucht und über den Einfluß derselben auf die Verminderung des häuslichen und öffentlichen Glücks*. Resigniert stellt er fest, daß sich die meisten der neuern Schriftsteller »nie über Kalk und Stroh erheben«[128]. Das zur Fabrikware herabgesunkene Buch verhindere Aufklärung und befördere Zerstreuung (ein im 18. Jh. auch in der Onaniedebatte ganz unmetaphorisch gebrauchter Begriff). Ein Jahr später, 1795, veröffentlicht der Berner Buchhändler Johann Georg Heinzmann einen *Appel an meine Nation über Aufklärung und Aufklärer; über Gelehrsamkeit und Schriftsteller; über Büchermanufakturisten, Rezensenten, Buchhändler*, in dem er über rund 550 Seiten hin gegen die Massenproduktion von Büchern und die Lesesucht seiner Zeit anrennt. Er behauptet, »Religions-Verachtung und thierische Triebe der Wollust« seien »in unsern neu aufblühenden Geschlechtern durch die Romanenlektür ausserordentlich verbreitet worden«; weshalb er »eine Total-Revolution in der bescheidenen, alttreuherzigen Denkungsart« erwartet und schwarz sieht für die »Nachkommen«, die »noch weit elender seyn werden, als wir es jetzt schon sind«[129]. Die »Romanenseuche« (147) sei Ergebnis der Kommerzialisierung des Buchmarktes: »Der Schaden ist gar nicht zu berechnen, den die allgemein eingerissene Fabrikschriftstellerey auf den Gemeingeist (esprit public) äussert.« (149) Heinzmann kommt zu der für einen Buchhändler erstaunlichen Schlußfolgerung: »so wie die Bücherherrschaft zunimmt, in eben dem Grade« verschwindet »die *praktisch-edle Vernunft*, die Thatkraft« (78). Er meint wie zahlreiche seiner Zeitgenossen ein reziprokes Verhältnis zwischen dem Anstieg der Buchproduktion und der Verkümmerung einer ›praktisch-edlen Vernunft‹ und ›Tatkraft‹ zu erkennen; das Lesen unterminiert angeblich die personale Eigenständigkeit von zuvor prinzipiell ihrer selbst mächtigen Subjekten.

Der Grund der Kritik des Mediums Buchs, das zur Ware geworden ist, liegt darin, daß den zeitgenössischen Kulturkritikern zufolge die Massenware ›Buch‹ die kulturellen Effekte der typographischen Revolution zersetzt: »Unser Bewußtseyn darf bey der Lektüre nicht zerstreuet seyn, sonst können wir weder den Inhalt des Buchs fassen, noch unsere Kräfte ins Spiel sezzen. Sind wir nicht streng aufmerksam auf das, was wir lesen, so gewöhnen wir uns an Zerstreuung, und betrachten und sehen alles nur mit einem dunkeln Bewußtseyn. Ein solcher Zustand wird uns bald zur andern Natur. [...] Wir sind bey allem, was wir unternehmen, zerstreuet, wir sind nicht bey Sinnen und sind in Gefahr, [...] den richtigen Gebrauch unsers Verstandes gänzlich zu verliehren [...]. Der Leser eines Buches [...] muß dem Schriftsteller nachhelfen: er muß das Selbstdenken nicht aufgeben, sondern er muß ihm vor- und nachdenken. Er muß nicht ein Sklav fremder Materialien werden, sondern er muß als Selbstherrscher über sie regieren.«[130] Ähnlich schreibt Samuel Tayler Coleridge über die Leser narrativer Massenprodukte: »I dare not compliment their *pass-time*, or rather *kill-time*, with the name of *reading*. Call it rather a sort of beggarly daydreaming, during which the mind of the dreamer furnishes for itself nothing but laziness and a little mawkish sensibility«[131]. Das Kriterium der Zerstreuung gehört um 1800 zu den verbreitetsten Denkmotiven; es ist das negative Pendant zum Begriff der Fokussierung menschlicher Aufmerksamkeit durch Texte und verstärkt ex negativo die an Texte herangetragenen kulturellen Erwartungen.

127 Vgl. ISABEL VON HULL, Sexuality, State, and Civil Society in Germany, 1700–1815 (Ithaca/London 1996), 258–280.
128 JOHANN GOTTFRIED HOCHE, Vertraute Briefe über die jetzige abentheuerliche Lesesucht und über den Einfluß derselben auf die Verminderung des häuslichen und öffentlichen Glücks (Hannover 1794), 13.
129 JOHANN GEORG HEINZMANN, Appel an meine Nation über Aufklärung und Aufklärer; über Gelehrsamkeit und Schriftsteller; über Büchermanufakturisten, Rezensenten, Buchhändler; über moderne Philosophen und Menschenerzieher; über mancherley anderes, was Menschenfreyheit und Menschenrechte betrifft (Bern 1795), 139 f.
130 BERGK (s. Anm. 13), 65 f.
131 SAMUEL TAYLER COLERIDGE, Biographia Literaria or Biographical Sketches of my Literay Life and Opinions (1817), in: COLERIDGE, Bd. 7/1 (1983), 48 f.

VII. Neue Medien

1. Daten und Befunde

a) Zur Geschichte der neuen Technologien
Man könnte die Geschichte der neuen Medien mit der Stereoskopie (ab 1830/32), Daguerreotypie bzw. Photographie (ab 1838) und Phonographie (ab 1850) beginnen. Hörisch meint, daß »der Druck seine mediale Monopolstellung« als Folge dieser Erfindungen bereits »in der Mitte des 19. Jh. verliert«[132]. Selbst wenn Hörisch den Verfall der Gutenberg-Galaxis zu früh ansetzen mag, die Technologien der Stereoskopie und Photographie haben nachweisbar eine Krise des Subjekts ausgelöst. Das Stereoskop etwa, das Charles Wheatstone zwischen 1830 und 1832 entwickelte, stellt Subjektivität als stabiles, gesichertes Blickzentrum in Frage. Denn die beim Stereoskop und der Photographie zum ersten Mal deutlich werdende Diskrepanz zwischen dem Sichtfeld des Subjekts und dem des Kameraobjektivs wirft unweigerlich die Frage auf, ob das Subjekt überhaupt in der Lage ist, Wirklichkeit ›objektiv‹ wahrzunehmen. »Das menschliche Auge fokussiert bekanntlich nur einen Punkt des Sehfeldes scharf. Der Rest ist ein mehr oder weniger verschwimmender ›Horizont‹, auf dessen Einzelpunkt sich das gesunde Auge allerdings schnell einstellen kann.« (243) Stereoskopie und Photographie wurden folglich als subjektloses Medium begriffen. Sie arbeiten dem ästhetischen Blick der Gutenberg-Galaxis entgegen; jener war vom Blick als ›punctum‹ (Augenpunkt) einer raumzeitlichen Organisation von Welt abhängig (die camera obscura war der technische Ausdruck dieses Blick- bzw. Subjektivitätsverständnisses). Mit der Erfindung von Stereoskopie und Photographie wird dieses Verständnis unterhöhlt.[133]

So kann es nicht verwundern, daß zahlreiche Zeitgenossen den Wert derartiger Repräsentationen von Wirklichkeit barsch in Frage stellen. Eichendorff etwa, der im Alter noch die Erfindung der Daguerreotypie miterlebt, sieht den Gegensatz zwischen Gutenberg-Galaxis und neuen Medien sehr klar. Die Gutenberg-Galaxis privilegierte den Raum, die neuen Medien die Zeit.[134] Wenn Eichendorff schreibt, daß »diese [deutsche – d. Verf.] Nation [...] sich ihre eigentliche ideale Waffe, die Buchdruckerkunst, selbst erdacht«[135] habe, so fällt daran die Synekdoche Nation/Gutenberg auf. Ein Denken in der Kategorie der Nation ist ein Raumdenken. Das Subjekt der Gutenberg-Galaxis fokussiert seinen Blick primär auf räumliche und erst sekundär auf zeitliche Werte. Sein Blick ordnet diese Werte seinen Sinnorientierungen entsprechend. Deshalb muß Eichendorff die Daguerreotypie scharf ablehnen: »Solch Daguerreotyp-Porträt gibt freilich jedes Härchen und jede Warze wieder, aber das materielle Licht erkennt eben nur den Leichnam; der geistige Lichtblick des Künstlers kann erst das Wunderbare im Menschen, die Seele, befreien und sichtbar machen.« (410) Eichendorff spielt hier auf den Unterschied von ›lux‹ und ›lumen‹, materiellem und geistigem Licht an, selbst wenn der ursprüngliche Gegensatz von weltlichem und göttlichem Licht hier säkularisiert ist. Sache des Dichters sei es, »die sinnliche Erscheinung im Feuer himmlischer Schönheit zu taufen und vom Gemeinen zu erlösen« (400). Ein Kunstwerk mache »den Geisterblick fühlbar« (25), der es erschaffen habe. Hingegen sei das »Medium des Materialismus« für die Entartung der Dichtung zu einer »*Poesie* der Sinnlichkeit« (17) verantwortlich. Eichendorffs Gebrauch von Medium ist begriffsgeschichtlich insofern interessant, als der Begriff hier mit ›Materialismus‹ assoziiert ist. Ein positiver und reflektierter Gebrauch von Medium setzt voraus, daß sein Benutzer nicht mehr im Banne der begrifflichen Divergenz von Materialität und Immaterialität, res extensa und res cogitans, Sinn und Sinnlichkeit steht. Wie stark diese Begriffspaare auch heute noch das Denken von zeitgenössischen Medientheoretikern bestimmen, wird in folgendem Zitat deutlich: »Der Film ist antimetaphysisch; er fokussiert das, was der Fall ist [...]. Um so mehr reizt er, der auf Sinne und nicht auf Sinn fokussiert

---

132 HÖRISCH (s. Anm. 9), 167.
133 Vgl. JONATHAN CRARY, Techniques of the Observer. On Vision and Modernity in the Nineteenth Century (Cambridge, Mass. 1990).
134 Vgl. BOLZ (s. Anm. 21), 8, 45.
135 JOSEPH FREIHERR VON EICHENDORFF, Geschichte der poetischen Literatur Deutschlands (1857), in: Eichendorff, Werke und Schriften, hg. v. G. Baumann, Bd. 4 (Stuttgart 1958), 11.

ist, einige Desperados der Moderne dazu, um jeden Preis noch nach den unsinnigsten Sinn-Integralen zu suchen.«[136]

So sehr Stereoskopie, Photographie, Phonographie, Telegraphie und Telephonie zur neueren Mediengeschichte hinzugehören, sie sind relativ belanglos im Vergleich zu der Medienrevolution, die innerhalb der letzten 30 Jahre stattgefunden hat und die die Bedeutung der Erfindung der Typographie wahrscheinlich übertrifft. Die neueste Medienrevolution ist Teil der dritten Industrierevolution innerhalb der letzten zweihundert Jahre.

Voraussetzung sowohl der Medien- wie der Industrierevolution ist der Synergismus verschiedener Technologien, hauptsächlich der Mikroelektronik, der Computertechnologie (Hardware und Software), der Telekommunikation und der Video- oder Optoelektronik.

Die wichtigste Voraussetzung der Industrie- und Medienrevolution des 20. Jh. ist Elektrizität. Zwar entdeckte Otto von Guericke die Reibungselektrizität und den elektrischen Magnetismus bereits in der Mitte des 17. Jh., aber ihre industrielle Nutzung wurde erst durch rasche Fortschritte in der theoretischen Physik in der zweiten Hälfte des 19. Jh. (wie die Theorie des elektromagnetischen Feldes, die James Clerk Maxwell zwischen 1855 und 1873 entwickelte) möglich. Bereits vor den Konsolidierungen der theoretischen Physik revolutionierte der Ausbau des Kommunikationsnetzes (das erste transatlantische Telegraphenkabel wurde 1858 in Betrieb gesetzt) den globalen Informationsaustausch. Der Einsatz von Elektrizität hat, so der Konsens, »das Ende einer lange konstanten, abgesicherten westlichen Werteskala [...], die auf dem geschriebenen Wort aufbaut«[137], eingeläutet. Marshall McLuhan zufolge hat Elektrizität gar zu einer Neuorganisation bzw. Expansion des menschlichen Körpers geführt: »with electricity we extend our central nervous system globally, instantly interrelating every human experience«[138].

Elektrizität machte auch den Ausbau der elektronischen Industrie in den 40er bis 60er Jahren des 20. Jh. möglich. Elektronik ist die Bezeichnung der Technik elektrischer Stromkreise und Schaltungen, in der die Elektronenröhre und der Transistor eine grundlegende Rolle spielen. Die frühe Entwicklung elektronischer Industrie war von militärischen Interessen, von Forschungsverträgen des amerikanischen Verteidigungsministeriums und dem weltweiten Waffenmarkt abhängig.[139] Obwohl der erste programmierbare Computer und der Transistor (Ausgangspunkt der Mikroelektronik) im Umfeld des 2. Weltkriegs erfunden wurden (und damit die technischen Grundlagen der informationstechnologischen Revolution seit rund fünfzig Jahren gegeben sind), hat sich erst seit den 70er Jahren genug Synergismus zwischen Mikroelektronik, Computer und Telekommunikation entwickelt, um Wirtschaft und Kultur neu zu organisieren. 1969 erfindet Ted Hoff den Mikroprozessor (vollständiger Minicomputer auf einem Chip); der erste Mikroprozessor, die Grundlage des Mikro- oder Personalcomputers, wird 1971 von Intel (Intel 4004) bzw. Texas Instruments hergestellt.[140]

Die Leistungsfähigkeit eines Chips hängt von der Kombination dreier Eigenschaften ab: seiner Integrationskapazität (gemessen in mikron = 1 Millionstel eines Inch); seiner Gedächtniskapazität (gemessen in Bits) und der Geschwindigkeit des Mikroprozessors (gemessen in Megahertz). Der erste Mikroprozessor von 1971 hatte 6,5 Mikron, der Intel Pentium chip von 1995 0,35 Mikron; die Gedächtniskapazität betrug 1971 1.024 Bits, 1993 16.384.000; die Geschwindigkeit von Mikroprozessoren ist innerhalb dieses Zeitraums um das 550fache angestiegen.

Die Vernetzung des Globus machte Anfang der 90er Jahre aufgrund von drei konvergierenden Entwicklungstrends einen großen Sprung nach vorn; neben der (1) außerordentlichen Steigerung der Leistungsfähigkeit von vernetzten mikroelektronischen Computern sind dies: (2) die Digitalisierung der Telekommunikation und (3) die Ent-

---

136 HÖRISCH (s. Anm. 9), 302; vgl. Benjamin (s. Anm. 3), 476.
137 HARTMANN (s. Anm. 12), 25.
138 MCLUHAN (s. Anm. 4), 358.
139 Vgl. MANUEL CASTELLS, The Information Age. Economy, Society and Culture, Bd. 1 (Cambridge Mass./Oxford 1996), 5, 59.
140 Vgl. HANS H. HIEBEL, Kleine Medienchronik. Von den ersten Schriftzeichen zum Mikrochip (München 1997), 242.

wicklung von Breitbandübertragungen (Broadband transmission).

b) Krieg und/oder Wirtschaft
als Anstoß der Medienentwicklung
Seit einigen Jahren, vor allem seit der Veröffentlichung von Paul Virilios *Guerre et cinéma I. Logistique de la perception* (1984), ist es üblich geworden, den Krieg als die wichtigste Einzelursache größerer technologischer Innovationsschübe anzusehen. Virilio hat in der Tat auf einige interessante Analogien zwischen dem 1. Weltkrieg und der sprunghaften Veränderung menschlicher Sehgewohnheiten aufmerksam gemacht. Mit einer »productrice abusive de mouvement [...] la guerre en falsifiant les distances falsifie l'apparence«[141]. Die durch den Krieg generierte Wahrnehmungsweise sei vom Kino aufgeriffen worden. Die Definition des Kinos durch Abel Gance: »magique, envoûtant, capable d'apporter aux spectateurs dans chaque fraction de seconde, cette sensation inconnue de l'ubiquité dans une quatrième dimension, supprimant l'espace et le temps«, sei eigentlich »celle de la ›machine de guerre‹ et de sa fatale autonomie«[142]. Kriegs- und Filmapparat hätten gleichsam die Blickweise des 20. Jh. verändert.

Schon hier drängt sich die Frage auf, ob nicht die Eisenbahn und das Auto mehr zur Veränderung unserer Raum- und Zeitperzeption, d. h. zur Fragmentierung unserer räumlich-zeitlichen Erlebnisse beigetragen haben als der Krieg. Doch wo Virilio seinen Analogieschluß auf technische Innovationsschübe anwendet, da wird seine Argumentation noch einseitiger. Was besagt es z. B., daß die »nitrocellulose qui servait à fabriquer les films vierges sert aussi à l'élaboration des explosifs« (20)? Wie läßt sich mit seinem Analogieschluß die Tatsache erklären, daß zwischen fast allen Erfindungen und ihren technologischen Weiterentwicklungen und

wirtschaftlichen Ausnutzungen so gut wie immer eine beträchtliche Zeitverschiebung bestanden hat? Um zwei Beispiele anzuführen: man kann das erstaunlich entwickelte elektrische Teleskop, für das Paul Nipkow 1884 ein Patent anmeldete, als ersten (Kabel-)Fernseher der Geschichte ansehen.[143] Und als die Fernsehtechnologie 1923 entwickelt genug war, um vermarktet zu werden, dauerte es noch rund 20 Jahre, bevor sich die neue Technologie wirklich durchsetzte. Das eigentliche Fernsehzeitalter begann erst 1954, siebzig bzw. dreißig Jahre später, als zum ersten Mal in der Geschichte mehr als die Hälfte aller Haushalte eines Landes (USA) einen Fernseher besaß.

Andere Autoren haben Virilios Erklärungsprinzip aufgegriffen und ausgebaut.[144] So soll die Kybernetik, d. h. die Theorie der Regelung, der Informationsübertragung und -verarbeitung in Maschinen, Organismen und Gemeinschaften, eine Theorie des 2. Weltkriegs sein. Hörisch verweist auf eine lange Reihe von Abfallprodukten militärischer Technologien wie die moderne Stereophonie (Abfallprodukt der U-Boot-Ortungstechnik); den Transportmechanismus des Maschinengewehrs, der zum Transportmechanismus des Kinofilms wird; das Fernsehgerät (Abfallprodukt der Radartechnik) usw. Er kommt zu dem Schluß, daß der »enge genealogische Zusammenhang zwischen Militär- und Medientechnologie [...] kaum sinnvoll zu bestreiten«[145] sei.

Die bereits erwähnte Studie des amerikanischen Kommunikationstheoretikers und -historikers James Beniger hat die These dramatischer kriegsbedingter Innovationsschübe in der Technologiegeschichte mehr oder weniger widerlegt. Beniger entwickelt die durch viele geschichtliche Daten abgestützte Gegenthese, daß die industrielle Revolution die westlichen Gesellschaften am Ende des 19. Jh. in eine »crisis of control« getrieben habe und daß schon damals Lösungsvorschläge wie Rückkopplungs- und automatische Selbststeuerungstechnologien entwickelt wurden. »Until the Industrial Revolution, even the largest and most developed economies ran literally at a human pace, with processing speeds enhanced only slightly by draft animals and by wind and water power, and with system control increased correspondingly by modest bureaucratic structures«[146].

---

141 PAUL VIRILIO, Guerre et cinéma I. Logistique de la perception (Paris 1984), 32.
142 Ebd., 35.
143 Vgl. BRIAN WINSTON, Misunderstanding Media (Cambridge, Mass. 1986), 8.
144 Vgl. KITTLER (s. Anm. 6), 372–375.
145 HÖRISCH (s. Anm. 9), 306.
146 BENIGER (s. Anm. 68), VII.

VII. Neue Medien

Güter müssen nicht nur produziert und verkauft, sondern auch verteilt werden. Je entwickelter die Industrie, desto notwendiger werden weiträumige Absatzmärkte. Die Industrialisierung war deshalb von Anfang an auch ein Prozeß der Entwicklung neuartiger Weisen der Informationsverarbeitung; denn der Erfolg einer reibungslosen Steuerung des erhöhten Warenflusses hing davon ab, wie erfolgreich die Warensteuerung mit der parallelen Steuerung von Informationen synchronisiert werden konnte. Beniger erwähnt eine ganze Reihe anekdotischer Ereignisse, die allesamt die Schwierigkeiten zu illustrieren vermögen, die Firmen im 19. Jh. zu überwinden hatten, um kostspielige Stockungen im Fluß ihrer Güter auf ein Minimum zu reduzieren. Die ersten transkontinentalen Eisenbahngesellschaften der USA zum Beispiel waren völlig unfähig, den Fluß ihrer Waggons so zu organisieren, daß nicht dauernd die größte Verwirrung entstand und Wagons manchmal monatelang unauffindbar waren.[147]

Die von der industriellen Revolution ausgelöste Steuerungskrise hat phasenverschoben zu einer Steuerungsrevolution (Beniger nennt sie ›control revolution‹) geführt, die im Laufe eines knappen Jahrhunderts die Geschwindigkeit der Material- und Informationsverarbeitung radikal erhöht hat. Diese Revolution bestand zu keiner Zeit aus einer bloß organisatorischen Leistung. Sie leitete eine ganze Reihe von Erfindungen ein, die im Endeffekt zur massenhaften Einführung neuer Medien und zur gesellschaftlichen Umstrukturierung menschlicher Kommunikation führte. Am Anfang dieser Entwicklung standen (ebenfalls von der Steuerungskrise bedingte) Verbesserungen und Erfindungen in der Druckindustrie. Die Einführung neuer Drucktechnologien wie der dampfgetriebenen Rotationsmaschine (1846) und zahlreicher anderer Drucktechniken waren deshalb nicht einfach nur mehr oder weniger zufällige Nebenprodukte der industriellen Revolution oder der Buchmarktgeschichte; sie war für die Waren- und Informationssteuerung wie allgemein für die weitere industrielle Entwicklung genauso wesentlich und notwendig wie der Bau von Eisenbahnen und anderen Verkehrsnetzen. Das läßt sich an der Entwicklung des Telegraphen (zwischen 1835 und 1848; 1837 erhalten die Engländer William F. Cook und Charles Wheatstone als erste ein Patent auf einen elektrischen Telegraphen) ablesen, die deutlich von den Erfordernissen des Zugverkehrs angetrieben wurde. Auch der in Deutschland 1848 von Werner Siemens vorgestellte elektrische Telegraph sollte in erster Linie den Zugverkehr sicherer werden lassen.

In der zweiten Hälfte des 19. Jh. gelang es, Probleme automatischer Steuerung theoretisch zu lösen. Daß diese Problemstellungen überhaupt entwickelt und als lösungsbedürftig erkannt wurden, ist der erwähnten Steuerungskrise zuzuschreiben. Die von ihr generierten Lösungsversuche haben einen Prozeß eingeleitet, der über die letzten hundert Jahre hin ganz allmählich zu so jungen Technologien wie Mikroprozessoren und Computern geführt hat. Auch die Kybernetik gehört in den Zusammenhang dieser Entwicklungen. Norbert Wieners autobiographische Äußerungen haben der Deutung Vorschub geleistet, daß die Kybernetik eine Erfindung des 2. Weltkrieges sei. Doch diese Genealogie vergißt, daß die erste theoretische Analyse von Steuerungsmechanismen, Maxwells *On Governors* aus dem Jahre 1868 – ein Aufsatz, den Wiener wiederentdeckt und dessen Vorläuferschaft er anerkennt –, nicht nur das Problem genau erkannt, sondern zumindest die dringendsten Fragen auch bereits beantwortet hat. Sie übersieht ferner, daß während der Kontroll- und Steuerungsrevolution des späten 19. Jh. eine ganze Reihe voneinander unabhängiger Entdeckungen und Erfindungen gemacht wurden, die ohne Grundeinsichten in das, was man heute Kybernetik nennt, nicht möglich gewesen wären. Alle größeren amerikanischen Computerfirmen sind während dieser Zeit gegründet worden. Elmer Sperry etwa, der Gründer der Sperry Corporation, hat bereits in den 80er Jahren des 19. Jh. an der Entwicklung einer ganzen Reihe von Steuerungssystemen gearbeitet: »Of Sperry's nineteen patent applications between 1883 and 1887, eleven included some form of automatic control, more than half involving closed-loop feedback«[148]. James Beniger zufolge beweist Sperrys beruflicher Werdegang, »that information engineering, cybernetics, and

---

147 Vgl. ebd., 428.
148 Ebd., 304.

even computer science trace their origins to the 1880s and 1890s – the beginning of the Control Revolution – and not to World War II or the subsequent developments.« (304–306) Mit anderen Worten, das von der industriellen Revolution aufgeworfene Problem der Steuerung und Rückkopplung von Information hat die Kontrolle und Steuerung des Waren- und Informationsaustausches revolutioniert. Die letzten 150 Jahre gewinnen in dieser Perspektive eine überraschende, neu zu überdenkende und neu zu definierende Einheitlichkeit. Am Ende dieser Periode stehen (vorläufig) nicht nur Computer und Mikroprozessoren, sondern neue Formen der Rückkopplung durch Verkabelung der Haushalte. Die Steuerungsrevolution des späten 19. Jh. hat nicht nur zu neuen Rückkopplungstechniken und zu einer neuen Medienhierarchie geführt, sondern das Ensemble dieser Entwicklungen hat die Art und Weise, in der Gesellschaften sich kulturell reproduzieren, revolutioniert.

Hörisch meint, daß es sinnlos sei, aus den »Hinweisen auf die intimen Verschränkungen von Medientechnikentwicklung und ökonomischen Erfordernissen eine exklusive Alternative zur These von der militärischen Genealogie der Medien machen zu wollen. Das Integral beider Thesen ist schnell gefunden. Es hört auf den Namen ›Willen zur Macht‹.«[149] In der Tat wäre es unsinnig, nach der einen Genealogie zu suchen. Aber es geht bei der Frage, welcher Bereich die Entwicklung von Medientechniken überdeterminiert, nicht nur um Fragen der Genealogie bzw. des Ursprungs. Die Formel vom ›Willen zur Macht‹ individualisiert die Entwicklungsanstöße. Im Gegensatz dazu legt Beniger den Akzent auf Strukturzwänge, auf Krisen, die gelöst werden müssen, um wirtschaftliche Stagnation zu vermeiden. Die Tatsache, daß vor und um 1900 die Übertragungsmedien (insbesondere Telegraphie und Telephonie) revolutioniert werden, hängt eben auch damit zusammen, daß die Speichermedien (Buchdruck, Photo- und Phonographie, Schreibmaschine), deren Entwicklung die erste Hälfte des 19. Jh. bestimmte, nicht

in der Lage waren, die Kontrollkrise zu überwinden.

Die These einer Kriegsgenealogie der Medien ist Bolz zufolge einer der Hauptgründe, warum »jetzt der intellektuelle Mainstream« sich »für eine materialistische Geschichtsphilosophie der Medien« stark mache. »Materialistisch ist diese Theorie, weil es der Krieg-und-Medien-Fraktion ja um die Materialität der Kommunikation, um ihr technisches Substrat geht. Hardware-Fetischismus ist hier eine Art Berufskrankheit. [...] Die Hardware-Fans sind einfach Reduktionisten; sie sehnen sich nach Elementaritäten und Kausalitäten. Sie können Emergenz nicht denken – und deshalb auch nicht System – und deshalb auch nicht Gesellschaft.«[150]

c) Informationstechnologie
Die Industrie- und Medienrevolution der letzten 30–50 Jahre stellt eine informationstechnologische Revolution dar. Durch sie verschiebt sich der Akzent in der Wirtschaft von den Energien zu den Technologien der Wissensgenerierung, Wissensverarbeitung und Zeichenkommunikation; oder präziser, von Technologien, die von billiger Energie, zu Technologien, die von billigem ›input‹ an Information abhängig sind. Die veränderte Informationsverarbeitung wird zum Ursprung gesteigerter Produktivität. Die Architektonik und Logik der Vernetzung steigert die Komplexität von kommunikativen Wechselbeziehungen, wobei die Richtung und Art der Entwicklung nicht immer vorhersehbar ist. Komplexität geht einher mit größerer Flexibilität; denn Komponenten können leichter verändert und in ihrer Wirkung präziser vorausberechnet werden (etwa durch Simulation von Produktionsabläufen am Computer). Zahlreiche Wirtschafts-, Organisations- und Erkenntnisbereiche (wie etwa die Biotechnologie) wurden erst auf der Basis von Computertechnologien möglich.

Die neuen Informationstechnologien zeichnet ein kumulativer Rückkopplungseffekt zwischen Wissensgenerierung und der Nutzanwendung des Wissens aus. Dies führt seinerseits dazu, daß die Fähigkeit zur Selbstgenerierung nicht vorprogrammierter, kohärenter Sequenzen, die bisher auf die Logik der Biologie beschränkt war, zunehmend in

---

149 HÖRISCH (s. Anm. 9), 311.
150 BOLZ (s. Anm. 21), 35.

elektronischen Maschinen anzutreffen ist. Die neuen Informationstechnologien sind so nicht mehr einfach Hilfsmittel oder Werkzeuge, die im Produktionsprozeß angewendet werden, sondern ihr Gebrauch verändert und formt diesen Prozeß selbst.

d) Das Internet

Das Internet wurde ursprünglich (1969) von der DARPA (US Defense Department Advanced Research Projects Agency) entworfen als ARPANET (eine Vernetzung von nicht mehr als vier Rechnern). D. h. die Anfänge des Internet gehen auf den Plan des amerikanischen Militärs zurück, sich gegen eine Zerstörung amerikanischer Kommunikationssysteme durch die Sowjets zu wappnen. »To some extent, it was the electronic equivalent of the Maoist tactics of dispersal of guerrilla forces around a vast territory to counter an enemy's might with versatility and knowledge of terrain. The outcome was a network architecture that, as its inventors wanted, cannot be controlled from any center, and is made up of thousands of autonomous computer networks that have innumerable ways to link up, going around electronic barriers.«[151] Das entworfene System sollte das Netzwerk von Befehls- und Kontrollzentren unabhängig machen, »so that message units would find their own routes along the network, being reassembled in coherent meaning at any point in the network.« (351) Es mag zu den größten Ironien der Geschichte zählen, daß sich das Netzwerk der CMC (computer mediated communication) von den Plänen seiner Initiatoren so völlig gelöst hat, daß es heute eher gegen sie arbeitet. Castells nennt das Ergebnis »a unique blending of military strategy, big science cooperation, and countercultural innovation.«

Der quantitative Ausbau des Internet wird durch folgende Daten markiert: ein erster ARPANET-Knoten (node) wurde 1969 an der University of California in Los Angeles installiert; die nächsten sechs Erweiterungen (sechs weitere Knoten) 1970/ 71. 1973 gab es 25 Computer bzw. Knoten im Netz. Ende der 70er Jahre war das System in der Lage, bis zu 256 Computer zu vernetzen. Nach größeren Investitionen Anfang der 80er Jahre bestand das System aus 25 Netzwerken mit ein paar hundert Zentralcomputern und einigen Tausend

Benutzern. 1978 erfinden zwei Chicagoer Studenten, Ward Christensen und Randy Suess, das Modem (*M*odulations- und *Dem*odulations-Einrichtungen). 1979 erfanden dieselben beiden Studenten das XModem, das es dem Benutzer erlaubt, seine Dokumente direkt, d. h. ohne über den Computer in einen Internetknotenpunkt zu gehen, zu übertragen. 1992 wurde von Studenten an der University of Illinois Mosaic (ein ›Web browser software program‹) erfunden. Erst 1995, als es 44.000 Computernetzwerke mit weltweit 25 Millionen Benutzern gab, erreichte das Internet eine Kapazität, der heutigen Vorstellung eines globalen Kommunikationssystems entspricht. Um sich die Leistungsfähigkeit der in Gigabytes gemessenen Übertragungstechnologie anschaulich zu machen, muß man sich vorstellen, daß der gesamte Buchbestand der amerikanischen Library of Congress in einer Minute irgendwohin in der Welt übertragen werden könnte. Das Internet brauchte, um eine weltweite Vernetzung von Computern und Benutzern zu erreichen, einen Code, den es erst seit 1990 gibt, als Ingenieure der CERN (Europäischen Organisation für Nuklearforschung) den HTML-Kode entwickelten.

e) Die Globalisierung

Globalisierung meint die weltweite Vernetzung politischer, kultureller und wirtschaftlicher Prozesse. Sie ist abhängig vom Computer und vom Internet und wäre ohne diese nicht denkbar. Zu ihren Folgen zählt eine Veränderung der Art, wie der Mensch Raum und Zeit erlebt. »Globalization is essentially ›action of distance‹; absence predominates over presence, not in the sedimentation of time, but because of the restructuring of space.«[152]

Die elektronisch gelenkten globalen Ströme von Bildern, Lauten und Schriftzeichen sind natürlich Teil umfassenderer politischer und wirtschaftlicher Prozesse; denn sie sind primär Ströme von Geld, Einfluß und Macht. Politisch und wirtschaftlich

---

151 CASTELLS (s. Anm. 139), 6.
152 ANTHONY GIDDENS, Living in a Post-Traditional Society, in: U. Beck/A. Giddens/S. Lash (Hg.), Reflexive Modernization. Politics, Tradition and Aesthetics in the Modern Social Order (Cambridge u. a. 1995), 96.

gesehen ist das kommunikative Netzwerk ein neues Herrschaftsinstrument, das Herrschaft gleichzeitig dezentralisiert. »Zunehmende gesellschaftliche Komplexität bei gleichzeitiger Dezentralisierung hat ein neues Organisationsprinzip der Vernetzung etabliert, entgegen der traditionellen Methode einer Komplexitätsreduktion durch Zentralisierung und Hierarchienbildung.«[153] Im folgenden geht es freilich nur um Folgen der neuen Technologie, die ihrerseits die ästhetische Kultur der Moderne beeinflußt haben.

2. Die Transformation der Erfahrung von Raum und Zeit

Debray unterscheidet zwischen drei Mediensphären, der Logosphäre (Schriftlichkeit als primäre Art der Verbreitung unter den einschränkenden Bedingungen von Mündlichkeit), der Graphosphäre (Druckschriften zwingen ihre Logik einem ganzen symbolischen Milieu auf) und der Videosphäre (das Buch wird als Leitmedium von audiovisuellen Medien verdrängt). Mediensphären prägen eine Epoche mentalitätsgeschichtlich, indem sie das Verhältnis von Menschen zu Raum und Zeit organisieren: »Une médiasphère est une relation mentale à l'espace comme au temps physiques.«[154] Unter diesem Aspekt ist kein kulturgeschichtlicher Einschnitt so eingreifend wie der, den Debray als »concordance télécom/transport« (41) beschrieben

---

153 HARTMANN (s. Anm. 12), 51.
154 DEBRAY (s. Anm. 15), 42 f.
155 Vgl. CASTELLS (s. Anm. 139), 198.
156 BOLZ (s. Anm. 14), 112.
157 Vgl. CASTELLS (s. Anm. 139), 372–375.
158 SCOTT LASH/JOHN URRY, Economies of Signs and Space (London 1994), 229; vgl. EDWARD P. THOMPSON, Time, Work-Discipline, and Industrial Capitalism, in: Past and Present, H. 38 (Dezember 1967), 57–97; NIGEL J. THRIFT, The Making of Capitalism in Time Consciousness (1981), in: J. Hassard (Hg.), The Sociology of Time (London 1990), 105–129; GERALD J. WHITROW, Time in History. The Evolution of our General Awareness of Time and Temporal Perspective (Oxford 1988).
159 Vgl. CASTELLS (s. Anm. 139), 434; DAVID HARVEY, The Condition of Postmodernity. An Enquiry into the Origins of Cultural Change (Oxford/Cambridge, Mass. 1989), 201–323, 350–352.

hat und der mit der technischen und gesellschaftlichen Nutzung elektrischer Energie beginnt.

Eine der wichtigsten Folgen der informationstechnologischen Revolution der letzten Jahrzehnte ist wahrscheinlich, daß zum ersten Male in der Geschichte der Menschheit nicht ein individuelles (Unternehmer) oder kollektives Subjekt (kapitalistische Klasse; Körperschaft; Staat) die Grundeinheit wirtschaftlicher Organisation bildet, sondern ›Netzwerke‹.[155] Entsprechend hat die »Welt der neuen Medien […] von Subjekt auf System umgestellt. Und der Regelkreis Mensch-Welt entzaubert die philosophischen Subjekt-Objekt-Beziehungen.«[156] Die subjektive Erfahrung von Wirklichkeit verändert sich durch die Vernetzung der Subjekte grundlegend. Sie wird virtuell. Die gängigen Wörterbuchdefinitionen von ›virtuell‹ hinken den informationstechnologischen Veränderungen hinterher. Virtuelle Realität meint schon lange nicht mehr eine bloß *mögliche* Realität, sondern eine Realität außerhalb der Koordinaten des konkreten Raumes und der konkreten Zeit. Das Virtuelle mutiert zur realen Erfahrung, weshalb Castells den Ausdruck ›real virtuality‹[157] vorzieht.

Die klassische Moderne, in der »all sorts of phenomena, practices and places become subjected to the disembedding, centralizing and universalizing march of time«[158], war eine von Uhrzeit beherrschte Epoche. Die vernetzte Gesellschaft hat sich von der Vorherrschaft der Uhrzeit befreit. Castells spricht von der zeitlosen Zeit der vernetzten Gesellschaft, andere Autoren von einer Kompression von Zeit und Raum.[159] Die instantane Kommunikation der E-mails; die im Internet global abrufbare Tageszeitung (die es etwa einem in Brasilien lebenden Deutschen erlaubt, deutsche Regionalzeitungen, sofern sie im Internet gespeichert sind, vor deren Abonnenten in Deutschland zu lesen); die global empfangbaren Rundfunk- und Fernsehstationen wie *CNN* oder *Deutsche Welle* verändern die subjektiven Erfahrungen von Raum und Zeit. Wenn sich das Subjekt auf virtuelle Realität bezieht, bezieht es sich in den Dimensionen von Raum und Zeit nicht mehr linearperspektivisch auf Menschen und Dinge, sondern auf zeit- und raumlose Konfigurationen. Auch die Einstellung zur Geschichte ändert sich durch die visuelle Abrufbarkeit ehemals nur erinnerter Szenen. Neue

Generationen wachsen mit einer von ihren Eltern aufgenommenen Videobiographie auf und beziehen sich auf ihre verschiedenen Lebensstadien in objektivierender Betrachtung, was die von Walter Benjamin betonte Wirkung der Fotografie auf die menschliche Zeiterfahrung intensiviert. Das gleiche gilt für die Erfahrung des Raumes: »Localities become disembodied from their cultural, historical, geographic meaning, and reintegrated into functional networks, or image collages, inducing a space of flows that substitutes for the space of places.«[160]

Auch die Konzentration des Fernsehens auf die Geschehnisse der Gegenwart, auf Ereignisse der Jetztzeit, zersetzt die Erfahrung von Zeit. Das sensationelle Ereignis des Augenblicks wird für ein, zwei oder drei Tage in seiner telekommunikativ zurechtgeschnittenen Form ständig wiederholt. Die Flüchtigkeit des erschreckenden oder manchmal auch folgenschweren Moments erhält durch seine vorübergehende Vervielfältigung eine kurzlebige Konstanz. Das Bild setzt sich fest, wie beispielsweise die Videoaufnahmen von Polizeiübergriffen in Los Angeles, hat aber in der Regel keine Folgen und wird nicht länger in ein Erfahrungskontinuum integriert. Gerade durch seine unendliche Wiederholbarkeit verschwindet das Ereignis als Ereignis: »The event would simply disappear if subsumed under a general notion of ›violence‹ or ›weather‹, and thus its singularity is only recognizable when it is split off from the impact or harm by distance. Its singularity is thus the mark of a division, or to put it the other way around: media rely on disappearance as a negative function of repetition in their coverage. The screen memories served up globally to cover the event as it appears thus cover up its very appearance.«[161]

3. *Ästhetische Repräsentation*
unter den Medienbedingungen der Postmoderne

a) Schriftkultur

Wenn es richtig ist, daß die »Welt der neuen Medien [...] von Subjekt auf System umgestellt«[162] hat, dann impliziert das u. a., daß das Subjekt Welt nicht mehr in den Koordinaten von Raum und Zeit perspektivisch erfährt. So sehr das Gefühl moderner Subjekte, Ausgangspunkt disponierender Blicke zu sein, immer schon illusionär gewesen sein mag, es hat die ästhetische Kultur der Moderne geprägt. In seinem Buch *Reading for the Plot* weist Peter Brooks auf einen Sachverhalt hin, der den meisten Literaturwissenschaftlern mehr oder weniger bewußt ist, ohne daß sie viel darüber nachdenken würden: »From sometime in the mid-eighteenth century through [...] the mid-twentieth century, Western societies appear to have felt an extraordinary need or desire for plots, whether in fiction, history, philosophy, or any of the social sciences.«[163] Der perspektivische Bezug von Subjekten auf Welt hat einen linearen und repräsentationslogischen Erzählstil und eine Organisation von Erfahrungsräumen um Individuen herum privilegiert. »Der alphabetische Dichter manipuliert Worte und Sprachregeln mittels Buchstaben, um daraus ein Erlebnismodell für andere herzustellen. Dabei ist er der Meinung, ein eigenes konkretes Erlebnis (Gefühl, Gedanken, Wunsch) in die Sprache hineingezwungen und damit das Erlebnis und die durch das Erlebnis veränderte Sprache für andere zugänglich gemacht zu haben.«[164]

Dem Konsens zufolge bestimmt der unter den Medienbedingungen der Postmoderne zu beobachtende Verlust der Perspektive den Erzählstil dieser Epoche. Die temporale Narrato-Logik der Moderne werde abgelöst von detemporalisierten, nurmehr assoziativ verbundenen kulturellen Zeichen und Sinnbildern: »An die Stelle der linearen Rationalität der Gutenberg-Galaxis tritt [...] ein Denken in Konfigurationen. [...] Unter Bedingungen der neuen Medien und Computertechnologien hat der Mensch Abschied genommen von einer Welt, die durch Repräsentationen geordnet war, und von einem Denken, das sich selbst als Repräsentation der Außenwelt verstand.«[165] Dies wiederum wirke auf ›Sinn‹ zurück; denn die globale Kongruenz und Korrespondenz kultureller

---

160 CASTELLS (s. Anm. 139), 375.
161 PETER KRAPP, Screen Memories. Paramnesia and its Media History (Diss. University of California, Santa Barbara 2000), 247.
162 BOLZ (s. Anm. 14), 112.
163 PETER BROOKS, Reading for the Plot. Design and Intention in Narrative (New York 1985), 5.
164 FLUSSER (s. Anm. 42), 68.
165 BOLZ (s. Anm. 14), 113.

Sinnbilder tendiere zum Sinnverlust bzw. zur Privilegierung eines ironischen Umgangs mit Sinn.[166] Das bedroht liebgewordene Vorstellungen der Bildungskultur. So kann es nicht verwundern, daß die Veränderungen häufig zwar registriert, aber kulturkritisch negiert werden. Allgemein wird ein Ende des Buches bzw. der Schreibkultur diagnostiziert: »Das sogenannte Ende des Buches zerstört [...] nicht nur eine Zentralmetapher der aufklärerischen Moderne, es indiziert vielmehr eine grundlegende Krise des bürgerlichen Kulturmodells.«[167] Mitunter wird das Ende des Buches mit lebensweltlichen Veränderung zusammengesehen: »Die informatische Revolution ist eine politische: die Stadt (polis) geht unter; und sie ist eine kulturelle Revolution: die Schreibkultur geht unter.«[168] Angesichts der Konkurrenz von schriftlichen und visuellen Medien spricht man von einer »substanzbedrohenden Medienkonkurrenz und einem zunehmenden Rechtfertigungsdruck«, der die Literatur zwinge, »ihre mediale Nachrangigkeit«[169] einzubekennen. Unter Mediendruck werde sich die Literatur der Zukunft »nicht länger auf ihre selbsterzeugten Codes verlassen, auf Mythen, Narrationen, Diskurse oder Menschenbilder; dafür wird sie jüngere und aktuelle Codes aufbrechen: Mythen, die der Spielfilm zeugt, Diskurse, die der Talkmanie entspringen, Bilder aus dem elektronischen Pantheon der Prominenz. Dabei wird sie nicht entlarven, sondern neu konstellieren, nicht zerstören, sondern entstellen.« (25f.) Ähnlich folgert ein anderer Kritiker: »die jetzt noch zu schreibenden Texte werden zunehmend kokett, da sie dem Zwang nicht mehr entkommen werden, ihre eigene Präsentationsform bewußt zu machen, um gleichzeitig auf mögliche mediale Nebeneffekte zu schielen.«[170]

Um relevant zu bleiben, so folgert man paradoxerweise, müsse die zeitgenössische Literatur »auf der Höhe ihrer eigenen Geschichte und der konkurrierenden Medien sein.« Denn obwohl Literatur »historisch disfunktional« geworden sei, trage sie »eine Distanzierungsspannung in sich [...], die den unmittelbar sinnlich operierenden Suggestionsmedien abgeht«[171]. Eine traditionelle Dichotomie der ästhetischen Moderne, die zwischen »künstlicher Erzählnaivität« und »sprachlich reflektierten Erzählweisen« (12) dient dazu, zwischen Literatur und den neuen, »unmittelbar sinnlich operierenden Suggestionsmedien« (26) zu differenzieren. Von der Schreibkultur geformte Kulturkritiker bleiben so letztlich bei einer »kategorischen Entgegensetzung von Gutenberg-Galaxis und Cyberspace« (22) stehen, ohne daß sichtbar würde, worin die positiven Effekte der medialen Neuerungen bestehen. Ironischerweise wurde der Begriff ›Cyberspace‹ von einem Romancier, William Gibson, geprägt (vgl. Gibsons Erstlingsroman *Neuromancer* von 1984); interessanterweise folgte die erste Leinenausgabe dieses Romans erst 1986, als sich der Roman als Kultroman etabliert hatte, auf die billige Taschenbuchausgabe von 1984.

Die auffälligste (und sicherlich nicht als Negativ der Buchkultur zu begreifende) Neuerung, die die neuen Medien im Bereich der Textproduktion herbeigeführt haben, ist der sogenannte Hypertext. Der Begriff bezeichnet »ein spezifisch typographisches Schreiben, das nicht mehr linear organisiert ist«[172], sondern, die Möglichkeiten der Computertechnologie und des Internets nutzend, spezifische Informationen einzelner Texte multidimensional mit anderen, sowohl typographisch wie audiovisuell reproduzierten Informationen vernetzt. Bolz nennt die neue Schreibtechnik »eine Fenstertechnik, die zweidimensionale Schreiboberflächen übereinander schichtet«, wobei »eine Synthese von Buch und audio-visuellen Medien« erreicht werde. Das »Hypertext-Dokument« sei deshalb »keine physikalische Einheit, sondern eine virtuelle Struktur. Streng genommen existiert es nur on-line.« (199) Eine angebliche Gefahr des Hypertextes soll darin liegen, daß der Autor die Navigationsweise des ›Lesers‹ nicht mehr bestimmen, oder weniger gebieten wollend: nicht mehr voraussehen kann, wodurch die expositorische Mitteilungsfunktion von Texten eingeschränkt werde. Diese (sicher zutreffende) Eigenart von Hypertexten nähert letz-

---

166 Vgl. DAVID HARVEY, The Condition of Postmodernity. An Enquiry into the Origins of Cultural Change (Oxford/Cambridge, Mass. 1989).
167 HARTMANN (s. Anm. 12), 22.
168 FLUSSER (s. Anm. 42), 106.
169 WINKELS (s. Anm. 37), 25.
170 HARTMANN (s. Anm. 12), 31.
171 WINKELS (s. Anm. 37), 26.
172 BOLZ (s. Anm. 14), 198.

tere dem anti-expositorischen Stil des Surrealismus oder, unter wissenschaftlichen Diskursen, dem Stil Lacans an, ohne dadurch, wie behauptet wird, der Ästhetik des Spektakels zuzuarbeiten.

b) Filmmedium
Es läßt sich sicher nicht behaupten, daß der Bedarf an Geschichten, die um einen zur Identifikation einladenden Helden (den fiktiven Repräsentanten eines sich perspektivisch auf Welt beziehenden Subjektes) gruppiert sind, unter den Medienbedingungen der Postmoderne abgenommen habe. Das identifikatorische Anschauen audiovisueller Darstellungen begründet nicht anders als das identifikatorische Lesen von Geschichten eine imaginäre Erfahrung von Ganzheit, die auf einen Zustand der Entdifferenzierung hinausläuft. Die amerikanische Filmtheoretikerin Kaja Silverman hat dies so ausgedrückt: »The viewer's exclusion from the site of cinematic [narrative – d. Verf.] production is covered over by the inscription into the diegesis of a character from whom the film's sounds and images seem to flow, a character equipped with authoritative vision, hearing, and speech. Insofar as the spectator identifies with this most fantasmatic of representations, he or she enjoys an unquestioned wholeness and assurance.«[173] Die tatsächlichen Differenzen, die unseren Alltag bestimmen, drücken sich in der Distanz zwischen Zuschauersitz und Leinwand ganz konkret aus. Imaginär werden reale Differenzen durch einen Prozeß, der in der Filmtheorie ›suture‹ (Vernähen) genannt wird, aufgehoben. Der sich identifizierende Leser oder Zuschauer erlebt den im fiktiven Helden figurierten Sinn nicht material als gedeutete Welt, sondern formal als Transparenz von Bedeutung. Suture gibt dem Leser die Illusion, in der Gemeinsamkeit mit dem fiktiven Helden gleichzeitig agonistisch begrenzt und ästhetisch entgrenzt zu sein.
Teresa de Lauretis hat an der Identifikation mit audiovisuellen Darstellungen zwei Momente unterschieden, nämlich eine Identifikation mit dem narrativen Helden und eine Identifikation mit dem omnipotenten Blick der Filmkamera; denn »the double or split identification which [...] cinema offers« sei einerseits »identification with the look of the camera, apprehended as temporal, active or in movement« und andererseits »identification with the image on the screen, perceived as spatially static, fixed, in frame«[174]. Es handele sich dabei um einen »twofold process of identification, sustaining two distinct sets of identifying relations« (144).

Lassen wir die (einleuchtende) feministische Deutung dieser beiden Momente bei de Lauretis unberücksichtigt, so läßt sich sagen, daß die beiden Momente ein Changieren oder Alternieren zwischen zwei Erfahrungsextremen induzieren: zwischen entgrenzender und begrenzender Identifikation. Die doppelte oder gespaltene Identifikation, von der die Autorin spricht, ist für ästhetische Identifikation allgemein charakteristisch. Auch unter den Medienbedingungen der Postmoderne verspricht ästhetische Erfahrung Versöhnung des Gegensatzes von Differenz und Präsenz.

Dem entspricht, daß Identitätserfahrungen auch unter den Bedingungen der neuen Medien angestrebt werden. Die lustbetonte Identifikation mit sog. ›primären‹ Identitäten (familiäre, religiöse, ethnische, territoriale, nationale) muß als Gegenbewegung zur Globalisierung gesehen werden. »Identitätsdiskurse kursieren als Kompensation für den Universalismus der Weltkommunikation. [...] Sinnfragen und Orientierungsprobleme lassen sich nicht mit Information beantworten.«[175] Die Verteidigung der Kultur des Subjektes und der Region gegen die nivellierende Logik des Marktes und der Apparate ersetzt so den Klassenkampf.

Jochen Schulte-Sasse

Literatur
BENIGER, JAMES, The Control Revolution. Technological and Economic Origins of the Information Society (Cambridge, Mass./London 1986); BOLZ, NORBERT, Theorie der neuen Medien (München 1990); BOLZ, NORBERT, Am Ende der Gutenberg-Galaxis. Die neuen Kommunikationsverhältnisse (München 1993); CLAIR, COLIN, A History of European Printing (London 1976); DUDEK, LOUIS, Literature and the Press. A History of Printing, Printed Media and Their Relation to Literature (Toronto 1960); EISENSTEIN, ELIZABETH, The Printing

---

173 KAJA SILVERMAN, The Acoustic Mirror. The Female Voice in Psychoanalysis and Cinema (Bloomington 1988), 13.
174 TERESA DE LAURETIS, Alice Doesn't. Feminism, Semiotics, Cinema (Bloomington 1984), 123.
175 BOLZ (s. Anm. 21), 10f.

Press as an Agent of Change. Communications and Cultural Transformations in Early-Modern Europe (Cambridge 1980); ENZENSBERGER, HANS MAGNUS, Mittelmaß und Wahn (Frankfurt a. M. 1988); FAULSTICH, WERNER, Medientheorien. Einführung und Überblick (Göttingen 1991); FEBVRE, LUCIEN/MARTIN, HENRI-JEAN, L'apparition du livre (Paris 1958); FLEISCHER, WILHELM, Die Wichtigkeit des Buchhandels (Frankfurt a. M. 1991); FLUSSER, VILÉM, Die Schrift (1987; Frankfurt a. M. 1992); FLUSSER, VILÉM, Medienkultur (1993; Frankfurt a. M. 1997); GIESECKE, MICHAEL, Der Buchdruck in der frühen Neuzeit. Eine historische Fallstudie über die Durchsetzung neuer Informations- und Kommunikationstechnologien (Frankfurt a. M. 1991); GOODY, JACK, The Domestication of the Savage Mind (Cambridge 1977); HARTMANN, FRANK, Cyber.Philosophie. Medientheoretische Auslotungen (Wien 1996); HARVEY, DAVID, The Condition of Postmodernity. An Enquiry into the Origins of Cultural Change (Oxford/Cambridge, Mass. 1989); HAVELOCK, ERIC A., The Literate Revolution in Greece and Its Cultural Consequences (Princeton 1982); dt. teilweise als: Schriftlichkeit. Das griechische Alphabet als kulturelle Revolution, übers. v. G. Herbst (Weinheim 1990); HIEBEL, HANS H. (Hg.), Kleine Medienchronik. Von den ersten Schriftzeichen zum Mikrochip (München 1997); HIEBEL, HANS H./HIEBLER, HEINZ/KOGLER, KARL/WALITSCH, HERWIG, Die Medien. Logik, Leistung, Geschichte (München 1998); HILLER, HELMUT, Zur Sozialgeschichte von Buch und Buchhandel (Bonn 1966); HÖRISCH, JOCHEN, Der Sinn und die Sinne. Eine Geschichte der Medien (Frankfurt a. M. 2001); KITTLER, FRIEDRICH, Grammophon, Film, Typewriter (Berlin 1986); MCLUHAN, MARSHALL, The Gutenberg Galaxy. The Making of Typographic Man (London/Toronto 1962); dt.: Die Gutenberg-Galaxis. Das Ende des Buchzeitalters, übers. v. M. Nänny (Bonn u. a. 1995); MCLUHAN, MARSHALL, Understanding Media. The Extensions of Man (1964; London 1994); MCLUHAN, MARSHALL/FIORE, QUENTIN, The Medium is the Massage (New York 1967); ONG, WALTER J., Orality and Literacy. The Technologizing of the Word (London/New York 1982); WINKELS, HUBERT, Leselust und Bildermacht. Über Literatur, Fernsehen und neue Medien (Köln 1997); WINSTON, BRIAN, Media Technology and Society. A History: From the Telegraph to the Internet (London/New York 1998).

1 Vgl. JAMES KNOWLSON, Damned to Fame. The Life of Samuel Beckett (London 1996), 683.

Melodisch/Melodie

(griech. ἐμμελής, μελῳδός, μέλος, μελῳδία; lat. melodicus, melos, melodia; engl. melodic, melodious, melody; frz. mélodieux, mélodie; ital. melodico, melodioso, melodia; span. melódico, melodía; russ. мелодичное, мелодическое, мелодия)

Einleitung; 1. Melodisch im gegenwärtigen Sprachgebrauch; 2. Melodielehren und ästhetische Bestimmungen; 3. Melodie in vier Werken zeitgenössischer Komponisten; **I. Antike und Mittelalter;** 1. Platons Definition des melos; 2. Dichterische Beschreibung und ästhetische Bewertung des melos; 3. Aristoxenos' Definition von ›melodischen Bewegung‹ der Stimme; 4. Augustinus' Zeitanalyse; 5. Mittelalterliche Zitate aus Aristoteles und Augustinus; **II. 1701–1859;** 1. Definitionen der Melodie; 2. Rousseau; 3. Sulzer; 4. Hegel; 5. Schelling; **III. 1863–1911;** 1. Helmholtz' Neudefinition der ›melodischen Bewegung‹; 2. Riemanns Lehre vom Melodischen; 3. Melodie und Sprache; 4. Melodie als Inbegriff von Zusammenhang; 5. Melodie als durée; **IV. 20. Jahrhundert;** 1. Abkehr von der Melomanie; 2. A une passante; 3. Individuelles Anknüpfen an die Tradition

Einleitung

1. Melodisch im gegenwärtigen Sprachgebrauch

Die Worte ›melodisch‹ und ›Melodie‹ gehören nicht zum Grundwortschatz der heutigen deutschen Alltagssprache; die ästhetische Wahrnehmung zeigt sich reserviert gegenüber dem Phänomen des Melodischen. Der Vergleich aus dem um 1919 komponierten Lied von Irving Berlin, ›A pretty girl is like a melody‹, klingt antiquiert; das Treffende des Vergleichs – daß beide, Mädchen und Melodien, einem bisweilen nicht aus dem Kopf gehen – wird heute nicht mehr jedem selbstverständlich einleuchten. Das Fernsehspiel *Nacht und Träume* (1983) von Samuel Beckett, das dem Summen einer Melodie Zeit einräumt, setzt sich dem Vorwurf des Sentimentalen, ja des Rührseligen aus.[1] Dem Rechtschreib-Duden zufolge ist ›melodisch‹ die Adjektivbildung zu ›Melodie‹ und benennt die einer »abgeschlossenen und geordneten Folge von Tönen« zukommende Eigenschaft oder die von ihr ausgehende Wirkung. Als deutsches Synonym wird »wohllautend« angegeben; für

»melodiös«[2] wird auf ›melodisch‹ verwiesen. Der Duden von 1937 hatte ›melodiös‹ noch als »melodienreich«[3] erläutert. Der Fremdwörter-Duden spricht ausführlicher. Er erklärt ›melodisch‹ als »wohlklingend, sangbar, fließend, alle ungewohnten Tonschritte (größere Intervalle) vermeidend«. ›Melodiös‹ ist nicht mehr ›melodienreich‹, sondern »melodisch klingend«[4]. Aber nicht nur ›melodiös‹ klingt verstaubt, auch ›melodisch‹ ist wenig gebräuchlich. Ein junger Dirigent zieht es vor, seinem Orchester den Sachverhalt, daß eine Stimme die Musik führt oder die Melodie trägt, mit dem Wort ›thematisch‹ zu erläutern. Die auffällige Wohlgestalt einer Linie wird von ihm als ›singend‹ bezeichnet, als eigne sich ›melodisch‹ weder zu einer professionellen Beschreibung von kompositorischer Struktur noch zu einer verläßlichen Evokation klanglicher Qualität. Die Gelegenheiten oder das Bedürfnis schließlich, die in einer melodischen Tonfolge enthaltene Qualität des ›Wohllautenden‹ analogisch, metaphorisch oder gar als Pars pro toto für die ganze Musik einzusetzen, scheinen selten geworden. Leicht aufzufinden sind nur Belege aus der Welt der Werbung: »Die Balladen sind unverschämt romantisch, die Midtempo-Songs melodiös und die Uptempo-Tracks weltumspannend melodisch und voller Dynamik.«[5] Der Titel einer Biographie bezeichnet den Komponisten Robert Stolz als den ›König der Melodie‹.[6]

Die Schwierigkeiten der Musiker mit dem Melodischen sind indessen nicht auf die Gegenwart beschränkt oder durch die gegenwärtige musikalische Situation bedingt. Um 1850 trifft der Komponist und Schriftsteller Robert Schumann in seinen *Musikalischen Haus- und Lebensregeln* eine deutliche Unterscheidung: »Melodie ist das Feldgeschrei der Dilettanten, und gewiß, eine Musik ohne Melodie ist gar keine. Verstehe aber wohl, was jene darunter meinen; eine leichtfaßliche, rhythmischgefällige gilt ihnen allein dafür. Es gibt aber auch andere anderen Schlages, und wo du Bach, Mozart, Beethoven aufschlägst, blicken sie dich in tausend verschiedenen Weisen an: des dürftigen Einerlei's namentlich neuerer italiänischer Opernmelodeen wirst du hoffentlich bald überdrüßig.«[7] Noch einmal hundert Jahre früher, 1737, beklagt der Komponist und Musikgelehrte Johannes Mattheson die Ratlosigkeit und das Schweifende der üblichen Ausführungen über Melodie: »Zu bewundern ist es indessen, daß noch keiner, der von der Music geschrieben, so viel uns bis diesen Tag bekannt ist, eine rechtschaffene umschränckte Beschreibung der Melodie gegeben hat. Und wenn ja etwas dergleichen zum Vorschein gekommen, ist es entweder um die Materie, Form und den Endzweck nicht richtig gewesen, indem es bald an diesem, bald an jenem gefehlet; oder es sind auch solche ungebundene Vorträge daraus geworden, die man mit langen Ellen ausmessen muß, und doch in vielen Worten nichts festes sagen, sondern sich zu mehr als einer Sache, fast mehr zur Maladie, als Melodie, reimen.«[8]

Die fachsprachliche Umschreibung des Musikers, das Nebulose der Werbesprache, die Strenge des der Instrumentalmusik verpflichteten Musikpädagogen, die Entschlossenheit der musiktheoretischen Schrift – sie alle dokumentieren ein kompliziertes Verhältnis zu dem ästhetischen Grundbegriff des Melodischen. Der Dirigent hütet sich, seine Musiker mit dem Publikum zu verwechseln, und sucht durch technische Erläuterungen für die ersteren den Genuß des letzteren sicherzustellen. Wie bei anderen Genußmitteln mischt der Werbeprofi präzise Aussagen über den Gebrauchswert seines Produktes, die das Tempo der Stücke in ›langsam‹, ›mittel‹ und ›schnell‹ einteilen, mit einem Versprechen von Glück und starken Wirkungen. Der Pädagoge nimmt das Nationale und die

---

2 Duden Rechtschreibung der deutschen Sprache und der Fremdwörter (Mannheim 1980), 455.
3 Der Große Duden. Rechtschreibung der deutschen Sprache und der Fremdwörter, bearb v. Dr. O. Basler (Leipzig 1937), 352.
4 Duden Fremdwörterbuch (Mannheim ³1974), 455.
5 Bericht der Düsseldorfer ›Rheinischen Post online‹ vom 22. Juli 1996 über die Gruppe ›Bed & Breakfast‹, http://rp-online.de/Duesseldorf/Tor3/Bed-Info.html.
6 Vgl. OTHMAR HERBRICH, Robert Stolz. König der Melodie (München 1977).
7 ROBERT SCHUMANN, Musikalische Haus- und Lebensregeln (1850), in: SCHUMANN, Gesammelte Schriften über Musik und Musiker, Bd. 4 (1854; Leipzig 1985), 301 f.
8 JOHANN MATTHESON, Kern melodischer Wissenschaft, bestehend in den auserlesensten Haupt- und Grund-Lehren der musikalischen Setz-Kunst oder Composition, als ein Vorläuffer des Vollkommene Kapellmeisters (Hamburg 1737), 34.

›großen Namen‹ zu Hilfe, um das Namenlose einzuschärfen – und ermahnt zugleich, daß die Musik in den Noten zu finden sei. Der barocke Musiktheoretiker wirft seinen Vorgängern nebelhaftes Assoziieren vor und prunkt mit dem Besitz der Kategorien (Materie, Form, Endzweck), mit denen es gelingen muß, die Melodie einzufangen – wenn vielleicht auch erst in jenem Hauptwerk, als dessen bloßer ›Vorläuffer‹ sich Matthesons *Kern melodischer Wissenschaft* schon im Titel herausstellt.

2. Melodielehren und ästhetische Bestimmungen

Wendet man sich in dieser Situation an theoretische Werke, welche die Melodie im Titel führen, an ›Melodielehren‹, so versteht man nach wenigen Bänden die Klage, welche der Philosoph Hermann Lotze 1868 führte: daß die Autoren vom Fach es liebten, »daß der Wein nach dem Stocke schmecke«[9], daß sie bei ihren technischen Fragen verweilten und nicht zu Bestimmungen von allgemeinerem Interesse weitergingen. Ob sie kompositorische Verfahrensweisen nach dem Grad ihrer ›Natürlichkeit‹ bewerten wie Christoph Nichelmann 1755, ob sie aus analytischen Beobachtungen an Beethoven allgemein-melodische Grundsätze ableiten wie Salomon Jadassohn 1899 oder ob sie verschiedene historische Situationen der Melodie zu vergegenwärtigen suchen wie Diether de la Motte 1993[10] – die seit dem 18. Jh. erscheinenden Melodielehren zielen auf die Kompositionstechnik. Sie unterscheiden wohlgeformte von unsanglichen Melodien, bestimmen den für das jeweilige Instrument empfehlenswerten Ambitus und geben Regeln über die Intervallfolge. Dem musikalischen Satz verpflichtet, beschränken sie sich für das ästhetische Phänomen Melodie meist auf eine einleitende Definition. Selbst eine melodisch-allgemeine Bestimmung wie die Empfehlung, den melodischen Höhepunkt in das vorletzte Viertel des Melodieverlaufs zu setzen, wird als ›musikalisches Grundgesetz‹ vorgestellt, dem sogleich als ›ästhetischer Grundsatz‹ die Unableitbarkeit der individuellen Melodie zur Seite tritt.[11] Carl Dahlhaus hat mit Blick auf diese Situation das melodisch Allgemeine als zweifaches Problem vor Augen gestellt: Die Melodielehre einerseits, als ›allgemeine Melodiebildungslehre‹ verstanden, reduziere sich auf die Regel, daß große Sprünge ausgeglichen werden müssen; die ›Lehre vom Melodischen‹ andererseits, die Ernst Kurth den einzelnen Melodiebildungen gegenübergestellt habe, sei unspezifisch und zugleich, als polemische Stellungnahme, an die Melodik der Wiener Klassik gebunden.[12] Dahlhaus' Beobachtung gegenüber stellt es eine Ausnahme dar, daß Anton Reicha die Definition, mit der er 1832 seinen *Traité de Mélodie* beginnt, am Ende seines Werks durch das Gedicht *Précis en vers sur la Mélodie* ausbalanciert. Aus der kahlen Bestimmung: »La Mélodie est une succession de sons, comme l'Harmonie est une succession d'accords, ou bien comme le discours est une succession de mots« gewinnt Reicha einleitend den Begriff einer »syntaxe mélodique«[13]. Er beschließt seine Abhandlung mit einem Gedicht von François Fayolle, das dem Zauber der wohlgefügten Melodie huldigt: »Elle enchaîne des sons dont le charme suprême / Dans l'ame par les sens se grave de lui-même« (594).

3. Melodie in vier Werken zeitgenössischer Komponisten

Für das Nachdenken über das ästhetische Phänomen melodisch, Melodie scheint die Quellenlage nicht so disparat wie in der Melodielehre, deren Geschichte sich für Dahlhaus auf »nichts als verstreute Ansätze«[14] reduziert. Wenn Ferruccio Busoni 1930 darüber nachsinnt, warum immer wieder jungen Komponisten, warum »jeder neuen

---

9 HERMANN LOTZE, Geschichte der Aesthetik in Deutschland (München 1868), 461.
10 Vgl. CHRISTOPH NICHELMANN, Die Melodie nach ihrem Wesen sowohl als nach ihren Eigenschaften (Danzig 1755); SALOMON JADASSOHN, Das Wesen der Melodie in der Tonkunst (Leipzig 1899); DIETHER DE LA MOTTE, Melodie. Ein Lese- und Arbeitsbuch (München 1993).
11 Vgl. JADASSOHN (s. Anm. 10), 99.
12 Vgl. LARS ULRICH ABRAHAM/CARL DAHLHAUS, Melodielehre (Köln 1972), 32 f.
13 ANTON REICHA, Traité de Mélodie/Die Abhandlung von der Melodie, in: Reicha, Cours de Composition musicale/Vollständiges Lehrbuch der musikalischen Composition, frz.-dt., übers. v. C. Czerny, Bd. 2 (Wien 1832), 355.
14 ABRAHAM/DAHLHAUS (s. Anm. 12), 18.

kompositorischen Erscheinung«, ein »Mangel an Melodie« vorgeworfen würde, und notiert: »Fast scheint es, daß technische Meisterschaft mehr durch das *Ungewohnte*, melodischer Ausdruck nur durch das *Vertraute* wirken könne«[15], dann setzt er sich mit einer Frage auseinander, die bereits der Autor der pseudo-aristotelischen Probleme (wohl im 3. Jh. v. Chr.) stellte: »Warum hört man mit mehr Freude Melodien singen, die man schon vorher kannte, als solche, die man nicht kennt?« (Διὰ τί ἥδιον ἀκούουσιν ᾀδόντων ὅσα ἂν προεπιστάμενοι τυγχάνωσι τῶν μελῶν, ἢ ὧν μὴ ἐπίστανται;)[16] (Der antike Autor antwortet mit einer Theorie des Wiedererkennens.) Wenn andererseits Freud in seiner *Psychopathologie des Alltagslebens* (1904) die Perseveration der im Kopf umgehenden Melodien »regelmäßig« durch »die Beziehung des Textes zu einem die Person beschäftigenden Thema«[17] erklärbar findet und dem Melodischen selbst keinen Gedanken schenkt, so schließt er sich jener von Philodemos von Gadara vertretenen Lehre der epikureischen Schule an, welche der Melodie jedweden Einfluß auf die Seele abspricht.[18] Zwar werden Feststellungen über das Melodische stets individuell formuliert und in zeittypische Kontexte gestellt. Aber der konstante Bestand ist deutlich sichtbar – und zwar hinsichtlich der Phänomene ebenso wie hinsichtlich der sie begleitenden Interpretationen. Auf diese Konstanz ästhetischer Einsicht hin sollen vier Texte befragt werden, in denen Komponisten über eigene Kompositionen sprechen und über Aspekte des Melodischen Auskunft geben. Von Erläuterungen zu Kompositionen auszugehen verspricht, einen heute benutzbaren Bestand an Bedeutung mit der Realität des Phänomens zu verbinden.

In Karlheinz Stockhausens Text zu seiner Komposition *Tierkreis* (1975) bezeichnet ›melodisch‹ jene Eigenschaft von Musik, durch welche sie mit menschlichen Charakterzügen in Verbindung steht: »Beim Erfinden jeder Melodie dachte ich an das Wesen von Kindern, Freunden, Bekannten, die im betreffenden Sternzeichen geboren sind, und ich studierte die Menschentypen gründlicher. Jede Melodie ist jetzt in allen Maßen und Proportionen im Einklang mit den Charakterzügen ihres Sternzeichens komponiert.«[19] ›Melodisch‹ bedeutet hier die Erfaßbarkeit durch die Ordnung einer Typologie in der Tradition der musikalischen Ethoslehre. Wenn Stockhausen den jeweils intendierten Charakter in bestimmte ›Maße und Proportionen‹ der Melodie einzufangen sucht, dann folgt er der Beobachtung der pseudo-aristotelischen *Problemata physica*, daß das Ethos »sowol in den Rhythmen als in der Anordnung der Töne nach Höhe und Tiefe« (ἔν τε τοῖς ῥυθμοῖς καὶ ἐν τῇ τῶν φθόγγων τάξει τῶν ὀξέων καὶ βαρέων)[20] – nicht aber im Text – zu suchen sei. Stockhausen teilt mit den antiken Autoren die Überzeugung, daß es sich bei dieser Darstellung von Charakteren um ein spezifisches Können der Musik handelt. Wenn er gleichzeitig das Moment des Komponierten an den Melodien hervorhebt, so bekennt er sich zu jener (wohl aristoxenischen) Fassung der Ethoslehre, die den musikalischen Elementen (dem Rhythmus und den Tonarten) nicht ein für allemal fixierte Qualitäten zuschreibt, sondern der δύναμις οἰκειότητος – der Kraft des Komponisten, diese Elemente zusammenzufügen – die Fest- und Fertigstellung des Charakters einer Melodie zuerkennt.[21]

In Jean-Claude Rissets Werk *Inharmonique* (1977) erscheint das Verhältnis von ›melodisch‹ und ›harmonisch‹ als Gegensatz von menschlicher Stimme und elektronisch erzeugten Klängen. ›Melodisch‹ erscheint in dieser Gegenüberstellung zu ›harmonisch‹ als jenes musikalische Grundprinzip, das der Lautäußerung des Subjekts entspringt und sich in der Bewegung seiner Stimme realisiert. Seit den Auseinandersetzungen des 18. Jh. steht derart das Melodische in einer doppelten Opposition –

---

15 FERRUCCIO BUSONI, Der Melodie die Zukunft, in: Zeitschrift für Musik 97 (1930), 95.
16 ARISTOTELES, Probl. 19, 5, 918a; dt.: Problemata physica, übers. v. H. Flashar (Berlin ³1983), 158.
17 SIGMUND FREUD, Zur Psychopathologie des Alltagslebens (1904), in: FREUD (GW), Bd. 4 (1983), 240.
18 Vgl. PHILODEMOS, De musica liber quartus 20, 11; dt.: Über die Musik IV. Buch, griech.-dt., übers. u. hg. v. A. J. Neubecker (Neapel 1986), 65.
19 KARLHEINZ STOCKHAUSEN, [Text zu Tierkreis, 1975], in: Stockhausen Gesamtausgabe, CD 24, Textheft (Kürten 1992), 4.
20 ARISTOTELES, Probl. 19, 27, 919b; dt. nach CARL STUMPF, Die pseudo-aristotelischen Probleme über Musik (Berlin 1896), 60 f.
21 Vgl. PLUTARCH, De musica 33, 1143, hg. v. F. Lasserre (Olten 1954), 127, Z. 5 f., 7, 12 f.

gegenüber dem Kontrapunkt als dem älteren Modell von Komposition und gegenüber dem Harmonischen als dem Objektiven, dem Klang unveränderlich Entspringenden. Melodisch ist die einzelne Stimme. »La voix qui apparaît d'abord en filigrane finit par percer l'écran des sons artificiels«[22].

In Wolfgang Rihms umsungen (1987) erscheint diese Beweglichkeit des Melodischen als die Unreguliertheit von Ausdrucksgesten. Programmatisch zielt Rihm auf »die freie Prosa des Gesanges« und stellt dazu, »über den ersten (Sinn-)Zusammenhang hinaus«[23], Zeilen aus Nietzscheschen Fragmenten zur Vertonung zusammen. Melodisch ist der Gefühlsausdruck. Rihms Komposition folgt damit der in der Antike von Theophrast vertretenen Position hinsichtlich der Ethoslehre, die aller exakten Regulation des melos abhold ist. Rihms Ausführungen sind andeutend, als schlösse er sich Rousseaus Satz an, daß die Sprache der Menschen zuallererst ausdrückend und erst zuletzt zur Mitteilung von Sachverhalten bestimmt sei.[24]

Einen objektiveren Aspekt der Stimme zeigt Steve Reichs Stück Different Trains (1989). Reich nimmt den melodischen Anteil der Sprechstimme, die Sprachmelodie, zum Ausgangspunkt einer Komposition. »The basic idea is that speech recordings generate the musical material for musical instruments.«[25] Reich verleiht dem Gedanken des 18. Jh., daß sich der Rang der Musikinstrumente nach ihrer Nähe zur menschlichen Stimme bemesse, einen neuen Sinn.[26] Ausrufe eines amerikanischen Eisenbahnschaffners und kurze Sätze aus Erzählungen von Überlebenden des Holocaust werden in Notenschrift transkribiert. Ein Streicherensemble spielt die Sprachmelodie nach (»The strings then literally imitate that speech melody«[27]), nicht um selbst zu ›sprechen‹, sondern um die zuvor erklungenen Stimmen in einem Nachhall noch einmal vernehmlich werden zu lassen.

Jedes dieser Werke verleiht einem oder mehreren melodischen Grundprinzipien individuelle ästhetische Realität: der Ethoslehre, der Melodie als Prinzip der Musik in Konkurrenz zur Harmonie, den ungebunden ›linearen‹ Ausdrucksgesten anstelle der metrisch gegliederten Melodie, der Sprachmusik. Der folgende historische Überblick soll zeigen, wie jede dieser Bestimmungen die Melodie zum Gegenstand nachhaltiger ästhetischer Reflexion erhebt.

I. Antike und Mittelalter

Für die Antike liegen die Eigenschaft des Melodischen und der Gegenstand Melodie in dem Wort μέλος (melos) beschlossen; μελῳδία (melōdia), der Gesang des melos, begegnet demgegenüber seltener und ohne scharfe terminologische Abgrenzung.[28]

1. Platons Definition des melos

Nach Platon ist melos das Lied, das aus drei Bestandteilen zusammengesetzt ist: aus dem Text (logos), den musikalischen Tönen (harmonia) und dem Rhythmus (rhythmos): »τὸ μέλος ἐκ τριῶν ἐστιν συγκείμενον, λόγου τε καὶ ἁρμονίας καὶ ῥυθμοῦ«. Der Text wird als erster Bestandteil genannt; mehrfach wird betont, daß »Tonart und Rhythmus in Einklang mit dem Text«[29] stehen sollen. In eingeschränkterem Sinn ist melos die ›Melodie, Tonfolge‹, der eine Ordnung der Töne, harmonia, und ein Rhythmus zugrunde liegt. Das durch rhythmos und harmonia bestimmte melos

---

22 JEAN-CLAUDE RISSET, [Text zu Inharmonique, 1977], in: Risset, Sud, Dialogue, Inharmonique, Mutations, CD INA. GRM C 1003, Textheft (Paris 1987), 10.
23 WOLFGANG RIHM, [Text zu ›umsungen‹, 1987], in: RIHM, ›umsungen‹/PETER RUZICKA, ‹... der die Gesänge zerschlug›, CD harmonia mundi FMF HM 0825–2, Textheft (Freiburg 1990), 5.
24 Vgl. JEAN-JACQUES ROUSSEAU, Essai sur l'origine des langues (entst. 1755–1761), in: ROUSSEAU, Bd. 5 (1995), 380f.
25 STEVE REICH, [Text zu Different Trains, 1988], in: CD Elektra/Asylum/Nonesuch Records 7559–79176–2, Textheft (1989), 2.
26 Vgl. JOHANN GEORG SULZER, ›Instrumentalmusik‹, in: SULZER, Bd. 2 (1792), 679b.
27 REICH (s. Anm. 25), 3.
28 Vgl. LOUIS LALOY, ›Melos‹ u. ›Melōdia‹, in: Laloy, Lexique d'Aristoxène (Paris 1904), XXII f.
29 PLATON, Rep., 398d; dt.: Der Staat, übers. v. O. Apelt (Hamburg ⁹1973), 105; vgl. ebd., 400a, 400d.

ist die der Stimme eigentümliche Form von Bewegung (kinēsis), so wie der durch rhythmos und schēma (Haltung) bestimmte Tanz die eigentümliche Bewegung des Körpers ist.[30]

2. Dichterische Beschreibung und ästhetische Bewertung des melos

Aristoteles – dessen Lehre wir im folgenden in mittelalterlichen Formulierungen betrachten werden – stützt und schmückt seine Ausführungen über die politische Bedeutung der Musik mit einem Wort des sagenhaften Sängers Musaios, dem zufolge der »Gesang der Sterblichen süßestes Labsal« ist (βροτοῖς ἥδιστον ἀείδειν)[31]. Süßklingend, ἀδυμελής (adymelēs), nennt Sappho den Aulos.[32] Pindar charakterisiert mit demselben Wort die Stimme.[33] Stesichoros spricht von ›köstlichsten Melodien‹ (τερπνοτάτων μελέων), mit denen der Aulos anhebt.[34] In seiner Rede von ›phrygischer Weise‹ (Φρύγιον μέλος) bedeutet melos die Tonart, durch welche das Lied seinem Ethos nach bestimmt ist.[35] Melos kann aber auch einen verwirrenden und zum Wahnsinn treibenden Gesang meinen, wie in dem Gesang der Erinnyen in den *Eumeniden* des Aischylos.[36]

Melos in diesem Sinn erscheint als Gegenbegriff zu logos. Platon wirft einen kritischen Blick auf das nur instrumentale, der Worte entbehrenden melos.[37] Während er die Wirkung eines solchen melos aber lediglich als undeutlich beschreibt, spricht Philodemos von Gadara dem μέλος ἄλογον mit der oratio auch die ratio ab.[38] Bezweifelt Philodemos jede Wirksamkeit des sprachlosen Melos, blickt Augustinus argwöhnisch auf ›jegliche melodische Weise in den süßen Psalmgesängen‹ (»melos omne cantilenarum suavium«[39]), da er die Verführungskraft des melos beim Vortrag der Psalmen durch die gesungenen frommen Worte kaum gebändigt sieht. Die Rede von der Süße der Melodie wird im folgenden immer wieder begegnen.

3. Aristoxenos' Definition der ›melodischen Bewegung‹ der Stimme

Aristoxenos hat das melos zum Gegenstand einer selbständigen Wissenschaft erhoben, die er sorgsam von den angrenzenden Disziplinen mit ihren verschiedenen Gegenständen abgrenzt: von der Akustik, welche den Schall behandelt, von der Kompositionslehre, der Vortragslehre und der Kritik, welche sich je nach ihrer Weise der musikalischen Praxis widmen. Die Wissenschaft vom melos, die Musikwissenschaft, beginnt mit der Unterscheidung jener zwei Arten von Bewegung, die eine Stimme ausführen kann: δύο κινήσεων οὐσῶν κατὰ τόπον τῆς φωνῆς ἡ μὲν οὐνεχὴς λογική τίς ἐστιν ἡ δὲ διαστηματικὴ μελῳδική (»there are two kinds of movement of the voice with respect to place, and [...] of these the continuous is that of speech, the intervallic that of melody.«)[40] Aristoxenos beschreibt die für die Hervorbringung der musikalischen Töne und ihre Aufeinanderfolge konstitutive »melodische Bewegung der Stimme« (τὴν ἐμμελῆ κίνησιν τῆς φωνῆς[41]) als einen Gang durch bestimmte Tonpositionen bei Unhörbarkeit des Positionswechsels und stellt diese Bewegungsart dem Gleiten der Sprechstimme gegenüber. Aristoxenos sieht die Schritte, welche ein melos bei diesem Gang von Ton zu Ton wählt, in dessen jeweiliger melodischer Natur (μέλους φύσις) begründet. Eine Melodie hängt nicht von äußerlichen Umständen wie etwa dem Bau von Instrumenten ab, deren Form sich vielmehr nach melodischen Erfordernissen richtet.[42] Die Diskussionen um die ›melodische Bewegung‹ und um das Verhältnis von Sprache und Musik werden im 18. Jh. von Rous-

---

30 Vgl. PLATON, Leg., 672e.
31 ARISTOTELES, Pol., 1339b; dt.: Politik, übers. v. E. Rolfes (Leipzig 1912), 266.
32 Vgl. SAPPHO, Fragment 55b D; HERMANN KOLLER, Melos, in: Glotta. Zeitschrift für griechische und lateinische Sprache 43 (1965), 28.
33 Vgl. PINDAR, Nemeische Ode 2, 25.
34 Vgl. KOLLER (s. Anm. 32), 28.
35 Vgl. ebd., 27.
36 Vgl. AISCHYLOS, Eum., 329–334.
37 Vgl. PLATON, Leg., 669e.
38 Vgl. PHILODEMOS, De musica liber quartus 3, 11; dt.: (s. Anm. 18), 40.
39 Vgl. AUGUSTINUS, Conf. 10, 33, 50.
40 ARISTOXENOS, Elementa harmonica I, 10, hg. v. R. da Rios (Rom 1954), 15, Z. 3–5; engl. Übers. in: Greek Musical Writings, hg. u. übers. v. A. Barker, Bd. 2 (Cambridge 1989), 133.
41 Ebd., I, 9, hg. v. da Rios (Rom 1954) 14, Z. 5.
42 Vgl. ebd., 2, 43, hg. v. da Rios (Rom 1954), 54, Z. 5.

seau neu angestoßen; seit der Mitte des 19. Jh. bilden sie Hauptthemen in der wissenschaftlichen Erforschung der Melodie und im Nachdenken über das Melodische.

4. Augustinus' Zeitanalyse

Augustinus hat das Singen einer Melodie als das unübertroffene Interpretament des Phänomens Zeit und seiner Erschließung in der Begriffstrias expectatio – attentio – memoria vor Augen gestellt. In unserer Aufstellung vertritt er damit zwei in dem Kompositum mel-*odia* enthaltene Bedeutungsaspekte, die eng miteinander zusammenhängen: den Gedanken gegenwärtigen Musizierens und den Blick *von innen* auf das Phänomen. Augustinus betont, daß der Ort desjenigen, der die verlaufende Melodie betrachtet, d. h. sie mitvollzieht, die Gegenwart ist. Was der Betrachter aber sieht, sei kein anschlußlos punktuelles Jetzt, sondern ein Jetzt, welches durch das kontinuierliche Abnehmen eines Antizipierten und das kontinuierliche Anwachsen eines soeben Vergangenen bestimmt wird. Diesen Vorgang bringt Augustinus mit dem Ausdruck ›canticum dicere‹ ins Lateinische: »Dicturus sum canticum, quod novi: antequam incipiam, in totum expectatio mea tenditur, cum autem coepero, quantum ex illa in praeteritum decerpsero, tenditur et memoria mea, atque distenditur vita huius actionis meae in memoriam propter quod dixi et in expectationem propter quod dicturus sum: praesens tamen adest attentio mea, per quam traicitur quod erat futurum, ut fiat praeteritum.« (Ich will ein Lied vortragen, das ich auswendig kann. Bevor ich beginne, richtet sich meine Erwartung auf das Ganze. Habe ich damit begonnen, dann richtet sich mein Gedächtnis auf den Teil, den ich zum Vergangenen hinübergelegt habe. Das Leben dieser meiner Tätigkeit spaltet sich dann auf in die Erinnerung an das bereits von mir Vorgetragene und in die Erwartung dessen, was ich noch vortragen werde. Was in der Gegenwart lebt, ist meine Aufmerksamkeit (attentio): Was zukünftig war, wird durch sie hindurch hinübergebracht (traicitur), daß es so das Vergangene werde.)[43] Der Blick richtet sich bei einer solchen schwierigen Untersuchung der Gegenwart nicht zufällig und nicht umsonst auf das Singen einer Melodie. Im Blick auf die Melodie lassen sich die formalen Distinktionen der Zeitanalyse in die Bestimmung realer Objekte zusammenfassen. Die Melodie besteht ja aus musikalischen Tönen als ihren realen, selbständigen Teilen, und die von Augustinus beschriebene ›vita huius actionis‹ (des Singens) geschieht im Gang der Hervorbringung von Ton um Ton (nicht im Dazwischen der Töne, das ja nach Aristoxenos unhörbar bleiben soll).

In seinem Werk *De trinitate* – einer ›in der Zeit geschehenden Betrachtung eines außerzeitlichen Sachverhalts‹ (»rei non transitoriae transitoria cogitatio«[44]) – betont Augustinus, daß unsere Erkenntnis diskursiv sei und die Dinge nur in der Form zeitlichen Gegliedertseins zu erkennen vermöge, selbst wenn sie in sich nicht zeitabhängig konstituiert seien. Dieses schwierige Verhältnis erläutert Augustinus am Beispiel einer dem Gedächtnis anvertrauten, in ihm ›stehenden‹ und nun in zeitlichem Vorstellen immer wieder der Vergegenwärtigung zugänglichen Melodie: »Aut si alicuius artificiosi et musici soni per moras temporis transeuntis numerositas comprehendatur sine tempore stans in quodam secreto altoque silentio, tamdiu saltem cogitari potest quamdiu potest ille cantus audiri« (Oder wenn der Rhythmus einer schönen und kunstvollen Melodie, der zeitlos in einer Art geheimen und hohen Schweigens steht, in vorübergehenden Zeitteilchen erfaßt wird, dann kann er wenigstens solange gedacht werden, als jener Gesang gehört werden kann.)[45]

5. Mittelalterliche Zitate aus Aristoteles und Augustinus

Den über die Musik schreibenden Autoren des Mittelalters war die philosophische Bestimmung der memoria und ihres Gegenstandes durch Augustinus weniger wichtig als seine theologischen Ab-

---

43 AUGUSTINUS, Conf. 11, 28, 38; dt. in: Kurt Flasch, Was ist Zeit? Augustinus von Hippo, das XI. Buch der Confessiones (Frankfurt a. M. 1993), 274 f.
44 AUGUSTINUS, De trinitate 12, 14, 23, in: CCHR (L), Bd. 50 (1968), 376.
45 Ebd., 377; dt.: Fünfzehn Bücher über die Dreieinigkeit, übers. v. M. Schmaus, Bd. 2 (München 1936), 152.

wägungen in den *Confessiones* zwischen womöglich sensuell-sündiger Melodie und überprüfbarer Frömmigkeit des Textes.[46] Eine Ausnahme bildet etwa Bartholomaeus Anglicus, der im 13. Jh. die Rede von einer verborgenen Verwandtschaft zwischen den modi (den Arten und Weisen) der Gesänge und den Zuständen der Seele an dieser Hauptstelle der *Confessiones* heranzieht, um die Wirkung der Musik zu erläutern: »Laetos animos magis laetificat et tristes magis tristificat, quia, ut dicit Augustinus, ex quadam occulta animae et harmoniae consimili proprietate melodia animi [bei Tallanderius: animae – d. Verf.] affectionibus se conformat.«[47] (Frohe Seelen macht die Melodie noch froher und traurige noch trauriger, weil sie sich, wie Augustinus sagt, kraft einer verborgenen Wesensähnlichkeit zwischen dem Gemüt und der [der Melodie zugrundeliegenden] Tonart den Zuständen der Seele anmißt.) Zweihundert Jahre später wiederholt Petrus Tallanderius diese Erläuterung.[48] Zu Anfang des 14. Jh. kann Jacobus von Lüttich seine Einsicht, daß die menschliche Seele sich am Melodischen ergötzt, dem längst in lateinischer Sprache vorliegenden 8. Buch der aristotelischen *Politik* entnehmen.[49] Die Autoren machen sich die antiken Lehren über die Wirkungen des Melodischen zu eigen: Es vermag die Seele in verschiedene Zustände zu versetzen[50] und soll deshalb beim Einschlafen und beim Aufwachen angewendet werden.[51] Das Melodische wirkt ausgleichend auf die Seele[52], es ziert sie.[53]

Bei Isidor von Sevilla begegnet zu Anfang des 7. Jh. eine etymologische Erläuterung: »Euphonia est suavitas vocis. Haec et melos a suavitate et melle dicta«[54] (Euphonia bedeutet die Süße der Stimme. Dieses Wort und so auch das Wort melos kommt von Süße und von Honig.) Die Erläuterung der Süße des melos durch Ableitung von mel, mellis erscheint so überzeugend und einprägsam, daß Hieronymus von Moravia sie am Ende des 13. Jh. ebenso wiedergibt[55] wie Franchino Gaffori 1492 und – wie Rousseau 1768 (im Artikel ›Mélos‹ seines *Dictionnaire de Musique*): Gaffori legt mel-odia als Honig-Gesang, dulcis cantus, auseinander (»Melus enim a mellis suavitate dictus est: Inde Melodia quasi dulcis cantus.«[56]) Dulcis und melodiosus hängen auf das engste zusammen oder sind synonym.[57]

Die Einheit der musikalischen Grundworte betont Johannes Tinctoris: »Melodia idem est quod armonia. Melos idem est quod armonia. Melum idem est quod cantus.«[58] (Melodia bedeutet dasselbe wie harmonia. Melos bedeutet dasselbe wie harmonia. Melum bedeutet dasselbe wie cantus.) Häufig wird melos in dem musiktheoretischen Kontext der Erläuterung des griechischen emmelès als aptus melo erwähnt: Als ›Melodietauglichkeit‹ wird eine Eigenschaft des musikalischen Tones bestimmt, bei der Ganzes (Melodie) und Teil (musikalischer Ton) gegenseitig aufeinander verweisen. Ugolino von Orvietos Rede von »musica melodiata sive contrapunctus«[59] zeigt, daß dieser Sach-

---

46 Vgl. AUGUSTINUS, Conf. 10, 33, 49 f.
47 Zit. nach HERMANN MÜLLER, Der Musiktraktat in dem Werk des Bartholomaeus Anglicus De proprietate rerum, in: Festschrift Hugo Riemann (Leipzig 1909), 255; vgl. AUGUSTINUS, Conf. 10, 33, 49.
48 Vgl. PETRUS TALLANDERIUS, Lectura, hg. v. A. Seay (Colorado Springs, Colo. 1977), 3.
49 Vgl. JACOBUS VON LÜTTICH, Speculum musicae 1, 1, hg. v. R. Bragard, Bd. 1 (Rom 1955), 9.
50 Vgl. UGOLINO VON ORVIETO, Declaratio musicae disciplinae 3, hg. v. A. Seay, Bd. 2 (Rom 1960), 56.
51 Vgl. ADAM VON FULDA, Musica 1, 2, in: M. Gerbert (Hg.), Scriptores ecclesiastici de Musica, Bd. 3 (St. Blasien 1784), 335.
52 Vgl. ANONYMUS XII, Tractatus de musica. Compendium cantus figurati, in: E. de Coussemaker (Hg.), Scriptorum de Musica Medii Aevi Nova Series, Bd. 3 (Paris 1869), 476 f.
53 Vgl. FRANCHINO GAFFORI, De harmonia musicorum instrumentorum opus (Mailand 1518), fol. 98r.
54 ISIDOR VON SEVILLA, Etymologiarum sive originum libri XX, hg. v. W. M. Lindsay (Oxford 1911), 3, 20, 4 u. 5.
55 Vgl. HIERONYMUS VON MORAVIA, Tractatus de musica, in: de Coussemaker (s. Anm. 52), Bd. 1 (Paris 1864), 8.
56 GAFFORI, Theorica musice 5 (1480; Mailand 1492), fol. hiiir
57 Vgl. SIMON TUNSTEDE [?], Quatuor Principalia Musicae 4, 48, in: de Coussemaker (s. Anm. 52), Bd. 4 (Paris 1876), 297; JOHANNES TINCTORIS, Complexus effectuum musices 1, in: Tinctoris, Opera theoretica, hg. v. A. Seay, Bd. 2 (Rom 1975), 166 f.
58 TINCTORIS, Terminorum musicae diffinitorium (1495), hg. v. D. Berke u. a. (Kassel 1983), fol. bi.
59 UGOLINO VON ORVIETO, Declaratio musicae disciplinae 2, 4 (s. Anm. 50), 8.

verhalt auch im Verhältnis von Einzelstimme und mehrstimmigem Satz wiedererkannt werden konnte.

II. 1701–1859

1. Definitionen der Melodie

Im 18. Jh. steht der sinnliche Eindruck des Erklingenden im Mittelpunkt der Definitionen und der kurzgefaßten Beschreibungen des Melodischen. 1701 definiert Thomas Balthasar Janowka: »Melodia est aliqua cantio stylo suavi, ac amabili procedens, seu: est cantus suavitas ex apta vocis modulatione proficiscens.«[60] (Die Melodie ist ein Gesang, der auf süße und liebenswürdige Weise voranschreitet, oder: sie ist jene Süße des Gesangs, die einer angemessenen Bewegung der Stimme entspringt.) In seinem Musiklexikon trifft Sébastien de Brossard 1703 folgende Bestimmung: »Melodia, veut dire, Melodie, ou Chant c'est à dire, l'effet que font plusieurs Sons rangez, disposez & chantez les uns après les autres, de manière qu'ils fassent plaisir à l'oreille.«[61] In der von Friedrich Wilhelm Marpurg angefertigten deutschen Übersetzung der 1752 in Paris erschienenen *Éléments de musique théorique et pratique suivant les principes de M. Rameau* von Jean Le Rond d'Alembert heißt es 1757: »Der Gesang oder die Melodie ist nichts anderes, als eine Reihe von Tönen, die auf eine das Gehör ergötzende Art hinter einander folgen.«[62]

2. Rousseau

Jean-Jacques Rousseau führt in der Melodiediskussion das entscheidende Wort. Er hat seine Theorie der Melodie in dem Artikel ›Mélodie‹ seines *Dictionnaire de Musique* (1768) und ausführlicher in seinem *Essai sur l'origine des langues où il est parlé de la mélodie et de l'imitation musicale* (entst. 1755–1761, Erstdruck 1781) entwickelt. In seinem Lexikonartikel definiert Rousseau die Melodie folgendermaßen: »Succession de Sons tellement ordonnés selon les loix du Rhythme et de la Modulation, qu'elle forme un sens agréable à l'oreille«[63]. Der Begriff harmonia der antiken Definition erscheint durch das lateinische modulatio ersetzt. Rousseau stellt sich damit in eine Tradition, die wir soeben in der Definition von Janowka berührt haben. In der Definition der Musik als ›scientia bene modulandi‹ bei Augustinus meint modulatio den kunstgemäßen musikalischen Vortrag. Als ›peritia [recte] modulandi‹ bei einem mittelalterlichen Autor wie Johannes Tinctoris gewinnt modulatio den Aspekt der Komposition. Rousseau versteht unter Modulation die ›harmonische‹ Seite der Komposition, »la manière d'établir et traiter le Mode«[64]. Wenn Rousseau von modulation spricht, dann reagiert er damit auf dreierlei: (1) auf die neuentwickelte akustische Theorie der Harmonie: die Lehre vom Klingen der schwingenden Körper, (2) auf die d'Alembertsche Bestimmung der Melodie als einer bloßen ›Reihe von Tönen‹, (3) auf die Rede von ›suavitas‹, ›plaisir‹ und ›Gehör ergötzende Art‹ in den soeben betrachteten Definitionen. Rousseau will der Musik den Rang einer schönen Kunst sichern. Dazu muß er sie von dem nur Angenehmen unterscheiden. Als Musiker weiß Rousseau, daß die Elemente der Musik, die Töne, den Aspekt des Angenehmen haben. Das beeinflußt die Argumentationsstrategie hinsichtlich der musikalischen Elemente. Zwar denkt Rousseau nicht daran, die Töne als Elemente der Musik aufzugeben: In dem Artikel ›Voix‹ seines *Dictionnaire* stellt er »voix de chant« und »voix parlante« als diskret und als kontinuierlich sich verändernd gegeneinander und schließt sich damit der Aristoxenischen Unterscheidung von διαστηματική κίνησις und συνεχὴς κίνησις an.[65] Aber in einer Argumentation zum Nachweis möglicher ästhetischer Schönheit ist es

---

60 THOMAS BALTHASAR JANOWKA, Clavis ad thesaurum magnae artis musicae (Prag 1701), 73.
61 SÉBASTIEN DE BROSSARD, Dictionnaire de Musique (1703; Paris ²1705), 43.
62 JEAN LE ROND D'ALEMBERT, Systematische Einleitung in die Musicalische Setzkunst, nach den Lehrsätzen des Herrn Rameau, übers. v. F. W. Marpurg (Leipzig 1757), 1.
63 ROUSSEAU, ›Mélodie‹, in: Rousseau, Dictionnaire de Musique (1768), in: ROUSSEAU, Bd. 5 (1995), 884.
64 ROUSSEAU, ›Modulation‹, in: ebd., 905.
65 Vgl. ARISTOXENOS (s. Anm. 40).

ungünstig, ein fraglos Angenehmes zum Ausgangspunkt zu nehmen. So müssen die Töne in den Hintergrund treten. Der Königsweg zur Darlegung der Musik als schöner Kunst ist der Nachweis, daß sie sich im Besitz des Prinzips der ›imitation‹ befindet. Rousseau denkt intensiv über diesen Nachweis nach und überläßt derweilen die »sons agréables«[66] und die materiale Konstituiertheit der Musik der Rameauschen Harmonielehre.

Rousseaus Argument lautet in nuce: Die Musik kann Dinge nicht unmittelbar darstellen, sondern nur ihren Widerschein in den affektiven Reaktionen eines Betrachters. Sie tut ebendies, und wie sie dabei verfährt, läßt sich am besten in Überlegungen zum sprachlichen Tonfall erläutern.

In seinem *Essai* führt Rousseau seinen Vergleich von Musik und Sprache aus. Er beginnt mit zwei Gegenüberstellungen: Körpergesten und stimmliche Äußerungen sind ihm die beiden möglichen Kommunikationswege zwischen den Menschen; die beiden Hauptklassen von Gegenständen, die es zu vermitteln gilt, sind Sachverhalte und affektive Kommentare bzw., vom Subjekt her gesprochen, Bedürfnisse und Leidenschaften. Rousseau verknüpft nun die Sachverhalte und Bedürfnisse mit den Gesten und die Kommentare und Leidenschaften mit den Lautäußerungen. Das Prinzip der Verknüpfung ist in beiden Fällen die Nachahmung. Die Nachahmung der Sachverhalte durch die Gesten zeigt die deutlichere und genauere Art der Abbildung, die Nachahmung der Leidenschaften durch die Laute dagegen stellt den ursprünglicheren und älteren Fall des Prinzips dar. Rousseau findet die Mittel der beiden Abbildungsarten innerhalb des Lautlichen wieder: Die Akzente der Sprache verknüpft er mit dem Ausdruck der Leidenschaften, die Artikulationen mit dem sprachlichen Bezeichnen. Rousseau betrachtet die Akzente als das Frühere und Natürlichere. Durch die Schrift werden die Artikulationen systematisiert und gehen die Akzente verloren. Die Konsequenzen für die Theorie der Musik sind deutlich: Wie die Sprache den Weg von den im Süden beheimateten »langues […] chantantes et passionnées« zu den aus dem Norden stammenden »[langues …] simples et méthodiques«[67], so hat die Musik den Weg von der Melodie zur vielstimmigen, harmonisch gedachten Musik genommen. Da die Musik aber die Ausdrucksseite der Sprache ist, hat sie sich durch diese »invention gothique« (423) von sich selbst entfernt: »Voilà comment le chant devint par degrés un art entièrement séparé de la parole dont il tire son origine, comment les harmoniques des sons firent oublier les inflexions de la voix, et comment enfin, bornée à l'effet purement phisique du concours des vibrations, la musique se trouva privée des effets moraux qu'elle avoit produits quand elle étoit doublement la voix de la nature.« (427)

Wie Schellings Wort über Rousseaus *Dictionnaire de Musique*, »noch immer das gedachteste Werk über diese Kunst«[68], bezeugt, hat Rousseau das philosophische Interesse an dem Stichwort ›melodisch, Melodie‹ neu geweckt. Sein weitläufiges Gedankengebäude hat die Diskussion über die Musik bis heute vielfach bestimmt; dabei sind seine Gedanken meist in Form isolierter Motive wirksam geworden. Seine Argumentation fordert dies heraus, denn sie hat oft zwei Seiten, die Rousseau zwar zusammendenkt, aber nur lose miteinander verknüpft. (Das deutlichste Beispiel ist sein Zusammendenken von ausdrucksgeleitetem, durch Töne nicht faßbarem Tonfall und von Festhalten an der Bestimmtheit der musikalischen Töne: Hier wurde in aller Regel nur das Motiv des Tonfalls zur Kenntnis genommen.) So gilt für Rousseau einerseits: Die Melodie ist der Kern der Musik. Durch das in der Melodie aufgefundene Prinzip der Nachahmung ist die Musik eine schöne Kunst. Die Musik ist ihrem Ursprung nach mit der Sprache verbunden; sie hat dadurch Verbindung mit der Verschiedenheit der Kulturen und Traditionen. Die den Ton mit physikalischer Notwendigkeit hervorbringende Saite ist kein ernstlicher Rivale für die ausdrückende menschliche Stimme. So gilt für Rousseau andererseits: Die Konstituiertheit der Musik in sich – die Basis ihrer Selbständigkeit gegenüber der Sprache – erscheint nicht deutlich aufgehellt. In der Konkurrenzsituation von Melodie und Harmonie forciert Rousseau den Eindruck der Alternative, als gäbe es nur entweder seinen ästhetischen oder Rameaus akustisch-musik-

---

66 ROUSSEAU (s. Anm. 63).
67 ROUSSEAU (s. Anm. 24), 381.
68 FRIEDRICH WILHELM JOSEPH V. SCHELLING, Philosophie der Kunst (1802/1803; Darmstadt 1976), 141.

theoretischen Blick auf die Musik. Dadurch treten Rousseaus eigene Überlegungen zu den Elementen der Musik und zur ›modulation‹ hinter seinen ästhetischen Bestimmungen zurück. Er überläßt dieses Feld dem Anwalt der Harmonie, Jean-Philippe Rameau; ja, er räumt ein, daß die Harmonie als ›principe naturel‹ in der musikalischen Systematik an einer früheren Stelle steht als die Melodie, sofern sie dem einzelnen Ton eigen ist und den der Melodie zugrundeliegenden Tonvorrat liefert. Deutlich hebt Rousseau indessen die Konsequenz einer akustischen Betrachtung der Töne je für sich, als isolierter Klänge, hervor: Sie kann nur das Formelhafte von Harmoniefolgen begründen; sie muß zu einer Bestimmung der Melodie als bloßer ›Reihe von Tönen‹ führen. Demgegenüber stellt er in dem Artikel ›Unité de Mélodie‹ die Melodie als das Verbindende den Tönen als ihren Teilen gegenüber und konzipiert die Melodie als Inbegriff eines die anderen Bestandteile der Musik zusammenfassenden Moments.[69] Als musikalische Konkretisierung seines Konzepts melodischer Einheit nennt er sein Intermède *Le Devin du Village* (1752). Dieser Verweis auf das kompositorisch Geglückte zeigt die Spannung zwischen ästhetisch-konzeptioneller Evokation und musiktheoretischer Formulierbarkeit, die Rousseaus Konzept von Melodie charakterisiert. Der Hinweis auf eine Komposition ist zudem ein sprechender Beleg dafür, daß Rousseau zwar die Melodie als die der Artikulation entgegengesetzte Schicht der Sprache betrachtet, daß er aber deshalb ›melodische Einheit‹ durchaus nicht als etwas Ungegliedertes begreift.

3. Sulzer

Auch in Johann Georg Sulzers *Allgemeiner Theorie der Schönen Künste* (1771/1774) wird der Melodie ein philosophisches Interesse zuteil. Sulzer diskutiert zunächst die Hauptmerkmale der gut komponierten Melodie: Einheit, Wohlproportioniertheit,

leidenschaftlicher Ausdruck, Sangbarkeit, Übereinstimmung mit dem gesungenen Text. Vielleicht angestoßen durch die Vielzahl von Melodielehren in musikalischen Lehrbüchern, die er in seinem Lexikonartikel nennt, geht er über die Diskussion dieser Merkmale und der aus ihnen folgenden Kompositionsregeln hinaus. Von der melopoiia, der Komposition, geht er zur melodia, dem Gesang, weiter: Die Musik hat den Gesang zu ihrem Endzweck, und deshalb ist die Melodie, die zentrale Kategorie des Vortrags, »das Wesentliche des Tonstüks«[70]. Sulzer gibt eine Erläuterung der Melodie, die seiner Erläuterung des Genies – jenes Rätselbegriffs der Ästhetik des 18. Jh. – genau entspricht. Hier wie dort beobachtet er eine Verbindung erklärbarer und unerklärbarer Bestandteile. Sulzer beschreibt, wie das naturverliehene »Gefühl« des Menschen durch »fleißige Übung« (379) sich zum »Genie« (380) entwickelt, wobei vom Gefühl her das kunstlos Unerudierte, von der Übung her das papierne Pedantische droht und nur im günstigen Fall die unvorhersehbare und unableitbare Verbindung gelingt. Nur durch sie werden beide gerechtfertigt. Ebenso verhält es sich bei der Melodie. Weder der »natürliche, unüberlegte und ungekünstelte Gesang« noch die »einzeln völlig gleichgültigen […] unbedeutenden Töne« führen von sich aus zu einem »das Herz stark angreifenden Gesang« (370). Die Melodie kann zwar hinsichtlich ihrer Bestandteile erläutert werden, das Vermögen, eine Melodie zu komponieren, bleibt aber eine unableitbare Gabe.

4. Hegel

Hegel hat diese Figur aufgenommen, wenn er die »wahre Selbständigkeit« der Melodie als »Bewegungen der Töne in deren wesentlichen und in sich selbst notwendigen Verhältnissen« bestimmt, durch welche die Melodie sich aus »der Subjektivität zufälliger Willkür in launenhaftem Fortschreiten und bizarren Veränderungen«[71] befreie. Hegel ist bestrebt, die Verbindung der Melodie mit dem Subjekt stärker als Rousseau zu fundieren: nicht als Expressivität, sondern durch die gemeinsame zeitliche Konstitution. Die Bestimmung der subjektiven Seite, »Ich ist in der Zeit«, wird durch die Darstellung des Gegenüberliegenden präzisiert: »Da

---

69 Vgl. ROUSSEAU, ›Unité de mélodie‹, in: ROUSSEAU (s. Anm. 63), 1143–1146.
70 SULZER, ›Melodie‹, in: SULZER, Bd. 3 (1793), 370.
71 GEORG WILHELM FRIEDRICH HEGEL, Vorlesungen über die Ästhetik (1835–1838), in: HEGEL (TWA), Bd. 15 (1970), 186.

nun die Zeit und nicht die Räumlichkeit als solche das wesentliche Element abgibt, in welchem der Ton in Rücksicht auf seine musikalische Geltung Existenz gewinnt und die Zeit des Tons zugleich die des Subjekts ist, so dringt der Ton schon dieser Grundlage nach in das Selbst ein, faßt dasselbe seinem einfachsten Dasein nach und setzt das Ich durch die zeitliche Bewegung und deren Rhythmus in Bewegung, während die anderweitige Figuration der Töne, als Ausdruck von Empfindungen, noch außerdem eine bestimmtere Erfüllung für das Subjekt, von welcher es gleichfalls berührt und fortgezogen wird, hinzubringt.« (156f.) Hegel handelt vom Ton, denn er will das Prinzip der Musik an ihrem Element erläutern. Er verleiht dabei dem musiktheoretischen Grundsatz, daß der Ton als musikalisches Element zugleich konstitutiver Teil der Melodie ist, weitere Bedeutung: In der zeitlichen Bestimmung des Tones treten nicht etwa das Verklingen des Tons als akustischer Schwingungsverlauf und der Rhythmus als die musikalische Seite des Vorgangs zusammen. Die »zeitliche Bewegung« (157) des Tons, zu welcher der Rhythmus hinzutritt, ist die melodische Bewegung. Nicht der leere Zeitverlauf des Verklingens, sondern nur der melodische, zusammengefaßte, kann die Beziehung auf das Subjekt, in dessen Zeit »das gleichgültige *Neben*einander des Räumlichen« (156) getilgt ist, herstellen. Hegel aktualisiert mit dieser Beschreibung die antike Erklärung des musikalischen (des Textes nicht bedürfenden) Ethos. Er betont, daß der Kern der Analogie von melodischer, seelischer und körperlicher (willkürlicher) Bewegung in der gemeinsamen Zeitlichkeit besteht. Er nimmt damit die bei Augustinus beobachtete Einschränkung zurück, die Verlaufsform der Melodie nur als Interpretament der Zeitlichkeit des menschlichen Bewußtseins heranzuziehen und dadurch den Gedanken des Ethos zu intellektualisieren. Aber Hegel nimmt auch den Gedanken Platons vom Primat des Textes auf: Nur aus Gedanken entspringe »die eigentliche Begeisterung«, welche durch die Musik immerhin »zur lebendigeren Empfindung gehoben« (158) werde. Hegel argumentiert weniger musikgeschichtlich konservativ (gegen die Instrumentalmusik) als politisch. Zum einen folgt er den kritischen Argumenten, die bereits in der Antike gegen die Überschätzung

der Macht der Töne vorgebracht wurden, zum anderen blickt er auf die Gegenwart. Trotz der »Gewalt der Marseillaise, des *Ça ira* usf.« (158) soll die Französische Revolution nicht (wie später bei Hippolyte Taine) als Revue erscheinen.[72]

5. *Schelling*

In der Konstruktion Schellings wird – gegen Sulzer – das Motiv des subjektiven Ausdrucks zurückgewiesen: Wenn Sulzer den Endzweck der Musik darin setze, »Empfindung zu erwecken«, ergebe sich, so Schelling, in der Konsequenz dieser Bestimmung die Gefahr von »Concerten von Gerüchen oder Geschmäcken«[73]. Schelling kommt sogleich dem Gedanken an eine Depotenzierung der Musik zuvor, den man aus seiner Konstruktion der Ordnung der Künste herauslesen könnte. Er faßt Musik, Malerei und Plastik als die »reale Reihe« (132) von Kunstformen zusammen, welcher er den Bereich der Poesie entgegenstellt. Nicht nur ist durch die Abtrennung der Musik von der Poesie die Gefahr vorhanden, daß mit der Sprache auch der logos aus der Musik verschwindet. In der Reihe der objektivierenden Künste rückt die Musik – dem Maßstab der Deutlichkeit der Darstellung nach – in die Nähe des Gartenbaus; durch das Ätherische ihres Materials vermag sie womöglich als ästhetisch leichtgewichtig zu erscheinen. Schelling konstruiert die Musik aus Rhythmus, Modulation und Melodie. Mit Melodie ist nicht etwa der in Platons Bestimmung erstgenannte Bestandteil, die Sprache, an die letzte Stelle gerückt und dort durch den Vortrag ersetzt. Schellings ›Melodie‹ ist die Rousseausche ›succession de sons‹. Er stellt die Melodie als objektive Vorstellung vor Augen, an deren Einheit in der Sukzession er nicht nur die synthetische Leistung des Subjekts, sondern auch die Integration der einzelnen Töne hervorhebt. Er bestimmt den Rhythmus als »Verwandlung der an sich bedeutungslosen Succession in eine bedeu-

---

72 Vgl. ALEXANDER L. RINGER, Oper als öffentliche Zeremonie im revolutionären Frankreich, übers. v. M. Maier, in: Ringer, Musik als Geschichte. Gesammelte Aufsätze, hg. v. A. Riethmüller/S. Whiting (Laaber 1993), 95.
73 SCHELLING (s. Anm. 68), 131.

tende«, als »Bildung in eine Reihe von Gliedern, so daß mehrere Töne zusammen wieder ein Glied ausmachen«[74]. Die Modulation wird aus dem Rhythmus abgeleitet: In ihr erscheint die ›bedeutende Succession‹ als »musikalische Bestimmbarkeit der Töne«[75]. Die Melodie ist die Integration dieser beiden Momente. Am Ende von Schellings Konstruktion wird deutlich, warum er die subjektive Empfindung verwirft, warum er durch die Art seiner Einteilung die subjektive Sprachlichkeit der Musik zurückdrängt, warum er das »Blöcken der Schafe in Haydns Schöpfungsmusik« (140) tadelt und warum er schließlich das Wort ›Modulation‹ im Rousseauschen Sinn und nicht im Sinn des ›harmonischen‹ Wechsels von Tonart zu Tonart verwendet. Schellings Gedanke gilt einer Stille, in welcher die Musik selbst auf Bernard le Bouvier de Fontenelles Frage ›Sonate, que me veux-tu?‹ antwortet und sagt: ›Ich will dich an die Harmonie der Sphären erinnern.‹ Melodie und Harmonie stehen in Schellings Konstruktion als die unterschiedenen Bewegungsarten in der »Planeten-« und in der »Kometenwelt« (147f.) gegeneinander.

III. 1863–1911

1. Helmholtz' Neudefinition der ›melodischen Bewegung‹

Im 19. Jh. erringt die Harmonie vielfache Aufmerksamkeit als akustisches Phänomen wie als Grundprinzip der Musik. Die Melodie erscheint vor allem als ihr Gegenpol. So verzichtet etwa Lotze 1868 auf eine systematische Einbettung der Melodie in den Kontext seiner musikästhetischen Überlegungen und belebt stattdessen, gestützt auf Hermann von Helmholtz' 1863 zuerst erschienene *Lehre von den Tonempfindungen*, den Rousseauschen Gegensatz von Melodie und Harmonie mit eigenen ästhetischen Innervationen: ohne harmonische Stützung ist ihm alle Melodie Ausdruck »ängstlicher Vereinsamung«[76]. Durch solche Fremdheit gegenüber der musikästhetischen Rolle der Melodie bestätigt der deutsche Ästhetiker Rousseaus Auffassung der regionalen Indexierung des Melodischen, die auch Victor Hugo weiterträgt, wenn er notiert: »L'Allemagne, terre de l'harmonie, a des symphonistes; l'Italie, terre de la mélodie, a des chanteurs.«[77] Hermann von Helmholtz dagegen sieht sich 1870 in der 3. Ausgabe seines Werkes darauf geführt, der Melodie wieder gewichtigeren Stellenwert einzuräumen. »Ich halte es für einen Fehler, wenn man die Theorie der Konsonanz zur wesentlichen Grundlage der Theorie der Musik macht [...]. Die wesentliche Basis der Musik ist die *Melodie*.«[78] Helmholtz' einleitende Bemerkung lenkt die Aufmerksamkeit auf die in seinem Werk gegebene Definition: »Die melodische Bewegung ist Veränderung der Tonhöhe in der Zeit.« (416) Mit dieser Bestimmung wird der Möglichkeitsraum für eine grundsätzliche Abwendung von dem bisherigen Konzept von Melodie eröffnet. Das wird deutlich, wenn man die Rousseausche Definition zum Maßstab nimmt. Aus der Bestimmung »Succession de Sons tellement ordonnés selon les loix du Rhythme et de la Modulation, qu'elle forme un sens agréable à l'oreille«[79] entfernt Helmholtz die Rede von Rhythmus, Modulation und Sinn (um vom Wohlklang abzusehen). Rousseaus ›Folge von Tönen‹, der Definition des musikalischen Tones gemäß etwas in diskrete Teile Gegliedertes, verwandelt sich in eine ›Veränderung der Tonhöhe‹, etwas womöglich Kontinuierliches. Vergleicht man die Bestimmung Platons, derzufolge das melos aus harmonia und rhythmos besteht, so findet man harmonia durch ›Veränderung der Tonhöhe‹ und rhythmos durch die Bestimmung ›in der Zeit‹ ersetzt.[80] (Ohne diese Vertretungsfunktion wäre die Hervorhebung des Zeitverlaufs überflüssig.) Zwar beschreibt Helmholtz mit seiner Definition nur den Umriß des physikalischen Vorgangs und trägt die fehlenden Bestimmungen nach. Aber auch dabei trägt er durch die

---

[74] Ebd., 137; vgl. HEGEL (s. Anm. 71), 164f.
[75] SCHELLING (s. Anm. 68), 137.
[76] LOTZE (s. Anm. 9), 493.
[77] VICTOR HUGO, Post-scriptum de ma vie, in: Hugo, Œuvres complètes, Bd. 17 (Paris 1901), 21.
[78] HERMANN VON HELMHOLTZ, Die Lehre von den Tonempfindungen als physiologische Grundlage für die Theorie der Musik (1863; Braunschweig ⁶1913), VII.
[79] ROUSSEAU (s. Anm. 63).
[80] Vgl. HELMHOLTZ (s. Anm. 78), 416.

Art seines Vorgehens zu einer neuen Konzeption von Melodie bei: Auch die intentionale Seite der Melodie, die unterschiedliche ›Einstellung‹ (Carl Stumpf) bei der melodischen gegenüber der sprachlichen ›Veränderung der Tonhöhe in der Zeit‹ wird von Helmholtz physikalisch auf das Ideal von Exaktheit und Eindeutigkeit verpflichtet. Helmholtz tritt für die akustische Reinstimmung der musikalischen Intervalle ein. Die Reduktion des musikalischen Tones auf die physikalische Vorstellung der gleichbleibenden Tonhöhe, die Einschränkung der ›Modulation‹ auf die Veränderung in der Zeit, die Vergleichgültigung der ›melodischen Bewegung‹ zu einem Auf und Ab innerhalb der zwischen Hoch und Tief ausgespannten, eindimensionalen Tonlinie, die Depotenzierung der Rousseauschen ›sinnvollen Reihenfolge‹ zu einer Folge von Zeitdauern – dieses sind die Tendenzen, die dem Melodiebegriff im folgenden neben seinem strikt musikalischen einen unbestimmteren Sinn verleihen. Letzterer ist seiner Möglichkeit nach bei Helmholtz angelegt, und ein Ästhetiker wie Friedrich von Hausegger hat nicht gezögert, ihn aus Helmholtz herauszulesen. Der traditionelle und der unbestimmtere Blick auf die Melodie sind freilich nicht gänzlich neu, sondern lassen sich bereits vor Helmholtz in zwei Blicken auf die Natur erkennen: Horace Walpole verleiht 1766 in einem Brief an Lady Hervey der Angebeteten eine orpheische Kraft, durch welche sie das Buch der Natur wie ein in Noten geschriebenes Gesangbuch zu lesen vermag: »thy enchanting look / can melodize each note in nature's book«[81]. John Langhornes Zeile aus der 1759 entstandenen *Ode to the River Eden* »Whose murmurs melodise my song!«[82] dagegen spricht poetisch, aber musikalisch unbestimmt: Das Rauschen des Flusses wird als Musik gehört. Longhornes schöne Zeile könnte Helmholtz selbst vor Augen gestanden haben, der die Inspiration für seine Musiklehre Wanderungen in der Natur verdankte und zumal das Bild »bewegten Wassers«[83] gern mit dem musikalischen Eindruck verglich.

Im folgenden werden sich der traditionelle und der unbestimmtere Sinn von Melodie in zwei ›Instrumenten‹ objektivieren: Als ›Melograph‹ wird 1888 ein »apparatus for automatically recording music played on the organ or pianoforte«[84] vorgestellt, der durch Schalter an den Tasten das Spiel aufzeichnet. Im 20. Jh. bezeichnet ›Melograph‹ dagegen »an electronic instrument used in musicological research for the continuous graphic representation of melody«[85]. Dabei handelt es sich um ein seit 1950 gebautes Instrument, welches die Grundfrequenzen der Töne (und auf einem zweiten Display deren Intensität) als Kurven aufzeichnet. Entscheidend ist der Unterschied des Melographen von einem Oszillographen: letzterer macht das akustisch Klingende in Form einer komplexen Welle sichtbar, während ersterer von der Klangfarbe abstrahiert, die Lautstärke separiert und die Tonhöhe als einen kontinuierlichen Höhenzug wiedergibt. Wie bei der musikalischen Notation wird die melodische Bewegung in einen Darstellungsraum eingebettet. Aber es fehlt eine Metrik. Die Grenzen der Konzeption eines solchen kontinuierlichen Darstellungsraums zeigen sich in der Aufgabe, die vom ›Melographen‹ aufgezeichneten Daten angemessen zu interpretieren.[86] – Doch es gehen noch weitere Wirkungen von Helmholtz' Melodiedefinition aus.

2. *Riemanns Lehre vom Melodischen*

1883 erscheint Hugo Riemanns *Neue Schule der Melodik*. Es handelt sich um ein Kontrapunkt-Lehrbuch, dem, nicht anders als den bisher betrachteten Kompositionslehren, einige Feststellungen zu Grundbegriffen vorangestellt werden. Anstelle einer Definition der Melodie aber heißt es: »Das Wesen des Melodischen ist das Steigen und Fallen der Tonhöhe, welches als Steigerung oder Verminderung der Spannung und demzufolge der Bewegungsgeschwindigkeit der schwingenden

---

[81] HORACE WALPOLE an Lady Hervey (11. 1. 1766), in: Walpole, Correspondence, hg. v. W. S. Lewis, Bd. 31 (New Haven, Conn. 1961), 96.
[82] JOHN LANGHORNE, Ode to the River Eden (entst. 1759), in: Langhorne, The Poetical Works, Bd. 1 (London 1804), 109.
[83] HELMHOLTZ (s. Anm. 78), 414.
[84] ›Melograph‹, in: OED, Bd. 9 (1989), 586; vgl. ›Melodiograph‹, in: ebd., 584 f.
[85] ›Melograph‹, in: GROVE, Bd. 12 (1980), 127.
[86] Vgl. ›Ethnomusicology‹, in: GROVE, Bd. 6 (1980), 278.

Körper eine elementare Wirkung auf unser Empfinden ausübt, der sich niemand entziehen kann.«[87] Obwohl Riemann jene Bewegung mit dem ›Heulen des Windes‹ und dem Anziehen und Abspannen von Saiten vergleicht, hat er doch etwas anderes im Sinn als Klaudios Ptolemaios, der jenes naturalistische Steigen und Fallen als den Gegensatz zur Musik beschreibt.[88] ›Melodisch‹ meint einen Formverlauf. Die »rein ästhetische Lehre von der Melodik« läßt sich für Riemann in den Satz zusammenfassen, »dass die Gipfelnote einer Melodie, der höchste Punkt der Steigerung und meist auch der dynamische Höhepunkt, in der Regel dem Ende der Melodie viel näher liegt als ihrem Anfang«[89]. Von den Bestandteilen der Rousseauschen Definition ist als einziges das Motiv einer sinnvoll geformten Gestalt erhalten. Alle weiteren Merkmale gehören erst der »musikalischen Melodie« (XII) an. Das ›Melodische‹ bildet allenfalls eine Vorstufe zur Musik. In Form dieser ›melodischen Gestaltlehre‹ ist die Helmholtzsche Definition vielfältig wirksam geworden: Sie erscheint als der Ermöglichungsgrund für Ernst Kurths Lehre vom Linearen, deren Hauptanliegen in einer zur klassischen ›période‹ (Reicha) alternativen Melodiegliederung besteht. Als Lehre von der Plazierung des Höhepunkts lebt sie bei Salomon Jadassohn und Ernst Toch weiter. Durch ihren schroffen Gegensatz zur harmonisch fundierten »Lehre der musikalischen Melodiebildung« (XII), die man viel deutlicher mit dem musikalischen Syntaktiker Riemann verbindet, gewinnt die ›energetische‹ Melodielehre die Aufmerksamkeit der Musikethnologen, denen der Rahmen der Harmonielehre für die Erkenntnis des sich erweiternden Bereichs der Musik zu eng gezogen scheint. Die titelgebende Antithese in Erich Moritz von Hornbostels Aufsatz *Melodie und Skala* (1913)[90] ist sogleich verständlich, wenn man für das Wort ›Skala‹ Riemanns Satz einsetzt: »Der Normaltypus einer musikalischen Melodie ist daher die diatonische Tonleiter.«[91] Hornbostel nimmt den Aspekt der kontinuierlichen Bewegung auf: Vielleicht inspiriert durch die Tänzerin Isadora Duncan, parallelisiert er 1903 in seinem Aufsatz *Melodischer Tanz* die Melodie als Bewegung im Tonraum zwischen Hoch und Tief und den Tanz als Bewegung in dem körperlich verfügbaren Raum.[92] Auch Ernst Toch findet in seiner *Melodielehre* von 1923 den Tonraum analog zum Gesichtsraum konstruiert, die Grundfiguren der Melodie sind ihm »Gerade«, »Welle«, »große Welle«. Die drei Merkmale der »großen Welle«[93] lauten: Es gibt nur einen melodischen Höhepunkt, dieser ist deutlich aus dem Verlauf herausgehoben, der Höhepunkt ist im letzten Drittel oder Viertel situiert. In seinem Aufsatz *Melodie* beschreibt Hans Heinz Stuckenschmidt 1920 die Oberstimme in den ersten drei Takten von Arnold Schönbergs Klavierstück op. 11, Nr. 1 durch Richtungsangaben: »ab, ab, auf, ab, gleich, ab«[94]. Das Musikinstrument freilich, das die Ungebundenheit der Melodie und ihre Verbindung mit räumlicher Bewegung in dieser Zeit am besten verkörpert, das Theremin, spielte nicht eine Musik der Glissandi und Portamenti, sondern vorzugsweise Geigenpartien – dieser traditionellen Spielbestimmung zuliebe ebenso sehr wie aufgrund technischer Schwierigkeiten wurden die Versuche, das Theremin nicht nur mit den Händen, sondern mit dem ganzen Körper zu steuern und dadurch Ausdruckstanz hörbar zu machen, aufgegeben.

3. Melodie und Sprache

Helmholtz findet im sprachlichen Tonfall einen Hinweis auf das Naheliegende, gleichsam Natürliche der musikalischen Intervalle.[95] Er kann sich dabei auf die Beobachtung stützen, daß von allen Rousseauschen Motiven die Betrachtung der Me-

---

87 HUGO RIEMANN, Neue Schule der Melodik. Entwurf einer Lehre des Contrapunkts nach einer gänzlich neuen Methode (Hamburg 1883), XI.
88 Vgl. KLAUDIOS PTOLEMAIOS, Harmonica, hg. v. I. Düring (Göteborg 1930), 10, Z. 14–19.
89 RIEMANN (s. Anm. 87), XII.
90 Vgl. ERICH MORITZ VON HORNBOSTEL, Melodie und Skala, in: Jahrbuch Peters für das Jahr 1912, 19. Jg. (Leipzig 1913), 11–23.
91 RIEMANN (s. Anm. 87), XII.
92 Vgl. HORNBOSTEL, Melodischer Tanz. Eine musikpsychologische Studie, in: Zeitschrift der Internationalen Musikgesellschaft 5 (1904), 482–488.
93 ERNST TOCH, Melodielehre. Ein Beitrag zur Musiktheorie (Berlin 1923), 35.
94 HANS HEINZ STUCKENSCHMIDT, Melodie, in: Melos 1 (1920), 335.
95 Vgl. HELMHOLTZ (s. Anm. 78), 392.

lodie als einer ausdrucksvollen Sprache die meisten Nachfolger gefunden hat. Unter dem Titel *Musikpsychologie in England*. *Betrachtungen über Herleitung der Musik aus der Sprache und aus dem thierischen Entwickelungsproceß, über Empirismus und Nativismus in der Musiktheorie* diskutiert der Philosoph Carl Stumpf 1885 aktuelle Strömungen der Musiktheorie und Musikästhetik. Stumpf zeichnet die Geschichte der Erklärung der Musik als ausdrucksvoller Sprache nach. Für Frankreich nennt er Guillaume André Villoteau als den vorzüglichsten neueren Vertreter des Gedankens, für Deutschland Richard Wagner, für England Herbert Spencer. Stumpf konstatiert breite Zustimmung zu den verschiedenen Spielarten des Gedankens. Er bemüht sich in seiner Darstellung um Vollständigkeit, denn er selbst lehnt die Herleitung der Musik aus der Sprache ab. Stumpf klagt die musikalischen Intervalle ein, welche seit den Bestimmungen der *Harmonischen Elemente* des Aristoxenos als das Spezifikum der Musik gegenüber der Sprache angesehen werden. 39 Jahre später greift Stumpf das Thema noch einmal auf. In seinem Aufsatz *Singen und Sprechen*, einer Festgabe zum 70. Geburtstag des Sängers und Liedforschers Max Friedlaender, zieht er einen scharfen Schnitt zwischen der (womöglich mit der Sprachentwicklung zusammenhängenden) Genese und der ästhetischen Geltung musikalischer Phänomene. Von niemandem beachtet, habe selbst Rousseau in dem Artikel ›Voix‹ seines *Dictionnaire* diesen Schnitt gezogen.[96] Stumpf schließt sich dieser Tradition mit deutlichen Worten an: Das »beständige Hinüberrutschen von einem Ton zum anderen«, das er als eine Unsitte der »modernen Streicher« beklagt, verstößt ihm »gegen Geist und Wesen der Tonkunst« (12). Andererseits gewärtigt Stumpf nicht nur die theoretische Möglichkeit einer anders organisierten Musik, sondern er verrät sogar einen bei seinen Klangexperimenten entdeckten Klangeffekt von »ganz grossartigem Eindruck«[97].

4. Melodie als Inbegriff von Zusammenhang

Rousseau stellte die Melodie den Tönen als ihren Teilen gegenüber und konzipierte die Melodie als Inbegriff eines die anderen Bestandteile der Musik musikalisch zusammenfassenden Moments. Augustinus hatte diese synthetische Leistung mit dem Begriff der attentio, dem bewußten Begleiten des zeitlichen Vorganges, verbunden. Am Ende des 19. Jh. können diese Bestimmungen von Melodie aufgrund veränderter theoretischer Voraussetzungen nicht mehr eingelöst werden. Für eine Auffassung der menschlichen Wahrnehmung, die von atomaren ›Empfindungen‹ ausgeht, bedeuten Beschreibung und Erklärung von Zusammenhang ein ernstes Problem: »Solange wir die Melodie hören, ist sie nicht vollständig, und wenn sie vollständig ist, hören wir sie nicht mehr […]. Man kann sich nicht etwa vorstellen, daß eine Melodie, namentlich eine längere, nach dem letzten Ton als Ganzes vor uns stände und daß erst dann ihr kunstvoller Aufbau auch zur Wirkung auf das Gefühlsleben käme, sondern wir verfolgen sie von Anfang an in ihrer Entwicklung, begleiten diese in Erwartungen, Überraschungen, Lösungen […]. Wie das Vergangene hierbei mit dem Gegenwärtigen zusammenwirkt, wie jeder neue Ton durch alle vorausgegangenen in seinem Charakter mitbestimmt wird, das auseinanderzusetzen müssen wir nun in der Tat der Psychologie überlassen, soweit sie überhaupt dazu fähig ist.«[98] Stumpfs spätes Wort blickt illusionslos auf eine Arbeit am Phänomen Melodie zurück, deren Betrachtungsweise aus dem Titel einer Hauptschrift von Ernst Mach hervorgeht: *Analyse der Empfindungen* (1886) bedeutet Rückführung komplexer Phänomene auf konstituierende Elemente und auf in diesen wirksame Eigenschaften (Qualitäten). Die Frage nach der Einheit der Melodie bildet das ungelöste Hauptproblem. Machs Versuch, das Band zwischen den einzelnen »Tonempfindungen« durch die Hypothese hinzutretender »Zusatzempfindungen« (oder »Zusatzfärbungen«[99]) zu knüpfen, wird von Chri-

---

96 Vgl. STUMPF, Singen und Sprechen, in: Zeitschrift für Psychologie und Physiologie der Sinnesorgane 94 (1924), 3, Anm. 1.
97 Ebd., 12; vgl. STUMPF, Tonpsychologie, Bd. 2 (Leipzig 1890), 180.
98 STUMPF, Erkenntnislehre, hg. v. F. Stumpf (Leipzig 1939/1940), 273.
99 ERNST MACH, Die Analyse der Empfindungen und das Verhältnis des Physischen zum Psychischen (1886; Darmstadt 1985), 240–242.

stian von Ehrenfels 1890 verworfen.[100] Ehrenfels schlägt die Annahme selbständiger, nicht auf Elemente und Elementeneigenschaften rückführbarer Eigenschaften vor: die Annahme von Gestalt-Eigenschaften. Inbegriff einer Gestalt ist die Melodie. Ihre wesentlichen Eigenschaften sind: Sie ist in der Erinnerung leicht reproduzierbar, d. h. sie hat Prägnanz; sie ist auf verschiedenen Tonhöhen darstellbar, d. h. sie ist in ihrer Prägnanz unabhängig von den einzelnen konkreten Tönen einer ihrer Transpositionen. Zunächst handelt es sich um ein logisches Postulat, mit dessen Hilfe die Aporien des wahrnehmungspsychologischen Atomismus umgangen werden sollen. Der kompositorische Begriff der Melodie und das ästhetische Konzept des Melodischen profitieren an Ort und Stelle von diesen Überlegungen nicht. Ehrenfels' Konzeption hat keinen Kontakt etwa zu strukturverwandten Theorien der musikalischen Komposition wie dem Konzept von ›transformation‹ und ›modification‹, das Vincent d'Indy zur selben Zeit zur Erläuterung der Werke Beethovens entwirft.[101] In einer seiner *Ästhetischen Vorlesungen* (gehalten 1896–1899) trennt Ehrenfels deutlich zwischen psychologischer und ästhetischer Betrachtungsweise. Er betont, »daß es auch recht wohl möglich ist, Tonfolgen als Melodien aufzufassen und doch vollkommen klar auch den Eindruck der Häßlichkeit des betreffenden Gebildes gegeben zu haben«[102]. Erst 1922, in der zweiten Publikationen seines Aufsatzes *Über ›Gestaltqualitäten‹* erblickt Ehrenfels in der Gestalt nicht länger nur einen logischen Sachverhalt, sondern auch den ästhetischen Schlüsselbegriff: »Was wir ›Schönheit‹ nennen, ist nichts anderes als ›Höhe der Gestalt‹.«[103] Aber das Gestalthafte wird nicht spezieller – als ein Verhältnis von Ganzem und Teilen – ausgeführt. Dies erstaunt um so mehr, als Ehrenfels in seinen *Ästhetischen Vorlesungen* das Motiv der Einheit in der Mannigfaltigkeit ausführlich durch die Geschichte verfolgt. Die Übersummenhaftigkeit der Melodie bedeutet für ihre Elemente, die musikalischen Töne, nur die Bestimmtheit ihrer Reihenfolge (im Gegensatz zu der Gleichgültigkeit der Reihenfolge von Summanden). Seinen Gedanken, daß Gestalten nicht nur aus Elementen bestehen können, sondern auch Gestalten aus Gestalten denkbar sind (wobei Gestalten als Elemente fungieren), macht er nicht für die musikalischen Elemente nutzbar. Tatsächlich haben wir nur eine einzige Stelle gefunden, an welcher der Gedanke der Wechselwirkung von Ganzem und Teilen erörtert wird: »Alle ›fundierten Inhalte‹ [der von Alexius Meinong vorgeschlagene Ausdruck für Ehrenfels' ›Gestalten‹ – d. Verf.] können zur indirekten Vorstellung ihrer ›Grundlage‹ verwendet werden; so z. B. die Raumgestalt, wenn ich einen Punkt als die Spitze eines gleichseitigen Dreiecks über die Grundlinie $a\ b$ vorstelle, die Bewegung bei der Vorstellung ›Ausgangspunkt des hier eingeschlagenen Geschosses‹, die Melodie etwa bei der Vorstellung des c als jenes Tones, bei welchem man anlangt, wenn man das Lied, ›Ich weiß nicht, was soll es bedeuten, daß ich so traurig bin‹, mit g anhebend, nach der bekannten Weise absingt, ... usw.«[104] Dieser Verzicht führt dazu, daß die isolierten (anschlußlosen) Innervationsempfindungen später als kontinuierliche (unartikulierte) Gesten wiederkehren.

Noch vor Ehrenfels hatte Edmund Gurney in seinem Werk *The Power of Sound* (1880) die Melodie ihrer Entstehung nach als unableitbar von der Sprache, ihrer Einheit nach als unanalysierbar in Atome und ihrer Macht nach als unerklärbar durch Assoziationen – kurz: als unreduzierbare Gestalt vorgestellt. Aber die errungene Beispielrolle bedeutet keine dauerhafte Aufwertung für die Melodie. Stumpfs Nachfolger Wolfgang Köhler lenkt seine gestaltpsychologische Forschung von der Melodie ab und wendet sich optischen Phänomenen zu. Dies mag einerseits in einer traditionellen Zweitrangigkeit des Hörbaren gegenüber dem Sichtbaren begründet sein – Helmholtz konzi-

---

100 Vgl. CHRISTIAN V. EHRENFELS, Über ›Gestaltqualitäten‹ (1890, ²1922), in: Ehrenfels, Philosophische Schriften, hg. v. R. Fabian, Bd. 3 (München 1988), 128–155 u. 155–167.
101 Vgl. VINCENT D'INDY, Cours de composition musicale, Bd. 1 (Paris 1903), 380, 384.
102 EHRENFELS, Ästhetische Vorlesungen (1896–1899), in: Philosophische Schriften, hg. v. R. Fabian, Bd. 2 (München 1986), 473.
103 EHRENFELS (s. Anm. 100), 158.
104 EHRENFELS, Zur Philosophie der Mathematik (1891), in: Ehrenfels, Philosophische Schriften, Bd. 3 (München 1988), 420.

pierte die *Lehre von den Tonempfindungen* als Ausgleich während der Arbeit am *Handbuch der physiologischen Optik* (1867, ²1896) –, es steht auch in der Tradition einer parallelen Auffassung von Zeitlichem und Räumlichem. Ihr ist besonders Henri Bergson entgegengetreten.

5. *Melodie als durée*

In seinem *Essai sur les données immédiates de la conscience* (1889) verwendet Bergson die Melodie als Argument, um jene Aporien des Atomismus der Assoziationspsychologie deutlich zu machen, die er in einer vorzugsweise an räumlichen Beispielen orientierten Modellbildung entspringen sieht. Die Modellierung der Vorstellung durch Bilder ist eines von Bergsons zentralen Themen, und das erklärt die Umsicht, mit der Bergson auch über die Melodie und ihre Besonderheit spricht. Er unterscheidet zwei Auffassungen von erlebter zeitlicher Dauer, »l'une pure de tout mélange, l'autre où intervient subrepticement l'idée d'espace«[105]. Die erstere Vorstellung muß kein unartikuliert diffuses Strömen der psychischen Zustände des Bewußtseins sein, »il suffit qu'en se rappelant ces états il [notre moi] ne les juxtapose pas à l'état actuel comme un point à un autre point, mais les organise avec lui, comme il arrive quand nous nous rappelons, fondues pour ainsi dire ensemble, les notes d'une mélodie. Ne pourrait-on pas dire que, si ces notes se succèdent, nous les apercevons néanmoins les unes dans les autres […]?« (67) Bergson stellt der Alternative von ›bedeutungsloser Succession‹ (Schelling) hier, unartikuliertem Murmeln des ›bewegten Wassers‹ (Helmholtz) dort, die Melodie als eine dritte, qualitativ emergente Verhältnismöglichkeit entgegen. Er vergleicht die psychischen Zustände mit den Tönen einer Melodie, um die Vorstellung einer »multiplicité indistincte ou qualitative« herauszuarbeiten, die er der »quantité mesurable« der einzelnen Ticks und Tacks einer Uhr einerseits, der Vorstellung eines »milieu homogène« (70) anderseits, gegenübersetzt. In Bergsons späteren Schriften tritt dieser den musikalischen Sachverhalt erhellende Blick auf das Verhältnis von Ganzem und Teil, von Melodie und Tönen, zugunsten des als einheitlich konzipierten Ganzen zurück. So stellt er in dem 1911 gehaltenen Vortrag *La perception du changement* die »continuité ininterrompue de la mélodie« und die »juxtaposition de notes distinctes« einander gegenüber und erhebt nur erstere in den Rang eines weiterreichenden Bildes: »Il y a simplement la mélodie continue de notre vie intérieure, – mélodie qui se poursuit et se poursuivra, indivisible, du commencement à la fin de notre existence consciente. Notre personnalité est cela même.«[106]

Wie Augustinus greift der frühe Bergson zu dem Beispiel der Melodie, um die zeitliche Konstituiertheit des Bewußtseins zu erörtern. Mit Blick auf den gedanklichen Umkreis des 19. Jh. knüpft er insbesondere an Lotze an, der es als den Kern des Harmoniegedankens bezeichnet, »daß es überhaupt in der Welt diese gegenseitige freundliche Beziehung ihrer Elemente aufeinander gibt«, und die Musik als das Denken dieser Harmonie beschreibt: »Und dieses grosse Bild können wir kaum aussprechen, ohne dass es von selbst sich für uns in Musik verwandelte.«[107] Wenn Bergson späterhin das Verlaufen der Melodie in den Vordergrund stellt und ihre Kontinuität betrachtet, so bedeutet dies nicht einen Verzicht auf Differenzierung, sondern es kann im Sinn der Betonung von Kohärenz gelesen werden. Die Art und Weise, in der Jean-Paul Sartre sich auf Bergson beruft, spricht für dieses Verständnis. Sartre stellt der »juxtaposition« der einzelnen Abschnitte in Gedichten von Francis Ponge den Bergsonschen Gedanken einer »multiplicité d'interpénétration« und die Art der Aufeinanderfolge in den »notes écoulées d'une mélodie« gegenüber, »qui sont encore entendues dans la note suivante et viennent la teinter et lui donner son sens«[108].

---

[105] HENRI BERGSON, Essai sur les données immédiates de la conscience (1889), in: Bergson, Œuvres, hg. v. A. Robinet (1959; Paris ²1963), 67.
[106] BERGSON, La perception du changement (entst. 1911), in: ebd., 1382, 1384.
[107] LOTZE, [Rez.] E. Hanslick, Vom Musikalisch-Schönen etc. (1855), in: Lotze, Kleine Schriften, hg. v. D. Peipers, Bd. 3/1 (Leipzig 1891), 210f.
[108] JEAN-PAUL SARTRE, L'homme et les choses (1944), in: Sartre, Situations, Bd. 1 (1947; Paris 1973), 249f.

IV. 20. Jahrhundert

1. Abkehr von der Melomanie

Es charakterisiert das 20. gegenüber dem 19. Jh., daß ein Werk zum Inbegriff der Einsicht in das Wesen der Melodie wurde, welches statt von Melodie von Linie spricht, welches die Nähe des Kontrapunkts sucht und welches zu Bach zurückweist: Ernst Kurths *Grundlagen des Linearen Kontrapunkts* (1917). So begeistert und ausführlich Kurth die der Musik zugrundeliegenden und von ihr ausgelösten psychischen Kräfte und Bewegungen beschreibt – in der *Romantischen Harmonik* (1920, ²1923) widmet er 127 Seiten dem ›Unendlichen Melodie‹[109] –, so beharrlich schweigt er von der Süße der Melodie oder von der ihr verdankten Lust. Durch diese veränderte Psychologie unterscheidet Kurths Wesensbestimmung der Musik sich trotz des Rückgangs zu Bach deutlich von derjenigen des Bachschülers Christoph Nichelmann, der 1755 neben der Natürlichkeit auch die höhere Ergötzlichkeit der Polyphonie zugunsten des polyodischen und gegen das monodische Komponieren vorbringt. Nichelmanns gegen die »blos sinnliche Lust der Ohren«[110] gestellte Ergötzlichkeit steht im Horizont von delectatio und recreatio. An die Stelle solchen subjektiven Bedürfens treten bei Kurth als objektiv gesetzte Kräfte, als fürchte er, durch den Gang der Musikgeschichte oder durch den exakten Ansatz der Tonpsychologie in die antiquierte Rolle des Melomanen gedrängt zu werden. Der Melomane ist der Musikfreund und Genießer, der sich durch die Lektüre des 8. Briefes von Giuseppe Carpanis Haydn-Biographie und Programmschrift *Le Haydine*, 1812, ²1823 (oder ihres Plagiats, Stendhals *Vies de Haydn, Mozart et Métastase*, 1814, dort der 13. Brief) seiner musikalischen Überzeugung versichert: »La melodia, cioè quella successione gradevole di tuoni analoghi, che grattano dolcemente e non urtano in modo spiacevole l'orecchio, è quella che produce principalmente questo piacere fisico, e dopo di lei l'armonia.«[111] (In erster Linie ist es die Melodie, also jene gefällige Abfolge zusammenstimmender Töne, die nicht unangenehm auf das Ohr stoßen, sondern es sanft kitzeln, welche dieses körperliche Wohlgefühl hervorbringt, in zweiter Linie erst die Harmonie.) Melodie und Gesang – der Schwanengesang der Rossinischen *Cenerentola* – sind dem Melomanen ein und dasselbe. In seinem Aufsatz *Harmonie et mélodie* protestiert Camille Saint-Saëns 1873 – noch heftiger als Schumann um 1850[112] – gegen eine solche Reduktion der Musik auf »la mélodie pour la mélodie«[113], die ihm – dem Herausgeber der Werke Rameaus – kulinarisch und kunstfremd erscheint. Saint-Saëns greift die »mélodistes«[114] heftig an und führt vielfache Attacken gegen den »plaisir physique«[115] – um schließlich den Topos von der Süße der Melodie in den Vorwurf des Schleckrigen zu wenden: »Les gens qui ne goûtent que les mélodies« (16) »sont comme les enfants qui croient connaître le bonheur quand ils mangent des confitures« (17). *Harmonie et mélodie* wird 1885 als programmatischer Aufsatz in Saint-Saëns' gleichnamigem Buch erneut abgedruckt. In dem Zeitgemälde *Jean-Christophe* (1904–1912) des Saint-Saëns-Bewunderers Romain Rolland schließlich erscheint der Melomane als unkräftiger, weltfremder Mensch.[116] An seine Stelle tritt nach dem Weltkrieg der Leser des *Melos*, jener 1920 gegründeten Musikzeitschrift, welche ›Melos‹ erläutert: »Melos – ›Fluß der Dinge nach innerer Gesetzmäßigkeit, Werden im Banne eigener Kraft!«[117] Freilich ist diese Ersetzung des ›Gefühls‹ durch den ›Willen‹[118] ortsgebunden und vermag – wie Irving Berlins zur selben Zeit komponiertes Lied beweist – der Me-

---

109 Vgl. ERNST KURTH, Romantische Harmonik und ihre Krise in Wagners ›Tristan‹ (1920; Berlin ²1923), 444–571.
110 NICHELMANN (s. Anm. 10), 162.
111 GIUSEPPE CARPANI, Le Haydine ovvero Lettere sulla vita e le opere del celebre maestro Giuseppe Haydn (1812; Bologna 1969), 131.
112 Vgl. SCHUMANN (s. Anm. 7).
113 CAMILLE SAINT-SAËNS, Harmonie et mélodie (Paris 1885), 8.
114 SAINT-SAËNS, Rossini, in: Saint-Saëns, École Buissonière. Notes et Souvenirs (Paris 1913), 262.
115 SAINT-SAËNS (s. Anm. 113), 10, 12 ff.
116 Vgl. ROMAIN ROLLAND, Jean-Christophe (1904–1912; Paris 1956), 560 f.
117 HERMANN SCHERCHEN, [Geleitwort], in: Melos 1 (1920), 1.
118 Vgl. RUDOLF SCHÄFKE, Geschichte der Musikästhetik in Umrissen (1934; Tutzing 1964), 447.

lodie nichts anzuhaben. Obwohl *Melos* »das Gesetz im Werden der Musik aufzeigen«[119] will, erscheint durch den energetischen Ansatz die Einsicht in das Verhältnis von Ganzem und Teil und damit in die musiktheoretisch grundlegende Bestimmung des musikalischen Tones getrübt. Dies zeigt eine programmatische Schrift Adornos von 1961. In *Vers une musique informelle* beruft sich Adorno bei seiner Kritik an punktuellen Kompositionsweisen auf Kurth; er findet dort aber keine zureichende Theorie der Tonalität, sondern nur eine Beschwörung der Harmonielehre gegenübergestellter ›Kräfte‹, die er als »bloß eingelegte« »Intentionen des Subjekts«[120] verwirft. Statt von der Melodie oder vom Melos erhofft Adorno die Heilung des »absoluten Tons« vom »motivisch-thematischen als dem Inbegriff der relationellen Momente« (522). Diese Rede vom Thematischen ist noch heute in Gebrauch; wir hatten sie einleitend erwähnt.

2. *A une passante*

In dem Kapitel ›Un amour de Swann‹ des 1913 erschienenen einleitenden Buches *Du côté de chez Swann* seines Werkes *A la recherche du temps perdu* beschreibt Proust Swanns Begegnung mit einer Tonfolge. »La petite phrase«[121] – die kleine Melodie – besteht im wesentlichen aus einer prägnanten Figur von fünf Tönen. Ein verführerischer Reiz geht von ihr aus. Die Begegnung beginnt, als Swann bei einer Abendunterhaltung die Violinsonate des (fiktiven) Komponisten Vinteuil hört; sie wird sich Swanns Leben hindurch fortsetzen. Proust gliedert die Begegnung in fünf Schritte: 1. Swann genießt die »qualité matérielle des sons secrétés par les instruments« (205). 2. Swann beobachtet, wie die Töne als solche sich einzeln zur Geltung bringen und sich miteinander zu Arabesken gruppieren. 3. Swann unterscheidet von diesem Reiz der Klangfarben und der Intensitäten der Töne eine andere, eindrucksvollere, aber auch undeutlichere Schicht, »une impression […] *sine materia*«; er genießt das Angemutetwerden durch etwas, das gänzlich unvergleichlich für sich steht, so daß er nur – der Ursache dieses Eindrucks nach – von »impressions […] purement musicales« (206) sprechen kann. Er vermag nicht einmal zu sagen, ob es »la phrase ou l'harmonie« (205) ist, was durch ihn hindurchgeht und seine Seele erfüllt. 4. Swanns »mémoire« vermag in diesem musikalischen Fluten allmählich gliedernd tätig zu werden: Sie erstellt in seinem Bewußtsein eine »transcription sommaire et provisoire« der kleinen Melodie. Darin erscheint diese zum Gegenstand objektiviert: »Il s'en représentait l'étendue, les groupements symétriques, la graphie, la valeur expressive« (206). Nun kann Swann ihr Kommen und Gehen innerhalb der Musik verfolgen. 5. Einmal deutlich ins Auge gefaßt, beginnt die kleine Melodie ihren Zauber auf Swann auszuüben und einen festen Platz in seinem Denken einzunehmen. Proust erläutert die Macht, welche die kleine Melodie auf Swann ausübt, durch Bezugnahme auf Baudelaires Gedicht *A une passante*, das 93. Stück der *Fleurs du mal* (1857), in welchem der erschütternde Eindruck einer ›Vorübergehenden‹ auf den Dichter dargestellt wird.[122] Wie das lyrische Ich dieses Gedichtes sich in die ›passante‹ verliebte, habe Swann sich in die ›petite phrase‹ verliebt und dadurch eine Belebung erfahren. (Dieses ›rajeunissement‹ entspricht dem ›renaître‹ in Baudelaires Gedicht.) Die kleine Melodie gleicht der Baudelaireschen ›Vorübergehenden‹ durch das Hingerissensein im Augenblick der ersten Begegnung. Im Unterschied zu ihr gewährt die kleine Melodie indessen ein Wiedersehen. Sie wird Swann immer wieder beggenen. So vertritt sie im Roman die *musikalische* Form des Motivs des ›retrouver‹ – eine Form sui generis: Das Wiederhören einer Melodie gilt in der oben erwähnten Erörterung der *Problemata physica* als besonderer Fall des Wiedererkennens (ἀναγνωρίζειν) eines Gegenstandes, den kennenzulernen Zeit in Anspruch genommen hat.[123]

---

119 SCHERCHEN (s. Anm. 117).
120 THEODOR W. ADORNO, Vers une musique informelle (1961), in: ADORNO, Bd. 16 (1978), 519.
121 MARCEL PROUST, A la recherche du temps perdu (1913–1927), hg. v. J.-Y. Tadié, Bd. 1 (Paris 1987), 520.
122 Vgl. CHARLES BAUDELAIRE, Les fleurs du mal (1857), in: BAUDELAIRE, Bd. 1 (1975), 92 f.
123 Vgl. PROUST (s. Anm. 121), 520–523; ARISTOTELES, Probl. 19, 5, 918a.

Proust erweitert den Kurthschen Dynamismus um das Moment der Interaktion zwischen Hörer und Melodie und um die lebensgeschichtliche Schichtung dieser Interaktion. Dadurch wird die Rede von der Objektivität der Melodie konkretisiert und das Motiv des Genusses nicht durchgestrichen, sondern differenziert: Was man zum ersten Male hörte, scheint etwas anderes gewesen zu sein als die kleine Melodie, der man oft nachgelauscht hat und die man in sich trägt.

3. Individuelles Anknüpfen an die Tradition

Als zwei besonders konstante Charakteristika des Melodischen haben sich der Eindruck der Süße und der Gedanke der gegliederten Zeit erwiesen. Beide Motive unterliegen in dem der ästhetischen Nahperspektive zugänglichen Zeitraum einem nachdrücklichen Wandel. Bei Saint-Saëns kündigt sich jene kompositorische und ästhetische Reserve gegen die Gefahr der musikalischen Süßlichkeit an, die sich im 20. Jh. durchsetzt. Daß die Kategorie der Melodie sich indessen nicht in jenem Eindruckshaften erschöpft, geht aus den eingangs betrachteten vier Stellungnahmen von Komponisten zum Melodischen hervor. Eine Bemerkung Witold Lutosławskis von 1991 vermag diese vier kompositorischen Positionen zusammenzufassen: »je crois qu'il est temps de trouver une mélodie nouvelle. La réaction contre la mélodie était naturelle au début du siècle étant donné les abus de l'époque romantique. Mais il est temps maintenant de retrouver une pensée mélodique.«[124] Als Inbegriff eines ›melodischen Gedankens‹ ist uns der Gedanke der gegliederten Zeit begegnet. Er wurde im 20. Jh. vielfach zu der Vorstellung eines ununterbrochenen, ›linearen‹ Strömens vereinfacht. Dennoch findet sich auch eine neuere Explikation des Phänomens ›Zeit‹, die an die Tradition anknüpft. Bergson nicht weniger als Augustinus verpflichtet ist die Bemerkung, mit welcher die Philosophin Jeanne Vial ihr Werk *De l'être musical* (1952) beginnt: »La musique est acte: elle se déroule dans une indivisible durée, souverainement libre et merveilleusement nécessaire: il est trop évident, en effet, que chaque note ne s'évanouit pas quand chante la suivante; la musique n'existe que parce que le passé ne meurt pas et que le futur ne nous semble pas un risque de rupture: son unité transcende l'opposition du présent au passé, du passé à l'avenir.«[125] Mit diesem Wort, in dem der Gedanke der Melodie noch einmal die Vorstellung der ganzen Musik vertritt, wollen wir diesen Blick auf Aspekte des Melodischen beschließen.

Michael Maier

Literatur

ABRAHAM, LARS ULRICH/DAHLHAUS, CARL, Melodielehre (Köln 1972); BANDUR, MARKUS, ›Melodia/Melodie‹, in: Handwörterbuch der musikalischen Terminologie, hg. v. A. Riethmüller, 27. Ausl. (Stuttgart 1998); RIETHMÜLLER, ALBRECHT/ZAMINER, FRIEDER (Hg.), Die Musik des Altertums (Laaber 1989); SMITS VAN WAESBERGHE, JOSEPH, A Textbook of Melody. A Course in Functional Melodic Analysis (Rom 1955); SZABOLCSI, BENCE, Bausteine zu einer Geschichte der Melodie (Budapest 1959).

---

124 WITOLD LUTOSŁAWSKI, Vers une mélodie nouvelle, in: Acanthes an XV. Composer, enseigner, jouer la musique d'aujourd'hui, hg. v. C. Gilly/C. Samuel (Fondettes 1991), 71.

125 JEANNE VIAL, De l'être musical (Neuchâtel 1952), 10f.

Melodramatisch

(engl. melodramatic; frz. mélodramatique; ital. melodrammatico; span. melodramático; russ. мелодраматическое)

Einleitung; I. Melodramatisch als adjektivische Form der Gattungsbezeichnung Melodrama; **II.** Melodramatisch als gattungsunspezifischer, dabei negativ konnotierter allgemein-ästhetischer Terminus; **III.** Rehabilitierung des Melodramatischen als Folge der ästhetischen Aufwertung der Populärkultur nach dem 2. Weltkrieg; 1. Phänomenologische Bestimmung des Melodramatischen; 2. Historische Bestimmung des Melodramatischen

Einleitung

Der Bedeutungskern des Begriffs melodramatisch verweist zum einen auf eine Wahrnehmungsweise, die die emotionale Dimension des Lebens verabsolutiert, und zum anderen, sofern der Begriff im Sinne ästhetischer Terminologie verwendet wird, auf die künstlerische Aussageform, die dieser Wahrnehmungsweise entspricht, indem sie alle verfügbaren ästhetischen Mittel in beliebiger Kombination einsetzt, um das Publikum in extremer Weise emotional zu affizieren. Nachdem das Melodramatische bis zur Mitte des 20. Jh. als Kennzeichen einer angeblich minderwertigen Populärkultur im großen und ganzen diskreditiert war, avancierte es im Zuge der Aufwertung dieser Populärkultur seit den 60er Jahren zu einem wertneutralen ästhetischen Terminus. Heute wird der Begriff im Kontext einer reflektierten ästhetischen Terminologie kaum noch pejorativ verwendet. Im Rahmen einer ernsthaften ästhetisch-theoretischen Diskussion, die als Folge der Aufwertung der Populärkultur überhaupt erst einsetzte, wurde das weite Bezugsfeld, das sich um den oben sehr allgemein charakterisierten Bedeutungskern des Begriffs erstreckt, mit semantischen Spezifizierungsmerkmalen ausgefüllt. Wesentlich dafür war, daß der Begriff melodramatisch im genannten Zeitraum von der im 19. Jh. zunächst in Frankreich, später auch in England und den USA blühenden Populärgattung des Bühnenmelodramas programmatisch abgelöst und dann erstmals als eigenständige Kategorie ästhetisch reflektiert wurde. Vor allem die ästhetische Theorie im englischen Sprachraum, wo sich zuerst Wendungen wie ›melodramatic imagination‹, ›melodramatic mode‹ oder ›melodramatic syndrom‹ einbürgerten, hat diese Entwicklung in Gang gesetzt. Die Dominanz des angloamerikanischen Beitrags zur Theorie des Melodramatischen ergibt sich daraus, daß melodramatische Kunst vor allem im anglophonen Sprachraum entstanden ist. Die eindeutige Leitfunktion der angloamerikanischen Kultur für die internationale Diskussion hat dazu geführt, daß es im Hinblick auf die Verwendung des Begriffs kaum nationale Differenzen gibt, daß also der deutsche Terminus gegenwärtig nahezu dasselbe Bedeutungsspektrum umfaßt wie etwa das englische ›melodramatic‹ oder das französische ›mélodramatique‹.

Seit dem Beginn einer differenzierten ästhetischen Erörterung des Melodramatischen und auch in der aktuellen Reflexion über den Terminus stehen sich ein anthropologischer und ein historischer Ansatz als Alternativen gegenüber: Für den anthropologischen Ansatz ist das Melodramatische eine allgemein menschliche Wahrnehmungsweise, die sich bereits in den Dramen der Antike mehr oder weniger deutlich niedergeschlagen hat. Demgegenüber führt der historische Ansatz insofern zu einer Verengung des Begriffs, als er die melodramatische Aussageform an die Ausbreitung einer demokratischen, d. h. alle Menschen gleichermaßen betreffenden Tugendlehre im Anschluß an die Französische Revolution bindet. Immerhin hängt in beiden Konzeptionen die Intensivierung der Emotionalität mit der Vorstellung zusammen, daß alle Menschen einen legitimen Anspruch auf individuelles Glück haben: Melodramatisch ist dabei die Konfrontation dieses Glücksanspruchs mit der feindlichen Realität, d. h. mit der Aggressivität der anderen, aber auch mit den natürlichen Bedrohungen, denen die Menschen aufgrund ihrer Kreatürlichkeit ausgesetzt sind. Die Grundsituation des Melodramatischen ist also dadurch markiert, daß die Konflikte, die die Harmonie stören, von außen an die melodramatischen Helden herangetragen werden, d. h. daß diese Helden in sich selbst unproblematisch sind. Die skizzierte Grundsituation des Melodramatischen hat zur Folge, daß in zunehmendem Maße der Begriff melodramatisch auf die zeitgemäßen Formen engagierter, d. h. parteiischer Kunst bezogen wird: Er taucht daher als positive Kategorie z. B. in der weiblichen Filmästhetik auf und bezeichnet dann im allgemeinen eine Konstellation, in der die Frau sich mit ihrer entfremdeten Existenz im Kontext einer patriarchalischen Gesellschaft auseinandersetzen muß. Dabei ist das Melodramatische für eine feministische Argumentation vor allem auch deshalb positiv qualifiziert, weil es die – als spezifisch weiblich erklärte – konsequente Emotionalität gegen eine im melodramatischen Zusammenhang inhuman erscheinende Affektkontrolle und Vernunftorientierung in ihr Recht setzt. Ein ähnlicher Antagonismus von Emotionalität auf der einen und Rationalität auf der anderen Seite liegt auch dem Begriff des Melodramatischen zugrunde, der in ästhetischen Theorien südamerikanischen oder asiatischen Ursprungs artikuliert wird. In diesen Konzepten füllt der von Europa oder Nordamerika ausgehende Kulturimperialismus die Position eines – negativ indizierten – aggressiven Rationalitätsprinzips aus, das die als harmonisch und unproblematisch vorgestellte südamerikanische bzw. asiatische Realität zu überwältigen droht. Insofern in dieser Situation die Rollenverteilung zwischen Gut und Böse eindeutig und die zugrundeliegende Problematik in außerordentlich hohem Maße emotional besetzt ist, liegt es auch hier nahe, den Begriff auf den entsprechenden ästhetischen Zusammenhang zu übertragen.

Die melodramatische Aussageweise setzt ein Publikum voraus, das bereit ist, jegliche rationale Distanz gegenüber dem rezipierten Werk aufzugeben. Die Bedeutungsnuance, die sich aus diesem Sachverhalt ergibt, war dem Begriff schon früh eigen. Sie erklärt sich aus der Tatsache, daß am Beginn der Begriffsgeschichte nur populäre Kunst als melodramatische Kunst begriffen wurde. Nur die unreflektierte Rezeptionshaltung des volkstümlichen Publikums, so schien es, konnte dazu führen, daß sich das Melodramatische mit seiner übertriebenen Emotionalität zunächst auf der Bühne und später auch in anderen künstlerischen Medien durchsetzte. Der bis zur Mitte des 20. Jh. vorherrschende pejorative Gebrauch des Begriffs dürfte damit zusammenhängen, daß alles, was dem kritisch-ästhetischen Urteil als melodramatisch erschien, bewußt oder unbewußt mit dem vermeintlich schlechten Geschmack des Publikums der Bühnenmelodramen des 19. Jh. assoziiert wurde. Der enge Zusammenhang zwischen dem Bühnenmelodrama des 19. Jh. und der Herausbildung der allgemein-ästhetischen Kategorie zeigt sich auch daran, daß die überzogene Darstellung von Gefühlen durch Mimik und Gestik und durch theatralische Zeichenhandlungen, die in den riesigen Volkstheatern in Paris und London eine dramaturgische Notwendigkeit waren, später – bei der Verwendung von melodramatisch als einem ästhetischen Terminus – zu einer wichtigen semantischen Facette des Begriffs und zu einem der Hauptmotive für dessen pejorativen Gebrauch wurde.

Die kritische Haltung, die die ästhetische Theorie im 19. und in der ersten Hälfte des 20. Jh. gegenüber dem Melodramatischen einnimmt, verweist indirekt auf das Nachahmungs- bzw. Realismuskonzept, dem sich diese ästhetische Theorie verpflichtet hatte. Das Verhältnis des Melodramatischen zur Realität bzw. zu einer realistischen Ästhetik ist im Kontext der Rehabilitierung des Begriffs seit den 60er Jahren neu und differenzierter reflektiert worden. In der Folge dieser Diskussion herrscht heute weitgehend Konsens darüber, daß das Melodramatische eine hybride Aussageweise ist, die realistische und unrealistische bzw. phantastische Anteile integriert. Vor einem solchen Hintergrund kann die Haltung der traditionellen Ästhetik, die alle Formen melodramatischer Kunst unter Berufung auf eine Ästhetik der Nachahmung disqualifiziert hatte, nicht mehr befriedigen. Vielmehr wird das Melodramatische dadurch gerechtfertigt, daß ein Bedürfnis nach unreflektierter, spontaner und identifikatorischer Rezeption von Kunst sich in allen Epochen und Kulturen nachweisen läßt. Die melodramatische Wahrnehmungsweise, deren anthropologische Relevanz durch dieses Bedürfnis bewiesen wird, kann ihre Entsprechung nur in einer melodramatischen Aussageweise finden. Insofern erscheint das Melodramatische in der Perspektive der aktuellen ästhetischen Reflexion nicht nur als legitim, sondern geradezu als unabdingbar.

Der hier angedeutete Autoritätsverlust der normativen Ästhetik ist symptomatisch für die sich in der westlichen Welt seit den 60er Jahren immer mehr durchsetzende Liberalisierung des gesellschaftlichen Lebens insgesamt und spiegelt in Abhängigkeit von dieser sozialen Entwicklung eine Verschiebung innerhalb der dominierenden ästhetischen Wertesysteme wider. Der sich daraus ergebende ästhetische Wertewandel ist durch eine zunehmende Infragestellung der Nachahmungsästhetik ebenso charakterisiert wie durch eine Absage an alle Versuche, das Schöne bzw. die Kunst formal zu bestimmen. Besonders wichtig ist in diesem Zusammenhang: Der Aufstieg des Begriffes zu einem wertneutralen Terminus der ästhetischen Reflexion ist an den Aura-Verlust des Kunstwerks im Industriezeitalter gebunden – allgemein an die Entsakralisierung der Kunst, die zwar schon in den 30er Jahren beschrieben worden ist[1], deren ganze Tragweite aber erst in der Gegenwart, im Kontext der Postmoderne-Diskussion, offen zutage tritt. Die besondere Bedeutung des Melodramatischen für die Ästhetik der Massenkultur ist nicht zuletzt daran ablesbar, daß es sich gegenwärtig vor allem in den kurzen Texten findet, mit denen die TV-Zeitschriften über Inhalte und ästhetischen Charakter der auf dem Programm stehenden Fernsehserien und Spielfilme informieren. Auch hier erscheint das Melodramatische zunächst wieder als adjektivische Form der Gattungsbezeichnung Melodrama. Dabei steht das Filmmelodram neben anderen Spielfilmgenres wie Western, Filmdrama, Actionfilm oder Krimi. Das schließt jedoch nicht aus, daß ein Film, der dem Westerngenre zugeordnet ist, in dem beigegebenen Beschreibungstext mit dem Attribut melodramatisch belegt wird. Schon früh sind ästhetische Kategorien wie ›action‹, ›suspense‹ und ›thrill‹ mit dem Melodramatischen in Verbindung gebracht worden.

Insgesamt dürfte es gegenwärtig kaum eine Textsorte geben, in der der Begriff so häufig auftaucht wie in Fernsehprogrammvorschau und Fernsehkritik, wobei sich kaum noch Spuren der ursprünglichen – pejorativen – Verwendung des Begriffs erhalten haben. Das kann bedeuten, daß die ästhetische Rehabilitierung des Melodramatischen, die das Resultat einer theoretisch-reflektierten ästhetischen Diskussion war, sich auch auf die Terminologie der Fernsehkritik ausgewirkt hat, es kann aber auch bedeuten, daß der Begriff in dieser Terminologie schon immer wertneutral verwendet wurde und daß umgekehrt die Aufwertung des Melodramatischen im Kontext einer theoretisch-reflektierenden Ästhetik ihren Ausgang vom Sprachgebrauch der Kinokritik bzw. der Fernsehprogrammzeitschriften genommen hat. Ein pejorativer Gebrauch des Attributs melodramatisch durch die Fernsehkritik wäre auch deshalb kaum plausibel, weil das Fernsehen, insofern es seine Informationen überwiegend visuell vermittelt und also das melodramatische Gebot der Visualität in fast idealer Weise erfüllt, als das melodramatische Medium par excellence angesehen werden kann. Vor allem die Fernsehserien, gleichgültig ob Krimi- oder Familienserien, stehen im Zeichen einer Ästhetik, die sich zum großen Teil aus melodramatischen Inhaltsstereotypen und Inszenierungsmodi zusammensetzt. Dabei läßt sich der oben angesprochene phänomenologische Begriff des Melodramatischen in fast allen seinen Bedeutungsfacetten auf diese Serien übertragen. So instrumentalisiert zumindest der Fernsehkrimi den melodramatischen Gutböse-Gegensatz, um dem Publikum die Identifikation zu erleichtern und auf diese Weise zu erreichen, daß sich das Klima extremer Emotionalität, das die erzählten Geschichten prägt, auf die Rezipienten überträgt. Außerdem verarbeiten die Fernsehserien in der Regel die melodramatische Grundsituation eines individuell-privaten Glücks, das einen Zustand völliger Harmonie und Problemlosigkeit exemplifiziert, das aber durch äußere Einflüsse, in der Regel durch die Aggressivität anderer Menschen, gefährdet ist. Dem Melodramatischen ist schließlich auch die Serienstruktur selbst insofern verwandt, als sie dem vom traditionellerweise als melodramatisch eingestuften Feuilletonroman entwickelten Prinzip der episodischen Reihung folgt. Dieses Prinzip negiert die Forderung der klassischen Ästhetik nach einer von einem künstlerischen Individuum entworfenen, abgeschlossenen und in sich selbst sinntragenden ästhetischen Gesamtstruktur zugunsten der offenen, potentiell unendlichen, an den Markterfordernissen und an den Gesetzen der industriellen Massenpro-

---

[1] Vgl. WALTER BENJAMIN, Das Kunstwerk im Zeitalter seiner technischen Reproduzierbarkeit (1936), in: BENJAMIN, Bd. I/2, (1974), 431–469.

duktion orientierten Serienstruktur. Das Melodramatische gehört also zu dem Teilbereich der Ästhetik, der durch die Stichworte Kulturindustrie, Unterhaltung oder populär bezeichnet ist. Die für die melodramatische Aussageweise gegenwärtig spezifische Rezeptionssituation kann – in allgemein-soziologischer, nichtästhetischer Terminologie – mit Begriffen wie Spannung oder Freizeit umschrieben werden.

Die ästhetische Kategorie des Melodramatischen ist für das Genre der Fernsehserie und für die gesamte Unterhaltungsindustrie vor allem deshalb von zentraler Bedeutung, weil sie die Hauptintention der für die Unterhaltungsindustrie spezifischen Ästhetik reflektiert, die Intention nämlich, durch den Einsatz geeigneter ästhetischer Effekte die spontane Aufmerksamkeit eines Massenpublikums zu erregen. Insofern sich die melodramatische Ästhetik im immer härter werdenden Wettbewerb um diese Aufmerksamkeit des Publikums als erfolgreich erwiesen hat, dürften die inhaltlichen Stereotypen und Inszenierungsmodi, die mit dem Terminus melodramatisch bezeichnet sind, auch in Zukunft eine beherrschende Rolle spielen. Es wäre darüber hinaus auch denkbar, das semantische Feld des Melodramatischen noch zu erweitern, etwa durch die Verwendung des Begriffs mit Bezug auf die Ästhetik der Werbung. Denn auch in der Werbung geht es wie beim Melodramatischen um die Intensivierung der unmittelbar publikumswirksamen Effekte, die als übergeordneter Zweck die Auswahl der einzusetzenden Inhalte und Inszenierungsmodi bestimmt. Ergebnis dieser Auswahl ist – bei der melodramatischen Aussageweise wie bei der Werbung – eine hybride Ästhetik, deren ideologisches Zentrum der kleinbürgerliche Traum von einer individuell-privaten, durch erfüllte Liebe, die Institution der Familie und erfolg-

reiche Berufstätigkeit ermöglichten Glückserfahrung ist. Der hier angedeutete große Bedeutungsumfang des Begriffs scheint also dazu zu führen, daß sich ihm immer neue Bezugsfelder eröffnen. Allerdings trägt eine solche Entwicklung die Gefahr in sich, daß sich der Terminus im Unbestimmten verliert und deshalb von Befürwortern einer terminologisch exakten Ästhetik verworfen wird.[2] Eine Ästhetik freilich, die den unvermeidlichen Unbestimmtheitsrest jeder ästhetischen Reflexion akzeptiert, wird den Begriff auch in Zukunft verwenden können.

I. Melodramatisch als adjektivische Form der Gattungsbezeichnung Melodrama

Die Entstehung des Begriffs im 18. Jh. hängt damit zusammen, daß sich um die Mitte des Jh. für die populärste Form des italienischen Musiktheaters die Gattungsbezeichnung ›melodramma‹ durchzusetzen beginnt: In einer Vorrede zu seinem 1754 entstandenen Musikdrama *Terenzio* bezeichnet Carlo Goldoni den Opernlibrettisten Piero Metastasio als »celeberrimo ristauratore del Melodramma«[3], obwohl Metastasio selbst für seine Stücke die Gattungsbezeichnung ›melodramma‹ normalerweise nicht verwendet. Ein wirklich konsequenter und terminologisch reflektierter Gebrauch der Gattungsbezeichnung findet sich erst in Antonio Planellis Schrift *Dell'opera in musica* (1772), die auch die adjektivische Form des Begriffs enthält: Planelli wendet sich an die »melodrammatici poeti«[4], denen er mit seiner Schrift einen Leitfaden für das Verfassen von Opernlibretti zur Verfügung stellen will. Aus dem Zusammenhang geht eindeutig hervor, daß der Terminus ›melodrammatico‹, so wie Planelli ihn verwendet, semantisch nicht über die Gattung hinausweist. Die bedeutungsgeschichtliche Entwicklung des Begriffs wird dagegen dadurch stimuliert, daß Rousseau eine neue Form des Melodramas theoretisch begründet. Er will »offrir au Spectateur François l'espece de mélodrame le plus convenable à sa langue«[5].

Die ästhetische Reflexion über das Melodrama im deutschen Sprachraum schließt direkt an Rous-

---

2 Vgl. RUSSELL MERRITT, Melodrama. Postmortem for a Phantom Genre, in: Wide Angle 3 (1983), 24–31.
3 CARLO GOLDONI, Terenzio (1754), in: Goldoni, Tutte le opere, hg. v. G. Ortolani, Bd. 5 (Mailand 1973), 686.
4 ANTONIO PLANELLI, Dell'opera in musica (1772; Fiesole 1981), 40.
5 JEAN-JACQUES ROUSSEAU, Fragmens d'observations sur l'Alceste italien de M. le Chevalier Gluck (1778), in: ROUSSEAU, Bd. 5 (1995), 448.

seau an. Die Rezeption von Rousseaus Melodrama *Pygmalion* (entst. 1762) führt dazu, daß das Genre auch in Deutschland populär wird. In den zeitgenössischen Äußerungen zum deutschen Melodrama erscheint der Begriff melodramatisch in der Regel als Adjektivierung der Gattungsbezeichnung, also in einem ganz spezifischen Sinn, fast als Synonym zu ›musikalisch‹. In dieser Verwendung findet sich melodramatisch noch in der *Allgemeinen deutschen Real-Enzyklopädie für die gebildeten Stände* aus dem Jahre 1835, wo unter dem Stichwort ›Melodrama‹ die These vertreten wird, daß die Melodramen auf den Pariser Volksbühnen von ganz anderer Art seien als die deutschen: »Die neuern von den Boulevards in Paris ausgehenden Melodramen [...] sind rohe Schauspiele, in welchen nur zuweilen das Melodramatische eingemischt ist, um den Effect zu steigern.«[6]

Die auf das deutsche Bühnenmelodrama bezogene, primär den musikalischen Charakter betonende inhaltliche Füllung des Begriffes verliert im weiteren Verlauf des 19. Jh. auch in Deutschland immer mehr an Bedeutung. Die terminologische Verwendung, die sich für melodramatisch schließlich überall in Europa durchgesetzt hat, dürfte eher auf das französische Melodrama der Revolutionszeit verweisen, das völlig anders beschaffen und aus ganz anderen historischen Rahmenbedingungen hervorgegangen war als die deutsche Variante der Gattung. Das französische Melodrama war in den 90er Jahren des 18. Jh. nicht nur das öffentliche Medium, mit dem sich das mit neuem Selbstbewußtsein ausgestattete Pariser Volk über die demokratischen Moralvorstellungen verständigte, sondern es entsprach mit seinen sentimentalen, spektakulären und zumeist blutrünstigen Stoffen auch der Sensationslust eines breiten Publikums. Vor diesem Hintergrund vollzieht sich eine Bedeutungsverschiebung des Begriffes in seiner französischen Form. In den Titeln zweier Bühnenstücke aus den 90er Jahren des 18. Jh., *Le Génie Asouf [...] féerie mélo-dramatique* und *L'Anniversaire ou la Fête de la souveraineté, scène lyrique et mélo-dramatique*[7], ist der Terminus wohl noch – ähnlich wie im deutschen Sprachgebrauch der Zeit üblich – die adjektivische Form der Gattungsbezeichnung für ein Schauspiel mit Musik. Der Mischcharakter der Gattung wird in beiden Fällen durch den Bindestrich zwischen ›mélo‹ und ›dramatique‹ hervorgehoben. Demgegenüber bezeichnet ›mélodramatique‹ etwa zwanzig Jahre später in einigen Zeitungsrezensionen zum Werk des berühmtesten französischen Melodramatikers jener Jahre, Charles Guilbert de Pixérécourt, die mittlerweile etablierte Gattung des mélodrame, wobei die musikalische Untermalung des Geschehens auf der Bühne überhaupt keine Rolle mehr zu spielen scheint. Der Theaterkritiker Dusaulchor spricht 1809 von »les imbroglio-mélodramatiques de M. de Pixérécourt«[8], und sein Kollege Colnet teilt 1814 mit, daß »M. de Pixérécourt [...] vient d'ajouter un nouveau fleuron à sa couronne mélodramatique«[9]. Wenn sich auch im ersten der beiden zitierten Beispiele im Zusammenhang mit dem Begriff des Melodramatischen schon eine Wertung anzudeuten scheint, so weisen doch andere Belege darauf hin, daß der Terminus in dieser Phase seiner Bedeutungsentwicklung noch als reine Adjektivierung einer neutralen Gattungsbezeichnung verwendet wurde und keinen negativen Beiklang hatte.

II. Melodramatisch als gattungsunspezifischer, dabei negativ konnotierter allgemein-ästhetischer Terminus

Seit den 30er Jahren des 19. Jh., wohl zunächst im französischen und englischen Sprachraum, wird der Begriff melodramatisch unabhängig von der Gattung des Bühnenmelodramas verwendet. Interessanterweise bezeichnet er dabei im Französischen zunächst keine ästhetische Kategorie, sondern beispielsweise die Erscheinungsweise einer Romanfigur in einer bestimmten Situation. Théophile Gautier spricht in seinem 1833 entstandenen Ro-

---

6 ›Melodrama‹, in: Allgemeine deutsche Real-Enzyklopädie für die gebildeten Stände, Bd. 7 (Leipzig 1835), 269.

7 Vgl. MARC REGALDO, Mélodrame et Révolution française, in: Europe 65 (1987), Nr. 703/704, 13.

8 Zit. nach RENÉ CHARLES GUILBERT DE PIXÉRÉCOURT, Théâtre choisi, hg. v. C. Nodier, Bd. 2 (Paris/Nancy 1842), 377.

9 Zit. nach ebd., Bd. 3 (Paris/Nancy 1843), 216.

man *Les Jeunes-France* von dem »air mélodramatique«[10], das ein Ehemann an den Tag legt, der gerade erfahren hat, daß seine Frau ihn betrügt, und das darin besteht, daß er die Fäuste zusammenballt und hektisch in seiner Wohnung umherläuft. Die außerästhetische Verwendung des Begriffs in der hier intendierten Bedeutung läßt sich in allen europäischen Sprachen bis in die Gegenwart hinein nachweisen. Sie hat aber mit dem terminologischen Gebrauch im Sinne einer ästhetischen Kategorie nur wenig zu tun. Was diesen terminologischen Gebrauch angeht, so überwiegt in Frankreich zunächst noch der Verweis auf die Gattung des Melodramas, etwa wenn es in einer Rezension zu Balzacs *Le père Goriot* (1835) heißt, der Autor habe für seinen Roman einen »style de mélodrame«[11] gewählt. Da die Gattung des Melodramas zu diesem Zeitpunkt ästhetisch bereits diskreditiert ist, dürfte der pejorative Charakter einer solchen metonymischen Verwendung der Gattungsbezeichnung Melodrama unzweifelhaft sein. Besonders deutlich wird die negative Besetzung des Begriffs in einem Brief Balzacs aus dem Jahre 1843, wo sich der Autor abschätzig über einen seiner Romane äußert: »ce mélodrame indigne moi«[12].

Die adjektivische Form melodramatisch als ästhetisches Attribut taucht im Französischen erst später auf. Théophile Gautier spricht in einer Theaterrezension aus dem Jahre 1852 mit Bezug auf die Handlung des zu rezensierenden Stückes von einer »histoire mélodramatique passablement compliquée«[13], wobei aus dem Zusammenhang eindeutig hervorgeht, daß dieses Stück eben kein Melodrama im engeren Sinn ist. Das bedeutet, daß melodramatisch an dieser Stelle nicht als Adjektivierung der Gattungsbezeichnung Melodrama zu verstehen ist. Gautier charakterisiert die von ihm erwähnte ›histoire mélodramatique‹ dann als »drame assez noir«. In dieselbe Richtung weist auch die Wendung »tomber dans les noirceurs du mélodrame« (329), die er in einem anderen Zusammenhang gebraucht. Vor allem das zweite Zitat legt die Vermutung nahe, daß der Begriff des Melodramatischen im französischen Sprachraum schon früh, d. h. unmittelbar nachdem er sich von der Gattungsbezeichnung Melodrama gelöst hat, im Kontext ästhetischer Reflexion pejorativ verwendet worden ist. Dabei scheinen zwei Bedeutungsfacetten relevant zu sein: Zum einen die Herkunft vieler Motive aus der Gothic-novel-Tradition, auf die Gautier mit seiner Gleichsetzung von ›histoire mélodramatique‹ und ›drame noir‹ anspielt. Zum anderen der übermäßige Handlungsreichtum melodramatischer Intrigen, der sich aus der Anhäufung unzähliger inhaltlicher Details in beliebiger Kombination ergibt und dafür sorgt, daß sich melodramatische Geschichten dem Rezipienten in einer logisch nicht auflösbaren Verworrenheit präsentieren. Diesen Aspekt meint Henri Amiel, als er über eine Erzählung von George Sand sein abschätziges Urteil zum Ausdruck bringt: »Le récit de G. Sand m'a paru longuet, et l'intrigue tortueusement mélodramatique.«[14] In eine ähnliche Richtung deutet ein früher Beleg für den Gebrauch von melodramatisch im Rahmen einer reflektierten ästhetischen Terminologie aus dem deutschen Sprachraum: In einer Rezension aus dem Jahre 1855 stellt Gottfried Keller mit Bezug auf die Theaterbearbeitung einer Novelle von Jeremias Gotthelf kritisch fest, daß der Autor dieser Bühnenfassung »mit eifrigster Wegwerfung aller guten und begründeten Gotthelfschen Motive ein melodramatisches Effektsammelsurium zusammen [trug], wie es nur der Kram des gewinnlüsternsten und verschmitztesten Schacherjuden aufweist«[15]. Allerdings bleibt im deutschen Sprachraum neben der pejorativen Verwendung des Begriffs vorerst noch dessen Gebrauch in seiner alten, auf die musikalische Untermalung eines Prosaschauspiels verweisenden und wertneutralen Bedeutung bestehen, wie eine briefliche Äußerung Otto Ludwigs von 1860 belegt: »Du mußt all das in diesem Brief merken, der unter der Begleitung obligaten

---

10 THÉOPHILE GAUTIER, Les Jeunes-France. Romans goguenards (1884; Genève 1978), 171.
11 Zit. nach NICOLE BILLOT, Le Père Goriot devant la critique, in: L'année balzacienne, Sonderheft, 8 (1987), 114.
12 HONORÉ DE BALZAC, Œuvres posthumes, Bd. 2 (Paris 1906), 118.
13 GAUTIER, Histoire de l'art dramatique en France depuis vingt-cinq ans, Bd. 6 (Genève 1968), 296.
14 HENRI-FRÉDÉRIC AMIEL, Journal intime de l'année 1866 (Paris 1959), 315.
15 GOTTFRIED KELLER, Jeremias Gotthelf (1855), in: Keller, Sämtl. Werke, hg. v. J. Fränkel, Bd. 22 (Bern 1948), 116.

Kinderspektakels gleichsam melodramatisch entstanden ist.«[16]

Weitaus am häufigsten findet sich der Begriff in seiner Verwendung als disqualifizierendes ästhetisches Attribut im englischen Sprachraum. So enthalten die zeitgenössischen englischen Rezensionen zu den Romanen beispielsweise eines Charles Dickens zahlreiche Hinweise auf den melodramatischen Charakter dieser Romane. Wenn in den genannten Rezensionen die Erzählungen von Dickens als melodramatisch bezeichnet werden, so verbindet sich diese Charakterisierung oft mit ästhetischen Attributen, die dem Melodramatischen nach dem Verständnis der Zeit offensichtlich semantisch benachbart sind. So heißt es beispielsweise in einer anonymen Rezension zu *David Copperfield* aus dem Jahre 1851: »There has been too much sentimentality [...], too much of the melodramatic and unnatural«[17], und in einer 1865 ebenfalls anonym erschienenen Dickens-Rezension wird von dem »lurid and melodramatic air« (463) seiner Romane gesprochen. Schließlich nennt George H. Lewes 1872 in einer Betrachtung des Gesamtwerks von Dickens folgende »weaknesses« des Autors: Seine Dichtungen seien »exaggerated, untrue, fantastic, and melodramatic«[18]. Insgesamt scheint das Melodramatische mit zahllosen ästhetischen Attributen semantisch verwandt zu sein, wobei diese Attribute ihrerseits überhaupt nichts miteinander zu tun haben. Das einzige, was so heterogene Begriffe wie ›exaggerated‹, ›untrue‹, ›fantastic‹, ›lurid‹, ›sentimental‹ miteinander verbindet, ist die Kategorie des Melodramatischen.

Der synkretistische Charakter des Begriffes wird deutlich in einer kritischen Äußerung, mit der sich der Dichter Richard Dehmel 1913 dagegen wendet, ästhetische Maßstäbe, an das damals aufkommende, nach seiner Ansicht unvermeidlicherweise niedere Genre des Films anzulegen. Es habe nichts mit wirklicher Kunst zu tun, wenn man, wie im Film üblich, »epische oder balladeske Motive ins Melodramatische verballhornt«[19]. Nach dem Verständnis des Begriffes melodramatisch das bei Gottfried Keller, in der Dickens-Kritik und in dem zuletzt zitierten Diktum Dehmels zum Ausdruck kommt, erscheint das Melodramatische als hybrides Resultat einer Kombination von Stoffelementen und Inszenierungsweisen, die nach Meinung derjenigen Autoren, die den Begriff pejorativ verwenden, aufgrund ihrer Verschiedenartigkeit eigentlich nicht kombinierbar sind und deren Zusammenführung daher kein ästhetisch stimmiges Ganzes ergeben kann. Insofern das Melodramatische einen Mangel an ästhetischer Stimmigkeit bezeichnet, steht es semantisch in der Nähe eines anderen Begriffs, der im Kontext der Kunsttheorie üblicherweise pejorativ verwendet wird, nämlich dem des Beliebigen. Das Beliebige bzw. Arbiträre muß in der Perspektive der klassischen Ästhetik ein disqualifizierendes Attribut sein, denn es widerspricht der Vorstellung dieser Ästhetik, ein Kunstwerk müsse eine durchdachte und wohlproportionierte Struktur haben, in der jedes Element genau die Position einnimmt, die ihm aufgrund der Ordnung des Ganzen zukommt.

Die pejorative Komponente der Verwendung des Begriffes seit 1850 verweist darauf, daß die Wirkung eines mit dem Attribut melodramatisch belegten Kunstwerks nicht von diesem Kunstwerk als Ganzem ausgehen soll, sondern von seinen einzelnen Elementen. Damit diese einzelnen Elemente die intendierte Wirkung auf das Publikum erzielen können, müssen sie spektakulär, sensationell, auf jeden Fall aber emotional überzogen sein, denn nur so machen sie aus sich selbst heraus den gewünschten intensiven Eindruck. Die Minderwertigkeit einer Kunst, die nicht durch die Ordnung des Ganzen wirkt, sondern durch eine Anhäufung von Einzeleindrücken, liegt für die Ästhetik des 19. Jh. auf der Hand. Insofern die dieser Kunst angemessenen Erzählschemata und Inszenierungstechniken für die Gattung des Melodramas entwickelt worden sind, lag es nahe, den Begriff

---

16 OTTO LUDWIG, Ges. Schriften, hg. v. A. Stern u. E. Schmidt, Bd. 6 (Leipzig 1891), 446.
17 Zit. nach PHILIP COLLINS (Hg.), Dickens. The Critical Heritage (London 1971), 265.
18 GEORGE HENRY LEWES, Dickens in Relation to Criticism, in: G. H. Ford (Hg.), The Dickens Critics (Ithaca/New York 1961), 58.
19 RICHARD DEHMEL, [Kino und Buchhandel. Umfrage des Börsenblattes für den deutschen Buchhandel] (1913), in: A. Kaes (Hg.), Kino-Debatte. Texte zum Verhältnis von Literatur und Film. 1909–1929 (Tübingen/München 1978), 90.

des Melodramatischen auf sie zu beziehen. Dabei schiebt sich die pejorative Komponente des Begriffs im Lauf der Zeit so sehr in den Vordergrund, daß sie ihn schließlich fast gänzlich auszufüllen scheint. In der ästhetischen Theorie seit der zweiten Hälfte des 19. Jh. wird der Begriff bereitwillig aufgenommen, weil er dazu geeignet ist, die sich immer mehr in den Vordergrund drängenden inhaltlichen und formalen Stereotypen der populären Unterhaltungskunst zu benennen und damit zugleich zu stigmatisieren.

Der einzige Sprachraum, in dem neben der negativen Besetzung des Melodramatischen, die sich um 1850 durchzusetzen beginnt, eine wirklich wertneutrale Verwendung des Begriffs erhalten bleibt, ist der italienische, was freilich mit der besonderen Rolle des italienischen Melodramas im 19. Jh. zu tun haben dürfte. Anders als die populären Bühnenmelodramen aus Frankreich und England ist das ›melodramma‹, in seiner romantischen Variante seit 1820 die dominierende Form des volkstümlichen italienischen Musiktheaters, von den maßgebenden ästhetischen Theoretikern als Gattung niemals eindeutig diskreditiert worden. Konsequenterweise kann Arrigo Boito 1877 bedauernd feststellen, daß »vera forma melodrammatica non abbiamo avuta giammai«[20] (wir eine echte melodramatische Form noch niemals gehabt haben).

III. Rehabilitierung des Melodramatischen als Folge der ästhetischen Aufwertung der Populärkultur nach dem 2. Weltkrieg

»[I]l faudrait faire le procès du scénario qui est mélodramatique et qui n'est sauvé du ridicule que par ce haut sentiment d'humanité qu'il tend à exalter en nous.«[21] Diese Äußerung Léon Moussinacs, die einer kritischen Besprechung des Films *Broken Blossoms* von David Wark Griffith aus dem Jahre 1921 entnommen ist, setzt den melodramatischen Charakter des Drehbuchs implizit in einen Gegensatz zu dem ›haut sentiment d'humanité‹, das dieses Drehbuch beim Publikum stimuliere. Moussinacs Haltung zum Melodramatischen steht noch ganz in der Tradition, die durch die eindeutig pejorative Verwendung des Begriffs auch in einem ästhetisch reflektierten Kontext charakterisiert ist und die noch bis in die Zeit nach dem 2. Weltkrieg dominant bleiben sollte. Allerdings hatte sich bereits vor 1914 ein Wendepunkt in der Geschichte des Begriffs abgezeichnet, bei dem das Motiv des ›haut sentiment d'humanité‹, das Moussinac von der melodramatischen Ästhetik absetzt, zu einer besonderen Qualität des Melodramatischen erhoben, ja geradezu als dessen Privileg behandelt wird: »Life itself is more frequently melodramatic than tragic«[22], heißt es in Clayton Hamiltons *A New Defense of Melodrama* (1910). Deshalb, so Hamilton weiter, müsse das Theater, um seinem künstlerischen Auftrag gerecht zu werden, diese melodramatische Komponente des Lebens berücksichtigen. Die melodramatische Aussageweise, die Hamilton hier meint, ist dadurch gekennzeichnet, daß sie »casts its emphasis on incident instead of character« (88) und sich damit vor allem vom Tragischen radikal unterscheidet.

Die Argumentation, die Hamilton in seinem Aufsatz zugunsten des Melodramas entwickelt, blieb zwar zunächst wirkungslos, sie nimmt aber einige Motive vorweg, die dann später, bei der ästhetischen Aufwertung des Melodramatischen in den 60er Jahren, eine entscheidende Rolle spielen werden. So übernimmt Robert B. Heilman von Hamilton die Theorie von der Komplementarität des Tragischen und Melodramatischen, allerdings erweitert er den Geltungsbereich der beiden Kategorien über das vergleichsweise enge Feld der Dramentheorie hinaus, indem er vorschlägt, »[to] consider the tragic and the melodramatic both as artistic structures and as general categories of human experience«[23]. Dabei spielten sich die tragischen Konflikte »within man« (79) ab, die melodramatischen hingegen konfrontierten die Menschen mit anderen Menschen oder mit Schicksalsschlägen.[24]

---

20 ARRIGO BOITO, Il libro dei versi (Turin 1877), 1080.
21 LÉON MOUSSINAC, Le Lys brisé, in: Mercure de France I (1921), 802.
22 CLAYTON HAMILTON, A New Defense of Melodrama (1910), in: Hamilton, The Theory of the Theatre (New York 1976), 87.
23 ROBERT B. HEILMAN, Tragedy and Melodrama. Versions of Experience (Seattle/London 1968), 88.
24 Vgl. ebd., 79.

III. Rehabilitierung des Melodramatischen   67

Die hohe Attraktivität des Melodramatischen für das Publikum erkläre sich daraus, daß die in einer melodramatischen Situation stehenden Figuren keiner Entscheidungszumutung unterlägen und immer einem eindeutigen Handlungsimpuls folgten. Für das Publikum bedeute die daraus resultierende Abwesenheit innerer Konflikte bei den melodramatischen Helden eine emotionale Entlastung. Die besondere Relevanz der melodramatischen Aussageweise für die Gegenwart liegt für Heilman auf der Hand, denn der Mensch des 20. Jh. sei »strongly addicted to the melodramatic – to a public competitive life, to finding and putting down evils [...] to an unexamined busyness« (101). Auch Eric Bentley akzentuiert die emotionale Entlastungsfunktion des Melodramatischen: »melodrama [...] affords us a healthy release, a modest catharsis«[25]. Die kathartische Wirkung des Melodramatischen beruht für Bentley darauf, daß die kulturell bedingte Affektkontrolle in den melodramatischen Stoffen keine Rolle spielt und daher auch bei dem Publikum, das diese Stoffe rezipiert, vorübergehend außer Kraft gesetzt wird. Die Legitimität des Melodramatischen ist für Bentley durch die anthropologische Relevanz der ›melodramatic vision‹ gewährleistet: »The melodramatic vision is in one sense simply normal. It corresponds to an important aspect of reality. It is the spontaneous, uninhibited way of seeing things.« (216) Die von Heilman und Bentley initiierte Rehabilitierung des Melodramatischen war erst die Voraussetzung für die differenzierte ästhetisch-theoretische Erörterung des Begriffs, die seit den frühen 70er Jahren in Gang gekommen ist und zwei unterschiedliche Definitionsansätze aufweist: 1.) einen *phänomenologischen* Ansatz im Anschluß an Bentley und Heilman, der das Melodramatische wie es in unterschiedlichen Kunstgattungen – Schauspiel, Erzählliteratur, Film – auftritt, über seine konkrete, d. h. inhaltliche und formale Erscheinungsweise definiert; 2.) einen *historischen* Ansatz, der melodramatische Erzählungen und Inszenierungsmodi auf ihre konkreten historisch-kulturellen Entstehungsbedingungen zurückführt. Dieser Ansatz definiert das Melodramatische als ästhetische Kategorie über seine Wirkungsweise in bestimmten historisch-gesellschaftlichen Situationen. Dabei gibt es zwei Situationen, die von der Forschung in besonderem

Maße für die Herausbildung einer melodramatischen Aussageweise verantwortlich gemacht worden sind: Zum einen die Phase im Anschluß an die Französische Revolution, als in Frankreich und später dann auch in England und den USA das klassische Bühnenmelodrama entstand, zum anderen die Zeit nach dem 2. Weltkrieg, als in den USA das Genre des Filmmelodrams blühte. Die theoretische Bestimmung des melodramatischen Charakters dieser Filme, die seit den 70er Jahren unternommen worden ist, verbindet die für den historischen Ansatz spezifische sozialgeschichtliche Argumentation mit einer sozialpsychologischen bzw. einer psychoanalytischen, die das von Sigmund Freud und seiner Schule entwickelte diagnostische Instrumentarium für die Beschreibung des melodramatischen Syndroms verwendet. Die feministische Filmwissenschaft hat diesen sozialpsychologischen Ansatz übernommen und in eine Theorie der melodramatischen Ästhetik überführt, die das Melodramatische als eine spezifisch weibliche künstlerische Aussageweise charakterisiert.

1. Phänomenologische Bestimmung des Melodramatischen

Der phänomenologische Definitionsansatz für das Melodramatische hat seinen Ursprung in den literarhistorischen Untersuchungen zur Geschichte des Bühnenmelodramas in Frankreich, England und den USA. Dabei verwenden Paul Ginisty, Willson Disher, Michael Booth und noch James Smith[26] das Adjektiv ausschließlich für die Gattung des Bühnenmelodramas, so wie sie im 19. Jh. lebendig war. Die ästhetische Kategorie des Melodramatischen ist also in den genannten Arbeiten nur im Hinblick auf das Genre interessant, das historisch erschlossen werden soll. Für Smith beispielsweise ist die Geschichte des Melodramas und daher auch die Geschichte des Melodramatischen

---

25 ERIC BENTLEY, The Life of Drama (New York 1967), 255.
26 Vgl. PAUL GINISTY, Le Mélodrame (Paris 1910); WILLSON DISHER, Melodrama. Plots That Thrilled (London 1954); MICHAEL BOOTH, English Melodrama (London 1965); JAMES L. SMITH, Melodrama (London 1973).

mit dem 1. Weltkrieg zu Ende.[27] Immerhin hatte Smith den Anwendungsbereich des Begriffs durch seine Unterscheidung von ›Melodrama of triumph‹ und ›Melodrama of defeat‹ schon wesentlich erweitert, nachdem noch Booth die Gattungsbezeichnung Melodrama ausschließlich den Stücken mit positivem Handlungsausgang vorbehalten hatte. Aber auch Booth erhebt bereits mit seiner Behauptung, »that most serious nineteenth century drama is melodramatic to a greater or lesser extent«[28], das Melodramatische zu einer von der Gattung des Bühnenmelodramas unabhängigen, allerdings noch ausschließlich dramentheoretisch relevanten ästhetischen Kategorie.

Nachdem die traditionelle Ästhetik die Frage nach dem Realitätsgehalt melodramatischer Kunst mit dem Hinweis auf die Unwahrscheinlichkeit melodramatischer Handlungsverläufe und der daraus resultierenden Diskreditierung des Melodramatischen abgetan hatte, mußte die ästhetische Neubestimmung des Begriffes, die wertneutral sein sollte, das komplizierte Verhältnis des Melodramatischen zur Realität angemessen berücksichtigen. Dabei ist schon früh eine eigenartige Zwischenstellung melodramatischer Kunst zwischen Wirklichkeitsnähe und Phantastik beobachtet worden. In Anlehnung an Bentleys Diktum »melodrama is the Naturalism of the dream life«[29] behauptet John L. Fell, das Melodramatische sei »guised fantasy in the costume of naturalism«[30]. Insofern also in melodramatischen Geschichten realistisch-naturalistische und phantastische Darstellungsweisen konvergieren, wäre das Melodramatische als hybrider Erzählmodus anzusehen. Dabei ist aber auch die Problematik bemerkt worden,

27 Vgl. SMITH (s. Anm. 26), 46.
28 BOOTH (s. Anm. 26), 176.
29 BENTLEY (s. Anm. 25), 205.
30 JOHN L. FELL, Film and the Narrative Tradition (Norman 1974), 14.
31 ZDZISLAW NAJDER, Joseph Conrad's ›The Secret Agent‹ or the Melodrama of Reality, in: D. Gerould (Hg.), Melodrama (New York 1980), 159.
32 MICHAEL GÖRING, Melodrama heute. Die Adaptation melodramatischer Elemente und Strukturen im Werk von John Arden und Arden/D'Arcy (Amsterdam 1986), 30.
33 Vgl. KLAUS W. HEMPFER, Gattungstheorie. Information und Synthese (München 1973), 145–150.

die darin liegt, das Kriterium der Wahrscheinlichkeit für die begriffliche Bestimmung des Melodramatischen zu instrumentalisieren. Denn da das ästhetische Konzept der Wahrscheinlichkeit dem bewußtseinsgeschichtlichen Wandel unterliegt, muß auch die Kategorie des Melodramatischen, sofern sie an dieses Konzept gebunden ist, in ihrer historischen Bedingtheit verstanden werden. Das aber würde bedeuten, daß ein Kunstwerk eigentlich nicht per se melodramatisch sein kann, sondern immer nur im Hinblick auf konkrete Rezeptionssituationen. In diesem Zusammenhang weist Zdzislaw Najder darauf hin, daß es ganz entscheidend nicht nur vom individuellen, sondern auch vom bewußtseinsgeschichtlichen Erwartungshorizont des Rezipienten abhängt, ob ein bestimmtes Werk als melodramatisch empfunden wird oder nicht: »A novel by Smollett or Balzac is, for us today, [...] more melodramatic than one by Sinclair Lewis or Roger Martin du Gard.«[31]

Gerade der phänomenologische Definitionsansatz erweist das komplizierte Verhältnis dieser ästhetischen Kategorie, so wie sie heute im allgemeinen verstanden wird, zu dem im 19. Jh. blühenden Genre des Bühnenmelodramas. Die Unterschiede und Gemeinsamkeiten, die zwischen einer Ästhetik des Melodramas auf der einen und einer melodramatischen Ästhetik auf der anderen Seite bestehen, sind von Michael Göring reflektiert worden. Göring unternimmt den Versuch, »sowohl eine systematisch-strukturale Definition für die übergeordnete melodramatische Schreibart zu entwickeln als auch komplementär dazu eine Bestimmung der historischen Gattung Melodrama vorzunehmen«[32]. Dafür verwendet er Klaus W. Hempfers gattungstheoretische Unterscheidung zwischen der Oberflächenstruktur und der Tiefenstruktur von Texten.[33] Ein Melodrama ist nach Göring ausschließlich durch seine Oberflächenstruktur als solches definiert, während sich die melodramatische Schreibart in der Tiefenstruktur eines literarischen Textes niederschlägt, wobei dieser Text, auch wenn er von dieser Schreibart dominiert ist, im Hinblick auf seine Oberflächenstruktur nicht notwendigerweise ein Melodrama sein muß. Görings Charakterisierung des Melodramatischen aus dem Jahre 1986 wird ergänzt durch Johann N. Schmidts im selben Jahr publizierte Gattungsbestimmung des Melodramas, die ebenfalls phänomenologische und rezeptionsästhetische Argumentation miteinander verbindet. Für Schmidt ist das Melodramatische »zu verstehen als besondere Form eines Inszenierungsmodus, der visuelle, akustische und sprachliche Zeichen in eine emotionssteigernde Organisation raum-zeitlicher Kategorien stellt, innerhalb derer eine Polarisierung und Intensivierung der von ihm angestrebten Effekte erreicht wird«[34]. Schmidt fügt Görings phänomenologischer Beschreibung des Melodramatischen noch einen wichtigen Aspekt hinzu: »Es ist ein Grundzug des Melodramatischen, daß es finale Bedeutungen, den ihm zugrunde liegenden Sinnentwurf, nicht handlungsdramaturgisch entwickelt und in einer Zusammenschau erst ästhetisch voll begreiflich macht, sondern sie mit den Mitteln des historischen Zeigegestus präsentativ behauptet. Fast jedem Ausdrucksmoment wächst dabei ein für sich sprechender, isolierter Aussagegehalt zu.« (314) Damit verweist Schmidt auf eine Bedeutungsfacette des Melodramatischen, die dem Begriff bereits im 19. Jh. eigen war. Wenn jede Szene einer melodramatischen Erzählung den Sinn des Ganzen völlig enthält, dann bedeutet das, daß auch die Wirkung dieser melodramatischen Erzählung nicht von einer wohldurchdachten Gesamtstruktur ausgeht, sondern, jeweils isoliert, von ihren einzelnen narrativen Sequenzen. Diese Tatsache, von der früheren Literaturkritik zu einem entscheidenden Manko melodramatischer Erzählweise erklärt, kann – nach dem Aufstieg des Begriffs zu einem mehr oder weniger objektiven ästhetischen Terminus – bei Schmidt genauso als wertneutrales Merkmal erscheinen wie die Typisierung der Charaktere, die Tautologie der Zeichen, die hyperbolische Darstellungsweise oder die antithetische Struktur.

2. Historische Bestimmung des Melodramatischen

Eine historisch argumentierende Definition des Melodramatischen muß im Vergleich zum phänomenologischen Ansatz zu einer Verengung des Begriffs führen, denn insofern sie die melodramatische Aussageweise aus einer bestimmten historischen Situation hervorgehen läßt, bindet sie sie in gewissem Sinn an diese Situation und negiert die Möglichkeit, daß es auch in einer früheren oder späteren historischen Epoche melodramatischer Kunst geben kann. Dies gilt zumindest für Wylie Syphers frühen Versuch, das Melodramatische als ästhetische bzw. wahrnehmungspsychologische Kategorie auf die spezifische Mentalität des 19. Jh. zurückzuführen. In seinem Aufsatz *Aesthetic of Revolution. The Marxist Melodrama* entfaltet er erstmals eine differenzierte Theorie des Melodramatischen, die den Begriff nicht konkret auf die Gattung des Bühnenmelodramas bezieht, sondern allgemein auf eine spezifische Weltsicht, die sich generell in der Geistesgeschichte des 19. Jh., bei Marx, aber auch bei Nietzsche oder Charles Darwin, niedergeschlagen habe. Im Grunde ist schon bei Sypher der spätere Aufstieg des Melodramatischen zu einer wertneutralen ästhetischen Kategorie angelegt, aber zu einer wirklich konsequenten und allgemein akzeptierten Aufwertung ist es erst zwanzig Jahre nach der Veröffentlichung von Syphers Aufsatz im Kontext der ästhetischen Rehabilitierung populärer Kunstformen gekommen. Während »for the 19th Century the modality is melodrama, the oversimplification into polarities and oppositions that may be animated by emphatic instances«[35], spielt das Melodramatische im 20. Jh. keine Rolle mehr, denn »we have so far abandoned the melodramatic view that we have often withdrawn to impersonal, abstract representation of our perceptions« (434).

Während Sypher die melodramatische Weltsicht dem 19. Jh. vorbehält, legt Peter Brooks seiner im Jahre 1976 vorgelegten und für die spätere Theorie ungemein einflußreichen Bestimmung des Begriffs ein anderes historisches Konzept zugrunde. Danach entsteht das Melodramatische zwar im geistesgeschichtlichen Umfeld der Französischen Revolution, aber es bleibt über das Ende des 19. Jh. hinaus ein »enduring mode of the modern imagination«[36]. Grundlage einer melodramatischen Ästhetik sei die demokratische Tugendlehre, die sich

---

34 JOHANN N. SCHMIDT, Ästhetik des Melodramas. Studien zu einem Genre des populären Theaters in England des 19. Jahrhunderts (Heidelberg 1986), 28.
35 WYLIE SYPHER, Aesthetic of Revolution. The Marxist Melodrama, in: Kenyon Review 10 (1948), 435.
36 PETER BROOKS, The Melodramatic Imagination. Balzac, Henry James, Melodrama and the Mode of Excess (New Haven/London 1976), 108.

seit 1789 von Frankreich aus über ganz Europa verbreitet habe. Die Intention melodramatischer Kunst sei es, »to prove the existence of a moral universe which, though put into question, masked by villainy and perversions of judgement, does exist« (20).

Auch die melodramatische Ästhetik des amerikanischen Films nach dem 2. Weltkrieg ist zum Anlaß genommen worden, das Melodramatische als Ausdruck eines bestimmten, historisch und sozialpsychologisch bedingten Lebensgefühls zu interpretieren. Thomas Elsaesser beobachtet zwar eine »melodramatic imagination across different artistic forms and in different epochs«[37], aber seine eigentliche Aufmerksamkeit gilt der melodramatischen Ästhetik, die in den Hollywoodfilmen der Nachkriegszeit zur Geltung kommt. Er analysiert diese Ästhetik mit Hilfe der Terminologie, die Freud für seine Traumdeutung entwickelt hatte, und begründet damit die psychoanalytische Beschreibung des Melodramatischen in den USA. In Elsaessers Nachfolge interpretiert Geoffrey Nowell-Smith 1977 die exzessive Bildersprache des amerikanischen Filmmelodrams als Ausdruck unaufgelöster sozialpsychologischer Spannungen, unter denen die amerikanische Gesellschaft leide. Insofern die Ursache für die emotionale Spannung, die sich im melodramatischen amerikanischen Film ästhetisch gewaltsam entlädt, außerhalb dieses Films liegt, geht nach dieser psychoanalytischen Interpretation mit der Spannungsentladung – wie beim Hysteriker – eine Objektverschiebung einher. Die Ästhetik des Hollywood-Melodrams präsentiert sich also bei Nowell-Smith in gewissem Sinn als hysterische Ästhetik: »Often the ›hysterical‹ moment of the text can be identified as the point at which the realist representative convention breaks down«[38], d. h. an dem der realistische Anspruch, mit dem der Film angetreten war, aufgrund der unaufgelösten sozialpsychologischen Spannungen nicht mehr aufrechterhalten werden kann.

Die Instrumentalisierung des Begriffs für eine feministische Ästhetik ist im Jahre 1977 von Laura Mulvey angeregt worden. In einer Analyse der Filmmelodramen von Douglas Sirk identifiziert sie einen für diese Filme spezifischen melodramatischen Inszenierungsmodus, der »provides the action with a specific coherence«[39]. Die erzählte Geschichte werde ergänzt durch einen kritischen Kommentar, der aus dem ästhetischen Zeichensystem der Sirkschen Filmsprache erschlossen werden müsse. Der »female point of view« (79), durch den sich Sirks Melodramen auszeichnen, komme in diesem kritischen Kommentar besonders markant zum Ausdruck. Im Anschluß an Mulvey erweitert Christine Gledhill die semantische Ausdehnung des Begriffs im Kontext feministischer Filmästhetik, indem sie von einem »melodramatic field«[40] spricht, das nicht auf den Bereich der Filmmelodramen beschränkt sei. Bei Gledhill erscheint das Melodramatische implizit als ein Gegenbegriff zum Realistischen, wobei sich die besondere Relevanz für die weibliche Ästhetik daraus ergibt, daß es in melodramatischen Filmen in der Regel zu einem »struggle between male and female voices« (37) komme, wohingegen die gesamte übrige Filmkunst die weibliche Perspektive überhaupt nicht berücksichtige. Auch im Rahmen der Postmoderne ist das Melodramatische aus feministischer Perspektive erörtert worden. Während Ann E. Kaplan den melodramatischen Modus für obsolet hält und durch einen dekonstruktivistischen Modus ersetzen will[41], hat die melodramatische Ausdrucksweise nach Ansicht von Ien Ang[42] und Lynne Joyrich[43] den Vorteil, daß sie das unbewußte moralische Orientierungsbedürfnis des postmodernen Publikums befriedigt.

---

37 THOMAS ELSAESSER, Tales of Sound and Fury. Observations on the Family Melodrama (1972), in: C. Gledhill (Hg.), Home Is Where the Heart Is. Studies in Melodrama and the Woman's Film (London 1987), 43.
38 GEOFFREY NOWELL-SMITH, Minelli and Melodrama (1977), in: Gledhill (s. Anm. 37), 74.
39 LAURA MULVEY, Notes on Sirk and Melodrama (1977), in: Gledhill (s. Anm. 37), 77.
40 CHRISTINE GLEDHILL, The Melodramatic Field, in: Gledhill (s. Anm. 37), 5.
41 Vgl. ANN E. KAPLAN, Motherhood and Representation. The Mother in Popular Culture and Melodrama (London 1992), 74.
42 Vgl. IEN ANG, Das Gefühl Dallas. Zur Produktion des Trivialen, übers. v. A. Rinsche (Bielefeld 1986), 97.
43 Vgl. LYNNE JOYRICH, All That Television Allows. TV Melodrama, Postmodernism and Consumer Culture, in: Camera Obscura 16 (1988), 147.

Ang und Joyrich behandeln das Melodramatische implizit als eine ästhetische Kategorie, die für die europäisch-nordamerikanische Industriegesellschaft spezifisch ist. Im Unterschied dazu erklärt Hermann Herlinghaus das Melodramatische zu einem »transkulturellen hybriden Diskurs«[44], da in der lateinamerikanischen Kultur die melodramatische Aussageweise eine womöglich noch größere Rolle spiele als in Europa und Nordamerika. Für den lateinamerikanischen Blick auf die Kategorie repräsentativ ist Alejo Carpentier mit seinem Text *La novela latinoamericana en vísperas de un nuevo siglo* von 1979. Im Anschluß an überkommene Theorien des Melodramatischen betont Carpentier, daß der melodramatische Modus die manichäistische Vorstellung einer eindeutigen Trennung von Gut und Böse impliziert und daß das Melodramatische genau deshalb die für Lateinamerika einzig angemessene künstlerische Aussageweise sei. Denn die politische Realität in Lateinamerika präsentiere sich, anders als in Europa am Ende des 20. Jh., ganz melodramatisch als Konflikt eines negativ indizierbaren reaktionären und eines positiv indizierbaren progressiven Prinzips.[45] In Carpentiers Konzeption ist die Rolle des Bösen von »todo poder autoritario« besetzt, der sich der »grandes capitales«, der »oligarquías nacionales«, der »monopolios extranjeros«, der »empresas multinacionales« (28) und der Hilfe des amerikanischen Außenministeriums bedient.

Die auf das Problem der Kolonialisierung bezogenen Implikationen der melodramatischen Aussageweise, die sich bei Carpentier andeuten, finden sich auch in der Theorie des Melodramatischen, die Mitsuhiro Yoshimoto bei seiner Analyse der im japanischen Film bis etwa 1960 zur Geltung kommenden Ideologie entwickelt. Nach Yoshimoto ist der melodramatische Charakter der von ihm untersuchten Filme Ausdruck eines kulturellen Mangelbewußtseins: »The word ›melodramatic‹ signifies for the Japanese their inferiority complex toward the West. To the extent that it feeds on their awareness of a lack of a Western style subjectivity in Japan, the melodramatic constantly reminds the Japanese that Japan is trapped in the geopolitical space of the Western hegemony.«[46] Während das Melodramatische sich in die lateinamerikanische Kultur harmonisch einfügt und als ästhetische Kategorie für die künstlerische Selbstvergewisserung dieser Kultur positiv instrumentalisiert werden kann, bleibt es in Japan ein Fremdkörper, der einen unaufhebbaren Unterschied zwischen westlicher und östlicher Mentalität signalisiert. Erst mit der konsequenten Modernisierung des japanischen Bewußtseins seit den 60er Jahren verliert das Melodramatische in Japan sein ideologisches Potential und damit auch seine Bedeutung als ästhetische Kategorie: »the ideologeme of the melodramatic became obsolete« (116).

Peter Ihring

Literatur
ACCORSI, MARIA GRAZIA, Il Melodramma melodrammatico, in: Sigma 13 (1980), 109–127; ANG, IEN, Das Gefühl Dallas. Zur Produktion des Trivialen, übers. v. A. Rinsche (Bielefeld 1986); AXTON, WILLIAM F., Circle of Fire. Dickens' Vision and Style and the Popular Victorian Theatre (Lexington 1966); BOOTH, MICHAEL, English Melodrama (London 1965); BROOKS, PETER, The Melodramatic Imagination. Balzac, Henry James, Melodrama and the Mode of Excess (New Haven/London 1976); CARPENTIER, ALEJO, La novela latinoamericana en vísperas de un nuevo siglo (1979), in: Carpentier, La novela latinoamericana en vísperas de un nuevo siglo y otros ensayos (Mexico-City/Madrid/Bogotá 1981), 7–32; DISHER, WILLSON, Melodrama. Plots That Thrilled (London 1954); FELL, JOHN L., Film and the Narrative Tradition (Norman 1974); GLEDHILL, CHRISTINE (Hg.), Home Is Where the Heart Is. Studies in Melodrama and the Woman's Film (London 1987); GÖRING, MICHAEL, Melodrama heute. Die Adaptation melodramatischer Elemente und Strukturen im Werk von John Arden und Arden/D'Arcy (Amsterdam 1986); HEILMAN, ROBERT B., Tragedy and Melodrama. Versions of Experience (Seattle/London 1968); JOYRICH, LYNNE, All That Television Allows. TV Melodrama, Postmodernism and Consumer Culture, in: Camera Obscura 16 (1988), 129–151; KAPLAN, E. ANN, Motherhood and Representation. The Mother in Popular Culture and Melodrama (London

---

44 HERMANN HERLINGHAUS, Über die ausgrenzende Macht begrifflicher Konventionen. Zum Beispiel: Das Melodramatische – eine vergessene ›Kategorie‹ moderner lateinamerikanischer Erzählliteratur, in: Weimarer Beiträge 40 (1994), 369.
45 Vgl. ALEJO CARPENTIER, La novela latinoamericana en vísperas de un nuevo siglo (1979), in: Carpentier, La novela latinoamericana en vísperas de un nuevo siglo y otros ensayos (Mexico-City/Madrid/Bogotá 1981), 27ff.
46 MITSUHIRO YOSHIMOTO, Melodrama, Postmodernism and Japanese Cinema, in: Melodrama and the Asian Cinema (Cambridge 1993), 108.

1992); KÜSTER, ULRIKE, Das Melodrama. Zum ästhetikgeschichtlichen Zusammenhang von Dichtung und Musik im 18. Jahrhundert (Frankfurt/Bern/New York 1994); RAHILL, FRANK, The World of Melodram (Pennsylvania 1967); SCHMIDT, JOHANN N., Ästhetik des Melodramas. Studien zu einem Genre des populären Theaters im England des 19. Jahrhunderts (Heidelberg 1986); SEESSLEN, GEORG, Kino der Gefühle. Geschichte und Mythologie des Film-Melodrams (Reinbek b. Hamburg 1980); SMITH, JAMES L., Melodrama (London 1973).

Metamorphose

(griech. μεταμόρφωσις; lat. metamorphosis; engl. metamorphosis; frz. métamorphose; ital. metamorfosi; span. metamorfosis; russ. метаморфоза)

Einleitung; I. Zur Begriffsgeschichte; 1. Vom Wort zum Begriff; 2. Zur Vorgeschichte des Begriffs in der Antike; 3. Metamorphose in christlicher Deutung von der Spätantike bis zum Mittelalter; 4. Die Wiedergeburt der ovidischen Metamorphose; **II. Die Ästhetik der Metamorphose in ihrer Neubegründung durch Goethe; III. Metamorphose in der Ästhetik des 19. Jahrhunderts; IV. Von der Metamorphose zum Morphing: Verwandlung als ästhetisches Prinzip der Moderne**

Einleitung

»Toutes les métamorphoses dont la terre est couverte«[1], so hatte gegen Ende des 18. Jh. schon Voltaire spötteln können. In der Tat ist der Begriff Metamorphose längst zu einem Modewort geworden. Dies gilt durchaus nicht nur für die Alltagssprache, die damit alle nur denkbaren Bilder der Wandlung und Verwandlung benennt. Auch in den Geisteswissenschaften und den Künsten werden Metamorphosen gerne zitiert, ohne damit einen präzise definierten Begriff zu verbinden. So können ›Konzepte für alte Industrie-Areale‹ als ›Metamorphosen des Abfalls‹[2] verhandelt werden, oder der Katalog einer Ausstellung, die als Variationen auf ein Thema entstandene Bildfolgen verschiedener Künstler des 20. Jh. versammelt, in seinem Titel von ›Metamorphosen der Bilder‹[3] sprechen. Der inflationäre Gebrauch von Metamorphose läßt auf zunehmenden »Sinn-Verlust und eine Aushöhlung eines großen humanistischen Erbes« schließen, denen »nur durch verstärkte Anstrengungen seitens der Geistesgeschichte begegnet werden kann«[4].

In Enzyklopädien und Wörterbüchern findet sich der Begriff Metamorphose lediglich mit knappen Definitionen bedacht, die in der Regel zunächst seine unterschiedlichen Bedeutungen in Zoologie, Botanik und Geologie anführen, um anschließend kursorisch auf die Rolle der Metamor-

---

1 Vgl. VOLTAIRE, ›Métamorphose, Métempsycose‹, in: Voltaire, Dictionnaire philosophique (1764), hg. v. R. Naves (Paris 1961), 313.
2 Vgl. SUSANNE HAUSER, Metamorphosen des Abfalls. Konzepte für alte Industrie-Areale (Frankfurt a. M. 2001).
3 Vgl. DIETMAR ELGER (Hg.), Die Metamorphosen der Bilder [Ausst.-Kat.] (Hannover 1992).
4 CHRISTA LICHTENSTERN, Metamorphose in der Kunst des 19. u. 20. Jh., Bd. 2: Metamorphose. Vom Mythos zum Prozeßdenken. Ovid-Rezeption – Surrealistische Ästhetik – Verwandlungsthematik der Nachkriegskunst (Weinheim 1992), V.

phoseerzählungen in Mythos und Literatur einzugehen. Verschiedene Lexika nennen zudem den Terminus Metamorphose, der in der Musik – in Abgrenzung von der Variation auf ein vorgegebenes Thema – für Veränderungen eines Themas in seiner Grundform verwendet wird.

Auch in philosophischen Nachschlagewerken ist Metamorphose bislang wenig Aufmerksamkeit gewidmet worden. Zu den nennenswerten Ausnahmen zählt das *Historische Wörterbuch der Philosophie*, das einen knappen Überblick zur Begriffsgeschichte von der Antike über das frühe Christentum bis zum 19. Jh. bietet.[5] In den einschlägigen Wörterbüchern und Lexika zu Kunst und Ästhetik fehlt ein entsprechendes Lemma in der Regel. Sachwörterbücher zu Literatur und Musik beschränken sich mehrheitlich auf die Nennung von Autoren bzw. Komponisten, die sich auf das Verwandlungsthema beziehen. Das *New Grove Dictionary of Music and Musicians* gibt immerhin einen Querverweis[6] zur »thematic transformation« als einer im 19. Jh. entwickelten speziellen Art der Variation, bei der »the transformed theme has a life and independence of its own and is no longer a sibling of the original theme«[7]. Lediglich das 1996 erschienene *Dictionary of Art* verzeichnet einen kleinen Artikel zum Stichwort ›Metamorphism‹, in dem neben einem kurzen Verweis auf die an Ovid orientierte Rezeption der mythischen Metamorphoseerzählungen in Literatur und bildender Kunst auch die Bedeutung von Goethes Metamorphose-Begriff für die Entwicklung einer Ästhetik der Metamorphose hervorgehoben wird.[8] Für den hier angestrebten Überblick über die historische Entwicklung des Metamorphose-Begriffs und seiner Ästhetik vor dem Hintergrund der jeweils zeitgenössischen Kunsttheorie und Praxis war daher bislang auf die Ergebnisse ideen- und sachgeschichtlich orientierter Einzeluntersuchungen zurückzugreifen.

I. Zur Begriffsgeschichte

1. Vom Wort zum Begriff

Das deutsche Wort Metamorphose leitet sich ebenso wie seine Entsprechungen in den europäischen Hauptsprachen vom griech. μεταμόρφωσις (aus μετά, über/nach und μορφή, die Form) ab. Metamorphōsis meint also dem strengen Wortsinn nach Überformung und wird gemeinhin gleichbedeutend mit Verwandlung, Formwandel oder Gestaltwandel gebraucht. Wilhelm Pape übersetzt metamorphōsis mit »Umgestalten, Verwandlung in eine andere Gestalt«[9]. Der *Thesaurus Graecae Linguae* gibt »Transfiguratio, Transformatio (Reformatio), In aliam formam mutatio«[10] an und verweist auf Ammonius, der metabolē, alloiōsis und heteroiōsis von metamorphōsis unterscheidet. Allerdings erscheint das Wort selbst in der griech. Sprache erst spät, gebräuchlich ist stattdessen metabolē (z. B. bei Aristoteles). Nachweisen läßt es sich dann bei Plutarch, Galenos und Lukian (1. bis 2. Jh. n. Chr.), am frühesten wohl bei Strabon (1. Jh. v. Chr.)[11], von wo es wenig später die lat. Sprache übernehmen wird. Diese wiederum verwendet synonym zunächst transfiguratio (bei Plinius) bzw. die Verben transfigurari (bei Seneca) sowie später auch transformare (bei Ovid und Vergil). Lucius Apuleius, dessen an Lukios von Patrai angelehntes Hauptwerk den Titel *Metamorphoseis* (*Der Goldene Esel*) (um 170) trägt, gebraucht meist das Wort reformari.

Eine vergleichbare Begriffsverwandtschaft zeichnet sich auch in den meisten europäischen Hauptsprachen ab: So werden in engl. Nachschlagewerken change und transformation als Synonyme genannt, in franz. entsprechend changement

---

5 Vgl. THEODOR BALLAUF, ›Metamorphose‹, in: RITTER, Bd. 5 (1980), 1177–1179.
6 ›Metamorphosis, thematic‹, in: GROVE, Bd. 16 (2001), 510.
7 ›Transformation, thematic‹, in: GROVE, Bd. 25 (2001), 694.
8 Vgl. LICHTENSTERN, ›Metamorphism‹, in: J. Turner (Hg.), The Dictionary of Art, Bd. 21 (London/New York 1996), 340 f.
9 ›Metamorphōsis‹, in: WILHELM PAPE, Griechisch-Deutsches Handwörterbuch, Bd. 2 (Graz 1954), 150.
10 ›Metamorphōsis‹, in: HENRI ESTIENNE (STEPHANUS), Thesaurus Graecae Linguae (1572/1865), Bd. 6 (Graz 1954), Sp. 877.
11 Vgl. ›Metamorphōsis‹, in: HENRY GEORGE LIDDELL/ROBERT SCOTT, A Greek-English Lexicon (1843); Oxford 1996), 1114.

und transformation, in ital. transformazione, in span. transformación und mudanza sowie in portug. transformação und alteração angegeben. Unterschiedlich ausführlich fallen allerdings die Erläuterungen und Klärungen der Bedeutung aus. So fehlt der Begriff in älteren Wörterbüchern der deutschen Sprache: In Jacob und Wilhelm Grimms *Deutschem Wörterbuch* findet sich metamorphosis neben mutatio, traiectio, transfiguratio, transformatio u. a. als Synonym zum Lemma Verwandlung aufgeführt, in den Erläuterungen wird neben der Ovid-Übersetzung durch Hans Sachs auch deren Erwähnung bei Goethe angesprochen.[12] Auch in etymologischen Wörterbüchern des Deutschen muß zunächst auf wandeln (von ahd. wantalon, sich hin- und herwandeln, verwandeln und ahd. firwantalon/farwantalon, mhd. verwandeln) zurückgegriffen werden, während Metamorphose als Lemma Fremdwörterbüchern und den Wörterbüchern jüngeren Erscheinungsdatums vorbehalten bleibt. Lediglich Friedrich Kluge führt das Wort Metamorphose auf das 18. Jh. zurück und verweist auf die Entlehnung aus dem griech./lat. metamorphosis sowie auf Ovid und, vermittelt über den Begriff Morphologie, auf Goethe.[13]

Während in deutschen Lexika jenseits der naturwissenschaftlichen Bedeutungen mit Blick auf die mythologische und dichterische Bedeutung des Begriffs lediglich von der »Verwandlung eines Menschen in Tier, Pflanze, Quelle, Gestein« u. ä. die Rede ist – einzig *Brockhaus-Wahrig* erläutert zusätzlich »bildungsspr. *Verwandlung, Umgestaltung*; die Metamorphose des Charakters, des Bewußtseins«[14] – versuchen die Nachschlagewerke der übrigen europäischen Hauptsprachen ausführlicher auf die philosophische Dimension einzugehen. So nennt *Webster's Third New International Dictionary of the English Language* neben dem »change of physical form or substance; esp. [...] brought about by or as if by supernatural means [...] a striking alteration (as in appearance, character, or circumstances)«[15], das spanische *Diccionario Durvan* führt zusätzlich zur »transformación de una cosa en otra« (Gestaltwandel einer Sache in eine andere) »fig. mudanza que ha una persona o cosa de un estado a otro«[16] (Verwandlung einer Person oder Sache von einem Zustand in einen anderen) an. Das portugiesische *Dicionário Etimológico-Prosódico* betont die »transformação, alteração profunda da forma de um corpo«[17] (tiefgreifende Transformation der Gestalt eines Körpers). Auch das Ital. kennt Metamorphosen (pl.) als »processo di trasformazione, per lo più rapida e improvvisa, di un essere in un altro di natura diversa« (meistens raschen und unvorhergesehenen Transformationsprozeß eines Wesens in ein anderes von unterschiedlicher Natur), sowie fig. als »mutamento sensibile, evidente, improvviso o graduale, di una persona nella disposizione d'animo, nel carattere, nella mentalità, nelle opinioni, nelle condizioni di vita«[18] (spürbare, offensichtliche, unvorhergesehene oder allmähliche Verwandlung einer Person im Bezug auf ihre Einstellung, ihren Charakter, ihre Mentalität, ihre Meinungen, ihre Lebensumstände). Die eingehendsten Eintragungen finden sich in den frz. Dictionnaires, in denen – Grimm vergleichbar – die Breite des Begriffsverständnisses über Literaturzitate aufgezeigt wird und von Substanzwandel aufgrund natürlicher Ursachen (»changement qu'éprouvent les substances par les causes naturelles«) über die mythologische Metamorphose (»changement [...] opéré suivant les païens par les dieux«[19]) bis zu äußerlichen Veränderungen eines Menschen oder einer Sache

---

12 Vgl. ›Verwandlung‹, in: GRIMM, Bd. 12/1 (1956), 2118–2121.
13 Vgl. ›Metamorphose‹, in: KLUGE, 555.
14 ›Metamorphose‹, in: Brockhaus-Wahrig Deutsches Wörterbuch, hg. v. G. Wahrig/H. Krämer/H. Zimmermann, Bd. 4 (Stuttgart 1982), 658.
15 ›metamorphosis‹, in: Webster's Third New International Dictionary of the English Language, Bd. 2 (Chicago u. a. 1971), 1420.
16 ›Metamorfosis‹, in: Diccionario Durvan de la Lengua Española, hg. v. der Real Academia Española (Bilbao [1983]), 1064.
17 ›Metamorphose‹, in: Grande Dicionário Etimológico-Prosódico da Língua Portuguêsa, hg. v. F. da Silveira Bueno, Bd. 5 (São Paulo 1966), 2417.
18 ›Metamorfosi‹, in: SALVATORE BATTAGLIA, Grande Dizionario della Lingua Italiana, Bd. 10 (Turin 1978), 257–258.
19 ›Métamorphose‹, in: LITTRÉ, Bd. 3 (Chicago 1982), 3862.

(»changement d'aspect«[20]) reicht. Historisch ist das Wort hier bis ins 16. Jh. zurückzuverfolgen, wo es erstmals, gemeinsam mit transfiguratio als Synonym zu transformation erscheint.[21]

2. Zur Vorgeschichte des Begriffs in der Antike

Zwar ist die Vorstellung von der Verwandlung menschlicher und göttlicher Wesen in eine andere Gestalt in den Mythen und Märchen, in der Sagenwelt ebenso wie in der Dichtung zahlreicher Kulturen fest verankert, doch kennt die nordische Mythologie weit weniger Verwandlungserzählungen als das klassische Altertum, wobei es sich meist um durch Zauberei herbeigeführte Verwandlungen handelt, die als Fremd- wie als Selbstverwandlungen auftreten können. Während die Metamorphose in der Sagenwelt häufig aitiologischen Charakter besitzt und insofern irreversibel ist, kennt der Mythos auch die mehrfache Verwandlung (Proteus, Zeus). Im Märchen wiederum ist die Rückverwandlung in die ursprüngliche Gestalt zentral und in der Regel mit einem Erlösungsmotiv verbunden.[22] Sowohl im Mythos wie im Märchen ist die Metamorphose ein entweder durch die Verwandlung induzierter oder aber durch diese aufgelöster Konflikt zwischen körperlichem Äußeren und seelischem Innenleben des menschlichen oder göttlichen Protagonisten, der in der neuen Gestalt mithin eine Degradation (Bestrafung) oder eine Aszension (Erlösung) erfährt. Lediglich die Selbst- und Mehrfachverwandler pflegen Metamorphose utilitaristisch, als Trugbild zum Zweck der Täuschung anderer einzusetzen.

In der griechischen Literatur begegnen wir Metamorphoseerzählungen zunächst nur vereinzelt, so bei Homer, Hesiod (*Theogonia*) und den Tragödiendichtern, in größerer Breite jedoch nicht vor dem Hellenismus.[23] Bereits hier lassen sich durchaus unterschiedliche Gewichtungen im Interesse an der Metamorphose und unterschiedliche ästhetische Auffassungen der Verwandlungsdarstellung voneinander differenzieren: Nikander (*Heteroioumena*) und Boios (*Ornithogonia*), die jedoch lediglich durch Antoninus Liberalis (2. Jh. n. Chr.) überliefert sind, legen erste systematische Sammlungen von Metamorphoseerzählungen vor.[24] In der römischen Kultur sind die *Metamorphoses* des P. Ovidius Naso, der den Titel einem gleichnamigen Werk des Parthenios (40 v. Chr.) verdankt, weder die erste poetische Behandlung des Stoffes noch die einzige Sammlung von Metamorphoseerzählungen zum Ausgang der Antike. Dennoch wird der Begriff Metamorphose auch in den folgenden Jh. mit dem Sulmonier und seinem Werk verbunden bleiben, das gleich einer legenda aurea der Metamorphosestoffe bis in die jüngste Gegenwart einen Großteil der Rezeption und Neuformulierung des Themas bestimmt. Deshalb bezeichnet Ernst Robert Curtius die *Metamorphoses* als »romanhaft spannendes Repertorium der Mythologie«[25], für die Ovid eine Art ›Who's Who‹ bereitgestellt habe. Entsprechend konnten sie über Jahrhunderte hinweg den Künstlern als mythologisches Kompendium und sog. Dichter- bzw. Malerbibel zur Seite gestellt werden[26]: So empfiehlt Georg Wickram auf der Titelseite seiner Ovid-Übertragung von 1545 »Jederman lüstlich/besonder aber allen Malern/Bildthauwern/unnd dergleichen allen künstnern nützlich«[27]; und noch 1772 betont Johann Jakob Volkmann in seiner Neuausgabe der *Teutschen Academie* (1675–1679) von Joachim von

---

20 ›Métamorphose‹, in: Le Grand Robert de la langue française, hg. v. P. Robert, Bd. 6 (Paris ²1989), 407–408.

21 Vgl. HÉLÈNE NAÏS, Pour une notice lexicographique sur le mot ›Métamorphose‹, in: G. Demerson (Hg.), Poétiques de la métamorphose de Pétrarque à John Donne (Saint-Étienne 1981), 17.

22 Vgl. ›Verwandlung‹, in: HANNS BÄCHTOLD-STÄUBLI (Hg.), Handwörterbuch des deutschen Aberglaubens (1937), Bd. 8 (Berlin 1987), 1623–1652; ›Verwandlung‹, in: ROSCHER, Bd. 6 (1924–1937), Sp. 223–240.

23 Vgl. OTTO KERN, Die Metamorphose in Religion und Dichtung der Antike, in: J. Walther (Hg.), Goethe als Seher und Erforscher der Natur. Untersuchungen über Goethes Stellung zu den Problemen der Natur (Halle 1930), 185–204.

24 Vgl. PAUL M. C. FORBES IRVING, Metamorphosis in Greek Myths (Oxford 1990).

25 ERNST ROBERT CURTIUS, Europäische Literatur und lateinisches Mittelalter (1948; Bern 1984), 28.

26 Vgl. SYBILLE BADTSTÜBNER-GRÖGER, Die Ovid-Galerie in den neuen Kammern zu Potsdam, in: Acta Historiae Artium, Bd. 20 (Budapest 1974), 286; LICHTENSTERN (s. Anm. 4), 9f.

27 GEORG WICKRAM, Ovids Metamorphosen (1545), in: Wickram, Sämtliche Werke, hg. v. H. G. Roloff, Bd. 13/1 (Berlin/New York 1990), 1.

Sandrart, die den *Metamorphosen* bereits in ihrer Erstausgabe einen eigenen Band gewidmet hatte[28]: »Die Ovidischen Fabeln sind einer der wichtigsten Gegenstände in der Bildhauer und Malerkunst.«[29] Ovids poetische Leistung läßt sich über die rhetorische Brillanz hinaus vor allem in seinen imaginativen Qualitäten festmachen: Ovids *Metamorphosen* sind selbst lebendige Bilder, in deren Verlauf der Dichter die Verwandlung des Lebendigen schließlich selbst zum Bild (forma, imago, copia) gerinnen läßt. »Ovide sculpte des formes et utilise la matière comme un sculpteur; il fait voir des couleurs, des lignes, des paysages dignes d'un peintre; il découpe et monte le film mouvementé de sa vision à la manière d'un cinéaste.«[30] Auch aus diesem Grund dürften die *Metamorphoses* immer wieder zum Anziehungspunkt für Dichter wie bildende Künstler geworden sein.

Paradigmatisch für Ovids eigene ästhetische Position ist die Gegenüberstellung der beiden Tapisserien, die Arachne und Athene im Wettstreit weben. Die der Göttin ist von einer stilisierenden Schönheit starrer Hierarchie und Symmetrie geprägt, während Arachne eine fließende Folge bewegter Darstellungen ineinander verwebt, denen allen sie »ihre besondere Erscheinung und die passende Landschaft« zu geben versteht (omnibus his faciemque suam faciemque locorum/ reddidit)[31]. Zeithistorisch nicht zuletzt als Parteinahme für den bewegten neo-attischen Stil des 1. Jh. v. Chr. und gegen die offizielle Staatskunst unter Augustus angelegt, die sich archaischer und klassischer Formen bediente, faßt Ovid mit diesem Passus Metamorphose als ästhetisches Prinzip, das den Gesetzen einer selbst sich wandelnden und immer neu verwandelten Natur entspricht, wie sie später als ethischer Appell auch die Rede des Pythagoras proklamieren wird: »Errat et illinc/ huc venit, hinc illuc et quoslibet occupat artus spiritus eque feris humana in corpora transit/ inque feras noster, nec tempore deperit ullo,/ utque novis facilis signatur cera figuris/ nec manet, ut fuerat, nec formas servat easdem,/ sed tamen ipsa eadem est, animam sic semper eandem/ esse sed in varias doceo migrare figuras.« (Alles wandelt sich, nichts geht unter; es schweift der Geist und gelangt von dort hierher, von hier wieder dorthin, zieht ein in Glieder aller Art, geht aus tierischen in Menschenleiber über, aus uns wieder in Tiere und vergeht nie. Wie das nachgiebige Wachs neue Formen annimmt, nicht bleibt, wie es gewesen ist, und nicht die gleiche Gestalt bewahrt, aber dennoch dasselbe ist, so ist die Seele stets dieselbe nach meiner Lehre, doch wandert sie in verschiedene Gestalten.)[32]

3. Metamorphose in christlicher Deutung von der Spätantike bis zum Mittelalter

Zwar kennt auch das Alte Testament Verwandlungen wie beispielsweise diejenige, die Lots Frau erleidet, als sie zur Salzsäule erstarrt (Gen. 19), jedoch ist von Metamorphose ausdrücklich erst im Neuen Testament die Rede, wo Christi Verklärung mit dem Verbum ›metamorphousthai‹ beschrieben wird (Mt. 17,2 und Mk. 9,2). Entsprechend scheint der Begriff bei Paulus bewußt aufgenommen, um die Wandlung und Selbstverwandlung eines jeden Christen auf das Vorbild Christi hin zu beschreiben: »Wir alle aber schauen mit unverhülltem Antlitz die Herrlichkeit des Herrn im Spiegel und werden so in dasselbe Bild verwandelt von einer Herrlichkeit zur anderen, wie das vom Herrn des Geistes her geschieht.« (2. Kor. 3, 18) Ferner findet sich hier auch die Aufforderung: »Laßt Euch umgestalten durch die Erneuerung der Vernunft.« (Röm. 12, 2) Allerdings hat sich über die lateinische Übersetzung der Bibel für die Verwandlung Christi der Begriff der Transfiguration, bzw. im Deutschen, durch Luthers Bibelübertragung, derjenige der Verklärung eingebürgert. In der christlichen Ikonographie wird

---

28 Vgl. JOACHIM VON SANDRART, P. Ovidii Nas. Metamorphosis, oder: Des verblümten Sinns der ovidianischen Wandlungsgeschichte gründliche Auslegung, in: von Sandrart, Teutsche Academie der Bau-, Bild- und Mahlerey-Kuenste (1675–1679), Bd. 3: Die ikonographischen Schriften (1680; Nördlingen 1995).
29 VON SANDRART, Die Verwandlungen des Ovids. Vorbericht, in: von Sandrart, Teutsche Academie der Bau- Bildhauer und Maler-Kunst, neue Ausg., hg. v. J. J. Volkmann, Bd. 5 (Nürnberg 1772), 67.
30 SIMONE VIARRE, L'image et la pensée dans les Métamorphoses d'Ovide (Paris 1964), 119.
31 OVID, Met. 6, 121 f.; dt.: Metamorphosen, lat.-dt., hg. u. übers. v. M. v. Albrecht (Stuttgart 1994), 289.
32 Ebd. 15, 165–172; dt.: 801.

dementsprechend auch der Begriff der Transfiguratio (ital. transfigurazione, dt. Verklärung) für Darstellungen der entsprechenden Bibelszene in der bildenden Kunst verwandt.

Aus diesem Grund bleibt für die lat. Literatur der ersten christlichen Zeitrechnung Metamorphose als Begriff untrennbar mit der ovidischen Dichtung verknüpft, die – wenngleich die heidnische Antike mit ihren Dichtern und Philosophen zu weiten Teilen einer programmatischen Ablehnung durch die frühen Autoritäten des Christentums unterliegt – bereits ab dem 5. Jh. erneut eine breitere Rezeption erfährt. Auch für das Mittelalter gilt insofern: »Qui parle de métamorphose au Moyen Age parle d'Ovide«[33], während Verwandlungsmotive anderer Provenienz, die sich im übrigen in der zeitgenössischen Literatur zu mehren beginnen, mit anderen Termini wie mutari oder converti umschrieben werden.

Jenseits der Tendenz, die ovidischen Metamorphoseerzählungen christlich-allegorisch auszudeuten, wie sie sich im Ansatz bereits ab Ende des 5. Jh. bei Fulgentius (*Mythologiae*), und Prudentius (*Contra symachum*) abzeichnet, stellt das Phänomen Metamorphose die Theologen vor eine Reihe grundsätzlicher Probleme, die beispielgebend Augustinus in seiner Abhandlung *De Civitate Dei* (412–426) reflektiert, ohne sich allerdings selbst des Begriffs zu bedienen: Gravierender noch als die offensichtliche Immoralität der Götter ist ihre Vielgestaltigkeit, sowie auch die Verwandlung des Menschen in Tier, Pflanze oder Stein, die per se mit seiner Gottesebenbildlichkeit unvereinbar scheint. Augustinus verurteilt die Metamorphose daher als »ludificatio daemonum« (Fopperei der Dämonen), die nur zum Schein einen Gestaltwandel vortäuschen (»specie tenus [...] commutant, id videantur esse quod non sunt«), Seele und Körper jedoch nicht wirklich durch Kunst oder Macht in tierische Glieder oder ein tierisches Wesen verwandelt können (»non itaque solum animum, sed ne corpus quidem ulla ratione crediderim daemonum arte vel potestate in membra liniamenta bestialia veraciter posse converti«[34]). Als Trugbild (phantasticum) ist Metamorphose in den Bereich der Träume und Imaginationen zu verweisen.

Im übrigen dominiert auch in Hoch- und Spätmittelalter die Tendenz, die Ovidische Dichtung allegorisch umzudeuten; allerdings interessiert sich die als ›aetas ovidiana‹ bezeichnete Periode des 12. und 13. Jh. dabei weniger für die *Metamorphoses* als für die in diesen erhaltenen Liebeserzählungen und die *ars amatoria* des Dichters. Lediglich Dante nutzt im 25. Gesang des *Inferno* seiner *Divina Commedia* (entst. 1307–1321) Metamorphose als dramaturgisches Element zur Schilderung der Seelenverdammnis, wobei er sich in der dichterischen Aemulatio deutlich auf Ovid bezieht. Ganz im Einklang mit dem theologischen Standpunkt seiner Zeit gebiert der Verwandlungsvorgang hier Monstrositäten, ist von einem »imagine perversa« (einer »Mißgeburt«)[35] die Rede.

Im 14. Jh. hat das Erscheinen des *Ovide moralisé* (in frz. Nachdichtung) und Petrus Berchorius' (d. i. Pierre Bersuire) *Ovidius Moralizatus* (1343), die jeder Metamorphoseerzählung christianisierende Interpretationen zur Seite stellen, noch einmal zu einer verstärkten Aufnahme der allegorisierenden Deutungen zur Folge. Metamorphose wird hier in erster Linie als poetische Metaphorik gefaßt, wobei Berchorius dieser neben der christlich-allegorischen noch weitere Sinnkategorien wie eine historisch-euhemeristische und eine tropologisch-moralisierende Funktion zuweist.[36] Wenn die illustrierten Ausgaben des *Ovide moralisé* bereits zu einer deutlichen Verbreitung der künstlerischen Rezeption des Stoffes führen, werden mit den Ovid-Ausgaben des 15. Jh., die auf eine theologische Allegorisierung weitgehend verzichten, endgültig die Weichen für eine ästhetische Wahrnehmung durch Dichter und bildende Künstler gestellt.

---

33 LAURENCE HARF-LANCNER, De la métamorphose au Moyen Age, in: Harf-Lancner (Hg.), Métamorphose et bestiaire fantastique au Moyen Age (Paris 1985), 3.
34 AUGUSTINUS, Civ. 18, 324–325; dt.: De civitate dei/ Der Gottesstaat, lat.-dt., hg. u. übers. v. J. Perl (Paderborn u. a. 1979), 325.
35 DANTE ALIGHIERI, La Divina Commedia (entst. 1307–1321; ersch. 1472), hg. v. N. Sagegno, Bd. 1, (Florenz 1985), 284; dt.: Die Göttliche Komödie, übers. v. H. Gmelin, Bd. 1 (München 1988), 298 f.
36 Vgl. JANE-ANN PFIRTER-KERN, Aspects of Ovid's ›Metamorphoses‹: Its Literary Legacy (Dietikon 1993), 38–40.

4. Die Wiedergeburt der ovidischen Metamorphose

In der Tat zeichnet sich im Zuge der breiten Antikenrezeption der Renaissance zugleich eine Wiedergeburt der ovidischen Metamorphose im Sinne eines künstlerischen Leitbildes ab, wann immer es um die Auseinandersetzung mit mythischen Stoffen geht. Zwar knüpft ihre Verankerung im Spannungsfeld von Kosmologie und allegorischer Liebesdichtung durchaus an die mittelalterliche Auffassung der Metamorphose an, doch treten durch den Neoplatonismus nun Bedeutungsebenen hinzu, die auf eine spezifisch humanistische Auffassung hinleiten.[37] Unter diesen Vorzeichen kann auch die alchimistische Allegorik auf Metamorphosemythen zurückgreifen, um in der Transmutation der Metalle zugleich auf die Selbstverwandlung des Menschen in christlichem Sinne zu verweisen.[38] In Italien begünstigt die Auseinandersetzung mit antiker Kunstbeschreibung und die Wiederentdeckung antiker Plastik und Wandmalerei eine neue Ästhetik. Aber auch im Norden verselbständigt sich die künstlerische Behandlung des Stoffes weiterhin dahingehend, daß die Faszination für den ästhetischen Reiz des Verwandlungsmotivs, seine psychologischen und insbesondere seine erotischen Aspekte deutlich hervorzutreten beginnen.

Der Begriff selbst bleibt zunächst jedoch weiterhin eng an die Dichtung gleichen Titels gebunden. Allerdings wird Metamorphose im Vorwort einer frz. Ovid-Übertragung von 1530 bereits als Begriff definiert (»une diction grecque vulgairement signifiant transformation«[39]); in den Wörterbüchern erhält das Wort zwar noch kein eigenes Lemma, erscheint aber unter den Synonymen zu ›Transformation‹ und ›muer‹ und ist seit dieser Zeit auch in den Reimlexika präsent. In der Dichtung des 15. und 16. Jh. findet es nun zunehmend in der Liebeslyrik Verbreitung. Doch wenngleich Themen des Wandels und der Verwandlung bereits im 16. Jh. deutlich reüssieren, wird es bis in das 17. Jh. hinein dauern, bis das Wort – wiederum zunächst in Frankreich – auch über die Dichtung das Gewicht eines Begriffs erhält, der sich zwar weiterhin inhaltlich wie stilistisch am ovidischen Kanon orientiert, aber nicht mehr ausschließlich über ihn definiert.[40]

Auch in der bildenden Kunst erhalten Verwandlungsthemen ein neues ästhetisches Gewicht. Zwar widmet sich auch das gemäßigte, ›klassizistische‹ Barock dem Stoff (Nicolas Poussin), charakteristisch ist jedoch das künstlerische Interesse an der physischen wie psychischen Bewegtheit und Dramatik des Vorganges selbst. Zudem scheint Verwandlung auch als ästhetisches Capriccio im Gefolge des Wunderbaren und des Monströsen zu reizen, wobei insbesondere Kunsthandwerk und Dekore die Tendenz der Zeit bezeugen, Metamorphose als Verwandlung zunehmend frei und spielerisch auszudeuten.[41] Vergleichbar waren schon im 16. Jh. in der italienischen Diskussion um die ästhetische Berechtigung der Groteske die ovidischen Metamorphosen als Legitimation herangezogen worden.[42] Bereits hier beginnt sich jene – wenn nicht begriffliche, so doch thematische – Inflation der Metamorphose abzuzeichnen, die Voltaire im *Dictionnaire philosophique* (1764) eingangs seines bereits zitierten Artikels zu ›Métamorphose, Métempsycose‹ kommentiert. Deutet dessen kompilatorisch-vergleichende Perspektive auch auf ein Interesse an der Religionsgeschichte des Begriffs und seines mythologischen Ursprungs voraus, wie es das 19. Jh. weiter entwickeln wird, verweist der ironische Unterton des Autors unzweideutig auf dessen Kritik an der Beliebigkeit, mit der die eigene Zeit ihre Vorliebe für das Thema kultiviert.

---

37 Vgl. LEONARD BARKAN, The Gods made Flesh. Metamorphosis and the Pursuit of Paganism (New Haven/London 1986), 171–242.
38 Vgl. JACQUES VAN LENNEP, Art et alchimie. Étude de l'iconographie hermétique et de ses influences (Brüssel 1966).
39 ›Métamorphose‹, in: EDMOND HUGUET, Dictionnaire de la langue française du seizième siècle, Bd. 5 (Paris 1961), 251.
40 Vgl. GISÈLE MATHIEU-CASTELLANI (Hg.), La Métamorphose dans la poésie baroque française et anglaise. Variations et résurgences (Tübingen/Paris 1980).
41 Vgl. WERNER HOFMANN (Hg.), Zauber der Medusa. Europäische Manierismen [Ausst.-Kat.] (Wien 1987).
42 Vgl. LICHTENSTERN, Metamorphose in der Kunst des 19. und 20. Jahrhunderts, Bd. 1: Die Wirkungsgeschichte der Metamorphosenlehre Goethes. Von Philipp Otto Runge bis Joseph Beuys (Weinheim 1990), 41.

II. Die Ästhetik der Metamorphose in ihrer Neubegründung durch Goethe

In Begriffsgeschichte und Ästhetik der Metamorphose-Anschauungen markiert Goethe einen entscheidenden Wendepunkt. »Durch ihn wird Metamorphose als ein in der organischen Natur [...] wirksames Prinzip erkannt. Nicht mehr die mythische Begebenheit oder die phantastische Fabel bestimmen die Verwandlung als fiktive Handlung, sie selbst ist nunmehr in der Wirklichkeit faßbar geworden: Als Naturgesetz behauptet sie sich in der von Goethe begründeten Wissenschaft der vergleichenden Morphologie.«[43]

Nun ist Goethe keineswegs der erste, der den Begriff Metamorphose in die Naturwissenschaften eingeführt hat. In der Botanik ist er erstmals über Joannes Franciscus Sinibaldus Romanus' *Lectio de plantarum metamorphosibus* (1676) nachzuweisen und wird hier bis zu Karl von Linnés *Philosophia botanica* (1751) eher unscharf für die Veränderung von Pflanzenorganen verwendet. Anfang des 17. Jh. findet sich in Ulisse Aldrovandis Tafelwerk *De animalibus insectis libri VII* die Schilderung der Schmetterlingsmetamorphose als solche benannt und mit einem Hinweis auf die christologische Deutung allegorisch ausgelegt. Vergleichbare Verknüpfungen von Naturvorgang und Auferstehungssymbolik verbreiten sich im 18. Jh. zunächst, vermittelt nicht zuletzt über die Bezeichnung des Schmetterlings als Psyche, die lange Zeit auf den antiken Totenkult zurückgeführt und mit Unsterblichkeitsvorstellungen verbunden wurde. Für die Schmetterlingsentwicklung existiert schon bei Clemens von Alexandrien und bei Ovid der Begriff der Metamorphose, verliert sich jedoch im Mittelalter zugunsten anderer Begriffe (mutatio, varia formarum successio) gänzlich und taucht erst im 17. Jh. wieder auf. Insofern steht zu vermuten, daß die hier interessierende Synthese von naturwissenschaftlichem Terminus und christlich-allegorischer Auffassung eng mit der Ovid-Renaissance des 16. Jh. und dem damit verbundenen Interesse an der Ästhetik der Metamorphose zusammenhängt, zu dem dann noch die Wiederaufnahme des Paulinischen Metamorphose-Begriffs tritt. Dies wiederum entspricht ganz offensichtlich der Tendenz der Epoche, »Geistiges im natürlichen Sinnbild zu sehen«[44].

Damit sind bereits wichtige Voraussetzungen für Goethes Metamorphose-Begriff geschaffen. Denn auch für diesen ist entscheidend, daß Goethe seine naturwissenschaftliche Erkenntnis auf die Ideengeschichte der Metamorphose rückbezieht und, indem er Metamorphose über die Gesetzmäßigkeit von Polarität und Steigerung physiologisch wie metaphysisch versteht, in ihr ein durchwaltendes Prinzip der Bildung und Umbildung erkennt. »Jede Pflanze verkündet dir nun die ew'gen Gesetze«, resümiert Goethe in seinem Lehrgedicht, »Überall siehst du sie dann, auch in verändertem Zug./ Kriechend zaudre die Raupe, der Schmetterling eile geschäftig,/ Bildsam ändre der Mensch selbst die bestimmte Gestalt!«[45] Zu diesem ethischen Appell gesellt Goethe von Beginn an den ästhetischen Leitsatz, indem er bereits in der Pflanzenmetamorphose selbst meint, »der Natur abgemerkt zu haben, wie sie gesetzlich zu Werke gehe, um lebendiges Gebild, als Muster alles künstlichen, hervorzubringen.« (102) In der schöpferischen Spannung von Polarität und Steigerung führt der Impuls der Metamorphose vom Naturprinzip zum Kunstprinzip. Eben dieses Moment wird vor allem bildende Künstler an Goethes Metamorphose-Begriff interessieren, für den sich – von Philipp Otto Runge über Paul Klee und Willi Baumeister bis Joseph Beuys – bis heute eine breite Wirkungsgeschichte nachweisen läßt. Auch Rudolf Steiners Anthroposophie schließt in zahlreichen Grundgedanken unmittelbar an ihn an, indem sie Metamorphose als kosmologisches, geistiges wie gestalterisches Formprinzip faßt.

Zwar stößt Goethes Metamorphose-Auffassung in der zeitgenössischen Naturwissenschaft zunächst noch nicht auf das erhoffte Interesse, doch nimmt ab Mitte des 18. Jh. eine Reihe von Naturwissenschaftlern wie Carl Adolf Agardh, Alexander En-

---

43 Ebd., 1.
44 CLEMENS HESELHAUS, Metamorphose-Dichtungen und Metamorphose-Anschauungen, in: Euphorion. Zeitschrift für Literaturgeschichte 47 (1953), H. 2, 143.
45 JOHANN WOLFGANG GOETHE, Die Metamorphose der Pflanzen (1799), in: GOETHE (HA), Bd. 13 (1955), 109.

gelmann Braun oder Heinrich Gottlieb Ludwig Reichenbach den Gedanken positiv auf und führt ihn vor allem für den Bereich der Botanik weiter; im 20. Jh. wiederum bemühen sich naturphilosophisch orientierte Wissenschaftler wie Edgar Dacqué, Wilhelm Troll und Adolf Portmann, ihn im Sinne einer ›idealistischen Morphologie‹ für Botanik und Zoologie zu aktualisieren.

Heute findet sich der Metamorphose-Begriff in den Naturwissenschaften in fachspezifische Bedeutungen differenziert: So existiert er in der Geologie, wo er die Umwandlung und Umformung eines Gesteins in ein anderes infolge einer Veränderung von Druck und Temperatur bezeichnet; in der Zoologie, wo er die ontologische Entwicklung vom Ei über Larvenstadien zum erwachsenen Tier beschreibt, und in der Botanik, wo er für die Umbildung eines pflanzlichen Organs hin zu einer besonderen Funktion im Verlauf der Phylogenese steht.

III. Metamorphose in der Ästhetik des 19. Jahrhunderts

In der Philosophie des 19. Jh. ist es vor allem Schelling, der Goethes Metamorphose-Begriff zunächst in seine Naturphilosophie aufnimmt, indem er in der *Metamorphose der Pflanzen* (1799) ein »Grundschema allen organischen Entstehens entdeckt«[46]. Dieses bindet er über den Polaritätsgedanken zunächst in sein *System des transzendentalen Idealismus* (1800) ein, um es in seiner Rede *Über das Verhältnis der Bildenden Kunst und Natur* (1807) schließlich auch in die Kunsttheorie zu überführen. Die mythologische Metamorphose hingegen versteht Schelling in seiner *Philosophie der Kunst* (1802–1805) als Produkt einer mythenschaffenden Phantasie, die ihr Naturverständnis in Göttern und deren Verwandlungen bildhaft faßt.[47]

Auch Hegel kann von Goethe ausgehend den Begriff für seine Naturphilosophie fruchtbar machen, indem er Metamorphose im zweiten Teil seiner *Enzyklopädie der philosophischen Wissenschaften im Grundrisse* (1827) zunächst auf die Entwicklung der Idee hin als Bildungsprinzip denkt, als Begriff jedoch in unmittelbarem Bezug auf Goethe auf die »*Metamorphose* der Pflanzen«[48] beschränkt. In seinen *Vorlesungen über die Ästhetik* (1835–1838) hingegen, in denen er Metamorphose im Zusammenhang mit dem »Gestaltungsprozeß der klassischen Kunstform« unter den »Degradationen des Tierischen«[49] behandelt, greift auch Hegel auf die mythologische Metamorphose ovidischer Überlieferung zurück, die er in erster Linie als »Strafe« und »Erniedrigung des Menschlichen« (436) begreift und als »Bezeichnung des Üblen, Schlechten, Geringgeschätzten, Natürlichen und Ungeistigen« (440) in Tier- und Mischgestalt ausdrücklich von der ›Metempsychose‹ abgrenzt. Sein negatives Verständnis der Metamorphose als Beleg für die »Herabsetzung des Tierischen und Entfernung desselben von der freien, reinen Schönheit« (433) spiegelt noch deutlich die Ideale des Klassizismus wider, der – wie sich beispielhaft anhand Johann Joachim Winckelmanns und A. W. Schlegels Kritik an Giovanni Lorenzo Berninis *Apollo und Daphne*-Gruppe aufzeigen läßt[50] – der transitorisch-bewegten Metamorphose-Auffassung des Barock als Gegenbild zu seinem auf beruhigter Harmonie basierenden Schönheitsbegriff eine ästhetische Würdigung versagen muß. Gleichzeitig weist Hegels eingehende Behandlung der Metamorphose auf das kultur- und religionshistorische Interesse des späten 19. Jh. voraus, das seine von animistischen Ursprüngen ausgehenden Erklärungsmodelle nicht mehr notwendig mit einem ästhetischen Urteil

---

46 FRIEDRICH WILHELM JOSEPH SCHELLING an Goethe (26. 1. 1801), in: Schelling, Briefe und Dokumente, hg. v. H. Fuhrmann, Bd. 1 (Bonn 1962), 243.
47 Vgl. SCHELLING, Philosophie der Kunst (1802–1805), in: SCHELLING (SW), Abt. 1, Bd. 5 (1859), 404.
48 GEORG WILHELM FRIEDRICH HEGEL, Enzyklopädie der philosophischen Wissenschaften im Grundrisse (1827), in: Hegel, Gesammelte Werke, hg. v. der Rheinisch-Westfälischen Akademie der Wissenschaften, Bd. 19 (Hamburg 1989), 264.
49 HEGEL (ÄSTH), 433.
50 Vgl. JOHANN JOACHIM WINCKELMANN, Schriften über die herculanischen Entdekungen. Briefe an Bianconi, nachherigen kurfürstlich sächsischen Hofrath und Residenten am päbstlichen Hofe 1758–1763 (1779), in: Winckelmann, Sämtliche Schriften, hg. v. J. Eiselein, Bd. 2 (Donaueschingen 1825), 65; AUGUST WILHELM SCHLEGEL, Die Kunstlehre (1801), in: Schlegel, Kritische Schriften und Briefe, hg. v. E. Lohner, Bd. 2 (Stuttgart 1963), 130–131; LICHTENSTERN (s. Anm. 4), 10f., 17f.

verknüpft. So behandelt etwa auch Jacob Burckhardt, der der Metamorphose einen eigenen Abschnitt seiner *Griechischen Kulturgeschichte* (posthum 1898–1902) widmet, diese abgelöst von seinen Betrachtungen über die griechische Kunst im Zusammenhang von Mythos, Religion und Kultus der Antike.[51]

Es ist Friedrich Nietzsche, der zum Ende des 19. Jh. den Begriff erneut in positivem Sinne mit dem Anspruch an eine Selbstverwandlung des Menschen füllen wird, indem er – in frühen Untersuchungen zum Begriff des ›Organischen‹ zunächst noch an Goethes »Versuch, die Metamorphose der Pflanzen zu erklären«[52] anknüpfend – das erweiterte Verständnis einer »*Metamorphosen-Lehre*« proklamiert, die über »*Metamorphosen* der Geschlechtlichkeit, […] der Grausamkeit / […] / der Feigheit / […] / der Herrschsucht / der Tollkühnheit […]«[53] Metamorphose letztlich als »Synonym für Umwertung [faßt], d. i. für jene Wesenverwandlung, die der neu geforderte Typus Mensch, der ›Philosoph‹ der Zukunft, vollzieht«[54].

IV. Von der Metamorphose zum Morphing: Verwandlung als ästhetisches Prinzip der Moderne

Seit dem 19. Jh. verändert sich der Metamorphose-Begriff vor allem auch für die ästhetische Produktion in entscheidender Weise: So geht es in der Literatur »nicht mehr um gegenständliche Metamorphosen« an sich, auch wenn sich diese noch in den Motiven spiegeln, »sondern das Gesetz der Metamorphose als Steigerung […] wird zum Gestaltprinzip der Dichtung und zum Inbild ihrer Gestalten«[55]. Ähnliches gilt für die bildende Kunst, die sich mit der zunehmenden Autonomie der Bildmittel seit Paul Cézanne ihrerseits auf eine prozeßorientierte Formensprache zubewegt. Wenngleich bereits Symbolismus und Jugendstil – nicht zuletzt unter dem Einfluß der Evolutionstheorie – ein deutliches Interesse an Bildungsprinzipien einerseits und Verwandlung andererseits zeigen, gelingt es erst dem Surrealismus, einen eigenen Metamorphose-Begriff im engeren Sinne zu entwickeln. Zwar fehlt auch hier eine konsistente

ästhetische Theorie der Metamorphose, doch sind im Umkreis der Bewegung immerhin verschiedene Ansätze einzukreisen. Michel Leiris, der »métamorphoses« noch 1925 als »maladie métaphysique des morts«[56], als »degenerierte Vorstellung der christlichen Metaphysik«[57] bespöttelt, kommt bereits 1929 im ›Dictionnaire‹ der Zeitschrift *Documents*[58] zu einer positiveren Einschätzung, indem er sie im Anschluß an Marcel Griaules ethnologische Beobachtungen über die rituelle Verkörperung von Tieren[59] unter dem Stichwort »Hors de soi«[60] im Sinne imaginativer und poetischer Selbstverwandlung des Menschen interpretiert. Vor demselben ethnopsychologischen Hintergrund spricht Georges Bataille von einer »obsession de la métamorphose comme un besoin violant, se confondant d'ailleurs avec chacun de nos besoins animaux«[61].

André Breton unternimmt es in Zusammenhang mit seinem Entwurf eines ›Mythe nouveau‹, die mythologische Metamorphose mit alchemistischen, philosophischen, literarischen und künstlerischen Modellen der Gestalt- und Selbstverwandlung zu einem neuen poetischen Leitbild zu verknüpfen, das in engem Zusammenhang mit seinen ästhetischen Konzeptionen des ›merveilleux‹ und der ›beauté convulsive‹ zu sehen ist. Vor allem aber in der bildenden Kunst erfolgt eine »neuschöpferi-

---

51 Vgl. JACOB BURCKHARDT, Griechische Kulturgeschichte (posthum 1898–1902), in: BURCKHARDT, Bd. 9 (1930), 393–403.
52 GOETHE (s. Anm. 45), 103; vgl. auch das Zitat als Titel des Manuskripts zum Erstdruck von 1790 im Kommentar in: ebd., 574.
53 FRIEDRICH NIETZSCHE, Fragment 9 [148] (1887), in: NIETZSCHE (KGA), Abt. 8, Bd. 2 (1970), 86.
54 LICHTENSTERN (s. Anm. 42), 17 u. LICHTENSTERN (s. Anm. 4), 122 f.
55 HESELHAUS (s. Anm. 44), 146.
56 MICHEL LEIRIS, Glossaire: J'y serre mes gloses, in: La Révolution Surréaliste 1 (1925), H. 3, 6.
57 LICHTENSTERN (s. Anm. 4), 127.
58 Vgl. MARCEL GRIAULE/MICHEL LEIRIS/GEORGES BATAILLE, Métamorphose, in: Documents 1 (1929), H. 6, 332–334.
59 GRIAULE, Jeux abyssins, in: ebd., 332–333.
60 LEIRIS, Hors de soi, in: ebd., 333.
61 BATAILLE, Animaux sauvages, in: ebd., 333.

sche Umsetzung des durch Ovid überlieferten Metamorphosemythos [...] aus dem Verwandlungspotential der bildnerischen Mittel heraus«[62]. Daneben bleibt ein an Goethe orientiertes Metamorphoseverständnis wichtiges Referenzmodell, wann immer es Künstlern um die theoretische Begründung von Form- und Bildungsprinzipien vor dem Bedeutungshorizont einer Kunst parallel zur Natur, um ›Kunst als Schöpfungsgleichnis‹[63] geht. So kann Paul Klee den bildnerischen Prozeß als »metamorphotischen Vorgang« verstehen, innerhalb dessen »eine neue Realität erzeugt« wird, der »kein Nach- oder Abbilden, [sondern] eher ein Abändern und Neubilden ist«[64]. In beiden Fällen wird Metamorphose also als ästhetisches Prinzip begriffen.

Neuerliche Konjunktur erfährt Metamorphose in ganz Europa als Thema von Literatur und Kunst der Nachkriegszeit. »So begegnet man [...] im Bereich der biomorphen, der surrealistischen, der phantastischen und der abstrakten Zeichnung, Malerei und Skulptur der internationalen Avantgarde neben der ›Metamorphose‹ als Werkbezeichnung immer wieder Titeln wie ›Wandlung‹, ›Verwandlung‹, ›Genesis‹, ›Wachstum‹ und ›Entfaltung‹«[65], die zwar an entsprechende Tendenzen der Vorkriegsmoderne anknüpfen, nun aber auch das gesellschaftliche Bedürfnis nach einer umfassenden Re- und Neukonstitution widerspiegeln. In Deutschland erscheint neben der kulturpolitischen Zeitschrift *Die Wandlung* (1945–1949) ab 1948 die von dem Maler Karl Otto Götz gegründete Monatszeitschrift *Metamorphose*, die sich nach Beiträgen über die verfemte deutsche Moderne um den innereuropäischen Kulturaustausch bemüht; 1956 betitelt Walter Höllerer sein ›Lyrikbuch der Jahrhundertmitte‹ mit *Transit*, in dem er auch einen Abschnitt der Verwandlungen widmet, den er folgendermaßen einleitet: »Das Ich ist sich selbst überlegen; aus seinem Unvermögen stammen die Verwandlungen. Die Metamorphose führt in feinen Linien fort, was die Gebärde des Ich begann: Allegorien, Chiffren, die das Ich mit dem fremden Zustand der Welt ineins setzen.«[66] Die Verknüpfung mit der Identitätsproblematik kann als paradigmatisch für die Nachkriegszeit gelten, insofern sich – u. a. im Zeichen einer verstärkten Rezeption von Franz Kafka[67] – auch in der britischen, italienischen und französischen Literatur und Philosophie das Interesse an einer psychologischen Reflexion des Begriffs abzeichnet. Auch diese verweist auf ein Verständnis von Metamorphose, das den klassischen Bedeutungshorizont zwischen Degradation und Aszension mitdenkt und aktualisiert.

Die Weiterentwicklung prozessualer Bildverfahren scheint dagegen einer weiteren Verselbständigung des Metamorphose-Begriffs in der Ästhetik der Gegenwart zuzuarbeiten, für die Imaginationen des Gestaltwandels – nicht zuletzt vor dem konkreten Hintergrund jüngster Entwicklungen in der Gentechnologie – erneut an Aktualität gewonnen haben. Tatsächlich ist mit Hilfe neuer Techniken der Bildgeneration und -manipulation wie dem Morphing Metamorphose auf Knopfdruck möglich geworden, wenn etwa in Computersimulationen zeitgenössischer Künstler Gestalt und Geschlecht eines virtuellen Wunschkörpers beliebig verändert werden können.[68] Wo diese technischen Möglichkeiten insbesondere im Bereich des Horror- und Science Fiction-Films und der Werbung im Sinne einer Multiplikation und Trivialisierung von Metamorphose eingesetzt werden, ist in der auffälligen Nähe vieler Verwandlungsbilder zu klassischen Stoffen und Motiven insofern nurmehr ein schwacher Widerschein des geistesgeschicht-

---

62 LICHTENSTERN (s. Anm. 4), 390.
63 Vgl. PAUL KLEE, Aufzeichnung Nr. 1008 (1916), in: Klee, Tagebücher 1898–1918, hg. v. F. Klee (Köln 1957), 349.
64 PETRA PETITPIERRE, Aus der Malklasse von Paul Klee (Bern 1957), 36.
65 LICHTENSTERN (s. Anm. 4), 297.
66 WALTER HÖLLERER, [Anmerkungen zum Gedicht ›Metamorphose‹ von Karl Krolow], in: Höllerer (Hg.), Transit. Lyrikbuch der Jahrhundertmitte (Frankfurt a. M. 1956), 200.
67 Vgl. MARIA LUISE CAPUTO-MAYR, Franz Kafka. Eine kommentierte Bibliographie der Sekundärliteratur (1955–1980) (Bern u. a. 1987); ANGEL FLORES, A Kafka Bibliography: 1908–1976 (New York 1976), 171–175.
68 Vgl. PETER WEIBEL, Dirty Data. Kritikalität, Komplexität und Kunst oder Motion, Morphing und Metamorphosis, in: H. Leopoldseder (Hg.), Der Prix Ars Electronica '93. Internationales Kompendium der Computerkünste (Linz 1993), 52–55; STAHL STENSLIE, Vernetzung des Fleisches, in: Kunstforum International 132 (1996), 178–187.

lich gesättigten Metamorphose-Begriffs auszumachen.[69] Entsprechend steht den unterschiedlichen methodischen Ansätzen der Geisteswissenschaften, die Metamorphose als Motiv, Phänomen und Begriff über differenzierte Untersuchungen aus religions-, kunst- und literaturgeschichtlicher, aus psychologischer und anthropologischer Perspektive zu erfassen und zu systematisieren suchen, ein weitgehend beliebiger Wortgebrauch in der Umgangssprache gegenüber, in dem Metamorphose von ihrem geistesgeschichtlichen Hintergrund und ihren ethischen Perspektiven abgekoppelt, als Synonym jeglicher Art von Verwandlung universalisiert erscheint. Insofern allerdings medizinische Technologien immer tiefgreifendere Eingriffe in den menschlichen Körper und in diesem Zuge auch Gestalt- und Geschlechtsumwandlungen gestatten, die – gleichsam auf dem Wege einer ›leiblichen Individuation‹ – die Erfüllung eines psychologisch begründeten bzw. als seelisches Begehren empfundenen Wunsches nach Selbstverwandlung versprechen, dürfte Metamorphose als Thema ästhetischer wie ethischer Reflexion auch in Zukunft Brisanz bewahren.

Verena Kuni

Literatur
BERTHELOT, FRANCIS, La métamorphose généralisée. Du poème mythologique à la science-fiction (Paris 1993); BRUNEL, PIERRE, Le Mythe de la métamorphose (Paris 1974); New Comparison. A Journal of Comparative and General Literary Studies 14 (1992), Special Section: Metamorphoses, 5–121; CLARKE, BRUCE, Allegories of writing. The subject of metamorphosis (Albany, N. Y. 1995); DEMERSON, GUY (Hg.), Poétiques de la métamorphose de Petrarque à John Donne (Saint-Etienne 1981); FICK-MICHEL, NICOLE, Art et mystique dans les Métamorphoses d'Apulée (Paris 1991); FORBES IRVING, PAUL M. C., Metamorphosis in Greek Myths (Oxford 1990); HAEGE, HANSJÖRG, Terminologie und Typologie des Verwandlungsvorgangs in den Metamorphosen Ovids (Göppingen 1976); HANSEN, ADOLF, Goethes Metamorphose der Pflanzen. Geschichte einer botanischen Hypothese (Gießen 1907); HESELHAUS, CLEMENS, Metamorphose-Dichtungen und Metamorphose-Anschauungen, in: Euphorion. Zeitschrift für Literaturgeschichte 47 (1953), H. 2, 121–146; HEUERMANN, HARTMUT, Medienkultur und Mythen. Regressive Tendenzen im Fortschritt der Moderne (Reinbek 1994); IVORY, JAMES MAURICE, Identity and narrative metamorphoses in twentieth-century British literature (Lewiston, N. Y. 2000); JAMESON, CARO-LYN, Ovid in the Sixteenth Century, in: J. W. Binns (Hg.), Ovid (London 1973), 210–242; LICHTENSTERN, CHRISTA, Metamorphose in der Kunst des 19. und 20. Jahrhunderts, Bd. 1: Die Wirkungsgeschichte der Metamorphosenlehre Goethes. Von Philipp Otto Runge bis Joseph Beuys (Weinheim 1990); LICHTENSTERN, CHRISTA, Metamorphose in der Kunst des 19. und 20. Jahrhunderts, Bd. 2: Metamorphose. Vom Mythos zum Prozessdenken. Ovid-Rezeption – Surrealistische Ästhetik – Verwandlungsthematik der Nachkriegskunst (Weinheim 1992); MANN, GUNTHER (Hg.), In der Mitte zwischen Natur und Subjekt. J. W. von Goethes ›Versuch, die Metamorphose der Pflanzen zu erklären‹ (Frankfurt a. M. 1992); MASSEY, IRVING, The Gaping Pig, Literature and Metamorphosis (Berkeley/Los Angeles/London 1976); MATHIEU-CASTELLANI, GISÈLE (Hg.), La Métamorphose dans la poésie baroque française et anglaise. Variations et résurgences. Actes du Colloque International de Valenciennes 1979 (Tübingen/Paris 1980); PERROT, MARY-VONNE, L'Homme et la métamorphose (Paris 1979); PERRY, KATHLEEN ANNE, Another Reality. Metamorphosis and the Imagination in the Poetry of Ovid, Petrarch, and Ronsard (New York 1990); ROBATHAN, DOROTHY M., Ovid in the Middle Ages, in: J. W. Binns (Hg.), Ovid (London 1973), 191–209; SCHLAM, CARL C., The metamorphosis of Apuleius. On making an ass of oneself (Chapel Hill/London 1992); SKULSKY, HAROLD, Metamorphosis. The Mind in Exile (Cambridge/London 1981); SPAHLINGER, LOTHAR, Ars latet arte sua. Untersuchungen zur Poetologie in den ›Metamorphosen‹ Ovids, (Diss. Mainz 1993/1994); TRONCHET, GILLES, La métamorphose à l'œuvre. Recherches sur la poétique d'Ovide dans ›Les métamorphoses‹ (Paris 1998); WALKER BYNUM, CAROLINE, Metamorphosis and Identity (New York/Cambridge 2001); WALTER, HERMANN/HORN, HANS-JÜRGEN (Hg.), Die Rezeption der Metamorphosen des Ovid in der Neuzeit. Der antike Mythos in Text und Bild (Berlin 1995).

---

69 Vgl. VERENA KUNI, Metamorphose im Zeitalter ihrer technischen Reproduzierbarkeit, in: E. Huber (Hg.), Technologien des Selbst. Zur Konstruktion des Subjekts (Frankfurt a. M./Basel 2000), 51–75.

Mimesis/Nachahmung

(griech. μίμησις; lat. imitatio; engl. mimesis, imitation; frz. mimesis, imitation; ital. mimesi, imitazione; span. mímesis, imitación; russ. мимезис, подражание)

Zur aktuellen Diskussion: Gegen die Synonymie von Nachahmung und Mimesis; **I. Der Verschmelzungsprozeß seit der Renaissance; II. Die unbestrittene Nachahmung;** 1. Lessing; 2. Diderot; **III. Dekonstruktionen;** 1. Derrida; 2. Lacoue-Labarthe (Heidegger); **IV. Autonomie der Kunst und postklassische Mimesis;** 1. Kant und die Frühromantiker; 2. Hegel; 3. Auerbach; **V. Versuche des 20. Jahrhunderts, Mimesis neu zu denken;** 1. Girard; 2. Adorno; 3. Benjamin; **Schluß**

Zur aktuellen Diskussion: Gegen die Synonymie von Nachahmung und Mimesis

Ist es in Anbetracht der verschiedenen gegenwärtig zirkulierenden Kunst- und Literaturtheorien überhaupt möglich, einen Ausgangspunkt für die Mimesisproblematik zu finden? Die Antwort ist ja. Der kleinste gemeinsame Nenner ist der Vorbehalt gegen eine Mimesis, die als Nachahmung, als Gründungsprinzip der Künste, verstanden wird. Um das zu zeigen, genügt es, zwei sehr unterschiedliche Wissenschaftler heranzuziehen: Roland Barthes und Wolfgang Iser. Während Barthes kein Theoretiker im eigentlichen Sinne ist, obwohl er faszinierende Wege für die Theorie eröffnet hat, ist Iser heute einer der wenigen ausgesprochenen Literaturtheoretiker. Trotz dieser Unterschiede konvergieren ihre Reflexionen über Mimesis.

Als Antwort auf eine Umfrage der Zeitschrift *Tel Quel* zur Bestimmung zeitgenössischer Literatur schrieb Barthes 1961: »La littérature est [...] la conscience même de l'irréel du langage.«[1] Das Bewußtsein von Irrealität stehe im Gegensatz zur »conscience symbolique«, deren Unzulänglichkeit sich heute, so Barthes in einem Beitrag aus dem Jahr 1962, darin zeige, daß sie vergeblich »les caractères ›pleins‹, plus ou moins analogiques, qui unissent un signifiant [...] à un signifié«[2] suche.

Die Beziehung zwischen den beiden Bewußtseinsformen läßt sich an den zitierten Textstellen leicht aufzeigen: Das Symbolbewußtsein, dessen Bedeutung in den Humanwissenschaften in jüngster Zeit abgenommen hat, basierte auf einer Konzeption von Sprache, die auf ›erfüllte‹ symbolische Hervorbringungen angelegt war und mittels Ähnlichkeit die Eigenschaften ihres Referenten reproduzierte. Aus diesem Grund entspricht die Hervorhebung des Bewußtseins vom irrealen Charakter des Zeichens dem Niedergang des symbolischen Bewußtseins.

Beide Aspekte sind von Ferdinand de Saussures Konzept vom arbiträren Charakter des Zeichens abgeleitet. Dieses Konzept, mit dem Saussure zum großen Anreger strukturalistischer Theorie wurde, hatte Claude Lévi-Strauss, beeinflußt von Roman Jakobson, seinem Mitstreiter im US-amerikanischen Exil während des 2. Weltkriegs, wieder in Umlauf gebracht. Die Arbitrarität des Zeichens geht bei Lévi-Strauss' Gebrauch aber in eine andere Richtung als bei Barthes. So zeigte der Anthropologe in einem Text von 1956 die Grenzen des Konzepts der Willkürlichkeit des Zeichens auf. Er nutzt dazu seine eigene Erfahrung forcierter Zweisprachigkeit. Über den Vergleich der lexikalisch äquivalenten Zeichen *cheese* und *fromage* schreibt er: »*Fromage* évoque une certaine lourdeur, une matière onctueuse et peu friable, une saveur épaisse. [...] Tandis que *cheese*, plus léger, frais, un peu aigre et s'escamotant sous la dent [...], me fait immédiatement penser au fromage blanc. Le ›fromage archétypal‹ n'est donc pas le même pour moi, selon que je pense en français ou en anglais.«[3] Lévi-Strauss folgert: »si nous admettons [...], conformément au principe saussurien, que rien ne prédestine *a priori* certains groupes de sons à désigner certains objets, il n'en semble pas moins probable qu'une fois adoptés, ces groupes de sons affectent de nuances particulières le contenu sémantique qui leur est devenu lié«. (106) Und er resümiert: »Je dirai que le signe linguistique est ar-

---

1 ROLAND BARTHES, La littérature aujourd'hui (1961), in: Barthes, Essais critiques (Paris 1964), 164.
2 BARTHES, L'imagination du signe (1962), in: ebd., 209.
3 CLAUDE LÉVI-STRAUSS, Postface aux chapitres 3 et 4 (1956), in: Lévi-Strauss, Anthropologie structurale (Paris 1958), 107.

bitraire *a priori*, mais qu'il cesse de l'être *a posteriori*« (105).

Barthes' Herangehen verfälscht den unangefochtenen Meister der strukturalistischen Revolution keineswegs. Das Zeichen verliert seinen irrealen Charakter nicht durch das *a posteriori*. Das träte nur unter Beibehaltung eines Sprachkonzepts ein, das auf Transparenz setzt, wie es das klassische Denken über Mimesis impliziert hatte. Dann hätten Zeichen und Mimesis in der Moderne dieselben Eigenschaften: Beide enthielten ihren Referenten, machten ihn sichtbar, gestatteten im Verbalisieren seine ›Präsenz‹.

Verfolgt man Barthes' Überlegungen weiter, kann man – auf der Basis der allgemeinen Ablehnung von Mimesis als Nachahmung – zu einem produktiven Vergleich mit Iser gelangen. Denn dreißig Jahre nach Barthes taucht die Negation von Mimesis als Nachahmung in einer anderen Terminologie wieder auf. Iser schreibt im ›Epilog‹ zu *Das Fiktive und das Imaginäre. Perspektiven literarischer Anthropologie*: »Wenn das Textspiel als Transformation seiner Referenzwelten verläuft, dann entsteht etwas, das aus diesen nicht ableitbar ist. Folglich kann keine der Referenzwelten Gegenstand der Darstellung sein, so daß sich der Text nicht in der Repräsentation vorgegebener Gegenständlichkeit erschöpft.«[4]

Evident ist, daß Barthes' und Isers Texte nicht einfach deckungsgleich sind. Bei Barthes gibt es keine Entsprechung zum Konzept des ›Textspiels‹. Bekanntermaßen ist Isers Denken phänomenologisch begründet, was strukturalistischer Ableitung entgegensteht. Daher ist Isers Urteil nicht in einem Zeichenkonzept fundiert, es stützt sich vielmehr auf ein Konzept vom Eingebettetsein des Menschen in der Welt. Die folgenden Textpassagen erklären, wie dieses In-der-Welt-Sein mit der Frage der Mimesis verknüpft ist: »in der klassischen Formulierung des Mimesisbegriffs« ist das »Erzeugungsmoment noch minimalisiert«. Diese Minimalisierung hat zwei Ursachen: »Die Minimalisierung beruht zum einen darauf, daß der Mensch in den Kosmos eingebettet ist, und zum anderen, daß der Ewigkeit der Welt nichts hinzugefügt werden kann.«[5] Das dem Nachgeahmten eingeräumte Gewicht, dem gegenüber das Erzeugungsmoment im Werk noch zurücktrat, war also das Ergebnis einer anthropologischen Strategie, welche darauf abzielte, das Eingebettetsein des Menschen im Kosmos sowie die Permanenz der Welt zu garantieren. Durch Mimesis-Nachahmung sicherte man sich die Verwandlung der *Darstellung* – dessen, was das Werk zeigt – in *Vorstellung* – das, was das Werk verdoppelt. Die Unterschiede zwischen beiden Autoren sollen nicht ausgeklammert werden, ihre späteren Karrieren folgen nicht geradlinig dem Weg, der sich in den jeweiligen Essays von 1961 bzw. 1991 abzeichnet. Barthes zieht sich vom Strukturalismus zurück, und Iser behält in seinem Essay *Mimesis und Performanz* von 1991 die Negation der Mimesis bei, wenn explizit auch nur in einem Absatz im Rahmen eines Programms, das als solches keinen Gegensatz zu einer modifizierten Konzeptualisierung von Mimesis bildet. Eines bleibt ihnen gemeinsam: Beide halten an der Ablehnung der Mimesis als Nachahmung fest.

Dieser literaturwissenschaftlichen Argumentation sind Überlegungen des Kunstkritikers Clement Greenberg komplementär. Greenberg präsentierte 1960 moderne Malerei als Antipoden des Repräsentationsmodells. Obgleich die Begriffe Mimesis und Nachahmung nicht auftauchen, ist evident, daß er literaturwissenschaftlichen Vorgaben folgte: »What it [Modernist painting – d. Verf.] has abandoned in principle is the representation of the kind of space that recognizable objects can inhabit«[6].

Damit eröffnete Greenberg den Weg zu einem historischen Herangehen: Die Moderne weigerte sich, das Vorrecht klassischer Mimesis zu akzeptieren, indem sie die Auffassung vom Gleichgewicht der Welt und der stabilen Stellung des Menschen in dieser Welt ablehnte, und zwar im Namen der Autonomie der Kunst: »What had to be exhibited [by each art – d. Verf.] was not only that which was unique and irreducible in art in general, but also that which was unique and irreducible in each par-

---

4 WOLFGANG ISER, Mimesis und Performanz, in: Iser, Das Fiktive und das Imaginäre. Perspektiven literarischer Anthropologie (Frankfurt a. M. 1991), 481.
5 Ebd., 485.
6 CLEMENT GREENBERG, Modernist Painting (1960), in: Greenberg, The Collected Essays and Criticism, hg. v. J. O'Brian, Bd. 4 (Chicago/London 1993), 87.

ticular art. Each art had to determine, through its own operations and works, the effects exclusive to itself.« (86). Die Vorstellung von Mimesis als Imitation oder Nachahmung fiel wie ein Kartenhaus in sich zusammen. Ihre Fragilität wurde weniger durch das Propagieren einer Wissenschaft entdeckt – die Vertiefung der Saussureschen Linguistik –, auch nicht durch eine ›Rückkehr zur Welt der Dinge‹ – die phänomenologische Methode –, sondern vielmehr durch die Unzufriedenheit des Künstlers mit seiner Rolle, die Realität zu illustrieren oder zu verschönern.

Ein 1968 wiederentdeckter Text Stéphane Mallarmés bestätigt Greenbergs These insofern, als beide den Beginn der Moderne in der Figur desselben Malers verorten: Manet. Für Mallarmé ist Manet tatsächlich der Held dieses Umschwungs. Sein Aufsatz *The Impressionists and Edouard Manet* wurde zuerst englisch in der kurzlebigen Zeitschrift *Art Monthly Review* (September 1876) publiziert. Ohne klarzustellen, ob er das beschreibt, was der Maler in Gesprächen äußerte, oder das, was er selbst in seinen Reaktionen als Rezipient-Künstler entwickelt, formuliert Mallarmé einen Text, den man heute als kleines Manifest betrachtet: »Each work should be a new creation of the mind. The hand, it is true, will conserve some of its acquired secrets of manipulation, but the eye should forget all else it has seen, and learn anew from the lesson before it. It should abstract itself from memory, seeing only that which it looks upon, and that as for the first time; and the hand should become an impersonal abstraction guided only by the will, oblivious of all previous cunning. As for the artist himself, his personal feeling, his peculiar tastes, are for the time absorbed, ignored, or set aside for the enjoyment of his personal life.«[7]

Mallarmé betont, daß nunmehr das Auge als Archiv des Gedächtnisses zu vergessen sei. Die Hand werde zu einer ›impersonal abstraction‹, d.h. das Leben des Künstlers geht in einer Bewegung der Abstraktion auf. Diese Aussage ist doppelt motiviert: Das Vergessen von Gesehenem stellt keine Aufforderung dar, das Flüchtige einzufangen, vielmehr wird das ganze Modell abgelehnt. Anders gesagt: das Neue, das Aufwertung erfährt, liegt nicht im Augenblick, sondern in der Art und Weise, wie mit dem Modell, d.h. mit der Aneignung auf dem Wege der Nachahmung, gebrochen wird. Der Umstand zweitens, daß die Hand in eine ›impersonal abstraction‹ verwandelt wird, läßt sie zu einer Metonymie werden, die die Beziehung von Werk und Leben bestimmt. Das Leben bringt das Werk hervor. Vorlieben und Gefühle sind Teil des Privaten. Das Werk als öffentliches Produkt findet seine Losung im ›Unpersönlichen‹ der Hand, nach deren Muster sich schon die Mallarmésche Poesie gestaltete.[8]

Zum besseren Verständnis der gegenläufigen Bezüge im Umgang mit dem Mimesisbegriff ist zu unterstreichen, daß die behauptete Autonomie der Kunst eine zunehmende Ablehnung der Synonymie von Mimesis und Nachahmung impliziert. Während dieses Verständnis als privilegiertes Kriterium einer neuzeitlichen Tradition mit der Renaissance aufgekommen war und fast das ganze 18. Jh. angedauert hatte, entsprach Mimesis als Nachahmung vom Standpunkt der Verfechter der Autonomie der Kunst in Greenbergs Worten dem, »which was unique and irreducible in art in general«[9]. Damit wurde jede einzelne Kunst ihrer Fähigkeit beraubt, ihr je eigenes Medium auszuschöpfen, und wurde einer subalternen, illustrativen Funktion unterworfen.

Luiz Costa Lima
(Aus dem Brasilianischen übers. v. Ellen Spielmann; red. v. Martina Kempter)

I. Der Verschmelzungsprozeß seit der Renaissance

Die aktuellen Anstrengungen, den Begriff Mimesis von der diskreditierten Tradition der ›Nachahmung‹ zu befreien, machen es erforderlich, den Prozeß ihrer Überlagerung und Verschmelzung kurz zu betrachten.

---

7 STÉPHANE MALLARMÉ, The Impressionists and Edouard Manet (1876), in: Documents Stéphane Mallarmé, hg. v. C. P. Barbier, Bd. 1 (Paris 1968), 69.
8 Vgl. MICHAEL FRIED, Manet's Modernism or, the Face of Painting in the 1860s (Chicago/London 1998).
9 GREENBERG (s. Anm. 6), 86.

Der entscheidende Anstoß, daß imitatio in den Jahrhunderten seit der Renaissance bis in die Aufklärungsperiode uneingeschränkt als Prinzip der Kunst gelten konnte, war die damalige Behauptung des Vorbilds der griechisch-römischen Antike in Poesie, bildender Kunst und Architektur. ›Nachahmung‹ wurde für das Verhältnis zur antiken Tradition zur immer mehr zündenden Parole, wie Winckelmanns Programmschrift *Gedancken über die Nachahmung der Griechischen Wercke in der Mahlerey und Bildhauer-Kunst* noch 1755 belegt. Wie die römische Literatur weitgehend aus der imitatio der griechischen hervorgegangen war, so sollte die Nachahmung der antiken Meisterwerke, ihrer Gattungen und ihrer Formen, auch den neueren europäischen Nationen zur Mustergültigkeit verhelfen.

Der lateinische Begriff imitatio, an den die Diskussion in den romanischen Sprachen zunächst anschloß, weist semantisch also in eine ganz andere Richtung als der Begriff μίμησις (mimēsis) bei Platon und Aristoteles, bei denen das Verhältnis von Kunst und Realität bzw. Künsten und Ideen im Zentrum stand. Die *Poetik* des Aristoteles, die im Hellenismus, in Rom und im lateinischen Mittelalter »ohne Einfluß«[10] geblieben war und durch die Humanisten wiederentdeckt wurde, bot für das Verfahren praktischer Nachahmung freilich keine Beglaubigung, wenn man der von Bernard Weinberg resümierten Klage von Renaissancedichtern und -theoretikern Glauben schenken darf: »Aristote ne nous dit nulle part ce que c'est, précisément, que l'imitation; comment donc l'appliquer dans nos poésies?«[11] In der Tat hatte Aristoteles das Wesen der Poesie in der Darstellung des Möglichen oder Wahrscheinlichen erkannt, nicht aber dessen, ›was geschehen ist‹ oder bereits vorlag.[12] Mit der Verpflichtung auf das im Leben Bedeutsame, das ›Allgemeine‹, war die Poesie bei ihm ›philosophischer‹ als die auf partikuläre Geschehnisse orientierte Geschichtsschreibung. Der Sinn der Kunst lag bei den alten Griechen, wie Luhmann verallgemeinernd schreibt, »in einer korrigierenden Imitation, die die Aufmerksamkeit des Betrachters auf das Wesentliche hinlenkt, es mithin von Mißständen und Defekten reinigt«[13].

Die seit der Renaissance eingetretene Konfusion zwischen imitatio und mimēsis ist erst am Ausgang des 18. Jh. reflektiert worden. In den *Litterarischen Zusätzen* (1786/1787) zu Sulzers *Allgemeiner Theorie der Schönen Künste* (1771) notierte Christian Friedrich von Blankenburg die Beobachtung, »daß dem griechischen Worte μίμησις ein ganz andrer Begriff, als der, welchen wir mit den Worten Imitation und Nachahmung verbinden, zum Grunde liegt, und durch den Gebrauch dieser Worte ist in die Grundsätze unsrer ganzen Schönheits- und Geschmackslehre nicht wenig Schiefes und Schwankendes gebracht worden«[14]. Zu den Widersprüchen und Ungereimtheiten gehört die unterschiedliche Verortung des Vollkommenen: Für die Nachahmungstheorie ist das Vollkommene oder Schöne in einer bestimmten Periode der europäischen Vergangenheit geschaffen worden. Das Prinzip der Mimesis zielt dagegen auf ein in der Gegenwart herzustellendes Verhältnis zur gegebenen Natur.

Leider läßt sich nicht behaupten, die moderne Forschung sei bemüht, die Konfusion der Begriffe aufzuhellen und den historischen Gründen nachzugehen, die zu ihrer Amalgamierung beitrugen. Mit starrem Blick auf einen einzigen Text wird einerseits behauptet, »Aristotle's mimesis refuses to become a philosophical concept to be used like others«[15], während andererseits zum Begriff Nachahmung die frustrierende Bilanz gezogen wird: »die Geschichte des N.-Begriffs ist eine Geschichte der ständigen Neuentdeckungen schon längst gefundener begrifflicher Unterscheidungen, die für sachlich relevante Probleme des Gegenstandes ste-

---

10 INGEMAR DÜHRING, Aristoteles. Darstellung und Interpretation seines Denkens (Heidelberg 1966), 182.
11 BERNARD WEINBERG, L'imitation au 16e et au 18e siècles, in: Actes du 4e Congrès de l'Association Internationale de Littérature Comparée (1964), hg. v. F. Jost (Paris 1966), 700.
12 Vgl. ARISTOTELES, Poet., 1451b; dt.: Poetik, griech.-dt., übers. v. W. Schönherr (Leipzig 1972), 36f.
13 NIKLAS LUHMANN, Die Kunst der Gesellschaft (1995; Frankfurt a. M. 1997), 401.
14 ›Nachahmung‹, in: BLANKENBURG, Bd. 2 (1797), 423.
15 GUNTER GEBAUER/CHRISTOPH WULF, ›Mimesis‹, in: Encyclopedia of Aesthetics, hg. v. M. Kelly, Bd. 3 (New York/Oxford 1998), 234.

hen«[16]. Über das Nächstliegende, daß Aristoteles noch 1632 für den gegen die Übermacht der Tradition der Peripatetiker kämpfenden Galilei »uomo di grand'ingegno« (ein Mann von gewaltigem Geiste)[17] war, sieht auch der Artikel ›Nachahmung der Natur‹ großzügig hinweg.[18] Die grundlegende Voraussetzung für dieses Prinzip aber hatte Aristoteles nicht in der *Poetik*, sondern in der *Physik*-Vorlesung entwickelt. Seit Thomas von Aquin gehörte dieses Buch zum Grundstock europäischer Bildung. Schon Dante lehrt in *La Divina Commedia* unter Berufung auf die *Physica*: »che l'arte vostra quella, quanto pote, / segue, come ›l maestro fa il discente; / sí che vostr'arte a Dio quasi è nepote.« (Daß eure Kunst wie eine Schülerin / Der Meisterin Natur sucht nachzustreben / So daß sie ist wie Gottes Enkelin.)[19] Kunst steht hier noch im weiten Sinne für ars bzw. τέχνη, während als Natur gilt, was von selbst entsteht und vergeht. Kunst bedeutet in dieser alteuropäischen Tradition soviel wie konkrete, auf ein Ziel gerichtete Arbeit. Eine moderne Übersetzung ins Deutsche gibt technē bzw. ars in dem entscheidenden und vielzitierten Satz des Aristoteles auch nicht mehr mit ›Kunst‹ wieder, sondern formuliert, um Mißverständnisse auszuschließen: »ὅλως τε ἡ τέχνη τὰ μὲν ἐπιτελεῖ ἃ ἡ φύσις ἀδυνατεῖ ἀπεργάσασθαι, τὰ δὲ μιμεῖται.« (Ganz allgemein gilt: Das menschliche Herstellen bringt Gebilde der Natur teils zum Abschluß, nämlich dort, wo sie die Natur selbst nicht zu einem Abschluß zu bringen vermag; teils bildet es Gebilde der Natur nach.)[20] Diese Differenzierung menschlicher Arbeit in eine ›ars perfectoria‹ und eine ›ars imitatoria‹ ergibt Sinn, wenn sie auf die Sphäre der Landwirtschaft und die wichtigsten Tätigkeiten des städtischen Handwerks bezogen wird, wo einerseits das Werk der Natur durch Kultivierung vollendet, andererseits für den Menschen hergestellt wird, was den Tieren von Natur zuteil wird. Die Differenzierung entspricht im wesentlichen jenen Verhältnissen, die Marx in einem berühmten Abschnitt der *Grundrisse* über die ›Epochen ökonomischer Gesellschaftsformen‹ als »historischen Zustand No. 1« und »historischen Zustand No. 2«[21] charakterisiert hat.

Als philosophisches Prinzip gerät die Mimesis der Natur erst in die Krise, als mit dem Vordringen des Manufakturwesens eine Form von Arbeit bzw. ›Kunst‹ entsteht, bei der die Gewinnung von Rohmaterial dem eigentlichen Produktionsprozeß vorangehen muß: »In allen Formen, worin das Grundeigentum herrscht, die Naturbeziehung noch vorherrschend. In denen, wo das Kapital herrscht, das gesellschaftlich, historisch geschaffene Element.«[22] Die Entwicklung der Handelskompanien seit dem Ende des 17. Jh. und das Heranschaffen von Rohmaterialien für die Manufakturen aus den Kolonien sprengte den weiten Kunstbegriff durch scharfe Abgrenzung der ›mechanischen‹ von den ›schönen Künsten‹. Und in wenigen Jahrzehnten wurden jetzt die von der ›Teilung der Künste‹ erfaßten Manufakturen, die Ferguson zufolge am besten gedeihen, »where the mind is least consulted, and where the workshop may, without any great effort of imagination, be considered as an engine, the parts of which are men«[23], in der Theorie hermetisch von den ›schönen Künsten‹ isoliert.

Es spricht für die Geltungsmacht des Nachahmungsdogmas, daß selbst die moderne Naturwissenschaft, so sehr sie sich von seinen Vorgaben entfernte, in den Anfängen noch seiner Semantik gehorchte. Bacons Programm, der Natur mit der

---

16 ECKART SCHEERER/UTE SCHÖNPFLUG, ›Nachahmung‹, in: RITTER, Bd. 6 (1984), 335.
17 GALILEO GALILEI, Dialogo sopra i due massimi sistemi del mondo (1632; Pordenone 1992), 410; dt.: Dialog über die beiden Hauptsächlichen Weltsysteme, in: Galilei, Schriften, Briefe, Dokumente, hg. v. A. Mudry, übers. v. M. Köster, Bd. 1 (Berlin 1987), 279.
18 Vgl. SVEN-AAGE JØRGENSEN, ›Nachahmung der Natur‹, in: RITTER, Bd. 6 (1984), 335.
19 DANTE ALIGHIERI, La Divina Commedia (entst. um 1307–1321), Inf. 11, 103–105; dt.: Die Göttliche Komödie, übers. v. O. Gildemeister (Berlin ³1900), 82; vgl. ebd., Inf. 11, 97 ff.
20 ARISTOTELES, Phys. 2, 8, 199a; dt.: Physikvorlesung, übers. v. H. Wagner (Berlin 1967), 53.
21 KARL MARX, Grundrisse der Kritik der politischen Ökonomie (entst. 1857–1858; Berlin 1953), 398.
22 MARX, Einleitung zur Kritik der politischen Ökonomie (entst. 1857), in: MEW, Bd. 13 (1969), 638.
23 ADAM FERGUSON, An Essay on the History of Civil Society, hg. v. F. Oz-Salzberger (1767; Cambridge 1995), 174.

I. Der Verschmelzungsprozeß seit der Renaissance

»Experimentierkunst«[24] und dem Verfahren der Analyse und Synthese auf den Leib zu rücken, hat im Terminus der Experimentalphilosophie seinen Niederschlag gefunden. Bacons ›dissecare naturam‹ war weder mit der ›ars imitatoria‹ noch mit der ›ars perfectoria‹ zu vereinbaren. Dennoch ist der Begriff der imitatio von den Philosophen des 17. und 18. Jh. und auch von Bacon selbst noch wie selbstverständlich gebraucht worden. In seiner Utopie *New Atlantis* werden alle Naturphänomene in einem Riesentechnikum, »Salomon's House«[25] genannt, in zahllosen Laboratorien auf künstlichem Wege nachgeahmt: Es gibt Brunnen zur »imitation of the natural sources« sowie geräumige Gebäude, »where we imitate and demonstrate meteors; as snow, hail, rain, some artificial rains of bodies and not of water, thunders, lightnings« (158). Das methodische Ersetzen der natürlichen Qualitäten durch künstlich hergestellte ist zum Programm erhoben, wenn Bacon schreibt: »We imitate smells, making all smells to breathe out of other mixtures than those that give them.« (163) Indem der Mensch in die Gesetzlichkeit der Naturprozesse eindringt, wird aber ein neues Kapitel in den Beziehungen zwischen Mensch und Natur aufgeschlagen: »Die Produkte der Kunst [...] unterscheiden sich von den Produkten der Natur nicht der Form oder dem Wesen, sondern nur dem Produzenten, der äußern, wirkenden Ursache nach«[26], wie Ludwig Feuerbach in der Mitte des 19. Jh. schreiben wird, während Bacon 1620 noch suchend und semantisch befangen formuliert: »Etiam inventa quasi novae creationes sunt, et divinorum operum imitamenta.« (Die Erfindungen sind gleichsam neue Schöpfungen und sind Nachahmungen der göttlichen Werke.)[27]
Weshalb das Nachahmungsprinzip in der frühen Neuzeit eine so überragende Rolle spielen konnte, ist durch diese im Banne und im Namen des Aristoteles vollzogene Überlagerung und Verknüpfung von philosophischer Theorie und Poetik, von Naturwissenschaft und Kunsttheorie klar erkennbar. Darüber hinaus aber korrespondierte das Nachahmungsprinzip auch der ureigensten Tendenz der europäischen Malerei, nachdem diese sich in Italien mit Giotto und in den Niederlanden mit Jan van Eyck von der griechisch-römischen Bindung frontaler Figuren in die Fläche und einer hieratischen Entrückung in die Transzendenz des Goldgrundes zu emanzipieren begonnen hatte. An die Stelle von »Figuren ohne Leben und Bewegung, steif und starr, dazu massive Heiligenscheine, die auch noch den Namen des Heiligen tragen«, eröffnete die »täuschendste Nachahmung der Wirklichkeit«[28] ganz neue Horizonte. Es ging um die ›Entdeckung der Welt und des Menschen‹ als Gegenstand der Malerei.[29]

Das Mittelalter hatte die Nachahmung der Natur durch die Kunst »nur in dem Sinne einer Parallelisierung, nicht aber in dem Sinne einer Bezugsetzung aufgefaßt; die Kunst [...] imitiert nicht, was die Natur schafft, sondern sie arbeitet, wie die Natur schafft, indem sie durch bestimmte Mittel zu bestimmten Zwecken voranschreitet«[30]. Gegenüber dieser funktionalen Auffassung rückte mit der Kunstreflexion der Renaissance die Beziehung zwischen dem Bild und dem Gegenstand ins Zentrum, begriff Leonardo die Malerei als »scientia della pittura, uera imitatrice delle naturali figure di tutte le cose« (Wissenschaft der Malerei, die rechte Nachahmerin der natürlichen Figuren aller Dinge)[31]. Von dem philosophischen Mimesisprinzip, das nicht Abbildung der Wirklichkeit, sondern Strukturgleichheit zwischen menschlicher Arbeit und organischen Naturprozessen behauptete, insofern sie zielgerichtet verlaufen, ist Leonardos Forderung nach ›Ähnlichkeit mit der Natur‹ weit ent-

---

24 LUDWIG FEUERBACH, Geschichte der neuern Philosophie von Bacon von Verulam bis Benedikt Spinoza (1833), in: FEUERBACH, Bd. 2 (²1981), 53.
25 FRANCIS BACON, New Atlantis (entst. um 1624; lat. ersch. 1627), in: BACON, Bd. 3 (1859), 137, 145.
26 FEUERBACH (s. Anm. 24), 79.
27 BACON, Novum organon (entst. 1620), lat.-dt., hg. v. W. Krohn, Bd. 1 (Hamburg 1990), 268 f.
28 ARTHUR SCHOPENHAUER, Parerga und Paralipomena (1851), in: Schopenhauer, Sämtliche Werke, hg. v. W. von Löhneysen, Bd. 5 (Leipzig 1979), 531.
29 Vgl. JACOB BURCKHARDT, Die Kultur der Renaissance in Italien. Ein Versuch (1860; Stuttgart 1976), 261–331.
30 ERWIN PANOFSKY, Idea. Ein Beitrag zur Begriffsgeschichte der älteren Kunsttheorie (1924; Berlin ²1960), 22.
31 LEONARDO DA VINCI, [Trattato della Pittura] Das Buch von der Malerei (entst. ca. 1490–1498; ersch. 1651), ital.-dt., hg. u. übers. v. H. Ludwig, Bd. 1 (1882; Osnabrück 1970), 44/45.

fernt. Eine Vermittlung sollte das Gebot der Schönheit ermöglichen, das von Leon Battista Alberti, dem ersten Theoretiker der bildenden Künste, dem Ähnlichkeitspostulat deutlich übergeordnet wird, wenn er schreibt: »Et di tutte le parti li piacerà non solo renderne similitudine, ma più adgiungniervi bellezza; però che nella pictura la vaghezza non meno è grata che richiesta.« (Und es wird ihm [dem Maler] nicht genügen, alle Theile blos ähnlich zu machen, sondern noch mehr wird ihm daran liegen, ihnen Schönheit zu geben, da in der Malerei die Schönheit nicht blos wohl gefällig, sondern auch gefordert ist.)[32] Die Theorie von der Naturnachahmung und -vervollkommnung kann im kunsttheoretischen Schrifttum der Folgezeit ausgelegt werden als Anweisung für naturgetreue Abbildung und naturüberwindende Verschönerung, Idealisierung oder Poetisierung. Erst die Rehabilitierung der Imagination im 18. Jh. sollte das subjektive Moment stärker zur Geltung bringen. 1761 schreibt der Diderot-Intimus Grimm, der nach 1770 auch der Vertraute der Zarin Katharina II. sein wird: »Celui qui voudrait écrire sur la théorie des arts remarquerait, sans doute, comme une loi fondamentale, qu'il faut dans toute les imitations un peu de poésie qui vous fasse distinguer le mensonge de l'art d'avec la chose même. Celui qui imiterait avec une telle exactitude qu'on ne pût plus distinguer l'imitation de la réalité n'aurait rien fait qui vaille [...]. On ne fait aucun cas de l'exactitude de l'imitation, parce que l'imagination n'y a rien à faire. [...] C'est elle qui distingue l'imitateur de la nature du copiste.«[33] Hier läßt der inflationäre Gebrauch des Wortes erkennen, daß die Auffassung der Kunst als ›Nachahmung‹ ihre innere Überzeugungskraft zu verlieren beginnt, während das Wort ›Kopist‹ auf die künftige negative Codierung des ›bloßen Nachahmers‹ vorausweist.

Die beiden Pole dieser kunsttheoretischen Überlegungen, Ideal und Ähnlichkeit, sind Teil der Gegenstand-Abbild-Relation als übergeordneter Struktur, während für den Triumphzug der aristotelischen *Poetik* seit der Renaissance die Zweck-Mittel-Relation die Hauptstruktur bildet. Man darf es als ein Zeichen der Dominanz des gegenständlichen Nachahmungsbegriffs der Kunstschriftsteller über den funktionalen Mimesisbegriff der Poetiken in der gesamten Epoche ansehen, wenn das musiktheoretische Denken in der Mitte des 18. Jh. sich zu emanzipieren anschickt.

Durch die Rezeption des Lockeschen Sensualismus in der französischen Aufklärung hatte die Klassifizierung der Kunstarten eine neue Grundlage erhalten. In seinem berühmten *Discours préliminaire* zur Pariser *Encyclopédie* setzte d'Alembert in seiner systematischen Darstellung der Wissenschaften und Künste deshalb die durch direkte Sinneswahrnehmung erlangten Kenntnisse an die Spitze, denen die durch Reflexion und Kombination einfacher Ideen begründeten Kenntnisse folgten. In diesem Zusammenhang nennt er die nachahmenden Künste »une autre espece de connoissances réfléchies«[34], und das Kriterium ihrer Anordnung bildet das Verhältnis, wie von den verschiedenen Künsten jeweils Sinne und Einbildungskraft angesprochen werden. An der Spitze stehen Malerei und Bildhauerei, »où l'imitation approche le plus des objets qu'elle represente, & parle le plus directement aux sens« (ebd.). Es folgt die Poesie, deren Mittel, harmonisch geordnete Wörter, mehr zur Imagination als zu den Sinnen sprechen. Die Musik steht an letzter Stelle, weil sie in ihrem Ausdrucksbereich unnötig beschränkt erscheine. Obwohl auch sie Einbildungskraft und Sinne zu gleicher Zeit bewege, begnüge sie sich damit, die verschiedenen Leidenschaften der Seele auszudrücken: »mais pourquoi réduire cette expression aux passions seules, & ne pas l'étendre, autant qu'il est possible, jusqu'aux sensations même? [...] Un objet effrayant, un bruit terrible, produisent chacun en nous une émotion par laquelle nous pouvons jusqu'à un certain point les rapprocher, & que nous désignons souvent dans l'un & l'autre cas, par le même nom, ou par des noms synonymes. Je ne vois donc point pourquoi un Musicien qui auroit à peindre un objet effrayant, ne pourroit pas y

---

32 LEON BATTISTA ALBERTI, Della pictura libri tre (1435)/Drei Bücher über die Malerei, in: Alberti, Kleinere kunsttheoretische Schriften, ital.-dt., hg. u. übers. v. H. Janitschek (Wien 1877), 150/151.
33 FRIEDRICH MELCHIOR GRIMM an Diderot (1. 7. 1761), in: Grimm u. a., Correspondance littéraire, philosophique et critique, hg. v. M. Tourneux, Bd. 4 (Paris 1878), 432 f.
34 JEAN LE ROND D'ALEMBERT, Discours préliminaire, in: DIDEROT (ENCYCLOPÉDIE), Bd. 1 (1751), xj.

réussir en cherchant dans la Nature l'espece de bruit qui peut produire en nous l'émotion la plus semblable à celle que cet objet y excite.« (xij) D'Alemberts kühne Ideen sollten erst in den Kompositionen Mozarts und vor allem Beethovens musikalische Gestaltung finden. Mit seiner sensualistischen Ordnung der Kunstarten aber hatte d'Alembert der weiteren Theoriediskussion unmittelbare Anregungen gegeben. Die Frage nach der Funktion der ›imagination‹ war zu einer Herausforderung für die ästhetische Theorie geworden, das Theorem von der »gedoppelten Mimesis«[35] in der Musik gefunden. Der von d'Alembert mit der Abfassung der Musikartikel der *Encyclopédie* betraute Rousseau bedankte sich für den *Discours préliminaire* im Juni 1751 mit den Worten: »Pour ce qui concerne ma partie, je trouve votre idée sur l'imitation musicale très-juste et très-neuve. En effet, et à un très-petit nombre de choses près, l'art du musicien ne consiste point à peindre immédiatement les objets, mais à mettre l'âme dans une disposition semblable à celle où la mettroit leur présence.«[36] Eingeleitet war damit die Abkehr von der musikalischen Affektenlehre, die in festen musikalischen Ausdrucksformen fixiert und systematisiert vorlag. Eröffnet war der Weg des vertieften Studiums der »nuances qui distinguent nos sensations«[37], auf dem der Aufstieg der instrumentalen, vom Wort befreiten Musik in der zweiten Hälfte des Jahrhunderts sich vollziehen sollte. Mit der Zuordnung der Musik zum Bereich der Stimmen aber wurde das Moment der ›Ähnlichkeit‹ so schwach, daß der Begriff der ›Nachahmung‹ wie ausgehöhlt erscheint, sobald Instrumentalmusik zur herrschenden Musikform geworden ist.

Martin Fontius

II. Die unbestrittene Nachahmung

Indirekt in Frage gestellt wurde das Primat von Mimesis-Imitatio im Laufe des 18. Jh. durch die neue Rolle der Imagination. Nicht zufällig beginnt James Engells Buch *The Creative Imagination. Enlightenment to Romanticism* (1981) mit dem Satz: »The Enlightment created the idea of the imagination.« Dies deshalb, weil »since the seventeenth Century when the new Philosophy called ›all in doubt‹, a haunting and almost sinister dualism had thrust its way into prominence«[38]. Mit anderen Worten, seit der cartesianischen Unterscheidung zwischen res cogitans und res extensa ging man dazu über, die materielle Welt und den menschlichen Geist als voneinander getrennt anzusehen. Damit hatte die Imagination Platz gefunden. Sie wurde insbesondere bei Hobbes, Shaftesbury und Leibniz zum neuen integrativen Begriff erkoren.

Welche Rolle spielte die Mimesis dabei? Ihr Einfluß hing vom Postulat der Einheit von materieller und geistiger Welt ab. Als es in der Folge notwendig wurde, auf einen anderen Begriff zuzugreifen, der als Klammer dienen konnte, wurde ihr Ansehen automatisch gemindert und das Modell Mimesis-Imitatio immer mehr zersetzt. Freilich verlor es sein Ansehen nicht plötzlich. Bei Winckelmann, Diderot und Lessing ist der Begriff noch lebendig. Deutliche Einbußen erlitt er erst Ende des Jahrhunderts mit Kants dritter *Kritik* (1790) und bei den Frühromantikern.

1. Lessing

Als Kritik an Adam Smith schrieb Gotthold Ephraim Lessing im *Laokoon* (1766): »Nichts ist betrüglicher, als allgemeine Gesetze für unsere Empfindungen.«[39] Die Aussage ist folgerichtig für jemanden, der sich von den Normen entfernt hat, die von Gottsched, Bodmer und Breitinger aufgestellt oder eingehalten wurden. Aber zeigt Lessings Hauptwerk *Laokoon* nicht gerade, daß er die Kunst rechtfertigte? Benjamins Bemerkung, daß sich der Begriff Kritiker gegenüber der alten Bezeichnung Kunstrichter erst bei den Frühromantikern durch-

---

35 GEORG LUKÁCS, Die Eigenart des Ästhetischen, in: LUKÁCS, Bd. 12 (1963), 366.
36 JEAN-JACQUES ROUSSEAU an d'Alembert (26. 6. 1751), in: Rousseau, Correspondance complète, hg. v. R. A. Leigh, Bd. 2 (Genf 1965), 160.
37 D'ALEMBERT (s. Anm. 34), xij.
38 JAMES ENGELL, The Creative Imagination. Enlightenment to Romanticism (Cambridge, Mass. 1981), 3, 7.
39 GOTTHOLD EPHRAIM LESSING, Laokoon oder Über die Grenzen der Mahlerey und Poesie (1766), in: LESSING (LACHMANN), Bd. 9 (1893), 29.

setzen konnte, liefert dafür eine Bestätigung.[40] Lessing verwendete weiterhin den traditionellen Begriff.[41] Und ist Lessing nicht auch Kunstrichter, weil er erklärt, was der Malerei oder Poesie angemessen ist? Diese Beobachtung ist von Interesse, weil sie der aufgestellten These widerspricht, die besagt, daß das Primat des individuellen Subjekts dem Ausschluß der Mimesis-Nachahmung entspricht. Lessing begibt sich in diese zweischneidige Situtation sui generis: Einerseits erkennt er an der zitierten Stelle die Bedeutung der Gefühle, d. h. der individuellen Reaktionen. An diesem Punkt erkennt er die Rolle der Subjektivität. Andererseits aber bleibt Lessing ein Kunstrichter. Er stellt jedoch keine Regeln für die Kunst auf, wie es traditionell seitens der Poetologen der Renaissance bis zu seinen Zeitgenossen Gottsched, Bodmer und Breitinger üblich war, sondern er bedenkt die Voraussetzungen des Mediums, in dem Kunst ausgeübt wird. Seine Reflexion entfaltet sich genau zwischen der normativen Periode und jener der Autonomie. Von der ersten übernimmt er die für das Denken des 18. Jh. charakteristische »representational structure of knowledge«[42] und, mit dieser Struktur, das Prinzip Nachahmung; das Konzept Vorstellung erfährt noch nicht die Veränderungen, die erst mit Hegel eintreten. Aus der zweiten Periode übernimmt er, wenngleich untergeordnet, die Erkenntnis der Wirkung auf den Rezipienten. Von daher erklärt sich, daß die Frage nach der Autonomie eher beiläufig auftaucht, ohne die Grundzüge seiner Theorie zu beeinträchtigen. So wird zwar im 9. Kapitel »völlige Freyheit«[43] vorgeschlagen – »So wünschte ich, daß man den Namen der Kunstwerke nur denjenigen beylegen möchte, […] bey welchen die Schönheit seine [des Künstlers] erste und letzte Absicht gewesen.« (66f.) –, doch in der ›Vorrede‹, welche die allgemeine Auffassung von Kunst und Poesie formuliert, wird Autonomiestreben ignoriert: »die Mahlerey und Poesie […] stellen uns abwesende Dinge als gegenwärtig, den Schein als Wirklichkeit vor; beyde täuschen, und beyder Täuschung gefällt« (3). Kunst ist eine akzeptierte Täuschung; zum »Grade der Illusion« kann der Dichter »auch die Vorstellungen anderer, als sichtbarer Gegenstände erheben« (92). Diese allgemeine Auffassung im Aufgabenbereich hindert den Theoretiker dennoch nicht daran, zwischen Malerei und Poesie zu unterscheiden, nämlich die Verschiedenheit der expressiven Möglichkeiten zu sehen, die jedes Medium bietet. Hier setzt Lessings Kritik an seinen Vorgängern an: Daß sie die Verschiedenheit in den Werken der Dichter und Maler nicht in Betracht ziehen, »hat in der Poesie die Schilderungssucht, und in der Mahlerey die Allegoristerey erzeuget« (5). Zwischen ihnen zu unterscheiden bedeutet jedoch nicht, Malerei und Poesie als gleichberechtigt nebeneinanderzustellen. Lessing widerspricht Leonardo da Vincis sog. ›Paragone‹ (ein Teil des nachträglich kompilierten *Trattato*, entst. ab ca. 1492), der die Malerei an die erste Stelle setzte, weil sie ›natürliche Zeichen‹ verwendet, und kehrt zum älteren Topos zurück, der auf Aristoteles und frühere Denker zurückgeht und noch in Heideggers *Der Ursprung des Kunstwerkes* (1935/1936) präsent ist. Für Lessing steht die Poesie an erster Stelle. Gegen die Auffassung des Engländers Joseph Spence schreibt er im 8. Kapitel: »Daß die Poesie die weitere Kunst ist; daß ihr Schönheiten zu Gebothe stehen, welche die Mahlerey nicht zu erreichen vermag; […] daran scheinet er gar nicht gedacht zu haben.« (61)

Bei der Einordnung von Malerei und Poesie nimmt Lessing seine Grenzziehungen vor und entwickelt seine Konzeption der Künste. Die Malerei ist grundsätzlich Kunst des Raums, während die Poesie Kunst der Zeit ist. Lessing begründet seine Herleitung damit, »daß die Mahlerey zu ihren Nachahmungen ganz andere Mittel, oder Zeichen gebrauchet, als die Poesie; jene nehmlich Figuren und Farben in dem Raume, diese aber artikulirte Töne in der Zeit« (94). Weil der Raum von Körperreihen – »Gegenstände, die […] neben einander existiren« – besetzt ist, »sind Körper mit ihren sichtbaren Eigenschaften, die eigentlichen Gegenstände der Mahlerey« (94). Weil die Zeit durch aufeinanderfolgende Phänomene, durch Handlungen, konstituiert ist, sind diese »der eigentliche Gegen-

---

40 Vgl. BENJAMIN, Der Begriff des Kunstwerks in der deutschen Romantik (1919), in: BENJAMIN, Bd. I/1 (1974), 52.
41 Vgl. LESSING (s. Anm. 39), 3.
42 DAVID WELLBERY, Lessing's Laocoon. Semiotics and Aesthetics in the Age of Reason (Cambridge/London 1984), 15.
43 LESSING (s. Anm. 39), 65.

stand der Poesie« (95). Die Trennung ist jedoch nicht streng. »Folglich kann die Mahlerey auch Handlungen nachahmen, *aber nur andeutungsweise durch Körper*« (95 – Hervorh. v. Verf.). Gleiches gilt für die Poesie: »Auf der andern Seite können Handlungen nicht für sich selbst bestehen, sondern müssen gewissen Wesen anhängen. In so fern nun diese Wesen Körper sind, oder als Körper betrachtet werden, schildert die Poesie auch Körper, *aber nur andeutungsweise durch Handlungen*.« (95 – Hervorh. v. Verf.)

Es ist evident, daß diese Unterscheidungen eine Idee von Kunst bereits voraussetzen. Ihr erstes Prinzip ist Ähnlichkeit – nicht irgendeine, sondern jene, die auf Schönheit zielt.[44] So nimmt Lessing als Modell für seine Überlegungen die antike Figurengruppe, die seinem Buch den Titel gibt. Er unterstreicht den verhaltenen Ausdruck, den Mund des thebanischen Priesters des Apoll, der sich kaum öffnet, trotz des Schmerzes, der ihm und seinen Kindern von den Schlangen zugefügt wird. »Der Meister arbeitete auf die höchste Schönheit, unter den angenommenen Umständen des körperlichen Schmerzes. Dieser, in aller seiner entstellenden Heftigkeit, war mit jener nicht zu verbinden. Er mußte ihn also herab setzen; er mußte Schreyen in Seufzen mildern; nicht weil das Schreyen eine unedle Seele verräth, sondern weil es das Gesicht auf eine ekelhafte Weise verstellet.« (17)

Ohne die Verbindung zwischen Ähnlichkeit und Schönheit, ohne jene zu suchen und diese zu erlangen, würde diese künstlerische Gestaltung ins Häßliche münden und beim Betrachter somit auch kein Mitgefühl hervorrufen. Da die gewünschte Illusion zerstört wäre, gäbe es seitens des Betrachters kein Genießen. Zweifellos war für Lessing die Emphase der Schönheit mit den bildenden Künsten der Antike verbunden, während es in »neuern Zeiten« (18) genüge, daß »durch Wahrheit und Ausdruck das Häßlichste der Natur in ein Schönes der Kunst verwandelt werde« (19). Es ging Lessing nicht darum, zwischen Antike und Moderne zu unterscheiden, also in der ›Querelle des Anciens et des Modernes‹ Partei zu ergreifen; vielmehr wollte er die Voraussetzungen schaffen, um ein umfassendes Konzept der Künste zu entwickeln. Lessings unterschiedliche Zielsetzungen verbinden sich miteinander: Die verschiedenen Möglichkeiten wahrzunehmen, die sich den Künsten durch das jeweilige Medium der Malerei und der Poesie bieten, heißt zugleich, sie beide gleichermaßen als Kunst zu charakterisieren.

Ob es um die allgemeine Bestimmung der Skulptur und der Poetik geht oder um eine Differenzierung – die entscheidende Textstelle stellt zwei Gleichungen auf: »Je mehr wir sehen, desto mehr müssen wir hinzudenken können. Je mehr wir darzu denken, desto mehr müssen wir zu sehen glauben.« (19) Diese Erläuterung basiert auf dem intensiven Austausch zwischen ›sehen‹ und ›denken‹. Die Fixierung der beiden Künste auf das Sehen entfaltet sich im Denken, denn hier besteht die eigentliche Aufgabe des Kunstwerks darin, Einbildungskraft zu erzeugen: »So ist es gewiß, daß jener einzige Augenblick und einzige Gesichtspunkt dieses einzigen Augenblickes, nicht fruchtbar genug gewählet werden kann. Dasjenige aber nur allein ist fruchtbar, was der Einbildungskraft freyes Spiel läßt« (19). Und: »was wir in einem Kunstwerke schön finden, daß findet nicht unser Auge, sondern unsere Einbildungskraft, durch das Auge, schön.« (45)

Hieraus ist Lessings Kunstauffassung abzuleiten: Nachahmung muß auf Ähnlichkeit zielen, sei es wie in der Antike, die das Häßliche verdammte, sei es wie in der Moderne, die »das Ideal eines gewissen Menschen, nicht das Ideal eines Menschen überhaupt« (13) betont. In beiden Fällen ist die Ähnlichkeit keine naturalistische. Die ideale Ähnlichkeit zu erreichen setzt voraus, den richtigen Weg zur Schönheit einzuschlagen. Solchermaßen gelenkt, stellen uns beide Künste, wie Lessing in der ›Vorrede‹ bemerkt, »abwesende Dinge als gegenwärtig [...] vor«. (3) Bei dieser Verwandlung von Abwesendem in Präsentes tritt die Einbildungskraft auf den Plan. Obwohl in der Renaissance-Poetik die Idee – die Grundlage des Ideals – eine große Rolle spielte, ohne daß auf die Einbildungskraft zurückgegriffen werden mußte, ist diese jetzt nicht länger problematisch. Schönheit ist bei Lessing das implizite Moment, das die Bestimmung der Kunst antreibt – und Schönheit stellt sich nur über das Imaginationsvermögen des Individuums

---

44 Vgl. LESSING (s. Anm. 39), 10–18.

her. Die Imagination – und nicht Vernunft oder Wahrnehmung – aktiviert schöne Ähnlichkeit.

Die hier vorgeschlagene Lösung wirft jedoch ein anderes Problem auf. Wie kann es mit dem Status von Nachahmung in Einklang gebracht werden, wenn Einbildungskraft als individuelles Vermögen Aufwertung erfährt?

Max Kommerell hat in einer leider nicht weiter entwickelten Reflexion auf die richtige Antwort verwiesen: »Man darf hier des 18. Jahrhunderts überhaupt gedenken, von dem ein Lessing erzeugt und getragen wurde. Dies ihn Tragende war nicht bloß die Aufklärung, sondern eine sowohl weitere als auch engere, sich nur teilweise mit ihr deckende Erscheinung: ein Suchen der Norm. [...] *Im übrigen ist das 18. Jahrhundert eher der Einsturz der Metaphysik als ihr Aufbau* – eben darum jenes Suchen einer Norm, an welchem der Wunsch einen gleichgroßen Anteil hat wie die Erkenntnis!«[45] (Hervorh. v. Verf.) Gerade weil das Individuum das Gebäude zerstörte, das ihm Halt gegeben hatte, drängte es auf lenkende Normen. Weil Lessing das Psychologisch-Individuelle berücksichtigt und weil es gleichzeitig seinem Wunsch nach Normen zur Beibehaltung des alten Kriteriums der Nachahmung entspricht, hebt er auf der einen Seite die Rolle der Einbildungskraft hervor und unterwirft sie auf der anderen dem Normengebäude. In diesem herrscht offenbar kein Gleichgewicht, es steht kurz vor dem Zusammenbruch. Der vollzieht sich – zeitlich nah – mit der dritten *Kritik* Kants und der Kritik der Frühromantiker. Doch zu diesem Zeitpunkt konnte Lessing weder genau einschätzen, wo er wirklich stand, noch war ihm bewußt, welchen Kompromiß er eingegangen war. Von der regulierten Einbildungskraft aktiviert, zielt ideale Schönheit darauf, beim Rezipienten eine Täuschung hervorzurufen, die, wie es gleich zu Beginn der Vorrede heißt, ›gefällt‹. Zusammenfassend läßt sich sagen, daß die Kunsttheorie Lessings durch die tragenden Begriffe Ähnlichkeit, Ideal und Täuschung zusammengehalten wird: Schönheit und Genießen. Kunst als Ähnlichkeit aufzufassen, die im Dienst einer genußreichen Täuschung steht – in Saussureschen Begriffen heißt das, den ›signifié‹, den sichtbaren, syntagmatisch erkennbaren semantischen Teil stark zu machen, im Gegensatz zum ›signifiant‹: die semantischen Teile, die nicht nur verdeckt, sondern vielfältig und widersprüchlich sind.

Betrachten wir, welche Konsequenzen Lessings Unterscheidung zwischen Poesie und Malerei hat: Die konkrete Grundlage seiner Theoretisierung war durch die Diskrepanz zwischen der Skulpturengruppe des Laokoon und der Darstellung der Episode in Vergils *Aeneis* gegeben. Warum bleibt der Mund der Figur der Skulpturengruppe fast verschlossen, wo bei Vergil der thebanische Priester »schrecklich emporschreit zum Sternengewölbe« (clamores horrendos ad sidera tollit)[46]? Warum, fragt sich Lessing, sind die willkürlichen Zeichen der Sprache fähig, das Entsetzen des Schmerzes auszudrücken, ohne das Dekorum der Schönheit zu verletzen? Mit der Eigenschaft der ›Nicht-Sichtbarkeit‹ des sprachlichen Zeichens vermag der Dichter die Einbildungskraft des Lesers zu wecken, sie »so lebhaft [zu] machen, daß wir in der Geschwindigkeit die wahren sinnlichen Eindrücke ihrer Gegenstände zu empfinden glauben«[47], während das natürliche Zeichen der Malerei und der Skulptur den Künstler zur Zurückhaltung im Ausdruck zwingt.

Aus der Unterscheidung der verschiedenen Medien ergibt sich für jede der Künste eine eigene Form von Ökonomie. Um direkt auf die Einbildungskraft zugreifen zu können, wählt der Dichter die Ökonomie der Beschreibung, während der Maler das Allegorische vermeiden muß.[48]

2. Diderot

Diderot ist neben Lessing der zweite große Name der Ästhetik des 18. Jh. vor der Wende, die mit Kant einsetzt. Da Diderots Werk eine Reihe von Ambiguitäten enthält, die sich bei Lessing nicht finden[49], wird unsere Darstellung hier weitgehend schematisch verfahren müssen.

---

45 MAX KOMMERELL, Lessing und Aristoteles. Untersuchung über die Theorie der Tragödie (1940; Frankfurt a. M. ⁵1984), 29.
46 VERGIL, Aen. 2, 222; dt.: Aeneis, übers. v. E. Staiger (München/Zürich 1981), 39.
47 LESSING (s. Anm. 39), 101.
48 Vgl. ebd., 71–74.
49 Vgl. LUIZ COSTA LIMA, The Dark Side of Reason (Stanford 1992), 189–235.

Zunächst läßt sich bei Diderot eine mit Lessing vergleichbare Haltung feststellen: die Anerkennung individueller Subjektivität mit der Geltung von Regeln zu verbinden, was zur Folge hat, daß das Kunstwerk weiterhin als Imitatio angesehen werden muß.

Ähnlich wie Lessing ist Diderot ein Kunstrichter. Im Unterschied zum Verfasser des *Laokoon* aber beschränkt er sich auf die Malerei. Unter dem Einfluß der Naturwissenschaften und des englischen Empirismus hat die Analyse eines Kunstwerks bei ihm dem Gebot der Natur zu gehorchen. Zu Beginn seines *Essai sur la peinture* (1766) erklärt er: »La nature ne fait rien d'incorrect. Toute forme, belle ou laide, a sa cause; et, de tous les êtres qui existent, il n'y en a pas un qui ne soit comme il doit être.«[50] Von daher rührt die Wertschätzung für das Beobachten der Dinge, dem das Bild entsprechen soll. Aber gezielte Beobachtung bedeutet nicht notwendigerweise eine bewußte Tätigkeit. In der Studie *Éléments de physiologie* (entst. 1774–1780) konstatiert er, daß alles, was wir sehen, wahrnehmen und begreifen, schon in uns ist ohne unser Wissen.[51] Denn die Natur ist der kolossale Makrokosmos der Beziehungen, die der Mensch bewußt oder unbewußt entdeckt. In bezug auf die Kunst behält Diderot das Postulat der Imitatio bei, ohne sie aber an die Wahrnehmung oder die Übereinstimmung mit einem Ideal zu binden. Die Natur über ein Beziehungsprinzip zu definieren erlaubt ihm indessen, auf dem Gebiet des künstlerischen Urteils Überlegungen anzustellen, die ohne Beispiel sind. So diskutiert er in dem ausführlichen Kommentar zu seiner Shaftesbury-Übersetzung *Essai sur le mérite et la vertu* (1745) die Darstellung eines Monsters in Beziehung zu phantastischen Wesen (Sirenen, Schimären, Hippogryphen usw.). Ein Monster werde nicht für schön befunden, weil es durch seine Verunstaltung gegen die Regeln der natürlichen Ordnung, Harmonie und Proportion, verstoße und deshalb unähnlich ausfalle. Diderot fügt hinzu, der Vergleich mit phantastischen Wesen sei hier nicht angebracht, denn »ces enfants de l'imagination des peintres et des poëtes n'ont rien d'absurde dans leur conformation; [...] ils n'existent pas dans la nature, ils n'ont rien de contradictoire aux idées de liaison, d'harmonie, d'ordre et de proportion«. Wir pflegten sie nicht schön zu nennen, weil wir »sans fondement«[52] wünschten, sie müßten denselben Beziehungen unterliegen wie die existierenden Wesen. Das bedeutet für Diderot aber nicht, daß sie nicht doch schön wären: Sie verweisen sehr wohl auf Beziehungen, nur daß diese nicht durch die Wahrnehmung verifiziert werden können. Dennoch läßt sich daraus nicht schließen, daß das Kriterium gegenseitiger Bezüge Diderots realistische Vorbehalte außer Kraft gesetzt hätte. Wenige Jahre später erfährt die Frage der Repräsentation phantastischer Wesen eine eher doppeldeutige als positive Darlegung: »Les êtres purement imaginaires, tel que le sphinx, la sirène, le faune, le minotaure, l'homme idéal, etc., sont ceux sur la *beauté* desquels on semble moins partagé, et cela n'est pas surprenant: ces êtres imaginaires sont, à la vérité, formés d'après les rapports que nous voyons observés dans les êtres réels, mais le modèle auquel ils doivent ressembler, épars entre toutes les productions de la nature, est proprement partout et nulle part.«[53]

Obgleich die Theorie, die Diderot auf der Basis der in der Natur gegebenen Beziehungen zu entwickeln versucht, das Prinzip der Imitatio neutralisieren kann, führt die Kraft der Tradition zu einer gewissen Unschlüssigkeit bei der Analyse. Jahre später schreibt er schließlich ohne Zögern über den Maler Louis-Michel Van Loo: »Le premier mérite d'un portrait est de ressembler [...], et un grand peintre n'a qu'à faire des têtes de fantaisie, s'il n'a pas le talent de donner de la ressemblance.«[54]

Verfolgt man Diderots Urteile, vor allem über die Malerei, wird man zum Zeugen eines Aufeinanderprallens der alten Praxis, die auf das Primat der Imitation hinweist, und dem in eine ganz andere Richtung weisenden Ansatz zu einer Theorie

---

50 DENIS DIDEROT, Essai sur la peinture (1766), in: DIDEROT (ASSÉZAT), Bd. 10 (1876), 461.
51 Vgl. DIDEROT, Éléments de physiologie (entst. 1774–1780), in: DIDEROT (ASSÉZAT), Bd. 9 (1875), 366 f.
52 DIDEROT, Essai sur le mérite et la vertu (1745), in: DIDEROT (ASSÉZAT), Bd. 1 (1875), 35.
53 DIDEROT, Recherches philosophiques sur l'origine et la nature du beau (1752), in: DIDEROT (ASSÉZAT), Bd. 10 (1876), 41.
54 DIDEROT, Salon de 1763, in: Diderot, Salons, hg. v. J. Seznec/J. Adhémar, Bd. 1 (Oxford 1957), 204.

der Beziehungen, nach denen alles gestaltet ist. Dieses Spannungsverhältnis wird um so deutlicher, als es Diderot nicht gelingt, den illusorischen Charakter der künstlerischen Repräsentation in Frage zu stellen. So schreibt er in den *Salons*, als wolle er dem inneren fesselnden Streit widerstehen: »Le meilleur tableau, le plus harmonieux, n'est il qu'un tissu de faussetés qui se couvrent les unes les autres.« (217) Da das Prinzip der Imitation die Kunst der Realität unterordnet, ist Diderots Anstrengung, Kunst über die in der Natur herrschenden Beziehungen zu rechtfertigen, zum Scheitern verurteilt: Das Wahre liegt einzig in der Natur. Um nicht zu dieser Schlußfolgerung zu kommen, hätte Diderot andere Kategorien einführen müssen – beispielsweise das Einbildungsvermögen, auf das Lessing zurückgreift. Nur durch die Berücksichtigung der Natur und der Einbildungskraft wäre das Scheitern des theoretischen Versuchs Diderots, der auf die untergeordnete, illustrative Aufgabe der Kunst setzte, zu verhindern gewesen. Natur ist bekanntlich das Modell. In jedem ihrer Werke erwartet den Wissenschaftler oder Künstler ein Bündel an konstitutiven Beziehungen, die er enthüllt. Das Kunstwerk gehorcht diesem Paradigma, aber zugleich gerät es mit den ›têtes de fantaisie‹ in Verwirrung, mit den wurzellosen Bäumen, die sich in phantasmagorischen Wäldern fortsetzen. Diese werden in den *Salons* zensiert. Obgleich Diderot – auf dessen Widersprüchlichkeiten hier nun nicht mehr weiter eingegangen werden kann – die Einbildungskraft aufwertet – »l'imagination [est] la qualité dominante du poète«[55], zeigt sich in dem Abschnitt ›De la manière‹, daß es ihm nicht gelingt, die beiden Größen zu versöhnen: »L'Imitation rigoureuse de Nature rendra l'art pauvre, petit, mesquin, mais jamais faux ou *maniéré*. – C'est de l'imitation de Nature, soit exagérée, soit embellie, que sortiront le beau et le vrai, le *maniéré* et le faux; *parce qu'alors l'artiste est abondonné à sa propre imagination: il reste sans aucun modèle précis.*« (373 – Hervorh. v. Verf.) Einfache Nachahmung ist nie falsch. Umgekehrt aber kann Nachahmung an sich, von der das Schöne und Wahre abhängt, auch Unnatürliches und Falsches hervorbringen. Ein Künstler, der sich von einfacher und engstirniger Imitation zu befreien versucht, riskiert die Abhängigkeit von seiner eigenen Einbildungskraft, d. h. er kann auf kein exaktes Modell mehr zurückgreifen. Die Faszination, die Kunst – in diesem Fall die Malerei – auf Diderot ausübt, ändert nichts daran, daß er sie ambivalent einschätzt: Kunst ist für ihn ›un tissu de faussetés‹. Man muß Michael Fried zustimmen, wenn er schreibt: »for Diderot universe itself, and conversely the unity of nature, apprehended by man, was, like that of painting, at bottom dramatic and expressive«[56]. Daraus folgt eine Theorie der Nachahmung, die freilich dramatisch, expressiv ist. Diese Kennzeichen setzen ihrerseits einen dem Subjekt zugedachten Ort voraus. Das ist entscheidend, denn nur durch das Subjekt wird der Abgrund überwunden, der die Kunst von der ganzen Wahrheit der Natur trennt. Odo Marquard faßt diesen Vorgang in die glückliche Formulierung: »Allerdings kann sie [die Naturimitation] die Natur nicht mehr als Vorhandenes kopieren: denn vorhanden ist – als Artefakt plus Gefühl – die geschichtliche Welt, wie kann da ›Natur‹ imitiert werden? Offenbar einzig noch durch eine ›imitatio‹, die nicht mehr Kopie sondern Nachfolge ist: das Genie präsentiert nicht *die* Natur, sondern *als* Natur und *wie* Natur.«[57] Konfrontiert man Marquards Aussage mit der Rolle des Genies bei Diderot, der sich unsicher ist über den Status der Imitation, so braucht man wohl kaum hervorzuheben, daß das Auftreten des Genies das Primat des Individuums, und mit ihm der historischen Welt, voraussetzt. Für Diderot ist die Funktion des Genies beispielhaft: Sein Werk offenbart ihm intuitiv, d. h. außerhalb des Begrifflichen, Beziehungen, die auf andere Weise unerkannt geblieben wären: »Michel-Ange donne au dôme de Saint-Pierre de Rome la plus belle forme possible. Le géomètre de La Hire, frappé de cette forme, en trace l'épure, et trouve que cette épure est la courbe de la plus

---

55 DIDEROT, Salon de 1767, in: DIDEROT (ASSÉZAT), Bd. 11 (1876), 131.
56 MICHAEL FRIED, Absorption and Theatricality. Painting and Beholder in the Age of Diderot (Berkeley/ Los Angeles/London 1980), 87.
57 ODO MARQUARD, Zur Bedeutung der Theorie des Unbewußten für eine Theorie der nicht mehr schönen Kunst, in: H. R. Jauß (Hg.), Die nicht mehr schönen Künste. Grenzphänomene des Ästhetischen (München 1968), 384.

grande résistance. Qui est-ce qui inspira cette courbe à Michel-Ange, entre une infinité d'autres qu'il pouvait choisir? L'expérience journalière de la vie.«[58] Ohne Kopie zu sein, ist Imitation für das Genie immer noch keine Nachfolge: dem Genie zeigt sich die Natur als sie selbst. Hier ist der Naturbegriff von Kants Überlegungen weit entfernt und doch sehr nah. Entfernt, wenn gesagt wird: »Mon entendement ne met rien dans les choses et n'en ôte rien.«[59] Nah, wenn im *Salon de 1767* behauptet wird: »Quand vous faites beau, vous ne faites rien de ce qui est, rien même de ce qui peut être«, und: »[le] modèle idéal de la beauté […] n'exista pas nulle part que dans la tête des Agasias, des Raphaël, des Poussin, des Puget, des Pigalle, des Falconet.«[60] Im Genie manifestieren sich Gestaltungen und Kreisläufe, wie sie in der Natur gegenwärtig sind. Das Genie funktioniert als Vermittler zwischen Natur und Kunstwerk. Als außergewöhnliches Individuum ist es das Gegenstück zu den »stupides imitateurs«, die »étudient la nature comme parfaite, et non comme perfectible« (14).

Zusammenfassend läßt sich sagen, daß die Überlegungen der großen Denker zur Nachahmung auf dem Gebiet der Kunst des 18. Jh. zeigen, wie sie, trotz ihrer Schwächung durch das Auftreten des individuellen Subjekts, letztlich noch ihre zentrale Stellung behält, und dies, obwohl es mit Lessings Bedeutungszuweisung an das Medium einer Kunst oder auch durch Diderots Rückgriff auf das Genie zu ersten Auflösungserscheinungen kommt. Gleichwohl sollte sich der starke Nachahmungsbegriff danach nicht mehr lange halten können. Denn schon wenig später schrieb Kant, »daß Genie dem Nachahmungsgeiste gänzlich entgegen zu setzen sei«[61]. Der Geniebegriff trat in einen anderen Kontext ein, wobei dem individuellen Subjekt eine Vorreiterrolle zukam: Entweder stand das Genie fortan im Dienst der Autonomie der Kunst, oder es löste sich im Hegelschen ›Zeitgeist‹ auf.

Inzwischen hat das Genie als Figur für philosophische Reflexionen ausgedient. Sein Auftritt, so meteoritenhaft er ausfiel, war zunächst entscheidend dafür, daß Mimesis-Nachahmung sich halten konnte, dann aber auch dafür, daß sie aufgegeben wurde. Bei den heutigen Versuchen, Mimesis neu zu denken, spielt das Genie keine Rolle mehr.

III. Dekonstruktionen

Bevor wir das Ringen um Autonomie genauer betrachten und zeigen, inwiefern sich die Frage der Autonomie Hegelschem Denken widersetzte, wird es sich lohnen, noch genauer auf die aktuelle Situation einzugehen.

Zu Anfang unseres Artikels haben wir zwei Kritiker vorgestellt, die in ihrer ablehnenden Haltung gegenüber Mimesis-Nachahmung konvergieren. Im folgenden soll das Gewicht mehr auf den Unterschieden liegen: Wolfgang Iser hat als Theoretiker seine eigene *Wirkungsästhetik* entwickelt und als deren Kennzeichen zunehmend eine Anthropologie der Literatur herausgearbeitet. Barthes war kein Theoretiker; aber die von ihm eingeschlagene Richtung wird einerseits von Jacques Derridas Dekonstruktion und andererseits durch die Reflexion Philippe Lacoue-Labarthes radikalisiert. Barthes wird dabei nicht als Begründer der Richtung dieser beiden Denker verstanden, sondern als Katalysator einer Frage, die er selbst nur ahnte.

1. Derrida

Bezogen auf die Mimesisproblematik, ist von Derrida vor allem der lange Essay *La mythologie blanche. La métaphore dans le texte philosophique* (1971) hervorzuheben. Dieser Text Derridas stellt einen bedeutenden Schritt im Verfahren des Dekonstruktivismus dar, dessen Einfluß in den Fachbereichen für Vergleichende Literaturwissenschaften und Anthropologie an den nordamerikanischen Universitäten vielleicht noch markanter war als unter europäischen und nordamerikanischen Philosophen.

Nietzsches Vorschlag, die radikale Kritik abendländischer Metaphysik voranzutreiben, heißt für Derrida, die ›Irrealität‹ des Zeichens zu vertiefen. Wir befassen uns hier mit dieser Frage, weil Derridas Analyse der Aristotelischen Charakterisierung der Metapher die Unterordnung unter das Meta-

---

58 DIDEROT (s. Anm. 50), 519.
59 DIDEROT (s. Anm. 53), 27.
60 DIDEROT (s. Anm. 55), 11, 13.
61 IMMANUEL KANT, Kritik der Urteilskraft (1790), in: KANT (WA), Bd. 10 (1974), 243.

physische denunziert, und dem Metaphysischen war bereits Mimesis unterworfen. Derrida bezieht sich auf die bekannte Textstelle der *Poetica* – »μεταφορὰ δέ ἐστιν ὀνόματος ἀλλοτρίου ἐπιφορὰ ἢ ἀπὸ τοῦ γένους ἐπὶ εἶδος ἢ ἀπὸ τοῦ εἴδους ἐπὶ τὸ γένος ἢ ἀπὸ τοῦ εἴδους ἐπὶ εἶδος ἢ κατὰ τὸ ἀνάλογον« (Metapher ist die Übertragung eines Wortes, das eigentlich eine andere Bedeutung hat, entweder von der Gattung auf die Art oder von der Art auf die Gattung oder von einer Art auf die andere oder durch Analogie)[62] – und zeigt den Grad der Abhängigkeit dieser Definition von einer metaphysischen Konzeption, nämlich der »grande chaîne immobile de l'ontologie aristotélicienne, avec sa théorie de l'analogie de l'être, sa logique, son épistémologie, plus précisément avec l'organisation fondamentale de sa poétique et sa rhétorique«[63]. Die Kette ist unbeweglich, weil die analogische Bewegung der Metapher in einem als Ursprung verstandenen statischen Zentrum verankert ist, der vom Eigennamen besetzt ist; von diesem nimmt die Metapher ihren Ausgang. Genauer gesagt, ist sie unbeweglich, weil die Analogie auf einem Verhältnis der Ähnlichkeit mit dem Eigennamen basiert. Die Dekonstruktion, die bereits hier stattfindet, berührt nicht allein den Begriff der sprachlichen Bedeutung, sondern den Begriff des Wertes als solchen. Wenn Ähnlichkeit (ὁμοίωσις, homoiōsis) mehr oder weniger gelungen ausfällt, so geschieht das in dem Maße, in dem sie sich der Basis der ganzen Benennungskette, der Wahrheit (ἀλήθεια, alētheia), annähert oder sich von ihr entfernt: »La *mimesis* ne va pas sans la perception *théorique* de la ressemblance ou de la similitude, c'est-à-dire de ce qui sera toujours posé comme la condition de la métaphore.« (282) Das heißt, daß Mimesis in einer Kette steht, die noch das Ähnliche, das Eigene, die Wahrheit enthält, somit von einer »détermination téléologique« abhängt: »la naturalité en général se dit, se rassemble, se connaît, s'apparaît, se mire et se ›mime‹ *par excel-*

lence et *en vérité* dans la nature humaine.« (283) Die Dekonstruktion hat also nicht nur ein genau verortetes Ziel, sei es die Konzeption der Metapher oder der Sprache, sei es das Gebäude der Metaphysik; vielmehr destabilisiert sie das ganze Universum des Wissens. Ihren grundstürzenden Charakter zu erfassen bedeutet, die Kraft des von Lévi-Strauss eingeführten Ausdrucks ›linguistic turn‹ zu erahnen, den inzwischen Dimensionen erreicht hat, wie sie im Werk des Anthropologen gar nicht beabsichtigt waren. Damit läßt sich auch besser verstehen, warum Iser betonte, daß die Bedeutung des Nachgeahmten mit dem festen Eingebettetsein-des-Menschen-in-der-Welt und mit der Geschlossenheit des Kosmos in Verbindung gebracht wurde.[64] Denn indem Dekonstruktion zuallererst die Verbindung zwischen Metapher und Eigennamen berührt, eröffnet sie, ohne ihre Folgeschritte zu berücksichtigen, »l'errance du sémantique«[65].

Derridas deduktive Argumentation verläßt nun vorübergehend ihr abstraktes Terrain und konkretisiert die Ergebnisse, zu denen sie gelangt ist, am Beispiel des Wortes ›soleil‹. Die bekannte Textstelle lautet: »Le nom propre est ici le premier moteur non métaphorique de la métaphore, le père de toutes les figures. Tout tourne autour de lui, tout se tourne vers lui.« (290) Das bedeutet, daß ›Sonne‹ hier nicht mehr der *natürliche* Mittelpunkt des Systems ist, um den sich Erde und Mensch drehen, sondern ins Zentrum einer ›mythologie blanche‹ rückt. ›Sonne‹ wird als Name genommen, der durch keinerlei metaphorische Bewegung kompromittiert ist. Diese ihre Unberührtheit ist unerläßlich, damit Metaphysik und Mimesis zufriedenstellend funktionieren können.

Welche Konsequenz der Verlust der natürlichen Zentralität der Sonne hat, ist evident: »Dès qu'on admet que dans une relation analogique tous les termes sont déjà pris, un à un, dans une relation métaphorique, tout se met à fonctionner non plus en soleil mais en étoile, la source ponctuelle de vérité ou de propriété restant invisible ou nocturne.« (291) Gerade von der Stabilität im – nicht metaphorisch verstandenen – Eigennamen war nun aber das Prestige des Konzepts abgeleitet worden: »Un nom est propre quand il n'a qu'un seul sens. [...] Le langage n'est ce qu'il est, langage, que pour autant qu'il peut alors maîtriser et analyser la poly-

---

62 ARISTOTELES, Poet., 1457b; dt. (s. Anm. 12), 85.
63 JACQUES DERRIDA, La mythologie blanche. La métaphore dans le texte philosophique (1971), in: Derrida, Marges de la philosophie (Paris 1972), 281.
64 Vgl. ISER (s. Anm. 4), 485.
65 DERRIDA (s. Anm. 63), 287.

sémie.« (295) Der Vorbehalt, der sich gegen den Eigennamen aufbaut, betrifft hauptsächlich das Problem des Seins. Dieses unterscheidet sich jetzt nicht mehr von einer metaphorischen Analogie: »Si le soleil peut ›semer‹ [vgl. *Poet.* 1457b – d. Verf.], c'est que son nom est inscrit dans un système de relations qui le constitue. Ce nom n'est plus le nom propre d'une chose unique auquel la métaphore *surviendrait*; il a déjà commencé à dire l'origine multiple, divisée, de toute semence, l'œil, l'invisibilité, la mort, le père, le ›nom propre‹, etc. Si Aristote ne s'engage pas dans cette conséquence, c'est sans doute qu'elle contredit à la valeur philosophique d'*aletheia*, à l'apparaître propre de la propriété de ce qui est, à tout le système des concepts qui investissent le philosophème ›métaphore‹, le chargent en le délimitant.« (291)

Obgleich Aristoteles selbst anerkannte, daß Eigenname und Essenz nicht dasselbe sind – »ἴδιον δ' ἐστὶν ὃ μὴ δηλοῖ μὲν τὸ τί ἦν εἶναι, μόνῳ δ' ὑπάρχει καὶ ἀντικατηγορεῖται τοῦ πράγματος« (Eigentümlich, proprium, ist was zwar nicht das Wesen eines Dinges bezeichnet, aber nur ihm zukommt und in der Aussage mit ihm vertauscht wird.)[66] –, ist es der Eigenname, der in seiner Bestimmtheit Essenz (οὐσία, ousia) garantiert. Selbstverständlich weichen Derridas Schlußfolgerungen erheblich davon ab. Kurz gesagt: Eben die Distanz zwischen Namen und Essenz erlaubt das »jeu de substitutions«[67] des Metaphorischen. Deshalb kann es auch zum Urteil über Richtigkeit oder Fehlerhaftigkeit solcher Substitutionen kommen und – in dem Fall, der uns hier interessiert – zur Unterscheidung zwischen einer geglückten und einer unbefriedigend gebliebenen Mimesis. Metapher und Mimesis gelten als gelungen, wenn sie durch Hervorhebung der passenden Ähnlichkeit »la vérité de la chose même« (297) zeigen. Ein neuerlicher Rückgriff auf das Paradigma der Sonne beschließt den Angriff, den Derrida gegen den Anspruch auf eine Erkenntnis jenseits der sinnlichen Wahrnehmung führt: Denn die Sonne ist »le paradigme du sensible *et* de la métaphore: il (se) tourne et (se) cache régulièrement.« (299)

Von diesem Vorgehen und der damit einhergehenden Dezentrierung ist nicht nur das Metaphernkonzept betroffen. In bezug auf die Philosophie sagt Derrida, daß sie, »comme théorie de la métaphore, aura d'abord été une métaphore de la théorie« (303), und fügt mit Blick auf die Konstruktionen, die auf ihre ›Gewißheit‹ setzen, hinzu: »Cette opération de Nietzsche (généralisation de la métaphoricité par la mise en abyme d'une métaphore determinée) n'est possible qu'à prendre le risque de la continuité entre la métaphore et le concept, comme entre l'animal et l'homme, l'instinct et le savoir.« (313)

Der Logozentrismus, der die Nichtkontaminierung der Eigennamen durch das Metaphorische zur Voraussetzung genommen hatte, rechtfertigte eine hierarchische Ordnung, wonach der Mensch über dem Tier, das Wissen über dem Instinkt, das Begriffliche über der Metapher stand. Aber durch die Dekonstruktion wird an die Stabilität des Begrifflichen gerührt und mithin auch die Überlegenheit der Wissenschaft, wie sie in der Renaissance entstand und mit Descartes ihren Kulminationspunkt fand, in Frage gestellt. Wenn die Metapher keine Grenzen kennt, wenn die Übertragung, die sie realisiert, sich nicht im Kreisen um den unbeweglichen Eigenamen erschöpft, worauf ließe sich dann die ›Gewißheit‹ der Wissenschaft zurückführen, wenn nicht auf ein immer wieder neues Substituieren von Metaphern? »La rectification de la critique scientifique ne va-t-elle pas plutôt d'un concept-tropique inefficient, mal construit, à un concept-tropique opératoire, plus fin et plus puissant dans un champ donné et à une phase déterminée du procès scientifique?« (315)

Daß sich Derrida auf Nietzsche und nicht auf Heideggers kritische Nietzsche-Lektüre[68] bezieht, zeigt: Sein Dekonstruktivismus zielt nicht auf die Entdeckung des Seins, das dem Seienden unterliegt, sondern darauf, dem Sein die ihm klassischerweise zugestandene Stabilität zu entziehen. Auch bei Heidegger wurde diese Stabilität bereits erschüttert, aber zugunsten einer Konzeption des Seins als einer diskontinuierlichen, den Augenblicken seiner ›Unverborgenheit‹ entsprechenden ›Erscheinung‹, die ›geschichtlich‹, aber nicht ›histo-

---

66 ARISTOTELES, Top. 1, 5, 102a; dt.: Topik, übers. v. E. Rolfes (Leipzig ²1922), 6.
67 DERRIDA (s. Anm. 63), 297.
68 Vgl. MARTIN HEIDEGGER, Nietzsche (1961; Pfullingen 1989).

risch‹ ist: »Historie […] – genauer Historizität – ist als Seinsart des fragenden Daseins nur möglich, weil es im Grunde seines Seins durch die Geschichtlichkeit bestimmt ist. Wenn diese dem Dasein verborgen bleibt und solange sie es bleibt, ist ihm auch die Möglichkeit historischen Fragens und Entdeckens von Geschichte versagt. Das Fehlen von Historie ist kein Beweis *gegen* die Geschichtlichkeit des Daseins, sondern als defizienter Modus dieser Seinsverfassung Beweis dafür. Unhistorisch kann ein Zeitalter nur sein, weil es ›geschichtlich‹ ist.«[69]

Der Dekonstruktivismus Derridas richtet sich nicht nur gegen die naive Anbetung der positiven Wissenschaften, gegen die klassische Konzeption der Metaphysik als ›erster Wissenschaft‹ und gegen die Auffassung von Mimesis als einem Bindeglied, mit dem Descartes versucht hatte, den wissenschaftlichen Rationalismus mit der Theologie zu versöhnen. Die Aussage, »antérieure à toute présence déterminée, à toute idée représentative, la lumière naturelle constitue l'éther même de la pensée et de son discours propre« (319), könnte sowohl als Rahmen für die Annahme des cartesianischen Gebäudes als auch zu dessen Demontage dienen. Tatsächlich funktioniert sie in beide Richtungen. Dazu wäre es nicht einmal notwendig anzuführen, daß die in *La mythologie blanche* entwickelte Argumentation die erste Zielsetzung der zweiten unterordnet: Für den Dekonstruktivismus hat die Sonne, eine Lichtquelle, die als natürlich gilt, keinen Zutritt zur menschlichen Grammatik, es sei denn als weitere Metapher. In unserem Zusammenhang ist wichtig zu unterstreichen: Die Kennzeichnung der Mimesis als Phänomen, das auf der Aneignung der Ähnlichkeit mit Hilfe eines Eigennamens basiert – eine Kennzeichnung, der zufolge Mimesis in Abhängigkeit von einer philosophischen Konzeption gesehen wurde, deren Telos die Feststellung von aletheia wäre – eine solche Kennzeichnung wird dadurch wertlos. Nun basierte aber jede klassische Mimesiskonzeption – wie sie ohne große Änderungen von Aristoteles bis Lessing reicht und mit Abweichungen auch für Hegel und seine Tradition gilt – auf der Rolle, die darin

der *homoiōsis* (Ähnlichkeit) zugewiesen wurde, welche ihrerseits eine feste Bezugsgröße implizierte, damit überprüft werden konnte, ob eine hervorgebrachte Ähnlichkeit als gelungen gelten konnte oder nicht. Insofern bot Derridas Dekonstruktion automatisch eine Theorie gegen die mimetischen Theorien der Kunst. Gleichfalls ist zu bedenken, daß der Begriff der Abstraktion, den Mallarmé als Gegenstück zu der nach dem Gedächtnis und den jeweiligen Modellen verfahrenden Malerei einführte, eben die Kraft freisetzte, die der Mimesis genommen worden war, damit diese als Nachahmung aufgefaßt werden konnte. Halten wir vorerst dieses konvergierende Moment fest: Mit demselben strategischen Schritt, mit dem Derridas Dekonstruktion die philosophische Basis zersetzt, indem er die Äquivalenz Mimesis-Nachahmung zuspitzt, hatte Mallarmés Manet-Artikel von 1876 die Abstraktion ins Zentrum gestellt.

Derrida diente uns als Modell, um die von Roland Barthes geübte Sprachkritik zu vertiefen. Im folgenden zeigen wir eine zweite dekonstruktivistische Praxis auf, in der Mimesis als Nachahmung noch direkter ins Blickfeld rückt. Um den Zusammenhang mit Derridas Position besser zu verstehen, erinnern wir noch einmal daran, daß Ähnlichkeit (homoiōsis) die grundlegende Komponente für die Äquivalenz zwischen Mimesis und Nachahmung war.

2. Lacoue-Labarthe (Heidegger)

Philippe Lacoue-Labarthes Vortrag *Heidegger et la politique* (1984; veröffentl. 1986 u. d. Titel *Poétique et politique*), hat, wie der erste Titel zeigt, ein eng gestecktes Ziel. Mimesis spielt darin eine entscheidende Rolle.

Der Autor geht von der Tatsache aus, daß Heideggers Kurse und Seminare zwischen Sommer 1934 und 1944, bis zu seinem Rücktritt als Rektor der Universität Freiburg und bis zur Suspendierung seiner Professorentätigkeit, sich auf Fragen der Kunst konzentrierten: »cela fait beaucoup de convergences et […] semble en tout cas se dessiner là une sorte de projet systématique où la question de l'art, dans l'explication politique, occupe une place centrale. – On pourrait dire en somme […] [que] Heidegger répète, pour l'inverser, le geste

---

[69] HEIDEGGER, Sein und Zeit (1927; Tübingen [16]1986), 20.

III. Dekonstruktionen 101

platonicien: au geste qui ouvre, philosophiquement, le champ du politique en excluant ou en expulsant (dans la plus stricte observance du rite) le poète«[70].

Lacoue-Labarthe sieht in der Konzentration auf die Kunstproblematik kein Abstandnehmen des Philosophen von brennenden politischen Fragen, sondern erkennt darin die grundlegende Wechselbeziehung zwischen Heideggers politischem Projekt und seiner Reflexion über Kunst. Er sieht das Poetische bei Heidegger maßgeblich durch das Politische bestimmt. Damit seine Aussage überhaupt Sinn hat, muß Lacoue-Labarthe seine Behauptung von der heideggerschen Umkehrung der platonischen Geste weiterentwickeln: »L'inversion du geste platonicien ne se fait en aucune maniere dans la figure du renversement, parfaitement délimitée et analysée par Heidegger lui-même à propos de Nietzsche.« (181) Heidegger beschreite vielmehr den Weg einer systematischen Dekonstruktion der abendländischen Ästhetik: »La question dirigée vers l'art ne donne par conséquent lieu ni à une esthétique ni à une poétique: Il n'y a pas de poétique heideggerienne.« (182)

In den Begriffen Lacoue-Labarthes bestünde die Frage bei Heidegger demnach darin, die – faktisch negierte – Ästhetik zu beseitigen und den platonischen mimētēs, »l'acteur-auteur tragique« (182), über den Plato und Aristoteles verschiedener Ansicht waren, ebenso abzulehnen wie seine moderne Wiederbelebung durch Wagner. All diese Zurückweisungen sind im ersten Band seiner *Nietzsche-Vorlesungen* gut belegt. Heidegger ging es um die Beseitigung der genannten Konzeptionen im Namen von ›Dichtung‹, ›Sprache‹ und ›Sage‹. Um ihretwillen, so Lacoue-Labarthe, »Heidegger voudrait restituer, au-delà de notre oubli très ›cultivé‹, ce que fût la *poïèsis* pour les Grecs de la ›grande époque‹.« (182) Seine gegen Plato gerichtete Haltung bedeutete für ihn nicht nur, den Dichter aufzunehmen, anstatt ihn auszustoßen, sondern sich vielmehr von der platonischen Auffassung von Mimesis, verstanden als Nachahmung des sinnhaft-idealen Vorbilds, zu befreien. Warum hat Plato den Dichter aus der Republik ausgeschlossen, wenn nicht aus dem Grunde, daß die Ausübung der Poesie nach seinem Verständnis der Richtung der Philosophie entgegenläuft? Mimesis,

so läßt sich für die platonische Konzeption in Übereinstimmung mit Heideggers Verständnis sagen, zersetzt Einheit und schafft Raum für Entkräftung. Bleibt zu fragen: Entfernt sich Heidegger in der hermeneutischen Kette – Plato, gelesen von Heidegger, und Heidegger, gelesen von Lacoue-Labarthe – von der platonischen Mimetologie bzw. von einer Mimetologie überhaupt? Das ist der Kern, den Lacoue-Labarthe aufzudecken versucht. Zunächst gibt er sich damit zufrieden zu zeigen, daß die Konzentration Heideggers auf den Dichter die Überhöhung des poetischen Wortes bedeutet, als ein für die Ordnung des Politischen ›dringend benötigtes‹ Mittel: »en retrait de la philosophie dans la philosophie même (ce qui veut dire identiquement: en retrait du politique dans l'›explication‹ politique et dans le discours politique qu'il tient), s'en prend obstinément à la dernière des royautés philosophiques, qui est […], dans la version allemande du politique, la royauté nietzschéenne, et réintroduit le poète, la parole poétique, comme ce à quoi il serait urgent et nécessaire que s'ordonnât le politique.« (181) So ist der Diskurs Heideggers über das Poetische sein eigentlicher politischer Diskurs. Entscheidend ist nun: Für Heideggers Verständnis ist Politik die Konstituierung eines Volkes. Im Fall Deutschlands ist die Konstituierung eines einzigartigen Volks, das sich dem Gewicht eines ›Schicksals‹ beugt: »Ce destin du peuple allemand en attente de son destin s'inscrit à son tour dans le destin, c'est-à-dire dans l'histoire européenne occidentale, en tant que cette histoire devient désormais mondiale ou, cela revient au même, en tant que le destin du monde est désormais occidental.« (184) Über das Schicksal eines Volkes zu sprechen in dem Moment, wo der Höchststand der Technik erreicht ist, und zu bedenken, daß technē für Heidegger »l'ultime déploiement de la vérité philosophique, le mode le plus puissant – et en réalité – immaîtrisable – de l'achèvement et de l'accomplissement de la métaphysique« (184) ist – dies war eine bitterernste Angelegenheit. Bringen wir die beiden genannten Punkte zusammen – das Schicksal des deutschen

---

70 PHILIPPE LACOUE-LABARTHE, Poétique et politique, in: Lacoue-Labarthe, L'imitation des modernes (Typographies 2) (Paris 1986), 180 f.

Volkes und die globale Tragweite der Technik –, so zeigt sich, daß »l'insurrection ou même la révolution nationale socialiste aura représenté, pour Heidegger, l'espoir d'un sursaut« (184). Mit dieser Feststellung wird das Anliegen Lacoue-Labarthes deutlich. Die Ablehnung der Ästhetik und die Abkehr von Plato implizieren für Heidegger die Aufforderung an Deutschland, »pour être elle-même et retrouver son origine, à se mettre à l'école des Grecs (car ce sont eux, l'origine) et à répéter, *d'une répétition où je crois possible de déceler une secrète mimétologie*, le grand commencement grec« (185 – Hervorh. v. Verf.). Vor der Rektoratskrise bestand die Botschaft des Philosophen darin, die Unverborgenheit des Seins zu formulieren, später geht sie dahin, die Tätigkeit des Dichters zu erforschen, die bezweckt, das Wesen der Technik zu erfassen, genauer gesagt, das gemeinsame Wesen der technē der Kunst und des Denkens. Liest man Heideggers Vortrag *Der Ursprung des Kunstwerkes* (1935/1936), scheint die Passage, die Lacoue-Labarthe hervorhebt, auf den ersten Blick ein Beweis für eine Anti-Mimetologie zu sein: »Ein Bauwerk, ein griechischer Tempel, bildet nichts ab.«[71] Aber der Eindruck trügt. Zu behaupten, ›ein griechischer Tempel bildet nichts ab‹, bedeutet nicht, ihn mit einem abstrakten Objekt zu identifizieren – zumal, wie wir bereits hervorgehoben haben, die Abstraktion ein Begriff ist, mit dem seit dem 19. Jh. das Gegenteil von Mimesis-Nachahmung verstanden wird. Um das zu zeigen, lassen wir Lacoue-Labarthes Argumentation einen Moment beiseite und wenden uns Heidegger selbst zu. Das Bauwerk des Tempels, sagt er, setzt die Beherrschung der technē voraus; von daher erklärt er: »Die τέχνη ist als griechisch erfahrenes Wissen insofern ein Hervorbringen des Seienden, als es das Anwesende als ein solches *aus der Verborgenheit her* eigens *in* die Unverborgenheit seines Aussehens *vor* bringt; τέχνη bedeutet nie die Tätigkeit eines Machens« (48) – wie es dem modernen Verständnis von ›Technik‹ entspräche. Daß der griechische Tempel ›nicht ab-

bildet‹, bedeutet, daß er nichts darstellt, denn er ist kein *Bild* aus dem Bereich des Seienden. Das Nicht-Abbilden vermischt sich aber auch nicht mit der Abstraktion, denn es bringt in die ›Welt‹, was in der ›Erde‹ verborgen war.

Damit wird die Interpretation Lacoue-Labarthes nachvollziehbar. Kehren wir zum Kern seiner These zurück: Die Ablehnung der Mimesis nach platonischem Verständnis bedeutete bei Heidegger die Weigerung, Mimesis als adaequatio oder homoiōsis zu sehen. »Or cela n'empêche nullement la thèse concernant l'art d'être la réélaboration, jamais ouvertement présentée comme telle mais jamais non plus tout à fait dissimulée, de la conception aristotélicienne du partage entre *phusis* et *technè*, c'est-à-dire de la conception ontologique de la *mimèsis*«[72].

In dem in mehrfacher Hinsicht kapitalen Text *Der Ursprung des Kunstwerkes* wäre somit Heideggers politisches Projekt impliziert, das untergründig die Frage des besonderen Schicksals des deutschen Volkes behandelte. Aber in unserem Zusammenhang ist Lacoue-Labarthes zweite Schlußfolgerung von größerem Interesse. Den Streit zwischen Welt und Erde betreffend, heißt es bei Heidegger: »Erde durchragt nur die Welt, Welt gründet sich nur auf die Erde, sofern die Wahrheit als der Urstreit von Lichtung und Verbergung geschieht.«[73] Lacoue-Labarthe hört darin die Aristotelische Unterscheidung zwischen physis und technē. Daß diese Lektüre verkürzt ist, allein wenn man bedenkt, daß das Heideggersche Sein Eigenschaften besitzt, die sich mit dem Aristotelischen nicht vereinbaren lassen, läßt Lacoue-Labarthes Interpretation jedoch noch nicht arbiträr werden. Er gelangt zu dem Schluß, daß die Heideggersche Konzeption der Kunst gleichwohl eine Mimetologie bleibt. Und diese wäre, wie weiter oben dargelegt, auch ein dauerhaftes Bekenntnis zum Nationalsozialismus nicht fremd.

Im Rückblick auf die Reihe Barthes-Derrida-Heidegger (via Lacoue-Labarthe) zeigt sich, welches Maß die gegenwärtigen Vorbehalte gegen Mimesis erreicht haben. Bei Barthes bekam die Negation der Transparenz des Zeichens in einem Urteil über Literatur Gewicht; bei Derrida wurde diese Negation erweitert auf eine Negation der von der Metaphysik gebotenen Stabilität, wobei

---

71 HEIDEGGER, Der Ursprung des Kunstwerkes (1935/1936), in: Heidegger, Holzwege (Frankfurt a. M. ⁶1980), 30.
72 LACOUE-LABARTHE (s. Anm. 70), 191 f.
73 HEIDEGGER (s. Anm. 71), 44.

die Eindeutigkeit des Begriffs und die Überlegenheit des wissenschaftlichen Diskurses aufgegeben wurde. Bei Heidegger – in der Lesart Lacoue-Labarthes – wird die Irrealität des Zeichens – in dem analysierten Fall des griechischen Tempels, der kein Bild ist – auf die Spitze getrieben: Darin die Bedingung für die ›Entbergung‹ dessen, was in der Erde bleibt, zu sehen bedeutet das Festhalten an einer Mimetologie, die jetzt im Dienst eines furchterregenden politischen Projektes steht.

Wir wollen an dieser Stelle nicht weiter auf den bereits angedeuteten interpretativen Reduktionismus Lacoue-Labarthes eingehen. Hier mag es genügen, zu betonen, wie weit der Abscheu vor der Beziehung zwischen Kunst und Mimesis in unserer Zeit gehen kann.

IV. Autonomie der Kunst und postklassische Mimesis

1. Kant und die Frühromantiker

Der Autonomieprozeß der Künste begann nicht in der Malerei, auch nicht mit einem bestimmten Künstler, sondern mit der philosophischen Reflexion von Kants *Kritik der Urteilskraft* (1790) und der theoretisch-literarischen Reflexion des jungen Friedrich Schlegel.

Nicht zufällig nimmt Kants dritte *Kritik*, die in erster Linie als philosophische Rechtfertigung des Autonomieprozesses der Kunst bekannt ist – d. h. der Unmöglichkeit, Kunst zu verstehen, wenn nicht mit den Parametern des Verstandes oder jenen der Ethik – nur spärlich und stets negativ auf die Nachahmung Bezug. Zwei Belege sollen genügen. Zunächst wird begründet, warum es keine »objektive Geschmacksregel« geben kann, die »durch Begriffe bestimmte, was schön sei«. Immanuel Kant schreibt: »Daher sieht man einige Produkte des Geschmacks als *exemplarisch* an: nicht als ob Geschmack könne erworben werden, indem er anderen nachahmt.«[74] Doch wird Nachahmung nicht nur in bezug auf Kunst abgelehnt. Selbst in der Religion fruchten Vorbilder der Tugend und des Heiligen nicht durch Nachahmung: »*Nachfolge*, die sich auf einen Vorgang bezieht, nicht Nachahmung, ist der rechte Ausdruck für allen Einfluß, welchen Produkte eines exemplarischen Urhebers auf andere haben können.« (213)

Die Ablehnung der Nachahmung sowohl im Bereich von Geschmack als auch in der religiösen Praxis wäre ohne die Theorie des autonomen und mündigen Subjekts nicht erklärbar. Noch ausdrücklicher leitet sich die Autonomie der Kunst von der Legitimierung des Subjekts als eines psychologisch orientierten her. So wird, vom Widerstand der Frühromantiker gegen Kantsches Denken und von ihrer Vorliebe für Fichtes ›Ichheit‹ einmal ganz abgesehen, verständlich, warum Friedrich Schlegel – und dasselbe läßt sich auch von Novalis behaupten – mit solchem Nachdruck eine autonome Literatur fordert und der Rolle der Mimesis so geringe Beachtung schenkt. Da dies Thema in der Forschung ausführlich behandelt worden ist, wollen wir hier lediglich kurz auf die Fragmente 206 und 299 der *Athenäums-Fragmente* (1798) eingehen: »Ein Fragment muß gleich einem kleinen Kunstwerke von der umgebenden Welt ganz abgesondert und in sich selbst vollendet sein wie ein Igel.« Und: »An genialischem Unbewußtsein können die Philosophen, dünkt mich, den Dichtern den Rang recht wohl streitig machen.«[75]

Welche Funktion kann der Vergleich zwischen Werk und Igel haben, wenn nicht die, daß seine Stacheln dafür sorgen sollen, daß es keinerlei Institution zu Diensten steht? Wie wäre solche Selbstgenügsamkeit denkbar, wenn die Kunst sich einem Modell beugte? Wie sollte der Philosoph dem Dichter das ›genialische Unbewußtsein‹ streitig machen können, wenn nicht beide in dessen kognitivem und imaginativem Potential verwurzelt wären?

Wir wollen hier nicht weiter insistieren, aber doch noch einmal folgende grundlegende Voraussetzung wiederholen: Die Autonomie des Kunstwerks ist ein relativ junges Phänomen. Von Kant auf der philosophischen Ebene dargestellt, wurde sie für die Frühromantiker ein Streitpunkt, wobei ihr primäres Wirkungsfeld die Dichtung war. Anstatt ihre Geschichte nachzuzeichnen, betonen

---

74 KANT (s. Anm. 61), 149.
75 FRIEDRICH SCHLEGEL, Athenäums-Fragmente (1798), in: SCHLEGEL (KFSA), Bd. 2 (1967), 197, 215.

wir: Die Autonomie der Kunst setzte die Bestätigung des Subjekts als Ich voraus und implizierte die Verbannung der Nachahmung, wo es sozusagen von außen nach innen aufgebaut wurde. Bei Hegel nahm diese Konfiguration indessen ein anderes Profil an. Ohne das alte Nachahmungsmuster wieder aufzunehmen, erlaubt seine Geschichte des Geistes, daß Mimesis überdacht und von soziohistorischen Bedingungen geformt wurde. Hegels Denken über Kunst, das einen Teil seines Kampfes gegen die Romantiker bildete und durch die marxistische Richtung fortgesetzt wurde, betonte aber nicht die Autonomie der Kunst, sondern im Gegenteil den ›Zeitgeist‹, der in der Kunst zum Ausdruck kam.

2. Hegel

Die ›Einleitung‹ in die *Ästhetik* (1835–1838) ist gegen die romantische Konzeption von Kunst gerichtet. Hegel wendet sich gegen jene, die sein Unternehmen etwa im voraus verdammen könnten, weil es das Studium der Kunst, d. h. den Gebrauch von Begriffen impliziere:»Diese Vorstellung hängt mit der Meinung zusammen, daß das Reelle überhaupt, das Leben der Natur und des Geistes, durch das Begreifen verunstaltet und getötet, daß es, statt durch begriffmäßiges Denken uns nahegebracht zu sein, erst recht entfernt werde, so daß der Mensch sich durch das Denken, als *Mittel*, das Lebendige zu fassen, sich vielmehr um diesen *Zweck* selber bringe.«[76]

Darauf bedacht, die von Kant zerschlagene metaphysische Einheit wiederherzustellen, hatten die Frühromantiker eine scharfe Trennlinie zwischen dem ›Reellen‹ und dem Begriff gezogen. Was läßt sich hinter dieser Gegenüberstellung anderes vermuten als der Kampf um die Vorherrschaft zwischen dichterischem und philosophischem Diskurs? Die Einzelwissenschaften waren die dritte Größe, das Zünglein an der Waage, das den Sieg der einen oder der anderen Seite erklären konnte, wenn sie ihn nicht, wie es tatsächlich der Fall war,

für sich selbst vereinnahmten. Hegel nahm die Auseinandersetzung in gewisser Weise wahr, und in der *Phänomenologie des Geistes* (1807) vollzog er eine Kritik des streng wissenschaftlichen Wissens. Damit bereitete er gleichzeitig den Weg dafür, daß die Philosophie dieses Wissen in sich aufnehmen konnte – ein entscheidender Schachzug, um den Geist aus dem Bereich dessen herauszunehmen, was die Frühromantiker als konstitutiv und vital dynamisch ansahen. Hegels Haltung (und auch seine Genialität) zeigt sich in folgendem Passus: »Die kraftlose Schönheit haßt den Verstand, weil er ihr dies zumutet, was sie nicht vermag. Aber nicht das Leben, das sich vor dem Tode scheut und von der Verwüstung rein bewahrt, sondern das ihn erträgt und in ihm sich erhält, ist das Leben des Geistes.«[77]

Im Gegensatz zum Zurückweichen vor der Negativität der Welt und zum Rückzug in die ›schöne Seele‹ wird das Ich durch das Erkennen der rauhen, widersprechenden Objektivität zur Grundlage des Wissens. Das Leben des Geistes ist somit kein Sammeln, sondern eine zerreißende Tätigkeit, eine Akzeptieren der Differenz »zwischen dem Ich und der Substanz, die sein Gegenstand ist«, d. h. »das *Negative* überhaupt« (39). Folglich sind die Logik oder die spekulative Philosophie ein reflexives Betrachten, das nicht die Landschaft eines erquickenden Gartens sucht, sondern das die Ungleichheit zwischen dem Ich und der Welt zu verstehen und, wenn möglich, zu überwinden trachtet. Somit stellt sich der Philosoph nicht nur gegen die Verteidiger der ›kraftlosen Schönheit‹, sondern auch gegen die Mathematiker, denn deren »Bewegung des Wissens geht […] auf der Oberfläche vor, berührt nicht die Sache selbst, nicht das Wesen oder den Begriff und ist deswegen kein Begreifen« (44).

Hinsichtlich der spekulativen Fähigkeiten gab es im Kampf um die diskursive Vorherrschaft zwischen den Frühromantikern und Hegel keine Konkurrenz. Die Wissenschaftler machten sich die Sache einfacher: Sie hatten es nicht nötig, auf der spekulativen Ebene gegen ihn anzutreten, sondern mußten praktische Ergebnisse liefern. Zwischen Hegel und ihnen entspann sich ein Dialog wie zwischen zwei Tauben. Wenn die Mathematikkritik als petitio principii angesehen werden kann, so

---

[76] HEGEL (ÄSTH), 58 f.
[77] HEGEL, Phänomenologie des Geistes (1807), in: HEGEL (TWA), Bd. 3 (1970), 36.

erreichte Hegel mit der parallel dazu entwickelten Konzeption der Dialektik und seiner Hervorhebung der Geschichte, daß seine Philosophie ihrem Erklärungswert nach den Einzelwissenschaften als überlegen galt. Während Hegel im argumentativ ausgefochtenen Streit strenggenommen den Philosophen zum Sieg verhalf, sicherten sich die Wissenschaftler durch praktische und technische Entdeckungen ihre Legitimierung. Die Dichter hingegen gewannen an keiner der Fronten. Hegel ging es nicht darum, die Kunst zu negieren, sondern mit dem Gegensatz zwischen Gefühl und Verstand zu brechen. In der *Ästhetik* findet sich dazu eine der prägnantesten Formulierungen des Philosophen. Der Abschnitt beginnt mit der Annäherung der Kunst an den Geist: »die Kunst [liegt] dem Geiste und seinem Denken schon näher als die nur äußere geistlose Natur«[78]. Es folgt der Satz, der dem Anschein nach mit der Behauptung der Autonomie der Kunst übereinstimmt, tatsächlich aber den Grund für ihre notwendige Unterordnung anführt: Der Geist »hat es in den Kunstprodukten nur mit dem Seinigen zu tun« (59). Der Textabschnitt entwickelt die positive und die negative Seite der Kunst. Positiv, weil sie dem Geist näher steht als der äußeren und untätigen Natur. Das Negative wird in einem Satz voller Spitzfindigkeiten angedeutet. Kurz gefaßt lautet das Argument: Das Kunstwerk, das nicht »Gedanken und Begriff, sondern eine Entwickelung des Begriffs aus sich selber« ist, enthält »eine Entfremdung zum Sinnlichen hin«, es zwingt den Geist, sich »in seiner *Entäußerung* zur Empfindung und Sinnlichkeit wiederzuerkennen«. Das geschieht, »indem er das Entfremdete zu Gedanken verwandelt und so zu sich zurückführt« (59). Da diese Arbeit der ›Verwandlung‹ und ›Zurückführung‹ nur dem Philosophen zusteht, ist hier die Unterordnung der Kunst gewährleistet. Denn die der Kunst innewohnende Entäußerung bedeutet, daß der Begriff hier vom Weg abkommt. Doch wie so oft bei Hegel ist diese Unzulänglichkeit des Begriffs nicht rein negativ. Sie stimmt den Geist darauf ein, nicht nur sich selbst wahrzunehmen – wenn er das täte, behielte er die romantische Trennung zwischen Äußerem, das Natur und Tod zugehört, und Innerem, dem Geistigen und Lebendigen, bei –, sondern sich in der Entäußerung im Kunstwerk wiederzuerkennen. Indem er Empfindung und Sinnlichkeit dem Begriff vorzieht, begreift sich der denkende Geist in der Kunst »in seinem Anderen« (59). Anders gesagt: Der Philosoph muß anerkennen, daß die Kunst über der Natur steht, damit die dem Hegelschen System zugrundeliegende Idee eines organischen Ganzen und die daraus folgende Hierarchisierung der Diskurse Sinn bekommt. Die Geschichte dient ihm als Stütze seiner Argumentation: »In allen diesen Beziehungen ist und bleibt die Kunst nach der Seite ihrer höchsten Bestimmung für uns ein Vergangenes. Damit hat sie für uns auch die echte Wahrheit und Lebendigkeit verloren und ist mehr in unsere *Vorstellung* verlegt, als daß sie in der Wirklichkeit ihre frühere Notwendigkeit behauptete und ihren höheren Platz einnähme. [...] Die *Wissenschaft* der Kunst ist darum in unserer Zeit noch viel mehr Bedürfnis als zu den Zeiten, in welchen die Kunst für sich als Kunst schon volle Befriedigung gewährte.« (57f.) Diese Zeit ist vergangen, und auch die Griechen aus der Zeit der Tragödie gibt es nicht mehr. Für den Geist sind die Griechen und ihre Kunst zu einer Durchgangsstation geworden. Danach würden andere kommen. Die Abfolge stand dem jungen Hegel bereits in der *Phänomenologie* vor Augen: Die Menschheit würde an den Punkt gelangen, an dem sie in der Spur des Begriffs den Weg erkennen würde, der dem Ganzen – Vergangenheit, Gegenwart und dem sicheren Weg in die Zukunft – einen Sinn gibt.

Die Einleitung in die Hegelsche *Ästhetik* zeigt uns seinen Zusammenstoß mit den Frühromantikern, den Apparat, mit dem er den Begriff zum privilegierten Instrument des Geistes und die Geschichte zum Feld seiner Veranschaulichung erhebt und die übergeordnete Stellung der Philosophie gegenüber den konkurrierenden Diskursen feststellt. Ehe wir hier auf Hegels Mimesisbegriff eingehen, sei kurz noch die Rolle des Scheins in der Kunst erläutert. Die Aussage, das wesentliche Element der Kunst sei der Schein, bedeutet eine Abwertung der Kunst. Doch die Hegelsche Dialektik geht darüber hinaus: »der *Schein* selbst ist dem *Wesen* wesentlich [...]. Deshalb kann nicht das *Scheinen* im allgemeinen, sondern nur die be-

---

[78] HEGEL (ÄSTH), 59.

sondere Art und Weise des Scheins, in welchem die Kunst dem in sich selbst Wahrhaftigen Wirklichkeit gibt, ein Gegenstand des Vorwurfs werden.« (55) Indem er an der bereits im vorkantischen Denken geläufigen Assoziation von Kunst und Illusion festhält, akzentuiert Hegel indirekt den von ihm wiederbelebten alten Mimesisbegriff. In früherer Zeit stellte der Charakter der Kunst als Täuschung und Schein kein Problem dar, da damit auf die Realität verwiesen wurde, die sie nachahmte. Das Nachgeahmte legitimierte sie. Für Hegel aber erklärt sich die Wirklichkeit nicht aus sich selbst heraus, sondern aus dem aufgebotenen geistigen Rüstzeug, mit dem der Mensch sich Wirklichkeit aneignet und sie interpretiert. Die Wahrheit muß sich zeigen. Deshalb ist »der Schein selbst [...] dem Wesen wesentlich«. So liegt zwar keine Geringschätzung der Kunst vor, aber im Rahmen der Tätigkeit des Geistes wird ihr gleichwohl nur ein geringerer Rang zuerkannt. »Denn wahrhaft wirklich ist nur das Anundfürsichseiende, das Substantielle der Natur und des Geistes« (55).

Die Rechtfertigung der Scheins der Kunst schafft uns einen Zugang zum Hegelschen Verständnis von Mimesis. Wie schon gesagt, lehnt Hegel die klassische Auffassung ab, denn »in dieser Bestimmung liegt zunächst nur der ganz formelle Zweck, daß, was sonst schon in der Außenwelt und wie es da ist, nun auch vom Menschen darnach, so gut er es mit seinen Mitteln vermag, *zum zweiten Male gemacht werde*« (84 – Hervorh. v. Verf.). Mit dem Einwand, daß Hegels Verständnis von Nachahmung eine grobe Vereinfachung darstellt, würden wir den Kern der Frage verfehlen: Denn gleich welche Rolle auch die Vorstellung in der Konzeption der Nachahmung spielen mag, für den Philosophen bliebe sie doch eine Verdoppelung der Äußerlichkeit. Das ist so, weil die menschliche Subjektivität der klassischen Auffassung zufolge entweder keine Funktion hatte oder nicht genügend bekannt war. Bei Hegel hat ihre Anerkennung mit der Rolle zu tun, die die Vorstellung spielt: »Was natürlich existiert, ist schlechthin ein Einzelnes, und zwar nach allen Punkten und Seiten vereinzelt. Die Vorstellung dagegen hat die Bestimmung des *Allgemeinen* in sich, und was aus ihr hervorgeht, erhält schon dadurch den Charakter der Allgemeinheit im Unterschiede natürlicher Vereinzelung.« (190) Dennoch steht das Individuum nicht als solches im Mittelpunkt. Seine Bedeutung leitet sich von der Beteiligung am Geistesleben ab, dessen Voranschreiten sich in der von Hegel nachgezeichneten teleologischen Geschichte ›erwiesen‹ hat. So ist Mimesis für Hegel nicht Nachahmung in dem Sinne einer Verdoppelung des Äußeren. Genausowenig ist sie Ausdruck des Subjekts; vielmehr veranschaulicht sie eine vom Geist durchlebte Etappe der Geschichte. Der Geist verkörpert sich im Menschen, er macht die Menschen zum Instrument für die wahre Geschichte – jene, die es dem Menschen durch die fortschreitenden Repräsentationen des Negativen ermöglicht, das Negative zu beherrschen, indem er den Mangel der bisher gefundenen Lösung erkennt und ihre Überwindung versucht. Der Mensch ist das Werkzeug notwendiger Stufen des Geistes. Mimesis bleibt mit etwas verbunden, was nicht das Werk selbst ist. Das Werk ist mit einer Stufe der Geistesgeschichte verknüpft. Deshalb gilt die Aussage Hegels, daß Kunst »nach der Seite ihrer höchsten Bestimmung für uns ein Vergangenes« (57) ist, auch für die Kennzeichnung der Stufe des Geistesgeschichte, in der das Kunstwerk dominiert.

Peter Szondi, obgleich Hegelschem Denken verbunden, sah Hegels Sprachauffassung als problematisch an und stellte mit Mallarmé heraus, »daß der Dichter nicht – wie Hegel postuliert – zunächst die Vorstellungen bildet, die selber schon poetisch sind, und dann erst zum Wort als einem mehr äußerlichen und zufälligen Zeichen greift. Sondern Vorstellung und Sprache sind immer schon aneinander gebunden.«[79] Die Sprachauffassung ist die Achillesverse der Hegelschen Ästhetik. Es wäre nicht möglich, sie zu ›korrigieren‹, ohne sein ganzes Gedankengebäude in Mitleidenschaft zu ziehen. Wie wir gleich sehen werden, bleibt die Frage der Sprache auch bei Auerbach, der unmittelbar und fruchtbar von Hegel beeinflußt wurde, ein problematischer Aspekt. Kurz gesagt: Hegels Schritt, mit der Gleichsetzung von Mimesis und

---

79 PETER SZONDI, Hegels Lehre von der Dichtung (1964/1965), in: Szondi, Poetik und Geschichtsphilosophie I, hg. v. S. Metz/H.-H. Hildebrandt (Frankfurt a. M. 1974), 481.

3. Auerbach

Erich Auerbach steht der Hegelschen Philosophie kritisch gegenüber. Gleichwohl entfaltet sein Mimesiskonzept Hegelsches Denken. Insofern ist *Mimesis*, sein Opus magnum von 1946, das zum meistgelesenen literaturwissenschaftlichen Werk nach dem 2. Weltkrieg geworden ist, nicht im eigentlichen Sinne innovativ, sondern kombiniert Hegel mit Vico.

Für eine genaue Untersuchung der interpretativen Praxis Auerbachs gilt es zu beachten, welche kausalen Erklärungszusammenhänge er zwischen Text und gesellschaftlichem Kontext herstellt und welche Rolle er der Sprache zuweist, um den Charakter eines Werks und die Funktion des Autors als eines kritischen Beobachters der Welt zu bestimmen. Für diesen Zusammenhang ist zunächst das 1. Kapitel von Bedeutung.

Hier stellt Auerbach die durch Homer verkörperte griechische und die durch einen Textauszug aus dem Alten Testament repräsentierte jüdische Erfahrung einander gegenüber. Aus der parallelen Lektüre folgert er im 2. Kapitel: »In der literarisch nachahmenden Kunst der Antike hat der Glückswechsel fast immer die Form eines von außen in einen bestimmten Bezirk hineinbrechenden, nicht den eines aus der inneren Bewegung der geschichtlichen Welt sich ergebenden Schicksals.«[80] Das bedeutet jedoch nicht, daß die griechische mit der jüdischen Produktion gleichgesetzt würde. Schon im 1. Kapitel stehen sich die Episode des Wiedererkennens von Odysseus durch seine Amme und die Opferung Isaaks als zwei grundlegend verschiedene Formen der Darstellung gegenüber. Im Fall des griechischen Textes bleibt nichts unerläutert. Der Erzähler kann sogar die Handlung verzögern, damit ein Unglück – in diesem Fall die Narbe, die sich Odysseus zugezogen hat – voll und ganz erklärt wird. Im Fall des jüdischen Textes bleiben die einleitenden Fragen, die in der großen Frage gipfeln, warum Gott von Abraham die Opferung seines unschuldigen Sohnes fordert, im Gegenteil unbeantwortet. Diese Gegenüberstellung hat nicht zum Zweck, daß sich der Forscher für eine der beiden Herangehensweisen ausspricht. Wenn das Menschenbild in Homers Dichtung weniger problematisch erscheint, so wird seine größere Komplexität im biblischen Text wiederum durch den tyrannischen Wahrheitsanspruch aufgewogen: »Der Wahrheitsanspruch der Bibel ist nicht nur weit dringender als der Homers, er ist auch tyrannisch.« (17) Bereits der Vergleich zeigt die Einstellung des Analytikers zum Mechanismus historischer Kausalität: Auerbach versucht nicht, die Differenz zwischen den beiden Darstellungsweisen in einen kausalen Erklärungszusammenhang zu stellen. Damit nimmt er Abstand von einer streng hegelianischen Linie. Angesichts der soziohistorischen Bedingungen der beiden Texte wird die Selbstständigkeit der jüdischen Darstellungsform wie auch der griechischen nahegelegt: »Die Gottesvorstellung der Juden ist nicht sowohl Ursache als vielmehr Symptom ihrer Auffassungs- und Darstellungsweise.« (10) Die einheitliche Bestimmung von Ursache und Wirkung bekommt beweglichere Züge, so daß Darstellungsweisen, die unterschiedliche Formen der Erzählkonstitution mit sich bringen, die gesellschaftlichen Umstände auf verschiedene Weise zum Ausdruck bringen können.

Diese größere Flexibilität berührt das Prinzip der Mimesis insofern, als diese nicht weiterhin a priori mit Nachahmung identifiziert wird. Um aber den Grad dieser Veränderung ermessen zu können, ist zusammen mit den Darstellungsweisen auch Auerbachs Herangehensweise zu betrachten. Dabei ist zu bedenken, daß die Darstellungsweisen für ihn von der Stiltrennung geprägt sind. Der gehobene Stil, der durch den tragischen und epischen erneuert wurde, setzt gesellschaftlich gut situierte Figuren in Szene, während der niedere Stil, der dem Komischen und Farcehaften eigen ist, Figuren aus den Volksschichten verkörpert wird, die in prosaische und Alltagssituationen gestellt sind. Möglicherweise, weil sie durch die europäische Kultur verinnerlicht wurden, durchdrangen die griechischen und jüdischen Darstellungsweisen einander und begannen trotz ihrer inneren Unter-

---

[80] ERICH AUERBACH, Mimesis. Dargestellte Wirklichkeit in der abendländischen Literatur (1946; Bern/Stuttgart [8]1988), 32.

schiede, dieselben stilistischen Register zu füllen. Das bedeutet nicht, daß ihre Unterschiede sich gegenseitig aufgehoben hätten, wie ja bereits im ersten Kapitel gezeigt wird. Im Schlußteil von ›Die Narbe des Odysseus‹ unterstreicht der Autor zwei Momente: »Mit der tieferen Geschichtlichkeit und der tieferen sozialen Bewegtheit der alttestamentlichen Texte hängt schließlich noch ein letzter bedeutender Unterschied zusammen: daß sich nämlich aus ihnen ein anderer Begriff von hohem Stil und vom Erhabenen gewinnen läßt als aus Homer.« (25) Und er beweist die Unterschiedlichkeit im Umgang innerhalb des einen und des anderen Stils mit dem »häuslichen Realismus«: »bei Homer stets im Idyllisch-Friedlichen – während schon von Anfang an in den Erzählungen des Alten Testaments das Erhabene, Tragische und Problematische sich gerade im Häuslichen und Alltäglichen gestaltet« (25). Wenngleich das Christentum beide Vermächtnisse aufgenommen und verschmolzen hat und ein und derselben soziohistorischen Entwicklung unterliegt, bleiben die Unterschiede erhalten. Auerbachs Abrücken vom strengen Erklärungsschema von Ursache und Wirkung entspricht seiner Aussage, daß die beiden für das Abendland fruchtbaren Darstellungsweisen, die griechische und die jüdische, unterschiedlichen Ausdruck finden: Der homerischen entspricht das Prinzip Schönheit, der jüdischen das Prinzip des Erhabenen. Ihr gleichzeitiges Vorhandensein, welches sie dennoch nicht zur Einheit werden läßt, ist eine der Haupttriebfedern der Mimesis.

Im Fortgang des Buches zeigt sich indessen, daß die Unvermischbarkeit des griechischen und des jüdischen Vermächtnisses von einem Phänomen berührt wurde, das Auerbach auf eine Stufe mit der stilistischen Komposition stellt: Die Trennung zwischen hohem und niedrigem Stil wird brüchig,

die Stile tendieren dazu, miteinander zu verschmelzen. Wenn dieser Prozeß des Brüchigwerdens durch die christliche Lehre angeregt wurde – durch ihr Prinzip der Gleichheit zwischen den Menschen –, so vollzog sich das ironischerweise in einem Bereich, der kein ausgesprochener Einflußbereich des Christentums war, nämlich innerhalb des französischen Realismus des 19. Jh. In diesem Sinn sind das 18. Kapitel von *Mimesis*, besonders der Teil über Flaubert, und Auerbachs späterer Essay über Baudelaire, *Baudelaires ›Fleurs du mal‹ und das Erhabene* (1951), entscheidend. In beiden Fällen wird besonders auf die Überschreitung der Stiltrennung eingegangen. Die entsprechende Stilvermischung vollzieht sich im Rahmen der ›hohen‹ Behandlung eines prosaischen Themas.[81] Die Stilvermischung hat aber auch einen Effekt, der über die literarische Wirkung hinausgeht. Die Bewunderung, die Auerbach den französischen Realisten entgegenbrachte – »Die großen französischen Romanschriftsteller sind für die Problemstellung in *Mimesis* von entscheidender Bedeutung, meine Bewunderung für sie ist groß«[82] – hinderte ihn nicht daran, den Mangel, der sich unerwartet bei ihnen herauskristallisierte, vorzuführen. In bezug auf Emma und Charles Bovary schreibt er: »Was mit diesen beiden der Fall ist, gilt von fast allen Personen des Romans; jeder der vielen mittelmäßigen Menschen, die sich darin bewegen, hat seine eigene Welt der mittelmäßigen und törichten Dummheit, eine Welt aus Illusionen, Gewohnheiten, Trieben und Schlagworten […]; in seinem [Flauberts – d. Verf.] Buch besteht die Welt aus lauter Dummheit.«[83] Diese Beschränkung auf Dummheit wird bestimmt durch dasselbe Klima von Hoffnungslosigkeit, das auch bei Baudelaire herrscht: »Was also ist es mit der Hoffnung? Wie soll das Nichts eine neue Sonne sein, die die Blüten zur Entfaltung bringt? Ich weiß keine Antwort. Man findet keine in den *Fleurs du mal*.«[84]

Unter den Auerbachforschern kommt Timothy Bahti das besondere Verdienst zu, in einer vergleichenden Lektüre von Dante und Flaubert gezeigt zu haben, wie Flaubert die von Dante vorgegebene ›figura‹ ebenso wie die in der *Divina Commedia* verheißene bittere Ironie ihrer Erfüllung zuführt: die Ironie einer Darstellung voller Leben. Das Leben erweist sich im Moment seines Vollzugs auf seinen

---

81 Vgl. ebd., 458; AUERBACH, Baudelaires ›Fleurs du mal‹ und das Erhabene (1951), in: Auerbach, Gesammelte Aufsätze zur romanischen Philologie (Bern/München 1967), 279.
82 AUERBACH, Epilogema zu ›Mimesis‹, in: Romanische Forschungen 65 (1953), 14.
83 AUERBACH (s. Anm. 80), 456.
84 AUERBACH, Baudelaires ›Fleurs du mal‹ und das Erhabene (s. Anm. 81), 288.

verschiedenen Ebenen als schlichte Falschheit und Dummheit.[85]

Wir können in der Tat sagen, daß sich sowohl Flaubert als auch Auerbach, wenn auch aus verschiedenen Gründen, bewußt waren, in einer ausweglosen Zeit zu leben. Flaubert wird explizit: »Le temps n'est pas loin où vont revenir les langueurs universelles, les croyances à la fin du monde, l'attente d'un Messie? Mais la base théologique manquant, où sera maintenant le point d'appui de cet enthousiasme qui s'ignore?«[86] Da Auerbachs Zurückhaltung ihm keinen Text von solcher Deutlichkeit gestattet, müssen wir den Umweg der Interpretation einschlagen.

Auerbachs Glaube an das Bildungsideal, wonach Bildung das Individuum befähigen soll, begriffliche und ideologische Verzerrungen zu korrigieren, bestimmt seine spezielle Auffassung von Mimesis. Diese setzt voraus: (a) ein Subjekt, das falsche Sichtweisen potenziell korrigiert; (b) »ein tiefes Vertrauen in die Wahrheit der [...] Sprache«[87], wie er im Hinblick auf Flaubert schreibt. Mimesis wäre in der Folge dieser beiden Annahmen die richtige und adäquate Darstellung dessen, was nur mit freiem Blick gesehen und gezeigt werden kann.

Wenn dieser Schritt überzeugt, wird das Moment der Ausweglosigkeit, das Auerbach in der Mitte des 19. Jh., genauer: in der Flaubertschen Parodie von Dantes ›figura‹ erkannte, verständlicher. Das Gefühl der Ausweglosigkeit trat an die Stelle des Optimismus, der von der Aufklärung bis zur Hegelschen Geistesgeschichte das abendländische Vernunftdenken geprägt hatte. So blieb Auerbach den Grundlinien der klassischen Theorie der Mimesis treu. Sie als Äquivalent der Nachahmung anzusehen impliziert freilich nicht, sie mit einer Kopie zu verwechseln. Vielmehr enthielt sie durch die Idee, die sie ausdrückte[88], ein potentielles Korrektiv. Er wollte glauben, daß die Weltgeschichte wieder in eine ihrer alten Bahnen zurückkehren würde. Aber seine Zurückhaltung und Ernsthaftigkeit als Philologe hinderte ihn daran, bloße Glaubensbekenntnisse und Hoffnungen auszusprechen. Deshalb kann man seine Haltung nur aus seinen Analysen erschließen. Entscheidend ist in diesem Zusammenhang seine Interpretation der erlebten Rede in Madame Bovary: »ein jeder Vorgang, wenn es gelingt, ihn rein und vollständig auszudrücken,

[interpretiert] sich selbst und die an ihm beteiligten Menschen vollkommen [...]; *weit besser und vollständiger, als irgendeine noch dazugefügte Meinung oder Beurteilung es tun könnte*«[89] (Hervorh. v. Verf.).

Aus heutiger Sicht scheint Auerbach mit seinem Verständnis der erlebten Rede hinter deren eigentlichen Möglichkeiten zurückzubleiben. Die erlebte Rede, wie Dominick LaCapra richtig bemerkt, »involves a dialogue not only between self and objectified other but one with the self – a dialogue entailing a high degree of uncertainty and doubt«[90]. So verwischt das Verfahren die Grenzen zwischen den Stimmen, was das ganze Werk in Mitleidenschaft zieht. Aus diesem Blickwinkel, der sicherlich nicht derjenige Auerbachs ist, stellt sich die Frage, ob Flauberts Roman ein kritisches Werk der postrevolutionären, postnapoleonischen, postrestaurativen, der bürgerlichen und (einmal mehr) der imperialen französischen Gesellschaft ist. Die Frage ist schwierig zu beantworten. Am Beispiel von Madame Bovary zeigt sich die Grenze, an welche die Interpretation des großen Romanisten und seine Konzeption von Mimesis stoßen. Diese Konzeption hatte Bestand, solange man auf das Leistungsvermögen der Transparenz der Sprache vertraute – einer Transparenz, die in diesem Fall ihre Impulse aus der vervollkommnenden Kraft der Bildung schöpfte. Die Ausweglosigkeit, die Auerbach bei Flaubert und Baudelaire richtig in den Blick nahm, verwies auf die notwendige Revision der theoretischen Voraussetzungen der eigenen literarischen Produktion – nämlich darauf, daß Nachahmung sich jetzt nicht mehr mit Flickschusterei zufriedengeben konnte.

---

85 Vgl. TIMOTHY BAHTI, Auerbach's ›Mimesis‹: Figural Structure and Historical Narrative, in: G. S. Jay/D. L. Miller (Hg.), After Strange Texts: The Role of Theory in the Study of Literature (Alabama 1985), 124–145.
86 GUSTAVE FLAUBERT an Louise Colet (4. 9. 1852), in: FLAUBERT, Bd. 13 (1974), 232.
87 AUERBACH (s. Anm. 80), 453.
88 Vgl. PANOFSKY (s. Anm. 30).
89 AUERBACH (s. Anm. 80), 453.
90 DOMINICK LACAPRA, Madame Bovary on Trial (Ithaca/London 1982), 140.

V. Versuche des 20. Jahrhunderts, Mimesis neu zu denken

Die Übereinstimmung, die wir bei aller Gegensätzlichkeit zwischen Autonomieprozeß und Hegelscher Geschichtsphilosophie herausgestellt haben, hilft uns zu verstehen, warum die Auffassung von Mimesis als Nachahmung gegenwärtig einmütig abgelehnt wird und dennoch Verteidiger der Mimesis auftauchen. Denn Hegel gliedert sich zwar nicht ohne weiteres in die Tradition des Bewahrens von Nachahmung ein, doch hat er fraglos die Voraussetzungen dafür geschaffen, daß Mimesis im 20. Jh. entweder wiederaufgenommen (wie im Fall von Lukács nach dessen Übergang zum Marxismus) oder aber, innerhalb des Marxismus selbst, zu einer neu durchdachten Kategorie werden konnte (wie im Fall von Adorno und teilweise von Benjamin). Dies gilt auch für Denker, die nicht marxistisch beeinflußt waren (wie etwa René Girard).

Obwohl die Vorbehalte gegen Mimesis also erheblich sind, befassen sich bedeutende Denker weiterhin mit einer Revision des Begriffs. Erst wenn wir ihre bald umfassenden, bald nur angedeuteten Theorien näher betrachtet haben, werden wir uns fragen können, wie sich die Einzigartigkeit des Begriffs erklären läßt. Von Anbeginn ist aber festzuhalten, daß keiner der Denker bei der Gleichsetzung von Mimesis und Nachahmung stehenbleibt. Die Tatsache, daß zeitgenössische Theorien dafür plädieren, Mimesis als Grundprinzip der Kunst anzusehen, widerspricht nicht dem in der Einführung genannten kleinsten gemeinsamen Nenner.

1. Girard

Unter den zeitgenössischen Denkern entwickelt René Girard die umfassendste Mimesistheorie. Keineswegs auf ein Phänomen der Kunst begrenzt, bekommt Mimesis bei Girard einen ambivalenten Charakter. Sie ist sowohl »une force de cohésion« als auch »une force de dissolution«. Damit der innere Zusammenhalt überwiegt, gilt es zunächst, die »face conflictuelle« unter Kontrolle zu bringen. Mimesis ist Teil dieses konfliktiven, zersetzenden Prozesses, weil sie sich in der »rivalité pour l'objet«[91] verwirklicht. Um solche Rivalitäten zu bändigen, schufen archaische Gesellschaften »non seulement les interdits mais les rites, et l'organisation religieuse«. Dadurch, daß er die Gesellschaft durch dieses gänzlich neue Prisma erforscht, ist es dem Autor möglich, eine »théorie complète de la culture humaine« (26f.) vorzutragen. Wie aber funktioniert diese Theorie, die von »ce seul et unique principe« (27) des mimetischen Wunsches ausgeht?

Dies bedeutet: Mimesis wird durch mimetische Rivalität angetrieben. In eindeutiger Opposition zu Freuds durchgängig objektbezogener Kennzeichnung von Wunsch oder Lust stellt Girard fest: »Le désir choisit des objets par l'intermédiaire d'un modèle; il est désir selon l'*autre*, identique pourtant à la soif furieuse de tout ramener à soi. Le désir est déchiré dès son principe entre le soi et un autre qui paraît toujours plus souverain, plus autonome que le soi.«[92] Der Wunsch ist folglich das Ergebnis eines Wettstreits mit einem Rivalen, der gleichzeitig bewundert und gehaßt wird. Diese doppelte und antagonistische Qualifizierung verbindet mimetisches Verhalten und Gewalt. Bezieht man diese Verbindung auf alle Mitglieder der Gemeinschaft, so wird es notwendig, damit es überhaupt eine Gemeinschaft gibt, die auflösende Kraft der Mimesis zu bezwingen, sie zu zähmen, d. h. Kontrollmechanismen für die sie bedrohende Gewalt zu entwickeln. Die archaischen Gesellschaften vollbringen das durch Opferung. Der Erklärung dieses Phänomens widmet Girard in seinem Hauptwerk La violence et le sacré (1972) den größten Raum.

Zum besseren Verständnis bezeichnen wir die Institution des Opfers zunächst als versöhnendes Opfer. Dieses besteht darin, die Gewalt, die im Begriff ist, die Gesellschaft zur Implosion zu bringen, auf ein ›opferfähiges‹ Opfer zu übertragen: »La substitution sacrificielle a pour objet de tromper la violence«[93]. Durch das Opfer oder ›pharmakos‹ – Ödipus ist das Beispiel, mit dem Girard sich am ausführlichsten befaßt – vollzieht sich einmü-

---

91 RENÉ GIRARD/JEAN MICHEL OUGHOURLIAN/GUY LEFORT, Des choses cachées depuis la fondation du monde (Paris 1978), 26.
92 GIRARD, Critique dans un souterrain (1976; Paris 1983), 10.
93 GIRARD, La violence et le sacré (Paris 1972), 18.

tige Gewalt: »Le sacrifice polarise sur la victime des germes de dissension partout répandus et il les dissipe en leur proposant un assouvissement partiel.« (22) Wenn die Opferung eine »violence purificatrice« (65) ist, so hat das Opfer ›Sündenbock‹-Charakter.[94] »Et le sacrifice lui-même n'est pas vraiment premier, il n'est que la forme ritualisée de l'unanimité violente spontanément obtenue *une première fois*. [...] Il ne s'agit pas d'accueillir à bras ouverts les puissances maléfiques mais de les exorciser.« (154) Die Beziehung zwischen Opferung und Opfer könnte also als Ausübung von Gewalt gegen einen Unschuldigen betrachtet werden, mit dem Ziel, die Gesellschaft vor mimetischer Rivalität zu bewahren. Sie wird nicht ›sublimiert‹, sondern ›verschoben‹, um in der Freudschen Begrifflichkeit zu bleiben. Die Veränderung, die die mimetische Rivalität erfährt, ist beträchtlich: Gewalt hört auf, unterschiedlos zu sein, und wird einmütig. Wenn Opferung eine »rupture absolue« mit der unterschiedslosen Gewalt bedeutet, muß sie andererseits eine »apparence de continuité entre la victime réellement immolée et les êtres humains auxquels cette victime est substituée« (63) besitzen. Anders ausgedrückt: Als Zeichen muß das Opfer, um als Sündenbock fungieren zu können, innerlich motiviert sein. Diese Motiviertheit kann auf vielfältige Weisen empfunden werden – gerade weil die Motiviertheit des Zeichens kulturell bestimmt ist. Folglich kann das Opfer aus dem Zustand negativer Einmütigkeit in den späteren Zustand positiver Einmütigkeit übergehen. Im alten Griechenland ist Ödipus der bekannteste Fall: Verbannt und aus der Stadt ausgewiesen, um diese vor der Pest zu bewahren, wird er zum *Ödipus auf Kolonos*, zu der Figur, deren Grab sich zwei rivalisierende Städte streitig machen. Da das Opfer in sich das Schlechte konzentriert, das sonst weithin verstreut wäre, wird seinem Tod oder dem Reinigungsritual, dem es unterzogen wird, die Fähigkeit zugeschrieben, das konzentrierte Negative in etwas Heilbringendes zu verwandeln.

Die Opferung ist der Grundstein archaischer Gesellschaften, weil sie dazu dient, die auflösende und trennende Seite des mimetischen Wunsches zu neutralisieren. Da der Wunsch Gewalt auslöst, versucht die Gesellschaft, ihn durch Wahl eines Ähnlichen zu bezwingen: durch das Opfer, das die Züge dessen trägt, der verschont wurde und das das Verlangen des Heiligen nach Gewalt versöhnlich stimmen, d. h. stillen soll. Das Opfer kann der Sohn in seiner Bindung an den Vater, ein Tier in Beziehung zu seinem Herrn oder, im Fall afrikanischer Gesellschaften, der König in Beziehung zu seinen Untertanen sein.

Damit das Opfer seine soziale Funktion übernehmen kann, wird eine Zeremonie benötigt, eine sinnlich wahrnehmbare Darstellung – keine begriffliche. Die Zeremonie wird durch das Ritual bestimmt – eine Art Vorgänger des religiösen Dramas. Warum religiös? In der Theorie Girards ist es die Funktion des Religiösen, die Opferungsgewalt zu legitimieren bzw. die Beziehungen zwischen bedrohter Gesellschaft und dem bedrohlichen Heiligen zu regeln. Die entscheidenden Textpassagen lauten: »Les hommes réussissent d'autant mieux à évacuer leur violence que le processus d'évacuation leur apparaît, non comme le leur mais comme un impératif absolu, l'ordre d'un dieu dont les exigences sont aussi terribles que minutieuses.« (30) Und: »La violence et le sacré sont inséparables.« (36) Ein drittes Zitat führt die Problematik am Fall des Dionysos vor: »*Dionysos est le dieu du lynchage réussi*. Dès lors il est facile de comprendre pourquoi il y a un dieu et pourquoi ce dieu est adoré. La légitimité du dieu se reconnaît non pas au fait qu'il trouble la paix mais qu'il restaure lui-même la paix qu'il a troublée, ce qui le justifie *a posteriori* de l'avoir troublée, l'action divine se muant en colère légitime contre une *hubris* blasphématoire dont rien, jusqu'à l'unanimité fondatrice, ne le différencie.« (190) Zieht man *Die Bakchen* des Euripides heran, so könnte dieser Vorschlag in Frage gestellt werden. Herrschte nicht vor der Ankunft des Gottes Frieden in der Stadt? Ist sein Wirken, das alle Bindungen und Hierarchien auflöst, durch den wieder einkehrenden Frieden nach Erfüllung seiner Mission tatsächlich gerechtfertigt? Wie läßt es sich legitimieren, wenn der Erfolg des Göttlichen darin besteht, das wiederherzustellen, was schon vor dem Blutbad existierte? Girard könnte jedoch entgeg-

---

94 Vgl. ebd., 160, 168.

nen, daß Theater sich nicht mit dem Mythos und der religiös legitimierten Gewalt, in die der Mythos eingebunden ist, gleichsetzen läßt. Das Theater, genauer gesagt die Tragödie, definiert sich nicht über die Opferhandlung, die sie zur Darstellung bringt, sondern über die ›crise sacrificielle‹: Die Tragödie kommt erst in dem Augenblick auf, als der Mechanismus der einmütigen Gewalt ganz offensichtlich abgenutzt ist. »Si la crise tragique doit se définir d'abord comme une *crise sacrificielle*, il n'est rien dans la tragédie qui ne doive la refléter.« (70) Der Zweifel, den wir hinsichtlich der Dionysos-Interpretation bekundet haben, rührt daher, daß wir ihn bereits in seiner tragischen und nicht in seiner mythischen Version sehen. Bei ersterer wäre es gerechtfertigt zu sagen, daß die Funktion des Gottes, nämlich wiederherzustellen, was bereits vor seinem Eingreifen existierte, entweder müßig oder gar negativ ist. Beim Mythos, wie ihn Girard versteht, wäre das Gegenteil der Fall: Das destruktive Handeln des Dionysos würde die gewaltsame Natur des Göttlichen zeigen und damit auch die Notwendigkeit für die menschliche Gemeinschaft, das versöhnende Opfer beizubehalten. Euripides, der nicht zufällig als der am wenigsten religiöse unter den großen griechischen Tragodienschreibern gilt, kehrt diese Meinung um und erklärt nicht nur die fortschreitende Abkehr der griechischen Tragödie vom Komplex des Religiösen, sondern markiert den Moment, in dem dieser zu funktionieren aufhört, d. h. den Beginn der Kritik.

Nach diesen Ausführungen erscheint es um so wichtiger, die Funktion des Mythos zu verdeutlichen. Girard gründet seine Theorie – und darin liegt eine besondere Schwierigkeit – im wesentlichen auf das griechische Beispiel, wobei ihm der Mythos beinahe durchgängig in tragischer Gestaltung begegnet. Zwei Textstellen kennzeichnen die Rolle des Mythos: »Dans le mythe d'Œdipe [...] – nous ne disons pas dans la tragédie – le parricide et l'inceste paraissent sans rapport aucun et sans commune mesure avec quoi que ce soit, même avec l'infanticide avorté de Laïos. Il y a là une chose à part, une énormité telle qu'il est impossible de la penser avec les éléments de symétrie conflictuelle qui l'entourent. On y voit un désastre coupé de tout contexte, qui frappe le seul Œdipe soit par accident, soit parce que le ›destin‹ ou d'autres puissances sacrées en ont ainsi décidé.« (113) Und: »La fixation mythique doit se définir comme un phénomène d'unanimité. Là où deux, trois, mille accusations symétriques et inverses se croisaient, une seule l'emporte et autour d'elle tout se tait. L'antagonisme de chacun contre chacun fait place à l'union de tous contre un seul.« (116) Diese auf Gewalt zentrierte Lektüre des Mythos erlaubt dem Leser Girards, klarer den Unterschied zur Freudschen Erklärung zu sehen: »Aucune lecture n'a jamais accédé à l'essentiel; même celle de Freud, la plus géniale et la plus trompeuse, n'est pas parvenue au vrai ›refoulé‹ du mythe qui n'est pas un désir du parricide et de l'inceste mais la violence qui se dissimule derrière ces thèmes trop visibles, la menace de destruction totale écartée et dissimulée par le mécanisme de la victime émissaire.« (124)

Betonen wir, daß die primäre Funktion des Religiösen darin bestanden hatte, das Sühneopfer zu legitimieren, was voraussetzte, die Ursache für die menschliche Gewalt ins Heilige zu verlegen. Das Religiöse definiert sich also über die Vollstreckung des ›Wunsches‹ des Heiligen, d. h. als Instanz, die ›positive‹ Gewalt sanktioniert. »Le religieux vise toujours à apaiser la violence, à l'empêcher de se déchaîner.« (38) Nach dieser Theorie fanden archaische Gesellschaften ihr Gleichgewicht und Überleben in dem Maß, in dem sie die auflösende Kraft einer auf Konkurrenz orientierenden Mimesis in ein gemeinschaftliches Band zu kanalisieren vermochten. Dieses ausgefeilte Konstrukt bot schließlich aber keinen Halt mehr, als die Gewalt des Opfers ihre reinigende Kraft verlor. Auflösungserscheinungen im Innern betrafen den Opfermechanismus, die Wahl des ›pharmakos‹, das Kriterium der Ähnlichkeit, auf das sich die vollzogene Substitution gründete, die sich mehr und mehr abnutzte und schließlich – bis hin zur ›crise sacrificielle‹ – keinen Glauben mehr fand. Zu einer Veränderung von außen kam es, als die Gesellschaft die Opferhandlungen, die eine zentrale Rolle des Heiligen und der religiösen Verwaltung mit sich gebracht hatten, hinter sich ließ und sie durch einen Rechtsapparat ersetzte. In anderen Worten als denen Girards könnte man hier von der Ablösung des Mythos durch die Vernunft sprechen. Da die griechische Tragödie im Kontext einer »période de transition entre un ordre religieux archaïque et l'ordre plus ›moderne‹, ›étatique‹ et judiciaire, qui va lui succéder« (68) steht, fällt sie mit der Phase der Opferkrise zusammen – der Phase, die sich zwischen die erste und die zweite Form gesellschaftlicher Organisation schiebt. Das erklärt die tiefgreifende Veränderung der tragischen Erzählung in bezug auf den Mythos, der ihr als Rohstoff gedient hatte. Während der Mythos die Opferung rechtfertigt, definiert sich die tragische Kunst durch »l'opposition d'éléments symétriques« (70): »La tragédie commence là où s'effondrent ensemble et les illusions des partis et celle d'impartialité.« (72f.) Die Tragödie ist weder eine szenische Verlängerung der Struktur, die im alten Griechenland dominant war, noch ist sie ein Vorläufer der autonomen Kunst, wie wir sie heute kennen. Die Tragödie steht gewissermaßen an einem Scheideweg. Unserer eigenen Anschauung nach könnten wir sagen: Die Opferkrise enthält die Krise der Ähnlichkeit. Diesen Weg schlägt Girard aber nicht ein. Im Gegenteil, er hält an den Variablen fest, die er zuvor herausgestellt hatte: »Du fait même qu'elle défait les significations mythiques, l'œuvre tragique ouvre sous les pas du poète un abîme devant lequel il finit toujours par reculer. L'*hubris* qui le tente est plus dangereuse que celle de tous ses personnages; elle porte sur un savoir qui, dans le contexte de toute religion antique ou primitive, ainsi que de toute pensée philosophique et moderne, ne peut être pressenti sinon appréhendé que comme infiniment destructeur.« (192) Damit optiert Girard dafür, Mimesis als ein einheitliches Phänomen zu definieren, das stets an Gewalt gekoppelt ist, unabhängig davon, ob es sich zu einer Zeit ausbildet, in der es an eine Funktion religiöser Opferung gebunden ist, oder nicht. Von daher trifft er die allgemeine Feststellung: »De façon plus générale, il faut reconnaître à la violence un caractère mimétique d'une intensité telle que la violence ne saurait mourir d'elle-même une fois qu'elle s'est installée dans la communauté.« (120) Girard modifiziert seine Aussage auch nicht hinsichtlich der Form der Tragödie. »Plus la rivalité tragique se prolonge plus elle favorise la *mimesis* violente, plus elle multiplie les effets de miroir entre les adversaires.« (74) Die Schwierigkeiten der Fachleute und die Fehlschlüsse eines Denkers wie Freud im Verständnis der Einzelstücke, die sich zum Opfermechanismus zusammenfügten, rühren Girard zufolge daher, daß der seit Jahrhunderten etablierte Rechtsapparat die Gewalt des mimetischen Diskurses, auf die er sich weiterhin stützt, vor den ihm Unterworfenen verbirgt.

Obgleich Girard ein Experte für Literatur ist, sind seine theoretischen Überlegungen in erster Linie anthropologisch fundiert. Folglich empfindet man trotz des vortrefflichen Essays über Dostoevskij aus dem Jahr 1963[95] einen Mangel an spezifischer Entfaltung des literarischen Phänomens. Es ist, als ob die Gleichzeitigkeit von Tragödie und Opferkrise für Girard die *Form* der Tragödie gar nicht tangierte oder nur dazu diente aufzudecken, was Mythos und Ritus noch zu verschleiern halfen. Oder so, als ob diese Form nicht auch die Art und Weise beträfe, in der Mimesis sich herstellt, also die einhellige Betonung der homoiōsis.

2. Adorno

Der zweite wichtige Versuch, Mimesis auf moderne Weise neu zu denken, geht auf Theodor W. Adorno zurück. Die Beschäftigung mit Literatur, genauer mit Literatur und Musik durchzieht das gesamte Werk Adornos; auf dezidierte und systematische Weise befaßt er sich damit in der Fragment gebliebenen, 1970 postum erschienenen *Ästhetischen Theorie*. Die Frage freilich, ob man hier überhaupt von Systematisierung sprechen kann, muß zunächst offenbleiben.

In einem Brief über Schwierigkeiten der Darstellung, der in Auszügen im ›Editorischen Nachwort‹ abgedruckt ist, schreibt Adorno: »Das Buch muß gleichsam konzentrisch in gleichgewichtigen, paratraktischen Teilen geschrieben werden, die um einen Mittelpunkt angeordnet sind, den sie durch ihre Konstellation ausdrücken.«[96] Obwohl die Konstellation als Darstellungsform nicht unbekannt war – Shierry Weber Nicholsen macht darauf aufmerksam, daß »the notion of constellation

---

95 Vgl. GIRARD, Dostoievski – du double à l'unité (1963), in: Girard (s. Anm. 92), 41–135.
96 THEODOR W. ADORNO, Ästhetische Theorie, in: ADORNO, Bd. 7 (1970), 541.

form«[97] von Walter Benjamin eingeführt und praktiziert wurde –, kann zwischen Benjamins *Passagen-Werk* (1982), an dem er bis zu seinem Tod arbeitete, und Adornos *Ästhetischer Theorie* keine einfache Parallele gezogen werden. Da das *Passagen-Werk* ebenfalls ein unvollendetes Werk ist, kann man nicht wissen, ob das Mosaik aus Zitaten und Kommentaren lediglich dem Material des zu schreibenden Buches entsprach oder ob es tatsächlich dessen konstitutives Prinzip war, während Adornos Aussage im Briefausschnitt nahelegt, daß die formale Anordnung seines Werks von vornherein festlag. Seine ›paratktischen Teile‹ unterlagen keiner ›Stufenfolge‹. Ihr Mittelpunkt, die Mimesis, stand im Einklang mit dem diskontinuierlichen Verfahren. Die Beziehung zwischen dem Mittelpunkt und den einzelnen Ausführungen ist, wie Nicholsen feststellt, komplex: »We may think of mimesis as the undefined foundational concept, *the blank center itself*, surrounded by innumerable contexts of exposition.« (174 f. – Hervorh. v. Verf.) Diese Leerstelle hat Konsequenzen von zweierlei Ordnung: (a) Zum einen läßt sich daraus die begrenzte kritische Resonanz von Adornos *Ästhetischer Theorie* erklären[98]; (b) Zum anderen läßt sich daraus auf die Unzufriedenheit Benjamins und Adornos mit den ihnen und uns zur Verfügung stehenden diskursiven Formen schließen. Ganz ähnlich hatte in bezug auf weit weniger komplexe Essays 1985 bereits Marjorie Perloff bemerkt: »As self-evidencing works, the collage-portraits or collage-manifestos of John Cage, like Pound's *Gaudier-Breska*, refuse to remain quietly in the critical corner, detached from the ›art works‹ they ostensibly talk about.«[99]

Keine der beiden genannten Schlußfolgerungen bietet uns Hilfe, mit den Schwierigkeiten der *Ästhetischen Theorie* umzugehen. Folglich wird die Lösung, nach der wir suchen, eher zufällig und kontingent sein. Beschränken wir uns darauf, vom ›blinden Fleck‹ der von Adorno konzipierten Mimesis her einige wenige der paratktischen Teile näher zu erkunden.

Der erste Punkt, den es hervorzuheben gilt, betrifft die (negativen) Beziehungen zwischen Mimesis, Magie, Rationalität und Nicht-Begrifflichkeit. »Kunst ist Zuflucht des mimetischen Verhaltens. In ihr stellt das Subjekt, auf wechselnden Stufen seiner Autonomie, sich zu seinem Anderen, davon getrennt und doch nicht durchaus getrennt. Ihre Absage an die magischen Praktiken, ihre Ahnen, involviert Teilhabe an Rationalität. Daß sie, ein Mimetisches, inmitten von Rationalität möglich ist und ihrer Mittel sich bedient, reagiert auf die schlechte Irrationalität der rationalen Welt als einer verwalteten. [...] Fortlebende Mimesis, die nichtbegriffliche Affinität des subjektiv Hervorgebrachten zu seinem Anderen, nicht Gesetzten, bestimmt Kunst als eine Gestalt der Erkenntnis, und insofern ihrerseits als ›rational‹.«[100] Wir wollen noch eine dritte Textstelle heranziehen:»Ahmt das mimetische Verhalten nicht etwas nach, sondern macht sich selbst gleich, so nehmen die Kunstwerke es auf sich, eben das zu vollziehen.« (169) Liest man die Textstellen zusammen, so ergibt sich: Mimesis setzt, bevor sie in der Kunst ihren Zufluchtsort findet, die magische Szene der Aneignung des Anderen voraus; diese Aneignung vollzieht sich im Bild, welches das Andere darstellt. Das ist zumindest eine der Hypothesen über die Bedeutung der Höhlenmalerei. Die künstlerische Mimesis unterscheidet sich von der magischen, weil sie im Gegensatz zu dieser gleichzeitig an der Vernunft partizipiert, ohne sich mit dieser zu verpflichten. Denn die Rationalität ist – so ein Nachhall auf die in der *Dialektik der Aufklärung* (1947) entwickelte These – immer nah daran, der ›verwalteten Welt‹ zu dienen. Mimesis bewahrt sich vom alten magischen Verhalten nicht den Glauben an die ›symbolische Wirkung‹, um den Ausdruck von Lévi-Strauss zu verwenden, sondern die Sympathie für das Andere. Als Produkt der Vernunft, aber nicht der Rationalität schafft Mimesis also einen

---

[97] SHIERRY WEBER NICHOLSEN, Exact Imagination, Late Work. On Adorno's Aesthetics (Cambridge/London 1997), 137.
[98] Vgl. ALBRECHT WELLMER, Wahrheit, Schein, Versöhnung. Adornos ästhetische Rettung der Modernität (1983), in: Wellmer, Zur Dialektik von Moderne und Postmoderne. Vernunftkritik nach Adorno (Frankfurt a. M. ⁴1990), 9.
[99] MARJORIE PERLOFF, The Dance of the Intellect: Studies in the Poetry of the Pound Tradition (Evanston, Ill. 1985), 70.
[100] ADORNO (s. Anm. 96), 86 f.

Abstand zum Begriff, der potentiell instrumentalisiert werden kann. Daher formulierte Adorno, als richtete er sich kritisch an Lessing: »Wer bloß verständnisvoll in der Kunst sich bewegt, macht sie zu einem Selbstverständlichen, und das ist sie am letzten.« (185)

Aus dem Abstand zum begrifflichen Prozeß wie aus der Affinität zu einem Rest magischer Sympathie folgt für das Verstehen von Kunst durch ihren Rezipienten: »Die Vergeistigung der Kunst nähert ihrem Rätselcharakter sich nicht durch begriffliche Erklärung unmittelbar, sondern indem sie den Rätselcharakter konkretisiert.« (185) Zwischen die Kunst – als »Zuflucht des mimetischen Verhaltens« (86) – und den Begriff, um den der Philosoph ringt, tritt also die instrumentelle Vernunft, die nicht als einfaches Privileg kapitalistischer Verhältnisse aufgefaßt wird. Daher ist die in eine Form von Wissen verwandelte künstlerische Mimesis ebenfalls eine Form von Rationalität. Als solche kann sie durchaus auch Rätselcharakter haben. Die rationale Alterität, die sie verkörpert, konkretisiert sich im nicht-imitierenden Moment des Werks. Das Kunstwerk zielt nicht darauf ab, etwas einem anderen nachzumachen, sondern darauf, sich selbst ähnlich zu werden. Denn es nimmt Alterität in sich auf, aber nicht als ein Anderes, das es sich aneignet, auch nicht als ein Anderes, das sich dem Ich des Autors unterordnet, sondern als etwas, das sich der Wahrnehmung und dem Begriff als Instrument der Rationalität entzieht. Von daher reicht das Kunstwerk nicht aus, um über sich selbst zu sprechen. Albrecht Wellmer hat festgestellt: »So wie der Unmittelbarkeit der ästhetischen Anschauung ein Moment der Blindheit, so haftet der Vermittlung des philosophischen Gedankens ein Moment der Leerheit an«[101]. Die Kunst sucht nach dem, was sie aus sich ausstößt: den Begriff, um den der Philosoph ringt. Nur zusammen können Kunst und Philosophie Wahrheit zum Ausdruck bringen. Aber von welcher Wahrheit spricht Adorno? Wellmers Antwort darauf lautet: »Auf diese Weise tritt bei Adorno am Ende doch die apophantische Dimension der Kunstwahrheit in den Vordergrund: seine Ästhetik wird zur apophantischen Wahrheitsästhetik.« (32) Wenn die »Negation der Synthesis zum Gestaltungsprinzip«[102] der Kunst wird, dann ist dies unerläßlich, damit sie nicht zugrunde geht oder dem Bereich des Instrumentellen anheimfällt, damit sie nicht zu einem weiteren Instrument im Katalog der ›commodities‹ des Spätkapitalismus verkommt, sondern das utopische Ziel beibehält, das Adorno ihr zuweist. Doch wie lassen sich Utopie und ein apophantischer Wahrheitsbegriff vereinbaren, ohne in eine religiöse Esoterik zurückzufallen? Zwar könnte man das im Anschluß an Benjamin versuchen, doch in bezug auf Adorno erscheint es äußerst mißlich. Als einzige plausible Lösung bliebe, die allzu sublime Sicht der Kunst bei Adorno beiseite zu lassen und sie in Begriffen mit mehr Bodenhaftung wieder aufzunehmen, wie Wellmer, orientiert an Habermas, vorschlägt: »Wahr im Sinne von wirklichkeitstreu kann sie [die Kunst – d.Verf.] daher nur sein, insofern sie die Wirklichkeit *als* unversöhnte, antagonistische, zerrissene zur Erscheinung bringt.«[103]

Versuchen wir, dem ›blank center‹, der Leerstelle Mimesis, mit Hilfe eines der parataktischen Teile der *Ästhetischen Theorie* näherzukommen. Unter dem Titel ›Theorien über den Ursprung der Kunst‹ schreibt Adorno: »Den frühgeschichtlichen Bildern muß die mimetische Verhaltensweise vorausgegangen sein, das sich selbst einem Anderen Gleichmachen, nicht durchaus koinzidierend mit dem Aberglauben an direkte Einwirkung.«[104]

Hier wird offensichtlich davon ausgegangen, daß die archaische Produktion mimetischer Bilder die Forschung vor eine Alternative stellt: die Bilder entweder als Folge des magischen Glaubens an die aktive Kraft des Bildes zu interpretieren oder, darüber hinausgehend, sie für befähigt zu halten, durch das Hervorbringen von Ähnlichkeit Genuß zu schaffen. Eine Formulierung Adornos, die als Leitmotiv sein Werk durchzieht, optiert für den zweiten Weg. Die Jagd- und Tierdarstellungen erschöpften sich nicht im Aberglauben, so wie die Höhlenkunst bereits eine frühere Stufe voraussetzte. Während Girard den Beginn des Theaters mit einer Art Dysfunktionalität erklärt, die von einem bestimmten historischen Moment an den primitiven Mechanismen der Opferung befällt, liegt

---
101 WELLMER (s. Anm. 98), 14.
102 ADORNO (s. Anm. 96), 232.
103 WELLMER (s. Anm. 98), 16.
104 ADORNO (s. Anm. 96), 487.

für Adorno die Trennung zwischen Kunst und Magischem schon lange Zeit zurück. Doch bietet er keine weitergehende Erklärung für die Unterscheidung an, außer sie schlicht vorauszusetzen, da sonst »die frappierenden Züge autonomer Durchbildung an den Höhlenbildern unerklärlich« (487) wären.

Ließe sich nicht, ähnlich wie bei Girard, auch hier unterstellen, daß die Unterscheidung auf der Einführung der Größe Differenz beruht, die sich über die Ähnlichkeit legt, zweifellos einer symbolischen und nicht einer naturalistischen Differenz? Aber dieses Moment zu vertiefen würde eine weniger hypothetisch-spekulative Erörterung erfordern als die von Girard und Adorno vorgeschlagene. In einem gewissen Sinn würde die Hypothese von der Einführung der Differenz zwischen dem dargestellten Ding und seiner Abbildung mit der folgenden Aussage Adornos stichhaltiger: »Ästhetische Verhaltensweise ist die Fähigkeit, mehr an den Dingen wahrzunehmen, als sie sind« (488). Für den Aberglauben ist diese Fähigkeit entbehrlich – nicht weil das Bild, das ihn anregt, dem ähnlich wäre, wogegen sich der Aberglaube richtet, sondern weil die Differenz, die das Bild enthält, für den Glauben an die Wirksamkeit der Magie nicht wichtig ist. Wie die Fetische der Volksschichten, die noch heute an magische Wirkung glauben, zeigen, zählt ihre Differenz gegenüber der Person, die angegriffen werden soll, für den, der glaubt, am wenigsten. Was in der Magie zählt, ist die symbolische Ähnlichkeit.

Nachdem wir uns im Bewußtsein der Unmöglichkeit, die vielen ›parataktischen Teile‹ der *Ästhetischen Theorie* darzustellen, bisher fast ausschließlich der Mimesis als der ›Leerstelle‹ im Mittelpunkt des Werks zugewandt haben, möchten wir abschließend noch eine weitere Stelle erörtern: »Ästhetisches Verhalten aber ist weder Mimesis unmittelbar noch die verdrängte, sondern der Prozeß, den sie entbindet und in dem sie modifiziert sich erhält.« (489) Als ›unmittelbar‹ verstehen wir diejenige Mimesis, die vom magischen Glauben an die manipulierende Aneignung des vorgestellten Anderen nicht abgetrennt ist. Die ›verdrängte‹ Mimesis hingegen ist die rein figurative, die darauf abzielt, dieselben Adern und Falten nachzuzeichnen, die das Nachgeahmte aufweist. Sie stellt eine Art säkularisierter Magie dar: Es wird zwar nicht mehr an die Macht des Bildes über den, der abgebildet ist, geglaubt, aber immer noch daran, daß das Dargestellte gewissermaßen im Bild enthalten ist. Was sollte der Prozeß, in dem Mimesis ›modifiziert‹ enthalten ist, also anderes sein als derjenige, der die Differenz zum Dargestellten aufgreift, indem er das ähnliche Bild nur auf sich selbst zurückführt, also auf das, was im Werk dargestellt ist? Zusammenfassend gesagt, verschwimmt in Adornos ›Wedernoch‹ das Bild mit der Vorstellung, während die modifizierte Mimesis die Darstellung erhöht. Obgleich sich bei Adorno keine Textstelle findet, die diese Behauptung bestätigte, steht sie doch im Einklang mit einer vorausgehenden Äußerung: »wer überhaupt nicht projiziert, begreift das Seiende nicht, das er wiederholt und fälscht, indem er ausstampft, was matt dem Präanimismus gedämmert war, die Kommunikation alles zerstreuten Einzelnen mit einander.« (488)

3. Benjamin

Der dritte zeitgenössische Denker, der es erlaubt Mimesis außerhalb ihrer Gleichsetzung mit Nachahmung neu zu überdenken, ist Walter Benjamin. Die direkte Thematisierung von Mimesis beschränkt sich bei Benjamin auf den kurzen Artikel *Über das mimetische Vermögen* (entst. 1933), der erst nach seinem Tod publiziert wurde. Seine Bedeutung für die Ausprägung des Benjaminschen Denkens ist gleichwohl nicht als gering zu veranschlagen. Rainer Rochlitz geht so weit zu behaupten, Benjamin überwinde durch sein Verständnis von Mimesis in dem genannten Beitrag die theologische Begrifflichkeit seiner frühen Schriften, etwa in seinem ersten Essay *Über Sprache überhaupt und über die Sprache des Menschen* (1916), und trete in seine materialistische Phase ein.[105] Doch ist bei Rochlitz selbst die Unterscheidung zwischen der theologischen und der materialistischen Phase nicht ganz deutlich, wenn er den Essay von 1933 so interpretiert: »Benjamin donne à toute relation signifiante un sens mystique de ressemblance et de ›correspondance‹.« (55) Diesen kritischen Vorbe-

---

105 Vgl. RAINER ROCHLITZ, Le désenchantement de l'art (Paris 1992), 54.

halt wollen wir an Benjamins Text selbst überprüfen.

Über das mimetische Vermögen beginnt mit einer geläufigen Feststellung: »Die Natur erzeugt Ähnlichkeiten. Man braucht nur an die Mimikry zu denken.«[106] Wie wir sahen, stellen auch Girard und Adorno nicht in Abrede, daß das Funktionieren der Mimesis zunächst die Produktion von Ähnlichkeiten voraussetzt. Grundlage dieses Arguments war, daß klassischerweise das lat. *imitatio* und seine Entsprechungen in den modernen Sprachen als richtige Übersetzung von Mimesis angesehen wurden. Im Zusammenhang dieses Verständnisses von *imitatio* wurde die Auffassung von Sprache als etwas Durchsichtigem hinsichtlich der Wirklichkeit bestärkt. Diese Auffassung lag der klassischen Kunstkonzeption zugrunde; ihre Negierung veranlaßte die gegenwärtige Geringschätzung der Mimesis. Historisch gesehen, setzte sich zusammen mit der Auffassung von Mimesis als *imitatio* zugleich die von Sprache als Transparenz durch; im Gegenteil bedeutete die Negation der Mimesis als *imitatio* zugleich die Negation der Sprache als Fenster zur Realität.

Der zweite einleitende Satz ist nicht minder gewöhnlich. Benjamin geht noch weiter: Weder bei Adorno noch bei Girard taucht der alte Topos auf, der in der Moderne erstmals durch Herder Widerspruch erfährt, daß der Mensch sich nämlich durch das mimetische Vermögen vom Tier unterscheide. Wegen der beiden einleitenden Sätze bräuchte Benjamin hier nicht behandelt zu werden, aber die weitere Lektüre zeigt, daß wir auf sie nicht verzichten können. Gerade aus der Wiederaufnahme alter, abgegriffener Topoi bezieht er seine Originalität. Sie zeigt sich in der Fähigkeit zur Entfaltung der – allerdings nur beiläufig angedeuteten – Geschichte des mimetischen Vermögens. Genauer gesagt, ist seine Originalität mit dem Gegensatz zwischen archaischer Welt und der Welt des modernen Menschen verknüpft. In dieser zeigt das mimetische Vermögen eine »wachsende Hinfälligkeit«. »Denn offenbar enthält die Merkwelt des modernen Menschen von jenen magischen Korrespondenzen und Analogien, welche den alten Völkern geläufig waren, nur noch geringe Rückstände.« (211) Die Textstelle scheint den Kommentar von Rochlitz, der auf das Fortbestehen bestimmter Elemente aus Benjamins früherer Phase in seiner späteren, mit dieser Schrift just beginnenden hinweist, zu bestätigen. Ein Motiv einführend, das in Adornos *Ästhetischer Theorie* eine weitaus stärkere Akzentuierung erfahren sollte, begründet Benjamin die abnehmende Bedeutung des Mimetischen mit dem Nachlassen der »magischen Korrespondenzen und Analogien« in der Wahrnehmung des modernen Menschen. Während Adorno diese Art der Argumentation vermeidet, an deren Stelle er den Unterschied im Umgang mit dem magischen Bild setzt – ein Umgang, der den Aberglauben beibehält, im Unterschied zu einem Umgang, der die Lust an der Form freisetzt –, gibt sich Benjamin anscheinend damit zufrieden, die wachsende Fragilität des mimetischen Vermögens zu unterstreichen. Doch dieses Urteil hat nicht lange Bestand, und die Bemerkung von Rochlitz schwächt seine Bedeutung ab, ohne sie gänzlich zu negieren. Die Hinfälligkeit der magischen Korrespondenzen wird in der weiteren Benjaminschen Argumentation kompensiert durch die Möglichkeit, etwas Homologes dazu zu finden. Diese Möglichkeit bietet die Sprachanalyse. Die Sprache bietet einen Kanon – verstanden im etymologischen Sinn als Regel oder Maß –, »nach dem das, was unsinnliche Ähnlichkeit bedeutet, sich einer Klärung näherführen läßt« (211). Bemerkenswert ist Benjamins Einführung einer anderen Terminologie: Während die ›magischen Korrespondenzen‹ an Ähnlichkeiten – wenngleich keine naturalistischen – in der sinnlich wahrnehmbaren Welt geknüpft waren, stellt sich beim modernen Mensch mit dem Hinfälligwerden der ›Merkwelt‹ eine ›unsinnliche Ähnlichkeit‹ ein. Nach Rochlitz wäre dieser Begriff sicher noch an theologisches Denken geknüpft. Benjamins Argumentation zeigt aber im weiteren, daß dem nicht so ist. In einem ersten Schritt sucht Benjamin seine Idee mit Hilfe der Wiederbelebung einer onomatopoetischen Sprachtheorie umzusetzen. Er verweist dabei jedoch selbst auf die Schwierigkeiten, diese anzuerkennen, und vollzieht einen zweiten Schritt: »Jedoch ist diese Art von Ähnlichkeit nicht nur an

---

[106] WALTER BENJAMIN, Über das mimetische Vermögen (entst. 1933), in: BENJAMIN, Bd. 2/1 (1977), 210.

den Verhältnissen der Wörter für Gleiches in den verschiedenen Sprachen zu erläutern.« (212) Als einzigen Beweis führt er die graphologische Praxis an, die sich für den produktiven Umgang mit dem eingeführten Konzept als deutlich zu begrenzt erweist. Aber mit seiner Rechtfertigung der Bedeutung der Schrift geht Benjamin weiter: »Die Schrift ist so, neben der Sprache, ein Archiv unsinnlicher Ähnlichkeiten, unsinnlicher Korrespondenzen geworden.« (213) Denn der Indexcharakter der Schrift erschöpft sich nicht in der Graphologie. Diese Feststellung treffen wir aus folgender Überlegung heraus: Die ›unsinnliche Ähnlichkeit‹ impliziert, daß unterhalb der Unmotiviertheit des Zeichens Schichten liegen, die dessen innere Motiviertheit zeigen; diese Motiviertheit bedeutet, daß das verwendete Zeichen kein anderes als eben dieses sein könnte. Hier liegt ein Vergleich mit Freud nahe. Hatte Freud nicht anhand des schriftlich oder mündlich ausgedrückten Zeichens den Weg zu der Sprache gefunden, die Verdrängungen und Unterdrückungen zum Ausdruck bringt und gleichzeitig umgeht?[107] Eine fruchtbare Anwendung des Benjaminschen Konzepts außerhalb des Terrains der Psychoanalyse ist in verschiedenen Untersuchungen von Lévi-Strauss anzutreffen. Ein Beispiel liefert die Einleitung der *Anthropologie structurale*: »L'ethnologue s'intéresse surtout à ce qui n'est pas écrit, non pas tant parce que les peuples qu'il étudie sont incapables d'écrire, que parce que ce à quoi il s'intéresse est différent de tout ce que les hommes songent habituellement à fixer sur la pierre ou sur le papier.«[108] Am wenigsten interessiert an der ›unsinnlichen Ähnlichkeit‹ die Art und Weise, wie sie sich festmachen läßt. Die Beispiele Freuds und Lévi-Strauss' zeigen, daß die Schrift ein Archiv ist, das nicht geschrieben zu sein braucht, denn selbst im Mündlichen bildet sie sich vor der syntagmatischen Kette aus, d. h. vor der expliziten Ebene der Aussage. Das unterscheidet sie von ›tout ce que les hommes songent habituellement à fixer‹.

Die Einsicht Benjamins, die er selbst keineswegs ausschöpfte, gab den Anstoß, die Rolle der Mimesis unter ganz anderen Voraussetzungen als denen der klassischen Konzeption neu zu entdecken. Das Primat der Ähnlichkeit wird fortan nicht mehr in der Ordnung des Sichtbaren, des Expliziten, des Transparenten begründet. Mimesis findet ihre Kraft und Gegenwart nur noch in Verbindung mit einer Differenz, welche den Hiat zwischen dem Dargestellten und dem Objekt der Darstellung markiert.

Schluß

Aus den vorangehenden Überlegungen ergeben sich drei Schlußfolgerungen: (a) Bis auf die von uns erwähnten Ausnahmen, denen noch einige weitere, allerdings weniger bedeutende hinzuzufügen wären, ist Mimesis gegenwärtig eine Kategorie, die keine besondere Beachtung findet; (b) die Kategorie, die die Tendenz hat, in den Mittelpunkt zu rücken, ist die Abstraktion. Nicht zufällig findet sich unter den unveröffentlichten Fragmenten Friedrich Schlegels, des ersten eigentlich modernen Literaturtheoretikers, die Beobachtung: »Die ursprüngl[iche] Form d[er] Piktur ist *Arabeske*, und d[er] Plastik das *Ideal*«; und: »Pikt.[ur] nichts als Arab[eske]. Man müßte hieroglyph[isch] mahlen können, ohne Mythologie. Eine philosophische Malerei.«[109] Diese Textstellen zeigen einen Friedrich Schlegel, der die Kritik des Figurativen und, vermittelt durch die Anerkennung der Arabeske, der abstrakten Malerei vorwegnimmt. So weit entfernt sie sich von der Abbildung des sinnlich Wahrnehmbaren, daß er sie als ›philosophische Malerei‹ bezeichnet; (c) In bezug auf die wenigen Autoren, die die Frage der Mimesis wieder aufnehmen, ist zu bemerken, daß sie neben der Kategorie der Ähnlichkeit, auf die sich die klassische und postklassische, d. h. Hegelsche Diskussion gestützt hatten, zwar die Präsenz der entgegengesetzten Größe, der Differenz, betonen, sie aber nicht angemessen entwickeln. Die richtiggehende Verdrängung, der die Differenz unterworfen war, ließ

---

107 Vgl. SIGMUND FREUD, Vergessen von Eigennamen (1901), in: Freud, Zur Psychopathologie des Alltagslebens (Frankfurt a. M. 1969), 5–12.
108 CLAUDE LÉVI-STRAUSS, Anthropologie structurale (1958; Paris 1974), 33.
109 FRIEDRICH SCHLEGEL, Fragmente zur Poesie und Literatur (1800), in: SCHLEGEL (KFSA), Bd. 16/1 (1981), 319, 326.

sich tatsächlich bereits in der aristotelischen Poetik beobachten, auch wenn diese ihre Präsenz und Rolle bereits angezeigt hatte. Bis ins 18. Jh. hinein änderte sich an dieser Sachlage wenig: Ähnlichkeit wurde nicht mit Imitation des natürlich Gegebenen verwechselt. Für uns ergibt sich daraus: Will man das Phänomen der Mimesis, vor allem in seinen künstlerischen Auswirkungen, begreifen, muß man in erster Linie berücksichtigen, daß sie ein Produkt des Spannungsverhältnisses von Ähnlichkeit und Differenz ist. Wenn das unterbleibt, wird die Analyse insofern fehlschlagen, als sie nicht überzeugend zwischen Kunst und Täuschung unterscheiden und Mimesis nicht als eine Form von Erkenntnis auffassen kann. Im Gegenteil: Die Tendenz wird dahin gehen, daß die Abstraktion immer mehr ins Zentrum rückt.

In diesem Zusammenhang scheint es erstaunlich, daß ein brasilianischer Dichter, der außerhalb der theoretischen Debatte steht, in einer praxisbezogenen Reflexion schon in den 50er Jahren vorwegnahm, was heute Allgemeingut ist. In einem Essay über Joan Miró schrieb João Cabral de Melo Neto:»De certa maneira, se pode dizer que o abstrato está nos dois pólos de representação da realidade. É abstrato o que apenas se balbucia, aquilo a que não se chega a dar forma, e abstrato o que se elabora ao infinito, aquilo a que se chega a elaborar tão absolutamente que a realidade que podia conter [...] desaparece. No primeiro (caso), se permanece aquém da realidade, no segundo, se nega a realidade.«[110] (Gewissermaßen kann man sagen, daß sich das Abstrakte an beiden Polen der Darstellung von Realität findet. Abstrakt ist, was man nur stammelnd sagen kann, dem man keine Form zu geben vermag; abstrakt ist, woran man ohne Ende arbeitet, das man mit solcher Absolutheit hervorbringt, daß die Realität, die es enthalten könnte [...], verschwindet. Im ersten Fall bleibt man hinter der Realität zurück, im zweiten negiert man die Realität.) Die unvermeidliche Abstraktion enthält jedoch ein tödliches Gift für die Kunst: »A preponderância absoluta dada ao ato de fazer termina por erigir a elaboração em fim de si mesma. [...] A obra [...] passa ser pretexto do trabalho. Todos os meios são utilizados para que este se faça mais demorado e difícil, todas as barreiras formais o artista procura se impor, a fim de ter mais e mais resistências a vencer. Este seria o estágio final do caminho que a arte vem percorrendo até o suicídio da intimidade absoluta.« (67) (Der absolute Vorrang, der dem Schaffensakt gegeben wird, erhebt schließlich die Gestaltung zum Selbstzweck. [...] Das Werk [...] wird zum Vorwand der Arbeit. Alle Mittel werden eingesetzt, damit diese sich in die Länge zieht und schwieriger wird; der Künstler versucht, alle erdenklichen Hürden vor sich aufzubauen, um immer höhere Widerstände überwinden zu müssen. Damit wäre die letzte Entwicklungsstufe der Kunst auf ihrem Weg zum Selbstmord der absoluten Intimität erreicht.) Beide Formen der Abstraktion, das grobe Stammeln und der raffinierte Ausdruck, würden demnach zum selben verhängnisvollen Ergebnis führen.

Der Essay von João Cabral de Melo Neto kündigte erneut, nunmehr unabhängig von der Geschichte des Geistes, den Tod der Kunst an. Hatte der Hegelsche Tod der Kunst eine teleologische Sichtweise der Geschichte vorausgesetzt, so kommt der von Melo Neto verkündete dem reinen »désastre obscur«[111] (Mallarmé) gleich. Durch die bloße Rückkehr zum Figurativen wäre dieser Tod nicht zu vermeiden; wenn er es überhaupt wäre, dann durch eine radikale Hinterfragung der Mimesis. Dazu wäre zu überlegen: 1) Der die Nachahmung negierende Autonomieprozeß der Kunst verlief, wie bereits gesagt, parallel zur Legitimierung des individuellen psychologischen Subjekts. Seit Descartes setzte diese Legitimierung das Subjekt an zentrale und privilegierte Stelle und machte es zum Herrn über die von ihm hervorgebrachten Repräsentationen. Die Möglichkeit, Mimesis zu hinterfragen, bringt die Notwendigkeit mit sich, einen anderen Subjektbegriff zu entwerfen: es nicht zu stärken, sondern zu fragmentieren, es nicht Herr seiner Repräsentationen, diesen aber auch nicht fremd sein zu lassen. Das Subjekt müßte jetzt als gespaltenes aufgefaßt werden, im Kreuzungspunkt der konstitutiven Vektoren der Mimesis: Ähnlichkeit und Differenz. Ähnlichkeit unterliegt dem Bewußtsein ihres Produzenten, während

---

110 JOÃO CABRAL DE MELO NETO, Joan Miró (1952), in: Melo Neto, Prosa (Rio de Janeiro 1998), 48.
111 STÉPHANE MALLARMÉ, Le tombeau d'Edgar Poe (1877), in: Mallarmé, Poésies (Paris ³⁴1926), 133.

die Differenz nicht nur den Unterschied zum Referenten betrifft, sondern auch das Bewußtsein des Produzenten von dem, was er tut. Auf diese Weise ließe sich der Antagonismus zwischen Autonomie der Kunst und Mimesis neutralisieren.[112]

Damit diese Möglichkeit nicht mit einer generellen Ablehnung der Abstraktion verwechselt wird, müssen wir auf einen anderen Parameter zurückgreifen: 2) In *De quelques formes primitives de classification* (1903) haben Émile Durkheim und Marcel Mauss gezeigt, daß sich Gesellschaften darin unterscheiden, wie sie bestimmte Teile aus dem Kontinuum der Welt auswählen und gegeneinander abgrenzen und wie sie ihre jeweils eigene Form der ›Klassifizierung‹ von Phänomenen vornehmen. Sozialisierung bedeutet, die Werte zu verinnerlichen, die der ›Klassifizierung‹ der Gesellschaft innewohnen, der man angehört. Dieselbe Überlegung ließe sich auch für die Sprachen anstellen, die aus dem Lautspektrum jeweils nur einige phonetische Möglichkeiten ›auswählen‹. Über einen ›mütterlichen‹ Boden zu verfügen bedeutet, bestimmte Stimmungen und Bedeutungen als ›natürlich‹ anzunehmen. Ähnlichkeit ist also nicht natürlich gegeben, sondern kulturell überdeterminiert.[113]

Im Einklang mit Girards Mimesisauffassung und Isers Wirkungstheorie hat man sich mithin zu vergegenwärtigen, daß Abstraktion nicht mit dem Nicht-Figurativen zu verwechseln ist. Ein abstraktes Werk ist nämlich nicht mehr anti-mimetisch, wenn seine Form assimilierbar ist, d. h. wenn diese sich entsprechend der Klassifizierungsformen der Gesellschaft, in der das Werk seine Form erhält, als lesbar erweist. Wenn die Klassifizierung eine auch nur minimale Entzifferung erlaubt, hängt es vom Leser ab, ob er die Differenz, die die Mimesis mit sich bringt, akzeptiert oder nicht. Denn Mimesis setzt die Orientierung an einem Modell nur dann voraus, wenn sie als Nachahmung verstanden wird. Was sie hingegen voraussetzt, ist die Entsprechung zwischen einem im voraus sozialisierten Wert und einem Werk, das diesen aufgreift – und sei es, um ihn zu verwerfen. In diesem Sinn wählt die neu durchdachte Mimesis als Losung den Satz, mit dem Paul Klee seinen Essay *Schöpferische Konfession* (1920) beginnt: »Kunst gibt nicht das Sichtbare wieder, sondern macht sichtbar.«[114] Damit das wirksam wird, ist ferner vorstellbar, daß Mimesis nicht, wie im Abendland seit der Aristotelischen *Poetik* üblich, der Darstellung organischer Formen untergeordnet wird. Denn es ist nicht möglich, das Unsichtbare sichtbar zu machen, wenn das Unsichtbare die organische Gestalt, in der sich die Dinge zeigen, wiederholen muß. Die an die Mimesis gestellte Anforderung, organisch zu sein, leitete sich von einer Philosophie her, deren Grundsatz besagte, daß der Kosmos wohlgeordnet sei. Wie Derrida gezeigt hat, ging sie damit von einer bestimmten metaphysischen Sichtweise aus. Sie im Gegenteil vom Organischen abzukoppeln setzt voraus, daß Mimesis nichts mit der Verdopplung des Gegebenen zu tun hat, sondern mit der menschlichen Fähigkeit erfüllter Poiesis.

Luiz Costa Lima
(Aus dem Brasilianischen übers. v. Ellen Spielmann; red. v. Martina Kempter)

Literatur

BAHTI, TIMOTHY, Auerbach's ›Mimesis‹: Figural Structure and Historical Narrative, in: G. S. Jay/D. L. Miller (Hg.), After Strange Texts: The Role of Theory in the Study of Literature (Alabama 1985), 124–145; BENJAMIN, ANDREW E., Art, Mimesis and the Avant-garde. Aspects of a Philosophy of Difference (London 1991); BYERLY, ALISON, Realism, Representation, and the Arts in Nineteenth-Century Literature (Cambridge 1997); BROWN, RICHARD HARVEY (Hg.), Postmodern Representations. Truth, Power and Mimesis in the Human Sciences and Public Culture (Urbana 1995); CHOI, SEONG MAN, Mimesis und historische Erfahrung. Untersuchungen zur Mimesistheorie Walter Benjamins (Bern u. a. 1997); COHEN, TOM, Anti-Mimesis. From Plato to Hitchcock (Cambridge 1994); COSTA LIMA, LUIZ, The Dark Side of Reason (Stanford 1992); COSTA LIMA, LUIZ, Mimesis como desafio ao pensamento (Rio de Janeiro 2000); DIAMOND, ELIN, Unmaking Mimesis. Essays on Feminism and Theater (London/New York 1997); ERDLE, BIRGIT/WEIGEL, SIGRID (Hg.), Mimesis, Bild und Schrift. Ähn-

---

112 Vgl. COSTA LIMA, Mimesis como desafio ao pensamento (Rio de Janeiro 2000).
113 Vgl. ERNST H. GOMBRICH, Art and Illusion. A Study in the Psychology of Pictorial Representation (1960; Princeton 1984).
114 PAUL KLEE, Schöpferische Konfession (1920), in: Klee, Kunst-Lehre. Aufsätze, Vorträge, Rezensionen und Beiträge zur bildnerischen Formlehre (Leipzig 1995), 60.

lichkeit und Entstellung im Verhältnis der Künste (Köln 1996); GEBAUER, GUNTER/WULF, CHRISTOPH, Mimesis und Visualität, in: Paragrana 4 (1995), H. 1, 163–172; HEMPFER, KLAUS W., Transposition d'art und die Problematisierung der Mimesis in der französischen Literatur des 19. Jahrhunderts, in: W. Engler (Hg.), Frankreich an der Freien Universität. Geschichte und Aktualität (Stuttgart 1997), 177–196; HIRSCHI, CASPAR, Die Regeln des Genies. Die Balance zwischen Mimesis und Originalität in Kants Produktionsästhetik, in: Conceptus 32, Nr. 81 (1999), 217–255; HÜTTINGER, STEFANIE, Der Tod der Mimesis als Ontologie und ihre Verlagerung zur mimetischen Rezeption. Eine mimetische Rezeptionsästhetik als postmoderner Ariadnefaden (Frankfurt a.M. 1994); ISER, WOLFGANG, Das Fiktive und das Imaginäre. Perspektiven literarischer Anthropologie (Frankfurt a.M. 1991), 481–504 (Kap. Mimesis und Performanz); JUNG, WERNER, Von der Mimesis zur Simulation. Eine Einführung in die Geschichte der Ästhetik (Hamburg 1995); KABLITZ, ANDREAS u.a. (Hg.), Mimesis und Simulation (Freiburg 1998); LANG, TILMAN, Mimetisches oder semiologisches Vermögen? Studien zu Walter Benjamins Begriff der Mimesis (Göttingen 1998); MELBERG, ARNE, Theories of Mimesis (Cambridge 1995); METSCHER, THOMAS u.a., Mimesis und Ausdruck (Köln 1999); NICHOLSEN, SHIERRY WEBER, Exact Imagination, Late Work. On Adorno's Aesthetics (Cambridge, Mass./London 1997); PALAVER, WOLFGANG, René Girards mimetische Theorie im Kontext kulturtheoretischer und gesellschaftspolitischer Fragen (Münster, im Druck); PASQUIER, PIERRE, La mimésis dans l'esthétique théâtrale du XVII siècle. Histoire d'une réflexion (Paris 1995); SCHLÜTER, RENATE, Zeuxis und Prometheus. Die Überwindung des Nachahmungskonzeptes in der Ästhetik der Frühromantik (Frankfurt a.M. 1995); SCHOLZ, BERNHARD F. (Hg.), Mimesis. Studien zur literarischen Repräsentation (Tübingen 1998); STERNBERG, MEIR (Hg.), Erich Auerbach and Literary Representation (Durham, N.C. 1999); STOREY, ROBERT, Mimesis and the Human Animal. On the Biogenetic Foundations of Literary Representation (Evanston, Ill. 1996); STÜCKRATH, JÖRG/ZBINDEN, JÜRG (Hg.), Metageschichte. Paul Ricœur und Hayden White. Dargestellte Wirklichkeit in der europäischen Kultur im Kontext von Husserl, Weber, Auerbach und Gombrich (Baden-Baden 1997); TAUSSIG, MICHAEL, Mimesis and Alterity. A Particular History of the Senses (New York 1993); dt.: Mimesis und Alterität. Eine eigenwillige Geschichte der Sinne, übers. v. R. Mundel/C. Schirmer (Hamburg 1997); WELLBERY, DAVID E., Lessing's Laocoon. Semiotics and Aesthetics in the Age of Reason (Cambridge 1984); WELLMER, ALBRECHT, Zur Dialektik von Moderne und Postmoderne. Vernunftkritik nach Adorno (1985; Frankfurt a.M. [4]1990); WHITE, HAYDEN, Figural Realism. Studies in the Mimesis Effect (Baltimore u.a. 1999).

Modern/Moderne/ Modernismus

(lat. modernus; engl. modern, modernity, modernism; frz. moderne, modernité, modernisme; ital. moderno, modernità, modernismo; span. moderno, modernidad, modernismo; russ. эпоха модерна, модернизм)

I. Modern/Moderne – ein irritierender Begriff; II. Wortgeschichte und Wortgebrauch: Das semantische Feld ›modern‹ in sieben Etappen; 1. Modern im Mittelalter; 2. Humanismus und Renaissance; 3. Die ›Querelle des anciens et des modernes‹; 4. Um 1800; 5. Um 1850; 6. Um 1900; 7. Nach 1970; 8. Modern: relational – absolut – historisch. Zusammenfassung; III. Modern/Moderne als Begriff der ästhetischen Terminologie; 1. Die ästhetische Ideologie der Moderne; a) Autonomie; b) Authentizität; c) Alterität; 2. Krise, Katastrophe, Erosion und Ende der ästhetischen Ideologie; a) Krise; b) Katastrophe; c) Erosion; d) Ende

I. Modern/Moderne – ein irritierender Begriff

›Die Moderne‹ mag vielleicht als »bewildering and disturbing term«[1] gelten – doch wer sich darauf einläßt, die historische Entwicklung des semantischen Feldes von ›modern/Moderne‹ zu skizzieren, darf sich nicht damit aufhalten, die »Uferlosigkeit verbindlicher Definitionsversuche«[2] oder gar die Unmöglichkeit des Unterfangens[3] zu beklagen. Wie sollte es denn anders sein bei einem Begriff mit einer so langen Geschichte, einem so weiten und großen, im wörtlichen Sinne epochalen Bedeutungsspektrum?

Das Wort modern ist sehr alt. Seine lange begriffsgeschichtliche Entwicklung beginnt mit dem von lateinisch modo (eben, erst, jetzt) abgeleiteten

---

[1] MALCOLM BRADBURY/JAMES MCFARLANE, The Name and Nature of Modernism, in: Bradbury/McFarlane (Hg.), Modernism: 1890–1930 (London/New York 1976), 38.

[2] WALTER FÄHNDERS, Avantgarde und Moderne 1890–1933 (Stuttgart 1998), 1.

[3] Vgl. PETER BÜRGER, ›Moderne‹, in: U. Ricklefs (Hg.), Fischer-Lexikon der Literatur (Frankfurt a.M. 1996), 1287.

Adjektiv modernus, das als rein relationale Zeitbezeichnung dient, die ein Heute vom Gestern, eine jeweilige Gegenwart von ihrer Vergangenheit, etwas gerade jetzt Neues von einem in Relation dazu Alten unterscheidet. Allen Wandlungen zum Trotz hat sich »die nur technische Bedeutung« von modern zur Bezeichnung der »Aktualitätsgrenze«[4] über die Jahrhunderte hinweg erhalten. Unwidersprochen kann auch im 20. Jh. behauptet werden, daß modern »buchstäblich nur die Stecknadelspitze der Gegenwart«[5] darstelle, daß modern »in normal usage, is something that progresses in company with and at the speed of the years, like the bow-wave of a ship«[6]. In diesem Sinne ist modern verwandt mit der Mode und in etwa synonym mit dem Gegenwärtigen, dem Aktuellen, dem Neuen oder Jungen.

Neben diesem fortbestehenden relationalen Gebrauch und weit über ihn hinaus ist modern in der substantivierten Form ›die Moderne‹ im späteren Verlauf der begriffsgeschichtlichen Entwicklung zum Makroperiodisierungsbegriff geworden. Die *Encyclopaedia Britannica* des Jahres 1997 stellt fest: »[Modernity] is one of just two quantum jumps that human social evolution has made since the primal hunting and gathering stage of early *Homo sapiens*.«[7] Wann der Quantensprung begonnen hat, ist umstritten; unumstritten ist dagegen, daß der Begriff Moderne, wie er heute gebraucht wird, eine ganze Epoche umfaßt, jenes Zeitalter, das die Dimension Zukunft, die Idee des Fortschritts entdeckt und das Neue absolut gesetzt hat. Innerhalb dieser Epoche, die bis (fast) in die unmittelbare Gegenwart hineinreicht, erlebt der Begriff eine Auffächerung in semantisch nicht immer klar unterschiedene Ableitungen: Modernität, Modernisierung, Modernismus. Hinzu kommt noch die Ausprägung konkurrierender Termini, die an den Wortstämmen von neu, jung, voran/voraus oder zukünftig ansetzen (die Beispiele reichen von Begriffen wie Neuzeit, über das *Junge Deutschland*, den Jugendstil, die Avantgarde, den Futurismus bis zu den unterschiedlichsten Neo-Prägungen in der Gegenwart, die allerdings eher ein ›Retro‹ bedeuten). Etwa seit den 70er Jahren des 20. Jh. erscheint der Begriff noch einmal in einem anderen Licht durch den Schatten, den die Möglichkeit einer Postmoderne, eines nachmodernen Welt- und Bewußtseinszustands auf das und die Moderne wirft. Vereinfachend zusammengefaßt, führt der Weg von einem relationalen über einen absoluten zu einem historischen Begriff von modern.

Zu den auffälligsten, sich durch den Verlauf der historischen Veränderungen durchhaltenden Merkmalen des Terminus gehört sein polemischer Charakter, der unmittelbar aus seiner Relationalität erwächst. Die Vorstellung des Modernen, Gegenwärtigen, Neuen steht nie für sich allein, sondern fordert immer den Vergleich, die Entgegensetzung, die »Kontrastspannung«[8] heraus: entweder zu einem Alten und Vergangenen oder zu einer Zukunft, einem Morgen, einem Neubeginn, an dessen Vorabend oder Anfang die Moderne sich sieht. Mit der Relationalität des Modernen läßt sich nach beiden Seiten hin spielen: Nach der einen Seite hin wird der Vergangenheit eine aus ihrer Perspektive betrachtete ›Modernität‹ zugesprochen (»omnibus seculis sua displicuit modernitas«[9] [jedem Jahrhundert mißfiel seine eigene Moderne] – »il y a eu une modernité pour chaque peintre ancien«[10]). Umgekehrt ist es möglich, die potentielle ›antiquitas‹ der eigenen Epoche in den Augen der Nachgeborenen zu antizipieren (»in remotissima posteritate mihi faciet auctoritatem antiquitas«[11] [in der fernsten Zukunft wird mich mein Alter zur Autorität machen]). Während in den früheren Stadien der Begriffsentwicklung die Debatten um

---

4 HANS ROBERT JAUSS, Literarische Tradition und gegenwärtiges Bewußtsein der Modernität, in: Jauß, Literaturgeschichte als Provokation (Frankfurt a. M. 1970), 16.
5 ›Modern‹, in: FRITZ MAUTHNER, Wörterbuch der Philosophie. Neue Beiträge zu einer Kritik der Sprache, Bd. 2 (München/Leipzig 1910), 95.
6 BRADBURY/MCFARLANE (s. Anm. 1), 22.
7 KRISHAN KUMAR, ›Modernization and Industrialization‹, in: ENCYCLOPAEDIA BRITANNICA, Bd. 24 (1997), 281.
8 FRITZ MARTINI, ›Modern, die Moderne‹, in: W. Kohlschmidt/W. Mohr (Hg.), Reallexikon der deutschen Literaturgeschichte, Bd. 2 (Berlin ²1965), 395.
9 WALTER MAP, De nugis curialium (ca. 1181–1193), lat.-engl., hg. und übers. v. M. R. James (Oxford 1983), 312.
10 CHARLES BAUDELAIRE, Le peintre de la vie moderne (1863), in: BAUDELAIRE, Bd. 2 (1976), 695.
11 MAP (s. Anm. 9), 312.

Moderne und Modernität eher im Hinblick auf das Verhältnis der jeweiligen Gegenwart zur Vergangenheit und ihre Vorbildlichkeit geführt wurden, steht in späterer Zeit eher das Verhältnis zur Zukunft und die Frage ihrer Gestaltbarkeit im Mittelpunkt. Die Frage, ob sich Moderne vorrangig an der Vergangenheit oder an der Zukunft orientiert, bildet die vielleicht bedeutsamste Wasserscheide in der Geschichte des Begriffs.

Eng verbunden mit dem polemischen und spannungsvollen Charakter des Begriffs ist die Möglichkeit seiner extrem gegensätzlichen Bewertung. Während sich im Verlauf der begriffsgeschichtlichen Entwicklung zwar eine positive, die Eigenständigkeit und den Eigenwert des Modernen betonende Sicht durchgesetzt hat, ist die negative Perspektive keineswegs auf jene Zeiten beschränkt, die das Neue in erster Linie am Maßstab und an der Autorität des Alten gemessen haben. Das Moderne erscheint oft als fragwürdig; die Moderne imponiert auch ihren Verfechtern als ein problematisches und riskantes Projekt. Das Schwanken zwischen Verdammung und Verherrlichung, die Spannung zwischen Fortschritt und Dekadenz, zwischen Herkunft und Zukunft, Nostalgie und Utopie gehört zu den Grundmerkmalen, die den Begriffsgebrauch durch die Jahrhunderte hindurch gekennzeichnet haben. Auffallend ist auch, daß von modern besonders da und dann die Rede ist, wenn die Sache, die das Wort bezeichnen soll, nicht (mehr) selbstverständlich ist. Die Hochzeiten des Diskurses um Moderne sind jene, in denen sie prekär wird; die Perspektive, aus welcher der Diskurs hauptsächlich geführt wird, ist eher die der Reflexion, der Skepsis, der Kritik, der Blick von der Peripherie.

die *Epistolae Pontificum* des Papstes Gelasius am Ende des 5. Jh. (494/495). Da Gelasius in der Korrespondenz mit seinen Bischöfen das Adjektiv bei der Unterscheidung neuerer kirchlicher Dekrete (»admonitiones modernas«[13]) von älteren (»antiquis regulis«[14]) ohne weitere Erläuterungen und gewissermaßen selbstverständlich verwendet, wird angenommen, daß modern zum Zeitpunkt seiner ersten schriftlichen Überlieferung bereits länger in Gebrauch ist. Wenige Jahre später stellt Cassiodor in einem Brief an Symmachus aus dem Jahr 507 modernus in Opposition zu antiquus im Sinne der heidnisch-römischen Kultur; er lobt Symmachus, dem er in seinem Schreiben die Wiederherstellung des Theaters des Pompeius übertragen möchte, als »antiquorum diligentissimus imitator, modernorum nobilissimus institutor«[15] (der gewissenhafteste Nachahmer der Alten, der vortrefflichste Lehrer der Modernen) und drückt somit eine Differenz zwischen seiner eigenen Zeit und der römischen Antike aus.[16]

Seit der Karolingerzeit wird die Opposition modernus/antiquus im Mittelalter häufig verwendet und zwar nicht allein, um den Unterschied zur vorchristlichen Antike zu markieren, sondern darüber hinaus mit wechselnden Bezugspunkten; sei es, daß mittelalterliche Theologen sich selbst als moderni den Kirchenvätern gegenüberstellen; sei es, daß die Gläubigen des alten Bundes als antiqui vom Neuen Testament und von den Christen als moderni abgesetzt werden; sei es, daß einzelne Philosophen verschiedener Zeiten und Schulen auf diese Weise charakterisiert werden (z. B. Boethius als antiquus, Abaelard als modernus), bis hin zur Unterscheidung der eigenen Gelehrtengeneration

II. Wortgeschichte und Wortgebrauch: Das semantische Feld ›modern‹ in sieben Etappen

1. Modern im Mittelalter

Das Wort modernus »ist eines der letzten Vermächtnisse spätlateinischer Sprache an die neuere Welt«[12]. Als erste Belegstelle gelten unumstritten

---

12 ERNST ROBERT CURTIUS, Europäische Literatur und lateinisches Mittelalter (Bern 1948), 259.
13 GELASIUS an Rufinus und Aprilis (494/495), in: A. Thiel (Hg.), Epistolae Romanorum pontificum genuinae I (Braunsberg 1868), 389.
14 GELASIUS an Martyrius und Justus (494/495), in: ebd., 386.
15 CASSIODORUS an Symmachus (507), in: Monumenta Germaniae Historica, Abt. Auctorum antiquissimorum, Bd. 12 (Berlin 1894), 138.
16 Vgl. JAUSS, ›Antiqui/moderni‹, in: RITTER, Bd. I (1971), 411.

(der ersten Hälfte des 13. Jh.) von der vorhergehenden (des späten 12. Jh.).[17]

Auch Streit über den Vorrang oder Nachrang der Alten und Modernen ist dem Mittelalter nicht fremd: Die ›Querelle des anciens et des modernes‹ »ist ein konstantes Phänomen der Literaturgeschichte und Literatursoziologie«[18]. Das berühmte typologische Bild der Modernen, die wie Zwerge auf den Schultern der alten Riesen sitzen und – obgleich viel kleiner als diese – doch weiter zu sehen vermögen, geht nach Auskunft von Johannes von Salisbury in seinem *Metalogicon* (1159) auf Bernhard von Chartres im frühen 12. Jh. zurück.[19] Die Anschaulichkeit dieser Formulierung und die Ambivalenz, die sie eröffnet zwischen der Größe der Alten und der dessenungeachtet fortgeschritteneren Perspektive der Modernen, haben dazu geführt, daß die Metapher von den Riesen und Zwergen immer wieder aufgegriffen wurde (u. a. von Michel de Montaigne, Isaac Newton, Blaise Pascal), bis sie sich schließlich zur rhetorischen Floskel verselbständigte.[20]

Eine feste terminologische Bedeutung gewinnt modernus im Mittelalter in Zusammensetzungen wie ›via moderna‹ oder ›devotio moderna‹. Via moderna kennzeichnet – teilweise auch in kritischer Absicht – den auf Wilhelm von Ockham zurückgehenden Nominalismus im Gegensatz zur ›via antiqua‹ der Scotisten und Thomisten seit der Mitte des 14. Jh.[21] Devotio moderna meint eine von den Niederlanden ausgehende Frömmigkeitsbewegung im 14./15. Jh., die von Geert Groote und Florentius Radewijn gegründet wurde, um ›Brüder‹, später auch ›Schwestern‹ vom gemeinsamen Leben‹ auf die Regeln einer streng asketischen Tradition zu verpflichten. Die Bezeichnung devotio moderna geht auf den selbst aus dieser Bewegung hervorgegangenen Historiker Johannes Busch um die Mitte des 15. Jh. zurück. »Die Devotio moderna hat, wie manche Erneuerungs- und Reformbewegungen, Distanz von Gegenwart und jüngerer Vergangenheit durch Anschluß an eine große ältere Vergangenheit gesucht.« Ein eigenes Modernitätsbewußtsein hat die Bewegung demnach nicht entwickelt; wohl aber läßt sich aus einer retrospektiven Sicht feststellen: »In der Devotio moderna kann man Elemente beobachten, die dem aufkommenden Humanismus verwandt sind: Moralismus, Hominismus, Skepsis, neue Rhetorik, Abkehr von der Scholastik.«[22]

In die europäischen Volkssprachen findet das Adjektiv seit der frühen Neuzeit Eingang. Im Französischen ist ›moderne‹ in der Bedeutung von ›neu, frisch‹ zuerst im 15. Jh. belegt; im Englischen in der Bedeutung des ›jetzt Existierenden‹ kurz nach 1500; ins Deutsche wird modern, ebenso wie die Verbform modernisieren, erst im 18. Jh. aus dem Französischen übernommen. Im Mittelalter sehr früh belegt ist auch die Substantivbildung modernitas: zum ersten Mal 1075 in den Annalen von Berthold von der Reichenau[23] in einem Bericht über die römische Fastensynode, in der Papst Gregor die Vorschriften der Väter wieder in Erinnerung bringen wollte, welche die ›modernitas nostra‹ vergessen habe.[24] Die zu modernitas analogen Wortbildungen erfolgen in den verschiedenen europäischen Volkssprachen wesentlich später und recht ungleichzeitig. Für das Englische gilt das Jahr 1627 als Zeitpunkt des frühesten Belegs von modernity.[25] Für das französische modernité wird Honoré de Balzacs *La dernière fée* aus dem Jahr 1823 als Ort des Erstbelegs angegeben, wo das Wort in folgendem Zusammenhang auftritt: »cette riante mythologie de la modernité«[26]. Bis fast ans Ende des 19. Jh. dauert es bis zur spezifisch deutschen Sub-

---

17 Vgl. MARIE-DOMINIQUE CHENU, Notes de lexicographie philosophique médiévale: antiqui, moderni, in: Revue des sciences philosophiques et théologiques 17 (1928), 88 f.
18 CURTIUS (s. Anm. 12), 256.
19 Vgl. WALTER FREUND, Modernus und andere Zeitbegriffe des Mittelalters (Köln/Graz 1957), 83.
20 Vgl. ROBERT K. MERTON, On the Shoulders of Giants (New York 1965); dt.: Auf den Schultern von Riesen. Ein Leitfaden durch das Labyrinth der Gelehrsamkeit, übers. v. R. Kaiser (Frankfurt a. M. 1980).
21 Vgl. FREUND (s. Anm. 19), 113.
22 HANS MARTIN KLINKENBERG, Die Devotio Moderna unter dem Thema ›Antiqui-Moderni‹ betrachtet, in: A. Zimmermann (Hg.), Antiqui und Moderni. Traditionsbewußtsein und Fortschrittsbewußtsein im späten Mittelalter (Berlin/New York 1994), 397, 419.
23 Vgl. JAUSS (s. Anm. 16), 412.
24 Vgl. FREUND (s. Anm. 19), 67.
25 Vgl. ›modernity‹, in: OED, Bd. 9 (1989), 949.
26 HONORÉ DE BALZAC, La dernière fée ou la nouvelle lampe merveilleuse (Paris 1823), 58.

stantivierung des Adjektivs modern zu ›die Moderne‹.

2. Humanismus und Renaissance

Ein verändertes Zeit- und Geschichtsbewußtsein entsteht in der Perspektive von Humanismus und Renaissance. Über den Graben der dunklen Jahrhunderte hinweg, die nunmehr als ein Mittelalter zwischen die Antike und die Gegenwart gerückt erscheinen[27], entdecken die Humanisten die Vorbildlichkeit der griechischen und römischen Kultur für ihre einen Neuanfang erhoffende Zeit. Das Bewußtsein einer eigenen Modernität verbindet sich mit der Bewunderung für die Antike, in der »das schon einmal erfüllte Urbild des Vollkommenen« erkannt wird, »von dem man glaubt, daß es nur auf dem Wege der Nachahmung wieder erreicht und vielleicht auch einmal übertroffen werden kann«[28]. In der Metapher der Wiedergeburt verbindet sich das Bewußtsein von historischer Distanz mit der Überzeugung von der überzeitlichen Gültigkeit des Vorbildes der Antike.

Die kulturwissenschaftlich/kulturhistorisch übliche Datierung von Renaissance und Humanismus stimmt mit der Datierung des Beginns der Neuzeit auf etwa 1500 ungefähr überein. Damit konvergiert sie mit technologischen Innovationen von so weitreichender Bedeutung – gerade auch für die Entwicklung des literarisch-ästhetischen Bereichs – wie dem Buchdruck und der langfristig so folgenreichen politisch-gesellschaftlichen Expansion im Zuge der Entdeckung und Kolonisierung der außereuropäischen Welt.[29] Seit der Zeit um 1500 sind signifikante Modernisierungsschwellen regelmäßig durch eine Überschneidung von wissenschaftlich-technologischer und politisch-gesellschaftlicher Innovation charakterisiert.

3. Die ›Querelle des anciens et des modernes‹

Die Harmonie zwischen der Anerkennung der Vorbildlichkeit der Antike und dem Selbstbewußtsein der eigenen Zeit gerät im späten 17. Jh. durch die ›Querelle des anciens et des modernes‹ aus dem Gleichgewicht. Anläßlich einer Sitzung der Académie française im Jahr 1687 trägt Charles Perrault sein Gedicht Le Siècle de Louis le Grand vor. Darin, ebenso wie in weiterer Folge in seinem vierbändigen Hauptwerk Parallèle des anciens et des modernes (1688–1697), stellt Perrault die ausschließliche Autorität der antiken Autoren in Frage und behauptet die Gleichrangigkeit, wenn nicht gar Überlegenheit der neueren Literatur und Kunst. Er vertritt die Auffassung, daß zum Gelingen eines Werkes sowohl ›génie‹ als auch die Kenntnis der Kunstregeln erforderlich seien. Da die Regeln der Kunst seit der Antike sowohl an Quantität als auch an Qualität fortschreitend zugenommen hätten, sei zu erwarten, daß die Modernen vollkommenere Werke zu schaffen imstande seien, wenn ein annähernd gleiches Maß an génie vorausgesetzt werden dürfe. Den antiken Autoren (insbesondere Homer) werden dagegen sowohl technische Mängel als auch Verstöße gegen den guten Geschmack vorgeworfen. Unterstützung findet Perrault sehr rasch vor allem bei Saint-Évremond und Fontenelle.

Das neue Selbstbewußtsein, das sich hier bekundet, beruht auf zwei Grundlagen: Auf der einen Seite lassen Macht und Glanz des französischen Staates unter Ludwig XIV. ein Gefühl der Überlegenheit sogar über die Höhepunkte der antiken Kultur entstehen. Nicht zufällig ist Perraults Gedicht an den französischen König gerichtet, und gleich in den ersten Zeilen wird ein für diesen vorteilhafter Vergleich zwischen seiner Regentschaft und den Tagen des Kaisers Augustus hergestellt. Auf der anderen Seite spielen die seit Ende des 16. Jh. radikal erneuerten Wissenschaften eine wichtige Rolle. Ihre bahnbrechenden Fortschritte erweisen die Unhaltbarkeit der autoritativen Geltung des Altertums. Perraults und Fontenelles Absicht ist es, das seit Descartes und Kopernikus für die Wissenschaften behauptete Prinzip der ›perfectibilité‹, das der Gegenwart einen Vorrang vor der Vergangenheit zuerkennt, auf Literatur und Kunst anzuwenden und auszudehnen.

---

27 Vgl. THEODOR E. MOMMSEN, Petrarch's Conception of the ›Dark Ages‹, in: Speculum 17, Nr. 2 (April 1942), 226–242.
28 JAUSS (s. Anm. 4), 29.
29 Vgl. ENRIQUE DUSSEL, Beyond Eurocentrism. The World-System and the Limits of Modernity, in: F. Jameson/M. Miyoshi (Hg.), The Cultures of Globalization (Durham 1998), 3–31.

Dem Angriff Perraults und Fontenelles treten die Vertreter des französischen Klassizismus auf breiter Front entgegen; allen voran Nicolas Boileau, der bereits beim Vortrag von Perraults Gedicht wütend gegen ihn aufgestanden war und seine Gedanken später vor allem in den *Réflexions critiques sur quelques passages du rhéteur Longin* (1694) niedergelegt hat. Auch Jean Racine, Jean de La Bruyère, Jean de La Fontaine, François de Salignac de la Mothe-Fénelon, Jacques Bénigne Bossuet nehmen für die Vorbildlichkeit der Antike Partei. Die ›Querelle des anciens et des modernes‹ überschneidet sich mit der ›Querelle des femmes‹, die teilweise zwischen denselben Protagonisten geführt wird.»Autoren, die [...] Partei für die *Modernen* ergriffen, pflegten im paralellen Vorzugsstreit Partei für die Frauen zu ergreifen und erblickten im wachsenden Einfluß der Frauen auf das gesellschaftliche Leben ein Zeichen des Fortschritts.«[30] Während Boileau als Autor einer *Satire contre les femmes* (1694) in Erscheinung tritt, antwortet Perrault sofort mit einer *Apologie des femmes* (1694). Nicht zuletzt durch diese Überschneidung nimmt der akademische Streit beinahe die Züge eines frühen ›culture war‹ an.[31]

In ihrer ersten Phase zieht sich die Debatte über mehr als ein Jahrzehnt hin, und bereits zwischen 1711 und 1720 flammt sie im sogenannten Homerstreit zwischen Mme Dacier und Houdart de La Motte (einem Schüler Fontenelles) erneut auf. Auch in anderen Ländern wird die Auseinandersetzung aufgegriffen. In England wird die modernistische Position vor allem von Thomas Burnet vertreten (*Panegyric of Modern Learning, in Comparison of the Ancient* [um 1690]); Sir William Temple (*An Essay upon the Ancient and Modern Learning*

[1690]) tritt als Verfechter der Alten auf, während William Wotton eine moderne bzw. vermittelnde Position einnimmt (*Reflections upon Ancient and Modern Learning* [1694]). Ähnlich wie François de Callière in Frankreich (*Histoire poétique de la guerre nouvellement déclarée entre les Anciens et les Modernes* [1688]) macht Jonathan Swift den Streit zum Gegenstand einer satirischen Behandlung in seiner *Battle of the Books* (1697). Dieser Titel wird gewissermaßen zum Namen der ›Querelle‹ im Englischen. In Deutschland macht vor allem Johann Christoph Gottsched die französische Debatte bekannt. Er selbst wechselt vom Lager der Modernisten zu den anciens über. Johann Joachim Winckelmann steht in der Spannung zwischen der Erkenntnis der historischen und geographischen Einmaligkeit der griechischen Kunst und der Empfehlung der Nachahmung der Alten als einzigem Weg zur Größe. Umfassende Darstellungen legen Albrecht Haller (*Sermo Academicus Ostendens Quantum Antiqui Eruditione et Industria Antecellant Modernos* [1734]) und Georg Heinrich Ayrer (*De comparatione eruditionis antiquae ac recentioris* [1735]) vor.

Bei einer so lang und breit geführten Debatte ist es schwierig, ein Ergebnis zusammenzufassen. Sieger oder Verlierer der Auseinandersetzung lassen sich nicht eindeutig ausmachen. Aber zwei – zukunftsweisende – Resultate zeichnen sich ab: (a) die Trennung der Künste und der Wissenschaften und (b) die Entstehung eines historischen Bewußtseins:

(a) Während die meisten Autoren (auch auf der Seite der anciens) der Auffassung zustimmen, daß die neuzeitlichen Wissenschaften bedeutende Erkenntnisfortschritte erzielt haben, ist eine Mehrheit (tendenziell auch unter den Modernen) zugleich davon überzeugt, daß für die Dichtung nicht dasselbe gilt. »Der erste, der die gegensätzliche Entwicklungsrichtung von Dichtung und Wissenschaft eindeutig herausstellte, war Fontenelles Schützling Marivaux [...]. Für die Entwicklung der Künste ist seiner Meinung nach der wachsende Reichtum der Ideen im Verlauf der Geschichte geradezu ein Hindernis ihrer Entwicklung. Die große Kunst verlangt das strengere Klima und die größere Einfalt der frühgeschichtlichen Menschheit.«[32] Nicht nur anders geartete gesellschaftliche

---

30 GISELA BOCK/MARGARETE ZIMMERMANN, Die Querelle des Femmes in Europa, in: Querelles. Jahrbuch für Frauenforschung 2 (1997), 14.
31 Vgl. JOAN E. DEJEAN, Ancients Against Moderns. Culture Wars and the Making of a ›Fin de Siècle‹ (Chicago 1997).
32 WERNER KRAUSS, Der Streit der Altertumsfreunde mit den Anhängern der Moderne und die Entstehung des geschichtlichen Weltbildes, in: W. Krauss/H. Kortum (Hg.), Antike und Moderne in der Literaturdiskussion des 18. Jahrhunderts (Berlin 1966), XXXVII f.

Verhältnisse, sondern grundlegende Unterschiede zwischen dem wissenschaftlichen und dem ästhetischen Wissenstypus macht Jean-Baptiste Du Bos geltend (*Réflexions critiques sur la poésie et sur la peinture* [1719]). Wissenschaftliches bzw. technisches Wissen kann akkumuliert werden und ist daher bei den Neueren größer als in früheren Zeiten. Künstlerische Begabung (génie) kann dagegen zu allen Zeiten auftreten und ist von ganz anderer Art. Das ästhetische Urteil ist weniger eine Angelegenheit von Regeln und Kenntnissen als vielmehr des Gefühls. Auch viele der deutschen Autoren (z. B. Haller, Lessing, Ayrer) schließen sich der Auffassung einer Trennung zwischen dem Vorrang der Alten in Poesie und Rhetorik und der Überlegenheit der Neueren in den Naturwissenschaften an. In seinen *Betrachtungen einiger Verschiedenheiten in den Werken der ältesten und neuern Schriftsteller* (1770) spricht Christian Garve von der absichtslosen Naturnähe und Simplizität der Alten und konfrontiert sie mit dem »absichtsvollen bewußten Verfahren der neueren Dichter«[33], so daß sich der Dualismus von Natur und Kultur in den Gegensatz zwischen den Alten und Modernen einschreibt.

Diese sich aus der ›Querelle‹ ergebende »Aufspaltung der alten Einheit der ›scientiae et artes‹«[34] weist bereits in Richtung der Ausdifferenzierung unterschiedlicher autonomer Sachbereiche und der ihnen zugeordneten jeweils verschiedenen Rationalitätstypen, die im Verlauf des 18. Jh. verstärkt in Gang kommt und für den Prozeß der Moderne allgemein charakteristisch geblieben ist. Die Gegenüberstellung von Kunst und Wissenschaft gewinnt noch klarere Konturen durch die sich im Verlauf des 18. Jh. vollziehende Ausbildung des Kollektivsingulars Kunst, unter welchem seither Malerei, Skulptur, Architektur, Musik und Dichtung zusammengefaßt werden.[35]

Infolge der Trennung zwischen den Bereichen von Kunst und Wissenschaft eröffnet sich die Möglichkeit des Vergleichs und der Konkurrenz. Auf den ersten Blick erscheint die Unterlegenheit der Kunst gegenüber den in der modernen Gesellschaft unbestreitbar Sozialdominanz erlangenden Wissenschaften evident. Paul de Man sieht diese Tendenz bereits bei Perrault und Fontenelle ihren Ausgang nehmen: »That such a type of modernism leads outside literature is clear enough. The topos of the anti-literary, technological man as an incarnation of modernity is recurrent among the ›idées reçues‹ of the nineteenth century and symptomatic of the alacrity with which modernity welcomes the opportunity to abandon literature altogether. […] Perrault's […] as well as Fontenelle's […] modernism both lead away from literary understanding.«[36] Im 19. und 20. Jh. sind es immer wieder Literaten und Künstler selbst, die kritisch bzw. selbstkritisch die Anpassung der Kunst an die Gegebenheiten der modernen Welt einfordern. Obwohl die Modernitätsdiskussion gerade im Bereich des Ästhetischen geführt wird, geraten Literatur und Kunst dabei unter Legitimierungs- und Anpassungsdruck an die gesellschaftliche Wirklichkeit, erscheinen sie – von gesellschaftlicher Folgenlosigkeit bedroht – in der Perspektive des Hinterherhinkens und Nachholens.

Auf einen zweiten Blick fällt dagegen auf, daß in jenen Merkmalen, die der ästhetischen Sphäre in Kontrast zur wissenschaftlichen Rationalität zugeschrieben werden, also in ihrer ›Primitivität‹, ihrer Zuordnung zu einem vergangenen Weltalter, zur ›Jugendzeit‹ der Menschheit, zu Natur, Gefühl und Sinnlichkeit genau die Qualitäten des Ästhetischen angelegt sind, die später das Potential bilden für eine Neubestimmung der gesellschaftlichen Funktion von Kunst, die auf Modernitätskritik und -überwindung zielt. Je selbstkritischer und pessimistischer die Beurteilung der modernen Wirklichkeit ausfällt, desto positiver wird all das gewertet werden, was die Kunst als außerhalb der modernen Gesellschaft positioniert erscheinen läßt.

(b) Wenn die Modernen eine Analogie zwischen den Lebensaltern und dem Ablauf der Zeitalter herstellen, so läßt dies zunächst kaum auf die

---

[33] MARTINI (s. Anm. 8), 395.
[34] REINHART KOSELLECK, ›Fortschritt‹, in: KOSELLECK, Bd. 2 (1979), 394.
[35] Vgl. PAUL OSKAR KRISTELLER, The Modern System of the Arts. A Study in the History of Aesthetics, in: Journal of the History of Ideas 12 (1951), 496–527 u. 13 (1952), 17–46.
[36] PAUL DE MAN, Literary History and Literary Modernity (1969), in: de Man, Blindness and Insight. Essays in the Rhetoric of Contemporary Criticism (New York 1971), 155f.

Entstehung eines neuen historischen Bewußtseins schließen. Vielmehr verbleiben sie damit ganz im Rahmen der Tradition, in der Vorstellungswelt des zyklischen Denkens von Blüte, Reife und Verfall im Jahreslauf der Natur oder im Lebenslauf natürlicher Organismen. Den Gedanken, daß sich die gesamte Menschheit wie ein einzelner Mensch entwickelt, artikuliert bereits Augustinus in seinem *Gottesstaat*. In den Zusammenhang der Auseinandersetzung zwischen Alten und Neuen tritt die Metapher bei Francis Bacon: »De antiquitate [...], opinio quam homines de ipsa fovent [...] vix verbo ipsi congrua. Mundi enim senium et grandaevitas pro antiquitate vere habenda sunt; quae temporibus nostris tribui debent, non juniori aetati mundi, qualis apud antiquos fuit. Illa enim aetas, respectu nostri antiqua et major, respectu mundi ipsius nova et minor fuit. Atque revera quemadmodum majorem rerum humanarum notitiam et maturius judicium ab homine sene expectamus quam a juvene [...]; eodem modo et a nostra aetate [...] majora multo quam a priscis temporibus expectari par est; utpote aetate mundi grandiore, et infinitis experimentis et observationibus [...] cumulata.« (Die Auffassung [...], die die Menschen von der Antike hegen, [...] entspricht nicht einmal dem Wort. Denn für das Altertum ist doch in Wahrheit das Greisen- und großväterliche Alter der Welt zu halten; und dieses muß von unserer Zeit ausgesagt werden und nicht von jenem jüngeren Zeitalter der Welt, in dem die Alten lebten. Denn jenes ist zwar mit Rücksicht auf unsere Zeit älter und entfernter, in bezug auf die Welt selbst aber neuer und jünger. Wie wir eine größere Kenntnis der menschlichen Verhältnisse und ein reiferes Urteil mit Recht von einem Greis als von einem Jüngling erwarten, [...] so kann man auch von unserer Zeit [...] weit mehr als von den alten Zeiten erwarten, ist sie doch für die Welt die ältere und um unzäh-

lige Experimente und Beobachtungen [...] bereichert.)[37] Fontenelle ordnet Poesie und Rhetorik dem Jugendalter der Menschheit zu, in dem sich Einbildungskraft und Phantasie früh entwickeln, um auf dieser Entwicklungsstufe stehenzubleiben bzw. sich hier zu vollenden. Dagegen entfalten sich die Wissenschaften langsamer und gelangen erst im Erwachsenenalter der Menschheit zur Reife. Allerdings muß der aus einem organischen Zeit- und Wachstumsverständnis abgeleitete Gedanke nun dringend modifiziert werden, um die der Argumentation innewohnende zyklische Konsequenz zu vermeiden, daß auf die Zeit der Reife das Alter und der Verfall folgen werden. Fontenelle bricht die Analogie an dieser Stelle ab: »Je suis obligé d'avouer que cet homme-là n'aura point de vieillesse«. Er argumentiert stattdessen mit den irreversiblen Fortschritten der Wissenschaften: »les hommes ne dégéneront jamais, et [...] les vues saines de tous les bons esprits qui se succéderont, s'ajouteront toujours les unes aux autres«[38]. Hier wird der Grund gelegt für eine lineare Vorstellung vom Ablauf der Zeit, die an die Stelle der zyklischen Zeit tritt.[39]

Während sich die Modernen also dem Konzept eines linearen Fortschritts annähern, tragen die Vertreter der ›Alten‹ auf andere Weise zur Entwicklung eines historischen Bewußtseins bei, nämlich indem sie den Vorwurf der Modernen, daß die antiken Dichter häufig gegen die Regeln des guten Geschmacks verstießen, mit der These von der grundsätzlichen Verschiedenheit der Zeitalter beantworten. In den Zeiten Homers hätten andere Sitten und Gebräuche geherrscht und die antiken Verhältnisse dürften daher nicht an den Maßstäben und Vorstellungen der Gegenwart gemessen werden. »Daraus entwickelte sich im Lauf der Diskussion [...] die neue, beiden Lagern gemeinsame, wenn auch nicht gleich offen eingestandene Erkenntnis, daß es neben dem zeitlos Schönen auch ein zeitbedingtes Schönes, neben der *beauté universelle* auch ein *beau relatif* gäbe.«[40] Dies setzt eine Denkbewegung in Gang, die schließlich bei Montesquieu in die Auffächerung des Geistes in die Eigenart verschiedener Völker und Zeiten einmündet und bei Herder, im *Sturm und Drang* und in der Romantik in die Einsicht der Gleichwertigkeit der unterschiedlichen Epochen.

---

37 FRANCIS BACON, Novum organum (1620), lat.-dt., hg. v. W. Krohn, übers. v. R. Hoffmann (Hamburg 1990), 178 ff.
38 BERNARD LE BOVIER DE FONTENELLE, Digression sur les anciens et les modernes (1688), in: Fontenelle, Entretiens sur la pluralité des mondes, hg. v. R. Shackleton (Oxford 1955), 172.
39 Vgl. KRAUSS (s. Anm. 32), XXXIII.
40 JAUSS (s. Anm. 4), 32.

Noch in Stendhals *Histoire de la peinture en Italie* (1817) wird zwischen dem »beau idéal antique« und dem »beau idéal moderne«[41] unterschieden. Die sich im Verlauf der ›Querelle‹ anbahnende Einsicht in die Verschiedenartigkeit und den jeweils eigenen Charakter der Epochen und darüber hinaus in die zeitliche Prägung von Ideen, Idealen und Normen leitet den »Übergang von der klassisch-normativen zur historischen Betrachtung der Künste«[42] ein, der am Ende des 18. Jh. zur Ablösung der Regelpoetiken durch die neue historisch argumentierende Wissenschaft der Ästhetik führt.

4. Um 1800

»As an approximation […] we can take the beginning of the modern period to have occured at about the turn of the nineteenth century.« »The events described […] as the Industrial Revolution and the political (or *French*) revolution […] together […] mark the onset of modernity.«[43]

Das vielleicht wichtigste Argument dafür, in der Periode um 1800 eine, wenn nicht überhaupt die für die Begriffsgeschichte von modern/Moderne entscheidende Schwelle zu sehen, liegt in der Zeit- und Geschichtserfahrung der gebildeten und gelehrten Zeitgenossen selbst. »Das Wissen, um 1800 herum an einer epochalen Wende zu stehen, war allgemein verbreitet.«[44] Während bis ins »17. Jahrhundert hinein […] vorausgesetzt wurde, daß sich bis zum Weltende nichts prinzipiell Neues mehr ereignen könne«[45], entwickelt sich im Verlauf des 18. Jh. eine grundlegend andere Einstellung. Etwa um 1800 ist die ›Wasserscheide‹ erreicht, an welcher sich die Orientierung der Gegenwart von Herkunft auf Zukunft umstellt. Neben den schon seit längerem wahrnehmbaren Wirkungen des wissenschaftlichen und technischen Fortschritts ist es vor allem die Französische Revolution, die zu diesem tiefgreifenden Einstellungswandel beiträgt. Durch dieses Ereignis wird sich die moderne Gesellschaft der Konsequenzen des Weges der Säkularisierung, auf dem sie sich schon längst befindet, auf einmal bewußt. Ohne einen transzendenten Bezugspunkt ist die moderne Gesellschaft auf sich selbst gestellt (»un cosmos reposant sur soi-même, possédant en soi-même son propre centre de gravité«[46]). In der Situation der Selbstinstitutionalisierung und Selbstlegitimierung erfährt sich die Menschheit auch für den Lauf der Geschichte, der bis dahin vom Schöpfungsakt bis zum Jüngsten Gericht theologisch verbürgt war, als verantwortlich. An die Stelle eines göttlichen Heilsplans tritt die Idee des Fortschritts, die Vorstellung der im Lauf der Geschichte zu sich selbst kommenden, ihre Humanität verwirklichenden Menschheit. Wie jeder Glaube bedarf auch dieser der Zeichen: »Es muß irgend eine Erfahrung im Menschengeschlechte vorkommen, die […] auf eine Beschaffenheit und ein Vermögen desselben hinweiset, *Ursache* von dem Fortrücken desselben zum Besseren, und […] *Urheber* desselben zu sein.« Als ein solches Indiz, als ein »*Geschichtszeichen*«[47] für die Handlungsmächtigkeit der Menschheit und ihren Emanzipationsfortschritt, wird die Französische Revolution angesehen.

Allerdings ist das neue Zeitbewußtsein um 1800 nicht an eine quantitativ oder qualitativ auffallende Verwendung des Wortes modern geknüpft. Die politisch-soziale Sprache hat im Gefolge der Französischen Revolution keinen besonderen Bedarf am Begriff des Modernen entwickelt.[48] Zwar spricht beispielsweise Hegel, einer der herausragendsten Zeitdiagnostiker[49], recht häufig und geläufig von der modernen Zeit oder der modernen Welt, meint aber damit nicht die gerade

---

41 STENDHAL, Histoire de la peinture en Italie (1817), in: Stendhal, Œuvres complètes, hg. v. P. Arbelet/É. Champion, Bd. 3 (Paris 1924), 3, 99.
42 JAUSS, Schlegels und Schillers Replik auf die ›Querelle des Anciens et des Modernes‹, in: Jauss (s. Anm. 4), 71.
43 MALCOLM WATERS, Modernity. Critical Concepts, Bd. 1 (New York/London 1999), XIII, XVII.
44 KOSELLECK, ›Geschichte‹, in: KOSELLECK, Bd. 2 (1979), 702.
45 KOSELLECK, Das achtzehnte Jahrhundert als Beginn der Neuzeit, in: R. Herzog/Koselleck (Hg.), Epochenschwelle und Epochenbewußtsein (München 1987), 274.
46 ALAIN TOURAINE, Critique de la modernité (Paris 1992), 29.
47 IMMANUEL KANT, Der Streit der Fakultäten (1798), in: KANT (WA), Bd. 11 (1977), 356f.
48 Vgl. HANS ULRICH GUMBRECHT, ›Modern, Modernität, Moderne‹, in: KOSELLECK, Bd. 4 (1978), 102.
49 Vgl. JÜRGEN HABERMAS, Der philosophische Diskurs der Moderne (Frankfurt a. M. 1985), 9–64.

jetzt anbrechende Zeit, sondern in etwa die Periode zwischen 1500 und seiner Gegenwart, also die Phase, für die sich später allgemein der Terminus Neuzeit eingebürgert hat. Tatsächlich ist die Substantivierung Neuzeit erst seit 1870 belegt. Der Begriff hat sich also durchgesetzt, »nachdem vier Jahrhunderte vergangen waren, die er als Einheit umfassen sollte«[50]. Übrigens ist der Terminus Neuzeit damit ziemlich genau zwanzig Jahre älter als die Substantivbildung Moderne, welche – nach heute geltendem Verständnis – die Neuzeit seit ca. 1800 ablöst. Mit anderen Worten: Um 1800 finden zwar die untereinander austauschbaren Ausdrucksweisen ›moderne Zeit‹ und ›neue Zeit‹ Verwendung, in ihrer substantivierten und sich voneinander differenzierenden Fassung stand dagegen noch keiner der beiden Begriffe zur Verfügung. »Jede Periode kann erst nach einem gewissen Verlauf auf einen diachronen Nenner […] gebracht werden, der gemeinsame Strukturen bündelt.« (304) Die Verspätung des Begriffs Moderne auf den Sachverhalt, den sie bezeichnen soll, ist allerdings schon wesentlich geringer als die des Begriffs Neuzeit auf ihren Gegenstand: ein Anzeichen dafür, daß Beschleunigung nicht nur ein Merkmal moderner Zeiterfahrung ist, sondern auch für deren begriffliche Erfassung gilt.

Während also in wortgeschichtlicher Hinsicht die Bezeichnungen ›neue Zeit‹ oder ›moderne Zeit‹ um 1800 nicht besonders prominent in Erscheinung treten, sind es andere Begriffe, die in der Sattelzeit zwischen 1750 und 1830, in deren Schnittpunkt die Jahrhundertwende liegt, eine neue Bedeutung erhalten bzw. verstärkt in Umlauf gesetzt werden. Seit der Mitte des 18. Jh. vollzieht sich »ein tiefgreifender Bedeutungswandel klassischer Topoi«, in dessen Verlauf »alte Worte neue Sinngehalte«[51] gewinnen.

Das gilt beispielsweise für das Wort Epoche. Zwar war aus dem ursprünglichen Sinn des griechischen Wortes, das das Anhalten, die Unterbrechung einer Rede, eines Laufes oder allgemein eines Geschehens bezeichnete, längst eine temporale Verwendung abgeleitet worden. Bis dahin waren jedoch mit Epochen lediglich besondere Einschnitte im Geschichtsverlauf gemeint, »Halte- und Ruhepunkte, die als solche der Zeit äußerlich und enthoben bleiben«. Gegen Ende des 18. Jh. wird der Epochenbegriff »durch den Umschwung der Ideen im Zeitalter der Aufklärung und Revolution aus der mit seinem bisherigen Gebrauch verbundenen Statik herausgerissen und vom Anfang eines geschichtlichen Geschehens in dieses selbst verlegt«[52], um längerfristige Zeitabschnitte zu bezeichnen, die auseinander hervorgehen und miteinander zusammenhängen. Das moderne Zeitalter ist nicht nur eine andere, neue Zeit, sondern es entwickelt eine im Vergleich zum Vorhergehenden andersartige Auffassung von Zeit, von ihrem Ablauf und Zusammenhang. Vergangenheit, Gegenwart und Zukunft werden neu positioniert. Eigentlich werden alle wichtigen, bis heute geläufigen Bezeichnungen zur Periodisierung der Geschichte (wie Mittelalter und Renaissance) erst in dieser Phase terminologisch fixiert.[53] Die nun beginnende neueste Zeit betrachtet sich also nicht nur selbst als eine neue Epoche, sondern entdeckt bzw. entwickelt den bis in die Gegenwart gültigen Begriff von Epoche. Die Moderne ist gewissermaßen die Epoche des Epochenbegriffs.

Nicht nur Epoche erhält einen neuen Sinn, sondern auch Geschichte. »Der Kollektivsingular *die* Geschichte ist, im Gegensatz zu den vielen Geschichten der verschiedenen Aktoren, eine Prägung des späten 18. Jahrhunderts.«[54] »In den Jahrzehnten der Vereinfachungen und der Singularisierungen, aus der Freiheiten ›die Freiheit‹ wurde und aus den Revolutionen ›die Revolution‹, da ordnete sich ›die Geschichte‹ die einzelnen Geschichten unter. Es ist der Begriff, dem im historisch-politischen Sprachhaushalt der Deutschen wohl am ehesten der Platz zukommt, den im Französischen die ›Revolution‹ einnimmt.«[55] Zum Kollektivsingular avanciert selbstverständlich auch der ›Fortschritt‹.[56] Zusammen mit weiteren Neu- oder Umprägungen wie Zeitgeist, Zeitalter, Emanzipa-

---

50 KOSELLECK, Vergangene Zukunft. Zur Semantik geschichtlicher Zeiten (Frankfurt a. M. 1979), 302 f.
51 KOSELLECK, Einleitung, in: KOSELLECK, Bd. 1 (1979), XV.
52 MANFRED RIEDEL, ›Epoche, Epochenbewußtsein‹, in: RITTER, Bd. 2 (1972), 597.
53 Vgl. KOSELLECK (s. Anm. 50), 306 f.
54 Ebd., 50 ff.
55 KOSELLECK (s. Anm. 44), 653.
56 Vgl. KOSELLECK (s. Anm. 34), 391.

tion usw. machen diese Termini das durchaus reiche Repertoire des gesellschaftlichen Diskurses zur Verarbeitung einer radikalen Modernisierungserfahrung aus, die noch ohne diesen Begriff selbst auskommt.

Auch in jenem Bereich, der spätestens seit der ›Querelle‹ als die angestammte Domäne des Begriffs und der Debatte um Modernität gelten kann, in der Sphäre von Kunst, Literatur und ihrer theoretisch-kritischen Reflexion gewinnt der Terminus modern um 1800 kein besonders markantes Profil. Es werden zwar weiterhin in der Tradition des Streits um den Vorrang zwischen Alten und Neuen Debatten geführt, aber diese bewegen sich aufgrund der gerade überschrittenen Epochenschwelle auf ganz anderem Boden und tragen dem auch durch eine veränderte Terminologie Rechnung. Der alte Dualismus ancien/moderne wird eher vermieden. An die Stelle des Begriffs ancien tritt antique/antik oder classique/klassisch, und der gewohnte Gegenbegriff moderne/modern wird durch romantique/romantisch abgelöst. Bei Schiller übernimmt das Begriffspaar naiv/sentimentalisch eine entsprechende Rolle. Hieran schließt Friedrich Schlegel mit seiner Unterscheidung zwischen natürlicher und künstlicher Bildung an.[57]

Die neuen Entgegensetzungen des Alten und Modernen bei Schiller und Schlegel befinden sich jenseits der ›Querelle‹, genauer gesagt, jenseits der ›Wasserscheide‹ des Modernitätsbegriffs, insofern als sie auf einem gesicherten Überlegenheitsbewußtsein der Gegenwart gegenüber der (spezifisch deutscher Tradition folgend) ausschließlich mit Griechenland identifizierten Antike basieren. Eine Vorbildlichkeit der Alten oder gar das Gebot ihrer Nachahmung stehen nicht zur Diskussion. Im Unterschied zum triumphalistischen Fortschrittsbewußtsein früherer Zeit verbindet sich jedoch die feste Überzeugung der Überlegenheit der modernen Welt mit ihrer schonungslosen Kritik. Ein erstes Selbstreflexivwerden der Moderne bahnt sich an: »Die Unzufriedenheit über unsere eigene schlecht gebrauchte moralische Freyheit und über die in unserm Handeln vermißte sittliche Harmonie«[58] stehen im Mittelpunkt der Zeitklage. Die moderne Wirklichkeit und das moderne Subjekt erscheinen als fragmentiert, zerrissen, entfremdet, verkünstelt und abstract. Entsprechend negativ fällt das Urteil über die moderne Literatur aus; härter als Schlegel kann man mit der modernen Dichtung kaum ins Gericht gehen: Den reinen Gesetzen der Schönheit und der Kunst widerspricht sie, »*Charakterlosigkeit*« scheint ihr »einziger Charakter« zu sein, »*Verwirrung* das Gemeinsame ihrer Masse, *Gesetzlosigkeit* der Geist ihrer Geschichte, und *Skeptizismus* das Resultat ihrer Theorie«[59]; kurzum, sie erscheint als ohne jeden Wert. Unbeschadet des scharfen Verdikts des Kunstrichters Schlegel, entdeckt der Analytiker Schlegel – vorurteilslos – einige der spezifischen Eigenschaften des Modernen: Aus dem Auseinanderbrechen von Objektivität und Subjektivität bzw. aus der Vorherrschaft des Subjektprinzips resultieren das »*Übergewicht des Charakteristischen, Individuellen und Interessanten*«, das »*rastlose unersättliche Streben nach dem Neuen, Piquanten und Frappanten*« (73) sowie die Neigung zur Darstellung des Häßlichen, wobei Schlegel ausdrücklich hinzufügt, daß die Darstellung des Häßlichen »eine gleiche wo nicht eine höhere Schöpferkraft und künstlerische Weisheit erfordert, wie die Darstellung der Fülle und Kraft in vollständiger Übereinstimmung« (68) (d. h. der Schönheit).

Die in dieser widersprüchlichen Weise nachdenklich und selbstkritisch gewordenen Modernen entwickeln der unwiederbringlich verlorenen alten Welt gegenüber die typisch moderne Empfindung der Nostalgie. Nicht Bewunderung und Ehrfurcht vor den vorbildlichen Leistungen der Alten, sondern Sehnsucht, Heimweh nach dem verlorenen Ursprung, den einfachen Verhältnissen, der »Simplicität, die unserm Zeitalter fremd ist«[60], nach der Natur, der Kindheit, einem ungebrochenen, unreflektierten Gemüts- und Gesellschaftszustand, prägen das neue Bild des Alten.

---

57 Vgl. FRIEDRICH SCHLEGEL, Über das Studium der Griechischen Poesie (1795–1797), in: Schlegel, Kritische Schriften und Fragmente, hg. v. E. Behler/H. Eichner, Bd. 1 (Paderborn u. a. 1988), 62–136.
58 FRIEDRICH SCHILLER, Ueber naive und sentimentalische Dichtung (1795/1796), in: SCHILLER, Bd. 20 (1962), 427.
59 SCHLEGEL (s. Anm. 57), 70.
60 SCHILLER, Ueber die ästhetische Erziehung des Menschen in einer Reihe von Briefen (1795), in: SCHILLER, Bd. 20 (1962), 321.

»Bis zum Ende des 18. Jahrhundert hatten sich Wissenschaft, Moral und Kunst auch institutionell als Tätigkeitsbereiche ausdifferenziert, in denen Wahrheitsfragen, Gerechtigkeitsfragen und Geschmacksfragen autonom, nämlich unter ihrem jeweils spezifischen Geltungsaspekt bearbeitet wurden.«[61] Dieser Prozeß der Ausdifferenzierung ist es, der besonders im Umkreis des Deutschen Idealismus und der Romantik als problematisch erfahren wird. Die Trennung von Intellekt und Sinnlichkeit, von Geist und Materie, von Wissenschaft und Kunst, verstärkt und überboten noch durch die drohende Auflösung des Gemeinwesens, ist Gegenstand der Besorgnis: »Sobald auf der einen Seite die erweiterte Erfahrung und das bestimmtere Denken eine schärfere Scheidung der Wissenschaften, auf der andern das verwickeltere Uhrwerk der Staaten eine strengere Absonderung der Stände und Geschäfte nothwendig machte, so zerriß auch der innere Bund der menschlichen Natur […]. Der intuitive und der spekulative Verstand vertheilten sich jetzt feindlich gesinnt auf ihren verschiedenen Feldern […]. Diese Zerrüttung, welche Kunst und Gelehrsamkeit in dem innern Menschen anfingen, machte der neue Geist der Regierung […] allgemein. […] Auseinandergerissen wurden jetzt der Staat und die Kirche, die Gesetze und die Sitten; der Genuß wurde von der Arbeit, das Mittel vom Zweck […] geschieden. Ewig nur an ein einzelnes kleines Bruchstück des Ganzen gefesselt, bildet sich der Mensch selbst nur als Bruchstück aus, ewig nur das eintönige Geräusch des Rades, das er umtreibt, im Ohre, entwickelt er nie die Harmonie seines Wesens, und anstatt die Menschheit in seiner Natur auszuprägen, wird er bloß zu einem Abdruck seines Geschäfts, seiner Wissenschaft.«[62] Nur ist das nicht die Beschreibung eines gerade erst jüngst eingetretenen oder jetzt eintretenden Ausdifferenzierungsprozesses, sondern diese Modernitätserfahrung wird als bereits seit dem Ende des goldenen griechischen Zeitalters einsetzend und bis in die Gegenwart hinein in Gang befindlich vorgestellt. Aufgrund der revolutionären Umbruchsituation hoffen Schiller und seine Zeitgenossen auf ein bald bevorstehendes Ende ihres durch Ausdifferenzierung, Mechanisierung und Arbeitsteilung charakterisierten Zeitalters. Und wenn Ausdifferenzierung, Mechanisierung und Arbeitsteilung als Charakteristika des Modernisierungsprozesses gelten können, so könnte man sagen, sie glauben am Ende der modernen Zeit angelangt zu sein. Jedenfalls erwarten sie den Anbruch einer ganz anderen Moderne, in der die Gegensätze in einer neuen Synthese versöhnt werden könnten: »Der revolutionäre Wunsch, das Reich Gottes zu realisieren, ist der elastische Punkt der progressiven Bildung und der Anfang der modernen Geschichte.«[63]

Die Spannung zwischen der kritisierten, aber als überlegen anerkannten Gegenwart und der idealisierten, aber gleichwohl als primitiv abgewerteten Vergangenheit kann nur in der Perspektive eines dritten Bezugspunkts gelöst werden: durch die Hoffnung auf eine Versöhnung beider Welten in einer mehr oder weniger nahen Zukunft, »in einem zukünftigen Konvergenzpunkt natürlicher und künstlicher Bildung«[64]. Die nostalgische Rückwärtswendung erhält so zugleich eine utopische Zukunftsorientierung oder umgekehrt, die Zukunftsvisionen weisen »immer nach Hause«[65]. In der Perspektive einer selbstkritisch werdenden Moderne wandelt sich die Rolle der Antike vom normgebenden ewiggültigen Ideal zum Fluchtpunkt einer nostalgischen Zukunftshoffnung. »Sie [und das sind an dieser Stelle nicht etwa nur die Dichter oder die großen und kleinen Kinder eines naiven Weltalters, sondern die Blumen, die Quellen, die bemoosten Steine, die Vögel, die Bienen – d. Verf.] *sind*, was wir *waren*; sie sind, was wir wieder *werden sollen*. Wir waren Natur wie sie und unsere Kultur soll uns, auf dem Wege der Vernunft und der Freyheit, zur Natur zurückführen. Sie sind also […] Darstellung unserer verlornen Kindheit, die uns ewig das theuerste bleibt […]. Zugleich sind sie Darstellungen unserer höchsten Vollen-

---

61 HABERMAS (s. Anm. 49), 30.
62 SCHILLER (s. Anm. 60), 322 f.; vgl. G. W. F. HEGEL, Die Positivität der christlichen Religion (1795/1796), in: HEGEL (TWA), Bd. 1 (1971), 206 f.
63 SCHLEGEL, Athenäums-Fragment Nr. 222 (1798), in: Schlegel (s. Anm. 57), Bd. 2 (Paderborn u. a. 1988), 125.
64 JAUSS (s. Anm. 42), 94.
65 NOVALIS, Heinrich von Ofterdingen (1802), in: NOVALIS, Bd. 1 (1960), 325.

dung im Ideale.«⁶⁶ »Der *Gipfel der natürlichen Bildung* der schönen Kunst bleibt [...] für alle Zeiten das hohe *Urbild der künstlichen Fortschreitung*.«⁶⁷ Die Erwartung des unmittelbar bevorstehenden Anbruchs einer ganz anderen Zeit beruht auf einem umschlagslogischen, dialektischen Gedanken. Auf dem höchsten Punkt der Zerrissenheit und Entfremdung soll durch eine »wohltätige *Revolution*«, eine »*glückliche Katastrophe*« (71), ein radikaler Umbruch erfolgen. Und zweifellos ist es anfangs die Französische Revolution, die solche Hoffnungen weckt. Indessen erscheint Schlegel das tatsächliche Eintreten eines »glücklichen Anstoßes« (134) in der Folge eines gesellschaftlich-politischen Umsturzes in Deutschland mehr als unsicher, und so deutet sich am Ende eine Wendung der modernen, auf dem Prinzip des Interessanten gegründeten Kunst ins unendlich verschobene Futurische an: »Der ästhetische Imperativ ist *absolut*, und da er nie vollkommen erfüllt werden kann, so muß er wenigstens durch die endlose Annäherung der künstlichen Bildung immer mehr erreicht werden«. Schlegel erklärt »das Interessante, als die notwendige Vorbereitung zur *unendlichen Perfektibilität* der ästhetischen Anlage« für »*erlaubt*« (66). Hiermit findet die Kunst Anschluß an die Idee eines linearen, einen unendlichen Horizont eröffnenden Fortschritts. Je klarer in Erscheinung tritt, daß sich die utopisch hochgesteckten Erwartungen eines radikalen Umschlags nicht erfüllen, desto weiter verschieben sich die Visionen in eine immer unbestimmter werdende Zukunft. Sie verlagern sich damit zugleich von der Erwartung eines politisch-gesellschaftlichen Anstoßes für eine ästhetische Revolution zur Hoffnung auf eine ästhetische Vorbereitung einer politisch-gesellschaftlichen Revolution. Von der Leitfunktion der Französischen Revolution führt der Weg zur Vorstellung einer den gesellschaftlichen Prozeß anleitenden ästhetischen Erziehung, »weil es die Schönheit ist, durch welche man zu der Freyheit wandert«⁶⁸. »Die Revolutionierung der Ästhetik, wie sie in der kompensatorischen Denkweise des Deutschen Idealismus angesichts der Erfahrungen der Französischen Revolution in Deutschland zum Ausdruck kommt, brachte das folgenschwere Paradox hervor, daß die gesellschaftliche Funktionslosigkeit der Kunst zur Bedingung ihrer gesellschaftlichen Funktionsbestimmung wird. Autonome Kunst gilt fortan als Entfremdungskritik, schließlich als Paradigma gesellschaftlicher Versöhnung.«⁶⁹

Diese Option ist freilich bereits in der Zeit selbst umstritten. Von Hegel wird sie vehement abgelehnt; allerdings nicht aus grundsätzlichen Einwänden gegen das dialektische Geschichtsmodell, sondern weil er den versöhnenden dritten Schritt nicht der Kunst, sondern allein der Philosophie als der höchsten Stufe des absoluten Geistes zutraut. Bei Karl Marx wird die Revolutionserwartung von der Philosophie oder Kunst auf die materiellen Verhältnisse übergehen, aber auch hier bleibt die Vorstellung einer die vergangenen und gegenwärtigen Ausdifferenzierungen vereinenden Synthese erhalten: »Die bürgerlichen Produktionsverhältnisse sind die letzte antagonistische Form des gesellschaftlichen Produktionsprozesses [...], aber die im Schoß der bürgerlichen Gesellschaft sich entwickelnden Produktivkräfte schaffen zugleich die materiellen Bedingungen zur Lösung dieses Antagonismus.« »Es tritt dann eine Epoche sozialer Revolution ein.« »Mit dieser Gesellschaftsformation schließt [...] die Vorgeschichte der menschlichen Gesellschaft ab.«⁷⁰

Jenseits des idealistisch-marxistischen Paradigmas werden die eschatologischen und teleologischen Reminiszenzen, die dieses noch bewahrt, schwächer – eine logische Folge des Säkularisierungs- und Selbstinstitutionalisierungsprozesses der modernen Gesellschaft: »Unlike the apocalyptic future, which would violently interrupt the passage of time and bring history to a close, the modern future appeared as the endlessly postponed terminus of a continuing history. Biblical eschatology posited a beginning of time in creation and a transcendent irruption at the end. As the [...] future gradually came to be viewed as entirely achievable

---

66 SCHILLER (s. Anm. 58), 414.
67 SCHLEGEL (s. Anm. 57), 104.
68 SCHILLER (s. Anm. 60), 312.
69 BURKHART STEINWACHS, Zum Funktionswandel der Antike in der Moderne, in: H. Stiller (Hg.), Zum Problem der Geschichtlichkeit ästhetischer Normen: die Antike im Wandel des Urteils des 19. Jahrhunderts (Berlin 1986), 90f.
70 KARL MARX, Zur Kritik der politischen Ökonomie (1859), in: MEW, Bd. 13 (1961), 9.

by human endeavour, it required an understanding of history from within time. The causes of all phenomena lie in time and so do their results.«[71] Dennoch bleibt die Naherwartung des Neuen, des gerade jetzt sich vollziehenden Beginns einer besseren Zukunft als Konstante der spezifisch modernen Befindlichkeit präsent: »Weil sich die neue, die moderne Welt von der alten dadurch unterscheidet, daß sie sich der Zukunft öffnet, wiederholt und verstetigt sich der epochale Neubeginn mit jedem Moment der Gegenwart, die Neues aus sich gebiert. [...] Eine Gegenwart, die sich aus dem Horizont der neuen Zeit als die Aktualität der neuesten Zeit versteht, muß den Bruch, den jene mit der Vergangenheit vollzogen hat, als *kontinuierliche Erneuerung* nachvollziehen.«[72] Die Moderne, die die Revolution verfehlt, macht sie permanent, sie implementiert die Tradition des Bruchs mit der Tradition und stößt sich in der Folge fortgesetzt von sich selbst ab. Hieraus resultieren zwei wesentliche Merkmale der modernen Zeiterfahrung: der Eindruck der Beschleunigung des zeitlichen Ablaufs und die Erfahrung der Gegenwart als einer Phase des Übergangs.[73] Damit schrumpft die Gegenwart auf einen Punkt zusammen; sie wird »zu einem Grenzwert, der die Einheit der Differenz von Vergangenheit und Zukunft trägt und eben deshalb in der Zeit als das ausgeschlossene Dritte fungiert und nicht mehr lokalisiert werden kann«[74]. Die Gegenwart gerät gewissermaßen unter die Herrschaft der Zukunft. Je länger die Moderne andauert, desto offensichtlicher wird jedoch,

daß eine Zukunft, die keinen außerhalb liegenden Bezugspunkt kennt, also keinen u-topos imaginieren kann und folglich kein utopisches Potential mehr enthält, lediglich eine Perpetuierung, eine Verlängerung der Gegenwart ins Unendliche darstellt. »Wo der Fortschritt zur historischen Norm gerinnt, wird aus dem Zukunftsbezug der Gegenwart die Qualität des Neuen, die Emphase des unvorhersehbaren Anfangs eliminiert.«[75] Wenn die Einsicht sich durchsetzt, daß die Herrschaft der Zukunft auf tönernen Füßen steht, während eigentlich die auf den Punkt reduzierte Gegenwart dominiert, stellt sich die Frage nach einem Ende der Moderne oder mindestens nach dem Ende ihres geschichtsphilosophischen Paradigmas.

Zur Schwelle vom 18. zum 19. Jh. zurückkehrend, bleibt zu ergänzen, daß die Gegenüberstellung klassisch/romantisch (oder auch »*classic*«/»*gothic*«[76]) an der Stelle von ancien/moderne und namentlich die Gleichsetzung des Modernen mit dem Romantischen noch einmal anders akzentuiert werden kann, wenn nicht die Nostalgie nach dem verlorenen Ursprung, sondern die Suche nach einer Genealogie der Moderne im Vordergrund steht. Dann wird der Beginn der mit dem Romantischen gleichgesetzten modernen Zeit im Mittelalter gefunden. Einerseits wird damit definitiv eine Grenze zwischen der (mediterranen) Antike und der modernen nordeuropäischen Staatenwelt gezogen. Andererseits wird eine Vorbildlichkeit des Mittelalters als einer Art »*antiquité moderne*«[77] hergestellt, der es nachzustreben gilt. Den Unterschied zwischen dem Verhältnis der Gegenwart zur Antike und zum Mittelalter bestimmt Wilhelm von Humboldt so: »in dem Griechischen Alterthum sieht es [das 18. Jh. – d. Verf.] ein Ideal zur Vergleichung vor sich, und in dem Mittelalter findet es den Ursprung [...] seiner Verfassungen«[78]. Der eine Bezugspunkt ist ideal, der andere gilt als real. Der Sinn dieser Neubestimmung des Mittelalters um 1800 liegt darin, der sich neu formierenden Nationalstaatlichkeit Identität und d.h. eine Herkunft zu geben. Das ist insbesondere in jenen Teilen Europas ein dringendes Gebot, deren Territorialstaatlichkeit am Ausgang des 18. Jh. nicht gesichert erscheint, wie es exemplarisch für Deutschland gilt. Es handelt sich um eine Traditionserfindung mit in erster Linie ästhetischen Mitteln, den

---

71 LOUIS DUPRÉ, Passage to Modernity. Essay in the Hermeneutics of Nature and Culture (New Haven 1993), 156.
72 HABERMAS (s. Anm. 49), 15.
73 Vgl. KOSELLECK (s. Anm. 45), 269–282.
74 NIKLAS LUHMANN, Das Moderne der modernen Gesellschaft (1991), in: Luhmann, Beobachtungen der Moderne (Opladen 1992), 49.
75 HABERMAS (s. Anm. 49), 22.
76 MATEI CALINESCU, Five Faces of Modernity: Modernism-Avant-Garde-Decadence-Kitsch-Postmodernism (Durham 1987), 37.
77 JAUSS (s. Anm. 4), 41.
78 WILHELM VON HUMBOLDT, Das achtzehnte Jahrhundert (1796/1797), in: Humboldt, Werke in fünf Bänden, hg. v. A. Flitner/K. Giel, Bd. 1 (Stuttgart ³1980), 401.

Mitteln der Kultur. Insbesondere die volkssprachliche Literatur des Mittelalters und der frühen Neuzeit wird zu einem Instrument moderner Identitätsbildung. Auch gegen diese Inanspruchnahme von Kunst zum Zweck der Identitätsstiftung richtet sich Hegels These vom Ende der Kunst. Hegel erteilt nicht nur den frühromantisch-frühidealistischen Visionen einer neuen Synthese im Medium der Kunst eine Absage, sondern er behauptet ebenso das Ende der romantischen, mit Christentum, Rittertum und dem mittelalterlich-frühneuzeitlichen Roman beginnenden Kunstperiode: »Es hilft da weiter nichts, sich vergangene Weltanschauungen wieder, sozusagen substantiell, aneignen, d. i. sich in eine dieser Anschauungsweisen fest hineinmachen zu wollen, [...] wie es in neueren Zeiten der Kunst wegen viele getan, um ihr Gemüt zu fixieren«[79]. Während die unmittelbare Nachahmung mittelalterlicher Vorbilder in Kunst und Literatur von begrenzter Bedeutung und auf das 19. Jh. beschränkt bleibt, ist der Einfluß desselben Gedankens bis weit ins 20. Jh. hinein wirksam durch die Vermittlung der seit der Romantik entstehenden nationalsprachlichen Philologien. In der neuen Institution Universität humboldtscher Prägung wird neben der Weltliteratur der nationale Kanon etabliert und bis weit ins 20. Jh. hinein gepflegt: »Literature gets institutionalized as a University discipline in explicitly national terms and an organic vision of the possibility of a unified national culture. The study of a tradition of national literature comes to be the primary mode of teaching students what it is to be French, or English, or German.«[80]

So grundlegend verschieden, wie es auf den ersten Blick aussehen mag, sind die Positionen an der Schwelle zum 19. Jh. nicht. Übereinstimmung besteht in einer kritischen Einschätzung der eigenen Zeit. Es ist ein deutliches Bewußtsein für die ›Modernisierungsschäden‹, für die mit den Prozessen von Ausdifferenzierung und Pluralisierung verbundenen Dilemmata, vorhanden. Die Unterschiede betreffen lediglich die Frage, ob die problematischen Aspekte in einer radikal anderen Zukunft überwunden oder durch den Rückbezug auf ein in der Vergangenheit liegendes Vorbild ausgeglichen werden sollen. »Gleichviel, ob sie ihr geschichtliches Idealbild in der verklärenden Distanz des christlichen Mittelalters zu finden glaubte oder ob sie den Gipfel der modernen Bildung von der Zukunft mit Friedrich Schlegels ästhetischer Revolution erwartete – das Ungenügen an der eigenen, unvollendeten Gegenwart ist der gemeinsame Nenner der konservativen wie der progressiven Romantiker.«[81] Das eine ist die revolutionäre, das andere die rückwärtsgewandt-kompensatorische Variante zur Lösung der drängenden Fragen der Zeit.

In Frankreich halten Stendhal und Charles Baudelaire an einer Identifikation des Modernen mit dem Romantischen fest: »Qui dit romantisme dit art moderne, – c'est à dire intimité, spiritualité, couleur, aspiration vers l'infini«. Es fällt auf, daß gerade diese beiden Autoren den Begriff des Romantischen von spezifischer Bedeutung entleeren, indem sie den althergebrachten rein relationalen Gebrauch von modern zur Bezeichnung des gerade jeweils jetzt Aktuellen auf den Begriff romantisch übertragen: »Pour moi, le romantisme est l'expression la plus récente, la plus actuelle du beau.«[82] In diese erneute Relationalisierung des Modernen wird auch der Gegenbegriff des Klassischen einbezogen, wenn Stendhal den Klassizismus weder mit einem in der fernen Vergangenheit verlorenen Ideal noch mit einem ewig gültigen Vorbild identifiziert, sondern lediglich mit dem Geschmack von gestern, der im jeweiligen Heute als passé betrachtet wird: »Le classicisme [...] présente la littérature qui donnait le plus grand plaisir possible à leurs arrière-grands-pères. [...] Imiter aujourd'hui Sophocle et Euripide, et prétendre que ces imitations ne feront pas bâiller le Français du dix-neuvième siècle, c'est du classicisme.«[83]

5. Um 1850

»Durch die Mitte des vergangenen Jahrhunderts geht ein Schnitt. Jenseits liegt alte Zeit, altmodi-

---

79 HEGEL, Vorlesungen über die Ästhetik (1835–1838), in: HEGEL (TWA), Bd. 14 (1970), 236.
80 BILL READINGS, The University in Ruins (Cambridge 1996), 16.
81 JAUSS (s. Anm. 4), 50.
82 BAUDELAIRE, Salon de 1846, in: BAUDELAIRE, Bd. 2 (1976), 420 f.
83 STENDHAL, Racine et Shakspeare (1823), in: Stendhal (s. Anm. 41), Bd. 8 (Paris 1925), 39.

sche Kultur, geschichtliche Vergangenheit, diesseits sind unsere Väter und wir, Neuzeit, Gegenwart. [...] wir können die Zeitpunkte bestimmen, wo das neue Wesen sich vom alten sondert [...]. Vor allem aber sind alle diesseitigen Menschen uns als Zeitgenossen ohne Erläuterung verständlich, indem wir ihre Sprache, Lebensauffassung, Wünsche und Denkweise bis in die jüngste Generation unsrer Stadtbürger hinein erhalten und wiederholt finden. Unstet und gesellig, gedankenbegierig und sehnsüchtig, interessiert, kritisch, strebend und hastend ist die Stimmung nun schon des dritten Geschlechtes westlicher Menschen.«[84]

Die Modernitätsschwelle um 1850 entsteht ebenso wie die Einschnitte um 1800 und 1900 aus einem Zusammentreffen gesellschaftlich-politischer und technologischer Veränderungen: eine kurzlebige Revolution mit langfristigen Folgen für die Enttäuschung liberaler Hoffnungen und für die Konsolidierung der kapitalistischen Ökonomie, eine rasante Entwicklung der Schwerindustrie, das Anwachsen der Städte und die Entfaltung von Urbanität als Lebensweise. Auf um 1850 datiert Roland Barthes eine bedeutsame Scheidelinie in der Geschichte der Literatur, weil die Einheit der »idéologie bourgeoise qui donnait elle-même la mesure de l'universel, le remplissant sans contestation«, zerbricht. Daher hört der Schriftsteller auf, »témoin de l'universel« zu sein. Die Einheit der bürgerlichen Ideologie hatte auch eine einheitliche Schreibweise hervorgebracht, so daß »aux temps bourgeois [...] la forme ne pouvait être déchirée puisque la conscience ne l'était pas«. Seither ist die einheitliche klassische Schreibweise zersplittert und »la Littérature entière, de Flaubert à nos jours, est devenue une problématique du langage«[85]. Um die Jahrhundertmitte wird besonders mit Hinweis auf das Werk französischer Künstler wie Gustave Courbet oder Édouard Manet auch der Beginn der modernen bildenden Kunst angesetzt.[86]

Als Meilenstein in der Begriffsgeschichte gilt Baudelaires Essay *Le peintre de la vie moderne* (1863), der die vielleicht am häufigsten zitierte Definition von Modernität enthält. Diese ist eingebettet in Baudelaires Theorie des Schönen: Schönheit ist zusammengesetzt aus einem ewigen und einem vergänglichen Bestandteil. Den dualen Charakter des Schönen leitet Baudelaire aus der menschlichen Natur ab, die er – darin keineswegs besonders originell – als Dualismus von Seele und Leib auffaßt: »La dualité de l'art est une conséquence fatale de la dualité de l'homme.«[87] Er vergleicht die ewige Komponente der Kunst mit ihrer Seele, während er das »élément variable« als ihren Körper bezeichnet. Obwohl er diese Konsequenz der menschlichen Doppelnatur fatal nennt, betrachtet er sie als die eigentliche Herausforderung für den Künstler. Zu jeder Zeit besteht die Aufgabe des Künstlers darin, die ewige Seite in der flüchtigen, sterblichen Seite sich manifestieren zu lassen bzw. diese Manifestation an den Objekten aufzuspüren. Denn so wie die Seele durch den Körper verdeckt, verstellt wird, aber doch auf diesen unverzichtbar angewiesen ist, ebenso verhält es sich mit den beiden Seiten der Kunst: »la portion éternelle de beauté sera en même temps voilée et exprimée«. Der einzige Unterschied in der Aufgabenstellung des Künstlers durch die Zeiten besteht darin, daß sich die Künstler früherer Epochen an die Regeln der Religion halten mußten: »la partie de beauté éternelle ne se manifeste qu'avec la permission et sous la règle de la religion à laquelle appartient l'artiste« (685). Dem historischen Prozeß der Moderne als Prozeß der Säkularisierung trägt Baudelaire Rechnung, wenn er erklärt, daß es in der Gegenwart andere Regeln sind – nämlich die Mode der Zeit und der Subjektivität des Künstlers (»tempérament particulier de l'auteur«) –, durch die hindurch der Künstler »la portion éternelle de beauté« sichtbar machen muß. Der Dualismus von Zeitlichkeit und Ewigkeit bleibt indessen derselbe: »la dualité se montre également«.

Das im Französischen noch kaum etablierte Substantiv ›modernité‹ führt Baudelaire in seiner Antwort auf die Frage ein, was der Künstler sucht. Der Künstler sucht, so formuliert er vorsichtig und

---

84 WALTHER RATHENAU, Zur Kritik der Zeit (1912), in: Rathenau, Gesammelte Schriften, Bd. 1 (Berlin 1925), 11 f.
85 ROLAND BARTHES, Le degré zéro de l'écriture (1953), in: Barthes, Le degré zéro de l'écriture suivi de Éléments de sociologie (Paris 1965), 53, 10.
86 Vgl. FRANCES FRASCINA u. a. (Hg.), Modernity and Modernism. French Painting in the Nineteenth Century (New Haven/London 1993).
87 BAUDELAIRE (s. Anm. 10), 685 f.

gleichsam tastend, »ce quelque chose qu'on nous permettra d'appeler la *modernité*« (694). Die berühmte Definition, die an dieser Stelle folgt, bedeutet jedoch keineswegs das emphatische Bekenntnis zur Modernität, als das Baudelaires Aussage dann erscheinen mag, wenn – wie es oft beim Zitieren dieser Stelle geschieht – der zweite Teil des Satzes, in dem die andere Hälfte der Kunst genannt wird, weggelassen wird: »La modernité, c'est le transitoire, le fugitif, le contingent, la moitié de l'art, dont l'autre moitié est l'éternel et l'immuable« (695). Baudelaire feiert nicht einseitig das Flüchtige und Ephemere, sondern er ringt um die Vereinigung des Flüchtigen mit dem Ewigen, der Seele und des Körpers. Es geht ihm darum, »de dégager de la mode ce qu'elle peut contenir de poétique dans l'historique, de tirer l'éternel du transitoire«. Kritisch wendet er sich nicht gegen die Vorstellung eines ›beau idéal éternel‹, sondern gegen die Orientierung des künstlerischen Schaffens an der Tradition, gegen das Ausweichen ins Gestern, »la tendance générale des artistes à habiller tous les sujets de costumes anciens« (694). Wenn die Künstler die Beziehung zum Transitorischen und Zeitbedingten nicht herstellen wollen, so ist das erstens »le signe d'une grande paresse; car il est beaucoup plus commode de déclarer que tout est absolument laid dans l'habit d'une époque«. Zweitens führt es »dans le vide d'une beauté abstraite« (694 f.). Baudelaire tadelt die rückwärtsgerichtete Kunst seiner Zeit, während er von den alten Meistern anerkennend behauptet, daß sie genau diese Forderung nach einer Verbindung zwischen dem Ewigen und Zeitbedingten in ihren Werken erfüllt hätten.

Baudelaire befaßt sich intensiv mit den transitorischen Aspekten des Schönen; das sind auf der einen Seite die Attribute der Mode, die Draperien und Stoffe, die Frisuren und andererseits die natürlichen, d.h. körperlichen Elemente, die Gesichtszüge, die Gesten und Gebärden. Nicht eigentlich in der Entdeckung des Transitorischen und Ephemeren liegt Baudelaires richtungsweisende Leistung für das Verständnis von Moderne, sondern in seiner hierbei zugrundeliegenden Auffassung von entzauberter Natur. Zum einen erkennt er die Geschichts-, Zeit- und Gesellschaftsgebundenheit naturgegebener, körperlicher Merkmale: »chaque époque a son port, son regard et son sourire« (695). »Les professions, les castes, les siècles introduisent la variété, non seulement dans les gestes et manières, mais aussi dans la forme positive du visage« (696).

Baudelaires Auffassung ist modern in dem Sinne, daß er in der Natur nicht mehr den Ausdruck einer transzendental begründeten Ordnung und daher auch keinen Leitfaden und Maßstab für das Wahre, Gute und das Schöne sieht, wie es noch das 18. Jh. getan hat. Baudelaire hält dem entgegen: »nous verrons que la nature n'enseigne rien«. Schlimmer noch, diese gott-verlassene Natur ist es, »qui pousse l'homme à tuer son semblable, à le manger, à le séquestrer, à le torturer; car, sitôt que nous sortons de l'ordre des nécessités et des besoins pour entrer dans celui du luxe et des plaisirs, nous voyons que la nature ne peut conseiller que le crime«. Das modern anmutende Lob der Künstlichkeit, des Luxus und des Vergnügens (»La vertu, au contraire, est *artificielle*, surnaturelle [...]. Le mal se fait sans effort, *naturellement*, par fatalité; le bien est toujours le produit d'un art« [715]), das sich aus seiner finsteren Perspektive auf Natur ergibt, sollte freilich nicht mit einem affirmativen, positiven Verhältnis zur Modernität gleichgesetzt werden. Denn Baudelaire befürchtet für die Gegenwart gerade die Herrschaft der natürlichen Instinkte. Die »*Überherrschaft der Instinkte* (nach eingetretener *Schwächung* der *Willenskraft*, des Wollens von Zweck *und* Mittel ...) (philosophisch vorbereitet: das Unbewußte mehr werth)« rechnet auch Friedrich Nietzsche zur »Charakteristik der ›Modernität‹«[88]. Hier deutet sich ein kulturpessimistischer Blick auf die Moderne an, deren dunkle Seiten durch Nietzsche und Freud am Ende des 19. Jh. entdeckt werden.

6. Um 1900

Alle bisher beschriebenen ›Kaskaden der Modernisierung‹[89] seit der Zeit von Renaissance und Humanismus (Frühmoderne/Neuzeit) über die Peri-

---

[88] FRIEDRICH NIETZSCHE, Fragment 9 [168] (1887), in: NIETZSCHE (KGA), Abt. 8, Bd. 2 (1970), 99.
[89] Vgl. GUMBRECHT, Kaskaden der Modernisierung, in: J. Weiß (Hg.), Mehrdeutigkeiten der Moderne (Kassel 1998), 17–41.

ode von ›Querelle‹ und Aufklärung bis zur Sattelzeit um 1800 (Moderne) und zur Schwelle um 1850 stellen bedeutsame Phasen in der Entwicklung der Moderne dar. Dabei ist jede neue Etappe nicht nur Folge und Fortsetzung der vorangehenden, sondern jede bringt zugleich auch eine Neubestimmung und Umdeutung dessen mit sich, was modern heißt. Aber erst das 20. Jh. erfüllt den Begriff des modernen Zeitalters in vollem Umfang (Hochmoderne), um diesen Höhepunkt in seinem späteren Verlauf eventuell auch bereits wieder zu überschreiten (Postmoderne).

Strukturell ähnlich wie bei früheren Modernisierungsschüben treffen am Beginn des 20. Jh. gesellschaftlich-politische und technologisch-ökonomische Innovationen aufeinander, welche in jeder Hinsicht die Bezeichnung Revolution verdienen. Durch die Entwicklung von neuen visuellen und auditiven Medien wie Photographie, Film, Schallplatte, Radio usw. ist die ästhetische Produktion von den technologischen Neuerungen der Zeit unmittelbar betroffen. Daß die Kunstwerke in das Zeitalter ihrer vollkommen technischen Reproduzierbarkeit eintreten, verändert das Verhältnis zur Kunst der Vergangenheit von Grund auf. Darüber hinaus und bedeutsamer noch tritt Kunst damit zugleich in das Zeitalter ihrer technischen *Produzierbarkeit* ein: »Um neunzehnhundert hatte die technische Reproduktion einen Standard erreicht, auf dem sie nicht nur die Gesamtheit der überkommenen Kunstwerke zu ihrem Objekt zu machen und deren Wirkung den tiefsten Veränderungen zu unterwerfen begann, sondern sich einen eigenen Platz unter den künstlerischen Verfahrungsweisen eroberte.«[90]

Um 1900 rückt der Terminus modern – zum ersten Mal in seiner langen Geschichte – direkt in den Blickpunkt. Darüber hinaus findet seit der Jahrhundertwende eine signifikante Diversifizierung des semantischen Feldes und ein erstes Überschreiten des ästhetisch-literarischen Diskurses

statt. Gerade im Hinblick auf die im engeren Sinne wortgeschichtliche Entwicklung ist erst das 20. Jh. wirklich interessant.

Die Substantivierung durch das Suffix -ismus bedient sich eines selbstverständlichen Elements aus dem Wortbildungbaukasten europäischer Sprachen. Im Englischen ist die Substantivbildung ›modernism‹ schon früh belegt; im Jahr 1737 gebrauchte Swift den Ausdruck in einem Brief an Alexander Pope, in dem er sich beklagt über »the corruption of English by those Scribblers, who send us over their trash in Prose and Verse, with abominable curtailings and quaint *modernisms*«[91].

Im Zeitalter der Ismen-Bildungen ist die Ausprägung von Modernismus besonders naheliegend und findet nun zum ersten Mal außerhalb des literarisch-ästhetischen Diskurses statt. Im letzten Jahrzehnt des 19. Jh. wird mit ›Modernismus‹ eine Reformbewegung in der katholischen Kirche bezeichnet, die sich in Frankreich, England, Italien und in geringerem Umfang auch in Deutschland ausbreitet. Analog dazu werden ähnliche Erneuerungsbestrebungen in der anglikanischen Kirche und im Reformjudaismus so benannt. Die katholische Amtskirche reagiert mit scharfer Ablehnung auf diese Reformversuche, welche einerseits darauf zielen, die katholische Lehre im Licht der neuen Theorien und wissenschaftlichen Erkenntnisse des 19. Jh. zu interpretieren und anderseits die Autorität des Papstes und der Römischen Kurialbürokratie in Frage stellen. Bereits Papst Leo XIII. bekämpft den Modernismus, der schließlich 1907 durch Pius X. in der Enzyklika *Pascendi Dominici Gregis* und in *Lamentabili Sane Exitu* als Häresie verurteilt wird.

Abgesehen von dieser kirchlich-theologischen Auseinandersetzung ist es jedoch wiederum in erster Linie der ästhetische Diskurs, in dessen Rahmen modern/Moderne um 1900 zum Thema wird. Unabhängig von, aber nicht zufällig etwa zeitgleich mit den kirchlichen Reformbewegungen entstehen in verschiedenen Ländern, die im Vergleich zu England oder Frankreich eher an der Peripherie gesellschaftlicher Modernisierung liegen, künstlerische und literarische Aufbruchsbewegungen, die zum ersten Mal ›modern‹ zum Programm und zum Teil ihres Eigennamens machen. Das Spektrum reicht von der literarischen Bewe-

---

90 WALTER BENJAMIN, Das Kunstwerk im Zeitalter seiner technischen Reproduzierbarkeit (1936), in: BENJAMIN, Bd. 1/2 (1974), 475.
91 JONATHAN SWIFT an Alexander Pope (23. 7. 1737), in: A. Pope, The Correspondence, hg. v. G. Sherburn, Bd. 4 (Oxford 1956), 77; vgl. auch ›Modernism‹, in: OED, Bd. 9 (1989), 948.

gung *det moderne gennembrud* (der moderne Durchbruch), die seit 1870 Realismus und Naturalismus in Dänemark einführt, über das *Modern Movement* in der Architektur, das ungefähr auf das letzte Jahrzehnt des 19. Jh. datiert wird[92], bis zum *moderne kunstkring*, eine Vereinigung bildender Künstler, die 1910 in den Niederlanden gegründet wird.

Die deutsche Substantivierung ›die Moderne‹ hat einen namentlich bekannten Erfinder, nämlich den Literaturhistoriker Eugen Wolff, der 1886 vor dem Berliner Verein *Durch* einen Vortrag hält unter dem Titel *Die Moderne zur Revolution und Reform der Literatur*. Er wurde zwei Jahre später in überarbeiteter Form unter dem Titel *Die jüngste deutsche Literaturströmung und das Prinzip der Moderne* nochmals veröffentlicht.[93] Fast über Nacht findet der Terminus ›die Moderne‹ Eingang in den allgemeinen deutschen Sprachgebrauch. Obwohl modern als programmatische Selbstbezeichnung literarischer/ästhetischer Bewegungen in Erscheinung tritt, bezeichnet Moderne von Anfang an keine einheitliche Schule oder Richtung, keinen homogenen Stil, sondern dient als Sammelbezeichnung einer allgemeinen zeitgemäßen Kultur- und Kunstgesinnung, »als eine akzeptierte, aber auch konturlose Bezeichnung aller modisch zeitgemäßen, jedoch untereinander aufgesplitterten Strömungen«[94]. Die Spuren des relationalen Zeitbegriffs bleiben also auch hier erhalten. In diesem Sinne notiert der *Brockhaus* des Jahres 1894 Moderne als »Bezeichnung für den Inbegriff der jüngsten socialen, litterar. und künstlerischen Richtungen«[95].

Langfristig gesehen, erweist sich modern/Moderne als außerordentlich vielseitig: Als Adjektiv kann es mit verschiedenen Substantiven zu feste Verbindungen eingehen, daß sie zu idiomatischen Wendungen verschmelzen, wie z.B. moderne Kunst oder modern dance (Ausdruckstanz), ähnlich auch art nouveau (Jugendstil). Zur neuen Substantivbildung Moderne im Deutschen können nun umgekehrt verschiedene adjektivische Bestimmungen hinzutreten, wie z.B. klassische Moderne, historische Moderne, Wiener oder Berliner Moderne und viel später zweite Moderne[96] (wie an der von Ulrich Beck im Suhrkamp Verlag herausgegebenen Reihe ›Edition Zweite Moderne‹ zu erkennen ist). Ebenso selbstverständlich können

die üblichen temporalen Spezifikationen wie früh-, hoch-, spät- und schließlich auch post- mit modern/Moderne verbunden werden. Versatil erweist sich modern auch hinsichtlich der verschiedenen Kunstgattungen: Sowohl im Bereich der Literatur als auch in den bildenden Künsten und in der Architektur findet der Terminus Verwendung; lediglich im Bereich der Musik hat sich die Bezeichnung nicht recht durchsetzen können, bzw. wird sie hier durch das ungefähr gleichbedeutende Adjektiv ›neu‹ vertreten, das in der Zusammensetzung Neue Musik als idiomatische Wendung bis heute geläufig ist – und ebenfalls um 1900 seinen Ausgangspunkt hat.

Die deutsche Substantivbildung Moderne steht freilich nicht allein. Bereits etwa 1880 treten unter dem Namen ›modernismo‹ unterschiedliche literarische Bewegungen in Spanien, Mexiko, Argentinien, Brasilien und anderen lateinamerikanischen Ländern in Erscheinung. »El *modernismo* hispanoamericano es, hasta cierto punto, un equivalente del Parnaso y del simbolismo francés [...]. El modernismo fue la respuesta al positivismo, la crítica de la sensibilidad y el corazón – también de los nervios – al empirismo y al cientismo positivista. En este sentido su función histórica fue semejante a la de la reacción romántica en el alba del siglo XIX. El modernismo fue nuestro verdadero romanticismo« (Der hispanoamerikanische Modernismo ist bis zu einem gewissen Grade ein Äquivalent des Parnasse und des französischen Symbolismus [...]. Der Modernismo war die Antwort auf den Positi-

---

92 Vgl. NIKOLAUS PEVSNER, Pioneers of the Modern Movement from William Morris to Walter Gropius (New York 1936).
93 Vgl. EUGEN WOLFF, Die Moderne zur Revolution und Reform der Literatur, in: Allgemeine Deutsche Universitätszeitung 1 (1887), 10; WOLFF, Die jüngste deutsche Literaturströmung und das Prinzip der Moderne (1888), in: G. Wunberg (Hg.), Die literarische Moderne. Dokumente zum Selbstverständnis der Literatur um die Jahrhundertwende (Frankfurt a.M. 1971), 3–42.
94 MARTINI (s. Anm. 8), 413.
95 ›Modern‹, in: BROCKHAUS, Bd. 11 ([14]1902), 957.
96 Vgl. HEINRICH KLOTZ (Hg.), Die zweite Moderne. Diagnosen zur Kunst der Gegenwart (München 1996).

vismus, war die Kritik der Sensibilität und des Herzens – auch der Nerven – gegenüber dem Empirismus und dem positivistischen Szientismus. In dieser Hinsicht war seine geschichtliche Funktion ähnlich jener der romantischen Reaktion zu Beginn des 19. Jh. Der Modernismo war unsere wahre Romantik)[97].

Bereits 1905 wird der hispanoamerikanische modernismo für beendet erklärt und von einem postmodernismo abgelöst, der mit der späteren Diskussion um die Postmoderne in keinem Zusammenhang steht. Federico de Onís führt diesen Begriff zur Bezeichnung eines gleichfalls nur sehr kurzen Zeitabschnitts zwischen 1905 und 1914 ein.[98] Nach de Onís' Einteilung folgt auf den postmodernismo der ultramodernismo in der Periode zwischen 1914 und 1932, wodurch sich die Periodisierung der hispanoamerikanischen Literatur dann insgesamt auf die Daten 1880 bis 1930 (mit einem deutlichen Höhepunkt im Jahrzehnt zwischen 1895 und 1905) erstreckt. Ein ähnlich abruptes Aus-der-Mode-Kommen ereilt die Moderne im deutschsprachigen Raum. Bereits 1904 wird eine ›Bilanz der Moderne‹ gezogen, gegen Ende des Jahrzehnts ist dann auch vom ›Ausgang der Moderne‹[99] die Rede. In der Literaturgeschichtsschreibung haben sich die Anfangs- und Enddaten 1890 bis 1914 für die deutsche literarische Moderne eingebürgert.

Zu dem Zeitpunkt, an dem Moderne und modernismo zu Ende gehen, nimmt im angelsächsischen Raum ›modernism‹ erst seinen eigentlichen Aufschwung. »The very moment of the Germanic repudiation of the Modern as a valid term marks the start of Anglo-American-Modernism as it is currently understood.«[100] Dieser wird auf das erste Viertel des 20. Jh. datiert, mit Höhepunkten in den Jahren unmittelbar vor und nach dem 1. Weltkrieg. Auch für die Architektur ist das Jahrzehnt zwischen der Gründung des Bauhauses 1919 und der Gründung des CIAM (Congrès Internationaux d'Architecture Moderne) 1928 ein plausibler Datierungsvorschlag für die Periode ihrer klassischen Moderne. Diese Bezeichnung ist inzwischen als »Sammelbegriff für die verschiedenen ästhetischen Strömungen der zwanziger Jahre«[101] in Umlauf gesetzt worden. Detlev Peukert schlägt den Begriff »zur Kennzeichnung der ganzen soziokulturellen Epochenlage«[102] vor und terminiert ihre zeitliche Erstreckung auf die Jahre zwischen 1890 und dem Ende der Weimarer Republik.

In den frühen Jahren des 20. Jh. tritt der Terminus Avantgarde[103] in Konkurrenz zu modern/Moderne. Gemeinsam ist beiden, daß sie eine (Aufbruchs-)Bewegung, aber keine einheitliche Richtung bezeichnen. Unbeschadet verschiedener zeitgenössischer Versuche, Moderne und Avantgarde polemisch gegeneinander auszuspielen, hat sich zunächst keine Verbindlichkeit erlangende Trennlinie zwischen den beiden Termini entwickelt. Über weite Strecken – besonders der US-amerikanischen Debatte – wird modernism mit Avantgarde identifiziert[104], oder modernism wird als eine bestimmte Spielart unter Avantgarde subsumiert.[105] Umgekehrt wird gelegentlich Avantgarde als Teilaspekt von modernism angesprochen.[106] Inzwischen, und das heißt, aus einer im Hinblick auf den Höhepunkt der Bewegung in der

---

97 OCTAVIO PAZ, Los hijos del limo. Del romanticismo a la vanguardia (Barcelona 1974), 126; dt.: Die andere Zeit der Dichtung. Von der Romantik zur Avantgarde, übers. v. R. Wittkopf (Frankfurt a. M. 1989), 118 f.
98 Vgl. FEDERICO DE ONÍS, Antología de la poesía española e hispanoamericana (Madrid 1934), XVIII.
99 Vgl. SAMUEL LUBLINSKI, Die Bilanz der Moderne (Berlin 1904); LUBLINSKI, Der Ausgang der Moderne. Ein Buch der Opposition (Dresden 1909).
100 BRADBURY/MCFARLANE (s. Anm. 1), 40; vgl. RITA FELSKI, The Gender of Modernity (Cambridge/London 1995), 22.
101 MICHAEL MAKROPOULOS, Tendenzen der Zwanziger Jahre. Zum Diskurs der Klassischen Moderne in Deutschland, in: Deutsche Zeitschrift für Philosophie 39 (1991), 676.
102 DETLEV J. K. PEUKERT, Die Weimarer Republik. Krisenjahre der Klassischen Moderne (Darmstadt 1997), 11.
103 Vgl. KARLHEINZ BARCK, ›Avantgarde‹, in: Barck u. a. (Hg.), Ästhetische Grundbegriffe. Historisches Wörterbuch in sieben Bänden, Bd. 1 (Stuttgart/Weimar 2000), 544–577.
104 Vgl. CLEMENT GREENBERG, Avant-garde and Kitsch (1939), in: Greenberg, Collected Essays and Criticism, hg. v. J. O'Brian, Bd. 1 (Chicago 1986), 5–22.
105 Vgl. CHARLES JENCKS, The Post-Avant-Garde, in: A. Papadakis (Hg.), An Art & Design Profile (London 1987), 5–20.
106 Vgl. BRADBURY/MCFARLANE (s. Anm. 1), 27 f.

ersten Hälfte des 20. Jh. retrospektiven Sicht, scheint sich der Trend durchzusetzen, modernism und Avantgarde voneinander zu trennen.[107] Es läßt sich eine gewisse Tendenz beobachten, die Bezeichnung modernism den puristisch oder formalistisch orientierten Bewegungen vorzubehalten, während die verschiedenen politisch-aktionistischen Richtungen unter dem Namen Avantgarde zusammengefaßt werden. Nicht ohne Grund wird auch der Versuch unternommen, die Terminologie mit unterschiedlichen historisch-politischen und geographischen Gegebenheiten in Verbindung zu bringen und so die Dominanz einer politisierten Avantgarde in rückständigen Ländern wie Deutschland, Italien und Rußland auf der einen Seite einem relativ unpolitischen Modernismus in den fortschrittlichen angelsächsischen Ländern gegenüberzustellen. Außerdem wird die Genealogie der Aufspaltung in eine puristisch-objektivistische und eine aktionistisch-subjektivistische Strömung bis an den Anfang des 19. Jh. zurückverfolgt.[108]

Je weiter der zeitliche Abstand zur Wende des 20. Jh. wird, desto großzügiger werden – im Gegensatz zu den vehementen ›Für-tot-Erklärungen‹ der Protagonisten der Bewegung – die Datierungen der Moderne. Nicht zuletzt, um auf diese Weise den zeitlichen Divergenzen zwischen den Nationen, Regionen und Kontinenten gerecht zu werden, hat sich in der neueren Praxis der Literaturgeschichtsschreibung daher die Konvention herausgebildet, die Moderne »für die europäischen Nationalliteraturen und die Literaturen Amerikas mit unterschiedlichen Anfangs- und Auslaufphasen im Zeitraum von 1870 bis 1930 (oder bis in die Gegenwart hinein)«[109] anzusiedeln. Das entspricht zugleich einem allgemeineren, d.h. über die Literaturgeschichte hinausgehenden Vorschlag, »›Modernism‹ as a title for a whole cultural movement and moment« zu verwenden, »stranding the dominant version of ›modern‹ or even ›absolute modern‹ between say, 1890 and 1940«[110]. Auf ein Jahrzehnt mehr oder weniger, sei es am Anfang oder am Ende der Periode, kommt es fast nicht an, und so findet derzeit die Auffassung ihren Weg in Handbücher und Enzyklopädien: »Most historians of literature and the plastic arts – the fields in which the term has most play – date it from the late 1880s to the Second World War.«[111]

Tatsächlich spricht einiges dafür, die Moderne sogar noch über die Jahrhundertmitte hinaus auszudehnen, da die frühe Nachkriegszeit durch ein verstärktes (in Deutschland regelrecht durch ein nachholendes) Anknüpfen an die Zeit vor den großen Diktaturen charakterisiert ist. Vor allem stellt die Notwendigkeit der Berücksichtigung des ›american modernism‹ ein wesentliches Argument für die zeitliche Ausdehnung der ästhetischen Moderne bis in die Zeit nach dem 2. Weltkrieg dar. Amerikanische Autoren unterstreichen – damals wie heute[112] – den engen Zusammenhang zwischen dem Aufstieg des american modernism und den geopolitischen Machtverschiebungen in der Folge des Krieges. Ähnlich weite, bis an die Jahrhundertmitte heranreichende Datierungsvorschläge wie für die bildende Kunst, werden für die amerikanische Literatur gemacht.[113] Zusammenfassend nennt Fredric Jameson »abstract expressionism in painting, existentialism in philosophy, the final forms of representation in the novel, the films of the great *auteurs*, or the modernist school of

---

107 Vgl. z.B. ANDREAS HUYSSEN, After the Great Divide. Modernism, Mass Culture, Postmodernism (Bloomington/Indianapolis 1986), 162f.; CALINESCU (s. Anm. 76), 140f.; ASTRADUR EYSTEINSSON, The Avant-Garde as/or Modernism?, in: Eysteinsson, The Concept of Modernism (Ithaca/London 1990), 143–178.

108 Vgl. z.B. BÜRGER (s. Anm. 3), 1300; HANS BELTING, Das unsichtbare Meisterwerk. Die modernen Mythen der Kunst (München 1998), 34; STEPHEN CROOK/JAN PAKULSKI/MALCOLM WATERS, Postmodernization. Change in Advanced Society (London 1992), 49.

109 JÖRG SCHÖNERT, Gesellschaftliche Modernisierung und Literatur der Moderne, in: C. Wagenknecht (Hg.), Zur Terminologie der Literaturwissenschaft. Akten des IX. Germanistischen Symposions der Deutschen Forschungsgemeinschaft Würzburg 1986 (Stuttgart 1988), 396.

110 RAYMOND WILLIAMS, The Politics of Modernism. Against the New Conformists (Oxford 1989), 32.

111 THOMAS VARGISH, ›Modernism‹, in: E. Craig (Hg.), Routledge Encyclopedia of Philosophy (London/New York 1998), 447.

112 Vgl. GREENBERG, The Decline of Cubism (1948), in: Greenberg (s. Anm. 104), Bd. 2 (Chicago 1986), 215; TERRY SMITH, ›Modernism‹, in: TURNER, Bd. 21 (1996), 776.

113 Vgl. RICHARD CHASE, The Fate of the Avant-Garde, in: Partisan Review 24 (1957), H. 3, 363–375.

poetry«[114] als die letzten Ausläufer des ›high modernism‹. Retrospektiv bietet Arthur Danto die folgende umfassende Datierung an: »the modern seemed [...] to have been a style that flourished from about 1880 until sometime in the 1960s«[115].

In dem Moment, da die Moderne definitiv historisch wird, müssen einerseits zur Bezeichnung für die nach der Moderne beginnende Ära und andererseits zur Bezeichnung des gerade jetzt Aktuellen neue Begriffe gefunden werden. Letzteres leistet der Terminus ›zeitgenössisch‹, der nun häufiger in Erscheinung tritt: Einen Übergang von ›modern art‹ zu ›contemporary art‹ beobachtet Danto in den 70er Jahren. Als eine erste Bestimmung dessen, was ›contemporary‹ von ›modern‹ unterscheidet, nennt er ein gelasseneres, nicht-aversives Verhältnis zur Tradition. Zur Bezeichnung für die nach dem Niedergang des amerikanischen Modernismus einsetzende Periode findet, zuerst in der Literaturkritik am Ende der 50er Jahre und seither weit darüber hinausgehend, der Begriff Postmoderne Verbreitung.

7. Nach 1970

»The world changed fundamentally in the 1970s and early 1980s. In this sense, the twenty-first century began during those years, for powerful forces that will shape the early part of the new century significantly appeared for the first time. [...] a new era did [...] begin [...] with the information revolution, the new power of U.S. capital and transnational corporations to drive that revolution [...]. This new era has been called ›the information age‹, and described as ›post-industrial‹, ›post-modern‹,

---

[114] FREDRIC JAMESON, Postmodernism or, The Cultural Logic of Late Capitalism (Durham 1991), 1.
[115] ARTHUR C. DANTO, After the End of Art. Contemporary Art and the Pale of History (Princeton, N. J. 1997), 11.
[116] WALTER LAFEBER, Michael Jordan and the New Global Capitalism (New York/London 1999), 13.
[117] SHMUEL NOAH EISENSTADT, Modernization. Protest and Change (Englewood Cliffs, N. J. 1966), 1.
[118] Vgl. HABERMAS, Theorie des kommunikativen Handelns, Bd. 1 (Frankfurt a. M. 1981), 225–366.
[119] DIETER RUCHT, Modernisierung und neue soziale Bewegungen: Deutschland, Frankreich und USA im Vergleich (Frankfurt a. M. 1994), 51.

and even ›post-imperialist‹ or ›late-capitalist‹. Whatever it is termed, it marks the beginning of something different in world history.«[116]

Ob um 1970 ein neues Zeitalter beginnt oder nicht, ist eine offene und umstrittene Frage. Fest steht jedoch, daß in dieser Zeit die begriffsgeschichtliche Entwicklung des semantischen Feldes modern weder abgeschlossen ist noch von Neuprägungen wie postmodern, post-industriell usw. einfach abgelöst wird. Vielmehr expandiert der Begriffsgebrauch gerade in dieser Phase noch einmal beträchtlich.

Mit ›Modernisierung‹ wird am Anfang der 60er Jahre nach Moderne und Modernismus ein weiteres Substantiv geprägt. In dieser Form findet modern zum ersten Mal Eingang in die politisch-soziale Sprache. Nach international weitgehend übereinstimmender Auffassung wird mit dem Begriff Modernisierung zunächst in erster Linie der Entwicklungsprozeß nichtwestlicher Länder bezeichnet, der nach dem Ende der Kolonialherrschaft an Bedeutung und Sichtbarkeit gewinnt, also zum Thema wird und daher auch auf einen Begriff gebracht werden muß. »Modernization is the process of change towards those types of social, economic, and political systems that have developed in Western Europe and North America from the seventeenth century to the nineteenth and have then spread to other European countries and [...] to the South American, Asian, and African continents.«[117] So verstanden, ist Modernisierung gleichbedeutend mit Europäisierung oder ›westernization‹. Auf der Rückseite dieses homogenisierenden Begriffs moderner Gesellschaft entsteht ein ebenfalls homogenisierender neuer Gegenbegriff: die vormoderne, d. h. die primitive oder traditionale Gesellschaft. Seither kommt so gut wie keine Darstellung der modernen Gesellschaft und ihrer Entwicklung ohne diese Negativfolie aus[118]: »Modernisierung als Prozeßkategorie bedeutet Genese und/oder Fortentwicklung von Merkmalen, die auf die Moderne als einen typisierten Zustand verweisen. Damit verlagert sich das Problem der Begriffsklärung auf die Kategorie der Moderne. Diese wiederum steht antipodisch zur Tradition«[119]. Als traditional werden sowohl die Gesellschaftsformationen Europas vor Anbruch der Moderne als auch die in einem Verhältnis ungleichzeitiger Gleichzeitigkeit gesehen nichtwestlichen Gesellschaften definiert; d. h. es überschneiden sich eine diachrone und eine synchrone Begriffslinie: Die moderne Gesellschaft »has primarily been opposed to its historical precedent; geopolitically it has been contrasted to the non-modern, or more, specifically, to the non-West. Thus, the pairing has served as a discursive scheme according to which the historical predicate is translated into a geopolitical one and vice versa.«[120]

Obwohl Modernisierung auf Moderne verweist, wird der Begriff zunächst noch selten zur Benennung politischen, sozialen und wirtschaftlichen Wandels in den Industrienationen selbst gebraucht. Das wird mit der »Ungleichzeitigkeit beider Arten von Veränderungstendenzen« erklärt: »Modernisierung in den Entwicklungsländern ist [...] von dem Ziel bestimmt, auf verschiedenen Ebenen das gegenwärtige Niveau der Industrienationen zu erreichen, verläuft also in einer überschaubaren Etappe zwischen Dekolonialisierung und unserer eigenen Gegenwart. Gleichzeitig bewegen sich die Industrienationen aus dieser Gegenwart in eine offene Zukunft, ohne daß ihr Weg in der Vorstellung eines zu erreichenden Zustandes vorherzusehen ist«. Mit anderen Worten: Modernisierung ist nachholend. Hat dieser Nachholprozeß einmal stattgefunden, dann befinden sich die Gesellschaften der sogenannten Dritten Welt auf demselben Weg des permanenten Fortschritts wie die westlichen Industriegesellschaften. Die Industrienationen jedoch bewegen sich »aus dieser Gegenwart in eine offene Zukunft, ohne daß ihr Weg in der Vorstellung eines zu erreichenden Zustandes vorherzusehen ist«[121]. Solange der lineare und prinzipiell unabschließbare Charakter des Fortschritts als unbezweifelbar gilt, besteht wenig Anlaß, die Modernisierung moderner Gesellschaften eigens zu thematisieren, so daß der Begriff hier wieder gegenstandslos wird. Damit gilt nach wie vor die seit Papst Gelasius geläufige rein technische Bedeutung von modern zur Bezeichnung der »Aktualitätsgrenze«[122].

Bis in die 80er Jahre hinein spiegelt sich diese Auffassung in den den Begriffsgebrauch der Zeit kodifizierenden und repräsentierenden großen Wörter- und Handbüchern wider. Sie verzeichnen die Moderne als historisch begrenztes und abgeschlossenes literarisch-ästhetisches Phänomen. Außerhalb dieses angestammten Bereichs des Modernitätsdiskurses dient »der Terminus zur allgemeinen, farblosen histor. Allerweltsbezeichnung, [...] jeweils übertragbar in der Bewegung mit der *gegenwärtigen* Zeit, damit aber auch weitgehend einer spezifischen Ausdrücklichkeit beraubt«[123]. »Als zeitlicher Relationsbegriff entzieht er [der Terminus Moderne – d. Verf.] sich sowohl der Festlegung wie der begrifflichen Anreicherung.«[124] Aus genau diesem Grunde hatte Fritz Mauthner 1910 die Verwendung des eben erst gebildeten Begriffs Moderne als Epochenbegriff abgelehnt, da das Wort modern »nur eine unbestimmbare Strecke im Flusse der Gegenwart«[125] bezeichnet.

Innerhalb weniger Jahre verändert sich diese Situation grundlegend. Die Plötzlichkeit des Wandels wird an der Diskrepanz zwischen Handbuchartikeln und Monographien besonders augenfällig. Während beispielsweise der 1984 erschienene Artikel ›Modern, die Moderne‹ im *Historischen Wörterbuch der Philosophie* die Auffassung vertritt, daß der Begriff des Modernen in der Philosophie keine Rolle spiele, ja weitergehend noch, daß der Begriff selbst zu dem der Philosophie in Widerspruch stehe, veröffentlicht Jürgen Habermas nur ein Jahr später seine zwölf Vorlesungen *Der philosophische Diskurs der Moderne* (1985).

Auch in den Sozialwissenschaften, in deren Sprachgebrauch – von der Neuprägung Modernisierung im oben skizzierten spezifischen Sinne abgesehen – das Wortfeld modern kaum eine Rolle gespielt hat, ist das Interesse am Modernitätsthema im letzten Viertel des 20. Jh. förmlich explodiert. Selbstverständlich haben sich die Gesellschaftswissenschaften längst mit dem Gegenstand Moderne befaßt; jedoch beginnen sie erst neuerdings das, was sie bis dahin unter einer ganzen Reihe anderer Titel verhandelt haben (wie z. B. bürgerliche

---

120 NAOKI SAKAI, Modernity and Its Critique: The Problem of Universalism and Particularism, in: The South Atlantic Quarterly 87 (1988), H. 3, 476.
121 GUMBRECHT (s. Anm. 48), 129.
122 JAUSS (s. Anm. 4), 16.
123 MARTINI (s. Anm. 8), 414.
124 RAINER PIEPMEIER, ›Modern, die Moderne‹, in: RITTER, Bd. 6 (1984), 61.
125 MAUTHNER (s. Anm. 5), 95.

Gesellschaft, Kapitalismus, Industrialisierung, Rationalisierung, Urbanisierung, Ausdifferenzierungsprozeß u. v. m.), auf den Begriff Moderne zu bringen. Während die spezifische Modernisierungstheorie, d. h. die Modernitätsthematik im Hinblick auf Entwicklung oder gar ›Unter‹entwicklung der Dritten Welt inzwischen scharfer Kritik unterzogen wird, rückt die Frage nach der Modernität und der weiteren Modernisierung moderner Gesellschaften ins Blickfeld. Diese Wendung ist offenbar noch so neu, daß Soziologen nicht selten ein Defizit ihrer Disziplin in Hinsicht auf die Erarbeitung der Modernitätsthematik kritisieren. So beklagt etwa Niklas Luhmann eine Schwäche der Soziologie in dieser Hinsicht: »Seitdem die Rede von der ›kapitalistischen Gesellschaft‹ erläuterungsbedürftig geworden ist und die Diskussion über ›Differenzierung‹ [...] stagniert, fehlt eine adäquate strukturelle Beschreibung von Modernitätsmerkmalen.« »Die Soziologie hat sich [...] an der Diskussion über Kriterien der Moderne wenig beteiligt«[126] – namentlich im Vergleich zu Literatur und Kunst.

Noch eindrucksvoller läßt sich die These, daß sich nach 1970 tiefgreifende Veränderungen im gesamten semantischen Feld von modern vollziehen, durch einen Blick auf die Begriffsentwicklung im anglo-amerikanischen Sprachraum belegen. Als Ausgangspunkt bietet sich ebenfalls die Stichwortvergabe großer Enzyklopädien und Fachwörterbücher an.

Zwar betonen deutschsprachige Nachschlagewerke vielfach die Bedeutungsarmut des Begriffs Moderne. Dennoch hat das Stichwort auch in die Handbücher der Philosophie oder Gesellschaftswissenschaften Eingang gefunden, obgleich diese nach eigenem Bekunden keinen Bedarf an dem Begriff haben und stattdessen die literarisch-ästhetische Begriffsentwicklung zur Darstellung bringen, was strenggenommen gar nicht in ihr thematisches Spektrum gehört. Fast scheint es, als habe

die Substantivbildung ›die Moderne‹ in ihrer prägnanten abstrakten Form so suggestiv gewirkt, daß der Begriff Anwendung fand, bevor er tatsächlich gebraucht wurde. Dagegen fällt auf, daß Nachschlagewerke aller Art im angelsächsischen Raum lange Zeit kein substantivisches Lemma verzeichnen. Lediglich Eintragungen zu jenen zahlreichen idiomatischen Ausdrücken, die ›modern‹ als Adjektiv enthalten, sind üblich. Als repräsentativ kann *The New Encyclopaedia Britannica* gelten, die (noch in der 15. Auflage von 1989) eine Reihe verschiedener Phänomene von ›modern art‹ bis ›modern school‹ erläutert. Als Substantiv wird ›modernism‹ angegeben, allerdings ausschließlich in bezug auf die gleichnamige theologische Bewegung. Auch die hispano-amerikanische literarische Bewegung ›modernismo‹ und ›modernization‹ im Sinne der nachholenden Entwicklung der ›Dritten Welt‹ werden behandelt.

Zunächst ist es dann der Begriff modernism, der sich allmählich im englischen Sprachgebrauch etabliert. Bereits 1965 bietet die *McGraw-Hill Encyclopedia of World Art* einen kurzen Artikel zum Stichwort, während viele englischsprachige Fachwörterbücher zur Kunst/Ästhetik noch lange entweder kein Lemma zum Wortfeld ›modern‹ aufweisen[127] oder, ähnlich wie andere Nachschlagewerke, auf ›modern architecture‹, ›modern dance‹, ›modern style‹ usw. hinweisen. Erst in den letzten Jahren gewinnt modernism zur Bezeichnung der ästhetischen Moderne an Geläufigkeit. Auch Versuche zur Bedeutungserweiterung werden unternommen. Beispielsweise verzeichnet *The Oxford Companion to Philosophy* von 1995 ein kurzes Stichwort modernism, in dem es um ›modernism in philosophy‹ geht, d. h. um Philosophie seit Descartes und mit speziellem Hinweis auf Habermas' zwölf Vorlesungen. Dieser Versuch, den Terminus modernism auf die Philosophie auszudehnen, bleibt allerdings isoliert; stattdessen bildet sich die Konvention heraus, zur Bezeichnung von Moderne im außerästhetischen Sinne der alten und bislang unspezifischen Substantivbildung ›modernity‹ eine neue Bedeutung zu geben. Das gerade in der englischen Sprache seit langem belegte Substantiv, das bis dahin entweder nur ebenso allgemein zur Bezeichnung des jeweils Aktuellen und Neuen verwendet wurde wie das Adjektiv oder das

---

126 LUHMANN (s. Anm. 74), 12, 16.
127 Vgl. z. B. Phaidon Dictionary of Twentieth Century Art (London 1977); HAROLD OSBORNE (Hg.), Oxford Companion to Twentieth Century Art (Oxford 1988).

– ähnlich wie die analogen, wesentlich jüngeren Termini ›modernité‹ und ›Modernität‹ – das moderne Leben, den modernen Lebensstil bezeichnete, wird neuerdings auf eine Weise verwendet, welche dem deutschen ›die Moderne‹ mehr entspricht als dem sprachlich enger verwandten Terminus ›Modernität‹.

Insbesondere die Gesellschaftswissenschaften beginnen ein ›Facing up to Modernity‹[128], und so hat der Terminus in den letzten zwei bis drei Jahrzehnten im Englischen eine solche Selbstverständlichkeit erlangt, daß nicht nur Aufsätze und Bücher in einer großen Fülle von unterschiedlichen Kontexten das Wort verwenden, sondern auch Buchreihen den Begriff im Titel führen, wie etwa die in der Minnesota University Press seit 1995 erscheinende Reihe *Contradictions of Modernity*. Laut Programm soll die Reihe Bücher versammeln, »that explore the problem of theorizing the modern in its manifold and sometimes contradictory forms«. Die Einbürgerung des hier verwendeten unmittelbaren Äquivalents zu das/die Moderne, ›the modern‹, findet also offensichtlich auch statt, verläuft aber bislang wesentlich zögernder.

Auf der Grundlage der Neudefinition von modernity ergibt sich nun auch die Möglichkeit einer klareren Differenzierung zwischen modernity und modernism. Als Faustregel läßt sich festhalten, daß modernism »the aesthetic wing of modernity«[129] bezeichnet; modernism wird definiert als »term applied to the invention and the effective pursuit of artistic strategies that seek [...] connections to the powerful forces of social Modernity«, während modernity – gemeinsam mit dem ebenfalls weitere Verwendung und Verbreitung findenden Begriff modernization – die gesellschaftliche und kulturelle Moderne und ihre Entwicklung umfaßt: »Term applied to the cultural condition in which the seemingly absolute necessity of innovation becomes a primary fact of life, work and thought«[130]. Die begriffliche Differenzierung erleichtert es, die nicht selten behaupteten Spannungen zwischen den beiden Dimensionen von Moderne zu thematisieren.[131] Im Bedarfsfall werden die beiden Termini zwar gelegentlich als ›Modernität‹ und ›Modernismus‹[132] ins Deutsche übersetzt, aber hier mangelt es an der Unterscheidung an Geläufigkeit. In der Regel behilft sich die deutsche Sprache weiterhin mit den entsprechenden adjektivischen Zusätzen zur monolithischen Moderne, um den Unterschied zwischen der ästhetischen und der gesellschaftlich-kulturellen Ausprägung zu artikulieren.

Inzwischen befaßt sich – international – eine kaum noch überschaubare Fülle von Publikationen mit der Moderne in allen ihren Aspekten. Die *Library of Congress* verzeichnet derzeit über 1100 Bücher zum Schlagwort ›modernity‹; hinzu kommen noch einmal fast 3000 selbständige Publikationen mit dem Schlagwort ›modernism‹ und rund 1700 zu ›modernization‹. Forschungsprojekte sind dem Thema ebenso gewidmet wie Serien von Hintergrundartikeln in Tageszeitungen. Seit 1994 erscheint in den USA eine von Lawrence S. Rainey und Robert von Hallberg herausgegebenen Fachzeitschrift, die mit ihrem Doppeltitel *Modernism/Modernity* der für den englischen Sprachgebrauch charakteristischen begrifflichen Differenz Rechnung trägt und nach eigener Angabe die Periode von 1860 bis in die Gegenwart als ihr Themenfeld betrachtet. In einer monumentalen, vierbändigen Anthologie wird im Jahr 1999 der Versuch unternommen, das ganze Spektrum der Thematik zu dokumentieren.[133]

Diese Veränderungen im Begriffsgebrauch der Gegenwart sind nicht zufällig. Selbstverständlich muß ein gewisser modischer Effekt in Rechnung gestellt werden; denn auch Begriffe erleben Konjunkturen, werden auf einmal zu Schlagworten, die ubiquitär und inflationär Verwendung finden, um dann mehr oder weniger rasch durch andere abgelöst zu werden. Dessenungeachtet hat das gegenwärtige Interesse an Moderne tiefere Ursachen.

---

128 Vgl. PETER BERGER, Facing Up to Modernity. Excursions in Society, Politics, and Religion (New York 1977).
129 ALAN SWINGEWOOD, Cultural Theory and the Problem of Modernity (New York 1998), 161.
130 SMITH (s. Anm. 112), 775, 777.
131 Vgl. DANIEL BELL, The Cultural Contradictions of Capitalism (New York 1978).
132 Vgl. BELL, Zur Auflösung der Widersprüche von Modernität und Modernismus, übers. v. F. Griese, in: H. Meier (Hg.), Zur Diagnose der Moderne (München/Zürich 1990), 21–67.
133 Vgl. WATERS (s. Anm. 43).

Das Thema Postmoderne ist keineswegs nur ein »höchstens [...] marginaler Anstoß«[134], sondern hier besteht ein wechselseitiges Bedingungsverhältnis. Auf der einen Seite fordert die Diskussion um Postmoderne zur Auseinandersetzung mit der Moderne heraus: »Wer von Postmoderne redet, redet auch von Moderne.«[135] Seitdem sich durch das neue Konzept Postmoderne die Eventualität einer Grenze der Moderne ergibt, muß sich Moderne definieren lassen, müssen Kriterien der Differenz zwischen Moderne und Postmoderne angegeben werden. Die Postmoderne-Diskussion ruft also einen das Thema Moderne betreffenden Effekt hervor: Sie erst läßt die Moderne sich ihrer selbst bewußt und zugleich auch fraglich werden. Denn indem Moderne zum Thema, zum Gegenstand des Nachfragens wird, erscheint sie als in Frage gestellt. Andererseits ist es eben diese Fragwürdigkeit der Moderne, welche der Diskussion um die Postmoderne zugrunde liegt. Die Rede von der Postmoderne ist so gesehen ihrerseits ein Effekt der Infragestellung der Moderne. Die enge Abhängigkeit der Diskussion um Postmoderne von der Frage nach der Moderne wird nicht zuletzt dadurch sichtbar, daß die lexikalische Neuschöpfung ›postmodern‹ alle Auffächerungen von modern mitvollzieht: Parallel zur Differenzierung von modernity und modernism wird zwischen postmodernity und postmodernism unterschieden[136]; analog zur Diskussion über die Modernisierung der modernen Gesellschaft wird über deren ›postmodernization‹ gestritten. Ob Postmoderne mehr und anderes bedeuten kann, als zugleich Ursache und Wirkung eines die Moderne betreffenden Reflexionsprozesses zu sein, ist Gegenstand einer anderen als der hier zu führenden Debatte.

8. Modern: relational – absolut – historisch. Zusammenfassung

Der Bewußtwerdungs- und Problematisierungsprozeß der Moderne bezieht sich nicht zuletzt auf ihr Zeit- und Epochenverständnis. Die Periode um 1800 ist als Beginn der Moderne bezeichnet worden, weil im Bewußtsein der Zeitgenossen ein Bruch mit der Vergangenheit stattfindet. Seither erschließen die modernen Zeiten keine »additive, annalistisch oder chronologisch strukturierte, lineare Zeit«[137] vom Zeitpunkt der Schöpfung bis zum jeweils heutigen Tag mehr. Daher gilt die Moderne als jene Epoche, die das Bewußtsein und den Begriff von Epoche entdeckt hat. Allerdings hat die neue Geschichtsauffassung den relationalen Sinn von modern zunächst eigentlich bloß halb, nämlich nur nach der Seite der Vergangenheit hin außer Kraft gesetzt. Während sich somit in Blickrichtung Vergangenheit ein tiefgreifender Bewußtseinswandel vollzieht, ist dagegen die Gleichsetzung des Modernen mit dem gerade jetzt Aktuellen, also die Vorstellung einer additiven, chronologisch strukturierten, linearen Zeit vom heutigen Tag an bis in alle Zukunft, präsent geblieben. Nach der Seite der Zukunft bleibt der relationale Wortgebrauch in Geltung. Jeder neue Tag bringt einen Fortschritt, eine Innovation mit sich, so daß modern eben das ist, was der jeweils neue Tag als Neuheit bringt.

Genauer gesagt: Auf der Grundlage der spezifisch modernen Fortschrittsidee verbindet sich der relationale Gebrauch des Begriffs modern mit seiner Verabsolutierung. Die Moderne wird als mit keiner anderen Periode der Vergangenheit vergleichbarer und durch kein anderes Stadium der Geschichte künftig überholbarer, sondern als einzigartiger und unüberbietbarer Zustand der Gesellschaft betrachtet: »Sowohl der soziologische Neoevolutionismus wie [...] die Modernisierungsforschung, als auch Rationalisierungstheorien [...] gehen davon aus, daß die modernen Gesellschaften (a) durch einen radikalen Bruch mit der traditionalen Gesellschaft entstanden sind; (b) daß dieser Schritt von dem einen zum anderen Entwicklungspol eindeutig und unumkehrbar ist und (c) daß dieser Schritt keine bloße Etappe der Evolution darstellt, der noch ein nachmodernes Stadium

---

134 MORITZ CSÁKI, Die Moderne, in: E. Brix/P. Werkner (Hg.), Die Wiener Moderne. Ergebnisse eines Forschungsgesprächs (Wien/München 1990), 25.
135 WOLFGANG WELSCH, Unsere postmoderne Moderne (Weinheim ²1988), 45.
136 Vgl. ANTHONY GIDDENS, The Consequences of Modernity (Stanford 1990), 45 f.
137 KOSELLECK (s. Anm. 45), 275.

folge. [...] Die moderne Gesellschaft kommt zur Existenz durch den radikalen Bruch mit der Tradition, aber sie selbst kontinuiert sich; mit der Tradition der Moderne selbst kann nicht mehr gebrochen werden.«[138] Mit anderen Worten, die moderne Idee des Fortschritts macht aus der Gegenwart den zwar nicht definitiven, aber ultimativen Höhepunkt der Geschichte, auf den immer ein neuer, anderer, aber dennoch kein grundlegend andersartiger Zustand folgen können soll. Vermutlich ist diese Mischung aus permanenter Relativierung und Verabsolutierung dafür verantwortlich, daß die Moderne so schlecht altert.»Modernity can have no respect [...] for its own past«, denn nichts verdient weniger Achtung als das Neue von gestern. Andererseits wird das Heute als dernier cri über alles Alte erhobene Neue jeweils morgen seinerseits in den Abgrund der Zeit gestoßen:»Modernity [...] not only entails a ruthless break with any or all preceeding historical conditions, but is characterized by a neverending process of internal ruptures and fragmentations within itself.«[139]

Eine solche Zeit- und Geschichtsauffassung muß sich verhältnismäßig rasch erschöpfen. Zu leicht ist durchschaubar, daß »the yearly movements and ›isms‹ [...] follow each other as predictably as the seasons«[140], allerdings ohne den tröstlichen Charme einer zyklischen Zeiterfahrung zu entwickeln. Vielmehr erlischt die Revolution in der Permanenz; die Vorstellung leerer Linearität eines Immer-so-weiter verliert sich in einer Zukunft unwandelbarer Veränderung. Dieser Einsicht Ausdruck zu geben ist eines der wesentlichen Kennzeichen und Verdienste von Postmoderne: »Es ist [...] nicht sinnvoll, am Bild einer sich ins Endlose perpetuierenden Moderne festzuhalten.«[141] Postmoderne »läßt die Ideologie der Potenzierung, der Innovation, der Überholung und Überwindung, sie läßt die Dynamik der Ismen und ihrer Akzeleration hinter sich«[142]. »Post-Modernism [...] is a period when the Modernist faith in history has been lost.«[143]

Im Vordergrund dessen, was allgemein an der postmodernen Kritik wahrgenommen wird, steht die Desillusionierung der Fortschrittsidee. Die Hoffnung, daß das Menschengeschlecht »*Ursache* von dem Fortrücken [...] zum Besseren«[144] sei, der

Glaube an den Sinn einer als zielgerichteten Prozeß vorstellbaren Geschichte und an eine einheitliche Konzeption des Menschen, der Menschheit als ihrem Subjekt, ist enttäuscht. Im Hintergrund des Fragwürdig-Werdens findet jedoch zugleich auch ein Zu-sich-selbst-Kommen der Moderne statt. Erst die Eingrenzung nach rückwärts und vorwärts in der Zeit, nach Vergangenheit und Zukunft hin, wie sie nun in den Horizont des Denkens rückt, bricht vollständig und endgültig mit dem jahrhundertealten relationalen Gebrauch und eröffnet die Möglichkeit einer Definition des Terminus Moderne. Erst indem die Moderne endgültig aus der relationalen Bestimmung des jeweils Neuen, Heutigen und Aktuellen heraustritt, gewinnt das Zeitalter der Moderne als Zeitalter Kontur. Die Epoche, die den Begriff von Epoche entwickelt hat, wird sich selbst begreifbar, d.h. sie reflektiert sich, nämlich die Bedingungen ihrer Möglichkeit. Die umfassende Historisierung der Moderne überwindet auf der einen Seite den relationalen Charakter; auf der anderen Seite wird der Absolutheitsanspruch, den der Begriff und das Bewußtsein von Moderne lange geprägt hat, relativiert. Sowohl über den relationalen als auch den absoluten Begriffsgebrauch hinausgehend, entwickelt der Terminus modern nun einen historischen Sinn und erreicht damit erst das Niveau des spezifisch modernen Epochenbegriffs. Das für die Epoche der Moderne als charakteristisch bezeichnete Epochenbewußtsein wird eigentlich erst dadurch realisiert.

---

138 JOHANNES BERGER, Gibt es ein nachmodernes Gesellschaftsstadium? Marxismus und Modernisierungstheorie im Widerstreit, in: Berger (Hg.), Die Moderne – Kontinuitäten und Zäsuren (Göttingen 1986), 79.
139 DAVID HARVEY, The Condition of Postmodernity. An Enquiry into the Origins of Cultural Change (Oxford 1989), 11 f.
140 JENCKS (s. Anm. 105), 17.
141 PETER ZIMA, Moderne/Postmoderne: Gesellschaft, Philosophie, Literatur (Tübingen 1997), XII.
142 WELSCH (s. Anm. 135), 6.
143 THOMAS MCEVILLEY, Art History or Sacred History? (1987), in: McEvilley, Art and Discontent. Theory at the Millennium (Kingston, N. Y. 1991), 136.
144 KANT (s. Anm. 47), 356.

Die Reflexion auf die Bedingungen der Möglichkeit ist zugleich eine Reflexion der Grenzen. In der Konsequenz des Reflexionsprozesses und des Historisch-Werdens der Moderne wird die Kontingenz des modernen Epochenbegriffs erkennbar. Mit der Einsicht in den unterschiedlichen Charakter verschiedener Epochen und dem Wissen, daß erst die Moderne den Begriff von Epoche entwickelt hat, muß mit Blick auf die Zukunft eingeräumt werden, daß spätere Zeiten wieder ganz andere Konzeptionen von Zeit und zeitlicher Einteilung entwickeln können, so wie auch vergangene Zeitalter andere Zeitkonzepte besaßen. Je deutlicher sie sich selbst als Epoche begreift, um so mehr relativiert die Moderne ihren Epochenbegriff. Nicht zu Unrecht spricht Hans Ulrich Gumbrecht gerade für den Moment der Selbsthistorisierung der Moderne von einer »mise en abîme [...] für den Chronotop der ›historischen‹ Zeit«, von einer »Detemporalisierung«[145] der Zeit in der Postmoderne.

Wenn es zutrifft, daß in der Postmoderne eine Detemporalisierung der Zeit einsetzt, dann ergibt sich daraus für das Konzept von Postmoderne ein Problem hinsichtlich ihres eigenen temporalen Status. Denn als neues Zeitalter nach der Moderne, wie es der Terminus nahelegt, wird sie gerade nicht aufgefaßt werden dürfen. Aufgrund der Kritik an der modernen Geschichtsauffassung versteht es sich von selbst, daß die Verfechter des Postmodernekonzepts sich vorsehen müssen, das Verhältnis zur Moderne als radikalen Bruch und Neubeginn erscheinen zu lassen. Die Morgenröte eines ganz neuen Zeitalters darf nicht proklamiert werden. Denn genau das würde die Geste der Moderne wiederholen, statt sie zu beenden. Damit sich Postmoderne von Moderne unterscheiden kann, muß sie bestreiten, eine neue Epoche zu sein. Die Differenz zur Moderne muß auf andere als auf temporale Weise gedacht werden. Verschiedene Vertreter postmoderner Theorie legen unterschiedliche Angebote zur Lösung dieses Problems vor. Gianni Vattimo beispielsweise nimmt Martin Heideggers Begriff der »Verwindung«[146] auf, um einen Abschied von der Moderne zu markieren, der den Gedanken einer heroischen Überwindung vermeidet. Andere Autoren detemporalisieren sowohl den Begriff der Postmoderne als auch den der Moderne und erklären beide zu polaren »Gemüts- oder vielmehr Geisteszuständen«[147], deren ewiges Wechselspiel sich durch die abendländische Geschichte hindurch verfolgen läßt. In diesem Sinn identifiziert Wolfgang Welsch Moderne als Einheits- und Totalitätsstreben und stellt dem das postmoderne Bekenntnis zur Pluralität entgegen: »Postmoderne wird [...] als Verfassung radikaler Pluralität verstanden, Postmodernismus als deren Konzeption verteidigt« (4). Da der postmoderne »Vielheitsdenker« »nicht metaphysisch-univok und nicht modern-unilinear, sondern postmodern-mehrreihig« (212) denkt, erkennt er seinesgleichen in allen Zeiten: »›Postmodern‹ ist, wer sich jenseits von Einheitsobsessionen der irreduziblen Vielheit der Sprach-, Denk- und Lebensformen bewußt ist [...]. Und dazu muß man keineswegs im zu Ende gehenden 20. Jahrhundert leben, sondern kann schon Wittgenstein oder Kant, kann Diderot, Pascal oder Aristoteles geheißen haben.« (35) Thomas McEvilley führt die Differenz Moderne/Postmoderne bis auf den Gegensatz zwischen der griechisch-römischen und der jüdisch-christlichen Weltsicht zurück und sieht diesen Dualismus sich in der gesamten Geschichte des Abendlandes wiederholen.[148] Solche Detemporalisierungsversuche führen in die Sackgasse einer scholastischen Debatte zwischen einer auf Stereotypen reduzierten modernen und einer postmodernen ›Gesinnung‹, ähnlich den sterilen Typisierungen, wie sie aus der Polarisierung des Klassischen und des Romantischen oder aus der ›Querelle des anciens et des modernes‹ bekannt sind.

Eine so verstandene postmoderne Theorie verliert die Bodenhaftung der Wirklichkeit, indem sie die de facto nicht nur weiterhin stattfindende, sondern sich rasant beschleunigende Modernisierung ignoriert. Die seit den 70er Jahren in Schwung kommende Welle wissenschaftlich-technischer Innovation sowie ökonomischen, gesellschaftlichen und politischen Wandels läßt die Überlegung zu,

---

145 GUMBRECHT (s. Anm. 89), 21, 37.
146 GIANNI VATTIMO, La fine della modernità. Nichilismo ed ermeneutica nella cultura post-moderna (Mailand 1985), 66; dt.: Das Ende der Moderne, übers. v. F. Capurro (Stuttgart 1990), 63.
147 WELSCH (s. Anm. 135), 35.
148 Vgl. MCEVILLEY (s. Anm. 143), 133–167.

ob die Gegenwart nicht einen so tiefgreifenden Strukturwandel erlebt, daß zwar nicht vom Beginn einer vollkommen neuen Epoche, wohl aber von einer weiteren ›Kaskade der Modernisierung‹, die den Namen Postmoderne verdienen würde, gesprochen werden kann.

Darüber hinaus fragt es sich, ob unter dem Titel Globalisierung nicht eine Verräumlichung des temporalen Begriffs von Moderne und somit tatsächlich eine Art von Detemporalisierung stattfindet. Jedenfalls läßt sich eine Überkreuzung zwischen einer zeitlichen und einer räumlichen Dimension beobachten. Während die Antwort auf die Frage nach der Moderne vor einigen, wenigen Jahrzehnten noch gelautet haben würde: Moderne ist ein zeitlich offener, linear fortschreitender, durch keinen nachmodernen Gesellschaftszustand überholbarer Prozeß, während sie in räumlicher Hinsicht auf das Abendland, auf die westlichen Industrieländer zwar nicht begrenzt, aber durch die Entwicklung, die sie hier genommen hat, definiert ist[149], so daß sie für den ›Rest der Welt‹ allenfalls nachholend verläuft, sieht es nun beinahe so aus, als verhalte es sich mit der zeitlich-räumlichen Achse gerade umgekehrt: Moderne erscheint in ihrer eurozentrischen, westlichen Ausprägung als auf eine bestimmte Periode eingeschränkt; dagegen handelt es sich um eine weltweite Entwicklung[150], welche die Aspekte des Nachholens verliert und an Eigendynamik gewinnt.

Die Vermutung, daß im Zuge der Transformation von Modernisierung zu Globalisierung die Idee des Fortschritts untergehen könnte, ist insofern begründet, als dieser Weg schon längst vorgezeichnet ist. Die postmoderne Desillusionierung des Fortschritts bedeutet lediglich einen weiteren Schritt auf dem Weg der Säkularisierung der Zeitauffassung. Dieser Prozeß hat bereits eingesetzt, als sich »la storia che, nella visione cristiana, apparìva come storia della salvezza, è diventata dapprima la ricerca di una condizione di perfezione intramondana e poi, via via, la storia del progresso« (die Geschichte, die aus christlicher Sicht als Erlösungsgeschichte erschien, [...] sich zuerst in die Suche nach einem Zustand innerweltlicher Perfektion und dann, nach und nach, in die Geschichte des Fortschritts)[151] verwandelte. Am Ende dieses Weges steht weniger das Ende des Fortschritts als vielmehr die Umgestaltung seiner Konzeption vom heilsgeschichtlich vorgestellten Menschheitsfortschritt zum technologisch-ökonomischen Systemfortschritt. Nicht zuletzt die Vervielfachung und Vervielfältigung der Fortschritte selbst ist es, die ihre Linearität als in Frage gestellt erscheinen läßt.

III. Modern/Moderne als Begriff der ästhetischen Terminologie

Die Frage, ob Moderne überhaupt ein sinnvoller Begriff oder eventuell sogar ein Grundbegriff der ästhetischen Terminologie sein kann, stellt sich erst auf der Grundlage ihrer vollständigen Historisierung. Erst dann, wenn eine Unterscheidung zwischen dem Modernen und dem gerade jetzt Aktuellen getroffen ist, wenn eine zeitliche Begrenzung sowohl in Hinblick auf einen Anfang als auch auf ein Ende der Periode der Moderne angegeben werden kann, eröffnet sich allgemein und folglich im Kontext von Kunst und ihrer Theoriebildung im besonderen die Aussicht auf eine Definition von Moderne. Um einen handhabbaren Leitfaden zur Rekonstruktion des Konzepts Moderne im Bereich des Ästhetischen zu gewinnen, ist einerseits wenig ratsam, die Moderne auf mehrere Jahrhunderte, auf die gesamte Neuzeit bis zurück an das Ende des Mittelalters, auszudehnen; andererseits wäre es unsinnig, den historischen Binnendatierungen folgend, die Moderne zu eng zu dimensionieren und alle zehn bis zwanzig Jahre neu beginnen und wieder enden zu lassen.

Da seit etwa 1800 die Modernisierungswellen in immer kürzer werdenden Abständen an- und abrollen, darf nach der Seite des Beginns hin die in-

---

149 Vgl. MAX WEBER, Vorbemerkung, in: Weber, Gesammelte Aufsätze zur Religionssoziologie, Bd. 1 (Tübingen 1920), 7.
150 Vgl. TABISH KHAIR, Modernism and Modernity, in: Third Text. Critical Perspectives on Contemporary Art and Culture 55 (2001), 10.
151 VATTIMO (s. Anm. 146), 16; dt. 12.

zwischen von vielen Autoren[152] favorisierte Entscheidung für um 1800 als am besten begründet angesehen werden. In den Jahrzehnten um die Wende zum 20. Jh. erlebt die ästhetische Moderne den Höhepunkt ihrer Entwicklung, der allerdings auch gleich den Eintritt in das Stadium ihrer Krise markiert. Als Enddatum ergibt sich aus der voranstehenden begriffsgeschichtlichen Skizze ein Votum für um 1970. Spätestens seit dieser Zeit dürfte kein Zweifel daran bestehen, daß sich ein weiterer tiefgreifender Wandel vollzieht, der zwar einerseits in der Kontinuität des kaskadenartigen Modernisierungsprozesses der longue durée gesehen werden kann, aber gleichzeitig doch das Ende der um 1800 einsetzenden großen Etappe bezeichnet.

Das schwierigste Problem auf dem Weg zur Beantwortung der Frage, was Moderne im Bereich des Ästhetischen ist, liegt darin, daß Moderne kein Stil ist und es auch zu keiner Zeit war – selbst unter der Voraussetzung einer bescheideneren zeitlichen Dimensionierung von Moderne würde sich kein einheitlicher Stil als Ausgangspunkt für eine Definition finden. Erschwerend hinzu kommt das auch in jeder anderen Hinsicht breite Spektrum der Verwendung des Begriffs. Sowohl in allen Gattungen, von der Musik bis zur Architektur, als auch auf einem weiten internationalen Feld wird die Bezeichnung modern/Moderne gebraucht. Unter diesen Voraussetzungen und besonders in Hinblick auf die fehlende Stileinheit der Moderne erscheint es aussichtslos, den Begriff mittels der Semantik des ästhetischen Diskurses selbst zu erfassen. Zu mehr als zu einer additiven Benennung von im Kontext der ästhetischen Moderne mehr oder weniger verbreiteten einzelnen Komponenten wie Ironie, Allegorie, Verfremdung, Abstraktion, Schock usw. kann das nicht führen. Die aufzählende Behandlung der einzelnen in die Periode der Moderne fallenden Bewegungen von der Romantik bis zum Abstrakten Expressionismus erbringt ebenfalls wenig begriffliche Klärung.

Es soll daher im folgenden der Versuch unternommen werden, die Frage nach der ästhetischen Moderne in die Perspektive eines allgemeinen modernisierungstheoretischen Ansatzes zu bringen, ohne indes die Besonderheiten der ästhetischen Sphäre aus dem Blick zu verlieren. Von einer Theorie der Moderne als Prozeß der Ausdifferenzierung her ergeben sich drei Leitbegriffe: Autonomisierung, thematische Reinigung und funktionale Spezialisierung. Mit diesen drei Bestimmungen wird formal benannt, was sich in allen dem Ausdifferenzierungsprozeß unterliegenden Bereichen vollzieht. Im Hinblick auf den Bereich des Ästhetischen läßt sich das folgendermaßen ausformulieren: Auch hier steht an erster Stelle das Prinzip der Autonomie, d. h. der strukturellen Abschirmung der Kunst von direkten externen Vorschriften und Kontrollen. Die Anforderung der thematischen Reinigung stellt sich für den Bereich der Kunst als Gebot der Authentizität dar, und die funktionale Spezialisierung liegt – paradoxerweise – in dem, was sich mit dem Begriff der Alterität der Kunst gegenüber der Gesellschaft benennen läßt. Es ergeben sich auf diese Weise drei Kategorien: Autonomie, Authentizität und Alterität. Zusammengenommen bilden sie die ästhetische Ideologie der Moderne, wobei der Terminus Ideologie ausdrücklich nicht negativ aufgefaßt werden soll, sondern lediglich als allgemeine, neutrale und zusammenfassende Bezeichnung der drei Elemente ästhetischer Modernität.

1. Die ästhetische Ideologie der Moderne

a) Autonomie

Der Ausdifferenzierung und Autonomisierung der Kunst liegt die Unterscheidung zwischen theoretischer, praktischer und ästhetischer Vernunft (bzw. Urteilskraft) zugrunde, wie sie in den drei Kritiken Kants niedergelegt ist. Das Wahre, Gute und Schöne trennen sich und folgen jeweils eigenen Grundsätzen. Auf dieser Grundlage formuliert Friedrich Schlegel eine Unabhängigkeitserklärung

---

152 Vgl. KARL HEINZ BOHRER, Kritik der Romantik. Der Verdacht der Philosophie gegen die literarische Moderne (Frankfurt a. M. 1989); KARL MAURER (Hg.) Romantik – Aufbruch zur Moderne (München 1991); SILVIO VIETTA, Die literarische Moderne. Eine problemgeschichtliche Darstellung der deutschsprachigen Literatur von Hölderlin bis Thomas Bernhard (Stuttgart 1992); JEAN-PIERRE SCHAEFFER, L'art de l'âge moderne. L'esthétique et la philosophie de l'art du XVIIIᵉ siècle à nos jours (Paris 1992); PHILIPPE LACOUE-LABARTHE/JEAN-LUC NANCY, L'absolu littéraire. Théorie de la littérature du romantisme allemand (Paris 1978).

der modernen Ästhetik, deren Anleihen bei der Sprache des Rechts an den terminologischen Ursprung des Autonomiebegriffs erinnern: »Die Schönheit ist ein ebenso ursprünglicher und wesentlicher Bestandteil der menschlichen Bestimmung als die Sittlichkeit. Alle diese Bestandteile sollen unter sich im Verhältnisse der *Gesetzesgleichheit* (Isonomie) stehn, und die schöne Kunst hat ein unveräußerliches Recht auf gesetzliche *Selbständigkeit* (Autonomie).«[153] »Eine Philosophie der Poesie [...] würde mit der Selbständigkeit des Schönen beginnen, mit dem Satz, daß es vom Wahren und Sittlichen getrennt sei und getrennt sein solle, und daß es mit diesem gleiche Rechte habe.«[154]

Mit dieser Entwicklung zur Eigenständigkeit löst sich Kunst einerseits aus dem gesellschaftlichen Zusammenhang heraus; andererseits nimmt sie auf diese Weise analog und parallel zu anderen Bereichen am Prozeß der Moderne als Prozeß der Säkularisierung und Ausdifferenzierung teil. Kunst folgt derselben Dynamik wie Wissenschaft und Technik, Recht und Verwaltung, Staat und Gesellschaft, Wirtschaft und Politik, wenn sie sich aus der Vormundschaft von Theologie und Metaphysik emanzipiert und sich als autonomes (Sub-)System der modernen Gesellschaft etabliert. Die Sphäre der Kunst, deren Begriff sich nicht zufällig erst in dieser Zeit zu einem Kollektivsingular entwickelt, und der Ästhetik, die sich ebenfalls nicht zufällig erst in dieser Zeit zu einem eigenständigen Theoriefeld ausbildet, tritt in den Kreis der verschiedenen Teilbereiche der modernen Gesellschaft ein. »Die Kunst nimmt an Gesellschaft teil schon dadurch, daß sie als System ausdifferenziert wird und damit der Logik eigener operativer Geschlossenheit unterworfen wird – wie andere Funktionssysteme auch.«[155]

Genauer betrachtet, entfaltet sich das Prinzip der Autonomie in drei Richtungen. Autonomie meint erstens die Unabhängigkeit des Künstlers (auf der Ebene der Produktion), zweitens die Zweckfreiheit des Werkes und drittens die Insichgeschlossenheit der ästhetischen Erfahrung (auf der Ebene der Rezeption).

Autonomie im Sinne der Unabhängigkeit des Künstlers und der künstlerischen Produktion von äußeren Einflüssen, sei es von den individuellen Wünschen bzw. ideologischen oder politischen Anforderungen konkreter Auftraggeber oder allgemein von den Normen und Konventionen der Gesellschaft ebenso wie von den überlieferten Regeln der Kunst, ist die erste und elementarste Stufe. So wie viele andere gesellschaftliche Beziehungen in der Moderne werden auch die zwischen Auftraggeber, Produzent und Rezipient/Publikum von Kunst entpersonalisiert. Die Befreiung des Ästhetischen von religiös oder moralisch begründeten Vorschriften korrespondiert mit der Ausgliederung ethisch-normativer Anforderungen aus Wissenschaft, Wirtschaft oder Politik. In diesem Sinne schreibt Goethe im 12. Buch des dritten Teils (1814) von *Dichtung und Wahrheit*: »Ein gutes Kunstwerk kann und wird zwar moralische Folgen haben, aber moralische Zwecke vom Künstler fordern, heißt ihm sein Handwerk verderben«[156].

Unter dem Titel der Zweckfreiheit des Werkes steht die im Ästhetizismus des 19. Jh. angelegte und im 20. Jh. bis zur Abstraktion fortgeführte Tendenz zur Selbstbezüglichkeit oder Selbstreferentialität. Mit dieser Wendung auf sich selbst bezieht sich Kunst auf rein formale Regeln und Gesetze des Ästhetischen und ihre ausschließlich immanente Fortschreibung im Medium der Kunst.[157] »›Art for art's sake‹ and ›pure poetry‹ appear, and subject matter or content becomes something to be avoided like plague.« Die Losbindung von der Welt außerhalb der Kunst, der Abschied von der Verpflichtung auf Darstellung, Verschönerung, Repräsentation oder Verherrlichung einer äußeren Wirklichkeit ermöglicht die Entstehung reiner und in weiterer Folge abstrakter Kunst. »In turning his attention away from subject matter of common experience, the poet or artist turns in upon the medium of his own craft [...]. Picasso, Braque,

---

153 SCHLEGEL (s. Anm. 57), 119.
154 SCHLEGEL, Athenäums-Fragment Nr. 252 (1798), in: Schlegel (s. Anm. 63), 129.
155 LUHMANN, Die Kunst der Gesellschaft (Frankfurt a. M. 1997), 217.
156 JOHANN WOLFGANG GOETHE, Dichtung und Wahrheit (1811–1814/1833), in: GOETHE (HA), Bd. 9 (1955), 539.
157 Vgl. EDUARD HANSLICK, Vom Musikalisch-Schönen. Ein Beitrag zur Revision der Ästhetik der Tonkunst (Leipzig 1854).

Mondrian, Miró, Kandinsky [...] derive their chief inspiration from the medium they work in. The excitement of their art seems to lie most of all in its pure preoccupation with the invention and arrangement of spaces, surfaces, shapes, colors, etc., to the exclusion of whatever is not necessarily implicated in these factors. The attention of poets like Rimbaud, Mallarmé, Valéry, Éluard [...] appears to be centered on the effort to create poetry [...] rather than on experience to be converted into poetry.«[158] Das Prinzip der Selbstreferentialität macht die Sphäre des Ästhetischen zu einem geschlossenen System. Diese Umstellung von Fremdreferenz auf Selbstreferenz findet analog in allen sich ausdifferenzierenden Bereichen der modernen Gesellschaft statt.[159]

Genaugenommen liegt aber die Zweckfreiheit der Kunst nicht im Objekt selbst, sondern im Entschluß des Rezipienten, der Hörerin oder Leserin von den möglichen Zwecken des Kunstwerks, ja überhaupt von der Frage danach abzusehen. Ihren Ursprung nimmt die Autonomie der ästhetischen Erfahrung im Prinzip des interesselosen Wohlgefallens, das sich in der Ästhetik des 18. Jh. herausbildet und durch Kant seine gültige Fassung erhält. Während Kant jedoch in der Urteilskraft eine Brücke zwischen theoretischer und praktischer Vernunft suchte und in bestimmten ästhetischen Erfahrungen (wie etwa der des Erhabenen) eine Stütze für die Prinzipien der Sittlichkeit zu finden glaubte, radikalisiert sich im Verlauf der Moderne die Idee der Autonomie der ästhetischen Erfahrung. Oder noch einmal im Rückblick auf Goethes These betrachtet: In konsequenter Verfolgung des Autonomieprinzips wird nicht nur die Forderung moralischer Zwecke an den Künstler verworfen, sondern auch die Erwartung moralischer Folgen (ebenso wie jeder anderen außerästhetischen Wirkung) des Kunstwerks auf die Rezipienten. Unter der Voraussetzung konsequent zu Ende gedachter Autonomie ist die ästhetische Erfahrung »ein ›eigengesetzliches‹ Geschehen«. Das heißt, daß »die Geltung des ästhetisch Erfahrenen [...] notwendig partikular [ist]: sie ist relativ auf diejenige Sphäre des Erfahrens, die durch die Orientierung am spezifisch ästhetischen Wert des Schönen umgrenzt wird. Wie und was wir ästhetisch erfahren, hat keinerlei bestreitende oder bejahende Kraft für das, was Gegenstand unseres nicht-ästhetischen Erfahrens und Darstellens ist. Die autonome Gestalt des Ästhetischen ist gerade darin ein Moment *in* der ausdifferenzierten modernen Vernunft, daß es sich den anderen [...] in ihre wohlunterschiedene Eigengesetzlichkeit freigegebenen Diskursen weder über- noch unter-, sondern nebenordnet.«[160] Anders ausgedrückt: Ästhetische Erfahrung bedeutet Teilhabe am freien eigengesetzlichen Spiel der Kunst, ohne daß daraus Unterhaltung, Belehrung, Verbesserung oder irgendein anderer nicht-ästhetischer Nutzen gezogen werden dürfte.

Zwischen den drei Dimensionen des Autonomieprinzips findet eine Rigiditätssteigerung statt, die sich in einem unterschiedlichen Grad von Akzeptanz niederschlägt: Die Freiheit der künstlerischen Produktion von äußerer Einflußnahme durch Auftraggeber oder Öffentlichkeit erscheint – obwohl sie im Verlauf der Entwicklung moderner Kunst vielfachen Angriffen in Gestalt von Zensur ausgesetzt war – als weitgehend selbstverständlich; auch die Vorstellung der Zweckfreiheit des Werkes findet Anerkennung; dagegen hat sich die Idee einer ausschließlich innerästhetischen Wirksamkeit ästhetischer Erfahrung bis heute nicht vollständig durchsetzen können. Der Hauptakzent des Autonomiebegriffs liegt auf der Ebene des Werkes. Dagegen ist die Autonomie des Künstlers lediglich eine relativ äußerliche Voraussetzung; sie liegt diesseits des Zentrums der Autonomie. Umgekehrt ist die Autonomie der Rezeption nicht gänzlich überzeugend durchsetzbar; sie liegt jenseits des Zentrums der Autonomie. Aus der Autonomie des ästhetischen Objekts, aus der Selbstreferentialität des Werkes leitet sich eine immanente Entwicklungslogik und eine Art Objektivität des Ästhetischen ab, die um die Erkenntnis und die Fortschreibung von rein ästhetischen Formprinzipien und ihre Evolution kreist. Damit findet das die Moderne allgemein charakterisierende Prinzip des Fort-

---

158 GREENBERG (s. Anm. 104), 8 f.
159 Vgl. ARMIN NASSEHI, Optionssteigerung und Risikokultur, in: G. von Graevenitz (Hg.), Konzepte der Moderne (Stuttgart 1999), 87.
160 CHRISTOPH MENKE, Die Souveränität der Kunst. Ästhetische Erfahrung nach Adorno und Derrida (Frankfurt a. M. 1991), 9 f.

schritts, der permanenten Innovation Äquivalent und Ausdruck im Ästhetischen.

Der Aufstieg des Prinzips der Autonomie hat nicht bloß ein allmähliches Verschwinden aller früheren gesellschaftlichen Funktionen von Kunst zur Folge, sondern die traditionellen Funktionen des Unterhaltens, Belehrens und Repräsentierens werden nun regelrecht negiert. Im Verhältnis verschiedener Gebiete der Kunst untereinander bildet das Prinzip Autonomie ein Kriterium zur Aufstellung einer Rangfolge: je zweckfreier, autonomer, desto höher der Wert, während die weiterhin zweckgebundenen, sogenannten angewandten Künste, das Kunsthandwerk oder Kunstgewerbe am unteren Rand oder außerhalb der Skala stehen. Die autonome Kunst dient nicht, zu nichts und niemandem, und scheidet damit aus dem Bezug auf die objektive Ordnung der Gesellschaft zumindest tendenziell aus.

b) Authentizität

Autonomie richtet sich nach außen; sie meint die Unabhängigkeit gegenüber jeder Art von äußerer Einflußnahme auf die Sphäre der Kunst, sei es auf Künstler, Kunstwerk oder Publikum. Sie bildet die Prämisse und Basis der ästhetischen Ideologie. Wenn Autonomie aus der Innenperspektive betrachtet wird, dann zeigt sich der Aspekt der Authentizität, der das Zentrum der ästhetischen Ideologie bildet.

So wie Autonomie läßt sich auch Authentizität (und später Alterität) hinsichtlich der Produktion, des Werkes und der Rezeption unterscheiden. Stand beim Begriff der Autonomie das Werk im Mittelpunkt, so liegt beim Begriff Authentizität das Hauptgewicht auf dem Produzenten, auf dem Subjekt des Künstlers bzw. auf dem Künstler als Subjekt – während von der Authentizität des Werkes oder seiner Rezeption zwar ebenfalls mit vollem Recht, aber doch eher abgeleitet oder sekundär gesprochen werden kann. Das Verhältnis der drei Kategorien Autonomie, Authentizität und Alterität ist durch Konvergenz und Divergenz zugleich geprägt. Einerseits gehen die drei Begriffe so sehr ineinander über, daß sie nur jeweils verschiedene Aspekte desselben zu sein scheinen; andererseits tun sich Gegensätze zwischen ihnen auf. Autonomie und Authentizität stehen in einem Spannungsverhältnis wie Objektivität und Subjektivität, Alterität steht in einem Spannungsverhältnis zu beiden und zu ihrer Spaltung.

Ebenso wie der Begriff der Autonomie muß auch der Begriff der Authentizität im Zusammenhang des Prozesses der Moderne gesehen werden, der sich nun allerdings aus einem etwas anderen Blickwinkel zeigt, nämlich aus der Perspektive des Aufstiegs des Prinzips der Subjektivität. Aus dem Untergang des christlich-metaphysischen Weltbildes resultiert in der Ausdifferenzierung verschiedener autonomer Gebiete nicht nur ein Prozeß der Versachlichung, sondern diesem steht ein Prozeß der Subjektivierung gegenüber. Die traditionale Ordnung wird von zwei entgegengesetzten Prinzipien beerbt, und dementsprechend ordnen sich die verschiedenen sich ausdifferenzierenden Subsysteme einem dualen Schema zu: auf der einen Seite von einem auf Nutzen und Effizienz gerichteten Prinzip, wie es in den systemtragenden, d.h. den objektiven Funktionszusammenhang der Gesellschaft sichernden Bereichen am Werke ist. Unbeschadet ihrer Differenzierung nach theoretischer und praktischer Vernunft treten Wissenschaft und Technik, Staat und Ökonomie, Recht und Moral gemeinsam auf die objektive Seite, d.h. auf die Seite eines »versachlichten« Umgangs mit der Welt«[161]. Dem steht auf der anderen Seite das Prinzip der Subjektivität gegenüber, das der ästhetischen Urteilskraft zugrunde liegt und das sich in den subjektorientierten, d.h. privaten Bereichen der modernen Gesellschaft entfaltet, zu denen Religion, soziale Nahbeziehungen (Liebe) und Kultur (Kunst) gerechnet werden.

Obzwar es in erster Linie die Seite der Objektivität ist, mit welcher die spezifisch moderne Form von Rationalität und die Prozesse fortschreitender Rationalisierung identifiziert werden, läßt sich doch die Auffassung vertreten, daß eine ästhetisch geprägte Rationalitätsform als gleichberechtigte dritte neben die kognitiv-instrumentelle Rationalität der Wissenschaft und die praktisch-normative Rationalität von Recht und Moral tritt. Auch expressive Selbstdarstellungen erfüllen die wesentlichen Bedingungen von Rationalität, nämlich in-

---

161 HABERMAS (s. Anm. 118), 300.

tersubjektive Einsehbarkeit, Mitteilbarkeit, Kritisierbarkeit. »Rational nennen wir [...] denjenigen, der einen Wunsch, ein Gefühl oder eine Stimmung aufrichtig äußert, ein Geheimnis preisgibt, eine Tat eingesteht usw.« (35). Statt auf Tatsachen oder Normen sind solche Äußerungen auf Erlebnisse bezogen. Die ihnen zugeordneten Ausdrücke des Gelingens sind nicht Wahrheit (wie bei der kognitiv-instrumentellen Rationalität) oder Erfolg (wie bei der kommunikativen Rationalität), sondern Aufrichtigkeit, Wahrhaftigkeit, also Authentizität. So gesehen sind Erlebnis, Expressivität und Authentizität nichts anderes als die der Subjektseite zugeordnete Art von Rationalität.

Die Vorgänge von Objektivierung und Subjektivierung stimmen insofern überein, als sie auf denselben historischen Grundlagen basieren und Varianten der neuzeitlichen Rationalität entwickeln. In anderen Hinsichten sind sie einander entgegengesetzt. Während die funktionale Differenzierung auf Pluralisierung, Fragmentierung und Erweiterung hinausläuft, soll das Subjekt komplementär dazu, im Wechselspiel von Öffnung und Schließung, als Instanz der Zentrierung und Einheitsstiftung fungieren. Die Vorgänge der Subjektivierung und Individualisierung müssen als gegenläufige, aber gleich bedeutsame Bestandteile des Modernisierungsprozesses ernst genommen werden. Die dezentrierten Sphären der Objektseite folgen dem Prinzip Funktion, dagegen sucht das Subjekt Sinn; während dem Prinzip Funktion Effizienz als Leitbild zugrunde liegt, folgt die Sinnsuche des Subjekts, die nicht mehr religiös fundiert

ist, da sie ebenfalls einen Säkularisierungsprozeß durchlaufen hat, dem Leitbild des authentischen Erlebens auf der Suche nach Identität.

Dem Bedeutungsschwund des Ästhetischen für den objektiven Funktionszusammenhang der Gesellschaft, der im Gefolge des Verlusts der traditionellen Aufgaben von Kunst stattfindet, steht in der Moderne ein Bedeutungsgewinn, ein Aufstieg des Ästhetischen im Horizont der Subjektivität gegenüber. Die Ausbildung der modernen Subjektivität und der Ästhetik sind eng miteinander verbunden. Entlassen aus sozialen Funktionen aller Art, aus der Verpflichtung, eine als absolut geltende Wahrheit zur Darstellung zu bringen, zu einem allgemeinverbindlichen Guten hinzuführen und substantielle Verhältnisse zu repräsentieren, wird Kunst mit dem ursprünglichen und wahrhaften Ausdruck des Subjekts, des Ich und seiner Innerlichkeit identifiziert. »Der leitende Gedanke der Nachahmungsästhetik war der, daß ein vorgegebenes Urbild in einem künstlerischen Medium abgebildet [...] wird. Im Ausdrucksbegriff [...] liegt eine andere Vorstellung: Das verhüllte Innere der Seele wird offenbar, das Verborgene kommt zu sinnlicher Erscheinung.« »Alle Kunst ist Ausdruck [...] der Selbstdarstellung und Selbstoffenbarung des Menschen.«[162] Das bezeichnet eine Wendung von Wahrheit zu Wahrhaftigkeit: »a turn from truth to sincerity, from the search for the objective law to a desire for authentic response«[163]

Der Künstler erscheint als das moderne Subjekt par excellence.[164] Nur als Künstler erlangt das Subjekt die ihm im Prozeß der Moderne verheißene Autonomie in vollem Umfang. Die Steigerung der Autonomie im Subjekt des Künstlers, seine Souveränität kristallisiert sich in der Gestalt des Genies, das etwa seit der Mitte des 18. Jh. sein bis in die Gegenwart nachwirkendes Profil[165] gewinnt und zugleich auf das Subjekt künstlerischer Produktion fokussiert wird: »Genie soll das Individuum sein, dessen Spontaneität mit der Tathandlung des absoluten Subjekts koinzidiert. [...] Im Geniebegriff wird [...] die Idee des Schöpfertums vom transzendentalen Subjekt an das empirische, den produktiven Künstler zediert.«[166] Nicht nur in philosophisch-subjekttheoretischer, sondern auch in gesellschaftlich-politischer Hinsicht erscheint das künstlerische Genie als gesteigertes, von Ein-

---

162 GUNTER SCHOLTZ, Der Weg zum Kunstsystem des Deutschen Idealismus, in: W. Jaeschke/H. Holzhey (Hg.), Früher Idealismus und Frühromantik. Der Streit um die Grundlagen der Ästhetik (1795–1805) (Hamburg 1990), 22f.
163 IRVING HOWE, The Idea of the Modern, in: Howe, Literary Modernism (New York 1967), 19.
164 Vgl. WOLFGANG RUPPERT, Der moderne Künstler. Zur Sozial- und Kulturgeschichte der kreativen Individualität in der kulturellen Moderne im 19. und frühen 20. Jahrhundert (Frankfurt a.M. 1998), 233.
165 Vgl. JOHANNA DRUCKER, Theorizing Modernism. Visual Art and the Critical Tradition (New York 1994), 109, 113.
166 THEODOR W. ADORNO, Ästhetische Theorie, in: ADORNO, Bd. 7 (1970), 255.

schränkungen unbetroffenes Subjekt. Während die von Aufklärung und Revolution propagierte Freiheit, Gleichheit und Souveränität des Menschengeschlechts sich in der bürgerlichen Wirklichkeit recht bald als ziemlich eingeschränkt erwiesen hat, scheinen die schnell enttäuschten Zukunftshoffnungen der beginnenden Moderne wenigstens im Bereich der Kunst eine gleichsam stellvertretende Umsetzung zu finden. Die Autonomie der Kunst »war für den Betrachter [...] eine sehnsüchtige Projektion, da er sich selbst den Wunsch nach Autonomie nach dem Ende der Revolution nicht mehr im Leben, sondern nur in der Kunst erfüllen konnte«[167]. Die im Zuge des Modernisierungsprozesses durch den Ausbruch aus den Traditionen und Konventionen eines festgefügten Weltbildes freigesetzten Potentiale der Einbildungskraft, Phantasie und Kreativität werden in den ausdifferenzierten Bereich der Kunst kanalisiert, während sie zugleich aus den anderen Bereichen, wie etwa Wissenschaft, Ökonomie, Politik usw., ausgegrenzt werden. Die der Kunst in der bürgerlichen Gesellschaft gewährte Lizenz betrifft auch die Lebensweise, d. h. die Vorstellung von der Künstlerexistenz außerhalb der Regeln und Konventionen der bürgerlichen Normalität. »Expressive Selbstverwirklichung wird zum Prinzip einer als Lebensform auftretenden Kunst«[168].

Insofern als der Künstler den Autonomie- und Authentizitätsanspruch ungleich vollständiger durchsetzen kann als das moderne Subjekt in seiner alltäglichen Gestalt, wird er in besonderem Maße zu der dem Subjekt grundsätzlich auferlegten Zentrierungsleistung für fähig erachtet. Anders ausgedrückt: Das Ausnahmesubjekt Künstler soll einen mehr als nur subjektiven Sinn finden, eine mehr als nur subjektive Einheit stiften. Der Künstler (namentlich der Dichter) wird als besonders bewußt und sensibel gegenüber dem »Weltriß«[169] angesehen, der die transzendental verbürgte Einheit des Seins zerstört hat, und wird für fähig gehalten, aus der Tiefe seiner exzeptionellen Subjektivität heraus einen Weg zur Heilung des Weltrisses zu weisen. Auf diesem Wege eröffnet sich von der Authentizität des künstlerischen Subjekts im Sinne subjektiver Wahrhaftigkeit doch wieder so etwas wie ein Zugang zu einer allgemeinverbindlichen, Subjektivität und Objektivität wieder vereinigenden Wahrheit. Mit dem Prinzip der Authentizität beginnt die Revolte des Ästhetischen gegen die Ausdifferenzierung, der sie sich verdankt, gegen die Nebenordnung der drei verschiedenen Rationalitätstypen, an der sie teilhat.

Das Projekt, die verlorene Einheit des metaphysischen Weltbildes von der einen der beiden Hälften her, in welche sie auseinandergebrochen ist, zu restituieren, ist äußerst problematisch. Denn es ist evident, daß die zur Individualität des realen, einzelnen Ich fortentwickelte Subjektivität »nicht mächtig genug [ist], um die religiöse Macht der Vereinigung im Medium der Vernunft zu regenerieren«[170]. Daher wird angenommen, daß sich die Subjektivität des Künstlers von der des normalen Menschen grundlegend unterscheidet. Das moderne Prinzip der Subjektivität wird durch einen Bruch markiert, der sich in Kants Unterscheidung von intelligiblem und empirischem Subjekt andeutet, und im Verlauf der Geschichte der Moderne auf der einen Seite zu einer Sakralisierung der Subjektivität geführt hat, die den idealen und exzeptionellen Menschen, den Künstler, das Genie, den Führer mit gottähnlichen Zügen ausstattet, während die wirklichen Menschen tendenziell verdinglicht, auf die Objektseite gerückt, zum bloßen Material herabgesetzt werden. Das Subjekt bezahlt die Hybris des Projekts, den Weltriß heilen zu wollen, mit einem Riß in sich selbst, d. h. mit einer »aporetischen Verdoppelung des selbstbezüglichen Subjekts«; es nimmt gleichzeitig die Stellung »eines sich vergottenden, in Akten vergeblicher Selbsttranszendenz verzehrenden Subjekts« ein und »die Stellung eines empirischen Subjekts in der Welt [...], wo es sich als Objekt unter anderen Objekten vorfindet«[171]. Die von der Subjektseite ausgehenden Versuche zur Überwindung der Subjekt-Objekt-Spaltung tragen den Keim des Totalitarismus in sich, insofern als sie das Subjekt gewissermaßen in sich, und das bedeutet zugleich auch zwischen Subjekten, in Übermensch und

---

167 BELTING (s. Anm. 108), 28.
168 HABERMAS (s. Anm. 49), 28.
169 HEINRICH HEINE, Reisebilder. Dritter Teil: Italien (1828), in: Heine, Sämtliche Schriften in zwölf Bänden, hg. v. K. Briegleb, Bd. 3 (München 1976), 405.
170 HABERMAS (s. Anm. 61), 31.
171 HABERMAS (s. Anm. 49), 307f.

Untermensch spalten. An die Sakralisierung der Subjektivität schließt sich nicht nur die Sakralisierung der Kunst, sondern problematischer die Sakralisierung der Politik in der Moderne an.

Nietzsche hat diese Kluft zwischen der Subjektivität des Künstlers und des alltäglichen Individuums besonders prononciert ausgesprochen. Die »Ichheit« des Künstlers ist nicht dieselbe »wie die des wachen, empirisch-realen Menschen, sondern die einzige überhaupt wahrhaft seiende und ewige, im Grunde der Dinge ruhende Ichheit«[172]. »Insofern aber das Subject Künstler ist, ist es bereits von seinem individuellen Willen erlöst und gleichsam Medium geworden, durch das hindurch das eine wahrhaft seiende Subject seine Erlösung im Scheine feiert.« (43) Am Beispiel des griechischen Lyrikers Archilochus erläutert Nietzsche die Differenz zwischen Individuum und Künstlersubjekt: »In Wahrheit ist Archilochus, der leidenschaftlich entbrannte liebende und hassende Mensch nur eine Vision des Genius, der bereits nicht mehr Archilochus, sondern Weltgenius ist und der seinen Urschmerz in jenem Gleichnisse vom Menschen Archilochus symbolisch ausspricht: während jener subjectiv wollende und begehrende Mensch Archilochus überhaupt nie und nimmer Dichter sein kann.« (41) »Nur soweit der Genius im Actus der künstlerischen Zeugung mit jenem Urkünstler der Welt verschmilzt, weiss er etwas über das ewige Wesen der Kunst« (43 f.). Am Ende steht das künstlerische Genie Gott, ›jenem Urkünstler der Welt‹, näher als dem Menschen.

Die Vorstellungen davon, wie die besondere Subjektivität des Künstlers beschaffen sein muß, um eine solche absolute Sinnstiftungs- und Zentrierungsleistung zu erbringen, gehen in verschiedene Richtungen. Die Ichheit des Künstlers kann entweder höher oder tiefer stehen als die gewöhnliche Rationalität: Sie kann als reine, hohe, absolute Intellektualität und Geistigkeit erscheinen oder als tiefe Intuition, die dem Psychischen und Somatischen entspringt. Das Genie transzendiert das rationale Subjekt nach der Seite Gottes oder nach der Seite der Natur hin; der Begriff Genie oszilliert zwischen absoluter Tathandlung und reiner Passivität. Besonders durch die Erkenntnisse der Psychoanalyse, welche die Souveränität der Subjektposition unterminieren und auseinanderbrechen lassen, gewinnt der zweite Ansatz erheblich an Dynamik. Als dritte Möglichkeit treten konstruktivistische Annahmen an die Stelle der ontologischen oder psychologischen. Das künstlerische Ich findet nicht in seinem Inneren, weder in der klaren Vernunfthöhe noch in der dunklen Gefühlstiefe, die verborgenen Gesetze des Seins (wieder), sondern das künstlerische Ich gibt seiner Wirklichkeit ein ästhetisches Gesetz, das es selbst schafft. »Vor der Kunst als einem Anfang ist nur Nichts, wogegen jene sich setzt. Kunst ›gründet‹ und ›schenkt‹ Wahrheit, die sonst nicht wäre. Ihr Fundament liegt in der ekstatischen Entscheidung zum Machen.«[173] Auf der Linie des konstruktivistischen Ansatzes steigert sich der Subjektivismus unter Umständen zu der Vorstellung, daß der Künstler nicht vorrangig ein Werk, sondern sich selbst, sein Leben als Kunstwerk schafft. In der Folge gewinnt der Prozeß des Schaffens Vorrang vor dem Produkt. Der ins Extrem gesteigerte Gedanke der Authentizität tendiert fast zur Vernichtung des Werkes[174], so wie umgekehrt die extrem gesteigerte Vorstellung der Selbstreferentialität des Werkes die Intention und die Persönlichkeit des Künstlers hinter den Stil- und Formgesetzen des ästhetischen Materials beinahe zum Verschwinden bringt.

Ebenso wie aus dem Prinzip Autonomie wird auch aus dem der Authentizität/Expressivität ein Leitfaden zur Bewertung und Hierarchisierung von Kunst abgeleitet. Daß der Künstler sich selbst, seine wahren Intuitionen, Visionen, Ideen und Empfindungen zum Ausdruck bringen soll, wird folgerichtig auch zum Qualitätskriterium autonomer, reiner Kunst. Illegitim oder wenigstens minderwertig wird alles, was dem Gebot der thematischen Reinigung von allen nicht-ästhetischen Inhalten oder Gesichtspunkten nicht entspricht. Folgt der Künstler etwa Regeln der Zunft, ist der Ausdruck des Gefühls bloß den Gesetzmäßigkeiten einer bestimmten Kunstgattung geschuldet, fügt sich der Künstler den Konventionen der Gesell-

---

172 NIETZSCHE, Die Geburt der Tragödie aus dem Geiste der Musik (1872), in: NIETZSCHE (KGA), Abt. 3, Bd. 1 (1972), 41.
173 BEAT WYSS, Der Wille zur Kunst. Zur ästhetischen Mentalität der Moderne (Köln 1996), 54.
174 Vgl. WILHELM SCHMID, Das Leben als Kunstwerk, in: Kunstforum 142 (1998), 73.

schaft und/oder kalkuliert er gar mit dem Geschmack des Publikums, dann gilt das als empfindliche Beeinträchtigung der Authentizität und damit des ästhetischen Wertes.

c) Alterität

Sowohl die der Kunst gewährte Autonomie als auch – erst recht – die dem Künstler als Verpflichtung auferlegte Authentizität schaffen Abstand von der Wirklichkeit und genau diese »Fremdheit zur Welt ist ein Moment der Kunst«[175]. Nichts anderes meint der im Vergleich zu den Termini Autonomie und Authentizität weniger geläufige Begriff Alterität. Ist Autonomie die fundamentale und Authentizität die zentrale Kategorie, so ist Alterität der Begriff, in dem die ästhetische Ideologie der Moderne kulminiert. Denn hier liegt – obwohl es zunächst nicht so aussieht – ihre funktionale Spezialisierung, die eigentliche und wichtigste Aufgabe des Ästhetischen in der modernen Gesellschaft. Alterität kann als von der visionären Genialität des Künstlersubjekts ausgehend, aber auch als aus der absoluten Eigengesetzlichkeit des Werkes resultierend aufgefaßt werden.

Georg Simmel gibt eine Definition von Kunst, die als Erläuterung von Alterität gelesen werden kann: Kunst ist »das Andere des Lebens, die Erlösung von ihm durch seinen Gegensatz, in dem die reinen Formen der Dinge, gleichgültig gegen ihr subjektives Genossen- oder Nichtgenossen-werden, jede Berührung durch unsere Wirklichkeit ablehnen«. Kunst erscheint als distanziert sowohl von der objektiven Wirklichkeit (der realen Welt) als auch gegenüber den materiellen Zielen und Zwecken der Subjekte (Genuß). Die Distanz und Fremdheit des Kunstwerks gilt dem profanen, empirischen Subjekt und seinen materiale Interessen; dagegen bedeutet die absolute Selbstbezüglichkeit des Kunstwerks seine Nähe zum wahren, authentischen Selbst: »Indem die Inhalte des Seins und der Phantasie in diese Distanz rücken, kommen sie uns näher, als sie es in der Form der Wirklichkeit konnten. Während alle Dinge der realen Welt in unser Leben als Mittel und Material einbezogen werden können, ist das Kunstwerk schlechthin für sich. Aber all jene Wirklichkeiten behalten [...] eine letzte, tiefe Fremdheit gegen uns [...]. Das Kunstwerk allein kann ganz unser werden [...] indem es mehr für sich ist, als alles andere, ist es mehr für uns als alles andere.«[176] Simmel führt auf der Seite des Rezipienten jene Differenz zwischen einem empirisch realen und einem wahrhaft seienden Subjekt ein, von der oben im Hinblick auf den Künstler die Rede war; in der Annäherung an das Kunstwerk muß auch beim Rezipienten ein wenigstens nachvollziehendes Zerbrechen der Individuation[177], eine Distanzierung von der Wirklichkeit stattfinden.

Auf dreifache Weise, in der Selbstreferentialität des Werkes, der Authentizität des Künstlers sowie in der Interesselosigkeit des Rezipienten ist Kunst freigesetzt von allen Zweck-Mittel-Beziehungen. Daher kann dem Bereich Kunst anders als den anderen im Prozeß der Moderne sich ausdifferenzierenden Bereichen keine spezifische Funktion zugewiesen werden: »während die institutionelle Autonomie der Wissenschaft und des Rechts sich dadurch definiert, daß diese Bereiche bestimmte Funktionen für die Gesellschaft übernehmen, ist die der Kunst gerade durch die Weigerung charakterisiert, sich in den Funktionszusammenhang der Gesellschaft einbinden zu lassen«. Die Sphäre der Kunst ist nicht von allen übrigen, gleichfalls ihrer Eigengesetzlichkeit folgenden Bereichen der modernen Gesellschaft einfach unterschieden, so wie diese sich jeweils voneinander unterscheiden, sondern sie ist allen anderen entgegengesetzt. »Kunst ist in der Moderne nicht einfach eine Sphäre *neben* den Sphären Wissenschaft und Moral, sondern sie ist eine aus dem Geist der Moderne geborene Gegeninstitution«[178].

Alterität ist allerdings kein der Kunst inhärentes Merkmal; Kunst steht nicht schlechthin außerhalb der Gesellschaft, sondern wird von dieser als jenseits ihrer selbst imaginiert und positioniert. Aus diesem Grund vermag die These einer prinzipiellen Differenz zwischen zwei Arten von Moderne, einer technisch-zivilisatorischen oder rationalisti-

---

175 ADORNO (s. Anm. 166), 274.
176 GEORG SIMMEL, Das Christentum und die Kunst (1907), in: Simmel, Brücke und Tür. Essays des Philosophen zur Geschichte, Religion, Kunst und Gesellschaft, hg. v. M. Landmann (Stuttgart 1957), 130.
177 Vgl. NIETZSCHE (s. Anm. 172), 24.
178 BÜRGER, Prosa der Moderne (Frankfurt a. M. 1988), 15, 17.

schen und einer literarischen oder ästhetischen nicht zu überzeugen.[179] Vielmehr liegt es an der in gewissem Sinne paradoxen Struktur der modernen Gesellschaft, daß diese einer Position jenseits ihrer selbst bedarf. Kunst ist nicht nur eine aus dem »Geist der Moderne geborene Gegeninstitution«, sondern die moderne Gesellschaft braucht genau solche Gegenbewegung, »wenn sie nicht an sich selbst zugrunde gehen will«[180]. Aus diesem hier sogar als überlebensnotwendig bezeichneten Bedarf resultiert die eminente Nützlichkeit des Nutzlosen.[181] Aufgrund der paradoxen Funktionalität des Nicht-Funktionalen rückt die Kunst in eine Art säkularer Transzendenz und somit strukturell an die Stelle, an der traditionell Religion stand: »Seitdem sie autonom wurde, hat Kunst die Utopie bewahrt, die aus der Religion entwich.«[182]

Die Antworten auf die Frage, warum die moderne Gesellschaft Gegenwelten benötigt, gehen in verschiedene Richtungen. Ihr gemeinsamer Angelpunkt liegt im Faktum der Selbstinstitutionalisierung der modernen Gesellschaft, in deren Folge die Konzeption eines transzendentalen Verankerungs-, Bezugs- und Zielpunkts unmöglich wird. Trotzdem sieht sich die moderne Gesellschaft nach wie vor noch vor die Aufgabe gestellt, erstens ihre Einheit und ihren Zusammenhang vorstellbar zu machen, d.h. sich als Totalität zu repräsentieren, zweitens über sich hinauszudenken und zwar sowohl nach rückwärts, indem sie sich in einem Ursprung verankert, als auch indem sie sich nach vorwärts, über die gegenwärtig bestehenden Verhältnisse hinaus in eine Zukunft entwirft. Um das zu erreichen, muß die verlorene Transzendenz in bestimmten, aus dem Funktionszusammenhang der modernen Gesellschaft ausgegrenzten Sphären substituiert werden. Erst wenn diese Residuen eines metaphysischen Denkens ganz verschwunden sein werden, kann das Bedürfnis nach Alterität erlöschen.

Kunst als integraler Bestandteil, wenn nicht überhaupt als Kern des Kollektivsingulars Kultur spielt im 19. Jh. eine bedeutende Rolle bei der Aufgabe kollektiver Identitätsstiftung und Gemeinschaftsbildung unter dem Vorzeichen der Herausbildung moderner Nationalstaatlichkeit. Zunächst einmal ist kulturelle Integration notwendig, um der »zusammengewürfelten Bevölkerung«, deren »angestammte Loyalitäten gegenüber Dorf und Familie, Landschaft und Dynastie« im Zuge der bürgerlichen Revolution verlorengegangen sind, die neue Identität einer Nation, eines Volkes zu vermitteln: »Der kulturelle Symbolismus eines ›Volkes‹, das sich in der präsumptiv gemeinsamen Abstammung, Sprache und Geschichte seines eigentümlichen Charakters, eben seines ›Volksgeistes‹ vergewissert, erzeugt eine wie immer auch imaginäre Einheit«[183]. Im Mittelpunkt der symbolischen Konstruktion des modernen Kollektivsingulars Kultur stehen neben Mythologie, Sitte und Brauchtum ästhetische Kategorien, nämlich Sprache, Literatur und Kunst der Vergangenheit.

Wichtiger noch als die Aufgabe der Verankerung der nationalstaatlichen Gemeinschaft in einem Ursprung ist der Beitrag, den Kunst und Kultur zur Sicherung der synchronen Integration der Gesellschaft leisten. Wenn der Nationalstaat mehr sein soll als ein auf bürgerlichen Vertrag gegründeter Zweckverband zur Sicherung eines privat-egoistischen, ökonomischen Nutzens, dann müssen seine Subjekte in der Lage sein, von diesen Interessen abzusehen und einen interesselosen Blick für das Ganze zu gewinnen. Um die Aufgabe der Sakralisierung des Staates, d.h. der Überwindung der Interessenantagonismen und der Integration der Gesellschaft jenseits von Konkurrenzprinzip und Nutzenkalkül, erfüllen zu können, greift der moderne Nationalstaat auf die Kultur zurück: »The importance of the discourse on culture lies in

---

179 Vgl. UWE JAPP, Literatur und Modernität (Frankfurt a. M. 1987), 297 ff.; VIETTA (s. Anm. 152), 23 ff.; CALINESCU (s. Anm. 76), 41 ff.; GERD HEMMERICH, Überlegungen zum Phänomen der Moderne und ihrer Geschichte, in: T. Elm/Hemmerich (Hg.), Zur Geschichtlichkeit der Moderne. Der Begriff der literarischen Moderne in Theorie und Deutung (München 1982), 25.
180 BÜRGER (s. Anm. 178), 17.
181 Vgl. BARTHES, Le plaisir du texte (Paris 1973), 40 f.
182 MAX HORKHEIMER, Neue Kunst und Massenkultur (1941), in: Horkheimer, Gesammelte Schriften, hg. v. A. Schmidt/G. Schmid Noerr, Bd. 4 (Frankfurt a. M. 1988), 421.
183 HABERMAS, Die postnationale Konstellation und die Zukunft der Demokratie, in: Habermas, Die postnationale Konstellation. Politische Essays (Frankfurt a. M. 1998), 99.

its theorization of an extrapolitical, extraeconomic space in which ›freedom‹ and ›the harmonious development of the whole person‹ can be persued as the very ground on which representational politics can be practiced.« Staat und Kultur »are given the role of furnishing sites of reconciliation for a civil and political society that is seen to be riven by conflict and contradiction. Both are seen as the sites in which the highest expressions of human being and human freedom are realized. Both are seen as hedges against the potential anarchy of rapidly transforming societies.«[184] Kultur tritt damit in einen Gegensatz zur Macht des Geldes: »Culture comes to be defined as precisely that which money cannot buy: birth, breeding, legitimacy. [...] Art [...] is defined increasingly by its distance from commerce and manufacture [...]: art is not manufactured, it is created.«[185] Im Gegenzug honoriert der liberale bürgerliche Staat Kunst und Kultur für die Integrationsleistung, die sie erbringen, mit der Sicherung ihrer Exterritorialität und Autonomie durch Subventionierung ihres Betriebs. Die dem Zweck der kollektiven sowie individuellen Identitätsstiftung jenseits des Marktmechanismus dienenden Institutionen nationaler Kulturbildung wie Museen, Nationalgalerien, Theater, Oper, Konzert, aber auch Universitäten usw. sind so konstituiert, daß sie sowohl ökonomischen Rücksichten als auch allzu direkter politischer Einflußnahme enthoben erscheinen. Trotzdem läßt sich nicht leugnen: »there is, in fact, a politics implicit in this non-utility«[186]. Die Alterität/Sakralität der Kunst leistet Hilfestellung bei der Sakralisierung der nationalstaatlichen Politik.

Einmal auf diese Weise exterritorialisiert, kann die Alterität des Ästhetischen allerdings auch weniger staatstragenden Zwecken dienen. Die Alterität der Kunst geht nicht in der Funktion auf, den Bourgeois durch Einübung in die Haltung interessefreier Humanität auf seine Pflichten als Citoyen vorzubereiten. Da der Kunst die Fähigkeit unterstellt wird, das Leiden an und das Unbehagen in der Modernität zu heilen oder wenigstens zu lindern, eignet sich ihre Sphäre als privater Rückzugsort, an dem das Individuum von den Anforderungen und Zumutungen nicht allein der kapitalistischen Ökonomie, sondern auch des modernen Staates relativ verschont bleibt, um seine Identität

zu finden und seine authentische Subjektivität zu verwirklichen. In der Vorstellung, daß der Raum der Kunst, das Museum, der Konzertsaal, die eigene private Bibliothek einen wenigstens temporären Zufluchtsort und eine wenigstens partielle Gegenwelt zur modernen Wirklichkeit darstellen, findet der Gedanke der Alterität seinen bescheidensten, alltäglichsten Ausdruck. Dieser Alternative eskapistischer Innerlichkeit entgegengesetzt ist die an der Alterität der Kunst im Verlauf der Geschichte der Moderne ebenfalls immer wieder sich entzündende utopische Hoffnung, hier einen Ausgangspunkt für einen künftig bevorstehenden Umsturz der etablierten Verhältnisse zu finden, den ästhetischen Vorschein einer ganz anderen als der bestehenden Gesellschaftsordnung. Die Alterität der Kunst weist in der Ausgrenzung einer dem gesellschaftlichen Funktionszusammenhang quasi-transzendent gegenüberstehenden Sphäre in drei Richtungen: in eine mythische Vergangenheit, eine utopische Zukunft oder einen geschützten Raum abseits, jenseits der Wirklichkeit. Flucht, Revolte oder Trost sind die drei möglichen Bewegungen, die von der ästhetischen Sphäre in ihrer Alterität ausgehen können.[187]

Die implizite Modernitätskritik, die in der Institutionalisierung von Kunst/Kultur als Gegenwelt liegt, wird innerhalb dieser Sphäre selbstverständlich auch explizit gemacht. Aufgrund ihrer Alterität gehört die Sphäre der Kunst zu jenen – wenigen – Orten in der Topographie der modernen Gesellschaft, an denen die mit dem Modernisierungsprozeß einhergehenden Verluste und Defizite bearbeitet und artikuliert werden können. »Given the failures of science and religion to address and remedy the forms of psychic fragmentation and social alienation that were [...] associated with modern experience, the arts have a unique redemptive

---

184 DAVID LLOYD/PAUL THOMAS, Culture and the State (London/New York 1998), 15, 1.
185 DON SLATER, Consumer Culture and Modernity (Cambridge/Oxford 1997), 70.
186 TERRY EAGLETON, The Idea of Culture (Oxford 2000), 18.
187 Vgl. CORNELIA KLINGER, Flucht – Trost – Revolte. Die Moderne und ihre ästhetischen Gegenwelten (München 1995).

mission in modern social life«[188]. Wie von einem basso continuo wird der gesamte Prozeß der Moderne von einer zeitweise lauter, zeitweise leiser vernehmbaren Modernitätskritik begleitet, die im Bereich von Kunst und Kultur ihren Ort hat. Als einfacher Widerspruch sollte das allerdings nicht verstanden werden, sondern eher als dialektisches Verhältnis: »Bourgeois culture is not ›one-dimensional‹ but [...] a dialectical system that relies on internal oppositions in order to sustain and advance itself. Modern culture can only progress by a kind of internalized violence; it must continually attack itself in order to survive and prosper.«[189] Der modernen Gesellschaft mit einer auf Wachstum gerichteten Ökonomie, einer an der Idee des Fortschritts orientierten Wissenschaft, einer vom Gedanken der Innovation besessenen Technologie, einer nach künftiger Verbesserung strebenden Politik und Rechtsordnung korrespondiert eine Kunst, in der Zweifel und Kritik bis hin zu fundamentaler Ablehnung all dem gegenüber ihren Ausdruck finden können – um so letztlich zur weiteren Entwicklung des radikal Kritisierten beizutragen. Freilich ist offenkundig, daß die Position der Alterität für die Kunst selbst eine gewaltige Überforderung und Überspannung bedeutet: »The story of what this will do to the arts themselves, as they find themselves accorded a momentous social significance which they are really too fragile and delicate to sustain, crumbling from the inside as they are forced to stand in for God or happiness or political justice, belongs to the narrative of modernism.«[190]

2. Krise, Katastrophe, Erosion und Ende der ästhetischen Ideologie

Die ästhetische Ideologie der Moderne in ihrer idealtypischen Gestalt, wie sie bis hierher skizziert wurde, geht in ihren Ursprüngen bis auf die Ro-

---

188 CASEY HASKINS, ›Autonomy‹, in: M. Kelly (Hg.), Encyclopedia of Aesthetics, Bd. 1 (Oxford/New York 1998), 172; vgl. WILLEM VAN REIJEN/HANS VAN DER LOO, Modernisierung. Projekt und Paradox, übers. v. M. E. Baumer (München 1992), 76.
189 PAUL MANN, The Theory-Death of the Avant-Garde (Bloomington 1991), 11.
190 EAGLETON (s. Anm. 186), 16.
191 ADORNO (s. Anm. 166), 39.

mantik zurück und gehört dem 19. Jh. an. Sie bezieht sich auf die Rolle von Kunst in der modernen Gesellschaft in ihrer klassisch-bürgerlichen Form. Da sich diese Form im 20. Jh. grundlegend wandelt, verändert sich auch die Gestalt der ästhetischen Ideologie; ihr Weg verläuft über folgende Etappen:

a) An der Modernitätsschwelle um 1900 findet die große Revolution der ästhetischen Formensprache statt. In der Folge stürzt die ästhetische Ideologie in eine tiefe Krise, die jedoch in ihre Umgestaltung mündet, als deren Resultat sie erst jetzt den eigentlichen Höhepunkt erreicht.

b) Die politische Katastrophe des Totalitarismus der Jahrhundertmitte führt zur Entsakralisierung der Politik und zu einer weiteren Säkularisierung der Zeit- und Geschichtsauffassung; von den Konsequenzen dieser Entwicklungen sind in erster Linie die aktivistischen Avantgarden betroffen.

c) Im Zeichen der Hegemonie des Marktmechanismus unterliegt etwa seit den 70er Jahren des 20. Jh. auch der puristische Modernismus einem rapiden Erosionsprozeß, an dessen Ende

d) die Trennung von Hochkultur und Massenkultur einbricht, welche die ästhetische Ideologie einerseits hergestellt hat und von der sie andererseits getragen wurde.

a) Krise
Vorrangig von den puristisch-modernistischen Strömungen, auf der Linie vom Impressionismus bis zum Kubismus, geht die Entwicklung eines radikal neuen ästhetischen Idioms aus, das mit der symbolischen und piktoralen Ordnung des Abendlandes bricht. Mit großer Geste schneidet die ästhetische Moderne mit dem gesamten Formenkanon der Vergangenheit ab. Das modernistische Idiom vollzieht eine Art »Mimesis ans Verhärtete«[191], indem es die häßlichen, zerrissenen, dämonischen und disharmonischen Züge der modernen Welt in neuen ästhetischen Prinzipien wie Schock, Verfremdung, Atonalität und Abstraktion reflektiert, statt sie durch schönen ästhetischen Schein zu kompensieren. Damit wird die spezifische Fähigkeit der ästhetischen Formgebung zur Harmonie- und Sinnstiftung nachdrücklich negiert, alle überkommenen Regeln von Narration und Komposition werden zur Disposition

gestellt.[192] Die avantgardistischen Strömungen geben der antibürgerlichen Haltung, die der ästhetischen Schockwirkung der neuen Formensprache als solcher bereits innewohnt, noch zusätzlich einen dezidert gesellschaftskritisch-politischen Akzent. Das ›épater le bourgeois‹ provoziert so neben den ästhetischen Wahrnehmungsgewohnheiten und Empfindungsweisen auch die gesellschaftlichen Normen, Konventionen und Lebensformen. In der aktivistischen Avantgarde vom russischen Konstruktivismus bis zum Surrealismus stellen sich Kunst und Künstler in den Dienst einer revolutionären Umgestaltung der bestehenden Verhältnisse in einer ganz anders gearteten künftigen Gesellschaftsordnung.

Was die verschiedenen Modernität als Kampfbegriff einsetzenden ästhetischen Bewegungen am Beginn des 20. Jh. zwar nicht eint, ihnen aber letztlich doch gemeinsam ist, ist die Negation der ästhetischen Ideologie in ihrer überlieferten Gestalt. Die avantgardistischen und modernistischen Strömungen treffen sich in ihrer brüsken Ablehnung der bürgerlichen Kultur und in dem, was als Tendenz zur ›Verschwierigung der Kunst‹ bezeichnet werden kann[193] – ganz gleich, ob diese eher von einer formalen Sperrigkeit oder einer inhaltlich-ideologischen Widerspenstigkeit ausgeht. Damit entsteht eine Kluft zwischen der ästhetischen Moderne des 19. und der des 20. Jh. Alle drei Kategorien der ästhetischen Ideologie werden in Frage gestellt:

Nicht selten als dezidierter Anti-Romantizismus auftretend, gilt die Opposition in erster Linie der Verlogenheit und dem Eskapismus der Alterität. Exemplarisch für diese Wende ist Nietzsches Kritik an Richard Wagner, die zugleich eine Selbstkritik Nietzsches – seiner eigenen Hoffnungen auf eine neue Mythologie – und eine Überwindung der Moderne mit ästhetischen Mitteln bedeutet. Die vergangenheitsorientierte, rückwärtsgewandte Alterität der ästhetischen Ideologie des 19. Jh. wird revidiert. Kunst soll ihren quasi-religiösen Charakter aufgeben und sich der Herausforderung der modernen Wirklichkeit stellen. Die komplementierende und kompensatorische Funktion der Funktionslosigkeit der Kunst und des teils affirmativen, teils eskapistischen bürgerlichen Bildungsideals werden durchschaut. Auf Abwehr stößt auch das Prinzip der Authentizität, im Sinne des weihevollen Kunst- und Künstlerkults. In diesem Zusammenhang muß vor allem die begeisterte Hinwendung zu den neuen technologischen Möglichkeiten gesehen werden. Das Kunstwerk verliert um 1900 im Zuge seiner technischen Reproduzierbarkeit nicht nur seine Aura, sondern die ästhetische Moderne trägt aktiv zur Vernichtung des auratischen Kunstwerkes bei. Mit ihrer Attacke gegen die fundamentale Kategorie der ästhetischen Ideologie, die Autonomie der Kunst, stoßen die aktivistischen Avantgarden bis an die Grundlagen des modernen Konzepts Kunst vor. Im Programm einer Versöhnung von Kunst und Leben, das auf die Transzendierung des Ausdifferenzierungsprozesses und die Überwindung der modernen bürgerlich-kapitalistischen Gesellschaftsordnung angelegt ist, wird auch die Ausdifferenzierung der Kunst zu einer autonomen Sphäre und zu einer eigenen gesellschaftlichen Institution in Frage gestellt.[194]

An diesem Punkt ist dann allerdings die Grenze der Kritik der ästhetischen Ideologie erreicht. Der avantgardistische Angriff auf die Autonomie scheitert nicht allein, weil der revolutionäre Umsturz der bürgerlich-kapitalistischen Ordnung entweder ausbleibt oder alles andere als die erhofften Resultate zeitigt, und auch nicht nur, weil das Projekt der Vereinigung von Kunst und Leben von weiten Teilen der modernistischen Strömungen, die an der Zentralität der Werkkategorie festhalten, nicht mitgetragen wird. Er scheitert letztlich vor allem an dem inneren Widerspruch, daß die Option radikal gesellschaftskritischer und engagierter Kunst sich eben dieser Autonomie der ästhetischen Sphäre verdankt, in der sie dann entweder letztlich doch befangen bleibt oder mit der sie sich zugleich selbst abschaffen muß.

Der Bruch mit der Tradition, den Modernismus und Avantgarde vollziehen, bedeutet letztlich keine Abkehr von den drei Pfeilern Autonomie,

---

192 Vgl. RICHARD WESTON, Modernism (London 1996), 62.
193 Vgl. MARINA VAN ZUYLEN, ›Aesthetics of Difficulty‹, in: Kelly (s. Anm. 188), Bd. 2 (1998), 43–47.
194 Vgl. BÜRGER, Theorie der Avantgarde (Frankfurt a. M. 1974).

Authentizität und Alterität – im Gegenteil, Kritik wird eigentlich und hauptsächlich im Namen höherer Treue zu diesen Prinzipien geübt: Die Kunst und Kultur des 19. Jh. werden als affirmativ, als nicht autonom und nicht exterritorial genug entlarvt. Die Dienstbarkeit der Kunst gegenüber der bürgerlichen Gesellschaft und ihren Ansprüchen auf Unterhaltung oder Erbauung wird abgelehnt. Höhere Formen der Autonomie der Kunst im Sinne reiner Selbstreferentialität der ästhetischen Form und schroffere Formen der Widerständigkeit der Kunst gegen die gesellschaftlichen Normen und Konventionen werden entwickelt. Die Alterität des Ästhetischen bekommt eine überwiegend zukunftsorientierte Wendung. Der Charakter des Wahrheitsanspruchs ändert sich: Nicht eine sonst verlorengegangene metaphysische Wahrheit soll präsent gehalten werden, sondern Kunst sagt die Wahrheit über die Gesellschaft und trägt so zur Kritik der Gesellschaft und zu ihrer potentiellen Transformation bei. Die Spaltung zwischen Hochkultur und Massenkultur wird aufrechterhalten; ja sie verschärft sich noch erheblich durch den Gestaltwandel, den sie durchläuft. Modernismus und Avantgarde bestreiten zwar die ästhetische Ideologie in der Gestalt, die sie im 19. Jh. angenommen hat, aber sie vernichten die Kategorien von Autonomie, Authentizität und Alterität nicht schlechthin, sondern transformieren sie und verbleiben damit letztendlich auf dem Piedestal hoher Kunst.[195]

Zwar trifft es zu, daß sich die ästhetische Moderne vielfach emphatisch zu den technologischen Innovationen ihrer Zeit bekennt. Dennoch scheint die Hinwendung zu den neuen Technologien vorrangig dem Zweck der Abgrenzung gegenüber den konventionellen Vorstellungen von Kunst und Kunstwerk und der Schockierung und Überraschung des Publikums zu dienen, während der Gebrauch, der von den neuen Techniken gemacht wird, mit Blick auf seine elitär und minoritär wirkenden Resultate als quasi-handwerklich bezeichnet werden kann. Die Behauptung, daß die neuen technischen Möglichkeiten »penetrated to the core of the work itself«[196], darf für das frühe 20. Jh. in ihrer Allgemeingültigkeit bezweifelt werden. Die zukunftsweisenden ästhetischen Durchbrüche dieser Zeit werden im großen und ganzen mit den überlieferten Mitteln erzielt: Die *Desmoiselles d'Avignon* (1907) von Pablo Picasso sind so gut ein Gemälde wie der *Mann mit dem Goldhelm* (1650) von Rembrandt, und auch die Entstehung der Zwölftonmusik findet ohne Synthesizer statt. »Indeed, despite the use of the term *modern*, a basically reactionary attitude to mass society and modern technology lay behind the harsh and dissonant surface of new music. Modernism's radical break with past practice seemed necessary, however, to the critique of bourgeois culture and capitalism.«[197] Sogar die neuen künstlerischen Verfahren wie Film und Photographie orientieren sich an den Prinzipien ästhetischer Ideologie und nehmen mindestens zum Teil Kunstcharakter an. Die Meisterwerke der Photographie füllen längst eigene Abteilungen in den Museen moderner Kunst. Sowohl Theodor W. Adornos Befürchtungen, daß die neuen Medien nur »mechanisierte Kunstware«[198] sein möchten, als auch Walter Benjamins Hoffnungen, daß Photographie und Film den Anbruch einer nachauratischen Epoche signalisieren und einen grundlegenden Wandel im Charakter von Kunst herbeiführen würden, sind durch die tatsächliche Entwicklung widerlegt worden. So kritisch sich viele Künstler des 20. Jh. mit dem Mythos des Genies, der göttlichen Kreativität auseinandergesetzt haben mögen, so bleibt doch ihr Image, ihre eigene professionelle Identität noch weitgehend vom Anspruch auf Authentizität, Expressivität und besonders auf die Exzentrizität ihrer Künstlerexistenz gegenüber den Konventionen der Gesellschaft geprägt.

Neben Autonomie und Authentizität bleibt schließlich auch die Alterität der Kunst erhalten bzw. sie wird neu bestimmt. In der Bejahung moderner Ideen wie Schnelligkeit, Effizienz, Funktion, im Akzeptieren von Negativität, Häßlichkeit, Entfremdung und Künstlichkeit entwickelt die ästhetische Moderne zwar Übereinstimmung mit der sie umgebenden Realität. In der Tendenz zur

---

195 Vgl. HUYSSEN (s. Anm. 107), 218; RICHARD WOLIN, Modernism vs. Postmodernism, in: Telos 62 (1984/1985), 14.
196 HUYSSEN (s. Anm. 107), 9.
197 LEON BOTSTEIN, ›Modern Music‹, in: Kelly (s. Anm. 188), Bd. 3 (Oxford/New York 1998), 258.
198 ADORNO, Philosophie der neuen Musik (1949), in: ADORNO, Bd. 12 (1975), 15.

Verschwiegerung, in der Entwicklung von Abstraktion und Dissonanz wird die Kunst der komplexen, abstrakten und dissonanten modernen Welt ähnlich, aber die Gesellschaft kann oder will sich in dieser Ähnlichkeit (zunächst) nicht wiedererkennen; sie findet sich darin nicht repräsentiert und nicht legitimiert. »As early as the 1890s the avantgarde's insistence on cultural revolt clashed with the bourgeoisie's need for cultural legitimation, as well as with the preference of the Second International's cultural politics for the classical bourgeois heritage.«[199] Die in der Kategorie der Alterität seit jeher angelegte Modernitätskritik und die tendenzielle Antimodernität des Ästhetischen wird sogar wesentlich schärfer: »The experience by which art is […] recognized and defined in Modernist criticism is the intuitive and supposedly disinterested experience of an emotional or spiritual value. The critical aspect of this value lies precisely in its being divorced from considerations of utility.«[200] Mit der Tendenz zur Verschwiegerung opponiert die ästhetische Moderne gegen die bürgerliche Kultur und versucht zugleich, sich zur Wehr zu setzen gegen die neue Massenkultur: »Difficulty is recognized as a protective agent, a strategy designed to retard the commodification and the trivialization of art.«[201] Die messianischen Verheißungen auf Erlösung ›durch die reinen Formen der Dinge‹ (Simmel) florieren. Die ästhetische Ideologie findet sich in allen ihren Bestandteilen erneuert und verstärkt.

b) Katastrophe
Während die ästhetische Ideologie den Formenwandel, die immanente Revolution der Kunst, unbeschadet übersteht, treten im späteren Verlauf des 20. Jh. gesellschaftliche und politische Entwicklungen ein, welche die Geltung der ästhetischen Ideologie entschiedener unterminieren. Die größte Gefahr geht von den totalitären politischen Systemen der Jahrhundertmitte aus, die den im 19. Jh. eingeschlagenen Weg der Sakralisierung der Politik auf die Spitze treiben, indem sie versuchen, eine der modernen Gesellschaft inadäquate Form von Einheit und Ganzheit auf gewaltsame Weise herzustellen. Charakteristisch für diese Ausprägung totalitärer Politik ist ihr Mißbrauch ästhetischer Mittel, der Ästhetisierung von Politik.

Die Katastrophe der sakralisierten Politik in den großen totalitären Systemen der Jahrhundertmitte desavouiert am Rande die aktivistischen Avantgarden; sie befinden sich in einer zwiespältigen und zweideutigen Situation, insofern sie teils zweifellos Opfer von Stalinismus und Nationalsozialismus werden, teils aber auch infolge der totalitär-heilsideologischen Affinitäten mancher ihrer eigenen utopischen Visionen als intellektuelle Mittäter erscheinen. Wie immer ihre Rolle im einzelnen zu bewerten sein mag, fest steht, daß sie in der Folge ihren geschichtsteleologischen Referenzrahmen verlieren, nämlich die Hoffnung auf einen Umsturz der bestehenden Gesellschaftsordnung. Abgesehen von dem Nachspiel, das die Ästhetisierung der Politik in den sozialistischen Ländern noch bis zum Zusammenbruch dieser Regime erlebt, findet nach dem 2. Weltkrieg eine Entsakralisierung des Politischen statt, eine Umgestaltung in Richtung auf eine wohlfahrtsstaatlich-dienstleistende bzw. bürokratisch-instrumentelle Orientierung, der gegenüber weltanschauliche und ideologische Aspekte in den Hintergrund treten. Die Vorstellung nationalstaatlicher Identitätsstiftung und politischer Repräsentation mit den Mitteln von Kunst und Kultur wird dadurch zunehmend suspekt und obsolet. Diese Tendenz verstärkt sich weiter im Zuge des Bedeutungsverlusts, den der Nationalstaat als solcher und die nationalstaatliche Bindung der Subjekte als Grundlage ihrer Identitätsbildung auf dem Weg zur Globalisierung erfahren. Diese nächste Etappe der Transformation des Politischen läßt den Zusammenhang von Kultur und Nation, Kunst und Politik, der in der Geschichte der Moderne eine ebenso bedeutsame wie unheilvolle Rolle gespielt hat, als endgültig überholt erscheinen: »The strong idea of culture arises with the nation-state, and we now face its disappearance as the locus of social meaning. Once the notion of national identity loses its political relevance, the no-

---

199 HUYSSEN (s. Anm. 107), 5.
200 CHARLES HARRISON/PAUL WOOD, Modernity and Modernism Reconsidered, in: Wood u. a. (Hg.), Modernism in Dispute. Art since the Forties (New Haven/London 1993), 195.
201 VAN ZUYLEN (s. Anm. 193), 45.

tion of culture becomes effectively unthinkable.«[202] Nationalstaatlich verfaßte Politik, ein so wichtiger Spieler im Prozeß der Konstituierung der ästhetischen Ideologie der Moderne, verläßt das Feld.

c) Erosion

Der puristische Modernismus überlebt die Niederlage seines aktivistischen Pendants nur um wenige Jahrzehnte. Während die Avantgarde scheitert, indem ihr der Erfolg, die Vereinigung von Kunst und Leben in einer versöhnten Gesellschaft, versagt bleibt, scheitert der Modernismus an seinem Erfolg. »In the war between modernist culture and bourgeois society, something has happened recently that no spokesman for the *avant-garde* quite anticipated. [...] the middle class has discovered that the fiercest attacks upon its values can be transposed into pleasing entertainments, and the *avant-garde* writer or artist must confront the one challenge for which he has not been prepared: the challenge of success.«[203]

Entgegen allen Erwartungen haben auch noch die schwierigsten und esoterischsten ästhetischen Gebilde im Verlauf weniger Jahrzehnte massenkulturelle Akzeptanz und Verbreitung erfahren: »forms of abstraction which in the modern period seemed ugly, dissonant, scandalous, indecent or repulsive, have [...] entered the mainstream of cultural consumption (in the largest sense, from advertising to commodity styling, from visual decoration to artistic production) and no longer shock anyone; rather, our entire system of commodity production and consumption today is based on those older, once anti-social modernist, forms.«[204] Der »Schatten des autarkischen Radikalismus der Kunst ist ihre Harmlosigkeit«, und die absolute Farbkomposition grenzt nicht nur ans »Tapetenmuster«[205], sondern sie wird real dazu, wenn Cecil Beaton Fotos der *Spring Ballgowns* von 1951 für die Zeitschrift *Vogue* vor Jackson Pollocks *Autumn Rhythm* (1950) aufnimmt. Gravierender noch und auch noch erstaunlicher als der Verschleiß des high modernism in der Ökonomie der Konsumkultur ist der Verdacht seiner Dienstbarkeit zu politischen Zwecken, als Symbol des amerikanischen Weltmachtanspruchs, als quasi offizielle Repräsentationskunst in der Periode des kalten Kriegs.[206] Gerade in der Situation des Triumphs der formalistischen Moderne wird sichtbar, wie käuflich sie ist und wer sie kauft. Die Funktionalität der Funktionslosigkeit, die gesellschaftliche Verwertbarkeit reiner Kunst, erweist sich schließlich an der ästhetischen Moderne des 20. Jh. auf andere Weise, aber in kaum geringerem Maße als an der bürgerlichen Ästhetik des 19. Jh.; der Modernismus muß sich nun selbst als »authentic bourgeois culture«[207] bezeichnen lassen.

Die einzige Möglichkeit, sich gegen die von verschiedenen Seiten drohende Einebnung der Alterität zur Wehr zu setzen, liegt in der unermüdlichen Erneuerung der Absetzungs- und Abstoßungsbewegungen gegenüber allem Bestehenden, in der ständigen Wiederholung des innovatorischen Impulses. Die beschleunigte Abfolge immer neuer Wellen ästhetischer Revolutionen, die Entstehung und immer schnellere Ablösung verschiedener Strömungen, Richtungen und Bewegungen dient der Aufrechterhaltung des Abstands zur Gesellschaft. Das Problem dabei liegt weniger darin, daß der Impuls der radikalen Neuerung in der ständigen Wiederholung erlahmt, als vielmehr darin, daß eben dieser Impuls permanenter Neuerung dem zentralen Bewegungsgesetz der modernen Gesellschaft und insbesondere der Marktökonomie entspricht: »What has happened is that aesthetic production today has become integrated into commodity production generally: the frantic economic urgency of producing fresh waves of ever more novel-seeming goods [...] at ever greater rates of turnover, now assigns an increasingly essential structural function and position to aesthetic

---

202 READINGS (s. Anm. 80), 89f.
203 HOWE (s. Anm. 163), 24.
204 JAMESON, Culture and Finance Capital (1997), in: Jameson, The Cultural Turn. Selected Writings on the Postmodern. 1983–1998 (London/New York 1998), 149.
205 ADORNO (s. Anm. 166), 51.
206 Vgl. SERGE GUILBAUT, How New York Stole the Idea of Modern Art (1983); dt.: Wie New York die Idee der modernen Kunst gestohlen hat. Abstrakter Expressionismus, Freiheit und kalter Krieg, übers. v. U. Biesenkamp (Dresden/Basel 1997).
207 JENCKS (s. Anm. 105), 16; vgl. DIANA CRANE, The Transformation of the Avant-Garde. The New York Art World 1940–1985 (Chicago 1987).

innovation.«[208] Das Grundproblem der Alterität, das die ästhetische Ideologie seit ihren Anfängen begleitet, bleibt unbeschadet wechselnder Umstände und Kontexte bis zu ihrem Ende dasselbe: Es besteht »in the brutal paradox of an opposition that sustains what is opposed precisely by opposing it«[209]. Bezog sich dieser dialektische Zusammenhang im 19. Jh. in erster Linie auf das Verhältnis von Ästhetik und Politik, so bezieht er sich im 20. Jh. vorrangig auf das Verhältnis von Kunst und Ökonomie.

Die Einsicht, daß »el arte moderno comienza a perder sus poderes de negación« (die moderne Kunst beginnt, ihre Negationskraft zu verlieren) und sich in »repeticiones rituales« (rituellen Wiederholungen) erschöpft, daß »la rebeldía convertida en procedimiento« (die Rebellion zur Methode geworden ist), »la crítica en retórica, la transgresión en ceremonia« (die Kritik zur Rhetorik, die Überschreitung zur Zeremonie), daß die »negación ha dejado de ser creadora« (Negation aufgehört hat, schöpferisch zu sein)[210], verbreitet sich zur selben Zeit, in der allgemein der Glaube an den Fortschritt verblaßt. »Once the idea of a ›logic‹ of cultural development, the meta-narrative of aesthetic ›progress‹, loses its hold on producers and consumers, then the modern conceptions of ›art‹ and ›culture‹ themselves are in decline.«[211] Von dem Erlahmen der Geschichtsphilosophie des Fortschritts werden sowohl die Vorstellungen eines an die Idee gesellschaftlichen Fortschritts als auch die an die Vision des avancierten ästhetischen Materials gebundenen Konzepte der ästhetischen Ideologie der Moderne erfaßt.

d) Ende
Das Ende der ästhetischen Ideologie ist dann erreicht, wenn die Differenz zwischen Hochkultur und Massenkultur als endgültig eingeebnet erscheint. Zu Recht wird dieser Moment mit großer Übereinstimmung als das entscheidende Merkmal des Übergangs von Moderne zu Postmoderne genannt[212], während die Aufzählung einzelner Stilmerkmale oder ganzer Kataloge von Stilmerkmalen vergleichsweise unbefriedigend bleibt. Da die Moderne kein Stil war, kann die Postmoderne keinen Stilbruch begehen. Da schon die Moderne durch einen Stilpluralismus charakterisiert war, kann die Postmoderne zur Pluralisierung nicht beitragen.[213] Alle Elemente, die als Charakteristika postmoderner Ästhetik angeführt werden, sind eigentlich schon in der Moderne vorhanden.[214]

Es dürfte analytisch fruchtbarer sein, das Ende der ästhetischen Ideologie mit dem Übergang von der Hegemonie der Politik zur Hegemonie der Ökonomie zu identifizieren, als vom (geschichtstheoretisch problematischen) Übergang von Moderne zu Postmoderne zu sprechen. Die Vermutung, daß die Kunst bzw. die ästhetische Ideologie der Moderne selbst wesentlich zu diesem Übergang beitragen könnte, hat vor vielen Jahren bereits Carl Schmitt geäußert: »Der Weg vom Metaphysischen und Moralischen zum Ökonomischen geht über das Ästhetische, und der Weg über den noch so sublimen ästhetischen Konsum und Genuß ist der sicherste und bequemste Weg zur allgemeinen Ökonomisierung des geistigen Lebens und zu einer Geistesverfassung, die in Produktion und Konsum die zentralen Kategorien menschlichen Daseins findet.«[215] Die Frage, ob, weshalb und auf welche Weise das Ästhetische zur Ökonomisierung des Lebens beiträgt, soll hier auf sich beruhen. Unübersehbar ist jedenfalls, daß umgekehrt die Hegemonie des Ökonomischen eine ernsthafte Bedrohung des Fundaments der ästhetischen Ideologie

---

208 JAMESON (s. Anm. 114), 4f.; vgl. HANS MAGNUS ENZENSBERGER, Die Aporien der Avantgarde, in: Enzensberger, Einzelheiten (Frankfurt a. M. 1962), 298.
209 MANN (s. Anm. 189), 11.
210 PAZ (s. Anm. 97), 195; dt. 188f.
211 CROOK/PAKULSKI/WATERS (s. Anm. 108), 36.
212 Vgl. EAGLETON, The Ideology of the Aesthetic (Oxford/Cambridge 1990), 373ff.; PETER OSBORNE, Adorno and the Metaphysics of Modernism. The Problem of a ›Postmodern‹ Art, in: A. Benjamin (Hg.), The Problems of Modernity: Adorno and Benjamin (London/New York 1989), 26.
213 Vgl. DANTO, After the End of Art. Contemporary Art and the Pale of History (Princeton 1997), 12.
214 Vgl. FELSKI, Doing Time. Feminist Theory and Postmodern Culture (New York 2000); BÜRGER (s. Anm. 3), 13f.
215 CARL SCHMITT, Das Zeitalter der Neutralisierungen und Entpolitisierungen (1929), in: Schmitt, Der Begriff des Politischen. Mit einer Rede über das Zeitalter der Neutralisierungen und Entpolitisierungen (München/Leipzig 1932), 69f.

darstellt: »The increasing commodification and commercialisation of art within market-oriented capitalism threatens the autonomy of art itself.«[216] Wenn – woran wenig Zweifel bestehen kann – diese Feststellung zutrifft, dann haben sich am Ende die Voraussetzungen der ästhetischen Ideologie vollständig verkehrt. Am Anfang ihrer Epoche stand die Entwicklung eines anonymen Marktes, der die Literatur und in unterschiedlichem Maße alle anderen Künste erstmals aus der Abhängigkeit von Auftraggebern und Gönnern befreit hat. Autonomie der Kunst bedeutete »Anlehnung an die Wirtschaft«; sie war es, die der Kunst Freiheit verschafft hat, jedenfalls »sehr viel mehr Freiheit als die Anlehnung an Mäzene wie Kirchen oder Fürsten oder führende Adelshäuser«[217]. Nachdem etwa 200 Jahre später nicht nur die Erleichterung über die Emanzipation von den traditionellen Mächten Hof und Kirche restlos verschwunden ist, sondern Kunst sich auch aus der komplexen Beziehung zum modernen Nationalstaat gelöst hat, erscheint ihr Verhältnis zur Ökonomie in einem anderen Licht. Es wird sichtbar, daß das Prinzip der Autonomie der Kunst gegenüber der Ökonomie nie Gültigkeit besessen hat. Ohne einen Gegenspieler, in bezug auf den die »Anlehnung an die Wirtschaft« Autonomie bedeutet, tritt die Abhängigkeit von der Ökonomie, die Warenförmigkeit und Marktfähigkeit der Kunst als das in Erscheinung, was sie schon seit jeher war.

Es wäre allerdings ein Mißverständnis, die Abhängigkeit von der Ökonomie als schiere Heteronomie, als finstere Knechtschaft und Vormundschaft aufzufassen. Die Hegemonie der Ökonomie konstituiert sich durch und in der Freisetzung von gesellschaftlichen Subsystemen, und es ist davon auszugehen, daß auch die Sphäre der Kunst als ein solches selbstreferentielles System erhalten bleibt. Die nun deutlicher sichtbar werdende Dominanz der Marktgesetze bedeutet lediglich, daß die Sphäre der Kunst den anderen Subsystemen der modernen Gesellschaft ähnlicher wird, indem ihre eigentümliche Alterität, ihre Entgegensetzung zum gültigen Realitätsprinzip zurücktritt. Die Autonomie der Kunst verliert ihre Gegenweltlichkeit und gleicht sich so der Form, welche Autonomie in den anderen Bereichen besitzt, stärker an. Das bedeutet auch, daß die Aufgabe der Modernitätskritik, welche die bürgerliche Gesellschaft an die Sphäre einer exterritorialisierten Kunst und Kultur delegiert hatte, in die Gesellschaft zurückkehrt und allgemein wird.

Die These, daß das Zeitalter der ästhetischen Ideologie zu Ende ist, besagt nicht, daß sie spurlos verschwindet. Eine so mächtige ideologische Figur transformiert sich auf vielfache Weise und wirkt lange nach. Gleichwohl wird sichtbar, daß die Epoche der Moderne, die Epoche des Geschichtsbegriffs und des Kunstbegriffs eine spezifische, allmählich in ihrer Besonderheit Konturen gewinnende Gestalt (gewesen) ist: »Langsam wird uns bewußt, daß dieses Zeitalter im Ganzen der Geschichte der Kunst und der Dichtung nur eine Episode ist. [...] Wenn man über die Grenzen der Erlebniskunst hinauszublicken beginnt und andere Maßstäbe gelten läßt, öffnen sich neue weite Räume innerhalb der abendländischen Kunst, die von der Antike bis zum Zeitalter des Barock von durchaus anderen Wertmaßstäben beherrscht war [...] und ebenso wird der Blick auf ganz fremde Kunstwelten frei.«[218]

Cornelia Klinger

Literatur
BAUMAN, ZYGMUNT, Liquid Modernity (London 2000); BECK, ULRICH/GIDDENS, ANTHONY/LASH, SCOTT, Reflexive Modernisierung. Eine Kontroverse (Frankfurt a. M. 1996); BEHLER, ERNST, Ironie und literarische Moderne (Paderborn 1997); BENJAMIN, ANDREW, The Problems of Modernity: Adorno and Benjamin (London/New York 1989); BEN-GHIAT, RUTH, Fascist Modernities. Italy 1922–1945 (Berkeley 2000); BERGER, PETER/BERGER, BRIGITTE/KELLNER, HANSFRIED, The Homeless Mind. Modernization and Consciousness (New York 1973); BERMAN, MARSHALL, All That Is Solid Melts Into Air. The Experience of Modernity (New York 1988); BILLET, BRET, Modernization Theory and Economic Development. Discontent in the Developing World (Westport, Conn. 1993); BERNSTEIN, RICHARD, The New Constellation. The Ethical-Political Horizons of Modernity/Postmodernity (Cambridge 1991); BLUMENBERG, HANS, Die Genesis der kopernikanischen Welt

---

216 SWINGEWOOD, Cultural Theory and the Problem of Modernity (New York 1998), 166.
217 LUHMANN (s. Anm. 155), 266.
218 HANS-GEORG GADAMER, Wahrheit und Methode (1960; Tübingen ³1972), 67.

(Frankfurt a. M. 1981); BLUMENBERG, HANS, Säkularisierung und Selbstbehauptung, erw. u. überarb. Neuausg. (Frankfurt a. M. 1974); BROOKER, PETER, Modernism/Postmodernism (London 1992); BUSCH, WERNER, Das sentimentalische Bild. Die Krise der Kunst im 18. Jahrhundert und die Geburt der Moderne (München 1993); CAHOONE, LAWRENCE E., Modernism to Postmodernism. An Anthology (Oxford 1996); CLARK, TIMOTHY J., Farewell to an Idea. Episodes from a History of Modernism (New Haven/London 1999); CORBETT, DAVID PETERS, The Modernity of English Art 1914–1930 (Manchester 1997); DANTO, ARTHUR, After the End of Art. Contemporary Art and the Pale of History (Princeton 1997); DE KOVEN, MARIANNE, Rich and Strange. Gender, History, Modernism (Princeton 1991); DOAK, KEVIN MICHAEL, Dreams of Difference. The Japanese Romantic School and the Crisis of Modernity (Berkeley 1994); DOCHERTY, THOMAS, Criticism and Modernity. Aesthetics, Literature, and Nations in Europe and its Academies (Oxford 1999); EBELING, HANS, Ästhetik des Abschieds. Kritik der Moderne (Freiburg 1989); EBELING, HANS (Hg.), Subjektivität und Selbsterhaltung. Beiträge zur Diagnose der Moderne (Frankfurt a. M. 1996); EISENSTADT, SHMUEL N., Die Vielfalt der Moderne. Heidelberger Max-Weber-Vorlesungen 1997, übers. u. bearb. v. B. Schluchter (Weilerswist 2000); EVERDELL, WILLIAM R., The First Moderns. Profiles in the Origins of Twentieth-Century Thought (Chicago 1997); FEATHERSTONE, MIKE/LASH, SCOTT/ROBERTSON, ROLAND, Global Modernities (London 1995); FRIEDLAND, ROGER/BODEN, DEIRDRE (Hg.), No(W)here. Space, Time and Modernity (Berkeley 1994); GREENBERG, CLEMENT, Die Essenz der Moderne. Ausgewählte Essays und Kritiken, hg. v. K. Lüdeking, übers. v. C. Hollender (Berlin 1997); HABERMAS, JÜRGEN, Die Moderne – ein unvollendetes Projekt (1980), in: Habermas, Kleine politische Schriften I–IV (Frankfurt a. M. 1981), 444–464; HALL, STUART u. a. (Hg.), Modernity. An Introduction to Modern Societies (Oxford/Cambridge 1995); HOFMANN, WERNER, Die Moderne im Rückspiegel. Hauptwege der Kunstgeschichte (München 1998); HOLLÄNDER, HANS/THOMSEN, CHRISTIAN W. (Hg.), Besichtigung der Moderne. Bildende Kunst, Architektur, Musik, Literatur, Religion. Aspekte und Perspektiven (Köln 1987); HUGHES, ROBERT, The Shock of the New. The Hundred Year History of Modern Art (1980; New York ²1991); JERVIS, JOHN, Exploring the Modern (Oxford/Cambridge 1999); KRAUSS, ROSALIND, The Originality of the Avant-Garde and Other Modernist Myths (Cambridge/London 1985); LATOUR, BRUNO, Nous n'avons jamais été modernes. Essai d'anthropologie symétrique (Paris 1991); LEVIN, DAVID M. (Hg.), Modernity and the Hegemony of Vision (Berkeley 1993); LUHMANN, NIKLAS, Beobachtungen der Moderne (Opladen 1992); MAKROPOULOS, MICHAEL, Modernität und Kontingenz (München 1997); MCCORMICK, PETER J., Modernity, Aesthetics, and the Bounds of Art (Ithaca, N. Y./London 1990); MCQUIRE, SCOTT, Visions of Modernity: Representation, Memory, Time and Space in the Age of the Camera (London 1997); MOOK, DELO E./VARGISH, THOMAS, Inside Modernism. Relativity Theory, Cubism, Narrative (Princeton 1998); NICHOLSON, LINDA, The Play of Reason. From the Modern to the Postmodern (Ithaca, N. Y./London 1998); OSBORNE, PETER, The Politics of Time. Modernity and the Avant-Garde (London 1995); OWEN, DAVID, Maturity and Modernity. Nietzsche, Weber, Foucault and the Ambivalence of Reason (New York 1994); PIECHOTTA, HANS-JOACHIM/WUTHENOW, RALPH-RAINER/ROTHEMANN, SABINE (Hg.), Die literarische Moderne in Europa (Opladen 1994); QUINONES, RICARDO, Mapping Literary Modernism (New York 1985); SCHORSKE, CARL, Thinking with History. Explorations in the Passage to Modernism (Princeton 1998); TAFURI, MANFREDO/DAL CO, FRANCESCO, Architettura contemporanea (Venedig 1976); dt.: Klassische Moderne (Stuttgart 1988); TOULMIN, STEPHEN, Cosmopolis. The Hidden Agenda of Modernity (New York 1990); TURNER, BRYAN S. (Hg.), Theories of Modernity and Postmodernity (London 1990); VAN REIJEN, WILLEM/VAN DER LOO, HANS, Modernisierung. Projekt und Paradox, übers. v. M. E. Baumer (München 1992); WAGNER, PETER, A Sociology of Modernity. Liberty and Discipline (New York/London 1994); WALLIS, BRIAN (Hg.), Art after Modernism. Rethinking Representation (Boston/New York 1984); WILLIAMS, RAYMOND, The Politics of Modernism. Against the New Conformists (Oxford 1989).

Modisch/Mode

(engl. fashionable, fashion; frz. à la mode, mode; ital. alla moda, moda; span. de moda, a la moda, moda; russ. модное, мода)

I. **Einleitung**; 1. Ein Zeichensystem; 2. Zur Wort- und Begriffsgeschichte; II. **Mode zwischen Kunst und Kommerz**; 1. Prinzip der Innovation und Avantgarde; 2. Musealisierung; III. **Modediskurse**; 1. Gesellschaft; 2. Moralistik; 3. Geschmack; 4. Ökonomie; 5. Gender; IV. **Mode in Konzeptionen von Modernee und Postmoderne**; 1. Periphere Selbststilisierung des modernen Subjekts; 2. Ein postmodernes Paradigma

I. Einleitung

1. Ein Zeichensystem

In zeitdiagnostischen Essays, kulturphilosophischen oder kultursoziologischen Analysen der Konsum- und Mediengesellschaft fungiert die Mode als ein Schlüsselbegriff, der Aufschluß verspricht über individuelle oder gruppenspezifische Selbstdarstellungen und soziale Differenzierungsprozesse. Die Mode gilt als ein exponierter Bestandteil der Alltagskultur und ist prädestiniert, »eine (unbewußte) Stellungnahme zu den jeweils herrschenden gesellschaftlichen Normen und Ordnungskategorien abzugeben«[1]. Als strukturelle Signatur der Mode erweist sich die Permanenz des Wechsels, »das Prinzip des ewig Neuen«[2], die Flüchtigkeit und grundsätzliche Ablösbarkeit in einem unaufhörlichen Prozeß von Verwandlung, Vernichtung und Erneuerung. Seit Mitte der 1980er Jahre läßt sich in der kritischen Auseinandersetzung mit unserer Alltagskultur ein verstärkter Rekurs auf den Begriff der Mode beobachten.

Flankiert wird er durch die Reflexion und Entgrenzung des Kulturbegriffs, der die Dichotomie von Hochkultur und Alltagskultur in Frage stellt. Zugleich macht es die multiplizierte Präsenz des Modischen im konsumorientierten Erscheinungsbild der zeitgenössischen Gesellschaft sowie die mediale Vervielfachung des Modischen zum Gegenstand kultursoziologischer oder kulturphilosophischer Analysen. Dabei ist festzustellen, daß die Reflexion des Modischen in einem Diskursfeld heterogener wissenschaftlicher Disziplinen zur Wirkung kommt. René König, der sich unabhängig von intellektuellen Konjunkturen kontinuierlich mit der Soziologie der Mode beschäftigt hat, bezeichnet das Problem der Mode als das großartigste Beispiel für die interdisziplinäre Zusammenarbeit verschiedener Wissenschaften. Es stelle ein »universales kulturelles Gestaltungsprinzip«[3] dar, dessen Erforschung eine Vielzahl von Perspektiven verlange. Nach einer Phase des Argwohns und eines generellen Ideologieverdachts gegenüber der Mode und ihrer vermeintlichen Oberflächlichkeit in der Bundesrepublik der 1970er Jahre hat der kulturkritische Diskurs die Mode mittlerweile als ein signifikantes Phänomen der Gegenwart rehabilitiert, das etwas über allgegenwärtige kulturelle Praktiken vermitteln kann.

Derzeit gibt es kaum ein Medium, in dem die Mode in Bildern und Texten als eine kommerzielle Form der Ästhetisierung alltäglicher Selbstdarstellung nicht präsent wäre: sei es in den Bereichen Kunst und Kultur, Wirtschaft, Werbung, Unterhaltung, oder sei es mehr noch in den elektronischen Medien bis hin zum virtuellen Laufsteg im Cyberspace und der Modenschau im Internet. Das Modische ist – medial forciert – in der alltäglichen Lebenswelt omnipräsent. Zunächst betrifft dies den unaufhaltsamen, letztlich immer auch selbstreferentiellen Wechsel der Formen, Farben und Materialien von relativ schnell veränderbaren, allen überall zum Kauf angebotenen Konsumgütern. Die Mode ist indes nicht nur eines der unerschöpflichen, mit Neuheit aufgeladenen Objekte alltäglicher Kommunikation, das zugleich etwas Unterhaltsames aufweist. Sie formiert darüber hinaus ein eigenes Kommunikationssystem, dessen semiotische Dimensionen sich paradigmatisch in der Kleidermode vermitteln. Diese rhythmisiert durch ih-

---

1 BIRGIT RICHARD, Die oberflächlichen Hüllen des Selbst. Mode als ästhetisch-medialer Komplex, in: Kunstforum international, Bd. 141 (1998), 51.
2 SILVIA BOVENSCHEN, Über die Listen der Mode, in: Bovenschen (Hg.), Die Listen der Mode (Frankfurt a. M. 1986), 13.
3 RENÉ KÖNIG, Menschheit auf dem Laufsteg. Die Mode im Zivilisationsprozeß (1985), in: König, Schriften. Ausgabe letzter Hand, hg. v. H. v. Alemann u. a., Bd. 6 (Opladen 1999), 37.

ren saisonalen Wechsel das individuelle Leben und vermittelt etwas vom sinnlich erfahrbaren Bewußtsein, seiner Zeit anzugehören. Mode fungiert als öffentliches Medium, das auf visuelle Kommunikation setzt und eine spezifische, zuschauerorientierte Partizipation an der Gegenwart verspricht. Für den Modeschöpfer Wolfgang Joop hat die Mode die Funktion eines »gesellschaftliche[n] Seismograph[en]«. Sie registriere »die feinen Schwingungen« und vergegenwärtige diese visuell, »bevor sie überhaupt greifbar werden und sich zu einem Trend verdichten. Mode ist dem Zeitgeist immer einen kleinen Schritt voraus.«[4]

Wie Kunst und Kommerz erweist sich die Mode als grenzüberschreitend und transnational. In dieser Hinsicht unterscheidet sie sich von vestimentären Erscheinungsformen, die regional oder national kodiert sind und sich durch die Stabilität ihrer Kodifizierung dem dauernden Wechsel zu entziehen suchen. Roland Barthes hat die ›Sprache der Mode‹, das Zeichensystem der Kleidermode, semiologisch analysiert: »à travers la langue qui la prend désormais en charge, la Mode devient *récit*. […] Sur le plan dénoté, la langue agit à la fois comme productrice et gardienne du sens; elle accentue la nature sémantique de la Mode, car, par le discontinu de ses nomenclatures, elle multiple les signes là même où le réel […] aurait du mal à signifier finement«[5]. Mit dieser »multiplication des sens« (277) stößt die Macht der Mode, Bedeutung herzustellen, auf keinerlei Grenze. Als Voraussetzung für die Intelligibilität der jeweils modischen Kleidersprache hat Barthes die Wechselwirkung von realer Kleidung, Mode-Ikonographie sowie der in Modejournalen beschriebenen Kleidung herausgearbeitet.

2. Zur Wort- und Begriffsgeschichte

Der Begriff Mode, abgeleitet von modus (lat. Art und Weise), kam Mitte des 15. Jh. in Frankreich auf.[6] Im Laufe des 17. Jh. wurde die Bezeichnung Mode aus dem Französischen in andere europäische Sprachen übernommen; das Englische (fashion) adaptierte indes das französische façon (Machart, Fasson, Art und Weise, lat. factio).[7] Bis Ende des 17. Jh. war im Deutschen das Adjektiv ›alamodisch‹ (frz. ›à la mode‹ beziehungsweise ›à la mode moderne‹[8], gemäß der neuen Mode) geläufig, das sich im frühen 18. Jh. zu ›modisch‹ entwickelte. Dieses wurde anfangs noch synonym mit ›modern‹ – in der Bedeutung von ›neu wie die aktuelle Mode‹ – gebraucht. Die Opposition von neumodisch-altmodisch erhielt im Laufe der Geschichte eine eigene Sinndimension, die auf Gewohnheiten, Gebräuche, das Auftreten des einzelnen, insbesondere seine »Art sich zu kleiden«[9], verweist. Das Spanische kennt für modisch auch ein substantiviertes ›modal‹, das auf modische Selbststilisierung verweist, durch die sich der oder die einzelne von den anderen zu unterscheiden, sich bemerkbar zu machen, zu singularisieren versucht.[10] Mit dem französischen Wort wurde vor allem das Flair des Modischen übernommen, das aus Frankreich bzw. Paris kommt, in ganz Europa zirkuliert und als neu, fremd, anders als das Neue aus dem eigenen Lande gilt. Im bemerkenswert ausführlichen Mode-Artikel in Zedlers *Universal-Lexicon* (1732–1754) kommt nicht ohne Ironie zum Ausdruck, daß eben Mode sei, was aus Paris komme, obwohl dem gar nicht durchweg so sei. Dabei wird auf den angeblich französischen Nationalcharakter verwiesen: »Sonderlich haben sich die Franzosen wegen ihres von Natur schon etwas flüchtigen und veränderlichen Temperaments« in Fragen der Mode »schon von langen Zeiten her, bey nahe von allen andern Nationen mercklich unterschieden. […] Wir Deutschen bekommen unsere Moden, und sonderlich in der Kleidung, gemeiniglich aus Frankreich, weil bey denen meisten von uns das

---

4 WOLFGANG JOOP, Rückkehr zur Klasse. Die neue Nachdenklichkeit in der Mode, in: Frankfurter Allgemeine Zeitung, Nr. 224 (26. 9. 2000), Verlagsbeilage ›Mode‹, 1.
5 ROLAND BARTHES, Système de la mode (Paris 1967), 277.
6 Vgl. ›Mode‹, in: Le Grand Robert de la langue française, Bd. 6 (Paris 1985), 500; ›Mode‹, in: GRIMM, Bd. 6 (1885), 2435–2437.
7 Vgl. ›Fashion‹, in: ENCYCLOPAEDIA BRITANNICA, Bd. 10 (New York 1910), 192.
8 Vgl. ›Mode‹, in: ZEDLER, Bd. 21 (1739), 701.
9 ›Altmodisch‹, in: GRIMM, Bd. 1 (1854), 274; vgl. ›Mode‹, in: GRIMM, Bd. 6 (1885), 2435–2437; ZEDLER (s. Anm. 8); ›Mode‹, in: BROCKHAUS, Bd. 11 ([14]1894).
10 Vgl. ›Modal‹, in: Diccionario de Autoridades, Bd. 2 (1732; Madrid 1963), 583.

Vorurtheil ist, daß die Franzosen in Erfindung solcher Dinge am geschicktesten sind.«[11] Bereits Furetière hebt in seinem Lexikonartikel ›Mode‹ die französische Dominanz in der Mode und deren Vorbildfunktion außerhalb Frankreichs hervor: »Les Français changent tous les jours de mode. Les étrangers suivent la mode des Français«[12]. Zedler merkt an, daß die in den deutschen Provinzen aufgenommenen Glaubensflüchtlinge, die »aus Frankreich vertriebenen Reformirten«, nicht wenig dazu beigetragen haben, »daß unsere Deutschen halb Französisch werden, und sich nicht allein in ihren Kleidungen […] nach den Franzosen richten«[13]. Im Laufe der zweiten Hälfte des 17. Jh. kristallisierte sich in Europa der Begriff der Mode im modernen Sinn heraus. Zeitgleich damit ist die mit dem unaufhörlichen Wechselspiel der Mode verbundene Diskursivierung der modischen Kleidung zu beobachten.

II. Mode zwischen Kunst und Kommerz

Seit dem Durchbruch der Haute Couture ist ein artistisches Zusammenspiel von Mode und Kunst zu beobachten. Dies wird sowohl von Modeschöpfern als auch von jenen Künstlern reklamiert, die dezidiert Zeitgenossenschaft beanspruchen und Spuren der aktuellen Mode in ihre Werke integrieren. Dabei wird das Spannungsverhältnis von Alt und Neu in einer Synthese von Aktualität und ästhetischer Reflexion der Tradition zum Paradigma der Kunst der ität. Gleichwohl hat die Mode die strikte Trennung in autonome, zweckfreie Kunst einerseits und in Kunsthandwerk mit Gebrauchsfunktion andererseits nie vollzogen. Sie beansprucht, an beidem zu partizipieren, und ist doch weder ganz das eine noch ganz das andere. Für Adorno besteht eine der Funktionen der Mode gerade darin, ein Komplementärelement der Kunst zu sein, das sich nie restlos von der Kunst trennen läßt: »Mode ist das permanente Eingeständnis der Kunst, daß sie nicht ist, was sie zu sein vorgibt und was sie ihrer Idee nach sein muß. Als indiskreter Verräter ist sie ebenso verhaßt wie im Betrieb mächtig; ihr Doppelcharakter krasses Symptom ihrer Antinomik. Von der Kunst läßt sich nicht derart säuberlich sich abheben, wie es der bürgerlichen Kunstreligion genehm wäre.«[14]

Haute Couture als die exklusive Form luxuriöser Damenmode entstand Mitte des 19. Jh. in Paris in einer engen Verbindung von Schneiderhandwerk, Kunst und Kommerz und avancierte erstmals unter dem Eigennamen des jeweiligen Modeschöpfers rasch zur tonangebenden Institution der Mode europäischer Provenienz. Modeschöpfer in ihrer Rolle als künstlerische Repräsentanten der Haute Couture reklamieren die Affinität von Mode und Kunst. Sie erheben die Kleidermode in den Rang einer spezifischen Kunstform, die auf einem symptomatischen Spannungsverhältnis von Nützlichkeit und Ästhetik basiert. Modeschöpfer beanspruchen eine kreative Rolle in der Kunst, sich zu kleiden, indem sie die ästhetische Funktion ihrer Modellkleider profilieren und die Zweckmäßigkeit ihrer Entwürfe verspielt negieren. So konnte der erste Pariser Modeschöpfer und Begründer der Haute Couture, Charles Frédéric Worth (1825–1895), von sich behaupten: »Je suis un grand artiste, j'ai la couleur de Delacroix et je compose. Une toilette vaut un tableau.«[15]

1. Prinzip der Innovation und Avantgarde

Die Modeschöpferin Vivienne Westwood markierte mit den Mitteln des Schocks die Geschichte der Mode, indem sie die provokative Punk-Bewegung in die Kleidermode integrierte. Sie vertritt offensiv die Position, die Mode sei nicht nur angewandte, sondern moderne Kunst par excellence, immer auf der Suche nach »subtileren Formen und Stilen, nach einer Kleidersprache, nach Verve und Lebensfreude«[16]. Wie die Kunst, so entstehe auch die Mode aus dem Zwang zum Widerspruch, ba-

---

11 ZEDLER (s. Anm. 8), 701.
12 ›Mode‹, in: FURETIÈRE, Bd. 2 (1690), unpag.
13 ZEDLER (s. Anm. 8), 704.
14 THEODOR W. ADORNO, Ästhetische Theorie, in: ADORNO, Bd. 7 (1970), 468.
15 Zit. nach MARIE SIMON, Mode et Peinture. Le Second Empire et l'impressionisme. Nachwort v. Vivienne Westwood (Paris 1995), 128.
16 VIVIENNE WESTWOOD, Wider die Tyrannei der Orthodoxie, in: Die Zeit, Nr. 38 (12. 9. 1997), Magazin, 16.

siere ihre Existenz auf der Kontroverse, und ihr Verschwinden sei Ausdruck ihrer Freiheit. Das zielt auf die Modekonzeption der Haute Couture, die sich von den sogenannten Straßen-, Off- oder Jugendmoden ästhetisch zu unterscheiden sucht. Sie positioniert sich explizit in der Nachbarschaft der bildenden Künste, inszeniert ihre ritualisierten Modenschauen zur Abwechslung auch in Schlössern, Museen, Parks oder stattet die Kleidungsstücke selbstironisch mit kunstgeschichtlichen Zitaten aus. Auf die in der Modebranche unablässig geforderte Innovation antworten Modeschöpfer oder Designer in der Rolle des Avantgarde-Künstlers paradoxerweise mit einem Rekurs auf die Geschichte der Kleidung, wie sie in der Geschichte der bildenden Kunst sichtbar wird. Dabei wird betont, daß sich die geforderte Neuheit nur in der Auseinandersetzung mit der Tradition realisieren lasse.

Modische Innovation muß sich in der Öffentlichkeit jedoch unter den Gesetzen des Marktes durchsetzen und hat angesichts ihrer Käuflichkeit immer etwas Banales an sich. Im Diskurs der konkurrierenden Moden wird die radikale Abkehr vom soeben Dagewesenen intoniert und die in die Zukunft weisende Dimension der neuen Mode stark gemacht. Silvia Bovenschen bezeichnet die Modemacher im Rekurs auf Walter Benjamin als Antizipatoren, die im stets Neuen einen Vorgriff auf das Kommende, auf die Zukunft signalisieren. Sie müssen »Impulse aus fast allen Bereichen aufnehmen. Der beginnenden Veränderung von Lebensstilen, dem Verhältnis von sakralen und profanen Momenten, der Entwicklung der Wissenschaften, den politischen Trends, der Technologie, dem Sport und der Kunst müssen sie Aromastoffe abgewinnen, die eine stimmige Komposition des Neuen begünstigen. Jeden Irrtum bezahlen sie mit ihrem Untergang – im Unterschied zum Künstler mittleren Talents übrigens, der sich den Mißgriff gelegentlich leisten kann.«[17]

Walter Benjamin hat das antizipatorische Moment als ein spezifisches Faszinosum der Mode festgehalten und angemerkt, daß die Mode wie die Kunst der Moderne nicht der Gesellschaft folge, sondern ihr vorangehe: »Das brennendste Interesse der Mode liegt für den Philosophen in ihren außerordentlichen Antizipationen. Es ist ja bekannt, daß die Kunst vielfach, in Bildern etwa, der wahrnehmbaren Wirklichkeit um Jahre vorausgreift. […] Jede Saison bringt in ihren neuesten Kreationen irgendwelche geheimen Flaggensignale der kommenden Dinge. Wer sie zu lesen verstünde, der wüßte im voraus nicht nur um neue Strömungen der Kunst, sondern um neue Gesetzbücher, Kriege und Revolutionen. – Zweifellos liegt hierin der größte Reiz der Mode, aber auch die Schwierigkeit, ihn fruchtbar zu machen.«[18] Die Mode dient bei Benjamin auch als Vergleich zur Konstruktion von Geschichte: »Die französische Revolution […] zitierte das alte Rom genau so wie die Mode eine vergangene Tracht zitiert. Die Mode hat die Witterung für das Aktuelle, wo immer es sich im Dickicht des Einst bewegt. Sie ist der Tigersprung ins Vergangene. Nur findet er in einer Arena statt, in der die herrschende Klasse kommandiert. Derselbe Sprung unter dem freien Himmel der Geschichte ist der dialektische als den Marx die Revolution begriffen hat.«[19]

Es gehört zu den Widersprüchlichkeiten der Mode, daß sie aufgrund ihres beständigen Wechsels ästhetische Gewißheiten nicht erlaubt und ob ihrer Wechselhaftigkeit stets für Irritation sorgt. Jede neue Mode wird durch die allerneueste abgelöst. Die jeweilige Neuheit der Mode, die im noch nicht oder nicht mehr Bekannten liegt, tritt provokativ und triumphierend an die Stelle des Bisherigen, das als das Altmodische abgewertet wird.

2. Musealisierung

Aufgegriffen wurde die von der Haute Couture proklamierte Affinität von Mode und Kunst, die mit dem Selbstverständnis der Modeschöpfer als Avantgarde-Künstler einhergeht, durch die Allianz von Mode und Museum. Seit den 1990er Jahren eröffnen Museen von Weltrang – allen voran das Metropolitan Museum in New York, das Victoria & Albert Museum in London oder der Pariser

---

17 BOVENSCHEN (s. Anm. 2), 26.
18 WALTER BENJAMIN, Das Passagen-Werk (entst. 1927 bis 1940), in: BENJAMIN, Bd. 5/1 (1982), 112.
19 WALTER BENJAMIN, Über den Begriff der Geschichte (ca. 1940), in: BENJAMIN, Bd. 1/2 (1974), 701.

Louvre – eigene Abteilungen für die Mode.[20] Die abgelegte Kleidermode wird so nicht länger nur im Museum für Kunsthandwerk oder regionale Kostümkunde archiviert, sondern im Kontext internationaler Kunst ausgestellt. Mode als Phänomen kultureller Alltagspraktik steht in Form zahllos zirkulierender Kopien im Zeichen von Aktualität, Flüchtigkeit, beschleunigtem Konsum und letztlich einer suspekten Attraktivität. Innerhalb des Bezugssystems der Kunst stellt hingegen das Museum der Mode einen auratischen Schonraum zur Verfügung, der eher mit Zeitlosigkeit, mit Geschichte, Dauer, Einzigartigkeit assoziiert wird. Der spannungsvolle Gegensatz zwischen modischer Flüchtigkeit und musealer Dauer lenkt die Aufmerksamkeit auf Modestücke, die im Museum als singuläre Exponate den Status eines entpragmatisierten Artefakts erhalten. Dieser Artefakt kommt mit dem menschlichen Körper nicht mehr in Berührung, und zugleich sucht er sich seiner »Komplizität mit dem Profitsystem«[21] zu entziehen. Das Altmodische, das gestern noch neueste Mode war, wirkt im Alltag anachronistisch oder lächerlich. Die im Museum ausgestellte, von den Widersprüchen der Alltäglichkeit abgeschirmte einstige Mode aber wird zum Bestandteil des musealen Weltbildes, für das virtuell alles koexistiert – gleichermaßen zitierbar und dem ästhetischen Genuß verfügbar. Die instabilen Formen alltäglicher Mode werden im Museum entgegen der dramatischen Dynamik des permanenten Wechsels von Mode und Modediskurs erinnerbar. Es ist letztlich die Institution des Museums, welche die Zugehörigkeit der Mode zur modernen Kunst gewährleistet, und so drängt die Mode zur Bestätigung ihres Kunstcharakters »mit aller Macht ins Museum«[22].

III. Modediskurse

1. Gesellschaft

Die Mode der frühen Neuzeit wird im Horizont der Kulturgeschichtsschreibung als ein Indiz begriffen, das tiefgreifende Aufschlüsse über soziale, ökonomische und kulturelle Verhältnisse der europäischen Gesellschaften ermöglicht. Mode erlaubt so mentalitätsgeschichtliche Einblicke in die Bedürfnisse und Sehnsüchte, Möglichkeiten, Erwartungen und die dem Diesseits zugewandten Freuden einer Gesellschaft.[23] Mode spielte in erster Linie als ständisches Distinktionsmittel eine soziale Rolle. Die höfischen und die städtischen Gesellschaften der frühen Neuzeit waren in der Lage, soziale Mobilität auszubilden, die ihrerseits als fundamentale Voraussetzung für den spezifischen Wirkungsradius der Mode zu betrachten ist. Die Notwendigkeit von Abgrenzungs- und Selbstbehauptungsstrategien der hochrangigen Stände gegenüber den anderen Ständen des Ancien régime wird nicht zuletzt in der Kleidermode sichtbar. Insofern ist der folgende Widerstreit aufschlußreich: Auf der einen Seite stehen die Intentionen der Kleiderordnungen, Luxusgesetze und Anstandsbücher, die jeden Modewechsel flankierten, um die Mode diskursiv zu regulieren und dem Tempo ihres Wechsels und ihren Überschreitungen Einhalt zu gebieten. Auf der anderen Seite gibt es immer subtilere Differenzierungsstrategien der Mode, deren Wirkung in der unaufhörlichen, immer überraschenden, offenbar nicht aufzuhaltenden Neuheit liegt. Der Begriff der Mode tangiert die konfliktreiche Beziehung zwischen Individuum und Gesellschaft sowie die widersprüchlichen Bedürfnisse von Imitation und Distinktion. Frühneuzeitliche Kleiderordnungen sollten die soziale Hierarchie der Ständegesellschaft symbolisch bekräftigen, und die Kleidung sollte als ein transparentes Zeichen Stand, Rang, Alter indizieren und die Gesellschaft lesbar machen. Demgegenüber signalisieren

---

20 Vgl. CAROLE GÜRTLER, Mode im Museum. Das Museale der Mode oder die Mode der Museen, in: Basler Zeitung, Magazin Nr. 13 (4. 4. 1998), 2; ALFONS KAISER, Architektur der Mode, in: Frankfurter Allgemeine Zeitung (17. 3. 2001), 11.
21 ADORNO (s. Anm. 14), 467.
22 URSULA LINK-HEER, Mode im Museum oder Manier und Stil (mit einem Blick auf Versace), in: G. Lehnert (Hg.), Mode, Weiblichkeit und Modernität (Dortmund 1998), 143.
23 Vgl. FERNAND BRAUDEL, Les structures du quotidien: Le possible et l'impossible (1967), in: Braudel, Civilisation matérielle, économie et capitalisme, XVe–XVIIIe siècle, Bd. 1 (Paris 1979), 281 f.

Mobilität und Wechselhaftigkeit der Mode die transgressive Gegenposition zur statischen Ordnung der Ständegesellschaft.[24] Fernand Braudel vertritt die These, daß das Zeichenrepertoire der Mode insbesondere von den sozialen Aufsteigern zur subtilen, variablen Manifestation ihrer Ambitionen im öffentlichen Raum beansprucht wurde: »De toute évidence, la pression des suiveurs et imitateurs ne cesse d'animer la course. Mais s'il en est ainsi, s'est que la prospérité privilégie, pousse en avant un certain nombre de nouveaux riches. Il y a la montée sociale, affirmation d'un certain bienêtre: Il y a le progrès matériel; sans lui rien ne changerait aussi vite.«[25] Angesichts einer solchen Dynamik wurden die gegen die Mode erlassenen Dekrete und Verordnungen zur Aufrechterhaltung der ständischen (Kleider-)Ordnung permanent unterlaufen. So hat auch keine Form politischer Herrschaft je nachhaltig die Mode verhindern können. Um so mehr insistierten aber gesellschaftliche Institutionen, die Gewißheit und Stabilität der Normen und Werte repräsentieren, auf der Unveränderlichkeit ihres vestimentären, den Gesetzmäßigkeiten des modischen Wechsels gegenüber resistenten Erscheinungsbildes: »Les valeurs sûres, l'Église, la monarchie, s'efforcent d'autant plus de conserver le même visage, au moins la même apparence« (283).

Im Zeichen der praktischen Vernunft, die eine Synthese von adliger Lebenskunst und bürgerlicher Kultur jenseits der Standesgrenzen anstrebt, skizziert Christian Garve eine Modetheorie, die bereits die meisten Aspekte der im 19. Jh. entworfenen Theorien vorwegnimmt.[26] Er faßt Mode als ein Zivilisationsphänomen, das in Kombination von Kunst, Kommerz und Geselligkeit agiere und ein Effekt der Aufklärung sei, denn sie zeige, daß nichts unveränderlich bleibe. Doch hält auch Garve an einer Begrenzung des legitimen Wirkungsradius der Mode fest: Von der Mode nicht betroffen seien all jene Bereiche, »die gar keiner Schönheit empfänglich sind, und bey welchen der Nutzen oder die Wahrheit ganz allein ohne Rücksicht auf den Geschmack gebiethet. Sie wird gleichfalls ausgeschlossen seyn, von Dingen, die eine innere, absolute und in ihrer Natur gegründete Schönheit besitzen.« (419) Moden sieht Garve sich dort entfalten, wo der Wunsch zu gefallen vorherrsche und wo es Vergesellschaftung gebe. Im Anschluß daran gilt: je ausdifferenzierter eine Gesellschaft, um so vielfältiger ihre Moden. Dabei profiliert Garve die semiotische Dimension des Begriffs: »Moden geben aber nicht bloss den Sachen ihre Form, mit welchen wir angethan oder umgeben sind, sondern sie regulieren auch gewisse unsrer Handlungen.« (420) So würden sie in gesellschaftliche Verträge wie eine Art Sprache intervenieren, deren allgemein verständliche Zeichen leichter veränderbar seien als die abstrakteren sprachlichen Zeichen, die sich ob ihrer willkürlichen Setzungen nur sehr langsam änderten.

Das eminent kommunikative Element der Mode begründet Garve anthropologisch mit der »geselligen Natur« (386) des Menschen. Dabei liegt die Betonung auf dem kommunikativen Ideal einer auf Reziprozität basierenden Einstellung. In der Mode wie in der Konversation setzt diese die Kompetenz zum schnellen Themenwechsel voraus und befähigt dazu, sich mühelos auf Neues, Unerwartetes und Unbekanntes umzustellen. Für die Mode wie für die Konversation gilt so gleichermaßen: Die Unbequemlichkeit des Ungewohnten ist anmutiger und geselliger als die Langeweile des Immergleichen.[27] Eine weitere Affinität von Mode und Konversation als alltägliche Kulturpraktik ergibt sich bei Garve implizit daraus, daß er beide dem französischen Kulturmodell zuordnet und als eine Domäne verhandelt, in der das weibliche Geschlecht den Ton angibt. Für die Mode und die Konversation sei esprit unverzichtbar, das heißt die »fröhliche und veränderliche Phantasie«, die Gabe der Schlagfertigkeit, die »Combinationen eines leichten Witzes« (402). Bedienen die Mode und

---

24 Vgl. MARIE-CHRISTINE NATTA, ›Mode‹, in: A. Montandon (Hg.), Dictionnaire raisonné de la politesse et du savoir-vivre. Du moyen âge à nos jours (Paris 1995), 607–635.

25 BRAUDEL (s. Anm. 23), 282.

26 Vgl. CHRISTIAN GARVE, Über die Moden (1792), in: Garve, Popularphilosophische Schriften über literarische, ästhetische und gesellschaftliche Gegenstände, hg. v. K. Wölfel, Bd. 1 (Stuttgart 1974), 381–558.

27 Vgl. ebd., 392; BRUNHILDE WEHINGER, Conversation um 1800. Salonkultur und literarische Autorschaft bei Germaine de Staël (Berlin 2002), 179–216.

die Konversation nicht ein ähnliches Begehren? Suggerieren sie nicht auf vergleichbar lustbetonte Weise – im Rückgriff auf ein probates kulturelles Gestaltungsprinzip – die reizvolle Selbstinszenierung im Spannungsfeld von Imitation und Differenz?

2. Moralistik

Als Gegenstand der klassischen Moralistik ist die Mode noch nicht dem Bereich der Ästhetik zugeordnet. Der Moralistik des 17. Jh. diente sie als Konzept zur pointierten Beschreibung, letztlich jedoch negativen Beurteilung des als beschleunigt wahrgenommenen historischen Wandels moralischer und sogar religiöser Einstellungen. Im Laufe des 17. Jh. avancierte die Mode zum Inbegriff der Affizierung sämtlicher Lebensbereiche durch die Permanenz des Wechsels. Aus moralistischer Sicht macht die Mode den unbeherrschbaren und raschen Geschmackswandel wahrnehmbar; dies beunruhigt und wird zum Gegenstand der Reflexion.

Jenseits der Verbindung von Mode und Kommerz, deren materielle Voraussetzung im Wohlstand und im Kleiderwechsel ohne Not liegt, bezeichnet der Begriff der Mode seit dem 17. Jh. auch die wechselnden Formen, Stile, Themen des gesellschaftlichen Umgangs. Alles, was jenseits der materiellen Notwendigkeit liegt und auf das Verhältnis von Sprache und Dingen, auf die kommunikative Dimension der materiellen Güter verweist, partizipiert an der Dynamik der Mode. »Tout se règle par la mode«[28], heißt es bei La Bruyère, der die Wirksamkeit der Mode ins Zentrum seiner moralistischen Reflexion rückt. Damit sucht er die Erfahrung der Unbeständigkeit und die »zunehmende Zeitabhängigkeit der Geltung selbst jener moralischen und philosophischen Normen, denen man traditionell den höchsten Grad an theoretischer Dignität und folglich Transzendenz zuzuschreiben pflegte«[29], zu erfassen und insbesondere davor zu warnen.

In Zedlers Artikel zur Mode wird diese zum Paradigma für eine soziale Einstellung stilisiert, die sich den Erfordernissen der Tugend und Vernunft entzieht. So heißt es schließlich: »Die *Moden*-Sucht richtet viel und mancherley Unheil an. Ein grosser Theil der Menschen wird durch dieses Laster in die äusserste Armuth gestürtzet«[30]. Die Mode störe den »vernünfftigen Lebenswandel« und aktiviere die »unruhige Begierde« der »Geringern« (707), die Mode – und zugleich den Luxus – der höheren Stände nachzuahmen. Neben den geringeren Ständen im allgemeinen sollten fortan die Frauen im besonderen als modeanfällig gelten. Laut Zedler ist die Mode eine Sucht, eine nur schwer einzudämmende soziale Ansteckungsgefahr, die durch die »Liebe zur Veränderung«, die Freude an der »Neugierigkeit«, die »unmäßige Begierde zur Abwechselung« (704) verbreitet wird und letztlich als unkontrollierbar gilt.

Im deutschsprachigen Raum zielte die Kritik des Alamodewesens im 17. Jh. auf die Mode als sichtbarsten Effekt feudaler Willkür und moralischer Defizite. Sie verurteilte die Mode – im diskursiven Kontext der abwertenden Stilisierung der Franzosen – als die große Verführerin zu Putzsucht, Eitelkeit und ruinöser Verschwendung. Im *Deutschen Wörterbuch* von Jacob und Wilhelm Grimm zitiert der Artikel ›Mode‹ ausgiebig Spottverse gegen das Alamodewesen. Besonders hervorgehoben wird dabei, daß bereits in der ersten Hälfte des 17. Jh. Flugblätter mit Abbildungen gegen »stutzerhafte auswüchse der kleidung bei soldatischen abenteurern« polemisierten, »welche die zu dieser zeit tonangebende französische tracht in deutschen landen pflegen, und dieselbe und ihren wandel mit der französischen phrase *à la mode* [...] bezeichnen«[31]. Bemerkenswert ist hier der Verweis auf das soziale Milieu, welches für das moralisch zweideutige Alamodewesen steht: eine Unruhe stiftende männliche Minorität, die Käuflichkeit, Wankelmütigkeit und Verführung verkörpert. Diese mit Mode assoziierten Sinndimensionen sollten dann in der bürgerlichen Gesellschaft die

---

28 JEAN DE LA BRUYÈRE, Les caractères ou Les mœurs de ce siècle (1688), in: La Bruyère, Œuvres complètes, hg. v. J. Benda (Paris 1951), 397.
29 ULRICH SCHULZ-BUSCHHAUS, La Bruyère und die Historizität der Moral – Bemerkungen zu ›De la Mode‹ 16, in: Romantistische Zeitschr. f. Literaturgeschichte 13 (1989), H. 1/2, 180.
30 ZEDLER (s. Anm. 8), 703.
31 GRIMM (s. Anm. 6), 2435.

weibliche ›Halbwelt‹ charakterisieren. Im Ancien régime waren es junge Männer, die angesichts ihrer modischen Extravaganzen als ›Stutzer‹, ›Modegecken‹, ›petits-maîtres‹ bezeichnet und ob ihres demonstrativ modischen Auftretens in der Öffentlichkeit als Provokation wahrgenommen wurden. Der von ihnen propagierte Lebensstil mißachtet symbolische Grenzen und hatte in der Ständegesellschaft etwas Subversives an sich. In den nicht ohne Leidenschaft geführten Debatten um die jugendlichen Modetypen kristallisierten sich Generationenkonflikte und soziale Abgrenzungsvorgänge, denen mit dem Vorwurf der Eitelkeit, der Maßlosigkeit, der Libertinage in Erziehungstraktaten oder Komödien beizukommen versucht wurde.[32]

Rousseau verhandelt die Mode exemplarisch als artifizielle Inszenierung des körperlichen Erscheinungsbildes der Gesellschaft des Ancien régime. Bei ihm wird die Mode zum Indiz für die Affektiertheit und Dekadenz der urbanen Zivilisation. Gegen diese setzt er eine Konzeptualisierung der Natur, die zugleich die Kodierung der weiblichen Natur impliziert. Die Mode figuriert bei Rousseau als negativ konnotierter Zivilisationseffekt und als paradigmatisches Oberflächenphänomen, dessen Ort der Schnittpunkt von Hof und Stadt im Zeichen von Konkurrenz, Imitation und Differenz ist. Hier fungiert die Mode als eine Form der Maskerade, die durch Täuschung identitätsgefährdend wirkt und als ein untrügliches Zeichen für mangelnde Authentizität und moralische Subversivität steht. So verhält sich bei Rousseau die Mode zur Natur des Menschen wie die Lüge zur Wahrheit.[33]

Bei La Bruyère oder Baltasar Gracián ist von einer geschlechtsspezifischen Dimension der Mode noch kaum die Rede; aus moralistischer Perspektive betreffen die Mode und ihre Gefährdungen beide Geschlechter. Die französische *Encyclopédie* ordnet die Mode zum Teil noch der unernsten Domäne des kapriziösen Wechselspiels der Alltäglichkeiten zu. Dies ist der Bereich der ›kleinen‹ Moral mit den Schwankungen der menschlichen Schwächen; hier offenbaren sich die Unbeständigkeit und Leichtsinnigkeit der Menschen. Das zeigt sich auch im Vergnügen an wechselnder Verkleidung: »On devroit seulement admirer l'inconstance de la légereté des hommes qui attachent successivement les agrémens & la bienséance à des choses tout opposées, qui emploient pour le comique & pour la mascarade«[34]. Diese Art der Konzeptualisierung der Mode als eine Form der Kostümierung oder Maskerade rückt zugleich Aspekte in den Blick, die sich der Vernunft nicht restlos subsumieren lassen und Elemente des Karnevals im Sinne Bachtins aufweisen: Wie der Karneval inszenierte die Mode »самую смену, самый процесс сменяемости, а не то, что именно сменяется« (den Wechsel als solchen, den Prozeß der Ablösbarkeit selbst, und nicht das, was abgelöst wird). Der Karneval verabsolutiere nichts, betont Bachtin, er verkünde »веселую относительность« (die fröhliche Relativität)[35] alles Bestehenden. Karnevaleske Kostümierung erlaubt das zeitlich limitierte Spiel mit den sozialen Rollen, »связана с радостью смен и перевоплощений, с веселой относительностью, с веселым же отрицанием тождества и однозначности, с отрицанием тупого совпадения с самим собой« (verknüpft mit der Freude an Wechsel und Umgestaltung, auch mit heiterer Verneinung von Konformität, Eindeutigkeit und der stumpfsinnigen Identität mit sich selbst)[36]. Die karnevaleske Dimension der Mode steht für Übergänge, Veränderung, Verstöße gegen symbolische Grenzen und verspottet die Forderungen nach einem vernünftigen und regulierbaren Kleiderwechsel.

---

32 Vgl. ANETTE HÖFER, Petits-maîtres, Muscadins, Incroyables, Merveilleuses, in: R. Reichardt/H.-J. Lüsebrink (Hg.), Handbuch politisch-sozialer Grundbegriffe in Frankreich 1680–1820, H. 16–18 (München 1996), 207–234.

33 Vgl. JEAN-JACQUES ROUSSEAU, Julie ou La Nouvelle Héloise (1761), in: ROUSSEAU, Bd. 2 (1964), 265–278; ROUSSEAU, Émile ou De l'éducation (1762), in: ROUSSEAU, Bd. 4 (1969), 515.

34 LOUIS DE JAUCOURT, ›Mode‹ in: DIDEROT (ENCYCLOPÉDIE), Bd. 10 (1765), 598.

35 MICHAIL M. BACHTIN, Problemy poėtiki Dostoevskogo (1923; Moskau 1963), 167; dt.: Probleme der Poetik Dostoevskijs, übers. v. A. Schramm (München 1971), 140.

36 BACHTIN, Tvorčestvo Fransua Rable i narodnaja kul'tura srednevekov'ja i Renessansa (1965; Moskau 1990), 48; dt.: Rabelais und seine Welt. Volkskultur als Gegenkultur, hg. v. R. Lachmann, übers. v. G. Leupold (Frankfurt a. M. 1987), 90.

3. Geschmack

Nach La Bruyère führt uns die Mode die Hinfälligkeit, Schwäche und Narrheit der menschlichen Natur vor Augen; sie sei um so bedenklicher, als sie nicht nur Geschmack, Lebensart, Gesundheit, sondern sogar das Gewissen korrumpiere: »Une chose folle et qui découvre bien notre petitesse, c'est l'assujettissement aux modes quand on l'étend à ce qui concerne le goût, le vivre, la santé et la conscience.«[37] Doch letztlich müsse selbst der Philosoph erkennen, daß es kaum närrischer sei, sich der Mode zu unterwerfen, als sie zu meiden: »Un philosophe se laisse habiller par son tailleur; il y a autant de faiblesse à fuir la mode qu'à l'affecter.« (394) Im Wörterbuch der Académie française heißt es 1718 lapidar: »Les fous inventent les modes et les sages les suivent.«[38] Noch Kant kommt in den anthropologischen Schriften darauf zurück: »*In der Mode* sein ist eine Sache des Geschmacks; der *außer der Mode* einem vorigen Gebrauch anhängt, heißt *altväterisch*; der gar keinen Wert darin setzt, außer der Mode zu sein, ist ein *Sonderling*. Besser ist es aber doch immer, ein Narr in der Mode als ein Narr außer der Mode zu sein«[39]. Die Konjunktion von Mode und Geschmack wirft bei Kant die Frage nach dem ›Modegeschmack‹ auf, den er negiert, da die Mode, die sich durch Neuigkeit beliebt mache und deren Formen »auch öfters ins Abenteuerliche und zum Teil Häßliche ausarten« (572), »mit dem wahren, idealen Geschmack« schlecht zu vereinbaren sei, ja die Mode könne »äußerst geschmackwidrig« sein. Der Modegeschmack des Pöbels sei »stumpf« (573), er appelliere an die Sinnlichkeit und nicht, wie der ›gute‹ Geschmack bzw. der ›Kunstgeschmack‹ an die Beurteilungsfähigkeit. Als eine Sache des – implizit schlechten – Geschmacks, die wie die Eitelkeit oder die Torheit aus philosophischer Sicht für die »Anpassung an rasch und vernunftlos wechselnde Mehrheiten«[40] steht und mithin in die niederen Bereiche des sich Verändernden und der Vielen gehört, ist die Mode für philosophische Fragestellungen eine quantité négligeable. Sie scheint zu irritieren, vom ›Wesentlichen‹ abzulenken, zumal sie allzu sichtbar mit dem Zufälligen, dem Hinfälligen der menschlichen Existenz, mit Körperlichkeit und Begehren verknüpft ist.[41]

Im Horizont der höfischen Welt des Artifiziellen und Zeremoniellen hatte Baltasar Gracián die ›Weltklugheit‹ als eine Kunst, als ›arte de prudencia‹ entworfen. Diese sollte disponibel sein für die – wenn auch nicht unbegrenzte – Akzeptanz der Mode, die der »varón sabio«[42], der kluge Mann, als eine historische Gegebenheit im Interesse eines souverän beherrschten gesellschaftlichen Umgangs nicht verachten sollte. Im Aphorismus 120 seines *Oráculo manual y arte de prudencia* (1647) heißt es: »Hasta el saber ha de ser al uso [...]. Múdanse a tiempo el discurrir y el gustar: no se ha de discurrir a lo viejo, y se ha de gustar a lo moderno.« (Sogar das Wissen muß nach der Mode seyn [...]. Denkungsart und Geschmack ändern sich nach den Zeiten. Man denke nicht altmodisch, und habe einen modernen Geschmack.[43] [Im spanischen Original steht für Mode noch ›uso‹; wenig später wird im Spanischen und auch Italienischen ›uso‹ durch ›moda‹ abgelöst.]) Bei Gracián zeichnet sich im ›modernen‹, im zeitgemäßen, aktuellen, veränderlichen Geschmack, der wie die Mode dem unablässigen Wechsel unterworfen ist, bereits eine positive Konnotation ab. Die französische *Encyclopédie* setzt dann den modernen Geschmack als qualitativen Gegensatz zum schlechten Geschmack.[44] Daß modern dort nun die Bedeutung von gut erhält,

---

37 LA BRUYÈRE (s. Anm. 28), 387.
38 ›Mode‹, in: Nouveau Dictionnaire de l'Académie Françoise, Bd. 2 (1718; Genf 1994), 81.
39 IMMANUEL KANT, [Anthropologische Bemerkungen über den Geschmack] (1798), in: KANT (WA), Bd. 12 (1977), 572.
40 HAUKE BRUNKHORST, So etwas angenehm frisch Geköpftes. Mode und Soziologie, in: Bovenschen (s. Anm. 2), 405.
41 Vgl. KAREN HANSON, Fashion and Philosophy, in: M. Kelly (Hg.), Encyclopedia of Aesthetics, Bd. 2 (New York/Oxford 1998), 157–161.
42 BALTASAR GRACIÁN, Oráculo manual y arte de prudencia (1647), in: Gracián, Obras completas, hg. v. M. Batllori/C. Peralta, Bd. 1 (Madrid 1969), 425; dt.: Balthazar Gracian's Hand-Orakel und Kunst der Weltklugheit, übers. v. A. Schopenhauer, in: Schopenhauer, Der handschriftliche Nachlass, Bd. 4/2, hg. v. A. Hübscher (Frankfurt a.M. 1975), 233.
43 GRACIÁN (s. Anm. 42), 400; dt.: 183 f.
44 Vgl. ›Moderne‹, in: DIDEROT (s. Anm. 34), 601; HANS ULRICH GUMBRECHT, Modern, Modernität, Moderne, in: KOSELLECK, Bd. 4 (1978), 102.

gehört zu den Errungenschaften der ›Querelle des Anciens et des Modernes‹[45], in der sich mit Beginn der Aufklärung ein neues Gegenwartsbewußtsein artikulierte, welches die Epoche der eigenen Zeit selbstbewußt in ihrer Eigengesetzlichkeit und Eigenwertigkeit erkannte.[46] Sobald im 18. Jh. die Mode die Diskussion um den Begriff des Geschmacks forciert, kommt der Verweis auf die gemeinsame französische Herkunft beider Begriffe ins Spiel. So resümiert August Wilhelm Schlegel: »Das Wort Geschmack ist erst unter den Neueren aufgekommen, und die Franzosen haben sich desselben ganz besonders bemächtigt und es allenthalben angebracht.«[47] Der Begriff Geschmack sei sehr eng mit dem der Mode verknüpft, und geschmackvoll heiße oft nichts weiter als ›modig‹. So frivol der Begriff der Mode auf den ersten Blick auch erscheinen mag, stelle die Mode doch ein bemerkenswertes »Dokument gegen den künstlerischen Skeptizismus« dar und weise auf Gesetze des Schönen hin, die »in der Natur aller Menschen liegen«: Die Mode, die Anspruch auf Schönheit erhebe, mache das Urteil über das Schöne von Zeitbedingungen abhängig, und gerade die Veränderlichkeit der Mode weise »auf diesen großen Gedanken hin, daß der menschliche Geist nie stille stehen darf«. Darin erblickt A. W. Schlegel die Möglichkeit eines unendlichen Fortschritts, der sich in der Mode selbst jedoch nur auf trügerische Weise manifestiere, da sie sich »in einem ewigen Kreise« (205) drehe. Der wahre Fortschritt des Schönen findet aus seiner Perspektive vielmehr in der Geschichte der Kunst statt, die uns die Vervollkommnungsmöglichkeiten des phänomenalen Schönen vor Augen führe.

4. Ökonomie

Mode und Handel verfolgten schon immer gemeinsame Interessen: beide setzen auf Beweglichkeit, Veränderung, Neuheit. Der Kommerz bleibt im Zusammenspiel mit der Mode in Bewegung – und umgekehrt; beide demonstrieren im Rhythmus der Jahreszeiten und in Form von Messen (einst Jahrmärkten) den perpetuellen Neuanfang und den geographische, politische, soziale oder symbolische Grenzen überschreitenden Austausch. Dergestalt spielen sie erfolgversprechend das Prestige des Neuen gegen das Alte, das Prestige des Unbekannten gegen das Herkömmliche, die Veränderung gegen die Stagnation aus. Ihrer Kundschaft bieten sie – über die materiellen Güter hinaus – die mit Prestige assoziierten Möglichkeiten der Neuheit, Flexibilität, des sozialen Aufstiegs.

»Die Mode ist des Capitalismus liebstes Kind: Sie ist aus seinem innersten Wesen heraus entsprungen und bringt seine Eigenart zum Ausdruck wie wenig andere Phänomene des sozialen Lebens unserer Zeit«[48], befand Werner Sombart, der um 1900 den kommerziellen Ursprung der Mode eruiert und die ökonomischen Aspekte des Begriffs profiliert hat.

Als Bestandteil eines ökonomisch ertragreichen, im Interesse der materiellen Kultur erstrebenswerten Luxus wird die Mode im 18. Jh. auf merkantilistischer Seite gegen mode- und luxusfeindliche Stimmen der Kritik verteidigt. Seit zweitausend Jahren habe man den Luxus verurteilt, doch geliebt habe man ihn immer, intoniert Voltaire seine Apologie des Luxus. Diese steht in der Tradition der *Fable of the Bees* (1714) von Mandeville und verhandelt die moralische Ambivalenz, welche die Debatte um den Luxus und die Mode im 18. Jh. kennzeichnet, in einem mondänen, der Gesellschaft zugewandten, geistreich heiteren und zugleich pointiert ironischen Diskurs.[49] Auch die *Encyclopédie* macht die ökonomische Wichtigkeit der Kleidermode stark: Mode und Luxus gehören zusammen. In Deutschland wird mit Luxus die aus Frankreich kommende Mode assoziiert; schon

---

45 Vgl. HANS ROBERT JAUSS, Ästhetische Normen und geschichtliche Reflexion in der Querelle des Anciens et des Modernes, in: Ch. Perrault, Parallèle des Anciens et des Modernes en ce qui regarde les arts et les sciences, hg. v. H. R. Jauß (München 1964), 8–65.
46 Vgl. GUMBRECHT (s. Anm. 44), 100 ff.
47 AUGUST WILHELM SCHLEGEL, Vorlesungen über Ästhetik I (1798–1803), in: Schlegel, Kritische Ausgabe der Vorlesungen, hg. v. E. Behler, Bd. 1 (Paderborn u. a. 1989), 204 f.
48 WERNER SOMBART, Wirtschaft und Mode. Ein Beitrag zur Theorie der modernen Bedarfsgestaltung (Wiesbaden 1902), 23.
49 Vgl. VOLTAIRE, ›Luxe‹, in: Dictionnaire philosophique (1764), in: Œuvres complètes de Voltaire, hg. v. T. Bestermann u. a., Bd. 36 (Oxford 1994), 324–329; VOLTAIRE, Le mondain (1736), in: VOLTAIRE, Bd. 10 (1877), 83–88.

Leibniz hatte in seiner *Ermahnung an die Deutschen* (um 1682/1683) Luxus mit französischer Mode gleichgesetzt und diejenigen, die der Mode folgen, als bloße, auf Französisches fixierte Nachahmer mit schlechtem Geschmack kritisiert.[50] Gegen Ende des 18. Jahrhunderts signalisiert dann die Umbenennung der Modezeitschrift *Journal der Moden* (1786) in *Journal des Luxus und der Moden* (1787) gewissermaßen eine programmatische Synonymie von Luxus und Mode.

Aus der Sicht der französischen Enzyklopädie ist es die Übereinstimmung von Luxus und Mode, die den grenzüberschreitenden Handel belebt, den Wohlstand vermehrt. Doch ändert dies nichts an der Brisanz der moralischen Zweideutigkeit der Mode, sie gilt weiterhin als frivol. Auf der einen Seite steht so die moralisch verwerfliche Dimension der Mode, die sich in ihrer Unvernunft zwischen den erstrebenswerten Wohlstand und die als stabil, überzeitlich und unabänderlich gedachte Tugend schiebt. Angesichts ihrer Unberechenbarkeit macht sie unablässig Brüche, Dissonanzen, Instabilität sichtbar. Andererseits unternahmen die seit der zweiten Hälfte des 18. Jh. europaweit publizierten Modejournale die pädagogische Vermittlung der ökonomisch als sinnvoll erachteten Dimension der Mode. Die Modekupfer visualisierten »die Schwingungen der Zeit«[51] und fixierten die flüchtigen Bedeutungen der sich unaufhörlich ändernden Mode. Roland Barthes hat gezeigt, wie der Modejournalismus in einem wortreichen Ideologisierungsverfahren die modische Neuheit an die Gesetzmäßigkeiten des Marktes koppelt. Die Funktion der jeweils neuen Sprache der Mode besteht unter anderem darin, mit der neuen Sprache die Mode von gestern vergessen zu machen: »ce n'est pas l'objet, c'est le nom qui fait désirer, ce n'est pas le rêve, c'est le sens qui fait vendre.«[52]

In popularphilosophischen Texten des 18. Jh. wird die Mode in einem Zusammenhang thematisch, der die Ängste gegenüber ökonomischen und epistemologischen Unsicherheiten artikulierbar macht.[53] In diesem Diskurskontext erhält die Mode zuweilen die Konturen eines unberechenbaren Spielers im Glücksspiel um den persönlichen Wohlstand, vor dem sich der tugendhafte Kaufmann ebenso in acht nehmen sollte wie vor Krediten, die ähnlich wie die Mode als ökonomisch notwendig, moralisch jedoch als zweifelhaft gelten.

5. Gender

Mit der Korrelierung von Mode, Weiblichkeit und Natur beziehungsweise ›weiblicher Natur‹ behauptet sich um 1800 ein Mode-Diskurs, der die Mode als Chiffre für Weiblichkeit setzt und dabei Männlichkeit aus dem Bereich des Modischen ausblendet — mit der signifikanten Ausnahme der Figur des Dandys. Die Mode wurde damit für fast zwei Jahrhunderte zu einer Angelegenheit des weiblichen Geschlechts. Im Horizont der Wechselbeziehung von Mode und Weiblichkeit übernimmt das modische Zeichenrepertoire die vestimentäre Inszenierung der Geschlechterdifferenz. Mit der Kleidermode etabliert sich in der Öffentlichkeit eine sichtbare Bestimmung dessen, was als männlich oder als weiblich zu gelten hat. Daß es sich bei dieser Geschlechterordnung indes um ein kulturelles Konstrukt handelt, dessen Grenzziehungen wandelbar und instabil sind, wird in der literarischen Modellierung der Kleidermode besonders anschaulich.[54]

Im Laufe des 19. Jh. partizipiert die Reflexion über die Kleidermode zunehmend an den Weiblichkeitsdiskursen, die das Nachdenken über die Frau untrennbar mit Erotik und Sexualität verknüpfen: Da die Kleidung den Körper berührt, den Körper erst kulturell wahrnehmbar macht und ihm Bedeutung verleiht, wird sie als dessen Substi-

---

50 Vgl. GOTTFRIED WILHELM LEIBNIZ, Ermahnung an die Deutschen, ihren Verstand und ihre Sprache besser zu üben, samt beigefügtem Vorschlag einer deutschgesinnten Gesellschaft (um 1682/1683), in: Leibniz, Deutsche Schriften, Bd. 1 (Leipzig 1916), 21 f.
51 CAROLINE DE LA MOTTE FOUQUÉ, Geschichte der Moden, vom Jahre 1785 bis 1829. Als Beytrag zur Geschichte der Zeit (1829–1830), hg. v. D. Böck (Berlin 1987), 34.
52 BARTHES (s. Anm. 5), 10.
53 Vgl. MARY POOVEY, Aesthetics and Political Economy in the Eighteenth Century. The Place of Gender in the Social Constitution of Knowledge, in: G. Levine (Hg.), Aesthetics and Ideology (New Brunswick/New Jersey 1994), 93.
54 Vgl. GERTRUD LEHNERT, Maskeraden und Metamorphosen. Als Männer verkleidete Frauen in der Literatur (Würzburg 1994).

tut oder Maske zu einem Objekt intensiver Besetzung. Gleichzeitig beliefert die Kleidermode das Bildrepertoire des Weiblichen, lanciert Weiblichkeitsideale, weibliche Rollenentwürfe und immer »neue, ästhetisch reizvolle Körperbilder«[55]. Diese stellen jede Form des natürlichen Körpers in Frage und inszenieren bis weit ins 20. Jh. hinein die auf einer hierarchischen Asymmetrie basierende kulturelle Differenz der Geschlechter im öffentlichen Raum. Die Mode sei die Domäne, wo sich die Imagination der Frauen erprobe und das weibliche Geschlecht triumphiere, heißt es 1837 im Artikel zur Mode im *Dictionnaire de la conversation et de la lecture*, der das Verhältnis der Geschlechter mit Kampf assoziiert und die Mode als Waffe der Frau präsentiert – unberechenbar, verführerisch, machtvoll wie sie selbst.[56]

Es waren die sozialen Bewegungen, Jugendrevolten, Frauenbewegungen, die sexuellen Befreiungs-, antibürgerlichen oder antikolonialen Protestbewegungen, die in der zweiten Hälfte des 20. Jh. die Kleiderordnung der Geschlechter ins Wanken brachten und sich der vestimentären Zweigestaltigkeit verweigerten. Im Modell der Unisex-Mode, die weltweit permanente Jugendlichkeit konnotiert, wurde eine europäische Modetradition ad absurdum geführt, die in der Haute Couture des 19. Jh. ihre Institutionalisierung erfahren hatte. Die Wechselhaftigkeit der Mode forciert permanent die Entwöhnung von altbekannten Wahrnehmungsweisen. Die Substitution der traditionellen Opposition von Weiblichem und Männlichem in der Mode durch Jugendlichkeit bringt mit Nachdruck die Zeit ins Spiel. Nach Roland Barthes verleiht gerade ihre Vergänglichkeit (fragilité) der Jugendlichkeit weltweit Prestige und stattet sie mit jenem verführerischen Zauber aus, der sie zu einem universellen Merkmal des Modischen werden läßt.[57] Gleichzeitig privilegiert die derzeitige Mode den spielerischen Umgang mit Gender-Konventionen, Geschlechterrollen, erotischer Attraktion und wird zum Medium eines Oszillierens zwischen Subkultur und Alltagskultur.[58]

Die hochgradig geschlechtsspezifische Mode der bürgerlichen Gesellschaft des 19. Jh. – das heißt die modisch besetzten Zeichen der Kleidung, die auf die kulturell kodierte Differenz der Geschlechter verweisen – erhob noch den Anspruch, der Frau in Form modischer Gestaltungsprinzipien die Konstitution ihres unverwechselbar weiblichen Selbst zu ermöglichen. Doch die Modegeschichte des 19. Jh. vermittelt eher den Eindruck, daß es sich dabei um die Inszenierung eines begehrenswerten Objektes handelte. In der engen Verknüpfung von Mode und Erotik verliert die Markierung der Standeszugehörigkeit ihre Bedeutung, während die Kategorie des Geschlechts als Unterscheidungsmerkmal ins Zentrum der Modetheorien rückt. So steht für Friedrich Theodor Vischer die weibliche Mode im Aktionsradius des demimonde – dem Inbegriff moralischer Korruption, der die Ambivalenz des Modebegriffs erneut bekräftigen sollte. Für Vischer stellt die Mode »eine Frucht der scharfen Zuspitzung der Reflexion, zu welcher die Gedankenströmungen des achtzehnten Jahrhunderts das Bewußtsein gewetzt und geschliffen haben«[59], dar. Sie offenbare so den unauflöslichen Gegensatz von Natur und Kultur, Aufklärung und Mythos, Fortschritt und Dogmatismus und repräsentiere »den scharf geweckten Geist der modernen Bildung, freilich mit allen seinen Unarten« (398), gegen die Vischer seine moralischen Einwände formulieren.

Thorstein Veblen hingegen profiliert die gesellschaftlich konditionierte Disposition der bürgerlichen Frau zu Müßiggang und Luxus, zu ›conspicuous consumption‹, dessen sinnfälligstes Paradigma die Mode darstelle.[60] Veblen indiziert in der bürgerlichen Gesellschaft die Verschiebung der zuvor

---

55 LEHNERT, Mode, Weiblichkeit und Modernität, in: Lehnert (Hg.), Mode, Weiblichkeit und Modernität (Dortmund 1998), 9.
56 Vgl. SAINT-PROSPER, ›Mode‹, in: J. Janin (Hg.), Dictionnaire de la conversation et de la lecture, Bd. 38 (Paris 1837), 246.
57 Vgl. BARTHES (s. Anm. 5), 261.
58 Vgl. VALERIE STEELE, Fetish. Fashion, Sex and Power (New York/Oxford 1996).
59 FRIEDRICH THEODOR VISCHER, Mode und Zynismus. Beiträge zur Kenntnis unserer Kulturformen und Sittenbegriffe. Wieder einmal über die Mode (entst. 1861), in: Vischer, Kritische Gänge, hg. v. R. Vischer, Bd. 5 (1862; München 1922), 397.
60 Vgl. THORSTEIN VEBLEN, Theory of the Leisure Class. An Economic Study of Institutions (1899), in: The Collected Works of Thorstein Veblen, Bd. 1 (London 1994), 167–187.

aristokratischen Repräsentationspflichten auf das weibliche Geschlecht, dem damit eine Art von Stellvertretung zukam. So repräsentierte – wie Silvia Bovenschen formuliert – »das ökonomisch weitgehend machtlose Geschlecht die ökonomische Macht […], von der es gerade infolge dieser Geschlechtszugehörigkeit eigentlich ausgeschlossen war«[61]. Für René König stellt der Konsum, wie er sich in den Massengesellschaften des 20. Jh. durchgesetzt hat, die fundamentale gesellschaftliche Dimension des Modebegriffs dar: »So hat sich die Mode in ihrer Entwicklung durch die Geschichte der Menschheit immer mehr Erscheinungen der Kultur dienstbar gemacht, bis sie als eines der wesentlichsten Gestaltungsprinzipien der modernen Massengesellschaften erscheint. Hier findet sich auch die Ambivalenz der Einstellung wieder in der positiven oder negativen Bewertung des ›Konsums‹, der gewissermaßen den weitesten Hintergrund modischer Variationsfähigkeit darstellt.«[62]

Die Korrelation von Mode, Weiblichkeit und Erotik verweist indes auf die konflikthaltige Dimension des weiblich kodierten Modebegriffs, der die Mode mit dem als moralisch anrüchig ausgegrenzten demi-monde verknüpft und dem weiblichen Modeverhalten etwas Provozierendes verleiht.[63] Sein Ort ist die moderne Großstadt, wo die absolute Jetzt-Zeit der Moderne in immer rascherem Rhythmus das Tempo des permanenten Wechsels vorgibt. Die demi-mondäne Kontamination macht die Mode im bürgerlichen Zeitalter zur Signatur weiblicher Instabilität; zugleich modelliert sie die Mode als ein ambigues Faszinosum urbaner Modernität.

IV. Mode in Konzeptionen von Moderne und Postmoderne

1. Periphere Selbststilisierung des modernen Subjekts

Georg Simmel reflektiert die Mode als ein Phänomen des modernen Großstadtlebens mit dem spezifisch ungeduldigen Tempo, das mit dem Wunsch nach raschem Wechsel zugleich »den eigentümlichen Reiz der Grenze, den Reiz gleichzeitigen Anfanges und Endes, den Reiz der Neuheit und gleichzeitig den der Vergänglichkeit«[64] signalisiert. Kaum eine andere Erscheinung des modernen Lebens vermittle ein so starkes Gegenwartsgefühl wie die Mode, deren Betonung der Gegenwart immer auch die Betonung des Wechsels sei. »Deshalb gehört zu den Gründen, aus denen die Mode heute so stark das Bewußtsein beherrscht, auch der, daß die großen, dauernden, unfraglichen Überzeugungen mehr und mehr an Kraft verlieren. Die flüchtigen und veränderlichen Elemente des Lebens gewinnen dadurch um so mehr Spielraum.« (197f.) Die gegenwartszentrierte Flüchtigkeit der modischen Erscheinung geht in Simmels Modetheorie einher mit ihrer Äußerlichkeit: Simmel begreift die Mode als eine Maske, die er jedoch »an der Peripherie der Persönlichkeit« lokalisiert und als eine rein äußerliche Formgebung positiv bewertet. Sie stelle eine Art »Schleier und Schutz für alles Innere und nun um so Befreitere« (207) dar, das sich dergestalt dem nivellierenden Zugriff der Normen der Allgemeinheit entziehe. In Simmels Modetheorie avanciert die Mode zu einer »Sozialform von bewundernswürdiger Zweckmäßigkeit«: Die Mode biete dem Menschen ein Schema, durch das er seine Bindung an das Allgemeine, seinen Gehorsam gegenüber den Normen zum Ausdruck bringen und zugleich »die Freiheit, die das Leben überhaupt gewährt« (209), auf das Wesentliche seiner Persönlichkeit konzentrieren könne.

Die Konzeptualisierung der Mode als Spielraum für periphere Formen der Selbststilisierung des modernen Subjekts zwischen Nachahmung und Differenzierung, Allgemeinheit und Individualität lokalisiert die Mode im Kontext der Modernität. Es sei die Mode, die den »Weg zur Begriffsbestimmung des Modernen«[65] bahne, befand bereits Karl Gutzkow, der das »Verwandlungsspiel« der Mode,

---

61 BOVENSCHEN, Kleidung, in: C. Wulf (Hg.), Vom Menschen. Handbuch Historische Anthropologie (Weinheim/Basel 1997), 238.
62 KÖNIG (s. Anm. 3), 33.
63 Vgl. VISCHER (s. Anm.59), 373; GEORG SIMMEL, Die Mode (1911), in: Simmel, Hauptprobleme der Philosophie. Philosophische Kultur, hg. v. O. Rammstedt, Bd. 14 (Frankfurt a. M. 1996), 205.
64 SIMMEL (s. Anm. 63), 197.
65 KARL GUTZKOW, Aus den ›Säkularbildern‹. Die Mode und das Moderne, in: Gutzkow, Werke, hg. v. R. Gensel, Bd. 4 (Berlin u. a., o. J. [1910]), 16.

ihren raschen Wechsel, ihre Attraktivität in Übereinstimmung mit »den massenhaften Bestrebungen« seiner Zeit sah: die Mode entspricht »vollkommen dem konstitutionellen Charakter unserer Zeit« (15), »bindet und löset, ist ebenso sehr Freiheit wie Gesetz« und ermöglicht dem einzelnen die Differenzierung wie die Positionierung im allgemeinen. Bei Gutzkow vermittelt die Mode eine Vorstellung von der Wechselhaftigkeit des Schönen, wobei die neueste Mode die jeweils schönste zu sein beansprucht.

Baudelaire reflektiert die Mode im Rahmen seiner modernen Ästhetik. In *Le peintre de la vie moderne* (1863) kreisen Baudelaires Überlegungen zur Modernität um den Zusammenhang von ›Le Beau, la Mode et le Bonheur‹.[66] Die ephemere Mode erhält dabei den eminenten Stellenwert der ›beauté particulière‹, die der Künstler der Moderne nicht verachten solle, denn sie stehe in einem komplementären Verhältnis zur ›beauté éternelle‹. In der Perspektive des Künstlers der Moderne kommt auch der Mode ein doppelter Reiz zu: Sie verkörpert das Poetische im Zufälligen und das Ewige im Vorübergehenden.[67] Im Modernitätskonzept Baudelaires ist nicht mehr das Altmodische, sondern das zeitlos, ewig Schöne der Gegenbegriff des Modischen. Die Doppelnatur des Schönen, die sich in der Mode manifestiert und als »promesse du bonheur«[68] aufleuchte, setzt Baudelaire begrifflich mit modernité gleich: »La modernité, c'est le transitoire, le fugitif, le contingent, la moitié de l'art, dont l'autre moitié est l'éternel et l'immuable.«[69]

Die Kleidermode, die stets mit dem menschlichen Körper in Erscheinung tritt, wird hier zu einem sinnlich erfahrbaren Medium der Modernität. Es ist der Mode inszenierte, kulturell sichtbar gemachte Körper der Frau, der bei Baudelaire zum Artefakt wird. Er bringt das Transitorische, Flüchtige, Zufällige für einen Augenblick zur Darstellung und betreibt zugunsten des Artifiziellen die subtile Deformation der Natur. Baudelaire positiviert das Artifizielle der Mode – etwa am Beispiel der modischen Schminke, mit deren Hilfe die Frau gerade nicht versuche, die Natur nachzuahmen, sondern sie zu überbieten.[70] Das Faszinosum der Mode liegt für Baudelaire nicht zuletzt darin, daß in ihr das Schöne als die Idee hervortritt, die sich der Mensch jeweils selbst vom Schönen mache und die es ihm erlaubt, dem ähnlich zu werden, was er sein möchte: »L'idée que l'hommme se fait du beau s'imprime dans tout son ajustement« (684). Mit der Integration der Mode in den Bereich der modernen Ästhetik suspendiert Baudelaire – so Adorno – »ästhetische Tabus« der ewigen Kunst wie »Innerlichkeit, Zeitlosigkeit, Tiefe«.[71] Mit ihnen verabschiedet er »die Fiktion des rein fürsichseienden Subjekts, die fatale Illusion einer nur sich selbst verpflichteten Aufrichtigkeit, die meist provinziellen Pharisäismus cachiert« (469). An die Stelle eines stabilen Subjekts tritt bei Baudelaire ein wandelbares, flüchtiges Ich, das fasziniert ist vom modischen Kleiderwechsel, vom unaufhörlichen vestimentären Verwandlungsspiel.

Im Kontext der modernen Ästhetik kommt der Mode schließlich eine poetische Dignität zu, die sowohl in der Lyrik als auch in den großen europäischen Gesellschaftsromanen der Moderne thematisch wird. Mallarmé, der seinem poetischen Werk die Mode als Spur seiner Zeit eingeschrieben hat, gab eine Modezeitschrift (*La dernière Mode*, 1874–1875) heraus. Unter Pseudonym verfaßte er phantasievolle Artikel über zeitgenössische Damenmode, welche die Poesie des flüchtigen Details und die Faszination der modischen Phantasie im Alltag evozieren. In der Mode entdeckt Mallarmé Sprachmaterial für seine Gedichte, die ein neues Terrain des Imaginären erschließen.[72] Die Verknüpfung von Mode, Literatur und Moderne wird in Prousts *A la recherche du temps perdu* (1913–1927)

---

66 Vgl. CHARLES BAUDELAIRE, Le peintre de la vie moderne (1863), in: BAUDELAIRE, Bd. 2 (1976), 683–724.
67 Vgl. HANS ROBERT JAUSS, Literarische Tradition und gegenwärtiges Bewußtsein der Modernität, in: Jauß, Literaturgeschichte als Provokation (Frankfurt a. M. 1970), 54–57.
68 STENDHAL, De L'amour XVII (1822), in: Œuvres complètes, hg. v. V. Del Litto u. E. Abravanel, Bd. 3 (Genf 1969), 74.
69 BAUDELAIRE (s. Anm. 66), 695.
70 Vgl. ebd., 717.
71 ADORNO (s. Anm. 14), 468.
72 Vgl. BRUNHILDE WEHINGER, Das Theater und das Museum der Mode im Paris des Second Empire, in: D. Kamper (Hg.), Macht und Ohnmacht der Phantasie (Darmstadt/Neuwied 1986), 137f.

zu einem omnipräsenten Thema, das nicht nur die Modefaszination der Moderne reflektiert, sondern in der Tradition Baudelaires die Rituale der Mode erzählt.

2. Ein postmodernes Paradigma

In der Diskussion um die Postmoderne erhält die Mode den Stellenwert eines geradezu hegemonialen Paradigmas. Die ästhetischen Ansprüche der Haute Couture und der Postmoderne erscheinen als austauschbar: Postmoderne Mode kann auf unerwartete Weise das Ungleichartige zu einer neuen Symbolik in »Komplexität und Widerspruch, Paradoxie und Vernunftwidrigkeit«[73] zusammenbringen. Sie kommt vor allem deshalb »zur Wirkung, wenn auch nicht zum Tragen«, indem sie Bedürfnisse und Wünsche wachruft oder verändert und dabei »die Zweckmäßigkeit oder Nützlichkeit durch die Fiktionalisierung der modischen Kleidungsstücke« (ebd.) ersetzt. Elizabeth Wilson lenkt den Blick auf die eklektischen Einstellungen postmoderner Alltagskultur, die unübersehbar auch in der polyzentrischen, hochgradig segmentierten Alltagsmode zum Ausdruck kommen: »If postmodernism articulates an experience of the world as fragmented, atomized beyond recognition, then the plurality of styles in present day fashion [...] reflects it.«[74] Mehr noch: »fashion, with its constant change and pursuit of glamour enacts symbolically the most hallucinatory aspects of our culture, the confusions between the real and the not-real, [...] and the nihilistic critical stance towards authority, empty rebellion almost without political contents« (63).

Als Kernbereich des Massenkonsums repräsentiert die Mode im Kontext der Postmoderne eine Kultur der Permissivität. Diese scheint die ideologische Leere mit kulturellen Dispositiven zu füllen und die Partizipation an einer als subversiv geltenden Avantgarde zu versprechen.»Während Gruppenbildungen einst Kleidungsstile hervorbrachten, schaffen Kleider heute Gruppen. Sie kommen den politischen Diskursen nicht nur zuvor, sondern beginnen sie zu ersetzen. Modemarken verwandeln sich in Ideologeme für Menschen, die sonst wenig gemeinsam haben. Das ist in einer Zeit nicht weiter erstaunlich, die der verbalen Kommunikation die visuelle vorzieht. Das expressive Selbstdesign ist zur Sinnbörse geworden. An ihr wird ein Überschuß erwirtschaftet, den die argumentative Sprache für viele nicht mehr hergibt.«[75]

Im Horizont der radikalen Beschleunigung der industriellen und medialen Verbreitung der Konsumgüter schreibt Jean Baudrillard: »La modernité change de sens. Elle perd peu à peu toute valeur substantielle, toute l'idéologie morale et philosophique de progrès qui la sous-tendait au départ, pour devenir une esthétique du changement pour le changement. [...] A la limite, elle rejoint ici purement et simplement la mode, qui est en même temps la fin de la modernité.«[76] Mode modelliert nicht nur das Verhältnis von Körper und Kleid, sondern interveniert auch in Wissenschaft und Politik. Wenn die Welt sich aufgelöst hat – das heißt die Signifikate verschwunden sind –, werden die Zeichen der Mode »libres de commuter, de permuter sans limites«[77].

Die Kontamination der Begriffe Mode, Moderne, Postmoderne – verdoppelt durch die mediale Omnipräsenz des Modischen mit seinem rasanten Wechselspiel – geht mit einer Überfrachtung des Modebegriffs einher. Gegen den aktuellen, von seinem Gegenstand eher affizierten, längst nicht mehr (moralisch) indignierten Modediskurs hat Silvia Bovenschen Einspruch formuliert: Es werde versucht, der Mode selbst jene subversiven Aufgaben zuzuschreiben, »die man vordem einmal der Kunst und der Politik abforderte«[78]. Es wäre in der Tat ebenso fragwürdig, die Mode zu überschätzen, wie sie als quantité négligeable zu ignorieren.

Brunhilde Wehinger

---

73 INGRID LOSCHEK, Auf der Suche nach neuen Symbolen. Entwurf einer postmodernen Modephilosophie, in: Süddeutsche Zeitung (17./18. 1. 1998), VII.
74 ELIZABETH WILSON, Adorned in Dreams. Fashion and Modernity (London 1985), 122.
75 INGEBORG HARMS, Wer für die Komm-wie-du-bist-Party gerüstet sein wollte, schrubbte den Boden in einem Modell von Dior, in: Frankfurter Allgemeine Zeitung (11. 4. 2000), 55.
76 JEAN BAUDRILLARD, ›Modernité‹, in: Encyclopaedia Universalis, Bd. 11 (1968), 140.
77 BAUDRILLARD, L'échange symbolique et la mort (Paris 1976), 131.
78 BOVENSCHEN (s. Anm. 61), 242.

I. Einleitung und Überblick

Literatur

BARTHES, ROLAND, Système de la mode (Paris 1967); BOEHN, MAX VON, Die Mode. Eine Kulturgeschichte vom Barock bis zum Jugendstil (München 1976); BOURDIEU, PIERRE, Mode & art 1960–1990 (Brüssel 1995); BOVENSCHEN, SILVIA (Hg.), Die Listen der Mode (Frankfurt a.M. 1986); BROCK, BAZON/RECK, HANS ULRICH (Hg.), Stilwandel als Kulturtechnik. Lebensform oder Systemstrategie in Werbung, Design, Architektur, Mode (Köln 1986); BULST, NEITHARD/JÜTTE, ROBERT (Hg.), Zwischen Sein und Schein. Kleidung und Identität in der ständischen Gesellschaft, in: Saeculum 44 (1993), H. 1 [Themenheft]; CRANE, DIANA, Fashion and its Social Agendas. Class, Gender, and Identity in Clothing (Chicago/London 2000); DAVIS, FRED, Fashion, Culture, and Identity (New York 1992); HOLLANDER, ANNE, Sex and Suits. The Evolution of Modern Dress (New York 1994); KAMPER, DIETMAR/WULF, CHRISTOPH (Hg.), Der Schein des Schönen (Göttingen 1989); KÖNIG, RENÉ, Menschheit auf dem Laufsteg. Die Mode im Zivilisationsprozess (1985), in: König, Schriften. Ausgabe letzter Hand, hg. v. H. v. Alemann u.a., Bd. 6 (Opladen 1999); KRAUSS, CHRISTEL, Mode als Mythos. ›Le vêtement écrit‹ in Prousts ›À la recherche du temps perdu‹, in: Romanistische Zeitschrift für Literaturgeschichte 3/4 (1996), 365–395; LEHNERT, GERTRUD, Der modische Körper als Raumskulptur, in: E. Fischer-Lichte (Hg.), Theatralität und die Krisen der Repräsentation (Stuttgart/Weimar 2001), 528–549; LIPOVETSKY, GILLES, L'empire de l'éphémère. La mode et son destin dans les sociétés modernes (Paris 1987); LOSCHEK, INGRID, Mode. Verführung und Notwendigkeit. Struktur und Strategie der Aussehensveränderung (München 1991); MEDICK, HANS, Eine Kultur des Ansehens. Kleidung und Kleiderfarben in Laichingen 1750–1820, in: Historische Anthropologie. Kultur, Gesellschaft, Alltag 2 (1994), 193–212; RICHARD, BIRGIT (Hg.), Die oberflächlichen Hüllen des Selbst. Mode als ästhetisch-medialer Komplex, in: Kunstforum international 141 (1998), 48–234; ROLLEY, KATRINA, Fashion, Femininity and the Fight for the Vote, in: Art History 13 (1990), H. 1, 47–71; SCHNIERER, THOMAS, Modewandel und Gesellschaft. Die Dynamik von ›in‹ und ›out‹ (Opladen 1995); STEELE, VALERIE, Fetish. Fashion, Sex and Power (New York 1996); VINKEN, BARBARA, Mode nach der Mode. Kleid und Geist am Ende des 20. Jahrhunderts (Frankfurt a.M. 1993); VOLKERT, DOMINIKA, Maske oder Natürlichkeit? Aporien eines allgemeinen Mode-Diskurses und ein konkretes Fallbeispiel um 1800, in: E. Bettinger/J. Funk (Hg.), Maskeraden. Geschlechterdifferenz in der literarischen Inszenierung (Berlin 1995), 171–193; WEHINGER, BRUNHILDE, Paris-Crinoline. Zur Faszination des Boulevardtheaters und der Mode im Kontext der Urbanität und der Modernität des Jahres 1857 (München 1988); WILSON, ELIZABETH, Adorned in Dreams (London 1985).

Moralisch – amoralisch

(griech. ἠθικός – ἀνόσιος, ἀσεβής; lat. moralis – inhonestus; engl. moral – amoral; frz. moral – amoral; ital. morale – amorale; span. moral – amoral; russ. моральное – аморальное)

I. Einleitung und Überblick; II. Antike; III. Vom Mittelalter bis zum 18. Jahrhundert; 1. Mittelalter; 2. Frühe Neuzeit (15. und 16. Jahrhundert); 3. Klassik und Aufklärung (17. und 18. Jahrhundert); **IV. Deutscher Idealismus;** 1. Kant; 2. Schiller; 3. Fichte; **V. 19. und 20. Jahrhundert;** 1. Die nicht mehr schönen Künste; 2. Ästhetische Existenz; 3. Politik, Utopie und Autonomie der Kunst; 4. Post- und spätmoderne Verhältnisse von Ästhetischem und Ethischem.

I. Einleitung und Überblick

Der Begriff des Moralischen ist kein Begriff der Ästhetik. Wer innerhalb der Ästhetik das Moralische zum Thema macht, fragt nach einer Verhältnisbestimmung: nach dem Bezug der Ästhetik und der ästhetischen Gegenstände zur Moral, zur Moralphilosophie, zur Ethik, zur sozialen und politischen Gemeinschaft, zu Sitte und Unsitte, zum Gebotenen und Verbotenen, zu Fragen des guten Lebens. Kunstwerke und ästhetische Erfahrungen können moralisch belehren und politisch erziehen, zur Bildung und kritischen Aufklärung beitragen, zum Beispiel und Vorbild persönlichen Glücks werden, aber auch bewußt mit moralischen Normen brechen, die Darstellung des Unmoralischen propagieren oder sich selbst radikal von jedem moralischen Einfluß distanzieren. In all diesen und vielen weiteren Fällen steht die Verhältnisbestimmung des Ästhetischen zum Moralischen im Vordergrund. Daher ist die Geschichte des außerästhetischen Begriffs des Moralischen innerhalb der Ästhetik die Problemgeschichte eben dieser Verhältnisbestimmung. Wo es aber um Abgrenzungen zum Moralischen geht, ist zugleich die Entwicklung eines Selbstverständnisses des Ästhetischen gerade in dieser Abgrenzung in Gang gesetzt. Daher führt das Problem des Moralischen in der Ästhetik in letzter Konsequenz in deren inneres Zentrum: dorthin nämlich, wo es um ihre Selbstbestimmung geht.

Die Frage nach dem Verhältnis von Ästhetischem und Moralischem bezeichnet grundsätzlich ein genuin modernes Problem. Als Fachdisziplin ist die Ästhetik erst im Laufe des 18. Jahrhunderts im Rahmen rationalistischer und schulphilosophischer Theorien der sinnlichen Erkenntnisvermögen entstanden. Erst in diesem Kontext kommt für die Ästhetik das Interesse und die Notwendigkeit auf, sich durch Selbstbestimmung und Fremdabgrenzung innerhalb der Disziplinen als eigenständig zu bewähren. Kants Ästhetik und die Entwürfe seiner idealistischen Nachfolger um 1800 führen diese Dialektik von Bestimmung und Abgrenzung gerade in bezug auf die Moralphilosophie exemplarisch vor. Nahezu alle ästhetischen Theorien der späteren Moderne nehmen dieses Erbe auf. Ebenfalls erst im Laufe des 18. Jahrhunderts setzt sich dann auch die grundsätzliche Ansicht durch, daß mit den ästhetischen Phänomenen, Kunstwerken und Erfahrungen ein eigenständiger und eigengesetzlicher Bereich bezeichnet ist. Die Bildung des Allgemeinbegriffes der ›schönen Künste‹ und daraus folgend der ›Kunst‹ fällt in diese Zeit, während zuvor ein einheitlicher Titel, der die verschiedenen Kunstgattungen umfassen und damit als eigenen Bereich ausgrenzen würde, fehlt. So hat in der Moderne nicht nur die Disziplin der Ästhetik, sondern auch ihr Gegenstandsbereich, das Ästhetische im weitesten Sinne, ein überlebenswichtiges Interesse an seiner Unabhängigkeit von allen religiös-kultischen, moralischen, sozialen und politischen Bindungen. Die bewußte Abgrenzung und Emanzipierung von diesen Bindungen führt allererst zur Selbstbestimmung der souveränen und autonomen Kunst.

Es ist im Kern also diese moderne Perspektive der Autonomie von Kunst und Ästhetik, in der sich rückblickend dann auch die frühere Geschichte der Kunst und ihrer Reflexion als Problemgeschichte des Verhältnisses von Ästhetischem und Moralischem darstellt. Diese Beobachtung gilt besonders für Antike, Spätantike und Mittelalter. Die vormoderne Kunst ist, allgemein gesprochen, viel zu selbstverständlich in die Lebenswelten der staatlichen Gemeinschaften, des religiösen und kirchlichen Kultes oder die feudal-aristokratische Selbstdarstellung integriert. Kunstwerke mögen im Epos den Mythos und die Götter versammeln, im Altarbild dem Gebet und der religiösen Unterweisung dienen und die Bürgergemeinde oder den Fürsten repräsentieren: So sehr sie dabei in vielfältigen und komplexen ethischen und moralischen Beziehungen stehen, so wenig sind diese doch im Sinne einer Verhältnisbestimmung ausdrücklich thematisch. Das prägt auch die philosophische Reflexion der Kunst in Antike und Mittelalter. Das Schöne ist in der Antike wie im Christentum integraler Bestandteil einer metaphysisch-ontologischen Gesamtansicht, in der die neuzeitlich-modernen Gattungsgrenzen nur um den Preis grober Vereinfachungen gezogen werden können. So faßt die Antike ›das Schöne‹ (τὸ καλόν) grundsätzlich nicht als etwas auf, das vornehmlich und ausschließlich in ästhetischer Erfahrung zugänglich wird; der Begriff umfaßt ebenso das Brauchbare und Geeignete wie das Schickliche und sittlich Gute. Da so im Schönen selbst ein Bezug zum Guten liegt, kann es nicht als ästhetische Kategorie in Gegenüberstellung zum ›Moralischen‹ fungieren.

Von der Seite des Moralischen her ergibt sich mit der spezifischen Gestalt, die die Moralphilosophie im 18. Jahrhundert mit Rousseau und Kant angenommen hat, eine weitere Komplexion der Verhältnisbestimmung. Kant konzipiert eine Moral, die sich dem Subjekt als Vernunftprinzip in Gestalt eines kategorisch geltenden Sittengesetzes aufdrängt. Das Moralische gehört dabei seinem Wesen nach nicht der sozialen Lebenswelt, sondern einer übersinnlichen und intelligiblen Welt reiner praktischer Vernunft an. Damit stellt sich das Problem der Verhältnisbestimmung von Ästhetischem und Moralischem neu. Das überempirische Vernunftprinzip der modernen Moralphilosophie führt im Innersten ein Problem der Vermittlung mit der praktischen Lebenswelt mit sich. Das ermöglicht es, Kunst und Ästhetik als Vermittlung von Moral und Leben zu konzipieren und ihnen eine erzieherische, bildende, aufklärende, politische Funktion in der Realisierung der Ideen der Moral zuzuschreiben. In der Ästhetik Kants und seiner idealistischen Nachfolger erlangt die Moral spezifische sinnliche Erscheinungsformen in den ästhetischen Phänomenen des Schönen und Erhabenen; Schiller erklärte die Schaubühne des Theaters zur moralischen Anstalt.

Auch von dieser Seite zeigt sich demnach, daß

die ausdrückliche Problematisierung der Verhältnisbestimmung von Ästhetischem und Moralischen im Kern modernen Ursprungs ist. Die nachidealistische Ästhetik des 19. und 20. Jh. ersetzt dann die Moralperspektive reiner praktischer Vernunft wieder durch den Bezugspunkt des sinnvollen Lebens im Kontext von Gemeinschaft und Gesellschaft. In ihrem Autonomiebestreben emanzipiert sich die Ästhetik der Moderne von der Moralphilosophie und entwickelt eine Kritik der idealistischen Moral mit dem Ziel einer Neubestimmung des Verhältnisses von Kunst und Leben unter den historischen, politischen und gesellschaftlichen Bedingungen der Moderne.

Guido Kreis

II. Antike

(1) Anfänge. Das antike Nachdenken über Kunst entfaltet sich nahezu ausschließlich an der Dichtung. Das homerische Epos, die Lyrik, schließlich das attische Drama bilden, vor der Heraufkunft von Wissenschaft und Philosophie, den Ort umfassender Selbstverständigung über die Welt und das menschliche Handeln. Dies schlägt sich seit frühester Zeit in einem umfassenden Wahrheitsanspruch der Dichtung, unter Berufung auf das Wissen der Musen, nieder, der von selbst auch die Fragen nach der rechten Lebensführung betrifft. Ratschlag, Mahnung, Aufforderung, politische Belehrung und die Kundgabe allgemeiner Ansichten und Lebensweisheiten gehören zu den selbstverständlichen Aufgaben der Dichtung.

Bereits im homerischen Epos finden sich die beiden Gesichtspunkte, die fortan den ästhetischen Diskurs bestimmen: Wer den Sang hört, der geht »beglückt und reicher an Wissen« (τερψάμενος […] καὶ πλείονα εἰδώς)[1] nach Hause. Das Erfreuende und Bezaubernde der epischen Dichtung erwächst aus der umfassenden Vermittlung von Weltkenntnis, die der Dichter kraft seines Musenwissens darbietet.

Der darin liegende Wahrheitsanspruch der Dichtung gerät alsbald unter Kritik. Bereits bei Hesiod lassen die Musen wissen, daß sie nicht nur Wahres, sondern auch dem Wahren nur Ähnliches verkünden.[2] »Vieles ja lügen die Dichter« (πολλὰ ψεύδονται ἀοιδοί)[3], sagt dann der Dichter Solon, und dieser zum Sprichwort gewordene Vorwurf ist es, der die weitere Auseinandersetzung mit der Kunst bewegt. Deren Tendenzen finden sich, wenn auch in äußerst polemischer Zuspitzung, bei Xenophanes ausgesprochen. Wenn er die Erzählungen von Götterkämpfen als »Erfindungen der Vorzeit« (πλάσματα τῶν προτέρων)[4] verwirft, so trifft dies den Wahrheitsanspruch des Mythos nicht nur als vermeintliche historische Tatsache. In der verfehlten Darstellung der Götter liegt zugleich ein moralischer Vorwurf: »Alles haben den Göttern Homer und Hesiod angehängt, was nur bei Menschen Schimpf und Tadel ist« (πάντα θεοῖσ᾿ ἀνέθηκαν Ὅμηρός θ᾿ Ἡσίοδός τε, ὅσσα παρ᾿ ἀνθρώποισιν ὀνείδεα καὶ ψόγος ἐστίν)[5]. Stattdessen wird eine Dichtung empfohlen, die dem ›Nützlichen‹ (χρηστόν) dient durch ihr praktisch-politisches ›Wissen‹ (σοφία).[6]

(2) Klassische Zeit. Während zunächst die Problematisierung des dichterischen Wahrheitsanspruches innerhalb der Dichtung zum Austrag kommt, wird ihr Bereich zunehmend von außen durch das Aufkommen von Wissenschaft und Philosophie beschnitten. Gegenüber dem sich herausbildenden argumentierenden und prüfenden Vorgehen des Logos verliert die Dichtung ihre selbstverständliche Autorität. Vom Vorwurf der Unwahrheit ist es nur ein Schritt zu der Auffassung, im Poetischen als solchem nur noch Fabelei und schmückende Ausmalung zu sehen; in diesem Sinne setzt etwa Thukydides seine Geschichtsschreibung als »eher ungefällig« (ἀτερπέστερον)[7], aber dafür genau und wahrheitsgetreu der Dichtung entgegen. In einer sophistischen Schrift wird der Gegensatz ausdrücklich gemacht: »Die Dichter machen ihre Gedichte

---

1 HOMER, Od. 12, 188.
2 Vgl. HESIOD, Theog. 27f.
3 SOLON, Fr. 29, in: Iambi et elegi graeci ante Alexandrum cantati, hg. v. M. L. West, Bd. 2 (New York ²1992), 155.
4 XENOPHANES, B 1, 22, in: Die Fragmente der Vorsokratiker, hg. v. H. Diels/W. Kranz, Bd. 1 (Berlin ⁶1951), 128.
5 XENOPHANES, B 11, in: ebd., 132.
6 Vgl. XENOPHANES, B 1, 23, B 2, 13, in: ebd., 128.
7 THUKYDIDES, Historiae 1, 22.

nicht im Blick auf die Wahrheit, sondern für das Vergnügen der Menschen« (τοὶ ποιηταὶ οὐ [τὸ] ποτὶ ἀλάθειαν, ἀλλὰ ποτὶ τὰς ἁδονὰς τῶν ἀνθρώπων τὰ ποιήματα ποιέοντι)[8]. Als Antwort auf solcherlei Kritik sind die drei voneinander abzugrenzenden Neubestimmungen der Stellung und Aufgabe der Kunst zu verstehen, die im 5. Jh. v. Chr. entwickelt werden und der Folgezeit die Leitbegriffe an die Hand geben.

(a) Paideia: Die Sophistik bringt den Gedanken der Erziehung (παιδεία) durch das gute Reden auf. Dieses Programm, durch Bildung die Menschen besser zu machen, wird bereits von Protagoras auch den Dichtern zugeschrieben und findet weithin Anklang.[9] Die Aufgabe des Dichters wird folglich im Belehren (διδάσκειν) gesehen. Das vollendete und bis in die Neuzeit hinein wirkungsmächtige Dokument der erzieherischen Auffassung der Kunst sind die *Frösche* des Aristophanes: die Tragödiendichter Aischylos und Euripides werden in einem inszenierten Wettkampf darum dargestellt, wer von ihnen am besten vermocht habe, »der Polis Nützliches zu raten und zu lehren« (χρηστὰ τῇ πόλει ξυμπαραινεῖν καὶ διδάσκειν)[10]. Dieser ›Nutzen‹ (χρηστόν, ὠφέλιμον), den man sich für die eigene Lebensführung erwartet, ist vielfältig und reicht von speziellen Kenntnissen über den Erwerb von geistigen Fähigkeiten und Lebenseinsichten bis hin zur Orientierung an moralischen Vorbildern.[11]

---

8 [ANONYMUS], Dialexeis 3, 17, in: Diels/Kranz (s. Anm. 4), Bd. 2 (Berlin ⁶1952), 411.
9 Vgl. PLATON, Prot. 316c-d; ARISTOPHANES, Ran. 1009; XENOPHON, Symposium 4, 6; ISOKRATES, Ad Nicoclem 3.
10 ARISTOPHANES, Ran. 686f.; vgl. ebd., 1035, 1055.
11 Vgl. ARISTOPHANES, Ran. 1032; XENOPHON, Symposium 7; ISOKRATES, Panegyricus 159; PLATON, Prot. 325e; PLATON, Ion 541b; LYKURG, Oratio in Leocratem 100.
12 GORGIAS, B 11, 8–10, in: Diels/Kranz (s. Anm. 8), 290.
13 GORGIAS, B 23, in: ebd., 305f.
14 Vgl. ARISTOXENOS, fr. 26, in: Die Schule des Aristoteles. Texte und Kommentar, hg. v. F. Wehrli, H. 2 (Basel/Stuttgart ²1967), 15; IAMBLICH, Vita Pythagorica 110.
15 Vgl. DAMON, B 7, in: Diels/Kranz (s. Anm. 4), 383.
16 DAMON, B 6, in: ebd., 383.
17 PLATON, Rep. 607b.

(b) Seelenlenkung: Wird die Dichtung gänzlich ihres Wahrheitsanspruchs beraubt, so bleibt das ästhetische Vergnügen an der Fiktion. Gorgias führt die Zauberkraft der Dichtung auf ihr Vermögen zurück, ›Trug‹ (ἀπάτη) zu erwecken. Damit wird der Blick frei auf die affektive Wirkung der Kunst. Schauder, Mitleid, Rührung, Furcht erregt die Dichtung durch die Darstellung von Leid, und ist doch gerade darin ein »Freudebringer« (ἐπαγωγὸς ἡδονῆς) und »Entführer von Leid« (ἀπαγωγὸς λύπης)[12]. Der Trug der Kunst ist darum nicht verwerflich: »der Täuschende ist gerechter als der nicht Täuschende und der sich täuschen läßt, weiser als der nicht Getäuschte« (ὅ τ' ἀπατήσας δικαιότερος τοῦ μὴ ἀπατήσαντος καὶ ὁ ἀπατηθεὶς σοφώτερος τοῦ μὴ ἀπατηθέντος)[13]. Mit diesem Paradox formuliert Gorgias erstmals die Wirkung ästhetischer Illusion, indem das Interesse an der ›Unwahrheit‹ der Kunst positiv gewendet wird. Diese affektive Seite der ästhetischen Erfahrung wird fortan mit dem Begriff der ›Seelenlenkung‹ (ψυχαγωγία), meist in Entgegensetzung zu ihrer Wahrheitsfähigkeit, bezeichnet.

(c) Ethos: Eine besondere Aufmerksamkeit erfuhr bei den Pythagoräern die Musik, da sie, durch die Harmonie zahlenhafter Proportionen, reinigend und heilend die Seele in eine harmonische Verfassung zu bringen vermag.[14] Auf diesem Hintergrund entwickelt (gegen Ende des 5. Jh. v. Chr.) der Musiktheoretiker Damon von Athen die Lehre von der charakterbildenden Wirkung der Musik. Im Einzelnen weist er den gebräuchlichen Tonarten und Rhythmen einen jeweiligen Charakter (ἦθος) zu, den sie durch Ähnlichkeit (ὁμοιότης) bei den Hörern hervorbringen.[15] Indem die Musik die Bewegungen der Seele ordnet, kann sie so, auf die rechte Weise angewandt, zur sittlichen Bildung beitragen.[16] Diese sogenannte Ethoslehre ist die gesamte Antike hindurch die herrschende Musiktheorie geblieben (Aristoxenos, Diogenes v. Babylon, Aristides Quintilian). Ihre Bedeutung gewann sie jedoch dadurch, daß sie von Platon und Aristoteles zur Bestimmung des Begriffes der Mimesis aufgegriffen wurde.

(3) Platon. Den »alten Zwist zwischen Philosophie und Dichtung« (παλαιὰ μέν τις διαφορὰ φιλοσοφίᾳ τε καὶ ποιητικῇ)[17] führt Platon in der Dichterkritik seiner *Politeia* zu einem Höhepunkt

dergestalt, daß mit der Abweisung des traditionellen Wahrheitsanspruches der Dichtung die Philosophie fortan zur leitenden Bildungsmacht wird. In dieser Auseinandersetzung nimmt Platon die bislang entwickelten Gedanken auf und verflicht sie zu einer ersten philosophischen ›Ästhetik‹. Im vielschichtigen Begriff der Mimesis (Nachahmung ebenso wie Darstellung) wird das Gemeinsame von Schauspielerei, Dichtung, Malerei, Plastik, Musik und Architektur entdeckt.[18] Als ontologischer Begriff macht Mimesis den von Gorgias entdeckten ästhetischen Schein als Seinsweise des Kunstwerks begreiflich.[19] Zugleich bezeichnet Mimesis das Verhalten sowohl des Künstlers wie des Betrachters als ›nachahmendes‹ Sich-Hineinversetzen in die jeweiligen Charaktere, welche die Kunst darstellt. Unter Aufgriff der Damonischen Musiktheorie wird Kunst so als »Nachahmungen einer Lebensweise« (βίου μιμήματα), als »Abbild eines Ethos« (εἰκόνα ἤθους)[20] verstanden.

Aus dieser Bestimmung der Kunst ergibt sich ein subtileres Verständnis ihrer Wirkungen. Sie wirkt nicht so sehr durch die bewußte Übernahme der präsentierten Vorbilder und moralischen Verhaltensweisen, vielmehr durch die wiederholte nachahmende Aneignung, die der ästhetischen Erfahrung als solcher innewohnt. Gerade die spielerische und absichtslose Hingabe an den ästhetischen Schein macht es, daß man am Ende »aus der Nachahmung das Sein« (ἐκ τῆς μιμήσεως τοῦ εἶναι ἀπολαύσωσιν)[21] davonträgt. In diesem unbemerkten Abfärben liegt für Platon sowohl ihr Wert für die Erziehung als auch ihre Bedenklichkeit. Da das mimetische Sich-Versetzen in sich lustvoll ist, ist es indifferent gegenüber der sittlichen Qualität des Ethos, das sie darstellt. Diese innere Ambivalenz der Kunst veranlaßt Platon schließlich zur Verbannung der Dichter aus dem idealen Staat.[22]

(4) Aristoteles. An die platonische Mimesislehre anknüpfend, definiert Aristoteles die Tragödie als »Nachahmung von Handlung« (μίμησις πράξεως)[23]. Ihr Ziel ist, »das ihr eigentümliche Vergnügen« (ἡδονὴν [...] τὴν οἰκείαν)[24] zu bewirken, das einerseits aus der Freude an der Erkenntnis des Dargestellten,[25] andererseits – speziell bei der Tragödie – aus der katharischen Reinigung der Affekte entsteht. Diese beiden Momente greifen ineinander, insofern die Katharsis durch die Erregung von Furcht und Mitleid auf einer besonderen, auf diesen Zweck zugeschnittenen Handlungsführung beruht. Sie wird erreicht durch eine Handlung, die den Umschlag von Glück ins Unglück vorführt. Entscheidend ist dabei der sittliche Charakter des Helden: um rühren zu können, darf der Sturz ins Unglück weder völlig verdient noch unverdient sein. Der Held muß daher von ›rechtschaffenem‹ Charakter (σπουδαῖος), doch nicht unfehlbar sein.[26]

In der Betonung des spezifischen Vergnügens durch Aristoteles wurde oft die Herausarbeitung eines ästhetischen Standpunktes gegenüber der vorherrschenden moralischen Beurteilung gesehen. Insbesondere ist in dieser Richtung kontrovers diskutiert worden, inwiefern die Katharsis auch einen sittlichen Stellenwert hat. Jedoch zeigt sich gerade bei Aristoteles, wie unangemessen diese Opposition innerhalb der antiken Ästhetik ist. Zwar fehlen in der *Poetik* alle Hinweise auf eine moralische Abzweckung, doch in der Politik gibt Aristoteles eine ausführliche Erörterung über die pädagogische Bedeutung der Künste, die im Grundsatz nicht von Platon abweicht.[27] Es führt daher zu Fehleinschätzungen, wenn die neuzeitliche Entgegensetzung von moralischer und ästhetischer Betrachtung zum Maßstab der antiken Ästhetik genommen wird. Entscheidend ist es, ein verkürztes Verständnis des Moralischen in Entgegensetzung zur modernen Vorstellung einer Autonomie der Kunst hintanzustellen. Die antike Ethik ist darauf angelegt zu untersuchen, was für eine gelungene Lebensführung von Belang ist, und so stehen auch alle Fragen nach dem ›Nutzen‹ der Kunst durchweg unter diesem Blickwinkel. Dies schließt keineswegs eine ›ästhetische‹ Würdigung aus. Ari-

---

18 Vgl. PLATON, Rep. 392–401.
19 Vgl. PLATON, Rep. 595–598; PLATON, Soph. 234b–236e.
20 PLATON, Rep. 400a, 401b; vgl. ebd., 600e.
21 PLATON, Rep. 395c–d.
22 Vgl. PLATON, Rep. 398a–b; 606e–607a.
23 ARISTOTELES, Poet. 6, 1449b24.
24 Ebd., 14, 1453b11.
25 Vgl. ebd., 4, 1448b4ff.
26 Vgl. ebd., 13, 1452b–1453a.
27 Vgl. ARISTOTELES, Polit. 8, 5–7.

stoteles erklärt die Wirkung der Mimesis durch das ›Gleichgestimmtwerden‹ (συμπαθεῖς γίνεσθαι) mit dem jeweilig dargestellten Ethos.[28] Durch ebendiese ›ethische‹ Dimension erweist sich die ›wertvollere Natur‹ der Kunst im Unterschied zu körperlich-sinnlichen Genüssen.[29] Wie unlöslich in der antiken Diskussion die spezifisch ästhetische Erfahrung der Kunst mit der Wirkung auf Stimmung und Charakter verbunden wird, zeigt sich eindrücklich bei den vereinzelten Kritikern der Ethoslehre. Wird der ethische Einfluß bestritten, so rückt die Kunst sogleich in eine Reihe mit außerästhetischen Annehmlichkeiten: Philodem stellt sie der Kochkunst an die Seite, und Sextus vergleicht ihre Wirkung mit einem Weinrausch.[30]

(5) Hellenismus. In seiner Dichterkritik stellt Platon die Verteidiger der Kunst vor die Frage, ob die Dichtung »nicht nur angenehm, sondern auch nützlich für die Staaten und das menschliche Leben« (οὐ μόνον ἡδεῖα, ἀλλὰ καὶ ὠφελίμη πρὸς τὰς πολιτείας καὶ τὸν βίον τὸν ἀνθρώπινον)[31] ist. An dieser Leitfrage nach dem Nutzen der Dichtung in der Spannung zum ästhetischem Vergnügen bleibt die Diskussion der hellenistischen Zeit orientiert. Deren Spektrum ist präzise in Horazens klassischem Diktum zusammengefaßt: »aut prodesse volunt aut delectare poetae, aut simul et iucunda et idonea dicere vitae«[32] (Nutzen bringen oder erfreuen wollen die Dichter oder zugleich Angenehmes und Brauchbares für das Leben sagen).

---

28 Vgl. ebd., 8, 5, 1340a12 f.
29 Vgl. ebd., 8, 5, 1339b31–1340a14.
30 Vgl. PHILODEM, De musica, hg. u. übers. v. J. Kemke (Leipzig 1884), 49; SEXTUS EMPIRICUS, Adversus mathematicos 6, 22.
31 PLATON, Rep. 607d.
32 HORAZ, Ars 333 f.
33 Vgl. PHILODEM, De poematis liber quintus/Über die Gedichte, 5. Buch, griech.-dt., hg. u. übers. v. C. Jensen (Berlin 1923); PHILODEM (s. Anm. 30).
34 Vgl. ARISTOTELES, Poet. 6, 1449b31 ff.
35 Vgl. LUCRETIUS, De rerum natura 1, 931–950.
36 ERATOSTHENES, zit. nach STRABON, Geographica 1, 15; vgl. VARRO, zit. nach AUGUSTIN, Civ. 6, 6; DIONYSIUS VON HALIKARNASSOS, Ars rhetorica 1.
37 Vgl. EPIKUR, Fr. 228, 229, in: Epikurea, hg. v. H. Usener (1887; Stuttgart 1966), 171 f.
38 Vgl. SEXTUS EMPIRICUS, Adversus mathematicos 6.

Die Beschäftigung mit dem Erbe der nunmehr klassischen Dichtung von Homer bis zur Tragödie erbrachte eine Fülle an rhetorischen und literarkritischen Begriffen, die auf das Verständnis der Aufgaben der Kunst zurückwirken. Soweit die hellenistische Ästhetik v.a. aus den kritischen Referaten bei Philodem rekonstruierbar ist,[33] war die Unterscheidung von Redeweise und Stil (λέξις) einerseits, Gedanke und Bedeutung (διάνοια) andererseits grundlegend. Waren bei Aristoteles diese beiden Momente noch der Handlung bzw. dem Mythos (Fabel) als der ›Seele der Tragödie‹ nachgeordnet,[34] so gewinnen sie nun eine eigenständige Stellung. In der Folge wird das ästhetische Vergnügen vornehmlich an der Sprachgestaltung und dem Wohlklang (εὐφωνία) festgemacht, nicht mehr an der mimetischen Darstellung selbst, während der ›Nutzen‹ unabhängig von der anziehenden Präsentation an der Beurteilung des gedanklichen Gehaltes hängt. Dieses Auseinandertreten zeigt sich exemplarisch etwa bei Lukrez, wenn er erklärt, in seinem Lehrgedicht die bittere Medizin der epikuräischen Philosophie durch den Honig der Musen genehm zu machen.[35]

Die verschiedenen Auffassungen gruppieren sich daher entlang der Frage, inwieweit die Dichtung Wahrheit vermitteln kann und soll. Auf die Seite des Vergnügens und gegen eine lehrbestimmte Auffassung der Dichtung stellen sich vor allem die Grammatiker und Philologen, so z. B. Eratosthenes: »Jeder Dichter zielt auf Seelenlenkung, nicht auf Belehrung« (Ποιητὴν [...] πάντα στοχάζεσθαι ψυχαγωγίας, οὐ διδασκαλίας)[36]. Die hellenistischen Philosophenschulen hingegen urteilen je nach ihrem Verständnis der Wahrheit. Die Epikureer lehnen die meiste Dichtung aus inhaltlichen Gründen ab, da der ›poetische Lärm‹ von der Einsicht in die rechte Lebensführung ablenke.[37] Auch die Skeptiker bekämpfen in ihrer Verwerfung der gängigen Meinungen die traditionelle Hochschätzung von Dichtung und Musik, indem sie weder Belehrung noch Vergnügen gelten lassen.[38] Repräsentativ dürfte jedoch die Verbindung beider Gesichtspunkte gewesen sein, wie etwa von dem Peripatetiker Neoptolemos formuliert: »Der vollkommene Dichter soll den Hörern durch Seelenlenkung nutzen und Lehrreiches sagen« (δεῖν τῶι τελείωι ποιητῆι μετὰ τῆς ψυχαγωγίας τοῦ τοὺς ἀκούοντας ὠφελεῖν καὶ χρησιμολογεῖν)³⁹. In diesem Sinne sieht etwa Horaz die Aufgabe der Dichtung geradezu darin, sittliche Vorbilder darzustellen: »Was Tugend und was Weisheit vermögen, dazu hat uns Homer in Odysseus ein nützliches Beispiel gegeben« (quid virtus et quid sapientia possit, utile proposuit nobis exemplar Ulixen)⁴⁰. Besonders die Stoa tut sich darin hervor, sowohl Wahrheitsgehalt wie moralischen Nutzen der Dichtung nach Möglichkeit zu verteidigen. An die Stelle des mimetischen Miterlebens tritt ein philosophierend-deutender Umgang mit den Gehalten der Dichtung. Typisch ist etwa die Ansicht, ein Gedicht sei dann schön, wenn es einen klugen Gedanken enthalte.⁴¹ Durch die Methode allegorischer Deutung werden anstößige oder unglaubhafte Texte auf einen tieferen Sinn hin gelesen. Bildhafte Verkleidung, Rätsel und Gleichnis werden so zum Eigentümlichen der poetischen Weise, die Wahrheit zu sagen. Diese philosophische Inanspruchnahme greift naturgemäß auch auf den moralischen Nutzen über: die dargestellten Charaktere werden durchweg als Exempel von Tugend und Laster angesehen.

(6) Kaiserzeit und Spätantike. Die hellenistischen Diskussionen setzen sich, wenn auch unter Vereinseitigung der Akzente, in der Kaiserzeit fort. Von philosophischer Seite verschärft sich eher die Kritik an der ›Nutzlosigkeit‹ der Künste, gemessen am Gesichtspunkt des ›Lebensdienlichen‹ (βιώφελες).⁴² Seneca polemisiert häufig gegen die Äußerlichkeit des Ästhetischen: »Nicht darum geht es ihnen [den Hörern], auf irgendeine Weise ihre Fehler abzulegen, irgendein Lebensgesetz sich anzueignen, an dem sie ihr Verhalten ausrichten, sondern darum, einen Ohrenschmaus zu genießen« (Non id agunt ut aliqua illo uita deponant, ut aliquam legem uitae accipiant qua mores suos exigant, sed ut oblectamento aurium perfruantur)⁴³. Auch Sextus schreibt der Kunst eine ablenkende Wirkung zu.⁴⁴ Die äußerste Indifferenz ist bei Epiktet erreicht, der in der Dichtung nur noch die abschreckende Darstellung von »zufälligen Ereignissen« sehen kann, die »törichte Menschen befallen«, wenn sie aus Mangel an philosophischer Einsicht »die äußerlichen Dinge bewundern« (τί γάρ εἰσιν ἄλλο τραγῳδίαι ἢ ἀνθρώπων πάθη τεθαυ-μακότων τὰ ἐκτὸς διὰ μέτρου τοιοῦδ' ἐπιδεικνύμενα)⁴⁵. Der wiedererstarkende Platonismus zeigt sich hingegen bildungsfreundlich. Plutarch erörtert ausführlich die von Platon hervorgehobenen Gefahren der Dichtung, die jedoch durch den rechten Umgang gemieden werden können, wenn man »im Angenehmen das Nützliche sucht« (ἐν τῷ τέρποντι τὸ χρήσιμον ζητεῖν)⁴⁶.

Aus den herkömmlichen und verfestigten Kategorien bricht allein die Schrift *Über das Erhabene* des Pseudo-Longin aus (vermutlich 1. Jh. n. Chr.). Im erhabenen Stil findet der Autor eine Qualität, die den großen Werken der Dichtung, Philosophie und Geschichtsschreibung gemeinsam ist und auf ein entsprechendes Ethos zurückverweist: »Das Erhabene ist Widerhall einer großen Gesinnung« (ὕψος μεγαλοφροσύνης ἀπήχημα)⁴⁷. Der großartige und hohe Stil ist seinerseits dazu angetan, eine ethische Haltung zu erzeugen, die über dem gemeinen Vergnügen und Nutzen steht.⁴⁸

Die hier deutlich werdende Rückbesinnung auf das klassische kulturelle Erbe als etwas in einer im Niedergang empfundenen Gegenwart zu Bewahrendes prägt die spätantike Stellung zur Kunst und läßt den alten Streit zwischen Philosophie und Dichtung zunehmend versöhnlicher werden. Besonders in der reich sich fortspinnenden Literatur zur Auseinandersetzung zwischen Platon und Homer zeigt sich, daß das Bewußtsein eines Gegensatzes allmählich schwindet und ebenso die Opposition von Vergnügen und Nutzen in den Hintergrund tritt. An die Stelle der apologetischen Tendenz, Homer gegen die von Platon erhobenen moralischen Vorwürfe zu verteidigen, tritt so immer ausdrücklicher der Versuch eines Ausgleichs

---

39 PHILODEM (s. Anm. 33), 33.
40 HORAZ, Epist. 1, 2, 17f.
41 Vgl. CHRISTIAN JENSEN, Zur Poetik des Stoikers Ariston von Chios (1923), in: PHILODEM (s. Anm. 33), 132.
42 Vgl. SEXTUS EMPIRICUS, Adversus mathematicos 6, 16.
43 SENECA, Epist. 108, 6.
44 Vgl. SEXTUS EMPIRICUS, Adversus mathematicos 6, 21.
45 EPIKTET, Dissertationes 1, 4, 26; vgl. ebd., 2, 16, 31.
46 PLUTARCH, De audiendis poetis 15f.
47 LONGINOS, De sublimitate 9, 2.
48 Vgl. ebd., 44.

der Wahrheitsansprüche, der es erlaubt, beide als gleichberechtigte Lehrer der Weisheit anzusehen.[49]

Roman Dilcher

III. Vom Mittelalter bis zum 18. Jahrhundert

1. Mittelalter

Spätantike und Mittelalter halten im wesentlichen an den Grundprinzipien antiker Ästhetik fest, radikalisieren aber die ethisch-moralische Inanspruchnahme der schönen Künste. Die Grundprinzipien bestanden einmal seit Platon in der Voraussetzung einer Idee des Schönen, die als Maßstab alles Schönen dessen Erkenntnis- und Seinsgrund ist, zum anderen in den schönen Künsten als technai, die es mit Abbildung (Mimesis) zu tun haben und zum Realgrund des Schönen gehören. Die Ausarbeitung des Regelkanons dieser Künste richtet sich nach der Maßgabe des Schönheitsideals gemäß kosmologischer, politischer und individual-ethischer Harmonien und Symmetrien. Das Spannungsverhältnis zwischen Kunst und Moral ist, platonisch gesprochen, nicht eines zwischen der Idee des Guten und der Idee des Schönen. Moralisch fragwürdig wird Ästhetik im Bereich ihrer Ausführungen, also dort, wo die Künste in ihrem Schaffen notwendig hinter dem Ideal zurückbleiben, insofern sie an der Idee des Guten und Schönen nicht ausreichend teilhaben können.

Zu einer Steigerung der moralischen Ansprüche an die Kunst der Spätantike und des Mittelalters kommt es im wesentlichen durch zwei Faktoren, die auf Prinzipienebene wirksam werden: Zum einen ist die mit dem Neuplatonismus aufkommende Transzendenz des höchsten platonischen Prinzips, der Idee des Guten, hin zum Einen festzuhalten, zum anderen die gleichzeitige Aufladung jener Transzendenz mit christlichen Heilserwartungen. Die neuplatonische Exilierung der höchsten Idee aus der Immanenz der Weltzusammenhänge hat, schematisch gesprochen, wiederum zwei Konsequenzen für die moralische Bewertung. Einmal wird die Schönheit im klassischen Sinne zwangsläufig zu einem untergeordneten Prinzip, da sie mit all ihren Gestaltungsmaßstäben nicht an die Strukturlosigkeit des transzendenten Einen heranzureichen vermag. So ist bei Plotin der ethische Wert der Kunst nur noch als pädagogisch hinführend (anagogisch) zum Einen zu veranschlagen; an sich genommen ist der schöne Schein nicht das Gute selbst und damit moralisch schon zweideutig. Weiter birgt eine Identifizierung von Gutem und Schönem im Einen selbst neue Risiken für die ethische Bonität des schönen Scheins. Pseudo-Dionysius Areopagita versucht eine solche Gleichstellung im Platonischen Sinne und erreicht damit soviel, daß nun auch schon die Vermittlung des Einen mit den vielen schönen Dingen, die im Schein des Lichts selbst geschieht, moralisch wertvoll erscheinen kann. Ein Gewinn, der von der mittelalterlichen Augustinus-Tradition wiederum als Verlust gewertet wird. In Abkehr von heidnischen Weltdeutungen steht hier die völlige Vermittlungslosigkeit von Gottes Güte und Schönheit im Vordergrund. Nur von Gott selbst – nicht von den Dingen – kann gnädigerweise das Licht ausgehen, das eine schöne Seele im christlichen Sinne erleuchten darf.

Der moralische Druck, der von jener moralischen Transzendenz der Prinzipien ausgeht, hat auch Auswirkungen auf den Regelkanon der schönen Künste. Folgende drei Konsequenzen ergeben sich: (1) Mit Boethius kann zwar zuerst noch die Idee des Schönen maßstabsgetreu aus dem klassischen Platonismus über die Zeitenwende gerettet werden; in einer Linie bis zu Villard de Honnecourt zeichnet sich aber eine stetige Reduzierung der antiken Formenvielfalt ab. Harmonie und Symmetrie verlieren an Eigenwert in dem Maße, wie das Dargestellte nicht mehr Abbildfunktionen, sondern Sinnverweis auf Transzendenz anzeigen soll. (2) Die Pseudo-Dionysische Lichtmetaphysik führt zwar zu einer – wenn auch umstrittenen – moralischen Aufwertung der Künste. Im Gefolge des Johannes Scotus Eriugena beruft sich Abt Suger von St. Denis auf den Schutzpatron seiner Kirche in diesem Sinne. Die Kunst, die sich auf diese

---

[49] Vgl. DION CHRYSOSTOMOS, Oratio 53; PSEUDO-PLUTARCH, Vita Hom. 122–144; MAXIMUS VON TYROS, Oratio 17; PROKLOS, In Platonis Rem publicam commentarii 1, 69–205.

Weise metaphysisch gerechtfertigt sieht, ist allerdings auch bereits zu einer wesentlich symbolischen Kunst geworden, insofern ihre Gestaltungsmaßstäbe darauf ausgelegt sein müssen, Abglanz vom ewigen Licht des Einen zu schaffen. (3) Will man mit Augustinus auch diesen symbolischen Glanz als falsches Blendwerk verurteilen, bleibt dem Typus nach nur noch die allegorische Darstellungsweise heilsgeschichtlich wesentlicher Begebenheiten, die in allen Details der figürlichen Ausgestaltung äußerste Schematisierung fordert.

Grundlegend für die neuplatonische Differenzierung von Gutem und Schönem auf Prinzipienebene ist Plotin. Im 6. Kapitel der ersten *Enneade* sieht er analog mit dem Platonischen Vorbild der Schönheit die Vorstellung eines geistigen Aufstiegs verbunden. Durch die Schönheit wird der Geist in die Sphäre der logoi erhoben, von dort aus erschließt sich ihm Gott. Gott oder das Eine ist aber anders als bei Platon nur noch bedingt mit der Idee des Schönen zu bezeichnen. Strenggenommen ist das Eine nämlich dem Schönen vorausgesetzt. So sagt Plotin zwar, das Gute sei »das Erste Schöne«, dies sei aber nur »ohne nähere Scheidung gesprochen«. Nimmt man den Sachverhalt genau, hat das Gute »das Schöne wie eine Decke um sich«. Das Gute ist dann das »Jenseitige, welches Quell und Urgrund des Schönen ist« (τὸ δὲ ἐπέκεινα τούτου τὴν τοῦ ἀγαθοῦ λέγομεν φύσιν προβεβλημένον τὸ καλὸν πρὸ αὐτῆς ἔχουσαν. ὥστε ὁλοσχερεῖ μὲν λόγῳ τὸ πρῶτον καλόν· διαιρῶν δὲ τὰ νοητὰ τὸ μὲν νοητὸν καλὸν τὸν τῶν εἰδῶν φήσει τόπον, τὸ δ᾽ ἀγαθὸν τὸ ἐπέκεινα καὶ πηγὴν καὶ ἀρχὴν τοῦ καλοῦ)[50]. Wer glaubt, im Schönen bereits das Eine gefunden zu haben, irrt sich in der Anschauung, die nur rein geistig zum Einen heranreicht, er irrt sich aber auch in der Praxis, wenn er das Schöne bereits für das Gute hält. So ist das Schöne durchaus moralisch in seinem anagogischen Wert zu nennen, solange es zum Einen und Guten hinführt, ›unmoralisch‹ dagegen müßte es in seiner Deszendenz erscheinen, wenn es selbst bereits für die Quelle alles Seienden und Guten gehalten wird.

Einen Schritt weiter im neuplatonischen Transzendierungssog der Prinzipien geht Pseudo-Dionysius Areopagita, indem er den Stellenwert der Idee des Schönen auf neue Weise akzentuiert.

Schönheit erscheint jetzt nicht mehr abgeleitet vom Guten, vielmehr ist sie mit ihm identisch zu denken. Das Eine als das Gute *und* das Schöne wird – im Gegensatz zu Plotin, Porphyrios, Jamblichos und Proklos – systematisch durch die neue Verwandschaftsbeziehung von erōs und agapē motiviert.[51] Damit erscheinen die neuplatonischen Hierarchien in neuer Wertung. Jedes Seiende hat auf jeder Seinsstufe ohne weitere hierarchische Vermittlung am Einen Teil. Wie die christliche Liebe von christlich Liebenden erfaßt wird, so kann auch die Mitteilung des Einen als ein Akt unvermittelter Teilhabe gedacht werden. Pseudo-Dionysius führt nicht umsonst die Möglichkeit der Ekstase als Modus des Erfassens göttlicher Liebe.[52] Gemäß jener Form der Teilhabe ist die Schönheit der Dinge unmittelbarer Abglanz des »ganz schönen und überschönen« (πάγκαλον ἅμα καὶ ὑπέρκαλον) Einen, analog strahlt das »Licht die schönheitsbewirkenden Gaben seines Lichtquelles auf alle Wesen« (φωτὸς ἐναστράπτον ἅπασι τὰς καλλοποιοὺς τῆς πηγαίας ἀκτῖνος αὐτοῦ μεταδόσεις)[53]. Im schönen Gegenstand sind das Licht und die Schönheit selbst anwesend, Gutes und Schönes sind legitime Benennungen Gottes, trotz aller Negativität seines absoluten Wesens.

Diese Stärkung des Prinzipiencharakters von Schönheit führt im Anschluß mittelbar auch zu ersten Schritten einer Emanzipation der Künste. Durch die Übersetzungen von Hilduin von St. Denis, vor allem aber durch Johannes Scotus Eriugena[54] erscheint die Pseudo-Dionysische Identifizierung von Schönem und Gutem als dem Einen als Grundlage einer Apologie der Künste. Erwin

50 PLOTIN, Enneades, 1, 6, 9; dt.: Plotins Schriften, hg. u. übers. v. R. Harder, Bd. 1 (Hamburg 1956), 25.
51 Vgl. PSEUDO-DIONYSIUS, De divinis nominibus 4, 11 f.
52 Vgl. ebd., 4, 13.
53 Ebd., 4, 7; dt.: Von den Namen zum Unnennbaren, hg. u. übers. v. E. von Ivánka (Einsiedeln 1956), 60.
54 Vgl. YVES CHRISTIE, Influences et retentissement de l'œuvre de Jean Scot sur l'art médiéval: bilan et perspectives, in: W. Beierwaltes (Hg.), Eriugena redivivus (Heidelberg 1987), 142–161; WERNER BEIERWALTES, Negati Affirmatio: Welt als Metapher. Zur Grundlegung einer mittelalterlichen Ästhetik in: Beierwaltes, Eriugena. Grundzüge seines Denkens (Frankfurt a. M. 1994), 115–158.

Panofsky folgend, wird dies in der Auseinandersetzung von Suger von St. Denis mit Bernhard von Clairvaux greifbar.[55] Für Suger ist das göttliche Licht des Einen nichts anderes als das Licht des Schönen, und wenn das Licht des Schönen sich am schönen Schein der Dinge unmittelbar wiederfindet, dann ist die Entfaltung von Prunk und Pracht im Zeichen der Schönheit nichts anderes als Gottesdienst. Entsprechend darf auch der Raum des Gottesdienstes – gegen jeden Luxusverdacht – mit allem nötigen Glänzwerk ausgestattet werden. Der Aufstieg zum göttlichen Einen soll durch eine »materiali manuductione«[56] erreicht werden, wie es Pseudo-Dionysius vorsieht, und die Brücke vom Weltlichen zum Himmlischen ist für Suger entsprechend im splendor zu finden, im göttlichen Licht, das sich auch in aller irdischen Schönheit bricht.

Seitens des heiligen Bernhard ist im Einspruch gegen Suger die Prachtentfaltung in der Kirche das Echo auf eine grundsätzlich andere moralische Bewertung der Schönheit zu finden, wie sie von der Patristik, im Ursprung von Augustinus ausgeht. Hält man sich an die expliziten Aussagen Augustins zu Fragen der Schönheit, finden sich zuerst wiederum die bekannten platonisch-neuplatonischen Vorbilder. Gott ist für ihn seit den Frühschriften das Schöne und das Gute. Allerdings ist dieses Schöne, wie Kurt Flasch urteilt, schon im stoischen Sinne popularisiert, es ist nicht mehr als ein »Maßstab von Maßstäben«[57]. Vom »Zeitlichen zur Erfassung des Ewigen, vom Sichtbaren zum Unsichtbaren« (a temporalibus ad aeterna capienda et a visibilibus ad invisibilia) führt sie den Geist; die »Schönheit des Leibes besteht entsprechend im Ebenmaß der Teile nebst ansprechender Farbe« (Omnis enim corporis pulchritudo est partium congruentia cum quadam coloris suavitate)[58].

Der platonische Eros wird allerdings zum Dämon, der zwischen Mond und Erde eingesperrt ist.[59] Seine theologische Aufgabe übernimmt die »caritas« (Liebe), die eine »concupiscentiam bonam« (gute Begierde)[60] in die Herzen der Menschen gießt. Wenn Augustinus im 10. Buch der Confessiones ausruft: »Sero te amavi, pulchritudo tam antiqua et tam nova, sero te amavi!« (Spät hab ich Dich geliebt, Du Schönheit, ewig alt und ewig neu, spät hab ich Dich geliebt.)[61], ist die spätgeliebte Schönheit schon in jene caritative Verbindung eingetreten. Nur ein sündiger Augustinus konnte sie in den schönen Dingen außer sich suchen. »Und siehe, Du warst innen und ich war draußen, und da suchte ich nach dir, und auf das Schöngestaltete, das Du geschaffen, warf ich mich, selber eine Mißgestalt.« (Et ecce intus eras et ego foris et ibi te quaerebam et in ista formosa, quae fecisti, deformis inruebam.)[62] Die wahre Schönheit ist mit menschlichem Maß nicht mehr zu messen, »quasi et tu subjectus esses magnitudini tuae et pulchritudini, ut illa essent in te quasi in subjecto« (als ob auch Du der Träger Deiner Größe oder Schönheit wärest, in der Weise also, daß sie, wie beim Körper, Dir, dem Träger, nur als Eigenschaften inne wären)[63]. Was dem Gläubigen äußerlich schön erscheint, ist nicht mehr gutzuheißen. Wie weit die gesellschaftlichen Konsequenzen jener moralischen Bewertung in extremis gehen können, werden die ›Bilderstürmer‹ der frühen Neuzeit erst noch vor Augen führen.

Zuvor macht sich die moralische Entwertung des Schönen wegen seiner heilsgeschichtlichen Irrelevanz auf wenig spektakuläre Weise bemerkbar, jedoch nicht weniger nachhaltig auf seiten der Technik. Wo das Kunstwerk nicht schon lichtsymbolisch oder allegorisch den Schein der Offenbarungswahrheit wahrt, bleibt der Künstler auf die traditionellen Gestaltungsmittel und -regeln angewiesen. Die Mimesis einer Welt, die im Glauben transzendiert werden muß, hat aber nicht mehr wie bisher einen Eigenwert, ihre Regeln und

---

55 Vgl. CHRISTOPH MARKSCHIES, Gibt es eine ›Theologie der gotischen Kathedrale‹? Nochmals: Suger von Saint-Denis und Sankt Dionys vom Areopag (Heidelberg 1995), 46–60.
56 JOHANNES SCOTUS ERIUGENA, Expositiones in ierarchiam coelestem 1, 497, in: CCHR (L), Bd. 31, 14.
57 KURT FLASCH, Augustinus (Stuttgart-Bad Cannstatt 1994), 300.
58 AUGUSTINUS, Civ. 22, 19; dt.: Vom Gottesstaat, übers. v. W. Thimme, Bd. 2 (München ³1991), 796; vgl. AUGUSTINUS, De musica 6, 13, 38.
59 Vgl. AUGUSTINUS, Epistulae 102, 20.
60 AUGUSTINUS, De spiritu et littera 4, 6.
61 AUGUSTINUS, Conf. 10, 27; dt.: Confessiones/Bekenntnisse, lat.-dt., übers. v. J. Bernhart (München 1955), 547.
62 Ebd.
63 AUGUSTINUS, Conf. 4, 16; dt.: 183.

Maßstäbe erscheinen in der Folge verkürzt und vereinfacht, ihre Werke schematisiert. Boethius hatte noch in seiner *Consolatio philosophiae* versucht, das platonisch-pythagoreische Maßnehmen mit dem neuplatonischen Schönheitsdenken Plotins zu verbinden. Als die ›Quelle des Guten‹, heißt es im Hymnus ›O qui perpetua‹, ist Gott der Schönste, »pulcherrimus«[64]. Anders als bei Plotin erscheint das ›Licht des Geistes‹ an seiner Quelle noch mathematisch gebrochen, im Sinne einer Proportionenlehre. Dem Schöpfungsmythos des Platonischen *Timaios* folgend, schafft Gottes Befehl vollkommene Teile. Er bindet »mit Zahlen die Elemente, daß Hitze und Kälte, / Regen und Dürre ihr Maß einhalten« (numeris elementa ligas, ut frigora flammis / Arida conveniant liquidis – 3, 9; dt. 129). Das ›Urbild‹ der Welt (imago mundi) findet sich in Symmetrien wieder. Gott ist für Boethius Arithmetiker, wenn es um Gestaltungsfragen der Schöpfung geht.

Panofsky hat im Anschluß daran den Prozeß einer Schematisierung der Formgebung für die bildenden Künste des Mittelalters nachvollzogen. Wesentliches Merkmal ist dabei die Abkehr vom freien Spiel der Proportionen zugunsten einer dogmatischen Rückführung auf ein geistiges Grundmaß. Ausgangspunkt dieser Veränderung wäre demnach der »Polykleitische Kanon« mit seinen »anthropometrischen« Verhältnissen, die eine »organische Differenzierung«[65] nahelegen, wie sie in Galens *Placita Hippokratis et Platonis* (5, 3) expliziert werden. Eingeleitet wird die Wende durch den Einfluß des Byzantinismus, greifbar im *Malerbuch vom Berge Athos*. Zum Grundmaß geistigen Ursprungs wird hier das Längenmaß des Gesichts erklärt, aus dem more geometrico alle anderen Körpergrößen abgeleitet werden müssen.[66] Vollendet wird die Abkehr vom antiken Proportionsdenken in der *Art de pourtraicture* (1230–1235) des Villard de Honnecourt.

Die Neuausrichtung der Maßstäbe und Produktionsregeln gemäß der mittelalterlichen Patristik erhält eine Ergänzung in der Scholastik durch eine Neubestimmung der Wirkungsweise von Kunst. Der ursprünglich tragische Mitleidsgedanke des Aristoteles erscheint nun moralisch instrumentalisiert, Reinigung von Affekten geschieht im Hinblick auf ein kommendes Seelenheil. Hugo von St.

Viktor versucht entsprechend mit aristotelischen Mitteln vor allem das anagogische Moment der Ästhetik besser zu verstehen[67], Thomas von Aquin differenziert auf subjektiver Seite, die schönen Dinge seien diejenigen, »quae visa placent«[68] (deren Anblick gefällt).

2. Frühe Neuzeit (15. und 16. Jahrhundert)

Die frühe Neuzeit hat ihre Bedeutung für das Verhältnis von Ethik und Ästhetik vor allem als Schwellenepoche. Die Philosophie hält im 15. und 16. Jh. grundsätzlich an der Verknüpfung des Guten und des Schönen in den intellektuellen Formen, die dem Künstler Vorbild sein sollen, fest. Im Anschluß an die Antike erscheint das Schöne als die Außenseite des Guten, das beim Betrachter Wohlwollen und Liebe hervorruft. Der christlichen Aneignung Platonischer und spätplatonischer Gedanken zum Schönen folgend, wird die Liebe und das Wohlwollen im Gefolge des Schönen weiterhin mit der christlichen Moral identifiziert.

(a) Kunst und Moral. Nikolaus von Kues geht mit dem Platonismus davon aus, daß »die sichtbaren Dinge in Wahrheit Bilder der unsichtbaren Dinge sind« (visibilia veraciter invisibilium imagines esse), und »daß alles zueinander in einer gewissen, uns freilich verborgenen und unfaßbaren Proportion steht« (quoniam omnia ad se invicem quandam nobis tamen occultam et incomprehensibilem habent proportionem)[69]. Mit dem Neuplatonismus ist er darüber einig, daß jene Proportionen, so sie wahrhaft göttlich sind, dem menschli-

---

64 BOETHIUS, Consolatio philosophiae 3, 9; dt.: Trost der Philosophie, lat.-dt., hg. u. übers. v. E. Gegenschatz u. O. Gigon (München/Zürich 1990), 128.
65 ERWIN PANOFSKY, Die Entwicklung der Proportionslehre als Abbild der Stilentwicklung (1921), in: Panofsky, Sinn und Bedeutung in der bildenden Kunst (Köln 1978), 77 f.
66 Vgl. ebd., 85.
67 Vgl. UMBERTO ECO, Arte e bellezza nell'estetica medievale, Milano 1987, 78 f.; dt.: Kunst und Schönheit im Mittelalter, München/Wien 1991, 91 f.
68 THOMAS VON AQUIN, Summa theologiae I, q. 5, a. 4, ad 1.
69 NIKOLAUS VON KUES, De docta ignorantia I, 11; dt.: Die belehrte Unwissenheit, lat.-dt., hg. u. übers. v. H. G. Senger, Bd. 1 (Hamburg 1970), 41.

chen Geist wie seinem Blick nicht offenbar sind. Schönheit ist auch weiterhin ein absolutes Gottesprädikat neben dem Guten.[70] Für Marsilio Ficino ist »allseitige Vollkommenheit« (ab omni parte perfectum) das höchste Gut, wobei die Schönheit »äußere« (exterior) Vollkommenheit anzeigt, Güte die »innere« (interior)[71]. Schönheit des Körpers findet sich in der ›Aktualität‹ der Seele, die sich als Anmut und Lebhaftigkeit zeigt. Letztere haben platonisch gesprochen ordo, modus und species zur Voraussetzung.[72] Gemäß einer christlichen Wendung der Plotinischen Seinsstufung erscheint der schöne Körper an sich nicht als erstrebenswert. So schön der Körper auch sein mag, man darf ihn nicht lieben. Das ›Wesen der Schönheit‹ kann nicht im Körperlichen bestehen. Das Schöne ist nur wegen seines intellektuellen Gehalts das zum Guten Zurückrufende – Ficino leitet wie Pseudo-Dionysius ›kalos‹ von ›kaleō‹, rufen, ab.[73] Pseudo-Dionysius folgend, findet sich der ethische Aspekt des Schönen und seiner Betrachtung auf ähnliche Weise mit dem Wirken eines christlich gewendeten Eros verbunden immer noch bei Leone Ebreo (*Dialoghi d'amore*, 1535), Francesco Cattani da Diacetto (*I tre libri d'Amore*, 1561) und Bernardino Ochino (*Triginta Dialoghi*, 1563) wieder.

(b) Kunst und Amoral. Interessanter für die Ästhetik der Moderne und ihr Verhältnis zur Ethik ist die frühe Neuzeit in ihrer späten Tendenz zur Relativierung des Schönen. Zum ersten Mal bekommt Kunst im 16. Jh. den Anschein des Amoralischen, im Sinne eines Außermoralischen oder zumindest noch nicht Moralischen. Was sich im Zuge dieser Umwertung verkehrt, ist das Grundlegungsverhältnis des Guten und des Schönen. Dem Kanon folgend, gilt nicht mehr, daß die Güte eines Kunstwerks seine ästhetische Qualität bewirkt, sondern umgekehrt: die ästhetische Auszeichnung des Kunstwerks bedingt seine Güte. Schönheit ist nicht mehr das Äußerlichmachen innerer moralischer Größe, vielmehr ist nur über den äußeren ästhetischen Schein auf die innere ethische Qualität zu schließen. Man kann diese grundlegende Wendung der philosophischen Kunstbetrachtung vom Moralischen zum Amoralischen als eine Vorform des Ästhetizismus des 19. Jh. ansehen, insofern beide Bewegungen in der Folge einer metaphysischen Krise einsetzen.

Ausgangspunkt für die moralische Umwertung der Kunst ist dabei die Unerkennbarkeit der metaphysischen Formen der Schönheit und der Güte. Greifbar wird dies zum einen in der Neubewertung ästhetischer Auszeichnung. Maßgeblich ist nicht mehr die proportionsgetreue Schönheit, sondern die begrifflich unfaßbare Grazie und Anmut des Dargestellten. Sie findet sich in der Moralistik des 16. Jahrhunderts ausgehend von Baldassare Castiglione, der das Phänomen als »grazia« (Anmut), »charis« (Charme), »sprezzatura« (Nachlässigkeit), »disinvoltura« (Lässigkeit)[74] bezeichnet, weiter über Lodovico Dolce, Benedetto Varchi, Paolo Pino, Michel de Montaigne, Pierre Charron bis zu Francis Bacon, der in seinen *Essayes* (1625) noch einmal auf die Regellosigkeit echter Schönheit zurückkommt[75]. Montaigne formuliert die erkenntistheoretische Skepsis gegenüber der gängigen Metaphysik des Schönen am deutlichsten: »Voicy merveille: nous avons bien plus de poëtes, que de juges et interpretes de poësie. Il est plus aisé de la faire, que de la connoistre. A certaine mesure basse, on peut juger par les preceptes et par art. Mais la bonne, l'excessive, la divine est au-dessus des regles et de raison. Quiconque en discerne la beauté d'une veuë ferme et rassise, il ne la void pas, non plus que la splendeur d'un esclair«[76].

Weitere Voraussetzung für das Amoralisch-Werden der Kunst des ›Je ne sais quoi‹ ist die analoge Skepsis der Moralistik gegenüber der Erkennbarkeit der Tugendideale. Grundlegend auch hier wiederum Montaigne: »Il ne se recognait plus

---

70 Vgl. CUSANUS, Trialogus de possest 10.
71 MARSILIO FICINO, Commentarium Marsilii Ficini Florentini in Platonis de amore 5, 1; dt.: Über die Liebe oder Platons Gastmahl, lat.-dt., übers. v. K. P. Hasse (Hamburg 1994), 125.
72 Vgl. ebd., 5, 6.
73 Vgl. ebd., 5, 2; PSEUDO-DIONYSIUS, De divinis nominibus 4, 7.
74 BALDASSARE CASTIGLIONE, Il Libro del Cortegiano (1528), 1, 26.
75 Vgl. FRANCIS BACON, Of Beautie (XLIII), in: Bacon, Essayes or counsels civill and morall (1625; Oxford 1985), 132f.
76 MICHEL DE MONTAIGNE, Du jeune Caton, in: Montaigne, Œuvres complètes, hg. v. A. Thibaudet/M. Rat (Paris 1962), 227f. (Essais [1580] I, XXXVII).

d'action vertueuse: celles qui en portent le visage, elles n'en ont pas pourtant l'essence; car le profit, la gloire, la crainte, l'accoutumance et autres telles causes estrangeres nous acheminent à les produire. La justice, la vaillance, la debonnaireté que nous exerçons lors, elles peuvent estre ainsi nommées pour la consideration d'autruy, et du visage qu'elles portent en public« (226). Bekanntlich wird jene Tugend-Skepsis von La Rochefoucauld im 17. Jh. generalisiert und zum Grundthema der Moralistik erklärt. Die Maxime, die allen Maximen als Motto vorangestellt ist, lautet entsprechend: »Nos vertus ne sont, le plus souvent, que des vices déguisés«[77]. Jene Skepsis wird von der Moralistik in den verschiedensten gesellschaftlichen Kontexten durchdekliniert bis ins 20. Jh. hinein, in dem Alain immer noch behaupten kann: »La liberté intellectuelle, ou Sagesse, c'est le doute.«[78]

Amoralisch wird die Kunst für die Moralisten dort, wo sich die Skepsis gegenüber den Maßstäben der Moral mit der Skepsis gegenüber den platonisch-christlichen Normen der Schönheit trifft. Dies geschieht in der Verlagerung der künstlerischen Aufmerksamkeit von den transzendenten Formen auf den Prozeß der Gestaltung. Es kommt nicht mehr auf die Übereinstimmung des Werks mit seiner ästhetisch-sittlichen Form-Essenz an, sondern alleine auf die Ausführung der Kunst, die Abbilder schafft, dessen eines Urbild unerkennbar geworden ist. Das Gelingen des Werkes ist jetzt identisch mit dem Gelingen der Ausführung des Werkes; eingeführt werden dabei ästhetisches Gelingen und sittliche Auszeichnung. Es geht um die »forme entiere de l'humaine condition«[79], die jeder Mensch in sich trägt und deren wesentlicher Bestandteil die moralische Fassung seines Wesens sein muß. Sie ist nur noch zugänglich, insofern sich ihre Erscheinung – die *Essais* – dem Maßstab der Schönheit in der Erscheinung fügt, also Charme, ästhetische Anziehungskraft entwickelt. Als Analogon zur erscheinenden Schönheit im gefälligen Auftreten essayistischer Literatur bestimmt Montaigne die Moral in dieser Erscheinung als Authentizität. Nur noch die stilistische Übereinstimmung des Ich und der *Essais* (»Icy, nous allons conformément et tout à un trein, mon livre et moy«[80]) verbürgt ethische Zurechnungsfähigkeit. Neben der privaten Reduktion der Moral auf ein kompromißloses Selbstsein hat die Moralistik seit Castiglione das gesellschaftliche Ideal des honnête homme im Auge. Bei Castiglione definiert sich dieses Ideal noch im Ausgang der höfisch-ritterlichen Verhaltensmuster, bei La Rochefoucauld hat die ästhetische Auszeichnung gesellschaftlichen Verhaltens schließlich auf die Praxis übergegriffen. Die honnêteté ist alleine noch im Kodex geistreicher Salon-Konversation zu finden. Anmut und Grazie der Höflichkeit werden zum Selbstzweck einer ›morale substitutive‹[81]. Bernard Le Bovier de Fontenelle mit seinen *Dialogues des Morts* (1683), Jean de La Bruyère mit seinen *Caractères* (1688), Sébastien Roch Nicolas Chamfort mit den *Maximes et pensées* (1795), Giacomo Leopardi mit den *Pensieri* (entst. 1817–1832) knüpfen an diese ›amoralische‹ Auszeichnung der Gesellschaftskunst mehr oder weniger kritisch an.

3. Klassik und Aufklärung (17. und 18. Jahrhundert)

(a) Kunst und Moral. Die neuplatonisch-christliche Verbindung des Schönen mit dem Guten bleibt auch noch in der Traktatliteratur des 17. Jh. wirksam, so bei Johann Heinrich Alsted und Rudolf Glocenius.

Die traditionelle Verbindung der Idee des Schönen und Guten wird ebenfalls weitergepflegt im Rationalismus. Auf französischer Seite sind es Pierre Nicole und vor allem Nicole Malebranche, die weiterhin von den »beautez intelligibles«[82] ausgehen. Für Malebranche führen sie alle auf Gott zurück. Er sieht mit dem Schönheitsgefühl auch wieder einen Sinn für das Gute im Menschen

---

77 FRANÇOIS DE LA ROCHEFOUCAULD, Maximes et Réflexions diverses (1665), hg. v. J. Lafond (Paris 1976), 43.
78 ALAIN, Les propos d'un normand de 1912, hg. v. J. M. Allaire u. a. (Paris 1998), 217 (8. 6. 1912).
79 MONTAIGNE (s. Anm. 76), 782 (Essais III, II).
80 Ebd., 783.
81 Vgl. JEAN STAROBINSKI, La Rochefoucauld et les morales substitutives, in: La nouvelle Revue Française, N.S. 14 (1966), Nr. 164, 211–229.
82 NICOLAS MALEBRANCHE, Entretiens sur la métaphysique et sur la religion (1688), in: MALEBRANCHE, Bd. 12 (1965), 30.

eingepflanzt. Die beautés intelligibles werden im Rahmen der Querelle des Anciens et des Modernes zur Stützung des bon goût herangezogen, der neben der Klärung von Geschmacksfragen auch Fragen der Sittlichkeit berührt, wie im Streitfall der Bewertung Homerischer Epen deutlich wird.[83] Von Charles Perrault über Fontenelle bis Yves-Marie André herrscht Einigkeit darüber, daß es ein ›beau essentiel‹ gibt, das nicht nur für Wahrheit, Ordnung, sondern auch für ›l'honnête‹ und ›le décent‹ steht.[84]

Mit der Übernahme des englischen Sensualismus in der französischen Aufklärung wurde die Grundlage für ein neues Menschenbild gelegt. Die bahnbrechende Rezeption in der Kunsttheorie vollziehen 1719 Du Bos' *Réflexions critiques sur la poësie et sur la peinture*, mit denen das menschliche Empfinden in den Mittelpunkt ästhetischen Interesses rückt. In verschiedenen Tendenzen des ästhetischen Emotionalismus ist nun die Neigung zu spüren, moralische Herzensbildung weitgehend mit Kunstrezeption gleichzusetzen, so bei Jean Pierre de Crousaz (*Traité du beau*, 1715), Jean-Baptiste Du Bos mit Blick auf das Erhabene (*Réflexions critiques sur la poësie et sur la peinture*, 1719), Charles Batteux in Rücksicht auf das Schöne (*Les Beaux Arts réduits à un même principe*, 1746), John Dennis mit der Unterscheidung der Wirkung von Erhabenem und Schönem auf das Gemüt als Enthusiasmus und Angenehmes (*Letter To Mr. ****, 1717). Aufklärerisch wirkt Kunst im Anschluß daran, insofern bei Jean-Jacques Rousseau und Voltaire das Erhabene zum Ursprünglichen umdefiniert wird, das seinem Wesen nach das Naive oder Natürliche ist. Rousseau erwartet entsprechend die größten »effets moraux« in der Kunst dort, wo sie der Natur in ihrem Ausdruck am nächsten kommt, nämlich im »cri de la nature«; er bringt alleine noch die nötige »agitation de l'âme«[85] hervor, um das Herz moralisch zu rühren. Im Gegenzug dazu ist für Voltaire das Naive seiner Romanhelden Candide und Ingénu gerade nicht in ihrer kulturellen Naturverbundenheit zu suchen, sondern in ihrer natürlich gebliebenen Kultur. Der »goût de la vertu« wird zu einem »sentiment universel qu'on appelle honneur«, dessen Gefühl zum »pivot de la société«[86] wird.

In Deutschland vollzieht der Rationalismus diese Wende zur Empfindsamkeit im Übergang von Gottfried Wilhelm Leibniz, der wiederum an die neuplatonische Liebesmetaphysik des Schönen anknüpft[87], über Christian Wolff[88] zu Johann Christoph Gottsched (*Versuch einer kritischen Dichtkunst*, 1730). Die Schweizer Johann Jakob Bodmer und Johann Jakob Breitinger folgen wiederum der französischen Linie mit ihrer ästhetischen Wirkungsdifferenzierung des Schönen und des Erhabenen. Das Erhabene ist auch hier wieder »die höchste Kraft des Herzens«[89], das Schöne dagegen spricht Verstand und Witz an.

Einen aufklärerischen Zug bekommt die Empfindsamkeit in Deutschland im Anschluß an Gottsched vor allem durch Gotthold Ephraim Lessing und Friedrich Nicolai. Die moralische Auszeichnung wird dabei ›rezeptionsästhetisch‹ in einer Aneignung der Aristotelischen Katharsis-Lehre begründet. Diese Linie reicht zurück über Curtius, Gottsched, Corneille bis zu Opitz. Die Tragödie wird als ein »lehrreiches moralisches Gedichte«[90] vorgestellt. Friedrich Nicolai verstärkt in seiner *Abhandlung vom Trauerspiel* (1756) das Sensualistische an diesem Ansatz. Lessing folgt ihm darin, al-

---

83 Vgl. HANS ROBERT JAUSS, Ästhetische Normen und geschichtliche Reflexion in der Querelle des Anciens et des Modernes (München 1964), 8–64.
84 Vgl. YVES-MARIE ANDRÉ, Essai sur le beau (1741), in: E. G. Jouve, Dictionnaire d'esthétique chrétienne, in: Troisième et dernière Encyclopédie théologique, hg. v. J. P. Migne, Bd. 17 (Paris 1856), 853.
85 JEAN-JACQUES ROUSSEAU, Essai sur l'Origine des Langues (1781), in: ROUSSEAU, Bd. 5 (1995), 333.
86 VOLTAIRE, Traité de métaphysique (1734), in: Voltaire, Mélanges, hg. v. J. v. d. Heuvel (Paris 1961), 201 f.
87 Vgl. GOTTFRIED WILHELM LEIBNIZ, Bruchstücke, die Scientia Generalis betreffend (ca. 1678–95), in: Leibniz, Die philosophischen Schriften, hg. v. C. I. Gerhardt, Bd. 7 (Berlin 1890), 66–123.
88 Vgl. CHRISTIAN WOLFF, Psychologia empirica (1732), in: WOLFF, Abt. 2, Bd. 5 (1968), 420 f. (§543–546).
89 JOHANN JAKOB BODMER/JOHANN JAKOB BREITINGER, Critische Briefe (1746; Hildesheim 1969), 102.
90 GOTTSCHED, Die Schauspiele und besonders die Tragödien sind aus einer wohlbestellten Republik nicht zu verbannen (1729), in: Gottsched, Schriften zur Literatur, hg. v. H. Steinmetz (Stuttgart/Bad-Cannstatt 1972), 5.

lerdings soll das Trauerspiel über Nicolai hinaus »unsre Fähigkeit, Mitleid zu fühlen, erweitern«[91], womit das eigentliche Drama von der Bühne in das Gemüt zurückverlagert wird.

(b) Kunst und Unmoral. Auch die amoralische Kunstauffassung der Moralistik, die ihrerseits bis ins 18. Jh. reicht, findet im Zeitalter von Klassik und Aufklärung eine weitergehende Fortsetzung. Konsequenterweise ist dies die Literatur der libertins érudits, die aus der moralischen Indifferenz der Moralisten eine Verkehrung der moralischen Ausrichtung von Kunst machten. Im Gegenzug zu Rationalismus, Empfindsamkeit und Aufklärung soll der ästhetische Schein kein Ausdruck mehr von moralischer Vollkommenheit sein, sondern von moralischer Verkommenheit. Wie schon die Moralistik als Vorläufer des Ästhetizismus angesehen werden kann, so auch die Libertinage als Vorläufer einer Ästhetik des Häßlichen. Es geht den libertins darum, das Moralisch-Verwerfliche als einen ästhetisch ausgezeichneten Gegenstand darstellbar zu machen. Philosophische Grundlage dafür ist der Neo-Epikureismus, der im Gefolge Gassendis und La Mothe Le Vayers den Skeptizismus des klassischen Zeitalters zugunsten einer ›sinnlichen Gewißheit‹ des Sinnenplaisirs überwinden will. Die selbstbewußte Bohème von Diderots *Le Neveu de Rameau* ist die Folge davon, in der die Qualität des Lebens an der Qualität seiner virtuosen Inszenierung gemessen wird.

Definiert wird der Libertin, abgeleitet von lateinisch libertus, Sohn eines Freigelassenen, in Abgrenzung von den Atheisten der Aufklärung in *Dictionnaire critique, pittoresque et sentencieux* (1768): »Ce nom ne signifie qu'un homme débauché, & non un impie, comme le disent certains Dictionnaires.«[92] Jene Ausschweifung wird von der Literatur der Libertinage zum moralischen Vorbild erklärt. Romanhelden von Tristan l'Hermite bis zu Choderlos de Laclos bezeichnen sich entsprechend selbst als »une fidèle copie d'un lamentable original«[93]. Bedeutendster Strang der Libertinage sind die Satiren auf die zeitgenössischen Erziehungstraktate der französischen Klassik und der Aufklärung. Anstatt Konversion wird hier Perversion angeboten. Die lange Liste der meist clandestinen Schriften beginnt mit der anonymen *École des filles* (1668) und reicht über Claude Crébillon, Rétif de la Bretonne, Fougeret de Monbron bis zum Marquis de Sade und seiner *Philosophie dans le boudoir* (1795). Im Gestus des nachrousseauistischen Aufklärers kann er Befreiung von allen »liens absurdes et dangereux d'une vertu fantastique et d'une religion dégoûtante«[94] versprechen.

(c) Kunst und die Wiedergewinnung der Moral. Als zweite Hauptströmung etabliert sich im 17. Jh. neben dem kontinentalen Rationalismus der angelsächsische Empirismus. Von ihm ausgehend, stellt sich die traditionelle Verbindung von Ethik und Ästhetik als Problem dar. Kunst muß wie alle anderen Formen der Kultur in einen physiologisch-psychologischen Zusammenhang mit dem Körper gebracht werden. Dieser Zusammenhang kann allerdings im Rahmen der empiristischen Begrifflichkeit von ›matter in motion‹ zuerst nur utilitaristisch gefaßt werden. So unterscheidet Thomas Hobbes pulchrum und turpe in Beziehung auf ihre Nützlichkeit. Nützlich sind schöne Gegenstände, weil sie angenehm sind und darüber hinaus Gutes versprechen, sie sind »good in the promise«; turpe ist entsprechend »that, which promiseth evil«[95]. Gut und böse sind also keine moralischen Auszeichnungen des Schönen und Häßlichen, sondern Kategorien der Zweckrationalität.

Das Problem einer moralischen Dimension des Schönen löst der Empirismus in der Folge so: Für die Kunst wird ein eigener moralischer Sinn, der moral sense postuliert, der schließlich auch noch in der Kunst eine objektive Entsprechung finden soll. Shaftesbury ist hierfür wegbereitend, insofern er einerseits im Menschen einen »Instinct« für Schönheit eingepflanzt sieht, der wie die Natur »teaches,

---

91 GOTTHOLD EPHRAIM LESSING, Hamburgische Dramaturgie (1767–1768), hg. v. K. L. Berghahn (Stuttgart 1981), 184.
92 LOUIS ANTOINE DE CARACCIOLI, ›Libertin‹, in: Dictionnaire critique, pittoresque et sentencieux (Lyon 1768), 369.
93 TRISTAN L'HERMITE, Le Page disgracié (1643), in: Libertins du XVIIe siècle, hg. v. J. Prévot (Paris 1998), 383.
94 DONATIEN ALPHONSE FRANÇOIS DE SADE, La Philosophie dans le boudoir (1795), in: Sade, Œuvres, hg. v. M. Delon, Bd. 3 (Paris 1998), 3.
95 THOMAS HOBBES, Leviathan (1651), in: HOBBES (ENGL), Bd. 3/1 (1839), 41.

exclusive of Art, Culture or Discipline«[96]; andererseits aber jenen Instinkt an die Neuplatonische Seelenmetaphysik und Moralisierung des Schönen und Erhabenen rückbindet.[97] Mit Francis Hutcheson beginnt die psychologische Differenzierung dieses Schönheitskonzepts, indem der Instinkt zum inneren Sinn und zugleich »moral sense« wird, mit dem »the *Author* of Nature has [...] furnish'd us for a virtuous Conduct«[98]. Weiter differenziert wird die empiristische Psychologie von David Hume, der sich um die Verläßlichkeit eines solchen »sentiment of beauty«[99] sorgt. Bei der »great variety of Taste« (266) gerät auch die moralische Komponente des Schönen leicht in das Zwielicht kontingenter Sinneserfahrungen. Seine *Standards of Taste* sollen vor allem auf subjektiver Seite die nötige Objektivität des Geschmacksurteils herbeiführen. Im Anschluß daran ermittelt Edmund Burke eine ›Logik des Geschmacks‹, die jene ästhetischen Erfahrung zu ermitteln sucht, die die größte moralische Wirkung beim Betrachter hervorruft. Diese identifiziert er im erhabenen Anblick überwältigender Erscheinungen, die subjektiv ›modified terror‹, auch ›delightful terror‹[100] hervorrufen. Der Anblick von Schönheit bewirkt dagegen nur Zuneigung (»love«[101]), was allerdings bereits nicht mehr utilitaristisch als frei von Begierde, also ›interesselos‹ erkannt wird. Thomas Reid versucht schließlich, jene moralische Auszeichnung vom Subjekt der Anschauung in die Objekte zurückzuverlagern. Schönheit besteht in »those actions & qualities of mind which command our admiration and esteem«, Erhabenheit kommt nur dem »supreme Being«[102] selbst zu. Jene letzte Wiedergewinnung des moralischen Maßstabs im Gegenstand wird allerdings schon wieder mit ästhetischen Einbußen erkauft. Denn nur noch die ›qualities of mind‹ der dargestellten Handelnden sind überhaupt noch schön oder erhaben zu nennen.

Martin Gessmann

IV. Deutscher Idealismus

1. Kant

Kants Ästhetik stellt die entscheidende Wende von der klassischen Theorie schöner Gegenstände zu einer modernen, subjektzentrierten Theorie ästhetischer Erfahrung dar. Dreierlei ist mit der Wende zum Subjekt verbunden: (1) Kant verzichtet auf eine Ontologie des Schönen. Gültige Geschmacksurteile sagen nichts über die Beschaffenheit empirischer Gegenstände aus; Schönheit und Erhabenheit sind keine Eigenschaften der Objekte. Geschmacksurteile beziehen sich vielmehr auf einen Gefühlszustand subjektiven Wohlgefallens, der sich aus einer besonderen selbstreflexiven Konstellation der Erkenntnisvermögen herleitet. (2) Kant begründet die Autonomie der Ästhetik als Disziplin, die sich von Erkenntnislehre und Moralphilosophie unterscheidet. Ästhetische Urteile gehören nicht der theoretischen Reflexion an, weil sie die Welt nicht bestimmend darauf festlegen, wie sie ist; sie gehören aber auch nicht der Moralphilosophie an, weil sie nichts darüber aussagen, wie die Welt sein soll. Die Ästhetik schreibt der Welt einen Sinn unabhängig von aller theoretischen und moralischen Bestimmung zu. (3) Kant begründet mit der Theorie des Genies eine Autonomie der schönen Künste: »Zur Beurtheilung schöner Gegenstände als solcher wird *Geschmack*, zur schönen Kunst selbst aber, d. i. der Hervorbringung solcher Gegenstände, wird *Genie* erforderdt«[103]. Der Maßstab der künstlerischen Produktion muß wie der Maßstab ihrer Beurteilung aus dem Subjekt selbst kommen. Dies ist dann gegeben, wenn der Künstler ein besonderes »Talent (Naturgabe)« (307; § 46) besitzt. Jenes ›ingenium‹ befreit die schönen Kün-

---

96 ANTHONY ASHLEY COOPER SHAFTESBURY, The Moralists (1709), in: SHAFTESBURY, Abt. 2, Bd. 1 (1987), 341.
97 Vgl. ebd., 264 f.
98 FRANCIS HUTCHESON, An Inquiry into the Original of our Ideas of Beauty and Virtue (1725; Hildesheim u. a. 1990), VII.
99 DAVID HUME, Of the Standard of Taste (1757), in: HUME, Bd. 3 (1875), 272.
100 Vgl. BURKE, 136.
101 Ebd., 113.
102 THOMAS REID, Lectures on the fine Arts, hg. v. P. Kivy (Den Haag 1973), 41.
103 IMMANUEL KANT, Kritik der Urtheilskraft (1790), in: KANT (AA), Bd. 5 (1908), 311 (§ 48).

ste von ihrer Bindung an normative Vorgaben und vorgegebene Gestaltungsmuster, denn »Originalität« muß »seine erste Eigenschaft sein« (308; § 46).

Indem die Ästhetik als eigenständige philosophische Disziplin etabliert wird, sieht Kant auch die Möglichkeit, die traditionelle Rückbindung des künstlerischen Scheins an die Moral auf systematischer Grundlage zu erneuern. Zum ersten Mal kann nun von einem eigentlich moralischen Charakter der Ästhetik gesprochen werden, insofern dieser nicht schon von vornherein ihrer Idee eingeschrieben ist. Auf zwei Ebenen läßt sich die Verbindung von Gutem, Schönen und Erhabenen bei Kant differenzieren: Zum einen auf der Ebene der reflexiven Konstitutionsbedingungen der Ästhetik selbst, d. h. insofern sie architektonischer und autonomer Teil der *Transzendentalphilosophie* ist; zum anderen, unabhängig vom transzendentalphilosophischen Problem der Autonomie des Ästhetischen, auf dem Niveau einer *anthropologischen* Reflexion darüber, ob und inwiefern das Ästhetische etwas zum Problem konkreten moralischen Handelns beiträgt. Einmal hebt damit die Ästhetik eine reflexive Zweckmäßigkeit hervor, die so wenig wie das Sittengesetz durch empirische Naturgesetze zu erklären ist. Zum anderen übt die Ästhetik einen – wenn auch nur indirekten – Einfluß auf die Motivation unseres Handelns aus. Dadurch erhält sie eine praktische Dimension. All dies gilt für beide Sorten ästhetischer Urteile, nämlich sowohl für das Schöne als auch für das Erhabene. Beide sind jedoch in ihrer Relevanz für das Praktische nicht gleichgewichtig. Der Beitrag des Erhabenen zur Moral fällt deutlicher und gewichtiger aus als der des Schönen. Sie unterstützen nämlich zwei grundsätzlich verschiedene Verhältnisse zwischen der Vernunft, der Einbildungskraft und der Sinnlichkeit.

(a) Das theoretische Verhältnis von Schönheit und Erhabenheit zur Moralität. Den empirischen Begriffen entsprechen in der empirischen – gegebenen – Anschauung Beispiele; den reinen Verstandesbegriffen (Kategorien) entsprechen in der reinen Anschauung (d. h. als Bedingungen der Erfahrung überhaupt) Schemata. Durch solche Formen der Anschauung entstehen Erkenntnis- bzw. Verstandesurteile. Dagegen entspricht den Ideen der Vernunft keine objektive Anschauung. Dennoch lassen sie sich auf Anschauungen beziehen, und zwar durch den Umstand, daß sie derselben Regel der Einbildungskraft wie diese Urteile folgen; das Geschmacksurteil ist ein bloß reflexives Urteil der menschlichen Vermögen, nicht unmittelbar auf sinnliche Anschauung gerichtet, sondern auf das Verhältnis von Einbildungskraft und Verstand. Diese selbstreflexive Beziehung nennt Kant ein *freies* Spiel der beiden Vermögen; er bezeichnet es als ›symbolisch‹.[104] Der Idee des Guten, d. h. dem Sittengesetz können auf diese Weise Anschauungen entsprechen, die durch diesen Rückbezug auf die Moral ein Gefühl des Wohlgefallens in uns hervorrufen: die Schönheit ist das »Symbol des Sittlich-Guten« (353; §59).

Im Gegensatz dazu bezieht sich im Erhabenen das Sittengesetz nicht in Form einer Vermittlung, sondern primär negativ auf die Verstandesbegriffe: erhaben sind Anschauungen, denen weder ein Verstandesbegriff noch ein Vernunftbegriff (Idee) angemessen ist. Indem die erhabenen Gegenstände die Fassungskraft der Verstandesbegriffe überfordern, weisen solche Anschauungen schließlich dennoch – wenn auch eben nur negativ – auf etwas Unbestimmtes und Übersinnliches hin, unter dessen Gewalt die Sinnlichkeit, mithin auch die Neigungen gedacht werden müssen. Dieses unbestimmte Übersinnliche läßt sich zwar mit dem Sittengesetz nicht unmittelbar identifizieren, dennoch wird den natürlichen Neigungen dank des Erhabenen der Widerstand gegen die moralische Pflicht genommen; das Erhabene fördert auf diese Weise die Achtung vor dem Sittengesetz. Während das Schöne durch ein Spiel der Einbildungskraft zwischen Vernunft und Sinnlichkeit entsteht, erhält das Erhabene als »vernünftelnde Contemplation« (292; § 39) den Ernst eines von der Sinnlichkeit gänzlich unabhängigen Vernunftverfahrens.

Dem Unterschied zwischen jenem freien Spiel des Schönen und diesem Ernst des Erhabenen entspricht die Unterscheidung zwischen Legalität und Moralität in der *Grundlegung zur Metaphysik der Sitten*. Kant definiert die bloße Legalität der Handlungen als die Beachtung des Sittengesetzes in den Fällen, in denen es mit der Neigung überein-

---

104 Vgl. ebd., 264–278, 351–354 (§§ 29 u. 59).

stimmt. Moralität heißt mehr, nämlich aus Pflicht handeln, was sich in der Beachtung des Sittengesetzes auch in Kollisionsfällen zeigt. Nun muß das Schöne »ohne alles Interesse gefallen« (267; § 29). Wie die Moralität, so verlangt auch das Erhabene mehr: Erhaben ist nur »das, was durch seinen Widerstand gegen das Interesse der Sinne unmittelbar gefällt« (267; § 29). Das Schöne beruht auf der Harmonie zwischen der Anschauung und dem Sittengesetz; das Erhabene zeigt sich in ihrer Kollision. Darum kann auch das Schöne kein direktes Motiv des moralischen Handelns sein; es kann das moralische Handeln sogar behindern: »Der Affect von der *schmelzenden* Art« etwa, »welcher die Bestrebung zu widerstehen selbst zum Gegenstande der Unlust [...] macht«, »hat nichts *Edeles* an sich, kann aber zum Schönen der Sinnesart gezählt werden« (272 f., § 29). Bestenfalls kann sich an das Gefühl des Schönen ein moralisches Motiv indirekt anschließen. Allerdings: was dem Geschmack auf diese Weise folgt, kann genausogut nur »etwas Empirisches sein, nämlich eine Neigung, die der menschlichen Natur eigen ist« (296; § 41). Deshalb erweist sich das Gefühl des Erhabenen als ein geeigneteres Mittel als das Gefühl des Schönen, das Motiv der Handlung im Sinne der Erfüllung des Sittengesetzes zu beeinflussen. Nach Kant können das Tugendhafte und das Erhabene nur wechselseitig durch einander vorgestellt werden. Nur das Erhabene kann die »Gewalt, welche die Vernunft der Sinnlichkeit« im Konfliktfall antun muß, vorstellen, da nur das Erhabene »mehr das Gefühl der Achtung (welches den Reiz verschmäht), als der Liebe und vertraulichen Zuneigung erwecke«. »Umgekehrt wird auch das, was wir in der Natur außer uns, oder auch in uns (z. B. gewisse Affecte) erhaben nennen, nur als eine Macht des Gemüths, sich über *gewisse* Hindernisse der Sinnlichkeit durch moralische Grundsätze zu schwingen, vorgestellt und dadurch interessant werden« (271; § 29).

(b) Das pragmatische Verhältnis von Ästhetik und Moral: Moralische Differenzierung des Schönen und des Erhabenen. Hierdurch können allerdings auch Affekte wie Verzweiflung oder Zorn erhaben sein, obgleich der Zorn etwa zum Haß, d. h. zu einem unsittlichen Motiv führen kann. Hier zeigt sich, daß das Erhabene an sich kein Motiv der Handlung ist; das Erhabene kann nur »das Bewußtsein unserer Kräfte, jeden Widerstand zu überwinden« (272; § 29), erwecken. Wie das Gefühl des Schönen das bloße *Bewußtsein* des Sittengesetzes bedeutet, so ist auch das Erhabene nichts mehr als das bloße *Bewußtsein* des nötigen Widerstands gegen die Neigung, d. h. der Pflicht. Damit wird aber weder eine Handlung durchgeführt, noch ist auch nur eine Maxime gegeben.

Kant bewertet die beiden Bewußtseinszustände sehr unterschiedlich. Das Interesse für das Schöne zeigt »eine dem moralischen Gefühl günstige Gemüthsstimmung« (299; § 42), wohl aber noch nicht das moralische Gefühl selbst an. Es schafft nur eine Disposition. Dagegen beweist das Gefühl des Erhabenen die Achtung vor dem Übersinnlichen, und als ein solches Gefühl ist es immerhin schon ein Element der »Empfänglichkeit der bloßen Achtung für das moralische Gesetz in uns«, wodurch Kant das »moralische Gefühl«[105] selbst definiert.

Daß erst die Achtung vor dem moralischen Gesetz das moralische Gefühl ausmacht, erklärt die Bevorzugung der Affektlosigkeit und gar der Bildlosigkeit in Kants Auffassung des Erhabenen. Hieraus ergibt sich eine weitere moralische Differenzierung verschiedener Formen des Erhabenen. Der Enthusiasmus als »Idee des Guten mit Affect« ist wohl erhaben, trotzdem gilt: »Affectlosigkeit [...] ist und zwar auf weit vorzüglichere Art erhaben, weil sie zugleich das Wohlgefallen der reinen Vernunft auf ihrer Seite hat«[106]. Felsen, Blitz und Donner, Vulkane, Orkane, Wasserfälle[107] und der bestirnte Himmel über dem Menschen sind an sich nicht zwangsläufig mit Affekten verbunden; sie können es aber durchaus sein, etwa mit Zorn oder Verzweiflung, wenn diese Naturkräfte Tod, Verwüstung und Elend verursachen (also der von Kant geforderte Beobachterstatus des Subjekts nicht durchgehalten werden kann, wenn der Zuschauer aus der Ferne zum Betroffenen aus der Nähe wird). Darum gilt der moralische Superlativ

---

105 KANT, Die Religion innerhalb der Grenzen der bloßen Vernunft (²1794), in: KANT (AA), Bd. 6 (1907), 27.
106 KANT (s. Anm. 103), 272 (§ 29).
107 Vgl. ebd., 261 (§ 28).

nur für das Bildlose. Kant kennt »keine erhabenere Stelle im Gesetzbuche der Juden, als das Gebot: Du sollst Dir kein Bildnis machen, noch irgend ein Gleichniß« (274; § 29). Weiter erklärt er: »da, wo nun die Sinne nichts mehr vor sich sehen, und die unverkennliche und unauslöschliche Idee der Sittlichkeit dennoch übrig bleibt, würde es eher nötig sein, den Schwung einer unbegränzten Einbildungskraft zu mäßigen, um ihn nicht bis zum Enthusiasm steigen zu lassen, als aus Furcht vor Kraftlosigkeit dieser Ideen für sie in Bildern und kindischem Apparat Hülfe zu suchen« (274; § 29). Denn Bilder sind sinnlich und können daher immer auch Affekte verursachen. Jene moralisch geforderte Bildlosigkeit kann allerdings nicht grenzenlos sein. Ab einem bestimmten Punkt der sinnlichen Verarmung würde wohl die Ästhetik im allgemeinen und im besonderen auch das Erhabene aufgehoben werden. Das göttliche Gebot gehört noch zur Ästhetik und nicht zum Sittengesetz, weil dieses Gebot in einer Offenbarung in der empirischen Geschichte dem Propheten erteilt wurde.

(c) Das moralische Interesse an der Schönheit und am Erhabenen. Weder das Schöne noch das Erhabene kann die Moralität herstellen; sie vermögen ihr allenfalls dadurch negativ zu helfen, daß sie den Widerstand der Neigungen gegen das Sittengesetz abschwächen. Mehr noch: wenn es ästhetische Gefühle gibt, so muß ein moralisches Interesse vorausgesetzt werden, das einschlägige ästhetische Gefühl bzw. den Geschmack zu entwickeln. Es lassen sich fünf Stufen dieses moralischen Interesses unterscheiden. Erstens ist es »ein Zeichen eines guten moralischen Charakters [...], am Schönen überhaupt ein Interesse zu nehmen« (298; § 42). Diese »Lust am Schönen« ist »die gemeine Auffassung eines Gegenstandes durch die Einbildungskraft«, »die gemeinste Erfahrung« (292; § 39). Denn der gute moralische Charakter ist als gutes Prinzip neben dem bösen Prinzip in jedem Menschen vorhanden. Zweitens gibt es ein Interesse der Vernunft am Schönen der Natur, »daß die Ideen [...] auch objective Realität haben« (300; § 42), d. h. daß Natur und Sittengesetz miteinander übereinstimmen. Wenn diese Übereinstimmung durch die Kunst hergestellt wird, so hat sie für Kant keine objektive Realität. Also kann das Interesse am Schönen der Kunst kein moralisches Interesse sein. Um das Interesse am Schönen der Natur auszubilden, muß man »vorher schon sein Interesse am Sittlich-Guten wohlgegründet« haben. Dies bedeutet, daß man vorher über eine ausgebildete »Denkungsart [...] zum Guten« (300 f.; § 42) verfügt. Es muß also eine Gesinnung vorhanden sein, die will, daß Handlungen mit dem Sittengesetz übereinstimmen sollten, was allerdings noch nicht garantiert, daß bestimmte Maximen einzelner Handlungen das Sittengesetz nicht vielleicht doch verletzen werden. Drittens, »wenn dieses Interesse [an der Schönheit der Natur] habituell ist«, zeigt es »wenigstens eine dem moralischen Gefühl günstige Gemüthsstimmung« (299; § 42) an. Diese »lange Gewohnheit [...], durch die der Mensch vom Hange zum Laster [...] in einen entgegengesetzten Hang übergekommen ist«[108], entläßt aber aus sich noch nicht notwendig eine Handlung aus Pflicht, weil sich letztere nur in Konfliktfällen zwischen der Pflicht und der Neigung zeigt. Viertens erweist sich in einem solchen Konfliktfall erhaben derjenige, »welcher einsam (und ohne Absicht, seine Bemerkungen andren mittheilen zu wollen) die schöne Gestalt einer wilden Blume, eines Vogels, eines Insects u. s. w. betrachtet, um sie zu bewundern, zu lieben und sie nicht gerne in der Natur überhaupt vermissen zu wollen, ob ihm gleich dadurch einiger Schaden geschähe, viel weniger ein Nutzen daraus für ihn hervorleuchtete«; er »nimmt ein unmittelbares und zwar intellectuelles Interesse an der Schönheit der Natur«[109]. Hier wird der am Schönen der Natur Interessierte selber zu einem Gegenstand eines Gefühls des Erhabenen der – in diesem Fall menschlichen – Natur. Fünftens setzt die »Lust am Erhabenen der Natur« das Gefühl »seiner übersinnlichen Bestimmung« (292; § 39) voraus, was mehr als die bloße moralische Gesinnung ist, denn die Postulate der praktischen Vernunft (z. B. die Unsterblichkeit der Seele) sind dafür nötig.

(d) Moralisierung durch Zivilisation dank der Ästhetik? Nicht nur im Bereich der Ausbildung persönlicher Moral, sondern auch auf der Ebene der kollektiven Moral erhält die Ästhetik eine wichtige Rolle. Kant sieht das Gefühl des Schönen

---
108 KANT (s. Anm. 105), 47.
109 KANT (s. Anm. 103), 299 (§ 42).

als Beförderungsmittel dessen, was der Trieb der Geselligkeit verlangt, der einer der beiden Grundtriebe in jedem Menschen ist. »Für sich allein würde ein verlassener Mensch auf einer wüsten Insel weder seine Hütte, noch sich selbst ausputzen, oder Blumen aufsuchen, noch weniger sie pflanzen, um sich damit auszuschmücken; sondern nur in Gesellschaft kommt es ihm ein, nicht bloß Mensch, sondern auch nach seiner Art ein feiner Mensch zu sein (der Anfang der Civilisirung): denn als einen solchen beurtheilt man denjenigen, [...] den ein Object nicht befriedigt, wenn er das Wohlgefallen an demselben nicht in Gemeinschaft mit andren fühlen kann« (297; § 41). Im Laufe der Zivilisierung wird die allgemeine Mitteilbarkeit des Gefühls vom Schönen von einer bloßen Bedingung des Wohlgefallens zum wesentlichen Teil seines Wertes.

Allerdings handelt es sich dabei nicht um ein moralisches Interesse, sondern um ein empirisches Interesse am Schönen, das als solches »einen nur sehr zweideutigen Übergang vom Angenehmen zum Guten abgeben könne« (298; § 41). Die Zivilisierung erhält jedoch immerhin die Bedeutung einer gewissen Legalität, wohl aber keinesfalls einer Moralität der kollektiven und individuellen Handlungen. Die Zivilisierung ist »das Sittenähnliche in der Ehrliebe und der äußeren Anständigkeit«[110].

Unter dem Gesichtspunkt der Idee einer allgemeinen Geschichte übt das empirische gesellige Interesse am Schönen jedoch auch eine doppelte Wirkung auf die Moralität aus. Erstens bedeutet es als Ausdruck des die Entwicklung der Künste und Talente befördernden Triebes den letzten Schritt vor der Einrichtung eines »weltbürgerlichen Zustandes der öffentlichen Staatssicherheit« (ebd.), die wiederum die Freiheit der Bürger sichert und es ihnen dadurch leichter macht, dem Sittengesetz zu gehorchen. Zweitens befürwortet Kant eine Art Sittenpolizei, deren Aufgabe die Durchsetzung der »Anständigkeit« ist, »denn daß das Gefühl für diese (*sensus decori*) als negativer Geschmack durch Bettelei, Lärmen auf Straßen, Gestank, öffentliche Wollust (*venus volgivaga*), als Verletzung des moralischen Sinnes, nicht abgestumpft werde, erleichtert der Regierung gar sehr ihr Geschäfte, das Volk durch Gesetze zu lenken«[111].

2. Schiller

(a) Entwicklung des Spieltriebes als Bestimmung des Menschen. Schiller übernimmt weitgehend Kants theoretische und praktische Philosophie sowie seine Auffassung des Schönen. Anders als Kant hält er aber die Vermittlungsfunktion der Ästhetik zwischen der praktischen und der theoretischen Philosophie nicht für bloß reflexiv und ordnet sie nicht nur einer Ästhetik der Natur zu. Sie ist auch praktisch und findet ihren Mittelpunkt in einer Ästhetik der Kunst. Zudem steht der Mensch im Mittelpunkt, dessen Bestimmung die Erfüllung der jeweiligen Forderungen sowohl der Vernunft als auch der Natur ist. Durch die Erfüllung dieser doppelten Forderung wird vermieden, daß der Mensch der einseitigen Herrschaft der Vernunft bzw. der Natur ausgesetzt wird; denn nur die doppelte Nötigung durch das Naturgesetz und durch das Sittengesetz zugleich gewährleistet die Freiheit gegenüber den beiden. Die Vereinigung der Natur und der Vernunft ist also kein Postulat der bloßen Hoffnung mehr wie bei Kant, sondern die moralische und zugleich ästhetische Aufgabe des Menschen, ohne deren Erfüllung der Mensch unvollendet bleibt.

Zwischen Vernunft und Natur besteht weder ein Widerspruch noch ein Gegensatz, denn ihre eigentlichen Gebiete überschneiden sich nicht. Die »Kultur wird also darin bestehen: *erstlich* dem empfangenden Vermögen die vielfältigsten Berührungen mit der Welt zu verschaffen, und auf Seiten des Gefühls die Passivität aufs höchste zu treiben: *zweytens* dem bestimmenden Vermögen die höchste Unabhängigkeit von dem empfangenden zu erwerben, und auf Seiten der Vernunft die Aktivität aufs höchste zu treiben«[112]. Dem Menschen kommt zu, den Sachtrieb zu den Empfindungen und den Formtrieb zur Freiheit *gleichzeitig* möglichst zu entwickeln, so daß »ein dritter

---

110 KANT, Idee zu einer allgemeinen Geschichte in weltbürgerlicher Absicht (1784), in: KANT (AA), Bd. 8 (1912), 26.
111 KANT, Die Metaphysik der Sitten (1797), in: KANT (AA), Bd. 6 (1907), 325 (§ 49).
112 SCHILLER, Ueber die ästhetische Erziehung des Menschen in einer Reihe von Briefen (1795), in: SCHILLER, Bd. 20 (1962), 349.

Grundtrieb, der beyde vermitteln könnte, [...] schlechterdings ein undenkbarer Begriff« (347) ist. Im Spieltrieb zur Schönheit werden die beiden Triebe nämlich nicht miteinander ›vermittelt‹, sondern sie ›wirken zusammen‹[113]. So erläutert Schiller die Funktion der Ästhetik: »Der sinnliche Trieb will bestimmt *werden*, er will sein Objekt empfangen; der Formtrieb will *selbst* bestimmen, er will sein Objekt hervorbringen: der Spieltrieb will also bestrebt seyn, so zu empfangen, wie er selbst hervorgebracht hätte, und so hervorzubringen, wie der Sinn zu empfangen trachtet« (354).

(b) Künste, Unnatur und Unsittlichkeit. Daraus ergeben sich für den Menschen symmetrische Verfehlungen seiner Bestimmung. Das Verhältnis zwischen den beiden Trieben kann nämlich auf zweifache Weise verkehrt werden, was jedesmal geschieht, wenn Gefühl und Vernunft die jeweils entgegengesetzte Rolle einnehmen. Einerseits besteht die »Rohigkeit« der »bloßen Natur« (321) des »Wilden« darin, daß »seine Gefühle über seine Grundsätze herrschen« (318); andererseits entsteht die »Verkehrtheit« der »Unnatur« (321) beim »Barbaren« daraus, daß »seine Grundsätze seine Gefühle zerstören« (318). Dann erweist sich die mit dem Erhabenen verwandte Ethik Kants als unsittlich; sie wird »jederzeit von einer noch mangelhaften Bildung zeugen, wenn der sittliche Charakter nur mit Aufopferung des natürlichen sich behaupten kann« (317). »In der Erfahrung *giebt es* eine schmelzende und energische Schönheit« (361) statt – wie bei Kant – eines »Affects von der *wackeren Art*« *und* eines »Affects von der *schmelzenden Art*«[114], welche dem moralisch höher zu schätzenden Desinteresse entgegengesetzt wäre.

Wie Rousseau spricht auch Schiller von »einer Totalität in unserer Natur, welche die Kunst zerstört hat«. Diese Totalität ist aber »durch eine höhere Kunst wieder herzustellen«[115]. Die erste Kunst ist nämlich eine einseitige Kunst im gemeinen Sinne der Künste, eine Kunst des Verstandes, während die höhere Kunst Gefühl und Verstand einschließt. Dadurch gewinnt die Kunst einen moralischen Rang, den sie bei Kant verloren hatte. Allerdings erhält sie nur dann diese Rolle, wenn sie sich durch die Natur belehren läßt: »Die Natur zeichnet uns in ihrer physischen Schöpfung den Weg vor, den man in der moralischen zu wandeln hat« (329), so daß es für uns nur noch darum geht, »das Werk der Noth in ein Werk seiner freyen Wahl umzuschaffen« (313). »Der gebildete Mensch macht die Natur zu seinem Freund, und ehrt ihre Freyheit, indem er bloß ihre Willkühr zügelt« (318), denn es ist die Schönheit, »durch welche man in die Freyheit wandert« (312). Wie bei Kant (§ 42) erhält die niedrigere Kunst einen moralischen – allerdings sekundären – Rang nur dann, wenn sie die Natur nachahmt, denn »die Wahrheit lebt in der Täuschung fort, und aus dem Nachbilde wird das Urbild wieder hergestellt werden« (334).

(c) Ästhetische Erziehung und politische Befreiung. Der Weg von der Not zum Werk der freien Wahl durch das ästhetische Spiel geht über die Etappe der »freyen Bewegung« bzw. des »physischen Spieles« (406). Dieser Hinweis zeigt, daß der ästhetische Sinn zuerst zu erwecken und zu erziehen ist. Nun geschieht diese Erziehung in der politischen Gemeinschaft, die von Schiller wiederum als eine Kunst betrachtet wird. Vortreffliches und spezifisches Material der höheren Kunst ist also der Mensch selber, demgegenüber ein moralisches Verhalten geboten ist: »Wenn der mechanische Künstler seine Hand an die gestaltlose Masse legt, um ihr die Form seiner Zwecke zu geben, so trägt er kein Bedenken, ihr Gewalt anzuthun; denn die Natur, die er bearbeitet, verdient für sich selbst keine Achtung [...]. Ganz anders verhält es sich mit dem pädagogischen und politischen Künstler, der den Menschen zugleich zu seinem Material und zu seiner Aufgabe macht« (317). Die durch die höhere Kunst zu erzielende politische Freiheit setzt Schiller dem mechanischen System sowohl des Absolutismus als auch dem kantischen Rechtsstaates entgegen, der auch »für ein Volk von Teufeln«[116] gedacht ist. Vom kantischen Symbol des Guten wird das Schöne zum »Symbol seiner [d. h. des Menschen] ausgeführten Bestimmung«[117].

Auch seine Beurteilung der Antike fällt nuanciert aus. Einerseits spricht er von »jenem schönen

---
113 Vgl. ebd., 352 ff.
114 KANT (s. Anm. 103), 272 (§ 29).
115 SCHILLER (s. Anm. 112), 328.
116 KANT, Zum ewigen Frieden (1795), in: KANT (AA), Bd. 8 (1912), 366.
117 SCHILLER (s. Anm. 112), 353.

Erwachen der Geisteskräfte«, bei dem »die Sinne und der Geist noch kein strenge geschiedenes Eigenthum« (321) hatten. Andererseits lehnt er jede Begeisterung für die Kunst der Antike im üblichen Sinne der schönen Künste ab, weil diese mit der höheren Kunst der griechischen Polis kollidieren: »wohin wir immer in der vergangenen Welt unsre Augen richten, da finden wir, daß Geschmack und Freyheit einander fliehen, und daß die Schönheit nur auf den Untergang heroischer Tugenden ihre Herrschaft gründet« (340).

3. Fichte

Für Fichte müssen Freiheit und Ästhetik Hand in Hand gehen: »wenn es von der einen Seite nicht rathsam ist, die Menschen frei zu lassen, ehe ihr ästhetischer Sinn entwickelt ist, so ist es von der anderen Seite unmöglich, diesen zu entwickeln, ehe sie frei sind; und die Idee, durch ästhetische Erziehung die Menschen zur Würdigkeit der Freiheit, und mit ihr zur Freiheit selbst zu erheben, führt uns in einem Kreise herum, wenn wir nicht vorher ein Mittel finden, in Einzelnen von der grossen Menge den Muth zu erwecken, Niemandes Herren und Niemandes Knechte zu seyn.«[118] Wie Schiller und anders als Kant sieht auch Fichte den Geschmack als einen Trieb. Genauer gesagt stellt der Geschmack nur eine Etappe der Entwicklung des Grundtriebes zur Selbsttätigkeit dar, der schließlich zur tatsächlichen Autonomie sowohl in der persönlichen Moral als auch in der Politik führen soll. Dieser Trieb zur Selbsttätigkeit muß zunächst einmal erweckt werden, was durch die Not erfolgt. Auf einer ersten Entwicklungsstufe richtet sich dieser Trieb auf die Selbsterhaltung sowie auf »das äussere Wohlseyn des animalischen Lebens« (286). Sie werden auf eine erhabene Weise erreicht, indem die Natur und insbesondere ihre zer-

störerischen Kräfte beherrscht werden. Auf einer zweiten Stufe richtet sich der Trieb auf die Erkenntnis als Mittel zur Erreichung der Selbsterhaltung und des Wohlbefindens. Es muß auch die Sicherheit durch einen Rechtszustand garantiert werden. Erst dann kann sich das Menschengeschlecht »unter dieser müssigen und liberalen Betrachtung den ästhetischen Eindrücken« (286) hingeben.

Wenn die Ästhetik gleichzeitig mit der Befreiung von der Not auftritt, so findet sie sich dennoch nur am Übergang zur Moral. Dabei ist das Schöne der Natur wiederum nur der erste Schritt dieses Überganges; wie bei Schiller erhält die Kunst bei Fichte einen moralisch höheren Rang. Auch beim Anblick einer schönen Landschaft kann der Geschmack zwar bereits ein Wohlgefallen empfinden. Doch ist das Schöne der Natur immer unvollkommen bzw. beschränkt im Vergleich mit der Forderung der Einbildungskraft, eine passende Anschauung der Idee zu haben[119]. Die durch das Schöne der Natur erzogene Einbildungskraft hat sich noch zur völligen Freiheit zu erheben: »einmal im Gebiete des ästhetischen Triebes angelangt, bleibt sie in demselben, auch da, wo er von der Natur abweicht, und stellt Gestalten dar, wie sie gar nicht sind, aber nach der Forderung jenes Triebes seyn sollten« (290). Ähnlich wie Schiller definiert also Fichte die Kunst als einen Übergang vom gemeinen Naturzustand des Menschen hin zur philosophisch-praktischen Ebene: »Auf dem gemeinen Gesichtspunckte erscheint die Welt als gegeben. Auf dem *Transzendentalen* als ob wir sie gemacht hätten, und auf dem aesthetischen Gesichtspuncte erscheinen sie uns als gegeben, so als wie wir sie selbst gemacht hätten, u. wie wir sie gemacht haben würden«[120]. Nur der, der die Welt für ›gemacht‹ hält und nach Begriffen des Sittengesetzes handelt, ist tugendhaft. Die Ästhetik leistet aber immerhin eine »Vorbereitung zur Tugend«. Daher entstehen zwei Pflichten bezüglich der Ästhetik. Die erste richtet sich an jedermann, denn jedermann kann Geschmack haben: »halte die ästhetische »Bildung nicht auf und mache sie nicht, so viel an dir liegt, unmöglich, dadurch, dass du Geschmacklosigkeit verbreitest«. Die zweite gilt nur für den »wahren Künstler«, der dem schädlichen Gemeinspruch »*schön sey das, was gefalle*« nicht fol-

---

118 JOHANN GOTTLIEB FICHTE, Ueber Geist und Buchstab in der Philosophie (1798), in: Fichte, Sämmtliche Werke, hg. v. I. H. Fichte, Bd. 8 (Berlin 1846), 286 f.
119 Vgl. ebd., 289 f.
120 FICHTE, Wissenschaftslehre nach den Vorlesungen von Hr. Pr. Fichte [ca. 1796–1799], in: Fichte, Gesamtausgabe, hg. v. R. Lauth/H. Gliwitzky, Abt. 4, Bd. 2 (Stuttgart-Bad Cannstatt 1978), 266.

gen darf: »bestrebe dich, das Ideal darzustellen, das vor deiner Seele schwebt, und vergiss alles andere«[121].

Jean-Christophe Merle

V. 19. und 20. Jahrhundert

1. Die nicht mehr schönen Künste

(a) Unmoralische Kunst? Die Ästhetik des 19. Jh. sieht sich einer Entwicklung der Kunst gegenüber, die sich mit den traditionellen idealistischen und klassizistisch geprägten Kategorien immer weniger begreifen läßt. Auf die andauernden Debatten über den Unterschied der alten (klassischen) und der modernen Kunst hatten zeitgleich 1795 Friedrich Schiller mit der Theorie der sentimentalischen Kunst und Friedrich Schlegel mit der Kategorie des Interessanten geantwortet, um den grundsätzlich reflexiven Charakter genuin moderner Kunstwerke zu betonen und in ihm die eigentümliche Innovation gegenüber der klassischen Antike hervorzuheben. In dieser Lage der »ästhetischen Anarchie unseres Zeitalters«[122] wird die Entwicklung dezidiert nicht mehr schöner Kunst zu einer besonderen Herausforderung. Ohne diesen Hintergrund kann auch das Verhältnis von Ästhetischem und Moralischem in der Moderne nicht zureichend begriffen werden. Dabei liegt es auf den ersten Blick nahe, dieses als ein Verhältnis von Ästhetischem und Unmoralischem zu deuten. Mit dem Bösen spielt die um 1800 weitverbreitete Gattung der gothic novel, die drastisch und unverhüllt die Erscheinung des Teufels in mannigfachen Gestalten präsentiert, von Satanspakten, existentiellen und sexuellen Versuchungen und Verfehlungen und von Verbrechen und Grausamkeiten jedweder Art handelt. Die Hauptvertreter der Gattung (William Beckford mit *Vathek*, 1786; Matthew Gregory Lewis mit *The Monk*, 1796) setzen sich fort in den Gespenster- und Schauergeschichten der Romantik, in den Vampir- und Monstergeschichten von Polidori (*The vampyre*, 1819), Mary Shelley (*Frankenstein*, 1818) und spät noch Bram Stoker (*Dracula*, 1897), in den Erzählungen des enthusiastisch von Baudelaire besprochenen Edgar Allan Poe und bei E.T.A. Hoffmann (*Die Elixiere des Teufels*, 1815/16).[123] Victor Hugo hat 1827 eine Ästhetik des Grotesken in den Mittelpunkt der romantischen Literatur gestellt.[124] Die ästhetisch-mechanistischen Versuchsanordnungen, in denen der berüchtigte Marquis de Sade nahezu alle überhaupt möglichen Konfigurationen der Leiblichkeit auslotet, spielen mit der Präsenz des Bösen und haben eine große Wirkung auf die Kunst der Schwarzen Romantik und die Strömungen der europäischen Dekadenzliteratur gehabt.[125] Die Schwarze Romantik kann als ästhetischer Reflex der Häßlichkeit, Armut und Unbehaustheit im Zeitalter fortschreitender Industrialisierung und Ökonomisierung, als gezielte Desavouierung der in Kant und dem deutschen Idealismus terminierenden Aufklärungs- und Vernunftphilosophie begriffen werden.[126] Baudelaires epochemachende Gedichtsammlung *Les fleurs du mal* (1857) trägt schließlich das Böse bereits im Titel. Mit ihr spätestens werden die Phänomene des Häßlichen und Bösen zum Angelpunkt einer neuen, spezifisch modernen Ästhetik, die sich in den ästhetizistischen Strömungen vor allem in Frankreich und England fortsetzt.

Die ästhetische Theorie des 19. Jh. hat auf die Herausforderung des Nicht-Schönen und den Verdacht des Unmoralischen aller modernen Kunst besonders zwei maßgebliche Antwortversuche for-

---

121 FICHTE, Das System der Sittenlehre nach den Principien der Wissenschaftslehre (1798), in: Fichte (s. Anm. 118), Bd. 4 (Berlin 1845), 354f.
122 FRIEDRICH SCHLEGEL, Über das Studium der griechischen Poesie (1797), in: SCHLEGEL (KFSA), Bd. 1 (1979), 224.
123 Vgl. HANS RICHARD BRITTNACHER, Ästhetik des Horrors (Frankfurt a.M. 1994).
124 Vgl. VICTOR HUGO, Préface de Cromwell (1827), in: Hugo, Théâtre complet, hg. v. R. Purnal, Bd. 1 (Paris 1963), 409–454.
125 Vgl. MARIO PRAZ, La carne, la morte e il diavolo nella letteratura romantica (1930; Firenze 1976), 69–137; dt.: Liebe, Tod und Teufel. Die schwarze Romantik (München ⁴1994), 96–166.
126 Vgl. MAX HORKHEIMER/THEODOR W. ADORNO, Dialektik der Aufklärung (1947), in: Horkheimer, Gesammelte Schriften, hg. v. A. Schmidt/G. Schmid Noerr, Bd. 5 (Frankfurt a.M. 1987), 104–143; GERNOT BÖHME/HARTMUT BÖHME, Das Andere der Vernunft (Frankfurt a.M. 1983).

muliert. Zum einen entwickelt die idealistisch geprägte Ästhetik des Häßlichen eine Annäherung des Häßlichen und des moralisch Bösen, die in weitgehender Parallele zum Darstellungsverhältnis des Guten im Schönen verstanden wird. Zum anderen antwortet darauf eine genuin moderne, nicht mehr mit klassischen Kunstmodellen operierende ästhetische Theorie, die die Phänomene des Nicht-Schönen ins Ästhetische integriert und dabei zugleich ein neues, nachidealistisches Verständnis von Ästhetik und Ethik entwickelt, das den Zusammenhang von Kunst und Leben in den Vordergrund stellt.

(b) Das Häßliche und das Böse. Bereits Lessing hatte 1766 in seiner Betrachtung des Laokoon das Problem des Häßlichen an prominenter Stelle diskutiert. Sein klassizistisch geprägter Lösungsvorschlag hatte das Häßliche innerhalb eines eng begrenzten Kontextes geduldet, wobei die Geltung des Schönen unangefochten geblieben war.[127] Für die Diskussion der modernen Kunst unter dem Titel des »Interessanten« hat dann Friedrich Schlegel in seinem Aufsatz über das *Studium der griechischen Poesie* (1797) das Thema mit dem Projekt eines »vollständigen ästhetischen Kriminalkodex«[128] erstmals erörtert. Schlegel benennt dabei auch das später einschlägig gewordene Deutungsmuster, wie die Phänomene des Nicht-Schönen auf die Moral zu beziehen sind: »Wie das Schöne die angenehme Erscheinung des Guten, so ist das Häßliche die unangenehme Erscheinung des Schlechten«[129]. Während Schlegel mit seinem im engeren Sinne frühromantischen Programm der Athenäumszeit seinerseits zum Protagonisten der Moderne geworden ist, hat die spätidealistische Ästhetik der Hegelschule die Idee des ›ästhetischen Kriminalkodex‹ unter der Bezeichnung einer Ästhetik des Häßlichen umfangreich realisiert.[130] Der bekannteste Versuch dieser Art ist Karl Rosenkranz mit seiner 1853 erschienen *Aesthetik des Häßlichen* gelungen. Zwar erkennt Rosenkranz die Ästhetik Hegels als Ausgangspunkt und als gültige Formulierung einer Metaphysik des Schönen an. Sie soll allerdings inhaltlich um die ästhetisch interessierenden Varianten des Nicht-Schönen ergänzt werden. Rosenkranz läßt keinen Zweifel daran, daß diese Erweiterung vor allem mit Blick auf die zeitgenössische Kunstproduktion erforderlich geworden ist, die er ebenso wie sein Zeitalter insgesamt als Degenerationserscheinung deutet. In diesem Sinne korrespondiert der weitgehenden Unsittlichkeit der Lebensverhältnisse die Häßlichkeit der Kunst: »Die Hölle ist nicht bloß eine religiös-ethische, sie ist auch eine ästhetische. Wir stehen inmitten des Bösen und des Übels, aber auch inmitten des Häßlichen«[131]. Rosenkranz führt die Erweiterung von Hegels Ästhetik im einzelnen als Entwicklung einer Reihe von Negationsformen des Schönen durch, für die er jeweils dialektische Notwendigkeit beansprucht. Dabei bleibt unbeachtet, daß Hegel in seiner eigenen Ästhetik die Kunst der Moderne zwar in den Abschnitten über die romantische Kunstform behandelt hatte, zugleich aber das Nicht-Schöne aus der Kunst und seine Diskussion aus der Ästhetik ausgeschlossen hatte: »Der Teufel für sich ist [...] eine schlechte, ästhetisch unbrauchbare Figur«[132]. Für Hegel war der Bezug des Schönen zum moralisch Guten kein Thema mehr, weil die Theorie des absoluten Geistes auf den noch für Kant und Schiller zentralen Begriff reiner praktischer Vernunft nicht mehr zurückgreifen mußte, um das sinnliche Scheinen der Idee zu deuten. Demgegenüber führt Rosenkranz die Verbindung vom Schönen und Guten wieder ein, um ihr als leitende Parallele die Verbindung von Häßlichem und Bösem an die Seite zu stellen: »Es verhält sich mit dem Begriff des Häßlichen [...] geradeso wie mit dem Begriff der Krankheit oder des Bösen, dessen Logik auch durch die Natur des Gesunden und des Guten gegeben ist.«[133] Dieses Deutungsmuster durchzieht die gesamte Ästhetik der Hegelschule. Es behauptet die moralische Relevanz häßlicher ästhetischer Phänomene

---

127 Vgl. GOTTHOLD EPHRAIM LESSING, Laokoon: oder über die Grenzen der Malerei und Poesie (1766), in: LESSING (GÖPFERT), Bd. 6 (1974), 148–165.
128 SCHLEGEL (s. Anm. 122), 315.
129 Ebd., 311.
130 Vgl. WERNER JUNG, Schöner Schein der Häßlichkeit oder Häßlichkeit des schönen Scheins (Frankfurt a. M. 1987).
131 KARL ROSENKRANZ, Aesthetik des Häßlichen (Königsberg 1853), 3.
132 GEORG WILHELM FRIEDRICH HEGEL, Vorlesungen über die Ästhetik (1835–1838), in: HEGEL (TWA), Bd. 13 (1970), 288.
133 ROSENKRANZ (s. Anm. 131), 176.

im Sinne ihrer Unsittlichkeit. Daher ist das Häßliche im Kern die Erscheinung degenerierter Freiheit, die vom moralischen Standpunkt als Unfreiheit verstanden werden muß: »Ohne Freiheit also keine wahrhafte Schönheit; ohne *Unfreiheit* also keine wahrhafte Häßlichkeit« (167); »das wahrhaft Häßliche ist das Freie, das sich selbst durch seine Unfreiheit widerspricht und im Endlichen sich eine Schranke setzt, die nicht sein sollte.« (170) Rosenkranz kann das Häßliche als selbständige ästhetische Erscheinung nach alledem auch gar nicht akzeptieren. Der dialektische Gang der Ästhetik des Häßlichen sieht dessen Auflösung ins Komische vor, in dem die Herausforderungen des Nicht-Schönen ins Heitere aufgelöst sind.

Rosenkranz hat bei seiner *Aesthetik des Häßlichen* auf die Hegelianer Arnold Ruge[134] und Kuno Fischer[135] zurückgreifen können. Von einer gewissen Originalität inmitten der spätidealistischen Ästhetik ist die Theorie des Häßlichen, die der Leipziger Theologe und Philosoph Christian Hermann Weisse in seinem *System der Ästhetik* (1830) formuliert hat. Weisse definiert: »Die Häßlichkeit ist zu fassen als die *verkehrte* oder *auf den Kopf gestellte Schönheit*«. Diese Definition entspricht der »Definition des *Bösen*, welche dieses nicht schlechthin als das Nichtgute, sondern als das abgefallene, verkehrte und auf den Kopf gestellte Gute bezeichnet«[136]. Weisse bezieht sich hier auf den in Schellings *Freiheitsschrift* aufgestellten Begriff des Bösen, »nach welchem es auf einer positiven Verkehrtheit oder Umkehrung der Prinzipien beruht«[137]. Das Problem des Häßlichen wird damit zum Problem einer ästhetischen Theodizee.

(c) Baudelaire und die ästhetizistischen Strömungen. Fragt man, was die Hauptlinie der modernen Kunst und Avantgarde seit dem 19. Jh. ihrem *Selbstverständnis* nach mit Moral oder Unmoral zu tun hat, dann lautet die klare Antwort: gar nichts. Dies freilich auf besondere Weise. Denn die Unabhängigkeit der Kunst von allem Außerästhetischen, insbesondere der Moral, ist das Bestreben der Moderne. In dieser Weise gerät sie in eine Opposition zum Moralischen, von der sie zugleich lebt, weil sie für das Selbstverständnis moderner Kunst konstitutiv ist. An Baudelaire, als dem paradigmatischen Autor der ästhetischen Moderne, kann man lernen, daß die Faszination der Kunst für das Nicht-Schöne und das Unmoralische nicht aus der Kunst heraus oder zu ihrem Ende führt, sondern vielmehr zu einem radikal neuen und erweiterten Begriff von Kunst selbst. Indem sie dasjenige, was außerhalb der Kunst als unmoralisch oder böse qualifiziert ist, in sich integriert und an ihm ihre eigene (neue) Darstellungsweise findet, emanzipiert sie sich von jeder moralischen Bewertung und wird allererst eigenständig. An Baudelaire und den Gegenständen seiner Kunst ist also zu lernen, daß die Opposition von Ästhetischem und Moralischem in der Kunst mit dem Problem ihrer Autonomie zu tun hat. Von hier führt die ästhetische Reflexion bis in die späte *Ästhetische Theorie* Adornos, die den Autonomiebegriff mit adäquaten theoretischen Mitteln denkt.

Baudelaires Errungenschaft besteht zunächst in der Erweiterung des Schönheitsbegriffs, der sich damit von den normativen Vorgaben der klassischen und klassizistischen Ästhetik absetzt. Der entscheidende Schritt besteht in einer Umbewertung der Phänomene des Nicht-Schönen. Baudelaires These besagt, daß sie *als ästhetische* Phänomene sehr wohl schön sind. Das ästhetische Häßliche ist auf eine besondere Weise schön: »il est beaucoup plus commode de déclarer que tout est absolutement laid dans l'habit d'une époque, que de s'appliquer à en extraire la beauté mystérieuse qui y peut être contenue, si minime ou si légère qu'elle soit. La modernité, c'est le transitoire, le fugitif, le contingent, la moitié de l'art, dont l'autre moitié est l'éternel et l'immuable«[138]. Im Kunstwerk und in der ästhetischen Erfahrung kann die ganze Breite der Dinge, und nicht lediglich eine ausgewählte und normierte Gegenstandsklasse,

---

134 Vgl. ARNOLD RUGE, Neue Vorschule der Aesthetik (Halle 1836), 88–107.
135 Vgl. KUNO FISCHER, Diotima. Die Idee des Schönen (Stuttgart 1852), 236–262.
136 CHRISTIAN HERMANN WEISSE, System der Aesthetik als Wissenschaft von der Idee der Schönheit, Bd. 1 (Leipzig 1830), 179.
137 FRIEDRICH WILHELM JOSEPH SCHELLING, Philosophische Untersuchungen über das Wesen der menschlichen Freiheit (1809), in: SCHELLING (sw), Abt. 1, Bd. 7 (1860), 366.
138 CHARLES BAUDELAIRE, Le peintre de la vie moderne (1863), in: BAUDELAIRE, Bd. 2 (1976), 694 f.

eine ›geheimnisvolle Schönheit‹ entfalten. Eines der provozierendsten Beispiele dafür ist die ausführliche Schilderung eines verwesenden Tierkadavers in den *Fleurs du mal*, die Baudelaire in hochartifizieller Sprache mit dem Vanitas-Motiv im Stil der nature morte ausgestaltet: »Au détour d'un sentier une charogne infâme / Sur un lit semé de cailloux, / Les jambes en l'air, comme une femme lubrique, / Brûlante et suant les poisons, / Ouvrait d'une façon nonchalante et cynique / Son ventre plein d'exhalaisons«[139].

Deshalb ist auch das Häßliche nicht die Erscheinung des Bösen. Vielmehr zeigt sich an ihm jener neue Begriff von Schönheit, der auch die Fülle des außerästhetisch böse Genannten in sich zu integrieren vermag, weil dieses der Kunst in der Distanz zu den herkömmlichen Weltverhältnissen auf eine genuin ästhetische Weise zugänglich ist. Dazu gehören bei Baudelaire erklärtermaßen die Phänomene des Todes, der Gewalt, des Verbrechens und allgemeiner des Schreckens und Grauens in vielerlei Varianten. Schönheit umgreift diese Phänomene ihrem Wesen nach: »Tu marches sur des morts, Beauté, dont tu te moques; / De tes bijoux l'Horreur n'est pas le moins charmant, / Et le Meurtre, parmi tes plus chères breloques, / Sur ton ventre orgueilleux danse amoureusement«[140]. Als innerästhetische Phänomene sind die Vorkommnisse der Gewalt und des Bösen der moralischen Betrachtung, zumal der moralischen Verurteilung, aber auch kategorisch entzogen. Das ästhetische Böse behauptet sich als Selbständiges; Kunst ist daher gerade als ›dekadente‹ Kunst vom moralischen Urteil nicht zu trennen, sondern konstituiert sich in Abgrenzung von diesem Urteil als autonom gegenüber Moral und Gesellschaft. Kunst ist nicht moralisch, sondern ästhetisch: Das soll Baudelaire zufolge gerade am Unmoralischen in der Kunst demonstriert werden können. Der gesamte Ästhetizismus der Moderne ist ihm hierin gefolgt. Noch Oscar Wilde dekretiert im Vorwort des *Dorian Gray* (1891) kategorisch: »There is no such thing as a moral or an immoral book. Books are well written, or badly written. That is all.«[141] Dieses Argumentationsmuster prägt noch die Auseinandersetzungen um die Kunst des 20. Jh.; so weist etwa Vladimir Nabokov den Vorwurf, sein Roman *Lolita* (1955) sei ein Fall von Pornographie, als »idiotic accusation of immorality«[142] zurück und setzt dagegen: »*Lolita* has no moral in tow. For me a work of fiction exists only insofar as it affords me what I shall bluntly call aesthetic bliss, that is a sense of being somehow, somewhere, connected with other states of being where art [...] is the norm«[143].

Das Streben nach Autonomie ist auch als Hintergrund für die Absolutsetzung des Ästhetischen als Haltung zu sehen, die die ästhetizistischen Strömungen des 19. und frühen 20. Jh. kennzeichnet. Im Kern dieser Haltung steckt eine ästhetische Manifestation von Stil, die um moralische und gesellschaftliche Beurteilung nicht nur unbekümmert ist, sondern diese bewußt in der gezielten Provokation desavouiert. Kennzeichnend für die Provokation der radikal ästhetizistischen Haltung ist eine berühmte Beschreibung von Ruskin: »Always cool yourself as you either look on, or take any necessary part in the play. Cool, and strong-willed – moveless in observant soul. Does a man die at your feet – your business is not to help him, but to note the colour of his lips; does a woman embrace her destruction before you, your business is not to save her, but to watch how she bends her arms«[144]. Der konsequente Ästhet darf vom ästhetischen Standpunkt her gezielte Regelverstöße und sogar Verbrechen begehen, insofern derartige Handlungen Ausdruck einer insgesamt stimmigen ästhetischen Existenz sind; daher sind sie auch nicht auf moralische Bewertung reduzierbar, wie Oscar Wilde am Beispiel der Fälschung festhält: »all Art being to a certain degree a mode of acting, an attempt to realise one's own personality on some imaginative plane out of reach of the trammeling accidents and limitations of real life, to censure an artist for a for-

---

139 BAUDELAIRE, Les fleurs du mal (Une charogne) (1861) in: BAUDELAIRE, Bd. 1 (1975), 31 f.
140 Ebd. (Hymne à la beauté), 24 f.
141 OSCAR WILDE, The Picture of Dorian Gray (1891), in: Wilde, Complete Works, hg. v. M. Holland u. a. (Glasgow 1999), 17.
142 VLADIMIR NABOKOV, On a book entitled ›Lolita‹, in: Nabokov, Lolita (London 1992), 333.
143 Ebd., 332 f.
144 JOHN RUSKIN, An Additional Chapter being ›Notes on a Painter's Profession as Ending Irreligiously‹, in: Ruskin, The Works of John Ruskin, hg. v. E. T. Cook/A. Wedderburn, Bd. 4 (London 1903), 388 f.

gery was to confuse an ethical with an aesthetical problem«¹⁴⁵.

Die radikal ästhetische Haltung hat sich als Existenzform, als Variante ästhetisch bestimmter Lebensführung, vor allem im Typus des Dandy niedergeschlagen. Baudelaire hat ihn als letzten authentischen Helden in den Zeiten der allgemeinen Dekadenz definiert: »Le dandysme est le dernier éclat d'héroisme dans les décadences«. In derartigen Zeiten vermag der Dandy eine gleichsam aristokratische Haltung den eigenen Zeitumständen gegenüber einzunehmen, indem er sich selbst konsequent ästhetisch inszeniert: »Dans le trouble de ces époques quelques hommes déclassés, dégoûtés, désœuvrés, mais tous riches de force native, peuvent concevoir le projet de fonder une espèce nouvelle d'aristocratie, d'autant plus difficile à rompre qu'elle sera basée sur les facultés les plus précieuses, les plus indestructibles«¹⁴⁶. Die Geschichte des Dandys in der modernen Kultur¹⁴⁷ reicht von Edgar Allan Poe über Oscar Wilde bis hin zur inszenierten Schreckens- und Provokationsästhetik von Ernst Jünger.¹⁴⁸ Der radikale und aggressive Ästhetizismus des Dandys macht ihn innerhalb seiner Zeit und Gesellschaft zum unverrechenbaren Typus. Das Bewußtsein der Konsequenz seines eigenen Stils hebt ihn von der Welt ab; seine Distanz zur Moral macht ihn zur moralisch hellsichtigen Person: »car le mot *dandy* implique une quintessence de caractère et une intelligence subtile de tout le mécanisme moral de ce monde«¹⁴⁹. Das Entscheidende daran ist das kritische Moment im konsequenten Ästhetischen. Die inszenierte ästhetische Haltung, die auf der Trennung von Ästhetik und Moral insistiert, wird zur Subversion der gängigen Moral. Derartiger Ästhetizismus ist als solcher moralkritisch, weil er Moral unterläuft; als Ausdruck einer Verweigerung der Konformität, des Nicht-Mitmachens, kann er eine Form der ›ästhetischen Opposition‹ sein.¹⁵⁰

(d) Surrealismus: Der Übergang von Kunst ins Leben. Eine logische und äußerste Konsequenz des Gedankens der Autonomie des Ästhetischen von aller Moral stellt die Bewegung des französischen Surrealismus dar. Die Phänomene des Unbewußten, des Traums und der Phantasie, die im Mittelpunkt der surrealistischen Haltung stehen, sind spezifische Arten der Vorherrschaft von Theorie

oder Moral über die genuin ästhetische Haltung zu entgehen. André Bretons ironisch-distanzierte Definition des Surrealismus im ersten *Manifeste du surréalisme* (1924) betont die Autonomie von aller Vorbelastung ausdrücklich: »Surréalisme, n. m. Automatisme psychique pur [...] en l'absence de tout contrôle exercé par la raison, en dehors de toute préoccupation esthétique ou morale«¹⁵¹. Von entscheidender Bedeutung ist dann aber der Gedanke, daß der Surrealismus nicht lediglich Programm oder Inhalt einer spezifischen Kunstproduktion ist, sondern seinem innersten Wesen nach Praxis: »Qu'on se donne seulement la peine de *pratiquer* la poésie. N'est-ce pas à nous, qui déjà en vivons, de chercher à faire prévaloir ce que nous tenons pour notre plus ample informé?« (322) Im Kern ist damit der Übergang der Kunst ins Leben gefordert. Die ästhetische Opposition, die den Ästhetizisten und Dandy in der Unabhängigkeit von aller gesellschaftlichen Moral auszeichnete, wird hier insofern ins Extrem gesteigert, als nun umgekehrt die autonome ästhetische Haltung zum Modell authentischen Lebens wird und als unausgesetzte ästhetische Handlung ins alltägliche Leben und seine Verzweigungen eingreifen soll. Eine für das Kunstverständnis des 20. Jh. wichtige Konsequenz ist dabei die Auflösung der Kunstwerkkategorie in den Handlungscharakter des Ästhetischen. Bretons berühmte Bestimmung der einfachsten surrealistischen Handlung übernimmt dabei das ästhetizistische Vokabular des Schreckens und der Gewalt: »L'acte surréaliste le plus simple consiste, revolvers aux poings, à descendre dans la rue et à tirer au hasard, tant qu'on peut, dans la foule. Qui n'a pas eu,

---

145 WILDE, The Portrait of Mr. W. H. (1889), in: Wilde (s. Anm. 141), 302.
146 BAUDELAIRE (s. Anm. 138), 711.
147 Vgl. OTTO MANN, Der Dandy. Ein Kulturproblem der Moderne (Heidelberg ²1962).
148 Vgl. KARL HEINZ BOHRER, Die Ästhetik des Schreckens (München 1978), 11–71.
149 BAUDELAIRE (s. Anm. 138), 691.
150 Vgl. GERT MATTENKLOTT, Bilderdienst. Ästhetische Opposition bei Beardsley und George (Frankfurt ²1985).
151 ANDRÉ BRETON, Manifeste du surréalisme (1924), in: Breton, Œuvres complètes, hg. v. M. Bonnet u. a., Bd. 1 (Paris 1988), 328.

au moins une fois, envie d'en finir de la sorte avec le petit système d'avilissement et de crétinisation en vigueur a sa place toute marquée dans cette foule, ventre à hauteur de canon«[152]. Das ist in erster Linie als Ausdruck eines praktisch gewordenen extrem-autonomen Ästhetizismus zu verstehen und nicht als Programm politischen Terrors.[153] Eine surrealistische Handlung diesen Typs ist nicht als solche und ihrer unmittelbaren Intention nach eine politische Handlung; darin liegt ihre Subversion auch dem Politischen gegenüber. Sie ist als ästhetische Handlung ein Kontrapunkt allen moralischen und politischen Handelns und allererst in dieser extremen Non-Konformität – jenem »*non-conformisme* absolu pour qu'il ne puisse être question de le traduire, au procès du monde réel, comme témoin à décharge«[154] – von letztlich politischer Konsequenz. Dabei ist die Gruppe der Surrealisten um Breton, Aragon, Artaud, Éluard, Crével und Masson, um nur einige zu nennen, bei aller wechselnden Geschichte doch für die Dauer wenigstens der 20er Jahre als homogene Gruppe wahrgenommen worden, die ihr ästhetisches Programm, die Überführung der Kunst ins Leben, praktiziert und gelebt hat: »Hier wurde der Bereich der Dichtung von innen gesprengt, indem ein Kreis von engverbundenen Menschen ›Dichterisches Leben‹ bis an die äußersten Grenzen des Möglichen trieb«[155].

2. Ästhetische Existenz

(a) Kierkegaard. Mit Kierkegaard und seiner an eigenen Berliner Studienerfahrungen beim späten Schelling gereiften Hegelkritik erobert sich das nachidealistische Denken eines seiner folgenreichsten Themen: Existenz und Lebensführung des Individuums. Das Verhältnis des einzelnen zu sich selbst, seine Verirrungen und Verzweiflungen, aber auch die Frage nach der Gewinnung eines für den je einzelnen gelungenen Lebensentwurfs steht bereits im Mittelpunkt von Kierkegaards frühem Hauptwerk *Entweder-Oder* (1843). Folgenreich ist Kierkegaards modellhaft zugeschnittene Gegenüberstellung von ästhetischer und ethischer Existenz geworden. In der ästhetischen Lebensführung verfolgt der einzelne im wesentlichen Genuß und sinnliche Befriedigung. Damit sind nicht einmal hauptsächlich Formen quasi-naturhafter Triebbefriedigung gemeint, sosehr Kierkegaards Reflexionen auch um das Erotische und Sexuelle kreisen; im Zentrum stehen vielmehr subtile und elaborierte Strategien stets gesteigerten und reflektierten Genusses. Das *Tagebuch eines Verführers* (1843) präsentiert einen Protagonisten, der die Verführung einer jungen Frau in drei sich steigernden Stadien zu genießen vermag: die schrittweise Planung und Inszenierung der Verführung als Kunstwerk, die eigentliche Verführung als erotischer Genuß, vor allem aber die nachträgliche Reflexion des gesamten Verführungsgeschehens in der Form des Tagebuchs.[156] Kierkegaards ästhetische Existenz stellt eine hochreflektierte Lebensform dar, die den Einsatz der gesamten Intelligenz verlangt. Sie ist nicht schlechterdings blind für Moral, findet sie aber grundsätzlich langweilig und unbrauchbar: »Unter dem Himmel der Aesthetik ist alles leicht, schön, flüchtig; wenn die Ethik dreinkommt, wird alles hart, eckig, unendlich langweilig«[157].

Kierkegaards Ästhetiker scheitert an seinen eigenen Maßstäben: nicht Selbst-, sondern Fremdbestimmung ist für ihn charakteristisch. Er ist im Genießen, zu dem es immer komplexerer Inszenierungen bedarf, nicht frei, sondern abhängig von dem, was ihm jeweils Genuß verschaffen kann.[158] Zur Reflexion auf wirkliche Selbstbestimmung ist nur der Ethiker fähig, der das gelungene Leben der zu sich selbst gekommenen Existenz als Horizont des Handelns im Blick hat und der, in Kierkegaards Rollenspiel, gegen den Ästhetiker einwendet: »Deine Wahl ist eine aesthetische Wahl, aber eine aesthetische Wahl ist keine Wahl. Überhaupt ist ›wählen‹ ein eigentlicher und strenger Ausdruck

---

152 BRETON, Second manifeste du surréalisme (1930), in: Breton (s. Anm. 151), 782 f.
153 Vgl. BOHRER, Die gefährdete Phantasie oder Surrealismus und Terror (München 1970).
154 BRETON (s. Anm. 151), 346.
155 WALTER BENJAMIN, Der Sürrealismus: Die letzte Momentaufnahme der europäischen Intelligenz, in: BENJAMIN, Bd. 2/1 (1977), 296.
156 Vgl. KONRAD PAUL LIESSMANN, Ästhetik der Verführung. Kierkegaards Konstruktion der Erotik aus dem Geiste der Kunst (Frankfurt a. M. 1991).
157 KIERKEGAARD, Entweder-Oder (1843). In: KIERKEGAARD, Bd. 1 (1956), 396.
158 Vgl. ebd., Bd. 2 (1957), 191.

für das Ethische« (177). Wer ethisch lebt, trifft Entscheidungen und handelt im eigentlichen Sinn. Daher ist die ästhetische Existenz von der ethischen kategorisch geschieden; wer ästhetisch lebt, lebt genau darum nicht ethisch, wer ethisch lebt, lebt genau darum nicht ästhetisch: »Indem die Persönlichkeit sich selbst wählt, wählt sie sich selbst ethisch und schließt in absoluter Rücksicht das Aesthetische aus; da aber der Mensch sich selbst wählt, und durch die Wahl seiner selbst nicht etwa ein anderes Wesen wird, sondern er selbst wird, so kehrt das gesamte Ästhetische wieder in seiner Relativität« (189). Die ethische Existenz beansprucht demzufolge, die ästhetische Lebensführung in sich integriert zu haben, ohne deren innere Unfreiheit zu wiederholen. Kierkegaards Konstruktion verschiedener Stadien der Existenz wird dann schließlich verlangen, daß auch noch die ethische Existenz durch eine christliche Existenz im Glauben überboten werden muß, um zu einem authentischen Selbstverhältnis zu gelangen.[159] Es ist aber wichtig zu sehen, daß die ästhetische Lebensform Kierkegaards nicht mit der später so genannten Ästhetik der Existenz verwechselt werden darf. In dieser gilt nämlich gerade dasjenige als Kunstwerk, zu dem Kierkegaards Ästhetiker nie zu gelangen vermag: ein selbstbestimmtes, gelungenes Leben aus Freiheit.

(b) Schopenhauer. Auf der Grenze zwischen idealistischer Metaphysik und nachmetaphysischer Lebensphilosophie steht Schopenhauers Hauptwerk *Die Welt als Wille und Vorstellung* (1819). Vor dem Hintergrund einer komplexen, insgesamt pessimistischen Willensmetaphysik entwickelt Schopenhauer eine einflußreiche Kunsttheorie, deren Kern das Theorem einer vorübergehenden Erlösung vom Leiden der Welt ist. Schopenhauer operiert mit einer strengen Zweiteilung von Welten. Die menschliche Erfahrungswelt als ›Welt als Vorstellung‹ ist den Prinzipien von Grund und Ursache unterworfen; in der metaphysischen Welt der Dinge an sich herrscht das Prinzip des Willens. Diese ›Welt als Wille‹ ist die Grundlage und das innere Wesen der Erfahrungswelt; der Wille ist ein irrationales Grundgeschehen, das in seinem endlosen Vorwärtsstreben eine zwanghafte und selbstzerstörerische Eigendynamik entwickelt. Das ist der Hintergrund für die zentrale pessimistische These Schopenhauers, derzufolge alles Lebendige und die gesamte objektive Welt leidet. Nur vor diesem Hintergrund ist seine Kunsttheorie zu verstehen.[160] Die Kunst überschreitet die empirische Welt, insofern sie die Darstellung der Ideen und damit des in unmittelbarer Weise objektiv gewordenen metaphysischen Willens ist. So wie der ästhetische Gegenstand vom Ding zur Idee übergeht, so geht auch in der ästhetischen Schöpfung und Erfahrung von Kunst das Subjekt in einen reinen, entindividualisierten Zustand über. Dieser ästhetische Zustand ist ethisch in höchstem Maße relevant, weil in ihm das leidvolle Drängen des Individualwillens zugunsten eines seltenen Glücksmomentes eingestellt ist: »Es ist der schmerzenlose Zustand, den Epikuros als das höchste Gut und als den Zustand der Götter pries: denn wir sind, für jenen Augenblick, des schnöden Willensdranges entledigt«. In der Kunst, vor allem in der von Schopenhauer prominent hervorgehobenen Musik ist plötzlich, »mit einem Male«, für einen kurzen Moment, »auf Augenblicke«[161], Erlösung verwirklicht. Von der Ideenerkenntnis in der Erfahrung des Kunstwerks kann gesagt werden, daß sie »ein *Quietiv* alles Wollens geworden ist, aus welchem die vollkommne Resignation, die der innerste Geist des Christenthums wie der Indischen Weisheit ist, das Aufgeben alles Wollens, die Zurückwendung, Aufhebung des Willens und mit ihm der ganzen Wesens dieser Welt, also die Erlösung, hervorgegangen ist« (275; § 48).

In eben dem Maße, in dem der Horizont der Kunsterfahrung von Schopenhauer ethisch als Erlösung gedeutet wird, muß der ästhetische Zustand in seine ethischen Konsequenzen überführt werden. Wer einmal an der Kunst den Einhalt des Leidens erfahren hat, muß daraus strenggenommen die Konsequenz einer auf Erlösung bezogenen Lebensführung ziehen. Aus dem Spiel glückhaft erfahrener Kunst muß der Ernst konsequent entsagenden Lebens werden. So sagt Schopenhauer in

---

159 Vgl. KIERKEGAARD, Stadien auf des Lebens Weg (1845), in: KIERKEGAARD, Bd. 15 (1958).
160 Vgl. ULRICH POTHAST, Die eigentlich metaphysische Tätigkeit (Frankfurt a. M. 1982), 33–126.
161 ARTHUR SCHOPENHAUER, Die Welt als Wille und Vorstellung (1819), in: SCHOPENHAUER, Bd. 2 (1972), 231 f. (I/3, §38).

bezug auf den Künstler: »Jene reine, wahre und tiefe Erkenntniß des Wesens der Welt wird ihm nun Zweck an sich: er bleibt bei ihr stehn. Daher [...] erlöst [sie] ihn nicht auf immer, sondern nur auf Augenblicke vom Leben, und ist ihm so noch nicht der Weg aus demselben, sondern nur einstweilen ein Trost in demselben; bis seine dadurch gesteigerte Kraft, endlich des Spieles müde, den Ernst ergreift« (316; § 52). Am Horizont der ästhetischen Erfahrung scheint somit für Schopenhauer das Ideal einer gelassenen, asketischen Lebensform auf, die er ›Resignation‹ nennt. Die Kunsterfahrung ist im Kontext von Schopenhauers Willensmetaphysik mithin letztlich vom ethischen Ziel in den Dienst genommen, »an die ethische Disziplinierung verraten«[162]. Ästhetische Autonomie ist zugunsten ästhetisch belehrter Lebensführung verlorengegangen.[163]

(c) Nietzsche. Im Zentrum der modernen Deutung des Verhältnisses von Ästhetik und Ethik steht Nietzsche. Nietzsches frühes Hauptwerk *Die Geburt der Tragödie aus dem Geiste der Musik* (1872) spiegelt Motive aus Schopenhauers pessimistischer Willensmetaphysik und eine historisch-spekulative Entwicklungsgeschichte der klassischen griechischen Tragödie, die im Gegensatzpaar des Dionysischen und Apollinischen den Gott Dionysos als zentralen Bezugspunkt entdeckt, ineinander. Hier formuliert Nietzsche das Programm einer »aesthetischen Metaphysik«[164]. In ihr wird das Ästhetische zum Vermittlungsbereich zwischen dem metaphysischen (schopenhauerischen) Willen, der sich in der empirischen Welt ›lustvoll‹ träumt und als Kunst, insbesondere als Musik, erscheint, und der menschlichen Existenz. Im Zentrum der *Geburt der Tragödie* steht das, was Nietzsche die ästhetische Rechtfertigung von Welt und Leben nennt; der Umstand also, »dass nur als ästhetisches Phänomen das Dasein der Welt *gerechtfertigt* ist« (17). Die Kunst ist die »eigentlich metaphysische Thätigkeit dieses Lebens« (24). Das terminiert in der Aufgabe einer Neubestimmung des Verhältnisses von Wissenschaft, Kunst und Leben, die darin besteht, »die Wissenschaft unter der Optik des Künstlers zu sehn, die Kunst aber unter der des Lebens« (14). Indem Kunst das einzig in sich Sinnvolle ist, wird sie dem Menschen ihrerseits zur Sinnstifterin seines Lebens. Das heißt zunächst, daß die ästhetische Erfahrung der Kunst kompensatorisch Trost und Heilmittel ist; in der Illusion wird das unerträgliche Leben erträglich. Die Kunst als ›eigentlich metaphysische Tätigkeit‹ ist aber in erster Linie konstruktiv als Anstiftung zu einem gelungenen Leben zu verstehen, das den Pessimismus überwindet, indem es sich nach dem Vorbild der Kunst selbst Sinn verleiht.[165] Die Kunst ist »die zum Weiterleben verführende Ergänzung und Vollendung des Daseins«[166], »die große Ermöglicherin des Lebens, die große Verführerin zum Leben, das große Stimulans des Lebens«[167]. Indem der Mensch durch die Kunst gerettet ist er seinerseits für das Leben gerettet: »Durch die Kunst rettet ihn sich das Leben«[168]. Von diesem in der *Geburt der Tragödie* entwickelten Modell hat Nietzsche dann allerdings im später hinzugefügten *Versuch einer Selbstkritik* (1886) als einer »metaphysischen Trösterei«[169] Abstand genommen.

Nietzsches Neubestimmung des Verhältnisses von Kunst und Moral geschieht im Rahmen einer breit angelegten Destruktion traditioneller metaphysischer Inhalte, die dabei tendenziell als Resultate einer ästhetischen Konstruktion gedeutet werden: »Metaphysik, Moral, Religion, Wissenschaft – Alles nur Ausgeburten seines Willens zur

---

162 MARTIN SEEL, Eine Ästhetik der Natur (Frankfurt a. M. 1991), 291.
163 Vgl. BARBARA NEYMEYR, Ästhetische Autonomie als Abnormität. Kritische Analysen zu Schopenhauers Ästhetik im Horizont seiner Willensmetaphysik (Berlin 1996), 409–424.
164 FRIEDRICH NIETZSCHE, Die Geburt der Tragödie aus dem Geiste der Musik (1872), in: Nietzsche, Sämtliche Werke. Kritische Studienausgabe, hg. v. G. Colli/M. Montinari, Bd. 1 (München ²1988), 43.
165 Vgl. VOLKER GERHARDT, Nietzsches ästhetische Revolution, in: Gerhardt, Pathos und Distanz, Studien zur Philosophie Friedrich Nietzsches (Stuttgart 1988), 12–45; GERHARDT, Artisten-Metaphysik. Zu Nietzsches frühem Programm einer ästhetischen Rechtfertigung der Welt, in: ebd., 46–71.
166 NIETZSCHE (s. Anm. 164), 36.
167 NIETZSCHE, Nachgelassene Fragmente. Mai-Juni 1888, in: Nietzsche (s. Anm. 164), Bd. 13 (München ²1988), 521.
168 NIETZSCHE, Nachgelassene Fragmente. Frühjahr-Sommer 1883, in: Nietzsche (s. Anm. 164), Bd. 10 (München ²1988), 238.
169 NIETZSCHE (s. Anm. 164), 22.

Kunst«[170]. Nietzsche kritisiert Religion und Moralphilosophie durch eine teils historisch-genetische, teils psychologische Rekonstruktion der Entstehung vermeintlich höchster ›Werte‹ (in *Jenseits von Gut und Böse*, 1885, und *Zur Genealogie der Moral*, 1887), an deren Stelle eine deutlich ästhetisch geprägte Auffassung von Moral tritt. Die Betonung des Ästhetischen ist dabei zunächst die Befreiung von der Lebensfeindlichkeit der traditionellen Moralphilosophie und insofern ein moralkritisches Motiv.[171] Nietzsche sieht im Ästhetischen aber prinzipiell die Grundlage der Moral und definiert sein eigenes Ziel als Rückführung der moralischen Urteile auf ästhetische Urteile: »Sobald wir die absolute Wahrheit *leugnen*, müssen wir alles *absolute Fordern* aufgeben [...]. Dies ist die Aufgabe – eine Fülle *aesthetischer gleichberechtigter Werth*schätzungen zu creiren: jede für ein Individuum die letzte Thatsache und das Maaß der Dinge. *Reduktion der Moral auf Aesthetik!!!*«[172]. Nietzsches positiver Neuentwurf konzentriert sich auf die individuelle Existenz. Die Entwertung aller herkömmlichen Werte, die Geltung und Sinn nur prätendieren, nicht aber beanspruchen konnten, überantwortet das Sinnproblem – »wie weit man in einer sinnlosen Welt zu leben aushält«[173] – dem Individuum selbst: »Einen Sinn hineinlegen – diese Aufgabe bleibt unbedingt immer noch *übrig*, gesetzt daß kein Sinn darinliegt«[174]. Der Maßstab des Handelns liegt nicht in seiner Moralität oder Sittlichkeit, sondern in seiner Stimmigkeit im Rahmen eines Gesamtentwurfes lebendiger Individualität. Das Leben insgesamt, als Realisierung dieses je eigenen Gesamtentwurfes, wird auf diese Weise selbst zu einem Kunstwerk: »Wir wollen ein Kunstwerk immer wieder erleben! So soll man sein Leben gestalten, daß man vor seinen einzelnen Theilen denselben Wunsch hat! Dies ist der Hauptgedanke!«[175] Nietzsche rückt auf diese Weise, mit deutlichem Bezug zur Tradition der französischen Moralistik, das Problem des guten Lebens wieder in das Zentrum der Ethik.

Sein Antwortversuch besteht in einer Ästhetik der Existenz. Ein wie ein Kunstwerk geführtes Leben versteht sich als frei, insofern das Handeln keine Fremdbestimmung, insbesondere nicht die Hemmungen und Hindernisse herkömmlicher Moral, akzeptiert. Zugleich liegt darin die positive Freiheit, das eigene Leben schaffend stets neu gestalten und dynamisch in ständiger Entwicklung und Erweiterung der selbstgegebenen Form fortführen zu können. Im Idealfall gestaltet sich jedes einzelne Handeln demnach nicht fremdbestimmt im Sinne einer Regelanwendung, sondern selbstbestimmt als kreative Weiterentwicklung: »*wir* aber wollen die Dichter unseres Lebens sein«[176]. An die Stelle der alten Moral und ihres Zwangs zur Konformität mit Gesetzen tritt die Ästhetik der Existenz und das Gebot individuellen Stils, der konsequenten immanenten Stimmigkeit des individuellen Lebensvollzugs: »*Eins ist Noth.* – Seinem Charakter ›Stil geben‹ – eine grosse und seltene Kunst!«[177] Ein im Kern ›transformativer‹ Begriff des Selbst[178] tritt an die Stelle eines fortdauernd identischen Wesenskerns: »*uns selber machen*, aus allen Elementen eine Form *gestalten* – ist die Aufgabe! Immer die eines Bildhauers! Eines produktiven Menschen! *Nicht* durch Erkenntniß, sondern durch Übung und ein Vorbild werden wir *selber*!«[179]

Nietzsches Entwurf einer Ästhetik der Existenz faßt Ethik und Ästhetik sowohl für sich als auch in ihrem Verhältnis zueinander neu. Als ethische Theorie ist die Ästhetik der Existenz eine Form radikalisierter Individualmoral, die Kants Modell ei-

---

170 NIETZSCHE, Nachgelassene Fragmente. November 1887-November 1888, in: Nietzsche (s. Anm. 167), 193.
171 Vgl. NIETZSCHE (s. Anm. 164), 17 ff.
172 NIETZSCHE, Nachgelassene Fragmente. Frühjahr-Herbst 1881, in: Nietzsche (s. Anm. 164), Bd. 9 (München ²1988), 471.
173 NIETZSCHE, Nachgelassene Fragmente. Herbst 1887, in: Nietzsche (s. Anm. 164), Bd. 12 (München ²1988), 366.
174 Ebd., 359.
175 NIETZSCHE, Nachgelassene Fragmente. Frühjahr-Herbst 1881, in: Nietzsche (s. Anm. 172), 505.
176 NIETZSCHE, Die fröhliche Wissenschaft (1882), in: Nietzsche (s. Anm. 164), Bd. 3 (München ²1988), 538.
177 Ebd., 530.
178 Vgl. WILHELM SCHMID, Uns selbst gestalten. Zur Philosophie der Lebenskunst bei Nietzsche, in: Nietzsche-Studien 21 (1992), 52.
179 NIETZSCHE, Nachgelassene Fragmente. Ende 1880, in: Nietzsche (s. Anm. 172), 361.

ner Selbstgesetzgebung aus reiner praktischer Vernunft durch die Konzeption einer Autonomie stilvoll-stimmiger, individuell selbstgestalteter Existenz ersetzt und in ihr Zentrum »das *souveräne Individuum*« rückt: »das nur sich selbst gleiche, das von der Sittlichkeit der Sitte wieder losgekommene, das autonome übersittliche Individuum«[180]. Andererseits überträgt die Ästhetik der Existenz das Ästhetische vom Kunstwerk auf die kreative Gestaltung der Lebensvollzüge selbst. Damit hat es die Ästhetik nicht länger mit einer traditionellen Kunstontologie zu tun, sondern mit dem Kernproblem gelungener und in sich sinnvoller Lebensführung: »An Stelle des Genies setzte ich den Menschen, der über sich selber *den Menschen hinausschafft* (neuer Begriff der Kunst (gegen die Kunst der Kunstwerke)«[181]. Auch die philosophische Theoriebildung im Allgemeinen nimmt künstlerische Züge an; sie wird zu einer Sache guten und großen Stils. Es liegt in der Konsequenz dieser Konzeption, Nietzsches Selbststilisierungen im Spätwerk zu folgen und sein eigenes Leben und Werk als Gesamtkunstwerk zu verstehen: »Das eigenthümlichste Product eines Philosophen ist sein Leben, es ist sein Kunstwerk«[182].

3. Politik, Utopie und Autonomie der Kunst

(a) Materialistische und politische Ästhetik. Einer der wirkungsvollsten Neuansätze der nachidealistischen Philosophie ist in dem linkshegelianischen Versuch einer materialistischen Vernunft- und Ideologiekritik zu sehen, wie er zunächst bei Ludwig Feuerbach, dann vor allem bei Karl Marx zu beobachten ist. Dessen Rückführung der idealistisch-spekulativen Kategorien auf eine materialistische Grundlage, in der sinnlich-physiologische, anthropologische und kontingente historische Faktoren die bestimmende Rolle spielen, hat vor allem das Problem des Übergangs von Theorie in Praxis betont. Dabei wurde die Überlegung bestimmend, daß die Philosophie nicht lediglich durch ideologiekritische Reflexion aufgelöst werden kann, sondern vielmehr praktisch durch politik-kritisches Handeln überwunden werden muß. Dies bezeichnet die Ausgangskonstellation aller marxistisch-materialistischen und politisch engagierten Ästhetik. Die methodisch zentrale Passage ist dabei das berühmte Vorwort zur *Kritik der politischen Ökonomie*: »Die Produktionsweise des materiellen Lebens bedingt den sozialen, politischen und geistigen Lebensprozeß überhaupt. [...] Mit der Veränderung der ökonomischen Grundlage wälzt sich der ganze ungeheure Überbau langsamer oder rascher um. In der Betrachtung solcher Umwälzungen muß man stets unterscheiden zwischen der materiellen, naturwissenschaftlich treu zu konstatierenden Umwälzung in den ökonomischen Produktionsbedingungen und den juristischen, politischen, religiösen, künstlerischen oder philosophischen, kurz, ideologischen Formen, worin sich die Menschen dieses Konflikts bewußt werden und ihn ausfechten«[183]. Kunst wird als eine besondere Weise begriffen, in der sich das materielle Leben und die Produktionsverhältnisse einer Gesellschaft widerspiegeln und auf die sie kritisch zurückzuführen ist; die Gesellschaft ist daher der grundlegende Bezugspol aller Kunstinterpretation.[184] Dabei hat die materialistische Deutung als Rückgang auf die »sinnlich menschliche Tätigkeit, Praxis«[185] in der kritischen auch eine befreiende Funktion; die Analyse der Sinnlichkeit ist ›emanzipatorisch‹.[186]

Der moralische Bezug der Kunst ist in allen marxistisch-materialistischen Stellungnahmen ihre politische Funktion. Dabei ist Kunst, dezidiert politisch gesteuert und eingesetzt, didaktisches Instrument auf dem Weg zur besseren Gesellschaft, so wie dies exemplarisch Lev Trotzkij in seinen

---

180 NIETZSCHE, Zur Genealogie der Moral (1887), in: Nietzsche (s. Anm. 164), Bd. 5 (München ²1988), 293; vgl. JOSEF FRÜCHTL, Ästhetische Erfahrung und moralisches Urteil (Frankfurt a. M. 1996), 158–177.
181 NIETZSCHE, Nachgelassene Fragmente. Herbst 1883, in: Nietzsche (s. Anm. 168), 503.
182 NIETZSCHE, Nachgelassene Fragmente Frühjahr-Sommer 1874, in: Nietzsche (s. Anm. 164), Bd. 7 (München ²1988), 804.
183 KARL MARX, Zur Kritik der politischen Ökonomie [Vorwort] (entst. 1857–1858), in: MEW, Bd. 13 (1964), 8 f.
184 Vgl. TERRY EAGLETON, The Ideology of the Aesthetic (Oxford 1990), 196–233.
185 MARX, Thesen über Feuerbach I (entst. 1845; ersch. 1888), in: MEW, Bd. 3 (1969), 5.
186 Vgl. ALFRED SCHMIDT, Emanzipatorische Sinnlichkeit (München 1973).

Reflexionen über *Literatur und Revolution* (1924) beschrieben hat: »Die ›staffelei‹-kunst wird noch viele jahre lang ein mittel der künstlerischen und gesellschaftlichen erziehung der massen bleiben und ihrem ästhetischen genuss dienen« (станковое искусство еще на многие годы будет орудием художественно-общественного воспитания масс и их эстетического наслаждения); im Fall ihrer Beseitigung hieße dies, »wahrhaft der klasse, die eine neue gesellschaft aufbaut, ein instrument von allergrösster wichtigkeit aus der hand schlagen« (поистине выбивать из рук строящего новое общество класса орудие велучайшей важности)[187]. Die Modelle und Versuche politischer Kunst sind zahlreich und tendenziell auch nicht auf die akademische und philosophische Ästhetik beschränkt, sondern in erster Linie praktisch von politisch engagierten Künstlern, in den sogenannten ›Künstlerästhetiken‹, selbst entwickelt worden (vgl. nur für viele etwa Eisenstein, Brecht, Eisler, Nono, Henze). In den Unruhen der 60er Jahre des 20. Jh. hat Jean-Paul Sartre exemplarisch auf der politischen Funktion der engagierten Kunst und Literatur bestanden.

Georg Lukács hat in seinem Spätwerk einen der wenigen Versuche einer großangelegten systematischen marxistischen Ästhetik vorgelegt. Die Entwicklung seiner ästhetischen Theorie bleibt aber insgesamt schillernd. Seine frühe *Theorie des Romans* (1916) folgt dem Problem der Verfassung der Kunstwerke unter den geschichtsphilosophischen Bedingungen der Moderne, das er mit der berühmten Formel von der »transzendentalen Obdachlosigkeit« in die Perspektive genereller metaphysischer Unbehaustheit in der Zeit ab 1800 stellt: »Die Kunst ist – im Verhältnis zum Leben – immer ein Trotzdem«[188]. Nach dem Vorbild Hegels[189] kann Lukács die Kategorien des Prozeßhaften, Unabgeschlossenen und Fragmentarischen, vor allem in bezug auf den Bildungsroman, namhaft machen. Die späteren ästhetischen Schriften von Lukács ersetzen derartige modernistische Beschreibungen durch eine zunehmend dogmatisch vertretene Theorie des Realismus aller Kunst. Das Realismusprinzip in Form einer als Widerspiegelung oder Nachahmung der objektiven Wirklichkeit mißverstandenen Mimesis nimmt dabei normative Züge an: »Das Kunstwerk muß also alle wesentlichen, objektiven Bestimmungen, die das von ihm gestaltete Stück Leben objektiv determinieren, in richtigem und richtig proportioniertem Zusammenhang widerspiegeln.«[190] Die Kunst der Moderne und der Avantgarde, die selbst Gegenstand seines Frühwerks war, gehört zur negativen Seite in der Opposition von Gesundem und Krankem in der Kunst.[191] Der komplexe Zusammenhang von Leben und Kunst, zuvor in der Ontologie des Kunstwerks verortet, verschwindet in der Theorie des Realismus zugunsten einer einfachen Entgegensetzung: »Schon aus dieser Lage folgt der entscheidende und endgültig bleibende Unterschied zwischen Leben und Kunst: in jenem steht der Mensch ständig der Wirklichkeit selbst gegenüber, in dieser bloß ihrem mimetischen Abbild. Der Kernpunkt dieses Unterschiedes vom Standpunkt des Subjektes gesehen ist: unbedingte Herrschaft der Praxis im Leben, unmittelbare Ausschaltung der Praxis den ästhetischen Gebilden gegenüber«[192].

(b) Utopie und Erlösung. In der Krisenstimmung unmittelbar nach dem 1. Weltkrieg formuliert Ernst Bloch mit expressionistischem und existenziellem Pathos den *Geist der Utopie* (1918). Die Sinnentleertheit der Welt und der menschlichen Verhältnisse bestimmt Bloch als Ausgangspunkt eines geschichtsphilosophischen Denkens, das die Vollendung von Mensch und Welt an das Ende der Geschichte und nicht in deren Verlauf setzt. Obwohl Bloch nicht ausdrücklich eine Ästhetik geschrieben hat,[193] nehmen die Kunstwerke im uto-

---

187 LEV TROCKIJ, Literatura i revoljucija (Moskau 1924), 102; dt.: Literatur und Revolution, übers. v. E. Schäfer u. H. v. Riesen (Berlin 1968), 116.
188 GEORG LUKÁCS, Die Theorie des Romans. Ein geschichtsphilosophischer Versuch über die Formen der großen Epik, in: Zeitschrift für Ästhetik und allgemeine Kunstwissenschaft 11 (1916), 256.
189 Vgl. HEGEL, Vorlesungen über die Ästhetik, in: HEGEL (TWA), Bd. 14 (1970), 219f.
190 LUKÁCS, Kunst und objektive Wahrheit (1934), in: LUKÁCS, Bd. 4 (1971), 619.
191 Vgl. LUKÁCS, Gesunde oder kranke Kunst? (1952), in: Lukács, Schicksalswende. Beiträge zu einer neuen deutschen Ideologie (Berlin 1956), 155–161.
192 LUKÁCS, Die Eigenart des Ästhetischen, in: LUKÁCS, Bd. 12 (1963), 102.
193 Vgl. ERNST BLOCH, Ästhetik des Vor-Scheins, hg. v. G. Ueding, 2 Bde. (Frankfurt a. M. 1974).

pischen Entwurf eine besondere Stellung ein; sie werden als messianische Einsprengungen gedeutet, die erfüllte Gebilde und damit Vollkommenheit versinnbildlichen. In höchster Weise kommt diese utopische Kraft der Musik als der »innerlich utopischen Kunst«[194] zu. Sozialhistorische, auch marxistische Motive und Fragestellungen sind in das Pathos des utopischen Entwurfs auf eigentümliche Weise eingewoben.[195] Die Ausführungen Blochs im späteren *Prinzip Hoffnung* (1954–1959) präzisieren die besondere Rolle der Kunst. Das utopische Prinzip ist hier insofern universalisiert, als Bloch die Welt insgesamt so deutet, daß sie erst im Lichte ihrer Vervollkommnung als dasjenige zugänglich sein kann, was sie wirklich ist; bis dahin ist sie von wesentlich unfertigem, dynamischem Charakter und nur stellvertretend antizipatorisch, als ›Vor-Schein‹ des Wahren erfahrbar. Die historisch rekonstruierbaren Utopien bewahren diesen Geist; in den Kunstwerken findet er einen ausgezeichneten und nicht lediglich zeitlichen, sondern räumlich-dinglichen Niederschlag und führt die Menschen in der ästhetischen Erfahrung[196] zur Selbstbegegnung; Kunstwerke haben als Antizipationen des Besseren auch selbstvergewissernden Charaker für die Menschen: »Utopie als Objektbestimmtheit, mit dem Seinsgrad des Realmöglichen, erlangt so an dem schillernden Kunstphänomen ein besonders reiches Problem der Bewährung«[197].

Der Kunstphilosophie Walter Benjamins liegt von Beginn an, mit der Doktorarbeit über den *Begriff der Kunstkritik in der deutschen Romantik*, die Theorie der modernen Kunst als selbstreferentieller Reflexionskunst zugrunde. An Kunstwerken dieser Art entwickelt Benjamin eine spezifische Theorie der Kritik. Die Kritik macht sich das selbstreflexiv-desillusionierende Moment in der Kunst zunutze, das Benjamin das ›Ausdruckslose‹ nennt und dem er moralischen Charakter zuspricht: »Das Ausdruckslose ist die kritische Gewalt, welche Schein vom Wesen in der Kunst zwar nicht zu trennen vermag, aber ihnen verwehrt, sich zu mischen. Diese Gewalt hat es als moralisches Wort«[198]. Die Kritik weist im Sinne einer negativen ästhetischen Theologie auf, daß die Kunstwerke etwas intendieren, an dessen unmittelbarer Darstellung sie dennoch scheitern, daß sie über einen metaphysischen Gehalt verfügen, den Benjamin ihren ›Wahrheitsgehalt‹ nennt. Anders als im theoretischen Umgang bleiben die Dinge in der Kunst eigenständig und auf die Idee ihres wahren Sinns bezogen: »Ihrer falschen Einheit entäußern sie sich, um aufgeteilt an der echten der Wahrheit teilzuhaben«; sie gehen »gerettet, in das Reich der Ideen ein«[199]. Die Kunst vermag daher eine den Dingen angemessene Form der »Rettung der Phänomene« zu sein; und insofern die Kunstkritik als methodische Inszenierung die metaphysische Intention am Kunstwerk freilegt, wird sie selbst zur ›rettenden Kritik‹[200] der Dinge.[201] Der Gedanke der Rettung ist im Kern ein geschichtsphilosophisches Motiv, denn die endgültige Rettung kann lediglich im Vorgriff als die nie vollständig realisierte Erlösung konzipiert werden. Ähnlich hat Benjamin im *Ursprung des deutschen Trauerspiels* den barocken Melancholiker beschrieben, dem »in der Allegorie die facies hippocratica der Geschichte als erstarrte Urlandschaft« vor Augen liegt: »Das ist der Kern der allegorischen Betrachtung, der barocken, weltlichen Exposition der Geschichte als Leidensgeschichte der Welt«[202]. Im Zentrum der Allegorie, die Benjamin pars pro toto als Erscheinungsform der modernen Kunst schlechthin versteht, ist der geschichtsphilosophische Blick auf umfassende Vergänglichkeit, damit aber auch Erlösungsbedürftigkeit angesiedelt; insofern bewahrt der Allegoriker, und ihm folgend der philosophi-

---

194 BLOCH, Geist der Utopie (München/Leipzig 1918), 231.
195 Vgl. HEINZ PAETZOLD, Neomarxistische Ästhetik, Bd. 1 (Düsseldorf 1974), 22–129.
196 Vgl. FRANCESCA VIDAL, Kunst als Vermittlung von Welterfahrung (Würzburg 1994).
197 BLOCH, Das Prinzip Hoffnung (1954–1959), in: BLOCH, Bd. 5/1 (1959), 247.
198 BENJAMIN, Goethes Wahlverwandtschaften (1924), in: BENJAMIN, Bd. 1/1 (1974), 181.
199 BENJAMIN, Ursprung des deutschen Trauerspiels (1928), in: ebd., 213.
200 Vgl. JÜRGEN HABERMAS, Walter Benjamin. Bewußtmachende oder rettende Kritik (1972), in: Habermas, Philosophisch-politische Profile (Frankfurt a. M. ³1981), 336–376.
201 Vgl. THOMAS SCHWARZ WENTZER, Bewahrung der Geschichte. Die hermeneutische Philosophie Walter Benjamins (Bodenheim 1998).
202 BENJAMIN (s. Anm. 199), 343.

sche Kritiker allegorischer Figuren, die Intention auf die Rettung.[203] So kann die Kritik als utopische Handlung im Hinblick auf die Erlösung selbst verstanden werden. Von diesem im Kern skeptischen utopischen Modell ist Benjamin in seinem viel rezipierten Aufsatz über das *Kunstwerk im Zeitalter seiner technischen Reproduzierbarkeit* (1936) insofern abgewichen, als er hier der entindividualisierten und entauratisierten technischen Massenkunst einen politischen positiven, erzieherischen Einfluß auf die Gesellschaft zutraut; eine Einschätzung, die für Benjamins Philosophie aber insgesamt ebenso irrelevant bleibt wie die idiosynkratisch angeeigneten marxistischen Motive, von denen sich die erste der Thesen *Über den Begriff der Geschichte* (1942) ironisch distanziert.[204]

(c) Adorno: Die bewahrte Utopie in der Negativität ästhetischer Erfahrung. Gegen die Indienstnahme zu politischer Wirkung dürfte die *Ästhetische Theorie* (1970) Adornos, ihrerseits weder unpolitisch noch in der Absicht einer unpolitischen Ästhetik verfahrend, mit der Insistenz auf dem Autonomiebegriff nicht nur der Kunst, sondern auch ihrem philosophischen Begreifen am meisten eigenes Terrain zurückerobert haben, von dem aus allererst in den Blick gerät, was an ethischer und moralischer Relevanz diesem abgewonnen werden kann. Adornos Ausgangspunkt liegt in den kulturdiagnostischen Betrachtungen der *Dialektik der Aufklärung* (1947).[205] Im Mittelpunkt steht die Beobachtung, daß das Projekt der kritischen Selbstaufklärung der Vernunft seinerseits der Mythologie anheimgefallen ist, weil es in der Absolutsetzung blind für seine Grenzen geworden ist. Adornos eigene Philosophie versucht sich in der Paradoxie einzurichten, daß der Universalisierungstendenz des aufgeklärten Denkens von seiten einer kritischen Philosophie Einhalt geboten werden muß, zugleich aber aufgrund eben derselben Universalisierungstendenz kein alternatives Denken verfügbar scheint, das nicht sofort dem bestimmenden Denken zu verfallen droht. In dieser Spannung installiert Adorno Philosophie als permanente Kritik, die Denkabschlüsse jeglicher Art zu vermeiden sucht. Für die Moralphilosophie[206] insbesondere stellt sich diese Paradoxie sentenzenartig in der Formulierung dar: »Es gibt kein richtiges Leben im falschen.«[207] Derartige Reflexionen ›aus dem beschädigten Leben‹ – so der Untertitel der Sammlung *Minima Moralia* – nehmen ausdrücklich das klassische Motiv der Ethik als »Lehre vom richtigen Leben«, an deren Stelle sie treten, wieder auf, freilich in Form einer geschichtsbedingt »traurigen Wissenschaft«[208]. Zu diesen Aporien steht das Projekt der *Ästhetischen Theorie* in mannigfachen Beziehungen. Am reflektierenden Verhalten gegenüber der Kunst kann ein authentisches Verhältnis zum Wahren und Guten zurückgewonnen werden. So sind es die Aporien der theoretischen Philosophie und der Moralphilosophie, die theorie-intern das Schwergewicht von Adornos Gesamtprojekt in die Ästhetik verlagern.[209]

Das Verhältnis von Ästhetik und Ethik bei Adorno[210] ist durch das Diktum von der Barbarei, die es bedeute, nach Auschwitz ein Gedicht zu schreiben, sinnfällig geworden. Die ursprüngliche Version lautet: »Noch das äußerste Bewußtsein vom Verhängnis droht zum Geschwätz zu entarten. Kulturkritik findet sich der letzten Stufe der Dialektik von Kultur und Barbarei gegenüber: nach Auschwitz ein Gedicht zu schreiben, ist barbarisch, und das frißt auch die Erkenntnis an, die ausspricht, warum es unmöglich ward, heute Gedichte zu schreiben«[211]. Die Sätze formulieren ein grundsätzliches Dilemma der Kunst in einer ge-

203 Vgl. BETTINE MENKE, Sprachfiguren. Name – Allegorie – Bild nach Walter Benjamin (München 1991), 161–238.
204 Vgl. BENJAMIN, Über den Begriff der Geschichte (1942), in: BENJAMIN, Bd. I/2 (1974), 693.
205 Vgl. HORKHEIMER/ADORNO (s. Anm. 126).
206 Vgl. GERHARD SCHWEPPENHÄUSER, Ethik nach Auschwitz. Adornos negative Moralphilosophie (Hamburg 1993), 174–213.
207 ADORNO, Minima Moralia (1951), in: ADORNO, Bd. 4 (1980), 43.
208 Ebd., 17.
209 Vgl. RÜDIGER BUBNER, Kann Theorie ästhetisch werden? Zum Hauptmotiv der Philosophie Adornos, in: Bubner, Ästhetische Erfahrung (Frankfurt a. M. 1989), 70–98.
210 Vgl. SCHWEPPENHÄUSER/WISCHKE (Hg.), Impuls und Negativität. Ethik und Ästhetik bei Adorno (Hamburg 1995).
211 ADORNO, Kulturkritik und Gesellschaft (1951), in: ADORNO, Bd. 10/1 (1977), 30; vgl. ADORNO, Jene zwanziger Jahre (1962), in: ADORNO, Bd. 10/2 (1977), 506; ADORNO, Engagement (1962), in: ADORNO, Bd. 11 (1974), 422ff.; ADORNO, Die Kunst

schichtlichen Lage, die von der im Namen ›Auschwitz‹ chiffrierten Gewalterfahrung geprägt ist. Das in extremer Weise Unmenschliche erscheint in der Kunst zwar als existentielle Grenzsituation, aber doch so, als läge es im Bereich menschlicher Bewältigung. So wird das Kunstwerk zwangsläufig zur Lüge und partizipiert, gewollt oder ungewollt, an der Barbarei. So unauflösbar aber das Dilemma ist, so sehr behauptet die Kunst dennoch ihr Existenzrecht: »Während die Situation Kunst nicht mehr zuläßt – darauf zielte der Satz über die Unmöglichkeit von Gedichten nach Auschwitz –, bedarf sie doch ihrer.«[212] Daher verbietet am Ende das Diktum über die ›Barbarei von Gedichten nach Auschwitz‹ nicht so sehr die Kunst, als daß es ihre paradoxe Fortsetzung fordert.

Die Kunstwerke, an denen Adorno seine *Ästhetische Theorie* entwickelt, müssen als modern und autonom beschrieben werden, als Kunstwerke also, die sich aus der Einbindung in religiöse, repräsentative und gesellschaftliche Verwendungskontexte emanzipiert haben. Kunst ist die »bestimmte Negation der bestimmten Gesellschaft«, die »gleichsam apriorische Opposition gegen die heteronome Gesellschaft«[213]. Daß dies möglich ist, hängt mit Struktur und Eigenart der Kunstwerke zusammen. Während im universalen Zusammenhang von bestimmendem Denken, gewalttätiger Repression und verwaltetem Betrieb Unfreiheit die Regel ist,

erlauben Kunstwerke eine Freiheitserfahrung, weil sie, obgleich Teil dieses Zusammenhangs, doch aus ihm herausragen. Die beherrschende instrumentelle Rationalität greift ihnen gegenüber nicht. Das Kunstwerk ist ein prinzipiell freies Zusammenspiel seiner Elemente, ohne ein einzelnes von ihnen den anderen zu subsumieren; es verfügt über eine »immanente Stimmigkeit«[214]. Diese Stimmigkeit ist als organischer Zusammenhang der Elemente zu denken, der jedes einzelne in Freiheit beläßt, während dasselbe Element in der herkömmlichen, ihm aber äußerlichen Einordnung nur an seiner Nützlichkeit gemessen wird. Gerade indem das Kunstwerk die gesellschaftliche Praxis auf diese Weise still stellt, wird deren normalerweise unreflektiert bleibende Gewalttätigkeit deutlich: »Eine befreite Gesellschaft wäre jenseits der Irrationalität ihrer faux frais und jenseits der Zweck-Mittel-Rationalität des Nutzens. Das chiffriert sich in der Kunst und ist ihr gesellschaftlicher Sprengkopf«[215]. Das Kunstwerk ist Kritik dieser Praxis formal durch seine Technik, indem die Organisation seiner Elemente als diesen sachangemessen, herrschaftsfrei beschrieben werden muß: »Der Schlüssel jeglichen Gehaltes von Kunst liegt in ihrer Technik«[216].

So erkennbar also Adornos Diagnosen von Geschichte und Kultur der von Marx eingeführten gesellschaftstheoretischen Perspektive verpflichtet sind, so entschieden grenzt sich seine Ästhetik von aller politischen Inanspruchnahme der Kunst ab. Das gilt für jegliche Form engagierter Kunst, die er in Auseinandersetzung mit Sartre und Brecht ausschließt[217], und insbesondere für die Dekretierung realisierter Utopie nach Art des sozialistischen Realismus, die er in der Auseinandersetzung mit Lukács als lediglich ›erpreßte Versöhnung‹ zurückgewiesen hat.[218] Kunst enthält sich des direkten Engagements und ist zu unmittelbarer politischer Wirkung unfähig, wenn sie nicht der Gefahr eines Rückfalls in bloße Ideologie nachgeben will. Das authentische Kunstwerk vermag kritisch zu sein, wenn es autonom bleibt und eine »ästhetische Differenz« zur Gesellschaft einhält: »Nur vermöge dieser Differenz, nicht durch deren Verleugnung, wird das Kunstwerk beides, Kunstwerk und richtiges Bewußtsein«[219]. – Im Innersten des Kunstwerks steckt ein utopischer Kern. Innerhalb einer vom Zweckrationalismus beherrschten gewalttätigen

---

und die Künste (1966/67), in: ADORNO, Bd. 10/1 (1977), 451 ff.; ADORNO, Ist die Kunst heiter? (1967), in: ADORNO, Bd. 11 (1974), 603; ADORNO, Negative Dialektik (1966), in: ADORNO, Bd. 6 (1970), 359 f.; PETRA KIEDAISCH (Hg.), Lyrik nach Auschwitz? Adorno und die Dichter (Stuttgart 1995).
212 ADORNO, Die Kunst und die Künste (1966), in: ADORNO, Bd. 10/1 (1977), 452.
213 ADORNO, Ästhetische Theorie (1970), in: ADORNO, Bd. 7 (1970), 334, 459.
214 ADORNO, Erpreßte Versöhnung (1963), in: ADORNO, Bd. 11 (1974), 270.
215 ADORNO (s. Anm. 213), 338.
216 ADORNO, Versuch über Wagner (1964), in: ADORNO, Bd. 13 (1971), 119.
217 Vgl. ADORNO, Engagement (1962), in: ADORNO, Bd. 11 (1974), 409–430.
218 Vgl. ADORNO, (s. Anm. 214), in: ADORNO, Bd. 11 (1974), 251–280.
219 Ebd., 261.

Welt hat das utopische Gegenbild der Versöhnung und Gewaltfreiheit einzig im Kunstwerk ein Residuum gefunden. Daher ist »die Utopie [...], die in jedem Kunstwerk sich chiffriert« tatsächlich das »innerste Prinzip«[220] der Kunst. Adorno drückt diesen Umstand mit Stendhals Formel aus, derzufolge der Kunst ein Glücksversprechen innewohnt: »La beauté n'est que la *promesse* du bonheur.«[221] »Stendhals Diktum von der ›promesse du bonheur‹ besagt, daß Kunst dem Dasein dankt, indem sie akzentuiert, was darin auf die Utopie vordeutet«[222]. Allerdings stünde auch die dargestellte, thematisch gewordene Utopie im Verdacht, in illusorischer Affirmation Glück als verfügbar zu behaupten, obwohl es nur als Schein der Kulturindustrie oder als ›erpreßte Versöhnung‹ der dekretierten Utopie existiert. Deshalb kann die Präsenz der Utopie im Kunstwerk nur als Negativität beschrieben werden: »Weil alles Glück am Bestehenden und in ihm Ersatz und falsch ist, muß sie das Versprechen brechen, um ihm die Treue zu halten« (461). Autonome Kunstwerke verfügen mit der entwickelten Technik auch über das Instrumentarium ihrer Selbstreflexion, die die illusionäre Geschlossenheit des Dargestellten durchbricht und die Bedingungen ihres Entstehens vergegenwärtigt. So korrespondiert die negative ästhetische Erfahrung der inneren, technisch bedingten Negativität der Kunstwerke: »Den Abgrund zwischen der Praxis und dem Glück mißt die Kraft der Negativität im Kunstwerk aus« (26). Negativ bleibt dann die Utopie als das Intendierte, aber weder als das positiv Darstellbare noch auch real Erreichbare erhalten. In der ausgehaltenen Spannung zwischen der Unmöglichkeit positiver Glücksdarstellung einerseits und der einzig noch möglichen Bewahrung der Utopie andererseits hat sich das authentische Kunstwerk anzusiedeln.

4. Post- und spätmoderne Verhältnisse von Ästhetischem und Ethischem

(a) Ethisierung des Ästhetischen: Das Erhabene. Zu einer Rehabilitierung der alten rhetorischen und ästhetischen Kategorie des Erhabenen ist es in der philosophisch-ästhetischen Postmoderne vor allem um Jean-François Lyotard gekommen, der die spezifische Qualität ästhetischer Erfahrung als eine ethisch relevante und gehaltvolle Praxis auszeichnen, sei es auch in der paradoxen Umkehrung, daß in ihr alle herkömmliche Moral derartig stillgestellt ist, daß sich mit ihr zu einer neuen lebenspraktischen, also ethischen Grundhaltung vorstoßen läßt, die mit Moralphilosophie im klassischen Sinne nichts mehr zu tun haben will. Kant hatte unter dem Namen des Erhabenen eine in sich dialektisch strukturierte ästhetische Erfahrung von Natur beschrieben, die Lyotard eingehend untersucht hat.[223] Lyotard überträgt die dialektische Struktur dieser negativen Erfahrung von der Natur auf Kunstwerke, vor allem auf die Bilder Barnett Newmans. Seine These ist, daß die Avantgarde in ihren Werken bewußt jenes Scheitern der sinnlichen Aufnahmefähigkeit in der Rezeption des Betrachters provoziert und inszeniert, das Kant für die erhabene Natur beschrieben hatte. Die Erfahrung avantgardistischer Kunst ist demnach eine durch planmäßige Überforderung hervorgerufene Schockerfahrung eines anonymen Vorgangs des ›es geschieht‹: »Ce que nous n'arrivons pas à penser, c'est que quelque chose arrive. Ou plutôt, et plus simplement: qu'il arrive«[224]. Was es allerdings ist, das in dieser Brucherfahrung negativ zur Darstellung gelangt, wird von Lyotard nicht eindeutig benannt, obwohl er auch mit einer ›prämodernen‹ Theologie‹ spielt.[225] Die ästhetische Brucherfahrung schaltet für einen Moment jeglichen Sinn, durch die sie eingeordnet und der Bruch beseitigt werden könnte, aus, weil sie sich allen herkömmlichen Darstellungsweisen entzieht: »Que mainte-

---

220 ADORNO (s. Anm. 212), 453, 451.
221 STENDHAL, De l'amour, XVII (1822), in: Stendhal, Œuvres complètes, hg. v. V. Del Litto u. E. Abravanel, Bd. 3 (Genf 1969), 74; vgl. STENDHAL, Histoire de la peinture en Italie (1817), in: ebd., Bd. 27 (Genf 1969), 98; BAUDELAIRE (s. Anm. 138), 550; NIETZSCHE (s. Anm. 180), 347.
222 ADORNO (s. Anm. 213), 461.
223 Vgl. JEAN-FRANÇOIS LYOTARD, Leçons sur l'›Analytique du sublime‹: Kant, ›Critique de la faculté de juger‹, paragraphes 23–29 (Paris 1991).
224 LYOTARD, Le sublime et l'avant-garde, in: Lyotard, L'inhumain. Causeries sur le temps (Paris 1988), 102.
225 Vgl. LYOTARD, Das Undarstellbare – wider das Vergessen, in: C. Pries (Hg.), Das Erhabene. Zwischen Grenzerfahrung und Größenwahn (Weinheim 1989), 321, 327.

nant et ici, il y ait ce tableau plutôt que rien, c'est cela qui est sublime. Le dessaisissement de l'intelligence qui saisit, son désarmement, [...] c'est cela la rigueur de l'avant-garde«[226]. Diese innerästhetische Erfahrung gerät so in die Nähe von Lyotards Diagnose einer ›condition postmoderne‹ nach dem Scheitern der traditionellen Deutungsmuster der ›grands récits‹.[227] Von Fall zu Fall wäre im ästhetisch Erhabenen dann zu erfahren, daß Ideen und Utopien politischer, religiöser, metaphysischer und letztlich aller Art sinnlos werden im Augenblick ihres Scheiterns. Das Undarstellbare ist dann kritisch als Versagen aller Darstellung, zugleich aber auch als Befreiung von ihr zu verstehen. In der Befreiung von allen metaphysischen Vorgaben soll auch das Erhabene selbst nicht-metaphysisch verstanden werden können; es wird sogar zum Paradigma dieser Befreiung und der postmodernen Intention der Vervielfältigung der Perspektiven auf das einzelne in all seiner bunten Disparatheit.

Diesen Gedanken hat unter allen Reaktionen auf Lyotards Parallele von Erhabenem und Postmoderne[228] wohl am weitesten Wolfgang Welsch mit der Forderung verfolgt, die postmoderne Ästhetik insgesamt »zu einer generellen, gerade auch *wirklichkeitsbezogenen* Disziplin, die der Beachtung von Heterogenität dient«[229], zu transformieren. An äs-

thetischen Brucherfahrungen planmäßig geschult, soll sich damit eine Sensibilität für das Partikulare gegen die Tendenz seiner Subsumierung unter Theorien und Ideologien zur Regel erheben lassen: »Eine Ästhetik, welche, der Dynamik des Erhabenen gemäß, die Schranke der Kunst überschreitet, wird hinsichtlich der ganzen Realität zu einem Sensorium für Grunddifferenzen und zu einer Instanz, die dem Heterogenen Gerechtigkeit widerfahren läßt« (209). Es ist allerdings das Dilemma nicht zu übersehen, daß gerade eine derartige Generalisierung des nicht-uniformierten, ideologie- und sinnfreien Blicks ihrerseits eine Uniformierungstendenz darstellt.[230]

Zunächst unabhängig von der postmodernen Rehabilitierung des Erhabenen hat Karl Heinz Bohrer die ästhetische Erfahrung spezifisch moderner Kunst, vor allem Literatur, in ähnlicher Weise als schreckhaftes Bewußtwerden einer Diskontinuität zum Gewöhnlichen, als Plötzlichkeit beschrieben[231]: »Die Bedingung der Plötzlichkeit diktiert den zeitlichen Modus gegenüber Diskursen der Kontinuität«[232]. Derartige Erfahrung ist eine Kontemplation maßstabslos gewordener, zu nichts relativer Gegenwärtigkeit, die Bohrer »absolutes Präsens« nennt und gerade nicht als »Repräsentanz eines Transzendenten« (141) verstanden wissen will, sondern in ihrer Diskontinuität als radikal anti-metaphysische Negation schlechterdings jeglichen Sinns. Eine Brücke von der Ästhetik zur Ethik im klassischen idealistischen Sinne darf daher gerade nicht geschlagen werden[233], aber sehr wohl die Brücke zu einer konsequent nicht-ethischen ›nihilistischen Ethik‹ des Sinnlosen. Die Gewißheit der Sinnlosigkeit ist die Gewißheit über das »durch keine Beruhigung der Geschichtsphilosophie abzulenkende Entsetzliche« des Todes, die Gewißheit über »das eigentliche Drama, nämlich das Je-schon-zu-Ende-gegangen-sein des eben noch Erlebten«: »Es gibt kein Kontinuum mehr und damit keine Zukunft. Alles ist zu Ende, bevor es begonnen hat.«[234] In der Abweisung aller Verbindung von Ästhetik und Ethik wird demnach die ästhetische Erfahrung paradoxerweise ethisch in erheblichem Maße als Quelle radikal nihilistischer Lebensführung relevant. Demgegenüber hat Michael Theunissen eine Analyse der Negativität ästhetischer Erfahrung vorgeschlagen, die in der Diskon-

---

226 LYOTARD (s. Anm. 224), 105.
227 Vgl. LYOTARD, La condition postmoderne (Paris 1979).
228 Vgl. WOLFGANG WELSCH/CHRISTINE PRIES (Hg.), Ästhetik im Widerstreit. Interventionen zum Werk von Jean-François Lyotard (Weinheim 1991).
229 WELSCH, Adornos Ästhetik: eine implizite Ästhetik des Erhabenen, in: C. Pries (Hg.), Das Erhabene. Zwischen Grenzerfahrung und Größenwahn (Weinheim 1989), 209.
230 Vgl. SEEL, Gerechtigkeit gegenüber dem Heterogenen?, in: Merkur 43 (1989), 916–922.
231 Vgl. BOHRER, Plötzlichkeit. Zum Augenblick des ästhetischen Scheins (Frankfurt a. M. 1981).
232 BOHRER, Das absolute Präsens. Die Semantik ästhetischer Zeit (Frankfurt a.M. 1994), 41.
233 Vgl. BOHRER, Ethik und Ästhetik. Nicht Polarität, sondern Differenz, in: Bohrer, Die Grenzen des Ästhetischen (München 1998), 160–170.
234 Vgl. BOHRER, Möglichkeiten einer nihilistischen Ethik, in: L. Heidbrink (Hg.), Entzauberte Zeit. Der melancholische Geist der Moderne (München 1997), 44, 46f.

tinuität die Möglichkeit befreiter Kontemplation und damit gerade eine genuine Erfahrung von Glück sieht. Im ›Nicht-Mitgehen mit der Zeit und Aufgehen in der Sache‹[235] liege ›das Glück des Verweilens‹[236] und somit, unter Aufnahme von Motiven Adornos, die Antizipation utopischen Glücks.

(b) Ästhetisierung des Ethischen. Die Forderung der klassischen Moderne, daß die Kunst ins Leben überzugehen habe, hat im ausgehenden 20. Jh. eine eigentümliche Einlösung in der ubiquitären Vervielfältigung ästhetischer Phänomene in allen Bereichen des alltäglichen, gesellschaftlichen und politischen Lebens gefunden, für die schlagwortartig der von Rüdiger Bubner exponierte Terminus ›Ästhetisierung der Lebenswelt‹ steht.[237] Dies bedeutet eine schrittweise Egalisierung der Kunst, die Vermischung eher populärer und eher elitärer Stile und Kunstformen und vor allem die Auflösung der Kunstwerk-Kategorie, die zwar auch die klassische Avantgarde intendierte, die sich nun aber vielfach als nur mehr verschönerndes Design verwirklicht und eine Kultur der sinnlichen Oberflächenreize meint, die um den Kunstanspruch moderner Werke unbekümmert ist. Es liegt in der Natur der Sache, daß die ästhetische Erfassung dieses Phänomens vielfach in soziologische Beschreibungen[238] übergeht, die die Massenkultur von Ausstellungen und Konzertwesen, die Ausgestaltung urbaner Lebensräume, die mediale symbolisch-ästhetische Inszenierung von Politik, die Entwicklung der hedonistischen Kultur einer ›Erlebnisgesellschaft‹[239] und mehr betreffen. Die Akzentverschiebung vom handlungsbestimmenden Dienst an der Sache zur Lust an den Vollzügen dieser Handlungen setzt Alternativen voraus, die sich die nach ästhetischen Gesichtspunkten wählenden Akteure jenseits bloßer Fragen der Bedürfnisbefriedigung auch leisten können und die offenbar für fortgeschrittene Wohlstandsgesellschaften charakteristisch sind.

Als Folge einer umfassenden vernunftkritischen Neubewertung des Subjektbegriffs in der Moderne hat Michel Foucault in seinen späten Schriften die Theorie einer ethischen Grundhaltung entwickelt, die die Ästhetisierung der Einzelexistenz meint und ausdrücklich vor dem Hintergrund antiker Vorstellungen von Lebenskunst expliziert wird.[240]

In seinen Schriften beobachtet Foucault in einem an Nietzsche geschulten genealogischen Verfahren[241] die Strategien und Konsequenzen der rationalistischen, überhistorischen Konstruktion des aufgeklärten Subjekts; im Freiheitsangebot der Theorie des moralisch autonomen Subjekts entdeckt Foucault, durchaus ideologiekritisch, den Kern gesellschaftlicher Repression und Machtausübung. Aus dieser Ausgangskonstellation führt die Frage, wie angesichts der Allgegenwart der Machtverhältnisse dem einzelnen Individuum noch ein eigenes, nicht fremdbestimmtes Leben möglich sein soll, zu der Verbindung von Ethik und Ästhetik, die für Foucaults letzte veröffentlichte Bücher, den zweiten und dritten Band der *Histoire de la sexualité*, charakteristisch ist.[242] Als Gegenbild bleibt die Perspektive einer unausgesetzten Selbsterfindung des Menschen, der sich nicht vorgängig bereits als durch ein ›Wesen‹ bestimmt auffaßt. Die Idee einer radikal vereinzelten Selbsterfindung, die kein vorgegebenes Allgemeines zulassen will, macht aus dem Leben die Herstellung eines je unauflösbar individuellen und eigengestalteten Gesamtgebildes, das mit derartigen Eigenschaften als Kunstwerk zu verstehen ist: »From the idea that the self is not given to us, I think that there is only one practical consequence: we have to create ourselves as a work of art. [...] We should not have to refer the creative activity of somebody to the kind of relation he has to himself, but should relate the

---

235 Vgl. MICHAEL THEUNISSEN, Freiheit von der Zeit, in: Theunissen, Negative Theologie der Zeit (Frankfurt a. M. 1991), 285–298.
236 Vgl. THEUNISSEN, Können wir in der Zeit glücklich sein? in: ebd., 57.
237 Vgl. RÜDIGER BUBNER, Ästhetische Erfahrung (Frankfurt a. M. 1989), 143–156.
238 Vgl. DANIEL BELL, The Cultural Contradictions of Capitalism (New York 1976) PIERRE BOURDIEU, La Distinction. Critique sociale du jugement (Paris 1979).
239 Vgl. GERHARD SCHULZE, Die Erlebnisgesellschaft. Kultursoziologie der Gegenwart (Frankfurt a. M./ New York 1993).
240 Vgl. FRÜCHTL (s. Anm. 180), 128–190.
241 Vgl. FOUCAULT, Nietzsche, la généalogie, l'histoire (1971), in: Foucault, Dits et écrits 1954–1988, Bd. 2 (Paris 1994), 136–156.
242 Vgl. FOUCAULT, Histoire de la sexualité, 3 Bde. (Paris 1976–1984).

kind of relation one has to oneself to a creative activity.«²⁴³ Foucault hat in der Antike, in der Zeit Platons einerseits, in der Stoa andererseits, die klassische Ethik des Guten als Theorie der Lebenskunst wiederentdeckt.²⁴⁴ Dabei ist nicht zu verkennen, daß dieser Blick in der Theorie des guten Lebens eine Ethik der Individualexistenz und eine um das Allgemeine unbekümmerte Haltung der Selbstsorge entdecken will, die wohl als Projektion des Spätmodernen in die antike Vergangenheit verstanden werden muß.²⁴⁵ Das gelungene Leben, das Foucault im Auge hat, meint die schöpferische Erfindung seiner selbst, die in jedem Augenblick in Hinblick sowohl auf die Selbstauffassung wie auf die Art der konkret gewählten Lebensführung korrekturfähig und flexibel bleiben muß. So will Foucault das von ihm beschriebene antike Sozialverhalten als Ausformung einer in gewissen Grenzen durchgesetzten »esthéthique de l'existence« verstanden wissen, die er als »l'art réfléchi d'une liberté perçue comme jeu de pouvoir«²⁴⁶ expliziert: »Par là il faut entendre des pratiques réfléchies et volontaires par lesquelles les hommes, non seulement se fixent des règles de conduite, mais cherchent à se transformer eux-mêmes, à se modifier dans leur être singulier, et à faire de leur vie une œuvre qui porte certaines valeurs esthétiques et réponde à certains critères de style« (16f.). Das Leben erhält einen bewußt gewählten Experimentcharakter unter dem unausgesprochenen Imperativ, sich unaufhörlich selbst zu verändern und endgültige Festlegungen stets zu vermeiden. Je individueller Lebensführung realisiert zu werden vermag, um so ästhetischer erscheint sie als singulärer Solitär wie ein Kunstwerk; um so weniger läßt sich aus dem Extrem des ästhetischen Modells freilich andererseits, gegen oder mit Foucault, die Grundlage einer politischen Theorie gewinnen.²⁴⁷

Von anderer Seite her hat Richard Rorty zu Formen der Ästhetisierung im Kontext theoretischer und praktischer Philosophie gefunden. In Erkenntnistheorie und Wissenschaftstheorie ersetzt Rorty jegliche Form von außersprachlicher Sicherung und Begründung des Wissens durch eine Art kreativen Pragmatismus, in dem wissenschaftliche Begriffe und Theorien als wirksame Metaphern-Konstruktionen nach den Kriterien von Nützlichkeit und gesellschaftlicher Durchsetzungsfähigkeit aufgefaßt werden.²⁴⁸ So gelangt Rorty zu einem Bild »of intellectual and moral progress as a history of increasingly useful metaphors rather than of increasing understanding of how things really are«²⁴⁹. Die Allgegenwart des antifundamentalistischen Kontingenzmomentes ficht auf dem Feld der politischen Theorie vor allem die Begründungsstrategie des klassischen Liberalismus an und ersetzt diesen durch eine ironische Grundhaltung: »I use ›ironist‹ to name the sort of person who faces up to the contingency of his or her own most central beliefs and desires – someone sufficiently historicist and nominalist to have abandoned the idea that those central beliefs and desires refer back to something beyond the reach of time and chance« (XV). Nach Rorty muß die Verständigung über moralische Überzeugungen von einem hervorgehobenen philosophischen Begründungsdiskurs in eine Vielfalt von phantasievollen und kreativen Auseinandersetzungen übergehen: »We need a redescription of liberalism as the hope that culture as a whole can be ›poeticized‹ rather than as the Enlightenment hope that it can be ›rationalized‹ or ›scientized‹« (53). Als Verbindung von Liberalismus und Ironie schwebt Rorty eine Gesellschaft von Ironikern vor, die durch ästhetische Bildung und kreativen Umgang miteinander für Unmenschlichkeit und Leid an ihresgleichen sensibel geworden sind, so daß sie engagiert für gemeinsame Solidarität eintreten können, ohne doch aus den Augen zu verlieren, daß sie die grundsätzliche Relativität

---

243 FOUCAULT, On the Genealogy of Ethics: An Overview of Work in Progress, in: H. L. Dreyfus/P. Rabinow, Michel Foucault: Beyond Structuralism and Hermeneutics (Chicago ²1983), 237.
244 Vgl. SCHMID, Auf der Suche nach einer neuen Lebenskunst. Die Frage nach dem Grund und die Neubegründung der Ethik bei Foucault (Frankfurt a. M. 1991).
245 Vgl. WOLFGANG DETEL, Macht, Moral, Wissen. Foucault und die klassische Antike (Frankfurt a. M. 1998).
246 FOUCAULT, Histoire de la sexualité, Bd. 2 (Paris 1984), 277.
247 Vgl. THOMAS SCHÄFER, Reflektierte Vernunft (Frankfurt a. M. 1995), 129–144.
248 Vgl. RICHARD RORTY, The Mirror of Nature (Princeton 1980).
249 RORTY, Contingency, Irony, and Solidarity (Cambridge u. a. 1989), 9.

und Kontingenz ihres Unternehmens anerkennen müssen: »A poeticized culture would be one which would not insist we find the real wall behind the painted ones, the real touchstones of truth as opposed to touchstones which are merely cultural artifacts. It would be a culture which, precisely by appreciating that *all* touchstones are such artifacts, would take as its goal the creation of ever more various and multicolored artifacts« (53 f.).

(c) Abgrenzungen des Ästhetischen und Ethischen. Im Rahmen einer Theorie unterschiedlicher Rationalitätstypen haben sich Versuche etabliert, gegen die postmodernen Entgrenzungen von Ästhetik und Ethik doch wieder ein hinreichend klares Verständnis ihrer Abgrenzungen zu gewinnen. Den begrifflichen Rahmen für diese Versuche stellt die Vernunftkonzeption dar, die Jürgen Habermas im Kontext seiner Theorie des kommunikativen Handelns entwickelt hat.[250] Habermas unterscheidet Typen von Rationalität, die mit je verschiedenen Weisen der Rechtfertigung operieren und die zueinander in einem komplexen Zusammenhang vielfältiger Differenzen stehen. Erinnert dies von fern an die Systemeinteilungen der klassischen Philosophie, so muß es doch als der Versuch verstanden werden, die metaphysische Konstruktion der einen absoluten Vernunft unter den Bedingungen spätmodernen, ›nachmetaphysischen‹ Denkens durch das Konzept einer Einheit der Vernunft in der Vielfalt ihrer unterschiedlichen Spielarten zu ersetzen.[251] In einem derartigen Modell steht die spezifisch ästhetische Rationalität in klarer Differenz sowohl zur theoretischen als auch zur praktischen Rationalität. Die Verwischung der Differenzen oder die Reduktion der einzelnen Rationalitätstypen untereinander führt dabei zwangsläufig zur Verunklarung der Vernünftigkeit bei eigentümlicher Begründungsverhältnisse. Habermas hat insbesondere darauf bestanden, alle (postmodernen) Versuche zur Einebnung der Gattungs- und Begründungsdifferenzen im wissenschaftlichen und literarischen Diskurs strikt abzuweisen.[252] Vor diesem Hintergrund hat Martin Seel eine weitgehende Analyse der Rationalität ästhetischer Erfahrung geliefert[253], die in ihrem Kern das Ästhetische als Charakteristikum bestimmter selbstzweckhafter, in sich sinnvoller Handlungsvollzüge interpretiert: »›Schön‹, im dezidiert ästhe-tischen Gebrauch, ist ein Wort für alles, womit wir wahrnehmend so Umgang haben, daß es uns dabei um diesen wahrnehmungsbezogenen Umgang selbst geht«[254]. Ein derart pragmatistisch gedeuteter Begriff des Ästhetischen impliziert bereits dessen Relevanz für eine Ethik, der es wesentlich um das Problem eines gelungenen Lebens geht, für die sie in der ästhetischen Erfahrung ein kritisch orientierendes Beispiel findet: so »wird Ästhetik zu einem internen Korrektiv der Ethik, indem sie den nichtfunktionalen Sinn einer begrenzten Verhaltensweise zur Geltung bringt, die gleichwohl für die ganze Lebensführung des Individuums von Bedeutung ist« (17). Dennoch besteht Seel auf einer grundsätzlichen Trennung und ›Diskontinuität‹ von Ästhetik und Moral, die dann im Anschluß gerade eine ausgewogene Verhältnisbestimmung beider Disziplinen ermöglicht: »Ästhetik ist ein irreduzibler Teil einer Ethik des guten Lebens, die ihrerseits ein irreduzibler Teil einer Ethik der Anerkennung ist« (35). Darin liegt insbesondere die Absage an alle Modelle einer kunstwerkorientierten Ästhetik der Existenz nach dem Vorbild Nietzsches und Foucaults: »Könnten die Menschen sich zu Kunstwerken machen, würde ihnen vieles entgehen, am sichersten die Kunst« (22).

Eine zwischen Kant und Schiller einerseits, den verschiedenen postmodernen Ansätzen andererseits historisch weitausgreifende Abwägung des Verhältnisses von ästhetischer Erfahrung und moralischem Urteil mit dem Ziel einer präzisen Differenzierung der verschiedenen Ansätze hat Josef

---

250 Vgl. HABERMAS, Rationalität – eine vorläufige Begriffsbestimmung, in: Habermas, Theorie des kommunikativen Handelns, Bd. 1 (Frankfurt a.M. 1981), 25–71.
251 Vgl. HABERMAS, Die Einheit der Vernunft in der Vielfalt ihrer Stimmen, in: Habermas, Nachmetaphysisches Denken (Frankfurt a.M. 1988), 153–186.
252 Vgl. HABERMAS, Exkurs zur Einebnung des Gattungsunterschiedes zwischen Philosophie und Literatur, in: Habermas, Der philosophische Diskurs der Moderne (Frankfurt a.M. 1985), 219–247.
253 Vgl. SEEL, Die Kunst der Entzweiung. Zum Begriff der ästhetischen Rationalität (Frankfurt a.M. 1985).
254 SEEL, Ästhetik als Teil einer differenzierten Ethik, in: Seel, Ethisch-ästhetische Studien (Frankfurt a.M. 1996), 14.

Früchtl vorgelegt.[255] Einen Brückenschlag zwischen Ästhetik und Ethik, der der Gefahr einer heteronomen Vereinnahmung des Ästhetischen entgehen und doch die moralische Relevanz der ästhetischen Erfahrung darlegen will, hat Marcus Düwell versucht. Ausgehend von einer ausführlichen Analyse der genuin ästhetisch qualifizierten Erfahrung betont Düwell den Grundzug der Distanz des Ästhetischen von allen herkömmlichen lebensweltlichen Handlungsvollzügen, um gerade darin ein moralisches Potential zu entdecken: »Der Reflexions- und Verhaltensspielraum, den die ästhetische Erfahrung eröffnet, ist gerade aufgrund seiner Ungerichtetheit und Offenheit für die Möglichkeit moralischen Handelns von Bedeutung. Das Spektrum der Handlungsmöglichkeiten nicht verengt wahrzunehmen, ein anschauliches und distanziertes Verhältnis zur Lebenswelt zu gewinnen und ein Verständnis und eine Deutungsmöglichkeit der eigenen und fremden Bedürfnisse zu erwerben, kann durch ästhetische Erfahrung ermöglicht werden«[256].

Guido Kreis

Literatur
ALLISON, HENRY E., Kant's Theory of Taste (Cambridge 2001); ANDRESEN, WARREN, Ethos and Education in Greek Music (Cambridge, Mass. 1966); DALFEN, JOACHIM, Polis und Poiesis. Die Auseinandersetzung mit der Dichtung bei Platon und seinen Zeitgenossen (München 1974); DE LACY, PHILLIP, Stoic Views of Poetry, in: American Journal of Philology 69 (1948), 241–271; DILCHER, ROMAN, Furcht und Mitleid!, in: Antike und Abendland 42 (1996), 85–102; DÖRING, SABINE A., Ästhetische Erfahrung als Erkenntnis des Ästhetischen. Die Kunsttheorie Robert Musils und die analytische Philosophie (Paderborn 1999); DÜWELL, MARCUS, Ästhetische Erfahrung und Moral. Zur Bedeutung des Ästhetischen für die Handlungsspielräume des Menschen (Freiburg/München 1999); FENNER, DAGMAR, Kunst – Jenseits von Gut und Böse? Kritischer Versuch über das Verhältnis von Ästhetik und Ethik (Tübingen/Basel 2000); FRICKE, CHRISTEL, Kants Theorie des reinen Geschmacksurteils (Berlin 1990); FRÜCHTL, JOSEF, Ästhetische Erfahrung und moralisches Urteil. Eine Rehabilitierung (Frankfurt a. M. 1996); GADAMER, HANS-GEORG, Plato und die Dichter (1934), in: GADAMER, Bd. 5 (1985), 187–211; GRASSI, ERNESTO, Die Theorie des Schönen in der Antike (Köln ²1980); GREINER, BERNHARD/MOOG-GRÜNEWALD, MARIA (Hg.), Ethik und Ästhetik im Dialog. Erwartungen, Forderungen, Abgrenzungen (Bonn 1998); HALLIWELL, STEPHEN, Aristotle's Poetics (London 1986); HENRICH, DIETER, Versuch über Kunst und Leben (München 2001); JANAWAY, CHRISTOPHER, Images of Excellence. Plato's Critique of the Arts (Oxford 1995); KANNICHT, RICHARD, Der alte Streit zwischen Philosophie und Dichtung, in: Altsprachlicher Unterricht 23 (1980), H. 6, 6–36; KRAUS, WALTHER, Die Auffassung des Dichterberufs im frühen Griechentum, in: Wiener Studien 68 (1955), 65–87; LYPP, BERNHARD, Die Erschütterung des Alltäglichen. Kunst-philosophische Studien (München 1991); MIETH, DIETMAR/AMMICHT-QUINN, REGINA (Hg.), Narrativität im Spannungsfeld von Ethik und Ästhetik (Tübingen 2000); OBBINK, DIRK (Hg.), Philodemus and Poetry (Oxford 1995); RECKI, BIRGIT, Ästhetik der Sitten (Frankfurt a. M. 2001); RÖSLER, WOLFGANG, Die Entdeckung der Fiktionalität in der Antike, in: Poetica 12 (1980), 283–319; SCHENK, CHRISTIAN, Muß Literatur moralisch sein? Friedrich Schiller und der Streit um Ethik und Ästhetik heute (Mainz 2000); SEEL, MARTIN, Ethisch-ästhetische Studien (Frankfurt a. M. 1996); SNELL, BRUNO, Aristophanes und die Ästhetik, in: Snell, Die Entdeckung des Geistes (1946; Hamburg ³1955), 161–183; WIELAND, WOLFGANG, Urteil und Gefühl. Kants Theorie der Urteilskraft (Göttingen 2001); WULF, CHRISTOPH/KAMPER, DIETMAR/GUMBRECHT, HANS ULRICH (Hg.), Ethik der Ästhetik (Berlin 1994).

---

255 Vgl. FRÜCHTL, Ästhetische Erfahrung und moralisches Urteil. Eine Rehabilitierung (Frankfurt a. M. 1996).
256 MARCUS DÜWELL, Ästhetische Erfahrung und Moral. Zur Bedeutung des Ästhetischen für die Handlungsspielräume des Menschen (Freiburg/München 1999), 317.

Motiv

(engl. motive; frz. motif; ital. motivo; span. motivo; russ. мотив)

Einleitung; I. Motivum und seine volkssprachlichen Ableitungen bis ans Ende des 18. Jahrhunderts; II. Johann Wolfgang Goethe und Heinrich Meyer: Motiv als kunstwissenschaftlicher Begriff; III. Goethe: Motiv als literaturwissenschaftlicher Begriff; IV. Ausbreitung des Motivbegriffs im 19. Jahrhundert; V. Bemerkungen und Anregungen zur literaturwissenschaftlichen Diskussion des Motivbegriffs

Einleitung

Das Wort Motiv, in der Musikwissenschaft, der Kunstwissenschaft und der Literaturwissenschaft (sowie anderen Textwissenschaften) als Bezeichnung eines besonderen Werkteils seit dem 19. Jh. geläufig, ist heute – im Gegensatz zur Kunstwissenschaft und auch zur Musikwissenschaft – nur noch in der Literaturwissenschaft ein heftig debattierter Begriff. Das liegt natürlich einerseits in der Sache (semasiologische Abgrenzungsverfahren sind bei sprachlichen Kunstwerken wie überhaupt bei sprachlich realisierten Bedeutungen außerordentlich schwierig); das liegt andererseits aber auch daran, daß die modernen Definitionsversuche nicht auf Kenntnis der Wortgeschichte beruhen.

I. Motivum und seine volkssprachlichen Ableitungen bis ans Ende des 18. Jahrhunderts

Im späten Mittellatein kann motivum, auf den Bereich menschlicher Fähigkeiten bezogen, ganz allgemein einen seelischen oder intellektuellen Impuls bezeichnen, der eine wie auch immer geartete individuelle Handlung auslöst. Von dieser allgemeinen Bedeutung (Motiv für eine Handlung), die alle europäischen Volkssprachen (das Französische bereits im 14. Jh.) entlehnt und bis heute bewahrt haben, sind die erst seit dem 18. Jh. nachweisbaren technischen Bedeutungen systematisch und historisch getrennt zu halten. Diese beruhen auf metonymischer Verwendungsweise eines schon spezialisierten Wortgebrauchs: Auf der Ebene der Sprech- und Schreibhandlungen wäre ein Motiv in diesem spezialisierten Sinne als Gedanke, Idee oder Einfall zu fassen, der einem kommen kann oder den man ersinnt und der sich in der Rede oder schriftlich konkretisiert. Es ist interessant, daß zum mindesten das Französische und das Englische diese Bedeutungsspezialisierung bereits im 14. Jh. kennen, dann aber – im Gegensatz zum Italienischen – bald aufgegeben haben. Im Italienischen begegnen wir dem spezialisierten Wortgebrauch, nun auf künstlerische Handlungen bezogen, in Traktaten des 17. und 18. Jh. recht häufig; das Wort bezeichnet dort Einfälle von Dichtern (Erstbeleg 1623) oder Malern (Erstbeleg 1672).[1] In seinem oft zitierten, zuerst 1672 in Rom erschienenen Werk *Le Vite de' Pittori, Scultori, ed Architetti moderni* gebraucht der klassizistische Theoretiker und Kritiker Giovanni Pietro Bellori das Wort bei der Beschreibung eines bis zum Ende des 18. Jh. hochgerühmten Gemäldes von Domenico Zampieri (*Comunione di San Girolamo* [1614]), dem ein gleichbetiteltes Tafelbild von Agostino Carracci (um 1592) zugrundeliegt: »In questo quadro Domenico seguitò il motivo d'Agostino Carracci, rappresentando l'azione nella Chiesa de Betleme; la dove il Santo Padre soleva divotamente celebrare, e dove nell'ultima età consumato, ed enfermo a morte riceve il Sacramento dell'Eucaristia.«[2] (Bei diesem Gemälde folgte Domenico dem Einfall des Agostino Carraci, indem er die Handlung in die Kirche von Bethlehem verlegte, dorthin, wo der heilige Vater andächtig zu zelebrieren pflegte und wo er, altersschwach und todkrank, das Sakrament der Eucharistie empfängt.) Im Verlauf der langen Beschreibung hebt Bellori eine Einzelheit hervor: »Si scopre [...] dietro un'altra testa di un Levantino col turbante, secondo il motivo d'Agostino Carracci per significare l'azione seguita in Oriente.« (184) (Man entdeckt dahinter einen anderen Kopf, den eines

---

1 Vgl. ›Motivo‹, in: SALVATORE BATTAGLIA, Grande dizionario della lingua italiana, Bd. 10 (Turin 1978), 1030.
2 GIOVANNI PIETRO BELLORI, Le Vite de' Pittori, Scultori, ed Architetti moderni (1672; Rom 1728), 182.

Orientalen mit dem Turban, gemäß dem Einfall des Agostino Carracci, um anzudeuten, daß die Handlung im Orient spielte.) Agostino Carraccis Gestaltung des Bildganzen (Spendung der Kommunion in der Kirche zu Bethlehem) wie auch einer Nebenfigur (Mann mit Turban) sind seine Einfälle; als seine motivi sind sie in seinem Bild konkretisiert und auf dem des Domenico Zampieri wiedererkennbar. Diese und andere Belege des 17. und 18. Jh. gestatten noch nicht die Feststellung, daß der Gesamtgegenstand (soggetto, argomento) eines Bildes oder eine markante Bildeinzelheit (distintivo, tratto, u. a.) im zeitgenössischen Italienisch undeterminiert motivo genannt werden konnte, sondern nur (wie auch bei den Konkurrenzbegriffen invenzione, idea oder capriccio), daß das motivo eines Künstlers am Kunstwerk sichtbar ist.

Die metonymische Bedeutungsverschiebung von motivo (Einfall des Künstlers – am Kunstwerk sichtbarer Einfall – charakteristisches Merkmal des Kunstwerks) hat sich zuerst in der Musik vollzogen; noch im Laufe des 18. Jh. ist dieser Prozeß abgeschlossen. An den Definitionen, die z. B. Melchior Grimm und Jean-Jacques Rousseau von ital. motivo/frz. motif gegeben haben, ist gleichwohl der semantische Ausgangspunkt noch gut erkennbar; Grimm spricht von »pensée«, Rousseau von »idée« und davon, daß der Komponist durch seine idée zum Komponieren veranlaßt wird: »*Motif*, (Musique.) Les Italiens appellent motivo la principale pensée d'un air, celle qui constitue le caractère de son chant & de sa déclamation.«[3] – »Motif, s. m. Ce mot francisé de l'Italien motivo n'est guère employé dans le sens technique que par les Compositeurs. Il signifie l'idée primitive & principale sur laquelle le compositeur détermine son sujet & arrange son dessein. C'est le Motif qui, pour ainsi dire, lui met la plume à la main pour jetter sur le papier telle chose & non pas telle autre. Dans ce sens le Motif principal doit être toujours présent à l'esprit du Compositeur, & il doit faire en sorte qu'il le soit aussi toujours à l'esprit des Auditeurs.«[4]

In der Folgezeit konkurriert der musikalische Terminus, dessen deutsche Entsprechung erst mit dem Beginn des 19. Jh. gebräuchlich wird, mit Thema (soggetto, sujet oder thème), bis sich dann – nicht vor der Jahrhundertmitte – seine Eingrenzung auf eine abgrenzbare Tonfolge als kleinstes selbständiges Glied eines musikalischen Ganzen durchsetzt.

Die dem musikalischen Terminus analoge Bedeutungsverschiebung in der Malerei (motivo als soggetto, Bildgegenstand, und distintivo, markante Bildeinzelheit) muß sich spätestens in den Jahren um 1780 vollzogen haben, und zwar in Rom – genauer: im Jargon der römischen Maler, noch nicht im offiziellen Schrifttum der Kunstkritik. Dafür sprechen sowohl die frühesten französischen als auch die frühesten deutschen Belege.

Die frühesten französischen Belege finden sich im Tagebuch des Malers Eugène Delacroix, der von 1823 an motif und sujet synonym gebraucht (z. B. »Il faudrait lire *Daphnis et Chloé*: c'est un des motifs antiques qu'on souffre le plus volontiers.«[5]) Man wird Delacroix für diesen Wortgebrauch keine Originalität zuschreiben dürfen. Er kann ihn weder dem Deutschen noch dem Italienischen entlehnt haben, weil er beider Sprachen nicht mächtig war; er verdankt ihn sicher dem Malerjargon des Ateliers Guérin, in dem er studierte. Fast alle Pariser Ateliermeister und viele ihrer Schüler, besonders natürlich die Rompreisträger, hatten traditionell enge Verbindungen mit Italien (Académie de France à Rome). Wir vermuten, daß die Quellen für das französische Fachwort, das nicht lange auf seine offizielle Anerkennung hat warten müssen, in Rom zu suchen sind, sei es, daß das ital. motivo in römischen Künstlerkreisen die uns interessierende metonymische Bedeutungsverschiebung bereits erreicht hatte, sei es, daß diese Bedeutungsverschiebung – für Sprachen im Kontakt keine Seltenheit – auf das Konto des französischen Malerjargons in Rom zu setzen ist. Diese Vermutung wird durch die frühesten deutschen Belege gestützt (von 1797 an bei Goethe und Heinrich Meyer); eine Notiz Goethes, in Rom oder der Umgebung Roms festgehalten, weist sogar auf Spätsommer oder Herbst des Jahres 1787. Die Notiz lautet:

---

3 MELCHIOR GRIMM, ›Motif‹, in: DIDEROT (ENCYCLOPÉDIE), Bd. 10 (1765), 766.
4 ›Motif‹, in: JEAN-JACQUES ROUSSEAU, Dictionnaire de Musique (Amsterdam 1768), 302.
5 EUGÈNE DELACROIX, [Tagebuchnotiz] (16. 5. 1823), in: Delacroix, Journal, hg. v. A. Joubin, Bd. 1 (Paris 1932), 29.

»Gegenstand, *Sojetto, Motif*«[6]. Die drei Substantive, ein deutsches, ein italienisches und ein französisches, sind offensichtlich als Wortentsprechungen in diesen drei Sprachen zu verstehen. Sie entstammen wahrscheinlich einem Gespräch, an dem Goethe beteiligt war. Der Eintrag der drei Wörter auf das Notizblatt beweist, daß Goethe sowohl der durch sie bezeichneten Sache wie auch den Bezeichnungen selbst Bedeutung beimaß.

II. Johann Wolfgang Goethe und Heinrich Meyer: Motiv als kunstwissenschaftlicher Begriff

Meyer an Goethe: Florenz, 18. 2. 1797 (Über Raffaels Studie zu *Predica di San Paolo*): »Es sind nur fünf Figuren, die Hauptmotive des ganzen Werks, und der Apostel, schon gestellt und drapiert, wie wir ihn im ausgeführten Werk sehen, ist recht die Minerva, welche aus Jupiters Haupt gleich ganz gewaffnet hervor sprang.«[7]

Goethe an Schiller (Stäfa, 14. 10. 1797): »Über die berühmte Materie der Gegenstände der bildenden Kunst ist ein kleiner Aufsatz schematisiert und einigermaßen ausgeführt [...]. Wir [Goethe und Meyer – d. Verf.] sind jetzt an den Motiven als dem zweiten nach dem gegebenen Sujet, denn nur durch Motive kommt es zur inneren Organisation.«[8]

Goethe, *Schema über das Studium der bildenden Künste* (1797): »*Begebenheiten* des Menschen als Gegenstände der bildenden Kunst, als zusammengesetzte Vorstellungen, gewöhnlich Gegenstand, Sujet, Argument, Aufgabe, Fabel, Geschichte. In ihren Theilen – Motive.«[9]

Goethe, *Diderot's Versuch über die Mahlerei* (1799): »Aus ein paar symmetrischen Mönchsreihen hat Rafael gewiß manches Motiv zu seinen Compositionen genommen«.[10]

Goethe, Aufsatz *Über die Flaxmanischen Werke* (1799): »Die Naivität seiner Motive [...]. Indem er die griechischen Gegenstände behandelt, sieht man, daß er vorzüglich den Eindruck von den Vasengemählden empfangen hat [...]. Uebrigens gelingen ihm auch hier die naiven und herzlichen Motive am besten«.[11]

Goethes Bemerkungen über *Sarkophag in Petersburg*: »Beiwerke und einzelne Motive, die wir Motive der Ausführung nennen möchten, übergehen wir, da hier nur vom Hauptgedanken die Rede sein kann.«[12]

Diese (und andere Belege) zeigen, daß Goethe und Meyer sich bemühten, dem Wort Motiv den rechten Bedeutungsumfang in seiner Relation zum Ganzen des Kunstwerks zuzuweisen. Motiv ist, gemessen am Werkganzen, die kleinere Einheit; Motiv ist als Teil dem Ganzen untergeordnet, es ist das »zweite« nach dem »gegebenen Sujet« (neben der Gegenüberstellung Motiv-Sujet begegnen Motiv-Gegenstand und Motiv-Fabel). Gelegentlich, nämlich bei Werken geringen Umfangs, werden Motiv und Gegenstand jedoch auch synonym verwendet (Zeichnungen John Flaxmans, Dekorationsarbeiten am Weimarer Schloß); andererseits wird zwischen Motiven, die charakteristische Merkmale des Ganzen sind, und Motiven der Ausführung funktional unterschieden. Hinsichtlich der Quellen von Motiven gilt, daß diese einem anderen Werk entlehnt sein können oder in der erfahrenen Wirklichkeit gefunden oder ganz neu ersonnen werden.

Es kann kein Zweifel daran bestehen, daß Goethe und Heinrich Meyer die technische Bedeutung des Wortes Motiv, und zwar als Bezeichnung für Bildgegenstand und Bildteil, der Fachsprache der italienischen oder der französischen Maler in Rom entlehnt haben. Abgesehen von den oben erwähnten Gründen lassen sich von den frühesten deut-

---

6 JOHANN WOLFGANG GOETHE, Über Italien. Fragmente eines Reisejournals. Paralipomena (1787), in: GOETHE (WA), Abt. 1, Bd. 32 (1906), 441.
7 HEINRICH MEYER an Goethe (18. 2. 1797), in: M. Hecker (Hg.), Goethes Briefwechsel mit Heinrich Meyer, Bd. 1 (Weimar 1917), 424.
8 GOETHE an Friedrich Schiller (14. 10. 1797), in: S. Seidel (Hg.), Der Briefwechsel zwischen Schiller und Goethe (Leipzig 1984), Bd. 1, 429.
9 GOETHE, Schema über das Studium der bildenden Künste, in: GOETHE (WA), Abt. 1, Bd. 47 (1896), 294.
10 GOETHE, Diderot's Versuch über die Mahlerei (1799), in: GOETHE (WA), Abt. 1, Bd. 45 (1900), 278.
11 GOETHE, Über die Flaxmanischen Motive (1799), in: GOETHE (WA), Abt. 1, Bd. 47 (1896), 245f.
12 GOETHE, Sarkophag in Petersburg, in einer kleinen Schrift: Das vermeinte Grabmal Homers. Leipzig 1794, in: GOETHE (WA), Abt. 1, Bd. 48 (1897), 32.

schen Belegen selbst Verbindungslinien nach Rom ziehen. Es kann bereits auffallen, daß Goethe und Meyer im Rahmen ihrer lebhaften Diskussion des Gegenstandsproblems in der Kunst das Wort Motiv zur Kennzeichnung ganz konkreter Merkmale des Kunstwerks benutzen und daß selbst bei der Charakterisierung eines literarischen Werks (s. u.) diese Merkmale gleichsam mit dem Auge des Malers gesehen und beschrieben werden. In demselben Zusammenhang steht Goethes Interesse an genetischen und strukturellen Bezügen zwischen malerischem und literarischem Kunstschaffen. Gewiß hat dieses Interesse bei ihm immer bestanden, aber ebenso gewiß ist, daß es in Rom ganz in den Vordergrund seiner Erfahrung rückt, die erst jetzt in intensiver Auseinandersetzung mit den bildenden Künsten aufs Nachhaltigste bereichert wird: durch das Studium von Kunstwerken, die er zum Teil schon vorher kannte, jetzt aber erst sieht, durch Gespräche mit Künstlern und Fachleuten, unter denen dem Maler und Kunstexperten Heinrich Meyer sicher eine besondere Bedeutung zukommt, und nicht zuletzt durch die eigene praktische Malarbeit, von der in Briefen (und später in der *Italienischen Reise* [1829]) oft die Rede ist.

III. Goethe: Motiv als literaturwissenschaftlicher Begriff

Der deutsche Fachterminus Motiv, dessen sich Goethe und Meyer wahrscheinlich zunächst in ihren Gesprächen über Malerei und andere bildende Künste (vielleicht schon in Rom) bedient haben, war für die Erörterung des Gegenstandsproblems und struktureller Fragen in der Literatur gut auf diesen Bereich übertragbar. Die Übertragung ist ohne Zweifel Goethe zu verdanken, und es ist ein Zufall der Überlieferung, daß der erste nachweisbare Beleg für die literaturkritische Verwendung des Begriffs um zwei Jahre älter ist als die von 1797 an nachweisbare deutsche Verwendung des kunstkritischen Begriffs. »Mein Vorschlag ist also, an jenen ersten großen Situationen gar nicht zu rühren, sondern sie sowohl im Ganzen als Einzelnen möglichst zu schonen, aber diese äußern, einzelnen, zerstreuten und zerstreuenden Motive alle auf einmal weg zuwerfen und ihnen ein einziges zu substituiren.«[13]

Wie im Bereich der bildenden Künste und auch dem der Musik, wo Motiv terminologisch auf den Gegenstand des Kunstwerks bezogen wird, bezeichnet das neue Wort im Bereich der Literatur eine kleine (semantische) Einheit. Bevor wir Goethes Wortgebrauch im einzelnen darstellen, müssen wir auf die ältere Literaturkritik einen Blick werfen, an die Goethes systematische Überlegungen anknüpfen.

In der Literaturkritik der frühen Neuzeit gewinnt das Interesse an literarischen Stoffen und den durch sie gebotenen Modifikationsmöglichkeiten im Vergleich zum Mittelalter und auch zur Antike eine neue Qualität. Die neue Qualität ist an der Gründlichkeit und dem Einfallsreichtum erkennbar, mit denen Autoren und Kritiker (von Torquato Tasso über Pierre Corneille bis zu Lessing) epische und dramatische Bearbeitungen desselben Stoffs miteinander vergleichen. Bei diesen Stoffanalysen und Stoffvergleichen war notwendigerweise auch von Einzelheiten der Handlungs- und Personengestaltung zu sprechen, d. h. (im heutigen Wortsinn) von Motiven. (Lessings Ausführungen über das Gespenst im 11. und 12. oder über die Ohrfeige im 55.–57. Stück seiner *Hamburgischen Dramaturgie* [1768/69] würde man heute Motivstudien nennen können.) Ein einheitlicher Terminus stand nicht zur Verfügung. Im Französischen konnte man in diesem Zusammenhang die Wörter circonstance, trait, particularité oder artifice gebrauchen, im Deutschen vor allem Umstand, Zug, Wendung oder Einfall; als Synonyme von Stoff, das Lessing gegenüber dem älteren Materie durchsetzt, fungieren Vorwurf und Gegenstand, beides genaue Entsprechungen zu französisch sujet. Diese Terminologie ist auch diejenige Goethes, der neben Wendung und Einfall auch Idee, Gedanke und Erfindung, neben Gegenstand auch Sujet (Pluralformen: Sujets, Süjets, sogar Süjette) verwendet. Sie ist bei ihm bis ins hohe Alter nachweisbar, bis in die Jahre um 1800 sogar vorherrschend, also auch dann noch, als er den li-

---

13 GOETHE, Wilhelm Meisters Lehrjahre (1795), in: GOETHE (WA), Abt. 1, Bd. 22 (1899), 160.

teraturkritischen Terminus Motiv schon längst in die deutsche Sprache eingeführt hat.
Hier zunächst, im Anschluß an den Erstbeleg von 1795 (s. o.), die frühesten Belege bei Goethe und Schiller, der den Begriff 1797 von Goethe übernimmt.
Goethe an Paul Wranitzky, 24. 1. 1796: »Der große Beyfall, den die Zauberflöte erhielt, und die Schwierigkeit ein Stück zu schreiben das mit ihr wetteifern könnte, hat mich auf den Gedanken gebracht aus ihr selbst die Motive zu einer neuen Arbeit zu nehmen.«[14]
Goethe an Schiller, 19. 4. 1797: »Eine Haupteigenschaft des epischen Gedichts ist, daß es immer vor und zurück geht, daher sind alle retardierenden Motive episch.«[15]
Schiller an Goethe, 24. 11. 1797: »Seitdem ich meine prosaische Sprache in eine poetische rhythmische verwandle, befinde ich mich unter einer ganz anderen Gerichtsbarkeit als vorher, selbst viele Motive, die in der prosaischen Ausführung recht gut am Platz zu stehen schienen, kann ich jetzt nicht mehr brauchen.«[16]
Goethe an Schiller, 23. 12. 1797: »Um nun zu meinem Aufsatz [*Über epische und dramatische Dichtung* – d. Verf.] zurückzukommen, so habe ich den darin aufgestellten Maßstab an ›Hermann und Dorothea‹ gehalten und bitte Sie desgleichen zu tun, wobei sich ganz interessante Bemerkungen machen lassen, als z.B.: 1. Daß kein ausschließlich episches Motiv, das heißt kein retrogradierendes, sich darin befinde, sondern daß nur die vier andern, welche das epische Gedicht mit dem Drama gemein hat, darin gebraucht sind.«[17]
Goethe an Schiller, 24. 2. 1798: »Ich bin mit Ihnen völlig überzeugt, daß in einer Reise, besonders von der Art, die Sie bezeichnen, schöne epische Motive liegen, allein ich würde nie wagen, einen solchen Gegenstand zu behandeln [...]. Überdies hätte man mit der ›Odyssee‹ zu kämpfen, welche die interessantesten Motive schon weggenommen hat.«[18]
Goethe gebraucht das neue Wort Motiv von 1795 an zunehmend recht häufig. Er definiert den Begriff nicht. Es fällt aber auf, daß er ihn in die semantische Nähe von Situation rücken kann; ein anderes Mal verbindet er das neue Wort mit der Substantiv Wendung, ja sei eine besondere Darbietungsweise von schon Bekanntem gemeint; eine Verdeutlichung des Begriffs durch das Verbum ›motivieren‹ oder ›bewegen‹ liegt Goethe natürlich fern.

Sowohl an den zitierten Belegen als auch besonders an den Motivanalysen, die er in seiner Rezension über die ihm gewidmete Liedersammlung *Des Knaben Wunderhorn* (1806) oder in seinem Aufsatz über die von ihm bewunderten serbischen Liebeslieder (*Serbische Lieder* [1825]) vornimmt, ist leicht zu erkennen, daß sein Gebrauch des neuen Wortes hinsichtlich des Bedeutungsvolumens nicht ganz konsequent ist. Es bezeichnet bald eine kleine, bald eine große semantische Einheit; es kann sogar den ganzen Gegenstand (z.B. bei einem lyrischen Gedicht) bezeichnen. Wichtig ist, daß ein Motiv nicht an eine bestimmte sprachliche Gestaltung, ja nicht einmal an eine bestimmte Sinngebung gebunden ist; dem stehen seine und Schillers Überlegungen, ob einzelne Motive bestimmten Gattungen zuzuordnen sind oder nicht, im Prinzip nicht entgegen. Der werkarchitektonische Aspekt, die Frage nach der Funktion von Motiven im Werkganzen, die bereits bei dem Erstbeleg (Wilhelm Meister in den Mund gelegt) in den Blick kommt, interessiert Goethe auch formal, indem er 1797 ›fünferlei Arten‹ von Motiven in Tragödie und epischem Gedicht unterscheidet (›retardierende‹, usw.). Die Funktionen bezeichnen spezifische Modalitäten der Darbietung, Anordnung und Verknüpfung von Phasen oder Momenten des Gesamtgeschehens; Beispiele für so klassifizierte Motive gibt Goethe nicht. Ein letzter wichtiger Aspekt des Goetheschen Interesses an Motiven wird in folgenden Zitaten aus den *Maximen und Reflexionen* (1829–1833) deutlich. »Was man Motive nennt, sind, also eigentlich Phänomene des Menschengeistes, die sich wiederholt haben und wiederholen werden und die der Dichter nur als

---

14 GOETHE an Paul Wranitzky (24. 1. 1796), in: GOETHE (WA), Abt. 4, Bd. 11 (1892), 14.
15 GOETHE an Schiller (19. 4. 1797), in: Seidel (s. Anm. 8), 323.
16 FRIEDRICH SCHILLER an Goethe (24. 11. 1797), in: ebd., 439.
17 GOETHE an Schiller (23. 12. 1797), in: ebd., 460.
18 GOETHE an Schiller (24. 2. 1798), in: Seidel (s. Anm. 8), Bd. 2, 48f.

historische nachweis't.«[19] »Eigentlicher Wert der sogenannten Volkslieder ist der, daß ihre Motive unmittelbar von der Natur genommen sind. Dieses Vorteils aber könnte der gebildete Dichter sich bedienen, wenn er es verstünde.« (498)

Nach Goethe liegen die Motive gleichsam abrufbereit auf der Referenzebene, auf der Bedeutungsebene des Werks, nie allein auf seiner Syntaxebene (Ebene der geordneten sprachlichen Zeichen), auf Bedeutungsebene und Syntaxebene zugleich nur dann, wenn ihnen eine architektonische Funktion zukommt. Der Fall eines Motivs, das in der Weise auf Bedeutungsebene und Syntaxebene zugleich liegt, daß es an seine sprachliche Gestalt im Text gebunden ist, wird von Goethe nicht in Betracht gezogen.

Zur Veranschaulichung sei angemerkt, daß literarische Motive in der Regel und ganz im Sinne Goethes nicht an bestimmte Textworte gebunden sind: Bei dem Motiv ›Tödliche Liebeskrankheit‹ zum Beispiel, von dem Goethe in dem genannten Aufsatz von 1825 spricht, braucht keines der Nomina, weder tödlich noch Liebe noch Krankheit, im Text zu erscheinen.

Alle von Goethe angeführten literarischen Motive werden zwar inhaltlich (semantisch) bestimmt, haben aber eher dann eine klar definierte Struktur und Bedeutung, wenn sie Elemente des Raumes zu einer Struktur fügen (analog dem malerischen Motiv), als wenn sie Elemente auf der Zeitachse einander zuordnen (analog dem musikalischen Motiv). In allen Fällen beruht die Feststellung eines literarischen Motivs keineswegs auf genauer Segmentierung, sondern meint eine Abstraktion, eine Raffung, ein Schema dessen, was auf der Bedeutungsebene als konkret, ausgebreitet und ausgefüllt erscheint, in viel höherem Maße freilich auf der Vorstellungsebene des Lesers.

Das so gewonnene Schema besitzt immerhin Prägnanz; es wird mit einer Formel (»Tödtliche Liebeskrankheit«) oder mit einem Satz gekennzeichnet (»Das Mädchen schilt den Wankelmuth der Männer«[20]) und ist an einem anderen Werk wiederauffindbar. Ob ein Motiv das gesamte Geschehen rafft (»Unruhen in Norwegen«[21]) oder nur eine Situation schematisch charakterisiert: »Aufwecken der Geliebten«[22], ob es Handlung, Haltung oder Gesinnung einer einzelnen Figur, eine Figur mit Attribut oder nur einen Gegenstand an bestimmtem Ort kennzeichnet, macht für die Feststellung, daß es ein Motiv sei, keinen Unterschied aus. Wer diese Feststellung trifft, ist der Interpret. Den Satz, die Formel oder den Namen zu finden, die das literarische Motiv bezeichnen, ist natürlich deswegen schwieriger als im Fall der bildenden Künste, weil die sprachlichen Zeichen keine (im Sinne von Charles Sanders Peirce) ikonischen Zeichen sind.

IV. Ausbreitung des Motivbegriffs im 19. Jahrhundert

Das Sprechen von Motiven im Bereich der Kunst und der Literatur gewinnt noch zu Lebzeiten Goethes, und zwar durch seine Vermittlung, an Terrain. Johann Peter Eckermanns Aufzeichnungen sind dafür ein anschauliches Zeugnis. Aber auch außerhalb der unmittelbaren Umgebung Goethes findet der neue Terminus allmählich Verbreitung. So spricht z. B. Jacob Grimm bereits 1823 in seiner Rezension über die serbische Frauenlieder von den »motiven aller naturpoesie«[23]. Zu dieser Redeweise hat Grimm aus chronologischen Gründen nicht von Goethes Bemerkungen zum selben Thema angeregt werden können; der Ausgangspunkt ist wohl Goethes Aufsatz über *Des Knaben Wunderhorn* (1806), der Grimm ganz sicher nicht entgangen war.

Man kann sagen, daß der Fachterminus Motiv in Literatur und Kunst in den 30er Jahren des 19. Jh. fest etabliert ist, auch wenn es noch eine Generation später Gelehrte gibt, die ihn offensichtlich meiden (z. B. der Begründer der historischen Märchenforschung Theodor Benfey). Karl

---

19 GOETHE, Maximen und Reflexionen (1829–1833), in: GOETHE (WA), Abt. 1, Bd. 42/2 (1907), 250.
20 GOETHE, Serbische Lieder (1825), in: GOETHE (WA), Abt. 1, Bd. 41/2 (1903), 145 f.
21 GOETHE (s. Anm. 13), 159.
22 GOETHE (s. Anm. 20), 146.
23 JACOB GRIMM, [Rez.] Wuk Stephanowitch, Serbische Volkslieder (1823), in: Grimm, Kleinere Schriften, Bd. 4 (1869; Hildesheim/Zürich/New York 1991), 203.

Leberecht Immermann verwendet ihn 1833[24], Heinrich Heine, damals schon seit längerer Zeit in Paris, zum ersten Mal 1836[25]. In drei Veröffentlichungen dieses Jahrzehnts begegnet er so, als handele es sich bei ihm um ein längst eingeführtes Fachwort der Kritik: in Eckermanns *Gespräche mit Goethe* (1839), in Franz Kuglers einflußreichem *Handbuch der Geschichte der Malerei* (1837) und im dritten Band von Heinrich Meyers *Geschichte der bildenden Künste bei den Griechen und Römern* (posthum 1836), in dessen (wohl vom Herausgeber Riemer angefertigten) Register das Fachwort sogar als Lemma erscheint.[26] Friedrich Theodor Vischer ist unseres Wissens der erste Deutsche, der sich zur Bedeutungsbreite des Wortes Motiv und zu seiner Verwendbarkeit in allen Bereichen der Kunst ausführlich äußert. In seiner *Aesthetik oder Wissenschaft des Schönen* (1846–1858) stellt er fest, daß der »etwas schwierige Begriff« in der Fachsprache drei Bedeutungen besitze: es könne nämlich ein »allgemeines«, ein »besonderes« oder ein »einzelnes Moment«[27] am Kunstwerk gemeint sein. Motiv in der ersten Bedeutung ist z. B., Vischer zufolge, der Kindermord zu Bethlehem, Motiv in der zweiten Bedeutung die besondere Gestaltung einer Mutter-Kind-Gruppe, Motiv in der dritten Bedeutung die besondere Gestaltung einer architektonischen Einzelheit. Diese Bedeutungsdifferenzierung entspricht durchaus dem sich in seiner Generation festigenden Sprachgebrauch (für Goethe von 1801 an nachgewiesen). Vischer selbst folgt diesem Sprachgebrauch in den Erläuterungen wie auch in den späteren Werkteilen, die den einzelnen Künsten gewidmet sind.

In einem Punkt, der ihm offensichtlich viel wichtiger war, folgt er dem Sprachgebrauch jedoch keineswegs: In seiner programmatischen Formulierung des Paragraphen 493 weist er nämlich den Begriff Motiv einem anderen Ort zu; der Ort ist für den Philosophen Vischer nicht eigentlich das Kunstwerk, an dem Motive erkannt werden, sondern das Bewußtsein des Künstlers, das sich einen bestimmten Stoff, bestimmte Besonderheiten und Einzelzüge als Motiv vorstellt und das durch sie gefügte innere Bild zum Anlaß für den Entschluß zur Darstellung nimmt. Vischers etymologische Ausdeutung (Remotivierung) des Wortes, die Goethe fernliegen mußte und die auch sonst in der damali-

gen Zeit fehlt, ist erstes Beispiel für eine verhängnisvolle Definitionspraxis, die sich noch heute großer Beliebtheit erfreut.

Das englische Schrifttum übernimmt das deutsche Fachwort um die Mitte des 19. Jh. bald in der Wortform motive, bald als motif. An Übersetzungen von deutschen Werken dieser Zeit ist jedoch deutlich zu sehen, daß diese Übernahme nicht ohne Bedenken geschieht. So sieht sich der Eckermann-Übersetzer John Oxenford, der das deutsche Wort mit motive wiedergibt (fast immer kursiv gesetzt), zu einem Kommentar veranlaßt: »This ›motive‹ (German, motiv) is a very difficult and unmanageable word, and like many words of the sort does not seem always to preserve the same meaning.«[28] Der Herausgeber der Übersetzung von Franz Kuglers *Handbuch der Geschichte der Malerei*, in der das deutsche Wort ebenfalls noch mit motive wiedergegeben wird, gibt ebenfalls einen recht langen Kommentar: »This word, familiar as it is in the technical phraseology of other languages, is not yet generally adopted in our own.«[29] Natürlich ist die englische Lautung motif, zunächst den kunstkritischen, bald darauf den literaturkritischen Begriff bezeichnend, dem Französischen entlehnt.

Im Französischen ist motif als kunstkritischer Terminus, und zwar unabhängig vom Deutschen, seit 1823 nachweisbar (Delacroix, s. o.). Er wird bald synonym mit sujet gebraucht, bald (wie im Deutschen) zur Bezeichnung eines charakteristischen Werkteils (Théophile Gautier, Gérard de Nerval, Charles Baudelaire).[30] Doch zeigen die Übersetzungen deutscher Werke auch hier, daß je-

---

24 Vgl. ›Motiv‹, in: HANS SCHULZ/OTTO BALSER, Deutsches Fremdwörterbuch, Bd. 2 (Berlin 1942), 159.
25 Vgl. HEINRICH HEINE, Elementargeister (1836/1837), in: HEINE (DA), Bd. 9 (1987), 47, 57.
26 Vgl. ULRICH MÖLK, Das Dilemma der literarischen Motivforschung und die europäische Bedeutungsgeschichte von ›Motiv‹, in: Romanistisches Jahrbuch 42 (1991), 112.
27 VISCHER, Bd. 3 (1922), 18.
28 GOETHE, Conversations of Goethe with Eckermann and Soret, übers. v. J. Oxenford (London 1850), Bd. 1, 196f.
29 FRANZ KUGLER, Handbook of Painting. The Italian Schools, übers. v. ›a Lady‹, hg. v. C. L. Eastlake (London 1851), Bd. 1, 18.
30 Vgl. MÖLK (s. Anm. 26), 115f.

denfalls bis zur Mitte des 19. Jh. nicht immer das frz. motif als Entsprechung zu dt. Motiv gewählt wird (sondern oft auch modèle, idée, fond oder thème).

Ganz anders steht es im Französischen um die Einbürgerung von dt. Motiv als einem literaturkritischen Terminus. Alle Übersetzer der Werke Goethes oder Heines oder Eckermanns haben große Schwierigkeiten mit dem deutschen Wort in dieser Bedeutung. Sie entscheiden sich zumeist für sujet oder idée, wählen gelegentlich auch détail, trait, événement oder situation, sie weichen in eine Paraphrase aus oder wagen doch einmal, aber ganz isoliert, motif (zuerst der Goethe-Übersetzer S. Sklower, 1842). Es dauert lange, bis die französischen Lexikographen auf die literaturkritische Bedeutung von motif aufmerksam werden. Maximilien Paul Émile Littré (1869) führt sie nicht auf; Louis Nicolas Bescherelle, der sie 1853 noch nicht kennt, kennt sie 1887, allerdings mit einem falschen Beleg. Solche Falschinterpretationen finden sich auch in jüngeren lexikographischen Werken, selbst des 20. Jh.

Natürlich spiegeln die Wörterbücher einen unbezweifelbaren Sachverhalt wider. Die französische Sprache sträubt sich auffallend lange gegen die Aufnahme der uns hier interessierenden Bedeutung von motif, die selbst in der französischen Mittelalterphilologie trotz der zahlreichen deutschen Veröffentlichungen sehr selten belegt ist (einzelne Beispiele bei Gaston Paris, *La Vie de saint Alexis* [1872], und Joseph Bédier, *Les Fabliaux* [1893]). Noch erstaunlicher ist vielleicht, daß auch die französischen folkloristischen Erzählforscher entgegen dem deutschen, später dem russischen und englischen Vorbild lange auf das Fachwort verzichten. Erst etwa seit 1960 scheint es in die französische Literaturkritik einzudringen. Das ist wohl nicht deutschem Einfluß zu verdanken, sondern dem Einfluß der russischen Formalisten, deren Arbeiten erst damals in Frankreich bekannt zu werden beginnen.

V. Bemerkungen und Anregungen zur literaturwissenschaftlichen Diskussion des Motivbegriffs

a) Unter Ausnutzung der Überlegungen Goethes und seines Wortgebrauchs nennen wir Motiv jedwede Struktur auf der Bedeutungsebene des literarischen Textes, die der Interpret in den Blick nimmt. Eine Struktur ist durch mindestens zwei Elemente und die zwischen ihnen bestehende Relation definiert. Die Feststellung eines Motivs geschieht auf beliebig hohem Raffungsniveau: Das Raffungsniveau liegt auf der Nullstufe, wenn beispielsweise das Motiv ›Das Mädchen schilt den Wankelmut der Männer‹ im Text nicht anders als durch diesen Satz in Erscheinung tritt; das Raffungsniveau ist hoch, wenn beispielsweise das Motiv ›Verführte Unschuld‹ das Bedeutungsvolumen eines ganzen Romans schematisiert. Identifikation und Bezeichnung des Motivs liegen in der Verantwortung des Interpreten; den wissenschaftlichen Nutzen seiner Operation hat er plausibel zu machen; Voraussetzung dafür ist, daß er ein Forschungsziel hat.

b) Die Versicherung, daß es sich bei literarischen Motiven um Textelemente handelt, hält sich bis in die jüngste Zeit. Eine solche Formulierung ist mißverständlich und sollte deshalb vermieden werden. Das wird demjenigen nicht schwerfallen, der an der künstlerischen Textkonstruktion Syntax (Syntaxebene als Ebene der geordneten sprachlichen Zeichen) und Bedeutung (Bedeutungsebene) unterscheidet.

c) Sorgen macht einigen Definitoren die Trennung von Motiv und Leitmotiv. »Leitmotive sind also keine Bestandteile des Inhalts, keine echten Motive, [...] sondern stilistische [...] Elemente.«[31] Wir würden sagen, daß das so verstandene Leitmotiv an seine sprachliche Gestalt im Text gebunden ist (also auf Bedeutungsebene und Syntaxebene zugleich erscheint). Anders verstanden – nämlich als im Text mehrfach eingesetztes und dadurch den Text strukturierendes Motiv –, kann man es von der Bedingung der sprachlich identischen Wiederkehr im Text auch freihalten. Daß Motive auch auf andere Weise funktional (textsyntaktisch) wirksam sein können, hat bereits Goethe interessiert. Nur

---

31 ELISABETH FRENZEL, Stoff-, Motiv- und Symbolforschung (Stuttgart ⁴1978), 33.

in diesem Sinn wären Motive (Leitmotive und andere) in nicht überstrapazierter Metaphorik auch Bauelemente der Textkonstruktion (Eberhard Lämmert rechnet Motive nicht zu seinen primären Bauformen des Erzählens)[32].

d) Das Interesse an der Referenzebene (das wir bereits bei Goethe beobachten konnten) und die Ansiedlung des Motivbegriffs zugleich auf ihr hält sich bis in die jüngste Zeit, nicht nur in der volkskundlichen Erzählforschung. Wir können hier auch die Versuche tiefenpsychologisch orientierter Literaturwissenschaftler nennen, die aus bestimmten Motivwiederholungen und Motivpräferenzen genetische Rückschlüsse auf Motive (hier im allgemeinen Sinn des psychologischen Motivs für eine Handlung) der Verfasser selbst wagen. Einen anderen Versuch hat vor kurzem Albrecht Schöne vorgelegt: historische und interkulturelle Motivforschung als »vergleichende historische Verhaltensforschung«[33]. Englischsprachige Wissenschaftler, Literaturhistoriker und Kunsthistoriker haben es leichter, Referenzebene und Werkebene terminologisch zu unterscheiden, indem sie die im 19. Jh. weitgehend synonym verwendeten Wörter motive und motif spezifisch einsetzen. Es ist hervorzuheben, daß man sich zur Bezeichnung des literarischen Motivs für motif entschieden hat.[34]

e) Es gibt Forscher (z. B. Arthur Christensen[35]), die die Bedeutung von Motiv so weit fassen, daß es unendlich viele (nicht nur narrative) Gesamttextmengen vereint, zum Beispiel das Motiv Liebe; es gibt andere, die sagen, daß im Grunde genommen, jeder Satz sein Motiv habe[36], sogar, daß ein einziges Textwort ein Motiv anzeigen könne[37]. Für Wolfgang Kayser[38] gilt die Nacht in bestimmten Gedichten als Motiv, Liebe jedoch weder dort noch anderswo. Wir sind da nicht so sicher: Einmal wäre die Kurzformel Liebe, zum Beispiel als ›Mann liebt Frau‹ aufgelöst, ein Motiv, das eigentlich eine relativ präzise Struktur und Bedeutung besitzt; vor allem aber kann Auftauchen und Verwendungsweise dieses Motivs in bestimmten Gattungen bestimmter Epochen durchaus interessant sein (so in frühen chansons de geste oder in Heiligenlegenden).

f) Definitionsversuche werden sozusagen auch mit dem Argument post eventum vorgenommen, sei es, daß man zwischen Odysseus (Homer) und dem Odysseus-Motiv (zum Beispiel bei Dante) unterscheidet, sei es, daß man dasjenige »kleinste Element einer Erzählung« Motiv nennt, das »die Kraft hat, sich in der Überlieferung zu erhalten«[39], sei es, daß man erst dann von Motiv spricht, wenn man es wiedererkennt, im selben oder in einem anderen literarischen Werk. Im Sinn der oben vorgetragenen Definition plädieren wir dafür, daß der Interpret für seine eigene Arbeit entscheidet, was er Motiv nennt (ohne Anspruch auf Generalisierung seiner Definition), denn seine Entscheidung wird davon abhängen, ob er mikrostrukturelle Motivanalyse an einem einzelnen Text betreibt, ob er die Geschichte eines Motivs erforscht oder ob er (den einzelnen Text, die einzelne Gattung, die einzelne Epoche übergreifende) Motivinventare erstellt.

Hinsichtlich der Freiheit, die er bei der Bemessung des Bedeutungsvolumens des Begriffs Motiv beansprucht (Motiv als semantisches Grundschema des Werkganzen – Motiv als semantisches Schema z. B. einer Szene – Motiv als besondere Darbietung z. B. einer einzelnen Figur), darf er sich auf Goethe berufen. Sehr klare Orientierung für die Diskussion des Motivbegriffs bieten die Überlegungen von Natascha Würzbach, bei denen sofort erkennbar ist, daß sie aus der praktischen Arbeit an Texten erwachsen sind und mit dem Blick auf einen

---

32 Vgl. EBERHARD LÄMMERT, Bauformen des Erzählens (Stuttgart 1955).
33 ALBRECHT SCHÖNE, Vom Biegen und Brechen (Göttingen 1991), 20.
34 Vgl. STITH THOMPSON, Motif-Index of Folk-Literature (Helsinki 1932–1936); KENNETH BURKE, A Grammar of Motives (New York 1945).
35 Vgl. MAX LÜTHI, Märchen (Stuttgart ²1964), 69.
36 Vgl. BORIS V. TOMAŠEVSKIJ, Teorija literatury (1925), hg. v. A. Kiriloff (Letchworth 1971), 137; dt.: Theorie der Literatur. Poetik, hg. v. K.-D. Seemann, übers. v. U. Werner (Wiesbaden 1985), 218.
37 Vgl. VICTOR ERLICH, Russischer Formalismus (München 1964), 260.
38 Vgl. WOLFGANG KAYSER, Das sprachliche Kunstwerk (Bern ⁶1960), 64 f.
39 LÜTHI (s. Anm. 35), 18.

möglichst hohen wissenschaftlichen Ertrag eines Motivinventars auch für andere Texte und Textgruppen formuliert wurden.[40]

Ulrich Mölk

Literatur

BLUMRODER, CHRISTOPH VON, ›Motivo – motif – Motiv‹, in: H. H. Eggebrecht (Hg.), Handwörterbuch der musikalischen Terminologie (Stuttgart [17]1989), 1–28; FRENZEL, ELISABETH, Stoff- und Motivgeschichte (Berlin [2]1974); FRENZEL, ELISABETH, Neuansätze in einem alten Forschungszweig: Zwei Jahrzehnte Stoff-, Motiv- und Themenforschung, in: Anglia 111 (1993), 97–117; MÖLK, ULRICH, Das Dilemma der literarischen Motivforschung und die europäische Bedeutungsgeschichte von ›Motiv‹, in: Romanistisches Jahrbuch 42 (1991), 91–120; MÖLK, ULRICH, Goethe und das literarische Motiv (Göttingen 1992); SEGRE, CESARE, Du motif à la fonction, et vice versa, in: Communication (École des Hautes Études) 47 (1988), 9–22; WOLPERS, THEODOR, Motif and Theme as Structural Content Units and ›Concrete Universals‹, in: W. Sollors (Hg.), The Return of Thematic Criticism, Harvard English Studies 18 (1993), 80–91; WÜRZBACH, NATASCHA, Theorie und Praxis des Motiv-Begriffs. Überlegungen bei der Erstellung eines Motiv-Index zum Child-Korpus, in: Jahrbuch für Volksliedforschung 38 (1993), 64–89.

---

[40] Vgl. NATASCHA WÜRZBACH, Theorie und Praxis des Motiv-Begriffs. Überlegungen bei der Erstellung eines Motiv-Index zum Child-Korpus, in: Jahrbuch für Volksliedforschung 38 (1993), 64–89.

Mündlichkeit/Oralität

(engl. orality; frz. oralité; ital. oralità; span. oralidad; russ. устность, устная словесность)

Vorbemerkung; **I. Oralität und Vokalität; II. Wort und Konzept ›mündliche Literatur‹**; 1. Die Ära der Folkloristen; 2. Entwicklung einer positiven Konzeption von Mündlichkeit; 3. Lösung der Bindung an die ›Literatur‹; 4. Erweiterung der Perspektive; **III. Die Aufführung (performance); IV. Kulturelle Klassifikationskriterien**; 1. Diachrone Kriterien; 2. Synchrone Kriterien; **V. Gibt es spezifische mündliche Formen?**; 1. Merkmale des gesamten Textgefüges; 2. Merkmale des sprachlichen Textgewebes

Vorbemerkung

Das Abstraktum Mündlichkeit bzw. Oralität wurde erst vor wenigen Jahren unter Zugrundelegung des Adjektivs mündlich (bzw. oral), insofern sich dieses auf ein literarisches Faktum bezieht, gebildet und verweist etwas unbestimmt auf eine über den Mund und die Stimme erfolgte Kommunikation, für die es keinen präziseren Begriff gibt. Eine kritische Untersuchung muß notwendigerweise bei den mit Hilfe des Adjektivs geschaffenen Begriffen – mündliche Sprache, mündliche Überlieferung, mündliche Literatur – ansetzen. Außerdem ist es unter den heutigen geschichtlichen Bedingungen unmöglich, die Phänomene der Mündlichkeit ohne einen zumindest impliziten Vergleich mit den Fakten der geschriebenen Sprache, der Buchtradition, der Literalität und Schriftlichkeit, schließlich der eigentlichen ›Literatur‹ zu betrachten.

I. Oralität und Vokalität

Die mündliche Kommunikation erfüllt in der sozialen Gruppe in erster Linie eine Funktion der Externalisierung. Sie macht in der Gemeinschaft und über sie hinaus den Diskurs vernehmlich, den diese über sich selbst führt. So sichert sie den Fortbestand der Gruppe und ihrer Kultur, und darum ist sie in besonders starkem Maße an die ›Tradition‹

gebunden, die im wesentlichen kulturelle Kontinuität ist. Die menschlichen Stimmen bilden auf diese Weise im Leben der Gruppe eine Art Hintergrundgeräusch, eine Geräuschkulisse, eine klangliche Stimulation, die in bestimmten Fällen eine besondere Intensität gewinnt, weil sie an die tieferen Schichten der kollektiven Imagination rührt: Sie konstituieren die mündliche Dichtung, die ›orale Poesie‹.

Verschiedene Ethnologen haben aus dieser Sicht zwischen dem Gesprochenen (parlé), der über die Stimme erfolgten Kommunikation, die die gewöhnliche Erfahrung des Sprechers ausdrückt, und dem Mündlichen unterschieden, einer spezifisch formalisierten Kommunikation, die gleichzeitig mit der Erfahrung, die sie übermittelt, eine besondere Form des Wissens zum Ausdruck bringt, das für den Hörer ein Wieder-Erkennen mit sich bringt, das Einbetten der Botschaft in ein bekanntes Modell (selbst wenn dieses aus bestimmten Gründen bereits verworfen wurde): ein Gebäude aus Glaubensvorstellungen, Ideen, verinnerlichten mentalen Gewohnheiten, die praktisch die Mythologie der Gruppe bilden. Der mündliche Diskurs ist nach dieser Definition das Gegenteil des wissenschaftlichen Diskurses. Gerade weil er mit Konnotationen beladen ist, stellt er einen gesellschaftlichen Faktor dar, steht allen Spielen offen, die die Sprache erlaubt und ist eben aus seinen sprachlichen Wurzeln heraus bestrebt, das gemeinschaftliche Band zu festigen. Dabei bezieht er seine Überzeugungskraft weniger aus der Argumentation denn aus dem Zeugnis.

Diese Auffassung hat sich im Zeitraum zwischen 1930 und 1950 nach und nach – erst bei den Exegeten des Neuen Testaments, dann bei den Gräzisten – durchgesetzt. Die von ihnen gezogenen Vergleiche zwischen Mündlichkeit und Schrift machten Schritt für Schritt deutlich, daß diese Begriffe nicht homolog sind, daß Mündlichkeit nicht stärker in bezug auf die Schrift definiert ist als die Schrift in bezug auf die Mündlichkeit. Ausgehend von dieser Feststellung, formulierte um 1960 der Kanadier Marshall McLuhan seine Thesen.[1] Bald hatte er zahlreiche Schüler. McLuhans Thesen waren zuerst äußerst umstritten, fanden dann aber schnelle Verbreitung, und um 1975–1980 durften sie als allgemein akzeptiert gelten. Ihr Kernpunkt ist: Eine Botschaft beschränkt sich nicht auf ihren manifesten Inhalt, sondern besitzt noch einen anderen, latenten Inhalt, der sich aus der Natur des gebrauchten Kommunikationsmittels – Stimme, Handschrift, gedruckte Schrift, Informatik – ergibt. Vom Standpunkt McLuhans aus gehören Mündlichkeit und Schrift zu zwei unvereinbaren kulturellen Richtungen: In einer Zivilisation der Mündlichkeit bleibt der Mensch unmittelbar dem Naturzyklus verhaftet, sein Zeitbegriff ist zyklisch (alles kehrt immer wieder), seine Verhaltensweisen sind direkt von den kollektiven Normen bestimmt, es herrscht eine unbestimmte Nostalgie nach dem ursprünglichen Nomadentum. Umgekehrt trennt die Welt der Schrift das Denken und das Handeln, die Sprache büßt ihre kreative Kraft ein, ein linearer Zeitbegriff setzt sich durch, Individualismus und Rationalismus herrschen vor.

Heute ist man sich bewußt geworden, daß diese (in der Praxis oft sehr abgeschwächten) Gegensätze weniger historisch denn kategorial sind. Seit mindestens zwei Jahrtausenden haben Mündlichkeit und Schrift in immer weiteren Gegenden der Welt nebeneinander existiert. Die der einen wie der anderen jeweils eigenen Entwicklungstendenzen sind als Polarisierungsachsen zu betrachten. Es sind antagonistische Achsen, die unterschiedliche Spannungen erzeugen, deren Geschichte als die Geschichte der europäischen Gesellschaften seit dem Altertum betrachtet werden kann.

»It is useful to approach orality and literacy synchronically, by comparing oral cultures and chirographic (i.e., writing) cultures that coexist at a given period of time. But it is absolutely essential to approach them also diachronically or historically, by comparing successive periods with one another. Human society first formed itself with the aid of oral speech, becoming literate very late in its history, and at first only in certain groups [...]. Diachronic study of orality and literacy and of the various stages in the evolution from one to the other sets up a frame of reference in which it is possible to understand better not only pristine oral culture and subsequent writing culture, but also the print culture that brings writing to a new peak and the

---

[1] Vgl. MARSHALL MCLUHAN, The Gutenberg Galaxy. The Making of Typographic Man (London 1962).

electronic culture which builds on both writing and print.«² Dieses von McLuhan übernommene Konzept vernachlässigt allerdings einen wesentlichen Faktor, dessen Bedeutung erst gegen 1980 klar und deutlich gesehen wurde: die physischen, psychischen und symbolischen Eigenschaften und Werte der menschlichen Stimme als solche.

Die Stimme besitzt in der Tat eine in quantitativen Begriffen (Höhe, Timbre usw.) und qualitativen Begriffen (Register usw.) definierbare materielle Realität, und zwar in einem solchen Maße, daß alte Mythen ihr eine eigene Existenz verliehen haben. Denken wir nur an die Seejungfrau Echo oder den Zauberer Merlin. Gleichzeitig ist der Gegenstand Stimme das subtilste Element des beobachtbaren Konkreten. Darin liegt das Paradox der Stimme, aus dem zum großen Teil die Schwierigkeiten herrühren, die ihre Untersuchung mit sich bringt: »rien«, schreibt Alfred Tomatis von seinem psycho-medizinischen Standpunkt aus, »n'est moins physiologique que de parler. Sans doute est-ce là un phénomène humain, mais il n'existe pas pour autant d'organe physiologiquement préconçu à cet effet. Rien [...] dans le catalogue anatomique de nos accessoires, n'est destiné réellement à cet usage. Nous avons été munis, certes, d'un appareil digestif; nous avons aussi été dotés d'un appareil respiratoire, mais rien ne nous a été spécialement délivré pour le langage [...]. Quel agencement savant, quelle combinaison invraisemblable il a donc fallu pour atteindre ce but! Un premier ensemble fait d'une partie de l'appareil digestif: les lèvres, la bouche, le voile du palais, la langue, les dents; et un second se rattachant à l'appareil respiratoire: le larynx, les fosses nasales, le poumon, le diaphragme, la cage thoracique, se sont rassemblés à des fins acoustiques. [...] Fallait-il réellement espérer que l'homme fût doté d'un organe électivement adapté au langage? Le verrions-nous muni d'un organe purement phonatoire? Nous ne le pensons pas. Le caractère vraiment informationnel du langage humain implique une adaptation plus profonde de tout son organisme. Cette adaptation commence par ce jeu de bouche à oreille que nous savons dès le premier jour de la vie saisir et capter.«³

Die Stimme ist geeignet, die feinsten Gefühlsnuancen zum Ausdruck zu bringen. So identifiziert sie sich für den Menschen, der sich ihrer bedient, auf tieferer psychischer Ebene mit seinem Willen zu leben und sich mitzuteilen. Wenn sie verstummt, scheint sie sich in die Stille des Körpers zurückzuziehen, aus der sie später wieder hervordringt. Sie ist Atem, strömt aus dem Körper und läßt ihn, symbolisch gesehen, existieren. Aus diesem Grund versinnbildlichen zahlreiche alte Mythen und moderne Religionen die Erschaffung der Welt als die Wirkung eines Wortes oder eines Atemzuges. Neueste psychoanalytische Forschungen haben den Fortbestand dieser mythischen Züge im menschlichen Unterbewußtsein in verschiedenen archetypischen Formen nachgewiesen. Die Stimme wird hier mit dem Bild ursprünglicher Kraft assoziiert, mit der Energie und dem Willen, aus sich herauszugehen und sich mitzuteilen.

Dabei ist die Stimme immer mehr als das gesprochene Wort. Meistens dient sie zwar dazu, eine Botschaft sprachlich zu übermitteln, aber ihre Funktion beschränkt sich nicht darauf. Das gesprochene Wort findet seinen Weg durch die Stimme und bekommt dabei etwas von ihren besonderen klanglichen Werten mit. Durch die Stimme und in ihr erhält die gesprochene Sprache – unabhängig davon, welche Botschaft sie übermittelt – eine Art Erinnerung an die Ursprünge des Seins, eine Lebensintensität, die sich aus allem nährt, was es an vor der Sprache Existierendem in uns gibt. Die stärksten Gefühle werden in uns durch den Klang der Stimme, nicht durch das gesprochene Wort hervorgerufen: der Glücksschrei, der Kriegsruf, der Aufschrei vor dem plötzlichen Tod, das Kindergeschrei beim Spielen sind wie ferne Echos des ersten Schreis nach der Geburt. Die gleiche Wirkung finden wir bei der Gesangskunst, die sich oft in reine Stimmakrobatik flüchtet.

Ein Phonetiker beschreibt diese sinnesphysiologische (aisthetische) Reaktion folgendermaßen: »La vibration des cordes vocales est le premier mouvement rigoureusement périodique déclenché par une activité musculaire dirigée, volontaire. Ce mouvement vibratoire est perçu, d'une part,

---

2 WALTER ONG, Orality and Literacy (London/New York 1982), 3.
3 ALFRED TOMATIS, L'oreille et le langage (1963; Paris 1978), 74.

comme sensation musculaire, et d'autre part comme sensation auditive. La haute régularité, la périodicité jouent visiblement un rôle très important [...]. La voix chantée, qui se distingue par la régularité de la courbe mélodique (c'est-à-dire par un niveau tonal à peu près constant dans l'intervalle d'une syllabe), produit une sensation particulièrement plaisante. Il serait d'autant plus difficile d'échapper au problème posé par la qualité spécifique de la voix chantée que le degré de *mélodicité* joue un rôle essentiel dans l'expression des sentiments.«[4]

Diese Eigenschaften kennzeichnen jede Form mündlicher Kommunikation, aber selbstverständlich sind sie mehr oder minder deutlich und wirksam, je nachdem, welche Intention in der Kommunikation liegt: In der rein zweckgebundenen Kommunikation sind sie schwächer, im Alltagsgespräch oft gemindert; in der emotionsgeladenen, nicht direkt zweckgebundenen Kommunikation jedoch, die ein Merkmal der mündlichen Dichtung darstellt, erreichen sie ihre höchste Konzentration.

Maßgeblich für die Hervorbringung mündlicher Dichtung ist ein Körper, der spricht und durch die gehörte Stimme und in ihr vollkommen präsent ist, selbst wenn man diesen Träger aus irgendeinem Grund nicht sehen kann. Die Stimme füllt einen Raum, der der Raum dieses Körpers ist, seine sichtbaren Grenzen aber überschreitet. Die einzige Grenze der Stimme ist die ihrer akustischen Reichweite. Das ermöglicht dem Sprecher oder Sänger unzählige Spiele, die er sich bei der stimmlichen Darbietung von Dichtung zunutze machen kann. Die Gesamtheit der mit den biologischen Bedingungen der Stimme verbundenen Werte prägen sich gleichzeitig dem Sprachempfinden der Hörer und ihrer Vorstellungswelt, ja manchmal selbst ihrem ideologischen Bewußtsein ein, so daß es oft schwierig ist, zwischen den verschiedenen von ihnen hervorgebrachten Wirkungen zu unterscheiden. Sie verdichten sich zu einem sehr starken, alles umfassenden Eindruck: dem Hervorströmen einer ursprünglichen, fordernden Kraft, die zu einer Übereinstimmung von Körper und Empfindung drängt.

Gerade auf diese Werte gründet sich implizit die Ästhetik aller mündlichen Dichtung sowie analoger Formen[5], etwa des Märchens: Die Sprache entströmt einer Stimme und diese einem Körper, der in einem konkreten Raum agiert. Folglich ist ›das Werk‹ einzigartig, weil es nur ein Mal reale Existenz hat (wenn man eine Stimme es sagen oder singen hört). Wenn es wiederholt wird, ist es nicht mehr dasselbe. Darüber hinaus gilt, wie Scheub bemerkt: »time is a key to understanding the mechanics of this aesthetic system. Different temporal experiences occur in a performance. Real *time* is independent of the performance [...]. *Performance time* is real time.«[6]

Wir müssen jedoch feststellen, daß bis jetzt noch keine allgemeine Ästhetik der Mündlichkeit ausgearbeitet worden ist, sondern wir verfügen nur über externe Beschreibungen besonderer mündlicher poetischer Gattungen.[7]

Diese Situation – sie trifft auf die stimmlich vermittelte Dichtung seit den Anfängen der Menschheit zu – hat sich im 20. Jh. teilweise verändert durch die Erfindung und Verbreitung von Techniken, die es erlauben, die menschliche Stimme auf Platte oder Tonband, im Film oder auf Video, im Radio oder Fernsehen aufzuzeichnen. Die Mündlichkeit ist jetzt vermittelt: Zwischen Sprecher und Hörer schaltet sich eine Maschine als Relais ein. Vermittelte Mündlichkeit unterscheidet sich von direkter, unmittelbarer Mündlichkeit nur durch bestimmte Modalitäten – wenigstens solange, bis nicht noch andere, heute noch nicht vorhersehbare Medien erfunden werden –, nicht wesentlich. Mehr noch: nach mehreren Jahrhunderten der

---

4 IVAN FONÁGY, La vive voix. Essais de psycho-phonétique (Paris 1983), 117.
5 Vgl. HAROLD SCHEUB, African Oral Narratives, Proverbs, Riddles, Poetry and Song (Boston, Mass. 1977); GENEVIÈVE CALAME-GRIAULE, Ethnologie et langage: la parole chez les Dogon (Paris 1965).
6 HAROLD SCHEUB, Body and Image in Oral Narrative Performance, in: New Literary History 8 (1976/1977), 350.
7 Vgl. JOHN GREENWAY, American Folksong of Protest (New York 1953); HERMANN BAUSINGER, Formen der ›Volkspoesie‹ (Berlin 1968); RUTH H. FINNEGAN, Oral Literature in Africa (Oxford 1970); WOLFHART H. ANDERS, Balladensänger und mündliche Komposition. Untersuchungen zur englischen Traditionsballade (München 1974); PAUL ZUMTHOR, Paroles de pointe: le rakugo japonais, in: Nouvelle revue française, Nr. 337 (1981), 22–32.

Vorherrschaft der Schrift geben die auditiven oder audiovisuellen Medien der menschlichen Stimme eine verlorene Autorität zurück. Zwar ist sie nunmehr Teil eines technologischen (und industriellkommerziellen) Apparates, aber sie zieht auch Nutzen aus dessen Macht. In den letzten 50 Jahren haben die Medien den Botschaften, die sie übermitteln, fast alle Werte zurückgegeben, die der Stimme eigen sind. Sie haben dem so vermittelten Diskurs erneut seine volle, Emotionen schaffende Funktion zugewiesen, womit er – unabhängig von seinem Inhalt – mit all seiner Kraft auf die Intentionen, Gefühle und Gedanken des Hörers einwirkt und ihn oft sogar zu Handlungen anstiftet (daher der Gebrauch dieser Techniken in der Werbung). Der vermittelten (etwa durch Schallplatte, Ton- oder Videokassette übertragenen) mündlichen Dichtung teilt sich dieser neue Status in herausragender Weise mit; umgekehrt bringt sie seine charakteristischen Besonderheiten brillant zum Ausdruck.

Die Medien wirken auf die doppelte räumliche und zeitliche Dimension der Stimme ein. Sie vermindern die gemeinsame physische Präsenz von Sprecher und Hörer, ohne sie jedoch ganz zu eliminieren. Sie wird vielmehr in die Imagination verwiesen. Ähnlich wie das Buch erlauben die Medien eine Manipulation der Zeit: Eine Schallplatte oder eine CD können unendlich oft eine Botschaft identisch wiederholen. Die einzige Begrenzung in der Zeit ist der Materialverschleiß. Daher auch die im Prinzip ebenfalls unbegrenzte Möglichkeit der Ortsveränderung.

Die natürlichen Bedingungen des Gebrauchs der Stimme sind damit aus den Fugen geraten. Trotzdem hat sich die kommunikative Situation nur zum Teil verändert. Auf die mediatisierte Stimme kann man nicht antworten, d. h. der Faktor der intersubjektiven Kommunikation ist schwächer geworden oder ganz ausgeklammert. Wenn also die Reproduzierbarkeit der Botschaft eine gewisse Entpersönlichung mit sich bringt, so akzentuiert sie doch gleichzeitig den natürlicherweise kommunitären Charakter mündlicher Dichtung. Die vermittelte Mündlichkeit ist zu einem der Elemente der Massenkultur geworden. Dabei bringen das Gewicht der Technik und ihre ökonomischen Konsequenzen oft eine schwer lastende Abhängigkeit mit sich, die die Spontaneität der Stimme einschränkt oder gar eliminiert. Der gesellig-gesellschaftliche Charakter der direkten lebendigen Stimme weicht einer im Netz der Medienkommunikation zirkulierenden Hypersoziabilität, auf deren Grundlage sich ein neues kollektives Band herausbildet, dessen Natur uns noch wenig bekannt ist.

Die räumliche und zeitliche Mobilität der vermittelten mündlichen Botschaft führt zu einem Abstand zwischen ihrer Produktion und ihrer Rezeption. Die physische Präsenz des Sprechers ist (während der Rezeption des Werkes) abgelöst durch das fixierte Echo seiner Stimme (im Kino, Fernsehen oder auf Video ein sichtbares Bild). Der Hörer hingegen ist präsent, obwohl er bei der Aufnahme im Studio nur als abstrakte und anonyme Figur des zukünftigen Konsumenten existierte. Die Botschaft selbst wird in Form einer Ware produziert, verkauft und gekauft, und ein ziemlich kostspieliger Apparat muß sie entschlüsseln. Durch alle diese Faktoren verschiebt sich der Kommunikationsvorgang, und am Ende hat der Rezipient in seiner Wahrnehmung des Werkes nicht mehr das geringste Gefühl von ›Taktilität‹ (selbst nicht der virtuellen Möglichkeit, den Körper des anderen zu berühren und physisch seine Präsenz zu spüren). Nur noch das Ohr ist voll und ganz im Einsatz, und vielleicht auch das Auge, doch können beide durch diese Konzentration gleichsam geschärft sein.

Die Verbreitung der Medien wurde von einer noch wenig erforschten poetischen Bewegung begleitet, die heute in den meisten industrialisierten Ländern Verbreitung gefunden hat: die ›Lautdichtung‹ (poésie sonore). Sie trat in den 1920er und 30er Jahren sporadisch in Erscheinung, um 1950 aber gewann sie ihre heute bekannte Form. Ursprünglich bestand der Anspruch ihrer Wegbereiter darin, die menschliche Stimme und ihre potentiellen Fähigkeiten durch die Befreiung aus der Abhängigkeit vom Wort in ihrer ganzen Fülle zu erschließen. Die Gedichte – kaum vom Gesang unterschieden – modulierten Töne und Klänge, die keine sprachliche Bedeutung mehr zum Ausdruck brachten, sondern auf die Entfaltung der latenten Reichtümer des Stimmapparates hinzielten. Ab 1965 nutzten die ›Lautdichter‹ das elektronische

Instrumentarium (vom Tonband bis zum Synthesizer), um die im natürlichen Sprachgebrauch nicht wahrnehmbaren vokalen Nuancen aufzuspüren, zu erweitern und einzusetzen.

II. Wort und Konzept ›mündliche Literatur‹

In der neueren Geschichte des Begriffs mündliche Literatur lassen sich in Verbreitung, Gebrauch und Akzeptanz dieses Begriffes vier Etappen unterscheiden.

1. Die Ära der Folkloristen

Der Terminus mündliche Literatur tauchte in den letzten 20 Jahren des 19. Jh. auf und verbreitete sich zunehmend. Als erster verwendete ihn der Franzose Paul Sébillet in seinen Forschungen über die bretonische populäre Kunst.[8] Er gehörte lange Zeit zum Sprachgebrauch der Folkloreforscher, die mit ihm das Korpus von Liedern, Erzählungen, Sprichwörtern und verwandter, im populären, vor allem bäuerlichen Milieu von Mund zu Mund übertragener Formen bezeichneten.

Aus diesem anfänglichen Gebrauch ist der Begriff mündliche Literatur mit starken ethnologischen Konnotationen belastet, die es bis jetzt verhindert haben, daß er mit vollem Recht in das Vokabular der Kritik aufgenommen wurde. Harry Levin schrieb dazu in seinem Vorwort zu Albert B. Lords klassischem Werk über die geschichtlichen Ursprünge mündlicher Literatur *The Singer of Tales* (1960): »The term ›literature‹, presupposing the use of letters, assumes that verbal works of imagination are transmitted by means of writing and reading. The expression ›oral literature‹ is obviously a contradiction in terms. Yet we live at a time when literacy itself has become so diluted that it can scarcely be invoked as an esthetic criterion. The Word as spoken or sung, together with a visual image of the speaker or singer, has meanwhile been regaining its hold through electrical engineering. A culture based upon the printed book, which has prevailed from the Renaissance until lately, has bequeathed to us – along with its immeasurable riches – snobberies which ought to be cast aside.«[9]

Außerdem beinhaltet der Begriff einen inneren Widerspruch, der ihn mißverständlich und offensichtlich auch wenig wissenschaftlich erscheinen läßt: Während seine eine Komponente, ›mündlich‹, klar und deutlich auf die menschliche Stimme verweist, bezieht sich seine andere auf eine littera, die nichts anderes als Schrift sein kann, also die Negation der mündlichen Kommunikation selbst. Die Feldforscher, die vor einem Jahrhundert zum ersten Mal diese beiden schwer verträglichen Wörter zusammenbrachten, sahen darin kein wissenschaftliches Problem, denn ihre Intentionen waren rein praktischer Natur. Sie wollten die von ihnen gesammelten Lieder und Märchen von dem unterscheiden, was nach ihrer Auffassung die einzige, die wirkliche ›Literatur‹ darstellte, nämlich die geschriebene. Immerhin war eine gewisse Verwandtschaft, eine Ähnlichkeit in den sozialen Funktionen zwischen dem ›literarischen‹ Roman und den mündlichen Legenden oder Erzählungen, zwischen lyrischer Poesie und ›Volkslied‹ nicht von der Hand zu weisen. Also war es wichtig, das, was der ›gebildeten‹ Klasse eigen war, vom Rest zu unterscheiden.

Auf dieser Grundlage konnte gewiß keine Theorie gebildet werden. Die Vielschichtigkeit von Mündlichkeit und die Vielfalt der unter diesem Begriff erfaßten Phänomene wurden schlicht und einfach ignoriert. Es genügte, die Fakten (die Texte) zu sammeln und zu beschreiben. An diesem Punkt befand man sich noch 1950. Das Adjektiv mündlich diente als Kriterium der Klassifizierung, aber es wurde negativ und extern gebraucht: mündlich war, was nicht durch Schrift übermittelt wurde. Die Forscher dachten nicht im mindesten über die Tatsache nach, daß die Abwesenheit von Schrift eine positive Handlung der menschlichen Stimme darstellt und daß diese Handlung auch nicht vonstatten geht, ohne daß dabei besondere Werte, die der Schrift fehlen, hervorgebracht werden. Man unterstellte stillschweigend die Existenz zweier, sich durch ihre Kommunikationsweisen unterscheidende ›Literaturen‹, indem sie in einen Gegensatz zueinander gebracht wurden. Im Begriffspaar

---

8 Vgl. PAUL SÉBILLET, Littérature orale de Haute-Bretagne (Paris 1881).
9 HARRY LEVIN, [Preface], in: Albert B. Lord, The Singer of Tales (Cambridge, Mass. 1959), [nicht pag.].

Schrift vs. Mündlichkeit blieb jedoch der zweite Begriff nachrangig, qualitativ minderwertig. In ganz Westeuropa fiel die Verbreitung dieser Auffassung von Mündlichkeit chronologisch mit der Einführung der Schulpflicht zusammen. Da besteht ganz offensichtlich ein Zusammenhang, denn im Zuge einer besonderen semantischen Entwicklung gingen die aus der herrschenden Klasse stammenden Forscher dazu über, die Wörter peuple und populaire ihrer romantischen Aura zu entkleiden (vgl. Konzepte wie Volksgeist, Volkspoesie, Volkslied in der Überlieferung durch Grimm und Herder) und ihnen den Beiklang von Ungeschliffenheit, Mangel an Bildung, Mangel an Kultur zu verleihen. Daher die terminologischen Schwankungen in der ersten Hälfte des 20. Jh.: In Verbindung mit den Begriffen Kultur, Poesie und Literatur wechselten die Adjektive volkstümlich/populär und mündlich/oral einander ab, vermischten sich ihre Konnotationen. Daraus ergab sich in der Vorstellung der Forscher nicht minder als in der des ›gebildeten Publikums‹ eine wie in der Schwebe bleibende Assoziation zwischen Mündlichkeit und Folklore.

Selbst solche Vorurteile sind jedoch nicht in Bausch und Bogen zu verwerfen. Zwar wurden sie von einer bestimmten Gesellschaft zu einem gegebenen Zeitpunkt der Geschichte hervorgebracht und sind auf keinen Fall zu verallgemeinern. Aber aus der grundlegenden Intuition, die sich dahinter verbirgt, können wir eine positive Erkenntnis über den ausgesprochen originären und mit nichts anderem vergleichbaren Charakter der Mündlichkeit von Kommunikationen ziehen. Nichts berechtigt freilich dazu, ›volkstümlich/populär‹ und ›mündlich/oral‹ gleichzusetzen, und ›Folklore‹ verweist auf eine besondere Ordnung von sozialen Fakten. Die Ergebnisse der seit über 30 Jahren geführten Forschungen zwingen uns heute endgültig dazu, diese drei Begriffe in ihrem wissenschaftlichen Gebrauch zu unterscheiden, selbst wenn sie sich in einigen konkreten Fällen überlappen.

2. Entwicklung einer positiven Konzeption von Mündlichkeit

Tatsächlich gewann der Begriff Mündlichkeit erst dann an Bedeutung, als er sich langsam, aber stetig vom Begriff Popularität löste. Diese Entwicklung verdanken wir dem parallelen Einfluß zweier Denkschulen, die sich um zwei hervorragende Wissenschaftler gruppierten, welche – im übrigen auf zwei sehr unterschiedlichen Gebieten und ohne in Kontakt miteinander zu stehen – zwischen Ende des 19. und Mitte des 20. Jh. arbeiteten: um den Schweizer Linguisten Ferdinand de Saussure, der stärker als seine ›neogrammatischen‹ Vorläufer den Akzent auf den mündlichen Charakter der Sprache lenkte, wobei die Mündlichkeit deren besondere Existenzweise und Spezifik (die ›parole‹) definierte; und um den spanischen Philologen und Mediävisten Ramón Menéndez Pidal, dessen gewaltiges Werk zwischen 1900 und 1950 entstand. Weil ihm der Begriff populär zu vage erschien, machte Menéndez Pidal davon keinen qualitativen Gebrauch; seiner Auffassung nach bezeichnete er vielmehr eine von außen kommende Sicht auf einen Gegenstand und konnte ganz unterschiedlich definiert werden, je nachdem, ob er Bezüge zu archaischen oder ethnischen Grundzügen, zu als spezifisch erachteten Formen oder zu einem bestimmten Typ Autor oder Publikum erkennen ließ. Um 1900 waren alle diese Konzeptionen gleichermaßen im Umlauf und beeinflußten sich gegenseitig. Menéndez Pidal gebührt insbesondere in seinen Studien zur spanischen Romanzentradition, dem Romancero (¿Cómo vive un romance?, 1920) das Verdienst, eine erste terminologische Klassifizierung vorgenommen zu haben. Er unterschied bei den Werken, die Gegenstand einer mündlichen Übermittlung sind, zwischen ›poesia popular‹ (populäre Poesie neueren Datums, die zu einer bestimmten Zeit bei einem breiten Publikum in stets der gleichen Form verbreitet ist) und ›poesia tradicional‹ (traditionelle Poesie, die von einem breiten Publikum kollektiv rezipiert und dabei ständig variiert und neu geschaffen wird). Wenn Menéndez Pidal auch manchmal vorgeworfen wird, solche Unterscheidungen verallgemeinert zu haben, die nur auf eine ganz kleine Anzahl von Texten zutreffen, so läßt sich doch nicht bezweifeln, daß der theoretische Akzent nunmehr auf den inneren Bestand der Werke und nicht mehr auf die materiellen Umstände ihrer Verbreitung gelegt wurde.

Diese Richtung verfolgten dann zahlreiche Forscher und Theoretiker. Unter Mediävisten und Afrikanisten kam es zu lebhaften Diskussionen und fruchtbaren Polemiken insbesondere dann, wenn sich ihre Studien auf Prozesse der Versprachlichung konzentrierten. Beispielsweise ab den 40er Jahren bei Henry J. Chaytor (*From Script to Print. An Introduction to Medieval Literature*, 1945), in den 50er und 60er Jahren bei McLuhan, Walter Ong u. a. Ab den 80er Jahren erschienen dann bereits Bibliographien zum Thema. Die Frage der Mündlichkeit des Epos regte nahezu 20 Jahre lang Forschungen und Diskussionen an und brachte verschiedene theoretische Ansätze hervor. Anfang der 70er Jahre war es bereits unmöglich, Mündlichkeit automatisch mit einem Konzept sozio-historischer Natur zu verbinden. Dieser Bezug mochte zwar in bestimmten Fällen gerechtfertigt erscheinen, erfaßte aber nicht die Natur der Dinge. 1977 zog die Afrikanistin Ruth H. Finnegan aus den Debatten eine provisorische Schlußfolgerung: »The three ways in which a poem can most readily be called oral are in terms of (1) its composition, (2) its mode of transmission, and (3) (related to [2]) its performance. Some oral poetry is oral in all these respects, some in only one or two. It is important to be clear how oral poetry can vary in these ways, as well as about the problems involved in assessing each of these aspects of ›oral-ness‹. It emerges that the ›oral‹ nature of oral poetry is not easy to pin down precisely.«[10]

Diese Auffassung ist noch ziemlich begrenzt, denn sie berücksichtigt die der Stimme eigenen Werte nicht. Das Konzept Mündlichkeit bleibt hier eine abstrakte Form: Noch funktioniert es nicht als diskursbestimmendes Dispositiv, als bündelnde Kraft für andere Begriffe, die sich in seinem Umfeld bilden und denen es seine Dynamik vermittelt: Stimmklang, Musikalität, Theatralität.

3. Lösung der Bindung an die ›Literatur‹

Nun mußte sich der Begriff Mündlichkeit noch von den Zwängen befreien, die in der Auffassung gründeten, er stehe grundsätzlich in Opposition zum Begriff Literatur. Diese Auffassung dauert nicht nur heute fort, sie ist unter dem indirekten Einfluß der Semiotik und der in den 60er und 70er Jahren praktizierten ›Textlinguistik‹ bestärkt und modernisiert worden. Beigetragen hat dazu die schnelle Entwicklung der unter der Bezeichnung ›oral history‹ (das Adjektiv verweist hier auf die Natur der untersuchten Texte) laufenden Forschungen in den USA. Zu diesen beiden Faktoren kam das wachsende Interesse amerikanischer Forscher an der Kultur der Schwarzen, die allgemein unter dem Gesichtspunkt ihrer Theatralität gesehen wurde.

Sogar noch an diesem Punkt wird eine richtige Intuition (die Unvergleichlichkeit des Mündlichen) durch ein Werturteil verdeckt und verkehrt, daß nämlich (implizit oder explizit) allein die Schrift geeignet sei, bestimmte semantische Vielschichtigkeiten zum Ausdruck zu bringen. Dieses Werturteil hat tiefreichende geschichtliche Wurzeln, denn es geht auf die mittelalterliche Rhetorik zurück und fand Bestärkung in der europäischen ›Renaissance‹ des 15. und 16. Jh. Das erklärt sein Beharrungsvermögen und gleichzeitig seinen großen wissenschaftlichen Schaden. Es findet weiterhin Akzeptanz sowohl in Europa als auch (allerdings mit abnehmender Tendenz) in den USA. Diesbezügliche Nuancen zwischen deutschen, französischen oder spanischen Wissenschaftlern ergeben sich aus dem konkreten Gegenstand ihrer jeweiligen Forschungen oder aus bestimmten Eigenheiten ihrer kulturellen und wissenschaftlichen Traditionen. So wird etwa ein Spanier eher als ein Franzose die Originalität und Spezifizität der mündlichen Tradition wahrnehmen. Diese Unterschiede beseitigen aber nicht den Kernpunkt: die ungerechtfertigte Überbewertung der Schrift.

Unser Literaturbegriff hat sich ja in der Tat erst nach und nach, in geschichtlich relativ junger Zeit herausgebildet, und zwar im Laufe der letzten Jahrhunderte des Mittelalters. Endgültig durchgesetzt hat er sich erst im Zeitalter der Aufklärung, wo der Terminus Literatur seine moderne begriffliche Gestalt bekommt. Er beinhaltet einen Willen zur Systematisierung der Texte in Begriffen des qualitativ Neuen, der Universalität, des Humanismus, aber gleichzeitig auch als Produkt einer Institution. Der Text schreibt sich von seiner ersten Verbreitung an in die Sphäre des gemeinsamen Schatzes der ›literarischen Kultur‹ ein, bleibt aber dort weiter unantastbarer Besitz eines ›Autors‹, der seine Subjektivität an die Sensibilität einer eigens für diesen Zweck

---

[10] RUTH H. FINNEGAN, Oral Poetry. Its Nature, Significance and Social Context (Cambridge 1977), 17.

gebildeten Leserschaft und bürgerlichen Öffentlichkeit vermittelt hat. Der literarische Text wird als ein abgeschlossener konzipiert und auch als solcher rezipiert. Aber genau dadurch verlangt er nach Kommentaren und Interpretationen, weshalb man sagen kann, daß es keine Literatur ohne Diskurs über Literatur gibt. Schließlich sind alle diese Charakteristika mit einer doppelten Handlung des Menschen, dem Lesen und dem Schreiben, verknüpft. In der Praxis der Mündlichkeit ist jedoch weder das eine noch das andere vorhanden, höchstens durch äußeren Einfluß und fast zufällig, wenn eine ›literarische‹ Beeinflussung der Struktur der mündlichen Botschaft erfolgt, was heute ziemlich oft der Fall ist. Darum ist der Begriff mündliche Dichtung (mag er auch im Hinblick auf die Märchen etwas übertrieben erscheinen) dem der mündlichen Literatur vorzuziehen, um nicht durch die Konnotationen von ›Literatur‹ in Mißverständnisse zu verfallen. Unter ›Dichtung‹ kann in der Tat jede Form von Sprachkunst in ihrer anthropologischen Allgemeinheit verstanden werden, und so gesehen bezeichnet ›Literatur‹ unabhängig von den historischen Modalitäten einfach eine dieser Modalitäten, die das Mittelalter bis zum 13. oder 14. Jh. außer acht gelassen hat. Es ist kein Zufall, daß unter diesen Bedingungen in Europa die Generation von 1770–1820 (eben die Generation, die über ›das Literarische‹ nachzudenken begann) gleichzeitig mit dem Mittelalter die in Europa noch lebendige mündliche Dichtung für sich entdeckte.[11]

4. Erweiterung der Perspektive

Ein von ganz anderer Seite kommender Einfluß trug in jüngster Zeit dazu bei, diese Gegensätze ins Rampenlicht zu rücken. In den 70er und 80er Jahren erregten die neuesten phonetischen, akustischen, medizinischen und psychoanalytischen Studien über die menschliche Stimme bei zahlreichen Literaturkritikern und -historikern großes Interesse. In Frankreich kann man sogar von einer Pariser Schule – repräsentiert durch die bahnbrechenden Forschungen von Alfred Tomatis, Denis Vasse, Ivan Fonágy u. a. – sprechen. Die ersten, die den Nutzen dieser Studien für ›literarische‹ Forschungen und Textuntersuchungen wahrnahmen, waren der Kritiker Roland Barthes und der Philosoph Jacques Derrida, die sich übrigens auch auf die Schriften von Schauspielern und Theoretikern des Theaters wie Antonin Artaud stützten.[12]

Aufgrund dieser allgemeinen Entwicklung und dem heutigen Stand der Forschung sehen wir uns verpflichtet, das Konzept Mündlichkeit unabhängig von jedem anderen Konzept zu bestimmen. Gewiß gibt es keine Mündlichkeit an sich, sondern verschiedene besondere Erscheinungsformen, deren Charakteristika mehr oder minder deutlich sind. Doch ihr gemeinsames Substrat bleibt immer wahrnehmbar. Es beruht auf der linguistischen Besonderheit der mündlichen Kommunikation. In diesem Sinn hinterfragt das Konzept Mündlichkeit ein wesentliches Merkmal der europäischen Kultur und Zivilisation seit der Aufklärung: die Literarisierung der Kultur.

Die Stimme, die ebenso radikal gesellschaftlich wie individuell ist, signalisiert bei der Übermittlung einer Botschaft zugleich auch die Art und Weise, wie sich der Absender in der Welt und in bezug auf den anderen, an den er sich wendet, situiert. Die Tatsache, daß sich die Teilnehmer an diesem Kommunikationsakt im gleichen Raum befinden, bringt sie in eine Position des Dialogs (real oder virtuell) und aktiviert im Hier und Jetzt, in einer gemeinsamen Handlung, ihre individuelle und gesellschaftliche Totalität. Die Schrift ist nicht in der Lage, eine ähnliche Wirkung hervorzubringen, ihr gelingt das höchstens auf indirekte und metaphorische Weise.

III. Die Aufführung (performance)

In der Geschichte aller poetischen Werke lassen sich fünf Phasen unterscheiden, die im allgemeinen von sehr unterschiedlicher Dauer sind: Produktion, Verbreitung, erste Rezeption, Bewahrung

---

11 Vgl. WERNER KRAUSS, Das Mittelalter in der Aufklärung (1963), in: Krauss, Das wissenschaftliche Werk, Bd. 5 (Berlin/Weimar 1991), 145–163.
12 Vgl. ROLAND BARTHES, Le grain de la voix. Entretiens 1962–1980 (Paris 1981); JACQUES DERRIDA, L'écriture et la différence (Paris 1967).

und schließlich alle auf die erste Rezeption folgenden weiteren Rezeptionen. In allen eine Schrift besitzenden Gesellschaften sind die einzelnen Phasen entweder durch den Einsatz der Stimme (und des Ohrs) oder durch den Einsatz der Schrift (und der Lektüre) bestimmt. Theoretisch gibt es also zehn Möglichkeiten, doch eine einzige – Schrift und Lektüre – dominierte in den Strukturen unserer Zivilisation mehrere Jahrhunderte lang und bestimmte unseren Literaturbegriff. Von mündlicher Dichtung kann man sprechen, wenn Verbreitung und Rezeption durch Stimme und Ohr erfolgen, also in ein und derselben Handlung zusammenlaufen. In diesem Fall sprechen wir von einer ›performance‹ oder Aufführung (bei der Improvisation liegt auch die Phase der Produktion in der Aufführung). Das Vorhandensein einer Aufführung ist das einzige Mündlichkeit definierende Element. Selbst wenn die Produktion und die Bewahrung des Werkes den Gebrauch der Schrift notwendig machen, reicht die Tatsache der Aufführung aus, um es als ganz und gar mündliches Werk auszuweisen. Mitunter erfolgt die erste Rezeption in der Aufführung, während die nachfolgenden – oder auch nur einige davon – über Schrift und Lektüre laufen. Ein Beispiel dafür ist ohne Zweifel das mittelalterliche Epos, und auch die Beispiele aus der Moderne sind zahlreich.

Die Aufführung – konstituierender Faktor jeglicher mündlichen Dichtung – ist die Instanz ihrer Realisation. Daher ihre Komplexität und die manchmal mit ihr verbundenen Schwierigkeiten der Vermittlung. Verschiedene Forscher darauf hingewiesen, so Dell Hymes im Hinblick auf die amerindische orale Poesie:»One might sum up [...] three aspects of oral performance in terms of ›verses‹, ›expectations‹ and ›voices‹. When all three are fully realized in a performance, one would find the following. *Poetic form*: the organization in terms of verses, lines, stanzas, scenes [...], together with a disposition of markers of such organization. *Rhetorical form*: the organization in terms of sequences of onset, ongoing action, and outcome [...]. *Vocal realization*: direct quotation, rather than reported speech; the taking of the voices of those who speak, differentiating them«[13].

Bei Ruth F. Finnegan heißt es allgemeiner: »with oral performances, there can be problems.

What is one to say, for instance, of the not unknown situation when one poet composes a piece for another to deliver [...]. When both categories (composers and performers) proceed orally, there is no problem. But what about the case when the composition is written, and only the delivery or performance oral?«[14]

Die Konventionen, Regeln und Normen mündlicher Dichtung umfassen in der Tat außer dem Text seine Realisierung, sein Publikum, die Person, die ihn verfaßt, und seinen Interpreten. Die Gesamtheit dieser Begriffe verweist, wenn man sie auf die Beschreibung eines geschriebenen Werkes anwendet, auf eine Vielzahl mehr oder minder sekundärer Komponenten, die das Textgefüge begleiten. Bei der Mündlichkeit jedoch beziehen sie sich auf eine umfassende Funktion, in der alle diese Faktoren zusammenwirken.

Die Aufführung inszeniert den Text, seine ›Akteure‹ und seine Mittel, wobei sie jedem eine gleichrangige Bedeutung verleiht. Sie selbst situiert sich auf der Ebene des Kontextes, der dadurch ebenfalls Bedeutung erhält. Die ›Akteure‹ sind der Sprecher oder Sänger und ihr Publikum; die Mittel sind die Stimme, die Geste oder, heute, die jeweiligen Medien. Der Begriff vom Kontext darf jedoch nicht zu einfach gesehen werden, denn im äußersten Fall kann er den gesamten kulturellen und Situationszusammenhang umfassen. Es ist allerdings möglich, ihn in die Begriffe von Raum und Zeit zu fassen. Die meisten Kulturen waren sich im Laufe der Geschichte so sehr der Untrennbarkeit dieser Komponenten einer Aufführung bewußt, daß sie sorgsamst kodifiziert und selbst die oralen poetischen Gattungen nach dem Grad ihrer Kodifizierung unterschieden haben. (Den höchsten Grad erreichte das Ritual.) So geschah es im allgemeinen in Afrika, häufig in Asien und weniger ausgeprägt zu bestimmten Zeiten in Europa, was man zum Beispiel noch heute bei der Aufführung von Nationalhymnen beobachten kann. Je stärker die Kodifizierung, desto erfolgreicher entzieht sich der Text der Veränderung. Wenn sie

---

13 DELL HYMES, Discovering Oral Performance and Measured Verse in American Indian Narrative, in: New Literary History 8 (1976/1977), 440f.
14 FINNEGAN (s. Anm. 10), 20.

schwächer oder gar nicht vorhanden ist, bietet sie den Variationen freien Lauf, die oft (fälschlicherweise) als charakteristisch für die Mündlichkeit angesehen wurden. Die Aufführung manifestiert beim Sprecher nicht weniger als bei seinem Publikum ein praktisches Wissen, eine Kompetenz, die unter den besonderen Gegebenheiten ein gemeinsames existentielles Wissen erkennen läßt. Dieser Grundzug muß in der Gesellschaft oder Gruppe aufrechterhalten und bestätigt werden. Daher die Vielfalt der in der Tradition verankerten Regelungen, die der mündlichen Dichtung, vor allem in Gesellschaften prämodernen Typs, im allgemeinen ein komplexeres Aussehen als geschriebener Poesie verleihen. Diese Regelungen haben ein konkretes Ziel im Visier: Was auch der Sinn des gesprochenen oder gesungenen Textes sein mag, die Aufführung verleiht ihm einen primären, augenfälligen Referenten, den lebendigen Körper.

Was das verwendete stimmliche Mittel betrifft, das den Modus der Aufführung darstellt, so situiert es sich (vom akustischen Standpunkt her) auf der Ebene entweder des Gesprochenen oder des Gesangs. Wenn auch die Grenze zwischen diesen beiden Ebenen kulturell ist und sich je nach historischer Zeit, Raum und Kultur unterscheidet, so wird die Aktion der Stimme weltweit doch immer als auf zwei Registern spielend wahrgenommen. Das eine (die gesprochene Sprache) nutzt nur einen kleinen Teil der stimmlichen Ressourcen, wobei die Rolle des Sprechapparats darin besteht, Laute nach verschiedenen linguistischen (und eventuell ästhetischen) Regeln konventioneller Art zu artikulieren. Die Stimme bleibt wie im Rückhalt, sie schöpft die eigenen Freiheiten nicht voll und ganz aus. Beim Gesang hingegen sprengt die Stimme mindestens teilweise die sprachlichen Zwänge. Sie erweitert ihre Fähigkeiten so sehr, daß das Wort exaltiert wird, selbst wenn manchmal seine Verständlichkeit darunter leidet. Beim Sprechen bedient sich die Sprache der Stimme, beim Gesang unterwirft sich die Sprache der Stimme, liefert sich ihrem Spiel aus. Hier vollzieht sich eine Verschiebung der Werte, auf die alle menschlichen Kulturen auf die eine oder andere Weise sensibel reagierten, woraus sie Nutzen zu ziehen versuchten oder die sie manchmal auch kodifiziert haben. Oftmals unterscheiden sich die mündlichen poetischen Gattungen in der Vorstellung des Publikums gerade dadurch. Der Gesang gehört in der Tat ebenso zur Musik wie zur Poesie, und damit stellt er eine besonders gut geeignete bedeutungstragende Praxis dar, die beim Zuhörer den zentralen Punkt berührt, an dem sich sein symbolisches Universum artikuliert. Daher die starke Personifizierung der Rollen, die Tatsache, daß Interpret und Publikum in einer gemeinsamen Passion zusammenkommen. Das Sprechen tendiert hingegen eher dahin, die Bedeutung der physischen Präsenz des Interpreten zu mindern, sie als Teil der äußeren Umstände auszugeben. So läßt sich ohne Zweifel die Tatsache erklären, daß die einzige Poesie mit Massenwirkung heute das Lied darstellt.

Allerdings sind selbst beim Sprechen nicht alle musikalischen Elemente ausgeklammert. Es gibt bei der Aufführung keinen musikalischen Nullpunkt: Ein Erzähler moduliert auch in seiner gesprochenen Prosa seine Stimme, er verwendet ein bestimmtes rhythmisches Schema, das seine Sprechweise prägt und sie damit von einer Aussage der Alltagssprache unterscheidet. Wenn er in Versen rezitiert, verstärkt sich diese Wirkung ohnehin und verwandelt sich in eine spezifische Musikalität. Sicher kann man sich fragen: Ab welchem Punkt entsteht das Gefühl, daß Dichtung in Musik übergeht? Wohin gehören die Lieder, in denen Schubert Gedichte von Schiller, Goethe und anderen Dichtern vertont hat? Nur sind so die Fragen schlecht gestellt, denn vom Standpunkt der Mündlichkeit aus zählt in jedem Fall die stimmliche Strukturierung des Textes, die eine Gesamtform schafft. Es zählt die Tatsache, daß das gesprochene Wort nach und nach von Musikalität durchdrungen wird. Im Grenzfall löst sich der Text in Stimmklänge auf oder wird, wie bei manchen Rocksängern heute, nahezu unverständlich. Jedenfalls aber erzeugen Stimme und Melodie, gesprochenes Wort und Klangfülle, die in der Aufführung aktiv zusammenwirken, den gleichen Sinn.

Nicht eines der Elemente, die das Spezifische mündlicher Dichtung ausmachen, ist anders zu begreifen denn als Bestandteil einer bedeutungstragenden Gesamtheit, in der Farben, Gerüche, bewegliche und unbewegliche, belebte und unbelebte visuelle Formen zusammenspielen. Sie bilden die ›Szenerie‹, in der sich das poetische Werk proji-

III. Die Aufführung (performance) 245

ziert. Dieses hebt sich, ohne sich je ganz daraus zu lösen, aus der Kontinuität der Existenz der Gruppe hervor und läßt einen stark mit symbolischen Bedeutungen geladenen Augenblick entstehen.

Immer konnotieren darum die Zeit und der Ort der Aufführung die von ihr übermittelte Botschaft, manchmal so sehr, daß die Denotation ausgelöscht wird. Zahlreiche Gesellschaften haben diesen Umstand genutzt, indem sie auch ihn kodifizierten: Sie stellten eine Beziehung zwischen der Übermittlung (oder dem Hören) der poetischen Botschaft und bestimmten Momenten der kosmischen oder historischen Dauer her. Unsere moderne Gesellschaft scheint sich in dieser Hinsicht befreit zu haben. Trotzdem lassen sich noch immer zahlreiche Beispiele nennen, wo bestimmte Formen mündlicher Dichtung an besondere Etappen der kollektiven (beispielsweise bei den Revolutionsliedern) oder der individuellen Geschichte geknüpft werden. Allein die Tatsache, daß die Aufführungen oft vorher organisiert, programmiert und angekündigt werden, bedeutet eine starke zeitliche Markierung, so daß sich die poetische Kommunikation in einer vom alltäglichen Erfahrungsbereich abgehobenen besonderen Zeit vollzieht. Das gleiche gilt für den Ort, denn es ist nicht etwa gleichgültig, ob sich die Aufführung in einem Theater, einer Fabrik oder auf der Straße abspielt. Die Wahl des Ortes trägt ganz offensichtlich zur allgemeinen Sinngebung bei. Die Geschichte der europäischen mündlichen Dichtung könnte von diesem Gesichtspunkt aus geschrieben werden. Jahrhundertelang war der bevorzugte Ort für Sänger und Rezitatoren nicht zufällig die Straße, was die Absicht deutlich machte, sich in das kollektive Leben integrieren zu wollen. Im 19. Jh. verwies die Entwicklung des bürgerlichen städtischen Lebens diese Poesie auf bestimmte Orte: Klubs, Cafés, ›Stammkneipen‹ oder Nachtbars. Heute ist immerhin eine neue Aufwertung des öffentlichen Raumes zu beobachten.

In der Aufführung spielt der Interpret von Werken die Hauptrolle bei ihrer Übermittlung. Ohne den Autor im Bewußtsein der Hörer völlig auszuschalten, tritt er doch allein auf und zieht in dem Maße, in dem er dem Text seine Stimme leiht, in dem er sein Gesicht und seinen Körper zeigt, während er spricht, alle Wahrnehmungen der Zuhörerschaft auf sich. Alle bedeutungstragenden Elemente der Aufführung laufen über ihn, verwirklichen sich in seinem Tun und durch sein Tun. Daher stammt sicher in unserer so vollständig von den Gewohnheiten der Schrift gekennzeichneten Gesellschaft die falsche (und weit verbreitete Vorstellung), daß die mündliche Dichtung anonym sei. Viele Folkloristen klammern schlicht und einfach jeden Gedanken an einen ›Autor‹ aus ihren Studien über die mündliche Dichtung aus. Solche übertriebene Position ist mehr als bezeichnend. Wer von der Anonymität eines Werkes spricht, gibt nur seine Unkenntnis aufgrund fehlender Informationen zu, nichts weiter. Hinzu kommt, daß die Aufführung, in der die Information von einer evidenten Präsenz kommt, niemals anonym ist und sich der Hörer meist mit der Kenntnis, die er hier erlangt, zufrieden gibt.

Eine Art Pakt verbindet Hörer und Interpret. Der Hörer läßt sich darauf ein, daß das in der Aufführung dargebotene Werk durch die Kunst des Interpreten, den er hört und den er sieht, einzigartig und nicht wiederholbar ist. Wenn es von einem anderen Interpreten unter anderen Bedingungen gesprochen oder gesungen wird, ist es nicht mehr dasselbe. Der Unterschied zwischen den beiden Aufführungen läßt sich hauptsächlich in den Begriffen *Wahrnehmung* und *Emotion* erfassen, d. h. in Hinsicht auf das Persönlichste, was die Rezeption eines Werkes ausmacht. Damit trägt auch der Hörer zu seiner Produktion bei. In der Aufführung stellen sich Beziehungen der Wechselseitigkeit zwischen dem Interpreten, dem Text und dem Hörer her; jedes dieser drei Elemente tritt in Interaktion mit den beiden anderen. Selbst in Gesellschaften, die es dem Hörer nicht erlauben, direkt in die Aufführung einzugreifen, um deren Ablauf zu verändern, paßt jeder Interpret auf irgendeine Weise seine Stimme, sein Tun und die Modalitäten des übermittelten Textes an die Beschaffenheit oder gar die unmittelbaren Reaktionen des Publikums an.

Man könnte also zwei Rollen in der Person des Hörers unterscheiden, und das ist kein Paradox. Er ist Empfänger und (zumindest virtuell) Ko-Autor. Diese Doppelung entsteht aus der Natur der durch die Aufführung geschaffenen intersubjektiven Kommunikation, welche ihre Modalitäten auch sein mögen. In zwei außergewöhnlichen Fällen stimmt die Person des Hörers sogar mit der des Interpreten (als augenfälligem Autor) überein: im Gesang oder in der Rezeption für sich allein (ich singe oder sage etwas für mich allein auf) sowie bei einer bestimmten Form des Chorgesangs (eine Vielzahl von Interpreten singt oder sagt etwas für sich allein auf). In allen Situationen manifestiert sich in der Aufführung und auf der Ebene des Hörer-Teilnehmers die historische Dimension der mündlichen Dichtung. Darin liegt sicher der tiefere Grund, warum jede Form der poetischen Teilnahme an der Aufführung ein unabdingbares Element der menschlichen Geselligkeit, einen wesentlichen Faktor des Zusammenhalts in der Gruppe darstellt.

Die Stimme, Ausdehnung des Körpers, reicht aus, damit dieser präsent ist, auch wenn er durch ein Hindernis verdeckt sein sollte. Wenn er aber zu sehen ist, dann bekommt seine Präsenz ein viel größeres Gewicht, sie wird konkreter und die Stimme selbst lebendiger und bedeutungsreicher. Darum verlangt die Aufführung gleichzeitig mit dem Senden und Anhören eines Wortes nach ›Präsentation‹ und Sichtbarkeit, also nach Theatralität.

Der wichtigste Anziehungspunkt für den Blick ist daher der Körper, aus dem die Stimme dringt. Seine Darbietung bestimmt die Gesamtheit des Anblicks. Die Bewegungen des Körpers sind in eine Poetik integriert. In der Tat haben alle oralen Dichtungstraditionen in der ganzen Welt Stimme und Geste miteinander verknüpft. Ein bestimmtes gestisches (oft streng kodiertes) Modell gehört zur Kompetenz des Interpreten und trägt dazu bei, beim Zuhörer die psycho-physiologischen Voraussetzungen für die Teilnahme zu schaffen. In der Aufführung exponiert der Interpret in der gleichen Zeit, in der er seine Stimme vernehmen läßt, seinen Körper. Aber er appelliert damit nicht nur an die Visualität, sondern bietet sich einem Kontakt dar, selbst wenn dieser aus gesellschaftlichen Konventionen selten verwirklicht wird. Ein mehr oder minder diffuses erotisches Element durchdringt damit die Aufführung. Der Körper des Zuhörers antwortet, vielleicht auch nur innerlich, auf diesen Anreiz. Der Wunsch kommt in ihm auf, die Geste mit einer Geste zu erwidern, vielleicht zu tanzen.

Technisch gesehen, unterscheiden die meisten gestischen Kodifizierungen drei Ebenen der körperlichen Bewegung, indem sie ihnen unterschiedliche symbolische Werte verleihen: die Mimik (Blick und Gesichtsbewegungen), die Geste im engeren Sinn (Bewegung einzelner Gliedmaßen, besonders des Kopfes, des Oberkörpers, der Arme oder der Beine) und den Tanz (Bewegung des ganzen Körpers). Diese Unterscheidungen – die manchmal zur Definition von poetischen Gattungen dienen – müssen noch durch eine weitere vervollständigt oder erweitert werden, die verschiedene Ethnologen seit einigen Jahren zwischen den Bedeutungsskalen, die die Bewegungen des Körpers schaffen können, eingeführt haben. Insbesondere die Untersuchung afrikanischer ›performances‹ hat dazu geführt, konventionelle Bewegungen und nachahmende oder beschreibende, formelhafte, indikative oder lückenfüllende einander gegenüberzustellen. Es sind mehrere Klassifikationen vorgeschlagen worden, die alle die Tatsache hervorheben, daß die Geste eher mit der Musikalität der Aufführung als mit der von der Stimme übermittelten sprachlichen Sequenz verknüpft wird. Sie kann also nur selten als eigentliches Zeichen interpretiert werden. In welcher Weise auch die soziale Gruppe die Geste einsetzt, ihre Funktion in der Aufführung manifestiert das enge Band, das die Dichtung seit ihrem Ursprung mit dem menschlichen Körper unterhält. Die Bedeutung dieses Umstandes wurde in zahlreichen Kulturen so stark empfunden, daß das Bedürfnis entstand, den körperlichen Raum durch besonders weit ausholende Gesten oder die Hervorhebung der für sie charakteristischen Züge zu erweitern. Durch Grimassenschneiden etwa (was die Sichtbarkeit und Vielfalt der Mimik erhöht) oder die Zuhilfenahme einer Maske, die einen bestimmten Ausdruck fixiert, dessen Unbeweglichkeit sich mit Bedeutung auflädt und durch den Kontrast die Bewegungen des restlichen Körpers aufwertet. Schließlich kann auch die Kleidung (oder ein besonderer Gegenstand) zum gleichen Resultat im Hinblick auf den ganzen Körper führen. Die traditionellen Kulturen liefern uns zahlreiche Beispiele dafür. In der europäischen Geschichte ist eines der bemerkenswertesten die Commedia dell'arte.

Außer dem Körper sind auch die materiellen Bedingungen rund um die Aufführung (ihre Szenerie) in diesem umfassenden und vielschichtigen bedeutungsschaffenden Prozeß einbezogen. Bestimmte Traditionen haben das sorgfältig geregelt, aber selbst ohne Kodifizierung ist die ›Szenerie‹ der Aufführung, ihr Rahmen, keineswegs gleichgültig für die Art und Weise, wie die Rezeption der poetischen Botschaft vor sich geht, noch für die Interpretation, die der Zuhörer vornimmt. In dieser Hinsicht unterscheidet sich mündliche Dichtung wenig vom Theater. Es mangelt im Gegenteil nicht an Beispielen, in denen die Unterscheidung vollkommen an Bedeutung verliert. In der Aufführung ist das Theater virtuell immer präsent.

Der Einsatz von Medien maskiert den Körper weniger, als es scheint. Historisch gesehen, haben die Medien es in unseren Tagen der technologischen Gesellschaft erlaubt, bestimmte (im Zeitalter der Schrift fast verlorene) Traditionen des sinnlichen Kontakts und des konkreten Miteinanders wieder neu zu beleben.

Schallplatte, Kassette, Radio, auditive Medien, die den Blick ausschalten, schwächen den kollektiven Aspekt der Rezeption ab. Dafür erreichen sie individuell eine unendliche Anzahl von Hörern. Ein blinder und tauber Apparat nimmt den Platz des Interpreten ein. Die Stimme, die er vernehmen läßt, ist die eines menschlichen Wesens, das weiß der Hörer, aber dieses Bewußtsein ist meist so in den Hintergrund gerückt, daß es keine intensive Teilnahme weckt. Die Imagination des Hörers erlaubt ihm, die anderen Elemente der Aufführung im Geiste nachzuvollziehen, nur ist das dann ein sehr persönlicher Vorgang. Die Aufführung hat sich verinnerlicht. Die audio-visuellen Medien stellen das Bild einer totalen Präsenz wieder her und vermeiden diese symbolische Abgeschlossenheit für den Hörer. Während allerdings die direkte mündliche Dichtung den Hörer in der Aufführung mit seinem ganzen Sein einbezieht, läßt die vermittelte mündliche Dichtung irgend etwas in ihm unberührt. Das Beispiel des heutigen Afrika, wo erst seit wenigen Jahren Schallplatte, Radio und Fernsehen weite Verbreitung fanden, zeigt, welchen beträchtlichen kulturellen Wandel der Übergang von der einen Form von Mündlichkeit zur anderen darstellt. Der Verlust der Wahrnehmung einer physischen Präsenz erzeugt ein Trauma, das nur die Zeit (d. h. die Herausbildung neuer Traditionen) zu überwinden erlaubt. In der mediatisierten Aufführung tendiert die eigentliche Teilnahme (die kollektive Identifizierung mit der erhaltenen Botschaft oder auch mit demjenigen, der sie übermittelt) immer mehr dahin, einer einsamen Identifizierung mit einem Modell Platz zu machen, das entweder die Botschaft oder ihr Absender zu suggerieren scheinen. Die Magie der Stimme ist allerdings so stark, daß unter günstigen Bedingungen, bei einer besonderen emotionalen Spannungsgeladenheit, eine Begegnung zwischen mehreren Einsamkeiten stattfindet, so daß es wieder zu einer Übereinstimmung kommt, die oft ins Explosive, wenn nicht gar Gewaltsame umschlägt, wie es bestimmte Massenveranstaltungen mit Jugendlichen bewiesen haben.

IV. Kulturelle Klassifikationskriterien

Alle oben beschriebenen Wirkungen der Mündlichkeit sind kulturell bedingt, und zwar in einem viel stärkeren Maße als die von der Schrift hervorgebrachten. Die Grundmerkmale aller mündlichen Kommunikation – Unmittelbarkeit und physische Präsenz – verbieten es, die mündliche Dichtung vom gleichen Standpunkt der Kritik wie die Schrift zu betrachten. Die Kriterien, die es uns erlauben, die eine wie die andere richtig einzuordnen, sind nicht immer grundlegend verschieden, aber ihre relative Bedeutung und ihre Kombinationen sind nicht immer die gleichen. Manche sind für die Schrift nur sekundär, für die Mündlichkeit jedoch absolut primär. Das trifft insbesondere für die Kriterien zu, die mit den Gegensatzpaaren Anwesenheit/Abwesenheit, Nähe/Ferne zu tun haben, im wesentlichen also mit der Vorstellung von Distanz.

1. Diachrone Kriterien

Historisch sind hier drei Typen von Mündlichkeit zu unterscheiden. Jeder entspricht im Prinzip einer besonderen kulturellen Situation. Tatsächlich sind diese Situationen heute aufgrund der wechselseitigen Durchdringung der Kulturen gemischt. Trotzdem bleibt die Unterscheidung theoretisch gültig.

Beim ersten Typ, der ›primären‹ Mündlichkeit, besteht keinerlei Kontakt zur Schrift. Dieser Typ kommt entweder in Gesellschaften vor, die über kein System graphischer Symbolisierung verfügen, oder (viel seltener) in vollkommen isoliert lebenden, analphabetischen sozialen Gruppen. Historisch geht dieser Typ den anderen voraus. In Europa herrschte er allein jahrtausendelang vor, bis sich dann sehr spät die griechisch-lateinische Schrift und im Norden die Runenschrift durchsetzten. Noch im Mittelalter kennzeichnete er die reale Situation breiter bäuerlichen Schichten, deren unterdrückte traditionelle Kultur eine primär mündliche Dichtung beinhaltete. Deren Existenz ist indirekt bewiesen, während die Werke selbst unwiederbringlich verloren sind.

Die beiden anderen Typen von Mündlichkeit haben als gemeinsames Merkmal, daß sie in der sozialen Gruppe gleichzeitig mit der Schrift vorhanden sind. Man kann von ›gemischter‹ Mündlichkeit sprechen, wenn der Einfluß der Schrift extern und partiell bleibt oder mit Verspätung erfolgt. Wir bezeichnen sie als ›sekundär‹, wenn sie ausgehend von der Schrift in einem Milieu neu entsteht, in dem die Schrift danach strebt, die Werte der Stimme im Gebrauch, in der Sensibilität und in der Imagination zu schwächen (oder ganz auszulöschen). Aus umgekehrtem Blickwinkel kann man sagen, daß die gemischte Mündlichkeit durch die Existenz einer ›geschriebenen‹ (im Sinne von: eine Schrift besitzenden) Kultur erzeugt wird, die sekundäre Mündlichkeit durch die Konfrontation mit einer ›schriftlichen‹ Kultur (in der jeder Ausdruck mehr oder minder stark durch die Präsenz des Schriftlichen geprägt ist). Die sekundäre Mündlichkeit existiert unter Bedingungen der Hegemonie des Schriftlichen, die gemischte Mündlichkeit erfährt diese Hegemonie nicht, lebt aber in einem Zustand der Konkurrenz, in dem sich Spannungen abzeichnen, die abhängig von der Zeit und den Ausdrucksregistern (Alltagssprache, technische, wissenschaftliche, juristische oder poetische Sprache) variieren. Vom 6. bis 16. Jh. trug im urbanen Milieu in Europa, abhängig von den Regionen und den sozialen Klassen, bald der eine, bald der andere Typ den Sieg davon. Vom 16. bis zum Ende des 19. Jh. führte die allgemeine Entwicklung (mit starken regionalen Unterschieden) zum fast vollständigen Verschwinden der gemischten zum Vorteil der sekundären Mündlichkeit. Im 20. Jh. kam es durch die Erfindung und Verbreitung erst der auditiven, dann der audiovisuellen Medien zu einer von Grund auf veränderten Situation.

2. Synchrone Kriterien

Vom synchronen Standpunkt bestimmt ein Faktor alle anderen, um welchen Typ von Mündlichkeit es sich auch handeln mag: Vor der Erfindung der auditiven Medien und im Gegensatz zur Schrift wird alle mündliche Kommunikation einzig und allein in der jeweiligen Gegenwart wahrgenommen. Ein Werk der mündlichen Dichtung kann lange im Gedächtnis des Autors, des Interpreten oder des Hörers haftenbleiben, aber seine Konkretisierung ist diskontinuierlich. Jedes Mal ersteht es neu in der Gegenwart. Nun ist die Gegenwart auf der Ebene der Wahrnehmung die eines realen Individuums oder einer realen Gruppe, in einem präzisen Augenblick ihrer jeweiligen Geschichte. Bei der Klassifizierung der Fakten ist es also wichtig, diesen verschiedenen Elementen Rechnung zu tragen.

Für den Beobachter, der die Fakten zusammenträgt, gibt es nur eine reale Gesamtheit mündlicher Werke, nämlich diejenige, die er in der aktuellen Gegenwart physisch wahrnehmen kann (oder könnte). Innerhalb der großen Zahl von Werken lassen sich zwei Varianten unterscheiden. Einerseits hat jedes Individuum die Möglichkeit, bei sich zu Hause, in seinem Dorf, in einem nahen oder weiter entfernten Ort oder in einem anderen Land Gedichte, Lieder oder Märchen zu hören; das ist lediglich eine Frage von mehr oder minder großen Ortsveränderungen. Auf dieser rein räumlichen Ebene sind die Unterscheidungen, die man einführen kann, externer Natur, geographisch. So spricht man etwa vom deutschen Lied, von der afrikanischen Poesie, dem indischen Märchen oder dem japanischen rakugo. Weiterhin können sie sich aus dem Gebrauch verschiedener natürlicher Sprachen ergeben, wie etwa im Fall des Bantu-Epos. Auf der anderen Seite kann die Distanz zwischen dem Beobachter-Hörer und dem ›Text‹ kultureller Natur sein, d.h. eingebettet in eine komplexe und manchmal heterogene Gesamtheit von Repräsentationen, Verhaltensweisen und Diskursen, die einer menschlichen Gruppe in einer gegebenen Zeit und einem gegebenen Raum eigen sind. Dem Hörer mündlicher Texte erscheinen diese mehr oder minder gut in seine eigene lebendige Kultur integriert: Ein Lied, gesungen in seiner eigenen Sprache und an einem ihm vertrauten Ort, oder ein Gedicht, vorgetragen von einem Poeten, der sein Landsmann ist, werden unmittelbar in ihren physischen, ideologischen, politischen usw. Implikationen, also in ihrer Funktion und ihrer Notwendigkeit rezipiert. Andere mündliche Werke kommen über eine kleinere oder größere Entfernung zwar ebenfalls zu ihm, werden dadurch aber schwerer zugänglich. Der Hörer nimmt ihren Reiz wahr, ihre Funktion hingegen bleibt dunkel oder gar unverständlich. So ergeht es einem Europäer am Ende des 20. Jh. beim Hören eines traditionellen bäuerlichen Lieds aus seinem eigenen Land, einer folkloristischen Erzählung aus dem Nachbarland, einer epischen Erzählung aus Oberägypten oder von Beschwörungsgesängen australischer Aborigenes. Gewiß werden bestimmte dieser Distanzeffekte auch durch die Schrift erzeugt (z. B. wenn man in Berlin einen klassischen chinesischen Roman liest), aber die Mündlichkeit verstärkt sie noch, denn sie sind mit der gemeinsamen physischen Präsenz von Sprecher oder Sänger und Zuhörer assoziiert.

Der so definierte Gegensatz ist nicht immer vollkommen scharf umrissen, denn er hängt zum Teil vom kulturellen Bewußtseinsgrad der Individuen ab. In der Synchronie bleibt er jedoch wirksam, während er in der Diachronie variieren kann: Das in einer Generation noch lebendige Werk fällt in der nächsten möglicherweise der Folklore anheim. Umgekehrt schlug der amerikanische Blues aus der schwarzen Folklore der Südstaaten seit Mitte des 20. Jh. weit über sein Ursprungsland hinaus lebendige Wurzeln im modernen kulturellen Bewußtsein: Seine ›Entdeckung‹ übte einen großen Einfluß auf die Entwicklung neuer musikalischer Techniken und Gesangsstile aus.

Die Funktion mündlicher Dichtung manifestiert sich im Hinblick auf den Erwartungshorizont der Hörer. Unabhängig von einem rationalen Urteil und in der Unmittelbarkeit der Kommunikation antwortet der gehörte Text auf eine Frage, die sich dem Hörer stellt. Das ist der Punkt, an dem sich der Text in seiner Gefühlswelt und in seinen Phantasien, in seiner Ideologie und seinen persönlichsten Reaktionen verankert. Daraus beziehen Sänger und Erzähler ihre Anziehungskraft. Es stellt sich eine Art Identifikation zwischen dem Hörer, dem Text, dem Interpreten und dem Autor her. Bei einem großen Ereignis, bei dem sich kollektive Passionen entfachen, kann sie sehr schnell erfolgen. Auf ihrem Höhepunkt skandieren oder singen die Hörer, die so zu Interpreten werden, im Chor mit. Das ist der Fall bei Revolutionsliedern, bei patriotischen, kriegerischen oder religiösen Gesängen, die von ihrem Wert her ungleich sind, aber eine in der lebendigen mündlichen Tradition der Nationen tief verwurzelte Poesie darstellen. Jedenfalls haben wir es hierbei mit einer Erscheinungsform funktioneller Poesie zu tun.

Wenn mündliche Dichtung hingegen aus einem kulturellen Milieu kommt, das als marginal oder vollkommen fremd empfunden wird, nimmt der Hörer sie, je nach Umständen und Individuum in unterschiedlichem Maße, auch als andersartig wahr. Es fehlt ihr der lebendige Zusammenhang, sie ruft in ihm keine unmittelbare Antwort hervor und sie erscheint ihm weniger wichtig oder gar exotisch. Er hört sie vielleicht mit großem Vergnügen, aber gerade das hat mit ihrem Anderssein zu tun.

Heute hebt sich somit jede Form von mündlicher Dichtung vor einem stark dramatisierten Hintergrund ab. Eine Kultur, verknüpft mit der technologischen Zivilisation, die sich auf dem Weg der Universalisierung befindet, beherrscht die Sensibilität und das Imaginäre der meisten Völker und propagiert ihre Stereotypen. Im europäischen und im amerikanischen Raum hat es nur zweier Jahrhunderte bedurft, bis die überlieferten lokalen Kulturen aus dem Gleichgewicht gebracht, sie folklorisiert und zum Teil ausgelöscht waren. In Asien und Afrika hat diese gleiche Entwicklung noch nicht ihren Abschluß erreicht, aber sie ist weder aufzuhalten noch rückgängig zu machen. Im Gegenteil, sie hat sich beschleunigt. Nun waren diese Kulturen zum großen Teil auf Mündlichkeit gegründet, während unsere bis dato unter der Hegemonie der Schrift standen. Daher übrigens die

Tatsache, daß Bestrebungen zu ihrer Verteidigung, die manchmal als ›Gegen-Kultur‹, Protest- oder Bewegungen sozialer Randgruppen bezeichnet wurden, ihre Aktion oft mit mündlichen Ausdrucksformen, insbesondere Gesang, begleiteten, der dadurch stark funktionalisiert und in einzelnen Fällen auch ritualisiert wurde.

Diese Situation veranlaßt uns heute, zwischen zwei Kategorien mündlicher Dichtung zu unterscheiden, je nachdem, ob sie im sozialen Leben der Menschen verwurzelt ist oder nicht, mit anderen Worten: je nachdem, ob sie eine von der Gemeinschaft deutlich wahrgenommene Funktion erfüllt oder nicht. Diese Unterscheidung ist an sich gültig, obwohl die Klassifizierung, die sie erlaubt, in Zeit und Raum variiert: In jeder geschichtlichen Epoche und im Prinzip in jeder Region der Welt koexistieren funktionelle und nicht funktionelle Formen der mündlichen Dichtung. Die Trennlinie ist für einen Europäer des 13. oder des 20. Jh. ganz offensichtlich genausowenig dieselbe wie für einen Europäer oder einen Chinesen im 18. Jh. Was die Gesellschaften betrifft, die in der heutigen technologischen Zivilisation leben, so finden wir dort zwei Erscheinungsformen poetischer Traditionen, die jede Funktionalität verloren haben oder gerade zu verlieren im Begriff sind. Sie gehören zu Kulturen, die in Gefahr sind, assimiliert oder ausgelöscht zu werden, aber trotz ihrer Schwächung eine gewisse interne Kohärenz bewahrt haben. Man empfindet sie als überlebende. Andere sind Bestandteil bereits zerfallener Kulturen, die höchstens noch im Gedächtnis einiger weniger isolierter Individuen überleben. Das sind reine Reliquien. ›Überlebensbeispiele‹ sind die Balladen der Balkanländer, insbesondere die rumänischen in den 1950er und 60er Jahren, als sie in großer Anzahl gesammelt wurden[15], die russischen Bylinen bis in die 30er Jahre hinein[16], einige der asiatischen Epen wie das Ge-sar aus dem Tibet oder das Ulahingan von den Philippinen. Beispiele für ›Reliquien‹ sind die meisten der Hirtenlieder, die in den Bergen Europas gesammelt wurden, und zweifellos das japanische Heike. Die Poesie der europäischen und nordamerikanischen Folklore verteilt sich auf beide Kategorien, tendiert aber dahin, sich auf den Status von Reliquien zu reduzieren.

Zwischen funktioneller und überlebender Poesie besteht der Unterschied manchmal nur aus der Sicht des Rezipienten: So erfüllen viele traditionelle Formen der mündlichen Dichtung noch eine starke Funktion in der Existenz der dörflichen Gemeinschaften Schwarzafrikas (z. B. die Trauergesänge), erscheinen den Stadtbewohnern oder den Ethnologen aber als überlebend. In den 1960er Jahren sammelte Bruce Jackson in den Gefängnissen im Süden der USA Häftlingslieder, die für diejenigen, die sie sangen, stark funktionalisiert waren, jedoch auf ehemalige Sklavenlieder zurückreichten.[17] In Frankreich wurde ein winzig kleiner Teil der Lieder der bäuerlichen Folklore des 18. und 19. Jh. durch einen Funktionswandel gerettet: Sie waren zu Kinderliedern geworden und als solche noch um 1960 sehr lebendig.[18] Auf den Status von Reliquien gesunkene Formen oder Texte hingegen können höchstens dann ihre Funktion wiedererlangen, wenn sie, von einem Künstler rezipiert, zum Element einer neuen, originären Schöpfung werden. Genau das vollzog sich sicher in einem von dem unseren ganz unterschiedlichen kulturellen Kontext im Mittelalter, als die letzten Überreste einer sehr alten mündlichen Dichtung aus populärer Tradition von Troubadouren und Minnesängern in die höfische Dichtung intergriert wurden.

Die heutigen ›folkloristischen‹ Dichtungen Westeuropas (Englands, Frankreichs, Spaniens, Portugals) bieten ein gutes historisches Beispiel für solche Mutationen. Dieses Korpus von Liedern und Märchen überlebte in Europa selbst mehr und mehr künstlich, und viele seiner Elemente gerieten in den letzten beiden Generationen vollkommen in Vergessenheit. Nun wurde jedoch ein Teil der Lieder zu einem Zeitpunkt, als sie noch ihre volle

---

15 Vgl. ALEXANDRU I. AMZULESCU, Balade populare romînesti (Bukarest 1964).
16 Vgl. NORA KERSHAW CHADWICK/VIKTOR M. ŽIRMUNSKIJ, Oral Epics of Central Asia (Cambrigde 1969), 321 f., 336.
17 Vgl. BRUCE JACKSON, Wake Up Dead Man: Afro-American Worksongs from Texas Prisons (Cambrigde, Mass. 1972).
18 Vgl. HENRI DAVENSON [d. i. HENRI-IRÉNÉE MARROU], Le livre des chansons (1944; Neuchâtel 1955), 60 f.

soziale Funktion erfüllten, mit nach Amerika genommen. Das war im 16. und 17. Jh. Sie paßten sich den neuen Bedingungen an und entwickelten originelle Formen, die im 18. und 19. Jh. mehrere stark typisierte Einheiten bildeten. Sie blieben der Kontinuität der europäischen Tradition verhaftet und wurden von den Menschen auch als Fortsetzung dieser Traditionen empfunden. So wurden in Québec Tausende von Liedern gesammelt, die vor einem, zwei oder drei Jahrhunderten im kolonialen Milieu nach aus Frankreich (oder trotz der Sprachunterschiede aus Schottland) übernommenen Modellen geschaffen wurden. Sie waren in der Neuen Welt noch vollkommen funktionell, als sie um 1880 in Frankreich verschwanden.[19] Dasselbe Phänomen ist im englischsprachigen Amerika zu beobachten, wo Gattungen wie das Hillbilly oder Countrylieder, die ihre Lebensenergie aus den alten Traditionen englischer und irischer Balladen bezogen, bis 1920 sehr lebendig waren.[20] Lateinamerika ist in dieser Hinsicht noch reicher. Erst kürzlich wurden in Mexiko mehr als zehntausend ›populäre‹ coplas, die auf überlieferte spanische Traditionen zurückgehen, gesammelt und publiziert.[21] Seit Mitte des 19. Jh. sind in den meisten spanischsprechenden Ländern Mittel- und Südamerikas Ableger des iberischen Romancero zu beobachten.[22] Sie weisen oft thematische Veränderungen auf, aber in der Mehrheit ihrer formalen Strukturen sind sie intakt geblieben. Der mexikanische Corrido nährt sich aus dem gleichen Substrat.[23] Ähnlich verhält es sich in Brasilien mit der Literatura de Cordel, die als halbmündlich zu bezeichnen ist (schriftliche Aufzeichnung, aber orale Verbreitung). Sie spielte noch 1960–1970 eine wichtige gesellschaftliche Rolle in den Bevölkerungsgruppen des brasilianischen Nordostens.[24]

So ist zu beobachten, wie Traditionen an einem Ort verfallen, während sie gleichzeitig an einem anderen neue Kraft gewinnen, je nachdem, ob sie den gesellschaftlichen Veränderungen standhalten oder nicht. Wenn diese an Werte rühren, die bis dahin als wesentlich empfunden wurden, sieht sich die orale poetische Tradition in dem Lebensband, das sie mit der gesellschaftlichen Existenz der Menschen verkettet, in Frage gestellt. In Europa hat die Industrialisierung die alte Tradition der Arbeitslieder vernichtet, doch in den Vereinigten Staaten blieb diese Wirkung im Kontext der Eroberung des Westens, der Abenteuer der Pioniere und der Epopöe der Goldgräber aus; im Gegenteil kam es dort zur Entstehung und Entfaltung einer poetischen Vielfalt, die lange Zeit den Folksong und in den 60er Jahren dann eine außerordentliche Fülle an Protestliedern nährte.

Die Beschleunigung der historischen Zeit, die für eine von der technologischen Zivilisation hervorgebrachte Kultur charakteristisch ist, wirkt sich zum Schaden der ›traditionellen‹ poetischen Erscheinungsformen aus, deren expressive Kraft und Bedeutung zum Teil aus ihrer Kontinuität und ihrem Alter herrühren. Eine überaus starke soziale Motivation (d. h. eine ausdrückliche Refunktionalisierung) ist notwendig, damit die Möglichkeit der Neubelebung auch nach dem Abbruch der traditionellen Kontinuität gegeben ist. Bei den zitierten Beispielen gibt es an dem Vorhandensein dieser Motivation keinen Zweifel. Ähnliche Fälle sind in der neueren Geschichte zahlreich, beispielsweise der Rückgriff der politischen Parteien in Nigeria auf die aus der Yoruba-Tradition überlieferten Schmäh- und Schimpflieder.

V. Gibt es spezifische mündliche Formen?

Man könnte die Frage in traditionellen literaturkritischen Begriffen auch so stellen: Gibt es eine mündliche ›littérarité‹ (Literatität), die sich von derjenigen unterscheidet, die etwas Geschriebenes

---

19 Vgl. JEAN CLAUDE DUPONT, Héritage d'Acadie (Montreal 1977); JEAN-GUY RENS/RAYMOND LEBLANC, Acadie expérience: choix de textes acadiens (Montreal 1977).
20 Vgl. TRISTRAM P. COFFIN, The British Traditional Ballad in North America (Philadelphia 1950).
21 Vgl. MARGIT FRENK ALATORRE, Cancionero folklórico de México (Mexiko 1975/1977).
22 Vgl. RAMÓN MENÉNDEZ PIDAL, Romancero hispánico (1953; Madrid 1968).
23 Vgl. VICENTE T. MENDOZA, El Romance español y el Corrido (Mexiko 1939).
24 Vgl. ZUMTHOR, L'écriture et la voix: d'une littérature populaire brésilienne, in: Critique 64 (1980), 228–239.

zu einem literarischen Werk macht? Der Unterschied der in Frage kommenden Mittel (Stimme auf der einen, Schrift auf der anderen Seite) beinhaltet, daß die entsprechenden Anforderungen jeweils grundverschieden sind. Weder die Ebene, auf der sich die Form konstituiert (die stimmliche auf der einen, die geschriebene auf der anderen), noch die angewandten Verfahrensweisen können identisch sein. Es sind jedoch zwei Perspektiven zu unterscheiden, je nachdem, ob man die Mündlichkeit als solche, im allgemeinen, oder einen mündlich übermittelten Text betrachtet.

Durch die Aufführung vollzieht sich die poetische Strukturierung im Rahmen der Mündlichkeit weniger durch stilistische Verfahrensweisen als durch die Dramatisierung der Rede. Die Norm läßt sich weniger in sprachlichen denn soziologischen Begriffen definieren. Darum ist das Werk und der Text (schriftlich fällt beides zusammen) zu differenzieren: Das Werk umfaßt alle Elemente der Aufführung, der Text ist eine sprachlich übers Gehör wahrgenommene Sequenz, er ist eine der Komponenten des Werks. Das Werk existiert nicht ohne den Text, es würde aber auch nicht ohne die anderen Komponenten existieren. Daher die Schwierigkeit, die man bei der Herausarbeitung des Spezifischen mündlicher Textformen empfinden mag, denn vom Rest der Aufführung isoliert, verlieren sie ihre Identität. Der zur mündlichen Übermittlung bestimmte Text wird als Kunst erst an einem in der Aufführung manifesten emotionellen Ort, einem Ort, von dem alle Energien, die das lebendige Werk ausmachen, herkommen und an den sie auch wieder zurückstreben. Die Aufführung – und nur sie allein – verwandelt die mündliche Kommunikation in poetische Form, verleiht ihr gesellschaftlich die Identität, in der man sie als Poesie wahrnimmt.

Diese gegenseitige Durchdringung des Textes und der restlichen Faktoren der Aufführung zeigt sich dem Ethnologen oder Kritiker (wenn sie nicht schon aus den von der Schrift herrührenden Gewohnheiten blind geworden sind) deutlich, sobald sie einzelne Gattungen der mündlichen Dichtung

zu unterscheiden suchen. Jede Definition muß in der Tat mehr oder minder weit über die sprachliche Ebene hinausgehen und mit den sprachlichen Modalitäten des Textes auch verschiedene nichtlinguistische Elemente mit erfassen, die von Bedingungen abhängen, welche selbst an die von der Aufführung erfüllte soziale Funktion gebunden sind. So hält keine Definition des Epos oder des Märchens der Überprüfung stand, wenn sie nicht den diesen Gattungen eigenen, Mimik und Gestik betreffenden Regeln sowie dem Raum Rechnung tragen, den sie Bewegungen des einzelnen oder mehrerer Körper geben.

Also nur durch einen reinen analytischen Kunstgriff (er ist notwendig, aber man darf sich auch nicht durch ihn täuschen lassen) kann man trennen zwischen den textlichen Formen, die den mündlichen ›Text‹ im engeren Sinn ausmachen, und den gesellschaftlich-körperlichen Formen, die jene einrahmen, stützen, orientieren und mit ihnen zusammen erst das eigentliche ›Werk‹ bilden. Die Bestimmung dieser Formen (im Plural) darf nicht vergessen lassen, daß sie zusammen eine einzige ›Form‹ darstellen: die Form der in einer Aufführung realisierten Dichtung.

Die ›gesellschaftlich-körperlichen‹ Formen umfassen alle diejenigen, die aus einer Formalisierung der Präsenz und der Aktion des individuellen Körpers (Stimme, Geste, Kleidung usw.) und des gesellschaftlichen Körpers (physische und psychische Bewegungen, Wechselbeziehungen in der Aufführung, Beziehungen mit dem unmittelbaren Umfeld) herrühren.

Was die ›textlichen‹ Formen betrifft, so wurde 1935 zum ersten Mal von John Meier im Hinblick auf das mittelalterliche Kudrunlied suggeriert, daß mündliche Dichtung eigene stilistische Regeln und Entwicklungstendenzen besitzt, die von denen der schriftlichen Dichtung ziemlich leicht zu unterscheiden sind.[25] Seitdem haben sich zahlreiche Forscher in ihren Arbeiten dieser Frage gewidmet. Die bemerkenswertesten nahmen sich die epischen Dichtungen der traditionellen Gesellschaften und des europäischen Mittelalters zum Gegenstand. Als Echo auf die Arbeiten des Amerikaners Milman Parry und später seines Schülers Albert B. Lord bildete sich eine regelrechte Schule heraus, die heute in den angelsächsischen Ländern und in Deutsch-

---

25 Vgl. JOHN MEIER, Balladen, Bd. 1 (Leipzig 1935), 15, 31, 52, 55.

land weit verbreitet ist.[26] Ihre Anhänger (Ethnologen, Anthropologen, Mittelalterforscher) folgen in ihren Studien der sogenannten ›Formularic Theory‹. Sie entstand konkret bei dem Versuch, die Verse Homers im Lichte der epischen Techniken zu erklären, die um 1935 bei jugoslawischen Sängern beobachtet wurden. Seit Ende der 50er Jahre wurde sie gleichzeitig auf andere noch lebendige epische Liedformen (zum Beispiel die rumänischen Balladen), auf die alte angelsächsische und deutsche Poesie, auf den Romancero und die französischen Chansons de geste angewendet. Das Grundkonzept besteht darin, daß die mündliche epische Rede sich durch Rückgriff auf expressive Kernelemente, die ›Formeln‹ entwickelt, wobei deren Kombination und Variation ein poetisches sprachliches Gewebe bilden, in das sich die nicht formelhaften Elemente einfügen, wodurch der Text seinen eigenen Sinn erhält.

Jean Rychner beschrieb die Kompositionsweise der mittelalterlichen Epen wie folgt: »le jongleur va traiter son thème de façon prèsque entièrement traditionelle, grâce à des motifs, stéréotypés sur le plan du récit aussi bien que dans l'expression; sur le plan du récit, ces motifs isoleront certains moments, toujours les mêmes, et, dans l'expression, ces moments seront rendus de façon analogue par les mêmes formules. Les motifs sont essentiels à la composition et à la mémorisation des chansons. Ceux qui ont étudié l'épopée yougoslave ont noté, quant à la composition, que le chanteur qui maîtrise bien sa gamme de motifs peut composer sans notes écrites. Les motifs, allégeant sa mémoire, lui permettent, libéré du détail, de se concentrer sur le dessin d'ensemble de la chanson. La composition par motifs, qui doit son existence à l'absense d'écriture, est une technique qui remplace dans une certaine mesure la graphie. Les motifs importent autant à la mémorisation: un chanteur en pleine possession des motifs et des formules traditionnels peut reproduire un chant qu'il n'a pas entendu qu'une fois; il appliquera sa mémoire à la trame générale du récit, qui est généralement simple, sans se soucier trop de la lettre du chant; il retiendra, par exemple, qu'en tel endroit du récit les héros se battent, mais ne cherchera pas à mémoriser ce combat, car il sait, de métier, raconter un combat: le moment venu, il développera sans difficultés le motif traditionnel.«[27]

Die Formulaic Theory hatte in den 60er und 70er Jahren überall auf der Welt, besonders jedoch in Deutschland, großen Erfolg. 1985 publizierte John Miles Foley eine Bibliographie mit über 2000 Titeln in allen Sprachen. Jeder Titel ist mit einem kurzen Kommentar versehen, was einen Überblick über dieses gewaltige Feld der Forschung gestattet.[28] Darum ist es noch notwendiger, eine wichtige Einschränkung zu unterstreichen: Die Formulaic Theory berührt nicht das Wesentliche der poetischen Mündlichkeit. Zum einen hat sie sich als wirklich stichhaltig nur in der Anwendung auf ein europäisches Korpus gezeigt, konnte also keine universelle Gültigkeit erlangen. Zum anderen läßt sie sich schlecht auf andere Gattungen als das Epos anwenden, d.h. sie enthält so viele Ausnahmen, daß sie ihre Geltung verliert.

Abgesehen von dieser heute rückläufigen Theorie verdanken wir Studien über mündliche Textformen einzig und allein Ethnologen und Folkloreforschern. Meist handelt es sich um Monographien, deren Autoren sich vor Verallgemeinerungen hüten, ganz gleich, ob sie sich der Komplexität des Problems bewußt sind oder nicht. Die Tatsache, daß das Werk nur in der Aufführung existiert, ruft bei manchen Beobachtern den Eindruck hervor, daß dem verbalen Aspekt weniger Aufmerksamkeit als dem rhythmischen oder musikalischen geschenkt wird. Vielleicht ist dieser Eindruck auch gar nicht so falsch. Die über ihre Kunst befragten Interpreten in Gesellschaften, in denen Mündlichkeit dominiert, beschreiben sie vor allem im Hinblick darauf, wie gekonnt ein entsprechender Vortrag und die allmähliche Sinngebung (verbunden mit der Gesamtheit der in der Situation der Aufführung vorhandenen Gegebenheiten) erfolgen, und zwar durch eine reiche Skala von Techniken, die jeweils im Besitz nur einer Ethnie oder manchmal auch nur eines Sängers sind. Für den mündlichen Dichter ist die Harmonie wichtig, die er zwi-

---

26 Vgl. EDWARD R. HAYMES, A Bibliography of Studies Relating to Parry's and Lord's Oral Theory (Cambridge, Mass. 1973).

27 JEAN RYCHNER, La chanson de geste. Essai sur l'art épique du jongleurs (Genf 1955), 127.

28 Vgl. JOHN MILES FOLEY, Oral-Formulaic Theory and Research: An Introduction and Annotated Bibliography (New York 1985).

schen der formalisierenden, den poetischen Text bestimmenden Intention und einer anderen, weniger evidenten, im gesellschaftlichen Leben der Zuhörer diffus vorhandenen Intention schaffen kann. Die Kunst des gesprochenen Wortes hat ein anderes Ziel als sich selbst. Sie wird von einer Stimmkunst getragen, die nach allen Seiten über sie hinausgeht, denn sie reicht auf so tiefe anthropologische Wurzeln zurück, daß sie in gewissem Maße ›primitiv‹ bleibt. Nun zielen die Studien der Ethnoliteratur, die seit den 1930er, 40er und 50er Jahren insbesondere unter verschiedenen, als weniger entwickelt geltenden Bevölkerungsgruppen Asiens durchgeführt wurden, dahin, die außerordentliche Komplexität des ›primitiven‹ Diskurses nachzuweisen. Dabei stellte sich die Frage, ob die mündliche poetische Sprache als solche und unter allen Umständen nicht vielleicht generell die Absicht verfolgt, die Strukturen der Rede komplizierter zu machen (vielleicht um ihnen mehr Bedeutung zu verleihen?).

Zweifellos ist keine der textlichen Verfahrensweisen, die hier und da in der mündlichen Dichtung herausgearbeitet worden sind, ausschließlich dieser zuzuordnen. Einige finden sich weniger häufig auch im schriftlichen Text; statistisch gesehen, sind sie gleichwohl eher für Mündlichkeit kennzeichnend. Mehr zu behaupten ist beim heutigen Wissensstand schwierig. Zusammenfassend kann man als die vielleicht charakteristischsten Merkmale die folgenden nennen:

1. Merkmale des gesamten Textgefüges

Fehlende Einheitlichkeit des mündlichen Textes; er ist meist vielfältig, akkumulativ, vielfarbig, verschiedenartig oder gar widersprüchlich.

Dieser Grundzug geht mit der Tatsache einher, daß der Text eine starke Tendenz aufweist, die verschiedensten (thematischen wie stilistischen) Materialien wiederzuverwerten, so daß er manchmal einer Collage ähnelt.

Dieser Umstand erklärt vielleicht auch, daß der Text meistens (insbesondere, wenn er nicht gesungen wird) eine besondere Anfangsmarkierung besitzt (z. B. ›Es war einmal ...‹), wie um darauf hinzuweisen, daß man in diesem Augenblick vom Alltagsdiskurs auf eine andere Ausdrucksebene wechselt.

Mündliche Dichtung, woher sie auch kommen mag, zeugt von einer überraschenden Unfähigkeit, die Beschreibungen von Gegenständen, Personen oder Situationen verbal auszudrücken, ganz so, als könne die Gestik des Interpreten hier etwas ausgleichen; auf sprachlicher Ebene reduziert sich die Beschreibung fast immer auf eine attributive Aneinanderreihung ohne Perspektive.

Das Streben nach einer kompensatorischen textlichen Einheit scheint dafür verantwortlich zu sein, daß die mündliche Dichtung in allen Kulturen sehr kurze Gattungen hervorgebracht hat: Gedichte von zwei, drei oder vier Versen, Spruchdichtungen, die sich in nur einer Sentenz erschöpfen, Lieder von wenigen Sekunden Dauer usw. Diese Gattungen sind streng formalisiert und oft von großer Vielschichtigkeit. Die aufs äußerste verknappte und mit Anspielungen aufgeladene Zeit des Vortrags bietet nur für die Kernelemente des Satzes Platz und verbietet Nebensächlichkeiten. Diese Regel der Kürze beherrscht in unserer Gesellschaft noch heute die (über Platte oder Radio verbreitete) Gattung Chanson, dessen normale Dauer drei oder vier Minuten nicht überschreiten darf.

2. Merkmale des sprachlichen Textgewebes

Die in mündlicher Dichtung nachzuweisenden stilistischen Verfahrensweisen beinhalten im allgemeinen einen phonischen Aspekt: Die Ausführung der sprachlichen Gegebenheit zielt auf die Erzeugung verschiedenster Klangeffekte und das rhythmische Betonen der Verse.

Dieses Merkmal darf nicht losgelöst von einem anderen, viel allgemeineren gesehen werden: der Frequenz rekurrenter Effekte, die einzeln oder zusammen jede der Textebenen beeinflussen können: Töne, Silben, Wörter, Sätze, Bilder, Ideen, Motive usw. Ein funktionelles Band scheint diese Praxis mit der stimmlichen und gestischen Ausführung der ›performance‹ zu verknüpfen; sie stellt zweifellos einen Faktor von Theatralität dar.

In der Syntax herrscht die parataktische Konstruktion vor: Die Elemente der Rede sind meist nur aneinandergereiht; im Grenzfall verschwinden die Verben, und übrig bleibt nur noch eine Reihung von Substantiven.

Verschiedene häufig angewendete Verfahrensweisen dienen dazu, den intersubjektiven Aspekt der Aufführung in die Struktur der Rede zu integrieren: vorgreifende oder retrospektive Digressionen, Apostrophe, Ausrufe, Übergang von der 3. zur 2. Person, Imperative usw., die eine allgemeine dramatische Spannung schaffen.

Der Wortschatz entstammt selten der Alltagssprache, sondern hebt sich deutlich davon ab. In den traditionellen Gesellschaften ist er oft ritualisiert und besitzt in allen poetischen Gattungen eine bestimmte Eigentümlichkeit, die selbst die Aussprache umfassen kann. In der modernen Welt ist der Einfluß der geschriebenen Sprache bei der Wortwahl äußerst stark. Jedenfalls ist der Wortschatz im allgemeinen mehr oder minder archaisch gefärbt, was beim Chanson bis heute zu beobachten ist, so als ob die Stimme über ihre eigene Autorität hinaus die einer ehrwürdigen Tradition einfordern wollte.

Paul Zumthor
Aus dem Französischen von Gerda Schattenberg-Rincón

Literatur

BÄUML, BETTY J./BÄUML, FRANZ H., A Dictionary of Gestures (Metuchen, N.J. 1975); CERTEAU, MICHEL DE, L'invention du quotidien, Bd. 1 (Paris 1980), 231–298 (10. Kap.: L'économie scripturale); CHOPIN, HENRI, Poésie sonore internationale (Paris 1979); EGGERS, MICHAEL/SCHULZ, DOROTHEA E., ›Oralität‹, in: N. Pethes/J. Ruchatz (Hg.), Gedächtnis und Erinnerung. Ein interdisziplinäres Lexikon (Reinbek b. Hamburg 2001); FINNEGAN, RUTH H., Oral Poetry. Its Nature, Significance and Social Context (Cambridge u.a. 1977); FOLEY, JOHN MILES (Hg.), Oral Traditional Literature. A Festschrift for Albert Bates Lord (Columbus, O. 1981); FOLEY, JOHN MILES, Oral-Formulaic Theory and Research: An Introduction and Annotated Bibliography (New York 1985); FOLEY, JOHN MILES (Hg.), Comparative Research on Oral Traditions (Columbus, O. 1987); FÓNAGY, IVAN, La vive voix. Essais de psycho-phonétique (Paris 1983); GÖRÖG, VERONIKA, Littérature orale d'Afrique noire. Bibliographie analytique (Paris 1981); GOODY, JACK, The Domestication of the Savage Mind (Cambridge 1977); GOODY, JACK (Hg.), Literacy in Traditional Societies (London 1968); dt.: Literalität in traditionalen Gesellschaften, übers. v. F. Herborth u. T. Lindquist (Frankfurt/M. 1981); HAYMES, EDWARD R., Das mündliche Epos. Eine Einführung in die ›Oral Poetry‹-Forschung (Stuttgart 1977); HYMES, DELL, ›In vain I tried to tell you‹. Essays in Native American Ethnopoetics (Philadelphia 1981); HYMES, DELL, Ethnography, Linguistics, Narrative Inequality: Toward an Understanding of Voice (London 1996); JOUSSE, MARCEL, L'anthropologie du geste, 3 Bde. (Paris 1974–1978); KALOW, GERT, Poesie ist Nachricht. Mündliche Tradition in Vorgeschichte und Gegenwart (München/Zürich 1975); KITTLER, FRIEDRICH/MACHO, THOMAS/WEIGEL, SIGRID (Hg.), Zwischen Rauschen und Offenbarung. Zur Medien- und Kulturgeschichte der Stimme (Berlin 2001); LACTACZ, JOACHIM (Hg.), Homer. Tradition und Neuerung (Darmstadt 1979); LANHAM, RICHARD A., The Electronic Word. Democracy, Technology, and the Arts (Chicago u.a. 1993); LORD, ALBERT B., The Singer of Tales (1960), hg. v. S. Mitchell/G. Nagy (Cambridge, Mass./London 2000); LUHMANN, NIKLAS, Die Gesellschaft der Gesellschaft, Bd. 1 (Frankfurt a.M. 1999), 190–412 (Kap. 2: Kommunikationsmedien); MORRIS, IAN/POWELL, BARRY (Hg.), A New Companion to Homer (Leiden/New York/Köln 1997); ONG, WALTER J., Rhetoric, Romance, and Technology. Studies in the Interaction of Expression and Culture (Ithaca/London 1971); ONG, WALTER J., Interfaces of the Word (Ithaca u.a. 1977); ONG, WALTER J., Orality and Literacy: the Technologizing of the Word (London u.a. 1982); PARRY, MILMAN, The Making of Homeric Verse (Oxford 1971); PHILIPOWSKI, SILKE-KATHARINA, ›Oral Poetry‹, in: N. Pethes/J. Ruchatz (Hg.), Gedächtnis und Erinnerung (Reinbek b. Hamburg 2001), 427–428; RÖSLER, WOLFGANG, Dichter und Gruppe. Eine Untersuchung zu den Bedingungen und zur historischen Funktion früher griechischer Lyrik am Beispiel Alkaios (München 1980); TEDLOCK, DENNIS, Toward an Oral Poetics, in: New Literary History 8 (1976/1977), 507–519; VOORWINDEN, NORBERT (Hg.), Oral Poetry: das Problem der Mündlichkeit mittelalterlicher epischer Dichtung (Darmstadt 1979); ZUMTHOR, PAUL, Introduction à la poésie orale (Paris 1983); dt.: Einführung in die mündliche Dichtung, übers. v. I. Selle (Berlin 1990); ZUMTHOR, PAUL, La lettre et la voix. De la ›littérature‹ médiévale (Paris 1987).

Nachbemerkung der Herausgeber

Paul Zumthor ist am 11. Januar 1995 in Montréal verstorben. Er hatte seinen Artikel im Oktober 1989 in einer ersten Fassung abgeschlossen, nach einer Diskussion mit den Herausgebern bearbeitet und Ende 1994 abgeliefert. Der redaktionell bearbeitete Text konnte Paul Zumthor nicht mehr zur Erteilung des Imprimatur vorgelegt werden. Die Herausgeber haben lediglich die Literaturliste ergänzt.

Paul Zumthor, der als Mediävist den Literaturbegriff des europäischen Mittelalters durch den von ihm eingeführten Begriff der vocalité neu begründet und eine universale Theorie poetischer ›performance‹ entworfen hat²⁹, verkörpert mit seinem Œuvre selbst eine Station in der neueren Begriffsgeschichte von Mündlichkeit/Oralität. Sein Text, einer der letzten aus seiner Werkstatt, kann darum als ein Credo in der Sache gelesen werden, dem der Begriff immanent ist.³⁰

Musik

(griech. μουσική; lat. musica; engl. music; frz. musique; ital. musica; span. música; russ. музыка)

Problemlage; I. Musenkunst; II. Ritualität in der Krise: Platons Musikphilosophie; III. ›Neue Musik‹: Aristoteles, Aristoxenos; IV. ›Endzeit‹: Spätantike; V. Grundzüge des mittelalterlichen musica-Begriffs; VI. Übergänge zur Neuzeit; VII. Wort – Affekt – Figur; VIII. System und Topos; IX. Vom Affekt zum Gefühl; X. Autonomie und Transzendenz; XI. Kritik und Widerstand; XII. Die Idee des Gesamtkunstwerks; XIII. Gegenentwurf und Überwindung; XIV. Musik zwischen Konstruktion und Gebrauchswert; XV. Musik nach dem 2. Weltkrieg

---

29 Vgl. ZUMTHOR, Introduction à la poésie orale (Paris 1983); dt.: Einführung in die mündliche Dichtung, übers. v. I. Selle (Berlin 1990); ZUMTHOR, La poésie et la voix dans la civilisation médiévale (Paris 1984); dt.: Die Stimme und die Poesie in der mittelalterlichen Gesellschaft, übers. v. K. Thieme (München 1994).
30 Vgl. JAN DIRK MÜLLER, Paul Zumthor: Das Mittelalter und die Stimme, in: B. J. Dotzler (Hg.), Grundlagen der Literaturwissenschaft. Exemplarische Texte (Köln/Weimar/Wien 1999), 169–186.

1 ›Musik‹, in: Meyers Großes Universallexikon, Bd. 9 (Mannheim/Wien/Zürich 1983), 562.
2 CARL DAHLHAUS, Gibt es ›die‹ Musik?, in: Dahlhaus/ H. H. Eggebrecht, Was ist Musik? (Wilhelmshaven/ Locarno/Amsterdam 1985), 13.
3 Vgl. EWALD JAMMERS, Musik in Byzanz, im päpstlichen Rom und im Frankenreich. Der Choral als Musik der Textaussprache (Heidelberg 1962).
4 Vgl. PLATON, Rep., 398d.

Problemlage

Die Vorstellung von Musik, wie sie sich im Allgemeinverständnis der Gegenwart verankert hat, als »absichtsvolle Organisation von Schallereignissen«[1], geordnete Klanglichkeit, Kunst des Tönens und der Töne, ist ein europäisches – und ein europäisch-neuzeitliches Phänomen. Zwar kann das Verfahren, bestimmten akustischen Manifestationen ein durch »Konsonanzbeziehungen konstituiertes Tonsystem«[2] zugrunde zu legen, bis an die Wurzeln antiker Kultur zurückverfolgt werden. Hieraus eine »innere Einheit des Musikbegriffs« (ebd.) im Abendland herzuleiten, bliebe jedoch verfehlt. Denn während dem neuzeitlichen Denken Tonordnungen als jeweils »spezifisch musikalisch« (12) gelten, gehen ältere Überlieferungen, die unter den Kategorien griech. μουσική (musikē) und lat. musica zusammenzufassen sind, vielfältig über das Klangliche hinaus; zumindest vermeiden sie eine strikt tonsystematische Absonderung. Durchdrungen sind sie von Sprache und Sprachlichkeit; dem gregorianischen Choral etwa ist es um das ›Aussprechen‹ heiliger Texte zu tun[3]; ähnlich erblickt bereits Platon das Wesen des Melos (μέλος) im Zusammenspiel von Wort (λόγος), Rhythmus (ῥυθμός) und ›harmonia‹ (ἁρμονία = Tonhöhenstruktur).[4] Intensiv durchgebildet sind die Verbindungen zwischen Klangmustern und Körperbewegungen, nicht nur dahingehend, daß letztere die ersteren hervorbrächten, ihnen die generative Basis lieferten, sondern zugleich dergestalt, daß das Körperliche selbst Gegenstand wird für ästhetische Wertung und sinnlichen Genuß. Einschlägige Praktiken bergen daher nicht selten visuelle und taktile Wahrnehmungsanteile in sich, vergleichbar jenen afrikanischen Schlagrhythmen, die man, um sie verstehen zu können, hören und sehen, ja sogar erspüren muß.[5] Körpernähe wiederum ist ein prägendes Moment ritueller Handlungen, kraft deren veränderte Bewußtseinszustände zu erreichen sind[6]; die antike Tradition quillt von solchen Erscheinungen über, und nicht einmal das christliche Mittelalter schirmt sich vor ihnen ab. Das Diktum des Jacobus von Lüttich, daß »musica ad omnia extendere se videtur«[7] (auf alle Dinge des Lebens sich erstrecke), ließe sich so als Motto setzen über eine ganze Fülle von Optionen, die querstehen zur Idee von Tonkunst per se und nicht dem Prinzip musikalischer Immanenz gehorchen, sondern dem einer wesenhaften Transzendenz. Von solchen Voraussetzungen aus ist es dann nur ein Schritt zur Entwicklung kosmologischer Konzeptionen[8], zur Überzeugung, daß Musik den Weltlauf vergegenwärtige, als »ordinis distinctionisque caelestis exemplar«[9] (Spiegelbild der himmlischen Ordnung und Differenzierung).

Bemerkenswerterweise spiegelt sich solche Erfahrung des Nicht-Immanenten selbst im zeitgenössischen Gebrauch von Alltagssprache – und in Quellen noch des Hoch- und Spätmittelalters, an der Schwelle zur europäischen Moderne. Wo immer entsprechende Texte von Singen und Spielen, Trommeln und Pfeifen reden[10], ruht das Augenmerk primär nicht auf Klangqualitäten, sondern auf zeremoniösen Verrichtungen bzw. dem Klanglichen *in* seiner Zeremonialität. Was mittelalterliche (und antike) Kultur weithin auszeichnet, ist kein immanentes, sondern ein *inhärentes Tönen*, anhaftend einem übergeordneten Funktionszusammenhang. Zwar hat das Paradigma kaum über die Mitte des 16. Jh. hinaus Bestand; und schon um 1700 avanciert das Wohlgefallen an klanglichen Eigenwerten zur sozialen Norm – recht verstanden: in umgangssprachlicher, nicht musiktheoretischer Reflexion.[11] Daß das Fasziniertsein durch tönende Materialität historisch einer sehr jungen Wahrnehmung entspricht, wird in solcher Optik jedoch erst recht offenbar.

Auch in anderer Hinsicht sind antik-mittelalterliche und neuzeitliche Musikauffassungen kaum fugenlos ineinander zu überführen. Diese richten sich zunehmend am Resultat der Klangerzeugung aus, gipfelnd in einer Ästhetik und einer Ökonomie des Werks. Jene betonen den Prozeß der Hervorbringung; und wenn von opus die Rede ist, dann im Sinne von actio. Musik erscheint als »scientia bene modulandi«[12] (das Vermögen, gut zu gestalten), »peritia modulationis«[13] (die Kenntnis maßvoller Gestaltung), »veraciter canendi scientia«[14] (die Fähigkeit, richtig zu singen), als ein Tun, als praktischer Vollzug.[15] Und selbst dort, wo Klangliches definitorisch unmittelbar Erwähnung findet, ist es wesentlich sein noetischer Kern, der zum Klingen gebrachte numerus, welcher den Akzent erhält[16], sowie die geistige Kraft, die facultas, solcher ›Numerierung‹ gewahr zu werden.[17] Das Tönende am Tönen erscheint gleichsam als akzi-

---

5 Vgl. GERHARD KUBIK, Verstehen in afrikanischen Musikkulturen, in: P. Faltin/H.-P. Reinecke (Hg.), Musik und Verstehen (Köln 1973), 174 ff.
6 Vgl. GILBERT ROUGET, Music and Trance. A Theory of the Relations between Music and Possession (Chicago 1985).
7 JACOBUS VON LÜTTICH, Speculum musicae 1, 2, hg. v. R. Bragard, Bd. 1 (Rom 1955), 16.
8 Vgl. ERICH M. VON HORNBOSTEL, Tonart und Ethos (1929), in: Hornbostel, Tonart und Ethos. Aufsätze zur Musikethnologie und Musikpsychologie, hg. v. C. Kaden u. E. Stockmann (Leipzig 1986), 104–111.
9 BOETHIUS, De institutione musica 1, 27, hg. v. G. Friedlein (Leipzig 1867), 219.
10 Vgl. CHRISTIAN KADEN, ›Was hat Musik mit Klang zu tun?‹ Ideen zu einer Geschichte des Begriffs ›Musik‹ und zu einer musikalischen Begriffsgeschichte, in: Archiv für Begriffsgeschichte 32 (1989), 34–75, bes. 53 ff.
11 Vgl. ebd., 62 ff.
12 AUGUSTINUS, De musica 1, 2, in: MIGNE (PL), Bd. 32 (1841), 1083.
13 ISIDOR VON SEVILLA, Etymologiarum sive Originum 3, 15, in: MIGNE (PL), Bd. 82 (1850), 163.
14 [ANONYMUS], Dialogus de musica 1, in: MIGNE (PL), Bd. 133 (1853), 759.
15 Vgl. HEINRICH HÜSCHEN, ›Musik‹, in: MGG, Bd. 9 (1961), 970–1000.
16 Vgl. CASSIODOR, De artibus ac disciplinis liberalium litterarum 5, in: MIGNE (PL), Bd. 70 (1847), 1209.
17 Vgl. BOETHIUS, De institutione musica 5, 2 (s. Anm. 9), 352.

dentiell bzw. als lediglich ein musikalischer Aspekt unter anderen.

Es erhebt sich mithin die Frage, ob ›musikē‹, ›musica‹ einerseits, neuzeitliche ›Musik‹ (›music‹, ›musique‹) andererseits überhaupt unter einem einheitlichen kategorialen Dach zu versammeln sind. Die Frage ist im vorliegenden Artikel negativ entschieden, zugunsten einer zweiteiligen Darstellung. Aus vornehmlich wissenschaftspraktischen Gründen jedoch wird sie auch bejaht: mit der Wahl des Stichworts, das eher ein Suchwort ist, verweisend auf eine historische Entwicklungslinie. Denn daß ›musikē/musica‹ und ›Musik/music/musique‹ miteinander zu schaffen haben, die eine der anderen vorausgeht, die andere der ersteren entwächst, steht außerhalb jeden Disputs. Nur handelt es sich um ungewöhnliche Zusammenhänge: der Abstammung sehr wohl, nicht aber der Kontinuierung; des Aufeinander-gewiesen-Seins in der Differenz, schwerlich in der variativen Ausgestaltung gemeinsamer Universalien. Im übrigen ist der gedachte Prozeß auch ein Vorgang der Abschnürung und Einengung: von einer schier eklektischen Vielfalt der Ansätze hinführend zu konzeptualer Vereinheitlichung, vom Plural der Musiken zum apodiktischen Singular der (einen) Musik.

I. Musenkunst

Das Wort μουσική (musikē), Femininform von μουσικός (musikos), nachweisbar seit Pindars 1. Olympischer Ode (476 v. Chr.)[18], tritt in der Regel auf als substantiviertes Adjektiv (›die den Musen Zugehörige, Musische‹). Platon fügt den Terminus τέχνη (technē) hinzu, der eine Fertigkeit, ein durch Erziehung erworbenes Können benennt.[19] Musik ist wesentlich also ein Bildungsbegriff und kann im weitesten Sinne »jede eines freien Bürgers würdige geistige [ursprünglich geistig-körperliche – d. Verf.] Betätigung«[20] umfassen. Aber auch dort, wo sie, nach heutiger Sicht, Musiziervorgänge beschreibt, den Gesang und das Singen, ist bis weit ins 5. Jh. v. Chr. hinein die Umklammerung von Wort und Tongebung gemeint, eine »Singsprache« oder »Kunstsprache«[21] bzw. eine durch und durch ›musikalisierte‹ Poesie.

Das Fundament dafür legt die altgriechische Sprache selbst, die eine synkretische Einheit bildet aus Rhythmus, Intonation, Versstruktur und deren gestisch-pantomimischer Ausgestaltung.[22] Dichtung lebt also mit und aus dem physischen Impuls. Genau dieses Zusammensein von Körperlichem und Geistigem verdichtet sich im Begriff der musikē zum Programm, wird im Amt der Musen mythisch institutionalisiert. Denn obwohl diese je eigene Schirmherrschaften übernehmen, über den Epenvortrag (Klio), die Verbindung von Poesie und Festgestaltung (Thalia), die Pflege der schönen Stimme (Kalliope) usf.[23], eine Hauptbeschäftigung teilen alle Musen: das Singen-und-Tanzen (μέλπειν), in der Gruppe, im Chor, angeführt vom Lichtgott Apoll, dem Musageten.

Damit ist die soziologische Konnotation der musikē fixiert. Singend-tanzende Wesen, vorzüglich weiblichen Geschlechts, begegnen zuhauf in der griechischen Mythologie: als Sirenen, Mänaden, Nymphen verschiedenster Gattungen. Meist handelt es sich um Mischwesen, halb Mensch, halb Gott, genauer: um Gestalten, in die Menschen während festlicher Rituale sich zu verwandeln imstande sind. Hermann Koller erläutert den Sachverhalt am Beispiel des homerischen Aphrodite-Hymnus und des dort geschilderten Artemis-Kults. Bei ihm werden »junge menschliche Mädchen« im Chor selber zu »begeisterungserfüllten« Nymphen, die »im Tanz aus sich heraustreten«. Artemis nimmt als Chorführerin am Ritualgeschehen teil, »weil der Chor zu Beginn seines Tanzes den Gott, zu dessen Ehren getanzt wird, [...] in seinen

---

18 Vgl. PINDAR, Olympische Ode 1, 15; FRIEDER ZAMINER, Musik im archaischen und klassischen Griechenland, in: A. Riethmüller/Zaminer (Hg.), Die Musik des Altertums (Laaber 1989), 169.
19 Vgl. PLATON, Symp., 187b; Rep., 411e; LUKAS RICHTER, Griechenland, in: E. H. Meyer (Hg.), Geschichte der Musik, Bd. 1 (Leipzig 1977), 292.
20 ZAMINER (s. Anm. 18), 192.
21 Ebd., 123.
22 Vgl. THRASYBULOS GEORGIADES, Musik und Rhythmus bei den Griechen. Zum Ursprung der abendländischen Musik (Hamburg 1958).
23 Vgl. BRUNO SNELL, Die Entdeckung des Geistes. Studien zur Entstehung des europäischen Denkens bei den Griechen (1946; Göttingen ⁴1975), 66; HESIOD, Theog. 77ff.

Kreis«[24] gerufen hat. Vom Singen bewegtes Tanzen, getanzter Gesang (μολπή), stellt also das Medium bereit und das Energiepotential, um eine empirische und eine göttlich-höhere Wirklichkeit seinshaft einander anzunähern, ja den Gott als ›Mittänzer‹ (synchoreutes) leiblich zu erfahren.[25] Auch die Musen öffnen sich solcher Kunst existentieller Grenzüberschreitung; sehr präzise Ortsangaben, beispielsweise in den Musenprooimien des Hesiod, legen den Schluß nahe, daß sie anläßlich der Aufführung religiöser Tänze an bestimmten Tempeln durch die »Mädchen der Gegend«[26] verkörpert wurden. Selbst wenn jedoch die Diagnose zu weit greifen sollte – komparatistisch schlägt sie eine Brücke zu Trance- und Possessionskulten in aller Welt[27] –, außer Frage steht, daß der Musenchor vorbildlich war für den Chorreigen allgemein, der in den sich konsolidierenden Stadtstaaten eine politisch tragende Rolle spielte und den Kindern, neben Lesen und Schreiben, durch eigene Schulen, die Museia (Μουσεῖα), vermittelt wurde.[28]

Daß ausdrücklich aber die Musen das Privileg errangen, nicht z.B. die Sirenen, hat plausible Gründe:

1. Sie waren für die Griechen »vorwiegend im östlichen Böotien zu Hause, am Helikon und in Prierien, am Olymp«[29], verkörperten also ein konzentriertes Hellenentum, eine besonders sinnfällige ethnische Identität.[30]

2. Obwohl ursprünglich in Delphi ansässig und Inkorporantinnen des dort gepflegten Gäa-Kults[31], ist ihr Anführer ein Mann-Gott, der just am gleichen Ort, durch Tötung der Erdschlange Python, die Herrschaft erwarb – und sich selbst die weibliche Gabe der Weissagung übereignete.[32] Die Musen sind mithin, cum grano salis, Unterworfene, Vertreterinnen eines weiblichen Rituals in patriarchalischer Neuausstattung.

3. Vornehmlich deshalb haben sie ihren Platz im Umfeld der Kitharodie, des mit einem Saiteninstrument (Kithara, Lyra) begleiteten Heldengesangs. Vergleichsweise spät erst, in der Zeit des Sophokles, erwirbt sich der Gesang zum Aulos (Aulodie) bzw. das vom Wort freie Spiel auf dem Rohrblattinstrument (Auletik) musische Würden; in den Anfängen fällt der Aulos schlechterdings nicht unter den musikē-Begriff.[33]

Die Summe: Musenverehrung ist kein Ausdruck künstlerisch-medialer Abgrenzung. Sie zielt auf ethnische und soziale Orientierungen, erweist sich sozusagen als ein Strategiekonzept.

Tatsächlich wird der Kulturierungsprozeß der Antike bestimmt von religiös-ethischen Ausscheidungskämpfen. Das berühmteste Beispiel findet sich im Widerstreit zwischen Apollon und Dionysos. Und obgleich sich daraus nur mit erheblichen Skrupeln Nietzsches binäres Prinzipien-Schema ableiten läßt: mehr als einmal schlägt, nach Bildzeugnissen, auch der kleinasiatische Herr über Rausch und Reben die Leier, ja betätigt sich als Musaget[34]; unstreitig bleibt, daß beide Gottheiten komplementär zueinander stehen[35], inspiriert gleichsam von der Logik eines ›wilden Denkens‹.[36] Und: daß antike Geschichte, nach der großen Tendenz, diese Dualismen auszutreiben trachtet, zugunsten monistischer Mächte oder des pazifizierenden Ausgleichs im Kompromiß. Die mythischen Wettbewerbe jedenfalls zwischen den Musen und den Sirenen, zwischen Apollon und dem Silen Marsyas, auch zwischen Blas- und Saiteninstrumenten, haben zuallermeist ein blutiges Ende.

Marsyas, als Aulet unterlegen beim Agon mit dem Kitharöden-Gott, muß sich von diesem häu-

---

24 HERMANN KOLLER, Musik und Dichtung im alten Griechenland (Bern/München 1963), 17.
25 Vgl. ARISTOPHANES, Thesm., 974 ff.; KOLLER (s. Anm. 24), 18.
26 KOLLER (s. Anm. 24), 15.
27 Vgl. KADEN, Außer-sich-Sein, Bei-sich-Sein. Ekstase und Rationalität in der Geschichte der Musik, in: Neue Zeitschrift für Musik 156 (1995), H. 6, 4–12.
28 Vgl. RICHTER (s. Anm. 19), 293.
29 Ebd.
30 Vgl. KOLLER (s. Anm. 24), 27, 36 ff.
31 Vgl. KARL KERÉNYI, Die Mythologie der Griechen, Bd. 1 (München 1966), 83 ff., 118.
32 Vgl. WILHELM VOLLMER, Wörterbuch der Mythologie aller Völker, neu bearb. v. W. Binder (^{3}1874; Leipzig 1979), 57.
33 Vgl. KOLLER (s. Anm. 24), 10.
34 Vgl. MARTIN VOGEL, Apollinisch und Dionysisch. Geschichte eines genialen Irrtums (Regensburg 1966), 407, 423.
35 Vgl. PLATON, Leg., 653d.
36 Vgl. CLAUDE LÉVI-STRAUSS, La pensée sauvage (Paris 1962); dt.: Das wilde Denken, übers. v. H. Naumann (Frankfurt a.M. 1968).

ten und schinden lassen; sein ›Fell‹ wird in einer Grotte aufgehängt.[37] Die Sirenen, wohnend im Westen Griechenlands, auf einer Insel, am Rande der Kultur, werden deklassiert zum Betörend-Bösen. Nur mit verstopften Ohren, abweisend ein für allemal, ist der Mensch ihnen noch gewachsen[38]; in der Lautgebung zudem überflügelt sie Orpheus, der apollinische Mustersänger.[39] Ihn wiederum zerfetzen, raubtiergleich, die thrakischen Mänaden; vereinzelt sogar wird von einer Dekapitierung des Schönstimmigen berichtet, dessen Haupt dann singend dahintreibt auf den Meeresfluten[40]: musikē – leiblos geworden, bedingungslos verkopft. Nicht also, daß immer nur ein und dieselbe Seite siegte, die des Apoll, ist ausgemacht. Wohl aber, daß es um den Triumph stets *einer* Seite geht – und um die Zerschlagung des je anderen.

Besonders nachhaltig dokumentiert sich diese Aufhebung von Dualität in der Geschichte des Begriffs harmonia (der im weiteren wie im engeren Sinn, Weltordnung meinend wie Tonhöhenfolge, oft synonym gesetzt ist mit dem Terminus musikē).[41] In Hesiods *Theogonie* eingeführt als personales Zwiespalt-Wesen, als Tochter von Aphrodite und Ares, Liebe und Krieg[42], wird sie abstraktiv erhöht bei Heraklit: als das »widereinander Strebende zusammengehend«, dem die »schönste Fügung« entwüchse durch Er-gänzung und Polarität (τὸ ἀντίξουν συμφέρον καὶ ἐκ τῶν διαφερόντων καλλίστην ἁρμονίαν)[43]. Philolaos (im 5. Jh. v. Chr.) ist sogar bereit zu erklären, daß ausschließlich das Gegensätzliche der Harmonie bedürftig sei, nicht im mindesten das von vornherein »Gleiche und Verwandte« (τὰ [...] ὅμοια καὶ ὁμόφυλα)[44]. Freilich werden aus dieser differenzbetont-›wilden‹ Werteordnung, oder besser: parallel zu ihr, bereits in vorplatonischer Zeit Axiome destilliert, die die Gegensatzstruktur negieren, Harmonie gründen in Mischung oder Ähnlichkeit (Parmenides, Empedokles, Anaxagoras, Demokrit) – und sie also, kybernetisch gefaßt, ihres Regelungspotentials entkleiden. Was das Verschieden-Sein emphatisch gefeiert hatte, wird so zur Kategorie von Indifferenz und Unifikation. Realhistorisch stehen vermutlich die Auflösung stammeskultureller Komplementärstrukturen und zugleich Vorgänge der Vergesellschaftung und sozialen Integration dahinter.

Die elegantesten Lösungen des Harmonie-Problems entwarfen dabei, wiederum vor Platon und Aristoteles, Anhänger des Pythagoras: keineswegs Mathematiker nach heutiger Berufsbeschreibung, eher befaßt mit Seelenwanderungspraktiken und Purifikationsübungen, bei denen vornan die Waschung der Ohren durch reine Klänge stand.[45] Um so eindrucksvoller, daß gerade dieser ekstatischen Überlieferung Weltsichten entstammen, die über Jahrtausende wirkkräftig blieben, Kosmologie fundierten in Zahl und Proportion – und: die in zunächst unaufgelöst-rationalen Brüchen, deren Division vorsätzlich unterblieb[46], die Zweiheit von Zähler und Nenner unbeschädigt ließ. Am deutlichsten einer kompromißbetonten Harmonie-Auffassung neigen sich die drei Arten der Durchschnittsbildung zu, die mit dem Namen des Archytas verbunden sind: das arithmetische, das geometrische und das harmonische Mittel.[47] Bezeichnenderweise bewahren sie noch der Errechnung von Standardwerten eine verfahrenstechnische – und inhaltliche – Pluralität. Komplementär- wie Unifikationsstrukturen gleichermaßen gewinnen dagegen Raum bei der Behandlung der Grundproportionen: derjenigen der Quint, der Quart und der Oktave.[48] Die Oktave erscheint, im Verhältnis 1:2,

---

37 Vgl. ZAMINER (s. Anm. 18), 170.
38 Vgl. HOMER, Od. 12, 39–54 u. 182–200; KOLLER (s. Anm. 24), 45 ff.
39 Vgl. KERÉNYI (s. Anm. 31), Bd. 2 (München 1966), 213.
40 Vgl. ebd., 225.
41 Vgl. EDWARD A. LIPPMAN, Musical Thought in Ancient Greece (New York ²1975), 1–44.
42 Vgl. HESIOD, Theog. 937, 975.
43 HERAKLIT, Fr. 8, in: Die Fragmente der Vorsokratiker, hg. u. übers. v. H. Diels/W. Kranz, Bd. 1 (1903; Berlin ⁸1956), 152; vgl. HERAKLIT, Fr. 51, in: ebd., 162.
44 PHILOLAOS, Fr. 6, in: ebd., 409.
45 Vgl. IAMBLICHUS, De vita Pythagorica 15, 64–67 u. 25, 110–115; JOSCELYN GODWIN, Music, Mysticism and Magic. A Sourcebook (London 1987), 25 f.
46 Vgl. JOHANNES LOHMANN, Musiké und Logos, in: LOHMANN, Musiké und Logos. Aufsätze zur griechischen Philosophie und Musiktheorie, hg. v. A. Giannarás (Stuttgart 1970), 10.
47 Vgl. ARCHYTAS, Fr. 2, in: Diels/Kranz (s. Anm. 43), 435 f.
48 Vgl. PHILOLAOS (s. Anm. 44), 409 f.

als multiplikative Variante des mit sich selbst Identischen (1:1). Sie läßt sich jedoch aus den Verhältnissen 2:3 (Quint) und 3:4 (Quart), dem mit Gewißheit Verschiedenen, zusammensetzen: als 2:4. Demonstrativ enthüllt sich überdies das Zusammenspiel von Gerad- und Ungeradzahligkeit. 2:3 entspricht dem Geraden versus Ungeraden, 3:4 dem Ungeraden versus Geraden; das Ergebnis 2:4 ist ausschließlich geradzahlig formuliert, läßt sich aber ›kürzen‹ zur wiederum komplementären Fügung 1:2. Kombinatorisch werden somit alle Möglichkeiten der Ergänzung und Unifizierung ausgeschritten. Die Formel 1:2:3:4, als Tetraktys bekannt[49] – in ihrer erweiterten Form 6:8:9:12 enthält sie zudem den Ganzton 8:9, über Quint, Quart und Oktav hinaus –, beschreibt ein vollständiges Ganzes, eine Totalität. Sie ist eine Welt-Formel, mußte daher – Bürgschaft gewährend – häufig bei Eidesleistungen ausgesprochen werden.[50]

Allerdings tritt in den Proportionen, die ihr eingeschrieben sind, dann doch das Streben nach *Einheit* in der Mannigfaltigkeit hervor. Ausgezeichnet werden die Vielfachen (1:2; 2:4; 3:6 usf.) sowie die Epimoren (lat. superparticulares), die sich nach der Regel n+1/n (als 3:2, 4:3, 9:8 usw.) erzeugen lassen. Die ersteren kommen, wie angedeutet, multiplikativ/divisiv dem Gleichen besonders nahe, die letzteren tun es additiv/subtraktiv. In der gesamten abendländischen Tradition werden Konsonanzgrade seither auf Grund dieser Nähe zum Einklang definiert.

Eine der folgenreichsten pythagoreischen Leistungen endlich ist die Fixierung der Proportionslehre auf gegenständlichen Maßstäben, speziell auf dem ›Kanon‹, dem Monochord.[51] Zahlenverhältnisse ließen sich so hand-haben, be-handeln; Welt wurde auf das Begreifbare und den Be-griff gebracht, den logos, die ratio.[52] Zugleich emanzipierten sich der Meßvorgang und der Instrumentenbau[53] von biologisch variierenden Ellenlängen und Daumenbreiten. Maß erlangte ›Objektivität‹, wurde sozial bindend, kanonisch, heiligte sich, weil über den Individuen stehend, als zwischenmenschliche und über-menschliche Norm.[54]

II. Ritualität in der Krise: Platons Musikphilosophie

Platon (will man die Redner seiner Dialoge unter diesem Namen zusammenfassen) zieht aus dem Beschriebenen gleichsam die Wurzel. Wenn er die Weltseele gestimmt sein läßt wie eine Kithara[55], dann bemüht er keine Metapher oder gar organologische Bildphantasie. Artikuliert ist vielmehr die Zuversicht, daß im Maßstäblichen das Große und Ganze des Seins erahnbar werde – oder zumindest: daß die Schatten der Erkenntnis in ihm Kontur gewännen.

Das Gewicht, das bei Platon auf pythagoreische Ontologie gelegt ist, getragen von der Überzeugung, Harmonie hänge dem Einswerden, in Liebe und liebender Vermischung, an[56], bedingt dann auch die Variationsbreite, mit der die Vokabel musikē verwendet wird. Des öfteren sind durchaus speziell klangliche Phänomene aufgerufen: Musikē, so heißt es, erfülle die Seele durch die Ohren »wie durch einen Trichter« (ὅταν μέν τις μουσικῂ παρέχῃ καταυλεῖν καὶ καταχεῖν τῆς ψυχῆς διὰ τῶν ὤτων ὥσπερ διὰ χώνης)[57], sei etwa gleichzusetzen mit der Verfertigung von harmoniai, konkreten Melodien.[58] Auch verwirkliche sich Wohlgestimmtheit in ihr wesentlich mittels des Wohlklingenden (κατὰ ἁρμονίαν εὐαρμοστίαν, 522a); zuweilen sogar gewännen Töne Anziehungskraft aus sich selbst heraus, seien sie eine eigene Quelle der Lust.[59] Neben solch modern anmutenden Ein-

---

49 Vgl. BARBARA MÜNXELHAUS, Pythagoras musicus. Zur Rezeption der pythagoreischen Musiktheorie als quadrivialer Wissenschaft im lateinischen Mittelalter (Bonn 1976), 22 ff.
50 Vgl. ebd., 23.
51 Vgl. ebd., 25.
52 Vgl. LOHMANN (s. Anm. 46), 2.
53 Vgl. MÜNXELHAUS (s. Anm. 49), 53.
54 Vgl. HORNBOSTEL, Die Maßnorm als kulturgeschichtliches Forschungsmittel, in: Festschrift Publication d'hommage offerte au P. W. Schmidt, hg. v. W. Koppers (Wien 1928), 303–323.
55 Vgl. PLATON, Tim., 35aff., 47d.
56 Vgl. PLATON, Symp., 187a-e.
57 PLATON, Rep., 411a; dt.: Politeia, übers. v. F. Schleiermacher, in: Platon, Sämtliche Werke, hg. v. U. Wolf, Bd. 2 (Reinbek b. Hamburg 1994), 309.
58 Vgl. ebd., 424b-c.
59 Vgl. PLATON, Phil., 51c-d.

lassungen finden sich stets jedoch ausgreifend-übergreifende Entwürfe: Musikē nehme die Dichtung in sich auf, sonderlich die epische[60]; das Melos stehe unter dem Primat des Worts[61] – im 4. Jh. v. Chr. eine brisante Forderung, da die ›alte‹ Singsprache offenbar bereits zerfallen war.[62] Mit musikalischen Eigenschaften bedacht werden dialektische Rede und sprachlicher Diskurs[63]; als vortrefflichste musikē figuriert die Philosophie.[64] Auch Naturlaute – Vogelgesang, das Tönen der Zikaden[65] – können dem Reich des Apoll zugehören. Und auf den Himmelssphären nehmen die Sirenen Platz – nicht die Musen –, jede einen einzigen Ton von sich gebend, alle zusammen eine nicht mehr irdische Harmonie.[66]

Unklug wäre es, diese Fülle des Wissens als Eklektizismus abzuwerten – oder als Kreuzungsprodukt einer in sich heterogenen Tradition. Augenscheinlich resultieren definitorische ›Unschärfen‹ in Platons Denken aus einer besonders elastischen Begrifflichkeit, die die Dinge nicht scheidet, sondern ineinander verfließen, überfließen läßt. Füglich hält sich musikē ganz und gar abseits von Spezialistentum – und jenem Staatsbürger zugewandt, der nicht notwendig ein professioneller Künstler ist. Verständlich zugleich, daß Platons wichtigste Beiträge zur Musiklehre über Ethik und musikalisches Ethos reflektieren. Nicht selten überrascht die Vertrautheit des Philosophen mit mythisch-ekstatischen Praktiken. Musenkunst weiß dem Wahnsinn sich verwandt und dem Besessensein[67]; Dichten und Wahrsagen bedeuten ein reinigendes Über-sich-Hinauswachsen, in Bewußtlosigkeit.[68] Dies auch unterscheide den Dichter vom Theaterkünstler, der nicht eigentlich begeistert sei, sondern lediglich die Leute weinen mache, von der Bühne her – selbst innerlich lachend, um des erworbenen Geldes willen.[69] Polemisch entsagt Platon der dramatischen Darstellung, mit dem Argument, alle nachbildenden Künste schüfen Schatten nur von Schatten.[70] Schon das Leben selbst aber eifere der wahren Welt nach, der Welt reiner Ideen; die ›beste Tragödie‹ sei der Staat – und die Bürger in Person seien deren Dichter (ἡμεῖς ἐσμεν τραγῳδίας αὐτοὶ ποιηταὶ κατὰ δύναμιν ὅτι καλλίστης ἅμα καὶ ἀρίστης. [...] ἡ πολιτεία [...] μίμησις τοῦ καλλίστου καὶ ἀρίστου βίου)[71].

Als Gegenmodell, mit der Auflage, die Republik zu stärken, wird die epische Kitharodie präsentiert, schon deshalb, weil Apoll grundsätzlich dem Marsyas vorzuziehen sei[72] – und anzustreben eine lebendige, nicht-theatralische Ritualität.[73] Allerdings hat Platon mit ihr erhebliche Schwierigkeiten. Der Seele unzuträglich sei alles Rauschhaft-Trunkene, das den Mann erniedrige zum unbeherrschten Kind[74]; risikobeladen in diesem Zusammenhang erscheint namentlich die Feier des Dionysos.[75] Wohl hätte der Weingott, gleichberechtigt neben Apoll, sich als ›Ordner‹ der staatstragenden Feste zu bewähren ('Απόλλωνά τε μουσηγέτην καὶ Διόνυσον συνεορταστὰς ἔδοσαν, ἵν' ἐπανορθῶνται[76]); zum Vorbild für die Jugend indes eigne er sich nicht. Die Lösung, die Platon anbietet, ist eine gerontologische Schichtung der Kultübung – und die Abdrängung des Dionysos auf ungefährliches Terrain. Drei öffentliche Chöre, so die Empfehlung, seien in der idealen Polis einzurichten.[77] Der erste: ein Kinderchor, den Musen geweiht; der zweite: ein Chor der jungen Leute, der »zum Zeugen der Wahrheit seiner Worte den Retter Apollon aufruft« (τόν τε Παιᾶνα ἐπικαλούμενος μάρτυρα τῶν λεγομένων ἀληθείας)[78]. Der dritte Chor dagegen, der der 30–60jährigen, d. h. der bereits alten Männer, stelle den Dionysoschor und

---

60 Vgl. PLATON, Rep., 376e, 398b.
61 Vgl. ebd., 398d.
62 Vgl. ZAMINER (s. Anm. 18), 193 ff.
63 Vgl. PLATON, Gorg., 482b-c.
64 Vgl. PLATON, Phaid., 61a.
65 Vgl. PLATON, Phaid., 85a-b; Phaidr., 259b-c.
66 Vgl. PLATON, Rep., 617b.
67 Vgl. PLATON, Phaidr., 245a.
68 Vgl. PLATON, Ion, 533dff.; bes. 534b.
69 Vgl. ebd., 535e.
70 Vgl. PLATON, Rep., 597e-608b.
71 PLATON, Leg., 817b.
72 Vgl. PLATON, Rep., 399e.
73 Vgl. PLATON, Leg., 665c.
74 Vgl. ebd., 645d.
75 Vgl. ebd., 672a.
76 Ebd., 653d; vgl. 665b.
77 Vgl. ebd., 664bff.; GERHART SCHMIDT, Die Rolle der Musik in Platons Staat, in: G. Schnitzler (Hg.), Musik und Zahl. Interdisziplinäre Beiträge zum Grenzbereich zwischen Musik und Mathematik (Bonn 1976), 67–80.
78 PLATON, Leg., 664c; dt.: Nomoi, übers. v. H. Müller, in: Platon, Sämtliche Werke, hg. v. U. Wolf, Bd. 4 (Reinbek b. Hamburg 1994), 205.

gebe sich, unter Anfeuerung durch den Traubensaft, dem Dithyrambos hin. Im Klartext: Ab 40 dürfe man es sich wohl sein lassen, sei es erlaubt, weicher zu werden, in unschädlicher Lust. Und (um das Maß gänzlich voll zu machen): Außer den Alten gebe es noch die Ur-Alten, die mümmelnd Sagen erzählten, keinerlei alkoholisches Getränk zu sich nähmen – und notfalls die trunkenen Alten zurechtweisen könnten[79]: als ›Leiter des Dionysos‹ (τοῖς ἡγεμόσιν τοῦ Διονύσου; 671e). Lust bleibt somit jenem Lebensbezirk vorbehalten, in dem sie auf schwindende Potenz stößt, wenn nicht Impotenz. Ekstase, die in nicht-zivilisierten Ritualkulturen für Alterität im Daseienden sorgt, für *gelebtes* Anders-Sein, ja dafür, daß eine ›zweite‹ Wirklichkeit berichtigend und ausgleichend neben die ›erste‹ tritt[80], Ekstase verkapselt sich im Enklavischen, dort, wo sie sozial eben noch zu dulden ist. Platons Dilemma, vermutlich sogar das Dilemma seiner Zeitgenossen, scheint die Erfahrung der sozial relativierenden Kraft des Orgiastischen zu sein – *und die Furcht davor.* Auch das entsprechende Weltbild ist nicht mehr ›echt‹ dualistisch, sondern fokussiert auf die Eigentlichkeit ungetrübter Idealität. Zwingend somit, daß trotz rituell motivierter Toleranzen alle Körperlichkeit abschätzig bewertet wird. In letzter Instanz, und entgegen der Versicherung, Lautgebung und Bewegung seien dem Jugendlichen als Einheit angeboren[81], grenzt sich musikē ein auf jene Momente, die dem Gesang dienlich sind, und dem Gesang allein. Die ›andere Hälfte‹ des Chorreigens bleibt der Körperbetätigung reserviert, und wiederum ausschließlich ihr.[82] Hier dann findet die – auch sonst bezeugte[83], meist jedoch minder streng durchgeführte[84] – Trennung von musikē und Gymnastik statt.[85] Freilich ist die Option keine organisatorisch-beliebige; sie wird umweht von philosophischer Höhenluft. Denn die »Verbindung zwischen Leib und Seele« – dies das Credo der *Nomoi* – »sei in keiner Beziehung besser als die Auflösung derselben« (κοινωνία γὰρ ψυχῇ καὶ σώματι διαλύσεως οὐκ ἔστιν ᾗ κρεῖττον)[86]. Ohnehin strebt Philosophie, als vorzüglichste musikē, die Absonderung des Seelischen vom Körperlichen an, trachtet danach, tot zu sein, mithin unsterblich.[87] Platons musikē engagiert sich zwar rituell, ihrer sozialen Zweckbestimmung folgend; zugleich verleugnet sie das Daseinselement kultischer Verwandlung: den ekstasefähigen Leib. Sinnenhaftes hat sie an sich, verschwistert sich ganzheitlich auch dem Wort. Aber sie verfügt über dies Ganzheitliche allenfalls vorübergehend; musikē, nach altem Maß, bleibt sie nur mit der Perspektive des Widerrufs.

III. ›Neue Musik‹: Aristoteles, Aristoxenos

Platon bekämpft die Theatralisierung seiner Epoche: in der Vision einer gebändigten, letztlich suspendierten Ritualität. Zu durchaus vergleichbaren Resultaten war, paradox genug, seit dem 5. Jh. v. Chr. jedoch auch die Entwicklung der Tragödie und der Komödie vorgedrungen. Denn wo mythische Transfiguration professionellen Akteuren, herausgehobenen Spezialisten übertragen bleibt, die große Menge der Bürger nur mehr zuschaut, zuhört aus der Distanz, nicht leidet, sondern mitleidet, nicht lebt, sondern er-lebt, dort ist die Chance alles Kultischen, zu einem neuen sozialen Bündnis[88], einer zweiten Lebenspraxis durchzustoßen, in die Zeichenhaftigkeit zurückgenommen und mithin neutralisiert.

Aristoteles akzeptiert diese – ungeheuerliche – kulturelle Veränderung. Zwar erhält sich sein Begriff der Mimesis Verbindungen zu archaischen Formen der Inkorporation und rituellen Reinigung (κάθαρσις).[89] Aber die Tragödie, die er als eine Ganzheit (ὅλον[90]) faßt, ist doch lediglich Darstellung (μίμησις, 1448a), lebensähnlich, *wie das*

---

79 Vgl. ebd., 665b ff., 666b, 667e, 664d.
80 Vgl. KADEN (s. Anm. 27), 4–12.
81 Vgl. PLATON, Leg., 653d-e.
82 Vgl. ebd., 672e.
83 Vgl. PLATON, Prot., 325–326.
84 Vgl. PLATON, Rep., 404b, 410a ff.
85 Vgl. PLATON, Leg., 673a ff.; GUNTHER SCHOLTZ, ›Musik‹, in: RITTER, Bd. 6 (1984), 242.
86 PLATON, Leg., 828d; dt.: Nomoi (s. Anm. 78), 401.
87 Vgl. PLATON, Phaid., 61a-68b.
88 Vgl. TIAGO DE OLIVEIRA PINTO, Capoeira, Samba, Candomblé (Berlin 1991), 196.
89 Vgl. ARISTOTELES, Poet., 1449b; GUNTER GEBAUER/ CHRISTOPH WULF, Mimesis. Kultur – Kunst – Gesellschaft (Reinbek b. Hamburg 1992), 81 ff.
90 ARISTOTELES, Poet., 1450b.

Leben. Auch der Gesang und das Instrumentenspiel, die sie begleiten, speichern ethische Werte in sich, verkörpern sie tonartlich; gleichwohl kommen sie ihnen günstigenfalls sehr nahe, bleiben ihr Abbilder (εἰκών) eines anderen, Ursprünglichen (ἀληθινὰς φύσεις).[91] Nicht umsonst werden der entsprechend gewandelten musikē, von der Fachliteratur meist geführt als ›Neue Musik‹, illustrativ-tonmalerische Wirkungen nachgesagt; eben sie auch sind in ungewöhnlich heftigen Debatten zwischen den Dichtern, Musikern und Philosophen des 5./4. Jh. umkämpft.[92] Und dies umso mehr, als musikē nicht nur im Theater, sondern erstmals in selbständigen Konzerten Geltung gewinnt.[93] Den aufregend-phrygischen Weisen des Aulos, die dabei erklungen sein müssen, begegnet Aristoteles mit lediglich mißmutiger Toleranz.[94] Andererseits frönt er sehr wohl hedonistischen Neigungen, z. B., wenn er das Drama als Häufung der Genüsse preist, das sein Wirkungsziel desto schneller und effizienter zu erreichen wisse.[95]

Am einschneidensten freilich ist, daß Aristoteles, in dieser Konsequenz ohne Vorgänger, die (›neue‹) musikē als Kunst der Töne und Klänge faßt[96], pythagoreische Zahlenproportionen umdefiniert zu Tonabständen[97], selbständiges Instrumentalspiel für annehmbar hält[98] – und die platonische Trias der Musik: logos, rhythmos, harmonia, ersetzt durch die Paarung von Melodie und Rhythmus, unter Hintanstellung des Worts.[99] Die Einheit der Sinne, die für Platon noch gegeben war, wird folgerichtig abgelöst durch deren Spezifikation. Jedem Sinn wächst ein eigener Wahrnehmungsgegenstand zu[100]; und mit dem Traktat *De audibilibus* aus dem Umkreis des Stagiriten wird sogar eine Phänomenologie der Entstehung und Ausbreitung von Schällen vorgelegt; moderne Akustiker finden hier ihr Gründungswerk. In den gleichen Zusammenhang gehört die Polemik gegen die Sphärenklänge[101], die Aristoteles abtut als großartige, jedoch unwahre Erfindung. Der ›Beweis‹: Gäbe es ein entsprechendes Getöse der Gestirne, bliebe es den Menschen auditiv auch nicht verborgen, fiele alles auf Erden zusammen wie beim Donnerschall. Der Gedanke weltdurchwebender Harmonie schrumpft so zum akustisch Niedlichen; die Bindung der kosmischen Ordnung an ihre tönende Evidenz – bei Platon vermieden – verkleinert das Welträtsel, läßt es empirisch nichtig werden. Nach der Krise des Kults nun die Krise der Kosmologie.

Sozialgeschichtlich reflektiert der neue musikē-Begriff eine wachsende ›Arbeits‹-Teilung, auch in den Künsten, und: die Distinktion von arbeitenden und nicht-arbeitenden Gesellschaftsgliedern. So bietet sich musikē einerseits dar als Feld der Muße und Kontemplation, wenn nicht der Erholung und des Spiels, fern unmittelbarer Notdurft und Zweckbestimmung[102], d. h.: als Geschäft des sozial schrankenlos freien Mannes. Andererseits ist sie gezeichnet vom Stigma des Broterwerbs, der auch aus dem freigeborenen Musiker (μουσικός) einen Halbfreien, einen βάναυσος (banausos) macht. Der Ratschlag, den der aristokratische Jüngling empfängt: sich in seiner Ausbildung nur mehr moderat für Musik zu engagieren[103], erwerbsverdächtiger Kunstübung von vornherein abzuschwören – tatsächlich treten im Hellenismus Musikpädagogik und Musiklehre stark zurück –, gilt also der Abgrenzung von statusbedrohender Professionalität. Auch wird damit jener ›wissenschaftlich‹-praxisfeindlichen Haltung gegenüber der musikē Vorschub geleistet[104], die später im Begriff der Freien Künste, der artes liberales, ihren Namen finden sollte.

Jedenfalls leitet das Wirken des Aristoteles eine Kehre in der antiken Musikphilosophie ein. Noch drastischer kommt sie bei dem zum Tragen, der gern Nachfolger als Oberhaupt der Peripatetiker-

---

91 Vgl. ARISTOTELES, Pol., 1340a; ALBRECHT RIETHMÜLLER, Musik zwischen Hellenismus und Spätantike, in: Riethmüller/Zaminer (s. Anm. 18), 221.
92 Vgl. RICHTER (s. Anm. 19), 287.
93 Vgl. ebd. u. RIETHMÜLLER (s. Anm. 91), 209.
94 Vgl. ARISTOTELES, Pol., 1340b u. 1341a-b.
95 Vgl. ebd., 1339b; ARISTOTELES, Poet., 1462a.
96 Vgl. SCHOLTZ (s. Anm. 85), 244.
97 Vgl. ARISTOTELES, Metaph., 1053b.
98 Vgl. ARISTOTELES, Poet., 1447a; ARISTOTELES, Pol., 1339b.
99 Vgl. ARISTOTELES, Pol., 1341b.
100 Vgl. ARISTOTELES, An., 418a; ARISTOTELES, Sens., 447b.
101 Vgl. ARISTOTELES, Cael., 290b-291a.
102 Vgl. ARISTOTELES, Pol., 1338a.
103 Vgl. ebd., 1341b.
104 Vgl. RICHTER, Die Wissenschaftslehre von der Musik bei Platon und Aristoteles (Berlin 1961).

Schule geworden wäre, freilich überrundet wurde durch Theophrast, daher Musikwissenschaftler blieb – und Griesgram – sein Leben lang.[105] Die Rede ist von Aristoxenos aus Tarent. Ihm stellt sich musikē vollends als ein eigen Ding dar, zu dessen Erkenntnis weder Physik noch Mathematik und schon gar nicht Kosmologie benötigt würden, sondern allein die Ohren des Menschen, der musiziert.[106] Seine Melodielehre – ein analoger Rhythmustraktat blieb Fragment – versteht sich als Herzstück der Musiktheorie; ihr Paradigma wiederum ist die Sangeskunst. Alle moderne musikwissenschaftliche Terminologie läßt sich auf Aristoxenos zurückführen: der Begriff der φωνή (phōnē; lat. vox) und der daraus resultierenden Stimmbewegung (κίνησις τῆς φωνῆς; 1, 3); die Kategorie des φθόγγος (phthongos; lat. sonus), des Einzeltons, samt der τάσις (tasis), seiner Tonhöhenqualität (vgl. 1, 3 u. 1, 11); die diastematischen Verläufe mit ihrer Spannung und Entspannung (ἐπίτασις, ἄνεσις; vgl. 1, 3 u. 1, 10) usw. Differenziert werden kontinuierliche und diskontinuierliche Tongebung: erstere als Domäne der Wortbildung, letztere als Eigenschaft des Melos, des Gesanglichen (vgl. 1, 8f.) – so daß Sprache und Musik endgültig geschieden sind. Abgelehnt wird das Denken in Zahlenverhältnissen; an seinen Platz tritt die (bei Aristoteles angelegte) Auffassung des Intervalls als Tonabstand (διάστημα; vgl. 1, 15f.). Skalen und Intervalle resultieren folglich aus der Addition bzw. Subtraktion elementarer Bezugseinheiten, *eines ständig Gleichen*: die Oktave z. B. als Summe von 24 ›Diesen‹ (δίεσις; nach heutigem Verständnis von 24 Vierteltönen; vgl. 1, 28). Im Grunde ist damit die Basis geschaffen für die Konstruktion eines temperierten Tonsystems. Jedenfalls arbeitet Aristoxenos musikpraktisch aus, was für Aristoteles noch Philosophem geblieben war: daß es τὸ ἕν (das Eins) geben müsse, auch unter den Tönen, als »Prinzip des Erkennbaren« (ἀρχὴ τοῦ γνωστοῦ)[107], das unabweislich sei.

Der gnoseologische Kern von Aristoxenos' Musikverständnis freilich ist noch tiefer anzusetzen: bei der These, daß das perzeptive Vermögen selbst den Ausgangs- und Zielpunkt aller Kunstübung bilde.[108] Der umstrittene Satz des Protagoras, das Maß aller Dinge sei durch den Menschen bestimmt, wird bei Aristoxenos gleichsam paraphrasiert: dahingehend, daß das Maß aller Musik, ›das Eins‹, im Gehör beschlossen sei. Solche Ansichten sollten Geschichte machen. Noch im 18. Jh. schloß sich Johann Mattheson identifikationssüchtig dem Tarentiner an – und unterzeichnete nicht wenige seiner Schriften mit dem Pseudonym ›Aristoxenos iunior‹.[109]

IV. ›Endzeit‹: Spätantike

Die Lehrmeinung, seit den Tagen der Peripatetiker habe sich »die Wortbedeutung« von musikē verengt: »auf den Bereich der Tonkunst«[110], ein für allemal, mag nicht überraschen. Gleichwohl suggeriert sie eine einsträngig-lineare Kulturentwicklung, die für die Antike – im Unterschied zur Tendenz neuzeitlicher Zivilisationsprozesse – ausdrücklich nicht gegeben ist. Die sog. Aristoxeneer bildeten daher lediglich eine Fraktion in sich, über Jahrhunderte konkurrierend mit den Kanonikoi, den Jüngern des Pythagoras. Andere Schulen, z. B. die Stoiker und die Epikureer, entfalteten eigene musikē-Konzepte[111], erstere unter Akzentuierung von Ethos und Affekt, letztere in der Propagierung blanker Genußfunktionen. Nicht allein von der Sache her bewahrt sich musikē also ihre disziplinäre Mannigfaltigkeit, kultische Vollzüge ebenso umspannend wie Unterhaltungskunst, dem Dramendichter und dem organisierten Theaterkünstler (technitēs) ebenso Heimstatt bietend wie der

---

105 Vgl. ANDREW BARKER, Aristoxenus, in: Greek Musical Writings, hg. u. übers. v. A. Barker, Bd. 2 (Cambridge 1989), 119.
106 Vgl. ARISTOXENOS, Elementa harmonica 2, 32–33 u. 2, 42–44, hg. v. R. da Rios (Rom 1954), 41ff. u. 52–55.
107 ARISTOTELES, Metaph., 1016b; dt.: Metaphysik, übers. v. H. Bonitz (Reinbek b. Hamburg 1994), 137.
108 Vgl. ARISTOXENOS, Elementa harmonica 2, 1–3 (s. Anm. 106), 39.
109 Vgl. ›Mattheson‹, in: Brockhaus-Riemann-Musiklexikon, Bd. 3 (Mainz 1989), 98f.
110 ›Griechische Musik‹, in: Brockhaus-Riemann-Musiklexikon, Bd. 2 (Mainz 1989), 149.
111 Vgl. ANNEMARIE J. NEUBECKER, Die Bewertung der Musik bei Stoikern und Epikureern (Berlin 1956).

Hetäre, die den Aulos bläst und tanzt. Auch begrifflich bleibt sie – bei allem Ausschließlichkeitsstreben im einzelnen – flexibel, dynamisch, plural im besten Sinn.

Besonders mit der Spätantike weiten sich noch einmal die Horizonte, nicht nur in der Rückbesinnung auf Platons Werk, sondern auch in Versuchen, pythagoreische und aristoxeneische Dogmen gegeneinander auszubalancieren. So übernimmt z. B. Nikomachos von Gerasa (2. Jh. n. Chr.) – dessen für die Damenwelt gedachtes Handbuch zur musikē erstmals die Legende von Pythagoras in der Schmiede wiedergibt, von der Entdeckung numerischer Verhältnisse durch die Beobachtung tönender Hammerschläge[112] – die aristoxeneische Differenzierung nach kontinuierlicher und intervallischer Stimmbewegung. Freilich schreibt er sie als pythagoreisches Ideengut aus. Auch sieht er die Grundlagen des Gesangs, abweichend von der Sprache, in der Natur, unabhängig vom Menschen – um gleichwohl fortzufahren, daß musikē erst dort beginne, wo sie wahrzunehmen und zu hören sei.[113] Eine gnoseologische Mixtur demnach aus Pythagoras und Aristoxenos.

Ähnliche Bemühungen unternimmt Klaudios Ptolemaios (ebenfalls 2. Jh. n. Chr.), der seine musikē-Lehre gipfeln läßt in einer Art astrologischer Seelenkunde, Rationalität, Vernunft und Harmonie identisch setzt mit dem guten Sein – und dennoch kanonische Experimente zur Ton- und Intervallordnung stets mit perzeptiven Gegebenheiten im Einklang wissen will bzw. die Theorie an den Wahrnehmungstatsachen validiert.[114] In seiner Prinzipienbildung geht Ptolemaios, der Regel nach, daher nur soweit, wie sie vom Ohr konfliktlos sich nachvollziehen läßt: bis zu Einklängen, einfachen Konkordanzen und elementaren melodischen Intervallen[115]; komplexere Fragestellungen, wie z. b. die irrationale Teilung des Halbtons, werden an den Rand geschoben und verdrängt. Einmal mehr ausgesondert aus der Fülle des Weltmöglichen – nun aber in einer systematischen Rangreihe nach der Nähe zum Einklang bzw. entsprechend der Fähigkeit, ein Gegebenes in gleiche Teile zu zerlegen – werden die Vielfachen und die Epimoren[116]: für einen Astronomen eine bemerkenswerte Daseinsscheu. Der mittelalterlichen Musiklehre sollte – über Boethius, der Nikomachos und Ptolemaios weitgehend kompiliert – diese pragmatische Gesinnung erhalten bleiben, speziell der Gedanke, theoretisches Wissen erweise erst in der ›exercitatio‹ seine Relevanz.[117] Rückkoppelung mithin von Praxis und Theorie – und ein Zurückschrecken vor allzu weitreichenden, an die Grenzen des Verstandes stoßenden Erkenntnissen.

Die interessanteste Quelle zum spätantiken musikē-Konzept stammt aus der Feder eines Autors, von dem wir nichts als den Namen kennen: Aristides Quintilianus, und der zwischen dem 1. und 4. Jh. n. Chr. gelebt haben muß. Seine Schrift *De musica* ist als erstes einschlägig enzyklopädisches Werk überhaupt zu betrachten; es vereint in sich Intervall-, Rhythmus- und Ethoslehre ebenso wie umfangreiche Betrachtungen zur Musik-Mythologie. Mehrere Begriffsbestimmungen von musikē zugleich werden angeboten: ἐπιστήμη (epistēmē) sei sie (im Sinne von scientia), aber auch τεχνή (technē: ars), und zwar des vollständigen (teleion) wie des instrumentalen Melos (τέχνη θεωρητική καὶ πρακτική τελείου μέλους καὶ ὀργανικοῦ)[118]. Das teleion melos umfaßt Tonhöhenwerte, Rhythmus und Sprachdiktion, nicht minder den Zusammenhang von vokaler Klangbildung und Körperbewegung (κίνησις σώματος; 1, 4 f.). Aristides' eigener Definitionsvorschlag, musikē vereinige in sich das Wissen davon, »was Klängen und Körperbewegungen angemessen sei« (γνῶσις τοῦ πρέποντος ἐν φωναῖς τε καὶ σωματικαῖς κινήσεσιν; 1, 4), hebt dann auch auf ein vielschichtiges semantisches Gefüge ab, nicht zuletzt von der Erfahrung geleitet, daß das ganze Leben durch Musik sich ordne – und ausschließlich durch sie (σύμπας

---

112 Vgl. NIKOMACHOS, Enchiridion 6, in: Musici Scriptores Graeci, hg. v. C. von Jan (1895; Hildesheim 1962), 246.
113 Vgl. ebd., 2, in: Musici Scriptores Graeci (s. Anm. 112), 240.
114 Vgl. KLAUDIOS PTOLEMAIOS, Harmonica 3, 1–3 u. 1, 2, hg. v. I. Düring (Göteborg 1930), 83 u. 3.
115 Vgl. BARKER, Ptolemy, in: Barker (s. Anm. 105), 271, 273.
116 Vgl. KLAUDIOS PTOLEMAIOS, Harmonica 1, 5–8 (s. Anm. 114), 3.
117 Vgl. BOETHIUS, De musica 3, 10 (s. Anm. 9), 283.
118 ARISTIDES QUINTILIANUS, De musica 1, 4, hg. v. R. Winnington-Ingram (Leipzig 1963), 4.

βίος, ἅπασα δὲ πρᾶξις μουσικῇ μόνῃ τελέως ἂν κατακοσμηθείη; 1, 1). Ihre Aufgabe sei es folglich, alle natürlichen Dinge in Harmonie zu bringen (vgl. 1, 1); im Rhythmus würden Sehen, Hören und Fühlen eins (vgl. 1, 13); musikē zähme den Charakter, bändige das Irrationale, jedoch durch mehrere Sinne (vgl. 2, 3 f.); kraft ihrer beweglichen Formen, in Wort, Ton, Aktion, sei sie minder spezialisiert als andere Künste, ganz besonders lebensnah (vgl. 2, 4), könne sie Rekreation (ῥᾳστώνη), Vergnügen (θυμηδία), Freude (ἡδονή) geben (vgl. 1, 2), Ruhe und Süße (γλυκυθυμία) ins Auge wie ins Ohr tragen (vgl. 2, 6).

Freilich nimmt Aristides, nachdem er dieses üppige Panorama umrissen hat, in platonischer Manier Ausgrenzungen vor. Die erste gilt den als gefährlich erkannten Ekstasen (ἐνθουσιασμός; 2, 5). Ungleich stringenter, als Platon je es tat, wird dann aber auch für die Überwindung des Irdisch-Lebendigen schlechthin geworben (vgl. 2, 17; 3, 27); der Autor entwickelt dazu (obwohl er verschiedene Vordenker zusammenfaßt) eine nachgerade perfekte Dramaturgie. Die Seele, so sein Ausgangspunkt, sei eine durch Zahlen gestiftete harmonia, in den reineren kosmischen Sphären lebend, zusammen mit dem Herrn des Universums. Irdisches ziehe sie lediglich hinab in die »Dunkelheit des Körpers« (τὸ σωματικὸν σκότος; 2, 17), mache sie vergessen, daß es eine andere Schönheit gibt. Stabilität aber und Sicherheit könne das Sinnlich-Irdische nicht verbürgen, sondern einzig die Reinheit des Verhältnismäßigen, in Maß und Zahl (vgl. 3, 1). Durch die Vermischung des Leiblichem mit dem Seelischen verliere universelle Harmonie ihre Präzision; höchste Schönheit existiere daher allein im Über-Irdischen (vgl. 3, 7 f.). Hätten die Menschen den Körper nicht, der sie schwerhörig mache, könnten sie sogar die Sphärenklänge vernehmen (vgl. 3, 20). Allerdings sei es der Musik gegeben, Leben zu überwinden, die Befreiung der Seele zu bewirken, deren Erlösung aus der Leiblichkeit (τῆς μὲν πρὸς τὰ σώματα προσπαθείας ἀπολύουσα τὴν ψυχήν; 3, 27). Als Helferin der Philosophie eröffne sie Ausflucht aus dem irdisch Wirklichen; und wie jene sammle sie die Seele wieder, dem Schwerelosen zu (ebd.).

Dies die genuin platonische Argumentation. Indes hat Aristides ein zweites Eisen im Feuer: nicht nur die Gegenführung von Seele und Leib, sondern auch diejenige von Frau und Mann. Hier nun werden polare Spannungen und Komplementaritäten geradezu mehrdimensional-unerbittlich ausgelöscht. Zunächst erscheint Weibliches als grundsätzlich minderwertig: leichtfertig, frivol, träge, geizig, trivial; Männliches dagegen als würdevoll, adelig, konzentriert, rational, großgesinnt (vgl. 2, 10 ff.). Durchdekliniert wird der Dualismus für verschiedenste musikalische Sachverhalte: Stimmcharakteren, Vokalitäten, Rhythmen, Melodiekonturen usf. Namentlich an Instrumentenzuordnungen jedoch klärt sich auf, daß von der Wertung sowohl das biologische als auch das soziale Geschlecht, die Geschlechterrolle betroffen ist. Das männliche Paradigma vertreten die Lyra und die Kithara, in die Welt gebracht von Hermes und Apoll, ›richtigen‹, göttlichen Männern (vgl. 2, 19). Unklarer sind die Deszendenzen des weiblichen Instruments, des Aulos: Protegiert durch die Muse Euterpe – eine weibliche Gottheit, unter der Führung, der Choregie eines Mannes –, soll er (nach einer Überlieferung des 5. Jh. v. Chr., auf die sich Aristides offenbar bezieht) auch von der heldenmütigen Athene höchstselbst erfunden worden sein.[119] Dies Grenzgängerische aber zwischen Weiblichkeit und Männlichkeit wird dem Aulos zum Verhängnis, ohne Rettungschance. Athene wirft ihn zu Boden, *verwirft ihn mithin*. Marsyas, Silen und feminisierter, weil der Kybele dienender Mann, hebt ihn auf[120] – und bringt ihn endgültig auf die ›falsche‹, weibliche Seite. Nach einem Ausspruch des Pythagoras (der eigens als Autorität herbeigerufen wird) ist es die schlechtere Seite menschlicher Existenz per se.[121] Der Aulos verfällt also einem doppelten Verdikt: seitens der männlichen Männlichkeit – *und seitens der männlichen Frau* Athene,»weiblichen Geschlechts, aber diszipliniert und kriegerisch ihrem Charakter nach« (τῇ δὲ θηλείᾳ μὲν κατὰ γένος, σώφρονι δὲ καὶ πολεμικῇ κατὰ τὸ ἦθος; 2, 19). Und: er ist zwiefach verhaftet dem Abwegig-Abwertigen, in der Sphäre des eindeutig Weiblichen und in der des weibli-

---

119 Vgl. ebd. 2, 19; ZAMINER (s. Anm. 18), 170.
120 Vgl. ARISTIDES QUINTILIANUS, De musica 2, 19; RIETHMÜLLER (s. Anm. 91), 230.
121 Vgl. ARISTIDES QUINTILIANUS, De musica 2, 19.

chen Mannes. Mithin verkörpert er nachgerade lückenlos die weibliche Geschlechterrolle – und deren Negation. Lediglich die biologisch-sexuellen Unterschiede zwischen Frau und Mann wären solcher Weltdeutung zufolge noch in Anschlag zu bringen (s. im Schema die linke Spalte). Da für Aristides jedoch zugleich die Überwindung des Leibes thematisch ist, verlieren auch diese Differenzen die Seinsberechtigung. Am Ende – die Folgerung wird explizit ausgesprochen (vgl. 2, 19) – bleiben Lyra und Kithara für sich allein, allein *an und für sich*. Abgelöst vom Physisch-Geschlechtlichen, steht ihr Absolut-Werden: im Sieg des körperlos-absoluten, des Prinzip gewordenen Mannes.

		Geschlechterrolle	
		männlich	weiblich
	männl.	Hermes	Marsyas
Sexualität		**Lyra**	**Aulos**
		Kithare	
	weibl.	Athene	Euterpe

So bringt also das erste Kompendium der Musikwissenschaft, und der erste Entwurf einer ›absoluten‹ musikē, zwei große Problemkreise der Antike in ein Netz von Bezüglichkeiten: die Skepsis gegenüber dem Körperlichen – die eine platonische, nicht eine aristotelische Wurzel hat – und die Mißachtung der Frau, in ihrer sozialen Alterität. Vor allem aber geht es um die Aufhebung von Vielheiten im Einen (Plotin), zugespitzt: im mehrfach-Einen, im mehrfach-einen Gott.

V. Grundzüge des mittelalterlichen musica-Begriffs

Spätantike Ideologeme scheinen, so gesehen, an christliche Werte fugenlos heranzuragen, namentlich in der Sehnsucht nach einer anderen, höheren Welt. Und wenn Augustinus, der seinen Musik-Traktat buchstäblich während der Bekehrung zum neuen Glauben schrieb, die Sublimierung der corporalen in spirituale numeri zelebriert[122], dann könnte er bei Aristides Anleihen gemacht haben.

Dennoch ist christliche Kultur keine Kultur der Vergeistigung allein – und weit weniger einheitssüchtig, als man ihr anzulasten pflegt. Besonders mittelalterliche Traditionsbildung, hier ganz wesentlich die Frömmigkeit sozial niederer Schichten, kennt neben der Spiritualisierung ein zweites Streben[123]: das der Vergegenwärtigung des Himmlischen im Irdischen. Ganz und gar in einer Verleiblichung beschlossen ist, wie bekannt, das Wesen des Meßopfers, die Wandlung der Sakramente. Auch das programmatische Evangelium des Johannes steht im Zeichen des fleischgewordenen, stets neu fleischwerdenden Worts. Die frühe Christenheit wußte daher ihrem Gotteslob nicht selten ekstatischen Laut zu geben: in stammelnder Weissagung, im Zungenreden. Und sogar dem Apostel Paulus, der dieser Praxis um ihres Undeutbar-Undeutlichen willen mißtraut, bleibt es selbstverständlich, daß Gott gleichwohl an lallendem Hingerissensein sich erfreue. Auch den Psalmenvortrag läßt er gestalten, wie Luther übersetzt, »im Geist« (τῷ πνεύματι) und »mit dem Sinn« (τῷ νοΐ), d. h. in tief-innerlicher Ergriffenheit.[124] Noch Jahrhunderte später, im Karolingerreich, versteht sich der gregorianische Choral als Inkarnation von Engelschören.[125] Und diese Engel und Heiligen werden fortgesetzt in corpore angetroffen, in Kirchen, an heiligen Stätten, mitten unter den Lebenden.[126]

---

122 Vgl. AUGUSTINUS, De musica 6, 1 ff. (s. Anm. 12), 1161 ff.
123 Vgl. HORST WENZEL, Hören und Sehen. Schrift und Bild. Kultur und Gedächtnis im Mittelalter (München 1995), 460.
124 Vgl. PAULUS, 1. Kor. 14, 2 u. 14, 15.
125 Vgl. AURELIANUS REOMENSIS, Musica disciplina 20, 12, hg. v. L. Gushee (Rom 1975), 130; AMALAR VON METZ, Liber officialis 1, 1, 16, in: Amalar, Opera liturgica omnia, hg. v. I. M. Hanssens, Bd. 2 (Vatikanstadt 1948), 32; ANDERS EKENBERG, Cur cantatur? Die Funktionen des liturgischen Gesanges nach den Autoren der Karolingerzeit (Stockholm 1987), 57 f.
126 Vgl. ARON J. GUREVIČ, Mittelalterliche Volkskultur, übers. v. M. Springer (Dresden 1986), 68 ff.

So ist mittelalterliche musica von ihrer Grundlage her nicht sinnenfeindlich.[127] Vielmehr sucht sie die Sinne auf-zuwerten, anagogisch in einem höheren Sinn. Faszinierend u. a., daß es ein eigenes Bewußtsein von motionaler musica gegeben haben muß. Meist finden sich die Spuren im Umkreis der Rhythmuslehre, z. B. bei Martianus Capella mit der Sentenz: »Omnis igitur numerus triplici ratione discernitur, visu, auditusque vel tactu«[128] (Alles Zahlhafte ist auf dreifache Weise zu erfahren: mit dem Auge, dem Ohr und mit dem Tastsinn) – und dem Kommentar, daß mit dem ersteren die Körperbewegung, dem zweiten die Stimmbewegung, dem dritten der Schlag des Herzens und der Puls der Venen assoziiert sei. Nahezu wörtlich übernommen ist die Ansicht bei Remigius von Auxerre (9. Jh.)[129]; und noch im 14. Jh. klingt sie an in den Schriften von Jean Gerson, der für das ›canticum sensuale‹, den sinnlich wahrnehmbaren Gesang, drei Apperzeptionsebenen benennt: die des Sehens, des Hörens und die des Fühlens.[130] Die vielleicht kühnste Definition hatte einige Generationen zuvor Roger Bacon, in seinem *Opus tertium* (entst. 1266–1267), mit der Verlautbarung kreiert, daß es neben den klingenden Teilen der Musik auch andere, sichtbare gebe: auf daß alle Sinne gemeinsam sich ergötzten, nicht nur das Ohr, sondern auch das Gesicht. Ähnliche Ansätze fanden sich im 12. Jh. bei Dominicus Gundissalinus und im späten 13. Jh. bei Walter Odington.[131] Bacon allerdings zog die Konsequenz: »Nos enim videmus quod ars instrumentorum, et cantus, et metri, et rhythmi, non vadit in plenam delectationem sensibilem, nisi *simul adsint* gestus, et exultationes, et flexus corporales«[132] (So sehen wir also, daß die gesamte Instrumentalmusik, ebenso wie der Gesang, die einzelnen Metren, die Rhythmen, nicht zu vollem Sinnengenuß führt, wenn nicht *gleichzeitig* Gesten, Sprünge und Körperwendungen mitwirken.) [Hervorh. v. Verf.]. Als Gewährsmann übrigens zitiert Bacon den Heiligen Augustinus, der in der Tat mit einer ungewöhnlichen Denkfigur aufgewartet hatte. Die Eingangsdefition seines Musiktraktats lautet bekanntermaßen, musica sei »scientia bene modulandi«. Sie wird jedoch unter ausdrücklichem, wenn auch kritischem Bezug auf zeitgenössisch-gestische Praktiken der Theaterkünstler ergänzt und erweitert zu: ergo »movendi«[133]. Die Geschichte des Worts modulatio ihrerseits[134] schwingt zwischen kosmologischer Abstraktion (Bewegung der Gestirne, der Jahreszeiten), einer gestisch-pantomimischen Sinngebung und der – allerdings erst im Hochmittelalter sich durchsetzenden – Zentrierung auf klangliche, speziell sängerische Leistungen.

Man wird diese Zeugnisse nicht zu intensiv interpretieren dürfen. Vieles in mittelalterlichen Texten wurde nur ab- und nachgeschrieben; der Pythagoreismus, das aristoxeneische Tonsystem, die Rhythmus-, die Ethoslehre kontinuierten sich auf diese Weise. Andererseits gibt die Sachgeschichte wiederholt Hinweise auf die reale Existenz einer leiblich-gestischen Musik.[135] Für das 11. Jh. etwa, im Gefolge klösterlicher Reformen, ist auf südfranzösischem Boden der liturgische (oder paraliturgische) Tanz belegt. »Heiliger Martial, bitte für uns«, rufen die Gläubigen dem Schutzheiligen von Aquitanien zu, »tust du es, so tanzen wir auch für dich«[136]. In einer berühmten Tropenhandschrift aus der gleichen kulturellen Umgebung besingt ein mehrstimmiges Lied zum Beginn des neuen Jahres, des ›annus novus in gau-

---

127 Vgl. KURT BLAUKOPF, Musik im Wandel der Gesellschaft (München/Zürich 1982), 206 ff.; engl.: Musical Life in a Changing Society (Portland 1992), 144 ff.
128 MARTIANUS CAPELLA, De nuptiis Philologiae et Mercurii 9, 968, hg. v. J. Willis (Leipzig 1983), 373.
129 Vgl. REMIGIUS VON AUXERRE, De musica, in: M. Gerbert (Hg.), Scriptores ecclesiastici de musica sacra potissimum, Bd. 1 (1784; Hildesheim 1963), 80.
130 Vgl. JEAN C. DE GERSON, Tres tractatus de canticis, in: Gerson, Opera omnia (Köln 1484), fol. Ff 8v.
131 Vgl. GERHARD PIETZSCH, Die Klassifikation der Musik von Boetius bis Ugolino von Orvieto (Halle 1929), 84 f., 96 ff.
132 ROGER BACON, Opus tertium 59, in: Bacon, Opera quaedam hactenus inedita, hg. v. J. S. Brewer, Bd. 1 (London 1859), 232.
133 AUGUSTINUS, De musica 1, 2 u. 1, 3 (s. Anm. 12), 1083, 1085.
134 Vgl. CHRISTOPH VON BLUMRÖDER, ›Modulatio/Modulation‹, in: Handwörterbuch der musikalischen Terminologie, 11. Ausl. (Stuttgart 1983).
135 Vgl. KADEN (s. Anm. 27), 4–12.
136 Zit. nach WOLFGANG HAUBRICHS, Heiligenfest und Heiligenlied im frühen Mittelalter, in: D. Altenburg/J. Jarnut/H.-H. Steinhoff (Hg.), Feste und Feiern im Mittelalter (Sigmaringen 1991), 141.

dio‹, den von seinen Zuhörern bewunderten ›cantor in tripudio‹.[137] ›Tripudium‹: die Vokabel geht zurück auf einen dreischrittigen Stampftanz der salischen Priester und war im Altertum auch dem ›wilden Bacchustanz‹ gleichzusetzen.[138] Überhaupt ist mittelalterliche musica eine kraftvolle Sache, heilbringend »tam cordis quam corporis«[139] (für Herz und Leib). Isidor von Sevilla favorisiert im (geistlichen) Gesang eine »vox alta, suavis et clara«: damit sie die hohen Tonlagen erreiche, die Ohren fülle und den animus der Zuhörenden zu liebkosen vermöge (»alta, ut in sublimi sufficiat; clara, ut aures impleat; suavis, ut animis audientum blandiatur«[140]). Auch beziehen, seiner Ansicht nach, die gespannten Saiten der Kythara analogisch ihre Energie aus dem Menschenherzen: »Chordas autem dictas a corde, quia sicut pulsus est cordis in pectore, ita pulsus chordae in cithara«[141]. Alltagssprachliche Reiseberichte[142], von den Kreuzzügen und der Ost-Missionierung, weisen geistliche musica aus als Kunst der hallenden Sakralbauten und des open air. Was man für sie braucht, sind frischer Mut, eine weittragende Tongebung, die Resonanz, ›Widerschall‹ noch im offenen Gelände erzeugt, in der die Fröhlichkeit des Herzens sich emporschwingt zum Gotteslob – und mit der man, nach

dem Rezept des Alten Josua[143], nötigenfalls die Gegner in die Flucht schlagen kann. Primäre Qualitätskriterien des guten Sängers sind füglich, laut Thomas von Aquin, daß er einen weiten Brustkorb besitze, gut den Mund aufsperre und, um Gottes willen, nicht erkältet sei (»reumatis expurgatio, pectoris dilatatio, oris apertio«[144]).

Theologisch vielfach abgewertet wird auf diesem Hintergrund die Instrumentalmusik, nochmals in den Kategorien des Aquinaten: als »sonus corporis inanimati«[145], Klang eines unbeseelten Körpers. Hinwiederum gehört es zum Wesen mittelalterlicher Pluralität, daß selbst solche Gemeinplätze planmäßig zu konterkarieren sind. Regino von Prüm (10. Jh.) leitet beispielsweise den musica-Begriff etymologisch von ›musa‹ ab, dem Dudelsack, philosophisch untersetzt durch die Bemerkung, er sei »a natura inventum«[146] (von der Natur erfunden). Ein unerwarteter Sieg des Marsyas! Und hierin nicht einmal ein Einzelfall. Denn auch Johannes von Affligem (die Ortszuschreibung gilt neuerdings nicht mehr als gesichert) reproduziert den Gedanken, mit der Begründung, daß die Sackpfeife alle möglichen Instrumente in sich vereine, mehr noch: die verschiedensten Bedienungstechniken, das Blasen, die Handfertigkeit, die Ausnutzung des Windsackes wie beim Orgelspiel.[147]

Ohnedies strotzen die diversen mittelalterlichen Klassifikationen der musica von Originalität und ›Unlogik‹. Das Prägemuster hatte Boethius gegeben, mit der Unterscheidung von musica mundana, musica humana und jener, »quae in quibusdam constituta est instrumentis«[148] (die gewissermaßen von Instrumenten konstituiert wird). Nur die letztere – man beachte die behäbige Umschreibung, der Terminus ›musica instrumentalis‹ wird geläufig erst im Hochmittelalter, bei Adelard von Bath[149] – bezieht sich auf eine zweifelsfrei-empirische Klanglichkeit. Mundana musica bezeichnet die Harmonie der Sphären, Elemente und Jahreszeiten, humana musica die Einheit von Körper, Seele und Geist. Ungeachtet dessen jedoch, daß Boethius bis zur Renaissance sich als führende Autorität der Musiktheorie behaupten kann, wandelt man seine Kategorien immer wieder wildwüchsig ab. Und gar nicht erst unternommen wird der Versuch, einen erschöpfenden Oberbegriff von musica zu bilden, es sei denn mit dem Verweis auf Maß,

---

137 Vgl. St. Martial A, Paris, Bibliothèque Nationale, f. lat. 1139, fol. 36v-37.
138 Vgl. KARL ERNST GEORGES, Kleines Lateinisch-Deutsches Handwörterbuch (Hannover/Leipzig 1909), 2587.
139 GUIDO VON AREZZO, Micrologus 14, 11, hg. v. J. Smits van Waesberghe (Rom 1955), 160.
140 ISIDOR VON SEVILLA, Etymologiarum sive Originum 3, 20 (s. Anm. 13), 166.
141 Ebd. 3, 22 (s. Anm. 13), 167.
142 Vgl. KADEN (s. Anm. 10), 61.
143 Vgl. Jos. 6, 4–16.
144 THOMAS VON AQUIN, Sermo in festo SS. Innocentium, zit. nach HERMANN-JOSEF BURBACH, Studien zur Musikanschauung des Thomas von Aquin (Regensburg 1966), 87 f.
145 Zit. nach BURBACH (s. Anm. 144), 34.
146 REGINO VON PRÜM, De harmonica institutione 8, in: Gerbert (s. Anm. 129), 237.
147 Vgl. JOHANNES VON AFFLIGEM, De musica cum tonario 3, 1, hg. v. J. Smits van Waesberghe (Rom 1950), 54.
148 BOETHIUS, De musica I, 2 (s. Anm. 9), 187.
149 Vgl. PIETZSCH (s. Anm. 131), 73.

Zahl und Proportion. So schließt Cassiodor ein ganzes Arsenal definitorischer Zugänge auf: In musica walte die Kraft der Gesänge und die Stimmbewegung (»vis carminum, et vocis modulatio«), seien alle Lebensakte (»actus vitae«[150]) gegenwärtig, samt den göttlichen Tugenden. Erst dann erscheint, was die Musikgeschichtsschreibung einäugig hervorzuheben pflegt[151]: musica als ›disciplina‹ bzw. ›scientia‹, ›quae de numeris loquitur‹. Die Unterteilung in musica harmonica, rhythmica und metrica, verpflichtet dem Tonhöhenverlauf, der Wortgliederung und den Versfüßen, schließt sich an.[152] Das gleiche Vokabular kann indes bei anderen Autoren radikal Gegenläufiges bedeuten. Schon Isidor von Sevilla reklamiert musica harmonica ausdrücklich für den menschlichen Gesang, im Unterschied zur instrumenten-gebundenen musica organica und der musica rhythmica, »pertinens ad nervos et pulsum«[153], den Schwingungen des Kehlkopfs verhaftet wie denen der Instrumente. Auch die boethianische Kategorie der musica humana wird vielfältig genutzt: Bei Aurelianus Reomensis kennzeichnet sie die vokale musica, bestehend aus musica harmonica, musica metrica und musica rhythmica, d. h. melodischer, metrischer, rhythmischer Ordnungsbildung.[154] Zugleich konnotiert sie das Problem leibseelischer Harmonie, die sich jedoch nicht neben dem Klingenden verwirklicht, sondern in ihm und mit ihm: Logik der Implikation. Eine wegweisende Begrifflichkeit ist Regino von Prüm zu verdanken, der die musica naturalis einer sog. musica artificialis gegenüberstellt.[155] Jene, die natürliche, entstehe ohne alle Instrumente, auch nicht durch Taktschlag und Körperaktion, werde in himmlischer Musik manifest, im Gesang der Menschen – *und in dem der Tiere* (in irrationabili creatura)[156]. Diese, »quae in quibusdam consistit instrumentis«[157] (die gewissermaßen mit Instrumenten gemacht wird), werde gezupft, geblasen und geschlagen; den von der Natur vorgebildeten Dudelsack begreift sie aber, konsequent-inkonsequent, nicht ein. Rekurse auf die Natur sind es wiederum, die im 10. und 11. Jh. kosmologisch-pythagoreische Traditionen zur Blüte bringen[158], gleichzeitig aber auch – ähnlich einem ideengeschichtlichen Passepartout – Begründungsmuster liefern für humanozentrische Auffassungen der musica.[159]

Sozial-praktisch am deutlichsten profitiert haben dürfte von diesem Changieren der Worte und Wortbedeutungen die Gestalt – und der Beruf – des Musikers. Boethius hatte als ›musicus‹ lediglich denjenigen gelten lassen, der praktischer Kunstübung entsagte, mit ihr dem Broterwerb, als ›deiudicator‹ jedoch imstande war, Urteile zu fällen, Theorie zu formulieren (»isque est musicus, cui adest facultas [...] iudicandi«[160]), nach antiker Norm sich fernhaltend von Unfreiheit und Banausentum. Im Zuge der sozialen Aufwertung von Arbeit jedoch, etwa in den benediktinischen Ordensregeln und der Herausbildung eines Standes der laboratores, konnte auch der cantor, der aktiv Musizierende, zunehmend auf Wertschätzung rechnen, auch wenn als Spruchweisheit (fälschlich Guido von Arezzo zugeschrieben) kolportiert wird, daß zwischen seiner Klasse und der der reflektierenden musici eine große Kluft aufgerissen sei: »Musicorum et cantorum magna est distantia«[161] – und die Praktiker, da sie nicht wüßten, was sie täten, als instinktgetriebene Tiere zu gelten hätten. Reale Sach- und Begriffsgeschichte setzt aber andere Akzente. Sie kennt den ›prudens can-

---

150 CASSIODOR (s. Anm. 16), 1208.
151 Vgl. EGGEBRECHT, Gibt es ›die‹ Musik?, in: Dahlhaus/Eggebrecht (s. Anm. 2), 20.
152 Vgl. CASSIODOR (s. Anm. 16), 1209.
153 ISIDOR VON SEVILLA, Etymologiarum sive Originum 3, 22 (s. Anm. 13), 167.
154 Vgl. AURELIANUS REOMENSIS, Musica disciplina 3 u. 4 (s. Anm. 125), 64–68.
155 Vgl. REGINO VON PRÜM, De harmonica institutione 3–7, in: Gerbert (s. Anm. 129), 232–236.
156 Ebd. 6, in: Gerbert (s. Anm. 129), 236.
157 Ebd. 7, in: Gerbert (s. Anm. 129), 236.
158 Vgl. HERMANNUS CONTRACTUS, Opuscula musica, in: M. Gerbert (Hg.), Scriptores ecclesiastici de musica sacra potissimum, Bd. 2 (1784; Hildesheim 1963), 124–153; WILHELM VON HIRSAU, Musica, in: ebd., 154–182; ARIBO SCHOLASTICUS, Musica, in: ebd., 197–230.
159 Vgl. GUIDO VON AREZZO, Micrologus (s. Anm. 139); JOHANNES VON AFFLIGEM, De musica cum tonario (s. Anm. 147).
160 BOETHIUS, De musica 1, 34 (s. Anm. 9), 225.
161 Vgl. GUIDO VON AREZZO, Regulae musicae rhytmicae, in: Gerbert (s. Anm. 158), 25.

tor‹, den ›cantor per artem‹[162], betraut ihn, seit dem 11. Jh., mit dem Amt des armarius, des Klosterbibliothekars[163], später sogar mit dem eines Schulvorstehers im Domkapitel.[164]

---

162 Vgl. ERICH REIMER, Musicus-cantor, in: Handwörterbuch der musikalischen Terminologie (Stuttgart 1978), 10.
163 Vgl. MARGOT E. FASSLER, The Office of the Cantor in Early Western Monastic Rules and Customaries, in: Early Music History 5 (1985), 39.
164 Vgl. GÜNTHER BIRKNER, Notre-Dame-Cantoren und -Succentoren vom Ende des 10. bis zum Beginn des 14. Jahrhunderts, in: H. Anglès u. a. (Hg.), In memoriam Jacques Handschin (Straßburg 1962), 109 f.
165 Vgl. ZAMINER (Hg.), Geschichte der Musiktheorie, Bd. 3 (Darmstadt 1990); MICHAEL WALTER, Grundlagen der Musik des Mittelalters. Schrift – Zeit – Raum (Stuttgart 1994).
166 Vgl. MÜNXELHAUS (s. Anm. 49), 17 ff., 34 ff.
167 Gen. 4, 19–22; dt. zit. nach MARTIN VOGEL, Onos lyras. Der Esel mit der Leier, Bd. 1 (Düsseldorf 1973), 11.
168 Vgl. ISIDOR VON SEVILLA, Etymologiarum sive Originum 3, 17 (s. Anm. 13), 163; AURELIANUS REOMENSIS, Musica disciplina 2, 6 (s. Anm. 125), 61; MÜNXELHAUS (s. Anm. 49), 39.
169 Vgl. NAN C. CARPENTER, Music in the Medieval and Renaissance Universities (Norman 1958); MAX HAAS, Studien zur mittelalterlichen Musiklehre I: Eine Übersicht über die Musiklehre im Kontext der Philosophie des 13. u. frühen 14. Jahrhunderts, in: Aktuelle Fragen der musikbezogenen Mittelalterforschung. Zu einem Basler Kolloquium des Jahres 1975 (Winterthur 1982), 351.
170 Vgl. JEHAN DE MURS, Musica practica, in: M. Gerbert (Hg.), Scriptores ecclesiastici de musica sacra potissimum, Bd. 3 (1784; Hildesheim 1963), 292–294; ULRICH MICHELS, Die Musiktraktate des Johannes de Muris (Wiesbaden 1970).
171 Vgl. HUCBALD, De harmonica institutione, in: Gerbert (s. Anm. 129), 104–122; BERNO VON REICHENAU, De consona tonorum diversitate, in: Gerbert (s. Anm. 158), 114–117.
172 Vgl. EGGEBRECHT/ZAMINER, Ad organum faciendum. Lehrschriften der Mehrstimmigkeit in nachguidonischer Zeit (Mainz 1970); KLAUS-JÜRGEN SACHS, Der Contrapunctus im 14. und 15. Jahrhundert (Wiesbaden 1974).
173 Vgl. JOHANNES DE GARLANDIA, De mensurabili musica, hg. v. E. Reimer, Bd. 1 (Wiesbaden 1972).
174 Vgl. PHILIPPE DE VITRY, Ars nova, in: E. de Coussemaker (Hg.), Scriptorum de musica medii aevi novam seriem a Gerbertina alteram, Bd. 3 (Paris 1869), 13–22; WILLI APEL, Die Notation der polyphonen Musik (1962; Leipzig ²1970).

Die Entwicklung von musica beschreibt demnach im Medium Aevum nicht das Auseinanderdriften von Praxis und Theorie, eher: beider Vermittlung; ›reine‹ Spekulation ist in ihr die Regel nicht.[165] Zwei Säulenheilige verehrt die mittelalterliche Musik-Legende: Pythagoras, mit der Mütze des Phrygiers, des Kleinasiaten[166] – und Jubal aus dem Alten Testament, Ahnvater »all derer, die Zither (kinnor) und Flöte (ugab) spielen«[167]. Jubal aber ist der Bruder des Schmiedes Tubal (-kain), und mit ihm wird er sogar des öfteren identifiziert.[168] Auch hier also die produktive Logik von Verwechslung und Implikation. Pythagoras – wenn man dies zum Sinnbild mittelalterlicher musica verallgemeinern will – kam in Tubal/Jubals Werkstatt der Weltharmonie auf die Spur; dieser, der Schmied, lieferte die Hämmer und Ambosse, die Instrumente zum Weltexperiment.

VI. Übergänge zur Neuzeit

Der ›offizielle‹ Ort der musica im mittelalterlichen Wissenschaftsgefüge, dem System der artes liberales, ist das Quadrivium. Dort – und namentlich im Curriculum der Universitäten – wird sie gelehrt als Mathesis, benachbart der Arithmetik, Geometrie und Astronomie.[169] Pflichtlektüre ist Boethius, im 14. und 15. Jh. ergänzt bzw. ersetzt durch Schriften des Jehan de Murs; diese lassen als Basis der musica, außer der pythagoreischen proportio, die Zeitmensur erscheinen, genauer: die dreizeitig vollkommene Dauer (perfectio), korrespondierend mit der göttlichen Trinität.[170] Parallel zu solch hochrationalisierter Musikunterweisung, im Spätmittelalter benannt als musica theorica, entstehen seit dem 9. Jh. Tonsystem- und Tonartenlehren[171]; sie repräsentieren gleichsam das aristoxenische Erbe der musica. Mit Entfaltung der Polyphonie und der – schriftgeleiteten – Komposition setzt dann im 11. und 12. Jh. eine erhebliche Facettierung ein. Sie schlägt sich u. a. nieder in Organum-, Diskant-, Kontrapunkttraktaten[172], in speziellen Rhythmus- und Mensurtheorien[173], penibler Notationskunde[174]. Die Wirkungsweite dieser Texte darf, auf Grund ihres intellektuellen Anspruchsniveaus, nicht überschätzt werden; immerhin sind sie Indiz für eine unübersehbare Technifizierung der praktischen musica. Ein letzter Strang schließlich in der musiktheoretischen Überlieferung ist mit dem Namen des Guido von Arezzo verbunden, dessen *Micrologus* (frühes 11. Jh.) ein ausgefeiltes Lehrsystem entwirft, didaktisch idiotensicher, nahezu ausschließlich befaßt mit der Definition von Intervallen, Tonarten, Melodien, einfacher Mehrstimmigkeit.[175] Gerade diesem Konzept aber sollte die Zukunft gehören. Im Reformationsjahrhundert war es das erste, das gesellschaftlich in die Breite zu strahlen vermochte: nachformuliert von zahllosen Lateinschul-Traktaten, Bildungsbesitz junger Bürger und Angehöriger der Aristokratie.[176] Die Genese des neuzeitlichen Musikbegriffs – dies ein erster Übergang – knüpft sich also an die Popularisierung eines besonders griffigen pädagogischen Modells; bis heute lebt es in der musikalischen Elementarlehre fort.

Musikphilosophisch flankiert wird die Entwicklung von der seit dem 12./13. Jh. sich steigernden Aristoteles-Rezeption, hier vor allem durch eine Soziologisierung des musica-Begriffs. Schon Johannes von Affligem (um 1100) verweist auf Qualitäten des Gesangs, sowohl des städtischen als auch des eher volkstümlichen Bereichs (»an sit urbanus, an sit vulgaris«), – und darauf, daß »diversi diversis delectentur modis«[177], die musikalischen Geschmäcker verschieden seien. Geradezu eine Umwälzung aber mußte es bedeuten, wenn Johannes de Grocheio, zwei Jahrhunderte später, ausschließlich Maß nahm an einem bestimmten Staats-, ja Stadtwesen – Paris um 1300 – und anstelle der älteren Zweiteilung von musica plana und musica mensurabilis, Choral und Polyphonie[178], eine Dreierstruktur in Vorschlag brachte: die der musica vulgaris (für landessprachlich-stadtbürgerliche Praktiken), der musica composita bzw. mensurata (für mensurierte Mehrstimmigkeit) und der musica ecclesiastica (für einstimmig-liturgische Musik).[179] Namentlich der musica vulgaris aber sind zivilisatorische Funktionen zugestanden: Sie hat Trost zu spenden und zu unterhalten (nach Maßgabe der aristotelischen Kategorie der ἐυτραπελία [eutrapelia, Gewandtheit und Witzigkeit im gesellschaftlichen Umgang])[180], dämpft das Triebgeschehen, steuert dem Müßiggang – und trägt also zur Erhaltung des gesamten Staates bei, »ad conservationem totius civitatis«[181]. Wohl fand Grocheios farbenreiche Schilderung des Musiklebens unter den übrigen Autoren des Mittelalters kaum Nachfolger. Soziologische Blickrichtungen indes sind verschiedentlich präsent: so das Interesse an der Differenzierung einzelner geistlicher und weltlicher Gattungen[182], am Berufsmusikertum, in seiner Gering- oder Wertschätzung[183], d. h.: an der nicht-mehr-himmlischen, menschlichen Seinsschicht von musica.

Dies bestimmt auch den Umgang mit musikalischer Kosmologie. Kein Zweifel: Nie wurde sie im Mittelalter ernstlich aufgegeben. Und trotz aristotelisch eingefärbter Polemiken gegen die Sphärenklänge (u. a. bei Johannes de Grocheio und Walter Odington) blieb sie Gegenstand aller Gesamtdarstellungen, aller Summae zur musica[184] – ebenso übrigens wie zahlreicher mensurtheoretischer Ab-

---

175 Vgl. GUIDO VON AREZZO, Micrologus (s. Anm. 139).
176 Vgl. KADEN, Abschied von der Harmonie der Welt. Zur Genese des neuzeitlichen Musik-Begriffs, in: W. Lipp (Hg.), Gesellschaft und Musik. Wege zur Musiksoziologie (Berlin 1992), 27–54.
177 JOHANNES VON AFFLIGEM, De musica cum tonario 2, 6 u. 16, 3 (s. Anm. 147), 52 u. 109.
178 Vgl JOHANNES DE GARLANDIA (s. Anm. 173), Bd. 2 (Wiesbaden 1972).
179 Vgl. JOHANNES DE GROCHEIO, De musica 77–79, in: E. Rohloff, Die Quellenhandschriften zum Musiktraktat des Johannes de Grocheio (Leipzig 1967), 124.
180 Vgl. CHRISTOPHER PAGE, The Owl and the Nightingale. Musical Life and Ideas in France 1100–1300 (London 1989), 37 ff.; ARISTOTELES, Eth. Nic., 1108a24.
181 JOHANNES DE GROCHEIO, De musica 111 (s. Anm. 179), 130.
182 Vgl. JOHANNES DE GARLANDIA (s. Anm. 173); FRANCO VON KÖLN, Ars cantus mensurabilis, hg. v. G. Reaney/A. Gilles (o. O. 1974); ANONYMUS 4, [Musiktraktat], hg. v. F. Reckow, 2 Bde. (Wiesbaden 1967); WALTER ODINGTON, Summa de speculatione musicae, hg. v. F. Hammond (o. O. 1970).
183 Vgl. ARNULF VON ST. GILLES, Tractatulus de differentiis et generibus cantorum, in: Gerbert (s. Anm. 170), 316–318; ADAM VON FULDA, Musica 2, 6, in: Gerbert (s. Anm. 170), 347 f.
184 Vgl. HIERONYMUS VON MORAVIA, Tractatus de musica, hg. v. S. M. Cserba (Regensburg 1935); JACOBUS VON LÜTTICH (s. Anm. 7); ADAM VON FULDA, Musica, in: Gerbert (s. Anm. 170), 329–381.

handlungen.[185] Noch namhafte Renaissancegelehrte widmen ihr umfangreiche Betrachtungen[186], und selbst das 17. Jh. zollt ihr Respekt, etwa mit Johannes Keplers *Harmonices mundi* (1619), Marin Mersennes *Harmonie universelle* (1636–1637) und Athanasius Kirchers *Musurgia universalis* (1650). Von einem regelrechten Austausch der Ontologie durch andere Paradigmen in der Neuzeit kann also keine Rede sein.[187] Allerdings erhält kosmologische Vergewisserung ein grundsätzlich verändertes Gewicht. Nicht nur, daß ›musica mondana‹ – wie Gioseffo Zarlino es ausdrückt – als eine solch komplizierte Sache gilt, daß sie wirklicher Erhellung unzugänglich bleibe (»che è impossibile di poterla esplicare«[188]). Die »Entsakralisierung« des »Kosmos zur Weltmaschine«[189], die im 16. Jh. Platz greift, formuliert das Konzept einer noetischen und ethischen Welt um: zu einem Entwurf der Welt-Technizität und der Welt-Physik.

In diesem Umkreis aber wird auch das Verhältnis von himmlischer und irdischer Harmonie neu interpunktiert. Für Boethius und die mittelalterliche Musiklehre war es völlig offenliegend gewesen, daß erdhaft-erklingende musica instrumentalis nur als imitatio der musica mundana sich beweise.[190] Wo daher Tonarten und Tonstufen dem Weltlauf zugeordnet wurden, war dessen Über-Ordnung stets unbestritten. Genau diese Ableitung jedoch wird im späten 15., im 16. und 17. Jh. zur Disposition – und auf den Kopf – gestellt. Ludovicus Coelius Richerius beispielsweise[191] läßt nach den Klängen der orphischen Lyra die Jahreszeiten wechseln. Nicht der kosmische Zyklus lenkt das irdische Gerät, sondern das Instrument den Kosmos, aus eigener Kraft. Ähnlich imaginiert Claude Sebastien die Himmelsmusik als Mensuralpolyphonie.[192] Erycius Puteanus weiß, daß die ›Alten‹ den Saiten der Leier die sieben Himmelskreise zugewiesen hätten, nicht etwa umgekehrt.[193] Am vermutlich weitesten in der Auswechslung der kosmomorphischen durch die anthropozentrische Perspektive geht Johannes Kepler, bezeichnenderweise in seiner Eigenschaft als Astronom. Er zeigt sich überzeugt, daß die »Himmelsbewegungen« nichts anderes« seien »als eine« unhörbare, jedoch »fortwährende mehrstimmige Musik«[194]. Und dem Planeten Erde gar (der im antiken Denken, da bewegungslos feststehend, schweigen mußte) gibt er nun Stimme und läßt ihn Töne singen: »MiFaMi«, »so daß man schon aus diesen Silben entnehmen kann, daß auf unserem Wohnsitz ›MIseria et FAmes‹ herrschen«[195]. Ununterdrückbar: Die Alte Erde kann, exakt guidonisch, solmisieren – und sie kann, zu allem Überfluß, Latein. Georg Groddeck hat dergleichen als »Vermenschelung«[196] beschrieben; sie in der Tat bezeichnet eine weitere Tiefenschicht neuzeitlicher Mentalität.

Kaum minder durchschlagend der Wandel im Verhältnis von Musik und Wort. Für die Gregorianik war das platonische Ideal einer gesungenen Sprache und eines sprachgezeugten Gesangs, in der Einheit von logisch-propositionalen und gestischen Momenten, gleichsam wiederauferstanden. Die

---

185 Vgl. LAMBERTUS, Tractatus de musica, in: E. de Coussemaker (Hg.), Scriptorum de musica medii aevi novam seriem a Gerbertina alteram, Bd. 1 (Paris 1864), 251–281; MARCETTUS VON PADUA, Lucidarium, in: Gerbert (s. Anm. 170), 64–121; MARCETTUS VON PADUA, Pomerium, in: Gerbert (s. Anm. 170), 121–188; PROSDOCIMUS DE BELDEMANDIS, Tractatus practice de musica mensurabili, in: de Coussemaker (s. Anm. 174), 200–248.
186 Vgl. FRANCHINO GAFFORI, Practica musica (Mailand 1496); GIORGIO VALLA, De harmonica (Buch I-V), in: Valla, De expetendis et fugiendis rebus opus (Venedig 1501); GREGORIUS REISCH, Margarita philosophica (Freiburg 1503).
187 Vgl. FRITZ RECKOW, Zwischen Ontologie und Rhetorik. Die Idee des ›movere animos‹ und der Übergang vom Spätmittelalter zur frühen Neuzeit in der Musikgeschichte, in: W. Haug/B. Wachinger (Hg.), Traditionswandel und Traditionsverhalten (Tübingen 1991), 145–178.
188 GIOSEFFO ZARLINO, Istitutioni harmoniche 1, 6 (1558; Venedig 1573), 17.
189 KURT FLASCH, Das philosophische Denken im Mittelalter (Stuttgart 1986), 483.
190 Vgl. PIETZSCH (s. Anm. 131), 42.
191 Vgl. LUDOVICUS COELIUS RICHERIUS, Lectionum antiquarum libri XXX (Basel 1566), 312.
192 Vgl. CLAUDE SEBASTIEN, Bellum musicale (Straßburg 1563), G 2.
193 Vgl. ERYCIUS PUTEANUS, Musathena (Hanau 1602), 53.
194 JOHANNES KEPLER, Harmonices mundi 5, 7 (1619); dt.: Weltharmonik, übers. v. M. Caspar (München/Berlin 1939), 313.
195 Ebd., 5, 6; dt. 310.
196 GEORG GRODDECK, Kunst und Literatur (1909), in: Groddeck, Psychoanalytische Schriften zur Literatur und Kunst (Frankfurt a. M. 1978), 30.

Ausdrücke ›dicere‹ und ›cantare‹ werden daher vielfach gleichsinnig gebraucht, gehen ineinander über.[197] Auch ältere Polyphonie hatte sich um eine grammatisch korrekte Diktion bemüht und sich illustrativ-tonmalerischer Effekte wohlweislich enthalten. Frühneuzeitliche Musik dagegen sucht textliche Gehalte ikonisch-affektbetont zu *imitieren* oder aber die Rede ihresteils nachzuzeichnen, statt des logos bzw. der ratio – die oratio.[198] Redemuster aber sind nur die ›halbe‹ Sprache, verkürzt auf deren gestisch-analogische Dimension. Musik, die Rhetorik zum Vorbild wählt, wendet sich mithin von ganzheitlicher Sprache ab, nicht ihr zu. Erst recht setzt sich der Ton, sofern er das Wort inhaltlich imitiert, zu diesem systematisch in Distanz. Wenn Musiktheorie im 16. Jh. fordern muß, der Ton habe *ausschließlich und allein* dem Text zu dienen[199], dann bezeugt dies, daß die Einheit brüchig und gefährdet war. Jedenfalls bedeutet die Rhetorisierung und Gestifizierung frühneuzeitlicher Musik nicht nur eine Verarmung an quasi-propositionalen Möglichkeiten, wie sie z. B. die Motette des Hochmittelalters zu nutzen wußte.[200] Sie tut auch einen Schritt auf dem Wege zur Verselbständigung des Tonlich-Klanglichen, hin zu seinem Für-sich-Sein, seiner Autonomie.

Der Höhepunkt aber in der Transmutation: Die Herauslösung der Musik aus dem Sprachzusammenhang und ihr Abschied von der Harmonie der Welt verbünden sich mit Prozessen der Verdinglichung. In einem jener hausbackenen Lateinschulbücher, die bei musikalischer Elementarlehre steckenbleiben, technokratisch, bar jeder Inspiration, eben dort wird die Idee vom musikalischen Werk geboren, vom »opus perfectum et absolutum« »consumatum et effectum«. Es handelt sich um ein Libellum des Lutheraners Nicolaus Listenius, schmalbrüstig, kaum 100 Seiten stark, desto selbstbewußter hervortretend mit dem Titel *Musica*. In ihm wird, abweichend von älterem Sprachgebrauch, »opus« tatsächlich nicht mehr aktivisch, als ein Tun verstanden, sondern als Objekt, das in sich selber ruht: »post laborem«. Und seine Hauptverpflichtung ist, dafür Sorge zu tragen, daß auch nach Ableben des Komponisten (»artifice mortuo«[201]) von ihm etwas bleibe, im Konservierungszustand, eingeweckt. So findet menschliche Selbstbehauptung ihr Element im Sachlich-Sächlichen – und sie findet es dort im Angesicht von Todesfurcht.

Dem Systemwechsel von ›musica‹ zu neuzeitlicher ›Musik‹ ist, in summa, nicht Vermenschelung allein eingeschrieben, sondern auch deren Steigerung: die Abstraktion vom Menschen im fetischisierten Ding. Daß damit die Sachen Gewalt gewinnen, auch die musikalischen Sachen, wurde an der Epochenschwelle offenbar bereits erlebt. Am eindringlichsten zur Anschauung gebracht hat es Hieronymus Bosch, auf dem rechten Flügel des Madrider Triptychons *El jardín de las delicias* (um 1500). Sein Gegenstück zum Paradies ist die Musikantenhölle. In ihr spielen nicht Menschen die Instrumente; vielmehr werden sie von diesen selbst gespielt: getrommelt, gepommert, geharft. Die Instrumentalisierung der Welt: sie ist das Grauen. Im neuzeitlichen Konzept der *einen* Musik, einer Musik geordneter Schälle, geordneter Sachen, scheint die Apokalypse als Möglichkeit inhärent – und immanent.

Christian Kaden

---

197 Vgl. ULRICH MEHLER, ›Dicere‹ und ›cantare‹. Zur musikalischen Terminologie und Aufführungspraxis des mittelalterlichen geistlichen Dramas in Deutschland (Regensburg 1981).
198 Vgl. GIULIO CESARE MONTEVERDI, Dichiaratione [Vorwort zu den ›Scherzi musicali a tre voci‹ seines Bruders Claudio] (1607), in: Claudio Monteverdi. Lettere, dediche e prefazioni, hg. v. D. de' Paoli (Rom 1973), 394–404, bes. 398 f.
199 Vgl. NICOLA VICENTINO, L'antica musica ridotta alla moderna prattica (Rom 1955), 86; VINCENZO GALILEI, Discorso intorno all'uso delle dissonanze (1587/1591), in: F. Rempp (Hg.), Die Kontrapunkttraktate Vincenzo Galileis (Köln 1980), 184; AURELIO MARINATI, Somma di tutte le scienze (Rom 1587), 86ff.; GIOVANNI MARIA ARTUSI, L'arte del contraponto (Venedig ²1598), 38 ff.
200 Vgl. KADEN, Versprachlichung von Musik? Entwicklungen des früh-neuzeitlichen Musik-Konzepts aus der Sicht systematischer Musikwissenschaft, in: A. Beer/K. Pfarr/W. Ruf (Hg.), Festschrift für Christoph-Hellmut Mahling zum 65. Geburtstag, Bd. 1 (Tutzing 1997), 631–640.
201 NICOLAUS LISTENIUS, Musica (Wittenberg 1537), fol. 3v.

VII. Wort – Affekt – Figur

Das Einsetzen des neuzeitlichen Musikdenkens wird gewöhnlich unter dem Aspekt der Versprachlichung und, damit zusammenhängend, dem der Vermenschlichung[202] gesehen, in deren Folge das selbstbewußte Auseinanderfallen eines einstmals einheitlichen Musikverständnisses in unterschiedliche, konkurrierende Musikbegriffe auszumachen sei – eine These, die bisher allerdings kaum je überzeugend begründet wurde. Jedenfalls ist bemerkenswert, daß in Europa nach 1550 vermehrt Musikproduktionen erscheinen und veröffentlicht werden, die durch das Beiwort ›neu‹ (z. B. *Musica nova* von Adrian Willaert 1559, *Dialogo della musica antica et della moderna* von Vincenzo Galilei 1581, *Le nuove musiche* von Giulio Caccini 1601 u. a. m.) zu verstehen geben, daß mit ihnen der Anspruch auf ein Musikverständnis erhoben wird, das sich signifikant von dem bisher geltenden unterscheiden will. Zeigte auf dem Gebiet der Musikreflexion der Streit um neue satztechnische Normen den einsetzenden Wandel des Musikverständnisses an, so fand derselbe eine musikalische Entsprechung in der etwa zeitgleichen Ausbildung der ›musica reservata‹.[203] Dabei hebt der Begriff ›reservata‹ keineswegs auf ›Zurückhaltung‹ ab, sondern indiziert ästhetisch genau das Gegenteil. ›Reserviert‹ war die Musik höchstens insofern, als sich ihre Repräsentanten zunächst damit begnügten, sich an einen kleinen Kreis Kunstsinniger zu wenden, die die Bildung und das musikalische Gespür für das in der Musik Angestrebte besaßen[204]: eine verstärkt expressive, affektbetonte Musiksprache, die Ausdruck des Ringens um persönliche Aussage und Ausdeutung des persönlichen Verständnisses zu vertonender Texte, von deren inhärenten Symbolen und Metaphern sein will.

Gerichtet war das Musikkomponieren dabei auf die Erzeugung einer in sich geschlossenen Ganzheit, eines »opus perfectum et absolutum«[205] – wie es Nicolaus Listenius 1537 in seiner Schrift *Musica* genannt hatte –, in das entsprechende satztechnische Neuerungen und Erfindungen eingehen sollen. Der musikalische Satz sollte also vom handwerklichen Verfertigen weg in ein Werk mit überzeitlichem Anspruch aufgehoben werden.[206]

Die Grundsatzfragen über das richtige Musikverständnis, wie sie auch im Zusammenhang mit der nur wenig später an anderem Ort entstehenden ›Oper‹ erörtert werden, verlangen jetzt erhöhte Aufmerksamkeit. So avanciert hier wie dort der Sprachbezug der Musik zu dem ästhetisch entscheidenden und musikalisch legitimierenden Kriterium. Beispielsweise empfiehlt Adrianus Petit Coclico, ein Schüler Josquins, in seinem Lehrwerk *Compendium musices* (1552) allen angehenden Komponisten, ja nicht den affektuellen Gehalt der Worte, die sie in Musik zu setzen beabsichtigen, zu vernachlässigen oder zu verkennen, da sie sonst Gefahr liefen, »im Dunkeln« zu tappen »ärger als Blinde, die zu Worten voller Fröhlichkeit und Trost traurige Musik machen oder umgekehrt auf traurige Worte fröhliche Weisen setzen« (quia non plus quam cęci palpantes in tenebris, qui uerbis consolatorijs, & gaudijs plenis addunt tristes numeros ac vicissim moestis uerbis laetas melodias applicant)[207]. War auch zuvor schon Komponisten durchaus die Nutzung spezifischer tonartlicher Qualitäten wie satztechnischer Wendungen zur Kennzeichnung und Hervorhebung einzelner Worte oder Passagen des zu vertonenden Texts geläufig, so streben jetzt die zeitgenössischen Musik-

---

202 Vgl. HERMANN ZENCK, Grundformen deutscher Musikanschauung, in: Zenck, Numerus und affectus. Studien zur Musikgeschichte, hg. v. W. Gerstenberg (Kassel u. a. 1959), 27; HANS ENGEL, Sinn und Wesen der Musik, in: Die Musikforschung 3 (1950), 204–212.
203 Vgl. BERNHARD MEIER, Reservata-Probleme. Ein Bericht, in: Acta musicologica 30 (1958), 77–89; MEIER, ›Musica reservata‹, in: Handwörterbuch der musikalischen Terminologie (Stuttgart 1977), 1–4.
204 Vgl. HELLMUTH CHRISTIAN WOLFF, Die Musik der alten Niederländer (15. und 16. Jahrhundert) (Leipzig 1956), 151 ff.
205 LISTENIUS (s. Anm. 201), fol. 3v.; vgl. PETER CAHN, Zur Vorgeschichte des ›Opus perfectum et absolutum‹ in der Musikauffassung um 1500, in: K. Hortschansky (Hg.), Zeichen und Struktur in der Musik der Renaissance. Ein Symposium aus Anlaß der Jahrestagung der Gesellschaft für Musikforschung Münster (Westfalen) 1987 (Kassel u. a. 1989), 11–26.
206 Vgl. ZENCK (s. Anm. 202), 24.
207 ADRIANUS PETIT COCLICO, Compendium musices (Nürnberg 1552), ›De compositione‹, sextum [nicht pag.]; dt. nach ALEC ROBERTSON/DENIS STEVENS (Hg.), Geschichte der Musik, Bd. 2, übers. v. E. Maschat/A. Ott (Passau 1964), 50.

theoretiker explizit an, Worthervorhebungen nicht mehr dem Zufall zu überlassen, sondern für Textintensivierung zu werben, und zwar inklusive des einzelnen Schlüsselwörtern innewohnenden Sinns und Affekts.[208] Dem satztechnischen Kunstgriff der Dissonanz, der ›Chromatik‹, kommt dabei besondere Bedeutung zu. Sie wird nicht mehr nur geduldet, sondern gezielt herbeigeführt und funktional eingesetzt. Coclico z. B. schließt in seiner berühmten Motettensammlung *Musica reservata* (1552) einen elaborierten musikalischen Satz und ein eindringendes Textverständnis über die interpretierende musikalische Text-/Wortausdeutung kurz und erhebt darüber hinaus dieses Verfahren zur allgemeinen Forderung an alle, die sich als ›musici poetici‹ – wie es zeitgleich etwa im Kontext protestantischer Kirchenmusik gefordert und z. B. von Heinrich Schütz dann unbedingt befolgt wird[209] – der Textausdeutung verschrieben wissen wollen.[210]

Die um das Verhältnis von Text, Wort, Wortausdeutung einerseits und von Musik, Satztechnik, textbegründeter Satzausgestaltung andererseits kreisende kompositorische Praxis schlägt auch nach Coclico die musikästhetische Reflexion in ihren Bann, steckt Fragestellung wie Problemhorizont für die meisten Theoriedebatten ab. Auch wenn das auf Affekte zentrierte Musikverständnis an Bildungsvoraussetzungen und an eine notwendige Vertrautheit mit den kompositorischen Techniken, mithin an soziale Filter gebunden bleibt, ist über den wortgebundenen Affektbezug eine generelle Zugangsmöglichkeit zum Verständnis der Musik angelegt. Sozial steht sie zumindest weiteren Kreisen offen als noch manche der auf sozialen Exklusionen beruhenden Musikvorstellungen des Mittelalters. Im Bemühen um Verständlichkeit des Textes an seinem jeweiligen Darbietungsort entsteht ein Bewußtsein für Adäquatheit in einem Musikdenken, das ausdrücklich zwischen unterschiedlichen Musiken differenziert, das Komponieren in Abhängigkeit vom Aufführungs- und Funktionsanlaß reflektiert und zwischen den verschiedenen musikalischen Gattungen samt den dazugehörigen Satztechniken unterscheidet.

An die Frage nach dem Funktionsort der jeweiligen musikalischen Praxis schließt sich alsbald auch die der geeigneten Sprache an. Denn die etwa von Heinrich Glarean in seinem *Dodecachordon* (1547) und später z. B. von Michael Praetorius im dritten Band seines *Syntagma musicum* (1619) anvisierte Einheit von Dichtung und Musik ist durchaus nicht in einen imaginären sprachindifferenten Raum hineingedacht, sondern rückt die Dichtung der jeweiligen Kultursprachen, vornehmlich des Italienischen, ins Zentrum der kompositorischen Aufmerksamkeit. Die Besonderheit der (dichterischen) Sprache wird respektiert, hilft mitbegründen, warum z. b. überreiche Melismatik oder der ungezügelte Fluß ungebundener Linienführung zugunsten wortbezogener Verständlichkeit, zugunsten einer konsequenten syllabischen Ausgestaltung und einer am Wortsinn orientierten rhythmisch-metrischen Textdeklamation eingedämmt werden müsse (›Akzenttaktbildung‹).[211]

Hätte sich nicht Nicola Vicentino in seinem Traktat *L'antica musica ridotta alla moderna prattica* (1555) um die Klassifizierung der angeblich griechischen Tongeschlechter bemüht, wäre es schließlich Gioseffo Zarlino in seinen *Istitutioni harmoniche* (1558) unmöglich gewesen, jenen musiktheoretischen Schritt zu vollziehen, der das tonartliche Geschehen dualistisch interpretiert, also Dur und Moll zu den beiden grundlegenden Klangqualitäten erklärt, denen alle weiteren Tonarten im Grunde genommen zuzuordnen seien.[212] Zarlinos Begründung hierfür folgt dabei weitaus weniger formalen Überlegungen, als dies zunächst erscheinen mag.

208 Vgl. IGNACE BOSSUYT, De Vlaamse polyfonie (Leuven 1994), 93–109; dt.: Die Kunst der Polyphonie. Die flämische Musik von Guillaume Dufay bis Orlando di Lasso, übers. v. H. Leuchtmann (Zürich/Mainz 1997), 93–109.
209 Vgl. ARNO FORCHERT, Zwischen Schütz und Bach: Theaterstil und Kirchenmusik, in: Funkkolleg Musikgeschichte. Europäische Musik vom 12.–20. Jahrhundert, Studienbegleitbrief 4 (Weinheim/Basel/Mainz 1987), 132 f.
210 Vgl. MARCUS VAN CREVEL, ›Coclico‹, in: MGG, Bd. 2 (1952), 1527.
211 Vgl. GEORGIADES, Musik und Sprache. Das Werden der abendländischen Musik dargestellt an der Vertonung der Messe (1954; Berlin/Heidelberg/New York ²1984), 53 ff.
212 Vgl. ZARLINO, Istitutioni harmoniche 3, 31 (s. Anm. 188), 210 f.; FRIEDER REMPP, Elementar- und Satzlehre von Tinctoris bis Zarlino, in: F. Zaminer (Hg.) (s. Anm. 165), Bd. 7 (Darmstadt 1989), 172.

Denn ausgehend von der Annahme, das Affektleben des Menschen scheide sich in zwei große Klassen, weist Zarlino allen auf der großen Terz basierenden Tongeschlechtern die Fähigkeit zum Ausdruck der Freude zu, während er den mit der kleinen Terz operierenden den Ausdruck von Traurigkeit vorbehält. Von ihrem seit alters zugestandenen allgemeinen ethischen Nutzen einmal abgesehen, erweise sich deshalb vokale Musik als idealer Träger bestimmter Affektcharaktere, die im Hörer Entsprechendes auslösten und ihn zum Mitleiden, Mitempfinden – zur Sympathie – anhielten.

Just im Moment ihrer breitesten Akzeptanz erfährt Zarlinos elaborierte Musikanschauung übrigens heftige Kritik durch einen seiner berühmten Schüler. Vincenzo Galilei, der Vater Galileo Galileis, knüpft in seinem *Dialogo della musica antica et della moderna* (1581) zwar an die musiktheoretischen Prinzipien seines Lehrers an, schränkt die allgemein gängige Wertschätzung polyphoner Musikformen und -gattungen aber ein und versetzt ihnen – zumindest theoretisch – beinahe den Todesstoß, indem er unter Hinweis auf die wortgebundene Textverständlichkeit die zu seiner Zeit selbstverständlich am höchsten geschätzte mehrstimmige Musikpraxis in Frage stellt. Textverständlichkeit und richtige, grammatikalischen Regeln entsprechende Textdeklamation sieht Galilei nur – und damit im deutlichen Gegensatz zu Zarlino – im einstimmigen Vortrag bzw. Gesang gewährleistet.[213] Galileis Kritik fällt um so mehr auf fruchtbaren Boden, als sich seine Überlegungen mit zeitgleichen Bestrebungen der im Hause des Florentiner Grafen Giovanni de' Bardi sich versammelnden *camerata* decken. Deren Mitglieder erblicken in der kunstvollen polyphonen Setzweise des ›contrappunto‹ – überspitzt – eine ›barbarische‹ Praxis, die nichts anderes bewirke als die ›Zerfleischung der Dichtung‹, als eine Erschwerung der Wortverständlichkeit und eine musikalische Knebelung des dichterischen Vorwurfs.[214] Geht Galileis Kritik auch weit am damaligen Stand des Komponierens vorbei, das sich eben durch eine freiere Behandlung z. B. der Dissonanzen von einer allzu einengenden Bindung an strenge Kontrapunkt- und Harmonieregeln löst, so bereitet sie doch den Boden für eine ›Erfindung‹, die Erfüllung wie Ende der Renaissance-Ästhetik nach sich ziehen sollte. Sie kündigt sich in dem bereits von Pietro Pontio[215] thematisierten Zweifel an der musikästhetischen Überzeugung an, daß das, was für die eine Kompositionsgattung richtig sei, nicht unbedingt auch schon für die andere taugen müsse.

Es blieb Claudio Monteverdis Position im Streit mit Giovanni Maria Artusi um eine *prima* bzw. *seconda prattica* und seiner aktiven Rolle im Streben nach Befestigung der Oper vorbehalten, die musikästhetische Diskussion um neue Impulse zu bereichern. Der Streit spitzt sich dabei in der Frage zu, ob »l'armonia non comandata, ma comandante, e non serva ma signora del oratione« sei, d. h. ob die innermusikalische Logik über die Sprache herrsche wie in der *prima prattica*, oder ob »l'armonia comandata, e non comandante« sei wie in der *seconda prattica*, die »per signora dell'armonia pone l'oratione«[216], die Sprache also zur Herrscherin über das musikalische Geschehen erhebe. Diese Frage stellt sich selbstverständlich vor dem Hintergrund der von beiden Seiten als verbindlich anerkannten ›Affektenlehre‹, so daß sich der Zusammenhang von Musik und Sprache ohnehin nicht einfach in einer textduplizierenden Musikillustration erschöpfen kann.

Denn vorschnell ist die *seconda prattica*, von Claudio Monteverdi im Vorwort zu seinem fünften Madrigalbuch (1605) angekündigt, in ihrer deutlichen Orientierung am Primat der Sprache als jene historische Schnittstelle angesehen worden, mit der man die neuzeitliche ›Versprachlichung der Musik‹ einsetzen lassen wollte. Eine Mißdeutung, die nicht nur aus der laxen Gleichsetzung von ›oratio‹ und ›logos‹ resultiert, sondern die darüber hinaus das mit dem erstgenannten Begriff angezeigte sprachliche Moment auf das rein Textlich-Semantische reduziert. Was die Verpflichtung auf ›oratione‹ jedoch tatsächlich bezweckt, zeigt sich in Erläuterungen, in denen – je nach Autor und

---

213 Vgl. GALILEI, Dialogo della musica antica e della moderna (Florenz 1581), 80 ff.
214 Vgl. RUDOLF SCHÄFKE, Geschichte der Musikästhetik in Umrissen (Berlin 1934), 278.
215 Vgl. PIETRO PONTIO, Ragionamento di musica (1588), hg. v. S. Clerx (Kassel 1959), 153–161.
216 G. C. MONTEVERDI (s. Anm. 198), 398 f.; vgl. SILKE LEOPOLD, Kontrapunkt und Textausdruck, in: Funkkolleg Musikgeschichte. (s. Anm. 209), 11–45.

Intention differenziert – bald von ›imitazione della natura‹, bald von ›imitazione‹ bzw. ›espressione di concetti dell'animo‹ oder auch von ›imitazione delle parole‹ die Rede ist.[217] Die musikalische Entsprechung der ›oratione‹ geschieht also immer nach dem Prinzip charakterisierender Nachahmung (›imitatio‹), des Denkens in Analogien oder partiellen Übereinstimmungen. ›Imitiert‹ wird dabei immer auch etwas außerhalb des Textes oder seines Sinnes Liegendes, also z. B. außermenschliche Ereignisse und Sachverhalte, aber auch dem Einzelnen zugeschriebene Haltungen, Gefühle bzw. Innenlagen oder das Sprechen selbst, also der Sprechakt, der in sich logische wie gestische Sprach- oder besser Sprechmomente verbindet.[218] So wird das Konzept einer *seconda prattica* entworfen, die sich eben nicht nur in die Textillustration bescheidet, sondern auch alle sprachgestischen Komponenten mit einbegreift, die gerade in der Folgezeit ihre durchaus eigene musikalische Dynamik entfalten sollten.

Das aber macht es nötig, auf den von Monteverdi und auch von seinen Zeitgenossen akzeptierten Affektbegriff noch einmal zurückzukommen. In der Vorrede zu seinen *Madrigali guerrieri et amorosi* von 1638 bekennt Monteverdi: »Havendo io considerato le nostre passioni, od affettioni del animo, essere tre le principali, cioè Ira, Temperanza, et Humiltà o supplicatione, come bene gli migliori Filosofi affermano, anzi la natura stessa de la voce nostra in ritrovarsi, alta, bassa, e mezzana: et come l'Arte Musica lo notifica chiaramente in questi tre termini, di concitato, molle, et temperato, nè havendo in tutte le compositioni de' passati compositori potuto ritrovare esempio del concitato genere, ma ben sì del molle et temperato« (Ich bin zu der Ansicht gelangt, daß in unseren Leidenschaften oder Affekten der Seele drei grundlegende gibt, nämlich Zorn, Mäßigung und Demut oder Flehen, wie uns wohl die besten Philosophen bestätigen, wie die Natur unserer Stimme selbst, die hoch, tief und mittel angetroffen wird, und wie die musikalische Kunst dies klar in diesen drei Gliedern der erregten, sanften und gemäßigten kundgibt; und in keiner Komposition der alten Meister konnte ich ein Beispiel für die erregte Art, wohl aber für die sanfte und gemäßigte finden)[219]. Sind sich auch Monteverdis Konkurrenten durch-

aus nicht darüber einig, wie die Affektgestaltung musikalisch im einzelnen umzusetzen sei, so definiert doch der im Mimesis-Prinzip verankerte Affektbegriff den gemeinsamen Horizont, in dem sich alle, selbst die zu Kontrahenten aufgebauten Protagonisten Monteverdi und Artusi, treffen.

Affekte spiegeln typische Zustände oder Erregtheiten des Gemüts wider, in die es veranlaßt gerät. Musik wird für fähig erachtet, einen konkreten Gemütszustand abzubilden, ihn durch Abbildung im Hörer künstlich zu erzeugen, indem sie den in einer rational verfahrenden ›Lehre von den Affekten‹ (im Gegensatz zur ›Affektenlehre‹)[220] isolierten und klassifizierten Merkmalen musikalisch-gestalthaft entspricht, etwa durch Analogisierung von intervallischen, harmonischen, rhythmischen, metrischen, aber auch vortragstechnischen und aufführungspraktischen Satzqualitäten wie ›Diminutionen‹ oder Auszierungen.

Als Vorgabe wie als Regulativ gegenüber hohler Ornamentierung fungiert in der von Monteverdi benannten *seconda prattica* eben die ›oratione‹, wobei diese auch das vom Affektgehalt eines Texts hervorgerufene und gesteuerte Sprechgeschehen mit einbegreift.[221] Zur Aufgabe des Komponisten wird deshalb erhoben, sowohl der Aussage (dem ›Inhalt‹) wie der Aussageweise (dem ›Vollzug‹) musikalisch zu entsprechen, und das gleichzeitig so, daß es zur Situation wie auch zur handelnden Person paßt. Konsequent fordert Monteverdi ›parlare in canto‹, das Sprechen im Gesang, was meint, auch die affektuelle, durchaus hintergründige Sprechsituation im Gesang musikalisch aufzugreifen und mit zu gestalten.[222]

---

217 Vgl. GALILEI (s. Anm. 213), 82 ff.
218 Vgl. KADEN (s. Anm. 200).
219 CLAUDIO MONTEVERDI, [Vorwort zu den ›Madrigali guerrieri et amorosi, Libro ottavo‹] (1638), in: Monteverdi (s. Anm. 198), 416 f.; dt. nach RAINER FANSELAU, Musik und Bedeutung (Frankfurt a. M. u. a. 1984), 109.
220 Vgl. ALBRECHT D. STOLL, Figur und Affekt. Zur höfischen Musik und zur bürgerlichen Musiktheorie der Epoche Richelieu (1977; Tutzing ²1981), 104.
221 Vgl. KADEN (s. Anm. 200), 636.
222 Vgl. EGGEBRECHT, Affekt und Figur, in: Eggebrecht, Musik im Abendland. Prozesse und Stationen vom Mittelalter bis zur Gegenwart (München/Zürich 1991), 351.

Der Affektbegriff bleibt nicht nur Bezugspunkt aller nachfolgenden (›barocken‹) musikästhetischen Diskurse, sondern wirkt auch in seiner mehr deutschsprachigen, gelegentlich auch mit der evangelischen Kantoreitradition in Verbindung gebrachten Variante als ›Figur‹ weiter.[223] Im Vergleich zum ›Affekt‹ konzentriert sich die Abbildlichkeit der ›Figur‹ jedoch nicht nur auf die sich äußerlich zeigenden wie erzeugbaren inneren Gemütsverfassungen des Menschen, sondern die in ihre musikalischen Bestandteile zerlegte Musik verweist durch ihre satztechnischen Auffälligkeiten oder sogar bewußten Regelverstöße zeichenhaft auf Dinge oder Sachverhalte in der näheren oder weiteren natürlichen wie kulturellen Umwelt des Menschen. Der Unterschied zum Affektgebrauch besteht also weniger in der Weise des musikalischen Entsprechens oder im kompositorischen Verfahren als vielmehr in der intendierten abbildhaften Zuständigkeit bzw. im symbolischen Repräsentationsumfang.[224] Was mit der ›Figurenlehre‹ einerseits zwar immer im Blick auf textgebundene Musik ästhetisch entwickelt wird und auf die angemessene musikalische Umsetzung von Worttexten abzielt, beschränkt sich andererseits keineswegs nur auf die sprachdienende Anwendung. Alternativ wurde sogar eine Tendenz zur ›Entsprachlichung‹, jedenfalls aber eine zur ›Vergestelung‹ der Musik diskutiert.[225] So liefert z. B. Joachim Burmeister, auf den sich dann wieder der Schütz-Schüler Christoph Bernhard, aber auch noch Johann Mattheson, Johann Gottfried Walther oder Johann Nikolaus Forkel beziehen, in seiner *Musica poetica* (1606) folgende Definition: »Ornamentum, sive Figura musica est tractus musicus; tam in Harmonia, quam in Melodia, certa periodo [...] circumscriptus, qui a simplici compositionis ratione discedit, & cum virtute ornatiorem habitum assumit & induit.« (Ornamentum oder musikalische Figur ist eine musikalische Gestalt, sowohl harmonisch als auch melodisch, die im Rahmen eines textlich-musikalischen Abschnitts [...] stattfindet und die von der gewöhnlichen Art der Komposition abweicht und dabei mit Nachdruck ein geschmückteres Aussehen annimmt und einführt.)[226] Er spricht also ausdrücklich von Regelabweichung und Ausschmückung: von Merkmalen, die als ornamentale Freiheiten (licentiae) im Geregelten der Musik ihren gleichzeitig ästhetischen ›Mehrwert‹ durch die an sich alte Forderung nach Mannigfaltigkeit und Abwechslung (variatio/varietas) garantieren.[227] Der Figurbegriff vereint somit eine Mehrdeutigkeit in sich: Figuren dienen der gestisch-abbildlichen Textausdeutung; zugleich schmücken und verzieren sie aber auch den musikalischen Satz, sichern ihm so ästhetische Qualität, Aufmerksamkeit und damit Zuhörer. Genau diese Doppelfunktion der Figur als »Schmuck der Komposition und Abbild des Textes«[228] begründet denn auch ihre Zuständigkeit sowie Verwendbarkeit für eine sich parallel zur Vokalmusik entwickelnden, immer mehr an Bedeutung gewinnenden Instrumentalmusik.[229]

Bemühte sich bereits Burmeister weniger um den synthetischen Entwurf einer Figurenlehre als um die analytische Durchdringung satztechnischer Sachverhalte unter weitgehender Abstraktion vom vertonten Text[230], so beschränken sich die ihm nachfolgenden Theoretiker vollends auf die Diskussion satztechnischer Spezialprobleme (Bernhard) oder auf eine mehr oder weniger eklektizistische Zusammenstellung des bisher über die Musik Gedachten (Kircher).

Christoph Bernhard interessiert sich z. B. in seinem *Ausführlichen Bericht* (vor 1682) für die Dissonanzbehandlung und stellt in diesem Zusammenhang fest: »Dahero haben die Componisten in vorigem Seculo allbereits angefangen, eines und das andere zu setzen, was den vorigen unbekant, auch den Unverständigen unzuläßlich geschienen, guten Ohren aber und Musicis annehmlich gewesen. Biß

---

223 Vgl. EGGEBRECHT, Über Bachs geschichtlichen Ort, in: Deutsche Vierteljahrsschrift für Literaturwissenschaft und Geistesgeschichte 31 (1957), 527–556.
224 Vgl. EGGEBRECHT (s. Anm. 222), 345–388.
225 Vgl. KADEN (s. Anm. 176), 48 f.
226 JOACHIM BURMEISTER, Musica poetica (1606), hg. v. M. Ruhnke, (Kassel/Basel 1955), 55; dt. nach EGGEBRECHT (s. Anm. 224), 372.
227 Vgl. HENRI LOUIS FERNAND DRIJEPONDT, Die antike Theorie der ›varietas‹. Dynamik und Wechsel im Auf und Ab als Charakteristikum von Stil und Struktur (Hildesheim/New York 1979).
228 EGGEBRECHT (s. Anm. 224), 372.
229 Vgl. STOLL (s. Anm. 220), 103.
230 Vgl. HERMANN BECK, Werkanalyse und Figurenlehre: J. Burmeister, in: Beck, Methoden der Werkanalyse in Musikgeschichte und Gegenwart (Wilhelmshaven 1974), 94–104.

daß auff unsere Zeiten die Musica so hoch kommen, daß wegen Menge der Figuren, absonderlich aber in dem neu erfundenen und bisher immer mehr ausgezierten Stylo Recitativo, sie wohl einer Rhetorica zu vergleichen.«[231] Bernhards Versuch, die Systematisierung und Klassifizierung bestimmter gestisch-musikrhetorischer Wendungen (›Figuren‹) im Kontext diskutierter Schreib- und Stilarten voranzutreiben, erfolgt zu einem Zeitpunkt, wo die in der ›Lehre von den Affekten‹ aufgehobene mechanistische Seite des Verfahrens schon längst von ihren theoretischen Voraussetzungen abgekoppelt ist, ein ausschließlich auf den formalen Aspekt der Figurenlehre beschränkter ›Katalog‹ in inhaltsleere, schematische Applikation abzudriften droht.[232] Aber auch die auf solche Tendenzen reagierenden ›Zusammenschaus‹ vermögen nur noch bedingt zu überzeugen bzw. der musikalischen Sinnabkopplung in der musikalisch-kompositorischen Praxis zu wehren.

Mit dem Anspruch, das Heterogene bisheriger Musiktheorie zusammenzudenken sowie als Fazit darzustellen, legt der deutsche Jesuit Athanasius Kircher 1650 schließlich seine zweibändige *Musurgia universalis sive Ars magna consoni et dissoni* vor. Bereits der Titel ist symptomatisch für die angestrebte Vieldeutigkeit, denn das Bedeutungsspektrum von ›musurgia‹ reicht von ›Abhandlung über die Musik‹ bis hin zu dem, was wir heute als ›Theorie der Wissenschaften‹ bezeichnen würden; und die übertragene Bedeutung von ›consonus‹ und ›dissonus‹ schließt auch die Opposition von ›Übereinstimmung‹ und ›Gegensatz‹ mit ein. Die Spannweite dieser Begriffe veranschaulicht nicht zuletzt das die insgesamt zehn Bücher aufschlüsselnde ›Inhaltsverzeichnis‹, das bei den physiologischen Voraussetzungen beginnt, dann die Gebiete der Philologie, Mathematik, Physik, Medizin usw. durchmißt und schließlich in eine theologische Betrachtung des Ganzen mündet.[233]

VIII. System und Topos

Die zu Beginn des 18. Jh. zunächst noch vorherrschende rationalistische Musikauffassung verschafft dem Gedanken der vernünftigen und natürlichen Weltbetrachtung durch die Musik in Gestalt der beiden Aspekte Materialbestimmung (Melodik, Harmonik, Formgliederung) und Materialordnung (Affektenlehre, Regelwerk, systematische Ordnung der Kompositionstechniken) nachdrückliche Geltung. Daß dies nur zu verwirklichen sei, wenn gleichermaßen rationale wie emotionale, ästhetische wie ethische Aspekte in der Musik zur Einheit gebracht würden, gilt den meisten Komponisten dabei als selbstverständlich, regelt den Einsatz der musikalischen Mittel und bestimmt mit über die konkrete Werkgestalt.»Der Endzweck unsrer musicalischen Arbeit ist«, wie Johann Mattheson beteuert, »nächst Gottes Ehre, das Vergnügen und die Bewegung der Zuhörer«[234]. Doch obwohl der Musikbegriff noch weitgehend dem Ausgleichsgedanken verpflichtet bleibt, gerät die Affekten- bzw. Figurenlehre in der zweiten Hälfte des 18. Jh. zunehmend unter Druck. Dies ist weniger auf alternative oder konkurrierende Musikverständnisse im Grundsätzlichen zurückzuführen als vielmehr auf die sozialen Konnotationsverschiebungen, die man mit der kommunikativen Grundbedeutung der Musik und darüber hinaus mit der individuellen Identifikationsmöglichkeit in ihr verbindet.[235]

Einen wichtigen Beitrag zur Erweiterung und schließlich zur Ablösung der barocken Affektenlehre leistet denn auch die Emotionalisierung der

---

231 CHRISTOPH BERNHARD, Ausführlicher Bericht vom Gebrauche der Con- und Dissonantien (entst. vor 1682), in: Bernhard, Die Kompositionslehre Heinrich Schützens in der Fassung seines Schülers Christoph Bernhard, hg. v. J. Müller-Blattau (1926; Kassel ³1999), 147.

232 Vgl. HANS-HEINRICH UNGER, Die Beziehungen zwischen Musik und Rhetorik im 16. – 18. Jahrhundert (Würzburg 1941), 90 ff.

233 Vgl. ATHANASIUS KIRCHER, Musurgia universalis sive Ars magna consoni et dissoni, Bd. 2 (Rom 1650), ›Index‹ [nicht pag., aber 463 ff.]; dt.: Musurgia universalis, übers. v. A. Hirsch (1662; Kassel u. a. 1988).

234 JOHANN MATTHESON, Der Vollkommene Capellmeister (1739), hg. v. M. Reimann (Kassel ⁶1995), 129.

235 Vgl. KADEN, ›Aufbruch in die Illusion‹. Kommunikationsstrukturen in der Musik des späteren 18. Jahrhunderts, in: Kaden, Des Lebens wilder Kreis. Musik im Zivilisationsprozeß (Kassel u. a. 1993), 140–156.

Künste im allgemeinen und die der Musik im besonderen. Noch im ersten deutschsprachigen, 1732 von Bachs Schüler Johann Gottfried Walther besorgten *Musicalischen Lexicon* findet sich unter dem Eintrag ›Musica‹ die Festlegung: »und bedeutet überhaupt die Ton-Kunst, d. i. die Wissenschaft wohl zu singen, zu spielen, und zu componieren«[236]. Unschwer läßt sich die Anknüpfung an weitaus ältere Musikverständnisse ausmachen, die besonderen Wert auf ›Kunst‹ im Sinne von Kunstfertigkeit/Kunstvermögen legen und sich damit allgemein auf eine künstlerische Betätigung beziehen. Das Wissen um eine richtige, fehlerfreie, angemessene und ausdrucksgesättigte Musikpraxis hat jetzt aber zunehmend mit speziellen, eigenen und selbständigen Erfahrungen mit der musikalischen Praxis zu tun. In der Musik als »Ton-Kunst«, wie Mattheson betont, realisiere sich zwar noch immer eine Art (älteres) supraindividuelles musikalisches Ordnungsstreben, jetzt aber hätten die natürlichen »moralischen und rhetorischen Verhältnisse« in der Musik »das Meiste zu sagen« und nicht mehr die jahrhundertelang geltenden »mathematischen«. Des häufigeren spricht Mattheson von der Musik auch als »Ton-Sprache«, als »Klang-Rede« oder mit der Gleichsetzungsformel der »Klang- als Dicht-Kunst« und trägt damit dem neuen, wichtig gewordenen Verhältnis Rechnung, wonach das Kunstwerk auf den Hörer in der Art der Wortsprache einwirkt, d. h. Musik auch eine »Gemüths-Bewegung«[237] auslöst.

So frei, subjektiv und willkürlich sich dieser Musikbegriff auf den ersten Blick auch ausnehmen mag, im Verständnis der Zeit ist er es durchaus nicht. Musik will Johann Nikolaus Forkel, dem wir die erste *Allgemeine Geschichte der Musik* (1788/ 1801) verdanken, vielmehr richtig im Sinne einer »allgemeinen Sprache der Empfindungen« verstanden wissen, »deren Umfang ebenso groß ist und

seyn kann, als der Umfang einer ausgebildeten Ideen-Sprache. So wie nun in der Ideensprache *Reichthum an Ausdrücken* für alle mögliche Gedanken mit ihren Beziehungen, *Richtigkeit und Ordnung in der Verbindung* dieser Ausdrücke, und die Möglichkeit, die sämmtlichen Ausdrücke *nach allen den verschiedenen Zwecken und Absichten*, die ein Redender damit verbinden kann, zu biegen und zu gebrauchen, Merkmale ihrer höchsten Vollkommenheit sind; so müssen auch in der Tonsprache 1) *Reichthum an Combinationen der Töne,* 2) *Richtigkeit und Ordnung in den Verbindungen derselben,* und 3) *gewisser Endzweck,* die drey Hauptmerkmale einer wahren, guten und ächten Musik seyn.«[238]

Matthesons ›Ton-Sprache‹ bzw. ›Klang-Rede‹ oder Forkels ›allgemeine Sprache der Empfindungen‹ sind demnach wörtlich zu nehmen, als ein geregeltes Erklingen, das nur derjenige richtig versteht, beherrscht und zu deuten weiß, der sich zuvor mit den Regeln der Musik, die wesentlich denen der Rhetorik entsprechen, verbindlich vertraut gemacht hat. In dieser Hinsicht ist und bleibt die musikalische Praxis im umfassenden Sinne an ›Wissenschaft‹ angekoppelt, an eine Wissenschaft, die mit historischer Berechtigung den Anspruch einer sprachaxiomatischen Supertheorie erheben kann. Die Zugangsmöglichkeiten zur Musik bleiben damit auf ›Kenner und Liebhaber‹ beschränkt, auf Gebildete und Amateure; die allgemeine musikalische Alphabetisierung reift bezeichnenderweise im Gegenzug hierzu als Forderung der Zeit. Zu den »General-Regeln der Compositon, die einem galant homme zu wissen nöthig sind«, zähle, wie Mattheson 1713 im Katalog von zwölf Faustregeln an zweiter Stelle gewichtig ausführt, »daß sich in der Vocal-Music Text und Noten vor allen Dingen wol zusammen reimen und die in den Worten steckende Emphasis, nebst den Distinctionen, als Comma, Colon etc. wol in acht genommen und geschickt exprimiret werden. Als worinn mit Recht die musicalische Rhetoric stecket.«[239] Das Musikmachen teilt er in die Ausarbeitungsschritte der Erfindung, Gliederung, Ausarbeitung, Ausschmückung und des Vortrags ein (inventio, dispositio, elaboratio, decoratio, executio), was dazu führt, daß Musikstücke nach Sinneinheiten oder Perioden gegliedert werden, in denen die musikalisch-rhetorischen Figuren die Aufmerksamkeit des

---

236 JOHANN GOTTFRIED WALTHER, ›Musica‹, in: Walther, Musicalisches Lexicon (1732), hg. v. R. Schaal (Kassel/Basel 1953), 430.
237 MATTHESON (s. Anm. 234), 18, 82, 207.
238 JOHANN NIKOLAUS FORKEL, Allgemeine Geschichte der Musik, Bd. 1 (1788), hg. v. O. Wessely (Graz 1967), 19.
239 MATTHESON, Das Neu-Eröffnete Orchestre (1713; Hildesheim 1993), 105 f.

Hörers auf einen bestimmten Punkt der musikalischen Darstellung lenken.[240] Forkel verdichtet diese Ansätze dann vollends zum System, insofern er eine Übersicht, eine »Poetik der Musik«, über zunächst alle zur »musikalischen Grammatik« zugehörigen Teile, dann über die der »musikalischen Rhetorik« liefert, nämlich: »musikalische Periodologie, musikalische Schreibarten, verschiedene Musikgattungen, Anordnung musikalischer Gedanken in Rücksicht auf den Umfang der Stücke, die man auch die ästhetische Anordnung nennen kann, nebst der Lehre von den Figuren und Vortrag oder die Declamation der Tonstücke«[241]. Darin erschöpft sich jedoch das zeitgenössische Musikverständnis durchaus nicht mehr.

Um als kompositionsästhetisches wie -technisches Prinzip wirksam zu werden, hat sich die ›musicalische Rhetoric‹ einen konkreten ideengeschichtlichen Topos gesucht und ihn auch gefunden. Es ist der des ›Gesprächs‹. Geht man diesem Topos des Gesprächs oder, wie es in der Terminologie der Zeit heißt, der ›Konversation‹ nach und prüft, wo und in welchem Zusammenhang der Begriff auftaucht, so führen die Spuren in die erste Hälfte des 18. Jh. nach Frankreich zurück.

In sowohl klassifizierender als auch charakterisierender Absicht taucht in Werktiteln dort zunehmend das Beiwort ›conversation‹ auf. Ein Blick auf die kompositorische Faktur belehrt darüber, daß es – von modischen Anlehnungen und zugleich verkaufsfördernden Überlegungen einmal abgesehen – ganz bestimmte innermusikalische Sachverhalte und zwar gerade und erst recht in textungebundenen, instrumentalen Kompositionen (vor allem der beliebten Triosonaten) sind, die dazu herausfordern, daß man sie mit dem Topos des Gesprächs in Zusammenhang bringt. So weist die Faktur bei verschiedenen instrumentalen Gattungen mit kammermusikalischer Besetzung eine deutliche Neigung zur Reihung kurzer melodischer Motive und Phrasen auf, die von den konzertierenden Instrumenten hin und her gewendet, gereiht, einander gegenübergestellt und neu miteinander verbunden werden.[242] Die an der musikalischen Ausführung unterschiedlich gewichtig beteiligten Instrumente werden ähnlich wie ›Personen‹ vorgeführt und behandelt. Sie scheinen sich – wie es auch die zeitgenössische Musikästhetik beschreibt – musikalisch miteinander zu ›unterhalten‹. Deshalb schließt sich Goethe nur einem allgemeinen, schon wesentlich älteren Wort an, wenn er über das Streichquartettspiel sagt: »man hört vier vernünftige Leute sich untereinander unterhalten, glaubt ihren Discursen etwas abzugewinnen und die Eigenthümlichkeiten der Instrumente kennen zu lernen«[243]. Schon bald gewinnt der Begriff ›Konversation‹ selbst im deutschsprachigen Raum, ob in präziser Verwendung oder metaphorischer Anspielung, die Qualität eines musikästhetischen Allgemeinplatzes, der zugleich den Vorgang des Komponierens umschreibt und veranschaulicht.

Deutlich wird, daß Musik, die Teil aristokratischer oder weltstädtischer Gesellschaftskultur ist, Konstituenten einer bestimmten Lebensform in sich aufnimmt, um umgekehrt die Idee der Konversation bzw. des Gesprächs in freilich transformierter und sublimierter Weise zu höchster musikalischer Wirkung wie gesellschaftlicher Bedeutung voranzutreiben und zu entfalten.[244] Exklusivität wächst der Musik durch kompositorisch erzeugte Komplexität zu, wie sich umgekehrt ihre Wertschätzung nur noch bedingt durch ihre Zugehörigkeit zu einem sozialen Ort bemißt. Die Urteilsfähigkeit der mit ihr Befaßten ist gefordert und wird zum entscheidenden Kriterium ihrer Beurteilung.[245]

Daß Komponieren dem ideengeschichtlichen Modell des Gesprächs als einer ästhetischen Leit-

---

240 Vgl. SCHÄFKE (s. Anm. 214), 304f.
241 FORKEL (s. Anm. 238), 39; vgl. ebd., 66ff.; WILIBALD GURLITT, Musik und Rhetorik. Hinweise auf ihre geschichtliche Grundlageneinheit, in: Gurlitt, Musikgeschichte und Gegenwart, hg. v. H. H. Eggebrecht, Bd. 1 (Wiesbaden 1966), 64.
242 Vgl. LUDWIG FINSCHER, Galanter und gelehrter Stil: Der kompositionsgeschichtliche Wandel im 18. Jahrhundert, in: Funkkolleg Musikgeschichte. Europäische Musik vom 12. – 20. Jahrhundert, Studienbegleitbrief 6 (Weinheim/Basel/Mainz 1988), 141 ff.; ROLAND WÜRTZ, Dialogue. Vorrevolutionäre Kammermusik in Mannheim und Paris (Wilhelmshaven 1990).
243 JOHANN WOLFGANG GOETHE an Zelter (9. 11. 1829), in: GOETHE (WA), Abt. 4, Bd. 46 (1908), 140.
244 Vgl. FINSCHER (s. Anm. 242), 146ff., 144.
245 Vgl. WOLFGANG RUF, Instrumentalmusik als Klangrede, in: Funkkolleg Musikgeschichte (s. Anm. 242), 11–68.

vorstellung folgt, entspricht geschichtlich genau dem sich wandelnden Musikverständnis. Denn offensichtlich sind es die durch ein aufgeklärtes Selbstverständnis freigesetzten, aber eben nicht fixierten Gefühlslagen und Erlebnisinhalte, die nun ein Gewicht für das ästhetische Gestalten erlangen und in Musik – zumindest aus der Sicht der Zeit – nicht anders eingehen können als im Modell des ›Gesprächs‹. In solcherart orientiertem Komponieren wird deshalb die Möglichkeit erprobt, sich selbst durchaus individuell auszudrücken, durch die fixierte Vermittlung des Ausgedrückten (Komposition) dem Individuellen aber zugleich eine objektive Existenz (wiederholbar, kommunizierbar, analysierbar) zu sichern. Musik wird also bedeutsam, weil sie sich gleichzeitig als individuelles Ausdrucksmittel wie als objektives Darstellungsmedium zu verstehen gibt.

IX. Vom Affekt zum Gefühl

Üblicherweise wird jedoch die Musik besagten Zeitraums mit einem ganz anderen Leitbegriff in Verbindung gebracht, und zwar dem des ›Affekts‹, wie er, weitgehend in der älteren rationalistischen (Musik-)Ästhetik wurzelnd, z.B. auch noch von Mattheson verstanden und gebraucht wird. Dem Affektbegriff fehlen gleichsam noch immer alle individuellen und subjektiven Merkmale. Denn nach wie vor regelt und kontrolliert den Gebrauch der Affekte die Intention, ›etwas auszudrücken‹ und (noch) nicht ›sich selbst auszudrücken‹.[246] Seine musikalische Bezeichnungsfähigkeit bleibt damit an den außen-innen-verschränkenden, realitätsbezogenen Vorgang der Nachahmung gebunden. Doch beginnen sich unter dem Einfluß der (Selbst-)Entdeckung des Menschen die ›Affekte‹ zu ›Gefühlen‹ zu wandeln. Das hängt damit zusammen, daß Empfinden und Fühlen – philosophisch gesprochen – erst als seriöse Grundbegriffe menschlicher Wahrnehmung entdeckt werden müssen, um so eine existentielle Bedeutung für die künstlerische Betätigung der Menschen zu gewinnen.

Kein Zufall also waltet, wenn zeitgleich mit Alexander Gottlieb Baumgartens *Aesthetica* (1750/58) und damit nach Eindämmung des »intellettualismo cartesiano« (cartesianischen Intellektualismus)[247] eine ganze Flut diverser Abhandlungen über Ästhetik, von Universitätsvorlesungen gleicher Thematik, ›Theorien der schönen Künste und Wissenschaften‹, Einführungen, Versuchen, Traktätchen, Essays, Betrachtungen vor allem im deutschsprachigen Kulturraum der zweiten Hälfte des 18. Jh. erscheint, wovon das musikalische Denken nicht unbeeinflußt bleibt. Die Eigenqualitäten von Empfindung und Gefühl heben die mächtig in den deutschen Sprachraum vordringenden musikästhetischen Entwürfe aus Frankreich hervor. Charles Batteux z.B. scheidet zwar noch die Sache des Verstandes, dem es obliege, das Wahre und das Falsche zu erkennen, vom Geschmack, dessen Domäne die Empfindung des Guten, Schlechten und des Mittelmäßigen sei, anerkennt jedoch ausdrücklich das Gefühlhafte im Geschmack und wirkt so dem starken Rationalismus seiner Zeit entgegen.[248] Batteux bricht letztlich einem ästhetischen Denken Bahn, das vor allem das Gefühl, und zwar das dynamisch verstandene, nur schwer kontrollierbare, ›natürliche‹ Gefühl zur Grundlage macht. Die Konsequenzen daraus für das musikalische Denken lassen sich u.a. bei Jean-Jacques Rousseau ablesen, der Partei für den Primat des Melodischen vor dem Harmonischen ergreift, indem er der Melodie gleichzeitig die Leidenschaften zuordnet, der Harmonie hingegen die Vernunft. Die Melodie avanciert zum eigentlichen Träger musikalischer Information und versammelt alle weiteren musikalischen Eigenschaften in sich: »La mélodie en imitant les inflexions de la voix exprime les plaintes, les cris de douleur ou de joye, les menaces, les gémissemens; tous les signes vocaux des passions

---

246 Vgl. EGGEBRECHT, Der Begriff des ›Neuen‹ in der Musik von der Ars nova bis zur Gegenwart, in: J. Larue (Hg.), Report of the Eighth Congress New York 1961, Bd. 1 (Kassel u.a. 1961), 200.

247 BENEDETTO CROCE, Estetica come scienza dell'espressione e linguistica generale. Teoria e storia (1902; Bari ⁹1950), 224; dt.: Aesthetik als Wissenschaft vom Ausdruck und allgemeine Sprachwissenschaft. Theorie und Geschichte, übers. v. H. Feist/R. Peters (Tübingen 1930), 213.

248 Vgl. SIEGFRIED BIMBERG, Geschichte der Musikästhetik, in: S. Bimberg/W. Kaden/E. Lippold (Hg.), Handbuch der Musikästhetik (Leipzig 1979), 347.

sont de son ressort. Elle imite les accens des langues, et les tours affectés dans chaque idiome à certains mouvemens de l'ame; [...] voilà d'où naît l'empire du chant sur les cœurs sensibles. L'harmonie y peut concourir en certains sistêmes en liant la succession des sons par quelques loix de modulation, en rendant les intonations plus justes, en portant à l'oreille un témoignage assuré de cette justesse«.[249] Wenn auch er noch von Nachahmung spricht, dann meint er jetzt Nachahmung der sich in der Sprache offenbarenden empfindsamen, gefühlhaften Natur, welche seinem Bild von einem natürlichen, ungekünstelten, gefühlvollen und beseelten Menschen verpflichtet ist und sich gegen ein Verständnis objektiver Gefühlstypik oder affektiver Befindlichkeit wendet.

An diesen Diskussionsstand knüpfen nun Mitte des 18. Jh. keineswegs nur deutschsprachige Musiktheoretiker und Musiker (Komponisten wie Interpreten) an. War es zuvor auch schon Aufgabe der Musik gewesen, Affekte zu ›exprimieren‹, wenden sich unter den Vorzeichen der um sich greifenden Gefühlsästhetik alle musikalischen Aktivitäten nun dem ›Ausdruck‹ von ›Rührungen‹ und ›Empfindungen‹ zu. Blickt man noch einmal auf die eben skizzierte Entwicklung zurück, so wird deutlich, wie die vormals ästhetisch vorherrschende Affektenlehre unter dem Druck der ästhetischen Einbindung von ›Gefühlen‹ immer mehr einer Auffassung weichen muß, die das Moment des Ausdrucks zunehmend loslöst von dogmatischer Naturnachahmung und damit Außenanlehnung. Dies ist freilich nur dort möglich, wo insgesamt nicht nur die typologisierbare Affektseite des Menschen akzeptiert wird, sondern wo Gefühle und Emotionen als zum Wesen des Menschen zugehörig begriffen werden.

Das Prinzip des Ausdrucks verlangt dabei nicht nur sein eigenes Recht, seine eigene musikalische Umsetzung, sondern setzt sich mit Verweis auf eine eigengesetzliche Dynamik sehr bald auch an die Stelle einer vermeintlich überladenen, dem Ausdruck zuwiderlaufenden Konstruktivität. Der Ausdruck steht nun im Dienst einer sich musikalisch artikulierenden Subjektivität, die es nicht duldet, sich in das Korsett einer durch Rhetorik begründeten Affekten- oder Figurenlehre zwängen zu müssen. Zwar verschwindet die alte Figurenlehre nicht ganz und nimmt weit länger Einfluß auf das Komponieren, als wir es wahrhaben wollen – in Ausläufern sicherlich bis weit ins 19. Jh. hinein –, doch wird dem bisher geltenden Musikdenken ein empfindlicher Schlag beigebracht. Das unscheinbare Adjektiv ›künstlich‹ geißelt nun, was angeblich der Natur des Menschen, dem Ausdruck seiner Gefühle und Emotionen entgegensteht. Johann Georg Sulzer definiert ›Musik‹ in seiner *Allgemeinen Theorie der Schönen Künste* (1771–1774) folgendermaßen: »Ihr Zwek ist Erwekung der Empfindung; ihr Mittel eine Folge dazu dienlicher Töne; und ihre Anwendung geschieht auf eine den Absichten der Natur bey den Leidenschaften gemäße Weise«.[250]

Das kopierende Nachahmen der äußeren Natur setzt Sulzer schlichtweg mit ›Nachäffung‹ gleich, die er für die Künste verwirft. Im Artikel ›Ausdruk‹, darin ›Ausdruk in der Musik‹, heißt es: »Der Ausdruk ist die Seele der Musik: ohne ihn ist sie blos ein angenehmes Spielwerk; durch ihn wird sie zur nachdrüklichsten Rede, die unwiderstehlich auf unser Herz würket«.[251] Schon Johann Adolf Scheibe mißtraut 1737 der als veraltet geltenden Figurenlehre, insbesondere Johann Sebastian Bachs »allzugrosser Kunst«, als »wider die Natur«[252]. Wenn man auch noch glaubt, daß man auf »critische Anmerkungen, Untersuchungen und [...] Regeln [...] aus der Redekunst und Dichtkunst in der Music«[253] nicht verzichten könne, so treten doch bald neue, ausdrucksbedingte und gestisch begründete ›Zeichen‹ an die Stelle der alten. Musik, stellt Sulzer fest, »würket [...] auf den Menschen nicht, in sofern er denkt, oder Vorstellungskräfte hat, sondern in sofern er empfindet«.[254]

---

249 ROUSSEAU, Essai sur l'origine des langues (1755), in: ROUSSEAU, Bd. 5 (1995), 416.
250 SULZER, ›Musik‹, in: SULZER, Bd. 3 (1793), 424.
251 SULZER, ›Ausdruk‹, in: SULZER, Bd. 1 (1792), 271.
252 JOHANN ADOLF SCHEIBE, Der Critische Musicus (Hamburg, 14. 5. 1737), zit. nach Bach-Archiv Leipzig (Hg.), Bach-Dokumente, Bd. 2 (Kassel u. a. 1969), 286 f.
253 SCHEIBE, Beantwortung der unpartheyischen Anmerkungen J. A. Birnbaums (März 1738), zit. nach ebd., 316.
254 SULZER (s. Anm. 250), 425.

Immer weitere Denk- und Argumentationsfiguren schleichen sich aus der französischen (und englischen) sensualistischen Nachahmungsästhetik ein und bereiten einem Kunstverständnis den Weg, das zunächst noch von der Gemeinsamkeit aller den Künsten zugrundeliegenden Regeln und Prinzipien ausgeht, schließlich jedoch jeder Kunst ihr eigenes ›Zeichensystem‹ samt eigener Regelhaftigkeit und eigenen Ausdrucksmöglichkeiten zugesteht. Während z. B. 1719 noch Jean-Baptiste Du Bos darauf hinweist: »Ainsi que le Peintre imite les traits & les couleurs de la nature, de même le Musicien imite les tons, les accens, les soupirs, les inflexions de voix, enfin tous ces sons, à l'aide desquels la nature même exprime ses sentimens & ses passions.«[255], unterscheidet Batteux bereits 1746 den Zeichenvorrat wie die Nachahmungszuständigkeit von Malerei, Plastik und Tanz einerseits und Musik und Poesie andererseits (»On définira la Peinture, la Sculpture, la Danse, une imitation de la belle Nature exprimée par les couleurs, par le relief, par les attitudes. Et la Musique et la Poësie, l'imitation de la belle Nature exprimée par les sons, ou par le discours mesuré«[256]), damit schließlich nach 1750 Denis Diderot freilich unter Favorisierung der Musik erklärt: »chaque art d'imitation a son hiéroglyphe«[257]. Musik, einzelne Werke, Sätze oder Wendungen werden als Versammlung hochemotionalisierter, subjektiver Ausdrucksträger von bisweilen größter Gegensätzlichkeit und Intensität auf engstem Raum verstanden, deren Bedeutung, wenn auch vage für das allgemeine Auditorium, sich dem genialen, mit- und einfühlenden Interpreten erschließt. Einzelne Wendungen stehen in ihrer aphoristischen Kürze für ganze Gefühlskomplexe, deuten auf subjektive Innenlagen, die auszusprechen, in Worte zu fassen als inadäquat gilt.

So bereitet sich die Emanzipation der Instrumentalmusik gegenüber der alten Vorherrschaft der Vokalmusik vor. Ihre ausdrucksfähigen musikalischen Ingredienzien finden sich in der ursprünglich rhetorisch bestimmten Spezifik von Intervallen, von Tempo, Tonart, Ornamentik, Rhythmik, Akkordverbindungen sowie in Bei- und Anwendungsvorschriften usf. wieder. Mit ihnen gilt es vor allem Melodien zu erfinden, die charakteristische Eigenschaften annehmen und ausprägen. Nur sie garantieren der Musik ihre Fähigkeit zu Ausdruck und Ekstase oder, um es mit den Worten Johann Joachim Quantz' zu sagen, »sich der Herzen zu bemeistern, die Leidenschaften zu erregen oder zu stillen, und die Zuhörer bald in diesen, bald in jenen Affect zu versetzen«[258]. Wollte man ursprünglich nur den Ausdruck von Affekten musikalisch intensivieren, im Sinne von intersubjektiven Affekttypen, behauptet die durchgreifende Anthropologisierung der Musik schon wenig später, individuelle ›Empfindungen‹ ausdrücken zu können, und mündet schließlich in der Überzeugung, Musik habe es inbegrifflich mit der Darstellung und Vermittlung der im Komponisten und Interpreten waltenden subjektiven ›Gefühle‹ zu tun. »Worinn aber besteht der gute Vortrag?« fragt sich der zweite Sohn Johann Sebastian Bachs, Carl Philipp Emanuel Bach, und gibt als Antwort: »in nichts anderm als der Fertigkeit, musikalische Gedanken nach ihrem wahren Inhalte und Affect singend oder spielend dem Gehöre empfindlich zu machen«[259].

Carl Philipp Emanuel Bach oder Leopold Mozart erweitern übrigens die Ausdrucksforderung dahingehend, daß sie den Wechsel der entsprechenden Leidenschaften in ein und demselben Musikstück nicht nur gegenüber der älteren Forderung nach einem Generalaffekt pro Satz rechtfertigen, sondern darin geradezu einen ästhetischen Gewinn feiern. »Bevor man zu spielen anfängt muß man das Stück wohl ansehen und betrachten. [...] Man muß sich endlich bey der Ausübung selbst alle Mühe geben den Affect zu finden und richtig vorzutragen, den der Componist hat anbringen wollen; und da oft das Traurige mit dem Fröhlichen abwechselt: so muß man jedes nach seiner Art vorzutragen beflissen seyn. Mit einem Worte, man muß also spielen, daß man selbst

---

255 DU BOS, Bd. 1 (1770), 466f.
256 BATTEUX (1746), 42.
257 Vgl. DENIS DIDEROT, Lettre sur les sourds et muets (1751), in: DIDEROT (ASSÉZAT), Bd. 1 (1875), 391.
258 JOHANN JOACHIM QUANTZ, Versuch einer Anweisung die Flöte traversière zu spielen (Berlin 1752), 100.
259 CARL PHILIPP EMANUEL BACH, Versuch über die wahre Art das Clavier zu spielen mit Exempeln und achtzehn Probe-Stücken in sechs Sonaten (1753/1762; Leipzig 1957), 117.

davon gerühret wird.«²⁶⁰ Vom interpretierenden Künstler verlangen sie, daß er sich mit den im betreffenden Musikstück einkomponierten Gefühlen identifiziere, um durch den solcherart gefühlsgeladenen Vortrag auf sich selbst zurück- und zugleich auf die Hörer einzuwirken. Musikalische Selbstdarstellung, die Mitteilung des persönlich Innersten werden z. B. bei C. P. E. Bach zu musikästhetischen Zielen erklärt: »Indem ein Musickus nicht anders rühren kan, er sey dann selbst gerührt; so muß er nothwendig sich selbst in alle Affeckten setzen können, welche er bey seinen Zuhörern erregen will; er giebt ihnen seine Empfindungen zu verstehen und bewegt sie solchergestallt am besten zur Mit-Empfindung.«²⁶¹

Musik im Sinne von ›Tonkunst‹ avanciert Anfang des 19. Jh. folgerichtig, wie es Hans Georg Nägeli formuliert, zur »Sprache des Herzens«²⁶² oder, wie es Heinrich Christoph Koch ›klassisch‹ faßt, zur »Kunst, durch Töne Empfindungen auszudrücken«²⁶³, und zwar in dem Maße, wie sie einerseits ihre Zugehörigkeit zum Konzert der Künste und andererseits ihre Bindung an ein außengeleitetes Nachahmungsprinzip aufkündigt. Als reine Angelegenheit des Herzens aber läuft Musik schon bald Gefahr, einer ›anti-epischen‹ Egomanie aufzusitzen, der jegliche soziale Kommunikationsfähigkeit abhanden zu kommen droht.²⁶⁴

Die Beschäftigung mit dem ›Natürlichen‹ und mit der im sogenannten Buffonisten-Streit bereits erhobenen Forderung nach Einfachheit²⁶⁵ gerät daraufhin immer mehr unter den Einfluß der neuen Ausdrucksästhetik, die auch im Bereich des reformorientierten Opernkomponierens (Christoph Willibald Gluck) und vor allem des Liedschaffens (*Berliner Liederschule*²⁶⁶) lebhaften musikalischen Widerhall findet. Komponisten wie Interpreten – sie alle fordern jetzt eine musikalische Faktur, die vor allem den individuellen Ausdruck von Gefühlen erlaubt, und wenn es auch nur solche sind, die sich an der Lektüre eines Texts oder im Nacherleben eines Librettos entzünden. »Je songeai à réduire la musique à sa véritable fonction, qui est de seconder la poésie dans l'expression des sentiments et des situations de la fable, sans interrompre l'action, ou la refroidir par des ornements inutiles et superflus«, erklärt Gluck in der Vorrede zur Partitur seiner Oper *Alceste* (1769); »J'ai cru en

outre que mes plus grands efforts devaient se réduire à rechercher une belle simplicité; et j'ai évité de faire parade de difficultés au préjudice de la clarté; je n'ai jugé estimable la découverte de quelque nouveauté qu'autant qu'elle était naturellement suggérée par la situation ou utile à l'expression«²⁶⁷.

Zudem werden die ästhetischen Präferenzen nun mit soziologischen Deutungen überlagert. ›Natürlichkeit‹, ›Einfachheit‹ oder ›Allgemeinverständlichkeit‹ werden z. B. als ästhetische Maximen gegen eine zunehmend mit ›höfisch‹ identifizierten, als verworren, gekünstelt, schwierig, unfaßlich usw. geltenden Musik ausgespielt. Von den tatsächlichen politischen Implikationen dieses Vorgangs zeugt nicht zuletzt die bereits erwähnte, ideologisch motivierte begriffliche Polarisierung zwischen ›gelehrt‹ = veraltet/höfisch und ›galant‹ = fortschrittlich/modern.²⁶⁸ (Musik-)Denken begibt sich in bewußte Opposition zum politisch herrschenden Adel, lange bevor hierfür seinerseits politische Grundlagen geschaffen wurden. Selbst bei so ›unpolitischen‹ Autoren wie z. B. Quantz spielen Oppositionsbegriffe vermehrt eine Rolle. Indem Quantz den – gerade im Bereich der ›Quatuor‹ und ›Trio‹ von ihm fruchtbar gemachten – Gegensatz zwischen ›gearbeiteter‹, polyphoner Musik

---

260 LEOPOLD MOZART, Gründliche Violinschule (³1787; Leipzig 1968), 260.
261 BACH (s. Anm. 259), 122.
262 HANS GEORG NÄGELI, Vorlesungen über Musik mit Berücksichtigung der Dilettanten (1826; Darmstadt 1983), 10.
263 HEINRICH CHRISTOPH KOCH, ›Musik‹, in: Koch, Musikalisches Lexikon (Frankfurt a. M. 1802), 992.
264 Vgl. KADEN (s. Anm. 235), 145 f., 155; MAX BECKER, Narkotikum und Utopie. Musik-Konzepte in Empfindsamkeit und Romantik (Kassel u. a. 1996).
265 Vgl. GERHARD ALLROGGEN, Opernreform und Publizistik in Paris, in: Funkkolleg Musikgeschichte (s. Anm. 242), 100 f.
266 Vgl. HANS-GÜNTER OTTENBERG, Die Entwicklung des theoretisch-ästhetischen Denkens innerhalb der Berliner Musikkultur von den Anfängen der Aufklärung bis Reichardt (Leipzig 1978), 53 ff.
267 CHRISTOPH WILLIBALD GLUCK, Alceste (1769), hg. v. F. Pelletan/B. Damcke (Paris 1874), I f.
268 Vgl. FINSCHER (s. Anm. 242), 160, 170.

und ›galanter‹, homophoner, betont[269], bindet er diesen zugleich an den Unterschied zwischen Verstand und Herz, zwischen Verwunderung und Rührung, zwischen ›Kunst‹ (im Sinne von Künstlichkeit oder »Künstelei«[270], wie es z. B. bei Johann Friedrich Reichardt heißt) und Natur an und dokumentiert damit indirekt die nebeneinander bestehende Existenz verschiedener Musikkulturen unterschiedlicher sozialer Schichten.

X. Autonomie und Transzendenz

Das Musikverständnis des 19. Jh. entzieht sich der Möglichkeit einer knappen Zusammen- oder Überschau. Obschon dieses Jh. der Musik in besonderer Weise zugetan ist, lassen sich keine großen Linien gemeinsamer musikästhetischer Positionen ausziehen, da Begriffe, Anschauungen und Überzeugungen an persönliche, teils auch kontroverse Standpunkte gebunden bleiben. Aber selbst bei gemeinsamen Auffassungen sind die entscheidenden Aspekte weitaus mehr in den individuellen Unterschieden zu sehen als in jenen (wenigen) Momenten, die die Musikauffassungen untereinander zu verbinden scheinen. Dennoch soll der – freilich äußerst fragmentarische – Versuch gewagt werden, vor allem Pole kenntlich zu machen, zwischen denen individuelle Musikverständisse vor allem im deutschsprachigen Kulturraum Gestalt angenommen haben.

Keine Kunst hat sich im 19. Jh. für den ästhetischen Diskurs eine vergleichbar zentrale Stellung erworben und diese auch genossen wie die Musik. Das hat verschiedene Gründe und reflektiert unterschiedliche Motive, die im Bereich der Musik vor dem Hintergrund gewaltiger, nicht zu überschätzender Bedeutungswandlungen zu sehen sind. Diese wurden wechselweise durch bestimmte musikästhetische Debatten hervorgerufen, wie sie umgekehrt wieder auf die Herausbildung konkreter musikalischer Phänomene zurück- und einwirkten. Zu denken ist einerseits an den alle bisherigen musikästhetischen Anstrengungen umkehrenden, im 18. Jh. beginnenden kometenhaften Aufstieg der Instrumentalmusik (mit ihren Gattungen Kammermusik, Sinfonik und Solokonzert) und andererseits an die nahtlose Überführung der höfischen Institution Oper in eine bürgerliche Repräsentationsinstanz ersten Ranges.[271] Beides vollzog sich zudem in einem soziologischen Kontext, der zunächst durch einander ablösende Trägerschichten definiert wurde und der strukturbildend darauf hinwirkte, als neues Moment Kriterien der ›Öffentlichkeit‹ musikbestimmend zu installieren. Wer deshalb auch immer im 19. Jh. über Musik geschrieben hat, wer auch immer ihr Wesen und ihre Wirkung bedacht und gewürdigt hat, der hat zugleich auch an der Erfolgsgeschichte der ›bürgerlichen Kultur‹[272] und einer durch sie bedingten neuen Musikauffassung mitgeschrieben, und dies weitgehend unabhängig davon, daß alle Reflexionen über Musik zunächst in die geheimnisvollen Bezirke des Unglaublichen, Ungeheuren, des nur dunkel Erahnbaren, Unaussprechlichen und Jenseitigen zu führen scheinen.

Schildert bereits für das Schriftstellerpaar Wackenroder/Tieck um 1800 »keine Kunst [...] die Empfindungen auf eine so künstliche, kühne, so dichterische und eben darum für kalte Gemüter so erzwungene Weise«[273], so ist für den Musikhistoriker Hans Merian die Musik am Ende des Jh. noch immer »nicht nur die führende Kunst des 19. Jahrhunderts, [sondern] etwas von ihrem Wesen drang auch in die anderen Kunstgattungen ein. Wir können daher das neunzehnte Jahrhundert wohl als das musikalische Jahrhundert bezeichnen. [...] Die Musik ist demnach eines der wichtigsten Kapitel der Kulturgeschichte des neunzehnten Jahrhunderts, und sie ist das wichtigste Kapitel seiner Kunstgeschichte.«[274] Über Musik des 19. Jh. zu

---

269 Vgl. QUANTZ (s. Anm. 258), 294.
270 JOHANN FRIEDRICH REICHARDT, Instrumentalmusik (1782), in: Reichardt, Briefe, die Musik betreffend. Berichte, Rezensionen, Essays (Leipzig 1976), 117.
271 Vgl. DAHLHAUS, Die Musik des 19. Jahrhunderts (Wiesbaden 1980).
272 Vgl. VOLKER KALISCH, Studien zur ›bürgerlichen Musik‹ (Diss. Tübingen 1990).
273 WILHELM HEINRICH WACKENRODER/LUDWIG TIECK, Phantasien über die Kunst, für Freunde der Kunst (1799), hg. v. W. Nehring (Stuttgart 1973), 83.
274 HANS MERIAN, Illustrierte Geschichte der Musik im 19. Jahrhundert (1902; Leipzig ²1906), 14f.

X. Autonomie und Transzendenz

handeln heißt in der Regel, von ihr in Superlativen zu sprechen, aber auch, sich mit einer schöngeistigen Literatur auseinandersetzen zu müssen, die die Musikproduktion offensichtlich begleitet und ihrerseits anfacht. Insofern ist das 19. Jh. sicherlich das Jh. der Musik, zugleich aber auch das Jh. der Literatur über sie. Die Bedeutung dieser Verschränkung läßt sich an einigen ausgewählten, hier dem deutschsprachigen Kulturraum entnommenen Beispielen aufzeigen.

Kaum ein weiterer Schriftsteller in der ersten Hälfte des 19. Jh. versammelt derart viele Musikerfahrungen in seiner dichterischen wie kunstkritischen Prosa wie Ernst Theodor Amadeus Hoffmann.[275] Sein bekannter Aufsatz von 1813, *Beethovens Instrumentalmusik*, der aus der noch bekannteren Rezension (1810) von Beethovens am 22. Dezember 1808 uraufgeführten 5. Sinfonie c-Moll op. 67 hervorgegangen ist, beginnt mit den Worten: »Sollte, wenn von der Musik als einer selbständigen Kunst die Rede ist, nicht immer nur die Instrumentalmusik gemeint sein, welche, jede Hilfe, jede Beimischung einer anderen Kunst (der Poesie) verschmähend, das eigentümliche, nur in ihr zu erkennende Wesen der Kunst rein ausspricht? – Sie ist die romantischste aller Künste, beinahe möchte man sagen, allein echt romantisch, denn nur das Unendliche ist ihr Vorwurf. – Orpheus' Lyra öffnete die Tore des Orkus. Die Musik schließt dem Menschen ein unbekanntes Reich auf, eine Welt, die nichts gemein hat mit der äußeren Sinnenwelt, die ihn umgibt, und in der er alle bestimmten Gefühle zurückläßt, um sich einer unaussprechlichen Sehnsucht hinzugeben.« Mit Blick konkret auf Beethovens fünfte Sinfonie fährt Hoffmann fort: »So öffnet uns auch Beethovens Instrumentalmusik das Reich des Ungeheuern und Unermeßlichen. Glühende Strahlen schießen durch dieses Reiches tiefe Nacht, und wir werden Riesenschatten gewahr, die auf und ab wogen, enger und enger uns einschließen und uns vernichten, aber nicht den Schmerz der unendlichen Sehnsucht, in welcher jede Lust, die schnell in jauchzenden Tönen emporgestiegen, hinsinkt und untergeht, und nur in diesem Schmerz, der, Liebe, Hoffnung, Freude in sich verzehrend, aber nicht zerstörend, unsere Brust mit einem vollstimmigen Zusammenklange aller Leidenschaften zersprengen will, leben wir fort und sind entzückte Geisterseher!«[276]

Mag man hier zunächst vor allem Hoffmanns poetisches Ausdrucksvermögen bewundern und staunen, zu welchen Enthusiasmen, Allegorien, Bildern er sich durch die erlebte Musik aufschwingt, so findet er auch der Sache nach zu Aussagen, die keineswegs nur den musikästhetischen Diskurs des 18. Jh. mit anderen Worten prolongieren.[277]

Hoffmann handelt zunächst von Musik als einer selbständigen Kunst, die ihre Selbständigkeit offenbar dadurch erwirkt, daß sie als Instrumentalmusik in Erscheinung tritt, d. h. ohne einen sie begleitenden, ihr ›beigemischten‹, sie erklärenden Text. Als Instrumentalmusik wird und ist Musik erst eigentlich, also ganz im Gegenteil z. B. noch zu Immanuel Kants affektverhafteter Musikauffassung.[278] So heißt es etwa bei Eduard Hanslick 1854: »Was die Instrumentalmusik nicht kann, von dem darf nie gesagt werden, die Musik könne es; denn nur sie ist reine, absolute Tonkunst.«[279] Als ›rein, absolut‹ und damit über alle Wort- oder Funktionsanbindungen erhaben ist Musik die ›romantischste aller Künste‹. Friedrich Theodor Vischer postuliert 1855: Die Musik »ist das Ideal selbst, die bloßgelegte Seele aller Künste«[280]. Sie ist als Instrumentalmusik somit der Inbegriff von Musik, von Kunst

---

275 Vgl. KURT HONOLKA, Hugo Wolf. Sein Leben, sein Werk, seine Zeit (Stuttgart 1988), 67.
276 ERNST THEODOR AMADEUS HOFFMANN, Beethovens Instrumentalmusik (1813), in: Hoffmann, Musikalische Dichtungen und Aufsätze (Stuttgart 1922), 304, 305 f.
277 Vgl. DAHLHAUS, Klassische und romantische Musikästhetik (Laaber 1988), 86–140; JÜRGEN KINDERMANN, Romantische Aspekte in: E. T. A. Hoffmanns Musikanschauung, in: W. Salmen (Hg.), Beiträge zur Geschichte der Musikanschauung im 19. Jahrhundert (Regensburg 1965), 51–57.
278 Vgl. IMMANUEL KANT, Kritik der Urteilskraft (1790), in: KANT (WA), Bd. 10 (1992), 257–270; GISELHER SCHUBERT, Zur Musikästhetik in Kants ›Kritik der Urteilskraft‹, in: Archiv für Musikwissenschaft 32 (1975), 12–25.
279 EDUARD HANSLICK, Vom Musikalisch-Schönen. Ein Beitrag zur Revision der Aesthetik der Tonkunst (1854; Darmstadt 1981), 20.
280 VISCHER, Bd. 5 (1923), 62.

schlechthin, weil sie wegen ihres Enthobenseins erst mit dem Unendlichen in Verbindung zu treten vermag, um das es den ihrem Wesen nach romantischen Künsten allein geht.

Diese Enthebung der Musik von sie sonst einengenden Bindungen befähigt sie erst dazu, dem Menschen etwas zu erschließen, was er sonst, im Alltag, im alltäglichen Umgang mit ihr, mit sich und seiner Welt, nicht zu erfahren vermag. Musik läßt ihn das seine sinnliche Wahrnehmung transzendierende Unendliche zwar nicht greifen, nicht aneignen, wohl aber erahnen oder doch spürend erfahren. Die sich vornehmlich musikalisch, und zwar instrumentalmusikalisch, einstellende Erfahrung ist größer, umfassender, existentieller als die in Wortsprache eingehende bzw. eingegangene. Sie ist deshalb ihrem Wesen nach unaussprechlich, als aktuelles Erlebnis einer ›Sehnsucht‹ vergleichbar, die zwar Richtung, Modus und Ziel des Erfahrens ahnt, gleichzeitig aber auch und immer das die konkrete Erfahrung Entgrenzende und sie Transzendierende ist. Arthur Schopenhauer schreibt 1819: »Die Musik ist also keineswegs, gleich den anderen Künsten, das Abbild der Ideen, sondern *Abbild des Willens selbst*, dessen Objektität auch die Ideen sind: deshalb eben ist die Wirkung der Musik so sehr viel mächtiger und eindringlicher, als die der anderen Künste: denn diese reden nur vom Schatten, sie aber vom Wesen.«[281] Musikerleben trägt quasi-religiöse Züge in sich, bringt den Menschen vor die Erfahrung des Numinosen.

Diesen Befund mag man Hoffmanns gesteigertem Hang zur subjektiven Phantasmagorie anrechnen, doch erweisen sich seine Aussagen bei näherer Vertrautheit mit zeitgleichen Musikbekenntnissen als geradezu generationen- und kulturtypisch. Zwischen einzelnen Aspekten oder Dimensionen von Hoffmanns Musikanschauung und den bereits oben angedeuteten Theorietraditionen gibt es fraglos Berührungspunkte, vielleicht auch Analogien bis hin zu deutlichen Anknüpfungen. Entscheidend aber ist, daß die thesenartig verdichteten Theoriedimensionen überhaupt – und zwar eng ineinander verzahnt – zusammenwirken. Der Musikbegriff Hoffmanns, der seiner Zeit, ist nicht einfach eine ›Neudefinition‹, eine, die jenen Aspekt aufgreift, diesen noch hinzufügt, einen anderen verwirft oder einen vierten diskriminiert, sondern er ist seiner Struktur, seinem Umfang, seinem Anspruch, seinen Prämissen wie der durch ihn freigesetzten kulturellen Dynamik nach vor allem ein ekstatisch überhöhter. Hoffmann favorisiert nicht einen völlig neuen Typ von Musikverständnis, doch ist der apodiktische Ausschließlichkeitsanspruch, mit dem er seine Konzeption formuliert, neu. Hoffmanns ekstatisches Musikverständnis unterscheidet sich von der mittelalterlichen Tradition durch seinen selbstreferentiellen Verweischarakter. Nicht selbstvergessen durch Musik zu Gott zu gelangen ist das letzte Ziel, sondern die in und durch die Musik ermöglichten eigenen Erfahrungen, die im ekstatischen Genuß gefühlte Entgrenzung des eigenen Selbst sind es, die Gottnähe gewährleisten.

Hoffmann schlägt Musik kurzerhand dem Menschen zu, übereignet ihm alle musikalischen Möglichkeiten, durch die sich der Mensch, repräsentiert durch den individuellen Komponisten, mitteilt und ausdrückt. Was Hoffmann hier aufgreift und konsequent weiterdenkt, ist nichts anderes als die Hypostasierung des einzelnen Musikwerks. So stellt zwar schon Sulzer in seiner *Allgemeinen Theorie der schönen Künste* bezüglich der ›Musik‹ fest, sie sei »eine Kunst, die in der Natur des Menschen gegründet ist«[282], zieht aber nicht die entsprechenden Konsequenzen daraus. Hoffmann spitzt hingegen die anthropologische Durchdringung der Musik insofern zu, als er Musik nicht nur der Natur des Menschen zuschlägt, sondern sie aufgrund ihrer Entsprechung mit dem Wesen des Menschen zum einzigartigen Mittel erhebt, mit dem einst theoretisch strikt abgetrennten Bereich des Jenseitigen und Unaussprechlichen nun in zumindest ahnende Verbindung treten zu können. Und zwar sollten nicht nur einige wenige, sondern ideell alle Menschen, mit allen Arten von Musikwerken, weil anthropologisch ineinander verschränkt, in Verbindung treten können. Unweigerliche Folge war eine nicht mißzuverstehende ›Demokratisierung‹ der Musik, die z. B. in sozialen Partizipationschancen oder in der inhaltlichen Füllung dessen zum

---

281 ARTHUR SCHOPENHAUER, Die Welt als Wille und Vorstellung, Bd. 1 (1819), in: Schopenhauer, Werke, hg. v. L. Lütkehaus, Bd. 1 (Zürich 1991), 341.
282 SULZER (s. Anm. 250), 423.

Ausdruck kommt, was man nunmehr unter Musik im Sinne von ›Musikwerk‹ im konkreten Einzelfall verstehen will. Was Musik zur Musik macht, muß von Werk zu Werk jedesmal neu eruiert, subjektiv erfahren und individuell bestimmt werden. Musik wird damit aus der Perspektive der vorangegangenen Musikkonzeptionen des 18. Jh. zu etwas in ihrem Symbolanspruch wie als Gegenwirklichkeit Radikalem und Enthobenem, in diesem Sinne zur »durchaus geoffenbarten Religion«[283]. Alle sich auf sie beziehenden Kommunikationsabläufe müssen nun völlig neu und anders gedacht und in die künstlerische Praxis umgesetzt werden. Dies begreift den ausübenden Musiker, der zum auratischen Priester im Dienste einer höheren, religionsähnlichen Angelegenheit avanciert, ebenso ein, wie es den Hörer in einen nunmehr emphatisch-verzückt genießenden Ahnenden verwandelt und dabei den Komponisten letztlich in einem Licht erscheinen läßt, dessen Weg und Kompositionen wie von oben herab beleuchtet und geführt erscheinen. Die Musik selbst ist nur mehr als ›Werke-Musik‹ vorstellbar; jedes einzelne Werk stilisiert sich zum Ergebnis geheimnisvoller, unwiederholbarer, rationaler Erklärung letztlich unzugänglicher Vorgänge und Prozesse. Musik als Kunst wird in die Aura des Numinosen eingetaucht, angetrieben und begleitet von einer Musikästhetik, die auf permanenter Suche nach Neuem und Originellem sowohl das Feld des musikalisch Einbeziehbaren ständig ausweitet als auch das solcherart Einbezogene seiner möglicherweise alltäglichen, usuellen Herkunft entkleidet. Im konkreten Musikwerk wird damit die Paradoxie ausgetragen, daß es zwar von geschichtlich konkreten Subjekten gestaltet worden ist, aber dennoch in den Bereich des Göttlichen, Transzendenten hineinragt, an ihm partizipiert.

Diese Paradoxie begleitet und bestimmt das ästhetische Paradigma der ›absoluten‹ Musik, das unter Anknüpfung an die bereits existierenden ästhetischen Einsichten und in bewußter Überhöhung der Instrumentalmusik gewonnen wird.[284] Es wird aus der ästhetischen Reflexion auf die Instrumentalmusik herausgebildet und besagt, daß eine von Texten losgelöste Musik »nicht ins Unbestimmt-Vorsprachliche« absinke, »sondern sich zum Übersprachlichen, zu einer Ahnung des Unendlichen und Absoluten«[285] aufschwinge. Als die ästhetische Konzeption von Musik schlechthin besitzt das Paradigma durchgehende Geltung für das gesamte 19. und bis in das 20. Jh. hinein, gerade auch auf dem Feld der Vokal- und Theatermusik, der man wegen ihrer begrifflichen Konkretheit bisher das Primat zugestanden hat. Keine Musik wird seitdem komponiert oder aufgeführt, in der nicht die Verpflichtung auf das bzw. die Auseinandersetzung mit dem Paradigma nachzuweisen wäre.[286] Das Unendliche im Endlichen, das Universum konkret faßbar im Individuellen und das Eine wiederum erkennbar in allem und alles vereinigt in Einem – diese Vorstellung steht Pate beim Entstehen der auf Absolutheit gerichteten Musikästhetik des 19. Jh.

XI. Kritik und Widerstand

Bei aller Befriedigung sublimer und hehrer Kunsterwartungen durch die artifizielle Musik soll freilich auch noch getanzt, gesungen, unterhalten werden. Wer jetzt von Musik spricht, muß sich fragen lassen, was er damit meint. Der Glaube an die eine Musik, an das die Musik verbindlich regelnde, supraindividuelle ästhetische Normensystem, wenn es ihn überhaupt jemals gegeben hat, zerbricht.[287] Dichotome, bisherige Ästhetikdebatten sprengende Auflösungsprozesse markieren den Anfang der musikalischen Massenproduktion, die wenig später mit pejorativem Unterton bezüglich ihrer funktional gesicherten Wirkungsorte Salonmusik, Militärmusik, Tanzmusik, Operette, Unter-

---

283 WACKENRODER/TIECK (s. Anm. 273), 107; vgl. KADEN, Über die Geburt der ›absoluten Musik‹, in: Kaden, Musiksoziologie (Berlin 1984), 147, 157.
284 Vgl. DAHLHAUS (s. Anm. 277), 298–310.
285 DAHLHAUS (s. Anm. 271), 26.
286 Vgl. DAHLHAUS, Die Idee der absoluten Musik (München/Kassel/Leipzig 1979), 12.
287 Vgl. BERND SPONHEUER, Zur ästhetischen Dichotomie als Denkform in der ersten Hälfte des 19. Jahrhunderts. Eine historische Skizze am Beispiel Schumanns, Brendels und Hanslicks, in: Archiv für Musikwissenschaft 37 (1980), 1–31.

haltungsmusik usw. heißen wird.[288] Dies aber verlegt dynamische, weil sich ständig ausdifferenzierende und umfassender werdende Prozesse in die nun ›bürgerlich‹ zu fassende Musik bis in ihre Gattungen und Kompositionstechniken hinein. Aber auch die für die komponierte (instrumentale) Kunstmusik zuständige Musikästhetik selbst zerfällt in polare, wenn auch aufeinander bezogene Richtungen.[289]

Gegen die weitverbreitete Annahme, die Musikentwicklung im 19. Jh. sei bei allen gattungs- und nationalgeprägten Differenzierungen im wesentlichen durch das Paradigma der wortlosen, aber mehrdeutigen Instrumentalmusik bestimmt gewesen, steht die Tatsache jenes sowohl musikästhetischen wie musikalischen Streits, der als Richtungskampf zwischen Inhaltsästhetikern und Formalisten traurige Berühmtheit erlangt hat. Die für Dogmatisierungen besonders anfällige und ideologisch überfrachtete Gegnerschaft wird ausgetragen einerseits von den Befürwortern einer um die ›Sinfonische Dichtung‹ kreisenden ›Programmusik‹ und andererseits von den Anhängern einer angeblich von allen außermusikalischen Funktionsanbindungen ›freien‹ und deshalb ›absoluten‹ Musik. Auf ästhetische Verwerfungen und ideologische Verbiegungen in diesem Streit hinzuweisen ist notwendig, weil die ästhetische Ideologisierung dessen tieferliegende, durchaus nachvollziehbare soziale Konnotationen verdeckt. ›Sinfonische Dichtung‹ bzw. ›Programmusik‹ finden dort ihre Anhänger, wo das idealisierte Musikrezeptionspostulat wie das aktuelle Musikverständnis ganz wesentlich auf ein literarisch vermitteltes Urteilsvermögen rekurriert.

Alle sich um die ›richtige‹ Musik rankenden Diskussionen verdanken sich dabei mehr oder weniger demselben Motiv: daß Musik nämlich zum Gegenstand einer nun eigens um ihretwillen geführten Diskussion sowie einer eigens um ihretwillen entstandenen Literatur wird. Zum äußerlich kompetent erscheinenden Musikliebhaber und -kenner avanciert deshalb, wer die allgemeine, ästhetisierende Musikliteratur und Tagespresse – zumindest oberflächlich – kennt und zudem seine Ansichten mit Belegen aus einem im Laufe des 19. Jh. mächtig anschwellenden Musikrepertoire tagesaktuell zu verknüpfen weiß.

Daß die ›romantische‹ Musik, mit der viele die Musik des 19. Jh. einfach gleichsetzen, tatsächlich eher in disparate, sich überlagernde und miteinander konkurrierende Musikkonzeptionen auseinanderfällt denn in einen verklammernden Musikbegriff zusammenläuft, macht sich klar, wer sich die Positionen jener beiden Exponenten vergegenwärtigt, die nicht ohne Grund als die Protagonisten eines Streits um – formelhaft überspitzt – Inhalt vor Form contra Form vor Inhalt angesehen werden: Franz Liszt und Eduard Hanslick.[290] Mitte des 19. Jh. sind beide Positionen so zum Standpunkt verfestigt und zur Anschauung geronnen, daß sich das Grundsätzliche im Widerstreit um die ›richtige‹ Musik noch heute mühelos nachvollziehen läßt.

Liszt legt in einem dem Komponieren seines Kollegen Hector Berlioz gewidmeten Text die mit der Beigabe eines ›Programms‹ verfolgten musikästhetischen Intentionen dar. Dabei geht es ihm weniger um eine Wesensbestimmung des Programms oder um eine Auflistung geeigneter Programmsujets; vielmehr erklärt er den Sinn und Nutzen von Programmen bei bewußt in Kauf genommener inhaltlicher Unbestimmtheit unter Hinweis auf ihren Zweck und ihre Funktion. »Das Programm«, schreibt Liszt, »also irgendein der rein-instrumentalen Musik in verständlicher Sprache beigefügtes Vorwort«, diene der Verdeutlichung werkimmanenter, kompositorischer Absichten, indem es durch seine Existenz die Zuhörer vor der »Willkür« hinzugefügter, zufälliger und ungefährer »poetischer Auslegungen« bewahre und auf die im Musikwerk sich immer nur mißverständlich, weil gleichsam verhüllt realisierende »poetische Idee des Ganzen«[291] verweise. Die ›rein-instrumentale‹, also

---

288 Vgl. SPONHEUER, Musik als Kunst und Nicht-Kunst. Untersuchungen zur Dichotomie von ›hoher‹ und ›niederer‹ Musik im musikästhetischen Denken zwischen Kant und Hanslick (Kassel u. a. 1987), 175 ff.
289 Vgl. DAHLHAUS (s. Anm. 277), 372 f.
290 Vgl. DETLEF ALTENBURG, Vom poetisch Schönen. Franz Liszts Auseinandersetzung mit der Musikästhetik Eduard Hanslicks, in: Ars musica. Musica scientia. Festschrift Heinrich Hüschen zum 65. Geburtstag am 2. März 1980, hg. v. D. Altenburg (Köln 1980), 1–9.
291 FRANZ LISZT, Berlioz und seine ›Harold-Symphonie‹ (1855), in: Liszt, Schriften zur Tonkunst (Leipzig 1981), 188.

wort- und bildentbundene Musik sei auf diese programmatische Ergänzung angewiesen, nicht, weil sie sich im Vergleich zur wortgebundenen Musik in einem technischen Sinne als defizitär erweise, sondern weil Musik überhaupt ganz konkret im Dienste jener »poetischen Idee des Ganzen« stehe, deren Reich und Wirkkraft dort beginne, wo sie die Grenzziehungen und Spezifika aller nur ausschnitthaften Einzelkünste hinter sich lasse, diese gleichsam in sich synthetisch aufnehme und zu einer eigentlich unaussprechlichen, nur erahnbaren ästhetischen Idee hinter bzw. jenseits der Artefakte verdichte. Alle Kunst, jedes Kunstwerk wird von Liszt mit Blick auf diese »poetische Idee des Ganzen« als unvollständig begriffen, wobei selbst die wort-text-gebundene Musik der »Idee« nicht eigentlich näher steht als die »rein-instrumentale«. Nähe und Ferne zur sich jenseits von Werkgrenzen und Kunstgattungen realisierenden »poetischen Idee« rechtfertigen für ihn auch die Beigabe solcher als »Vorwort« zu verstehender Leit-Texte, die ihre Qualität nach dem Grad der »poetischen Notwendigkeit«[292] zu erweisen haben, mit dem sie die Rezeption des willigen Hörers auf jene durch das konkrete Werk hindurchscheinende ›poetische Idee‹ lenken.

Liszts Programmintention ist letztlich in einem Zusammenhang zu sehen, welcher sich an umfassende Bildungsbestrebungen anlehnt und mit den Krücken literarischer Kenntnisse bezweckt, die sich im Musikwerk immer nur unvollständig sowie andeutungshaft zeigende ›poetische Idee‹ einzuholen und kommunikabel zu machen. In den Programmen erkennt Liszt geeignete Instrumente, das Auseinanderklaffen zwischen kompositorisch Intendiertem und rezeptiv Realisierbarem im konkreten musikalischen Rezeptionsakt zu überbrücken, die Diskrepanz zwischen einigen wenigen Hörern, die vielleicht im Werk einige Aspekte der ›poetischen Idee‹ mitbekommen, und der Mehrheit, die instrumentaler Musik, vor allem instrumentaler Musik in neuen Formen und Gattungen, mit Unverständnis gegenübersteht, zu verringern. Insofern ist ›Programmusik‹ in Liszts Verständnis nicht nur im Vergleich mit der arrivierten und etablierten sinfonischen Instrumentalmusik musikalisch progressiv, sondern sein Glaube an die »Fortschrittlichkeit« der »im Programm enthaltenen poetischen Lösung der Instrumentalmusik« favorisiert zugleich eine soziologisch bedeutsame Komponente. Für Liszt verbindet sich mit der Programmusik die Hoffnung, »die Zahl der Verstehenden und Genießenden«[293] im Falle der Instrumentalmusik beständig zu erhöhen, die Grenzen zwischen exklusiver Darbietungsmusik und musikalisch ungebildetem Publikum einzureißen.

Liszts Konzeption der Programmusik, einer sich inhaltlich in einer werkaufhebenden ›poetischen Idee‹ erfüllenden Instrumentalmusik, blieb nicht unwidersprochen: Eduard Hanslicks Musikverständnis verwahrte sich strikt gegen jegliche Außenanbindung der Musik. »Irrig« sei eben jene Vorstellung, die »das Schöne der Musik« in der außermusikalischen »Darstellung von Gefühlen«[294] suche. Hanslick bestimmt Musik ästhetisch nicht funktional, sondern wendet seinen Bestimmungsversuch gewissermaßen ontologisch, indem er unter Heranziehung angeblich logischer ›Gesetze‹ fragt, diskutiert und entscheidet, worin das vermeintliche Wesen der Musik besteht. Zu einem erheblichen Teil läßt sich das deutliche Mißverstehen und Aneinander-vorbei-Diskutieren in der oftmals polemisch ausgetragenen Ästhetikdebatte aus genau dieser völlig anders gelagerten Fragestellung erklären.

Wesen, nach Hanslick damit aber auch Wert und Bedeutung der Musik bestimmen sich aus dem, was Musik im Konzert der Künste unverwechselbar, im gewissen Sinne einmalig und herausgehoben zur Musik macht – und dies kann eben immer nur etwas »specifisch Musikalisches« (31) sein. Materialiter ist dieses Spezifische in jenen Grundgegebenheiten zu suchen, die der Musik durch die Verwendung von ›Tönen‹ sowie deren Kombination und Organisation in Melodie, Harmonie und Rhythmus gegeben sind, und zwar nach Gesichtspunkten des ›Wohllautens‹ und der realisierten Verknüpfungslogik bzw. zu stiftenden Ordnung zwischen den Tönen als den Elementen der Musik.[295] Da ›Wohllaut‹, Verknüpfungslogik und Ordnung spezifisch musikalisch sein sollen,

---

292 Ebd., 190.
293 Ebd., 198.
294 HANSLICK (s. Anm. 279), 31.
295 Vgl. ebd., 18, 32.

Musik sich deshalb von allen anderen Künsten unterscheide und auch ansonsten »kein Vorbild in der Natur besitzt«, also echtes Artefakt sei, könne »ihr Reich« mithin »nicht von dieser Welt« (34) sein, von jener, von der wir es gewohnt sind, ihr mit unseren außermusikalisch gebildeten Anschauungen, Vorstellungen und Begriffen zu begegnen. Deshalb kündigt Hanslick im Untertitel seiner Schrift eine ›Revision der Aesthetik der Tonkunst‹ an, mit der er gleichzeitig eine Revision unseres Sprechens und Denkens über Musik intendiert.

Musik als etwas Spezifisches realisiere nur Musikalisches, nichts Außermusikalisches, folge und richte sich nach »musikalischen Ideen« (32), die ihre Bestimmung nicht daraus erhielten, als »Mittel oder Material der Darstellung von Gefühlen und Gedanken«, von etwas Außermusikalischem, der Musik Fremdem und Äußerlichem, ihrem Wesen nicht Zugehörigem zu dienen. »Der Inhalt der Musik«, faßt Hanslick zusammen, seien »einzig und allein« »tönend bewegte Formen« (32), etwas, was sich nur in ihr und nicht außerhalb ihrer selbst ereignete, »eine Sprache, die wir sprechen und verstehen, jedoch zu übersetzen nicht im Stande sind« (35).

Aus der zentralen Bedeutung, die der Geistigkeit, dem »geistigen Gehalt« (34) sowie dem rechten Vernunftgebrauch in Hanslicks Musikästhetik zukommt, folgt deren tatsächliche soziale Exklusivität. Man muß die ›Sprache der Musik‹, ihre ureigenen Elemente wie deren Verknüpfungslogik eben kennen und beherrschen, um das daraus entstehende Werk als ›schön‹ erleben, eigentlich um es beurteilen zu können. Hanslick fordert eine der Musik ›adäquate‹ Rezeptionshaltung, die freilich dem ›Hören‹ sein Eigenrecht sichert, einem Hören, das Hanslick zugleich aber an ›Anschauung‹, an eine Form der (niederen) Verstandestätigkeit koppelt, der er, da er das ›Herz‹ von ihr abtrennt, das ›Fühlen‹ abspricht.[296] Ein der Musik angemessenes Hören bindet sich somit an eine erst zu erwerbende intellektuelle Kompetenz, die sich wiederum als vom Grad der erreichten und applizierbaren Bildung abhängig erweist. Ohne Bildung kein musikalisches Verständnis; ohne »eine Kunst des Hörens« (79) keine »geistige Befriedigung« (78); diese Bedingungen definieren Hanslicks soziologisch exklusiven Musikbegriff.

Die Diskrepanz zwischen beiden Positionen könnte nicht größer sein. Während Liszt das der Instrumentalmusik hinzuzufügende Programm als ästhetischen, mehrwertgarantierenden Bestandteil eines werktranszendierenden Ganzen zu deuten bestrebt ist, setzt Hanslick das ›Unnatürliche‹ und Artifizielle der Musik dagegen, die nur durch sich selbst und aus sich heraus gerechtfertigt und zu verstehen sei. Ist Liszt darum bemüht, den durch die beigegebenen Programme garantierten Verweischarakter auf das werkübersteigende Eigentliche der Kunst hervorzuheben, geißelt Hanslick das aus seiner Sicht fehlleitende wie fehlgeleitete Unterfangen, das Hören oder Musikverstehen von Musik an außermusikalische, ›poetische Ideen‹ anzubinden. Sieht Liszt in beigegebenen Programmen die Chance, dem Mitteilungsbedürfnis eines Erlebnisinhalts einen Außenhalt zu gewähren, um ihm gewissermaßen seine Kommunikabilität zu sichern, verweist Hanslick auf die der Musik inhärente Schönheitsgesetzlichkeit, die sich immanent und selbstzweckhaft innerhalb rein musikalisch gesetzter Regeln verwirkliche. Strebt Liszt unter Rekurs auf Programme den vermittelnden Brückenschlag zwischen Komposition (Intention) und Rezeption (Musikverständnis) an, benutzt er Programme gewissermaßen als ein musikalisch wirksames Sozialferment, wendet sich Hanslick exklusiv an den geschulten, sachverständigen, Musik nachvollziehend-vorausahnenden Rezipienten, dem sich die Schönheit der Musik in der Erkenntnis einer ihr innewohnenden Gesetzlichkeit oder Logik erschließt. Auch wenn beide an ein Musikverständnis anknüpfen, das Musik als eine Art ›Sprache‹ versteht, die zumindest auf der Ebene der Syntax sprachanalog zu funktionieren scheint, so dehnt Liszt die Analogie auch auf die semantische Ebene aus, definiert also Musik als ein eigenartiges Mittel zur Veranschaulichung werkübersteigender ›poetischer Ideen‹, während Hanslick strikt an dem grammatikalisch-syntaktischen Aspekt der Tonsprache festhält, den die Musik selbst zum Zweck habe und den das Komponieren von Musikwerken als seine ureigenste Aufgabe begreife.

---

296 Vgl. ebd., 77 ff.

Zwischen diesen beiden musikästhetischen Polen hat sich nun die ganze Palette und Vielfalt der unterschiedlichen, zum Teil sich bekämpfenden Musikverständnisse im 19. Jh. entfaltet, wobei die Polarisierung noch bis weit in die Musikdebatten am Anfang des 20. Jh. hineinwirkt.

XII. Die Idee des Gesamtkunstwerks

Die mit der Form-Inhalt-Debatte verbundenen Probleme haben sich in der Konzeption des *Gesamtkunstwerks* fortgesetzt und sind dort vielleicht sogar potenziert worden. Scheint die Idee dazu auch aus dem Bedürfnis nach Entgrenzung eines beschränkten Kunstbereichs hervorgegangen zu sein, so zeigt sich doch recht schnell in der ästhetischen Dynamik eine mehr Einheit anstrebende, mehr synthetische Intention anpeilende. Als treibendes Motiv läßt sich nämlich das Bestreben ausmachen, die auseinanderfallenden Künste und Musikbereiche miteinander zu verschmelzen, ihnen mit Hilfe angestrebter Synästhesien aufeinander bezogenen Sinn und Mehrwert zu garantieren. War das musikästhetische Ziel dabei auch keineswegs neu und gab es auch schon früher ähnlich gelagerte Bestrebungen (z. B. bei André-Ernest-Modeste Grétry[297]), so erlangen diese Überlegungen, historisch betrachtet, erst jetzt bestimmende Bedeutung und finden in Richard Wagner ihren prominentesten Fürsprecher wie Propagandisten.

Nimmt schon die ›romantische Musik‹ durchaus vielfältige und differenzierte Gestalt an, prägt unterschiedlichste neue Gattungen aus oder zieht bereits bestehende in ihren Umgestaltungsprozeß mit ein, so läßt sich derselbe Vorgang, sozusagen auf einer noch umfassenderen Reflexionsstufe, nämlich auf synästhetischer Ebene, wiederfinden. Dieses Mehr an Möglichkeiten dient letztlich immer demselben Zweck, das ästhetisch geleitete Innerlichkeitserleben weiterhin zu differenzieren, es zu sublimieren und ihm ein noch mächtigeres, noch umfassenderes, noch berauschenderes Erlebnis abzugewinnen.

Wo also verschiedene Kunstbereiche tatsächlich eine Verbindung miteinander eingehen, da soll eine neue, höhere Intensität beanspruchende künstlerische Aussage entstehen. Wagner hat sich darüber an verschiedenen Stellen, aber mit großer Kontinuität erklärt.[298] Wie es im *Bericht über die Aufführung der neunten Symphonie von Beethoven im Jahre 1846 in Dresden* nebst *Programm* heißt, ist die »reine Instrumentalmusik«[299], verstanden als das unendliche Ausdrucksmöglichkeiten bergende, »uferlose Meer der absoluten Musik«[300], dem Gehalt nach von dem ›Entdecker-Kolumbus‹ Beethoven in aller scheinbar unendlichen Weite »bis an seine Grenzen«[301] hin kompositorisch erschlossen und erschöpft worden. Um sich dabei nicht in dem Reservoir der unbestimmten Gefühle zu verlieren, was einem der inhumanen Ideologie der Autonomieästhetik verpflichteten Komponisten immer drohe, muß »unendlicher«, aber »unentschiedener« Ausdruck endlich und notwendig aus dem »Chaos«[302] zu »neuen ungeahnten Küsten«[303] geführt werden. Denn »absolute Musik« sei, »in ihrer unendlichsten Steigerung, doch immer nur Gefühl; sie tritt im Geleite der sittlichen Tat, nicht aber als Tat selbst ein; sie kann Gefühle und Stimmungen nebeneinander stellen, nicht aber nach Notwendigkeit eine Stimmung aus der andern entwickeln«[304]. Mit anderen Worten: Musik ohne das konkretisierende Wort bleibe auf immer und ewig ein unbestimmter und defizienter Modus, sei allein unfähig, Handlung oder Handlungszusammenhänge, im Sinne von ›Taten‹, aus sich heraus zu begründen.

Wolle also ›musikalische Dichtung‹ (d. h. Komponieren) einen sinnvollen, sinnlich wahrnehmba-

---

297 Vgl. ANDRÉ-ERNEST-MODESTE GRÉTRY, Mémoires ou Essais sur la musique, Bd. 3 (Paris 1797), 1–60.
298 Vgl. KALISCH, Wagner, Nietzsche und die Idee der ›absoluten Musik‹, in: Kalisch (Hg.), Festschrift Hans Conradin. Zum 70. Geburtstag (Bern/Stuttgart 1983), 151–161.
299 Vgl. RICHARD WAGNER, Neunte Symphonie. Programm (1846), in: Wagner, Ges. Schriften, hg. v. J. Kapp, Bd. 9 (Leipzig o. J.), 123.
300 WAGNER, Oper und Drama (1851), in: ebd., Bd. 11 (Leipzig o. J.), 67.
301 WAGNER, Das Kunstwerk der Zukunft (1849), in: ebd., Bd. 10 (Leipzig o. J.), 93.
302 WAGNER (s. Anm. 299), 124.
303 WAGNER (s. Anm. 301), 93.
304 Ebd., 100.

ren ›Fortgang‹ nehmen, dann bedürfe sie eines Grundes, einer ›Ursache‹, eines Motivs, eines ›Formmotivs‹.[305] »Tonmalerei«, als Abart der »absoluten Instrumentalmusik«, scheide allerdings wegen ihrer »empfindlich erkälteten« unselbständigen Momenthaftigkeit, Zufälligkeit, ihrer sich fälschlich an die »Phantasie« statt an das »Gefühl«[306] wendenden Absicht als unbefriedigende Lösungsmöglichkeit aus. Konkretion oder ›Bestimmtheit‹[307] erlange Musik allein durch Sprache, durch die hinzutretende ›Dichtkunst‹, indem sich eine Verbindung von Musik und Sprache hin zum ›Musikdrama‹ eröffne: »Dichtkunst ist nicht der Anfang, sondern das Ende, d. i. das Höchste: sie ist das bewußte Einverständnis aller Künste zur vollsten Mitteilung an die Allgemeinheit«[308] und als etwas Notwendiges damit auch normativ-ästhetisch der Musik mehr als nur gleichberechtigt zur Seite gestellt.

Selbstverständlich zeigt sich die ›dichterische Absicht‹ nicht in der ebenfalls defizienten ›dichterischen Wortsprache‹[309], sondern als synästhetisches Produkt aus einem »unbewußten«, besser wäre vielleicht ›vorbewußten‹ Schaffensprozeß, »wo der Dichter die ästhetische Form nicht mehr« – individuell – »bestimmt, sondern diese aus seiner inneren Anschauung der [Schopenhauerschen – d. Verf.] Idee selbst«, gleichsam medial »bestimmt wird«[310]. Um die Schwierigkeit der Benennung des so erhaltenen ästhetischen Artefakts Musik-

---

305 Vgl. DAHLHAUS, Wagners Ästhetik. Auswahl und Einleitung (Bayreuth 1971), 59.
306 WAGNER (s. Anm. 300), 295.
307 Vgl. WAGNER (s. Anm. 300), 294 f.
308 WAGNER, Das Künstlertum der Zukunft (1849), in: Wagner, Ges. Schriften, hg. v. J. Kapp, Bd. 10 (Leipzig o. J.), 209.
309 Vgl. WAGNER (s. Anm. 300), 198 f., 244, 306 f.
310 WAGNER, Beethoven (1870), in: Wagner, Ges. Schriften, hg. v. J. Kapp, Bd. 8 (Leipzig o. J.), 148.
311 WAGNER, Über die Benennung ›Musikdrama‹ (1872), in: ebd., Bd. 13 (Leipzig o. J.), 119 f.
312 WAGNER (s. Anm. 300), 97, 21.
313 DAHLHAUS, ›Wagner‹, in: GROVE, Bd. 20 (1980), 120.
314 Vgl. FRIEDRICH NIETZSCHE an Heinrich Köselitz (10. 1. 1883), in: Nietzsche, Briefwechsel. Kritische Gesamtausgabe, hg. v. G. Colli/M. Montinari, Abt. 3, Bd. 1 (Berlin/New York 1981), 316–318.

drama wissend, klärt Wagner diese dahingehend, daß die »geistige Betonung des Wortes« auf *Drama* liege und eben nicht auf Musik, das heißt, daß »die musikalische Konstruktion durch die charakteristischen Bedürfnisse eines wirklichen Dramas bestimmt werden sollte«[311].

Die kompositorische Praxis müsse also auf eine Musik drängen, die einen »Empfindungsgehalt« vergegenwärtigend ausdrücke, indem der Komponist einsieht, daß die musikeigene »Kundgebung von der dichterischen Absicht bedingt ist, und diese wiederum sich nicht als eine nur gedachte, sondern zunächst durch das Organ des Verstandes, die Wortsprache, klar dargelegte offenbart«. Aus dieser Setzung wird dann auch Wagners berühmte Forderung verständlich, die nach Überwindung des »Irrtums« trachtet, wonach »ein Mittel des Ausdruckes (die Musik) zum Zwecke, der Zweck des Ausdruckes (das Drama) aber zum Mittel gemacht«[312] worden sei. Diese Formel läßt gleichzeitig den Erfüllungsort jener auf Vermittlung hin angelegten kompositorischen Bemühungen aufscheinen, den Wagner dabei angestrebt hat. Es ist dies das Musikdrama, also jener Syntheseversuch, von dem Carl Dahlhaus einmal schrieb: »the symphonic is absorbed into the dramatic, rather than colliding with it«[313].

Auch Wagners musikalische Erlösungs-Vorstellungen bleiben nicht unwidersprochen. Ohne auf Einzelheiten eingehen zu können, sei hier lediglich an Friedrich Nietzsche erinnert, der gerade Wagner vorhält, in seiner kompositorischen Praxis immer nur ein ›Herandichten‹ der Musik an den Text betrieben und damit einen Verrat am eigenständigen Wesen der Musik begangen zu haben.[314] Generellem kompositorischem Unvermögen lastet er es an, zwar auf syntaktischer Ebene (Satztechnik) manch Originelles, Eigenartiges, Neues, Einmaliges, auch Regeln-Aussetzendes usw. geleistet zu haben, Gehalt oder Semantik in musikalischen Gebilden hingegen erst über hinzugefügte bzw. vorgedachte Sprache zu erzeugen und eben nicht umgekehrt. Nietzsche erweist sich somit als ein Kritiker Wagners, der aus dem verinnerlichten Festhalten am ästhetischen Prinzip der ›absoluten Musik‹ seine Einwände anmeldet: »Im Grunde ist ja das Verhältniss der Musik zum Drama gerade das umgekehrte: die Musik ist die eigentliche Idee der

Welt, das Drama nur ein Abglanz dieser Idee, ein vereinzeltes Schattenbild derselben.«[315]

XIII. Gegenentwurf und Überwindung

Bewirkt Wagners Realisierung des ›Musikdramas‹ zwar weder Aussetzung noch Ende der Idee der absoluten Musik, ein erster Schritt hin auf ihre Relativierung und jene der sie bedingenden Kompositionstechniken ist damit getan. Zusätzlich trifft sich Wagners Musikverständnis mit einem für die Jahrhundertwende typischen allgemeinen Kulturbewußtsein, nämlich in einer Hochzeit ausgereizter Lebensbedingungen und vor allem Kunstentwicklungen zu existieren. Deshalb geht es nicht mehr um qualitative Steigerungsmöglichkeiten, wohl aber um potentiellen Sublimationszuwachs durch beständige Verfeinerung. Aus der Sicht des ›Nachgeborenen‹ Siegfried Borris sollen sich die immer weiter greifenden Sublimierungstendenzen in der Musik dabei in vier Richtungen ausgewirkt haben: als »1. Differenzierung (wuchernde Chromatik, Rubato, delikate Instrumentation, feinste dynamische Stufungen), 2. Poetisierung (Programmatik im weitesten Sinne, Bekenntnismusik, Gesamtkunstwerk, Liedhaftigkeit, symphonische Dichtung). 3. Potenzierung (Häufung in Klang, Form, Dynamik: Berlioz, Wagner, Bruckner, Strauß, Mahlers VIII., Gurrelieder von Schönberg). 4. Artifizierung (Virtuosität, Aestheti-zismus, Raffinement: Liszt, Strauß, Debussy, Ravel: L'art pour L'art)«. Schließlich will Borris aus diesen Entwicklungen heraus eine Dynamik freigesetzt erkennen, die »nicht nur die Auflösung der Tonkalität, sondern eine von den ursprünglichen Quellen des Lebens weit entfernte, überfeinerte, reflektierte ›Kunstmusik‹ mit hohem Anspruch an ästhetisch gebildete Hörer«[316] anstrebe. Sie verhelfe spätestens mit dem politischen Zusammenbruch der ›alten Welt‹ als Folge des 1. Weltkriegs dem Bedürfnis zum Durchbruch, die Musikentwicklung nicht länger mehr aus Rücksicht auf hohle Traditionsanbindungen voranzutreiben (d. h. als ›neue Musik‹), sondern verstärke den Willen, das wirklich ›Neue‹ aus der Entgegensetzung zum Alten, nicht mehr Fortsetzungsfähigen, Morschen eben als ›moderne‹ Musik zu versuchen.[317] »Der Begriff ›Moderne‹ ist für uns mehr und mehr zu einer Sammelbezeichnung bestimmter Richtungen des gegenwärtigen Kunstschaffens geworden«, erklärt Kurt Westphal 1928 und fügt programmatisch hinzu: »Der Begriff ›modern‹ scheint weniger Festlegung eines schon vorhandenen, als vielmehr die Forderung eines neuen Kunstwillens und die Proklamation des Gegensatzes zum bisherigen.«[318]

Borris' Sätze umreißen jedenfalls die musikalische Situation, wie sie sich für Arnold Schönberg dargestellt haben mag, als er mit seinen ›atonalen‹ Kompositionen an die Öffentlichkeit zu treten begann. In bemerkenswerter Janusköpfigkeit nimmt Schönberg dabei eine Position ein, die gleichsam alle mit der Idee der absoluten Musik verbundenen Paradigmen bestätigt, um deren tonale Voraussetzungen – wenn auch zunächst noch sehr behutsam und eher unbeabsichtigt – auszuhebeln. Er knüpft zunächst noch an die melodisch wie harmonisch durchchromatisierte Musiksprache seiner Zeit an, an das Prinzip motivisch-thematischen Arbeitens, das vor allem bei Wagner und Brahms zu einer Texturdichte geführt hat, die in einer Komposition kaum auch nur einen Takt entläßt, der nicht sowohl mit dem ursprünglichen musikalischen Einfall als auch mit dem musikalisch Nachfolgenden vermittelt ist. Zum tonalitätssprengenden Prinzip wird Schönberg jedoch die in seiner *Harmonielehre* von 1911 begründete Einsicht, Tonalität nicht mehr als etwas ›Natürliches‹, »Naturgesetzliches«[319], sondern als etwas geschichtlich Entschiedenes, als ein Kunstmittel zu begreifen. Die Konsequenzen, die Schönberg aus dieser ›Entdeckung‹ zieht, spiegeln sich in zwei wichtigen, ab ungefähr 1910 kompositorisch genutzten Erfahrungen wider:

---

315 NIETZSCHE, Die Geburt der Tragödie aus dem Geiste der Musik (1872), in: NIETZSCHE (KGA), Abt. 3, Bd. 1 (1972), 134.
316 SIEGFRIED BORRIS, Über Wesen und Werden der neuen Musik in Deutschland. Vom Expressionismus zum Vitalismus (Berlin 1948), 9.
317 Vgl. CHRISTOPH VON BLUMRÖDER, Der Begriff ›neue Musik‹ im 20. Jahrhundert (München/Salzburg 1981), 13 ff.
318 KURT WESTPHAL, Die moderne Musik (Berlin 1928), 3.
319 ARNOLD SCHÖNBERG, Harmonielehre (1911; Leipzig/Wien ³1922), 4.

1. Musikalische Kunstwerke sind auch ohne das Kunstmittel Tonalität möglich; 2. Musikalischen Zusammenhang gewährt eine Kompositionstechnik, die das Prinzip des motivisch-thematischen Arbeitens modifiziert zu nutzen und damit anzuwenden weiß.

Was Schönberg und seinen Schülerkreis, zu dessen bekanntesten Vertretern Alban Berg und Anton Webern gehören, musikalisch zunächst wie ein Befreiungsschlag anmutet, führt sie aufgrund der Ablehnung bei Kollegen und einem mit Unverständnis reagierenden Publikum in soziale Isolation und persönlich durchlebte Krisen. Dennoch vollzieht Schönberg nach einer Phase relativ freien, experimentellen Komponierens schließlich weitere Schritte, die manchen (z.B. Theodor W. Adorno[320]) wie die logische Fortsetzung der bereits eingeleiteten Infragestellung des dur-moll-tonalen Bezugssystems erscheinen. Schönberg emanzipiert die Dissonanz, d.h. betrachtet den traditionell als Dissonanz oder Konsonanz bewerteten Zusammenklang nun zwar als willkürlich, erhebt aber gleichzeitig die Kompositionstechnik des motivisch-thematischen Arbeitens zur ›Methode‹, indem er alle musikalisch-satztechnischen Entscheidungen aus einer vorgeordneten Reihe der dem dur-moll-tonalen Tonsystem zugrundeliegenden zwölf chromatischen Halbtöne abzuleiten versucht.[321] Der Schönberg-Schüler Erwin Stein begleitet u.a. Schönbergs kompositorische Entwicklung und kommentiert in dem von Schönberg selbst autorisierten programmatischen Aufsatz *Neue Formprinzipien* (1924) den Sachverhalt mit folgenden Worten: »In Schönbergs neuesten Werken sind formbildende Prinzipien durchgeführt, deren Bedeutung für die Zukunft der musikalischen Komposition noch nicht abzusehen ist. [...] Die Satzweise wird wohl polyphon sein müssen. Nicht nur entspricht es unserem harmonischen Formgefühl den dissonanten Akkorden gegenüber so am besten. Ohne die konstruktive Kraft der Polyphonie wird nach Verzicht auf die Tonalität eine größere Form kaum erfüllt werden können. Formale Geschlossenheit und Zusammenhang werden in erster Linie durch die motivische Arbeit erzielt. Nur ist jetzt weniger das rhythmische als das melodische Motiv von Bedeutung. Die Melodie entsteht meist nicht mehr wie früher durch melodische Variation rhythmischer, sondern durch rhythmische Variation melodischer Motive. Das war schon in der Musik der letzten Jahrzehnte vorgebildet. Die gewonnene Freiheit vom Zwang des Harmonischen legt der melodischen Gestalt die Verpflichtung auf, ihren Charakter zu wahren. Ist doch auch die Treue der Intervallverhältnisse von jeher Bedingung in den kontrapunktischen Formen. [...] Das läßt sich auch auf die Tonalität anwenden: die für die Tonart charakteristischen Intervallverhältnisse, jene, die sie am deutlichsten ausdrücken, können gleichzeitig erklingen; was entsteht, sind die leitereigenen Akkorde.«[322]

Bekannt wird Schönbergs ›Methode‹ gemäß eigener Formulierung unter dem Etikett *Komposition mit zwölf nur aufeinander bezogenen Tönen*, der allerdings Schönbergs ›Anhänger‹ mehr umstürzlerische Radikalität nachsagen, als er ihr selbst zutraut. Auf Anfrage und rückblickend betont er in einem Brief von 1937: »The ›Method of composing with twelve tones‹ had many ›first steps‹ (Vorversuche). [...] it was neither a straight way nor was it caused by mannerism, as it often happens with revolutions in art. I personally hate to be called a revolutionist, which I am not. What I did was neither revolution nor anarchy. I possessed from my very first start a thoroughly developed sense of form and a strong aversion for exaggeration. There is no falling into order, because there was never disorder. There is no falling at all, but on the contrary, there is an ascending to higher and better order.«[323]

---

320 Vgl. THEODOR W. ADORNO, Philosophie der neuen Musik (1949; Frankfurt a.M. 1974), 51 f.
321 Vgl. SCHÖNBERG, Composition with twelve tones (1941), in: Schönberg, Style and Idea. Selected Writings, hg. v. L. Stein (London/Boston 1975), 214–245; dt.: Komposition mit zwölf Tönen, in: Stil und Gedanke, übers. v. G. Budde, hg. v. I. Vojtech (Frankfurt a.M. 1976), 105–137.
322 ERWIN STEIN, Neue Formprinzipien (1924), in: Hans Heinz Stuckenschmidt, Neue Musik (Berlin 1951), 358, 362, 367.
323 SCHÖNBERG an Nicolas Slonimsky (3. 6. 1937), in: NICOLAS SLONIMSKY, Music since 1900 (1937; New York ⁴1971), 1315 f.

XIV. Musik zwischen Konstruktion und Gebrauchswert

Schönberg steht allerdings mit seinem Ausschreiten und in letzter Konsequenz Überschreiten des auf der Dur-Moll-Tonalität basierenden Werke-Komponierens keineswegs alleine. Er repräsentiert gewissermaßen nur einen Weg, der vorgibt, aus der sich um die Jahrhundertwende abzeichnenden, je nach Einschätzung als Hochzeit oder Krise bewerteten Situation herauszukommen. Von nicht geringerer Bedeutung ist z. B. Igor Stravinskijs kompositorischer wie ästhetischer Beitrag, der sich jedoch an ganz anderen Punkten der zu Ende gehenden Herrschaft der ›absoluten Musik‹ entzündet. Zwar hat auch Stravinskij die Möglichkeiten des durchchromatisierten musikalischen Materials bereits in seinen sogenannten *Ballets Russes* genutzt, hat z. B. in seiner Ballettmusik *Le sacre du printemps* einen bewußt dissonanzenreichen Satz gepflegt. Der beispiellose Skandal, den die Pariser Uraufführung (29. Mai 1913) verursachte, entlädt sich jedoch weniger an der des Dur-Moll-Schemas spottenden Harmonik als an der angeblich ›barbarischen‹ Rhythmik. Anstoß nehmen Publikum, Kollegen und Kritiker dabei nicht so sehr an der kompositorischen Aufmerksamkeit, die Stravinskij auf die differenzierte rhythmische Struktur des Ganzen verwendet, als vielmehr an der damit erzielten Wirkung, wonach der Rhythmus als das Eigentliche und Eigenständige im ganzen Werk erscheint. Und in der Tat hat Stravinskij durch das simple Hinzufügen oder Weglassen z. B. eines Tons, durch die Vergrößerung oder Verkleinerung ganzer Taktphrasen rhythmische Varianten als melodische Wendungen oder Motiven gebildet, die jegliche gleichförmige Aufeinanderfolge von Akzenten im gewohnten System der akzentsetzenden regelmäßigen Taktrhythmik durcheinanderwirbeln.

Hat Stravinskij schon mit der Umkehrung des Ordnungs- wie Abhängigkeitsverhältnisses zwischen Rhythmik und Harmonik eine bestimmte Norm der ›absoluten Musik‹ unterwandert, führt er mit der bewußten Aufgabe des traditionellen Kunstbegriffs den wohl schwerwiegendsten Schlag gegen das Musikverständnis des 19. Jh. In den musikalischen *Miniaturen*, die Stravinskij ungefähr gleichzeitig während des 1. Weltkriegs schafft, gibt er den Anspruch auf, auf eine Kunst hinzuwirken, die mit den großen Ideen der Menschheitserlösung, des Transzendenten, des persönlichen Bekenntnisses in legitimierendem Zusammenhang stünde. Alle kompositorisch-satztechnische Virtuosität scheint zurückgenommen, der Einsatz instrumentaler und klanglicher Mittel auf ein Minimum reduziert. Schlichtheit, Ausgespartheit und Zurücknahme im musikalischen Satz betonen hingegen um so mehr die Eigenbedeutung des Rhythmischen, das alle anderen Tonsatz-Dimensionen zu durchdringen und damit in sich aufzusaugen scheint.

In der darauffolgenden, sogenannten ›neoklassizistischen‹ Periode Stravinskijs setzt sich die Opposition gegen den traditionellen Musikbegriff fort und spitzt sich in einem gewissen Sinn noch zu, indem er nicht mehr ein erst noch zu formendes Material oder, wie gelegentlich zuvor, Wendungen aus der Volksmusik zum Ausgangspunkt seines Komponierens wählt, sondern bereits ›fertige‹ Musik, Musik einer bereits deutlich zurückliegenden Epoche (18. Jh.), die er wie einen Gegenstand handwerklich in seine (musikalischen) Bestandteile zerlegt, um die so gewonnenen, dann manipulierten Einzelteile neu zu montieren. Stravinskijs Bearbeitungstechnik spielt dabei mit Texturfragmenten und Versatzstücken und versucht ihnen durch eigenwillige Montagen – anscheinend Unpassendes zusammenfügend oder Passendes ungelenk verkettend – neue Aussagekraft abzuringen. Verfremdung, Demolierung, Mechanisierung, Verkettung usf. erweisen sich als Verfahren, bereits Bekanntes in neuartiger Gestaltung und ungewohnter Klangeinbettung (bei ungewöhnlicher Ensemblebesetzung) bewußt zu machen. Entsprechend unspektakulär ist es deshalb auch aus Stravinskijs Sicht, daß er schließlich an Stelle ›vorgefertigter‹ Musik eigene Musik-›Bausteine‹ setzt, die er nach Art des ›Baukastenprinzips‹ zusammensetzt oder montiert. In seiner Autobiographie reflektiert Stravinskij sein Verständnis vom Komponieren und erklärt dazu: »Le phénomène de la musique nous est donné à la seule fin d'instituer un ordre dans les choses, y compris et surtout un ordre entre *l'homme* et *le temps*. Pour être réalisé, il exige donc nécessairement et uniquement une construction. La construction faite l'ordre atteint, tout est dit. Il serait vain d'y chercher ou d'en attendre autre chose. C'est précisément cette construction, cet ordre atteint qui produit en nous une émotion d'un caractère tout à fait spécial, qui n'a rien de commun avec nos sensations courantes et nos réactions dues à des impressions de la vie quotidienne.«[324] So entzieht Stravinskij das Komponieren dem subjektiv-genialischen Wollen bzw. dem Streben nach gefühlhaftem Ausdruck und ersetzt beides durch Momente der Konstruktivität und Reflexion. Unter Stravinskijs Einfluß streift Komponieren alles Auratische ab und lenkt die hörende Aufmerksamkeit nicht auf eine jenseits der Musik waltende Transzendenz, sondern auf eine im Werk wirksame Verfahrenstechnik. Stravinskijs Musikverständnis bringt sich tatsächlich in den gesuchten Gegensatz zur geniegezeugten Werke-Musik des 19. Jh.

Die politischen, sozialen und neuen kulturellen Verhältnisse der 1920er Jahre begünstigen darüber hinaus die Herausbildung einer Musikauffassung, die sich nicht erst durch Abgrenzung und ästhetische Umorientierung langsam zur ›Anti-Musik‹ (von der Warte der ›absoluten Musik‹ aus) wandelt, sondern versieht von vornherein das bisherige Musikverständnis wie die damals noch fortgeltende Musikpraxis mit dem Kampfbegriff ›bürgerlich‹, um sich alternativ dazu unter dem Zentralbegriff ›Gemeinschaft‹ zu formieren. In einem Artikel *Über moderne Musik* von 1927 erklärt der Schönberg-Schüler Hanns Eisler: »Die moderne Musik hat kein Publikum; niemand will sie. Dem Proletariat ist sie als Privatangelegenheit gut erzogener Leute gleichgültig. Die Bourgeoisie sucht stärkere Reiz- und Unterhaltungsmittel. Die moderne Musik führt, wie kaum eine andere Kunst, ein Scheindasein. [...] Die Zersetzung der bürgerlichen Kultur drückt sich am stärksten von allen Künsten in der Musik aus. Trotz aller technischen Finessen läuft sie leer, denn sie ist ideenlos und gemeinschaftslos. Eine Kunst, die ihre Gemeinschaft verliert, verliert sich selbst. Das Proletariat wird sich mit der Erfahrung und den Kunstmitteln der Bourgeoisie eine neue Musik erst schaffen müssen.«[325] Setzen vergleichsweise auch nur wenige Komponisten auf die kommunistische Ideologie als Garanten und Lieferanten einer neuen Ästhetik, die Mehrheit der anti-bürgerlich eingestellten Komponisten sieht sich jedoch im Bestreben geeint, im Bruch mit der bisherigen, elitären Musikauffassung eine neue, dem Gemeinschaftsgedanken verpflichtete zu schaffen. ›Gemeinschaft‹ wird, wie z. B. bei Paul Hindemith[326], zu einem Sammelbegriff, der Komponisten, Ausführende und Hörende durch eine von gemeinschaftsbildenden Wertvorstellungen wie Verständlichkeit, Nützlichkeit, Anwendbarkeit getragene ›Gemeinschaftsästhetik‹ vereinen soll. Nicht länger geht es nur um die ›reine‹ Musik, um isolierte Musikwerke, sondern in der Reflexion auf den Werkbegriff wird man der ihn bedingenden Verbindungen hin zu Konzert, Kultur, Staat und Gesellschaft gewahr. Bei aller Polarisierung zwischen ›Werkmusik‹ und ›Gebrauchsmusik‹ darf deshalb nicht übersehen werden, daß Kritik sich in erster Linie gegen die Art und Weise richtet, wie mit Musik umgegangen wird, und daß erst in zweiter Linie der materialbegründete ästhetische Anspruch selbst zur Disposition steht.

So versucht Kurt Weill z. B. mit der Komposition seiner *Dreigroschenoper* (1928) einen musikalischen Beitrag zu liefern, in dem der Gebrauchsaspekt nicht einfach im Widerspruch zum ästhetischen Anspruch steht. Er schreibt: »Die Idee der ›Gebrauchsmusik‹ hat sich heute in allen Lagern der modernen Musik, denen sie überhaupt erreichbar ist, durchgesetzt. Wir haben unsere ästhetischen Ansprüche zurückgeschraubt.« Weill fügt jedoch sogleich hinzu: »Wir haben eingesehen, daß wir unserer Produktion wieder ihren natürlichen Nährboden schaffen müssen, daß Musik in ihrer Bedeutung als einfachstes menschliches Bedürfnis auch mit gesteigerten künstlerischen Ausdrucksmitteln gegeben werden kann, daß die

---

324 IGOR F. STRAVINSKIJ, Chroniques de ma vie, Bd. 1 (Paris 1935), 117f.; vgl. STRAVINSKIJ, Poétique musicale (Cambridge 1942); dt.: Leben und Werk – von ihm selbst. Erinnerungen, Musikalische Poetik, Antworten auf 35 Fragen, übers. v. R. Tüngel/H. Strobel/M. Gräter (Zürich/Mainz 1957), 59.
325 HANNS EISLER, Über moderne Musik (1927), in: Eisler, Materialien zu einer Dialektik der Musik (Leipzig ²1976), 38 f.
326 Vgl. PAUL HINDEMITH, Gemeinschaft für Musik (1922), in: Hindemith, Aufsätze – Vorträge – Reden, hg. v. G. Schubert (Zürich/Mainz 1994), 8.

Grenzen zwischen ›Kunstmusik‹ und ›Verbrauchsmusik‹ angenähert und allmählich aufgehoben werden müssen. Wir haben deshalb den Versuch unternommen, eine Musik zu schaffen, die auch das Musikbedürfnis breiterer Bevölkerungsschichten zu befriedigen vermag, ohne ihre künstlerische Substanz aufzugeben.«[327] Die Vereinfachung der musikalischen Gestaltungsmittel wird im Lager der ›Gebrauchsmusiker‹ zum kleinsten gemeinsamen Nenner zwischen den unterschiedlichen kompositorischen Ansätzen, angetrieben durch das Bemühen, in einer an alle Musikhörer gerichteten verständlichen Musiksprache (wieder-)erkennbare Aussagen treffen zu können. Die musikalischen Konsequenzen, die daraus gezogen werden, sehen unterschiedlich aus. Während Eisler eine Musik komponiert, die fähig bleiben will, als Mittel des politischen Kampfs eingesetzt zu werden, strebt Weill eine breite Hörerschichten erschließende Synthese zwischen Kunst- und Unterhaltungsmusik auf hohem Niveau an, und Hindemith versucht sich 1932 in der Ausarbeitung einer geeigneten Laienmusik, die als *Plöner Musiktag* ein anschauliches Modell dafür abgeben will, wie ein durchorganisierter ganzer Tag für gemeinschaftliches Musizieren aussehen könnte.[328]

Durchorganisiert wurde freilich wenig später das ganze ›deutsche Musikleben‹, wenn auch nach Maßgaben und Überlegungen, die sich wenig mit Hindemiths Intentionen deckten. Eine eigene Musikästhetik hat der Nationalsozialismus nicht hervorgebracht, wenn auch vielleicht weniger aus eigenem Unvermögen als wegen der doktrinären Unterordnung der Künste unter die politischen Maximen einer auf Rasse und Deutschtum gegründeten Ideologie. Der Nationalsozialismus suchte mit der bisherigen ästhetischen Diskussion zu brechen, wollte weder an eine bisherige Theoriebildung anknüpfen noch irgendeine schon bestehende favorisieren oder vorantreiben, sondern stellte Musik unter die verfügte Kuratel neuer, nationalsozialistischer Leitbegriffe. Den Nationalsozialisten ging es konkret darum, 1. die prinzipielle politische Benutzbarkeit der Musik zu gewährleisten und 2. eine von aller bisherigen abweichende, eben ›artgemäße‹ und ›völkische‹ Musik zu schaffen. »Die Idee der völkischen Kultur stellt nicht die Musik getrennter Klassen und Schichten neben- und gegeneinander. Sie anerkennt nicht eine Gegensätzlichkeit von Volks- und Kunstmusik mit der Einengung, Umdeutung und Umprägung ihrer Begriffe. Ihr ist die Musik ein Ganzheitsbegriff des völkischen Lebens.« ›Ganzheitsbegriff‹ – der Ruf nach einem Volk, einem Reich, einem Führer hallt nicht nur in der Politik wider, sondern unterbindet jegliches plurale, an Demokratie erinnernde Musikdenken. »Es gibt nur eine Musik«, verkündet die neue Ideologie der Gleichschaltung scharf, »mag sie sich in ihren zeitlichen Bindungen und in den Gesetzmäßigkeiten ihrer Gattungen verschiedener Stilmittel und Formen bedienen. Wenn zweierlei Kunst geschieden werden kann, so steht nicht Volksmusik gegen Kunstmusik, sondern arteigene Musik gegen artfremde, echte gegen unechte, artgemäße gegen entartete.«[329]

XV. Musik nach dem 2. Weltkrieg

Das Jahr 1945 war in vielerlei Hinsicht eine Zeitmarke für Neubeginn. ›Neubeginn‹ war gleichzeitig programmatische Absicht wie ein großes Wort, das freilich an die zahllosen Neubeginne in der Geschichte wie an die der unterschiedlichsten Nationen erinnert.[330] So ist man auch versucht, Parallelen zur Zeit unmittelbar nach dem 1. Weltkrieg zu ziehen, z. B. zum geistigen Erlebnis, wieder frei atmen zu können, von Angst und Maßregelungen befreit zu sein. Doch sind im Vergleich der beiden Katastrophen die Unterschiede wohl markanter und bezeichnender als etwaige Parallelen. Jetzt fehlte eine Jugend, die wie nach 1918 von der

---

327 KURT WEILL, Die Oper – wohin? (1929), zit. nach STEPHEN HINTON, Wider das bürgerliche Konzertwesen, in: Funkkolleg Musikgeschichte. Europäische Musik vom 12. – 20. Jahrhundert, Studienbegleitbrief 10 (Weinheim/Basel/Mainz 1988), 110.
328 Vgl. JOSEF HEER/EDGAR RABSCH (Hg.), Musik im Leben. Schulwerk für die Musikerziehung, Bd. 2 (Frankfurt a. M. [17]1979), 255.
329 GOTTHOLD FROTSCHER, Der Begriff ›Volksmusik‹ (1939), in: H. Fischer (Hg.), Wege zur deutschen Musik. Die Musik im Schaffen der großen Meister und im Leben des Volkes (Berlin 1941), 112.
330 Vgl. ULRICH DIBELIUS, Moderne Musik, 1945–1965, Bd. 1 (1966; München/Zürich [3]1984), 15 ff.

Neugier getrieben gewesen wäre, die wiedergewonnene Freiheit künstlerisch zu erproben, und wer überlebt hatte – ob schuldig oder unschuldig –, trug eine tief verwurzelte Abneigung gegen Weltanschauungen und Ideologien in sich.[331]

Die Frage, wie es denn weitergehen solle, woran man denn anknüpfen könne, ist eine existentielle Herausforderung – auf allen staatlichen und kulturellen Gebieten wie Ebenen. Im Bemühen, sich Orientierungspunkte für eine neue Basis musikalischer Erfindung zu verschaffen, kommt den 1920er Jahren dabei besondere Bedeutung zu. Wieder aneignen, wieder aufnehmen, nachholen, so lautet die Devise.[332] Interessanterweise konzentrieren sich gerade die meisten Hoffnungen der ersten Nachkriegsjahre auf Paul Hindemith und die mit ihm identifizierte Musikrichtung. Vor allem in seinen Kompositionen der 1920er und frühen 30er Jahre will man jene »künstlerische Objektivität«[333] entdecken, die dem eigenen Empfinden der Zeit um 1945 entspricht.

Zunächst werden für den Nach- und Aufholbedarf institutionelle Rahmenbedingungen geschaffen: In erster Linie ist hier an die neu geordneten Rundfunkanstalten mit ihrem speziell auf Neue Musik gerichteten Kulturauftrag zu denken; dann entstehen aber auch – ungefähr gleichzeitig und aus derselben geistigen Notlage heraus – die heutige Form der *Donaueschinger Musiktage*, der *Musica viva*-Konzertreihen (München) und vor allem die *Internationalen Ferienkurse für Neue Musik* im Jagdschloß Kranichstein bei Darmstadt.[334] Dort rücken in den folgenden Jahren neben den Interpretationskursen oder den diversen Aufführungsaktivitäten mehr und mehr die Seminare des *Kranichsteiner Kompositionsstudios* in den Mittelpunkt des Interesses. 1948 beginnt René Leibowitz damit, die jungen deutschen Komponisten mit der ihnen bisher weitgehend unbekannt gebliebenen Zwölftonkompositionstechnik Schönbergs vertraut zu machen. Die Wirkung dieses Seminars ist buchstäblich umwerfend. Unter den Jungen, die spontan auf das Neue reagieren, ist z. B. Hans Werner Henze, der daraufhin seine Studien bei Leibowitz fortsetzt und gewissermaßen zum ersten deutschen Komponisten der jüngeren Generation wird, dem die sogenannte Zwölftontechnik zum bestimmenden Faktor der Strukturierung von Musik wird.[335]

Im Rahmen der ersten *Internationalen Ferienkurse für Neue Musik* wird 1948 in Darmstadt auch erstmals ein Werk von Olivier Messiaen aufgeführt. Anläßlich seines ersten persönlichen Aufenthalts in Darmstadt 1949 komponiert Messiaen sein Klavierwerk *Mode de valeurs et d'intensités*, das später gleichsam zu einem Modell mehrdimensional organisierter Kompositionstechnik umgedeutet wird. Die 36 verschiedenen Tonhöhen, 24 Dauern, 12 Anschlagsarten und 7 Stärkegrade der als ›Etüde‹ verstandenen Komposition werden jeweils durch in ›Modi‹ organisierte Zahlen bzw. deren Kombination geregelt.[336] Darmstadt gerät dadurch in den Ruf, ganz wesentlich serielles Komponieren etabliert zu haben.

Tatsächlich wirkt Darmstadt als Katalysator und leitet eine Entwicklung ein, die repräsentativen Anspruch für mindestens zwei Jahrzehnte erheben darf. Die Entwicklung der plötzlich als ›Avantgarde‹ verstandenen Neuen Musik bezieht ihre Richtung wie Wirkung aus der Art, wie gerade in Darmstadt vier geschichtliche Momente mehr zufällig denn intendiert zusammentreffen: Zuerst die Neuorientierung und der Nachholbedarf an Musik der 1920er Jahre, die Ausrichtung an Hindemiths ›künstlerischer Objektivität‹[337] sowie der klassizistische Versuch, auf dem Boden der Tradition wieder festen Tritt zu fassen. Dann die Aufarbeitung der dodekaphonen Technik, die intensive Beschäftigung mit der *Zweiten Wiener Schule*, in der das Interesse an Schönberg abnimmt und die Beschäftigung mit dem Werk Anton Weberns immer wichtiger wird, was freilich erst in doktrinärer

---

331 Vgl. HANS OESCH, Zur Entwicklung der zeitgenössischen Musik 1945–1950, in: Deutscher Musikrat (Hg.), Zeitgenössische Musik in der Bundesrepublik Deutschland 1 (Bonn 1981) [Beilage zur gleichnamigen Schallplattendokumentation DMR 1001–3], 8.
332 Vgl. HANS VOGT, Neue Musik seit 1945 (Stuttgart 1972), 16 ff.
333 STUCKENSCHMIDT (s. Anm. 322), 175.
334 Vgl. DIBELIUS (s. Anm. 330), 217–247.
335 Vgl. OESCH (s. Anm. 331), 9.
336 Vgl. ULRICH MOSCH, Boulez und Cage: Musik in der Sackgasse?, in: Funkkolleg Musikgeschichte. Europäische Musik vom 12. – 20. Jahrhundert, Studienbegleitbrief 12 (Weinheim/Basel/Mainz 1988), 92 ff.
337 Vgl. STUCKENSCHMIDT (s. Anm. 322), 175.

Zuspitzung zur Exposition des sogenannten seriellen Denkens führt. Tatsächlich entspricht es also weder historischer Notwendigkeit noch Adornos berühmter ›Tendenz des Materials‹[338], wenn etwa Anton Webern zum Stammvater des seriellen Komponierens gekürt wird.[339] Und keineswegs besteht von Anfang an ein historisch naheliegender oder legitimierender Zusammenhang zwischen seriellem Denken und der gleichfalls durch Darmstadt bekannt werdenden elektronischen Musik. Vielmehr müssen zwei Ausgangspunkte für die recht unterschiedlichen Bemühungen um die kompositorische Nutzung der elektronischen Ton- bzw. Klanggenerierungsmöglichkeiten in Erinnerung gebracht werden: einmal das Klanglabor von Pierre Schaeffer in Paris, in dem Umweltgeräusche durch kompositorische Verarbeitung ›musikalisiert‹ werden, und dann Herbert Eimerts eher puristische Versuche im *Kölner Studio für Elektronische Musik*, Komponieren auf die Grundlage des ›reinen‹, elektronisch erzeugten Sinustons zu stellen.[340] Die elektronische Musik, wie sie im Kölner Studio verstanden und von Eimert und Stockhausen propagiert wird, gilt jedenfalls schnell als das günstigste Medium zur Realisierung serieller Strukturkonzepte, die auf die Ausführbarkeit durch Sänger oder Instrumentalisten kaum mehr Rücksicht zu nehmen brauchen.[341] »Elektronisch« gilt Stockhausen eine Musik, »in der alle klanglichen Ereignisse bis ins kleinste vorherbestimmt und durch technische Maße fixiert sind«[342].

Nur wenige gehen andere Wege und bezahlen zumindest in Darmstadt diese ›Abweichung‹ mit Isolation, Anfeindung oder bissiger Kritik. Zu denken ist an die eigenständige Entwicklung der Neuen Musik in den sozialistischen Ländern, für die von vornherein als ästhetische Prämisse gilt, gesellschaftlich-geschichtliche Bezogenheit im Komponieren, in der aktuellen Musiksprache ›realistisch‹ anklingen zu lassen.[343] In welch differenzierter Weise dies geschehen ist und wie unterschiedlich der gesellschaftliche Bezug dabei umgesetzt wird, davon zeugen Kompositionen von Eisler, Paul Dessau, aber auch von Dmitrij Šostakovič u. a. m. Erinnert werden muß z. B. aber auch an Luigi Nono, der ohne Verzicht auf bestimmte Errungenschaften seriellen Komponierens seine Stimme im *Epitaffio a Federico García Lorca* (1952/1953) oder im *Canto sospeso* (1955/1956) vor allem gegen Unterdrückung und Verfolgung erhebt und bewußt seiner Musik den politischen Appellcharakter zu erhalten sucht. Und auch Hans Werner Henze gehört zu den wenigen Komponisten, die sich, ebenfalls ohne das Erworbene aufzugeben, aber auch ohne sich als Gegenzeugen mißbrauchen zu lassen, aus dem in der Zwischenzeit etablierten Darmstädter Musikbetrieb zurückziehen.[344]

In der Folgezeit werden nicht nur immer weitere, von Karlheinz Stockhausen mit dem technischen Begriff ›Parameter‹ benannte Dimensionen der Musik seriell verfahrender Kontrolle unterworfen, sondern auch alle Verbindungen, die Musik zu anderen Kunstbereichen eingehen kann. Erinnert sei hier etwa an das Verhältnis von Musik und Sprache. Wo in Werken der 50er Jahre, wie z. B. in Luciano Berios *Thema – Omaggio a Joyce* (1958) oder in Dieter Schnebels *Deuteronomium 31, 6 für fünfzehn Solostimmen* (1956–1958), Texte verwendet werden, unterwirft man sie zumeist denselben se-

338 Vgl. ADORNO (s. Anm. 320), 35 ff.; DAHLHAUS, Adornos Begriff des musikalischen Materials, in: Dahlhaus, Schönberg und andere. Gesammelte Aufsätze zur Neuen Musik (Mainz u. a. 1978), 336–342.
339 Vgl. HERBERT EIMERT (Hg.), Die Reihe. Information über serielle Musik, Bd. 2 (Wien 1955).
340 Vgl. FRITZ WINCKEL (Hg.), Klangstruktur der Musik. Neue Erkenntnisse musik-elektronischer Forschung (Berlin 1955); ELENA UNGEHEUER, Wie die elektronische Musik ›erfunden‹ wurde …: Quellenstudie zu Werner Meyer-Epplers musikalischem Entwurf zwischen 1949 und 1953 (Mainz u. a. 1992).
341 Vgl. WERNER KAEGI, Was ist elektronische Musik (Zürich 1967); HANS ULRICH HUMPERT, Elektronische Musik. Geschichte – Technik – Kompositionen (Mainz u. a. 1987).
342 KARLHEINZ STOCKHAUSEN, Elektronische und instrumentale Musik, in: EIMERT (s. Anm. 339), Bd. 5 (Wien 1959), 57.
343 Vgl. VOGT (s. Anm. 332), 58 ff.; DIBELIUS/FRANK SCHNEIDER (Hg.), Neue Musik im geteilten Deutschland. Dokumente, Bd. 1–4 (Berlin 1993–1999).
344 Vgl. HANS WERNER HENZE, Musik als Resistenzverhalten (1964), in: Henze, Musik und Politik. Schriften und Gespräche 1955–1984 (München 1984), 94–101; ERNST H. FLAMMER, Politisch engagierte Musik als kompositorisches Problem, dargestellt am Beispiel von Luigi Nono und Hans Werner Henze (Baden-Baden 1981).

riellen Manipulationen und Gestaltungstechniken wie das Tonmaterial selbst, so daß meistens der Sprachklang, die phonetische Dimension der Sprache übrigbleibt, der Textinhalt jedoch, die semantische Dimension, gewissermaßen getilgt wird.[345]

Mit der Durchsetzung der seriellen Erfassung und Durchordnung aller musikalischer Parameter ist jedenfalls prinzipiell der Kompositionsvorgang selbst in die Vorordnung des Materials verlagert.[346] Die Idee der totalen Erfassung, der rationalen Durchkonstruktion und völlig geplanten Determination scheint sich zu unwidersprochener Herrschaft aufzuschwingen.[347] Wer hinter solches Ansinnen Fragezeichen setzt, gilt schon bald als antimodern, ideologieverdächtig, borniert, als sich nicht auf der Höhe des berühmten Materialstands bewegend. Aus dem Verfahren weitestgehender Determination aller Elemente soll eine Musik gewonnen werden, die ideologiefreie Rationalität pur zu verwirklichen verspricht, die Ergebnis totaler Planung ist und in der gewisse Unbestimmtheiten gerade noch in der nur annähernd zu perfektionierenden, weil durch Menschen realisierten Aufführung toleriert bleiben.

Doch dann geschieht während der Ferienkurse 1957, in deren Verlauf eher die Retrospektive vorherrscht, etwas gleichermaßen Einschneidendes wie Unvorhergesehenes: Mit dem Vortrag von Pierre Boulez mit dem Titel *Alea* und der Uraufführung von Stockhausens *Klavierstück XI* wird der Serialismus – von vielen als Dogma verfochten – von zweien seiner wichtigsten Vertreter wenn nicht zum alten Eisen geworfen, so doch erheblich relativiert.[348] Beide Komponisten erkennen in freilich unterschiedlicher Weise, daß sich die totale Vor- und Durchorganisation des Tonmaterials nach seriellen Prinzipien nicht nur als Schimäre erweist, sondern daß auch das Hören an der Überfülle musikalischer Information, die jegliche Apperzeptionsfähigkeit übersteigt, scheitert. Die Einsicht in die Nähe von totaler Organisation und beliebiger oder chaotischer Zufälligkeit drängt sich auf und bewirkt eine mächtige Öffnung bis hin zum Verzicht auf die mit dem Begriff ›Werk‹ gesetzten ästhetischen Ansprüche.[349]

Weitere Momente treten sozusagen von außen hinzu und sprengen das verkrustete Denken in Darmstadt: So stehen im Zentrum der Ferienkurse 1958 Person und Werk des Amerikaners John Cage. Mit ihm artikuliert sich zum ersten Mal in Deutschland eine Musik, die nicht nur von außerhalb Europas kommt, sondern die den Zusammenhang mit der europäischen Musiktradition radikal leugnet und sich sogar auf Prämissen asiatischen Denkens beruft. Die Kompositionen, die John Cage und David Tudor an zwei Klavieren vorführen, erschüttern geradezu das serielle Denkgebäude, das durch Stockhausen und Boulez zwar relativiert, nicht aber gänzlich außer Kraft gesetzt worden ist. Denn hier, wo Cage auch in seinen berühmten Vorträgen ausführt, präsentiert sich ein Musikdenken, dessen Radikalität in seiner prinzipiellen wie strukturellen Offenheit liegt.[350] Nicht der so häufig betriebene Reduktionismus, das Ausblenden z. B. tonaler Momente, sondern eine Öffnung hin zu allem, was klingt, wird propagiert und ausgeführt. Größere Gegensätze ließen sich kaum denken. Dabei läuft Cages Mühe des Zerstörens aller formaler Rationalität Gefahr, sich in die Bequemlichkeit eines bloßen Ausbreitens ›unerhörter‹ Materialien zu verwandeln bzw. sich von der Anstrengung zu dispensieren, sich um das Problem

---

345 Vgl. EIMERT (s. Anm. 339), Bd. 6 (Wien 1959); WERNER KLÜPPELHOLZ, Sprache als Musik. Studien zur Vokalkomposition seit 1956 (1976; Herrenberg ²1978).
346 Vgl. STOCKHAUSEN (s. Anm. 342), 52.
347 Vgl. STOCKHAUSEN, Texte, 3 Bde. (Köln 1963–1971); PIERRE BOULEZ, Penser la musique aujourd'hui (Paris 1963); dt.: Musikdenken heute, Bd. 1, übers. v. J. Häusler/P. Stoll (Mainz 1963); BOULEZ, Relevés d'apprenti (Paris 1966); dt.: Anhaltspunkte. Essays, übers. v. J. Häusler (Kassel/München 1979).
348 Vgl. KONRAD BOEHMER, Zur Theorie der offenen Form in der Neuen Musik (Darmstadt 1967), 177 ff.
349 Vgl. WULF KONOLD, Tendenzen der fünfziger Jahre – Neue Musik in der Bundesrepublik Deutschland 1950–1960, in: Deutscher Musikrat (Hg.), Zeitgenössische Musik in der Bundesrepublik Deutschland 3 (Bonn 1982) [Beilage zur gleichnamigen Schallplattendokumentation DMR 1007–9], 8; HEINZ-KLAUS METZGER, Gescheiterte Begriffe in Theorie und Kritik der Musik, in: Eimert (s. Anm. 339), Bd. 5 (Wien 1959), 45 f.
350 Vgl. JOHN CAGE, Unbestimmtheit, in: Eimert (s. Anm. 339), Bd. 5 (Wien 1959), 85–121; CAGE, Silence (1954/1961; Middletown, Conn. 1961), 260–273.

von Form und Aussage kümmern zu müssen.³⁵¹ Cages Verfahren stellt radikal den Begriff des ästhetischen Kunstwerks, dem das serielle Denken noch in jeder Hinsicht verpflichtet ist, in Frage.³⁵² Als Hilfsmittel dienen Cage dabei unterschiedlichste Zufallsoperationen, die häufig genug zwar im Augenblick des Komponierens eine Rolle spielen, nicht jedoch im Moment ihrer interpretierenden Ausführung.³⁵³

Doch nicht nur aus Amerika kommt Neues. Die Niederschlagung des ungarischen Aufstands von 1956 hat nicht nur ungarische Komponisten in den Westen getrieben, sondern – wie bereits Stalins Tod am 5. März 1953 – zu Erosionen innerhalb des Warschauer Pakts geführt, denen die Machthaber mit einem politischen ›Tauwetter‹ zu begegnen suchen. Der *Warschauer Herbst*, 1956 ins Leben gerufen, bringt Ost und West nachhaltig in Kontakt, ermöglicht die Begegnung zweier zunächst völlig unterschiedlich wirkender Musikkulturen und einen intensiveren künstlerischen Austausch über den damals noch eisernen Vorhang hinweg.³⁵⁴ Włodzimierz Kotoński eröffnet 1959 mit einem Vortrag die Darmstädter Ferienkurse, es folgt Andrzej Markowski. Außerhalb von Darmstadt (z. B. in Donaueschingen³⁵⁵) können die vielbeachteten Kompositionen von Krzysztof Penderecki, Witold Lutosławski und Tadeusz Baird gehört werden, auch von György Ligeti werden erste Stücke im Westen aufgeführt (z. B. *Artikulation*, 1958).³⁵⁶

Bei aller Verschiedenheit ist diesen Werken manches gemeinsam, so die Abkehr von einer als dogmatisch angesehenen Serialität, ihre formale Individualität und schließlich ihre deutliche Bevorzugung des Klanglichen vor dem Strukturellen. Dies bedeutet beispielsweise bei Penderecki eine Vereinfachung der Zusammenhänge, die im Rückblick gesehen zwar schnell zur Mode wird, jedoch in den späten 50er Jahren im Gegensatz zu den hochartifiziellen Serial-Konstruktionen die Durchsetzungskraft eines klanglichen Erdbebens besitzt.

So enden die 1950er Jahre ganz anders, als sie begonnen haben: Standen am Beginn die Orientierung und schließlich die Fixierung auf ein immer mehr sich verfestigendes kompositorisches System, so markieren die späteren 50er und frühen 60er Jahre den Beginn einer Phase, für die man bis heute den nichtssagenden Begriff des ›Postseriellen‹ gefunden hat. Freilich eine Verlegenheitsvokabel: Zeichen schierer Ratlosigkeit angesichts der Tatsache, daß sich die Musik der 60er Jahre offenbar von sich aus nicht mehr auf eine simple Formel bringen läßt.³⁵⁷ Vielmehr markiert ›postseriell‹ ein Defizit, sozusagen das Fehlen eines ›Hauptstroms‹ der Entwicklung und verweist auf das tatsächliche Nebeneinander divergierender Möglichkeiten des Komponierens.³⁵⁸ In zweierlei Hinsicht blieb die Musik der 60er Jahre allerdings mit der 50er Jahre verbunden: 1. wurden alle kompositorischen Möglichkeiten in mehr oder weniger bewußter Auseinandersetzung mit dem Serialismus – und insofern mit *dem* kompositorischen Prinzip der 50er Jahre – gefunden; 2. erheben alle kompositorischen Lösungen weiterhin für sich den Anspruch, Neue Musik oder sogar *die* Neue Musik schlechthin zu repräsentieren.³⁵⁹

Fallen also musikimmanente Klassifizierungsmerkmale der Musik der 60er Jahre aus, dann empfiehlt es sich, zumindest die Tendenzen anzugeben, die es vor 1958 und nach 1968 entweder nicht gegeben hat oder die jedenfalls nicht so auf-

---

351 Vgl. DAHLHAUS, Das ›post-serielle‹ Jahrzehnt, in: Deutscher Musikrat (Hg.), Zeitgenössische Musik in der Bundesrepublik Deutschland 5 (Bonn 1983) [Beilage zur gleichnamigen Schallplattendokumentation DMR 1013–15], 8.
352 Vgl. DANIEL CHARLES, John Cage, in: Charles, Gloses sur John Cage (Paris 1978); dt.: Das Los des John Cage, in: Charles, John Cage oder Die Musik ist los, übers. v. E. Kienle (Berlin 1979), 88 ff.
353 Vgl. MOSCH (s. Anm. 336), 103 ff.
354 Vgl. TADEUSZ KACZYNSKI, Rozmowy z Witoldem Lutosławskim (Krakau 1972), 97 ff.; dt.: Gespräche mit Witold Lutosławski, übers. v. L. Fahlbusch (Leipzig 1976), 88 ff.
355 Vgl. MAX RIEPLE, Musik in Donaueschingen (Konstanz 1959); JOSEF HÄUSLER, Spiegel der Neuen Musik: Donaueschingen. Chronik – Tendenzen – Werkbesprechungen (Kassel/Stuttgart/Weimar 1996).
356 Vgl. KONOLD (s. Anm. 349), 9.
357 Vgl. VOGT (s. Anm. 332), 43 ff.
358 Vgl. ULRICH SIEGELE, Entwurf einer Musikgeschichte der sechziger Jahre, in: R. Stephan (Hg.), Die Musik der sechziger Jahre. Zwölf Versuche (Mainz u.a. 1972), 9–25; DAHLHAUS (Hg.), Die Musik der fünfziger Jahre. Versuch einer Revision (Mainz u.a. 1985).
359 Vgl. DAHLHAUS (s. Anm. 351), 8.

fällig hervortreten wie im genannten Zeitraum. Während etwa die 50er Jahre durch das Bemühen gekennzeichnet waren, Musik als Ergebnis größtmöglicher rationaler Objektivität und Planung erscheinen zu lassen, beginnt als Reaktion darauf die vernachlässigte Subjektivität ihre Rechte geltend zu machen. Zutreffend ist von »seelischer Gestimmtheit«[360] als einem Grundzug des Kunstklimas der 60er Jahre geschrieben worden.

So ist bezeichnend, daß gerade im umgekehrten Verhältnis dazu, wie Form im vorausgehenden Jahrzehnt kompositorisch destruiert wurde, nun wieder die Reflexion über Form in Gang kommt.[361] Unsicherheit und Uneinigkeit in den ästhetischen Leitvorstellungen lassen gewissermaßen reaktiv jenes Bemühen erstarken, sich in die Sicherheit eines rational begründeten kompositorischen Metiers zurückzuziehen. Auch kann jetzt jene Anti-Ästhetik an Bedeutung gewinnen, die von Cages Idee inspiriert ist, vor allem im Unkontrollierten, Zufälligen und Improvisierten die reine Materie des Tönenden, sozusagen das Wesen der Musik selbst, wahrnehmbar zu machen.[362] Zum Teil sind die 60er Jahre aber auch nur eine Fortsetzung oder sogar Intensivierung der vorausgegangenen Entwicklung. Manche Komponisten sind darum bemüht, beständig neue musikalische Parameter der seriellen Kontrolle zu unterwerfen, intentional alle Dimensionen der Musik durch Zahlen- oder Proportionenreihen zu strukturieren und aufeinander zu beziehen. Nachdem die Implikationen des Zufalls und der Wahrscheinlichkeit Einzug in die Musik gehalten haben, Werkinterpretationen immer mehr zu unwiederholbaren Ergebnissen mitentscheidender Ausführender werden, geht man schließlich – wie z. B. Roman Haubenstock-Ramati, Mauricio Kagel u. a. – dazu über, Notationen zu entwerfen, die weniger die tönenden Resultate als die Aktionen der Ausführenden regeln und musikalisch zur Geltung bringen. Darin kommt eine Haltung zum Vorschein, die die Abkehr vom Begriff des Werks, des auskomponierten, fixierten und damit individuellen und identisch wiederholbaren tönenden Gebildes mit aller Konsequenz betreibt. Diese Tendenz findet vor allem in den graphischen Notationen und verbalen Spielanweisungen ihren Ausdruck.[363]

Auch kündigen sich seit 1960 verstärkt Versuche an, dem ästhetischen Gebilde Musik wieder mehr gesellschaftliche und politische Wirksamkeit zurückzugewinnen. Diskussionen werden um die Möglichkeiten geführt, zwischen der Emanzipation des Menschen aus sozialen Zwängen und der Emanzipation der Musik aus falscher geschichtlich-gesellschaftlicher Einbindung zu vermitteln.[364] Ferner wird das Geräusch ganz allgemein gegenüber dem musikalischen Ton emanzipiert. Die Klangkomposition bleibt nicht länger Domäne der elektronischen Musik, sondern gewinnt auch im Bereich konventioneller Besetzungen an Bedeutung. Ligeti, aber auch Penderecki bauen die auf Henry Cowell zurückreichende *Cluster-Technik* systematisch aus und erkunden dabei den Bereich zwischen ehedem voneinander getrennten musikalischen Tönen und umwelthaften Geräuschen. Movens des musikalischen Flusses sind dabei die Veränderungen im Klangfarbenbereich.[365] Außerdem gibt es Versuche, serielle Bestimmtheit und gesteuerten Zufall in der *Aleatorik* zusammenzuführen, sei es, daß zwar manche Details strikt auskomponiert werden, die Großform aber zur Disposition gestellt wird (Boulez), oder daß umgekehrt die Großform eines Stücks grundsätzlich festgelegt wird, ihre Realisierung aber der Improvisation oder alternativen Interpretenentscheidung

---

360 CLAUS-HENNING BACHMANN, Die Gestimmtheit der sechziger Jahre, in: Deutscher Musikrat (Hg.), Zeitgenössische Musik in der Bundesrepublik Deutschland 7 (Bonn 1983) [Beilage zur gleichnamigen Schallplattendokumentation DMR 1019–21], 8.
361 Vgl. EIMERT (s. Anm. 339), Bd. 7: Form – Raum (Wien 1959).
362 Vgl. CAGE, Unbestimmtheit (s. Anm. 350), 85–115.
363 Vgl. STOCKHAUSEN, Musik und Graphik, in: Darmstädter Beiträge zur Neuen Musik 3 (Mainz 1960), 5–25; ALBRECHT RIETHMÜLLER, Anfechtung und Verteidigung des kompositorisch Neuen zwischen 1950 und 1960, in: Deutscher Musikrat (Hg.), Zeitgenössische Musik in der Bundesrepublik Deutschland 4 (Bonn 1982) [Beilage zur gleichnamigen Schallplattendokumentation DMR 1010–12], 8.
364 Vgl. DIBELIUS, Moderne Musik, Bd. 2 (München/Zürich 1988), 58–80.
365 Vgl. OESCH, Die Musik der sechziger Jahre, in: Deutscher Musikrat (Hg.), Zeitgenössische Musik in der Bundesrepublik Deutschland 6 (Bonn 1983) [Beilage zur gleichnamigen Schallplattendokumentation DMR 1016–18], 9.

überantwortet bleibt (Stockhausen).³⁶⁶ Im Moment der Improvisation sind auch Möglichkeiten gegeben, nun Brücken zu intentional nicht komponierter Musik, etwa zum Jazz, genauer zum Free-Jazz, aber auch zur Rock-Musik zu bauen, für die sich Komponisten ohne ästhetische Vorverurteilung zu interessieren beginnen.

Bei aller Heterogenität läßt sich in den kompositorischen Strömungen der 60er Jahre also eine gemeinsame Stoßrichtung oder vielmehr eine gemeinsame Abkehr vom Vorgegebenen ablesen. So dürfte der elementare Drang, den Zwang immanenter Herrschaftssysteme zu brechen und freiheitlichere Ordnungen auf neuer Basis zu schaffen, genauso fundamental und bestimmend gewesen sein wie die Freude an der Entdeckung neuer Möglichkeiten, Kommunikation zwischen Interpreten und Zusammenhang im musikalischen Werk zu stiften. Pluralismus der kompositorischen Lösungen ist daher die im gewissen Sinne naheliegende Folge. Derselbe Pluralismus des Komponierens kann sich auch im einzelnen Werk widerspiegeln, wofür auf höchstem Niveau nicht zuletzt der Name Bernd Alois Zimmermann steht.³⁶⁷

Im Unterschied zur Musik der 50er Jahre kann man also seit dem Zerfall der seriellen Musik um 1960 nicht mehr von einem Hauptstrom der Musikentwicklung sprechen, an dem sich zeigen ließe, wie sich die komponierten und aufgeführten Musikwerke scheinbar von selbst in zentrale oder periphere ordneten. Vielmehr erscheint es sogar im Rückblick gerade auf die Musik der 50er Jahre zweifelhaft, ob die Vorstellung, daß der Serialismus je den Mittelpunkt bildete, um den sich die musikalischen Ereignisse gleichsam zentripetal bzw. zentrifugal gruppierten, überhaupt jemals triftig gewesen ist.

Dies aber wirft schließlich ein Licht auf jenen musikästhetischen Status quo, auf dessen Konsequenzen sich das Musikdenken des ausgehenden 20. und des beginnenden 21. Jh. aktuell einzulassen scheint. Er zementiert gleichermaßen Verzicht wie Absage, weiterhin Musik einfordern zu können, die sich etwa noch am Anspruch orientiert, für *die* Musik schlechthin einzustehen. Im pluralen Neben-, Über- und Miteinander der Musiken suchen Komponisten heute vielmehr ihren jeweiligen, sich ändernden und oftmals eklektizistischen Musikauffassungen klingende Gestalt zu verleihen. Was im 19. Jh. damit begonnen hatte, dem Glauben an die Verbindlichkeit nur einer durchgängigen, alle Musikarten umfassenden und sie legitimierenden musikalischen Werkästhetik eine Absage zu erteilen, was sich dann am Anfang des 20. Jh. zur ästhetischen Überzeugung verfestigt hatte, Schulen oder einzelne Komponisten stünden repräsentativ bestenfalls für bestimmte, miteinander konkurrierende Teillösungen, hat schließlich in der zweiten Hälfte des 20. Jh. dazu geführt, (musik-)ästhetische Anerkennung wie Urteilsgerechtigkeit für jedes musikgewordene Konzept im einzelnen zu fordern – angesichts der akzeptierten prinzipiellen Unvergleichlichkeit nebeneinander bestehender, beziehungslos wirkender ästhetischer Momentauffassungen, die heutiges Musikdenken prägen.

Volker Kalisch

Literatur

ABERT, HERMANN, Die Lehre vom Ethos in der griechischen Musik (Leipzig 1899); ABERT, HERMANN, Die Musikanschauung des Mittelalters (Halle 1905); ANDERSON, WARREN D., Ethos and Education in Greek Music (Cambridge/London 1966); ANDERSON, WARREN D., Music and Musicians in Ancient Greece (Ithaca/London 1994); BARKER, ANDREW (Hg.), Greek Musical Writings, 2 Bde. (Cambridge 1984/1989); BIMBERG, SIEGFRIED u.a. (Hg.), Handbuch der Musikästhetik (Leipzig 1979); DAHLHAUS, CARL, Musikästhetik (Köln 1967); DAHLHAUS, CARL, Die Idee der absoluten Musik (Kassel 1978); DAHLHAUS, CARL, Klassische und romantische Musikästhetik (Laaber 1988); DAHLHAUS, CARL/ZIMMERMANN, MICHAEL (Hg.), Musik – zur Sprache gebracht. Musikästhetische Texte aus drei Jahrhunderten (München/Kassel 1984); DAMMANN, ROLF, Der Musikbegriff im deutschen Barock (1967; Laaber ²1984); EGGEBRECHT, HANS HEINRICH, Musik im Abendland. Prozesse und Stationen vom Mittelalter bis zur Gegenwart (München/Zürich 1991); EKENBERG, ANDERS, Cur cantatur? Die Funktionen des liturgischen Gesanges nach den Autoren der Karolingerzeit (Stockholm 1987); FU-

---

366 Vgl. DAHLHAUS (s. Anm. 351), 9.
367 Vgl. BERND ALOIS ZIMMERMANN, Intervall und Zeit (1957), in: Zimmermann, Intervall und Zeit. Aufsätze und Schriften zum Werk, hg. v. C. Bitter (Mainz 1974), 11–14; ZIMMERMANN, Vom Handwerk des Komponisten (1968), in: ebd., 31–37; WILFRIED GRUHN, Integrale Komposition. Zu Bernd Alois Zimmermanns Pluralismus-Begriff, in: Archiv für Musikwissenschaft 40 (1983), 287–302.

BINI, ENRICO, L'estetica musicale dall'antichità al settecento – L'estetica musicale dal settecento a oggi (Turin 1964); dt.: Geschichte der Musikästhetik. Von der Antike bis zur Gegenwart, übers. v. S. Kienlechner (Stuttgart/ Weimar 1997); Funkkolleg Musikgeschichte. Europäische Musik vom 12.–20. Jahrhundert. Studienbegleitbrief, hg. v. Deutschen Institut für Fernstudien an der Universität Tübingen (Weinheim/Basel/Mainz 1987/1988); GATZ, FELIX M., Musik-Ästhetik in ihren Hauptrichtungen. Ein Quellenbuch der deutschen Musik-Ästhetik von Kant und der Frühromantik bis zur Gegenwart mit Einführung und Erläuterungen (Stuttgart 1929); GEORGIADES, THRASYBULOS, Musik und Rhythmus bei den Griechen. Zum Ursprung der abendländischen Musik (Hamburg 1958); GOLDSCHMIDT, HUGO, Die Musikästhetik des 18. Jahrhunderts und ihre Beziehungen zu seinem Kunstschaffen (Zürich/Leipzig 1915); GOLDSCHMIDT, HARRY/KNEPLER, GEORG (Hg.), Musikästhetik in der Diskussion. Vorträge und Diskussionen (Leipzig 1981); HAMMERSTEIN, REINHOLD, Die Musik der Engel. Untersuchungen zur Musikanschauung des Mittelalters (Hamburg 1958); HAMMERSTEIN, REINHOLD, Diabolus in Musica. Studien zur Ikonographie der Musik im Mittelalter (Bern/München 1974); HIRTLER, EVA, Die Musik als scientia mathematica von der Spätantike bis zum Barock (Frankfurt a. M. 1995); KADEN, CHRISTIAN, Abschied von der Harmonie der Welt. Zur Genese des neuzeitlichen Musik-Begriffs, in: W. Lipp (Hg.), Gesellschaft und Musik (Berlin 1992), 27–53; KARBUSICKY, VLADIMIR (Hg.), Sinn und Bedeutung in der Musik. Texte zur Entwicklung des musiksemiotischen Denkens (Darmstadt 1990); KATZ, RUTH/DAHLHAUS, CARL (Hg.), Contemplating Music: Source Readings in the Aesthetics of Music (Stuyvesant 1992); KOLLER, HERMANN, Musik und Dichtung im alten Griechenland (Bern/München 1963); LIPPMAN, EDWARD A., Musical Thought in Ancient Greece (1964; New York ²1975); LISSA, ZOFIA, Aufsätze zur Musikästhetik. Eine Auswahl (Berlin 1969); LISSA, ZOFIA, Neue Aufsätze zur Musikästhetik (Wilhelmshaven 1975); LOHMANN, JOHANNES, Musiké und Logos. Aufsätze zur griechischen Philosophie und Musiktheorie, hg. v. A. Giannarás (Stuttgart 1970); MARKUS, STANISLAW A., Musikästhetik, 2 Bde. (Leipzig 1967/1977); MEYER-BAER, KATHI, Bedeutung und Wesen der Musik. Der Bedeutungswandel der Musik (Baden-Baden ²1975); MOOS, PAUL, Moderne Musikästhetik in Deutschland. Historisch-kritische Uebersicht (Berlin/Leipzig 1902); neubearb.: Die Philosophie der Musik von Kant bis Eduard von Hartmann (Berlin 1922); MÜNXELHAUS, BARBARA, Pythagoras musicus. Zur Rezeption der pythagoreischen Musiktheorie als quadrivialer Wissenschaft im lateinischen Mittelalter (Bonn 1976); NEUBECKER, ANNEMARIE J., Die Bewertung der Musik bei Stoikern und Epikureern (Berlin 1956); PAGE, CHRISTOPHER, The Owl and the Nightingale. Musical Life and Ideas in France 1100–1300 (London 1989); PALISCA, CLAUDE V., Humanism in Italian Renaissance Musical Thought (New Haven 1988); PFROGNER, HERMANN, Musik. Geschichte ihrer Deutung (Freiburg/München 1954); PICKARD-CAMBRIDGE, ARTHUR W., Dithyramb, Tragedy and Comedy (Oxford 1962); GERHARD PIETZSCH, Die Klassifikation der Musik von Boetius bis Ugolino von Orvieto (Halle 1929); RECKOW, FRITZ, Zwischen Ontologie und Rhetorik. Die Idee des ›movere animos‹ und der Übergang vom Spätmittelalter zur frühen Neuzeit in der Musikgeschichte, in: W. Haug/B. Wachinger (Hg.), Traditionswandel und Traditionsverhalten (Tübingen 1991); RICHTER, LUKAS, Die Wissenschaftslehre von der Musik bei Platon und Aristoteles (Berlin 1961); RICHTER, LUKAS, Momente der Musikgeschichte. Antike und Byzanz (Anif/Salzburg 2000); RIETHMÜLLER, ALBRECHT, Die Musik als Abbild der Realität. Zur dialektischen Widerspiegelungstheorie in der Ästhetik (Wiesbaden 1976); RIETHMÜLLER, ALBRECHT, Stationen des Begriffs Musik, in: F. Zaminer (Hg.), Geschichte der Musiktheorie, Bd. 1 (Darmstadt 1985), 59–95; RIETHMÜLLER, ALBRECHT, Musik zwischen Hellenismus und Spätantike, in: A. Riethmüller/F. Zaminer (Hg.), Die Musik des Altertums (Laaber 1989), 207–325; ROUGET, GILBERT, Music and Trance. A Theory of the Relations between Music and Possession (Chicago 1985); SCHÄFKE, RUDOLF, Geschichte der Musikästhetik in Umrissen (Berlin 1934); SCHUMACHER, GERHARD, Musikästhetik (Darmstadt 1973); SEIDEL, WILHELM, Werk und Werkbegriff in der Musikgeschichte (Darmstadt 1987); SERAUKY, WALTER, Die musikalische Nachahmungsästhetik im Zeitraum von 1700 bis 1850 (Münster 1929); SMITS VAN WAESBERGHE, JOSEPH, Musikerziehung. Lehre und Theorie der Musik im Mittelalter (Leipzig 1969); SPONHEUER, BERND, Musik als Kunst und Nicht-Kunst. Untersuchungen zur Dichotomie von ›hoher‹ und ›niederer‹ Musik im musikästhetischen Denken zwischen Kant und Hanslick (Kassel u. a. 1987); STOCKMANN, DORIS, Musica vulgaris bei Johannes de Grocheio (Grocheo), in: Beiträge zur Musikwissenschaft 25 (1983), 3–56; WALTER, MICHAEL, Grundlagen der Musik des Mittelalters (Stuttgart/Weimar 1994); ZAK, SABINE, Musik als ›Ehr und Zier‹ im mittelalterlichen Reich (Neuss 1979); ZAMINER, FRIEDER (Hg.), Geschichte der Musiktheorie, 15 Bde. (Darmstadt 1985 ff.); ZAMINER, FRIEDER, Musik im archaischen und klassischen Griechenland, in: A. Riethmüller/F. Zaminer (Hg.), Die Musik des Altertums (Laaber 1989), 113–206; ZOLTAI, DÉNES, A zeneesztétika története I. Ethosz és affektus (Budapest 1966); dt.: Ethos und Affekt. Geschichte der philosophischen Musikästhetik von den Anfängen bis zu Hegel, übers. v. B. Weingarten (Berlin 1970).

Mythos/mythisch/Mythologie
(griech. μῦθος, μυθικός, μυθολογία; lat. fabula; engl. myth, mythical, mythology; frz. mythe, mythique, mythologie; ital. mito, mitico, mitologia; span. mito, mítico, mitología; russ. миф, мифическое, мифология)

Einleitung; I. Antike, Christentum, Renaissance; II. Französische Aufklärung. Querelle des anciens et des modernes; III. Mythologie als ›poetische Theologie‹ (Vico); IV. Fabel als poetischer Begriff der deutschen Aufklärung; V. Die ›Erfindung‹ des Mythos (Herder, Hamann, Heyne); VI. ›Neue Mythologie‹ in Frühromantik und Frühidealismus; VII. Mythos und Symbol. Klassik und Romantik; VIII. Nationalmythologien; IX. Mythos in den Wissenschaften; X. Politischer Mythos; XI. Der Blick auf den Mythos von innen und außen; XII. Dialektik des Mythos in Moderne und Postmoderne; XIII. Mythologie und Ideologie. Mythen des Alltags

Einleitung

Zum Grundbegriff wird Mythos erst in der Moderne. Bis weit ins 18. Jh. bezeichnet das griechische Wort, seiner lateinischen Übersetzung fabula entsprechend, kaum etwas anderes als heidnische Erzählungen ohne Wahrheits-, sondern höchstens mit poetischem Wert und wird vorrangig auf das kanonisierte Stoffcorpus der antiken Göttersagen bezogen. Erst auf der Peripetie der Aufklärung wird der Mythos als eigene Denkform entdeckt und zum Grenzbegriff verschiedener Wissenschaften und Diskurse. Begriffsgeschichtlich gesehen, ergibt sich der paradoxe Befund, daß der Mythos, den die Moderne mit wachsendem Nachdruck als das Andere ihrer selbst unterstellt, von dem sie sich aufgeklärt abgrenzt oder nach dem sie sich romantisch zurücksehnt, ihre eigene Entdeckung, wenn nicht Konstruktion ist, die erst in der Polarität zu Vernunft und Rationalität Kontur gewinnt. Hinreichend diffus, eignet sich Mythos als ein Kampfbegriff für das Selbstverständnis der bürgerlichen Gesellschaft und ihrer Kritik.

Wenn Claude Lévi-Strauss die Trennung zwischen Wissenschaft und mythischem Denken (»mythical thought«) für das 17. und 18. Jh. ansetzt, wenn er das mythische Denken als Logik des Konkreten, als Welt der Sinne (»world of the senses«[1]), auch der Gerüche und Bilder, von den mathematischen Wahrheiten unterscheidet, dann erscheinen Mythos und Ästhetik als Momente derselben Trennungsgeschichte: dasjenige, was als Mythos in fernere Zeiten und Räume projiziert und archaisiert wird, entfaltet das ästhetische Denken anthropologisch oder gnoseologisch. Wenn sich in Deutschland der moderne Mythosbegriff weithin in den gleichen Diskursen wie die Ästhetik konstituiert, dann bestätigt das die These eines nicht nur äußerlichen Verhältnisses beider Denkformen.

Vor dem angedeuteten Hintergrund sind für die Gegenwart zumindest drei signifikante Tendenzen der Begriffsentwicklung zu konstatieren:

1. Insbesondere in den deutschen akademischen Debatten seit den 80er Jahren ist die Tendenz einer ästhetischen Restitution des Mythos unverkennbar. Nach dem *Poetik-und-Hermeneutik*-Band zur Mythenrezeption mit einem programmatischen Aufsatz Hans Blumenbergs[2] versammelte Karlheinz Bohrer in *Mythos und Moderne* repräsentative Positionen, die sich insbesondere in der Antwort auf die Frage entzweiten, ob dem ästhetischen Mythos eine politische Dimension oder nur ein Ereignischarakter innerhalb der Kunst zukomme.[3]

2. Gewinnt der Mythos in der Neuzeit durch die Entgegensetzung zur Vernunft seine scharfe Kontur, so wirkt sich die (post-)moderne Vernunftkritik auch auf den begrifflichen Gegenpol aus. Dabei lassen sich zwei Tendenzen unterscheiden: Entweder kann das mythische Denken emphatisch als zu belebende, der tradierten Wissenschaft überlegene Erkenntnisform entdeckt werden. So, wenn Kurt Hübner *Die Wahrheit des Mythos* (1985) gegenüber der wissenschaftlichen Vernunft herausstellt oder Ilya Prigogine »Logos

---

1 CLAUDE LÉVI-STRAUSS, Myth and Meaning (Toronto/Buffalo 1978), 6.
2 Vgl. HANS BLUMENBERG, Wirklichkeitsbegriff und Wirkungspotential des Mythos, in: M. Fuhrmann (Hg.), Terror und Spiel. Probleme der Mythenrezeption (München 1971), 11–66.
3 Vgl. KARLHEINZ BOHRER (Hg.), Mythos und Moderne. Begriff und Bild einer Rekonstruktion (Frankfurt a. M. 1983).

und Mythos nicht mehr strikt voneinander« trennen, »sondern als die beiden komplementären Spiegelungen ein und desselben Bewusstseins, mit dem wir den Rätseln des Lebens auf die Spur zu kommen versuchen«[4], erkennen will. Oder die Vernunft kann selbst resignativ als Mythos (große Erzählung) kritisiert und analog dazu der Mythos als ein Phantasma der abendländischen Geschichte begriffen werden. Die poststrukturalistische Dekonstruktion des Mythosbegriffs, von Jacques Derrida philosophisch vorbereitet[5], fand in der Altertumswissenschaft und Mythenforschung ein Pendant in einer Artikelserie der Zeitschrift *Le temps de la réflexion* (1980). Im Eröffnungsbeitrag konstatiert Jean-Pierre Vernant eine Krise des Begriffs für den Augenblick, in dem der Strukturalismus die Strenge und Kohärenz der Wissenschaftlichkeit erreicht zu haben glaubte: Der Mythos sei ein Begriff, den die Anthropologen der Tradition des (griechischen) Abendlandes entlehnt hätten. »Au sens strict, le mot mythe ne désigne rien.«[6] Er sei nichts Gegebenes, sondern eine Fiktion der Mythologen. In die Krise gerät der Begriff vor allem dort, wo er eurozentristisch auf andere Kulturen projiziert wird. Der Afrikanist Pierre Smith spricht hinsichtlich des mythographischen Blicks von einem »mythe du mythe«[7]. Die außereuropäischen, oralen Erzähltraditionen und die ›klassischen‹, schriftlich fixierten Mythen ließen sich kaum auf einen gemeinsamen Begriff bringen. Vor diesem Hintergrund versuchen neuere Theorien einen interkulturellen Begriff des Mythos zu entwickeln.[8]

3. Abseits der theoretischen Debatten besteht die wohl gravierendste Veränderung im Alltagsgebrauch, wo Mythos sich nicht vorrangig durch geschichtliche, sondern durch eine Gegenwartssignifikanz auszeichnet, die allerdings kaum scharf von Kult, Fetisch, Mysterium oder Magie unterschieden ist. Erst in jüngerer Zeit wird unter Mythos auch das verstanden, was durch bedeutungsreichen Symbolcharakter Faszination auslöst.[9] Damit ist nicht vorrangig die eher esoterische ›neomythische Kehre‹[10] gemeint, wobei unverkennbar ist, daß die Stilisierung zum Mythos auch der Logik ›feiner Unterschiede‹ im Sinne Pierre Bourdieus gehorcht. Signifikanter ist, daß Automarken, Stars, Moden, zeitgeschichtliche und Medienereignisse, also insbesondere die profitträchtigsten Waren, geradezu inflationär mit dem Attribut Mythos versehen werden können. Mit den ›klassischen‹ Mythen teilen die ›neuen‹ die (nun geradezu globale) Verständlichkeit ihrer Bedeutungen; sie unterscheiden sich zugleich von jenen, weil sie im Rhythmus des Marktes und der Medien einem enormen Verschleiß unterliegen.

Angesichts dieser Befunde geht die vorliegende Darstellung von drei heuristischen Maximen aus: Erstens stimmt sie mit Gerhart von Graevenitz darin überein, daß der Mythos ein »Produkt von europäischen Wahrnehmungs- und Denktraditionen« ist, dessen Geschichte allein mit Methoden der Kultur-, Medien- und Begriffsgeschichtsschreibung zu erschließen ist. Die »Jagd auf das ›Wesen des Mythos‹«[11] möge abgebrochen werden, weil »das, was wir für ›Mythos‹ halten, eine große kulturgeschichtliche Fiktion«[12] sei, deren ›Konstruktionsmechanik‹ historisch zu rekonstruieren sei. Zweitens wäre es gerade aus ästhetischer Perspektive nicht sinnvoll, die Darstellung auf vordergründige Beziehungen zur Kunst oder zu kanonisierten ästhetischen Kategorien zu beschränken. Der Mythos weist auch dort eine Verwandtschaft zur Ästhetik auf, wo er sich in anderen Diskursen bewegt. Drittens schließlich führt die Entwicklung in getrennten und national differenzierten Diskursen zu heterogenen Begriffen des Mythos, die sich

---

4 ILYA PRIGOGINE, Mensch und Natur sind Geschöpfe der Zeit. Gespräch mit Constantin von Barloewen, in: Frankfurter Rundschau (5. 2. 2002), 20.
5 Vgl. JACQUES DERRIDA, L'écriture et la différence (Paris 1967).
6 JEAN-PIERRE VERNANT, Le mythe au réfléchi, in: Le temps de la réflexion 1 (1980), 22.
7 PIERRE SMITH, Positions du mythe, in: ebd., 81.
8 Vgl. JÜRGEN MOHN, Mythostheorien. Eine religionswissenschaftliche Untersuchung zu Mythos und Interkulturalität (München 1981).
9 Vgl. WERNER BETZ, Zur Wortgeschichte von ›Mythos‹, in: H. Moser u. a. (Hg.), Deutsche Sprache: Geschichte und Gegenwart (Bern/München 1978), 30.
10 Vgl. HERMANN SCHRÖDTER (Hg.), Die neomythische Kehre. Aktuelle Zugänge zum Mythischen in Wissenschaft und Kunst (Würzburg 1991).
11 GERHART VON GRAEVENITZ, Mythos. Zur Geschichte einer Denkgewohnheit (Stuttgart 1987), VIII; vgl. MOHN (s. Anm. 8), 71.
12 GRAEVENITZ (s. Anm. 11), IX.

zwar semantisch überschneiden, sich jedoch nicht aufeinander reduzieren lassen. Die Arbeiten zur Begriffsgeschichte des Mythos aus den letzten zwanzig Jahren, auf deren elaborierten Forschungsstand sich die folgende Darstellung stützen kann, haben diesen Aspekt betont: »Jeder dieser Begriffe hat eine *Einzel*geschichte; eine Gesamtgeschichte *des* Mythos gibt es nicht.«[13] Der synchronen Existenz heterogener Mythosbegriffe ist nicht durch die Fiktion eines vagen Allgemeinbegriffs zu begegnen, sondern durch deren diachron nachzuvollziehende Begriffsgeschichte in ihren sich überschneidenden Strängen.

I. Antike, Christentum, Renaissance

»Parler du mythe, c'est toujours parler grec ou de la Grèce.«[14] Die Etymologie des Wortes μῦθος ist ungeklärt. In der attischen Umgangssprache nicht geläufig, bedeutet es ursprünglich wie λόγος (logos) das Wort. Beide Begriffe sind nahezu austauschbar und unterscheiden sich weniger durch ihre Referenz als durch die Redeform. Logos ist eher die sinnerfüllte, vernünftige Rede, Mythos die unverbürgte. Herodots *Historien* und Pindars *Oden* haben für die Sagen der Helden und Götter, für die Geschichten vom goldenen, silbernen, bronzenen und eisernen Zeitalter noch die Bezeichnung λόγοι (logoi). Im 6. vorchristlichen Jahrhundert begegnet Mythos bei den späten Vorsokratikern (Xenophanes) als distanzierter Terminus für die Epen. Erst zur Zeit des Sophokles beginnt er das ›heilige Wort‹ (ἱερὸς λόγος) zu ersetzen, wird mit φήμη (phēmē, Gerücht) oder πλάσματα (plasmata, ›Gerüchteküche‹) assoziiert und zu einer Figur des Nichtwissens bzw. Illusorischen. »Le mythe conquiert donc son statut d'existence, dans le monde grec, non pour ce qu'il est en lui-même, mais par rapport à ce qui, pour une raison ou pour une autre, l'exclut et le dénie.«[15] Um zu erscheinen, bedarf der Mythos des Auftretens von Diskurstypen, die ihm – indem sie ihn negieren – einen illusorischen Platz zuweisen.

Was bis heute als Mythos der Griechen bezeichnet wird, ist wesentlich durch Platon bestimmt. Dessen philosophische und auch Thukydides' historische Mythenkritik markieren dabei offensichtlich zugleich die Grenze zwischen oraler und Schriftkultur, so daß die Ersetzung der variablen Mythen durch die fixierten, visuell metaphorisierten Ideen auch Folge medialer Veränderungen ist.[16] Platons Kritik trifft den Mythos dort am schärfsten, wo er in die Distanz der Künste übergeht. Wahres Wissen gibt es nur vom unveränderlichen Sein. Mythos und Logos sind für Platon koexistierende Diskurse, wobei der Mythos dadurch ausgezeichnet ist, daß er das Wissen über die fernere, in der Gemeinschaft lebende Vergangenheit von einer Generation zur anderen auf dem Weg der Mimesis tradiert, während der logos für argumentativ überprüfbares Wissen steht.[17] Zugleich arbeitet Platon mit eigenen Mythen, sei es aus politischen und pädagogischen Gründen, sei es, um das Reich der Seele und der sinnlichen Welt des Werdens mit einem ›wahrscheinlichen Mythos‹ (εἰκὼς μῦθος[18]) oder einer ›wahrscheinlichen Erörterung‹ (εἰκὼς λόγος[19]) als Bild der intelligiblen Welt darzustellen. Im 7. *Brief* entwickelt er die These, daß der logos (zumal als geschriebenes Wort) nicht in der Lage sei, die Schau der Ideen adäquat auszudrücken, so daß es des zeigenden Mythos bedürfe.[20]

---

13 CHRISTOPH JAMME, ›Gott an hat ein Gewand‹. Grenzen und Perspektiven philosophischer Mythos-Theorien der Gegenwart (Frankfurt a. M. 1991), 15; vgl. ALEIDA ASSMANN/JAN ASSMANN, ›Mythos‹, in: H. Cancik u. a. (Hg.), Handbuch religionswissenschaftlicher Grundbegriffe, Bd. 4 (Stuttgart 1998), 179–181.
14 MARCEL DETIENNE, Une mythologie sans illusion, in: Le temps de la réflexion 1 (1980), 44; vgl. DETIENNE, L'invention de la mythologie (Paris 1981).
15 VERNANT (s. Anm. 6), 23 f.
16 Vgl. WALTER ONG, Orality and Literacy (London u. a. 1982); dt.: Oralität und Literalität, übers. v. W. Schömel (Opladen 1987), 81–86; ERIC A. HAVELOCK, Preface to Plato (Oxford 1963).
17 Vgl. LUC BRISSON, Einführung in die Philosophie des Mythos. Antike, Mittelalter und Renaissance, übers. v. A. Russer (Darmstadt 1996), 25; WALTER BURKERT, ›Mythos, Mythologie I‹, in: RITTER, Bd. 6 (1984), 281–283.
18 Vgl. PLATON, Tim. 29d, 59c, 68d; BRISSON (s. Anm. 17), 37.
19 Vgl. PLATON, Tim. 30b, 48d, 53d, 55d, 56a, 57d, 90e.
20 Vgl. PLATON, Epist. 7, 342a–344d.

Aristoteles folgt weder der platonischen Abwertung der Mythen in der Kunst, noch trägt er seine Philosophie mythologisierend vor. Wenn er in der *Metaphysik* die Philosophie mit Staunen oder Verwunderung (τὸ θαυμάζειν) beginnen läßt, dann gilt ihm auch der Freund der Mythen (φιλόμυθος[21]) als Philosoph, da der Gegenstand der Mythen das Wunderbare sei. In der Tragödientheorie seiner *Poetik* entwickelt Aristoteles einen Mythosbegriff, anhand dessen er den Gehalt der Handlung von ihrem Charakter und ihrer Absicht unterscheidet. Den mythischen Gehalt der Handlung bestimmt Aristoteles als das erste und zentrale der sechs Elemente der Tragödie: »Die Nachahmung von Handlung ist der Mythos. Ich verstehe hier unter Mythos die Zusammensetzung der Geschehnisse« (ἔστιν δὴ τῆς μὲν πράξεως ὁ μῦθος ἡ μίμησις· λέγω γὰρ μῦθον τοῦτον τὴν σύνθεσιν τῶν πραγμάτων)[22]. Der Mythos gibt Einheit und Ziel der Tragödie vor. Auf diesen Mythosbegriff geht letztlich auch der moderne literaturwissenschaftliche zurück, der den Mythos als narrative Struktur oder Erzählmuster (narrative pattern) definiert.

Nach der schriftlichen Fixierung der Mythen treten neue Umgangsweisen an die Stelle ihrer spontan-oralen Variation: zum einen Deutungsmethoden, die den buchstäblich feststehenden Text an wechselnde Kulturen, Erwartungen der Zuhörer oder auch Zensurrestriktionen anpassen[23]; zum anderen topische Klassifizierungen, welche die Mythen nach dem Differenzierungsgrad des Wissens deuten. Solche Klassifizierungen finden sich schon bei Aristoteles und werden dann von Rhetoriklehrern und Grammatikern verfeinert. Cicero unterscheidet mit einem dreiteiligen, dem Grad des Realitätsgehalts entsprechenden Schema an tradierten Texten den (fiktiven) Mythos (fabula) vom argumentum und der (wahren) historia.[24] Die Gegenstände der rhetorischen Topik kehren im 18. Jh. unter den Begriffen des sensus communis, common sense oder bon sens wieder.

Unter den im weiteren Sinne allegorischen Deutungen (als Unterscheidung eines offenkundigen von einem verborgenen Sinn) muß die rationalistische Lesart, die an den Mythen natürliche und soziale Erscheinungen entschlüsselt, grundsätzlich von einer solchen unterschieden werden, die in ihnen verborgene theologische Weisheiten (Mysterien) erkennen will und später eher symbolisch genannt wird.[25] Der Gegensatz beider Deutungsmuster hält sich bis in die Neuzeit. Die rationalistisch-allegorische Deutung läßt sich bis ins 4. Jh. v. Chr. (*Papyros von Derveni*) zurückverfolgen. Dazu gehört der Euhemerismus (nach Euhemerus von Messina, 3. Jh. v. Chr.), d. h. die Deutung der Mythen als in die Sphäre der Götter und Heroen transponierte Erzählungen von bedeutenden Geschichtsereignissen oder hervorragenden Taten einzelner. Vor dem theoretischen Hintergrund eines Universums vernunftbegabter Wesen entfalten die Stoiker ihre Naturallegorese und erklären die Gottheiten moralisch, psychologisch, physiologisch oder historisch.

Dagegen interpretiert der (Neu-)Platonismus die Mythen als Quelle tieferer theologischer (eleusischer, dionysischer, neupythagoreischer) Weisheiten oder Mysterien, die dann logos heißen und nur für die christlichen Kritiker Mythen sind. Offenbart sich die Gottheit in den mythischen Erzählungen exoterisch verhüllend, so in den Mysterien esoterisch in lebendigen Bildern. Die Dichter können mithin als eingeweihte Theologen und die platonischen Kunstmythen – später mit christlichen Motiven verbunden – als verschleierte Formen einer esoterischen Philosophie angesehen werden. Diese Deutungspraxis wird in der Renaissance (Giordano Bruno) und insbesondere in der Romantik (Friedrich Creuzer) wiederbelebt.

Vom *Alten Testament* hat Jacob Taubes gesagt: »Der Schöpfungsbericht der *Genesis* und das Bildverbot des Dekalogs liquidieren alle mythische Rede von Gott«[26]. Kommt der Terminus in der *Septuaginta* nicht vor, so wird auch im *Neuen Testament* Mythos nur marginal in den (v. a. deutero-

---

21 ARISTOTELES, Metaph. 982b12, 982b18.
22 ARISTOTELES, Poet., 1450a3–5; dt.: Poetik, griech.-dt., übers. u. hg. v. M. Fuhrmann (Stuttgart 1982), 19.
23 Vgl. BRISSON (s. Anm. 17), 222–225.
24 Vgl. CICERO, Inv. I, 27.
25 Vgl. JEAN PÉPIN, Mythe et allégorie. Les origines grecques et les contestations judéo-chrétiennes (1958) Paris 1976), 41–81.
26 JACOB TAUBES, Der dogmatische Mythos der Gnosis, in: Fuhrmann (s. Anm. 2), 149.

I. Antike, Christentum, Renaissance 313

paulinischen) Schriften des griechischen Missionsraums und fast durchweg pejorativ verwendet.[27] Der Mythos wird als das Fingierte, Erlogene, Widervernünftige, Altweiberhafte oder Kindische abgewertet, wie überhaupt – seit Platon – die Tradierung der Mythen vorrangig Frauen und Kindern zugeschrieben wurde. Dagegen unterläuft der Prolog des Johannesevangeliums den antik-griechischen Gegensatz zwischen Mythos und Logos – im göttlich schaffenden logos konvergieren beide.[28]

Die griechische Tradition wird durch die Latinisierung keineswegs bruchlos fortgesetzt. Im Lateinischen wird μῦθος durch das Bedeutungslehnwort fabula (auch Gerede, Gerücht, Gespräch) bzw. fabulosus wiedergegeben und von dort später in die europäischen Nationalsprachen übernommen. Bis der Mythos im 18. Jh. neu- oder wiederentdeckt wird, ist die terminologiegeschichtliche Identität unterbrochen, wenngleich der gelehrten Welt der Zusammenhang von Fabel und Mythos bewußt bleibt. Auch ins Deutsche geht Mythos als Fabel ein. Luther übersetzt das griechische Mythos im *Neuen Testament* mit ›lügmere‹ oder ›fabel‹. So überträgt er die Kritik an Altweibergeschichten in 1. Tim. 4, 7 mit: »Der vngeistlichen aber vnd altuettelschen fabeln entschlahe dich.«[29] Im frühen Christentum und von den Kirchenvätern wird Mythos bzw. Fabel durchgängig pejorativ verwendet. Als »einsamer Vorläufer«[30] wird Mythos in der Bedeutung »erdichte Märe. Mythos, lat. Fabula«[31] zwar schon im 16. Jh. von einem in Straßburg Griechisch lehrenden Schweizer Theologen in ein deutsches Wörterbuch aufgenommen. Doch erst 200 Jahre später setzt sich ›Mythologie‹ in Titeln von Büchern durch, die die ›Erzählungen von Göttern‹ für ein breites Publikum inventarisieren.[32] Lexikalisch erscheint das Stichwort in einem deutschen und lateinischen Wörterbuch: »Mythos, [...] idem quod *Fabula* vel *Narratio*, eine Fabel«[33]. Noch im Zedlerschen Lexikon werden Mythologie und Fabel synonym gebraucht: »Mythologie, ist eine Nachricht von den Fabeln, welche bey den Heyden denjenigen Zeiten angedichtet worden, die von Anfang der Welt bis auf den Anfang der Griechischen Olympiadum verlauffen, und die eben deswegen theils die unbekannten, theils die fabelhafften Zeiten pflegen genennet zu werden.«[34]

Seit der Spätantike ist Mythos ein Kampfbegriff, welcher der wechselseitigen Denunziation von Christentum und Heidentum dient. Die heidnischen Göttersagen stehen im Gegensatz zur christlichen Heilsbotschaft, so daß später auch andere häretische Lehren in den Mythos eingelesen werden können. Die kirchliche Mythenkritik greift auf antike Argumentationen und Topologien zurück. In *De civitate dei* (413–426) entlehnt Augustinus die topologische ›theologia tripertita‹ der Götterlehre des vorchristlichen römischen Gelehrten Marcus Terentius Varro (116–27 v. Chr.): genus fabulosum für die mythische Theologie der Dichter, genus naturale für die natürliche Theologie der Philosophen und genus civile für die staatliche Theologie.[35] Die mythische Theologie ist damit nur eine unter drei Behandlungsarten der antiken Götterwelt. Um die polytheistischen Kulte als Götzendienst und die Überlegenheit der christlichen Unsterblichkeit nachzuweisen, akzentuiert Augustinus den fiktionalen Charakter der von Menschen produzierten »Fabel-, Theater- und Bühnen-Theologie« (theologia fabulosa theatrica scaenica)[36] und rückt damit den Mythos in die Nähe des moralisch verwerflichen Theaters. Mit der Interpretation der heidnischen Mythen als Dichtung übernimmt Augustinus ein antikes Motiv aufklärerischer Religionskritik. Zugleich interpretieren die Kirchenväter die heidnischen Götter

---

27 Vgl. 2. Petr. 1, 16; 1. Tim. 1, 4; 4, 7; 2. Tim. 4, 4; Tit. 1, 14.
28 Vgl. Joh. 1, 1.
29 MARTIN LUTHER, Das Newe Testament (Wittenberg 1534), CLI verso.
30 Fabel (s. Anm. 9), 22.
31 ›Erdichte Märe‹, in: PETRUS DASYPODIUS, Dictionarium Latinogermanicum [...] (Straßburg 1536), 376 recto.
32 Vgl. PHILIPP VON ZESEN, Teutsche Mythologie, Oder außführliche Beschreibung aller erdichteten heidnischen Götter und Göttinnen [...] (Sulzbach 1712); BENJAMIN HEDERICH, Gründliches Lexicon Mythologicum (Leipzig 1724).
33 ›Mythos‹, in: ADAM FRIEDRICH KIRSCH, Abundantissimum Cornu copiae linguae latinae et germanicae selectum (1741), Bd. 1/2 (o. O. 1796), 1846.
34 ›Mythologie‹, in: ZEDLER, Bd. 22 (1739), 1761.
35 Vgl. AUGUSTINUS, Civ. 6, 5; dt.: Vom Gottesstaat, übers. v. W. Thimme, Bd. 1 (Zürich/München ²1978), 292; GRAEVENITZ (s. Anm. 11), 48 f.
36 AUGUSTINUS, Civ. 6, 7; dt. 298.

als Götzen (nach Ps. 96, 5) oder raffiniertes teuflisches Werk (Dämonen), tradieren aber in der Kritik zugleich das antike Wissen. Insgesamt toleriert die christliche Kirche die heidnischen Mythen unter der Bedingung, daß sie aus dem christlich-sakralen Bereich ausgeschlossen bleiben. Dadurch überleben sie das Mittelalter – im byzantinischen Christentum besser als im Westen – als Bildungsgut der Klosterschüler.

Mythologische Motive werden in der Kunst und Literatur der Renaissance des 16. Jh. zu zentralen Gegenständen der Malerei (Bellinis *Götterfest* [1514], Tizian, Tintoretto) und in Umzügen und Theateraufführungen auch zu öffentlichen Schauspielen. Eine eigene Disziplin, die Mythographie, mit ihren durch die neuen Drucktechniken stark verbreiteten Handbüchern, nimmt sich der christlich verteufelten und verschütteten heidnischen Mythen an. Mit der Differenzierung des Wissens werden auch die Klassifikationsschemata subtiler. Für den deutschsprachigen Raum wird im 18. Jh. Hederichs *Gründliches Lexicon Mythologicum* (1724, erweiterte Auflagen 1741 und 1770) bestimmend.

An der Schwelle zwischen Renaissance und Aufklärung übernimmt Francis Bacon mythenkritische Motive in seiner Idolenlehre; zugleich macht er die klassischen Mythen und Fabeln als Propädeutik seiner neuen Wissenschaft dienstbar. Orientiert an den für Spätrenaissance und Barock maßgeblichen Werken der Italiener Natalis Comes (Conti) (*Mythologiae sive explicationis fabularum libri decem*, 1551/1568) und Giovanni Boccaccio (*Genealogia deorum gentilium libri XV*, 1472), referiert Bacon in *De sapientia veterum liber* (1609) 31 antike Mythen und erklärt ihren sinnlichen Gehalt als allegorischen Vorgriff auf die Prinzipien des zukünftigen wissenschaftlichen Denkens. In den Mythen liege ein in Anschaulichkeit verhüllter Gehalt von Wahrheiten der Natur und Praxis, der – ähnlich wie in typologischer Interpretation biblischer Prophetie – seiner Verwirklichung harre. Heidnische Gottheiten deutet Bacon als Personifikationen naturphilosophischer, politischer und ethischer Prinzipien. Am Orpheusmythos z. B. macht er deutlich, daß schon im mythischen Zeitalter empirische und praktische Erkenntnis existiert habe.[37] Bacons Bedeutung liegt darin, daß er – gegen zeittypische Vorurteile – die ›Weisheit der Alten‹ als eigenständige Erkenntnisform auffaßt, deren Nutzen zu erschließen sei.[38]

II. Französische Aufklärung. Querelle des anciens et des modernes

Wiewohl es bereits in der Antike eine Auseinandersetzung mit dem Mythos gab, die durch die christliche Abwehr der heidnischen Götter forciert wurde, begleitet das Interesse am Mythos Aufklärung und Rationalismus (und deren Gegenströmungen) wie ein schärfer werdender Schatten, weil von seiner Deutung abhängig schien, von welchem logischen und geschichtlichen Boden sich die Moderne abgestoßen hat oder worauf sie gründet. Die These, die Aufklärung habe zur Theorie des Mythos wenig beigetragen, ist kaum haltbar; auch dort, wo sie ihn kritisiert, initiiert sie wesentlich die bis ins 20. Jh. reichenden Erklärungs- und Deutungsmuster.[39] Das Interesse der Aufklärung ist auf Entstehung und Ursachen der Mythen gerichtet und, eng damit verbunden, auf die Frage, wie sie zu verstehen seien. Drei Modelle dominieren dabei: das aitiologische, das der Identität von Phylogenese und Ontogenese sowie das der Anthropomorphisierung des mythischen Verfahrens.[40]

Zunächst übernehmen Rationalismus und Aufklärung antike, christliche und patristische Begriffe des Mythos. In Frankreich dominiert die euhemeristische Theorie des Abbé Antoine Banier, der in den Fabeln Genealogien urzeitlicher Herrscher und ihrer vorbildlichen Taten nachzuweisen versucht: »qu'elles ont un rapport réel avec l'Histoire des premiers siècles«[41]. Mit seiner *Explication histori-*

---

37 Vgl. FRANCIS BACON, De sapientia veterum liber (1609), in: BACON, Bd. 6 (1861), 646–648 (Kap. 11).
38 Vgl. ebd., 628 (Praefatio).
39 Vgl. AXEL HORSTMANN, Der Mythosbegriff vom frühen Christentum bis zur Gegenwart, in: Archiv für Begriffsgeschichte 23 (1979), 7–54, 197–245.
40 Vgl. HEINZ GOCKEL, Mythos und Poesie. Zum Mythosbegriff in Aufklärung und Frühromantik (Frankfurt a. M. 1981), 52.
41 ANTOINE BANIER, La mythologie et les fables expliquées par l'histoire (1711), Bd. 1 (Paris 1738), VI.

que des fables (1711, 3., veränderte Auflage 1738–1740 unter dem Titel *La mythologie et les fables expliquées par l'histoire*, von Johann Adolf und Johann August Schlegel 1754–1766 ins Deutsche übersetzt) hat er das religionsgeschichtliche Konzept der *Académie Royale des Inscriptions et Belles-Lettres* bestimmt. Banier ist an den Mythen als Historiker interessiert; zugleich läßt er sie als Quelle und Stoff für die schönen Wissenschaften und Künste zu. Mit der historischen Reduktion sucht Banier die philosophische und theologische Unwirksamkeit heidnischer Mythen und die Überlegenheit des Christentums als einziger, nur verkannter Offenbarung nachzuweisen. Zwischen Orthodoxie und Rationalismus trat mithin kein Widerspruch auf, so daß umgekehrt auch der aufklärerische Rationalismus zunächst unter dem Deckmantel der Orthodoxie agieren konnte.

In der französischen Frühaufklärung wurde die Versöhnung zwischen Rationalismus und Orthodoxie bereits von Fontenelle, seit 1699 ständiger Sekretär der Akademie der Wissenschaften, in Frage gestellt und die rationalistische Mythenkritik antiklerikal gewendet. In *De l'origine des fables* (1724 als Überarbeitung der zwischen 1685 und 1690 verfaßten Abhandlung *Sur l'histoire*) bezeichnet er die Fabeln als »l'histoire des erreurs de l'esprit humain«[42] und »amas de chimères, de rêveries et d'absurdités« (187). Mythen sind nicht Resultat der schönen Phantasie und Kunst, sondern der unwissenden »Philosophie des premiers siècles« (189). Fontenelles Fortschrittstheorie erlaubt es, die Mythen zu historisieren und entwicklungsgeschichtlich zu erklären. Als anthropomorphisierende Interpretationen von Naturerscheinungen seien sie aus dem niedrigen wissenschaftlich-technischen Niveau der Griechen zu verstehen. Fontenelles Behandlung der Fabeln steht im Kontext der ›Querelle des anciens et des modernes‹ und der Aufwertung Homers. Alexander Popes Vorwort zu seiner Übersetzung der *Ilias* wurde ins Französische und Deutsche übertragen. Als »Parteihaupt der Modernisten«[43] bezweifelt Fontenelle die zeitlose Überlegenheit der Alten. Ehrfurcht und blinder Respekt vor dem Alter der Künste tradierten Vorurteile und verhinderten die Einsicht in die Entbehrlichkeit der Mythen. Bei Fontenelle treten die Fabeln in einen für die Konstituierung der Eigen-

ständigkeit des Mythos wesentlichen Gegensatz zur Rationalität: »et rien ne prouve mieux que l'imagination et la raison n'ont guère de commerce ensemble, et que les choses dont la raison est pleinement détrompée, ne perdent rien de leurs agrémens à l'égard de l'imagination«[44].

Nimmt Fontenelle in *De l'origine des fables* die Heilige Schrift von der Mythenkritik aus, so hatte er diese in seiner *Histoire des oracles* (1686) bereits auf das Christentum übertragen. In dieser Schrift entwirft er auch die Priesterbetrugsthese, die sich im Kern ebenso in Tolands *Christianity not Mysterious* (1696) findet und die dann von Nicolas Fréret, später von Voltaire und Holbach dahingehend ausgebaut wird, daß Priester die ursprüngliche natürliche Religion verfälscht und in betrügerischer Absicht durch Polytheismus und Aberglauben ersetzt hätten.

Schließlich beginnt mit Fontenelle innerhalb der Frühaufklärung die komparatistische Mythenbetrachtung. Bereits die Reformation verband das Interesse am Urtext des Alten Testaments mit einer vergleichenden Sprach- und Mythenforschung. Zwischen dem 15. und 17. Jh. ging man entweder vom Parallelismus griechischer und orientalischer Mythologie oder von der Vorstellung aus, die Mythen enthielten Entstellungen der biblischen Überlieferung und die Moseslegende sei der Urtyp des Mythos (so der protestantische Franzose Samuel Bochart, Gerhard Johannes Vossius und Pierre-Daniel Huet). Im Zuge der großen überseeischen Entdeckungen und Kolonialisierungen und der Auseinandersetzung christlicher Missionare mit anderen Religionen, zunächst in Amerika, dann in Ostasien, wird die zeitliche Differenz zwischen Mythos und Vernunft zugleich zu einer räumlichen. Berichte über Erzählungen und kultische Praktiken der Indianer Kanadas und Perus schärften den ethnologischen Blick auf die ›primitiven‹ Religionen.

---

42 BERNARD LE BOVIER DE FONTENELLE, De l'origine des fables (1724), in: Fontenelle, Œuvres complètes, hg. v. A. Niderst, Bd. 3 (Paris 1989), 202.

43 WERNER KRAUSS, Vorwort zu: Fontenelle und die Aufklärung (1969), in: Krauss, Das wissenschaftliche Werk, hg. v. W. Bahner u.a., Bd. 5 (Berlin/Weimar 1991), 203.

44 FONTENELLE (s. Anm. 42), 200.

Fontenelle konstatiert »une conformité étonnante entre les Fables des Américains et celles des Grecs«, was zeige, »que les Grecs furent pendant un temps des Sauvages aussi bien que les Américains, et qu'ils furent tirés de la barbarie par les mêmes moyens« (197). Die Rückständigkeit mancher Völker erklärt er aus kulturellen Ungleichzeitigkeiten bzw. aus Unterschieden der klimatisch-geographischen Milieus. Jean François Lafiteau, französischer Jesuit und Missionar in Kanada, beschreibt in *Mœurs des sauvages amériquains comparées aux mœurs des premiers temps* (1724) die Sitten und Gebräuche der Algonquin-Indianer, der Huronen und Irokesen: er stellt sie als intelligent, phantasiebegabt und fromm dar, um ihre Eignung für die christlich-europäische Kultur zu beweisen. Charles de Brosses vergleicht in *Du Culte des dieux fétiches ou Parallèle de l'ancienne religion de l'Égypte avec la religion actuelle de Nigritie* (1760) mit Hilfe des von ihm in der Religionswissenschaft etablierten Begriffs ›fétichisme‹ (als Verehrung sinnlicher Gegenstände) westafrikanische Kulte mit der griechischen Religion. Die Übereinstimmung verschiedener ethnischer Mythen legte die diffusionistische Hypothese einer Uroffenbarung (Brosses) bzw. die Annahme nahe, die Indianer seien ausgewanderte Griechen gewesen (Lafitau). Andere, wie Voltaire in seinem *Dictionnaire philosophique portative* (1764) unter dem Eintrag ›religion‹, gingen von einer ursprünglichen und natürlichen, nur verschütteten Vernunftreligion aus.

Diderots und d'Alemberts *Encyclopédie* widmet ›fables‹ und ›mythologie‹ je eigene Artikel. Damit initiiert sie die signifikante Trennung zwischen dem griechischen Terminus und seiner lateinischen Entsprechung. Die Identifizierung von Mythos und Fabel fällt offenbar in dem Augenblick, in dem die Mythen nicht mehr als kunstvolle Allegorien einer zeitlosen Vernunft gedeutet werden. Der Artikel *Mythologie*, von Diderots engem Mitarbeiter Louis de Jaucourt ohne große Originalität verfaßt, verhandelt, was Banier und Fréret noch als Fabel bezeichnet hatten. Der vermittelnde Artikel übernimmt die euhemeristischen Deutungen Baniers, kritisiert sie jedoch zugleich und orientiert sich an dessen Gegenspieler Fréret, der im Unterschied zu Banier in Homer und Hesiod nicht erste Geschichtsschreiber, sondern Schöpfer von literarischen Fiktionen sieht.[45] Die Vieldeutigkeit der Fiktion läßt sich Fréret zufolge nicht auf die Eindeutigkeit des Begriffs zurückführen: »L'analyse en est impossible«[46].

Unter Mythologie versteht Jaucourt die »histoire fabuleuse des dieux, des demi-dieux, & des héros de l'antiquité« sowie »tout ce qui a quelque rapport à la religion payenne.« In diesem Sinne bilde sie das Hauptfeld im Studium der schönen Literatur (»la branche la plus grande de l'étude des Belles-Lettres«). Die Mythologie sei eine unerschöpfliche Quelle für die Künste und die Bildung der »gens du monde«, weil ihre Kenntnis unverzichtbar zur Konversation und »éducation commune« gehöre; für Maler, Bildhauer, vor allem aber für Dichter sei sie »une source inépuisable d'idées ingénieuses, d'images riants, de sujets intéressans, d'allégories, d'emblèmes«[47]. Die Kritik glaube, es reiche aus, die Inhalte der Fabeln ihrer wunderbaren Form zu entkleiden, um historische, philosophische oder physikalische Wahrheiten in ihnen zu finden. In wörtlicher Wiedergabe Frérets, bereits mit Vorbehalten gegenüber rein rationalistisch-euhemeristischen Deutungen, heißt es: »La *Mythologie* n'est donc un tout composé de parties correspondantes: c'est un corps informe, irrégulier, mais agréable dans les détails; c'est le mélange confus des songes de l'imagination, des rêves de la Philosophie, & des débris de l'ancienne histoire. L'analyse en est impossible.«[48]

Nicht begriffs-, wohl aber problemgeschichtlich gehen wesentliche Impulse für die modernen (geschichtsphilosophischen, politisch-soziologischen, anthropologischen) Debatten von Rousseau aus; noch Lévi-Strauss beruft sich auf ihn, und für Derridas poststrukturalistische Kritik bildet seine Mythotheologie das zu dekonstruierende Paradigma. An die Stelle der Erklärung oder Kritik der Göttergeschichten und ihrer poetischen Verwertung

---

45 Vgl. NICOLAS FRÉRET, Réflexions générales sur la nature de la religion des Grecs, Et sur l'idée qu'on doit se former de leur mythologie, in: Histoire de l'Académie Royale des Inscriptions et Belles-Lettres, Bd. 23 (Paris 1756), 22.
46 Ebd., 20.
47 LOUIS DE JAUCOURT, ›Mythologie‹, in: DIDEROT (ENCYCLOPÉDIE), Bd. 10 (1765), 924.
48 Ebd., 925.

rückt Rousseau die geschichtsphilosophisch-politische Frage nach dem Ursprung menschlicher Kultur und deren Verhältnis zur Natur. Den ›bon sauvage‹ zeitgenössischer Reiseberichte idealisiert der 2. Teil des *Discours sur l'origine et les fondemens de l'inégalité parmi les hommes* (1755) zum ›homme naturel‹, der einen Blick in die Natur- oder Urgeschichte des Menschen zu eröffnen scheint und zur Folie eines Ursprungsmythos wird: der Sehnsucht nach einer unmittelbaren Naturerfahrung und einer Einheit von Mensch und Natur, einer Ganzheit, die politisch durch Ungleichheit und Despotismus, intellektuell durch Vernunft und Reflexion zerstört sei.[49] An den einfachen Sitten der Wilden wird ein Bewußtsein des verlorenen Naiven wiederentdeckt, die Suche nach einer geheimen Naturgeschichte der Menschheit nimmt selbst mythische Gestalt an. Gegenüber der rationalistischen Aufklärung kehrt sich die Fragestellung um, indem nicht die Herkunft der Mythen aus der Vernunft, sondern die defizitäre Rationalität und Zivilisation erklärungsbedürftig wird. Die Geschichtsphilosophie wird nicht allein im Modus des linearen Fortschritts, sondern zugleich als Rückkehr zum Mythos auf höherer Stufe gefaßt. Mit Rousseau beginnt die moderne Dialektik von Mythos und Aufklärung.

III. Mythologie als ›poetische Theologie‹ (Vico)

Lange verkannt und spät rezipiert, gilt heute Giambattista Vico als »Stammvater des modernen Mythos-Begriffs«[50]. In den *Prinzipien einer neuen Wissenschaft über die gemeinsame Natur der Völker* (Principi di scienza nuova intorno alla comune natura delle nazioni, 1725, ²1730, ³1744) faßt er favole (noch nicht mito, selten mitologia) in einer Weise, die in mehrfacher Hinsicht moderne Entwicklungen des Begriffs seit dem späten 18. Jh. vorwegnimmt, auch wenn neuere Forschungen gezeigt haben, daß sein erratisch oder genial anmutender Vorgriff auf ältere und zeitgenössische, auch italienische Quellen zurückgreifen konnte (Gian Vincenzo Gravinas *Della Ragion Poetica* von 1708, daneben Vossius, William Warburton, Bacon, Bochart, Huet, Spinoza u. a.).[51] Neben dem enormen historischen Bewußtsein, seiner historisch-materialistischen Erklärung von Klassengegensätzen (Plebejer und Patrizier) und sozialen Praktiken (Religion, Ehe, Begräbnis) sowie seiner Begründung einer vergleichenden Erforschung der heidnischen Völker ist am Mythosbegriff Vicos auch die Verwandtschaft zu dem in Deutschland nahezu gleichzeitig entstehenden Ästhetikbegriff und seine sprachtheoretische, sprachgeschichtliche und rhetorische Fundierung hervorzuheben; gemeinsamer Hintergrund ist die anticartesianische Tendenz, wobei Vico das Erzeugungsprinzip der geometrischen Methode zugeich auf die Geschichte ausdehnt. Bei Vico läßt sich die ›Konstruktion‹ der modernen Begrifflichkeit beobachten.

Vico erklärt die »natürliche Theogonie« (teogonia naturale)[52] der Griechen aus menschlichen Bedürfnissen und der Phantasie. Fabeln seien Leistungen einer poetischen, d. h. schöpferischen und sinnbildenden Denkweise, die durch sinnliche Erfahrung und körperliche Einbildungskraft entstehe. Vico nennt als »Hauptschlüssel« (chiave maestra) seiner neuen Wissenschaft die »poetischen Charaktere« (caratteri poetici)[53], wobei er mit caratteri sowohl menschliche Charaktertypen als auch die Buchstaben (als Sprache) meint. Das Denken des mythischen oder Urmenschen ist prälogisch und reflexionslos, es kann nur das Besondere erfassen und ist unfähig, intelligible Gattungsbegriffe zu bilden. Das mythologische Denken bildet »phantastische Gattungsbegriffe« (generi fantastici, 28; dt. 32), denen die heidnischen Götter entsprechen. Ihre Gemeinsamkeit, die Vico in einem »geistigen Wörterbuch« (dizionario mentale, 78; dt. 93) erfas-

---

49 Vgl. KARL-HEINZ KOHL, Entzauberter Blick. Das Bild vom Guten Wilden und die Erfahrung der Zivilisation (Berlin 1981).
50 GRAEVENITZ (s. Anm. 11), 65.
51 Vgl. PETER BURKE, Vico (Oxford/New York 1985), 39–54.
52 GIAMBATTISTA VICO, La Scienza nuova seconda giusta l'edizione del 1744, in: Vico, Opere, hg. v. F. Nicolini, Bd. 4/1 (Bari ⁴1953), 50; dt.: Prinzipien einer neuen Wissenschaft über die gemeinsame Natur der Völker, übers. v. V. Hösle/C. Jermann, Bd. 1 (Hamburg 1990), 58.
53 Ebd., 28; dt. 32; vgl. ebd., 91; dt. 109.

sen will, entspringt nicht der rationalen Vernunft, sondern der gemeinsamen Natur und Sprache sowie dem reflexionslosen »Gemeinsinn« (senso comune, 77; dt. 93) eines Volkes oder des gesamten Menschengeschlechts. Dagegen ist das vernünftige, logische Denken ein spätes geschichtliches Resultat.

Die Götterfabeln spiegeln als anthropomorphisierende Volksmetaphysik den Kampf des kindlichen Menschen mit der feindlichen Natur. »Der Mensch macht aufgrund der unbegrenzten Natur des menschlichen Geistes, wo dieser sich in Unwissenheit verliert, sich selbst zur Regel des Weltalls.« (L'uomo, per l'indiffinita natura della mente umana, ove questa si rovesci nell'ignoranza, egli fa sé regola dell'universo. – 73; dt. 88) Nach Vico gründen Mythen, wie wenig später für David Hume die Religion[54], in Angst, aber die Phantasiegebilde wirken zugleich zivilisierend, sublimierend und durch ihre Institutionalisierung stabilisierend auf den Menschen zurück.

Im Unterschied zu den theologischen und rationalistischen Mythostheorien geht Vico nicht von einer ursprünglich gegebenen, nur verschütteten, allegorischen oder durch Priesterbetrug verstellten Wahrheit aus. Allein die Sprache der Hebräer sei als die älteste zugleich vernünftig gewesen. Gegen die allegorische Erklärung wendet Vico ein, daß sie bereits eine nicht sinnvoll zu unterstellende kognitive Distanz gegenüber den Mythen voraussetze. Die von den »theologischen Dichtern« (poeti teologi, 89; dt. 108) geschaffene poetische Logik bestehe vielmehr in »wahren Erzählungen« (vere narrazioni)[55]. Vico verwendet zwar selbst den Begriff der Allegorie, aber er versteht darunter kein bloß analogisierendes Verfahren einer bewußten Vernunft, sondern eindeutige Bedeutungszuschreibungen. Er verbindet seine Theorie der Mythologie mit jener der Sprachentstehung.[56] Die konstituierende Metaphernbildung sei ein sprachlicher Vorgang, bei dem den empfindungslosen Dingen menschlicher Sinn beigelegt werde. Die ›phantastischen Gattungsbegriffe‹ entstünden durch unbewußte tropische Bildungen (Metapher, Metonymie, Synekdoche, Ironie), nicht durch willkürliche, raffinierte oder geniale Erfindungen einzelner Schriftsteller. Sie seien notwendige sinnliche Ausdrucksweisen der poetischen Völker.

Interpretiert man Vicos tropische Erklärung der historischen Mythen im Lichte seiner frühen, in Neapel, wo er seit 1699 Rhetorikprofessor war, gehaltenen Universitätsrede *De nostri temporis studiorum ratione* (1709) und des *Liber metaphysicus* (*De antiquissima italorum sapientia*, 1710), dann läßt sich die Motivation seines ontogenetischen Stufenmodells in einem pädagogisch inspirierten oder phylogenetischen Konzept einer Synthese zwischen (antiker) »sinnlicher Topik« (topica sensibile)[57] und (moderner) kritisch-analytischer Bildung und zugleich als Antwort auf die ›Querelle‹ verstehen. Gegen die Vereinseitigung zeitloser, rational-methodischer Erkenntnis in cartesianischer Tradition macht Vico geltend, daß die Kritik als Vermögen der Beurteilung von Argumenten die mytho-poetische Topik immer schon voraussetze. Vico überführt die topische Denkweise in ein geschichtsphilosophisches Stufenmodell und ist auch darin modern, daß er die vom Rationalismus ausgegrenzte Denkweise in die Ursprünglichkeit des Mythos projiziert. Um die Gemeinsamkeit der Mythen zu begründen, greift Vico zum einen auf die Topik zurück und macht die Fähigkeit des ingenium, den medius terminus aufzuspüren, zur methodischen Richtschnur seiner *Neuen Wissenschaft*. Der topische Göttername wird dabei zum ›phantastischen Gattungsbegriff‹, so daß, was Vossius in *De theologia gentili* (1641) noch unter seinem Namen vollbrachte, nämlich eine Fülle einzelner Vorstellungen als Ähnlichkeiten unter einem bestimmten Namen zu sammeln, bei Vico zur Leistung der alten Völker wird. Zugleich interpretiert Vico die Stufen der Geistmetaphysik (nach Giordano Bruno) als Teilhabehierarchie von Gott, Genie (Heros) und Normalsterblichen zur zeitlichen Folge dreier Menschheitszustände.[58]

Wegweisend ist Vicos Deutung Homers im 3. Buch (›Von der Entdeckung des wahren Homer‹).

---

54 Vgl. DAVID HUME, The Natural History of Religion (1757), in: HUME, Bd. 4 (1875), 316.
55 VICO (s. Anm. 52), 167; dt.: Bd. 2 (Hamburg 1990), 194.
56 Vgl. MARKUS EDLER, Der spektakuläre Sprachursprung. Zur hermeneutischen Archäologie bei Vico, Condillac und Rousseau (München 2001), 19–157.
57 VICO (s. Anm. 52), 212; dt. Bd. 2, 250.
58 Vgl. GRAEVENITZ (s. Anm. 11), 66–68.

Womit Friedrich August Wolf mehr als ein halbes Jahrhundert später berühmt werden sollte, das findet sich bereits bei Vico: Homer sei nur Endredaktor der »Denkweise ganzer Völker« (maniera di pensare d'intieri popoli)[59], die, über Jahrhunderte entstanden und durch wandernde Rhapsoden tradiert, auf ihn bereits umgedeutet und verdunkelt gekommen sei. Wurden die homerischen Epen in der ›Querelle‹ von den anciens in ihrer Geltung als überzeitliche Vernunftpoesie angesehen, so unterläuft Vicos historisch kontextualisierende Homerlesart die rationalistische Poetik. Homers *Ilias* und *Odyssee*, beide verschiedenen Zeitaltern zugehörig, bauten auf der kollektiven, mündlich überlieferten Phantasie der Völker auf, weil eben die griechischen Völker selbst Homer waren. Die Dichter seien zugleich die ersten Geschichtsschreiber der Völker gewesen.

Vicos Geschichtstheorie, die auch als »ästhetische Säkularisierung des Mythos«[60] verstanden wird, ist hermeneutisch hoch reflektiert, aber noch nicht geistesgeschichtlich verengt. Die menschlichen Schöpfungen unterscheiden sich zwar von den göttlichen dadurch, daß sie ihre eigenen Produktionen nicht als Produktionen durchschauen. So lassen sie sich nicht einfühlend verstehen, jedoch ex post – und darin läßt sich der Zusammenhang zwischen Vicos Mythentheorie und seinem berühmten Axiom des ›verum et factum convertuntur‹[61] erkennen – mittels des Verstandes genetisch begreifen.

Die mythische Denkweise behandelt Vico als ein alle Kulturformen in nuce umfassendes Zeitalter. Nach dem Bild des Baumes entfaltet er die poetischen Kultur- und Wissensformen (Politik, Recht, Sitten, Kosmographie, Physik, Geschichtsschreibung und Künste). In seiner »Universalgeschichte« (storia universale)[62] nimmt Vico (nach einer eigenwilligen Interpretation Herodots und Giordano Brunos) eine dreiphasige, zyklische Abfolge von mythisch-göttlichem, barbarisch-heroischem und menschlichem Zeitalter an, denen er je eigenständige Denkformen und Sprachmodelle unterstellt. Dabei ist Vicos Theorie frei von Projektionen einer ursprünglichen Fülle oder tiefen Weisheit alter Völker. Zwar geht er davon aus, daß die menschliche Sprache ursprünglich nicht prosaisch, sondern poetisch und musikalisch verfaßt gewesen sei. Insofern Vico Homer als den Geschichtsschreiber der griechischen Welt begreift, kann man sagen, »daß der geschichtliche Ursprung der Poesie identisch ist mit dem poetischen Ursprung der Geschichte«[63]. Da Vico jedoch ›poetisch‹ allgemein vom Poiesisbegriff her begreift, kann er das Zeitalter der Mythologie als barbarisch und roh und die in ihm lebenden Menschen als »stumpfsinnige und schreckliche Bestien« (insensati ed orribili bestioni)[64] charakterisieren. Wenn auch die emotionale Intensität und Phantasie mit der mythischen Welt verloren und die Kunst verfallen sei, so bejaht Vico dennoch den Rationalisierungsprozeß. Sein Denken läßt sich mithin der Aufklärung zurechnen. Gleichwohl überschreitet Vicos zyklisch-dialektische, in der Rezeption auch konservativ interpretierte Geschichtstheorie zugleich die Idee einer bloßen Linearität des Fortschritts. Die Zyklen der drei Zeitalter folgen nicht nur aufeinander, sondern überschneiden sich zugleich. Ihre Abfolge ist in den verschiedenen Weltkreisen notwendig; überdies wiederholen sie sich in der Geschichte der Völker. Vico geht dabei von dem (unausgeführten) Gedanken aus, daß eine Erneuerung der Kultur die Zerstörung der gegenwärtigen und die Wiederkehr des mythischen Zeitalters einschließen müsse.

Vicos Mythenbegriff hat historisch wie eine Flaschenpost gewirkt; die von ihm ausgehende Faszination erstreckt sich bis in die ästhetische Moderne, so wenn James Joyce im Wortspiel »vicus of recirculation«[65] aus dem ersten Satz von *Finnegans Wake* neben dem ›Rundlauf‹ eines Flusses, um den es an der Oberfläche geht, auch den ›Teufelskreis‹ oder ›Vicos recorso‹ mitschwingen läßt. Erst 1827 wurde die *Scienza nuova* durch Jules Michelet ins Französische, weitere hundert Jahre später ins Eng-

---

59 VICO (s. Anm. 52), Bd. 4/2 (Bari [4]1953), 18; dt. Bd. 2, 460.
60 GOCKEL (s. Anm. 40), 89.
61 Vgl. VICO (s. Anm. 52), 117 f.; dt. 142 f.
62 Ebd., 158; dt. Bd. 2, 186.
63 KARLHEINZ BARCK, Poesie und Imagination. Studien zu ihrer Reflexionsgeschichte zwischen Aufklärung und Moderne (Stuttgart/Weimar 1993), 55 f.
64 VICO (s. Anm. 52), 145; dt. Bd. 2, 170.
65 Vgl. JAMES JOYCE, Finnegans Wake (1939; London 1975), 3.

lische übersetzt; nach Erich Auerbachs gekürzter Edition (1924) ist eine vollständige deutsche erst 1990 erschienen. Um so erstaunlicher sind die Konvergenzen mit der deutschen Begriffsentwicklung bei Christian Gottlob Heyne, Herder und Hamann. Während Hamann Vicos Hauptwerk zwar gekannt, aber in seiner Bedeutung verkannt haben soll, kann eine verschlungene Wirkung auf den jungen Herder nur vermutet werden.[66]

IV. Fabel als poetischer Begriff der deutschen Aufklärung

In Deutschland ist zunächst Johann Georg Walchs Artikel ›Fabel‹ in dem mehrfach aufgelegten *Philosophischen Lexicon* (1726) lexikalisch prägend. Die Rezeption des *Encyclopédie*-Artikels ist gering zu veranschlagen, auch wenn sich der Gedanke der Mythologie als »Vorrathskammer«[67] der Poesie ebenfalls bei Johann Georg Sulzer findet. Noch Zedler übernimmt in sein *Universal-Lexicon* Walchs Artikel nahezu wörtlich. Als »erdichtete Erzehlung einer Sache« ist Fabel ein Oberbegriff, der neben den Götter- und Ursprungssagen alle literarischen Genres, auch die neuesten Romane umfaßt. Unter Berufung auf das *Projet d'un ouvrage sur l'origine des fables* des Jesuiten René-Joseph de Tournemine (1702/1703)[68] unterscheidet Walch sechs Irrtumsgründe für den Ursprung der Fabeln: 1. falsche, insbesondere animistische Vorstellungen von den »natürlichen Dingen«[69], 2. »die verderbte Tradition der Geheimnisse«, vor allem durch ein falsches Verständnis der geoffenbarten Religion, 3. »die unzulängliche Nachricht der alten Geschichte«, 4. »das mit Unwissenheit verknüpfte furchtsame Wesen« des Menschen, 5. »die Begierde, die Laster zu entschuldigen« und schließlich zusammenfassend 6. »die Verachtung der wahren Religion«[70], vor allem durch den Mißbrauch der Poesie.

Während sich die Diskussion um Fabel und Mythos im Kolonialstaat Frankreich der Ethnologie (und mit Rousseau der Sozialphilosophie) öffnet, wird im deutschen Sprachraum das Problem zunächst vorrangig in den Poetiken und Ästhetiken diskutiert. Die Debatten bewegen sich im Horizont der ›Querelle‹ und der Möglichkeit eines modernen Epos als Ersatz für das griechische. Der für die Entstehung der deutschen Ästhetik wesentliche Literaturstreit zwischen Johann Christoph Gottsched und den Schweizern Johann Jacob Bodmer und Johann Jakob Breitinger entzündete sich vor allem an der Frage, inwieweit die der Vernunft widersprechende biblische Heilsgeschichte in der Form dichterischer Mythologie (Miltons *Paradise Lost*, 1767; Klopstocks *Messias*, 1748–1773) legitim sei. Bodmers Apologie Miltons und seine Aufwertung christlicher Mythen im 7. Abschnitt (›Von Miltons Anbringung der mythologischen Geschichte und Theologie in seinem Gedichte‹) der *Critischen Abhandlung von dem Wunderbaren in der Poesie* (1740) richten sich nicht nur gegen die Regelpoetik Gottscheds, sondern im Kern gegen Voltaire. Dabei darf nicht verkannt werden, daß Bodmer die »heidnischen« oder »mythischen Fabeln«[71] der Antike im gleichen Zuge als unmoralische »Hirngespinste«[72] herabwürdigt, wie er die Versinnlichung und Vergegenwärtigung der Wirklichkeit und der Wunder des Christentums durch die Einbildungskraft poetisch aufwertet.[73] »Es hat in dem Polytheismo der heidnischen Theologie, und in den fleischlichen Lüsten und Affecten, denen sie ihre Götter unterwürffig machet, ein solches Gemenge von unvernünftigem Zeuge, daß sie billig als das schimpflichste Opprobrium des menschlichen Verstandes anzusehen ist.« »Also entstehet die Frage, ob und wie diese Fabeln von den Poeten

---

[66] Vgl. ROBERT T. CLARK, Herder, Cesarotti and Vico, in: Studies in Philology 44 (1947), 645–671.
[67] Vgl. ›Mythologie‹, in: SULZER, Bd. 2 (1774), 794.
[68] Vgl. RENÉ-JOSEPH DE TOURNEMINE, Projet d'un ouvrage sur l'origine des fables, in: Memoires pour l'Histoire des Sciences & des beaux Arts (Journal de Trévoux) 2 (1702), November-Dezember, 84–111; TOURNEMINE, Seconde partie du Projet d'un ouvrage sur l'origine des fables, in: ebd., 3 (1703), Februar, 189–212.
[69] Vgl. ›Fabel‹, in: WALCH, Bd. 1 (⁴1775), 1201.
[70] Ebd., 1202.
[71] JOHANN JACOB BODMER, Critische Abhandlung von dem Wunderbaren in der Poesie und dessen Verbindung mit dem Wahrscheinlichen (Zürich 1740), 196.
[72] Ebd., 202.
[73] Vgl. HANS POSER, Mythos und Vernunft. Zum Mythosverständnis der Aufklärung, in: Poser (Hg.), Philosophie und Mythos. Ein Kolloquium (Berlin/New York 1979), 141 f.

der christlichen Nationen können gebrauchet [...] werden.«[74]

Im gleichen Zuge wie das Christentum werden die nationalen, nordischen Mythen als Quelle der Poesie entdeckt; beides läßt sich als Affront gegen den französischen Klassizismus und dessen aristokratische Konventionen verstehen. Das mittelalterliche *Nibelungenlied* hat zuerst Bodmer herausgegeben.[75] Wie der Süden in den Homerischen Epen, so soll der Norden im *Nibelungenlied* seine Identifikation finden. Beginnt die ideologische Lesart des *Nibelungenlieds* weder bei Klopstock noch bei den Schweizern, weil die Heroisierung der Germanen keine Herrschaftsansprüche gegenüber anderen Völkern begründet, so ist damit doch das Thema nationaler Identitätssuche gesetzt, das über die ›Teutsche Ilias‹ (Johannes von Müller) als Ausdruck ›deutschen Nationalcharakters‹ (August Wilhelm Schlegel) bis zu Wagners *Ring* (entst. 1853–1857, Uraufführung 1876) reicht, um im Nationalsozialismus zum Volkstugendmotto der ›Nibelungentreue‹ zu verkommen. Nach ersten Teilsammlungen von Michael Denis (Wien 1772) und in Herders *Volksliedern* (Leipzig 1778–1779) wurde der vollständige Text der *Edda* (entst. um 1250) 1787–1828 in Kopenhagen herausgegeben. Ab 1760 erschienen die dem legendären Barden Ossian zugeschriebenen, von James Macpherson gefälschten Dichtungen (dt. von Michael Denis, 1767). 1763 gab der in Kopenhagen lebende Genfer Paul Henri Mallet die deutsche Übersetzung der Mythologie der Kelten heraus, die zur wichtigsten Quelle der Germanophilie wurde.

Die Debatten um die Mythologie bewegen sich zunächst im Rahmen der philosophischen Kategorien Christian Wolffs. In der *Philosophia practica universalis* (1738/1739) bestimmt Wolff die Fabel als lustvoll erfahrenes »connubium«[76] von Verstand und lebendig-bildlicher Erfahrung in der Einbildungskraft. Alexander Baumgarten nimmt ›mythisch‹ 1739 in den systematischen Entwurf seiner Ästhetik auf und weist dabei der ›Aesthetica mythica‹ als drittem Zweig der auszubildenden Disziplin ein wesentliches Gebiet zu; sie umfaßt nicht weniger als die Erfindung poetischer Stoffe: »Die mythische Ästhetik ist derjenige Teil der Ästhetik, der das Ausdenken und das Darstellen von Erdichtungen behandelt.« (*Aesthetica mythica* est aestheti-ces pars de fictionibus excogitandis & proponendis.)[77] In der *Aesthetica* (1750/1758) stellt er die Forderung auf, »die Mythologie zu studieren, nicht nur jene griechische und römische, sondern die Mythologien aller Zeiten und Länder« (Hinc necessitas studii mythologici non illius graeci romanique tantum, sed omnium temporum et locorum)[78]. Zur Frage des Epos schreibt er: »Fast alle Religionen haben ein bestimmtes, ihnen zugehöriges Gebiet in der poetischen Welt.« (Habent omnes paene religiones aliquam suam partem in mundo poetarum.)[79] Wie es verfehlt wäre, den Chinesen die Mythologie der Goten anzubieten, so würden diejenigen einen Fehler begehen, die als Christen etwas Christliches in der Welt des griechischen und römischen Aberglaubens erdichteten. Demgegenüber enthalte die Welt Miltons mehr Wahrscheinlichkeit. Baumgarten faßt die Fabel noch als Stoff, und seine poetischen Beispiele beziehen sich fast ausschließlich auf die römische Dichtung (Horaz, Ovid, Vergil). Die Mythologie ist also von Beginn an Gegenstand der Disziplin Ästhetik, bleibt jedoch von dem neuen Begriff zunächst weitgehend unberührt.

Bei Lessing läßt sich ein andersgeartetes Pendant zur französischen Loslösung der Fabel vom Mythos erkennen. Im Rückgang auf Aristoteles präzisiert er die Fabel im Sinne einer lehrhaften Kurz- und im engeren Sinne Tiererzählung zu einem profanen, literarischen Genrebegriff: »Jede Erdichtung, womit der Poet eine gewisse Absicht verbindet,

---

74 BODMER (s. Anm. 71), 198, 201.
75 Vgl. BODMER, Chriemhilden Rache und die Klage; Zwey Heldengedichte aus dem schwäbischen Zeitpuncte (Zürich 1757).
76 CHRISTIAN WOLFF, Philosophia practica universalis, methodo scientifica pertractata, Bd. 2 (Frankfurt/Leipzig 1739), 74 (§ 89); vgl. ULRICH GAIER, Formen und Gebrauch Neuer Mythologie bei Herder, in: Herder-Jahrbuch 5 (2000), 112f.
77 ALEXANDER BAUMGARTEN, Metaphysica (1739; Halle/Magdeburg ⁷1779), 213 (§ 592); dt. in: Baumgarten, Texte zur Grundlegung der Ästhetik, lat.-dt., hg. u. übers. v. H. R. Schweizer (Hamburg 1983), 46f.
78 BAUMGARTEN, Bd. 1 (1750), 388 (§ 596); dt.: BAUMGARTEN (DT), 185.
79 Ebd., 391 (§ 600); dt. 189.

heißt seine Fabel.«[80] Lessing geht es nicht um die Mythologie, insofern sie »auf eine physische Wahrheit anspielet« oder »ein tiefsinniger Baco wohl gar eine *transzendentalische* Lehre« in sie »zu legen weiß«[81], sondern allein um die Äsopische Fabel, wobei ihm jede andere als deren moralische Auslegung verwerflich erscheint. Gegen die allegorische Interpretation der Fabel, wie sie auch Breitinger im Kontext seiner Theorie des Wunderbaren entwickelt, setzt Lessing die symbolische oder anschauende des Allgemeinen im Besonderen und bringt so Kategorien ins Spiel, die nicht ohne Einfluß auf die folgende Mythendiskussion geblieben sind. Gegen die Regelpoetik und die Wolffsche Definition des Topischen als desjenigen, was im Volk Bestand habe, betont er den freien Gebrauch und »*heuristischen* Nutzen der Fabel«. Fabeln würden in einem ingeniösen Doppelverfahren der Reduktion und Fiktion erfunden, ihr Bestand solle nicht dazu dienen, die Naturgeschichte zu studieren, sondern sei ein Arsenal von Bildern und Zeichen zur freien Verfügung für »Erfinder und selbstdenkende Köpfe«[82].

V. Die ›Erfindung‹ des Mythos (Herder, Hamann, Heyne)

Die für die Moderne entscheidende begriffsgeschichtliche Zäsur fällt in die 60er und 70er Jahren des 18. Jh. Zeitlich konvergierend mit der Trennung von Mythologie und Fabel in der *Encyclopédie*, werden in den rationalitätskritischen deutschen Diskursen und im Zusammenhang mit dem seit Baumgarten diskutierten sinnlichen Denken neue wissenschaftliche Begriffe geprägt. Wurden zuvor allein die eine kritische Distanz einschließenden Komposita Mytho-logie bzw. mytho-logisch verwendet (wobei deren zweiter Bestandteil bis heute offen läßt, ob es um den Logos des Mythos oder um des Mythos eigene Logik geht), so schlägt sich die neue Perspektivierung terminologiegeschichtlich nieder, insofern nun erst ›Mythos‹ und ›mythisch‹ zu vom griechischen Sprachursprung sich lösenden wissenschaftlichen Begriffen werden. Die Begriffsgeschichte widerspricht also der Intuition, ›mythisch‹ und ›Mythos‹ seien ursprünglich, ›Mythologie‹ und ›mythologisch‹ dagegen abgeleitet.

Daß es zeitgenössisch im Sturm und Drang ein Bedürfnis gab, zwischen Mythologie und Mythos zu unterscheiden, zeigt auch eine Tagebuchnotiz Goethes vom 5. 4. 1777: »Da Μυθος erfunden wird, werden die bilder durch die Sachen gros, wenns Mythologie wird werden die Sachen durch die Bilder gros.«[83] Der Eintrag verdeutlicht, daß der griechische Ursprung von Mythos präsent und dominierend war. Die begrifflichen Veränderungen gehen auf Herder, Hamann und insbesondere Christian Gottlob Heyne zurück, die in einem engen Diskussionzusammenhang stehen, so daß es in der Forschung geschichtlich umstritten ist, wem das Primat zukommt.

Herder entwickelt seine Mythentheorie im Kontext der ›Querelle‹ und der kategorialen Vorgaben Wolffs, Baumgartens und Lessings. In Auseinandersetzung mit Christian Adolph Klotz, dessen *Epistolae Homericae* (1764) Baniers rationalistische Mythentheorie noch überboten hatten, trennt Herder im Aufsatz *Vom neuern Gebrauch der Mythologie* (1767) die poetische oder sinnliche Schönheit des Mythos von seiner Erkenntnisfunktion. Dabei überträgt er Lessings auf die äsopischen Fabeln eingeschränkten ›heuristischen Gebrauch‹ auf den weiten (auch theologischen) Mythologiebegriff: Es komme nicht darauf an, die mythologischen Bilder bloß zu wiederholen, sondern man solle sie »mit einer neuen Schöpferischen, fruchtbaren und Kunstvollen Hand«[84] zu »Machinen einer im Ganzen neuen Fiktion« (428) machen und »eine ganz neue Mythologie« schaffen: »aus der Bilderwelt der Alten gleichsam eine neue uns zu finden wissen«. »Kurz! als Poetische Hevristik wollen wir die Mythologie der Alten studiren, um

---

80 GOTTHOLD EPHRAIM LESSING, Von dem Wesen der Fabel (1759), in: LESSING (GÖPFERT), Bd. 5 (1973), 355.
81 Ebd., 364.
82 LESSING, Von einem besondern Nutzen der Fabeln in den Schulen (1759), in: ebd., 416.
83 JOHANN WOLFGANG GOETHE, Tagebücher (April 1777), in: GOETHE (WA), Abt. 3, Bd. 1 (1887), 37.
84 JOHANN GOTTFRIED HERDER, Vom neuern Gebrauch der Mythologie (1767), in: HERDER, Bd. 1 (1877), 429.

selbst Erfinder zu werden. Eine Götter- und Heldengeschichte in diesem Gesichtspunkt durcharbeitet, [...] das muß Poetische Genies bilden, oder nichts in der Welt.« (444) Die neue Mythologie soll Geschichte, Allegorie, Religion und Poetik miteinander verbinden. Im *Journal meiner Reise im Jahr 1769* (ersch. 1846) verbindet Herder seine anthropologische Gnoseologie mit einem geschichtsphilosophischen Bildungsprogramm. Umstritten ist, ob Herders Inszenierung der griechischen Mythologie in ihrer Gegenwärtigkeit als »neue mythische Erfahrung« bzw. »allzeitige mythische Gegenwart«[85] zu interpretieren sei oder ob es sich dabei um ein – an Rousseau geschultes – fingiertes Unmittelbarkeitserlebnis handelt und Herder auch später (nicht nur in den *Paramythen*, 1785) an seinem heuristischen und allegorischen Konzept festgehalten hat.[86] Als Realisierung einer solchen großangelegten mythopoietischen Heuristik, verbunden mit dem pantheistisch geprägten Humanitätsgedanken der sinnlich-anthropomorphen Weltaneignung, wären *Die Älteste Urkunde des Menschengeschlechts* (1774 ff.) und die *Ideen zur Philosophie der Geschichte der Menschheit* (1784–1791) zu verstehen.

Herder bezieht den modifizierten Mythosbegriff auf ein weiteres Gegenstandsfeld. Die Romantik vorbereitend, behandelt er das volkstümliche Material prinzipiell wie die antiquarischen Göttermythologien. Im gleichen Zuge wertet er die Mythologie ästhetisch auf, wie er auch das Alte und Neue Testament poetisch liest. Im Anschluß an Robert Lowth stellt er eine Einheit zwischen antiker Mythologie und Bibel her, indem er – wie bereits die Schweizer – die Seraphik als poetische Mythologie liest. Sulzer, der sich stark auf Herder beruft, stellt rhetorisch die Frage: »Ist denn im verlohrnen Paradies, in der Meßiade, in der Noachide weniger Wunderbares, als in der Ilias, oder in der Odyssee?«[87]

In dem für Schillers *Horen* verfaßten Dialog *Iduna, oder der Apfel der Verjüngung* (1795) diskutiert Herder den Gegensatz zwischen der germanophilen Rezeption der nordischen Mythen und ihrer aufklärerischen Kritik und ruft damit den Einspruch Schillers hervor, der es ablehnt, über Mythologie eine Verbindung zwischen Kunst und Leben zu erzeugen: »Daher weiß ich für den poetischen Genius kein Heil, als daß er sich aus dem Gebiet der wirklichen Welt zurückzieht und anstatt jener Coalition, die ihm gefährlich sein würde, auf die strengste Separation sein Bestreben richtet. Daher scheint es mir gerade ein Gewinn für ihn zu sein, daß er seine eigne Welt formiret und durch die Griechischen Mythen der Verwandte eines fernen, fremden und idealischen Zeitalters bleibt, da ihn die Wirklichkeit nur beschmutzen würde.«[88] Hier tut sich im Medium des Mythos der Gegensatz eines aktualisierten zum historisierenden Kunstbegriff des klassizistischen Bildungsprogramms auf, wie ihn Schiller in *Die Götter Griechenlands* (1788) entworfen hatte.

Ein paralleler Ansatz zu einem neuen Mythosverständnis findet sich bei Hamann: »Poesie ist die Muttersprache des menschlichen Geschlechts«[89]. Hamann verbindet Mythologie und Christentum, um sie gegen die rationalistische Aufklärung auszuspielen: »Doch vielleicht ist die ganze Historie mehr Mythologie [...] und gleich der Natur ein versiegelt Buch, ein verdecktes Zeugnis, ein Räthsel, das sich nicht auflösen läßt, ohne mit einem andern Kalbe, als unserer Vernunft zu pflügen.«[90] Das Andere der Vernunft ist Hamann das (durch Sinne und Leidenschaften) offenbarte Christentum, von dem her auch die antike Mythologie typologisch zu lesen und auf dessen Basis die Poesie der Alten zu übertreffen sei. »Wenn unsere Theologie nämlich nicht so viel werth ist als die Mythologie: so ist es uns schlechterdings unmöglich, die Poesie der Heyden zu erreichen – geschweige zu übertreffen«. »Mythologie hin! Mythologie her!

---

85 GOCKEL, Zur neuen Mythologie der Romantik, in: W. Jaeschke/H. Holzey (Hg.), Früher Idealismus und Frühromantik. Der Streit um die Grundlagen der Ästhetik (1795–1805) (Hamburg 1990), 130.
86 Vgl. HEINRICH CLAIRMONT, Herders Programm einer ›Poetischen Heuristik‹ als Poetologie seiner ›menschlichen Philosophie‹ (Ms. 2001); GAIER (s. Anm. 76), 123–125.
87 SULZER (s. Anm. 67), 794.
88 FRIEDRICH SCHILLER an Herder (4. 11. 1795), in: SCHILLER, Bd. 28 (1969), 98.
89 JOHANN GEORG HAMANN, Aesthetica in nuce (1762), in: Hamann, Sämtl. Werke, hg. v. J. Nadler, Bd. 2 (Wien 1950), 197.
90 HAMANN, Sokratische Denkwürdigkeiten (1759), in: ebd., 65.

Poesie ist eine Nachahmung der schönen Natur – und Nieuwentyts, Newtons und Büffons Offenbarungen werden doch wohl eine abgeschmackte Fabellehre vertreten können? – – Freylich sollten sie es thun, und würden es auch thun, wenn sie nur könnten – Warum geschieht es denn nicht? – Weil es unmöglich ist; sagen eure Poeten.«[91] Die durch Abstraktionen des Verstandes verstümmelte Natur trete dem Menschen nur noch in verworrenen »Turbatversen« (198) entgegen, und es sei des »Poeten bescheiden Theil«, »sie in Geschick zu bringen« (199) und die Natur als Zeichen ›kyriologisch‹ (unmittelbar in ihrem ursprünglichen Bestand) im Rezipienten zu vergegenwärtigen. Hamann macht die Mythologie zum Organon der Naturerkenntnis und bricht mit der Entgegensetzung zwischen (mythologischer) Sinnlichkeit und (geistiger) Offenbarung, indem er christologisch unterstellt, Gott selbst offenbare sich zeichen- und gleichnishaft im Sinnlichsten und Verworfensten. Mit seiner Theologie verbindet Hamann die Erwartung, die Mythologie der Poesie zu restituieren.

Der historisch wirksame Paradigmenwechsel des Begriffs geht auf Heyne zurück. Bereits im Jahr des Antritts seiner Göttinger Professur entwickelt er vor der dortigen Akademie die Grundzüge seines Konzepts (*Temporum mythicorum memoria a corruptelis nunnullis vindicata*, 1763). Heyne nennt, was bisher Fabel hieß, Mythos. »Dieser [...] Ausdruck ist [...] eine künstliche Neuschöpfung, die für den wissenschaftlichen Diskurs erfunden wurde, er setzt keine antike Terminologie einfach bruchlos fort.«[92] Heyne vertieft die Trennung zwischen Mythologie und Fabel, indem er den Mythos als eine den Mythologien vorhergehende, notwendige und universale Vorstellungs- und Ausdrucksweise der Frühzeit auffaßt (aetas mythica): Mythos und Poesie verbindet zwar der Oberbegriff des ›bildhaften Redens‹, doch durchbricht Heyne deren Gleichsetzung und unterscheidet den ›sermo mythicus‹ von der ›oratio poetica‹.[93] Der Mythos liege der (unwußten) Kunstproduktion voraus, d. h. nicht die Dichter schaffen den Mythos, sondern der (vorbewußte) Mythos ist Material der (allegorischen) Dichtung.

Heyne bezieht die Mythen als Geschichtsquelle in die Philologie ein und erhebt damit die Mythologie von einer Hilfswissenschaft zur philologischen Wissenschaft und begründet die mythologischen Studien in den Altertumswissenschaften. Um frühere, in den Mythologien verschüttete Schichten zu eruieren, müßten neben den literarischen Zeugnissen auch andere archäologische Funde ausgewertet werden. Wie Hume erklärt er den Mythos psychologisch, wie Vico genetisch. Indem er das mythische Denken als Kindheitsstadium (infantia generis humani) der menschlichen Geschichte unterstellt, nimmt er den Topos der Einheit von Phylogenese und Ontogenese auf. Der ›homo mythicus‹ sei unfähig zum abstrakten und kausalen Denken, sein Ausdrucksvermögen unterentwickelt gewesen, weil er nicht zwischen Besonderem und Allgemeinem zu unterscheiden vermocht und seine ungebändigte Sinnenhaftigkeit ihn verhindert habe, sich von den Sinneseindrücken zu distanzieren.

Heynes Interesse am Mythos ist zunächst poetisch inspiriert, und sein Mythosbegriff steht im Kontext des Ästhetikbegriffs des 18. Jh. Hatte Baumgarten die sinnliche und verworrene Erkenntnis von der deutlichen in logischer Hinsicht unterschieden, so faßt Heyne die Differenz genetisch. Ähnlich wie bei Vico zeigt sich auch bei Heyne, daß mit dem Mythosbegriff anthropologische Bestimmungen, die sich im bürgerlichen Zeitalter als Gegensatz zwischen Rationalität und (ästhetischer) Sinnlichkeit scharf differenzieren, in ein geschichtliches Phasenmodell überführt werden.

Heynes neuer Begriff war von großer Wirkung, sowohl auf die Gebrüder Schlegel, Wilhelm von Humboldt, Schelling und Creuzer als auch auf die exegetische Bibelwissenschaften im 19. Jh. (Johann Georg Eichhorn bis David Friedrich Strauß). Erst

---

91 HAMANN (s. Anm. 89), 205.
92 FRITZ GRAF, Die Entstehung des Mythosbegriffs bei Christian Gottlob Heyne, in: Graf (Hg.), Mythos in mythenloser Gesellschaft. Das Paradigma Roms (Stuttgart/Leipzig 1993), 284; vgl. HORSTMANN, Mythologie und Altertumswissenschaft. Der Mythosbegriff bei Christian Gottlob Heyne, in: Archiv für Begriffsgeschichte 16 (1972), 60–85.
93 Vgl. CHRISTIAN HARTLICH/WALTER SACHS, Der Ursprung des Mythosbegriffs in der modernen Bibelwissenschaft (Tübingen 1952), 9.

durch Heyne wird es möglich, von der »inneren Form eines Mythus«[94] zu sprechen. Bei Schelling wird bereits deutlich, wie das adjektivische ›mythisch‹ als substantivisches ›Mythisches‹ hypostasiert werden kann. Heyne begründet die bis heute vertraute Hierarchie als Entwicklungslogik: vom Mythischen über den Mythos (oder den künstlichen Singular Mythe) zur Mythologie.

VI. ›Neue Mythologie‹ in Frühromantik und Frühidealismus

Findet sich das Stichwort ›neue Mythologie‹ erstmals bei Herder, so bekommt es seine emphatischere Bedeutung erst angesichts des von der Französischen Revolution aufgeworfenen Epochenproblems. Die deutsche Debatte um eine ›neue Mythologie‹ oder ›neue Religion‹ ist zunächst kaum religiös oder theologisch interessiert. Sie nimmt zum einen als theoretisches Problem auf, was in Frankreich mit der Ersetzung des christlichen durch revolutionäre Kulte politisch praktiziert worden war (von der ›Fête de la Féderation‹ am Jahrestag des Bastillesturms 1790 bis zur Einführung des ›culte de la raison‹ als Staatsreligion 1794).[95] Rückblickend, mit kritischer Attitüde reflektiert August Wilhelm Schlegel den Zusammenhang: »Der tolle neulich in Frankreich gemachte Versuch, plötzlich eine neue republikanische Mythologie zu stiften, mußte außer der Gewaltsamkeit der Urheber (da sich Mythologie nur durch den stillen Gang der Natur im Lauf der Zeiten erzeugen kann) auch aus dem simplen Grunde mislingen, weil es den Franzosen an Fantasie fehlt, und sie von lauter allegorisirten Verstandesbegriffen ausgingen.«[96] Ob die Mythologie Allegorie oder Symbol sei, ob sie der Rationalität oder der Phantasie entspringe, sich naturhaft oder künstlich verändere, wird nun auch zur politischen Frage.

Zum anderen wird unter dem Stichwort der neuen Mythologie die Realisierungskrise der Vernunft (einschließlich einer vernünftigen Mythologie) diskutiert, später ihre Legitimation bestritten. Hegel sieht in den frühen 90er Jahren eine »Scheidewand zwischen Leben und Lehre«[97] und hält eine Konzeption für aussichtslos, der zufolge »eine Religion, die allgemein fürs Volk sein soll, aus allgemeinen Wahrheiten bestehen« kann »oder die reineren Sätze vergröbert in eine sinnlichere Hülle gesteckt werden« können. Eine – von der Privatreligion unterschiedene – Volksreligion könne »unmöglich auf bloße Vernunft gebaut sein« (24). Sie müsse Herz und Phantasie beschäftigen, und es komme darauf an, »schon mit der Religion selbst Mythen zu verbinden, um der Phantasie wenigstens einen schönen Weg zu zeigen, den sie sich dann mit Blumen bestreuen kann« (37), obwohl doch »die schönen aus der Sinnlichkeit geholten Farben durch den Geist unserer Religion ausgeschlossen sind« (38).

Hegels Überlegungen schließen an Lessing, Kant, Herder und Schiller an. Auch wenn Kant die Mythologie nur implizit thematisiert hatte (*Muthmaßlicher Anfang der Menschengeschichte*, 1786)[98], konnten sich Konzepte einer ästhetischen Mythologie oder sinnlichen Religion auf die *Kritik der Urteilskraft* (1790) beziehen. Deren Symboltheorie, die schon bei Kant gegen die Abstraktheit des Deismus gerichtet war, ließ sich, wie in Fichtes *Versuch einer Kritik aller Offenbarung* (1792), auch programmatisch gegen die Intentionen Kants wenden. Mythen, so ließ sich Kant interpretieren, entstehen durch Symbolisierung der Vernunftideen mittels der Einbildungskraft. Man könne »vom Übersinnlichen, z. B. von Gott, zwar eigentlich kein theoretisches Erkenntnis, aber doch ein Erkenntnis nach der Analogie, und zwar die der Ver-

---

94 FRIEDRICH WILHELM JOSEPH SCHELLING, Ueber Mythen, historische Sagen und Philosopheme der ältesten Welt (1793), in: SCHELLING (SW), Abt. 1, Bd. 1 (1856), 80.
95 Vgl. PIERRE BERTAUX, Hölderlin und die Französische Revolution (Frankfurt a.M. 1969), 75–85.
96 AUGUST WILHELM SCHLEGEL, Vorlesungen über schöne Literatur und Kunst (entst. 1801–1804), in: Schlegel, Kritische Ausgabe der Vorlesungen, hg. v. E. Behler/F. Jolles, Bd. 1 (Paderborn u. a. 1989), 356.
97 GEORG WILHELM FRIEDRICH HEGEL, Fragmente über Volksreligion und Christentum (entst. 1793–1794), in: HEGEL (TWA), Bd. 1 (1971), 41.
98 Vgl. CHRISTOPH JAMME, Einführung in die Philosophie des Mythos. Neuzeit und Gegenwart (Darmstadt 1991), 19 f.

nunft zu denken notwendig ist, haben«[99]. Als Resultat schöpferischer Einbildungskraft werden die religiösen Vorstellungen im Offenbarungsglauben nur illusionär verkehrt, insofern sie nicht als anthropomorphisierende Symbole von Vernunftideen eingesehen, sondern als Schematismen von Verstandesbegriffen verkannt werden. Was Kant ästhetische Idee bzw. Symbol nennt, verhandeln postaufklärerische Theorien auch unter dem Terminus Mythos.

Hinter dem gemeinsamen Losungswort ›neue Mythologie‹ lassen sich bereits in den 90er Jahren Weichenstellungen für grundlegende Alternativen erkennen. In dem später als *Das Älteste Systemprogramm des deutschen Idealismus* (entst. 1796–1797) publizierten, in Hegels Handschrift überlieferten, wahrscheinlich von Schelling verfaßten Fragment wird eine Idee entworfen, die »noch in keines Menschen Sinn gekommen« sei: »wir müssen eine neue Mythologie haben, diese Mythologie aber mus im Dienste der Ideen stehen, sie muß eine Mythologie der *Vernunft* werden«. Die neue Mythologie, kantianisch der Ethik untergeordnet, soll Aufgeklärte und Nichtaufgeklärte, Philosophen und Volk sowie Antike und Christentum versöhnen. »Monotheismus der Vernunft und des Herzens, Polytheismus der Einbildungskraft und der Kunst, dis ists, was wir bedürfen!« »Ehe wir die Ideen ästhetisch d. h. mythologisch machen, haben sie für das *Volk* kein Interesse und umgekehrt ehe die Mythologie vernünftig ist, muß sich der Philosoph ihrer schämen. So müssen endlich aufgeklärte und Unaufgeklärte sich die Hand reichen, die Mythologie muß philosophisch werden, und das Volk vernünftig, und die Philosophie muß mythologisch werden, um die Philosophen sinnlich zu machen. dann herrscht ewige Einheit unter uns. [...] Ein höherer Geist vom Himmel gesandt, muß diese neue Religion unter uns stiften, sie wird das lezte, gröste Werk der Menschheit seyn.«[100] Mythologie und sinnliche Religion, ›mythologisch‹ und ›ästhetisch‹ verfließen in dem Maße, in dem antike Mythologien und Christentum in ihrer vergleichbar gewordenen sozialen Funktion durchgespielt werden.

Stand bei den Tübinger Stiftlern Hölderlin, Schelling und Hegel zunächst die Versinnlichung oder Realisierung aufklärerisch-frühidealistischer Ideen im Zentrum, so geht es in Friedrich Schlegels ›Rede über die Mythologie‹, 1800 als Teil des *Gesprächs über die Poesie* erschienen, um die Erneuerung der Kunst auf mythologischer Basis und um die Poetisierung des Daseins. »Mythologie und Poesie, beyde sind Eins und unzertrennlich.«[101] »Es fehlt«, läßt Schlegel Ludovico sagen, »unsrer Poesie an einem Mittelpunkt, wie es die Mythologie für die der Alten war, und alles Wesentliche, worin die moderne Dichtkunst der antiken nachsteht, läßt sich in die Worte zusammenfassen: Wir haben keine Mythologie. Aber setze ich hinzu, wir sind nahe daran eine zu erhalten, oder vielmehr es wird Zeit, daß wir ernsthaft dazu mitwirken sollen, eine hervorzubringen.« (95) Betont wird der synthetische Charakter dieser neuen Mythologie. Sie sei zwar »keiner absichtlichen Bildung fähig« (102), müsse aber »aus der tiefsten Tiefe des Geistes herausgebildet werden; es muß das künstlichste aller Kunstwerke seyn, denn es soll alle andern umfassen, ein neues Bette und Gefäß für den alten ewigen Urquell der Poesie und selbst das unendliche Gedicht, welches die Keime aller andern Gedichte verhüllt« (96). Das Höchste sei unaussprechlich, daher sei die Schönheit nur als Allegorie faßbar. Systemkritisch wird die Poesie der »vernünftig denkenden Vernunft« entgegengesetzt, denn »die schöne Verwirrung der Fantasie«, »das ursprüngliche Chaos der menschlichen Natur« (103) sei ihr Anfang. Bei Schlegel ersetzt die Mythologie, verbunden mit der Wende zur Ästhetik und Naturphilosophie, bereits die praktisch-politische Geschichtsphilosophie und steht für die Heilkraft der

---

99 IMMANUEL KANT, Über die von der Königl. Akademie der Wissenschaften zu Berlin für das Jahr 1791 ausgesetzte Preisfrage: Welches sind die wirklichen Fortschritte, die die Metaphysik seit Leibnizens und Wolffs Zeiten in Deutschland gemacht hat? (1804), in: KANT (WA), Bd. 6 (1977), 614.
100 [ANONYMUS], Das Älteste Systemprogramm des deutschen Idealismus, in: W. Jaeschke (Hg.), Früher Idealismus und Frühromantik. Der Streit um die Grundlagen der Ästhetik (1795–1805). Quellenband (Hamburg 1995), 98; vgl. FRANK-PETER HANSEN, ›Das älteste Systemprogramm des deutschen Idealismus‹. Rezeptionsgeschichte und Interpretation (Berlin/New York 1989); GOCKEL (s. Anm. 85).
101 FRIEDRICH SCHLEGEL, Gespräch über die Poesie (1800), in: Athenaeum 3 (1800), 1. Stück, 96.

unbewußten Vernunft der Natur. Schlegels ironischer, dialogisch subjektivierter frühromantischer Ansatz unterscheidet sich vom späteren (*Geschichte der alten und neuen Literatur*, 1812–1814). Die christliche Religion rückt nun ins Zentrum, und die germanische Mythologie erscheint als ihre adäquate literarische Form.

Ist für Schlegel die »schöne Mythologie« »hieroglyphischer Ausdruck der umgebenden Natur« in der »Verklärung von Fantasie und Liebe«[102] und »Kunstwerk der Natur«[103], so entfaltet Schelling die Verbindung zwischen Naturphilosophie und ›neuer Mythologie‹ systematisch. Mit Schelling wird die Mythologie, im 18. Jh. eher marginaler Gegenstand der Rhetorik, Historie, Literaturkritik und Ethnologie, zum Grundbegriff der Philosophie und Ästhetik, schließlich zur *Philosophie der Mythologie* (entst. 1842–1852). Sie wird zum spekulativen Konstrukt, von dem her die vorgeblich durch Reflexion zerstörte, für die Gegenwart suspendierte Subjekt-Objekt-Identität und Naturganzheit rekonstruiert wird. Zwar hat die Mythologie keine Realität außerhalb des transzendentalen Bewußtseins; indem Schelling jedoch im Anschluß an Fichte die Mythologie wesentlich der Geschichte des Nicht-Ich zuordnet, wird sie zum Moment der Natur oder des Unbewußten. Die Götter sind nichts anderes als die Ideen der Philosophie, nur objektiv und real angeschaut.

Bereits im *System des transscendentalen Idealismus* bestimmt Schelling die Mythologie programmatisch als »Mittelglied der Rückkehr der Wissenschaft zur Poesie«[104]. Nachdem die christliche Subjektivität die ›absolute Entzweiung‹ der ganzheitlichen antiken Naturbetrachtung zum Prinzip gemacht und die moderne, isolierende Naturwissenschaft hervorgebracht habe, sei eine zweite Wendung der Philosophie nötig, um die Entgötterung der Natur zu überwinden. Dabei bestimmt Schelling als Mythologie das »*Ganze der Götterdichtungen*, indem sie zur vollkommenen Objektivität und unabhängigen poetischen Existenz gelangen«[105]. Die Mythologien sind Momente eines theogonischen Prozesses, in dem Gott sich selbst stufenweise erzeugt.

Das Programm einer Erhöhung der Kunst als des »einzigen wahren und ewigen Organons zugleich und Documents der Philosophie« zur »neuen Mythologie«[106] entwickelt Schelling in seinen Jenaer Vorlesungen zur *Philosophie der Kunst*. »Das Grundgesetz aller Götterbildungen ist das Gesetz der Schönheit.«[107] Die zur Mythologie eines Geschlechts gesteigerte Kunst soll die geschichtlich erzeugten Polaritäten synthetisieren (Antike-Moderne, Polytheismus-Christentum, Natur-Geschichte, Realität-Idealität, Individuum-Gattung, Erhabenheit-Schönheit). Ihr Prinzip sei »Originalität«, so daß »jedes wahrhaft schöpferische Individuum [...] sich selbst seine Mythologie zu schaffen« (446) habe. Das Christentum als Mythologie der Moderne erscheint als Übergang zu einer höheren. Ansätze dazu erkennt Schelling in Dantes *Divina commedia* (entst. 1313–1321), die aufgrund der Verbindung von Religion und Poesie, der verschiedenen Gattungen der Poesie und geschichtlichen Bildungen Urbildfunktion für die moderne Kunst habe.[108] Als »letzte Bestimmung aller modernen Poesie«[109] postuliert Schelling eine Vereinigung zwischen den Naturgöttern der Antike und den Geschichtsgöttern der Moderne. Die ›neue Mythologie‹ soll den Stoff der spekulativen Physik entnehmen. Hinter Schellings frühem Konzept steht, wie im *Ältesten Systemprogramm*, die Suche nach sozialer Identität, denn eine geistige Religion wie das Christentum sei unfähig, »sich eine wahre Oeffentlichkeit und mythologische Objektivität zu geben«[110].

Betont der frühe, pantheistische Schelling retrospektiv die griechische Mythologie und prospektiv die neue Mythologie der Kunst, so der späte die (christliche) Offenbarungsgeschichte und das kommende Evangelium. In beiden Fällen akzentuiert er den heteronomen Mythos gegen die Autonomie

---

102 F. SCHLEGEL (s. Anm. 101), 101.
103 Ebd., 102.
104 SCHELLING, System des transscendentalen Idealismus (1800), in: SCHELLING (SW), Abt. 1, Bd. 3 (1858), 629.
105 SCHELLING, Philosophie der Kunst (entst. 1802–1803), in: ebd., Bd. 5 (1859), 405.
106 SCHELLING (s. Anm. 104), 627, 629.
107 SCHELLING (s. Anm. 105), 397f.
108 Vgl. SCHELLING, Ueber Dante in philosophischer Beziehung (1803), in: ebd., 152–163.
109 SCHELLING (s. Anm. 105), 449.
110 SCHELLING, Philosophie und Religion (1804), in: ebd., Bd. 6 (1860), 67.

der Vernunft. In der *Philosophie der Mythologie* betont Schelling, daß einem Volk seine Mythologie nicht aus der Geschichte hervorgehe, sondern die Mythologie dessen Geschichte schicksalhaft bestimme. Man könne der Mythologie nicht die historische und physikalische Wahrheit absprechen, sie sei »*wahre* Geschichte«[111].

VII. Mythos und Symbol. Klassik und Romantik

Wenn Schelling die Mythologie als Stoff der Kunst voraussetzt und die griechische Mythologie als symbolische bestimmt, weil in ihr Zeichen und Bezeichnetes zusammenfallen, wenn er davon ausgeht, daß die vorbildhaften griechischen Götter zunächst Kunstwerke gewesen seien, die erst zur Religion wurden[112], dann stimmt er noch mit Karl Philipp Moritz überein, der 1791 mit dem durch Goethe beeinflußten Werk *Götterlehre oder Mythologische Dichtungen der Alten* (9. Auflage 1848) das populäre mythologische Kompendium der Weimarer Klassik verfaßt hatte. Die Götterlehre wird als Kunst angesehen, und Moritz verwirft, wie schon in seiner Schrift *Über die Allegorie* (1789), ihre allegorische, moralische oder philosophische Deutung. Als Dichtung und »Sprache der Phantasie«[113] beanspruchen die Mythen die ästhetische Autonomie von Kunstwerken. Sie sind in sich vollendet und um ihrer selbst willen da. Auch für die My-then soll mithin die von Winckelmann für die bildende Kunst der Griechen geprägte Formel von der »edlen Einfalt, [...] stillen Größe«[114] gelten.

Während die Frühromantik gegen die Klassik, deren Umgang mit der Mythologie sie als höchstes, aber unwiederbringlich einer vergangenen Epoche angehöriges ästhetisches Bildungselement ansieht, den Mythologiebegriff aktualisierend für die eigenen ästhetischen Programme reklamiert und sich dabei noch die antike Mythologie zum Vorbild nimmt, wendet sich ab 1804/05 die Romantik zunehmend der christlichen und germanischen Mythologie zu. Auch in Frankreich läßt sich am Ende der Revolution ein poetischer Rekurs auf das Christentum erkennen (Chateaubriand).

In Deutschland wird die Wende hauptsächlich durch Schleiermachers Reden *Über die Religion* (1799) eingeleitet. Mit seiner protestantischen Forderung der Trennung von Staat und Religion und der Betonung des Christentums als Religion der Entzweiung artikuliert Schleiermacher jedoch zugleich seine Distanz sowohl gegenüber einer auf Versöhnung zielenden neuen Mythologie wie gegenüber dem Katholizismus: »Nur die neue Mythologie hat mir so etwas sonderbares an sich; ich kann nicht begreifen wie eine neue Mythologie *gemacht werden* kann.«[115] Die »rohen und ungebildeten Religionen entfernter Völker«[116] lassen Schleiermacher, der sich an die ›Gebildeten‹ wendet, gleichgültig: vor seinem neuen Begriff einer Religion der Innerlichkeit rücken »von den sinnlosen Fabeln wilder Nationen bis zum verfeinertsten Deismus, von der rohen Superstition unseres Volks bis zu den übelzusammengenähten Bruchstüken von Metaphysik und Moral, die man vernünftiges Christenthum nennt«, all jene Phänomene, die der Aufklärung im Rekurs auf die unverfälschte Naturreligion zugleich zur Begründung der Vernunftreligion dienten, unterschiedslos zur »Geschichte menschlicher Thorheiten«[117] zusammen. Dennoch sollte Schleiermachers Begriff von Religion als vorreflexiver Affektion durch das Unendliche oder Gott den romantischen Mythosbegriff des 19. Jh. stark beeinflussen. Auch die voluminöse, die Mythologien einbeziehende Religionsgeschichte Benjamin Constants (*De la religion considerée dans sa source, ses formes et ses développements*, 1824–1831) knüpft mit ihrer schematischen Unterscheidung

---

111 SCHELLING, Philosophie der Mythologie (entst. 1842–1852), in: SCHELLING (SW), Abt. 2, Bd. 1 (1856), 229.
112 Vgl. SCHELLING (s. Anm. 105), 454.
113 KARL PHILIPP MORITZ, Götterlehre oder Mythologische Dichtungen der Alten (1791), in: MORITZ, Bd. 2 (1981), 611.
114 JOHANN JOACHIM WINCKELMANN, Gedanken über die Nachahmung der griechischen Werke in der Malerei und Bildhauerkunst (1755), in: WINCKELMANN, Bd. 1 (1825), 30.
115 FRIEDRICH SCHLEIERMACHER an C. G. von Brinckmann (22. 3. 1800), in: SCHLEIERMACHER, Abt. 5, Bd. 3 (1992), 436.
116 SCHLEIERMACHER, Über die Religion. Reden an die Gebildeten unter ihren Verächtern (1799), in: SCHLEIERMACHER, Abt. 1, Bd. 2 (1984), 314.
117 Ebd., 199.

zwischen innerem Gefühl und äußerer Form an diesen Religionsbegriff an.

Bereits Wackenroder und Tieck hatten die ästhetische Faszination des Katholizismus durchgespielt, und auch Schelling hatte in der *Philosophie der Kunst* die Wunder des Christentums als dessen Mythologie bestimmt: Der Katholizismus sei »ein nothwendiges Element aller modernen Poesie und Mythologie«. »Nur der Katholicismus lebte in einer mythologischen Welt.«[118] Die katholische Wendung wird zunächst, wie beim romantischen Dramatiker und späteren Konvertiten Zacharias Werner, ästhetisch begründet: »Mit einem Worte, der moderne Tragöde muß, da er die hellenische Mythenwelt zu nichts mehr brauchen kann, die nordische für uns vergraben, die indische noch unentdeckt ist, er muß die christkatholische wieder aufstellen, nicht als Glaubenssystem – die Bühne hat mit dem Kirchenglauben nichts zu tun – sondern als Kunstmythologie.«[119] Dieses Verhältnis wird sich im Durchgang der Romantik geradezu umkehren, so daß schließlich bei Richard Wagner die Kunst den Kern der Religion ästhetisch retten soll: »Man könnte sagen, daß da, wo die Religion künstlich wird, der Kunst es vorbehalten sei den Kern der Religion zu retten, indem sie die mythischen Symbole, welche die erstere im eigentlichen Sinne als wahr geglaubt wissen will, ihrem sinnbildlichen Werthe nach erfaßt, um durch ideale Darstellung derselben die in ihnen verborgene tiefe Wahrheit erkennen zu lassen. Während dem Priester Alles daran liegt, die religiösen Allegorien für thatsächliche Wahrheiten angesehen zu wissen, kommt es dagegen dem Künster hierauf ganz und gar nicht an, da er offen und frei sein Werk als seine Erfindung ausgiebt.«[120]

Den romantischen Mythosbegriff begründen Johann Arnold Kanne (*Mythologie der Griechen*, 1805) und insbesondere die Vertreter der Heidelberger Romantik Joseph Görres und Friedrich Creuzer, dessen *Symbolik und Mythologie der alten Völker* (1810–1812) als das Hauptwerk romantischer Mythologie gelten kann. Bei allen Unterschieden lassen sich gemeinsame Motive erkennen: Erstens in der Suche nach dem einheitlichen (Ur-)Mythos, der sich durch die Geschichte der Mythologien hindurch teils exoterisch, teils esoterisch erhalten habe. Für Görres sind die verschiedenen Mythologien nur Varianten *eines* Mythos, der zugleich zur geglaubten Religion werden soll. »*Ein* Dienst und *eine* Mythe war in uralter Zeit, es war *eine* Kirche und auch *ein* Staat und *eine* Sprache.«[121] Die Homerischen Mythen dagegen werden – nicht zuletzt in polemischer Abgrenzung gegen Weimar – als ästhetisch und psychologisch und die griechische Epik als rationalistisch kalt abgewertet. Zweitens ist die Unterscheidung zwischen Esoterik und Exoterik mit einer Inversion des Verhältnisses von Mythos und Symbol verbunden. Am Ursprung stehen bei Creuzer religiöse Symbole, bildlichen und sprachlichen Ausdruck verknüpfende »Theologumene«: »Mochte ein Gedanke zuerst als Bild ausgeprägt seyn, oder als Wort gesprochen, er hielt sich einmal wie das anderemal in der sinnlichsten Anschaulichkeit.«[122] Den Terminus leitet Creuzer in heute etymologisch nicht mehr haltbarer Weise von μύειν (myein, verschließen) bzw. μυεῖν (myein, in Geheimnisse einweihen) ab.[123] Die esoterische symbolische Lehre habe sich auf geheimen Wegen durch Orphik, Neuplatonismus und Mystik fortgepflanzt. War für Moritz das Symbol noch eine Kategorie der ästhetischen Bestimmung des Mythos, so wird der Symbolbegriff bei Creuzer und Görres zu einer Kategorie religiöser als sinnlich-übersinnlicher Erfahrung. Auch F. Schlegel wird in der 2. Ausgabe (1823) seines *Gesprächs über die Poesie* Mythologie und Allegorie konsequent durch das ›religiöse Symbol‹ ersetzen.

Das 18. Jh. hatte den Ursprung von Mythos und Sprache wesentlich im Alten Testament gesucht, die Weimarer Klassik und Frühromantik in Griechenland. Nun wird die griechisch-römische An-

---

118 SCHELLING (s. Anm. 105), 442, 443.
119 ZACHARIAS WERNER an A. W. Iffland (15. 6. 1805), in: W. A. Kock (Hg.), Briefe deutscher Romantiker (Leipzig 1938), 315.
120 RICHARD WAGNER, Religion und Kunstwerk (1880), in: Wagner, Ges. Schriften und Dichtungen, Bd. 10 (Leipzig ²1888), 211.
121 JOSEPH GÖRRES, Mythengeschichte der asiatischen Welt, Bd. 1 (Heidelberg 1810), 11.
122 FRIEDRICH CREUZER, Symbolik und Mythologie der alten Völker, besonders der Griechen (1810–1812), Bd. 1 (Leipzig/Darmstadt ²1819), 88 (1, 3, 39), 91 (1, 3, 41).
123 Vgl. ebd., 44 (1, 2, 24).

tike zur bloßen Mythenprovinz herabgestuft, wenn sich drittens die Suche nach dem Ursprünglichen den fernöstlichen, vorderasiatischen und keltisch-germanischen Mythen zuwendet. Mit seiner Schrift *Über die Sprache und Weisheit der Inder* (1808) begründet bereits F. Schlegel die Indologie innerhalb der Mythologie in Deutschland. Mythos und Christentum werden nicht mehr entgegengesetzt, sondern genealogisch und typologisch verbunden. Viertens ist die Romantik vom orgiastischen indischen Mythos des Bacchus fasziniert, dessen verborgene Identität mit dem griechischen Dionysos ebenso vermutet wird wie die zwischen den dionysischen und christlichen Mysterienkulten. Als vehementester Kritiker romantischer Mythologie spottet Johann Heinrich Voß, daß »die Religion (welche, das individuelle Streben mit Blut und Tod überwältigend, durch vielfältige Wandlungen zum ursprünglichen Gott gelange) aus Oberasien, durch Indien und so weiter, zulezt in die gothischen Dome eingekehrt sei«[124].

Hegels Einstellung gegenüber den romantischen Typologien bleibt ambivalent. Einerseits setzt Hegel sich schon um 1803 von der Romantik (insbesondere von Schelling) ab. Seine These vom Vergangenheitscharakter der Kunst richtet sich vor allem gegen deren Überhöhung zu einer neuen, Gemeinschaftlichkeit stiftenden Mythologie. Andererseits knüpft seine Ästhetik an Creuzers romantische Mythologie an.[125] Daß mit dem Weltgeist die Religion vom fernen Osten über Ägypten und Griechenland westwärts wandere, verbindet Hegel mit der den Mythos historisierenden Auffassung, daß die geographische mit einer Formveränderung (Kunst-Religion-Philosophie) einhergehe und das Esoterische im Begriff aufgehoben sei. Die »symbolische Kunstform« ist für Hegel bloße »Vorkunst«[126], weil in ihr Gestalt und Bedeutung noch nicht, wie in der klassischen griechischen Kunstform, zusammenfallen.

Diskursiv kulminiert der Streit um die Mythologie noch einmal angesichts der politisch instrumentalisierten Berliner Vorlesungen Schellings über die *Philosophie der Offenbarung* von 1841–1842. Ihre gegen Hegels spekulativ-logische Aufhebung von Mythos, Kunst und Religion gerichtete positive Philosophie oder Mythologie hat die ambivalente Schellingrezeption bestimmt und die politisch-philosophische Differenzierung im Vormärz vorangetrieben: Während die Junghegelianer den mythenkritischen Ansatz ostentativ gegen das Christentum wenden (David Friedrich Strauß, *Das Leben Jesu*, 1835/1836), vereinnahmt der französische Frühsozialismus (Pierre Leroux, Auguste Blanqui) – im Anschluß an Saint-Simons und Émile Barraults Unterscheidung zwischen kritischen und positiven Phasen der Geschichte (*Nouveau christianisme*, 1825) – Schelling gegen den konservativen französischen Hegelianismus (Victor Cousin).[127]

Für Marx ist die Mythologie angesichts des modernen Industriekapitalismus bereits ein marginales Thema. Von den mythologischen Maskeraden bürgerlicher Revolutionen setzt er die soziale Revolution des 19. Jh. ab. Sie könne »ihre Poesie nicht aus der Vergangenheit schöpfen, sondern nur aus der Zukunft«[128]. Das Thema der ›Querelle‹ nimmt Marx noch einmal auf, wenn er das »unegale Verhältnis der Entwicklung der materiellen Produktion z. B. zur künstlerischen« reflektiert: »Ist die Anschauung der Natur und der gesellschaftlichen Verhältnisse, die der griechischen Phantasie und daher der griechischen [Kunst] zugrunde liegt, möglich mit selfactors und Eisenbahnen und Lokomotiven und elektrischen Telegraphen? Wo bleibt Vulkan gegen Roberts et Co., Jupiter gegen den Blitzableiter und Hermes gegen den Crédit mobilier? Alle Mythologie überwindet und beherrscht und gestaltet die Naturkräfte in der Einbildung und durch die Einbildung; verschwindet also mit der wirklichen Herrschaft über dieselben.«[129]

---

124 JOHANN HEINRICH VOSS, Antisymbolik (Stuttgart 1824), 25.
125 Vgl. HEGEL an Creuzer (30. 10. 1819), in: Hegel, Briefe von und an Hegel, hg. v. J. Hofmeister, Bd. 2 (Hamburg 1969), 217f.
126 HEGEL (ÄSTH.), 322.
127 Vgl. MANFRED FRANK, Einleitung des Herausgebers, in: Schelling, Philosophie der Offenbarung 1841/42 (1977; Frankfurt a. M. ³1993), 14–41.
128 KARL MARX, Der achtzehnte Brumaire des Louis Bonaparte (1852), in: MEW, Bd. 8 (1960), 117.
129 MARX, Grundrisse der Kritik der Politischen Ökonomie (entst. 1857–1858), in: MEW, Bd. 42 (1983), 44.

An Creuzers Begeisterung für das individualitätssprengende dionysische Gefühl knüpft Jahrzehnte später – vermittelt durch Johann Jakob Bachofen – Nietzsche in der frühen *Geburt der Tragödie* (1872) mit charakteristischer Spannung zwischen Bejahung und Kritik der romantischen Mythologie an. Auch wenn gerade seine Unterscheidung des Dionysischen und Apollinischen eine große Wirkung auf den Mythosbegriff ausüben soll, faßt Nietzsche die beiden Kunsttriebe des ›Apollinischen‹ und des ›Dionysischen‹, gedacht als»getrennte Kunstwelten des *Traumes* und des *Rausches*«[130], eigentlich nicht als Mythos, sondern bestimmt die Narrationen oder Masken des Dionysischen als »*tragischen* Mythus«. In das Dionysische liest Nietzsche dabei den Willensbegriff, in das Apollinische das ›principium individuationis‹ Schopenhauers ein. Die romantische Unterscheidung wird bei Nietzsche zum produktionsästhetischen Prinzip. Der tragische Mythos sei aus der Musik entstanden, und der durch die sokratische Rationalitätskultur hervorgerufene Untergang der Tragödie sei zugleich der Untergang des Mythos gewesen, der den »mythenlosen Menschen« (142) hinterlassen habe.

Indem Nietzsche als Basis der griechischen Kunst die »Schrecken und Entsetzlichkeiten des Daseins« (31) ausmacht und die hellenische Kultur nur als deren ästhetisch-tröstenden Schein entlarvt, löst er einen Skandal in der philologischen Zunft des liberalen Bildungsbürgertums (Wilamowitz-Moellendorff) aus. »In der Verdeckung und Verstellung der Natur depotenziert der Mythos das Grauen des Menschen vor dem ganz Anderen und erreicht durch die anthropo- und theomorphe Steigerung des Fremden Vertrautheit im Schein.«[131] Nietzsche hofft zunächst auf die vergemeinschaftende Wirkung der Musik Wagners, dessen *Ring* er als »Wiederauferstehung des deutschen Mythus«[132] feiert. Mit Schelling prophezeit er den »kommenden dritten Dionysus«, denn: »Ohne Mythus […] geht jede Cultur ihrer gesunden schöpferischen Naturkraft verlustig: erst ein mit Mythen umstellter Horizont schliesst eine ganze Culturbewegung zur Einheit ab. Alle Kräfte der Phantasie und des apollinischen Traumes werden erst durch den Mythus aus ihrem wahllosen Herumschweifen gerettet.«[133]

VIII. Nationalmythologien

Während sich von Frankreich aus der Übergang zu modernen öffentlich-medialen Mythen vollzieht[134], führen in Deutschland die nationalen Einheitsbestrebungen der antinapoleonischen Kriege zum Aufkommen germanophiler Mythologien. Die *Deutsche Mythologie* (1835) von Jacob Grimm, fortgeführt vom ersten Bonner Ordinarius für Germanistik Karl Simrock, ist eine literarisch-wissenschaftliche Konstruktion ohne aufweisbare geschichtliche Basis. Erst im performativ-ästhetischen Akt wird das Gedächtnis zur lebendigen Erfahrung.[135] Die vorchristlichen Mythen und Rechtsformen der Germanen können nur aus den fremdsprachigen Berichten römischer und christlicher Historiographen erschlossen werden. Die Identifizierung skandinavischer und südgermanischer Stämme und Mythen bildet ebenso eine philologische Fiktion wie die synkretistische Vereinigung von Heldensagen der Völkerwanderungszeit, der höfischen Epik, der Rechtsbücher des Mittelalters sowie der Märchen und Bräuche einer vorindustriellen bäuerlichen Lebenswelt. Weil sich die kollektive Identität weder von einer territorialen, politischen noch von einer religiösen Einheit her begründen läßt, muß diese Rolle der deutschen Sprache zugewiesen werden, so daß die Konstituierung der deutschen Mythologie und der Germanistik als akademischer Disziplin eng verflochten sind.

Den Impetus zur Erforschung einfacher Satzungen bäuerlicher Gemeinschaften als Urformen des Rechts verdanken die Absolventen der juristischen Fakultät Jacob und Wilhelm Grimm ihrem Lehrer, dem Haupt der historischen Rechtsschule Fried-

---

130 FRIEDRICH NIETZSCHE, Die Geburt der Tragödie (1872), in: NIETZSCHE (KGA), Abt. 3, Bd. 1 (1972), 22.
131 WOLFGANG LANGE, Tod ist bei Göttern immer nur ein Vorurteil. Zum Komplex des Mythos bei Nietzsche, in: Bohrer (s. Anm. 3), 117.
132 NIETZSCHE, Nachgelassene Fragmente von Anfang 1875 bis Frühling 1876, in: NIETZSCHE (KGA), Abt. 4, Bd. 1 (1967), 288.
133 NIETZSCHE (s. Anm. 130), 68, 141.
134 Vgl. GRAEVENITZ (s. Anm. 11), 121–208.
135 Vgl. WOLF-DANIEL HARTWICH, ›Deutsche Mythologie‹ (Berlin/Wien 2000), 10f., 51f.

rich Karl von Savigny. Ihrer mythologischen Lesart der Rechtsdokumente korrespondiert eine gesellschaftliche Deutung der Mythologie. Charakteristisch sind die in der Vorrede zur *Deutschen Mythologie* wuchernden organizistischen Wachstumsmetaphern, die der bäuerlichen Lebenswelt abgelesen sind. Poesie liege im einfachsten Leben, es gebe kein Volk, welches sie entbehre. Eine Semantik der Reinigung vom Fremden (»für die mythologie unterscheidungen eines urgemeinschaftlichen stofs von entlehntem, später übergetretenem geltend zu machen«[136]) verbindet sich hier noch mit einer humanistischen, national-liberalen Perspektive auf »die weite meerflut«, in die letztlich die Ströme der einzelnen Mythologien »ausmünden«[137].

Marx hat solchen romantischen Antikapitalismus soziologisch reflektiert: »Die erste Reaktion gegen die französische Revolution und das damit verbundne Aufklärertum war natürlich alles mittelaltrig, romantisch zu sehn, und selbst Leute wie Grimm sind nicht frei davon. Die 2. Reaktion ist – und sie entspricht der sozialistischen Richtung, obgleich jene Gelehrten keine Ahnung haben, daß sie damit zusammenhängen – über das Mittelalter hinaus in die Urzeit jeden Volks zu sehn. Da sind sie dann überrascht, im Ältesten das Neuste zu finden, und sogar Egalitarians to a degree«[138].

Jacob Grimm hatte als hessischer Legationsrat am Wiener Kongreß teilgenommen, auf dem der Grundstein zur nachrevolutionären Neuordnung Europas gelegt wurde. An die Stelle des napoleonischen Prinzips der Verfassungsstaatlichkeit trat eine konservative, sich auf Traditionen und Ethnien berufende Staatenordnung. In diesem Zusammenhang wird die politische Bedeutung der *Deutschen Mythologie* deutlich, als deren Angelpunkt Grimm

hervorhebt: »noch dringlicher ist ihr verhältnis zu dem glauben auswärtiger völker festzustellen, ja um diesen angel dreht sich eigentlich das mythologische studium überhaupt«[139]. Grimm und seine Schule förderten teils direkt, teils durch ihre Schriften wirkungsvoll die nachholende nationale Mythenbildung: sowohl in Ungarn (Arnold Ipolyi, *Magyar Mythológia*, 1854), in Polen (Oskar Kolberg, *Pieśni ludu polskiego* [Lieder des polnischen Volkes], 1857; *Lud* [Das Volk], 1865ff.), Slowakei und Tschechien (durch den in Jena studierenden Pavol Jozef Šafárik, *Slovanské Starožitnosti* [Slawische Altertümer], 1827), als auch in Finnland (Elias Lönnrot), den Niederlanden und Dänemark.

Das gilt wie für die russische (Aleksandr Nikolaevič Afanas'ev) und die ukrainische symptomatisch auch für die serbokroatische ›Wiedergeburt‹ (preporod) des Nationalen aus dem Eigenen.[140] Der mit Grimm befreundete Vuc Stefanović Karadžić schuf mit *Srpske narodne pjesme* (Volkslieder der Serben, 1823–1833) die serbokroatische Nationalmythologie (einschließlich der Lieder um die Schlacht von Kosovo 1389); seine *Srpska gramatika* (1818) wurde von Grimm 1824 übersetzt. Daß der Bauplan nationaler Mythologiebildungen aus Deutschland stammte, verhinderte nicht, daß respektlose Zauberlehrlinge, etwa mit der Fiktion eines slawischen Homer, ihre Lehrer zu übertrumpfen versuchten. Umgekehrt konnten, wie nach dem Scheitern des galizischen Bauernaufstandes 1846 in Polen, Zweifel an der Stilisierung des Bauerntums zum hauptsächlichen Träger der Nationalkultur aufkommen. Paradoxerweise gehört zu jenen, welche die Wendung von Grimms volkstümlichem Humanismus zum großdeutschen Nationalismus besonders deutlich ausgesprochen haben, der Mitbegründer der deutschen Volkskunde und assimilierte Jude Heymann Steinthal, der das *Nibelungenlied* gegenüber dem serbischen Epos *Die Hochzeit des Maxim* für überlegen hielt, weil Mythos und Sage der Serben »schwerlich jemals so reich entwickelt war, wie Mythos und Sage unter den Deutschen, und außerdem noch, weil sie niemals eine so weltbeherrschende Stellung einnahmen«[141].

Jacob Grimm ersetzt zugleich die Erforschung des hebräischen Sprachursprungs durch das Konzept der indo-europäischen Sprachfamilien unter

---

136 JACOB GRIMM, Deutsche Mythologie (1835), Bd. 1 (Gütersloh/Berlin ⁴1875), XX.
137 Ebd., XIX.
138 MARX an Engels (25. 3. 1868), in: MEW, Bd. 32 (1965), 51.
139 GRIMM (s. Anm. 136), XIX.
140 Vgl. LEOPOLD KRETZENBACHER, Jacob Grimms ›Deutsche Mythologie‹ und ihre geschichtliche Wirkung, in: GRIMM, Deutsche Mythologie, Bd. 1 (Graz 1968), XV*-XXV*.
141 HEYMANN STEINTHAL, Das Epos, in: Zeitschrift für Völkerpsychologie und Sprachwissenschaft 5 (1868), 21; vgl. HARTWICH (s. Anm. 135), 174f.

Beiseitelassung des »semitischen sprachgebietes«[142]. Die sprachwissenschaftliche Grundlage für die Unterscheidung geht auf den französischen Orientalisten und Begründer der Iranistik Abraham-Hyacinthe Antetil-Duperron zurück, der bereits 1763 den Begriff ›arisch‹ eingeführt hatte. Die rassentheoretisch orientierten Sprach- und Religionswissenschaftler steigern die Spekulationen über eine gemeinsame Herkunft der indo-europäischen Völker zum Mythos des Ariertums und sprechen zugleich den Semiten die ›arische‹ Fähigkeit zur ästhetischen Mythenbildung ab.[143] Von Ernest Renan (»les Sémites n'ont jamais eu de mythologie«[144]) bis Alfred Rosenberg reproduziert sich das Vorurteil, nicht der Glaube, sondern die »bildnerische Unfähigkeit«[145] habe es verhindert, daß die Juden ihren Gott darstellen. Dagegen protestiert bereits der ungarische Orientalist Ignaz Goldziher.[146]

Goethe steht der Entstehung einer deutschen Nationalmythologie auch aus ästhetischen Gründen skeptisch gegenüber: »Was hätte mich nun gar bewegen sollen, Wodan für Jupiter, und Thor für Mars zu setzen, und statt der südlichen genau umschriebenen Figuren, Nebelbilder, ja bloße Wortklänge in meine Dichtungen einzuführen?«[147] Der Kantianer und Napoleonanhänger Saul Ascher spürt indes bereits 1815 die ausgrenzenden Folgen des »*deutschen Christentums* oder einer *christlichen Deutschheit*«: »wollen unsere enthusiastischen *Germanomanen* von Deutschland alle Ausländerei entfernen, so mögen sie auch den Einfluß des Altertums auf uns zu entfernen suchen [...]. Es verlautet schon, daß das Lied der Nibelungen die Stelle der Ilias und Odyssee auf den Schulen vertreten soll«[148]. Heinrich Heine dagegen bricht durch poetische Übersteigerung die Mythologie ironisch, indem er die heidnischen ›Götter im Exil‹ mit der Heimatlosigkeit der Juden verknüpft.[149]

Ihre eigentliche Wirkungsgeschichte entfalten die nationalen Mythologien nicht im Mythosbegriff selbst, sondern in konkreten Mythen im Kontext der Zeitgeschichte vor allem durch Presse, Schulbücher, Denkmäler und im Medium des Theaters und der Oper (Albert Lortzing, Carl Maria von Weber, Wagner); die kritische Analyse der legitimatorischen Funktion nationaler Mythen wird einem späteren Mythosbegriff vorbehalten bleiben.

IX. Mythos in den Wissenschaften

Die Erforschung der antiken Mythen in der 2. Hälfte des 19. Jh. läßt eine Verflechtung aufklärerischer und romantischer Motive erkennen. Der Mythos wird zum bürgerlichen Bildungsgut, zum Objekt nüchtern empirischer, später positivistischer Forschung, knüpft aber zugleich an romantische Prämissen an. Gab es in der 1. Hälfte des 19. Jh. noch Lehrstühle für Mythologie, so differenziert sich in der Folge deren Erforschung institutionell in Archäologie, Kunstgeschichte, Religionsgeschichte, Ethnologie, Anthropologie und Sprachgeschichte. Das führt zu der bis in die Gegenwart anhaltenden Dispersion der begrifflich-methodischen Zugänge zum Mythos, bei denen linguistische, ritualistisch-ethnologische, psychologisch-hermeneutische und strukturell-semiotische Interpretationen unterschieden werden können.

Zunächst ist die deutsche Forschung und die Philologie prägend. In England gibt es in der 1. Hälfte des 19. Jh. kaum nennenswerte Theorien des Mythos. Die französische Forschung orientiert sich wegen fehlender eigener klassischer Philologie lange an der deutschen, so daß erst die Übersetzung von Creuzers Hauptwerk (durch Joseph Daniel Guigniaut unter dem Titel *Religions de l'anti-*

---

142 Vgl. GRIMM (s. Anm. 136), XIX.
143 Vgl. RENATE SCHLESIER, Jerusalem mit der Seele suchen. Mythos und Judentum bei Freud, in: Graf (s. Anm. 92), 231 f.
144 ERNEST RENAN, Histoire générale et système comparé des langues sémitiques (1855), in: Renan, Œuvres complètes, hg. v. H. Psichari, Bd. 8 (Paris 1958), 148.
145 ALFRED ROSENBERG, Der Mythus des 20. Jahrhunderts. Eine Wertung der seelisch-geistigen Gestaltenkämpfe unsrer Zeit (1930; München 1936), 462; vgl. ebd., 365.
146 Vgl. IGNAZ GOLDZIHER, Der Mythos bei den Hebräern und seine geschichtliche Entwickelung (Leipzig 1876), 1–15.
147 GOETHE, Dichtung und Wahrheit (1811–1833), in: GOETHE (WA), Abt. 1, Bd. 28 (1890), 143.
148 SAUL ASCHER, Germanomanie. Skizze zu einem Zeitgemälde (1815), in: Ascher, 4 Flugschriften (Berlin/Weimar 1991), 199, 216.
149 Vgl. MARKUS WINKLER, Mythisches Denken zwischen Romantik und Realismus. Zur Erfahrung kultureller Fremdheit im Werk Heinrich Heines (Tübingen 1995).

quité considérées principalement dans leurs formes symboliques et mythologiques, 1825–1851) und Friedrich Max Müllers *Lectures on the Science of Language* (1861/1864) (frz. *Nouvelles leçons sur la science du langage*, 1868) in der 2. Hälfte des 19. Jh. eine stärkere Zuwendung zum Mythos auslösen.[150]

Mit dem deutschen Linguisten und Sanskritisten Friedrich Max Müller, Schüler Franz Bopps und Friedrich Rückerts, beginnt das Paradigma der vergleichenden Mythologie. Müller wirkte von England aus, weil allein die Londoner Ostindische Kompanie bereit war, die von ihm angestrebte Herausgabe der *Rigreda* zu finanzieren. Offensichtlich gehörte die Erforschung der Mythologie nicht allein der Sphäre des Bildungsbürgertums an, sondern war auch Teil des kolonialstaatlichen Machtdispositivs. Müller fundiert die Mythenforschung linguistisch und gründet seine ›science of comparative religion‹ auf die These, »daß eine genealogische, mit der Sprache parallel laufende Classifikation der Religionen möglich ist«[151]. Den Mythos sieht er als inhärente Notwendigkeit der Sprache, ihre Anfänge im Bemühen des primitiven Menschen, Namen für das religiöse Unendlichkeitsgefühl (Schleiermacher) zu finden. Mythen seien auf Polyonymie und Synonymie beruhende Fehlleistungen der Sprache. Auch Hermann Usener erklärt die Mythenentstehung durch »lautliche veränderung oder durch das absterben des entsprechenden wortstamms«[152], der den Zusammenhang mit dem lebendigen Sprachschatz verloren habe. Wie im 18. Jh. wird der Mythos letztlich pathologisch erklärt, so daß umgekehrt Mythomanie zum medizinischen Terminus für krankhafte Lügensucht wird.

Während die Mythenforschung in Deutschland vor allem linguistisch, später psychologisch (die Bände zu *Mythus und Religion* [1905–1909] aus Wilhelm Wundts *Völkerpsychologie* [1900–1920]) orientiert ist, geht sie in Frankreich und England stärker von der Praxis aus: von Animismus (Edward B. Tylor, *Primitive Culture*, 1871), Magie (James George Frazer, *The Golden Bough: A Study in Comparative Religion*, 1890), (Ahnen-)Kulten (Herbert Spencer), Opfer, Totem und Ritualen (myth-and-ritual school in Cambridge; Jane Ellen Harrison, *Ancien Art and Ritual*, 1913).[153] Grundlage wird die Anthropologie, die von der Priorität motorisch-sinnesphysiologischer Manifestationen und Affekte des Körpers ausgeht.

Die Entdeckung der Prähistorie und der langen Epoche der Nichtschriftlichkeit erhärtet die Vermutung, daß die verschriftlichten Mythen eine späte Praxis festhalten (Entdeckung der Neandertalerschädel 1856; der Höhlenmalerei 1868; Heinrich Schliemanns Grabungen in Troja, Mykene u. a. 1870–1885). Es setzt sich eine Auffassung von Naturreligion als einer im Sinnlichen befangenen Stufe des menschlichen Geistes durch, was dem bürgerlichen Selbstbewußtsein und der Idee fortschreitender Beherrschung der äußeren und inneren Natur mehr entspricht als die romantische Verklärung des Ursprungs bzw. der Idealisierung des homme naturel zum Gegenbild des homme civil. Die Aufklärung hatte unter Naturreligion die ursprüngliche, allen Menschen zukommende, durch die ›positiven‹ Religionen nur verschüttete ›vernünftige‹ Religion verstanden. Nun wird sie zum Begriff des affektiven, primitiven, von der Natur beherrschten Weltbildes ›niederer‹ oder ›primitiver‹ Naturvölker. Damit wird im darwinistischen Zeitalter die Frage der Stellung des Mythos an der Grenze zwischen Natur und Kultur thematisiert. In der um 1850 entstehenden evolutionistischen Religionsgeschichte Wilhelm Mannhardts wird das ebenso deutlich wie in sozialdarwinistisch reduzierten Theorien, die keinen Unterschied zwischen Wilden und Zivilisierten, etwa zwischen magischem Ritus und Forschungspraxis (Frazer, Tylor) erkennen wollten. Diese Sicht wird schließ-

---

150 Vgl. MICHÈLE COHEN-HALIMI, ›Apollonisch – dionysisch‹, in: K. Barck u. a. (Hg.), Ästhetische Grundbegriffe, Bd. 1 (Stuttgart/Weimar 2000), 254 f.; PIERRE JUDET DE LA COMBE, La querelle philologique du mythe. Les termes d'un débat en Allemagne et en France au début du siècle dernier, in: Revue germanique internationale 4 (1995), 55–67.
151 FRIEDRICH MAX MÜLLER, Einleitung in die vergleichende Religionswissenschaft. Vier Vorlesungen (Straßburg 1774), III.
152 HERMANN USENER, Götternamen. Versuch einer Lehre von der religiösen Begriffsbildung (Bonn 1896), 316.
153 Vgl. ROBERT A. SEGAL, Ritual and Myth (New York/London 1996); ANDRÉA BELLIGER/DAVID J. KRIEGER (Hg.), Ritualtheorien. Ein einführendes Handbuch (Opladen/Wiesbaden 1998).

lich durch die von John Arnott MacCulloch und Louis Herbert Gray herausgegebene dreizehnbändige *Mythology of All Races* (1916–1932) monumentalisiert.

Eine soziologische bzw. die Soziologie zugleich konstituierende Perspektive führt Émile Durkheim in die Mythenforschung ein. Wie auch Bronisław Malinowski, hatte er 1885–1886 in Leipzig bei Wilhelm Wundt studiert.[154] In *Les formes élémentaires de la vie religieuse* sucht Durkheim auf der empirischen Basis des ›système totémique en Australie‹ nachzuweisen, daß der soziale Verband die Wurzel des Mythos bilde. »Une religion est un système solidaire de croyances et de pratiques relatives à des choses sacrées, c'est-à-dire séparées, interdites, croyances et pratiques qui unissent en une même communauté morale, appelée Église, tous ceux qui y adhèrent.«[155] Der einzelne imaginiere die Erfahrung des Kollektiven als objektivierte mythische und religiöse Gestalt. Gesellschaftliche Verhältnisse nehmen die Form des Ritus an (faits religieux als Sammelbegriff für Glaubensanschauungen und religiöse Praktiken). Die Erzählungen des Mythos und rituelle Praktiken bänden das Individuum über das Kollektivbewußtsein (mentalité) an die Gruppe. Das Sakrale erscheint als Ausdruck eines sozialen Konsenses, die Religion also als eine eminent gesellschaftliche Angelegenheit.

Durkheims Neffe Marcel Mauss, ab 1901 Studiendirektor der Abteilung *Religions des peuples non civilisés* an der *École pratique*, 1925 Gründer des *Institut d'Éthnologie*, entwickelt zusammen mit Lucien Lévy-Bruhl und Paul Rivet Durkheims Ansatz durch den Begriff des ›fait social total‹ weiter, worunter er Phänomene faßt, die in verschiedenen Teilbereichen der Gesellschaft auftreten und ihr eine geistige Einheit geben. Durkheim folgend, betrachtet auch Lévy-Bruhl die Kollektivvorstellungen als durch soziale Prozesse und Institutionen bestimmt. Er betont die Andersartigkeit der Primitiven, deren ›prä-logische‹ mentalité schon an Wahrnehmungen und Vorstellungen zu beobachten sei. Angesichts frappierender Übereinstimmungen mit nationalistischen Gemeinschaftsideologien erklärt der dem Sozialismus nahestehende Mauss das Konzept später für gescheitert.

In der Tradition der *École pratique* steht noch die unter dem Einfluß von Roman Jakobsons und Ferdinand de Saussures Sprachtheorie entwickelte strukturale Mythologie von Lévi-Strauss (zuerst *Les structures élémentaires de la parenté*, 1949). Das Erkenntnisinteresse von Lévi-Strauss ist vorrangig gesellschaftstheoretisch motiviert, es geht ihm letztlich um »un modèle théorique de la société humaine«[156]. In *La structure des mythes* (1955) interpretiert Lévi-Strauss den Mythos als Teil der Ordnung der Sprache und fügt den sprachwissenschaftlichen Kategorien Phonem, Morphem und Semantem als sie konstituierende, auf der Satzstruktur beruhende Einheit das Mythem hinzu.[157] In *La pensée sauvage* (1962) bricht Lévi-Strauss mit dem Konzept mythischer Tiefenstrukturen und orientiert sich mit dem Modell der ›bricolage‹ eher an Oberflächenstrukturen. In den umfänglichen, kunstvoll aufgebauten *Mythologiques* (4 Bände, 1964–1971) schließlich versucht er anhand der Mythen nord- und südamerikanischer Indianer Transformationen eines einzigen Mythos herauszufinden (Bd. 1: *Le Cru et le cuit*, 1964).

Die phonetische, später von Derrida kritisierte Orientierung wird nicht zuletzt deutlich, wenn Lévi-Strauss Musik und Mythologie als zwei von der Sprache gezeugte Schwestern bezeichnet. Mythen ließen sich wie eine Orchesterpartitur lesen, und umgekehrt sagt er von den *Mythologiques*: »Les chapitres du premier volume sont composés sous forme de ›fugues‹ ou de ›symphonies‹.«[158] Der Mythos verschwinde im gleichen Augenblick, in dem die großen musikalischen Stile (von Frescobaldi bis Wagner) entstünden.[159]

---

154 Vgl. MARCEL MAUSS, L'art et le mythe d'après M. Wundt (1908), in: Mauss, Œuvres, hg. v. V. Karady, Bd. 2 (Paris 1969), 195–227.
155 ÉMILE DURKHEIM, Les formes élémentaires de la vie religieuse (Paris 1912), 65.
156 LÉVI-STRAUSS, Tristes tropiques (1955; Paris 1993), 453.
157 Vgl. JAMME (s. Anm. 98), 123.
158 LÉVI-STRAUSS/DIDIER ERIBON, De près et de loin (Paris 1988), 243.
159 Vgl. Lévi-Strauss (s. Anm. 1), 46.

X. Politischer Mythos

Im 20. Jh. wird Mythos zum ideologisch-politischen Kampfbegriff, der seine diskursive, suggestive Macht vor allem durch seine Unbestimmtheit gewinnt. Alfred Baeumler etwa fordert statt Verstand »schauende Phantasie«, statt Wahrheit »Tiefe«[160]. Rosenberg meint: »Die nicht faßbare Zusammenfassung aller Richtungen des Ich, des Volkes, überhaupt einer Gemeinschaft, macht seinen Mythus aus.« Das »Zentrum« einer Persönlichkeit liege »jenseits des nur erfahrungsmäßig (empirisch) Erforschbaren«[161]. Der politische Mythos lebt davon, daß er nicht nur Irrationalitäten versammelt, sondern den Begriff selbst unbestimmt läßt und Inhalte der chauvinistisch gewendeten romantischen Nationalmythologien mit einem politischen Voluntarismus verbindet. Die schillernden, wirkungsvollen Stichwortgeber dafür waren Nietzsche und Georges Sorel.

Eine begriffliche Thematisierung des Mythos findet sich bei Nietzsche nahezu ausschließlich in der Erstlingsschrift Die Geburt der Tragödie. Doch auch wenn Nietzsche dionysisch und apollinisch nicht mehr explizit im tragischen Mythos verbindet und seit Menschliches, Allzumenschliches (1878) die Kritik des Mythos zu überwiegen scheint, durchzieht der Code seine gesamte Philosophie. Die mythische Denkweise wird bei Nietzsche nicht aufgegeben, sondern über den Lebensbegriff eher absolut gesetzt. Nietzsches Kritik der eigenen Tragödienschrift bedeutet vor allem eine ›Umwertung aller Werte‹ des liberalen Bildungsbürgertums, ohne dabei das Schema selbst in Frage zu stellen. Wenn Nietzsche die Wahrheit als ein »bewegliches Heer von Metaphern«, den Begriff dagegen als bloßes »Residuum einer Metapher«[162] faßt, wenn er Vergessenheit und lebensdienliche Lüge affirmiert, dann rezipiert und verkehrt er zugleich die zeitgenössische sprachpathologische Auffassung der linguistischen Mythentheorien (Müller, Spencer). Was dort als Mythos abgewertet wird, wandelt sich bei Nietzsche zur Wahrheit, was (wissenschaftliche) Wahrheit ist, zum Mythos. Diese Umkehrung erlaubt es Nietzsche, die Ideologien seiner Zeit als Mythen zu entlarven und zugleich den Mythos zu affirmieren. »Außerordentlich schwer, das mythische Gefühl der freien Lüge wieder sich lebendig zu machen. Die großen griechischen Philosophen leben noch ganz in dieser Berechtigung zur Lüge. / Wo man nichts Wahres wissen kann, ist die Lüge erlaubt.«[163]

Auf dem Höhepunkt der wissenschaftlichen Begriffsbildung breche dann aber das Kunst- und Mythenbedürfnis wieder durch: »Jener Trieb zur Metapherbildung [...] ist dadurch, dass aus seinen verflüchtigten Erzeugnissen, den Begriffen, [...] eine Zwingburg für ihn gebaut wird, in Wahrheit nicht bezwungen und kaum gebändigt. Er sucht sich ein neues Bereich seines Wirkens und ein anderes Flussbette und findet es im Mythus und überhaupt in der Kunst.«[164] Das Vermögen, Mythen als lebensdienliche Lügen zu entwerfen, ist ein Privilegium der Herrenmoral. In der Genealogie der Moral (1887) wird ein solcher Künstler-Politiker entworfen. Nietzsches eigene Kunstmythen, die Blumenberg als neben den platonischen einzige »elementare Mythen«[165] gelten lassen will (ewige Wiederkunft des Gleichen, amor fati, Dionysos als Übermensch, Wille zur Macht), entfalteten vor allem eine politische Wirkung, mag Nietzsche sie auch nachmetaphysisch als ästhetisch-rhetorische Fiktionen entworfen haben.

Wichtigster Stichwortgeber für die politischen Mythostheorien des 20. Jh. ist Georges Sorel, der – gleichermaßen beeinflußt durch den Syndikalismus (Proudhon) wie durch die irrationalistische Lebensphilosophie (Henri Bergson) – nacheinander mit Sozialismus, Nationalismus, Faschismus und Leninismus sympathisiert. Für Sorel ist der soziale Mythos ein nur intuitiv und visionär zu erfassender, beliebig fungibler Komplex energiegesättigter

---

160 ALFRED BAEUMLER, Das mythische Weltalter. Bachofens romantische Deutung des Altertums (1926; München 1965), 306, 21.
161 ROSENBERG (s. Anm. 145), 459.
162 NIETZSCHE, Ueber Wahrheit und Lüge im aussermoralischen Sinne (entst. 1873), in: NIETZSCHE (KGA), Abt. 3, Bd. 2 (1973), 374, 376.
163 NIETZSCHE, Nachgelassene Fragmente Sommer 1872 – Ende 1874, in: NIETZSCHE (KGA), Abt. 3, Bd. 4 (1978), 40; vgl. JÖRG SALAQUARDA, Mythos bei Nietzsche, in: Poser (s. Anm. 73), 174–198.
164 NIETZSCHE (s. Anm. 162), 381.
165 BLUMENBERG, Arbeit am Mythos (1979; Frankfurt a. M. 1996), 194.

und suggestiver Bilder (»organisation d'images«[166]). Politische Mythen, die Sorel als »région obscure« (139) von den »idées claires et distinctes« (143) unterscheidet, erklärt er mit Bergson aus einem ästhetisch-mystischen Akt der Intuition. Gegen Marx macht Sorel geltend, daß nur die mythische Gewalt (violence) der Bilder, nicht aber Traditionen, Theorien und Utopien die notwendigen »sentiments« (120) und die moralisch-soziale Kraftanspannung erzeugen könnten, die notwendig sei, um die bürgerliche, parlamentarisch-transigierende, die Antagonismen nicht austragende Gesellschaft durch kollektiv mobilisierende Aktionen (Generalstreik) zu sprengen. Der proletarische Generalstreik sei »le *mythe* dans lequel le socialisme s'enferme tout entier, c'est-à-dire une organisation d'images capables d'évoquer instinctivement tous les sentiments qui correspondent aux diverses manifestations de la guerre engagée par le socialisme contre la société moderne« (120).

Obgleich Sorel, Gegner des liberal-demokratischen Durkheim und des mit dem Sozialismus sympathisierenden Mauss, die *Réflexions* in letzter Auflage Lenin widmet und Antonio Gramsci und Leo Trotzki durch ihn beeinflußt werden, findet sein Mythosbegriff im Marxismus kaum Widerhall. Majakovskijs Glaube an neue Mythen bleibt so eher marginal: »В диком разгроме / старое смыв, / новый разгромим / по миру миф« (In rauhem Wüten / das Alte zerfeuernd / und neue Mythen / der Erde einbleuend)[167]. Sorels *Réflexions*, die Vicos Idee kultureller Regeneration durch einen schöpferischen Kreislauf aufnehmen (*Étude sur Vico*, 1896), wirkten auf die antidemokratischen, auch antisemitischen Ideologen der katholischen Action française, die konservative ›Revolution‹ und die europäischen Faschismen. Der Mythos wird performativ oder dezisionistisch von der Wirkung auf den unmittelbaren Glauben und die Opferbereitschaft her bestimmt, er ist phantastische Vorwegnahme des Kommenden. Für Mussolini braucht der Mythos keine Wirklichkeit zu sein. »Er ist dadurch Wirklichkeit, daß er Ansporn ist, Hoffnung, Glaube und Mut.« (Non è necessario che sia una realtà. È una realtà nel fatto che è un pungolo, che è una speranza, che è fede, che è coraggio.)[168] Ein solcher voluntaristisch und performativ gewendeter Mythosbegriff kann mit unterschiedlichsten, vor allem nationalistischen und rassistischen Motiven (entnommen etwa Arthur Gobineau, Paul de Lagarde, Houston Steward Chamberlain oder Oswald Spengler) aufgeladen werden.

In Deutschland wird Sorel vor allem durch Carl Schmitt salonfähig gemacht.[169] Dessen Dezisionismusbegriff weist bemerkenswerte Ähnlichkeiten mit Sorels voluntaristischem Mythos auf. Schmitt konstatiert 1923, Sorels Theorie des Mythos sei Ausdruck dafür, daß das parlamentarische Denken an Evidenz verloren habe. Mussolini habe bewiesen, daß der nationalistische Mythos stärker als der des Klassengegensatzes sei: »Aber wo es zu einem offenen Gegensatz der beiden Mythen gekommen ist, hat bis heute der nationale Mythus gesiegt. Von seinem kommunistischen Feind hat der italienische Faschismus ein grausiges Bild entworfen: das mongolische Gesicht des Bolschewismus; es hat sich als wirkungsvoller erwiesen als das sozialistische Bild vom Bourgeois.«[170] Den katholischen Schmitt fasziniert nicht der Polytheismus des Mythos. Der politische Mythos, so wird auch bei Baeumler deutlich, stellt von Griechenland auf Rom als eine Weltmacht um, die mit der Zerstörung Jerusalems Heidentum und Katholizismus verbunden habe. Rosenbergs *Mythus des 20. Jahrhunderts* verbindet synkretistisch autoritär-demokratiefeindliche Ideologeme mit dem antisemitischen Rassegedanken. »Der Sehnsucht der nordischen Rassenseele im Zeichen des Volksmythus ihre Form als Deutsche Kirche zu geben, das ist mir die größte Aufgabe

---

166 GEORGES SOREL, Réflexions sur la violence (1908), hg. v. M. Prat (Paris 1990), 120.
167 VLADIMIR MAJAKOVSKIJ, 150 000 000 (1921), in: Majakovskij, Polnoe sobranie sočinenij, Bd. 2 (Moskau 1956), 125; dt.: Hundertfünfzig Millionen, in: Ausgewählte Werke, hg. v. L. Kossuth, übers. v. H. Huppert, Bd. 2 (Berlin 1968), 126.
168 BENITO MUSSOLINI, Il discorso di Napoli (24. 10. 1922), in: Mussolini, Opera omnia, hg. v. E. u. D. Susmel, Bd. 18 (Florenz 1956), 457; vgl. JENS PETERSEN, Mussolini: Wirklichkeit und Mythos eines Diktators, in: Bohrer (s. Anm. 3), 246.
169 Vgl. CARL SCHMITT, Die politische Theorie des Mythus (1923), in: Schmitt, Positionen und Begriffe im Kampf mit Weimar-Genf-Versailles 1923–1939 (Hamburg 1940), 9–18.
170 Ebd., 17.

unseres Jahrhunderts.«[171] Kunst und politischer Mythos bilden für ihn keineswegs Gegensätze, wie jüngere Depotenzierungsversuche des Mythos unterstellen; vielmehr manifestiert sich das Schicksal der Rassenseele im (ästhetisierten) ›Gestaltenkampf‹, dessen Vorgeschichte Rosenberg auch im 2. Kapitel ›Über das Wesen der germanischen Kunst‹ entwickelt.

XI. Der Blick auf den Mythos von innen und außen

Freud analogisiert Mythos und Traum. Beide sind Phänomene an der Grenze von Erinnern und Vergessen, Verdrängung und Wiederkehr des Verdrängten. Das Verfahren der Bewußtmachung des Unbewußten ist der archäologischen Methode nachgebildet: Bereits in *Zur Ätiologie der Hysterie* (1896) vergleicht Freud die Erforschung von deren Ursachen mit Ausgrabungsarbeiten. Krankheitssymptome seien Erinnerungsmale eines in der Vergangenheit liegenden traumatischen Ereignisses, die es wie archäologische Funde freizulegen gelte. Wie die psychischen Entwicklungsstufen in der Tiefendimension konserviert seien, so die Götterbedeutungen der altägyptischen Religion in der Fläche. Freud bezieht sich vorrangig auf antikgriechische, auch auf ägyptische Stoffe. Zur Klammer zwischen mythischer Gattungs- und psychogenetischer Individualgeschichte wird der Mythos von Ödipus. In *Totem und Tabu* (1912/1913) stellt Freud, wie es im Untertitel heißt, ›Übereinstimmungen im Seelenleben der Wilden und der Neurotiker‹ heraus, denn die beiden zentralen totemistischen Tabus, das Totemtier nicht zu töten und keine Frau des gleichen Totems sexuell anzurühren (Inzestverbot), stimmten mit den beiden Tabubrüchen des Ödipus sowie den kindlichen Urwünschen überein. Dient Freud die Psychoanalyse als Methode, um die traditionellen Mythen neu zu deuten, so bezeichnet er mitunter analogisch die Triebe selbst als Mythen: »Die Trieblehre ist sozusagen unsere Mythologie. Die Triebe sind mythische Wesen, großartig in ihrer Unbestimmtheit.«[172] Freuds psychoanalytischer Mythenbegriff ist aufklärerisch: der ›Gott logos‹ soll das Vergangene in die Gegenwart holen und erlösen. Um nicht in eine spekulative Analogie von Phylo- und Ontogenese zu geraten, führt Freud den Gott des Judentums auf »eine einzige Person«, Moses, zurück, »die damals übergroß erscheinen mußte und die dann zur Gottheit erhöht in der Erinnerung der Menschen wiedergekehrt ist«[173]. Kann man bei Freud von ›individuellen Mythologien‹ sprechen, so verortet Carl Gustav Jung die ›mythenbildenden Strukturelemente‹ (›Archetypen‹) im ›kollektiven Unbewußten‹ der menschlichen Gattung. Otto Rank, zeitweise enger Mitarbeiter Freuds, entfaltet in einem Text, der von der 4. bis zur 7. Auflage (1914–1922) in die Freudsche *Traumdeutung* (1900) aufgenommen wurde, den Zusammenhang »der individuellen und mythischen Phantasiebildung« mit dem Ziel, »scheinbar individuelle Traumsymbole völkerpsychologisch zu fundieren, wie andrerseits die aus dem Traume bekannten Bedeutungen zur Aufklärung mythischer Überlieferungen zu verwenden«[174].

Im Kontext des psychoanalytischen Diskurses und der Durkheim-Schule sowie der Kritik der Ursprungsmythen des französischen Konservatismus (Maurice Barrès, Charles Maurras, Charles Pierre Péguy) versuchen die Surrealisten in ihren Künstlerästhetiken eine mythische Dimension der Kunst wiederzugewinnen. War die Intention der Psychoanalyse Freuds eine rationale Herrschaft des Ich über das Unbewußte, so tritt bei den Surrealisten an ihre Stelle das Ziel, das Begehren und die Phantasie von den Zwängen bürgerlicher Rationalität zu befreien. Zugleich reagiert der Surrealismus auf die Erfahrung fragmentierter Sinnzusammenhänge und brüchig werdender gegenständlicher Erfahrung in der modernen Großstadt mit dem Versuch, eine neue mythische Erfahrung mit den

---

171 ROSENBERG (s. Anm. 145), 614f.
172 SIGMUND FREUD, Neue Folge der Vorlesungen zur Einführung in die Psychoanalyse (1933), in: FREUD (GW), Bd. 15 (1944), 101.
173 FREUD, Der Mann Moses und die monotheistische Religion (1939), in: FREUD (GW), Bd. 16 (1950), 238.
174 OTTO RANK, Traum und Mythus (1914), in: Rank, Traum und Dichtung. Traum und Mythus. Zwei unbekannte Texte aus Sigmund Freuds ›Traumdeutung‹, hg. v. L. Marinelli (Wien 1995), 54, 48.

Mitteln der Collage zu erlangen. Louis Aragon entwirft in der *Préface à une mythologie moderne* (1924), die er *Le paysan de Paris* voranstellt, das Programm einer neuen, Sinne und Vernunft verbindenden alltäglichen Wahrnehmung.[175] »Des mythes nouveaux naissent sous chacun de nos pas. Là où l'homme a vécu commence la légende, là où il vit.«[176] »Chaque jour se modifie le sentiment moderne de l'existence. Une mythologie se noue et se dénoue. C'est une science de la vie« (89 f.). Im Ungewöhnlichen des Alltags, dem »merveilleux quotidien« (90), das sich dem normalen bürgerlichen Leben entzieht, liegen die ›modernen Mythen‹ verschlossen.

Georges Bataille, Michel Leiris, Philippe Soupault und Robert Desnos vereint ihre Revolte gegen die Rationalität der bürgerlichen Gesellschaft. Auch im Geschichtsbild der Surrealisten, mit ihrer Rede vom ›Untergang‹ Europas, kehren biologistische Geschichtstheoreme Nietzschs, Heideggers und Spenglers wieder. In der Ethnographie sehen sie einen Weg zur Erfahrung anderer, kollektiver und ›primitiver‹ Gesellschaftsformen. Bataille und Leiris sind fasziniert von Ritualen außereuropäischer Kulturen und säkularisierten Formen des Heiligen in der eigenen modernen Gesellschaft. In beiden glauben sie neue, d. h. ›primitivere‹, weniger entfremdete Formen menschlichen Zusammenlebens auffinden zu können, die sich für eine allgemeine Revolution der Moral (Bataille) oder für eine neue humanere Religion (Leiris) fruchtbar machen lassen sollen. Macht, Heiliges und Mythen werden aus der Perspektive einer möglichen Ineinssetzung individueller Befreiung und kollektiver Ekstase analysiert. Insbesondere Bataille wird zum Enthusiasten des ›rituell gelebten Mythos‹, der nichts Geringeres als das wahrhafte Sein, einen Weg zur Überwindung moderner gesellschaftlicher Fragmentierung des Menschen offenbaren soll. Leiris beginnt nach seiner Trennung von der Gruppe um Breton 1929 die Vorlesungen von Mauss am *Institut d'Éthnographie* zu besuchen und nimmt 1931–1933 an der Dakar-Djibouti-Mission teil, einem der ersten großangelegten Versuche französischer Feldforschung in Afrika.

War Mythos seit dem 18. Jh. in Europa ein Begriff einseitiger ethnologisch-kolonialistischer Aneignung oder der Artikulation des eigenen Unbehagens, so beginnt in den 20er Jahren des 20. Jh. eine hybride Wechselbeziehung zwischen Europa und den ehemaligen Kolonien. André Breton betont die gemeinsame Sache des Surrealismus mit den farbigen Völkern, »parce qu'il a toujours été à leurs côtés contre toutes les formes d'impérialisme et de brigandage blancs, [...] d'autre part, parce que les plus profondes affinités existent entre la pensée dite ›primitive‹ et la pensée surréaliste, qu'elles visent l'une et l'autre à supprimer l'hégémonie du conscient, du quotidien, pour se porter à la conquête de *l'émotion révélatrice*«[177]. Für Antonin Artaud bildet die Entdeckung balinesischer Kulte und der Mythen, Riten und Rauschpraktiken der mexikanischen Tarahumaras-Indianer mit ihrem Peyotl-Ritus eine ideale, von Nietzsche und der Psychoanalyse beeinflußte Projektionsfläche und Bestätigung seiner surrealen Träume, seiner zivilisationskritisch inspirierten Theorie eines ›Theaters der Grausamkeit‹ und seiner anarchischen Revolutionstheorie (*D'un voyage au Pays des Tarahumaras. Les nouvelles révélations de l'être*, 1937). Das Theater (als sakrale Handlung) soll »Mythes de l'homme et de la vie moderne«[178] von größter Intensität schaffen und in mythischer Tradition als Therapie eingesetzt werden, wie Artaud es in Tänzen mexikanischer Indianer erkennen will.[179]

War für Lateinamerikaner bis zur Wende zum 20. Jh. Paris noch das Idealbild der eigenen Zukunft, so koinzidierte zwischen den Weltkriegen der amerikanische Blick nach Europa mit der europäischen Zivilisationskritik und zeitgenössischen Untergangsstimmung. Von Paris aus ging man auf

---

175 Vgl. HANS FREIER, Odyssee eines Pariser Bauern: Aragons ›mythologie moderne‹ und der deutsche Idealismus, in: Bohrer (s. Anm. 3), 157–193; vgl. GINKA STEINWACHS, Mythologie des Surrealismus oder Rückverwandlung von Kultur in Natur (Basel/ Frankfurt a. M. 1985).
176 LOUIS ARAGON, Le paysan de Paris (1924–1926), in: Aragon, L'Œuvre poétique, Bd. 3 (Paris 1974), 89.
177 ANDRÉ BRETON, [Interview de René Bélance] (1945), in: Breton, Œuvres complètes, hg. v. M. Bonnet, Bd. 3 (Paris 1999), 586.
178 ANTONIN ARTAUD, Le Théâtre de la Cruauté (Second manifeste) (1933), in: Artaud, Œuvres complètes, Bd. 4 (Paris 1978), 118.
179 Vgl. ARTAUD an Dalbis (Briefentwurf 14. 12. 1935), in: ebd., Bd. 8 (Paris 1971), 350.

die Suche nach der verlorenen oder vergessenen lateinamerikanischen Kultur, die im 19. Jh. im wesentlichen noch als ein Hindernis für eine Zukunft nach europäischem Muster erschienen war. Der geographischen Veränderung des Standpunkts korrespondierte ein neuer ethnographischer Blick auf die eigene indianische Tradition. »Die europäische Reise in die Fremde sollte zum Identitätsverlust führen, die lateinamerikanische Reise nach Europa hingegen stellte sich als Weg einer Identitätsfindung dar.«[180] Ab 1924 besuchte der Guatemalteke Miguel Ángel Asturias die Vorlesungen Georges Raynauds über präkolumbische Traditionen Mittelamerikas an der Sorbonne und übertrug unter dessen Anleitung den *Popol-Vuh* und die *Annalen der Xahil* ins Spanische. Übersetzungsbasis war nicht der in Maya verfaßte, sondern die von Raynaud verfertigte französische Version. Aus ihnen erwuchsen die *Leyendas de Guatemala* (1930), in denen es sich Asturias zur dichterisch-ethnologischen Aufgabe machte, die mémoire collective der Geschichte Guatemalas zu erschließen. Traumbilder, die sich in Mythen und Legenden artikulieren, sollten verschüttete Erinnerungen an die Jahrhunderte vergangener Geschichte Amerikas wecken und zugleich eine mythische Macht auf die Gegenwart ausüben. Asturias' *Leyendas* waren Hybriden von lateinamerikanischer Identitätssuche und europäischem Surrealismus, Ethnographie, Psychoanalyse und Lebensphilosophie. Die *Leyendas*, deren ›histoires-rêves-poèmes‹ Paul Valéry im französischen Vorwort als surrealistisches Meisterwerk pries, entwerfen den ›magischen Realismus‹, der in den 60er Jahren zum Stilmerkmal lateinamerikanischer Romane avancierte. Asturias und ähnlich Alejo Carpentier verstanden sich als ›Gran Lengua‹ Amerikas, als Medien einer unbewußten mémoire collective, in der sich indianische Mythen und Traditionen der Conquista überlagerten.

XII. Dialektik des Mythos in Moderne und Postmoderne

Die jüngeren deutschen Debatten um den Mythos müssen vor dem Hintergrund der geschichtlichen Erfahrungen mit den nationalmythologischen Selbstinterpretationen der europäischen Faschismen verstanden werden. Die nach dem Ende des Nationalsozialismus dominierende (christliche) Kritik des Faschismus als neuheidnischen Mythos in der Bundesrepublik und die marxistische Kritik der im Mythos endenden *Zerstörung der Vernunft* (1954) von Georg Lukács führten bis in die Mitte der 70er Jahre zu einer weitgehenden Tabuisierung des Mythos. Die deutschen Gegner des Nationalsozialismus differierten in der Beantwortung der Frage, ob dem *Mythus des 20. Jahrhunderts* vorrangig durch kritische Rationalität zu begegnen und die Geschichte nach der berühmten Formel Wilhelm Nestles *Vom Mythos zum Logos* (1940) zu strukturieren sei oder ob den Mythen ein gegen ihre regressive Interpretation kritisch zu wendendes Potential inhäriere, wie Ernst Bloch annimmt, der im *Geist der Utopie* (1918) die Mythen, auch die des Alltags, als Vorschein einer befreiten Gesellschaft interpretiert. Ernst Cassirer hat in *The Myth of the State* (1946) die Ohnmacht der Rationalitätskritik gegenüber der zirkulären Argumentation neuer Mythen und deren Verflechtung mit modernen Kommunikationsmitteln und bestimmten Techniken ihrer Bedienung auf breiter sozialer Basis herausgestellt.

Für Thomas Mann ist die »Psychologie das Mittel, den Mythos den faschistischen Dunkelmännern aus den Händen zu nehmen und ihn ins Humane ›umzufunktionieren‹«[181]. In *Freud und die Zukunft* trägt er gegen den Mythizismus die Idee eines ironisch-gelassenen, distanzierten Umgangs mit dem Mythos vor und vertritt die These, »daß das Typische auch schon das Mythische ist«. Er habe als Erzähler den »Schritt vom Bürgerlich-Individuellen zum Mythisch-Typischen getan«[182]. Die Tendenz der Mythenkritik schlägt sich auch in

---

180 FLORIAN NELLE, Atlantische Passagen. Paris am Schnittpunkt südamerikanischer Lebensläufe zwischen Unabhängigkeit und kubanischer Revolution (Berlin 1996), 328.
181 THOMAS MANN an Karl Kerényi (18. 2. 1941), in: Kerényi/Mann, Gespräch in Briefen (München 1967), 105.
182 MANN, Freud und die Zukunft (1936), in: Mann, Ges. Werke, Bd. 10 (Berlin 1955), 514; vgl. MANFRED DIERKS, Studien zu Mythos und Psychologie bei Thomas Mann (Bern/München 1972).

der Theologie nieder, in der Rudolf Bultmann den Begriff der Entmythologisierung prägt: »Die heutige christliche Verkündigung steht also vor der Frage, [...] ob die Verkündigung des NT eine Wahrheit hat, die vom mythischen Weltbild unabhängig ist; und es wäre dann die Aufgabe der Theologie, die christliche Verkündigung zu entmythologisieren.«[183] Der Mythos ist die weltliche Rede über göttliche Gegenstände oder Vergöttlichung weltlicher Gegenstände, so daß die Mythenkritik der existenzialistischen Begründung christlicher Theologie dient.

Zieht sich die Dichotomie zwischen Mythos und Vernunft als roter Faden durch die Begriffsgeschichte, so stellen Horkheimer und Adorno mit ihrer *Dialektik der Aufklärung* (1947) im Anschluß an Nietzsche die Binarität des Codes selbst in Frage: »schon der Mythos ist Aufklärung, und: Aufklärung schlägt in Mythologie zurück«[184]. Die positivistisch gewordene Vernunft steht nun selbst unter Mythosverdacht, weil »konsequente Aufklärung zurückschlägt in Mythologie an der Stelle, wo sie im Glauben an ein letzthin Gegebenes die Reflexion abbricht«[185]. Mythos ist »Anthropomorphismus, die Projektion von Subjektivem auf die Natur« (10), die daraus entspringende Naturverfallenheit des Menschen erscheint als Schicksal und Entsagung. Da der moderne Mythos als Inkonsequenz der Aufklärung diagnostiziert und ihr nicht die analytische Methode oder Zersetzung durch Reflexion vorgeworfen wird[186], bleibt ein dialektischer Begriff von Aufklärung normativ, wodurch sich das Frankfurter Programm vom postmodernen Entwurf unterscheidet. Dabei wird der Mythosbegriff der Aufklärung und Klassik vorausgesetzt, der Außereuropäisches nicht thematisiert.

Im hegemonialen Diskurs der Bundesrepublik werden die neueren, in den 80er Jahren kulminierenden Debatten um den Mythos vom gleichen Autor, nämlich Hans Blumenberg, initiiert, der 1966 mit *Die Legitimität der Neuzeit* die wirkungsvollste Auseinandersetzung mit der Politischen Theologie (Carl Schmitt) und theologisch motivierten Säkularisierungstheorien geführt hatte. Damit schien zugleich der Weg eröffnet für eine neue, nunmehr politisch entlastete, weil ästhetisch, polytheistisch und literarisch depotenzierte Rezeptionstheorie des Mythos. Der Band *Terror und Spiel* (1971) in der Reihe *Poetik und Hermeneutik* mit Blumenbergs programmatischem Beitrag *Wirklichkeitsbegriff und Wirklichkeitspotential des Mythos* ist als Beginn der neueren bundesdeutschen Zuwendung zum ›postmythischen Mythos‹ anzusehen. Die Ansätze münden in Odo Marquards *Lob des Polytheismus* (1978) und Blumenbergs *Arbeit am Mythos* (1979).

Blumenberg entwickelt den Grenzbegriff des »Absolutismus der Wirklichkeit«[187], dem der Mensch entweder durch Angst oder durch Bedeutsamkeit, d. h. durch einen Prozeß der zunehmenden Depotenzierung der Wirklichkeit mittels poetischer Symbol- oder Metapherbildung begegnet. Metaphern sind für das Verständnis des Daseinsgrundes wesentliche Bilder, die sich nicht auf Logisches reduzieren lassen. Sie heißen ›absolute Metaphern‹, insofern sie Totalhorizonte und das Ganze der Realität aufschließen und Orientierungswissen auf Fragen geben, die innerhalb des wissenschaftlich-begrifflichen Denkens nicht zum Abschluß kommen können. Blumenberg unterstellt für die Neuzeit eine unabschließbare ästhetisch-literarische Transformation mythisch-theologischer in ästhetische Metaphern. »Es gibt kein Ende des Mythos, obwohl es die ästhetischen Kraftakte des Zuendebringens immer wieder gibt.«[188] Das Telos der Aufklärung, die Mythen logizistisch aufzulösen, sei ebensowenig möglich und wünschenswert wie die Rückkehr zu alten Mythen, einschließlich denen des Christentums. Mythisches Denken erzeuge Distanz und stehe damit selbst im Dienste der Aufklärung, indem es die Macht der Wirklichkeit banne. Der Mythos wird in seiner entlastenden Funktion gegenüber Vernunft, Monotheismus und Geschichtsphilosophie entdeckt.

---

183 RUDOLF BULTMANN, Neues Testament und Mythologie (1941), in: H. W. Bartsch (Hg.), Kerygma und Dogma (Hamburg 1948), 15 f.
184 MAX HORKHEIMER/THEODOR W. ADORNO, Dialektik der Aufklärung (1947; Frankfurt a. M. 1971), 5.
185 ADORNO, Negative Dialektik (Frankfurt a. M. 1966), 130.
186 Vgl. ebd., 25.
187 BLUMENBERG (s. Anm. 165), 9.
188 Ebd., 685.

In diesem Diskurs wird am klassizistischen griechischen Mythos als ›Orientierungspunkt‹ und der Kunst als Ort der Gegenwart des Mythos festgehalten, wodurch die Kontinuität der in den Philologien betriebenen Mythologie gewahrt, wenn auch vom Stoffcorpus her um die ästhetische Moderne erweitert wird. Zum anderen wird der romantische Ursprungs- bzw. Archetypusgedanke aber zugunsten der These relativiert, daß der Mythos »immer schon in Rezeption übergegangen«[189] und selbst Aufklärung sei; eine These, die sich ebenso gegen gesellschaftliche Utopien wie als Umkehrung der von Horkheimer und Adorno in der *Dialektik der Aufklärung* vertretenen kritischen Doktrin lesen ließ, daß die positivistisch gewordene Aufklärung in den Mythos als verdinglichte Naturgeschichte zurückgefallen sei.

Parallel dazu läßt sich in den 70er und 80er Jahren eine verstärkte, unterschiedlich motivierte Hinwendung zum Mythos erkennen: in den Arbeiten des Wissenschaftsphilosophen Kurt Hübner (*Wahrheit des Mythos*, 1985), der den Gegensatz von Mythos und Rationalität unterläuft, indem er dem Mythos selbst eine rationale Form unterstellt, in den 1973 gehaltenen Vorlesungen zu *Kunst und Mythos* (1986) des Philosophen Georg Picht, aber auch in osteuropäischen Ländern: *Die Gegenwärtigkeit des Mythos* (dt. 1973, polnisch *Obecność mitu*, 1972) des polnischen Philosophen Leszek Kołakowski, Auseinandersetzungen mit den (griechischen) Mythen in der DDR-Literatur (Heiner Müller, Christa Wolf, Franz Fühmann[190]) oder Peter Weiss' *Ästhetik des Widerstands* (1975).

Die verschiedenen Positionen hat Bohrer 1983 – denkwürdigerweise im Jahr der ›geistig-politischen Wende‹ – in *Mythos und Moderne* versammelt und »einer vage als ›postmodern‹ beschriebenen Situation« zugeordnet, die durch eine »Abnutzung politisch-ideologisch gefaßter Zukunftsgewißheit und der ihr zuordbaren Utopien«[191] gekennzeichnet sei. Den Band leite kein antiquarisches Interesse, er rekurriere auch nicht auf romantische Remythisierungen, sondern auf den Überschuß der (Künstler-) Ästhetiken ›Neuer Mythologien‹ zwischen Frühromantik und Surrealismus. ›Neue Mythologie‹ wird erneut zu einem Kampfbegriff, der, etwas unzeitgemäß, weil als Medium einer Debatte über die moderne bürgerliche Gesellschaft kaum tauglich, unterschiedliche Strategien unter dem Stichwort Vernunftkritik verbindet, letztlich aber eher für die Aufarbeitung der Frühromantik fruchtbar wird: Marquards auf Schelling zurückgreifendes Konzept eines modernen Polytheismus als Kern seiner Theorie der Kompensation von sogenannten Modernisierungsschäden, Bohrers Anknüpfung an Friedrich Schlegel und Mythologien der Zwischenkriegszeit (begleitet durch Arbeiten zu einer neuen Ästhetik des Schrecklichen und Plötzlichen mit Reminiszenzen an den konservativen ›Revolutionär‹ Ernst Jünger), Habermas' Gegenentwurf einer Verfallsgeschichte von der Frühromantik bis Nietzsche[192] und Manfred Franks utopistischen Rekurs auf das *Älteste Systemprogramm*.

In den *Vorlesungen über die Neue Mythologie* begründet Frank sein sozialphilosophisches und politisches Interesse an den frühromantisch-frühidealistischen Konzepten damit, daß die Abkoppelung des (technokratischen) Systems zweckrationalen Handelns von der gesellschaftlichen Kommunikation einen Verlust der Legitimation des Staates, der kollektiven Identität und individuellen Sinngebung zur Folge habe.[193] Das tradierte, in Europa durch das Christentum ausgefüllte Normensystem ersetzten weder die Einzelwissenschaften noch die Philosophie. Frank rekurriert auf die Idee einer neuen Mythologie als Vereinigungsphilosophie, die nicht naturwüchsig, sondern – im mehrfachen Sinne – synthetisch, d. h. poetisch, künstlich und organisch erzeugt werden soll. Frank nimmt die romantische Idee einer organischen Gemeinschaft auf, die mittels einer neuen Mythologie der Vernunft eine verbindende Funktion erfüllen könne. Die von ihm entfalteten ideellen Ressourcen, vom antiken Dionysos bis zur romantischen Hoffnung, daß Christus als Dionysos wiederkehre, zeigen in ihrer kritischen Durchführung allerdings, daß gerade in poli-

---

189 BLUMENBERG (s. Anm. 2), 28.
190 Vgl. FRANZ FÜHMANN, Das mythische Element in der Literatur (1975), in: Fühmann, Essays, Gespräche, Aufsätze (1964–1981) (Rostock 1983), 82–140.
191 BOHRER, Vorwort, in: Bohrer (s. Anm. 3), 7.
192 Vgl. JÜRGEN HABERMAS, Der philosophische Diskurs der Moderne (Frankfurt a. M. 1985).
193 Vgl. FRANK, Der kommende Gott. Vorlesungen über die Neue Mythologie (Frankfurt a. M. 1982), 188 f.

tischer Hinsicht für die Entfaltung dieses Mythos im 20. Jh. kaum unbelastete Zeugen aufzufinden sind.

Die Streitfrage insbesondere der emanzipatorischen Konzepte erlahmt Ende der 80er Jahre. Niklas Luhmann sieht die analogiebildenden, narrativen, letztlich auf Identität zielenden ›Entparadoxierungstechniken‹ des Mythos in den Funktionen ausdifferenzierter Codes moderner Gesellschaften besser aufgehoben.[194] Die Theorien, die an einem neuen Mythos und ästhetischen Polytheismus festhalten, tendieren zu kunstreligiösen Autonomiekonzepten mit einer scharfen Grenzziehung des Ästhetischen, gerichtet auch gegen das ›Programm der Postmoderne‹, in dem Marquard eine »Schwundstufe des futurisierten Antimodernismus«[195] zu erkennen glaubt.

Die Ästhetisierung des Mythos blendet weitgehend aus, daß sich, wie Philippe Lacoue-Labarthe auch angesichts der deutschen Debatten einwendet, politische und ästhetische Mythisierung nicht ausschließen, zumal der »national-*socialisme* comme national-*esthétisme*«[196] Aufklärung und Judentum gerade auch wegen ihrer ästhetischen Mythenlosigkeit bekämpft hatte.[197] »Die aktuellen Remythisierungsbemühungen (Bohrer) gerieren sich ästhetisch«, so auch Jamme, »sind in Wahrheit aber politisch.«[198] Während in den deutschen Debatten der Rationalitäts- und Gesellschaftsbegriff selbst nicht in Frage gestellt wird, der Mythos vorrangig auf dem Terrain der Kunst und Literatur in den Blick gerät und die Revitalisierung des ästhetischen Polytheismus als bloßes Palliativ die technisch-instrumentelle Vernunft affirmiert, blendet die kontemplativ-ästhetische Tradition zunächst auch die angloamerikanische und französische Perspektive aus.

Der andere Ausgangspunkt gegenüber der deutschen Tradition − vom nichtklassizistischen, auch auf außereuropäische Völker bezogenen Mythosbegriff, dessen Spuren bis in die Aufklärung zurückreichen und der sich im 19. Jh. vom klassischromantischen löst − trägt bis heute zu Irritationen und wechselseitigen synergetischen Effekten bei. Die von Durkheim bis Lévi-Strauss betriebene Mythosforschung hat den Eurozentrismus stets kritisch reflektiert. Die poststrukturalistischen Theorien sind zugleich immer auch eine Auseinandersetzung mit dem Mythos, wie umgekehrt die Kritik des strukturalistischen Mythosbegriffs die zentralen Kategorien der europäischen Metaphysik (›mythologie blanche‹, weiße Mythologie, wie Derrida sagt[199], d. h. Mythologie der Weißen) mit betrifft (Ursprung, Zeichen, Repräsentation, Subjekt, Geschichte, Verhältnis von Rationalität und Sinnlichkeit, Natur und Kultur, Stimme und Schrift u. a.).

Derrida reflektiert in *L'écriture et la différence* und *De la grammatologie* (1967) kritisch den ethnologischen Blick von Rousseau bis Lévi-Strauss und deren logozentrische Mythosinterpretation. Indem der Mythos als schriftlose Welt der zivilisierten entgegengesetzt und als heiler Ursprung unterstellt werde, reproduziere sich die Macht gegenüber dem Anderen. An die Stelle der ursprünglichen Identität bzw. der Identität als Ursprung (Rousseaus Ursprung der Geschichte) tritt bei Derrida die Schrift als Differenz, wodurch die phonozentrische Identitätssuche und aufklärerische Trennung zwischen Schriftvölkern und schriftlos-mythischen Völkern unterlaufen werden soll. Derrida verabschiedet den Mythos als ursprüngliche Fülle und Identität, die geschichtsphilosophischen (›großen‹) Erzählungen erscheinen nun selbst als Mythen par excellence. Sein Programm, die Dichotomien oder Codes der Moderne und des Mythos zu destruieren, geht von einer unabschließbaren Transformation, von einem referenzlosen Spiel »de

---

194 Vgl. NIKLAS LUHMANN, Brauchen wir einen neuen Mythos? (1987), in: Luhmann, Soziologische Aufklärung, Bd. 4 (Opladen 1987), 254−274.
195 ODO MARQUARD, Aesthetica und Anaesthetica. Philosophische Überlegungen (Paderborn u. a. 1989), 19.
196 PHILIPPE LACOUE-LABARTHE, La fiction du politique. Heidegger, l'art et la politique (Paris 1987), 112.
197 Vgl. ebd., 138 f.; RICHARD FABER, Von ästhetischer Mystik zurück zu politischer Mythik. Eine Kritik des neuen Ästhetizismus, in: R. Schlesier (Hg.), Faszination des Mythos. Studien zu antiken und modernen Interpretationen (Basel/Frankfurt a. M. 1991), 295−334.
198 JAMME (s. Anm. 98), 6.
199 Vgl. DERRIDA, La mythologie blanche. La métaphore dans le texte philosophique (1971), in: Derrida, Marges de la philosophie (Paris 1972), 247−324.

substitutions infinies dans la clôture«²⁰⁰ aus. Folgt man seinen Interpreten, endet Derridas Dekonstruktion des sogenannten Logozentrismus (ein Begriff von Ludwig Klages) erneut bei mythischen Strukturen partikularer Ethnien. Die aus Bengalen stammende Gayatri Chakravorty Spivak, Derrida-Schülerin und amerikanische Übersetzerin, betont die Attraktivität Derridas für »many so-called ethno-philosophies«²⁰¹, weil die Dekonstruktion einen neuen Zugang zu den außereuropäischen Religionen eröffne.

XIII. Mythologie und Ideologie. Mythen des Alltags

Als eine übergreifende Tendenz im 20. Jh. läßt sich resümieren, daß das ›Andere‹ des Mythos nicht mehr im räumlichen oder zeitlichen Gegensatz zu Rationalität und Gegenwart gelesen wird, sondern beider Verflechtung und Simultaneität in den Blick kommt. Cassirer bestimmt den Mythos nicht vom Gegenstandsfeld her, sondern als symbolische Denkform, die funktional auf jeglichen Gegenstand anwendbar ist (*Der Begriff der symbolischen Form im Aufbau der Geisteswissenschaften*, 1921). Für Horkheimer und Adorno bleibt die Aufklärung im Mythos befangen, für Blumenberg ist der Mythos bereits Aufklärung. Der Psychoanalyse ist das Mythische das von der Rationalität verdrängte Unbewußte, für den Strukturalismus hat die Mythologie (als »langue«) eine logische Struktur, aus der sich auch der einzelne Mythos (als »parole«²⁰²) nicht zu lösen vermag.

Die Reaktualisierung mythischer Denkstrukturen innerhalb der Gesellschaft wird im 20. Jh. von Theorien reflektiert, die an Marx' transformierte, von de Brosses stammende Kategorie des Fetischs ideologiekritisch anknüpfen, um metaphorisch den naturhaft-verkehrenden Charakter der warenproduzierenden Gesellschaft zu beschreiben. In seiner Kritik des bürgerlichen 19. Jh. versteht Benjamin sein *Passagen-Werk* als ein Unternehmen, um das »Gestrüpp des Wahns und des Mythos« zu reinigen und die Mythologie »in den Geschichtsraum«²⁰³ aufzulösen. Die kapitalistische Moderne selbst produziere die kollektiven Phantasmen. Dabei nimmt Benjamin Kierkegaards Begriff des Mythischen als dialektisches Bild auf.²⁰⁴ »Der Kapitalismus war eine Naturerscheinung, mit der ein neuer Traumschlaf über Europa kam und in ihm eine Reaktivierung der mythischen Kräfte.« (494) »Daß zwischen der Welt der modernen Technik und der archaischen Symbolwelt der Mythologie Korrespondenzen spielen, kann nur der gedankenlose Betrachter leugnen.« (576) »Solange es noch einen Bettler gibt, solange gibt es noch Mythos.« (505) Benjamin will in der kulturellen Tiefenstruktur selbst die Phantasmagorien aufdecken, die er – im Sinne des Marxschen Religionsbegriffs – in ihrer zugleich affirmativen und kritischen Funktion analysiert.

Die im Rahmen des marxistischen Ideologiebegriffs argumentierenden *Mythologies* (1957, dt. *Mythen des Alltags*, 1964) von Roland Barthes durchbrechen konsequent die traditionelle Begriffsextension. Alles, wovon ein Diskurs Rechenschaft ablegt, alle von Bedeutung durchdrungenen Bereiche des alltäglichen Lebens, nicht nur Diskurse, sondern auch Sport, Fotografie, Film oder Reklame, können zum Mythos werden. Den Mythos behandelt nicht die Linguistik, sondern (nach de Saussure) die Semiologie, die die Formen unabhängig von ihren Gehalten untersucht. Im Mythos werden die Zeichen selbst zum Bedeuteten, dieses ist je schon aus Zeichen der Sprache gebildet. Der Mythos ist »parole«, ein »système de communication, c'est un message. On voit par là que le mythe ne saurait être un objet, un concept, ou une idée; c'est un mode de signification, c'est une forme.«²⁰⁵ Mythen verwandeln Sinn in Form und Geschichte in Natur: »tout se passe comme si l'image provo-

---

200 DERRIDA (s. Anm. 5), 423.
201 GAYATRI CHAKRAVORTY SPIVAK, A Critique of Postcolonial Reason: Toward a History of the Vanishing Present (Cambridge, Mass./London 1999), 429.
202 LÉVI-STRAUSS, La structure des mythes (1955), in: Lévi-Strauss, Anthropologie structurale (Paris 1958), 231.
203 Vgl. WALTER BENJAMIN, Das Passagen-Werk (entst. 1927–1940), in: BENJAMIN, Bd. 5/1 (1982), 571.
204 Vgl. ebd., 576.
205 ROLAND BARTHES, Mythologies (1957), in: Barthes, Œuvres complètes, hg. v. É. Marty, Bd. 1 (Paris 1993), 683.

quait *naturellement* le concept, comme si le signifiant *fondait* le signifié« (698). Barthes' Mythenbegriff kehrt das traditionelle Verhältnis zur Poesie durch Entmythologisierung des Mythos um: Die Zeichen sollen in den Sinn der Dinge zurückverwandelt werden. »La poésie occupe la position inverse du mythe« (701). Die Poesie versuche einen unmittelbaren Zugang zu den Dingen zu finden. Die beste Waffe gegen den Mythos wäre seine Anwendung auf sich selbst, »un mythe expérimental, un mythe au second degré« (702). An Barthes' kritisches Konzept kollektiver Mythen knüpft Jürgen Link an.[206]

Zugleich kehrt der Mythosbegriff heute in technikorientierten Kulturtheorien wieder. Die Perspektive auf die Medien hat auch die Bedingungen für Existenz und Verschwinden des archaischen Mythos sowie für die Differenz zwischen schriftlicher und oraler Mythenüberlieferung stärker in den Blick gerückt. Bereits Marshall McLuhan konstatiert, daß wir durch die neuen elektronischen Medien »actually live mythically and integrally«[207], weil alle (im elektronischen Zeitalter externalisierten) Sinne erneut zusammenwirken. Jean Baudrillard baut McLuhans Formel ›the medium is the message‹ zur Welt totaler arbiträrer Zeichen und Simulakren aus, zum »système total d'interprétation mythologique, réseau serré de modèles de signification«[208]. Die Diagnose findet ihre Evidenz in den neuen Simulationsmedien. Thematisierten zuvor die literarischen, bildenden und darstellenden Künste den Mythos, so sind es nun Filme, bei denen mythische Strukturen in Science-fiction oder Popkultur wiederkehren, und der Film soll sogar als solcher zum selbstreferentiellen Medium des Mythischen werden (prototypisch *The 13th Floor*, 1999, nach *Simulacron*, 1963, von Daniel F. Galouye; *Matrix*, 1999).

Wenn insbesondere die Medien- und Werbeindustrie Mythen heute positiv einsetzt, wenn Automarken oder Pop-Ikonen als Mythos bezeichnet werden können, dann beruht die Verwendung paradoxerweise auf der um ihren kritischen Gehalt verkürzten Begriffsextension, welche die Ideologiekritik erst formiert hatte. Dabei schillert die rein funktionale Verwendung zwischen Affirmation, kulturkritischer Verwerfung und postaufklärerisch-ironischer Verwendung in die Dialektik der Aufklärung. Wenn seit Nietzsche immer wieder betont wurde, daß das mythische Denken durch den paradoxen Gegensatz seiner Codes bestimmt sei, wenn etwa Blumenberg den Mythos »als reinen Ausdruck der Passivität dämonischer Gebanntheit« oder als »imaginative Ausschweifung anthropomorpher Aneignung der Welt und theomorpher Steigerung des Menschen«[209], kurz als Terror und Poesie bestimmt, dann gilt dieser Befund auch für das Alltagsverständnis. Beide Seiten werden unbewußt ›normalisierend‹ codiert, wodurch dem Begriff flexible politische und warenästhetische Verwendungs- und Manipulationsmöglichkeiten inhärieren: man kann sowohl vom ›antifaschistischen Mythos DDR‹ als auch vom ›Mythos D-Mark‹ sprechen – die wenigsten werden mit dem ersten Faszination, mit dem zweiten Terror verbinden. Werden nach der postmodernen Destruktion nicht nur der Mythen, sondern auch der ›großen Erzählungen‹ heute Automarken, Stars oder Währungen als Mythos affirmiert, ist von der gattungsgeschichtlichen Deutung des Mythos, wie sie der Religionswissenschaftler Klaus Heinrich beschreibt, nur noch eine – freilich signifikante – Schwundstufe geblieben: Mythische Erzählungen, so Heinrich, seien »Befreiungsunternehmungen, allerdings immer wieder stockende und scheiternde – sehr realistische und sehr veristische: in den Mythen wird nicht verdrängt, sondern werden uns die Verdrängungsprozesse selbst vorgeführt, und wir können daraus lernen, die Geschichte der Gattung Mensch besser zu verstehen, vielleicht besser fortzusetzen als die an ihr scheiternden Heroen und Heroinen des Mythos.«[210]

Ernst Müller

---

206 Vgl. JÜRGEN LINK/WULF WÜLFING, Bewegung und Stillstand in Metaphern und Mythen. Fallstudien zum Verhältnis von elementarem Wissen und Literatur im 19. Jahrhundert (Stuttgart 1984).
207 MARSHALL MCLUHAN, Understanding Media: The Extension of Man (London/New York 1964), 4.
208 JEAN BAUDRILLARD, Requiem pour les media (1972), in: Baudrillard, Pour une critique de l'économie politique du signe (1972; Paris 1982), 216.
209 BLUMENBERG (s. Anm. 2), 13.
210 KLAUS HEINRICH, Das Floß der Medusa, in: Schlesier (s. Anm. 197), 336.

Literatur
BRISSON, LUC/JAMME, CHRISTOPH, Einführung in die Philosophie des Mythos (Darmstadt 1991/1996); DETIENNE, MARCEL, Une mythologie sans illusion, in: Le temps de la réflexion 1 (1980), 27–60 (dt. zusammen mit den übrigen Beiträgen zum Mythos aus demselben Zeitschriftenjahrgang in: JEAN-PIERRE VERNANT u. a., Mythos ohne Illusion, übers. v. U. Bokelmann [Frankfurt a. M. 1984]); FRANK, MANFRED, Vorlesungen über die Neue Mythologie (Frankfurt a. M. 1982/1988); FUHRMANN, MANFRED (Hg.), Terror und Spiel (München 1971); GOCKEL, HEINZ, Mythos und Poesie. Zum Mythosbegriff in Aufklärung und Frühromantik (Frankfurt a. M. 1981); GRAEVENITZ, GERHART VON, Mythos. Zur Geschichte einer Denkgewohnheit (Stuttgart 1987); GREEN, ANDRÉ, Le mythe: un objet transitionnel collectif. Abord critique et perspectives psychanalytiques, in: Le temps de la réflexion 1 (1980), 99–131; HOLZHEY, HELMUT/LEYVRAZ, JEAN-PIERRE (Hg.), Rationalitätskritik und neue Mythologien/Critique de la rationalité et nouvelles mythologies (Bern/ Stuttgart 1983); HORSTMANN, AXEL, Der Mythosbegriff vom frühen Christentum bis zur Gegenwart, in: Archiv für Begriffsgeschichte 23 (1979), 7–54, 197–245; JAMME, CHRISTOPH, ›Gott an hat ein Gewand‹. Grenzen und Perspektiven philosophischer Mythos-Theorien der Gegenwart (Frankfurt a. M. 1991); KOOPMANN, HELMUT (Hg.), Mythos und Mythologie in der Literatur des 19. Jahrhunderts (Frankfurt a. M. 1979); LÉVI-STRAUSS, CLAUDE, Myth and Meaning (Toronto 1978); LÉVI-STRAUSS, CLAUDE, Une petite énigme mythico-littéraire, in: Le temps de la réflexion 1 (1980), 133–141; MELETINSKIJ, ELEAZAR M., Poètika mifa (Moskau 1976); PICHT, GEORG, Kunst und Mythos (Stuttgart 1986); POSER, HANS (Hg.), Philosophie und Mythos. Ein Kolloquium (Berlin/New York 1979); POUILLON, JEAN, La fonction mythique, in: Le temps de la réflexion 1 (1980), 83–98; RESINA, JOAN RAMON, Teoría y práctica del mito, in: Resina (Hg.), Mythopoesis: Literatura, totalidad, ideología (Barcelona 1992), 7–36; SCHLESIER, RENATE, Mythos, in: C. Wulf (Hg.), Vom Menschen. Handbuch Historische Anthropologie (Weinheim/Basel 1997), 1079–1086; SMITH, PIERRE, Positions du mythe, in: Le temps de la réflexion 1 (1980), 61–81; VERNANT, JEAN-PIERRE, Le mythe au réfléchi, in: Le temps de la réflexion 1 (1980), 21–25; VRIES, JAN DE, Forschungsgeschichte der Mythologie (Freiburg/München 1961); WEIMANN, ROBERT, Literaturgeschichte und Mythologie. Methodologische und historische Studien (Berlin/Weimar 1974).

Naiv/Naivität

(engl. naïve, naive, naïveté, naivety; frz. naïf, naïveté; ital. ingenuo, ingenuità; span. ingenuo, ingenuidad; russ. наивное, наивность)

Einleitung; I. Herkunft des Terminus und Wörterbucheintragungen bis zum 19. Jahrhundert; II. Genealogie von ›naiv‹ als ästhetischem Grundbegriff: Die Hauptszenarien; 1. Von einer besonderen Form der Empfindungsweise zum ›wesentlichen Element jeder Kunst‹; 2. Der Transfer nach Deutschland und der Gebrauch des Begriffs als Einteilungsprinzip in der Dichtung; III. ›Naiv‹ außerhalb von philosophischer Ästhetik und kunsttheoretischen Ansätzen; 1. Die Naivität der Boheme; 2. Die antibürgerliche Begriffsverknüpfung barbarisch/wild – kindlicher Blick – naiv; IV. ›Primitiv‹ als Komplementärbegriff zu ›naiv‹ in der modernen Kunst; 1. Die Anwendung einer essentialistisch-regressiven Kategorie; 2. Auffächerung des Begriffs naiv in der Malerei

Einleitung

Bezeichnend für den Status des Begriffs naiv zu Beginn des 21. Jh. ist, daß in der ersten deutschen Henri-Rousseau-Retrospektive dieser nicht als naiver Maler gefeiert wurde, sondern als ›Grenzgänger zur Moderne‹.[1] Gewiß bildet heute der Bereich der Malerei das hauptsächliche Feld von naiv/Naivität als ästhetischem Begriff, doch zugleich wird gerade dort wegen der Belastung durch die alltagssprachliche Bedeutung des Wortes und der daraus folgenden Ambivalenz des Begriffes eher zögerlich Gebrauch von ihm gemacht. In der theoretischen Debatte wird vor allem auf die Widersprüchlichkeit der Auslegungen und Verwendungszwecke hingewiesen, in denen der Begriff naiv öffentliche Relevanz erhielt. Das geschah insbesondere anläßlich der großen Retrospektive zum Werk von Anna Mary Robertson, genannt Grandma Moses, im National Museum of Women in the Art im Jahr 2001 in Washington. Die erste Einzelausstellung eines naiven Malers in den USA, die von Morris Hirshfield im Museum of Modern Art 1943, war in den offiziellen Kunstkreisen noch ein Eklat und beim Publikum ein Mißerfolg gewesen. Die zweite, Grandma Moses gewidmete Schau nun machte die naive Malerei nicht nur museumsfähig; fortan galt sie sogar als modern und national repräsentativ: »The rest is part history, part hysteria. Moses's first fame [...] reflected avant-garde enthusiasm for the ›primitive‹. When that élite fashion waned, Moses was embraced as a homespun genius by organs of popular taste.«[2] Peter Schjeldahl bezeichnete die Malerin anläßlich ihrer Retrospektive als ›Anti-Jackson Pollock‹, aber nur, um beiden Malern den Status von ›nationalen‹ Künstlern zuzusprechen: »Both artists seemed to distill Americanness – Pollock with volcanic ambition, Moses with obdurate modesty. The political and the spiritual drama of that moment is now obscure for a couple of reasons. First, the cosmopolitan, progressivist group wrote the period's history. Second, Moses fell victim to the sterile categories of ›naïve‹ and ›outsider‹ and ›self-taught‹ – labels that the educated classes use to protect a culture of credentials.« Daß er Grandma Moses nicht als naive Malerin klassifizierte, folgte seiner kunsthistorischen Argumentation, ihr gebühre vielmehr der Rang einer modernen Künstlerin: »The truth is that every genuine artist – and, preeminently, every great one, like Pollock – retains childlike and alienated qualities and remains self-taught where it counts. Moses belongs smack inside the canon of twentieth-century art. [...] Moses's all-at-once compositions are indeed modern.« (ebd.)

Die Begriffe naïf/naïveté erhielten im Französischen Anfang des 20. Jh. mit ›primitif‹ einen komplementären Begriff, als der Terminus ›primitivisme‹ als kunsttheoretischer Begriff in Erscheinung trat. Allerdings werden bis heute neue Hypothesen vorgeschlagen, um den Entwicklungsprozeß zu erklären, in dem sich das Attribut ›primitif‹ Mitte des 19. Jh. in Frankreich in das Nomen ›le primitif‹ für den Nichtzivilisierten verwandelte, im Ersatz für den Terminus ›sauvage‹, mit dem man zuvor die in der Vorstellung der Euro-

---

[1] Vgl. GÖTZ ADRIANI, Henri Rousseau. Der Zöllner – Grenzgänger zur Moderne [Ausst.-Kat.] (Köln 2001).
[2] PETER SCHJELDAHL, The Original. Grandma Moses Looks Better Than Ever, in: The New Yorker (28. 5. 2001), 136.

päer nicht-menschlichen Wesen bezeichnet hatte.³ Gegenwärtig suchen Modeschöpfer der Haute Couture Inspiration sowohl in den Bildern der ›Wilden‹ und ›Primitiven‹ als auch in der Museumskultur, beispielsweise Emanuel Ungaro für seine Pariser Kollektion 2001: »Ungaro wants to marry ›the wild and the primitive with extreme sophistication‹, to mix ›ethnic influences with the style of portraits by Boldini or Sargent‹. [...] Toga-draped satin gowns have corsages of brightcolored silk flowers and aigrettes, or are heaped with ethnic jewelry – silver necklaces from Afghanistan, Tibet, Uzbekistan, even a frond of fangs from Oceania.«⁴

Auf der Biennale von Venedig 2001 zeigte die Schweizer Künstlerin Ingeborg Lüsche in ihrem Video *Fusion* das Fußballspiel zweier – in Designeranzüge gekleideter – Profiteams. Es gelang ihr dabei gerade als einer »Fußballnaiven«, wie die Kritik bescheinigte, tropologisch verfremdend den »wahren Charakter«⁵ des Fußballspiels in seinen Ähnlichkeiten mit den heute in der Geschäftswelt herrschenden Beziehungen sichtbar zu machen. Die erste Frage, die sich stellt, ist die nach der Angemessenheit des Terminus naiv, um dem Spiel Rechnung zu tragen, das das Video *Fusion* mit einer Kultur der Sinngebung und einer Kultur der Präsenz, mit der Präsentation und der Re-Präsentation treibt. Die Rituale sind dazu da, um Bindungen zu schaffen, einen Zusammenhalt, während die Regeln des Spiels, seine Strukturen selbst, auf ein Entweder-Oder hinzielen, sie teilen in der Form eines Ereignisses die Beteiligten in Sieger und Verlierer auf. In diesem Zusammenhang sei auf einen kulturgeschichtlichen Aspekt verwiesen, der für die Art und Weise, wie sich der Begriff des Naiven im deutschsprachigen Raum eingebürgert hat, charakteristisch ist. Mit der ›Fußballnaiven‹ vergleichbar ist ein solches Sprachgebilde wie ›gernnaiv‹, das einen gebildeten Gazettenleser des 18. Jh. außer Fassung geraten ließ, kaum hatte er von seiner Existenz Kenntnis erhalten: »Ein neues Beywort! Schade, daß wir es nicht verstehen. Wir wissen nicht einmal, wie wir es buchstabieren sollen, und es wird noch mehr Leuten so gehen, die nicht gewohnt sind, halb deutsch und halb französische Wörter mit deutschen Buchstaben gedruckt zu sehen. Das Wort naiv finden wir bald mit einem f bald mit einem v geschrieben, welches ist nun recht?«⁶ Bei diesem Ausbruch der Entrüstung ging es nicht so sehr um das lexikalische Konstrukt oder um die mögliche Einbürgerung eines ›undeutschen‹ Wortes als um die Stellung des Begriffes selbst im Rahmen der damaligen Reflexionen über die Formen und Bereiche der Kunstpraxis, des ästhetischen Ausdrucks und der Wertung, die ›naive Schönheit‹ mit Aufrichtigkeit, Ungekünsteltheit und Offenherzigkeit gleichsetzten und sie mit der Vorstellung von ›stiller Größe‹ verbanden.

Für Friedrich II. bezeichnete »der Abstand von mehr als zwei Jahrhunderten [...] ebenso den Rückstand der deutschen wie den Vorsprung und die Spitzenstellung der französischen Literatur«⁷. Noch 1746 mokierte sich der Schweizer Johann Jakob Bodmer in *Der Mahler der Sitten* über die sprachlichen Äußerungen eines Johann Christoph Gottsched, denen das Französische weit überlegen sei: »Ich füge nur noch dieses hinzu, daß die Schweizer und all die deutschen Völcker, welche sich der Meißnischen Mundart unterwürfig machen, zu gleicher Zeit sich der Hoffnung begeben müssen, daß sie jemahls die Schreibart erwischen werden, welche man in Franckreich die *naife* nennt. Denn wie wird derjenige *naif*, das ist, in der Sprache der Empfindungen schreiben können, der das Sächsische [...] aus den Büchern erlernen muß?«⁸ Im ausgehenden 18. Jh. erfolgten im Zuge der Entwicklung, die Werner Krauss »den überraschenden Aufschwung der deutschen Geistesbe-

---

3 Vgl. JEAN-CLAUDE BLACHÈRE, Le primitif et le lexicographe, in: Philosophie, Littérature, Langues, Sciences. Annales de la Faculté de lettres et sciences de l'Université de Dakar 13 (1983), 114, 110.
4 HAMISH BOWLES, Fall 2001 Couture, in: Vogue (2001), H. 9, 352.
5 MARC FISCHER, Schicker kicken, in: Kultur-Spiegel (August 2001), H. 8, 21.
6 Zit. nach WILHELM FELDMANN, Das ›Sendschreiben eines Landpriesters‹, in: Zeitschrift für deutsche Wortforschung 7 (1905/1906), 253.
7 WERNER KRAUSS, Über den Anteil der Buchgeschichte an der literarischen Entfaltung der Aufklärung (1960), in: Krauss, Das wissenschaftliche Werk, hg. v. W. Bahner u. a., Bd. 7 (Berlin/Weimar 1987), 252.
8 JOHANN JAKOB BODMER, Mehr Klagen über die sächsischen Sprachrichter, in: J. J. Bodmer/J. J. Breitinger (Hg.), Der Mahler der Sitten, Bd. 2 (1746; Hildesheim/New York 1972), 624.

strebungen auf allen Gebieten«[9] nannte, Transfer und Übernahme des ästhetischen Grundbegriffs naiv. In der Mitte des Jh. begann man die französische Diskussion auf dem Stand zu rezipieren, den die Auslegung des Begriffs ›la naïveté‹ im Rahmen der ›Querelle des anciens et des modernes‹ durch den Einfluß der Abhandlung *Cours de belles-lettres, ou Principes de la littérature* (1747–1748) von Charles Batteux erhielt.

Laut einer zusammenfassenden deutschen Übersetzung definierte Batteux ›la naïveté‹, die er am antiken Vorbild orientierte und entschieden von ›une naïveté‹ der Rokoko-Dichtung abgrenzte, folgendermaßen: »Die Naivität hingegen ist die Sprache der Freyheit, der Offenhertzigkeit und edlen Einfalt. Nachdencken, Arbeit und Fleiß haben sie hervorgebracht, aber sie sind nicht darinn zu sehen. Gedancke, Wendung, Worte, alles scheinet ohne Kunst aus der Materie entsprungen zu seyn.«[10] ›Edle Einfalt‹ übersetzte hier ›noble simplicité‹, die bereits um 1720 im klassischen Kanon ein Kriterium für den ›bon goût‹ darstellte. Der Aufklärer Fénelon, zeitweiliger Hauslehrer des Thronfolgers, hielt in seinem Bemühen, auch die Bildung junger Mädchen zu verfeinern, diese an, sich an der noblen Einfachheit der weiblichen Statuen der griechischen und römischen Antike ein Beispiel zu nehmen.

In der Begriffsbildung und -veränderung von naiv/Naivität, für die der Übergang zum 19. Jh. eine diskursgeschichtliche Epochenschwelle darstellte, lassen sich drei Hauptszenarien abgrenzen:

1. ›Naïveté‹ als eine von der Poetik und Rhetorik des 17. Jh. in Frankreich überkommene Denk- und Darstellungsweise, die in der Frühaufklärung mit der Krise der normativen Konventionalität klassischen Stils seit der ›Querelle des anciens et des modernes‹ als besondere Empfindungsweise eine zentrale Rolle im ästhetischen Denken übernahm. In der darauffolgenden Entwicklung wurde ›la naïveté‹ in Bezugsetzung zum Erhabenen sowohl in der Dichtungstheorie als auch in der Reflexion über das System der schönen Künste zu einer bestimmenden Größe. Ende des 18. Jh. profilierte sich der Begriff des Naiven im deutschsprachigen Raum im Gegenpol zum ›Sentimentalischen‹ durch seine geschichtsphilosophische Begründung und in direktem Zusammenhang mit der Auffassung, daß Politik als Ästhetik zu begreifen sei, zu einem Einteilungs- und Periodisierungsprinzip der Literaturentwicklung.

2. Unter grundlegend veränderten Bedingungen der ästhetischen Produktion, Medialität, Autorität und Legitimation von Kunst und Literatur änderten sich die Bestimmungen des Begriffs, wobei weder der Bereich der philosophischen Ästhetik noch die kunsttheoretischen Ansätze den Raum für diese Veränderung boten, sondern vielmehr die Malerei und die Kunstkritik, die zwischen 1846 und 1870 in Auseinandersetzung mit deren neuesten Entwicklungen an die Öffentlichkeit trat. Im Zuge der Absetzung von überlieferten (klassischen/klassizistischen) ästhetischen Konzepten diente ›naiv‹ als Kampfbegriff. Umfang und Struktur der ästhetischen Neuorientierung standen im Zeichen einer antibürgerlich-ästhetischen Auslegung und Diskussion der Begriffe des Wilden, des Barbarischen, des kindlichen Blicks und des Naiven.

3. Das Konzept des Naiven wurde zu dem Zeitpunkt, als die koloniale Expansion der europäischen Imperien auf ihrem Höhepunkt angelangt war, durch Prozesse der Amalgamierung und Auffächerung zu einem der vier Grundpfeiler der modernen Kunst erklärt. Im Rückgriff darauf setzten die historischen Avantgardebewegungen eine radikale Veränderung des Kunstbegriffs in Gang. Die ersten Ansätze zur Erarbeitung einer ›history of Modern Art‹ Ende der 1930er Jahre konzentrierten sich auf die Debatte über den Primitivismus als einen kunsthistorisch auf die moderne Kunst bezogenen Begriff. In seiner 1938 erschienenen Überblicksdarstellung *Primitivism in Modern Art* beschrieb Robert Goldwater die naive Malerei als einen von vier Grundbereichen unter dem Dachbegriff des Primitivismus. Ab den 1980er Jahren erfolgte parallel zur Dekonstruktion der Konzepte ›primitivism‹ und ›primitive art‹ eine semantische Differenzierung für die Klassifizierung von Malerei und ihre Sammlung. In diesem Zusammenhang gelangte aus dem angloamerikanischen Raum der

---

9 KRAUSS (s. Anm. 7), 252.
10 CHARLES BATTEUX, Principien der schönen Litteratur, in: Critische Nachrichten aus dem Reiche der Gelehrsamkeit 26 (1750), 247.

Terminus ›Folk Art‹ in Umlauf: »folk art is an umbrella term that covers many types of artistic expressions, once often called ›primitive‹, ›rustic‹, or ›naïve‹, but now more likely to be referred to as nonacademic, amateur, self-taught, popular, provincial, rural, vernacular, or (in the case of twentieth-century work) outsider.«[11]

I. Herkunft des Terminus und Wörterbucheintragungen bis zum 19. Jahrhundert

Naiv/Naivität – diese Wörter haben in ihrem umgangssprachlichen Gebrauch einen ausgesprochen ambivalenten Charakter. Ihr Bedeutungsspielraum reicht von natürlich, kunstlos, kindlich unbefangen über urwüchsig, simpel, schmucklos, unverziert bis leichtgläubig und unbedarft. Naivität wird heute im Deutschen nicht mehr als Gallizismus empfunden; die Bedeutungsskala des Wortes umfaßt die altmodisch anmutende Einfalt, Einfachheit, Natürlichkeit, Unschuld, aber auch, mit einem pejorativen Beiklang, Unbedarftheit. Naiv hat sich als ästhetischer Grundbegriff seit den kulturkritischen und kunsttheoretischen Debatten der französischen Frühaufklärung über ›la naïveté‹ eingebürgert. Die Entsprechung im Englischen, ›naive‹, wird noch immer als Gallizismus empfunden, während sich im Spanischen über die Herleitung vom lateinischen ›ingenium‹ die Wörter ›ingenuo‹ und ›ingenuidad‹ durchgesetzt haben und naiv nicht einmal als Neologismus existiert.

›Naïv‹ oder ›naïf‹ (in den beiden im Französischen anfänglich nebeneinander bestehenden Schreibweisen) leitete sich vom lateinischen Wort ›nativus‹ her, laut Duden »durch Geburt entstanden; angeboren, natürlich«[12]. Das Substantiv ›naïveté‹ ist ebenso eine Ableitung von ›nativus‹, so daß im 16. Jh. ›naïv‹ oder ›naïf‹ und ›naïveté‹ im Sprachgebrauch der gebildeten Schichten vorhanden waren. Molière wurde mit seiner Truppe 1661 von Ludwig XIV. an dessen neues Theater im Schloß von Versailles geholt. In dem ein Jahr darauf entstandenen Stück *L'école des femmes* war die weibliche Figur der ›Naiven‹ bereits ein fest verankerter Typ auf der Bühne. Der naive ›spokesman‹ gewann seinen Platz in der Prosa durch Jonathan Swifts Pamphlet *Modest Proposal* (1729), vor allem aber mit seiner Figur des gutgläubigen Gulliver.

In der zweiten Hälfte des 17. Jh. war der Terminus in den höfischen Salons und im Bereich der ›belles-lettres‹ durchaus gebräuchlich. Ende des Jh., in der zweiten Phase der ›Querelle des anciens et des modernes‹, war der Begriff der naïveté, sein Verständnis und seine Auslegung, eine grundlegende Referenz in der Diskussion über Kunst. Als die Aufklärung sich Mitte des 18. Jh. bereits in mehrere Richtungen auffächerte, interpretierte der Philosoph Jean-Pierre Papon ›naïveté‹ als das Charakteristikum eines Stils, der den ›Genius‹ der französischen Sprache in besonderer Weise zum Ausdruck brachte und sich vom Erhabenen und vom Gewöhnlichen im Sinne einer Wirkungspoetik abhob: »Il faut une grande connoissance de la langue, beaucoup de goût & de talent pour attraper le caractere de naïveté qui lui est propre, sans tomber dans la bassesse. Il n'est pas ennemi d'ornements, & bien qu'il n'ait ni les graces du style tempéré, ni la force & l'élévation du sublime, il conserve néanmoins de la dignité; il évite seulement les métaphores hardies, le tour pompeux, les figures de pensée trop brillantes, & s'attache à l'élégance & à la clarté nécessaires pour se faire entendre avec quelque plaisir.«[13]

Da das Französische in Deutschland im 18. Jh. die Konversationssprache der Aristokratie war, ist es nicht ungewöhnlich, die Verwendung des Wortes ›naïv‹ in Briefen eingefügt zu finden. Der Transfer des Terminus ins Deutsche vollzog sich Mitte des 18. Jh. in der Dichtersprache im damaligen Mitteldeutschland, allerdings auch immer begleitet von einem Widerstreben gegenüber diesem Fremdwort und dem zugegebenermaßen vergeblichen Bemühen, eine deutsche Entsprechung zu finden. An dem abfälligen Urteil Johann Michael Heinzes, das er in seinen Anmerkungen zum

---
11 GERALD W. R. WARD u.a., American Folk. Folk Art from the Collection of the Museum of Fine Arts [Ausst.-Kat.] (Boston 2001), 9.
12 Duden. Deutsches Universalwörterbuch, hg. u. bearb. v. G. Drosdowski u.a. (Mannheim u.a. ³1996), 1060.
13 JEAN-PIERRE PAPON, L'art du poète et de l'orateur (Lyon 1766), 287.

I. Herkunft des Terminus und Wörterbucheintragungen bis zum 19. Jahrhundert

sprachlichen Purismus Gottscheds fällte, läßt sich das Ausmaß dieser Zögerlichkeit ablesen: »Die ungebundene Rede [...] vermeidet doch billig alle Barbarey, das ist, alle Undeutsche Arten zu reden, wofür das vollends unnöthige *Naïve* [...] unfehlbar zu halten ist.«[14] Herder sprach sich im Gegensatz zu Heinze, obwohl er dessen »Einwendung über das ›Barbarische, Undeutsche, vollends unnöthige‹ Wort *Naiv* gelesen«, für den Gebrauch des Fremdworts aus, weil es einen Zugriff auf die eigene Zeit beinhalte: »denn es liegt mehr darinn, als selbst der scharfsinnige Verf. der Philos. Schriften entwickelt.«[15] Herder grenzte die Idyllen Theokrits gegen die zeitgenössischen eines Salomon Geßner ab, obwohl beide der gehörigen Naivität der Gattung entsprachen, indem er die ›einfältige Natur‹ (der alten Griechen) der ›idealischen Kunst‹ (der Gegenwart) gegenüberstellte: »Die Süßigkeit des Griechen ist noch ein klarer Wassertrank aus dem Pierischen Quell der Musen; der Trank des Deutschen ist verzuckert. Jenes Naivete ist eine Tochter der einfältigen Natur; die Naivete im Geßner ist von der Idealischen Kunst geboren.«[16] Nach seinem Urteil stand die ›naive Kunst‹ des Griechen in ihrer reinen Ursprünglichkeit ungleich höher als die ›idealische Kunst der Gegenwart‹; aus dieser Abstufung bezog Herder seine neuen poetisch-klassifikatorischen Einteilungsprinzipien.

In dem Artikel ›Naïveté‹ der *Encyclopédie*, deren Erklärungen für den internationalen Wirkungsbereich der Aufklärung mitbestimmend waren, wird eingangs auf den auch von Batteux unterstrichenen grundsätzlichen Unterschied in der Bedeutung des Terminus eingegangen, je nachdem, ob er mit dem unbestimmten Artikel *une*, der ihm einen negativen Beiton, oder mit dem bestimmten Artikel *la*, der ihm eine positive, lobende Bedeutung verleiht, gebraucht wird: »Il faut que les étrangers apprennent la différence que nous mettons dans notre langue entre la *naïveté*, & une *naïveté*. Ce qu'on appelle une *naïveté*, est une pensée, un trait d'imagination, un sentiment que nous échape malgré nous, & qui peut quelquefois nous faire tort à nous-mêmes. C'est l'expression de la vivacité, de l'imprudence, de l'ignorance des usages du monde.«[17]

›Naïveté‹ galt als Ausdruck einer durch fehlende Reflexivität gekennzeichneten Empfindungs- und Darstellungsweise, deren Wesensmerkmal in der Übereinstimmung mit der Natur gründet. Wirkliche Naivität des Stils, so die Folgerung, eigne allein dem ›beau génie‹, ein anderer zentraler Begriff im aufklärerischen ästhetischen Denken: »La *naïveté* est le langage du beau génie, & de la simplicité pleine de lumières; elle fait les charmes du discours, & est le chef-d'œuvre de l'art dans ceux à qui elle n'est pas naturelle. Une *naïveté* sied bien à un enfant, à un villageois, parce qu'elle porte le caractère de la candeur & de l'ingénuité; mais la *naïveté* dans les pensées & dans le style, fait une impression qui nous enchante, à proportion qu'elle est la peinture la plus simple d'une idée, dont le fonds est fin & délicat« (10). Die vielfältigen Definitionsversuche des komplexen Zusammenwirkens von geistigen Kräften im Genius stimmten jeweils darin überein, daß dieser sich durch »the faculty of invention«[18] in den Künsten und in den Naturwissenschaften auszeichnet. Der Philosoph Charles Du Bos beschrieb das Genie, dem er einen ›organischen‹ Charakter bescheinigte, als »une plante, qui, pour ainsi dire, pousse d'elle même«[19]. Der Eintrag in der *Encyclopédie* schließt mit einer Bestimmung des semantischen Feldes und betont den Unterschied zwischen natürlich und naiv, wobei dem Terminus ›beauté du génie‹ eine Schlüsselstellung zukommt: »Nous mettons enfin de la différence entre le *naturel* & le *naïf*; le *naturel* est opposé au *recherché*, & au *forcé*; le *naïf* est opposé au *réfléchi*, & n'appartient qu'au sentiment. [...] Le *naïf* échape à la beauté du génie, sans que l'art l'ait produit; il ne peut être ni commandé, ni retenu.«[20] ›Beauté du génie‹ und die Formel ›le langage du beau génie‹ verweisen auf die von Yves-Marie André in

---

14 JOHANN MICHAEL HEINZE, Anmerkungen über des Herrn Professor Gottscheds Deutsche Sprachlehre nebst einem Anhange einer neuen Prosodie (Göttingen/Leipzig 1759), 32.
15 HERDER, Ueber Thomas Abbts Schriften (1768), in: HERDER, Bd. 2 (1877), 351.
16 HERDER, Ueber die neuere Deutsche Litteratur (1766/1767), in: HERDER, Bd. 1 (1877), 347.
17 LOUIS DE JAUCOURT, ›Naïveté‹ in: DIDEROT (ENCYCLOPÉDIE), Bd. 11 (1765), 10.
18 ALEXANDER GERARD, An Essay on Genius (1774), hg. v. B. Fabian (München 1966), 8.
19 DU BOS, Bd. 2 (1770), 45.
20 JAUCOURT (s. Anm. 17), 10.

seiner Untersuchung über das Wesen des Schönen vorgenommene Systematisierung. Im *Essai sur le beau* (1741) identifizierte er in den Begriffen ›raison‹, ›bon sens‹ und ›goût‹ die allein gültigen Regulative, um wahre Schönheit zu beurteilen. ›Beau de génie‹, eine der vier Kategorien, die André unterscheidet, hat als Schöpfung des Genies den höchsten Rang, da es dem ›beau essentiel‹ am nächsten kommt: »Un Beau de génie, fondé sur une connaissance de Beau essentiel, assez étendu pour se former un système particulier dans l'application des regles géneralès«[21].

Das *Dictionnaire de Trévoux* erläutert ›naïveté‹ im Sinne einer Ausdrucks- und Darstellungsform in den ›belles-lettres‹ ebenso wie in der Malerei als einen Stil, der durch das Zusammenwirken von Wahrheit und Wahrscheinlichkeit zustande kommt und sich durch ›natürliche Einfachheit‹ hervorhebt: »Une *naïveté*, ou une *ingénuité naïve* est un trait, une pensée qui n'a rien de réfléchi, & qui souvent même n'échappe que par un défaut de réflexion. Aussi elle fait souvent tort à celui à qui elle échappe, & offense les autres. Souvent ce mot est employé pour marquer cette simplicité naturelle, qui n'a rien d'étudié ni de réfléchi, avec laquelle une chose est exprimée ou représentée, selon la vérité & la vraisemblance. On dit qu'un Peintre a une grande *naïveté* dans son pinceau; qu'il y a une grande *naïveté* dans un tableau; & qu'un Auteur a beaucoup de *naïveté* dans ses expressions, dans son style, qu'il représente les passions avec une grande *naïveté*, avec une *naïveté* & une vérité admirables. Dans le style c'est une peinture simple d'une idée fine & délicate.«[22]

In Frankreich erfolgte gleich in den ersten Nachschlagewerken zur bildenden Kunst unter Einbeziehung der technischen Kunstlehre ein Eintrag zu ›naïf‹ als einer Darstellungsform, deren hervorstechende Eigenschaften die (innere) ›ingénuité‹ und die (äußere) ›grace‹ sind. Letzteres Wort ging unverändert als ›grace‹ ins Englische ein, wurde im Deutschen hingegen als ›Grazie‹, ›Anmut‹ oder ›Reiz‹ übersetzt. Der Definitionsversuch kreist in seinen Erläuterungen um die Überlegung, inwieweit naiv mit natürlich gleichzusetzen sei, insofern alles Naive gleichsam natürlich sei, während alles Natürliche nicht unbedingt naiv sein müsse: »Il semble qu'il [das Wort *naïf*] devroit être synonyme de naturel; & il est bien vrai que le *naïf* est toujours naturel, mais ce qui est naturel n'est pas toujours *naïf*. La majesté, la fierté, la noblesse peuvent être naturelles; la grace, la douceur peuvent être *naïves*. Le *naïf* n'appartient qu'aux qualités qui s'associent avec l'ingénuité, la simplicité, la candeur.«[23] Einer der Leitgedanken, an den sich Watelet und Lévesque in ihrem Wörterbuch der Malerei hielten, lautete: »L'objet d'art n'est pas la vérité elle-même, mais l'apparence de la vérité.«[24] Sie verwendeten auch zum ersten Mal in dieser Form den Begriff Kunstobjekt. Vor diesem Hintergrund kontrastierten die Autoren die Ausdrucksregister, gaben keine Anweisungen, sondern Ratschläge und empfahlen die genaue Beobachtung der Natur, um die ›naïveté‹ im malerischen Ausdruck zu erreichen: »Dans les arts, comme dans les lettres, il est plus aisé d'être grand, noble, élevé, fin, délicat, que d'être naïf; & cependent la naïveté est le comble du talent, lorsqu'il s'agit de traiter les expressions douces qui conviennent à la beauté accompagnée de la jeunesse. [...] Il est aisé de relever le prix de la *naïveté*: le seul conseil qu'on puisse donner aux artistes, pour les conduire à l'exprimer, c'est d'en bien observer les mouvements dans la nature: mais ils échappent aisément par leur extrême simplicité: si l'on ne rend pas la naiveté avec la plus grande précision, ce n'est plus elle; ce n'est que la mine ridicule qui a la sotte prétention de l'imiter.«[25]

Im deutschen Sprachraum findet sich in dem von Joachim Heinrich Campe herausgegebenen *Wörterbuch der deutschen Sprache* (1807–1811) kein Eintrag zu ›naiv‹. Erst in dem 1813 publizierten Ergänzungsband *Wörterbuch zur Erklärung und Verdeutschung der unserer Sprache aufgedrungenen fremden Ausdrücke* sind die Stichwörter ›naiv‹ und ›Naivetæt‹ ausführlich erläutert: »Die wesentlichen Bestandtheile der Begriffe, welche durch diese Wörter ausgedrückt werden sollen, sind natürliche oder

---

21 YVES-MARIE ANDRÉ, Essai sur le beau. Avec un discours préliminaire et des réflexions sur le goût, par Formay (1741; Amsterdam 1759), 35.
22 ›Naïveté‹, in: TRÉVOUX, Bd. 6 (1771), 131 f.
23 WATELET, Bd. 3 (1792), 576.
24 Ebd., Bd. 5 (1792), 800.
25 Ebd., Bd. 3 (1792), 576 f.

ungekünstelte Empfindungen oder Gedanken einer arglosen, unverstellten und anspruchlosen Seele, geäußert ohne Rücksicht auf Das, was durch Übereinkunft für schicklich oder unschicklich gehalten wird, durch Ausdrücke, welche mehr zu erkennen geben, als die ausdruckende Person selbst dabei empfunden oder gedacht hat, oder empfunden und gedacht zu haben scheint.«[26]

Besonderes Interesse verdient aufgrund des Gewichts, das der Begriff des Naiven in der philosophischen Ästhetik des Idealismus als Theorie aller Künste besaß, die Erklärung, warum gerade dieses Wort und nicht eine der vielen seit 1770 vorgeschlagenen deutschen Entsprechungen verwendet werden sollte: »Ein Wort, welches diesen sehr zusammengesetzten Begriff nach allen seinen Theilen bezeichnete, gibt es in unserer Sprache nicht; kann es auch, ohne willkührliche und übereinkünftliche Andichtung, in keiner Sprache geben, weil es geradezu unmöglich ist, so viele Zeichen, als dazu erfodert würden, in einem einzigen Wort zu vereinigen, ohne dasselbe aus so vielen einzelnen Wörtern zusammenzusetzen, daß keine menschliche Zunge es in Einem Athen auszusprechen in Stande sein würde. Allein es fehlt uns nicht an Ausdrükken, wodurch der eine oder der andere wesentliche Theil dieses zusammengesetzten Begriffs bezeichnet wird, und bei dem wir die übrigen, wenn gleich nicht ausdrücklich mit bezeichneten Theile desselben leicht hinzudenken können, oder vielmehr hinzuzudenken schon gewohnt sind; nur daß der eine Ausdruck besser für diesen, der andere für jenen Fall, keiner ganz für alle paßt.« (431)

Die deutschen Wörterbücher und Lexika in der zweiten Hälfte des 19. Jh. suchten die kulturellen Umbrüche und Funktionsveränderungen des Begriffs deutlich zu machen. Darum hielten sie den Moment fest, in dem das Wort aus dem Französischen ins Deutsche überführt wurde, und erklärten die Bedeutung von naiv für das ästhetische Denken und die ästhetischen Ideale, Denk- und Klassifikationsformen der Weimarer Klassik als dem Inbegriff der deutschen Kulturnation. In Grimms *Wörterbuch* wird die gängige Überzeugung der Zeit vertreten, Gellert habe ›naiv‹ aus dem Französischen eingeführt; dann wird der Terminus naiv als ästhetischer Werk- und Gattungsbegriff definiert: »Naiv [...] das im vorigen jahrhundert (wie es scheint zuerst von *Gellert*) in unsere sprache eingeführt und dann namentlich durch *Schillers* berühmte abhandlung ›über naive und sentimentalische dichtung‹ [...] sehr geläufig geworden ist und gleich dem franz. *naif* (wie *Gellert* und *Lessing* noch schreiben) das natürliche, einfache (auch einfältige), ungezwungene, ungesuchte, ungekünstelte, unverstellt offene, aufrichtige, treuherzige, unschuldige u. d. bezeichnet. 1) von personen, in bezug auf ihre rede-, denk- und darstellungsweise. [...] 2) das *naive* des betragens, der denkart und gesinnung, des mündlichen, schriftlichen oder künstlerischen ausdrucks, der dichtung und kunst.«[27] Dieser zweite Anwendungsbereich ist u. a. mit dem Rückgriff auf Goethes inhaltliche Bestimmung der Idylle belegt: »das rein natürliche, insofern es sittlich-gefällig ist, nennen wir naiv. naive gegenstände sind also das gebiet der kunst, die ein sittlicher ausdruck des natürlichen sein soll.« Das Substantiv Naivetät oder Naivität, noch in dieser oder jener Schreibweise für »natürliche einfachheit, ungezwungenes wesen, offenheit« gebraucht, wird in der Gegenüberstellung Natürlichkeit – Künstlichkeit durch ein Zitat von Kant erläutert: »naivetät, die der ausbruch ist der menschheit ursprünglich natürlichen aufrichtigkeit wider die zur andern natur gewordenen verstellungskunst.« (321)

Der Eintrag ›Naivetät‹ in Meyer's *Konversationslexikon* in der 2. Auflage von 1865 läßt die gleiche Strategie der Rekonstruktion erkennen, um zu einer eigenen begrifflichen Vergewisserung zu gelangen. Dazu wird auf den Zeitpunkt verwiesen, an dem der Begriff im deutschen Sprachraum auftauchte, ohne auf die französische Aufklärung Bezug zu nehmen: »ein Ausdruck, der aus dem Französischen (naïf und naïveté) zuerst durch Gellert in die deutsche Sprache eingeführt wurde. Er bezeichnet einen natürlichen und ungekünstelten Zustand der Empfindungen und Gedanken einer arglosen, unverstellten und anspruchslosen Seele, welche treuherzig und ohne Rücksicht auf kon-

---

[26] JOACHIM HEINRICH CAMPE, Wörterbuch zur Erklärung und Verdeutschung der unserer Sprache aufgedrungenen fremden Ausdrücke. Ein Ergänzungsband zu Adelung's und Campe's Wörterbüchern (Braunschweig 1813), 431.
[27] GRIMM, Bd. 7 (1889), 321.

ventionelle Schicklichkeit sich zu äußern und kund zu geben liebt. Das Naive ist demnach das Natürliche im Gegensatz zum Künstlichen, d.h. zu dem bloß konventionell Geltenden. Der Verkünstelte bemerkt es daher am leichtesten, weil ihm der Kontrast zwischen natürlichem und konventionellem Wesen am auffallendsten erscheint, während dem Naiven sein N. Natur ist.«[28] Das geschichtsphilosophisch fundierte Gegensatzpaar der typologisch verschiedenen Empfindungsweisen naiv-sentimental wird nicht mit der ›Querelle des anciens et des modernes‹ in Verbindung gebracht, vielmehr geht es in den Topos vom Idealbild einer nationalen Klassik ein: »Für die Aesthetik hat der Begriff des Naiven dadurch eine besondere Bedeutung gewonnen, daß Schiller und Goethe die naive und die sentimentale Poesie als zwei wesentliche Grundformen der poetischen Darstellung erkannten. Die Dichtung der Alten ist nach ihnen naiv, objektiv, der Natur entsprechend; die Dichtung der Neuzeit dagegen sentimental, subjektiv, die Naturmäßigkeit anstrebend.« (924)

Der Artikel zum Stichwort ›Naïveté‹ im Larousse konzentrierte sich auf den Prozeß, in dem das normalsprachliche Wort zur Bezeichnung eines ästhetischen Phänomens, schließlich als ästhetischer Begriff verwendet wird: »Ingénuité, simplicité d'une personne qui manifeste naturellement ses opinions et ses sentiments. [...] Dans le langage ordinaire, la *naïveté* est tantôt considérée comme une qualité précieuse et tantôt comme synonyme de niaiserie. [...] *Naïveté*, en littérature, se dit d'une manière d'exprimer les sentiments et les pensées, où l'on trouve, avec toute la simplicité du style naturel, l'apparence d'une spontanéité sans étude et sans aucun apprêt. Cette spontanéité d'un esprit qui se découvre, comme avec négligence, d'une âme qui s'épanche librement, fait le charme du naïf, charme bien rare chez les écrivains. Selon Montesquieu, rien n'est plus difficile à attraper que le style naïf, si rapproché du style familier et bas,

qu'il risque toujours d'y tomber.« Montaigne und La Fontaine werden als die Autoren zitiert, die »offrent les meilleurs modèles de cette *naïveté* pour ainsi dire insaisissable«[29]. Der französische Geist, die ›tradition gauloise‹ wird im Gegensatz zu der des Erbfeindes auf der anderen Seite des Rheins als ›gallisch‹, ›gotisch‹ und ›gallikanisch‹ begriffen. Die erwähnten großen Schriftsteller »sont au nombre de ceux qui ont continué la tradition gauloise de notre littérature. Si cette expression d'esprit gaulois, de tradition gauloise, offre quelque chose de vague et ne se définit pas nettement, elle éveille cependant un ensemble d'idées très-réelles. Beaucoup de naturel et peu de goût pour les recherches du langage, une raillerie frondeuse unie à la bonne humeur et à une simplicité rustique, voilà les qualités que réveille le mot gaulois appliqué à une partie de notre histoire littéraire.« (780)

II. Genealogie von ›naiv‹ als ästhetischem Grundbegriff: Die Hauptszenarien

Mitte des 17. Jh., als sich das Französische noch bei weitem nicht als Nationalsprache durchgesetzt hatte, lag der geläufige Bedeutungskern von naiv in der Einfachheit, Natürlichkeit im Ausdruck von Gedanken und Empfindungen. In den Salons der neuen aristokratischen Gesellschaft am Hofe Ludwigs XIV., in denen die Kultur der Gesellligkeit und des Geschmacks gepflegt wurde[30], bildete sich von diesem Zeitpunkt an ein Diskurs über das Naive heraus. Dominique Bouhours verwendete den Begriff als Maßstab in seinen drei Dialogen über die Themen des ›bel esprit‹, den Charakter der französischen Sprache und den Ausdruck ›je ne sais quoi‹. Die Dialoge schreiben sich durch das Bestreben eines Sprachpuristen um Standardisierung und Verfeinerung des Sprachgebrauchs direkt in die Linie des Klassizismus ein. In seinem rationalistischen Bemühen, den Vorgängen nachzuspüren, die beim Denken und dem Ausdruck der Ideen zusammenwirken, vertrat Bouhours, Rhetoriklehrer am Pariser Jesuitenkolleg Louis-le-Grand, die Auffassung, »la langue française est peut-être la seule qui suive exactement l'ordre naturel, et qui exprime les pensées en la manière qu'elles naissent

---

28 ›Naivetät‹, in: MEYER, Bd. 11 (²1865), 923 f.
29 ›Naïveté‹, in: LAROUSSE, Bd. 11 (1874), 780.
30 Vgl. NORBERT ELIAS, Die höfische Gesellschaft. Untersuchungen zur Soziologie des Königtums und der höfischen Aristokratie (1969; Frankfurt a.M. 1992), 61.

dans l'esprit«[31]. Die französische Sprache habe man ihm zufolge ohne Zweifel als »la plus simple et la plus naïve langue du monde« anzusehen, wobei »naïf, naïvité, naïvement«, wie er in einer Fußnote präzisierte, »doivent être interprétés ici et ailleurs par naturel, naturellement«[32].

In der von Bouhours entworfenen Theorie vom Idealtyp des ›bel esprit‹ gewann naiv als ästhetischer Begriff erste Umrisse. Den gesellschaftlichen Rang eines ›bel esprit‹ bekamen die Personen zuerkannt, die sich in den ›belles-lettres‹ und den ›beaux-arts‹ glänzend auskannten und genug Verstand und Vernunft besaßen, um mit ›bon goût‹ zu urteilen und im geistreichen Gespräch in den Salons zu brillieren. Sie gehörten der ›guten Gesellschaft‹, einer zu diesem Zeitpunkt sich herausbildenden sozialen Schicht, an. Die von den Griechen zur Perfektion gebrachte Kunst des Epigramms war in ihrer Pointiertheit und Verknappung das bevorzugte Genre, der ›bel esprit‹ zeichnete sich durch das Epigrammatische im kondensierten und eleganten Ausdruck von Ideen in der verfeinerten Unterhaltung aus. Naivität qua Natürlichkeit galt für Gedanken und Empfindungen, Wendungen und Sätze und wurde sowohl für die Dichtung als auch für die Malerei der Gegenwart in Anspruch genommen. Gleichwohl war es eine Eigenschaft, die die Werke der Dichter der Antike besaßen: »Les Auteurs de ces Epigrammes […], avoient un peu du génie des Peintres qui excellent en certaines naïvetez gracieuses, & entre autres du Corrège, dont les peintures d'enfants ont des graces particulières, & quelque chose de si enfantin, que l'art semble la nature mesme. Parmi les Latins Ovide & Catulle sont originaux en ce genre là: il ne faut qu'ouvrir les *Métamorphoses*, les *Fastes*, & les *Tristes* pour trouver des éxemples de naïveté, & le nombre qu'il y en a m'a empesché d'en écrire aucun.«[33]

Die geläufige Formel im 17. Jh., um das nicht Faßbare einer Situation, eines Kunstwerks oder eben eines Begriffs zum Ausdruck zu bringen, lautete ›je ne sais quoi‹[34], die Bouhours zufolge »appartient à l'art aussi bien qu'à la nature«[35]. Was ›naiv‹ betrifft, so benutzte er die Formel in einem ersten Schritt, um den möglichen semantischen Kern des Begriffs zu umschreiben, dem zufolge das naive Denken sowohl ›le naturel‹ und ›la simplicité‹ als auch Geist und Verstand umfaßt. Der ›bel esprit‹ der höfischen Salons besitze ähnlich wie der gutgläubige ›Dörfler‹ und das Kind sittliche Einfalt und ästhetisch-kindliche Anmut: »Cependant ne croyez pas, […] qu'une pensée ne puisse estre agréable que par des endroits brillants, & qui ayent du jeu: la seule naïveté en fait quelquefois tout l'agrément. Elle consiste cette naïveté dans je ne sçay quel air simple & ingénu, mais spirituel & raisonnable, tel qu'est celuy d'un villageois de bon sens, ou d'un enfant qui a de l'esprit«.[36] In einem weiteren Schritt diente diese Formel Bouhours in seiner ästhetischen Reflexion dazu, ein semantisches Feld abzustecken, auf dem eine hierarchisierende Abstufung zwischen ›naïf‹ (als dem Sinnlichen) und ›sublime‹ (als dem Idealischen) erfolgte: »Par le mot de naturel je n'entends pas icy ce caractère naïf qui est une des sources de l'agrément des pensées. Toute pensée naïve est naturelle; mais toute pensée naturelle n'est pas naïve, à prendre la naïveté en sa propre signification. Le grand, le sublime n'est point naïf, & ne le peut estre: car le naïf emporte de soy-mesme je ne sçay quoy de petit, ou de moins élevé.« (200)

1. Von einer besonderen Form der Empfindungsweise zum ›wesentlichen Element jeder Kunst‹

Erst in der Mitte des Jh. der französischen Aufklärung erfolgte eine deutliche Grenzziehung zwischen ›homme de lettres‹ bzw. ›philosophe‹ und ›bel esprit‹. Jedoch ersetzte bereits seit der Frühaufklärung eine neue Einteilung Natur-Kultur den Naturbegriff des Humanismus, der das Wesen des Menschen in der Natur begründet hatte. Die Vorbildlichkeit der griechisch-römischen Antike im sittlich-moralischen und ästhetischen Bereich und die Norm, das Natürliche sei *per se* das Wahre, der

---

31 DOMINIQUE BOUHOURS, Entretiens d'Ariste et d'Eugène (1671; Paris 1920), 55.
32 BOUHOURS, La manière de bien penser dans les ouvrages d'esprit (Paris 1687), 45.
33 BOUHOURS (s. Anm. 31), 151 f.
34 Vgl. ERICH KÖHLER, ›Je ne sais quoi‹. Ein Kapitel aus der Begriffsgeschichte des Unbegreiflichen, in: Romanistisches Jahrbuch 6 (1953/1954), 21–59.
35 BOUHOURS (s. Anm. 31), 209.
36 BOUHOURS (s. Anm. 32), 150.

wahre Gegenstand der Kunst, standen seit der ›Querelle des anciens et des modernes‹ zur Debatte. Die zweite Phase dieser Antike-Moderne-Auseinandersetzung löste Charles Perrault mit der Verlesung seines Lobs auf die geschichtliche Gegenwart in dem Panegyrikus *Le siècle de Louis le Grand* (27.1.1687) aus. Die Parkanlagen des Schlosses Versailles dienten ihm als Bühnenbild und Symbol für die fünf Dialoge seiner monumentalen didaktischen Fiktion *Parallèle des Anciens et des Modernes en ce qui regarde les Arts et les Sciences* (1688–1697), welche die Selbstbehauptung einer bewußt ›modernen‹ Poesie gegen die der Alten in Szene setzen. Als Gesprächspartner treten der ›Président‹, ein wenig gebildeter bürgerlicher Repräsentant der Alten, und zwei Aristokraten auf: Der ›Chevalier‹, ein ›mondain naïf‹, und der ›Abbé‹, ein Vertreter der modernen ästhetischen Auffassungen Perraults, die beide im Namen der ›gegenwärtigen Wahrheit‹ bzw. der ›ewigen Wahrheit‹ argumentieren.[37]

Perrault plädierte in seinem Entwurf eines umfassenden, im systematischen Vergleich zwischen Antike und Moderne, Kunst und Kultur entwickelten Systems der Künste und Wissenschaften für die Überlegenheit der Moderne gegenüber der Antike. Aufschlußreich dabei ist, daß der Begriff des Naiven, der in den Gesprächen eine unumgängliche Referenz bildet, in der Beantwortung der Frage, was die Moderne gegenüber der griechischen und römischen Antike auszeichne, mit einer Empfindungsweise verknüpft wird, in der sich eine unmittelbare Naturverbundenheit ausdrückt. Diese Form der Empfindung charakterisiert die Repräsentations- und Ausdrucksformen der Antike, d. h. einer anfänglichen Etappe der Menschheitsgeschichte, in der noch unentwickelte Empfindungen und eine eingeschränkte Vernunft die Einfachheit des Ausdrucks hervorbrachten. Dieser Gedankengang entspricht der Vorstellung von einem stufenförmigen welthistorischen Fortschritt, wonach Griechenland und Rom nicht mehr als geschichtslose Größe und Norm galten, sondern auf die Stufe einer vergangenen Kultur gestellt wurden. Der Abbé kennzeichnete die Malerei der Griechen als im wesentlichen naturgetreu. Sie besitze einen naiven Stil, der historisch den Alten zuzuordnen sei: »On dit que Zeuxis representa si naïvement des raisins que des Oiseaux les vinrent becqueter. [...] Le mesme Pline raconte encore que Parrhasius avoit contrefait si naïvement un ridau, que Zeuxis mesme y fut trompé.«[38] Naiv bedeute Naturtreue in Zeichnung und Färbung unter Beachtung und Wiedergabe aller Einzelheiten, entspreche aber nicht den Qualitäten der Perfektion und des Raffinements. Dieses höchste Niveau erreiche nur die zeitgenössische Malerei, nicht aber die Malkunst der Antike und ebensowenig die Malerei der berühmten Italiener. Darin liege gerade die qualitative Stufenfolge der geschichtlichen Epochen begründet. Eines der generell kontrovers aufgenommenen Argumente des Präsidenten ist das Lob auf die Episteln Ciceros, weil diese am besten der für einen Brief gewünschten Einfachheit – »d'estre simple, naïve, & naturelle« – entsprächen. Das Ideal der ›naiven‹ Griechen inspirierte auch das Lob des Präsidenten auf die Redekunst des Demosthenes, »semblable à ces belles personnes qui sans fard & sans ajustemens superflus se font aimer de tout le monde par la seule force de leur beauté simple & naïve«[39]. Diese Annäherung zwischen ›naïv‹ und ›naturel‹ im Sinne des klassischen Humanismus, seine Annahme, die ›naïveté‹ rühre aus der ›reinen Natur‹, liefert dem Abbé als dem Verfechter der Modernen wiederum den Grund für seine ästhetische Wertung der antiken Kunst. Nach seiner Auffassung ist allein die ›schöne Natur‹ das Nachahmenswerte.

Der zweite Kernbereich in Perraults Hauptwerk, der für die Geschichte des Begriffs naiv von Belang ist, hat mit der Tatsache zu tun, daß er im Gebrauch des Begriffs neue Bedeutungen unterschied und die naive Empfindung und Denkweise zur Grundlage der Poesie erklärte. Vor seiner typo-

---

37 Vgl. R. J. HOWELLS, Dialogue and Speakers in the ›Parallèle des Anciens et des Modernes‹, in: The Modern Language Review 78 (1983), 793–803.
38 CHARLES PERRAULT, Parallèle des Anciens et des Modernes en ce qui regarde l'Architecture, la Sculpture, et la Peinture (1688), in: Perrault, Parallèle des Anciens et des Modernes en ce qui regarde les Arts et les Sciences. Dialogues (1688–1697), hg. v. H. R. Jauß (München 1964), 150f.
39 PERRAULT, Parallèle des Anciens et des Modernes en ce qui regarde l'Eloquence (1690), in: ebd., 217, 220.

logische Gegenüberstellung von alter und moderner Kunst hatte sich Perrault selbst an der Modeerscheinung der Parodien von Mythen und Werken der Antike in Form der Burleske beteiligt. Jetzt akzeptiert seine Figur des ›Président‹ auf keinen Fall, daß »cette judicieuse & admirable naïveté qui regne dans Homere«[40] Burleske genannt wird, während der Abbé im Namen der Modernen die Ehre einfordert, diese erfunden zu haben. In den Epigrammen eines Racan oder in den Fabeln La Fontaines begrüßte er eine neue Art der Naivität: »d'une espece toute nouvelle, il y entre une naïveté, une surprise & une plaisanterie d'un caractere qui luy est tout particulier, qui charme, qui émeut, & qui frappe tout d'une autre manière« (359f.). Naivität ist hier keine Empfindungsweise der Dichtung, sondern ihre Voraussetzung, mit Kunst wird die Einfachheit eines natürlichen Stils erreicht, der den Grundzug der Spontaneität trägt. Dichtung und Malerei, verbunden durch die Gültigkeit des Prinzips *ut pictura poesis*, bringen Wahrheit und Naivität zur Übereinstimmung: »il faut qu'elle represente les objets dans leur verité & leur naïveté toutes pures; il faut qu'elle plaise, qu'elle charme, qu'elle enleve: autrement elle n'est pas vraye Poësie.« (286)

Die Beobachtungen Perraults über ›naïvetez‹ und ›simplicitez‹ bei Homer lassen sich auf halbem Wege zwischen den ersten klassizistischen Charakterisierungen seines Stils und der ›Querelle d'Homère‹ situieren, in welcher die Kontrahenten im Streit über die Alten und die Modernen um 1715 bei Homer den ›Knoten des Problems‹ in der Krise des klassischen Stils ausmachten. Homer diente den einen dazu, die ›Quellen der verlorenen Poesie‹ aufzuspüren, während die anderen mit Hilfe seiner Dichtung der neuen Zeiten von der ›paralysierenden Autorität‹ befreien wollten.[41] Noch unter dem Einfluß der klassischen Rhetorik auf die Einteilung der Stilarten charakterisierten und lobten die Antikeanhänger in ihren Poetikabhandlungen Homers Erzähl- und Beschreibungskunst: »comme il fait combattre diversement les hommes, comme il peint naïvement l'elegance des embassades, la prudence des conseillers, la consideration des augures et la forme des serments, des paches et des sacrifices.«[42] In diesen Apologien erfuhren die Konzepte ›naiv malen‹ und ›die Natur malen, wie man sie sieht‹[43], die gleiche Wertung. Im Homerstreit, der durch Antoine Houdar de La Mottes freie Übertragung der *Ilias* im Unterschied zu der den strengen Regeln des Reims folgenden Übersetzung Anne Daciers ausgelöst wurde, plädierten die Modernen, zu ihrem größten Teil Mitarbeiter der Monatszeitschrift *Mercure Galant*, für den Duktus der Prosa, um so möglichst ungehindert dem Fluß der natürlichen Rede folgen zu können. Die Parteigänger La Mottes, so etwa Fénelon, bewunderten in der *Ilias* die Einfachheit der griechischen Sitten, die natürliche Harmonie in der Lebensart der Griechen, die sie wie das Arkadien des Hirtenstandes in den Anfängen der Menschheitsentwicklung erscheinen ließ: »Cette simplicité de mœurs semble ramener l'âge d'or.«[44] Das Naive als das Archaische, die religiöse Erfahrung, die Geringschätzung für das Gelehrte oder das gesucht Gewollte und die humanistische Gleichsetzung von idealer Natur und antiker Kultur, darin folgte Fénelon, Theologe und Verfasser philosophisch-aufklärerischer Romane, mit seiner Auffassung vom Erhabenen noch der Bestimmung von ›simplicité‹ und ›grandeur‹ durch Boileau. In seiner philologisch vergleichenden Herangehensweise argumentierte Jean Boivin, einer der mitstreitenden Gelehrten von der *Académie des Inscriptions et Belles-Lettres*, welche für die Homerübersetzerin Dacier Partei ergriff[45], daß die Mängel, die die Modernen der epischen Dichtung Homers anlasteten, im wesentlichen darauf zurückzuführen seien, daß keine Übersetzung wiedergeben könne, was die dichterische Originalität seines Stils ausmache: »La naïveté de l'original, la noble simplicité du style, les grâces de la langue, l'énergie, la pro-

---

40 PERRAULT, Parallèle des Anciens et des Modernes en ce qui regarde la Poesie (1692), in: ebd., 359.
41 Vgl. RAYMOND NAVES, Le goût de Voltaire (Paris 1938), 8f.
42 PIERRE DE DEIMIER, L'Académie de l'art poétique (Paris 1610), 227.
43 Vgl. CHARLES DE SAINT-EVREMOND, Sur les poèmes des anciens (1685), in: Saint-Evremond, Œuvres, hg. v. R. de Planhol, Bd. 1 (Paris 1927), 276.
44 FRANÇOIS SALIGNAC DE LA MOTHE FÉNELON, Lettre à l'Académie (1714), hg. v. E. Caldarini (Genf 1970), 79.
45 Vgl. NOÉMI HEPP, Homère en France au XVIIe siècle (Paris 1968), 629–755.

prieté des mots.«⁴⁶ Denn weil Homer seine Dichtung »dans la nature même« gefunden habe, sei sie »plein d'images naturelles parfaitement bien peintes«⁴⁷.

François Cartaud de la Villate steckte 1736 mit seinem dichtungs- und kunsttheoretischen Traktat *Essai historique et philosophique sur le goût* das mentale und ästhetische Universum und den philosophischen und epistemologischen Rahmen ab, in dem sich die Geschichte des Begriffs naiv im Aufklärungszeitalter entwickeln sollte. Die ›délicatesse du goût‹ stellte er dabei als einen spezifischen Aspekt seines Jahrhunderts in der Entwicklung der Theorie des Geschmacks heraus. In dieser auf der Historizität des Körpers und der Sinne basierenden Geschichte des Geschmacks, einer Geschichte der menschlichen Sinnlichkeit, die Cartaud de la Villate in einer Verknüpfung der historisierenden Lehre des geschichtlichen Fortschritts mit dem ästhetischen Sensualismus entwarf, erscheint der Begriff des Naiven nicht mit Reinheit und Wahrheit in Bezug gesetzt, sondern mit ›roher Natur‹. In den früheren, den ›barbarischen‹ Zeiten »le langage se monta sur la naïveté du siècle«. »Cette naïve rusticité qu'elle marqua dans ces commencemens, fut un crime arbitraire & de fantaisie«⁴⁸. Im Kapitel ›Reflexions sur la délicatesse du gout‹ unterstrich der Philosoph im Hinblick auf den erlesenen Geschmack einer Person und die besondere Eigenschaft ihres Verhaltens und Handelns im Umgang mit den anderen die Vorzüge einer reflektierenden Naivität. Durch eine bewußte Nachahmung des naiven Verhaltens wird Naivität hier in ihrem formalen Ausdruck beschrieben: »Quoique ce soit une maxime philosophique de prétender que les tours délicats sont aussi expressives que les peintures plus naïves, ils ont toûjours le mérite de ne presenter leurs objets que dans l'éloignement, ou de

ne les laisser apparcevoir que par réflexion« (240). Aus dieser Möglichkeit, das Naive als Einstellung nachzuahmen, ergebe sich ›un trait délicat‹, der sich in der Gabe äußere, den Gesprächspartner zu berühren, während im Akt des Lobs die ›délicatesse du goût‹ ihre verfeinerte Praxis überhaupt erst dann finde, wenn es als ein Ausdruck der vollkommenen Naivität empfunden werde: »La perfection de cet art est de persuader la flatterie, & de la faire paroître un trait échappé sans dessein, [...] car la sensibilité que l'on marque pour les vertus d'une personne, lui paroissant un échappement de naïveté & non un mouvement réflechi, elle est flattée du plaisir de vous croire sincère, & degagée du devoir de témoigner de la pudeur.« (243) Nichts sei so schwierig zu erreichen wie ein naiver Stil, zumal dieser, um seine Wirkung zu erzielen, verlange, daß man ihm keinerlei Anstrengung anmerke. Der Autor, der für sein ›naives‹ Talent gelobt werden möchte, darf sich nicht anmerken lassen, welche Arbeit es ihn gekostet hat, diesen als spontan, ›natürlich‹ empfundenen Ausdruck zu erlangen: »Le naïf ressemble à ces belles eaux vives & pures, qui paroissent sortir de leur source avec ondes de cristal, mais qu'il faut quelque fois percer dans le sein d'un rocher. Quand on les voit couler, on croit qu'elles mêmes ont cherché à s'épaucher, & on ne soupçonne pas qu'il ait fallu percer un rocher. Despreaux si grand partisan des beautés naïves, employa dix-neuf ou vingt ans au tour naturel d'une pensée.« (252 f.)

Batteux verknüpfte in seiner Abhandlung *Les beaux arts réduits à un même principe* in einer bürgerlich-klassischen Wendung das Bild vom ›naiven‹ Homer⁴⁹ in seiner genialen ›Originalität‹ im Verlauf der Geschichte mit dem arkadischen Hirtenstand. Arkadisch nannte er die Schäfer- und die Welt der Kindheit, denn sie komme einem tugendhaften, einfachen, ursprünglichen Zustand der Menschen am Anfang der Kulturentwicklung gleich. Darum seien Stoff und Gegenstand der Hirtendichtung »la simplicité des mœurs, la naïveté, l'esprit naturel, le mouvement doux & paisible des passions«. Eine Rangordnung lasse sich aufstellen von Theokrits »naïveté riante des Bergers«⁵⁰ bis zu Vergils Vergnügen der Nachahmung, womit eine weitere Stufe der Eleganz erreicht worden sei. Von hier spanne sich der Bogen weiter zu Fonte-

---

46 JEAN BOIVIN DE VILLENEUVE, Apologie d'Homère (Paris 1715), 12.
47 Ebd., 25, 33.
48 FRANÇOIS CARTAUD DE LA VILLATE, Essai historique et philosophique sur le gout (1736; Genf 1970), 132, 136.
49 Vgl. KIRSTI SIMONSUURI, Homer's Original Genius. Eighteenth-Century Notions of the Early Greek Epic (Cambridge 1979).
50 BATTEUX (1747), 233, III.

nelles Vision des höfischen Lebens als arkadische Idylle. Batteux hatte dabei jedoch nicht nur die ›naïveté‹ des Stils im Blick, sondern nahm auch eine Umwertung der Attribute des Erhabenen im Sinne seiner Ausdeutung des Naiven vor, womit er die ›simplicité‹ des aristokratischen Erhabenen bei Boileau in sein verändertes Konzept des Naiven einbezog. Ganz anders als in der Schäferdichtung des Rokoko, in der *une* naïveté gepflegt werde, sei *la naïveté* eine Eigenschaft des Genies: »Une Naïveté ne convient qu'à un sot, qui parle sans être sûr de ce qu'il dit. La Naïveté ne peut appartenir qu'aux grands génies, aux vrais talens, aux hommes supérieurs.«[51]

Diderots Einflußnahme auf die Geschichte des Begriffs naiv ist richtungweisend insofern, als er die Relativität des Schönen, die Differenz zwischen zeitlosem und zeithaftem Schönen begründete, die seit dem Streit darüber, inwieweit das moderne ästhetische Denken dem antiken Schönheitsbegriff überlegen sei, zur Debatte stand. Mit seinem kunstkritischen Diskurs bezog Diderot zudem den Standpunkt der Kunstpraxis in die Ästhetik ein. Ab 1759 verfaßte er Kommentare über die jährlichen Pariser *Salons*, die er 1776 durch seine ›Pensées détachées‹ erweiterte. In dem Kapitel ›Du naïf et de la Flatterie‹ setzte er sich mit den Begriffsbedeutungen von ›naiv‹ im Sinne einer Denk- und psychologischen Empfindungsweise sowie in dem der Darstellungs- und Wirkungsart eines Kunstwerks auseinander. Diese Überlegungen zur Malerei lassen sich auf andere Künste übertragen, wenn das Naive als ein wesentliches Element jeder Kunst definiert und nicht als Teil eines Gegensatzpaares begriffen, sondern in die Nähe zum Erhabenen gerückt wird: »Pour dire ce que je sens, il faut que je fasse un mot, ou du moins que j'étende l'acception d'un mot déjà fait; c'est *naïf.* Outre la simplicité qu'il exprimait, il y faut joindre l'innocence, la vérité et l'originalité d'une enfance heureuse qui n'a point été contrainte; et alors le naïf sera essentiel à toute production des beaux-arts; le naïf se discernera dans tous les points d'une toile de Raphaël; le naïf sera tout voisin du sublime; le naïf se retrouvera dans tout ce qui sera très beau; dans une attitude, dans un mouvement, dans une draperie, dans une expression. C'est la chose, mais la chose pure, sans la moindre altération. L'art n'y est plus.«

Das Schöne ist nach seiner Auffassung wahrhaft nur dann, wenn es unter ursprünglichen und wunderbaren Umständen zum Vorschein kommt, darum seine Unterscheidung zwischen dem ›vrai‹ und dem ›naïf‹: »Tout ce qui est vrai n'est pas naïf, mais tout ce qui est naïf est vrai, mais d'une vérité piquante, originale et rare. Presque toutes les figures du Poussin sont naïves, c'est-à-dire parfaitement et purement ce qu'elles doivent être. Presque tous les vieillards de Raphaël, ses femmes, ses enfants, ses anges, sont naïfs, c'est-à-dire qu'ils ont une certaine originalité de nature, une grâce avec laquelle ils sont nés, que l'institution ne leur a point donnée.«[52]

2. *Der Transfer nach Deutschland und der Gebrauch des Begriffs als Einteilungsprinzip in der Dichtung*

Batteux verlieh Mitte des 18. Jh. dem Begriffsverständnis eine neue Akzentuierung, indem er seinem Bedeutungskern Attribute zuwies, die Nicolas Boileau-Despréaux durch seine Übersetzung des Pseudo-Longinos-Traktats, *Traité du sublime, ou Du merveilleux dans les discours* (1674), in Hinsicht auf das Erhabene eingebracht hatte.[53] Dabei ging es insbesondere um die Simplizität des Erhabenen. In Frankreich zeigte sich die Tragweite der von Batteux vollzogenen Umwertung des Erhabenen im Sinne von ›la naïveté‹, in die Formel der ›Nachahmung der schönen Natur‹ gebracht, in der kontinuierlichen, über ein Jahrhundert währenden Auseinandersetzung mit dem Konzept der ›naïveté‹. Die Einführung des Konzepts in den deutschen Sprachraum erfolgte hingegen in einer Diskurskonstellation, die durch zwei weitere, synchron rezipierte Konzeptionen auf unterschiedlichen Wissens- und Problemgebieten gekennzeichnet war. Johann Joachim Winckelmanns Begrün-

---

51 BATTEUX, Cours de belles-lettres, ou Principes de la littérature (1747–1748), Bd. 4 (Frankfurt a.M. 1755), 167.
52 DENIS DIDEROT, Pensées Détachées sur la Peinture, la Sculpture, l'architecture et la Poésie pour servir de Suite aux Salons (1798), in: DIDEROT (ASSÉZAT), Bd. 12 (1876), 121.
53 Vgl. NICOLAS BOILEAU-DESPRÉAUX, Traité du sublime ou du merveilleux dans le discours (1674), traduit du Grec de Longin, in: BOILEAU, 331–440.

dung der Kunstgeschichte als Disziplin und eines kunsthistorisch fundierten neuhumanistischen Bildungsideals setzte voraus, daß er die französische ›Querelle des anciens et des modernes‹ und die sensualistische Ästhetik der Aufklärung zur Kenntnis nahm, während seine Rezeption der Antike auf den Vorstellungen von ›edler Einfalt und stiller Größe‹ der griechischen Kunst aufbaute. Sie stand in direktem Zusammenhang mit seiner geschichtsphilosophischen Hinwendung zur griechischen Polis-Idee.[54] Dabei folgte Winckelmann in seiner radikalen Abkehr von der sensualistischen Ästhetik den klassizistischen Grundprinzipien. Weiter ausgreifend, standen seine Reflexionen über die Beziehungen zwischen Kunst und Politik am Anfang einer Linie der ästhetisch-politischen Spekulation, die sich u. a. in Friedrich Schillers Entwurf eines ›Ästhetischen Staates des schönen Scheins‹ fortsetzte.[55] Jean-Jacques Rousseau begründete wiederum mit seiner Antwort auf die Preisfrage ›Si le progrès des sciences et des arts a contribué à corrompre ou à épurer les mœurs‹ (1750, als *Discours sur les sciences et les arts* bekannt) die andere richtungsweisende Position, indem er die Auffassung vertrat, der Mensch habe sich durch den Fortschritt der Wissenschaften und der Künste seiner Natur entfremdet. Unter deutschen Verhältnissen trug diese These zum triadischen Schema der Zustände der naiven Unschuld, ihres Verlusts durch Reflexion und ihre Wiedergewinnung durch fortgesetzte Reflexion bei. Ein weiteres Ergebnis war der Mythos einer ungestörten, klassisch-griechischen inneren Einheit und Harmonie, ausgezeichnet durch ein unmittelbares Verhältnis zur Natur, welche in der modernen Zivilisation verloren gegangen sei. Die von Batteux vertretene Idee der Nachahmung der ›schönen Natur‹ fand hingegen keine Beachtung. Das Ideal eines harmonischen Griechenlands bildete noch zu einem so späten Zeitpunkt wie 1872 den Hintergrund für die heftige Abwehr Friedrich Nietzsches gegen den Begriff des Naiven der Weimarer Klassik. Nietzsche sah vielmehr im Gegensatzpaar von Dionysischem und Apollinischem die Grundtriebe der Kunst überhaupt und ebenso die Grundstruktur der Kunst der Griechen.[56]

Als Moses Mendelssohn das Konzept im Rahmen einer Abhandlung sowohl über das Erhabene als auch das Naive einführte, ging er von der Tatsache aus, daß kein adäquater Terminus im Deutschen vorhanden und insofern ›naiv‹ notwendig war. Er begriff es nicht als Synonym von ›natürlich‹ noch von ›ungekünstelt‹, weil diese Wörter weniger besagten, während die Formel ›edle Einfalt‹ wiederum seinen Bedeutungsradius überschritt. Bei der Bestimmung der notwendigen Eigenschaften des Naiven gelangte er zu der folgenden Definition: »Wenn ein Gegenstand edel, schön, oder mit seinen wichtigen Folgen gedacht, und durch ein einfältiges Zeichen angedeutet wird, so heißt die Bezeichnung naiv.«[57] Die Naivität wohnt jeder Schöpfung des Genies inne, der naive Ausdruck entspricht dem Wesen der Künste: »Der naive Ausdruck gewährt eine anschauende Erkenntniß, die also vollkommen, und wenn sie uns eine Menge von Merkmalen zugleich wahrnehmen läßt, sinnlich-vollkommen ist; daher ist das Naive dem Endzwecke der schönen Künste gemäß; denn das Wesen der schönen Künste besteht in einer sinnlichvollkommenen Vorstellung.« (243) Die Ausprägungen des Begriffs, insbesondere in der Theorie des Systems der Künste, hat Mendelssohn im wesentlichen übernommen, nur bezog er ihn jetzt auf einen Stil. Der wortsprachliche Zugang zu dem Begriff erweiterte sich um die Termini ›ungeschmückt‹ und ›einfältig‹.[58] In Sulzers *Allgemeiner Theorie der schönen Künste* (1771/1774) wird das Naive als »eine besondere Art des natürlich Einfältigen« definiert. Das Naive, das im Stil, jedoch auch in Handlungen und Empfindungen Ausdruck finden kann, hat nach seiner Auffassung seinen Ursprung »in einer mit richtigem Gefühl begabten, von Kunst, Verstellung, Zwang und Eitelkeit unverdorbenen Seele«[59]. Dem Kunsttheoretiker

---

54 Vgl. MARTIN FONTIUS, Winckelmann und die französische Aufklärung (Berlin 1968), 11–15.
55 Vgl. JOSEF CHYTRY, The Aesthetic State. A Quest in Modern German Thought (Berkeley/Los Angeles/London 1989), 70–107.
56 Vgl. FRIEDRICH NIETZSCHE, Die Geburt der Tragödie aus dem Geiste der Musik (1872), in: NIETZSCHE (KGA), Abt. 3, Bd. 1 (1972), 3–152.
57 Vgl. MOSES MENDELSSOHN, Betrachtungen über das Erhabene und Naive in den schönen Wissenschaften (1758), in: MENDELSSOHN, Bd. 1 (1971), 237.
58 Vgl. ebd., 198, 215.
59 ›Naiv‹, in: SULZER, Bd. 3 (1793), 499.

Johann Joachim Eschenburg, Lessings Gesprächspartner und Autor der ersten vollständigen Shakespeare-Übersetzung, verdanken wir eine Definition des Naiven, die praktisch ein Resümee der ersten Phase der Diskussion darstellt: »Eine besondere Art des Natürlichen in ästhetischen Gedanken und Ausdrücken ist das Naife, welches in einer gewissen natürlichen Einfalt im Denken, Handeln und Reden besteht, wobey man so wenig Kunst als Vorbedacht und lange Ueberlegung wahrnimmt.«[60] Bemerkenswert ist deshalb Kants Ansiedlung des Naiven außerhalb des ästhetischen Bereichs. Aus seiner Sicht ist Naivität »der Ausbruch der der Menschheit ursprünglich natürlichen Aufrichtigkeit wider die zur andern Natur gewordene Verstellungskunst«, so daß »die unverdorbene schuldlose Natur«[61] in der Naivität ihren Ausdruck findet.

Friedrich Schillers Abhandlung *Über naive und sentimentalische Dichtung* erschien 1795–1796 in Fortsetzungen in der Zeitschrift *Die Horen* unter den Titeln ›Über das Naive‹, ›Die sentimentalischen Dichter‹ und ›Beschluß der Abhandlung über naive und sentimentalische Dichter, nebst einigen Bemerkungen einen charakteristischen Unterschied unter den Menschen betreffend‹ als Anhang und dritter Teil. Wie auch seine weiteren Schriften über Ästhetik und Politik verfaßte Schiller diese Abhandlung vor dem Hintergrund der Rezeption der Französischen Revolution, in der Hoffnung auf eine mögliche schwäbische Republik und im Zuge einer Revision der aufklärerischen Geschichtsphilosophie. Die Auseinandersetzung mit den Modellen des ›naiven‹ Dichters (insbesondere Goethe als ›naiver Dichter‹ im sentimentalischen Zeitalter) diente ihm darüber hinaus dazu, eine Brücke zu seiner eigenen künstlerischen Produktion als ›sentimentalischer Dichter‹ zu schlagen.

›Naiv‹ definierte Schiller zu Beginn seiner Schrift als ›natürlich‹ im Gegenpol zu dem negativ konnotierten Wort ›künstlich‹, wobei er ›Naivetät‹ als Synonym von ›Natürlichkeit‹ betrachtete: »Zum Naiven wird erfodert, daß die Natur über die Kunst den Sieg davontrage.«[62] In einer Fußnote fühlte er sich zu folgender Präzisierung veranlaßt: »Ich sollte vielleicht ganz kurz sagen: *die Wahrheit über die Verstellung*, aber der Begriff des Naiven scheint mir noch etwas mehr einzuschließen, indem die Einfachheit überhaupt, welche über die Künsteley, und die natürliche Freyheit, welche über Steifheit und Zwang siegt, ein ähnliches Gefühl in uns erregen.« Auf der Grundlage dieser herkömmlichen Begriffsbestimmung erfolgt nun die Unterscheidung zwischen dem »Naiven der Überraschung« und dem »Naiven der Gesinnung«, je nachdem, ob es sich »wider Wissen und Willen der Person« ergibt oder mit deren »völligem Bewußtseyn« (418) und ein Gefühl der Rührung hervorbringt. Auch diese Wortbedeutung von naiv gewinnt ihren Geltungsanspruch in Verbindung mit der Begriffsbestimmung des Genies: »Seine Naivetät allein macht es zum Genie, und was es im Intellektuellen und Ästhetischen ist, kann es im Moralischen nicht verläugnen.« Das Genie ist als naturhaftes Phänomen »unbekannt mit den Regeln«, »bloß von der Natur oder dem Instinkt [...] geleitet« und allein dadurch legitimiert, »daß es durch Einfalt über die verwickelte Kunst triumphiert« (424).

Entscheidend für die Bedeutungsgeschichte des Begriffs ist die Tatsache, daß Schiller neben seinem Rückgriff auf die tradierte Auffassung des Naiven einer spezifischen philosophisch-ästhetischen Anwendung Verbindlichkeit verlieh, indem er ›naiv‹ und ›sentimentalisch‹ als Einteilungsprinzipien für die Dichtung benutzte. Auf diesem Wege nuancierte er die polarisierende Untersuchungs- und Darstellungsstrategie, die in seinen ästhetischen Abhandlungen seit *Über Anmut und Würde* (1793) vorherrschte. Die Hauptschwierigkeit zur Stabilisierung dieses neuen Bedeutungsgehalts im Geltungsbereich der Dichtung besteht darin, daß das Naive in der Gleichbedeutung von ›natürlich‹ etwas darstellt, das der Vergangenheit angehört. Das Interesse für die Simplizität und die einfältige Na-

---

60 JOHANN JOACHIM ESCHENBURG, Entwurf einer Theorie und Literatur der schönen Wissenschaften (Berlin/Stettin 1783), 27f.
61 IMMANUEL KANT, Kritik der Urtheilskraft (1790), in: KANT (AA), Bd. 5 (1908), 335.
62 FRIEDRICH SCHILLER, Ueber naive und sentimentalische Dichtung (1795/1796) in: SCHILLER, Bd. 20 (1962), 417f.

tur indessen, die »Sehnsucht nach der Natur; eine Sehnsucht nach ihrer *Glückseligkeit*, eine Sehnsucht nach ihrer *Vollkommenheit*« (427 f.), wie Schiller sie bei den alten Griechen zu finden glaubt, erscheinen ihm als sentimentalische Interessen und Sehnsüchte. Arkadien als das Urbild der Naivität ist der Inbegriff der auf ewig verlorengegangenen antiken ›Simplizität‹. Dieser Verlust wird in einen weltgeschichtlichen Kontext eingebettet: »Diejenige Nation, welche es zugleich in der Unnatur und in der Reflexion darüber am weitesten gebracht hatte, mußte zuerst von dem Phänomen des *Naiven* am stärksten gerührt werden, und demselben einen Nahmen geben. Diese Nation waren, so viel ich weiß, die *Franzosen*. Aber die Empfindung des Naiven und das Interesse an demselben ist natürlicherweise viel älter, und datirt sich schon von dem Anfang der moralischen und ästhetischen Verderbniß.« (431 f.)

Diese und eine zusätzliche Schwierigkeit – die zunehmende Historisierung der alten Griechen, zu der Schiller als Historiker selbst beitrug – löste er durch eine geschichtsphilosophisch fundierte Dichtungs- und Dichtertypologie, die die Dichter entsprechend ihrem Verhältnis zur Natur in naive oder sentimentalische, alte oder moderne, objektive oder subjektive klassifiziert: »Der Dichter [...] *ist* entweder Natur, oder er wird sie *suchen*. Jenes macht den naiven, dieses den sentimentalischen Dichter.« (436) Das Begriffspaar naiv-sentimentalisch stützt sich auf die Antinomie Natur-Kunst, aber die Verschiedenheit von Antiken und Modernen entspricht Prinzipien, die im Hinblick auf das »letzte Ziel der Menschheit« (438) gleiche Gültigkeit haben: »Alle Dichter, die es wirklich sind, werden [...] entweder zu den *naiven* oder zu den *sentimentalischen* gehören.« (432)

Der naive Dichter lehrt deshalb die Natur »aus der ersten Hand zu verstehen« (433), um das Grundprinzip der »absoluten Darstellung« (470) zu erreichen. Dieses folgt »bloß der einfachen Natur und Empfindung« (440), im Gegensatz zu den ›Ideen‹ und ›Reflexionen‹.[63] Die anthropologischen Voraussetzungen sind die eines Zustandes, in dem »Sinne und Vernunft, empfangendes und selbstthätiges Vermögen« (436) eins sind: »Dieser Weg, den die neueren Dichter gehen, ist übrigens derselbe, den der Mensch überhaupt sowohl im Einzelnen als im Ganzen einschlagen muß. Die Natur macht ihn mit sich Eins, die Kunst trennt und entzweyet ihn, durch das Ideal kehrt er zur Einheit zurück.« (438) Die Wirkung dieser naiven Dichtung ergibt sich nach Schiller in ihrer Unterschiedlichkeit nur aus dem »verschiedenen *Grad* einer und derselben Empfindungsweise; [...] Selbst der Unterschied der Sprachen und Zeitalter ändert hier nichts, denn eben diese reine Einheit ihres Ursprungs und ihres Effekts ist ein Charakter der naiven Dichtung« (440 f.)

Schillers Ideen über das Sentimentale als Prinzip der modernen Dichtung setzten sich in Friedrich Schlegels ästhetischem Ideal der romantischen Poesie fort, welches in Frankreich in der Dichotomie klassisch-romantisch eine unmittelbare Rezeption fand. Die Abhandlung selbst wurde als eines der Grundsatzwerke für die Ideenwelt der Weimarer Klassik kanonisiert und war in der zweiten Hälfte des 19. Jh. Bestandteil der gymnasialen Bildung. Doch erst 1856 wurde sie von dem Schweizer Max Bouchon ins Französische übersetzt, als die ›seconde bohème‹ in ihrer ›bataille réaliste‹ nach Kategorien und Argumenten suchte. In der Rezeptionsgeschichte des Schillerschen Begriffspaares ist vor allem seine von Carl Gustav Jung vorgenommene psychologische Verallgemeinerung und seine Einbeziehung in das literaturtheoretische Gebäude Northrop Fryes von Bedeutung. Jung verwendete es 1922 bei der Formulierung seines Gegenentwurfs zu Sigmund Freuds Deutungstechnik des Kunstwerks in *Das Unheimliche* (1919). Jungs These zufolge sollte man bewußtes unbewußtes beabsichtigtes Kunstschaffen und ›Kräfte des künstlerischen Geschehens‹, die sich dem Zugriff des Individuums entziehen, auseinanderhalten: »Wenn wir von der Psychologie des Kunstwerkes sprechen, so müssen wir vor allen Dingen diese zwei gänzlich verschiedenen Möglichkeiten der Entstehung eines Werkes im Auge behalten, denn vieles, was für die psychologische Beurteilung von größtem Belang ist, hängt von dieser Unterscheidung ab. Dieser Gegensatz wurde schon von *Schiller* empfunden; er versuchte [...] ihn unter

---

63 Vgl. ebd., 431 f., 441.

dem Begriff des *Sentimentalischen* und *Naiven* zu fassen.«⁶⁴ Die von Schiller getroffene Unterscheidung vermittelt bei Jung zwischen seiner Ausgangsthese und der Lehre von den überpersönlichen, von ihm als Archetypen oder Urbilder definierten Gestaltungsprinzipien. Produktion und Wirkung werden von den Archetypen bestimmt: »Das ist das Geheimnis der Kunstwirkung. Der schöpferische Prozeß, soweit wir ihn überhaupt zu verfolgen vermögen, besteht in einer unbewußten Belebung des Archetypus und in einer Entwicklung und Ausgestaltung desselben bis zum vollendeten Werk.« (95)

Die Revision der Voraussetzungen und Methoden des ›New Criticism‹, die Northrop Frye in *Anatomy of Criticism* (1957) vornahm, entsprach seiner Definition der Literatur als kohärentes, sich fortwährend aus sich selbst erneuerndes System. Darauf beruht seine Taxonomie der fünf fiktionalen Modi (Mythos, Romanze, hohe und niedrige Mimesis, Ironie), die äußerst unterschiedliche Kombinationsmöglichkeiten bieten, da sie naiv oder sentimentalisch, komisch oder tragisch behandelt werden können. In einem weiteren Buch, in dem Frye narrative Prinzipien am Beispiel des fiktionalen Modus der ›Romance‹ untersuchte, präzisierte er den Gebrauch dieser Konzepte: »The discussion revolves around fiction, and especially around what I am going to call naive and sentimental romance, using two critical terms derived from Schiller's essay *On Naive and Sentimental Poetry*. I am not using these words precisely as Schiller uses them – I could not bring myself to call Goethe a naive poet, as he does – but they are not used in quite their ordinary English senses either.«⁶⁵ Der Erzählungstyp, den Frye eine ›naïve romance‹ nennt, findet sich in den Märchensammlungen, während »by sentimental romance I mean a more extended and literary development of the formules of the naïve romance« (3).

Brecht hingegen war der Auffassung, ein »würdiges, sinnvolles, lebendiges Theater« könne nur derjenige machen, der den Begriff des Naiven in seinem Verständnis des Theaterspielens lebendig erhalte, was er bei der geltenden marxistischen Ästhetik und ihren Befürwortern Mitte der 1950er Jahre jedoch vermißte: »Die glauben doch ernstlich, es gäbe große Schönheiten in der Kunst ohne Naivität. Das Naive ist eine ästhetische Kategorie, die konkreteste.«⁶⁶

III. ›Naiv‹ außerhalb von philosophischer Ästhetik und kunsttheoretischen Ansätzen

Die folgenreichsten Veränderungen in der modernen Geschichte des Begriffs naiv ergaben sich während der Herausbildung einer autonomen Kultursphäre in Frankreich im Zuge der industriellen Revolution. Auch in dieser Periode wirkte sich die zentrale Stellung der französischen Literatur- und Kunstpraxis für die Bestimmung dessen aus, was unter naiv zu verstehen sei. Zwei diesbezüglich relevante soziohistorische Entwicklungsprozesse stehen in einem direkten Zusammenhang mit den sich in den Städten abzeichnenden Massenphänomenen. Diese waren eine Folgeerscheinung der ökonomischen Revolution und führten auch zu grundlegenden neuen Bedingungen der ästhetischen Produktion, der Medialität sowie der Autorität und Legitimation von Kunst und Literatur. Es handelte sich um eine tendenzielle Proletarisierung bestimmter handwerklicher Fähigkeiten im Rahmen einer Dorfkultur und um einen Differenzierungsprozeß innerhalb der Boheme. Die sozialen Akteure beider Prozesse wurden zu Schöpfern von als naiv bezeichneten Kunstprodukten bzw. zu den Hauptträgern der Reflexion über das Naive selbst.

So bestimmte das Aufkommen der urbanen Massen, ein Ergebnis der immer zahlreicheren Abwanderung von Bauern und Handwerkern aus ihrem traditionellen Arbeits- und Lebensbereich ins Umfeld der entstehenden industriellen Produktionsstätten, wo die vertrauten persönlichen Bezie-

---

64 Vgl. CARL GUSTAV JUNG, Über die Beziehungen der analytischen Psychologie zum dichterischen Kunstwerk (1921/1922), in: Jung, Über das Phänomen des Geistes in Kunst und Wissenschaft (Olten/Freiburg i. Br. 1971), 84.
65 NORTHROP FRYE, The Secular Scripture. A Study of the Structure of Romance (Cambridge, Mass./London 1976), 3.
66 Zit. nach MANFRED WEKWERTH, Auffinden einer ästhetischen Kategorie (1956), in: Wekwerth, Theater in Veränderung (Berlin 1960), 33.

hungen durch die Anonymität des Geldes und der Gerichtsbarkeit ersetzt waren, mehr und mehr die Wahrnehmung des Bilds des Anderen und die Erfahrung der Differenz. Die Bevölkerung in den Städten wuchs in knapp zwanzig Jahren, von 1834 bis 1840, sprunghaft um zwei Millionen an.[67] Die dörflichen Kunsthandwerker, die in die Städte drängten, versuchten, sich den Lebensunterhalt durch das Malen von Firmenschildern, Dekorieren von Schaubuden, in der Hinterglasmalerei, der populären Druckgraphik, insbesondere durch die Herstellung von Bilderbögen oder religiösen Votivbildern zu sichern.

Ein weiteres Massenphänomen betraf eine wachsende Anzahl mitteloser junger Männer aus größtenteils kleinen und mittleren Verhältnissen, die es aus der Provinz nach Paris zog, weil sie sich dort eine künstlerische oder literarische Existenz erhofften. Unter den neuen sozialen, medialen, ästhetischen und epistemischen Ausgangsbedingungen in der Großstadt Paris versuchten sie sich in Berufen, die zuvor ausschließliche Domäne der Aristokratie oder der Bourgeoisie gewesen waren.[68]

1. *Die Naivität der Boheme*

In ihrer nonkonformistischen Ablehnung der Lebenswelt der Philister und auf der Suche nach einer ihnen entsprechenden Lebensart fanden die romantischen Dandys der ›bohème dorée‹ um 1830 in der Figur des Clown-Akrobaten ein allegorisches Äquivalent des poetischen Schaffensaktes und das ideale Bild vom Künstler. Die um 1848 aufkommende ›seconde bohème‹ erhielt ihren Zustrom von ›intellectuels prolétaroïdes‹, die »une véritable armée de réserve intellectuelle, directement soumise aux lois du marché«[69] zur Verfügung stellten. Sie zeigten sich sensibel für die Medienkonfiguration ihrer Zeit und stellten eigene Beziehungen zu den Bild- und Texttraditionen her. Die Protagonisten der ›bataille réaliste‹ kamen aus diesem Milieu. In der Überzeugung von der Notwendigkeit revolutionärer Veränderungen überschnitten sich die Vorstellungen der neuen Arbeiterschaft mit den Denkbildern dieser ›seconde bohème‹.[70] Mit ihnen wurde ›naiv‹ zu einem Kampfbegriff. In einer Zeit, in der Paris die unbestrittene internationale Metropole der Malerei war, spielte die Kunstkritik eine immer größere Rolle in den Aktivitäten dieser Boheme. Zu der Künstlergruppe, die sich in der Brasserie Andler traf, gehörten u. a. die Literaten Max Buchon, Pierre Dupont und der Kunstkritiker Champfleury, der den Begriff des ›réalisme‹ prägte. Offenkundiges Oberhaupt war Gustave Courbet, der allein durch seinen Habitus keine urbane Erscheinung war. Die Künstler der Gruppe artikulierten in den Jahren 1848 bis 1851 den geschichtlichen Umbruch in der Verwendung des Begriffs naiv. Ihre künstlerische Suche beschrieb der zwischen den Künstlergruppen pendelnde Baudelaire 1862 wie folgt: »Il y a des modes en littérature comme en peinture, comme dans le vêtement; il fut un temps où dans la poésie, dans la peinture, le *naïf* était objet d'une grande recherche.«[71]

Die erste fiktionale Gestaltung der Persönlichkeit und des Schaffens eines Künstlers, bei dem die neue Bestimmung des Naiven bereits vorhanden ist, lieferte Champfleury in seiner 1848 veröffentlichten Erzählung *Chien-Caillou*. Deren Protagonist träumt seit seiner Kindheit davon, Graphiker zu werden: »Il n'avait que dix ans; il dessinait d'une façon si naïve, qu'on accrochait toutes ses œuvres dans l'atelier. [...] Il songea à faire de la gravure, mais sa gravure ressemblait à ses dessins; c'était quelque chose d'allemand primitif, de gothique, de naïf et de religieux, qui donnait à rire à tout l'atelier.«[72] Chien-Caillous Graphiken entstehen bezeichnenderweise aus der versunkenen Betrachtung der Reproduktion eines Rembrandtbildes und der eigenen Inspiration folgend, wodurch sich ihr paradoxer – naiver – Charakter ergibt, denn der Künstler besitzt keinerlei Kenntnis der Ge-

---

67 Vgl. ALBERT MALET/PIERRE A. GRILLET, XIXe siècle (1815–1914) (Paris 1919), 103.
68 Vgl. PIERRE BOURDIEU, Les règles de l'art. Genèse et structure du champ littéraire (Paris 1992), 84 f.
69 Ebd., 88.
70 Vgl. JEAN SKERLITCH, L'opinion publique en France d'après la poésie politique et sociale de 1830 à 1848 (Lausanne 1901), 194 f.
71 CHARLES BAUDELAIRE, Réflexions sur quelques-uns de mes contemporains: Auguste Barbier (1861), in: BAUDELAIRE, Bd. 2 (1975), 144.
72 CHAMPFLEURY, Chien-Caillou. Fantaisies d'hiver (1847), hg. v. B. Leuilliot (Paris 1988), 24.

schichte der Malerei und hat auch nie eine künstlerische Ausbildung erhalten: »Chien-Caillou était artiste comme Albert Durer, avec autant de naïveté. Sans éducation littéraire, sans éducation artistique, il était parvenu à faire des œuvres d'un grand sentiment. Il avait la foi naïve du Pérugin et des vieux maîtres.« (41) Hinzu kommt ein zweites Paradox insofern, als die naiven Bilder parallel zur künstlerischen Produktion der Zeit existieren, aber zugleich sowohl Anachronismus als auch Überzeitlichkeit suggerieren. Symptomatisch für das neue Begriffsverständnis ist, daß die naiven Werke des Graphikers nur von einem Publikum geschätzt werden können, das sich gerade erst herausbildet, denn Voraussetzung dafür ist, den in Nichtkenntnis der Kunstgeschichte und des akademischen Kanons vollzogenen Bruch als ästhetischen Wert anzuerkennen. Das heißt, die Konstituierung eines Werks zu einem ästhetischen Wert wird zur Funktion einer Veränderung der Wahrnehmung durch eine neue Bilderwelt. Nur ein kunsterfahrener Beobachter, möglichst selbst ein Künstler, erfüllt beim Betrachten eines solchen Bildes die Voraussetzung zu einer ästhetischen Erfahrung: »Pour comprendre les eaux-fortes de Chien-Caillou, il fallait être artiste. La plupart des gens n'y auraient rien vu; les véritables amis de l'art y découvraient un monde.« (41)

Gustave Courbet, der, als Autodidakt zwar, doch bewußt auf der zu seiner Zeit vorhandenen visuellen Kultur aufbaute und die Differenzierung von Visuellem und Konzeptuellem in dem individualisierten Blick auf die Gegenstandswelt überprüfte, kombinierte die aus verschiedenen Darstellungsmedien und Bildtraditionen übernommenen Formelemente in einer Entgrenzung von professioneller Kunst und *arts populaires*. Seine Themen, seine Malweise und seine Antihaltung gegenüber solchen etablierten Institutionen wie den Jurys der *Salons* boten genug Stoff für Skandal.[73] Champfleury legte in seiner Rezension des 1854 im *Salon* ausgestellten Bildes *L'Enterrement à Ornans* Courbet als Erklärung für das Schockierende seines Themas und die düstere Häßlichkeit seiner Figuren das Argument in den Mund, daß seine Bewohner eines Dorfes in der Franche-Comté gewiß nicht das Schönheitsideal eines *Antinous Belvedere* kopierten: »je suis même persuadé que Winckel-

mann ne disserterait pas sur mon tableau à cause de la *bassesse* de quelques personnages«[74]. Die offizielle Kunstkritik beschuldigte Courbet des ›Kults des Häßlichen‹ und brandmarkte ihn als ›Wilden‹, dem es an akademischer Bildung mangele: »On veut que M. Courbet soit un sauvage qui ait étudié la peinture en gardant les vaches. Quelques-uns affirment que le peintre est un chef de bandes socialistes. […] ›Les Barbares sont entrés dans l'exposition‹.« (232 f.) Der Vergleich, das Naive in Courbets Bild stehe auf einer Stufe mit den Holzschnitten und der populären Druckgraphik, insbesondere in Form der Bilderbögen aus Epinal, bleibt auf halbem Wege stecken. Courbets eigenes Realismusverständnis veranlaßte Champfleury, diese Verwandtschaftszuweisungen und den offenen Hohn in die Möglichkeit einer neuen Art des Naiven als ästhetischen Wert umzukehren: »chacun est surpris par cette peinture simple, comme à la vue de ces naïves images sur bois, taillées par un couteau maladroit, en tête des assassinats imprimés rue Gît-le-Coeur. L'effet est le même, parce que l'exécution est aussi simple. L'art savant trouve le même *accent* que l'art naïf. L'aspect est saisissant comme un tableau de gran maître.« (244) Worüber sich die etablierten Kritiker als ästhetischen Mangel mokierten, gehorchte vielmehr dem Arrangement der im Bild repräsentierten Dorfbevölkerung. Champfleurys These zufolge war es Courbet in seinen Bildern gelungen, eine neue Möglichkeit der Darstellung aufzuzeigen, indem er den Schritt, der zur Darstellung führte, auf der Leinwand mit darstellte.[75]

In den für die breiten Volksschichten bestimmten Kurzerzählungen, Druckerzeugnissen und Illustrationen entdeckte Champfleury das populäre Naive. In seinem Kommentar über die anonym er-

---

73 Vgl. MEYER SCHAPIRO, Courbet and Popular Imagery: An Essay on Realism and Naïveté, in: Journal of the Warburg and Courtauld Institutes 4 (1940–41), 164–191.

74 CHAMPFLEURY, L'Enterrement à Ornans (1851), in: Champfleury, Grandes figures d'hier et d'aujourd'hui (Paris 1861), 241.

75 Vgl. CHAMPFLEURY, Sur M. Courbet. Lettre à Madame Sand, in: Champfleury, Le réalisme (Paris 1856), 275 ff.

schienene *Histoire nouvelle et divertissente du bon homme Misère* verknüpfte er die Vorstellung des Naiven mit der des Genies zu einer neuen Leitkombination: »sans tomber dans l'archéologie, combien désirerais-je faire revivre le nom de l'homme de génie naïf qui a conté doucement, sous forme allégorique, la grande inquiétude de l'humanité. [...] En ce moment, je suis seulement frappé de l'invention de la légende et de son ton naïf, de sa popularité et de son impression topographique.«[76] Champfleurys Auffassung von ›popularité‹ widersprach der Zeitskala, die die Romantik in der Gegenüberstellung von Formen des kollektiven Ausdrucks als vom Instinkt geleiteten und dem individuellen, von der Imagination bestimmten europäischen Diskurs aufstellte.

2. Die antibürgerliche Begriffsverknüpfung barbarisch/wild – kindlicher Blick – naiv

Das Korpus, auf das sich das Studium in den Kunstakademien traditionell stützte, blieb auf die griechischen Plastiken in der Galerie des Vatikans und auf Bilder von Michelangelo und Raffael begrenzt. In der veränderten Begriffskonstellation erhielt der ästhetische und kunstkritische Diskurs bis 1870 einen nachhaltigen Impuls durch den Schweizer Pädagogen Rodolphe Töpffer und seine wegweisenden neuen Ansätze in der Bewertung der kindlichen Kreativität. In seinen *Réflexions et menus propos d'un peintre genevois* (1848 postum erschienen) wies er darauf hin, daß Genialität mehr mit der Ausdruckskraft der Kindheit als mit erlernbaren technischen Fähigkeiten zu tun habe. Darum sein Standpunkt, »l'apprenti peintre est moins artiste que le gamin pas encore apprenti« und »il y a moins de dissemblance entre Michel-Ange gamin griffonneur et Michel-Ange devenu un immortel artiste, qu'entre Michel-Ange devenu un immortel artiste et Michel-Ange encore apprenti«[77]. Überall auf der Welt fänden sich identische ›Strichzeichnungen‹ der Kinderkunst, und in ihnen erforschte Töpffer den Ursprung der Kunst im ontogenetischen Sinne. Die Lebendigkeit und Kraft einer Kinderzeichnung sei mit den Kreationen der ›Wilden‹ vergleichbar.[78] Champfleury vertrat die These, diese seien nicht Nachahmung, sondern Ausdruck von Ideen, der geschaffene Gegenstand sei ein Zeichen der Konzeptionen und der Kreativität des wilden Künstlers. In seinen Augen stand ein ›geschnitztes Idol‹ dem *Moses* von Michelangelo näher, als man es von der Mehrheit der in den *Salons* ausgestellten Statuen je behaupten könne.[79] Die Kinder, so die Grundidee, »naissent poètes [...]. Un enfant dessine poussé par son instinct«[80]. Gautier lobte an Töpffers eigenen Zeichnungen deren ›naïveté‹, die eine universelle Qualität darstelle, denn sie sei sowohl in den Kinderzeichnungen, in der Einfachheit und Größe der etruskischen Kunst als auch in den zu einer ›byzantinischen‹ Kunst hochstilisierten Bilderbögen aus Epinal und in der modernen Kunst, der die reflektierte Naivität als Grundlage diene, vorhanden.[81]

Die antibürgerliche ästhetische Verknüpfung des Wilden, Barbarischen im Sinne des Ursprungs des kindlichen Blicks und des Naiven, in welcher sich die neue ästhetische Bestimmung des Begriffs des Naiven vollzog, fand eine erste Artikulierung in Baudelaires zum Manifest gewordener Abhandlung *Le peintre de la vie moderne* (1863). Constantin Guy, Baudelaire zufolge der archetypische Maler des modernen Lebens, »dessinait comme un barbare, comme un enfant«, er bewahrte sich wesentliche Elemente seiner »première ingénuité«, was seine »barbouillages primitifs«[82] hervorbrachte. Weil sein Weg nicht darin bestand, die in den Museen ausgestellten Bilder nachzuahmen, »il en est résulté une originalité saisissante, dans laquelle ce qui peut rester de barbare et d'ingénu, apparaît comme une preuve nouvelle d'obéissance à l'impression, comme une flatterie à la vérité.« (469) Der Blick

---

76 CHAMPFLEURY, Les sensations de Josquin, in: Gazette de Champfleury (novembre-décembre 1856) (Paris 1856), 60.
77 RODOLPHE TÖPFFER, Réflexions et menus propos d'un peintre genevois ou Essai sur le beau dans les arts (1848; Paris 1998), 261 f.
78 Vgl. TÖPFFER, Nouveaux voyages en zigzag (Paris 1854), 38 f.
79 Vgl. CHAMPFLEURY, Histoire de l'imagerie populaire (Paris 1869), XII.
80 CHAMPFLEURY, Les enfants (Paris ⁴1873), 264, 299.
81 Vgl. THEOPHILE GAUTIER, L'art moderne (Paris 1856), 130 f.
82 BAUDELAIRE, Le peintre de la vie moderne (1863), in: BAUDELAIRE, Bd. 2 (1976), 688.

des modernen Künstlers gleiche dem »œil fixe et animalement statique des enfants devant le nouveau [...]. L'enfant voit tout en *nouveauté*; il est toujours *ivré*«. Baudelaire zog den Schluß, das Genie sei nichts anderes als »*l'enfance retrouvée* à volonté« (462). In Baudelaires Bild des Künstlers als Erwachsener und Kind gleichzeitig (›raison‹ – ›sensibilité‹) ist das Genie männlichen Geschlechts und seine Denkweise analytisch. Die Naivität des modernen Dichters ist paradoxerweise reflexiv und gleichzeitig magisch: »La fantasmagorie a été extraite de la nature. Tous les materiaux dont la mémoire s'est encombrée se classent, se rangent, s'harmonisent et subissent cette idéalisation forcée qui est le résultat d'une perception infantine, c'est-à-dire d'une perception aiguë, magique à force d'ingénuité!« (466). Baudelaire bezog in sein Konzept des Barbarischen, das er unter positivem Vorzeichen dem Verfallszustand der bürgerlichen Zivilisation entgegensetzte, die nicht realistische visuelle Kultur der großen Zivilisationen der Vergangenheit ein, die seit Ende des 18. Jh. in den Ausstellungen der Museen, durch die Möglichkeiten der technischen Reproduzierbarkeit und ab 1851 auch auf den Weltausstellungen dem Publikum zur Kenntnis gebracht wurde. Die Merkmale der ›barbarischen‹ Kunst und die der modernen Künstler (Corot, Guy) hält Baudelaire für die gleichen: »Ce mot *barbarie* [...] pourrait incluire quelques personnes à croire qu'il s'agit ici de quelques dessins informes que l'imagination seule du spectateur sait transformer en choses parfaites. Ce serait mal me comprendre. Je veux parler d'une barbarie inévitable, synthétique, enfantine, qui reste souvent visible dans un art parfait (mexicaine, égyptienne ou ninivite), et qui dérive du besoin de voir les choses grandement, de les considerer sortant dans l'effet de leur ensemble.« (469)

Diese moderne Etappe der Begriffsgeschichte reichte bis in die Zeit der Krise, die die Gesellschaft und den Staat nach dem Scheitern der Pariser Commune erfaßte. In Rimbauds ›heidnischer‹ Autobiographie *Une saison en enfer* (1873), in der er für eine andere Kunst in einem neuen, poetischen Zeitalter plädierte, sind zu Beginn des Gedichts ›Alchimie du verbe‹ die Elemente der Randerscheinungen der Modernisierung aufgezählt, die sich die entstehende Avantgardebewegung in ihrer Umkehrung der ästhetischen Normen zu eigen machen sollte: »À moi. L'histoire d'une de mes folies. Depuis longtemps je me vantais de posséder tous les paysages possibles, et trouvais dérisoires les célébrités de la peinture et de la poésie moderne. J'aimais les peintures idiotes, dessus de portes, décors, toiles de saltimbanques, enseignes, enluminures populaires; la littérature démodée, latin d'église, livres érotiques sans orthographe, romans de nos aïeules, contes de fées, petits livres de l'enfance, opéras vieux, refrains niais, rythmes naïfs.«[83]

Angeregt durch die Pariser Weltausstellung 1878, auf der prähispanische Artefakte gezeigt wurden, und durch die Gründung des Musée d'Ethnographie du Trocadéro im gleichen Jahr, stellte der französische Bildhauer Emile Soldi in seinem Buch *Les arts méconnus* den ersten Entwurf einer nicht-westlichen Ästhetik zur Diskussion. Soldi folgte dabei einem evolutionistischen Schema von vier Entwicklungsstadien (primitiv, fortgeschritten, verfeinert, dekadent) und rückte das Interesse weg vom Schönen und Erhabenen hin auf die Materialien, den technischen Entwicklungsstand und die vom Künstler avisierten Ziele. Das Skulpturenwerk von Tiahuanaco im heutigen Peru situierte er ausgehend von diesen Prämissen in der Kindheitsetappe und bewunderte an ihm die ›ingénuité‹, mit der die menschlichen Figuren von den damaligen Bildhauern gestaltet worden seien.[84]

Der kubanische Romancier Alejo Carpentier ließ sich fünfzig Jahre später von Rimbauds Gedicht, von der Poesie in den Bildern Lautréamonts und der Surrealisten inspirieren und übertrug den ethnographischen Blick Georges Henri Rivières auf einen kubanischen Flaneur und Touristen. In Mexiko und auf Kuba spürte er die eigene lateinamerikanische Modernität auf: »en lo que el hombre crea no sólo lo artístico es bello«[85] (in dem, was der Mensch erschafft, ist nicht nur das Künstleri-

---

83 ARTHUR RIMBAUD, Une saison en enfer (1873), in: Rimbaud, Œuvres complètes, hg. v. A. Adam (Paris 1972), 106.
84 Vgl. EMILE SOLDI, Les arts méconnus (Paris 1881), 379.
85 ALEJO CARPENTIER, La Habana vista por un turista cubano (1939), in: Carpentier, Obras completas, Bd. 14 (Mexiko u. a. 1991), 258.

sche schön), entdeckte sie in den »fachadas de las pulquerías [...], las tallas pueblerinas, objetos policromados, frescos arrabaleros, muestras de tiendas, tablas pintadas« (Fassaden der Wirtshäuser [...], den dörflichen Schnitzwerken, den vielfarbigen Objekten, den Fresken der Vorstadtviertel, den Schaufenstergestaltungen, den gemalten Schildern). In der populären urbanen Kunst Havannas fand er »verdaderas obras maestras de ingenuidad, cuya enseñanza no despreciaron los pintores modernos« (259) (wirkliche Meisterwerke an Naivität, deren Lektion die modernen Maler keineswegs unbeachtet gelassen haben).

IV. ›Primitiv‹ als Komplementärbegriff zu ›naiv‹ in der modernen Kunst

Als Konzeptualisierung und Faktor der ästhetischen Darstellung und Erfahrungsweise erfaßten in der ersten Hälfte des 20. Jh. eine Reihe von Amalgamierungs- bzw. Differenzierungsprozessen den Begriff naiv und hatten zur Folge, daß er die Funktion eines produktions- und werkbestimmten Kunstbegriffs erhielt. Die zahlreichen Definitionsschwankungen, neuen Wortfindungen und Akzentsetzungen, Verschiebungen und Eingrenzungen fanden im Rahmen einer Neudefition des Kunstbegriffs und des Bildes vom Künstler statt, die im ausgehenden 19. Jh. bis nach dem Ende des 2. Weltkrieges, als New York zur Hauptstadt der modernen Kunstwelt avancierte, in eklatanter Weise außerhalb der Theorietradition der philosophischen Ästhetik vonstatten ging. Am Beginn dieser Phase der Begriffsgeschichte war die ›philosophie du beau‹ in Frankreich bereits eine tote Disziplin. In Deutschland verlieh ihr die institutionelle Verankerung einen idealistischen Grundton[86], das ästhetische Bewußtsein rückte in den Vordergrund und orientierte sich als Reflexion über das Schöne hin zur Psychologie. Als man den Versuch unternahm, die dringende epochentypische Frage nach der ›primitiven Kunst‹ aufzugreifen, wurde eine grundsätzliche Blockierung offensichtlich: »Die Kunstpsychologie bestand ausschließlich in der traditionellen Ästhetik. Den Mittelpunkt aller psychologischen Kunstbetrachtungen bildete immer und immer wieder allein der Schönheitsbegriff der Kulturvölker. [...] In Wirklichkeit ist das Gebiet unendlich viel grösser.«[87]

Das Konzept des Primitiven war ein Erbe der Aufklärung. Auf der Wegstrecke von Giambattista Vico zu Rousseau und Jan Cornelius de Pauw, lange Zeit Sekretär der Akademie in Berlin und 1792 von der Nationalversammlung mit dem Titel ›Citoyen Français‹ geehrt, entwickelte die Aufklärung in ihrem universalen Anspruch die eurozentristische Vorstellung vom primitiven oder wilden Zustand als einer ursprünglichen Etappe, die alle Kulturen durchlaufen. Parallel dazu führte der von den Kunstakademien, den Museen und der Kunstgeschichte getragene klassizistische Kanonbildungsprozeß zu einer Auffassung des Primitiven als Kontrastbild zur klassischen Ästhetik. Die Maler vor der Renaissance, eine periodisierende Erfindung des 19. Jhs., galten nun als die ›ältesten‹, die ›ersten Maler Italiens‹, die ›gotischen Maler‹. Gautier bezeichnete sie mit einem Terminus, der sich bereits eingebürgert hatte, als ›peintres primitifs‹, im Sinne von ursprünglich, am Ursprung stehend.[88] Dabei stützte er sich auf die neuen Ausstellungskriterien im Louvre, wonach die Exponate, geordnet nach dem Grad der von ihnen in der Nachahmung erreichten Perfektion, zur Schau gestellt wurden. Der *Larousse. Grand dictionnaire universel du XIX siècle* definiert ›primitif‹ 1875 als »qui a la simplicité des premiers âges«[89].

Die paläontologischen Forschungen und die ersten Studien über die Vorgeschichte scheinen zur Angleichung zwischen ›den ersten Menschen‹ und den ›Wilden‹ beigetragen zu haben. Aus positivistischer Sicht wurden schließlich die einen wie die anderen ›primitifs‹ genannt.[90] Die frühere aufkläre-

---

86 Vgl. PETER JOERISSEN, Kunsterziehung und Kunstwissenschaft im Wilhelminischen Deutschland 1871–1918 (Köln/Wien 1979).
87 MAX VERWORN, Zur Psychologie der primitiven Kunst (Jena 1907), 5 f.
88 Vgl. GAUTIER, Guide de l'amateur au musée du Louvre (1882), in: Gautier, Œuvres complètes, Bd. 8 (Genf 1978), 30, 33 ff., 49, 52 f., 68 f., 81, 86 ff.
89 E. BERSOT, ›Primitif‹, in: LAROUSSE, Bd. 13 (1875), 150.
90 Vgl. BLACHÈRE (s. Anm. 3), 110.

rische Bedeutungsschicht im Konzept des Primitiven kam um 1870 in der evolutionistischen viktorianischen Anthropologie durch die Erfindung der ›primitive society‹ zu neuer Geltung. Auf dem Höhepunkt des europäischen Expansionsbestrebens legitimierte sich der Kolonialismus als ›zivilisatorische Mission‹ und zwang der koloniale Diskurs den Kolonisierten in dem Gegensatzpaar primitive Gesellschaft – Zivilisation seine Vorstellungen vom Primitiven auf. Die sich von ihrem Gesellschaftszustand abwendenden Künstler, in exemplarischer Weise Gauguin, fühlten sich vom primitiven, ursprünglichen Naturzustand angezogen und stellten mit ihren Werken die in der Werteskala der Kunstgeschichte und des kolonialen Diskurses verankerten Normen in Frage. In Pablo Picassos bis in die 1940er Jahre kaum bekanntem Bild *Demoiselles d'Avignon* (1907) gestaltete sich das nicht nur als besondere Provokation, sondern in einer für die moderne Kunst programmatischen Weise.

In der Erfindung des Mythos vom Primitiven stellte Griechenland in den Augen Gauguins ein Synonym für die Schule von Rhodos und die École des Beaux-Arts dar. Die Schöpfer der Statuen und Fresken Ägyptens und Vorderasiens kamen ihm zufolge Giotto gleich, ebenso die Bauern der Bretagne und die Volkskunst genannten Werke der Holzschnitzer, Keramiker und Teppichweber, die aus dem offiziellen Kanon als Nicht-Kunst ausgeschlossen waren: »Vous trouverez toujours le lait nourricier dans les arts primitifs (dans les arts en pleine civilisation, rien, sinon répéter). Quand j'ai étudié les Egyptiens, j'ai toujours trouvé dans mon cerveau un élément sain d'autre chose, tandis que l'étude du grec, surtout du grec décadent, m'a inspiré dégout ou découragement, un vague sentiment de la mort sans espoir de renaître.«[91]

Fünfzig Jahre später schlug Pierre Mabille, Arzt und Autor eines der grundlegenden Texte des Surrealismus[92], eine synthetische Definition des modernen Künstlers vor, als er sich zum Ende des 2. Weltkrieges in Mexiko und auf den Antillen aufhielt. Seine Referenzpunkte waren dieselben, mit denen die historische Avantgarde den herrschenden Kunstbegriff in Frage gestellt hatte: »L'artiste moderne se trouva donc solidaire de l'enfant, du fou, de l'hérétique, du révolté, du primitif et plus simplement du rêveur – c'est-à-dire de tous ceux qui, momentanément ou non, échappent à la contrainte sociale, soit qu'elle ne s'exerce pas encore sur eux, soit qu'ils se révoltent contre elle.«[93] Die komplexen Theorien über Totemismus und Hysterie, so die von James George Frazer und Jean-Martin Charcot, betonten die Unterschiede zu den ›Primitiven‹ und den ›Geisteskranken‹ stärker und versuchten sie faßbar zu machen.[94] Gleichzeitig exorzisierten sie im imperialen europäischen Selbst die Aspekte, die gegen die Idee der positivistischen Rationalität verstießen. Die von der Akademie anerkannte und vom Staat protegierte Kunst war in Europa zu Anfang des 20. Jh. das Werk männlicher erwachsener Personen, die dem europäischen Kulturkreis angehörten oder ausnahmsweise von seinem Antipoden, Japan, stammten[95], im Vollbesitz ihrer mentalen Fähigkeiten waren und eine akademische Ausbildung genossen hatten. Von dem Moment an, als die sich außerhalb dieser Koordinaten stellenden Avantgarde-Künstler das Primitive als ihre Inspirationsquelle zelebrierten, bedeutete das die Infragestellung der im Europa der kolonialen Expansion herrschenden Ideen von Kunst in ihrem eigenen Rahmen. Die Kinderzeichnungen, die Kultobjekte, Masken und Skulpturen aus Afrika oder anderen ›sociétés primitives‹, die Malerei, die sich in der paradigmatischen Figur Henri Rousseaus repräsentiert sah, sowie, in den 1920er Jahren, die Ausdrucksformen der ›Geisteskranken‹ – sie bekamen nun den Status von Kunst zugesprochen. Damit begann auch der Kunstbegriff selbst sich zu verändern.

---

91 PAUL GAUGUIN, Diverses choses (1896–1898), in: Gauguin, Oviri: écrits d'un sauvage, hg. v. D. Guérin (Paris 1974), 161.
92 Vgl. PIERRE MABILLE, Le miroir du merveilleux (Paris 1941).
93 MABILLE, Messages de l'étranger (1945), in: Mabille, Messages de l'étranger (Paris 1985), 54.
94 Vgl. JAMES GEORGE FRAZER, Totemism and Exogamy. A Treatise on Certain Early Forms of Superstition and Society, 4 Bde. (London 1910–1937); JEAN-MARTIN CHARCOT, Leçons sur les maladies du système nerveux, 3 Bde. (Paris ²1875).
95 Vgl. ELISA EVETT, The Late Nineteenth-Century European Critical Response to Japanese Art: Primitivist Leanings, in: Art History 6 (1983), 82–106.

1. Die Anwendung einer essentialistisch-regressiven Kategorie

Im Primitiven sahen die Avantgarde-Künstler das Originale, Ursprüngliche und Erneuernde. Die Kategorie des Primitiven war dabei als Bestandteil einer binären Gegenüberstellung gedacht, an deren anderem Pol die ›europäische Zivilisation‹ stand. Im deutschsprachigen Raum hatte sich hingegen die Bezeichnung Naturvölker durchgesetzt. Über die Tatsache des zeitlichen Nebeneinanderbestehens der ›Kunst der Primitiven‹ und der modernen Kunst wurde hinweggesehen. ›Primitiv‹ gewann als Kunstbegriff vielmehr eine spezialisierte Bedeutung: »Die Grundsätze der primitiven Kunstausübung prägen sich am reinsten in der Skulptur aus. Sie geben ein deutliches Spiegelbild der allgemeinen Formkräfte der Primitivität, so daß sie ein getrautes Abbild der Lebenshaltung ihrer Träger sind«, schrieb Eckart von Sydow 1926 in seinem Buch *Kunst und Religion der Naturvölker*. Die bestimmenden Elemente seien dabei, so von Sydow, »Einheitlichkeit – Systematik – Aristokratismus«[96]. Alles, was an kulturellen Eigenheiten und historisch Zufälligem in den Objekten vorhanden war, die durch Raub oder Handel seit dem 15. Jh. nach Europa geschafft worden waren, verwischte sich. Primitivität wurde innerhalb der neuen Einteilung Natur-Kultur zum Bestandteil des europäischen Diskurses über die Hierarchie der sozialen und ästhetischen Werte, die den kollektiven (Instinkt, Irrationalität, Kindheit oder Weiblichkeit, nicht-europäische Rasse) und den individuellen (Imagination, Reflexion, Reife, Männlichkeit, weiße Rasse) Ausdrucksformen zuzuschreiben sind. Prinzipiell setzte das die These voraus, primitive Kunst sei keinen Veränderungen und dynamischen Entwicklungen ausgesetzt.

Ende der 1920er Jahre bot die Pariser Zeitschrift *Documents* eine Plattform, um in Anwendung verschiedener Strategien, immer am Rande der herrschenden Kunstkritik und in Abgrenzung von den Herangehensweisen der Avantgardebewegungen die Beziehungen zwischen der künstlerischen Praxis der Gegenwart und den Totems und Fetischen herauszufinden.[97] Der Wert, den Werke aus der Tatsache erhalten, daß sie einer bestimmten Person gehören oder Teil einer Sammlung sind, wobei allein dieser ›pedigree‹ zum spekulativen Faktor wird, löste anläßlich der Verkäufe und Versteigerung der afrikanischen Objekte André Bretons und Paul Eluards eine Grundsatzdiskussion aus. In den 1930er Jahren meldete sich von England und den USA aus eine andere Tendenz in der Kunstkritik zu Wort, um den ›modernism‹ als eine Tradition der ›high art‹ zu begründen und eine programmatische Theorie des ›modernism‹ unter Einbeziehung des ›primitivism‹ zu formulieren. Dieses Anliegen entwickelte sich parallel zu den Positionen, die mit ihrer aktivistischen Sicht auf die sozio-politische Situation und mit der Akzentuierung der politisch-instrumentellen Funktion von Kunst die Realismus-Frage ins Zentrum der theoretischen und kulturpolitischen Diskussion rückten.

Die ersten Ansätze im englischsprachigen Raum, eine Geschichte der modernen Kunst zu erarbeiten, lösten eine lebhafte Diskussion über den Primitivismus der modernen Kunst aus[98], d. h. über die tiefgreifenden Wirkungen des mit den Begriffen von Rasse und Sexualität angesprochenen Primitivismus auf solche – zu Helden der Moderne statuierten – Künstler wie Picasso, Dérain, Matisse oder Braque. Diese Linie, in deren Methodik formaltheoretische und kunstpsychologische Überlegungen zur Operationalisierung ihrer Hypothesen eingingen, fand ihren vorläufigen Abschluß in Robert Goldwaters Buch *Primitivism in Modern Art* (1938), heute ein Standardwerk. Goldwater analysierte dieselben Tendenzen, die in den 600 Werken der 118 Künstler repräsentiert waren, welche 1937 erst in München und bis 1941 dann als Wanderausstellung in ganz Nazi-Deutschland als ›entartete Kunst‹ diffamiert worden waren.[99]

Goldwaters These zufolge ist der Primitivismus der modernen Künstler als ›produktive künstleri-

---

[96] ECKART VON SYDOW, Kunst und Religion der Naturvölker (Oldenburg 1926), 21.
[97] Vgl. CARL EINSTEIN, André Masson, étude ethnologique, in: Documents 1 (1929), Nr. 2, 93–104; MICHEL LEIRIS, Alberto Giacometti, in: Documents 1 (1929), Nr. 4, 209.
[98] Vgl. GEORGE SAIKO, Why Modern Art Is Primitive, in: The London Studio 7 (1934), 275.
[99] Vgl. FRITZ KAISER (Hg.), Führer durch die Ausstellung Entartete Kunst [Ausst.-Kat.] (Berlin 1937).

sche Haltung‹ nicht so sehr durch spezifische visuelle Objekte, sondern als Produkt des Einflusses einer Idee von ›primitiver‹ Kunst zu definieren: »primitive art only served as a kind of stimulating focus, a catalytic which, though not itself used or borrowed from, still helped the artists to formulate their own aims because they could attribute to it the qualities they themselves sought to attain.«[100] In der von ihm vorgeschlagenen Kartographie unterschied er je nach den formalen Gegebenheiten und dem ›emotionalen Klima‹ vier Hauptbereiche des Primitivismus: ›Romantic‹ (Gauguin, der Fauvismus), ›Emotional‹ (Die Brücke, Der Blaue Reiter), ›Intellectual‹ (Einfluß primitiver Skulpturen auf Picasso, Kubismus, Konstruktivismus und ›Abstract Painting‹) und den ›Primitivism of the Subconscious‹ (Dada und Surrealismus, ›the child cult‹ seit Paul Klee und ›the Modern Primitives‹ am Beispiel Rousseaus). Die Bilder Rousseaus prägten, genauso wie die ›art of primitive peoples‹, die Kunstpraxis aller Künstler der drei anderen Gruppen nachhaltig. Deshalb bezeichnete Goldwater die schon damals ›naiv‹ genannten Maler als die modernen Primitiven, mit einer Gleichsetzung von ›primitiv‹ und ›naiv‹ im Fall der Malerei Rousseaus: »The problem of the modern primitives – Rousseau and the other ›naïve‹ artists who have been associated with him – is introduced into our discussion from this point of view and with this fact in mind, and not because we wish to discuss the complicated question of the nature of primitive art as such.« (178 f.) Darum lassen sich seiner Ansicht nach in dieser Frage zwei miteinander verbundene Aspekte unterscheiden: »What is meant by the primitivism, or the naïveté, of these artists«, und »the kind of appreciation given this so-called naïve art, and the extent to which it was relevant to the aim and intention of the ›naïve‹ artists themselves on the one hand, and to the production of the ›sophisticated‹ artists on the other« (179).

Dieses offensichtliche Schwanken zwischen den Termini ›primitivism‹, ›primitive Kunst‹ und ›naive Kunst‹ hält seit den 1930er Jahren an. Das gilt sowohl für die großen internationalen Ausstellungen[101] als auch für die Rezeption der Malerei auf Haiti[102]. In England, wo heute Kunsthistoriker das Konzept ›naive Malerei‹ selbst auf Bilder des 18. Jh. anwenden, findet sich unter dem Stichwort ›naïve

artists‹ in der Ausgabe der *Encyclopaedia Britannica* von 1979 (15. Aufl.) nur ein Querverweis auf den Artikel ›Primitivism‹. Erst in späteren Nachdrucken bekam ›naïve art‹ einen eigenen Eintrag: »also spelled Naïf Art, work of artists in sophisticated societies who lack or reject conventional expertise in the representation or depiction of real objects«[103].

Auf einer Pariser Weltausstellung Mitte der 1880er Jahre sahen van Gogh und Gauguin die bis dahin als Kuriositäten oder minderwertige Kunst geltenden Stammesobjekte. Der großzügige ›Mythos des Primitivismus‹[104], dem Gauguin anhing, war ein anderer als der Ikonoklasmus der historischen Avantgarden, von dem sich wiederum der von den Museen der modernen Kunst geschaffene ästhetische Code unterscheidet. Die strukturelle Anthropologie hat den eurozentristischen Grundzug des Konzepts der ›Stammesgesellschaften‹ als nicht komplexe Gesellschaften, ja den Stammesbegriff selbst als eine Erfindung des westlichen kolonialen Diskurses nachgewiesen. Breton setzte in seinem großangelegten Versuch, eine Definition der magischen Kunst herauszuarbeiten, an diesem Punkt an. Weil es sich bei dem Terminus ›primitiv‹ um ein Amalgam handelte, bereitete er Breton besonderes Unbehagen; trotzdem verwendete er ihn unter Vorbehalt für die Kunst der ›sociétés primitives‹. Im Namen von Originalität und Authentizität, den höchsten Werten der Surrealisten, wies er auch auf die Gefahren der Täuschung hin, die im

---

100 ROBERT GOLDWATER, Primitivism in Modern Art (1938; Cambridge, Mass./London 1986), 252 f.
101 Vgl. Primitive Artists of the Americas [Ausst.-Kat.] (Washington D. C. 1963); De lusthof der naïeven [Ausst.-Kat.] (Rotterdam 1964); DEBORAH CHOTNER u. a., American Naïve Paintings: The Collections of the National Gallery of Art (Cambridge, Mass. 1992).
102 Vgl. PETERS DEWITT, Haiti's Primitive Painters, in: Harper's Bazar 1 (1947), 104 f., 153; SELDEN ROMAN, Haiti – The Naïve and the Knowing, in: Art in America 48 (1960), 108 f.; EUGENIO FERNÁNDEZ-MÉNDEZ, Le primitivisme haïtien (Port-au-Prince 1972).
103 ›Naïve Art‹, in: The New Encyclopædia Britannica, Bd. 8 (Chicago u. a. 1985), 488.
104 Vgl. SUSAN HILLER (Hg.), The Myth of Primitivism: Perspectives on Art (London u. a. 1991), 4 f.

Konzept der ›peinture naïve‹ selbst begründet sind.¹⁰⁵ Darum betonte er so vehement, ›naïveté‹ und ›état primitif‹ seien nicht im Werk, sondern im Leben des Künstlers selbst begründet, darin liege der wesentliche Unterschied: »La ›simplicité‹ de Rousseau qui le défendait contre les prohibitions sur lesquelles nous sommes communément appelés à nous modeler, l'avait rendu à cet état primitif de ›fils du soleil‹ que Rimbaud et Lautréamont n'avaient pu espérer retrouver qu'au prix de la révolte intégrale et que Gauguin – plus naïvement peut-être – était allé quêter auprès des Polynésiens.« (38)

Viele der Motive und Stilelemente auf Gauguins Bildern und Schnitzwerken aus der Südsee stammten aus Photoalben, Reiseführern und von ägyptischen Kunstobjekten, die der Künstler in Frankreich gesehen hatte. Breton wußte allerdings noch nicht, daß eine der wesentlichen Komponenten in der Herausbildung des ›Mythos des Primitivismus‹ bei Gauguin, die mittelalterlich anmutende bretonische Kleidung, ein Produkt des Aufblühens der Volkskunst im 19. Jh. war, hervorgerufen durch zunehmenden Wohlstand und mehr Freizeit eines bestimmten Sektors der Bauernschaft. Das galt ebenso für wirtschaftliche Praktiken, die Gauguin für präindustriell hielt, obwohl sie Hervorbringungen einer agrar-industriellen Produktion waren.¹⁰⁶ Die Tatsache, daß Tahiti um 1890 nur noch wenig von einem ursprünglichen Zustand an sich hatte, ist heute nicht zuletzt dank Gauguin genauso bekannt wie der Umstand, daß die Stoffe der Röcke, die die Frauen auf seinen Bildern tragen, in Manchester gedruckt und ausschließlich für den Export nach Polynesien bestimmt waren. Ihre Muster mochten vielleicht von alten tahitischen Stoffen inspiriert worden sein, doch auf Fotos der Zeit sind keine den Bildern Gauguins entsprechenden Muster zu finden. Ebenso konstruiert wie der Primitivismus Gauguins ist der Primitivismus der verschiedenen Gruppen der historischen Avantgarde, einschließlich des Versuchs der Surrealisten, ›Primitives‹ und ›Unbewußtes‹ zu verbinden, um erstens den ›homme sauvage‹ in den Dienst der Revolution zu stellen und zweitens ihn zu einem Modell für die Schaffung eines ›mythe nouveau‹ zu erheben.¹⁰⁷

In der Zeit nach dem 2. Weltkrieg differenzierten sich die Anwendungsbereiche der Begriffe ›primitive Kunst‹ und ›naive Malerei‹. Die durch die Ausstellung *Primitivism in the 20th Century Art. Affinity of the Tribal and the Modern* im New Yorker Museum of Modern Art (1984)¹⁰⁸ ausgelöste lebhafte Debatte brachte eine Dekonstruktion des Primitivismusbegriffs mit sich. Das Ausstellungskonzept bestand darin, in einer inszenierten Nebeneinander- und Gegenüberstellung von tribalen und modernen Exponaten postulierte Verwandtschaften überschaubar zu machen und zu überprüfen. Von Bedeutung für die Revision des Primitivismuskonzepts von seiten der Kritik war, daß in einem ersten Schritt das Primitive als das Unbewußte der modernen Kunst gekennzeichnet¹⁰⁹ und des weiteren das kolonialistische Syndrom der ›Entdeckung‹ bei den Künstlern der Avantgarden im Kontext einer antikolonialistischen politischen Sensibilität situiert wurde.¹¹⁰ Die Problematisierung der Aneignung des nichtwestlichen Anderen unter dem Gesichtspunkt von Rasse, Geschlecht und Macht und die Neuklassifizierung der Stammesobjekte in einem westlichen System folgten auf dem Fuß. Die in der MoMA-Ausstellung gezeigten Exponate neuesten Datums besaßen ein ›primitive feel‹ nach folgenden Kriterien: »a use of rough or ›natural‹ materials, a ritualistic attitude, ecological concern, archeological inspiration, certain techniques of assemblage, a conception of the artist as shaman, or some familiarity with ›the mind of primitive man in his […] science and

---

105 Vgl. ANDRÉ BRETON/GÉRARD LEGRAND, L'Art magique (Paris 1957), 223.
106 Vgl. FRED ORTON/GRISELDA POLLOCK, Les Données Bretonnantes: la Prairie de Répresentation, in: Art History 3 (1980), 314–344.
107 Vgl. BLACHÈRE, Les totems d'André Breton. Surréalisme et primitivisme littéraire (Paris 1996), 157–192.
108 Vgl. WILLIAM RUBIN (Hg.), ›Primitivism‹ in 20th Century Art. Affinity of the Tribal and the Modern [Ausst.-Kat.], 2 Bde. (New York 1984).
109 Vgl. HAL FOSTER, The ›Primitive‹ Unconscious of Modern Art, or White Skin Black Mask, in: Foster, Recodings: Art, Spectacle, Cultural Politics (Port Townsend, Wash. 1985), 181–194.
110 Vgl. PATRICIA LEIGHTEN, The White Peril and l'Art Nègre: Picasso, Primitivism, and Anticolonialism, in: The Art Bulletin 72 (1990), H. 4, 609–630.

mythology«[111]. Die in der Ausstellung (und im Katalog) zur Geltung gebrachten Affinitäten erwiesen sich als konstruiert, und dadurch erschien der Primitivismusbegriff selbst in Frage gestellt. Ihre Referenzpunkte »unravel for good the category of the primitive, exposing it as an inherent cluster of qualities that at different times have been used to construct a source, origin, or alter ego confirming some new ›discovery‹ within the territory of the Western self« (212). Ein Fazit der kritischen Hinterfragung des Primitivismus der Moderne zieht die Feststellung: »African art was never as primitive as its reflexion in the early work of Picasso and his followers suggested.«[112] In der Alteritätsdebatte wird vor allem auf das bestehende Spiegelverhältnis mit all seinen Konsequenzen für das Verständnis des ›Anderen‹ hingewiesen: »The category of the ›other‹ has also dominated recent writings on ›the primitive‹. It is a critical category (derived from postmodern theory) which describes a tendency to *mis*represent another culture, society, object or social group as different or alien, as somehow ›other‹ to the writer's or speaker's own culture and experiences. The category implies a self-image, a vantage point, from which relations of difference are incorrectly perceived or represented. As a category, the ›other‹ is often used to refer to those Western myths and fantasies through which the ›primitive‹ or non-Western has been represented in art and literature.«[113]

Das Museum als Institution wird heute als eine der ersten epistemologischen Technologien der Aufklärung angesehen. So erscheint die Kunst in der Museologie als mächtigster Indikator der europäischen Kolonialisierung der Kulturen der Welt.[114] Goldwater hatte bereits auf die Rolle der ethnologischen Museen bei der Unterscheidung innerhalb des westlichen Kultursystems zwischen primitiver Kunst und materieller Kultur der Primitiven hingewiesen. Das Studium der Sammeltätigkeit konzentrierte sich anfangs auf den Inhalt der Sammlungen aus der Perspektive der traditionellen Disziplinen. Im Zuge der Selbstreflexivität des disziplinären Wissens rückte der Prozeß des Sammelns selbst in den Mittelpunkt des Interesses. Damit war seit den 1980er Jahren die Möglichkeit gegeben, die Beziehungen zwischen Privatsammlern und öffentlichen Museen sowie die europäische Tradition des Sammelns und ihre Praxis, Poetik und Politik zu untersuchen. Auf diesem Wege »it has become obvious that the so-called ›scientific‹ collections of Pitt Rivers in his generation, or Boas or Younghusband in theirs, have served to create a superstructure of Western intellectual ideas as a cultural explanation of perceived differences. Cruder collections, made by government officials, missionaries and military men were reflections of aspirations towards cultural and ideological dominance«[115]. Die Schaffung dieser kulturellen Allegorie gilt heute als eine unbestrittene Tatsache in der wissenschaftlichen Gemeinschaft der Anthropologen. Pearce unterstreicht jedoch vor allem eine zweite Allegorie, die nicht einfach eine allgemeine Überlegenheit des Westens voraussetzt, sondern dazu dient, die »European distinctions of quality and value« (330f.) zu begründen: »So ›primitive‹ or non-European art forms part of the yardstick against which Western art is produced, ›airport art‹ helps in subtle ways to confirm our notions of Kitsch; collected material culture from peoples who, particulary, play out European notions of ›natural‹ and ›uncivilised‹ underpin by contrast the system of knowledge and understanding which our own ›genuine‹ collections make manifest; and collections of exotic goods are used to vindicate the ›normality‹ and cultural appropriateness of European ›ordinary‹ or consumer goods; however much these may have a dubious or ›spurious‹ status where they are themselves treated as collections.« (331)

---

111 JAMES CLIFFORD, Histories of the Tribal and the Modern (1985), in: Clifford, The Predicament of Culture. Twentieth-Century Ethnography, Literature, and Art (Cambridge, Mass./London 1988), 212.
112 BEN JOHNSOHN, Art Review. Brooklyn Museum Gathers Its Family (and Their Possessions), in: The New York Times (9. 3. 2001), B 34.
113 CHARLES HARRISON u. a., Primitivism, Cubism, Abstraction. The Early Twentieth Century (New Haven/London 1993), 5.
114 Vgl. JEAN-LOUIS DÉOTTE, Le musée: l'origine de l'esthétique (Paris 1993).
115 SUSAN M. PEARCE, On Collecting. An Investigation into Collecting in the European Tradition (London/New York 1995), 330.

Die sogenannte ›art tribal africain‹, die lange Zeit als anonym und kollektiv vorausgesetzt wurde, ist in neuester Zeit verstärkt in der von William Rubin, dem Kurator der Ausstellung ›Primitivism‹ in 20th Century Art, aufgezeigten Linie als das Werk individueller Meister der Holzbildhauerei erkannt worden. Anhand traditioneller kunsthistorischer Untersuchungsmethoden der Details sowie der formalen und kunsthandwerklichen Eigenschaften konnten einzelne Werke einem Künstler mit bekanntem oder einem für ihn gefundenen Namen zugewiesen werden. Das Hauptinteresse an diesem Vorgang, die afrikanischen Künstler in ihrer Individualität aufzuspüren, besteht nach der These von Sally Price jedoch darin, diese als über den Zeiten stehende und als definitiv andere geltend zu machen.[116]

2. Auffächerung des Begriffs naiv in der Malerei

Die Malerei war bereits in der von Diderot vorgeschlagenen Definition und in der Konstellation Mitte des 19. Jh. in Frankreich das Hauptfeld der künstlerischen Praxis, auf dem das Konzept des Naiven ausgeprägt wurde. Eine Rekonstruktion der Auffassungen von ›naiv‹, wie sie in den ersten über Henri Rousseau veröffentlichten Büchern[117] vertreten wurden, bringt durch ihre – immer auch Unsicherheit verratende – terminologische Vielfalt eine charakteristische Schwierigkeit mit sich. Denn mit ›ingénuité‹ oder ›simplicité‹ wird generell kein objektiv-geschlossener Realitätsbegriff denotiert, sondern Subjektives, die welthaltige ›psychische Landschaft‹ des Malers, und Objektives im Sinne der Direktheit, mit der die Annäherung an die wiedergegebene Gegenstandswelt erfolgte.

---

116 Vgl. SALLY PRICE, Primitive Art in Civilized Places (Chicago 1989)
117 Vgl. WILHELM UHDE, Henri Rousseau (Düsseldorf 1914); ROCH GREY, Henri Rousseau (Rom 1921); PHILIPPE SOUPAULT, Henri Rousseau, le Douanier (Paris 1927); CHRISTIAN ZERVOS, Henri Rousseau (Paris 1927).
118 EDWIN REDSLOB, [Antwort auf Rundfrage ›Ein neuer Naturalismus?‹], in: Das Kunstblatt 6 (1922), H. 9, 375.
119 MAX LIEBERMANN, Ein Credo, in: Kunst und Künstler 20 (1922), 335.

Vor dem Hintergrund des sich neu strukturierenden Kunstmarktes in Deutschland nach dem Ende des 1. Weltkrieges und der Zerschlagung der Revolution führte Paul Westheim eine Umfrage über den aufkommenden Neo-Naturalismus durch. Dieser hebe sich deutlich vom Naturalismus des ausgehenden 19. Jh. ab, betonte Edwin Redslob in seiner Antwort: »Der Naturalismus aber, auf der Grundlage der künstlerischen Entwicklung des letzten halben Menschenalters entstand, ist *nicht Abbild, sondern Schöpfung.*«[118] Die Veränderungen im Begriff des Naiven lassen sich ermessen, wenn man die zentrale Rolle der Malerei Rousseaus in der Entwicklung der neuen Kunstströmungen mit dem *Credo* Max Liebermanns vergleicht. Ähnlich wie Konrad Fiedler, der um 1880 versuchte, durch die grundlegende Unterscheidung zwischen Wahrnehmungs- und Vorstellungsbild und die Konzentration auf den Ursprung der künstlerischen Form eine systematische Theorie des künstlerischen Schaffens aufzustellen, vertrat Liebermann die Auffassung, der Künstler resümiere kraft seines Vorstellungsbildes die Natur, die das Werk in einzigartiger Weise wieder aufhebe: »Dabei ist jede künstlerische Form per se idealische Form, und von einer naturalistischen Form zu sprechen kann nur insoweit einen Sinn haben, als damit der die Form ausdrückende Stoff bezeichnet ist. Statt idealistisch-naturalistisch sollten wir nach Schillers Vorgang naiv und sentimental setzen. […] Wenn die Termini idealistisch und naturalistisch das verschiedene Verhältnis des Künstlers zur Natur ausdrücken sollen, daß das Streben des einen Künstlers mehr auf die Wiedergabe der Natur als das des anderen gerichtet ist, so kommen die Bezeichnungen naiv und sentimental, was darin ausgedrückt werden soll, viel näher […]. Jeder Künstler ist naiv, daher ist zwischen dem sentimentalen und dem naiven Künstler nur ein Grad –, nicht aber wie zwischen dem idealistischen und naturalistischen Künstler eine Art Unterschied.«[119]

Noch vor dem Krieg hatte Wassily Kandinsky versucht, die von Wilhelm Worringer für die Kunsttheorie gesetzte Dichotomie von *Abstraktion und Einfühlung* (1908) zu überwinden, indem er die Pole des Realen und der Abstraktion als gleichwertig setzte. Sie eröffneten dem Künstler zwei Wege zur Bewältigung derselben Aufgabe, die auf einer tieferen Ebene liege, nämlich das Wesen der Dinge im Bild über das Nachempfinden erkennbar zu machen. In der Realistik könne das »zum Minimum gebrachte ›Künstlerische‹ [...] als das am stärksten wirkende Abstrakte erkannt«, in der Abstraktion das »zum Minimum gebrachte ›Gegenständliche‹ [...] als das am stärksten wirkende Reale erkannt werden«. Rousseau verkörperte für ihn exemplarisch die große Realistik: »Die in dieser Art aufgefaßte und im Bilde fixierte äußere Hülse des Gegenstandes und das gleichzeitige Streichen der gewohnten aufdringlichen Schönheit entblößen am sichersten den inneren Klang des Dinges.«[120] Dadurch leistete Rousseau mit seiner Kunst einen entscheidenden Beitrag zu einer ›Restaurierung‹ der malerischen Sprache. Unübersehbar befinden sich seine Bilder in der »historischen Genesis«[121] der Malerei des Magischen Realismus und des Surrealismus. Für Max Beckmanns Entwicklung einer mythischen Bildersprache als Antwort auf die Bedrohung durch die Zerstörungen des Krieges wie auch für seine Rationalismuskritik war die Begegnung mit Rousseau entscheidend: »Ich dachte an meinen großen alten Freund Henri Rousseau, diesen Homer in der Portiersloge, dessen Urwaldträume mich manchmal den Göttern näher gebracht hatten«[122].

Diese Bedeutungsschichten im Terminus naiv für die moderne Kunstwelt wurden nach dem 2. Weltkrieg durch eine ästhetische Problematik angereichert, die die verkürzte literaturzentrierte Auseinandersetzung über den Wirklichkeitsbegriff und die Mittel des Realismus und der Dekadenz definitiv hinter sich ließ. Zu dem Zeitpunkt, als der jugoslawische Kritiker und frühere Mitarbeiter der von 1929 bis 1932 erschienenen Zeitschrift des Bunds Proletarisch-Revolutionärer Schriftsteller Deutschlands *Linkskurve*, Oto Bihalji-Merin, sein Buch *Das naive Bild der Welt* (1959) veröffentlichte, bildete sich eine neue Problemkonstellation heraus. Mit dem Begriff der ›naiven Malerei‹ gingen deshalb zusätzliche Aspekte in die ästhetische Reflexion ein. Deutlich ist das Schwanken in den Bezeichnungen zu beobachten, die sich, nicht zuletzt durch die Titelfindung für die großen internationalen Ausstellungen dieser nichtprofessionellen Maler, in den verschiedenen Sprachen immer weiter verzweigten: Maîtres Populaires de la Réalité, moderne Primitive, Neo-Primitives, pintura ingenua, pintores primitivos, pittori naïf, folk art. Als naiv wurde eine Darstellungsweise von Autodidakten erfaßt, die außerhalb der historischen und stilistischen Kategorien des offiziellen Kanons stand, den Gegenstand und nicht die Formen im Blick hatte und deren subjektive Dimensionen bewirkten, daß das Reale und seine malerische Wiedergabe durch die Individualität des Malers eine einzigartige Wirklichkeit darstellten. Als Grundhaltung war ein kontroverses Verhältnis zur Modernität offensichtlich. Schließlich wurde naiv technisch begründet als Verzweigung zwischen Beobachtung der Natur und dem Prozeß der künstlerischen Aneignung und Wiedergabe: »Der naive Künstler, von seinen Gesichten und Vorstellungen erfüllt, wagt sich auch an die schwierigsten Themen und erreicht durch die Spannung zwischen technischer Unkenntnis und innerem Wahrbild, zwischen der gedanklichen Einfalt und der visuellen Vorstellung jene Eigenheit des schöpferischen Ausdrucks, die ihn von anderen Künstlern unterscheidet. Deformationen und Verwandlungen des Erscheinungsbildes sind bei ihm nicht stilmäßige Absicht, sondern Projektion seiner inneren Wahrheit.«[123]

In der von Bihalji-Merin mitherausgegebenen *World Encyclopedia of Naive Art* (1984) wurden bemerkenswerte Einzelpersönlichkeiten sowie die hervorragendsten Mitglieder von Malerschulen vorgestellt, beispielsweise Yvan Generalić und die Gruppe der Bauernmaler von Hlebine in den 1930er Jahren[124], den Vodoo-Priester Hector Hyppolite aus Port-au-Prince und die haitianische Ma-

---

120 WASSILY KANDINSKY, Über die Formfrage (1912), in: W. Kandinsky/F. Marc (Hg.), Der Blaue Reiter, hg. v. K. Lankheit (München/Zürich ⁴1984), 154 f.
121 WIELAND SCHMIED, Die neue Wirklichkeit – Surrealismus und Sachlichkeit, in: S. Waetzold/V. Haas (Hg.), Tendenzen der zwanziger Jahre [Ausst.-Kat.] (Berlin 1977), Teil 4, 6.
122 MAX BECKMANN, Über meine Malerei (1938), in: Beckmann, Die Realität der Träume in den Bildern, hg. v. R. Pillep (Leipzig 1984), 141.
123 OTO BIHALJI-MERIN, Die Naiven der Welt (1971; München 1978), 44.
124 Vgl. NEBOJŠA-BATO TOMAŠEVIĆ, ›Yvan Generalić‹, in: Bihalji-Merin/Tomašević (Hg.), World Encyclopedia of Naive Art (London 1984), 257–260; TOMAŠEVIĆ, Naive Art in Yugoslavia, in: ebd., 694–698.

lerei in den 1940er Jahren.[125] Als naiver Maler der 1980er Jahre wurde Carlos García von der Insel Solentiname in Nicaragua präsentiert.[126] Die Lebensgeschichten dieser Maler oder die des georgischen Naiven Niko Pirosmani[127] unterscheiden sich nicht wesentlich voneinander. Für jeden einzelnen von ihnen gilt, was Pierre Bourdieu über Rousseau schrieb: »Le Douanier Rousseau n'a pas de ›biographie‹, au sens d'histoire de vie digne d'être racontée et transcrite.«[128] Ebenso zutreffend ist die These, die Bourdieu in der Gegenüberstellung von Rousseau als dem Paradigma des naiven Künstlers und seinem absoluten Antipoden Marcel Duchamp aufstellte: »Dans le champ artistique parvenu à un stade avancé de son évolution, il n'y a pas de place pour ceux qui ignorent l'histoire du champ, tout à fait paradoxal, au legs de l'histoire. C'est encore le champ qui construit et consacre comme tels ceux que leur ignorance de la logique du jeu désigne comme des ›naïfs‹.« (339) Ihr Status als ›Klassiker‹ bzw. ›Stars‹ im Museums- und Rezensionsbetrieb hat zum Korrelat, daß ›naiv‹ als ästhetischer Begriff mit einem Fragezeichen versehen gebraucht wird.

Die starke Nachfrage nach ›primitiven‹ Objekten auf dem internationalen Markt ging mit einer Neubestimmung des Begriffs des Authentischen als ästhetischer Wert und mit der Ablehnung der ›mass exoticisms‹ einher.[129] Ähnliches geschah mit der Vermarktung der naiven Kunst und der Abwehr des ›Pseudonaiven‹. Vor dem Hintergrund der postmodernen Veränderungen in der Malerei hat ein Künstler wie David Hockney seine Berühmtheit gerade durch »*faux-naif* paintings that employed the languages of child art and graffiti to express a very personal world view«[130] begründet. Die Strategien der Aneignung und des Zitats sowohl einzelner Werke als auch eines Stils dienten nicht nur ihm als Mittel zur Dekonstruktion der ästhetischen Prämissen moderner Kunst.

Carlos Rincón
(Aus dem Spanischen von Gerda Schattenberg-Rincón)

Literatur
ADRIANI, GÖTZ, Henri Rousseau. Der Zöllner – Grenzgänger zur Moderne [Ausst.-Kat.] (Köln 2001); AYRES, JAMES, English Naive Painting, 1750–1900 (London 1980); BIHALJI-MERIN, OTO/TOMAŠEVIĆ, NEBOJŠA-BATO (Hg.), World Encyclopedia of Naive Art: A Hundred Years of Naive Art (London 1984); CLIFFORD, JAMES, The Predicament of Culture. Twentieth-Century Ethnography, Literature, and Art (Cambridge, Mass./London 1988); CONNELLY, FRANCES S., The Sleep of Reason: Primitivism in Modern European Art and Aesthetics, 1725–1907 (University Park, Pa. 1995); FILLER, MARTIN, Moses and Megapolis, in: Art in America 69 (1981), H. 9, 124–133; GETHMANN-SIEFERT, ANNE-MARIE, Idylle und Utopie. Zur gesellschaftskritischen Funktion der Kunst in Schillers Ästhetik, in: Jahrbuch der Deutschen Schillergesellschaft 24 (1980), 32–67; GRUNNE, BERNARD DE, Masterhands – Mains de Maîtres [Ausst.-Kat.] (Brüssel 2001); HILLER, SUSAN (Hg.), The Myth of Primitivism: Perspectives on Art (London u.a. 1991); HOLT, ELIZABETH GILMORE (Hg.), The Expanding World of Art, 1874–1902, Bd. 1 (New Haven/London 1988); LEIGHTEN, PATRICIA, The White Peril and l'Art Nègre: Picasso, Primitivism, and Anticolonialism, in: The Art Bulletin 72 (1990), H. 4, 609–630; MARGAT, CLAIRE, Le ›Musée des horreurs‹ de Georges Courteline, in: Les Cahiers du Musée nationale d'art moderne 73 (2000), 87–100; NOOTER ROBERTS, MARY/ROBERTS, ALLEN F. (Hg.), A Sense of Wonder: African Art from the Faletti Family Collection [Ausst.-Kat.] (Phoenix 1997); NORTON, ROBERT E., The Beautiful Soul: Aesthetic Morality in the Eighteenth Century (Ithaca, N.Y. 1995); PIERRE, JOSÉ, Les peintres naïfs (Paris 1983); PRICE, SALLY, Primitive Art in Civilized Places (Chicago 1989); POLLOCK, GRISELDA, Avant-Garde Gambits, 1888–1893: Gender and the Colour of Art History (London 1992); RHODES, COLIN, Primitivisme and Modern Art (London/New York 1994); RUBIN, WILLIAM (Hg.), ›Primitivism‹ in 20th Century Art. Affinity of the Tribal and the Modern [Ausst.-Kat.], 2 Bde. (New York 1984); SEGREFF, KLAUS-WERNER, Moses Mendelssohn und die Aufklärungsästhetik im 18. Jahrhundert (Bonn 1984); SYCHRAVA, JULIET, Schiller to Derrida: Idealism in Aesthetics (Cambridge/New York 1989); SZONDI, PETER, Poetik und Geschichtsphilosophie. Zu Schillers Abhandlung ›Über naive und sentimentale Dichtung‹, in: R. Ko-

---

125 Vgl. SHELDON WILLIAMS, ›Hector Hyppolite‹, in: ebd., 314f.; WILLIAMS, Naive Art in Haiti, in: ebd., 665–667.
126 Vgl. ERNESTO CARDENAL, ›Carlos García‹, in: ebd., 253.
127 Vgl. NATALIA ŠKAROVSKAJA, ›Nikolaj Pirosmanašvili‹, in: ebd., 486–488.
128 PIERRE BOURDIEU (s. Anm. 68), 339.
129 Vgl. CLARA GALLINI, Mass Exoticisms, in: I. Chambers/L. Curti (Hg.), The Post-Colonial Question: Common Skies, Divided Horizons (London/New York 1996), 212–220.
130 CHRISTOPHER RIOPELLE, David Hockney, in: R. Morphet (Hg.), Encounters – New Art from Old [Ausst.-Kat.] (London 2000), 153.

selleck/W.-D. Stempel (Hg.), Geschichte – Ereignis und Erzählung (München 1973), 377–410; TORGOVNICK, MARIANNE, Gone Primitive: Savage Intellects, Modern Lives (Chicago 1990); VOGEL, SUSAN (Hg.), Africa Explores: Twentieth-Century African Art (München/New York 1991); ZDUNI, DRAGO (Hg.), Primitive Painting: An Anthology of the World's Naive Painters (New York 1980).

National/Nation

(griech. ἔθνος; lat. natio; engl. national, nation; frz. national, nation; ital. nazionale, nazione; span. nacional, nación; russ. национальное, нация)

Einleitung; I. Antike, Mittelalter, Frühe Neuzeit; II. Aufklärung: Nachahmungskomplexe, Öffentlichkeitsvisionen, Revolutionspathos, ästhetisches Weltbürgertum; III. Romantik: Kulturelle Individualisierung der Völker, humanitärer Kosmopolitismus, missionarischer Nationalismus; IV. Moderne: Nationalstaaten, Massenkultur, Weltkriege, Globalisierung

Einleitung

Wie bei kaum einem anderen kunsttheoretischen Begriff wird im Falle von national/Nation die Prägung ästhetischer Terminologie durch nichtästhetische Rahmenbedingungen erkennbar. Denn wer von nationaler Kunst spricht, meint eine Kunst, die sich auf etwas bezieht und sich durch etwas charakterisiert, kurz: die etwas repräsentiert, was selbst nicht künstlerisch ist. Insofern hängt der Gebrauch von national/Nation in ästhetischen Kontexten immer auch mit dem jeweils aktuellen politischen bzw. sozialen Bedeutungsbereich des Begriffs zusammen. Nun leben wir gegenwärtig bekanntlich in einer zunehmend internationalisierten, ja globalisierten Wirklichkeit, und unter solchen Bedingungen müßte, so scheint es, das Nationale als ästhetische Kategorie geradezu zwangsläufig in den Hintergrund rücken. Und tatsächlich scheint, jedenfalls aus westeuropäischer Perspektive, das Kriterium des Nationalen bei der Konstituierung und bei der Definition einzelner Parzellen des ästhetischen Raumes der Welt eine immer geringere Rolle zu spielen. Konkret wirkt sich das in der Weise aus, daß das Nationale in seiner Bedeutung gewissermaßen von zwei hierarchischen Richtungen aus eingeschränkt wird: von ›oben‹ durch übernationale und von ›unten‹ durch regionale Kulturmodelle. Dabei kann sich, wie das Beispiel des ›American way of life‹ zeigt, ein ursprünglich nationales Modell auch in ein Muster von globaler Relevanz verwandeln, dessen übernationale Geltung daran ersichtlich ist, daß es übernationale Gegenreaktionen provoziert: In der islamischen Sphäre provoziert die amerikanische Kulturhegemonie den politischen Widerstand der panarabischen Bewegung, und in Europa provoziert sie den kulturellen Widerstand der sog. Alten Welt, der von Jean-Marie Domenach sogar zum politischen Auftrag erhoben wird: »la culture est devenue une industrie […] et c'est là que peut et doit intervenir l'autorité européenne afin de fournir les structures et les investissements qui aideront chacune de nos cultures nationales à survivre dans l'ère des masses et à faire reculer le quasi-monopole américain. Ainsi, l'identité française a-t-elle besoin de l'Europe pour survivre et se transformer. Quant à l'identité européenne, ce n'est pas un trésor archéologique à déterrer mais un projet à réaliser.«[1]

Auf der anderen Seite bleibt natürlich auch in der globalisierten Wirklichkeit von heute bei der Charakterisierung von Kultur die Kategorie des Nationalen weiterhin aktuell. In den Fernsehzeitschriften bzw. den Kinoprogrammblättern etwa enthalten die Ankündigungen von Spielfilmen neben dem Entstehungsjahr normalerweise auch die Auskunft über das Land, aus dem der Film kommt. Wenn Künstler aus mehreren Nationen an der Herstellung beteiligt waren, können in der Kurzcharakterisierung des Films bis zu drei Ländernamen auftauchen. Und nach wie vor begegnen uns in den Feuilletons unserer Zeitungen Wendungen wie ›der italienische Film‹, ›die französische Philosophie‹ oder ›die deutsche Musik der Gegenwart‹

---

[1] JEAN-MARIE DOMENACH, Europe: Le défi culturel (Paris 1990), 78.

auf Schritt und Tritt. Es dominiert offenbar immer noch die Vorstellung, daß geistige Erzeugnisse durch ihre Verwurzelung in einer nationalen Kultur so stark geprägt sind, daß es sinnvoll erscheint, das Kriterium des Herkunftslandes zur entscheidenden Systemkategorie zu erheben. Immerhin wird bei der Systematisierung der geistes- bzw. kulturwissenschaftlichen Disziplinen an deutschen Universitäten den Fächern, die sich mit sprachlichem Material beschäftigen, eine Sonderbehandlung zuteil: Während etwa Kunstgeschichte und Musikwissenschaft ihren Gegenstand in ganzer Breite bearbeiten, d. h. ohne Unterscheidung einzelner Herkunftsnationen, gibt es auf dem Gebiet der Literaturwissenschaft wie selbstverständlich Germanistik und Anglistik sowie, mit einer über nationale Grenzen hinausgehenden Zuständigkeit, Romanistik und Slawistik. Andererseits gewinnt hier die Komparatistik ebenso an Terrain wie bei der benachbarten Sprachwissenschaft, wo das Aufkommen einer Allgemeinen und Vergleichenden Linguistik zu beobachten ist. Umgekehrt, d. h. in Richtung auf eine Reduzierung der Zuständigkeit, tritt im Bereich der germanistischen Literaturwissenschaft seit einiger Zeit eine regionale Perspektive an die Seite der nationalen.[2] Ähnlich wie auf dem Gebiet der Politik setzt sich auch im Bereich der allgemeinen, aber auch der speziell literarischen Ästhetik mehr und mehr die Einsicht durch, daß die entscheidenden Fragen nicht mehr auf nationaler, sondern auf internationaler Basis zu beantworten sind. Dies gilt zunächst für die Germanistik – das Programm des Deutschen Germanistentags im Herbst 2001 enthielt zwei entsprechende Sektionen, die unter der Überschrift ›Entnationalisierung I‹ und ›Entnationalisierung II‹ angekündigt waren –, aber auch ganz allgemein für die Literaturwissenschaft, wodurch der Begriff der Nationalliteratur in die Nähe des Paradoxen rückt.[3]

Insofern der Begriff der Nation neben seiner Relevanz für die Ästhetik auch eine soziale und vor allem politische Dimension hat, hängt sein Gebrauch in verschiedenen Ländern wesentlich von der politischen Geschichte dieser Länder ab. Während die Menschen in den meisten Teilen der Welt ein unbefangenes Verhältnis zum Phänomen der Nationalität haben, ist in Deutschland nach dem 2. Weltkrieg die Nation als seriöses Kulturphänomen aus naheliegenden Gründen zunächst nur sehr zögerlich thematisiert worden. Die Tabuisierung, von der das Nationale in Deutschland lange Zeit betroffen war, erklärt sich aus dem latent antagonistischen Sinn des Begriffs Nation, aus seinem Ausgrenzungspotential. Die Nation bezeichnet eine Wir-Gruppe, die sich, indem sie sich als Nation empfindet und benennt, von anderen Gruppen dieses Typs unterscheiden und, zumindest tendenziell, mit ihnen rivalisieren will. Das bedeutet, daß auch der Vorstellung einer ästhetischen Nation, die den oben zitierten Wendungen ›der italienische Film‹, ›die französische Philosophie‹ oder ›die deutsche Musik der Gegenwart‹ zugrunde liegt, ein Konfliktstoff innewohnt, der auch politisch wirksam werden kann, weil er an die psychosozial heikle Frage nach nationalen Identitäten rührt und insofern über den ästhetischen Bereich im engeren Sinn weit hinausreicht. Wer unter solchen Voraussetzungen für die Kunst seines Landes einen besonderen Status reklamiert, setzt sich nach den traumatischen Erfahrungen mit den Nationalismen des 20. Jh. leicht dem Verdacht eines politisch möglicherweise verhängnisvollen nationalkulturellen Hochmuts aus. Von dieser Gefahr eingeschüchtert, war der deutsche Beitrag zum internationalen ästhetischen Diskurs bis in die jüngste Zeit hinein von einer ausgeprägten Bescheidenheit bei der Präsentierung einer nationalen Kunstproduktion in Deutschland bzw. bei der Berufung auf das nationale Kulturerbe des Landes gekennzeichnet. Erst in jüngster Vergangenheit dürfen auch in Deutschland wieder Stimmen laut werden, welche die Rechte der deutschen Nationalkultur antagonistisch gegen offensiv vorgehende Konkurrenznationen sichern bzw. durchsetzen wollen,

---

2 Vgl. DIETER BREUER, Warum eigentlich keine bayerische Literaturgeschichte? Defizite der Literaturgeschichtsschreibung aus regionaler Sicht, in: K. Grubmüller/G. Hess (Hg.), Bildungsexklusivität und volkssprachliche Literatur. Literatur vor Lessing – nur für Experten? (Tübingen 1986), 5–13.

3 Vgl. UDO SCHÖNING (Hg.), Internationalität nationaler Literaturen. Beiträge zum ersten Symposium des Göttinger Sonderforschungsbereichs 529 (Göttingen 2000).

und zwar auf dem sensiblen Gebiet der Bewahrung des nationalkulturellen Erbes. Im Juni 2001 ist die historische Weltkarte des deutschen Humanisten Martin Waldseemüller, auf der erstmals der Name ›America‹ erscheint, von ihrem Besitzer, dem Fürsten Johannes zu Waldburg-Wolfegg, in die USA verkauft worden. Eduard Beaucamp, Kolumnist der Frankfurter Allgemeinen Zeitung, kommentiert diesen Vorgang:»Die deutsche Kulturnation steht erschüttert und verunsichert da. [...] Kulturglobalisten werden sagen [...:] Warum soll man den Amerikanern nicht ihren geographischen Taufschein überlassen? Der Kulturpatriot muß dagegenhalten, daß, wenn schon die Deutschen die Welt nicht mitentdeckt haben, sie doch die ersten waren, die sie kartographierten. Das Zeugnis dieser Tat aber ist unbedingt schützenswert. Würden Amerikaner, Engländer oder Franzosen ein Aquarell Dürers herausrücken, weil es eine deutsche Landschaft oder ein altes Stadtbild überliefert?«[4]

Der Kommentator läßt die ›Kulturnation‹, die ›erschüttert‹ dastehe, für sich reden: er setzt diese Instanz ein, um seine eigene Erschütterung angesichts des Verkaufs der deutschen Weltkarte nach Amerika zum Ausdruck zu bringen. Damit folgt er einer Praxis, die sich in der Geschichte des Begriffs Nation immer wieder beobachten läßt: Die Kategorie des Nationalen wird in der Regel im ästhetischen Diskurs vor allem dann beschworen, wenn die selbsternannten Sachwalter der Nation von nationalkulturellen Verlustängsten oder – wie in früheren Epochen – von literarischen Überfremdungsängsten geplagt sind. Im einen wie im anderen Fall wird das Nationale vor allem von jenen thematisiert, die – zu Recht oder zu Unrecht – befürchten, daß ihre Nation im Wettbewerb mit den anderen Nationen zu kurz kommen könnte und daher auf Unterstützung durch eine ästhetische Publizistik angewiesen ist. Dies erklärt den bisweilen hymnisch-weihevollen Ton der entsprechenden Äußerungen, in denen das Gemeinte oft nicht durch den objektivierend abstrakten Terminus Nation angesprochen ist, sondern entweder durch das zur Identifikation auffordernde ›wir‹, das alle Angehörigen der Nation umfaßt, etwa wenn Lessing mit Bezug auf den ästhetischen Sinn der Deutschen feststellt, »daß wir mehr in den Geschmack der Engländer, als der Franzosen einschlagen«[5],

oder durch den substantivierten oder adjektivierten Namen der jeweils besprochenen Nation. In solchen Fällen erscheint das Nationale als z. B. ›das Deutsche‹, ›das Französische‹ oder ›das Englische‹, es erscheint also in seiner aktuellen Konkretisierung und nicht als abstrakte ästhetische Kategorie. Die Idee des Nationalen kann mithin auch da präsent sein, wo der Begriff selbst nicht auftaucht. Dies wird bei den folgenden, im engeren Sinn begriffsgeschichtlichen Ausführungen zu beachten sein.

I. Antike, Mittelalter, Frühe Neuzeit

Der Begriff Nation hat seinen etymologischen Ursprung im lateinischen ›natio‹, dem Nomen zum Verb ›nasci‹ – geboren werden. Für dieses Etymon werden vier Hauptbedeutungen angegeben: Geburt, Herkunftsort (von Personen und Sachen), Volk, Kategorie (von Personen oder Sachen, die ein wichtiges Merkmal gemeinsam haben). Benachbarte Termini für die Bedeutung Volk sind ›populus‹, ›gens‹, ›plebs‹. In bezug auf die Einwohnerschaft des Imperium Romanum werden ›externae nationes et gentes‹ und ›interiores nationes‹ unterschieden. Zwischen natio und dem aus dem Griechischen stammenden und später auch ins Lateinische übergegangenen Terminus ›barbarus‹, der von den klassischen Autoren üblicherweise eingesetzt wird, um angeblich unterlegene Zivilisationen zu stigmatisieren, läßt sich keine signifikante Korrelation beobachten. Für die Diskussion um das kulturhistorische Modell der Translatio artium scheint natio in antiker Zeit keine prominente Rolle gespielt zu haben: Eine verlorengegangene Schrift des römischen Gelehrten Varro, welche dieses Modell entfaltet haben soll, wird charakterisiert als »De gente populi Romani in quibus dixit,

---

[4] EDUARD BEAUCAMP, Verlorene Weltkarte, in: Frankfurter Allgemeine Zeitung (23. 7. 2001), 39.
[5] GOTTHOLD EPHRAIM LESSING, Briefe, die neueste Litteratur betreffend (1759–1765), in: Lessing, Werke und Briefe, hg. v. W. Barner, Bd. 4 (Frankfurt a. M. 1997), 500.

quid a quaeque traxerit gente per imitationem«[6] (über den Stamm des römischen Volkes; darin wird gesagt, was er von welchem Stamm durch Nachahmung übernommen hat). Und als Horaz sich in seiner *Ars poetica* an die römischen Dichter wendet und ihnen empfiehlt, dem ästhetischen Muster der griechischen Literatur zu folgen, vermeidet er abstrakte Begriffe gänzlich und nennt die Vorbildnation direkt beim Namen: »vos exemplaria Graeca / nocturna versate manu, versate diurna.« (Nehmt ihr euch zu Mustern die Griechen: nehmt sie zu jeder Zeit zur Hand, bei Tag und Nacht.)[7] Es hat den Anschein, als sei der Begriff natio im Lateinischen normalerweise nicht auf kulturell-ästhetische Sachverhalte bezogen worden. Das gilt auch für das Mittelalter, und zwar gleichermaßen für den lateinischen und den volkssprachlichen Sprachgebrauch. Im Altfranzösischen erringt sich das Wort ›nation‹ im Laufe des 13. Jh. jenen »Adelsbrief, der ihm bis in die Gegenwart seinen Vorrang in der Sippe der politischen Begriffsbezeichnungen gesichert hat«[8]. Immerhin zeichnet sich jedoch schon bald danach die Möglichkeit ab, daß sich der Terminus auch neue, über das Politische hinausgehende Bedeutungsbereiche wird erschließen können: Im Jahre 1417 legen englische Prälaten auf dem Konstanzer Konzil eine Denkschrift vor, die für die anwesenden Engländer den Status einer Nation reklamiert, nachdem die französischen Kleriker den Versuch unternommen hatten, ihre englischen Kollegen der eigenen Delegation einzuverleiben. Darin heißt es, die Engländer besäßen alle Merkmale einer echten ›natio‹, die man sich nur wünschen könne, ob man diesen Begriff nun »im Sinn einer Abstammungsgemeinschaft nimmt, die nach Blutsverwandtschaft und Sozialordnung von einer anderen unterschieden ist (*ut gens secundum cognacionem et collectionem ab alia distincta*) […], ob nach der Verschiedenheit der Sprachen, die eine *natio* und ihre Existenz am meisten und wahrhaftigsten erweisen (*secundum diversitatem linguarum, quae maximam et verissimam probant nationem et ipsius essentiam*), […] oder ob man *natio* für eine Gemeinsamkeit des Lebensraums nimmt (*pro provincia aequali*)«[9].

Die Autoren der zitierten Denkschrift von 1417 nennen drei verschiedene Definitionskriterien für das Konzept ›natio‹. Unter diesen scheint das Merkmal der gemeinsamen Sprache den ersten Platz einzunehmen. Solche Privilegierung des linguistischen Arguments begegnet auch bei Dante, der sich schon über hundert Jahre vor dem Konstanzer Konzil die literarische Begründung einer italienischen Gemeinsprache zum Ziel gesetzt hatte, freilich ohne in diesem Kontext den Begriff natio bzw. nazione terminologisch konsequent zu verwenden. Ergebnis seiner diesbezüglichen Bemühungen sind vor allem zwei unvollendete literarästhetische Traktate: *De vulgari eloquentia* und das in der Volkssprache abgefaßte *Convivio* (entst. beide 1304–1308). Mit der erstgenannten Schrift scheint Dante, der sich darin als eine Art Weltbürger bezeichnet (»Nos autem, cui mundus est patria«[10] [wir aber, die wir die Welt als Heimat haben]), den Gedanken einer nationalen Kultur geradezu programmatisch negieren zu wollen; denn er präsentiert ja als Teil des Vulgare nicht nur die italienische Dichtung im engeren Sinn, sondern auch provenzalische und altfranzösische Textzeugnisse. Andererseits wird in der Schrift aber auch sehr deutlich, daß es ihm vor allem um die Literatur geht, deren Sprache das von ihm entscheidend weiterentwickelte junge Italienisch ist. Auf diese Gemeinsprache, die er selbst als ›Latium vulgare‹ bezeichnet, will er die literarisch interessierten Italiener verpflichten. Es dürfte einer adhortativen

---

6 Zit. nach FRANZ JOSEF WORSTBROCK, Translatio artium. Über Herkunft und Entwicklung einer kulturhistorischen Theorie, in: Archiv für Kulturgeschichte 47 (1965), 9.
7 HORAZ, Ars 268 f.; dt.: De arte poetica liber/Das Buch von der Dichtkunst, in: Horaz, Sämtliche Werke, lat.-dt., hg. v. W. Schöne (München 1967), 247.
8 FRANZ WALTER MÜLLER, Zur Geschichte des Wortes und Begriffes ›nation‹ im französischen Schrifttum des Mittelalters bis zur Mitte des 15. Jahrhunderts, in: Romanische Forschungen 58/59 (1947), 271.
9 HANS-DIETRICH KAHL, Einige Beobachtungen zum Sprachgebrauch von ›natio‹ im mittelalterlichen Latein mit Ausblicken auf das neuhochdeutsche Fremdwort ›Nation‹, in: H. Beumann/W. Schröder (Hg.), Aspekte der Nationenbildung im Mittelalter (Sigmaringen 1978), 96.
10 DANTE ALIGHIERI, De vulgari eloquentia (entst. 1304–1308), in: Dante, Opere, hg. v. V. Branca/F. Maggini/B. Nardi, Bd. 6 (Florenz 1957), 32.

Argumentationstaktik geschuldet sein, wenn er dem Italienischen dabei eine untergeordnete Position im Bedeutungsgefüge der zeitgenössischen Literatursprachen zuweist: Er spricht davon, daß »plerasque nationes et gentes delectabiliori atque utiliori sermone uti quam Latinos [d. i.: die Italiener – d. Verf.]« (34) (sehr viele Nationen und Stämme eine schönere und genauere Sprache gebrauchen als die Italiener). Hier erhebt Dante die Sprache zum entscheidenden Definitionskriterium für ›natio‹, denn die im Zitat angesprochenen ›nationes‹ dürften mit den Provenzalen bzw. den Bewohnern des nördlichen Frankreich identisch sein. Für diejenigen unter seinen Landsleuten, die tatsächlich eine andere Volkssprache bevorzugen als die eigene, hat er nur wüste Beschimpfungen übrig: »A perpetuale infamia e depressione de li malvagi uomini d'Italia che commendano lo volgare altrui e lo loro proprio dispregiano«[11] (Ewige Schande und Strafe [komme] über jene böswilligen Italiener, welche die anderen Volkssprachen loben und die eigene verachten).

In Dantes Augen hat das Italienische hauptsächlich deshalb eine Sonderstellung unter den anderen Volkssprachen der Zeit, weil es der klassischen Latinität sehr viel näher steht als diese. Für den Autor von *De vulgari* ist die Konkurrenz zwischen den jungen Nationalsprachen gewissermaßen von vornherein entschieden, denn eine von ihnen kann als legitime Erbin des Lateinischen auftreten; und das Lateinische hat als Sprache der Bibel und der klassischen Überlieferung in jedem Fall die allerhöchste Dignität. Bei Dante läßt sich erstmals ein Begründungszusammenhang beobachten, der in der weiteren Geschichte des Begriffs Nation immer wieder begegnen wird: Bis zum Beginn des 19. Jh. bleibt die Bestimmung der kulturellen Identität der europäischen Nationen normalerweise davon abhängig, in welches Verhältnis sich die einzelnen Nationen selbst zum übernationalen Modell der antiken Klassik setzen. Das gilt vor allem für die entsprechenden Diskussionsbeiträge der Humanisten, als deren Vorläufer Dante ja gelten kann. Dabei geht es zunächst um die ganz elementare Frage, in welcher Sprache sich die Humanisten an ihr Publikum wenden. Am Beginn des 16. Jh. äußert sich Ulrich von Hutten zu seiner Verwendung des Lateinischen und des Deutschen:

»Latein ich vor geschriben hab, / Das was eim yeden nit bekandt. / Yetzt schrey ich an das vatterlandt, / Teutsch nation, in irer sprach, / zu bringen dißen dingen rach.«[12] Hier deutet sich neben der Privilegierung des Sprachagruments eine neue Sinnkomponente von Nation an: Hutten verbindet mit dem Begriff die Absicht, seine Schriften einem möglichst breiten Publikum zugänglich zu machen. Dieser tendenziell demokratische und emanzipatorische Aspekt, der wohl in dem reformatorischen Sendungsbewußtsein des Humanisten seinen Ursprung hat, wird auch in der weiteren begriffsgeschichtlichen Entwicklung immer wieder die Oberhand gewinnen. Zunächst jedoch erweitert der Terminus sein Bedeutungsspektrum im Anschluß an einen geistesgeschichtlichen Vorgang, dessen sozialer Hintergrund alles andere als demokratisch und emanzipatorisch war, d. h. im Anschluß an die am Hofe Ludwigs XIV. ausgetragene ›Querelle des Anciens et des Modernes‹ bzw. an deren englische Vorläuferdebatte. Im Rahmen eines Lehrdialogs über die Regelpoetik legt John Dryden einem der beiden Gesprächspartner die Überzeugung in den Mund »that of all nations the French have best observed them [die Regeln der dramatischen Kunst – d. Verf.]«[13]. Dessen Kontrahent, der die Regelpoetik verachtet und daher für die englische Nation eine kulturell-literarische Überlegenheit geltend machen kann, hält dem entgegen, daß »our [die englischen – d. Verf.] present poets [...] have far surpassed all the Ancients [...] and the modern writers of other countries« (89). In England hat die klassische Antike offenbar schon 1668 ihren unbedingten Vorbildcharakter verloren. Von hier aus ist es nicht mehr weit zu Thomas Sprat, der etwa zur selben Zeit für seine

---

11 DANTE, Convivio (entst. 1304–1308), in: ebd., Bd. 4 (1954), 67.
12 ULRICH VON HUTTEN, Clag und vormanung gegen dem übermässigen, unchristlichen gewalt des Papstes zu Rom [...] (um 1520), in: Hutten, Die deutschen Dichtungen (1890/91; Darmstadt 1967), 32.
13 JOHN DRYDEN, An Essay of Dramatic Poesy (1668), in: Dryden, Essays, hg. v. W. P. Ker, Bd. 1 (Oxford 1900), 57.

Nation einen ästhetisch eigenständigen »English Genius«[14] reklamiert.

II. Aufklärung: Nachahmungskomplexe, Öffentlichkeitsvisionen, Revolutionspathos, ästhetisches Weltbürgertum

Die ›Querelle des Anciens et des Modernes‹ stellt nicht nur für die Geschichte der Ästhetik im allgemeinen einen Paradigmenwechsel dar, sondern auch für die Bedeutungsentwicklung des Begriffs Nation im besonderen. Der Gedanke des ›beau relatif‹, der als wichtigstes konzeptuelles Ergebnis dieser Debatte zu gelten hat, emanzipiert das Schöne von allen universalen Prinzipien, so daß es schließlich zu einer neuartigen Kategorie wird, die insofern individualisierbar ist, als sie sich auf mannigfaltige Art realisieren kann. An die Stelle des absoluten Schönen, das nach der traditionell klassizistischen Ästhetik in der Antike einmal wirksam geworden ist und seitdem den einzig gültigen Maßstab für alle spätere Kunst darstellt, rückt ein Schönheitsbegriff, der in doppelter Hinsicht offen ist. Eine Kunsttheorie, welche auf diesem Schönheitsbegriff beruht, kann das Schöne in verschiedenen Epochen und in verschiedenen (National-) Kulturen lokalisieren. Voraussetzung dafür, daß von nationaler Kunst, von nationaler Malerei oder von nationaler Literatur gesprochen werden kann, ist dementsprechend die Idee einer nicht schon von vornherein entschiedenen Konkurrenz zwischen Epochen und zwischen nationalen Kulturen. Das bedeutet, daß das Sprachargument seine beherrschende Rolle als entscheidendes Kriterium zur Identifikation einer nationalen Kultur verliert. Wenn etwa Jean-Baptiste Du Bos 1719 in seinen *Réflexions critiques sur la poésie et sur la peinture* davon spricht, daß »les Nations qui habitent sous des climats différents, sont si différentes par l'esprit comme par les inclinations«[15], dann meint er mit dieser Äußerung eben nicht nur die Sprachkunst, sondern grundsätzlich alle verschiedenen Gebiete ästhetischer Produktion und ästhetischer Wahrnehmung, für die der nationale ›esprit‹ und die nationalen ›inclinations‹ wirksam werden können. Gleichwohl richtet sich natürlich sein Interesse vornehmlich auf die Poesie, vor allem auf die französische, wo er die Realisierung eines spezifischen »genie de nostre langue« (495) konstatiert. Besonders bemerkenswert im Hinblick auf die weitere begriffsgeschichtliche Entwicklung von Nation ist jedoch, daß sich Du Bos im entsprechenden terminologischen Kontext für das Phänomen des kulturellen Austauschs interessiert. Dabei macht es auch nichts, daß er von einem ausgeprägten nationalen Selbstbewußtsein bewegt ist: »l'on peut dire, sans craindre le reproche de s'être laissé aveugler par le préjugé de nation [...] qu'on [die Franzosen – d. Verf.] représente les meilleures pièces de théatre qui ayent estés faites depuis le renouvellement des lettres [...]. Les étrangers traduisent nos Tragédies & nos Comédies, mais ils se contentent d'imiter celles des autres nations« (382). Du Bos reklamiert hier zwar für Frankreich den Rang einer modernen Vorbildnation, seine Einsicht in die historische Begrenztheit kultureller Blütezeiten wird aber davon nicht getrübt: »On peut croire qu'il arrive des temps où je ne scais quel esprit de perfection se repand sur tous les hommes d'un certain pays. Cet esprit s'en retire après avoir rendu deux ou trois générations plus parfaites que les générations précédentes & que les générations suivantes.« (211)

Klimatheorie, Blütezeitenmodell, Nachmungsparadigma – drei wesentliche Gedanken der kulturellen Nationaldiskussion des 18. Jh. sind in den *Réflexions critiques* angedeutet. Vertieft und systematisiert werden diese Gedanken aber von anderen Autoren: die Klimatheorie von Charles de Montesquieu, das Blütezeitenmodell von Voltaire und das Nachahmungsparadigma von zahlreichen Ästhetikern, vor allem aus dem deutschen Kulturraum, wo es sich häufig als Nachahmungsverweigerungsparadigma konkretisiert. Von den genannten Gedanken hat die Klimatheorie die größte argumentative Reichweite: Sie neigt besonders stark dazu, über den Bereich der Ästhetik im engeren Sinn hinauszuwirken. Das zeigt sich schon bei

---

14 THOMAS SPRAT, The History of the Royal Society (1667), in: J. E. Spingarn (Hg.), Critical Essays of the Seventeenth Century, Bd. 2 (Bloomington 1957), 112.

15 JEAN-BAPTISTE DU BOS, Réflexions critiques sur la poésie et sur la peinture, Bd. 2 (Paris 1719), 227.

Montesquieu, d. h. bei dem allgemein soziologischen Ansatz von *De l'esprit des lois* (1748), es zeigt sich aber auch, ebenfalls um die Mitte des Jahrhunderts, in David Humes Essay *Of National Characters* (1748). Die Erforschung der Nationalcharaktere hat zu dem Zeitpunkt, da die beiden genannten Philosophen mit ihren imagologischen Entwürfen an die Öffentlichkeit treten, schon eine lange Tradition; deren Ergebnis wird in verschiedenen Artikeln der *Encyclopédie* (1751–1780) wie z. B. ›Caractère des nations‹ oder ›Allemands‹, vor allem aber unter dem Stichwort ›Nation‹ resümiert, den Diderot im Jahr 1765 verfaßt hat und der mehr oder weniger das repetiert, was bereits in der *Cyclopaedia* (1728) von Ephraim Chambers zu diesem Stichwort zu lesen war. Danach sind nationale Charaktere, gerade auch insoweit sie für eine nationale Kunstproduktion wirksam werden, dem historischen Wandel gewissermaßen entrückt.[16] Demgegenüber beweist Voltaire in seinem kulturhistorischen Werk *Le siècle de Louis XIV* von 1751 ein Gespür für die Geschichtlichkeit der nationalen Ausprägungen des Schönen. Darin werden die Ergebnisse der ›Querelle des Anciens et des Modernes‹ mit dem aus der Antike überkommenen Gedanken von der ›Translatio artium‹ zusammengeführt. Bei Voltaire deutet sich erstmals das geschichtsphilosophische Potential der Vorstellung vom Nationalen an und stand im Zusammenhang mit der Theorie kultureller Blütezeiten. In dem noch über weite Strecken humanistischen 18. Jh. muß eine Theorie wie die von den kulturellen Blütezeiten unvermeidlicherweise auf das Regenerationsparadigma rekurrieren. Aber immerhin ist es von Voltaires Beobachtung, daß es mehr als nur eine Renaissance gegeben hat, nicht mehr weit zu späteren Vorstellungen, wonach einzelne Nationen ihre jeweiligen kulturellen Blütezeiten haben, in denen sich ihr nationaler Geist vollendet manifestiert. Das traditionelle Bild von der ›Zweigipfligkeit‹ faltet sich in *Le siècle de Louis XIV* zu einem ›viergipfligen‹ Szenario aus und wird schließlich von den (prä-)romantisch-idealistischen Theoretikern um 1800, Johann Gottfried Herder etwa und Johann Wolfgang Goethe oder den Brüdern Schlegel, ersetzt durch einen versöhnenden Entwurf, in dem die nationalen Kulturleistungen mehr als Teil einer humanen Weltkultur erscheinen und weniger als Ausdruck eines Kampfes unter rivalisierenden Nationen um die Führungsposition. Erst in dieser Phase, und auch da nur vorübergehend, wird der Wettbewerbsgedanke, der letztlich auf Horazens aemulatio-Formel zurückgeht, gänzlich aus der Diskussion um die nationalen Dimensionen des Ästhetischen verschwinden.

Für den Gebrauch des Begriffs Nation im Rahmen ästhetischer Erörterungen ist aber Voltaires geschichtsphilosophisches Modell weniger wichtig geworden als das Aufkommen einer auf dem Sensualismus beruhenden Wirkungsästhetik um die Jahrhundertmitte. Denn die Relevanz wirkungsästhetischer Überlegungen liegt ja besonders da auf der Hand, wo es um das Problem der internationalen Literaturrezeption geht: »Denn eine jede Nation schreibt einem Theater, das ihr gefallen soll, durch ihre verschiedenen Sitten auch verschiedene Regeln vor, und ein Stück, das für die eine Nation gemacht ist, wird selten den andern ganz gefallen«, schreibt Johann Elias Schlegel schon 1747 in seinen *Gedanken zur Aufnahme des dänischen Theaters*. Und weiter: »Ich mache diese Anmerkungen, bloß um zu beweisen, daß ein Theater, welches gefallen soll, nach den besondern Sitten, und nach der Gemüthsbeschaffenheit einer Nation eingerichtet seyn muß.«[17] Aus dem Kontext des deutschen Idealismus sind aber auch Überlegungen zur nationalen Prägung des ästhetischen Empfindens hervorgegangen, die kurioserweise begrifflich in der Tradition der älteren Diskussion um die verschiedenen Nationalcharaktere stehen. Immanuel Kant fügt in seine *Beobachtungen über das Gefühl des Schönen und Erhabenen* von 1764 unter folgendem Titel einen entsprechenden Abschnitt ein: ›Von den Nationalcharaktern, in so fern sie auf dem unterschiedlichen Gefühl des Erhabenen und Schönen

---

16 Vgl. JEFFREY RICHARDS, The Axiomatization of National Differences and National Character in the European Enlightenment: Montesquieu, Hume, d'Alembert, Helvétius and Kant, in: H. Dyserinck/ K. U. Syndram (Hg.), Komparatistik und Europaforschung. Perspektiven vergleichender Literatur- und Kulturwissenschaft (Bonn 1992), 137–156.

17 JOHANN ELIAS SCHLEGEL, Gedanken zur Aufnahme des dänischen Theaters (1747), in: Schlegel, Ausgewählte Werke, hg. v. W. Schubert (Weimar 1963), 560f.

beruhen«. Darin verwendet er die Formel vom »Geschmack der Nationen« und stellt u. a. fest: »Unter den Völkerschaften unseres Weltheils sind meiner Meinung nach die Italiäner und Franzosen diejenige, welche im Gefühl des Schönen, die Deutschen aber, Engländer und Spanier, die durch das Gefühl des Erhabenen sich unter allen übrigen am meisten ausnehmen. [...] Der Deutsche wird demnach weniger Gefühl in Ansehung des Schönen haben als der Franzose und weniger von demjenigen, was auf das Erhabene geht, als der Engländer, aber in den Fällen, wo beides verbunden erscheinen soll, wird es seinem Gefühl mehr gemäß sein«[18].

J. E. Schlegel und Kant behandeln das Problem der nationalen Dimension des Ästhetischen in den hier zitierten Äußerungen und auch sonst nüchtern und ohne alle Polemik. Das darf aber nicht darüber hinwegtäuschen, daß die sich daraus ergebende Diskussion über weite Strecken des 18. Jh. bei den meisten deutschen Literaturkritikern mit zum Teil heftiger emotionaler Anteilnahme geführt wurde. Die Deutschen fühlten sich durch die aus Frankreich herüberklingende Süffisanz in bezug auf die – angeblich unzureichende – ästhetische Kompetenz der östlichen Nachbarn diskriminiert und haben sich publizistisch mit großer Empörung dagegen gewehrt, was natürlich Ausdruck eines kollektiven Minderwertigkeitskomplexes war. Ihre Sensibilität für die nationale Dimension des Ästhetischen hat sich aber unter solchen Voraussetzungen wesentlich verfeinert, so daß der spezifisch deutsche Gebrauch des Begriffs Nation für die hier interessierende Thematik bis weit in die Romantik hinein sehr viel differenzierter und aussagekräftiger ist als anderswo. In England etwa

wird im Aufklärungsjahrhundert wenig über eine eigenständig nationale Prägung von Kunst oder Literatur gesprochen, und wenn, dann meistens unter dem Terminus ›original‹: »Bacon, Boyle, Newton, Shakespeare, Milton have showed us, that all the winds cannot blow the *British* flag farther, than an original spirit can convey the *British* fame.«[19] Und in Frankreich drängt, zumindest von 1750 an, die politische Sinnkomponente des Nationsbegriffs dessen ästhetische Implikationen mehr und mehr in den Hintergrund. Wenn also Peter-Eckhard Knabes Kompendium *Schlüsselbegriffe des kunsttheoretischen Denkens in Frankreich von der Spätklassik bis zum Ende der Aufklärung* (1972) einen Abschnitt zu ›Nation‹ nicht enthält, so dürfte sich das in erster Linie daraus erklären, daß der Autor für diese verdienstvolle Studie vor allem französische Quellen ausgewertet hat.

Unter den Deutschen des 18. Jh., die für die nationale Dimension des Ästhetischen überhaupt keinen Sinn hatten, ragt der preußische König Friedrich II. heraus. Für ihn haben seine Landsleute, wenn sie den zivilisatorischen Standard Frankreichs erreichen wollen, keine andere Wahl, als sich dem französischen Kulturmodell anzugleichen. Dies geht jedenfalls aus einer brieflichen Äußerung hervor, die der König schon als junger Mann an – kaum zufällig – Voltaire gerichtet hat und deren zentrale ästhetische Kategorie das Graziöse ist, hier präsent durch die Anspielung des Königs auf die drei Grazien der Antike: »Si on pouvait les [die Deutschen – d. Verf.] corriger de leur pesanteur [...] et les familiariser un peu avec les Grâces, je ne désespérais pas que ma nation ne produirait pas de grands hommes.«[20] Im Jahre 1780 veröffentlicht Friedrich II. die kleine Schrift *De la littérature allemande*, die er bereits 1752 konzipiert und für die Publikation nur geringfügig überarbeitet und erweitert hatte. Die darin vorgetragene Kritik am ästhetisch angeblich unzulänglichen Niveau der zeitgenössischen deutschen Literatur provoziert sogleich heftigen Widerspruch: Der national gesonnene Publizist Justus Möser wendet sich gegen das von Friedrich empfohlene Rezept einer Orientierung am französischen Vorbild, denn »das Nachahmen fremder Nationen [habe] leicht den innerlichen Fehler aller Copien«[21]. »Alle Nationen«, meint Möser, »können in der Art ihrer Litteratur groß

---

18 IMMANUEL KANT, Beobachtungen über das Gefühl des Schönen und Erhabenen (1764), in: KANT (AA), Bd. 2 (1905), 243 f.
19 EDWARD YOUNG, Conjectures on Original Composition (1759), hg. v. E. J. Morley (Manchester 1918), 34.
20 FRIEDRICH DER GROSSE an Voltaire (6. 7. 1737), in: Briefwechsel Friedrichs des Großen mit Voltaire, hg. v. R. Koser, Bd. 1 (Leipzig 1908), 72.
21 JUSTUS MÖSER, Ueber die deutsche Sprache und Litteratur (1781), in: Möser, Sämmtliche Werke, hg. v. B. R. Abeken, Bd. 9 (Berlin 1843), 148 f.

werden« (157). Bereits 1759 hatte ein französischer Beobachter die Deutschen vor einer kulturellen ›gallicomanie‹ gewarnt: Le Guay de Premontval, *Contre la gallicomanie ou le faux goût français*.[22] Den bisher zitierten Verwendungen des Begriffs Nation ist gemeinsam, daß der Begriff darin etwas benennt, was schon gegeben ist. Im Rahmen der von den deutschen Literaturkritikern initiierten Kampagne, die darauf abzielt, den in Deutschland selbst schmerzlich empfundenen Rückstand der deutschen Kultur auf die europäischen Vorbildnationen England und Frankreich aufzuholen, gewinnt der Terminus jedoch ein neues Sinnpotential. Indem er etwas bezeichnet, was noch nicht empirisch zu konstatieren ist, sondern vorerst nur als zukunftsbezogene Vision beschworen werden kann, wird der Begriff zu einem Vorgriff.[23] So etwa in der berühmten Äußerung Gotthold Ephraim Lessings vom 19. 4. 1768, publiziert im 101.–104. Stück der *Hamburgischen Dramaturgie* (1767–1768), über »den gutherzigen Einfall, den Deutschen ein Nationaltheater zu verschaffen, da wir Deutsche noch keine Nation sind! Ich rede nicht von der politischen Verfassung, sondern bloß vom sittlichen Charakter. Fast sollte man sagen, dieser sei: keinen eigenen haben zu wollen. Wir sind noch immer die geschworenen Nachahmer alles Ausländischen, besonders noch immer die untertänigen Bewunderer der nie genug bewunderten Franzosen.«[24] Bereits in den 1770er Jahren erhalten die Hoftheater in Mannheim, Stuttgart und Wien den auf Lessings Anregung zurückgehenden Ehrentitel ›Nationaltheater‹. Und kurz danach weist Friedrich Schiller dem Theater eine zentrale Rolle bei der von ihm angestrebten Konstituierung eines deutschen ›Nationalgeistes‹ zu: »Nationalgeist eines Volks nenne ich die Ähnlichkeit und Übereinstimmung seiner Meinungen und Neigungen bei Gegenständen, worüber eine andere Nation anders meint und empfindet. Nur der Schaubühne ist es möglich, diese Übereinstimmung in einem hohen Grad zu bewirken, weil sie das ganze Gebiet des menschlichen Wissens durchwandert, alle Situationen des Lebens erschöpft und in alle Winkel des Herzens hinunterleuchtet; weil sie alle Stände und Klassen in sich vereinigt und den gebahntesten Weg zum Verstand und zum Herzen hat. [...] wenn wir es erlebten, eine Nationalbühne zu haben, dann würden wir auch eine Nation.«[25] In den zuletzt zitierten Äußerungen wird das visionäre Potential des Begriffs Nation sehr deutlich; aber die Vision Lessings weist gewissermaßen in eine andere Richtung als diejenige Schillers. Während es dem Autor der *Hamburgischen Dramaturgie* noch vorrangig um die ästhetische Eigenständigkeit des deutschen Theaters gegangen war, wächst dem Begriff bei Schiller eine über den ästhetischen Bereich im engeren Sinn hinausweisende Bedeutungskomponente zu. In dem Schiller-Zitat meint Nation eine neue Form von Öffentlichkeit: Darin kann sich eine Gesellschaft in ihrer Gesamtheit über sich selbst verständigen, weil der öffentliche Raum, den das Theater eröffnet, wirklich allen zugänglich ist, die sich der betreffenden Nation zugehörig fühlen. Die Nation wird gleichsam durch das Theater neu begründet.

Schillers begeistert vorgetragener Gedanke von einer Nation, die sich im Theater über ästhetische Kommunikation auf im besten Sinne demokratische Weise herstellt, ist ohne die Politisierung, die der Begriff seit der Jahrhundertmitte in Frankreich erfahren hat, kaum denkbar. Ulrich Dierse hat darauf hingewiesen, daß sich der Begriff Nation und seine Derivate vor allem im französischen Sprachraum von etwa 1750 an mit einer zunehmend emphatischen politischen Bedeutung aufladen. Insofern sich das Bürgertum eines Landes seiner sozialen Identität bewußt wird, beginnt es, sich als Nation zu begreifen und verleiht dem Begriff dadurch eine neue, wirkungsmächtige Dimension. Für Frankreich, wo dieser Vorgang bekanntlich zur Großen Revolution geführt hat, läßt sich die genannte Bedeutungsentwicklung besonders markant

---

22 Vgl. MANFRED FUHRMANN, Die Querelle des Anciens et des Modernes, der Nationalismus und die deutsche Klassik, in: Fuhrmann (Hg.), Brechungen: Wirkungsgeschichtliche Studien zur antik-europäischen Bildungstradition (Stuttgart 1982), 141.
23 Vgl. REINHARD KOSELLECK, ›Volk, Nation, Nationalismus, Masse‹, in: KOSELLECK, Bd. 7 (1992), 148.
24 LESSING, Hamburgische Dramaturgie (1767–1768), in: Lessing, Werke und Briefe, hg. v. K. Bohnen, Bd. 6 (Frankfurt a. M. 1985), 684.
25 FRIEDRICH SCHILLER, Was kann eine gute stehende Schaubühne eigentlich wirken (1784), in: Schiller, Sämtliche Werke, hg. v. G. Fricke/H. G. Göpfert, Bd. 5 (München 1980), 830.

belegen. Dort wohnt dem Begriff in hohem Maße ein gleichermaßen gemeinschaftsbildendes und ausgrenzendes Potential inne. Dabei bestätigen sich die soziologischen Feindbildtheorien in der Weise, daß es gerade die Ausgrenzung ist, die gemeinschaftsbildend wirkt. Durch den Terminus Nation, so wie er von den Revolutionären vor und nach 1789 verwendet worden ist, konnten je nach Bedarf verschiedene Gruppen ausgegrenzt werden: zunächst im innerfranzösischen Kontext die Aristokraten als die Feinde des unterdrückten Volkes; und dann im Kontext der Eroberungskriege die Ausländer als die Feinde der Franzosen. Die Instrumentalisierung des Nationalen für den – vor allem napoleonischen – Imperialismus ist gebunden an die Formel von der Grande Nation. Da der Terminus Nation als eines der Losungsworte der Französischen Revolution gelten kann, ist seine Geschichte im 18. Jh. für die revolutionäre Doktrin höchst signifikant und deshalb gründlich erforscht. Gleichsam im Schatten dieser Geschichte vollzieht sich parallel dazu der Aufstieg des Nationalen zur ästhetischen Kategorie; allerdings profiliert sich, wie bereits erwähnt, dieser ästhetische Begriffsgebrauch im deutschen Sprachraum zunächst sehr viel deutlicher als im französischen.

In den Jahrzehnten vor der Revolution gewinnt also der Terminus Nation eine neue, fast sakrale Dimension, die sich vor allem aus der neuartig politischen Bedeutungsebene des Begriffs ergibt, aber auch aus seinem in einer neuen Weise pathetischen Gebrauch im Kontext ästhetischer Erörterungen. Das hat zur Folge, daß die beiden Ebenen der begriffsgeschichtlichen Entwicklung, die politische und die ästhetische, vor allem im französischen Sprachraum, immer wieder interferieren. Gerade die Emphase der Revolutionsrhetorik macht es oft schwer, den politischen Gebrauch des Begriffs von seinem kunsttheoretischen zu unterscheiden.

»Tout appartient à la nation, donc tout est national. Aussi depuis la révolution notre manière d'être physique et morale est devenue entièrement nationale; notre costume, depuis la cocarde jusqu'aux boucles, est national. [...] Notre façon de penser, Dieu sait comme elle est nationale!«[26] schreibt Pierre-Nicolas Chantreau 1790 in seinem *Dictionnaire national ou anecdotique*. Und zwei Jahre später erhält die königliche Bibliothek in Paris einen neuen Namen: Bibliothèque Nationale. Es ist nicht verwunderlich, daß der Kult, der in den Revolutionsjahren mit dem Begriff Nation getrieben wurde, schon bald einen gewissen Überdruß in bezug auf diesen Begriff erzeugt hat und daß dieser Überdruß von denen, die ihn empfinden, auch zum Ausdruck gebracht wird, jedenfalls solange dies noch nicht mit Gefahr für Leib und Leben verbunden ist. Dom Jean Pierre Gallais notiert 1790 in seinem satirischen *Extrait d'un dictionnaire inutile, composé par une société commandite et rédigé par un homme seul, à 500 lieues de l'Assemblée nationale*: »Nos mœurs, nos habits, nos écrivains, nos théatres, des curés et des catins ont adopté le nom et la livrée nationale. Nous avons des gardes nationales, des fêtes nationales, un tribunal national, des robes, des coiffures et des rubans à la nation, des comédies et des tragédies nationales, et jusqu'aux affiches nationales de la province d'Anjou.«[27]

Für die begriffsgeschichtliche Arbeit ist es bei der Auswertung der Belegstellen nicht immer einfach, eindeutige Grenzen zwischen dem politischen, dem soziologischen und dem kunsttheoretischen Diskurs zu ziehen. So unterliegt es keinem Zweifel, daß Wendungen wie ›l'esprit général, les mœurs et les manières d'une nation‹, ›national character‹ oder ›caractère national‹, so wie sie sich bei Montesquieu, bei Hume oder bei D'Alembert finden, zunächst nichts bezeichnen, was spezifisch ästhetisch wäre; genausowenig zweifelhaft ist aber, daß die Konzepte, die sich mit solchen Wendungen verbinden, den Aufstieg des Nationalen zur ästhetischen Kategorie wesentlich befördert haben. In ähnlicher Weise unklar ist die Bedeutungsextension des Begriffs bei Jean-Jacques Rousseau. Im Satz »Tout peuple a ou doit avoir un caractère nationnal«[28] aus dem *Projet de Constitution pour la Corse* von 1765 hat der Begriff zweifellos eine progressive politische Implikation mit tendenziell uni-

---

26 Zit. nach OTTO DANN, ›Nation‹, in: M. Delon (Hg.), Dictionnaire Européen des Lumières (Paris 1997), 764.
27 JEAN PIERRE GALLAIS, Extrait d'un dictionnaire inutile, composé par une société commandite et rédigé par un homme seul, à 500 lieues de l'Assemblée nationale (o. O. 1790), 214 f.
28 JEAN-JACQUES ROUSSEAU, Projet de Constitution pour la Corse (1765), in: ROUSSEAU, Bd. 3 (1964), 913.

versaler Gültigkeit. Wenn es dagegen im *Émile* (1762) heißt, daß man die »provinces reculées où il y a moins de mouvemens, de commerce« aufsuchen müsse, um »le génie et les mœurs d'une nation«[29] studieren zu können, so scheint die Wendung ›génie‹ bzw. ›mœurs d'une nation‹ auf die bekannte Sehnsucht des Autors nach unverdorbener Ursprünglichkeit zu verweisen, auf eine eminent ästhetische Sehnsucht nach kulturellen Besonderheiten also. Die diskursive Unbestimmtheit, welche dieses Zitat prägt, ist symptomatisch für die sakrale Aura, die den Begriff im Revolutionszeitalter umgibt. Claus Leggewie und Otto Kallscheuer interpretieren eine derartige Sublimierung des Nationalen als »Engführung der Nation von hermeneutischer Vielfalt zum politischen Prinzip«. Die zuvor noch etwa bei Montesquieu und anderen nachweisbare Wahrnehmung einzelner »Aspekte des ›Nationalgeistes‹ [...] vom Klima bis zu Geschichte und Gedächtnis, Institutionen und Verfassungen, von Sitten, Gebräuchen, ethnischen Traditionen und kulturellen ›Nationalvorurteilen‹, über nationale ›Art und Kunst‹, Sprache und schöne Literatur«[30] werde unter solchen Voraussetzungen obsolet. Die Nation stifte für alle, die ihr angehören, einen übergeordneten Sinn, der alle Unterscheidungen zwischen den mannigfaltigen Bereichen menschlicher Tätigkeit belanglos mache. Dies gilt jedoch nur für den Zeitraum der Revolutionsjahre; danach kehren auch die Franzosen bei ihrer Verwendung des Begriffs wieder zur gewohnten Praxis ›hermeneutischer Vielfalt‹ zurück.

Während die Diskussion der ästhetischen Theoretiker in Deutschland zumindest seit etwa 1750 geradezu obsessiv auf den Gedanken an das nationale Prestige der deutschen Kultur fixiert ist, spielt das Nationale in der französischen Literaturkritik der Zeit zunächst eine eher untergeordnete Rolle. Das hat, wie bereits gesagt, vor allem mit der unbestrittenen kulturellen Führungsrolle Frankreichs zu tun, aber auch damit, daß die französische Ästhetik über das gesamte 18. Jh. hinweg am übernationalen Modell des Klassizismus ausgerichtet bleibt, zumal dieses Modell mit dem Universalismus der Aufklärung bestens vereinbar war. Symptomatisch dafür ist eine frühe Äußerung Voltaires, der in seinem *Essai sur la poésie épique* von 1733 schreibt: »Vous sentez dans les meilleurs écrivains modernes le caractère de leur pays à travers l'imitation de l'antique.«[31] Es gab aber auch bei den Franzosen einen Versuch, die Literatur des Landes zu nationalisieren. Nach der Niederlage Frankreichs im Siebenjährigen Krieg will Pierre De Belloy das Ansehen seines Vaterlandes wiederherstellen und verfaßt zu diesem Zweck die Tragödie *Le Siège de Calais* (1765). Dieses Stück literarisiert eine heroische Episode aus der nationalen Geschichte Frankreichs und wird daher von André Chénier als Musterbeispiel einer französischen ›tragédie nationale‹ gefeiert. Allerdings bezieht sich der Begriff national in dieser Formel nur auf die patriotische Botschaft des Textes, nicht aber auf seine ästhetische Eigenart. Erst Stendhal wird, ausgehend von der durch De Belloy neu begründeten Tradition der ›tragédie nationale‹, den Gedanken einer nationalen Dramatik in Frankreich theoretisch vertiefen. Im 18. Jh. wiegt die Ästhetik des französischen Klassizismus noch zu schwer, als daß sich daneben eine im eigentlichen Sinn nationale Literaturtheorie hätte entwickeln können. Auch östlich des Rheins gab es von klassizistischer Seite Widerstände gegen die oben angesprochenen Versuche eines Lessing oder eines Justus Möser, in Deutschland eine wirklich nationale Literatur zu etablieren. Im Jahre 1773 wendet sich Christoph Martin Wieland im *Deutschen Merkur* gegen den *Eifer, unsrer Dichtkunst einen National-Charakter zu geben* (1773). Wieland warnt die deutschen Dichter davor, »in den Wäldern der alten Teutschen herum zu irren, und in unseren Gesängen einen National-Charakter zu affectieren, der schon so lange aufgehört hat der unsrige zu sein«[32]. Ihr Lehrmeister müsse die griechische Nation sein, bei der man »das allge-

---

29 ROUSSEAU, Émile. Éducation – Morale – Botanique (1762), in: ROUSSEAU, Bd. 4 (1969), 850.
30 OTTO KALLSCHEUER/CLAUS LEGGEWIE, Deutsche Kulturnation versus französische Staatsnation. Eine ideengeschichtliche Stichprobe, in: H. Berding (Hg.), Nationales Bewußtsein und kollektive Identität. Studien zur Entwicklung des kollektiven Bewußtseins in der Neuzeit 2 (Frankfurt a.M. 1994), 137.
31 VOLTAIRE, Essai sur la poésie épique (1733), in: VOLTAIRE, Bd. 8 (1880), 309f.
32 CHRISTOPH MARTIN WIELAND, Der Eifer, unsrer Dichtkunst einen National-Charakter zu geben etc. (1773), in: Wieland, Werke, hg. v. F. Martini/H. W. Seiffert, Bd. 3 (München 1967), 269.

meine Grundgesetz der Kunst« lernen könne, »das den welschen, französischen, englischen, deutschen und jeden anderen Dichter gleichstark verbindet« (271). Auch in einem Epigramm aus den *Xenien* (1796) von Goethe und Schiller läßt sich ein gewisser Überdruß der beiden Klassiker an der in der zeitgenössischen deutschen Ästhetikdiskussion allgegenwärtigen Rhetorik des Nationalen entnehmen: »Zur *Nation* euch zu bilden, ihr hoffet es, Deutsche, vergebens; Bildet, ihr könnt es, dafür freier zu Menschen euch aus.«[33] An anderer Stelle notiert Goethe: »Jeder sei auf seine Art ein Grieche! Aber er sei's.«[34] In ästhetischen Fragen hat neben Goethe vor allem Friedrich Hölderlin für sich das Recht auf einen ›freien Gebrauch der Vaterländer‹[35] reklamiert. Insgesamt ist die Frage nach der Haltung der deutschen Klassik zum Problem der literarischen Nationalität kontrovers beantwortet worden. Der These von Manfred Fuhrmann, in Weimar habe man »europäisch, nicht national gedacht«[36], ist Conrad Wiedemann mit gewichtigen Argumenten entgegengetreten.[37] Andererseits scheint zumindest Goethe mit dem von ihm eingeführten Konzept der Weltliteratur, das er am 31. 1. 1827 seinem Gesprächspartner Johann Peter Eckermann vorgestellt hat, allen Bemühungen um eine deutsche Nationalliteratur eine konsequente Absage zu erteilen: »Nationalliteratur will jetzt nicht viel sagen, die Epoche der Weltliteratur ist an der Zeit und jeder muß jetzt dazu wirken, diese Epoche zu beschleunigen.«[38]

III. Romantik: Kulturelle Individualisierung der Völker, humanitärer Kosmopolitismus, missionarischer Nationalismus

Eine in ihrem Kern schon romantische Antwort auf die Frage nach der ästhetischen Bedeutung des Nationalen liefert Herder mit der von ihm im Jahre 1773 herausgegebenen Sammelschrift *Von Deutscher Art und Kunst*. Diese Schrift ist vor allem auch deshalb bemerkenswert, weil sie literar-, kunst- und sozialgeschichtliche Beiträge zusammenfaßt und insofern einen weiten Begriff von nationaler Ästhetik zum Ausdruck bringt, der so bei den meisten bisher zitierten Theoretikern noch nicht vorauszusetzen ist. Was nun das in diesem Werk entworfene Bild einer deutschen ›Art und Kunst‹ angeht, so könnte es zunächst verwundern, daß die beiden Aufsätze des Herausgebers selbst, *Auszug aus einem Briefwechsel über Oßian und die Lieder alter Völker* und *Shakespeare*, die englische Literatur behandeln. Aber Herder will mit der Präsentation der beiden englischen Vorbilder seinem deutschen Publikum ein Modell des Nationalen vor Augen führen, das sich auch in Deutschland – in der Volkstradition – auffinden bzw. – in der zukünftigen literarischen Produktion – durch die jungen Autoren, an die er sich wendet, realisieren lasse. Er glaubt offenbar, daß eine Nation bei der Wiederentdeckung und Kultivierung der eigenen Nationalliteratur von der anderen lernen könne, ohne dabei die nationale Eigenart zu gefährden. Das weist voraus auf den von den Romantikern bevorzugten eher offenen Begriff von nationaler Kunst. Herder schreibt 1774 in *Auch eine Philosophie der Geschichte zur Bildung der Menschheit*, »jede Menschliche Vollkommenheit« sei »*National*«[39]. Nach diesem Begriff gehören zur Nation die über Ländergrenzen kommunizierenden Repräsentanten der kulturellen Elite ebenso wie die ungebilde-

---

33 JOHANN WOLFGANG GOETHE, Xenien (1796), in: Goethe, Gedenkausgabe der Werke, Briefe und Gespräche, hg. v. E. Beutler, Bd. 2 (Zürich/Stuttgart 1962), 455.
34 GOETHE, Antik und Modern (1818), in: ebd., Bd. 13 (1965), 846.
35 Vgl. CONRAD WIEDEMANN, Montesquieu, Hölderlin und der freie Gebrauch der Vaterländer. Eine französisch-deutsche Recherche, in: R. Florack (Hg.), Nation als Stereotyp. Fremdwahrnehmung und Identität in deutscher und französischer Literatur (Tübingen 2000), 79–113.
36 FUHRMANN (s. Anm. 22), 148.
37 Vgl. WIEDEMANN, Deutsche Klassik und nationale Identität. Eine Revision der Sonderwegs-Frage, in: W. Voßkamp (Hg.), Klassik im Vergleich. Normativität und Historizität europäischer Klassiken (Stuttgart 1993), 541–569.
38 JOHANN PETER ECKERMANN, Gespräche mit Goethe in den letzten Jahren seines Lebens (1836/1848), hg. v. R. Otto (München 1988), 92.
39 JOHANN GOTTFRIED HERDER, Auch eine Philosophie der Geschichte zur Bildung der Menschheit (1774), in: HERDER, Bd. 5 (1891), 505.

ten Stände. Auch die einfachen Leute, die mit dem Kanon der europäischen Höhenkammliteratur nicht vertraut sind, gehören für Herder zum literarischen Publikum einer Nation, und zwar nicht nur in der Vergangenheit, sondern gleichermaßen in Gegenwart und Zukunft. Romantisch ist schließlich noch sein Interesse an den frühen Phasen der nationalen Literarhistorie, das in dem von ihm für den *Auszug aus einem Briefwechsel über Oßian und die Lieder alter Völker* geprägten Terminus ›Volkslied‹ seinen folgenreichsten Ausdruck gefunden hat. Die *Stimmen der Völker* (so der Titel, den er 1807 seiner Volksliedsammlung gab), der literarisch vermittelte Geist der einzelnen Nationen, treten für ihn in den alten Textzeugnissen ganz besonders markant hervor. Das bedeutet aber nicht, daß das Nationale für ihn eine ästhetische Kategorie wäre, die nur für Kunstwerke aus der Vergangenheit relevant ist, im Gegenteil: Der vermehrte kulturelle Austausch zwischen den europäischen Nationen, gerade auch die sich immer weiter verbreitende Praxis der literarischen Übersetzung, nimmt diesen Nationen keineswegs ihren eigenständigen Charakter: »les textes étrangers et les traductions participent à la production de la littérature nationale allemande. L'étranger est consubstantiel au national et il n'y a de littérature nationale qu'à proportion des transplantations et des changements qu'elles induisent. [...] le national est ici non pas du tout le local enraciné excluant toute altérité, mais l'altération permanente, par la littérature et la ›transplantation‹, où le point de vue local comporte le global de l'humanité.«[40]

Was die im engeren Sinn terminologische Problematik angeht, so ist auffällig, daß Herder den Begriff Nation zunehmend durch Volk ersetzt. Während sich in seinen »frühen Werken die Bezeichnungen ›Volk‹ und ›Nation‹ noch verbinden, findet sich ab den 1780er Jahren der Nationbegriff politisiert [...]. Um 1800 begann im Denken Herders das emotional geprägte Wort ›Volk‹ den Nationbegriff endgültig zurückzudrängen.«[41] Insofern der Terminus Nation in politischen – und d. h. zunehmend auch: in konflikträchtigen – Zusammenhängen verwendet wird, verliert er für den vorsichtigen Philanthropen gewissermaßen seine Unschuld und scheint hinfort nicht mehr geeignet, die von Herder emphatisch beschworene Idee ästhetischer Humanität begrifflich zu vermitteln. Übrigens wurde nach 1815 der »übersteigerte Nationsbegriff nicht nur von konservativer, sondern auch von liberaler Seite scharf kritisiert und abgelehnt«[42]. Immerhin kann sich Stendhal in der französischen Ästhetikdiskussion der 20er Jahre wieder auf das Konzept des Nationalen berufen, indem er argumentativ an die durch De Belloy revitalisierte und von Chénier auf den Begriff gebrachte Tradition der ›tragédie nationale‹ anknüpft. Angesichts der offensichtlichen künstlerischen Mängel von De Belloys *Siège de Calais* ist es für Stendhal ausgemacht, daß die zeitgemäße französische Nationaltragödie nur eine Prosatragödie sein kann. Indem er die klassizistische Praxis, die Dramentexte in elaborierte Verse zu gießen, als anachronistisch denunziert, erschließt er – zumindest idealiter – dem anspruchsvollen französischen Theater neue Publikumsschichten: Die ›tragédie nationale en prose‹, die Stendhal sich wünscht, soll ihre historischen Sujets in einer für das ganze Volk zugänglichen ästhetischen Form, und das heißt auch: in einer klaren und nüchternen Sprache, darbieten. Insofern wäre diese Tragödie nicht nur national, sondern auch romantisch. Der »galimathias allemand« dagegen, »que beaucoup de gens appellent *romantique* aujourd'hui«[43], ist für Stendhal zutiefst unfranzösisch.

Indem Stendhal mit dem Begriff des Nationalen die Vorstellung eines Publikums verbindet, das alle Bevölkerungsschichten umfaßt, knüpft er an Herder an und stimmt mit vielen anderen romantischen Theoretikern überein, vor allem auch mit

---

40 PIERRE PÉNISSON, La notion de littérature nationale chez Johann Gottfried Herder, in: M. Espagne/M. Werner (Hg.), Philologiques III: Qu'est-ce qu'une littérature nationale. Approches pour une théorie interculturelle du champ littéraire (Paris 1994), 117 f.

41 ULRIKE HAFNER, ›Norden‹ und ›Nation‹ um 1800. Der Einfluß skandinavischer Geschichtsmythen und Volksmentalitäten auf deutschsprachige Schriftsteller zwischen Aufklärung und Romantik (1740–1820) (Triest 1996), 75.

42 ELISABETH FEHRENBACH, ›Nation‹, in: R. Reichardt/E. Schmitt (Hg.), Handbuch politisch sozialer Grundbegriffe in Frankreich 1680–1820 (München 1986), 104.

43 STENDHAL, Racine et Shakespeare (1823/1825), hg. v. P. Martino (Paris 1925), 47.

solchen aus Italien, wo die künstlerisch anspruchsvolle Literatur seit Jahrhunderten immer nur Sache einer kleinen Kulturelite war. Zu einem anderen Aspekt des romantischen Konzepts nationaler Ästhetik hat sich Stendhal nicht explizit geäußert, er hat es aber gewissermaßen durch seine Selbststilisierung verkörpert: die Erweiterung des Nationalen ins Europäische. Der Franzose Stendhal aus Grenoble hat sich in wenigstens zweifacher Hinsicht eine nichtfranzösische Identität zugelegt: Sein Pseudonym weist auf eine deutsche Stadt, und der Epitaph, den er für sich selbst verfaßt hat, macht ihn zum Italiener: ›Arrigo Beyle, milanese‹. Hinzu kommt, daß er seine Schriften immer wieder mit englischen Einsprengseln durchsetzt. Für Stendhal ist das von ihm zeit seines Lebens praktizierte Spiel mit mehreren Ich-Identitäten vor allem auch ein Spiel mit mehreren nationalen Identitäten. Insofern personifiziert er die romantische Internationalisierung des Nationalen, die von Herder antizipiert worden war und sich als Konzept in der Theorie eines Schlegel oder eines Ludwig Tieck ebenso wiederfindet wie in der Erzählkunst der Mme de Staël. Die kosmopolitische[44] Autorin aus der Nähe von Genf läßt in ihrem Roman *Corinne* (1807) die Titelheldin durch einen Verehrer folgendermaßen beschreiben: »L'une des causes de votre grâce incomparable, c'est la réunion de tous les charmes qui caractérisent les différentes nations.«[45] Andererseits sei es, so äußert sich Corinne selbst an anderer Stelle, keineswegs wünschenswert »pour le monde entier de perdre toute couleur nationale, toute originalité de sentiments et d'esprit« (709 f.).

Zwischen dem Interesse für nationale Besonderheiten auf der einen und dem Projekt, diese Besonderheiten in einer Synthese zu transzendieren, scheint ein logischer Widerspruch zu bestehen. Dieser Widerspruch läßt sich jedoch leicht auflösen: Denn eine eigenständige Nationalität ist ja nicht für sich eigenständig, sondern nur dadurch, daß sie zu einer anderen in Gegensatz tritt. Erst im Kontrast geben sich dann die beiden Nationalitäten in ihrer jeweiligen Natur zu erkennen und eröffnen zugleich die Perspektive auf das Europäische bzw. das allgemein Menschliche, durch das sie ihren Sinn erhalten. »Es geht hier um die Strategie einer diskursiven *supplémentarité*, die ein semantisches Verweissystem definiert, in dem jedes Moment von dem anderen mitbestimmt wird. So gibt es [...] keine nationale Literatur ohne Anerkennung der immanenten Dialektik von Besonderem und Allgemeinem.«[46] Eine Schlüsselrolle dabei spielt, wie Wilhelm von Humboldt feststellt, die Sprache, in der sich die Nation individualisiert: »Eine Nation [...] ist eine durch eine bestimmte Sprache charakterisirte geistige Form der Menschheit, in Beziehung auf idealische Totalitaet individualisirt.«[47] Auf der Basis der oben angesprochenen ›Dialektik von Besonderem und Allgemeinem‹ dürfte auch eine Äußerung des späten Goethe zu verstehen sein, die, anders als sein oben zitiertes Diktum zur Weltliteratur, dem Nationalen eine kategoriale Bedeutung zuweist. In einem Brief an Thomas Carlyle vom Juli 1827 notiert Goethe: »Offenbar ist das Bestreben der besten Dichter und ästhetischen Schriftsteller aller Nationen schon seit geraumer Zeit auf das allgemein Menschliche gerichtet. In jedem Besondern, es sei nun historisch, mythologisch, fabelhaft, mehr oder weniger willkürlich ersonnen, wird man durch Nationalität und Persönlichkeit hindurch jenes Allgemeine immer mehr durchleuchten und durchschimmern sehen. [...] Was nun in den Dichtungen aller Nationen hierauf hindeutet und hinwirkt, dies ist es was die übrigen sich anzueignen haben. Die Besonderheiten einer jeden muß man kennen lernen, um sie ihr zu lassen, um gerade dadurch mit ihr zu verkehren; denn die Eigenheiten einer Nation sind wie ihre Sprache und ihre Münzsorten, sie erleichtern den Verkehr, ja sie machen ihn erst vollkommen möglich.«[48]

---

44 Vgl. PIERRE MACHEREY, A quoi pense la littérature? Exercices de philosophie littéraire (Paris 1990), 17–36.
45 GERMAINE DE STAËL, Corinne (1807), in: de Staël, Œuvres complètes, Bd. 1 (1861; Genf 1967), 701.
46 ANTONIO CAMMAROTA, Zukünftige Vergangenheit. Zur Vorgeschichte des modernen Begriffszusammenhangs ›Europäische Literatur‹ – ›Weltliteratur‹, in: Dyserinck/Syndram (s. Anm. 16), 268.
47 WILHELM VON HUMBOLDT, Ueber die Verschiedenheit des menschlichen Sprachbaues (1827–1829), in: Humboldt, Werke in fünf Bänden, hg. v. A. Flitner/K. Giel, Bd. 3 (Darmstadt 1963), 160.
48 GOETHE an Thomas Carlyle (20. 7. 1827), in: Goethe (s. Anm. 33), Bd. 21 (1965), 746.

War die nationale Kunst in der Deutschen Klassik, bei Lessing etwa oder bei Schiller, in die Zukunft projiziert, so scheinen die Romantiker im Anschluß an Herder vor allem in der Vergangenheit danach zu suchen. Georg Wilhelm Friedrich Hegel identifiziert in seinen *Vorlesungen über die Ästhetik* (1835–1838) das Nationale, soweit es sich in der Literatur äußert, mit dem Mittelalterlichen, jedenfalls da, wo er »jene dem Gehalt nach epischen Stoffe« der deutschen und französischen Heldenepik erwähnt, »die noch schlechthin *nationale* mittelaltrige Interessen, Thaten und Charaktere in sich fassen«. Aber national sind diese »Interessen, Thaten und Charaktere« nur für ihre eigene, »mittelaltrige« Zeit, aber nicht mehr für das 19. Jh. Denn was im Mittelalter als nationale Dichtung entstanden ist, das hat nach Hegels Meinung für das Publikum seiner eigenen Epoche jeglichen nationalen Sinn verloren. Deshalb sei es auch völlig unangebracht, diese Literatur noch im 19. Jh. als wertvollen Lesestoff anzupreisen: Die mittelalterliche Epik »unserer heutigen Bildung als etwas aufdrängen [zu] wollen, das auch jetzt noch unsere tiefere heimische Mitempfindung in Anspruch nehmen dürfe und für uns etwas Nationales seyn müsse, dieser mehrfach gewagte Versuch heißt sowohl den Werth jener zum Theil mißgestalteten und barbarischen Vorstellungen durchaus [zu] überschätzen, als auch den Sinn und Geist unserer eigenen Gegenwart völlig [zu] verkennen«[49]. Hier verwendet Hegel ein Konzept ästhetischer Nationalität, das einerseits auf dem Boden der vorherigen begriffsgeschichtlichen Entwicklung steht, aber andererseits auch darüber hinausweist. Traditionell ist die Vorstellung, daß nur solche Kunstwerke national genannt werden dürfen, über die sich eine mehr oder weniger eindeutig bestimmbare Rezeptionsgemeinschaft als Gemeinschaft, eben als Nation, identifizieren kann. Neu ist dagegen an dem hier entworfenen Bild ästhetischer Nationalität dessen historische Dynamik: Wenn die Deutschen, so Hegel, sich in früheren Epochen über die gemeinsame Rezeption der mittelalterlichen Heldenepen als Gemeinschaft erfahren haben, dann bedeutet das nicht automatisch, daß sie es auch am Beginn des 19. Jh. noch tun können oder auch tun sollten. Ihre ›heutige Bildung‹ und der ›Sinn und Geist‹ ihrer ›eigenen Gegenwart‹, ihr höherer kultureller Standard also, hat sie innerlich vom Zivilisationsstand jener archaischen Literatur so weit entfremdet, daß sie diese Literatur nicht mehr als nationale, d. h. identifikatorisch, rezipieren können. Hegel scheint hier dem Begriff Nation, insoweit er sich auf eine Rezeptionsgemeinschaft bezieht, eine historische Dynamik unterlegen zu wollen. Die deutsche Literatur des Mittelalters, die erst zu seinen Lebzeiten philologisch erschlossen und kanonisiert wird, muß dabei ihre transhistorische Geltung als unbestrittener Kern der gesamten nationalliterarischen Tradition zwangsläufig verlieren.

Es scheint, als hätte Hegel geahnt, daß ein Konzept von ästhetischer Nationalität, das sich aus der Berufung auf einen autoritativen literarischen Kanon herleitet, die Gefahr der Ideologisierung in sich birgt. Einige unter den Philologen, die zu seiner Zeit die wichtigsten Werke der deutschen Literatur des Mittelalters edierten, waren nicht nur national, sie waren nationalistisch. Als Ausdruck eines großspurigen Kulturnationalismus ist es jedenfalls zu werten, wenn etwa Friedrich Heinrich von der Hagen 1812 das Nibelungenlied zum ältesten und ersten nachantiken ›Nationalepos‹ überhaupt erhebt: »Da von Deutschland die neue Welt ausging, so ist das ursprünglich Deutsche Nazionalepos, die mythische Geschichte des heroischen Zeitalters der Völkerwanderung, das älteste und erste, in der ganzen neuen Poesie.«[50] Indem von der Hagen hier für Deutschland einen kulturellen Primat reklamiert, will er natürlich vor allem die Konkurrenznation Frankreich auf den zweiten Rang verweisen. Dieser antifranzösische Impetus ist ein signifikantes Indiz dafür, daß sich das Nationalbewußtsein, das der zitierten Äußerung zugrunde liegt, von dem vorrevolutionären Gelehrtenpatriotismus und seinen in kleinen elitären Zirkeln ausgefochtenen Fehden um die kulturelle Rangordnung der europäischen Nationen radikal unterscheidet. Das Deutschland, von dem der Philologe redet und das sich in dem zum Nationalepos erho-

---

49 GEORG WILHELM FRIEDRICH HEGEL, Vorlesungen über die Ästhetik (1835–1838), in: HEGEL (GLOCKNER), Bd. 14 (1928), 407.
50 FRIEDRICH HEINRICH VON DER HAGEN, Literarischer Grundriß zur Geschichte der Deutschen Poesie von der ältesten Zeit bis in das sechzehnte Jahrhundert (Berlin 1812), VIII.

benen Nibelungenlied wiedererkennen soll, ist nicht das Deutschland der Gelehrten, sondern es ist das Deutschland des ganzen Volkes. Dieser umfassende, seiner Intention nach standesübergreifende Begriff von Nation, den die Helden der Revolution und danach die napoleonischen Heere von Frankreich aus in alle Teile Europas tragen, wird von den Bewohnern der okkupierten Länder zunächst begeistert übernommen. Aber insofern die Franzosen infolge ihrer Siege ein neues Selbstverständnis als Grande Nation entwickeln, provozieren sie natürlich eine patriotische Gegenreaktion bei denen, die den neuen Begriff von Nation gerade erst von ihnen gelernt hatten.

Ähnlich wie die Französische Revolution selbst als politischer Vorgang universalistische und nationalistische Komponenten in sich vereinigt, so changieren auch die außerfranzösischen Reaktionen darauf zwischen enthusiastischem Fraternisierungspathos und militanter Franzosenfeindschaft. Von dieser Dialektik ist auch die zeitgenössische Diskussion um das Nationale als ästhetische Kategorie betroffen. Neben den oben angesprochenen Versöhnungsmodellen, die im Anschluß an Herder von Mme de Staël und Goethe, aber auch von vielen anderen entwickelt worden sind, stehen unzählige Äußerungen eines kulturellen Nationalismus. Unter diesen Äußerungen gibt es viele, die noch sehr viel massiver sind als der hier zitierte Beleg von F. H. von der Hagen, der als ein fast noch harmloses Beispiel gelten kann. In den genannten kulturnationalistischen Kontext gehören auch Johann Gottlieb Fichtes Reden an die deutsche Nation (1807–1808).[51] Fichte, der mit seiner Schrift auch die aus seiner Sicht fatal defätistische Haltung der preußischen Regierung kritisch kommentieren will, erhebt zunächst die deutsche Nation zum »Volk schlechtweg«[52]. Dieses Volk sei kraft der ihm eigenen Urwüchsigkeit dazu bestimmt, die gesamte Menschheit zu erlösen. Die Urwüchsigkeit des deutschen Volkes werde erwiesen durch die Urwüchsigkeit der deutschen Sprache, die sich gegenüber allen anderen Sprachen dadurch auszeichne, daß sie der Natur näher sei, und zwar insofern, als sich in ihr auch Gedankliches durch sinnliche Bilder ausdrücken läßt. Aus der Urwüchsigkeit der deutschen Sprache ergibt sich die besondere »Nationaleinbildungskraft« (433) der Deutschen. Sie soll durch eine Nationalerziehung kultiviert werden, damit die Deutschen befähigt werden, ihren universalen Auftrag zu erfüllen, der darin besteht, den anderen Völkern ihre eigene Lebendigkeit mitzuteilen.

Der deutsche Nationalismus, der sich ja vor der Gründung des Deutschen Reiches realistischerweise nur als kultureller Nationalismus äußern konnte, war geeignet, das Nationale so sehr in Mißkredit zu bringen, daß schon der Begriff selbst kompromittiert schien, jedenfalls für einen so empfindlichen Beobachter wie Ludwig Börne, der im 103. seiner Briefe aus Paris 1833 notiert: »Keine Freiheit ist möglich, solange es Nationen gibt.«[53] Börnes Vorbehalte gegenüber dem nationalen Denken ergeben sich natürlich vor allem auch aus seinem übernationalen Selbstverständnis als Jude. Mit ihnen dürfte es auch zu tun haben, daß er der Bewegung des sogenannten ›Jungen Deutschland‹ mit einer gewissen Zurückhaltung begegnete. Diese Bewegung hatte sich in der Mitte der 30er Jahre nach dem Vorbild von Giuseppe Mazzinis ›Giovine Italia‹ und der Pariser Gruppe der ›Jeune-France‹ formiert. Die Jungdeutschen verfolgen das Ziel der staatlichen Einheit Deutschlands, aber unter Berücksichtigung humanistischer Prinzipien, was alle nationalen Antagonismen eigentlich hätte ausschließen müssen. Aber es war auch in dieser Phase offenbar nicht leicht, national zu denken, ohne anderen Nationen mit Vorurteilen zu begegnen: Die Begeisterung für das Eigene scheint gerade auf dem Gebiet der Ästhetik die Vorbehalte gegen das Fremde vorauszusetzen: »Nur der jugendliche ›Geist‹ kann ein junges Deutschland begründen, und in diesem Geiste müssen unsere Nationaltugenden sich erfrischen und verjüngen, wenn es ein junges Deutschland seyn soll«, heißt es in einer Rezension von Wolfgang Menzel 1835. Und

---

51 Vgl. ENDRE KISS, Anmerkungen zu Fichtes Begriff der Nation, in: Archiv für Geschichte der Philosophie 77 (1995), 189–196.
52 JOHANN GOTTLIEB FICHTE, Reden an die deutsche Nation (1807–1808), in: Fichte, Ausgewählte Werke in sechs Bänden, hg. v. F. Medicus, Bd. 5 (München 1962), 485.
53 LUDWIG BÖRNE, Briefe aus Paris (1833), in: Börne, Sämtliche Schriften, hg. v. I. u. R. Rippmann, Bd. 3 (Düsseldorf 1964), 758.

weiter: »Das junge Deutschland sollte wohl an ganz andere Dinge denken, als an Hurerei [...]. Die Unsitte kam aus Frankreich herüber«[54]. Nach 1848, dem Jahr der ersten deutschen Nationalversammlung, wächst der Druck, daß das nationale Kulturbewußtsein der Deutschen nun endlich mit der Gründung eines deutschen Nationalstaats einen auch politischen Ausdruck erhalten müsse, mit jedem Jahr weiter an: Wenn etwa Rudolf Gottschall 1855 in einer Rede über den *Schillerkultus* verkündet, daß der »Kultus des Genies [...] immer mehr eine Sache der Nation, eine Angelegenheit des öffentlichen Interesses«[55] werde, dann scheint sich in der Formulierung ›Angelegenheit des öffentlichen Interesses‹ ein Hinweis auf die politische Dimension des Schillerkultes zu verbergen. Und Karl Biedermann stellt in einem Lexikonartikel ›Nation, Nationalität‹ von 1864 ganz unumwunden fest, daß »die Cultur der gemeinsamen Sprache und Literatur nicht ausreicht, eine Nation in ganzer Vollkraft und einen allseits tüchtigen Nationalcharakter zu schaffen«. Die deutsche Nation müsse »nach einer Verfassung ringen, welche ihm die freie, ungehemmte zugleich einheitliche und wirksame Benutzung seiner Kräfte gestatte [...], um die volle Kraft und Gemeinsamkeit seines Culturstrebens nicht blos im Idealen, in Sprache, Literatur, Wissenschaft und Kunst, sondern auf allen Gebieten des Lebens bethätigen zu können.«[56]

Während sich die Deutschen einen Einheitsstaat als politischen Ausdruck einer nationalen Kulturidentität schaffen mußten, die als solche unstrittig war, ging es in den amerikanischen Kolonien darum, eine von den Mutterländern unabhängige kulturelle Identität zu entwickeln. Im Falle der USA konnte die literarische Konstruktion einer US-amerikanischen Identität unter den Bedingungen der bereits vollzogenen Nationalstaatsbildung gewissermaßen nachgeliefert werden. Benjamin T. Spencer spricht im Hinblick darauf von einer regelrechten »literary campaign«, die zu diesem Zweck geführt worden sei. Das »organic concept of the nation«, das sich nach Spencer seit den 1840er Jahren in den USA durchgesetzt hat und das von den zeitgenössischen Kritikern terminologisch in die Nähe des Begriffs »originality« gerückt wird, umschreibt er als »achievement of a distinctive national utterance, but they [die amerikanischen Autoren – d. Verf.] inclined more and more to concede that this utterance must be matured slowly and gradually defined by the aggregate of indigenous forces«[57]. Spencer erinnert an Ralph Waldo Emersons berühmtes Diktum, daß die »courtly muses of Europe« (12) für amerikanische Autoren nicht zuständig seien. Es muß den Nationalliteraturen jenseits des Atlantiks in jenen Jahren extrem schwer gefallen sein, sich vom kulturellen Joch der Alten Welt zu befreien. Symptomatisch dafür ist eine literarische Anthologie, die der Frankokanadier James Huston 1848 in Montréal unter dem Titel *Le répertoire national* publiziert und die keinen einzigen Text enthält, der auf kanadischem Boden entstanden wäre.[58] Dabei wird im Falle des französischen Kanada die Aufgabe, eine vom europäischen Mutterland unabhängige Nationalliteratur zu installieren, möglicherweise dadurch erschwert, daß die Frankokanadier nicht wie ihre südlichen Nachbarn in den USA einen Melting-Pot-Mythos instrumentalisieren können und daß sie darüber hinaus auch die Kulturtraditionen der Ureinwohner des nördlichen Amerika für ihr nationales Identitätskonzept nicht fruchtbar machen. Das bedeutet auch, daß in der Theorie einer Nationalliteratur des französischen Kanada, die dann am Beginn des 20. Jh. von Camille Roy entfaltet wird[59], der Gedanke einer Mischung von autoch-

---

54 WOLFGANG MENZEL, [Rez.] Roman. Karl Gutzkow, Wally, die Zweiflerin (1835), in: Literatur-Blatt 93 (1835), 369.
55 RUDOLF GOTTSCHALL, Über die Bedeutung des Schillerkultus, in: Gedenkbuch an Friedrich Schiller, hg. v. Schiller-Verein zu Leipzig (Leipzig 1855), 246; vgl. AXEL GEHRING, Genie und Verehrergemeinde. Eine soziologische Analyse des Genieproblems (Bonn 1968), 42.
56 KARL BIEDERMANN, ›Nation, Nationalität‹, in: K. v. Rotteck/K. Welcker (Hg.), Das Staats-Lexikon, Bd. 10 (Leipzig 1864), 317f.
57 BENJAMIN T. SPENCER, The Quest for Nationality. An American Literary Campaign (Syracus, N. Y. 1957), 195.
58 Vgl. DENIS SAINT-JACQUES, Internationalité des littératures nationales. Colonialisme et postcolonialisme: Le cas de la littérature québécoise, in: Schöning (s. Anm. 2), 471.
59 Vgl. CAMILLE ROY, Essais sur la littérature canadienne (Québec 1907).

thoner und europäischer Kultur nur eine untergeordnete Rolle spielt. Demgegenüber beruht in den lateinamerikanischen Nationen, die ja auch aus der Kolonialsituation hervorgegangen sind, die Bestimmung der jeweils spezifischen literarischen Ästhetik ganz wesentlich auf diesem Gedanken. Deshalb steht in den entsprechenden Debatten der Terminus Nation ganz nahe bei Begriffen wie ›criollismo‹ und ›mestizaje‹, aber auch ›indigenismo‹.[60]

In Europa hatten sich seit der Restauration die praktisch-publizistischen Verwendungsbedingungen des Begriffs Nation geändert. Für die Untertanen eines Metternich kann es gefährlich sein, das Nationale in ästhetischen Kontexten als argumentative Kategorie einzusetzen, wenn sich aus den entsprechenden Äußerungen politische Ansprüche ableiten lassen. Es wird immer deutlicher, daß die Rede von nationaler Kunst oder Literatur in vielen Fällen zu nationalstaatlicher Einigung hinführen soll, jedenfalls in den sogenannten verspäteten Nationen wie Deutschland oder Italien. Eine kuriose Ausnahme von dieser Regel bildet der Fall Belgien. Hier steht am Beginn, im Jahre 1830, die vor allem von den europäischen Großmächten forcierte Gründung eines von den nördlichen Niederlanden unabhängigen, selbständigen Staates, der zwei Sprach- und eben auch zwei Kulturräume umfaßt. Seit den 30er Jahren gibt es nun zahllose Versuche, für diesen jungen Staat eine Nationalliteratur zu bestimmen. Diese Versuche können sich bei ihrer Definition des Nationalen auf das traditionelle Sprachargument nicht stützen. Hier seien nur zwei davon zitiert: Charles Faider, *De la Nationalité littéraire en Belgique et du nouveau drame de M. Noyer* (1836); Jules de Saint-Genois, *De la Nationalité littéraire en Belgique* (1837).[61] Das Projekt der theoretischen Bestimmung einer belgischen Nationalliteratur ist wohl ausschließlich auf ein im engeren Sinn ästhetisch-künstlerisches Interesse zurückzuführen, weil der politische Nationalstaat ja schon seit 1830 existierte. Dieses Projekt ist aber von der belgischen Obrigkeit der Zeit mit Sicherheit wohlwollend begleitet, vielleicht sogar gefördert worden. Dabei dürfte es in den zitierten Essays, wie meistens bei Debatten über ästhetische Nationalität, um die Wirkung nach innen, in die eigene Nation hinein, von Anfang an ebenso gegangen sein wie um die nach außen, in den europäischen Wahrnehmungsraum hinein. Insgesamt ist das 19. Jh. der Frage, wer aus welchen Gründen was für national hält, zumindest in den hier ausgewerteten Quellen nicht nachgegangen, vermutlich weil der Begriff Nation in dieser Epoche einen solchen Glanz ausgestrahlt hat, daß es kaum jemandem eingefallen ist, eine so ketzerische Frage überhaupt zu stellen. Gänzlich untypisch ist daher die Äußerung eines völlig unbekannten Journalisten, der in einem Beitrag zur *Revue des deux Mondes* aus den 1840er Jahren zu erkennen gibt, daß er in bezug auf das Konzept des Nationalen zwischen Innen- und Außenperspektive sehr wohl zu unterscheiden weiß: »Il y a deux manières d'être national, ou en se montrant conforme à un type idéal et distinct qui n'a eu, le plus souvent, de vérité que dans le passé, ou en répondant aux besoins actuels et immédiats, à la situation présente et réelle de son pays. Dans le premier cas, on est national pour les étrangers; dans le second, on est national pour ses compatriotes.«[62]

Seit den 60er Jahren wird der Terminus Nation in seiner Verwendung als ästhetische Kategorie neu nuanciert. Denn das in jener Zeit aufkommende biologistische Paradigma beginnt schon bald, auch den literatur- und kunsttheoretischen Diskussionen seinen Stempel aufzudrücken. Das bedeutet für das Nationale, daß es zunehmend in eine signifikante Beziehung zum Begriff der Rasse rückt, was nicht zur völligen Vernachlässigung herkömmlicher Argumentationsmuster führen muß. Wenn etwa Hippolyte Taine in seiner *Philosophie de l'art* von 1865–1869 die flämische Malerei charakterisiert, dann bewegt er sich terminologisch zunächst noch in durchaus gewohnten Bahnen: »Une œuvre aussi vaste et aussi diverse, une peinture qui dure près de quatre cents ans, un art qui compte tant de

---

60 Vgl. DIETER JANIK (Hg.), La literatura en la formación de los Estados hispanoamericanos (1800–1860) (Frankfurt a. M. 1998).
61 Vgl. STEFAN GROSS/JOHANNES THOMAS (Hg.), Les concepts nationaux de la littérature: l'exemple de la Belgique francophone (Aachen 1989).
62 LÉONCE DE LAVERGNE, Mouvement littéraire de l'Espagne, in: Revue des deux Mondes, N. S., H. 2 (1843), 183.

chefs-d'œuvre et imprime à toutes ses œuvres un caractère original et commun, est une œuvre nationale; partant, elle se rattache à la vie nationale, et sa racine est dans le caractère national lui-même.«[63] Anders als die romantischen Ästhetiker wendet sich Taine gegen alle Formen nationaler Mischung in der Kunst: »Quand les Flamands, au XVIe siècle, se sont mis à l'école des Italiens, ils n'ont réussi qu'à gâter leur style original.« (267) Danach unterscheidet Taine die flämischen Maler von den deutschen, die zwar einer anderen Nation, jedoch derselben Rasse angehören. Die deutsche Malkunst, die mit der flämischen verwandt, aber eben nicht identisch ist, verdankt sich im Hinblick auf »ses sujets, ses types et son coloris« neben dem deutschen »génie national« auch dem »milieu physique qui l'entoure« (277). Bei Taines Beschreibung des Nationalen in der Kunst macht sich das positivistische Bedürfnis nach lückenloser, auf dem Kausalitätsprinzip beruhender Argumentation bemerkbar. Neben dem Rassebegriff spielt also vor allem auch der epistemologiegeschichtlich neue Terminus des Milieus eine wichtige Rolle. Auf das Argument der Rasse rekurriert in ähnlicher Weise wie Taine, aber etwas später, der französische Literaturkritiker Jules Lemaître, der das Verhältnis seiner Landsleute zum Genre der Kurzerzählung folgendermaßen umschreibt: »Le conte est chez nous un genre national. Sous le nom de fabliau, puis de nouvelle, il est presque aussi vieux que notre littérature. C'est un goût de race, qui aime les récits, mais qui est vive et légère et qui, si elle les supporte longs, les préfère parfois courts.«[64] Hier wird jedoch eine Hierarchie zwischen Rasse und Nation nicht erkennbar.

IV. Moderne: Nationalstaaten, Massenkultur, Weltkriege, Globalisierung

Der Ausgang des deutsch-französischen Krieges 1870/1871 markiert für die Geschichte des Nationalgedankens einen wichtigen Einschnitt, der in doppelter Hinsicht auch für den Umgang mit dem Nationalen als einer ästhetischen Kategorie relevant ist: Zum einen stößt nach dem siegreich geführten Krieg nun auch Deutschland zum immer größer werdenden Kreis der europäischen Nationalstaaten, der wenige Jahre zuvor gerade erst um das Königreich Italien erweitert worden war. Vielleicht noch wichtiger als dieser weitere Triumph des nationalstaatlichen Prinzips ist aber der zweite Aspekt: In Frankreich wird nach dem Fall Napoleons III. eine Republik ausgerufen, die sich genealogisch auf den Staat zurückführt, der von den Revolutionären 1792 im Namen des Volkes gegründet, aber von Napoleon I. schon nach kurzer Zeit wieder abgeschafft worden war. Diese Republik schafft sich eine politische Ästhetik, die insofern neuartig ist, als sich hier erstmals ein Großstaat darstellt, der nicht durch einen Monarchen repräsentiert wird. An dessen Stelle rückt die Nation. Daraus ergeben sich neue Symbole und neue Rituale: Anders als bei den Feierlichkeiten zu Ehren eines Monarchen, sind die Feste, mit denen die III. Republik sich feiert, nicht mehr um den Körper eines Königs zentriert, sondern wirklich kollektiv. Die Angehörigen der Nation, die dabei in großer Zahl auftreten, sind zugleich Akteure, Betrachter und in ihrer Gesamtheit, als Repräsentanten der Nation, symbolischer Gegenstand des festlichen Akts. In der Frühzeit des neuen französischen Nationalstaats werden die Marseillaise zum ›hymne national‹ und der 14. Juli zur ›fête nationale‹ erhoben. Mit der regelmäßigen Teilnahme an den Ritualen des 14. Juli machen die Franzosen deutlich, daß sie sich ihrer Nation weiterhin zugehörig fühlen. Insofern bestätigen sie diese Nation an ihrem Ehrentag immer wieder neu und erfüllen damit den von Ernest Renan formulierten Begriff einer durch freie Selbstbestimmung der Bürger konstituierten Nation: »L'existence d'une nation est un plébiscite de tous les jours«[65]; diesem Begriff einer politischen, einer Staatsnation hält Friedrich Meinecke 1907 das aus der außerordentlich langen Vorgeschichte des deutschen Nationalstaats abgeleitete Konzept der Kulturnation entgegen: Die

---

63 HIPPOLYTE TAINE, Philosophie de l'art (1865–1869), Bd. 1 (Paris ^{9}1901), 226.
64 JULES LEMAÎTRE, Les Contemporains (Paris 1885), 286.
65 ERNEST RENAN, Qu'est-ce qu'une nation? (Paris 1882), 27.

Kulturnationen beruhen für Meinecke »auf einem [...] gemeinsam erlebten Kulturbesitz«[66].

Die neuartige republikanische Festkultur ist zwar im großstädtischen Umfeld von Paris ausgebildet worden, ihre Ästhetik ist aber schon bald auch für die Staatsfeiern in anderen Nationen wirksam geworden. Kurioserweise ließen sich die entsprechenden Stileigentümlichkeiten relativ problemlos auf die nationalen Feste des Königreichs Italien übertragen, obwohl in diesem Fall die staatssymbolischen Gegebenheiten ganz anders gelagert waren, weil sich der junge italienische Nationalstaat ja als konstitutionelle Monarchie gebildet hatte. Edmondo de Amicis schildert in seiner laizistischen Erbauungsgeschichte *Cuore* (1886), die er als patriotischen Erziehungsroman für die Kinder der italienischen Nation verfaßt hatte, die öffentliche Zeremonie zur »Festa nazionale« des Königreichs am 10. Juni 1882. Diese Zeremonie mußte um eine Woche verschoben werden, denn kurz vor dem 4. Juni, dem eigentlichen Datum, war Giuseppe Garibaldi gestorben, weshalb ein einwöchiger »lutto nazionale«[67] ausgerufen worden war. Das nationale Fest wird als Militärparade begangen. Die Nation ist repräsentiert durch die vorbeidefilierenden Gefechtseinheiten aus den verschiedenen Regionen des Landes, deren militärische Verdienste um den Sieg im Befreiungskrieg des italienischen Volkes vom Erzähler hervorgehoben werden. Die Zeremonie, mit der sich das Königreich Italien feiert, ist völlig ritualisiert. Dem Volk bleibt scheinbar nur eine Zuschauerrolle, die eher passiv ist; aber dennoch leistet es durch seinen Jubel beziehungsweise durch seine Ergriffenheit den entscheidenden Beitrag zum atmosphärischen – und das heißt: zum ästhetischen – Erfolg des Ganzen.

Die von De Amicis in *Cuore* beschriebene nationale Zeremonie steht in einer Festtradition, die auch noch über das ganze 20. Jh. bis in die Gegenwart lebendig geblieben ist. Diese Feste haben, vor allem unter faschistischen Vorzeichen, eine raffinierte Ästhetik entwickelt, die auf der Vorstellung beruht, daß die durch kollektive Bewegungen im Raum geformte Gestalt der Masse den Gesamtkörper des Volkes symbolisch repräsentiere.[68] Sie sind gebunden an ein ideologisches Umfeld, in dem der Staat als Staat offensiv und selbstbewußt auftreten darf. Es gibt aber noch einen anderen Typus ritualisierter Massenveranstaltungen, bei dem ebenfalls die Nation beziehungsweise das Nationale in Gestalt einer Volksmenge körperlich sichtbar wird. Aber in diesem Fall ist die Aussage des rituellen Vorgangs weniger explizit und daher politisch harmloser. Deshalb sind die entsprechenden Festtraditionen auch in den Ländern ungebrochen, die im 20. Jh. mit dem Nationalgedanken blutigen Mißbrauch getrieben haben. Gemeint sind die großen öffentlichen Sportereignisse, von denen die wichtigsten, vor allem auch auf internationaler Ebene, seit dem Ende des 19. Jh. immer häufiger vor einer imposanten Zuschauerkulisse ausgetragen worden sind. Einen entscheidenden Beitrag zur Ästhetisierung des Sports im Hinblick auf das Nationale haben die im Jahre 1896 eingeführten Olympischen Spiele der Neuzeit geleistet. Bei diesen Wettkämpfen, obwohl oder gerade weil sie im Zeichen eines allgemeinen Menschheitsideals entstanden sind, stehen nationale Symbole wie Fahnen und Hymnen von Anfang an im Vordergrund. An die Seite der traditionellen Disziplinen, bei denen die Athleten als Einzelkämpfer um die Medaillen kämpfen, treten schon bald die Mannschaftssportarten. Hier gilt, daß jede Nation durch nur eine einzige Mannschaft vertreten sein darf, durch jene Mannschaft eben, welche für die betreffende Nation steht. Es ist nur konsequent, daß für diesen Sachverhalt schon bald ein eigener Terminus geprägt wird: Nationalmannschaft, équipe nationale, national team. Und der wichtige olympische Mannschaftswettbewerb der Springreiter heißt bis heute ›Preis der Nationen‹.

Das Beispiel der staatlich organisierten Nationalfeierlichkeiten und des Zeremoniells bei internationalen Sportwettkämpfen zeigt, daß das Natio-

---

66 FRIEDRICH MEINECKE, Weltbürgertum und Nationalstaat (1907), in: Meinecke, Werke, hg. v. H. Herzfeld, Bd. 5 (München 1969), 10.
67 EDMONDO DE AMICIS, Cuore (1886), hg. v. G. Finzi (Mailand 1985), 228 f.
68 Vgl. INGE BAXMANN, Ästhetisierung des Raums und nationale Physis. Zur Kontinuität politischer Ästhetik. Vom frühen 20. Jahrhundert zum Nationalsozialismus, in: K. Barck/R. Faber (Hg.), Ästhetik des Politischen, Politik des Ästhetischen (Würzburg 1998), 79–95.

nale im letzten Drittel des 19. Jh. mehr und mehr zu einem primär massenkulturellen Phänomen wird. Zwar trägt das Konzept der Nation schon in sich selbst ein kollektivistisches Potential, so daß sich eine auf dieses Ziel hinführende begriffsgeschichtliche Tendenz bereits in den Revolutionsjahren gewissermaßen abgezeichnet hatte. Aber die Gründung der Nationalstaaten treibt die sich daraus ergebende Entwicklung doch energisch voran. Denn insofern der nationale Diskurs, gerade auch in seinen ästhetischen Ausprägungen, zum offiziellen Staatsdiskurs wird, profitiert er von den gewaltigen Kommunikationsmöglichkeiten, die den immer besser durchorganisierten Nationalstaaten zur Verfügung stehen. Das bedeutet für die intellektuelle Debatte um das Nationale und seine ästhetischen Dimensionen, daß sie zunehmend von Kulturbeamten geführt wird: von Universitätsprofessoren und von Lehrern.[69] Das bringt eine gewisse argumentative Schematisierung der entsprechenden Diskussionsbeiträge mit sich. Als Professor an der ENS äußert sich etwa Ferdinand Brunetière zur nationalen Prägung der französischen Literatur gleichsam in offizieller Mission. Für ihn darf die literarische Produktion eines Landes nur dann den Ehrentitel national für sich in Anspruch nehmen, wenn sie sich von allen ausländischen Einflüssen frei hält: »C'est d'abord en se libérant, par l'originalité de la forme, de toute influence étrangère, que la littérature devient véritablement nationale. Elle le devient, d'une autre manière, en développant dès lors, de son propre fond, et comme à l'abri de toute action de dehors, des qualités plus intérieures, assez difficiles à définir, et dont la nationalité se reconnaît à ce signe que les étrangers ne la voient pas, ou ne les ressentent point.«[70] Hier wird die Nationalität einer nationalen Literatur auf eine xenophobe Komponente reduziert: Von den ästhetischen Qualitäten eines literarischen Werks ist national vor allem das, was die Angehörigen einer anderen Nation nicht angemessen rezipieren können, weil sie keinen Sinn dafür haben.

Die Diskussion um die ästhetische Dimension des Nationalen wird also in den jungen Nationalstaaten infolge eines konsequenten Ausbaus der Schulen und vor allem der Universitäten mehr und mehr institutionalisiert; oder anders ausgedrückt: der nationale Diskurs wird in all seinen Dimensionen, also auch in der ästhetischen, immer mehr ein offizieller Diskurs. Das hat mit der spezifischen Bildungsaufgabe der genannten Einrichtungen zu tun: Sie sollen für die Existenz der jeweiligen Nationen, die erst seit kurzem ihre aktuelle politische Gestalt gefunden haben, durch ihre Deutung von nationaler Geschichte, Kunst und Literatur eine kulturelle Erklärung und Legitimation liefern. Unter solchen bildungspolitischen Voraussetzungen wird das Konzept der nationalen Ästhetik unvermeidlicherweise popularisiert. Die avancierten Kunst- und Literaturtheoretiker der Zeit dagegen wollen sich, jedenfalls in Frankreich, für eine solche Instrumentalisierung von Kunst und Literatur nicht hergeben. Charles Baudelaire, Gustave Flaubert oder Stéphane Mallarmé behandeln das Nationale nicht als ästhetische Kategorie, denn der ebenso strenge wie elitäre Schönheitsbegriff, dem sie dienen, ist mit einer staatlich alimentierten Kulturpolitik ebensowenig vereinbar wie mit den oben erwähnten patriotischen Massenveranstaltungen, in denen das Nationale jenen populären Ausdruck findet, der dem Zeitalter der Massenkultur allein angemessen ist.

Es kommt jedoch auch in der Phase der institutionellen Verankerung des nationalen Diskurses immer wieder vor, daß originelle oder auch kuriose Beiträge zur Diskussion um nationale Kulturen formuliert werden. Ein Beispiel dafür ist Julius Langbehns Theorie des ›Rembrandtdeutschen‹. Geistiger Ausgangspunkt dieses 1890 unter dem Titel *Rembrandt als Erzieher* erstmals veröffentlichten Gedankengebäudes ist das Unbehagen ihres Urhebers an den allgegenwärtigen Konsequenzen der sozialen Modernisierung. Der sozialen Modernität, die sich für ihn mit den Stichworten Industrialisierung, Demokratisierung und Vermassung umschreiben läßt, stellt Langbehn das regressive Ideal einer deutschen Kunst gegenüber, das in Rembrandt seinen ewig verpflichtenden Ausdruck

---

69 Vgl. FRANK FÜRBETH u. a. (Hg.), Zur Geschichte und Problematik der Nationalphilologien in Europa. 150 Jahre Erste Germanistenversammlung in Frankfurt am Main (1846–1996) (Tübingen 1999), 295–567.

70 FERDINAND BRUNETIÈRE, Manuel de l'histoire de la littérature française (Paris 1898), 192 f.

gefunden habe: »Rembrandt aber war von Geburt ein Holländer. Es ist bezeichnend und eine äußere Bestätigung für den exzentrischen Charakter der Deutschen, daß ihr nationalster Künstler ihnen nur innerlich, nicht auch politisch angehört; der deutsche Volksgeist hatte sozusagen den deutschen Volkskörper aus den Fugen getrieben.«[71] Die imperialistische Tendenz von Langbehns Konzept einer nationalen deutschen Kunst liegt auf der Hand. Dabei kann es kaum überraschen, daß auch William Shakespeare diesem Konzept zugeordnet wird. Aber es erscheint schon sehr befremdlich, daß sogar der Markusdom in Venedig dem Deutschland Rembrandts angehören soll: »Die Innenräume jenes nationalen venetianischen ›Tempels‹ entsprechen völlig dem Malprinzip des großen Niederländers.« (301) Da wundert sich der Interpret aus heutiger Zeit kaum noch, daß ausgerechnet Richard Wagner für Langbehn kein nationaler Künstler ist: Wagner habe seine musikalische »Mache« von dem jüdischen Komponisten Giacomo Meyerbeer übernommen und habe diese Mache dann »auf nationale Stoffe angewandt; und mit weit überlegener Fähigkeit; aber diese Mache selbst ist nicht national« (293). Begriffsgeschichtlich interessant ist hier die Unterscheidung zwischen nationalen Stoffen und nationaler ›Mache‹. Bei Langbehn ist national tatsächlich ein ästhetischer Terminus im engsten Sinn.

Als durch und durch bürgerlich internationales Phänomen schien die Rezeption der Musik Richard Wagners wie kaum ein anderes ästhetisches Ereignis der Zeit geeignet, die scheinbar so festliegenden nationalen Koordinaten der europäischen Kunst durcheinanderzubringen. Es spricht aber für die in jenen Jahren über jeden Zweifel erhabene Reputation des Konzepts nationaler Kunst, daß selbst unter solch widrigen Umständen die Nationalität als bedeutsame ästhetische Kategorie auf höchstem theoretischen Niveau aufrechterhalten werden konnte. In seinen *Betrachtungen eines Unpolitischen*, entstanden zwischen 1915 und 1918, schreibt Thomas Mann über Wagner: »Aber es war nicht das Deutsch-Nationale, Deutsch-Poetische, Deutsch-Romantische an seiner Kunst, was mich bezauberte […]: es waren vielmehr jene allerstärksten europäischen Reize, die davon ausgehen und für die Wagners heutige, fast schon außerdeutsche Stellung Beweis ist.«[72] Jedenfalls scheint Mann am Begriff der Nation in ästhetischen Kontexten festhalten zu wollen, auch wenn er en passant bemerkt, daß Deutschland ohnehin »keine Nation« (194) sei: »Wert, Würde und Reiz aller Nationalkultur also liegt ausgemacht in dem, was sie von anderen unterscheidet, denn nur dies eben ist daran Kultur, zum Unterschiede von dem, was allen Nationen gemeinsam und nur Zivilisation ist.« (248) Im übrigen identifiziert Thomas Mann das Nationale mit dem Romantischen, und das heißt: mit dem 19. Jh. Emphatisch ruft er aus: »Kein christlicher Kosmopolitismus aber kann mich hindern, im Romantischen und im *Nationalen* eine und dieselbe ideelle Macht zu erblicken: die herrschende des neunzehnten, des ›vorigen‹ Jahrhunderts.« (425 f.) Es spricht einiges dafür, daß Manns eigene Vorstellung von einer ästhetisch wirksamen deutschen Nationalität, die paradoxerweise allen »Nationalsinn« aufhebe, ihren Ursprung in der Romantik hat, bei Mme de Staël und den Brüdern Schlegel: Danach ist »eine den Nationalsinn zersetzende Neigung zum Kosmopolitischen […] vom Wesen der deutschen Nationalität untrennbar« (71).

Thomas Manns Beitrag zur Diskussion über die ästhetische Bestimmung Deutschlands ist zwar von den zeitgenössischen Lesern kurz nach dem 1. Weltkrieg als Ausdruck kultureller Xenophobie wahrgenommen worden, aber er ist zweifellos sehr viel tiefsinniger und offener als die meisten anderen Stellungnahmen, die während der Kaiserzeit in Deutschland zu dieser Frage abgegeben worden sind. Seit der Reichsgründung wurden regelrechte publizistische Feldzüge geführt, die das spezifisch Nationale an der deutschen Kultur erkunden sollten. Dabei ging es nicht um deutsche Literatur, deutsche Malerei oder deutsche Musik, sondern um das Deutsche an sich, insoweit es kulturell wirksam wurde. Als Beispiel hierfür sei die Zeitschrift *Deutsche Revue für das gesamte nationale Leben*

---

71 JULIUS LANGBEHN, Rembrandt als Erzieher. Von einem Deutschen (1890; Leipzig 1922), 56.
72 THOMAS MANN, Betrachtungen eines Unpolitischen (1915–1918), in: Mann, Gesammelte Werke, Bd. 12 (Frankfurt a. M. 1960), 82.

der Gegenwart genannt, die von 1877 bis 1922 erschien.[73] Die Deutsche Revue deckt ein inhaltliches Spektrum ab, das von ›Öffentliches Leben‹ über ›Wissenschaft, Kunst und Literatur‹ bis zu ›Feuilleton‹ reicht. Insofern die drei genannten Bereiche durch den Begriff national im Titel der Zeitschrift zusammengehalten werden, kommt diesem Titel ein extrem weit gespanntes Bedeutungsfeld zu. Offenbar stellt die Nation im Bewußtsein der Herausgeber einen kategorial autonomen Zugriff auf die Welt dar, welcher die traditionelle Systematisierung des Wissens in unterschiedliche Disziplinen beziehungsweise in spezifische Sinnbezirke transzendiert. Was nun die Konsequenzen dieses in einer neuen Weise verabsolutierten nationalen Denkens für die eigentlich ästhetische Reflexion der Zeit angeht, so führt solches Denken dazu, daß der in der Romantik geborene Gedanke eines harmonischen Miteinander und einer produktiven Ergänzung verschiedener nationaler Ästhetiktypen kaum noch irgendwo formuliert wird. So hält der Kritiker Hugo von Tschudi die Spuren von »fremden Zuständen« in einem nationalen Kunstwerk auch da für verderblich, wo er sich kurz zuvor noch über den »schutzzöllnerischen Beigeschmack« des Begriffs der Nationalität in ästhetischen Kontexten mokiert hatte: »Welch irreführende Bedeutung wird nicht den stolzen Forderungen der Schönheit, des Idealismus, der Nationalität untergelegt. Dieser letztere Ausdruck heißt, von seinem schutzzöllnerischen Beigeschmack abgesehen, und geprüft auf seine wahre Bedeutung, daß der Schaffende aus sich selbst schöpfen soll. Jeder ursprüngliche Künstler ist national, insofern er das Volksthum, dem er entspringt, ungetrübt von fremden Zuständen zum Ausdruck bringt.«[74]

Die Zuspitzung der nationalen Gegensätze, vor allem zwischen Deutschland und Frankreich, führt in den Jahren vor dem 1. Weltkrieg dazu, daß zum Teil uralte nationalästhetische Klischees in extremer Übersteigerung und detaillierter Systematisierung wiederkehren. In der Argumentation konkretisiert sich dies in der Weise, daß die jeweils besprochene Nation insistent mit einem ästhetischen Attribut belegt wird, durch das ihre Kunst oder Literatur angeblich durchgängig, d. h. unabhängig von der historischen Einbindung der interpretierten Werke, charakterisiert ist. Danach ist für Pierre Lasserre der deutsche Geist romantisch und nur er; wenn sich daher auch in Frankreich seit Rousseau eine romantische Literatur herausgebildet hat, so kann das nur daran liegen, daß der »esprit français« durch eine »conquête germanique«[75] seiner eigentlichen Identität entfremdet worden ist. Dieser Vorgang wird durch eine »fermentation endémique« (472) verursacht und hat eine dauerhafte »perturbation du goût« (515) zur Folge. Lasserre veranschaulicht das Konzept einer spezifisch deutsch-romantischen Literaturtradition, die über Frankreich hereingebrochen sei, mit einer Metaphorik, die sich aus gleichermaßen martialischen, biologistischen und kunstsoziologischen Quellen speist. Und der deutsche Theaterkritiker Paul Schulze-Berghof stellt den Germanismus, soweit er sich künstlerisch äußert, antithetisch gegen den Begriff ›Moderne‹: »In den Worten germanisch und Moderne liegt ein begrifflicher Widerspruch, der jede dauernde und wirkliche gedankliche Verbindung ausschließt. Mit dem Wort germanisch zielen wir auf unser innerstes Wesen, auf unsere Blutsart, die sich durch Jahrtausende im Leben und in der Kunst zeugungskräftig und schöpferisch betätigt hat [...]. Bei dem Wort Moderne aber denken wir doch vor allem an literarische Erscheinungen, die unserer innersten Natur fremd waren und fremd blieben, die mehr vom Hirn als vom Herzen kamen. Dazu ist das Wort im Marktgetriebe geradezu bis zum Überdruß angewendet und dadurch in seinem Gehalt zu einer recht abgegriffenen Tagesmünze geworden, deren Klang und Anblick uns allzusehr an falsche Scheinwerte erinnert.«[76]

---

73 Vgl. KARL ULRICH SYNDRAM, Die ›Rundschau‹ der Gebildeten und das Bild der Nation. Untersuchungen zur komparatistischen Bedeutung eines Typs bürgerlich liberaler Zeitschriften für die Vermittlung nationaler Kunst- und Kulturvorstellungen im deutschen Sprachgebiet (1871–1914) (Aachen 1988).
74 HUGO VON TSCHUDI, Kunst und Publikum (1899), in: von Tschudi, Gesammelte Schriften zur neueren Kunst, hg. v. E. Schwedeler-Meyer (München 1912), 66.
75 PIERRE LASSERRE, Le romantisme français. Essai sur la révolution dans les sentiments et dans les idées au XIXe siècle (1907; Paris 1919), 489.
76 PAUL SCHULZE-BERGHOF, Name und Begriff des Germanismus, in: Bühne und Welt 17 (1915), 56.

Seit 1870 stellt sich in Frankreich und in Deutschland bei vielen – vor allem auch akademisch verankerten – Ästhetikern die Auseinandersetzung um den Begriff der jeweils nationalen Kunst wie eine Fortsetzung des Krieges mit anderen Mitteln dar. Aber auch die konzilianteren Beiträge greifen im entsprechenden thematischen Kontext gerne auf eine mechanistisch wirkende Argumentationsweise zurück, die nach dem Muster der Reziprozität von Auto- und Heterostereotyp funktioniert und sich auch in der zitierten Äußerung von Schulze-Berghof wiederfindet: Darin weist die Zerebralität, die dem Begriff der ästhetischen Moderne zugeordnet wird, natürlich auf die rationalistische Nation hin, die im Text als Antithese zu Deutschland fungiert, auf Frankreich nämlich. Für den Nation-Begriff und seine Derivate bedeutet das, daß sie in solchen antagonistischen Argumentationszusammenhängen immer mit bestimmten Partnerbegriffen verbunden werden. Dieses Verfahren ist natürlich viel älter als der Konflikt zwischen den europäischen Nationalstaaten. Es läßt sich übrigens auch bei sehr ernstzunehmenden Ästhetikern nachweisen, die ihre nationalen Theorien auf höchstem Niveau entfalten: In einer Studie von 1932 stellt Heinrich Wölfflin der italienischen Kunst das ›deutsche Formgefühl‹[77] entgegen. Und Wilhelm Pinder legt 1937 seiner ausführlichen Darstellung *Vom Wesen und Werden deutscher Formen*[78] die These eines fundamentalen Gegensatzes von deutscher und französischer Kunst zugrunde. Diese Jahreszahlen machen deutlich, daß die Tradition nationalistischer Ästhetik in Deutschland vom späten 19. Jh. bis in die Zeit des Nationalsozialismus keine Brüche aufweist.[79] Auffällig ist allenfalls, daß in der ästhetischen Publizistik des nationalsozialistischen Zeitalters der Begriff der Nation beziehungsweise des Nationalen in den Hintergrund rückt. An die Stelle von national tritt – im Laufe der Zeit immer häufiger – ›völkisch‹.[80] Deutlicher sind die nationalsozialistischen Vorbehalte gegenüber dem lateinisch-romanischen Etymon noch im Falle des Nomens: Von der deutschen Nation wird in der nationalsozialistischen Kunst- und Literaturkritik kaum gesprochen, dafür umso häufiger vom deutschen ›Volk‹.[81]

Der ästhetische Nationalismus hatte schon früh als Gegenreaktion die Herausbildung einer dezidiert kosmopolitischen Vorstellung von Literatur und Kunst provoziert. André Gide macht sich in einem langen Aufsatz, der unter dem Titel *Nationalisme et littérature* 1910 und 1911 in mehreren Folgen über die ersten Ausgaben der *Nouvelle Revue Française* verteilt erscheint, zum Fürsprecher eines solchen Literaturbegriffs. Dabei vertritt er diesen Begriff in dem erwähnten Essay wie auch durch seine Herausgebertätigkeit bei der genannten Zeitschrift durchaus offensiv.[82] Demgegenüber ist eine in dieselbe Richtung weisende Äußerung Benedetto Croces wohl weniger einem kulturellen Versöhnungsprogramm verpflichtet als vielmehr dem radikal individualistischen Verständnis von Literatur, welches der italienische Ästhetiker immer vertreten hat: »Non è vero che i poeti e gli altri artisti siano espressione della coscienza nazionale, della razza, della stirpe, della classe o di qualsiasi altra simile cosa.«[83] (Es ist nicht wahr, daß Dichter und andere Künstler Ausdruck von nationalem Charakter, von Rasse, Stamm, Klasse oder von irgendeiner ähnlichen Sache sind.) In jedem Fall aber hat die Vorstellung einer nationalen Prägung von Kunst und Literatur in den Jahren vor dem 1. Weltkrieg angesichts des in den meisten Ländern von den jeweils führenden Intellektuellen propagierten

---

77 Vgl. HEINRICH WÖLFFLIN, Italien und das deutsche Formgefühl (München 1932).
78 Vgl. WILHELM PINDER, Vom Wesen und Werden deutscher Formen. Eine geschichtliche Betrachtung (Leipzig 1937).
79 Vgl. LARS OLOF LARSSON, Nationalstil und Nationalismus in der Kunstgeschichte der zwanziger und dreißiger Jahre, in: L. Dittmann (Hg.), Kategorien und Methoden der deutschen Kunstgeschichte 1900–1930 (Stuttgart 1985), 169–184.
80 Vgl. HARTMUT GAUL-FERENSCHILD, National-völkisch-konservative Germanistik. Kritische Wissenschaftsgeschichte in personengeschichtlicher Darstellung (Bonn 1993), 222.
81 Vgl. z.B. HEINZ KINDERMANN, Dichtung und Volkheit. Grundzüge einer neuen Literaturwissenschaft (Berlin 1937).
82 Vgl. PETER IHRING, Gides Deutschlandbild und der französische Nationalismus, in: H. T. Siepe/R. Theis (Hg.), André Gide und Deutschland. André Gide et l'Allemagne (Düsseldorf 1992), 154–164.
83 BENEDETTO CROCE, La riforma della storia artistica e letteraria (1917), in: Croce, Nuovi saggi di estetica (Bari 1948), 186.

aggressiven Kulturnationalismus bei vielen besonnenen Zeitzeugen ihre Unschuld verloren. So braucht es nicht zu verwundern, daß etwa der Schweizer Edmond Gilliard 1914 den Anspruch auf die theoretische Begründung einer schweizerischen Nationalliteratur gar nicht erst erhebt: »Etre Français, Italien ou Allemand, c'est être soi; être Suisse, c'est être citoyen. Et être citoyen suisse cela n'empêche pas de rester soi en sa race qui n'est pas suisse. Je ne suis Suisse que par une certaine façon d'être français, comme le Zurichois n'est Suisse que par une certaine façon d'être allemand [...]; nous n'avons aucun droit suisse à une littérature nationale; nous n'y avons qu'un droit de langue.«[84]

In den 20er Jahren waren aufgrund der Katastrophenerfahrung des I. Weltkriegs die tradierten Konzepte nationaler Kunst für viele fragwürdig geworden. Immerhin reklamiert etwa Paul Bekker für die deutsche Musik einen nationalen Charakter, aber er fühlt sich offenbar dazu verpflichtet, seine entsprechende Argumentation zu entschärfen, indem er das Nationale von allen Bedeutungsnuancen freihält, die als chauvinistisch interpretiert werden könnten. Der Impuls der klassischen deutschen Musik, so Bekker, »kam wohl aus nationalen Quellen, war aber nicht auf nationale Ziele gerichtet«[85]. Kosmopolitische und komparatistische Konzepte von Kunst beginnen, das Nationale zu relativieren, und zwar nicht nur aus politischen, sondern auch aus kunsttheoretischen Gründen. Die zunehmende Verbreitung avantgardistischer Ansätze, die nach einer durch Ausnahmen[86] nur bestätigten Regel internationalistisch sind, macht in den entsprechenden ästhetischen Milieus die Vorstellung, die Kunst habe etwas Nationales zu repräsentieren oder gar einen nationalen Auftrag zu erfüllen, mehr und mehr obsolet. Auffälligerweise wird in der ästhetischen Publizistik der 20er Jahre, die noch ganz unter dem Eindruck der Kriegskatastrophe steht, das kosmopolitische Denken und die kosmopolitische Begrifflichkeit der Romantik wieder aufgegriffen: Europa erscheint als »geistige Lebensgemeinschaft, die sich nicht *gegen* die nationalen Kultursysteme richtet, sondern sie in ihrer Sonderheit bejaht, um sie als Harmonie zu begreifen: als ein Drittes gegenüber den Einseitigkeiten des Nationalismus und des Internationalismus«[87]. Allerdings hat die Beschwörung Europas bei Curtius einen antiasiatischen Beiklang, der den Romantikern völlig fremd war.[88]

Der 2. Weltkrieg mit dem durch ihn verursachten Zerfall der Welt in zwei große Machtblöcke hat das Nationale in seiner Stellung als einer kunsttheoretischen Kategorie weniger geschwächt, als dies vielleicht zu erwarten gewesen wäre. Der Begriff Nation wird weiterhin überall auf der Welt für ästhetische Argumentationen genutzt, aber in den einzelnen Kultursphären mit durchaus unterschiedlichen terminologischen Akzentuierungen. Eine krasse Ausnahme bildet natürlich der deutsche Sprachraum, wo das Nationale nach 1945 für lange Zeit ausgespielt hat. Im Jahre 1948 stellt beispielsweise Arnold Schönberg, scheinbar ohne jegliche innere Anteilnahme beziehungsweise ohne alles humanitäre Engagement, für sein Fach die nationale Prägung künstlerischer Tätigkeit kurzerhand in Frage: »So erleben wir eine große Anzahl von Komponisten verschiedener Länder und Nationalitäten, die ungefähr die gleiche Art von Musik komponieren, zumindest Musik, die sich so ähnlich ist, daß es schwierig wäre, sie voneinander zu unterscheiden, ganz abgesehen von der Frage ihrer Nationalität. Einer macht es so gut wie alle anderen. Erstaunlicherweise hält jeder das für seinen Nationalstil, obwohl verschiedene Nationalitäten das gleiche schreiben.«[89] Vier Jahre später formuliert Erich Auerbach die entsprechende Einsicht mit einem mahnenden Beiklang: »Jedenfalls aber ist unsere philologische Heimat die Erde; die

---

84 EDMOND GILLIARD, De l'usage du mot ›national‹ et, en particulier, de son sens dans l'expression ›littérature nationale‹ (1914), in: Galliard, Œuvres complètes, hg. v. F. Lachenal (Genf 1965), 42.
85 PAUL BEKKER, Die Weltgeltung der deutschen Musik (Berlin 1920), 14.
86 Vgl. MECHTHILD ALBERT, Avantgarde und Faschismus. Spanische Erzählprosa 1925–1940 (Tübingen 1996).
87 ERNST ROBERT CURTIUS, Deutsch-französische Kulturprobleme, in: Der Neue Merkur 5 (1921/1922), 153.
88 Vgl. MANFRED S. FISCHER, Europa und das Nationale bei Ernst Robert Curtius (Aachen 2000), 27f.
89 ARNOLD SCHÖNBERG, Der Segen der Sauce (1948), in: Schönberg, Stil und Gedanke. Aufsätze zur Musik (Frankfurt a. M. 1976), 151.

Nation kann es nicht mehr sein. [...] Wir müssen, unter veränderten Umständen, zurückkehren zu dem, was die vornationale mittelalterliche Bildung schon besaß: zu der Erkenntnis, daß der Geist nicht national ist.«[90] Heute, rund fünfzig Jahre nach den Äußerungen Schönbergs und Auerbachs, scheint es, auch aus deutscher Sicht, daß »nationale Diskurse« durchaus ihren Platz zwischen »Ethnisierung und Universalisierung« beanspruchen können: »Die Funktion von Nationalkulturen liegt unter anderem im Bildungswesen und der Pflege gemeinsamer Erinnerungen«. Es herrsche eine »Konjunktur der Erinnerung, die sich in Gedenktagen, Gedenkstätten und Kommemorationsriten, historischen Museen und Texten bezeugt, die heute wohl wichtigste Dimension nationaler Selbstreflexion«[91].

Die offizielle Kulturpolitik im sozialistischen Teil Deutschlands hatte nach 1945 keine Probleme mit dem Begriff des Nationalen. Für die Weimarer Museen und Bibliotheken, in denen das Erbe der Deutschen Klassik der Öffentlichkeit zugänglich gemacht werden sollte, wählte man 1953 die Bezeichnung ›Nationale Forschungs- und Gedenkstätten der Klassischen Deutschen Literatur in Weimar‹. Das im Jahre 1970 erstmals publizierte und 1978 erweiterte *Kulturpolitische Wörterbuch* enthält einen langen Artikel ›Nationalkultur‹.[92] Darin wird für die Nationen der sozialistischen Staatengemeinschaft eine jeweils einheitliche Nationalkultur geltend gemacht, welche die vorherigen bürgerlichen, durch Klassenkampf bestimmten Nationalkulturen ersetzt habe. Demgegenüber wird die Kategorie des Nationalen aus der sowjetischen Literaturkritik bewußt eliminiert. Dafür erscheint die traditionelle Internationalität beziehungsweise ein neuartiges Konzept von Multinationalität: »Die internationalistische Verantwortung als tiefste Ursache weltliterarischer Potenz ist der Sowjetliteratur von Anfang an wesensgeigen, zum einen, weil sie eine sozialistische Literatur ist, zum anderen, weil sie sich selbst als multinationale Literatur herausgebildet hat.«[93] Diese ›multinationale Sowjetliteratur‹ werde von den 120 Völkern Rußlands getragen.

Die Nationen Westeuropas, in denen das Konzept der Nation nicht durch faschistische Ideologien pervertiert worden war, können nach 1945 bruchlos an den begriffsgeschichtlichen Stand der Vorkriegszeit anschließen. Ein Buch, das die Theorie einer deutschen Kunst in der Weise wie Nikolaus Pevsners *The Englishness of English Art* (1956)[94] entfaltet hätte, wäre in dem Deutschland der 50er Jahre wohl auf allgemeines Unverständnis gestoßen. Aber auch Pevsner argumentiert in seiner Arbeit über die nationale Dimension der englischen Kunst sehr traditionell. Neue Sinnkomponenten wachsen dem Nationalen nicht aus seiner Arbeit zu, sondern aus den ästhetischen Debatten, die an der – sit venia verbo – kulturellen Peripherie geführt werden. Im Jahre 1961 fordert Frantz Fanon die schwarzafrikanischen Intellektuellen dazu auf, sich vom übergreifenden Konzept der ›négritude‹ loszusagen und am Aufbau besonderer schwarzafrikanischer Nationalkulturen zu arbeiten, deren Spezifik durch ihre Herkunft aus verschiedenen afrikanischen Territorien mit jeweils besonderen Lebenssituationen begründet werden müsse. Nur von solchen schwarzafrikanischen Nationalkulturen aus könne die Auseinandersetzung mit den nach wie vor auf ihrer Hegemonie beharrenden Mutterlandskulturen erfolgversprechend geführt werden. Der Begriff von Nationalität, den Fanon in diesem Zusammenhang entwickelt, schließt mehr oder weniger direkt an das emanzipatorische und progressive Konzept von Nation an, unter dem sich die Leitfiguren der Französi-

---

90 ERICH AUERBACH, Philologie der Weltliteratur (1952), in: Auerbach, Gesammelte Aufsätze zur romanischen Philologie, hg. v. F. Schalk/G. Konrad (Bern/München 1967), 310.
91 ALEIDA ASSMANN, Die Gleichzeitigkeit des Ungleichzeitigen. Nationale Diskurse zwischen Ethnisierung und Universalisierung, in: U. Bielefeld/G. Engel (Hg.), Bilder der Nation. Kulturelle und politische Konstruktionen des Nationalen am Beginn der europäischen Moderne (Hamburg 1998), 397 f.
92 Vgl. ›Nationalkultur‹, in: H. Bühl u. a. (Hg.), Kulturpolitisches Wörterbuch (1970; Berlin 1978), 521–526.
93 ANTON HIERSCHE, Weltliterarische Neuleistung im Zeichen vertiefter Humanität. Geschichtliche Erfahrung und Gegenwartsbewältigung in der multinationalen Sowjetliteratur, in: G. Ziegengeist/E. Kowalski/A. Hiersche (Hg.), Multinationale Sowjetliteratur. Kulturrevolution, Menschenbild, Weltliterarische Leistung 1917–1971 (Berlin/Weimar 1975), 463.
94 Vgl. NIKOLAUS PEVSNER, The Englishness of English Art (London 1956).

schen Revolution zusammengefunden hatten: Die Literatur, welche diesen Begriff von Nation zur Geltung bringe, sei eine »littérature de combat, littérature révolutionnaire«, eben eine »littérature nationale«[95]. In Lateinamerika hat es schon seit dem frühen 19. Jh. zahlreiche Versuche der theoretischen Bestimmung einzelner Nationalkulturen gegeben, die normalerweise ihren jeweiligen Begriff des Nationalen aus dem Prinzip der Kulturmischung herleiteten. Entsprechende Traditionen werden seit den 1980er Jahren zunehmend problematisiert[96]: Dem Begriff ›nacional‹ erwächst dabei Konkurrenz durch verwandte Begriffe[97], das Prinzip der Kulturmischung wird aber nach wie vor aufrechterhalten.

Die Leitkultur, gegen die das Konzept des Nationalen heute normalerweise ins Feld geführt wird, ist fast überall auf der Welt die Kultur der USA. Im Kampf gegen diesen übermächtigen Gegner erscheint sogar der Begriff des Nationalismus wieder legitim: »I believe that today in writing in a First World colony like Australia, one ought to be nationalistic. This is a position all the easier to take in Australia, because here, unlike many Third World countries, nationalism is not used against large minority/racial groups. Here nationalism can retain a link with freedom in allowing us to resist cultural and economic imperialism.«[98] Indes scheint es, als würde das Bedürfnis, der westlichkapitalistischen Kulturhegemonie nationale Entwürfe entgegenzuhalten, gerade in der Dritten Welt als besonders dringend empfunden.[99] Aber auch in Europa soll etwa das staatlich geförderte ARTE-Projekt dazu beitragen, »einen europäischen Kommunikationsraum zu konstruieren«[100]. Dabei gehe es darum, »eine europäische Antwort auf Hollywood auf einem rechtlich umstrittenen Feld zu begründen« (35). Diese Beispiele zeigen, daß die insistente Berufung auf das Konzept des Nationalen auch heute noch, wie in den frühen Phasen der begriffsgeschichtlichen Entwicklung, als Reaktion auf kulturelle Überfremdungsängste zu deuten ist. Wie im 18. Jh., so scheint die Rede von nationaler Kultur auch heute wieder ein Ausdruck kollektiver Minderwertigkeitskomplexe zu sein. Vor diesem Hintergrund versteht es sich fast von selbst, daß die – dekonstruktivistisch motivierte – theoretische Verabschiedung des Nationalen nirgendwo soweit gediehen ist wie in der unbestrittenen Leitkultur der gegenwärtigen Welt: »Such a pluralism of the national sign, where difference returns as the same, is contested by the signifier's ›loss of identity‹ that inscribes the narrative of the people in the ambivalent, ›double‹ writing of the performative and the pedagogical. The iterative temporality that marks the movement of meaning between the masterful image of the people and the movement of its sign interrupts the succession of plurals that produce the sociological solidity of the national narrative.«[101]

Peter Ihring

Literatur

ANDERSON, BENEDICT, Imagined Communities (London 1983); BEHRENBECK, SABINE/NÜTZENECK, ALEXANDER (Hg.), Inszenierungen des Nationalstaats (Köln 2000); BERDING, HELMUT (Hg.), Nationales Bewußtsein und kollektive Identität. Studien zur Entwicklung des kollektiven Bewußtseins in der Neuzeit 2 (Frankfurt a. M. 1994); BHABHA, HOMI (Hg.), Nation and Narration (London 1990); BIELEFELD, ULRICH/ENGEL, GISELA (Hg.), Bilder der Nation (Hamburg 1998); DE LA MOTTE-HABER, HELGA (Hg.), Nationalstil und Europäische Dimension in der Musik der Jahrhundertwende (Darmstadt 1991); DOMENACH, JEAN MARIE, Europe: Le défi culturel (Paris 1990); DYSERINCK, HUGO/SYNDRAM, KARL ULRICH (Hg.), Europa und das nationale Selbstverständnis (Bonn 1988); DYSERINCK, HUGO/SYNDRAM, KARL ULRICH (Hg.), Komparatistik und Europafor-

---

95 FRANTZ FANON, Sur la culture nationale (1961), in: Fanon, Les damnés de la terre (Paris 1970), 154.
96 Vgl. JESÚS MARTIN-BARBERO, La comunicación desde la cultura: crisis de lo nacional y emergencia de lo popular, in: Comunicaçao & Sociedade 13 (1985), 37–52.
97 Vgl. JOHANNES RIEDEL, The Ecuadorean ›Pasillo‹: ›Música Popular‹, ›Música Nacional‹, or ›Música Folklórica‹?, in: Revista de Música Latino Americana 7 (1986), 1–25.
98 Vgl. SIMON DURING, Literature – Nationalism's Other, in: H. Bhabha (Hg.), Nation and Narration (New York/London 1992), 139.
99 Vgl. TIMOTHY BRENNAN, The National Longing for Form, in: ebd., 44–70.
100 Vgl. INGE GRÄSSLE, Der Europäische Fernseh-Kulturkanal ARTE. Deutsch-französische Medienpolitik zwischen europäischem Anspruch und nationaler Wirklichkeit (Frankfurt a. M./New York 1995), 13.
101 HOMI BHABHA, DissemiNation: Time, Narrative, and the Margins of the Modern Nation, in: Bhabha (s. Anm. 98), 305.

schung. Perspektiven vergleichender Literatur- und Kulturwissenschaft (Bonn 1992); ESPAGNE, MICHEL/WERNER, MICHAEL (Hg.), Philologiques III: Qu'est-ce qu'une littérature nationale? (Paris 1994); ESSEN, GESA VON/TURK, HORST (Hg.), Unerledigte Geschichten. Der literarische Umgang mit Nationalität und Internationalität (Göttingen 2000); FLORACK, RUTH (Hg.), Nation als Stereotyp (Tübingen 2000); FOHRMANN, JÜRGEN/VOSSKAMP, WILHELM (Hg.), Wissenschaft und Nation (München 1991); FÜRBETH, FRANK u. a. (Hg.), Zur Geschichte und Problematik der Nationalphilologien in Europa. 150 Jahre Erste Germanistenversammlung in Frankfurt am Main (1846–1996) (Tübingen 1999); GARBER, KLAUS (Hg.), Nation und Literatur im Europa der frühen Neuzeit (Tübingen 1989); GAUL-FERENSCHILD, HARTMUT, National-völkisch-konservative Germanistik (Bonn 1993); GIESEN, BERNHARD (Hg.), Nationale und kulturelle Identität (Frankfurt a. M. 1989); HÜBNER, KURT, Das Nationale (Graz/Wien/Köln 1991); SCHÖNING, UDO (Hg.), Internationalität nationaler Literaturen. Beiträge zum ersten Symposium des Göttinger Sonderforschungsbereichs 529 (Göttingen 2000); TURK, HORST/SCHULTZE, BRIGITTE/SIMANOWSKI, ROBERTO (Hg.), Kulturelle Grenzziehungen im Spiegel der Literaturen (Göttingen 1998).

Naturalistisch

(engl. naturalistic; frz. naturaliste; ital. naturalistico; span. naturalístico; russ. натуралистическое)

Einleitung; I. Kurze Begriffsgeschichte; 1. Vor 1880; a) Zur allgemeinen Entwicklung in Frankreich; b) Der Fall Deutschland; c) Andere europäische Länder; 2. Zolas Position; 3. Vom ›konsequentesten Realisten‹ zum ›konsequenten Naturalisten‹; 4. Im 20. Jahrhundert; 5. Naturalistisch in der Kunstkritik; **II. Streitfragen: Gibt es eine naturalistische Ästhetik?;** 1. Kann man von einer naturalistischen Literatur sprechen?; 2. Handelt es sich um eine thematisch bestimmte Ästhetik?; 3. Realistisch/naturalistisch?; 4. Naturalistisch/verista?; 5. Naturalistisch/modern?; **III. Von einer Methode zu einer Ästhetik?;** 1. Der Natur folgend oder: in der Gesellschaft?; 2. Eine analytische Methode; 3. Logik des Textes, Unregelmäßigkeit der Formen; 4. Der Glaube an die Sprache; **Schluß**

Einleitung

Das Adjektiv naturalistisch ist heute Teil eines Wortfeldes, das vornehmlich in der Literaturkritik und seltener in der Kunstkritik Anwendung findet und auch die Substantive Naturalist und Naturalismus umfaßt. Dabei ist der Gebrauch von naturalistisch im Deutschen allein auf den Bereich der Ästhetik beschränkt, im Unterschied zum Französischen, wo der Terminus naturaliste (als Adjektiv oder Substantiv) gleichermaßen einem weiteren semantischen Umfeld zuzurechnen ist, das im Deutschen durch den Begriff Naturforscher erfaßt wird. Diese Konnotation der französischen Terminologie ist unbedingt in die Überlegungen einzubeziehen, da die Entwicklung der Termini naturalistisch, Naturalist und Naturalismus im großen und ganzen an diejenige geknüpft ist, die am Ende des 19. Jh. in Frankreich zu beobachten war.

Außerdem erklärt der Einfluß der französischen Terminologie, warum die Entsprechungen des Terminus naturalistisch in allen europäischen Sprachen so leicht erkennbar sind. Dies gilt auch für die Entsprechungen von Naturalist und Naturalismus und für die meisten Syntagmen, in denen der Terminus naturalistisch oder seine Entsprechung in der europäisch oder im weiteren Sinne westlich geprägten Kritik anzutreffen ist. So bildet das Adjektiv naturalistisch Syntagmen mit mindestens zwei Klassen von Substantiven: 1) mit jener, die ein Werk (einen Roman, ein Theaterstück), einen Schriftsteller, eine Bewegung, eine Schule bezeichnet; 2) mit Substantiven, die sich auf eine Methode, ein Thema, eine Technik beziehen.

Bei all diesen Übereinstimmungen wäre es jedoch irrig anzunehmen, daß der Terminus in den verschiedenen Sprachen identisch gebraucht würde. Beispielsweise läßt sich nicht mit Sicherheit sagen, ob ein Ausdruck wie ›naturalistische Ästhetik‹ oder ›naturalistische Poetik‹ die Übertragung in jede andere Sprache problemlos übersteht, da die pejorativen Konnotationen des Adjektivs jeweils in die Überlegungen einzubeziehen sind.

Daher ist der Gebrauch von naturalistisch oder seiner Entsprechung in anderen Sprachen nur eingeschränkt möglich, weil der Terminus in manchen Fällen unnütz, unnötig bedeuten, in anderen wieder als pejorativer Ausdruck erscheinen kann. Dieser Sachverhalt hat mehrere Ursachen: 1) gibt es einen anderen Terminus, ›realistisch‹ (s. u.), der in fast allen europäischen Sprachen mittlerweile gemeinsam mit naturalistisch auftritt, sei es, um letzteren einzuschließen, sei es, um naturalistisch als Extremposition anzuprangern, sei es gar, um die Existenz von als naturalistisch zu bezeichnenden Phänomenen zu leugnen; 2) gibt es in mehreren Bereichen der Kultur andere Termini, die mehr oder weniger auf die Epoche verweisen, die in der deutschen historiographischen Tradition als die des Naturalismus bezeichnet wird: so der italienische Ausdruck ›verismo‹, das polnische ›pozytywysm‹ und der ›gennembrud‹ (Durchbruch) in den skandinavischen Sprachen; 3) gibt es Versuche gewisser Kritiker, naturalistisch durch einen anderen Terminus wie ›impressionniste‹ zu ersetzen; 4) die anhaltende Tendenz vor allem bei der marxistisch ausgerichteten Kritik, naturalistisch ausschließlich für die als zweitrangig (und reaktionär!) geltenden Schriftsteller zu verwenden, um einen bestimmten Typ von réalisme (den Realismus sozialistischer Prägung) noch deutlicher hervorzuheben und den Begriff naturaliste als Gegenbegriff zu réaliste aufzubauen; 5) die Konkurrenz anderer Bewegungen oder literarischer Strömungen, die etwa gleichzeitig in Erscheinung traten und im Gegensatz zum Naturalismus als vorbildhafte Demonstration einer literarischen Aktivität allgemein anerkannt wurden: so die Literatur des Symbolismus, die der Avantgarde und die der Moderne.

Aktuell wird der Terminus anscheinend ausschließlich im Sinne der Beschreibung eines *historischen* Phänomens verwendet, d. h. es gibt keine Schriftsteller oder Künstler, die sich ihrem Selbstverständnis nach einer naturalistischen Schule oder Bewegung zugehörig fühlen. Im übrigen erkennen gewisse Schriftsteller ihre Verbundenheit mit dieser Bewegung durchaus an, und zwar im wesentlichen, weil der Naturalismus zu einer Befreiung von den Zwängen der konventionellen Literatur geführt hat.

I. Kurze Begriffsgeschichte

Naturalistisch steht in offensichtlicher, wenn auch nicht direkter Beziehung zu dem Terminus Natur, der seinerseits vom lateinischen natura abgeleitet ist (und aus der gleichen Familie wie nasci [zur Welt gebracht werden] stammt). Und doch hat der Begriff naturalistisch erst am Ende einer komplexen und verzögert einsetzenden Entwicklung, beeinflußt durch jene, die das entsprechende französische Adjektiv naturaliste durchlaufen hat, im 19. Jh. seinen Platz im Wortschatz der Ästhetik eingenommen.

1. Vor 1880

a) Zur allgemeinen Entwicklung in Frankreich
Der französische Terminus naturaliste, eine gelehrte Ableitung des lateinischen Adjektivs naturalis, ist zum ersten Mal für die Jahre 1527/1528 bezeugt. Zunächst als Substantiv gebraucht, bezeichnet das Wort soviel wie »celui qui étudie l'histoire naturelle«[1] (wobei Aristoteles als Beispiel für eine derartige Aktivität zitiert wird). Das *Dictionnaire de L'Académie française* registriert den Terminus schon in seiner ersten Auflage von 1694 in dem Sinne von jemandem, »qui s'applique particulièrement à

---

1 ›Naturaliste‹, in: FRÉDÉRIC GODEFROY, Dictionnaire de l'ancienne langue française, Supplément, Bd. 10 (Paris 1902), 192.

étudier la nature, qui fait profession de connaître les choses de la nature«², und nennt einige Beispiele, darunter erneut Aristoteles sowie Plinius den Älteren.

Im Jahre 1751 nimmt das gleiche Substantiv eine deutlich stärker philosophisch gefärbte Bedeutung an und bezeichnet nunmehr jemanden, der die Natur (und nicht die jüdisch-christliche Offenbarung) zum vorrangigen Wesensprinzip erhebt: In einem Werk mit dem Titel *Preuves de la religion de Jésus-Christ contre les Spinozistes et les Déistes* (1751) bringt der Abbé L. François »ces prétendus philosophes« zur Sprache, qui »ont toujours à la bouche ces mots: le tout, le grand tout, la nécessité naturelle, la nature, l'ordre de la nature«, und schlägt vor, sie, »pour abréger«, als »Naturalistes«³ zu bezeichnen. Auch in dem Artikel ›naturaliste‹ der *Encyclopédie* von Diderot (1751–1780) findet sich eine derartige Definition.

Der Terminus naturalisme, der wenig später mit der Ursprungsbedeutung einer »interprétation mythologique des faits de la nature«⁴ bezeugt ist, verweist zudem im 18. Jh. normalerweise auf ein System, in dem man alles auf die Natur als erstes Prinzip zurückführt (Diderot verwendet naturalisme in seinen *Pensées philosophiques* (1746) synonym mit dem Ausdruck »religion naturelle«⁵).

Im Jahre 1839 taucht naturalisme erstmals im Wortschatz der Kunstkritik auf, als Hippolyte Fortoul in einem von der *Revue des deux mondes* abgedruckten Artikel vom »naturalisme dans l'art égyptien«⁶ spricht. Und Charles Baudelaire führt in seinem *Salon de 1846* eine Unterscheidung zwischen den Malern des Nordens, den Koloristen, und denen des Südens ein: »Le Midi est naturaliste, car la nature y est si belle et si claire, que l'homme, n'ayant rien à désirer, ne trouve rien de plus beau à inventer que ce qu'il voit.«⁷ Die naturalistische Malerei ist also essentiell eine Kunst der Welt im Freien. Etwas später zitiert Baudelaire Heinrich Heine: »En fait d'art, je suis surnaturaliste. Je crois que l'artiste ne peut trouver dans la nature tous ses types, mais que les plus remarquables lui sont révélés dans son âme, comme la symbolique innée d'idées innées, et au même instant« (621). Neun Jahre später ordnet Baudelaire in seinem Bericht über die Weltausstellung von 1855 Gustave Courbet denjenigen zu, die er als »anti-surnaturalistes« bezeichnet, während er hinsichtlich der Malerei Eugène Delacroix' feststellt: »[elle] révèle le surnaturalisme«⁸.

Doch der Hauptverantwortliche für den Gebrauch der Termini naturaliste und naturalisme in klassifikatorischer und nicht mehr in polemischer Absicht ist der Kunstkritiker Jules Castagnary. In seinem Buch *Philosophie du Salon de 1857* ruft er die flämischen Maler in Erinnerung, die es vermocht hätten, die Natur ihres Landes zu malen, und erklärt, an ›ihre Seite‹ treten zu wollen: »et aussi du côté d'Obermann, le grand naturaliste, qui, pour l'heure de sa mort, souhaitait, à défaut d'un homme, au moins un paysage doux et ami«⁹. Der Verweis auf Étienne Pivert de Senancour zeigt, daß der Terminus noch immer nur soviel bezeichnet wie ›celui qui est sensible aux paysages naturels‹. In seinem *Salon de 1863* nimmt Castagnary dann eine andere Position ein und bestimmt in der Tat aus seiner Sicht »les trois écoles contemporaines« der Malerei, als da wären die Klassiker, die Romantiker und die Naturalisten: »l'école naturaliste affirme que l'art est l'expression de la vie sous tous ses modes et à tous ses degrés, et que son unique but est de reproduire la nature en l'amenant à son maximum de puissance et d'intensité: c'est la vérité s'équilibrant avec la science. [...] Elle est issue des profondeurs mêmes du rationalisme moderne. Elle jaillit de notre philosophie qui [...] a fait de la vie sociale l'objet principal de nos recherches désor-

---

2 ›Naturaliste‹, in: Dictionnaire de L'Académie Française, Bd. 2 (1694; Paris 1901), 110.
3 Zit. nach JEAN EHRARD, L'Idée de nature en France dans la première moitié du XVIIIᵉ siècle, Bd. 1 (Paris 1963), 178.
4 ›Naturalisme‹, in: Trésor de la langue française, Bd. 12 (Paris 1986), 13.
5 DENIS DIDEROT, Pensées philosophiques (1746), in: Diderot, Œuvres philosophiques, hg. v. P. Vernière (Paris 1980), 49.
6 HIPPOLYTE FORTOUL, De l'Art grec. – Les Marbres d'Égine, in: Revue des deux mondes, R. 4, Bd. 19 (1839), 809.
7 CHARLES BAUDELAIRE, Salon de 1846, in: Baudelaire, Œuvres complètes, Bd. 1 (Paris 1958), 610.
8 BAUDELAIRE, Exposition Universelle, 1855, Beaux Arts, in: ebd., 698, 709.
9 JULES CASTAGNARY, Philosophie du Salon de 1857, in: Castagnary, Salons (1857–1870), Bd. 1 (Paris 1892), 32.

mais. Elle jaillit de notre morale qui [...] a établi les rapports des hommes entre eux et éclairé d'une lueur nouvelle le problème de la destinée. Elle jaillit de notre politique, qui [...] a fait disparaître de l'esprit les fausses hiérarchies et les distinctions menteuses«[10]. Darüber hinaus meint Castagnary, man müsse der Literatur und insbesondere Autoren wie Honoré de Balzac und George Sand (die in ihren Romanen *Indiana* [1833] und *Valentine* [1833] »les beaux paysages naturalistes« ›konstruiert‹ habe), »les origines les plus rapprochées et les attaches les plus visibles« (140) der neuen Schule abverlangen.

Offenbar ist Castagnary der entscheidende Impulsgeber, denn nach ihm bezeichnet der Terminus naturaliste unumwunden jemanden, »qui pratique le naturalisme en art«[11], und bald verweist der Terminus auch auf die Literatur. Mit der wachsenden Popularität der Naturwissenschaften läßt sich jedoch noch ein anderer Einfluß auf die Wortbedeutungen feststellen. Bereits 1848 schrieb Baudelaire in seinem Artikel über die *Contes de Champfleury*: »Balzac est [...] un romancier et un savant, un inventeur et un observateur; un naturaliste qui connaît également la loi de génération des idées et des êtres visibles.«[12]

Im Jahre 1859 stellte Victor Hugo dann im Vorwort seines Buches *La Légende des siècles* fest: »Il n'est pas défendu au poëte et au philosophe d'essayer sur les faits sociaux ce que le naturaliste essaye sur les faits zoologiques.«[13] In diesen beiden Beispielen ist der naturaliste ganz der Naturforscher, gewissermaßen ein Vorbild oder Bezugspunkt für den Schriftsteller. Schließlich etabliert Hippolyte Taine im Vorwort zur zweiten Ausgabe seiner *Essais de critique et d'histoire* von 1866 eine Parallele zwischen der »histoire humaine« und der »histoire naturelle«, indem er den Gedanken entwickelt, daß die Historiker all das bemerken, feststellen, zeigen, ermitteln (»remarquer«, »constater«, »montrer«, »établir«[14], was die naturalistes ihrerseits bemerkt, festgestellt usw. haben.

Doch Émile Zola ist derjenige, der seit 1865/1866 für die Einführung der Termini naturaliste und naturalisme in der Literatur im eigentlichen Sinne verantwortlich zeichnet. Die ersten im folgenden zitierten Belege bezeugen außerdem, daß sie die alten Bedeutungen z. T. noch bewahren:

1. Beispiel (erster bekanntgewordener Beleg des Terminus naturalisme bei Zola): »Nous avons donc, en nos jours de psychologie et de naturalisme, un certain dédain pour ces contes en dix volumes que nos mères ont dévorés.«[15]

2. Beispiel (erster bekanntgewordener Beleg des Terminus naturaliste aus der Feder Zolas): »Cuvier, avec un seul os d'un animal, reconstruisait l'animal en entier. Aujourd'hui, en critique littéraire et artistique, il nous faut imiter les naturalistes.«[16]

3. Beispiel: »M. Taine appartient au petit groupe des novateurs qui cherchent à introduire dans l'étude des faits moraux l'observation pure, l'analyse exacte employées dans celles des faits physiques. Il y a en lui un philosophe naturaliste qui déclare que le monde intellectuel est soumis à des lois comme le monde matériel.«[17]

4. Beispiel: »Ma grande affaire est d'être purement naturaliste, purement physiologiste.«[18]

b) Der Fall Deutschland

Nun ist es zwar allgemein anerkannt, daß Zola nicht der einzige Erfinder, sondern der Propagandist und hauptsächliche Vertreter einer naturalistischen Literatur ist, deren Entwicklung seit den 80er Jahren des 19. Jh. in Europa als gegeben angesehen werden kann, doch ist es mindestens ebenso offensichtlich, daß Zola innerhalb eines allgemeineren europäischen Kontextes geschrieben hat, in dem der philosophische und der ästhetische Ge-

---

10 CASTAGNARY, Salon de 1863, in: ebd., 104 f.
11 ›Naturaliste‹, in: Trésor de la langue française (s. Anm. 4), 13.
12 BAUDELAIRE, Les Contes de Champfleury (1848), in: Baudelaire (s. Anm. 7), 956.
13 VICTOR HUGO, Préface, in: Hugo, La Légende des Siècles (1859), hg. v. P. Berret, Bd. 1 (Paris o. J.), 15 f.
14 HIPPOLYTE TAINE, Préface de la deuxième édition, in: Taine, Essais de critique et d'histoire (1866; Paris 1908), XXIV f.
15 ÉMILE ZOLA, [Rez.] Alexandre de Lavergne, La Famille de Marsal (1865), in: Zola, Œuvres complètes, hg. v. H. Mitterand, Bd. 10 (Paris 1968), 334.
16 ZOLA, Livres d'aujourd'hui et de demain (1866), in: ebd., 558.
17 ZOLA, Marbres et plâtres. M. Taine (1866), in: ebd., 198.
18 ZOLA, Différences entre Balzac et moi (1868/1869), in: Zola, Les Rougon-Macquart, hg. v. A. Lanoux, Bd. 5 (Paris 1967), 1737.

brauch des Terminus eine recht enge Verbindung eingehen. Noch im Jahre 1820 kennt Theodor Heinsius das Wort Naturalismus nicht und verzeichnet allein Naturalist, das er wie folgt definiert: a) »der Vernunftsgläubiger, Offenbarungsläugner«; b) »ein ungelehrter Künstler, der eine Kunst aus bloßen Naturanlagen, ohne Regel treibt«[19] (man beachte die in der zweiten Definition zum Ausdruck kommende deutlich pejorative Konnotation). Friedrich Ludwig Karl Weigand wiederum legt den Erstbeleg von Naturalist ins 16. Jh. und stellt fest, daß das Wort aus dem Französischen stammt.[20] Die Wörterbücher von Wilhelm Hoffmann und der Gebrüder Grimm bieten ihrerseits keine Definition von Naturalist in bezug auf die Literatur (die zweite Definition im Grimmschen *Wörterbuch* nimmt die von Heinsius wieder auf: »der eine kunst oder wissenschaft nicht kunst- und schulgemäsz, sondern blosz nach natürlicher anlage betreibt«[21]) und ignorieren naturalistisch.

Unterdessen geht der Gebrauch des Terminus Naturalismus mit Bezug auf die schönen Künste in Deutschland auf eine regelrechte Tradition zurück. So stellt Goethe in einem Artikel, der 1801 unter dem Titel *Flüchtige Übersicht über die Kunst in Deutschland* in *Die Propyläen* erschien, fest: »In Berlin scheint [...] der Naturalismus, mit der Wirklichkeits- und Nützlichkeitsforderung, zu Hause zu seyn und der prosaische Zeitgeist sich am meisten zu offenbaren. Poesie wird durch Geschichte, Charakter und Ideal durch Portrait, symbolische Behandlung durch Allegorie, Landschaft durch Aussicht, das allgemein Menschliche durchs Vaterländische verdrängt.«[22] Schiller, der in der Korrespondenz mit Goethe bereits die Probleme einer realistischen Poesie erörtert hatte, griff auch den »Naturalismus in der Kunst« auf, um diesen zu bekämpfen: »Wenn [der Chor] auch noch dazu diente, dem Naturalismus in der Kunst offen und ehrlich den Krieg zu erklären, so sollte er uns eine lebendige Mauer seyn, die die Tragödie um sich herumzieht, um sich von der wirklichen Welt rein abzuschließen, und sich ihren idealen Boden, ihre poetische Freiheit zu bewahren.«[23]

Etwa siebzig Jahre später geht Friedrich Nietzsche in *Die Geburt der Tragödie aus dem Geist der Musik* (1872) billigend auf diese Passage ein, deren Termini er wortwörtlich aufgreift, denn er nimmt Seite an Seite mit Schiller den Kampf »gegen den gemeinen Begriff des Natürlichen, gegen die bei der dramatischen Poesie gemeinhin geheischte Illusion«[24] auf. In der Zwischenzeit hatte Hegel eine Reihe von »gewöhnlichen Vorstellungen von der Kunst« kritisiert, angefangen beim »Prinzip der Nachahmung der Natur«: »die geforderte Natürlichkeit als solche [ist] nicht das Substantielle und Erste, welches der Kunst zu Grunde liegt«[25].

Man sollte sich also weder darüber wundern, daß die traditionelle und vom Idealismus gekennzeichnete deutsche Kritik davor zurückschreckt, auf den Terminus naturalistisch zurückzugreifen, der ursprünglich sehr pejorativ konnotiert war und letzten Endes den Gedanken an eine Kunst wachruft, die keine Existenzberechtigung hat, noch darüber, daß die Lexikographen das Adjektiv stillschweigend übergehen. In der ersten Hälfte des 19. Jh. durchläuft der Terminus ›realistisch‹ unterdessen auf Grund einer zunehmend positiven Bewertung eine Entwicklung, wobei er die pejorativen Konnotationen allmählich verliert, mit denen Schiller ihn noch belastet hatte.

So erwähnt Hermann Hettner in der Studie *Die romantische Schule in ihrem inneren Zusammenhange mit Göthe und Schiller* (1850) positiv, daß der Realismus mit seiner Vorliebe für die Realität und die Aktualität dabei sei, in Deutschland wie in Europa insgesamt den Durchbruch zu schaffen, doch zugleich präzisiert er: »Der Dichter fürchte nicht, daß er damit naturalistischer Roheit anheimfalle.

---

19 ›Naturalist‹, in: HEINSIUS, Bd. 3 (1830), 608.
20 Vgl. ›Natur‹, in: FRIEDRICH LUDWIG KARL WEIGAND, Deutsches Wörterbuch, Bd. 2 (Gießen ³1860), 249.
21 ›Naturalist‹, in: GRIMM, Bd. 7 (1889), 441.
22 JOHANN WOLFGANG GOETHE, Flüchtige Übersicht über die Kunst in Deutschland (1801), in: Goethe, Sämtliche Werke, Jubiläumsausgabe in 40 Bänden, hg. v. E. v. der Hellen, Bd. 33 (Stuttgart/Berlin 1903), 277.
23 FRIEDRICH SCHILLER, Über den Gebrauch des Chors in der Tragödie. Vorrede zu ›Die Braut von Messina‹ (1803), in: SCHILLER, Bd. 10 (1980), 11.
24 FRIEDRICH NIETZSCHE, Die Geburt der Tragödie aus dem Geist der Musik (1872), in: NIETZSCHE (KGA), Abt. 3, Bd. 1 (1972), 50.
25 GEORG WILHELM FRIEDRICH HEGEL, Vorlesungen über die Ästhetik (1835–1838), in: HEGEL (GLOCKNER), Bd. 12 (1953), 77.

Seht auf Shakespeare.«[26] Dieses Zitat könnte einen Großteil der unter deutschen Kritikern bis Ende der 70er Jahre (und vielleicht sogar darüber hinaus) üblichen Haltung resümieren: Der Begriff naturalistisch wird sehr selten gebraucht, und wenn er denn verwendet wird, taucht er in einem deutlich pejorativ geprägten Kontext auf. Eine realistische Ästhetik erscheint indes als akzeptable, wenn nicht gar wünschenswerte Gegenposition, weil sie auf bekannten und sogar kanonisch gewordenen Modellen fußen kann.

Der Eintrag ›Naturalismus‹ in *Meyers Konversationslexikon* von 1877 enthält noch immer keine Definition, die sich auf die Literatur bezieht (einzig die Malerei wird erwähnt), wohingegen der Eintrag ›Realismus‹ in dem ein Jahr später erschienenen Folgeband auf dem Gebiet der Kunst die nachstehende Definition verzeichnet: »Diejenige Darstellungsweise, welche vorzugsweise auf Naturnachahmung ausgeht und in der Naturwahrheit ihr vornehmstes Ziel erkennt, daher auch vorzugsweise die künstlerische Technik begünstigt. [...] Der R. sinkt zum Naturalismus herab, wenn er die Naturwahrheit in ganz einseitiger Weise verfolgt und die der Kunst eigenthümlichen (ästhetischen) Wirkungen dabei aus den Augen verliert, um mit dem Schein der blossen Natürlichkeit zu täuschen.«[27] Im Deutschland der 70er Jahre des 19. Jh. war also von einer naturalistischen Ästhetik nicht die Rede.

c) Andere europäische Länder
Um den Terminus naturalistisch zu bekämpfen, abzulehnen und zu leugnen, bedient man sich in Deutschland des Terminus realistisch, der, wie gesehen, im Laufe des 19. Jh. mehr und mehr mit positiven Werten aufgeladen wird. In England sieht die Situation ein wenig anders aus. So tauchen dort die Termini naturalist und naturalism dem *Oxford English Dictionary* zufolge ungefähr zur gleichen Zeit wie in Frankreich auf, nämlich im Jahre 1587 bzw. 1641. Im Jahre 1750 hat naturalism die gleiche philosophische Bedeutung wie das französische naturalisme. Seit 1784 bezeichnet naturalist jemanden, der sich am Naturalismus in der Kunst versucht, doch erst 1883 wird das Wort (in bezug auf Henry Fielding) erstmals auf die Literatur angewandt.

Dagegen erscheint das Adjektiv naturalistic schon 1876 in einem Werk über das englische Theater des 18. Jh. von Leslie Stephen, in dem dieser die romantische und die naturalistische Schule einander gegenüberstellt. Im Jahre 1850 hatte Dante Gabriel Rossetti den Terminus naturalism gebraucht, um auf Dante zu verweisen; doch noch im Juni 1881 kann ein Journalist der *Daily News* »that unnecessary faithful portrayal of offensive incidents for which M. Zola has found the new name of ›naturalism‹«[28] anprangern. Wie ließe sich treffender als an diesem Zitat demonstrieren, daß die von Zola gefundene Bezeichnung als etwas Neues empfunden wurde? Überdies sei angemerkt, daß die neunte Ausgabe der *Encyclopaedia Britannica* den Terminus ›naturalism‹ nicht kennt und auch unter dem Eintrag ›realism‹ nur den Verweis auf ›scholasticism‹ anführt.[29]

In Rußland greift der Kritiker Vissarion G. Belinskij im Jahre 1846 den zunächst von Faddej V. Bulgarin verwendeten Ausdruck »натуральная школа«[30] (natürliche Schule) auf, um die Schriftsteller zu benennen, die in der Tradition Nikolaj V. Gogols schrieben, und in einem Artikel aus dem Jahr 1848 gebrauchte er auch den Terminus »натурализм«[31] (Naturalismus). Doch zeichnet sich diese ›natürliche Schule‹ trotz ihres Bemühens um die Wahrheit durch einen satirischen Geist aus, der insbesondere bestimmte Erscheinungen des zeitgenössischen Lebens wie das Dasein in den großen Städten angreift.

Schließlich sollte man noch den sehr spezifischen Gebrauch des Terminus erwähnen, der auf den dänischen Kritiker Georg Brandes zurückgeht,

---

26 HERMANN HETTNER, Die romantische Schule in ihrem inneren Zusammenhange mit Göthe und Schiller (1850), in: M. Bucher u. a. (Hg.), Realismus und Gründerzeit. Manifeste und Dokumente zur deutschen Literatur 1848–1880, Bd. 2 (Stuttgart 1975), 65.
27 ›Realismus‹, in: Meyers Konversationslexikon, Bd. 12 (Leipzig 1878), 466.
28 Zit. nach ›Naturalism‹, in: OED, Bd. 10 (1989), 245.
29 Vgl. ›Realism‹, in: ENCYCLOPAEDIA BRITANNICA, Bd. 20 (⁹1886), 308.
30 VISSARION G. BELINSKIJ, Vzgljad na russkuju literaturu 1846 goda (1846), in: Belinskij, Polnoe sobranie sočinenij, Bd. 10 (Moskau 1956), 16.
31 BELINSKIJ, Vzgljad na russkuju literaturu 1847 goda (1848), in: ebd., 289.

der seit 1872 unter dem Titel *Die Hauptströmungen der Literatur des neunzehnten Jahrhunderts* ein bedeutendes sechsbändiges Werk veröffentlichte. Der vierte, 1875 erschienene Band trägt den Titel *Der Naturalismus in der englischen Literatur des neunzehnten Jahrhunderts*: Brandes untersucht darin die englischen Dichter von William Wordsworth bis George Gordon Lord Byron und legt folgende Definition von naturalism vor: »Der Naturalismus im englischen Geistesleben beginnt bei Wordsworth als ländliche Liebe zur äußeren Natur, als Aufsparen der Natureindrücke und als Pietät gegen das Tier, das Kind, den Bauern und die Einfältigen im Herzen.«[32] Der so definierte Naturalismus verweist auf eine romantische Literatur, die in der Dichtung Percy Bysshe Shelleys gipfelt, in welcher Brandes eine tiefe Liebe zur Natur und einen poetischen Radikalismus entdeckt.

Alle bisher erwähnten Beispiele bezeugen, daß der große Bruch in der europäischen Bedeutungsgeschichte des semantischen Umfeldes von naturaliste sehr wohl auf Zola zurückzuführen ist.

2. *Zolas Position*

Edmond de Goncourt zufolge hat Zola, von Gustave Flaubert wegen seiner »professions de foi naturalistes« attackiert, einfach geantwortet: »Oui, c'est vrai que je me moque comme vous de ce mot *Naturalisme*; et cependant je le répéterai sans cesse, parce qu'il faut un baptême aux choses, pour que le public les croie vraies.«[33]

Später bemüht sich Zola, den Ursprung dieses Terminus zu präzisieren, vor allem in den Jahren zwischen 1879 und 1881, als er unzählige kritische und zeitgeschichtliche Studien verfaßt, die er in

---

32 GEORG BRANDES, Die Hauptströmungen der Literatur des neunzehnten Jahrhunderts, Bd. 4 (Leipzig 1875), 374.
33 EDMOND DE GONCOURT/JULES DE GONCOURT, Journal. Mémoires de la vie littéraire (entst. 1851–1896), Bd. 2 (Paris 1956), 1172.
34 ZOLA, Le Roman expérimental (1879), in: Zola (s. Anm. 15), Bd. 11 (1968), 1231.
35 ZOLA, Le naturalisme (1881), in: Zola (s. Anm. 15), Bd. 14 (1970), 510.
36 ZOLA (s. Anm. 34), 1200.
37 JULES HURET, Enquête sur l'évolution littéraire (1891), hg. v. D. Grojnowski (Vanves 1982), 171.

sechs Bänden vereint, deren bekanntester *Le Roman expérimental* (1879) ist. Denjenigen, die ihm den Gebrauch des Terminus naturalisme vorwerfen, gibt Zola zur Antwort: »D'abord, je crois ne pas avoir inventé ce mot, qui était en usage dans plusieurs littératures étrangères.«[34]

In seiner ›campagne‹ im *Figaro* nennt Zola als ersten »le positiviste Diderot […], le véritable aïeul des naturalistes«, und bekennt ganz freimütig: »je n'ai rien inventé, pas même le mot naturalisme, qui se trouve dans Montaigne, avec le sens que nous lui donnons aujourd'hui. On l'emploie en Russie depuis trente ans, on le trouve dans vingt critiques en France, en particulièrement chez M. Taine.«[35] In einem Brief an Louis Desprez kommt Zola am 4. September 1882 noch einmal auf Montaigne zurück. Ohne Zweifel sucht er für seine Theorie nach Gewährsleuten, die jedoch eher in der französischen Tradition als in den Verweisen auf die von ihm benannten ausländischen Literaturen zu suchen sind, welche ihrerseits, zumindest was Rußland betrifft, vielleicht aus den Gesprächen mit Ivan S. Turgenev stammen (den er seit 1872 kennt), der auf Belinskij angespielt haben könnte. Der von Zola befürworteten Ästhetik kommt Diderot auf jeden Fall viel näher als Montaigne.

Dabei stellt sich jedoch vorab eine Frage: Haben wir überhaupt eine Ästhetik vor uns? Dies ist ein grundlegendes Problem (und wird weiter unten in III. aufgegriffen), denn Zola stellt fest: »La question de méthode et la question de rhétorique sont distinctes«. Kurz davor hatte er geschrieben: »Le naturalisme […] consiste uniquement dans la méthode expérimentale.«[36] Der Zola-Jünger Paul Alexis wird zwölf Jahre später in einem Brief an Jules Huret das gleiche schreiben: Der Naturalismus sei »une méthode de penser, de voir, de réfléchir, d'étudier, d'expérimenter, un besoin d'analyser pour savoir, mais non une façon spéciale d'écrire«[37]. Derartige Erklärungen, die nicht auf die Praxis anderer Wissenschaften oder Künste verweisen, gehen offensichtlich über eine traditionelle ästhetische Perspektive hinaus.

In der Tat, wenn Zola den Terminus naturaliste gebraucht, gibt er diesem mehr oder weniger die beiden Bedeutungen, die das Wort am Ende des 19. Jh. bewahrt hat: 1) ist damit derjenige gemeint, der die Natur beobachtet, um deren Mechanismen und Funktionsweise zu entdecken (Naturalist: Naturforscher); 2) derjenige, der die Natur zum einzigen rational zugänglichen Prinzip erhebt (Naturalist: Vernunftgläubiger). Somit setzt Zola ein noch lebendiges Erbe fort, während er zugleich die französische Sprache und auch den europäischen Wortschatz der Kritik um einen neuen Terminus bereichert.

In Abschnitt II. dieses Artikels wird der Problembereich behandelt, der durch das Aufkommen einer naturalistischen Ästhetik entstanden ist. Zu Anfang ist es jedoch wesentlich zu präzisieren, was Zola unter einer auf die Literatur angewandten experimentellen Methode versteht, denn gerade hinsichtlich dieses Punktes kam es am Ende des 19. Jh. rasch zu Mißverständnissen im Europa der Literaten. In einem der ersten publizierten Texte, in dem Zola die Existenz einer »groupe d'écrivains naturalistes«[38] ankündigt, erklärt er das Projekt, auf dem sein Roman fußt. Die Figuren werden im Sinne von »tempéraments«, »brutes humaines« studiert; »chaque chapitre est l'étude d'un cas curieux de physiologie«; der Autor versichert, »un travail analytique« vorzulegen, nimmt sich »l'analyse du mécanisme humain« vor, denn der Schriftsteller sei »un simple analyste«, der sich einer »étude physiologique«, einer »analyse scientifique« (519f.) hingebe. Das Schlüsselwort ist hier natürlich ›l'analyse‹, das Bemühen, einen komplexen Prozeß zu zerlegen, der als Ganzes erscheint und dessen Funktionsweise es an den Tag zu bringen gilt. Dieser analytischen Methode liegt im übrigen eine materialistische Auffassung vom Wesen des Menschen zugrunde: »l'âme est parfaitement absente, [...] je l'ai voulu ainsi« (520).

Ein zweites Beispiel bietet die Einleitung zu dem Essay Le Roman expérimental, Teil einer gleichnamigen Sammlung. Zola gibt vor, sich zu »retrancher derrière Claude Bernard«, dem Autor einer Introduction à l'étude de la médecine expérimentale (1865), und »le mot ›médecin‹ par le mot ›romancier‹« zu ersetzen; er verwendet den Terminus naturaliste hier nur ein einziges Mal (»le retour à la nature, l'évolution naturaliste qui emporte le siècle«[39]). Dafür taucht das Adjektiv expérimental zwanzigmal auf, darunter fünfmal in dem Syntagma ›méthode expérimentale‹, dreimal als ›roman expérimental‹ und einmal als ›littérature expérimentale‹. Das Wortfeld ›science, scientifique, savant‹ erscheint neunmal. In diesem Zusammenhang stellt Zola die naturalistische Literatur als Gipfelpunkt einer logischen Fortentwicklung dar, die vom Studium der anorganischen Elemente bis zur lebendigen Materie reicht, dann zum Studium der »vie passionnelle et intellectuelle« führt oder »de la chimie à la physiologie, puis de la physiologie à l'anthropologie et à la sociologie. Le roman expérimental est au bout«. Man bemerkt, daß Zola am Ende des Essays, als er »divers points secondaires« behandelt, erklärt, »d'avoir négligé jusqu'ici la question de la forme chez l'écrivain naturaliste, parce que c'est elle justement qui spécialise la littérature«; aber es bereitet ihm keine Schwierigkeiten, etwas später zuzugeben, daß »la forme suffit pour immortaliser une œuvre« (1197–1199). Auf diese Weise läßt Zola eine ganze Reihe von Fragen offen, die im Zentrum einer naturalistischen Ästhetik stehen.

3. Vom ›konsequentesten Realisten‹ zum ›konsequenten Naturalisten‹

Der Beginn der Verbreitung des Terminus naturalistisch läßt sich in ganz Europa auf den Anfang der 80er Jahre des 19. Jh. datieren. Welche Position die Kritiker gegenüber diesem Wort auch einnehmen, sie beziehen es durchweg auf das Werk von Zola oder schlagen sogar vor, Naturalismus durch Zola(t)ismus zu ersetzen. Unterdessen ist zu erwähnen, daß vor 1890 nur wenige von Zolas theoretischen und kritischen Texten übersetzt worden sind, mit der bemerkenswerten Ausnahme jener Schriften, die er dank der Hilfe Turgenevs und Pjotr D. Boborykins in der russischen Monatsschrift Vestnik Evropy publizieren lassen konnte. Anfang der 80er Jahre erscheinen einige oft auch sehr moderat formulierte Essays in deutschsprachigen Zeitungen und Zeitschriften, aber erst im Jahre 1892 wird Le Roman expérimental ins Spanische übersetzt. Im Jahr darauf erscheinen eine englische Fassung und die Übersetzungen von Roman-

---

38 ZOLA, Préface de la deuxième édition. Thérèse Raquin (1868), in: Zola (s. Anm. 15), Bd. 1 (1966), 522.
39 ZOLA (s. Anm. 34), 1175–1177.

ciers naturalistes (1881) ins Deutsche und Spanische. Erst im Jahre 1904 gibt es auch eine deutsche Fassung von *Le Roman expérimental* (doch hatten zahlreiche Kritiker den Text im Original lesen können).

Die Termini naturaliste/naturalisme tauchten so unvermittelt auf, daß die europäische Kritik in ihrer Gesamtheit wie benommen erscheint. Namentlich die deutsche Kritik, die sich der Warnungen Goethes, Schillers, Hegels und Otto Ludwigs sehr wohl bewußt ist, nimmt an einer derartigen Terminologie Anstoß und sträubt sich gegen ihren Gebrauch, wie beispielsweise Max Nordau im Jahre 1880: »Ich habe es bisher vermieden, das Wort ›Naturalismus‹ auszusprechen. [...] Der Grund dieser Unterlassung ist einfach der, daß ich nicht weiß, was die guten Leute mit ihrem ›Naturalismus‹ eigentlich meinen.«[40]

Sogar diejenigen, die der von Zola verkörperten Bewegung noch am wohlwollendsten gegenüberstehen, schrecken lange vor dem Gebrauch des Wortes zurück. Als Michael Georg Conrad, einer der ersten deutschen Journalisten, der durch einige Feuilleton-Artikel in der *Frankfurter Zeitung* die Aufmerksamkeit auf Zola gelenkt hatte, die Zeitschrift *Die Gesellschaft* gründet, lehnt er es ab, daraus ein Organ für Naturalismus zu machen, und gibt ihr statt dessen den Untertitel: ›Realistische Wochenschrift für Litteratur, Kunst und öffentliches Leben‹. In der Absichtserklärung, die die erste Ausgabe am 1. Januar 1885 eröffnet, findet man die Adjektive ›realistisch‹, ›modern‹ (und ›deutsch‹).[41]

Auch als Wilhelm Bölsche 1887 *Die naturwissenschaftlichen Grundlagen der Poesie* veröffentlicht, läßt er diesem Titel, der ja genau auf der Linie Zolas liegt, gleichsam als Präzisierung den Untertitel *Prolegomena einer realistischen Ästhetik* folgen. Außerdem bietet das Vorwort eine enge Verknüpfung der Konzeption einer realistischen Ästhetik mit den Naturwissenschaften und sieht eine Parallele zwischen dem Naturforscher und dem Dichter, was sehr dafür spricht, daß sich Bölsche auf einer Ebene mit Zola ansiedelt, zumal der deutsche Theoretiker auch eine Ästhetik vorschlägt, die dem modernen Denken entsprechen soll. Doch er qualifiziert diese Ästhetik permanent als realistisch: »Realistisch nenne ich diese Ästhetik [...]. Der Realismus [...] bedeutet das einfache Resultat einer langsamen Fortentwicklung, wie die gewaltige Machtstellung der modernen Naturwissenschaften es nicht mehr und nicht minder ist.«[42] Folglich verwendet Bölsche die Termini naturalistisch oder Naturalismus in seinem Werk an keiner einzigen Stelle. Allerdings wird die deutsche Literatur mit Beginn der 90er Jahre eine ganze Reihe von Werken hervorbringen, die einer naturalistischen Perspektive vollends verpflichtet sind. Neben den kreativen Werken im eigentlichen Sinne sei auf *Die Kunst. Ihr Wesen und ihre Gesetze* (1891–1892) von Arno Holz hingewiesen, das hernach als das grundlegende theoretische Werk des deutschen Naturalismus angesehen wird.

Im übrigen Europa fällt es der naturalistischen Terminologie ebenfalls schwer, sich durchzusetzen. So werden die englischen Übersetzungen des Romanzyklus der *Rougon-Macquart* (1871–1893), die Vizetelly seit 1884 auf den Markt zu bringen versucht, vom Verlag allgemein als ›realistic novels‹ bezeichnet. In der Tat scheint es so, als gebe es nur in Frankreich und Deutschland und in geringerem Maße auch in Spanien (wo Emilia Pardo Bazán 1883 unter dem Titel *La Cuestión palpitante* eine Reihe von Artikeln zum Naturalismus in Buchform veröffentlicht) Persönlichkeiten, die die Idee einer naturalistischen Ästhetik akzeptieren.

In Deutschland vollzieht sich mit der Widmung, die Gerhart Hauptmann im Jahre 1889 der ersten Ausgabe seines Schauspiels *Vor Sonnenaufgang. Soziales Drama* voranstellt, eine entscheidende Wende:»Bjarne P. Holmsen, dem konsequentesten Realisten, Verfasser von ›Papa Hamlet‹ zugeeignet, in freudiger Anerkennung der durch sein Buch empfangenen entscheidenden Anregung.«[43] Die einige Monate zuvor unter einem norwegischen Pseudonym von Arno Holz und Johannes Schlaf

---

40 MAX NORDAU, Paris unter der dritten Republik (Leipzig 1880), 118.
41 Vgl. MICHAEL GEORG CONRAD, Zur Einführung, in: Die Gesellschaft. Realistische Wochenschrift für Litteratur, Kunst und öffentliches Leben 1 (1885), 1–3.
42 WILHELM BÖLSCHE, Die naturwissenschaftlichen Grundlagen der Poesie (1887; Tübingen 1976), 1.
43 GERHART HAUPTMANN, Vor Sonnenaufgang. Soziales Drama (1889), in: Hauptmann, Werke, hg. v. G. Stenzel, Bd. 1 (Salzburg/Stuttgart 1956), 142.

publizierte Sammlung mit drei Novellen ist in Wirklichkeit ein origineller Versuch in der deutschen, wenn nicht gar der europäischen, Literatur. Doch durch eine merkwürdige Transformation der Hauptmannschen Widmung wird schließlich Holz auf Grund seines Werkes *Die Kunst. Ihr Wesen und ihre Gesetze*, in dem er versucht, die Positionen Zolas zu radikalisieren, in gewisser Weise zum ›absoluten‹ Vorbild des ›konsequenten Naturalisten‹: Und in diesem im Jahre 1891 veröffentlichten Band findet man die berühmte Formel: »Die Kunst hat die Tendenz, wieder die Natur zu sein. Sie wird sie nach Maßgabe ihrer jedweiligen Reproductionsbedingungen und deren Handhabung«[44].

Von nun an wird sich eine bestimmte Gruppe deutscher Schriftsteller durch eine naturalistische Ästhetik empfehlen oder wenigstens akzeptieren, daß gewisse Werke als naturalistisch klassifiziert werden. Unterdessen taucht das Adjektiv selbst in den Untertiteln weiterhin nicht auf (während realistisch sehr wohl vorkommt): Eines der raren Gegenbeispiele ist das bewußt als Parodie gestaltete Schauspiel von Conrad Alberti, *Im Suff! Naturalistische Spitalkatastrophe in zwei Vorgängen* (1890), das es auf die von der Freien Bühne Berlin aufgeführten Dramen abgesehen hat. Andererseits publiziert Hermann Bahr, obwohl die Dramen Hauptmanns – nun allgemein als herausragender Vertreter des Naturalismus anerkannt – gedruckt und gespielt werden, schon 1891 eine Aufsatzsammlung mit dem Titel *Die Überwindung des Naturalismus*.[45]

4. Im 20. Jahrhundert

Im selben Jahr 1891 veröffentlicht Huret in Frankreich einen Text, den er ›reportage expérimental‹ nennt: *Enquête sur l'évolution littéraire*. Darin läßt er Edmond de Goncourt ohne Umschweife seine Meinung äußern: »Oui […] je crois que le mouvement naturaliste […] touche à sa fin, qu'il est en train de mourir, et qu'en 1900 il sera défunt et remplacé par un autre.«[46] Der Naturalismus ist nicht etwa am Verfasser von *Germinie Lacerteux* (1865) vorübergegangen, vielmehr erkennt und beschreibt dieser hier eher einen normalen Vorgang, innerhalb dessen literarische Bewegungen jeweils als Reaktion aufeinander folgen.

Tatsächlich scheint der Naturalismus im 20. Jh.

vor allem ein Teilbereich der Literaturgeschichte zu sein. Dennoch ist der Versuch, eine Reihe von literarischen Werken zu benennen, die mit dem Naturalismus unmittelbar verbunden sind, durchaus gerechtfertigt. Thomas Mann hat bekanntlich mehrmals versichert, daß *Buddenbrooks* (1901) »für Deutschland der vielleicht erste und einzige naturalistische Roman«[47] sei. Diese Feststellung findet sich zum ersten Mal in den *Betrachtungen eines Unpolitischen* (in einem 1916 verfaßten Abschnitt). Wahrscheinlich hat Mann an einen Satz von Samuel Lublinski gedacht, der in *Die Bilanz der Moderne* (1904) »die streng naturalistische Sachlichkeit« dieses »ersten und einzigen naturalistischen Romans« zur Sprache gebracht und hinzugefügt hatte: »Die *Buddenbrooks* gehören tatsächlich in den gleichen ästhetischen Umkreis, wie etwa die *Familie Selicke, Meister Oelze* und die *Weber*.«[48]

Und doch war Mann im Jahre 1912 über einen Stil gestolpert, den er für überkommen, für tot hielt: den naturalistischen Stil. Seinerzeit veröffentlichte er in den *Münchner Neuesten Nachrichten* unter dem Titel *Ein Werk des Naturalismus* die Rezension eines Romans von Georg Hirschfeld, *Der Kampf der weißen und der roten Rosen* (1912). Mann sieht darin die Gelegenheit, »den Geist des Naturalismus aufs neue zu studieren«, und zählt dessen Merkmale auf: 1) »eine eingeborene Tendenz – wenn nicht zur Größe, so doch zum Kolossalen, zur Quantität, zur Massigkeit«; 2) »den altruistischen Grundzug des Naturalismus, sein Mitleidsethos«; 3) »einen gewissen üppigen Hang, die Natur in ihrem moralfremden und unzüchtig-futilen Wirken zu feiern, einen Hang zur Ausmalung geschlechtlicher Dinge«; 4) »was den Humor betrifft […]: nicht auf subjektiv-künstlerische Art, nicht durch die Mittel des Vortrags und der Beleuchtung, son-

---

44 ARNO HOLZ, Die Kunst. Ihr Wesen und ihre Gesetze, Bd. 1 (Berlin 1891), 117.
45 Vgl. HERMANN BAHR, Die Überwindung des Naturalismus (Dresden 1891).
46 HURET (s. Anm. 37), 154.
47 THOMAS MANN, Betrachtungen eines Unpolitischen (1918), hg. v. P. de Mendelssohn (Frankfurt a.M. 1983), 81.
48 SAMUEL LUBLINSKI, Die Bilanz der Moderne (1904), hg. v. G. Wunberg (Tübingen 1974), 226f.

dern objektiv, durch das komische Dokument«[49].
So summarisch sie heute auch erscheinen mag – eine derartige Analyse ist für die Untersuchungen, die die Kritik der naturalistischen Ästhetik zu Beginn des 20. Jh. gewidmet hat, als charakteristisch anzusehen.

In der Folge wird der Naturalismus aus der aktuellen Literatur praktisch verschwinden; von Alfred Döblin wird er indes eher positiv wahrgenommen. Döblin geht in zwei Aufsätzen dieser Frage nach: *Der Geist des naturalistischen Zeitalters* (1924 in *Die Neue Rundschau* erschienen) und *Vom alten zum neuen Naturalismus* (1930 in *Das Tagebuch* herausgekommen). Im ersten der beiden Aufsätze insistiert Döblin: »Wir stehen im Beginn des naturalistischen Zeitalters.«[50] Döblin sieht den Geist des Naturalismus im wesentlichen als den Ausdruck einer technischen und sozialen Ordnung, den die Schriftsteller bisher noch nicht in ihre Werke zu übersetzen vermochten. Trotz der theoretischen Bemühungen von Arno Holz (dessen oben angeführte Formel Döblin zitiert und kommentiert) sei die Literatur noch nicht im eigentlichen Sinne naturalistisch, weil sie weiterhin für eine bürgerliche Minderheit verfaßt werde, die das Monopol auf die Kultur und deren Aneignung besitze, und weil die Schriftsteller noch nicht wüßten, wie sie sich den Massen wirklich zuwenden sollten. Für Döblin ist der Naturalismus also eher ein geistiger Zustand als eine Ästhetik, die es zu erfinden gelte.

Sechs Jahre später äußert sich Georg Lukács, der Döblin übrigens nur wenig schätzt, sehr kritisch über das Schreiben im Sinne des Naturalismus. In dem 1936 publizierten Artikel *Beschreiben oder erzählen? Zur Diskussion über den Naturalismus und Formalismus*, der von festen Grundüberzeugungen ausgeht, bei denen sich Idealismus hegelianischer Prägung und marxistisches Gedankengut vermischen (»Die Kunst des Epikers besteht gerade in der richtigen Verteilung der Gewichte, in der rechten Betonung des Wesentlichen«), wirft Lukács Flaubert und Zola vor, jeden »epischen Zusammenhang« verloren zu haben, insbesondere durch den Rückgriff auf einen beschreibenden Stil, der nur die äußeren und oberflächlichen Aspekte der Welt erfasse: »Jedenfalls geht dadurch, daß die erzählerische Verknüpfung der Dinge mit ihrer Aufgabe in konkreten menschlichen Schicksalen verlorengeht, auch ihre dichterische Bedeutsamkeit verloren.«[51]

Die Zurückweisung des Naturalismus (insbesondere desjenigen von Zola) durch Lukács ist für die Art und Weise, wie der Naturalismus durch die marxistisch inspirierte Kritik des öfteren aus jedweder Ästhetik verbannt wurde (wie es schon viele deutsche Kritiker am Ende des 19. Jh. getan hatten), nicht ohne Folgen geblieben. So versuchen durchaus nicht wenige der jüngeren Arbeiten zu Zola (der mit dem Naturalismus identifiziert wird), ihrerseits ausgehend von ähnlichen Prämissen wie Lukács, zu zeigen, daß der Wert des Zolaschen Werkes daraus erwachse, daß es den durch den Autor proklamierten Theorien nicht entspreche.

Als literarische Bewegung hat der Naturalismus jedoch heute Eingang in die Literaturgeschichte gefunden. Dies wird aus einer Schlußfolgerung in der zweiten Ausgabe des *Reallexikon der deutschen Literaturgeschichte* ersichtlich, die sich im Artikel ›Naturalismus‹ in der ersten Ausgabe (1926–1928) noch nicht fand: »Der N. hat dem dt. Schrifttum eine lange weiterwirkende Bereicherung und Verfeinerung der Darstellungsmittel gebracht. Sie besteht hauptsächlich in der Erweiterung und Auffrischung der Lit.sprache durch Elemente der gesprochenen Alltagssprache, in der Belebung und Differenzierung des Dialogs und in der Treffsicherheit der Wortwahl bei der Schilderung des Zuständlichen. Nicht mehr aufgegeben wurde ferner in der Folgezeit das vom N. eroberte stoffliche Neuland, vor allem im Bereich des Sozialen. Das Welt- und Menschenbild des N., das seinen Halt an der dinglichen Erscheinung fand und noch in einem festen geschichtlichen und psychologischen

---

49 MANN, Ein Werk des Naturalismus (1912), in: Mann, Gesammelte Werke, Bd. 10 (Frankfurt a.M. 1960), 555–558.
50 ALFRED DÖBLIN, Der Geist des naturalistischen Zeitalters (1924), in: Döblin, Schriften zur Ästhetik, Poetik und Literatur, hg. v. E. Kleinschmidt (Olten/Freiburg i. Br. 1989), 171.
51 GEORG LUKÁCS, Beschreiben oder erzählen? Zur Diskussion über den Naturalismus und Formalismus (1936), in: LUKÁCS, Bd. 4 (1971), 213–217.

Zusammenhang stand, hat sich inzwischen allerdings von Grund aus gewandelt.«[52]

5. Naturalistisch in der Kunstkritik

Wie oben gesehen, gehen die ersten Verwendungen des Terminus außerhalb des philosophischen Wortschatzes auf die Kunstkritik zurück. Allem Anschein nach wird der Terminus im 20. Jh. hier selten gebraucht, und wenn die Kunstkritik ihn doch einmal verwendet, dann weniger, um zeitgenössische Maler oder Bildhauer oder Schriftsteller zu bezeichnen, die von nun an als Naturalisten gelten, als um die im Mittelalter oder in der Renaissance üblichen künstlerischen Praktiken zu benennen.

So unternimmt Max Dvořák, als er 1918 unter dem Titel *Idealismus und Naturalismus in der gotischen Skulptur und Malerei* einen Aufsatz in der *Historischen Zeitschrift* veröffentlicht, den Versuch, Malerei und Bildhauerei einer Epoche zu rehabilitieren, bei der die Kunsthistoriker seiner Zeit im wesentlichen, wenn nicht ausschließlich, nur der Architektur Wertschätzung entgegenbrachten. Gestützt auf die *Summe der Theologie* des Thomas von Aquin, versucht Dvořák, die »geistigen Grundlagen« des Mittelalters zu beleuchten. Dies veranlaßt ihn einerseits dazu, ein »bewußtes Sichabwenden von Naturtreue und Naturnachahmung«[53] im Sinne der Reproduktion der Natur seitens der Künstler jener Epoche zu betonen – was uns jedoch nicht als Unfähigkeit dieser Künstler erscheinen solle, denn es sei unsere Aufgabe, ihren Standpunkt zu verstehen. Deshalb besteht Dvořák andererseits darauf, daß man auf einen gewissen Objektivismus zurückgreife, der vom Standpunkt einer Suche nach der Aquinschen ›integritas‹ (Vollendung) notwendig sei, die ihrerseits in dem naturalistischen Prinzip zutage trete, das nicht als Gegensatz zum fundamentalen Prinzip des Idealismus aufgefaßt werden dürfe: Die Objektivität ist der des Subjekts und nicht die des Objekts. Die mittelalterliche Kunst beruhe auf »dem Primat einer spirituell idealistischen Weltkonstruktion« (75). Eine Folge daraus ist, daß »der neue nachantike Naturalismus [...] von der Auffassung des Menschen als geistiger Persönlichkeit aus[geht]« (97) und daß das Ziel der mittelalterlichen Kunst darin besteht, »geistige Individualitäten« darzustellen, »die dem Alltäglichen den Begriff eines intellektuell und ethisch höheren Menschentums entgegenstellen« (98). Der Begriff naturalistisch hat in diesem Fall also wenig mit demjenigen zu tun, der auf die Theorien von Zola und Holz verweist.

Andere Kunsthistoriker greifen jedoch auf den Terminus naturalisme zurück, um die Künstler am Ende des 19. Jh. zu charakterisieren. So versucht Élie Faure in dem mit ›L'Art moderne‹ überschriebenen Teil seiner *Histoire de l'art* (1921) die Maler einzuordnen, die er unter dem Oberbegriff ›Le romantisme et le matérialisme‹ neu zusammenfaßt. Er schreibt zu diesem Thema: »Le naturalisme des dernières écoles du siècle [le XIXe siècle – d. Verf.], dont Courbet est l'initiateur apparent, dont le mouvement scientifique est le prétexte certain mais dont on peut trouver les origines multiples et le cheminement secret dans tous les rêves sociaux et toutes les réalisations plastiques qui, depuis la Révolution [celle de 1789 – d. Verf.], ont remué les sources du sentiment et de l'action, se présente, dans son ensemble, comme une conquête ardente des éléments du réel.« An anderer Stelle erinnert Faure, zweifellos im Rückgriff auf Zola, daran, daß das naturalistische Kunstwerk trotz allem dem »tempérament de l'homme«[54] unterworfen sei.

Doch derselbe Faure sieht sich in einem weiteren, eher auf eine Synthese denn auf eine Analyse abzielenden Werk, *L'Esprit des formes* (1927), einem Problem gegenüber, das dem Dvořáks nahekommt, zumindest angesichts der von ihm aufgeworfenen Fragen. Bezeichnenderweise schreibt Faure: »Je crois que ce sont en partie les méfaits de l'allégorie qui ont déterminé l'Occident, privé une première fois après Phidias, une seconde fois après Giotto et la cathédrale française, du symbolisme

---

[52] RUPPRECHT LEPPLA, ›Naturalismus‹, in: W. Kohlschmidt/W. Mohr (Hg.), Reallexikon der deutschen Literaturgeschichte, Bd. 2 (Berlin ²1965), 611.

[53] MAX DVOŘÁK, Idealismus und Naturalismus in der gotischen Skulptur und Malerei (1918), in: Dvořák, Kunstgeschichte als Geistesgeschichte. Studien zur abendländischen Kunstentwicklung (München 1924), 64.

[54] ÉLIE FAURE, Histoire de l'art (1921), in: Faure, Œuvres complètes, Bd. 2 (Paris 1964), 201.

universel selon lequel il se représentait le monde des apparences, à rechercher les éléments d'un symbolisme individuel dans cette conception naturaliste de la forme qui l'a le plus éloigné de l'Orient.«[55] Außerdem spricht er vom »rationalisme naturaliste«, der den Westen kennzeichne, und sieht in diesem Naturalismus, »ce souci de perfection descriptive« (422), die Achse, um die sich die europäische Kunst als ganze artikuliere, was er auf die folgende Formel bringt: »Le naturalisme européen mènera presque à coup sûr à l'›idéalisme‹ plastique ses peuples méridionaux qui tendent à définir l'espèce, presque à coup sûr au ›réalisme‹ ses peuples septentrionaux qui tendent à définir l'individu« (423), wobei ihm Raphael und Rembrandt jeweils als Beispiele für den Idealismus bzw. Realismus dienen.

Faures Gebrauch der Termini naturaliste und naturalisme führt uns somit zu den Problemen zurück, die am Ende der Einleitung dieses Artikels hinsichtlich der Literaturkritik zur Sprache gekommen sind.

II. Streitfragen: Gibt es eine naturalistische Ästhetik?

1. Kann man von einer naturalistischen Literatur sprechen?

Die Frage mag überflüssig erscheinen, doch sei zunächst angemerkt, daß sich in Frankreich nur verhältnismäßig wenige Schriftsteller zu Naturalisten erklärten: Dabei sind Zola und sein Jünger Alexis die bekanntesten Vertreter. Sie gehören gemeinsam mit Edmond de Goncourt, Guy de Maupassant, Henri Céard und Léon Hennique zur Rubrik ›Les Naturalistes‹ (d. h. insgesamt sechs Schriftsteller), unter der der Journalist Jules Huret sie in der *Enquête sur l'évolution littéraire* (1891) resümierte. Als

Karl Grottewitz ein Jahr später unter 74 deutschen Schriftstellern eine ähnliche Untersuchung durchführt, fragt er diese u. a., wie sie sich zu dem radikalen Naturalismus von Gerhart Hauptmann, Holz-Schlaf usw. stellen und wie zu dem gemäßigten Realismus.[56] Die Gegenüberstellung der beiden Fragen (und der beiden Adjektive) ist bezeichnend. In der Tat ergreifen auch weiterhin nur wenige Schriftsteller die Partei des Naturalismus, der anscheinend nicht geeignet ist, die Hoffnung auf künftige große Werke zu befriedigen. Allein Otto Julius Bierbaum äußert den Wunsch nach einem Dramatiker, der »die souveräne Handhabung der naturalistischen Technik mit freischöpferischer Phantasie und mit Leidenschaft« (121) zu vereinen vermöge.

Auch im allgemeineren europäischen Kontext gibt es nur wenige Schriftsteller, die ihre Werke als naturalistisch bezeichnen. Unter einer Vielzahl von Werken in französischer Sprache findet man nur Paul Adams Roman *Chair molle, roman naturaliste*, der 1885 in einem belgischen Verlag erschien. Und wenn die zeitgenössischen Kritiker von der Literatur sprechen, die unter dem unmittelbaren Einfluß des Naturalismus zu dessen Blütezeit entstand, dann setzen sie wie z. B. Henry James in seiner Rezension zu *Nana* (in *The Parisian*, im Februar 1880) den Terminus häufig in Anführungszeichen und zeigen dadurch, daß sie ihm distanziert gegenüberstehen. Erst im 20. Jh. wird die Literaturgeschichte den Terminus in deskriptiver und klassifikatorischer und nicht mehr in polemischer (d. h. in den meisten Fällen pejorativer) Absicht verwenden.

2. Handelt es sich um eine thematisch bestimmte Ästhetik?

Die Gebrüder Goncourt stellen in der ›Préface‹ zu ihrem Roman *Germinie Lacerteux* fest: »Vivant au XIXe siècle, dans un temps de suffrage universel, de démocratie, de libéralisme, nous nous sommes demandé si ce qu'on appelle les ›basses classes‹ n'avait pas droit au Roman.«[57] Und etwas weiter unten heißt es präzisierend: »Aujourd'hui que le Roman s'élargit et grandit, qu'il commence à être la forme sérieuse, passionnée, vivante de l'étude littéraire et de l'enquête sociale, qu'il devient, par l'analyse et par la recherche psychologique, l'Hi-

---

55 FAURE, L'Esprit des formes (1927), in: ebd., 421.
56 Vgl. KARL GROTTEWITZ, Die Zukunft der deutschen Literatur im Urteil unserer Dichter und Denker (Berlin 1892).
57 DE GONCOURT/DE GONCOURT, Préface. Germinie Lacerteux (1865), in: De Goncourt/De Goncourt, Préfaces et manifestes littéraires (Paris 1888), 20.

stoire morale contemporaine; aujourd'hui que le Roman s'est imposé les études et les devoirs de la science, il peut en revendiquer les libertés et les franchises« (22).

Zwanzig Jahre später versichert Edmond de Goncourt im Vorwort zu seinem letzten Roman *Chérie* (1884), sein Bruder habe kurz vor dem Tod im Jahre 1870 erklärt: »Il faudra bien reconnaître un jour que [...] *Germinie Lacerteux* est le livre-type qui a servi de modèle à tout que ce qui a été fabriqué depuis nous, sous le nom de réalisme, naturalisme, etc.«[58] Unabhängig davon, welche Position die Gebrüder Goncourt hinsichtlich der Geburt einer naturalistischen Ästhetik exakt eingenommen haben, muß man anerkennen, daß letztere in der Tat schon lange durch das behandelte Thema, durch Ausdrücke wie ›bas-fonds‹, ›misérabilisme‹ u. a. definiert worden war.

Die naturalistischen Schriftsteller mußten sich wirklich sehr rasch gegen den Vorwurf verteidigen, nur bestimmte Themen aufzugreifen, und wiederum war es Edmond de Goncourt, der den Finger in die Wunde legt, als er 1879 in der ›Préface‹ der *Frères Zemganno* feststellt, man müsse künftig an »une étude appliquée, rigoureuse et non conventionnelle et non imaginative de la beauté« denken, »une étude pareille à celle que la nouvelle école vient de faire, en ces dernières années, de la laideur«[59] (Goncourt nimmt hier Bezug auf *Germinie Lacerteux* und *L'Assommoir* [1877]).

Mit Leichtigkeit ließen sich für die unbestrittene Vorliebe der naturalistischen Schriftsteller für die Häßlichkeit (laideur), von der Goncourt spricht, zahlreiche weitere Beispiele finden und – allgemeiner gesprochen – auch für alle Darstellungen, die die Niederungen (bas-fonds) der Gesellschaft berühren. Viele naturalistische Schriftsteller haben sich ihrer denn auch aus dieser Sicht angenommen. So suggeriert der allgemeine Titel, den Giovanni Verga für den großen, unvollendet gebliebenen Romanzyklus *I Vinti* (*Die Besiegten*) vorgesehen hatte, ganz stark eine derartige Ausrichtung des Werkes, die man auch den Titeln der Romane Max Kretzers (*Die Betrogenen* [1882], *Die Verkommenen* [1883]) oder George Gissings (*The Unclassed* [1884], *Born in Exile* [1892]) oder auch den Titeln von Dramen wie denen Henri Céards (*Les Résignées* [1889]) oder Eugène Brieux' (*Les Avariés*

[1901]) entnehmen kann. Ebenso zahlreich sind im übrigen die Werke, die im Titel auf Personenkreise aus sozialen Gruppen hinweisen, die die Leser oder Zuschauer eher am Fuße der gesellschaftlichen Rangordnung plazieren würden: *Die Weber* [1893], *Chłopi* (*Die Bauern* [1902–1909]) von Władysław Stanisław Reymont, nicht zu vergessen auch *Marthe. Histoire d'une fille* (1874) von Joris-Karl Huysmans oder *La Fille Élisa* (1877) von Edmond de Goncourt oder schließlich den Titel, die ›skandalöse‹ Situationen zur Sprache bringen: *Freie Liebe* (1890) von Max Halbe.

Genausowenig ist es notwendig, auf die vielfältigen thematischen Implikationen näher einzugehen, die diese Entscheidungen nach sich ziehen: die Darstellung erblicher Krankheiten (insbesondere der Syphilis), des Alkoholismus, der Hysterie, der Prostitution, des Inzests, des Ehebruchs (der nun, fast schon normaler Bestandteil einer Gesellschaft, die auf schwankenden Wertvorstellungen gründet, nicht mehr als verführerisches Unterfangen dargestellt wird) – kurz: die Darstellung des Elends in all seinen Formen.

Die häufig zwischen dem Naturalismus und der Großstadtdichtung hergestellte Verbindung sollte jedoch präziser gefaßt werden. Zwar trifft es durchaus zu, daß die naturalistischen Schriftsteller ihre Figuren in den industrialisierten Ländern wie England, Deutschland und Frankreich nahezu zwangsläufig in der Großstadt (London, Berlin, München, Paris) ansiedeln, aber es trifft ebenso zu, daß der Naturalismus in den Ländern, in denen die Verstädterung weniger weit fortgeschritten ist, normalerweise die ländliche Welt als Schauplatz wählt: so z. B. in Italien, wo der Verismus ein sizilianisches oder neapolitanisches Phänomen ist, oder in Griechenland. In starker Abhängigkeit von der sozio-ökonomischen Realität, die sie analysieren vorgeben, plazieren die Schriftsteller ihre Werke in den Lebensumständen und natürlichen Milieus der Zeitgenossen.

---

58 E. DE GONCOURT, Préface de la première édition. Chérie (1884), in: ebd., 75.
59 E. DE GONCOURT, Préface. Les Frères Zemganno (1879), in: ebd., 54 f.

Nietzsche meinte, Zola und im selben Atemzug auch den Naturalismus definieren zu können, indem er einen ironischen Ausdruck wählte, der einen Titel der *Rougon-Macquart* parodierte: ›Die Freude zu stinken‹. Bei den mittelmäßigen Vertretern unter den naturalistischen Schriftstellern gab es sicherlich so etwas wie Selbstgefälligkeit, verbunden mit dem Wunsch, einen Skandal zu provozieren, der dem Verkauf (wenigstens unter der Hand) dienlich wäre; aber unter den Besseren gab es vor allem das Bestreben, das Verhalten der Menschen in der Gesellschaft zu untersuchen, ja, manchmal sogar die eher abstoßend wirkenden Aspekte herauszustellen. In dieser Hinsicht stellt die naturalistische Ästhetik sehr wohl eine Revolte gegen die auf eine parteiische Idealisierung reduzierte romantische Ästhetik dar.

3. Realistisch / naturalistisch?

Der gordische Knoten der oben aufgeworfenen Streitfragen hat mit den Schwierigkeiten zu tun, denen die akademische Kritik bei der Beschäftigung mit dem Begriffspaar naturalistisch/realistisch nach wie vor begegnet. Dabei lassen sich vier große Strömungen unterscheiden:

1) Die Literatur westlicher Prägung ist ihrem Selbstverständnis nach fundamental davon geprägt, die Realität darstellen zu wollen, und folglich auch von einer realistischen Ästhetik, als deren Schlüsselwort Mimesis gilt, und zwar eher im aristotelischen Sinne von Darstellung, Imitation als im platonischen Sinne von Reproduktion. Unter diesen Bedingungen erscheint der Realismus als eine transhistorische Strömung, die zu verschiedenen Zeitpunkten der Literatur- und Kunstgeschichte westlicher Prägung in Erscheinung tritt, und zwar im Gegensatz zu einer anderen Strömung: der einer idealistischen Ästhetik. Gleichermaßen gilt die Romantik als besonders starke Spielart dieses Idealismus und der Naturalismus als besonders starke und verschärfte Ausprägung des Realismus. Diese Konzeption eines transhistorischen Realismus findet sich vor allem in Erich Auerbachs klassisch gewordener Studie *Mimesis. Die dargestellte Wirklichkeit in den Literaturen des Abendlandes* (1946) wieder.

2) Eine andere Position besteht darauf, daß der Begriff réalisme relativ sei und üblicherweise von den Schriftstellern und Kritikern verwendet werde, die damit im wesentlichen den Willen, mit den zuvor gültigen ästhetischen Kanones zu brechen, bezeichnen wollen. Mit dieser Analyse ist der Name Roman Jakobsons und dessen berühmter Artikel *Über den Realismus in der Kunst* (1921) verbunden. Er zeigt hier die Ambiguität der Position, die darin bestehe, »für realistisch [...] die Werke« zu halten, »die uns die Realität unverfälscht wiedergeben, die wahrscheinlich zu sein scheinen« (Реалистическими – мы объявляем те произведения, которые представляются нам близко передающими действительность, правдоподобными.)[60], denn jeder Schriftsteller oder auch jeder Leser hat den Hang, seine eigenen künstlerischen Positionen als die realistischsten anzusehen. Wenn man jedoch eine in der Vergangenheit angesiedelte Kunstströmung (die der zweiten Hälfte des 19. Jh.) zum allerersten Vertreter des Realismus erklärt (wie es René Wellek unter Punkt 3 vertritt), sehen sich die auf diese Strömung des Fin de siècle folgenden Neuerer gezwungen, sich zu Neurealisten zu erklären, zu Realisten in einem höheren Sinne des Wortes, zu Naturalisten. Dabei geben diese neuen realistischen Künstler vor, zur »Deformation bestehender künstlerischer Kanones, aufgefaßt als Annäherung an die Realität« (деформации данных художественных канонов, осмысленная, как приближение к действительности) (380; dt. 381), aufzubrechen.

Alain Robbe-Grillet nimmt die gleiche Position ein, wenn er 1955 schreibt: »C'est par souci de réalisme que chaque nouvelle école littéraire voulait abattre celle qui la précédait; [...] les révolutions littéraires se sont toujours accomplies au nom du réalisme.«[61]

Diese Position und die zuvor genannte verbindet eine transhistorische Sicht des realistischen Phänomens. In der Tat nahm Wilhelm Dilthey

---

60 ROMAN JAKOBSON, O chudožestvennom realizme/ Über den Realismus in der Kunst (1921), in: J. Striedter (Hg.), Texte der russischen Formalisten, Bd. I (München 1969), 372; dt. 373.
61 ALAIN ROBBE-GRILLET, Du réalisme à la réalité (1955/1963), in: Robbe-Grillet, Pour un nouveau roman (Paris 1963), 171.

diesen Standpunkt ein, als er beschloß, die Probleme zu untersuchen, mit denen sich die Ästhetik mit dem Aufkommen des Naturalismus französischer Prägung konfrontiert sah. Der Begründer der Geisteswissenschaften publiziert denn auch im Jahre 1887 einen langen Essay mit dem Titel *Die Einbildungskraft des Dichters. Bausteine für eine Poetik*, in dem er, gründend auf »dem Prinzip der Wahrhaftigkeit«, beiläufig den »naturalistischen Roman«[62] verurteilt, wie er in seinen Augen von Flaubert und Zola verkörpert wird. 1892 läßt Dilthey dann in der Zeitschrift *Deutsche Rundschau* unter dem Titel *Die drei Epochen der modernen Aesthetik und ihre heutige Aufgabe* einen wichtigen Artikel erscheinen, in dem er erklärt, den Mut gefaßt zu haben, einige »unbehagliche einzelne Kunsterscheinungen« zu untersuchen; sodann betrachtet er die Richtungen der zeitgenössischen Literatur, die er in drei Lehrsätzen neu zusammenfaßt: 1. »Diese Literatur will erstens dem lastenden Gefühl Ausdruck geben, die Lebensordnungen der Gesellschaft seien alt, greisenhaft, brüchig, unhaltbar geworden«; 2. »Die neue Poesie und Kunst will [...] zweitens Naturalismus sein. Sie will die Anatomie und Physiologie eines gegebenen Teils der Wirklichkeit sein«; 3. »Der Grundzug der neuen Kunst ist das von unten nach oben, die festere, massivere Basierung jeder Kunst auf die Wirklichkeit und auf die Natur des besonderen Mittels, in welchem sie arbeitet.«[63] Über eine Skizze zur Entwicklung der europäischen Ästhetik seit der Renaissance gelangt Dilthey schließlich zu folgendem Lehrsatz: »Der Naturalismus tritt jedesmal auf, wenn eine Epoche der Kunst abgelaufen ist. Er ist in unseren Tagen der Protest der Wahrhaftigkeit gegen die ganze überlieferte Formensprache, welche einst das fünfzehnte und sechzehnte Jahrhundert für Menschen ganz anderer Art, mit anderen Augen und anderen geistigen Organen geschaffen hatte« (284). Der Naturalismus ist mithin ein Zeichen und keine Ästhetik, weil er kein Stil ist: vielmehr offenbart er Gegensätze und Fragen und gibt keine Antworten.

3) Mit dem Ausdruck ›Realismus‹ wird eine literarische Bewegung aus der zweiten Hälfte des 19. Jh. benannt; es handelt sich um einen Begriff, den Wellek als »period concept«[64] bezeichnet. Der amerikanische Komparatist vertritt denn auch die in der heutigen Literaturgeschichtsschreibung am weitesten verbreitete Position. Im Rahmen dieser Problemstellung wird der Naturalismus auf verschiedenartige Weise wahrgenommen:

a) Naturalismus und Realismus sind ein und dasselbe, und ersterer stellt bestenfalls nur eine (bezeichnenderweise über das Thema vermittelte) Nuance des letzteren dar; diese Position vertritt auch Wellek, der versichert, daß »the separation of the terms [realism/naturalism – d. Verf.] is only a work of modern literary scholarship« (233); b) der Naturalismus existiert nicht, sei es, daß er der Geschichtsschreibung bestimmter Nationalliteraturen (wie in England und Österreich) unbekannt ist, sei es, daß er durch einen anderen Terminus ersetzt wird (der italienische verismo); c) der Naturalismus stellt eine zu verurteilende Abweichung vom Realismus dar (die Position einer gewissen marxistisch geprägten Kritik).

4) Diese Haltung zielt schließlich darauf ab, naturalisme und réalisme als jeweils eigenständige literarische Bewegungen klar voneinander zu unterscheiden, wenn nicht gar, sie als gegensätzlich zu charakterisieren. Diese Position ist vor allem unter deutschen Literaturhistorikern verbreitet, die dazu neigen, den Realismus als Äußerung einer ästhetischen Haltung zu sehen, die einem gewissen Stadium der sozialen Evolution (dem Aufstieg des Bürgertums) verbunden ist, und den Naturalismus als Beginn einer Bewegung, die sich zur Literatur des 20. Jh. hin öffnet. Bezeichnenderweise wird die unter dem Titel *Deutsche Literatur im XX. Jahrhundert* herausgegebene Reihe *literaturwissenschaftlicher Bücher* mit dem Band *Naturalismus* (1975) von Günter Mahal eröffnet. So stellt sich das immerzu umstrittene Problem der Periodisierung der deutschen Literatur seit Goethes Tod. Dieses Problem gilt auch für die europäische Literatur des 19. Jh. insgesamt, denn in vielen Ländern werden die 8oer Jahre – als die Werke des französischen Naturalis-

---

62 WILHELM DILTHEY, Die Einbildungskraft des Dichters. Bausteine für eine Poetik (1887), in: DILTHEY, Bd. 6 (1924), 241.
63 DILTHEY, Die drei Epochen der modernen Aesthetik und ihre heutige Aufgabe (1892), in: ebd., 243 f.
64 RENÉ WELLEK, Concepts of Criticism, hg. v. S. G. Nichols (New Haven/London 1963), 225.

mus in ganz Europa eine besonders nachhaltige Rezeption erfahren – als Epoche angesehen, die einen Bruch mit der Tradition markiert.

4. Naturalistisch/verista?

Weiter oben war zu sehen, daß das Substantiv Naturalismus manchmal in Konkurrenz zu ›verismo‹ stand, dem das bisweilen substantivierte Adjektiv ›verista‹ entspricht. Der Streit betrifft hier die italienischen Literaturhistoriker, unter denen insgesamt die Einschätzung vorherrscht, daß sich die Bewegung des Verismus durch Merkmale auszeichne, die eine Unterscheidung vom Naturalismus rechtfertige.

Aus einer notwendig übernationalen komparatistischen Sicht ist unbestreitbar, daß die italienische Literatur des Verismus ganz eigene Merkmale aufweist, aber durchaus zweifelhaft, ob diese ausreichen, um den Verismus als eine Richtung zu sehen, die sich vom europäischen Naturalismus radikal unterscheidet. Bekanntlich gibt es in der literarischen Tradition Italiens bis zum 19. Jh. verhältnismäßig wenige Romane, dafür aber viel mehr kurze Erzählungen, Novellen: die Autoren des verismo greifen gerne auf das Genre des ›bozzetto‹ (Genrebild) zurück, selbst wenn sie z.T. auch Alessandro Manzonis Impulsen folgen, die dieser der Romanform gegeben hat. Andererseits ist die Literatur des Verismus angesichts der politischen und ökonomischen Situation im Italien der 80er Jahre des 19. Jh. als Regionalliteratur zu verstehen, d. h. man kann von einem verismo sizilianischer, Florentiner usw. Prägung sprechen, und zudem greifen die Schriftsteller gerne auf Dialekte zurück. Diese Literatur, die (nach dem Vorbild des europäischen Naturalismus!) über das Land, wie es wirklich ist, berichten will, stellt demnach gleichermaßen eine Sicht auf das dem Wesen nach ländlich geprägten Italien dar.

Alle oben angeführten Elemente reichen nicht aus, um den verismo radikal vom Naturalismus zu unterscheiden, vorausgesetzt, man beschränkt diesen nicht auf eine Thematik und setzt ihn nicht mit dem Werk Zolas gleich (Dialekte, Skizzen und Genrebilder gibt es auch im Naturalismus deutscher Prägung). Statt dessen ist zu fragen, ob gewisse Romanschriftsteller wie Giovanni Verga und Federico De Roberto nicht einen neuen Typ der Erzählung eingeführt haben, indem sie sich weniger um wissenschaftliche Ansprüche, dafür aber um so mehr um Fragen der Form kümmern und dem Ausdruck der Innerlichkeit der Figuren mehr Raum geben. Aus dieser Sicht sollte man den Anregungen Helmut Meters Aufmerksamkeit schenken, der am Schluß einer Studie über drei Romane von Verga, De Roberto und Luigi Capuana versichert, daß »der veristische Roman [...] in seinen qualitativ repräsentativen sowie literaturgeschichtlich erfolgreichsten Ausprägungen ein Beleg für den Übergang von einem Erzählen der Wirklichkeitsabbildung zu einem solchen der Innerlichkeit [sei], wenn er nicht des öfteren sogar den Weg zur Selbstbezogenheit der literarischen Form bereits einschlage.«[65]

Tatsächlich hängt die Position einer veristischen Ästhetik im Verhältnis zu einer naturalistischen von der Definition der letzteren ab. Da der vorliegende Artikel davon ausgeht, ein Maximum an Äußerungen über eine solche Ästhetik zu berücksichtigen und dabei insbesondere diejenigen zu bevorzugen, die die literarische Form behandeln, erscheint der italienische verismo als origineller, die Poetik des Naturalismus bereichernder Beitrag.

5. Naturalistisch/modern?

Wenn auch die Literaturgeschichtsschreibung bis heute die Verbindung der beiden Adjektive kaum zur Kenntnis genommen hat, so sollte man dennoch betonen, daß sie von einigen Akteuren auf der literarischen Bühne am Ende des 19. Jh. als quasi synonyme Ausdrücke oder wenigstens als Verbündete im Kampf für eine neue Ästhetik gebraucht wurden. Dementsprechend bedient sich die französischsprachige belgische Zeitschrift *L'Artiste*, die seit 1875 erscheint, ab 1877 eines von Félicien Rops gezeichneten Frontispizes, auf dem die Wörter ›Naturalisme, Modernité‹ figurieren. Die deutsche Zeitschrift *Das Magazin für die Literatur des In- und Auslandes*, zugleich das engagierteste

---

[65] HELMUT METER, Figur und Erzählauffassung im veristischen Roman (Frankfurt a. M. 1986), 260.

Publikationsorgan der jungen deutschen Naturalisten, bringt am 18. Dezember 1886 die *Zehn Thesen* des Zirkels *Durch!* heraus, die wahrscheinlich von Eugen Wolff redigiert wurden. Die sechste These behauptet: »Unser höchstes Kunstideal ist nicht mehr die Antike, sondern die Moderne.«[66] Friedrich M. Fels überschreibt den Vortrag, den er am 28. Oktober 1891 zur Eröffnung der Freien Bühne in Wien hält, mit dem Titel *Die Moderne* und stellt darin fest: »Das Schlagwort, unter dem man die künstlerischen Bestrebungen der Gegenwart zusammenzufassen pflegt, heißt Naturalismus.«[67] Außerdem bietet die Ausgabe des *Deutschen Wörterbuchs* von Gerhard Wahrig aus dem Jahr 1980 unter dem Eintrag ›Moderne‹ nachstehende Definition: »eine von E. Wolff und H. Bahr geprägte Bez[eichnung] für Naturalismus.«[68]

Zum Abschluß sei noch ein weiteres Zeugnis erwähnt. Die Zeitschrift *Les Cahiers naturalistes* veröffentlicht 1955 noch im Jahr ihrer Gründung das Ergebnis einer unter etwa hundert französischen und ausländischen Schriftstellern und Forschern durchgeführten Umfrage. Es waren zwei Fragen zu beantworten: »1) A quel degré l'influence du mouvement naturaliste s'est-elle fait sentir dans votre œuvre ou dans vos recherches, de quelles manière et sous l'influence de quels auteurs? 2) Le Naturalisme a-t-il aujourd'hui de nombreux continuateurs et, par là-même, croyez-vous à sa survie?«[69] Die 38 publizierten und oft von den Trägern großer Namen unterzeichneten Antworten erkannten insgesamt für die Entwicklung eines Teils der Literatur des 20. Jh., namentlich in den Vereinigten Staaten und Frankreich, die Rolle des französischen Naturalismus (und ganz besonders die Zolas) an: Zu den Schriftstellern, die als vom Naturalismus geprägt zitiert wurden, gehören im einzelnen Jules Romains, Jean-Paul Sartre, Roger Martin du Gard und Louis-Ferdinand Céline auf der einen Seite sowie Erskine Caldwell, John Dos Passos, William Faulkner, Ernest Hemingway und John Steinbeck auf der anderen. Zweifellos stellen diese Schriftsteller nur einen Teil der Literatur dar, die als modern bezeichnet werden kann, aber sie zeugen davon, daß die naturalistische Ästhetik das Schreiben als solches vor Probleme gestellt hat, die über die Verankerung einer bloßen Thematik in der Literatur weit hinausgehen.

III. Von einer Methode zu einer Ästhetik?

1. Der Natur folgend oder: in der Gesellschaft?

Eine der Romanautorinnen, die in den *Cahiers naturalistes* interviewt wurden, Thyde Monnier, Autorin des Zyklus *Les Desmichels* (1937–1948), schreibt: »Le naturalisme […] garde à mon sens le mérite prestigieux de contenir le mot ›naturel‹.« (184) Tatsächlich finden sich viele Schriftsteller, ob nun erklärte Parteigänger des Naturalismus oder nicht, in der folgenden Wendung wieder: ›d'après nature‹. Die Natur wird dem Ganzen des der Erkenntnis zugänglichen Universums also mehr oder weniger gleichgesetzt, und jeder Schriftsteller hat das Recht, irgendein Sujet, das der ›nature‹ angehört, auszuwählen und zu behandeln. Außerdem findet man Titel von fiktiven Werken, die sich damit begnügen, diese Richtung anzudeuten: Im Jahre 1885 publiziert Arij Prins ein Werk unter dem Titel *Uit het leven*, und Frans Netscher bringt im Jahre 1886 *Studies naar het naakt model* heraus. Das letztgenannte Beispiel zeigt überdies, daß eine naturalistische Ästhetik sich auf einer ähnlichen Position wie eine klassisch oder gar akademisch geprägte Ästhetik wiederfinden kann, wobei der Terminus ›nature‹ eine je eigene Bedeutung annimmt.

In der Tat ist die Natur für die Naturalisten nicht mehr das Ergebnis der göttlichen Schöpfung, sondern das Wirkliche, mit dem der Mensch permanent konfrontiert ist. Die berühmte Formel Zolas, wonach das Kunstwerk als ›un coin de la nature vu à travers un tempérament‹ zu definieren sei, die er mehrmals in unterschiedlicher Formulierung aufgegriffen hat, hatte zunächst nachstehenden Wortlaut: »Une œuvre d'art est un coin de la créa-

---

66 [ANONYMUS], Thesen zur literarischen Moderne aus der ›Allgemeinen Deutschen Universitätszeitung‹ (1886/1887), in: G. Wunberg (Hg.), Die literarische Moderne (Frankfurt a. M. 1971), 2.
67 FRIEDRICH M. FELS, Die Moderne (1891), in: ebd., 75.
68 ›Moderne‹, in: GERHARD WAHRIG, Deutsches Wörterbuch (Frankfurt a. M. 1980), 709.
69 Vgl. Situation actuelle du naturalisme, in: Les Cahiers naturalistes 1 (1955), 128–140; 174–188.

tion vu à travers un tempérament.«[70] Die Ersetzung des Terminus création durch nature ist für den Perspektivenwechsel bezeichnend. Die Änderung ist um so bedeutsamer, als Zola ausgehend vom Primat der Natur eine Vorstellung von der Rangfolge der Wissenschaften entwickelt, die für die Begründung einer naturalistischen Ästhetik von eminenter Wichtigkeit sein wird.

So vertritt Zola die Einschätzung, daß es in der Natur eine notwendige Progression von den anorganischen Elementen bis zur lebendigen Materie und von der Erkenntnis des physischen Lebens zur Erkenntnis der Leidenschaften und des Intellekts gibt: Dieser grundlegende Text ist bereits weiter oben zitiert worden: »Ce n'est là qu'une question de degrés dans la même voie, de la chimie à la physiologie, puis de la physiologie à l'anthropologie et à la sociologie. Le roman expérimental est au bout.«[71] Arno Holz teilt diese Position und gelangt in dem Wunsch, die literarische Tätigkeit in das Feld der Wissenschaften zu integrieren, sowie als Parteigänger eines extremen Determinismus zu der Einschätzung, daß die Epoche Zeuge der Etablierung einer vollkommenen Wissenschaft sein wird, und daß man »an der Verwirklichung jener großen Idee von einer einzigen, einheitlichen Wissenschaft [arbeiten müsse], deren natürlichen Abschluß die Wissenschaft von der Menschheit als Menschheit bildet, die Soziologie«[72].

Die Konsequenzen sind bedeutsam, und eine der ersten betrifft den Status der Figuren im Roman: »Le personnage n' [...] est plus une abstraction psychologique [...]. Le personnage [...] est devenu un produit de l'air et du sol, comme la plante«, und Zola fährt fort, indem er die Beschreibung als »un état du milieu qui détermine et complète l'homme«[73] definiert. Die Figur ist demnach vor allem ein soziales Wesen, das in seinen Beziehungen zu den anderen Menschen dargestellt wird, und es ist ganz und gar kein Zufall, wenn, wie weiter oben gezeigt, zahlreiche Titel von Werken naturalistischer Autoren auf ein Kollektiv verweisen (außer den zitierten Titeln wären u. a. *Die Socialaristokraten* [1896] von Holz und *I Malavoglia* [1881] von Verga zu nennen), was indessen nicht verhindert, daß weiterhin zahlreiche Werke nach dem Vorbild der Gebrüder Goncourt als monographische Romane konzipiert werden. Außerdem hat Zola im Dezember 1879 über einen dieser Romane geschrieben: »Voilà le modèle du roman naturaliste, cela est hors de doute pour moi.«[74] Dabei handelt es sich um Flauberts *L'Éducation sentimentale. Histoire d'un jeune homme*, über den Huysmans im Jahr 1903 gleichermaßen sagt, es handele sich um ein »chef-d'œuvre qui a été beaucoup plus que *L'Assommoir* le parangon du naturalisme«[75]. Dieser Roman mit dem schwer zu übersetzenden Titel kann als konkrete Annäherung an eine naturalistische Ästhetik dienen.

Bei der Erstpublikation im Jahre 1869 war Flauberts Roman noch ein Mißerfolg gewesen. Zola (der bereits 1869 einen begeisterten Artikel geschrieben hatte) analysiert nun 1879 die Ursachen dieses Mißerfolgs, die vielleicht gerade die Ursachen einer positiveren Rezeption zehn Jahre später sind. So ist dieser Roman für Zola »simplement un livre d'histoire, un lambeau de notre vie à tous. L'auteur a pris en 1840 une trentaine de personnages, et il les a conduits jusqu'en 1851, en les analysant chacun dans son rôle individuel et dans son rôle social. [...] c'est comme un procès-verbal écrit sous la dictée des faits. [...] dans une lecture, même attentive, la trame disparaît, il n'y a plus [...] qu'un procès-verbal des menus faits quotidiens d'un groupe d'êtres, rédigés par un maître de la langue.«[76] Das Urteil Zolas ist bezeichnend: Neben Frédéric Moreau, dem Zola in einem anderen Artikel (1875) den Status des héros bestritt, gibt es ›toute une foule‹, die der Romancier zur zentralen oder wesentlichen Figur des Buches auszugestalten vermocht hat. Zweifellos stößt man hier auf eine der Grenzen oder einen der Widersprüche innerhalb der naturalistischen Ästhetik: Ist es möglich, das Kollektiv, d. h. eine Gruppe von Figuren, in der Fiktion zu realisieren, die aus diesem Grund wahrscheinlich einen Teil ihrer Persönlichkeit oder

---

70 ZOLA, Mes Haines à propos de M. H. Taine artiste (1866), in: Zola (s. Anm. 34), 154.
71 ZOLA (s. Anm. 34), 1175.
72 HOLZ (s. Anm. 44), 90.
73 ZOLA (s. Anm. 34), 1300.
74 ZOLA, Revue dramatique et littéraire (1879), in: Zola (s. Anm. 15), Bd. 12 (1968/1969), 608.
75 JORIS-KARL HUYSMANS, Préface. A Rebours (1903; Paris 1955), 8.
76 ZOLA (s. Anm. 74), 606 f.

ihrer Individualität verlieren würden? Henry Céard, ein kreativer Autor von geringem Format, aber ein guter Kritiker, hat die Grenzüberschreitung, die die Schilderung der Massenwirkung für die Literatur darstellt, gut begriffen, als er im Jahre 1885 eine Rezension über *Germinal* verfaßt:»Il semble à regretter que M. Émile Zola, par une nouveauté d'audace et une tentative inosée jusqu'ici, n'ait pas écrit *Germinal* sans personnages déterminés. Après avoir renoncé au personnage central, pourquoi ne pas renoncer tout à fait au personnage ayant une individualité propre? Puisque par la nature même et l'étendue de son sujet, il se refusait d'abord à toute psychologie, poussant cette fois ses habitudes littéraires à un extrême de poésie et d'abstraction, pourquoi n'aurait-il pas donné à son livre un seul et unique personnage, la foule?«[77] Verblüfft antwortet Zola Céard in einem Brief vom 22. März 1885: »Je n'ai pas bien compris votre regret, l'idée que j'aurais dû ne pas prendre de personnages distincts et ne peindre, n'employer qu'une foule. La réalisation de cela m'échappe.«[78] Handelt es sich hier um reine Rhetorik oder doch um eine Methode?

2. Eine analytische Methode

Im Vorwort zu seinem Roman *Les Frères Zemganno* (1879) verweist Edmond de Goncourt auf »l'analyse cruelle [...] apportée dans la peinture du bas de la société« und äußert den Wunsch, daß die Analyse künftig »à la reproduction des hommes et des femmes du monde, dans des milieux d'éducation et de distinction«[79] verwendet werde. Er gebraucht zwei Schlüsseltermini, den der Analyse und den der Reproduktion, die insofern das Herzstück der naturalistischen Ästhetik bilden, als sie von vornherein andeuten, welche Position die naturalistischen Schriftsteller bezüglich des zentralen Begriffes der Mimesis einnehmen.

Die Feststellung John Stuart Mills, daß der Beobachter nicht nur einfach ein Objekt sieht, sondern die Elemente, aus welchen das Objekt besteht, erlaubt es uns, die Verbindung zwischen den beiden von Edmond de Goncourt verwandten Termini zu erfassen.[80] So definiert Mill die wesentliche Methode des naturalistischen Schriftstellers: die Bestandteile freilegen, das Räderwerk und die

Mechanismen enthüllen, denen zufolge eine Gruppe oder eine Figur funktioniert.

Abermals betrifft eine erste Konsequenz des naturalistischen Denkens die Figurenkonzeption. Die naturalistische Ästhetik gibt sich als fortschreitende Enthüllung aus, die über den äußeren Anschein hinausgeht: Wenn schon das Universum, auf das sich die naturalistische Kunst bezieht, nicht kopiert wird, so greift man dort auch nicht auf Prozeduren nach dem Vorbild des Behaviorismus zurück, denn im Prinzip muß eine Erklärung immer möglich sein und der Sinn auch erfaßt werden können. Allerdings kann eine derartig durchgeführte Analyse schließlich zu äußerst banalen, ja ob ihrer Banalität beinahe verzweifelnden Feststellungen führen, vor allem, wenn man vom Individuum zur Betrachtung einer Gruppe übergeht: »Quels gredins que les honnêtes gens!«[81]; oder auch: »Toutes les baraques se ressemblent. Au jour d'aujourd'hui, qui a fait l'une a fait l'autre. C'est cochon et compagnie.«[82]

Dieser Prozeß der Desillusionierung wirkt auch auf eine Figur wie die der Nora in Henrik Ibsens *Ein Puppenheim* (1879) ein, die ihrem Ehemann versichert, daß sie nicht mehr an Wunder glaube. Als Nora den gemeinsamen Haushalt verläßt, könnte man das auch als einen Verzicht auf eine Ideologie und ein Modell romantischer Prägung interpretieren: Der vom Fin de siècle erfaßte Mensch ist zu einer schwärmerischen Hingabe, die ihn an den Rand der Gesellschaft stellen würde, nicht mehr fähig. In einer naturalistischen Poetik gibt es keinen rettenden Helden mehr.

Das ist zweifellos auch die Begründung dafür, daß die naturalistische Analyse vorzugsweise auf

---

77 HENRY CÉARD, [Rez.] Zola, Germinal (1885), zit. nach C. A. Burns, Henry Céard et le naturalisme (Birmingham 1982), 176.
78 ZOLA an Henry Céard (22. 3. 1885), in: Zola, Correspondance, hg. v. H. Bakker, Bd. 5 (Montreal/Paris 1985), 249.
79 E. DE GONCOURT, Préface. Les Frères Zemganno (1879), in: De Goncourt/De Goncourt (s. Anm. 57), 54.
80 Vgl. NICOLAS ROUBAKINE, Introduction à la psychologie bibliologique (Paris 1922), 148.
81 ZOLA, Le ventre de Paris (1873), in: Zola (s. Anm. 18), Bd. 1 (1960), 895.
82 ZOLA, Pot-Bouille (1822), in: ebd., Bd. 3 (1964), 386.

eine Familie oder eine Gesellschaft im Kleinformat Bezug nimmt: Unter den zwanzig *Rougon-Macquart*-Romanen Zolas findet sich nur in einem Titel der Name einer einzelnen Figur (*Nana* [1879/1880]). Die wichtigsten naturalistischen Dramen August Strindbergs kommen mit sehr wenigen Figuren aus, aber sie zielen vor allem auf die Art und Weise ab, wie die Beziehungen zwischen Mann und Frau im Herzen dieser Gruppe auf eine regelrechte Zersetzung derselben hinauslaufen, was auf *Fräulein Julie* (1888) ebenso zutrifft wie auf *Gläubiger* (1890) und *Der Vater* (1887).

Die analytische Methode führt in der Tat zu der Erkenntnis, daß der Zusammenhalt (der Gruppe, der Ehe, der Familie) nur ein scheinbarer, künstlicher war oder daß er letztlich unmöglich ist. Eines der am häufigsten verwendeten formalen Verfahren besteht im übrigen darin, daß der Autor eine Figur einführt, die außerhalb der Gruppe steht und deren Werte und Vergangenheit man nicht kennt, die aber durch ihre bloße Präsenz die Bande sprengt, die die Mitglieder dieser Gruppe zuvor miteinander verbunden hatten: Das Ergebnis ist in den meisten Fällen die Auflösung dieser Gruppe. Im Jahre 1936 schlug Erich Herbert Bleich vor, eine solche Figur als ›Boten aus der Fremde‹[83] zu bezeichnen. Die Wendung sollte insofern präzisiert werden, als die Figur weder die Erlösung bringt noch notwendigerweise eine Botschaft übermittelt. In der Tat agiert sie durch ihr Eindringen in die Gruppe eher wie ein Katalysator bei einem chemischen Experiment. Denn nachdem die Figur in gewisser Weise die Enthüllung des einen oder anderen Verhaltens gefördert hat, verläßt sie die Umgebung, zu deren Zerstörung sie so entscheidend beigetragen hat. Die beiden charakteristischsten Beispiele für diese Rolle sind Alfred Loth in *Vor Sonnenaufgang* und Anna Mahr in *Einsame Menschen* (1890): In diesen beiden Stücken läßt Hauptmann die eine Figur auftreten, deren Abgang eine Katastrophe hervorruft, mit der das Drama endet. Eine derartige Struktur findet sich auch in Zolas Roman *Germinal* (1885), wo Étienne Lantier eine ähnliche Funktion

erfüllt, und man könnte sogar denken, daß Madame Linde (*Ein Puppenheim*) der Handlung des Dramas auf gleiche Weise dient (in letzter Konsequenz ist sie die direkte Ursache für den Weggang Noras, da sie Krogstad befiehlt, den Brief nicht zurückzuverlangen, in dem er Helmer den Fehltritt seiner Gattin offenbart).

Der Hang zur Analyse zieht eine zweite Konsequenz nach sich: Der naturalistische Romancier neigt dazu, Beschreibungen große Bedeutung zuzumessen, so wie der naturalistische Dramatiker auf ausschweifende Regieanweisungen zurückgreift, die ebenso die Ausstattung wie das Aussehen und die Kleidung seiner Figuren betreffen. Hauptmann macht sich in *Vor Sonnenaufgang* sogar die Mühe, den Plan für die Ausstattung im ersten (die im dritten und fünften Akt wiederkehrt) und zweiten Akt (die im vierten Akt wiederkehrt) aufzuzeichnen. Holz und Schlaf unterbrechen permanent die Dialoge in *Die Familie Selicke* durch präzisierende Bemerkungen über die Gestik, die Intonation und die Blicke der Figuren. Die Inszenierung läßt sich so leicht nachbilden, ist aber nicht so leicht umzusetzen.

Im Roman und in der Novelle steht der Leser statt dessen dem gegenüber, was man den Aussagen Zolas folgend schon 1880 als ›fureur de description‹ der naturalistische Schriftsteller bezeichnet hat. Der Verfasser von *Une page d'amour* (der achte Band der *Rougon-Macquart* [1878]) äußert sich außerdem am 8. Juni 1880 in einem Artikel im *Voltaire* dazu, der unter dem Titel *De la description* in der Sammlung *Roman expérimental* erneut erschien. Kritisiert wegen der Beschreibungen von Paris, die jeden der fünf Teile seines Romans beschließen, stellt Zola fest: »Décrire n'est plus notre but; nous voulons simplement compléter et déterminer.«[84] Zudem versucht Zola, die Beschreibungen so weit als möglich in den Bewegungsablauf seiner Figuren zu integrieren.

Edmond de Goncourt ist da radikaler und zögert nicht, die Erzählung zu unterbrechen und seinem Leser eine Reihe von Elementen vorzuschlagen (oder: zuzumuten?), die ganz und gar aus Andeutungen von einander gegenübergestellten Gegenständen besteht. Dies trifft auf *Chérie*, seinen letzten Roman, zu (1884 veröffentlicht), dessen 69. Kapitel eine Folge von neun an den Wänden eines

---

83 Vgl. ERICH HERBERT BLEICH, Der Bote aus der Fremde als formbedingender Kompositionsfaktor im Drama des deutschen Naturalismus (Berlin 1936).
84 ZOLA (s. Anm. 34), 1299.

Zimmers plazierten Gegenständen bietet, die der Text mit der Wendung einführt: »Là se voyaient«[85], gefolgt von wiederum fünf Gegenständen, die an anderer Stelle plaziert sind und durch die gleiche Wendung eingeführt werden. Im übrigen hatte schon das 66. Kapitel des Romans auf drei Seiten hintereinander die Serie von Bällen der Jahre 1867 und 1868 dargeboten, klassifiziert als »bals des Tuileries« (178), »bals du monde officiel«, »bals de la grande société parisienne« (179), »bals de la société étrangère«, »bals tout spéciaux de jeunes filles« (180), und insgesamt 55 Namen von Persönlichkeiten angeführt. Man könnte denken, daß dies hier eine extreme Tendenz sei, die in einen Text mündet, der an die Grenze der Lesbarkeit stößt, und zwar genau deshalb, weil er in analytischer Form eine Gruppe von Elementen zu präzisieren versucht, die man mit einer synthetischen Sicht leicht hätte zusammenstellen können. Zumindest dem Anschein nach bleibt die Interpretation dieser Aufzählungen der Entscheidung des Lesers überlassen.

Eine dritte – und nicht die unwichtigste – Konsequenz der Verwendung einer analytischen Methode ergibt sich auf thematischem Gebiet, das, wie gesehen, für viele Kritiker das entscheidende Merkmal der naturalistischen Ästhetik darstellte. Tatsächlich hängen Analyse und Zersetzung z. T. zusammen, vor allem, wenn das dem Willen zur Analyse zugrundeliegende wissenschaftliche Modell dem der Biologie und der Naturwissenschaften entspricht. Diesem Modell – das sie mehr oder weniger kennen und beherrschen – entnehmen die naturalistischen Schriftsteller mit Vorliebe eine Metapher, und zwar die des ›flux‹. Die Gesellschaft wird als ein in Bewegung befindliches Milieu wahrgenommen, in dem sich die Figuren wie Wellen entwickeln und bewegen, die es durchqueren. Im Vorwort zu *La Fortune des Rougon* (1871) sieht Zola eine noch zu schaffenden Figuren als Wesen, die »s'irradient dans toute la société contemporaine«[86]. Im Vorwort zu *I Malvoglia* erklärt Verga seine Verbindung zu den »deboli che restano per via, ai fiacchi che si lasciano sorpassare dall'onda per finire più presto, ai vinti che levano le braccia disperate, e piegano il capo sotto il piede brutale dei sopravvegnenti, i vincitori d'oggi, affrettati anch'essi, avidi anch'essi d'arrivare, e che saranno sorpassati domani«[87] (Schwachen, die am Wegesrand liegen bleiben, den Matten, die sich von der Welle überholen lassen, um schneller ans Ziel zu gelangen, den Besiegten, die verzweifelt die Arme heben und vor dem brutalen Fuß der Überlegenen den Kopf senken, vor den Siegern von heute, die ihrerseits in Eile ebenfalls begierig sind anzulangen und morgen überholt werden).

Es trifft zu, daß die naturalistischen Werke in ihrer Gesamtheit viele dieser Figuren versammeln, die schließlich fallen, nachdem sie versucht hatten, gesellschaftlich aufzusteigen, und der Unterwerfung, dem Aufstand oder der Gleichgültigkeit anheimfallen: so z. B. Gervaise Macquart, die zu Madame Coupeau wurde, der alte Hilse in *Die Weber*, Helene Krause aus *Vor Sonnenaufgang*, die Familie Vigneron aus *Corbeaux* (Henry François Becque [1882]), der Kapitän in *Der Vater*, Isidora Rufete, die Heldin aus *La Desheredada* (1881) von Benito Pérez Galdós. Durch die analytische Methode werden vor allem Funktionsstörungen, Pleiten und Blockaden vor Augen geführt, und es zeigt sich, daß die gewählten Sujets insgesamt einen Themenkomplex bilden, d. h. der Blick richtet sich auf eine von negativen Aspekten geprägte Gesellschaft.

3. Logik des Textes, Unregelmäßigkeit der Formen

Ebenso wie der Terminus Analyse fungiert auch das Wort Logik als Schlüsselbegriff der naturalistischen Ästhetik. Es entfaltet seine volle Bedeutung in *Le Roman expérimental*, wo Zola z. B. schreibt: »J'attends […] que les personnages agissent d'après la logique des faits combinée avec la logique de leur propre tempérament«; oder auch: »une pièce [de théâtre] ne sera plus qu'une histoire réelle et logique«, »les faits ne sont là que comme les développements logiques des personnages«, »le romancier n'aura qu'à distribuer logiquement les faits«[88] usw. Etwas später formuliert Maupassant, noch stärker sensibilisiert für die Tatsache, daß das Leben voller »catastrophes inexplicables, illogiques et contradic-

---

85 E. DE GONCOURT, Chérie (1884; Paris 1921), 184.
86 ZOLA, Préface. La Fortune des Rougon (1871), in: Zola (s. Anm. 15), Bd. 2 (1967), 19.
87 GIOVANNI VERGA, I Malavoglia (1881), hg. v. N. Merola (Mailand 1983), 3.
88 ZOLA (s. Anm. 34), 1250, 1254, 1285 f.

toires« sei, eine Regel, derzufolge es der naturalistische Romancier verstehen muß: »[à] donner l'illusion complète du vrai, suivant la logique ordinaire des faits, et non à les transcrire servilement dans le pêle-mêle de leur succession«[89].

Und noch 1908 stellt sich Roger Martin du Gard in dem Roman *Devenir!* mit der Figur des André Mazerelles einen gescheiterten Romancier vor, der die Literatur erneuern wollte, indem er »une histoire quelconque, très simple, qui ne prouverait rien, où il ne se passerait presque rien, comme sont celles qui arrivent« entwürfe. »Les faits s'y suivraient gauchement, avec des précipitations et des lenteurs inattendues, illogiques.« Das Adjektiv illogique stellt ein Problem dar, denn »dès qu'on écrit on n'ose pas être illogique«. Und vor allem riskiert man in dem Bestreben, den Lesern nur disparate Elemente vorzustellen, eben das zu verlieren, was das Herzstück der europäischen Ästhetik bildet: die Einheit. Worauf der Protagonist von Martin du Gard erwidert: »L'unité? elle m'est garantie, si je fais la vie ressemblante; car elle y est, je pense, dans la vie?«[90]

Diese letzte, in die Form einer vielleicht etwas gequälten Frage gekleidete Behauptung zieht eine Hypothese nach sich: Sollte eine naturalistische Ästhetik nicht vor allem eine Ästhetik des Lebens sein, d. h. in diesem Falle eine Konzeption des Lebens, die sich durch das Wiedererkennen eines Sinns, den es zu entdecken gelte, ergibt? Eine derartige Haltung rechtfertigt auf seiten des Schriftstellers eine sorgenfreie Praxis der Analyse, deren wesentliche Rolle bereits gezeigt wurde. So kann der naturalistische Schriftsteller die Welt bis ins Unendliche zersetzen, und zwar getragen von der Überzeugung, daß die Dysfunktionen, auf die notwendigerweise sein Interesse gelenkt wird, erklärbare Zufälle sind, die den angenommenen Fortschritt der menschlichen Gesellschaften nicht in letzter Konsequenz hinterfragen. Es ist also seine Aufgabe, die ›documents humains‹ zu suchen, zu isolieren, aber auch, sie in Beziehung zueinander zu setzen: »on finira par donner de simples études, sans péripéties ni dénouement, l'analyse d'une année d'existence, l'histoire d'une passion, la biographie d'un personnage, les notes prises sur la vie et logiquement classées.«[91] Diese Haltung unterstellt wenn schon nicht die Identität zwischen der Logik des Textes und der Logik des Lebens, so doch eine Kompatibilität der beiden. Und damit stellt sich insbesondere die Frage nach den literarischen Genres, die von den naturalistischen Schriftstellern gepflegt wurden.

Das 19. Jh. gilt allgemein als die Epoche, in der der Roman sich in Europa als beherrschendes Genre durchzusetzen beginnt. Zugleich wird das Theater von vielen Schriftstellern, Theoretikern und Kritikern als das ›grand genre‹ angesehen, das es dem noch immer erwarteten Nachfolger Shakespeares ermöglichen werde, in Erscheinung zu treten. Andererseits beherrscht just zu der Zeit, als die naturalistische Ästhetik dabei ist, in Europa ihren Einfluß geltend zu machen (also in den Jahren zwischen 1880 und 1900), eine andere Ästhetik die lyrische Dichtung, die dritte der von Goethe etablierten ›Naturformen‹, und zwar die des Symbolismus. Der europäische Naturalismus fand seinen Ausdruck vor allem im Bereich des Theaters und der Prosaerzählung, was mindestens ebensosehr auf ihm eigene Elemente wie die Konkurrenz zum Symbolismus zurückgeht.

Dennoch läßt sich eine gewisse Spaltung in der europäischen naturalistischen Literatur beobachten: In Deutschland, den Niederlanden, den skandinavischen Ländern, in Rußland und vielleicht auch in England dominiert die Hinwendung zum Theater (Hauptmann, Hermann Heijermans, Henrik Ibsen, Strindberg, Čechov, John Galsworthy ...), während die Romania (ebenso wie die Vereinigten Staaten) eher durch den Roman und die Novelle vertreten sind (Zola, Emilia Pardo Bazán, Pérez Galdós, Verga, Matilde Serao, Stephen Crane, Theodor Dreiser ...). Dabei sind mehrere Ausnahmen zu nennen: In Frankreich hat allein Henry François Becque – und er steht auch noch am Rande der naturalistischen Bewegung – ein naturalistisches Drama von einigem Wert hinterlassen (*Les Corbeaux*), während sich Holz und Schlaf dank der Novellensammlung *Papa Hamlet*

---

89 GUY DE MAUPASSANT, Le Roman. Préface de Pierre et Jean (1888), in: Maupassant, Romans, hg. v. A.-M. Schmidt (Paris 1970), 835.
90 ROGER MARTIN DU GARD, Devenir! (1908), in: Martin du Gard, Œuvres complètes, Bd. 1 (Paris 1955), 25.
91 ZOLA (s. Anm. 34), 1308.

(1889) ihren Platz in der Literaturgeschichte erworben haben.

Ebenso trifft es zu, daß gewisse naturalistische Schriftsteller zwischen den beiden großen Genres zu schwanken scheinen, sei es, daß sie wie Maupassant Novellen verfassen, die allein aus Dialogen bestehen, sei es, daß sie Dialoge im Sinne von ›temps réel‹ in die Romane einfügen: So werden mehrere der von den Gebrüdern Goncourt gemeinsam geschriebenen Romane durch Dialoge eröffnet, bei denen der Leser auf einigen Seiten nicht weiß, wer in welcher Situation gerade spricht. Im zehnten Kapitel des Romans über die Schauspielerin *La Faustin* (1882) zeichnet Edmond de Goncourt z. B. eine Probe zu *Phèdre* von Racine auf. Zumindest hier sollte man jedoch nicht von einer Innovation sprechen, denn in der europäischen Literatur ist der romanhafte Typ des Dialogs allgemein bekannt und läßt sich über Claude-Prosper Jolyot de Crébillon und François Rabelais bis auf die Dialoge des Griechen Lukian zurückzuführen.

Was nun die naturalistischen Dramatiker angeht, erwecken die Regieanweisungen häufig den Eindruck, als sei das Stück nur für Leser voll und ganz verständlich. Wie soll man auf der Bühne darstellen, daß Вишневый сад (*Der Kirschgarten*) (1904) mit einem Bühnenbild beginnt, das aus »комната, которая до сих пор называется детскою« (»einem Zimmer, das noch immer Kinderzimmer genannt wird«) besteht, oder daß im zweiten Akt das Bühnenbild »вдали ряд телеграфных столбов, и далеко-далеко на горизонте неясно обозначается большой город, который бывает виден только в очень хорошую, ясную погоду« (»in der Ferne eine Reihe von Telefonmasten, und weit weg am Horizont, die verschwommenen Umrisse einer großen Stadt, die nur bei sehr schönem klaren Wetter zu sehen ist«[92]) zeigt? Gewiß lassen sich am Ende des 19. Jh. dank der Fortschritte in der Beleuchtungstechnik schon derartige Spezialeffekte erzeugen, aber dennoch sind Bemerkungen dieser Art für sich genommen nicht darstellbar – es sei denn, man ließe einen ›narrateur épique‹ auftreten.

Genau diese Vorwürfe werden von so unterschiedlichen Kritikern wie Friedrich Spielhagen oder Peter Szondi auch gegen gewisse in naturalistischer Tradition gehaltene Schauspiele gerichtet. So äußert Spielhagen die Einschätzung, daß *Ein Puppenheim* so hätte behandelt werden sollen, wie es das Sujet verlangte, nämlich als Romanvorlage – die einzige Art und Weise, um eine Figur wie Dr. Rank verständlich zu machen.[93] Szondi stellt *Die Weber* wie folgt dar: »Diese Vielfalt der epischen Situationen: Revue, Darstellung vor einem Fremden, Bericht, Beschreibung, sorgfältig verankert in der Wahl der Szene; das immer wieder neu Ansetzen nach Aktschluß; die Einführung neuer Personen in jedem Akt; das Verfolgen des Aufstandes in seiner Ausbreitung, wobei im letzten Akt den Aufständischen sogar vorangeeilt wird – das alles deutet […] auf die epische Grundstruktur des Werkes hin.«[94]

In Anbetracht der Tatsache, daß das Theater vor allem eine auf Konventionen beruhende Kunstform ist, hatte Edmond de Goncourt außerdem bereits 1879 die Unmöglichkeit eines naturalistischen Theaters proklamiert: »Dans le roman, je le confesse, je suis un réaliste convaincu; mais au théâtre, pas le moins du monde.«[95] Goncourt argumentiert wie jemand, der die Rückseite des Bühnenbildes aus Pappmaché kennt. Zola hingegen begrüßt die Ankunft des Naturalismus auf der Bühne der Comédie française mit einer heute etwas überraschenden Begeisterung und spricht von einer »invasion formidable de la nature«, weil er »un véritable repas à la Comédie française, un vrai cerisier avec de vraies cerises, une vraie fontaine avec de la vraie eau«[96] zu sehen bekommt! Es handelt sich hier einfach um Zolas Besprechung einer Aufführung des Stückes *L'Ami Fritz* von Émile Erckmann und Alexandre Chatrian am 18. De-

---

92 ANTON ČECHOV, Višnevyj sad, in: Čechov, Sobranie sočinenij, Bd. 9 (Moskau 1963), 608, 625; dt.: Čechov, Der Kirschgarten, übers. v. U. Zemme (Wien 1996), 11, 35.
93 Vgl. FRIEDRICH SPIELHAGEN, Drama oder Roman? (Gelegentlich Henrik Ibsens Nora) (1881), in: Spielhagen, Beiträge zur Theorie und Technik des Romans (Leipzig 1883), 311–313.
94 PETER SZONDI, Theorie des modernen Dramas (1880–1950) (Frankfurt a. M. 1965), 70.
95 E. DE GONCOURT, Préface. Théâtre (1879), in: De Goncourt/De Goncourt (s. Anm. 57), 133.
96 ZOLA, [Rez.] L'Ami Fritz (1876), in: Zola (s. Anm. 34), 796.

zember 1876. Doch später wird Konstantin Stanislawskij im Théâtre d'art in Moskau die Stücke Čechovs unter genauester Beachtung der naturalistischen Details zur Aufführung bringen.

Nun ist die Etablierung einer naturalistischen Dramatik nicht allein damit gleichzusetzen, daß die Figuren sich in einem Bühnenbild bewegen, das das exakte Gegenstück der Welt ist, in der sich die Zuschauer bewegten, bevor sie das Theater betraten. In dieser Hinsicht bietet die Vorrede, die Strindberg dem von ihm als naturalistisches Trauerspiel (»ett naturalistikt sorgespel«[97]) bezeichneten Stück *Fräulein Julie* (1888) voranstellt, einige wertvolle Hinweise hinsichtlich seines Zieles: die Form modernisieren. Diese Modernisierung geht ebenfalls aus der besonderen Aufmerksamkeit hervor, die Strindberg der gewählten Thematik widmet, und er besteht auf der Vielfalt der Erklärungen, die ein Zuschauer für das Verhalten der Protagonistin angeben könnte: die weit zurückliegende Vergangenheit (Erbgut, die Erziehung), die jüngere Vergangenheit (die Lösung des Verlöbnisses), die Gegenwart (Menstruation, Abwesenheit des Vaters, Fest der Sommersonnenwende), der Zufall schließlich (Strindberg selbst gebraucht das Wort »slump« [60]), der die sexuelle Beziehung zu Jean, dem Diener, nach sich zieht. Das Wichtigste ist jedoch die Einführung einer neuen Art des Dialogs, der dem Anschein nach ebenfalls wie zufällig den verwendeten Worten folgt, die in etwa wie Räder funktionieren, an denen sich die Gehirne festklammern. Strindbergs Interesse zielt viel weniger auf eine eventuelle Logik im Verhalten der Figuren als auf die Rätsel ab, die er den Zuschauern bietet.

Um die Macht zu verstärken, die Strindberg über den Zuschauer zu haben vorgibt – denn so lautet auch seine Zielvorstellung, womit er sich an den Grenzen einer naturalistischen Dramatik ansiedelt –, nutzt der schwedische Dramatiker die Technik der theatralischen Illusion bis ins letzte aus. So hebt er im Rahmen des Möglichen die Unterteilung der Stücke in Akte auf, weil die ›Illusions-Kapazität‹ der Zuschauer durch Pausen in Frage gestellt wird: zudem will er den Zuschauer vom Anfang bis zum Ende in einem anderen Universum halten, das demnach nicht das gleiche wie im wirklichen Leben sein kann. Hier geht es in Wahrheit um die Schaffung einer anderen Welt und nicht um die schlichte Reproduktion derjenigen, in der sich der Zuschauer befindet.

Eines der deutlichsten Anzeichen für die Unregelmäßigkeit der literarischen Formen, die eine naturalistische Ästhetik hervorruft, ist dem Gebrauch des Worte esquisse, Skizze, study usw. abzulesen. Alphonse Daudet beispielsweise widmet Dr. Charcot diese ›observation‹, als die er seinen Roman *L'Évangéliste* (1883) selbst bezeichnet. Der Autor versteht darunter, eine Reihe von Fakten und Dokumenten zu liefern, die der Leser wenn schon nicht ordnen, so doch wenigstens interpretieren können sollte, als ob er sich in der gleichen Situation wie der Autor befände. Bleibt noch zu sagen, daß die literarische Ausarbeitung des Stoffes, die ›mise en intrigue‹, notwendigerweise die Position dessen modifiziert, was nur schwerlich als objektiver ›procès-verbal‹ gelten kann. Darüber hinaus mündet dieses Paradoxon in eine ihrerseits wiederum paradoxe Formulierung, die u. a. von John Henry Mackay im Jahre 1887 (*Schatten*) und von Hauptmann im Jahre 1888 (*Bahnwärter Thiel*) verwandt wurde: ›novellistische Studie‹, die die Definition eines bekannten Genres mit dem Vagen eines Dossiers verbindet. Hinter diesen Worten zeichnen sich jedoch die Umrisse eines letzten wesentlichen Elements der naturalistischen Ästhetik ab, das den Glauben an die Möglichkeiten der Sprache berührt.

4. Der Glaube an die Sprache

Was die Naturalisten vielleicht am besten charakterisiert, ist ihr Glaube, daß die Sprache immer über die Wirklichkeit Rechenschaft ablegen könne, daß sie vollkommen zuverlässig, und daß diese Zuverlässigkeit ihre wesentliche Tugend sei. In diesem Punkt stehen sie anscheinend sowohl im Gegensatz zu den Symbolisten und deren vorrangiger Sorge um die Schönheit der Sprache und ihrer Musik als auch zu den Modernisten und deren weit skeptischerer Haltung gegenüber den Möglichkeiten der Sprache, perfekt auszudrücken, was der Schriftsteller sagen will.

---

[97] AUGUST STRINDBERG, Fröken Julie (1888), in: Strindberg, Skrifter, hg. v. G. Brandell, Bd. 12 (Stockholm 1957), 57.

Flaubert gehört zu den ersten, die diese Haltung vertreten haben. Er ist überzeugt, daß die Sprache es einem gestattet, das Wirkliche oder »un aspect qui n'ait été vu et dit par personne«[98] zu offenbaren. Wenigstens läßt Maupassant Flaubert dieses in einem Gespräch sagen, von dem er in *Le Roman* berichtet. Maupassant fährt fort: »Ayant, en outre, posé cette vérité qu'il n'y a pas, de par le monde entier, deux grains de sable, deux mouches, deux mains ou deux nez absolument pareils, il me forçait à exprimer, en quelques phrases, un être ou un objet de manière à le particulariser nettement, à le distinguer de tous les autres êtres ou de tous les autres objets de même race ou de même espèce. [...] Quelle que soit la chose qu'on veut dire, il n'y a qu'un mot pour l'exprimer, qu'un verbe pour l'animer, et qu'un adjectif pour la qualifier.«(713 f.) Die Methode des beobachtenden Erzählens mündet also in einen bestimmten Stil.

Nicht alle naturalistischen Schriftsteller sind gleichermaßen auf die Arbeit am Stil erpicht, wie sie Flaubert bekanntlich zur Gewohnheit geworden war. Die meisten unter ihnen sind jedoch für die Suche nach dem ›mot juste‹ aufgeschlossen, was aus dem Rückgriff auf Dialekte und Fachsprachen hervorgeht wie den schlesischen Dialekt in *Die Weber*, die berlinernden Figuren in *Die Familie Selicke* und den Patois der Normandie in bestimmten Erzählungen von Maupassant. Andere Autoren legen größeren Wert auf den Gebrauch von Termini technici, wie z. B. Zola in *Germinal*. Wieder andere verwenden ein ausgesuchtes Vokabular und gelangen somit zur künstlerisch geprägten Écriture der Gebrüder Goncourt oder Huysmans'. Im Ergebnis ist der Text zudem bisweilen schwer lesbar, weil das Technische in ihm dominiert. Des weiteren führt die naturalistische Ästhetik praktisch dazu, einen wirklich poetischen Gebrauch der Sprache auszuschließen. Deutschland scheint die einzige Kultur zu sein, wo man von einer naturalistisch geprägten lyrischen Dichtung sprechen kann.

Diese Ausnahmesituation in Europa geht zweifellos größtenteils auf das seit einem Jahrhundert im deutschen Denken verwurzelte Erbe des Idealismus zurück, das, wie gesehen, mit beträchtlichem Aufwand verhindert hatte, daß der Terminus naturalistisch Fuß fassen konnte. Eines der besten Beispiele bietet derselbe Holz, der in *Die Kunst* vorgibt, eine gänzlich neue Ästhetik zu begründen. Auf Französisch wendet er sich an Zola (und greift oft die Termini wortwörtlich auf, die dieser in *Le Roman expérimental* verwendet hatte): »Ce que vous n'avez fait que commencer, notre évolution l'accomplit: elle fait table rase de toutes les esthétiques [...] sans en excepter la vôtre. Aussi, je le crois, est-elle profondément moderne, en apportant la note ›naturaliste‹ dans toute son intensité.«[99] In der Tat könnte man meinen, die Modernität von Holz würde vor allem in den dann folgenden Erkundungen aufscheinen, welche die ›Reproductionsbedingungen‹ betreffen, von denen er in seiner Formel gesprochen hatte. Diese sollte er schließlich in *Revolution der Lyrik* (1899) und *Die befreite deutsche Wortkunst* (1921) auf die Sprache selbst eingrenzen, womit er einer expressionistischen Ästhetik schon sehr nahe gekommen war.

Bevor Holz bei Werken wie *Phantasus* (1898/ 1899) anlangte, hatte er jedoch die Möglichkeiten, einen Stil zu erfinden, der imstande wäre, die ganze Wirklichkeit zu erfassen, bis an ihre Grenzen ausgelotet. Die Novellensammlung *Papa Hamlet*, die in Zusammenarbeit mit Schlaf entstand (der anscheinend vor allem den Entwurf geliefert hat), ist dafür ein Beispiel. Die Novelle, die der Sammlung ihren Titel gibt, besteht im wesentlichen aus einer Aneinanderreihung von Geräuschen, die ebenso Spuren von menschlichen Stimmen wie das Schnarren diverser Gegenstände wiedergeben, ohne daß irgendeine Regieanweisung die Rekonstruktion der Ereignisse in ihrer Reihenfolge erleichtern oder Bezüge von Ursache und Wirkung andeuten würde, auch wenn sich unter die akustischen Notationen bisweilen präzisierende Bemerkungen zu visuellen Eindrücken mischen, aus denen die Anwesenheit eines Beobachters etwas deutlicher hervorgeht. Adalbert von Hanstein nannte diese Art zu schreiben ›Sekundenstil‹, und Heinrich Hart berichtete, wie Holz seinen Stil am Beispiel eines vom Baume fallenden Blattes definierte: »Die alte Kunst hat von dem fallenden Blatt weiter nichts zu melden gewußt, als daß es im Wirbel sich drehend zu Boden sinkt. Die neue Kunst schildert diesen Vorgang von Sekunde zu

---

[98] MAUPASSANT (s. Anm. 89), 713.
[99] HOLZ (s. Anm. 44), 140.

Sekunde; sie schildert wie das Blatt, jetzt auf dieser Seite vom Licht beglänzt, rötlich aufleuchtet, auf der andern schattengrau erscheint, sie schildert, wie das Blatt erst senkrecht fällt, dann zur Seite getrieben wird, dann wieder lotrecht sinkt, sie schildert –«; Hart bricht seinen Bericht an dieser Stelle ab: »ja, der Himmel weiß, was sie noch zu schildern hat. Ich hab's vergessen.«[100] Die Erregung Harts ist nur zu verständlich, denn auch der Text von Holz stößt hier an die Grenzen des Lesbaren.

Holz' Erfahrung ist lehrreich und repräsentiert zweifellos den geschlossensten Versuch, innerhalb einer naturalistischen Ästhetik die Möglichkeiten einer bis ins Äußerste vorangetriebenen analytischen Methode auf die Sprache auszudehnen. Der Bruchteil des Lebens (lambeau de vie), den die Naturalisten in ihren Werken verstreichen lassen wollten und von dem noch Zola dachte, man könne ihn auf ein Jahr beschränken, wird hier ins extrem Minimalistische geführt, so daß der kleinste Augenblick in Handlung umgesetzt werden kann; und zwischen zwei so ›erzählten‹ Momenten läßt sich immer noch ein weiterer erzählen. Das Unterfangen ist unendlich – und nicht zu verwirklichen.

Holz' Mißerfolg verweist auf die Mauer, auf die eine vornehmlich erkenntnistheoretisch begründete Ästhetik gestoßen war. Zu dem bisweilen naiven Glauben an die Macht der Sprache kommt das feste Vertrauen darauf, daß die Menschen imstande sind und über die Mittel verfügen, die Welt, in der sie sich bewegen, in ihrer Totalität zu erkennen. Zahlreiche Schriftsteller haben daraus die Konsequenz gezogen, daß sie von dem, was nicht durch die Mittel, die ihnen die Wissenschaften des Lebens boten, erkennbar war, weder sprechen konnten noch sprechen durften. Einige haben auch einem »naturalisme spiritualiste«[101] das Wort geredet (diesen Ausdruck legt Huysmans seiner Figur Des Hermies in dem Roman *Là-bas* [1891] in den Mund), während Stanisław Przybyszewski einen ›psychischen Naturalismus‹ wünscht. Hinter diesen beiden Vorschlägen steckt die grundlegende Frage: Ist die Untersuchungsmethode der naturalistischen Schriftsteller, die auf einer Analyse von Elementen der Außenwelt, deren Zusammenstellung und logischer Anordnung beruht, auf die Elemente der Innenwelt übertragbar? Geht es hier um die gleiche Logik? Bekanntermaßen spricht Virginia Woolf in ihrem Artikel *Modern Fiction* (1925, zunächst 1919 unter dem Titel *Modern Novels* erschienen) ein Verdammungsurteil über Arnold Bennett, und zwar im Namen einer anderen Logik, die auf der Tatsache beruht, daß »an ordinary mind on an ordinary day [...] receives a myriad impressions [...]. Life is [...] a semi-transparent envelope surrounding us from the beginning of consciousness to the end«[102]. Nach wie vor ist von einer erkenntnistheoretisch begründeten Ästhetik die Rede, doch hier wird das Leben mit neuen Termini definiert.

Schluß

Der Naturalismus ist vielleicht nicht der Schöpfer neuer literarischer Formen, wie es Strindberg (im Vorwort zu *Fräulein Julie*) und Čechov als Wunschvorstellung formulierten, aber er ist sehr zurückhaltend gegenüber den ererbten Formen, erweist sich sogar als destruktiv in dem Sinne, daß er gerne die Verwirrung der Genres praktiziert und so den Eindruck einer einigermaßen verschwommenen Ästhetik erweckt. Dennoch ist es angebracht, die Errungenschaften des Naturalismus anzuführen: Mit der Ausschaltung der moralischen Probleme wird der wissenschaftliche Fortschritt zum großen Bezugspunkt für die literarischen Aktivität, und diese wird stärker in die Gesellschaft integriert und darüber hinaus mit der Suche nach den Ursachen der erzählten Fakten verbunden. Allem Anschein nach sind diese Errungenschaften nicht direkt mit einer Ästhetik verbunden.

Jedoch vertrat Luigi Capuana schon 1881 in der Besprechung der *Malavoglia* die Ansicht, daß »il positivismo, il naturalismo esercitano una vera e radicale influenza nel romanzo contemporaneo, ma *soltanto nella forma*; e tal'influenza si traduce nella

---

100 HEINRICH HART, Literarische Erinnerungen. Aus den Jahren 1880–1905, in: Hart, Gesammelte Werke, hg. v. J. Hart, Bd. 3 (Berlin 1907), 68 f.
101 HUYSMANS, Là-bas (1891; Paris 1898), 6.
102 VIRGINIA WOOLF, Modern Fiction (1919/1925), in: Woolf, Collected Essays, hg. v. L. Woolf (London 1967), 106.

perfetta impersonalità di quest'opera d'arte«[103]. (Der Positivismus und der Naturalismus üben einen realen und radikalen Einfluß auf den zeitgenössischen Roman aus, aber allein auf dem Gebiet der Form, und solch ein Einfluß äußert sich in der vollkommenen Unpersönlichkeit dieses Kunstwerks.) Hinter dieser Formel ist unschwer der bereits genannte Flaubert auszumachen, dessen Plädoyer für die Unpersönlichkeit dem Autor keinen Verzicht abverlangt. Vielmehr handelt es sich um ein Zeichen des Selbstvertrauens einer Persönlichkeit, die weiß, daß sie sich mittels einer Fiktionalisierung artikuliert, die ihrerseits versucht, die künstlichen Orientierungspunkte zu verbergen, und zwar immer zum größten Nutzen eines Textes, der im Vergleich zu einer Nachbildung immer noch lesbar ist.

Daraus resultiert zweifellos auch die Tatsache, daß die naturalistische Ästhetik insgesamt gesehen vorzugsweise Prosawerke, also Romane und Novellen, hervorgebracht hat. Zugleich ergibt sich daraus vielleicht ebenso, daß das vor allem in Deutschland vertretene naturalistische Drama charakterisiert wurde, als setze es einen epischen Erzähler voraus, dessen Rolle insbesondere darin besteht, das Publikum über die gelebte Zeit der Figuren zu unterrichten.

Die naturalistische Ästhetik gründet größtenteils auf einem noch unerschütterten Vertrauen in die Sprache. Zudem stützt sie sich auf die Überzeugung, daß nur die menschliche Präsenz der Welt einen Sinn verleiht, und wahrscheinlich wird die Ausrichtung der naturalistischen Schriftsteller von Rang durch die hartnäckige Suche nach dem Sinn bestimmt. Aber dieser Sinn entspricht nicht notwendigerweise dem einer Geschichte, die in einer aristotelisch geprägten Ästhetik ausgehend von der Auflösung erzählt würde, die der Autor kennt, so daß er alle Etappen seiner Erzählung funktional auf das Ende ausrichtet. Vielmehr gibt die naturalistische Ästhetik vor, nicht zum Abschluß zu kommen, weil sie annimmt, daß die Logik des Textes auf eine Logik des Lebens verweist. Aber auch sie stützt sich auf eine gewisse Konzeption des Ich, eine gewisse Logik des Individuums, die als stabiler Bezugspunkt angesehen wird. Nun erschüttern die zu Beginn des 20. Jh. beobachteten Fortschritte in den Humanwissenschaften diesen Bezugspunkt sehr bald: Gibt es eine Logik des Ich und des Gewissens? Die Ästhetik des Naturalismus stößt in ihrem Bemühen um Methode und Ordnung auf Fragen, die noch ein Jahrhundert später Aktualität besitzen.

Yves Chevrel
(Aus dem Französischen von Jörg W. Rademacher)

Literatur

BAGULEY, DAVID, An Essay on Naturalist Poetics, in: Essays in Poetics 12 (1981), 41–56; BECKER, GEORGE J. (Hg.), Documents of Modern Literary Realism (Princeton 1963); BERNHARD, RÜDIGER, Die Programmschriften des frühen deutschen Naturalismus, in: Weimarer Beiträge 38 (1982), 5–34; BLOCK, HASKELL MAYER, Naturalistic Triptych. The Fictive and the Real in Zola, Mann and Dreiser (New York 1970); BRAUNECK, MANFRED (Hg.), Naturalismus. Manifeste und Dokumente zur deutschen Literatur 1880–1900 (Stuttgart 1987); CHEVREL, YVES, La critica tedesca e il termine ›naturalismo‹ (1850–1890), in: Problemi 65 (1982) 219–229; CHEVREL, YVES (Hg.), Le Naturalisme dans les littératures de langues européennes (Nantes 1983); CHEVREL, YVES (Hg.), Le Naturalisme en question (Paris 1986); CHEVREL, YVES, État présent des recherches sur le naturalisme, in: Fondazione Verga e Association Internationale de Littérature Comparée (Hg.), Naturalismo e Verismo: I Generi: Tecniche e Poetiche. Atti del congresso internazionale di Studi (Catania 1988) 39–78; CHEVREL, YVES, Towards an Aesthetic of the Naturalist Novel, in: B. Nelson (Hg.), Naturalism in the European Novel. New Critical Perspectives (New York/Oxford 1992), 46–65; CHEVREL, YVES, Le Naturalisme. Étude d'un mouvement littéraire international (Paris 1993); FURST, LILIAN R./SKRINE, PETER N., Naturalism (London 1971); HEMMINGS, FREDERICK WILLIAM JOHN, The Origin of the Terms ›Naturalisme‹, ›Naturaliste‹, in: French Studies 8 (1954), 109–121; HOEFERT, SIGFRIED, Naturalism as an International Phenomenon. The State of Research, in: Yearbook of Comparative and General Literature 27 (1978), 84–93; HOEFERT, SIGFRID, Zum Stand der Naturalismus-Forschung, in: Akten des 5. internationalen Germanisten-Kongresses, Cambridge 1975, Jahrbuch für Internationale Germanistik, Reihe A, Bd. 2 (Bern/Frankfurt a.M. 1976), 300–308; KOLKENBROCK-NETZ, JUTTA, Fabrikation – Experiment – Schöpfung. Strategien ästhetischer Legitimation im Naturalismus (Heidelberg 1981); MARKIEWICZ, HENRY K., Le Naturalisme dans les recherches littéraires et l'esthétique du XXe siècle, in: Revue de Litérature Comparé 47 (1973), 256–272; MEYER, THEO (Hg.), Theorie des Naturalismus (Stuttgart 1973); MITTERAND, HENRI, Le Regard et le Si-

---

[103] LUIGI CAPUANA, [Rez.] G. Verga, I Malavoglia (1881), zit. nach I. Gherarducci/E. Ghidetti, Guida alla lettura di Verga (Florenz 1994), 167.

gne. Poétique du roman réaliste et naturaliste (Paris 1987); MUNRO, THOMAS, Meaning of ›Naturalism‹ in Philosophy and Aesthetics, in: The Journal of Aesthetics and Art Criticism 19 (1960), 133–137; NELSON, BRIAN (Hg.), Naturalism in the European Novel. New Critical Perspectives (New York/Oxford 1992); NEUSCHÄFER, HANS-JÖRG, Der Naturalismus in der Romania (Wiesbaden 1978); RUPRECHT, ERICH (Hg.), Literarische Manifeste des Naturalismus (Stuttgart 1962); SCHALLER, HANS-WOLFGANG, Zu den Begriffen ›Realismus‹ und ›Naturalismus‹ in der amerikanischen Literatur, in: Zeitschrift für Literaturwissenschaft und Linguistik 8 (1978), 141–158; THOREL, SYLVIE, Naturalisme, naturaliste, in: Les Cahiers Naturalistes 60 (1986), 76–88; THOREL-CAILLETEAU, SYLVIE, Trois arts poétiques. L'Assommoir, Les Malavoglia, Les Buddenbrook (Mont-de-Marsan 1993); VAJDA, GYÖRGY M., La structure du naturalisme, in: Comparatistica 1 (1989), 57–70; WALCUTT, CHARLES C., From Scientific Theory to Aesthetic Fact: The ›Naturalistic‹ Novel, in: Quarterly Review of Literature 3 (1946), 167–179.

Natürlich/Natur

(griech. φυσικός, φύσις; lat. naturalis, natura; engl. natural, nature; frz. naturel, nature; ital. naturale, natura; span. natural, naturaleza; russ. естественное, природное, природа)

I. Schwierigkeiten der Konzeptualisierung von Natur; 1. Semantik; 2. Reflexivität; 3. System und Anti-System; 4. Sprache, Medien, Wahrnehmung; 5. Begriffspolaritäten; 6. Diskursvielfalt; 7. Sein und Konstruktion; 8. Ökologie; **II. Paläoanthropologische Voraussetzungen der Natur;** 1. Toolmaking animal; 2. Symbolisches und technologisches Feld; **III. Natur in Stammeskulturen;** 1. Verwandtschaft, Sexualität, Subsistenz; 2. Jäger und Sammler; 3. Dynamischer und statischer Raum; 4. Mythen, Animismus, Magie; **IV. Vor- und frühgeschichtliche Wurzeln der Ästhetik;** 1. Physiologische Ästhetik; 2. Audiovisuelle Performativität; **V. Natur in der mythischen Phase Griechenlands;** 1. Strukturen der Seßhaftigkeit; 2. Prometheus und Pandora; 3. Weltzeitalter; 4. Eris und Eros; 5. Agrikulturelle Ordnung; 6. Prometheische Kultur; 7. Naturästhetik; **VI. Elementen-Lehre und ihre Tradition;** 1. Naturkonzept und Anthropologie; 2. Sinnliche Welt; 3. Elementische Aisthesis; 4. Medizin; 5. Mittelalter und Neuzeit; **VII. Natur im Mittelalter;** 1. Schöpfungsordnung und ›fabrica‹; 2. ›Natura lapsa‹ und ›Perfectio naturae‹; 3. Natur als Künstlerin; 4. Lichtästhetik; 5. Sprache der Natur; 6. Nachgeschichte des ›liber naturae‹; **VIII. Natur zwischen Renaissance und Aufklärung;** 1. Hymnus und Kalkül der Natur; 2. Modernisierung im Erdinneren; 3. Kunst, Technik, Inspiration; 4. Verismus; 5. Landschaft, Körper, Stilleben; 6. Mechanisierung der Natur; **IX. Natur in der Moderne;** 1. Ästhetik und Rationalität; 2. Naturschönes; 3. Naturerhabenes; 4. Goethe; 5. Hegel; 6. Moscovici; 7. Adorno; 8. Bloch und Serres

I. Schwierigkeiten der Konzeptualisierung von Natur

1. Semantik

Natur kann aus systematischen Gründen nicht begrifflich definiert werden.[1] Statt dessen wird historisch entfaltet, als was Natur in unterschiedlichen Epochen begegnete, welche Konzepte, Deutungen, Symbolisierungen, Wahrnehmungsformen und Ästhetiken dabei entwickelt und wie diese von den jeweiligen historischen Praktiken und Techniken beeinflußt wurden, die Menschen in

---

[1] Vgl. GEORG PICHT, Der Begriff der Natur und seine Geschichte (Stuttgart 1989).

Auseinandersetzung mit der Natur entwickelten. Es werden die historischen Konzepte von Natur rekonstruiert, welche der Begriffs- und Ideengeschichte, den Kunst- und Kulturwissenschaften, der Anthropologie, der Philosophie und Technikgeschichte zugänglich sind.

Abweichend von anderen Artikeln werden hier auch solche Naturverhältnisse dargestellt, die aus vorschriftlichen Zeugnissen prähistorischer und rezenter Stammeskulturen zu ermitteln sind. Unter Natur wird nicht außermenschliche Natur verstanden, die (natur-)wissenschaftlich zu objektivieren und zunehmend vollständiger zu erkennen ist. Die Naturwissenschaften erhalten keinen privilegierten Status. Da Natur als Relationsbegriff benutzt wird – Natur in Relation zu den Menschen, die einen Sachverhalt, ein Phänomen, eine Macht als Natur ansehen –, wird Natur als semantisches Ensemble dargestellt, worin sich Menschen kulturell artikulieren. Fragen der Naturästhetik werden nicht im philosophischen Sinn des 18. und 19. Jh. behandelt, als das Naturschöne und das Naturerhabene in die Ästetik einzogen. Ästhetik wird auch nicht als Werk-Ästhetik verstanden. Beides sind historische Sonderfälle einer immer schon auf Natur bezogenen Ästhetik, die als Aisthesis, nämlich als Wahrnehmung von Natur, und als Gestaltung ausdifferenziert ist, ohne notwendig Kunstwerke hervorzubringen.

Keineswegs kommt in allen Sprachen ein Wort vor, das mit dem lateinischstämmigen Wort Natur zur Deckung zu bringen ist. ›Natura‹ ist von ›nasci‹ abgeleitet (gezeugt oder geboren werden) und meint im übertragenen Sinn dasjenige, was entstanden ist und einen Ursprung hat, aus dem heraus es geboren oder entsprungen ist. ›Nascentia‹ bedeutet Geburt, ›nati‹ Kinder. Wir bewegen uns also in einem sexuell-generativen Feld. Dies wirkt in die modernen europäischen Sprachen hinein. Doch das Griechische, welches neben dem Lateinischen das europäische Denken maßgeblich bestimmt, spricht von φύσις (physis), einer Ableitung von φύειν (phyein) (wachsen lassen). Physis heißt Wuchs, das aufblühend Manifestwerden, eine Vorstellung, die dem Vegetabilen entnommen ist. Bereits bei den Leitwörtern Physis und Natura stößt man auf zwei unterschiedliche semantische Register. Wenn man ferner, wie es in der europäischen Kultur über lange Zeiträume geschieht, unter Natur ›creatura‹ (Schöpfung/Geschöpf) versteht, so ist damit ein Subjekt der Schöpfung vorausgesetzt. Dies ist nicht ohne weiteres vereinbar mit der Vorstellung des ›Gewachsenen‹ und es muß auch nicht selbstverständlich heißen, daß der Schöpfer die Natur ›gebiert‹ wie eine Mutter. Christlich gesehen wäre dies undenkbar. Der griechische ›Kosmos‹ wiederum meint die Natur als ›geschmückte Ordnung‹, also ein Eingerichtetsein der Welt in wohlabgestimmten Verhältnissen, die darum ›schön‹ sind. Wenn man dagegen – wie in der neuzeitlichen Wissenschaft – Natur als Inbegriff aller Erscheinungen bestimmt, insofern diese unter Gesetzen stehen, so bestimmen diese Gesetze zwar eine Ordnung, nicht aber eine solche der Schönheit. Da die systematische Einheit der gesetzlichen Natur aber nicht gesichert ist, kann nicht ohne weiteres gelten, daß Natur das ›Universum‹ ist, womit das ›ins Eine gewendete Alles‹ gemeint ist. ›Alles‹, nämlich ›das All‹ (τὸ πᾶν; to pan) ist bei den Griechen ebenfalls ein Ausdruck für Natur, meint aber nicht, was wir darunter verstehen, den physikalischen ›Weltraum‹, in dem vieles unthematisch bleibt, was gleichwohl zur Natur gehört, z. B. Schmetterlinge oder wir selbst, Winde oder die Farben des Sonnenuntergangs.

In den Sprechweisen über Natur finden wir also nicht die Natur selbst, sondern Verständigungsformen über diese. Diese sind kulturell und historisch derartig differenziert und pluralisiert, daß keine Aussicht besteht, durch eine ›historische Semantik‹ einen einheitlichen, universalen Begriff von Natur zu destillieren. Freilich können wir auf die Spuren der Natur in ihren sprachlichen Wendungen (Tropen) auch nicht verzichten. Sie stellen das historische Archiv des überhaupt von Natur Gesagten und Sagbaren dar. Dazu gehören alle Gattungen, also die (natur-)philosophische Abhandlung ebenso wie das Natur-Gedicht, Alltagswendungen wie Gesetzestexte (z. B. zu Naturrecht), naturwissenschaftliche und technische Untersuchungen wie schöpfungstheologische Traktate – und dies in allen Kulturen der Welt. Ein solches umfassendes Archiv der Versprachlichungen von Natur ist bisher nicht zusammengetragen. So werden folgende Einschränkungen vorgenommen:

2. Reflexivität

Es werden nur die im europäischen Sprachraum zur Geltung gebrachten Naturkonzepte berücksichtigt. Diese sind geschichtlich, doch nicht in dem Sinn, daß dabei eine progrediente Annäherung an eine universale Wahrheit der Natur abgelesen werden könnte. Dem Eurozentrismus soll also nicht dadurch entgangen werden, daß die europäischen Naturkonzepte relativiert werden durch Konfrontation mit z. B. chinesischen, indischen oder persischen Naturvorstellungen, sondern es wird darauf geachtet, daß innerhalb des in Europa langwellig zur Herrschaft gelangten Naturkonzepts – und dies ist das technisch-naturwissenschaftliche Paradigma – sich gegenläufig-widerstreitende Tendenzen finden, die insgesamt zu einem Reflexivitätsschub des Denkens über Natur geführt haben. Reflexivität heißt zum einen, daß Naturkonzepte in ihren kulturellen Entstehungsbedingungen und epistemologischen Voraussetzungen transparent werden sollen, zum anderen, daß im Durchgang durch die Geschichte des Naturdenkens auch geprüft wird, ob und inwieweit hier Paradigmen durchgesetzt worden sind, die auf die Zerstörung dessen hinauslaufen, was in Europa selbst als Natur gegolten hat. Daß dem Denken von Natur die Zerstörung derselben immanent sein kann, gehört angesichts der materiellen Zerstörungen und der qualitativen Transformationen von Natur zu den selbstreflexiven Schleifen der Kritik, von denen nicht nur die Naturphilosophie, sondern auch die mit Natur befaßten Künste ergriffen sind. Da alle Naturkonzepte und ästhetischen Präsentationen geschichtlich sind, verhalten sie sich eo ipso kritisch zur Menge aller anderen Konzepte und Werke. Doch der für die Moderne charakteristische Reflexivitätsschub verpflichtet jedes Konzept und jedes Kunstwerk, das Natur darzustellen unternimmt, zur kritischen Selbstbeobachtung. Dieses metakritische Moment – nämlich die Beobachtung der Beobachtung von der Natur – ist nicht nur, aber doch privilegiert im Medium der Sprache realisierbar. Darum werden im Fortgang vorrangig sprachliche Zeugnisse behandelt.

3. System und Anti-System

Gemäß dem Prinzip, daß man nur versteht, was man auch kann, gehören zu den Konzepten der Natur immer auch die Formen, in denen praktisch mit Natur umgegangen worden ist. Dies sind nicht nur Techniken im engeren Sinn, die es gibt, seit altsteinzeitliche Menschen vom Werkzeug-Gebrauch (tool using) zur Werkzeug-Herstellung (tool making) übergegangen sind. Damit eigentlich beginnt die Humangeschichte der Natur. Im weiteren Sinn gehören zu den Techniken auch magische Praktiken und religiöse Rituale, welche dem Ziel dienten, die kulturellen Nischen, in denen Menschen ihr Überleben organisierten, vor gefährlichen Kräften der Natur abzuschirmen oder praktische Aneignungen einzelner Natur-Sektoren zum Zweck der Subsistenzsicherung zu optimieren (z. B. Jagdrituale oder Regenzauber). Damit verbunden wurden symbolische Systeme entwickelt, die man insgesamt solche des ›Wissens von Natur‹ nennen kann. Die Verflechtung von Werkzeuggebrauch, symbolischen Ordnungen und rituellen Praktiken über den größten Zeitraum der Geschichte hin verbietet es, einen Artikel über Natur wissenschafts- und technikgeschichtlich so anzulegen, daß hier eine Fortschrittsgeschichte kumulativen Wissens und stetig verbesserter Techniken der Naturbeherrschung erzählt würde.

Die Naturwissenschaften führen zwar Natur im Titel. Aber sie haben mit dem, was in Europa ›physis‹ oder ›natura‹, ›kosmos‹ oder ›creatio‹ war, nichts zu tun. Deswegen stellen sie weder eine Fortschreibung noch einen Fortschritt in der Geschichte dieser Konzepte dar. Zudem legen die Naturwissenschaften kaum Rechenschaft darüber ab, wodurch das, was sie im einzelnen erkennen, sich zu einem System zusammenschließt. Dadurch allererst würde das einzelne Wissen zum Element (στοιχεῖον; stoicheion) in einem ›System‹ oder zu einem Baustein in einer ›Architektur‹: Das sind, Immanuel Kant zufolge, nur andere Ausdrücke für Natur. Darum wird davon ausgegangen, daß die Entstehung neuzeitlicher Wissenschaften auch dann nicht automatisch zu einem Veralten früherer Naturkonzepte führt, wenn jene in einem epistemischen Bruch zu diesen stehen. Vielmehr ist mit einem kulturellen Nebeneinander verschiedener, auch konkurrierender Natur-Vorstellungen zu rechnen, mit Prozessen der Verdrängung, des Vergessens oder der Ausgrenzung. Dabei wird das Verdrängte, Vergessene oder Ausgegrenzte nicht annihiliert, sondern wechselt nur seinen Status. Ferner schaffen neue Wissensformen oder Techniken oft Komplementaritäten. In ihnen erscheint nicht ein vergangenes, sondern ein neues Anderes des zur Herrschaft gelangten Naturkonzepts, z. B. ist die moderne Naturästhetik ein zu den Naturwissenschaften komplementäres Phänomen. Es ist ein Mangel aller Theorien der Moderne, daß sie zwischen den Naturwissenschaften und Naturästhetiken keine systematische Einheit mehr zu formulieren fähig sind (wie dies Kant noch versuchte). Wenn aber Natur als Universum das ›zum Einen hin Gewendete‹, also ein System meint, so ist das kontaktlose Nebeneinander von Ästhetik und Wissenschaft eine doppelte Verfehlung von Natur.

Um das historisch ›anders Herkommende‹, das Heterogene, in der Möglichkeit zu halten, zu einem ›Reihenglied‹ im System einer ausstehenden Vernunft zu werden, welche aus dem Heterogenen zueinanderstimmende Reden, also Homologien, zu erzeugen vermag, wird vermieden, abgelebte Naturkonzepte im Namen der Rationalität mit einem Entwertungsstempel zu versehen. Z. B. ist die Newtonsche Mechanik im Blick auf ein mögliches Konzept einer künftigen Natur nicht richtiger als die Naturphilosophie Heraklits, sondern beide sind ›heterolog‹, also ›andere Redeweisen der Vernunft‹.

4. Sprache, Medien, Wahrnehmung

Die Privilegierung der Sprache ist hinsichtlich der Vergegenwärtigung und des Wissens von Natur problematisch. Als was uns Natur gilt, wird durch alle drei basalen Kulturtechniken – Bild, Schrift und Zahl – konstituiert. Es gibt also ein dreifaches mediales Apriori der Natur. Auf ihm ruht die kulturelle Ausdifferenzierung der medialen Vergegenständlichungen von Natur. Es wäre zu einfach zu sagen, daß die modernen Naturwissenschaften auf der Mathematisierung von Natur beruhten und als Natur nur gelten kann, was mathematisierbar ist. In den letzten Jahrzehnten ist das Bewußtsein dafür gewachsen, daß die Naturwissenschaften, medien-

analytisch gesehen, auf einem komplexen Zusammenspiel medialer Stategien beruhen, worin z. b. Visualisierungen und Versprachlichungen nicht weniger wichtig sind als die der Kalkül. Besonders heute gehört der kompakte Einsatz von hochtechnischen Medien zu den Bedingungen der Möglichkeit von Laboren, insbesondere von Großexperimenten. Auch die kulturellen Vorstellungen (Imagologien, Konzepte) von Natur sind vielfach durch die spezifischen Leistungen von technischen Medien bestimmt. Im engeren Sinne gehört hierher auch die Geschichte der Künste (Architektur, Malerei, Theater, Musik, Literatur, Tanz, Fotografie, Film usw.), insofern sie historische Formen der Repräsentation, der symbolischen Figuration, der Darstellung oder auch der materialen Transformation der Natur bereitstellt.

Natur aber wird nicht nur künstlerisch im Sinne einer medien- und gattungsspezifischen Werkästhetik präsentiert – als Gemälde, Naturlyrik, Tanzstück, Landschaftsgarten oder Werbefoto –, sondern wahrgenommen oder am eigenen Leibe vollzogen. Seit den Vorsokratikern gehört die Physiologie der Wahrnehmung durch die fünf Sinne zu den vorrangigen Aufgaben der Naturphilosophie. Die natürlichen und kulturell modellierten Sinne der Perzeption konstituieren den ›mundus sensibilis‹, die wahrnehmbare Welt als Natur (aisthēton). Doch realisieren wir Natur auch in anderen leiblichen Vollzügen, z. B. im Atmen oder in der Ernährung, in Gesundheit und Krankheit. In den auf leiblichem Spüren ruhenden Erfahrungen haben wir eine andere Quelle, in der uns Natur aufgeht: der eigene, betroffene Leib bzw. extrakorporale Stoffe und Atmosphären, wie z. B. die Luft, das Wetter, die Ernährungsstoffe. Durch Krankheiten werden wir in gewisser Hinsicht zu Darstellungsmedien endogener und exogener Prozesse, deren Schauplatz wir werden. Auch diese Dimension – als Mensch selbst Natur zu sein – gehört zu einer Philosophie und Wissenschaft von Natur.

5. Begriffspolaritäten

Ein problematisches Ergebnis dieses Durchgangs ist, daß Natur alles umfaßt. Davon aber kann man keinen Begriff haben. Darum ist seit Entstehen der ersten Philosophie immer wieder versucht worden, ›Natur‹ zu konzeptualisieren, indem man ihr andere Begriffe polar entgegensetzt, z. B. Geist/ Seele versus Natur, τέχνη (technē) versus φύσις (physis), Kultur versus Natur, Natur versus Geschichte, Freiheit versus Natur. Grosso modo sind solche Versuche gescheitert. Mit guten Gründen kann man argumentieren, daß die Tätigkeit des Geistes, nämlich zu denken, selbst ein Faktor in der Natur ist. Die Seele kann man der Natur nur entgegenstellen, wenn man sie als unsterblich setzt; aber dann kann man weder etwas von ihr wissen noch sie als solche erfahren. Auch wenn man in ihr ein unräumliches, zeitliches Prozessieren versteht, gerät man in Schwierigkeiten, wenn sich herausstellt, daß Natur wesentlich durch Zeitigung charakterisiert ist. Die technē von Natur abzusetzen gelingt nur, wenn man nicht in der Natur selbst eine Art Technik wirken sieht. Doch schon Platon, der die Welt durch einen Demiurgen gefertigt sieht, denkt sie technikförmig. Um wieviel mehr ist dies der Fall, wo die Natur einer Uhr, einer kybernetischen oder informationellen Maschine gleichgestellt wird. Wie man also der Natur nicht die Technik entgegenstellen kann, so auch nicht die Kultur. Denn was wir damit bezeichnen – die humangeschichtliche Zeit seit den Wildbeutergesellschaften – wird als Evolution interpretiert, d. h. als Modus eben des Mechanismus, der die Naturgeschichte vorantreibt. Kulturgeschichte bliebe auch dann eingebettet in Naturgeschichte, wenn der Mensch sich anschickt, zum Subjekt der Evolution sich zu ermächtigen. Geschichte gegen Natur abzusetzen scheitert dann, wenn Natur nicht das zeitlos Seiende darstellt, sondern selbst eine Geschichte aufweist, womöglich mit eigenen Formen des Gedächtnisses (Carl Friedrich v. Weizsäcker, Rupert Sheldrake); oder wenn man, wie Friedrich Nietzsche, in der Humangeschichte nur einen Wimpernschlag der Weltzeit ausmacht, nach dessen Ende »sich nichts begeben haben«[2] wird. Bliebe also die Freiheit als begrifflicher Gegenspieler zur Natur. Doch dies setzt die Identifikation von Natur und Notwendigkeit voraus, von der Freiheit sich abhöbe. Doch Natur als Zwangszusammenhang zu denken widerspricht anderen Konzepten, wo die Natur durch Wahrscheinlichkeiten oder Zufälle, Kontingenz oder Spiel (von den griechischen Atomisten bis zu Manfred Eigen) gekennzeichnet wird, also solche Züge aufnimmt, welche zur Analyse der Freiheitssituation des Menschen aufgeboten werden.

6. Diskursvielfalt

Wenn man also bei dem Versuch scheitert, durch Begriffsoppositionen zu einer Definition von Natur zu kommen, könnte dies auch der Effekt einer verlorenen Illusion sein, nämlich der Erwartung, man könne auf Natur als etwas Selbstverständliches rekurrieren. Spätestens um 1800 ist die Zeit, wo man sich praktisch oder theoretisch, wissenschaftlich, ästhetisch oder religiös mit Unmittelbarkeit auf Natur glaubte beziehen zu können, endgültig vorbei. Novalis hat deswegen statt einem einheitlichen Natur-Begriff ein Gewebe von Reden über die Natur entwickelt. Er trägt damit der methodischen Komplizierung Rechnung, die das moderne Verhältnis zur Natur bestimmt. »Man steht«, so führt Novalis aus, »mit der Natur gerade in so unbegreiflich verschiedenen Verhältnissen wie mit den Menschen; und wie sie sich dem Kinde kindisch zeigt, und sich gefällig seinem kindlichen Herzen anschmiegt, so zeigt sie sich dem Gotte göttlich, und stimmt zu dessen hohem Geiste.«[3] Lakonischer gesagt, stößt Novalis auf einen Polyperspektivismus, der nach dem Zusammenbruch der Metaphysik und selbst nach den Kritiken Kants für die Moderne kennzeichnend wird. Die Lage des Novalis ist der heutigen darin ähnlich, daß er, als Montan-Wissenschaftler, ziemlich gut über die Durchsetzungskraft rationaler Technik informiert war. Doch erkannte er darin widersprüchliche Züge und suchte, gegenüber der Autorität Newtonscher Wissenschaft, von der schwachen Position einer möglichen Naturästhetik ausgehend, nach anderen Formen des Wissens und Redens über Natur. Wenn Novalis in den *Lehrlingen zu Sais* (1802) etwa 20 Naturbegriffe Revue passieren läßt, so hat dies auch die Funktion, gegenüber der privilegierten Sprechweise der Naturwissenschaft ei-

---

2 FRIEDRICH NIETZSCHE, Ueber Wahrheit und Lüge im aussermoralischen Sinne (1873), in: NIETZSCHE (KGA), Abt. 3, Bd. 2 (1973), 369.
3 NOVALIS, Die Lehrlinge zu Sais (1802), in: NOVALIS, Bd. 1 (²1960), 85.

nen Raum der Vielfalt zu entwickeln und ein bewegliches Gewebe von gegenläufigen Reden und Bildern von Natur darzustellen – nicht etwa, um einen Begriff der Natur zu destillieren, sondern um allererst die Freiheit eines Denkraums zu gewinnen, in welchem die Vielfalt von Blickweisen und Umgangsformen mit Natur erfahrbar wird.

Die Form der *Lehrlinge zu Sais*, diese fast karnevaleske, variierende, fragmentarische, arabesk sich ausbreitende Diskursform meint also nicht, Natur ›an und für sich‹ begrifflich bestimmen zu können. Sondern die Schrift spiegelt die postaufgeklärte Situation des Subjekts im Verhältnis zur Natur: einerseits die Fremdheit, wonach im wissenschaftlichen Wissen sich eine Ferne zur Natur ausdrückt, und andererseits die Erfahrung, mit der Sprache nicht an Natur heranreichen zu können. »Man kann nicht sagen, daß es eine Natur gebe, ohne etwas Überschwengliches zu sagen, und alles Bestreben nach Wahrheit in den Reden und Gesprächen von der Natur entfernt nur immer mehr von der Natürlichkeit.« (ebd.)

Damit wird die moderne Situation erfaßt und jeder Natur-Naivität der Boden entzogen: Wenn nicht einmal darauf vertraut werden kann, daß die Natur ›da‹ ist, so wie man auf einen Baum zeigt; wenn das Heranreichen der Sprache an die Natur in Frage steht; wenn Natur nicht in sich selbst ruht und auf ihr Herausgerufenwerden ins Wort wartet, dann befindet man sich in einem Zustand des Bruches zur Natur. Novalis drückt dies so aus, daß wir auf die Natürlichkeit als einer Haltung des Menschen, worin dieser der Natur nahe ist, nicht länger vertrauen können. Über Natur sprechen (oder sie malen, oder sie im Labor inszenieren) heißt schon woanders stehen, in einem anderen Medium, in einer Distanz und Fremde, die nicht einfach in Wort, Bild oder Zahl aufgehoben werden kann.

7. Sein und Konstruktion

Das also ist die Lage des Sprechens über Natur: Wo über sie gesprochen wird, ist sie gerade nicht; Natur ist in der Sprache so abwesend, daß nicht einmal ausgemacht werden kann, daß sie ist, daß sie ein ›An-Wesen‹ ist. Dies ist, mitten in der Romantik, die ›immer nach Hause‹, nämlich nach Natur sich sehnt, die unhintergehbare Skepsis, die in der Moderne jede begriffliche Festlegung der Natur problematisch macht. Darum bedienen wir uns des Verfahrens der Erinnerung, durch welche die historischen Reden über die Natur versammelt und zu einem polyphonen Ensemble werden.

Heute, wo vor allem konstruktivistische Annahmen dominieren, die verdeutlichen, daß wir es prinzipiell nicht mit Natur, sondern mit kulturellen Konstruktionen von ihr zu tun haben, ist eine paradoxe Situation eingetreten. In radikaler Konsequenz des Konstruktivismus, der zur Auflösung des referentiellen Naturdenkens führt, kann man nicht mehr sagen, was Natur ist, weil alles Kultur ist. Umgekehrt aber zeigt sich ebenso, daß es unmöglich ist zu sagen, was denn Kultur sein soll, wenn man zeigen kann, daß alle kulturellen Leistungen, also auch diejenige, daß wir von ›Konzepte‹ bilden, bioevolutionäre Funktionen innerhalb einer die Kultur umfassenden Naturgeschichte sind. Deshalb ist es ratsam, jeweils anzugeben, an welcher Stelle der Geschichte welches Konzept mit welchen Begründungen und Zielen installiert worden ist, welches seine Extensionen sind und welche Dimensionen und Gegenstandsfelder damit analysiert werden sollen. Insofern ist eine konsequente Historisierung des Natur- wie des Kulturkonzepts geboten.

Die Natur ist unvermeidlich eine Mit-Spielerin des Denkens, so sehr dieses auch in seinen Inhalten frei ist. In diesem Sinn ›Entwurf‹ zu sein, realisiert das Denken sein Wesen, nämlich seine Natur. Kultur ist hierbei das Geprägtsein durch die Erinnerung an das, was über Natur in der Geschichte gedacht wurde, – von Lebewesen, die den Logos haben (ζῷον λόγον ἔχων; zōon logon echōn) und im und durch den Logos ihren Platz in der Natur bestimmten.

8. Ökologie

Nicht vorhersehbar, doch seit der Romantik reflektiert, war, daß die Ausbeutung der Natur durch das industriegesellschaftliche Systems zu schweren ökologischen Belastungen und Zerstörungen führen mußte. Es besteht unterdessen weltweit kein Zweifel daran, daß die Fusion von industriellem System und technischen Wissenschaften die basale

Ursache der Umweltschädigungen ist. Mittelfristig stellt dies auch eine Gefahr für die Reproduktionschancen nachfolgender Generationen dar. Nach Vorläufern seit dem 19. Jh., etwa der Natur- und Tierschutzbewegung, der Lebensreform usw., entstand nach 1970 das ökologische Projekt, von dem Wissenschaftler wie Ernst Ulrich v. Weizsäcker sagen, daß es die Frage des kommenden Jahrhunderts darstellt.

Ökologie ist die Lehre vom natürlichen Haushalt (οἶκος; oikos) von Lebensgemeinschaften. So verstanden ist dies eine Sache der Biologie, weil ökologische Systeme durchweg unter Absehung vom Menschen konstruiert werden. Diese Abstraktion vom Menschen ist eine Schwäche der Umweltwissenschaften. Immer wenn es um ökologisches Schützen und Bewahren geht, meint man zumeist Biotope, die von der Industriegesellschaft frei belassen sein sollen. Oft sind solche Vorstellungen von künstlerischen und literarischen Landschaftsbildern geprägt, die ebenfalls eine Präferenz für kleinere Naturausschnitte aufweisen, in denen Menschen und Menschenwerk nur als Minderheit zugelassen sind. Über das Bewahren hinaus geht die Reparaturökologie, die sich vom Naturschutz wenig unterscheidet, nur daß sie stärker an Rehabilitationen von geschädigten Naturbezirken orientiert ist. Gemeinsam ist beiden eine Art Insel- oder Museumsvorstellung. Die Inanspruchnahme von Natur durch gesellschaftliche Zwecke wird hingenommen, doch fordert man Memorial-Enklaven vergangener Natur, die sich kaum von Museen für Kulturgüter unterscheiden. Der Park ist die Leitidee dieser Ökologie, und Parks waren immer schon Gedächtnis- und Gedenkräume.

Allerdings sind solche Naturinseln künstliche Natur. Es gibt sie nur kraft politischer Entscheidungen und technischer Einrichtungen. Es soll nicht unterschätzt werden, was damit bewirkt wird. Tatsächlich werden Pflanzen und Tieren Überlebenschancen geboten, natürliche Formationen und Stoffwechselprozesse wiederhergestellt. Und es werden symbolische Merkzeichen errichtet, welche für die politische Diskussion über Ökologie eine Art normative Kraft des Faktischen entfalten können. Die Gesellschaft braucht solche ›Natur-Szenen‹ auch um des Willens eines materialen Anhalts von Diskursen, die an der Limitierung der technischen Unterwerfung von Natur interessiert sind. Dennoch liegen hier keine verallgemeinerbaren Lösungen. Angesichts von sechs Milliarden Menschen sind künstliche Naturräume, in denen Menschen ausgeschlossen oder nur Besucher sind, keine Lösung der globalisierten Naturprobleme, sondern Luxusgüter reicher Gesellschaften. Die Enklavennatur erweckt zudem den falschen Schein, der mit der Ästhetik des Natur-Schönen zusammenhängt, als könne es ›Natur an sich‹ geben, während die Enklaven konventionalisierte Naturartefakte darstellen. Deren Ästhetik ist zudem an einem harmonikalen Naturmodell orientiert, das die Dimension erhabener, fürchterlicher und gefährlicher Natur vernachlässigt. Auch suggeriert sie, der anthropologische Zwang könne vermieden werden, in und mit und gegen Natur zu arbeiten, also das natürlich Gegebene zu Momenten des sozialen Metabolismus zu machen. Vernachlässigt wird auch, daß der Mensch selbst ein Moment der Natur ist. In der menschenlosen Museumsnatur begegnet der Mensch gerade der Natur, die er nicht ist, während es ökologisch und ästhetisch darauf ankäme, sein Natur-Sein wie sein Nicht-Natur-Sein in Beziehung zur nichtmenschlichen Natur zu setzen.

Die Ideen zu einem veränderten Natur-Verhältnis sollten deswegen erweitert werden um das ›kulturelle Projekt‹ der Natur. Kultur wird hier nicht als Nischenkultur verstanden, wozu die klassischen Sektoren des Kulturbürgertums (Literatur, Kunst, Musik, Bildung) geworden sind. Sondern Kultur ist technische Kultur, in derem Rahmen auch Natur zu einem Projekt wird: Die Natur, in der wir leben und die wir den Nachgeborenen hinterlassen, ist eine zweite und dritte, anthropogene Natur. Die Natur in diesem Sinn ist eine Kulturaufgabe. Natur ist nicht physis, nicht das Beständige und der Bestand. Sie ist nicht ›beständig‹, nicht einmal im Maß der Naturgeschichte, weil die Naturprozesse immer stärker in die Temporalisierungsformen der menschlichen Kultur einbezogen werden. Der Klimawandel ist dafür ein Beispiel. Und Natur ist nicht mehr der ›Bestand‹, weil sich erwiesen hat, daß sie gegenüber den immer extremeren Inanspruchnahmen durch den Menschen sich als verletzlich, ephemer und erschöpfbar erweist. Beispiele dafür sind etwa bestimmte Energieressourcen, Pflanzen- und Tierarten, der tropische Regenwald u. v. a. m. Der Mensch steht so wenig fest wie die Natur selbst. Was die Menschen in ihrer Mannigfaltigkeit kulturgeschichtlich geworden sind, kann man als Selbstbildungsgeschichte lesen. Es herrscht darin weder Teleologie noch völlige Willkür. Der Spielraum des Projekts Mensch nimmt dabei zu. Die Gen-Technologie, die prinzipiell die Kreierung einer neuen Spezies Mensch zuläßt, oder die Implementierung künstlicher, womöglich selbstreproduktiver Intelligenz im Weltraum, zeigen an, wie weit dieser Entscheidungsrahmen für das geworden ist, was der Mensch aus sich machen will oder nicht. In Frage steht, ob die Menschen die Natur, die sie selbst sind, realisieren oder verlassen wollen. Einflußreiche Sektoren der Wissenschaften arbeiten daran, Existenzformen zu entwerfen, die aus den Naturbedingungen der Erde ausgeklinkt werden können. Damit ist ein Denkstand erreicht, wo das kulturelle Projekt der Natur überhaupt infragegestellt ist, d. h. in seinem Entscheidungscharakter erst völlig transparent werden kann. Wenn es in den Wissenschaften weder eine ethische noch eine kulturelle Selbstverständlichkeit ist, daß die Entwicklung sich noch länger auf die Natur beziehst, dann wird dadurch diese Natur zu einer Frage des Entwurfs, wer wir sein wollen und sollen. Diese Provokation erst erlaubt das Durchdenken der Frage, was es heißt, sich als Mensch kulturell im Oikos der Erde einzurichten. Dadurch, daß wir vielleicht weder müssen noch wollen, entsteht die Reflexion darauf, was es heißen kann, Mensch auf dieser Erde zu sein. Von diesem äußersten Punkt her ist die ›Ökologie des Menschen‹ zu bestimmen.

Dies ist die eine Seite. Die Seite der Erde, ihrer Lebensbedingungen, ihrer Formationen und Lebewesen, ist durch die temporeiche Entwicklung des letzten Jahrhunderts ähnlich radikalisiert worden. Zwar kann kein Zweifel sein, daß die gegenwärtigen Wirtschaften ihre Überlebensfähigkeit nach wie vor der Ausbeutung von Arbeitskraft und der Ressourcen der Erde verdanken. Andererseits ist auch absehbar, daß es kein Lebewesen, keine Ressource, keine Lebensbedingung auf der Erde mehr gibt, die nicht tiefgreifend verändert oder zerstört werden kann. Darum ist die Ökologie nur noch als globale Ökologie möglich. Globale Ökologie heißt, daß sie zu einem Projekt der Kultur wird, derart, daß Kultur die von Menschen verantwortete Ökologie der Erde wäre, in welche sich die Kulturen plazieren. Damit kann die Metapher vom Heimatplaneten Erde erstmals durchdacht werden. Erst vom möglichen Grenzwert der Verwüstung her ist denkbar, was die Erde als Heimat sein könnte. Denn keineswegs ist die Erde ›immer schon‹ Heimat, sondern als solche steht sie aus (Ernst Bloch).

II. Paläoanthropologische Voraussetzungen der Natur

1. Toolmaking animal

Die Redensart von ›Naturvölkern‹, womit Wildbeuter- wie Stammesgesellschaften bezeichnet wurden, ist irreführend, frühe Formen gerade der Kultur werden mit dem Ausdruck ›Natur‹ belegt. Weder Historiker noch Paläoanthropologen oder Ethnologen gehen davon aus, daß es einen ›natürlichen‹ Zustand menschlicher Vergesellschaftung je gegeben habe. Das ist rückwärtsgewandte Projektion, wie sie in der Nachfolge von Jean Jacques Rousseau immer wieder auftaucht: In dem Maß, wie die gegenwärtige Gesellschaft unnatürlich, entfremdet und dekadent erscheint, identifiziert man in Stammeskulturen eine vermeintliche Naturnähe, die zum Container der europäischen Sehnsüchte nach Natur und Ursprünglichkeit wird. Auch der neuzeitliche Mythos vom ›guten Wilden‹ gehört hierher. Um diese Phantasmen von Urgesellschaft geht es nicht.

Allerdings soll umrißhaft die anthropologische Gestalt des Menschen, wie sie sich über zwei Millionen Jahre bis ca. 40 000 gebildet und seither stabil gehalten hat, gezeigt werden. Sie kann als die evolutionäre Natur des Menschen gelten. Ferner werden die Kulturformen früher Stammesgesellschaften skizziert. Sie zeigen die basalen Mechanismen, welche für den längsten Zeitraum der Geschichte das Verhältnis zur Natur geprägt haben. Viele der hier entwickelten Strukturen gehen in die Mythen und Riten der Völker ein. Nicht erst in der Neuzeit, sondern schon in der Altsteinzeit bildete sich das technische Dispositiv aus, welches zum Apriori der Kultur geworden ist. Innerhalb der Geschichte wiederum wurde eine Folge von Naturkonzepten hervorgebracht, in denen sich die technischen, mythischen und ästhetischen Verhältnisse abzeichnen, welche die Kulturen zu Natur eingenommen haben.

Zur Natur des Menschen gehören die körperlichen Gestalten und Funktionen, die sich in der Entwicklung zum aufrechten Gang ausbildeten. In der Hauptsache geht es dabei um die Entkoppelung der Fortbewegungs- und Greiforgane und die funktionale Trennung von Mund und Hand. Konstitutiv ist ferner die Entriegelung des Gesichtsfeldes durch Aufrichtung der Wirbelsäule und Hochverlagerung des Kopfes. Dies führte auch zur Ablösung der wesentlich olfaktorischen durch die audiovisuelle Raumerschließung, zur Entlastung ferner des Hinterkopfes und der Freisetzung der Stirn, womit eine stetige Zunahme des Hirnvolumens möglich wurde. Die Entlastung des Gebißraumes von Funktionen wie Fang, Verteidigung und Nahrungszurichtung bildet die Grundlage für die Sprachentwicklung. Die Befreiung der Vorderhände von Aufgaben der Lokomotion, die Bildung des opponierbaren Daumens, die Zunahme der feinmotorischen Sensibilität der Hand sind die wichtigsten Voraussetzungen für die Entstehung des technologischen Feldes. Das Steuerungsorgan Gehirn zeigt eine überproportionale Zunahme der Areale, die für die Handmotorik, Gesicht und Sprache zuständig sind. Die physiologische Kontiguität beider Areale zeigt die dichte Vernetzung des manuellen mit dem lingual-facialen Feld. Verkürzt sind dies die Voraussetzungen für die Natur des Homo sapiens sapiens: Der intelligente Einsatz der Hand und das lingual-faciale Feld bilden das Initial für jede Kultur.

Die millionenfachen Funde altsteinzeitlicher Steinwerkzeuge weisen aus, daß koevolutiv zur Physiologie das archetypische Instrument geschaffen wurde: Dies ist die Geburt des ›toolmaking animal‹, das auch ›zōon logon echōn‹ ist, das Lebewesen, das die Sprache hat. Der aufrechte Gang (homo erectus) wurde bereits in der antiken Anthropologie zur basalen Natur des Menschen gerechnet (Platon, Xenophon, Cicero, Ovid, Laktanz). Moderne Anthropologen wie André Leroi-Gourhan bestätigen dies, wenn sie von der Komplementarität a) der kumulativen Entwicklung von Hirnstrukturen, b) der Anpassung von Körperstrukturen an die Lebensbedingungen der frühen Jäger und Sammler sowie c) der Verfeinerung der Interaktion von Hirn- und Körperstrukturen durch das Nervensystem sprechen.

Hinzu kommt die durchgehende Nicht-Spezialisierung sowohl von Gehirn und Körperorganen. »Tout au long de son évolution, depuis les reptiles, l'homme apparaît comme l'héritier de celles d'entre les créatures qui ont échappé à la spécialisation anatomique.«[4] Hohe Spezialisierung bedeutet auch eine biologische Determination, welche die Entwicklung von Organen und Hirn blockiert. Die Freiheit des Menschen, die er später zu seinem ethisch-politischen Ideal machen wird, hat in der Nicht-Spezialisierung seiner Leitorgane (Auge, Ohr, Hand) und vor allem seines Gehirns ihre natürlichen Voraussetzungen.

2. Symbolisches und technologisches Feld

Diese physiologischen Voraussetzungen, die man früher die ›Natur des Menschen‹ nannte, erlaubten eine kulturelle Entwicklung, die es um 40000 selbstverständlich machte, Steine, Knochen und Holz zu bearbeiten, sich zu verteidigen und zu töten, zu jagen, die Beute mit Werkzeugen zu zerlegen und am technisch gezähmten Feuer zuzubereiten, aus den Häuten Kleidung zu fertigen, Wohnstätten zu bauen, die Toten zu begraben. Hiermit ist das primordiale Verhältnis zur Natur geschaffen, zentriert um das Dispositiv von Ernährung und Schutz. Eine weitere Voraussetzung kommt hinzu: Die Stammeskulturen begründeten durch die Entwicklung einer voll funktionalen Lautsprache nicht nur soziale Kooperativität, sondern allgemeiner: Sie öffneten das Feld des symbolischen Denkens.

Die neurologische Vernetzung von Gehirn, Hand (Werkzeug) und Sprache konstituiert die Möglichkeit zweier komplementärer Dispositive: das sprachlich-symbolische Feld und das technologische Feld. Beide sind koevolutiv und tragen den

---

[4] ANDRÉ LEROI-GOURHAN, Le geste et la parole, Bd. 1 (Paris 1964), 168.

take-off der Kultur; und beide sind in der physis des Menschen fundiert. Diese Verschaltung von Natur und Kultur in der neuro-physiologischen Ausstattung des Menschen gab Anlaß zu dem anhaltenden Steit über das Verhältnis von natura und cultura. Die Verschaltung von Natur und Kultur im Relais des Körpers heißt aber gerade, daß eine spezifische Physiologie den Ermöglichungsgrund abgibt für die nicht-determinierte, offene, also historische Überschreitung eben dieser Natur in Richtung auf einen neuen Evolutionsschub, den wir ›Kultur‹ nennen. Beide, Sprache und Technik, haben ihre Vorläufer in der biologischen Evolution. Aber sie sind Medien einer neuen Entwicklung, die gerade nicht die biologische Richtung einschlägt, sondern auf die Befreiung des Menschen von seinem zoologischen Rahmen zielt: »dans une organisation absolument neuve où la société va progressivement se substituer au courant phylétique« (166).

Die Einsatzpunkte des Werkzeugs (materielle Kultur) und der Sprache (symbolische Kultur) lassen darauf schließen, daß die von biologischen Rhythmen beherrschte Evolution erweitert wird durch eine kulturelle Evolution, die von sprachlich-sozialen und technischen Innovationen angetrieben ist. Wie die Freisetzung der Hand die technologische Matrix öffnet, so wurde die Sprache aus dem Funktionskreis biologisch determinierter Signalkommunikation entriegelt zu einem autonomen System symbolischer Kommunikation und überschüssiger Bedeutungsproduktion.

III. Natur in Stammeskulturen

1. Verwandtschaft, Sexualität, Subsistenz

Bereits beim Klassiker der Urgeschichtsforschung Lewis Henry Morgan (*Ancient Society* [1877]) wird deutlich, daß Sexualität und Verwandtschaftssysteme zu den frühesten kulturellen Regulationen von Natur gehören. Aus Analysen von tribalen Klassifikationssystemen, Festriten und sozialen Regeln schien ablesbar, daß sich in globaler Streuung analoge Strukturen von sexuellem Verkehr und verwandtschaftlicher Gliederung finden – ein Ansatz, der noch von Claude Lévi-Strauss in *Les structures élémentaires de la parenté* (1949) fortgeführt wurde, ohne den bereits um 1900 kritisierten Evolutionismus Morgans zu teilen. Die Naturkraft Sexualität wird folglich mit kulturellen Klassifikationen verbunden und darüber werden Sozialordnungen codiert. Eine Weltgeschichte der Sexualität und der ihr angeschlossenen Momente wie Geburt, Kindheit, Altersklassen, Elternschaft, Sterben und Tod würde zeigen, daß die Naturmatrix Sexualität eine dauerhafte Herausforderung für alle kulturellen Ordnungen darstellt. Dies gilt bis heute, wenn man erkennt, daß die Entkoppelung von Sexualität und Fortpflanzung (durch Reproduktions- und Gentechnik) vermutlich einen epochalen Einschnitt in der Geschichte der Anthropologie, des Selbstverhältnisses des Menschen und seiner Beziehung zur Natur darstellt.

In dieser Perspektive wird man die Sexualität als eine dem Tod komplementäre Einrichtung der Natur verstehen müssen. Nur weil es den Tod gibt, muß es sexuelle Reproduktion geben und damit eine erste (naturhafte) Antriebskraft kultureller Evolution, welche die Aufgabe hat, den Tod hinzuhalten. Urgesellschaften der Verwandtschaft haben bereits ein ausgeprägtes Todesbewußtsein. Tatsächlich finden sich archäologische Nachweise für Bestattungsriten und Ahnenkulte spätestens seit dem Mittelpaläolithikum, vermutlich synchron zur Bildung von Verwandtschaftssystemen und Sexualregeln. Auch der Tod ragt, als negative Naturkraft, dauerhaft in Gesellschaft hinein und erfordert nicht nur gewaltige kulturelle Anstrengungen seiner Bewältigung (z. B. in Form von Religion), sondern ist vielleicht sogar der Antrieb der ersten ästhetischen Objektivationen.

Nun hat schon Morgan gesehen, daß tribale Systeme nicht die einzigen Formen der Kulturation darstellen. Er unterscheidet zwei Typen der sozialen Organisation. Mit ›societas‹ werden Kulturen bezeichnet, die zentral um Personenbeziehungen aufgebaut sind und ein aus Phratrien, Stämmen und Bünden gebildetes Verwandtschaftsgeflecht zur Basis haben. Mit ›civitas‹ wird ein Kulturtyp charakterisiert, der auf der Basis von Eigentumsregeln ein System territorialer Grenz- und Ortsbeziehungen entwickelt. Zwischen beiden Typen gibt es Übergangsformen, aber auch einen qualitativen Sprung: nämlich von der Wildbeuter- und Sammler-Kultur zu seßhaften Hirten-, Garten- und Ackerkulturen. Auf dieser Basis gliedert Morgan die gesamte Weltgeschichte. Übergänge von einer Epoche zur anderen werden durch technisch-ökonomische Faktoren erklärt. Diese zielen nicht auf die Regulation von Sexualität, sondern auf Subsistenz und soziale Reproduktion. Im allgemeinsten Sinn finden technisch-ökonomische Inventionen Platz im Funktionskreis der Ernährung, stellen also kulturelle Transformationen natürlicher Triebkräfte dar: nämlich Hunger und Durst.

Hunger und Durst unterliegen biologischen Rhythmen, die jedoch kulturell und kooperativ modelliert werden. Dies geschieht zunächst in der Form der Subsistenzwirtschaft ohne Vorratshaltung. Es sind lokale Ökonomien der Selbstversorgung mit einem niedrigen Niveau von Stoffwechsel und Energiedurchsatz. Alle erforderlichen Techniken werden als ›tacit knowledge‹ präsent gehalten und jede soziale Parzelle verfügt über sämtliche erforderlichen Fertigkeiten. Obwohl der Nahrungsspielraum immer fragil ist, stellt die durch Sammeln und Jagen bewerkstelligte Selbstversorgung die bisher dauerhafteste Anpassung des Menschen an Natur dar: Sie umfaßt ca. 97% der gesamten Humangeschichte.

2. Jäger und Sammler

Lange Zeit wurde der (männliche) Jäger als der Archetypus der Menschheit bezeichnet, der die nachhaltigste Langzeitprägung auf die ›Natur‹ des Menschen ausgeübt haben soll. Sicher liegt in der archaischen Arbeitsteilung der Geschlechter (Männer betreiben Jagd und Krieg, Frauen Aufzucht und Sammeln) der historische Grund für die Mythologien der Geschlechter, die trotz Modernisierung und Emanzipation bis heute Einfluß ausüben. Der Übergang zur Jagd zog auch den Wechsel vom Vegetarismus zur halb carnivorischen, halb vegetabilen Ernährung nach sich. Er implizierte ferner die Entwicklung gezielter Aggression, habitueller Tötung von Tieren, aber auch die Menschentötung in innerartlicher Konkurrenz. Die ersten Geräte (außer dem Grabstichel und dem Allzweck-Chopper) entwickelten sich im Kontext der Jagd. Das Janus-Gesicht der Technik stand bereits an ihrem Anfang: Inventionen der Jagdtechnik, welche die Ernährung optimierten, sind auch Kriegswaffen. Da der Einzelne ohnmächtig war, bildete die Jagd allerdings auch die Sphäre, in welcher sich Kooperationsbeziehungen der Jägerhorde bildeten. Oft ist an rezenten Jäger-Kulturen auch ein subsidiäres Beuteverteilungssystem beobachtet worden, das hohe Sozialbindung voraussetzt.

Obwohl in Subsistenz-Ökonomien Frauen wichtig waren, weil nicht die Jäger, sondern sie die kontinuierliche Basis der Ernährung sicherstellten; und obwohl archaische Mythologien und frühe matrilineare Ordnungen auch die symbolische Bedeutung der Frau betonten, ist die umstrittene These von der Langzeitprägung durch die Jäger nicht von der Hand zu weisen: Jagdriten sind älter als Fruchtbarkeitskulte; Riten entwickeln sich eher aus der Jagd als aus dem Sammeln; die für viele Kulturen konstitutiven Opferriten werden im Kontext der Jagd gebildet, nicht zuletzt, um das Tötungssakrileg zu sühnen; in Jagdtänzen wurden intensive Identifikationen zwischen Jäger und Tier codiert; die Jagd enthielt durch ihren high-risk-Effekt eine höhere emotionale Dramatik und setzte massive Triumphgefühle bei der Überwältigung oder Überlistung des Beutetiers frei. Erstaunlich auch die Funde, die auf overkill-Exzesse hinweisen. Sie sind ein Indiz dafür, daß, anders als das Sammeln, die Jagd einen orgiastischen Rausch freizusetzen vermag, der im Verhältnis zum möglichen Verzehr disproportional ist, triumphale Überschußhandlungen, die ubiquitär in Entgrenzungsexzessen immer wieder auftauchen und mit der Mentalität des kurzfristigen Maximalertrags in der Subsistenzökonomie zusammenhängen.

Jäger/Sammler-Kulturen weisen in ihrem Natur-Verhältnis ein determinierendes Dreieck auf, das durch die unsteten Gleichgewichtsbeziehungen von Territorium, Bevölkerungsdichte und Nahrungsressourcen gebildet wird: Daraus entsteht eine naturwüchsige Selbstregulation der Stämme. In jedem Fall gehören komplexe Fertigkeiten zu den Reproduktionsleistungen von Jäger/Sammler-Kulturen: Sie verfügen über gute Kenntnisse des Lebens von Tieren und Pflanzen (Kognition); sie weisen ein funktionsfähiges ›mapping‹ des Territoriums auf; sie entwickeln effektive Jagd- und Sammeltechniken; in jeder Parzelle wird das notwendige Wissen bereitgehalten, sie ist mithin technisch vielseitig und autark. Innerhalb des Clans sowie mit anderen Stämmen, mit denen Heiratsbünde auf matrilinearer Basis bestehen, wird eine geregelte Zirkulation von Produkten, Stoffen und Lebensmitteln praktiziert (Naturaltausch).

3. Dynamischer und statischer Raum

Diese Strukturen bleiben zwischen 40000 und dem Beginn der Agrikultur stabil, finden sich aber noch heute, z. B. bei den australischen Aborigines. Insgesamt erfolgt dabei eine Transformation natürlicher in soziale Räume. Der Wohnbereich wie das Wegesystem ist die primäre Ordnung des humanisierten Raumes gegenüber einem angstbesetzten Chaos von unbekannten Umgebungsräumen (der Wald erhält davon bis zum Mittelalter seine unheimliche Qualität). Es finden sich zwei Archetypen von Raumordnungen, die dynamische und die statische. Der dynamische Raum ist den Jäger/Sammler-Kulturen zuzurechnen: Bei ihnen kommt es darauf an, den Raum zu durchqueren, Strecken zurückzulegen, Wege zu kennen, Raumorientierungen zu gewinnen, Fixpunkte zu setzen, heilige Zonen und Orte bedeutsamer Ereignisse zu respektieren, räumliche Ordnungen zu erwerben, zu erinnern und weiterzugeben. Entsprechend sind die Mythologien stark ›kartographisch‹ bestimmt. Hier beginnt das ›cultural mapping‹ als Verzeichnungstechnik des natürlichen und kulturellen Raums. Die ›Karten‹ enthalten Bahnen und Fahrten, auch die Bahnen der Sterne und der archaischen Kulturbringer. Das Bahnen und Furten des Raums ist als performativ zu verstehen: Indem man ›bahnt‹, erzeugt man zugleich die Ordnung des Raums, und dies ist Stiftung der Kultur.

Hingegen ist die statische Raumordnung der agrikulturellen Gesellschaften völlig anders organisiert. Um den kollektiven Wohnort (mit Speicher, Heiligtum, Platz für Riten, Institutionen) herum werden konzentrische Kreise bis zum Horizont gebildet mit abnehmendem Ordnungscharakter. Zwischen dem Zentrum, als der Weltmitte, und der Peripherie entsteht ein auf die Mitte hin orientiertes Wegenetz. Jenseits der Peripherie ist Nicht-Welt, Wildnis, Chaos, leben die ›unkultivierten‹ Feinde, die Barbaren, wie die Griechen die außerhalb ihres Kulturkreises lebenden Menschen nannten.

4. Mythen, Animismus, Magie

Wie Verwandtschaft das System des Stammes bildet, so wird in den Riten, oft durch szenische Wiederholung der Ursprungshandlung des Kulturstifters, eine umfassende Elementarverwandtschaft zu den Ahnen ebenso wie zu Tieren, Pflanzen, Steinen hergestellt. Die Riten werden dabei begleitet von Mythen, die insbesondere dann, wenn sie Schöpfungserzählungen sind, motivliche und strukturelle Verwandtschaften zu denjenigen Mythen aufweisen, die aus vorderorientalischen, jüdischen und griechischen Schriftkulturen als deren älteste Schichten bekannt sind, z. B. der Prometheus-Mythos, die Sintflutgeschichte, die Anthropogenie-Mythen u. a. Ernst Cassirer hat dabei Naturmythen von Kulturmythen unterschieden. Geht es in ersteren darum, die Herkunft, das Vorhandensein und das Wirken natürlicher Erscheinungen zu vermitteln, indem man sie in Bilder bzw. Narrationen von Ursprung und Genesis faßt, so versuchen Kulturmythen »die Herkunft der menschlichen Kulturgüter«[5] durch die Einführung sog. Tätigkeitsgötter bzw. Kulturbringer zu erklären. Durchaus geht es auch in den Kulturmythen um Einwirkungen auf Natur, wobei diese Mythen das Naturverhältnis »durch das Medium des eigenen Tuns« (240) ausdrücken. Wenn z. B. im Reifen des Korns das Wirken einer Göttin verehrt wird, so wird darin eine heilige Handlung begangen, bei der die agrikulturelle Tätigkeit in eine göttliche Sphäre transfiguriert wird.

Eine solche symbolische Struktur ist ein Element des magisch-animistischen Weltbildes, dessen Spuren bis heute erhalten sind. Animismus meint, daß alle Dinge und Lebewesen wie die Welt als Ganzes von unsichtbaren Kräften erfüllt sind. Diese Krafterfülltheit hat nichts mit Kausalität zu tun. Die Natur ist durchzogen von Kraftströmen, durch die alles wird, was es ist, und alles anders wird, als es ist. Teils formieren die magischen Kräfte die Dinge, teils haben die Dinge selbst innere Kräfte,

---

[5] ERNST CASSIRER, Philosophie der symbolischen Formen, Bd. 2 (1925; Darmstadt 1973), 244.

wodurch sie sich behaupten und in die Welt wirken; teils partizipieren sie an übergeordneten Kraftströmen, die durch sie hindurch gehen. Im umfassenden Sinn macht der magische Dynamismus das Lebendige der Natur aus. Animistische Kulturen artikulieren in Riten, Gebräuchen und mythischen Narrationen ein vor-philosophisches und vor-ästhetisches Wissen des Dynamismus lebendiger Natur.

Alles lebt und zeigt sich, vitalisierend oder zerstörerisch. Die Welt ist ein Durchströmtsein von Kräften. Dies macht den sakralen Charakter der Dinge und Lebewesen sowie des Kosmos aus. Die Kräfte sind da, verborgen oder manifest, sie erfüllen die Dinge und Körper. Wenn alles beseelt ist, ist alles Leben, so tot es scheinen mag. Alles bordet von Leben über, aus allem emaniert Leben und erfüllt den Raum. Die Kräfte können unpersönlich und namenlos sein, reine Emanationen von Dynamis in jedweden Naturerscheinungen. Die Kräfte erfüllen die Landschaft, die Winde, das Wasser, die Steine und Pflanzen, die Tiere und den Wald, das Feuer. Doch ebenso gut können die Kräfte gestalthaft sein, also zoomorph, phylomorph oder hylomorph, konzentriert in die Gestalt von Tieren, Pflanzen oder Stoffen. Diese können Heil- oder Schadensfunktion gewinnen für denjenigen, der damit umzugehen weiß: Magie ist die operative Seite des Animismus. Über dieser Schicht einer Morphologie der Kräfte, welche zu Fetischismus, Totemismus, Idolenbildung und primären Vergöttlichungen Anlaß geben, erhebt sich, religionsgeschichtlich später, die Schicht der anthropomorphen und individualisierten Gottheiten.

Charakteristisch für die animistische Welt, so haben u. a. Cassirer und Marcel Mauss oder Karl Beth festgehalten, ist ferner, daß das Heterogene eingefügt ist in eine integrale Ordnung. Die Welt ist nicht chaotisch, sondern gefügt. Und weil angenommen wird, daß die Dinge sie selbst sind und zugleich das Ganze darstellen, herrscht eine ontologische Teil-Ganzes-Beziehung, welche alles Einzelne zum pars pro toto macht. In Spuren, Relikten, Teilen, in einzelnen Dingen oder Lebewesen kann man durch magische Praktiken Anschluß finden ans Ganze und es für eigene Zwecke benutzen. Gerade die pars-pro-toto-Beziehung erweitert den Handlungsspielraum des Menschen. Sie ist eine prototechnische Form der Manipulation der Dinge, in umittelbarem Kontakt mit ihnen oder sogar über die Ferne hin. Letzteres auch deswegen, weil die Dinge niemals isoliert sind, sondern in Geflechten und Benachbarungen stehen, oder, wie Cassirer sagt, in Verhältnissen der Kontiguität und der Konkreszenz, des gegliederten Zusammengewachsenseins.[6]

Von hier aus ist die Magie zu verstehen. Sie ist die früheste Technikform überhaupt, durch die in Natur wie Kultur zielorientiert und wirkungsvoll gehandelt und damit Macht akkumuliert wird. Macht ist die Fähigkeit, etwas oder jemanden auch gegen seinen eigenen Willen zu bewegen, wie Max Weber sagt: Und dies ist die Urform der Magie. Insofern sind die Grundlagen der Macht bis heute magisch, insbesondere charismatische und zeremonielle Machtentfaltung. Das Anwendungsfeld der Magie ist grenzenlos: Menschen, Tiere, Dinge, Sterne, Wetter, Götter, Krankheiten, Wachstum, Ernte, Geburt. Und sie nimmt vielfältigste Formen an: Beschwörung, Zauber, Sprachformel, Gebet, rituelle Verrichtung, mimetische Choreographie, Gesang, dingliches Hantieren, Opfer. Die Magie ist der performative Gebrauch der Kräfte, welche die Welt erfüllen, zu Zwecken des Menschen. Performativität heißt nicht: Repräsentation im Sinne des semiotischen Verweisens szenischer Elemente auf dahinter stehende (transzendente) Kräfte. Magische Performativität heißt, daß im Vollzug magischer Praktiken die Kräfte erzeugt werden, deren man sich bedient; daß die Kräfte vergegenwärtigt werden, so absent oder uralt die sein mögen; daß eine Identifikation mit dem magischen Vollzug geschieht, so ›anders‹ dasjenige sein mag, das vollzogen wird.

Magische Kraft ist also das, was sich in Dingen, Lebewesen oder rituellen Handlungen ›ausdrückt‹ oder ›verkörpert‹. Diese Kraft ist zugleich Substanz und Wirkung. Um 1900 waren die Ethnologen überall auf der Welt auf die Spuren dieser Kraft-Substanz sakraler Natur gestoßen. Sie nahmen an, daß hinter ihren verschiedenen Bezeichnungen (Mana, Orenda, Wakanda etc.) eine transkulturelle Universalie steht, die die Naturauffassung der

---

6 Vgl. ebd., 50–77, 209–237.

IV. Vor- und frühgeschichtliche Wurzeln der Ästhetik

Stammeskulturen ausmacht und zugleich, als die sog. Mana-Tabu-Formel, die Minimaldefinition von Religion darstellt.

IV. Vor- und frühgeschichtliche Wurzeln der Ästhetik

1. *Physiologische Ästhetik*

Die griechische Klassik zeigt, daß die Kunst in wenig mehr als 2000 Jahren nach Erfindung der Schrift, in nur 4–5000 Jahren nach den ersten Städten und in etwa 7–9000 Jahren nach der sog. neolithischen Revolution eine absolute Meisterschaft erreicht hat. Dies gilt ähnlich auch für andere Hochkulturen wie Ägypten, den Vorderen und Mittleren Orient, Indien und China. Nach der griechischen Klassik kann man andere Kunst machen, aber keine höher entwickelte. Die Kunst als eine Abzweigung von Technik und von Religion erreicht auf dem Niveau schriftgestützter Stadtkulturen recht schnell die Stufe der Perfektion – viel schneller als die Technik. Was als vollendete Nutzung des ästhetischen Potentials natürlicher Medien wie Stein, Metall, Farben und Sprache gelten kann, das ist in der sog. Achsenzeit erreicht.

Um solche Künste geht es nicht, sondern um die Kunst vor dem Zeitalter der Schrift, also um Erscheinungen des Ästhetischen in der Steinzeit. Man muß sich von der Kunstwerk-Ästhetik und dem Dogma der Autopoiesis des Kunstsystems verabschieden. Dann bestehen z. B. bezüglich einer der Grundoperationen der Kunst, nämlich der Rhythmisierung der Zeit, keine wesentlichen Unterschiede zwischen einem steinzeitlichen Rhythmiker, der eine Tanzzeremonie gliedert, einem seine Mythen rhythmisch organisierenden Erzähler, einem Percussion-Künstler oder Paul Celan. Jenseits der semantischen Differenzen arbeiten alle mit größter Sorgfalt an einer primären Kulturtechnik, nämlich durch Zeitgliederungen Ordnung ins Chaos zu bringen – und das ist Rhythmisierung. Solche ästhetischen Funktionen wurzeln tief in der biologischen Evolution des Menschen. Genauso wenig wird man hinsichtlich der zeichnerischen Souveränität qualitative Unterschiede machen können zwischen den steinzeitlichen Höhlenmalereien, Tuschzeichnungen des Japaners Hasegawa Tohaku oder Stier-Zeichnungen von Pablo Picasso. Das Historische von Kunst liegt nicht in einer vorgeblichen Evolution der ästhetischen Beherrschung, sondern in den kulturellen Differenzen der Stile, Sujets, Gattungen, künstlerischen Strategien, ästhetischen Funktionen usw.

Archäologische Befunde sowie Studien an lebenden Steinzeit-Kulturen deuten daraufhin, daß pikturale Darstellungen Teile eines audiovisuellen Gesamtvorganges gewesen sein können, mit denen sich bereits unsere mittelsteinzeitlichen Vorfahren über die unmittelbare Gegenwart des Lebensnotwendigen mittels sprachlicher wie visueller Verfahren hinwegsetzten, um ihren Kosmos zu symbolisieren und zu reflektieren: Hier vermutlich entstanden erste Formen eines ästhetisch organisierten Kollektivgedächtnisses. Paläoanthropologisch ist vorauszusetzen, daß die technische Erschließung der Natur nicht ohne den komplementären Aufbau eines sozialen Gedächtnisses möglich war. Dieses aber ist an die ästhetische Entwicklung natürlicher wie artifizieller Medien gebunden. Dabei geht es um das, was Leroi-Gourhan ›physiologische Ästhetik‹ und Joseph Beuys ›soziale Plastik‹ genannt haben. Letztere ist eine Urfunktion der Kunst, insofern diese aus Riten erwächst.

Die paläolithische Differenzierung von Technik und Ästhetik beruht darauf, daß die operative Entriegelung der Hand verbunden war mit ihrer Befreiung zur sozialen und performativen Geste. Die Hand, darüber hinaus aber der gesamte Körper, ist Mitspieler im Prozeß der Bedeutungserzeugung. Körperliche und sprachliche Kommunikation kooperieren von Beginn an im Aufbau eines mythogrammatischen Gedächtnisses und einer performativen Kultur, welche die Ordnung der Natur und der Ethnie sowohl darstellt wie zugleich erzeugt und erhält. Die biologische Wurzel oder das anthropologische Apriori dieser performativ-ästhetischen Kultur liegt darin, daß die menschliche Species mehr als jede andere auf Lernprozesse angewiesen ist. Menschliche Kulturen müssen sich Traditionen, d. h. memoriale Engramme und performativ wirksame Gestaltungen schaffen, um Wissen, Werte und Orientierungen zu erhalten und zu kumulieren. Dies bedeutet Geschichte zu haben. Die

Langsamkeit paläolithischer Entwicklung hängt damit zusammen, daß es den altsteinzeitlichen Ethnien nicht gelungen ist, ästhetisch-memoriale Performanzen zu kreieren, welche kumulative Lernprozesse erlauben würden. Die evolutionäre Beschleunigung setzt um 40 000 ein, wo mit dem Erreichen des zerebralen Niveaus des Homo sapiens sapiens auch eine Vervielfältigung der Techniken sowie das Vorhandensein ästhetischer und ritueller Vermögen nachweisbar ist. In den Funktionskreis der kulturellen Selbstkonstitution der Species Mensch ist von Beginn an die symbolische und performative Praxis eingebunden. Die Nicht-Spezialisierung des Gehirns, die sog. Retardierung der Ontogenese, die Unspezifizität der Instinkte und die Exzentrizität der physiologischen Ausstattung sind Bedingung einer kulturellen Konstruktion seiner selbst in sozialen Verbänden. Das Performativ-Ästhetische bildet seit der Jung-Altsteinzeit diejenige Sphäre, in der Tradition und Gedächtnis, Lernprozesse und soziale Integration, Weltorientierung und Werterzeugung in symbolischen Szenen organisiert waren. Für eine erfolgreiche Reproduktion in einer Natur, in die der Mensch nicht eingebettet ist – dies macht nach Helmuth Plessner seine »Exzentrizität«[7] aus –, ist dies grundlegend. Es ist die Natur des Menschen, daß er in der Natur nur überleben kann, wenn er technisch und symbolisch effektive Kulturleistungen hervorbringt.

2. *Audiovisuelle Performativität*

Die Ordnung der Kultur ist dabei audiovisuell, nicht taktil, olfaktorisch und geschmacklich bestimmt. Die Auge/Ohr-Einheit bildet die Grundform des menschlichen In-der-Welt-Seins oder seiner Natur. Denn die physiologische Ästhetik von Nase, Zunge und Haut ist nach Leroi-Gourhan nicht des Figuralen mächtig. Paläoanthropologen haben für den Menschen ein »biais« ausgemacht, nämlich »dans la constante existence d'un champ facial-manuel de relation et dans la liaison cérébrale de la motricité des appareils facial et ma-

nuel«[8]. ›Facial‹ meint die audiovisuelle Kontrolle von Handlungen und Objekten aller Art. Sie spielt aufs engste mit der Hand und der Lokomotion des Körpers zusammen. Nun ist die Hand als gestisches Medium auch ins semiotische Feld eingelassen. Sie kooperiert mit der Mimik des Gesichts, dem Ausdrucksverhalten des Körpers, dem bedeutungserzeugenden Mund und dem decodierenden Sinn von Auge und Ohr. Komplementär dazu ist das ›Mund-Werk‹ nicht mehr nur eine Maschine zum Packen, Schneiden, Zermalmen, Zerkleinern, Zerreißen von Nahrung, sondern zur akustischen Figuration von Bedeutungen. Der Mundraum ist interiorisierend in der Nutrition, doch exteriorisierend im Sprechen und codiert damit zwei basale Handlungsachsen. Das Ohr ist nur interiorisierend, gleichsam das Speiseorgan der akustischen Welt. Das Auge ist darauf eingerichtet, körperliche und objekthafte sowie motorische Figurationen zu entziffern. Zur Logik des facialen Relationsfeldes gehört es nun, den sensorischen Raum für audiovisuelle Figurationen zu öffnen und damit für performative Kulturleistungen mit Bedeutungsüberschuß. Das ist die Wurzel aller Kunst – von Tanz, Gesang, rituellen Choreographien, Performances. So gehört zur Natur des Menschen eine unermeßliche performative Potentialität.

Die Hand wird auch im Feld der physiologischen Ästhetik führend. Das mag mit Verzierungen von Werkzeugen beginnen. Einen Grabstock mit ornamentalen Kerbungen oder eine Speerspitze mit Gravuren von Enten zu versehen, scheint keine funktionale Optimierung des Werkzeugs zu sein. Doch innerhalb des animistischen Weltbildes ist die Anbringung von Ornamenten, Zeichen und Zeichnungen, die Herstellung von Symmetrien und Proportionen des Geräts eine Verbesserung auch der Funktion. Instrumente sind nicht nur Mittel zur Beherrschung eines Natursegments, sondern sie figurieren auch diese Beherrschung. Kunst ist im Ursprung ein Medium zur Optimierung von Handlungen, die in unseren Augen zweckrational sind (und damit, nach Kant, aus dem Ästhetischen ausgeschlossen). Das Ästhetische aber ist eine Funktion der Daseinsbewältigung. Das ist die Wurzel der Kunst bzw. die Einführung des Symbolischen ins Technische oder des Imaginären ins Reale.

---

7 HELMUTH PLESSNER, Die Stufen des Organischen und der Mensch (1928), in: Plessner, Ges. Schriften, hg. v. G. Dux u. a., Bd. 4 (Frankfurt a. M. 1981), 364.
8 LEROI-GOURHAN (s. Anm. 4), Bd. 2 (1965), 87.

Die Hand also kann nicht nur Grabstöcke und Speere herstellen und einsetzen, sondern auch die Körper von Tänzern bemalen, Schmuck fabrizieren, Zeichnungen an Felswände, auf Häuten oder im Sand anbringen, Rhythmen klopfen oder trommeln, heilige Objekte – z. B. Totems und Fetische – fertigen, in deren Schutz und Namen man steht, Zelte, Hütten oder Häuser ornamentieren und bemalen oder die Knochenflöte bedienen. Die Hand kann mithin seit der mittleren Steinzeit zwanglos in zwei Matrizes operieren: der technischen Matrix des operativen Handelns und der ästhetischen Matrix der bedeutungsvollen Figuration. Richtiger sagt man, daß die Trennung in diese zwei Matrizes kulturgeschichtlich erst spät erfolgt – während die urgeschichtliche Ästhetik und Technik im facial-manuellen Feld integriert sind. Technik und Kunst sind eins. Bereits die Steinwerkzeuge der Levallois-Periode mit ihren raffinierten Abschlägen, Symmetrien und Proportionen, ihren Zentren und Achsen setzen einen Menschen voraus, der im rohen Feuerstein bereits sieht, was er will und durch lange Erfahrung die technische Kompetenz erworben hat, um die Idee aus dem Material herauszuarbeiten: Dies ist bekanntlich die Definition des Schönen bei Hegel. So ist keine Kunst ohne Technik möglich. Aber auch gilt, daß die Technik selbst Kunst ist. Wie aller Kunst Technik implementiert ist – und damit auch ein Stück Naturbeherrschung –, so ist umgekehrt in aller Technik auch eine ästhetische Dimension enthalten.

In der Höhlenmalerei, bei der man vier Stilepochen unterschieden hat, wurde alles entwickelt, was eine Bildkunst konstituiert. Es finden sich Abstraktion sowohl wie Abbildlichkeit, Rhythmik der Formen, Stilisierung der Figuren, Kanonisierungen von Formlösungen, geometrische und ornamentale Musterkonventionen, großflächige Kompositionen der Motive im Raum der Höhle, Ansätze zu räumlicher Tiefenstaffelung und – vermutlich – ein semantisches Programm, das mit mythogrammatischen und magischen Funktionen zusammenhängt.

Schwieriger zu beurteilen sind die ephemeren Künste, also Performances in Tanz, Ritus, Narrationen, da man hier ausschließlich auf Zeugnisse lebender Kulturen angewiesen ist. Riten und Feste zeigen eine hochentwickelte Performativität. Dramaturgien leiten solche performances und vermögen den gesamten Stamm zu integrieren. Dabei geht es um Figurationen, die alle relevanten Beziehungen, welche die Ethnie zur Natur unterhält (von der Kosmologie bis zum Regen- und Jagdzauber) ebenso umfassen wie die sozialen Krisen und Statuswechsel (Adoleszenz, Heirat, Geburt, Tod, Krankheit, Genealogie etc.), welche die Rhythmik des Stammeslebens regulieren. Die mythopoetischen Erzählungen umfassen die symbolische Ordnung des Stammes, inventarisieren alle sozialen wie natürlichen Elemente und betten sie in einen kosmologischen Kontext ein. So läßt sich resümieren:

Frühe Kulturen weisen ein magisch-animistisches Verhältnis zur Natur auf. Sie zeigen ein erstes ausgereiftes technisches Paradigma, die Steintechnologie. Es ist hinreichend, um über sehr lange Zeiträume ein Gleichgewicht von Nahrungserwerb, Bevölkerungsdichte und Naturressourcen zu sichern. Die Stein-Kulturen verfügen ferner über eine kommunikativ funktionsfähige Sprache und entsprechende theatral-figurative Symbolisierungstechniken, die es erlauben, eine sinnstiftende Bedeutungsebene aufzubauen. Sie verfügen über ästhetische Formenkanons in der Leitmaterie Stein, in den theatralen Riten und in der Bildkunst, welche jeweils hochgradig perfekt sind. Mit den vier Säulen Technik, sprachliche Kommunikation, ritueller sozialer Plastik und ästhetischer Figuration weisen die Stein-Kulturen alle Funktionsebenen auf, welche das Überleben in unverläßlicher Natur und die Verstetigung sozialer Organisation tragen.

V. Natur in der mythischen Phase Griechenlands

1. Strukturen der Seßhaftigkeit

Der von Gordon Childe geprägte Ausdruck ›neolithische Revolution‹, die zur seßhaften Agrikultur führte, ist »ein monumentales Nichtereignis«[9], weil

---

9 JOACHIM RADKAU, Natur und Macht. Eine Weltgeschichte der Umwelt (München 2000), 79.

sie sich nicht als Umschwung vollzog, sondern sich im Raum zwischen Mittelmeer und Kaspischem Meer von 10000 bis 6000 v. Chr. langsam entwickelte. Was ist in dieser Schwellenzeit geschehen? Vor allem ist eine konsequente Territorialisierung des sozialen Lebens zu konstatieren, die zur Seßhaftigkeit des größten Teils der Population führte. Die Bewirtschaftung von Weidegründen, Ackerflächen und hausnahen Gärten löste die Subsistenzökonomie der Jäger und Sammler ab. Dazu gehörte die Meliorisierung der angebauten Pflanzen und die Domestikation ehemals frei lebender Tierspecies. Züchtungsstrategien bilden einen Grundmechanismus der Agrikultur: Natur wird erstmals in einigen Segmenten nicht als dasjenige, das von sich aus da ist (physis), verstanden, sondern als Produkt von Eingriffen (technē). Die räumliche Verstetigung war mit der Durchsetzung von Eigentum verbunden. Dazu synchron entstanden die ersten institutionalisierten Arbeitsteilungen. Formalisierte Herrschaftsstrukturen und Klassentrennungen führten zu einer unbekannten Durchdringung der Gemeinschaft durch Macht. Aus immer größeren Dörfern, bald schon mit Herrenschichten aus Priestern und Grundadel versehen, bildeten sich schon 2–3000 Jahre nach der Entstehung agrikultureller Wirtschaft die ersten befestigten Städte, die sich zu Zentren der Macht, der neuen Handwerker- und Händlerschicht, der politischen, ökonomischen und religiösen Verwaltung, der Krieger als Machtbasis der frühen Könige und zum Zentrum der symbolischen Repräsentation entwickelten. Voraussetzung für eine Reihe neuer Technologien (keramische, metallurgische, architekturale Techniken, Montanbau, Brandrodung) war die verbesserte Beherrschung von Verbrennungsprozessen, deren Einfluß auf die Zivilisationsgeschichte kaum zu überschätzen ist. Verstetigungen der Zeit gehen von der Speichertechnik (für die Ernährung großer Populationen), der Metrisierung (Rhythmisierung der Jahreszeiten durch Feste und Riten, frühe Kalender, beginnende Astronomie) und später durch die im Kontext von Kultus, Handel und Verwaltung erfundenen Medien von Schrift und Zahl aus, die sowohl ein zeitüberdauerndes Gedächtnis zu kreieren wie auch materielle Prozesse zu steuern erlaubten. Religiös entstand ein differenzierter Polytheismus, für den besonders der Aufstieg von Vegetationsgöttern (im agrikulturellen Kontext), von Tätigkeitsgöttern (im technisch-handwerklichen Zusammenhang) und Kriegsgottheiten (im städtischen Umkreis) charakteristisch ist. Agrikultur und Städtebau sind die Mütter des Krieges und dieser fortan Vater nicht nur von Zerstörung, sondern auch von kultureller Dynamik.

Langfristig wirkt sich die Speichertechnik kulturprägend aus. Der Speicher erfordert ein Denken über die Subsistenz hinaus und begründet mithin eine Vorsorge-Mentalität, die als Sorge-Existenzial zur anthropologischen Struktur erhoben wurde. ›Speichern‹ verlangt Selbstdisziplin, Triebkontrolle und Langzeitorientierung. ›Speichern‹ bildet zudem den Kern rationaler Operationen, nämlich der ›Verschlüsselungstechniken‹: Dazu gehören Kalkulation und Codierung des Speichercontents, Verschluß- und Sicherungstechniken, Mechanismen der Verwahrung und Lagerung, des Erhalts (Konservierung), der Öffnung und der Verteilung. All dies erzeugt eine hohe soziale Bindekraft und die Verstetigung von Zeit. So nimmt es nicht Wunder, wenn im Umkreis von Speichern Systeme wie die Zahl und die Schrift entstanden, welche das, was jeder Speicher ist, nämlich ein materialisiertes Gedächtnis und eine Planung von Zukunft, zu formalisieren erlaubten. Von Speichern geht mithin ein hoher Rationalitätsdruck aus, der Richtungen der kulturellen Entwicklung vorgibt. Speicher ermöglichen organisierten Tausch, der den über größere Räume ausgedehnten Handel initiiert und den nahräumlichen Naturaltausch langfristig marginalisiert.

Natur bedeutete immer, im Rahmen einer ungewissen, unsteten Zeit leben zu müssen, weswegen die frühen griechischen Schriftsteller den Menschen ἐφήμερος (ephēmeros) nannten: das Lebewesen, das dem flüchtigen Tag unterworfen ist. Die um die Speichertechnologie, die Handwerke und den Handel entwickelten Rationalitätskerne bedeuteten indes eine Befreiung von der Natur der Zeit als flüchtiger, unvorhersehbarer und widerfahrender. Ja, sie bedeuten eine ›Befreiung der Zeit‹ durch die Erzeugung, Handhabung und Kontrolle von Dauer. Damit beginnt eine kulturelle Zeit sui generis, die nicht nur Natur pariert. Kultur ist die Erzeugung einer Eigenzeit, die in den Speichern ihre erste Materialisation findet. Wenn bei Plünderungen die Speicher ausgeraubt oder durch Naturkatastrophen vernichtet werden, so sind dies kulturelle Kollapse erster Ordnung. Sie zerstören das symbolische Gut Zeit und das materielle Gut Vorrat, also die Basis der Gemeinschaft. Dies bedeutet fortan Chaos, Rückfall auf einen rohen Naturzustand.

2. Prometheus und Pandora

Im folgenden wird Hesiod zur Hauptquelle, weil er als einer der ersten Dichter im Übergang von ›oraler Noetik‹ (Eric A. Havelock) zur Schriftkultur noch nah zur mündlichen Überlieferung steht und diese in eine Perspektive rückt, die verbunden ist mit agrarischen und pastoralen Dorfkulturen. Hesiod autorisiert sich als Rhapsode, indem er, der Schafhirt, in einer typologisch aus religiösen Berufungen bekannten Initiationsszene am Helikon-Gebirge von den Musen mit dem Dichteramt begabt wird: Sie hauchen ihm das Pneuma ein, davon zu singen, »was ist, was war und was sein wird« (εἰρεῦσαι τά τ' ἐόντα τά τ' ἐσσόμενα πρό τ' ἐόντα), das ist: »Wahres« (ἀληθέα)[10]. Die Initiation reflektiert die Ausdifferenzierung von Berufskünstlern mit hohem Elite-Bewußtsein: Das dichterisch Sagbare umfaßt nicht weniger als Alles. Hesiod hat damit die Autorität, über das Ganze von Natur und Kultur zu sprechen. Er tut dies, eingeweiht durch die Töchter der Mnemosyne, der Göttin der Erinnerung, um Lesmosyne, nämlich Vergessen zu schenken, Vergessen der Leiden der Vergangenheit und der Sorgen um die Zukunft. Im selben Akt, in dem die Dichtung den gesamten Horizont von Vergangenheit und Zukunft besetzt, verspricht sie deren Vergessen, weil sie selbst reine Gegenwart ist, nämlich ein Fest des Gesanges, der begleitenden Musik, des Reigens, worin das Überalltägliche zum Ereignis wird. Kein geringer, doch zwei Jahrtausende vorhaltender Anspruch der Kunst.

Wir konzentrieren uns auf Partien, die für das Verhältnis zur Natur aufschlußreich sind: nämlich der Prometheus/Pandora-Komplex, die Weltzeitalter-Lehre sowie die Ordnung des bäuerlichen Lebens. Von Prometheus und Pandora erzählt Hesiod in der *Theogonie* und in *Werke und Tage*. Prometheus, ein Titanensohn und Enkel der Erdgöttin Gaia, ist Gegner des zur Herrschaft gelangten Himmelskönigs Zeus. Aufgrund der »Menschenfreundlichkeit« (φιλάνθρωπον[11]), die ihm Aischylos attestiert, hat Prometheus einst Zeus beim Opfer betrogen, indem er ihm nur die Knochen, durch verlockendes Fett verhüllt, als Opfergabe anbot, während er den Menschen das gute Fleisch, verdeckt durch den unschönen Magen des Rindes, reservierte. Diese typische Erzählung von einem Trickster, der durch Technik und List eine hohe Autorität provokativ übertölpelt, ist religionsgeschichtlich grundlegend, weil mit diesem Akt der symbolischen Teilung des Opfers zugleich die Trennung von Göttern und Menschen vollzogen wird, die nämlich im Ursprung gleich waren. Tatsächlich straft Zeus die Menschen wegen des Opferbetrugs, indem er »die Nahrung grollenden Herzens« (Ζεὺς ἔκρυψε χολωσάμενος φρεσὶ ᾗσιν)[12] in der Erde verbarg. Damit sind die Menschen vom feindlichen Gott verurteilt – man denkt an den Schöpfungsbericht –, ihren Lebensunterhalt (βίος, bios) durch Arbeit zu fristen, indem sie Nahrung aus der Erde ›entbergen‹ müssen. Hesiod setzt einen ursprünglichen Hiatus zwischen Mensch und Gott einerseits und zwischen Mensch und Natur andererseits: Dies begründet die Arbeit als Strafe, weil es fortan zur Natur gehört, von der Nahrung getrennt zu sein und sie in tätiger Auseinandersetzung mit der Erde sich erst anzueignen.

Indem Zeus den Menschen ferner das Feuer vorenthält, entbehren sie jene Naturkraft, die nicht nur den Übergang vom Rohen zum Gekochten und damit den Wechsel vom Naturzustand zur Kultur erlaubt (durch Herdung des Feuers). Sondern das Feuer ist auch ein Motor der technischen Zivilisation überhaupt, unverzichtbar für den Aufbau einer auf Keramik, Ziegelarchitektur und Metallurgie beruhenden Gesellschaft. Erst diese Techniken reichen zur Abschirmung und Beherrschung von Natur. Prometheus raubt bekanntlich das Feuer, das nach Gaston Bachelard »l'objet d'une in-

---

10 HESIOD, Theog. 38, 28; dt.: Theogonie. Werke und Tage, griech.-dt., hg. u. übers. v. A. v. Schirnding (München/Zürich 1991), 9.
11 AISCHYLOS, Prom. 28.
12 HESIOD, Erg. 47; dt. (s. Anm. 10), 87; vgl. Pindar, Nemeen, 6.

terdiction générale«[13], also ein Tabu ist, und schenkt es den Menschen. Auch Platon erzählt diesen Mythos, von dem er die πολιτικὴ τέχνη (politikē technē) ableitet.[14]

Daraufhin schafft der Schmiedegott Hephaistos im Auftrag des Zeus eine künstliche Frau (das weibliche Geschlecht existierte noch nicht), zu der alle übrigen Götter etwas zu ihrer Ausstattung beitragen. Als sie dem Bruder des Prometheus, dem ›hinterherdenkenden‹ Epimetheus, als Geschenk überbracht wird, führt sie ein Tonfaß mit sich, in dem alle Übel der Welt und ganz unten die Hoffnung verschlossen sind. Prometheus, der Vorausdenkende, weiß, daß es von Göttern nur ›schlimme Gaben‹ (dons néfastes)[15] geben kann, und hat seinem Bruder geraten, niemals von Zeus eine Gabe anzunehmen. Dieser aber läßt sich verlocken, das Gefäß wird geöffnet und alle Übel und Plagen der Menschen flattern heraus und verteilen sich über dem Erdkreis, während die Hoffnung gefangen bleibt. Ähnlich der biblischen Vertreibung aus dem Paradies handelt es sich auch bei Hesiod um eine aitiologische Erzählung, die Antwort auf die Frage gibt: Warum ist das Leben ›von Natur aus‹ so mühselig und schwer? Und – dies ist das Misogyne des Textes – warum verfallen die Männer immer wieder der Verlockung von Frauen, die nur Übel in die Welt bringen?

Es sind Momente des Selbstbewußtseins, der Technik und des Autonomiegewinns, die die Götter so rachsüchtig auf den Menschen machen. Sind es in der Bibel die Erkenntnis und die Scham, woran das Bewußtsein des Selbst aufgeht, so sind es hier der Opferbetrug (der als List-Technik ausgegeben wird) und die ans Feuer gebundene Technologie, welche das Unheil initiieren. Nicht unmittelbar Natur in der Natur zu sein wie im Garten Eden, ist auch bei Hesiod der Stachel, der mit dem Bewußtsein zu kultureller Arbeit verbunden ist. Denn auch hier gab es ein Vorher: »πρὶν μὲν γὰρ ζώεσκον ἐπὶ χθονὶ φῦλ' ἀνθρώπων / νόσφιν ἄτερ τε κακῶν καὶ ἄτερ χαλεποῖο πόνοιο / νού-

---

13 GASTON BACHELARD, Psychanalyse du feu (1938; Paris 1949), 29.
14 Vgl. PLATON, Prot. 320d–322a.
15 Vgl. JEAN STAROBINSKI, Largesse (Paris 1994), 65.
16 HESIOD, Erg. 90–93; dt. (s. Anm. 10) 89.

σων τ' ἀργαλέων, αἵτ' ἀνδράσι κῆρας ἔδωκαν. / αἶψα γὰρ ἐν κακότητι βροτοὶ καταγηράσκουσιν.« (Früher nämlich lebten auf Erden die Stämme der Menschen, weit von den Übeln entfernt und ohne drückende Plage, lästigen Krankheiten fern, die den Sterblichen Tode bereiten. Jäh befällt ja die sterblichen Menschen das elende Alter.)[16] Zwischen die Phantasie eines sorgenfreien Lebens ohne Tod und das Bewußtsein, Arbeit und Sterblichkeit erdulden zu müssen, setzen die Bibel wie Hesiod einen Einschnitt, der nur durch ein Urfaktum erklärlich scheint: Die Versündigung an Gott (so die Bibel) bzw. die auf Prometheus projizierte listige Rebellion gegen den Olympier sind die Ursache von Sterblichkeit und Arbeit. Die Kultur selbst ist Strafe, daher rührt der bis zu Sigmund Freud reichende anti-kulturelle Affekt in der Kultur selbst, der zugleich die Wurzel des ›kulturlosen‹ und ›natürlichen‹ Wunschlandes ist: der Garten Eden, das Goldene Zeitalter, insula fortunata.

Was aber bedeutet die Konfiguration der gefangenen Hoffnung und der freischweifenden Übel? Diese Frage ist für die Anthropologie des nach-paradiesischen Menschen zentral. Vor Hesiod war man der Auffassung, daß das Übel von den Göttern willkürlich über einzelne Menschen (oder seine Sippe) verhängt, aber auch wieder weggenommen werden kann. Der Pandora-Mythos hingegen setzt eine schlimme Wahrheit: Die global gestreuten Übel werden zum Systemzustand der Erde. »πλείη μὲν γὰρ γαῖα κακῶν, πλείη δὲ θάλασσα. / νοῦσοι δ' ἀνθρώποισιν ἐφ' ἡμέρῃ, αἱ δ' ἐπὶ νυκτί« (Voll ist nämlich von Übeln die Erde und voll ist das Wasser, Krankheiten gehen bei Tag und Krankheiten gehen bei Nacht um – 101 f.; dt. 91). Die Übel kommen »von selbst« (αὐτόματοι, 103) und sind »lautlos« (σιγῇ, 104; dt. 91), weil Zeus ihnen die Stimme genommen hat. Als ›automatoi‹ sind die Übel sich selbst generierende Kräfte. Daß sie stimmlos sind, bedeutet, daß die Übel kein Einzelfall sind, die Stimme würde das Übel individualisieren und verhandelbar machen. Das Schweigen der Übel ist furchtbarer: Die Übel sind in die Konstruktion der Welt versenkt, sie sind ihr ›Automat‹, ihr basaler Mechanismus. Das Schweifende zeigt ihre Ubiquität. Die Natur ist gefallen, sie ist, wie später im Christentum, ›natura lapsa‹. Die im Tongefäß versperrte Hoffnung ist Teil der ›schlimmen Gabe‹ des Zeus. Die Hoffnung schweift nicht, sie ist wirkungslos, sie ist ohnmächtig und illusionär. Die beweglichen Übel und die gefangene Hoffnung sind komplementär und charakterisieren beide die Position des Menschen in der Welt.

Die Lage des Menschen in der Natur ist mithin: Die konfliktfreie Gemeinschaft mit den Göttern und mit der Natur ist unvordenklich und vergangen. Der Mensch lebt in Disproportion zu Gott und Natur. Was ihn zum Menschen macht, kulturelle Arbeit, Selbstbewußtsein, Technik, List, ist zugleich das, was seine Strafe ist. Negativität gehört zum Leben, denn der Mensch steht in der Fluchtlinie des Todes. In Kultur leben heißt das Bewußtsein des Todes annehmen müssen. Leben ist ›Sein zum Tode‹ (Martin Heidegger). Es ist eine pessimistische Lehre, die Hesiod hier als Wahrheit besingt. Seine Dichtung ist nicht Lesmosyne, wohltätiges Vergessen. Sie ist Erinnerungsarbeit.

3. Weltzeitalter

In *Werke und Tage* schließt Hesiod an den Prometheus/Pandora-Mythos die Weltzeitalter-Lehre an. Nach sumerisch-hethitischen Vorläufern und ähnlich der späteren epochenallegorischen Auslegung des Traums Nebudkadnezars durch den Propheten Daniel[17] stellt diese das erste Konzept von Kulturgeschichte überhaupt dar. Es wird in der griechischen und römischen Kultur[18] und später, zwischen Renaissance und Romantik, in den entweder utopischen oder verfallsgeschichtlichen Konstruktionen von Geschichte außerordentlich wirksam. Hesiod gliedert in fünf Epochen, das goldene, silberne, eherne, heroische und eiserne Zeitalter. In der Wirkungsgeschichte fällt das ›heroische‹ Zeitalter meist fort. Die Bezeichnung durch Metallnamen hat keine metallurgiegeschichtliche Bedeutung, sondern ist qualitativ gemeint: Der Ursprung wird durch das edelste, die jüngste Epoche durch das gemeinste Metall bezeichnet. Freilich setzt eine solche metallästhetische Metaphorik die Durchsetzung der Eisenverhüttung voraus, die sich in Griechenland zwischen 1100 bis 700 v. Chr. verbreitete, also genau die Gegenwart Hesiods erreicht.

Das Goldene Zeitalter bezeichnet ein göttergleiches Leben, sorgenfreien Genuß, bei dem die Natur sich als unerschöpfliche Gabe von selbst anbietet. Der Tod ist kein Stachel, nach langem Leben stirbt man leicht »wie vom Schlaf überwältigt« (θνῆσκον δ' ὥς θ' ὕπνῳ δεδμημένοι)[19]. Diese Phantasie eines ›entübelten‹ Lebens wird zum Vorbild ganzer Dichtungstraditionen (bis ins 18. Jh.), welche pastoral-agrikulturelle Paradiese und idealisierte Naturzustände mit Bildern friedlichen Zusammenlebens synthetisieren. In Hesiodscher Tradition begründeten Theokrit und Vergil mit der Idyllik und Bukolik die Tradition der oft nach Arkadien verlegten Hirten- und Schäferdichtung, die Züge der Goldenen Zeit aufweist und mit einer entarteten Gegenwart kontrastiert wird. Nachdem Vergil (in der 4. Ekloge) die Idee der künftigen Wiederkehr des ›aureum saeculum‹ kreiert hatte, konnten sich mit dieser Idee seit der Frührenaissance auch Hoffnungen politischer Utopien, christliche Erwartungen eines endzeitlichen Paradieses (paradigmatisch in Dantes *Divina Commedia* [um 1320]) oder die Imagination der ›insula fortunata‹ verbinden, welche durchweg die Züge einer Frieden, Glück und Gerechtigkeit vereinenden Natur annehmen. Bei Hesiod steht die Goldene Zeit im Zeichen des Chronos (Saturn), nicht des gegenwärtigen Herrschers Zeus, so daß Bilder agrikulturellen Friedens seither der saturnischen Epoche zugeschrieben werden. Das Naturhafte des Goldenen Zeitalters beinhaltet immer auch, daß es Recht, Gesetz, Strafe ebenso wenig gibt wie Herrschaft, Gewalt, Eigentum, Stadt und Krieg.

Wir finden bei Hesiod die Wurzeln zweier entgegengesetzter Naturauffassungen, die fortan die Register naturästhetischer Darstellungen bilden. Während im Prometheus/Pandora-Komplex die Natur als die Sphäre der Strafe erscheint, die das Leben mit den Malen der Sterblichkeit, der Mühsal und des Überlebenskampfes versieht, erscheint die Natur im Goldenen Zeitalter als das Gegenteil:

---

17 Vgl. Dan. 2, 31–45.
18 Vgl. z.B. PLATON, Polit. 271a-274e; PLATON, Leg. 713b-714a; SENECA, Epist. 90; VERGIL, Georg. 1, 118–159; ebd. 2, 532–40; VERGIL, Ecl. 4; VERGIL, Aen. 8, 314–27; OVID, Met. 1, 89–150; OVID, Fast. 2, 289–302; 4, 393–406.
19 HESIOD, Erg. 116; dt. 91.

als Sphäre nutritiver Versorgung und des Genusses (Kern des Schlaraffenlandes), des kreatürlichen Friedens und des Glücks. Wird die entübelte Natur als die gute Magna Mater personifiziert, so die Entbehrungen und Strafen auferlegende Natur als böse Stiefmutter. Diese Doppelmatrix bestimmt die Bilder von Natur bis weit ins 18. Jh.

Das Silberne Geschlecht ist nicht saturnische, sondern olympische Schöpfung: Nach hundertjähriger glücklicher Kindheit sterben die Menschen nach kurzer Zeit des Erwachsenseins, da innerartliche Gewalt ausbricht und sie es an Devotion und Opfer an die Götter mangeln lassen. Diese Linie des mit Gewalt proportional ansteigenden Sitten- und Religionsverfalls setzt sich im Ehernen Zeitalter fort. Mit ihm ist historisch die blutgesättigte Bronzezeit erreicht. Rein carnivorische, schreckenerregende Gewaltmenschen aus Eschenholz, kraftprotzende Kampfmaschinen mit metallenen Herzen, rüsten sich mit Metallwaffen hoch – bis sie sich gegenseitig umgebracht haben. Erstmals wird hier eine Logik der Gewalt konstatiert, wonach Gewalt im Maß, wie sie absolut wird, sich selbst verzehrt. Das Heroische Zeitalter der Kämpfe um Troja und Theben ist durch den Übergang roher violentia zu strategischen Eroberungskriegen gekennzeichnet. Krieg wird damit zur herrschenden Determinante der Zeit erklärt. Dies setzt Kriegerkasten und Militärapparate voraus – massiv befestigte, städtische Machtzentren mit Königtümern, zentral gesteuerten Stammesverbänden, Strategen, Heeren, entwickelter Logistik zu Lande wie durch Schiffahrt. In der frühen Kulturkritik wird die Erschließung des Meeres (durch kriegerischen Kolonialismus und Handel) als verhängnisvoll wegen der Zerstörung des silvo-agro-pastoralen Dreiecks angesehen, das die vorgeblich friedliche Territorialkultur Griechenlands der vorkolonialen Zeit ausgezeichnet haben soll.[20] Das Heroische Geschlecht markiert in griechischer Erinnerung die Zeit, in der der systematisierte Krieg in die Welt kam, an dessen Maschinerie sich nur wenige Heroen hervorhoben, diese werden zu den Protagonisten der Epen. Hesiod hat Schwierigkeiten damit, die Heroische Zeit nur verfallsgeschichtlich zu bewerten. Immerhin zeigt sich an den Homerischen Epen und am Thebanischen Sagenkreis, der noch bei den Tragikern des 5. Jh. Gestaltung findet (Aischylos, Sophokles, Euripides), die Hochschätzung der archaischen Heroen. Hesiod hilft sich heraus, indem er einen Teil der toten Heroen auf die elysischen insulae fortunatae im Okeanos am Rande der Welt versetzt, wo sie ein seliges Leben im Zeichen des Chronos/Saturn führen. Von hier geht die Idee der glücklichen saturnischen Gefilde aus (Saturnia regna).

Das Eiserne Zeitalter ist das tragische Zeitalter anhaltender Gegenwart, das verantwortet, warum die Menschheit ›genus durum‹, ein hartes Geschlecht ist.[21] Es weckt den Schmerz der Zeitgenossenschaft, der Hesiod wünschen läßt, nicht geboren worden zu sein: »μὴ φῦναι τὸν ἅπαντα νικᾷ λόγον« (Nicht geboren zu sein, das geht über alles)[22], so dekretiert der Chor auch im *Ödipus auf Kolonos* von Sophokles. Ovid meint mit ›genus durum‹ nichts anderes als das, was im Prometheus-Mythos bereits angelegt ist und was, moralisch, auch Kallimachos[23] aussprach, als er die Hartherzigkeit der Menschen mit ihrer Abkunft aus Steinen begründete. Ähnlich klingt es bei Pindar in seiner 9. Olympischen Ode.[24] Isidor von Sevilla verbindet christliche Sintflut-Sage und Deukalion-Mythos mit der Menschwerdung aus Steinen.[25] Von hier aus nimmt die Rhetorik des harten Herzens und die verbreitete literarische Motivik vom ›Steinherzen‹ ihren Ausgang. Das steinerne Geschlecht der Griechen ist seiner Art nach dasselbe wie das noachitische der Bibel: von Gott getrennt. In dieser Trennung wird eine naturhafte Anthropologie begründet. Hart durch den Zwang zur Arbeit, hart im Bösartigen der Gesinnung, ist der Mensch gleichwohl erdig, feucht, warm – ein steinernes wie weiches, aggressives wie verletzliches Geschlecht. Arbeit und Leiden, Härte und Weich-

---

20 Vgl. PLATON, Leg., 705a, 823d-823e.
21 Vgl. OVID, Met. 1, 414f.; VERGIL, Georg. 1, 63.
22 SOPHOKLES, Oid. K. 1224f.; dt.: Oidipus auf Kolonos, in: Sophokles, Tragödien und Fragmente, griech.-dt., hg. u. übers. v. W. Willige (München 1966), 719.
23 Vgl. KALLIMACHOS, Fr. 496, 500, in: Kallimachos, Fragmenta, hg. v. R. Pfeiffer (Oxford 1949), 368, 369.
24 Vgl. PINDAR, O. 9, 41ff.
25 Vgl. ISIDOR VON SEVILLA, Etymologiae libri XX, in: MIGNE (PL), Bd. 82 (1850), 494.

heit plazieren den Menschen auf der Linie des Chthonischen.

Hesiod sieht das Eiserne Geschlecht untergehen, weil die kulturelle Anomie progrediert: Not, Ruhelosigkeit, Sorge, erschöpfende Arbeit sind mit dem agrikulturellen Regime ohnehin vermacht, verbinden sich aber mit einer Entfremdung zwischen den Generationen und Geschlechtern, mit dem Verlust moralischer Standards, mit der Zunahme von Faustrecht und strafloser Gewalt, mit Rivalität und Neid, mit emotionaler Kälte und dem Schwinden von Recht und Gerechtigkeit ebenso wie von Treue und Liebe: Bis schließlich Aidos und Nemesis sich endgültig in den Himmel zurückziehen, jene Göttinnen, welche die Scham und Ehrfurcht und die Ordnung der gerechten Strafe für Hybris, also die subjektive wie objektive Seite des Ethischen darstellen.[26] Der Moralist Hesiod deutet diese Entblößung der Erde von jedem sittlichen Maß als Weltuntergang – ›moralische‹ Naturkatastrophen sind indes auch die Deukalionische und die biblische Sintflut oder der kosmische Feuerbrand (Ekpyrosis) bei Heraklit und in der Stoa.

4. Eris und Eros

Erstmals nimmt Hesiod eine Gliederung der Natur- und Weltgeschichte in qualitativ absteigender Linie vor. Dies zeigt sich auch an den Funktionen von Eris (Streit) und Eros (Liebe): Grundkräfte zugleich der Natur und der Humangeschichte. Diese Polarität hat eine weitreichende Zukunft. Sie beginnt bei Empedokles, der νεῖκος (neikos; Streit, Hader, Kampf) und φιλότης (philotēs; Liebe, Freundschaft, Gastlichkeit) als Kräfte konzipiert, welche die polare Ordnung der elementischen Natur regieren. Diese Polarität bestimmt ferner die Physik von Attraktion und Repulsion und formiert in der Romantik und im Idealismus die in Natur wie Geschichte gleichermaßen wirksamen Figuren der Dialektik. Sie dauert noch bei Freud an, wenn er seine Triebtheorie auf der Gleichrangigkeit transpersonaler Grundkräfte aufbaut, nämlich Eros und Thanatos. Die Triebfiguren der Zusammenfügung zu umfassenden Einheiten (Eros) und der zu anorganischer Ruhe gelangenden Trennung von allem (Thanatos) hat bei Hesiod ihren Ursprung.

Bei Heraklit findet sich der Gedanke, daß die Schamlosigkeiten der dionysischen Feste das Unverschämteste wären, wenn nicht Dionysos derselbe wie Hades – »ὡυτὸς δὲ ᾽Αίδης καὶ Διόνυσος«[27] – wäre. Dieser Zusammenfall der Gegensätze bezeichnet bis heute das radikalste Verständnis von Natur überhaupt.

Bei Hesiod nimmt die Zerrissenheit im Zeichen der Eris zu. Eris wird in der *Theogonie* im Kontext der Nachkommen von Nyx (der Nacht) eingeführt, die die autogenerative Mutter aller negativen Kräfte ist.[28] Eris wiederum erzeugt Mühe, Hunger, Schmerzen, Vergessenheit, Kampf, Tötung, Schlachten, Männermorde, Zwist, Lügen, Gesetzlosigkeit, Verblendung, Meineid: Merkmale des Eisernen Zeitalters. Das Eiserne Zeitalter ist der Naturzustand der Eris. Dies ist noch bei Thomas Hobbes die Grundüberzeugung, wenn er Eris als »Warre, where every man is Enemy to every man«[29] – den allgemeinen Bürgerkrieg – zum Naturzustand erklärt. Hesiod ist der erste, der Negativität nicht als das Abwesende, Leere, Nicht-Seiende versteht, sondern als ursprüngliche Kraft deutet. Die Nyx-Kinder weisen alle eine mit Eris identische Struktur auf: den Widerstreit, die Einschränkung, das Abgrenzende, das Beraubende, das Zustoßende, das Überwältigende, das Trennende und schließlich die reine Negativität im Tod. Von Eris her sind Natur und Kultur nicht zu unterscheiden. Sie ist eine ›negative Kraft‹ der Natur, die in der Kultur sich durchsetzt und behauptet.

Eros hingegen ist die Hervorbringung von Gaia. Er wird der schönste, gliederlösende und Vernunft überwältigende mächtige Urgott charakterisiert. Darin folgt außer Empedokles auch Parmenides dem Hesiod: »πρώτιστον μὲν Ἔρωτα θεῶν μητίσατο πάντων« (Als erstes unter allen Göttern ersann sie [Göttin Natur – d. Verf.] den Liebesgott)[30]. In der Preisrede des Phaidros auf Eros als dem edlen, weil elternlosen und ältesten

---

26 Vgl. HESIOD, Erg. 197–200.
27 HERAKLIT, Fr. 15, in: H. Diels/W. Kranz (Hg.), Die Fragmente der Vorsokratiker, Bd. 1 (1903; Berlin 1951), 155.
28 Vgl. HESIOD, Theog. 225ff.
29 HOBBES (LEV), 89.
30 PARMENIDES, Fr. 13, in: Diels/Kranz (s. Anm. 27), 243.

Gott zitiert Platon im *Symposion* Hesiod wie Parmenides.[31] Auch Aristoteles zitiert beide Stellen, als es um die ursächliche Kraft geht, da »ὡς δέον ἐν τοῖς οὖσιν ὑπάρχειν τιν αἰτίαν ἥτις κινήσει καὶ συνάξει τὰ πράγματα«[32] (es ja in den Dingen eine Ursache geben müsse, die die Dinge bewege und zusammenbringe). Eris und Eros sind mithin mythische Figurationen derjenigen Kräfte der Natur, die Ursache von zueinander- oder voneinanderstrebenden Bewegungen der Dinge sind, ihrer Vereinigung oder ihrer Trennung. In Eros und Eris haben wir die erste Konzeption von Natur. Eros ist die Kraft, die die Trennung voraussetzt und das Ungetrennte wieder-holt, das am Anfang war: die Einheit. Doch im Vereinigenden des Eros, der die Getrennten in die Umarmung treibt, wird das Trennende, Eris, gleich wieder gezeugt. Und so immer fort: die ewige Kette von Eros und Eris, von Einheit und violenter Trennung, von Zueinanderstreben und Rivalität, von Sehnsucht und Tod. Eros und Eris beherrschen den sog. Sukzessionsmythos der Göttergenealogie, beherrschen also auch Götter, Kosmos, Natur und Menschen. Eins-Sein und Trennung sind kosmische Kräfte der Natur, sie sind Spuren des am eigenen Leib erfahrenen tragischen Eros und es sind zugleich die großen Denkfiguren, aus denen die Erste Philosophie als Naturphilosophie hervorgeht: das Sein, das Eins ist, und die unendliche Kette der Zerrissenheiten, Spaltungen, Widersprüche, Negativitäten, in welchen die Natur sich zeigt.

5. Agrikulturelle Ordnung

Die Ausgangslage von *Werke und Tage* sind Erb- und Eigentumskonflikte Hesiods mit seinem Bruder um das väterliche Landgut. Dies spiegelt gegenüber der kommunitären Nutzung von Territorien bei Jägern und Sammlern und in der Hirtenkultur typische Konfliktherde der Agrikultur des frühen Griechentums. Die Wahrnehmung von Natur wird überlagert von Betrug, Übervorteilung, Verrat, Treulosigkeit. Der neue Streittyp der Agrikultur (Eris) bzw. dessen Regulierung (durch Rechtsverfahren) können so aufwendig sein, daß der ›Grund‹ des Streits, nämlich der Boden, dabei verwahrlost wird. Die Natur degeneriert, wenn sie in den Sog sozialer Konflikte gerät. Hesiod warnt: Man zerstört die agrikulturelle Reproduktionsbasis, je mehr sekundäre Konflikte dominieren. Eigentumskonflikte sind Parasiten von Natur und Gesellschaft.

Aufschlußreich ist, daß Hesiod sein Konzept von Eris aus der *Theogonie* revidiert. Es gäbe auch einen wohltätigen Streit: Dieser bestimmt sein Konzept von Agrikultur. Zeus hat die wohltätige Eris in die »Wurzeln der Erde«, »den Menschen zum Segen« (γαίης ἐν ῥίζῃσι, καὶ ἀνδράσι πολλὸν ἀμείνω)[33], versenkt. Die gute Eris ist der ›Nomos der Erde‹[34]. Er besteht in der Arbeit sowie in der Rechtsordnung. Bei Hesiod finden wir das erste europäische Zeugnis der Entdeckung der Arbeit als System kultureller Synthesis, die auf der Ordnung der Natur und der Ordnung des Rechts beruht. Damit verbunden ist erstmals auch das homo-viator-Modell. Der Nomos der Erde und die Rechtsordnung stellen die Menschen vor eine Y-Gabelung, d. h. vor die moralische Option: den Weg von Sitte und Arbeit oder den Weg von Verrat und Betrug. Mit Dikē und Aretē führt Hesiod in das Regime der Natur und der Strafarbeit Dimensionen des Rechts und der Gerechtigkeit ein. Sie verbindet er zu dem neuen Modell des Streits. Der friedliche Wettstreit führt zum Erwerb von Wohlstand.

Damit wird gleichzeitig zum ersten Mal die Einführung des ökonomischen Prinzips (in mythischer Verkleidung) formuliert, wie es später der athenische Politiker Solon im Sinne Hesiods systematisierte, um die Landwirtschaftskrise Athens zu lösen. Im Rahmen der Gesetze sollen die Bauern die Möglichkeit erhalten, durch Technik und Arbeit nicht nur Subsistenz zu sichern, sondern Wohlstand zu erwerben. Hesiod meint: »ἐξ ἔργων δ' ἄνδρες πολύμηλοί τ' ἀφνειοί τε. / καὶ ἐργαζόμενοι πολὺ φίλτεροι ἀθανάτοισιν.« (Arbeit macht ja die Männer so reich an Herden und Habe, auch macht die Arbeit sie viel lieber unsterblichen Göttern.)[35]

---

31 Vgl. PLATON, Symp., 178b.
32 ARISTOTELES, Metaph., 984b29–31.
33 HESIOD, Erg. 19; dt. 85.
34 Vgl. CARL SCHMITT, Der Nomos der Erde im Völkerrecht des Jus Publicum Europaeum (1950; Berlin 1988).
35 HESIOD, Erg. 307f.; dt. 105, 107.

Daraus entwickelt Hesiod eine Sozialethik der (klein-)bäuerlichen Agrikultur, die bis zur Liquidierung der agrarischen Subsistenzwirtschaft im 20. Jh. mit Unterschieden weltweit gültig blieb: (1) Die bäuerliche Parzelle muß intergenerationell den eigenen Grund mit allem Gerät, Tieren, Gebäuden, Knechten etc. sowie eine technische wie ökonomische Autarkie sichern. (2) Auf der Basis von Autarkie ist eine gastfreundliche und kooperative Nachbarschaftsethik zu wahren. (3) Über beidem hat Aidōs (Ehrfurcht) Regime zu führen, also die Achtung vor den Göttern und die Einhaltung der Kulte und Feste im Jahreszeitenzyklus ist zu gewährleisten. Das Dreieck von Autarkie, Nachbarschaft und Aidōs ist abstrakter gesprochen das Dreieck von Ökonomie, Sozialität und Religion, ihre Dreigliederung ist der ›Nomos‹ der Erde, der Agrikultur.

Ackerbau (γεωργία, geōrgia, agricultura) ist seit Hesiod – und dann nachfolgend bei Prodikos von Keos, Xenophon, Vergil, Cato, Marcius Portius, Varro oder Columella – eine Gabe der Götter, die auf anderen Grundlagen beruht als die herrschaftlich-adlige Ethik der Homerischen Epen. Sie erzeugt Lebensgüter im Stoffwechsel mit Natur und in Ehrfurcht vor dieser, im Rahmen gültigen Rechts und verbindlicher ›kleiner‹ Ethiken; sie stabilisiert Lebensverhältnisse durch ein umfassendes Regime der Arbeit, das im Jahreszyklus rhythmisiert wird. Durch die eingeübten Tugenden von Maß und Mäßigkeit, Sorge und Anstand, Nachbarschaftlichkeit und Kooperativität wird ›geōrgia‹ zur »Mutter und Ernährerin (aller) anderen Fähigkeiten« (ἄλλων τεχνῶν μητέρα καὶ τροφόν[36]), sie ist also Kulturstiftung par excellence. Ja, sie ist der unheroische und stille Weg, das verlorene Goldene Zeitalter wieder zu erlangen. Darum sind die agro-silvo-pastoralen Dichtungen für 2500 Jahre der Ästhetik des Goldenen Zeitalters gewidmet.

6. Prometheische Kultur

Aischylos demonstriert im *Gefesselten Prometheus* eine Figur, die – obwohl am schmählichsten Punkt ihrer Bahn, der Anschmiedung am Kaukasus-Gebirge – keineswegs nur der durch Zeus gestrafte Rebell ist. Zeus repräsentiert nicht die kosmische Ordnung der Natur, sondern die auf Kratos und Bia (Kraft und Gewalt) gestützte, junge Tyrannis, während Prometheus, als Sohn der Themis und der Gaia zugleich, sich als Repräsentant des uralten Rechts und der vorolympischen, mütterlichen Linie der Naturordnung darstellt. So ruft er zu Beginn der Tragödie die Elemente zu Zeugen der ungerechten Leiden an, die er als Strafe für Handlungen zum Wohle der Menschen zu erdulden hat. Er ist der erniedrigte Gott, der sich freiwillig für die Menschen zum Opfer bringt (ähnlich Jesus), freilich nicht, damit sie dadurch das himmlische Heil erlangen, sondern sich innerhalb der feindlichen Natur mittels Kulturtechniken behaupten können. Darum ist Prometheus, obwohl ein Gott, der Stifter par excellence einer säkularen Kultur. Er ist für die Menschen »διδάσκαλος τέχνης πάσης« (Lehrer aller Kunst), »μέγας πόρος« (Helfer voller Macht) und »θνητοῖς γαρ γέρα πορών«[37] (jemand der den Sterblichen Ehre und Heil bringt). Einzigartig steht seine Rede da, in der Prometheus all die Fähigkeiten, die er den Epheremiden vermittelt, zu einer umfassenden Kulturtheorie ausweitet – jenseits der Götter, welche die Menschen mangelhaft ausgestattet in eine unwirtliche Natur warfen.

Eingeschlossen in die Stumpfheit ihrer Sinne, die weder durch Reflexion noch Wissen aufgehellt waren, lebten die Menschen in einer doppelten Höhle: in der Höhle ihrer blinden Wahrnehmungen; und real in Erdhöhlen, weil sie der Baukunst entbehrten. Die Aufklärung der Wahrnehmung, ihre Synthesis mit Vernunft und Urteilskraft, ist die primäre Gabe, die Prometheus den Menschen gibt. Von hier aus läßt sich allererst eine Distanzierung von Natur und der Beginn von Kultur bewerkstelligen. Bautechnik ist das nächste. Das reflexionslose Aufgehen in reiner Gegenwart – bloßes Naturwesen zu sein –, überwindet Prometheus, indem er den Menschen die Ordnung der Zeit gibt: zunächst als Jahreszyklus, der eine naturnahe Temporalisierung von Handeln erlaubt (in der Agrikultur), sodann auf dem höheren Niveau der Zahl, die durch Berechnen der Sternenbewegungen das flüchtige Dasein an die kosmische Ordnung der Zeit anzuschließen erlaubt. Mit der Ordnung der Schrift eröffnet Prometheus das kulturelle Ge-

---

36 XENOPHON, Oik. 5, 17.
37 AISCHYLOS, Prom. 107, 110 f.; vgl. ebd., 88–92.

dächtnis, im weiteren damit auch die Hermeneutik als Kunst der Zeichenlektüre und Auslegung. Diese technē erstreckt sich über das buchstäbliche Medium und die Sprache des Traums hinaus auf die akustischen, visuellen und habituellen Zeichen von Lebewesen und Naturphänomenen. Ferner gehen die Fähigkeiten, Tiere zu züchten bzw. instrumentell als Arbeitsmittel einzusetzen, die Erfindung von Wagen (Rad) und Schiffahrt auf ihn zurück. Die Medizin als diejenige Kunst, mit der die Menschen ihre Naturverfallenheit zwar nicht aufheben, so doch mildern können, ist eine weitere Gabe des Prometheus. Natürlich darf jene Technologie nicht fehlen, welche die Entwicklung wesentlich antrieb, nämlich Montanbau und Metallurgie, welche den wichtigsten Motor der Kultur seit der neolithischen Revolution darstellten.

Dies ist, anders als bei Hesiod, eine optimistische Kulturauffassung – die freilich einen Preis hat: das Selbstopfer des Prometheus. Er ist die tragische Symbolfigur einer doppelten Emanzipation sowohl von der Natur wie von den Göttern. Aischylos fügt dem Prometheus noch eine Dimension hinzu. Prometheus ist, von seiner Mutter Themis her, Träger eines religiösen Geheimwissens. Zeus kann Prometheus foltern – doch sein Begehren ist, in den Besitz des Wissens von Prometheus zu kommen. Aber es ist diesem nicht abzuringen. Die Macht des Gequälten besteht darin, daß er weiß, was der Mächtige nicht weiß: wann Zeus stürzen wird. Er ist die erste Gestalt der Weltliteratur, die den Tod Gottes kennt (aber für sich behält). In seiner Preisgegebenheit an die Folter ist dies seine Freiheit. Er weiß auch, daß er befreit werden wird – ausgerechnet durch den Sohn des Zeus, nämlich Herkules, den anderen mythischen Kulturheros der Griechen. So geht in der Tragödie des Aischylos eine rätselhafte Denkfigur ein, die aufzulösen 2500 Jahre intellektuelle Arbeit bis zu Nietzsche erfordert. Dies ist der prometheische Weg der Kulturgeschichte. Die materiellen Kulturtechniken führen zu einer Befreiung von den elementaren Fesseln der Natur, die in der Mangelausstattung des Menschen begründet sind. Die Kulturtechniken erlauben die Vergegenständlichung

von Natur, vom Erdinneren bis zu den Sternen, also Wissenschaft und Kosmologie. Sie erlauben aber auch durch Gedächtniskunst und Hermeneutik den Aufbau einer autonomen menschlichen Kultur und die Selbstorientierung des Menschen in einer verwirrenden Welt von Naturzeichen. Sie terminieren schließlich in Selbstreflexivität, denn Prometheus ist derjenige, der das γνῶθι σαυτόν (gnōthi sauton) des Delphischen Orakels eingelöst hat. Dadurch wird das Stück des Aischylos zur ersten Tragödie des Wissens (die nächste ist *König Ödipus* von Sophokles), das den Wissenden zum Opfer macht, weil es zwei Richtungen kollidieren läßt: die illegitime, doch solidarische Weitergabe des Wissens an die Menschen ›unten‹ und das Geheimhalten des Wissens nach ›oben‹, an Zeus. Es ist eine Studie über Tyrannis und Widerstand ebenso wie über Emanzipation und Solidarität. Mittels der Kulturtechniken, die Prometheus den Menschen bringt, wird die Natur zur Mitspielerin der Kultur. Prometheus nimmt vorweg, wovon Ernst Bloch träumt: die mögliche Allianz von Natur und Kultur in einer wohltätigen Technik. Oder wie es Schelling sagt: »Prometheus ist der Gedanke, in dem das Menschengeschlecht, nachdem es die ganze Götterwelt aus seinem Innern hervorgebracht, auf sich selbst zurückkehrend, seiner selbst und des eigenen Schicksals bewußt wurde (das Unselige des Götterglaubens gefühlt hat).«[38]

7. Naturästhetik

Man fehlt, wenn man der Antike eine Naturwahrnehmung und Landschaftsästhetik zuschriebe, wie sie in Aquarellen Albrecht Dürers, in Gemälden von Joachim Patinir, in den klassischen Landschaftsdarstellungen bei Claude Lorrain und Nicolas Poussin oder in den literarischen Schilderungen der Goethe-Zeit unsere moderne, d.h. im Schillerschen Sinn sentimentalische Wahrnehmung von Natur geprägt haben. In bezug auf alte oder fremde Kulturen geht man leicht doppelt in die Irre. Was sich dort an Naturwahrnehmung findet, wird der Titel Naturästhetik abgesprochen; und zugleich wird diesen Kulturen zugesprochen, daß sie eine ›natürliche‹ Einstellung zur Natur hätten. Ihre ›Natürlichkeit‹ ist indes ebenso kultiviert wie ihre Naturwahrnehmung ästhetisch ist.

---

[38] FRIEDRICH WILHELM JOSEPH SCHELLING, Philosophie der Mythologie (entst. 1842–1852), in: SCHELLING (SW), Abt. 2, Bd. 1 (1856), 482.

Von den frühesten Schriftzeugnissen der homerischen Zeit an – darüber besteht seit Alfred Biese (*Die Entwicklung des Naturgefühls bei den Griechen* [1882]) kein Zweifel – finden sich durchweg auf Wahrnehmungen (αἴσθησις; aisthēsis) beruhende Figurationen von Natur. Dabei wird Natur niemals eigens aufgesucht, um sie wahrzunehmen, sie gar ästhetisch zu präsentieren und zu beurteilen; sondern Natur begegnet dem Menschen. Und nur als Begegnende erhält sie ihren sprachlichen Auftritt. Sie konstituiert sich vom Menschen her, obwohl sie durchweg als übermenschliche Macht erscheint. Als solche wird sie von Beginn an, d. h. seit Homer und Hesiod, zwiespältig geschildert: Sie erweckt Angst, Grauen, Schrecken und Widerwillen als Sturm, Flut, Feuersbrunst, bedrohliches Meer, Erdbeben, Gebirge, als Wildnis, Wald, Winter, Nacht und Dunkel, in bedrohlichen Raubtieren oder dämonischen Phänomenen. Und sie begegnet als gütige Macht, als liebliche Region, als nützlicher und schöner Bereich.

Natur tritt nie als Totalität auf, sondern immer als Einzelerscheinung oder in einer aus sinnlichen Elementen rasch konstellierten Situation: sich ballende Wolken, rasender Sturm, aufbrausende See, Dunkelheit. Das genügt, um zu evozieren, worum es geht: todesdrohender Schrecken. Dies hat nichts mit der Ästhetik des Erhabenen zu tun, welche die Angst vor der Natur bereits zu genießen erlaubt. Sondern es ist ein affektives Parieren übermenschlicher Kräfte, die den Menschen bedrohen. Natur wird nur wahrgenommen und sprachlich vergegenständlicht in Handlungskontexten, also zentriert auf Menschen. Dies gilt auch für solche Phänomene, die Staunen und Ehrfurcht gebieten, weil sie als ›gute Gaben‹ erfahren werden, wie z. B. Wachstum und Reife, lebensdienliche Nützlichkeit und freundliche Passung für die Zwecke des (Über-)Lebens. Auch dies geht auf transhumane Mächte zurück, die sich in den Naturprozessen als gütig erweisen. Opfer erhöhen in beiden Richtungen die Passung der Natur für den Menschen, sei es durch Erhalt oder Förderung lebensdienlicher Erscheinungen – das Licht der Sonne, das Wachstum im Frühjahr, das zahlreiche Wild, der fruchtbare Boden – oder sei es durch Besänftigung und Abwehr schreckender Gewalten.

In homerischer Zeit erscheint dieses Doppelgesicht von Natur nicht als reflektiertes Konzept. Im Gegenteil erscheinen Naturphänomene selten als solche, sondern überwiegend als Vergleiche für menschliche Handlungen, so wenn z. B. die feindliche Schlachtordnung wie eine schreckenerregende Sturmböe oder als wütende Meereswelle heranbraust. Derartige Vergleiche sind zwar ›Veranschaulichungen‹ menschlichen Handelns, zeigen aber immer ein hohes Maß an Beobachtungsgenauigkeit und Vertrautheit. Homer schildert nicht ›Natur für sich‹, doch die ubiquitären Vergleiche und Metaphern von Natur präsentieren sämtliche Elemente, aus denen später ›Landschaften‹ komponiert werden. In der späteren Odyssee finden sich erstmalig auch totalisierende Blickführungen, die naturräumliche Ensembles kreieren, in durchaus unterschiedlicher Typik. So konstituiert der Blick des Odysseus, als er ins Land der Kyklopen kommt, das vor dem Gestade liegende »waldige Eiland« (νῆσος […] ὑλήεσσ᾿[39]) sogleich ›kolonial‹, nämlich tauglich für agrikulturelle Nutzung. Die Umgebung der Grotte der Kalypso mit Hain, schattenspendenden Bäumen, freien Gefilden, Blumenwiesen, Vogelsang und rieselndem Bach kann geradezu als Muster aller Ideallandschaften der späteren Bukolik und Idyllik bis ins 18. Jh. gelten. Nicht nur derart das Naturschöne inaugurierend, sondern dieses mit dem Nützlichen verbindend – was für die Antike durchweg gilt – werden die Gärten des Alkinoos vors Auge gestellt. Erstmals erscheint auch eine nächtliche Mondlandschaft, die das Initial für spätere Schilderungen einer nicht-grausenden, freundlichen Nacht abgibt.[40]

Im berühmten Chorlied der *Antigone* von Sophokles (»πολλὰ τὰ δεινὰ κοὐδὲν ἀνθρώπου δεινότερον πέλει«[41] [Ungeheuer ist viel. Doch nichts ungeheuerer als der Mensch]) zeichnet sich ein neues Naturbild ab. Mit δεινός (deinos), was furchtbar, gefährlich, aber auch gewaltig, groß, außerordentlich, Ehrfurcht gebietend, erhaben, tüchtig, umsichtig, geschickt meint, bezeichnet der Chor den Menschen. Der Mensch ist ›deinos‹, weil er seine Herrschaft auf Erde, Meer und Tiere aus-

---

39 HOMER, Od. 9, 116–118.
40 Vgl. HOMER, Il. 8, 555–559.
41 SOPHOKLES, Ant. 332 f.

dehnt, weil er Sprache, Denken und soziale, stadtgestützte Organisation, also Kultur schafft, als einziges Lebewesen einen Zukunftshorizont hat, eine Rechts- und Götterordnung kreiert und ethische Fähigkeiten zum Guten und Bösen aufweist. Nur am Tod, als letzter Naturmacht, habe der Mensch seine Grenze. Hier liegt der mythischen Schrecken ungezähmter wie die mütterliche Güte zugewandter Natur schon weit zurück, und Natur ist in die Regie der Kultur genommen. Die Humanisierung der Natur ist erstmals systematisiert und totalisiert. Xenophon geht in den *Memorabilia* noch einen Schritt weiter, wenn er die Göttlichkeit der Natureinrichtung gerade daran kenntlich macht, daß sie zum Nutzen des Menschen eingerichtet ist.[42] Die anthropozentrische Naturdeutung ist geboren als Reflex einer entwilderten, entmythologisierten, wissenschaftlich wie technisch als beherrschbar angenommenen Umwelt. Theophrast ist ihm darin gefolgt.[43]

Entsprechend häufen sich vom 6. Jh. an friedliche Naturbilder, in denen eine Ästhetisierung im Sinne des Gut-Schönen (καλοκἀγαθία, kaloagathia) feststellbar ist. Verfriedlichung ist dabei nicht nur ein Effekt technisch bewirkter Kultivierung, sondern auch des naturphilosophischen, besonders des pythagoräischen Denkens, das die Natur als Kosmos entwirft: als ›geschmückte Ordnung‹, worin Maß, Harmonie, Form, Homologie, Regel, Zahl bestimmend sind. Natur wird erstmals als Ganzes und Eines gedacht und doch zugleich als Form, als εἶδος (eidos), wahrgenommen. Dieses Ganze der Natur aber ist lebendig. Bei Platon wird der Kosmos als Lebewesen konzipiert, das All ist beseelt.[44] Der Kosmos ist göttlich und fordert Ehrfurcht heraus. Das Schöne ist die im Sinnlichen vermittelte Gegenwart der Idealität des Kosmos. Das Naturschöne ist nicht um seiner selbst willen

oder für den Genuß schön, sondern es ist diaphan, durchscheinend auf ein Höheres, auf das es hinführt, die θεωρία (theōria), das reflektierende Ansichtigwerden jener göttlichen Vernunft (νοῦς, nous), die sich in der kosmischen Natur darstellt. Diese Vergöttlichung der Natur überschreitet die von Göttern, Halbgöttern und Dämonen durchwimmelten Kompartimente der Natur, im Verhältnis zu denen die Menschen ohnmächtig und abhängig blieben. Gerade die Göttlichkeit der Natur erweist ihre Angemessenheit an den Menschen, nämlich an das, was dem Göttlichen korrespondiert: einsichtsvolle Vernunft. Sie modelliert die Wahrnehmung, welche am Einzelnen und Ausschnitthaften der Natur das Geordnete, Geformte, Friedliche, Gestalthafte, mithin das Schöne als Schein des Guten herauszuheben vermag. Das bildet schon in der Antike, aber auch langfristig für die christliche Naturauffassung und die säkulare Naturästhetik der Neuzeit den entscheidenden Hintergrund.

Die in Passung zum Menschen stehende Natur erlaubt es, Segmente derselben als »Lokal der Stimmung«[45] zu schildern. Dies wurde schon bei den Tragikern und später in der hellenistischen Dichtung selbstverständlich. Gewiß kann man nicht von Subjektivierung der Natur sprechen, wie diese sich seit der Empfindsamkeit des 18. Jh. entwickelt. Andererseits steht außer Frage, daß die Affektqualitäten, die ihre Lokale in Natur haben, überhaupt erst die Buchstabierung der menschlichen Emotionalität erlauben. Das begann schon bei Homer. Naturphänomene geben den Modus her, in welchem Gefühle ihren charakteristischen ›Ton‹, ihre Qualität, ihren Verlauf, ihre Atmosphäre ausdifferenzieren, eine sprachlich-ästhetische Form und damit eine kulturell verbindliche Kommunikation gewinnen. Wenn gilt, daß der Mensch sich nur über das Andere seiner selbst inne wird, so hat die griechische Kultur den Weg gewiesen, daß dieses Andere, in dessen Vermittlung der Mensch sich konstituiert, nicht nur, aber auch die Natur ist.

Dem Vordringen der Philosophie entsprechend konnten auch abstraktere Momente zu Gegenständen der Naturvergegenwärtigung werden, z. B. das Licht oder die Bewegung der Sterne. Diese zeigen die schöne Harmonie der Natur an. Letzteres beweist, daß Naturästhetik nicht reine ›epoché‹

---

42 Vgl. XENOPHON, Mem. 4, 3, 3–12.
43 Vgl. GÜNTER MENSCHING, Metaphysik und Naturbeherrschung im Denken Roger Bacons, in: L. Schäfer/E. Ströker (Hg.), Naturauffassungen in Philosophie, Wissenschaft und Technik, Bd. 1 (Freiburg/München 1993), 145–150.
44 Vgl. PLATON, Tim. 31b–31d.
45 ERNST BERNERT, ›Naturgefühl‹, in: PAULY, Bd. 16/2 (1935), 1838.

wahrnehmender Gegenwart ist, sondern durch Denken und Wissen zustandekommt. Denn die Ordnung, die am Sternenhimmel ›gesehen‹ wird, sieht man nicht unmittelbar, sondern das Sehen reflektiert das Denken, und nicht umgekehrt. Über lange Zeiträume muß der Himmelsraum beobachtet und berechnet werden, bis er zu einem ›Bild‹, einem eidos des Himmelsanblicks geworden ist. Dieses Sehen der ›großen Natur‹ ist ein Effekt des Wissens und geht doch über es hinaus, indem die in den Zahlen der Sternenbewegung liegenden Harmonien situativ evident werden.

Ähnlich ist es mit dem Licht oder dem Äther, den Aristoteles als einen von den Elementen unterschiedenen, alterslosen, unveränderlichen und unverletzlichen, in sich kreisbewegten und die Himmelssphäre bildenden Körper bestimmt.[46] Parmenides hatte die Welt aus der primordialen Dynamik von Licht und Nacht hervorgehen lassen.[47] Er eröffnet sein Lehrgedicht mit einer ungeheuren Initiation: dem Überschreiten eines Schwellenraumes, der das ›Haus der Nacht‹ von der Sphäre des Lichtes trennt. Das ist Anfang der Welt und Initiation der Erkenntnis in einem. Licht und Bewußtsein sind homolog. Das Licht ist die erste Hypostase des Geistes und das Medium der Darstellung von allem anderen, ohne dieses andere zu sein. Bei Platon ist das Gute (ἀγαθόν; agathon) das Leuchtendste des Seienden. Wahrheit ist Licht. In seinem Sonnengleichnis parallelisiert Platon die Sonne mit der Idee des Gut-Schönen.[48] Wie das Sehen und das Gesehenwerden das Sonnenlicht als ihres Mediums bedürfen, so ist die Idee der Mittler zwischen Erkennen und Erkennbarem. Das ist ein Gleichnis für die platonische Ideenlehre. Platon setzt dabei die organschaffende Kraft des Lichtes voraus, die Plotin zur wirkmächtigen Formel des sonnenhaften Auges verdichtet und die für Goethe zum Kern seiner Farbenlehre wird. Kunst- und literaturgeschichtlich ähnlich wirkungsvoll ist Plotins Schilderung des Sonnenaufgangs über dem Meereshorizont. Das Morgenlicht der Sonne ist der Aufgang des göttlichen Geistes, der im ›Geist, der schaut‹, zur Selbstanschauung des Schönen wird. Das ist nicht nur ein Sehen des Lichtes draußen, sondern auch des inneren Überlichts.[49] In diesem Changieren der Lichtmetaphern zwischen Naturerfahrung und abstrakter Erkenntnis werden die europäischen Grundlagen einer reflektierten Naturästhetik gelegt.

Das bei Plotin vorausgesetzte Umschlagen von äußerem in inneres Licht geht auf die Vorstellung zurück, nach welcher zwischen Wahrnehmendem und Wahrgenommenen eine Analogie besteht. Empedokles hatte dies schon als Lehrsatz geprägt (und Aristoteles hatte darin das Prinzip der Erkenntnis des Gleichen durch Gleiches erkannt[50]). Dies darf als Grundüberzeugung der antiken Naturphilosophie gelten: Die Natur der Sinne ist ein Analogon dessen, was sie erschließen. Auge und Licht geben dem Geist seine Form vor. Das Erkennen ist das Scheinen der Idee – ihr Licht, also ihr Schönes (Plotin wie Hegel bestimmen so das Schöne). Der Logos, so er nicht reine Mathematik und Logik, sondern ›erscheinende‹ Ordnung, also eidos der Welt ist, kann in nur einem Medium gedacht werden, dem Äther. Darin aber wirkt die noch ältere Vorstellung, wonach die Natur – wie Heraklit sagt – nicht nur sich zu verbergen liebt (φύσις [...] κρύπτεσθαι φιλεῖ[51]), sondern ebenso sich manifestiert. Der apophantische Logos ist mithin eine ins Philosophische gewendete Naturerfahrung – der im Licht sich manifestierenden Dinge. Noch in Roger Bacons Opus Maius (1266–1268) wirkt dies nach, wenn er Licht als eine die Natur konstituierende Strahlung deutet. In ihr drückt sich die göttliche Schöpferkraft ebenso aus, wie umgekehrt darauf die menschliche scientia als erstes sich zu richten habe. Ähnliches findet man bei Bacons Lehrer, Robert Grosseteste, im Traktat De luce seu de inchoatione formarum (um 1225–1230).[52]

Aristoteles hatte mit seiner Konzeption der Mimesis einen weiteren Weg gewiesen, auf welchem

---

46 Vgl. ARISTOTELES, Cael. I, 270a-b.
47 Vgl. PARMENIDES, Fr. 8, 9, in: Diels/Kranz (s. Anm. 27), 235–241.
48 Vgl. PLATON, Rep. 506b-509b.
49 Vgl. PLOTIN, Enneades I, 6, 43; 5, 5, 7f.
50 Vgl. ARISTOTELES, An. 410a.
51 Vgl. HERAKLIT, Fr. 123, in: Diels/Kranz (s. Anm. 27), 178.
52 Vgl. ROBERT GROSSETESTE, De luce seu de inchoatione formarum (um 1225–1230), in: Grosseteste, Die philosophischen Werke, hg. v. L. Baur (München 1912), 51–59.

sich die Naturästhetik in Zukunft bewegen würde. Mimesis ist bei ihm nicht bloß äußere Imitation der Natur, sondern das Arbeiten in den ästhetischen Verfahren, welche die Natur als dynamisches Prinzip im Werdeprozeß der Dinge aufweist. Kunst arbeitet wie Natur und nicht nach der Natur. Das macht ihren schöpferischen Charakter aus. Langfristig erlaubt dies, daß die Kunst, insofern sie auf Naturvergegenwärtigung zielt, auch frei wird, das zu schildern, was gar nicht da ist: eine zweite Natur, »alteram naturam«[53], ein Ausdruck, den Cicero prägt. Ästhetische Natur kann deshalb auch dort vorliegen, wo sie am Objekt konstruktiv wirksam wird – z. B. in den Proportionen eines Tempels, die Vitruv (De architectura libri decem) am idealsten dort verwirklicht sieht, wo sie in den Maßen des menschlichen Körpers entworfen werden. Vor diesem Hintergrund wird Imitation als bloßes Nachäffen der natura naturata abgewertet. Immerhin aber hat sich in dieser Tradition die große realistische Kunst gebildet. Doch Mimesis zielt auf natura naturans. Von der Aristotelischen Teleologie her verlangt dies, die inneren Bildungsprozesse (Entelechie) herauszuarbeiten, durch die ein Ding seine Gestalt oder eine Landschaft ihre Physiognomie erhalten hat. Oder, auf platonischer Linie, die auf Zahl, Symmetrie, Proportion und Harmonie beruhenden Maßverhältnisse sind als solche darzustellen, was durchaus abstrakte Figurationen, nicht aber realistische Naturensembles sein können. So dürfen die abstrakt-geometrischen Gemälde Wassily Kandinskys auf der Linie Platons ebenso als Naturästhetik gelten wie, auf aristotelischer Linie, die auf das Prozeßhafte setzenden Landschaften des mittleren und späten William Turner – beide haben mit der Ästhetik der gegenständlichen Treue gebrochen. Schon bei Ovid findet sich eine Stelle (im Aktaion-Mythos), in der die Schönheit der Natur dadurch gepriesen wird, daß es scheine, als ahme sie die Kunst nach.[54] Dies setzt voraus, daß in der Kunst jene Prinzipien expliziert werden, auf die hin das Naturschöne von sich aus strebt. Umgekehrt meint die ›Natur als Künstlerin‹ nicht die schöne Welt hervorgebrachter Naturdinge, sondern den kreativen Formprozeß selbst.

VI. Elementen-Lehre und ihre Tradition

1. Naturkonzept und Anthropologie

Auch wenn Thales von Milet das Wasser, Heraklit das Feuer und Anaximines die Luft für den ›Urgrund‹ hielt, so ist für die Kunst- und Kulturgeschichte der Einschnitt entscheidend, den Empedokles setzte, als er alle Elemente zu einer Tetrade zusammenfügte. Seither bildet die Elementenlehre für 2300 Jahre die Basis der Naturphilosophie, doch auch von Medizin, Wahrnehmungstheorie, Landschaftsästhetik und elementenbezogenen Techniken. Jedes Element erhält seine Qualitäten und Funktionen erst im Zusammenspiel mit den übrigen. Man hat es indes niemals mit ›Elementen an sich‹ zu tun, sondern mit aisthetischen, kulturellen oder wissenschaftlichen Konstruktionen der Elemente. Weil dies so ist, spricht sich in allen Diskursen, Formeln und Symbolen, Theorien, Bildern, Gedichten und Geschichten über die Elemente immer der Mensch selbst aus: in seinen symbolischen und praktischen Beziehungen, die er zu den Elementen historisch aufgenommen hat. Darum wird hier die Geschichte der Elemente auch als Bildungsgeschichte des Menschen sub specie naturae dargestellt.

Die Elemente sind auch Bildner von Atmosphären oder Gefühlsräumen. Das Landschaftliche ist dadurch gekennzeichnet, daß objektive Naturformationen zusammentreffen mit subjektiven Dispositionen sinnlichen und ästhetischen Erlebens. Dies muß nicht harmonistisch verlaufen, im Gegenteil sind Momente der Dissonanz und der Verstörung häufig dem Atmosphärischen der Landschaft zugehörig. Das Harmonische ist oft eine trügerische Idylle, zustandekommend nur, indem man die Augen vor dem Destruktiven der Naturmächte und dem Artifiziellen elementischer Konfigurationen verschließt.

Zu den anthropologischen Bedingungen gehört es, daß die Menschen zu sich selbst in einem Verhältnis der Indirektheit stehen. Die griechische Aufklärung hat diesen Gedanken auf drei Ebenen entwickelt: dem Logos, der Gattung, der Natur. Zum einen ist der Mensch kraft des ihm einwohnenden Logos, der zugleich die Vernunft des Kosmos ist, er ist ›zōon logon echōn‹. Im Anblick der Ordnung des Weltalls versteht der Mensch sich

---

53 CICERO, Nat. 2, 152.
54 Vgl. OVID, Met. 3, 155–164.

selbst. Er ist, wie die Stoiker sagten, ›animal rationale‹. Doch die Vernunft (nous) ist nicht seine, sondern gehört primär dem Gott und dem Kosmos an. Die zweite Wendung ist in dem Prinzip des Aristoteles formuliert, wonach der Mensch einen Menschen zeugt.[55] Damit wird der Mensch als Gattungswesen gesetzt und innerhalb der Gattung in die Reihe der natürlichen Zeugungen. Auf lange Sicht wird daraus der Gedanke der naturgeschichtlichen Evolution des Menschen. Zur Reife gelangt diese Idee erst mit Charles Darwin: Der Mensch ist ein Zweig am Baum der Evolution.

Die dritte Wendung ist hier vorrangig: Nicht ein Gott ist Schöpfer, sondern die Natur selbst ist göttlich und also schöpferisch, eine Künstlerin, wie z. B. Ovid sagt[56], »daedala tellus«[57], wie Lukrez oder »sollertia naturae«[58], wie die Stoiker formulieren. Was in der Natur im großen wirkt, das bildet im kleinen die Gestalt des Menschen. Platon hatte diesen Gedanken der Entsprechung von Makro- und Mikrokosmos zuerst entwickelt. Dafür sind die Elemente grundlegend. Sie stellen, nach dem uranfänglichen Chaos, die erste Ordnung der Natur dar.[59] Als chthonisches Geschlecht ist der Mensch in seiner Physis elementisch aufgebaut.

Damit wird die soziogenetische Historisierung der Humaniora nicht in Abrede gestellt. Es geht nicht um eine Naturalisierung des Menschen, wohl aber darum, ihn in Abhängigkeit und in Absetzung von Natur zu begreifen. Die Anthropologie der Elemente ist selbst historisch, ein Konzept, das seit den Vorsokratikern für zwei Jahrtausende die Reflexion über die Natur des Menschen bestimmt. Die Evidenz sekundärer Umwelten, die schon Cicero »quasi alteram naturam«[60] nannte, hat die Gewichte dessen, was als relevant für die Bildung des Menschen angesehen wird, von der Natur auf die Kultur und die künstlichen Dinge verschoben. Schon in römischer Zeit entsteht daraus der Gegensatz zweier Ästhetiken, der städtischen und der ländlichen. Zivilisationsmüde satirisiert Horaz die Unruhe und Gekünsteltheit Roms, deren er überdrüssig ist, der Bauer hingegen sehnt sich danach; während Horaz das Land schön findet, haßt es sein Gutsverwalter.[61] Deutlicher kann man nicht sagen, daß Natur, Ästhetik und Selbstempfinden kulturelle Variablen und nicht natürliche Bestimmungen sind.

Bereits in den Mythen der Anthropogenie spielen die Elemente eine Rolle. Der Körper der Menschen ist aus Elementen gemischt – ähnlich wie im biblischen Schöpfungsbericht, wo der Urmensch aus Erde geformt und von Lebenshauch belebt wird. In ägyptischen und vorderorientalischen Anthropogenien finden sich dafür Vorbilder, die in den griechischen wie jüdischen Kulturraum hineinwirkten. Erst nachdem Empedokles die Elementenlehre konsolidierte, löste sich die Anthropogonie von skulpturalen Leitbildern, wonach Götter die Menschen wie Töpfer aus Stoffen formten. Solche Bilder begründeten die Mythen des Platonschen Demiurgen, vom Menschensculpteur Prometheus, der Menschenzeugung aus Steinen durch den Prometheus-Sohn Deukalion und Künstler-Mythologien von Pygmalion bis zum Künstler als homo secundus deus, wie er zum Leitbild der Renaissance wurde. Indem Empedokles die Tetrade der Elemente festlegte, war der Rahmen gegeben nicht nur für eine allgemeine Dynamik der Natur, sondern auch die Bildung der Körper aus Elementenmischungen. Für die Epikureer emergieren die Elemente über Zufallsspiele aus einem chaotischen Materieemeer. Auch für entgegengesetzte Philosophien, sei es die platonische oder die stoische, bei denen die Welt einem teleologischen Plan entspringt, gilt, daß die Natur aus Mischungen der Elemente gebildet wird. Auch darum hatte Empedokles die Elemente »ριζώματα«[62] (rhizōmata) genannt: Wurzelkräfte, während Platon von »στοιχεια«[63] sprach, Reihengliedern, aus denen das Ganze und seine Teile sich bilden. Platon versuchte, die bei Empedokles noch halb mythologische Auffassung der Elemente zu rationalisieren, indem er ihnen geometrische For-

---

55 Vgl. ARISTOTELES, Metaph. 1033b, 1049b, 1070a; An. 415a-415b.
56 Vgl. OVID, Met. 15, 218.
57 LUKREZ, De rerum natura 1, 7.
58 CICERO, Nat. 2, 83.
59 Vgl. PLATON, Tim. 44dff., 48e-53c, 90a.
60 CICERO, Nat. 2, 152.
61 Vgl. HORAZ, S. 2, 6; Epist. 1, 14.
62 EMPEDOKLES, Fr. 6, in: Diels/Kranz (s. Anm. 27), 311.
63 PLATON, Tim. 48b.

men, arithmetische Verhältnisse, Symmetrie- und Proportionsbeziehungen zuordnet.

2. Sinnliche Welt

Aristoteles teilt mit Platon die Auffassung, daß die Elemente die sinnliche Welt darstellen. Die elementische Welt ist nicht die Welt ›da draußen‹ – ohne Bezug auf Wahrnehmung. Obwohl die Elemente bei Aristoteles einfache Körper sind, sind sie ›relativ‹ zum Wahrnehmenden. Zunächst ordnet er die Elemente nach ›schwer‹ und ›leicht‹. Diese Skalierung gruppiert die Elemente: Erde und Wasser versus Luft und Feuer; über diesen als fünftes Element der Äther. So bildet sich die ringförmig um die Erde geordnete Schichtung des Alls von unten nach oben, woraus sich später das Bildschema der ›rota elementorum‹ (in De caelo) entwickelt. Für Aristoteles erklärt sich aus den δυνάμεις (dynameis) der Elemente die Physik der natürlichen Bewegungen, das Streben nach unten oder nach oben. Die ›strebenden‹ Qualitäten wurzeln in leiblichen Erfahrungen: Die Richtungsräumlichkeiten des Schweren, Niedersinkenden, Müden gegenüber dem frisch Aufstrebenden, Leichten, womöglich Erhabenen geben das Schema von Bewegungen her. Ihnen entspricht die sinnliche Erfahrung der Elemente. Nach oben strebt die Flamme, für alles Niedersinkende bildet die Erde das Zentrum. Zwischen Erde und Feuer stellen Wasser und Luft vermittelnde Bewegungsformen dar. Dasjenige Wasser, das viel vom Feurigen enthält, steigt auf als luftiger Dampf; Wasser, das viel vom Kalten der Erde hat, fließt oder fällt herunter wie Regen.

Wird die Physik der Elemente an sinnliche Erfahrung angeschlossen, so noch deutlicher die Chemie. Sie gründet auf den Gegensätzen feucht/trocken und kalt/warm. Mit diesen Qualitäten, die zum Tastsinn gehören, wendet sich Aristoteles gegen das griechische Visualprimat, welches die europäische Kultur prägt. Die Begründung ist, daß durch diese Qualitäten die Nahrung charakterisiert wird. Der Körper, der in Hunger und Durst nach Feuchtem und Trockenem, Warmem und Kaltem getrieben wird, erspürt an den Dingen und Stoffen dasjenige, was ihm mangelt. Ausdrücklich sagt Aristoteles, daß es für das Erkennen der Nahrung nicht darauf ankommt, was man sieht oder riecht, auch wenn dies bei Suche und Bereitung von Nahrung mitspielt.[64] Da die Qualitäten Kräfte sind, mit denen Körper auf Körper einwirken, ergibt sich eine Lehre vom Stoffwechsel, der zwischen den Elementen abläuft und an leibnahen Prozessen sein Vorbild hat: der Ernährung. Die Elementenlehre wird zur Stoffwechseltheorie und zur Gastrosophie. Aristotelische Chemie ist die Lehre von der Fähigkeit zur bekömmlichen Ernährung aus der Welt der Stoffe.

Diese Seite der Elemente erlangt in der Alchemie große Bedeutung. In dieser geht es niemals nur um die Transmutation der Stoffe, sondern immer auch um die Selbstbildung des Menschen. Paracelsus nimmt die gastrosophische Seite auf. Auch bei ihm werden durch Sepsis und Pepsis die Elemente in lebensdienliche Stoffe verwandelt. Entsprechend interpretiert Paracelsus die chemischen Techniken im Modell der Nutrition und nennt den Magen »einen Alchemisten in uns«[65]. Die profane Nahrung erläutert Paracelsus so, »als spreche die Erde zu ihren Kindern: esset, das bin ich«[66]. Die Einsetzungsformel des Abendmahles wird hier zum Mysterium der Gaia.

Am Essen zeigt sich, was es heißt, im Durchzug der Elemente zu leben. Essen ist nicht »Füllung, sondern eine Formerstattung« des Leibes. »Die Verzehrung der Form« aber »ist dem Menschen gesetzt als der Tod«, den wir »hinhalten müssen« durch Nahrung. So formuliert Paracelsus die für jede Ernährung geltende Paradoxie: »Alles, das unsere Nahrung ist, das ist das selbe, das wir sind; also essen wir uns selbst.«[67] Und: »So wird der Mensch gezwungen, sein Gift und Krankheit und Tod zu sich zu nehmen, zu essen und zu trinken.«[68]

Diesem Doppelgesicht der Natur ist nicht zu entgehen. Sie erhält und verzehrt uns im selben Akt. Alchemist und Arzt sind Kulturbringer in

---

64 Vgl. ARISTOTELES, An. 2, 414b.
65 PARACELSUS, Volumen Paramirum (um 1520), in: Paracelsus, Werke, hg. v. W.-E. Peuckert, Bd. 1 (Darmstadt 1965), 199.
66 PARACELSUS, Philosophia sagax (1537/1538), in: ebd., Bd. 3 (1967), 73.
67 PARACELSUS, Opus Paramirum (um 1530), in: ebd., Bd. 2 (1965), 32 f., 36.
68 PARACELSUS (s. Anm. 65), 197.

dem Sinn, daß sie durch Scheidekunst versuchen, das Leben zu erhalten und den Tod ›hinzuhalten‹. Natur wird auf der Linie der Elementenlehre seit Aristoteles über die Alchemie bis ins 18. Jh. als die Welt der Stoffe und Dinge verstanden, mit der wir in einem ebenso lebenserhaltenden wie tödlichen Stoffwechsel stehen.

3. Elementische Aisthesis

Als Schamane hatte Empedokles die Elemente als Götter angesprochen; als Naturwissenschaftler dienten ihm die Elemente zu einer Theorie der Substanzen; als Arzt waren ihm die beseelten Elemente die Bildner des menschlichen Körpers. Auch wahrnehmungsästhetisch sind die Elemente für Empedokles konstitutiv. Mit ihm beginnt eine Tradition, wonach alle Wahrnehmung ihrem Wesen nach taktil sei. Selbst Platon, der das Auge zum ersten Sinn erklärt, erklärt das Sehen durch eine innige Verwebung des inneren (entströmenden) Lichtes und des äußeren (vom Gegenstand ausgehenden) Lichtes. Sehen ist eine Kontaktwahrnehmung.[69]

Aristoteles berichtet, daß die alten Philosophen Denken und Wahrnehmung für dasselbe hielten. Jede Wahrnehmung komme durch Berührung zustande, was er für etwas höchst Seltsames hält. Empedokles, Demokrit, Epikur u. a. denken die Wahrnehmung so, daß von der Oberfläche der Dinge ein Strom feiner Abdrücke abfließt und durch das Auge sich in uns überträgt. Dieser selbständige Bilderstrom macht das Sehen zur Berührung.[70] Die Bilder machen sich selbst, lösen sich von den Dingen, aber auch von den seelischen Bewegungen ab, und füllen den Raum.[71]

In römischer Zeit liefert Lukrez eine Theorie der Wahrnehmung auf dieser vorsokratischen Linie, wobei er besonders auf Epikur rekurriert: »esse ea quae rerum simulacra vocamus: / quae quasi membranae summo de corpore rerum / dereptae, volitant ultroque citroque per auras«[72] (es gibt das, was wir die Phantome der Dinge nennen; wie Häutchen, die sich ganz von den Körperdingen losgerissen haben, fliegen sie hierhin und dorthin im Luftraum.) Vom äußersten Rand der Dinge werden die Bilder und feinen Gestalten abgehoben; sie erfüllen umherschweifend den Raum in alle Richtungen. Sie benutzen die Luft als Transmitter ihrer ultraschnellen Bewegung. So ist die Welt erfüllt von panoramatisch entströmenden Bildern. Von Natur her entäußern sich die Dinge in Bildern. Sie senden Spuren ihrer Formen aus, den zarten Abhub der Dinge. Alle Körper sind Mitteilung – die simulacra, figurae, imagines sind die Ekstasen der Dinge. Alles ist, und ist zugleich das Medium seiner Darstellung. Die Welt ist auf Wahrnehmung hin geordnet. Dieser Gedanke findet heute Anschluß in einer Welt, die mit den Grenzen der Medien zusammenzufallen scheint. Die Welt ist, was durch (technische) Medien performiert wird. Die Menschen sind zu ›Aufnehmenden‹ der sie umhüllenden audiovisuellen Fluten geworden. Dies entspricht der vorsokratischen und epikureischen Ästhetik.

Denn die elementische Natur ist ein fortwährendes Sich-Zeigen. Die Dinge und die wahrnehmenden Wesen treten zusammen in den ›Medien‹ der Abströmungen, in den Texturen der raumerfüllenden Bilder. Elemente sind Medien der Wahrnehmung. Die Lehre vom Bilderstrom gehört zu den Wurzeln der Naturästhetik. In ihr wird die mediale Seinsform der Dinge realisiert. Die Natur ist manifest. Die sinnlichen Dinge sind immer schon über sich hinaus – in ihrer Sphäre, ihrem Fluidum, ihrer ›Aura‹ (Walter Benjamin); und derart sind sie beim anderen, insofern dieser in ihre Sphäre ›eingetaucht‹ ist.

Hiermit ist die naturästhetische Seite der Elementenlehre erfaßt. Sie erklärt, warum die Elemente immer auch als Auratisches, als sinnlich präsente, gespürte Atmosphären begriffen und in der Kunst und Literatur bis in unsere Tage so auch gestaltet wurden. Die antike Wahrnehmungslehre ist freilich keine Ästhetik als Kunsttheorie, sondern sie ist Aisthesis – die kulturelle Form, in der die sinnliche Natur gefaßt wurde. Diese Zusammengehörigkeit von Wahrnehmungsform und Elementen existiert heute nur noch residual. Es hat eine folgenreiche Verschiebung in der Kultur der

---
69 Vgl. PLATON, Tim. 45b-47c.
70 Vgl. ARISTOTELES, An. 1, 403b-411b; 3, 426b-427b.
71 Vgl. z. B. EMPEDOKLES, Fr. 89, in: Diels/Kranz (s. Anm. 27), 343.
72 LUKREZ, De rerum natura 4, 30–33.

Wahrnehmung gegeben. Unsere Aufmerksamkeit ist nicht mehr auf die atmosphärische Präsenz der Dinge gerichtet, sondern auf das informationsablesende Identifizieren von Sachgehalten. Auge und Ohr sind Vorposten von Information und Kognition. Die antike Wahrnehmungslehre führt indes zu einer Theorie der Atmosphären und der Naturästhetik. Darum kann die Elementenlehre weder durch naturwissenschaftliche Experimente noch durch technologische Medientheorien widerlegt werden, weil es sich bei den Elementen weder um unzerlegbare Stoffe im Sinne des Elementarismus noch um technische Audiovisualität handelt, sondern um die Natur, wie sie sinnlich manifest wird. Diese Möglichkeit ist auch nach 1800 nicht untergegangen und setzt jene künstlerischen Unternehmungen ins Recht, die auch in der Moderne die Elemente ästhetisch präsent halten.

4. Medizin

Die Humoralpathologie gilt als die große Leistung der antiken Medizin. Naturphilosophische Prinzipien formieren zwischen Hippokrates und Galen die Systemgestalt der Medizin. Der Mensch ist mitten in der Natur. Darum ist die antike Medizin in weitester Erstreckung konzipiert: In Gesundheit und Krankheit verkörpert der Mensch die Natur. Ist in den Elementen ein zyklisches Moment mitgedacht, so zeigt es sich im Medizinischen darin, daß dem Regiment eines Saftes jeweils eine Epoche im Lebenszyklus bzw. eine Jahreszeit zukommt. Dem warmen und feuchten (luftartigen) Blut entspricht Frühjahr und Kindheit; der warmen und trockenen (feurigen) hellen Galle korrespondiert Sommer und Jugend; zur trocknen und kalten (erdigen) schwarzen Galle treten Herbst und Mannesalter in Beziehung; der kalte und feuchte (wäßrige) Schleim gehört zum Regiment des Winters und des Alters. In der pseudo-hippokratischen Schrift *Über die Diät* (περὶ διαίτης) wird die historisch folgenreiche Geschlechterpolarität von Mann/Feuer (trocken/warm) und Frau/Wasser (feucht/kalt) auch in die Medizin eingeführt.

Daß wir die Elemente tetradisch ordnen, ist eine kulturelle, keine natürliche Figur. Bis zum 5. Jh. kannte man nur drei Jahreszeiten und Lebensalter, nur drei Säfte, mal ein, mal zwei Elemente. Die Vierzahl ist pythagoräischer Bann der heiligen Zahl. Ist für letztere die Entscheidung gefallen, dann gerät alles in den Sog dieser Ordnungsfigur. Die vier Kardinalwinde oder die Himmelsrichtungen sind ebenso Konstruktion wie die vier Wände des Hauses. Das gilt auch für die Vierteilung des Tages in Morgen, Mittag, Nachmittag, Abend oder für die vier Verhaltensdispositionen je nach Regiment eines Saftes. Daraus entwickelt die mittelalterliche Medizin die Temperamenten-Lehre (Sanguiniker, Choleriker, Melancholiker, Phlegmatiker), die bis in den Sprachgebrauch unseres Jahrhunderts reicht.

Diese Rota, die Vierung im Weltenrad, ist nicht nur ein Veranschaulichungsschema; sie ist die wichtigste symbolische Form des europäischen Naturdenkens. Man erkennt den konstruktiven Zug dieses Naturbildes. Die symbolische Form der Natur bestimmte nicht nur, als was diese erfahren wurde, sondern was sie ist. Darin liegt die kulturprägende Kraft des tetradischen Schemas. So lange es gilt, kann naturphilosophisch, ästhetisch wie selbst theologisch niemand seinem Sog entkommen. Die Vierung im Kreis ist gewissermaßen zur Natur des Menschen geworden. Er ist inmitten des Kosmos plaziert. Nahezu alle christlichen Naturdenker bleiben dieser Figur verhaftet. Der Kosmos ist nun die Schöpfung, in die der Mensch eingebettet ist, in seiner Sterblichkeit ihr unterworfen, als Ebenbild Gottes ihr überlegen.

Die antike Medizin entziffert das, was im und am Menschen erscheint, als Zeichen seiner Umgebungen: von geographischen Lagen, von Luft und Wasser, Wind und Wetter, von Ernährung und Lebensweise. Das betrifft das Ethos in dem noch räumlichen Sinn, wonach Ethos die gebräuchliche Lebensordnung des Ortes bezeichnet. Medizin formuliert die Ortung des Leibes im Raum der Natur. Diese Einbettung des Leibes führt zu dem ›ökologischen‹ Medizinkonzept, wie es für das ganze Corpus Hippocraticum gilt. Was ein jeder in Gesundheit und Krankheit, in Geist, Seele und Körper ist, hängt von seiner Verortung im Reich der Elemente, in Region, Klima und Wetter, im Lebens-, Jahres- und Tageszyklus, aber auch vom Ethos der Ethnie im jeweiligen Lokal ab.

Insgesamt deutet die antike Medizin den Menschen als einen die natürliche Umwelt ›aufzeichnenden‹ Organismus. Der römische Arzt Galen bringt dies auf den Begriff. Der menschliche Organismus ist hier eine Art Seismogramm seiner Umwelt. Novalis wird später sagen: »Die Idee des Microcosmos ist die höchste für den Menschen. Cosmometer sind wir ebenfalls.«[73] Dies sind Ausläufer der antiken Medizin, die zuvor bei Hildegard von Bingen und Paracelsus noch Höhepunkte fand.

5. Mittelalter und Neuzeit

Die Elemente sind dem Mittelalter vertraut. Sie gelangten ins christliche Denken nicht als Theorie der Natur, sondern als erste Erscheinungen Gottes, was ihnen einen Platz im theologischen Denken sicherte. Im späteren Mittelalter kam die griechische Wissenschaft (besonders Aristoteles) hinzu, welche durch arabische Ärzte und Philosophen überliefert war. In jedem Genesis-Kommentar spielten die Elemente und der Äther, quinta essentia, eine zentrale Rolle bei der Weltentstehung. Die Elementenlehre gehört also während eines Jahrtausends zum Bildungsstandard der Theologen und Naturforscher. Mit Hildegard von Bingen und Paracelsus werden zwei Autoren hervorgehoben, bei denen eine Verknüpfung von Natur, Anthropologie, Medizin und Elementenlehre vor Augen tritt.

Bei Hildegard stellt der Körper ein offenes Gebilde im Stoffwechsel mit der Natur dar. Der Mensch ist qua Leib in die Natur geordnet. Der Leib bezeichnet die Natur, denn die Schöpfung ist so eingerichtet, daß der Leib und die Natur in einem ›physischen‹ Rapport stehen. Dies nimmt die platonische Denkfigur der Analogie von Mikro- und Makrokosmos auf. In Rücksicht auf den anfälligen Leib ist es dem Lebensinteresse dienlich, seine Textur, den Text der Natur in ihm zu lesen. Der Körper ist ein stummes Entziffern der Anatomie des Kosmos, die in der Medizin zur Sprache kommt – das ist die Pointe Hildegards, womit sie die Linie der antiken Medizin weiterführt, steht aber auch moderner Medizinanthropologie, etwa Viktor von Weizsäcker, nicht fern.

Die Elemente bilden die ›compositio corporis humani‹. Das ewig Bewegte der Natur ist der Grund für die Unruhe des Menschen: ›homo destitutus‹ zu sein, ein ›unten Hingestellter‹, Preisgegebener – dies ist ein der Natur entstammendes Existenzial des Menschen. Die Elemente sind im Sinne der griechischen ›physis‹ entwickelt. Ihr Wort dafür ist: viriditas – das Grün, die Frische, treffend mit ›Grünkraft‹ übersetzt. Auch der Körper, sofern er gesund ist, ›grünt‹ und zeigt jene sprießende Kraft und Frische, die den Frühling charakterisieren.

Mit der compassio der Erde hat Hildegard eine symbiotische Beziehung erfaßt, durch welche der Körper zur Mitbewegung der ›großen‹ Natur wird, wie umgekehrt diese den Menschen ›mitleidet‹. Elementische Natur und Leib sind sich wechselseitig Resonanz. »Et quia homo ab elementis factus est, ab elementis etiam sustentatur et in eis ac cum eis conversatur.« (Weil der Mensch aus den Elementen geschaffen ist, wird er auch durch die Elemente unterhalten, lebt im Verkehr mit ihnen und unterhält sich mit ihnen.)[74] Aus dieser Konsonanz leitet Hildegard eine doppelte Verantwortung ab: für die eigene Gesundheit und für die Natur. Jedes Tun des Menschen findet sein Echo im eigenen Leib und in der Welt. Gewöhnlich stehen Leib und Elemente in einem Gleichgewicht. Krankheit wird hingegen ›negativ‹ bestimmt: Sie markiert etwas Abwesendes, einen Mangel. Sie ist darum wesenlos, nichtigend, kein faciens, sondern ein deficiens. Darum kann auch nicht die Krankheit, sondern nur der kranke Mensch in seinem Verhältnis zu sich selbst und zur Mitwelt behandelt werden.

Bei Paracelsus interessiert seine Deutung des Lebensprozesses, wie sie sich aus seinem semiologischen Weltbild ergibt, das den Körper als die komplexeste Verdichtung von Bedeutungen im Reich der Natur erscheinen läßt. Der Mensch ist Quintessenz der Natur, so wie das Licht Quintessenz der Elemente ist. Dabei hat der Mensch einen doppelten Leib, den corporalischen und den siderischen. Darin folgt Paracelsus dem platonischen wie christlichen anthropologischen Dualismus. Er gibt ihm freilich eine Pointe: Der corporalische Leib

---

73 NOVALIS, Poëticismen. Fragment Nr. 314 (1798), in: NOVALIS, Bd. 2 (²1965), 594.
74 HILDEGARD VON BINGEN, Causae et Curae, hg. v. P. Kaiser (Leipzig 1903), 162; dt.: Heilkunde. Das Buch von den Grund und Wesen und der Heilung der Krankheiten, übers. v. H. Schipperges (Salzburg 1981), 243.

wird aus Erde und Wasser gebildet und ›schwimmt‹ in der Luft, die als Lebensmedium auch Chaos heißt. Sein anderer Körper ist von der siderischen Materie, also dem Element Feuer, und bildet seinen Geist-Körper.[75] Diese Doppel-Leiblichkeit entspringt der Stellung des Menschen in der Natur, in dem einen unterliegt er ihr als bedürftiges Wesen, in dem anderen ist er Regent des Handelns, das sich als »Kunst mechanica«[76] zeigt. Was der Arzt am Leib entziffert, sind Spuren, Indizes, Symptome von unsichtbaren Verkettungen des Körpers mit seinen Umwelten. Die Körpersignaturen bilden so einen Text des Leibes, der sich ins Innere wie ins Kosmische erstreckt. Dieses Konzept gehört zur allgemeinen Semiologie der Natur und schien in der »appartenance du langage et du monde«[77] gesichert: »nichts ist ohne ein Zeichen; das ist, die Natur läßt nichts von ihr gehen, ohne daß sie das nit bezeichnet, das in ihm ist. [...] Und es ist nichts so Geheimes im Menschen, das nit ein auswendig Zeichen an sich hätte. [...] Der da die natürlichen Dinge beschreiben will, der muß die Zeichen vornehmen, und aus den Zeichen das selbige erkennen. [...] Denn ›signatura‹ ist scientia, durch die alle verborgenen Dinge gefunden werden.«[78]

Der Körper ist ein Ensemble von entzifferbaren Mensch/Umwelt-Beziehungen, von Nah- wie Fernverhältnissen, die in den ›Signaturen‹ zu lesen sind. Der Leib ist die Inkorporierung nicht nur der Kulturgeschichte, sondern auch der Elementengeschichte. Als Bühne der Naturgeschichte offenbart sich der Leib als Verwandter noch des Allerfernsten und Unmenschlichsten.

75 Vgl. PARACELSUS (s. Anm. 66), 72, 84–107.
76 Ebd., 85.
77 MICHEL FOUCAULT, Les mots et les choses. Une archéologie des sciences humaines (Paris 1966), 58.
78 PARACELSUS, Von den natürlichen Dingen (um 1525), in: Paracelsus (s. Anm. 65), Bd. 1, 297f., 300.
79 Vgl. PLATON, Tim., 30b u. ö.

VII. Natur im Mittelalter

1. Schöpfungsordnung und ›fabrica‹

Indem es dem westlichen Christentum gelang, die aus der jüdischen Schöpfungstheologie stammende Naturauffassung mit der griechischen Naturphilosophie zu homogenisieren, besteht in diesem Feld nicht jener Gegensatz, der theologisch zwischen Heidentum und Christentum gemacht wurde. Der Platonismus wurde für das frühere, der Aristotelismus für das Hochmittelalter leitend. Gleichwohl bestehen Unterschiede.

In der Antike sind Werden und Vergehen zyklische Momente innerhalb einer ewigen und göttlichen Natur. Die Natur ist nicht für den Menschen eingerichtet, sondern der Mensch für die Natur. In ihrer Betrachtung (theoria) vollendet er sich selbst, nämlich in der Besinnung der ewigen Gegenwart des göttlichen ›nous‹. Im Christentum ist die Natur nicht ewig, sondern sie ist Schöpfung in der Zeit, hat also Anfang und Ende. Diese Temporalisierung der Natur ist langfristig eine wichtige Voraussetzung für die Naturwissenschaften, auch wenn sie zwischen Nikolaus Kopernikus und Isaac Newton auf den Weg kamen gerade dadurch, daß sie ewig gültig scheinende Gesetze des Makroraumes formulierten. Obwohl es erhebliche Brüche zwischen der als biblisch geltenden Zeit und der Naturzeit gab – sie brachen dramatisch erst nach 1700 auf –, so ist doch entscheidend, daß es im Christentum zur Ontologie der Natur gehört, daß sie zeitlich und vektoral ist, also eine Richtung der (eschatologischen) Geschichte bezeichnet. Für eine Historisierung von Natur ist dies ein wichtiges Initial.

Es ist ein Zufall der Überlieferung, wenn es so schien, als sei antike Naturphilosophie ebenfalls Schöpfungstheologie. Dies liegt daran, daß der *Timaios* für Jahrhunderte die einzige in Gänze überlieferte Schrift Platons war, wenigstens in lateinischer Übersetzung (des Chalcidius). Im *Timaios* indes redet Platon über weite Strecken im »εἰκὼς λόγος«[79] (eikōs logos), also in ›wahrscheinlicher Rede‹, nicht streng wissenschaftlich. Dies gilt auch für den Schöpfergott, den Demiurgen, der die Welt wie ein Werkstück herstellt: Darum konnte die Natur im lateinischen Christentum ohne weiteres als ›fabrica‹ bezeichnet werden. Denn der jahwistische Schöpfungsbericht wies die Spur, welche die christliche Schöpfung insgesamt als Werkstück Gottes erscheinen ließ. Damit werden Bibel und Platon homolog. Diese Wirkungsgeschichte des Platonismus im Christentum trug noch vor der Einspeisung aristotelischer und medizinischer Wissenschaft durch die Araber wesentlich zum Erhalt antiker Elemente im Christentum bei (unter Einbeziehung der Ideenlehre und der neuplatonischen Lichtmetaphysik). Freilich war für Platon die Rede vom Demiurgen nur Gleichnis. Indem er vom Kosmos als Werkstück sprach, folgte er dem mäeutischen Prinzip, wonach man am besten verstehe, was man herzustellen vermag. Er stellte die Welt also technomorph dar als Gleichnis für die Idealität ihrer Form, d. h. ›als ob‹ sie nach einem ›Entwurf‹ eines Gottes ›gemacht‹ worden sei. Die mathematische Struktur, die Platon dem Kosmos unterstellte, meinte aber keineswegs, daß die Welt technikförmige ›fabrica‹ sei. Für Platon bestand zwischen Mathematik und Technik ein qualitativer Bruch. Gleichwohl stiftete das Mißverstehen des ›eikōs logos‹ im Timaios die Kontinuität zwischen Naturphilosophie und Schöpfungstheologie. Das erlaubte die Interpretation der Natur als ›fabrica mundi‹. Für den Platonismus des Mittelalters, wie z. B. Bernardus Silvestris oder Alanus ab Insulis, war dieser Gedanke ebenso wichtig wie für den Aristotelismus von Grosseteste, Roger Bacon, Thomas von Aquin oder Wilhelm von Ockham. Konnten die Platoniker die ›fabrica‹ als das harmonische Kunstwerk eines göttlichen Künstlers (artifex) hymnisch feiern, so bot sich den Aristotelikern die Möglichkeit, die rationale Formstruktur der Natur als durch Zweckursachen erzeugtes Produkt zu interpretieren, das man mit Hilfe menschlicher ›scientia experimentalis‹ nachzukonstruieren versuchen konnte. Das eine bot der Kunst, das andere der Naturwissenschaft die Voraussetzung zu ihrer Entfaltung. Denn der Künstler konnte als ›alter deus‹ und das Kunstwerk als schöpferische Naturnachahmung gedeutet werden, wie andererseits Naturwissenschaftler wie Johannes Kepler die Mechanik des Weltalls konstruierten als ›mysterium cosmographicum‹ oder als ›harmonices mundi‹[80]. Die ›artes mechanicae‹, die durch den Aristotelismus freigegeben wurden, bildeten eine Grundlage für die Naturwissenschaften der Neuzeit.

2. ›Natura lapsa‹ und ›Perfectio naturae‹

In dieser Perspektive war die Natur als ›opus magnum dei‹ nicht nur schön und gut, sondern auch zweckrational, d. h. für den Menschen eingerichtet. Dieser Deutung kam der biblische Schöpfungsbericht zu Hilfe, wo Gott alle Tiere des Meeres, der Luft und des Landes sowie »alle Pflanzen auf der ganzen Erde«[81] in die Verfügung der Menschen stellt. Daraus wurde ein christliches ›dominium terrae‹ abgeleitet, wie man es bei Roger Bacon vorformuliert und bei Francis Bacon und René Descartes als systematischen Anspruch findet (›dominium terrae‹ ist bei Descartes die Formel rationalistischer Selbstermächtigung). Eine solche Anthropozentrik schien vielen Forschern in der antiken Naturlehre ausgeschlossen. Doch kann kein Zweifel sein, daß sowohl in den Mythen Hesiods, in der Begründung der Technik durch die Mängelausstattung des Menschen bei Platon[82] oder in der Aristotelischen Physik und Mechanik eine technische Zurichtung der sublunaren Natur zu Zwecken des Menschen selbstverständlich war. Die Stoa lehrte ausdrücklich die anthropozentrische Einrichtung der Natur. So ließ sich der christliche Gedanke des ›dominium naturae‹ durchaus mit der Antike vereinbaren.

Dies gilt auch für die andere Seite christlicher Naturauffassung, wonach die Natur zwar gut geschaffen war – immerhin war ihr Primärzustand das Paradies –, aber durch den Sündenfall korrumpiert sei. Die ›natura lapsa‹ ist der großartige Nachhall der Sünde, durch die auch die Natur erniedrigt wurde. Auch diese Auffassung der Natur als Strafe hat in griechischen Mythen eine Parallele. Nach paulinischer Auffassung erwuchs mit der Erlösungsbedürftigkeit der Menschen auch ein Schmerz der Natur selbst, welche nach ihrer Erlösung sich sehnt.[83] Das Heilsversprechen Jesu wurde deswegen auch auf die Natur ausgedehnt. Das Pa-

---

80 Vgl. JOHANNES KEPLER, Mysterium Cosmographicum (1596), in: Kepler, Gesammelte Werke, hg. v. W. v. Dyck/M. Caspar, Bd. 1 (München 1938), 3–80; KEPLER, Harmonices Mundi (1619), in: ebd., Bd. 6 (1953).
81 Gen. 1, 28–30.
82 Vgl. PLATON, Prot. 320c-322d.
83 Vgl. Röm. 16, 18–22.

radies, als befreite Natur, würde am Ende aller Tage wiederkehren (oder, in städtischer Reflexion, ein neues Jerusalem). Konkurrierend zur Vorstellung der ›natura lapsa‹ stand indes der Gedanke, »daß von allen Geschöpfen allein der Mensch aus der Ordnung Gottes heraus in Sünde gefallen sei, die übrige Schöpfung aber die Reinheit und gottgegebene Ordnung für sich erhalten habe«[84]. So konnte das Studium der unschuldigen Natur zum Heilsweg werden. Parallel zur Kirche bzw. zum christlichen Staat als Vorschein der ›civitas dei‹ (in Augustinischer Prägung) wurde ferner der Gedanke gefaßt, daß es schon auf Erden ein heilsbezogenes Handeln in der Natur selbst geben könne: die ›perfectio naturae‹. Durch sie konnten Menschen mittels Naturerkenntnis und durch die Einrichtung befriedeter Naturräume (zu denen besonders symbolisch die Gärten gehörten) zur Entübelung der irdischen Welt beitragen. Dies wurde als stellvertretender Heilsauftrag ausgelegt. Damit war der Weg offen, die Natur nicht nur als hinzunehmenden Bestand auszulegen, sondern als Herausforderung zu ihrer (eschatologischen) Transformation, deren Mittel vernünftige Erkenntnis wie technische Praxis sind. Durchweg halten solche gelehrten Konzeptionen die Waage zu eher volkstümlichen Erklärungen, welche die Natur insgesamt zum Schauplatz Satans und seiner dämonischen Gesellen machten. Immerhin zeigt dies, daß unter dem Dach des Christentums gegensätzliche Vorstellungen Platz fanden.

3. Natur als Künstlerin

Für die ästhetische Seite der Schöpfungstheologie ist charakteristisch, daß sich im Mittelalter eine Fülle von textlichen wie ikonischen Zeugnissen findet, welche die Natur als Künstlerin, ja Göttin apostrophieren. Daß die Natur eine Künstlerin sei, ist hellenistische und römische Tradition. Nach Poseidonios zeigt die Natur Ordnungssinn und eine Art von Kunst: »Quod si ea, quae a terra stirpibus continentur, arte naturae vivunt et vigent, profecto ipsa terra eadem vi continetur arte naturae« (Wenn durch die Kunst der Natur nun schon diejenigen Gewächse, die von der Erde durch Wurzeln erhalten werden, leben und gedeihen, wird doch bestimmt die Erde selbst mit derselben Kraft durch die Kunst der Natur erhalten.)[85] Diese Kunstfertigkeit (sollertia) der Natur ist so vollkommen, daß sie auch nachahmend (imitando) durch keine menschliche Kunst (ars), kein Handwerk und keinen Werkmeister (opifex) erreichbar ist. Die Wechselwirkung der Elemente enthält eine Prokreationskraft, die ebenso Gebären und Werkschaffen ist wie Ernähren und Wachsen. Wie sehr hinsichtlich der ›sollertia naturae‹ die konkurrierenden Schulen übereinstimmen, zeigt der Epikureer Lukrez, der sein Lehrgedicht *De rerum natura* mit einer Apostrophe der Venus und der durch sie belebten Natur eröffnet. Trägt doch ›daedala tellus‹ (Künstlerin Erde) einen Ehrentitel, durch den ihr der Inbegriff von Kunstfertigkeit zugeschrieben wird: Daedalus. In der (pseudo-)vergilischen Dichtung *Aetna* heißt es: »artificis naturae ingens opus aspice« (Blick auf das riesige Werk der Künstlerin Natur)[86].

Diese heidnische Künstlerin und Göttin Natur begegnet nun im christlichen Mittelalter, im Hermetismus, in der Alchemie und Naturphilosophie der Renaissance. Als frühes Zeugnis ist exemplarisch die Kosmologie *De Mundi Universitate Libri Duo Sive Megacosmos Et Microcosmos / Cosmographia* (um 1145–1153) des Neuplatonikers Bernardus Silvestris. Bernardus schildert, wie Natura beim göttlichen Noys (= nous, Weltvernunft) im Namen der ungestalteten Silva (eigentl. Wald, roher Stoff) für die Schaffung des Makrokosmos plädiert. Denn die ›Mutter des Alls‹ Silva sehnt sich danach, »a veteri cupiens exire tumultu, Artifices numeros et musica vincla requirit«[87] (dem uralten Tumult zu entkommen und verlangt nach kunstvollen Maßen und den Fesseln der Muse): Sie hält in ihrem Schoß verstreut schon alle möglichen Kinder der Welt. Dieses der Materie immanente Drängen

---

[84] CHRISTEL MEIER, Gemma spiritalis. Methode und Gebrauch der Edelsteinallegorese vom frühen Christentum bis ins 18. Jahrhundert, Bd. 1 (München 1977), 35.
[85] CICERO, Nat. 2, 83; dt.: Vom Wesen der Götter, lat.-dt., hg. u. übers. v. W. Gerlach/K. Bayer (München 1978), 239.
[86] VERGIL, Aet. 601; dt.: Aetna, hg. u. übers. v. W. Richter (Berlin 1963), 81.
[87] BERNARDUS SILVESTRIS, Cosmographia (um 1145–1153), hg. v. P. Dronke (Leiden 1978), 97.

nach ästhetischem Maß bedarf des Formvermögens der Vernunft und der beide vermittelnden Natura. Auf der Linie des *Timaios* finden sich hier, mitten in christlicher Theologie, die Lehre der Entstehung der natürlichen Welt nach den Gesetzen des Schönen.

Nicht nur Noys, sondern auch die personifizierten Natura und Physis erhalten den Titel Künstlerin. Natura ist es, unter deren ›künstlerisch bildender Hand‹ die ungebärdige Silva langsam das Chaotische ablegt. Natur ist der Kunst analog und figuriert darum Schönheit. ›Maß‹, ›Zahl‹ und ›Rhythmus‹ erinnern an die pythagoreische Kosmo-Ästhetik. Das Chaos verfriedlicht sich. Die Natur wird Musik: Der Melos bildet das Medium einer heiligen Hochzeit – mehrfach nimmt Bernardus dieses Motiv auf.[88]

Diese Kosmologie bildet den Hintergrund der Schaffung des Menschen als Mikrokosmos. Für dieses sucht Natura, im Auftrag der Noys, die Urania und die Physis auf, weil dem Menschen eine Doppelnatur aus Himmlischem und Irdischem zukommt. Das ist konventionell. Neu hingegen ist, daß Natura und Urania auf ihrer Suche eine ›Himmelsreise‹ durch die Sphären des Kosmos unternehmen. Die Welt wird ein zweites Mal, nun unter dem Titel ›Mikrokosmos‹, vor Augen gestellt, denn zur Schaffung des Menschen bedarf es der Vergegenwärtigung des gesamten Weltalls. Auf der Erde finden die Himmelsfliegerinnen an einem locus amoenus schließlich Physis und ihre Töchter Theorica und Practica. In der ästhetischen Mitte der Erde versammeln sich Noys, Urania, Natura, Physis, Theorica, Practica, um den Menschen zu erschaffen als Abbreviatur und »sancta et felix clausula«[89] (heiliges Schlußglied) des Kosmos. Die Anatomie vom Haupt bis zum Geschlecht spiegelt den hierarchischen Aufbau des Kosmos. Die abschließenden Wörter »omnificasque manus« (155) (alles erschaffende Hände) rufen das technisch-künstlerische Dispositiv des Menschen auf. Mitten im 12. Jh. hat der *Timaios* Platons zur Feier der kosmischen Natur und einer grandiosen Apostrophe des Menschen Anlaß gegeben.

Damit aber steht Bernardus nicht allein. In der wenig späteren Dichtung *De Planctu Naturae* des Alanus ab Insulis wird Natura als künstlerische Schöpferin des Menschen apostrophiert, die über das moralische Entgleiten ihres Geschöpfes trauert. Im *Anticlaudianus* des Alanus kreiert dagegen Natura mit Gottes Unterstützung einen vollkommenen neuen Menschen. Die Natur repräsentiert nicht nur den kosmischen, sondern als ›mater virtutum‹ auch den moralischen Ordo. In gewisser Hinsicht schildern Bernardus und Alanus Gegenbilder zur Schaffung der Pandora, zu der alle Götter etwas zu ihrer glänzenden, aber verderblichen Schauseite beitragen, während hier Natura unter Assistenz der gesamten Schöpfung den perfekten Mikrokosmos schafft. Die *Consolatio Philosophiae* des Boethius ist zum Trost der göttlichen Natur geworden – wie auch im *Tesoretto* (1260–1266) des verzweifelten Brunetto Latini, dem die divine Natura die Schönheiten des Kosmos, der Erde und ihrer Länder, der Tiere und Pflanzen vor Augen führt. Im *Roman de la Rose* (um 1230) von Guillaume de Lorris und seiner Fortsetzung durch Jean de Meung (um 1275) findet diese hymnische, ja erotische Verehrung der Natura einen Höhepunkt.

Mechthild Modersohn hat die Vielfalt der ikonographischen Figurationen der Natura in den Handschriftenillustrationen zu Alanus, Brunetto, Johannes von Salisbury und im *Roman de la Rose* gezeigt: die zur Göttin hypostasierte Natura als Schöpferin der Welt (creatrix), Ernährerin (nutrix), Bildnerin (artifex), als Gebärerin (genetrix), als Mutter der Zeugungen (mater generationis), als Schmiedin (fabricatrix), die in einer Esse die Menschen (oder Menschenteile) auf einem Amboß wie ein Werkstück bearbeitet. Sie wird als Herrscherin im Reich der Tiere und Pflanzen gezeigt, sie ist Patronin der Bildhauer, Maler und Handwerker, sie throhnt, sie wird zeremoniell verehrt, sie ist Mutter der Wissenschaften, Lehrmeisterin und Predigerin, sie führt kunstreiche Dialoge und verfügt über eigene Residenzen und Paläste. Durchaus aber ist sie auch Dienerin und Vikarin Gottes, ihm selbst und gelegentlich auch der Philosophie untergeordnet. Öfters führt sie auch Klage über den degenerierten Menschen, der nicht nur sich selbst, sondern auch die Natur zerrüttet,

---

[88] Vgl. HANS-GEORG NICKLAUS, Die Maschine des Himmels. Zur Kosmologie und Ästhetik des Klangs (München 1994), 68–96.
[89] BERNARDUS (s. Anm. 87), 140.

ein Gedanke, der zur szenischen Vorlage für das *Iudicium Iovis* (1485–1490) des Paulus Niavis wird, wo Natura vor Jupiter und der Götterversammlung Klage führt gegen den bergbautreibenden Menschen, der ihren Leib verwüstet. Nicht zufällig wird an diesem ökologisch auffallendsten Sektor der frühneuzeitlichen Gesellschaft der moralische Schmerz der Natur zur bitteren, auf Muttermord lautenden Anklage.[90]

In Natura als Göttin wird die der Natur immanente Kunst verherrlicht. Gewiß gilt überwiegend, daß Gott als ›artifex‹ die Welt als schöne geschaffen hat. Doch ist aufschlußreich, daß mit der verselbständigten Natura eine innerweltliche Anschauung ästhetischer Verfahren freigesetzt wird, an der Künstler sich mimetisch orientieren können. Die Realnatur hat die Kunst universal einverleibt und das künstlerische Werk treibt diese Kunst zur lichten Klarheit hervor. Im Medium der Kunst entdecken die Künstler einen Genius, der sie zum zweiten Gott macht: homo secundus deus.

4. Lichtästhetik

Sicher ist die Lichtästhetik des Mittelalters im Verhältnis zur vergöttlichten Natur die mächtigere Tradition. Schönheit ist Leuchten der Dinge, die ihren farbigen Glanz durch das erhalten, was selbst farblos ist und doch alles erst in Erscheinung treten läßt.[91] Wilhem von Auvergne spricht davon, daß Gott »in universum, velut in speculum innumerabilium superficierum speciositatis suae similitudines diffundens«[92] (in das Weltall, wie in Spiegel mit unzähligen Oberflächen, die Bilder seiner Schönheit ausgießt). Das Licht erhält diese prominente Rolle, weil es die subtilste Erscheinung Gottes ist. Besonders die gotische Kathedrale soll nicht nur geometrische Proportionen und musikalische Harmonien realisieren, sondern auch den Übergang vom geschaffenen Licht zum unerschaffenen Licht Gottes vollziehen. Zurecht hat man dies die ›diaphane Struktur‹ der Kathedrale genannt. Baukörper und Glasmalereifenster sind die materialen Träger einer Gestaltung von Licht derart, daß darin der undarstellbare Gott durchscheine. Augustinus hatte bereits den Satz aufgestellt, daß Christus ›eigentlich‹ Licht sei: »Christus sic dicitur lux […] illud proprie.«[93] Das begründet die mediale Auffassung des Baukörpers, der zur ›seienden Metapher‹ Christi wird, eine mediale Konzeption aber auch aller Dinge, die zum Durchschein Gottes werden.

Der Künstler oder Architekt wiederholt nachahmend die Schöpfung, deren »artifex omnium« (All-Künstler)[94] Gott ist – wie Johannes Scotus Eriugena sagt. Der ›mundus‹ ist ein Kunstwerk und steht zum göttlichen Künstler im Verhältnis von »similium et dissimilium« (Ähnlichem und Unähnlichem) (68; dt. 270). In diesen paradoxalen Formeln drückt sich eine Ästhetik aus, die für die Lichtregie der mittelalterlichen Kunst verbindlich ist. Es ist der Gedanke, daß Gott, indem er die Ursache allen Seins ist, dieses selbst nicht sein kann. Darum ist er ›Nichts‹. Dies meint, daß der Künstler-Gott sich in Alles entäußert und zugleich darin entzieht. Gott kann nur als »Nichts von Allem, was ist und was nicht ist«, bezeichnet werden und wird darum am besten »durch Nichtwissen gewusst« (qui nullum eorum quae sunt et quae non sunt est, qui melius nesciendo scitur) (180; dt. 342). Dieser Gedanke leitet bei Nikolaus von Kues die Theologie des ›deus absconditus‹. Doch schon seit Pseudo-Dionysius und Eriugena ist es das Wesen der realen Dinge, die ›göttliche Überwesentlichkeit‹, das ›Nichts‹, die ›Entziehung‹ Gottes anzuzeigen. In paradoxer Wendung heißt dies, daß für Eriugena jeder Stein oder Holzklotz zum erleuchtenden Licht werden kann. Oder, wie er es mit Pseudo-Dionysius sagt: »Omne *enim* quod intelligitur et sentitur nihil aliud est nisi non apparentis apparitio, occulti manifestatio, negati affirmatio […], ineffabilis fatus […], incorporalis corpus« (Ist doch Alles, was gedacht und wahrgenommen

---

90 Vgl. MECHTHILD MODERSOHN, Natura als Göttin im Mittelalter. Ikonographische Studien zur Darstellung der personifizierten Literatur (Berlin 1997), 18 f.
91 Vgl. HUGO VON ST. VICTOR, Eruditiones didascalicae, in: MIGNE (PL), Bd. 176 (1880), 746–750.
92 GUILIELMUS ALVERNUS, De universo, in: Guilielmus Alvernus, Opera omnia, Bd. 1 (1674; Frankfurt a. M. 1963), 622.
93 AUGUSTINUS, De genesi ad litteram, in: MIGNE (PL), Bd. 34 (1887), 315.
94 JOHANNES SCOTUS ERIUGENA, Periphyseon (De divisione naturae), hg. v. I. P. Sheldon-Williams, Bd. 3 (Dublin 1981), 64; dt.: Über die Eintheilung der Natur, hg. u. übers. v. L. Noack, Abt. 1 (Berlin 1870), 268.

wird, nichts Anderes als die Erscheinung des Nicht-Erscheinenden, das Offenbarwerden des Verborgenen, die Bejahung des Verneinten, [...] der Ausdruck des Unsagbaren [...] der Körper des Unkörperlichen) (58; dt. 264). Im Licht, das Gott ist, teilt er sich mit als Nicht-Licht, als »tenebrositas« (Finsternis) (166; dt. 333). Darum ist alles Geschaffene eine seiende Metapher. Eine solche Metapher soll jedes Kunstwerk sein: eine ›Erscheinung des Nicht-Erscheinenden‹, die in alltäglicher Wahrnehmung der Dinge nicht verstanden wird.

5. Sprache der Natur

Eine nicht geringere Wirkungsgeschichte als die Lichtästhetik, die in den Künsten bis heute eine überragende Rolle spielt, hat ein weiteres mittelalterliches Konzept: die Sprache der Natur. Sie findet zumeist in der Metapher vom Buch der Natur ihren Ausdruck, in dem man lesen kann wie in der Heiligen Schrift. Man kann dies das hermeneutische Projekt der Natur nennen. Die Lehre vom Buch der Natur wurde kanonisch durch die Augustinische Doktrin von den zwei Büchern der Offenbarung Gottes: einmal durch die Bibel (deren Worte man hört), zum anderen durch die Natur, die das ›liber creaturae‹ enthält und dessen Zeichen man sieht.[95] Diese Lehre herrscht durch das gesamte Mittelalter bis zu Paracelsus, doch in Kunst, Literatur und Philosophie findet man Nachwirkungen davon bis zur Romantik und darüber hinaus.

In mittelalterlichen Gesellschaften zieht die Natur nicht um ihrer selbst willen Aufmerksamkeit auf sich, sondern als Trope Gottes. Bonaventuras *Itinerarium mentis in Deum* (1259) blättert ein Set von Modi auf, durch welche die Dinge diaphan auf einen hinter ihnen stehenden Sinn werden, den sie bedeuten oder andeuten: Leiter, Spur, Weg, Bilder bzw. Schatten. Der Spur oder dem Schattenwurf der Dinge nachgehen heißt ein Fährtenleser in der Welt zu sein, um diese zu transzendieren. Die Lektüre der Dinge terminiert in der Kontemplation ihres Urgrundes, nämlich Gottes. Gott ist das absolute Signifikat, das sich in den Signifikanten der Dinge niedergelassen hat. Das macht ihre Ontologie aus. Die Natur ist, wie es später Novalis ausdrückt, eine »große Chiffernschrift«[96]. Das irdische Dasein besteht darin, ein ›peregrinus‹ in dieser dinglichen Chiffrenschrift zu sein. Die Operation dieses Wanderers in der Weltschrift ist hermeneutisch und rhetorisch, nicht praktisch, nicht technisch, nicht ästhetisch. Dieses Modell ist ein Reflex der scripturalen Kultur der mittelalterlichen Schriftexperten, die ihre dominante Praxis, nämlich mit der (Heiligen) Schrift umzugehen, universalisierten. Besonders Nikolaus von Kues, obwohl gerade er Gotteserkenntnis mit Mathematik und Geometrie verband, betont, daß der Laie als unverbildeter Leser (idiota) im Buch der Natur einen authentischen Zugang zur Botschaft Gottes habe; das macht seine ›scientia ignorantiae‹ aus, die diesbezüglich mit der prinzipiellen Negativität Gottes zusammenfällt.[97] Hugo von St. Victor drückt dies im *Tractatus de Meditatione* aus: »universus enim mundus iste sensibilis quasi quidam liber est scriptus digito Dei hoc est virtute divina creatus et singulae creaturae quasi figurae quaedam sunt non humano placito/inventae, sed divino arbitrio institutae ad manifestandam invisibilium Dei sapientiam. Quemadmodum autem si illiteratus quis apertum librum videat, figuras aspicit, litteras non cognoscit: ita stultus et animalis homo, qui non percipit ea quae Dei sunt, invisibilius istis creaturis foris videt speciem, sed intus non intelligit rationem.«[98] (Die ganze sichtbare Welt gleicht einem Buche, geschrieben vom Finger des Herrn; sie ist geschaffen durch göttliche Kraft, und alle Geschöpfe sind Figuren, nicht als Erzeugnisse menschlicher Willkür, sondern hingestellt durch göttlichen Willen zur Offenbarung und gleichsam als sichtbares Merkmal der unsichtbaren Weisheit Gottes. Gleichwie aber der, welcher nur so obenhin in ein offenes Buch hineinsieht, zwar Figuren erblickt, aber keine Buchstaben erkennt: ebenso sieht der törichte und sinnliche Mensch, der von Gottes Geiste nichts vernimmt, von den sichtbaren Kreaturen wohl die Außenseite, aber er begreift ihren tieferen Grund nicht.)

---

95 Vgl. AUGUSTINUS (s. Anm. 93), 219–246.
96 NOVALIS (s. Anm. 3), 79.
97 Vgl. NIKOLAUS VON KUES, De docta ignorantia/Die belehrte Unwissenheit (1440), lat.-dt., übers. u. hg. v. P. Wilpert, Bd. 1 (Hamburg 1964), 108–113 (I, 26).
98 HUGO VON ST. VICTOR (s. Anm. 91), 814.

Die mittelalterlichen Theologen legen die Natur aus nach einem essentialistischen Modell von Schrift und Lektüre. Der Lesende fügt sich ein in den von Gott in die Dinge versenkten Sinn. Biblisch ist die Welt eine Wortschöpfung und trägt mithin die Spur der Sprache. Die stumme Natursprache ist vom Ursprung her gesichert und nicht in die babylonische Verwirrung der Lautsprachen hineingerissen. Doch wie die Namensprache Adams, der die Dinge mit einem ihrem Wesen entsprechenden Namen taufte, verloren ist, so ist auch die Sprache der Natur enigmatisch geworden: Sie liegt zwar am Tage und muß doch enträtselt werden. In Analogie zum vierfachen Schriftsinn, nach welchem die Gelehrten Texte von der buchstäblichen bis zur heilsgeschichtlichen Bedeutung auslegten, geht es bei der Naturlektüre vor allem um die theologische Botschaft, welche die Dinge mit sich führen. Daraus entsteht die in der geistlichen wie weltlichen Literatur verbreitete Natur-Allegorese und das semiotische Abtasten der Dinge als Figuren eines über sie hinaus auf Gott verweisenden Sinns. Der Lesende hat keinen autonomen Status, sondern seine Lektüre ist der Nachvollzug eines immer schon feststehenden Sinns. Die Natur ist das primordiale Medium dieses Sinns. Dies ist »una metafisica pansemiotica«[99].

Es kann in diesem Modell weder eine geschichtliche Dynamik der Natur noch des Sinns geben, sondern nur Adäquanz oder Verfehlen. Die Natur ist Signifikation. Als solche ist sie ›Figur‹, d. h. sie erheischt gerade nicht Aisthesis. Weil im Mittelalter die ›Figur‹ eine lehrende Darstellung ist, so erfordert die figurale Natur ein komplexes Verfahren der Entzifferung. Es versteht sich, daß diese ›heilige Semiotik‹ zwar zur Achtung einer Natur führt, die die Spuren Gottes (vestigia Dei) trägt. Aber ein solches semiotisches Universum setzt eine vita contemplativa voraus und ist ungeeignet, eine vita activa zu modellieren. Die Sonderstellung des Menschen, die öfters mit dem stoischen Argument – omnia sunt creata propter hominem (alles Geschaffene besteht um des Menschen willen) – begründet wird, ist gehindert, eine technische Form zu gewinnen. Denn wenn auch die Natur um des Menschen willen da ist, so ist der Mensch doch um des Schöpfers willen da (et homo propter Deum): Naturkunde ist die andere Form des Gebets. Das schließt technische Einstellungen oder eine profane Teleologie der Natur aus. Kaufleute, Schiffer, Schmiede, Bergleute, Bauern, Müller, die konkret mit Natur konfrontiert waren, wurden zwar von diesem Modell ›gerahmt‹, doch war ausgeschlossen, daß es die Logik ihres Handelns bestimmen konnte. Auch die aristotelischen Naturforscher, die eine ›scientia experimentalis‹ zu begründen Interesse hatten, wie Grosseteste, Roger Bacon oder Albertus Magnus, haben die Buch-Metapher nicht favorisiert, denn sie führt zur hermeneutischen Kontemplation, nicht aber zur Erkenntnis der Dinge. Interpretieren und Erklären treten in einen bis heute wirksamen Gegensatz. Immerhin fanden die letztlich auf die *Historia Naturalis* von Plinius d. Ä. und den spätantiken *Physiologus* zurückgehenden Enzyklopädien von Lebewesen und Mirabilia der Natur große Verbreitung, wie z. B. das *Liber de natura rerum* (1128–1243) des Dominikaners Thomas von Cantimpré, das für das *Buch der Natur* (1350) des Konrad von Megenberg die Vorlage abgab.

Das hermeneutische Modell der Natur wurde von Galileo Galilei entschlossen beiseite gerückt – in eine transhumane Sphäre, mit dem Code, in welchem menschliche Erkenntnis funktioniert, nichts zu tun hat. Im *Saggiatore* (1623) spottet er über solche, welche aus literarischen Phantasien wie Homer oder Ariost ihren Begriff von Natur entnähmen: »la cosa non istà così. La filosofia è scritta in questo grandissimo libro che continuamente ci sta aperto innanzi a gli occhi (io dico l'universo), ma non si può intendere se prima non s'impara a intender la lingua, e conoscer i caratteri, ne' quali è scritto. Egli è scritto in lingua matematica, e i caratteri son triangoli, cerchi, ed altre figure geometriche, senza i quali mezi è impossibile a intenderne umanamente parola.«[100] (Aber nicht so verhält es sich: Sondern die Philosophie ist in dem großen Buch niedergeschrieben, das immer offen vor unseren Augen liegt, dem Universum. Aber wir können es erst lesen, wenn wir die Sprache erlernt und uns die Zeichen vertraut gemacht

---

99 UMBERTO ECO, Il segno (Mailand 1973), 95.
100 GALILEO GALILEI, Saggiatore (1623), in: Galilei, Opere, hg. v. F. Flora (Mailand/Neapel 1953), 121.

haben, in denen es geschrieben ist. Es ist in der Sprache der Mathematik geschrieben, deren Buchstaben Dreiecke, Kreise und andere geometrische Figuren sind; ohne diese Mittel ist es dem Menschen unmöglich, auch nur ein einziges Wort zu verstehen.)
Dies ist ein Schlüsselzitat des historischen Übergangs zum technisch-konstruktiven Projekt. Mittelalterliche Semiologie funktionierte metaphysisch oder ontotheologisch. Darauf spielt Galilei an, wenn er das Buch der Natur unterscheidet vom menschlichen Alphabet. Dieses ist so sehr Konstruktion wie die Geometrie, aus deren Elementen er nunmehr das Buch der Natur geschrieben sieht. Die geometrische Konstruktion der Natur schließt die Mathematik ein. Beides ermöglichte die ›experimentelle Philosophie‹ und die inventorische Technik. Damit konnte das mechanistische Zeitalter beginnen, in welcher die Natur Maschine oder Uhrwerk ist.

6. Nachgeschichte des ›liber naturae‹

Beide Deutungslinien bestehen noch für Jahrhunderte nebeneinander. Selbst Naturforschung konnte noch semiologisch begründet werden. Dafür steht Paracelsus, der eine verzweigte Tradition in Medizin und Kunst, Alchemie und Naturästhetik auslöste. Sein Naturkonzept folgt einem grammatologischen Modell. »Dasjenige, das das Alphabet einbegreift« – nämlich die Bedeutung –, »kommt in das Alphabet von außen hinein; aber im Firmament, da ist es im Ursprung, und der litera, das ist die Letter, ein Ding.«[101] Die grammatologische Struktur der Natur ist das Apriori der Sprache, nicht die Sprache das Apriori der Erkenntnis von Natur. Michel Foucault rekonstruierte diese Form einer Episteme, die die Natur als ein »jeu des signes« auslegt, »qu'il faut déchiffrer, et ces signes, qui révèlent des ressemblances et des affinités, ne sont eux-mêmes que des formes de la similitude«[102]. Der Weg, den das Zeichen vom Ding zum Wort nimmt, ist spiegelsymmetrisch zu dem, den die Signatur von der Oberfläche der Dinge auf ihr unsichtbares Wesen weist. Diese Korrespondenz von Signatur und Sprache entläßt ein und dasselbe Spiel »et c'est pourquoi la nature et le verbe peuvent s'entrecroiser à l'infini, formant

pour qui sait lire comme un grand texte unique« (49). Der paracelsische Kosmos ist ein Gewebe von Signaturen, durch welche die Bedeutungen strömen, sich kreuzen, sich verdichten, sich benachbarn, sich verketten, sich trennen, Fluchtlinien bilden, auf- und absteigen, Konzentrate und Häufungspunkte darstellen. Die Dinge werden durch die Signaturen untereinander ›vertextet‹. Dinge und Lebewesen ›lesen‹ wechselseitig ihre Codes und bilden darin semiotische Konstellationen nach Analogie, Konvenienz, Korrespondenz, Sympathie, similitudo, aemulatio. Leben ist das Pulsieren der signifikatorischen Akte zwischen allem und jedem. Als Zeichen hervorbringende Lebewesen sind wir ein Analogon der Zeichen tragenden Natur. Wir sprechen nicht im Unterschied zur zeichenlosen Natur, sondern wir können nur sprechen, in Mimesis der Bedeutungsproduktionen, die die Ordnung des Kosmos regulieren. Die Konventionalität von Zeichen – die schon in Platons *Kratylos* diskutiert und im Nominalismus bestimmend wurde – kann es nicht geben. Ebensowenig reflektiert Paracelsus das kosmologische Zeichengewebe als Produkt kultureller und sprachlicher Regeln. Die Verdopplung der Dinge in ihren Signaturen, der Signaturen in den Worten bestimmt für Paracelsus die naturhafte Sprache des Seins und das Sein der Sprache.

Diesem Modell bleibt die Natursprachenlehre von Jacob Böhme ebenso verpflichtet wie im 18. Jh. Johann Georg Hamann, in gewisser Hinsicht auch Goethe und Novalis, ja auch die Naturphilosophie Schellings. Es verwundert nicht, daß in einer auf Schriftlichkeit und Autorschaft setzenden Kultur diese zu Metaphern Gottes werden. »So bleibt«, sagt Paracelsus, »Gott in allen Dingen der oberste Skribent, der erste, der höchste, und unser aller Text.«[103] Zweieinhalb Jahrhunderte später ruft Hamann aus: »Gott ein Schriftsteller!«[104] –

---

101 PARACELSUS, Labyrinthus medicorum errantium (1537/1538), in: Paracelsus (s. Anm. 65), Bd. 2, 451.
102 FOUCAULT (s. Anm. 77), 46f.
103 PARACELSUS (s. Anm. 101), 479.
104 JOHANN GEORG HAMANN, Über die Auslegung der Heiligen Schrift (1758), in: Hamann, Sämtl. Werke, hg. v. J. Nadler, Bd. 1 (Wien 1949), 5.

mit der Konsequenz, daß Philosophie und Theologie »Lesarten der Natur [...] und der Schrift«[105] zu sein hätten. In der Romantik dann soll die Poesie der Zauberstab sein, der die Natur zur Sprache bringt. Was bei Paracelsus Gegenstand der Naturforschung ist, soll Kunst zurückgewinnen: die durch Aufklärung verlorene Sprache der Dinge, die Gegenwart Gottes in der Hieroglyphik der Natur. Für Hamann hatte die »mordlügnerische Philosophie« des 18. Jh. »die Natur aus dem Wege geräumt« (206). »Wodurch sollen wir aber die ausgestorbene Sprache der Natur von den Todten wieder auferwecken?« (211) Was für Paracelsus das Lebendigste ist, die ›signatura rerum naturalium‹, ist gestorben. »Nachdem Gott durch Natur und Schrift [...] sich erschöpft« (213) hat und Philosophie zum Totengräber der Sprache der Natur geworden ist, bleibt – von Hamann bis zu Schelling – allenfalls eine Metaphysik der Kunst, um das zu erinnern, was in der Naturmystik ›objektive Semiotik‹ der Natur war. Die verlorene Sprache der Natur bildet das hermetische Erbe der Poesie, womit diese um 1800 metaphysisch überlastet wird. Hatte Aufklärung den Sinntext der Welt gelöscht, so sollte die Poesie aus den Sinn-Ruinen der Natur erneut den Funken der »goldnen Zeit«[106] schlagen.

VIII. Natur zwischen Renaissance und Aufklärung

1. Hymnus und Kalkül der Natur

Hinsichtlich des neuzeitlichen Naturbildes ist es Standard, von der Astronomie auszugehen, die die kopernikanische Wende einleitete. Tatsächlich ging mit dem epochalen Werk des Kopernikus das aristotelisch-ptolemäische Weltbild zu Ende und der Heliozentrismus war, wenn nicht durchgesetzt, so doch als mathematische Hypothese bewiesen. Qualitativ wurde damit aber auch die Erde, die nach Aristoteles zur Sphäre sublunarer Dunkelheit gehörte, zu einem Stern unter Sternen nobilitiert. Für Giordano Bruno war dies der Anlaß zur hymnischen Apostrophe einer Erkenntnisleidenschaft, in der die Vielheit der Weltsysteme gefeiert wird, gleichsam auf Augenhöhe des Weltalls (*La cena de le Ceneri* [1584]; *De la causa, principio, et Uno* [1584]: »Donane la scienza di pare composizione di questo astro nostro e mondo con quella di quanti altri astri e mondi possiamo vedere. Pasca e ripasca parimente con le sue successioni ed ordini ciascuno de gl'infiniti grandi e spaciosi mondi altri infiniti minori. Cassa gli estrinseci motori insieme con le margini di questi cieli. Aprine la porta per la qual veggiamo l'indifferenza di questo astro da gli altri.« (Schenk uns die Lehre von der Universalität der irdischen Gesetze auf allen Welten und der Gleichheit der kosmischen Stoffe! Vernichte die Theorien von dem Weltmittelpunkt der Erde! Zerbrich die äußeren Beweger und die Schranken dieser sogenannten Himmelskugeln! Öffne uns das Tor, durch welches wir hinausblicken können in die unermeßliche Sternenwelt!)[107]

Mehr als eine astronomische ist dies eine bewußtseinsgeschichtliche Revolution, welche die Bahnen öffnet für den ästhetischen Enthusiasmus, die freie Subjektivität des Menschen, den leidenschaftlichen Furor einer durch nichts zensierbaren Erkenntnis, das radikale Selbstvertrauen der Vernunft. Der mathematische Kalkül – schon bei Kopernikus, bei Bruno, erst recht bei Tycho Brahe, Kepler und Galilei – war homolog dem Universum. Dies demonstrierte die prinzipielle Angemessenheit der menschlichen Erkenntnis an die Strukturen des Makrokosmos – jenseits des Augenscheins. Die stoische Teleologie – mundus propter nos conditus (die Welt ist unseretwillen geschaffen) – wurde erstmalig universal erwiesen und damit schlagkräftig. Anders als in der platonisch-aristotelischen Tradition war der Kosmos nicht mehr identisch mit dem ›mundus sensibilis‹, sondern lag jenseits der Sichtbarkeit. Das All wurde zum immensen Sternenraum, der, wie besonders Galilei z. B. in *Sidereus nuncius* (1610) zeigte, zugänglich nur wurde durch systematische Beobachtung mit-

---

105 HAMANN, Aesthetica in nuce (1762), in: ebd., Bd. 2 (1950), 203.
106 NOVALIS (s. Anm. 3), 95.
107 BRUNO, De l'infinito, universo e mondi (1584), in: Bruno, Opere, hg. v. A. Guzzo/R. Amerio (Mailand/Neapel 1956), 469; dt.: Zwiegespräche vom unendlichen All und den Welten, hg. u. übers. v. L. Kuhlenbeck (1904; Darmstadt 1980), 167.

tels Instrumenten, die eine unsichtbare Welt erschlossen, und mathematischer Formeln, die Bewegungsgesetze aufstellten. Blind war die hermeneutische Lektüre, die Bedeutungen erzeugt. Dies sind Voraussetzungen, um die Natur in der mittleren Größenordnung der Erde in Besitz zu nehmen. Dies allerdings geschah nicht durch Astronomie, sondern durch neue Technologien bzw., hinsichtlich der Natur des Körpers, durch die Anatomie, welche ihre Inauguration im selben Jahr wie die Astronomie fand: im Werk *De humani corporis fabrica* (1543) des Andreas Vesalius. Die Entdeckung Amerikas 1492 leitete die Raumrevolution auf der Erdoberfläche ein und damit ihre Inbesitznahme (einschließlich der sog. Naturvölker) durch die Kolonialmächte. Die wichtigste Innovation, weil sie mit der neuen kapitalistischen Ökonomie verbunden war, fand aber weder am Himmel noch am offengelegten Körper noch in den raffinierten Hof- und Gartenkünsten statt, sondern unter der Erde: im Montanbau. Wie die Astronomie, so hat auch diese Modernisierung ihre Vorgeschichte im Mittelalter.

2. Modernisierung im Erdinneren

Die Modernisierung von Arbeitsethik und Technik nämlich setzt im lateinischen Mönchstum ein. Von den Klöstern ging eine Mobilisierung des Handwerks, ja der Maschinenentwicklung aus, weil repetitive Arbeit ihren vormalig religiösen Charakter verlor und darum, wenn möglich, auf Maschinen übertragen wurde. Insbesondere die Benediktiner und Zisterzienser befreiten die Arbeit von ihrem Makel, Folge des Sündenfalls und also Zwang und Verurteilung zu sein. Lewis Mumford spricht hinsichtlich der Benediktiner-Klöster bereits von einer »moralized megamachine«[108] aus kollektiver Arbeit, Disziplinen, Apparaten, Organisationen und Wohlfahrten. Bei den Zisterziensern findet sich die Vorstellung der unvollendeten Schöpfung, woraus der Auftrag zur Umarbeitung der wilden zu einer verträglichen Natur folgte. Die Dynamisierung der Technik resultierte aus dem religiösen Ethos, welches in der Arbeit die Fortführung des göttlichen Schöpfungshandelns erkennt. Damit gehören die Mönche zu den Wegbereitern der säkularen Technik.

Der Gedanke der Mitarbeit an der ›perfectio naturae‹ verbindet sich mit der Auffassung der Natur als Stiefmutter. Dies legitimiert die Unterwerfung der Natur durch Technik, mit dem Nebensinn, die Verstoßung aus dem Paradies aufzuheben. Diese Deutung ist die Quelle jenes Techniktraums, der das künstliche Paradies zum Heilszweck technischer Entwicklung erklärt. In einer technisch angeeigneten Natur stünde der Mensch erneut im Rapport zu seiner Umwelt, wie er es einst im Garten Eden tat.

Dies ist die Gegenposition zu dem stoischen Gedanken der Vollständigkeit der Natur, die keiner Technik bedarf. Diese Idee mußte zerstört werden, um technische Entwicklung zu ermöglichen. Intelligenz und Wissenschaft wurden zu Medien der Wiederherstellung der Gottesebenbildlichkeit und der Naturvollendung. Von hier ist nur ein Schritt zum Gedanken des Neuplatonikers Marsilio Ficino, der bereits die klassische Form des technischen Omnipotenztraums gefunden hat: Für ihn ahmt der Mensch alle Werke der göttlichen Natur nach, er perfektioniert, korrigiert und baut die Einrichtungen der niedrigen Natur aus, weswegen die Macht des Menschen fast der göttlichen Natur gleichkommt. Denn in dieser Weise handelt der Mensch aus sich selbst.[109] Dies initiiert das Projekt, wonach er seine Bestimmung darin setzt, zu »maistres & possesseurs del la Nature«[110] zu werden. Die Natur ist in diesem Konzept das Objekt, dessen Macht zu brechen ist – und dies, lange bevor real eine Technik entwickelt ist, die als ›naturbeherrschend‹ gelten kann. Die Phantasmen laufen der Entwicklung voraus. In ihnen wird die Natur deanimiert und für künftige Herrschaftsformen freigesetzt. Es bedarf keiner Rücksicht auf Natur, sondern der Rücksicht des Menschen auf sich selbst. Als Technit tritt der Mensch aus der Natur heraus und in die (selbstgewirkte) Heilsgeschichte ein. Naturbeherrschung ist Selbsterlösung.

---

108 LEWIS MUMFORD, The myth of the machine (London 1967), 264.
109 Vgl. WILLIAM LEISS, The Domination of Nature (Boston 1972), 36f.
110 RENÉ DESCARTES, Discours de la méthode pour bien conduire sa raison et chercher la vérité dans les sciences (1637), in: DESCARTES, Bd. 6 (1956), 62.

Es ist für eine an Max Weber geschulte Denkweise überraschend, daß Motive der Technikentwicklung, des Arbeitsethos, der innerweltlichen Askese, der Rationalisierung der Lebensführung als Konfigurationen des Heils nicht erst dem Protestantismus und dem Stadtbürgertum entspringen, sondern zuvor der Klosterorganisation sowie dem stadtfernen Montanbau. Gewiß kommt weiteres hinzu: neben dem Bergbau die Schiffahrt (für den Kolonialismus) und die Kriegstechnik (als Machtressource); sie sind die drei Motoren technologischer Entwicklung.

Kleintechnik, kooperative Genossenschaften werden abgelöst von Modellen, die moderne Züge tragen. Jakob Fugger wurde zur Leitfigur der mitteleuropäischen Montanproduktion. Fugger berechnet den Wert einer Jahresproduktion in den Bergwerken des Deutschen Reiches auf 25 Millionen Gulden, womit der Montanbau ökonomisch hinter der Landwirtschaft mit der Textilwirtschaft um Platz zwei konkurriert. Innerhalb weniger Generationen verschwinden die finanzschwachen Gewerke; Mechanisierungen der Produktion, Arbeitsteilung, Beamtenverwaltung und Lohnarbeit werden charakteristisch. Revierfernes Kapital und Fürsten bestimmen die Montanwirtschaft. Der Metallhandel internationalisiert sich über die europäischen Seehandelszentren wie Antwerpen, Venedig, Danzig und Hamburg. Georg Agricola weiß, als Montan-Ingenieur und Arzt (*De re metallica* [1556]), bereits vom Zusammenhang zwischen Bergbau und staatlicher Macht. Habsburg wird im 16. Jh. zur Weltmacht auch aufgrund der Ausbeutung der Bergwerke in Tirol, Ungarn und Böhmen. Das deutsche Großkapital wiederum kann durch seine Montan-Beteiligungen als Kreditgeber von Fürstentümern auftreten. Der Bergbau ist eine der wichtigsten Machtquellen. Hier zuerst wurde das Prinzip von Francis Bacon (*Novum Organon* [1620]) realisiert, daß Naturbeherrschung eine erstrangige Machtquelle darstellt. Sie sprudelt aber nicht aus Gewerken oder Himmelsforschung, sondern aus einem neuartigen System: dem Verbund von technischer Produktion und Kapital. Damit stellt der Bergbau ein Naturverhältnis her, das für die Zukunft leitend wird.

Das Niveau der Kapitalisierung und Technisierung der Montan-Arbeit ist in Europa einzigartig.

Hierfür war auch die Profanierung des Naturverhältnisses erforderlich. Die im Montanbau geleistete Affektneutralisierung im Umgang mit einer dämonischen oder heiligen Natur ist vorbildlich für die neuzeitliche Objekteinstellung überhaupt. Doch bedarf es im 16. Jh. noch großer Legitimationsanstrengungen, um eine technisch-wissenschaftliche Rationalität durchzusetzen, die der Natur gegenüber keine religiösen, moralischen oder ästhetischen Hemmnisse kennt. Der Bergbau wird dabei zu einem Feld, auf welchem neben den rationalen Einstellungen alte Formen mimetischer Allianztechnik und hermetischer Wissenschaften überleben und eine Arkantradition bilden, die in der literarischen Romantik wieder erstanden. Es sind dies vormoderne leibmetaphorische Ästhetiken der Erde, welche zunächst in der Alchemie überdauern, im Zeitalter von Klassik und Romantik zur wenigstens symbolischen Rettung der ›natura naturans‹ beitragen und in Ökologiebewegung und Naturesoterik des 20. Jh. wiederkehren.

3. Kunst, Technik, Inspiration

Die Renaissance erscheint oft aber auch als das goldene Zeitalter einer Naturwissenschaft und Technik, die immer auch Kunst und Philosophie sind. Daß die Diskurse der Wissenschaft und die der Kunst, daß artes und technē noch nicht unwiderruflich auseinandergetreten sind, bedeutet zunächst, daß beide noch im Kontakt mit der griechischen Kosmosidee und der christlichen Schöpfungstheologie stehen. Die Natur ist ästhetische Ordnung. Davon lassen sich Künstler, Ästhetiker, Wissenschaftler, Ärzte, Astronomen, Ingenieure leiten und spiegeln dabei die neue Bedeutung, die Platon erfuhr. Besonders die Wertschätzung, die geometrische und mathematische Verhältnisse in Platons Naturtheorie erfuhren, konnte sich mit der wissenschaftlichen wie künstlerischen Achtung für Zahlenordnungen, geometrische und musikalische Harmonien, für Symmetrien und Proportionen verbinden. Darin kamen alle Strömungen überein, der Hermetismus und die Alchemie ebenso wie die Astronomie und Mechanik. Der scholastische Aristotelismus wurde zwar abgewertet, nicht aber die aristotelische Empirie, die für die Wissenschaft der natürlichen (κατὰ φύσιν, kata physin) und künstlichen, d. h. gewaltsamen (παρὰ φύσιν, para physin) Bewegungen wichtig blieb. Im Maschinenbau auf militärischen, handwerklichen, frühindustriellen und ludischen Anwendungsfeldern, einschließlich der Androiden und Automaten, zeichnete sich der Übergang zum mechanistischen Modell der Welt ab.

An Albrecht Dürer zeigt sich paradigmatisch, daß Kunst und Wissenschaft in Wechselwirkung gedacht sind. Einheit der Natur heißt, daß Mathematik und Kunst in der Übereinkunft des Schönen stehen. Der einflußreiche Autor von Abhandlungen über Architektur, Perspektiv- und Malkunst, Politik, Haus-, Land- und Familienleben Leon Battista Alberti war in *De re aedificatoria* (1485) Dürer schon zuvorgekommen. Zu den Bestimmungsstücken des Schönen zählt Alberti: Zusammenhang (cohesio), Zusammenstimmung (consensus), Zahl, Beziehung (finitio), Anordnung (collocatio), Verknüpfung (nexus), Übereinkunft (compactum), woraus sich die formale Ausgewogenheit (»concinnitas«[111]), nämlich die Schönheit als Einheit des Vielen ergibt. Artifizielle Schönheit ist organisiert nach Regeln, in denen die Natur selbst concinnitas hervorbringt. Wenn Kunst wie die Natur operiert, dann heißt dies, daß sie wissenschaftlich und gesetzlich arbeitet. Sein berühmtes Selbstbildnis von 1500 malt Dürer nach diesen Prinzipien. Charakteristisch ist die Verbindung von Schöpfungslehre, Geometrie und Selbstausdruck. Dürer gestaltet die neuplatonische Deutung der Schöpfung als geometrische Ordnung hier derart, daß das Porträt zugleich Schönheit und Geometrie verwirklicht. Dies ist Kunst als zweite Schöpfung und der Künstler ist ›alter deus‹. Es versteht sich, daß auch die Perspektivkunst, zu deren geometrischer Konstruierbarkeit, nach Filippo Brunelleschi, Alberti (*De pictura* [entst. 1435/ 1436]) wesentlich beigetragen hat, zu diesem Typus von Kunst gehört.

Profanes Wissen und technisches Können werden von Dürer legitimiert als ein Naturtrieb, der das Gute befördere, weil durch ihn »wyr destmer vergleicht [werden – d. Verf.] der pildnus Gottes, der alle ding kan«[112]. Zahl, Proportion, Geometrie bilden die Grundlage der Weltkonstruktion – ohne Einsicht in Mathematik und Geometrie keine Einsicht in die Ordnung der Dinge, kein Vermögen zur Naturgemäßheit der Darstellung und kein Wissen der Schönheit. Kunst gründet auf Wissenschaft, die das Können an die Hand gibt, »newe creatur«, also eine zweite Natur hervorzubringen, »die einer in seinem hertzen schöpfft«. Geometrie ist der Königsweg der ästhetischen Erkenntnis, weil sie »die kunst inn der natur«[113] offenbart und die Grundlage der ästhetischen Verfahren darstellt.

Auf der anderen Seite rechtfertigt Dürer, auf das durch Marsilio Ficino vermittelte platonische Konzept des ›furor divinus‹ zurückgehend, die Kunst als »van den öberen eingießungen« herkommend: »Dan ein guter maler ist jnwendig voller vigur. Vnd obs müglich wer, daz er ewiglich lebte, so het er aws den jnneren ideen, do van Plato schreibt, allbeg etwas news durch die werck aws tzwgissen.«[114] Hiermit bezieht er sich auf das Ingenium als der vierten Form des göttlichen Wahnsinns, wie ihn Platon im *Phaidros* und *Ion* beschrieben hat.[115] Es führt im 16. Jh. nicht zu Widersprüchen, daß – nach dem Vorlauf von Ficino – auf diesen Furor sich Bruno ebenso beziehen kann wie Dürer und Agrippa von Nettesheim (*Occulta Philosophia* [1510]) oder Kunst- und Literaturästhetiker wie Leone Ebreo und Giulio Cesare Scaliger. Der ›furor divinus‹ hält an bis in die enthusiastischen Dichtungs- und Geniekonzepte des 18. Jh. und des Idealismus.

Zwischen schöpferischer Intuition, strengem Naturstudium und geometrischer Konstruktion besteht noch keine Spannung. Christentum und Antike zusammendenkend zitiert Dürer nicht nur Platon, sondern auch das geflügelte Wort aus *Weis-*

---

111 LEON BATTISTA ALBERTI, De re aedificatoria (1485; München 1975), 165 recto.
112 ALBRECHT DÜRER, Das Lehrbuch der Malerei (1508–1528), in: Dürer, Schriftlicher Nachlaß, hg. v. H. Rupprich, Bd. 2 (1966), 106.
113 DÜRER, Über das Schöne im Bild (1512/1515), in: ebd., Bd. 3 (1969), 295 f.
114 DÜRER (s. Anm. 112), 109; vgl. MARSILIO FICINO, Commentarium in Convivium Platonis de amore/ Über die Liebe oder Platons Gastmahl (1469), lat.-dt., übers. v. K. P. Hasse, hg. v. P. R. Blum (Hamburg 1984), 353–359.
115 Vgl. PLATON, Phaidr., 244a–245a; PLATON, Ion, 533d–535a.

heit Salomons: »Alles hast du wohlgeordnet nach Maß, Zahl und Gewicht.«[116] Zugleich räumt Dürer ein Schönes jenseits des menschlichen Begriffs ein. Diese Grenze formuliert er im Satz: »Dy schönheit, was das ist, daz weis ich nit«.[117] Doch Geometrie und Naturwissen bleiben unverzichtbare Wege der Annäherung ans Naturschöne. So entwickelt Dürer eine Praxis, in der das technische Kalkül eines Ingenieurs (für Stadt- und Festungsbau, Kriegstechnik, Anthropometrie) und die künstlerische Gestaltung der natürlichen Schönheiten – des menschlichen Körpers, der Landschaften, der Tiere und Pflanzen – aufs engste zusammengehören. Die gleiche Selbstverständlichkeit im Wechsel zwischen militärischem Maschinenbau und leibmetaphorischem Denken, zwischen Anthropometrie des ästhetischen Leibes und anatomischer Analyse der Körpermechaniken, zwischen eschatologischen wie geohistorischen Landschaftsdarstellungen und Studien zu elementaren Prozessen des Wassers oder des Lichts findet sich auch bei der Epochenfigur Leonardo da Vinci. Im Kontext einer zunehmend aus christlichen Normen emanzipierten Kunst wie der säkularen Techniken wächst die ästhetische wie wissenschaftliche Aufmerksamkeit für Natur exponentiell.

4. Verismus

Seit den antiken Künstlermythen gibt es das Motiv, wonach die Kunst den ›veristischen Illusionseffekt‹ so weit zu treiben versteht, daß eine Unterscheidung zur Natur unmöglich wird. Täuschende Naturhaftigkeit ist in der Renaissance ein Ideal, das mit dem Gewinn an Naturwahrheit zusammenhängt. Kunst demonstriert ihr Vermögen gerade dort, wo sie mit Natur evident zusammenfällt. Bildtheoretisch stehen die veristischen Werke im Kontext von Bilderkult und Bildmagie bzw. in Konkurrenz zu den platonisierenden, nach Ideen konstruierten Kunstwerken, welche die geeignetsten Elemente zur Darstellung idealer Figurationen auswählen und kombinieren. Hierfür stand die von

Plinius überlieferte[118], in Kunsttraktaten (Alberti, Raffael, Ascanio Condivi, Lodovico Dolce) oft zitierte Zeuxis-Legende Pate. Die Kunst hat die Natur zu übertreffen – ein Ziel, das mit dem technischen Auftrag einer ›perfectio naturae‹ übereinkommt. Gilt diese Doktrin, dann ist Naturtreue gerade kein Ausweis der Kunst. Kunstschönes folgt anderen ästhetischen Regeln als Naturschönes. Die Hochschätzung dieser Auffassung im Zeichen des schöpferischen Genies läßt den Verismus als Abklatsch des Gegebenen erscheinen, während ›wahre‹ Kunst gemäß der Freiheit von Phantasie, Ideen und Stil komponiert. In diesem Anspruch reklamierte die Malerei den höchsten Rang im Paragone der Künste. Hier liegen die Wurzeln aller idealistischen Ästhetik aus dem Geiste konstruktiver Souveränität. Schon 1390/1400 hat Cennino Cennini in seinem *Trattato della pittura* die Kunst auf die Erfindung und Darstellung von nie gesehenen Dingen festgelegt. Obwohl Cennini auch ein Experte für Gußtechniken ist – einer prähistorischen Wurzel der Kunst –, kündigt sich hier die Freisetzung der Phantasie, des Nicht-Realistischen, des Idealen, der autonomen Kunst an. Der Kampf zwischen dieser Position und veristischen Doktrinen wird gerade auch auf dem Feld der Natur ausgetragen, sei es in der Darstellung menschlicher Körper und Porträts oder von Lebewesen, Dingen und Landschaften. Dieser Konflikt läßt daran zweifeln, ob es je wirklich profane Bilder gegeben hat oder ob nicht die gesamte Bildkultur hintergründig von der Magie der ›imagines agentes‹ bestimmt bleibt.

Die Plastiken z. B. von Wenzel Jamnitzer, die zwischen Phantastik und Natur changieren, erfassen blitzlichthaft die natürliche Haltung von Tieren in niemals zuvor gesehenen Bewegungsfiguren. Darin spiegelt sich die Ambivalenz von Kontrolle und Unkontrollierbarkeit der Natur. Die Inszenierung hyperrealistischer Fauna und Flora folgt indes nicht der Imitatio, sondern zeigt in ihrer wuchernden Form Groteskes und Ornamentales, worin weniger die Natur, als die Kunst selbst sich darstellt. Hier berühren sich erneut die Gegensätze, denn auch die platonisierende Kunst, welche den Gegenstand nach Proportions- und Harmonieverhältnissen entwickelt, stellt eine Kontrolle der Natur dar, die an ihre Grenze stößt, wenn das derart

---

116 Weish. 11, 20.
117 DÜRER (s. Anm. 114), 120.
118 Vgl. PLINIUS, Nat. 35, 64.

konstruierte Schöne sein ›Geheimnis‹ nicht preisgibt (die concinnitas wahrt ein Arkanum).

Von den veristischen *Rustiques Figulines* des Bernard Palissy stammt die Bezeichnung des ›style rustique‹.[119] Der Calvinist Palissy lehnt die Nobilitierung des Künstlers als ›homo secundus deus‹ ebenso ab wie die Annahme der ›Künstlerin Natur‹: Formspiele der Natur, ludi naturae, sind für ihn Zufälle. Schöpfertum ist allein dem ›souverain géométrien et premier édificateur‹, Gott also, vorbehalten. Die Keramikwerke von Palissy sind geradezu Wunderkammern des wimmelnden Lebens von Fröschen, Fischen, Eidechsen, Muscheln, Schlangen, Hummern, Krebsen und entsprechender Unterwasserfauna. Kunst baut Illusionsfallen – und was hier Manier(-ismus) scheint, ist eine Konsequenz der naturmimetischen Malereien, Zeichnungen und Skulpturen seit Ende des 15. Jh. und besonders der flämischen und niederländischen Bildkunst. ›Naturalistische‹ Ästhetik dient dabei nicht der Naturapotheose, sondern erweist sich als Moment einer Inszenierung der Kunst selbst. Auch dies stellt eine Parallele zu den Naturalienkabinetten dar, welche ebenso ein Thesaurus des klassifikatorischen Wissens sind wie raffinierte Inszenierungen einer Bühne, auf denen Natur nach den Regeln der Kunst ihren ›Auftritt‹, ihre ›Versammlung‹ und ›Kommunikation‹ findet. Die unheimliche Faszination von Automaten, seien dies Tiere oder Menschen, enthält ebenfalls diese Ästhetik des Theatralen. Gerade in der Beherrschung und Kontrolle naturhafter Körper und Bewegungen finden auf der ›secreta naturae‹ als Spielformen menschlicher Erfindungsgabe ihre inszenatorische Bannkraft. Die Irritation, daß hierbei Natur und Kunst ununterscheidbar werden, ist ästhetisches Programm, in den Wunderkammern wie im Verismus. Das zeigt auch das veränderte Verhältnis zu den Monstra und Mirabilia, die nicht mehr im Sinne mittelalterlicher Bestiarien und dämonischer Fabelwesen erscheinen, sondern das Ungeheuerliche in der höchsten Naturtreue selbst demonstrieren. So bezeichnet Palissy seine Lebewesen als ›monstrosité‹. Bei Palissy bewundern sich im ›natürlich‹ glitschigen Glanz der Keramik die zur nature morte erstarrten Tiere selbst und werden zu Ausstellungen eines Kunstarrangements.[120]

Daran zeigt sich auch die für Renaissance und Manierismus typische Veränderung in der Annäherung an gefährliche Lebewesen der Natur. Die Tiere, die Jamnitzer oder Palissy bevorzugt abbilden, sind in Bibel, Mythos oder Volksüberlieferung unreine Tiere, sündig, giftig, ansteckend – also Tabutiere. Gerade sie werden als Kunstwerke ›auf den Tisch‹ opulenter Mahlzeiten gebracht und befinden sich in unmittelbarer Nähe greifender Hände, essender Münder, delektierender Augen. Das ist ein Spiel mit dem Tabu an der Grenze von Ordnung und Chaos, Kontrolle und Angst, eine Art ritueller Annäherung an ehemalige Gefahrenzonen des Monströsen. Das Groteske, das seiner Form nach durch die grenzverletzende Mixtur von Kunst, Natur und Ornament, von Organischem und Anorganischem, Mechanischem und Natürlichem gekennzeichnet ist – die Groteske, dem eine große Karriere in den europäischen Künsten bevorsteht, findet hier ihre ästhetische Nobilitierung (selbstredend auch in der Literatur z. B. in François Rabelais' *Gargantua et Pantagruel* [1534]). Das Groteske erfüllt die ästhetische Ambivalenzstruktur, die bei der Annäherung an Tabus und Natur entsteht. Tiere, Monstren, verschlungene Pflanzen, exotische Objekte, fabulöse Körper, disproportionierte Mixturen werden durch Kunst gezügelt und gezähmt.

5. Landschaft, Körper, Stilleben

Diese zivilisatorische Entwilderung der Natur, zu der Kunst nicht weniger als Technik beiträgt, zeigt sich auch in neuen Einstellungen zur ›großen Natur‹. Langsam verliert der Wald, im Mittelalter ein Unort, seinen Schrecken und sein Wüstes, beginnen die schroffen Gebirge Zug um Zug ästhetische Vergegenständlichung zu finden, ist das Meer, das in die epochale Stufe seiner Bewältigung in ozeanischer Dimension eintritt, nicht nur ein Raum der Angst und des Todes. Am Ende dieses Prozesses steht im 18. Jh. die Gewinnung einer neuen äs-

---

119 Vgl. ERNST KRIS, Der Stil ›rustique‹. Die Verwendung des Naturabgusses bei Wenzel Jamnitzer und Bernard Palissy, in: Jahrbuch der Kunsthistorischen Sammlungen in Wien, N. F. (1926), 137–208.

120 Vgl. ANDREA KLIER, Fixierte Natur. Herrschaft und Begehren in Effigies und Naturabguß des 16. Jahrhunderts (Berlin 1997).

thetischen Dimension, nämlich des Naturerhabenen. Ihm geht die seit der Antike rhetorisch gepflegte, im 16. Jh. erneuerte und im 17. Jh. topische Differenzierung des locus amoenus und des locus terribilis voraus.[121]

Den Ausgangspunkt liefert die Hochschätzung kultivierter ländlicher Natur, die besonders in Italien als gesuchter Gegenort zur Fülle und Ungesundheit der Städte eine Konjunktur des Landlobs im Zeichen erneuerter römischer Landvillen-Ästhetik sowie der bukolischen und arkadischen Dichtung einleitet. Die ›villegiatura‹, das sommerliche Leben der städtischen Eliten auf dem Lande mit allen Raffinessen eines intellektuell, sinnlich wie gesellig gepflegten Genusses (öfters verbunden mit Badekuren) wird hier grundgelegt: für die europäische Naturästhetik der nächsten Jahrhunderte eine gar nicht zu überschätzende Kulturpraxis. Das Naturschöne wird hier ›erfunden‹, bildkünstlerisch ins Werk gesetzt, literarisch in Briefen, Gedichten, Traktaten u. ä. verbreitet sowie normativ aufgewertet, sowohl in nützlicher, nämlich medizinisch-diätetischer, wie sittlicher Hinsicht (Gegenbild zur Verwahrlosung der Städte). Der ordnende, auch herrschaftliche Zugriff aufs Land findet in den verfriedlichten Bildern antikisierender Landschaften, doch auch in den (öfters satirischen) Genre-Schilderungen bäuerlichen Lebens in den nördlichen Ländern ein Echo. Die Entstehung der neuen Gattung der ›Landschaftskunst‹ hat ihren Hintergrund in der kulturellen Eroberung des Landes, der verkehrstechnischen Erschließung, der Zunahme von Lust-Reisen, der ›villegiatura‹ und ihres entlasteten, eleganten Müßiggangs. Hier erst konnte eine neue ästhetische Haltung entstehen, nämlich die freie Zuwendung zur Natur um ihrer selbst willen, aber selbstredend in ihrer entwilderten und kulturell angeeigneten, proto-ästhetischen Geformtheit. Umgekehrt präformierten die literarischen und bildkünstlerischen Vergegenwärtigungen des Na-

turschönen die praktischen Stilisierungen der materiellen Landschaften in Parks und später in Landschaftsgärten. So entstand jene Wechselwirkung, bei der ebenso Natur in die Kunst einwandert wie umgekehrt Kunst in die Natur – und beides sich im ›landschaftlichen Auge‹ überkreuzt: ein Verhältnis, das bei allem Wechsel der landschaftlichen Stile (von der Geometrisierung bis zur Sentimentalisierung der Landschaft) bis in die Goethe-Zeit erhalten bleibt.

Ist die Landschaft schon früh ein Raum und ein Medium zur Ausdifferenzierung des Individuums in seiner emotionalen und ästhetischen Besonderung, so korrespondiert dies der Individualisierung des Porträts. Das Porträt erfüllte nicht nur den Rahmen charakterlich-physiognomischer Typologie und der gender-spezifischen Polarität von weiblicher ›gratia‹ und männlicher ›gravitas‹, sondern zeigte auch das Geheimnishafte wie das biographisch und sozial Geprägte von Gesicht und Ausdruck. Das Antlitz sollte die Natur und die gelebte Zeit ebenso zeigen wie die Verortung des Porträtierten in der symbolischen Ordnung der Kultur – und dies im malerischen Gestus einer kunstvollen Natürlichkeit. Diese Verflechtung von Natur und Geschichte im Gesicht ist vielleicht nirgends dichter als im Totenporträt, das den Zusammenfall definitiver Naturalisierung und der zur Wahrheit stillgestellten Biographie im Augenblick des Todes festzuhalten versucht – eine Gattung, die von der römischen ›effigies‹-Praxis bis zu den Totenmasken und -photographien reicht.

Der Todeszauber der Bilder und Skulpturen entspricht ihrem Lebensfest, das sie im Zeichen einer reanimierten Antike entfalten – in einer neuen Ästhetik des, nicht nur weiblichen, Nackten. Hier koinzidieren Fleisch und Ideal, Eros und Ethos, Natur und Kunst als ›discors concordia‹. In diese Formel faßte Ovid die skulpturale Bildung des nach-deukalionischen Menschen aus Stein, der zu Fleisch erweicht, und der Lebewesen, aus amorphem Schlamm »allmählich sich formend« (cepere morando) – beides im Schema von Erdgeburten. Die Natur gibt die »richtige Mischung« (temperiem sumpsere)[122] aus Form und Materie vor, aus der Kunst ihre Verfahren schöpft. In der Alchemie ist ›discors concordia‹ die Formel der großen Transmutation und im Manierismus die Formel für

---

121 Vgl. KLAUS GARBER, Der locus amoenus und der locus terribilis. Bild und Funktion der Natur in der deutschen Schäfer- und Landlebendichtung des 17. Jahrhunderts (Köln/Wien 1974).
122 OVID, Met. 1, 421, 430; dt.: Metamorphosen, lat.-dt., übers. v. E. Rösch, hg. v. N. Holzberg (Zürich/Düsseldorf 1996), 27.

Kunst überhaupt, die das Entgegengesetzte zur Einheit fügt, ohne deren Paradoxie zu löschen. Das bestimmt auch die Ästhetik des nackten Körpers, der im Schein der Natur ihren Gegenpol, also Sittlichkeit, aufzurufen vermag – wie etwa bei Tizian. Das Graziöse, die Anmut, der Liebreiz, die lässige Kraft (sprezzatura), die entspannte Würde, die schamlose Scham, die attraktive Selbstgenügsamkeit, der schöne Ernst, die in sich ruhende Gewalt, die hingebungsvolle Unberührtheit, der zurückhaltende Zauber erzeugen neue Posen und Positionen des Körpers. Er geht als erste, nackte Natur ästhetische Figurationen mit der äußersten Kultivierung ein. Naturästhetik beginnt in der Darstellung des menschlichen Körpers. Sie zeigt nicht reine oder ursprüngliche Natur, sondern in Natur inkorporierte Kunst. Es versteht sich, daß dies nicht nur in Gemälden und Skulpturen, sondern auch in den Liebestraktaten, die seit Ficinos *Kommentar* zu Platons *Symposion* von 1469 kursieren, zum Ausdruck gebracht wird. Auf einer abstrakteren Ebene erkennt man, daß dieselben Ästhetikprinzipien aber z. B. auch für die Gartenkunst gelten.

Die Körper-Ästhetik geht dabei enge Fusionen mit der Wissenschaft ein, nämlich mit der Anatomie. Das Sakrileg, den menschlichen Körper zu öffnen, um an ihm das Geheimnis der Schöpfung zu studieren und in Wissen zu überführen, verbindet sich schon bei Leonardo mit Fragen der Ästhetik, besonders der Skulptur, deren Oberflächengestaltung der Widerschein der daruntergelagerten physiologischen Verhältnisse zu sein hatte – das reicht bis zu Goethes Ideen einer ›plastischen Anatomie‹. Umgekehrt zeigt die Geschichte der anatomischen Abbildungen und plastischen Präparate, daß sie bis ins 19. Jh. durch die Körperästhetik und Haltungen von Skulpturen der Kunstgeschichte geprägt bleiben. Auch hier überschneiden sich Natur und Kunst auf zwei der wichtigsten Felder der Modernisierung, der Anatomie und der Plastik, in denen sich zudem Laboratorium, Atelier und Theater, Analyse und Inszenierung, Experiment und Darstellung treffen.

Auch bei einer weiteren, für die Naturästhetik wichtigen Bildgattung, nämlich dem Stilleben, läßt sich die Doppelstruktur von Todessignatur und Lebensfülle der Natur beobachten. Nicht diese ist neu – man erinnere die Identifizierung von Hades und Dionysos bei Heraklit –, sondern das Genre: Von überall her – aus den neuen Kolonialländern, aus den städtischen Märkten, den Wiesen und Wäldern, den Wunderschränken und Kammern für Silber, Porzellan und Glas – wandern die Dinge auf die Leinwände, exotische und alltägliche, schnell vergängliche und beständige, Trophäen der Jagd oder der Küche, der Bibliothek und des Schreibschranks, des Labors und der Werkstatt. Niemals zuvor prangten die Objekte der Natur (terrigenus) und der Kunstfertigkeit (factitius) derart üppig im Bildraum. Sie bezeugen die Präzision der Objekterfassung, als Schwester wissenschaftlicher Beobachtung, und die Präsenz der Sinnlichkeit, als Schwester des Luxus und der Freude. Aufs Ganze gesehen repräsentieren die Stilleben die drei Naturreiche ebenso wie die Gattungen der artifiziellen Dinge, die heimatliche wie die ferne Welt, die Materialität der Stoffe wie das Immaterielle des Lichtes, das jenen erst zu ihrem üppigen Scheinen verhilft, die Opulenz eines unersättlichen Appetits nach Schönheit und Besitz wie das Bewußtsein gnadenloser Vergängnis. Denn immer wieder wird das Leuchten der Dinge von den Zeichen der Mortifikation durchkreuzt. Im trompe-l'œil, der totalen Verführung des Auges, lauert der radikale Entzug des Objekts der Begierde. Doch sind die Embleme des Todes, die in dieses Fest der Dinge gemischt sind, in derselben künstlerischen Perfektion präsentiert wie das Lebendige selbst. Dies zeigt, daß die Kunst noch im Eingedenken der ubiquitären Naturkraft des Todes diesen unter die Gesetze des Schönen zwingt. Der Schimmer des Schinkens wird zum Zeichen seines erlesenen Geschmacks und seiner Verweslichkeit in einem. Kunst taucht beide, Leben wie Tod, in ihr Licht und affirmiert damit, in der ästhetischen Gleichbehandlung des Todes und des Lebens, nichts anderes als sich selbst. So setzt sich, noch in der niedrigsten aller Bildgattungen, der Triumph der Kunst über die Zeit der Natur durch.

6. Mechanisierung der Natur

Nicht die Ästhetisierung, sondern die Mechanisierung der Natur ist indes die wichtigste Neuerung im Naturbild des 16. bis 18. Jh. Dies ist in klassischen Arbeiten dargestellt worden.[123] Hier kommt es auf den Prozeß an, in dem das System von Maschinen zu einem Modell verallgemeinert wurde, nach welchem man schließlich alles in der Natur zu konstruieren sich berechtigt glaubte. Dabei kam es auf empirische Demonstration nicht an: Auch wenn es experimentelle Philosophen waren, welche das Maschinenmodell favorisierten, kann keine Rede von einem Beweis sein, daß ein Tier, unser Körper, Pflanzen, der Blutkreislauf, die sinnlichen Perzeptionen, die Bewegungen der Lebewesen, der Staat, die Gesellschaft, die Arbeit identisch so funktionierten wie Räderuhren, hydraulische Pumpwerke, Fördermaschinen im Bergbau oder ballistische Wurf- oder Rückstoßwaffen. Daß die Natur, vom Weltall über den Mesoraum der Erde bis auf das subliminal Kleinste herunter, eine Maschine sei, ist nie mehr gewesen als eine Annahme, wovor Newton mit seinem berühmten Diktum ›Hypotheses non fingo‹ warnte.

Nicht um den Siegeszug der Mechanik, der bis ins 19. Jh. recht bescheiden ausfällt, also geht es, sondern um eine Faszinationsgeschichte. Deren Attraktion besteht darin, daß man dasjenige, was man tatsächlich klar und distinkt begreift, nämlich die in maschinalen Prozessen inkorporierte Physik und Mathematik, rhetorisch als das Versprechen nimmt, die ganze Natur entspreche eben dieser Struktur. Kurz: Das Sein der Natur würde dem homolog sein, was der Mensch machen bzw. generieren kann. Nikolaus von Kues hatte bereits die Mathematik zur einzigen Wissenschaft erklärt, weil wir sie vollständig, nämlich aus der ratio heraus, selbst gemacht hätten. Keineswegs würden die Realien der Natur durch Mathematik erkannt, sondern die Mathematik ist nur ein Gleichnis für das, was das ›Machen der Welt‹ durch Gott sein könnte. Die mathematische Konstruktion ist eine Potentialität (ein ›Können-Ist‹) der Natur, nicht sie selbst.[124] Das ist platonisch in dem Sinne, wie Platon in Timaios vom Kosmos im Modus des ›eikōs logos‹ sprach: Nehmen wir an, daß der Gott die Welt eingerichtet hätte wie ein Handwerker, dann ist die Welt zu verstehen wie eine ›machina‹. Platon ist weit entfernt, aus dem technischen Modus heraus das Sein selbst der Natur zu deduzieren.

Dieses ›als-ob‹-Verfahren wird von Thomas Hobbes radikal anthropozentrisch gewendet: Niemals könne es ein Wissen geben, wenn nicht ein Produzieren bzw. ein Produziertes vorliegt (eine ›generatio‹).[125] Wissen bestimmt sich prinzipiell von dem Modell her, das dem Machen-Können entnommen ist. Wir wissen nur, was wir können. Das entspricht dem Grundsatz von Giambattista Vico – verum et factum convertuntur (das Wahre und das Wirkliche stimmen überein) –, den er nicht auf Geometrie und Mathematik eingeschränkt sehen will, sondern auf das ausweitet, was der Mensch zweifelsfrei hervorgebracht habe: Die historische Welt, auf die folglich die ›Scienza nuova‹ als ›Neue Wissenschaft über die gemeinschaftliche Natur der Völker‹[126] zielt. Der Grundsatz von Hobbes indes bezog sich nicht auf die Natur, die als sozial und sprachlich vermittelte Historie ›erzeugt‹ wird. Vielmehr kann bei ihm als Wissen nur gelten, was dem Modell des technischen Herstellens gehorcht. Damit wird das Wissen von der Natur technomorph: Denken sub specie machinae.

Was auch hieß, das Denken selbst als maschinal zu begreifen. Dies fängt mit den Rechenmaschinen des 17. Jh. an und hört mit dem Computer nicht auf: technik- wie bewußtseinsgeschichtlich ein tiefer Einschnitt.

Bereits Francis Bacon formulierte, daß die Natur ihr Geheimnis nicht freigibt, wenn man sie ungestört läßt. Das Experiment hat für ihn den Sinn, sie zu irritieren, zu belasten, zu zwingen, zu nötigen, ja zu quälen: die ›natura vexata‹, die erboste, nämlich die Antworten unter Zwang gestehende, mithin erkannte Natur. Natur ist bei Bacon die technisch angeeignete, nützliche Natur. Er wußte,

---

123 Vgl. ANNELIESE MAIER, Die Mechanisierung des Weltbildes (Leipzig 1938); EDUARD JAN DIJKSTERHUIS, Die Mechanisierung des Weltbildes (1950), übers. v. H. Habicht (Berlin u. a. 1956); ARNO BARUZZI, Mensch und Maschine: Das Denken sub specie machinae (München 1973).
124 Vgl. NIKOLAUS VON KUES, Trialogus de possest/ Dreiergespräch über das Können-Ist (1460), lat.-dt., hg. u. übers. v. R. Steiger (Hamburg 1973), 51 ff.
125 Vgl. THOMAS HOBBES, Elementorum philosophiae sectio prima. De corpore (1655), in: HOBBES (LAT), Bd. 1 (1839), 5.
126 Vgl. GIAMBATTISTA VICO, Principi di una scienza nuova intorno alla comune natura delle nazioni (Neapel 1725).

daß die zu maschinellem Funktionieren vexierte Natur eines Experimentators bedarf, dessen Geist diszipliniert ist und dessen »Werk gleichsam wie durch eine Maschine vorangetrieben werden« muß (ac res veluti per machinas conficiatur)[127]. Deutlich ist: Objekt Natur und Subjekt Forscher werden interpretiert im Schema der Technik. Beide sind Quasi-Maschinen.

Dies ist indes nicht selbstverständlich und hat eine Vorgeschichte. Nicole Oresme hatte wenig nach der als Epochenleistung gar nicht zu überschätzenden Erfindung der Räderuhr (um 1300) die kosmologische Frage, ob die Bewegungen der Sterne zueinander kommensurabel wären, mit dem berühmten, bis zu Gottfried Wilhelm Leibniz immer wieder zitierten Uhren-Modell beantwortet. Wer eine mechanische Uhr bauen wolle, wird ihre Räder zueinander kommensurabel einrichten, wenn sie denn geordnet gehen solle. Um wieviel mehr als beim Uhren-Handwerker ist diese Kommensurabilität in der von Gott eingerichteten Natur anzunehmen. Dies wird begierig aufgegriffen, sogar im Gedicht wie bei Jean Froissart (*L'horloge amoureus* [1380]), der die Regularien ritterlicher Liebe zur Mechanik des Uhrwerks parallel setzte; von Christine de Pisan, die die Temperantia als Uhr zur Ordnung des menschlichen Körpers darstellt (*Epître d'Othea* [um 1400]); von Antonio de Guevara, der das Leben eines mächtigen Fürsten als Uhr bezeichnet, die der normativen Regelung der öffentlichen Dinge dient[128]; von Timothy Bright, der automatische Uhren als Modell für die kosmischen Bewegungen verallgemeinert (*A Treatise of Melancholy* [1586]). Zukunftsweisend an diesen Analogien ist die Ausweitung des technischen Modells auf soziale, politische oder sogar moralische Fragen.

Bedeutsamer ist freilich, wenn ein Astronom wie Kepler die Mathematik und Physik des Weltalls so streng wie ein Uhrwerk bestimmen will.[129] Wenn ein Philosoph wie Descartes die Redeweise von den natürlichen Automaten einführt, womit die inneren wie äußeren Bewegungen von Lebewesen, einschließlich der menschlichen Körper, ins Schema sich selbst aufziehender Uhrwerke gesetzt werden[130]; oder wenn Thomas Hobbes den Klassiker moderner Staatstheorie, den *Leviathan* (1651), damit eröffnet, daß die »*Nature* (the Art whereby God hath made and governes the World) is by the *Art* of man [...] in this also imitated, that it can make an Artificiall Animal. [...] *Art* goes yet further, imitating that Rationall and most excellent worke of Nature, *Man*. For by Art is created that great *Leviathan* called a *Common-Wealth*, or *State*, (in latine *Civitas*) which is but an Artificiall Man; though of greater stature and strength than the Naturall«[131]. Damit erhält der Staat die Unwiderstehlichkeit eines Naturgesetzes. Als generalisierter, ins große gesteigerter Menschenautomat oder ›sterblicher Gott‹ ist er ein Mechanismus, in dem jedes Rädchen kommensurabel gemacht wird durch eine Souveränität, die bei Oresme noch Gott, nun jedoch der König innehat. Indem Hobbes Naturalisierung und Vergottung im Leviathan in eins fallen läßt, überspringt er die ontologische Differenz zwischen göttlicher und menschlicher Seinsordnung, die Platon, Oresme wie Kues in ihren technomorphen Metaphern gewahrt hatten. Dies heißt nichts weniger, als daß der physikalische Mechanismus selbst zur Metaphysik wird. Gewiß wußte Hobbes, daß der Staat so nicht ist, aber er soll so sein. Das Uhren- bzw. Automaten-Modell fährt einen doppelten Gewinn ein. Es muß sich nicht beweisen, weil es der Entwurf dessen ist, was erst werden soll (es ist ein Sein-Sollen); und es setzt ein souveränes Subjekt voraus, das nach eigenem Entwurf als artifizielle Ordnung hervorbringt, was immer schon gewesen ist: der natürliche Automat aus der Hand Gottes. Darin artikuliert sich ein Wille zur Macht, der den Zeitgenossen Descartes weit übertrifft.

Dieser hatte in der folgenreichen Unterscheidung von ›res cogitans‹ und ›res extensa‹ zwar den menschlichen Körper (und die Lebewesen über-

---

127 FRANCIS BACON, Novum Organon (1620), lat.-dt., hg. v. W. Krohn (Hamburg 1990), 70f.
128 Vgl. ANTONIO DE GUEVARA, Relox de Príncipes (1557), hg. v. E. Blanco (Madrid 1994), 311.
129 Vgl. KEPLER an Herwart v. Hohenburg (10. 2. 1605), in: Kepler (s. Anm. 80), Bd. 2 (1939), 432.
130 Vgl. DESCARTES, Principia Philosophiae (1644), in: DESCARTES, Bd. 8/1 (1964), 326; DESCARTES an Marin Mersenne (23. 11. 1646), in: ebd., Bd. 4 (1972), 575; DESCARTES an Mersenne (30. 7. 1640), in: ebd., Bd. 3 (1971), 121.
131 HOBBES (LEV), 9.

haupt) zu Automaten erklärt. Doch in der Reservation des Cogito sichert Descartes jene transzendentale Position, von der aus die Natur erkannt und in die Regie technischer Verfügung gebracht werden kann. Als denkende Substanz bleibt der Mensch indes unverfügbar, weil er über Vernunft und Sprache verfügt, auch wenn Descartes, in einer Art vorweggenommenen Turing-Test, sich Fälle ausdenkt, bei denen man Menschen nicht von Automaten unterscheiden könne. Schon diese Cartesianische Identifikation des Körpers mit dem Automaten ist erzwungen. Das zeigt sich z. B., wenn die Entdeckung des Blutkreislaufes durch William Harvey (1628), die dieser als Reform eines vitalistischen Bewegungskonzepts verstand, erst durch Descartes zum Paradefall für die Herrschaft des mechanistischen Modells im Reich der Natur wurde – ohne daß er eine Erkenntnis über Harvey hinaus beitrug. Im Staatsidol Leviathan hingegen werden noch weit über Descartes hinaus die Menschen in toto der Physik der Maschine subsumiert.

Darin herrscht eine historische und eine systematische Konsequenz. Descartes konnte bereits von der Himmelsmechanik ausgehen, also davon, daß die Astronomie zur Physik geworden war. Die große Natur hatte sich als berechenbar und d. h. als physikalische Maschine erwiesen. Natürlich hatte Descartes auch die Planetarienuhren gesehen, vielleicht die raffiniertesten Maschinen seiner Zeit, die nicht nur Zeiten maßen, sondern alle planetarischen Bewegungen darstellten. Diese Identifikation von Weltall, Zeit und Bewegung im Modell einer den Kosmos als Zahlenordnung darstellenden Uhr enthielt den performativen Überschuß der Universalisierung, daß nämlich der Mechanismus des Himmels mit der Bewegung des Lebens identisch wäre. Natur ist Physik der Bewegung. Leibniz, der weder Descartes noch Hobbes folgt, fügt dem ein systematisches Argument an. Wenn er Lebewesen als göttliche Maschinen und natürliche Automaten bezeichnet, die jeden künstlichen Automaten übertreffen, so sind sie von Artefakten dadurch unterschieden, daß sie noch in ihren kleinsten Teilen, bis ins Unendliche, Maschinen blei-

ben: »Ainsi chaque corps organique d'un vivant est une Espece de Machine divine, ou d'un Automate Naturel, qui surpasse infiniment tous les Automates artificiels. Parce qu'une Machine faite par l'art de l'homme, n'est pas Machine dans chacune de ses parties.«[132] Auch wenn Leibniz hier auf dem Unterschied zwischen (göttlicher) Natur und (menschlicher) Kunst, ganz im Sinne Platons, wieder besteht, so konnte sein Prinzip der unendlichen Teilbarkeit im Rahmen des mechanistischen Modells auch so verwendet werden, daß in der körperlichen Natur vom größten bis zum kleinsten alles mechanistisch organisiert ist, die Sterne so sehr wie die Zelle.

Dieses Modell einer Wissenschaft, die so nur heißen darf, insofern sie Natur quantifiziert und physikalisch ordnet, war zwischen Kopernikus und Kepler keineswegs, selbst nicht bei Galilei, durchgesetzt. Erst nach einem langen 17. Jh., das unermüdlich eine Entdeckung auf die andere häufte, um in der Newtonschen Physik und Optik schließlich ihr Paradigma zu finden, kann man von einer Anerkennung des mechanistischen Weltbildes sprechen. Freilich blieb es niemals, jedenfalls nicht aus der Sicht von Naturphilosophen und Ästhetikern, unumstritten. Wenn im 18. Jh. Voltaire zum Sprachrohr Newtons auf dem Kontinent wird; wenn mit Philosophen wie Julien Offray de La Mettrie (*L'homme machine* [1748]) und Paul Henri Thiry d'Holbach (*Système de la nature* [1770]) das Maschinenmodell verallgemeinert, fatalisiert und popularisiert wird (und zugleich im Werk von Marquis de Sade seine schwarze Kehrseite erhält); wenn die *Encyclopédie* (1751–1780) von Denis Diderot und Jean d'Alembert das Naturwissen weitgehend unter dem Fortschrittsmodell einer technischen und sozialen Verwertbarkeit summiert; wenn Pierre Simon Laplace (*Traité de mécanique céleste* [1799–1825]) schließlich, in einem radikalen Gedankenmodell, der Himmelsmechanik die Konsequenz entnimmt, daß ein überlegener Verstand bei Kenntnis aller Eingangsbedingungen jedweden Zustand zu jeder Zeit voraussagen könne – dann ist die technomorphe Modellierung der Natur ausgeschritten und hat sich zugleich als die protoindustrielle Phase erwiesen.

In *L'Essai sur les Éléments de Philosophie* verweist d'Alembert schon 1759 auf die Naturwissenschaf-

---

132 GOTTFRIED WILHELM LEIBNIZ, Monadologie (1714), frz.-dt., hg. v. H. Herring, übers. v. A. Buchenau (Hamburg 1956), 56.

ten als Revolution der Bewußtseinsgeschichte, der Gesellschaft und der Produktion: »La Science de la nature acquiert de jour en jour de nouvelles richesses: la Géométrie en reculant ses limites, a porté son flambeau dans les parties de la Physique qui se trouvoient le plus près d'elle; le vrai système du monde a été connu, développé et perfectionné [...] en un mot depuis la Terre jusqu'à Saturne, depuis l'Histoire des Cieux jusqu'à celle des insectes, la Physique a changé de face. [...] toutes ces causes ont dû exciter dans les esprits une fermentation vive; cette fermentation agissant en tout sens par sa nature, s'est portée avec une espece de violence sur tout ce qui s'est offert à elle, comme un fleuve qui a brisé ses digues. [...] Ainsi depuis les principes des Sciences profanes jusqu'aux fondemens de la révélation, depuis la Métaphysique jusqu'aux matieres de goût, depuis la Musique jusqu'à la Morale, depuis les disputes scolastiques des Théologiens jusqu'aux objets du commerce, depuis les droits des Princes jusqu'à ceux des peuples, depuis la loi naturelle jusqu'aux lois arbitraires des Nations, en un mot depuis les questions qui nous touchent davantage jusqu'à celles qui nous intéressent le plus foiblement, tout a été discuté, analysé, agité du moins. Une nouvelle lumiere sur quelques objets, une nouvelle obscurité sur plusieurs, a été le fruit ou la suite de cette effervescence générale des esprits, comme l'effet du flux et reflux de l'Océan est d'apporter sur le rivage quelques matieres, et d'en éloigner les autres.«[133]

Kant hatte mit seiner Definition, wonach Natur der »Zusammenhang der Erscheinungen ihrem Dasein nach nach nothwendigen Regeln, d. i. Gesetzen«[134] sei, noch bescheidener die epistemologischen Bedingungen der Wissenschaft, nämlich der Newtonschen Physik, rekonstruieren wollen. Unbekümmert um solche Grenzziehungen, unbekümmert aber auch um die von d'Alembert bemerkten Ambivalenzen der Rationalisierung ging das 19. Jh. dazu über, das mechanische Modell in die Praxis umzusetzen: im System der Arbeit, in der ›sozialen Physik‹ der Gesellschaft[135], in der Physiologie und Medizin, in den Energietechniken, in den Fabriken – erweitert um die Dimension der Elektrizität (Elektromechanik). Und im Gegenschlag oder komplementär dazu wurden die vitalistischen, organologischen, holistischen und vor allem ästhetischen Modelle von Natur teils reanimiert, teils neu entwickelt. Sie hielten die anticartesianische Linie in dem Bewußtsein wach, daß eine Naturwissenschaft, die Natur zerstört, nicht wahr sein kann, und eine Technik, die Natur nur als Widerstand oder Ressource behandelt, die Lebensgrundlagen, die sie verbessert, zugleich untergräbt. Tatsächlich würde die Gleichsetzung von Natur und Maschine sich auf mechanistischer Basis nicht halten lassen.

IX. Natur in der Moderne

1. Ästhetik und Rationalität

Kant hatte in erkenntnistheoretischer Absicht Natur als Konstruktion des Subjekts dargestellt, wenn er sie als Inbegriff der Erscheinungen bestimmt, die nach allgemeinen Formen der Anschauung und Begriffen des Verstandes gesetzlich geregelt werden. Nach den metaphysischen, religiösen, mythischen und mystischen Traditionen der Naturerfahrung hatte Kant damit zeigen wollen, daß man eine Form der Erkenntnis als wahrheitsfähig auszeichnen könne – nämlich diejenige des Typs der Newtonschen Physik. Die Kantsche Vernunftkritik ist deswegen zunächst die transzendentale Rekonstruktion der Physik als Wissenschaft. Das scheint wenig – hieß aber ungeheuer viel: Die Naturwissenschaft beruht auf universalen Strukturen von Erkenntnisbildung überhaupt. Das begründete die Autorität der Naturwissenschaften – und ihre Grenze, denn sie hatten es niemals mit Natur an sich zu tun, sondern mit Natur in den Konstruktionsformen des allgemeinen Erkenntnissubjekts. Kant war sich über die Begrenztheit des wissenschaftlichen Zugriffs auf Natur im klaren. Letztlich hielt er sogar nur die Physik für wissenschaftsfähig

---

133 JEAN LE ROND D'ALEMBERT, L'Essai sur les Éléments de Philosophie (1759), hg. v. C. Kintzler (Paris 1986), 10–12.
134 IMMANUEL KANT, Kritik der reinen Vernunft (1781), in: KANT (AA), Bd. 4 (1911), 143 f.
135 Vgl. ADOLPHE QUÉTELET, Sur l'homme et le développement de ses facultés ou Essai de physique sociale (Paris 1835).

– die Möglichkeit einer Wissenschaft des organischen Lebens hielt er für unmöglich. Kant schloß aus, daß man »die organisierten Wesen und deren innere Möglichkeit nach bloß mechanischen Prinzipien der Natur [...] zureichend kennen lernen, viel weniger uns erklären« könne; es sei aussichtslos zu hoffen, daß »dereinst ein Newton aufstehen könne, der auch nur die Erzeugung eines Grashalms nach Naturgesetzen, die keine Absicht geordnet hat, begreiflich machen werde«[136]. Kant wußte ferner, daß in seiner Erkenntniskritik Fragen der Naturästhetik ausgeschlossen waren. Dies hat ihn beunruhigt, weil sein eigener Ausgang die Bewunderung der Natur war. Darum mußte die *Kritik der Urteilskraft* (1790) auf die *Kritik der reinen Vernunft* (1781) folgen. Doch hat die Naturästhetik nicht annähernd die Autorität gewonnen, die von der Auszeichnung der Naturwissenschaften ausging. Das ihr zugrundeliegende Maschinenmodell erhielt die technische Wendung, daß es nicht länger darum ging, ob Natur wie eine Maschine funktioniere, sondern ob sie sich so konstruieren, kontrollieren, steuern, umbauen und für eigene Zwecke einsetzen läßt. Dies begründet technisches Können und Macht – verstärkte also die Linie von Bacon und Descartes (was nicht Kants Intention war) und gab Anlaß für die philosophische Wendung, mit der Nietzsche, auf der Höhe des industrietechnischen Systems, den Willen zur Macht als den eigentlichen Antrieb der Geschichte enthüllen konnte.

Für die moderne Naturästhetik, insofern sie komplementär zum Modell der technischen Macht ausdifferenziert wurde, ist ein Beziehungstyp wichtig, der nicht auf dem Machen-Können, sondern auf der Fähigkeit zur Wahrnehmung beruht, die zwar subjektiv ist, aber eine Zurückgehaltenheit (ἐποχή, epochē) hinsichtlich des praktischen Intervenierens, Zupackens, Zurichtens und Manipulierens aufweist. Dafür bildet Giordano Bruno den Ausgang. Er unterscheidet im Verhältnis zur Natur zwischen einem intentionalen und einem nicht-intentionalen Beziehungsaspekt. Zielt der erste auf Erkenntnis und Produktion, so enthält der andere ein Widerfahren der Natur. Ist der erste

eine Bestimmung und Setzung, so der zweite eine Unbestimmtheit und ein Erleiden. Entspricht der erste einer konzentrierten, so der andere einer durchlässigen Subjektform. Diese zwei Seiten des Subjekts entsprechen zwei Seiten des Objekts: Natur ist erfahrbar in ihrem triftigen Sachgehalt oder in ihren betreffenden Atmosphären. Das eine wird erkannt, das andere wahrgenommen. Erst beides ergibt ein vollständiges Bild von Natur.

Neuzeitliche Rationalität hatte allerdings eingeübt, Subjekt und Objekt getrennt zu denken – sowohl in der Wissenschaft wie in der Ästhetik. Durch Disziplin erreicht der Forscher eine Subjektform, die ihn gegen das Objekt abschirmt und zu affektneutralisierter Sacheinstellung, d. h. zu Experimenten und geregelter Datenauswertung befähigt. Dies erzeugt die Allgemeinheit, welche Wissenschaft begründet, und die Operationalität, die technische Verfügung erlaubt. Gerade der Ausschluß von Natur erwies sich als der Weg, die Beherrschung von Natur zu eröffnen. In der Ästhetik wurde dazu keineswegs nur ein konträres Bild entwickelt. In der Geschmacksästhetik, die ein Kunstwerk oder Naturstück beurteilt, ist die Distanzierung zum Objekt vorausgesetzt, um verallgemeinerungsfähigen Kriterien der Beurteilung zum Durchbruch zu verhelfen. Auch hier bedarf es methodischer Disziplin seitens des Subjekts, die sich aus der sphärischen Verwicklung mit dem Schönen oder Erhabenen herauslösen. Bei Bruno nun, der nicht zufällig um 1800 bei Johann Georg Jacobi, Goethe und Schelling neue Aufmerksamkeit erfuhr, zielt der ästhetische Impuls nicht auf ein Gefügigmachen der Dinge, sondern auf Partizipation an etwas, das in seiner Macht als überlegen anerkannt und geachtet wird. Damit wird das Pathische in die Ästhetik hineingenommen, und zwar als Bedingung von Erfahrungen, die nur durch Sich-Öffnen und Hinnahme möglich sind, dazu gehört die Anerkenntnis von Endlichkeit und Schmerz ebenso wie, in geglückten, ästhetischen Augenblicken, die Teilhabe an der Unendlichkeit des Seins.

2. Naturschönes

Das moderne Naturschöne lädt zu solchen Erfahrungen allerdings kaum ein. Schon im 18. Jh., als

---

136 KANT, Kritik der Urteilskraft (1790), in: KANT (AA), Bd. 5 (1913), 400.

die städtischen Bürger die ›freie Natur‹ als Rückzugs- und Erholungsraum entdeckten – etwa auf dem erstmalig gepflegten Spaziergang[137] –, vermeinend, dort der zivilisatorischen Entfremdung zu entgehen, war diese Natur imitiertes Erzeugnis. Parks und Landschaftsgärten nach englischem Vorbild sollten den Schein des Naturwüchsigen wecken, wo Ästhetik und Gartenkunst herrschten. Die nach literarischen Topoi und ästhetischen Bildstilen bereitete Natur der Parks ›sprach‹ zu den Lustwandelnden nach genau kalkulierten Wirkungseffekten: dort melancholisch – hier lieblich, dort erhaben – hier verspielt, dort bukolisch – hier heroisch, dort beengend – hier den Blick erweiternd, dort dunkel-waldig – hier licht-pastoral, dort in die Grotte – hier in freie Flur einladend, dort das Wasser – hier den Felsen betonend. Die Literatur hatte vorformuliert, was die Gartenarchitekten ›naturidentisch‹ arrangierten: den locus amoenus, den locus melancholicus, den locus horribilis usw. Darin herrscht die wirkungsästhetische Dramaturgie des Theaters, das sich die Natur zur Bühne nimmt (Christian C. L. Hirschfeld, *Das Landleben* [1768], *Theorie der Gartenkunst* [1779–1785]). Gegenüber der herrscherlichen Geometrie der höfischen Gärten sollte der englische Garten vergessen machen, daß seine Natürlichkeit nicht weniger artifiziell ist; darin besteht seine Ästhetik. Sie kontrastiert nicht der beginnenden industriellen Aneignung von Natur, sondern kompensiert diese. Das Physiognomische der Natur wurde mit derselben lexikalischen Gründlichkeit durchbuchstabiert wie in der zeitgleichen Physiognomik des menschliche Gesicht. Nimmt man das Gesicht, das man unveräußerlich trägt, in hermeneutische Disziplin, so gestaltet man dort den Grund und Boden, den man unzweifelhaft besitzt, zum ästhetischen Genuß.

Das Ästhetische aber enthält bei Kant immer auch Wirkungen und Effekte auf Empfindungen und Sinne, die die erste Natur auf den Menschen ausübt, als sei diese »gleichsam eine Sprache, die die Natur zu uns führt«. Wie immer das Kantsche Modell zu beurteilen ist: Man kann hinter den historischen Anspruch des Menschen auf eine Natur, die ihn ästhetisch anspricht, nicht mehr zurück. »Es muß Natur sein« – und erst, wenn diese vorausgesetzt ist, können wir das »unmittelbare Interesse«[138], das wir am Schönen nehmen, buchstabieren lernen.

Darum ist Kant die entscheidende Figur der Naturästhetik. In der *Kritik der Urteilskraft* entwickelt Kant unter dem Titel ›Beschränkung der Gültigkeit des moralischen Beweises‹ (§ 88) die Idee eines »Endzwecks der Schöpfung« als notwendig für die theoretisch reflektierende Urteilskraft. Vereinfacht gesagt, meint dies die Entsprechung des Endzwecks des Menschen als Vernunftwesen mit der Vernünftigkeit, und d. h. Zweckmäßigkeit der Natur als ganzer. Dies nennt Kant: »Natur als Schöpfung betrachtet«. Kant denkt an einen »Beitritt der Natur« zur Ordnung der Vernunft, was nichts weniger als die Möglichkeit einer Übereinkunft zwischen der »Natur der Dinge« und der Sphäre der auf Freiheit gegründeten »reinen praktischen Vernunft« enthält. Damit rückt die Kosmos-Idee aus ihrem schöpfungstheologischen Kontext in einen fiktionalen Text. Wenn die Natur betrachtet werden muß, ›als ob‹ die Schöpfung nach einem Endzweck eingerichtet sei, so ist sie damit nicht nur analog dem höchsten moralischen Gut, sondern sie korrespondiert auch der Bestimmung der Kunst bzw. des Schönen. Der Natur, als Gegenstand der »technisch-praktischen« (455) Vernunft gilt die Aufgabe, sie als einen »von uns zu bewirkenden höchsten Endzweck« (469) allererst herzustellen; darin wird zugleich der Endzweck des Menschen realisiert. Bei Kant sind dies Überlegungen, die – weil sie jenseits der theoretischen Vernunft liegen – Anschlüsse an voraufklärerische Naturkonzepte enthalten.

Die Kantsche Höherbewertung des Naturschönen gegenüber dem Kunstschönen gründet nämlich auf einem Rest renaissancehafter Ästhetik der Natur. Kant spürt ein »unmittelbares Interesse« (301) am Naturschönen, das er als ›Wohlgefallen a priori‹ der Vernunft definiert. Darin ist der Wunsch eingeschlossen, »daß die Natur wenigstens

---

137 Vgl. JOHANN GEORG SULZER, Unterredungen über die Schönheit der Natur nebst desselben moralischen Betrachtungen über besondere Gegenstände der Naturlehre (Berlin 1770); KARL GOTTLOB SCHELLE, Die Spaziergänge oder die Kunst spazieren zu gehen (1802), hg. v. M. Fauser (Hildesheim 1990).
138 KANT (s. Anm. 136), 302.

eine Spur zeige, oder einen Wink gebe, sie enthalte in sich irgend einen Grund, eine gesetzmäßige Übereinstimmung ihrer Producte zu unserm von allem Interesse unabhängigen Wohlgefallen (welches wir a priori für jedermann als Gesetz erkennen, ohne dieses auf Beweise gründen zu können) anzunehmen: so muß die Vernunft an jeder Äußerung der Natur von einer dieser ähnlichen Übereinstimmung ein Interesse nehmen« (300).

›Spur‹, ›Wink‹, ›Äußerung der Natur‹, ›Übereinstimmung‹ – im Zentrum des Vernunftinteresses erkennt man das Renaissance-Erbe der Naturästhetik. Es sind Elemente einer Semiologie der Natur oder, wie später Bloch sagt: Natur als »Realsymbol«[139]. Kant hat sich selbst in diese Lage gebracht. Der Riß zwischen Vernunftsubjekt und Trieb in der Moralphilosophie und derjenige zwischen Erkenntnissubjekt und Natur in der Erkenntnistheorie ist so tief, daß Kant in der *Kritik der Urteilskraft* nach einer Versöhnung dessen suchte, was er selbst in Achtung der transzendentalen Grenzziehungen auseinandergerissen hatte.

Hatte Kant bisher die Natur als ›natura naturata‹ bestimmt, so kommt er hier nicht ohne Anleihen bei ›natura naturans‹ aus. Pflanzen, Tiere und Menschen werden ästhetisch beurteilt nach Maßgabe einer Normal- bzw. Vernunftidee. Diese ist das »schwebende Bild für die ganze Gattung, welches die Natur zum Urbilde ihren Erzeugungen in der selben Species unterlegte« (234). Kant versteht darunter eine Art innerer Bauplan, ein Bild, das »gleichsam absichtlich der Technik der Natur zum Grunde gelegen hat« (233). Hier sucht die Ästhetik den Anschluß an das, was Natur von sich aus zeigt, besser: zu zeigen scheint: die Chiffre zweckgerichteter, subjekthafter Organisation. In ihrer Zweckhaftigkeit erscheint Natur »als durch eigenes Vermögen technisch«, nicht nur mechanisch wie in der Erkenntnistheorie. Wir können nicht anders, als der Natur zu »unterlegen«, daß sie so verfahre. Dieser Idee entspricht, wenn das Genie, das Subjekt des Kunstschönen, als die »angeborne Gemütslage (ingenium)« ausgelegt wird, »durch welche die Natur der Kunst die Regel gibt« (307). So ist man sich zwar der Kunst als Kunstwerk bewußt,

doch dieses erscheint so, »als ob es ein Produkt der bloßen Natur sei« (306). Gerade im Kunstschönen, wo bei Hegel die Differenz zur Natur prinzipiell werden wird, führt Kant die ›Natur im Subjekte‹ ein, wodurch originäre Kunst erst entstehe. Spricht aber aus dem Genie die Natur, so kann deren Regel nicht eine mechanische sein, weil dann nur Schema-Kunst entstünde. Führt aber Natur im Genie nicht die Sprache des Gesetzes, dann erscheint sie im Typus freier Subjektivität. Das Genie als Analogon der Natur impliziert die Natur als Analogon des Subjekts.

Diese Bestimmungen haben bei Kant indes keine konstitutive, sondern eine regulative Funktion im Aufbau der Ästhetik. Um das zu verstehen, muß der Status des ›Als ob‹ geklärt werden, womit Kant regelmäßig seine Überlegungen zur Produktivität der Natur einklammert. ›Als ob‹ heißt: Die Natur ist der Schein, der in uns die Idee weckt, als ob die Natur »gleichsam absichtlich, nach gesetzmäßiger Anordnung und als Zweckmäßigkeit ohne Zweck« ihre Produkte hervorbringe – auf daß wir an ihrem Modell zwanglos unseren »letzten Zweck des Daseins« erkennen, und zwar »natürlicher Weise in uns selbst« (301). Das Naturschöne wird gedeutet, ›als ob‹ Natur selbst vernünftig, sie nicht nur Objekt unserer Erkenntnis, sondern selbst figurativ sei, damit wir uns als Vernunftsubjekte identifizieren. Die *Kritik der Urteilskraft* bildet eine Szene, auf der die Natur würdig wird, als Analogie der moralischen Autonomie zu dienen. Die »Verwandtschaft« zum »Sittlich-Guten« (300) ist es, die das Fascinosum des Naturschönen erlaubt und adelt. Kant fürchtet, daß man diese Konstruktion für »gar zu studiert« hält, »um sie für die wahre Auslegung der Chiffreschrift zu halten, wodurch Natur in ihren schönen Formen figürlich zu uns spricht« (301). Jedenfalls ist es ein renaissancehafter Zug innerhalb einer Konstruktion, der das Naturschöne in die Regie der Vernunft nimmt. Denn Kant vernimmt die Natur nur, insofern sie die Sprache der Vernunft spricht.

3. Naturerhabenes

Neben dem Naturschönen erhält das Erhabene bei Kant eine epochale Wende. Damit wird eine Erfahrung codiert, die bis heute das ästhetische Welt-

---

[139] ERNST BLOCH, Das Prinzip Hoffnung (1954–1959), in: BLOCH, Bd. 5 (1959), 188.

verhältnis zu bestimmen scheint. Nach der antiken Standardstudie von Pseudo-Longinos (*Vom Erhabenen*), nach englischen Vorläufern (Anthony A. C. Shaftesbury, Joseph Addison, Francis Hutcheson, Edmund Burke), zeitlichen Parallelunternehmungen (James Beattie, Carl Grosse, Friedrich Schiller) sowie eigenen Versuchen legt Kant in der *Kritik der Urteilskraft* nicht nur ein Resümee des verzweigten Diskurses, sondern eine systematische Neubestimmung des Erhabenen vor. Sie ist für die Naturästhetik grundlegend.

In § 23 wird das Erhabene als das dem Schönen Entgegengesetzte eingeführt: »zweckwidrig für unsere Urteilskraft, unangemessen unserm Darstellungsvermögen und gleichsam gewaltthätig für die Einbildungskraft«. Das Erhabene weckt deswegen eine »negative Lust« (245). Es führt nicht ein Zusammenstimmen der Gemütsvermögen mit sich wie das Schöne, sondern basiert auf einer Affektbewegung von Abstoßung und Anziehung, von »Hemmung« und »Ergießung«. Der Grund dafür liegt in der Form des Objekts. Dieses hat keine in innerer Balancierung und Proportion geschlossene Form. Vielmehr zeigt sich Natur »in ihrem Chaos oder in ihrer wildesten, regellosesten Unordnung und Verwüstung« (246). Das Erhabene ist eine Erfahrung affektiver wie kognitiver Dissonanz und damit einer Gefahr: Die chaotische Natur könne in das subjektive Ordnungsgefüge einbrechen und das Ich niederschlagen. Ist dies die negative Seite der Lust, so ist das Lusthafte zunächst rätselhaft. Wie soll die Kollision von innerer Ordnung und regelloser Naturmacht Lust hervorbringen? Kant behandelt dabei das Niederschlagende der Natur als »Schema« (265): Das Chaos, das den Wahrnehmungsapparat überflutet, wird in einem Akt bewußter Distanzierung ›schematisiert‹ und als Negativreiz tauglich gemacht. Das Niederschlagende wird dabei zum Anlasser eines Prozesses der Selbstbewußtwerdung des Ich als intelligibler Größe. Die qualitative Distanz bringt das über alle Verwüstungen der Natur erhabene Selbst hervor. Das weckt Lust via negationis.

Bei Kant wird das Erhabene zu einem Teil der Naturästhetik derart, daß nicht die Natur selbst als erhaben gilt, sondern jene Effekte im Subjekt, die durch die große und wüste Natur ausgelöst werden und wodurch das Ich sich seiner Intelligibilität

inne wird. Dies ist Kants Pointe. Die traditionelle Bestimmung des Erhabenen spielt nicht einmal mehr eine expositorische Rolle. Das Heilige, die Majestät Gottes, weltliche Herrschaftsinstanzen oder das Schicksal haben als Typen des Erhabenen ausgedient. Es sind ihm vormoderne Formen des Erhabenen, unvereinbar mit dem bürgerlichen Stolz, der jenseits des vernünftigen Selbstbewußtseins keine Instanz anerkennt, vor der es sich zu verneigen gelte. Dies sind Umwälzungen in der Ökonomie des Gemüts nicht nur sondern auch in den Beziehungen zur Natur. Im Erhabenen reflektierte sich die Schwäche vor überlegenen Mächten. Es war insofern eine Grenzerfahrung, die das ausgelieferte oder gnadenabhängige Ich von verehrten Wesenheiten schied. Kant aber zieht die Grandiosität der himmlischen Sphären und die Macht der subhumanen Dämonen ins Innere des Subjekts hinein. Das Vernunft-Ich hat nichts zu fürchten oder zu bewundern, was es als Moment des Sittengesetzes nicht schon unter sich enthält. Diese Seite des Erhabenen gehört zur Emanzipation von religiösen und herrschaftlichen Mächten. Zum anderen geht es um das im Erhabenen neu konstituierte Verhältnis zur Natur. Aber welche Natur?

»Kühne überhangende, gleichsam drohende Felsen, am Himmel sich aufthürmende Donnerwolken, mit Blitzen und Krachen einherziehend, Vulcane in ihrer ganzen zerstörenden Gewalt, Orkane mit ihrer zurückgelassenen Verwüstung, der grenzenlose Ocean, in Empörung gesetzt, ein hoher Wasserfall eines mächtigen Flusses u. d. gl.« (261). Dies sind die klassischen Topoi einer wilden Natur (das Dynamisch-Erhabene). Sie wie das alle Vorstellung sprengende, unendliche Große (das Mathematisch-Erhabene) bilden die beiden Matrizes des Naturerhabenen. Im Rückschluß heißt dies: Schöne Natur ist die entwilderte, kleinräumige, aber auch die beherrschte Natur. Wie Garten und locus amoenus seit jeher den Archetyp des Naturschönen darstellen, so wird auch bei Kant die friedliche und gezähmte Natur als die wohltuende verstanden. Das Erhabene bezeichnet dagegen jene andere Seite, wo die noch umkämpften Zonen der Natur zum Thema werden. Solche Natur löst Angst aus, weil ihr gegenüber menschliche Souveränität zu erliegen droht. Das Erhabene ist nun eine Konzeption, um sich in einer außertechnischen Dimension – im Imaginären – mit dieser Angst auseinanderzusetzen und sie beherrschen zu lernen. Das Furchterregende wird zu einem Purgatorium des Imaginären. Die erhabene Natur weckt »eine Selbsterhaltung von ganz andrer Art«, nämlich die Selbstbefestigung zu einem wahrhaft erhabenen Subjekt, das »eine Überlegenheit über die Natur selbst in ihrer Unermeßlichkeit« (261) begründet.

So wird das Ästhetische zu einer transzendentalen Prozedur, bei der es in jeweils unterschiedlicher Weise um die Universalität des Subjekts geht: im Schönen um die Allgemeingültigkeit des Urteils, nach der die Natur in ihrer Angemessenheit für das Erkenntnisvermögen qualifiziert wird; im Erhabenen aber um die Allgemeingültigkeit, in der das Subjekt sich selbst in einer Souveränität herausprozessiert. Nicht zufällig geschieht dies an den Fronten, an denen auch historisch die Grenzen der Naturbeherrschung und -erkenntnis vorangetrieben werden: der unendliche Raum, dem Astronomie und Physik sich gewachsen zeigten; der unermeßliche Ozean, den zu bewältigen die neuzeitliche Raumrevolution einleitete; das Hochgebirge, das gerade verkehrstechnisch, geowissenschaftlich und bildästhetisch erschlossen wurde; das Erdbeben in Lissabon (1755), das für die klassische Theodizee zu einer Katastrophe, für die aufklärerische Wissenschaft jedoch zum Prüfstein geworden war; das Gewitter, dessen mythische Gewalt durch die Erfindung des Blitzleiters entwildert wurde; der gewaltige Wasserfall, der dutzendfach in Reiseschilderungen im Schema des Erhabenen darstellerisch bewältigt wurde. Man kann das Luftmeer hinzufügen, welches mit den ersten Ballonfahrten (seit 1783) in die Protophase seiner technischen Bewältigung eingetreten war.

Das Naturerhabene ist die teils begleitende, teils vorauseilende ästhetische Fassung des neuzeitlichen Programms der Beherrschung überwältigender Natur. Das Erhabene simuliert ein Chaos und eine Unermeßlichkeit, aus sicherer Distanz, um eine Angst in Szene zu setzen, über die Herr zu werden das überlegene Bewußtsein des Menschen kreiert.

Dem entspricht das Erhabene des Krieges und des »moralischen Gesetzes in mir«, das metaphorisch mit dem »bestirnten Himmel über mir«[140] zusammenfällt. Aus beidem erwächst die bürgerliche Form der Heroik, nämlich inmitten der sozialen Übel eine Selbstrettung in einer Welt zu installieren, in der der Mensch, nach Hobbes, dem Menschen ein Wolf ist. In der Würde der moralischen Unverletzlichkeit, die sich im gräßlichen Unglück wie im tragischen Unrecht bewährt, konzentriert sich der erhabene Kern des bürgerlichen Menschen. Hieraus erwächst das Pathos des bürgerlichen Trauerspieles. Das hat Schiller (*Kallias oder über die Schönheit*, *Über Anmut und Würde* [1793], *Über das Erhabene* [1801]) erkannt, wenn er das Erhabene in der Form des Tragischen und Pathetischen nicht nur eine Literaturgattung konstituieren läßt, sondern den Mechanismus der Entübelung der gesellschaftlichen Übel überhaupt: durch die sittliche Selbstrettung des Heros noch im Untergang. Die Natur und der Krieg sind die letzten materialen Medien des Erhabenen, bevor dieses in die schwindelerregenden Abstürze und grandiosen Dimensionen des Techno-Imaginären der Nano-Gesellschaft einrückt.

4. Goethe

Lapidar konstatiert Goethe, »daß kein Gelehrter ungestraft jene große philosophische Bewegung, die durch Kant begonnen, von sich abgewiesen, sich ihr widersetzt, sie verachtet habe, außer etwa die echten Alterthumsforscher«[141]. Obwohl kein Altertumsforscher, zielt der Naturbegriff Goethes dennoch auf die antike Physis. Ihr ziemt ›anschauendes Hinnehmen‹, also ›theoria‹, ein Erschließen der Natur von dem her, was sinnlich begegnet. Wie bei Aristoteles wird bei Goethe der Natur Unabhängigkeit vom Menschen zugesprochen. Darin ist der Respekt, ja die Ehrfurcht fundiert, die Goethe jeder Naturforschung voranstellt. Auch dies ist vormodern.

Goethes Naturforschung ist keine Wissenschaft im Sinne von Technik, auch wenn er eine selbstbehauptende Auseinandersetzung mit den bedrohli-

---

140 KANT, Kritik der praktischen Vernunft (1788), in: KANT (AA), Bd. 5 (1913), 161.
141 JOHANN WOLFGANG GOETHE, Winckelmann (1804/1830), in: GOETHE (WA), Abt. 1, Bd. 46 (1891), 55.

chen Elementen der Natur – wie Sturmfluten – für erforderlich hält.[142] Goethe unterscheidet die mathematische und mechanistische Physik von seiner, der qualitativen, die man in der Schellingschen Terminologie als dynamische und spekulative gegenüber der realen Physik bezeichnen kann. »Es ist vieles wahr, was sich nicht berechnen läßt«. Das würde jeder Physiker unterschreiben, nur nicht, daß Goethe das mathematisch »Undarstellbare«[143] zu einem konstitutiven Bestandteil der Naturwissenschaft erklärt. Er nennt dies »das bewegliche Leben der Natur«, ihre »unendliche Produktion auf alle Weise und nach allen Seiten«, dem ein »lebendiges Anschaun der Natur« zu korrespondieren habe, das »selbst so beweglich und bildsam«[144] sich erhalten müsse wie die Natur selbst.

Damit etabliert Goethe einen Typ von Wissenschaft, der der Natur gegenüber zwar gewaltfrei, aber auch nur anschauend bleibt. Er wendet sich gegen die Disziplinierung des Forschungssubjekts, das eine Neutralisierung der Natur nur leisten kann, wenn das experimentelle Handeln von allen sympathetischen Gefühlen für Natur gereinigt ist. Empfindung und Sinne aber sind bei Goethe das Fundament der Forschung. Hierin wirkt das Erbe des Sturm und Drang fort. Dessen emphatische Besetzung der Natur, die den Kosmos zum Projektionsschirm grandioser Selbstgefühle stilisierte, wird in der Weimarer Zeit zurückgenommen. Die Natur werde nicht gewahrt und erkannt, wenn Natur zum Spiegel partikularer Subjektivität degeneriert. Dennoch bleibt aus der frühen Zeit die Überzeugung von der ›lebendigen Natur‹ und dem sympathetischen Bezug auf sie erhalten – bis in die *Farbenlehre* (1810), die *Wanderjahre* (1821–1829) und den *Faust* (1808/1832).

Goethe weiß, daß neuzeitliche Wissenschaft mit der mikroskopischen und teleskopischen Erschließung des Raums beginnt: »In der Mitte« aber, so sagt er, »liegt das Besondere, unsern Sinnen Angemessene, worauf ich angewiesen bin.«[145] Goethes Wissenschaft ist Wissen von der sinnlichen Welt, baut sich von hier aus auf bis zum Begriff, der immer noch anschauungsgesättigt bleiben soll (wie das Urphänomen). Darum hält er es für »das größte Unheil der neuern Physik, daß man die Experimente gleichsam vom Menschen abgesondert hat«. »Der Mensch an sich selbst«, hält er dem entgegen, »ist der größte und genauste physikalische Apparat, den es geben kann.« (118) Zustimmend zitiert Goethe den auf seinen Spuren wandelnden Farben-Forscher Johannes Evangelista Purkinje: »Gewiß sind die Sinne die feinsten und erregbarsten Messer und Reagenten der ihnen gehörigen Qualitäten und Verhältnisse der Materie (Hört!), und wir müssen innerhalb des individuellen Kreises des Organismus eben so die Gesetze der materiellen Welt erforschen, wie der Physiker äußerlich durch mannichfaltigen Apparat.«[146]

Es gibt, wie Goethe meint, keine Natur als nur in bezug auf den Menschen. Das ist anthropozentrisch in einem anderen Sinn als Technik, weil goethische Wissenschaft, »ohne Beziehung auf Nutzen oder Zweckmäßigkeit«, aufs »lebendige Ganze«[147] gehen will. Goethes Wissenschaft ist Phänomenologie der Sichtbarkeit, darum die durchweg gepriesene Valenz des Auges.

Freilich war Goethe nicht so naiv, sinnliche, mythische, religiöse oder alchemistische Naturkonzepte zu übernehmen. Daß er sie verarbeitet, läßt gelegentlich übersehen, daß er sie auch kritisiert und modifiziert. Historisch steht er in einer Epoche, in der mythische oder alchemistische ›Bilder‹ der Natur gerade noch vertretbar waren – vor ihrem Untergang in der entzauberten Welt der Industrie. Das wußte er. Noch konnte Goethe die Kritik der Moderne in Bildern der Vormoderne spiegeln. Dies charakterisiert sein poetisches Verfahren – in den *Wanderjahren* wie im *Faust*. Das aber ist heute nicht mehr möglich. Goethes Erbe ist deswegen nicht der Mythos, die Alchemie, die Signaturenlehre, die Naturfrömmigkeit, sondern daß er diese in Kunst transformiert. Nur Kunst und ästhetische Erfahrung sind für ihn die Medien,

---

142 Vgl. GOETHE, Versuch einer Witterungslehre (1825), in: GOETHE (WA), Abt. 2, Bd. 12 (1896), 102–104.
143 GOETHE, Über Naturwissenschaft im Allgemeinen, einzelne Betrachtungen und Aphorismen (1829), in: GOETHE (WA), Abt. 2, Bd. 11 (1893), 118.
144 GOETHE, Zur Morphologie (1817–1824), in: GOETHE (WA), Abt. 2, Bd. 6 (1891), 12, 10.
145 GOETHE (s. Anm. 143), 113.
146 GOETHE, Das Sehen in subjectiver Hinsicht, von Purkinje. 1819 (1820), in: GOETHE (WA), Abt. 2, Bd. 11 (1893), 277.
147 GOETHE, Nachträge zur Morphologie, in: GOETHE (WA), Abt. 2, Bd. 13 (1904), 6.

an denen nichtideologisch die Idee einer erlösten Natur aufscheint, wenn auch nur negativ. Damit steht er eigensinnig quer zu Kant und zu Hegel.

5. Hegel

Für Hegel gilt: Die Natur ist das Andere unserer selbst, insofern wir Geist sind, und ist eins mit uns, insofern wir Leib sind. In uns selbst sind wir Einer und Anderer, Getrennte, die untereinander zerfallen sind und nur dialektisch aufzuheben. Diese Trennung erst entläßt die Möglichkeit, daß es Naturphilosophie gibt. Bei Hegel ist Naturphilosophie ein Nachdenken dieser Trennung in der Perspektive ihrer Überwindung; ein Philosophieren zum Zweck, »daß der Geist sein eigenes Wesen, d. i. den Begriff in der Natur, sein Gegenbild in ihr finde«. Doppelte Befreiung ist Ziel: »So ist das Naturstudium die Befreiung seiner [= des Geistes – d. Verf.] in ihr [= der Natur – d. Verf.]; denn er wird darin, insofern er nicht auf ein Anderes sich bezieht, sondern auf sich selbst. Es ist dies ebenso die Befreiung der Natur; sie ist an sich die Vernunft, aber erst durch den Geist tritt diese als solche an ihr heraus in die Existenz«[148]. Natur findet Anerkennung, sofern sie ›an sich‹ Vernunft ist, nicht aber, sofern sie nicht Vernunft ist. Wird so zwar die Natur als Szene in die Selbstentfaltung der Vernunft integriert, so hat Hegel diese doch dialektisch an die Befreiung der Dinge gebunden.

Identität des Geistes und Anderes der Natur: Dieser Widerspruch und die Arbeit an ihm wird zum Grund der Geschichte, wenn anerkannt wird, daß wir den »ursprünglichen Stand der Unschuld [...], wo der Geist mit der Natur identisch ist und das geistige Auge unmittelbar im Zentrum der Natur steht« (17), verlassen haben. Versöhnung von Geist und Natur ist nicht als Resurrektion des Ursprungs zu gewinnen, ist »nicht Anfang, sondern Ziel, nicht eine unmittelbare, sondern eine hervorgebrachte Einheit«. Der Mensch muß durch die Trennung von Natur hindurchgehen, »um nur als Überwinder dieser Trennung seiner [selbst – d. Verf.] von der Natur zu sein, was er ist« (18). Als geregelten Gang des Geistes entwirft Hegel, was einmal Naturphilosophie der Renaissance war: daß nämlich Befreiung des Menschen nur in eins mit der Befreiung der Natur gelingen kann. Aber es gilt auch das dialektisch Umgekehrte: kein Unmittelbares zur Natur ohne den Umschlag in vollständige Vermittlung des Geistes mit Natur.

Hegel weiß, daß dieses Programm nicht im Stand des Unterworfenseins unter die Bedürfnisse realisiert werden kann. Für den Hunger ist Natur das zu Verzehrende, Negation meiner Selbst im Mangel, den aufzuheben nur gelingt, indem ich das Andere verschlinge: »durch Aufopferung des Dinges« stelle ich »die Einheit meiner mit mir selbst« wieder her. Diese Logik bestimmt die Schonungslosigkeit der Technik als Verzehr und Verschlingen der Natur. »List der Vernunft« (14) ist der Titel einer Technik, die eine gesetzte Feindschaft zwischen Mensch und Natur nicht durch Frontenkampf, sondern raffiniertes Ausspielen der Naturkräfte unter sich zugunsten des Menschen wendet. Novalis hatte dies in den *Lehrlingen zu Sais* vorformuliert: »›Wohl‹, sagen Mutigere, ›laßt unser Geschlecht einen langsamen, wohldurchdachten Zerstörungskrieg mit dieser Natur führen. [...] bemächtigt euch der heimlichen Fäden, und macht sie lüstern nach sich selbst. Benutzt jene Zwiste, um sie, wie jenen feuerspeienden Stier, nach eurer Willkühr lenken zu können. Euch untertänig muß sie werden. [...] das Sternenrad wird das Spinnrad unsers Lebens werden, und dann können wir durch unsere Sklaven ein neues Dschinnistan uns bauen. Mit innerm Triumph laßt uns ihren Verwüstungen, ihren Tumulten zusehn, sie soll an uns sich selbst verkaufen, und jede Gewalttat soll ihr zur schweren Buße werden.«

Hierin liegt der Gewinn einer erhabenen Freiheit gegenüber der »fürchterlich verschlingenden Macht«[149] der Natur. Freiheit ist Naturbeherrschung. Heute wissen wir, daß in diesem Programm Technik scheitern kann. Daß Technik die Natur ausbeutet und zerstört, ist das eine. Das andere: Sie ist selbst krisen- und unfallträchtig, ein immer ambivalentes Instrument und, gelegentlich, ein mörderisches. Vor allem wird durch Technik nicht die von Hegel in Aussicht gestellte Befreiung erreicht. Vielmehr gilt: Je höher das Technik-Ni-

---

[148] G. W. F. HEGEL, Enzyklopädie der philosophischen Wissenschaften im Grundrisse (1830), in: HEGEL (TWA), Bd. 9 (1970), 23.
[149] NOVALIS (s. Anm. 3), 89.

veau, um so durchdringender auch die Kontrollmechanismen. Die sozialen Herrschaftsformen sind selbst längst Technik geworden. Der Typ der »List-Technik« ist kein Medium der politischen Freiheit. Nach Hegel käme es darauf an, in einer Gesellschaft befriedigter Grundbedürfnisse, das »Interesse der Philosophie« zur Geltung zu bringen, also ein Verhältnis zur Natur so zu entwickeln, daß wir die Dinge »uns zu eigen« machen, indem wir sie »frei für sich«, »gewähren und bestehen«[150] lassen. Dieses Paradox klingt allerdings heute nach Naturpark am Rande der technisierten Zivilisationslandschaft.

Daß Hegel der Natur kein eigenes Recht einräumt, ist später von Bloch wie Theodor W. Adorno kritisiert worden. Es gebricht, so Adorno, der Hegelschen Ästhetik an Sinn »für alles Sprechende, das nicht signifikativ wäre«[151]. Das Idiom der nicht-sprachlichen Zeichen gilt Hegel für kaum mehr als Idiotismus. Naturschönes ist – darin dreht Hegel Kant um – gegenüber dem Kunstschönen minderwertig. Kunst ist geadelt dadurch, daß sie die Sprache des Geistes reiner führt und in die Erscheinung trägt als jedes noch so beeindruckende Werk der Natur. Im Reich des Kunstschönen vollendet Hegel den Hobbes'schen Grundsatz, nach dem der Mensch die Dinge nur einsieht, sofern er sie herzustellen vermag. Weil Natur nicht gemacht ist, wird ihr Schönes dem Kunstschönen untergeordnet. Wenn »alles Existierende [...] nur Wahrheit« ist, »insofern es eine Existenz ist der Idee«[152], ist Natur nicht einmal wahrhaft wirklich.

Die Natur kommt ins Spiel als Schuldnerin dessen, was an Geistigem opak in sie eingeschlossen ist. Aus diesem Dunkel zieht die Reflexion, sich ins Naturschöne versenkend, das Andere der Natur als zum Eigenen Verwandeltes zu sich heran. ›Natura naturans‹ hat bei Hegel abgedankt. Von der Pflanze übers Tier zum menschlichen Leib wie vom Kristall bis zu den Gesetzmäßigkeiten des Alls rechnet Hegel am Naturschönen den Mangel durch, daß es die Totalität des Begriffs nicht rein in »seinem äußerlichen Dasein unmittelbar für das Bewußtsein« (146) darstelle. Die Sphäre der Endlichkeit genügt dem Idealschönen nicht. Im Endlichen begegnet die Natur »als unüberwundenes, beschränktes Anderssein«, als Widerspruch und Grenze für den noch nicht zum Absoluten durchgerungenen Geist. Im Maß, wie Natur ihre Alterität behauptet, ist sie Mangel des Idealschönen.

Dort erst, wo Natur dem Geist »weder als von gleichem Werte noch als Grenze gegenübersteht«, sondern die Stellung erhält, »durch ihn gesetzt zu sein, wodurch sie ein Produkt wird, dem die Macht einer Grenze genommen ist« (130), erhebt sich die Schönheit über einem Territorium, das in seiner Macht und seinem Eigensinn gebrochen ist. Das Schöne der Natur ist ihr Schweigen im Diskurs des Geistes, der die Natur zu seiner Szene aufschlägt. Bei Hegel führt der Geist in der Natur einen Monolog mit sich selbst. So bleibt die Naturästhetik Hegels vom Vorrang des Geistes über Natur gefesselt. Die Figur der Negativität hat, wie für den scholastischen Gott, so auch für den Hegelschen Geist, die dramaturgische Funktion, sich zum Anderen zu verfremden und eben darin sich selbst zu affirmieren: »Der Geist erfaßt die Endlichkeit selber als das Negative seiner und erringt sich dadurch seine Unendlichkeit.« (131) Das Hegelsche Naturschöne bleibt im Bann des Spiegels jener Quelle, über die Narziß sich beugt, sein Bild im Anderen begehrend, ohne doch sich darin haben zu können. Das Naturschöne Hegels ist der Versuch, das Ovidsche Modell dialektisch so umzudenken, daß darin die narzißtische Verblendung als Figur der Wahrheit erscheinen kann. Die der Logik des absoluten Geistes gehorchende Ästhetik der Natur löscht den Schmerz des Narziß, im Wasser der Quelle sich weder des Anderen noch seiner selbst vergewissern zu können. So arrangiert Hegel die Dialektik von Natur und Geist zu einem Triumph des im Anderen sich vollendenden Subjekts.

6. *Moscovici*

»All science has one aim, namely, to find a theory of nature.«[153] Ralph Waldo Emerson ist mitten im industriellen take-off des 19. Jh. ein Erbe der Romantiker. Durchgesetzt aber war längst das techni-

---

150 HEGEL (s. Anm. 148), 17.
151 THEODOR W. ADORNO, Ästhetische Theorie (1970), in: ADORNO, Bd. 7 (1972), 116.
152 HEGEL (ÄSTH), 145.
153 RALPH WALDO EMERSON, Nature (1836), in: Emerson, The Complete Works, hg. v. E. W. Emerson, Bd. 1 (Cambridge 1903), 4.

sche Projekt der Natur. Es ging um die Beförderung der Macht, die Durchrationalisierung der Lebenswelt, die Ausbeutung der Natur, den Ausbau technischer Kompetenz, die Maximierung der Profite, die Effizienz von Kontrolle, die Stabilisierung sozialer Entwicklungen, die Stärkung des Staates. Gegen solche Imperative war jede Form qualitativer Naturphilosophie chancenlos. Jedes Konzept des Menschen als zugleich Subjekt und Objekt des Naturprozesses war fortschrittsfeindlich. Das Eingedenken der Schonung und des Respekts als naturethische Kategorien – wie z. B. in der frühen Naturschutzbewegung und Lebensreform um 1900 – schien technosoziale Entwicklungen zu unterlaufen. Naturschönheit degenerierte zur Freizeitveranstaltung, Naturmacht zum Gegner. Erhabenheit war nicht die Qualität des Großen der Natur, sondern die Geste des technischen Herrschaftsvermögens des Menschen. Die Traditionen der Renaissance und der Goethe-Zeit veralteten oder versickerten in Subkulturen, in der Kunst oder im Unbewußten, das als Archiv der verdrängten Natur des Menschen zu funktionieren begann.

Serge Moscovici vertrat 1968 die These, daß sich das 20. Jh. der »question naturelle«[154] gewidmet habe – so wie das 18. Jh. den Problemen des Staates und das 19. Jh. denen der Gesellschaft. Man darf das bezweifeln. Die Naturphilosophie, wenn man sie als Symptom dessen ansieht, ob gesellschaftliche Eliten dem Thema Natur überhaupt Wichtigkeit einräumen, hatte ihren Höhepunkt sicher nicht im 20. Jh. Moscovici hat von der Formel des frühen Karl Marx, der vom Entwicklungsziel einer Humanisierung der Natur und einer Naturalisierung des Menschen sprach, nur die erste Seite entwickelt. Er rekonstruiert Geschichte der Natur als die Umwälzung von Wissenstypen, Praktiken und Technologien, die historisch bestimmte Naturkonzepte enthielten und umsetzten. Naturgeschichte ist die Geschichte alles Nicht-Menschlichen, insofern es in die Regie des Menschen gefallen ist. Erste Natur – die draußen wie die im Menschen – entfällt sowohl kategorial wie auch als

regulative Idee, weil von einer anderen Natur als der in den Formen der Arbeit, des Wissens und der Technik angeeigneten sich nicht sprechen läßt. Die ›Schöpfung der Arbeit‹ gilt Moscovici selbst als Naturprozeß. Damit wird ein geschlossenes System geschaffen: Natur ist, was die Menschen im Gang der Geschichte arbeitend vergegenständlichen, der Prozeß der Vergegenständlichung aber ist selbst Natur.

Aus der Konstruktion Moscovicis, die Geschichte der Natur als die Geschichte zu lesen, in der der Mensch Subjekt und Schöpfer von Natur geworden ist, folgt aber unmittelbar das Prinzip der Verantwortung des Menschen für diese. Naturethische Prinzipien werden heute vielfach vertreten oder sektoral ausdifferenziert, z. B. als Tier-Ethik oder Umwelt-Ethik. Es ist aber zweifelhaft, ob sie an der mächtigen Fusion, die die Technik mit der Ökonomie eingegangen ist, mehr als kleine Korrekturen vornehmen können.

7. Adorno

Adorno hat in seiner *Ästhetischen Theorie* (1970), im Kapitel über das Naturschöne, darauf hingewiesen, daß die Kategorie des Naturschönen, die bei Kant vor dem Kunstschönen den ersten Rang behauptete, seither einer wachsenden Verdrängung anheimfiel. Diese Verdrängung erklärt Adorno damit, daß die Kategorie der Achtung auch in der Sphäre des Ästhetischen immer entschiedener dem Subjekt reserviert wurde, was das Subjekt kraft seiner Autonomie sich selbst verdankt. Die Emanzipation von der Doktrin der Naturnachahmung hieß zugleich die Verschreibung der Kunst ans Artifizielle als der Nicht-Natur schlechthin und trägt darin die Male einer Gewalt, die um so massiver ist, je strikter auch im Kunstwerk allein das als würdig gilt, was Züge des in ihm erscheinenden Geistes trägt. Hier auch liegt der Grund, warum Adorno, bei aller Vorliebe für die hermetischen Artefakte der Moderne, Kant gegen Hegel ausspielt und sich erstaunliche Anleihen an der Vormoderne erlaubt.

Dennoch hält Adorno von einer Flucht in eine vermeintlich erste Natur nichts. Wohl aber führt das Eingedenken der Natur in der Kunst zu Bestimmungen, die diese aus dem Bannkreis der Produktion lösen. So etwa, wenn die nicht gemachte,

---

[154] SERGE MOSCOVICI, Essai sur l'histoire humaine de la nature (Paris 1968), 6.

sondern gewordene Kulturlandschaft gerechtfertigt wird als Erfahrung eines Vergangenen, das nie war, was aber Natur, wenn sie hätte wollen können, als Versprechen trug. Natur als Schönes ist kein »Aktionsobjekt«[155]. Sie steht jenseits der Zwecke der Selbsterhaltung. Sie weckt im Bild scheinbarer Unmittelbarkeit das Bild des gänzlich mit sich selbst Vermittelten. Sie spricht nach dem »Modell einer nicht begrifflichen, nicht dingfest signifikativen Sprache« (105). Sie enthält »Chiffren eines Geschichtlichen« (106) und verweist auf die Möglichkeit einer Technik, die »unter veränderten Produktionsverhältnissen [...] fähig [wäre], ihr [= der Natur – d. Verf.] beizustehen und auf der armen Erde ihr zu dem zu verhelfen, wohin sie vielleicht möchte« (107). Naturschönes deutet auf den Vorrang des Objekts, das nicht intentional, gleichwohl aber spricht und als physiognomischer Ausdruck der Wahrnehmung offensteht. Das Naturschöne ist bestimmt gerade durch seine Unbestimmtheit, einer des Objekts nicht weniger als des Begriffs.

Dabei übersieht Adorno nicht, wozu Natur außertechnisch wurde: Kitsch und Idylle. Er betont die Unwiederholbarkeit verheißender Naturbilder und verhängt ein Abbildverbot und Schweigegebot als einzig dem Naturschönen gegenüber angemessene Haltung. Es herrscht hierin eine »Scham«, mit Sprache das zu verletzen, was das »noch nicht Seiende« zum Ausdruck hat. »Noch nicht seiend« (115): Das ist Natur. Das Naturschöne ist das Nichtidentische an den Dingen. Dieses in Sprache zu holen, die Kunst ist und zugleich schweigender Ausdruck der nichtmenschlichen Natursprache – dies macht authentische Kunst aus. Trotz aller Skepsis gibt es bei Adorno einen verhalten messianischen Ton, der von dem theologischen Konzept der Natursprachenlehre übergeht in die ästhetischen Techniken der Kunst. »Die subjektive Durchbildung der Kunst als einer nichtbegrifflichen Sprache«, so heißt es, »ist im Stande von Rationalität die einzige Figur, in der etwas wie Sprache der Schöpfung widerscheint, mit der Paradoxie der Verstelltheit des Widerscheinenden. [...] Ist die Sprache der Natur stumm, so trachtet Kunst, das Stumme zum Sprechen zu bringen, dem Mißlingen exponiert durch den unaufhebbaren Widerspruch zwischen dieser Idee, die verzweifelte Anstrengung gebietet, und der, welcher die Anstren-

gung gilt, der eines schlechthin Unwillentlichen.« (121)

Diese Rehabilitierung des Naturschönen und der ›natura loquax‹ – auch auf den Spuren Walter Benjamins – ist bemerkenswert. Auffällig aber ist, daß Natur unter dem Titel des Schönen, nicht des Erhabenen thematisiert wird. Außerkünstlerisch ist Natur vollends opak – und das wiederholt jene Spaltung, derzufolge Natur zur Geltung kommen könne entweder entfremdet in der Technik oder als sprachloser Ausdruck in der Kunst. Dabei gerät außer Sicht, daß Kunst nicht das einzige Medium ästhetischer Naturerfahrung ist. Auch wird, wenn das Kunstwerk der letzte Ort des Naturschönen ist, die Natur auf den Status des Opfers festgeschrieben. Weder wird ihr zugetraut, daß sie Wirkungsmächte zeigt, die auch ohne Vermittlung durch Kunst die ästhetische Rezeptivität erreichen, noch daß sie, gerade indem sie Opfer wird, in umschlagender Negativität sich der Wahrnehmung der Menschen aufdrängt: als häßliche, vergiftete, unbewohnbare, sterbende Natur. Das Projekt einer menschlichen Natur besteht nicht darin, Natur als Nichtidentisches in Kunst zu chiffrieren, sondern Kunst in die praktische Aufgabe einer lebensdienlichen Einrichtung der Erde aufzulösen. Eben dies ist der Punkt, der seit Adornos Tod ins Bewußtsein getreten ist. Die Theorie des Naturschönen bei Adorno räumt der gesellschaftlichen Entwicklung der Natur keinen Raum mehr ein.

Festzuhalten aber bleibt der alte Gedanke des Nichtidentischen und Nichthergestellten der Natur, wovon jedem Projekt praktischer Ästhetik Grenzen gesetzt sind. Diese Grenze ist es, die Kunst unverzichtbar macht. Naturaneignung hat die Intentionen der Menschen ebenso aufzunehmen wie das Nichtidentische, das als Eingedenken des Geschichtlichen wie des Nicht-Gemachten das in aller Technik schlechthin Unbestimmbare markiert. Darum geht es nicht um Naturschutz, sondern um den philosophisch erst zu gewinnenden Begriff der Schonung: die Fähigkeit, das Andere anders sein zu lassen, Nicht–Identisches wahrzunehmen, Fremdes nicht zu entfremden, in Vielheiten und Dissonanzen, Widersprüchen und Brü-

---

155 ADORNO (s. Anm. 151), 102.

chen zu handeln, den Schmerz, die Angst, das Vergehen nicht abzuwehren und darin anzuerkennen, was nur zu erleiden ist. Das wäre: Natur sein lassen können. Hier ist auch an Heidegger anzuschließen. Schonung wäre in allem Handeln ein Moment des Nicht-Handelns, das dem Anderen unserer selbst geschuldet ist. Das Nicht-Handeln im Handeln meint die Unbestimmtheit, die sich allen, künstlerischen wie technischen, Vergegenständlichungen als ihre Anschlußhaftigkeit für anderes, andere oder nichts aufprägen kann.

8. Bloch und Serres

Während Adorno die metaphysischen Reste vorkritischer Naturphilosophie dadurch rettet, daß er sie in die Sprache der Kunst überführt, so steht Bloch im Reich der Natur, als habe es die kantischen Kritiken nie gegeben. Bloch ist der letzte Metaphysiker der Natur, ein materialistischer freilich. Seine Utopien (*Das Prinzip Hoffnung* [1954–1959]) werden aus der Renaissance und der Romantik, besonders Schelling, ebenso gespeist wie aus dem frühen Marx. Naturästhetik ist keine Angelegenheit nur der Kunst. Sie gehört zum Projekt, worin der Mensch zum zweiten Schöpfer dann sich bilden kann, wenn er alliierende Anschlüsse findet an den Materieprozeß selbst; Anschlüsse, die sich als Real-Chiffren, Real-Symbole darbieten und somit eine Entzifferung der Richtung erlauben, wohin Natur von sich aus zielt. Natur ist dabei ›natura naturans‹, schöpferische Produktivität im Sinne Schellings, qualitative Prozeßgestalt des Materiestroms, niemals bloßer Kausalkomplex oder fixiertes Produkt immanenter Energien. Anders als Adorno hält Bloch an einer technischen Lösung des Naturproblems fest. Kunst ist nicht Residuum möglicher Naturqualitäten, sondern das in ihr Technische ist praktischer Vorgriff auf die Syntheseform, die lebendiger Stoff und technische Idee in historischen Allianzen annehmen. Zukunftstechnik wäre ästhetisch dadurch, daß sie durch Enthüllung der »Sphinx Natur« den »gefesselten Riesen […] Naturkraft« befreit. Sie bricht den mythischen Bann der Natur, humanisiert diese und ermöglicht damit umgekehrt den »Einbau der Menschen in die Natur«[156]. In diesem Technikbild synthetisiert Bloch die mythischen Figuren von Prometheus und Ödipus. Es gehorcht dem Modell der Versöhnung und bindet den Materieprozeß mit den technischen Inventionen der Menschen dadurch zusammen, daß beide auf die Produktion eines zweiten, poetischen Paradieses aus sind: dem Urbild des Naturschönen und der Heimat zugleich.

Bloch erkennt im destruktiven Charakter der gegenwärtigen Technik den Reflex der Produktionsverhältnisse, nicht aber technikimmanente Strukturen. Ohne Umbau der Technik selbst und nicht nur ihrer gesellschaftlichen Rahmenbedingungen aber gibt es kein Prinzip Hoffnung. Doch das ist das Problem, denn es geht nicht um den Anschluß von Technik an das mögliche Natursubjekt, sondern um die Macht, die in Technik versammelt und zur Superstruktur der Gesellschaft geworden ist. Technik ist kein beliebig umbaubares Subsystem, sondern vielmehr tendieren alle sozialen Strukturen dazu, Technostrukturen zu werden. Seit Francis Bacon ist die Gewalt gegen Natur legitimiert, weil darin das gattungsallgemeine Interesse des Menschen verteidigt wird. Dieser Techniktyp bestimmt heute nicht allein die gesellschaftlich notwendige Naturaneignung, sondern weitgehend die Reproduktions-, Organisations- und Verkehrssysteme der Gesellschaft selbst – bis hinunter auf die Ebene der Gene. In einer solchen Perspektive fällt es schwer abzusehen, wie die Bedingungen einer Natur und Technik versöhnenden Gesellschaft aussehen würden, noch ob überhaupt Chancen zu deren Einlösung bestehen. Vielmehr ist die Gewalt, die den technischen Impuls trug, längst überführt in eine interne, die die gesellschaftlichen Strukturen bestimmt.

Der Philosoph und Wissenschaftshistoriker Michel Serres – ähnlich wie in Deutschland Klaus Michael Meyer-Abich oder Ernst Ulrich von Weizsäcker – geht angesichts der desaströsen Folgen der Naturzerstörung davon aus, daß das im Zeichen eines vermeintlich humanen Fortschritts entwickelte System der technischen Zivilisation qualitativ überschritten werden muß. Serres schlägt vor, den Gesellschaftsvertrag, der zum Zweck der Regulierung entgrenzter Kriege und innergesellschaftlicher Gewalt (violentia) geschlossen wurde,

---

156 BLOCH (s. Anm. 139), 814, 817.

durch einen Naturvertrag nicht nur zu ergänzen, sondern zu umfassen. Mit Recht hebt Serres hervor, daß die im Interesse der Menschenrechte erzielten Fortschritte niemals angemessen die Natur berücksichtigt hätten. So stünde der im 20. Jh. erreichte Stand der binnengesellschaftlichen Regulierungsmechanismen in einem krassen Mißverhältnis dazu, daß die Menscheit insgesamt zu einer in der Größenordnung des Planeten Erde äquipotenten Belastung geworden sei. Die Menschheit lebt nicht mit der Natur, sondern ist zu ihrem Parasiten geworden, zu einer bloßen Last. Parasitärer Anthropozentrismus dominiert die Weltbeziehungen. Das ›Mundane‹ der gesellschaftlichen Beziehungen, ihre globalisierten Strukturen und Kräfte, hat das ›Mundiale‹, nämlich eine auf Wechselseitigkeit beruhende Beziehung zur Welt der Dinge, der Natur und des Kosmos, zusammengekürzt auf Probleme einer Technik, in der es langfristig um Beherrschung der Erde und kurzfristig um Nutzenmaximierung für menschliche Zwecke geht. Serres sieht darin das Verabscheuen der Welt (der mundialen Natur) durch die Kultur, was für ihn, neben der materiellen Umweltzerstörung, eine global gewordene ›kulturelle Verschmutzung‹ des Denkens ist. Die Rückgewinnung des Mundialen (wie Serres es in den alten Kulturen Ägyptens, Griechenlands, ja noch in der Renaissance realisiert sieht) und damit einer nicht-parasitären, wohl aber symbiotischen Naturbeziehung sei die entscheidende Zukunftsaufgabe, die zu verabsäumen den Preis des Hasses und des Todes (der Gattung) koste. »L'histoire globale entre dans la nature; la nature globale entre dans l'histoire: voilà de l'inédit en philosophie«[157] – nicht nur, sondern in Wirtschaft und Gesellschaft, Wissenschaften und Kultur. Die Antwort auf dieses Novum müsse ein zur Universalität der Menschenrechte parallel entworfener Naturvertrag sein, der die Naturvergessenheit aller früheren Rechtsregularien überwindet. Die Erde, das Raumschiff unserer Existenz im Zeitalter der Globalisierung, benötigt um ihrer selbst willen, nämlich ihres Bestandes, wie deswegen umso mehr im Interesse unseres Überlebens, seitens desjenigen Lebewesens, das sich zu ihrem Besitzer gemacht hat, einen von eben diesem entworfenen und verbindlichen »Nomos der Erde«[158], eine »Erdpolitik«[159]. Der Naturvertrag formuliert die Bedingungen und Prinzipien für eine koevolutive Symbiose zwischen den mundanen und den mundialen Dimensionen, zwischen Mensch und Erde, zwischen Kultur und Natur. Zum Eingang des neuen Jahrtausends wird man indes sagen müssen, daß die auf verschiedenen Weltgipfeln versuchten Einlösungen von solchen Neubestimmungen eines politischen Verhältnisses zur Natur eher skeptisch stimmen. Es scheint, daß die Bedingung einer solchen Naturpolitik außerordentlich komplexe, nicht kurzfristig erreichbare Neustrukturierungen der Kultur als Weltkultur voraussetzen.

Hartmut Böhme

Literatur
ALTNER, GÜNTER/BÖHME, GERNOT/OTT, HEINRICH (Hg.), Natur erkennen und anerkennen. Über ethikrelevante Wissenszugänge zur Natur (Kusterdingen 2000); BÖHME, GERNOT, Für eine ökologische Naturästhetik (Frankfurt a.M. 1989); BÖHME, GERNOT, Natürlich Natur. Über Natur im Zeitalter ihrer technischen Reproduzierbarkeit (Frankfurt a.M. 1992); BÖHME, GERNOT/BÖHME, HARTMUT, Feuer Wasser Erde Luft. Eine Kulturgeschichte der Elemente (München 1996); BÖHME, GERNOT/SCHRAMM, ENGELBERT (Hg.), Soziale Naturwissenschaft. Wege zu einer Erweiterung der Ökologie (Frankfurt a.M. 1985); BREIDBACH, OLAF (Hg.), Natur der Ästhetik – Ästhetik der Natur (Berlin/Heidelberg/ New York 1997); DIJKSTERHUIS, EDUARD JAN, Die Mechanisierung des Weltbildes (1950), übers. v. H. Habicht (Berlin u.a. 1956); DÖRING, KLAUS/WÖHRLE, GEORG (Hg.), Antike Naturwissenschaft und ihre Rezeption (Wiesbaden 1992); FAIVRE, ANTOINE/ZIMMERMANN, ROLF CHRISTIAN (Hg.), Epochen der Naturmystik. Hermetische Tradition im wissenschaftlichen Fortschritt (Berlin 1979); FEHRENBACH, FRANK, Licht und Wasser. Zur Dynamik naturphilosophischer Leitbilder im Werk Leonardo da Vincis (Tübingen 1998); GLOY, KAREN (Hg.), Natur- und Technikbegriffe. Historische und systematische Aspekte: von der Antike bis zur ökologischen Krise, von der Physik bis zur Ästhetik (Bonn 1996); GÜNTHER, RIGOBERT/MÜLLER, REIMAR, Das goldene Zeitalter. Utopien der hellenistisch-römischen Antike (Stuttgart u.a. 1988); HEIDELBERGER, MICHAEL/THIESSEN, SIGRUN, Natur und Erfahrung. Von der mittelalterlichen zur neuzeitlichen Naturwissenschaft (Hamburg 1981); JONAS, HANS, Das Prinzip Verantwortung. Versuch einer Ethik für die technische Zivilisation (Frankfurt a.M. 1979); KUTSCHMANN, WERNER, Der Naturwissen-

---

157 MICHEL SERRES, Le contrat naturel (Paris 1990), 18.
158 SCHMITT (s. Anm. 34).
159 ERNST ULRICH VON WEIZSÄCKER, Erdpolitik (Darmstadt 1989).

schaftler und sein Körper. Die Rolle der ›inneren Natur‹ in der experimentellen Naturwissenschaft der Frühen Neuzeit (Frankfurt a. M. 1986); MAYR, OTTO, Uhrwerk und Waage. Autorität, Freiheit und technische Systeme in der frühen Neuzeit (München 1987); MERCHANT, CAROLYN, The death of nature. Women, ecology, and the scientific revolution (San Francisco 1980); MEYER-ABICH, KLAUS MICHAEL, Wege zum Frieden mit der Natur. Praktische Naturphilosophie für die Umweltpolitik (München/Wien 1984); MODERSOHN, MECHTHILD, Natura als Göttin im Mittelalter. Ikonographische Studien zur Darstellung der personifizierten Literatur (Berlin 1997); PICHT, GEORG, Der Begriff der Natur und seine Geschichte (Stuttgart 1989); RADKAU, JOACHIM, Natur und Macht. Eine Weltgeschichte der Umwelt (München 2000); SCHÄFER, LOTHAR/STRÖKER, ELISABETH (Hg.), Naturauffassungen in Philosophie, Wissenschaft und Technik, Bd. 1 (Freiburg/München 1993); SCHMITT, CARL, Land und Meer. Eine weltgeschichtliche Betrachtung (1942; Köln 1989); SEEL, MARTIN, Eine Ästhetik der Natur (Frankfurt a. M. 1981); SERRES, MICHEL, Le Parasite (Paris 1980); SERRES, MICHEL, Le contrat naturel (Paris 1990); SIMON, GÉRARD, Le regard, l'être et l'apparence dans l'optique de l'antiquité (Paris 1988); SONNABEND, HOLGER, Naturkatastrophen in der Antike. Wahrnehmung – Deutung – Management (Stuttgart 1999); WEBER, HEINZ-DIETER (Hg.), Vom Wandel des neuzeitlichen Naturbegriffs (Konstanz 1989); WEDEWER, ROLF, Landschaftsmalerei zwischen Traum und Wirklichkeit. Idylle und Konflikt (Köln 1980); ZAHLTEN, JOHANNES, Creatio Mundi. Darstellungen der sechs Schöpfungstage und naturwissenschaftliches Weltbild im Mittelalter (Stuttgart 1979); ZIMMERMANN, ALBERT u. a. (Hg.), Mensch und Natur im Mittelalter, 2 Bde. (Berlin/ New York 1991/1992); ZIMMERMANN, JÖRG (Hg.), Das Naturbild des Menschen (München 1982); ZIMMERMANN, JÖRG (Hg.), Ästhetik und Naturerfahrung (Stuttgart/Bad Cannstatt 1996).

LÉOPOLD SÉDAR SENGHOR, Qu'est-ce que la négritude? (1966), in: Senghor, Liberté 3. Négritude et civilisation de l'universel (Paris 1977), 90.

Négritude/Black Aesthetics/ créolité

Einleitung; **I. Pariser Ursprünge der Négritude;** 1. ›Légitime Défense‹; 2. ›L'Étudiant noir‹; 3. Aimé Césaire: ›Cahier d'un retour au pays natal‹; 4. Senghors Négritude-Diskurs; **II. Vorgeschichte der Négritude;** 1. Das Bild des Negers in der europäischen Kolonialliteratur und René Maran; 2. Avantgarde und Negerkunst; 3. Der Einfluß der Ethnologie (Frobenius, Delafosse); 4. Indigenismo, Indigénisme und Negrismo; 5. Die Harlem Renaissance und Claude McKay; **III. Höhepunkt und Krise der Négritude;** 1. ›Tropiques‹; 2. ›Présence Africaine‹; 3. Senghors ›Anthologie de la nouvelle poésie nègre et malgache de langue française‹ und Sartres Vorwort ›Orphée noir‹; 4. Janheinz Jahn: Agisymba und ›Schwarzer Orpheus‹; 5. Die Kritik an der Négritude; **IV. Post-Négritude;** 1. Black Arts/Black Aesthetic Movement und Black Postmodern Multiculturalism; 2. Antillanité und Créolité; 3. Post-Colonial und Devoir de Mémoire in Afrika

Einleitung

Der Neologismus Négritude wird zu Beginn der 30er Jahre des 20. Jh. von Aimé Césaire (Martinique), Léon-Gontran Damas (Französisch-Guyana) und Léopold Sédar Senghor (Senegal) in Paris erfunden. Sie gehören zu einer Gruppe schwarzer Stipendiaten, die aus den französischen Kolonien in der Karibik und in Schwarzafrika zum Studium in die Metropole an der Seine geschickt werden. Dort treffen sie die Afroamerikaner Alain Locke, Claude McKay, Countee Cullen und Langston Hughes, führende Repräsentanten der Harlem Renaissance. Ähnlich wie im Harlem Renaissance Movement verbinden sich auch in der Négritude-Bewegung Politik und Kultur. Vor allem Senghor unterstreicht den kulturellen Aspekt, wenn er die Négritude als »l'ensemble des valeurs de civilisation du monde noir«[1] definiert. Césaires Négritude-Konzept ist deutlich politischer gefärbt, doch auch er präsentiert es in literarischem Gewand.

Der Négritude-Begriff gehört fraglos zu den ästhetischen Grundbegriffen, da hier prinzipiell und radikal die Gleichwertigkeit und Andersartigkeit der schwarzafrikanischen gegenüber der okzidentalen Kultur und Ästhetik postuliert und so eine

Entwicklung eingeleitet wird, die sich bis in die Gegenwart fortsetzt und in die Konzepte von Multikulturalität, kultureller Heterogenität und postkolonialer Ästhetik mündet. Gerade die aus europäischer Sicht wertloseste, häßlichste und chaotischste Kultur lehnt sich gegen diese Geringschätzung auf und vollzieht eine totale Umwertung der auf Afrika gerichteten ästhetischen Kategorien. Dies geschieht zu einem Zeitpunkt, da Europa – nach der Katastrophe des ersten Weltkriegs, nach der Oktoberrevolution und unter dem Schock der Weltwirtschaftskrise von 1929 – selbst an seinen Werten und Traditionen zweifelt. So finden die jungen Studenten der Négritude-Bewegung Anregungen und Anknüpfungspunkte durch Tendenzen der Erneuerung, die in Europa selbst entstehen: in der Begeisterung der Avantgarde-Künstler für die afrikanische Kunst, im Surrealismus, in der Ethnologie und im Kommunismus.

Die Begegnung von Schwarzafrikanern, Westindern und Afroamerikanern im Paris der 20er und 30er Jahre ist die entscheidende Bedingung für die Ausformung des Négritude-Begriffs. Sie ist aber auch von Anfang an der Grund für die prinzipiellen Widersprüche, die dem Begriff inhärieren. Denn einerseits meint das Négritude-Konzept ein politisch emanzipatorisches Programm, andererseits strebt es nach universeller kultureller Grundlegung. Es ist offensichtlich, daß der Rassismus, dem sich die Afroamerikaner ausgesetzt sehen, nicht identisch ist mit der kolonialistischen Abhängigkeit, in der Schwarzafrikaner und Westinder leben. Ebensowenig homogen sind die kulturellen Strukturen Schwarzafrikas, Südafrikas, Nordamerikas, der Karibik oder Brasiliens. So ist es verständlich, daß ein ontologisch begründeter Négritude-Begriff in der vorbereitenden Phase der Entkolonisierung in der Zwischenkriegszeit, durch seine auf Einheit und Solidarität zielende kulturelle und ästhetische Programmatik, breite Zustimmung findet, mit Beginn des politischen und militärischen Kampfes um die Unabhängigkeiten nach dem zweiten Weltkrieg aber zunehmend auf Kritik und Ablehnung stößt (Mongo Beti, Frantz Fanon, Albert Memmi). Ihren Höhepunkt erreicht die Négritude mit der Gründung der Zeitschrift *Présence Africaine* Ende 1947 und mit der Publikation von Senghors *Anthologie de la nouvelle Poésie nègre et malgache de langue française* ein Jahr danach, zu der Jean-Paul Sartre die berühmte Einleitung *Orphée noir* schreibt.

Als sich im September 1956, kurz nach der Konferenz von Bandung, in Paris schwarze Schriftsteller und Künstler aus aller Welt im Zeichen des Panafrikanismus zu ihrem ersten und am Vorabend der Unabhängigkeit im März/April 1959 in Rom zu ihrem zweiten Weltkongreß versammeln, wird in zahlreichen Beiträgen deutlich, wie prekär ein vereinheitlichender Begriff der Négritude inzwischen geworden ist und wie wenig er der kulturellen und politischen Vielfalt der ›schwarzen Welt‹ entspricht. Zehn Jahre danach versucht Senghor durch die Organisation des ersten *Festival Mondial des Arts Nègres* in Dakar die Demonstration der Einheit der afrikanischen Kultur. Doch die Stunde der Négritude hat geschlagen; im Juli/August 1969 wird ihr auf dem *Premier Festival culturel pan-africain* in Algier in doppelter Hinsicht der Prozeß gemacht: Zum einen hindere sie die afrikanischen Autoren an ihrer Selbstverwirklichung und unterbinde ihre Originalität, zum anderen sei sie eine ›mystification politique‹, die keine Zukunft mehr habe. Senghors Antwort ist ein Kolloquium über die Négritude im April 1971 in Dakar, auf dem die Anhänger der nun ›historisch‹ gewordenen Négritude unter sich sind und mit der Erinnerungsarbeit beginnen. Ein formales Indiz unterstreicht diese Entwicklung: Die Autoren der Négritude bevorzugen das Gedicht, seit Anfang der 50er Jahre dominiert der Roman in den französischsprachigen Literaturen Afrikas und der Karibik.

Die fundamentale Kritik an der Négritude in den 60er und 70er Jahren gehört in den Zusammenhang des weltweiten, radikal kulturpolitischen Protestes der Jugend gegen das (kapitalistische) Establishment (Mai '68), des Kampfes gegen neokolonialistische Dependenz in der sog. ›Dritten Welt‹ und der Rassenunruhen in den USA. Die hauptsächlichen Vertreter der Négritude – Senghor und Césaire – trennen selbst ihre politische Praxis von ihrem literarisch-essayistischen Schaffen. Die Kritiker verurteilen, (meist) aus marxistischer Sicht, die nach ihrer Meinung retrograde, den Fortschritt hemmende Ideologie der Négritude. In den USA radikalisiert sich das ebenfalls marxistisch orientierte Black Arts/Black Aesthetic Movement, parallel zu Black Power, und definiert Kunst und Literatur als Waffen gegen die zu vernichtende Kultur der Weißen.

Diese Politisierung des ›monde noir‹ in Afrika und in der Diaspora zieht eine Regionalisierung und Differenzierung der Entwürfe einer ›schwarzen Ästhetik‹ nach sich. Am konsequentesten erfolgt die Auseinandersetzung mit der Négritude in der Karibik. Die Diskontinuität von Zeit und Geschichte sowie die räumliche Zersplitterung der karibischen Inseln führen zur Theorie und narrativen Praxis der Antillanité. Die Ästhetik der Antillanité ist eine Ästhetik der Relationen, die sich intern mit der Geschichte, der Geographie, der Oralität befaßt und extern die Beziehung zu den kulturellen Entwicklungen in Lateinamerika (und Nordamerika) favorisiert, statt, wie bisher die Négritude, auf Frankreich und Afrika fixiert zu sein. Aus der Antillanité entwickelt sich die Créolité, die politisch die Unabhängigkeit von Frankreich und eine karibische Föderation anstrebt. Sie stellt die Sprachenproblematik in den Mittelpunkt ihrer literarischen Ästhetik und fordert von den Schriftstellern den weitgehenden Gebrauch des Créole.

Auf die rassistische, ethnozentrische und von gewaltsamer Rhetorik geprägte Black Arts/Black Aesthetic-Bewegung folgt in den USA mit dem ›New Breed‹ eine ästhetische Tendenz, die, wie die Harlem Renaissance, den Sinn der literarisch-künstlerischen Kreativität darin sieht, das Bewußtsein der Rezipienten zu verändern. Die nordamerikanische Black Aesthetic wird ein Teil der postmodernen und poststrukturalistischen Theorien, deren zentrale Begriffe kulturelle Heterogenität, Hybridität und Multiculturalism heißen.

Die desaströse politische, soziale und kulturelle Entwicklung Afrikas im ausgehenden 20. Jh. hat einem optimistischen und idealistischen Konzept wie dem der Négritude den Boden entzogen. Afrikas Literaten, Künstler und Wissenschaftler leben im Exil in Europa, in den USA oder in Kanada. Kultur und Literatur des anglophonen Afrika werden heute im Rahmen der New English Literatures und der Theorien einer postkolonialen Ästhetik diskutiert, die auf postmodernen und poststrukturalistischen Ansätzen basieren. Eine zentrale Position ist dabei der afrikanische Gegendiskurs

(writing back), eine andere das Schreiben in afrikanischen Sprachen. Die frankophonen afrikanischen Schriftsteller, die fast alle in Frankreich leben und ihre Bücher in Paris publizieren, sehen ihre Aufgabe darin, die verzweifelte Situation, in der sich Afrika befindet, zu thematisieren. Die Ästhetik des Schrecklichen ist ihr Problem. Sie inszenieren die sprachliche, literarische Welt Afrikas mit allen Ausdrucksmitteln der modernen und postmodernen globalisierten Literatur. Ihre Lektüre ist nicht mehr einseitig von der Literatur Frankreichs bestimmt, sie richtet sich auf die gesamte Weltliteratur, wobei offenbar die lateinamerikanische und die karibische Literatur einen privilegierten Platz einnehmen, da deren Verbindung von Kritik und Experiment den eigenen Intentionen am nächsten kommt. Die Négritude ist längst ein historisches Phänomen, doch sie hat eine Fülle von literarischen Texten hervorgebracht, die in Afrikas Schulen heute ebenso zum Lektürekanon gehören wie die okzidentalen, und sie hat die Voraussetzung dafür geschaffen, daß überall in Afrika junge Autoren ihre Stimme erheben, um Kritik zu üben und um durch ihre sprachlichen Kunstwerke zu beweisen, daß Afrika kein ›verlorener Kontinent‹ ist.

Ohne Frage hat sich die ›schwarze Ästhetik‹ im Bereich der Theorie, der postmodernen ästhetischen Diskurse des 20. Jh., ihren Platz gesichert. Nicht sicher ist, ob sie im postmodernen kulturellen Feld auch zu wirklicher Gleichberechtigung avanciert ist, ob sich nicht doch die ewig gleichen ökonomischen Machtverhältnisse zu Ungunsten einer Black Aesthetic am Markt, im Vertrieb und in der Werbung auswirken. Haben Wole Soyinka (Nobelpreis), Ahmadou Kourouma (Prix Goncourt) oder Patrick Chamoiseau (Prix Goncourt) wirklich dieselben Chancen auf dem internationalen Markt wie Sartre, Günter Grass, Umberto Eco oder Thomas Pynchon?

In der Musik allerdings ist die Präsenz der ›schwarzen Ästhetik‹ nicht übersehbar. Spirituals, Blues und Jazz gehören unverzichtbar zur Musik des 20. Jh. Die Popularkultur ist wesentlich bestimmt von den Rhythmen, Melodien und Techniken der nordamerikanischen, der karibischen, der südamerikanischen und der afrikanischen schwarzen Musik. Und so ›verloren‹ Afrika heute erscheinen mag, seine Musiker feiern internationale Erfolge. Die Senegalesen Youssou Ndour, Baaba Maal und Ismaël Lô, Mory Kanté aus Guinea, Alpha Blondy von der Elfenbeinküste, Salif Keita oder die Gruppe *Africando* (alle vom afrikanischen Label Syllart in Paris produziert) sind Beispiele für die vitale Kreativität afrikanischer Sänger und Instrumentalisten.

I. Pariser Ursprünge der Négritude

Die Entstehung der Négritude ist eng verbunden mit zwei Zeitschriften, um die sich französischsprachige Studenten, Dichter und Intellektuelle aus der Karibik und aus Schwarzafrika gruppieren, mit *Légitime Défense*, deren erste und einzige Nummer am 1. Juni 1932 in Paris erscheint und von Studenten aus Martinique verfaßt ist, und mit *L'Étudiant noir*, einer Zeitung, die ab 1934 im Quartier Latin Studenten aus Afrika und aus der Karibik zusammenführt.

1. ›Légitime Défense‹

Légitime Défense wird durch ein Vorwort eröffnet, dessen Aggressivität und formaler Aufbau die Anlehnung an die Manifeste der Avantgardebewegungen, besonders an die beiden surrealistischen Manifeste, erkennen läßt. Die Studenten aus Martinique, die es formulieren, bekennen sich zum Kommunismus und zum Surrealismus, dessen Kritik am Bürgertum ihnen die Methode und die Argumente liefert, um sich von der in ihren Augen total okzidentalisierten ›bourgeoisie de couleur française‹ Martiniques zu distanzieren: »Issus de la bourgeoisie de couleur française, qui est une des choses les plus tristes du globe, nous déclarons – et nous ne reviendrons pas sur cette déclaration – face à tous les cadavres administratifs, gouvernementaux, parlementaires, industriels, commerçants, etc…, que nous entendons, traîtres à cette classe, aller aussi loin que possible dans la voie de la trahison. Nous crachons sur tout ce qu'ils aiment, vénèrent, sur tout ce dont ils tirent nourriture et joie.«[2] Dieser Bourgeoisie werfen sie vor, sich dem kapitalistischen und imperialistischen Nützlichkeitsdenken der Weißen verkauft zu haben, auf den Antillen das schwarze Proletariat auszubeuten, weder Rassen- noch Klassenbewußtsein zu besitzen.

Trotz der fehlenden diskursiven Kohärenz und trotz des naiven Pathos, mit dem Étienne und Thélus Léro, René Ménil, Jules-Marcel Monnerot und ihre Freunde diese Kritik vorbringen, lassen sich bereits wesentliche Konturen erkennen, die den Begriff der Négritude charakterisieren werden: der Rassenantagonismus zwischen Weiß und Schwarz, der panafrikanische Gedanke, das politische Engagement für die Ausgebeuteten und Unterdrückten, der Kampf gegen den europäischen Kolonialismus, die Faszination durch den Antirationalismus des Surrealismus. Auch wenn *Légitime Défense* vor allem politische Ziele verfolgt, attackiert sie zugleich ganz im Stil der europäischen Avantgarden den Passatismus und Ennui der Dichtung auf den Antillen. In diesem Zusammenhang spielen bereits, verstreut und unsystematisch, die ›valeurs nègres‹ eine nicht unerhebliche Rolle. René Ménil etwa zitiert das topische ›Bild des Schwarzen‹ des kolonialistischen Diskurses: »le colon, d'ailleurs, lui reproche essentiellement de se laisser aller au génie de sa joie, de sa danse, de sa musique, de son imagination«[3] und fordert vom Dichter der Antillen wenige Abschnitte später, genau diese Eigenschaften zum Ausdruck zu bringen: »Sentiment du coupeur de cannes devant l'usine implacable, sentiment de solitude du noir à travers le monde, révolte contre les injustices dont il souffre souvent dans son pays surtout, l'amour de l'amour, l'amour des rêves d'alcool, l'amour des danses inspirées, l'amour de la vie et de la joie, le refus de puissance et l'acceptation de la vie, etc., etc., voilà de quoi nos distingués écrivains ne parlent jamais et qui toucherait noirs, jaunes et blancs comme les poèmes des nègres d'Amérique touchent le monde entier.« (8) Immer wieder wird auf die Schriftsteller der Harlem Renaissance verwiesen; und es ist bezeichnend, daß die französische Übersetzung einer Szene aus Claude McKays Ro-

---

2 ÉTIENNE LÉRO u. a., [Avertissement], in: Légitime Défense (1932; Paris 1979), 2.
3 RENÉ MÉNIL, Généralités sur ›l'écrivain‹ de couleur antillais, in: ebd., 7.

man *Banjo* (1929) abgedruckt wird, der, mit René Marans *Batouala* (1921), zu den fundamentalen Referenztexten von *Légitime Défense* gehört.

2. ›L'Étudiant noir‹

Paris hat in den 30er Jahren auf Schriftsteller, Künstler und Intellektuelle aus aller Welt eine enorme Attraktivität ausgeübt.[4] Besonders für Afrikaner, Lateinamerikaner und Westinder muß es eine unerhörte Anstrengung bedeutet haben, sich in der Metropole zurechtzufinden. Um der Isolation zu entgehen, schließen sich die französischsprachigen schwarzen Studenten aus Afrika und aus der Karibik, die im Quartier Latin leben, zu einer neuen Gruppierung unter der Führung von Senghor, Césaire und Damas zusammen und geben gemeinsam die Zeitung *L'Étudiant noir* heraus. Damas erinnert sich: »*L'Étudiant noir*, journal corporatif et de combat avait pour objectif la fin de la tribalisation, du système clanique en vigueur au Quartier Latin. On cessait d'être un étudiant essentiellement martiniquais, guadeloupéen, guyanais, africain, malgache, pour n'être plus qu'un seul et même étudiant noir. Terminée la vie en vase clos.«[5] Dieser Zusammenschluß ist keineswegs selbstverständlich, denn die Schwarzen aus Afrika, Westindien und Nordamerika bilden jeweils geschlossene Gruppen, die nicht miteinander verkehren und auch zerstritten sind. Daher hat die Vereinigung afrikanischer und karibischer Studenten tiefgreifende Folgen; denn nun konkretisiert sich für die Westinder das bisher ferne und rein literarische Afrikabild, und umgekehrt erhalten die Afrikaner Informationen über die französischen Antillen aus erster Hand.

---

4 Vgl. HERBERT R. LOTTMAN, The Left Bank (New York 1981).
5 Zit. nach LILYAN KESTELOOT, Les écrivains noirs de langue française: naissance d'une littérature (Brüssel 1963), 91.
6 AIMÉ CÉSAIRE, Conscience raciale et révolution sociale, in: L'Étudiant noir 3 (1935), 1 f.; vgl. CHRISTIAN FILOSTRAT, La Négritude et la ›Conscience raciale et révolution sociale‹ d'Aimé Césaire, in: Présence francophone 21 (1980), 119–130.
7 Vgl. MICHEL HAUSSER, Et la négritude fut plantée ..., in: Présence Africaine 151/152 (1995), 70.

In der dritten Nummer (Mai/Juni 1935) taucht in einem Artikel des zweiundzwanzigjährigen Césaire das Wort Négritude zum ersten Mal auf: »Pour nous, nous voulons exploiter nos propres valeurs, connaître nos forces par personnelle expérience, creuser notre propre profondeur, nous sources jaillissantes de l'humain universel, rompre la mécanique identification des races, déchirer les superficielles valeurs, saisir en nous le nègre immédiat, planter notre Négritude comme un bel arbre jusqu'à ce qu'il porte ses fruits les plus authentiques.«[6] Michel Hausser unterstreicht mit Recht, daß sich das Wort Négritude hier in einem reichlich preziösen und rhetorischen Umfeld befindet und, obwohl es sich programmatisch auf die Gesamtheit der Werte der Schwarzen bezieht, als Metapher zu lesen und daher von Anfang an eher kulturell als politisch zu verstehen ist.[7]

Gemeinsam ist der Studentengruppe des *Étudiant noir* die Erfahrung, von der weißen Gesellschaft, und gebärde sie sich noch so unkonventionell und avantgardistisch, immer in erster Linie als Schwarze identifiziert zu werden und deshalb rassistischen Vorurteilen und Diskriminierungen ausgesetzt zu sein. Der Négritude-Begriff wächst aus diesem existentiellen Fundament des Neger-Seins, und es leuchtet ein, daß die außerordentlich intelligenten, sensiblen und belesenen jungen Leute, die die Gruppe von *L'Étudiant Noir* bilden, daraus eine ontologische Identitätsbestimmung ableiten. In einem unmittelbaren Sinn ist die Négritude für sie von Anfang an ein ästhetischer Begriff, da er auf der Fremd- und Selbstwahrnehmung beruht, durch die Hautfarbe in seinem Wesen fixiert zu sein. Aus diesem Grund gibt es auch, im Unterschied zu *Légitime Défense*, der Kultur den Vorzug vor der Politik und schließen sich keiner politischen Partei an. Vom Kommunismus distanzieren sie sich ausdrücklich.

Diese Entscheidung wiegt im unmittelbaren zeitlichen Zusammenhang schwer; denn führende Künstler der klassischen Moderne und der historischen Avantgarden werden Kommunisten oder ›compagnons de route‹ des Kommunismus (Louis Aragon, Paul Éluard, Pablo Picasso, Rafael Alberti, Luis Buñuel, Pablo Neruda und viele andere) und vollziehen, nach der zweiten Weltkonferenz der proletarischen und revolutionären Schriftsteller in

Charkov (1930) und dem 1934 in Moskau veranstalteten ersten Allunionskongreß der sowjetischen Schriftsteller, eine teilweise radikale ästhetische Wende. (Man denke etwa an Nerudas Manifest *Sobre una poesía sin pureza* aus dem Jahre 1935.) Die dort geforderte Unterordnung des Kulturellen unter das Politische und die Unterwerfung unter eine weiße Ideologie kommen für die Gruppe des *Étudiant noir* nicht in Frage, da der Rassenkonflikt ihr Leben, Denken und Schreiben entscheidender bestimmt als der Klassenantagonismus. Auch ist für sie die Problematik des hermetischen oder einfachen Schreibens rein akademischer Natur, da sowohl in Afrika als auch in der Karibik das Volk als Lesepublikum de facto vollständig ausscheidet. Sie können allenfalls hoffen, mit ihren literarischen Versuchen die geringe Zahl schwarzer Studenten zu erreichen oder die Aufmerksamkeit weißer Leser zu gewinnen. Nach dem zweiten Weltkrieg wird gerade die Betonung des Kulturellen die marxistisch orientierten Intellektuellen, die für die Entkolonisierung kämpfen, gegen die Négritude aufbringen.

Die Gruppe des *Étudiant noir*, allen voran Senghor, stürzt sich also in die kulturelle Erforschung Afrikas. Man übersetzt und transkribiert traditionelle afrikanische Gedichte oder Geschichten, wie sie die Griots erzählen, ins Französische und untersucht die poetischen Strukturen der afrikanischen Literatur. Der Reichtum, die Fülle, die Vitalität, die Bildhaftigkeit und Symbolik der afrikanischen Literatur, Kunst und Musik sollen ein neues und starkes Selbstwertgefühl bei allen Schwarzen begründen. Afrikas Kultur wird die kulturelle Wurzel der Négritude (›l'Afrique-Mère‹). Der Surrealismus spielt in dieser Recherche immer noch eine gewisse Rolle, doch *L'Étudiant noir* distanziert sich in ähnlicher Weise von ihm wie später Alejo Carpentier in seinem Plädoyer für ›lo real maravilloso‹.

3. Aimé Césaire: ›Cahier d'un retour au pays natal‹

Léopold Sédar Senghor unterstreicht immer wieder, daß Aimé Césaire der Vater des Wortes Négritude sei (»Commençons par rendre à Césaire ce qui est à Césaire«[8]). Dessen Artikel im *Étudiant noir* ist bis heute nur bruchstückhaft bekannt und hat die Verbreitung des Begriffs nicht befördert. Das wird erst sein großes Gedicht *Cahier d'un retour au pays natal*, ein wahrer Gründungstext der Négritude-Bewegung, leisten. Dort lesen wir: »ô lumière amicale / ô fraîche source de la lumière / ceux qui n'ont inventé ni la poudre ni la boussole / ceux qui n'ont jamais su dompter la vapeur ni / l'électricité / ceux qui n'ont exploré ni les mers ni le ciel / mais ceux sans qui la terre ne serait pas la terre / gibbosité d'autant plus bienfaisante que la terre / déserte / davantage la terre / silo où se préserve et mûrit ce que la terre a de plus / terre / ma négritude n'est pas une pierre, sa surdité ruée / contre la clameur du jour / ma négritude n'est pas une taie d'eau morte sur l'œil / mort de la terre / ma négritude n'est ni une tour ni une cathédrale / elle plonge dans la chair rouge du sol / elle plonge dans la chair ardente du ciel / elle troue l'accablement opaque de sa droite patience.«[9]

Césaire beginnt die Arbeit an *Cahier d'un retour au pays natal* 1936 als Schüler der École Normale Supérieure in Paris, er beendet es 1938 und veröffentlicht es im August 1939 in Paris in der Zeitschrift *Volontés*; die zeitlichen Umstände verhindern, daß es wahrgenommen wird. Das geschieht erst 1947, als der *Cahier* in New York wieder erscheint, und zwar mit einem Vorwort von André Breton.

Der zitierte kleine Ausschnitt aus diesem langen Text, der gleichzeitig Gedicht, Monolog, Tagebuch, Pamphlet und Essay[10] ist, deutet hinreichend darauf hin, daß der Begriff Négritude hier nicht scharf konturiert ist. Césaire spielt mit dem Wort nègre, indem er es als Schimpfwort der Weißen, als Ausdruck der Misere der Schwarzen in Geschichte und Gegenwart, als ironische Selbstbezeichnung der Schwarzen (négraille) und schließlich als Summationsbegriff für die globale solidarische Gemeinschaft der Schwarzen und für ihre politische und kulturelle Revolte verwendet. Das Feindbild

---

8 SENGHOR, Introduction, in: Senghor, Liberté 1. Négritude et Humanisme (Paris 1964), 8.
9 CÉSAIRE, Cahier d'un retour au pays natal (1939; Paris 1983), 46f.
10 Vgl. KESTELOOT, Comprendre le Cahier d'un retour au pays natal d'Aimé Césaire (Issy les Moulineaux 1982), 15.

ist Europa und der Okzident, von dem in dieser Passage recht präzise gesprochen wird (technische Erfindungen, Entdeckung, Eroberung, monumentale Architektur und daher Geschichte). Die Négritude ist die Fähigkeit zum körperlich-sinnlichen Einswerden mit den Elementen und mit der Welt. Ratio, Methode, Wissenschaft auf der einen, Intuition, Gefühl, Weisheit auf der anderen Seite.

Césaire gibt dem *Cahier* eine fließende Form, dennoch lassen sich drei Teile unterscheiden: Der erste – eher narrative und autobiographische – Teil berichtet von den Empfindungen, die jemand hat, der aus Europa in seine Heimat Martinique zurückkehrt. Dieses Ich trifft auf die nackte Misere, auf ausweglos tristes Elend und distanziert sich vom exotistischen Bild der paradiesischen Inseln in der Karibik, wie es Saint-John Perse malt. Der zweite Teil weitet in einer eruptiven Flut drastischer Sprachbilder dieses Panorama auf das Leiden Afrikas und der afrikanischen Diaspora, vor allem in Amerika, aus. Diese globale assoziative Reflexion mündet in die Annahme der Geschichte der Unterwerfung, Versklavung, Ausbeutung und rassistischen Verachtung als eines Teils der eigenen Identität (»j'accepte, j'accepte tout cela« [56]). Im dritten Teil, einem lang anhaltenden Schrei des Protestes, bekennt sich das Ich zu dieser Situation und postuliert die weltweite Solidarität und Revolte aller Schwarzen (»La négraille aux senteurs d'oignon frit retrouve dans / son sang répandu le goût amer de la liberté / Et elle est debout la négraille« [61]).

Der Diskurs der Négritude, wie ihn Césaire im *Cahier* entwirft, ist eine Kampfansage an den kolonialistischen Diskurs Europas und des Okzidents. Diese Zurückweisung stützt sich auf die Überzeugung, daß Europa mit seinem Rationalismus, seiner Technik, seinem Rassismus und seinem Imperialismus die Welt ruiniere. Afrika, die Wiege der Menschheit (»véritablement les fils aînés du monde« [47]), besitze überlegene und vitalere kulturelle Werte; die Rückbesinnung auf die ›Mutter Afrika‹ ermögliche die solidarische Einheit aller Schwarzen und sei die Voraussetzung für den erfolgreichen Kampf um Unabhängigkeit und um Freiheit. Der beste Teil der europäischen Schriftsteller und Künstler habe das längst eingesehen.

Vor dem *Cahier* wurde keine so umfassende, so informierte, so facettenreiche und dichterisch konzentrierte Darstellung des ›monde noir‹ in französischer Sprache geschrieben. Césaires Négritude-Diskurs ist eine eindrucksvolle Synthese: Die Unterdrückten haben in ihm eine mächtige Stimme gefunden, und diese Stimme verfügt über alle Register des künstlerischen Ausdrucks. Darin liegt die unverändert große Bedeutung des *Cahier*. Die Négritude präsentiert sich auf einem literarästhetischen Niveau, das keinen Vergleich zu scheuen braucht. Césaire, der Normalien und Agrégé, ist jedem okzidentalen Zeitgenossen an Intelligenz, Bildung und Kreativität gewachsen. Der *Cahier* weist eine unglaubliche Fülle von intertextuellen Bezügen auf. Césaire beherrscht das Französische weitaus besser als die meisten Franzosen. André Breton wird dies in seinem Vorwort zur Ausgabe des *Cahier* von 1947 bewundernd hervorheben: »Et c'est un Noir qui manie la langue française comme il n'est pas aujourd'hui un Blanc pour la manier.«[11] Die Kolonisatoren, und erst recht die auf ihre Sprache so stolzen Franzosen, in der Beherrschung ihrer Sprache übertreffen, mit deren Sprache frei von allen Regeln hantieren, sie erneuern, bereichern, sie verändern und deformieren, das ist ein enormer Akt kultureller und ästhetischer Befreiung. Das entscheidend wichtige Moment dieser Befreiung ist die subversive Veränderung des Französischen durch poetische Verfahren, die für die orale Literatur Afrikas typisch sind. Das anaphorische ›Au bout du petit matin …‹, mit dem der *Cahier* einsetzt und das den ersten Teil skandierend strukturiert, verwandelt die Schriftlichkeit der Einträge ins ›Tagebuch der Rückkehr‹ in mündliches Erzählen. Der zweite und der dritte Teil evozieren mit einer Flut von Bildern eines magischen Realismus und mit stampfendem, repetitivem Rhythmus die tänzerische und musikalische Extase der sich befreienden Gemeinschaft der Schwarzen: Die négrerie, die négraille wandelt sich zur négritude: »Et à moi mes danses / mes danses de mauvais nègre / à moi mes danses / la danse brise-carcan / la danse saute-prison / la danse il-est-beau-et-bon-et-légitime-d'être-nègre /

---

11 ANDRÉ BRETON, Un grand poète noir (1947), in: Césaire (s. Anm. 9), 80.

A moi mes danses et saute le soleil sur la raquette / de mes mains«[12].

Césaires *Cahier d'un retour au pays natal* straft, zusammen mit den gleichzeitig entstandenen Gedichten der teilweise erst später publizierten Sammlungen *Pigments* (1937) von Damas und *Chants d'ombre* (1945) sowie *Hosties noires* (1948) von Senghor, alle rassistisch begründeten Vorurteile über das kreative Unvermögen der Schwarzen Lügen.

4. Senghors Négritude-Diskurs

Der eigentliche Theoretiker, Ideologe und Apologet der Négritude ist Senghor. Wie Césaire nimmt er als Dichter einen hervorragenden Platz unter den Schriftstellern des 20. Jh. ein und ist zugleich ein Politiker, dessen Karriere ihren Höhepunkt erreicht, als er 1960 der erste Staatspräsident Senegals wird. Senghor hat seit den 30er Jahren unermüdlich in Artikeln, Vorträgen und Interviews seine Konzeption der Négritude entwickelt und variiert. Wie kein anderer hat er auf der kulturellen Komponente des Kampfes um die Unabhängigkeit Afrikas und um die Gleichberechtigung der ›schwarzen Welt‹ insistiert, aus der Einsicht heraus, daß dieser Kampf nur dann Aussicht auf Erfolg haben würde, wenn ihn eine gemeinsame ideologische Grundüberzeugung leite.

Analog zum Eintrag ›latinité‹ im *Petit Robert* gibt Senghor in seiner Grundsatzrede zur Eröffnung des *Colloque sur la Négritude* im April 1971 in Dakar folgende Wörterbuchdefinition des Worts négritude: »Manière de s'exprimer du Nègre. Caractère nègre. Le monde nègre, la civilisation nègre.«[13] Der Ausgangspunkt des Négritude-Begriffs ist also das Adjektiv nègre, hier in der prägnanten Bedeutung ›Menschen schwarzer Hautfarbe‹. (Weder im Französischen noch im Deutschen sind in der Zwischenkriegszeit die Wörter nègre und Neger anstößig und politisch nicht korrekt.) Dann zitiert Senghor eine Formulierung Césaires: »La Négritude est la simple reconnaissance du fait d'être noir, et l'acceptation de ce fait, de notre destin de noir, de notre histoire et de notre culture.« (270)

Es findet sich so gut wie keine Äußerung Senghors, die nicht um die Négritude kreisen würde und keine Umschreibung oder Definition dieses Begriffs enthielte. Alle diese Bestimmungen gehen von der Annahme einer ontologisch begründeten Besonderheit des Schwarzafrikaners (Négro-Africain) und seiner Kultur aus. Diese Besonderheit wird zunächst als gleichwertige Andersartigkeit dem eurozentristischen Kulturimperialismus entgegengehalten und später als ein unverwechselbar eigener Teil der Kulturen der Welt (Civilisation de l'Universel) konzipiert. Wie bei Alejo Carpentier und seinen Versuchen, Amerika von Europa in seinem Wesen zu unterscheiden, heißt für Senghor anfangs Europa immer Frankreich, René Descartes und Rationalismus, und auch in der Folge wird sein Négritude-Begriff an die Frankophonie gebunden bleiben.

Charles de Montesquieus Klimatheorie, Madame de Staëls Übertragung dieser Theorie auf die besondere Ausformung von Dichtung und Kunst, Hippolyte Taines Determinierung des künstlerischen Génies durch ›race‹, ›milieu‹ und ›moment‹, Henri Bergsons ›élan vital‹ und Leo Frobenius' Kulturmorphologie leiten Senghor bei der Formulierung des »ensemble spécifique de qualités« der schwarzafrikanischen Zivilisation und Kultur: Wie jede andere Kultur sei sie »fille de la race, de la géographie et de l'histoire, qui expliquent les façons de sentir, de penser et d'agir de chaque groupe humain.« Und er fährt fort: »Les Négro-Africains, comme toutes les autres ethnies de la terre, ont un ensemble spécifique de qualités, dont l'esprit-culture, dans une situation donnée, a produit une civilisation originale, unique, irremplaçable. Sans doute, certaines de ces qualités ont-elles pu se rencontrer chez d'autres peuples, mais certainement pas toutes ensemble, certainement pas sous cet éclairage, dans cet équilibre et au même degré. *La Négritude est donc l'ensemble des valeurs de civilisation du monde noir*, telles qu'elles s'expriment dans la vie et les œuvres des Noirs.«[14]

Die wie ein Leitsatz wiederholte griffige Formel ›La Négritude est l'ensemble des valeurs de civilisation du monde noir‹ verbirgt in ihrer Abstraktheit ein komplexes Gefüge sehr konkreter Elemente:

---

12 CÉSAIRE (s. Anm. 9), 63 f.
13 SENGHOR, Problématique de la négritude (1971), in: Senghor (s. Anm. 1), 269.
14 SENGHOR (s. Anm. 1), 90.

das Postulat einer einheitlichen schwarzen Kultur, überall, wo schwarze Menschen leben; die Bestimmung des Nègre als eines ›homme de nature‹; die Unterscheidung der Wahrnehmungsweise des schwarzen und des weißen Menschen; die ontologisch begründete Gemeinschaftlichkeit und Solidarität der Schwarzen; die existentielle Verwirklichung des schwarzen Menschen durch Literatur und Kunst; die funktionelle Verankerung von Literatur und Kunst im Leben; das Bild und den Rhythmus als Ausdruck der schöpferischen Energie.

Die Erfahrung des Subjektivismus, des Individualismus, der Vereinzelung, der Entfremdung und der Unfähigkeit zur Kommunikation, die Senghor bereits als Student im Leben, in der Literatur und in der Kunst der Europäer ausmacht, zeigt ihm den Ansatzpunkt für die Entwicklung einer positiven kulturellen und künstlerischen Alternative als Fundament einer Bewußtseinsbildung unter den Schwarzen. Der sich auflösenden Kultur Europas muß die integrative, einheitliche Kultur der schwarzen Welt gegenübergestellt werden; diese würde umso überzeugender wirken, als sich die Sehnsucht danach in Europas Kunst selbst erkennen läßt. Die fundamentale Krise des europäischen Humanismus und Rationalismus nach dem ersten Weltkrieg, die menschenverachtenden Totalitarismen und die durch die Nationalsozialisten offen propagierte Massenvernichtung lassen Senghor das Bild eines menschlichen, solidarischen, ursprünglichen und vitalen Afrikas entwerfen, wo der Mensch mit der Natur eine Einheit bildet und wo er durch seinen élan vital mit dem Kosmos, mit den Elementen, den Tieren und den Pflanzen unmittelbar kommuniziert. Nicht die ›raison-œil‹ des Weißen, sondern die ›raison-étreinte‹ des Schwarzen führe zum Grund der Dinge, zur durchdringenden, intuitiven Erkenntnis. In diesem Sinne ist Senghors berühmtes und oft wiederholtes Diktum aus dem Jahre 1939 »L'émotion est nègre comme la raison hellène«[15] zu verstehen. Wo der Weiße nur Oberflächen wahrnehme, gelange der Schwarze zur wahren Symbolik der »réalité profonde« (92). »La raison européenne est analytique par utilisation, la raison nègre, intuitive par participation«[16] lautet eine andere häufig zitierte Formel Senghors. Was die europäischen Surrealisten richtig erkennen und sich programmatisch als künstlerische Aufgabe stellen, ist in Afrika gleichsam natürlich vorhanden: eine ›émotion‹ und ein mythisches Denken, die den Rhythmus der Natur, der Religion, der Materie, des Lebens unmittelbar erfassen und Musik, Tanz, Masken, Statuetten, Gedichte werden lassen, mitten im alltäglichen Leben der Gemeinschaft oder im Fest, das alle mit seiner Magie berauscht und verzaubert.

Senghor lebt in Europa, als er seine Konzeption der Négritude entwickelt. Er empfindet Paris anfangs als wahren Kulturschock und sehnt sich nach der Geborgenheit und nach dem Glück seiner Kindheit und Jugend in Afrika.[17] In dieser Situation entdeckt er subjektiv den Wert einer Kultur, die, als Folge der französischen Assimilierungspolitik, dabei ist, sich zu ›deafrikanisieren‹.[18] Erst in Paris und in Europa wird sich Senghor der fundamentalen Bedeutung der afrikanischen Kultur bewußt. Seine Afrika-Nostalgie trifft auf die Zivilisationskritik der europäischen Künstler, und so entsteht seine Négritude-Konzeption aus der eigenen und der fremden Sehnsucht nach einer Lebenswirklichkeit, die ihren Sinn und ihre Mitte anscheinend noch nicht verloren hat und deren künstlerische Praxis den avanciertesten Vorstellungen der europäischen Schriftsteller, Maler, Bildhauer und Musiker entgegenkommt. So gelingt die Umwertung der Werte, so wird die Négritude nicht nur ein entscheidendes Element im antikolonialistischen Kampf, sondern ein ästhetisches Programm für alle Künstler des monde noir. Senghor widmet sich in den Jahren der Pariser Négritude-Bewegung intensiv der kulturellen und literarischen Erforschung Afrikas: Er übersetzt traditionelle afrikanische Dichtung aus seiner Muttersprache, dem Serer, ins Französische, und er schreibt auf Französisch Gedichte, die das ursprüngliche alltägliche Leben und die Festlichkeiten, die Bräuche und die Traditionen der ›Mutter Afrika‹ evozieren. Das neue Afrika soll entstehen aus der Aneignung

15 SENGHOR, Ce que l'homme noir apporte (1939), in: Senghor (s. Anm. 8), 24.
16 SENGHOR, L'esthétique négro-africaine (1956), in: Senghor (s. Anm. 8), 203.
17 Vgl. KESTELOOT (s. Anm. 5), 181.
18 Vgl. HAUSSER, Pour une poétique de la négritude (Paris 1988), 34.

des afrikanischen kulturellen Erbes; die vitale und intakte Menschlichkeit Afrikas wird, so glaubt er, kreative Potentiale in Kultur und Politik mobilisieren und die »esthétique gréco-latine« des Okzidents, die am Ende des 19. Jh. abgedankt habe, ablösen: »L'esprit de la Civilisation négro-africaine anime, consciemment ou non, les meilleurs des artistes et écrivains nègres d'aujoud'hui, qu'ils soient d'Afrique ou d'Amérique. Dans la mesure où ils en ont conscience et s'inspirent de la Culture négroafricaine, ils se haussent au rang international; dans la mesure où ils tournent le dos à l'Afrique-Mère, ils dégénèrent et s'affadissent. Tel Antée, qui avait besoin de s'appuyer sur la Terre pour reprendre son élan vers le ciel [...]. Que nous devions rester fidèles à cet esprit, l'histoire littéraire et artistique de l'Europe nous le prouve. Après l'échec de l'esthétique gréco-latine à la fin du XIXe siècle, les écrivains et artistes de l'Occident ont rencontré l'Asie, surtout l'Afrique, au bout de leur quête. Grâce à celle-ci, ils ont pu légitimer leurs découvertes en leur conférant valeur d'humanité.«[19]

II. Vorgeschichte der Négritude

1. Das Bild des Negers in der europäischen Kolonialliteratur und René Maran

Die ›historische‹ Négritude (1930 bis 1950) entwirft eine Kulturtheorie und Ästhetik Afrikas, die das okzidentale Afrikabild Punkt für Punkt uminterpretiert. Das in Europa vorherrschende Afrikabild ist am besten sichtbar in der besonders in Frankreich weit verbreiteten Kolonialliteratur. Die Imagologieforschung hat diese auf den Rassentheorien des 19. Jh. (Joseph Arthur Gobineau) fußenden und durch Berichte von Reisenden und von in den Kolonien lebenden Europäern transportierten Stereotype ausführlich untersucht (Martin Steins, Léon Fanoudh-Siefer).

Danach findet sich im ausgehenden 19. Jh. – Pierre Lotis *Le Roman d'un Spahi* (1881) sei hier als Beispiel angeführt – ein durch und durch negatives Afrikabild. Afrika wird als Wüste, als Kontinent des Todes beschrieben, dessen unaushaltbar heißes Klima dem (weißen) Menschen jede Energie, Aktivität und Lebenslust raubt. »Auf dieser ›Terre de Mort‹ leben Menschen, die den Fluch Gottes, das Kainszeichen ihrer Ausgestoßenheit sichtbar auf der Stirn tragen; entartete, geistig und moralisch verkrüppelte Menschen fristen ein kümmerliches Dasein.«[20] Die Schwarzen seien Wilde, beherrscht von lächerlichen Königen (roitelets) und von schmutzigen Zauberern (féticheurs), sie lebten in den Tag hinein, den sie mit Tanz und Getrommle faul verbringen würden; sie könnten weder denken noch planen und seien daher unfähig zu zivilisatorischen Leistungen.

Nach der Jahrhundertwende ändert sich dieses Afrika- und Negerbild als Folge des Kolonialismus und dessen politisch-ideologischer Rechtfertigung (als Beispiel hierfür diene *Terres de Soleil et de Sommeil* [1908] von Ernest Psichari). »Afrika stellt eine pointierte Antithese zur Zivilisation dar, zur industriellen Komplexität der Gesellschaft, zur hektisch-zermürbenden Großstadt« (109). In Afrika kann der Mensch zu sich selbst finden; das einfache, solidarische Leben macht die Schwarzen zu glücklichen Menschen, ihre ›Primitivität‹ ist Quell großer Vitalität; durch die Nähe zur Natur, mit der sie durch Gefühl und Instinkt unmittelbar verbunden sind, leben sie in elementarer Ursprünglichkeit, sie seien fröhliche große Kinder.

Senghor, Césaire, Damas und ihre Freunde entwickeln das Négritude-Konzept in Auseinandersetzung mit beiden Afrikabildern. Vor allem die Antithese zu Europa und zur Welt der Weißen ist zentral: »Jedenfalls kann man feststellen, daß die Struktur des antithetischen Negerbildes, so wie sie sich um 1900 herausbildete, auch auf die Entwicklung der negro-afrikanischen Literatur französischer Sprache und ihrer Typologie maßgeblich eingewirkt hat.« (153)

In den Zusammenhang der französischen Kolonialliteratur gehört auch der Roman *Batouala*, für den René Maran 1921 den Prix Goncourt erhält (zwei Jahre nach Marcel Proust). Dieser ›véritable roman nègre‹ (so der Untertitel), der bereits 1922 ins Deutsche und Englische übersetzt wird, ist von

---

19 SENGHOR (s. Anm. 16), 216f.
20 MARTIN STEINS, Das Bild des Schwarzen in der europäischen Kolonialliteratur (1870–1918) (Frankfurt a. M. 1972), 107.

einem Farbigen aus den französischen Antillen verfaßt, der in Bordeaux das Gymnasium besucht, in den Dienst der französischen Kolonialverwaltung tritt und so Afrika aufs genaueste kennenlernt. *Batouala* löst in Frankreich einen Skandal aus, denn darin werde, wie Kolonialbeamte, Politiker und Militärs meinen, gerade nicht die Wahrheit berichtet, sondern vielmehr verfälscht und so der ausländischen »propagande anti-française«[21] in die Hand gespielt. Maran kritisiert im Vorwort die französische Kolonialverwaltung als rechtswidrig und unmenschlich: Die Publikation des Vorworts wird daraufhin in den Kolonien verboten. Auch im Roman nimmt der Protagonist Batouala kein Blatt vor den Mund, wenn er zu seinen Brüdern von den verlogenen, geldgierigen und widerlichen Weißen spricht: »je ne me lasserai jamais de dire la méchanceté des ›boundjous‹. Jusqu'à mon dernier souffle, je leur reprocherai leur cruauté, leur duplicité, leur rapacité«[22]. Die Weißen haben Afrika die Lebenslust genommen, haben es ebenso ›traurig‹ werden lassen wie Europa, in dem sich Franzosen und Deutsche bekriegen. Batouala resümiert: »Résultat: la plus morne tristesse règne, désormais, par tout le pays noir. Les blancs sont ainsi faits, que la joie de vivre disparaît des lieux où ils prennent quartiers.« (94) *Batouala* wird getragen von der Sympathie seines Autors für die Opfer des französischen Kolonialismus und von einem ironisch gefärbten Willen zur Objektivität. Vor allem aber kommen die Afrikaner hier selbst zu Wort. So steht dieser Roman am Anfang der langen Tradition des ›roman nègre‹. Maran hat die moralische Genugtuung (»les satisfactions morales« [18]), daß André Gide in *Voyage au Congo* (1927) die Kritik am französischen Kolonialismus uneingeschränkt bestätigt.

Senghor begrüßt Maran als »Précurseur de la Négritude«: »c'est René Maran qui, le premier, a exprimé ›l'âme noire‹, avec le style nègre, en français.« Er sei sowohl ein »homme de culture« als ein »homme de probité« gewesen und habe das Französische bis in die letzten Feinheiten beherrscht. Vor allem aber zeichne sich *Batouala* durch die Kraft der Bilder und des Rhythmus aus, d.h. die hauptsächlichen Merkmale der schwarzen literarischen Ästhetik (»ce qui caractérise le style de René Maran, c'est, essentiellement, la force des images et la force du rythme«[23]). Auch in Harlem wird *Batouala* positiv aufgenommen und in der Presse vielfach gelobt; René Maran wird von allen schwarzamerikanischen Dichtern der Harlem Renaissance, die nach Paris kommen, sofort besucht.

2. Avantgarde und Negerkunst

Die ›années folles‹ – das Paris der 20er Jahre – sind geprägt von der ›primitiven‹ Negerkunst und von der rasenden Negermusik des Jazz. Sydney Bechet kommt nach Paris, auf dem Montparnasse spielt in der Brasserie *La Rotonde* eine Jazz-Band, und Joséphine Baker feiert in den *Folies-Bergère* Triumphe. Nach der exotistischen Begeisterung Paul Gauguins für die Kunst der Südsee haben 1905/1906 die Fauves und danach die Kubisten begonnen, afrikanische Statuetten und Masken auf Flohmärkten zu suchen und in ihren Ateliers aufzustellen. Was bislang als wertloser Trödel oder bestenfalls als Kunstgewerbe galt, wird jetzt als eine ›Kunst‹ entdeckt, die mit der Symbolik und Reduziertheit der Form den Vorstellungen der Avantgardekünstler entspricht: Hier finden sie die Authentizität, Ursprünglichkeit und ›kindliche‹ Einfachheit, nach der sie selbst streben. Daniel-Henry Kahnweiler, der verständige Kunsthändler und Freund der Avantgardemaler, schreibt: »Autour de 1907, quelques peintres et leurs amis se mirent à collectionner, pêle-mêle, sculptures de l'Afrique Noire et d'Océanie [...]. Ce qui en fait l'importance, c'est que nous achetions ces sculptures en tant qu'objets d'art, et non en tant qu'objets curieux.«[24] Er erläutert, wie die Kubisten in kreativer Auseinandersetzung mit afrikanischen Kunstwerken sich ihre Konzeption der wahren Formen erarbeiten, die nicht Nachahmung sind, sondern erfundene Zeichen.

Als Senghor, Damas und Césaire nach Paris kommen, kennt die allgemeine Begeisterung für den Art Nègre keine Grenzen. »Animalität, Vitali-

---

21 RENÉ TRAUTMANN, Au pays de ›Batouala‹. Noirs et Blancs en Afrique (Paris 1922), 18.
22 RENÉ MARAN, Batouala (1921; Paris 1938), 97.
23 SENGHOR, René Maran. Précurseur de la Négritude (1963), in: Senghor (s. Anm. 8), 407–411.
24 DANIEL-HENRY KAHNWEILER, L'Art Nègre et le Cubisme, in: Présence Africaine 3 (1948), 367.

tät, Jugendhaftigkeit, Spontaneität der Instinkte, Wucht des Ausdrucks«[25] sind die Werte, die sich in der Negerkunst und im Jazz manifestieren und den historischen Avantgarden die künstlerischen Alternativen zur europäischen Tradition bieten. Diesen Antagonismus zwischen schwarzer und okzidentaler Kunst übernehmen die schwarzen Studenten in das ästhetische Konzept der Négritude.

Sie werden darin bestärkt von den französischen Schriftstellern und Dichtern. Auch für sie ist der Neger der Inbegriff der künstlerischen Erneuerung, die sich in der intensiven Einheit von Leben und Kunst vollziehen soll und die sich als antimimetisch, antinaturalistisch und antirationalistisch versteht. Filippo Tommaso Marinetti publiziert fast gleichzeitig mit dem futuristischen Manifest 1909 den ›roman africain‹ *Mafarka le Futuriste*, die Dadaisten des *Cabaret Voltaire* (Tristan Tzara, Marcel Janco, Richard Huelsenbeck) übertreffen sich im Erfinden von Negerdichtung, und die Surrealisten erkennen in der ›primitiven‹ Kunst Afrikas und im Neger ihr künstlerisches Konzept, in dem Mythos, Magie, Traum und Unterbewußtes eine neue ›Surrealität‹ bilden. Eine besondere Rolle spielt Blaise Cendrars; er räumt in seinem Werk (*Poèmes Nègres* [1916], *Anthologie Nègre* [1921], *La Création du Monde. Ballet nègre* [1923]) dem nègre einen herausragenden Platz ein: »Die kindliche Unschuld des Schwarzen, seine Unbekümmertheit, seine magische Verbundenheit mit der Natur sollten einen Kontrast bilden zur korrupten und perversen städtischen Kultur des Abendlandes.« (139)

3. Der Einfluß der Ethnologie (Frobenius, Delafosse)

Die kolonialistische Inbesitznahme Afrikas führt zur Intensivierung der ethnologischen Feldforschung in Afrika. Dabei konnte es nicht ausbleiben, daß Anthropologen und Ethnologen auf Grund der auf ihren Expeditionen gewonnenen empirischen Befunde zu neuen wissenschaftstheoretischen Grundpositionen gelangen und sich, unter dem Einfluß der geisteswissenschaftlichen Theoriebildung, vom Positivismus (Determinismus, Rassismus, Evolutionstheorie) distanzieren. Es liegt auf der Hand, daß die schwarzen Studenten an solchen ethnologischen Forschungen besonders interessiert sind und jede Neuerscheinung, die ihr Afrikabild stützt, sofort rezipieren. Zwei Namen sind hier zuvörderst zu nennen: der Deutsche Leo Frobenius und der Franzose Maurice Delafosse.

Senghor weist wiederholt auf die fundamentale Bedeutung von Frobenius für die Entwicklung der Négritude-Konzeption hin. Er habe die für das Verständnis der afrikanischen Kulturen zentralen Begriffe Emotion, Geist, Seele und Mythos in dessen Büchern gefunden. In der Tat werden *Schicksalkunde im Sinne des Kulturwerdens* (1932) und *Kulturgeschichte Afrikas* (1933) sofort ins Französische übersetzt und von den schwarzen Studenten verschlungen. Senghor erinnert sich: »J'ai encore devant moi, en ma possession, l'exemplaire d'*Histoire de la Civilisation africaine*, à la troisième page de laquelle, après la couverture, Césaire a inscrit: ›décembre 1936‹… Nous connaissions par cœur le chapitre II du livre premier d'*Histoire*, intitulé ›Que signifie pour nous l'Afrique‹, chapitre émaillé de phrases lapidaires comme celle-ci: ›l'idée de ›Nègre barbare‹ est une invention européenne qui a, par contrecoup, dominé l'Europe jusqu'au début de ce siècle.‹«[26]

Frobenius wendet sich gegen das evolutionistische und primitivistische Paradigma der Anthropologie und Ethnologie des 19. Jh. Er entwickelt ein holistisches und essentialistisches Kulturmodell, eine kulturelle Morphologie, in der sich die Vorstellung von der Einzigartigkeit jedes Volkes als Ergebnis seiner Geschichte (Johann Gottfried Herder) und das völkerpsychologische Konzept, wonach der individuelle Charakter einer Nation sich in seiner Bildung und Sprache äußern (Wilhelm von Humboldt), mit der geisteswissenschaftlichen Hermeneutik (Wilhelm Dilthey), der organischen Zyklentheorie der Kulturen (Oswald Spengler) und der Phänomenologie (Edmund Husserl) verbinden.[27] Jede Kultur bildet danach eine organische Einheit und wird von einer Seele, einem ›paideuma‹ erfüllt, das sowohl die Entwicklung der ge-

---

25 STEINS (s. Anm. 20), 124.
26 SENGHOR, Les leçons de Leo Frobenius (1973), in: Senghor (s. Anm. 1), 398 f.
27 Vgl. CLEMENS ZOBEL, Essentialisme culturaliste et humanisme chez Leo Frobenius et Maurice Delafosse, in: J.-L. Amselle/E. Sibaud (Hg.), Maurice Delafosse (Paris 1998), 137–143.

samten Kultur als auch die der einzelnen Individuen regiert. In der Auseinandersetzung von Mensch und Welt spielt die ›Ergriffenheit‹, die Emotion, die entscheidende Rolle. Die Art der Ergriffenheit bestimmt auch den Charakter des Realitätsbezugs, und dieser manifestiert sich in Technik, Politik, Kunst und Literatur. Die afrikanische Emotionalität charakterisiert Frobenius – wie die kindliche – als intuitiv. Sie erfaßt die Realität zunächst als Tanz, Musik, Skulptur, Rhythmus, bis sie sich in den mündlich tradierten Mythos wandelt.

Frobenius geht so weit zu behaupten (und Senghor folgt ihm auch hier), es gebe eine Affinität zwischen der morphologischen ›deutschen‹ Methode und der Intuition der Afrikaner. Der europäische Kolonialismus sei, so beklagt er, vom evolutionistischen, materialistischen, empiristischen und mechanistischen Denken der Franzosen geprägt; er sei für die fortgeschrittene Zerstörung der großartigen afrikanischen Kulturen verantwortlich und könne nur durch die empathische, verstehende Vorgehensweise der morphologischen Methode in die Schranken gewiesen werden. Grundsätzlich ist festzuhalten, daß Frobenius Senghor vor allem durch seine holistische Denkweise beeinflußt, die die Kulturen der Welt in ein allgemeines Schema bringt, sie durch begriffliche Oppositionen unterscheidet und ihre jeweilige Kohärenz aus einem spezifischen ›paideuma‹, aus einer gemeinsamen Seele oder einem alles durchdringenden Geist, erklärt. Diese Kulturtheorie erlaubt es Senghor, in der frühen Phase der Négritude die afrikanische Kultur der okzidentalen als entgegengesetzte zu konfrontieren und sie später als einen Teil der ›Civilisation de l'Universel‹ zu definieren.

Wie sehr Senghors Négritude-Modell von Frobenius' Kulturmorphologie bestimmt ist, soll die Parallelität folgender Formulierungen belegen. Zunächst ein Abschnitt aus der französischen Übersetzung der *Kulturgeschichte Afrikas*: »Par sa pureté vierge et originelle, l'art représente la forme supérieure de la culture. La culture est un orga-nisme, elle est être et langue, mais aussi histoire, vie communautaire et familiale, conception du monde et religion. L'art et la littérature sont les expressions de cette unité.«[28] In Senghors Aufsatz *Qu'est-ce que la Négritude?* (1966) lesen wir: »C'est l'évidence, toute société humaine a sa civilisation, plus ou moins riche, plus ou moins originale, selon sa personnalité... [...] Elle est fondée sur une métaphysique, sur une ontologie et sur un esprit, qui est sa culture, et elle comprend les mœurs, les sciences et techniques, les arts et lettres, etc.«[29]

Als Senghor 1944 an der École nationale de la France d'outre-mer zum Professor für Linguistik ernannt wird, tritt er sein Amt auf der Professur an, die Maurice Delafosse von 1922 bis zu seinem Tode 1926 innehatte. Delafosse veröffentlicht in der ersten Hälfte der 20er Jahre mehrere Bücher über die schwarzafrikanischen Kulturen, von denen besonders *Les civilisations négro-africaines* (1925) von Senghor und seinen Freunden intensiv studiert werden. Auch bei Delafosse finden sie eine Fülle von Argumenten für eine positive Wertung Afrikas, seiner Menschen und seiner Kultur. Delafosse lebt und forscht von 1884 bis 1918 ununterbrochen als Kolonialbeamter in Westafrika. Wie Frobenius widerlegt er das Stereotyp von Afrika als einem geschichtslosen Kontinent. Seine Bücher dokumentieren im Gegenteil, daß sich in Afrika schon seit dem 6. Jh. n. Chr. ausgedehnte Staaten und Reiche bilden, deren politische, soziale und kulturelle Struktur den Vergleich mit dem europäischen Mittelalter nicht scheuen muß. Dies wird ein starkes Argument der Négritude werden, die sich gerade auf das hohe Alter der kulturellen Entwicklung Afrikas stützt und die Ergebnisse der paleologischen Forschung aufmerksam verfolgt. In Anlehnung an Frobenius und Delafosse insistiert Senghor darauf, daß der Ursprung der Menschheit in Afrika liege, das alte Ägypten die erste afrikanische Hochkultur sei und die durch den Négritude-Begriff bezeichnete Kultur und Kunst durch die Fettsteiß-Statuetten (statuettes stéatopygiques) der negroiden Grimaldirasse bereits seit 40 000 Jahren nachweisbar seien: »Voilà donc une race formée en Afrique chez qui apparaît, pour la première fois au monde, le sens artistique dans un style négro-africain.«[30]

---

28 Zit. nach ZOBEL (s. Anm. 27), 143.
29 SENGHOR (s. Anm. 1), 90.
30 SENGHOR, Les fondements de l'Africanité ou Négritude et Arabité (1967), in: ebd., 115.

4. Indigenismo, Indigénisme und Negrismo

Ein primordialer Aspekt der Herausbildung der Négritude ist ihre Anbindung an die französische Sprache, an die Frankophonie. Es gibt unzählige Belege in den fünf Bänden von Senghors *Liberté*, die diesen Zusammenhang für konstitutiv erklären. Wie aber ist die Genese der Négritude im Kontext der entsprechenden Entwicklungen im spanischen, portugiesischen und englischen Kulturraum zu sehen? Hierbei ist wieder die zentrale Bedeutung von Paris hervorzuheben. Die Parzellierung und Balkanisierung der (ehemaligen) Kolonien setzt sich bis weit ins 20. Jh. fort. Das bedeutet, daß der kulturelle Austausch unter den unabhängigen Ländern oder immer noch abhängigen Territorien in Lateinamerika, in der Karibik und ganz besonders in Afrika praktisch nicht existiert, sondern sich ausschließlich über die europäischen Metropolen abwickelt; unter ihnen ist wiederum das ›Paris des étrangers‹ das eindeutige Zentrum.

Es läßt sich nicht belegen, ob die schwarzafrikanischen und westindischen Studenten mit der lateinamerikanischen Kolonie im Paris der 20er Jahre in nennenswertem intellektuellem Austausch stehen. Unwahrscheinlich ist ein solcher Kontakt allerdings nicht. Denn Lateinamerikaner wie Afrikaner und Westinder halten sich im Umfeld des Surrealismus auf, sie haben gemeinsame Bekannte unter den französischen Dichtern wie Robert Desnos, Philippe Soupault oder Michel Leiris, sie frequentieren die Kurse von Ethnologen, die sich mit Altamerika und mit den frühen Kulturen Afrikas befassen[31], und sie begegnen sich vielleicht auch im *Café Cyrano* oder im *Deux Magots*, in Tanzcafés oder exotischen Bars.[32] Miguel Angel Asturias und Alejo Carpentier – der erste lebt von 1924 bis 1933, der zweite von 1928 bis 1939 in Paris – bewegen sich im gleichen kulturellen Feld wie Senghor, Césaire und Damas. Während die frankophonen schwarzen Studenten das kulturelle und ästhetische Konzept der Négritude entwickeln, formt sich bei Asturias und Carpentier eine für Lateinamerika typische ästhetische Konzeption, die sich später im Begriff des magischen Realismus beziehungsweise des real maravilloso synthetisiert. Beide publizieren während ihrer Pariser Zeit ihr erstes Buch: Asturias die *Leyendas de Guatemala* (1930) und Carpentier 1933 den afrokubanischen Roman *¡Écue-Yamba-Ó!*.

Die europäischen Avantgardebewegungen, besonders der Surrealismus mit seinem Antirationalismus, seiner Europakritik und seiner Begeisterung für die Kunst der ›Primitiven‹ finden breiten Widerhall überall in Lateinamerika, wo die ›Ismen‹ wie Pilze aus dem Boden schießen. Der Ruf nach Erneuerung und Modernisierung wird vor allem von den Studenten aufgegriffen. Die 1918 im argentinischen Córdoba entstandene Universitätsreform-Bewegung erfaßt ganz Spanisch-Amerika und erweitert sich bald zu einem allgemeinen Ruf nach gesellschaftlicher Erneuerung. In den Ländern mit hohem Anteil an ›eingeborener‹ indianischer Bevölkerung entsteht daraus der Indigenismus. Er postuliert die Neubestimmung nationaler Identität unter Einschluß der bislang mißachteten ethnischen Minoritäten, der Indianer, aber auch der Schwarzen. Anthropologische, ethnologische, archäologische Forschungen untermauern die Auffassung, daß die Kultur der Indianer keineswegs minderwertig sei und ein integraler Bestandteil einer authentischen nationalen Kultur und Identität sein müsse. Allerdings wird der Indigenismus von außen an die indianische Kultur herangetragen und ist Ausdruck eines ›weißen‹ Paternalismus und oft integrativen sozialistisch-kommunistischen Konzepts (José Carlos Mariátegui). Der frühe indigenistische Roman orientiert sich daher auch am Naturalismus (Jorge Icaza, Ciro Alegría) oder sozialistischen Realismus (César Vallejo) und entwickelt erst nach dem zweiten Weltkrieg (José María Arguedas, Rosario Castellanos, Manuel Scorza) eine literarische Ästhetik, die auf Wahrnehmungsweisen, Mythen, Bilder und Rhythmen indianischer Provenienz rekurriert. Auch wenn nicht anzunehmen ist, daß der hispanoamerikanische Indigenismus die Herausbildung der Négritude irgendwie bestärkt hat, muß doch auf die zeitliche Nähe und die vergleichbare Grundintention beider Bewegungen hingewiesen werden.

---

31 Vgl. SENGHOR, Asturias le métis (1974), in: ebd., 506–514.
32 Vgl. ALEJO CARPENTIER, La Consagración de la Primavera (1978), in: Carpentier, Obras completas, Bd. 7 (Mexiko 1986), 87.

Auch Brasilien mit seiner komplexen kulturellen Struktur dürfte die Vordenker der Négritude in Paris kaum interessiert haben. Davon zeugt noch ein kurzer und außerordentlich diplomatischer Vortrag, den Senghor 1964 in Rio de Janeiro hält und in dem er Brasiliens kulturellen Synkretismus aus Latinité, Africanité und Indianité preist, wobei er die brasilianische Africanité kurzerhand mit der Négritude gleichsetzt.[33] Weder Oswald de Andrades *Manifesto Pau Brasil* (1924) oder sein späteres *Manifesto antropófago* (1928) noch der regionalistische Roman des Nordostens mit Jorge Amados Bahia-Zyklus (1931–1934) dürften ihm und seinen Freunden in Paris bekannt gewesen sein. Das gilt wohl auch für Gilberto Freyres einflußreiches Werk *Casa grande e senzala* (1933), das, wenn auch von Frobenius beeinflußt, wegen der Interpretation Brasiliens als historisch gewachsener Mischkultur nur schwer zur frühen dichotomischen Négritude-Theorie gepaßt hätte.

In Spanisch-Amerika thematisiert der Indigenismus nur selten das Leben der Schwarzen (eine eindrucksvolle Ausnahme ist der Roman *Juyungo* [1943] des Ecuadorianers Adalberto Ortiz). Das ist vielmehr das Programm des haitianischen Indigénisme, den der Arzt, Ethnologe, Soziologe und Politiker Jean Price-Mars mit der Gründung der Zeitschrift *Revue Indigène* (1927) und mit der Publikation des Essaybandes *Ainsi parla l'oncle* (1928) ins Leben ruft. Price-Mars reagiert mit diesem zugleich politischen wie kulturellen Programm auf die kulturpolitische Situation Haitis, wie sie durch die Besetzung des Landes durch nordamerikanische Truppen von 1915 bis 1934 entstanden ist. Die Erfahrung des nordamerikanischen Rassismus auf Haiti führt zu zwei konträren Tendenzen: auf der einen Seite zu einer prononcierten Frankophilie, die die französische Kultur als Bollwerk gegen den rassistischen Materialismus der Nordamerikaner idealisiert und zu einer sprachlichen und literarischen Überanpassung an die französischen Normen führt, und auf der anderen Seite zur indigenistischen Bewegung, die die haitianische Authentizität in der noch unberührten schwarzen Kultur auf dem Lande sucht. Price-Mars fordert die intensive ethnologische Erforschung und Aneignung dieser ›Volkskultur‹, die Erkundung und Aufzeichnung der mündlichen Überlieferung (Märchen, Lieder, Sprichwörter usw.) und ganz besonders eine neue, positive Bewertung der volkstümlichen Religion, des Voodoo, sowie der Sprache des Volkes, des Créole. Nur so werde Haiti zu einer authentischen nationalen Kultur und Identität finden, und diese Kultur habe ihre Wurzeln in Afrika. Im Vorwort zu *Ainsi parla l'oncle* schreibt Price-Mars:»En d'autres termes, la société haïtienne, a-t-elle un fonds de traditions orales, de légendes, de contes, de chansons, de devinettes, de coutumes, d'observances, de cérémonies et de croyances qui lui sont propres ou qu'elle s'est assimilé de façon à leur donner son empreinte personnelle, et si tant est que ce folk-lore existe, quelle en est la valeur au double point de vue littéraire et scientifique?«[34]

Die Entwicklung des Indigénisme ist wiederum eng mit Paris verknüpft. Dort studiert Price-Mars Medizin, Ethnologie und Sozialwissenschaften, und dort ist er nach der amerikanischen Invasion von 1915 bis 1918 ›ministre plénipotentiaire‹. Er kennt alle intellektuellen und kulturellen Strömungen, die sich in Paris manifestieren, und bleibt auch nach seiner Rückkehr informiert. Ebensogut ist er mit den USA vertraut, mit der Rassendiskriminierung und mit der Entwicklung der schwarzamerikanischen politischen und kulturellen Emanzipationsbewegungen, vor allem mit der Harlem Renaissance: 1904 gehört er zur Delegation, die Haiti auf der Weltausstellung in Saint-Louis vertritt, und von 1909 bis 1911 ist er Legationssekretär in Washington. Der haitianische Indigénisme, seine Dichtung (Émile Roumer, Carl Brouard) und sein Roman (Jacques Roumain, Jean Baptiste Cinéas), werden von den Studenten der *Légitime Défense* und des *Étudiant noir* sofort rezipiert, so daß auch Price-Mars zu den wichtigsten Impulsgebern der Négritude zu zählen ist.

---

33 Vgl. SENGHOR, Le Brésil dans l'Amérique latine (1964), in: Senghor (s. Anm. 1), 27–30.
34 JEAN PRICE-MARS, Ainsi parla l'oncle (1928), hg. v. R. Cornevin (Ottawa 1973), 51; vgl. DENISE LORENZ, Baron Samedi ou la Fleur d'Or? – La culture populaire dans la littérature haïtienne, in: M. Glaser/M. Pausch (Hg.), Caribbean Writers. Between Orality & Writing – Les Auteurs caribéens: entre l'oralité et l'écriture (Amsterdam/Atlanta 1994), 115–134.

In der Negerdichtung (poesía negrista) der spanischsprachigen Karibik zeigt sich der Übergang von einer rein spielerischen und artifiziellen onomatopoetischen Avantgardedichtung, deren Ausgangspunkt die ortho- und typographische ›libertà alle parole‹ der Futuristen ist, zu einer literarästhetischen Konzeption, die existentiell in der politischen und sozialen Wirklichkeit von Schwarzen und Mulatten verankert ist, besonders deutlich. Es ist kein Zufall, daß in Puerto Rico und Kuba, die erst 1898 mit Hilfe der USA ihre Unabhängigkeit von Spanien erlangen und deren Politik seitdem unter unmittelbarer Kontrolle der nordamerikanischen Regierung steht, das Interesse für die Kultur der Schwarzen früh erwacht, doch die Wahrnehmung dieser Kultur folgt ganz den Vorgaben der europäischen Avantgarden. In Puerto Rico löst zu Beginn der 20er Jahre eine kurzlebige Avantgardebewegung die nächste ab (Diepalismo, Euforismo, Noísmo, Atalayismo). Besonders der Diepalismo (1921) favorisiert die Lautmalerei und ersetzt Logik und Semantik durch Phonetik. Daraus entsteht die poesía negrista von Luis Palés Matos, die mit realen Negern und dem wirklichen Afrika so gut wie nichts zu tun hat, sondern in der Tradition von Tzaras Negergedichten und später unter dem Einfluß von Federico García Lorcas *Romancero gitano* (1928) steht. Auf Kuba beginnt die poesía negrista in ähnlicher Weise: Ramón Guirao und José Z. Tallet preisen schwarze Rumbatänzerinnen in stark rhythmisierten Versen aus mehr oder minder erfundenen ›afrikanischen‹ Wörtern. Das gilt auch für die frühen Gedichtbücher von Nicolás Guillén – *Motivos de son* (1930) und *Sóngoro Cosongo* (1931) –, die eine Mischung sind aus der regionalistisch-folkloristischen Dichtung von Lorca (Lorca besucht 1931 Kuba), der erfundenen Negersprache der europäischen Avantgarden und der schwarzen Volkskultur, die der bedeutende kubanische Ethnologe Fernando Ortiz gerade durch grundlegende Publikationen bekannt macht.[35] In *West Indies LTD.* (1934) ordnet Guillén die Negerdichtung bereits einer marxistisch bestimmten Klassenkampfideologie unter. Auch für die (weißen) Avantgardisten des Grupo Minorista in Havanna, zu dem Carpentier gehört, ist der Afrocubanismo nie etwas anderes als ein Teil der kubanischen Nationalkultur. Daß sein Negerfolkloreroman ¡Écue-*Yamba-Ó!* von Senghor, Damas oder Césaire wahrgenommen wird, ist unwahrscheinlich. Vielleicht lesen sie die *Contes nègres de Cuba* der kubanischen Volkskundlerin Lydia Cabrera, die 1936 in der französischen Übersetzung von Francis de Miomandre in Paris erscheinen. (Césaire wird 1944 in seiner Zeitschrift *Tropiques* Lydia Cabrera vorstellen und ein Märchen aus den *Contes nègres* abdrucken.)[36]

5. Die Harlem Renaissance und Claude McKay

Die Explosion der afroamerikanischen Kultur zwischen dem Ende des ersten Weltkriegs und der Weltwirtschaftskrise in der Harlem Renaissance ist für die Herausbildung der Négritude von fundamentaler Bedeutung. Chronologisch betrachtet ist die Négritude die Fortsetzung der Harlem Renaissance im französischen Sprach- und Kulturraum. Die ›Harlemania‹ erfaßt nicht nur in New York das betuchte weiße Publikum, sie grassiert auch in Paris, das sich für Blues, Jazz, *Porgy and Bess* und für schwarzamerikanische Sängerinnen und Musiker wie Josephine Baker, Bessie Smith, Duke Ellington oder Louis Armstrong begeistert.

Zwei herausragende schwarzamerikanische Intellektuelle, beide mit einem hervorragenden Abschluß in Harvard, William Edward Burghardt Du Bois, Mitbegründer der *National Association for the Advancement of Colored People* (NAACP) und Herausgeber der Zeitschrift *Crisis*, sowie Alain Locke, Professor an der Howard University in Washington D. C. und Herausgeber der *New Negro*-Anthologie, haben als ältere Mentoren entscheidend zur Entwicklung der Harlem Renaissance beigetragen. Sie vertreten die beiden Grundtendenzen, die an der Harlem Renaissance ausgemacht werden können: Du Bois ist der Überzeugung, die afroamerikanischen Künstler hätten mit allen Mitteln dem Kampf um die völlige Gleichstellung der Afroame-

---

[35] Vgl. FERNANDO ORTIZ, Los negros brujos (Madrid 1906); ORTIZ, Un catauro de cubanismo (Havanna 1923); ORTIZ, Glosario de afronegrismo (Havanna 1924).

[36] Vgl. CÉSAIRE, Introduction à un Conte de Lydia Cabréra, in: Tropiques 10 (1944), 11; LYDIA CABRERA, Bregantino, Bregantin (Conte Nègre-cubain), in: ebd., 12–27.

rikaner mit den weißen Amerikanern zu dienen, Locke hingegen ist der Auffassung, daß eine möglichst breite und qualitatitiv hervorragende afroamerikanische Kunst die Besserstellung der Afroamerikaner von selbst nach sich ziehen würde. Beide haben sich lange in Europa zum Studium aufgehalten, beide waren in Berlin eingeschrieben (Du Bois 1892–1893, Locke 1911), beide verfügen über eine enzyklopädische Bildung. Auch andere Künstler der Harlem Renaissance haben lange Zeit in Europa verbracht (Europa gilt ihnen als weniger rassistisch als die USA). So gründet die Harlem Renaissance zwar auf der nordamerikanischen Entwicklung von der Abschaffung der Sklaverei nach dem Sezessionskrieg bis zur massenhaften Migration der befreiten Schwarzen aus den Südstaaten in die Industriestädte des Nordens, doch man darf nicht übersehen, wie stark Europa mit seinem Konzept der Bildung, mit seiner Wissenschaft und Kunst auf die Intellektuellen und Künstler der Harlem Renaissance eingewirkt hat.

Das belegt besonders eindrucksvoll die Biographie von Locke, der 1925 mit der von ihm edierten Anthologie *The New Negro* die bahnbrechende Synthese der afroamerikanischen Gegenwartskultur publiziert: Er studiert in Harvard, Oxford, Berlin und Paris und erhält 1918 in Harvard als erster Afroamerikaner den Ph. D. in Philosophie. Wie später Senghor und Césaire, widerlegt er durch seine brillante akademische Karriere alle rassistischen Vorurteile über die mindere Intelligenz von Schwarzen. Das hauptsächliche Ziel der Anthologie *The New Negro* ist es zu zeigen, zu welchen Leistungen in allen Bereichen von Kunst und Kultur Afroamerikaner fähig sind: Der ›thinking Negro‹ verhelfe sich selbst als Individuum und der ge-

samten black community zu Selbstbewußtsein und neuer Identität und leiste zugleich einen entscheidenden Beitrag zu Amerikas demokratischer Entwicklung und Modernisierung. »Our greatest rehabilitation may possibly come through such channels, but for the present, more immediate hope rests in the revaluation by white and black alike of the Negro in terms of his artistic endowments and cultural contributions, not only in his folk-art, music especially, which has always found appreciation, but in larger, through humbler and less acknowledged ways. [...] The great social gain in this is the releasing of our talented group from the arid fields of controversy and debate to the productive fields of creative expression.«[37]

Das Neue an der ›Wiedergeburt‹ in Harlem, wo sich, wie Locke unterstreicht, »the largest Negro community in the world« (6) zusammengefunden hat, ist die Ablösung des tradierten »Old Negro« (3), des stereotypen und gefühlsduseligen Bildes von »aunties«, »uncles« und »mammies« (5), durch eine reale, plurale, lebendige und kreative Gemeinschaft von Schwarzen aus Amerika, Afrika und Westindien, die in ihrer Unterschiedlichkeit doch das Gemeinsame erfahren und so zu Selbstbewußtsein, Selbstsicherheit und Selbstreflexion gelangen. Die schier unglaubliche Fülle der künstlerischen Manifestationen im Harlem der 20er Jahre beweist, daß sich hier in allen Bereichen eine Jahrhunderte lang unterdrückte Kreativität eruptiv Bahn bricht.

Wie ausgeprägt dieses Selbstbewußtsein ist, zeigt Langston Hughes' Essay *The Negro Artist and the Racial Mountain*, publiziert in *The Nation* (Juni 1926); dort heißt es zusammengefaßt am Schluß: »We younger Negro artists who create now intend to express our individual dark-skinned selves without fear or shame. If white people are pleased we are glad. If they are not, it doesn't matter. We know we are beautiful. And ugly too. The tom-tom cries and the tom-tom laughs. If colored people are pleased we are glad. If they are not, their displeasure doesn't matter either. We build our temples for tomorrow, strong as we know how, and we stand on top of the mountain, free within ourselves.«[38]

Für das zeitgenössische Publikum verbindet sich mit Harlem in erster Linie Musik, Tanz, Theater

---

37 ALAIN LOCKE, The New Negro, in: Locke (Hg.), The New Negro. An Interpretation (1925; New York/London 1968), 15.
38 LANGSTON HUGHES, The Negro Artist and the Racial Mountain (1926), in: A. Gayle Jr. (Hg.), The Black Aesthetic (New York 1971), 172; vgl. GÜNTER H. LENZ, Gettoerfahrung, Gettokultur, Gettoliteratur: zur afroamerikanischen Literatur zwischen den Weltkriegen (1914–1945), in: B. Ostendorf (Hg.), Amerikanische Gettoliteratur (Darmstadt 1983), 149–233, bes. 184 f.

und Unterhaltung. Mit Joe ›King‹ Oliver, Louis ›Satchmo‹ Armstrong, mit den Big Bands von Fletcher Henderson und Duke Ellington erreicht der Jazz, durch die Sängerinnen und Schauspielerinnen Mamie Smith, Bessie Smith, Clara Smith und Ethel Waters der Blues seinen Höhepunkt. Am Broadway feiert das Musical mit schwarzen Sängern, Tänzern und Schauspielern riesige Erfolge: 1924 *Dixie to Broadway* (mit Florence Mills), 1925 *Shuffle Along* und *Chocolate Dandies* (mit Josephine Baker), 1927 *Africana* (mit Ethel Waters), 1929 *Hot Chocolates* (mit Louis Armstrong). Wer arm ist, geht zum Essen, Musikhören und Tanzen auf eine private ›rent partie‹ und zahlt dem Gastgeber einen kleinen Obulus, damit dieser seine Miete (rent) zusammen bekommt. Wer mehr Geld hat, trifft schwarze (und weiße) Freunde im *Cotton Club*, im *Savoy Ballroom*, in *Connie's Inn* oder in *A'Lelia Walker's Dark Tower*. Der Elan, der Rhythmus, das stets neue Arrangement und die überraschende Improvisation geben den schwarzen Menschen in Harlem das Gefühl, gemeinschaftlich eine authentische, unverwechselbar eigene Musik zu besitzen, die ihre Wurzeln in Afrika hat und sich von jeder anderen Musik unterscheidet.

Das bunte, vielfältige Leben der schwarzen Menschen in Harlem, in der Großstadt, die Erfahrung der Rassendiskriminierung und der Segregation, die Geschichte der Verschleppung nach Amerika und die Versklavung sind die Themen der Literatur der Harlem Renaissance. Erzähler und Erzählerinnen (Jessie Fauset, Zora Neale Hursten, Nella Larsen, Claude McKay, Jean Toomer, Walter White) sowie Dichter und Dichterinnen (Gwendolyn Bennett, Countee Cullen, Langston Hughes, Georgia Douglas Johnson, Helene Johnson, James Weldon Johnson, Claude McKay) publizieren in wenigen Jahren eine solche Fülle hervorragender Texte, daß von nun an die afroamerikanische Literatur gewichtig dem amerikanischen mainstream gegenübertritt. Die Autorinnen und Autoren schreiben entweder in standard English oder häufig im Black dialect, das heißt, im Englisch der einfachen Afroamerikaner des Südens oder aus Harlem, sie durchziehen ihre Texte mit der auf der Straße gesprochenen Sprache und mit Elementen der oralen Tradition des afroamerikanischen ›folk-lore‹, und sehr oft übertragen sie Rhythmen und Formen des Jazz und Blues in ihre Schreibweise.

Maler (Aaron Douglas, Palmer Hayden, Archibald Motley) und Bildhauer (Richmond Barthé, Sargent Johnson, Augusta Savage) stellen ebenfalls das Leben der Afroamerikaner möglichst charakteristisch dar und rekurrieren dabei auf formale Aspekte der afrikanischen Kunst. Auch der Photograph James Van Der Zee ist in diesem Zusammenhang zu erwähnen; ihm verdanken wir die bildliche Chronik des alltäglichen Lebens in Harlem.

Dieser Reichtum an schwarzer Kunst ist durch Ausstellungen, Konzerte, Besuche von afroamerikanischen Musikern, Malern und Schriftstellern rasch auch in Paris bekannt. Die zweisprachige Zeitschrift *La Revue du Monde noir/The Review of the Black World* (6 Nummern von November 1931 bis April 1932), die von zwei Westindern, Dr. Léo Sajous (Haiti) und Paulette Nardal (Martinique), in Paris herausgegeben wird[39], sowie die Salons der Schwestern Nardal und von René Maran bilden den Ort der Begegnung beider Bewegungen. Vor allem der bescheidene Salon von René Maran wird in den 20er und 30er Jahren von so gut wie allen afroamerikanischen Schriftstellern aufgesucht, die nach Paris reisen und des Französischen mächtig sind (Countee Cullen, Langston Hughes, Alain Locke, Claude McKay, Walter White, Gwendolyn Bennett, Carter Woodson, Jessie Fauset und andere mehr).[40] Hier treffen Senghor und Damas (Césaire frequentiert die Salons nicht) die afroamerikanischen Schriftsteller, die in Paris zur ›black colony‹ gehören, die die große Zahl weißer ›expatriates‹ (Gertrude Stein, Djuna Barnes, Ernest Hemingway) ergänzen. An der *Revue du Monde noir* beteiligen sich Westinder (Léro, Maran, Ménil), Afroamerikaner (McKay), Afrikaner (Félix Éboué) und Europäer (Frobenius) mit dem Ziel, die ›Schwar-

---

39 Vgl. La Revue du Monde noir/The Review of the Black World (1931–1932; Paris 1992).
40 Vgl. MICHEL FABRE, From Harlem to Paris. Black American Writers in France 1840–1980 (Urbana/Chicago 1991), 147–159; RENÉ MARAN, Le Professeur Alain Leroy Locke, in: Présence Africaine 6 (1949), 135–138.

zen der ganzen Welt‹ zusammenzubringen, damit sie sich besser kennenlernen und gemeinsam ihre Interessen verteidigen.

Maran ist gleichsam der Botschafter der Harlem Renaissance in Paris; ihr authentischer Repräsentant und (gelegentlich kritischer) Interpret aber ist der Dichter und Romancier McKay. Er stammt aus Jamaica, kommt 1912 in die USA und lebt bereits sechs Jahre in Europa, meistens in Frankreich, als er 1929 den Roman *Banjo* publiziert. Dieser Roman ist für Senghor und seine Freunde so etwas wie das künstlerisch verfaßte Handbuch der Harlem Renaissance. Sie können ihn bereits 1932 in französischer Übersetzung lesen, im Unterschied zu Lockes *The New Negro*, wofür Maran trotz aller Bemühungen keinen französischen Verleger zu interessieren vermag. *Banjo* trägt den Untertitel ›A Story without a Plot‹, doch das Gegenteil ist der Fall: McKay diskutiert hier aus räumlich-zeitlicher Distanz zu Harlem so gut wie alle Aspekte der politischen, ökonomischen und kulturellen Emanzipation der black community in Nordamerika, in der Karibik und in Afrika. Als Ort seines Romans wählt er Marseille, da dort schwarze, weiße und farbige Seeleute aus aller Herren Länder zusammentreffen: »Senegalese, Sudanese, Somalese, Nigerians, West Indians, Americans, blacks from everywhere, crowded together, talking strange dialects.«[41] Er konfrontiert den proletarischen, aus dem Cotton Belt des Südens Amerikas stammenden Banjo, der auch ein Banjo spielt (jenes von den Sklaven aus Afrika mitgebrachte Instrument), mit Ray, einem Intellektuellen und Schriftsteller aus der Karibik. Banjo ist »a great vagabond of lowly life« (11), seine Sprache ist ein »rich reservoir of niggerisms« (321), und er führt eine unbeschwerte »hand-to-mouth existence« (190); auch Ray lebt ein »vagabond life« (279), und es hat ihn reich werden lassen an (meist negativen) Erfahrungen, aus denen einige Grundüberzeugungen resultieren: Der Gegensatz zwischen der Welt der Weißen und der Welt der Schwarzen ist unüberbrückbar, da für die Weißen »Prejudice and business« (193) alles bestimmen. Der Schwarze darf sich also nicht assimilieren, sondern muß sich seiner eigenen – vitalen, authentischen, solidarischen – Kultur bewußt werden und sich aneignen: »Getting down to our native roots and building up from our own people [...] is not savagery. It is culture.« (200) Im 10. und 14. Kapitel gibt McKay Beispiele für diese allen Schwarzen gemeinsame einfache, aber ehrliche afrikanische Kultur. Vor allem zwei Begabungen führt er immer wieder an: die Musik und die Sprache, über die der ›ungebildete‹ Banjo von Natur aus verfügt. Seine Musikalität und seine sprachliche Kreativität sind spontan, in jedem Augenblick erfinderisch, stets sich wandelnd und improvisierend, sie sind Jazz und Blues, Rhythmus und Tanz. Als Banjo sein Banjo verliert, geht er fast unter in dem jetzt sichtbar gemachten grausamen Existenzkampf der Hafenarbeiter um einen miserabel bezahlten Job: Er verliert seine Lebenslust und wird schwerkrank. Die Solidarität seiner Freunde läßt ihn überleben. Als er ein neues Banjo bekommt, ist er wieder der alte.

Banjo formuliert immer wieder die Notwendigkeit, daß alle Schwarzen sich der Gemeinsamkeiten ihrer ›race‹ bewußt werden, um ihre je unterschiedlichen Situationen in Afrika, in den Vereinigten Staaten (the United Snakes) und in Westindien zu verändern; sie müssen sich selbst helfen. Das Back-to-Africa movement des Operettenkönigs von Afrika, Marcus Garvey, kommt für ihn längst nicht mehr in Frage (»I tell you, boss, Garvey wasn't worth no more than the good boot in his behind that he done got« [76], resümiert Banjo). Was Senghor und seine Freunde an *Banjo* besonders interessiert, ist Rays scharfsinnige Kritik am subtilen Rassismus der Franzosen, und auch, daß es trotz aller Rassen-, Klassen- und Wertegegensätze eine Gemeinsamkeit unter allen Menschen gibt: die des Lebens. So stellt Mark Helbling das McKay-Kapitel in seinem Buch über die Harlem Renaissance unter die Überschrift: ›Universality of Life under the Different Colors and Patterns‹.[42]

Mit der Great Depression finden die goldenen Jahre von Harlem und die Harlem Renaissance ihr Ende. Auch die Négritude erhält nach ihren Anfängen im Paris der 30er Jahre keine Zeit, sich zu

---

41 CLAUDE MCKAY, Banjo. A Story without a Plot (New York/London 1929), 36.
42 Vgl. MARK HELBLING, The Harlem Renaissance. The One and the Many (Westport, Conn./London 1999), 97–127.

einer breiten Bewegung zu entwickeln und auch nur annähernd Vergleichbares hervorzubringen wie die Harlem Renaissance. Es muß betont werden, daß es sich hier um ein nur kleines Grüppchen von Studenten handelt, die, abgesehen von dem Gedichtband *Pigments* (1937) von Damas und Césaires *Cahier*, kaum etwas Nennenswertes publiziert haben.

III. Höhepunkt und Krise der Négritude

Wie der Anfang der Négritude, so wird auch ihre weitere Entwicklung von zwei Zeitschriften getragen: von der ›revue culturelle‹ *Tropiques*, die Césaire, seine Frau Suzanne und Ménil von 1941 bis 1945 in Fort-de-France auf Martinique herausgeben, und von *Présence Africaine*, deren erste Nummer Alioune Diop im Dezember 1947 gleichzeitig in Dakar und in Paris ediert, unterstützt von einem ›Comité de patronage‹, zu dem Senghor, Césaire, Richard Wright, Paul Hazoumé sowie Gide, Sartre, Camus und Leiris gehören.

1. ›Tropiques‹

Als der zweite Weltkrieg ausbricht, zerstreut sich die Négritude-Gruppe in alle Winde. Aimé Césaire, seine Frau Suzanne und Ménil kehren nach Martinique zurück, wo sie als Gymnasiallehrer Anstellung finden. Wie das Mutterland wird auch Martinique von der mit Hitler-Deutschland kollaborierenden Vichy-Regierung beherrscht. Die Césaires und Ménil beschließen, die in Paris begonnene Entwicklung des Négritude-Konzeptes fortzusetzen und gründen die Zeitschrift *Tropiques*, die von April 1941 bis 1945 in 14 Nummern, verteilt auf acht Einzel- und drei Doppelhefte, trotz großer Schwierigkeiten erscheint. Die bisher rein theoretisch entworfene Négritude bekommt nun praktische Ziele: Einmal kann sie sich im Kampf gegen das rechte Vichy-Regime bewähren und zum anderen dazu beitragen, das kulturelle Vakuum auf Martinique zu beseitigen.

Die Verbindung von Politik und Kultur, die den Begriff der Négritude kennzeichnet, wird in der schwierigen Konfrontation mit der Zensur geschickt ausgespielt. Ein direktes politisches Engagement ist ausgeschlossen, der Umweg über die Dichtung, die Kunst, die Kultur wird von den Zensoren zwar mißtrauisch beobachtet und nach Möglichkeit erschwert, doch nicht unmöglich gemacht. So präsentiert sich *Tropiques* dominant als dichterisch-literarische Zeitschrift, in der Césaire im Mittelpunkt steht. Sein Beitrag zur fünften Nummer ist eine variierte und verkürzte Fassung des *Cahier*[43], in der elften Nummer erscheint das Vorwort Bretons zur zweisprachigen Ausgabe des *Cahier*, die 1947 in New York herauskommen wird.[44] Breton reist 1941 nach Martinique, entdeckt zufällig die erste Nummer von *Tropiques*, von deren poetischer Qualität er hingerissen ist, und begegnet Césaire auch persönlich. So steht *Tropiques* ganz im Zeichen der Poesie und des Surrealismus, der jetzt eine Waffe wird gegen Vichy, gegen den okzidentalen, vom Nationalsozialismus zum Massenmord perfektionierten Rassismus sowie gegen das denkfaule und angepaßte farbige Bürgertum auf Martinique. Surrealismus bedeutet Widerstand gegen das dekadente Bürgertum und Kampf um die Freiheit. Die dichterische Sprache des Surrealismus ist so bilderreich und vieldeutig, daß die wahren Intentionen nur mitschwingen und zwischen den Zeilen stehen. In *Tropiques* wird der zehn Jahre zuvor in *Légitime Défense* mit wortreicher und aggressiver Rhetorik proklamierte Kampf zur konkreten poeto-politischen Praxis.

Tropiques bemüht sich, den Diskurs der Négritude möglichst umfassend und anschaulich zu präsentieren. Bereits in der ersten Nummer stellt Suzanne Césaire Frobenius vor[45], und in der fünften Nummer werden Auszüge aus der *Kulturgeschichte Afrikas* abgedruckt, mit dem berühmten Satz: »L'idée du ›nègre barbare‹ est une invention européenne qui a, par contre-coup, dominé l'Europe

---

43 Vgl. CÉSAIRE, En guise de manifeste littéraire, in: Tropiques 5 (1942), 7–12.
44 Vgl. BRETON, Martinique charmeuse de serpents. Un grand poète noir, in: Tropiques 11 (1944), 119–126.
45 Vgl. SUZANNE CÉSAIRE, Léo Frobenius et le Problème des Civilisations, in: Tropiques 1 (1941), 27–36.

jusqu'au bout de ce siècle.«[46] Zudem bietet die Zeitschrift zahlreiche Beiträge zur Volkskultur Martiniques, sogar zu seiner Fauna und Flora, einige Gedichte der afroamerikanischen Dichter James Welden Johnson, Jean Toomer und McKay (Nr. 1), Aufsätze zur negro-afrikanischen Kunst und vor allem Artikel, die die Jugend von Martinique auffordert, ihre vielfältigen Wurzeln zu erkennen und einen neuen »art local«[47] zu schaffen: Der scharfzüngige Marxist Ménil fordert, eine Formulierung von Suzanne Césaire aufnehmend[48], für Martinique eine aggressive Dichtung: »La poésie martiniquaise sera virile. La poésie martiniquaise sera cannibale. Ou ne sera pas.«[49] Ein besonders weitreichender Aspekt von *Tropiques* ist die Verbindung zu Hispano-Amerika, zu Kuba und Venezuela: Über Wilfredo Lams Malerei wird mehrfach gehandelt, und Carpentier kommt mit Auszügen aus einem 1944 in Haiti publizierten Artikel zu Wort (Nr. 12).

Tropiques hat zu Beginn eine Auflage von 1000, am Schluß von 450 Exemplaren; damit erreicht die Zeitschrift keine große Leserschaft, schon gar nicht über Martinique hinaus. Konzeptuell bringt sie nicht viel Neues. Ihre hauptsächliche Bedeutung liegt darin, daß sie vor allem von Schülern und Studenten gelesen wird, deren Lehrer Aimé und Suzanne Césaire sowie René Ménil sind. Auf diese Weise wird eine neue Generation junger Intellektueller und Künstler herangezogen, die mit den politischen und ästhetischen Grundsätzen der Négritude vertraut sind und von ihnen geprägt werden. Zu ihnen gehören Frantz Fanon, Edouard Glissant, Joseph Zobel und Georges Desportes. Damit ist die Grundlage geschaffen für eine weitergehende intensive und kritische Auseinandersetzung mit der Négritude. Als sich Césaire nach dem Fall von Vichy und nach dem Ende des Krieges politisch engagiert (Eintritt in die Kommunistische Partei Frankreichs, Wahl zum ersten Bürgermeister von Fort-de-France und zum Abgeordneten im französischen Parlament), hat die Kulturzeitschrift *Tropiques* ihre Aufgabe erfüllt und wird eingestellt.

2. ›Présence Africaine‹

Was *Tropiques* im engen und abgeschlossenen Raum von Martinique unter Vichy und in der kurzen zeitlichen Spanne von 1941 bis 1945 leistet, führt die Zeitschrift *Présence Africaine* in Paris von 1947 bis auf den heutigen Tag als internationales Forum für die Négritude und für alle anderen Manifestationen ›negro-afrikanischer‹ Kulturtheorie und Ästhetik fort. Der Titel der zweisprachigen Zeitschrift (Französisch, Englisch) ist zugleich ihr Programm: Die bisherige Absenz Afrikas unter den Kulturen der Welt wird jetzt für alle sichtbar in eine Präsenz verwandelt: »Le noir qui brille par son absence dans l'élaboration de la cité moderne, pourra, peu à peu, signifier sa présence en contribuant à la récréation d'un humanisme à la vraie mesure de l'homme.«[50] Diese Präsenz soll institutionalisiert werden zu einem Zeitpunkt, da Paris über außerordentlich angesehene und einflußreiche Zeitschriften (*Les Temps modernes*, *Esprit*, *Les Lettres françaises* und *Action*) verfügt.

Diop, Gründer und treibende Kraft von *Présence Africaine* von 1947 bis zu seinem Tode 1980, formuliert im Editorial der ersten Nummer, die Gide mit einer ironischen Eurozentrismuskritik einleitet, zunächst zwei Voraussetzungen: die Unabhängigkeit von jeder philosophischen und politischen Ideologie und die erwünschte »collaboration de tous les hommes de bonne volonté (blancs, jaunes ou noirs)« (7). Diese moderate und liberale Grundsatzerklärung darf nicht mißverstanden werden; denn sie steht Seite an Seite mit den im Ton viel schärferen Beiträgen der weißen Mitarbeiter der ersten Nummer (Gide, Monod, Griaule, Balandier, Naville und Sartre): Es geht *Présence Africaine* von Anfang an um die vollständige Befreiung aller schwarzen Menschen aus kolonialistischer Unterdrückung und rassistischer Diskriminierung. Ihre Leitidee ist Du Bois' Panafrikanismus, und dieser

---

46 FROBENIUS, Que signifie pour nous l'Afrique?, in: Tropiques 5 (1942), 66.
47 RENÉ HIBRAN, Le problème de l'art à la Martinique, in: Tropiques 6–7 (1943), 39.
48 Vgl. S. CÉSAIRE, Misère d'une poésie, in: Tropiques 4 (1942), 50.
49 MÉNIL, Laissez passer la poésie, in: Tropiques 5 (1942), 27.
50 ALIOUNE DIOP, Niam n'goure ou les raisons d'être de Présence Africaine, in: Présence Africaine 1 (1947), 13.

wird als Alteritätskonzept zu Europa definiert.[51] Das wird an den drei Zielen deutlich, die Diop der Zeitschrift vorgibt: die Publikation von Texten aus der Feder von Afrikanern und Autoren afrikanischer Abstammung, die Veröffentlichung von wissenschaftlichen Arbeiten über Afrika und die kritische Besprechung von künstlerischen und philosophischen Studien, die sich auf den monde noir beziehen. Dadurch soll in erster Linie die Jugend Afrikas die Möglichkeit erhalten, ihre Isoliertheit und Marginalität zu durchbrechen: »elle court le risque de s'asphyxier ou de se stériliser, faute d'avoir une fenêtre sur le monde«[52]. *Présence Africaine* hat also dieselbe kulturpolitische und didaktische Grundintention wie *Tropiques*, die sich nun freilich in erster Linie auf Afrika richtet und nicht auf die Antillen. Allerdings erreicht *Présence Africaine* bis zur Unabhängigkeit der afrikanischen Länder nur die weiße Leserschaft und die in Europa lebenden Afrikaner. Da diese aber den Kampf um die Entkolonisierung und den Aufbau der neu entstehenden Länder entscheidend mitgestalten, kommt sie auf Umwegen doch zum Ziel.

Die Idee, eine solche Zeitschrift zu gründen, entsteht 1942/43 im besetzten Paris. Nachdem Senghor 1941 aus deutscher Kriegsgefangenschaft entlassen wird, bildet sich in Paris wieder eine Gruppierung von Studenten, zu denen, außer Senghor, der Senegalese Diop, die Westinder Paul Niger, Guy Tirolien und Lionel Attuly sowie Jacques Rabémanjara aus Madagaskar gehören. Es sei ihnen, so berichtet Diop, zu dieser Zeit definitiv bewußt geworden, daß die »civilisation militante« Europas, der Eurozentrismus und der Kolonialismus dieser Minderheit innerhalb der gesamten Menschheit nicht weiterhin die Mehrheit mit Füßen treten und ihnen den Mund verbieten könne. Es sei an der Zeit, daß die Mehrheit aktiv an der Entwicklung der Welt partizipiere. Europa könne sich erst dann selbst erkennen, wenn es in den Spiegel der anderen blicken müsse: »Le monde de demain sera bâti par tous les hommes.« (13)

Nach der Libération treibt es daher auch die meisten schwarzen Intellektuellen und Schriftsteller in die Politik: Senghor wird zum Abgeordneten für den Senegal, Césaire für Martinique und Damas für Guyana gewählt, und auch Diop ist eine Zeit lang Senator des Senegal. So mündet die Négritude nach dem Ende des zweiten Weltkriegs für viele in die Politik, ohne daß sie deshalb ihre dichterische Praxis aufgeben würden. Daraus resultieren zunächst offenbar keine intellektuellen oder ästhetischen Konflikte, wohl aber ein zeitliches Problem. Da fügt es sich gut, daß einer unter ihnen – Diop – sich mehr zur kulturellen als zur politischen Tätigkeit berufen fühlt: Er gibt die Politik auf und widmet sich ganz *Présence Africaine*.

Es ist evident, daß Diop, der Freund und Landsmann von Senghor, auf dem Boden der Négritude steht: »la revue *Présence Africaine* se situe dans le prolongement du mouvement de la négritude en tant que forum d'idées sur la révolution politique, sociale, culturelle et littéraire du monde noir en général et de l'Afrique en particulier.«[53] Wie in *Tropiques* dominiert auch in *Présence Africaine* die Literatur: Sie ist in einem Bibliothek und Chronologie des unerhörten Aufschwungs der negro-afrikanischen Literatur nach dem Ende des zweiten Weltkriegs. Diese folgt in der ersten Phase von *Présence Africaine* (Nummer 1 bis 16 von 1947 bis 1954) den ästhetischen Grundsätzen der ›historischen‹ Négritude (Mère-Afrique, Musikalität, Rhythmus, Oralität, Coutumes, Märchen, Legenden, Sprichwörter, Rätsel). Um diesen literarischen Kern baut die Zeitschrift in nunmehr über fünfzig Jahren geradezu eine Enzyklopädie Afrikas und seiner Diaspora, und zwar ohne ideologische Einengung (auch wenn eine große Zahl der Beiträger marxistisch orientiert ist). Mit den beiden letzten Nummern endet die erste Serie von *Présence Africaine*; in diesen Heften beginnt zugleich durch Beiträge von Albert Franklin[54] und Alexandre Biyidi[55] die systematische Kritik an Begriff und Konzept der Négritude.

---

51 Vgl. VUMBI Y. MUDIMBE (Hg.), The Surreptitious Speech. Présence Africaine and the Politics of Otherness 1947–1987 (Chicago/London 1992).
52 DIOP (s. Anm. 50), 7.
53 JOSIAS SEMUJANGA, Et Présence Africaine inventa une littérature, in: Présence Africaine 156 (1997), 18.
54 Vgl. ALBERT FRANKLIN, La Négritude: Réalité ou Mystification?, in: Présence Africaine 14 (1953), 287–303.
55 Vgl. ALEXANDRE BIYIDI, [Rez.] L'enfant noir, in: Présence Africaine 16 (1954), 419–420.

3. Senghors ›Anthologie de la nouvelle poésie nègre et malgache de langue française‹ und Sartres Vorwort ›Orphée noir‹

Senghor veröffentlicht seine *Anthologie* in einer Reihe, die zum 100. Jahrestag der Revolution von 1848 herausgegeben wird. In seiner Einleitung erinnert er an zwei Dekrete vom 27. April 1848, von denen das eine die Sklaverei definitiv abschafft und das andere die kostenlose Schulpflicht in den Kolonien einführt. Trotz aller Schwierigkeiten unter dem Second Empire und der Dritten Republik seien die Nègres, so sagt er, der freiheitlichen Bürgerrechte und der (französischen) Kultur teilhaftig geworden und daher heute in der Lage, ihren Beitrag zum französischen Humanismus zu leisten. Man muß diese Sätze ernst nehmen, denn sie zeigen, in welchem Maße Senghors Négritude an Frankreich, seine Kultur und seine Sprache gebunden ist. Was zuerst merkwürdig unterwürfig klingt, erhält schließlich aber einen selbstbewußten Ton: »C'est ainsi qu'ils [les Nègres – d. Verf.] ont pu […] apporter leur contribution à l'humanisme français d'aujourd'hui, qui se fait véritablement universel parce que fécondé par les sucs de toutes les races de la terre.«[56]

Senghors *Anthologie* beschränkt sich, im Unterschied zu Lockes *New Negro*, auf die Dichtung; sie gibt eine repräsentative Auswahl aus dem poetischen Werk, das die Freunde und Kampfgefährten seit den Pariser Anfängen geschaffen haben. Geordnet nach der geographischen Herkunft (Guyana, Martinique, Guadeloupe, Haiti, Schwarzafrika, Madagaskar), treffen wir vor allem auf Damas, Césaire, Guy Tirolien, Paul Niger, Jacques Roumain, Jacques Rabémananjara und auf Senghor selbst und können uns ein Bild machen von der thematischen und formalen Vielfalt der Texte. Damas spielt ironisch und bissig mit dem Rassismus und der Negerimagologie, Césaire ist mit einem langen Auszug aus dem *Cahier* vertreten, Tirolien besingt die sinnliche Schönheit der afrikanischen Frau, Niger polemisiert gegen die negativen Klischees über Afrika und prophezeit einen neuen Kontinent, der erwacht, seine Stimme erhebt und seine Rechte einfordert, Roumain evoziert die ›Traite‹, die Ermordung, Versklavung und Entwurzelung von Millionen von Afrikanern, Rabémananjara beschwört in feierlichen Gesängen seine Heimat Madagaskar, und Senghor selbst variiert sein Lied von der idealen Schönheit der Mère-Afrique. Formal zeigen die Gedichte alle Merkmale, die die historische Négritude einer spezifisch afrikanischen Poetik und Ästhetik zuweist.

Die *Anthologie* wird aber nicht nur wegen der Schönheit der ›negro-afrikanischen‹ Dichtung berühmt, sie wird nobilitiert durch das lange Vorwort *Orphée noir* (1948) von Sartre, das im Zusammenhang zu lesen ist mit seiner gleichzeitig entstandenen programmatischen Schrift *Qu'est-ce que la littérature?* (1947). *Orphée noir* ist das korrigierende Komplement zu *Qu'est-ce que la littérature?*, in welchem sich Sartre mit der französischen Literatur und mit der Situation des französischen Schriftstellers im Jahr 1947 befaßt, ohne die frankophone Literatur Afrikas und der Antillen zu berücksichtigen (obwohl er zum Comité de patronage von *Présence Africaine* gehört und in der ersten Nummer mit einer knappen Reflexion über die ›Présence noire‹[57] vertreten ist). Er behauptet dort, die Poesie sei für den revolutionären Dichter ungeeignet, und stellt nun fest, daß die schwarzen Autoren ausschließlich Gedichte schreiben. Er kritisiert dort den Surrealismus, weil er zwar zur Revolte, nicht aber zur Revolution gefunden habe, und er sieht in Césaire einen Dichter, der surrealistische Verfahren praktiziert. Das mag erklären, weshalb er, der bei jeder Gelegenheit gegen die Diskriminierung der Afroamerikaner in den USA wettert, sich in *Orphée noir* grundsätzlich und ausführlich mit Senghors *Anthologie* beschäftigt.[58]

Sartres Analyse beginnt mit der Feststellung, daß die »poésie noire« Europa mit demselben Blick begegnet, mit dem Europa bisher Afrika stets abschätzig betrachtet habe: »la France paraît exotique«[58]. Dann unterscheidet er zwischen dem Klassenbewußtsein des weißen Proletariats, das in seinem Klassenkampf mit der Dichtung nichts an-

---

56 SENGHOR, Introduction, in: Senghor (Hg.), Anthologie de la nouvelle poésie nègre et malgache de langue française (Paris 1948), 1.
57 Vgl. JEAN-PAUL SARTRE, Présence noire, in: Présence Africaine 1 (1947), 28–29.
58 SARTRE, Orphée noir (1948), in: Senghor (s. Anm. 56), XI.

fangen könne, und dem Rassenbewußtsein der Schwarzen: »ce racisme antiraciste est le seul chemin qui puisse mener à l'abolition des différences de race« (XIV), und dieser drücke sich in einer kollektiven »poésie orphique« (XVII) aus. Die schwarzen Dichter bedienten sich des Französischen, um sich an der Sprache der Kolonisatoren zu rächen, sie zu zerstören (»ils parleront cette langue pour la détruire« [XX]), indem sie sie anders benutzten. Die Wendung ›poésie orphique‹ meint die Wesenserforschung und den Rekurs auf die afrikanischen kulturellen Wurzeln. Bei der Beschreibung dieser »négritude objective« folgt Sartre getreu Senghors Konzept; er definiert die schwarze »poésie objective« als Magie und Zauber (»charme«), die auf Rhythmus, Tanz, Tam-tam, Extase und Instinkt basierten: »On aura l'impression en feuilletant ce recueil que le tam-tam tend à devenir un genre de la poésie noire, comme le sonnet ou l'ode le furent de la nôtre.« (XXIV)

An dieser Stelle geht Sartre auf Césaire ein, dessen Surrealismus er jetzt, da Césaire Kommunist geworden ist, anders bewerten muß. Er findet dafür die Formel der »écriture automatique engagée« (XXVII) und erklärt, Césaire habe den Surrealismus den Europäern entwendet und ihn zu einer »méthode subjective« gewandelt, um die »âme noire« (XXVIII) vulkanisch aus sich herauszuschleudern. Was aber macht diese schwarze Seele aus? Es ist die Fähigkeit der Schwarzen, so Sartre, sich emotional der Welt gegenüber zu verhalten, und dann kommt die berühmte Formel: »La négritude, pour employer le langage heideggerien, c'est l'être-dans-le-monde du Nègre.« (XXIX) Beim Versuch, das Spezifische des schwarzen In-der-Welt-seins zu definieren, verfällt Sartre auf das sexistische ›Neger-Klischee‹ vom schwarzen Ackerbauern, der in einer erotischen unio mystica mit der Natur eine Einheit bildet (»panthéisme sexuel de ces poètes« [XXXII]). Die andere Seite des schwarzen In-der-Welt-seins ist die kollektive Erinnerung an das Leid der Unterdrückung durch die Weißen (Versklavung, Kolonialismus, kapitalistische Ausbeutung). In der Négritude vereinigen sich schließlich Rassen- und Klassenbewußtsein, und ihr Ziel ist eine menschliche Gemeinschaft ohne Klassenschranken und Rassenvorurteile. So ist die Négritude ein Durchgangsstadium, nicht Ziel, sondern Mittel und Weg. Um diese Spannungen auszudrücken, gebe es nur das Medium der Poesie: »Parce qu'elle est cette tension entre un Passé nostalgique où le noir n'entre plus tout à fait et un avenir où elle cédera la place à des valeurs nouvelles, la Négritude se pare d'une beauté tragique qui ne trouve d'expression que dans la poésie.« (XLIII)

Sartre trägt mit seinem Essay über die *Anthologie* entscheidend dazu bei, dem Négritude-Begriff einen festen Platz im literarischen, kulturellen und politischen Feld zu sichern. Auch wenn es erstaunt, wie unkritisch er die Klischees der Negerimagologie wiederholt, so gibt er insgesamt doch eine scharfsinnige Analyse der Grundpositionen der Négritude.

4. Janheinz Jahn: Agisymba und ›Schwarzer Orpheus‹

Die Négritude findet in dem Dichter, Übersetzer und Literaturwissenschaftler Janheinz Jahn in Deutschland einen überzeugten Anhänger. Vielleicht als Reaktion auf den Rassenwahn des Nationalsozialismus fasziniert ihn die neu auf den Plan tretende ›negro-afrikanische‹ Dichtung französischer Sprache; er übersetzt sie ins Deutsche und präsentiert sie bereits 1954 in einer Anthologie, die er zehn Jahre später erneut publiziert.[59] Doch Jahn versteht sich nicht nur als Mittler einer neuen Literatur, er will sie erforschen und in ihrer Eigentümlichkeit fassen. Dabei stößt er auf zwei Probleme. Das erste ist sprachlicher, das zweite begrifflicher Natur. Je länger er sich mit der ›negro-afrikanischen‹ Literatur beschäftigt, desto mehr stört ihn die Beschränkung der Négritude-Dichtung auf die französische Sprache. Daher weitet er seine Anthologie geographisch erheblich aus, vor allem auf Lateinamerika. Noch kritischer beurteilt er die bisher übliche Begrifflichkeit zur Bezeichnung der Kulturräume, aus denen diese Literatur stammt. Afrika sei ein geographischer, Schwarzafrika oder Negro-Afrika »ein Begriff der Rassengeographie«, den er

---

[59] Vgl. JANHEINZ JAHN (Hg.), Schwarzer Orpheus. Moderne Dichtung afrikanischer Völker beider Hemisphären (München 1964).

»nur mit Unbehagen anwenden mag«[60]. So verfällt er auf Agisymba, ein Wort, mit dem Ptolemäus das unbekannte Gebiet südlich der Sahara benennt. Dieser Begriff hat sich nicht durchgesetzt, doch Jahns Überlegungen weisen auf ein Kernproblem des Négritude-Begriffs hin: Es handelt sich um einen abstrakten Sammelbegriff, dessen konkrete Ausdifferenzierung überaus schwierig, wenn nicht gar unmöglich ist. Je mehr Jahn mit seiner begrifflichen Akrobatik und Kasuistik – er unterscheidet agisymbische, islamisch-arabische, afro-arabische, arabo-agisymbische, neoafrikanische Literaturen – die Vielfalt in der Einheit zu fassen versucht, desto manifester wird die Aussichtslosigkeit einer holistischen Konzeption, immer deutlicher treten die Differenzen zwischen den Kulturräumen in Afrika, in der Karibik, in Nord- und in Südamerika hervor.

Jahn sucht sein Heil in »einer phänomenologischen Stilanalyse« (16) und in der von Ernst Robert Curtius entworfenen Toposforschung. Curtius' *Europäische Literatur und Lateinisches Mittelalter* erscheint 1948, also im selben Jahr wie Senghors *Anthologie*. Sein Werk sei, so schreibt Curtius im Vorwort zur zweiten Auflage, »aus Sorge für die Bewahrung der westlichen Kultur« erwachsen und es mache »den Versuch, die Einheit dieser Tradition in Raum und Zeit mit neuen Methoden zu beleuchten«[61]. Genau dieselbe Absicht verfolgt Jahn, bezogen auf Afrika. Er meint, man müsse nur alle »afrikanischen Topoi« und »die der Tradition Agisymbas entstammenden Stil- und Denkstrukturen« herausfinden, und dann lasse sich jedes Werk als agisymbisch oder nicht klassifizieren. Dazu gehört zuvörderst die Oralität der afrikanischen Überlieferung, dann »magisch beschwörende Bildsetzung, Bevorzugung der rhythmischen

vor der dramatischen Struktur, Imperativismus«[62]. Es liegt auf der Hand, daß solch ein ahistorisches und formalistisches Verfahren keine Aussicht auf Erfolg haben kann. Jahn entdeckt exakt die Topoi, die er als die ästhetischen Grundannahmen der Négritude längst schon kennt, und konstruiert eine alles durchdringende afrikanische Philosophie (Ntu), die aus den vier Grundkategorien Mensch (Mu*ntu*), Ding (Ki*ntu*), Ort und Zeit (Ha*ntu*) und Modalität (Ku*ntu*) besteht. In der Nachfolge des deutschen Idealismus und im Kontext der Wertekrise der Nachkriegszeit – des ›Verlustes der Mitte‹ (Hans Sedlmayr) – erweist sich Jahn als ebenso spekulativer Kopf wie vor ihm Frobenius.[63]

Ausgestattet mit diesem kategorialen und strukturalen Gerüst stürzt sich Jahn auf die »neoafrikanische Literatur«. Darunter versteht er die »Literatur im Überlappungsbereich der agisymbischen und der westlichen Kultur«[64]. Die zweite Ausgabe der von ihm besorgten Anthologie *Schwarzer Orpheus* enthält 256 Gedichte von 133 Autoren aus Afrika, den Antillen, aus Nord- und aus Südamerika. Nur wenige Jahre nach Senghors *Anthologie* dokumentiert Jahns Auswahl ungleich breiter und eindrucksvoller, daß der Begriff einer Weltliteratur, der auf dem poetischen Diskurs Europas basiert, von nicht-europäischen Literaturen, in erster Linie von der ›neoafrikanischen‹, massiv in Frage gestellt wird.

5. Die Kritik an der Négritude

1953 veröffentlicht Camara Laye den Roman *L'enfant noir* und 1954 Mongo Beti unter dem Namen Eza Boto den Roman *Ville cruelle*. *Présence Africaine* druckt in Nummer 16 (1954) einen langen Auszug aus *Ville cruelle* und in der Rubrik ›Chroniques‹ einen bösen Verriß von *L'enfant noir*, der von niemand anderem stammt als vom Verfasser von *Ville cruelle*. Hier wird frontal zum Angriff auf die Ästhetik der Négritude geblasen, und nach Sartres Kategorien einer ›littérature engagée‹ Camara Laye als unfähiger, weil romantischer Romancier und *L'enfant noir* als »littérature gratuite« und »l'art pour l'art«[65] verdammt. Beti argumentiert hier mit Sartre gegen Sartre. Die Botschaft des Rezensenten ist klar: Die nostalgische, idealisierende und wirklichkeitsfremde Négritude und die Poesie sind vorbei,

---

60 JAHN, Geschichte der neoafrikanischen Literatur. Eine Einführung (Düsseldorf/Köln 1966), 13.
61 ERNST ROBERT CURTIUS, Europäische Literatur und Lateinisches Mittelalter (1948; Bern/München ³1961), 9.
62 JAHN (s. Anm. 60), 16.
63 Vgl. JAHN, Muntu: die neoafrikanische Kultur. Blues, Kulte, Negritude, Poesie und Tanz (Düsseldorf/Köln 1958).
64 JAHN (s. Anm. 60), 16.
65 BIYIDI (s. Anm. 55), 419.

es beginnt auch in Afrika die Zeit der Prosa und des realistischen Romans. Gefordert wird die Darstellung der afrikanischen Wirklichkeit, die gezeichnet ist von den Untaten des Kolonialismus. Beti postuliert das neue Paradigma einer mimetischen und engagierten Prosa, wie sie Richard Wright mit *Black Boy* (1945) vorgemacht hat, die er selbst mit *Ville cruelle* anstrebt und der wenig später Ferdinand Oyono mit *Une vie de boy* (1956) folgen wird.

Bereits ein Jahr zuvor erschien in Heft 14 von *Présence Africaine* eine vernichtende Kritik von Sartres *Orphée noir* aus der Feder des schwarzen Studenten Albert Franklin.[66]

Die Studenten Biyidi alias Beti und Franklin stützen sich in ihren Gedanken zu Sartres *Orphée noir* auf Frantz Fanon, der in *Peau noire, masques blancs* (1952) Senghors Négritude und Sartres *Orphée noir* leidenschaftlich attackiert: »On avait fait appel à un ami des peuples de couleur, et cette ami n'avait rien trouvé de mieux que montrer la relativité de leur action. [...] Jean-Paul Sartre, dans cette étude, a détruit l'enthousiasme noir. Contre le devenir historique, il y avait à opposer l'imprévisibilité. J'avais besoin de me perdre dans la négritude absolument. Peut-être qu'un jour, au sein de ce romantisme malheureux ... [...] Toujours en termes de conscience, la conscience noire est immanente à elle-même. Je ne suis pas une potentialité de quelque chose, je suis pleinement ce que je suis. Je n'ai pas à chercher l'universel. En mon sein nulle probabilité ne prend place. Ma conscience nègre ne se donne pas comme manque. Elle *est*. Elle est adhérente à elle-même.«[67] In einer hinreißenden Prosa, die allein schon durch ihre Mischung aus hochintellektueller Argumentation und poetischer Emphase Senghors Satz »L'émotion est nègre comme la raison hellène« (102) zu widerlegen sucht, weist Fanon die essentialistische Andersartigkeit des Negers zurück und entlarvt sie als ein dialektisches Konstrukt des Weißen, das darauf zielt, den Schwarzen weiter in der inferioren Stellung zu halten, in die er ihn durch alle Formen der Unterdrückung gebracht hat. Fanon, der als Psychiater in Algerien arbeitet und den FLN unterstützt, sieht keine andere Art des Widerstands als den bewaffneten Kampf.

Der Tunesier Albert Memmi, der sich als Jude in einer besonders heiklen Situation befindet, bekräftigt in seinem Essay *Portrait du colonisé précédé de Portrait du colonisateur* (1957) Fanons Analyse. Auch für ihn ist das Konzept der Négritude unbrauchbar und allein der bewaffnete Aufstand der Ausweg aus der Dialektik der Zweierbeziehung von Kolonisator und Kolonisiertem. Solange die ›situation coloniale‹ besteht, kann der Kolonisierte sich nicht vom Kolonisator befreien. Als Beispiel führt Memmi Senghors Négritude an.[68] Memmi bringt in diesem Text noch einen zweiten gravierenden Einwand gegen das Konzept der Négritude vor. Er fordert vom ›kolonisierten‹ Schriftsteller, auf gar keinen Fall die Sprache des Kolonisators zu benutzen. Das aber ist und bleibt ausdrücklich die Praxis der Dichter der Négritude. Diese Problematik wird im Maghreb, überall in Schwarzafrika und in der Karibik ein zentraler Diskussionspunkt sein.

1956 findet in Paris der erste internationale Kongreß schwarzer Schriftsteller und Künstler statt. Hier tritt die Kritik an der Négritude und an Senghor offen zu Tage. Jacques Stéphen Alexis (Haiti) trägt sein Konzept der Mischkultur des ›réalisme merveilleux des Haïtiens‹[69] vor, in der, wie er einräumt, zwar der schwarze Anteil dominiere, der indianische und der katholische aber nicht weniger wichtig seien. Auch der Afroamerikaner Wright erklärt, er finde sich in Senghors Konzept in keiner Weise wieder. Der Kongreß steht ganz im Zeichen der Debatte über Nationalkultur und Nationalliteratur kurz vor den Unabhängigkeiten. Im gleichen Jahr ergreift François Duvalier, der Mitbegründer der Zeitschrift *Griots*, die das Sprachrohr des ›noirisme‹ ist, in Haiti die Macht; er wird die Négritude als ideologisches Fundament seines Terrorregimes mißbrauchen (wie später Mobutu im Zaïre mit dem Schlagwort Authenticité).[70]

---

66 Vgl. FRANKLIN (s. Anm. 54).
67 FRANTZ FANON, Peau noire, masques blancs (Paris 1952), 108 f.
68 Vgl. ALBERT MEMMI, Portrait du colonisé précédé de Portrait du colonisateur (1957; Paris 1985), 151 f.
69 Vgl. JACQUES STÉPHEN ALEXIS, Du réalisme merveilleux des Haïtiens, in: Présence Africaine 8/9/10 (1956), 245–271.
70 Vgl. LORENZ (s. Anm. 34), 123–125; BERNARD MOURALIS, Littérature et Développement (1981; Paris 1984), 419–461.

Besonders scharf ist die Ablehnung der Négritude im anglophonen Afrika z. B. durch den Südafrikaner Ezekiel Mphahlele und den Nigerianer Wole Soyinka.[71] Auch dort geht es den Schriftstellern jetzt um den Aufbau nationaler Kulturen und Literaturen. Hierbei können sie mit der französischsprachigen Négritude wenig anfangen. Zudem ist ihnen der gemeinsame Kampf gegen die Apartheid-Regime in Kenia, Rhodesien und Südafrika ein viel brennenderes Problem als abstrakte Diskussionen über eine afrikanische Ontologie. Berühmt geworden ist der Ausspruch von Soyinka, der 1986 als erster und bisher einziger Schwarzafrikaner den Nobelpreis für Literatur erhalten wird: »A tiger does not pronounce his tigritude, he pounces.«[72] In einem Fernsehinterview erklärt er 1995 seine frühere Position: »What we did not want at the time was a romantic celebration of that essence. And this was – we believed and still believe – what Senghor and the others were doing at the time: they were romanticizing and simplifying what was a very complex and very rich world. Now, in their writing – their writing is very complex and very rich – it was not simplistic.«[73]

Die Kontroversen setzen sich auf dem zweiten internationalen Kongreß afrikanischer Schriftsteller und Künstler 1959 in Rom fort und erreichen – nach den Unabhängigkeiten – auf dem *Premier Festival culturel pan-africain* in Algier 1969 ihren Höhepunkt. Henri Lopes, der damals junge Erziehungsminister der Republik Kongo-Brazzaville (heute einer der bekanntesten frankophonen Autoren Afrikas), wirft in seiner Rede der Négritude vor, sie sei das größte Hindernis für eine originelle afrikanische Literatur.[74] Stanislas Adotévi formuliert seine Kritik noch heftiger[75]; 1972 veröffentlicht er das militant sarkastische Pamphlet *Négritude et négrologues*, das Angela Davis gewidmet ist, sich auf Frantz Fanon stützt und ganz unter dem Eindruck des Black Power Movement steht: Wie in den USA muß auch Afrika sich mit Gewalt zur Wehr setzen: »Le Nègre doit devenir dangereux!«[76]

Das narrative Pendant zu Adotévis Streitschrift ist der Roman *Le devoir de violence* (1968) von Yambo Ouologuem (Mali). Er zeichnet ein Bild vom vorkolonialen Afrika, das allen idyllischen Vorstellungen der Négritude Hohn spricht und verspottet Frobenius nach Strich und Faden. Dieser habe sich von den gewitzten Afrikanern lauter Lügenmärchen über die so gute und schöne afrikanische Wirklichkeit erzählen lassen: »Saïf fabula et l'interprète traduisit, Madoubo répéta en français, raffinant les subtilités qui faisaient le bonheur de Shrobénius, écrevisse humaine frappée de la manie tâtonante de vouloir ressusciter, sous couleur d'autonomie culturelle, un univers africain qui ne correspondait à plus rien de vivant; habillé avec une élégance tapageuse de colon en fête, riant souvent, il voulait trouver un sens métaphysique à tout, jusques à la forme de l'arbre à palabres où devisaient les notables.«[77]

IV. Post-Négritude

Die Négritude entfaltet zwischen 1935 und 1955 eine außerordentliche literarische Produktivität auf der Grundlage einer Ästhetik, die von den frankophonen Autoren Afrikas und der Karibik durchweg akzeptiert wird. Sie ist der Ausgangspunkt einer breiten und vielfältigen literarischen Entwicklung, die der ›negro-afrikanischen‹ Literatur einen festen Platz unter den Literaturen der Welt sichert. Als nach dem zweiten Weltkrieg in den europäischen Kolonien immer nachdrücklicher Unabhängigkeit und Freiheit gefordert werden und als der Algerienkrieg ausbricht, scheint das künstlerische Konzept der Négritude einer nachwachsenden Generation viel zu rückwärtsgewandt,

---

71 Vgl. EZEKIEL MPHAHLELE, The African Image (London 1974), 79–95; WOLE SOYINKA, Myth, Literature and the African World (Cambridge u. a. 1976), 126–139.
72 SOYINKA, zit. nach Jahn, A History of Neo-African Literature, übers. v. O. Coburn u. U. Lehrburger (London 1968), 265 f.
73 SOYINKA, Interview in Paris (February 1995), in: Présence Africaine 154 (1996), 87.
74 Vgl. HENRI LOPES, [Discours du 23. 7. 1969], zit. nach Mouralis (s. Anm. 70), 459.
75 Vgl. STANISLAS ADOTÉVI, [Discours du 26. 7. 1969], in: ebd., 459.
76 ADOTÉVI, Négritude et Négrologues (Paris 1972), 254.
77 YAMBO OUOLOGUEM, Le devoir de violence (Paris 1968), 102.

idealistisch und abstrakt, um ihrer Forderung nach politischem Engagement, nach Aufklärung und Wirkung auf die Massen entsprechen zu können. Zwar spielt sie auch nach den Unabhängigkeiten in Westafrika, besonders in Senghors Senegal, weiterhin eine nicht unerhebliche Rolle, doch im anglophonen Afrika und in der Karibik wird sie abgelehnt. Durch den Pariser Kongreß von 1956, an dem Wright und eine afroamerikanische Delegation teilnehmen, sowie durch die Vermittler- und Übersetzertätigkeit von Hughes, Arna Bontemps und Mercer Cook werden die Autoren der Négritude nun auch in Nordamerika bekannt und dort als Vorläufer des ›black is beautiful‹-Konzepts und des Black Arts/Black Aesthetic Movement angesehen.[78]

1. Black Arts/Black Aesthetic Movement und Black Postmodern Multiculturalism

Es mag in der Tat erstaunen, daß sich Repräsentanten des militanten afroamerikanischen Black Arts/Black Aesthetic Movement auf Senghor berufen. Sie interpretieren die Négritude als polemisch-politischen Aufschrei und als rassischen Antagonismus gegen die Unterdrückerkultur der Weißen. Wenn Ron Karenga in seinem Essay *Black Cultural Nationalism* (1968) Senghors Definition der afrikanischen Kunst als »functional, collective and committing or committed«[79] zitiert, dann steckt für ihn freilich eine ganz andere Brisanz in dieser Bestimmung. Das Black Arts/Black Aesthetic Movement ist das künstlerische und literarische Pendant zur Black-Power-Bewegung der zweiten Hälfte der 60er und der ersten Hälfte der 70er Jahre; sie setzt unmittelbar nach der Ermordung von Malcolm X im Februar 1965 ein und endet 1974 mit der Zerschlagung des Black Power Movement. Wenn Black Power zum bewaffneten revolutionären Kampf und zur endgültigen Befreiung der Schwarzen – ›Negro‹ wird jetzt durch ›Black‹ oder ›Afro-American‹ ersetzt – aus der Kolonisierung im eigenen Lande (»Black Americans are [...] colonized in their native land«[80]) aufruft und einen eigenen schwarzen Staat auf dem Gebiet der USA fordert, dann proklamiert das Black Arts/Black Aesthetic Movement den Kampf mit den Waffen des Wortes und der Kunst. Du Bois' alte Forderungen werden aufgegriffen und radikal zugespitzt, denn jetzt richtet sich der schwarze Künstler ausschließlich an ein schwarzes Publikum und an schwarze Kritiker. Schwarze Literatur und Kunst werden als grundlegend anders definiert als die Kunst und die Literatur der Weißen, und es geht darum, die Kunst der Weißen zu vernichten und zugleich die »double consciousness«[81] der in Amerika lebenden Schwarzen zu zerstören, um sie zu ›de-amerikanisieren‹: »The problem of the de-Americanization of black people lies at the heart of the Black Aesthetic.«[82]

Der von Addison Gayle Jr., einem der führenden Theoretiker des Black Arts/Black Aesthetic Movement herausgegebene Sammelband *The Black Aesthetic* (1971) enthält in eindrucksvoller Fülle das ganze Inventar von Begriffen, Formeln und Parolen dieser marxistisch orientierten Theorie. Die meisten Beiträge stammen von Anhängern des Black Arts/Black Aesthetic Movement, doch dazwischen finden sich fundamentale Artikel von Locke, Hughes (*The Negro Artist and the Racial Mountain* [1926]) und Wright (*Blueprint for Negro Writing* [1937]). Die Harlem Renaissance und das klassenkämpferische Manifest von Wright werden als wichtige Vorformen des gegenwärtigen Kampfes anerkannt, doch die anderen Texte stellen klar, daß man sich jetzt im Krieg befinde und nicht in einer Musical Show. Gayle schreibt in der Einleitung zu *The Black Aesthetic*: »Nevertheless, there is a discernible element in black art today that is new, and Hoyt W. Fuller has come closest to pointing it out: ›The Negro revolt is as palpable in letters as it is in the streets.‹ Change revolt to war, and the characteristics that distinguish the old art from the new are readily apparent. The serious black artist of today is at war with the American society as few have been throughout American history.« (XVII)

Die tatsächliche Bedeutung des Black Arts/Black Aesthetic Movement liegt in der künstleri-

---

78 Vgl. FABRE (s. Anm. 40), 157f.
79 RON KARENGA, Black Cultural Nationalism (1968), in: Gayle (s. Anm. 38), 32.
80 HOYT W. FULLER, Towards a Black Aesthetic (1968), in: ebd., 7.
81 FULLER, The new Black Literature: Protest or Affirmation (1970), in: ebd., 329.
82 ADDISON GAYLE JR., Introduction, in: ebd., XXI.

schen Praxis. Man kann hier von einer Massenbewegung sprechen, die in drei Bereichen besonders erfolgreich ist: im Theater, in der Dichtung und in der Musik. Grundsätzlich wird die Verbindung von Kunst und Leben postuliert und dabei die schwarze ›oral folk culture‹ als Grundlage angesehen.

Vergleichbar dem zur selben Zeit im Südwesten der USA entstehenden Chicano-Theater des Luis Valdez[83] und dem ›Teatro do Oprimido‹ des Brasilianers Augusto Boal zielt auch das Black-Arts-Theater auf Bewußtwerdungsprozesse durch gemeinschaftliche Theaterpraxis, durch Spiel, Tanz, Gesang, Film, durch Spontaneität, Improvisation und Performanz. Eine wichtige Rolle spielt dabei der Verleger, Dichter, Musikkritiker und Dramatiker LeRoi Jones (der sich seit 1967 Amiri Baraka nennt und von dem der Begriff ›Black Arts‹ stammt) und das von ihm 1965 gegründete Black Arts Repertory Theatre/School (BARTS). Ende der 60er und Anfang der 70er Jahre gibt es in Amerika Hunderte von Black Arts Theatergruppen.

Ähnlich verbreitet und populär sind literarische Workshops, deren Modell der 1962 in Manhattan entstandene Umbra Workshop ist. Hier schreibt man nicht im standard English, sondern in der gesprochenen Umgangssprache der schwarzen Bevölkerung (vernacular), man experimentiert mit Vers- und Liedformen aus der afroamerikanischen Tradition, legt den Texten die ›black experience‹ zugrunde und setzt auch hier auf kollektive künstlerische Praxis und auf Improvisation. LeRoi Jones und Larry Neal geben 1968 *Black Fire*, eine Antho-

logie des ›Afro-American Writing‹ heraus. Den größten Platz nehmen darin Gedichte ein. Zur Veranschaulichung hier ein Auszug aus Jones' Gedicht *Black Art*: »Stinking / Whores! We want ›poems that kill.‹ / Assassin poems, Poems that shoot / guns. Poems that wrestle cops into alleys / and take their weapons leaving them dead / with tongues pulled out and sent to Ireland. Knockoff / poems for dope selling wops or slick halfwhite / politicians Airplane poems. rrrrrrrrrrrrrrrrrrr / rrrrrrrrrrrrrr .... tuhtuhtuhtuhtuhtuhtuhtuhtuh / .... rrrrrrrrrrrrrrr .... Setting fire and death to / whities ass.«[84]

Am intensivsten, am unmittelbarsten und am emotionalsten kommt die schwarze Kunst in der Musik zum Vorschein: »Black music has been the vanguard reflection of black feeling and the continuous repository of black consciousness. It has a symbiotic relationship to black poetry, drama, and fiction, and also painting, sculpture, and dance forms.«[85] Der Schwarze unterscheide sich vom Weißen, so meint LeRoi Jones, in all seinen sinnlichen Äußerungen: »Identification is Sound Identification is Sight Identification is Touch, Feeling, Smell, Movement.«[86] In der Musik, im Rhythmus und im Blues, manifestiere sich das schwarze Genie unmittelbar und authentisch: »Rhythm and Blues is part of ›the national genius‹, of the Black man, of the Black nation. It is the direct, no monkey business expression of urban and rural (in its various stylistic variations) Black America.« (116)

Günter H. Lenz zeigt am Beispiel des Romanciers und Essayisten Ishmael Reed, daß die theoretischen Positionen und Analysen des Black Arts/Black Aesthetic Movement viel differenzierter (und auch widersprüchlicher) sind als das marxistische Agitprop-Schema, in das man sie gewöhnlich einpaßt.[87] In seinen Romanen (*Mumbo Jumbo* [1972], *Flight to Canada* [1976]) und in seiner eigenen Version einer schwarzen Ästhetik, die Reed ›Neo-HooDooism‹ (*Neo-HooDoo Manifesto* [1970]) nennt, vertritt er eine ästhetische Konzeption, die sich von den kruden Antagonismen des Black Arts/Black Aesthetic Movement absetzt und ironisch, spielerisch und autoreflexiv die afroamerikanische Kultur als vielschichtig, heterogen, synkretistisch, interkulturell und multikulturell reformuliert, zugleich aber die sich als dominant verste-

---

83 Vgl. CHRISTIANE RAHNER, Chicano-Theater zwischen Agitprop und Broadway. Die Entwicklung des ›Teatro Campesino‹ (1965–1985) (Tübingen 1991).
84 LEROI JONES, Black Art (1966), in: Jones/L. Neal (Hg.), Black Fire. An Anthology of Afro-American Writing (1968; New York ²1970), 302.
85 RON WELLBURN, The Black Aesthetic Imperative (1970), in: Gayle (s. Anm. 38), 126.
86 JONES, The Changing Same (R&B and New Black Music), in: ebd., 115.
87 Vgl. LENZ, The Politics of African American Literary and Cultural Critique: From the Black Arts/Black Aesthetic Movement to a Black Postmodern Multiculturalism, in: F. Gysin/C. Mulvey (Hg.), Black Liberation in the Americas (Münster 2001), 203–218.

henden weißen Geschichts- und Mythen-Diskurse dekonstruiert und sie mit afroamerikanischen Gegendiskursen konfrontiert.[88] Das führt ihn dazu, den Begriff »Neo-HooDoo« aufzugeben und durch »multiculturalism« zu ersetzen: »I'm influenced by as many cultures as possible and I think that's the way we work here in this society.«[89] Wie Reed wenden sich in den 70er Jahren eine ganze Reihe afroamerikanischer Schriftsteller gegen die ästhetischen Positionen des Black Arts/Black Aesthetic Movement (Al Young, Cecil Brown, Quincy Thomas Troupe). Man nennt diese Gegenbewegung ›The New Breed‹.

The New Breed ist symptomatisch für den Paradigmenwechsel, der sich in den 70er Jahren vollzieht. Einerseits bilden sich in den Vereinigten Staaten in Anlehnung an den Black Arts/Black Aesthetic Movement andere Minoritätendiskurse. Zugleich werden an nordamerikanischen Universitäten entsprechende Studien- und Forschungsrichtungen etabliert. Andererseits löst der französische Poststrukturalismus, der in den USA intensiv rezipiert wird, die Diskussion um die Postmoderne aus. Postmodernism und Multiculturalism werden von den Minoritäten und den Feministinnen zunächst als die neueste Version des globalisierten Kapitalismus abgelehnt. Doch wie im New Breed transzendieren die Minoritäten-Diskurse bald ihre nationalen Kultur-Konzepte und verstehen Amerika als kulturell heterogen. Es geht ihnen nun darum, ihre Geschichte (history) und ihre Erinnerung (memory) neu zu definieren und neu zu schreiben als Gegendiskurs zur weißen und eurozentrischen Geschichtsschreibung. Bisher Objekte dieser Geschichtsschreibung, wollen sie nun als Subjekte ihre eigene Geschichte theoretisch und künstlerisch erforschen. Hierfür ist ihnen die kritische Auseinandersetzung mit dem poststrukturalistischen, postkolonialen, postmodernen Denken nützlich und hilfreich.

Reeds literarische Verfahren – Fragmentierung des Textes, Vielfalt der Diskurse, Intertextualität, Intermedialität – praktiziert eine beeindruckende Zahl bedeutender afroamerikanischer Schriftstellerinnen des ausgehenden 20. Jh.[90] Alice Walker veranschaulicht durch die Geschichte weitverzweigter Familien (The Color People [1982], The Temple of My Familiar [1989]) – ähnlich wie gleichzeitig auf den Antillen Maryse Condé mit dem gewaltigen Epos *Ségou* (1984/85) – die Komplexität der Geschichte Afrikas und seiner Diaspora in einer vielstimmigen, pluriperspektivischen, nicht chronologischen, fragmentierten Erzählweise, durch einen magischen Realismus, der der ›dream memory‹ Ausdruck verleihen soll.[91] Toni Morrison, die sich 1990 in ihrem Essay *The Site of Memory* mit Gegengeschichtsschreibung und Erinnerung auseinandersetzt, thematisiert in ihrem Roman *Beloved* (1987) das alte, aber immer wieder obsessionelle Trauma der Sklaverei. In einer Art historischer Archäologie aus Realität und Phantastik holt sie Bildfragmente aus dem – bisher ungeschriebenen – Innenleben der Sklaven. Ähnlich verfahren Sherly Anne Williams (*Dessa Rose* [1986]), Gloria Naylor (*Mama Day* [1988]) und Charles Johnson (*Middle Passage* [1990]). *Middle Passage* ist ein besonders anspruchsvoller gelehrter und selbstreflexiver Roman, ein Patchwork über die Geschichte Afrikas und seiner Diaspora. Johnson dekonstruiert alle einheitlichen und wesenhaften Vorstellungen von afrikanischer Identität, Rasse, Spiritualität: Afrika ist hier Vielfalt und Widersprüchlichkeit, und das gilt erst recht für die Diaspora. Einer der markantesten Romane des Black Postmodernism ist John Widemans *Reuben* (1987). Im Mittelpunkt dieses Perpetuum mobile aus Bündeln von Geschichten steht der lawyer Reuben, der ›floating narrator‹ des Lebens in einem schwarzen Viertel einer modernen Großstadt. Die ganze Welt ist Text, alle Geschichten und alle Diskurse (wie z. B. der des Rechts) sind Erfindungen, die sich bei jedem Erzählen modifizieren. Reuben gleitet zwischen Gegenwart, Geschichte und Mythos von einem Textfragment ins andere, kommt in diesem zeitlichen und räumlichen ›glissement‹ niemals zu einem festen Standort: Seine Identität kennzeichnet Fragmentierung und Dis-

---

88 Vgl. LENZ, Cultural Hybridity and Diaspora in African American Literature and Criticism. Fictions of a Postmodern Multiculturalism, in: U. Riese (Hg.), Kontaktzone Amerika. Literarische Verkehrsformen kultureller Übersetzung (Heidelberg 2000), 76.
89 ISHMAEL REED, Shrovetide in Old New Orleans (New York 1978), 268, 262.
90 Vgl. LENZ (s. Anm. 88), 76–92.
91 Vgl. ALICE WALKER, The Temple of My Familiar (New York 1989), 83.

kontinuität. Paule Marschall schließlich, deren Familie aus Barbados kommt und die in Brooklyn aufwächst, erzählt im Roman *Daughters* (1991) die Geschichte einer aus Westindien in die USA eingewanderten Familie mit einem ›black diaspora focus‹. Ihr geht es um die Differenzen innerhalb der schwarzen Kultur, um die multiple Identität und um Mann-Frau-Beziehungen.

Diese reiche literarische Produktion wird von den Schriftstellern selbst und von Wissenschaftlern der Black American Studies mit einer Flut von theoretischen Untersuchungen begleitet, die das postmoderne Denken auf die afroamerikanische Kultur anwenden. Besonders interessant ist die Position des ›radikalen‹ afroamerikanischen Feminist Postmodernism, vertreten durch Bell Hooks (*Postmodern Blackness* [1990]) und Wahneema Lubiano (*Shuckin' Off the African-American Other: What's ›Po-Mo‹ Got to Do with It?* [1991]). Beide fordern die Einbeziehung der ›gender difference‹ in die afroamerikanische Theoriediskussion, plädieren aber zugleich dafür, bei der Diskussion der kulturellen Differenzen nach Koalitionen mit anderen Gruppierungen innerhalb der multikulturellen Gesellschaft Amerikas zu suchen: »Radical postmodernism calls attention to those shared sensibilités which cross the boundaries of class, gender, race, etc., that could be fertile ground for the construction of empathy-ties that would promote recognition of common commitment, and serve as a base for solidarity and coalition.«[92] Der afroamerikanische Philosoph Cornel West setzt sich in seinem umfangreichen Werk mit der Problematik der Übertragung des Konzepts der Postmoderne auf die afroamerikanische Kulturwissenschaft auseinander. Er situiert den afroamerikanischen Intellektuellen, Künstler und Wissenschaftler im spezifisch amerikanischen politischen, sozialen und kulturellen Kontext; er befinde sich in einem komplexen, spannungsreichen, interdependenten Beziehungsgefüge mit anderen Kulturen und Diskursen in der heterogenen Multikulturalität der Vereinigten Staaten, und er sei außerdem immer transnational mit der ›black diaspora‹ verbunden.[93] Was West für das Konzept der Postmoderne unternimmt, intendiert Henry Louis Gates Jr. für den Begriff des amerikanischen Multikulturalismus. Er unterzieht die gesamte afroamerikanische Literatur einer umfassenden Revision und entwickelt eine afroamerikanische Literaturtheorie (*Figures in Black* [1987], *The Signifying Monkey* [1988]), die alle Aspekte der Postmoderne versammelt (Differenz, Unbestimmtheit, Diskontinuität, Fragmenthaftigkeit, Hybridität, Intertextualität, Parodie, Diaspora usw.). Er steuert seine eigene Vorstellung zur amerikanischen Multiculturalism-Debatte bei, indem er festhält, daß die heutige Welt, also auch die Gesellschaft der Vereinigten Staaten, prinzipiell multikulturell sei und daß die afroamerikanische Kultur sich geradezu als Modell der Multikulturalität und der Pluralität anbiete: »African-American culture, then, has been a model of multiculturalism and plurality. And it is this cultural impulse, I believe, that represents the very best hope for us, collectively, to forge a new, and vital, common American culture in the twenty-first century.«[94] So interpretiert sich die afroamerikanische schwarze Kulturtheorie und Ästhetik heute als ein konstitutiver Teil der amerikanischen postmodernen und multikulturellen Gesellschaft, der sich innerhalb dieses Spannungsfeldes in einem intensiven theoretischen und künstlerisch-praktischen Polylog mit den anderen Teilen dieser Gesellschaft und zudem in einem transnationalen Beziehungsbündel zur schwarzen Diaspora und zu allen Kulturen der Welt befindet. Gelingt eine gewisse Solidarisierung mit den anderen Minderheiten-Diskursen, trägt sie zur Dehierarchisierung und Demokratisierung der amerikanischen Gesellschaft, ja sogar der globalisierten Staatengemeinschaft bei.

2. Antillanité und Créolité

Auch in der frankophonen Karibik vollzieht sich dieser Prozeß der regionalen Ausdifferenzierung, und auch hier verbinden sich politische mit kulturellen Aspekten. Césaire, der grundsätzlich an der Négritude festhält, die er nach dem zweiten Weltkrieg aber nur noch als literarisches und künstleri-

---

92 BELL HOOKS, Yearning: race, gender, and cultural politics (Boston 1990), 27.
93 Vgl. LENZ (s. Anm. 88), 95.
94 HENRY LOUIS GATES JR., Loose Canons: Notes on the Culture Wars (New York 1992), XVII; vgl. LENZ (s. Anm. 88), 96–101.

sches Programm vertritt, wird von jüngeren Schriftstellern und Intellektuellen zunehmend wegen seiner Assimilierungspolitik und wegen seines Festhaltens an der französischen Sprache angegriffen.[95]

Haitis maßgebliche Autoren befinden sich im Exil, vertrieben von dem Diktator Duvalier. René Depestre markiert mit seinem Essayband *Bonjour et Adieu à la Négritude* (1980), dessen Titel auf zwei klassische Texte von Hughes verweist (*Good Morning, Revolution* und *Goodbye, Christ* [beide 1932]), einen wichtigen Einschnitt. Depestre, der beim ›Triunfo de la Revolución‹ 1959 nach Havanna geht und dort lange Jahre im Verlagswesen, beim Rundfunk und an der Universität tätig ist, leistet hier eine beachtliche kritische Darstellung der Négritude. Die fundamentale Neuorientierung seiner Argumentation besteht in der Relationierung der Karibik mit Lateinamerika. Weder Price-Mars noch Alexis erwähnen auch nur ihre lateinamerikanischen Vorlagen, für Depestre ist der strukturelle Zusammenhang zwischen Lateinamerika und der Karibik evident. Im Zentrum seiner Überlegungen steht die Frage nach der Identität der Menschen in der Karibik. Er stellt fest, daß diese Identität aus lauter Leerstellen besteht, eine »non-identité« ist: »L'a-identité ou dépersonnalisation complète de la condition humaine«[96]. Der Mensch der Karibik sei ein Zombie, dem man durch die Versklavung alles geraubt habe, die Sprache, den Glauben und die Geschichte. (In seinem Roman *Hadriana dans tous mes rêves* [1988] prägt Depestre – in Analogie zu Négritude – den Begriff ›Zombitude‹, um die identitätslose Existenz der Haitianer zu charakterisieren.) Darin unterscheide er sich grundsätzlich vom Afrikaner. Eine alles ontologisch nivellierende Négritude ist also ein Mythos, eine unhaltbare Täuschung. Allerdings anerkennt er die historische Leistung der Négritude, die in einer Art kulturellem ›Marronnage‹ (die ›nègres marrons‹ sind von den Plantagen geflüchtet und haben in abgelegenen Gebieten eigene schwarze Gemeinwesen gegründet) die Kultur der Weißen uminterpretiert und unterwandert. Im Voodoo, in der Santería, in Candomblé oder Macumba findet ein Verwirrspiel von afrikanischen Göttern und christlichen Heiligen statt: »Ce prodigieux effort de légitime défense se manifesta dans la religion, la

magie, la musique, la danse, la médicine populaire, les parlers créoles, la cuisine, la littérature orale, la vie sexuelle, la famille, et d'autres expressions de la sagesse et du génie optimistes des peuples. Sauf le cas haïtien, la rebellion des esclaves échoua sur le plan politique.«[97] Depestre kritisiert das Konstrukt der menschlichen Rassen als Unterdrückungsstrategie Europas und des Okzidents und fordert eine »identité panhumaine« (9) der Solidarität. In der Karibik sei eine auf rassischen Prinzipien fußende Kulturtheorie dysfunktional, da hier auf engstem Raum eine Vielzahl ethnischer Gruppierungen (weiße Kreolen, Afrikaner, Inder, Levantiner, Asiaten) koexistierten, die eine Konzeption wie die Négritude nicht tangieren könne. Es sei also notwendig, die regionalen politischen, ökonomischen und kulturellen Lebensbedingungen der Menschen analytisch zu konkretisieren.

Ein Jahr nach Depestres *Bonjour et Adieu à la Négritude* erscheint 1981 *Le Discours antillais* von Édouard Glissant aus Martinique. Seitdem er 1958 für seinen ersten Roman *La Lézarde* (1958) den Prix Renaudot erhalten hat, gilt er als einer der bedeutendsten Dichter, Romanciers und Essayisten der Antillen. Er protestiert gegen den Algerienkrieg, fordert die Unabhängigkeit der französischen Überseeterritorien in der Karibik und begrüßt den Sieg Fidel Castros in Kuba.

Im *Discours antillais*, der in Wahrheit nicht ein Diskurs, sondern eine kaleidoskopartige, sich ständig wandelnde Mischung aus einer Vielzahl von Diskursen (dem philosophischen, psychologischen, historischen, soziologischen, ökonomischen, linguistischen, literarischen) und von literarischen Formen ist, veranschaulicht Glissant sein antillanisch-poststrukturalistisches Denken. Es richtet sich gegen Senghors Konzept einer »civilisation de l'universel«, mit dem dieser nach Glissants Überzeugung das Geschäft des universalistischen Expansionismus des Okzidents besorge, und postuliert eine »Antillanité«, die eine »multi-relation« sein

---

95 Vgl. RAPHAËL CONFIANT, Aimé Césaire. Une traversée paradoxale (Paris 1993).
96 RENÉ DEPESTRE, Bonjour et Adieu à la Négritude (Paris 1980), 97.
97 DEPESTRE, Hadriana dans tous mes rêves (Paris 1988), 99.

müsse: »Contre l'universel généralisant le premier recours est la volonté rêche de *rester au lieu*. Mais le lieu en ce qui nous concerne n'est pas seulement la terre où notre peuple fut déporté, c'est aussi l'histoire qu'il a partagée (la vivant comme non-histoire) avec d'autres communautés, dont la convergence apparaît aujourd'hui. Notre lieu, c'est les Antilles.

L'antillanité, rêvée par les intellectuels, en même temps que nos peuples la vivaient de manière souterraine, nous arrache de l'intolérable propre aux nationalismes nécessaires et nous introduit à la Relation qui aujourd'hui les tempère sans les aliéner.

Qu'est-ce que les Antilles en effet? Une multirelation. Nous le ressentons tous, nous l'exprimons sous toutes sortes de formes occultées ou caricaturales, ou nous le nions farouchement. Mais nous éprouvons bien que cette mer est là en nous avec sa charge d'îles enfin découvertes.

La mer des Antilles n'est pas le lac des États-Unis. C'est l'estuaire des Amériques.

Dans un tel contexte, l'insularité prend un autre sens. On prononce ordinairement l'insularité comme un mode de l'isolement, comme une névrose d'espace. Dans la Caraïbe pourtant, chaque île est une ouverture. La dialectique Dehors-Dedans rejoint l'assaut Terre-Mer. C'est seulement pour ceux qui sont amarrés au continent Europe que l'insularité constitue prison [...]. L'imaginaire des Antilles nous libère de l'étouffement.«[98]

Wie Depestre konstatiert auch Glissant, daß die Antillaner ihrer Inselwelt entfremdet, ohne Identität und in ihrem Denken völlig den französischen Normen angepaßt seien und daß sie seelisch traumatisiert in einer ›errance‹ dahinlebten. Um sie von diesem Trauma zu befreien und ihnen zu Selbstbewußtsein und Identität zu verhelfen, müßten sie sich ihre Geschichte, ihre Natur und ihre Lebenswelt aneignen.

Im Roman *La Lézarde* z. B. setzt Glissant diese Natur aus Bergen, Tiefland, Fluß, Stadt und Meer in symbolische Beziehung zu den dort lebenden Menschen. Der Fluß, La Lézarde, versinnbildlicht diesen Selbstfindungs- und Klärungsprozeß[99]: »Mais voici que nous allons connaître l'acte! La rivière descend avec une précision nouvelle, c'est la Lézarde, c'est tout fleuve propice, c'est l'eau des criques où un peuple vient s'ébattre. Et ensuite, notre delta ne sera pas sale! En cela seulement la Lézarde nous a trahi. Mais nous lui ferons des digues, des canaux [...]. Et un jour la Lézarde sera claire devant la mer. Comme un peuple assuré vient au-devant des autres peuples.«[100]

Glissant bedient sich, aufbauend auf Fanons Analysen, eines stark von der Sozialpsychologie bestimmten Vokabulars. Er erklärt die kollektive Traumatisierung der Antillaner aus deren Gefühl der Zeit- und Geschichtslosigkeit und des Herumirrens in einem parzellierten Raum. Unter einem nicht europazentrierten Geschichtsbegriff betrachtet, charakterisiere die Geschichte der Antillen ihre Diskontinuität: Geschichten (histoires) statt Geschichte (Histoire). Im Roman *Mahagony* (1987) thematisiert Glissant (oder besser sein anagrammatischer Erzähler Senglis) diese in Stücke zerbrochene Geschichte und macht sie durch die fragmentierte Struktur des Textes dem Leser unmittelbar sichtbar. Analog zur Geschichte sei der Raum der antillanischen Inselwelt, so denkt Glissant, in hohem Maße zersplittert. Des ursprünglichen Lebensraums Afrika habe man die Antillaner beraubt, der neue gehöre ihnen nicht, sie seien also »littéralement de passage sur leur terre«[101]. Diese zeitliche und räumliche Diskontinuität faßt Glissant mit dem von Gilles Deleuze und Félix Guattari entlehnten Begriff des Rhizoms. Das Wurzelgeflecht des Mangrovenwaldes, das sich horizontal und ohne hierarchische Struktur ausbreitet, steht im Gegensatz zu in die Tiefe gehenden Wurzel der Négritude (und des essentialistischen europäischen Denkens). Aus diesem rhizomatischen Beziehungsgefüge entwickelt Glissant seine ›poétique de la Relation‹: »La racine est unique, c'est une souche qui prend tout sur elle et tue alentour; ils [Deleuze/Guattari – d. Verf.] lui opposent le rhizome qui est une racine démultipliée, étendue en réseaux dans la terre ou dans l'air, sans qu'aucune souche y intervienne en prédateur irrémédiable. [...] La

---

98 ÉDOUARD GLISSANT, Le Discours antillais (Paris 1981), 249.
99 Vgl. MARION PAUSCH, Rückbesinnung-Selbsterfahrung-Inbesitznahme: antillanische Identität im Spannungsfeld von Négritude, Antillanité und Créolité (Frankfurt a. M. 1996), 151.
100 GLISSANT, La Lézarde (Paris 1958), 83.
101 GLISSANT (s. Anm. 98), 88.

IV. Post-Négritude

pensée du rhizome serait au principe de ce que j'appelle une poétique de la Relation, selon laquelle toute identité s'étend dans un rapport à l'Autre.«[102] Glissants ›poétique de la Relation‹ entspricht recht genau den Merkmalen, die Ihab Hassan für die Literatur der Postmoderne zusammengestellt hat.[103] Sie bezieht sich in erster Linie auf die literarische Erforschung der fragmentierten Geschichte und des verstreuten Raumes der Antillen, sie rekurriert dafür auf die mündliche Überlieferung und bringt sich in intertextuelle Beziehung zu den Literaturen der Karibik und Lateinamerikas. Glissant nennt die Écriture der Antillanité eine »poétique de résistance« und eine »poétique d'expression naturelle«, und er umschreibt sie so: »La parole de l'artiste antillais ne provient donc pas de l'obsession de chanter son être intime; cet intime est inséparable du devenir de la communauté.

Mais cela que l'artiste exprime, révèle et soutient, dans son œuvre, les peuples n'ont pas cessé de le vivre dans le réel. Le problème est que cette vie collective a été contrainte dans la prise de conscience; l'artiste devient un réactiveur. C'est pourquoi il est à lui-même un ethnologue, un historien, un linguiste, un peintre de fresques, un architecte. L'art ne connaît pas ici la division des genres. Ce travail volontaire prépare aux floraisons communes. S'il est approximatif, il permet la réflexion critique; s'il réussit, il inspire.«[104]

Glissant selbst, Condé (*Traversée de la mangrouve* [1989], *La Migration des cœurs* [1995]) und Simone Schwarz-Bart (*Pluie et vent sur Télumée Miracle* [1972], *Ti-Jean l'Horizon* [1979]) haben in ihren Romanen die Recherche der ›realen‹ karibischen Welt nach den Grundsätzen der Antillanité literarisch überaus vielseitig gestaltet.

In allen Kulturräumen der ›schwarzen Ästhetik‹, der postkolonialen Literaturen, der literarischen Praxis überhaupt beherrscht die von den Künstlern verwendete Sprache die Diskussion. Zwei Positionen stehen sich gegenüber: Nach der einen ist Literatur nur in der sogenannten Muttersprache möglich, nach der anderen ist die gewählte Sprache eine freie Option des Schriftstellers. Im Zusammenhang der ›schwarzen Ästhetik‹ ist der Rückgriff auf die gesprochene Sprache, auf die Mündlichkeit ein überall und stets gefordertes und praktiziertes Prinzip. Alle afrikanischen, viele der antillanischen, selbst die afroamerikanischen Autoren leben in einer Situation der Diglossie oder der Mehrsprachigkeit. Die Entscheidung, welche Sprache für die schriftlich verfaßte Literatur gewählt wird, fällt durchaus unterschiedlich aus. Die Mehrzahl der afrikanischen Schriftsteller schreibt in den Sprachen der ehemaligen Kolonisatoren. In Nordamerika schwanken die Autoren zwischen dem standard English und dem black English. In den französischen Antillen optieren die Repräsentanten der Négritude, von Ausnahmen wie Gilbert Gratiant abgesehen, für das Französische. Ähnlich verhalten sich die meisten Anhänger der Antillanité, obwohl sie dem Créole als einem Element der ›Volkskultur‹ einen gewissen Platz in ihren Werken einräumen. Die Forderung, dem Créole den Vorzug vor dem Französischen zu geben, kennzeichnet die Créolité, die jüngste Variante einer schwarzen Ästhetik in der französischen Karibik.

1989 veröffentlichen Jean Bernabé, Linguist und Spezialist des Créole, und zwei Romanciers, Patrick Chamoiseau und Raphaël Confiant, in Paris das literarische und politische Manifest *Éloge de la Créolité*. Sie stimmen im wesentlichen mit den Grundpositionen von Glissants Antillanité überein, wählen aber als Ausgangspunkt, Mitte und Ziel ihres Konzepts die Kultur des Créole. Bezeichnenderweise geben sie keine Definition, sondern beschreiben sie in immer neuen Anläufen, um so ihre kaleidoskophafte Vielfalt und Offenheit zu signalisieren: »L'Antillanité ne nous est pas accessible sans vision intérieure. Et la vision intérieure n'est rien sans la totale acceptation de notre créolité. Nous nous déclarons Créoles. Nous déclarons que la Créolité [...] est le ciment de notre culture et qu'elle doit régir les fondations de notre antillanité. La Créolité est *l'agrégat interactionnel ou transactionnel*, des éléments culturels caraïbes, européens, africains, asiatiques, et levantins, que le joug de l'Histoire a réunis sur le même sol. Pendant trois siècles, les îles et les pans de continent que ce phénomène

---

102 GLISSANT, Poétique de la Relation (Paris 1990), 23.
103 Vgl. IHAB HASSAN, Towards a Concept of Postmodernism (1982), in: Hassan, The Postmodern Turn (Ohio 1987), 84–96.
104 GLISSANT (s. Anm. 98), 439.

a affectés, ont été de véritables forgeries d'une humanité nouvelle, celles où langues, races, religions, coutumes, manières d'être de toutes les faces du monde, se trouvèrent brutalement déterritorialisées, transplantées dans un environnement où elles durent réinventer la vie. Notre créolité est donc née de ce formidable ›migan‹ que l'on a eu trop vite fait de réduire à son seul aspect linguistique [...] ou à un seul des termes de sa composition. Notre personnalité culturelle porte tout à la fois les stigmates de cet univers et les témoignages de sa négation. Nous nous sommes forgés dans l'acceptation et le refus, donc dans le questionnement permanent, en toute familiarité avec les ambiguïtés les plus complexes, hors de toutes réductions, de toute pureté, de tout appauvrissement. Notre Histoire est une tresse d'histoires. Nous avons goûté à toutes les langues, à toutes les parlures. Craignant cet inconfortable magma, nous avons vainement tenté de le figer dans des ailleurs mythiques (regard extérieur, Afrique, Europe, aujourd'hui encore, Inde ou Amérique), de chercher refuge dans la normalité close des cultures millénaires, sans savoir que nous étions l'anticipation du contact des cultures, du monde futur qui s'annonce déjà. Nous sommes tout à la fois, l'Europe, l'Afrique, nourris d'apports asiatiques, levantins, indiens, et nous relevons aussi des survivances de l'Amérique précolombienne. La Créolité c'est ›le monde diffracté mais recomposé‹, un maelström de signifiés dans un seul signifiant: une Totalité. Et nous disons qu'il n'est pas dommageable pour l'instant, de ne pas en avoir une définition. Définir, ici, relèverait de la taxidermie.«[105]

Die Autoren des *Éloge de la Créolité* grenzen die Créolité von der Américanité und der Antillanité ab. Die Américanité verstehen sie im wesentlichen als ›culture émigrée‹, die Antillanité als eine Provinz der Américanité, die Créolité als ein die Américanité und die Antillanité umfassendes, doch überschreitendes Konzept, das nicht geopolitisch, sondern sprachlich bestimmt sei und die Plantagenwirtschaft zum ökonomischen, politischen und kulturellen Hintergrund habe. Solche Kulturen fänden sich daher nicht nur in Amerika, sondern auch in Asien und in Afrika. Die Créolité charakterisiere daher eine doppelte solidarité: »une solidarité antillaise (géopolitique) avec tous les peuples de notre Archipel, quelles que soient nos différences culturelles: notre Antillanité; [...] une solidarité créole avec tous les peuples africains, mascarins, asiatiques et polynésiens qui relèvent des mêmes affinités anthropologiques que nous: notre créolité« (33).

Bernabé, Chamoiseau und Confiant verstehen die Créolité in erster Linie als ästhetisches Konzept, sie verbinden damit aber die Hoffnung auf die zukünftige politische Unabhängigkeit einer karibischen Konföderation. Vor allem die Literatur sei aufgerufen, die Créolité zu verwirklichen, indem sie, auf der Grundlage der mündlichen »contre-culture« der kreolischen Muttersprache, eine auf Créole geschriebene Literatur schaffe (»fabriquer une littérature« [36]). Diese Literatur müsse das kollektive Gedächtnis ausschöpfen, um das dort versammelte Wissen über die ›Geschichte‹ und die ›Geschichten‹ aus dem Vergessen ins gegenwärtige Leben zu heben. Sie habe die Besonderheiten der menschlichen Existenz auf den westindischen Inseln so zu gestalten, daß sie die Créolité mit der universalen »humaine condition« (38–41) verquicke. Dies bedeute die Erfindung einer neuen, originellen Ästhetik, im Gespräch mit allen Literaturen der Welt, die sich vor allem in der Verwendung des Créole und des vom Créole durchsetzten Französischen manifestiere. So werde sich die Literatur der Créolité nicht als neuer Regionalismus, sondern als ein Teil des weltumspannenden Polylogs der Literaturen präsentieren und das Eigene im Universalen wie das Globale im Partikularen komplex artikulieren. Das Charakteristikum dieser zukünftigen Literatur sei die »Diversalité«: »Et si nous recommandons à nos créateurs cette exploration de nos particularités c'est parce qu'elle ramène au naturel du monde, hors du *Même* et de *l'Un*, et qu'elle oppose à l'Universalité, la chance du monde diffracté mais recomposé, l'harmonisation consciente des diversités préservées: la *Diversalité*.« (54)

Unter den Autoren, die auf Créole schreiben – Sonny Rupaire, Daniel Boukman, Christian Boulard, Monchoachi und Raphaël Confiant – erzielt

---

[105] JEAN BERNABÉ/PATRICK CHAMOISEAU/RAPHAËL CONFIANT, Éloge de la Créolité (Paris 1989), 26 f.

vor allem Confiant mit seinen Texten (*Jou baré* [1980], *Bitaco-a* [1985], *Marisosé* [1987]) einen gewissen Erfolg, doch selbst er schreibt inzwischen in einem ›français créolisé‹, das Condé, mit Rekurs auf Suzanne Césaire und auf Oswald de Andrades *Manifesto antropófago*, als ›Kannibalisierung‹ des Französischen charakterisiert: »On a beaucoup écrit sur son recours au créole – bien que, au lieu d'une ›réinvention‹, son écriture m'apparaisse plutôt comme une ›cannibalisation‹ de la langue de la colonisation.«[106]

Dieses vom Créole durchdrungene Französisch erfindet auch Chamoiseau, der mit Abstand erfolgreichste Vertreter der Créolité; für seinen Roman *Texaco* erhält er 1992 den Prix Goncourt, nachdem er zuvor schon mit *Chronique des sept misères* (1986) und *Solibo Magnifique* (1988) sehr erfolgreich war. Mit ungewöhnlichem Einfallsreichtum durchzieht er Schriftlichkeit mit Mündlichkeit, wobei er nicht nur das Créole als Sprache, sondern auch mündlich überlieferte Erzählformen nutzt (Märchen, Proverbien, Rätsel usw.). Indem er die mündliche Überlieferung durch die schriftliche Fixierung, und sei es auf Créole, vor dem Vergessen bewahrt, verändert er freilich auch die Mündlichkeit; denn die nichtverbalen Ausdrucksformen (Gestik, Mimik, Sprechweisen) lassen sich kaum transponieren.[107] Dies ist eine Zwickmühle, aus der es kein Entrinnen gibt: »Oiseau de Cham, tu écris. Bon. Moi, Solibo, je parle. Tu vois la distance? Dans ton livre sur Manman Dlo, tu veux capturer la parole à l'écriture, je vois le rythme que tu veux donner. Tu me dis: Est-ce que j'ai raison, Papa? Moi, je dis: On n'écrit jamais la parole, mais des mots, tu aurais dû parler. [...] Je pars, mais toi tu restes. Je parlais, mais toi tu écris en annonçant que tu viens de la parole. Tu me donnes la main par-dessus la distance. C'est bien, mais tu touches la distance...«[108]

Ein wichtiger Aspekt des Créolité-Konzepts ist seine Verwandtschaft mit dem ›imaginaire latinoaméricain‹, dem es, wie die Verfechter der Créolité meinen, nicht nur geographisch, sondern auch strukturell wesentlich näher liege als Afrika. Diese Beziehung zu Lateinamerika ist auch das gemeinsame Kennzeichen der Beiträge zum dritten Heft (Oktober 2000) der in Fort-de-France herausgegebenen Zeitschrift *Portulan* über das Thema ›Esthétique noire?‹. Alle Autoren der hier versammelten Artikel versuchen, die Ästhetik der antillanischen Kunst als postmodern zu bestimmen. Ein regelrechtes Feuerwerk dieser Begrifflichkeit zündet der Pariser Komparatist Daniel-Henri Pageaux in seiner Annäherung an die Créolité über den Begriff des »baroque caraïbe«[109]. Ausgehend von Carpentier und mit Bezug auf Severo Sarduy, Guillermo Cabrera Infante, Carlos Fuentes, Octavio Paz setzt er den Barockbegriff in Beziehung zum ganzen Bündel der Leitbegriffe der Postmoderne: Der Kulturdialog, das Ungleichzeitige im Gleichzeitigen, der ›métissage culturel‹ tauchen hier ebenso auf wie Michail Bachtins ›Karnevalisierung‹, Hassan und Linda Hutcheons Kennzeichen einer postmodernen Ästhetik, Cornejo Polars kulturelle Heterogenität, García Canclinis Hybridität, Milan Kunderas Theorie der ›tropicalisation‹ des Romans, der postkoloniale Diskurs und die Interkulturalität. Antillanité und Créolité seien besonders vielschichtige Manifestationen einer postmodernen Ästhetik; interkulturell, intertextuell und intermedial partizipierten sie am Polylog der Kulturen der Welt. Die ›esthétique noire‹ sei ein Teil der ›esthétique postmoderne‹. Verglichen mit den detaillierten und differenzierten Argumentationsstrategien der afroamerikanischen Theoriediskussion mutet der Artikel von Pageaux viel zu oberflächlich und enumerativ an, um mehr zu sein als postmoderne Rhetorik und Begriffsakrobatik. Der begriffliche Schein überdeckt hier die tatsächlichen politischen, ökonomischen und kulturellen Verhältnisse. Diese nämlich werden im Zeitalter der Globalisierung unverändert von Europa und von den USA bestimmt.

3. *Post-Colonial und Devoir de Mémoire in Afrika*

Die 32. Frankfurter Buchmesse hatte 1980 Schwarzafrika als Schwerpunktthema. Im Rahmen der Messe fand ein Kolloquium über die Literatu-

---

106 MARYSE CONDÉ, Des Héros et des Cannibales: Réécriture et transgression dans la littérature des Petites Antilles de langue française, in: Portulan 3 (2000), 38.
107 Vgl. PAUSCH (s. Anm. 99), 230 f.
108 CHAMOISEAU, Solibo Magnifique (Paris 1988), 50 f.
109 DANIEL-HENRI PAGEAUX, De quelques tracées dans le baroque caraïbe, in: Portulan 3 (2000), 39–53.

ren Schwarzafrikas statt, an dem über dreißig Autoren aus ganz Afrika teilnahmen, die in ihren Beiträgen eindrucksvoll die Vielfalt der literarischen und ästhetischen Konzepte vortrugen. Von der Négritude ist kaum noch die Rede, auch wenn Tchicaya U Tam'Si seine Ansprache zur Eröffnung der Messe mit einem Hommage an Frobenius und Jahn beginnt. Die politische, soziale, ökonomische und ökologische Misere Afrikas ist das zentrale Thema der Gedichte, Romane und Theaterstücke der anwesenden Schriftsteller. Ihre Schreibweisen reichen vom Realismus (Sembène Ousmane), zu komplexen, vom Nouveau Roman beeinflußten Formen (Beti); sie durchsetzen und zersetzen die Schriftlichkeit der europäischen Sprachen durch die Oralität der afrikanischen literarischen Tradition (Ahmadou Kourouma), sie lassen die Lektüre der ›nueva novela hispanoamericana‹, besonders die der Romane von Gabriel García Márquez erkennen (Sony Labou Tansi), oder sie reformulieren die Geschichte der Kolonisierung Afrikas aus der Sicht und mit den Worten der Betroffenen (Tchicaya). Der gemeinsame Nenner aller Konzepte ist die Absicht, einen ›contre-discours‹ zur okzidentalen Ästhetik zu erfinden, wobei deutlich wird, daß regionalistische oder nationalistische Positionen zu Gunsten von interkulturellen und intertextuellen Konzepten aufgegeben werden.

Der leidenschaftliche Beitrag des Kongolesen Sony Labou Tansi konstruiert den Nord-Süd-Gegensatz, den der anglophone Post-Colonial-Diskurs einprägsam ›the West and the Rest‹ nennt, auf ganz eigene Weise: »notre écriture est donc une écriture de force majeure. Elle doit donner mauvaise conscience à la logique des mytho-logiciens et au fameux dialogue Nord-Sourd. L'Humanité est devant un choix capital. Ce choix engage le genre humain tout entier. Mais il semble, et c'est un scandale, que ce choix dépend en gros du cannibalisme culturel de l'Europe (soit dit en passant que pour moi l'Europe va de San Francisco à la presqu'île de Kamtchatka en passant par Francfort). Jadis nous parlions de cinq continents: aujoud'hui, nous sommes dans un monde qui n'a plus que deux continents, la Tiersmondanie ou Sud-Monde et la Cannibalomanasie ou Nord-Monde.« Auf die (vor allem von Europäern) immer wieder gestellten Fragen, wie sich die Verwendung der Sprachen der Kolonialherren mit den emanzipatorischen Zielen der afrikanischen Literaturen vereinbaren lasse und für wen die Afrikaner eigentlich schrieben, gibt er folgenden Bescheid: »À la question de la langue, j'ai deux réponses: Kafka, et l'Amérique du Sud. Quant à savoir pour qui j'écris pendant que mes populations dorment dans l'analphabétisme, pendant que mes intellectuels construisent des villas en balbutiant l'hymne national, le cœur à la roupette [...] *j'écris pour donner mauvaise conscience à qui de droit.*«[110]

Während des gesamten Kolloquiums wird die Theorie- und Begriffsmanie der europäischen Wissenschaftler (der ›mytho-logiciens‹, wie Sony Labou Tansi sie nennt) von den Afrikanern als die neueste Form der Fremdbestimmung und Einmischung zurückgewiesen. Tatsächlich gibt es seit der Négritude in Schwarzafrika keine nennenswerte Theorie zu einer schwarzafrikanischen Ästhetik. Das anglophone Afrika wird seit den 80er Jahren in die Post-Colonial-Debatte integriert, die sich auf die ›new English literatures‹ insgesamt bezieht und nicht nur in Großbritannien, Kanada, Australien, Neuseeland und in den USA, sondern auch in der Karibik, in Asien und in (Süd-)Afrika in einer unübersehbaren Flut von Tagungen und Publikationen formuliert und diskutiert wird.[111] Die Post-Colonial-Theorie versucht, die Dekonstruktion des kolonialen Diskurses durch die Literaturen der ›Dritten Welt‹ mit Hilfe poststrukturalistischer und postmoderner theoretischer Konzepte zu leisten. Diese Dekonstruktion wird als grundsätzlicher Gegen-Diskurs zum Okzident, seine Kultu-

---

110 SONY LABOU TANSI, [Diskussionsbeitrag], in: K. Garscha/D. Riemenschneider (Hg.), Auteurs africains, vous avez la parole. La fonction des littératures africaines modernes (Wuppertal 1986), 31.
111 Vgl. z.B. ANNA RUTHERFORD (Hg.), From Commonwealth to Post-Colonial (Sydney/Mundelstrup 1992); LAURA CHRISMAN/PATRICK WILLIAMS, Colonial Discours and Post-Colonial Theory: A Reader (New York 1994); BILL ASHCROFT/GARETH GRIFFITHS/HELEN TIFFIN (Hg.), The Post-Colonial Studies Reader (London 1995); PADMINI MONGIA (Hg.), Contemporary Postcolonial Theory: A Reader (London 1996); ASHCROFT/GRIFFITHS/TIFFIN, Key Concepts in Post-Colonial Studies (London 1998).

ren und Literaturen gefaßt. *The Empire Writes Back* (1989) lautet der Titel eines der zentralen Werke dieser Konzeption.[112] Darunter können nun allerdings höchst unterschiedliche Konzepte verstanden werden, essentialistische oder kulturnationalistische, antiimperialistische und marxistische Strategien ebenso wie auf kultureller Heterogenität, Hybridität und Multikulturalität basierende Theorien, die einen weltweiten Multikulturalismus und kulturellen Polylog anstreben. So ist es nicht verwunderlich, daß afrikanische Schriftsteller diese Post-Colonial-Theorie als neoimperialistisch ablehnen: »the tag ›post-colonial‹ is more useful for those who invented it than it is for those who are supposed to wear it, its passive signifieds. [...] a project which sounds ›post-colonialist‹ in intent may turn out to be neo-colonialist, even ›re-colonialist‹ in practice.«[113]

In der Tat sehen sich afrikanische Autoren angesichts der Apokalypse, in die Afrika am Ende des 20. Jh. für viele eingetreten zu sein scheint, vor ganz andere Probleme gestellt, als daß sie sich an einer poststrukturalistischen und postmodernen Konstruktion einer Post-Colonial-Theorie beteiligen würden. Sie müssen Mittel finden, um dieses Schreckliche zu dokumentieren, zu fassen und zu vermitteln. Auch hier geht es um History und um Memory, doch in ganz anderer Weise als in der Karibik und in Nordamerika.

Zur Veranschaulichung sei auf zwei junge Autoren, Alain Patrice Nganang (*1970, Kamerun) und Abdourahman A. Waberi (*1965, Djibouti), und zwei längst etablierte Romanciers, Tierno Monénembo (*1947, Guinea) und Beti (1932–2001, Kamerun), der frankophonen afrikanischen Erzählliteratur im letzten Jahrzehnt des 20. Jh. hingewiesen.

Die hier interessierenden Erzählungen und Romane sind zwischen 1993 und 2001 erschienen. Alle Texte werden in Paris verlegt, was kein überraschendes und auch kein neues Phänomen ist. Doch zugespitzt hat sich die systematische Verbindung von Exilerfahrung der Autoren und Paris als Publikationsort. Es ist dies nun nicht mehr der erwünschte Umweg zum Erfolg, sondern geradezu die einzige Möglichkeit, dem frankophonen Afrika literarische Stimmen zu verleihen. So beklagenswert dieser Umstand prinzipiell ist, so bedeutsam ist er für die Entwicklung der afrikanischen Literatur. Vor allem wird dadurch der Weg einer nationalliterarischen Kanonbildung[114], auf den sich nach der Unabhängigkeit viele afrikanische Schriftsteller im Zuge der Definition einer nationalen Identität und Kultur eingelassen haben, abgebrochen und der afrozentrische, regionalistische Monolog in einen interkulturellen und intertextuellen Polylog überführt. Dies hat zur Folge, daß sich der afrikanische literarische Diskurs in eine lebendige Interaktion mit den literarischen Traditionen nicht nur Afrikas und Europas, sondern auch beider Amerikas und sogar Asiens begibt. Ausgangspunkt und thematisches Zentrum bleibt weiterhin Afrika in Geschichte und Gegenwart, doch formal öffnen sich die Autoren allen Möglichkeiten der modernen oder postmodernen Schreibweisen. Ähnlich wie der neue hispanoamerikanische Roman seine Sprengkraft aus der Kombination von Engagement und experimentellem Schreiben (Nouveau Roman) bezieht[115], haben die afrikanischen Romanciers begriffen, daß sie sich der irrwitzigen Realität Afrikas einzig und allein mit einer vielschichtigen und experimentellen Schreibweise annähern können.

Von Nganang liegen bislang der Gedichtband *Elobi* (1995) sowie die Romane *La promesse des fleurs* (1997) und *Temps de chien* (2001; Marguerite Yourcenar Prize) vor. *La promesse des fleurs* beginnt mit zwei kühnen Sätzen: »J'écrirais également: au commencement était le mot. Mais le mot n'était certainement pas avec moi, parce que je n'arrivais

---

112 Vgl. ASHCROFT/GRIFFITHS/TIFFIN, The Empire Writes Back: Theory and Practise in Post-Colonial Literatures (London 1989).
113 NIYI OSUNDARE, How Post-Colonial is African Literature, in: Glaser/Pausch (s. Anm. 34), 208, 215.
114 Vgl. HANS-JÜRGEN LÜSEBRINK, Horizons francophones. Jalons pour une approche théorique de l'histoire des littératures francophones hors d'Europe, in: C. Armbruster/K. Hopfe (Hg.), Horizont-Verschiebungen. Interkulturelles Verstehen und Heterogenität in der Romania (Tübingen 1998), 207–221.
115 Vgl. GARSCHA, Apropiaciones de realidad en la novela hispanoamericana entre 1940 y 1968/1973 in: H.-O. Dill u. a. (Hg.), Apropiaciones de realidad en la novela hispanoamericana de los siglos XIX y XX (Frankfurt a. M./Madrid 1994), 270.

pas à en posséder le sens, la vérité.«[116] Der Ich-Erzähler bezieht sich auf den ersten Satz des Johannes-Evangeliums und wohl auch auf die erste Studierzimmerszene in Goethes *Faust*; er begibt sich mitten in ein metanarratives Fragenbündel, das ihn bis zum Ende des Textes permanent und obsessionell bedrängen wird. Das Vorbild Senghors, Tchicaya U Tam'Sis und Sony Labou Tansis, Ngugis, Soyinkas und Betis vor Augen, weiß er zunächst nicht, wie er seinen Roman schreiben soll, dann aber erkennt er, daß sein Roman wie ein Vulkanausbruch, wie ein Zerbersten oder Zerspringen der Form sein muß.

Waberi stammt aus einem der kleinsten afrikanischen Länder: »Djibouti, mon pays inabouti«[117]. Bisher veröffentlichte er die Erzählbände *Le pays sans ombre* (1994) und *Cahier nomade* (1996) sowie den Roman *Balbala* (1997). Auch er durchzieht seine Texte mit Bemerkungen über das Sprechen und Schreiben, über mündliche und schriftliche literarische Überlieferung, über Sprache und Literatur, doch weniger diskursiv und systematisch als Nganang. Waberi offenbart sich als überzeugter Verfechter der Intertextualität. Dieses intertextuelle Beziehungsgefüge offenbart, daß Waberi sehr belesen ist, wobei die Literaturen Schwarzafrikas, des Maghreb, der Karibik und Frankreichs einen privilegierten Platz einnehmen.

Monénembo kombiniert in *Un attiéké pour Elgass* (1993) die Struktur des Großstadtromans mit der des Kriminalromans. Das erlaubt ihm eine vielschichtige Analyse, bestehend aus der Forschungsreise durch die afrikanische Großstadt und der schonungslos sarkastischen Aufdeckung der katastrophalen Lebensbedingungen und Perspektiven der Jugend in Afrika. Die Desillusionierung ist total: Nichts mehr hat Bestand in dieser Stadt der Ausschweifung und des Bluff, selbst die mythische Mama Waty ist eine Hure. In *Cinéma* (1997) zeigt Monénembo höchst anschaulich, daß auch in Afrika die Literatur sich zunehmend der Omnipräsenz der Massenmedien bewußt wird und daß Intertextualität sich zur Intermedialität ausweitet.

Trop de soleil tue l'amour (1999) und *Branle-bas en noir et blanc* (2000) erscheinen nach Betis Rückkehr nach Kamerun aus dem mehr als vierzig Jahre dauernden Exil in Frankreich. Beti organisiert diese Romane als chaotische ›ciné-romans‹, in denen alles möglich ist. Sie sind eine einzige ›mise en scène‹ von Versatzstücken aus den massenmedialen Unterhaltungsproduktionen, reine Unwirklichkeit und Fiktion, in demonstrativ willkürlichem Arrangement und scheinbarer Zufälligkeit. Die Sprache ist durch abgründigen Humor und beißenden Sarkasmus gekennzeichnet. Beti entfaltet das ganze Register mündlicher und schriftlicher Ausdrucksweisen, deren das heutige Französisch fähig ist. Da alles, was in *Trop de soleil tue l'amour* und in *Branle-bas en noir et blanc* gesprochen oder erzählt wird, sich ausschließlich um Kamerun und um Afrika dreht, sind die Romane eine radikale Dekonstruktion der politischen, sozialen und kulturellen Verhältnisse Kameruns, Afrikas und zugleich der neokolonialen Beziehungen zu Frankreich und Europa.

Rwanda, écrire par devoir de mémoire lautet das Projekt einer Gruppe afrikanischer Schriftsteller und Cineasten, das sich zum Ziel setzt, den 1994 am Volk der Tutsi in Ruanda begangenen Völkermord mit den Mitteln der Kunst dem Vergessen zu entreißen und ins Gedächtnis der Welt einzugraben. 1998 und 2000 reiste diese Gruppe nach Kigali, um Überlebende zu befragen und um diese ›mémoire tragique‹ weiterzutragen. Die Texte, die etwa Monénembo (*L'aîné des orphelins* [2000]), Waberi (*Moisson des crânes* [2000]) und, unabhängig von diesem Projekt, Kourouma (*Allah n'est pas obligé* [2000], Prix Goncourt) publiziert haben, zeigen, daß sie nicht weniger kreativ, experimentell, kritisch und selbstreflexiv eine Ästhetik des Schrecklichen entwickeln als Primo Levi oder Jorge Semprun.

Eine Theorie schwarzer Ästhetik wie in den USA oder in der Karibik läßt sich heute in Afrika nicht finden. Ästhetische Reflexionen sind Teil der literarischen Produktion. Auch diese ist, verglichen mit Nordamerika und der Karibik, zahlenmäßig gering, selbst wenn darunter hervorragende Werke sind, die keinen Vergleich mit anderen Literaturen zu scheuen brauchen. Afrika hat immer noch künstlerische Stimmen (die der Musiker sind wohl hörbarer als die der Literaten), doch sie sind leise

---

[116] ALAIN PATRICE NGANANG, La promesse des fleurs (Paris 1997), 11.
[117] ABDOURAHMAN A. WABERI, Cahier nomade (Paris 1996), 53.

im Vergleich zu den großen Orchestern der postmodernen Theoriediskussion in Nordamerika und in der Karibik.

Karsten Garscha

Literatur

ADOTÉVI, STANISLAS, Négritude et Négrologues (Paris 1972); BENDER, WOLFGANG, Sweet Mother: moderne afrikanische Musik (Wuppertal 2000); BETI, MONGO/TOBNER, ODILE, Dictionnaire de la négritude (Paris 1996); CHEVRIER, JACQUES, Littérature africaine. Histoire et grands thèmes (Paris 1990); CORZANI, JACK/HOFFMANN, LÉON-FRANÇOIS/PICCIONE, MARIE-LYNE, Littératures francophones II. Les Amériques. Haïti, Antilles-Guyane, Québec (Paris 1998); DASH, J. MICHAEL, The Other America: Caribbean Literature in a New World Context (Charlottesville/London 1998); DEPESTRE, RENÉ, Bonjour et Adieu à la Négritude suivi de Travaux d'identité (Paris 1980); FENDLER, UTE, Interkulturalität in der frankophonen Literatur der Karibik. Der europäisch-afrikanisch-amerikanische Intertext im Romanwerk von Maryse Condé (Frankfurt a. M. 1994); FLEISCHMANN, ULRICH, Ideologie und Wirklichkeit in der Literatur Haitis (Berlin 1969); GLISSANT, ÉDOUARD, Le discours antillais (Paris 1981); HAUSSER, MICHEL, Pour une Poétique de la négritude, 2 Bde. (Paris 1988/1992); HAUSSER, MICHEL/MATHIEU, MARTINE, Littératures francophones III. Afrique noire. Océan Indien (Paris 1998); HELBLING, MARK, The Harlem Renaissance. The One and the Many (Westport/London 1999); HOWES, KELLY KING, Harlem Renaissance (Detroit u. a. 2001); HOWLETT, MARC-VINCENT (Hg.), Léopold Sédar Senghor et la revue ›Présence Africaine‹ (Paris 1996); JACK, BELINDA ELIZABETH, Negritude and Literary Criticism: the History and Theory of ›Negro-African‹ Literature in French (Westport, Conn. 1996); KAMEDJIO, CILAS, De la Négritude à la Créolité. Édouard Glissant, Maryse Condé et la malédiction de la théorie (Hamburg 1999); LÜSEBRINK, HANS-JÜRGEN, Schrift, Buch und Lektüre in der französischsprachigen Literatur Afrikas (Tübingen 1990); MELONE, THOMAS, De la négritude dans la littérature négro-africaine (Paris 1962); MOURALIS, BERNARD, Littérature et développement. Essai sur le statut, la fonction et la représentation de la littérature négro-africaine d'expression française (Paris 1984); MPHAHLELE, EZEKIEL, The African Image (1962; London 1974); NGANDU NKASHAMA, PIUS, Négritude et Poétique. Une lecture de l'œuvre critique de Léopold Sédar Senghor (Paris 1992); NGORWANUBUSA, JUVÉNAL, Boubou Hama et Amadou Hampaté Bâ. La négritude des sources (Paris 1993); PAUSCH, MARION, Rückbesinnung – Selbsterfahrung – Inbesitznahme. Antillanische Identität im Spannungsfeld von Négritude, Antillanité und Créolité (Frankfurt a. M. 1994); RIESZ, JÁNOS, Koloniale Mythen – Afrikanische Antworten (1993; Frankfurt a. M. 2000); SCHULZE-ENGLER, FRANK, Shared Worlds. Experiences of Globalized Modernity in African, Caribbean and Asian Literatures in English (Habil. Frankfurt a. M. 2001); SENGHOR, LÉOPOLD SÉDAR, Liberté 1–5 (Paris 1964–1993); SENGHOR, LÉOPOLD SÉDAR, Ce que je crois. Négritude, francité et civilisation de l'universel (Paris 1988); SOYINKA, WOLE, Myth, Literature and the African World (Cambridge 1976); STAMM, NORBERT, ›Den Kongo schreiben‹. Geschriebene Heterogenität: das Werk Sony Labou Tansis (Frankfurt a. M. 2000); WOODSON, JON, To Make a New Race. Gurdjieff, Toomer, and the Harlem Renaissance (Mississippi 1999).

Normal/Normalität/Normalismus

(engl. normal, normality; frz. normal, normalité; ital. normale, normalità; span. normal, normalidad; russ. нормальное, нормальность)

I. Der Diskurskomplex ›Normalismus‹; 1. Etymologie; 2. Verselbständigung des Normalen gegenüber dem Normativen; 3. Normalismus seit 1800; 4. Das Normale im Verhältnis zum Alltag; 5. Das ›Prinzip von Broussais‹; 6. Denormalisierungsangst: protonormalistische und flexible normalistische Strategien; 7. Differenzierungsformen der protonormalistischen und der flexiblen normalistischen Strategien; 8. Protonormalistische und flexible normalistische Strategien in aporetisch-siamesischer Bifurkation; **II. Literatur und Normalität;** 1. Ästhetik und Normalismus, Literatur und Normalismus; 2. Literatur als Interdiskurs und ihr Beitrag zur Konstitution einer interdiskursiven Kategorie ›Normalität‹; **III. Normalität in der Literatur;** 1. Normalistische Probleme, Themen, Motive und Kollektivsymbole; 2. Die literarische Figur des ›Durchschnittsmenschen‹; 3. Normalistische Funktionen des Kollektivsymbolkomplexes von Technovehikel und Technoverkehr; 4. Der literarische (und filmische) Faszinationstyp der (nicht) normalen Fahrten; 5. Diskursive Töne im Gravitationsfeld des Normalismus; **IV. Normalismus und literarhistorische Stilformationen;** 1. Romantik; 2. Realismus; 3. Naturalismus; 4. Sozialistischer Realismus; 5. Surrealismus; 6. Weimarer Zeit und Neue Sachlichkeit; 7. Existenzialismus; 8. Bonn; 9. Achtundsechziger Literatur und Postmoderne

---

1 Vgl. JÜRGEN LINK, Versuch über den Normalismus. Wie Normalität produziert wird (Opladen 1997).
2 Vgl. MARCUS TULLIUS CICERO, Ac. 2, 140; CICERO, Leg. 1, 18 f.; ebd., 2, 61; CICERO, De or. 3, 190.
3 ÉTIENNE GEOFFROY SAINT-HILAIRE, Considérations générales sur les monstres, comprenant une théorie des phénomènes de la monstruosité (Paris 1826), 14, 15 u. ö.
4 Ebd., 17 u. ö.
5 FRANÇOIS BOISSIER DE SAUVAGES, Nosologie méthodique, übers. v. J. Nicolas (Paris 1770–1771), zit. nach MICHEL FOUCAULT, Histoire de la folie à l'âge classique (1961; Paris ²1972), 215, 211.
6 Vgl. LINK (s. Anm. 1), 191.
7 Vgl. ›Normal‹, in: Le Grand Robert de la langue française, Bd. 6 (Paris 1985), 804.
8 GISELA KRAUSE, Altpreußische Uniformfertigung als Vorstufe der Bekleidungsindustrie (Hamburg 1965), 39, 41, 43.
9 Vgl. WILHELM WINDELBAND, Normen und Naturgesetze (1884), in: Windelband, Präludien, Bd. 2 (Tübingen ⁵1915), 69, 76 u. ö.

I. Der Diskurskomplex ›Normalismus‹

Unter Normalismus wird im folgenden ein historisch-spezifischer Diskurskomplex des 19. und 20. Jh. verstanden, dessen Spezifizität zunächst kurz zu begründen ist.[1]

1. Etymologie

Aus dem lateinischen ›norma‹ (rechter Winkel, metaphorisch Regel, beides etwa schon bei Cicero[2], mittellateinisch z. B. Ordensregel) entstehen im wissenschaftlichen Neulateinischen Derivate wie normalis, normativus und seit dem 18. Jh. volkssprachliche Äquivalente wie Norm, normal und normativ (auch im Englischen, Französischen usw.). ›Normal‹ proliferiert im 18. Jh. (neben der mathematisch-astronomischen Bedeutung von rechtwinklig) besonders im ›naturgeschichtlichen‹, medizinischen, pädagogischen und industriellen Diskurs, und zwar vor allem in der Bedeutung Muster (englisch standard), bezogen auf eine Masse von Gegenständen. Dabei verbreitet sich gleichzeitig die etymologisch irrige Negation anomal/Anomalie (später doppelt irrig anormal), die sich eigentlich von griechisch ὁμαλός (homalos, eben) herleitet und irrtümlich auf griechisch ἄνομος (anomos, ungesetzlich/regelwidrig) bezogen wird, neben den korrekten Formen abnorm bzw. abnormal. Beispiele: »type normal«[3] und »état normal«[4] bei Étienne Geoffroy Saint-Hilaire, »folies anormales«[5] in der französischen Übersetzung der *Nosologia methodica* (1763) von François Boissier de Sauvages; ›Normalschule‹ (Österreich 1774[6], Frankreich [École normale] 1793[7], Frankfurt a. M. 1803 als ›Musterschule‹ verdeutscht); die Verwendung von (nicht in dieser Weise bezeichneten) »Normalmaßen«, »Normalgrößen« und »Normalfiguren«[8] in der Herstellung der preußischen Uniformen (ab Mitte des 18. Jh.). Gleichzeitig proliferieren ›Norm‹ und ›normativ‹ vor allem im juristischen Diskurs. ›Normal‹ interferiert in dieser Zeit noch mit ›normgemäß‹ (so auch später noch sporadisch, z. B. im philosophischen Diskurs, etwa bei Windelband[9]), tendiert aber bereits stärker zum Standardmaß einer Masse von Objekten als zum Idealtyp, während mit der juristischen, ethischen usw. Norm bereits klar eine binäre (ja oder nein) individuelle Erfüllungsnorm gemeint ist. Im Laufe des 19. Jh. differenzieren sich das Normale und die Norm im Sinne des Normativen zunehmend. Dabei ist die Tendenz des ›Normalen‹ der mehr oder weniger ausgedehnte normal range von Massenobjekten oder Massenverhalten, der sich um verschiedene Durchschnitte zwischen zwei polaren Normalitätsgrenzen erstreckt. So wird – vor allem gestützt auf Francis Galton – 1902 in James Mark Baldwins *Dictionary of Philosophy and Psychology* definiert: »(1) A standard type or pattern from which continuous departures are possible in opposite directions.«[10] »(2) In natural science: the usual, in form, size, and function. Normality is conformity to that usual. / Fluctuations and deviations from normality, both physical and mental, constantly occur, and when within moderate limits are still considered normal; when exceeding such limits they gradually pass into the *Abnormal*«[11]. Dieses transnormative, massen- und durchschnittsbezogene Konzept, in dem die humanwissenschaftliche und die industrialistische Linie konvergierten, hat sich auch in der alltagssprachlichen Bedeutung durchgesetzt. Seit dem 1. Weltkrieg ist ›Normalisierung‹ (französisch normalisation) zunächst in der Bedeutung von englisch standardization (Industrienorm) verbreitet; im Deutschen tritt ein Bedeutungswandel zu Normal-Machen (einer Situation oder einer Subjektivität) ein, während für standardization Normung oder Normierung benutzt wird.

2. *Verselbständigung des Normalen gegenüber dem Normativen*

Der Normalismus hat sich mithin seit dem 18. Jh. um die Leitbegriffe des Normalen und der Normalität herum gegenüber den Diskurskomplexen der Norm, der Normgeltung und der Normativität verselbständigt und ist daher strikt von diesen zu unterscheiden. Beide Komplexe bilden in der Moderne trotz der etymologischen Verwandtschaft diskurshistorisch wie funktional einen Gegensatz. Henning Ritter hat den Unterschied (im Anschluß an Georges Canguilhem[12]) mit der Opposition zwischen deskriptiv und präskriptiv zu fassen gesucht: Das »Normale« sei durch eine »Zweideutigkeit von Deskriptivem und Normativem« gekennzeichnet. Mit dem Deskriptiven ist die statistische

Komponente gemeint, die den Durchschnitt als entscheidendes Kriterium ins Spiel bringe. Die Verabsolutierung dieses Kriteriums führe jedoch zu folgendem Paradox: »Definiert man Normales und Anormales durch ihre relative statistische Häufigkeit, so kann man auch das Pathologische für normal erklären«. Mit Canguilhem votiert Ritter daher dafür, »in letzter Instanz eine normative Entscheidung« für »unumgänglich«[13] zu erklären. Damit ist jedoch der springende Punkt des Normalismus verkannt, der in der prinzipiellen Abkopplung von jeder dem Handeln präexistenten Normativität im Bereich von Kultur und Gesellschaft besteht. Normen und Normativität besitzen und besaßen, wenn auch natürlich zunächst nicht unter diesen Begriffen, alle menschlichen Gesellschaften und Kulturen. Es sind explizite und implizite Regulative, die material oder formal bestimmten Personengruppen in bestimmten Situationen ein bestimmtes Handeln vorschreiben und Verstöße sanktionieren. Solche mit angedrohten Sanktionen gekoppelten Normen sind daher stets in ihrem Wesen dem Handeln präexistent. Demgegenüber ist Normalität eine historisch-spezifische Errungenschaft moderner okzidentaler Gesellschaften, die zuvor niemals existierte und auch heute in zahlreichen Gesellschaften nicht oder bloß in Ansätzen existiert. Sie setzt nämlich (auch nach Canguilhem und Ritter) als ihr Konstituens und als ihre conditio sine qua non massenhafte Verdatung und statistische Dispositive voraus und wird auf Durchschnitte und Mittelwerte hin definiert. Damit ist Normalität dem Handeln aber wesentlich und konstitutiv postexistent (statt präexistent). Ob ein Handeln normativ gültig sein wird (einer Norm entspricht), ist im Prinzip (d. h. empirisch zumindest einigen Professionellen der Norm) vorher bekannt; ob es normal war, ist mit

---

10 CHARLES SANDERS PEIRCE, ›Norm (and Normality) (1)‹, in: J. M. Baldwin (Hg.), Dictionary of Philosophy and Psychology, Bd. 2 (New York/London 1902), 182.
11 JOSEPH JASTROW, ›Norm (and Normality) (2)‹, in: ebd.
12 Vgl. GEORGES CANGUILHEM, Le normal et le pathologique (Paris 1966).
13 HENNING RITTER, ›Normal, Normalität II‹, in: RITTER, Bd. 6 (1984), 921.

Sicherheit erst nachträglich feststellbar, da es stets seine statistische Positionierung innerhalb einer Masse vergleichbarer Handlungen (seinen Ort in einer statistischen Verteilung) einschließt. Dieser Unterschied, der auch völlig verschiedene Weisen der Sanktionierung bedingt, ist für die Funktionsweise aktueller Gesellschaften und Kulturen (die daher mit Fug und Recht u. a. als normalistisch zu kennzeichnen sind) absolut fundamental. In ihnen gilt nämlich tendenziell eine schließliche Dominanz von Normalität über Normativität (was Konflikte zwischen beiden Parametern selbstverständlich nicht ausschließt, sondern voraussetzt).

3. Normalismus seit 1800

Der heute zum gesamtgesellschaftlichen (d. h. auch sozialen und politischen) Regulativ entwickelte Normalismus hat sich (mit pränormalistischen Vorläufern seit ca. 1650) seit etwa 1800 schubweise in einzelnen Sektoren entwickelt, deren Zahl, Gewicht und Vernetzung zunahm. Die ältesten und lange Zeit wichtigsten Entwicklungsstränge waren der medizinische und der industrialistische. Beide Linien beruhten auf statistischen Dispositiven, also massenhafter Verdatung, Durchschnitts- und Verteilungskalkül, Bestimmung von Grenzwerten und (technischen) Toleranzen (nicht zu verwechseln mit normativer Toleranz). Die einzelnen Dispositive beider Stränge erlaubten vor allem normalisierende Interventionen, also nachträgliche Angleichung abweichender Werte, technischer Leistungen, Verhaltensweisen, Individuen usw. an die um die Durchschnitte herum etablierten Toleranzenzonen. Wenn der Prototyp der normativen Sanktion die abschreckende Strafe ist, so der Prototyp der Normalisierung die Umstellung eines Skalenwertes bzw. die Umverteilung einer statistischen Masse.

4. Das Normale im Verhältnis zum Alltag

Auf der anderen Seite ist Normalismus auch nicht gleich Alltäglichkeit bzw. Gewöhnlichkeit in einem transhistorischen Sinne. Während die Konstitution von jeweiliger Alltäglichkeit als Resultat spontaner Prozesse in diachronisch und synchronisch beliebigen Gesellschaften und Kulturen aufzufassen wäre, sind normal ausschließlich solche modernen Alltage, die als Resultat von Normalisierung in verdateten Kulturen zustande kommen. Dieser Unterschied wird nicht nur bei Canguilhem, sondern auch bei einer Reihe von Literaten, die Normalität weitgehend mit Alltag identifizieren (z. B. Hans Magnus Enzensberger), nicht genügend berücksichtigt. Dagegen erweist sich die historische Spezifik des Normalismus darin, daß er (in der Terminologie Toynbees gesagt[14]) als response auf den challenge der modernen Dynamik verstanden werden muß. Normalitätsdispositive sind in allen Einzelsektoren wie im integrierenden (interdiskursiven) Bereich kompensierende, versichernde Dispositive gegen die tendenziell exponentiellen und damit tendenziell chaotischen Wachstumskurven der Moderne. Auf eine einzige Formel gebracht, bildet der Normalismus für den Fortschritt eine Versicherung mittels Umverteilung. Daraus erklärt sich die spezifische Prekarität normalistischer Alltage, die wesentlich von Denormalisierungen bedroht sind. Als paradigmatisches Modell dafür gilt häufig gerade auch in der Literatur (einschließlich des Films) das moderne Verkehrssystem (mit seiner Massenhaftigkeit, seinen Unfällen als kontingenten, aber statistisch kalkulierbaren Kollisionen, seinen Staus u. ä. Denormalisierungen).

5. Das ›Prinzip von Broussais‹

Nach dem sog. ›Prinzip von Broussais‹[15], das korrekter als ›Prinzip von Broussais und Comte‹ zu bezeichnen wäre, sind Normalitätsgrenzen als ein origineller und gänzlich neuer Typ gesellschaftlicher Grenzen stets dynamisch auf einem graduierten Kontinuum verschiebbar. Das ergibt sich aus dem statistischen Verfahren: Wenn eine Population unter einem bestimmten Gesichtspunkt verdatet wird, wird sie dadurch qualitativ homogenisiert. Ihre Verteilung um den Durchschnitt (wenn man will, um die symbolische Mitte) zeigt zwar Wendepunkte der Kurve (idealiter der Gaußkurve, der sog. Normalverteilung), aber niemals so etwas wie

---

14 Vgl. ARNOLD J. TOYNBEE, Change and Habit: The Challenge of Our Time (London u. a. 1966).
15 Vgl. CANGUILHEM (s. Anm. 12), 18–31.

wesenhafte, qualitative Diskontinuitäten. Wo die Grenze zwischen normal und anormal liegt, ist daher stets der Diskussion unterworfen. Eine graduierte Skala als solche wie auch eine Verteilungskurve als solche kennen also keine Diskontinuitäten. Während normative (exemplarisch juristische) Grenzen das jeweils auszuschließende und zu sanktionierende Verhalten (exemplarisch Kriminalität) eindeutig zu definieren erlauben, liegt das Wesen der Ausschließung durch Normalitätsgrenzen, also der Anormalität, lediglich in einer extremen Position innerhalb einer statistischen Verteilung (z. B. extreme Behinderung). Was dabei als extrem betrachtet werden soll, ist nicht eindeutig und erweist sich daher als historisch hochgradig variabel. Da in modernen Gesellschaften gerade auch der normative Bereich der Verdatung unterliegt, kommt es regelmäßig zu Interferenzen und Widersprüchen zwischen Normativität und Normalität: Anormalitäten können symbolisch normativiert und umgekehrt normative Ausgrenzungen (exemplarisch normwidriges Verhalten im Verkehr) statistisch relativiert werden. Tendenziell scheint dabei die normative Evolution von der Evolution der Normalität abhängig zu werden (Beispiele: Sexualstrafrecht, Drogenstrafrecht u. ä.).

6. Denormalisierungsangst: protonormalistische und flexible normalistische Strategien

Die Konstatierung der prinzipiellen Kontinuität zwischen normal und anormal durch das ›Prinzip von Broussais und Comte‹ in den 20er und 30er Jahren des 19. Jh. hat von Beginn an eine spezifische Angst ausgelöst, die ich als Denormalisierungsangst bezeichne. Wenn es keine Wesensgrenze des Normalen gibt, dann ist kein Individuum wesenhaft und ein für allemal gegen Denormalisierung geschützt. Wenn sich jede Position auf dem statistischen Kontinuum verschieben kann, dann kann jedes einzelne Individuum womöglich unversehens und irreversibel über die Grenze gleiten. Schon Auguste Comte reagierte auf diese spezifische Angst mit der Etablierung symbolisch fixer Normalitätsgrenzen, die im Anschluß an Erving Goffman als Stigmagrenzen bezeichnet werden können.[16] Er stand damit am Beginn einer von zwei fundamentalen normalistischen diskursiven Strategien, und zwar derjenigen, die ich protonormalistisch nenne und die lange Zeit alternativlos dominierte, bevor sie durch flexible normalistische Strategien herausgefordert und zumindest zeitweilig abgelöst wurde.

7. Differenzierungsformen der protonormalistischen und der flexiblen normalistischen Strategien

Bei den beiden fundamentalen diskursiven Strategien des Normalismus handelt es sich um polare Idealtypen, die in der historischen Realität auch nur je partiell verwirklicht sein können. Sie können auch in einer und derselben Synchronie widersprüchlich koexistieren, ohne daß allerdings so etwas wie eine aufhebende Synthese zwischen ihnen denkbar wäre. Beide Strategien, die protonormalistische und die flexible normalistische, reagieren also auf das ›Prinzip von Broussais und Comte‹ über den kontinuierlichen Übergang zwischen normal und anormal sowie auf die daraus entspringende Denormalisierungsangst. Die protonormalistische Strategie reagiert darauf mit möglichst fixen und engen Grenzzonen, die zudem gebündelt (faszisiert) werden; temporal und dynamisch gesehen, mit möglichst fixen und stabilen Wachstumsraten. Dem entspricht als Subjektivierungstaktik die Außenlenkung (»other-direction«[17]), Abrichtung/Dressur (»dressement«/»dressage«[18]) (der französische Terminus normalisation bedeutet [industrialistische] Normung, Standardisierung; bei Foucault geht es meistens um [protonormalistische] Disziplinierung, zuweilen aber, insbesondere im Bereich der Sexualität, bereits um [flexibel-normalistische] Selbstadjustierung[19]) und »repres-

---

16 Vgl. ERVING GOFFMAN, Stigma: Notes on the Management of Spoiled Identity (Englewood Cliffs 1963), 130–139.
17 DAVID RIESMAN/REUEL DENNEY/NATHAN GLAZER, The Lonely Crowd: A Study of the Changing American Character (New Haven 1950), 19 u. ö.
18 FOUCAULT, Surveiller et punir. Naissance de la prison (Paris 1975), 172, 175; dt.: Überwachen und Strafen. Die Geburt des Gefängnisses, übers. v. W. Seitter (Frankfurt a. M. 1976), 220, 223.
19 Vgl. FOUCAULT, Histoire de la sexualité, Bd. 1: La volonté de savoir (Paris 1976).

sion«[20], kurz die Produktion ›autoritärer Charaktere‹[21]. Anders gesagt, sucht der Protonormalismus damit aber auch eine Art rückversichernde Anlehnung an Normativität, wo immer das möglich erscheint. Darin erblickt die flexible Strategie umgekehrt das Risiko zu großer Starrheit, die unter Bedingungen starker Fluktuation, wie sie in der Moderne mit ihrer Wachstumsdynamik nie zu vermeiden sind, zum unkontrollierten, chaotischen Bruch, d. h. zur irreversiblen Denormalisierung führen könnte. Deshalb arbeitet der Flexibilitätsnormalismus umgekehrt mit möglichst breiten Übergangszonen (borderlines) und mit Taktiken, die auf die Inklusion und Integration möglichst großer Abschnitte der borderlines in die Normalität zielen, wie es exemplarisch bei der Verwandlung von ›Perversionen‹ in kontinuierliche Grade sexueller Exploration[22], von ›Wahnsinn‹ oder ›Schwachsinn‹ in verschiedene Grade von ›Behinderung‹ oder bei der Herstellung eines homogenen ›weichen‹ Sucht-Mix aus Alkohol usw. mit ›weichen‹ Drogen deutlich wird. (Häufig stehen die symbolischen Kennzeichnungen hart vs. weich für den Gegensatz zwischen protonormalistischen und flexiblen normalistischen diskursiven Taktiken; ebenso symptomatisch ist die entweder negative oder positive Wertung von Rändern, margins, borderlines, Grauzonen usw.) Bereits diese kurze Kennzeichnung verdeutlicht, daß sich ein beträchtlicher Teil der Literatur des 19. und 20. Jh. thematisch der Auseinandersetzung zwischen den beiden normalistischen Strategien zuordnen läßt.

Temporal und dynamisch gesehen, läßt der Flexibilitätsnormalismus stärkere Schwankungen etwa der Wachstumskurven zu. Im Gegensatz zum Protonormalismus liegt das Risiko des Flexibilitätsnormalismus (unter normalistischen Prämissen) in der Gefahr des Verschwimmens der Grenzen, das ebenfalls zur Denormalisierung führen kann. Genauso wie der Protonormalismus braucht demnach auch der Flexibilitätsnormalismus Verfahren, um die Attraktionskraft der Mitte und die Repulsionskraft der Extreme zu stärken. Statt auf Dressur, Autorität und Repression setzt der Flexibilitätsnormalismus dabei aber auf die ›Autonomie‹ der Subjekte, sich selbst zu normalisieren. Deshalb müssen flexibilitätsnormalistische Subjekte durch Selbsterfahrungsprogramme in der ›Erfahrung ihrer je individuellen Grenzen‹ und in der Einschätzung von Denormalisierungsrisiken geschult werden, was idealiter durch Therapieprogramme für breite Bevölkerungskreise erfolgt. Einen Ersatz bieten mehr und mehr ›selbsttherapeutisch‹ ausgerichtete Massenmedien. Die Kenntnis der statistischen Verteilungen setzt die Subjekte in den Stand, ›autonom‹ über ihre riskanten Explorationen von borderlines zu entscheiden und sich notfalls immer kurzfristig in gut versicherte Mittelzonen zurückflüchten zu können. Außerdem wird durch die Prozessierung symbolischer Schreckbilder absoluter Anormalität (wie Schizophrenie, Child Abuse, AIDS, Kokain, Ecstasy, Sonderweg, Gewalt/Terror u. ä.) auch die Repulsionskraft der Extreme weiter aufrechterhalten.

8. Protonormalistische und flexible normalistische Strategien in aporetisch-siamesischer Bifurkation

Das Verhältnis zwischen den beiden fundamentalen Strategien des Normalismus ist weder das einer gerichteten zeitlichen Abfolge noch das eines dialektischen Prozesses mit Synthese oder Aufhebung jenseits des Normalismus. Vielmehr müßte man von einer aporetischen siamesischen Bifurkation sprechen: Wie bei den beiden Ästen eines Y oder einer Gabel bleiben die beiden Strategien nach Art siamesischer Zwillinge aneinander gekettet. Auf beiden Ästen münden sie in eine Sackgasse des Denormalisierungsrisikos. Jeder starre Protonormalismus löst in längeren Phasen historischer Entspannung Tendenzen zur Flexibilisierung aus; jeder radikale Flexibilitätsnormalismus schlägt in Krisenprozessen wieder in stärker protonormalistische Tendenzen um. In bestimmten Konjunkturen kann sich dieses Hin und Her aufschaukeln und kritisch zuspitzen bis hin zum Durchdrehen des Normalismus, wie es epochal und desaströs in der Phase von 1914 bis 1945 zu beobachten war.

---

20 HERBERT MARCUSE, One-Dimensional Man: Studies in the Ideology of Advanced Industrial Society (Boston 1964), 5 u. ö.
21 Vgl. MAX HORKHEIMER u. a., Studien über Autorität und Familie (Paris 1936); THEODOR W. ADORNO u. a., The Authoritarian Personality (New York 1950).
22 Vgl. FOUCAULT (s. Anm. 19), 50–67.

II. Literatur und Normalität

1. Ästhetik und Normalismus, Literatur und Normalismus

Entsprechend den eingangs getroffenen Vorklärungen fällt das weite Feld der Problematik ästhetischer und literarischer Normen nicht eigentlich in den Bereich des Normalismus. Die ästhetischen Normen im Sinne von Regelpoetiken, Klassik-, Kanon- und idealtypischen Stilvorstellungen sind sämtlich Musterfälle von Normativität. Die modernen (besonders die avantgardistischen) Ästhetiken der Normbrechung richten sich in erster Linie gegen diese normativen Idealtypen und gehören daher selbst zum Bereich einer (negativen) Normativität. Allerdings interferiert diese Normativität seit dem Entstehen einer Massenkunst ebenfalls mit normalistischen Faktoren: Oftmals gelten nun auch die pure statistische Häufigkeit bzw. der Durchschnitt in aestheticis als trivial und damit als negativ. Insofern wenden sich die modernen Devianzästhetiken tendenziell sowohl gegen traditional-kanonische Normativitäten als auch gegen triviale Normalitäten, deren Gesamtheit am ehesten als ›Banalität‹ zu fassen wäre. Der Normalismus als Spezifikum gegenüber Normen und Normativitäten ist bisher im toten Winkel der Reflexion ästhetischer Diskurse geblieben. Die folgenden Klärungen sind dementsprechend als Beitrag zu einer Differenzierung der Ästhetik des Banalen zu lesen: Unter diesem Begriff ist teils die rein formal-ästhetische ›Automatisierung‹ (Viktor B. Šklovskij), teils bzw. gekoppelt damit aber auch der Normalismus als allgemein kulturelles Phänomen zu fassen. Da die Banalitäten normalistischer Herkunft (exemplarisch z. B. die neueren technischen Vehikel) selbst genuin modernen Ursprungs sind, ist das Verhältnis der Avantgarden zu ihnen besonders komplex und widersprüchlich (man denke etwa an die positive Einbeziehung bestimmter Banalitäten in Pop-Art, Postmoderne und bereits Surrealismus). Die Postmoderne scheint u. a. dadurch definierbar zu sein, daß sie als moderne ästhetische Strömung die Opposition gegen den Normalismus explizit aufgibt und versucht, aus dem Mitspielen im Spiel des flexibilitätsnormalistischen ›Floating‹[23] ästhetische Gewinne zu ziehen.

Im folgenden wird der breitere ästhetische Bereich exemplarisch auf Narrationen (Literatur/Film) und diese wiederum auf ihr Verhältnis zum Normalismus (unter Ausschluß der Normativitäten) eingeschränkt. Da sich die Literatur (einschließlich des Films) als elaborierter Interdiskurs auffassen läßt, spielt sie bei der Konstituierung, Produktion und Reproduktion kulturell übergreifender, genereller diskursiver Komplexe und Dispositive häufig eine wichtige Rolle. Das gilt auch für den Normalismus. Dementsprechend sind literarische Quellen für die Diskursgeschichte des Normalismus sowohl im engeren (Begriffsgeschichte eingeschlossen) als auch im weiteren Sinne von teils erheblicher Bedeutung.

Die Oppositionsstellung des Mainstreams der modernen Ästhetik gegen die Banalität und damit gegen den banalen Aspekt des Normalismus läßt die Normalitätsgrenzen typischerweise als ambivalent erscheinen: Ihre Überschreitung wirkt ebenso gefährlich wie attraktiv. Sie verheißt nicht bloß Destruktion, sondern auch Lust und Intensitäten. So wird die Denormalisierungsangst im ästhetischen Bereich ambivalent gedoppelt durch Denormalisierungslust. Dementsprechend können ›Anormale‹ zu literarischen Helden werden: Ihre Subjektivitäten werden interessant und simulationswürdig, ihre Abenteuer bei Überschreitung der Normalitätsgrenzen attraktiv und erzählfähig. (Für ›normale‹ Leser, vor allem jene protonormalistischer Spielart, können solche Narrationen dabei gleichzeitig auch weiter die Funktion der Abschreckung erfüllen, wie es die Verteidigung im Prozeß um Flauberts *Madame Bovary* [1857] exemplarisch ausführte.)

2. Literatur als Interdiskurs und ihr Beitrag zur Konstitution einer interdiskursiven Kategorie ›Normalität‹

Unter Diskurs sei mit Foucault (d. h. in Abgrenzung vom Habermasschen Diskursbegriff) eine historisch-spezifische und spezielle, geregelte Formation von Aussagen verstanden, die einem spezifischen Gegenstandsbereich zugeordnet sind (Bei-

---

[23] Vgl. JEAN BAUDRILLARD, L'échange symbolique et la mort (Paris 1976), 18 ff., 42 ff., 139 ff.

spiele: der klinisch-medizinische oder der positivjuristische Diskurs des 19. Jh.). Dabei betont der Diskursbegriff die semiotische Materialität der Redeweise und ihrer institutionellen Rahmenbedingungen ebenso wie ihre Kopplungsbezüge zur Handlung und ihren aus all dem resultierenden Machteffekt. Es lassen sich dann erstens als Spezialdiskurse solche Diskurse kennzeichnen, die zu einem Maximum an immanenter Konsistenz und zu entsprechender Abschließung gegen arbeitsteilig externes Diskursmaterial tendieren. Das typische Beispiel sind die wissenschaftlichen Diskurse. Idealtypisch dominiert in der Funktionsweise eines Spezialdiskurses demnach die eindeutige Denotation und die Ausschaltung aller Mehrdeutigkeiten und Konnotationen. Um es am Beispiel des Normalen zu illustrieren: Seit teilweise fast zwei Jahrhunderten spielt das Normale (als Gegenbegriff zum Pathologischen) eine zentrale Rolle in mehreren Spezialdiskursen, wie Medizin und Psychiatrie. Es ist in diesen Fällen je spezifisch und möglichst operativ definiert. Als interdiskursiv sollen umgekehrt sämtliche Diskurselemente und -parzellen bezeichnet werden, die nicht an einen Spezialdiskurs gebunden sind, die vielmehr mit variabler und flexibler Bedeutung in einer Mehrzahl von Spezialdiskursen sowie gegebenenfalls ebenfalls in übergreifenden, allgemeinen Diskursen, z. B. sog. Alltagsdiskursen, zirkulieren.[24] Zu den interdiskursiven Diskurselementen gehören sowohl kulturtypische Querschnitt-Kategorien (z. B. die Vorstellung einer generellen Normalität) als auch Diskurskomplexe von der Art der Kollektivsymbolik, worunter die kulturell stereotype Bildlichkeit, d. h. die Gesamtheit der in einer Kultur am meisten verbreiteten Bilder, Symbole, Vergleiche, Metaphern, Modelle usw., verstanden werden soll. Die Literatur selbst läßt sich dann als Interdiskurs auffassen, d. h. als ein Diskurs, der sich hauptsächlich durch Verarbeitung interdiskursiven Materials konstituiert.

Da der Normalismus zu den wichtigsten interdiskursiven Diskurskomplexen der Moderne gehört, bestehen vielfältige Bezüge zwischen Normalismus und Literatur. Das beginnt mit nicht unbedeutenden Beiträgen der Literatur zur Konstitution einer interdiskursiven Kategorie Normalität (einschließlich der begriffsgeschichtlichen Dimension), für die hier zunächst einige exemplarische historische Belege gegeben werden sollen. (Die offene Definition von Literatur als Interdiskurs erlaubt dabei die Einbeziehung sowohl philosophisch-ästhetischer als auch anderer nicht im engen Sinne literarischer Belege von Literaten.)

Die interessante Verwendung der Kategorie des Normalen bereits in Kants *Kritik der Urtheilskraft* (1790) erklärt sich als Import der entsprechenden pränormalistischen Kategorie des naturgeschichtlichen Diskurses, wobei die Analogie in der Problematik der Teleologie lag. In diesem Kontext antizipierte Kant nun die genuin normalistische Vorstellung eines statistisch konstituierten ›mittleren Menschen‹ im Sinne Adolphe Quételets und sogar das Galtonsche Verfahren der Serienfotos: »Jemand hat tausend erwachsene Mannspersonen gesehen. Will er nun über die vergleichungsweise zu schätzende Normalgröße urtheilen, so läßt [...] die Einbildungskraft eine große Zahl der Bilder (vielleicht alle jene tausend) auf einander fallen; und [...] in dem Raum, wo die meisten sich vereinigen, und innerhalb dem Umrisse, wo der Platz mit am stärksten aufgetragenen Farbe illuminirt ist, da wird die *mittlere Größe* kenntlich, die sowohl der Höhe nach von den äußersten Gränzen der größten und kleinsten Staturen gleich weit entfernt ist; und dies ist die Statur für einen schönen Mann.«[25] Diese Gleichsetzung von Normalität als Durchschnitt mit idealer Schönheit nimmt den Protonormalismus vorweg; sie dürfte bei goethezeitlichen ästhetischen Kennern eher Kopfschütteln ausgelöst haben.

Eine pränormalistische Vorstellung des Normalen als eines – in diesem Falle textilen – Musters wird bei E. T. A. Hoffmann mehrfach satirisch aufs Korn genommen: »Der Fürst wollte ihm nun das

---

24 Vgl. LINK, Literaturanalyse als Interdiskursanalyse. Am Beispiel des Ursprungs literarischer Symbolik in der Kollektivsymbolik, in: J. Fohrmann/H. Müller (Hg.), Diskurstheorien und Literaturwissenschaft (Frankfurt a. M. 1988), 284–307; LINK/URSULA LINK-HEER, Diskurs/Interdiskurs und Literaturanalyse, in: Zeitschrift für Literaturwissenschaft und Linguistik 20 (1990), H. 77, 88–99.
25 IMMANUEL KANT, Kritik der Urtheilskraft (1790), in: KANT (AA), Bd. 5 (1908), 234 (§ 17).

Ordensband [...] umhängen; aber Zinnobers mißgestalteter Körperbau bewirkte, daß das Band durchaus nicht normalmäßig sitzen wollte, indem es sich bald ungebührlich heraufschob, bald ebenso herabschlotterte.«[26] Der Kontext Mißgeburt (Teratologie) ruft Naturforscher auf den Plan, die ein ›normalmäßiges Sitzen‹ auf dem anormalen Körper ermöglichen sollen. Diese Kombination von Naturgeschichte und Musteruniform gehört ebenfalls zu den tendenzweisenden diskursiven Mikroereignissen im Vorfeld des Normalismus.

Wenn auch beim späten Goethe – allerdings im naturgeschichtlichen Diskurs – an einer Stelle der Terminus normal auftaucht[27], so handelt es sich dabei doch noch ebenso um den vornormalistischen Komplex der ›naturgeschichtlichen‹ Teratologie. Dagegen benutzt Eichendorff in seiner Besprechung der Reiseberichte Friedrichs von Schwarzenberg bereits Floskeln wie ›im normalen Sinne‹ und zitiert Schwarzenberg: »Ja, der Bürgerkrieg ist [in Spanien – d. Verf.], wie gewisse Krankheiten im menschlichen Organismus, endlich sozusagen im Lebensprinzip dieses Volkes verschmolzen und beinahe ein normaler Zustand geworden.«[28] Hier ist die Herkunft aus der Medizin à la François Joseph Victor Broussais eindeutig. Wie alltäglich der Begriff aber schon zu Beginn der 30er Jahre des 19. Jh. geworden war, zeigt folgende Äußerung Heinrich Laubes: »Man fühlt, wieviel Zeit man im Mittelalter hatte, da ein einziger Mensch sein halbes Leben lang an einem Standbild oder an einer Reihe von Schnörkeln arbeiten mochte, die unter normalen Umständen nie ein menschliches Auge wieder sehen.«[29] Im letzten Drittel des 19. Jh. ist normal definitiv zur Alltagsfloskel geworden: »Kai, nun fünfjährig, wuchs prächtig und ›normal‹ heran.«[30] – »Mitleid [...] ist verschieden nach den Charakteren: grausame können noch lachen, wo normale heutige Menschen Mitleid fühlen«[31].

Die Etablierung eines normal range durchschnittlicher Massenmenschen zeitigte eine spezifisch normalistische Neufassung des Genieproblems, etwa bei Schopenhauer, Wagner und Nietzsche: »Der Unterschied zwischen dem Genie und den Normalköpfen ist allerdings nur ein *quantitativer*, sofern ja ein Unterschied des Grades ist; dennoch wird man versucht, ihn als *qualitativ* anzusehn, wenn man betrachtet, wie die gewöhnlichen Köpfe trotz ihrer individuellen Verschiedenheit doch eine gewisse gemeinsame Richtung ihres Denkens haben«[32]. Unter normalistischen Prämissen erschien das Genie also bei aller Positivität stets zum Anormalen hin ambivalente Supernormalität, wobei Wagner und Nietzsche sich in Anschluß an Schopenhauer ohne Wenn und Aber zur Anormalität des Genies bekannten: »Der normale Mensch hat alle seine Organe, und namentlich das Organ der Erkenntniß, das Gehirn, lediglich zum Dienste seines Willens: die Loslösung der Erkenntniß vom Dienste des Willens ist dagegen ein abnormer Act, und kommt nur bei abnormen Organisationen (gewissermaaßen als Monstruosität) vor; in diesem abnormen Zustande, wie wir ihn in höchster Potenz bei dem Genie wahrnehmen, gewahrt nun die Erkenntniß im möglichsten Falle eben nur jene normale Beschaffenheit, erkennt also das – in ihm jetzt frei gewordene Organ – überall sonst, nur im Dienste des Willens«[33].

Wagner statuiert hier (ähnlich wie Nietzsche) noch radikaler als Schopenhauer, allerdings auf der Basis von dessen Metaphysik, eine tiefe qualitative Differenz zwischen Genie und Normalmensch,

---

26 ERNST THEODOR AMADEUS HOFFMANN, Klein Zaches genannt Zinnober (1819), in: Hoffmann, Werke und Schriften, Bd. 1 (Essen u. a. 1985), 285.
27 Vgl. JOHANN WOLFGANG GOETHE, Der Inhalt bevorwortet (1817), in: GOETHE (HA), Bd. 13 ([11]1994), 59.
28 JOSEPH VON EICHENDORFF, Lanzknecht und Schreiber (1847), in: Eichendorff, Werke, Bd. 3 (München 1976), 113; vgl. [ANONYMUS, d. i.] FRIEDRICH VON SCHWARZENBERG, Aus dem Wanderbuche eines verabschiedeten Lanzknechtes (Wien 1844–1845).
29 HEINRICH LAUBE, Reise durch das Biedermeier (1833–1837), hg. v. F. H. Körber (Hamburg 1965), 190.
30 DETLEV VON LILIENCRON, Leben und Lüge. Biographischer Roman (1908), in: Liliencron, Sämtl. Werke, Bd. 15 (Berlin/Leipzig o. J. [1908]), 27.
31 WILHELM SCHERER, Poetik (1888), hg. v. G. Reiss (Tübingen 1977), 148.
32 ARTHUR SCHOPENHAUER, Parerga und Paralipomena (1851), in: Schopenhauer, Sämtl. Werke, hg. v. W. v. Löhneysen, Bd. 5 (Stuttgart/Frankfurt a. M. 1965), 92.
33 RICHARD WAGNER an August Röckel (April 1855), in: Wagner, Sämtl. Briefe, hg. v. G. Strobel u. a., Bd. 7 (Leipzig 1988), 127.

wofür der Rückgriff auf die pränormalistische Teratologie symptomatisch ist. Hier schließt dann die fast hundert Jahre währende protonormalistische Problematik von Genie und Anormalität (besonders Wahnsinn) an, die das Genie bei Nietzsche, Thomas Mann und Benn affirmativ an die Anormalität bindet, während der gleiche Diskurskomplex bei Max Nordau das moderne Genie auf die Seite der gesellschaftsfeindlichen Verbrecher und Irren verweist.

Seit dem letzten Drittel des 19. Jh. hatte der Normalismus ein solches gesamtkulturelles Gewicht gewonnen, daß nun auch ganze literarische Texte bzw. Textkorpora ihn thematisierten. So beruht das naturalistische Konzept Wilhelm Bölsches ganz wesentlich auf einem affirmierten Normalen, und Max Nordaus Theorie der ›Entartung‹ erklärte auf der Basis eines extremen Protonormalismus die gesamte moderne Literatur für anormal.

In der 1. Hälfte des 20. Jh. verstärkten sich vor allem in den USA flexible normalistische Tendenzen, wodurch der Protonormalismus herausgefordert wurde. Diese Spannung erhöhte den Grad der Reflexion über den Normalismus gerade auch in der Literatur, die in zumeist negativer Beleuchtung generelle Modelle von Normalität entwarf. Dazu einige Beispiele:

Im ›Prolog in der Buchhandlung‹ zu Wedekinds *Büchse der Pandora* (Teil 2 der *Lulu*-Trilogie) betritt der ›normale Leser‹ die Bühne. Seine Konfrontation mit dem »hohen Staatsanwalt« spielt auf die damaligen Debatten um ›Schund und Schmutz‹ an, bei denen das ›Empfinden des normalen Mannes‹ als Kriterium gelten sollte: »Normale Leser muß ich davor schützen, / Daß du sie grinsend bis ins Mark verdirbst.«[34]

Sehr viel systematischer und bissiger bekämpfte auch Karl Kraus in der *Fackel* jede Form von protonormalistischer Normalität, darunter ebenfalls vor allem die sexuelle. Der Höhepunkt dieser Polemik war der Angriff gegen Maximilian Harden im Eulenburg-Skandal. Kraus destruierte durch grotesken Hohn den Begriff einer sexuellen Normalität als solchen: »Denn wenn es auch erweislich wahr ist, daß schon längst, sozusagen unbewußt, jeder Einwohner von Bettenhausen homosexuell war, so war es doch früher immerhin noch möglich, daß sich einer heimlich zu einem Mädchen schlich und sich fortpflanzte. Jetzt war die Erfüllung solcher Staatsbürgerpflicht unmöglich gemacht, denn jetzt hielt man sie bloß für einen Alibi-Beweis und jeder schämte sich, normal zu sein, weil er fürchtete, durch eine normale Handlung den Verdacht auf eine homosexuelle Veranlagung zu lenken. [...] Wer lebte, galt für homosexuell; erschoß er sich aber, so war der Beweis gelungen. Da in die gleiche Zeit die Entdeckung des Unbewußten fiel, so wußte niemand, woran er war und was hinter seinem Rücken geschah.«[35] Wie der Seitenhieb gegen Freud zeigt, kämpfte Kraus zwar gegen den Protonormalismus, nicht aber für den Flexibilitätsnormalismus, der ja für noch offensivere Verdatung der Sexualität eintrat, um die Normalitätsgrenzen hinausschieben zu können. Kraus trat statt dessen für traditionalen Takt gegenüber der Intimität ein und haßte die Geständnisstimulation der modernen Massenmedien. Kraus ist damit einer der ersten grundsätzlichen und hoch bewußten Gegner jeder Spielart des Normalismus.

In der 4. Szene des 4. Akts von *Hoppla, wir leben!* konfrontiert Ernst Toller seinen Helden Karl Thomas mit dem Psychiater Professor Lüdin. Dabei sind die Anspielungen auf Tollers Autobiographie und auf den bekannten Psychiater und Erbbiologen Ernst Rüdin transparent, der Toller am 14. 7. 1919 als Sachverständiger zu begutachten hatte und später als Mitinspirator und Kommentator des ›Gesetzes zur Verhinderung erbkranken Nachwuchses‹ und Ideologe der ›Endlösung‹ traurige Berühmtheit erlangen sollte. 22 Mal wiederholt sich in dieser Szene, in der der Held auf seine Zurechnungsfähigkeit untersucht wird, das Leitmotiv ›normal‹. Während es dem Psychiater professionell scheinbar um individuelle geistige Normalität geht, denunziert der Untersuchte durch rhetorische Fragen den Zustand der Gesellschaft als ›nicht normal‹. Lüdin-Rüdin erklärt dagegen soziale Ungeheuerlichkeiten zynisch-stereotyp für »absolut

---

34 FRANK WEDEKIND, Die Büchse der Pandora (1904), in: Wedekind, Werke in drei Bänden, hg. v. M. Hahn, Bd. 1 (Berlin/Weimar 1969), 320.
35 KARL KRAUS, Der eiserne Besen, in: Die Fackel, Nr. 259–260 (13. 7. 1908), 22 f.

normal«[36]. Als er sich von der analytischen Luzidität seines Gegenübers überzeugen muß, erklärt er es abschließend (selber ›hysterisch‹ schreiend) für wahnsinnig.[37] Dieser Chiasmus von Normalität/Wahnsinn ist für die literarische Behandlung des Themas charakteristisch. In Tollers Szene wird auf diese Weise explizit die sektorielle (psychiatrische) Normalität in den Kontext der generellen, gesamtgesellschaftlichen gestellt (Einblendung eines telefonierenden Bankiers und eines Erfinders).[38] So wird deutlich, daß nur die Isolierung der gesellschaftlichen Sektoren die jeweiligen Normalitäten funktionieren läßt; die Synchronie des Ganzen spricht solcher Normalität Hohn. Dabei ist die gemeinte Normalität deutlich vom Typ des Protonormalismus.

Die Polemik vieler Schriftsteller gegen protonormalistische fixe Normalitäten war sicher ein wichtiger Faktor bei der Stärkung des Flexibilitätsnormalismus. Als wie schwierig sich der Dominanzwechsel der normalistischen Strategien dennoch erwies, zeigt symptomatisch eine Stelle aus Thomas Manns Tagebüchern der 30er Jahre, wo der Idealtyp bemüht werden muß, um die Normalität der Homoerotik formulieren zu können. Bei der Rekapitulation seiner intensivsten Verliebtheiten statuiert Thomas Mann in seinem ›kanonischen‹ 25. Lebensjahr seine größte als eine homoerotische Liebe: »So ist es wohl menschlich regelrecht [die ursprüngliche Etymologie von ›normal‹ – d. Verf.], und kraft dieser Normalität kann ich mein Leben stärker ins Kanonische eingeordnet finden, als durch Ehe und Kinder.«[39]

Gottfried Benn war als Mediziner der 1. Hälfte des 20. Jh. tief in protonormalistische (einschließlich rassistischer) Diskurse verstrickt. Ähnlich wie Thomas Mann zeigte er sich dabei aber von Nietzsches Theorem überzeugt, dem zufolge ästhetische Genialität tendenziell nicht von ›Dekadenz‹, also Anormalität, getrennt werden könne. Dementsprechend steht die Denormalisierung in der Ambivalenz von Angst und Lust: Sie verheißt Intensitäten. In späteren Gedichten wie Restaurant, in denen er jenen prosanah-desillusionierten Ton erprobte, der für Enzensberger stilbildend wirkte, wird der Normalismus ohne Pathos, aber um so radikaler verworfen: »Der Herr drüben bestellt sich noch ein Bier, / das ist mir angenehm, dann brauche ich mir keinen Vorwurf zu machen / daß ich auch gelegentlich einen zische. / Man denkt immer gleich, man ist süchtig, / in einer amerikanischen Zeitschrift las ich sogar, / jede Zigarette verkürze das Leben um sechsunddreißig Minuten, / das glaube ich nicht, vermutlich steht die Coca-Cola-Industrie / oder eine Kaugummifabrik hinter dem Artikel. / Ein normales Leben, ein normaler Tod / das ist auch nichts. Auch ein normales Leben / führt zu einem kranken Tod.«[40]

Unter den Autoren der zweiten Nachkriegszeit hat sich insbesondere Enzensberger intensiv mit dem Normalismus auseinandergesetzt, und zwar gleichermaßen im essayistischen wie im poetischen Werk. Geradezu programmatisch mußte 1982 der Essay *Zur Verteidigung der Normalität* (zuerst im *Kursbuch*) wirken. Damit schien eine Revision des noch im *Spiegel*-Essay *Traktat vom Trampeln* (14. 6. 1976) extrem negativen Begriffs von Normalisierung ins Positive intendiert. Tatsächlich wird man eher von einer Art Paradigmawechsel vom Protonormalismus (der weiterhin abgelehnt wird) hin zum Flexibilitätsnormalismus (der verteidigt wird) sprechen müssen. In den späteren Essays (z. B. *Mittelmaß und Wahn*, 1988, und *Gangarten – ein Nachtrag zur Utopie*, 1990) plädiert Enzensberger gegen jeden elitär-intellektuellen Anspruch auf Regulierung der Gesellschaft (darunter auch gegen sozialistische Utopien) und für Vertrauen auf spontane Fluktuationsprozesse, die er physikalisch-chaostheoretisch begründet. Dabei hat er konkret flexibilitätsnormalistische Floating-Verfahren im Blick, deren interventionistisch-regulierende Seite er aber zugunsten einer naturalistisch-spontanen Auffassung verdrängt. So erklärt sich die ahistorische Gleichsetzung von Normalität und Alltag.

---

36 ERNST TOLLER, Hoppla, wir leben! (1927), in: Toller, Ges. Werke, hg. v. J. M. Spalek/W. Frühwald, Bd. 3 (München/Wien ²1995), 109.
37 Vgl. ebd., 111.
38 Vgl. ebd., 108 f.
39 THOMAS MANN, [6. 5. 1934], in: Mann, Tagebücher 1933–1934, hg. v. P. de Mendelssohn (Frankfurt a. M. 1977), 412.
40 GOTTFRIED BENN, Restaurant (1950), in: Benn, Ges. Werke, hg. v. D. Wellershoff, Bd. 3 (Stuttgart ⁹1993), 258.

Das lyrische Œuvre beginnt mit ironisch-sarkastischer Polemik gegen den Protonormalismus: »O Normalnull Normalnull / du friedlichste / aller Gottheiten.«[41] In *Mausoleum* (1975) und *Der Untergang der Titanic* (1978) erscheint der Normalismus (im Sinne von Protonormalismus) als unlösbare Begleiterscheinung von kapitalistischem und realsozialistischem Industrialismus: »Stets *gesund und normal*: Unförmig döst er im Sitzen, schlaflos / auf unförmigen Kissenburgen. Ein Sozialautomat. Sein Leben lang impotent.«[42] Gleichzeitig mit Foucaults *Überwachen und Strafen* und *Der Wille zum Wissen* hat Enzensberger in den beiden großen lyrischen Zyklen (wobei z. T. die gleichen Schlüsselfiguren thematisiert werden) die Normalisierung (im Sinne von protonormalistischer ›Dressur‹ der Subjektivitäten) als konstitutiven Faktor des okzidentalen ›Fortschritts‹ in Form montierter Zitate und exemplarischer Gesten verfremdet-balladesk vorgeführt. Im Unterschied zu den Essays rutscht die Wendung zum Flexibilitätsnormalismus in der Lyrik nicht ins Ahistorische eines ewigen Alltags. Im Gedicht *Episode* z. B. bleibt die Normalität an die Moderne (Flugzeug) gebunden: »Jammernd ausgestreckt in deinem Aeroplan, / fällt dir nicht auf, / wie unheimlich leicht du dahinfährst, / kleine Wolke im Nadelstreifen? [...] Unerhörte Begebenheiten, einmalig / in der Geschichte des Universums. [...] Unheimlich. Normal. Ein Jammer, / Du merkst nicht, daß du nichts merkst.«[43]

Eine in der literarischen Verarbeitung des Normalismus symptomatische Formel wiederholt sich nicht bloß bei Enzensberger: »Dies alles ist zwar irrsinnig, aber normal«[44], heißt es schon in der Büchnerpreisrede, und ähnlich am Schluß von *Mittelmaß und Wahn*: »wahnsinnig normal«[45]. Es ist die paradoxe chiastische Verkehrung des Verhältnisses von Normalität und Anormalität, etwa ›Wahnsinn‹: Diese Verkehrung mit ihrem Effekt eines Vexierbilds (jetzt ist die ›Mitte‹ normal – jetzt ist sie umgekehrt wahnsinnig) relativiert die gesamte vom Normalismus geschaffene Ordnung als bloß subjektive Ansichtssache. Ihr eigener Status changiert dabei zwischen achselzuckender Ironie, die mit dem Flexibilitätsnormalismus kompatibel bleibt, und radikalem Willen zu transnormalistischen Alternativen.

Für den Versuch, den Begriff normal gänzlich ins Transnormalistische umzufunktionieren, schließlich ein frühes Beispiel von Brecht: »Was ich wünsche, ist, daß die Künstler dieser Epoche wünschten, durch ihre Normalität bemerkt zu werden, nicht durch ihre Originalität. Da der Begriff normal natürlich selber ein Unsinn ist, wie es in Wirklichkeit nur Grade der Normalität gibt, müßte der gesuchteste Mensch der normalste sein. Von dieser ganzen Überlegung brauche ich nur das eine: man muß es den Theaterproduzenten einräumen, sich für den normalsten Zuschauer zu halten, indem man für den normalsten Zuschauer nicht denjenigen hält, der in den meisten Exemplaren vertreten ist, sondern denjenigen, der aus einer Theateraufführung nach seiner Façon das größtmögliche Vergnügen herausholen kann. Es gibt höchstens zwei normale Zuschauer, von denen der mir bekannte ich bin.«[46]

---

41 HANS MAGNUS ENZENSBERGER, Trigonometrischer Punkt (1964), in: Enzensberger, Die Gedichte (Frankfurt a. M. 1983), 232.
42 ENZENSBERGER, Frederick Winslow Taylor. 1856–1915, in: Enzensberger, Mausoleum (1975; Frankfurt a. M. 1994), 111.
43 ENZENSBERGER, Episode, in: Enzensberger, Zukunftsmusik (1991; Frankfurt a. M. 1999), 88f.
44 ENZENSBERGER, Büchnerpreis-Rede 1963 (Hamburg 1992), 15.
45 ENZENSBERGER, Mittelmaß und Wahn (1988), in: Enzensberger, Mittelmaß und Wahn. Gesammelte Zerstreuungen (Frankfurt a. M. 1988), 276.
46 BERTOLT BRECHT, [Normalität statt Originalität] (entst. ca. 1928), in: BRECHT (BFA), Bd. 21 (1992), 221f.

III. Normalität in der Literatur

1. Normalistische Probleme, Themen, Motive und Kollektivsymbole

Die erste Konsolidierung des Normalen im Interdiskurs fiel, wie erwähnt, in die 20er und 30er Jahre des 19. Jh. Dabei fluktuierte um das Reizwort des Normalen ein Feld von Problemen, Themen, Motiven und Kollektivsymbolen wie die Komplexe ›Gesetz der großen Zahl‹, Menschen als

›Sandkörner‹, ›Atome‹ oder ›Kügelchen‹ in ›Massen‹, Menschen als ›Nummern‹, Durchschnittlichkeit und Kontingenz. Bezieht man das Symbol des anonymen Massenkügelchens auf das literarische Urthema des Eros, so entsteht die Faszinationsfigur der ›passante‹, d. h. der chockartig (Benjamin) im Gewimmel des Großstadtverkehrs auftauchenden Schönheit, die die große Liebe des flanierenden männlichen Subjekts geworden wäre, wenn sie eben nicht umgehend von der Masse wieder verschluckt worden wäre (die Gedichte *À une passante*, 1860, von Baudelaire und *Ein Beispiel von ewiger Liebe*, 1930, von Kästner).

In der Literatur der Zwischenkriegszeit des 20. Jh. wird, wie insbesondere Ute Gerhard gezeigt hat, die Problematik der Statistik und des statistischen Menschen ubiquitär relevant und häufig dominant.[47] Schon der Titel von Brechts Stück *Mann ist Mann* (1926) signalisiert die ›statistische‹ Perspektive: »POLLY Aber wie soll denn das gehen, Uria? Wir haben nichts als Jips Paß. / JESSE Das genügt. Das muß einen neuen Jip geben. Man macht zuviel Aufhebens mit Leuten. Einer ist keiner. Über weniger als 200 zusammen kann man gar nichts sagen. [...] Mich kann man am Arsch lecken mit Charakterköpfen.«[48] ›Jip‹ konnotiert ›Jeep‹, und entsprechend heißt es in dem auf die Szene der Verwandlung Galy Gays in Jip direkt folgenden ›Zwischenspruch‹: »Hier wird heute abend ein Mensch wie ein Auto ummontiert / Ohne daß er irgend etwas dabei verliert.«[49] Der Umbau in einen Jeep erfolgt sehr einfach durch Einkleidung in eine Uniform. Die Armee (hier in der hochmodernen Gestalt einer Schnellen Eingreiftruppe für Übersee) gehört zu den Masseninstitutionen, die ohne normalistische Dispositive (exemplarisch die psychiatrischen Massenuntersuchungen der US-Armee seit dem 1. Weltkrieg) nicht mehr funktionsfähig wären. Die Strichmännchen im fünften Bild konnotieren u. a. auch entsprechende schematische Figuren in symbolischen Darstellungen statistischer Daten.[50]

Nur global kann ferner darauf hingewiesen werden, daß die leitenden Diskurse des Normalismus und die entsprechenden paradigmatischen Normalfelder des 19. und 20. Jh. (Medizin, Psychiatrie, Vererbungs- und Rassentheorien, Psychologie,

Psychoanalyse, weitere Sexualitätstheorien, flexibel-normalistische Therapiekultur; Natalität, Kriminalität, Süchte, Wahnsinn, sexuelle Devianzen) als Themen der Literatur stets von größter Bedeutung gewesen sind. Als Interdiskurs ›lehnt‹ sich die Literatur stets tendenziell an kulturell leitende Spezialdiskurse ›an‹, und da die normalistischen Paradigmen gerade für die Subjektivierung relevant waren, mußten sie sich als literarisch besonders produktiv erweisen. In seiner Münchner Habilitationsschrift hat Thomas Anz das Problem der Pathologie bzw. Pathologisierung in Literatur, Literaturkritik und Ästhetik exemplarisch seit dem 18. Jh. verfolgt, wobei sein Material vielfältig mit dem Normalismus interferiert – exemplarisch z. B. im Abschnitt über Max Nordau.[51] Dabei spiegelt seine Darstellung mit ihrer Gleichsetzung von ›normal‹ und ›gesund‹ die Situation des Protonormalismus. In einer Reihe von Studien hat Ursula Link-Heer insbesondere den medizinisch-psychiatrischen Komplex der ›Nerven‹ als normalistischen Komplex analysiert, auf dem das Changieren zwischen protonormalistischer und flexibilitätsnormalistischer Diskursstrategie bereits in der Belle Époque vor dem 1. Weltkrieg wissenschaftlich erprobt und literarisch verarbeitet wird; so, wenn die ›männliche Hysterie‹ entdeckt, die statistische Häufigkeit der Homosexualität bei Proust narrativiert, der statistische ›Mix‹ als ›multiple Persönlichkeit‹ in das Individuum verlegt oder die Androgynie ›normal‹ wird.[52] Seinen leitenden Normalfel-

---

47 Vgl. UTE GERHARD, Nomadische Bewegungen und die Symbolik der Krise. Flucht und Wanderung in der Weimarer Republik (Opladen/Wiesbaden 1998).
48 BRECHT, Mann ist Mann (1926), in: BRECHT (BFA), Bd. 2 (1988), 117.
49 Ebd., 123.
50 Vgl. ebd., 112.
51 Vgl. THOMAS ANZ, Gesund oder krank? Medizin, Moral und Ästhetik in der deutschen Gegenwartsliteratur (Stuttgart 1989), 33–52.
52 Vgl. LINK-HEER, ›Männliche Hysterie‹, in: U. A. J. Becher/J. Rüsen (Hg.), Weiblichkeit in historischer Perspektive. Fallstudien und Reflexionen zu Grundproblemen der historischen Frauenforschung (Frankfurt/M. 1988), 364–396; LINK-HEER, ›Le prince de Guermantes a donc ces goûts?‹ Über Geschlecht und Geschmack bei Proust, in: V. Knapp (Hg.), Marcel

dern gemäß hat der Normalismus eine Reihe typischer Figuren (Helden) stimuliert bzw. neugeprägt: Ärzte, sexuell Deviante, Hysterikerinnen, Süchtige, Selbstmörder, Kriminelle als Anormale. Dazu gehört die Überschreitung der Normalitätsgrenze als spannendes Motiv, wobei typischerweise die Denormalisierungsangst in Denormalisierungslust umschlagen kann und umgekehrt. Insbesondere wird auch die Innenperspektive von ›Anormalen‹, werden ihre Subjektivitäten bei den Abenteuern der Denormalisierung literarisch simuliert. Dem entspricht das von Foucault bei der Normalisierung der Sexualität als fundamental erkannte Diskursritual des Geständnisses[53], literarisch als autobiographische Narration simuliert, in der es um die Abenteuer der Denormalisierung (als Angst und Lust) sowie um deviante Positionierungen geht.

2. Die literarische Figur des ›Durchschnittsmenschen‹

Unter den elementar-literarischen Formen hat der Normalismus wohl am stärksten die literarische Figur berührt: Quételets Kategorie des ›Durchschnitts-‹ bzw. ›mittleren Menschen‹ (»homme moyen«[54]) einschließlich der zugehörigen ›wissenschaftlichen (statistischen) Gesetze‹ über Bevölkerungen und Geschichtsverläufe (›Gesetz der großen Zahl‹) mußten als direkte Herausforderung für ›Realismus‹-Projekte des 19. und 20. Jh. wirken. So ist der Normalismus sicher zu den wichtigsten

Faktoren zu zählen, die die Krise des ›zweidimensionalen‹, sozial-anthropologischen bzw. sozialpsychologischen, ›äußerlich-innerlichen‹ Charakters aus konstanten Zügen, wie er im 18. Jh. dominant geworden war, seit dem 19. Jh. herbeiführten und verschärften. Bereits bei Lessing steht der semantisch profilierte sozial-psychologische ›Charakter‹ mit Individualeffekt in einem symptomatischen Spannungsverhältnis zur Vorstellung eines ›Mittleren‹, die durchaus zu den pränormalistischen Emergenzen im 18. Jh. gerechnet werden muß. Diese Vorstellung lebt von der Opposition gegen das »Monstrum«[55] (in der *Hamburgischen Dramaturgie* auch »Ungeheuer«[56]: insbesondere auf die Märtyrer-Helden und Bösewichter der haute tragédie bezogen), das für die Menschen »von der gewöhnlichen Sorte [...], wie man sie alle Tage sieht«[57], d. h. für die Mehrheit des Publikums, keinerlei Identifikationsmöglichkeiten parat hält. Leitend ist hier der Diskurs der ›Naturgeschichte‹, der bereits um 1800 Monstren auch als Abweichungen vom Normaltyp bzw. als ›Anomalien‹ bezeichnet. Allerdings bleibt dieser Diskurs noch vornormalistisch, weil er seinen Normaltyp noch nicht statistisch, sondern ganz idealtypisch denkt und demgemäß eine qualitative Wesensgrenze gegenüber den Monstren zieht. Bei Lessing ist die Anlehnung an diesen ›naturhistorischen‹ Diskurs dagegen bereits deutlich pränormalistisch akzentuiert, wie es etwa folgende Formulierung aus dem 95. Stück der *Hamburgischen Dramaturgie* zeigt: »In der andern Bedeutung aber heißt ein *allgemeiner* Charakter ein solcher, in welchem man von dem, was an mehrern oder allen Individuis bemerkt worden, einen gewissen Durchschnitt, eine mittlere Proportion angenommen; es heißt mit einem Worte, ein *gewöhnlicher* Charakter, nicht zwar in so fern der Charakter selbst, sondern nur in so fern der Grad, das Maaß desselben gewöhnlich ist.«[58] Der Aufstieg des Normalismus im 19. und 20. Jh. wird in Literatur und Film von immer neuen Verfahren begleitet, überzeugende Durchschnittstypen zu simulieren: als ›experimentelle‹ Figuren (Zola), als ›Kügelchen‹-Figuren (Dos Passos, Döblin) und als ›kleine Leute‹ (Fallada). Eine Reihe von Autoren bezieht sich direkt auf den statistisch gedachten Durchschnittsmenschen: In Irmgard Keuns *Gilgi – eine von uns*, deren Titel seine Heldin bereits als normal

---

Proust. Geschmack und Neigung (Tübingen 1989), 61–72; LINK-HEER, Doppelgänger und multiple Persönlichkeiten. Eine Faszination der Jahrhundertwende, in: Arcadia 31 (1996), 273–296; LINK-HEER, Die Grenzen der Geschlechter. Wird Androgynie normal? in: Diagonal. Zeitschr. d. Universität-Gesamthochschule Siegen (1993), H. 2, 31–40.
53 Vgl. FOUCAULT (s. Anm. 19), 25 ff., 45 ff., 79 ff., 84 ff.
54 ADOLPHE QUÉTELET, Sur l'homme et le développement de ses facultés, ou Essai de physique sociale, Bd. 1 (Brüssel 1836), 31 u. ö.
55 GOTTHOLD EPHRAIM LESSING, Hamburgische Dramaturgie (1767–1768), in: LESSING (LACHMANN), Bd. 9 (1893), 310; ebd., Bd. 10 (1894), 25.
56 Ebd., Bd. 9, 260, 310; ebd., Bd. 10, 77, 81, 98, 105.
57 Ebd., Bd. 9, 212.
58 Ebd., Bd. 10, 187.

konnotiert, definiert sich diese auch explizit als Durchschnitt: »ich bin allgemeiner Durchschnitt und bring's nicht fertig, deswegen zu verzweifeln«[59].

3. Normalistische Funktionen des Kollektivsymbolkomplexes von Technovehikel und Technoverkehr

Der Normalismus betrachtet soziale Kollektive typischerweise als ›Massen‹ oder ›Haufen‹ aus je homogen verdateten Individuen, die symbolisch als ›Atome‹ oder als ›Kügelchen‹ erscheinen. Dabei interessiert nicht das einzelne ›Kügelchen‹, sondern die gesamte Verteilung mit ihren charakteristischen Zonen: der am dichtesten besetzten Mittelzone der Normalität und den (in der Regel zwei) gegen null auslaufenden Extremzonen der Anormalität jenseits der tendenziell symmetrisch liegenden Normalitätsgrenzen. Darwins Vetter Francis Galton, einer der wirkungsmächtigsten Theoretiker des Normalismus, hat in Gestalt des ›Galton-Bretts‹ einen Simulationsapparat konstruiert, in dem einzelne ›Kügelchen‹ stochastisch durch eine Reihe von Nägeln geschleust werden und schließlich normalverteilt ›landen‹. Ich habe vorgeschlagen, dieses Instrument als ›Galtonsieb‹ zu generalisieren.[60] Für humanistische diskursive Positionen und gerade auch für große Teile der Literatur ist nun eine sozusagen paradox-umgekehrte Perspektive auf normalistische Kügelchenmodelle wie z. B. das Galton-Brett (bzw. das Galtonsieb) charakteristisch: Statt auf die Gesamtmasse und ihre Verteilung richtet sich der Blick auf die stochastischen Weg eines einzelnen, individuellen Kügelchens durch die Siebe. Da dieses Kügelchen als Symbol für einen individuellen Durchschnittsmenschen fungiert, interessieren nun die einzelnen zufälligen Weggabelungen bzw. Konjunktionen oder Kollisionen. Der Gesamtweg des Kügelchens, der typischerweise (exemplarisch Döblins *Berlin Alexanderplatz*, 1929) in die Position der Marginalität (also der ›Anormalität‹) führt, erscheint als symbolischer Lebenslauf (trajectory), der eine kontingente (ateleologische, nicht entelechische) Kurve beschreibt. In der Literatur erscheint das Kügelchen in verschiedenen Gestalten (auch als ›Ball‹), vor allem aber auch als technisches Vehikel im Massenverkehr (als Eisenbahn, Tram, Auto, Flugzeug), das labyrinthartige Parcours beschreibt. Insbesondere das Auto dient als symbolisches Modell der Normalmonade: Es erlaubt, mittels typischer Episoden (Einsamkeit, Kampf des Paars um das Lenkrad, Durchdrehen, Unfall) die dominanten Paradigmen des Normalismus (Kriminalität, sexuelle Devianz, Wahnsinn, Sucht usw.) zu simulieren. Tendenziell symbolisiert die Eisenbahn eher protonormalistische, das Auto eher flexibilitätsnormalistische Subjektivitäten (mit konkret vielen Ausnahmen).

4. Der literarische (und filmische) Faszinationstyp der (nicht) normalen Fahrten

Zu den ältesten und am weitesten verbreiteten symbolischen Topiken des Lebenslaufs gehört der Weg, religiös etwa als Pilgerreise (homo viator), mehr säkular als ritterliche Aventiure-Fahrt. Eine ihrer modernen, ›säkularisierten‹ Versionen hat Manfred Frank als ›unendliche Fahrt‹[61] beschrieben. Spezifisch normalistisch dagegen ist der Faszinationstyp der ›(nicht) normalen Fahrt‹, dessen Vehikel von seinem Wesen her technisches Vehikel, idealiter High-Tech-Vehikel ist, das in einer gänzlich bekannten (›entzauberten‹) Welt auf geplanten (programmierten) Routen fährt. Das technische Vehikel fungiert als Phantasma eines entsprechenden Körpers, des Körpers der normalistischen Subjektivität, der Normalmonade. Ein metaphysischer Horizont spielt dabei ebensowenig mehr eine Rolle wie individuelle Schuld und Erlösung. Typisch ist die tägliche Autofahrt zur Arbeit: mit dem Blick auf Tachometer, Kühlwasserthermometer, Heizungsthermometer usw., kurz, auf das Armaturenbrett des Cockpits – mit dem Managen der Fahrt durch Risikozonen. Der Narrationstyp der ›(nicht) normalen Fahrt‹ beschreibt typischerweise quasi-biographische Lebenskurven normalistischer Kügelchen auf ihrem Abweg (ihrer Abweichung, deviation, deviance) aus der Normalität

---

59 IRMGARD KEUN, Gilgi – eine von uns (1931; Düsseldorf 1979), 71.
60 Vgl. LINK (s. Anm. 1), 237–246.
61 Vgl. MANFRED FRANK, Die unendliche Fahrt. Ein Motiv und sein Kontext (Frankfurt a. M. 1979).

in die Denormalisierung (mit normalisierender Rückkehr oder nicht). Diese Fahrten ins Abseits können sowohl als Teilelemente in größere Narrationen eingehen als auch die dominierende Achse der Gesamtnarration bilden. Exemplarisch für den ersten Fall sind viele Episoden aus der Popularkunst des 20. Jh. (Film und Fernsehen eingeschlossen: Krimis, Thriller, besonders Sex- und Psychothriller, Science-fiction, Serien). Exemplarisch für den zweiten Fall sind etwa Zolas *La bête humaine* (1890), Kafkas *Amerika* (1927), Döblins *Berlin Alexanderplatz* und Célines *Reise ans Ende der Nacht* (1932), von der zum einen die existenzialistischen Versionen, zum anderen die amerikanischen Road Stories und Road Movies (mit dem Prototyp von Kerouacs *On the Road*, 1957) inspiriert wurden, ferner Filme wie das ›triviale‹ Werk *Speed* (1994) oder wie Godards *Week-end* (1967). Konstitutiv für den Faszinationstyp ist die symbolische oder bloß konnotative Kopplung zwischen normalistischer Monadensubjektivität, Technovehikel und den leitenden Paradigmen der Denormalisierung und der Anormalität: Kriminalität, Wahnsinn, Sexualität, Sucht. Die Normalitätsgrenze wirkt attraktiv auf das symbolische Vehikel und sein Subjekt, das sich auf ein riskantes Spiel mit ihrer Überschreitung und mit der Denormalisierung einläßt, gegebenenfalls bis hin zum irreversiblen Unfall. Der Gesamtverlauf erscheint (in deutlichem Gegensatz zum realistischen Roman) als kontingent, ateleologisch und nicht entelechisch. Wenn Manfred Schneider Godards *Week-end* als Quintessenz einer ganzen Serie ›entropischer‹ Fahrtenfilme analysiert, so wäre seiner intertextuellen (mythischer Prototyp *Odyssee*) und kulturprognostischen Lektüre (Zukunft kulturelle Entropie) eine ›engere‹, aber auch konkretere Lektüre hinzuzufügen: eben die des denormalisierenden Staus als Modell der üblichen Denormalisierungen Kriminalität, sexuelle Devianz, Wahnsinn.[62] In *Week-end* werden Stau und Denormalisierung allerdings als absolut irreversibel ins Bild gesetzt: nicht jedoch als schleichende Entropie in ferner Zukunft, sondern als schockartiggewaltsamer Kollaps hic et nunc.

5. Diskursive Töne im Gravitationsfeld des Normalismus

Als interdiskursiver Komplex hat der Normalismus zunächst einmal thematische Problematiken in Literatur und Film bestimmt. Darüber hinaus geht es aber auch um die Mimesis des Anormalen in diskursiven Tönen: Medizin und Psychiatrie im Normalismus stimulieren en masse geständnisartige Narrationen autobiographischen Typs. Dieses Material dient der Literatur und dem Film nicht zuletzt auch als formale Anregung, indem die Perspektive von ›Anormalen‹ (Kriminalität, ›Hysterie‹, Wahnsinn) sowohl in der Ichform als auch in der erlebten Rede spezifische narrative Töne generiert. Exemplarisch ist der ›zynische‹ Slangton Célines mit seiner enormen Wirkung. In trivialer, auch massenmedialer Spielart ist ein staccatoartiger, kurzatmiger Slangton zum Grundton flexibel-normalistischer Thrill-Narrationen (vom Typ Stephen King oder, weniger trivial, Stewart O'Nan, *The Speed Queen*, 1997) geworden (thematisch gekoppelt mit den dominanten Anormalitäten Kriminalität, Sexualität, Sucht, Wahnsinn bzw. psychische Devianz). Es geht um Abenteuer der Denormalisierung in ambivalenter Spannung von Angst und Lust. Gesamtkulturell dienen solche Narrationen der Markierung der flexiblen Normalitätsgrenzen, indem sie diese Grenzen in ambivalenter Weise sowohl als attraktiv als auch als destruktiv und katastrophisch inszenieren. Diesseits und jenseits der diversen Normalitätsgrenzen entwerfen die Texte ganze Landschaften aus Zonen mit wechselnden Graden an Normalität, durch die sich die Subjekte auf (positiven oder negativen) Wachstums- und anderen Kurven abenteuerlich bewegen: Diese Landschaften fungieren als Applikationsvorlagen insbesondere für flexibel-normalistische Subjektivitäten, denen sie zur Orientierung dienen und denen sie die Kunst der Selbstnormalisierung anzutrainieren helfen.

---

[62] Vgl. MANFRED SCHNEIDER, ENTROPIE tricolore. Die Logik der Bilder in Godards ›Week-end‹, in: V. Roloff/S. Winter (Hg.), Godard intermedial (Tübingen 1997), 85–98; WOLFGANG BONGERS, Die Auto-Bahn. Zum Zivilisationsstau in Godards ›Week-end‹ und Cortázars ›La autopista del sur‹, in: ebd., 99–107.

IV. Normalismus und literarhistorische Stilformationen

1. Romantik

In seiner Basler Habilitationsschrift hat Lothar Pikulik das romantische Kunstwollen durch Bezug auf die Normalität (und zwar als deren Negation) zu fassen gesucht. Dabei postuliert er die Identität zwischen den romantischen Kategorien Alltag[63], Gewöhnlichkeit[64], Uniformität[65], Konformität[66], Bürgerlichkeit[67], Banalität[68] und der Kategorie Normalität, die er als »Oberbegriff« einführt, obwohl er zugeben muß: »Zwar kommen von ›Norm‹ abgeleitete Wörter in romantischen Texten nicht eben häufig vor, der Sache nach aber ist mit den zitierten Umschreibungen Normalität gemeint.«[69] Einer genaueren historischen Analyse hält diese These allerdings nicht stand. Pikulik geht es um den romantischen Symbolkomplex des Repetitiven, dessen emphatischer Kern in der spezifisch ästhetischen Ablehnung von identischer Reproduktion sowohl im Leben des ›Philisters‹ als auch in der Massenliteratur gesehen werden muß, wie sie die russischen Formalisten bündig als ›Automatisierung‹ definiert haben. Es geht also um den romantischen Gegensatz von ›Poesie‹ und ›Prosa‹ (des Alltags), d. h. um die permanente Rebellion gegen ein ›unpoetisches‹, intensitätsloses, da un-›verfremdetes‹ Leben (im formalistischen Sinne). Bekanntlich hypostasierten die (frühen) Romantiker das, was man Intensität nennen mag, als ›transzendentalen‹ Urgrund der Welt, zu dem sie den Schlüssel in der Poesie erblickten. Dieses Modell ist noch vornormalistisch, und erst seine Ersetzung durch den positivistischen Verzicht auf jede ›transzendentale‹ Tiefendimension ist eng an den Normalismus gekoppelt. In der späteren, insbesondere ›schwarzen‹ Romantik[70] finden sich allerdings bereits zahlreiche Themen, Motive, Figuren und Faszinationen, die auf den frühen Normalismus, insbesondere den medizinisch-psychiatrischen, reagieren. Dazu gehören (bei Tieck und Hoffmann) vor allem die Diskurskomplexe des Wahnsinns sowie der (vor allem sexuellen) Perversionen. Die mit dem ›Prinzip von Broussais und Comte‹ über den kontinuierlichen Übergang zwischen Normalem und Anormalem (z. B. zwischen gesunder Intelligenz und Wahnsinn) gegebene Denormalisierungsangst wird etwa in Hoffmanns plötzlichen Umschlägen zwischen Real- und Wunderbereich produktiv. Dabei nähert sich die romantische Schreibweise genau in dem Maße dem Normalismus, in dem sie die dualistischen ›transzendentalen‹ Instanzen nicht mehr ernst nimmt und in bloße Symbole physiologischer und psychologischer Extremzustände umdeutet. Dieser Prozeß ist in einem Text wie Chamissos *Peter Schlemihl* (1814) in symptomatischer Weise ans Ende gelangt, so daß darin Spätromantik nicht mehr von Frührealismus zu unterscheiden ist.

2. Realismus

In Balzacs Roman *La Peau de chagrin* sind romantische Motive (Teufelspakt und schrumpfendes Leder) in eine realistische Erzählweise integriert. Broussais, der medizinische Theoretiker und Praktiker des Normalismus, wird satirisch als Brisset karikiert. Der Protagonist Raphaël habe durch intellektuelle Überanstrengung den »état normal« seiner Organe und besonders seines Magens zerstört. Die anormal erhöhte Reizung habe im Gehirn Wahnsinn (»monomanie«[71]) ausgelöst. Jenseits dieser Satire erscheint das Chagrinleder dabei aber wie ein Symbol schrumpfender vitaler Potenz und Raphaëls Niedergang als exemplarische Folge von Denormalisierungsangst. Die Schrumpfung symbolisiert eine (negative) Wachstumskurve und den (gescheiterten) Versuch ihrer Normalisierung. Solche explizit quantifizierten Kurven, ihr Ausscheren und ihre Normalisierungsversuche werden zu typischen

---

63 Vgl. LOTHAR PIKULIK, Romantik als Ungenügen an der Normalität. Am Beispiel Tiecks, Hoffmanns, Eichendorffs (Frankfurt a. M. 1979), 28–43.
64 Vgl. ebd., 16–19, 57, 73, 96, 141.
65 Vgl. ebd., 60, 79, 89.
66 Vgl. ebd., 99, 149–152.
67 Vgl. ebd., 75.
68 Vgl. ebd., 96.
69 Ebd., 14.
70 Vgl. MARIO PRAZ, La carne, la morte e il diavolo nella letteratura romantica (1930; Florenz ⁵1976); dt.: Liebe, Tod und Teufel. Die schwarze Romantik, übers. v. L. Rüdiger (München 1963).
71 HONORÉ DE BALZAC, La Peau de chagrin (1831), in: Balzac, La Comédie humaine, hg. v. P.-G. Castex u. a., Bd. 10 (Paris 1979), 257, 260.

Komponenten realistischer Narrationen, etwa als monetär quantifizierte Akkumulations- oder Verschuldungskurven. In Flauberts *Madame Bovary* führt die Exponentialkurve der Verschuldung in den katastrophischen Unfall. Mehr noch als Charles repräsentiert der Apotheker Homais, der Apostel der Hygiene und Sozialhygiene, den (proto-)normalistischen interdiskursiven Komplex.[72] Emmas Nervenzusammenbruch nach dem Verrat ihres ersten Liebhabers Rodolphe diagnostiziert er als olfaktorische »anomalie«[73], wobei die Standardopposition pathologisch/physiologisch wie bei Broussais synonym mit pathologisch/normal ist. Emmas Sehnsucht richtet sich also nicht bloß auf Transgression ›bürgerlicher‹ Verhältnisse, sondern unlösbar damit verbunden auf Transgression konkret protonormalistischer Verhältnisse. Sie scheint nur Denormalisierungslust, keine Denormalisierungsangst zu kennen. Ihr Tod fällt realistisch in eines der bereits lange vor Durkheim leitenden normalistischen Paradigmen: den Selbstmord.

Während Karl Gutzkow im Vorwort der *Ritter vom Geiste* explizit Helden proklamiert, die aus dem »Durchschnitt«[74] nicht herausragen (ohne dieses Programm schon durchführen zu können), bleibt der deutsche sog. ›poetische Realismus‹ insgesamt, wie Friederike Meyer gezeigt hat, durch anormale Figuren (›Sonderlinge‹ im Übergang zu Anormalen) fasziniert.[75] In Raabes *Schüdderump* geht es auch explizit um »abnorme Zustände«[76].

Ohne wie Balzac auf romantische Verfahren zurückzugreifen, sprengt Fjodor M. Dostoevskij den Realismus dadurch, daß das Anormale (so vielfach auch wörtlich) ambivalent als Möglichkeit des Zugangs zu einem metaphysischen Bereich erzählt wird: So ist der Held im *Idioten* (1868–1869) auf der realistischen Ebene Anormaler: Seine epileptischen Zustände stellen »eine Störung des Normalen« (нарушение нормального состояния) dar, sind »etwas Anormales« (ненормальное)[77]. Auf der transrealistischen, konnotativen Ebene ist der Held gleichzeitig ein Christus redivivus. Die Doppelliebe zur Anormalen (›Hysterika‹) und zur Normalen ist konnotativ ein christliches Wunder und erzählt gleichzeitig realistisch die Aporie der Liebe im protonormalistischen Familialismus.

3. Naturalismus

Wie sich an Émile Zolas Theorie und Praxis exemplarisch erweist, handelt es sich beim Naturalismus um die erste Stilformation, die sich explizit und dominant auf den Normalismus gründet. Schon Canguilhem hat dem Normalitätskonzept von Zolas Gewährsmann Claude Bernard eine ausführliche Studie gewidmet.[78] Daß es bei Zolas Konzept eines ›experimentellen Romans‹ dagegen nicht um Wissenschaft, sondern um einen kollektivsymbolischen Rahmen geht, in dessen Hilfe moderne Mythen generiert werden, war von Beginn an evident. Dieser Rahmen verdankte seine mythische Faszinationskraft weniger Bernard als vielmehr den protonormalistischen Vererbungstheorien des 19. Jh.[79] Wie bereits Gilles Deleuze gezeigt hat, beruht das Gesamtkonzept des Romanzyklus der *Rougon-Macquart* (1871–1893) auf der Vorstellung einer ersten, noch kaum merklichen Abweichung von der Normalität im Erbgang, einer haarrißartigen ›fêlure‹ (Macke, nach der Art von Materialermüdung, dem engl. stress), die zum Ausgangspunkt narrativer Linien wird, die

---

72 Vgl. ULRICH SCHULZ-BUSCHHAUS, Homais oder die Norm des fortschrittlichen Berufsbürgers. Zur Interpretation von Flauberts ›Madame Bovary‹ (1977), in: Schulz-Buschhaus, Flaubert – Die Rhetorik des Schweigens und die Poetik des Zitats (Münster 1995), 7–29.
73 GUSTAVE FLAUBERT, Madame Bovary (1856), in: Flaubert, Œuvres, hg. v. A. Thibaudet/R. Dumesnil, Bd. 1 (Paris 1951), 482.
74 KARL GUTZKOW, Die Ritter vom Geiste (1850–1851), Bd. 1 (Frankfurt a. M. 1998), 9.
75 Vgl. FRIEDERIKE MEYER, Gefährliche Psyche. Figurenpsychologie in der Erzählliteratur des Realismus (Frankfurt a. M. u. a. 1992).
76 WILHELM RAABE, Der Schüdderump (1869–1870), in: Raabe, Werke, Bd. 1 (Berlin/Darmstadt/Wien 1969), 910.
77 FJODOR M. DOSTOEVSKIJ, Idiot (1868/1869), in: Dostoevskij, Polnoe Sobranie Sočinenij v tridcati tomach, Bd. 8 (Leningrad 1973), 188; dt.: Der Idiot, übers. v. H. Herboth (Berlin/Weimar 1986), 311.
78 Vgl. CANGUILHEM (s. Anm. 12), 32–51.
79 Vgl. LINK-HEER, ›Le mal a marché trop vite‹. Fortschritts- und Dekadenzbewußtsein im Spiegel des Nervositätssyndroms, in: W. Drost (Hg.), Fortschrittsglaube und Dekadenzbewußtsein in Europa des 19. Jahrhunderts (Heidelberg 1986), 45–67.

sich wiederum als verschiedene Proliferationen wachsender Anormalität darstellen (Sexualität, Geisteskrankheit, Sucht, Sozialität, Ökonomie, Technologie, Politik).[80] Der Zyklus folgt damit sowohl insgesamt als auch im einzelnen der Struktur ›(nicht) normaler Fahrten‹. Eines der faszinierendsten Einzelbeispiele bildet der Eisenbahn- und Sexperversionsroman *La bête humaine* (1890), dessen Milieu der normale Pendelverkehr zwischen Großstädten bildet (Paris-Rouen). Ein deutsches Analogon wäre Gerhart Hauptmanns *Bahnwärter Thiel* (1888), in dem ebenfalls Eisenbahn, Sexualitätsdispositiv und psychische Anormalität enggeführt werden. Ein bereits in Karikatur übergehender Held des Normalismus ist Hauptmanns Sozialreformer Alfred Loth im Drama *Vor Sonnenaufgang*: Er plant Statistiken mit offenbar stark eugenischer Ausrichtung, ist fixiert auf die typischen normalistischen Paradigmen Natalität, Sucht (Alkohol) und Suizid und führt den Suizid seiner Geliebten durch seine eugenischen Prinzipien selbst herbei. Sein Glaubensbekenntnis lautet: »Ich bin mit den *normalen* Reizen, die mein Nervensystem treffen, durchaus zufrieden.«[81] Hier und in weiteren Texten Hauptmanns spielt der Aufenthalt im Zürcher normalistischen Milieu um Auguste Forel (Burghölzli) und die enge Bekanntschaft mit dem Eugeniker Alfred Ploetz, dem Begründer und Herausgeber des *Archivs für Rassen- und Gesellschafts-Biologie, einschließlich Rassen- und Gesellschafts-Hygiene* (1904–1944)[82], eine prägende Rolle (Ploetz ist ein wichtiges Vorbild für die Loth-Figur). Insbesondere bleibt das Thema der Aporien der Normalfamilie bei Hauptmann durch alle Stilvarianten hindurch dominant.

Im Spätzyklus der *Evangelien* (1899–1903) hat bereits Zola selbst den aporetischen Versuch unternommen, affirmativ die Normalität zu besingen. Er wurde damit u. a. auch zum Ausgangspunkt des mehr oder weniger völkisch-rassistischen roman du terroir (deutsch Blubo), der gänzlich zur naturalistischen Stilformation gezählt werden muß. Diese Tendenz ist bereits exemplarisch Wilhelm Bölsches Essay *Die naturwissenschaftlichen Grundlagen der Poesie* von 1887 abzulesen. Pathetisch wird eine Religion des Normalen als Basis der Dichtung empfohlen: »Ihre Tendenz ist die Richtung auf das Normale, das Natürliche, das bewusst Gesetzmäßige. Die Poesie hat mit wenigen, allerdings sehr hoch stehenden Ausnahmen bisher zu allen Sorten abnormer Liebe erzogen. Sie muss in Zukunft versuchen, dem Leser gerade das Normale als das im eminenten Sinne Ideale, Anzustrebende auszumalen.« Die Rückversicherung bei der Natur und Gesundheit, bis hin zur Geichsetzung des »Normalmenschen« mit dem »Spiessbürger«[83], weist Bölsches Konzept einer Tendenzliteratur für Sozialhygiene als extrem protonormalistisch aus. Dazu paßt die Warnung vor allem ›Abnormen‹ als deutliches Symptom ›zwangsneurotischer‹ Denormalisierungsangst.

4. Sozialistischer Realismus

In der Marxschen Politökonomie spielt die Kategorie des Normalen eine durchaus dominante Rolle, obwohl sie undefiniert und unreflektiert verwendet wird. Sie schwankt zwischen statistischem Durchschnitt und (utopischer) homöostatischer Eurhythmie (z. B. tendenziell im Fall des ›Normalarbeitstages‹[84]). An einer im Gesamtwerk durchaus untypischen, aber für die Ästhetik berühmten Stelle beegegnet sogar ein protonormalistischer Ausrutscher: »Aber die Schwierigkeit liegt nicht darin zu verstehn, daß griechische Kunst und Epos an gewisse gesellschaftliche Entwicklungsformen geknüpft sind. Die Schwierigkeit ist, daß sie uns noch Kunstgenuß gewähren und in gewisser Beziehung als Norm und unerreichbare Muster gelten. [...] Warum sollte die geschichtliche Kind-

---

80 Vgl. GILLES DELEUZE, La grande hérédité, la fêlure, in: C. Becker (Hg.), Les critiques de notre temps et Zola (Paris 1972), 44–49; LINK-HEER, ›La fêlure‹: Heredität, Degenereszenz und Kollektivsymbolik bei Zola, in: A. Barsch/P. M. Hejl (Hg.), Menschenbilder. Zur Pluralisierung der Vorstellungen von der menschlichen Natur (1850–1914) (Frankfurt a. M. 2000), 320–334.
81 GERHART HAUPTMANN, Vor Sonnenaufgang (1889), in: Hauptmann, Sämtl. Werke, hg. v. H.-E. Hass, Bd. 1 (Frankfurt a. M./Berlin 1966), 33.
82 Vgl. UTE GERHARD (s. Anm. 47), 35–46, 102–122.
83 WILHELM BÖLSCHE, Die naturwissenschaftlichen Grundlagen der Poesie. Prolegomena einer realistischen Ästhetik (1887), hg. v. J. J. Braakenburg (Tübingen 1976), 46.
84 Vgl. KARL MARX, Das Kapital (1867–1894), in: MEW, Bd. 23 (1962), 279–320.

heit der Menschheit, wo sie am schönsten entfaltet, als eine nie wiederkehrende Stufe nicht ewigen Reiz ausüben? Es gibt ungezogne Kinder und altkluge Kinder. Viele der alten Völker gehörten in diese Kategorie. Normale Kinder waren die Griechen.«[85]

Hier gleitet die normative Ästhetik des deutschen Idealismus auf symptomatische Weise in den Protonormalismus (normale Entwicklung des Kindes) hinüber. Es kann nicht überraschen, daß bei dieser höchst widersprüchlichen Lage des Erbes auch die orthodoxen Marxismen stark zum Protonormalismus tendierten. Das gilt sowohl allgemein gesellschaftlich wie insbesondere auch kulturell. Indem das ebenfalls kanonisierte (ästhetisch) Typische mit dem protonormalistischen Normalen (im Sinne von: nicht pathologisch) gleichgesetzt wurde, sollte der sozialistische Realismus – ähnlich wie die optimistischen und völkischen Spielarten des Naturalismus – Loblieder auf das ›Gesunde‹ produzieren. Eine überaus paradoxe Zuspitzung erfahren die Aporien des sozialistischen Realismus in seiner Reaktion auf den Normalismus bei Georg Lukács: Er lehnt das Normale im Sinne des Statistisch-Durchschnittlichen scharf ab und preist umgekehrt das Normale im Sinne des Gesunden in höchsten Tönen: »In der Durchschnittlichkeit gipfeln nun diese Bestrebungen, die von der Gestaltung der großen und ernsten gesellschaftlichen Probleme fortführen. Denn das Durchschnittliche ist eben das tote Resultat des gesellschaftlichen Entwicklungsprozesses. Die Durchschnittlichkeit verwandelt für die Literatur die Darstellung des bewegten Lebens in eine Beschreibung verhältnismäßig unbeweglicher Zustände.«[86] »Seinen Haupteinwand gegen Ibsen formuliert er [Fontane – d. Verf.] im [...] Brief an seine Tochter dahin, daß Ibsen ›mehr oder weniger verrückt ist [...].‹ [...] Diese Kritik berührt eine der wichtigsten Seiten von Fontanes Stellung zu Kunst und Leben: den Kampf um das Normale.«[87]

Die Bedeutung der Floskel ›Kampf um ...‹ für orthodoxe Marxismen signalisiert hier unmißverständlich die konnotative Gleichsetzung von sozialistisch-realistisch mit normal. Wichtig ist hinzuzufügen, daß mit dieser Normalität – ganz protonormalistisch – emphatisch sexuelle Normalität gemeint ist (»Ibsens ›Eheblödsinn‹«[88]). Lukács hat diesen ›Kampf‹ bekanntlich ›konsequent‹ gegen Kleist (»Ihm fehlt [...] ›nur‹ [...] der gesunde, der vernünftige Hang zu einer normalen Auffassung der Leidenschaften«[89]), Flaubert, Zola u. v. a. geführt. Umgekehrt erklärt sich von hierher der Umstand, daß die Bemühungen, sich vom sozialistisch-realistischen Kanon zu lösen, stets mehr oder weniger dezidiert gegen den Protonormalismus gerichtet sein mußten. Exemplarisch sei Christoph Heins *Der fremde Freund* (1982) genannt, in dem das Normale als (negativ konnotiertes) Leitmotiv fungiert, wobei neben protonormalistischen auch bereits flexible Normalitäten ins Visier geraten.

5. Surrealismus

Programmatisch erklärte der Surrealismus dem Normalismus explizit zugunsten nicht-normalistischer Intensitäten den Krieg. Dabei ist das surrealistisch Normale identisch mit dem Banalen in seiner Doppeldeutigkeit von ästhetischer Automatisierung und Normalität als kultureller Realität. Dennoch liegen surrealistische Narrationen eher an der Grenze bzw. jenseits der ›(nicht) normalen Fahrten‹. Zwar kennt auch der Surrealismus den Start in die Normalität moderner Großstadtwelten, doch ereignet sich die Überschreitung der Normalitätsgrenze nicht als einmalige, langsame, sich steigernde Denormalisierung, sondern als häufige, wiederholte, je blitzartige, ›chock‹-artige (Benjamin) Metamorphose zu einem anderen Zustand (dessen ›metaphysischer‹ Status allerdings trotz spiritistischer Verweise letztlich leer bleibt bzw. mit dem Unbewußten der Psychoanalyse verwandt erscheint). Mit dieser dualistischen Struktur steht die surrealistische Narration meistens der Schwarzen Romantik näher als der ›(nicht) norma-

---

85 MARX, Grundrisse der Kritik der politischen Ökonomie (entst. 1857–1858; Berlin 1953), 31.
86 GEORG LUKÁCS, Die intellektuelle Physiognomie der künstlerischen Gestalten (1936), in: Lukács, Probleme des Realismus (Berlin 1955), 74.
87 LUKÁCS, Der alte Fontane (1951), in: Lukács, Deutsche Realisten des 19. Jahrhunderts (Berlin 1951), 285.
88 Ebd., 286.
89 LUKÁCS, Die Tragödie Heinrich von Kleists (entst. 1936), in: ebd., 37.

len Fahrt‹. In den simulierten Subjektivitäten herrschen Denormalisierungslust und Denormalisierungsangst in unlösbarer, konzentrierter Ambivalenz. Beispiele: Im Abschnitt 6 von Louis Aragons Roman *Le paysan de Paris* (1924–1925) fahren Aragon, Breton und Noll nachts im Taxi zu den Buttes-Chaumont, um den ennui der Normalität zu fliehen. Es handelt sich um eine exemplarisch ›(nicht) normale Fahrt‹, die präzise beschrieben wird. Der Park ist bevölkert von all jenen, die wie die Dichter die Normalität fliehen, d. h. von Liebenden, Sonderlingen und Selbstmördern. Stilistisch ist der nüchterne, eher realistische, geradezu dokumentarische Gestus hervorzuheben. In Bretons formal ebenfalls protokollarischer *Nadja* ist die poetische Existenz nichts anderes als das Resultat der Nichtbeachtung der Normalitätsgrenze (zwischen Familie, Liebschaft und Prostitution; zwischen Alltag und Freizeit; zwischen geistiger Normalität und Wahnsinn); symptomatischerweise gilt das Risiko des Doppelselbstmords im Auto beim verliebten Blindfahren als Quintessenz von »subversion totale«: »Idéalement au moins je me retrouve souvent, les yeux bandés, au volant de cette voiture sauvage.«[90]

Formal kann auch die Geschichte des Karl Roßmann in Kafkas Romanfragment *Der Verschollene* (1927 unter dem Titel *Amerika* erschienen) als Denormalisierungsprozeß eines Kügelchen-Subjekts (eines »Mittelschülers«[91], wie es heißt) im Laufe stochastischer Selektionen (in der Regel Entlassungen aus Arbeitsverhältnissen) aufgefaßt werden. Auch bei Kafka ist dieser Prozeß leitmotivisch mit Fahrten in modernen Verkehrsmitteln (Dampfschiff, Auto, Eisenbahn) verbunden, die allerdings mit Konnotationen eines geheimnisvollen Sogs zum anderen Zustand versehen sind. Dabei sind alle Fahrten insofern surrealistisch tingiert, als ihr affektiver Status (wie im Traum) unsicher und unrealistisch ist. Vor der letzten Eisenbahnfahrt nach Oklahoma liegt der denkbar paradoxeste normalistische Selektionsprozeß: Eine ungeheure Bürokratie ermittelt mit Hilfe vieler Fragebögen die genaue Spezialität und Qualifikation der Bewerber – das alles aber unter der Prämisse, daß »jeder ohne Ausnahme genommen«[92] wird, wodurch normalistische Selektion in ihr blankes Gegenteil, die märchenhafte Wunscherfüllung, umfunktioniert wird,

so die Grundangst der beiden letzten Jahrhunderte, die Denormalisierungsangst, sozusagen erlöst wird. In seiner Habilitationsschrift hat Benno Wagner sowohl Kafkas Tätigkeit als Experte der Arbeiterunfallversicherung als auch seine literarische Schreibweise systematisch im Kontext des Normalismus untersucht.[93] Dabei erweist sich, daß der normalistische Diskurskomplex von Unfall und Versicherung als negierte Folie der Kafkaschen Narrationen stets mitgelesen werden muß.

6. Weimarer Zeit und Neue Sachlichkeit

In seiner Physiognomik der Neuen Sachlichkeit beschreibt Helmut Lethen die ›kalte persona‹, den ›Radar-Typ‹ (im Anschluß an Riesman[94]) und die ›Kreatur‹ als dominante Figuren dieser Stilformation.[95] Alle drei Figurentypen erweisen sich als spezifische Spielarten des Galton-Kügelchens, d. h. des in der modernen Massengesellschaft isolierten Atoms mit seinem Kampf ums Überleben. Dem entspricht die Panzerung dieses Subjekttyps. Als typisches imaginäres Milieu solcher Figuren fungiere das moderne Verkehrsgewimmel, so daß die »Verkehrsromane«[96] (Kästner, Bronnen, Horváth, Fleißer, Brecht) die gesamte neusachliche Problematik besonders dicht konstellierten. Diese Kategorie Lethens deckt sich teilweise mit den ›(nicht) normalen Fahrten‹, wobei besonders das Auto dem Kügelchen eine Haut aus Blech verleiht. Ute Gerhard hat die ›zerstreuten‹ Subjekte in den Diskursen der Weimarer Zeit (die Wanderer, Vagabunden, Nomaden) explizit in den Kontext des Normalismus, d. h. inbesondere der statistisch konstituierten demographischen und rassenhygieni-

---

90 ANDRÉ BRETON, Nadja (1928), in: Breton, Œuvres complètes, hg. v. M. Bonnet u. a., Bd. 1 (Paris 1988), 748.
91 FRANZ KAFKA, Der Verschollene (entst. 1912–1914), hg. v. Jost Schillemeit (Frankfurt a. M. 1983), 402.
92 Ebd., 397.
93 Vgl. BENNO WAGNER, Der Unversicherbare. Kafkas Protokolle (Habil. Siegen 1998).
94 Vgl. RIESMAN/DENNEY/GLAZER (s. Anm. 17), 26.
95 Vgl. HELMUT LETHEN, Verhaltenslehren der Kälte. Lebensversuche zwischen den Kriegen (Frankfurt a. M. 1994), 133–269.
96 Ebd., 46.

schen Diskurse gerückt.[97] Ihre Analysen von Romanen Hans Grimms, Waldemar Bonsels', Walter Flex', Heinrich Hausers, Joseph Roths und Siegfried Kracauers stellen rezentrierende und dezentrierende Spielarten einer ›Wanderer-Subjektivität‹ gegenüber. Dabei erweisen sich insbesondere die ›Auto-Wanderungen‹ Hausers als protonormalistische versichernd-gesteuerte ›(nicht) normale Fahrten‹. In diesem Kontext erscheint auch Döblins *Berlin Alexanderplatz* (1929) als exemplarischer Parcours eines von Denormalisierungsangst geplagten Kügelchens, das geradezu experimentell noch einmal ins Sieb geworfen wird und dessen Selbstnormalisierungsversuche dreimal scheitern, wobei der Wurf aus dem Auto und das Überrolltwerden den irreversiblen Unfall repräsentieren.

In Erich Kästners Lyrik wird ›normal‹ teils als negatives, protonormalistisch konnotiertes Reizwort verwendet, teils aber auch eher flexibilitätsnormalistisch: »Der Herbst stimmt nur die Optimisten bitter. / Normale Menschen läßt er kalt.«[98] Das Gedicht *Gedanken beim Überfahrenwerden* (1929) konzentriert in neun Strophen die ›(nicht) normale Fahrt‹, die ansonsten in Gestalt von Autos, Trams und U-Bahnen verstreut omnipräsent ist. In dem zentralen Traum seines Romans *Fabian* hat Kästner eine »Maschine, groß wie der Kölner Dom«[99], imaginiert, die tiefenstrukturell mit dem Galtonsieb verwandt ist: Säuglinge werden dort maschinell zu Erwachsenen fabriziert, die dann aus Bessemerbirnen auf eine Art Teufelsradspiegel gekippt werden, unter dem ihre Spiegelbilder, mit denen sie aber identisch sind, wilde Konkurrenzkämpfe um Karrieren und Kopulationen austragen. Dieses wirre Chaos aus konkurrenzstrampelnden Individuen läßt sich durchaus als Haufen Galtonscher Normalkügelchen lesen. Das ganze endet mit einer Gaskriegsvision. Dabei spiegelt der Traum gleichzeitig die Konfiguration und den Handlungsverlauf des Romans, gibt ihm also eine symbolische Verdichtung: Eine mächtige Gravitation des dropping-out zieht im Traum wie in der (fiktionalen) Realität die Kügelchen abwärts in Arbeitslosigkeit, Elend, Isolation und schließlich Tod (Selbstmord), wobei die Bewegung immer wieder in modernen Verkehrsmitteln erfolgt. Labude erschießt sich, Fabian springt ins Wasser. Das Fehlen einer ver-sicherten, positiv-normalen Mitte ist symptomatisch für jene neusachliche Position, die man als ›Verzweiflung am Flexibilitätsnormalismus‹, dessen Tendenzen sich um 1930 als noch zu schwach erwiesen, bezeichnen könnte.

Robert Musils großes Romanfragment *Der Mann ohne Eigenschaften*, dessen Eigenständigkeit gegenüber den Epochenstilen der 20er und 30er Jahre nicht betont werden muß, kann in mehreren konstitutiven Dimensionen als normalismuskritisch gekennzeichnet werden. Als Mann ohne Eigenschaften ist der Held explizit in Opposition sowohl zum klassisch-romantischen ›Charakter‹ als auch zum normalistisch vermeßbaren Typ konzipiert. Dieses paradoxe Nicht-Kügelchen in der Masse der modernen Kügelchen ist auf paradoxe, positive Weise an Denormalisierungen aller Art interessiert. Es geht bei Musil direkt um die bekanntesten normalistischen Paradigmen (Sexualität, Kriminalität, Wahnsinn, Selbstmord), und der Text selbst verwendet dabei vielfältig die Kategorie des Normalen und der Normalität, so etwa im Munde des Arztes Siegmund: »Sie [Clarisse – d. Verf.] ist ohne Zweifel anomal‹ erwiderte er. ›Aber ist Meingast normal? Oder selbst Walter? Ist Klavierspielen normal? Es ist ein ungewöhnlicher Erregungszustand, verbunden in den Hand- und Fußgelenken. Für einen Arzt gibt es nichts Normales. [...]«[100] Clarisses Anormalität (ihr ›anormales‹ Interesse für den ›Anormalen‹ Moosbrugger) läßt sich aber in der Perspektive des Romans ebensowenig wie Ulrichs und Agathes Interesse an der sexuellen Anormalität (am Inzest) im Sinne der normalistischen Medizin und Psychiatrie begreifen. Die Denormalisierungen werden von Musil nicht als Überschreitung von Normalitätsgrenzen auf normalistischen Kontinuen erzählt, sondern als Verwandlungen, die sozusagen Seitenausstiege aus den jeweiligen Normalfeldern suggerieren sollen. Dabei werden die Anläufe zur Denormalisierung faszinierend evo-

---

97 Vgl. GERHARD (s. Anm. 47).
98 ERICH KÄSTNER, Elegie nach allen Seiten (1930), in Kästner, Werke, hg. v. F. J. Görtz, Bd. 1 (München/Wien 1998), 198.
99 KÄSTNER, Fabian (1931), in: ebd., Bd. 3 (München/Wien 1998), 124 (Kap. 14).
100 ROBERT MUSIL, Der Mann ohne Eigenschaften (1930–1952), in: Musil, Ges. Werke, Bd. 1 (Reinbek b. Hamburg 1978), 839.

ziert, insbesondere die ambivalente Spannung zwischen Angst und Lust an der Normalitätsgrenze. Das Problem liegt im Jenseits der Grenze und im (trotz aller mystischen Analogien) festgehaltenen realistischen Anspruch: Wie lassen sich radikal transnormalistische Intensitäten (der ›andere Zustand‹) konkret versprachlichen?

Daß die Faszination durch die Problematik der Normalität und Anormalität sämtliche modernen westlichen Nationalliteraturen bestimmt, sei exemplarisch mit Francis Scott Fitzgeralds Roman *Tender is the Night* von 1934 belegt: Es geht dort um die scheiternde Liebe eines Psychiaters zu seiner früheren Patientin, die unter einer reaktiven Schizophrenie infolge von child abuse litt. Dieses Drama inszeniert typisch normalistische Problematiken wie die Sehnsucht nach transnormalistischen Intensitäten mit ihren Suchtgefahren und wie die Faszination (nicht) normaler Autofahrten. In einer chiastischen Konstruktion wird die Anormale normal, während der Normale (der Arzt) in die Anormalität abgleitet.

7. Existenzialismus

Célines große (nicht) normale Fahrt *Reise ans Ende der Nacht* (1932) läßt sich (u. a.) auch existenzialistisch lesen: Wenn man das sinnlose (ateleologische) stufenweise Herabfallen der Kügelchen bis in den Tod und ihr desillusioniertes Trotzdem-Weiterleben hervorhebt, erscheint es analog zum Mythos von Sisyphos.[101] Dem entspricht sowohl Heideggers ›Geworfenheit‹ als auch Sartres ›pro-jet‹, die beide zum kollektivsymbolischen Komplex des Kügelchens gezählt werden müssen. Man kann in den philosophischen Texten *Sein und Zeit* (1927) und *L'être et le néant* (1943) unschwer einen mit konnotierten ›Roman der (nicht) normalen Fahrt des geworfenen Kügelchens‹ entziffern, der in *La nausée* explizit wird: Roquentin wird in der Trambahn vom Schwindel der Denormalisierungsangst erfaßt, der ihn in die irreversible Denormalisierung existenzialistischer Lesart führt.[102]

Als existenzialistisch ließe sich also im Kontext des Normalismus eine ›(nicht) normale Fahrt‹ definieren, bei der die fallenden Kügelchen eine (wenn auch ganz leere und negative) metaphysische Tiefendimension besitzen (Heideggers ›Ei-

gentlichkeit‹ und Sartres ›Freiheit‹; ähnlich schon früher Rilkes *Malte*, 1910). Die Farbe, in der die Normalität dabei gemalt wird, ist entsprechend grau. Das ist auch bei Alberto Moravia der Fall: Marcello, der Held seines Romans *Il conformista* (1951), leidet seit seiner Kindheit unter extremer Denormalisierungsangst, die eng mit seiner ›androgynen‹ Sexualität zusammenhängt. Durch familiale und pubertäre Episoden hindurch, schließlich durch Ehe und das politische Engagement als Faschist, möchte er ›normal‹ werden. Wichtige Episoden ereignen sich als Auto- oder Eisenbahnfahrten. Die Normalität ist das Leitmotiv des ganzen Romans, sie ist eindeutig protonormalistisch gefärbt. Diese Normalität erweist sich demnach auch bei den anderen, bei seiner Frau und bei den Faschisten, als bloße Fassade. Marcello gerät immer tiefer in den Schwindel der Denormalisierungsangst: Ist nicht das Perverse ›normal‹? Gerade auch sein Faschismus erweist sich als ›anormal‹, weil lediglich verzweifelt-forcierter und voluntaristischer Versuch, vor der eigenen Sehnsucht nach Transnormalität zu fliehen, sie zwanghaft zu verleugnen und einzubinden. (Die gleichnamige Verfilmung von Bernardo Bertolucci [1970] transponiert die Geschichte in eine magisch-realistische bzw. bereits surrealistische Tonart.)

8. Bonn

Normalismushistorisch bedeutet die zweite Nachkriegszeit für die Bundesrepublik im wesentlichen die zunächst langsame, von den 60er Jahren an rasche Transformation der Kultur vom Protonormalismus zum flexiblen Normalismus. Wiederum (wie bereits in Weimar) erscheint dieser Prozeß größtenteils als Amerikanisierung. In der Literatur kann die sozialkritische Strömung der Vergangenheitsbewältigung unter diesem Aspekt u. a. auch als Absage an protonormalistische Subjektivierungstypen und Disziplinarregime begriffen werden. Sobald die neue Kultur des Wirtschaftswunders thematisch dominiert, arbeitet die Literatur sich mehr

---

101 Vgl. ALBERT CAMUS, Le mythe de Sisyphe (Paris 1942).
102 Vgl. JEAN-PAUL SARTRE, La nausée (1938; Paris 1964), 158–160.

und mehr an den flexibilitätsnormalistischen (z. B. sexuellen) Tendenzen und insbesondere an den auswegslosen Versuchen ab, die Normalfamilie protonormalistischen Typs zu flexibilisieren (zu öffnen). So bilanziert Gabriele Wohmann exemplarisch die Kosten solcher Versuche für die Frau. In dem Roman *Ernste Absicht* wird das Normale zum Leitmotiv, das unheilbedeutend die Zerreißproben der Protagonistin zwischen Ehe-Familie und Liebe-Sex skandiert – bis zum Selbstmordversuch: »Was ist das für ein Gejammer, jetzt, nachdem du [...] der erfreulichen Statistik keinen Makel per Tod zugefügt hast, wie wir es voraussahen, denn deine Überlebenschancen waren gut. Rubin möchte den Satz DU BIST GESALBT an mich abschikken, aber alle hundert Schreibstifte versagen ihm den Dienst. Mit Diathermie und einer Injektion trösten mich indessen Schw. Carla und Schw. Christel wirksam. Schw. Christel telefoniert mit meinem Mann. Es ist alles normal.«[103] Um das Leitmotiv herum gruppieren sich narrative Fragmente, in denen die stets frustrierte Sehnsucht nach nicht normalen Intensitäten in die fatalen Denormalisierungen der Sucht führt: Alkohol und Tabletten, forcierter Sex. Der Rest ist Normalisierung: Rehabilitation.

Das gleiche Thema des aporetischen Versuchs, synchron sowohl in der protonormalistischen Familie als auch in flexibel-normalistischen Beziehungen zu leben, bildet die dominierende Achse von Martin Walsers Kristlein-Trilogie (1960–1973). Man kann die Makrostruktur der Walserschen (halb trivial-realistischen, halb modernistisch-experimentellen) Narration als eine Art surfing durch realistische Themen beschreiben, deren Basis eine jargonartige Ich-Perspektive bildet. Als Leitmotiv dieses surfing dient dabei das Autofahren des Protagonisten, eines Vertreters im vielfachen Sinne des Wortes. Es geht also um ›(nicht) normale Fahrten‹: Das Auto ist das Vehikel, das abwechselnd von der Familie weg und wieder zu ihr zu-

rückführt. Man hat in Walsers Trilogie eine der gültigen literarischen Mythisierungen der alten Bonner Republik gesehen – zu Recht, insofern es sich eben um die mythische Narration des Normalismus, seiner aporetischen Bifurkation und seines Vehikels handelt: »Gaby verlangte also Treue von mir, obwohl sie doch gleichzeitig Untreue Alissa gegenüber verlangte. Es tat mir gut, sie nun auch in diese vielbödigen Moralen verstrickt zu sehen. [...] Natürlich war sie dadurch erst auf meinen normalen Lebensspiegel herabgekommen und ich hatte kein Recht, sie zu verachten. Aber da ich mich an mich selbst schon gewöhnt hatte, ihr Sturz aber ganz neu war, sah ich nun doch ein bißchen auf sie hinab. [...] Das war alles ganz normal, ich erlebte das wirklich nicht zum ersten Mal, aber Gaby gestattete es sich nicht, normal zu sein«[104]. Mit der Symbolik des Normalpegels sexueller Aktivität lehnt sich Walser an die Kollektivsymbolik der flexibilitätsnormalistischen Therapiekultur made in USA an, die sich vielfältig auch in den ›autobiographischen‹ Geständnisdiskursen der Illustrierten und Magazine findet, wo die Sprecher(innen) in Kurvenlandschaften mit ups and downs, mit riskanten Beschleunigungen und Bremsmanövern, mit euphorischen peak experiences und depressiven ›Abwärtsspiralen bis Zero‹ leben.

9. Achtundsechziger Literatur und Postmoderne

Unter normalismustheoretischen Aspekten läßt sich das Ereignis Achtundsechzig (als historische Grundströmung gefaßt, die sowohl die generelle Mentalität der Sixties wie sexuelle Revolution und rebellischen Jugendpop als auch die folgenden alternativ-sozialen Bewegungen einbegriffen) als antinormalistische Kulturrevolution auffassen. Als Bruch der Normalität wurde exemplarisch auch der Pariser Mai von Anfang an diskursiviert (ebenso wie seine Bewältigung Normalisierung genannt wurde). In einer Reihe von Texten der Achtundsechziger Literatur wird das Normale als Hauptproblem bzw. als Hauptgegner behandelt. Urs Widmers ›Essays und Geschichten‹ *Das Normale und die Sehnsucht* (1972) reflektieren die Normalität (häufig auch als Ensemble »(trivialer) Mythen«[105] bezeichnet) als lediglich eine Projektion mit Wirklichkeitseffekt unter anderen möglichen.

---

103 GABRIELE WOHMANN, Ernste Absicht (Neuwied/Berlin 1970), 243.
104 MARTIN WALSER, Halbzeit (Frankfurt a. M. 1960), 120.
105 URS WIDMER, Über (triviale) Mythen (1970), in: Widmer, Das Normale und die Sehnsucht. Essays und Geschichten (Zürich 1972), 20 u. ö.

Der Staat und andere Apparate kontrollierten die Sprache (z. B. gegen Pornographie), um kreative Alternativen auszuschalten. Das Modell dieser Kontrolle ist nach Widmer die Industrienorm, die Standardisierung, ferner auch die »vorsichtige Mittellage«[106]. Die kreativen, eurhythmischen Alternativen der Sehnsucht stehen deutlich in der Tradition des Surrealismus, ja der Romantik. Bernward Vespers Protokoll eines in der Realität schließlich tödlich verlaufenen Selbstexperiments mit der Denormalisierung durch Drogen und Autofahrten (*Die Reise*, 1977) richtet sich gegen den Protonormalismus, insbesondere den faschistischen seines Vaters, des Nazidichters Will Vesper. Doch wird der flexible Normalismus ›amerikanischer‹ Provenienz nicht als Alternative dazu (an)erkannt, woraus sich ein forcierter Gestus von höchster Intensität ergibt. In dem ›Ernstfall-Roman‹ (d. h. der Atomkriegssimulation) *Es geht voran* von Matthias Horx existieren in der Zukunft ›Freiländer‹ für alternativ lebende Nach-Achtundsechziger, während die ›Normalos‹ weiter das Mehrheitsterritorium bewohnen. In seinem Survivaltraining wird der Held gefragt: »›Findest du, du bist was besseres als die anderen?‹ / ›Besser als die Normalos, ja.‹ / ›Und die Nicht-Normalos?‹ / ›Die sind einfach naiv. [...]‹« Bei Horx ist die interdiskursive Struktur der Normalität ganz transparent: Es geht um Lifestyles, um ökologische Grenzwerte (»vier- oder fünfmal soviel wie der Normalwert«[107]), um politische Normalität und um sexuelle Exploration. Das Ziel ist eine nicht-normalistische, utopische Eurhythmie, die allerdings erst jenseits der nuklearen Apokalypse erreichbar erscheint. Zwischen Normalismus und nicht-normalistischer Eurhythmie scheint es keinen Übergang ohne den vollständigen Bruch und die vollständige tabula rasa der absoluten Katastrophe zu geben.

Das Schwergewicht der schon erwähnten Schrift von Thomas Anz ruht auf der deutschsprachigen Achtundsechzigerliteratur, soweit sie die protonormalistische Stigmatisierung des Anormalen polemisch umzukehren und eben die Normalität als pathogen anzuklagen sucht (mit sehr reichem Material, u. a. zu Dieter Kühn, Gernot Wolfgruber, Ernst Herhaus, Fritz Zorn, Ernst Augustin, Tilman Moser, Heinar Kipphardt, Rainald Goetz, Gerhard Roth, Maxie Wander, Thomas Bernhard).[108] Die Unterscheidung zwischen Protonormalismus, flexiblem Normalismus und transnormalistischen Utopien würde dabei zusätzliche Differenzierungen erlauben.

Postmodern wäre dann eine Literatur, die in wesentlichen Punkten Achtundsechziger Problematiken fortsetzt, dabei aber den (flexiblen) Normalismus als ein bis auf weiteres stabiles, alternativloses, sowohl fundamentales wie hegemoniales Dispositiv voraussetzt. Für den engen Zusammenhang beider Entwicklungsphasen kann wiederum Enzensberger als exemplarisch gelten. Das audiovisuelle Medium und der mediopolitische (Inter-) Diskurs als vermutlich wichtigste Produzenten genereller Normalität in flexibel-normalistischen Kulturen sind das Thema der groß angelegten Trilogie (eigentlich Pentalogie) *Festung* (1993) von Rainald Goetz. Die Kombination von Medizin- und Geschichtsstudium sowie sein allgemeines kulturelles und politisches Interesse hatten Goetz offensichtlich besonders dafür disponiert, den langen Märschen der Normalität durch die Diskurse zu folgen. Im wiederum triadischen Mittelstück der Trilogie (*1989*) wird eine enorme Montage von audiovisuellem Zapping- und Bänder-Salat aus dem historischen Umbruchsjahr präsentiert. Die artistische Meisterschaft der Auswahl dieses Materials besteht gerade darin, den Effekt eines zufälligen Samples zu suggerieren. Es handelt sich also um die Simulation eines Gegenexperiments: Als ob das Verfahren der repräsentativen Meinungserhebung jetzt auf das Medium selbst angewandt würde und dabei also ein repräsentativer Verschnitt von Mediensalat herauskäme. In diesem Salat von verschiedensten Sparten häufen sich bestimmte Signifikanten, und am meisten der Signifikant normal. Bei einer der Sparten handelt es sich um den Historikerstreit und das Problem einer deutsch-nationalen Normalisierung: Experimentell-simulierend wird durchgespielt, wie die bloße mediale, d.h. per se fragmentarische und fragmentierte, Einreihung eines Themas wie Auschwitz zwischen

---

106 WIDMER, Wem nützt das Fehlen von Gefühlen von wem? (1972), in: ebd., 62.
107 MATTHIAS HORX, Es geht voran. Ein Ernstfall-Roman (Berlin 1982), 42, 75.
108 Vgl. ANZ (s. Anm. 51).

Sport und Entertainment auch dieses ›Thema‹ (wie alle anderen) normalisiert. Die Perspektive bei Goetz ist nicht anklagend-polemisch wie bei Karl Kraus, sondern lediglich diagnostisch-konstatierend. Eine alternative Bezugsgröße wird nicht sichtbar; vielmehr wird sichtbar, daß eine solche Alternative nicht realistisch wäre, so daß der Normalismus bis auf weiteres ausgehalten werden will. Was Goetz allerdings dennoch radikal von anderen postmodernen Positionen unterscheidet, ist die Tatsache, daß auch dem flexiblen Normalismus jede positive affektive Besetzung verweigert wird – noch bei den scheinbar subjektiv-betroffenen Diskursparzellen handelt es sich um zitiertes und simuliertes Material.

Jürgen Link

Literatur
ANZ, THOMAS, Gesund oder krank? Medizin, Moral und Ästhetik in der deutschen Gegenwartsliteratur (Stuttgart 1989); ARNTZEN, HELMUT, Film, Literatur, Denken und Sprache der Dreißiger Jahre, in: Arntzen, Ursprung der Gegenwart. Zur Bewußtseinsgeschichte der Dreißiger Jahre in Deutschland (Weinheim 1995), 1–68; BAUDRILLARD, JEAN, L'échange symbolique et la mort (Paris 1976); BECKER, FRANK, Amerikanismus in Weimar. Sportsymbole und politische Kultur 1918–1933 (Wiesbaden 1993); BENNHOLDT-THOMSEN, ANKE/GUZZONI, ALFREDO, Der ›Asoziale‹ in der Literatur um 1800 (Königstein/Ts. 1979); BOUVERESSE, JACQUES, L'homme probable. Robert Musil, le hasard, la moyenne et l'escargot de l'histoire (Paris 1993); CANGUILHEM, GEORGES, Le normal et le pathologique (Paris 1966); DENNELER, IRIS, Die Kehrseite der Vernunft. Zur Widersetzlichkeit der Literatur in Spätaufklärung und Romantik (München 1996); DÖRNER, KLAUS, Bürger und Irre. Zur Sozialgeschichte und Wissenschaftssoziologie der Psychiatrie (Frankfurt a. M. 1969); ERHART, WALTER, Medizingeschichte und Literatur am Ende des 19. Jahrhunderts, in: Scientia poetica 1 (1997), 224–267; FOUCAULT, MICHEL, Surveiller et punir. Naissance de la prison (Paris 1975); GERHARD, UTE, Nomadische Bewegungen und die Symbolik der Krise. Flucht und Wanderung in der Weimarer Republik (Opladen/Wiesbaden 1998); HACKING, IAN, The Taming of Chance (Cambridge u. a. 1990); JUNG, WERNER, Alltag und Ekstasen, in: Jung/W. Delabar/I. Pergande (Hg.), Neue Generation – Neues Erzählen. Deutsche Prosa der achtziger Jahre (Opladen 1993), 155–163; LEPENIES, WOLF, Normalität und Anormalität. Wechselwirkungen zwischen den Wissenschaften vom Leben und den Sozialwissenschaften im 19. Jahrhundert (1974), in: Lepenies, Das Ende der Naturgeschichte. Wandel kultureller Selbstverständlichkeiten in den Wissenschaften des 18. und 19. Jahrhunderts (München/Wien 1976), 169–196; LETHEN, HELMUT, Verhaltenslehren der Kälte. Lebensversuche zwischen den Kriegen (Frankfurt a. M. 1994); LINK, JÜRGEN, Versuch über den Normalismus. Wie Normalität produziert wird (Opladen 1997); LINK, JÜRGEN, Wie das Kügelchen fällt und das Auto rollt. Zum Anteil des Normalismus an der Identitätsproblematik in der Moderne, in: H. Willems/A. Hahn (Hg.), Identität und Moderne (Frankfurt a. M. 1999), 164–179; MARCUSE, HERBERT, One-Dimensional Man: Studies in the Ideology of Advanced Industrial Society (Boston 1964); MEYER, FRIEDERIKE, Gefährliche Psyche. Figurenpsychologie in der Erzählliteratur des Realismus (Frankfurt a. M. u. a. 1992); MÜLLER, KLAUS, Aber in meinem Herzen sprach eine Stimme so laut. Homosexuelle Autobiographien und medizinische Pathographien im neunzehnten Jahrhundert (Berlin 1991), 40–46 [Abschnitt ›Das Normale und das Pathologische‹]; NAM, UN, Normalismus und Postmoderne. Diskursanalyse der Gesellschafts- und Geschichtsauffassung in den Gedichten H. M. Enzensbergers (Frankfurt a. M. u. a. 1995); PARR, ROLF, Verkehr, Auto und zwei Grenzen der Normalität in den Romanen Alexander Lernet-Holenias, in: T. Eicher/B. Gruber (Hg.), Alexander Lernet-Holenia. Poesie auf dem Boulevard (Köln/Weimar/Wien 1999), 209–223; PIKULIK, LOTHAR, Romantik als Ungenügen an der Normalität. Am Beispiel Tiecks, Hoffmanns, Eichendorffs (Frankfurt a. M. 1979); PRAZ, MARIO, La carne, la morte e il diavolo nella letteratura romantica (1930; Florenz ⁵1976); dt.: Liebe, Tod und Teufel. Die schwarze Romantik, übers. v. L. Rüdiger (München 1963); RIESMAN, DAVID/DENNEY, REUEL/GLAZER, NATHAN, The Lonely Crowd: A Study of the Changing American Character (New Haven 1950); ROLF, THOMAS, Normalität. Ein philosophischer Grundbegriff des 20. Jahrhunderts (München 1999); SOHN, WERNER/MEHRTENS, HERBERT (Hg.), Normalität und Abweichung. Studien zur Theorie und Geschichte der Normalisierungsgesellschaft (Opladen/Wiesbaden 1999); THOMÉ, HORST, Autonomes Ich und ›Inneres Ausland‹. Studien über Realismus, Tiefenpsychologie und Psychiatrie in deutschen Erzähltexten (1848–1914) (Tübingen 1993); WAGNER, BENNO, Der Unversicherbare. Kafkas Protokolle (Habil. Siegen 1998); WARNING, RAINER, Kompensatorische Bilder einer ›wilden Ontologie‹: Zolas ›Les Rougon-Macquart‹, in: Poetica 22 (1990), 355–383; WITTMANN, FRITZ, Der Arzt im Spiegelbild des deutschen schöngeistigen Literatur seit dem Beginn des Naturalismus (Berlin 1936); WÖBKEMEIER, RITA, Erzählte Krankheit. Medizinische und literarische Phantasien um 1800 (Stuttgart 1990).

Nützlich

(griech. ὠφέλιμος, χρήσιμος; lat. utilis;
engl. useful; frz. utile; ital. utile; span. útil;
russ. полезное)

Einführung; Begriffsdefinition; Grundzüge der
aktuellen Diskussion; **I. Die Diskussion über die
Nützlichkeit des Ästhetischen in der europäischen
Aufklärung; II. Bedeutungswandel des Begriffs
nützlich in der ›Autonomieästhetik‹ um 1800;
III. Nach der ›Kunstperiode‹: Von der Nützlichkeit
des Ästhetischen zur Ästhetik des Nützlichen;
IV. Zur Fortsetzung der Diskussion in der ersten
Hälfte des 20. Jahrhunderts; Zusammenfassung**

Einführung

Begriffsdefinition

Der Begriff nützlich ist (anders als z. B. der Begriff schön) im Sprachgebrauch der Neuzeit seinem Inhalt und Umfang nach kein spezifisch ästhetischer, sondern ein sittlich-praktischer, ethischer, ökonomischer, technischer oder auch gesellschaftstheoretischer Begriff, der »eine dreistellige Relation [bezeichnet]: etwas ist *für* etwas *von* jemandem nützlich.«[1] Nützlich können Dinge sein, die – sei es von der ›Natur‹ bereitgestellt, sei es handwerklich – künstlerisch oder maschinell – produziert werden, ferner die Mittel zur Produktion solcher Dinge sowie bestimmte Handlungen und Kenntnisse (z. B. wissenschaftliche), Fertigkeiten und Verfahrensweisen (z. B. technische, ökonomische oder politische). Aus begriffsgeschichtlicher Perspektive erlangt nützlich als wissenschaftlicher Terminus eine prinzipielle Funktion in den sozialphilosophischen, ethischen und wirtschaftstheoretischen Systemen des Utilitarismus[2], nicht jedoch in der Ästhetik, insofern diese seit ihrer systematischen Grundlegung im 18. Jh. »für die Autonomie des Schönen eintritt«[3]. Dennoch ist die Beziehung zwischen dem Schönen und dem Nützlichen, zwischen ästhetischer Urteilskraft (Geschmack) und »technisch-praktischer [Vernunft]«[4], ein Grundproblem der Ästhetik. Dies gilt sowohl für die Kunst- und Literaturkritik und für die systematische philosophische Ästhetik als auch für neuere und neueste Partikularästhetiken, in denen Design-Objekte und Objekte der Alltagskultur als Gestaltungen des Nützlichen zur Sprache kommen. Dabei überschneidet sich der Begriff des Nützlichen bisweilen mit sinnverwandten Begriffen wie zweckmäßig oder funktional. Der Begriff der Funktion und des Funktionalen ist aus begriffsgeschichtlicher Sicht ebenfalls kein spezifisch ästhetischer, sondern ein mathematischer, logischer, naturwissenschaftlich-technischer, psychologischer oder soziologischer Begriff[5] und wird als solcher primär in konstativen Sprechhandlungen (theoretischen Argumentationen) verwendet, während der Begriff nützlich vor allem regulativen Sprechhandlungen (moralisch-praktischen Argumentationen) eigen ist.[6]

Grundsätzlich muß, wie im folgenden zu zeigen ist, unterschieden werden zwischen der Diskussion über die ästhetische Wahrnehmung und Gestaltung des Nützlichen und der Diskussion über die Nützlichkeit des Ästhetischen. Dabei sei das Ästhetische definiert als Qualität einer aisthēsis und poiēsis umfassenden Einstellung zum Wirklichen, die vom wissenschaftlichen oder alltäglichen Erkennen des Wirklichen und vom Handeln, sofern es unmittelbar auf Veränderung des Wirklichen zielt, abgrenzbar ist. Während die Diskussion über die Ästhetik des Nützlichen seit der industriellen Revolution an Gewicht gewinnt, erlangt die auf die Antike zurückgehende Diskussion über die Nützlichkeit des Ästhetischen in der Aufklärung besondere Bedeutung. Doch auch sie wird nach wie vor geführt; sie

---

1 OTFRIED HÖFFE/GABRIEL JÜSSEN, ›Nutzen, Nützlichkeit, das Nützliche, nützlich‹, in: RITTER, Bd. 6 (1984), 1002.
2 Vgl. DAVID HECTOR MONRO, Utilitarianism, in: P. P. Wiener (Hg.), Dictionary of the History of Ideas, Bd. 4 (New York 1973), 444–449; NICOLAS GEORGESCU-ROEGEN, Utility and Value in Economic Thought, in: ebd., 450–458.
3 ERNST CASSIRER, Die Philosophie der Aufklärung (Tübingen 1932), 473.
4 IMMANUEL KANT, Kritik der Urtheilskraft (1790), in: KANT (AA), Bd. 5 (1908), 455.
5 Vgl. HANS-GEORG STEINER/HERMANN NOACK/REINHARD HEEDE/NIKLAS LUHMANN, ›Funktion‹, in: RITTER, Bd. 6 (1984), 1138–1143.
6 Vgl. JÜRGEN HABERMAS, Theorie des kommunikativen Handelns, Bd. 1 (1981; Frankfurt a.M. 1988), 427–451.

kehrt z. B. in der (besonders in der Germanistik seit den 60er Jahren gestellten) Frage nach der gesellschaftlichen ›Relevanz‹ der wissenschaftlichen Beschäftigung mit Literatur wieder[7] und findet gegenwärtig in der Tendenz Ausdruck, das Ästhetische dem wirtschaftlich Nützlichen unterzuordnen und den Wert der akademischen Disziplinen (nicht etwa nur der Geistes- und Kulturwissenschaften) an ihrem Marktwert zu messen.[8] Dem entgegengesetzt ist die Lehre von der Autonomie des Kunstwerks, die in den Ästhetiken Kants und des deutschen Idealismus systematisch begründet wurde und an die noch Adornos negative Ästhetik anknüpft. In der ›Autonomieästhetik‹ wird die semantische Relation der Begriffe nützlich und ästhetisch als Kontradiktion definiert und nützlich mit einer pejorativen Konnotation versehen.

Die genannten drei typischen Definitionen der semantischen Relation zwischen dem Begriff nützlich und spezifisch ästhetischen Begriffen wie schön stellen die Kategorien bereit, mit denen sich Grundzüge der aktuellen ästhetischen Auseinandersetzung mit dem Nützlichen und die Vorgeschichte dieser Auseinandersetzung seit der Aufklärung beschreiben lassen.

Grundzüge der aktuellen Diskussion

Zur Aktualität der ›autonomieästhetischen‹ Grenzziehung zwischen dem Ästhetischen und dem Nützlichen hat in jüngerer Zeit vor allem die Kritische Theorie beigetragen. Sowohl gegen ›affirmative‹ Ästhetiken des Nützlichen als auch gegen die gesellschaftskritische Wiederaufnahme des Horazischen ›utile dulci‹ (s. u.) ist Adornos Feststellung gerichtet, die »Autonomie« der Kunst bleibe »irrevokabel«[9]. Mit dieser Formulierung deutet Adorno indes bereits an, daß er solche Autonomie dialektisch als eine historisch gewordene, mit ihrem Gegenteil vermittelte und höchst problematische versteht: »Hinfällig aber sind Kunst und Kunstwerke, weil sie, nicht bloß als heteronom abhängige, sondern bis in die Bildung ihrer Autonomie hinein […] nicht nur Kunst sondern auch ein dieser Fremdes, Entgegengesetztes sind. Ihrem eigenen Begriff ist das Ferment beigemengt, das ihn aufhebt« (14). Zwar treffe die Feststellung zu, daß insbesondere lyrische Kunst in der entwickelten Industriegesellschaft »das Bild eines Lebens beschwöre, das frei sei vom Zwang der herrschenden Praxis, der Nützlichkeit, vom Druck der sturen Selbsterhaltung«; je stärker der gesellschaftliche Druck laste, »desto unnachgiebiger« widerstehe ihm das Kunstgebilde, indem es »sich gänzlich nach dem je eigenen Gesetz konstituiert«[10]. Doch insofern Kunst solche ›bestimmte Negation‹ des gesellschaftlichen Zustandes sei (und keine ›abstrakte Negation‹, wie der L'art pour l'art es wollte)[11], kommuniziere sie mit diesem Zustand gerade »durch Nicht-Kommunikation« (15). Diese vor allem an Hegel geschulte Dialektik, mit der Adorno über die ältere Autonomieästhetik hinausgeht, erfaßt auch die Beziehung zwischen Kunst und Nützlichkeit: »Die ästhetische Produktivkraft ist die gleiche wie die der nützlichen Arbeit und hat in sich dieselbe Teleologie […]. Der Doppelcharakter der Kunst als autonom und als fait social teilt ohne Unterlaß der Zone ihrer Autonomie sich mit« (16). Dessenungeachtet ist die Bedeutung des Begriffs nützlich bei Adorno eine ebenso pejorative wie im L'art pour l'art und in der romantisch-idealistischen Ästhetik: Adorno spricht von der ›Erniedrigung‹ der Kunst »zum angenehmen oder nützlichen Spielwerk der Horazischen Ars Poetica« (26), er bestreitet (im Hinblick auf Adolf Loos und die funktionalistische Ästhetik des Nützlichen, s. u.), daß Gebrauchsgegenstände vermöge der Treue zu ihrem »Formgesetz immer auch schön seien« (96), er bezeichnet »Kommunikation« als »Anpassung des Geistes an das Nützliche, durch welche er sich unter die Waren einreiht« (115), und er erblickt folglich in der Nutzlosigkeit der Kunstwerke eine Bedingung ihrer Wahrheit: »Das Prinzip des Füranderesseins […] ist das des Tausches und in ihm vermummt sich die Herrschaft.

---

7 Vgl. JOST HERMAND, Geschichte der Germanistik (Reinbek b. Hamburg 1994), 148, 155 f., 159.
8 Vgl. BILL READINGS, The University in Ruins (Cambridge, Mass./London 1996), 27 ff., 110 f., 130.
9 THEODOR W. ADORNO, Ästhetische Theorie (1970; Frankfurt a. M. 1989), 9.
10 ADORNO, Rede über Lyrik und Gesellschaft (1957), in: Adorno, Noten zur Literatur, Bd. 1 (Frankfurt a. M. 1958), 78.
11 Vgl. ADORNO (s. Anm. 9), 16.

Fürs Herrschaftslose steht ein nur, was jenem nicht sich fügt; für den verkümmerten Gebrauchswert das Nutzlose. Kunstwerke sind die Statthalter der nicht länger vom Tausch verunstalteten Dinge, des nicht durch den Profit und das falsche Bedürfnis der entwürdigten Menschheit Zugerichteten. [...] Eine befreite Gesellschaft wäre jenseits der Irrationalität ihrer faux frais und jenseits der Zweck-Mittel-Rationalität des Nutzens. Das chiffriert sich in der Kunst und ist ihr gesellschaftlicher Sprengkopf« (337 f.). Wie für Brecht (s. u.) hängt für Adorno die schlechte Bedeutung von nützlich mit der Verdinglichung menschlicher Beziehungen in der entwickelten Industriegesellschaft zusammen; doch anders als Brecht schreibt Adorno diesen Zusammenhang fest, anstatt nach den Bedingungen für die Wiedergewinnung einer guten Bedeutung von nützlich zu fragen. Der zuletzt zitierte Passus belegt eindrücklich, daß die Pejoration von nützlich in Adornos Ästhetik auf den Kulturpessimismus der *Dialektik der Aufklärung* (1947) zurückgeht: »Was dem Maß von Berechenbarkeit und Nützlichkeit sich nicht fügen will, gilt der Aufklärung für verdächtig. [...] Ihren eigenen Ideen von Menschenrecht ergeht es dabei nicht anders als den älteren Universalien.«[12]

Es sei angemerkt, daß die ästhetische Assoziation des Nützlichen mit dem entfremdenden und tendenziell verhängnisvollen ›Betrieb der Selbsterhaltung‹ auch in der Dichtung nach 1945 eine Rolle spielt. Die beiden letzten Verse des Schlußgedichts zu Günter Eichs Hörspiel *Träume* (1950) lauten: »Tut das Unnütze, singt die Lieder, die man aus eurem Mund nicht erwartet! / Seid unbequem, seid Sand, nicht das Öl im Getriebe der Welt!«[13] Und im Munde von Ingeborg Bachmanns Undine wird die Unterbrechung des Nützlichkeitsdenkens zur Voraussetzung einer existentiellen Erfahrung, als deren Zeichen das alte Motiv der Verbindung zwischen Mensch und Elementargeist fungiert: »Wenn ihr allein wart, ganz allein, und wenn eure Gedanken nichts Nützliches dachten, nichts Brauchbares, wenn die Lampe das Zimmer versorgte, die Lichtung entstand, feucht und rauchig der Raum war, wenn ihr so dastandet, verloren, für immer verloren, aus Einsicht verloren, dann war es Zeit für mich. Ich konnte eintreten mit dem Blick, der auffordert: Denk! Sei! Sprich es aus!«[14]

Kritik an der Abwertung des Nützlichen in Adornos Ästhetik der Negativität wurde von jenen formuliert, die sich von Adorno wenig beachteten Bereich der ästhetischen Erfahrung und literarischen Kommunikation zuwandten. Hans Robert Jauß hält Adorno entgegen, daß »die konstitutive Negativität des Kunstwerks [...] mit Identifikation als ihrem rezeptionsästhetischen Gegenbegriff vermittelt«[15] werden müsse, und er plädiert für eine Rückbesinnung auf Horaz und die Norm des utile dulci: »Gegenüber der säkularen Geltung der horazischen Lehre vom doppelten Wirkungszweck der Dichtung (*delectare et prodesse*), die ineins mit der rhetorischen Trichotomie: *docere-delectare-movere* alle ästhetische Praxis von der Antike bis zur fortgeschrittenen Neuzeit rechtfertigte und eher als Lizenz denn als Beschränkung des Darstellbaren empfunden wurde, erscheint [...] die Trennung von *delectare* und *prodesse* – das Prinzip des *L'Art pour l'Art* – als eine Episode in der Geschichte der Kunst. Die Erkenntnisleistung des ästhetischen Genießens [...] ist erst im 19. Jh. mit der fortschreitenden Autonomisierung der Kunst preisgegeben worden. Auch war der älteren, vorautonomen Kunst, die auf vielfältige Weise Normen des Handelns vermittelte, jene kommunikative Funktion noch selbstverständlich, die in unserer Zeit oft leichthin unter den Verdacht der Affirmation von Herrschaftsinteressen gestellt [...] wird.« (82)

Die Aktualität der Diskussion über die Horazische Norm erweist sich auch dort, wo die *Ars Poetica* nicht zitiert wird und nicht vom ›Nutzen der Literatur‹, sondern z. B. vom ›instrumentellen Wert‹ zweckgebundener Dichtung die Rede ist: »›Ästhetische‹ Form stiftet hier keinen selbständigen ›Wert‹, sondern nur einen instrumentellen,

---

12 MAX HORKHEIMER/ADORNO, Dialektik der Aufklärung. Philosophische Fragmente (1947; Frankfurt a. M. 1973), 9.
13 GÜNTER EICH, Träume. Vier Spiele (Frankfurt a. M. 1967), 190.
14 INGEBORG BACHMANN, Undine geht (1961), in: Bachmann, Werke, hg. v. C. Koschel/I. v. Weidenbaum/C. Münster, Bd. 2 (München/Zürich 1982), 257.
15 HANS ROBERT JAUSS, Ästhetische Erfahrung und literarische Hermeneutik (1982; Frankfurt a. M. 1991), 50.

handwerklich-technischen: je besser die Form ihre Funktion erfüllt, desto größer ist ihr – rein quantitativer – ›Wert‹.« Der ästhetische Wert dient einem leitenden ethischen. Ein Konflikt zwischen ethischer und ästhetischer Wertung kann sich erst dann ergeben, wenn das Ästhetische auch ein Selbstwert zu sein beansprucht, wenn »›Literatur als Kunst‹ ausgrenzbar« und »funktionale Literatur generell abgewertet wird«[16]. Die ästhetische Diskussion über das Nützliche führt also wiederum auf die Begründungsdiskussion über das Ästhetische, deren gegenwärtige Verworrenheit daher rühren mag, daß sie, »dem Trend seit Anfang des 19. Jh.s folgend, nur noch am Rande in der Philosophie, hauptsächlich aber von den Künstlern, der Kunstkritik und den mit ›Kunst‹ befaßten Einzelwissenschaften [...] geführt wird.«[17]

Dieser Beobachtung entspricht es, daß sich die Kritik des Nützlichen als ästhetischer Norm gegenwärtig mit besonderer Nachhaltigkeit in der Architekturdebatte artikuliert. Die postmoderne Kritik der modernen funktionalistischen Architektur, in der das »Argument der Nützlichkeit [...] den gesamten Rest der Sinngehalte verdrängt« habe, operiert mit Slogans wie: »Nicht nur *Funktion*, sondern auch *Fiktion*!«[18] Ein Bau solle wieder zu einem Gestaltungsanlaß werden, »der nicht nur

---

16 RENATE VON HEYDEBRAND, Ethische contra ästhetische Legitimation von Literatur, in: W. Haug/W. Barner (Hg.), Ethische contra ästhetische Legitimation von Literatur. Traditionalismus und Modernismus: Kontroversen um den Avantgardismus (Tübingen 1986), 5.
17 HEYDEBRAND, ›Wertung, literarische‹, in: K. Kanzog/A. Masser (Hg.), Reallexikon der deutschen Literaturgeschichte, Bd. 4 (Berlin/New York ²1984), 865.
18 HEINRICH KLOTZ, Moderne und Postmoderne. Architektur der Gegenwart (1984; Braunschweig/Wiesbaden ²1985), 423.
19 Vgl. WOLFGANG WELSCH, Unsere postmoderne Moderne (Weinheim 1987), bes. 4 ff., 19 ff., 92 ff.
20 HERMANN STURM, Pandoras Box: Design. Zu einer Ikonografie der Gestaltung des Nützlichen, in: Kunstforum international 130 (Mai-Juli 1995), 120.
21 BERNHARD F. SCHOLZ, ›Belehrung‹, in: K. Weimar u. a. (Hg.), Reallexikon der deutschen Literaturwissenschaft. Neubearbeitung des Reallexikons der deutschen Literaturgeschichte, Bd. 1 (Berlin/New York 1997), 214.

Fakten und Nutzungsprogramme berücksichtigt, sondern auch poetische Vorstellungen aufnimmt und dichterische Stoffe gestaltet« (17). Zu fragen ist indes, ob sich mit der bloßen Ablehnung der ›modernen‹, Uniformität erzeugenden und industriellen Zwecken dienenden Reduktion des Zweckfreien/Fiktiven auf das Nützliche/Funktionale schon das philosophische Problem der Beziehung zwischen beiden lösen läßt. Ist es nicht diese Beziehung selbst, die sich löst, wenn sie im Sinne postmoderner Werte wie ›Mehrsprachigkeit‹, ›Diversität‹, ›radikale Pluralität‹ und ›agonale Komplexität‹[19] gedacht wird?

Mit der Suche nach einer »glücklichen Verbindung [...] von Kunst und Nutzen«[20] beschäftigt sich gegenwärtig auch ein anderer Zweig der Ästhetik des Nützlichen, die Theorie des Designs. Ans Ziel kann die Suche allerdings nicht gelangen, wenn – wie in einer kürzlich publizierten umfangreichen ›Ikonografie der Gestaltung des Nützlichen‹ – die Intension und Extension des Begriffs nützlich so sehr erweitert wird, daß die von Kant transzendentalphilosophisch deduzierten Unterschiede zwischen dem Nützlichen, dem Guten, dem Angenehmen und dem Schönen aus dem Blickfeld geraten: »Der Begriff des Nützlichen wird hier unter Einschluß von Bedeutungsdimensionen und Sinnfärbungen gefaßt, die Gebrauchs- und damit Handlungsaspekte, die Genuß- und Gefallens- und damit ästhetische Aspekte [...] bezeichnen« (123).

I. Die Diskussion über die Nützlichkeit des Ästhetischen in der europäischen Aufklärung

Das Schöne und seine Wahrnehmung sollen nicht nur gefallen, sondern auch nützlich sein: Diese Forderung zählt zu den Gemeinplätzen der europäischen Aufklärung. Allerdings ist sie als solche, ohne weitere inhaltliche Spezifizierung, nicht typisch für diese Epoche. Im Bereich der Poetik ist sie vielmehr immer dann communis opinio, wenn Belehrung als ein unverzichtbarer Zweck, als eine »strukturell fundierte Funktion«[21] der Dichtung gilt. So gesehen, knüpft die Aufklärung an Renais-

I. Die Diskussion über die Nützlichkeit des Ästhetischen in der europäischen Aufklärung

sance, doctrine classique und Barock an, wie bereits daraus erhellt, daß den Poetikern dieser Epochen die Berufung auf die einschlägigen Verse der *Ars poetica* (*Epistula ad Pisones*) des Horaz gemeinsam ist: »Aut prodesse volunt aut delectare poetae / aut simul et iucunda et idonea dicere vitae. / [...] omne tulit punctum qui miscuit utile dulci, / lectorem delectando pariterque monendo.« (Entweder wollen die Dichter uns nützen nur oder ergötzen / Oder zugleich, was erfreulich und wertvoll fürs Leben, uns sagen. / [...] Stimmen von allen erhält, wer das Nützliche mischt mit dem Heitern, / da er den Leser ergötzt und zugleich ihn ermahnend zurechtweist.)[22] Im vorliegenden Zusammenhang ist weniger die Frage nach dem Einfluß griechischer Quellen auf diese Norm von Interesse als ihre Nähe zur klassischen Rhetorik, derzufolge docere (belehren), delectare (erfreuen) und movere (bewegen) als Grade der Persuasion die Ziele des Redners sind.[23] Leitender Gesichtspunkt der nach den Regeln der Rhetorik konzipierten Rede ist bekanntlich nicht das Schöne oder Angenehme um seiner selbst willen, sondern die utilitas causae, die Parteilichkeit, der Nutzen.[24] Dem nützlichen docere entspricht bei Horaz das prodesse und monere. Horaz lehnt sich also an die Rhetorik an, wenn er das, was in der Wahrnehmung gefällt und »zur Ergötzung erdichtet« wird (ficta voluptatis causa)[25], mit dem Nützlichen verknüpft und dieses als Belehrendes definiert. Demgemäß fungieren die zitierten Verse der *Ars poetica* seit der Renaissance als poetologischer locus argumentorum, solange die Poetik von der Rhetorik abhängig bleibt: Wörtlich zitiert, variiert oder paraphrasiert werden sie von unterschiedlichen Autoren: Scaliger (»Namque poeta etiam docet, non solum delectat, ut quidam arbitrabantur« [Der Dichter belehrt nämlich auch, und unterhält nicht nur, wie manche meinten][26]), Martin Opitz[27], Georg Philip Harsdörffer (»*Des Poeten Absehen* ist gerichtet / auf den *Nutzen* / und auf die *Belustigung* zugleich«[28]), Nicolas Boileau (»Qu'en sçavantes leçons vostre Muse fertile / Partout joigne au plaisant le solide et l'utile«[29], Johann Christoph Gottsched, der seinen *Versuch einer Critischen Dichtkunst vor die Deutschen* (1730) mit einer eigenen Übersetzung der Horazischen *Ars poetica* einleitet, oder Samuel Johnson, der einem Artikel über die ›works of fiction‹ aus dem Jahre 1750 den Vers »Simul et jucunda et idonea dicere vitae. [...] And join both profit and delight in one«[30] als Motto voranstellt. Den kulturhistorischen Hintergrund dieser epochenübergreifenden Berufung auf Horaz hat René Wellek angedeutet: »In the many defenses of poetry against Puritan objections (by no means limited to Protestant countries, but common also in Catholic countries during the Counter Reformation) a constant appeal was made to the history of literature as proving its social utility and the high social status of the poet.«[31] Doch durch die inhaltliche Bestimmung der Horazischen Formel gewinnt deren Rezeption in der Aufklärung ihr eigenes Profil, wie im folgenden zunächst im Hinblick auf die Poetik der deutschsprachigen Aufklärung skizziert werden soll.

Die Poetiker des Barock tendieren dahin, den obersten Maßstab für das Nützliche, das die Dichter zu bewerkstelligen oder zu vermitteln haben, in der christlichen Religion zu suchen: »Ein löblicher Poet schreibet allezeit solche Gedichte / die zu Gottes Ehre zielen«[32]. In der doctrine classique

---

22 HORAZ, Ars 333 f., 343 f.; dt.: HORAZ, Satiren und Briefe, lat.-dt., übers. v. R. Helm (Zürich/Stuttgart 1962), 379.
23 Vgl. CHARLES OSCAR BRINK, Horace on Poetry, Bd. 2 (Cambridge 1971), 352–358; HEINRICH LAUSBERG, Handbuch der literarischen Rhetorik. Eine Grundlegung der Literaturwissenschaft (1960; München ²1973), § 257.
24 Vgl. ebd., § 1060; HÖFFE/JÜSSEN (s. Anm. 1), 992.
25 HORAZ, Ars 338; dt. (s. Anm. 22) 379.
26 JULIUS CAESAR SCALIGER, Poetices libri septem/Sieben Bücher über die Dichtkunst (1561), hg. v. L. Deitz/G. Vogt-Spira, Bd. 1 (Stuttgart-Bad Cannstatt 1994), 60 f.
27 Vgl. MARTIN OPITZ, Buch von der deutschen Poeterey (1624), hg. v. R. Alewyn (Tübingen ²1966), 9.
28 GEORG PHILIP HARSDÖRFFER, Poetischer Trichter (1648–1653; Darmstadt 1969), Erster Theil, 7.
29 NICOLAS BOILEAU-DESPRÉAUX, L'art poétique (1674), in: BOILEAU, 182 (Chant 4).
30 SAMUEL JOHNSON, The Rambler 4 (31. 3. 1750), in: Johnson, Works, hg. v. J. H. Middendorf, Bd. 3 (New Haven/London 1969), 19.
31 RENÉ WELLEK, A History of Modern Criticism: 1750–1950, Bd. 1 (New Haven 1955), 21.
32 HARSDÖRFFER (s. Anm. 28), Erster Theil, 8; vgl. BRUNO MARKWARDT, Geschichte der deutschen Poetik, Bd. 1 (Berlin/Leipzig 1937), 7, 34, 73, 103 f., 115 ff.

tritt zwar die mit der Vernunft (raison) gleichgesetzte ›Natur‹ an die Stelle der Religion, doch die Natur wird mit der Kultur des Zeitalters Ludwigs XIV. gleichgesetzt: »Que la Nature donc soit vostre étude unique / [...] / Étudiez la Cour, et connoissez la Ville. / L'une et l'autre est toûjours en modèles fertile.«[33] Hier hat sich »der Natur die Schicklichkeit, der Wahrheit die Konvenienz unterschoben«[34]. Gottsched übernimmt die Gleichsetzung von Vernunft und Natur und das Regelsystem des französischen Klassizismus, allen voran die Regel der Naturnachahmung; was aber »die unveränderliche Natur des Menschen«[35] und damit oberster Maßstab für das Nützliche solcher Nachahmung ist, wird bei ihm weniger durch die Gesittung des höfisch-großstädtischen französischen Elitepublikums festgelegt (mag er auch Boileaus Verse über ›la cour‹ und ›la ville‹ zitieren)[36] als durch die Werte des von ihm avisierten ›bürgerlichen‹, an Bildung interessierten Publikums, das aus seiner Sicht nicht – wie ›la cour‹ und ›la ville‹ – eine geburtsständische Ordnung repräsentiert, sowie durch die systematische rationalistische Philosophie seiner eigenen Zeit (Christian Wolff), die er in seiner *Weltweisheit* (1733/34) popularisiert. Der barocken Lehre, daß die Poesie ursprünglich eine »verborgene Theologie«[37] war, hält er entgegen, daß sie aus dem Bedürfnis, ›natürliche‹ Affekte zu artikulieren und mitzuteilen, entstanden sei und schon bald der Vermittlung der weltlich orientierten, ›natürlichen‹ Moral gedient habe: »Die alten Poeten waren nämlich die ersten Weltweisen, Gottesgelehrten, Staatsmänner: oder umgekehrt, die ältesten Weltweisen bedienten sich der Poesie, das rohe Volk dadurch zu zähmen.«[38] Dies sei ihnen durch »die Schönheit des Ausdrucks und die untermischten weisen Lehren und Sittensprüche« (89) gelungen. Dem immanenten Ursprung der Poesie entsprechen die der ›Weltweisheit‹ verpflichteten Morallehren, die der zeitgenössische Dichter als Bürger, d. i. gleichberechtigtes und »nützliches Glied der menschlichen Gesellschaft« (115), vermitteln soll, indem er sie in fiktive, aber wahrscheinliche Begebenheiten einkleidet – ein Gedanke, der schon vor Gottsched häufig begegnet: Die Poesie habe, schreibt z. B. Christian Thomasius im Jahre 1713, »ihren unstreitigen Nutzen um der Schwachen willen, welche die heilsamsten und zum Studio der Weisheit gehörigen Wahrheiten eher vertragen können, wann sie in allerhand Erfindungen und Gedichten gleichsam eingehüllet sein, als wann sie nacket und bloß ihnen vor die Augen geleget werden«[39]. Und auch für Johann Jacob Bodmer besteht die Aufgabe des Dichters darin, »die naketgebohrne Tugend in den vielfältigen Schmuk der Poesie einzukleiden«[40]. Nach Gottsched ist jede solche »Einkleidung« eine »Fabel«, d. i. »die Erzählung einer unter gewissen Umständen möglichen, aber nicht wirklich vorgefallenen Begebenheit, darunter eine nützliche moralische Wahrheit verborgen liegt.«[41] (Zu beachten ist, daß der Begriff der Moral hier noch eine weitere Bedeutung hat als im heutigen Sprachgebrauch: Er bezieht sich auf »alles, was nicht in den Bereich des sogenannten Physikalischen gehörte, die sittlichgeistige Sphäre des Menschen und das von ihr geprägte konkrete menschliche Verhalten«[42].) Gottsched verwendet den Begriff der Fabel als Übersetzung des Mythosbegriffs der Aristotelischen Poetik und betont, daß die damit gemeinte Sache die wichtigste, in die einzelnen poetischen Genres umzusetzende »Gattung der Nachahmung«[43] bilde. Die Dichtkunst hat demnach eine ›allegorische‹ Tugendlehre zu sein: »Bey allen diesen poetischen Fabeln fragt sichs nun: Ob sie nothwendig moralische Absichten haben müssen? Man antwortet darauf, daß es freylich wohl möglich sey, Fabeln zur

---

33 BOILEAU (s. Anm. 29), 177 f. (Chant 3).
34 CASSIRER (s. Anm. 3), 393.
35 GOTTSCHED (DICHTKUNST), 97.
36 Vgl. ebd., 654.
37 OPITZ (s. Anm. 27), 7.
38 GOTTSCHED (DICHTKUNST), 90.
39 CHRISTIAN THOMASIUS, Von dem Studio der Poesie. Achtes Kapitel der ›Höchstnötigen Cauteln für einen Studiosus juris‹ aus dem Jahre 1713, in: Thomasius/C. Weise, Aus der Frühzeit der deutschen Aufklärung, hg. v. F. Brüggemann (Weimar/Leipzig/Wien 1928), 123.
40 JOHANN JACOB BODMER, Von der moralischen Sinnesart und der Tugend, die einem Poeten nöthig seid (1749), in: Bodmer/Johann Jakob Breitinger, Schriften zur Literatur, hg. v. V. Meid (Stuttgart 1980), 225.
41 GOTTSCHED (DICHTKUNST), 150.
42 JOCHEN SCHMIDT, Die Geschichte des Genie-Gedankens in der deutschen Literatur, Philosophie und Politik 1750–1945, Bd. 1 (Darmstadt 1985), 39.
43 GOTTSCHED (DICHTKUNST), 148.

I. Die Diskussion über die Nützlichkeit des Ästhetischen in der europäischen Aufklärung

bloßen Belustigung zu ersinnen [...]. Allein da es möglich ist, die Lust mit dem Nutzen zu verbinden, und ein Poet [...] auch ein rechtschaffener Bürger und redlicher Mann seyn muß: So wird er nicht unterlassen, seine Fabeln so lehrreich zu machen, als es ihm möglich ist; ja er wird keine einzige ersinnen, darunter nicht eine wichtige Wahrheit verborgen läge« (159). Die ›nützlichen moralischen Wahrheiten‹, für die Gottsched überzeitliche Geltung postuliert – z. B. »Ordnung«, Privateigentum, ökonomische Haushaltung, Einfachheit und »Gesundheit« (160) – erweisen sich aus sozialgeschichtlicher Perspektive als typisch bürgerliche Werte; das Nützliche der Dichtung ist letztlich durch das bürgerliche Arbeitsethos definiert. Ein ›nützliches Glied der menschlichen Gesellschaft‹ zeichne sich durch ›ehrlichen Broterwerb‹ aus und hebe sich vom »Müßiggänger« ab, der »freylich wohl eine Satire« (115) verdiene. Auch bei Gottsched läßt sich die für die klassizistische Ästhetik typische »Verwechslung sozialer und ästhetischer Maßstäbe«[44] beobachten.

Gottscheds Zürcher Kontrahenten Bodmer und Breitinger kehren zwar das Primat der moralischen Wahrheit vor der sie ›einkleidenden‹ poetischen Fabel um[45], und Breitinger liefert in seiner *Critischen Dichtkunst* (1740) sogar Ansätze zu einer nichtmimetischen Poetik möglicher, insbesondere ›wunderbarer‹ Welten (freilich sucht er diese Ansätze mit der Regel der Naturnachahmung in Übereinstimmung zu bringen).[46] Von der traditionellen Norm des utile dulci rücken die Schweizer indes nicht ab. Ähnlich wie Gottsched postuliert Breitinger, die Dichtkunst sei (gleich der Rhetorik) ursprünglich dazu benutzt worden, die abstrakten Wahrheiten der »Weltweißheit«[47], deren Zweck in der Beförderung der menschlichen »Wohlfarth und Glückseligkeit« (5) bestehe, mit »sinnlichen Bildern und Gleichnissen« (8) zu versehen und sie dadurch dem »grösten Haufen der Menschen« (5), der diese Wahrheiten als solche nicht fassen könne, »angenehm« (7) zu machen; Dichtkunst und Rhetorik, diese »Dollmetscherinnen der Weißheit« und »Lehrerinnen der Tugend« (8), seyen wie alle Künste »zum allgemeinen Nutzen und Ergetzen der Menschen erfunden worden« (7). Ausführlicher noch als Gottsched kommentiert Breitinger die oben angeführten Verse der *Ars poetica*: prodesse, »das Nützliche«, und delectare, »das Ergetzen« (100), dürften nicht als Gegensatz aufgefaßt werden, insofern als »das Ergetzen selbst« (101), das freilich »der Hauptzweck der Poesie« (100) sei, »ein Mittel abgeben muß, das Wohlseyn des Menschen zu befördern, gleichwie in der That die edleren Künste durch das Ergetzen den Wohlstand des Gemüthes, die mechanischen Künste aber die Vollkommenheit des äusserlichen Zustandes suchen. Woraus sich denn schliessen läßt, daß nichts in seinem rechten und vernünftigen Gebrauche könne ergetzlich seyn, was nicht zugleich nützlich ist. Demnach öffnen diejenigen, welche das Nützliche von dem Ergetzlichen sondern, zu dem schändlichsten Mißbrauche der Künste Thür und Thor, und machen solche zu Werckzeugen der garstigsten Lüste.« (101) Breitinger interpretiert also das utile dulci als Implikation des utile durch das dulce und schränkt insofern seine – der Gottschedschen Lehre scheinbar widersprechende – These ein, das ›Ergetzen‹ sei der ›Hauptzweck‹ der Poesie. An Gottsched erinnern auch Feststellungen wie die, daß »die Fabel, die ein wesentliches Theil von der Dicht-Kunst ausmachet, [...] jederzeit der Sitten- und der Staats-Lehre nützliche Dienste gethan« (103) habe und daß insbesondere die Dichtungen, die den höheren Gattungen zuzuzählen seien (Epos, Tragödie, Komödie, Satire), »allezeit eine nützliche Hauptlehre in sich« (105) enthalten. – Es muß als Beleg für die rhetorische Orientierung des »frühaufklärerischen Systems der Poetik« gewertet werden, daß Gottsched und den Schweizern die Norm des utile dulci gemeinsam ist; »schematische Gegenüberstellungen – Gottsched und der Verstand, die Schweizer und die Phantasie«[48] erweisen sich auch im Hinblick auf das Postulat der Nützlichkeit des Ästhetischen als unangemessen.

Dieses Postulat wird in der Gattungspoetik präzisiert, wie hier zunächst am Beispiel der Dramen-

---

44 CASSIRER (s. Anm. 3), 395.
45 Vgl. ebd., 450f.
46 Vgl. LUBOMÍR DOLEŽEL, Occidental Poetics. Tradition and Progress (Lincoln/London 1990), 33–52.
47 BREITINGER, Bd. 1, 4.
48 HANS OTTO HORCH/GEORG MICHAEL SCHULZ, Das Wunderbare und die Poetik der Frühaufklärung. Gottsched und die Schweizer (Darmstadt 1988), 150.

theorie skizziert sei. Die von der Rhetorik abhängige Poetik der Tragödie verknüpft das Horazische prodesse-Postulat mit dem Aristotelischen Katharsis-Begriff.[49] Gottsched z.B. betont in einer Rede mit dem Titel *Die Schauspiele und besonders die Tragödien sind aus einer wohlbestellten Republik nicht zu verbannen* (1729), ein Trauerspiel ziehe »bei seinen Zuschauern einen herrlichen Nutzen nach sich«, insofern es eine »allegorische Fabel« sei, »die eine Hauptlehre zur Absicht hat und die stärksten Leidenschaften ihrer Zuhörer, als Verwunderung, Mitleiden und Schrecken, zu dem Ende erreget, damit sie dieselben in ihre gehörigen Schranken bringen möge.«[50] Gotthold Ephraim Lessing hingegen erblickt den Endzweck der Tragödie nicht in der Vermittlung einer ›Hauptlehre‹, d.i. eines »moralischen Satzes«[51], durch die Erregung und ›Beschränkung‹ bestimmter Leidenschaften, sondern in der Läuterung der Leidenschaften selbst, ihrer »Verwandlung [...] in tugendhafte Fertigkeiten«[52]. In der Erregung und ›Reinigung‹ des Mitleids, das die Furcht als »das auf uns selbst bezogene Mitleid« (579) einschließe, bestehe der spezifische »Nutzen der Tragödie« (596). Denn der »mitleidigste Mensch ist der beste Mensch«[53]. Die »Nützlichkeit der Komödie« bestehe ebenfalls nicht in abstrakter Belehrung, sondern darin, daß sie uns zur Wahrnehmung des Lächerlichen verhelfe; wer nämlich diese Fähigkeit besitze, werde das Lächerliche in seinem »Betragen« zu vermeiden suchen. Lessing folgert: »Beider Nutzen, des Trauerspiels sowohl als des Lustspiels, ist von dem Vergnügen unzertrennlich; denn die ganze Hälfte des Mitleids und des Lachens ist Vergnügen, und es ist großer Vorteil für den dramatischen Dichter, daß er weder nützlich, noch angenehm, eines ohne das andere sein kann.«[54] Diese Folgerung verdeutlicht, daß auch Lessing ungeachtet seiner Polemik gegen Gottsched und die rationalistische ›doctrine classique‹ an der Norm des utile dulci festhält.

Daß Schauspiele nützlich sind und dem Theater daher eine außerordentliche kulturelle und politische Bedeutung zukommt, war eine communis opinio der Aufklärung, wie ex negativo aus Jean-Jacques Rousseaus scharfer Polemik gegen diese Ansicht hervorgeht. In seiner sogenannten *Lettre à d'Alembert sur les spectacles* (1758) nimmt er d'Alemberts Plädoyer für die Zulassung eines Schauspielhauses in Genf zum Anlaß, nicht nur den Nutzen von Tragödie und Komödie zu bestreiten, sondern auch – ganz im Sinne der ›puritanischen‹ Tradition – ihre schädlichen Wirkungen zu demonstrieren. Der Mensch brauche zwar Unterhaltung (»amusemens«), aber »tout amusement inutile est un mal, pour un Etre dont la vie est si courte et le tems si précieux«[55], stellt Rousseau eingangs fest, und im folgenden geht es ihm zunächst darum, das Vergnügen, das die Zuschauer bei der Aufführung einer Tragödie empfinden, als ein solches »amusement inutile« zu entlarven. Der Zweck eines Schauspiels bestehe grundsätzlich im Vergnügen (»plaisir«), nicht im Nutzen (»utilité« [23]), der allenfalls ein Nebeneffekt sein könne. Daß sich moralischer Nutzen als ein solcher Nebeneffekt einstellen könne, wird von Rousseau mit zahlreichen Argumenten bestritten. So erweise sich das von der Poetik vorgebrachte Argument, die Tragödie erziehe zum Mitleid, als hinfällig, denn dieses Mitleid sei nichts als ein vorübergehendes, oberflächliches Mitgefühl mit fiktiven Personen; es ziehe keineswegs tugendhafte Handlungen nach sich, sondern werde uns zum Ersatz für solche Handlungen. Festzuhalten ist, daß Rousseaus Argumente gegen Drama und Theater ebenfalls der Norm des utile dulci verpflichtet bleiben.

Auch der Roman, der in der klassizistischen Gattungspoetik noch keinen gesicherten Platz hatte, wurde dieser Norm unterworfen und dadurch aufgewertet. Georges May hat nachgezeichnet, wie der Roman in der ersten Hälfte des 18. Jh.

---

49 Vgl. LAUSBERG (s. Anm. 23), § 1222.
50 JOHANN CHRISTOPH GOTTSCHED, Die Schauspiele und besonders die Tragödien sind aus einer wohlbestellten Republik nicht zu verbannen (1729), in: Gottsched, Schriften zur Literatur, hg. v. H. Steinmetz (Stuttgart 1972), 5f.
51 GOTTSCHED (DICHTKUNST), 613.
52 GOTTHOLD EPHRAIM LESSING, Hamburgische Dramaturgie (1767/68), in: LESSING (GÖPFERT), Bd. 4 (1973), 595.
53 LESSING an Friedrich Nicolai (13. 11. 1756), in: LESSING (GÖPFERT), Bd. 4 (1973), 163.
54 LESSING (s. Anm. 52), 363.
55 JEAN-JACQUES ROUSSEAU, Lettre à d'Alembert sur les spectacles (1758), hg. v. M. Fuchs (Lille/Genf 1948), 20.

unter dem Druck des klassizistischen Vorwurfs der invraisemblance sich von der Darstellung des Wunderbaren entfernte und ›realistische‹ Züge annahm, dadurch jedoch insofern in ein Dilemma geriet, als er sich nun dem nicht minder gefährlichen Vorwurf des Unmoralischen aussetzte. Aus Gründen literarischer Taktik sahen sich die Romanciers daher genötigt, in Vorworten, Ankündigungen oder fingierten Herausgebermitteilungen neben der – die ›Lust‹ des Lesers weckenden – Wahrhaftigkeit der Darstellung auch den moralischen Nutzen der Lektüre des jeweiligen Romans hervorzuheben.[56] Christoph Martin Wieland z. B. verteidigt in der Vorrede zu Sophie von La Roches *Geschichte des Fräuleins von Sternheim* (1771) wiederholt den moralischen »Nutzen« und die »Nützlichkeit«[57] dieses Romans, und das Lesen »mit Nutzen«[58] wird auch innerhalb des Romans selbst thematisiert. Selbst die Gattung Idylle wurde der Norm des utile dulci unterworfen, obwohl »die Idyllenphantasie aus der Verweigerung des Realitätsprinzips [...] entspringt«[59]. Johann Heinrich Voß bringt in einem Brief vom 20. März 1775 seine Hoffnung zum Ausdruck, daß er mit seinem Idyllen-Diptychon *Die Leibeigenschaft* (1775/1801) »Nuzen stiften könnte. Welch ein Lohn, wenn ich etwas zur Befreiung der armen Leibeigenen beigetragen hätte!«[60] Salomon Geßner, der Erneuerer der Gattung im 18. Jh., charakterisiert seine *Idyllen* (1756) als »Szenen, die der Dichter aus der unverdorbenen Natur herholt«[61], und hebt damit hervor, daß sie belehren und folglich nützlich sein sollen; analog wird im inneren Kommunikationssystem der Idyllen wiederholt die Norm des utile dulci inszeniert. Der Erzähler evoziert z. B. »das Entzüken, auch in der kleinsten Verzierung der Natur die Harmonie mit der Schönheit und dem Nuzen ins Unendliche hin in unauflöslicher Umarmung zusehn« (65), und auch in der die Sammlung beschließenden Idylle *Der Wunsch*, in der er sein Traumbild vom eigenen Leben auf dem Lande malt, wird ästhetisches Vergnügen aus der in die Natur projizierten Erfüllung der Horazischen Norm geschöpft: »In der einen Eke des kleinen Hofes sollen dann die geflochtenen Hütten der Bienen stehn, denn ihr nüzlicher Staat ist ein liebliches Schauspiel« (66).

Diese Übertragung der poetologischen Norm des utile dulci auf Naturphänomene setzt offenbar die Entstehung der Ästhetik als Disziplin voraus. Denn die Aufklärung muß in dem Maße, in dem sie die Gattungspoetik in der Ästhetik als allgemeiner Theorie des Schönen und des Geschmacks verankert, nach einer grundsätzlichen Klärung der Beziehung zwischen dem Schönen und dem Nützlichen, zwischen Geschmack und ›technischpraktischer Vernunft‹ (Kant) suchen und dabei außer den Künsten auch das Schöne in der *Natur* und seine Wahrnehmung in ihre Überlegungen einbeziehen. Alexander Gottlieb Baumgarten, der die Ästhetik als eine neue Wissenschaft postuliert und als »scientia cognitionis sensitivae« (Wissenschaft der sinnlichen Erkenntnis)[62] begründet, fragt indes zwar nach dem Nutzen (usus) dieser Wissenschaft[63], nicht aber nach der Beziehung zwischen dem Schönen und dem Nützlichen, da er Schönheit nicht auf Nützlichkeit, sondern auf Vollkommenheit (perfectio) zurückführt.[64] Ausführlich erörtert wird die Beziehung zwischen dem Schönen und dem Nützlichen hingegen in der essayistischen Ästhetik der englischen und der französischen Aufklärung. Während Francis Hutcheson die Unabhängigkeit des Geschmacks von Nützlichkeitser-

---

56 Vgl. GEORGES MAY, Le Dilemme du roman au XVIIIe siècle. Étude sur les rapports du roman et de la critique (1715–1761) (New Haven/Paris 1963); BURKHARDT LINDNER, Das Opfer der Poesie. Zur Konstellation von Aufklärungskunst und Kunstautonomie am Ende des 18. Jahrhunderts, in: C. Bürger/ P. Bürger/J. Schulte-Sasse (Hg.), Aufklärung und literarische Öffentlichkeit (Frankfurt a. M. 1980), 265–301.
57 CHRISTOPH MARTIN WIELAND, An D. F. G. R. V. [Vorrede], in: S. von La Roche, Geschichte des Fräuleins von Sternheim (1771), hg. v. B. Becker-Cantarino (Stuttgart 1983), 10, 14.
58 SOPHIE VON LA ROCHE, ebd., 127.
59 RENATE BÖSCHENSTEIN, Die Lotosesser. Beobachtungen zu den psychischen Implikationen der Gattung Idylle, in: J. Cremerius (Hg.), Die Psychoanalyse literarischer Form(en) (Würzburg 1990), 157.
60 JOHANN HEINRICH VOSS an Ernst Theodor Johann Brückner (20. 3. 1775), in: Voß, Briefe, hg. v. A. Voß, Bd. 1 (Halberstadt 1829), 190.
61 SALOMON GESSNER, Idyllen (1756), hg. v. E. T. Voss (Stuttgart 1973), 15.
62 BAUMGARTEN (DT), § 1, 2f.
63 Vgl. ebd., § 3, 2f.
64 Vgl. ebd., § 14, § 19, 11, 13.

wägungen postuliert,[65] besteht David Hume auf ihrem Zusammenhang: »Ideas of utility and its contrary, though they do not entirely determine what is handsome or deformed, are evidently the source of a considerable part of approbation or dislike«[66]. Diese Feststellung trifft er nicht in seinem Essay *Of the Standard of Taste* (1757), sondern in *An Enquiry Concerning the Principles of Morals* (1751), also in einem primär moralphilosophischen Argumentationszusammenhang. Hume definiert hier den Begriff des Geschmacks (taste), indem er ihn von dem der Vernunft (reason) abgrenzt, nicht aber von dem des moralischen Empfindens (moral sentiment). Dieses richtet sich auf das Nützliche (utility, usefulness), das notwendig gefällt (»pleases« [202]), weil es der Wohlfahrt der Allgemeinheit dient; so wenig wie das moralische Empfinden in Selbstliebe aufgeht, so wenig kann das Nützliche auf egoistische Zielsetzungen reduziert werden.[67] Auch das mit dem moralischen verschwisterte ästhetische Empfinden richtet sich auf eine Zweckmäßigkeit, die nicht nur für den einzelnen, sondern auch für die Allgemeinheit (»the public«) von Interesse ist: »What praise, even of an inanimate form, if the regularity and elegance of its parts destroy not its fitness for any useful purpose! [...] A ship appears more beautiful to an artist, or one moderately skilled in navigation, where its prow is wide and swelling beyond its poop, than if it were framed with a precise geometrical regularity, in contradiction to all the laws of mechanics« (202). Auf Nützlichkeit als objektive Zweckmäßigkeit führt Hume auch die Schönheit der Tiere zurück,

und analog argumentiert er in den Abschnitten, in denen er zu erklären versucht, welche körperlichen und moralisch-geistigen Eigenschaften des Menschen wir als schön empfinden.

Denis Diderot hingegen bestreitet im Artikel ›Beau‹ seiner *Encyclopédie* mit Nachdruck den Lehrsatz, »qu'il n'y a qu'un *beau*, dont l'utile est le fondement: ainsi tout ce qui est ordonné de manière à produire le plus parfaitement l'effet qu'on se propose, est suprèmement *beau*.« Dem widerspreche die Tatsache, daß sich die ästhetische Aufmerksamkeit primär auf die Ähnlichkeit der Teile von Gegenständen richte, »où cette similitude ne contribue point à l'utilité«[68]. Wenn man sich z. B. einen Stuhl vorstellte, dessen Füße zwar gleich hoch und gleich solide, aber ihrer äußeren Form nach verschieden gestaltet wären, würde das die ästhetische Qualität dieser Füße, nicht aber ihre Nützlichkeit tangieren. Eine Reihe von ähnlichen Beobachtungen erlaubt es Diderot, die exemplarische reductio ad absurdum des genannten Lehrsatzes zu generalisieren: »Si l'utilité est le seul fondement de la *beauté*, les bas-reliefs, les cannelures, les vases, & en général tous les ornemens, deviennent ridicules et superflus.« (175). Auf Erfahrung (»experience«) beruft sich auch Edmund Burke in seiner Widerlegung des Satzes, »that the idea of utility, or of a part's being well adapted to answer its end, is the cause of beauty, or indeed beauty itself«[69]: Wäre dieser Satz richtig, müßten wir z. B. den Rüssel des Schweins, überhaupt den ganzen Schweinskopf, »so well adapted to its offices of digging and rooting« (152), schön finden. Und umgekehrt: »What idea of use is it that flowers excite, the most beautiful part of the vegetable world?« (154) – Diderot kommt im weiteren Verlauf seines *Encyclopédie*-Artikels zu dem Ergebnis, daß etwas schön genannt werde, wenn es im Verstand die Vorstellung von Beziehungen (rapports[70]) hervorrufe. Später jedoch, in den *Essais sur la peinture* (1766; um zwei Kapitel erweitert 1796), akzentuiert er seiner empiristischen Erkenntnistheorie entsprechend durchaus den Zusammenhang zwischen Schönheit und Nützlichkeit; dabei kommt es ihm darauf an, die verbreitete Meinung: »le goût est une chose de caprice«[71], zu widerlegen, und das Geschmacksurteil auf eine feste Grundlage zu stellen. In diesem Sinne konstatiert er, daß der Ein-

---

65 Vgl. GIORGIO TONELLI, Taste in the History of Aesthetics from the Renaissance to 1770, in: Wiener (s. Anm. 2), 355.
66 DAVID HUME, An Enquiry Concerning the Principles of Morals (1751), in: HUME, Bd. 4 (1875), 227.
67 Vgl. ebd., 207, 266ff.
68 DENIS DIDEROT, ›Beau‹, in: DIDEROT (ENCYCLOPÉDIE), Bd. 2 (1751), 174.
69 EDMUND BURKE, A Philosophical Inquiry into the Origin of Our Ideas of the Sublime and Beautiful (1757), in: Burke, The Works, hg. v. W. Willis u. a., Bd. 1 (London/New York/Toronto 1906), 151 f.
70 Vgl. DIDEROT (s. Anm. 68), 176f.
71 DIDEROT, Essais sur la peinture (1766/1796), in: Diderot, Œuvres esthétiques, hg. v. P. Vernière (Paris 1968), 736.

druck der Schönheit, den z.B. der Anblick eines Gebirgsbachs hervorrufe, mit dem Erfahrungswissen um die Nützlichkeit verbunden sei, die dem Bach etwa dann eigne, wenn er ein Mühlrad antreibe: »tout ce spectacle d'utilité n'ajoute-t-il rien à mon plaisir?« (737). So sei auch die Schönheit des Petersdoms in der empirischen Zweckmäßigkeit seiner Form verankert. Diderot folgert: »Qu'est-ce donc que le goût? une facilité acquise, par des expériences réitérées, à saisir le vrai et le bon, avec la circonstance qui le rend beau, et d'en être promptement et vivement touché« (738). Ernst Cassirer merkt dazu kritisch an, daß die empiristische Erklärung des Schönen nicht umhin könne, es ans Wahre anzulehnen. Zwar werde – anders als in der doctrine classique – der Wahrheitsgehalt »nicht mehr in apriorischen Sätzen, in allgemeinen und notwendigen Prinzipien, sondern in praktischen Erfahrungen, im Alltäglichen und Nützlichen, gegründet. Der eigentliche Sinn und Wert des Schönen aber wird durch beide Erklärungsweisen nicht getroffen«[72]. René Wellek führt diese Aporie der aufklärerischen Ästhetik auf die Unschärfe der von Horaz übernommenen Begrifflichkeit zurück: »On the whole, the problem of art and morals proved unsolvable because the aesthetic effect was still concealed under the far too inclusive term ›pleasure,‹ and the moral effect of art was not distinguished clearly from that of the mere stating of moral precepts. It took the whole 18th century to disentangle the distinctions between the good, the useful, the true, and the beautiful.«[73]

II. Bedeutungswandel des Begriffs nützlich in der ›Autonomieästhetik‹ um 1800

Karl Philipp Moritz plädiert schon 1786 für eine Entmischung des utile und des dulce und beruft sich dabei auf die Natur: »Es scheint aber, als ob selbst die Natur einen gewissen Unterschied in der Hervorbringung ihrer Werke beobachtet habe, indem sie einige mehr zum Nutzen, und andre mehr zum Vergnügen gebildet zu haben scheint. – An dem was weniger nutzt, hat sie desto mehr Schönheit verschwendet, um uns gleichsam schadlos zu halten. [...] Die Natur macht also selbst einen Unterschied zwischen dem Schönen und Nützlichen; das Schöne ist gemeiniglich weniger nützlich, und das sehr Nützliche ist gemeiniglich weniger schön.« Diesen Unterschied habe »auch der Mensch in den Künsten nachgeahmt, die deswegen in die schönen und nützlichen Künste zerfallen.«[74] In seiner ästhetischen Hauptschrift *Über die bildende Nachahmung des Schönen* (1788) führt Moritz diese Gedanken aus, indem er die Begriffe des Nützlichen, des Guten und des Schönen als eine aufsteigende Rangfolge darstellt. Einen epochalen Einschnitt in der Begriffsgeschichte markiert wenig später die ›Analytik des Schönen‹ in Kants *Kritik der Urtheilskraft* (1790) insofern, als dem hier geführten Beweis, daß nützlich kein ästhetischer Begriff ist, eine weitreichende Wirkung beschieden war. Kant definiert im ersten Teil der Analytik das Nützliche als »das mittelbar Gute«: »Wir nennen einiges *wozu gut* (das Nützliche), was nur als Mittel gefällt«[75]. Anschließend folgert er aus den ersten beiden ›Momenten‹ des Geschmacksurteils (das es bestimmende Wohlgefallen ist »ohne alles Interesse [204]«; und »*schön* ist das, was ohne Begriff allgemein gefällt« [219]), »daß das Schöne [...] von der Vorstellung des Guten ganz unabhängig sei«, denn dieses setze »eine objektive Zweckmäßigkeit« voraus, die nur »vermittelst der Beziehung des Mannigfaltigen auf einen bestimmten Zweck, also nur durch einen Begriff, erkannt werden« könne. Kant teilt die objektive Zweckmäßigkeit ein in eine äußere, »d. i. die *Nützlichkeit*«, und eine innere, »d. i. die *Vollkommenheit* des Gegenstandes« (226), und er merkt an: »Daß das Wohlgefallen an einem Gegenstande, weshalb wir ihn schön nennen, nicht auf der Vorstellung seiner Nützlichkeit beruhen könne, ist aus beiden vorigen Hauptstücken hinreichend zu ersehen: weil es alsdann nicht ein unmittelbares Wohlgefallen an dem Gegenstande sein würde, welches letztere die wesentliche Bedingung des Urtheils über Schönheit ist« (226f.). Kant akzentuiert diese Abgrenzung des Schönen vom

---

72 CASSIRER (s. Anm. 3), 417.
73 WELLEK (s. Anm. 31), 21.
74 KARL PHILIPP MORITZ, Versuch einer kleinen praktischen Kinderlogik, welche auch zum Teil für Lehrer und Denker geschrieben ist (1786), in: MORITZ, Bd. 3, 401.
75 KANT (s. Anm. 4), 209, 207.

Nützlichen, indem er den Begriff der Autonomie ins Spiel bringt: Die Allgemeingültigkeit des Geschmacksurteils beruhe »gleichsam auf einer Autonomie des über das Gefühl der Lust (an der gegebenen Vorstellung) urtheilenden Subjects, d. i. auf seinem eigenen Geschmacke« (281).

Die Opposition der Begriffe schön und nützlich mündet bei Kant keineswegs in eine Abwertung des Nützlichen. Erst bei seinen idealistischen und romantischen Nachfolgern, die von der Kunst die Lösung nicht nur ästhetischer, sondern auch philosophischer und politischer Probleme, ja bisweilen sogar die Schaffung einer ›Neuen Mythologie‹ erwarten, wird das Nützliche mit einer pejorativen Konnotation behaftet und zum Feind des Schönen erklärt: »Jetzt aber«, schreibt Schiller in seinen Briefen *Ueber die ästhetische Erziehung des Menschen* (1795), »herrscht das Bedürfniß, und beugt die gesunkene Menschheit unter sein tyrannisches Joch. Der *Nutzen* ist das große Idol der Zeit«[76]. In Schellings *System des transzendentalen Idealismus* (1800) untermauert die Antinomie von Kunst und Nützlichkeit die Mythisierung der zum ›Organon‹ der Philosophie avancierten Kunst: »Aus jener Unabhängigkeit von äußern Zwecken entspringt jene Heiligkeit und Reinheit der Kunst, welche so weit geht, daß sie nicht etwa nur die Verwandtschaft mit allem, was bloß Sinnenvergnügen ist, welches von der Kunst zu verlangen der eigentliche Charakter der Barbarei ist, oder mit dem Nützlichen, welches von der Kunst zu fordern nur einem Zeitalter möglich ist, das die höchsten Efforts des menschlichen Geistes in ökonomische Erfindungen setzt, sondern selbst die Verwandtschaft mit allem, was zur Moralität gehört, ausschlägt, ja selbst die Wissenschaft, welche in Ansehung ihrer Uneigennützigkeit am nächsten an die Kunst grenzt, bloß darum, weil sie immer auf einen Zweck aus sich geht, und zuletzt selbst nur als Mittel für das Höchste (die Kunst) dienen muß, weit unter sich zurückläßt.«[77] Wie ein roter Faden zieht sich die Abwertung des ›Nützlichen‹ auch durch die romantische Aufklärungskritik. August Wilhelm Schlegel z. B. bemerkt in seinen Berliner *Vorlesungen über schöne Literatur und Kunst* (1801–1804): »Die ausschließende Richtung aufs Nützliche muß ihr [der Poesie – d. Verf.], consequent durchgeführt, eigentlich ganz den Abschied geben; und die wahre Gesinnung der Aufgeklärtheit darüber läuft auf die Frage des Mathematikers hinaus: was denn durch das Gedicht bewiesen werde?«[78] Und Novalis notiert: »Das Gemeine Leben ist *prosäisch – Rede – nicht Gesang*. Die *Menge* des Gewöhnlichen verstärkt nur die Gewöhnlichkeit – daher der fatale Eindruck der Welt aus dem *gemeinen* (indifferenten), nüzlichen, prosäischen Gesichtspunct.«[79] Auf die spekulative Begründung der traditionellen Entgegensetzung des Angenehmen und des Nützlichen zielt das folgende Fragment: »Das Nüzliche kann nur so dem Angenehmen entgegengesezt werden, als der Buchstabe dem Geiste, oder das Mittel dem Zwecke. Unmittelbarer Besitz und Erwerb des Gemüthlichen ist freylich unser ursprünglicher Wunsch, aber in der gegenwärtigen Welt ist alles durchaus *bedingt*, und alles kann nur unter gewissen fremdartigen Voraussetzungen erlangt werden.«[80]

Die Nachdrücklichkeit und Wirksamkeit der romantisch-idealistischen Abwertung des Nützlichen ist von Teilen der neueren Forschung als Indiz eines grundlegenden »Funktionswandels der Literatur am Ende des 18. Jahrhunderts« gewertet worden. Während innerhalb der »aufklärerischen Institution Literatur diese bürgerliches Norm- und Selbstverständnis zum zentralen Gegenstand« habe und folglich instrumentalisiert werde, grenze die »bürgerlich-autonome Institution Kunst/Literatur […] das Nützliche aus dem Bereich der Kunst aus.«[81] Dieser »Prozeß der autonomieästhetischen

---

76 FRIEDRICH SCHILLER, Ueber die ästhetische Erziehung des Menschen in einer Reihe von Briefen (1795), in: SCHILLER, Bd. 20 (1962), 311.
77 FRIEDRICH WILHELM JOSEPH SCHELLING, System des transzendentalen Idealismus (1800), hg. v. R.-E. Schulz (Hamburg 1957), 291 f.
78 AUGUST WILHELM SCHLEGEL, Vorlesungen über schöne Literatur und Kunst (1801–1804), in: A. W. Schlegel, Kritische Ausgabe der Vorlesungen, hg. v. E. Behler, Bd. 1 (Paderborn u. a. 1989), 536.
79 NOVALIS, Das Allgemeine Brouillon (1798/99), in: NOVALIS, Bd. 3 (1968), 303; vgl. ebd., 302, 443.
80 NOVALIS, Fragmente und Studien 1799–1800, in: ebd., 689.
81 CHRISTA BÜRGER, Statt einer Interpretation. Anmerkungen zu Kleists Erzählen, in: D. Wellbery (Hg.), Positionen der Literaturwissenschaft. Acht Modellanalysen am Beispiel von Kleists ›Das Erdbeben in Chili‹ (München 1985), 88 f.

Institutionalisierung der Literatur« habe die »aufklärerische Institutionalisierung der literarischen Öffentlichkeit außer Kraft«[82] gesetzt. Dem widerspricht jedoch die Gleichzeitigkeit des Ungleichzeitigen im Zeitalter der Autonomieästhetik. Bei Schiller z. B. lassen sich – etwa in seinem Aufsatz *Ueber den moralischen Nutzen ästhetischer Sitten* (1796) – durchaus Spuren des aufklärerischen Bemühens um das utile dulci ausmachen.[83] Goethe zählt »Ein Liedchen, das gefällt und nützt« in einem zuerst 1816, dann in *West-östlicher Divan* (1819) veröffentlichten Gedicht zu den »Vier Gnaden«, die »Allah zu gemeinem Heil / [...] verliehen«[84] habe. In besonders eklatanter Weise manifestiert sich die Gleichzeitigkeit von Autonomieästhetik und aufklärerischer Idee der Nützlichkeit des Ästhetischen später im Kreis um Madame de Staël, z. b. bei Benjamin Constant, dem Henry Crabb Robinson in Weimar den oben referierten Grundgedanken der Kantischen Ästhetik vermittelte, wie eine Tagebucheintragung Constants vom 11. Februar 1804 bezeugt: »Son [Crabb Robinsons – d. Verf.] travail sur l'esthétique de Kant. Idées très ingénieuses. L'art pour l'art, et sans but; tout but dénature l'art. Mais l'art atteint au but qu'il n'a pas.«[85] Als Literaturkritiker machte sich Constant (auf den die Formel L'art pour l'art vermutlich zurückgeht)[86] diese Auffassung fortan zu eigen[87]; als Romancier hingegen hielt er an der Norm des utile dulci fest: In Teilen der Herausgeberfiktion von *Adolphe* (1816) und in den Vorworten zu diesem Roman ist ganz im Sinne der Aufklärung von dessen »but [...] utile«, »utilité« und »leçon instructive«[88] die Rede.

III. Nach der ›Kunstperiode‹: Von der Nützlichkeit des Ästhetischen zur Ästhetik des Nützlichen

Auch für den Verlauf der Begriffsgeschichte im bürgerlichen Zeitalter ist die Gleichzeitigkeit des Ungleichzeitigen charakteristisch. Heinrich Heine äußert mehrfach – z. B. in *Französische Maler* (1831) – seine »Propheseyung vom Ende der Kunstperiode, die bey der Wiege Goethes anfing und bey seinem Sarg aufhören wird«. Die »jetzige Kunst« müsse »zu Grunde gehen, weil ihr Prinzip noch im abgelebten alten Regime« wurzele und sie folglich »im unerquicklichsten Widerspruch mit der Gegenwart«[89] stehe. Andererseits knüpft er an die – in der Autononmieästhetik der ›Kunstperiode‹ weitverbreitete – Abgrenzung der Kunst von der dem Nützlichkeitsprinzip huldigenden prosaischen ›Gegenwart‹ an und verspottet in seiner Verserzählung *Atta Troll. Ein Sommernachtstraum* (1843) die dem aufklärerischen Postulat der Nützlichkeit des Ästhetischen verpflichtete ›Tendenzpoesie‹ seiner Zeit: »Zwecklos ist mein Lied. Ja, zwecklos / Wie die Liebe, wie das Leben, / Wie der Schöpfer sammt der Schöpfung! // Nur der eignen Lust gehorchend, / Galoppirend oder fliegend, / Tummelt sich im Fabelreiche / Mein geliebter Pegasus. // Ist kein nützlich tugendhafter / Karrengaul des Bürgerthums, / Noch ein Schlachtpferd der Partheywuth, / Das pathetisch stampft und wiehert!«[90] Der Gegensatz von Poesie und Nützlichkeit gibt Heine jedoch auch Anlaß zu pessimistischen Überlegungen: Angesichts drohender sozialer Umwälzungen drängt sich ihm der Eindruck auf, daß –

---

82 LINDNER (s. Anm. 56), 275.
83 Vgl. SCHILLER, Ueber den moralischen Nutzen ästhetischer Sitten (1796), in: SCHILLER, Bd. 21 (1963), 28–37.
84 JOHANN WOLFGANG GOETHE, West-östlicher Divan (1819), in: GOETHE (WA), Abt. 1, Bd. 6 (1888), 12.
85 BENJAMIN CONSTANT, [Tagebucheintrag] (11. 2. 1804), in: Constant, Œuvres, hg. v. A. Roulin (Paris 1964), 232.
86 Vgl. ERNST BEHLER, Heinrich Heine und Madame de Staël zum Thema ›De l'Allemagne‹, in: M. Winkler (Hg.), Heinrich Heine und die Romantik / Heinrich Heine and Romanticism. Erträge eines Symposiums an der Pennsylvania State University, 21.–23. September 1995 (Tübingen 1997), 118.
87 Vgl. MARKUS WINKLER, »Décadence actuelle«. Benjamin Constants Kritik der französischen Aufklärung (Frankfurt a. M. u. a. 1984), 39 f.
88 CONSTANT, Adolphe. Anecdote trouvée dans les papiers d'un inconnu (1816), hg. v. P. Delbouille (Paris 1977), 100, 207, 209.
89 HEINRICH HEINE, Französische Maler (1831), in: HEINE (DA), Bd. 12/1 (1980), 47; vgl. HEINE, [Rez.] Michael Beer, Struensee. Trauerspiel in fünf Aufzügen (1828), in: HEINE (DA), Bd. 10 (1993), 228 ff.; HEINE, Die romantische Schule (1835), in: HEINE (DA), Bd. 8/1 (1979), 152 ff.
90 HEINE, Atta Troll. Ein Sommernachtstraum (1843), in: HEINE (DA), Bd. 4 (1985), 17.

wie er es 1840 in *Ludwig Börne. Eine Denkschrift* prophezeit – »alle Poesie [...] aus dem Leben herausgepumpt werden« und »davon nichts übrigbleiben [wird] als die Rumfordsche Suppe der Nützlichkeit«[91]. Dieser Gegensatz wird bekanntlich im *L'art pour l'art* zementiert: »Il n'y a de vraiment beau«, schreibt Théophile Gautier 1835, »que ce qui ne peut servir à rien; tout ce qui est utile est laid, car c'est l'expression de quelque besoin, et ceux de l'homme sont ignobles et dégoûtants, comme sa pauvre et infirme nature.«[92]

Parallel dazu wirkt das aufklärerische Postulat der Nützlichkeit des Ästhetischen in der Literaturkritik des Jungen Deutschland fort, wie exemplarisch die folgende Äußerung Heinrich Laubes aus dem Programm der *Zeitung für die elegante Welt* (1833) bezeugt: »Nach unsern Begriffen bricht allerdings ein breiter Strom von Prosa mit der neuen Zeit herein; aber wenn die Welt sich erst in den *Nutzen* gefunden, so wird sie sich auch neue Räume und Gesetze der *Lust* entdecken.«[93] Hier bleibt aber offen, wie die Verbindung von ›Lust‹ und ›Nutzen‹ fortan zu denken ist. Auf dieses Problem stößt auch Karl Gutzkow, als er in einem Essay über *Die Mode und das Moderne* (1836) nach den Möglichkeiten spezifisch moderner Architektur-

formen fragt: »Ja, in neuerer Zeit sind wir aus Verzweiflung, einen modernen Stil in der Baukunst zu erfinden, zur vollen Antike und zum vollen Mittelalter zurückgekehrt und haben damit entweder eine außerordentliche Armut an Geist und Erfindungsgabe zugestanden, oder die bare Prosa und Nützlichkeitsbestimmung, die einigen vorzugsweise modernen Bauten, z. B. Getreidehallen, Invalidenhäusern usw., zum Grunde lag.«[94] Gutzkow plädiert durchaus für eine von historischer, die Realität verstellender Ornamentik gereinigte, der ›Nützlichkeitsbestimmung‹ und »Blöße« (18) verpflichtete moderne Architektur und nimmt damit Gedanken der funktionalistischen Ästhetik vorweg, die erst im Neuen Bauen seit etwa 1920 zum Tragen kamen.[95] Daß Gutzkows vorsichtige Bejahung der ›Nützlichkeitsbestimmung‹ von damals gängigen Auffassungen abwich, läßt auch ein Blick auf die Ästhetik im Zeitalter des bürgerlichen Realismus deutlich werden: Für Friedrich Theodor Vischer fällt das »Reich der äußeren Zweckmäßigkeit« grundsätzlich »aus dem Schönen weg«[96]; zwar konzediert er der architektonischen Phantasie die Möglichkeit, ein Werk zu erfinden, »in welchem das vom Zwecke der bloßen Umschließung Bedingte zum idealen Überflusse des *Schönen* sich erweitert«, aber von dieser Erweiterung bleibt wiederum alles, was sich auf die »Einrichtungen gemeiner Nützlichkeit«[97] bezieht, ausgeschlossen.

Gegen die Lehre, daß sich das Schöne und das Nützliche wechselseitig ausschließen, machen sich jedoch in der Ästhetik der zweiten Jahrhunderthälfte verschiedene Tendenzen verstärkt geltend, unter anderem die wirtschaftlich höchst erfolgreiche Erneuerung des Kunstgewerbes, die von England, insbesondere von William Morris, ausging. Angesichts der fortschreitenden Industrialisierung warnt Morris vor den katastrophalen sozialen und kulturellen Folgen entfremdeter, den Menschen zur Maschine degradierender Arbeit (»Mechanical Toil«) und plädiert für ein vom Kunstgewerbe (»handicraft«) zu bewerkstelligendes »turning of necessary articles of daily use into works of art«[98]. Hier geht es nicht mehr wie in der Aufklärung um die Nützlichkeit des Ästhetischen, sondern um eine ›neue‹ Ästhetik des Nützlichen (Morris spricht wiederholt von »the new art« [z. B. 147]).[99] Dieser Tendenz trägt auch der gründerzeitliche

---

91 HEINE, Ludwig Börne. Eine Denkschrift (1840), in: HEINE (DA), Bd. 11 (1978), 129.
92 THÉOPHILE GAUTIER, Mademoiselle de Maupin (1835), hg. v. A. Boschot (Paris 1966), 23.
93 HEINRICH LAUBE, Programm der ›Zeitung für die elegante Welt‹, in: Zeitung für die elegante Welt (4. 1. 1833), 10; zit. nach HARTMUT STEINECKE, Literaturkritik des Jungen Deutschland. Entwicklungen – Tendenzen – Texte (Berlin 1982), 184.
94 KARL GUTZKOW, Die Mode und das Moderne (1836), in: Gutzkow, Werke, Auswahl in zwölf Teilen, hg. v. R. Gensel, Bd. 11 (Berlin u. a. o. J.), 17.
95 Vgl. KLOTZ (s. Anm. 18), 23 f.
96 VISCHER, Bd. 1 (1922), 78.
97 Ebd., Bd. 3 (1922), 214 f.
98 WILLIAM MORRIS, The Prospects of Architecture in Civilization (1881), in: Morris, The Collected Works, hg. v. M. Morris, Bd. 22 (London u. a. 1914), 145, 144.
99 Vgl. TILMANN BUDDENSIEG/HENNING ROGGE (Hg.), Die nützlichen Künste. Gestaltende Technik und bildende Kunst seit der Industriellen Revolution (Berlin 1981).

›Modephilosoph‹ Eduard von Hartmann Rechnung, der in seiner voluminösen *Ästhetik* (1886–1887) ausführlich auf die »Schönheit der Zweckmässigkeit«, die dem von der »Kunstindustrie« produzierten »Gebrauchsgegenstand« einwohne, zu sprechen kommt, obwohl er andererseits betont, daß Schönheit »nicht im schielenden Hinblick auf den praktischen Nutzen, der aus ihr hervorgehen kann«[100], gesucht werden dürfe. (Im damaligen Sprachgebrauch bedeutet Industrie noch »gewerbe, gewerbthätigkeit im allgemeinen«[101].) Der Schönheit handwerklich produzierter Gebrauchsgegenstände gilt auch Stéphane Mallarmés knappe, futuristische Thesen vorwegnehmende Antwort auf eine Umfrage, die Charles Morice 1896 zum Thema *Le Beau et l'Utile* veranstaltete: »Le Beau et l'Utile, ayez ce terme moyen, le Vrai. Le Beau, gratuit, tourne à l'ornement, répudié: l'Utile, seul ou qui l'est, alors, à des besoins médiocres, exprime une inélégance. Façonner, exactement, veut, chez l'artisan, une espèce d'oubli quant à l'usage, autant que du bibelot – seulement la mise en œuvre directe de l'idée, comme l'objet se présente, pour plaire et servir, causant une impression, toute moderne, de vérité.«[102] Dieses Konzept eines handwerklich erzeugten Eindrucks von ›Wahrheit‹, in dem das Schöne und das Nützliche versöhnt wären, ist nicht etwa platonisch, wie Mallarmé mit dem Adjetiv moderne hervorhebt und im folgenden veranschaulicht, indem er eine Ästhetik des Automobils postuliert, die sich nicht an die der Pferdekutsche anlehnen dürfe, sondern neu zu sein habe: »il s'agit, non de dénaturer, mais d'inventer. [...] Ainsi, le monstre avance, avec nouveauté« (166).

Schönheit und Nützlichkeit als miteinander harmonierende Qualitäten zu sehen legte auch das mechanistische und monistische Weltbild des Darwinismus nahe, das sich seit den 60er Jahren in Europa und in den USA rasch ausbreitete.[103] Der aus Spanien gebürtige amerikanische Philosoph und Dichter George Santayana spricht im Jahre 1896 von der »natural harmony between utility and beauty«[104]; Schönheit sei nichts anderes als die Qualität der Formen, die sich unter dem Druck der natürlichen Auslese (»natural selection« [98]), nach mechanischen Gesetzen also, herausbilden und zu relativ feststehenden Typen werden. Diese sind als nützliche und notwendige Formen das, was gefällt und worauf sich die idealisierende künstlerische Arbeit richtet. Santayana räumt also – anders als Mallarmé – einer unabhängig von der künstlerischen Imagination bestehenden, objektiv gegebenen Nützlichkeit die Priorität ein. Das zeigt sich auch, wenn er eine deutliche Grenze zwischen seiner evolutionstheoretischen Begründung der ›Harmonie‹ zwischen dem Schönen und dem Nützlichen und der in der Aufklärung verbreiteten Reduktion des Schönen auf das für die Allgemeinheit Nützliche zieht: »The beautiful does not depend on the useful; it is constituted by the imagination in ignorance and contempt of practical advantage; but it is not independent of the necessary, for the necessary must also be the habitual and consequently the basis of the type, and of all its imaginative variations.« (100) Das Notwendige, die natürliche Auslese, ist »a force in itself mechanical and undiscriminating« (99). Auch Friedrich Nietzsche regt – im zweiten Band von *Menschliches, Allzumenschliches* (1879) – dazu an, den Zusammenhang zwischen Schönem und Nützlichem als indirekte Vermittlung des Schönen durch das Nützliche zu denken: »Wenn das Schöne gleich dem Erfreuenden ist – und so sangen es ja einmal die Musen – so ist das Nützliche der oftmals nothwendige *Umweg zum Schönen* und kann den kurzsichtigen Tadel der Augenblicks-Menschen, die nicht warten wollen und alles Gute ohne Umwege

---

100 EDUARD VON HARTMANN, Philosophie des Schönen. Zweiter systematischer Theil der Aesthetik (1887; Eschborn 1992), 137, 139, 433.
101 ›Industrie‹, in: GRIMM, Bd. 4/2 (1877), 2111.
102 STÉPHANE MALLARMÉ an Charles Morice (7. 6. 1896), in: Mallarmé, Correspondance, hg. v. H. Mondor/L. J. Austin, Bd. 8 (Paris 1983), 165.
103 Vgl. GEORG JÄGER, Die Gründerzeit (mit einem Beitrag von Max Bucher über Drama und Theater), in: M. Bucher u. a. (Hg.), Realismus und Gründerzeit. Manifeste und Dokumente zur deutschen Literatur 1848–1880, Bd. 1 (Stuttgart 1976), 104 f., 124 f., 130 ff.
104 GEORGE SANTAYANA, The Sense of Beauty. Being the Outlines of Aesthetic Theory (1896). Critical Edition, in: Santayana, The Works, hg. v. H. J. Saatkamp/W. G. Holzberger/Donna Hanna-Calvert, Bd. 2 (Cambridge, Mass./London 1988), 99.

zu erreichen denken, mit gutem Recht zurückweisen.«[105]

Eine Variante des Lehrsatzes von der ›Harmonie‹ des Schönen und des Nützlichen war der Kulturaristokratismus, der aus der Anwendung der Evolutionstheorie auf Gesellschaft, Kultur und Politik, dem sogenannten Sozialdarwinismus, hervorging und z. B. von gründerzeitlichen Autoren wie dem bereits zitierten Philosophen Eduard von Hartmann und dem Historiker Heinrich von Treitschke vertreten wurde. Ihnen zufolge kann nur die herrschende Klasse – Hartmann zählt dazu Adel, Großbürgertum und gehobenes Beamtentum – Träger der Kultur sein, weil sie sich unter dem Druck der natürlichen Auslese gebildet und damit als die beste, d. h. für die Evolution der Menschheit nützlichste, erwiesen hat.[106]

Als ›Schönfärberei‹ wird die gründerzeitliche Ästhetik des Nützlichen in Wilhelm Raabes Erzählung *Pfisters Mühle* (1884) satirisch entlarvt.[107] Raabe läßt hier einen Architekten, der mit dem Abriß der einst idyllischen, dann von industriellen Abwässern ruinierten Mühle und dem Bau der an ihre Stelle tretenden Fabrik, einem lukrativeren und deshalb ›nützlicheren Etablissement‹, beauftragt ist, programmatisch verkünden: »das Ideale im Praktischen! Das ist auch meine Devise. [..] Das Schöne, das Großartige im innigen Verein mit dem Nützlichen!«[108] Im Kontext der Erzählung erweist sich diese Devise als Teil eines ästhetischen Programms, das ökonomisch und sozialdarwinistisch motiviert und gegen die Autonomieästhetik, aber auch gegen die Aufklärung gerichtet ist; denn das Schöne ist hier nützlich, insofern es die wirtschaftliche oder politische Macht einer Klasse, der Großindustrie, verbrämt; es dient nicht, wie in der Aufklärung oder erneut bei Pierre-Joseph Proudhon (»Je définis donc l'art: *Une représentation idéalisante de la nature et de nous-mêmes, en vue du perfectionnement physique et moral de notre espèce.*«[109]), der Belehrung der Allgemeinheit, dem commune bonum. Somit ist es die – offenbar erst um 1880 einsetzende – Abwendung des Bildungsbürgertums vom Kritik- und Emanzipationsanspruch der Aufklärung[110], die sich in der gründerzeitlichen Ästhetik des Nützlichen manifestiert. Sie kann im Lichte von Raabes Erzählung nicht als Verkehrung aufklärerischen Gedankenguts verstanden werden, wie es Horkheimers und Adornos These von der dialektischen »Selbstzerstörung der Aufklärung«[111] entspräche.

IV. Zur Fortsetzung der Diskussion in der ersten Hälfte des 20. Jahrhunderts

Durchaus aber weist die Ästhetik des Nützlichen, die sich in der zweiten Hälfte des 19. Jh. profiliert und u. a. die Vereinigung von Kunst und gewerblichem oder auch politischem Nutzen propagiert, auf die Auseinandersetzungen voraus, die im 20. Jh. um die moderne Produktkultur geführt werden.[112] Zu nennen sind hier in erster Linie die programmatische Verbindung von Kunst und In-

---

105 FRIEDRICH NIETZSCHE, Menschliches, Allzumenschliches, Bd. 2 (1879), in: NIETZSCHE (KGA), Abt. 4, Bd. 3 (1967), 56 f.; vgl. ebd., 208 f.
106 Vgl. HEINRICH VON TREITSCHKE, Der Sozialismus und seine Gönner (1874), in: Bucher (s. Anm. 103), Bd. 2 (1975), 563; HARTMANN, Phänomenologie des sittlichen Bewußtseins. Eine Entwickelung seiner mannigfaltigen Gestalten in ihrem inneren Zusammenhange, hg. v. A. Hartmann (1879; Berlin ³1924), 503 f.
107 Vgl. WINKLER, Die Ästhetik des Nützlichen in ›Pfisters Mühle‹. Problemgeschichtliche Überlegungen zu Wilhelm Raabes Erzählung, in: Jahrbuch der Raabe-Gesellschaft (1997), 18–40; KARL LUDWIG SCHNEIDER, Die alte und die neue Zeit. Bauwerke als Sinnbilder des Epochengegensatzes in Texten von Wilhelm Raabe, Max Kretzer und Stefan George, in: Buddensieg/Rogge (s. Anm. 99), 67–70.
108 WILHELM RAABE, Pfisters Mühle (1884), in: Raabe, Sämtliche Werke hg. v. K. Hoppe, Bd. 16 (Göttingen ²1970), 125.
109 PIERRE-JOSEPH PROUDHON, Du principe de l'art et de sa destination sociale (Paris 1965), 43; vgl. WOLFGANG KLEIN, Der nüchterne Blick. Programmatischer Realismus in Frankreich nach 1848 (Berlin/Weimar 1989), 270 f.
110 Vgl. GEORG BOLLENBECK, Die Abwendung des Bildungsbürgertums von der Aufklärung. Versuch einer Annäherung an die semantische Lage um 1880, in: W. Klein/W. Naumann-Beyer (Hg.), Nach der Aufklärung? Beiträge der Kulturwissenschaften (Berlin 1995), 151–162, bes. 156.
111 HORKHEIMER/ADORNO (s. Anm. 12), 3.
112 Vgl. FRANK TROMMLER, Vom Bauhausstuhl zur Kulturpolitik. Die Auseinandersetzung um die mo-

dustrie im 1907 initiierten Deutschen Werkbund[113] und vor allem der – das funktionalistische Neue Bauen der 20er Jahre und den Internationalen Stil vorbereitende – avantgardistische Protest gegen Historismus und Jugendstil. Adolf Loos stellt 1908 die von Gutzkow antizipierte radikale Forderung auf, Gebrauchsgegenstände ohne irgendwelche Ornamente zu produzieren. Sein erstes Argument dafür erinnert an den Darwinismus des 19. Jh.: »Evolution der kultur ist gleichbedeutend mit dem entfernen des ornamentes aus dem gebrauchsgegenstande.«[114] Dieses Argument führt auf ein zweites, rein ökonomisches: Die Ornamentierung eines Gebrauchsgegenstandes verhindere, daß man ihn »voll ausnützen und aufbrauchen kann« (285), denn der modebedingte »wechsel der ornamente« habe »eine frühzeitige entwertung des arbeitsproduktes zur folge« (283). Solche Verpflichtung der Form auf den ökonomischen Nutzen lag indes jenen Avantgardisten fern, denen es weniger auf Wirtschaftlichkeit als auf Veranschaulichung des modernen Lebens ankam. Der Architekt Antonio Sant'Elia z. B. erklärt, daß futuristische Architektur »keine schale Kombination von Zweckmäßigkeit und Nützlichkeit ist, sondern daß sie eine Kunst – das heißt Synthese und Ausdruck – bleibt« (Che l'architettura futurista non è […] un'arida combinazione di praticità e di utilità, ma rimane arte, cioè sintesi, espressione)[115]. Der dem Expressionismus nahestehende Architekt Bruno Taut betont auf einem von ihm, Walter Gropius und Adolf Behne verfaßten Flugblatt mit dem Titel *Der neue Baugedanke* (1919): »wir nennen es nicht Architektur, tausend nützliche Dinge […] in gefällige Formen zu kleiden.« Bis zur Schaffung einer künftigen Architektur, die »Zeichen« einer neuen »Weltanschauung« sein werde, könne »das Nützliche nur dann leidlich sein, wenn der Architekt eine Vorahnung dieser Sonne [der künftigen Architektur – d. Verf.] in sich trägt.«[116] Selbst Le Corbusier, der ein nicht vom Handwerk, sondern von der Industrie getragenes Bauen verkündet und Baukunst als ›Typenbildung‹ bezeichnet (»L'architecture agit sur des standards«), hält fest: »L'architecture est au delà des choses utilitaires.«[117] Oskar Schlemmer hingegen konstatiert im Manifest zur ersten Bauhaus-Ausstellung (1923): »Mathematik, Konstruktion und Mechanismus sind die Elemente und Macht und Geld die Diktatoren der modernen Phänomene aus Eisen, Beton, Glas, Elektrizität. […] Tempo und Hochspannung des Merkantilen machen Zweck und Nutzen zum Maßstab aller Wirkung, und die Berechnung ergreift die transzendente Welt: die Kunst ein Logarithmus.«[118] Hier zeichnet sich bereits die Hinwendung des Bauhauses zur Industrieform ab. Gropius bezeichnet sieben Jahre nach dem ersten Bauhaus-Programm (1919), in dem er den Künstler noch als »eine Steigerung des Handwerkers«[119] definiert, die von Handwerk und Industrie gemeinsam zu ermöglichende »Schaffung von Typen für die nützlichen Gegenstände des täglichen Gebrauchs« als »eine soziale Notwendigkeit«. Dabei suggeriert er, daß Schönheit als ästhetische Qualität der Gebrauchsgegenstände sich einstellt, wenn diese ihrer wesenhaften Nützlichkeit entsprechend gestaltet werden: »Ein Ding ist bestimmt durch sein Wesen. Um es

derne Produktkultur, in: H. Brackert/F. Wefelmeyer (Hg.), Kultur. Bestimmungen im 20. Jahrhundert (Frankfurt a. M. 1990), 86–110; TROMMLER, Technik, Avantgarde, Sachlichkeit. Versuch einer historischen Zuordnung, in: G. Großklaus/E. Lämmert (Hg.), Literatur in einer industriellen Kultur (Stuttgart 1989), 46–71.

113 Vgl. KARIN WILHELM, Nützliche und Freie Kunst. Der Versuch einer Synthese in ›Büro und Fabrik‹ von Walter Gropius auf der ›Deutschen Werkbund Ausstellung Cöln 1914‹, in: Buddensieg/Rogge (s. Anm. 99), 275–283.

114 ADOLF LOOS, Ornament und Verbrechen (1908), in: Loos, Sämtliche Schriften, hg. v. F. Glück (Wien/München 1962), 277.

115 ANTONIO SANT'ELIA, L'architettura futurista (1914), in: L. De Maria (Hg.), Marinetti e il futurismo (1973; Mailand ⁴1981), 152; dt.: Futuristische Architektur, in: U. Conrads (Hg.), Programme und Manifeste zur Architektur des 20. Jahrhunderts (Berlin/Frankfurt a. M./Wien 1964), 34.

116 WALTER GROPIUS/BRUNO TAUT/ADOLF BEHNE, Der neue Baugedanke (1919), in: Conrads (s. Anm. 115), 44.

117 LE CORBUSIER, Vers une architecture (Paris 1924), 103, 121.

118 OSKAR SCHLEMMER, Das Staatliche Bauhaus in Weimar. Manifest aus dem Werbeblatt ›Die erste Bauhaus-Ausstellung in Weimar‹ (1923), in: H. M. Wingler, Das Bauhaus 1919–1933 (Bramsche/Köln 1962), 80.

119 WALTER GROPIUS, Programm des Staatlichen Bauhauses in Weimar (1919), in: ebd., 39.

so zu gestalten, daß es richtig funktioniert – ein Gefäß, ein Stuhl, ein Haus –, muß sein Wesen zuerst erforscht werden; denn es soll seinem Zwecke vollendet dienen, das heißt, seine Funktionen praktisch erfüllen, haltbar, billig und ›schön‹ sein.«[120] Als Protest gegen die Auswüchse dieses Funktionalismus in der Architektur der Nachkriegszeit ist die Bemerkung zu werten, zu der sich Friedensreich Hundertwasser in seinem *Verschimmelungs-Manifest gegen den Rationalismus in der Architektur* (1958) versteigt: »Die materielle Unbewohnbarkeit der Elendsviertel ist der moralischen Unbewohnbarkeit der funktionellen, nützlichen Architektur vorzuziehen.«[121]

Die Auseinandersetzung, die im ersten Drittel des 20. Jh. um die moderne Produktkultur geführt wird, kann jedenfalls als Beitrag zur Ästhetik des Nützlichen verstanden werden. Allerdings ist sie, wie die ausgewählten Zitate verdeutlichen, in theoretischer Hinsicht wenig ergiebig; auf die Beziehung zwischen ›nützlich‹ und ästhetischen Begriffen wie ›schön‹ fällt kein neues Licht. Überdies spielt hier der mathematisch-technische Begriff der Funktion, den z. B. Gropius an der oben zitierten Stelle verwendet, eine bedeutendere Rolle als derjenige des Nutzens oder der Nützlichkeit – vermutlich, weil das lateinische Wort den europäischen Kultursprachen gemeinsam ist und fachsprachliche Konnotationen hat, die besonders in der Architekturdebatte zum Tragen kamen. Ein weiterer Grund für die Privilegierung von Funktion gegenüber Nutzen ist möglicherweise in dem Prestige von Louis Sullivans programmatischer Formel ›form follows function‹ zu suchen.[122] Das größere Gewicht des Begriffs Funktion ist noch in der postmodernen Architekturdebatte spürbar.

Von den angeführten Spielarten der tendenziell ›affirmativen‹[123] Ästhetik des Nützlichen hebt sich deutlich die gesellschaftskritische, insbesondere marxistische Bemühung ab, das aufklärerische Postulat der Nützlichkeit des Ästhetischen zu erneuern. Der Begriff nützlich spielt vor allem in Brechts Schriften zu Drama und Theater eine wichtige Rolle. Von Interesse ist es im vorliegenden Zusammenhang, daß Brecht nicht direkt an die aufklärerische Verwendung des Begriffs anknüpfen kann: Er erkennt in der aktuellen »Abneigung gegen das Lernen und Verachtung des Nützlichen«[124] einen Faktor der »bürgerlichen Kritik gegen die nichtaristotelische Dramatik« (1069) und sieht sich daher veranlaßt, die Gründe für die Verschlechterung der Bedeutung von nützlich *nach* der Aufklärung zu bedenken. Wie das Lernen in der bürgerlichen Gesellschaftsordnung vom Genuß getrennt worden sei, weil Wissen hier nur als »Einkauf von materiell verwertbaren Kenntnissen« (1069) fungiere[125], so sei »der Sinn für das Nützliche der öffentlichen Verachtung anheimgefallen […], seit die Menschen sich selbst nur mehr durch Gemeinheiten nützen, indem der Nutzen nur mehr aus der Ausnutzung des Mitmenschen gezogen werden kann. […] Zugleich aber wächst im Proletariat der neue unbefangene und mächtige Sinn für das Nützliche, der keine Skrupel erzeugen kann, da er eben auf die Ausrottung derjenigen Verhältnisse ausgeht, die den Nutzen aus der Schädigung holen.«[126] Diese kritische Reflexion über die Abwertung des Nützlichen untermauert Brechts Anliegen, die Alternative »Vergnügungstheater oder Lehrtheater«[127] zu negieren und »das epische Theater gegen den Verdacht, es müsse eine höchst unangenehme, freudlose, ja anstrengende Angelegenheit sein, zu verteidigen« (266); dabei beruft er sich ausdrücklich auf die »revolutionäre bürgerliche Ästhetik« des »Zeitalters der Aufklärung«, das »einen gewaltigen Aufschwung des europäischen Theaters« eingeleitet und dabei »keinen Gegensatz zwischen Unterhaltung und Belehrung« (292) gekannt habe. Später, in *Kleines Organon für das Theater* (1948), bekräftigt Brecht seine Aversion gegen den »Kult des Schönen, der betrieben wurde mit der Abneigung gegen das Lernen und der Ver-

---

120 GROPIUS, Grundsätze der Bauhausproduktion (1926), in: ebd., 120.
121 FRIEDENSREICH HUNDERTWASSER, Verschimmelungs-Manifest gegen den Rationalismus in der Architektur (1958), in: Conrads (s. Anm. 115), 149.
122 Vgl. TROMMLER (s. Anm. 112), 102; STURM (s. Anm. 20), 123.
123 Vgl. WELSCH (s. Anm. 19), 98.
124 BERTOLT BRECHT, Anmerkungen zur ›Mutter‹ (1935–1936), in: BRECHT, Bd. 17, 1069.
125 Vgl. BRECHT, Über eine nichtaristotelische Dramatik. Aufzeichnungen (1933–1941), in: BRECHT, Bd. 15, 266 f.
126 BRECHT (s. Anm. 124), 1069 f.
127 BRECHT (s. Anm. 125), 262.

achtung des Nützlichen«[128], doch er betont nun, »Unterhaltung« und »Vergnügung« sei die »nobelste Funktion« (663) des anzustrebenden Theaters. »Nicht einmal zu lehren sollte ihm zugemutet werden, jedenfalls nichts Nützlicheres, als wie man sich genußvoll bewegt, in körperlicher oder geistiger Hinsicht« (663 f.). Brecht gebraucht hier – mit ironischem Understatement – das Verb ›sich bewegen‹ zur metaphorischen Bezeichnung dessen, was das anzustrebende »Theater des wissenschaftlichen Zeitalters« (662) vermitteln soll: nicht »allerhand Wissensstoff, mit dem es nicht vergnüglich werden kann«, sondern die kritische Einsicht, daß die Gesellschaft verändert werden kann, und die antizipierten »Freuden der Befreiung« (687). Dabei müssen die zu bewegenden Massen, die sich im Theater »mit ihren großen Problemen nützlich unterhalten« sollen, dort selber zu Bewegern werden, indem sie »eine neue Gesellschaftswissenschaft entwickeln und praktizieren«: Denn das »Theater kann nicht in Bewegung kommen, wenn sie es nicht bewegen« (672). Von solcher Dynamik erfaßt, gewinnt auch das Mitleid, diese ›aristotelische Wirkung‹[129], eine neue Qualität: Als »Mitleid mit den Unterdrückten« kann es sich in Zorn »nützlich [...] verwandeln«[130]. Mit diesen Überlegungen zur Wirkung des Theaters, deren dramaturgische Konsequenzen im weiteren Verlauf des *Organon* gezogen werden, modifiziert Brecht die aufklärerische Bemühung um das utile dulci: Die Nützlichkeit des Theaters kann nicht mehr wie bei Gottsched in der Vermittlung bestimmter Lehrsätze durch allegorische Fabeln und auch nicht mehr wie bei Lessing in der Erziehung zum Mitleid um seiner selbst willen bestehen, sondern nur noch in der Erziehung der Zuschauer zu einer dynamischen ›kritischen Haltung‹[131], die ihrerseits zwischen Gesellschaftstheorie und gesellschaftlicher Praxis vermitteln und derart die Nützlichkeit des Ästhetischen selbst produzieren soll.

Zusammenfassung

Das Postulat der Nützlichkeit des Ästhetischen, die autonomieästhetische Ausgrenzung des Nützlichen aus dem Ästhetischen und die Ästhetik des Nützlichen, diese drei typischen Definitionen der semantischen Relation zwischen dem Begriff nützlich und spezifisch ästhetischen Begriffen wie schön, bilden sich zwar sukzessiv aus, gehen aber nicht dialektisch auseinander hervor; bis heute hat keine der drei Definitionen die andere aufgehoben oder verdrängt. Ungeachtet der Kantischen Demonstration, daß nützlich kein ästhetischer Grundbegriff ist, erweist sich die aufklärerische Bemühung um das utile dulci als nach wie vor aktuell. Und der – in philosophischer Hinsicht überzeugenden – Ausgrenzung des Nützlichen aus dem Ästhetischen wird seit der zweiten Hälfte des 19. Jh. auch durch die Ästhetik des Nützlichen mit Nachdruck widersprochen. Die von Kants Demonstration initiierte kulturkritische Desavouierung des Nützlichen durch die Autonomieästhetik gewinnt jedoch angesichts der – um 1800 noch nicht absehbaren – Phänomene, Meinungen, Tendenzen und Theorien, die sich unter den Begriff der Ästhetik des Nützlichen subsumieren lassen, eine neue Dimension. Insbesondere schärft sie den Blick dafür, daß die Ästhetik des Nützlichen nicht die dialektische Verkehrung der aufklärerischen Lehre von der Nützlichkeit des Ästhetischen, sondern dieser fundamental entgegengesetzt ist, wenngleich beide darin übereinstimmen, daß in ihnen die semantische Relation der Begriffe schön und nützlich nicht als Kontradiktion, sondern als Implikation interpretiert wird. Im aufklärerischen Denken ist es jedoch das Schöne, welches das Nützliche impliziert oder implizieren soll; die seit der zweiten Hälfte des 19. Jh. programmatische Ästhetik des Nützlichen hingegen kehrt diese Relation um. Die Aufklärung setzt beim Schönen an und postuliert einen Nutzen; die vom Kunstgewerbe, der Industrie, dem Gedanken der natürlichen Auslese oder politischem Kalkül bestimmte Ästhetik setzt beim Nutzen an und fragt nach seiner Repräsentation oder gar Steigerung durch das Schöne oder andere Erscheinungsweisen des Ästhetischen. Die Berücksichtigung dieses Unterschieds könnte zur Ent-

---

128 Brecht, Kleines Organon für das Theater (1948), in: BRECHT, Bd. 16, 661.
129 Vgl. BRECHT (s. Anm. 125), 249.
130 BRECHT (s. Anm. 128), 673.
131 Vgl. ebd., 671.

schärfung des Konflikts zwischen der Ästhetik der Negativität und den Ästhetiken beitragen, in denen die kommunikativen Funktionen der Kunst hervorgekehrt werden.

Markus Winkler

Literatur
ALBRECHT, WOLFGANG, Das Angenehme und das Nützliche. Fallstudien zur literarischen Spätaufklärung in Deutschland (Tübingen 1997); BUDDENSIEG, TILMANN/ ROGGE, HENNING (Hg.), Die nützlichen Künste. Gestaltende Technik und bildende Kunst seit der Industriellen Revolution (Berlin 1981); HAUG, WALTER/BARNER, WILFRIED (Hg.), Ethische contra ästhetische Legitimation von Literatur. Traditionalismus und Modernismus: Kontroversen um den Avantgardismus (Tübingen 1986); JAUSS, HANS ROBERT, Ästhetische Erfahrung und literarische Hermeneutik (1982; Frankfurt a. M. 1991); KLOTZ, HEINRICH, Moderne und Postmoderne. Architektur der Gegenwart (1984; Braunschweig/Wiesbaden ²1985); KRAUSE, JÜRGEN/SEMBACH, KLAUS-JÜRGEN u. a. (Hg.), Die nützliche Moderne. Graphik & Produkt-Design in Deutschland 1935–1955 (Münster 2000); MAAG, GEORG, Kunst und Industrie im Zeitalter der ersten Weltausstellungen. Synchronische Analyse einer Epochenschwelle (München 1986); PFEIFFER, HELMUT/ JAUSS, HANS ROBERT/GAILLARD, FRANÇOISE (Hg.), Art social und Art industriel. Funktionen der Kunst im Zeitalter des Industrialismus (München 1987); STURM, HERMANN, Pandoras Box: Design. Zur einer Ikonografie der Gestaltung des Nützlichen, in: Kunstforum international 130 (Mai-Juli 1995), 73–143; TROMMLER, FRANK, Vom Bauhausstuhl zur Kulturpolitik. Die Auseinandersetzung um die moderne Produktkultur, in: H. Brackert/F. Wefelmeyer (Hg.), Kultur. Bestimmungen im 20. Jahrhundert (Frankfurt a. M. 1990), 86–110; WINKLER, MARKUS, Die Ästhetik des Nützlichen in ›Pfisters Mühle‹. Problemgeschichtliche Überlegungen zu Wilhelm Raabes Erzählung, in: Jahrbuch der Raabe-Gesellschaft (1997), 18–39; ZIMMERMANN, HANS-DIETER, Vom Nutzen der Literatur. Vorbereitende Bemerkungen zu einer Theorie der literarischen Kommunikation (Frankfurt a. M. 1977).

Öffentlichkeit/Publikum

(griech. φανερόν, κοινόν, δῆμος; lat. publicum, spectatores, theatrum; engl. public sphere, audience; frz. espace public, public; ital. spazio pubblico, pubblico; span. espacio público, público; russ. общественность, гласность, публика)

I. Einleitung; 1. Probleme des Begriffsfeldes; 2. Vorbemerkungen zur Wortgeschichte; **II. Die Entstehung der modernen Öffentlichkeit im Zusammenhang mit der Entstehung des modernen Publikums;** 1. Zur Geschichte des Wortgebrauchs; 2. Entstehung und Geschichte des Publikums; 3. Kritischer Diskurs und öffentliche Meinung; 4. Die öffentliche Dimension der ästhetischen Debatte; 5. Die Radikalisierung der Öffentlichkeit; **III. Die klassische Öffentlichkeit im Liberalismus 1815–1880;** 1. Politische Öffentlichkeit: Ihre Theorie und ihre Verwirklichung; 2. Marx' Kritik der bürgerlichen Öffentlichkeit; 3. Vormärz: Radikalisierung der liberalen Öffentlichkeit und Problematisierung des Publikums im ästhetischen Diskurs; 4. Nachmärz; 5. Majorité und Masse als bedrohliche Phänomene; **IV. Moderne, Modernismus und Öffentlichkeit 1880–1960;** 1. Zerfall der klassischen Öffentlichkeit; 2. Ästhetische Moderne und Öffentlichkeit; 3. Strukturwandel der Literaturkritik; 4. Public Opinion und Community; 5. Akklamatorische Öffentlichkeit; 6. Kritische Öffentlichkeit und Kulturindustrie; **V. Von der Moderne zur Postmoderne 1960–1990;** 1. Demokratie und Öffentlichkeit in der Nachkriegszeit; 2. Normativität und totalitarisierende Öffentlichkeit: Kosellek und Luhmann; 3. Gegenöffentlichkeiten und die Kritik des liberalen Modells; 4. Zivilgesellschaft und Gegenöffentlichkeiten in der Mediengesellschaft

I. Einleitung

1. Probleme des Begriffsfeldes

Die Analyse und Darstellung des Begriffsfeldes Öffentlichkeit/Publikum steht vor einer komplexen Aufgabe insofern, als die intensive gegenwärtige Diskussion über die Semantik dieser Begriffe auf ihre geschichtliche Darstellung zurückwirkt. Die internationale Diskussion, die sich seit den ausgehenden 80er Jahren bis in die Dritte Welt ausgeweitet hat, hat sich derartig ausdifferenziert, daß eine traditionelle, auf eine Nationalkultur beschränkte Wort- und Begriffsgeschichte dem Gegenstand nicht mehr gerecht werden kann. Nicht nur im Bereich der Wortgeschichte, sondern auch auf dem Feld der Begriffsgeschichte haben wir es mit einem bisher nicht abgeschlossenen Prozeß der Übersetzung und Anpassung zu tun, in den jeweils neue semantische Bereiche einbezogen werden, deren konzeptionelle Artikulation dann auf ältere semantische Felder zurückwirkt. Bezeichnend für die durch Übersetzung entstehende Veränderung in der gegenwärtigen Debatte ist die Einführung des englischen ›public sphere‹ für den deutschen Begriff Öffentlichkeit, ein Kunstausdruck, der im 18. und 19. Jh. in der englischen Sprache nicht geläufig ist. Der Ausdruck ›public sphere‹ sowie seine zunehmende Gebräuchlichkeit im anglo-amerikanischen Raum ist eng verknüpft mit der Rezeption von Jürgen Habermas' Theorie der Öffentlichkeit, die in den 70er Jahren beginnt, sich aber erst nach der Übersetzung von *Strukturwandel der Öffentlichkeit* (1962) unter dem Titel *The Structural Transformation of the Public Sphere* (1989) in der gegenwärtigen internationalen Debatte niedergeschlagen hat. Auf der einen Seite profitierte die Diskussion vom höheren Abstraktionsgrad des Begriffs Öffentlichkeit/public sphere gegenüber traditionellen Termini wie public, public opinion, publicity usw., auf der anderen Seite verschob die Verwendung des Ausdrucks public sphere oder auch des französischen espace public die Akzente gegenüber der deutschen Diskussion der 60er und 70er Jahre, denn die räumliche Vorstellung, die sich mit dem Wort ›sphere‹ beziehungsweise ›espace‹ verbindet, begünstigt eine Untergliederung in besondere Felder, die dem Ansatz der Habermasschen Theorie eher entgegengesetzt ist. Die Verschiebung der Akzente und der Begriffsinhalte wird begünstigt durch die Integration des neuen Terminus in ein Feld mit bereits vorgegebenen Begriffen, von denen sich der Gebrauch von ›public sphere‹ abgrenzen muß. Hier wäre vor allem der Terminus ›civil society‹ zu erwähnen, der als ›Zivilgesellschaft‹ seinerseits in den 80er Jahren in die osteuropäische und deutsche Diskussion eingeführt wurde, weil der traditionelle Begriff der bürgerlichen Gesellschaft für die Erörterung postkommunistischer Gesellschaften nicht gleichermaßen geeignet war.

Durch die globale Expansion der theoretischen Diskussion sind freilich bestimmte Merkmale der Begriffsgeschichte nur verstärkt worden, die sich spätestens seit dem 18. Jh. nachweisen lassen: einmal die Vielsprachigkeit des Begriffsfeldes und die damit verbundene Notwendigkeit der Übersetzung innerhalb der west- und mitteleuropäischen Sprachen und zum anderen die Ausdehnung der Anwendung auf eine Reihe von Bereichen, die aus heutiger Sicht verschiedenen Wissenschaften und kulturellen Sektoren angehören. Es kennzeichnet das Begriffsfeld geradezu, daß es Verbindungen zwischen divergierenden disziplinären Feldern herstellt – dem politischen und dem ästhetischen, dem moralischen und dem gesellschaftlichen. So nimmt sowohl der kritische Diskurs über die Legimität des (absolutistischen) Staates als auch der ästhetische Diskurs (beispielsweise in der klassizistischen Geschmacksdebatte oder der Lektüredebatte des ausgehenden 18. Jh.) an der Ausfaltung der Begriffe Publikum, öffentlich, Öffentlichkeit teil und bereichert sie inhaltlich. Von dieser übergreifenden Tendenz im Gebrauch profitiert letztlich das Moment der kritischen Intervention: Vor allem der Begriff der Öffentlichkeit selbst hat schon in der Aufklärung eine kritische Spitze. Er richtet sich indirekt oder direkt gegen politische und gesellschaftliche Strukturen der traditionellen vormodernen Gesellschaft. Im Unterschied zum älteren Gebrauch trennen sich insbesondere der Begriff des Staates und der staatlichen Gewalt und der Begriff des Publikums und der öffentlichen Meinung (›public opinion‹, ›opinion publique‹). Wir haben es mit einem Begriffsfeld zu tun, das seit dem 18. Jh. häufig in kontroversen Diskussionen gebraucht wird. Doch auch im 19. Jh. ist der Begriff der Öffentlichkeit zum guten Teil noch ein Kampfbegriff, mit dem sich besondere politische und sozio-kulturelle Forderungen verbinden. Insbesondere die liberale Theorie verknüpft mit diesem Begriff zentrale politische und moralische Normen. Aus diesem Grunde besteht im modernen Gebrauch des Begriffs (seit dem 18. Jh.) fast durchgehend eine Spannung zwischen seiner deskriptiven und seiner normativen Verwendung, die auch in den Theorien von Habermas (*Strukturwandel der Öffentlichkeit*) und von Oskar Negt/Alexander Kluge (*Öffentlichkeit und Erfahrung*, 1972) erhalten geblieben ist. Allerdings ist für die gegenwärtige Situation kennzeichnend, daß der emphatische und normative Gebrauch von bestimmten Theoretikern, wie z. B. Niklas Luhmann in *Öffentliche Meinung* (1970), als überholt abgelehnt wird. Während der Begriff des Publikums heute durchgehend als ein empirischer Begriff gebraucht wird, der die Situierung einer Gruppe von individuellen Personen gegenüber einem Autor von Kommunikation bezeichnet, ist der Begriff der Öffentlichkeit nach wie vor doppelsinnig: Er kann sowohl einen empirisch erkennbaren Sachverhalt als auch eine Idee vorstellen, die für das kommunikative Verhalten von Personen ausschlaggebend ist.

Im Rahmen des ästhetischen Diskurses spielt das Begriffsfeld seit dem 18. Jh. eine wichtige Rolle. Einerseits wird der Begriff des Publikums für das Gespräch über Literatur und Kunst unverzichtbar, andererseits enthält der Begriff der Kritik, der sowohl in der Geschmacksdebatte als auch in der philosophisch-anthropologischen Diskussion eine zentrale Rolle spielt, den Verweis auf den Begriff der Öffentlichkeit; am prägnantesten wohl in Kants Aufsatz *Beantwortung der Frage: Was ist Aufklärung?* (1783), aber nicht weniger zentral in den Schriften Wielands oder Schillers Briefen *Über die ästhetische Erziehung des Menschen* (1795). Während Kant den Begriff der Kritik im genannten Aufsatz vor allem moralisch und politisch verwendet, vollzieht sich bei Schiller eine entscheidende Wende, insofern er den ästhetischen Gebrauch zur Voraussetzung des politischen macht und auf diese Weise auch im Begriff des Publikums eine enge Verbindung zwischen dem ästhetischen und dem politischen Verständnis herstellt, das dann in der Bestimmung von Gesellschaftskritik im 19. und 20. Jh., namentlich in Deutschland, folgenreich sein wird. Aus diesem Grund genügt es nicht, einfach zwischen der literarischen und der politischen Öffentlichkeit zu unterscheiden, sondern man muß in der sich historisch wie systematisch vollziehenden Differenzierung auch immer den Zusammenhang zwischen beiden mitdenken. Die von den Jungdeutschen und den Junghegelianern geforderte Politisierung der Literatur und Kunst als Instrument zur Veränderung der stagnierenden politischen Verhältnisse in Deutschland bringt den Begriff der Öffentlichkeit ins Spiel, auch wenn der Ausdruck nicht notwendig zu den Schlagworten gehörte, mit denen die Auseinandersetzung geführt wurde. Das Gleiche wäre zu sagen über den literaturkritischen Diskurs in der Dreyfus-Affäre, in der das

I. Einleitung

Schicksal des zu Unrecht wegen Spionage verurteilten französischen Hauptmanns Alfred Dreyfus unter anderem der Anlaß für eine Grundsatzdebatte über die Funktion von Literatur wurde.[1] Die Anrufung des (literarischen) Publikums durch Émile Zola und andere Schriftsteller rekurriert auf den Widerspruch zwischen einer räsonierenden bürgerlichen Öffentlichkeit und einem legitimationsunwilligen Militärapparat. Doch auch anders gelagerte ästhetische Debatten, in denen dem Publikum eine eher negative Rolle zugeteilt wird, finden in einem Rahmen statt, in dem die Begriffe des Publikums und der Öffentlichkeit strukturbildend wirken. Zum Beispiel kontrastiert die Abrechnung Goethes und Schillers mit dem literarischen Publikum ihrer Zeit die Anforderungen einer autonomen Kunst mit den problematischen realen Bedürfnissen der zeitgenössischen Leser. Hier wird emphatisch eine ästhetisch reine Öffentlichkeit postuliert, an der das empirische Publikum gemessen wird. Die genannten Beispiele lassen erkennen, wie sehr sich seit dem ausgehenden 18. Jh. nicht nur der Begriff des Publikums, sondern auch derjenige der Öffentlichkeit im ästhetischen Diskurs ansiedelt und eine Verbindung mit dem gesellschaftlichen und dem politischen Diskurs herstellt. Dort, wo eine solche Verbindung explizit konstruiert wird, kann sie sich seit der Aufklärung nicht nur auf ein Begriffsfeld, sondern auf eine sich zunehmend differenzierende Theorie der Öffentlichkeit berufen. Im 19. Jh. ist ihr Ort freilich weniger die Ästhetik als die Philosophie oder die politische Theorie, und im 20. Jh. sind es die Soziologen und Sozialhistoriker, die für die Weiterentwicklung dieser Theorie Sorge tragen. In der soziologischen Wende (Wilhelm Bauer, *Die öffentliche Meinung und ihre gesellschaftliche Grundlagen*, 1914; Ferdinand Tönnies, *Kritik der öffentlichen Meinung*, 1922) geht das ästhetisch-literarische Moment zunächst weitgehend verloren, bis es in den 60er und 70er Jahren über die Frankfurter Schule mit Habermas und Negt/Kluge wieder eingebracht wird.

2. Vorbemerkungen zur Wortgeschichte

Sowohl der Ausdruck ›öffentlich‹ als auch das Wort ›Publikum‹ sind vor der Neuzeit nachgewiesen, wenn auch noch nicht mit den Bedeutungsinhalten, die ihnen heute zukommen. ›Publikum‹ ist etymologisch zurückzuführen auf das mittellat. ›publicum‹ mit der Bedeutung »das gemeine Volk«[2] und nimmt in der frühen Neuzeit eine Reihe von Bedeutungen an, bevor es im 18. Jh. in deutschen Texten mit der heutigen Bedeutung auftaucht. Im Falle des Wortes ›öffentlich‹ reicht die Vorgeschichte des Wortes zurück bis zum ahd. ›offanlih‹, das dann im Mhd. als ›offenlich‹ auftaucht.[3] Die heute geläufige Form ›öffentlich‹ setzt sich seit dem 16. Jh. durch, freilich noch nicht mit der Bedeutung von ›publicus‹, das im Deutschen mit dem Wort ›gemein‹ ausgedrückt wurde. Allerdings ist jeder Versuch, aus der Wortgeschichte die Begriffsgeschichte von ›öffentlich/Öffentlichkeit‹ und ›Publikum‹ direkt abzuleiten, zum Scheitern verurteilt, da die Begriffsgeschichte nicht auf eine Sprache beschränkt werden kann. Neben den modernen europäischen Sprachen, namentlich dem Französischen und dem Englischen, ist vor allem die mittel- und neulateinische Tradition zu berücksichtigen, die besonders im juristischen und politischen Diskurs des späten Mittelalters und der frühen Neuzeit eine entscheidende Rolle spielt. Lucian Hölscher spricht mit Recht von einer »semantischen Verflechtung«[4], bei der es in der Entwicklung immer wieder zu Verschiebungen kommt. Im 17. Jh. zeichnet sich eine solche wichtige Verschiebung ab, wenn nunmehr der Ausdruck ›öffentlich‹ zusammen mit dem lat. ›publicus‹ die Bedeutung ›staatlich‹ ausbildet und damit zwei semantische Felder gegeneinander abgrenzt, die für den politischen Diskurs der frühen Neuzeit ausschlaggebend sind: Der öffentliche, staatliche Bereich tritt einem privaten Bereich gegenüber, in dem sich zwischenmenschliche Belange entfalten. Doch bedarf es einer weiteren semantischen Verschiebung, bevor wir im 18. Jh. den zweiten heute bekannten Wortgebrauch erreichen, nämlich ›öffentlich‹ als gleichbedeutend mit ›dem Publikum

---

[1] Vgl. JEFFREY MEHLMAN, The Dreyfus Affair (1898), in: D. Hollier (Hg.), A New History of French Literature (Cambridge, Mass./London 1989), 824–830.
[2] ›Publikum‹, in: KLUGE (¹⁹1963), 568.
[3] Vgl. ›Öffentlich‹, in: KLUGE (¹⁹1963), 519f.
[4] LUCIAN HÖLSCHER, ›Öffentlichkeit‹, in: KOSELLECK, Bd. 4 (1978), 414.

allgemein zugänglich‹, ›nicht staatlicher Kontrolle unterworfen‹. Zedlers *Universal-Lexicon* hält noch die unterschiedlichen Bedeutungen im Rechtswesen fest, nämlich einerseits die Nähe zum Staat (Obrigkeit), auf der anderen Seite das Moment der allgemeinen Zugänglichkeit wie auch die Eigenschaft des Gemeineigentums.[5] Ähnlich definiert Adelungs Wörterbuch ›öffentlich‹ als »was vor allen Leuten, vor jedermann ist und geschiehet« und gibt als eine zweite Bedeutung an: »Zu jedermanns Gebrauche bestimmt«. Das neue Moment kommt in der dritten Bedeutung zum Ausdruck: »In engerem Verstande, eine große bürgerliche Gesellschaft betreffend. Ein öffentliches Amt«, denn hier wird nicht einfach der Staat angesprochen, sondern die Beziehung zwischen Landesherrn und Untertanen: »Öffentliche Verbrechen, welche wider das Band des Landesherren und der Unterthanen begangen werden«[6].

Bei dieser sukzessiven Verschiebung der Bedeutung spielt dann die Verflechtung mit dem Wort ›Publikum‹ eine wichtige Rolle, denn der diesem Ausdruck im 18. Jh. zugewiesene Sinn, nämlich der Verweis auf eine Aggregation versammelter Privatleute, enthält eben die Wendung, in der Staat und Publikum nunmehr in einen Gegensatz treten, der sich dann in der Philosophie der späteren Aufklärung zum Widerspruch verschärft. Allerdings hat sich diese erneute Verschiebung vor allem in England und Frankreich entwickelt, während die moderne Bedeutung von ›Publikum‹ in Deutschland um 1760 noch relativ neu war. Gottsched spricht 1760 von dem »Ding« das in Berlin »itzt Publikum«[7] heißt, und Lessing spricht wenige Jahre später in der ›Ankündigung‹ der *Hamburgischen Dramaturgie* (1767–1769) von den Besuchern des Theaters und den Lesern als dem »feinern Teile des Publikums«[8], das mit den Zielen der hamburgischen Theaterreform einverstanden sei. Lessings Wortgebrauch macht deutlich, daß zu diesem Zeitpunkt sich nicht nur eine Verbindung zwischen ›Publikum‹ und ›öffentlich‹ hergestellt hat, sondern der Ausdruck zudem in den literaturkritischen Diskurs eingewandert ist. Hier vollzieht der deutsche Sprachgebrauch indes nur nach, was seit Generationen im Englischen und Französischen üblich war. Dies ist ein Indiz dafür, daß eine Vorstellung von der literarischen Öffentlichkeit und ihrer konstitutiven Kraft für die literarische Kritik sich in Deutschland später herausbildet als in Westeuropa.

In unserem Zusammenhang ist eben dieser Übergang ausschlaggebend: Die Verzweigungen der Wortgeschichte in West- und Mitteleuropa sind für die Darstellung relevant, vor allem unter dem Gesichtspunkt der Beziehung auf den Bereich der Kunst und Literatur. Unter diesem Gesichtspunkt dürfen wir große Teile der Wort- und Begriffsgeschichte vor 1700 als bloße Vorgeschichte behandeln. Der Artikel geht vor allem der Entfaltung der modernen literarischen und kulturellen Öffentlichkeit nach, verfolgt jedoch ihre Entwicklung bis in die Gegenwart hinein, d. h. über die geschichtliche Schwelle hinaus, wo ihre Kennzeichnung als ›bürgerlich‹ noch sinnvoll ist. In Kauf zu nehmen ist dabei, daß sich bis heute eine einheitliche internationale Terminologie nicht herausgebildet hat. Die nationalsprachlichen Konventionen lassen sich nicht ohne weiteres aufeinander abbilden, eine Tatsache, die sich auch in der begrifflichen und theoretischen Artikulation niederschlägt. Aus diesem Grunde kann die Wortgeschichte zum Anlaß, aber nicht zum Leitfaden der Erörterung werden.

II. Die Entstehung der modernen Öffentlichkeit im Zusammenhang mit der Entstehung des modernen Publikums

1. Zur Geschichte des Wortgebrauchs

Gegenwärtige Öffentlichkeitstheorien und historische Darstellungen verlegen die Anfänge der modernen Öffentlichkeit in der Regel in das frühe 18. Jh.; gelegentlich ziehen Historiker die Konsti-

---

5 Vgl. ›Öffentlich‹, in: ZEDLER, Bd. 25 (1740), 550–553.
6 ›Öffentlich‹, in: ADELUNG, Bd. 3 (1774), 893.
7 JOHANN CHRISTOPH GOTTSCHED, Neuestes aus der Gelehrsamkeit (1760), in: Gottsched, Ausgewählte Werke, hg. v. P. M. Mitchell, Bd. 10/1 (Berlin/New York 1980), 751.
8 GOTTHOLD EPHRAIM LESSING, Hamburgische Dramaturgie (1767–1769), in: LESSING (GÖPFERT), Bd. 4 (1973), 231.

tution der literarischen Öffentlichkeit (Theater) bereits in das 17. Jh. vor. So argumentiert Erich Auerbach, daß sich in Frankreich unter der Bezeichnung ›la cour et la ville‹ seit der Mitte des 17. Jh. ein neues Publikum herausbildet, das sich gesellschaftlich gegenüber der Masse des Volkes, aber auch gegenüber den Wert- und Geschmacksvorstellungen des alten Feudaladels abgrenzt. Für die hier entstehende Kommunikation über literarische und ästhetische Fragen kann der Begriff der literarischen Öffentlichkeit durchaus gebraucht werden, solange man sich vor Augen hält, daß er in der zeitgenössischen Sprache nicht zur Verfügung steht. Obschon der Ausdruck ›le public‹ im 17. Jh. bereits vereinzelt zur Bezeichnung des Publikums verwendet wird, steht der Terminus ›la cour et la ville‹ für die Konstellation des französischen Klassizismus im Vordergrund. Wie Auerbach gezeigt hat, handelt es sich nicht nur um eine soziologisch einigermaßen genau lokalisierbare Gruppe, sondern um eine Kommunikationsstruktur, die sich seit dem Regierungsbeginn Ludwigs XIV. bewußt an den Hof anlehnt und im Austausch mit dem jungen Monarchen das neue Menschen- und Geschmacksideal befestigt. An diesem Austausch sind fast alle bedeutenden Autoren der klassischen Zeit beteiligt, unter ihnen Molière, Boileau und Racine. Modern ist an dieser Konfiguration, daß sich der Begriff des Publikums nicht mehr ohne weiteres auf die ständische Gesellschaft projizieren läßt. Während die Mitglieder des Hofes weitgehend dem Adel zugehören, ist die Gruppe, die mit ›la ville‹ bezeichnet wird, komplexer und heterogener. Nicht nur das Großbürgertum, sondern auch der Amtsadel (la robe) gehören dazu, wobei das Schwergewicht bei denjenigen zu liegen scheint, die sich bereits als Rentiers aus dem kommerziellen Leben zurückgezogen haben und das Ideal des ›gentilhomme‹ und ›homme de qualité‹ anstreben. So spricht Auerbach davon, daß sich in Laufe des 17. Jh. eine neue Einheit herausbildet, »die wir schon als Publikum im modernen Sinne bezeichnen können«[9]. Seit dem ausgehenden 17. Jh. wird in Frankreich dem Publikum eine kollektive Meinung zugeschrieben (was das Wörterbuch von Pierre Richelet 1693/1694 festhält); es fehlt allerdings noch der Ausdruck ›opinion publique‹, obwohl die spätere Bedeutung anklingt, zumal die kritisch-negative Version, d. h. die Forderung nach Unabhängigkeit von der Meinung anderer.[10] Dieses Publikum wird gelegentlich schon als ›le public‹ bezeichnet. Nach Jean Chapelain besteht es aus dem Hof und einem Teil des Volkes (le peuple). Der Herausgeber des *Mercure galant*, Charles Dufresne-Rivière, definiert dieses neue Publikum (›le public‹) in *Amusements sérieux et comiques* (1699) als eine Instanz, die über die Taten der Lebenden und Toten urteilt und daher als eine Art Gerichtshof funktioniert.[11] Für Dufresne-Rivière ist das Publikum bereits mehr als eine Sammlung von Individuen, nämlich ein kollektives, urteilsfähiges Subjekt. In dieser positiven Einschätzung des Publikums stimmt er mit Jean de La Bruyère überein, der bereits 1693 in der 6. Auflage der *Caractères* das Publikum als den festen Grund des öffentlichen Urteils behandelt.

Während des 18. Jh. verliert der Hof mehr und mehr seine leitende Funktion. Statt dessen organisiert sich das Publikum um eine Reihe von Institutionen, unter anderem die Zeitschriften und Wörterbücher der Aufklärung, aber auch die literarischen Salons und Akademien. Im Falle von Diderots *Encyclopédie* (1751–1780) kann man sogar von einem ›grand public‹ sprechen, das sich über weite Teile von Europa verteilt.[12] Seine Zusammensetzung in Frankreich läßt sich wenigstens indirekt erschließen. Die billigere Quart- und Oktavausgabe »fanden bei einer breiten Schicht von kleinstädtischen Notabeln und Landedelleuten Anklang; aber für jemanden, der sozial unterhalb der bürgerlichen Schichten angesiedelt war, war eine *Encyclopédie* nicht erschwinglich« (53). In Besançon gehörten 15 der Subskribenten der Quartausgabe dem ersten Stand an, 53 dem zweiten (meist Offi-

---

9 ERICH AUERBACH, La cour et la ville, in: Auerbach, Vier Untersuchungen zur französischen Bildung (Bern 1951), 50.
10 Vgl. JOHN A. W. GUNN, Queen of the World. Opinion in the Public Life of France from the Renaissance to the Revolution (Oxford 1995), 85–90.
11 Vgl. ebd., 94 f.
12 Vgl. ROBERT DARNTON, Neue Aspekte zur Geschichte der ›Encyclopédie‹, übers. v. I. Schnell, in: H. U. Gumbrecht u. a. (Hg.), Sozialgeschichte der Aufklärung in Frankreich, Bd. 2 (München/Wien 1981), 50.

ziere und Oberrichter) und 69 dem dritten, meist Beamte, Ärzte, Kaufleute.[13]

Im Unterschied zur französischen Entwicklung ist die englische Situation um 1700 sehr viel stärker durch den politischen Diskurs bestimmt, der sich in den Moralischen Wochenschriften eines Richard Steele und Joseph Addison mit dem moralischen und literarisch-ästhetischen verknüpft. Sowohl das Substantiv als auch das Adjektiv ›public‹ sind um die Jahrhundertwende geläufig. In der ›Epistle to the Reader‹ des *Essay concerning Human Understanding* (1690) definiert John Locke nicht nur seinen Leser als einen individuellen Rezipienten, sondern gleichzeitig die Weise der Kommunikation zwischen sich und seinem Lesepublikum. Locke spricht ausdrücklich nicht zu gelehrten Lesern, sondern zum allgemeinen Leser. »I pretend not to publish this *Essay* for the information of men of large thoughts and quick apprehensions; to such masters of knowledge I profess myself a scholar, and therefore warn them beforehand not to expect anything here, but what, being spun out of my own coarse thougths, is fitted to men of my own size, to whom, perhaps, it will not be unacceptable that I have taken some pains to make plain and familiar to their thoughts some truths which established prejudice, or the abstractness of the ideas themselves, might render difficult.«[14] Bezeichnenderweise taucht der Ausdruck ›public‹ jedoch nicht auf, obgleich Locke hier offensichtlich ein allgemeines (männliches) Lesepublikum und nicht die Gruppe der Gelehrten ansprechen will. Zwei Jahrzehnte später können sich die Herausgeber des *Tatler* (1709-1711) und des *Spectator* (1711-1713), der ersten Moralischen Wochenschriften, bereits ohne Umstände auf den Begriff des Publikums berufen. So heißt es im Vorwort des *Tatler*, daß bestimmte Artikel, die von unbekannten Korrespondenten eingebracht wurden, »were very well received by the Publick«[15]. Gemeint ist das Lesepublikum, nicht Staat oder Regierung. An einer anderen Stelle spricht der Autor sein Bedauern aus, daß er seine Leser, »the Publick«[16], für einen Gegenstand interessieren wollte, der nicht von großer Bedeutung ist. In der Zeitschrift kann ›public‹ in gleicher Bedeutung gebraucht werden wie »Audience«[17]. Das Gleiche gilt für den *Spectator*, doch ist sogleich hinzuzufügen, daß der Ausdruck ›public‹, namentlich als Adjektiv, nicht auf die Bedeutung ›Leser‹, ›Lesepublikum‹ beschränkt ist. In der Unterscheidung zwischen öffentlichen (›public places‹) und privaten Räumen kommt eine andere Verwendung ins Spiel, die ihren Ort im politischen Diskurs der Zeit hat. Allerdings hängt sie mit dem literarischen insofern zusammen, als der Ort der literarisch-moralischen Gespräche, nämlich die Londoner Kaffeehäuser, öffentliche Orte sind im Unterschied zur privaten Wohnung (dem ›apartment‹) der Teilnehmer. Derartige öffentliche Räume können auch als »the World«[18] angesprochen werden.

Der ungewöhnliche Erfolg der frühen englischen Moralischen Wochenschriften – sowohl *Tatler* als auch *Spectator* wurden bald in Buchform neu herausgegeben und später mehrfach nachgedruckt[19] – kann als Indiz dafür gewertet werden, daß Richard Steele und Joseph Addison eine Publikationsform gefunden hatten, die den Bedürfnissen des sich herausbildenden allgemeinen Publikums in England außerordentlich entgegenkam. Die Form des Periodikums selbst trug wesentlich dazu bei, die Leserschaft als Publikum zu definieren. Hier sprach nicht der gelehrte Autor zu seinen Kollegen noch der belletristische Autor zu seinem Mäzen. Statt dessen entwickelt besonders der *Spectator* die später auf dem Kontinent immer wieder nachgeahmte Form des literarisch-moralischen Gesprächs, an dem das Lesepublikum direkt und indirekt beteiligt ist. Dabei spielt die Fiktionalisierung der Kommunikation eine wichtige Rolle. Der Autor tritt als Figur (Mr. Spectator) unter Figuren in Erscheinung, die sich mit dem Lesepubli-

---

13 Vgl. ebd., 57.
14 JOHN LOCKE, An Essay Concerning Human Understanding (1690), hg. v. A. C. Fraser, Bd. 1 (New York 1959), 11.
15 [RICHARD STEELE], The Preface (1711), in: The Tatler, hg. v. D. F. Bond, Bd. 1 (Oxford 1987), 3 f.
16 [STEELE], The Tatler, Nr. 1 (12. 4. 1709), in: ebd., 22.
17 [STEELE], [Dedication] To Mr. Maynwaring (1711), in: ebd., 8.
18 [JOSEPH ADDISON], The Spectator, Nr. 1 (1. 3. 1711), in: The Spectator, hg. v. D. F. Bond, Bd. 1 (Oxford 1965), 4.
19 Vgl. DONALD FREDERIC BOND, Introduction, in: ebd., LXIX-LXXIII.

kum ins Gespräch bringt. Literarische Öffentlichkeit wird in der Zeitschrift selbst inszeniert. Der Rezipient wird durch die Lektüre zur Teilnahme an der literarisch-moralischen Kommunikation animiert, und dadurch entsteht ›the public‹. Die Kaffeehäuser verbinden die literarische mit der gesellschaftlichen Seite, die beide von der staatlichen Gewalt und dem Parlament getrennt sind. Während Steeles *Tatler* die Tagespolitik einbezog, wird es im *Spectator* zur Redaktionspolitik, sich in die Parteipolitik zwischen Whigs und Tories prinzipiell nicht einzumischen. Diese Abgrenzung kam der kontinentalen Version der Moralischen Wochenschrift, die sich mit dem absolutistischen Staat ins Vernehmen setzen mußte, sehr entgegen. Für den in Hamburg herausgegebenen *Patriot* (1724–1726) ist die Abgrenzung gegenüber der Politik obligatorisch: In Deutschland entsteht literarische Öffentlichkeit als ein moralisch begründeter Bereich ohne politische Absichten.

Im deutschen literarischen Leben fehlt indes im frühen 18. Jh. die Bezeichnung ›Publikum‹ für die versammelten Leser oder Theaterbesucher. Der Ausdruck war selbst in den 60er Jahren noch umstritten. Doch offenkundig ist den Herausgebern des *Patriot* nicht weniger daran gelegen, eine neue literarische Kommunikationsstruktur zu entwickeln. Im Anschluß an das englische Vorbild führen sie die Fiktionalisierung des Autors und seiner Freunde ebenso ein wie die regelmäßigen Leserbriefe, durch die ein räsonierender Gedankenaustausch hergestellt wird. Ob diese Lesebriefe fiktiv sind oder nicht, spielt gegenüber der Bedeutung des Modells eine untergeordnete Rolle. Es kommt vielmehr darauf an, daß sich Autor und Leser von der empirischen Person unterscheiden können. Bezeichnenderweise werden die Vorteile der Fiktionalität fast zur gleichen Zeit im Vorwort zu Johann Gottfried Schnabels *Insel Felsenburg* (1729) erörtert. Die Ausbildung literarischer Öffentlichkeit und die Reflexion auf die Fiktionalität im Roman gehen Hand in Hand.

2. Entstehung und Geschichte des Publikums

Während sich auch in Deutschland um die Moralischen Wochenschriften das neue Lesepublikum konstituiert, hält der ästhetisch-literarische Diskurs an älteren Ausdrücken fest. Gottsched unterscheidet 1739 in seiner *Gedächtnisrede auf Martin Opitz* zwischen dem geheimen und dem öffentlichen Gebrauch der Gelehrsamkeit und tadelt die Esoterik der Ägypter wie jeden abgeschlossenen Gebrauch der Weisheit. Er trennt zwischen den des Lateinischen und Griechischen kundigen Gelehrten und dem ungebildeten Volk. Diese Abgrenzung fällt indes nicht zum Vorteil der Gelehrten aus: »Was würde doch die kleine Anzahl der sogenannten Lateinisch-gelehrten dem großen Germanien für ein schlechtes Ansehen geben, wenn der ganze übrige Haufen der Einwohner unsers Vaterlandes, in einer wüsten Barbarey stecken bliebe?«[20] Wie Opitz vor ihm liegt Gottsched daran, durch eine deutsche Literatursprache das Volk zu urbanisieren; er will jenseits der Gelehrten ein Publikum schaffen. Daß sich Gottsched dieses Publikum als Substrat einer Öffentlichkeit vorstellt, ist seinen Vorreden zum *Versuch einer Critischen Dichtkunst* (1730) zu entnehmen, in denen er sich nicht zuletzt mit seinen Gegnern auseinandersetzt. In der »Vorrede zur zweyten Auflage« von 1737 spricht er von der erforderlichen Autorität, die sich der Kritiker zulegen muß, um seine Leser zu überzeugen. Der Ausdruck »öffentliche Lehrer«[21] den Gottsched ins Spiel bringt, um die Rolle der Kritiker zu definieren, verweist auf einen noch nicht genau umschriebenen Kommunikationsraum, in dem sich der Gelehrte nicht mehr ausschließlich an Gelehrte wendet. Es ist bezeichnend, daß Johann Jakob Bodmer und Johann Jakob Breitinger trotz ihrer Polemik gegen Gottsched in ästhetischen Fragen seine Einschätzung der notwendigen literarischen Erziehung der Deutschen teilen. Unter Berufung auf Christian Wolff argumentiert Bodmer in dem Aufsatz *Anklagung Des verderbten Geschmackes* bereits 1728, daß Wolffs Art zu lehren »kräftig genug [ist], das Finsternis zu verjagen, in welchem bißher der gröste Hauffe der Teutschen

---

20 GOTTSCHED, Gedächtnisrede auf Martin Opitz (1739), in: Gottsched, Ausgewählte Werke, hg. v. P. M. Mitchell, Bd. 9/1 (Berlin/New York 1976), 171.
21 GOTTSCHED, Vorrede zur zweyten Auflage [der Critischen Dichtkunst] (1737), in: GOTTSCHED (DICHTKUNST), XXVI.

in dem Punct deren Wissenschafften gesteckt«[22]. Dem ›öffentlichen‹ Lehrer und Kritiker bleibt aufgetragen, die Verbindung zwischen der Philosophie und dem ›Volk‹, dem die Begriffe fehlen, herzustellen. Das Publikum ist hier eine noch zu schaffende Größe.

Die deutsche Entwicklung ist dadurch charakterisiert, daß sich die Diskussion über das Publikum eng verbindet mit der Debatte über Rolle und Funktion der Kunst- und Literaturkritik. Friedrich Just Riedels Briefe über das Publikum (1768) sind in dieser Hinsicht symptomatisch. Riedel versucht, die aus Frankreich und England hereindringende Geschmacksdebatte, die deutsche Kritikdiskussion und die überfällige soziologische Bestimmung des Publikums gleichzeitig zu lösen. So wenig es ihm gelingt, eine gesellschaftlich fundierte Definition des Publikumsbegriffs vorzulegen, so besteht er mit Grund auf dem inneren Zusammenhang der genannten Diskussionsfelder. Während er den Terminus ›literarisches Publikum‹ als bekannt voraussetzt, hält er den Begriffsinhalt für umstritten. Namentlich der Mangel an einer gemeinsamen deutschen Hauptstadt ist nach seiner Meinung die Ursache für das Fehlen eines einheitlichen, national organisierten Publikums, dem man zutrauen kann, »daß es den Werth der Schriftsteller und ihre Rangordnung bestimme«[23]. Für Riedel besteht die Funktion des Publikums darin, bei der Bildung des literarischen Geschmacks mitzuwirken, indem es als korrigierendes Moment gegenüber der Diktatur der Kunstrichter (d. h. professionellen Rezensenten) auftritt. Von besonderer Bedeutung ist daher die Abgrenzung, die er vornimmt, um die Grenzen des Publikums zu bestimmen. Der Text beklagt gleichermaßen die »Zänkereyen des Pöbels« wie die Geschmacklosigkeit des »gelehrten Haufens« (116). Zwischen diesen Extremen ist das wünschenswerte literarische Publikum angesiedelt. Offenkundig setzt diese Bestimmung die schon bei Gottsched zu beobachtende Tendenz fort, die Gelehrten als Träger des literarischen Lebens zu marginalisieren. Gleichzeitig besteht bei Riedel jedoch die Absicht, die neue Rolle des öffentlichen Kunstrichters durch die Konzeption eines allgemeinen Publikums einzuschränken.

Das neue literarische Publikum konstituiert sich in West- und Mitteleuropa im Laufe des 18. Jh. In der zweiten Hälfte des Jh. ist es sich seiner selbst bewußt, und zwar in der Hauptsache durch die Kommunikationswege des Buchmarktes. Dabei spielen Zeitschriften eine wesentliche Rolle, aber auch Wörterbücher und Enzyklopädien. Aufschlußreich ist die Kommunikationsstruktur der Zeitschriften, nämlich die permanente Rückkopplung zwischen den Journalisten und ihren Lesern. Das steile Ansteigen der Zahl der Zeitschriften in Frankreich (1720 = 41 Periodika; 1780 = 167) gibt zu erkennen, daß sich der Meinungsaustausch intensiviert hat, namentlich im Falle der langlebigen Journale.[24] Die Aversion gegen den Typus des Gelehrten und seine Bildung gibt einen Hinweis auf die Rezipienten. Sofern sie allgemeinen Charakters sind wie die Moralischen Wochenschriften, werden zum ersten mal die Frauen explizit einbezogen. »Der weibliche Leser ist mit offenkundiger Vorliebe gezeichnet. Ihm gilt lesepädagogischer Eifer. [...] Das lesende Frauenzimmer, mit der rechten Lektüre versorgt, ist eine Lieblingsvorstellung der Moralischen Wochenschriften.«[25] Die Lektüre der Frauen wird über den Bereich des für Religion und Haushalt Nützlichen ausgeweitet, ohne freilich an die Grenzen der Gelehrsamkeit zu stoßen. Das Ziel ist moralische, nicht wissenschaftliche Bildung. Die Feminisierung des literarischen Publikums wird sich während des 18. Jh. verstärken und in den letzten Jahrzehnten zu einer konservativen Reaktion führen. In der Lektüredebatte der Spätaufklärung richtet sich der Animus der besorgten Pädagogen und Kritiker nicht zuletzt gegen das weibliche Publikum, dem Oberflächlichkeit vorgeworfen wird. Doch nicht die Frau des Handwerkers oder des Bauern wird von den Moralischen Wochenschriften angesprochen, sondern die Welt der Gebildeten, d. h. die akademischen

---

22 JOHANN JAKOB BODMER, Anklagung Des verderbten Geschmackes (1728), in: Bodmer/Johann Jakob Breitinger, Schriften zur Literatur, hg. v. V. Meid (Stuttgart 1980), 36.
23 FRIEDRICH JUST RIEDEL, Briefe über das Publikum (1768; Jena/Wien 1973), 112.
24 Vgl. JEAN SGARD, Journale und Journalisten im Zeitalter der Aufklärung, übers. v. K. Reppel/P.-M. Spangenberg, in: Gumbrecht (s. Anm. 12), 5–7.
25 WOLFGANG MARTENS, Die Botschaft der Tugend (Stuttgart 1968), 521.

Beamten (Juristen, Pfarrer, Hofbeamte), die Kaufleute der großen Handelsstädte und wohlhabende Gutsbesitzer. Während in Deutschland Pränumerantenverzeichnisse nicht vorkommen, die einen empirischen Einblick in die Leserschaft gestatten, sind wir über die Leserschaft des *Spectator* besser informiert, da hier die Subskriptionslisten für die Buchausgabe erhalten sind. Weitgehend überschneidet sich die Leserschaft in beiden Ländern, mit allerdings einem wichtigen Unterschied. In England beteiligen sich auch Mitglieder des Hochadels und führende Politiker an der Subskription.[26] Das Publikum ist soziologisch breiter und auch heterogener als in Deutschland, wo der Hofadel aufgrund seiner Bindung an französischer Kultur kein Interesse bekundet. Bezeichnenderweise grenzen sich die deutschen Moralischen Wochenschriften ihrerseits gegen den Hof und seine Kultur polemisch ab.[27]

Allerdings ist das literarische Publikum nicht auf die Rezeption der populären Zeitschriften beschränkt; sobald wir die literarischen Zeitschriften im engeren Sinne, ferner die Salons in Frankreich sowie die Lesegesellschaften des späten 18. Jh. hinzunehmen, verändert sich das Bild. So sind die Salons nicht auf ein bürgerliches Publikum festgelegt und verstehen sich auch nicht einfach als das Sprachrohr der französischen Bourgeoisie. Vielmehr ist das Gespräch der Salons, die in der Regel von gebildeten Frauen der Aristokratie und der Haute bourgeoisie geleitet werden, abgelöst von den unmittelbaren Interessen spezifischer gesellschaftlicher Gruppen. Im Salon können Mitglieder verschiedener gesellschaftlicher Gruppen einander begegnen: Angehörige des Adels und der ›robe‹ wie Vertreter der Finanzwelt, aber auch Intellektuelle, die der Unterschicht entstammen.[28] Gerade infolge dieser Heterogenität kann sich das Gespräch der Salons, das sich nicht mehr auf literarische Themen beschränkt, öffentlichen Charakter annehmen und so etwas wie eine ›öffentliche Meinung‹ (opinion publique) inszenieren, die auf den nationalen politischen Diskurs Einfluß hat. Obgleich sowohl konservative Mitglieder der Aristokratie als auch Vertreter einer moralischen bürgerlichen Position den (weiblichen) Stil der Salons als eine Gefahr für die soziale Ordnung kritisieren,[29] behalten die Salons des 18. Jh. für die öffentliche Zirkulation von Ideen in Frankreich eine unverzichtbare Funktion. In den Salons konzentriert sich das intellektuelle Leben, gerade aufgrund der anhaltenden Rivalität zwischen einzelnen Salons.[30] Während sich in England diese öffentliche Meinung bereits seit dem ausgehenden 17. Jh. durch die Presse etabliert hat und als Supplement zum Parlament funktioniert, übernehmen in Deutschland die Logen der Freimaurer eine ähnliche Funktion.[31] In ihnen stellt sich ein Kommunikationsraum her, der gegenüber der staatlichen Gewalt geschützt bleibt. Hier ist langfristig die Tendenz zur Politisierung nicht zu übersehen. In den Logen wird allerdings nur ein Teil des neuen Publikums erfaßt (unter anderem die literarische Intelligenz), das allgemeine literarische Publikum findet in Deutschland seine Institution vornehmlich in den Lesegesellschaften, die besonders in der Spätaufklärung die Organisation des (männlichen) Lesepublikums übernehmen.[32] Die Zusammensetzung ihrer Mitglieder stimmt noch weitgehend mit dem Publikum überein, das sich um die Moralischen Wochenschriften geschart hatte. Erneut sind es die Zeitschriften, an denen sich das kollektive Leseinteresse festmacht, aber nunmehr – und darin äußert sich ein Wandel der literarischen Öffentlichkeit – stehen die allgemeinen Zeitschriften wie der *Teutsche Merkur* (1773–1791) im Vordergrund und nicht spezifisch literarisch-ästhetische Journale.[33] Es macht sich eine Spezialisierung bemerkbar, in der sich das ästhetisch-kritische Lesepubli-

---

26 Vgl. BOND (s. Anm. 19), LXXXIII–XCV.
27 Vgl. MARTENS (s. Anm. 25), 342–353.
28 Vgl. ARNOLD HAUSER, Sozialgeschichte der Kunst und Literatur, Bd. 2 (München 1953), 6f.
29 Vgl. JOAN LANDES, Women and the Public in the Age of the French Revolution (Ithaca/London 1988), 22–28.
30 Vgl. ROGER CHARTIER, The Cultural Origins of the French Revolution (Durham 1991), 154–157.
31 Vgl. REINHART KOSELLECK, Kritik und Krise (1959; Frankfurt a. M. 1973), 49–68.
32 Vgl. MARLIES PRÜSENER, Lesegesellschaften im 18. Jahrhundert, in: Archiv für Geschichte des Buchwesens 13 (1972), 369–594; BARNEY M. MILSTEIN, Eight Eighteenth-Century Reading Societies (Bern/Frankfurt a. M. 1972).
33 Vgl. JÜRGEN WILKE, Literarische Zeitschriften des 18. Jahrhunderts (1688–1789), Bd. 1 (Stuttgart 1978), 105.

kum vom allgemeinen trennt. Schillers *Horen* (1795–1797) sind ein gutes Beispiel für den neuen Zeitschriftentypus.

Die sukzessive Ausweitung des literarischen Publikums in West- und Mitteleuropa ist am besten am Lesepublikum des Romans zu verfolgen, dem (nicht nur in Deutschland) die Kunstkritik am feindseligsten gegenübersteht. Seit der bahnbrechenden Untersuchung von Ian Watt[34] ist bekannt, wie sehr die Form der ›novel‹ – im Unterschied zur ›romance‹ – in England an Bedeutung gewinnen kann, weil sie vormals unbeteiligte, zum guten Teil weibliche Lesergruppen anspricht und sich ihr spezifisches Publikum schafft. Dabei spielt die frühe Kapitalisierung des englischen Buchmarktes eine wichtige Rolle: Roman und kultureller Konsum bleiben im 18. Jh. eng verbunden. Was die Kunstkritik an diesem Publikum beunruhigt, ist die Tatsache, daß es seinem Umfang und seinen Interessen nach nicht mit dem kritischen Publikum übereinstimmt, welches die literarische Intelligenz kreieren und fördern will. In diesem Sinne verurteilt Dr. Johnson in der Zeitschrift *The Rambler* Romane als Bücher »written chiefly to the young, the ignorant, and the idle, to whom they serve as lectures of conduct, and introductions into life«[35]. Gleichwohl ist an der frühen Rezeption von Henry Fieldings *The History of Tom Jones* (1749) abzulesen, daß sich um die Mitte des 18. Jh. in England ein kritisches (Frauen einschließendes) Lesepublikum herausgebildet hat, das sich räsonierend mit dem Roman auseinandersetzt.[36] So klein dieses Romanpublikum aus der heutigen Perspektive ist[37], es wirkt auf die Kunstrichter und Pädagogen bedrohlich, da es sich nicht an Regeln des guten Geschmacks und anerkannte ästhetische Normen hält.[38] Während in Deutschland eine solche breite Lesekultur erst seit den 1770er Jahren anzusetzen ist, ist sie in England seit dem dritten Jahrzehnt und in Frankreich wenigstens seit 1750 anzutreffen. So schließt der Artikel ›Roman‹ in der *Encyclopédie* mit dem Hinweis, daß jedermann (›tout le monde‹) fähig ist, Romane zu lesen, und daß fast jedermann sie liest.[39]

3. Kritischer Diskurs und öffentliche Meinung

Für eine Rekonstruktion der Öffentlichkeit des 18. Jh. genügt es nicht, den Begriff des Publikums in seiner Evolution zu verfolgen, denn erst in seiner Gestalt als öffentliche Meinung wird das Publikum kommunikations- und handlungsfähig; und vornehmlich in der Verbindung mit dem Begriff der öffentlichen Meinung wird der Begriff des Publikums strategisch wichtig. Die Meinung der Privatleute wird zur öffentlichen im Verfahren der kritischen Rationalität. Diese findet ihre Stimme in den Intellektuellen (in Frankreich ›philosophes‹, in Deutschland ›Weltweise‹, ›Gelehrte‹, ›Schriftsteller‹), die aus der Rolle des traditionellen Amts- und Autoritätsträgers heraustreten. Seit dem 18. Jh. muß im Begriff der öffentlichen Meinung die Konzeption eines kritischen Diskurses mitgedacht werden. Die für die Aufklärung charakteristische Absicht, die öffentliche Meinung den traditionellen Gewalten der Kirche und des Staates entgegenzusetzen, erfordert ihre Reinigung von den Schlacken des Vorurteils. Das erkannten die Physiokraten, wo sie den Begriff der ›opinion publique‹ gegen die französische Monarchie strategisch ins Feld führten. Ihnen zufolge bildet sich die echte öffentliche Meinung jedoch nur langsam heraus, sie bedarf der klärenden Instruktion durch die Intellektuellen, um ihre rationale Stabilität zu erhalten. Entsprechend ambivalent ist im 18. Jh. der Sprachgebrauch; er kann im Ausdruck ›public opinion‹ oder ›opinion publique‹ das Moment einer schwankenden, unzuverlässigen Meinung hervorheben oder auch das Moment der räsonierenden Rationalität in den Vordergrund stellen. Mit positivem Akzent tritt uns ›public opinion‹ 1735 bei Lord Bolingbroke in seiner Schrift *A Dissertation upon Parties* entgegen, wenn er in seiner Widmung schreibt: »Let them [the following sheets]

---

34 Vgl. IAN WATT, The Rise of the Novel (Berkeley 1957), 35–59.
35 SAMUEL JOHNSON, in: The Rambler, 31. 3. 1750, 19.
36 Vgl. JOHN BENDER, [Einleitung], in: Henry Fielding, Tom Jones (Oxford u. a. 1996), XX.
37 Vgl. HELMUTH KIESEL/PAUL MÜNCH, Gesellschaft und Literatur im 18. Jahrhundert (München 1977), 159.
38 Vgl. JÜRGEN FOHRMANN, Abenteuer und Bürgertum. Zur Geschichte der deutschen Robinsonaden im 18. Jahrhundert (Stuttgart 1981), 26–37.
39 Vgl. LOUIS DE JAUCOURT, ›Roman‹, in: DIDEROT (ENCYCLOPÉDIE), Bd. 14 (1765), 342.

stand, or fall in the publick Opinion, according to their Merit.«[40] Edmund Burke unterscheidet 1769 in einem Brief an Marquess of Rockingham zwischen dem Hof und der öffentlichen Meinung: »But if we mean to get *redress*, we must strengthen the hands of the minority within Doors [d. h. des Parlaments] by the accession of the public opinion.«[41] David Hume versteht die öffentliche Meinung nicht so sehr als die Stimme des Volkes oder als ein tätiges Subjekt, sondern als Ausdruck von Privatinteressen. In seinen *Essays Moral, Political, and Literary* vertritt er die Meinung, daß ein Staat nicht lebensfähig ist ohne die Unterstützung der ›general opinion‹, doch diese Annahme schließt nicht ein, daß die öffentliche Meinung räsonierend verfährt. Für Hume ist der Konflikt zwischen privaten Interessen und dem öffentlichen Wohl (›public good‹) politisch durch die Gewaltenteilung aufzulösen, die die potentiell schlechten Eigenschaften der Privatleute neutralisiert.[42] Mit Recht spricht daher Daniel Gordon bei Hume und dem Verfassungstheoretiker David Blackstone von »interest-based arguments«[43], die sich von der französischen und deutschen Öffentlichkeitsdiskussion unterscheiden. Gleichwohl besteht Hume darauf, ein gemeinsames Interesse (›common interest‹) und ein Gemeinwohl (›common good‹) zu stipulieren, das nicht identisch ist mit den Interessen des Staates (also der Monarchie), sondern sich als das Ergebnis eines Ausgleichs zwischen rivalisierenden Interessen darstellt.

Ähnlich bewegt sich der französische Sprachgebrauch von einer negativen zu einer positiven Auffassung von ›opinion publique‹.[44] Jean Antoine Nicolas de Condorcet warnt zum Beispiel noch 1777 vor einer gefährlichen Gestalt der öffentlichen Meinung, die nicht das rationale Gesamtinteresse vertritt, und schlägt für Frankreich eine vorsichtige und schrittweise Konsultierung des breiten Publikums vor. Auch Guillaume François Le Trosne identifiziert die öffentliche Meinung noch nicht mit dem räsonierenden Urteil. Erst in Jacques Peuchets *Encyclopédie méthodique* wird die öffentliche Meinung in Anlehnung an die Auffassung von Jacques Necker aufgewertet: Sie erscheint als das Ergebnis eines rationalen öffentlichen Diskurses, durch den ein Konsens erreicht werden kann. Die Begriffe der rationalen Kritik und der öffentlichen Meinung bewegen sich im Lauf des 18. Jh. aufeinander zu, wobei der Begriff der Kritik den der öffentlichen Meinung (wie auch des Publikums) zu beherrschen beginnt.

Der Prozeß der Kritik ruft den emphatischen Begriff der modernen Öffentlichkeit ins Leben. Das Amt des Kritikers entfaltet sich zugleich als Richter der Moral wie als ›Kunstrichter‹. Wenn Gottsched 1725 in den *Vernünfftigen Tadlerinnen* ein öffentliches Richteramt über die Moral seiner Leser fordert[45], dann überschreitet er bewußt die Grenze seiner Autorität als Schriftsteller, denn moralische Zensur ist der Kirche und dem Staat vorbehalten. Zugleich zeigt dieses Beispiel, wie eng in der Aufklärung moralischer und literarischer Aspekt zusammenhängen. Für die Aufklärungspoetik ist der Kunstrichter zugleich ein moralischer Richter, ein Zusammenhang, der sich jenseits des Klassizismus über Lessing bis zum jungen Schiller verfolgen läßt. Im frühen Aufsatz *Was kann eine gute stehende Schaubühne eigentlich wirken?* (1785) überträgt Schiller dem Theater dort ein öffentliches Richteramt, wo die weltliche Gewalt nicht eingreifen kann. Folglich können in fiktionaler Form moralische wie politische Mißstände vor dem Forum eines kritischen Publikums aufgegriffen werden. Der Humanismus der Aufklärung bündelt im Begriff der richtenden Kritik moralischen und literarischen Diskurs, um das Publikum zu erziehen. Durch diese Verschmelzung erhält das

---

40 HENRY ST. JOHN, LORD BOLINGBROKE, A Dissertation upon Parties, in: Bolingbroke, Several Letters to Caleb D'Anvers (Dublin 1735), XXXVIII.
41 EDMUND BURKE an Marquess of Rockingham (30. 07. 1769), in: Burke, The Correspondence, hg. v. L. S. Sutherland, Bd. 2 (Cambridge/Chicago 1960), 51 f.
42 Vgl. DAVID HUME, On the Independency of Parliament, in: Hume, Essays Moral, Political, and Literary (1742; 1777), in: HUME, Bd. 3 (1875), 117–122.
43 DANIEL GORDON, Philosophy, Sociology, and the Gender in the Enlightenment Conception of Public Opinion, in: French Historical Studies 17/4 (1992), 889.
44 Vgl. KEITH MICHAEL BAKER, Defining the Public Sphere in Eighteenth-Century France, in: C. Calhoun (Hg.), Habermas and the Public Sphere (Cambridge, Mass./London 1992), 195 ff.
45 Vgl. GOTTSCHED, Die Vernünfftigen Tadlerinnen (Halle 1725), 1–8.

Amt des Kunstrichters seine Würde. Die sich konstituierende abstrakte Universalität der Öffentlichkeit reicht notwendig über das historisch-konkrete Publikum hinaus. Während der klassizistische Kunstrichter (bei Gottsched) diesen Zusammenhang deduktiv und teleologisch konstruiert (der moralische Endzweck der Kunst determiniert die ästhetischen Mittel), setzt Jean Baptiste Du Bos bereits das Publikum gegenüber dem Kunstrichter in sein Recht ein, und Lessing differenziert dann im *Laokoon* (1766) zwischen dem Liebhaber, dem Philosophen als Ästhetiker und dem Kunstrichter. Dem letzteren fällt die Aufgabe zu, »über den Wert und über die Verteilung dieser allgemeinen Regeln«[46] nachzudenken. In der Reflexion auf den konkreten literarischen Text muß sich folglich die moralische Wirkung auf das Publikum erweisen. Lessings Kunstrichter ist daher »weder der Gesetzgeber noch der Zuchtmeister der Dichtkunst. Er prüft nur am Einzelfall, ob das Werk die gattungseigentümlichen Wirkungen erzielt.«[47] Als Empfindender und Urteilender vermittelt der Kunstrichter zwischen dem Werk und dem Publikum, das sich bloß auf seinen Geschmack verläßt. »Der Kunstrichter«, schreibt Lessing, »empfindet nicht bloß, daß ihm etwas nicht gefällt, sondern er fügt auch noch sein *denn* hinzu.«[48] Entsprechend bevorzugt Lessing die dialogische Form der Kritik, etwa in den *Briefen, die neueste Literatur betreffend* (1759–1765), wo die Mitteilung zu einer Korrespondenz an einen Liebhaber der Literatur stilisiert wird.[49] Lessing und seine Mitarbeiter Moses Mendelssohn und Friedrich Nicolai nehmen das angesprochene Publikum, auch wenn sie es erziehen wollen, ernst und erkennen es als gleichberechtigt an. Die Schärfe der Lessingschen Polemik richtet sich gegen überschätzte Autoren, nicht gegen ihre Leser.

Für Lessing und die Aufklärung ist der dialogische Kritikbegriff nicht auf die Beurteilung von Kunst beschränkt. In *Ernst und Falk. Gespräche für Freimäurer* (1778–1780) überträgt Lessing die Methode auf das Feld der Moral und Politik. Die Gespräche zwischen Ernst und Falk über das Wesen der Freimaurer thematisieren das Verhältnis zwischen Staat und Publikum. Der Eingeweihte enthüllt das humanitäre Geheimnis der Freimaurer und beschreibt den noch esoterischen Charakter der neuen Öffentlichkeit, deren universaler Anspruch sich erst in der Zukunft offenbaren werde. Dann werde sich der Graben zwischen den Eingeweihten und dem breiten Publikum schließen. Doch entspricht diese Strategie nicht der Hauptlinie der Aufklärung. Im allgemeinen ist Ausweitung, nicht Abschirmung der Öffentlichkeit das Ziel der Kritik.

So benutzt Voltaire im Kampf gegen den absolutistischen Staat aggressiv das Mittel der Publizistik. Im Fall Jean Calas interveniert er 1762 zugunsten eines Toulouser Handwerkers und will durch die Beeinflussung der öffentlichen Meinung die Ehre des unschuldig Hingerichteten wiederherstellen. Bezeichnend ist die Form der Intervention: Voltaire verfaßt Offene Briefe, die vorgeblich von der Witwe und den Söhnen des Hingerichteten stammen. Das allgemeine Publikum ist aufgefordert, diese Zeugnisse mit dem Vorurteil des städtischen Gerichts zu vergleichen. Hier ist jedoch die Grenze zwischen Fiktionalität und Faktizität schwer zu bestimmen. Publizität entsteht für Voltaire weder durch den Einbruch einer transzendenten Macht noch durch bloße Faktizität, sondern durch die öffentliche Diskussion. Er suggeriert die Öffentlichkeit und die Überprüfbarkeit von Gerichtsverhandlungen, die die Französische Revolution später als ›publicité des débats‹[50] fordert. Die öffentliche Meinung figuriert als ein oppositioneller Gerichtshof. Dieses Modell beherrscht dann die 70er und 80er Jahre in Frankreich.[51] Namentlich bei den Physiokraten erscheint die öffentliche Meinung, deren Autorität nahezu unbezweifelbar

---

46 LESSING, Laokoon oder über die Grenzen der Malerei und Poesie (1766), in: LESSING (GÖPFERT), Bd. 6 (1973), 9.
47 KLAUS BERGHAHN, Von der klassizistischen zur klassischen Literaturkritik, in: P. U. Hohendahl (Hg.), Geschichte der deutschen Literaturkritik (Stuttgart 1985), 39.
48 LESSING, Der Rezensent braucht nicht besser machen zu können, was er tadelt (entst. 1767–1768, ersch. 1799), in: LESSING (GÖPFERT), Bd. 5 (1973), 331.
49 Vgl. WILKE (s. Anm. 33), Bd. 2 (Stuttgart 1978), 82–87.
50 Vgl. PATRICK COLEMAN, Writing the political, in: Hollier (s. Anm. 1), 498.
51 Vgl. MONA OZOUF, ›Public Opinion‹ at the End of the Old Regime, in: Journal of Modern History 60 (1988), Supplementbd., 2–21.

wird, als eine kritische Gegenkraft zur Monarchie. So heißt es bei Louis Sebastien Mercier: »Les bons livres [der Gelehrten] répandent des lumières dans toutes les classes du peuple. […] ils éclairent le Gouvernement sur ses devoirs, sur ses fautes, sur son véritable intérêt, sur l'opinion publique qu'il doit écouter et suivre.«[52]

Nur scheinbar stimmen Rousseaus Kritik der zeitgenössischen Gesellschaft sowie seine politische Theorie mit dem Ansatz der Physiokraten überein. Die Verwischung der Unterschiede zwischen der liberalen Position, wie sie in Deutschland von Christoph Martin Wieland und Kant vertreten wird, und Rousseaus Republikanismus hat in der neueren Diskussion zu Verwirrungen geführt.[53] Rousseaus Gebrauch des Ausdrucks ›opinion publique‹ ist, wie Gunn gezeigt hat[54], mehrdeutig und widerspruchsvoll. Zum guten Teil nimmt sein Sprachgebrauch am zeitgenössischen Diskurs teil, in dem die öffentliche Meinung als unzuverlässig, ja als bedrohlich erscheint. In Schriften wie den Confessions (1764–1770) oder Rousseau jugé de Jean-Jacques (1772–1776) sind die meisten Hinweise auf das Publikum abweisend oder verachtungsvoll. Eine andere Variante ist die Annahme, daß die öffentliche Meinung gute Absichten verfolgt, aber von den Mächtigen manipuliert wird; eine dritte die Unterstellung, daß Diderot und seine Gruppe die öffentliche Meinung unter ihren Einfluß gebracht hätten. Die Korrumpierbarkeit der Öffentlichkeit ist für Rousseau das zentrale Problem, das er in seiner politischen Theorie zu lösen sucht. Namentlich im Contrat social (1762) wird die öffentliche Meinung zum Souverän und Gesetzgeber, doch nicht in der Form der räsonierenden Privatleute, sondern in der Gestalt der auf dem Forum versammelten Staatsbürger. Die von den Physiokraten und Kant geforderte Diskussion erscheint bei Rousseau als eine Gefahr für den Prozeß der demokratischen Gesetzgebung, der auf den Konsensus der moralischen Gesinnung angewiesen ist. Rousseau spricht sich eindeutig gegen Diskussionen in der Öffentlichkeit aus, weil sie den Staat untergrüben.[55] Aus diesem Grunde ist der ›opinion publique‹ zwar eine wichtige, aber deutlich eingeschränkte Rolle zugewiesen; sie untersteht der ›volonté generale‹ als eine Form des Gesetzes, die von der Zensur überwacht wird. »L'opinion publique est l'espèce de loi dont le Censeur est le Ministre.« (458) Rousseau setzt die öffentliche Meinung mit der Volksmeinung gleich, die die Zensoren anzuwenden haben. Er entwickelt eine Hierarchie der Geltung, in der die Verfassung als die höchste Norm die Moral beeinflußt, die ihrerseits auf die Meinung des Volkes, d. h. die öffentliche Meinung, einwirkt. Nicht die aufgeklärte Öffentlichkeit ist Rousseaus Ideal, sondern die der zum Beschluß versammelten Staatsbürger.

In der deutschen Diskussion des späten 18. Jh. spielt Rousseaus republikanisches Modell nur eine marginale Rolle. Statt dessen knüpfen sowohl Wieland als auch Kant an den Begriff der Aufklärung an und verstehen Öffentlichkeit als eine der staatlichen Gewalt entgegengesetzte Kraft. Mit dem Teutschen Merkur rief Wieland 1773 eine Zeitschrift ins Leben, die entscheidend zur Konstituierung einer Öffentlichkeit in Deutschland beitrug. Hier definiert er 1789 das Projekt der Aufklärung als die rigorose Anwendung der kritischen Methode: »Die Vorstellungen, Begriffe, Urteile und Meinungen der Menschen werden aufgeklärt, wenn das Wahre vom Falschen daran abgesondert, das Verwickelte entwickelt, das Zusammengesetzte in seine einfachern Bestandteile aufgelöst, das Einfache bis zu seinem Ursprunge verfolgt und überhaupt keiner Vorstellung oder Behauptung, die jemals von Menschen für Wahrheit ausgegeben worden ist, ein Freibrief gegen die uneingeschränkteste Untersuchung gestattet wird.«[56] Im Namen der Menschheit wird das Recht der uneingeschränkten Publizität gefordert. An der Frage der Autorität entscheidet sich die Bedeutung wie die Ausdehnung der Öffentlichkeit. Ausdrücklich beschränkt Wieland das Recht der Intervention nicht auf den Kreis der Philosophen (Sokrates und Kant), sondern bezieht den »obskursten aller über-

---

52 LOUIS SEBASTIEN MERCIER, Notions claires sur les gouvernements (Amsterdam 1787), VI f.
53 Vgl. BAKER (s. Anm. 44), 198 ff.
54 Vgl. GUNN (s. Anm. 10), 179–215.
55 Vgl. JEAN-JACQUES ROUSSEAU, Du contrat social ou principes du droit politique (1762), in: ROUSSEAU, Bd. 3 (1964) 437–441.
56 CHRISTOPH MARTIN WIELAND, Sechs Antworten auf sechs Fragen? (1789), in: Wieland, Werke, Bd. 4 (Berlin/Weimar 1967), 146.

natürlich erleuchteten Schneider und Schuster« (148) ein.

Während für Wieland die Überwindung des Vorurteils eine Frage des Zugangs ist (man muß auf die Natur zurückgehen), gibt Kant in seinem Beitrag zur Aufklärungsdebatte in der *Berlinischen Monatsschrift* 1784 eine dialektische Antwort, in der die Vergesellschaftung des Menschen zur treibenden Kraft wird. Zwar stimmen Wieland und Kant darin überein, daß die traditionellen Autoritäten wie Monarchie und Kirche am Prozeß der allgemeinen Aufklärung überwiegend nicht interessiert sind, doch unterstreicht Kant die zentrale Bedeutung des Publikums für den Fortschritt. »Daß aber ein Publikum sich selbst aufkläre, ist eher möglich; ja es ist, wenn man ihm nur Freiheit läßt, beinahe unausbleiblich.«[57] Kant benutzt den Begriff des Publikums an dieser Stelle emphatisch als eine sich selbst fortschrittlich bewegende Kraft. An anderen Stellen differenziert er indes zwischen dem »gedankenlosen großen Haufen« und denen, die selbst zu denken befähigt sind. Im Begriff des Gelehrten faßt Kant diese Förderer der Aufklärung zusammen und hebt sie gegen die Amtsträger (Offiziere, Pfarrer, Lehrer) ab, die im absolutistischen Staat zu gehorchen haben. Genaugenommen verläuft die genannte Grenze innerhalb der Person selbst. Der absolutistische Beamte kann zugleich Gelehrter sein und sich in dieser Eigenschaft in der Öffentlichkeit kritisch äußern. So unterscheidet Kant zwischen dem privaten Gebrauch der Vernunft, den der Staat einschränken darf, und dem öffentlichen, der unwiderruflich sein muß. »Ich antworte: der *öffentliche* Gebrauch seiner Vernunft muß jederzeit frei sein, und der allein kann Aufklärung unter Menschen zu Stande bringen« (55). Kant greift das Problem der Physiokraten wieder auf: Wie kann die öffentliche Meinung herrschen, ohne die gesellschaftliche Ordnung zu untergraben? Auch Kant fordert die Erziehung der öffentlichen Meinung, doch ist sein Modell der Öffentlichkeit so konstruiert, daß sich staatliche Ordnung und Aufklärung durch das Publikum verschränken. Kritik und Veränderung können im Rahmen einer stabilen staatlichen Ordnung gedacht werden. Folglich hält Kant öffentliche Kritik an den Gesetzen des absolutistischen Herrschers für angebracht und problemlos: »Aber die Denkungsart eines Staatsoberhaupts […] geht noch weiter, und sieht ein: daß selbst in Ansehung seiner *Gesetzgebung* es ohne Gefahr sei, seinen Untertanen zu erlauben, von ihrer eigenen Vernunft *öffentlichen* Gebrauch zu machen, und ihre Gedanken über eine bessere Abfassung derselben, sogar mit einer freimütigen Kritik der schon gegebenen, der Welt öffentlich vorzulegen« (60).

In Kants Schriften, namentlich in seinen Aufsätzen der 80er und 90er Jahre, erreicht die Idee der bürgerlichen Öffentlichkeit ihre theoretische Gestalt im Rahmen eines geschichtsphilosophischen Modells, das dann in modifizierter Form auch die ästhetische Debatte in Deutschland beherrscht. Bei Kant ist das Prinzip der Öffentlichkeit nicht nur Methode der Aufklärung, sondern gleichzeitig Prinzip der Rechtsordnung.[58] Insofern greift die theoretische Diskussion, die Kant zufolge auf Öffentlichkeit verpflichtet ist, in das gesellschaftliche und politische Leben ein. Eine geschichtsphilosophische Dimension erhält dieser Prozeß dadurch, daß er als notwendige Emanzipation des Menschen vorgestellt wird. Dem entspricht die Fixierung der Freiheit durch öffentlich bestätigte Gesetze. »Ein öffentliches Gesetz aber, welches für alle das, was ihnen rechtlich erlaubt oder unerlaubt sein soll, bestimmt, ist der Actus eines öffentlichen Willens, von dem alles Recht ausgeht, und der also selbst niemand muß Unrecht tun können. Hiezu aber ist kein anderer Wille, als der des gesamten Volks […] möglich«[59]. Gemäß liberaler Ideologie läßt Kant den rechtlichen Zustand, den den Prozeß der sukzessiven Mündigkeit des Menschen garantiert, aus der Dialektik der natürlichen Ordnung hervorgehen. Die »Bestimmung seiner Gattung« besteht »in nichts als im *Fortschreiten* zur Vollkommenheit«[60].

---

57 IMMANUEL KANT, Beantwortung der Frage: Was ist Aufklärung? (1784), in: KANT (WA), Bd. 11 (1977), 54.
58 Vgl. JÜRGEN HABERMAS, Strukturwandel der Öffentlichkeit. Untersuchungen zu einer Kategorie der bürgerlichen Gesellschaft (1962; Frankfurt a.M. 1990), 180.
59 KANT, Über den Gemeinspruch: Das mag in der Theorie richtig sein, taugt aber nicht für die Praxis (1793), in: KANT (WA), Bd. 11 (1977), 150.
60 KANT, Mutmaßlicher Anfang der Menschengeschichte (1786), in: KANT (WA), Bd. 11 (1977), 92.

In diesem Prozeß sind, wie Kant in seiner *Idee zu einer allgemeinen Geschichte in weltbürgerlicher Absicht* (1784) betont, Dissens und Antagonismus als treibende Kräfte unerläßlich. Dieser Schritt von der moralischen zur geschichtsphilosophischen Konzeption der Öffentlichkeit ist folgenreich für die Geschichte des Begriffs. Besonders in Deutschland beeinflußt er die Ausarbeitung von Hegel bis zu den Untersuchungen der Frankfurter Schule. Was bei Kant noch durch den Begriff der menschlichen Perfektibilität abgesichert wird, stellt sich im 20. Jh. bei Max Horkheimer, Theodor W. Adorno und Habermas als die Gefährdung und Aushöhlung der Kategorie der Öffentlichkeit selbst dar.

4. Die öffentliche Dimension der ästhetischen Debatte

In der Geschmacksdebatte des 18. Jh., wie sie sich von Du Bos bis zu Kant entfaltet, wird das Urteil des Publikums zu einem unverzichtbaren Teil der literarisch-ästhetischen Diskussion. Vorausgesetzt ist schon bei Du Bos, daß das Publikum empfindend, vernünftig und folglich urteilsfähig ist. Doch dort, wo der Begriff des Publikums nicht deutlich gegenüber dem ›breiten Haufen‹ oder dem ›Pöbel‹ abgegrenzt ist, gerät das Geschmacksurteil ins Zwielicht. Erst durch Kants transzendentale Begründung des Geschmacksurteils in der *Kritik der Urteilskraft* (1790) wird es möglich, diese Gefährdung zu überwinden. Die transzendentale Begründung erlaubt, vom empirischen Publikum zu abstrahieren. Für Kant geht die angestrebte Allgemeingültigkeit des ästhetischen Urteils weder auf die Natur des Menschen noch auf die Erziehung des Publikums zurück. Angesichts des in ausgehenden 18. Jh. wachsenden Zweifels an der literarischen und ästhetischen Kompetenz des allgemeinen Publikums war Kants transzendentaler Zugriff für die Autonomie der Ästhetik bedeutsam. Er bestätigt das Prinzip der Öffentlichkeit, denn das Geschmacksurteil ist nicht Sache des Privatgefühls, sondern eine universal zugängliche Entscheidung, aber es ist nicht auf das empirische Publikum angewiesen. Der ästhetische Gemeinsinn ist nach Kant nur eine regulative Idee.

Der Zweifel an der Perfektibilität des literarischen Publikums bestimmt die deutsche Diskussion um 1800. Die Veränderung des literarischen Marktes – die rapide Ausweitung der belletristischen Buchproduktion zwischen 1770 und 1800 sowie eine verhältnismäßige Erweiterung des Lesepublikums durch zuvor nicht beteiligte soziale Gruppen – bewirkt unter den professionellen Beobachtern des literarischen Lebens den Eindruck, daß die literarische Öffentlichkeit im Verfall begriffen sei. Es scheint nicht mehr sicher, daß die herrschende Meinung die vernünftige ist und das ästhetische Urteil auf dem richtigen Geschmack beruht. Im *Neuen Teutschen Merkur* schreibt Karl Leonhard Reinhold 1792: »Die Schriftstellerey wird immer mehr und mehr bloße Handlungsspekulation«[61]. Die wahrgenommene Vermarktung der Literatur scheint das Projekt der Aufklärung zu beeinträchtigen. Ansätze zu einem kulturkonsumierenden Publikum sind nicht zu übersehen. Schon 1769 beschreibt Nicolas Thomas Barthe in seinem Roman *La jolie femme ou la femme du jour* den ökonomischen Hintergrund der Romanproduktion. Weder moralische noch ästhetische, sondern ausschließlich kommerzielle Motive bestimmen die Planung des belletristischen Verlegers.[62] Jedenfalls glauben die kritischen Beobachter, Formen der Rezeption sehen zu können, die weder dem didaktischen Programm der Aufklärung noch dem neuen der Kunstautonomie nutzen. »Diejenigen, welche in der Lektüre nur Zerstreuung, oder Belustigung suchen, lecken an der Schaale, und mehr verdienen sie auch nicht.«[63] Der Autor, d. i. Joseph (?) Rückert, argumentiert in seinem Aufsatz *Ueber Lektüre*, daß ein neuer Lesertypus aufgetreten ist, der mit dem aufgeklärten Publikum nichts mehr gemein hat. Die Kritik spricht in den 90er Jahren von der ›Lesesucht‹: »Die meisten [Schriften] berauschen ohne zu nähren, erhitzen unsre Einbildungskraft ohne unsern Geist zu beleben, afficieren, reizen unsre Kraft, und schwächen sie, weil sie dieselbe nicht erhöhen können« (239). Das Publikum ist nach dem Urteil der Kritik nicht nur

---

61 KARL LEONHARD REINHOLD, Die drey Stände. Ein Dialog, in: Der Neue Teutsche Merkur (März 1792), 219.
62 Vgl. ROLF GEISSLER, Der Roman als Medium der Aufklärung, in: Gumbrecht (s. Anm. 12), 93.
63 JOSEPH (?) RÜCKERT, Ueber Lektüre, in: Der Neue Teutsche Merkur (Juli 1796), 245.

umfangreicher, sondern auch heterogener und damit unzuverlässiger geworden. So klagt der radikale Publizist Georg Friedrich Rebmann 1791: »Das Publikum, dessen Stimme zwar nicht in kritischer, aber in ökonomischer Hinsicht über unsere Schriftsteller richtet, besteht aus Friseuren, Kammerjungfern, Bedienten, Kaufmannsdienern und dergleichen, die man in unseren Lesebibliotheken zu Dutzenden antrifft.«[64] Rebmann konstatiert das Auseinanderfallen des räsonierenden, gebildeten und des bloß passiv lesenden Publikums. Als empirische Beschreibung des historischen Publikums ist seine besorgte Stellungnahme vermutlich nicht zuverlässig; ihre Signifikanz besteht vielmehr darin, daß sie die steigende Beunruhigung der literarischen Intelligenz signalisiert. Um 1800 hat der Begriff des Publikums deutlich eine Herabsetzung erfahren. Als moralisches und ästhetisches Gesamtsubjekt sank das Publikum im gleichen Maß, wie die Menge der veröffentlichten Romane stieg.

Dieser Wandel der Einschätzung geht Hand in Hand mit grundlegenden Veränderungen in der Institutionalisierung von Literatur. Die Konzeption der Kunstautonomie, wie sie von Karl Philipp Moritz und Schiller theoretisch ausformuliert wird, entfernt sich von der pragmatischen Kunsttheorie der Aufklärung, für die der Bezug auf den Rezipienten zentral ist. In der ästhetischen Diskussion um 1800 tritt an die Stelle des realen Publikums ein der ästhetischen Komplexität des Kunstwerks angemessener Begriff eines idealen Publikums. Sowohl Goethe als auch Schiller reagieren daher mit Abwehr auf die Gleichsetzung des zeitgenössischen Publikums mit der deutschen Nation. In seiner scharfen Rezension von Gottfried August Bürgers Gedichten hält Schiller 1791 der Forderung nach Volkstümlichkeit entgegen, daß die moderne Gesellschaft eine Einheit des Publikums nicht mehr aufweist. »Jetzt ist zwischen der *Auswahl* einer Nation und der *Masse* derselben ein sehr großer Abstand sichtbar, wovon die Ursache zum Teil schon darin liegt, daß Aufklärung der Begriffe und sittliche Veredlung ein zusammenhängendes Ganze ausmachen, mit dessen Bruchstücken nichts gewonnen wird.« Wahre Volkstümlichkeit erfordere die Annäherung an zwei in Geschmack und Bildung unvergleichbare Gruppen. Der von Schiller eingeführte Begriff des »Volksdichters«[65] erscheint als ein bloßes Ideal. Je stärker Schiller den Dichter und das Publikum idealisiert, desto aggressiver wendet er sich gegen das zeitgenössische: »Das einzige Verhältniß gegen das Publicum, das einen nicht reuen kann, ist der Krieg«[66]. Die Entsprechung dieser Haltung findet sich in Goethes 1795 in den *Horen* veröffentlichtem Aufsatz *Literarischer Sansculottismus*, in dem dieser das klassische Kunstprogramm der Zeitschrift gegen die »ungebildete Anmaßung«[67] der zeitgenössischen Schriftsteller verteidigt. Goethe bestimmt seine Partei als den »Kreis von Bessern«, die sich befreien müssen von Arbeitsbedingungen, wo sie irre gemacht werden »durch ein großes Publikum ohne Geschmack, das das Schlechte nach dem Guten mit eben demselben Vergnügen verschlingt« (242). Auch bei Goethe findet sich also der Kontrast zwischen einem normativen und einem empirischen Begriff des Publikums.

Das klassische Kunstprogramm Goethes und Schillers bestimmt literarisch-ästhetische Öffentlichkeit dergestalt, daß die Verschränkung von moralisch-politischem und ästhetischem Diskurs wenn nicht aufgegeben, so doch modifiziert wird. Im Begriff der Veredlung versucht Schiller den ästhetischen Anspruch der Kunst und Literatur mit dem moralischen kompatibel zu machen. In seiner Abhandlung *Ueber naive und sentimentalische Dichtung* (1795) unterscheidet er zwischen »Erholung«, die »dem arbeitenden Teile der Menschen« überläßt, und »Veredlung«, die er für eine Klasse von Menschen vorbehält, die »ohne zu arbeiten, tätig sein und idealisieren kann, ohne zu schwärmen«. Diese gesuchte Klasse stellt ein Ideal dar, das ihm erlaubt, gesellschaftliche Entfremdung theoretisch zu transzendieren. »Nur eine solche Klasse kann das schöne Ganze menschlicher Natur, wel-

---

64 GEORG FRIEDRICH REBMANN, Kosmopolitische Wanderungen durch einen Teil Deutschlands (1791; Frankfurt a. M. 1968), 54.
65 FRIEDRICH SCHILLER, Über Bürgers Gedichte (1791), in: SCHILLER, Bd. 22 (1958), 247f.
66 SCHILLER an Johann Wolfgang Goethe (25. 6. 1799), in: SCHILLER, Bd. 30 (1961), 64.
67 JOHANN WOLFGANG GOETHE, Literarischer Sansculottismus (1795), in: GOETHE (HA), Bd. 12 ([12]1994), 240.

II. Die Entstehung der modernen Öffentlichkeit

ches durch jede Arbeit augenblicklich, und durch ein arbeitendes Leben anhaltend zerstört wird, aufbewahren, und in allem, was rein menschlich ist, durch ihre *Gefühle* dem allgemeinen Urtheil Gesetze geben.«[68] Literarisch-ästhetische Öffentlichkeit versagt sich bei Schiller dem Bereich der gesellschaftlichen Reproduktion. Die Perfektibilität des Menschen, an der Schiller unter dem Begriff der Veredlung festhält, ist an Tätigkeit, nicht an Arbeit gebunden. Es wird sogar zweifelhaft, ob in der modernen Gesellschaft universale Öffentlichkeit empirisch überhaupt möglich ist, da weder der Künstler noch der Philosoph damit rechnen darf, allgemein zu gefallen oder zu überzeugen. Diese Grenze der zeitgenössischen sozialen Realität kann Schiller nur durch das utopische Moment seiner ästhetischen Theorie überwinden.

In den *Briefen über die ästhetische Erziehung des Menschen* (1795) deutet Schiller an, wie er sich eine freie Öffentlichkeit vorstellt. Anstelle des absolutistischen Modells, in dem der Staat das Individuum aufhebt, konzipiert er eines, in dem »das Individuum Staat *wird*« und durch welches »der Mensch in der Zeit zum Menschen in der Idee sich *veredelt*«[69]. Gemessen an dieser Synthese, bleibt die neue staatliche Organisation der Französischen Revolution unvollständig und defekt, da sie bloß den physischen Staat des Ancien régime zerstörte, ohne die moralische Möglichkeit zu verwirklichen. Indes ist dieses Versagen Schiller zufolge bereits im Charakter der modernen Zivilisation angelegt, in der die Totalität der menschlichen Gattung nur aus Bruchstücken rekonstruiert werden kann. Schillers kulturkritischer Ansatz verändert gegenüber Kant nicht nur den Begriff der Aufklärung, sondern auch den der Öffentlichkeit. Schiller gibt sich mit dem Modell der sich selbst aufklärenden öffentlichen Diskussion nicht zufrieden, da diese zwar den Zustand der Gesellschaft im ganzen verbessern, aber nicht ihren abstrakten, vom sinnlichen Menschen abgehobenen Charakter aufheben könne. Seine Konzeption einer neuen Öffentlichkeit integriert die Kunst nicht als Mittel der Erziehung, sondern als das anthropologisch unerläßliche Verbindungsstück zwischen Sinnlichkeit und Vernunft. An die Stelle der Logik tritt der »freye Gang der Dichtungskraft« (327) als eine qualitativ andere Form der Mitteilung. Ihr Ziel ist es, die Aufspaltung des Menschen zu überwinden, die durch den modernen Rationalismus eingetreten ist. Der Kunst wird aufgetragen, den Zirkel von staatlichem Zwang und individueller Fragmentierung aufzubrechen. Der Durchbruch zu einer qualitativ neuen Öffentlichkeit ist auf dem Feld der Ästhetik zu erwarten, wo das Schönheitsgefühl zu einem wichtigen Kriterium der Kommunikation wird. Insofern taucht die Geschmacksdebatte, die für die Konzeption eines literarischen Publikums entscheidend war, in neuer Gestalt wieder auf: freilich nicht als die Frage nach dem guten Geschmack eines realen Publikums, sondern als die Suche nach einer transzendentalen Begründung von öffentlicher Kommunikation. Schiller beruft sich demgemäß auf den reinen Vernunftbegriff der Schönheit, aus dem die ästhetische Öffentlichkeit abgeleitet werden kann: »Die Schönheit müßte sich als eine nothwendige Bedingung der Menschheit aufzeigen lassen.« (340) Als Ziel seiner Überlegung beschreibt er die Bewegung von der sinnlichen Abhängigkeit zur moralischen Freiheit. Die (auch politisch) zunächst bedrohliche Sinnlichkeit erweist sich als integraler Teil des Prozesses, der »von einer gemeinen Wirklichkeit zu einer ästhetischen« (398) führen soll.

Den ästhetischen Zustand konzipiert Schiller als etwas Öffentliches, indem er vom einzelnen Menschen zum ganzen Volk übergeht und von der »öffentlichen Stimme« (402) spricht, die das Ideal sichert. Mit dem Begriff des ästhetischen Scheins wendet sich seine Kulturkritik schließlich gegen rousseauistische Tendenzen, die im Primitiven oder Einfachen wahre Sittlichkeit garantiert finden. Die ästhetische Begründung von Öffentlichkeit weist in die Zukunft, nicht in die Vergangenheit einer vormodernen Kultur. »Wo wir also Spuren einer uninteressierten freyen Schätzung des reinen Scheins entdecken, da können wir auf eine solche Umwälzung seiner [des Menschen] Natur und den eigentlichen Anfang der Menschheit in ihm schließen.« (405) Indem Schiller den revolu-

---

[68] SCHILLER, Ueber naive und sentimentalische Dichtung (1795), in: SCHILLER, Bd. 20 (1962), 490
[69] SCHILLER, Ueber die ästhetische Erziehung des Menschen in einer Reihe von Briefen (1795), in: ebd., 316

tionären Charakter der ästhetischen Öffentlichkeit (ästhetischer Staat) hervorhebt, unterstreicht er zugleich einen schmerzlichen Gegensatz zwischen Ideal und Wirklichkeit: Der Staat des schönen Scheins findet sich nur »in einigen wenigen auserlesenen Zirkeln« (412). Schillers ästhetische Theorie verliert durch die transzendentale Begründung der Schönheit am Ende die historische Dialektik, wie sie Kant entfaltet. Die qualitative Andersheit der ästhetischen Öffentlichkeit bleibt in der empirischen Realität eine begrenzte und selektive, die nur als Ideal universal werden kann. Daher erscheint sie bei Schiller als Supplement neben der Rechts- und Moralordnung.

5. Die Radikalisierung der Öffentlichkeit

Mit Recht hat die neuere Historiographie davor gewarnt, die Französische Revolution als das logische und unausweichliche Ergebnis der Aufklärung zu betrachten[70]; die führenden Revolutionäre machen sich vielmehr die Ideen und Positionen der Aufklärung zu eigen, um die eigenen politischen Maßnahmen zu legitimieren. So ist auch die Konzeption einer revolutionären Öffentlichkeit unter dem Vorzeichen der Republik mehr als eine Fortsetzung der von den philosophes gebrauchten Begriffe. Die neue revolutionäre Öffentlichkeit wie auch ihre begriffliche Artikulation entwickeln sich schrittweise, weitgehend ungeplant, im Zusammenhang mit den revolutionären Ereignissen zwischen 1789 und 1799. Dabei gehen traditionelle Formen plebejischer Öffentlichkeit und die neue revolutionäre Öffentlichkeit ineinander über – beispielhaft in dem Marsch der Frauen nach Versailles, um wegen der schlechten Brotversorgung vor dem König Klage zu führen. Während die Organisation und das ursprüngliche Ziel der Aktion sich im Rahmen traditioneller plebejischer Ausdrucksformen bewegen, dient die zweite Phase, in der die Massen den König nach Paris zurückbringen, der Revolution.[71]

Im Selbstverständnis der Revolutionäre steht weniger der Begriff der öffentlichen Meinung als derjenige des ›esprit public‹ im Mittelpunkt, der den dynamischen Charakter der revolutionären Entwicklung besser auszudrücken scheint. Besonders seit 1792 gebrauchen die Republikaner diesen Begriff, um die breite Öffentlichkeit zu mobilisieren. Gunn zufolge benutzt Robespierre den Ausdruck vorzugsweise im Zusammenhang mit der Idee der Zerstörung (›anéantir‹, ›énerver‹) oder der Vorstellung der Erneuerung (›ranimer‹, ›réveiller‹).[72] Im Zustand revolutionärer Agitation erscheint die Gegenwart jeweils als unvollkommen und veränderungsbedürftig. Der im ›esprit public‹ angesprochene Patriotismus richtet sich auf die Zukunft. Überdies nehmen sowohl die Führer der Gironde als auch die radikalen Republikaner an, daß die revolutionäre Öffentlichkeit im Namen des ›esprit public‹ organisiert werden muß.

Im Zentrum der revolutionären Öffentlichkeit stehen die Begriffe der Nation und der Republik, deren rhetorische und symbolische Ausgestaltung den öffentlichen Raum Frankreichs bestimmen. Die revolutionäre Rhetorik lebt von der Idee, daß die Franzosen in der Nation etwas grundsätzlich Neues begründen. Diesem Ziel ist auch der revolutionäre Diskurs unterstellt, in dem nicht rationale Erörterung, sondern die Konstituierung der revolutionären Gemeinschaft im Vordergrund steht. Die revolutionäre Öffentlichkeit verlangt tendenziell nach Einheitlichkeit, nicht nach Anerkennung divergierender Parteien. Aus diesem Grunde werden Spaltungen und Abweichungen als sträflicher Verrat behandelt. Entsprechend verbinden sich im öffentlichen Raum zwei Formen der Rhetorik: diejenige der brüderlichen Gemeinschaft und die der Wachsamkeit gegen die Feinde der Revolution. Die anhaltende Furcht vor dem Verrat, besonders unter den Jakobinern, legt Überwachung des öffentlichen Raumes nahe, so daß die Gesinnung der Bürger jederzeit bekannt ist. Revolutionäre Öffentlichkeit zeichnet sich in ihrer radikalen Fassung durch vollkommene Transparenz zwischen den Bürgern wie auch zwischen dem Bürger und dem Staat aus. Der revolutionäre Terror steht daher nicht im Widerspruch zum Begriff der Freiheit, sondern ist ihr logischer Ausfluß: »Il faut étouffer les ennemis intérieurs et extérieurs de la

---

70 Vgl. CHARTIER (s. Anm. 30).
71 Vgl. OLWEN H. HUFTON, Women and the Limits of Citizenship in the French Revolution (Toronto u.a. 1992), 16–22.
72 Vgl. GUNN (s. Anm. 10), 357.

République, ou périr avec elle; or, dans cette situation, la première maxime de votre politique doit être qu'on conduit le peuple par la raison, et les ennemis du peuple par la terreur. [...] La terreur n'est autre chose que la justice prompte, sévère, inflexible; elle est donc une émanation de la vertu; elle est moins un principe particulier, qu'une conséquence du principe général de la démocratie, appliqué aux plus pressans besoins de la patrie.«[73]

Der öffentliche Raum der Revolution verlangt auf der anderen Seite nach symbolischer Gestaltung. Bilder, Figuren und Handlungen müssen die republikanische Ordnung veranschaulichen, die sich gegen ältere Formen der Öffentlichkeit abgrenzt – namentlich gegen die monarchische und die kirchliche. Die imaginäre Gemeinschaft der neuen französischen Nation manifestiert sich in den Festen und Ritualen der Revolution – im Pflanzen von Freiheitsbäumen oder im Aufführen von allegorischen Darstellungen der Freiheit und der Tugend. An die Stelle der kirchlichen treten ab 1792 patriotische Altäre für die öffentliche Darstellung neugeborener Kinder.[74] Was in den ersten Jahren der Revolution vielfach spontaner Ausdruck der Bürger ist, geht nach 1792 mehr und mehr in die Hände des Staates oder der lokalen Organe über, die es übernehmen, revolutionäre Öffentlichkeit zu organisieren. Aufzüge und lebende Bilder auf Straßen und öffentlichen Plätzen erlauben der Menge, der Herstellung revolutionärer Öffentlichkeit zuzuschauen oder daran mitzuwirken. Beim Fest der Vernunft vom November 1793 verkörpert eine junge Frau, der eine Gruppe bekränzter Mädchen Reverenz erweist, den Begriff. Die Ritualisierung der Öffentlichkeit muß ein Doppeltes leisten: Auf der einen Seite veranschaulicht sie die abstrakten Ideen der Revolution, auf der anderen stellt sie die emotionale Bindung der Mitwirkenden an die revolutionäre Gemeinschaft her. Im Brennpunkt dieser Öffentlichkeit steht die Konstituierung kollektiver Identität. Sie richtet sich nicht mehr an das Publikum der Intellektuellen oder die aufgeklärte öffentliche Meinung der Physiokraten; ihr Ziel sind die Massen, die zu Staatsbürgern erzogen werden müssen.

Die unterstellte Universalität der revolutionären Öffentlichkeit – Freiheit und Gleichheit aller Staatsbürger anstelle der ständischen Unterschiede – enthält zugleich den theoretischen Anspruch der Gleichheit der Geschlechter. Das räsonierende Subjekt ist abstrakt. So wie dieser Abstraktionsprozeß die leseunfähigen Massen ausschloß, benachteiligt er bei Textproduktion wie -rezeption die Frauen, insbesondere diejenigen, die nicht dem gebildeten Adel angehören. Das Überwiegen des männlichen Elements in den öffentlichen Räumen des 18. Jh. setzt sich in der Französischen Revolution fort, ja verstärkt sich in gewissen Beziehungen. Theoetisch legitimiert sich der Widerstand gegen volle Gleichberechtigung durch den Rückgriff auf die Schriften Rousseaus, die der Frau ihren natürlichen Platz vor allem in der häuslichen Sphäre anweisen.[75] Folglich erkennt die Verfassung von 1791 das Wahlrecht nur denjenigen männlichen Bürgern zu, die Eigentum nachweisen können. Die Revolution nimmt gerade dort, wo sie radikal wird, die universale Öffentlichkeits-Konzeption der Aufklärung zurück; diese wird auch später, etwa im Code civil, nicht wiederhergestellt.

Während die liberale Konzeption der Öffentlichkeit Raum für weibliche Beteiligung offenhält, blockiert die republikanische Auffassung aktive Teilnahme. Condorcets 1790 publizierter Aufsatz *Sur l'admission des femmes au droit de cité* versucht, die Nationalversammlung zu überzeugen, Frauen als Staatsbürger anzuerkennen, indem er ihnen den eigenen Gebrauch der Vernunft sowie die Einsicht in die moralischen Prinzipien der Revolution zuerkennt. Die republikanische Position dagegen unterstreicht den in der Natur angelegten Geschlechterunterschied und kritisiert mit diesem Argument die politische Aktivität von Frauen. Dabei bedient sie sich der republikanischen Rhetorik des Dienstes am öffentlichen Wohl. Teil dieser Strategie ist die Einrichtung von revolutionären Gesellschaften und Klubs für Frauen. Ihr Erfolg ist beschränkt, da die führenden Frauen der Gironde die materiellen Bedürfnisse der Massen nicht hinreichend berücksichtigen.[76]

---

73 MAXIMILIEN ROBESPIERRE, Rapport sur les principes de morale politique (Paris 1794), 12 f.
74 Vgl. LYNN HUNT, Politics, Culture, and Class in the French Revolution (Berkeley/Los Angeles 1984), 59.
75 Vgl. LANDES (s. Anm. 29), 66–89.
76 Vgl. HUFTON (s. Anm. 71), 24 f.

Auch auf der symbolischen Ebene resultiert die Abschaffung der patriarchalischen Monarchie nicht in der Gleichberechtigung aller Individuen. Symbolisch führt die Revolution zum Bund der Brüder, in dem die weibliche Stimme zu verstummen hat. Die Vorliebe für weibliche allegorische Figuren (Wahrheit, Gerechtigkeit, Tugend etc.) im öffentlichen Raum unterstreicht die Verschiebung des weiblichen Elements in die abstrakte Beziehung der Bewahrerin. Noch bezeichnender ist die Wahl der Herkulesfigur als Repräsentant der Republik in den Jahren des Terrors: »The masculinity of Heracles reflected indirectly on the deputies themselves; through him they reaffirmed the image of themselves as the band of brothers that had replaced the father-king.«[77] Entsprechend verbietet der radikale Nationalkonvent im Oktober 1793 nach der Niederlage der Gironde, zu der radikale jakobinische Frauenklubs beigetragen hatten[78], die revolutionären Organisationen der Frauen als Gefahr für die öffentliche Ordnung. Der Abgeordnete André Amar gibt in der Nationalversammlung zu bedenken, daß die aktive Teilnahme an der Politik den rationalen politischen Diskurs bedroht und dazu beiträgt, Frauen von ihren wesentlichen Aufgaben in der Familie fernzuhalten.[79] Selbst als Zuschauerinnen sind sie in der Öffentlichkeit nach 1793 nicht mehr willkommen. Das republikanische Tugendideal beschränkt ihren Handlungsspielraum auf den Bereich der Familie.

Unter den Bedingungen der Französischen Revolution bleibt die Gestaltung einer weiblichen Öffentlichkeit auf Ansätze beschränkt. Ihre theoretische Artikulation durch Olympe de Gouges in Frankreich und Mary Wollstonecraft in England (beziehungsweise Theodor von Hippel in Deutschland) setzt die liberale Tradition fort, die sich nunmehr mit Rousseau und der republikanischen Auffassung von Öffentlichkeit auseinandersetzen muß. Diese Spannung erscheint besonders ausgeprägt in de Gouges' Pamphlet *Déclaration des droits de la femme à la reine*, 1791 als Erwiderung auf die französische Verfassung veröffentlicht. Ihr Programm sieht vollkommene Gleichberechtigung zwischen Mann und Frau vor, und zwar nicht nur im Bereich der Ehe und Familie (Eigentums- und Familienrecht), sondern auch in der politischen Öffentlichkeit. Ausdrücklich fordert de Gouges das Recht der freien Rede sowie das aktive und passive Wahlrecht für Frauen. Im Namen der Tugend entwirft sie eine neue Rolle für Frauen, die sich gleichermaßen gegen die sogenannte Sittenlosigkeit des Ancien régime wie auch die maskuline Tugend der Jakobiner abgrenzt – eine Position, die 1793 zu ihrer Verurteilung und Hinrichtung führt.

Insbesondere die Auseinandersetzung der Feministinnen mit Rousseau verdient Beachtung. In Fragen der Erziehung richtet sich Mary Wollstonecraft gegen Rousseaus Empfehlung, Mädchen aufgrund ihrer andersartigen Natur anders zu erziehen als Jungen. Sie wendet sich in *A Vindication of the Rights of Women* (1792) vor allem gegen die Auffassung, daß Mädchen im Hinblick auf männliche Bedürfnisse zu erziehen seien. Wollstonecraft beruft sich auf das (religiös begründete) Prinzip universaler Rationalität, um die Ungleichheit zwischen den Geschlechtern in der Erziehung wie in der Öffentlichkeit zu kritisieren. Unterschiede des Geschlechts, so sehr sie in der Gesellschaft bestehen, heben sich im umfassenderen Begriff der Menschheit (humanity) auf. Das Prinzip der Perfektibilität gilt nicht minder für Frauen als für Männer. Die bestehende Benachteiligung der Frau ist für Wollstonecraft nicht die Folge einer schwächeren körperlichen und geistigen Konstitution, sondern das Ergebnis einer gesellschaftlichen Situation, in der Frauen systematisch in Abhängigkeit gehalten werden und daher ihre Fähigkeiten nicht entwickeln können. Klassenunterschiede, die auf Ungleichheit des Eigentums beruhen, machen Frauen sowohl innerhalb der Familie als auch im öffentlichen Leben abhängig. Wollstonecrafts Gegenentwurf einer besseren Gesellschaft geht von der Umverteilung der Aufgaben in der Familie aus, die sich auf die Struktur der politischen Öffentlichkeit auswirken muß. Die Grundlage ist das Prinzip der Tugend: »A truly benevolent legislator always endeavours to make it the interest of each individual to be virtuous; and thus private virtue becoming the cement of public happiness, an orderly whole is consolidated by the tendency of all

---

77 HUNT (s. Anm. 74), 104.
78 Vgl. HUFTON (s. Anm. 71), 30–33.
79 Vgl. BAKER (s. Anm. 44), 200.

the parts towards a common centre.«[80] Aus diesem Prinzip entwickelt sie das Modell einer Gesellschaft, in der Mann und Frau gleichermaßen private Pflichten erfüllen und als Staatsbürger tätig sind: »While he was employed in any of the departments of civil life, his wife, also an active citizen, should be equally intent to manage her family, educate her children, and assist her neighbours.« (145) Offenbar bleibt die Privatsphäre der Familie die Basis für die Tätigkeit der Frau, doch als gleichberechtigte Staatsbürgerin, die ihrerseits im politischen Raum repräsentiert ist – »women ought to have representatives« (147). Diese aktive Rolle der Frau erfordert zwei einschneidende Veränderungen: eine frei gewählte berufliche Tätigkeit und eine angemessene Erziehung. Im Kapitel ›On National Education‹ spricht sich Wollstonecraft für eine Mischung von öffentlicher und privater Erziehung aus, in der dem Kind die Nähe der Familie erhalten bleibt, während es gleichzeitig durch die öffentliche Schule Kontakte zur Gesellschaft findet. Ferner befürwortet sie einen gemeinsamen Schulunterricht für Mädchen und Jungen, wodurch der universalistische Charakter ihres Programms deutlich zum Ausdruck kommt.

Im ausgehenden 18. Jh. kämpfen eine Reihe von Öffentlichkeitsmodellen um die Vorherrschaft, unter anderem das rationalistisch-liberale und das republikanische der Jakobiner.[81] Freilich bleiben beide gegenüber der tatsächlichen gesellschaftlichen Entwicklung abstrakt, denn sie erfassen die plebejischen Schichten nur von außen. Insbesondere die liberale Tradition steht im 19. Jh. vor dem Problem, die Lebenserfahrungen der Massen mit dem Begriff des räsonierenden Publikums zu vereinbaren, während ihr die konservative Theorie vorwirft, mit der Idee einer abstrakten universalen Öffentlichkeit die Autorität der staatlichen (monarchischen) Ordnung für immer untergraben zu haben. Die Furcht vor dem Pöbel prägt selbst die Äußerungen der radikalen englischen Jakobiner in den 1790er Jahren. »Im allgemeinen versuchte die jakobinische Protestbewegung jedoch, sich von den Aktionsformen der traditionellen plebejischen Kultur deutlich abzusetzen.«[82] Entsprechend heißt es in *A Summary of the Duties of Citizenship* (1795): »But, Citizens, in whatever cause you persevere, let no riot, in hellish stain, blot your conduct«.[83] Folglich kommt es bei der Organisation von Massenversammlungen im öffentlichen Raum darauf an, die Teilnehmer so zu disziplinieren, daß der Regierung keine Gelegenheit zum Eingriff gegeben wird. Doch grundsätzlich besteht das Problem für die radikalen Reformer darin, daß sich die traditionelle plebejische Kultur gegenüber ihren Aufklärungsbemühungen weitgehend als resistent erweist, d. h. es entsteht nur teilweise eine rationale Öffentlichkeit. Daher stellen sich die Reformer die Aufgabe, diese durch die Arbeit ihrer Klubs und Gesellschaften herzustellen. So heißt es in einem zeitgenössischen Bericht: »The discussion in the divisions and in the sunday afternoon reading and debating associations held in their own rooms, opened to them views to which they had been blind. They were compelled by those discussions to find [reasons] for their opinions, and to tolerate the opinions of others.«[84] Allerdings entspricht die Wirklichkeit der Versammlungen selten dem Ideal, da die traditionellen plebejischen Umgangsformen mit der rationalen Disziplin in Konflikt geraten.

III. Die klassische Öffentlichkeit im Liberalismus 1815–1880

1. Politische Öffentlichkeit: Ihre Theorie und ihre Verwirklichung

Aus der historischen Rückschau stellt sich die Periode zwischen dem Ende der Napoleonischen Kriege und der Revolution von 1848 bzw. der

---

80 MARY WOLLSTONECRAFT, A Vindication of the Rights of Women (1792), hg. v. C. H. Poston (New York/London 1988), 144.
81 Vgl. BAKER (s. Anm. 44), 207.
82 GÜNTHER LOTTES, Politische Aufklärung und plebejisches Publikum. Zur Theorie und Praxis des englischen Radikalismus im späten 18. Jahrhundert (München/Wien 1979), 178.
83 A Summary of the Duties of Citizenship, hg. v. d. London Corresponding Society (London 1795), 15; vgl. LOTTES (s. Anm. 82), 178.
84 FRANCIS PLACE, Place Papers, zit. nach LOTTES (s. Anm. 82), 209.

englischen Parlamentsreform von 1867 als das klassische Zeitalter der bürgerlichen Öffentlichkeit dar. Dieses Konstrukt zwängt die widerspruchsvolle, keineswegs lineare europäische Entwicklung in ein allzu rigides Schema. In Großbritannien zumal sind die Jahre zwischen dem Ausbruch der Französischen Revolution und der Reform Bill von 1832 durch radikale politische und soziale Auseinandersetzungen gekennzeichnet, von denen der Begriff der Öffentlichkeit wie auch seine Anwendung in der politischen Praxis betroffen sind. Durch zwei Faktoren unterscheiden sich diese Auseinandersetzungen von den sozialen Kämpfen des 18. Jh.: Erstens entwickelt sich in England die Presse zu einem wirkungsvollen Instrument der Kommunikation, das nunmehr auch das breite Massenpublikum erfaßt[85], zweitens erreicht das sich als Klasse konstituierende Proletariat Formen der politischen Organisation, die eine auch formal erkennbare Gegenöffentlichkeit herstellen.[86] Indem die ›lower classes‹ ihre eigenen massenhaften Publikationsorgane entwickeln, gelingt es ihren Führern, sich an den nationalen Debatten über die Gestalt der politischen Öffentlichkeit zu beteiligen. Die Chartisten können trotz der anhaltenden Versuche der Regierung, die radikale Presse durch Besteuerung von Zeitungen zu behindern, ihre Forderungen nach radikaler Reform des Parlaments in die Öffentlichkeit einbringen. In der politischen Diskussion des frühen 19. Jh. spielt der Begriff der ›public opinion‹ eine zentrale Rolle; er wird von den verschiedenen Parteien innerhalb und außerhalb des Parlaments für die eigene Position in Anspruch genommen. Die Semantik des Begriffs bleibt umstritten; insbesondere besteht keine Einigkeit darüber, wessen Meinung als die öffentliche gilt.

Während die radikalen Reformer die öffentliche Meinung auf das Volk zurückführen und als seine Stimme gegen Regierung und Parlament betrachten, warnen die Konservativen vor der Erweiterung des Volksbegriffs und unterscheiden zwischen ›the people‹ und ›the multitude‹. So heißt es in der Zeitschrift *The White Dwarf*: »Politicians have indeed lately, but most unwisely, spoken of the *multitude* as the *people*; and aspiring men have taken advantage of this confusion of terms, and using the word *people* in the way, in which it is recognized and acknowledged as respectable in the established law of the land, have dignified the *multitude* with that exclusive appellation.«[87] Daraus folgt nicht nur der Ausschluß der Menge vom aktiven Wahlrecht, das die radikalen Reformer fordern, sondern von der öffentlichen Kommunikation überhaupt. Auf der Gegenseite betont die radikale Zeitschrift *The Pioneer* 1834 – nach der Wahlreform von 1832, in der das Eigentum entscheidendes Kriterium für die Beteiligung blieb: »Those who call themselves the liberal statesmen of the present day, must go progressively with the people; but in the word *people* (a word very much misunderstood) they must [...] include *us*, the productive labourers, for what are the people without us.«[88]

Im liberalen Lager zeichnet sich die Bereitschaft ab, den Begriff des Volkes auf die Mittelklasse auszuweiten, die vor 1832 nicht im Parlament vertreten ist, u. a. die Fabrikanten, Geschäftsleute und kleinen Landbesitzer (farmer). Durch die Parlamentsreform von 1832 wird diese Auffassung des Volks und die sie legitimierende Konzeption der öffentlichen Meinung politische Wirklichkeit. An die Stelle des souveränen Parlaments, das seine Verhandlungen geheim abhalten darf, tritt nunmehr ein Unterhaus, das sich gegenüber der öffentlichen Meinung legitimieren muß. Diese Auffassung, die mehr und mehr zur herrschenden wird, kann sich zu der Annahme verschärfen, daß die öffentliche Meinung die eigentliche Grundlage der Regierungsgewalt sei. Das Unterhaus nimmt dann eine vermittelnde Rolle ein: Es ist der Ort für Petitionen aus dem Volk und Kritik der Regierung durch die Abgeordneten der Opposition. Exemplarisch wird diese Auffassung von William A. MacKinnon vertreten: »A government, we repeat it, in a country where public opinion is

---

85 Vgl. RICHARD D. ALTICK, The English Common Reader. A Social History of the Mass Reading Public 1800–1900 (Chicago 1957), 318–347.
86 Vgl. EDWARD PALMER THOMPSON, The Making of the English Working Class (Harmondsworth 1963).
87 The White Dwarf (24. 1. 1818), zit. nach ANDREAS WIRSCHING, Parlament und Volkes Stimme. Unterhaus und Öffentlichkeit im England des frühen 19. Jahrhunderts (Göttingen/Zürich 1990), 104.
88 The Pioneer (28. 6. 1834), zit. nach WIRSCHING (s. Anm. 87), 103.

powerful, must be directed by such public opinion, and follow its dictates.« Er setzt voraus, daß das Land »a civilized country«[89] ist, in dem ein Prozeß der Aufklärung stattgefunden hat. Ähnlich wie Kant argumentiert er, daß ein despotischer Herrscher die Ausbreitung der öffentlichen Meinung zwar zeitweilig behindern, aber nicht aufhalten kann. Allerdings gibt MacKinnon für das Wachsen der öffentlichen Meinung in England eine handfeste ökonomische Erklärung, nämlich das Wachstum des nationalen Vermögens aufgrund der industriellen Revolution. Aus dem ökonomischen Argument leitet sich ein soziales ab: Zum eigentlichen Träger der öffentlichen Meinung erklärt der Autor die den Reichtum produzierende Mittelklasse, während Adel und ›lower classes‹ einen geringeren Anteil haben. Für MacKinnon führt der Weg der britischen Geschichte von 1688 als dem Beginn der politischen Öffentlichkeit unter dem Vorzeichen eines vom Adel gesteuerten politischen Kompromisses bis zur Herrschaft einer von den Mittelschichten beherrschten öffentlichen Meinung in der Gegenwart. Ohne die Basis des Eigentums (Kapital) bleibt die öffentliche Meinung wirkungslos. Ihr Einfluß macht sich vor allem im Unterhaus bemerkbar, das nun als das repräsentative Organ der öffentlichen Meinung erscheint. Es »represents, what it ought to do, the property of the country, that is, the upper and the middle class of society«. Daraus leitet sich nicht der Einschluß der unteren Klassen ab. Ein allgemeines Wahlrecht, so MacKinnon, würde die politische Repräsentation der besitzenden Klassen untergraben und gleichzeitig die öffentliche Meinung den Massen ausliefern: »Instead of being the principal organ of public opinion, and of the middle class, it [das Unterhaus – d. Verf.] would be that of the lower class, and of popular clamour.« (184). Mit diesem Ausdruck wird die negative Seite der öffentlichen Meinung charakterisiert, nämlich der Druck der Massen auf die gewählten Volksvertreter. Die öffentliche Meinung wird hier als das Prärogativ der besitzenden Mittelklasse behandelt und im wesentlichen auf diese eingeschränkt. Noch vor der Wahlreform fürchtet MacKinnon die Marginalisierung des Bürgertums durch die zahlenmäßige Stärke der unteren Klassen. »If the representation by universal suffrage were allowed, an assembly so elected could only represent the lower class, and not follow public opinion, which [...] depends chiefly on the middle class.« (197–199)

Die weitgehende Zustimmung zur Idee der Öffentlichkeit durch das Instrument der öffentlichen Meinung ist nicht gleichbedeutend mit der Anerkennung eines Prinzips universaler Rationalität. Andreas Wirsching unterscheidet drei in England nebeneinander bestehende Positionen: »eine aufklärerisch-bildungsoptimistische (1), eine konservativ-pessimistische (2) und eine liberale eigentumsorientierte (3)«[90]. In Fortsetzung der Aufklärung setzen Dugald Stewart und der Kreis um die *Edinburgh Review* auf die schrittweise Demokratisierung der Öffentlichkeit, die schließlich die ganze Nation umfassen würde. Die aufklärerische Tradition kann sich hier auf Thomas Paines *The Rights of Man* (1791/92) berufen, wo der Staat als eine Vereinigung definiert wird, die aus der Gesellschaft hervorgeht. »Government is nothing more than a national association acting on the principles of society.«[91] Folglich ist auch jedes Individuum als Staatsbürger an der Regierung beteiligt: »In the representative system, the reason for everything must publicly appear. Every man is a proprietor in government, and considers it a necessary part of his business to understand.« (179) Infolge des enormen publizistischen Erfolgs der Schrift in England (ca. 200.000 verkaufte Exemplare) verstärkt sich der öffentliche Druck, die Struktur des Parlaments zu ändern. Gleichzeitig führt die breite und kontroverse Diskussion über Paines Ideen innerhalb der reformwilligen Gruppen zu ideologischen Ausdifferenzierungen. Bei Jeremy Bentham und den Utilitaristen wird die Einlösung einer unbeschränkten Öffentlichkeit bereits in die Gegenwart verlegt. Bentham fordert das allgemeine Wahlrecht und sieht in seinem Verfassungsentwurf das ›Public Opinion Tribunal‹ als ein kritisches Gegengewicht gegenüber dem Staat vor.

---

89 WILLIAM A. MACKINNON, On the Rise, Progress and Present State of Public Opinion in Great Britain and Other Parts of the World (London 1828), 25.
90 WIRSCHING (s. Anm. 87), 344.
91 THOMAS PAINE, The Rights of Man (1791/1792; New York 1991), 165.

Auf der konservativen Seite dagegen unterstreichen Publizisten und Politiker wie Robert Peel und Horace Twiss die problematische Natur der öffentlichen Meinung. In ihrer Kritik wird der kommerzielle Charakter der neuen bürgerlichen Gesellschaft zum Grund für eine skeptische Einschätzung. Man bezweifelt die Fähigkeit des Publikums zu unparteiischer Rationalität und fürchtet den tyrannischen Charakter der öffentlichen Meinung.[92] Es ist bemerkenswert, daß dieses für den späteren Liberalismus eigentümliche Argument bereits in den 1820er und 1830er Jahren eine wichtige Rolle spielt. Angesichts solcher Skepsis läuft die Rettung der idealen öffentlichen Meinung darauf hinaus, zwischen ›popular clamour‹ und ›public opinion‹ zu unterscheiden. »But popular clamour«, heißt es 1817 in einer Parlamentsrede, »is not public opinion. Popular feeling is sometimes hasty, often fluctuating, frequently raised in false and erroneous grounds. [...] But when public opinion is the cool and deliberate sense of the nation, formed upon mature reflection, it must always have its effect upon this House [das Unterhaus – d. Verf.]. The House must and will conform to it.«[93] Der Begriff der Nation signalisiert hier den Anspruch, über den partikulären Interessen zu stehen.

Im weiteren Ausbau der liberalen Position, wie wir sie bei Walter Bagehot und John Stuart Mill finden, spielt die Vorstellung einer Klärung und Reinigung der öffentlichen Meinung eine wichtige Rolle. In *The English Constitution* (1867) beschreibt Bagehot den tatsächlichen Zustand des englischen Parlamentarismus zwischen 1832 und 1867 mit einem Maß an Realismus, das dem Frühliberalismus eines Bentham und James Mill noch fremd war. Während John Stuart Mill in seinen *Considerations on Representative Government* (1861) noch vom Begriff der Gewaltenteilung ausging, um die englische Verfassung zu beschreiben, legt Bagehot offen, wie sehr sich das Gefüge des englischen Parlamentarismus zugunsten des Premierministers und seines Kabinetts verschoben hat. Vor allem die Abgeordneten des Parlaments haben unter dem Druck des ›party systems‹ an Einfluß verloren. In dieser strategischen Analyse der Machtverhältnisse bleibt für die Mehrheit des Volkes kein Platz. Dieser vor 1867 nicht wahlberechtigten Mehrheit wird ein entscheidender Einfluß nicht zugestanden. »The English constitution in its palpable form is this – the mass of the people yield obedience to a select few; and when you see this select few, you perceive that though not of the lowest class, nor of an unrespectable class, they are yet of a heavy sensible class«[94]. Ungeachtet dieser kritischen Beurteilung der Massen hält Bagehot an der konstituierenden Kraft der öffentlichen Meinung fest. »Parliament by its policy and its speech well embodies and expresses public opinion.« (177) Für Bagehot stellt das Parlament im Idealfall eine Schule der Nation dar, eine Rolle, die es freilich zu seinem Verdruß nicht würdig ausfüllt. So betont er: »I maintain [...] that opinion is much more fixed by its property than by its mind.« (179) Für Bagehot ist diese Qualifikation des Geistes durch das Eigentum nicht nur eine Tatsache, sondern wünschenswert, weil sie stabilisierend wirkt. Gegenüber dem Frühliberalismus hat sich bei ihm das Verhältnis von Regierung und Publikum verkehrt. Er sieht das Publikum in einer eher passiven Rolle. »It is for our principal statesmen to lead the public, and not to let the public lead them.« Nicht die Stärke seiner rationalen Argumente, sondern seine charismatische Kraft charakterisiert Bagehots Staatsmann: »What is mostly needed is the manly utterance of clear conclusions.« (276)

Aus der Pespektive des Individuums oder einer Minorität kann unter den Bedingungen der neuen Machtverteilung die öffentliche Meinung als eine Gefahr erscheinen. Solche Befürchtungen leiten die Erwägungen von John Stuart Mill in seiner Schrift *On Liberty* (1859), die die öffentliche Meinung als eine potentielle Gefahr für die Freiheit des Individuums kennzeichnet. Mill thematisiert den Gegensatz von Individuum und Gesellschaft, wobei die öffentliche Meinung der bedrohlichen Macht der Gesellschaft zugeschlagen wird. Herrschaft des Volkes, verkörpert durch seine Mehrheit, hat bei Mill den Charakter eines selbstver-

---

92 Vgl. WIRSCHING (s. Anm. 87), 345.
93 [NICHOLL], [Parlamentsrede vor dem House of Commons 1817], in: W. Cobbett (Hg.), The Parliamentary Debates: From 1803 till February 1832 (London [ca. 1832]), Serie 1/36, Sp. 744; vgl. WIRSCHING (s. Anm. 87), 345.
94 WALTER BAGEHOT, The English Constitution (1867), hg. v. R. H. Crossman (Ithaca 1963), 248.

ständlichen und unbezweifelbaren Ideals verloren, denn sie enthält die Drohung der Unterdrückung von in der Minderzahl befindlichen Individuen. Für Mill ist der entscheidende Gesichtspunkt der Schutz des Individuums gegen »political despotism«[95]. Die Herrschaft der Mehrheit beruht, Mill zufolge, auf »law or opinion« (10). In dieser Zusammenstellung, bei der der Begriff der Meinung die Qualifikation ›public‹ bezeichnenderweise verloren hat, erscheint ›opinion‹ als Ausdruck von Macht und nicht als Index eines kritischen Einspruchs gegen die Macht des Staates, der nunmehr als Instrument der Gesellschaft gedacht ist. Entsprechend wird die Meinungsfreiheit (›freedom of opinion‹) auf die Seite des Individuums verschoben, denn ihr institutioneller Ausdruck, etwa durch die Presse, gilt Mill als gesichert. So wird nicht die Idee der »liberty of public discussion« (20) in Frage gestellt, sondern ihre Anwendung in der Gesellschaft. Es geht nicht mehr um soziale und politische Kritik, sondern um Toleranz und Schutz des Individuums. Auf diese Weise wird die öffentliche Meinung zu einer gesellschaftlichen Macht unter anderen, die von partikulären sozialen Interessen bestimmt ist. Gleichwohl ist festzuhalten, daß Mill das Prinzip der Wahrheitsfindung durch öffentliche Diskussion bekräftigt. So zerfällt Öffentlichkeit in zwei Teile: auf der einen Seite die Idee der Meinungsfreiheit und das Verfahren der öffentlichen Diskussion und auf der anderen die durch die Mehrheit beherrschte öffentliche Meinung als gesellschaftliche Macht.

Obgleich sich die deutsche Konzeption der Öffentlichkeit mit der englischen zum guten Teil überschneidet, bleiben auch im 19. Jh. Unterschiede bestehen, die einmal auf die Andersartigkeit der gesellschaftlichen und politischen Bedingungen (Tradition des Absolutismus und der Ständegesellschaft) und zum anderen auf die Eigenart der philosophischen Tradition (Idealismus) zurückzuführen sind. Beides zeigt sich schon in der deutschen Reaktion auf die Französische Revolution. Gegen die ältere Ansicht, daß die französischen Ereignisse in Deutschland nur unter Intellektuellen ein Echo gefunden hätten, hat die neuere Forschung geltend gemacht, daß die Aufnahme und Verarbeitung in der deutschen Öffentlichkeit entschieden breiter war. Nachweislich verstärken sich auch in Deutschland in den 90er Jahren die sozialen Unruhen.[96] Die eintretende Politisierung der Mittel- und Unterschichten kann zwar die Grundpfeiler der ständischen Ordnung noch nicht erschüttern, macht sich jedoch in der öffentlichen Diskussion bemerkbar. Nicht nur die Gebildeten, sondern auch die breiten Schichten, unter ihnen die Bauern, waren über die französische Entwicklung durch Zeitungen und Pamphlete unterrichtet. Die Dynamik der Öffentlichkeit, so sehr sie noch regional bleibt, nimmt zu. »Mit dem Aufbau dieses Informationssystems und seiner Kommunikationsstrukturen formiert sich dann auch die Öffentlichkeit hierzulande auf einer neuen Stufe. Sie organisiert sich gerade auch im ›raisonnierenden‹ Diskurs über die Revolution und deren Bedeutung für Deutschland.«[97] In einzelnen Städten kommt es zu Versuchen, die Ausdrucksformen der Französischen Revolution zu imitieren, auf der anderen Seite warnen führende Schriftsteller wie Schiller und Goethe vor den Folgen der Gewalt. Diese ambivalenten Erfahrungen werden sich später – sowohl auf liberaler als auch auf konservativer Seite – in der Theorie niederschlagen. Für die Neugestaltung der deutschen Öffentlichkeit wird es im 19. Jh. zwei Vorbilder geben: das radikale Frankreich und das liberale England.

An den Wörterbüchern und Enzyklopädien ist abzulesen, daß sich in der ersten Hälfte des 19. Jh. nicht nur der Ausdruck ›öffentliche Meinung‹, sondern auch der Terminus ›Öffentlichkeit‹ in Deutschland durchgesetzt hat. Seine repräsentative Darstellung findet der Begriff der Öffentlichkeit 1841 in Carl von Rottecks und Carl Welckers *Staats-Lexikon*. Welckers Artikel ›Oeffentlichkeit‹ erklärt Öffentlichkeit zur Bedingung der gesellschaftlichen Freiheit. In offener Po-

---

95 JOHN STUART MILL, On Liberty (1859; Upper Saddle River 1956), 7.
96 Vgl. HELMUT BERDING, Die Ausstrahlung der Französischen Revolution auf Deutschland, in: H. Böning (Hg.), Französische Revolution und deutsche Öffentlichkeit. Wandlungen in Presse und Alltagskultur am Ende des 18. Jahrhunderts (München 1992), 3–16.
97 WOLFGANG KASCHUBA, Revolution als Spiegel. Reflexe der Französischen Revolution in deutscher Öffentlichkeit und Alltagskultur, in: Böning (s. Anm. 96), 382.

lemik richtet sich der Autor gegen den Absolutismus der frühen Neuzeit und feiert die freiheitliche Verfassung Englands nach der Revolution von 1688 als unübertroffenes Vorbild. Er schließt sich der whiggistischen Interpretation der englischen Geschichte an und spricht sich für ihre Anwendung auf den europäischen Kontinent aus. »Das ganze politische Leben freier Völker bewegt sich in der Oeffentlichkeit, wie man athmet in der Luft.«[98] Das Urteil über Deutschland lautet: »Wir besitzen weder sie [die Öffentlichkeit] noch die politische Freiheit«. Aufmerksamkeit verdient die enge Verbindung der Konzeptionen Öffentlichkeit und Nation in Welckers Text. Die durch die Öffentlichkeit abgesicherte Freiheit ist gedacht als eine der deutschen Nation, nicht als universale Freiheit der Menschheit. Öffentlichkeit und staatliche Macht werden zusammengedacht. »Nach dem Bisherigen besteht also die vollständige Oeffentlichkeit im Politischen darin, daß alle Staatsangelegenheiten als dem ganzen Staate und allen seinen Bürgern gemeinschaftlich angesehen, mithin durch möglichste Zulassung ihres Zusehens und Zuhörens, durch öffentliche Darlegung und durch die Freiheit aller Organe der öffentlichen Meinung allgemein bekannt gemacht, und so weit dieses ausnahmsweise und vorübergehend unmöglich ist, doch nie dauernd der öffentlichen Kenntnisnahme entzogen werden.« (250). Politische Öffentlichkeit zergliedert sich nach Welcker gemäß den drei Gesichtspunkten der Legislative, der Exekutive und der Jurisdiktion. Gegenüber Kant hat sich der Begriff der Öffentlichkeit sowohl erweitert als auch legalistisch konkretisiert. Kants Forderung nach Freiheit im öffentlichen Gebrauch der Vernunft ist bei Welcker ein Punkt unter mehreren. Er folgt der Forderung nach Öffentlichkeit aller staatlichen Verhandlungen sowie der Öffentlichkeit der »gedruckten Bekanntmachung der Protokolle und Actenstücke«.

Auch Welcker leitet die öffentliche Meinung aus der Idee der Öffentlichkeit ab. »Sie besteht in der öffentlichen oder allgemein erkennbaren Ansicht, Ueberzeugung und Absicht der Staatsgesellschaft oder der Nation über ihre gemeinschaftlichen oder öffentlichen Verhältnisse, Rechte und Pflichten, Bedürfnisse und Interessen. Ihre Freiheit besteht in dem Rechte, diese Meinung auf allen an sich rechtlichen Wegen aussprechen und vernehmen zu dürfen.« (251) Der Artikel setzt sie mit der Volksmeinung (vox populi) in eins und weist ihr (im Anschluß an das Römische Recht) die Aufgabe zu, einen freien und vernünftigen Konsensus zu erzielen. So will sich Welcker gegen zwei nach seinem Urteil problematische Auffassungen der öffentlichen Meinung abgrenzen, nämlich die des revolutionären Jakobinismus und die Konzeption Rousseaus. Welcker bindet die öffentliche Meinung an Prinzipien des Naturrechts, um revolutionäre Volkswillkür auszuschalten. Gegen Rousseaus Volksversammlung der direkten Demokratie führt er ins Feld, daß »die *Stimmenmehrheit* stets jene Grundlagen und höchsten Grundsätze anerkennen, sich so dem wahren, bleibenden *Gesammtwillen* unterordnen« (254) muß. Diese Absicherung erlaubt es Welcker, das Prinzip der Öffentlichkeit in einer Reihe von Staatsformen, unter anderem der Monarchie (England), verwirklicht zu sehen. Im englischen Verfassungsstreit der 1820er Jahre hätte er also sowohl auf der liberalen als auch auf der konservativen Seite stehen können.

Ein wichtiger Punkt ist schließlich auch bei Welcker die Abgrenzung der wahren von der »falschen und kranken öffentlichen Meinung« (260), nicht nur gegen absolutistische Repression und revolutionäre Willkür, sondern auch gegen innere Formen der Dekadenz, nämlich Sinnlichkeit und Selbstsucht. Allerdings konkretisiert sich dieser Einwand nicht als Stellungnahme gegen partikulare Interessen. Das Kriterium des Eigentums spielt in Welckers Artikel keine wesentliche Rolle. Der Nachdruck liegt vielmehr auf dem Willen zur Emanzipation des deutschen Volkes aus seiner politischen Unmündigkeit. »Es ist eine Abgeschmacktheit und eine Beleidigung, zu behaupten, daß wir Deutsche nur erst in langsamer organischer Entwickelung zur Oeffentlichkeit und Freiheit heranwachsen müßten.« (264) In dieser Beurteilung berührt sich Welcker mit der radikalen literarischen Intelligenz der 1830er und 1840er Jahre, die auf

---

98 CARL WELCKER, ›Oeffentlichkeit‹, in: C. v. Rotteck/ C. Welcker, Staats-Lexikon. Encyklopädie der sämmtlichen Staatswissenschaften für alle Stände, Bd. 10 (Altona 1848), 247.

dem Wege der Literatur- und Kulturkritik eine politische Öffentlichkeit schaffen will. In der philosophischen Diskussion werden die wesentlichen Einwände gegen die liberale Konzeption von Hegels politischer Philosophie vorgetragen. Hegels Beitrag zum Diskurs über die öffentliche Meinung ist hochgradig ambivalent. Auf der einen Seite bringt er den konservativen Zweifel am Wert der öffentlichen Meinung auf den Begriff, indem er ihre Funktion im Zusammenhang einer Diskussion über die moderne bürgerliche Gesellschaft behandelt. Auf der anderen Seite unterstützt seine Kritik innerhalb der deutschen Verhältnisse den Liberalismus der staatlichen Bürokratie. In den *Grundlinien der Philosophie des Rechts* (1821) wird freilich die politische Spitze seiner Ausführungen nicht sehr anschaulich. Seine Position konkretisiert sich hingegen prägnant im Aufsatz *Über die englische Reformbill* (1831), einer Auseinandersetzung mit der englischen Verfassung sowie dem englischen Liberalismus im weiteren Sinn. Daß Hegel hier auf der Seite der Reformer steht und wenig Sympathien für die Verteidiger alter Privilegien hat, ist offensichtlich. Die Verknüpfung des parlamentarischen Systems mit privaten Vorteilen wird scharf kritisiert, auch wenn diese Praxis sich hinter der Idee einer Bewahrung alter Traditionen verbirgt. Hegel befürwortet im englischen Verfassungsstreit eine rationale Lösung und fürchtet, daß sie an der Macht der alten Privilegien scheitern wird. Im Vergleich mit dem aufgeklärten deutschen Absolutismus schneidet die bestehende englische Verfassung schlecht ab: »Soviel als in Deutschland eine mehrhundertjährige stille Arbeit der wissenschaftlichen Bildung, der Weisheit und Gerechtigkeitsliebe der Fürsten bewirkt hat, hat die englische Nation von ihrer Volksrepräsentation nicht erlangt.«[99] Hegels Kritik an der Beschränkung der Zulassung zur Wahl auf »die Eigenschaft der Zehn-Pfund-Rente« indes führt nicht zur Forderung nach dem allgemeinen Wahlrecht, sondern zum Preis einer einsichtsvollen und erfahrenen Beamtenschaft, die über den Privatinteressen steht. Hegel bekennt sich hier zum Geist des ›bürokratischen Liberalismus‹[100], in dem die öffentliche Meinung eine nur beschränkte Rolle spielt. In der abstrakten Terminologie von Hegels Rechtsphilosophie wird die öffentliche Meinung spezifiziert als die subjektive, inorganische Freiheit des Volkes, seine Meinung zu äußern. Sie steht im Wert zwischen dem beliebigen und politisch folgenlosen Urteil des einzelnen und dem Substantiellen, dem Allgemeinen und Wahren, das durch den Staat und seine aufgeklärte Beamtenschaft verkörpert wird. Hegel ist weit davon entfernt, sie als die Grundlage der Wahrheitsfindung anzuerkennen.»Die öffentliche Meinung verdient daher ebenso *geachtet* als *verachtet* zu werden, dieses nach ihrem konkreten Bewußtsein und Äußerung, jenes nach ihrer wesentlichen Grundlage, die, mehr oder weniger getrübt, in jenes Konkrete nur scheint.«[101] Sie erscheint in einer modernen Gesellschaft als unerläßlich, doch stellt sie nur die vorläufige und unmittelbare Meinung des Volkes dar. »Die öffentliche Meinung ist die unorganische Weise, wie sich das, was ein Volk will und meint, zu erkennen gibt. Was sich wirklich im Staate geltend macht, muß sich freilich auf organische Weise betätigen, und dies ist in der Verfassung der Fall.« (483) An einer formalen Abgrenzung zwischen Volk und öffentlicher Meinung scheint Hegel wenig gelegen zu sein, da der bloß subjektive Charakter der öffentlichen Meinung sie von vornherein als unvollkommen erscheinen läßt, »indem in ihr Wahrheit und endloser Irrtum so unmittelbar vereinigt ist« (484). Eine Reinigung der öffentlichen Meinung ist Hegel zufolge ebenso erforderlich wie ihre institutionelle Fundierung in der Ständeversammlung des korporativen Staates. So nimmt er gerade die Modernität der öffentlichen Meinung, ja der Öffentlichkeit überhaupt wieder zurück und kritisiert die bürgerliche Gesellschaft, in der sie sich konstituiert hat, als ein System antagonistischer, partikularer Privatinteressen, von der die Wahrheit des Allgemeinen nicht zu erwarten ist. In der Zweischneidigkeit dieser Kritik liegt die Ambiguität von Hegels Wirkung: Auf der einen Seite unterstützt sie eine konservative Kritik der öffentlichen Meinung im Rahmen einer kor-

---

99 GEORG WILHELM FRIEDRICH HEGEL, Über die englische Reformbill (1831), in: HEGEL (TWA), Bd. 11 (1970), 103 f.
100 Vgl. DIETER LANGEWIESCHE, Liberalismus in Deutschland (Frankfurt a. M. 1988), 15–20.
101 HEGEL, Grundlinien der Philosophie des Rechts (1821), in: HEGEL (TWA), Bd. 7 (1970), 485.

porativen Verfassung, auf der anderen Seite führt sie zu einer radikalen Analyse des Zusammenhangs von Öffentlichkeit und Eigentumsrechten in der bürgerlichen Gesellschaft. Ihr Ergebnis bei Karl Marx ist die Entlarvung der bürgerlichen Öffentlichkeit als Ideologie.

Peter Uwe Hohendahl

2. Marx' Kritik der bürgerlichen Öffentlichkeit

Nach Hegel wird die moralische Wahrheit der Öffentlichkeit durch ihre Einbindung in eine von der Verfolgung subjektiver Interessen bestimmte bürgerliche Gesellschaft in Frage gestellt. In seiner Auseinandersetzung mit Hegels *Grundlinien der Philosophie des Rechts* benutzt Marx diese Erkenntnis Hegels, um die Idee der klassischen Öffentlichkeit als Fiktion zu entlarven. Was für Hegel eine phänomenologische Feststellung ist – das Handeln des Subjekts in der bürgerlichen Gesellschaft sei, weil individuell, notwendigerweise qualitativ begrenzt und erfordere den Harmonie schaffenden Eingriff des Staates –, wird in Marx' materialistischer Analyse zur Entlarvung der in der bürgerlichen Öffentlichkeit repräsentierten ›Universalinteressen‹ als Klasseninteressen. Marx charakterisiert die Gleichsetzung, die die bürgerliche Öffentlichkeit zwischen bürgerlicher und menschlicher Gesellschaft vornimmt, als Ideologie. Sie verdeckt die Klasseninteressen, die auf dem Erwerb und Schutz von Eigentum beruhen: »Die Gesetze, die Moral, die Religion sind für ihn [den Proletarier – d. Verf.] ebenso viele bürgerliche Vorurteile, hinter denen sich ebenso viele bürgerliche Interessen verstecken.«[102] Marx erklärt so die Einschreibung ökonomischer Herrschaft in die Ideologie der politischen Emanzipation. Das Ideal einer universellen, aus der bürgerlichen Gesellschaft erwachsenden Öffentlichkeit ist nach Marx eine Unmöglichkeit, denn die bürgerliche Gesellschaft ist im Prinzip privat und egoistisch. Dabei wahrt der moderne Staat genau die Bedingungen der bürgerlichen Gesellschaft, die die Universalität der Öffentlichkeit unmöglich machen. Wenn der bürgerliche Staat seine letzte und demokratischste Form erreicht, unterstützt er eine Gesellschaft gespaltener Wesen: »Die Spaltung des Menschen in den *öffentlichen* und in den *Privatmenschen* [...] ist die *Vollendung* der politischen Emanzipation«[103]. Je fortschrittlicher der Staat, desto stärker gründet sich das Gemeinwesen auf die durch Individualinteressen gelenkte gesellschaftliche Partikularität. Die Rechte des Menschen werden die Rechte des egoistischen, vom Gemeinwesen abgetrennten Menschen; die Idee der menschlichen Freiheit wird verankert in Privateigentum; das Prinzip der Freiheit wird umgemünzt zum »Recht des Eigennutzes« (365). Die Spaltung des Menschen in öffentlich und privat, die Kant als notwendig für friedliche gesellschaftliche Veränderungen erachtete, ist für Marx ein Symptom der Selbstentfremdung, eine Lüge, die das Proletariat aufdecken muß. Mit dem Begriff ›öffentlich‹ bezieht Marx die ideologische Alternative zum Privaten in die Konstruktion der bürgerlichen Gesellschaft ein, bezeichnet aber auch das ›allgemeine Interesse‹, den Geist menschlicher Interdependenz, als den Ort wahrer menschlicher Existenz. Dieser gesellschaftliche Aspekt von ›öffentlich‹ behält jedoch utopischen Charakter.

Marx verteidigt aber auch die öffentliche Äußerung von Bedürfnissen gegenüber Hegels Staatsidealismus als einen Mechanismus des Fortschritts und der Veränderung. Ein Hauptpunkt in seiner Kritik an Hegels Rechtsphilosophie ist, daß sie den Menschen die sozialen Bedürfnisse entfremdet, indem sie diese in staatlichen Vorgängen und Staatskörpern abstrahiert und mystifiziert. Er argumentiert, daß die in der elitären Bürokratie verkörperte Autorität des Hegelschen Staates in der Macht darüber bestehe, Wissen im Privaten zu halten, und entwickelt eine kritische Norm des Öffentlichen: »Die Bürokratie hat das Staatswesen, das spirituelle Wesen der Gesellschaft in ihrem Besitze, es ist ihr *Privateigentum*. Der allgemeine Geist der Bürokratie ist das *Geheimnis*, das Mysterium [...]. Der offenbare Staatsgeist, auch die Staatsgesinnung erscheinen daher der Bürokratie als ein *Verrat* an ihrem Mysterium.«[104] Marx geht noch einen Schritt wei-

---

102 KARL MARX/FRIEDRICH ENGELS, Manifest der Kommunistischen Partei (1848), in: MEW, Bd. 4 (1959), 472.
103 MARX, Zur Judenfrage (1844), in: MEW, Bd. 1 (1956), 356f.
104 MARX, Zur Kritik der Hegelschen Rechtsphilosophie. Kritik des Hegelschen Staatsrechts (§§ 261–313) (entst. 1843), in: MEW, Bd. 1 (1956), 249.

ter: Hegel versuche, die öffentliche Legitimität der mystifizierten Staatsmacht dadurch zu sichern, daß er sie als objektives und wahres ›öffentliches Bewußtsein‹ idealisiere. Für Hegel sei die »wirkliche Volkssache [...] ohne Tun des Volks zustande gekommen« (265). Demgegenüber verteidigt Marx das öffentliche Bewußtsein als Ausdruck der empirischen Bedürfnisse der Gesellschaft, eine Teilnahme am Öffentlichen, die der Staatsöffentlichkeit vorausliegt.

Die normative Idee der klassischen Öffentlichkeit ist an den Begriff der Kritik, besonders der Kritik traditioneller Formen von Autorität, gebunden; in dieser Tradition steht auch Marx' Entwicklung einer materialistischen Kritik. In seiner Einleitung zur *Kritik der Hegelschen Rechtsphilosophie* (1844) erklärt Marx, seine Kritik konzentriere sich eher auf das deutsche Denken als auf die empirischen Bedingungen in Deutschland, weil die theoretische Emanzipation eine »spezifisch praktische Bedeutung für Deutschland«[105] habe. Darüber hinaus entwickelt er einen kritisch-materialistischen Ansatz für die Frage, welche Funktion Öffentlichkeit hat. Diese soll nicht auf der Ebene eines rationalen Gesprächs unter Gebildeten, das auf die allmähliche Aufklärung der herrschenden Mächte abzielt, stehenbleiben, sondern das menschliche Leiden in seiner nackten Materialität bloßstellen. Wenn Marx und Engels im *Manifest der Kommunistischen Partei* (1848) betonen, daß die Bourgeoisie »ihre eigenen Totengräber«[106] produziert, beziehen sie sich nicht nur aufs Proletariat, sondern auch auf die Norm und Praxis öffentlicher Kritik: »Man muß den wirklichen Druck noch drückender machen, indem man ihm das Bewußtsein des Drucks hinzufügt, die Schmach noch schmachvoller, indem man sie publiziert.«[107]

Die von Marx geforderte Materialität der Kritik unterstreicht die Unmöglichkeit des autonomen Engagements. Alle, die an Öffentlichkeit teilnehmen, bringen ihr Bewußtsein als gesellschaftliches Produkt und ihren Geist »mit der Materie ›behaftet‹«[108] ein. Die auf der Basis von materiellen Interessen neu definierte Öffentlichkeit hat nicht den Status autonomer Überlegung, sondern den eines offen erklärten, strategischen Kampfes. Dies erfordert eine andere Art von Kritik, die das Private und Persönliche in den öffentlichen Bereich hineinzieht. Eine solche Kritik muß polemisch sein: »Die Waffe der Kritik kann allerdings die Kritik der Waffen nicht ersetzen, die materielle Gewalt muß gestürzt werden durch materielle Gewalt, allein auch die Theorie wird zur materiellen Gewalt, sobald sie die Massen ergreift. Die Theorie ist fähig, die Massen zu ergreifen, sobald sie *ad hominem* demonstriert, und sie demonstriert ad hominem, sobald sie radikal wird. Radikal sein ist die Sache an der Wurzel fassen. Die Wurzel für den Menschen ist aber der Mensch selbst.«[109] Durch die Materialität der Kritik tritt eine neue Klasse von Teilnehmern, ›die Masse‹, in die öffentliche Diskussion ein. Die Öffentlichkeit verändert sich von einem Erziehungsmittel des Volkes im Schillerschen Sinn zum Ort menschlicher Selbstverwirklichung: »Die Theorie wird in einem Volke immer nur so weit verwirklicht, als sie die Verwirklichung seiner Bedürfnisse ist.« (386)

Marx geht davon aus, daß der Kritiker eher den Platz der Massen teilen wird als umgekehrt. Damit verkehrt er die Position des liberalen Repräsentanten der Öffentlichkeit und bestimmt den Hegelschen Idealismus als einen Öffentlichkeitsdiskurs, der die Massen ausschließt. Ferner kritisiert Marx den Monopolanspruch der bürgerlichen Öffentlichkeit auf Sprache und Formen eines öffentlichen Diskurses und eröffnet damit alternative Modelle, die in der Interaktion von materieller Basis und Theorie entstehen. In seiner Neudefinition von Öffentlichkeit geht es Marx darum, neue Bedürfnisse und Stimmen zu integrieren, die ihrerseits das Wesen und die Grenzen der Öffentlichkeit neu konfigurieren. Für ihn ist das Problem, wie rationales Handeln in der Öffentlichkeit mit der Masse zu versöhnen sei, weit weniger wichtig als für liberale Kritiker der öffentlichen Meinung im 19. Jh.

---

105 MARX, Zur Kritik der Hegelschen Rechtsphilosophie. Einleitung (1844), in: MEW, Bd. 1 (1956), 385.
106 MARX/ENGELS (s. Anm. 102), 474.
107 MARX (s. Anm. 105), 381.
108 MARX/ENGELS, Die deutsche Ideologie (entst. 1845/1846), in: MEW, Bd. 3 (1958), 30.
109 MARX (s. Anm. 105), 385.

3. Vormärz: Radikalisierung der liberalen Öffentlichkeit und Problematisierung des Publikums im ästhetischen Diskurs

Im Vormärz beherrscht die Debatte über Presse- und Literaturfreiheit die Diskussion. Marx engagiert sich in den Auseinandersetzungen über die Pressezensur in Deutschland, besonders hinsichtlich der preußischen Zensurinstruktion von 1841, die die Reichweite der Karlsbader Beschlüsse von 1819 erheblich vergrößert. Die Linksliberalen des Vormärz, denen mehr als Marx daran lag, ein radikalisiertes liberales Öffentlichkeitsmodell zu bewahren, halten es für notwendig, die externe Repression zu verringern und interne Spannungen in der bürgerlichen Öffentlichkeit aufzulösen. Von besonderem Belang für die linke Intelligenz ist in dieser Zeit die sich weitende Kluft zwischen ihr und der Masse und die damit korrespondierende Kluft zwischen autonomer und Unterhaltungs- bzw. Trivialliteratur. Ludwig Börne beklagt das Fehlen eines gemeinsamen und allgemein zugänglichen Forums für die Bildung der öffentlichen Meinung: »Nur fehlt es an einer öffentlichen Meinung, an einer Urne, worin alle Stimmen zu sammeln wären, daß man sie zählen könne.«[110] Die Literaturkritik soll einen öffentlichen Raum für den rationalen Diskurs bereitstellen, in dem jeder Bürger, nicht nur das Publikum der Mittelklasse oder die bürgerliche Intelligenz, beteiligt ist. Als Herausgeber der *Dramaturgischen Blätter* und der *Zeitschwingen* versucht Börne ein Forum zu schaffen. Auch der Linkshegelianer Robert Prutz kritisiert die Isolation der Gebildeten vom allgemeinen Publikum als ein Versagen der liberalen Öffentlichkeit. Prutz erklärt jedoch dieses Versagen daraus, daß Deutschland ein nationales kulturelles Zentrum fehle, und betont, wie wichtig eine nationale Vereinigung dafür sei, die Grenzen einer politischen Öffentlichkeit abzusichern. »Wenn nun aber auf diese Weise die deutschen Autoren von Anfang an in eine isolierte, dem Publikum innerlich entfremdete Stellung gekommen waren: so konnte zweitens sich dieselbe dadurch nur verschlimmern, daß es dem deutschen Leben an einem praktischen Vereinigungspunkte gebricht, auf welchem Gelehrte und Laien, Gebildete und Ungebildete in gemeinsamem Interesse zusammenkommen. [...] Dieser Tummelplatz fehlt uns; es fehlt uns an einem Mittelpunkt praktischer Tätigkeit, an einem Marktplatz gleichsam, wo Bildung und Leben, Theorie und Praxis, Literatur und Wirklichkeit ihre Schätze gegen einander umtauschen.«[111] Wenn Prutz und andere Radikalliberale die kulturelle Öffentlichkeit politisieren, so ist das eine Reaktion auf das Fehlen einer national-politischen Öffentlichkeit. Börne verwischt die Trennungslinien zwischen literarischer und politischer Kritik; Prutz sieht das treibende Moment für politische Reform in der ästhetischen Öffentlichkeit: »Die Literatur war anerkannt die einzige öffentliche Macht«[112]. Besonders das Theater erlangt bei der Konstruktion einer revolutionären Öffentlichkeit Gewicht: »Kein anderer Zweig weder der Literatur noch der Kunst tritt so unmittelbar in die Oeffentlichkeit des praktischen Lebens ein, kein anderer stellt sich dem Publikum so handgreiflich Aug' in Auge, wie dies, durch Vermittlung des Theaters, mit der dramatischen Literatur der Fall ist. [...] Der Beifall entzündet sich am Beifall, das Publikum selbst tritt mit in die Reihe der Spielenden, Dichter, Darsteller, Zuschauer, alle ergriffen von Einem Feuer«[113]. Wenn Prutz das Theaterpublikum der repräsentativen Öffentlichkeit gleichsetzt, die in einem nationalen Kampf um Freiheit kämpft, so reproduziert er die problematische Identifikation von bürgerlichen mit politischen Interessen; dies ist allerdings charakteristisch für radikalliberale Versuche, die Öffentlichkeitsdebatte in der Restaurationszeit wiederzubeleben.

Die politische Bedeutung der Kultur im Vormärz lenkt die Aufmerksamkeit zusehends mehr

---

110 LUDWIG BÖRNE, Einige Worte über die angekündigten Jahrbücher der wissenschaftlichen Kritik (1826), in: Börne, Kritische Schriften, hg. v. E. Schuhmacher (Zürich 1964), 57.
111 ROBERT PRUTZ, Über die Unterhaltungsliteratur, insbesondere der Deutschen (1847), in: Prutz, Zu Theorie und Geschichte der Literatur, hg. v. I. Pepperle (Berlin 1981), 119.
112 PRUTZ, Das Drama der Gegenwart (1851), in: M. Bucher u. a. (Hg.), Realismus und Gründerzeit. Manifeste und Dokumente zur deutschen Literatur 1848–1880, Bd. 2 (Stuttgart 1975), 426.
113 PRUTZ, Vorlesungen über die Geschichte des deutschen Theaters (1847), in: Prutz (s. Anm. 111), 167f.

auf die Spaltungen innerhalb der kulturellen Öffentlichkeit, die ihre politische Wirksamkeit einschränken könnten. Dies stellt ein Problem für die Junghegelianer dar, da Hegels *Ästhetik* (1835–1838) die Aufspaltung der kulturellen Öffentlichkeit legitimiert, indem sie die Kluft zwischen idealem und empirischem Publikum sowie zwischen autonomer Kunst und trivialer Unterhaltung aufrechterhält. Hegel kritisiert zwar die ausschließliche Beschäftigung der Romantiker mit sich selbst und die damit korrespondierende Verachtung des Publikums[114]; aber er tendiert gleichzeitig dazu, die legitimen Forderungen des Publikums auf solche einzuschränken, die der Verwirklichung »des an und für sich Vernünftigen und Wahren« (502) in der Geschichte dienen.

In seinen *Ästhetischen Feldzügen* (1834) zeigt Ludolf Wienbarg, wie die linke Intelligenz die Kluft zwischen sich und dem Volk zu schließen versucht. »Die neuen Schriftsteller sind von dieser sicheren Höhe herabgestiegen, sie machen einen Teil des Publikums aus, sie stoßen sich mit der Menge herum [...], sie schwimmen mitten im Strom der Welt.«[115] Dennoch hängen noch diese Denker dem spätaufklärerischen Modell einer ›Erziehung von oben‹ an. In *Der Streit der Kritik mit Kirche und Staat* (1843) definiert der Linkshegelianer Edgar Bauer das ›Volk‹ in der paternalistischen Sprache der bürgerlich-idealistischen Ästhetik: »Wir wenden uns an den edleren Teil des Volkes, an seinen Kopf, an seine Denkkraft, nicht an seine Muskelkraft; an sein Hirn, nicht an seine Faust. Seine Gedanken wollen wir veredeln, ja, wir wollen ihm am Denken Geschmack beibringen.«[116] Diese Auffassung der Masse als eines Hindernisses der Emanzipation legen Marx und Engels als die kritische Begrenzung radikalliberaler Theorie bloß, wenn sie die politische Kritik der Junghegelianer angreifen. Eine materialistische Kritik dagegen stelle sich nicht zur Masse, »um Masse zu bleiben, sondern um die Masse von ihrer massenhaften Massigkeit zu erlösen, also die populäre Redeweise der Masse in die kritische Sprache der kritischen Kritik aufzuheben«[117].

Prutz unterscheidet sich von anderen Linkshegelianern durch seine radikale Stellungnahme gegen die Hegelsche Aufspaltung der Öffentlichkeit. In *Über die Unterhaltungsliteratur, insbesondere der Deutschen* (1847) plädiert er für eine vereinigte Öffentlichkeit, die Kunst- und Unterhaltungsliteratur und ihr jeweiliges Publikum zusammenführt, und liefert eine der frühesten Kritiken an der Aufspaltung der Öffentlichkeit und dem Interesse der literarischen Eliten, diese aufrechtzuerhalten. Prutz sieht sich davon »entfernt, *dem* Publikum, welches der Unterhaltungsschriften bedarf (und das heißt eben dem *Publikum*), seinen ästhetischen Indifferentismus ins Gewissen zu schieben und sie, wie unsere Ästhetiker wohl pflegen, als die Parias des guten Geschmacks zu verachten. Das Publikum ist überhaupt nicht da, um Reflexionen zu machen und Vergleiche anzustellen; es geht frisch auf die Sache los, genießt, was es verdauen kann, läßt liegen, was ihm nicht schmeckt«[118]. Prutz fordert die Gebildeten dazu auf, eine Volksliteratur zu schreiben, die das Problem der kulturellen Spaltung dadurch lösen soll, daß sie gleichzeitig ›geschmackvoll‹ und unterhaltend ist. Aber auch er sieht die Massen als ein Objekt der Erziehung an. Nur macht er den Lehrer anstelle des Schülers für das bisherige Versagen verantwortlich: das Publikum »ist wie ein Kind: es liebt den wieder, von dem es merkt, daß er es liebt« (123).

4. Nachmärz

Die 1848er Revolutionen in Europa übten einen tiefgreifenden Einfluß auf die Konzeption von Öffentlichkeit aus. Marx und Alexis de Tocqueville stimmen überein, daß die Revolution in Frankreich als Klassenkampf zu sehen sei. Marx beschreibt sie als »die erste große Schlacht [...] zwischen den beiden Klassen, welche die moderne Gesellschaft spalten«[119]. Als die Versuche der Ar-

---

114 Vgl. GEORG WILHELM FRIEDRICH HEGEL, Vorlesungen über die Ästhetik (1835–1838), in: HEGEL (TWA), Bd. 15 (1970), 496f.
115 LUDOLF WIENBARG, Ästhetische Feldzüge (1834; Berlin 1964), 188.
116 EDGAR BAUER, Der Streit der Kritik mit Kirche und Staat (1843), in: H. Pepperle/I. Pepperle (Hg.), Die Hegelsche Linke (Leipzig 1985), 589.
117 MARX/ENGELS, Die heilige Familie (1845), in: MEW, Bd. 2 (1959), 11.
118 PRUTZ (s. Anm. 111), 111.
119 MARX, Die Klassenkämpfe in Frankreich 1848 bis 1850 (1850), in: MEW, Bd. 7 (1960), 31.

beiter, eine soziale Republik zu errichten, von bürgerlichen Wirtschaftsinteressen als Bedrohung angesehen wurden, ging die Revolution, die im Februar 1848 mit einer kurzlebigen Allianz zwischen den Arbeitern und der Bourgeoisie begonnen hatte, in einen Bürgerkrieg über, in dem sich im Juni bürgerliche Militärkräfte und Arbeiter gegenüberstanden. Das Massaker an 1500 Arbeitern im Juni zeigte Bourgeoisie und Arbeiterklasse gleichermaßen die Grenzen des bürgerlichen Universalismus und versetzte den normativen Behauptungen der liberalen Öffentlichkeit einen schweren Schlag. Als Louis Bonaparte 1851 die Republik auflöste und sich ein Jahr später zum Kaiser Napoleon III. ernannte, schien die Bourgeoisie willens, politische für ökonomische Macht einzutauschen. Nach seinem Staatsstreich 1851 stellte Louis Bonaparte zur öffentlichen Legitimation seines Vorgehens das allgemeine Wahlrecht für Männer wieder her, um rückwirkend ein Plebiszit für seinen Staatsstreich zu erhalten. Ein Jahr später hielt er ein Plebiszit für seine Selbsternennung zum Kaiser ab und sicherte sich so die öffentliche Bestätigung für die Ersetzung der Republik durch das Second Empire, eine plebiszitäre Monarchie. Wie Marx im *Achtzehnten Brumaire des Louis Bonaparte* (1851) feststellte, evozierte Louis Bonaparte die Aura Napoleons und schuf sich ein alternatives Modell für eine allgemein zugängliche Öffentlichkeit. Diese alternative Öffentlichkeit orientierte sich nicht an rationaler öffentlicher Debatte, sondern an der charismatischen Anziehungskraft der Führerfigur sowie an konkreten wirtschaftlichen Interessen, deren Verfolgung die Aufhebung von Bürgerrechten begünstigte. Die Bonapartesche Öffentlichkeit war politisch repressiv, übte strikte Zensur aus und manipulierte die Presse. Eine Öffentlichkeit, in der während der 30er und 40er Jahre des Jh. lebendige und vielseitige Diskussionen stattgefunden hatten, bei denen auch sozialistische und feministische Stimmen vertreten waren, war erheblich eingeschränkt worden.[120]

Welche Grenzen der Öffentlichkeit in den 1850er Jahren gesetzt waren, zeigt die Anklage Flauberts und Baudelaires durch den französischen Staat im Jahr 1857. Unter der 1819 verabschiedeten, 1852 ergänzten Zensurgesetzgebung wurde beiden Schriftstellern für ihre ›Beleidigung der öffentlichen und religiösen Moral und der moralischen Sitten‹ in *Madame Bovary* (1857) und *Les fleurs du mal* (1857) der Prozeß gemacht. Manche der gesellschaftlich engagierten Schriftsteller wie Victor Hugo und Eugène Sue gingen ins Exil. Die politische Repression ging einher mit einer sich vertiefenden Aufspaltung der kulturellen Sphäre, die die zunehmende Kommerzialisierung der Literatur während der starken Industrialisierung zur Zeit der Julimonarchie und des Second Empire verstärkte. Schon 1836 hatte die Zeitschrift *La Presse* um 50 Prozent reduzierte Subskriptionspreise und Werbung in großem Umfang eingeführt, während sie ihren Absatz durch Feuilletons erhöhte. Eine ähnliche Entwicklung läßt sich in der deutschen Presse der 1860er Jahre feststellen.[121] Mit der Umstrukturierung der Presse in der Zeit der Julimonarchie und dem Aufkommen des Fortsetzungsromans wurde die literarische Produktion zunehmend an den finanziellen und politischen Interessen der Zeitung und der Leserschaft festgemacht. Das Feuilleton entwickelte sich zu einem Forum für die öffentliche Diskussion von ästhetischen und sozialen Problemen, wobei das Aufkommen des Feuilletonromans eine zentrale Rolle spielte.[122] Sue veröffentlichte als einer der ersten einen Roman in Fortsetzungen. Zwischen 1842 und 1843 publizierte *Le Journal des Débats* Sues *Les mystères de Paris* als Fortsetzungsserie. Die Darstellung der Armen von Paris – Hugos *Les misérables* (1862) und Zolas *L'assommoir* (1877) greifen darauf als Tradition zurück – war finanziell ausgesprochen erfolgreich und lieferte eine Mischung von engagierter Debatte und sozialer Einfühlung für den kulturellen Massenmarkt. Sue hatte den Roman beim Erscheinen der ersten Folgen noch nicht abgeschlossen; die Entwicklung der Handlung konnte also an der öffentlichen Diskussion des Ro-

---

120 Vgl. ROSS CHAMBERS, Literature Deterritorialized, in: D. Hollier (Hg.), A New History of French Literature (Cambridge, Mass./London 1989), 712f.
121 Vgl. PETER UWE HOHENDAHL, Literarische Kultur im Zeitalter des Liberalismus 1830–1870 (München 1985), 393–397.
122 Vgl. KARLHEINRICH BIERMANN, Vom Ende der Großen Revolution zur Kommune. Romantik und Realismus, in: J. Grimm (Hg.), Französische Literatur-Geschichte (Stuttgart 1991), 245f.

mans ausgerichtet werden. Entscheidend waren dabei die vielen Briefe, die Sue im Laufe der Veröffentlichung erhielt. Die Leserreaktion veranlaßte ihn, beim Schreiben des Romans eher soziale Fragen als ästhetische Belange zu betonen.[123] Der Roman löste eine lange Diskussion über die Gattung des Feuilletonromans und über Sozialreformen aus, die bis in die Revolution von 1848 hineinwirkte. Die Veröffentlichung von Fortsetzungsromanen in den 1830er Jahren in Frankreich erhöhte auch die Zahl der Leser. Die Kommerzialisierung der kulturellen Produktion und die damit gegebene Notwendigkeit, auf Forderungen des Marktes zu reagieren, veranlaßte andere Schriftsteller, eine Position des L'art pour l'art zu beziehen und darauf zu bestehen, daß die Vitalität der Kunst und des Künstlers in der Distanz zum Publikum und zu öffentlichen Belangen liege. Die Vermarktung der kulturellen Sphäre, so Théophile Gautier, stelle eine Art feudales Knechtschaftsverhältnis zwischen dem Schriftsteller und den Forderungen des Marktes her, das einer Form von Frondienst gleichkomme.[124]

In Deutschland führte die liberal-bürgerliche Erfahrung des politischen Scheiterns von 1848 zur deutlicheren Wahrnehmung der internen Spannung im liberalen Modell von Öffentlichkeit. Dies zog in den liberalen Programmen der 1850er und 1860er Jahre Neubewertungen nach sich, die dazu tendierten, ökonomischen Fortschritt über politische Mündigkeit zu stellen.[125] Das Scheitern einer nationalen Vereinigung unter einer liberalen Verfassung führte den hauptsächlich liberalen Mitgliedern des Frankfurter Parlaments die Kluft zwischen den unteren und den mittleren Klassen, die sich für öffentliche Reformen einsetzten, vor Augen. Sie begriffen die Grenzen ihres Radikalismus gegenüber den unteren Klassen – ebenso wie die Handwerker und Bauern, die in den Straßen kämpften. Hier zeichnet sich eine wichtige Umschichtung in der liberalen Theorie ab: Ihre Selbstverpflichtung zur Idee des allgemeinen Zugangs zum politischen und kulturell-öffentlichen Bereich erweist sich für sie nun als Bedrohung ihrer sozialen und wirtschaftlichen Kontrolle; damit beginnt der Kampf um die Legitimation eines eingeschränkten Zugangs. In den Jahren nach 1848 beziehen die liberalen Parteien in Deutschland hinsichtlich der Frage des allgemeinen Wahlrechts in vielen Fällen eine restriktivere Position als die konversativen Parteien, da sie sowohl eine konservative wie eine radikale Abstimmung der unteren Klassen befürchten. Konservativen Denkern war bereits im Vormärz klargeworden, daß in den unteren Klassen (Handwerker und Bauern) eine Kraft stecke, die man gegen die politischen und wirtschaftlichen Ambitionen der Bourgeoisie mobilisieren könne. So schlägt Joseph Maria von Radowitz in seinen *Gesprächen aus der Gegenwart über Staat und Kirche* (1846) vor: »Noch sind auch für unsere Fürsten die Hilfen nicht erschöpft, um im Streite gegen die triumphirende Mittelmäßigkeit zu bestehen. Sie mögen den Muth haben, sich an die Massen zu wenden. Dort in den unteren und zahlreichsten Volksclassen sind noch ihre natürlichen Verbündeten, sind noch unverbrauchte Kräfte, sind noch Naturen, die der Dankbarkeit, der Ehrerbietung, der Belehrung fähig sind, die vor Allem der Rückkehr zur Gottesfurcht zugänglicher sind, als das in der schlechten Zeitbildung verkommene, um Treu und Glauben gebrachte Publicum der Zeitungen, Bürgerversammlungen und Deputirtenkammern!«[126] Die Unterscheidung zwischen einer in der aktiven Diskussion stehenden Öffentlichkeit und einem affirmativen Plebiszit wird später von Bismarck gegen liberale Forderungen eingesetzt. Ähnlich wie Napoleon III. benutzte Bismarck die Öffentlichkeit geschickt als eine Arena zur Meinungsmanipulation, was unter Pressekritikern in den 1860ern Zynismus über die Möglichkeit einer rationalen Diskussion in der Öffentlichkeit hervorrief.

Der Ästhetizismus, der die Reaktion auf Repression und politische wie kommerzielle Ausbeutung der Öffentlichkeit in Frankreich kennzeichnete, nimmt in Deutschland, wo Radikalliberale nach 1848 eine klarere Trennung des literarischen vom politischen Bereich fordern, ähnliche Züge

---

123 Vgl. LUCIENNE FRAPPIER-MAZUR, Publishing Novels, in: Hollier (s. Anm. 120), 697.
124 Vgl. BIERMANN (s. Anm. 122), 247.
125 Vgl. HOHENDAHL (s. Anm. 121), 91–96.
126 JOSEPH MARIA VON RADOWITZ, Gespräche aus der Gegenwart über Staat und Kirche (Stuttgart 1846), 280.

an. Prutz betont in den 1850er Jahren, die kulturelle Öffentlichkeit sei nicht befähigt, politische Ziele anzustreben, und verlangt den Rückzug der Kunst aus der ›Subjektivität‹ der politischen Öffentlichkeit in die Objektivität einer autonomen Ästhetik, die sich der Wahrheit widmet: »Der Poet und speciell der Dramatiker soll nicht mehr sein ästhetisches Gewissen mit politischen Gründen beruhigen [...], nicht mehr das subjective Pathos des Publicisten statt der Objectivität des Dramatikers geben.«[127] Diese erneute Spaltung von literarischer und politischer Öffentlichkeit spiegelt sich in der Institution der Literaturkritik, die nun versucht, objektive Regeln für die Bewertung von Literatur zu entwickeln. Ihr Zielgegenstand verlagert sich vom Publikum auf die Literatur selbst.[128] Prutz tadelt das Theaterpublikum; es habe versagt zu erkennen, was gutes Drama (und damit gute Politik) sei – eine deutliche Abwendung von der die Interessen des Unterhaltungspublikums wahrenden Position, die er im Vormärz eingenommen hatte. Prutz schreibt das Versagen des Publikums der Tatsache zu, daß es der Anziehungskraft des mehr und mehr kommerzialisierten Theaters unkritisch erliege. Damit legt er nahe, daß nicht nur die politische Niederlage, sondern auch die Verwandlung der Kultur in eine Ware den Glauben an das emanzipatorische Potential der Öffentlichkeit nach 1848 untergraben habe.

5. Majorité und Masse als bedrohliche Phänomene

Der ökonomische, politische und soziale Wandel, den die Industrialisierung des 19. Jh. hervorbringt, verändert die Bedingungen der klassischen Öffentlichkeit; er erhellt zunehmend die ideologischen Grenzen eines Modells, das in der vorindustriellen Ära ausformuliert worden war. Insbesondere stellen Kommerzialisierung und Industrialisierung der Kultur sowie das öffentliche Auftreten von Gruppen, die von den politischen und kulturellen Öffentlichkeiten ausgeschlossen waren und gleichen Zugang zu ihnen fordern (Arbeiterklasse, Frauen), eine Herausforderung an die klassische Auffassung von Öffentlichkeit dar. Liberale Theoretiker, die sich mit diesen Herausforderungen auseinandersetzen, tendieren zu einem kritischen Pessimismus über das emanzipatorische Potential der Öffentlichkeit. Dieser Pessimismus zeigt sich am deutlichsten im wachsenden Entsetzen darüber, welche Macht die ›majorité‹ oder ›Masse‹ über das Individuum in der Öffentlichkeit habe und wie kommerzielle und politische Kräfte das Funktionieren der Öffentlichkeit manipulieren könnten. Die liberale Theorie des 19. Jh. sieht mehr und mehr die Masse oder Mehrheit als Hauptursache für das Versagen der klassischen Öffentlichkeit an. So läßt sich eine konzeptuelle Verbindung ziehen zwischen spätaufklärerischen Sorgen über die Trennung zwischen der »*Auswahl* einer Nation und der *Masse* derselben«[129] und dem Bezug auf die Idee des Massenpublikums und der Massenkultur im 20. Jh., um nicht nur Strukturwandel, sondern auch die »Desorganisation«[130] der Öffentlichkeit zu erklären.

Ein Vertrauensmangel in das emanzipatorische Potential einer allgemein zugänglichen Öffentlichkeit findet sich bereits in Alexis de Tocquevilles Analyse der amerikanischen Öffentlichkeit. In *De la démocratie en Amérique* (1835) sagt Tocqueville, er habe gesehen, wie die Mehrheitsmeinung fähig sei, die Stimmen der Minderheit zu unterdrücken, und nennt dies ein charakteristisches Merkmal demokratisch organisierter Öffentlichkeit. Wenn die Öffentlichkeit ihr Ziel, demokratischen Zugang, erreicht hat, wendet sie sich gegen ihre Prinzipien, wird taub für die Stimme der Vernunft und verfällt der Vereinheitlichung. Die »tyrannie de la majorité« praktiziert nicht nur die despotische Autorität, gegen die sich die klassische Öffentlichkeit richtete, sondern ist in der Tat noch repressiver, wenn es zur Frage individueller Gedankenfreiheit kommt: »Un roi [...] n'a qu'une puissance matérielle qui agit sur les actions, et ne saurait atteindre les volontés; mais la majorité est revêtue d'une force tout à la fois matérielle et morale, qui agit sur la volonté autant que sur les actions, et qui empêche en même temps le fait et le désir de faire. Je ne connais pas de pays où il règne, en général, moins d'indépendance d'esprit et de véritable li-

---

127 PRUTZ (s. Anm. 112), 426.
128 Vgl. HOHENDAHL (s. Anm. 121), 140–158.
129 FRIEDRICH SCHILLER (s. Anm. 65), 247.
130 HABERMAS (s. Anm. 58), 201.

berté de discussion qu'en Amérique.«[131] Die Demokratie produziert aus sich selbst den Widerspruch einer stillen Öffentlichkeit, weil die abstrakte Stimme der Mehrheit das Individuum durch den moralischen Gleichmut demokratischer Gleichheit beherrscht.

Die Disziplinierung seitens der Mehrheit produziert bald das sich selbst zensierende Individuum, wie Tocqueville am Beispiel des künstlerischen Genies zeigt: »En Amérique, la majorité trace un cercle formidable autour de la pensée. Au dedans de ces limites l'écrivain est libre, mais malheur à lui s'il ose en sortir! [...] Avant de publier ses opinions, il croyait avoir des partisans; il lui semble qu'il n'en a plus, maintenant qu'il s'est découvert à tous; ceux qui le blâment s'expriment hautement, et ceux qui pensent comme lui, sans avoir son courage, se taisent et s'éloignent. Il cède, il plie enfin sous l'effort de chaque jour, et rentre dans le silence, comme s'il éprouvait des remords d'avoir dit vrai«. (390f.)

Die liberale Angst vor dem nivellierenden Einfluß der demokratischen Öffentlichkeit unter der Mehrheit hat ihren Gegenpart in der Angst davor, daß die gewalttätigen, irrationalen Massen alternative, zwingende Öffentlichkeiten schaffen werden. Vor dem Erscheinen von Mills *On Liberty* veröffentlichte Charles Mackay in London die *Memoirs of Extraordinary Popular Delusions and the Madness of Crowds* (1841), die von der Annahme ausgehen, es existiere ein ›popular mind‹, der wie ein einzelner vom Wahnsinn ergriffen werden könne: »Men, it has been well said, think in herds; it will be seen that they go mad in herds, while they only recover their senses slowly, and one by one«[132]. Im Unterschied zu Tocqueville, der die Mehrheit als einen abstrakten Zensurmechanismus beschreibt, stellt Mackays Charakterisierung der Gruppe die emotionale Solidarität der Masse als eine neue sozialpsychologische Größe dar. Im Laufe des 19. Jh. zeigt die französische Geschichtsschreibung eine deutliche Tendenz, die Öffentlichkeit der französischen Revolution als einen Fall von Gruppenwahnsinn zu behandeln. Jules Michelet macht mit seiner *Introduction à l'histoire universelle* (1831), wo er das Handeln der Gruppe und nicht die Handlungen von Individuen als die treibende Kraft der Revolution preist, den ersten Schritt in diese Richtung. Hippolyte Taines vielbändiges Werk *Origines de la France contemporaine*, das ab 1875 erschien, vertritt die Ansicht, daß es der spontane Wahnsinn der hysterischen Menge war, der das Ancien régime stürzte.

In *Psychologie des foules* (1895) popularisiert Gustave Le Bon für das 20. Jh. die Vorstellung der Masse als Herausforderung an die klassische Öffentlichkeit. Die Modernisierung habe die Prinzipien der Öffentlichkeit verraten; das autonome Individuum wie die rationale Legitimation von Autorität seien historisch in die moderne politische Sphäre der Massen übergegangen: »L'action inconsciente des foules, substituée à l'activité consciente des individus, représente une des caractéristiques de l'âge actuel.«[133] Am wichtigsten an der Öffentlichkeitsdynamik unter der Herrschaft der Menge ist die Entkoppelung von Vernunft und Meinung. Die Meinung ist eine Funktion des unbewußten, irrationalen Einflusses auf die Menge, sei er indirekt (Tradition und Umwelt) oder direkt (charismatische Führerfigur, Presse). Die Menge wird der Denkprozesse nicht für fähig gehalten, die die Substanz der klassischen Öffentlichkeit ausmachen: »Nous avons déjà montré que les foules ne sont pas influençables par des raisonnements, et ne comprennent que de grossières associations d'idées.« (65)

Die Tatsache, daß Le Bon die Dynamik der Masse nicht nur in Massenversammlungen, sondern auch in modernen politischen Wahlkampagnen (Georges Boulanger) und in parlamentarischen Debatten sieht, zeigt, daß das Ideal der rationalen politischen Debatte fragwürdig geworden ist. Nach Le Bons Schlußfolgerung beruht die moderne Herrschaft der Masse darauf, daß Individuen allein Gefühl und Empfindung als gemeinsame Basis teilen, was impliziert, daß auch die Gebildeten nicht immun sind gegen die Emotionen, die die Masse zusammenbinden: »Quels que soient les individus qui la composent, quelque semblables ou

---

131 ALEXIS DE TOCQUEVILLE, De la Démocratie en Amérique (1835), Bd. 1 (Paris 1951) 389.
132 CHARLES MACKAY, Memoirs of Extraordinary Popular Delusions and the Madness of Crowds (1841; London 1869), viii.
133 GUSTAVE LE BON, Psychologie des foules (1895; Paris 1906), 10.

dissemblables que puissent être leur genre de vie, leurs occupations, leur caractère ou leur intelligence, le seul fait qu'ils sont transformés en foule, les dote d'une sorte d'âme collective. Cette âme les fait sentir, penser et agir d'une façon tout à fait différente de celle dont sentirait, penserait et agirait chacun d'eux isolément.« (11) Während die Merkmale, die das Individuum als rationales Wesen definieren, in der Menge massenhaft verlorengehen – kritischer Geist, Urteilsfähigkeit, Zurückdrängen von Trieben, produktive Lenkung von Emotionen sowie Selbstinteresse und Selbsterhaltung –, stellt Le Bon ihre Gültigkeit im Individuum außerhalb der Menge ebenfalls in Frage.

Die Popularität von Le Bons Werk mag sich daraus erklären, daß er ein Modell dafür anbietet, die neue Form und Macht massenpolitischer Bewegungen zu verstehen, die im 19. Jh. auf der rechten wie auf der linken Seite entstehen, wobei er zugleich die Überzeugung der liberalen und konservativen Intelligenz befördert, moralische Autorität zu besitzen. Für viele markierte die Einführung von Demonstrationen zum 1. Mai nach der Aufhebung der Sozialistengesetze im Jahr 1890 in Deutschland oder die Dreyfus-Affäre in Frankreich, die schon beim Erscheinen von Le Bons Buch gärte, den Anfang einer Ära von massenpolitischen Bewegungen, die sich an emotional-rhetorischen Aufrufen orientierten. Die Distanz zwischen den Massen und den Intellektuellen, die immer mehr Verachtung für die Massen zeigten, verdinglichte sich in der Isolation modernistischer Avantgardebewegungen.

Sigmund Freuds *Massenpsychologie und Ich-Analyse* (1921) liefert ein wichtiges Bindeglied zwischen den liberalen Reaktionen des späten 19. Jh. auf die Ausweitung der Öffentlichkeit und den Theorien des 20. Jh. zu einer faschistisch-affirmativen Öffentlichkeit. Bis zu welchem Grad die Massenpsychologie die Konzeption der Öffentlichkeit und der öffentlichen Meinung in Deutschland beeinflußt hat, zeigt sich am deutlichsten in Wilhelm Bauers *Die öffentliche Meinung und ihre geschichtlichen Grundlagen* (1914). Le Bons Theorie über die Entstehung der Masse wird für Bauer die Grundlage, auf der er den Prozeß der öffentlichen Meinungsbildung erklärt, nicht als das Resultat einer anhaltenden öffentlichen Debatte, nicht als einen Prozeß, der den Normen rationaler Überlegtheit und rationalen Austausches unterliegt, sondern als einen, in dem individuelle Meinungen miteinander verschmelzen: »Wie das Zusammenballen der Individuen zur bunten Menge durch Mittel geschieht, die mehr auf die Phantasie als auf die Urteilskraft wirken, zumal diese Urteilskraft von vornherein gemindert ist, so machen wir dieselbe Erfahrung bei der öffentlichen Meinung. Wo diese ihren Mund auftut, wird das Schlagwort am lautesten durch die Gassen geschrien.«[134] Bauer behält allerdings für das Individuum die Möglichkeit bei, außerhalb der öffentlichen Meinung zu stehen: »Man kann aber, ohne gerade der offene oder geheime Gegner der öffentlichen Meinung zu sein, doch außerhalb ihrer Zwinggewalt stehen als mehr oder minder unbefangener Beobachter.« (57) Die Ironie in der Position des Intellektuellen wurde schon von Tocqueville festgestellt; unberührt von der Suggestivkraft der Masse steht der Intellektuelle aufmerksam, aber auch ausgeschlossen am Rand.

Karen J. Kenkel
(Übers. v. Rahel Hahn)

IV. Moderne, Modernismus und Öffentlichkeit 1880–1960

1. Zerfall der klassischen Öffentlichkeit

Das liberale Modell einer klassischen Öffentlichkeit, die Rechte und diskursive Transparenz vom zur Arkanpolitik neigenden Staat einzuklagen vermochte, weicht im Laufe des 19. Jh. einem pessimistischen Konzept, nach dem die Öffentlichkeit und besonders die ›öffentliche Meinung‹ zunehmend pejorativ aufgefaßt werden. Eine emanzipatorische Sprengkraft wird der Öffentlichkeit immer weniger zugeschrieben und statt dessen die Angst geäußert, die Öffentlichkeit funktioniere als Mechanismus einer gesellschaftlichen Disziplinierung. Der Verdacht, der ehemals dem absolutisti-

---

[134] WILHELM BAUER, Die öffentliche Meinung und ihre geschichtlichen Grundlagen (Tübingen 1914), 48.

schen Staat galt, gilt nun dem einstigen Gegenspieler des Staates.

Nietzsche durchdenkt radikal die Bewertung der Öffentlichkeit und identifiziert ihre strukturellen Schwachpunkte. Öffentlichkeit als Publikum bildet eine fundamentale Komponente jeder Kultur und ist daher nicht lediglich an die Moderne gebunden; die zeitgenössische Öffentlichkeit, die Nietzsche als Erbe des Platonismus und der Christenheit angreift, schwächt das Individuum und schränkt es ein. Nietzsches implizite Öffentlichkeitstheorie spielt sich zwischen dialektischen Polen ab: der kulturellen Notwendigkeit des Publikums und zugleich seiner repressiven Macht.

Nietzsche wendet sich der Frage des Publikums in den Basler Vorlesungsaufzeichnungen zur *Geschichte der griechischen Litteratur* (1875/1876) zu. »Es heißt nicht, daß jedes große Kunstwerk hinterdrein seine Bewunderer gefunden habe: eher könnte man sagen: das Publikum ist da u. zu ihm findet sich auch sein zugehör. Kunstwerk. Ohne Homers Publikum war kein Homer möglich, ohne die athen. Stadtgemeinde kein Sophokles.«[135] Diese enge Verbindung zwischen Werk und Publikum bezeichnet, so Nietzsche, immer noch die Situation der Kunst und deren Kommunikationspotential. »Alle Künstler wollen sich *mittheilen*, alle ihre Mittel dazu sind bewußt oder unbewußt darnach gewählt, *wem* sie sich mittheilen wollen. Es ist eine große Unnatur, für ein ›gemischtes‹ Publikum zu schreiben, weil die Anschauung davon vag ist u. dem Autor kein Maaß giebt.« (289f.) Die weitere Ausführung beschreibt den Untergang des epischen Publikums Homers und das Zustandekommen eines ›Lesepublikums‹ im Zusammenhang mit den Sophisten. Hier ist bereits die enge Verknüpfung zwischen Publikum und Kunst, eine potentielle Ästhetisierung der Öffentlichkeit, festzustellen wie auch die Meta-Erzählung von Rationalisierung und Verflachung, der später die Namen Euripides und Sokrates zugeordnet werden.

Der Begriff Publikum gewinnt auch die Bedeutung des bestimmten Rezipientenkreises eines Künstlers, womit auf eine Aufsplitterung der Öffentlichkeit in eine Vielzahl von Teilöffentlichkeiten hingedeutet wird. Nietzsche betont allerdings die Beschaffenheit der Beziehung zwischen dem Künstler und seinem Publikum, wobei Schillers Programm einer ästhetischen Erziehung anklingt: Der Künstler soll seinem Publikum die Fähigkeit vermitteln, artistische Nuancen und Innovationen zu schätzen. Dieser Pädagogik fehlt aber der metaphysische und geschichtsphilosophische Rahmen der klassischen Kunstphilosophie. Das Publikum wird bei Nietzsche als das ›Gefolge‹ des Künstlers definiert, und die Erziehung nimmt einen existentiellen Charakter an: »Denn wenn der Künstler sein Publikum nicht mehr hebt, so sinkt es schnell abwärts, und zwar stürzt es um so tiefer und gefährlicher, je höher es ein Genius getragen hat, dem Adler vergleichbar, aus dessen Fängen die in die Wolken hinaufgetragene Schildkröte zu ihrem Unheil hinabfällt.«[136] Das Öffentliche gilt zunehmend als einschränkendes Gegenteil zum Individuum. Nicht mehr Raum rationaler Auseinandersetzung und Befreiung, ist die Öffentlichkeit nun nach Nietzsche konformistischer Rahmen einer verarmten Subjektivität. Seine kulturkritische Haltung sieht die Öffentlichkeit als Ursache eines degradierten Lebens.

Somit wird auch die politische Funktion öffentlichen Lebens abgelehnt: Der Parlamentarismus täuscht Freiheit nur vor; eine authentische Unabhängigkeit wird kaum erlaubt. »Wer von den fünf öffentlichen Meinungen abweicht und bei Seite tritt, hat immer die ganze Heerde gegen sich.«[137] Innerhalb der vorbestimmten Parteienlandschaft herrscht eine Rhetorik von Manipulation und Schein: Es geht kaum darum, Positionen rational zu hinterfragen, sondern um die falsche Darstellung im Interesse eigener Ziele. Daher Nietzsches Aufforderung, »oeffentlich zu leiden [zu] verstehen«, denn nur dadurch könne man andere vom eigenen Glück ablenken, um dieses damit zu schützen. »Unser öffentliches Leiden ist jedenfalls

---

135 FRIEDRICH NIETZSCHE, Geschichte der griechischen Litteratur (1875/1876), in: NIETZSCHE (KGA), Abt. 2, Bd. 5 (1995), 289.
136 NIETZSCHE, Menschliches, Allzumenschliches (1878), in: NIETZSCHE (KGA), Abt. 4, Bd. 2 (1967), 168.
137 NIETZSCHE, Die fröhliche Wissenschaft (1882), in: NIETZSCHE (KGA), Abt. 5, Bd. 2 (1971), 178f.

auch unser privater Vortheil.«[138] Diese zynische Inversion kann nicht darüber hinwegtäuschen, daß die öffentliche Rede letztlich als Ausdruck eines Ressentiments zu verstehen ist: daher sowohl die demokratische Tendenz der Presse als auch der logozentrische Dogmatismus der Gelehrten. Nietzsche will über diesen Dogmatismus hinwegweisen, indem er auf »neue Philosophen« hofft, die der »Vermittelmäßigung und Werth-Erniedrigung« widerstehen und zugleich eine »Umwerthung der Werte«[139] vornehmen können. Die Ablehnung einer pedantischen Wissenschaft zugunsten aphoristischen Schreibens nuanciert den Begriff der Öffentlichkeit und unterminiert die Glaubwürdigkeit öffentlicher Debatten.

2. Ästhetische Moderne und Öffentlichkeit

Die Erfahrung der Urbanisierung, der Industrialisierung und der sich entfaltenden Marktwirtschaft evoziert einen vielseitigen Umbau kulturellen Lebens. Wird dieser Vorgang vor allem als Aufhebung traditioneller Hierarchien verstanden, kommen Demokratieverständnisse ins Spiel. So konstatiert Walt Whitman, das Volk sei bisher immer außerhalb der eigentlichen, institutionalisierten Kultur angesiedelt worden: »The People! [...] Man, viewed in the lump, displeases, and is a constant puzzle and affront to the merely educated classes. The rare, cosmical, artist-mind, lit with the Infinite, alone confronts his manifold and oceanic qualities – but taste, intelligence and culture, (so-called), have been against the masses, and remain so.« Dieser Widerspruch zwischen« Kultur und Volk habe jedoch nichts mit der Beschaffenheit der Bevölkerung zu tun, sondern lediglich mit den Vorurteilen einer »merely educated« Elite, die der Demokratie nicht gerecht wird. Im Gegenteil wird nun eine Literatur gefordert, die der neuen Gesellschaft entspricht und die das Volk begreift »with, in America, their entire reliability in emergencies, and a certain breadth of historic grandeur, of peace or war, far surpassing all the vaunted samples of book-heroes, or any *haut ton* coteries, in all the records of the world«[140]. Whitman greift die Kluft zwischen Kultur und ›the people‹ auf, um traditionelle Kulturhierarchien zu verabschieden und eine neue Popularität ins Leben zu rufen, die allerdings mit der ausdifferenzierten Funktion des prophetischen Dichters vereinbar bleibt.

Ähnlich leitet Baudelaire eine neue Ästhetik von der Massenerfahrung der Großstadt ab. »Jouir de la foule est un art«, wie umgekehrt die Kunst von der Masse abhängt. In der entpolitisierten Öffentlichkeit nach der Revolution von 1848 hat diese Verbindung jedoch wenig mit demokratischen oder gar sozialistischen Vorstellungen gemein; sie beschreibt vielmehr die Isolation des Künstlers, dem das Publikum zum Objekt ästhetischer Erfahrung geworden ist: »Multitude, solitude: termes égaux et convertibles pour le poète actif et fécond. Qui ne sait pas peupler sa solitude, ne sait pas non plus être seul dans une foule affairée.«[141] Es geht nicht um die Berufung, das Volk pädagogisch zu heben, nicht darum, sich um das Urteil der Rezipienten, im Sinne einer diskursiven Öffentlichkeit, zu kümmern, sondern um die ästhetische Erfahrung des vereinzelten Schriftstellers, des anonymen Individuums in der Großstadt. Es kommt auf eine neue Konstruktion der Moderne an, die die Sprengkraft einer emanzipierten Ästhetik auslöst und den Augenblick an die Stelle einer geschichtsphilosphischen Meta-Erzählung setzt. »La modernité, c'est le transitoire, le fugitif, le contingent, la moitié de l'art, dont l'autre moitié l'éternel et l'immuable.«[142] Der ästhetische Fortschritt erfordert eine wachsende Distanzierung vom kommunikativen und als degradiert verachteten Bereich des Alltags und somit eine Trennung vom literarischen Publikum. Ebenso werden im Laufe der Entfaltung einer modernen Kunst außerästhetische Inhalte zugunsten einer formalen Perfektion ausgeschaltet. Daher Mallarmés Bekennt-

---

138 NIETZSCHE, Menschliches, Allzumenschliches (1878), in: NIETZSCHE (KGA), Abt. 4, Bd. 3 (1967), 152.
139 NIETZSCHE, Jenseits von Gut und Böse (1886), in: NIETZSCHE (KGA), Abt. 6, Bd. 2 (1968), 128.
140 WALT WHITMAN, Democratic Vistas (1871), in: Whitman, Democratic Vistas, and other papers (London 1888), 20.
141 CHARLES BAUDELAIRE, Le spleen de Paris (1869), in: BAUDELAIRE, Bd. 1 (1975), 291.
142 BAUDELAIRE, Le peintre de la vie moderne (1863), in: BAUDELAIRE, Bd. 2 (1976), 695.

nis, er habe durch »élimination« gedichtet, denn »la Destruction fut ma Béatrice«[143]. Die Zerstörung galt auch dem eigenen Ich: »Car tout cela n'a pas été trouvé par le développement normal de mes facultés, mais par la voie pécheresse et hâtive, satanique et *facile*, de la destruction de moi« (149). Nach dem Verschwinden der Öffentlichkeit beginnt sich auch die Subjektivität des Dichters aufzulösen. Stefan George hingegen behält die dichterische Rolle des Priester-Propheten, auch wenn seine Verslyrik vieles Mallarmé verdankt. Es wird allerdings nicht die populäre Öffentlichkeit Whitmans angesprochen, sondern ein kleiner Kreis gleichgesinnter Intellektueller, die eine Art Gegenkultur oder Gegenöffentlichkeit aufbauen wollen. Der George-Kreis deutet auf die Spannung zwischen Elite und Masse im späten 19. Jh.: Georges Veröffentlichungsstrategie entwickelte sich in Richtung einer kostbaren Bibliophilie und einer Aufsplitterung der Öffentlichkeit in eine Vielzahl miteinander konkurrierender Konzepte und Interessengruppen.

3. Strukturwandel der Literaturkritik

Auch die Literaturkritik, Ort des klassischen Publikums, zeigt Erscheinungen einer veränderten Beziehung zur Öffentlichkeit. Technischer Fortschritt und Kommerzialisierung beschleunigen die Entwicklung der Massenpresse und somit eines unterschiedlich strukturierten Publikums, zugleich anonym und in seinen Bildungsvoraussetzungen heterogen. Ihm tritt der Theater- oder Literaturkritiker seltener mit begrifflichen Argumenten aus einer klassizistischen Ästhetik entgegen, häufiger mit eigenen subjektiven Eindrücken. Dieser Feuilletonismus, der die Grenze zwischen Kritik und Literatur verwischt, setzt sich zunächst in Frankreich und England durch, während der letzten Dekaden des Jh. auch im deutschsprachigen Bereich. Der öffentliche Diskurs über Literatur gewinnt einen plauderhaften Ton, der die veränderte Vorstellung der Beziehung zwischen Kritiker und Publikum widerspiegelt. Auch wird der Themenbereich erweitert, da der feuilletonistische Schriftsteller sich auf eine Vielfalt von Erscheinungen im großstädtischen Leben bezieht: Diese Tradition reicht von Baudelaires *Petits Poèmes en Prose* (1860) hin zu den Skizzen Peter Altenbergs. Die Ästhetisierung erhöht die Bedeutung des Kritikers und führt zu Alfred Kerrs Definition: »Dichtung zerfällt in Epik, Lyrik, Dramatik und Kritik.«[144] Der Kritiker beansprucht eine Prioritätsstellung gegenüber einem Konsumentenpublikum, dessen Meinung mehr durch Anweisung als durch das rationale Argument geformt werden soll. »Ja, wir Intellektuelle sind bestenfalls die Elektriker auf der Galerie eines dunklen Saals, in dem ein scheußliches Kuddelmuddel herrscht, ein schwarzes Gewimmel, ein Wirrwarr von drängenden, tappenden, quäkenden Menschen, in dem einer dem anderen auf die Fersen tritt, die sich ziellos quetschen und zertrampeln statt systematisch eine Tür zu suchen, – wir Intellektuelle könnten immerhin den Ort belichten, wo der Zimmermann ein Loch gelassen hat.«[145] Die Metapher des Elektrikers weist auf die Lichtmetaphorik der Aufklärung und damit auf die Erbschaft der klassischen Öffentlichkeit; zugleich ist das Bild des Publikums als eines chaotischen, irrationalen und hilflosen Aggregats bezeichnend für die abwertende Einschätzung, die sich am Anfang des 20. Jh. durchsetzte. Allein der intellektuelle Experte durfte nun diesem ›Wirrwarr‹ entgegentreten.

4. Public Opinion und Community

Die Spannung zwischen liberalen Erwartungen und politischen Praktiken ruft einen Entlarvungsjournalismus hervor, der weder argumentiert noch eine dogmatische Gesinnung vorträgt, sondern durch eine aggressive, oft literarisch gefärbte Berichterstattung auf Mißstände aufmerksam machen will. Das im amerikanischen Kontext als ›muckraking‹ bekannte Schreiben setzt ein Publikum voraus, das bereit ist, durch journalistische Auskünfte zu Werturteilen angeregt zu werden. So

---

[143] STÉPHANE MALLARMÉ, Écrits sur Le Livre, hg. v. C. Romana/M. Valensi (Paris 1985), 148.
[144] ALFRED KERR, Die Welt im Drama, Bd. 1 (Berlin 1917), VI.
[145] MAURICE MARTIN DU GARD, zit. nach RUSSELL A. BERMAN, Literaturkritik zwischen Reichsgründung und 1933, in: P. U. Hohendahl (Hg.), Geschichte der deutschen Literaturkritik (1730–1980) (Stuttgart 1985), 233 f.

Lincoln Steffens: »My picture of the world as it seemed to me was much the same as my readers'. [...] The reporter and the editor must sincerely share the cultural ignorance, the superstitions, the beliefs, of their readers, and keep no more than one edition ahead of them. You may beat the public to the news, not to the truth.«[146] Steffens' Absage an eine Gesinnungspresse geht allerdings von der Annahme aus, daß die Öffentlichkeit demokratische Grundprinizipien teile und deshalb eine Empörung etwa über Korruptionsbefunde in den Kommunalverwaltungen amerikanischer Großstädte folge. Zugleich wird die Korruption, durch die sich private Interessen öffentlicher Entscheidungsmechanismen bemächtigen, als eine geschichtliche Wende eingestuft, die der liberalen Kultur ein Ende bereitet: »Political corruption [...] is a natural process by which a democracy is made gradually over into a plutocracy.« (413) Obwohl das muckraking sich zunächst gegen diesen Vorgang wendet, wird Steffens doch vor allem durch den Ersten Weltkrieg zum Kritiker des obsolet erscheinenden liberalen Parlamentarismus und zeigt Interesse für neue Formen sozialpolitischer Organisation im kommunistischen Rußland, faschistischen Italien, aber auch im Ausbau des Kartellkapitalismus eines Hugo Stinnes in Deutschland.

Zugleich verbindet sich mit dem muckraking ein ausgeprägter geschichtspessimistischer Zynismus, dessen Folgen für die Definition von Öffentlichkeit erst nach dem Ersten Weltkrieg in Walter Lippmanns *Public Opinion* (1922) ausgeführt werden. Lippmann hebt als Beispiel den Umgang mit Nachrichten seitens des französischen Generalhauptquartiers 1916 bei der Schlacht um Verdun hervor. Er bezeichnet zwar die Manipulation der Berichterstattung als Propaganda, doch geht es ihm nicht um eine Abwertung; der Fall dient vielmehr dazu, die Vielschichtigkeit der Kommunikation zwischen Tatsachen und aufnehmendem Publikum darzustellen. Nach Lippmann geht es um »the insertion between man and his environment of a pseudo-environment. To that pseudo-environment

---

146 JOSEPH LINCOLN STEFFENS, The Autobiography of Lincoln Steffens, Bd. 1 (New York 1931), 394.
147 WALTER LIPPMANN, Public Opinion (New York 1922), 15 f.

his behavior is a response. [...] What is called the adjustment of man to his environment takes place through the medium of fictions. [...] For the real environment is altogehter too big, too complex, and too fleeting for direct acquaintance. We are not equipped to deal with so much subtlety, so much variety, so many permutations and combinations. And although we have to act in that environment, we have to reconstruct it on a simpler model before we can manage it.«[147] Die öffentliche Meinung, kein Ort rationaler Auseinandersetzung, besteht aus fiktiven Vereinfachungen und Vorurteilen, denn die Masse der Bevölkerung ist den aufklärerischen Forderungen an Mündigkeit und Vernunft nicht gewachsen. »The mass of absolutely illiterate, of feeble-minded, grossly neurotic, undernourished and frustrated individuals, is very considerable [...]. Thus a wide popular appeal is circulated among persons who are mentally children or barbarians [...]. The stream of public opinion is stopped by them in little eddies of misunderstanding, where it is discolored with prejudice and far fetched analogy.« (75) Zivilisatorischer Fortschritt hängt folglich nicht davon ab, immer breitere Schichten in politische Entscheidungsprozesse einzubinden. Im Gegenteil fordert Lippmann eine »political science« (32), die eine Meinungslenkung vornehmen könnte und nicht nur beschreibend hinterherläuft. Er stellt sich eine Führungselite vor, die nicht in einem ›pseudo-environment‹ befangen bleibt, sondern mit Expertenwissen und direktem Zugang zu objektiven Sachverhalten eine rationale Herrschaft ausübt. Folglich fordert Lippmann die Führungskaste auf, mit obsoleten demokratischen Paradigmen zu brechen und die öffentliche Meinung durch konsequente Verwaltung von Informationen zu gestalten. Es geht um »the manufacture of consent«, denn man kann nicht mehr davon ausgehen, daß eine vernünftige Meinung etwa spontan zustande kommt. »The practice of democracy has turned a corner. A revolution is taking place, infinitely more significant than any shifting of economic power. [...] persuasion has become a self-conscious art and a regular organ of popular government. [...] Under the impact of propaganda, not necessarily in the sinister meaning of the word alone, the old constants of our thinking have become variables.« (248) Obwohl Lippmann die schwerwiegenden demokratietheoretischen Folgen seiner These unterstreicht, sieht er darin keine antidemokratische Wende. Es geht ihm vielmehr darum, mit der traditionellen Annahme einer vernunftgegründeten Meinung zu brechen, um die Aufgabe der Demokratie in der Ausführung einer gerechten Herrschaft anzusetzen. Dieser Verschiebung entspricht ein Wandel im Bild des Menschen als eines vernünftigen Staatsbürgers zu einem Individuum als einer nicht nur rationalen Persönlichkeit mit sozialen und materiellen Bedürfnissen. Die postaufklärerische Demokratie der sich anbahnenden Konsumgesellschaft tendiert dazu, die liberale Öffentlichkeit und deren Grundbegriffe, Räsonieren und Meinung, durch Persönlichkeit und Wohlstand zu ersetzen. »If, instead of hanging human dignity on the one assumption about self-government, you insist that man's dignity requires a standard of living, in which his capacities are properly exercised, the whole problem changes. The criteria which you then apply to government are whether it is producing a certain minimum of health, of decent housing, of material necessities, of education, of freedom, of pleasures, of beauty, not simply whether at the sacrifice of all these things, it vibrates to the self-centered opinions that happen to be floating around in men's minds.« (313)

Bei John Dewey steht das Publikum für eine Interessengemeinschaft, die als pragmatische Folge weiterreichender gesellschaftlicher Tätigkeiten zustande kommt. »The public consists of all those who are affected by the indirect consequences of transactions to such an extent that it is deemed necessary to have those consequences systematically cared for. Officials are those who look out for and take care of the interests thus affected.«[148] Dewey verzichtet auf eine idealistische Ableitung des Publikums und bietet statt dessen ein Modell, das von den Folgen menschlichen Verhaltens ausgeht, nicht von Intentionen oder Ursachen. Das Publikum bildet das Resultat gemeinsamer Handlungen, deren Verwaltung allerdings in den Händen des Staates liegt: »The lasting, extensive and serious consequences of associated activity bring into existence a public. In itself it is unorganized and formless. By means of officials and their special powers it becomes a state. A public articulated and operating through representative officers is the state; there is no state without a government, but also there is none without the public.« (67) Die moderne Demokratie ist zunächst von zweierlei Einflüssen geprägt: einem individualistischen Freiheitsdenken und einer Wissenschaftsrevolution, die ein neues Wirtschaftssystem mit sich brachte. Die Verbindung von Laissez-faire-Denken und Individualrechten blieb zweifelhaft bis hin zu dem Moment, als sich die neue Welt ökonomischer Gesetze das Individuum unterwarf. »The theory of an individual possessed of desires and claims and endowed with foresight and prudence and love of bettering himself was framed at just the time when the individual was counting for less in the direction of social affairs, at a time when mechanical forces and vast impersonal organizations were determining the frame of things.« (96f.) Während Lippmann bereit war, die demokratische Öffentlichkeit im Namen einer explizit manipulativen Verwaltung zu verabschieden, geht Dewey davon aus, daß der Machtverlust des einzelnen und die Ausschaltung eines effektiven Publikums lebenswichtige Probleme darstellen. »The same forces which have brought about the forms of democratic government, general suffrage, executives and legislators chosen by majority vote, have also brought about conditions which halt the social and humane ideals that demand the utilization of government as the genuine instrumentality of an inclusive and fraternally associated public. ›The new age of human relationships‹ has no political agencies worthy of it. The democratic public is still largely inchoate and unorganized.« (109) Die Schwäche des Publikums resultiert aus dem Siegeszug von Produktivkräften, dem die vorhandenen öffentlichen Formen nicht gewachsen sind. Gleichzeitig lenkt eine triviale Unterhaltungskultur vom politischen Leben der Gemeinschaft ab, während keine neue Symbolik zur Stärkung öffentlicher Identität beiträgt. Es besteht eine Kluft zwischen den entfalteten wirtschaftlichen und technischen Mitteln und einer ausdrucksarmen Kultur. Dewey erhofft sich eine Stärkung des öffentlichen Lebens von einer symbolischen Kommunikation, die ein gemeinschaftli-

---

[148] JOHN DEWEY, The Public and its Problems (New York 1927), 15f.

ches Erleben und somit auch eine demokratische Kontrolle über Wirtschaft und Technik ermöglicht. Voraussetzung dafür ist »full publicity« im Sinne von Redefreiheit und Veröffentlichung: »Whatever obstructs and restricts publicity, limits and distorts public opinion and checks and distorts thinking on social affairs.« (167) Offene Diskussion wird durch akademische Fachgrenzen erschwert und von einer Öffentlichkeitsarbeit verzerrt, die Dewey, in deutlicher Abgrenzung von Lippmann, verpönt. Doch die eigentlichen Kommunikationsschwierigkeiten entstammen der neuzeitlichen Überbewertung der instrumentellen Vernunft der Naturwissenschaften. »Man has suffered the impact of an enormously enlarged control of physical energies without any corresponding ability to control himself and his own affairs. [...] The instrumentality becomes a master and works fatally as if possessed of a will of its own – not because it has a will but because man has not.« (175) Der Ausweg führt ausschließlich über eine freie Verteilung von Informationen: keine öffentliche Meinung ohne uneingeschränkte Veröffentlichung. Das Interesse des Publikums wird allerdings nur dann erweckt, wenn die Mitteilung adäquat dargestellt wird. Darstellung ist letztendlich eine Frage der Kunst, der Dewey eine zentrale Rolle als Agens öffentlichen Lebens beimißt. »The freeing of the artist in literary presentation, in other words, is as much a precondition of the desirable creation of adequate opinion on public matters as is the freeing of social inquiry. [...] The function of art has always been to break through the crust of conventionalized and routine consciousness.« (183) Die ästhetisch vermittelte Öffentlichkeit birgt, im Gegensatz zum Vorwurf der Verflachung bei Tocqueville und Nietzsche, ein substantielles Dasein. Dieser Versuch einer demokratischen Rettung des Publikums geht allerdings mit einer terminologischen Verschiebung einher: Dewey schreibt zunehmend von ›community‹ oder Gemeinschaft anstatt von Publikum. Die authentische Gemeinschaft hat immer lokalen Charakter, wo die erforderliche Kommunikation mündlich und ohne heterogene Vermittlung stattfinden kann.

---

149 CARL SCHMITT, Die geistesgeschichtliche Lage des heutigen Parlamentarismus (1926; Berlin 1985), 23.

5. Akklamatorische Öffentlichkeit

Während Dewey und, mit einigen Einschränkungen, auch Lippmann davon ausgehen, daß die aufklärerische Vernunft in einer liberalen Öffentlichkeit sich trotz Schwierigkeiten ins Zeitalter der Massendemokratie zu retten vermag, zeichnet sich dagegen eine antiliberale Haltung ab, die auf die Obsoleszenz öffentlicher Diskussion hinweist und die politische Gemeinschaft mit anderen, z. T. ästhetischen Mitteln zu begründen versucht. Die für das 19. Jh. charakteristische Verbindung liberaler und demokratischer Prinzipien fällt auseinander, und eine Krise des Parlamentarismus wird sichtbar. Für Carl Schmitt geht es um eine tiefliegende geistesgeschichtliche Wende: »Es ist der in seiner Tiefe unüberwindliche Gegensatz von liberalem Einzelmensch-Bewußtsein und demokratischer Homogeneität.«[149] Das Pathos des Liberalismus entstammt der Opposition, die die Öffentlichkeit der Arkanpolitik des absolutistischen Staates bieten konnte. Nach Schmitt ist der Stellenwert der parlamentarischen Öffentlichkeit dadurch unterwandert worden, daß die Volksvertretung sich an der Regierung beteiligt und damit die klassische Gewaltenteilung aufhebe; hinzu kommt, daß die Arbeit des Parlaments sich selber zunehmend aus der öffentlichen Plenarsitzung in geschlossene Ausschüsse verlagert hat. Das Prinzip der Öffentlichkeit, das von der Plausibilität der rationalen Diskussion lebte, wird brüchig. Daher »mußte der Glaube an die diskutierende Öffentlichkeit eine furchtbare Desillusion erfahren. Es gibt heute sicher nicht viele Menschen, die auf die alten liberalen Freiheiten, insbesondere auf Rede- und Preßfreiheit verzichten wollen. Auf dem europäischen Kontinent werden trotzdem nicht mehr viele sein, die glauben, jene Freiheiten existieren noch, wo sie den Inhabern der wirklichen Macht wirklich gefährlich werden könnten. Am wenigsten wird es noch den Glauben geben, daß aus Zeitungsartikeln, Versammlungsreden und Parlamentsdebatten die wahre und richtige Gesetzgebung und Politik entstehe. Das ist aber der Glaube an das Parlament selbst. Sind Öffentlichkeit und Diskussion in der tatsächlichen Wirklichkeit des parlamentarischen Betriebes zu einer leeren und nichtigen Formalität geworden, so hat auch das Parlament, wie es sich im 19. Jh. entwickelt hat, seine bisherige Grundlage und seinen Sinn verloren.« (63) Schmitt versteht die Diskussionskultur des Bürgertums als Kern des Liberalismus und zugleich als Zeichen politischer Romantik: Durch das ewige Gespräch wird die politische Entscheidung unendlich vertagt. Der Parlamentarismus, den Schmitt als die Institutionalisierung der Öffentlichkeit versteht, verhindert die Ausführung einer authentischen Politik, die dezisionistischen Charakter haben müsse. Die Entwertung der Öffentlichkeit als Ort einer degradierten Sprache entspricht der Beurteilung des »Geredes« bei Martin Heidegger: »Die Bodenlosigkeit des Geredes versperrt nicht den Eingang in die Öffentlichkeit, sondern begünstigt ihn. Das Gerede ist die Möglichkeit, alles zu verstehen ohne vorgängige Zueignung der Sache. [...] Das Gerede, das jeder aufraffen kann, entbindet nicht nur von der Aufgabe echten Verstehens, sondern bildet eine indifferente Verständlichkeit aus, der nichts mehr verschlossen ist.«[150] Schmitts wohl hoffnungsvolle Überlegung lautet daher: »Vielleicht geht die Epoche der Diskussion überhaupt zu Ende.«[151]

Die Alternative zur liberalen Öffentlichkeit ist die akklamatorische Öffentlichkeit einer Diktatur, wobei Schmitt auf der Behauptung besteht, daß jede Diktatur zwar antiliberal, aber nicht notwendig antidemokratisch ist. Der Wille des Volkes lasse sich anders als mit liberalen Methoden bilden. »Die einstimmige Meinung von 100 Millionen Privatleuten ist weder Wille des Volkes noch öffentliche Meinung. Der Wille des Volkes kann durch Zuruf, durch *acclamatio*, durch selbstverständliches, unwidersprochenes Dasein ebensogut und noch besser demokratisch geäußert werden als durch den statistischen Apparat, den man seit einem halben Jh. mit einer so minutiösen Sorgfalt ausgebildet hat.« (22) Die Herstellung einer demokratischen Öffentlichkeit erscheint folglich nicht nur vereinbar mit einer akklamatorischen Diktatur, sondern geradezu unvereinbar mit liberalen Strukturen. Demnach gilt etwa das geheime Wahlrecht als liberale Institution bürgerlicher Privatheit, während erst die öffentliche Volksversammlung den Anspruch erheben könnte, eigentlich demokratische Einrichtung zu sein.

Die akklamatorische Öffentlichkeit fungiert nicht mehr als Rahmen für die Konkurrenz individueller Meinungen und privater Interessen. Die postaufklärerische Organisation gemeinschaftlichen Lebens kann nach Schmitt nicht lediglich auf der Dialektik der Diskussion beruhen. Eine Alternative zeichnet sich im Bolschewismus ab, nicht allerdings in seiner noch rationalistischen Theorie, sondern in der Praxis der Gewaltanwendung. »Der Bourgeois soll nicht erzogen, sondern vernichtet werden. Der Kampf, der ganz reale, blutige Kampf, der hier entsteht, brauchte einen anderen Gedankengang und eine andere Geistesverfassung als die im Kern immer im Kontemplativen verbleibende Hegelianische Konstruktion.« (76) Die Priorität des Kampfes marginalisiert die Diskussion und den damit verbundenen Rationalismus; die Öffentlichkeit gewinnt einen irrationalen Charakter, den Schmitt weiter in den Theorien Georges Sorels und Mussolinis verfolgt und der ihn schlußfolgern läßt, die liberale Öffentlichkeit werde durch mythisches Denken in einer faschistischen Öffentlichkeit aufgehoben. Dem entspricht die Hervorhebung nationaler Kultur, Sprache und Traditionen wie auch die gemeinschaftsstiftende Funktion der Kunst bei Heidegger. Es ist der ›Ursprung des Kunstwerkes‹ und nicht etwa die liberale Auflehnung gegen eine Kabinettspolitik, der die Historizität des Volkes begründet. Die Anlehnung dieser Öffentlichkeitsform und der damit verbundenen faschistischen Politik an eine auf die Kunst anspielende Rhetorik bringt Walter Benjamin dazu, von einer »*Ästhetisierung der Politik*«[152] zu sprechen.

6. Kritische Öffentlichkeit und Kulturindustrie

Als Gegenmodell zur traditionellen liberalen Öffentlichkeit, aber noch mehr zur akklamatorischen Öffentlichkeit des Faschismus und des Nationalsozialismus entwarfen linke Intellektuelle in der Nähe des ›westlichen Marxismus‹ Versionen eines Publikums, das einer gesellschaftlichen Kritik fähig

---

150 MARTIN HEIDEGGER, Sein und Zeit (1927; Tübingen 1986), 169.
151 SCHMITT (s. Anm. 149), 5.
152 WALTER BENJAMIN, Das Kunstwerk im Zeitalter seiner technischen Reproduzierbarkeit (entst. 1935), in: BENJAMIN, Bd. 1/2 (1974), 467.

wäre. Zugleich wurde die Frage gestellt, warum das ehemals fortschrittliche Publikum versagt hatte. Brecht artikuliert eine Unzufriedenheit mit dem Theaterpublikum und seiner Abhängigkeit von Kritikern, deren verfehlte Fragestellungen die Unzulänglichkeit der Rezipienten zusätzlich vergrößern. Kerrs Dramakritiken werden verurteilt, da sie nach Brecht lediglich Fragen des ästhetischen Geschmacks behandeln: Kerr gilt als Vertreter einer »kulinarischen Kritik«[153], die die verbleibende intellektuelle Vitalität des Publikums nur abschwächt. »Man [kann] nicht wissen [...], worin man diesem Publikum entgegenkommen soll, denn es hat *keinerlei Appetit.*«[154] Diese unkritische Passivität resultiert aus der Haltung des Kritikers und der Klassenposition des bürgerlichen Publikums »Herrn Kerrs Wirkung besteht darin, daß er den Geschmack seines Publikums hat und daß dieses Publikum vermittels der Möglichkeit, Billette zu kaufen, und der Möglichkeit, alle übrigen Leute zu hindern, Billette zu kaufen, die Theater okkupiert hält. Es ist eine Gesellschaft, die vom Theater ebensoviel verlangt, wie der Kassierer ebensoviel davon hat und ebensoviel davon versteht.«[155] Gegen die Kommerzialisierung des Theaters als Symptom einer Kulturindustrie fordert Brecht eine Kritik, die über das bloß Ästhetische hin zu Fragen der Gesellschaftsstruktur gelangen könnte. Die Theateröffentlichkeit soll politisiert werden, denn es geht Brecht weniger um die ideologischen Positionen der Berufskritikers als darum, das Publikum selbst zur Kritik anzuregen. »Uns handelt es sich nicht um die Stellungnahme der berufsmäßigen Vorschmecker, wenn wir von Kritik sprechen. Wir sprechen von der Stellungnahme des Zuschauers, uns ist es um seine Emanzipation zu tun, und zwar um seine Emanzipation vom ›totalen‹ Kunsterlebnis.«[156] Dieses Programm wird durch das epische Theater und dessen Komponenten (z. B. den Verfremdungseffekt) verfolgt, indem das Werk so angelegt wird, daß eine kritische Haltung im Publikum erzeugt wird: Der formellen Struktur des ästhetischen Objekts wird konstitutionelle Bedeutung für die Struktur der Öffentlichkeit beigemessen.

Die geschichtliche Entfaltung dieses Theorems in Benjamins Aufsatz über *Das Kunstwerk im Zeitalter seiner technischen Reproduzierbarkeit* (1935) betrifft den Wandel des Publikums und dessen Beziehung zum Werk. Der Ursprung der Kunst im kultischen Zusammenhang entsprach isolierten und rituell kontemplativen Zuschauern. Dieses Paradigma beruhte auf der Einzigartigkeit des Werkes und der damit verbundenen Autorität. Benjamin überspringt die kollektiven und öffentlichen Rezeptionsformen des Mittelalters und der höfischen Kultur des Absolutismus, denn es kommt ihm vor allem auf die Veränderungen an, die mit dem Eingriff der Technologie in der Kunst beginnen, d. h. mit der Photographie und dem Film. Die Reproduzierbarkeit des Werkes unterwandert die Autorität der Einmaligkeit, verbannt die ›Aura‹ des Werkes und ermöglicht eine neue, nicht mehr bloß kontemplative Zuschauerhaltung. »*Die Rezeption in der Zerstreuung, die sich mit wachsendem Nachdruck auf allen Gebieten der Kunst bemerkbar macht und das Symptom von tiefgreifenden Veränderungen der Apperzeption ist, hat am Film ihr eigentliches Übungsinstrument.* In seiner Schockwirkung kommt der Film dieser Rezeptionsform entgegen. Der Film drängt den Kultwert nicht nur dadurch zurück, daß er das Publikum in eine begutachtende Haltung bringt, sondern auch dadurch, daß die begutachtende Haltung im Kino Aufmerksamkeit nicht einschließt. Das Publikum ist ein Examinator, doch ein zerstreuter.«[157] Postauratische Kunstformen sind die Voraussetzung für eine kritische Öffentlichkeit. Zugleich ist sich Benjamin wohl bewußt, daß die gegenwärtigen Auseinandersetzungen der Massenbewegungen zugleich zum Ergebnis einer akklamatorischen Öffentlichkeit führen könnten; das Programm einer kritischen Öffentlichkeit gilt als demokratische Alternative im Kontext der sich entfaltenden technischen Massengesellschaft.

Doch die Erfahrung der industriell ausgebauten Kulturproduktion und -distribution führt zu einer

---

153 BERTOLT BRECHT, Die dialektische Dramatik (entst. 1930/31), in: BRECHT (BFA), Bd. 21 (1992), 434f.
154 BRECHT, Theatersituation 1917–1927 (1927), in: BRECHT (BFA), Bd. 21 (1992), 199.
155 BRECHT, Herrn Kerrs Wirkung (entst. 1929/30), in: ebd., 324.
156 BRECHT, Ist die kritische Haltung eine unkünstlerische Haltung? (entst. zw. 1935–1941), in: BRECHT, Bd. 7 (1967), 377.
157 BENJAMIN (s. Anm. 152), 505.

kulturpessimistischen Einschätzung des Publikums. Die abwertende Haltung gegenüber der verbreiteten kommerziellen Kultur und ihrer nivellierenden Wirkung geht auf das 19. Jh. zurück; Benjamins versuchte Rettung der Massenkultur als demokratisches Potential stellt eine Erwiderung auf längst vorhandene Vorbehalte dar. Der locus classicus für die Verurteilung einer trivialen Unterhaltungskunst ist das Kapitel ›Kulturindustrie. Aufklärung als Massenbetrug‹ in der *Dialektik der Aufklärung* (1947) von Horkheimer und Adorno. Die Öffentlichkeit hat jedes Kritikvermögen eingebüßt und fungiert lediglich als manipulierte Konsumentengruppe in den Händen der kulturproduzierenden Industriezweige. Es geht nicht um den scheinbar authentischen Geschmack der Rezipienten, die von vornherein durch die Industrie organisiert worden sind. »Die Verfassung des Publikums, die vorgeblich und tatsächlich das System der Kulturindustrie begünstigt, ist ein Teil des Systems, nicht dessen Entschuldigung. [...] so wird der Rekurs auf spontane Wünsche des Publikums zur windigen Ausrede.« Das Moment des Publikums in der Kulturindustrie bedeutet kein demokratisches Eingehen auf populären Geschmack, sondern die Umgestaltung der Konsumenten im Interesse der Industrie. Die Folge davon ist eine konformistische Nivellierung, die keinen Widerstand zuläßt; ebensowenig eine Dissonanz im Kunstwerk. »Der Schritt vom Telephon zum Radio hat die Rollen klar geschieden. Liberal ließ jenes den Teilnehmer noch die des Subjekts spielen. Demokratisch macht dieses alle gleichermaßen zu Hörern, um sie autoritär den unter sich gleichen Programmen der Stationen auszuliefern.«[158] Die Metapher macht deutlich, inwiefern sich Horkheimer und Adorno mit der gleichen geschichtlichen und geistesgeschichtlichen Wende zur Massengesellschaft beschäftigen, wie es Lippmann und Dewey, Schmitt und Heidegger, Brecht und Benjamin taten. Beim Ausbau neuer Gesellschaftsformen, die die Grenzen der bürgerlichen Öffentlichkeit sprengten, stellte sich die Frage nach einer nachliberalen Struktur. Bei Horkheimer und Adorno fällt die Antwort negativ aus; die Bewegung der Geschichte, falls es sie nach Auschwitz überhaupt noch gibt, hat sich aus jeder Öffentlichkeit und öffentlichen Politik verflüchtigt, um in der Hermetik der ästhetischen Moderne unterzutauchen. Der formelle Widerstand des Kunstwerkes gegen ein konformistisches und zugleich atomisiertes Publikum gilt folglich als Kritik an der Entfremdung und Vorwegnahme einer utopischen Gesellschaft, deren Sprache »zur Stimme der Menschen [wird], zwischen denen die Schranke fiel«[159].

Russell A. Berman

V. Von der Moderne zur Postmoderne 1960–1990

1. Demokratie und Öffentlichkeit in der Nachkriegszeit

Der kritische Diskurs über Öffentlichkeit und Publikum in Westeuropa und den Vereinigten Staaten wurde noch bis in die späten 50er Jahre von Denkfiguren des Zerfalls bestimmt. Adorno und Horkheimer hatten Ende der 30er Jahre die Möglichkeit eines revolutionären Publikums aufgegeben und dagegen deutlich gemacht, daß der fortgeschrittene Kapitalismus die soziale Grundlage liberaler Freiheiten – ein liberalkapitalistisches Publikum – und die psychologische Basis des liberalen Subjekts – die patriarchialische Familie – untergraben hatte. In der Phase der Restauration des westdeutschen Kapitalismus in den 50er Jahren entwickelte Adorno in seinen Radiosendungen eine pädagogische Praxis, die auf die Herstellung eines dispersen und unprofessionellen Publikums abzielte, die moderne Kunst in ihrer Negativität wahrzunehmen vermochte. In einer Radiosendung von 1954 über *Das Altern der Neuen Musik* konnte Adorno jedoch nicht umhin festzustellen: »Vom Altern der Neuen Musik zu reden scheint paradox. Aber inmitten des beängstigenden Weltzustandes zeigt das Symptome der falschen Befriedigung, was sein Wesen

---

158 MAX HORKHEIMER/THEODOR W. ADORNO, Dialektik der Aufklärung (1947), in: Horkheimer, Gesammelte Schriften, Bd. 5 (Frankfurt a.M. 1987), 146.
159 ADORNO, Rede über Lyrik und Gesellschaft (1957), in: ADORNO, Bd. 11 (1974), 68.

hat an der Kündigung des Einverständnisses und sein Recht an der Gestaltung dessen, was die konventionelle Oberfläche des Alltags verdeckt und was sonst zum Schweigen verdammt wird von eben jenem Kulturbetrieb, zu dessen Sparte auch die Neue Musik zu werden droht.«[160] Adorno führte das Nachlassen des kritischen Potentials der Neuen Musik auf den Prozeß der bürokratischen Privatisierung zurück; die institutionelle Isolation der neuen Musik führe zum Verlust der kritischen und produktiven Beziehung des Komponisten zum Publikum. Zur gleichen Zeit versuchte er in Essays wie *Kultur und Verwaltung* (1960) und *Individuum und Organisation* (1953) eine kulturpolitische Haltung zu entwickeln, die darauf abzielte, geschützte Räume innerhalb der Bürokratie zu kritischen Zwecken umzufunktionieren.

Auch in den Vereinigten Staaten diagnostizieren kritische Journalisten wie Dwight MacDonald und Soziologen wie David Riesman (*The Lonely Crowd*, 1950) das Ende der liberalpolitischen und kulturellen Öffentlichkeit. Die amerikanischen Intellektuellen reagierten damit auf die kulturelle Homogenisierung und politische Konventionalisierung, die durch die ›White-collar‹-Klasse der ›Organizational Men‹ – im 20. Jh. die Entsprechung zu Nietzsches ›gebildeter Masse‹ – hervorgerufen wurde. Vance Packards *Hidden Persuaders* (1957) stellt eine Phase des Kapitalismus dar, in der das Publikum als Objekt der Manipulation durch die beständig neue Bedürfnisse weckende Werbung figuriert wird. Andere Kritiker wie Richard Hofstadter, dessen Thesen (*Anti-Intellectualism in American Life*, 1963) als Reaktion auf den McCarthysmus lesbar sind, sehen das öffentliche Leben in den USA von einem anti-intellektuellen Populismus bedroht, der zu Lasten Andersdenkender geht. Wenn das Publikum entweder als ›atomisierte Masse‹[161] oder als irrationale Menge konzeptualisiert wird, kommt dem Intellektuellen, so wie Walter Lippmann in *Public Opinion* (1922) argumentiert, die Aufgabe zu, das Massenpublikum gegen Kultur- und Medienindustrie abzuschirmen, indem er wohlbegründete Urteile fällt.

In diesem Kontext erscheint 1962 Jürgen Habermas' *Strukturwandel der Öffentlichkeit*. Habermas teilt manche Aspekte der linksliberalen Kritik an der kapitalistischen Demokratie der Nachkriegszeit; zugleich ist der Text aber auch eine wichtige Kritik des Liberalismus: Habermas zeigt nicht nur, daß das liberale Modell von Öffentlichkeit an internen Widersprüchen scheitert, sondern macht überhaupt dessen Obsoleszenz in fortgeschrittenen kapitalistischen Gesellschaften deutlich. Aufbauend auf Adornos Analyse der Massenkultur in *Dialektik der Aufklärung* (1947) und *Über den Fetischcharakter in der Musik und die Regression des Hörens* (1938), stellt Habermas die These auf, daß der Kulturbereich im fortgeschrittenen Kapitalismus einem Prozeß der Kommodifikation ausgesetzt ist, der die klassische Funktion der Kultur als Anregung für öffentliche Kommunikation eliminiert: »Wenn die Gesetze des Marktes, die die Sphäre des Warenverkehrs und der gesellschaftlichen Arbeit beherrschen, auch in die den Privatleuten als Publikum vorbehaltene Sphäre eindringen, wandelt sich Räsonnement tendenziell in Konsum, und der Zusammenhang öffentlicher Kommunikation zerfällt in die wie immer gleichförmig geprägten Akte vereinzelter Rezeption.«[162] Für Habermas impliziert kulturelle Kommodifikation, daß der kulturelle Rezipient nur noch als Knotenpunkt vorbewußter Instinkte, nicht als rationaler Handlungsträger betrachtet wird. Dies treffe insbesondere auf die neuen Medien Radio, Film und Fernsehen zu, die die notwendige ästhetische Distanz eliminieren, die als Bedingung der Möglichkeit einer Diskussionsteilnahme des Rezipienten als Teil des Publikums fungiert: »Die Sendungen, die die neuen Medien ausstrahlen, beschneiden, im Vergleich zu gedruckten Mitteilungen, eigentümlich die Reaktionen des Empfängers. Sie ziehen das Publikum als Hörende und Sehende in ihren Bann, nehmen ihm aber zugleich die Distanz der ›Mündigkeit‹, die Chance nämlich, sprechen und widersprechen zu können.« (205)

Von diesen Auswirkungen ist speziell die ›vorzüglichste Institution der Öffentlichkeit‹, die Presse, betroffen. Dabei ist es nicht nur die Raison d'être der privaten Nachrichtenmedien, Werbe-

---

160 ADORNO, Das Altern der Neuen Musik (1954), in: ADORNO, Bd. 14 (1972), 143.
161 Vgl. HARRY BOYTE, The Pragmatic Ends of Popular Politics, in: Calhoun (s. Anm. 44), 355.
162 HABERMAS (s. Anm. 58), 249.

einheiten zu verkaufen, die ihre politische Funktion unterläuft. In der Öffentlichkeit der privaten Nachrichtenmedien wird die Werbung selbst ein Mittel, durch das Privatunternehmen eine Legitimität erheischen, die noch von der klassischen Rolle einer am öffentlich-rationalen Diskurs beteiligten Privatperson zehrt: »Der Absender kaschiert in der Rolle eines am öffentlichen Wohl Interessierten seine geschäftlichen Absichten.« (230) Die »refeudalisierte« (195) Medienöffentlichkeit verliert ihre kritische Funktion und nimmt eine affirmative Rolle ein, wobei ihr von mächtigen Privatinteressen kreierter, quasi politischer Anspruch nicht auf Argumenten, sondern auf Stereotypen und Symbolen basiert. »Die Parteiagitatoren und Propagandisten alten Stils weichen parteipolitisch neutralen Werbefachleuten, die angestellt sind, um Politik unpolitisch zu verkaufen.« (256) Selbst wenn man dem liberalen Argument zustimmte, so Habermas, daß die Abhängigkeit der Parteien und der Staatsverwaltung von den Präferenzen der Konsumenten der breiten Öffentlichkeit den politischen Entscheidungsprozeß wieder an eine Art öffentlichen Willen zurückbinde, würde die Form der parlamentarischen Einsprüche letztendlich nur zu einer diffusen Zustimmung führen: »Diese Art der Willensbildung würde sich eher dem aufgeklärten Absolutismus eines sozialstaatlichen Obrigkeitsregimes als dem sozialen und demokratischen Rechtsstaat einfügen: Alles für das Volk, nichts durch das Volk – nicht zufällig ein Satz aus dem Preußen Friedrichs II.« (259)

Habermas' Analyse macht die widersprüchliche Grundlage der Institution der Öffentlichkeit, die ›fiktive‹ Identifikation von Eigentümer und Mensch, deutlich. Dieser Aspekt der Habermasschen Konzeption steht in Spannung zu seiner eigenen Theorie des Zerfalls: Es ist nicht der Zustrom von neuen Öffentlichkeiten während des 19. Jh., der den öffentlichen Bereich zu einem Kampfplatz von Privatinteressen korrumpiert; vielmehr entlarvt der Eintritt dieser neuen Öffentlichkeiten das scheinbar allgemeine Interesse, Privatrechte zu sichern, als Klassen- bzw. Geschlechtsinteresse. Adorno, auf dessen Konzeption des Zerfalls in der *Dialektik der Aufklärung* Habermas aufbaut[163], stellt Habermas' zuweilen unkritisches Lob der Qualitäten der klassischen Öffentlichkeit in Frage: »Habermas hat diese Entwicklung als Zerfall der Öffentlichkeit zusammengefaßt. Vielleicht war Öffentlichkeit in Wahrheit überhaupt nie verwirklicht. Zu Anfang wäre sie, als nicht vorhandene, erst zu schaffen gewesen, dann hat sie in zunehmendem Maß die Mündigkeit verhindert, die sie meint.«[164] Habermas selbst weist darauf hin, daß die spezifischen Eigenschaften der Öffentlichkeit im 18. Jh. auf einer Gesellschaft von Kleinproduzenten basieren, in welcher angenommen wird, daß »keiner so viel Macht erwerben könne, daß sie ihm erlaubt hätte, über einen anderen zu verfügen«[165]. Heute sei der Sozialstaat verpflichtet, im ›privaten‹ Bereich des Marktes zu intervenieren, um die Freiheiten zu sichern, die die Theoretiker des 18. Jh. gerade vom Nichteingreifen des Staates erwartet hatten. Habermas' Thesen beziehen sich auf zwei postliberale Modelle, welche die liberalen Rechte über ihre Grundlage in der privaten Autonomie hinaus auszudehnen beabsichtigen. Das erste benennt die Verpflichtung von Privatunternehmen, Industrieverbänden, Gewerkschaften und Parteien, ihre Ansichten nicht nur einem internen Manager-, sondern einem Mitgliederpublikum zu unterwerfen. Nach dem zweiten Modell kann die politische Funktion von liberalen Freiheiten nur durch einen Staat gewährleistet werden, der einen für alle gleichen Zugang zu diesen Rechten garantiert. »Öffentliche Meinung [ist] nicht schon dadurch wirksam sichergestellt, daß jedermann seine Meinung frei äußern und eine Zeitung gründen kann.« (268)

2. Normativität und totalitarisierende Öffentlichkeit: Koselleck und Luhmann

Wenn Habermas' *Strukturwandel* die Wichtigkeit eines erweiterten Politikbewußtseins und die Notwendigkeit der Ersetzung eines nicht mehr adäquaten liberalen Modells von Öffentlichkeit antizipiert, so wirft Reinhart Koselleck in *Kritik und*

---

[163] Vgl. HOHENDAHL, The Institution of Criticism (Ithaca 1982), 243.
[164] ADORNO, Meinungsforschung und Öffentlichkeit (1964), in: ADORNO, Bd. 8 (1970), 534.
[165] HABERMAS (s. Anm. 58), 228.

Krise. Eine Studie zur Pathogenese der bürgerlichen Welt (1959) einen ganz anderen, auch für die Postmoderne charakteristischen Blick auf die Macht der Öffentlichkeit. Nach Koselleck mangelt es der modernen Welt nicht an substantieller Öffentlichkeit; vielmehr umfasse und durchdringe diese alle Aspekte der modernen Welt. Konstruktionen wie ›Publikum‹ und ›Öffentlichkeit‹ seien nicht in der Lage, politische Macht einzugrenzen, sondern vergrößerten sie sogar eher. In *The Cultural Contradictions of Capitalism* (1976) vertrat Daniel Bell die These, die Zerstörung des Gemeinsinns durch eine von intellektueller Kritik bestimmte öffentliche Kultur sei eine unbeabsichtigte Folge des Kapitalismus. Ähnlich argumentiert Koselleck, sieht jedoch im Gegensatz zu Bell die Ursprünge dieses Phänomens nicht in der Dynamik des Kapitalismus verankert, sondern betrachtet es als Erbe der kritischen Utopievorstellungen des 18. Jh. und der historischen Situation des absolutistischen Staates, die deren Eigenschaften geformt habe. Das bürgerliche Bewußtsein, so Koselleck, spiegelt in sich die in öffentlich und privat gespaltene Struktur des absolutistischen Staates wider. Der Staat grenzt einen öffentlichen Bereich ab, in dem das religiöse Gewissen ausgesetzt wird. Dies kreiert eine seltsame Dialektik: Der politische Imperativ motiviert den Versuch, Moral aus der Politik auszuklammern. Die Ausübung der politischen Macht reklamiert der Staat für sich, während eine verbürgerlichte Moral ein unpolitisches Selbstverständnis entwickelt. Die Eigenständigkeit des Politischen erscheint dem moralischen Subjekt so, als ob ihm die positiven Eigenschaften fehlten, die es mit der eigenen Vorzüglichkeit verbindet: Natürlichkeit, Gewissen, ›common sense‹. Die République des lettres, der aufgeklärte öffentliche Bereich, ist das Medium, in dem sich ein unpolitisch-politisches Selbstverständnis von Privatpersonen ausbildet: Es ist unpolitisch, insofern es von der Realität der politischen Entscheidungen entfernt ist; es ist politisch, weil der eigene moralische Anspruch es verpflichtet, die Welt nach seinen Vorstellungen zu verändern.

Für Koselleck hat die moderne Dialektik von öffentlich und privat, die von der Öffentlichkeit der Aufklärung geschaffen wurde, totalitäre Konsequenzen: »Die Aufklärung baut alle Tabus ab, indem sie die Privilegien zerstört. Dadurch wird alles und jedes in den Strudel der Öffentlichkeit gezogen. Es gibt nichts, was nicht von dieser Öffentlichkeit erfaßt würde. Aber diese Öffentlichkeit ist dialektisch, d. h. in dem Maße, als alles öffentlich wird, wird alles ideologisch verfremdet. Der Wunsch nach Naturhaftigkeit, zur Rückkehr zur Natur ist nur ein Symptom dieser Bewegung. Und der Tag wird kommen, an dem man selbst der Hosentracht eine politische Bedeutung vindiziert. Die ursprünglich politisch bedingte Geheimhaltung hat eine Kritik freigesetzt, die zu einer unkontrollierbaren und insofern geheimnisvollen Herrschaft angewachsen ist, die alle Lebensäußerungen verfremdet.«[166] Koselleck diagnostiziert einen zweiten Aspekt der Moderne in den Entstehungsbedingungen der bürgerlichen Öffentlichkeit: Faschismus und Kalter Krieg, so seine These, haben ihren Ursprung im Konzept des totalitären Staates, der die Folge eines moralisierten Begriffs des Politischen darstellt, dessen idealtypischer Repräsentant Rousseau ist. Eine Souveränität, die auf dem Gemeinwillen des Volkes basiert, ebnet einer moralischen Politik den Weg, die unter dem Druck steht, ein einheitliches Publikum zu bilden, das diese Politik legitimieren soll. Dies erfordert eine »Gleichschaltung der Individuen«: »Nachdem die Aufklärung jeden Unterschied zwischen Innen und Außen beseitigt hat, alle arcana entlarvt hat, wird die Öffentlichkeit zur Ideologie.« (138) Hier scheint Koselleck eher an die nationalsozialistische Öffentlichkeit zu denken als an die mutmaßlich rationale Debatte der liberalen Öffentlichkeit – so wie Reichsorganisationsleiter Robert Ley über das nationalsozialistische Deutschland sagte: »Der einzige Mensch, der in Deutschland noch ein Privatleben führt, ist jemand, der schläft.«[167] Macht wird nicht durch Öffentlichkeit beschränkt oder verändert, vielmehr durch sie vermittelt: »Auch an die Macht gekommen, und gerade dann, verbirgt die Öffentlichkeit den Souverän. Die wichtigste Aufgabe des neuen Gesetzgebers, von der alles andere abhinge,

---

166 REINHART KOSELLECK, Kritik und Krise. Eine Studie zur Pathogenese der bürgerlichen Welt (1959); Frankfurt a. M. 1973), 97.
167 Zit. nach CHARLOTTE BERADT, Das Dritte Reich des Traums (München 1966), 7.

besteht darin, die Autorität durch die Macht der Öffentlichkeit zu ersetzen.«[168] Am Ende universalisiert so die durch die neuen Kommunikationsmedien geschaffene totalitäre Weltöffentlichkeit die Unfreiheit statt der Freiheit.

Sowohl für Habermas als auch für Koselleck hat das Öffentlichkeitskonzept normativen Charakter: Öffentlichkeit ist ein zu verwirklichendes politisches Ziel oder die negative Folge eines von Erfahrung entfremdeten Denkens. Niklas Luhmann versucht diesen Begriff zu entschärfen und seine politische und polemische Signifikanz zu reduzieren. Der Begriff könne nur im Licht der historischen Erosion der »überlieferten Wahrheitsgrundlagen der Politik« verstanden werden. Im Verlauf des 18. Jh. werden diese durch eine Meinung ersetzt, die als öffentlich gelten kann, weil sie »gewisse Kontrollen der subjektiven Vernunft und der öffentlichen Diskussion durchlaufen« habe und die soziale Basis dieser Meinung einer Gruppe angehöre, die sich eher an abstrakten Konzepten wie ›Subjekt‹ als »an ihren eigenen anderen Rollen – Geschlecht, Alter, Stand, Beruf, Vermögen« orientiere: »Gleichheit der diskutierten Zirkel und Neutralisierung standesgemäßer, politischer, wirtschaftlicher Einflüsse auf die Diskussion ermöglichten es, daß die in ihnen gemachten Erfahrungen als allgemeingültig erschienen; daß die Erwartungen, die man als Resonanz auf eigenes Verhalten erwarten lernte, als Erwartungen jedermanns unterstellt werden und als solchen die alten Institutionen ersetzen konnten.«[169] Luhmann begreift die Entstehung der klassischen Öffentlichkeit nicht als ersten Schritt in der Selbstorganisation der Gesellschaft, sondern in funktionaler Perspektive als ein »Substantiv, dem man die Lösung des Problems der Reduktion der Beliebigkeit des rechtlich und politisch Möglichen anvertraut« (4).

Für Luhmann erscheint daher die Aufklärung als ein spezifischer Moment im Prozeß der gesellschaftlichen Ausdifferenzierung, in dem eine spezifische Gruppe, gerade weil sie an diesem Prozeß nicht beteiligt ist, paradoxerweise beanspruchen kann, für die Gesellschaft als Ganzes zu sprechen. Dieser Anspruch sei jedoch nicht mehr länger haltbar: Die Entwicklung der modernen Gesellschaft hat die funktionale Differenzierung und Spezifikation von Teilsystemen derart gesteigert, »daß es Gruppen, die sich dieser Differenzierung entziehen, unmöglich wird zu behaupten, sie seien die Gesellschaft« (6). Dies liegt darin begründet, daß die Idee der kollektiven Selbstbestimmung an sich aufgegeben wurde. Einer Theorie, die die bloße Faktizität der sozialen Komplexität akzeptiert, muß der politische Impuls, zwischen individueller und kollektiver Selbstbestimmung durch Kommunikation zu vermitteln, mythisch erscheinen. Luhmann lehnt selbst Habermas' postliberales Modell der organisationsinternen Öffentlichkeiten ab, das auf der Annahme eines potentiell unparzellierten Bewußtseins beruht. Jedoch erhält er die Bedeutung von Öffentlichkeit vor dem Hintergrund, daß »die Integration der Gesellschaft nur noch durch Neutralisierung der besonderen Systemtraditionen, Normprojektionen, Bedürfnisse und Defensivinteressen der Teilsysteme der Gesellschaft möglich« (18) ist, und schlägt daher vor, den alten Begriff von Öffentlichkeit durch sein funktionales Äquivalent zu ersetzen: Unter Öffentlichkeit sollen institutionalisierte Themen der Kommunikation verstanden werden – »das Wetter, das neue Auto des Nachbarn, die Wiedervereinigung«. Für die Kommunikationspartner bilden diese Themen die Grundlage einer »unartikuliert vorausgesetzten Lebenswelt«. Anstatt als Medium eines kollektiven politischen Willens zu fungieren, strukturiert Öffentlichkeit eine ansonsten zufällige Kommunikation, begrenzt die »Beliebigkeit des politisch Möglichen« (7). Die Funktion des systemtheoretisch umformulierten Begriffs von Öffentlichkeit ist es, eine Auswahl von Kommunikationsthemen anzubieten, die als Feedback für das System fungieren und die Erwartungen der Teilnehmer in konkreten Interaktionen strukturieren. Dabei mache Manipulation den Rezipienten in keiner Weise unfrei: »Kommunikation kann trotzdem im Möglichkeitshorizont des Manipulierten nach dessen eigenen Kriterien ausgewählt und angenommen werden, sofern dieser nur vorweg eigene Möglichkeiten des Erlebens und Handelns konstruiert hat.« (8)

---

168 KOSELLECK (s. Anm. 166), 9.
169 NIKLAS LUHMANN, Öffentliche Meinung, in: Politische Vierteljahresschrift 11 (1970), H. 1, 5.

3. Gegenöffentlichkeiten und die Kritik des liberalen Modells

Die Modelle von Habermas, Koselleck und Luhmann reflektieren nicht die vielfältigen Versuche ›neuer Öffentlichkeiten‹, die Herrschaft der repressiv gewordenen bürgerlichen Öffentlichkeit wie auch die Mechanismen, die sie erodierten, zu hinterfragen. Diese Öffentlichkeiten – zunächst die Bürgerrechtsbewegung in den Vereinigten Staaten, dann die Studenten-, Frauen-, Friedens- und Gay-Rights-Bewegung sowie später die verschiedenen Bürgerrechtsbewegungen und Nischenöffentlichkeiten, die die akklamatorische Staatsöffentlichkeit der sozialistischen Länder in den 80er Jahren unterminierten – waren keineswegs neu.[170] Neu war ihre Fähigkeit, die herrschenden Konzeptionen und Repräsentationen des Öffentlichen, des Privaten und des Publikums in den westlichen Kultur- und Staatsräumen in Frage zu stellen, zu verändern oder gar zu ersetzen. Bei der amerikanischen Bürgerrechtsbewegung nahm diese Herausforderung die Form einer immanenten politischen Strategie an, die in zwei Richtungen verlief: der Organisation einer vorwiegend afro-amerikanischen Protestöffentlichkeit durch das institutionelle Netzwerk der schwarzen Kirchen und Schulen in den Südstaaten sowie der Einsetzung dieser Öffentlichkeit zu dem Zweck, die in Wahrheit bestehende Privatheit verschiedener öffentlicher Räume und Institutionen – von Schulen, Universitäten, Geschäften, öffentlichen Verkehrsmitteln, Gerichten, der Polizei – bloßzulegen und zu unterminieren. Diese Bewegung verfolgte zuerst eher eine rechtliche als eine populistische oder revolutionäre Strategie. In den 50er Jahren strengte die National Association for the Advancement of Colored People (NAACP) Prozesse an, die die legalisierte Rassentrennung in den Südstaaten aufheben helfen sollten; eine Strategie, die schließlich im Fall Brown gegen den Board of Education of Topeka in Kansas zur Entscheidung des Verfassungsgerichts führte, nach Rassen getrennte Bildungsanstalten verstießen gegen das vierzehnte Amendment der amerikanischen Verfassung.[171] Die juristische Strategie, die staatlichen Regierungsbehörden dazu zu zwingen, die bestehenden verfassungsrechtlichen Normen überall durchzusetzen, ermutigte lokale Gruppen im amerikanischen Süden, den Ausschluß von Schwarzen bzw. die Rassentrennung in öffentlichen Institutionen und privatrechtlichen Räumen wie Restaurants oder Wartesälen anzufechten. Die Bürgerrechtsbewegung deckte Praktiken wie die als Jim Crow bezeichnete systematische juristische Ausgrenzung der afro-amerikanischen Bevölkerung auf; die Frauenbewegung der 70er Jahre erreichte eine Neubestimmung der vordem als privat definierten Angelegenheiten als öffentlich – wie Gewalt innerhalb der Familie. Dabei wurde die Aufklärungsfunktion nicht länger durch kritische Intellektuelle, sondern durch die Bewegung selbst wahrgenommen. Die Bewegungen bezogen und beziehen ihre Macht vom durch die neuen Kommunikationsmedien weltweit etablierten öffentlichen Bereich. Sie profitieren von der Kluft zwischen dem zum großen Teil nicht-öffentlichen Charakter der Medien und der Aufnahme und Verwendung der vermittelten Worte und Bilder durch eine breite Öffentlichkeit. Daher konnte, was im Rückblick als affirmative Berichterstattung der amerikanischen Medien über den Vietnamkrieg erscheint, trotzdem zu einer politischen Haltung des Widerstands gegen den Krieg führen, da der Eindruck der übertragenen Bilder den präsentierten diskursiven Rahmen sprengte.[172] Dieses Phänomen ermöglichte es den Protestbewegungen, eine herrschende Öffentlichkeit als Hilfe für ihre politischen Ziele zu nutzen. Die Bürgerrechtsbewegung stellt hier wiederum ein frühes Beispiel dar. Als 1963 der Kampf gegen die Rassentrennung in Birmingham in den Südstaaten der USA zu einem vorläufigen Stillstand gekommen war, organisierte der Southern Christian Leadership Council einen Schulboykott der schwarzen Kinder. Durch den brutalen Einsatz der Polizei, die mit Feuerwehrschläuchen gegen die Kinder vorging, wurden bestimmte rechtliche und kulturelle Beziehungen dem Licht einer weltweiten Öffentlichkeit ausgesetzt.

---

170 Vgl. CRAIG CALHOUN, Civil Society and the Public Sphere, in: Public Culture 5 (1993), 274.
171 Vgl. JUAN WILLIAMS, Eyes on the Prize. America's Civil Rights Years, 1954–1965 (New York 1987).
172 Vgl. DANIEL HALLIN, The Uncensored War: The Media and Vietnam (Berkeley 1986).

Zugleich veränderten Repräsentanten der Protestbewegungen wie Martin Luther King und Malcolm X die spezifischen Eigenschaften des öffentlichen Diskurses – vergleichbar mit dem, was Seyla Benhabib »feminization of practical discourse«[173] nennt. Die neuen Öffentlichkeiten bezogen ihre subjektive Stärke aus Selbstverständnissen, die sie in relativ autonomen kulturell-institutionellen Öffentlichkeiten entwickelten. Die Bürgerrechtsbewegung konnte sich auf das politische Bewußtsein der schwarzen innerkirchlichen sowie kulturellen, insbesondere musikalischen Öffentlichkeiten beziehen, die sich um den Jazz und Blues gebildet hatten. Das gleiche trifft für die Schwulenbewegung zu, deren zentrales Ereignis Stonewall war, eine spontane Protestaktion gegen Übergriffe der Polizei in einer New Yorker Schwulenbar. Die Antikriegsbewegung bezog ihre Stärke nicht nur von den Veteranen, sondern auch von einer Tradition der Folk Music, die von Woody Guthrie über Pete Seeger zu Joan Baez reichte, sowie von neueren Folk-Rock- und Soul-Öffentlichkeiten, die von Künstlern wie Bob Dylan, Country Joe and the Fish, Marvin Gaye und Curtis Mayfield repräsentiert wurden. Die Studentenbewegung konnte sich die Besonderheiten der Universitätsöffentlichkeit zunutze machen: relative Freiheit von bezahlter Arbeit, Möglichkeiten der öffentlichen Kommunikation und Trennung der Studenten von den gesellschaftsintegrierenden Kräften des Geldes und der Macht. Die Frauenbewegung stellt einen besonderen Fall dar: Statt auf einer politischen Dynamik aufbauen zu können, die latent in existierenden kulturellen Öffentlichkeiten vorhanden war, mußte sie ihre eigene Interessenvertretung entwickeln.

Wenn man Habermas' *Strukturwandel* als Analyse der Möglichkeit von Demokratie nach dem Niedergang der repräsentativen Öffentlichkeit versteht, so läßt sich Oskar Negts und Alexander Kluges *Öffentlichkeit und Erfahrung* (1972) als Untersuchung der Frage nach der sozialen Selbstbestimmung aus der Perspektive der neuen Öffentlichkeiten interpretieren. Sowohl für Negt/Kluge als auch für Habermas bedeutet das Konzept ›Öffentlichkeit‹ die Möglichkeit der Integration der Gesellschaft durch andere Normen als »die des Warenverkehrs und des Privateigentums«[174]. »Solange der Widerspruch zwischen der wachsenden Vergesellschaftung der Menschen und den verengten Formen ihres privaten Lebens besteht, ist Öffentlichkeit gleichzeitig auch wirklicher Ausdruck eines fundamentalen Bedürfnisses. Sie ist die einzige Ausdrucksform, welche die über den Produktionsprozeß lediglich ›privat‹ zusammengefügten Gesellschaftsglieder durch Zusammenfassung ihrer entfalteten gesellschaftlichen Eigenschaften miteinander verbindet.« (18) Negt/Kluge verstehen jedoch die existierende bürgerliche Öffentlichkeit eher als ein Hindernis denn als ein Mittel der politischen Selbstorganisation und versuchen deren repressive Funktion mit Hilfe der Kategorien der klassischen politischen Ökonomie aufzudecken. Bürgerliche Öffentlichkeit erscheint als eine »gesamtgesellschaftliche Scheinsynthese« (116), »das labile Gleichgewicht [...], das als Öffentlichkeit gelten soll« (144). Diese Öffentlichkeit ist die Folge der Überlagerung der klassischen Öffentlichkeit von Klubs, Parteien und Vereinen, der Presse und Literatur durch die neueren Produktionsöffentlichkeiten, die durch die kapitalistische Produktionsweise, die Bewußtseinsindustrie und die Öffentlichkeitsarbeit der Konzerne und gesellschaftlichen Institutionen (Verbände, Parteien, Staat) konstituiert werden. Die Produktionsöffentlichkeiten nutzen als ihr Rohmaterial das Produktivitätspotential des Bewußtseins, »das bislang im Arbeitsprozeß nur selektiv gebraucht wurde« (246). Speziell die kulturellen Formen der Produktionsöffentlichkeit, so Kluge in *Reibungsverluste* (1980), machen sich die kreativen Vermögen des Zuschauers für ein Produkt zu eigen, das nicht seines ist. Die Rezipienten der Bewußtseinsindustrie erfahren ihre eigene imaginative Tätigkeit und ihre sinnlichen Bedürfnisse in entfremdeter Form: »Sie werden zu Individuen zusammengeschlossen, aber sie erfahren den Zusammenhang durch das Kapital. Sie können sich untereinander nur wiedererkennen über diese Apparatur. Es entstehen Kollektive,

---

[173] Vgl. SEYLA BENHABIB, Models of Public Space. Hannah Arendt, the Liberal Tradition, and Jürgen Habermas, in: Calhoun (s. Anm. 44), 95.

[174] OSKAR NEGT/ALEXANDER KLUGE, Öffentlichkeit und Erfahrung. Zur Organisationsanalyse von bürgerlicher und proletarischer Öffentlichkeit (Frankfurt a. M. 1972), 13.

doch ohne selbstregulierte zwischenmenschliche Beziehungen; es bilden sich Befriedigungen, aber passive. Es wird, was sie sind, organisiert, aber abzüglich ihrer Selbsttätigkeit.« (245 f.)

Negt/Kluges offensichtlich antiquierter Begriff ›proletarische Öffentlichkeit‹ bezeichnet dagegen eine Form von Öffentlichkeit, bei der »kein Stoff der gesellschaftlichen Umwälzung, kein konkretes Interesse ausgegrenzt und unaufgelöst« (346) blieb. Proletarische Öffentlichkeit wird zu einem negativen Begriff, der alle Möglichkeiten umfaßt, die vorherige Konzeptualisierungen ausschlossen. Da Habermas seine Kritik am Begriff von Öffentlichkeit an den Tugenden des klassischen Modells – Partizipation, Spontanität, Diskursivität – orientiert, muß er die Form der gesellschaftlichen Selbstorganisation auf diskursive Kommunikation über literarisch-ästhetische Repräsentationen begrenzen. Im Gegensatz dazu konzipieren Negt/Kluge proletarische Öffentlichkeit als Räume und Qualitäten, die alle partikulären, historisch hervorgebrachten Formen der gesellschaftlichen Äußerungen und Bedürfnisse verstärken und entwickeln. Sie stellen damit ein Konzept von Öffentlichkeit zur Verfügung, das mit der Identitätspolitik der neuen Öffentlichkeiten kompatibel ist.[175] Proletarische Öffentlichkeit verarbeitet die »einzelnen Eigenschaften und einzelnen Sinne, wie sie von der geschichtlichen Entwicklung als zerstreute hergestellt werden. [...] Proletarische Öffentlichkeit ist der Name für einen gesellschaftlichen kollektiven Produktionsprozeß, dessen Gegenstand zusammenhängende menschliche Sinnlichkeit ist.«[176]

Negt/Kluges Öffentlichkeitsbegriff baut eher auf dem ästhetischen als auf dem diskursiven Erbe des Projekts Aufklärung auf. Die Betonung von Sinnlichkeit im Gegensatz zur Diskursivität wird auch auf das Konzept der Kritik ausgedehnt. Diskursive Appelle mit aufklärerischem Inhalt haben keine Wirksamkeit mehr: »Gegen Produktion der Scheinöffentlichkeit helfen nur Gegenprodukte einer proletarischen Öffentlichkeit.« (143) Dieses Modell hat das Verdienst, die politische Signifikanz von Tätigkeiten wie Kindererziehung, die Gründung von Frauenhäusern, die Friedens- und Ökologiebewegung beschreiben zu können, die sowohl linken als auch bürgerlichen Traditionen als ›privat‹ und daher unpolitisch galten. Indem sie die Intimsphäre emanzipieren und spezifische menschliche Bedürfnisse entwickeln, bilden diese Bewegungen sozusagen die subjektive Basis einer ›Produktionsstätte‹ für Politik.

4. Zivilgesellschaft und Gegenöffentlichkeiten in der Mediengesellschaft

Die englische Übersetzung von Habermas' *Strukturwandel* 1989 traf auf ein wiedererwachtes Interesse an der im Buch entwickelten radikal-demokratischen Perspektive von Öffentlichkeit, das durch den Fall des Staatssozialismus im Ostblock und die Entstehung und Unterdrückung der Demokratiebewegung in China hervorgerufen wurde. Die Revolutionen in Osteuropa bieten ein interessantes Beispiel, wie das Prinzip der Öffentlichkeit oder Gegenöffentlichkeit eine systemsprengende Kraft entwickeln kann; das Sichtbarmachen und Benennen lief dabei vornehmlich unter dem Begriff ›Glasnost‹ (гласность). Viele der formalen Institutionen wie Presse, Literatur, Medien, Film agierten – wie zur Zeit Kants – ohne substantiellen, legalen Schutz. Während in den westlichen Demokratien das historische Ideal einer freien und oppositionellen Presse so selbstverständlich geworden ist, daß – abgesehen von der Frage, ob diese überhaupt in substantieller Weise vorhanden ist – dieses Ideal eine der zentralen Waffen im Propagandakampf des Kalten Krieges wurde, fehlte es den staatssozialistischen Ländern an einer solchen Konzeption. Innerhalb des bolschewistischen Selbstverständnisses war Öffentlichkeit als ein pädagogisches Instrument in der Hand der Partei definiert. Lenin schrieb 1918: Мы должны превратить, – и мы превратим, прессу из органа сенсаций, из простого аппарата для сообщения политических новостей [...] в орудие экономического перевоспитания массы (»Wir müssen – und werden – die Presse aus einem Sensationsorgan, aus einem bloßen Apparat zur

---

175 Vgl. MIRIAM HANSEN, Forword, in: Negt/Kluge, Public Sphere and Experience. Toward an Analysis of the Bourgeois and Proletarian Public Sphere (Minneapolis 1993), 9–41.
176 NEGT/KLUGE (s. Anm. 174), 385.

Mitteilung politischer Neuigkeiten [...] in ein Werkzeug ökonomischer Umerziehung der Massen verwandeln«)[177], und Sergej Ėjzenštejn setzte Dziga Vertovs Kinoauge-Bewegung eine eher instrumentelle Konzeption von ästhetischer Öffentlichkeit entgegen: »Не ›киноглаз‹ нам нужен, а ›кинокулак‹.« (Wir brauchen kein »Filmauge«, sondern eine »Filmfaust«.) Das dokumentarische Prinzip der Kino-Auge-Konzeption müsse durch eine Kunst ersetzt werden, die »vor allem ein *Traktor, der die Psyche des Zuschauers* [...] *umpflügt«* (прежде всего трактор, перепахивающий психику зрителя) sei, um dessen Bewußtsein »im Sinne des angestrebten Klassenstandpunktes« (в заданной классовой установке)[178] zu formen. Die sozialistische Version der »autoritär-erzieherischen Konzeption von Öffentlichkeit«[179] erzeugt im Verlauf der 70er und 80er Jahre eine ähnliche Kluft zwischen öffentlich und privat wie die des Absolutismus. Einerseits macht die Kontrolle der offiziellen Öffentlichkeit durch die Partei die potentielle Vermittlungsfunktion zwischen Gesellschaft und Staat zunichte; dies geschieht in einem Ausmaß, daß sich eine Kluft zwischen den Verlautbarungen der Parteiöffentlichkeit und der erfahrenen Realität der Rezipienten bildet, die diese Art von Öffentlichkeit als illegitim erscheinen läßt. Andererseits finden die von der offiziellen Öffentlichkeit ausgegrenzten gesellschaftlichen Äußerungen und Diskussionen seit den 50er Jahren Ausdruck in einer Art Gegenöffentlichkeit – der Samizdat in der Tschechoslowakei, Ungarn, Polen und der Sowjetunion[180], ästhetische Öffentlichkeiten an der Grenze der offiziellen Kultur, religiöse Öffentlichkeiten (wie die evangelische Kirche in der DDR) ebenso wie Basisgruppen und Bürgerrechtsbewegungen.[181] In der DDR genügte es, daß die Bürgerrechtler des *Neuen Forums* zur rechten Zeit einen Dialog anregten, ohne konkrete politische Änderungen zu fordern, um die existierende Scheinöffentlichkeit zu zersetzen; allein der Name der Gruppe war ausreichend, um die Illegitimität der offiziellen Öffentlichkeit deutlich werden zu lassen. Die Botschaft des *Neuen Forums* »war nicht die Propagierung eines neuen Gesellschaftsmodells, sondern Öffentlichkeit: ›Um all diese Widersprüche zu erkennen, Meinungen und Argumente dazu anzuhören und zu bewerten, [...] bedarf es

eines demokratischen Dialogs über die Aufgaben des Rechtsstaates, der Wirtschaft und der Kultur. Über diese Fragen müssen wir in aller Öffentlichkeit, gemeinsam und in unserem ganzen Land, nachdenken und miteinander sprechen.‹«[182]

Die Entwicklungen in Osteuropa haben nicht nur den Diskussionen über Öffentlichkeit in der Ersten, Zweiten und Dritten Welt[183], sondern auch dem Anschlußbegriff ›Zivilgesellschaft‹ neuen Auftrieb gegeben. Andrew Arato, Jean Cohen, Adam Seligman und andere Theoretiker benutzen diesen Begriff für die Beschreibung nicht nur von demokratisch strukturierter Kommunikation, sondern auch von gesellschaftlichen Bewegungen, die zwischen den staatlichen und ökonomischen Bereichen wachsen. Auf der Grundlage der Lebensweltkonzeption in Habermas' *Theorie des kommunikativen Handelns* (1981) beschreibt der Begriff der Zivilgesellschaft ein »development of posttraditional, communicatively coordinated, and reflexive

---

177 VLADIMIR ILJIČ LENIN, Iz pervonačal'nogo varianta stat'i ›Očerednye zadači sovetskoj vlasti‹ (entst. 1918), in: Lenin, O pečati (Moskau 1974), 373; dt.: Aus den ursprünglichen Entwurf des Artikels ›Die nächsten Aufgaben der Sowjetmacht‹, in: Lenin, Über die Presse (Leipzig 1960), 411.

178 SERGEJ M. ĖJZENŠTEJN, Stačka, 1924. K voprosu o materialističeskom podchode k forme (1925), in: Ėjzenštejn, Izbrannye proizvedenija v 6 tomach, Bd. 1 (Moskau 1964), 115, 113; dt.: Streik, 1924. Zur Frage des materialistischen Herangehens an die Form, übers. v. C. Mückenberger, in: Eisenstein, Über mich und meine Filme, hg. v. L. Kaufmann (Berlin 1975), 57, 55.

179 WALTER SÜSS, Revolution und Öffentlichkeit in der DDR, in: Deutschland Archiv 23, Bd. 2, (1990) H. 6, 911.

180 Vgl. IVO BOCK/KATJA CLAUS (Hg.), Samizdat: alternative Kultur in Zentral- und Osteuropa. Die 60er bis 80er Jahre (Bremen 2000).

181 Vgl. DAVID BATHRICK, The Powers of Speech: The Politics of Culture in the GDR (Lincoln 1995), 52; DIETRICH BEYRAU, Intelligenz und Dissens. Die russischen Bildungsschichten in der Sowjetunion 1917–1985 (Göttingen 1993), 246–255.

182 SÜSS (s. Anm. 179), 913 f.

183 Vgl. RICHARD MADSEN, The Public Sphere, Civil Society and Moral Community. A Research Agenda for Contemporary China Studies, in: Modern China 19 (1993), 183–198.

forms of association, publicity, solidarity, and identity«[184].

Die potentiellen Beschränkungen einer universalen politischen Theorie der Zivilgesellschaft, die aus den Erfahrungen der Dissidentenbewegung in Osteuropa erwachsen ist, lassen sich an den Ambivalenzen der graduellen Integration Osteuropas in den kapitalistischen Westen ablesen. Die Erfahrung in Ostdeutschland bietet hierfür ein paradigmatisches Beispiel. In den Monaten nach dem 9. November, während sich die Legitimation der alten DDR-Institutionen langsam auflöste, entstanden auch »neue Institutionen revolutionär-demokratischer Öffentlichkeit«[185]. Unter ihnen waren die Medien, die noch nicht damit begonnen hatten, aus einer kritischeren Perspektive zu berichten, die aber, wie im Fall des Fernsehens der DDR, eine neue Sendeform entwickelt hatten, »die in den Westmedien keine Chance gehabt hätte, weil sie viel zu ›unprofessionell‹ war: Sendungen, in denen relativ unbekannte Mitbürger stundenlang über Selbstverständnis und Zukunft der DDR debattierten«. Doch schon in den ersten Monaten des Jahres 1990 war der historische Moment verpaßt, in dem die Forderungen der kleinsten politischen Gruppierungen mit der gleichen Ernsthaftigkeit diskutiert wurden wie die der großen Parteien; statt dessen wurden die politischen Strömungen zunehmend dem instrumentellen Kontext der westdeutschen Parteienlandschaft und die neuen Kommunikationsformen den professionelleren, aber erheblich weniger demokratischen Abläufen der westlichen privaten und öffentlichen Medien angepaßt.

Rita Felski, Nancy Fraser[186], Joan Landes und andere Kritiker, die an der Brauchbarkeit des Habermasschen Modells für eine feministische Politik interessiert sind, betonen, nicht nur die historisch existierende Öffentlichkeit sei ein Instrument für eine geschlechtspezifische Repression gewesen, sondern diese Art der Unterdrückung selbst sei ein konstituierendes Moment des bürgerlichen Öffentlichkeitsbereichs seit dessen Entstehung gewesen. Landes stellt die These auf, daß im nachrevolutionären Frankreich die maskuline Ideologie wesentlich für die Konstruktion der neuen republikanischen Öffentlichkeit war. Dabei geht es nicht nur darum, daß die (aristokratischen) Frauen zunehmend vom ›öffentlichen‹ Leben ausgeschlossen wurden, sondern daß die republikanische, geschlechtsspezifisch ausgerichtete Kritik des Ancien régime als ›künstlich‹, ›manieristisch‹ und ›weiblich‹ in ihrer »post-revolutionary identification of masculine speech with truth, objectivity, and reason«[187] deutlich zeigt, daß der bürgerliche Öffentlichkeitsbereich nicht allgemein zugänglich war: »A discourse of publicity touting accessibility, rationality, and the suspension of status hierarchies is itself deployed as a strategy of distinction.«[188] Ähnlich schreibt Carol Pateman, daß die Diskussionen um einen Sozialvertrag nur scheinbar die Grundlage für eine gleiche Partizipation am politischen Diskurs bieten[189]; statt dessen verbannen sie die patriarchalischen Institutionen als die tatsächliche Basis des Öffentlichen und des Politischen in den privaten Bereich. Fraser und Geoff Eley[190] insistieren darauf, daß das Ideal der intrinsischen Plausibilität der Diskussion durch die Basis der sozialen Ungleichheit ihrer Teilnehmer ungültig wird.[191]

Ohne ein postmetaphysisches Prinzip von Öffentlichkeit neigen Diskurse über Gerechtigkeit dazu, entweder auf Fundamentalismen, Neorationalismen (John Rawls, *A Theory of Justice*, 1971) oder auf die liberal-bürokratischen Strategien der Verrechtlichung zurückzugreifen, die, wie Seyla Benhabib betont, »the political dialogue of empowerment far too quickly into a juridical discourse about the right«[192] verwandeln. Benhabib verwandelt Habermas' Konzeption in eine aus-

---

184 ANDREW ARATO/JEAN COHEN, Civil Society and Political Theory (Cambridge, Mass. 1992), 435.
185 SÜSS (s. Anm. 179), 917.
186 Vgl. RITA FELSKI, Beyond Feminist Aesthetics. Feminist Literature and Social Change (Cambridge, Mass. 1989), 170; NANCY FRASER, Rethinking the Public Sphere. A Contribution to the Critique of Actually Existing Democracy, in: Calhoun (s. Anm. 44), 123.
187 LANDES (s. Anm. 29), 203.
188 FRASER (s. Anm. 186), 115.
189 Vgl. CAROLE PATEMAN, The Sexual Contract (Stanford 1988).
190 Vgl. GEOFF ELEY, Nations, Publics, and Political Cultures. Placing Habermas in the Nineteenth Century, in: Calhoun (s. Anm. 44), 289–389.
191 Vgl. FRASER (s. Anm. 186), 117f.
192 BENHABIB (s. Anm. 173), 95.

schließlich normative Theorie[193], um die Probleme zu vermeiden, die sich aus einem historischen Modell bürgerlicher Öffentlichkeit ergeben. Sie stellt die These auf, daß Habermas' »discourse model, precisely because it proceeds from a fundamental norm of egalitarian reciprocity and projects the democratization of all social norms, cannot preclude the democratization of familial norms and norms governing the gender division of labor«[194]. Der praktische Diskurs in den realexistierenden Öffentlichkeiten müsse ›feminisiert‹ werden. Wie das Beispiel der amerikanischen Bürgerrechtsbewegung deutlich macht, ist für eine ›Feminisierung‹ von Öffentlichkeit eine Erweiterung nicht nur der Inhalte, sondern auch der akzeptierten Formen der öffentlichen Auseinandersetzung notwendig.

Die erweiterten Konzepte von Öffentlichkeit und des Politischen liegen den jüngsten Diskussionen über ›cultural studies‹ und Medientheorie zugrunde. Das Kunstwerk wird durch die Populärkultur im allgemeinen ersetzt, die nun zum Mittelpunkt der kritischen Aufmerksamkeit avanciert, während zugleich Öffentlichkeit selbst nicht länger als homogen und einheitlich, sondern als Vielzahl von Mikroöffentlichkeiten verstanden wird, von denen eine jede die Rezeption des Kunstwerks den eigenen Bedürfnissen anpaßt. Ein Problem dieses »recuperative Populism«[195] ist, daß er der oppositionellen Qualität, die der Kritiker mit Hilfe der Mikroöffentlichkeit dem Kunstwerk zuschreiben kann, keine Grenzen setzt. Dies führt zu dem Widerspruch, daß manchen immer konservativer werdenden Gesellschaften immer kritischer werdende Öffentlichkeiten gegenüberzustehen scheinen. Aufgrund dieser Entwicklung ist es wahrscheinlicher, daß die sozialkritischen Impulse, die mit dem Begriff Öffentlichkeit verbunden sind, eher von Graswurzelinitiativen – wie zum Beispiel Toni Cade Bambaras lokale Video- und Medienproduktionen in Philadelphia – als von der rapide monopolisierenden weltweiten Medienöffentlichkeit ausgehen werden.[196] Zugleich kann sich selbst diese sich im privaten Besitz befindende Öffentlichkeit – wie die weltweite Empörung über die mit einer Videokamera gefilmte Mißhandlung des Afroamerikaners Rodney King durch die Polizei in Los Angeles deutlich macht – manchmal die kritische Funktion erfüllen, die zeitgenössischen institutionellen Gegenstücke der Arkanpolitik des 18. Jh. dem öffentlichen Blick auszusetzen. Ob die verschiedenen Ansätze zu einem Ganzen verbunden werden können, wie es das Begriffspaar öffentlich-privat seit mehr als zweihundert Jahren implizierte, ist unter den gegebenen Umständen äußerst zweifelhaft.

Arthur Strum
(Übers. v. Tino Markworth)

Literatur
ALTICK, RICHARD D., The English Common Reader. A Social History of the Mass Reading Public 1800–1900 (Chicago 1957); ARATO, ANDREW/COHEN, JEAN, Civil Society and Political Theory, (Cambridge, Mass. 1992); BATHRICK, DAVID, The Powers of Speech. The Politics of Culture in the GDR (Lincoln 1995); BÖNING, HOLGER (Hg.), Französische Revolution und deutsche Öffentlichkeit. Wandlungen in Presse und Alltagskultur am Ende des 18. Jahrhunderts (München 1992); BÜRGER, CHRISTA u. a. (Hg.), Aufklärung und literarische Öffentlichkeit (Frankfurt a. M. 1980); CALHOUN, CRAIG (Hg.), Habermas and the Public Sphere (Cambridge, Mass./London 1992); FELSKI, RITA, Beyond Feminist Aesthetics. Feminist Literature and Social Change (Cambridge 1989); GUNN, JOHN A. W., Queen of the World. Opinion in the Public Life of France from the Renaissance to the Revolution (Oxford 1995); HALLIN, DANIEL, The Uncensored War. The Media and Vietnam (Berkeley 1986); LANDES, JOAN, Women and the Public Sphere in the Age of the French Revolution (Ithaca/London 1988); MADSEN, RICHARD, The Public Sphere, Civil Society and Moral Community. A Research Agenda for Contemporary China Studies, in: Modern China 19 (1993), 183–198; MCLAUGHLIN, LISA, Feminism, the Public Sphere, Media and Democracy, in: Media, Culture & Society 15 (1993), 599–620; OZOUF, MONA, ›Public Opinion‹ at the End of the Old Regime, in: Journal of Modern History 60 (1988), Supplementbd., 2–21; SELIGMAN, ADAM B., The Representation of Society and the Privatization of Charisma, in: Praxis International 13 (1993), 68–84; SÜSS, WALTER, Revolution und Öffentlichkeit in der DDR, in: Deutschland Archiv 23 (1990), H. 6, 907–921; WIRSCHING, ANDREAS, Parlament und Volkes Stimme. Unterhaus und Öffentlichkeit im England des frühen 19. Jahrhunderts (Göttingen/Zürich 1990).

193 Vgl. HOHENDAHL, The Public Sphere. Models and Boundaries, in: Calhoun (s. Anm. 44), 101.
194 BENHABIB (s. Anm. 173), 93.
195 LISA MCLAUGHLIN, Feminism, the Public Sphere, Media and Democracy, in: Media, Culture & Society 15 (1993), 614.
196 Vgl. BEN BAGDIKIAN, The Media Monopoly (Boston 1992).

Original/Originalität

(engl. original, originality; frz. original, originalité; ital. originale, originalità; span. original, originalidad; russ. оригинальное, оригинальность)

Einleitung; I. Wort- und Bedeutungsgeschichte; II. Trennung von Original und Kopie im Dienst der Bildkunst und des Urheberrechts; III. Originalität als ästhetischer Wertbegriff; IV. Innovation in Wissenschaft und Künsten; V. Schöpferische Eigenart des künstlerischen Subjekts; VI. Von der Nachahmung zum Originalwerk; VII. Verzweigungen und Kritik der Originalität in der Romantik; VIII. Individualität; IX. Selbstbestimmung und Kreativität – begriffliche Öffnung; X. Originalität im Zeitalter der technischen Reproduzierbarkeit von Kunst; Bilanz

Einleitung

Moderne Kunst wurde durch Originalität als Anspruch und Maß künstlerischer Innovation bestimmt. Originalität ist daher ein grundlegender ästhetischer Wertbegriff. Seine Bedeutungsmerkmale und Extension waren in den vergangenen dreihundert Jahren allerdings schwerwiegenden Veränderungen unterworfen. Insofern die Innovationskraft der Künste entscheidend zur Ausprägung des modernen, ›autonomen‹ Systems der Kunst beigetragen hat, verbindet sich das Schicksal des Begriffs Originalität heute mit der schwindenden Möglichkeit, Kunst in ihrer eigenen Funktion gegen andere Produktions- und Konsumtionsbereiche der Gesellschaft abzugrenzen. In systemtheoretischer Formulierung reduziert sich die Frage darauf: »wenn die Selbstbeschreibung des Kunstsystems sich auf diesen Punkt, auf die Behauptung, es sei Kunst, konzentriert und nur dafür noch Originalität in Anspruch nimmt, muß das vor die Frage führen, wie diese Behauptung eingelöst wird«[1]. Wenn man eine solche Originalität des Systems Kunst offensichtlich nicht durch den Rekurs auf eigene Werte des Systems definieren, sondern, wie bei Luhmann, nur in seiner Unterscheidung von Nicht-Kunst in Anspruch nehmen kann, ist Originalität als ästhetischer Grundbegriff bereits aufgegeben. Solange umgekehrt von Kunst gesprochen werden kann, wird diese sich immer neu von Nicht-Kunst unterscheiden. Das Innovationsproblem bleibt ihr also verbunden, auch wenn der Begriff, in dem es die längste Zeit reflektiert wurde, aufgegeben zu sein scheint. Dieser Grundwiderspruch wird in der zeitgenössischen Reflexion über Kunst konkret an den beiden Eckpfeilern der Bestimmung von originalen Werken – im Verhältnis zu Kopien und als Element der Kanonbildung – deutlich.

Das Kunstwerk verliert durch seine technische Reproduzierbarkeit die Aura, d. h. die an seine Einmaligkeit und einzige Unmittelbarkeit der Wirkung geknüpfte Echtheit und Autorität. Zu dieser Schlußfolgerung gelangt Walter Benjamin in seiner Untersuchung von Veränderungen in der modernen Kunst, die vor allem von Fotografie und Film ausgehen. »Das reproduzierte Kunstwerk wird in immer steigendem Maße die Reproduktion eines auf Reproduzierbarkeit angelegten Kunstwerks. Von der photographischen Platte z. B. ist eine Vielzahl von Abzügen möglich; die Frage nach dem echten Abzug hat keinen Sinn.«[2] In der postmodernen Theoriebildung dient neben der Architektur die Fotografie als Paradebeispiel für die Überwindung eines traditionellen, ›modernen‹ Selbstverständnisses von Kunst als Abfolge von originalen bzw. authentischen Werken schöpferischer Genies. Rosalind E. Krauss entwickelt aus der Betrachtung der Fotografien von Sherrie Levine die Überzeugung von der Kopie als Grundmuster postmoderner Kunst und schlußfolgert: »In deconstructing the sister notions of origin and originality, postmodernism establishes a schism between itself and the conceptual domain of the avant-garde, looking back at it from across a gulf that in turn establishes a historical divide.«[3] Der moderne Originalitätsdiskurs sei durch den postmodernen Ko-

---

1 NIKLAS LUHMANN, Die Kunst der Gesellschaft (Frankfurt a. M. 1995), 481.
2 WALTER BENJAMIN, Das Kunstwerk im Zeitalter seiner technischen Reproduzierbarkeit (3. Fassung, entst. 1936–1939), in: BENJAMIN, Bd. 1/2 (1974), 481 f.
3 ROSALIND E. KRAUSS, The Originality of the Avant-Garde: A Postmodernist Repetition, in: I. Hoesterey (Hg.), Zeitgeist in Babel: The Postmodernist Controversy (Bloomington/Indianapolis 1991), 78.

piediskurs abgelöst: »It is thus from a strange new perspective that we look back on the modernist origin and watch it splintering into endless replication.«[4]

Diese Feststellung der ästhetischen Aufwertung von Kopie zu Lasten des Originals in der ›Postmoderne‹ kreuzt sich mit der Erschöpfung des Paradigmas von Kanonbildung in der gleichen Periode. Während Ablösung und Erweiterung des Kanons bis ins 19. Jh. als Ergebnis und Ziel der künstlerischen Neuerung durch Originalität angesehen werden können, tritt mit dem Versuch der Avantgarde, den weltliterarisch und national bereits stark erweiterten Kanon grundsätzlich in Frage zu stellen und die ständige Erneuerung selbst zum Ziel zu erheben, ein Ebenenwechsel ein. Innovation verlangt das Vermeiden bereits gebrauchter, erschöpfter Ausdrucksmöglichkeiten. Es findet eine negative Kanonbildung statt, die Originalität zu ihrem höchsten Wert erhebt. »In diesem letzlich historisch motivierten Zwang zur Innovation bei gleichzeitig schwindendem Innovationsmaterial ist wohl der entscheidende Ursprung jener Wende zu sehen, welche seit langem unter dem [...] Begriff einer [...] ›Postmoderne‹ diskutiert wird.«[5] Da die neue Post-Avantgarde den negativen Kanon der Avantgarde ignoriert und sich den freien »Umgang mit Formen erlaubt, welche für die Avantgarde als überholte verboten waren«[6], verläßt sie auch den epistemologischen Rahmen der modernen Literatur, die über die Originalität künstlerischer Werke eine gemeinsame Signatur erhalten hat. In diesem freien Umgang mit Formen und Formsplittern bzw. in der Aufwertung des Kopiebegriffs sind die zuvor geschiedenen Elemente der Nachahmung von Natur und von künstlerischen Modellen verschmolzen. In gewisser Weise ist die Abschaffung des Kanons, der Tradition als Zeichen für dauerhaften ästhetischen Wert künstlerischer Werke Ergebnis der Erfolgsgeschichte von Originalität, dem Kernbegriff für Innovation. So stellt Adorno fest: »Die Kategorie des Neuen hat einen Konflikt hervorgebracht. Nicht unähnlich der querelle des anciens et des modernes im siebzehnten Jahrhundert ist der Konflikt zwischen dem Neuen und der Dauer. [...] Was Tradition kündigt, kann schwerlich auf eine rechnen, in der es bewahrt wäre. Dafür ist um so weniger Anlaß, als rückwirkend unendlich vieles von dem, was einmal mit den Attributen der Dauer ausgestattet war – der Begriff der Klassizität lief darauf hinaus –, die Augen nicht mehr aufschlägt: das Dauernde verging und riß die Kategorie der Dauer mit in seinen Strudel.«[7] Auf einer grundsätzlicheren Ebene ist gleichzeitig eine Gegenbewegung wahrnehmbar. Adorno selbst weist einen Ausweg aus der Sackgasse, indem er einen Ebenenwechsel vorschlägt: »die avancierte Produktion« ist »weniger auf Originalität des einzelnen Gebildes aus als auf die Produktion neuer Typen. In ihre Erfindung beginnt Originalität sich umzusetzen. Sie verändert sich qualitativ in sich, ohne daß sie doch darüber verschwände.«[8] In der Musiktheorie wird das gleiche Problem von struktureller Innovation als Erfindung neuer Codes diskutiert[9], womit der Rahmen der Begriffsgeschichte von Originalität verlassen wird, ohne daß die Erinnerung an sie völlig verschwunden wäre.

I. Wort- und Bedeutungsgeschichte

Nach dem Grimmschen *Wörterbuch* wird ›original‹ im Deutschen adjektivisch als Lehnwort aus dem Lateinischen seit dem 15. Jh. für »das ursprüngliche im gegensatze zur kopie oder nachahmung«[10] benutzt. In diesem Zusammenhang wird es auch im Bereich von Literatur und Kunst für »Urschrift, Urfassung, Urbild, Vorlage«[11] verwendet. Das Substantiv Original bezeichnet insbesondere ein »vor- oder urbild, im gegensatze zur abbildung (porträt)

---

4 Ebd., 79.
5 ULRICH SCHULZ-BUSCHHAUS, Kanonbildung in Europa, in: H.-J. Simm, Literarische Klassik (Frankfurt a. M. 1988), 63 f.
6 Ebd., 64.
7 THEODOR W. ADORNO, Ästhetische Theorie (1970), in: ADORNO, Bd. 7 (1972), 48 f.
8 Ebd., 258.
9 Vgl. IANNIS XENAKIS, Musique et originalité (1984), in: Xenakis, Musique et originalité (Paris 1996), 7–16.
10 ›Original‹, in: GRIMM, Bd. 7 (1889), 1347.
11 ›Original‹, in: WOLFGANG PFEIFER u. a., Etymologisches Wörterbuch des Deutschen, Bd. 2 (Berlin 1989), 1209.

oder nachbildung«[12] und ist im Sinne des Ursprünglichen, Eigentümlichen, Angeborenen bereits bei Hans Sachs nachzuweisen.[13] Originalität erscheint im 18. Jh. unter dem Einfluß von französisch ›originalité‹ mit der Qualität ›ursprünglich, schöpferisch, neuartig‹ im Unterschied zu ›traditionell, konventionell‹. Auch die Konnotation ›eigenartig, sonderbar‹ für ›Original‹ wird wie im Französischen registriert.

Im Französischen unterscheidet das *Dictionnaire françois* von Pierre Richelet ebenfalls substantivische und adjektivische Verwendungen. Während die Grundbedeutung als Quelle, Vorlage, Modell, Ursprung in beiden Fällen auf den Charakter von Neuheit einer Sache oder eines Menschen (»Chose qui est prémiére en son genre«, »savoir une chose d'original«[14], »pieces prémieres et fondamentales d'une afaire«, »Voiture est un Auteur original«[15]) und damit auf Kopie als Antonym verweist, verzeichnet Richelet substantivisch die im Französischen erhaltene Bedeutung des ›Sonderlings‹ (»une personne qui a quelque chose de singulier & d'un peu extravagant dans l'esprit«[16]). Das erstmals 1690 erschienene Wörterbuch von Antoine Furetière übernimmt die grundsätzlichen Definitionen, geht aber in einer späteren Bearbeitung vor allem im ästhetischen Bereich darüber hinaus: »*Original*, se dit aussi d'un Auteur, d'un Ouvrage excellent; qui est le premier inventeur; qui n'a point puisé ses pensées dans les autres; qui est le premier par excellence en une sorte de chose. On dit aussi, un génie *original*, un esprit *original*.« Der Einfluß der ›Querelle des anciens et des modernes‹ auf die Begriffsbildung ist unverkennbar, wenn es weiter heißt: »Il y a peu d'Auteurs qui soient *originaux*, c'est-à-dire, qui ne copient point les autres, qui tirent tout d'eux-mêmes, & qui imaginent des choses nouvelles & extraordinaires.« Es folgt ein Zitat von René Rapin, einem Vertreter der anciens: »Il est bon de puiser dans les sources, d'étudier à fond les Anciens, & principalement ceux qui sont *originaux*.«[17] Die Reihe der Belege setzt sich in diesem Tenor fort, bevor dann erstmals der Eintrag ›Originalité‹ erscheint: »Qualité qui fait qu'une chose est originale. Ce mot ne se trouve point encore dans les Dictionnaires: c'est de Piles qui l'employe dans un Ouvrage qui regarde les Peintres & la Peinture, où il dit qu'il est bien difficile de connoître l'*originalité* d'un tableau.«[18]

Im Spanischen und Italienischen finden sich zwar Belege für die Verwendung des Adjektivs original für ursprüngliche (künstlerische) Werke, die selbst als Modell dienen, die Wörterbücher verzeichnen am Anfang des 18. Jh. aber noch keine substantivische Bildung für die Qualität des Originalseins (Originalität). So findet sich 1737 im einschlägigen Band des Wörterbuchs der Königlichen Spanischen Akademie noch kein Eintrag ›originalidad‹, und zu dem Stichwort ›original‹ heißt es: »Gewöhnlich als Substantiv verwendet, steht es für Urschrift, -komposition oder -erfindung, die geschaffen oder gebildet wird, um davon gewünschte Kopien oder Modelle herzustellen: wie das Original einer Schrift, eines Vertrags, eines Gemäldes usw. Lat. *Archetypus. Exemplar.*« (Usado regularmente como substantivo se toma por la primera escritura, composición ò invención, que se hace o forma para que de ella se saquen las cópias o modélos que se quisiere: como el originál de una escritura, contráto, pintúra, &c. Lat. *Archetypus. Exemplar.*[19]) Im Italienischen ist ›originale‹ als Substantiv zuerst 1668 nachgewiesen, als Adjektiv 1706.[20] Der Terminus originalità findet sich zum ersten Mal 1756.[21] Das Französische scheint somit in der Begriffsbildung voranzugehen.

Auch im Englischen scheint die Entwicklung ähnlich verlaufen zu sein. Samuel Johnsons Wör-

---

12 ›Original‹ (s. Anm. 10), 1347.
13 Vgl. ebd.
14 ›Original‹, in: PIERRE RICHELET, Dictionnaire françois, contenant les mots et les choses, plusieurs nouvelles remarques sur la langue françoise, Bd. 2 (Genf 1679), 99b.
15 ›Original, originale‹, in: ebd., 99b, 100a.
16 ›Original‹ (s. Anm. 14), 99b.
17 ›Original‹, in: ANTOINE FURETIÈRE, Bd. 3 (Den Haag 1727), Bl. Llll2v; vgl. RENÉ RAPIN, Reflexions sur l'usage de l'Eloquence (1672), in: Rapin, Œuvres, Bd. 2 (Amsterdam 1709), 26 f.
18 ›Originalité‹, in: FURETIÈRE (s. Anm. 17), Bl. Llll3r.
19 ›Original‹, in: Diccionario de la lengua Castellana, [...] compuesto por la Real Acadêmia Española, Bd. 5 (Madrid 1737), 56b.
20 Vgl. ANDREA DARDI, Dalla provincia all'Europa. L'influsso del francese sull'italiano tra il 1650 e il 1715 (Florenz 1992), 462, 463.
21 Vgl. ebd., 464.

terbuch von 1755 kennt durchaus die verschiedenen in unserem Zusammenhang wesentlichen Bedeutungsunterscheidungen von Original im Sinne von »First copy; archetype«[22] usw., für das Originalsein erscheint ohne Beleg der Eintrag ›originalness‹. Die für die Begriffsentwicklung wichtigere Ausprägung von ›originality‹ ist zwar inzwischen für 1742 belegt[23], fand aber in Johnsons *Dictionary* noch keine Aufnahme. Dieser Neologismus scheint ebenfalls unter französischem Einfluß gebildet zu sein. Ein Beleg aus Horace Walpoles Briefen bezieht sich auf die Originalität eines Gemäldes: »It is one of the most engaging pictures I ever saw. I have no qualms about its originality.«[24] Zwei weitere Belege im *Oxford English Dictionary* beziehen sich auf die Eigenart von Personen: »My Lady of Queensbury is come out against my Lady of Malborough; & she has her Spirit too, & her Originality, but more of the Woman, I think, than t'other; as to the Facts it don't signify two pence, who's in the right.«[25] »Of singularity it may be observed, that, in general, it is originality; and therefore not a defect.«[26] Aus dieser begrifflichen Möglichkeit von ›originality‹, die Eigenart einer Person und die Eigenart von künstlerischen Schöpfungen zu bezeichnen, ergab sich ein zusätzlicher Anstoß für die englische Genielehre. Eine ähnliche, psychologische Betrachtung findet sich in den französischen Wörterbüchern nicht. Nur ein Gedanke von Pascal geht in diese Richtung: »A mesure qu'on a plus d'esprit, on trouve qu'il y a plus d'hommes originaux. Les gens du commun ne trouvent point de différence entre les hommes.«[27] Er macht die neue Wertschätzung subjektiver Besonderheit deutlich, die gleichzeitig als Unterscheidungskriterium erfahrener Beobachter gekennzeichnet wird, ohne deshalb den Beobachteten als Sonderling abzuwerten.

Damit sind zwei Linien angesprochen, die für die Herausbildung des ästhetischen Begriffs von Original und Originalität zur Verfügung standen: zum einen die der späteren Invidiualität des Künstlers nahestehende Betonung der Subjektivität der Gebildeten und der schöpferisch Tätigen und zum anderen die in den Künsten und zuerst in der Malerei wichtige Unterscheidung von Originalwerken und Kopien.

II. Trennung von Original und Kopie im Dienst der Bildkunst und des Urheberrechts

Die Aufwertung der Malerei und der schönen Künste seit dem 15. Jh. vor allem in Italien führte zu deren Lösung von den mechanischen Künsten und zum Aufstieg in die artes liberales. Parallel erfolgte die soziale Aufwertung der Künstler und ein Aufschwung der Kunsttheorie. »Daneben findet man eine hochentwickelte Anweisungsliteratur sowie, mit Veronese und Rubens, Ansätze zu einer Werkstattorganisation, in der der Reputationsträger nur noch Entwurfs-, Anweisungs- und Signierfunktionen ausübt.«[28] Jacob Burckhardt stellt im Rückblick auf Raffael und Rubens fest: »Große Maler, welche massenhaft bedeutende Bestellungen erhielten, konnten nicht alles eigenhändig ausführen und hielten sich daher große Ateliers, in denen unter ihrer persönlichen Leitung und Aufsicht Schüler und Gehilfen ihre Entwürfe ausführten. Hatte ein solcher Meister seine Gehilfen gut ausgewählt und sie ganz mit seinem Geist durchtränkt, in seine Malweise eingeführt, malten sie genau nach seiner Vorzeichnung und Anleitung, so kann ein solches Bild immer noch als ein Werk des Meisters gelten.«[29] Wenngleich diese Diagnose nicht frei von Beiklängen der späteren Genieauffassung ist, gibt sie doch die Schärfe des neu entstandenen Widerspruchs zwischen individueller Schaffenskraft und Aufträgen, zwischen Original und Kopie wieder, denn die Ablösung des Patro-

---

22 ›Original‹, in: SAMUEL JOHNSON, A Dictionary of the English Language, in which The Words are deduced from their Originals [...], Bd. 2 (London 1755), [nicht pag.].
23 Vgl. ›Originality‹, in: OED, Bd. 10 (1989), 935.
24 HORACE WALPOLE an Horace Mann (14. 7. 1742), in: Walpole, The Letters, hg. v. P. Toynbee, Bd. 1 (Oxford 1903), 256.
25 THOMAS GRAY an Francis Chute (24. 5. 1742), in: Gray, Correspondence, hg. v. P. Toynbee/L. Whibley, Bd. 1 (Oxford 1935), 205 f.
26 JOHN HAWKINS, The Life of Samuel Johnson (London 1787), 269.
27 BLAISE PASCAL, Pensées (1670), in: Pascal, Œuvres complètes, hg. v. J. Chevalier (Paris 1954), 1091.
28 NIKLAS LUHMANN (s. Anm. 1), 262.
29 JACOB BURCKHARDT, Über die Echtheit alter Bilder (entst. 1882), in: BURCKHARDT, Bd. 14 (1933), 265.

nagesystems durch den europäischen Kunstmarkt am Ende des 17. Jh. machte die Unterscheidung zwischen Originalwerk und Kopie eines Meisters zu einem entscheidenden Kriterium der Bewertung von Gemälden. In sie gehen künstlerisch-technische, ästhetische und wirtschaftliche Faktoren ein.

Den Stand der Diskussion faßt begriffsbildend Roger de Piles in seinem 1699 erschienenen *Abregé de la Vie des Peintres* zusammen. Für den Gemäldeliebhaber gehe es nicht nur darum herauszufinden, was an einem Bild gut oder schlecht sei, sondern vor allem, welchem Autor es zuzuschreiben sei und ob es sich um ein Original oder eine Kopie handele. Die Kenntnis der jeweiligen Schule und der Eigenarten des Malers geben den Experten viele Indizien an die Hand. »S'il y a des choses qui semblent favoriser l'originalité d'un Ouvrage [d. h. seine Eigenschaft als Original – d. Verf.], il y en a aussi qui paroissent la détruire; comme la répétition du même Tableau, l'oubli où il a été durant beaucoup de tems, & le prix modique qu'il a coûté.«[30] Diese Schwierigkeiten führen zur Präzisierung des Begriffs. Die Wiederholung eines Bildes sei kein Argument gegen seinen Originalcharakter: »Il n'y a presque point de Peintre qui n'ait répété quelqu'un de ses Ouvrages, parce qu'il luy aura plû, ou parce qu'on luy en aura demandé un tout semblable. J'ay vû deux Viérges de Raphaël, lesquelles ayant été mises par curiosité l'une auprés de l'autre, persuadérent les Connoisseurs qu'elles étoient toutes deux Originales.« (100 f.) Daraus ergibt sich die Schlußfolgerung: »quelque équivoque que soit un Tableau sur l'originalité; il porte néanmoins assez de marques extérieures pour donner lieu à un Connoisseur d'en dire, sans témérité, ce qu'il en pense bonnement; non pas comme une derniére décision, mais comme un sentiment fondé sur une solide connoissance.« (104)

Neben den als Original oder als Kopie bestimmbaren Gemälden gibt es noch solche, die nach dem italienischen Wort »Pastici« genannt werden. Sie sind einerseits als Nachahmung oder Plagiat betrachtet worden, führen aber andererseits auf eine Unterscheidung hin, die erst wesentlich später unter den Begriffen Manier und Stil wieder aufgenommen wird und hier bereits den Blick freigibt auf die sonst ausgesparte Frage nach der ästhetischen Eigenart innerhalb der Begründung von Originalität (gegen Kopie). De Piles erklärt: »Un peintre qui veut tromper de cette sorte, doit avoir dans l'esprit la maniére & les principes du Maître dont il veut donner l'idée, afin d'y réduire ou Ouvrage, soit qu'il y fasse entrer quelque endroit d'un Tableau que ce Maître aura déja fait, soit que l'Invention étant de luy, il imite avec légéreté, non seulement les Touches, mais encore le Goût du Dessein, et celui du Coloris. Il arrive tres-souvent que les Peintres, qui se proposent de contrefaire la maniére d'un autre, ayant toûjours en vuë d'imiter ceux qui sont plus habiles que luy, fait de meilleurs Tableaux de cette sorte, que s'il produisoit de son propre fond.« (104 f.)

In dieser ersten französischen Ableitungsform für Originalität, die bezeichnenderweise anhand der Malerei entwickelt wurde, findet sich ein später in der Frage nach der Unterscheidung von Original und Plagiat im Zusammenhang mit der Herausbildung des Urheberrechts wiederkehrendes Bedeutungselement. Die Nutzung von Originalität zur Beschreibung der urheberrechtlich relevanten Qualität von Kunstwerken markiert eine Diskussionslinie, die sich parallel zu den Auseinandersetzungen um Originalität als ästhetischen Begriff entfaltet. In der zweiten Hälfte des 18. Jh. liefert die *Encyclopédie méthodique* (1788) eine Definition, die wesentliche Elemente von de Piles wiederaufnimmt und im Lichte der neuen Entwicklungen erweitert: »Un tableau *original*, une statue *originale*, c'est-à-dire un tableau, une statue pour lesquels l'auteur n'a eu d'autre modèle que la nature & son imagination. [...] Le mot *original* ne s'emploie qu'en parlant d'un ouvrage de l'art, & non d'un modèle qu'offre la nature. Les artistes ne disent pas qu'une académie rend bien *l'original* pour signifier qu'elle rend bien le modèle vivant d'après lequel on l'a faite. Ils ne disent pas qu'un portrait ressemble bien à *l'original*, pour exprimer qu'il est ressemblant à la personne qu'il représente. Quan ils s'énoncent ainsi, ils veulent faire entendre que l'académie, ou le portrait s'accorde bien avec une autre académie, ou un autre portrait dont l'ouvrage

---

30 ROGER DE PILES, Abregé de la Vie des Peintres. Avec des reflexions sur leurs Ouvrages [...] (Paris 1699), 100.

qu'ils jugent n'est qu'une copie. Lorsqu'un maître copie lui-même un de ses ouvrages, ce second ouvrage ne se nomme pas une copie, mais un double, & il conserve son rang entre les *originaux*. Une estampe faite d'après un tableau ou un dessin est *originale*. Une estampe faite d'après une autre estampe, est une copie.«[31] Im Unterschied zu de Piles wird die Druckgraphik aufgewertet und der ›estampe‹ ebenfalls die Qualität eines Originals eingeräumt. Andererseits ist der Ansatz zur künstlerischen Nachahmung, den der Verweis auf das Pastiche bot, verschwunden.

Während für die bildende Kunst die Unterscheidung zwischen Originalwerk und Kopie aus den Bedürfnissen des Marktes entstanden war, läßt eine wirtschaftliche und juristische Bewertung von Originalwerk und Plagiat in der Literatur länger auf sich warten. Das Privilegiensystem des 18. Jh. unterschied prinzipiell nicht zwischen den Rechten des Autors und des Verlegers an einem in Druck gegebenen Werk. Erst die enge Verbindung zwischen dem Werk und der Individualität seines Autors, wie sie mit der Durchsetzung der Genieästhetik vorherrschend wurde, bildete die Grundlage für den auch juristischen Begriff eines aus der Urheberschaft entstehenden Eigentumsrechts an geistigen Produkten. Wichtige Etappen der Auseinandersetzungen waren die Diskussionen um Nachdruck, Plagiat und Autorenverlag.

In Deutschland war Klopstocks Aufruf zur Subskription für *Die Deutsche Gelehrten-Republik* von 1773 der entscheidende Augenblick.[32] In Frankreich verkündete die Nationalversammlung am »19. Juli 1793 das ausschließliche Recht der Autoren, Komponisten, Maler und Graveure, ihre Werke zu verkaufen oder verkaufen zu lassen«[33]. Die weitere Ausgestaltung des Urheberrechts fand in der immer neuen Vermittlung zwischen dem Markt und einer verfeinerten Auffassung von Autorschaft für geistige Produkte statt. In der Musik machte die Unterscheidung zwischen der Komposition als ganzer und ihren einzelnen Teilen – bis zu Melodie, Thema und Motiv – Schwierigkeiten bei der Definition der schutzwürdigen Originale. Klagen über ›Melodiebereien‹[34] finden sich in großer Zahl. Einflüsse von kollektiver Aufführungspraxis und technischer Produktion sind hier stärker zu beachten als in der bildenden Kunst oder der Literatur. Die Entstehung des modernen Urheberrechts ist damit ständig an die Auseinandersetzungen um Originalwerke als Produkte von Originalgenies geknüpft. Entscheidend ist die Trennung von Original und Kopie und die neue Verbindung von Originalwerk und künstlerischer Subjektivität, die den Ausgangspunkt für die Entwicklung von Originalität zum ästhetischen Wertbegriff bildet.

III. Originalität als ästhetischer Wertbegriff

Durch die Aufwertung der schöpferischen (künstlerischen) Subjektivität im 17. Jh. und die immer feinere Unterscheidung zwischen originalen Werken und Kopien bzw. Imitationen wird der Begriff der Originalität im 18. Jh. das herausragende Bewertungskriterium für Kunst. Die an Künstler und Kunstwerke gestellte Forderung, Neues zu bieten, erklingt als Ruf nach Originalität. Zunächst werden Originalität und Innovation Nachahmung und Tradition gegenübergestellt. Das führt zu der folgenreichen Einschränkung der Nachahmung auf eine solche von Werken bzw. von Natur. Der Bezug auf einen in der Tradition vergegenwärtigten Ursprung geht verloren.[35] Die subjektive Schöpferkraft des Menschen ersetzt die Tradition. Originalität als Anspruch und Qualität des schöpferischen Genies wird zum Maßstab von Wissenschaft und Kunst. Insofern stellt die Herausbildung des ästhetischen Begriffs von Originalität in erster Linie ein Ergebnis der Ablösung der Nachahmungs- durch die Genieästhetik dar.

Die innere Entwicklung des Nachahmungsbegriffs und des mit ihm verbundenen Begriffs der inventio liefert die Ansatzpunkte für die dann eigenständige Entwicklung des Originalitätsbegriffs. In der italienische Malerei ist seit dem 16. Jh. die

---

31 ›Original‹, in: PANCKOUCKE, Abt. Beaux-Arts, Bd. 1 (1788), 576.
32 Vgl. HEINRICH BOSSE, Autorschaft ist Werkherrschaft. Über die Entstehung des Urheberrechts aus dem Geist der Goethezeit. (Paderborn u. a. 1981), 9.
33 Ebd., 8.
34 Vgl. THOMAS M. JÖRGER, Das Plagiat in der Popularmusik (Baden-Baden 1992), 26.
35 Vgl. LUHMANN (s. Anm. 1), 421–424.

Anwendung des aristotelischen Begriffs der μίμησις (mimēsis) auf die Darstellung der Natur (Nachahmung des Vollkommenen in der Natur und Verschönerung des Unvollkommenen) zu beobachten. Die Dominanz der Nachahmung wird im Klassizismus durch die Proklamation des Kunstideals abgelöst.[36] Im französischen Klassizismus wird das Kunstideal weiter eingeschränkt durch ›bon goût‹ und die Regeln der ›bienséance‹, die aus den Werken der Tradition abgeleitet sind. Die schöpferische Produktivität des Künstlers wird im Rahmen der Nachahmungstheorie bis ins 17. Jh. mit dem Begriff der inventio/invention theoretisch erfaßt, wobei es um eine Bereicherung der Tradition geht. Im Ergebnis der ›Querelle des anciens et des modernes‹ wird zwar das Gewicht der Tradition in Frage gestellt, nicht aber die Bedeutung der Regeln, die sich aus der Natur der Vernunft ergeben. Bis zur *Encyclopédie* (1751–1780) überlebt dieses Grundmuster. Invention als Bereicherung der Vorgaben verbleibt innerhalb des Kanons.[37]

Für die Theoriebildung in Deutschland ist das Element der Nachahmung der antiken und der französischen klassischen Modelle derjenige Ausgangspunkt, an dessen Infragestellung sich die Diskussion um Eigenart und Originalität von Kunst und Literatur entzündet. Die Reaktionen der wichtigsten Protagonisten – Lessing, Herder und Sulzer – auf Winckelmanns *Geschichte der Kunst des*

---

36 Vgl. MARTIN FONTIUS, Das Ende einer Denkform. Zur Ablösung des Nachahmungsprinzips im 18. Jahrhundert, in: DIETER SCHLENSTEDT u. a., Literarische Widerspiegelung. Geschichtliche und theoretische Dimensionen eines Problems (Berlin/Weimar 1981), 202 f.
37 Vgl. JEAN-FRANÇOIS MARMONTEL, ›Fiction‹, in: DIDEROT (ENCYCLOPÉDIE), Bd. 6 (1756), 679–683; MARMONTEL, ›Épopée‹, in: ebd., Bd. 5 (1755), 825–831.
38 BERNARD LE BOVIER DE FONTENELLE, Éloge de Renau (entst. 1719), in: Fontenelle, Œuvres, Bd. 7 (Paris 1792), 74.
39 Vgl. BERNHARD FABIAN, Der Naturwissenschaftler als Originalgenie, in: H. Friedrich/F. Schalk (Hg.), Europäische Aufklärung (München 1967), 47–68.
40 EDWARD YOUNG, Conjectures on Original Composition (1759), in: Young, The Complete Works, Poetry and Prose, hg. v. J. Nichols, Bd. 2 (London 1854), 551.

Altertums (1764) ist allerdings nicht ohne die englische Diskussion des Geniebegriffs erklärbar.

IV. Innovation in Wissenschaft und Künsten

Die stürmische Wissenschaftsentwicklung des 17. Jh. war Anlaß für den Fortschrittsoptimismus der ›modernes‹ und für die Formulierung einer radikal neuen Auffassung von Kreativität. Im französischen Bereich finden sich eher vereinzelte Beschreibungen von wissenschaftlicher Erfindungskraft als Originalität. So formuliert Fontenelle in der Gedenkrede auf das 1719 verstorbene Akademiemitglied Bernard Renau d'Éliçagaray, einen Militäringenieur: »Les esprits originaux ont un sentiment naturel de leurs forces qui les rend entreprenans, même sans qu'ils s'en aperçoivent. Il osa inventer les galiotes à bombes.«[38] In England bildet sich dagegen ein neues Leitbild naturwissenschaftlicher Kreativität heraus, das entscheidenden Einfluß auf die Entwicklung der Geniekonzeption und in der Folge auf die Durchsetzung von ›Originalität‹ als ästhetischem Grundbegriff hat.[39] Die frühen englischen Theoretiker der Geniekonzeption – Alexander Gerard, Edward Young, William Duff – übernehmen Attribute des wissenschaftlichen Genies für ihr Leitbild des künstlerischen Genies. Das Ideal des Entdeckers und Erfinders speist sich in erster Linie aus den Taten geographischer Entdecker wie Kolumbus. Sie prägen die Leiteigenschaften und die zur Bewertung von wissenschaftlichen und künstlerischen Neuerungen verwendete Metaphorik. Darin drückt sich ein weitgehend unreflektiertes Wirklichkeitsverständnis aus: Die Entdeckungen in Wissenschaft und Literatur werden analog vorwiegend als Auffinden und nicht als Produzieren wahrgenommen. Das literarische ›Originalgenie‹, wie Edward Young es sich denkt, ist ganz nach dem Naturwissenschaftler des 17. Jh. konzipiert: »Originals are, and ought to be, great favourites, for they are great benefactors; they extend the republic of letters, and add a new province to its dominion«[40].

Während bei Young das Leitbild des Naturwissenschaftlers nur als Vorstellungsmodell für das literarische Genie diente, bezogen die beiden wichtigsten schottischen Beiträge zur Genieliteratur, William Duffs *Essay on Original Genius* (1767) und Alexander Gerards *Essay on Genius* (1774), den Naturwissenschaftler in die Betrachtung ein. Die Betrachtung des wissenschaftlichen und des künstlerischen Genies auf der Basis der gleichen geistigen Kräfte führte zu einer psychologischen Definition des Genies. Bei Duff ist eine weitere Unterscheidung wichtig. Während Genie als Talent verstanden wird, stellt das ›Original‹ seine höchste Ausprägung (»highest degree«[41]) dar. Der Begriff für Schöpferkraft, ›invention‹, ist sowohl auf naturwissenschaftliche ›discovery‹ als auch auf literarische ›creation‹ bezogen. Bei Gerard heißt es: »*Genius* is properly the faculty of *invention*; by means of which a man is qualified for making new discoveries in science, or for producing original works of art.«[42] Systematisch ist die Schöpferkraft mithin in der Psychologie mit der Imagination und in der Logik mit der Findungslehre verbunden.

Darüber hinaus ist die Bereitschaft zum geistigen Wagnis, die antiautoritäre und antitraditionelle Haltung vom Leitbild des Naturwissenschaftlers (wie es sich z. B. in den Elogen auf Newton ausdrückt) auf das literarische Genie des 18. Jh. übergegangen. Aus dieser Konstellation ergibt sich eine gewisse Parallelität zum Ideal des ›philosophe‹, ›homme de lettres‹ bzw. des Aufklärers, die für den Aufschwung des Geniekultes nicht unerheblich gewesen sein dürfte.

Die Verbindung der beiden Formen von Kreativität in der Begrifflichkeit der Genielehre und ihrer Steigerung in den Begriffen der Originalität und des Originalgenies wurde bei Kant wieder theoretisch aufgebrochen. Er trennt die Weisen der Hervorbringung von Wissenschaft und von schöner Kunst. Originalität sei die erste Eigenschaft des Genies. Dieses »ist die angeborne Gemüthslage (ingenium), *durch welche* die Natur der Kunst die Regel giebt«. Näher bestimmt, ist es »ein *Talent* [...], dasjenige, wozu sich keine bestimmte Regel geben läßt, hervorzubringen: nicht Geschicklichkeitsanlage zu dem, was nach irgend einer Regel gelernt werden kann«[43]. Genau dadurch unterscheidet es sich von dem Talent des Wissenschaftlers, der für seine Tätigkeit Regeln angeben kann. »Im Wissenschaftlichen also ist der größte Erfinder vom mühseligsten Nachahmer und Lehrlinge nur dem Grade nach, dagegen von dem, welchen die Natur für die schöne Kunst begabt hat, specifisch unterschieden.« (309 [§ 47]) Um nun das künstlerische Genie von den Hervorbringern »originalen Unsinns« zu unterscheiden, gibt Kant eine vorsichtig an Traditionsbildung orientierte Bestimmung hinzu. Er fordert, daß »seine Producte zugleich Muster, d. i. *exemplarisch*, sein müssen; mithin, selbst nicht durch Nachahmung entsprungen, anderen doch dazu, d. i. zum Richtmaße oder Regel der Beurtheilung, dienen müssen« (308 [§ 46]). Wie die Kantsche Philosophie der Nachahmungstheorie erkenntnistheoretisch die Grundlage entzog, so besiegelte sie auch die Spaltung zwischen wissenschaftlicher Kreativität, deren Arbeit demonstrierbar, und künstlerischem Genie, dessen Arbeitsweise nicht erklärbar sei.

V. Schöpferische Eigenart des künstlerischen Subjekts

Kants Trennung von wissenschaftlichem und künstlerischem Talent schließt eine über ein Jahrhundert parallel laufende Entwicklung der Begriffsgeschichte ab. Zugleich verweist Kant auf die ebenfalls in der englischen Diskussion angesprochene (psychologisch) subjektive Voraussetzung für das Originalwerke schaffende Genie. Sie bildet die zweite, hier zu verfolgende Hauptlinie der Begriffsentwicklung im 18. Jh. Eine frühe und in gewisser Weise isolierte Äußerung Joseph Addisons gibt den ersten Hinweis auf die Neuerung, die für die Ausstrahlung der englischen Originalitätskonzeption ausschlaggebend werden soll: »An Imitation of the best Authors is not to compare with a good Original; and I believe we may observe that very few Writers make an extraordinary Figure in the World, who have not something in their Way of thinking or expressing themselves that is pecul-

---

[41] WILLIAM DUFF, An Essay on Original Genius (London 1767), 54.
[42] ALEXANDER GERARD, An Essay on Genius (1774), 8.
[43] IMMANUEL KANT, Kritik der Urtheilskraft (1790), in: KANT (AA), Bd. 5 (1908), 307 (§ 46).

iar to them and entirely their own.«[44] Der Rückgriff auf diese Betonung der schöpferischen Eigenart der Autoren wird zu einer Unterscheidung führen, welche die bereits erwähnten *Conjectures on Original Composition* von Edward Young so bedeutsam macht: »Imitations are of two kinds; one of nature, one of authors: the first we call ›originals‹, and confine the term ›imitation‹ to the second.«[45] Etwas später erklärt Young seine Absicht: Da wir alle als ›Originale‹ geboren seien, gebe es keinen Grund zur Imitation. Bezogen auf das Streben nach literarischer Vervollkommnung, das sich sehr wohl auf die Kenntnis der Tradition stützen soll, stellt er schließlich fest, daß die Briten, um selbst Originale zu produzieren, nur ihrem Charakter gemäß zu schreiben bräuchten: »making their compositions of a piece with their lives«[46]. Die Wirkungsmacht der englischen Genielehre speist sich damit aus der Verbindung der beiden Erklärungsansätze für Schöpfertum, des wissenschaftlichen und des literarischen.

VI. Von der Nachahmung zum Originalwerk

Winckelmanns *Geschichte der Kunst des Altertums* (1764) ruft in Deutschland eine Reihe von Kommentaren und Ergänzungen hervor, die in unterschiedlicher Weise den Übergang von der Nachahmungskonzeption der Kunst zur Genieästhetik markieren. Lessing untersucht im *Laokoon* (1766) das Verhältnis von bildender Kunst, Malerei und Poesie, um der Eigenart jeder dieser Kunstgattungen näherzukommen. Der Vergleich über die Grenzen der Kunstgattungen hinweg führt ihn zu einer schärferen Formulierung der Grenzen des Nachahmungsbegriffs, den er schließlich in das Gegensatzpaar Original-Kopist überführt.

»Wenn man sagt, der Künstler ahme dem Dichter, oder der Dichter ahme dem Künstler nach, so kann dieses zweyerley bedeuten. Entweder der eine macht das Werk des andern zu dem wirklichen Gegenstande seiner Nachahmung, oder sie haben beyde einerley Gegenstände der Nachahmung, und der eine entlehnet von dem andern die Art und Weise es nachzuahmen. / Wenn Virgil das Schild des Aeneas beschreibet, so ahmet er dem Künstler, welcher dieses Schild gemacht hat, in der ersten Bedeutung nach. Das Kunstwerk, nicht das was auf dem Kunstwerke vorgestellet worden, ist der Gegenstand seiner Nachahmung; und wenn er auch schon das mitbeschreibt, was man darauf vorgestellet sieht, so beschreibt er es doch nur als ein Theil des Schildes, und nicht als die Sache selbst. Wenn Virgil hingegen die Gruppe Laokoon nachgeahmt hätte, so würde dieses eine Nachahmung von der zweyten Gattung sein. Denn er würde nicht diese Gruppe, sondern das, was diese Gruppe vorstellet, nachgeahmet, und nur die Züge seiner Nachahmung von ihr entlehnt haben. / Bey der ersten Nachahmung ist der Dichter Original, bey der andern ist er Copist. Jene ist ein Theil der allgemeinen Nachahmung, welche das Wesen seiner Kunst ausmacht, und er arbeitet als Genie, sein Vorwurf mag ein Werk anderer Künste, oder der Natur seyn. Diese hingegen setzt ihn gänzlich von seiner Würde herab; anstatt der Dinge selbst ahmet er ihre Nachahmungen nach, und giebt uns kalte Erinnerungen von Zügen eines fremden Genies, für ursprüngliche Züge seines eigenen.«[47] In einer eher beiläufigen Erörterung findet sich damit bei Lessing die Aufwertung des schöpferischen Anteils des Künstlers unter dem Begriff von Original und Genie, während der eher handwerkliche Teil ›allgemeiner Nachahmung‹ abgewertet wird.

Die Reaktion Herders auf Winckelmann und Lessing ist dem Vergleich der Kunstentwicklung bei verschiedenen Völkern und der Frage gewidmet, ob die Nachahmung ausländischer Modelle zur Blüte der eigenen Kunst beitragen könne. Polemisch seinen Standort markierend, schreibt Herder: »Seitdem der Nationalstolz einer gewissen Schule in Deutschland sich etwas gebeuget hat: ›unser Deutschland dörfe keinem Volk, es sey alt oder neu, wenn es nur Undeutsch ist, an Werken der Einbildungskraft etwas nachgeben‹ – seitdem

---

44 JOSEPH ADDISON, The Spectator, No. 160 (3. 9. 1711), in: Addison u. a., The Spectator, hg. v. G. G. Smith, Bd. 1 (London/New York 1958), 484.
45 YOUNG (s. Anm. 40), 551.
46 Ebd., 572.
47 GOTTHOLD EPHRAIM LESSING, Laokoon: oder über die Grenzen der Mahlerey und Poesie (1766), in: LESSING (LACHMANN), Bd. 9 (1893), 50f.

die Nachahmungssucht einer andern Sekte auch etwas kalt geworden: man müsse, was nur Orientalisch, Griechisch und Brittisch hieße, durch rauhe Kopien auf Halbdeutschen Boden verpflanzen; seitdem Kunstrichter, durch beide Abwege gewarnt, die Mittelstraße wählten, und auf den Trümmern Gottschedischer Originalwerke und Schweizerischer Nachahmungen die Deutsche Litteratur übersahen: seit der Zeit ist keine Klage lauter und häufiger, als über den Mangel von Originalen, von Genies, von Erfindern – Beschwerden über die Nachahmungs- und Gedankenlose Schreibsucht der Deutschen.«[48] Eine Blüte der Kunst sei allerdings weder über begriffliches »Zergliedern« noch über das Befolgen von »Regeln« (255) zu erreichen. »Woher glühet uns bei der Youngischen Schrift *über die Originale*, ein gewisses Feuer an, das wir bei blos gründlichen Untersuchungen nicht spüren? Weil der Youngische Geist drinn herrscht, der aus seinem Herzen gleichsam ins Herz; aus dem Genie in das Genie spricht; der wie der Elektrische Funke sich mittheilt.« (256) Sowohl die theoretische Ermutigung durch Young als auch die inspirierte Nachahmung großer Beispiele ist für ihn der Weg zu eigenen deutschen Originalwerken.

Das Beispiel Lessings und Herders zeigt, wie die englische Genieästhetik zum Katalysator für Überlegungen zur Erschaffung einer großen, originalen deutschen Literatur wird und dem Klassizismus Gottscheds sowie der Kunsttheorie Winckelmanns entgegenwirkt. Die einflußreichste theoretische Ausformung der Ideen zur Originalität aber findet sich in der 1771–1774 erschienenen *Allgemeinen Theorie der schönen Künste* von Johann Georg Sulzer. Neben dem Artikel ›Genie‹, der vor allem auf die notwendigen geistigen Fähigkeiten eingeht, und dem Artikel ›Nachahmung‹, der die Besonderheiten der ›originalen‹ Werke hervorhebt, enthält Sulzers Text zwei spezielle, stark von den Briten beeinflußte Artikel: ›Originalwerk‹ und ›Originalgeist‹. Letzteren beschreibt er wie folgt: »Diesen Namen verdienen die Menschen, die in ihrem Denken und Handeln so viel Eigenes haben, daß sie sich von andern merklich auszeichnen; deren Charakter eine besondere Art ausmacht, in der sie die einzigen sind. Hier betrachten wir den Originalgeist, in sofern er sich in den Werken der Kunst

zeiget, denen er ein eigenes, sich von der Art aller andern Künstler stark auszeichnendes Gepräge giebt. Der Originalgeist wird dem Nachahmer entgegen gestellt«[49]. Originalgeister »sind in den schönen Künsten Erfinder, auch denn, wenn sie in ihrer Gattung nicht die ersten sind, sondern bereits Vorgänger gehabt haben: sie sind Originalgeister, in sofern sie nicht aus Nachahmung, sondern aus Trieb des eigenen Genies Werke der schönen Kunst verfertiget haben. [...] Sie sind, wie Young sagt, zufällige Originale. / Man erkennet dergleichen Originalgeister daran, daß sie einen unwiderstehlichen Trieb zu ihrer Kunst haben; daß sie alle Hindernisse, die sich ihnen gegen die Ausübung derselben in den Weg legen, überwinden; daß ihnen Erfindung und Ausübung leicht wird; daß die zu einem Werk nöthige Materie ihnen gleichsam in vollem Strohm zufließt; und daß sie, wenn gleich die Natur mehrere ihnen ähnliche Genies sollte hervorgebracht haben, doch allemal in einigen Theilen viel Eigenes und Besonderes zeigen. Es giebt zwar auch hierin Grade, und ein solcher Originalgeist hat vor dem andern mehr Muth und Kühnheit: daher kann es kommen, daß einige Erfinder neuer Arten sind, andere sich an die Formen und Arten halten, die sie eingeführt finden, und in diesem Punkt Nachahmer sind.« (625 f.) Einschränkend fügt Sulzer hinzu: »wenn aber die Frage darüber ist, was man mit einem Werke zur allgemeinen Absicht der Künste bewürken könne, so kann eine Nachahmung unendlich mehr werth seyn, als ein Original. Eben dieses muß man auch bey der Schätzung der Originalgeister bedenken, wo der, welcher am meisten original ist, nicht allemal jedem andern vorgezogen werden kann.« (627) Hier schließt Sulzer eine herbe Kritik an Voltaires satirischem Genie an. An einer gewissen Seltenheit der Originalgeister sei wahrscheinlich »mehr die Nachahmungssucht, als eine gewisse Kargheit der Natur in der Austheilung ihrer Gaben« (628) schuld. Dem solle das Publikum durch Aufmunterung abhelfen.

---

48 JOHANN GOTTFRIED HERDER, Über die neuere Deutsche Litteratur (1766–1767), in: HERDER, Bd. I (1877), 254.
49 ›Originalgeist‹, in: SULZER, Bd. 3 (1793), 625.

In diesem Artikel finden wir alle Elemente der bisherigen Diskussion glücklich vereint: Im Unterschied zu der in Frankreich stärker auf die Kunsttheorie eingeschränkten Diskussion erhält Sulzers Beschreibung noch den Youngschen und Gerardschen Ansatz des authentischen Ausdrucks, der allgemeinen Erfindungsgabe und der sozialen Wirksamkeit aufrecht, bezieht sich folglich noch ebensosehr auf Literatur und Kunst wie auf Wissenschaft. Mit Herder verbindet den Autor die Frage nach dem Mangel an (einheimischen) Genies und die Sorge um ihre Förderung, die seinen Artikel schließlich zu einem Aufruf werden läßt.

Der anschließende Artikel ›Originalwerk‹ ist für Sulzer Anlaß zu weiteren Überlegungen, die deutlich machen, daß wir uns hier an dem entscheidenden Wendepunkt der Begriffsgeschichte befinden. Sulzer geht auf den Unterschied zwischen ›Originalwerk‹ und ›Nachahmung‹ sowie ›Copey‹ ein: »Im ersten Sinne kommt dieser Name den Werken zu, die einen eigenthümlichen, nicht erborgten innerlichen Charakter haben; im andern Sinne bezeichnet man dadurch ein Werk, das von eines Künstlers eigenem Genie entworfen, und nach seiner Art bearbeitet und nicht copirt ist, wenn es sonst gleich in dem Wesentlichen seines Charakters nichts originales hat.« Diese Bestimmung erinnert an die Unterscheidung aus Lessings *Laokoon*. Die eigentliche Neuerung fügt er als ›dritte Bedeutung‹ hinzu: »Man könnte das Wort auch noch in einer dritten Bedeutung nehmen, um dadurch die Werke zu bezeichnen, die aus wahrem Trieb des Kunstgenies, aus würklicher, nicht nachgeahmter, oder verstellter Empfindung entstanden sind. Nämlich, die wahren Originalkünstler arbeiten gemeiniglich aus Fülle der Empfindung; weil sie einen unwiderstehlichen Trieb fühlen, das, was sie würklich in der Phantasie haben, oder was sie lebhaft empfinden, durch ein Werk der Kunst an den Tag zu legen.«[50] Das sei dann noch ganz deutlich von den Auftragswerken zu unterscheiden. Sowohl die im Stoff als auch die nur im Ausdruck originalen Werke seien schätzenswert, weil dadurch »wenigstens etwas von der Kunst erweitert«[51] werde.

Die Rezeption der englischen Genietheorie und der Originalitätsvorstellungen, wie sie bei Herder und Sulzer am markantesten zu sehen ist, begleitet in Deutschland einen Aufschwung der Literatur und der ästhetischen Debatte über die Souveränität der Originalgenies. Begrifflich ergibt sich daraus eine reiche Ausbeute an Ableitungen, verbunden mit wachsender Unschärfe. Goethe versucht in *Meteore des literarischen Himmels* (1820) eine begriffliche Präzisierung (anhand von »Priorität. Anticipation. Präoccupation. Plagiat. Posseß. Usurpation«[52]) und führt die Elemente von wissenschaftlicher oder künstlerischer Aneignung mit Subjektivitätsbildung zusammen: »Mit den Jahren aber wächs't die Lust am Ergrübeln, Entdecken, Erfinden, und durch solche Thätigkeit wird nach und nach Werth und Würde des Subjects gesteigert. Wer sodann in der Folge, bei'm Anlaß einer äußern Erscheinung, sich in seinem innern Selbst gewahr wird, der fühlt ein Behagen, ein eigenes Vertrauen, eine Lust die zugleich eine befriedigende Beruhigung gibt; dieß nennt man entdecken, erfinden.« (247) Das für Wissenschaft und Kunst nun wieder erkannte Gemeinsame ist die »Kraft«, die nötig ist, um eine Wirkung hervorzubringen, und »welche jederzeit Achtung verdient« (253). Damit ist eine ergänzende ästhetische Tradition aufgerufen, die sich in der französischen Ausprägung der Genieästhetik unter dem Begriff der énergie entwickelt hatte. Es bleibt die Verbindung des Begriffs der ›Originalität‹ mit dem ›Genie‹ und der natürlichen wie schöpferischen Eigenart, vertieft um die subjektive Bildung im Schaffensprozeß. Bald wird der Begriff nicht mehr nur auf Künstler und ihre Werke angewendet, sondern auch auf die Besonderheit ganzer Gattungen und Literaturen.

Das Bedürfnis nach kritischer Unterscheidung von Originalgeist und Schwärmerei bzw. »originalem Unsinn« führt mit dem Faktor der Rezeption der Werke durch die Kritik und die nachfolgenden Künstler einen Maßstab ein, der strukturell wieder mit Traditions- und Kanonbildung verbunden ist. Bei Kant heißt es an der erwähnten Stelle, die Pro-

---

50 ›Originalwerk‹, in: ebd., 629.
51 Ebd., 630.
52 JOHANN WOLFGANG GOETHE, Meteore des literarischen Himmels (1820), in: GOETHE (WA), Abt. 2, Bd. 11 (1893), 246.

dukte des künstlerischen Genies müßten exemplarisch sein; sie müßten, »selbst nicht durch Nachahmung entsprungen«, anderen doch als Muster, »d. i. zum Richtmaße oder Regel der Beurtheilung, dienen«[53].

VII. Verzweigungen und Kritik der Originalität in der Romantik

Die französische Rezeption der Genieästhetik erfolgt mit Verspätung gegenüber Deutschland. Erst in Aubin-Louis Millins 1806 erschienenem *Dictionnaire des Beaux-Arts* finden sich vergleichbar positive Erläuterungen von »esprit original« und »génies originaux«[54], die aus sich selbst heraus Kunstwerke schaffen. Eine wichtige Erweiterung stellt seine Betonung nicht nur der Spontaneität des Schaffensprozesses, sondern der Aufrichtigkeit des Ausdrucks dar: »Il est évident que ces ouvrages originaux, qui doivent leur existence à ces sentiments vifs, à ce feu de l'inspiration, doivent être préférables à ceux qui ne le sont pas; ce sont les véritables fruits du génie, par lesquels il se manifeste tel qu'il est, tandis que les autres ne nous font connoître que des sentimens imaginaires et qui n'existent pas réellement.«[55]

Trotz des in Frankreich weiterhin mit ›Sonderling‹ assoziierten Begriffs ›original‹ ist nunmehr eine ästhetisch positive Verwendung zu beobachten, die in erster Linie von den Romantikern in Anspruch genommen wird. Germaine de Staël sieht die Möglichkeit, den Begriff auf »originalité nationale« und »originalité individuelle«[56] anzuwenden, ohne deswegen die Wechselwirkung zwischen beiden Ebenen zu unterschätzen. In *De l'Allemagne* versucht sie, ein Phänomen wie die neuere deutsche Literatur in ihrer Besonderheit mit dem Begriff der Originalität zu fassen: »D'ailleurs la littérature allemande n'existe guère dans toute son originalité qu'à dater de quarante à cinquante ans«[57].

Goethe übersetzt die Besprechung der französischen Ausgabe seiner Werke durch Jean Jacques Ampère in der Zeitschrift *Globe* (29. 4. u. 20. 5. 1826), wo es heißt, die Franzosen hätten sich nun überzeugt, »bei dem Deutschen walte ein redlicher Ernst ob, er gehe bei seinen Productionen mit dem besten Willen zu Werke, eine tüchtige und zugleich ausdauernde Energie könne man ihm nicht abläugnen; und nun mußte freilich aus einer solchen Übersicht unmittelbar der reine richtige Begriff entspringen, daß man eine jede Nation, sodann aber auch die bedeutenden Arbeiten eines jeden Individuums derselben aus und an ihnen selbst zu erkennen, ach, was noch mehr ist, nach ihnen selbst zu beurtheilen habe.«[58] Das Genie selbst setzt durch seine Werke die Maßstäbe ihrer Beurteilung, so wie diese dann Eigenart und Verdienst der Produktion einer ›Nation‹ bestimmen. Das soll auch in der historischen Beurteilung gelten, wie eine anonyme Besprechung aus den *Frankfurter Gelehrten Anzeigen* zeigt, die Goethe 1830 in die Ausgabe letzter Hand seiner Werke aufnimmt, obgleich sie nicht von ihm verfaßt worden war: »Wenn man das *Originelle* des Homer bewundern will, so muß man sich lebhaft überzeugen, wie er sich und der Mutter Natur alles zu danken gehabt habe. Ohne die genaueste Kenntniß aber der Zeiten und des Orts, wo er gesungen, wird dieß nie möglich sein.«[59]

Im Unterschied zu Herder, der den Begriff der Nationalliteratur als Zielvorstellung eingesetzt hatte, benutzt Madame de Staël ihn bereits historisch und gibt ihm den Beiklang des künstlerisch sichtbaren Nationalcharakters. Für Frankreich beklagt sie 1817: »Le despotisme du cardinal de Richelieu détruisit en entier l'originalité du caractère

---

53 KANT (s. Anm. 43), 308.
54 ›Original [I]‹, in: AUBIN-LOUIS MILLIN, Le Dictionnaire des Beaux-Arts, Bd. 2 (Paris 1806), 724a; vgl. ROLAND MORTIER, L'Originalité. Une nouvelle catégorie esthétique au siècle des lumières (Genf 1982), 35–37.
55 ›Original [II]‹, in: ebd., 725b.
56 MME DE STAËL, De l'Allemagne (1810), hg. v. S. de Pange/S. Balayé, Bd. 1 (Paris 1958), 150 (1, 9).
57 Ebd., Bd. 2 (Paris 1959), 8 (2, 1).
58 JEAN JACQUES AMPÈRE, [Rez.] Œuvres dramatiques de Goethe, traduites de l'allemand (1826), übers. v. Goethe, in: GOETHE (WA), Abt. 1, Bd. 41/2 (1903), 178.
59 ANONYMUS, [Rez.] Robert Wood's Versuch über das Originalgenie des Homer, aus dem Englischen, in: ebd., Bd. 37 (1896), 204.

françois, sa loyauté, sa candeur, son indépendance.«[60]

Mit dieser – im Lichte ihrer eigenen Erfahrungen aus der Restauration – gegen den Absolutismus gerichteten Kritik kann sie sich auf Überlegungen stützen, wie sie bereits Helvétius 1773 angestellt hatte und die in gewisser Weise an das Ideal des wissenschaftlichen Genies erinnern: »Tout Ecrivain qui desire la faveur des puissans & l'estime du moment, en doit adopter les idées: il doit avoir l'esprit du jour, n'être rien par lui tout par les autres, & n'écrire que d'après eux: de-là le peu d'originalité de la plupart des compositions.«[61] Neben der so angesprochenen politischen Dimension steht bei Mme de Staël die Sorge um den literarischen Wert der Originalität der Darstellung, die nur durch Natürlichkeit erreicht werden könne: »quand l'originalité naturelle est gâtée par la prétention à l'originalité, le lecteur ne jouit pas complètement même de ce qui est vrai, par le souvenir et la crainte de ce qui ne l'est pas«[62]. Der hier mit Bezug auf den Autor/Künstler wieder eingeführte Begriff des Wahren verweist auf den ›Originalgeist‹ Sulzers sowie auf den Ausdruck des Eigenen/Authentischen, der fortan die entscheidende subjektive Quelle für künstlerische Originalität sein soll.

Die deutlich erkennbare Kritik an der Originalitätsprätention ist Teil der romantischen Neubestimmung der Grundlagen der Kunst, des Schönen und des Geschmacks, wie sie in Deutschland von Friedrich Schlegel und anderen vorgenommen wird und die eine Neuformulierung des literarischen Kanons begleitet. Schlegel sucht eine Bestimmung der modernen Poesie aus der Geschichte ihrer Praxis und Theorie abzuleiten. Die Bilanz ist vernichtend: »Die praktische Theorie der Poesie aber war bis auf wenige Ausnahmen bis jetzt nicht viel mehr als der *Sinn* dessen, was man verkehrt genug ausübte; gleichsam der abgezogne Begriff des falschen Geschmacks, der Geist der unglücklichen Geschichte. Sie folgte daher natürlicher Weise jenen drei Hauptrichtungen, und suchte den Zweck der Kunst bald im *Reiz*, bald in der *Korrektheit*, bald in der *Wahrheit*. Hier empfahl sie durch den Stempel ihrer Auktorität, sanktionierte Werke als ewige *Muster der Nachahmung*: dort stellte sie *absolute Originalität* als den höchsten Maßstab alles Kunstwerts auf, und bedeckte den entferntesten Verdacht der Nachahmung mit unendlicher Schmach. [...] Die Hoffnung, durch Grundsätze lebendige Werke zu erfinden, nach Begriffen schöne Spiele auszuarbeiten, wurde so oft getäuscht, daß an die Stelle des Glaubens endlich eine äußerste Gleichgültigkeit trat.«[63]

Das Originalitätspostulat der Theorie sei Teil der Krise des Interessanten bzw. der interessanten Individualität, in welcher sich die moderne Poesie befinde, der das »innere Lebensprinzip« (238) fehle. Das betrifft sowohl die großen, vielfältig miteinander verbundenen Nationen als auch vor allem den einzelnen Künstler: »Zwar gibt es noch immer so viele Hauptmassen der Eigentümlichkeit, als große kultivierte Nationen. Doch sind die wenigen gemeinsamen Züge sehr schwankend, und eigentlich existiert jeder Künstler für sich, ein *isolierter Egoist* in der Mitte seines Zeitalters und seines Volks. Es gibt so viele individuelle Manieren als originelle Künstler. Zu manierierter Einseitigkeit gesellt sich die reichste Vielseitigkeit, von der Zeit an, da die rege gewordene Kraft der Natur anfing ihrer Fülle unter dem Druck des künstlichen Zwanges Luft zu machen. Denn je weiter man von der reinen Wahrheit entfernt ist, je mehr einseitige Ansichten derselben gibt es. Je größer die schon vorhandene Masse des Originellen ist, desto seltner wird neue echte Originalität. Daher die zahllose Legion der nachahmenden Echokünstler; daher genialische Originalität das höchste Ziel des Künstlers, der oberste Maßstab des Kenners.« (239)

Trotz des Verdikts gegenüber der Epoche des Interessanten und Eigentümlichen behält Originalität ein positives Bedeutungspotential, ist sie doch eines der Werkzeuge zur Schaffung der wahren modernen Poesie. Das bezieht sich wiederum auf

---

60 MME DE STAËL, Considérations sur la Révolution française (1818), hg. v. J. Godechot (Paris 1983), 75 (1, 1).
61 CLAUDE ADRIEN HELVÉTIUS, De l'Homme (1773), in: Helvétius, Œuvres complètes, Bd. 5 (Deux-Ponts 1784), 6f. (Préface).
62 MME DE STAËL (s. Anm. 56), Bd. 3 (Paris 1959), 275 f. (2, 28).
63 FRIEDRICH SCHLEGEL, Über das Studium der Griechischen Poesie (1797), in: SCHLEGEL (KFSA), Bd. 1 (1979), 220 f.

den individuellen Künstler mit seiner aus dem inneren Lebensprinzip gewonnenen Stärke, und tendenziell auf die Poesie einer Nation. Das alles überragende Beispiel ist Shakespeare: »In ihm vereinigen sich die reizendsten Blüten der Romantischen Phantasie, die gigantische Größe der gotischen Heldenzeit, mit den feinsten Zügen moderner Geselligkeit, mit der tiefsten und reichhaltigsten poetischen Philosophie. In den beiden letzten Rücksichten könnte es zu Zeiten scheinen, er hätte die Bildung unsers Zeitalters antizipiert. Wer übertraf ihn je an unerschöpflicher Fülle des Interessanten? An Energie aller Leidenschaften? [...] An einziger Originalität? Er umfaßt die eigentümlichsten ästhetischen Vorzüge der Modernen jeder Art im weitesten Umfange, höchster Trefflichkeit und in ihrer ganzen Eigentümlichkeit, sogar bis auf die exzentrischen Sonderbarkeiten und Fehler, welche sie mit sich führen. Man darf ihn ohne Übertreibung den *Gipfel der modernen Poesie* nennen.« (249)

Schlegels Auseinandersetzung mit der zeitgenössischen ›modernen Poesie‹ und Theorie macht das Bedürfnis nach Qualifikation und näherer Bestimmung von Originalität im Zusammenhang der romantischen Kunsttheorie deutlich, eine Qualifikation, die über den Ausdruck der künstlerischen Individualität und auch über die besondere Manier der Darstellung wesentlich hinausreichen soll. So setzt eine wertende Differenzierung in der Begriffsverwendung ein. Die Geltung von Originalität findet sich eingeschränkt und geht andererseits einher mit einer Kanonbildung, für welche die Shakespeareverehrung ein sicheres Zeichen ist. Diese Bedeutungsveränderung ist Voraussetzung für die folgenden Neudefinitionen des Begriffs innerhalb der Kunsttheorie und in den philosophischen Systemen des Idealismus.

Hegel gelangt zu einer systematischen Klärung und damit Verengung des Begriffs. Er spricht einigen Produktionen des Sturm und Drang ihre Originalität ab und formuliert den Anspruch der Originalität von Kunstwerken systematisch, indem er zwei bis dahin oft getrennt betrachtete Seiten von Originalität in einem seinem Begriff vom Ideal in der Kunst gemäßen Sinne zusammenschließt: Die Einheit der Subjektivität des Künstlers und der wahren Objektivität der Darstellung mache den Begriff echter Originalität aus. Diese muß hohen Anforderungen genügen und wird ausdrücklich von dem unterschieden, was einer Eigentümlichkeit der Darstellung zuzuordnen wäre: »Die Originalität nun endlich besteht nicht nur im Befolgen der Gesetze des Stils, sondern sich der subjektiven Begeisterung, welche, statt sich an den bloßen Manier hinzugeben, einen an und für sich vernünftigen Stoff ergreift und denselben ebensosehr im Wesen und Begriff einer bestimmten Kunstgattung als dem allgemeinen Begriff des Ideals gemäß von innen her aus der künstlerischen Subjektivität heraus gestaltet.«[64]

Eigentümlichkeiten eines persönlichen Stils des Künstlers und auch die früher oft als Manier verstandenen Besonderheiten seiner Darstellungsweisen, die zur Unterscheidung zwischen Original, Kopie und Pastiche, wie bei Roger de Piles, geführt hatten, werden durch Hegel konsequent der vollkommenen Einheit zwischen Subjekt, Gegenstand und Darstellung untergeordnet. Zugespitzt formuliert er sogar: »Keine Manier zu haben war von jeher die einzig große Manier, und in diesem Sinne allein sind Homer, Sophokles, Raffael, Shakespeare originell zu nennen.«[65]

VIII. Individualität

Die Ausdruckskraft der ›originalité individuelle‹ wird spätestens durch Baudelaire zur Betonung der schöpferischen ›individualité‹ des modernen, d. h. des romantischen Künstlers und erinnert an die im Französischen singuläre Hochschätzung von menschlicher Originalität durch Pascal.[66] Unter den Bedingungen der industriellen Gesellschaft liegt darin gleichzeitig soziales Kritikpotential. Im *Salon de 1846*, der durch die Malerei von Eugène Delacroix dominiert wird, macht Baudelaire seine ästhetische Konzeption deutlich. Auf vier

---

64 GEORG FRIEDRICH WILHELM HEGEL, Vorlesungen über die Ästhetik (1835–1838), in: HEGEL (TWA), Bd. 13 (1970), 380.
65 Ebd., 385.
66 Vgl. PASCAL (s. Anm. 27).

Ebenen wird Originalität als Attribut der künstlerischen Schöpferkraft erkennbar. 1. Die unbezwingbare Individualität von Delacroix zeige sich darin, daß er von vielen Meistern gelernt und aus mannigfachen Quellen geschöpft habe, ohne an Originalität zu verlieren oder etwas dem Zufall zu verdanken: »Cette intervention du hasard dans les affaires de peinture de Delacroix est d'autant plus invraisemblable qu'il est un des rares hommes qui restent originaux après avoir puisé à toutes les vraies sources, et dont l'individualité indomptable a passé alternativement sous le joug secoué de tous les grands maîtres.«[67] 2. Die Erkenntnis dieses Individualismus, der sich als naiver und aufrichtiger Ausdruck des Temperaments zeige, ist folglich auch das entscheidende Kriterium für die zeitgemäße Beurteilung von Kunstwerken durch den Kritiker: »Ainsi un point de vue plus large sera l'individualisme bien entendu: commander à l'artiste la naïveté et l'expression sincère de son tempérament, aidée par tous les moyens que lui fournit son métier. Qui n'a pas de tempérament n'est pas digne de faire des tableaux, et, – comme nous sommes des imitateurs, et surtout des éclectiques, – doit entrer comme ouvrier au service d'un peintre à tempérament.« (419) 3. Das Temperament bestimmt die Wahl der künstlerischen Mittel, hier die Farbwahl, und den sich darin ausdrückenden Stil bzw. das Gefühl: »Il y a des tons gais et folâtres, folâtres et tristes, riches et gais, riches et tristes, de communs et d'originaux.« (425) 4. Künstlerische Bereicherung hatte der Maler vor den Pariser Erfolgen durch die Kenntnis von Modellen voller Ursprünglichkeit erfahren: »Un voyage à Maroc laissa dans son esprit, à ce qu'il semble, une impression profonde; là il put à loisir étudier l'homme et la femme dans l'indépendance et l'originalité native de leurs mouvements, et comprendre la beauté antique par l'aspect d'une race pure de toute mésalliance et ornée de sa santé et du libre développement de ses muscles.« (430) Von der Ursprünglichkeit des Modells über die als naiver Ausdruck des individuellen künstlerischen Temperaments verstandene Wahl der Gestaltungsmittel bis zum aufrichtigen Ausdruck entsteht die jeglicher Nachahmung künstlerischer Vorbilder oder gewöhnlicher Wirklichkeit ferne Originalität des Kunstwerks. Sie gibt dem Kritiker damit den strikt ›modernen‹ Wertungsmaßstab vor.

Daß wir es in dieser begrifflichen Weiterentwicklung mit einer grundsätzlich neuen Sichtweise zu tun haben, zeigt die weitere Bindung von Originalität an den Individualismus. Sie sollte zu einer Stütze des philosophischen und ästhetischen Zukunftsentwurfs von Ernest Renan werden. Unter dem Eindruck der 1848er Revolution schreibt er mit *L'Avenir de la science* eine Gesellschaftsutopie, die Grundzüge des Positivismus und des Katholizismus aufweist, aber über beide hinausgeht und vor allem die Entfaltung der Individualitäten zum Ziel hat. Die Überwindung der Ausbeutung und der Entfremdung von geistiger und körperlicher Arbeit solle das Paradies auf Erden – für alle – möglich machen, Vergesellschaftung und Individualismus seien auf diese Weise zu vereinen: »Un tel état de perfection n'exclurait pas la variété intellectuelle; au contraire, les originalités y seraient bien plus caractérisées, par suite du libre développement des individualités. [...] L'humanité [...] n'est ce qu'elle est que par la variété. [...] Bien loin de prêcher le communisme dans l'état actuel de l'esprit humain, il faudrait prêcher l'individualisme, l'originalité.«[68]

Ein anderer aus dem Positivismus hervorgegangener Intellektueller, Hippolyte Taine, formuliert seine Kritik an der in Konventionen erstarrten bürgerlichen Gesellschaft ebenfalls im Namen von Originalität: »Rien de plus rare dans la nature que l'originalité, et l'éducation la diminue; les bienséances emprisonnent l'esprit et l'âme; on n'ose remuer, on a peur de se livrer et de se compromettre.«[69] Niemand wage es, aufrichtig und persönlich zu urteilen. Unter drei Aspekten, dem künstlerischen, dem sozialen und dem ethischen, wird Originalität als prägnanter Ausdruck von wertstiftender Individualität ein Gegenpol zu beschleunigter Vergesellschaftung in der modernen Industriegesellschaft.

---

67 CHARLES BAUDELAIRE, Salon de 1846, in: BAUDELAIRE, Bd. 2 (1976), 432.
68 ERNEST RENAN, L'Avenir de la science (1890), in: Renan, Œuvres complètes, hg. v. H. Psichari, Bd. 3 (Paris 1949), 1053 (Kap. 20).
69 HIPPOLYTE TAINE, Vie et opinions de M. Frédéric-Thomas Graindorge (Paris 1857), 275 (Kap. 21).

IX. Selbstbestimmung und Kreativität – begriffliche Öffnung

Die in weiten Bereichen seit dem 19. Jh. anzutreffende inflationäre Verwendung von Originalität als Ausdruck wahrer Individualität verlangt nach begrifflicher Präzisierung, die Mallarmé als einer der ersten durch die Verwendung des Terminus »authentic«[70] im Sinne von »original« (85, 86) und »originality« (78, 81) vornimmt. Andererseits finden sich in der gleichen Periode Beispiele für die Verwendung von Originalität als Kriterium der Zugehörigkeit zur künstlerischen Avantgarde.[71] In dem Maße, in dem die Betonung der subjektiven Individualität des Künstlers an innovativer Durchsetzungskraft verliert, verlagert sich die Auseinandersetzung mit der Tradition auf die Infragestellung des Schönen, des Werkbegriffs usw. Originalität verliert als grundlegender ästhetischer Wertbegriff zusehends an Bedeutung. Künstlerische Innovation wird nicht mehr in diesem Begriff zusammengehalten, der subjektive Schöpferkraft und Neuheit gegenüber der Tradition verbindet. Wesentliche Funktionen gehen über auf jüngere Begriffe, die ihren Aufstieg als Synonyma für Originalität begonnen haben. Neben künstlerischer Individualität gehört auch ein so schillernder Begriff wie Authentizität dazu. Mit ihm eröffnet sich eine geistige Linie mit eigenständiger Begriffsentwicklung, die das emanzipatorische Potential von Selbstbestimmung und Kreativität verbindet. Originalität erscheint darin als ein wichtiges, wenngleich nicht mehr das entscheidende Element eines Begriffsfeldes eigener Dynamik. Elemente der Begriffsgeschichte von Originalität, wie die Rolle subjektiver und nationaler Identität, bilden die Verbindung zur Diskussion um die Wege (künstlerischer) Identitätsfindung unter den Bedingungen des antikolonialen Kampfes und des postkolonialen Internationalisierung im 20. Jh.

Gegen die kulturelle Hegemonie europäischer Sichtweisen auf außereuropäische Kunst z. B. kann jetzt das im Originalitätsbegriff seit der Romantik angelegte gruppenemanzipatorische Bedeutungspotential aktualisiert werden. Beispiele finden sich seit dem Ende der 50er Jahre u. a. in der Diskussion von ›négritude‹. So wehrt sich Albert Memmi im Namen der selbst zu bestimmenden Originalität gegen kulturelle Fremdbestimmung und kritisiert den Mechanismus der kolonialen Zwangsidentifikation: »Relevant le défi de l'exclusion, le colonisé s'accepte comme séparé et différent, mais son *originalité est-elle délimitée, définie par le colonisateur.*«[72] Für den Kolonisator bleibe der Kolonisierte der Religion und den Traditionen verhaftet und sei unfähig zur Nutzung der Technik. Das sei um so schwerwiegender, wenn sich schwarze Autoren selbst dazu hergäben zu behaupten, daß die Schwarzen von Natur aus nicht für die mechanische Ziviliation geeignet seien. Das Opfer des Kolonialismus möge nicht noch stolz diese Fremdbestimmung akzeptieren. Andererseits werden Rückgriffe auf Originalität als Ausdruck eigener kultureller Identität als ein traditionelles Denkmuster in Frage gestellt, weil sie einer exotisch-folkloristischen Diskriminierung Vorschub leisten können. Gerardo Mosquera wehrt sich gegen solche Forderungen nach einer Originalität, die sich letztlich in bezug auf westliche Tradition definiere, bzw. nach einer Authentizität, die mit Reinheit der Wurzeln in Zusammenhang gebracht werde. Beide werteten neue Formen künstlerischer Produktion und Sinngebung im Zeichen von Hybridisierung ab.[73]

Dahinter steht letztlich eine Auseinandersetzung über die Bestimmung von Originalität bzw. künstlerischer Eigenart im Rahmen radikal verschiedener Erwartungen der unterschiedlichen lokalen und universalen Adressaten sowie natürlich im Zusammenhang mit dem Adressatenbezug von Kunst. Die unter dem Stichwort Authentizität diskutierte Bedeutung des Hervorbringens bzw. der Darstellung der wahren künstlerischen Eigenart fremder

---

70 STÉPHANE MALLARMÉ, The Impressionists and Edouard Manet (1876), in: Documents Stéphane Mallarmé, hg. v. C. P. Barbier, Bd. 1 (Paris 1968), 86; vgl. KARLHEINZ BARCK, ›Avantgarde‹, in: Barck u. a. (Hg.), Ästhetische Grundbegriffe, Bd. 1 (Stuttgart/Weimar 2000), 556.
71 Vgl. THÉODORE DURET, Critique d'Avant-Garde (1885), 5; BARCK (s. Anm. 70), 556.
72 ALBERT MEMMI, Portrait du colonisé précédé du Portrait du colonisateur (1957; Paris 1966), 172.
73 Vgl. GERARDO MOSQUERA, Die Welt des Unterschieds. Anmerkungen zu Kunst, Globalisierung und Peripherie, in: Neue bildende Kunst. Zeitschrift für Kunst und Kritik 5 (1995), H. 4/5, 43 f.

Kulturen oder historischer Epochen ist ein Zeichen für den Versuch, Fremdheit anzuerkennen und zwischen Fremdem und Eigenem zu vermitteln. In der Musik ist, um ein weiteres Beispiel für die Neuformulierung des Traditionsbezugs zu geben, die Diskussion über die Authentizität der Aufführungspraxis (historischer) Werke seit der Mitte des 20. Jh. ein Zeichen für die nicht mehr selbstverständliche Fortsetzung einer Konzertpraxis, die im 19. Jh. zur Festschreibung des musikalischen Werkbegriffs geführt hatte. Die historisch authentischen Aufführungen alter Musik werden zu einer originellen Darstellungsform neben anderen.[74]

X. Originalität im Zeitalter der technischen Reproduzierbarkeit von Kunst

Die technologischen Innovationen der beginnenden Industrialisierung machten nicht vor der Kunstproduktion halt. Die massenhafte Fertigung in Kunst und Kunsthandwerk, d. h. die technische Reproduzierbarkeit von Kunstwerken veränderte die Frage nach Funktion und Begriff der Kunst, nach der Rolle künstlerischer Originalität und dem Begriff von Originalwerken. Die sich daraus ergebenden Veränderungen sind ebenso einschneidend, wie es die Entwicklung des europäischen Kunstmarktes für die Herausbildung des Originalitätsbegriffs im 17. Jh. war.

74 Vgl. BERNHARD D. SHERMAN, ›Authenticity in Music‹, in: M. Kelly (Hg.), Encyclopedia of Aesthetics, Bd. 1 (Oxford/New York 1998), 166–169.
75 LÉON DE LABORDE, De l'union des arts et de l'industrie, Bd. 1 (Paris 1856), 407; vgl. BARCK, Kunst und Industrie bei Léon de Laborde und Gottfried Semper. Differente Aspekte der Reflexion eines epochengeschichtlichen Funktionswandels der Kunst, in: H. Pfeiffer/H. R. Jauß/F. Gaillard (Hg.), Art social und art industriel. Funktionen der Kunst im Zeitalter des Industrialismus (München 1987), 248.
76 Vgl. LABORDE (s. Anm. 75), Bd. 2 (Paris 1856), 75.
77 Ebd., 92 f.
78 BAUDELAIRE, L'Eau-forte est à la mode (1862), in: BAUDELAIRE, Bd. 2 (1976), 735; vgl. BARCK (s. Anm. 75), 267.

Léon de Laborde reflektiert den Konflikt zwischen ›art pur‹ und ›art industriel‹, reiner Kunst und (industriell) angewandter Kunst in Begriffen staatsgelenkter Industrieplanung: »Mais comment organiser une direction indispensable, maintenir l'autorité et la discipline, quand l'armée est innombrable; concilier la soumission, sorte d'abnégation de la personnalité, avec la liberté, source de l'originalité; élever l'art aux sommités en l'étendant à la surface, le maintenir pur en l'exposant aux mille alliages que l'industrie lui fait subir?«[75] Die Auswirkungen auf die Kunst, deren Maßstäbe künstlerischer Innovation durch Industrie, Massenkultur und Kitsch bedroht sind, reflektiert Laborde grundsätzlich positiv. Die Erfindung der dampfgetriebenen Maschinen, in ihrer Breitenwirkung vergleichbar mit der Einführung der Druckerpresse, habe der Verbreitung der Kunst einen großen Dienst erwiesen, ja eigentlich eine Revolution bewirkt, die zur Demokratisierung von Kunst beitrage.[76] Das bringe für die wahre Kunst eigentlich auch nur Vorteile mit sich: »Vous craignez l'influence de ce débordement de l'industrie artiste sur l'artiste lui-même; détrompez-vous: la beauté, le mérite supérieur de ces réproductions d'œuvres de mérite, décourageront les faibles, enhardiront les forts.«[77]

Diese positive und optimistische Sichtweise sollte eine Reihe von kritischen Antworten finden, die im allgemeinen unter dem Stichwort des L'art pour l'art diskutiert werden. Allerdings wäre es zu einfach, wollte man diese Haltung als eine Flucht vor der neuen Macht der Industrie und der mechanischen Reproduktionstechniken ansehen. Ein frappierendes Beispiel gibt die Entwicklung der Originalgraphik ab, deren positive Einschätzung durch Baudelaire bezeichnend ist: »Non seulement l'eau-forte est faite pour glorifier l'individualité de l'artiste, mais il est même impossible à l'artiste de ne pas inscrire sur la planche son individualité la plus intime.«[78] Die Ausdruckskraft der Graphik nähert Baudelaire der literarischen Ausdruckskraft und der spontanen Unmittelbarkeit an. Trotz der wegen der neuen Produktions- und Reproduktionstechniken nicht mehr möglichen Unterscheidung von Original und Kopie ist der ästhetische Begriff von Originalität über die spontan sich ausdrückende künstlerische Individualität präsent.

Bilanz

Die Begriffe original und Originalität als ästhetische Grundbegriffe haben im 18. Jh. mit der Durchsetzung der Genieästhetik den Rang zentraler Begriffe eingenommen. Ihre Wirksamkeit ist an die Verbindung der Bedeutungselemente Schöpferkraft, Subjektivität und Ausdruck einerseits und Eigentum, Einheit des Werkes andererseits gebunden. Die Bindung an den Begriff des geistigen Eigentums und der schöpferischen Individualität des Künstlers und Wissenschaftlers ließ ›Originalität‹ zu einem Schlüsselbegriff der modernen Ästhetik werden. Die fortschreitende Spezialisierung der geistigen Tätigkeiten (Trennung von wissenschaftlicher und künstlerischer Praxis) führte im Anschluß an seine Aufwertung in der Romantik zu einem schnellen Bedeutungsverlust, nachdem die ihn konstituierenden Bedeutungen häufig auf Synonyme übertragen wurden und teilweise in andere Wissensbereiche abwanderten. Als psychologischer Fachbegriff ist Originalität im 20. Jh. zum Ausgangspunkt der Kreativitätsforschung geworden. Diese bemüht sich, objektiv meßbare Kriterien für die Fähigkeit zur Schaffung eines ›kreativen Produkts‹ zu finden. Darin gehen die Neuheit, Informationsverdichtung bzw. -verknüpfung, sinnentsprechende Umwandlung von Material bzw. Ideen und deren soziale Nützlichkeit ein.[79] Ein seltener genanntes Kriterium ist die Eleganz bzw. die ästhetische Qualität. Zwei für die Geschichte des ästhetischen Begriffs entscheidende Merkmale, die schöpferisch-authentische Ausdruckskraft des künstlerischen Subjekts und die Durchsetzung seiner innovativen Werke gegen den Kanon der Tradition, haben ihren vormals zentralen Platz verloren und sind am ehesten in heutigen Diskussionen um kulturelle Identität präsent.

Jens Häseler

Literatur

BOSSE, HEINRICH, Autorschaft ist Werkherrschaft. Über die Entstehung des Urheberrechts aus dem Geist der Goethezeit (Paderborn/München/Wien/Zürich 1981); CROWTHER, PAUL, Creativity and Originality in Art, in: The British Journal of Aesthetics 31 (1991), 301–309; ECO, UMBERTO, Forgeries, Originals and Identity, in: G. Deledalle u. a. (Hg.), Signs of Humanity/L'homme et ses signes, Bd. 2 (Berlin/New York 1992), 605–618; FABIAN, BERNHARD, Der Naturwissenschaftler als Originalgenie, in: H. Friedrich/F. Schalk (Hg.), Europäische Aufklärung (München 1967), 47–68; FRANK, SUSI u. a. (Hg.), Mystifikation – Autorschaft – Original (Tübingen 2001); GRAFTON, ANTHONY, Forgers and Critics: Creativity and Duplicity in Western Scholarship (Princeton, N. J. 1990); HAUG, WALTER, Innovation und Originalität. Kategoriale und literarhistorische Überlegungen, in: Haug/B. Wachinger, Innovation und Originalität (Tübingen 1993); JOAS, HANS, Die Kreativität des Handelns (Frankfurt a. M. 1992); KRISTELLER, PAUL OSKAR, ›Creativity‹ and ›Tradition‹, in: Journal of the History of Ideas 44 (1983), 105–113; MCFARLAND, THOMAS, Originality & Imagination (Baltimore/London 1985); MORTIER, ROLAND, L'Originalité. Une nouvelle catégorie esthétique au siècle des lumières (Genf 1982); POLANYI, MICHAEL, Schöpferische Einbildungskraft, übers. v. H.-J. Schuering, in: Zeitschr. f. philos. Forschung 22 (1968), 53–70; SCHOTTLAENDER, RUDOLF, Paradoxien der ›Kreativität‹, in: Zeitschr. f. philos. Forschung 26 (1972), 153–170; WILLIAMS, RAYMOND, The Long Revolution (London 1961), 3–40 [Kap. 1: ›The Creative Mind‹]; dt.: Kreativität – Wahrnehmung – Kommunikation, in: Williams, Innovationen, übers. v. H. G. Klaus (Frankfurt a. M. 1977), 9–44.

---

[79] Vgl. HANS-JOACHIM KRÄMER, Zu Konzept und Diagnose der Originalität (München 1979).

Ornament

(lat. ornamentum, ornatus; engl. ornament; frz. ornement; ital. ornamento; span. adorno; russ. орнамент)

Einführung; I. Das prämoderne Ornament; 1. Die antike Rhetorik; 2. Prepon bzw. decorum, ornatus und ornamentum; 3. Die Poetiken; 4. Feudale Repräsentation; 5. Von der Ästhetik des französischen Klassizismus zum 18. Jahrhundert; 6. Der Übergang zur philosophischen Ästhetik; **II. Das Ornament in der modernen philosophischen Ästhetik;** 1. Der Bruch mit dem Barock: von Winckelmann bis Kant; 2. Ornament, Allegorie und Symbol; **III. Ornament und Historismus: das 19. Jahrhundert; IV. Die künstlerische ›Moderne‹: eine antiornamentale Ästhetik?;** 1. Jahrhundertwende; 2. Zwanziger Jahre; 3. Postmoderne.

Einführung

Rückkehr von Ornament, von Zierat und Schmuck: Jenseits von Sachlichkeit und Funktionalität wird in der sog. Postmoderne das Schöne gesucht. Ohne den Eklektizismus zu fürchten (sie macht ihn vielmehr bewußt zum Programm), setzt die heutige Architektur zugleich auf das High-Tech und auf eine neue Ornamentik oder Monumentalität. Von der klassischen Moderne war das Ornament hingegen aller möglichen Laster beschuldigt worden. Die Heftigkeit der Auseinandersetzungen, die sich an der Ornamentfrage entzündet haben, legt sogar die Hypothese nahe, daß das Ornament erst eigentlich für die Moderne zu einem Stein des Anstoßes wurde. Zwar hat sich auch das antike Denken mit der Gefahr des irreführenden ornamentalen Überflusses auseinandergesetzt. Die Spuren der Ornamentdebatte kann man bis hin zu Platons Bekämpfung der sophistischen Rhetorik zurückverfolgen: An der Wahrheit des Eidos gemessen, ist das Ornament ein Ephemeres, das überwunden werden soll. Dieser antike Streit zwischen Philosophie und Rhetorik bzw. Wahrheit und Ausdruck, Rhetorik und Ethik ist bis in die jüngste Gegenwart in der Ornamentdebatte präsent geblieben. Die Problematik des Ornaments entstand nämlich im Spannungsfeld zweier Paradigmen: dem antiken Paradigma der Rhetorik und dem modernen Paradigma der ausdifferenzierten Sphären der Erkenntnis (Wahrheit), der Moral und der Ästhetik. Sobald es nicht mehr ausschließlich als bloßer Bestandteil der Rhetorik verstanden wurde, wurde das Ornament zum Streitobjekt. Es geriet in Konflikt mit kognitiven und ethischen Ansprüchen. Zugleich wurde es auch von diesen beansprucht: Was es schon in der antiken Rhetorik war, nämlich der Ausdruck von etwas bzw. von etwas Höherem, in dessen Dienst es stand (gemeint war aber in der antiken Rhetorik nur die Stilebene und Wirksamkeit der Rede), stellte es prinzipiell in den Dienst jener Repräsentations- und Legitimationsstrategien, die zunächst der feudalen Herrschaft und der Kirche selbst zugrunde liegen, dann aber im Zuge der gesellschaftlichen und politischen Modernisierung im Mittelpunkt des Ringens der modernen Gesellschaften um ihre Identität stehen. Die Infragestellung der religiös-soziokulturellen Ästhetik des Barock und der religiös-soziopolitischen Repräsentations- und Legitimationsfunktion des Ornaments, die dieser Umbruch impliziert, hat diesen Zusammenhang zwischen Ornament, Geschichte und Legitimation (Repräsentation oder Öffentlichkeit) zum ersten Mal offenkundig gemacht. Um diesen Zusammenhang geht es seitdem letztlich in allen historischen Krisen der Moderne, bis hin zum Historismus der Jahrhundertwende und zur Postmoderne, weswegen das Ornament dort eine zentrale Rolle spielt.

I. Das prämoderne Ornament

1. Die antike Rhetorik

Zum einen ist das Ornament ein genuin rhetorischer Begriff, der seinen Ursprung in der antiken Rhetorik hat. Zum andern ist von Horaz' *Ars poetica* (*Epistula ad Pisones*) bis zu Leon Battista Albertis *De re aedificatoria* (1485) die Rhetorik von der allgemeinen Kunst nicht zu trennen. Horaz prägte nicht nur die berühmte Formel ›ut pictura poesis‹, sondern er übertrug damit zugleich das grundlegende Prinzip des ›decorum‹ – des Schicklichen, Geziemenden – von der Rhetorik auf die Poesie und die bildende Kunst. Es ist deshalb kein Zufall, wenn im 18. Jh. – vornehmlich bei Gotthold Ephraim Lessing – die Verabschiedung des Horazschen ›ut pictura poesis‹ die endgültige Loslösung der Ästhetik von der Rhetorik bedeutete. Auszugehen ist also von der Geschichte der normativen Rhetorik – von ihrer antiken Herrschaft bis zu ihrem Zerfall.

Die antike ›technē rhētorikē‹ bestand aus fünf komplementären Operationen (rhetorices partes): der inventio (griech. heuresis), der dispositio (taxis), der elocutio (lexis), der actio (hypokrisis) und der memoria (mnēmē). Diese fünf Bearbeitungsphasen waren voneinander untrennbar. Selbst die elocutio, deren Funktion darin bestand, die Worte zu schmücken (ornare verbis), trug zusammen mit den anderen vier Operationen, insbesondere der inventio und der dispositio, und in eben demselben Maße zur richtigen bzw. angemessenen Darstellung des Sachverhalts bei. Sie erweist sich sogar als entscheidender als die anderen konstitutiven Momente der Redekunst, da es ja vor allem vom Redeschmuck abhängt, ob die Zuhörer überhaupt zuhören und sich überzeugen lassen. Noch für Cicero dient die schmuckvolle Rede dazu, die gefundenen Gedanken in »rechten Worten« (bonis verbis)[1] zum Ausdruck zu bringen, und das heißt nicht nur deutlich, sondern auch auf unterhaltende und hinreißend einleuchtende Weise. »Niemals läßt sich, was wirklich schön aussieht, trennen von der Zweckmäßigkeit« (Numquam vera species ab utilitate dividitur)[2], meint ebenfalls Quintilian. Schon Aristoteles warnte freilich in seiner Poetik vor einer »allzu blendenden Sprache«, welche »die Charaktere und die Gedankenführung [verdunkelt]« (ἀποκρύπτει γὰρ πάλιν ἡ λίαν λαμπρὰ λέξις τά τε ἤθη καὶ τὰς διανοίας)[3]. Aristoteles faßt das Problem des Ornaments ontologisch auf: Die Metapher, d. h. der Umstand, daß etwas ist, und daß es zwar so ist, aber zugleich auch anders, bildet nicht von ungefähr den Kern seiner Figurenlehre. Die Metapher ist dem Identitätsprinzip ein Dorn im Auge, ein Rätsel. Deshalb warnt er vor deren unkontrolliertem Gebrauch (vgl. 1458a), räumt zugleich aber auch ein, daß darin die Spezifik des Poetischen besteht – eine Einsicht, die bereits die tiefere Frage aufwirft, ob nicht gerade das Rätselhafte des Ornaments den Kern dessen ausmacht, was man heutzutage die Literatur nennt.

Aristoteles plädiert für das Maß, d. h. für eine Mischung aus üblicher Rede und ungewöhnlicherer Formulierungen: »Δεῖ ἄρα κεκρᾶσθαί πως τούτοις· τὸ μὲν γὰρ τὸ μὴ ἰδιωτικὸν ποιήσει μηδὲ ταπεινόν, οἷον ἡ γλῶττα καὶ ἡ μεταφορὰ καὶ ὁ κόσμος καὶ τἆλλα τὰ εἰρημένα εἴδη, τὸ δὲ κύριον τὴν σαφήνειαν.« (Man muß also die verschiedenen Arten irgendwie mischen. Denn die eine Gruppe bewirkt das Ungewöhnliche und Nicht-Banale, nämlich die Glosse [das sich auszeichnende Wort, γλῶττα – d. Verf.], die Metapher, das Schmuckwort und alle genannten Arten; der übliche Ausdruck hingegen bewirkt Klarheit. – 1458a; dt. 73). Dabei dürfen allerdings die geforderte Klarheit und selbst der mit ihr verbundene klare Ausdruck des Charakters mit dem modernen Wahrheits- und ethischem Anpruch nicht verwechselt werden.

Immer mehr wurde aber die Rhetorik mit einem Wahrheitsanspruch belastet, der ihr in der antiken Welt – sieht man von Platon ab, den sich das Christentum aus diesem Grund aneignen konnte – fremd war. Zugleich konnte freilich das Christentum selbst auf das Erbe der Rhetorik nicht verzichten. Augustinus bringt das unverblümt zum Ausdruck, wenn er in seinem De doctrina christiana schreibt: »Nam cum per artem rhetoricam et vera suadeantur et falsa, quis audeat dicere, adversus mendacium in defensoribus suis inermem debere consistere veritatem, ut videlicet illi, qui res falsas persuadere conantur, noverint auditorem vel benevolum vel intentum vel docilem prooemio facere, isti autem nec noverint?«[4] (Wer wird es zu behaupten wagen, daß die Wahrheit von unbewaffneten Anwälten gegen die Lüge verteidigt werden soll? Wie? Jene Redner, die des Falschen überführen wollen, besitzen schon in ihrem exordium die Kunst, ihr Publikum zu gewinnen, während die

---

[1] CICERO, De or. 3, 104; dt.: De oratore/Über den Redner, lat.-dt., hg. u. übers. v. H. Merklin (Stuttgart ²1986), 541.
[2] QUINTILIAN, Inst. 8, 3, 11; dt.: Ausbildung des Redners, 12 Bücher, lat.-dt., hg. u. übers. v. H. Rahn, Bd. 2 (Darmstadt ²1988), 155.
[3] ARISTOTELES, Poet., 1460b; dt.: Poetik, griech.-dt., hg. u. übers. v. M. Fuhrmann (Stuttgart 1982), 85.
[4] AUGUSTINUS, De doctrina christiana 4, 2, 3, in: CCHR (L), Bd. 32 (1962), 117.

Verteidiger des Wahren es nicht vermöchten?) In der Antike war hingegen die Rhetorik nur die Kunst des Überredens, und Aristoteles trennte sie aus diesem Grund von der Dialektik als der Erkenntnis des Wahren. Wie Aristoteles kommt es Quintilian nur auf das Glaubhaftmachen des relativ Wahren und Wahrheitsähnlichen (τὸ ὅμοιον τῷ ἀληθεῖ) an – d. h., daß es der Rhetorik nur um das persuadere, das Überreden geht – um die πίστις.[5] Um dies zu erreichen, geht sie von den allgemein gängigen Meinungen (τὰ ἔνδοξα [1357a]) und den allgemeinen Begriffen (τὰ κοίνα [1355a]) aus, und sie bedient sich vornehmlich des Enthyméma, eines populären Syllogismus, dessen Prämissen nicht absolut notwendig, sondern bloß wahrscheinlich zu sein brauchen. Ihrem Wesen nach ist die Rhetorik also pragmatisch und hat deshalb mit Wahrheit oder Moral nichts zu tun. Sie zielt nicht auf das Wahre, sondern auf das Angemessene und Geeignete. In Platons *Phaidros* definiert sie Sokrates folgendermaßen: Sie lehre, wie man in Anklage und Verteidigung zu verfahren hat; die Rhetoren, u. a. Gorgias, hätten »verstanden, daß das Wahrscheinliche beachtenswerter ist als das Wahre; durch die Kraft ihrer Rede lassen sie Sachen, die klein sind, als groß und umgekehrt große Sachen als klein erscheinen« (οἱ πρὸ τῶν ἀληθῶν τὰ εἰκότα εἶδον ὡς τιμητέα μᾶλλον, τά τε αὖ σμικρὰ μεγάλα καὶ τὰ μεγάλα σμικρὰ φαίνεσθαι ποιοῦσιν διὰ ῥώμην λόγου[6]). Cicero meint womöglich noch eindeutiger im *Orator:* »Die Eloquenz besteht ganz und gar in der elocutio, die alles andere auch umfaßt« (Quem hoc uno excellere, id est oratione, cetera in eo latere indicat nomen ipsum[7]).

Zwar wohnt schon der antiken Auffassung des prepon (des Schicklichen und Angemessenen) eine ethische Spannung inne; vor allem bei den Stoikern (etwa Seneca) bezeichnet es eine angemessene Lebensführung. Diese ethische Forderung an die Rhetorik darf aber nicht mißverstanden werden. Grundsätzlich ist das ēthos nur die Fähigkeit, die geistige Aufnahmekapazität der Rezipienten zu kennen und ihr die Rede anzupassen. In diesem Sinn unterschied Aristoteles in der *Rhetorik* drei Bereiche, in denen der Stil angemessen sein solle: pathos, ēthos und pragmata.[8] In *De Oratore* bezeichnet Cicero das ›decorum‹ – womit er das griechische prepon übersetzt – als das zugleich ästhetische und ethische Ziel der Rhetorik. Weisheit und Eloquenz ergänzen einander und zielen zusammen auf ethische Angemessenheit. Bei Quintilian, der im 1. Jh. n. Chr. die Lehre des Cicero übernommen und weiterentwickelt hat, stimmt die Erziehung zum vollkommenen Redner mit der Erziehung zum ›vir bonus‹ überein.

Wenn gegen Ende des 1. Jh. in Rom zwei rhetorische Schulen wetteifern, die attizistische und die asianische, so bildet den Kern dieser Debatte keineswegs die Wahrheit im ontologischen Sinn, sondern wiederum nur die Auffassung des Angemessenen oder Schicklichen. Von letzterem haben die Peripatiker und die Stoiker einen ganz verschiedenen Begriff; ersteren ist sie die Übereinstimmung zwischen Natur und Gesellschaft, und sie drückt sich als harmonische Gesellschaftlichkeit bzw. als Höflichkeit aus, während es den Stoikern auf das Wahre ankommt; daraus entsteht der kynisch-stoische Stil.[9] Der Attizismus beruft sich auf Lysias und betrachtet die Sprachrichtigkeit (puritas), die Klarheit (perspicuitas) und die Nüchternheit als die höchsten rhetorischen Tugenden; er verabscheut sowohl die Ornamente als auch die leidenschaftlichen Ergießungen und die pathetische Amplifikation. Nach den kritischen Äußerungen von Cicero charakterisiert sich hingegen der Asianismus durch seinen übermäßigen Gebrauch der Figuren und durch einen inkantatorischen Stil, der sich alle sonst üblichen Mittel der versifizierten Poesie zu eigen macht. Wie die Peripatetiker ist Cicero der Meinung, daß eine Rede erst dann vollkommen ist, wenn sie sich über die einzelnen Umstände erhebt und die allgemeine These auf den Begriff bringt. Gerade diese Fähigkeit nennt Cicero ornatus.[10] Cicero bekämpft aber die Exzesse des Asianismus, ohne den Rahmen der rhetorischen Tradition zu sprengen. Er setzt sich für die Einfachheit ein, ohne den ornatus für über-

---

5 Vgl. ARISTOTELES, Rhet., 1355a.
6 PLATON, Phaidr., 267a.
7 CICERO, Or. 19, 61.
8 Vgl. IAN RUTHERFORD, ›Decorum‹, in: UEDING, Bd. 2 (1994), 427.
9 Vgl. ALAIN MICHEL, La parole et la beauté (Paris 1994), 54.
10 Vgl. CICERO, De or. 3, 107–119.

flüssig zu halten, und er befürwortet eine Stilmischung, oder zumindest eine Pluralität der Stile, die, durch eine ständige Abwechslung der demonstrativen Klarheit, des Angenehmen und des Erhabenen, der Angemessenheit, d. h. der Notwendigkeit und der Harmonie der einzelnen Teile der Rede dienen soll.¹¹ Dabei formuliert er im Sinne des decorum Kriterien für den Einsatz verschiedener Stilfarben in einer Rede: Diese Kriterien machen seine Dreistillehre aus. Es gibt drei Gattungen, in die jede nicht fehlerhafte Rede gehört: die erhabene, die mittlere und die schwache.¹² Die Dreistillehre wird somit zum Eckstein der poetischen Auffassung der Angemessenheit als Gattungskriterium, vor allem bei Horaz.

2. Prepon bzw. decorum, ornatus und ornamentum

Von früh an – etwa schon bei Isokrates (436–338) – hat das prepon, im Sinn von schicklich bzw. angemessen, in der Rhetorik eine grundlegende Bedeutung gehabt. Insbesondere über Theophrast ging es dann in die römische Rhetorik und Poetik ein. Die wichtigste Forderung an die Rede war, daß sie klar und angemessen sein müsse, um in jedem anstehenden Fall Überzeugendes zur Geltung zu bringen. Sprache und Gegenstand sollen aufeinander abgestimmt sein: Ein erhabenes Thema verlangt einen erhabenen Stil, ein schlichtes Thema einen schlichten Stil. Darüber hinaus bezog sich die Angemessenheit, wie gesehen, ethisch auf den Rezipienten: Man soll wissen, welche Menschen durch welche Art von Rede beeinflußt werden, um sie gewinnen zu können. Der Aristoteles-Schüler Theophrast (372–287) brachte das prepon mit dem Konventionellen und Typischen in Verbindung, weil ja die Erwartungshaltung der Zuhörer von der Wiederkehr typischer, aus dem Alltag vertrauter bzw. konventionell normierter Situationen bedingt ist. Allgemein ist das prepon vom Wahrscheinlichen untrennbar. Bei Horaz und seinen Kommentatoren des Frühhumanismus und der Frührenaissance (u. a. Marco Girolomo Vidas *De arte poetica* [1527]) bestimmt es die Harmonie zwischen der verisimilitudo einerseits und der audacia bzw. variatio andererseits. Verisimilitudo und decorum sind die beiden Grundprinzipien einer gelungenen Mimesis der Natur – selbst bei Vitruv,

der anscheinend an die Mimesis höhere Forderungen stellte, indem er das Naturwidrige und Phantastische bekämpfte. Denn für ihn soll die Kunstfertigkeit vor allem ihre Funktion erfüllen: Decor ist das fehlerfreie Aussehen eines Bauwerkes, in dem die Teile aufgrund der Kenntnis der Prinzipien (auctoritas) zusammengefügt werden und das Aussehen des Baus seiner Funktion und herkömmlichen Stiltradition entspricht: »Decor autem est emendatus operis aspectus probatis rebus conpositi cum auctoritate. Is perficitur statione […] seu consuetudine aut natura.« (Decor ist das fehlerfreie Aussehn eines Bauwerks, das aus anerkannten Teilen mit Geschmack geformt ist. Decor wird durch Befolgung von Satzung […] oder durch Befolgung von Gewohnheit oder durch Anpassung an die Natur erreicht.)¹³ Vitruv läßt wie Cicero bei seiner Bemühung um eine Auflösung der Asianismus-Attizismus-Debatte Variationen zu: Je nach Gegebenheit von Satzung, Brauch und Natur sind viele Schönheiten möglich. Insofern war das prepon, aus den schon genannten Gründen, mit dem ornatus aufs engste verbunden. Im Griechischen bedeutet es zugleich das Ziemende und das Auszeichnende: πρέπω διὰ πάντων (sich von allen anderen unterscheiden); πρέπω ἐσθῆτι καὶ κόσμῳ (durch Kleidung und Schmuck hervortreten). Schließlich ist das prepon oder decorum von der Schönheit nicht zu unterscheiden; im (pseudo-)platonischen *Hippias maior* wird behauptet, daß Schönheit sich auf Angemessenheit reduzieren lasse.

Der Übergang von der Rhetorik zur Ästhetik kennzeichnet sich durch das allmähliche Auseinandertreten von ornatus – im Sinne von Schmuck – und ornamentum – im Sinne von Verzierung, Zierat, Parerga, Zutat. Dieses vollzog sich allerdings auf einem Umweg, der zugleich seine Relevanz für den ganzen ästhetisch-künstlerischen Bereich begründete. Vitruv ist der Theoretiker dessen gewesen, was man als den ›Augustischen Klassizis-

---

11 Vgl. ebd., 2, 307 ff.; CICERO, Or. 99.
12 Vgl. KURT SPANG, ›Dreistillehre‹, in: UEDING, Bd. 2 (1994), 926 f.
13 VITRUV, De architectura libri decem, 1, 2, 5; dt.: Zehn Bücher über Architektur, lat. u. dt., hg. u. übers. v. C. Fensterbusch (Darmstadt 1964), 39.

mus‹ bezeichnen kann.[14] Er brachte den asketischen Geschmack der römischen Aristokratie zum Ausdruck und verwarf die hellenistischen Versuchungen, die sich schon damals in jenem Manierismus niederschlugen, den man später das Groteske nennen wird. In seinem Traktat *De architectura libri decem*, der zwischen 35 und 25 vor Chr. verfaßt wurde, übertrug Vitruv das rhetorische Gesetz der Angemessenheit auf die Architektur und führte zugleich einen ornamentum-Begriff ein, den er nun ausdrücklich im Sinn von Schmuck gebrauchte, obwohl er die Ornamente als einen wichtigen Aspekt der aedificatio und vor allem als integralen Bestandteil der Tempelarchitektur (Bücher III und IV) behandelte – auf die Architektur und Verzierung der Privathäuser geht er in den Büchern VI und VII ein. Vitruvs Traktat ist bis zur Renaissance und über sie hinaus das Standardwerk gewesen, das immer wieder neu aufgelegt, kommentiert bzw. nachgeahmt wurde und dessen Einfluß sowohl auf Leon Battista Albertis *De re aedificatoria* als auch auf Andrea Palladios *Quattro libri dell'architettura* (1570) unübersehbar ist. Wie sehr es auch der rhetorischen Tradition verhaftet blieb, bahnte Vitruvs Traktat Neues an, das in dessen Rezeption dann auch zur Geltung gelangte, indem es nämlich eine gleichsam enzyklopädische Bildung des Architekten in Geometrie, Optik, Arithmetik, Geschichte, Musik, Philosophie, Medizin, Jurisprudenz und Astronomie forderte und somit den überkommenen ethischen Anspruch (bona fama) mit einem wissenschaftlichen, d. h. mit einer in den Vorreden immer wieder nachdrücklich betonten Berufung auf die Physik verband. Vitruvs Kernbegriffen der ordinatio, dispositio, distributio,

eurhythmia und symmetria wohnt die Vorstellung inne, daß es ein Verhältnis geben muß zwischen den Maßen eines gelungenen Gebäudes und denjenigen eines glücklich entfalteten menschlichen Körpers.

Erst mit dem Vitruvschen ornamentum-Begriff bildete sich – vornehmlich in der Architekturtheorie – die neuzeitliche Ornament-Problematik. Charles-François Roland Le Virloys' *Dictionnaire d'architecture* faßt sie noch um 1770 folgendermaßen zusammen: »Ornement, s. m. Lat. Ornamentum, It. Ornamento, Esp. Adorno, Ang. Ornament, All. Auszierung. Est en général tout ouvrage de sculpture qui contribue à l'embellissement d'un morceau d'architecture ou de peinture.«[15] An diesem Wort kristallisierte sich die Bewußtwerdung eines Problems: Entweder ist das Ornament integraler Bestandteil der Sache selbst, oder es ist nur etwas Hinzugefügtes. Unter ornamento verstand man nämlich im Italienischen auch das Gebälk einer Säulenordnung – eine Wortbedeutung, die auch in den anderen Sprachen wegen der gemeinsamen Quellen, auf welche die Theoretiker sich beziehen, die Vitruvsche Lehre der drei Säulenordnungen und die mit ihr einhergehende Auffassung des decorum weiterhin impliziert. Nun hatten die Säulenordnungen als schmückende Bauteile einen ambivalenten Charakter: sie waren »nicht bloße Applik, sondern zugleich – wenn auch oft nur mehr scheinbar – unterstützende und darum konstruktive Bauelemente«[16] und dienten also sowohl der Festigkeit als auch der Schönheit. Hier hat die moderne Debatte zwischen Nützlichkeit und Ornament ihren Ursprung.

Den ornamentum-Begriff und den mit ihm zusammenhängenden Gegensatz zwischen Nützlichkeit und Ornament übernimmt in der Renaissance Leon Battista Alberti, dessen bis zum 18. Jh. einflußreiche theoretische Traktate dem Topos des Ornaments als bloßer Zutat zur Geltung verhalfen. Die Schönheit (pulchritudo) gehört für ihn auf die Seite des Substantiellen, Schmuck dagegen ist bloßes Akzidens, ein der Schönheit additiv angestücktes Beiwerk, »gleichsam ein die Schönheit unterstützender Schimmer und etwa deren Ergänzung« (quasi subsidiaria quaedam lux pulchritudinis atque veluti complementum)[17]. Auch Alberti orientiert sich noch nachdrücklich an den rhetorischen Kate-

---

14 Vgl. MICHEL (s. Anm. 9), 76.
15 ›Ornement‹, in: CHARLES-FRANÇOIS ROLAND LE VIRLOYS, Dictionnaire d'architecture civile, militaire et navale, ancienne et moderne, et de tous les arts qui en dépendent, Bd. 2 (o. O. 1770), 350.
16 ULRICH SCHÜTTE, Ordnung und Verzierung. Untersuchungen zur deutschsprachigen Architekturtheorie des 18. Jahrhunderts (Braunschweig/Wiesbaden 1986), 39.
17 LEON BATTISTA ALBERTI, De re aedificatoria (1485; München 1975), 93a; dt.: Zehn Bücher über die Baukunst, hg. u. übers. v. M. Theuer (Wien/Leipzig 1912), 294.

gorien. An Vitruv anknüpfend, unterzieht er dessen Traktat einer Umstrukturierung, die sich nach Cicero richtet. Die ersten zwei Bücher handeln de lineamentis und de materia; die Bücher III bis V handeln von den Werken (de opere), die Bücher VI bis IX von den Ornamenten (de ornamento). Im X. Buch geht es abschließend um die Mittel zur Verbesserung architektonischer Fehler. Für Alberti soll der Baumeister auf das Notwendige, auf das Nützliche und auf das Schöne, das zugleich angenehm und moralisch gut (honestum) sein soll, bedacht sein. Diese Denkweise verrät den Einfluß Ciceros, der das Verhältnis zwischen Nützlichkeit und honestum vor allem in *De officiis* dargelegt hat. Noch eindeutiger kommt Ciceros Einfluß bei der Anwendung des Begriffs concinnitas, der sich bei Cicero auf den Wohllaut der Wörter und Silben bezog, auf die Definition der Schönheit zum Zuge: »sit pulchritudo quidem certa cum ratione concinnitas universarum partium in eo, cuius sint, ita ut addi aut diminui aut immutari possit nihil, quin improbabilius reddatur« (die Schönheit sei eine bestimmte gesetzmäßige Übereinstimmung aller Teile, was immer für einer Sache, die darin besteht, daß man weder etwas hinzufügen noch hinwegnehmen oder verändern könnte, ohne sie weniger gefällig zu machen [93a; dt. 293]). Diese Definition der Schönheit findet man in kaum veränderter Form in allen architektonischen Traktaten bis hin zum 18. Jh. wieder, wobei freilich die kleinen Differenzen entscheidend sind (vgl. unten Claude Perrault, der diese concinnitas mit der bienséance gleichsetzt). Cicero unterschied sowohl zwischen der Schönheit und der Anmut, die zu ihr hinzukommt, wie auch zwischen dem ornatus und dem decorum. Bei Alberti werden beide Begriffe weitgehend gleichgesetzt. Ihre Gleichsetzung weist in die Richtung der bienséance und zugleich auch in die Richtung der Repräsentation: »De re enim aedificatoria laus omnium prima est iudicare bene quid deceat.« (Denn in der Baukunst gilt als oberstes Lob, genau beurteilen zu können, was not tut. [173a; dt. 515]) In beiderlei Hinsicht, sowohl wegen der schon modernen Spannung zwischen Nützlichkeit und Ornament als auch wegen der Vereinnahmung des decorum durch die Repräsentation, bahnt sich bei Alberti die moderne Ornament-Problematik an.

3. Die Poetiken

Rhetorik und Poetik waren in der Antike eng verbunden, ja komplementär. Erstere befaßte sich für Aristoteles mit dem Seienden, letztere mit dem, was zwar nicht ist, aber sein könnte (von daher die Bedeutung von mimēsis, d.h. des Wahrscheinlichen in der Fiktion). Auf der einen Seite gehören also Rhetorik und Poetik in denselben ontologischen Rahmen; anderseits hat Aristoteles' Unterscheidung zwischen Seiendem und Möglichem einer modernen Denkweise vorgearbeitet, die sich allerdings zunächst nur darin niederschlug, daß die Poetik auf eine bloße ›Rhetorik der Figuren‹ beschränkt wurde. Das Ornament zeichnete in der antiken Rhetorik bestimmte Diskursarten, Stilebenen und Gattungen aus. Jeder Diskursart und jeder Gattung entsprach eine bestimmte Art der elocutio. Das gilt natürlich in erster Linie von den drei Gattungen der Rede, die Aristoteles am Anfang des ersten Buchs seiner *Rhetorik* (Kap. 3) unterschied – dem genus laudativum, dem genus deliberativum und dem genus iudiciale –, läßt sich aber auf alle möglichen Situationen und selbstverständlich auch auf die literarischen Gattungen übertragen. So definiert Aristoteles in seiner *Poetik* die Tragödie folgendermaßen: »Ἔστιν οὖν τραγῳδία μίμησις πράξεως σπουδαίας καὶ τελείας, μέγεθος ἐχούσης, ἡδυσμένῳ λόγῳ χωρὶς ἑκάστῳ τῶν εἰδῶν ἐν τοῖς μορίοις, δρώντων καὶ οὐ δι' ἀπαγγελίας, δι' ἐλέου καὶ φόβου περαίνουσα τὴν τῶν τοιούτων παθημάτων κάθαρσιν.« (Die Tragödie ist Nachahmung einer guten und in sich geschlossenen Handlung von bestimmter Größe in anziehend geformter Sprache [bzw. durch einen ›gewürzten‹, d.h. einen durch Ornamente verschärften oder verstärkten Diskurs – d. Verf.], wobei diese formenden Mittel in den einzelnen Abschnitten je verschieden angewandt werden.)[18] Bevor es in Frage gestellt wurde, hat das Ornament deshalb in den Poetiken eine zentrale Rolle gespielt. Die Unterscheidung zwischen Poetik und Ästhetik markiert den Umbruch, aus dem die moderne Ornament-Problematik resultiert. Die Abhandlungen über die Tropen bis hin zu den Poeti-

---

18 ARISTOTELES, Poet., 1449b; dt. (s. Anm. 3), 19.

ken des 16. Jh. – zum Teil auch noch im 17. Jh. – enthielten einen Teil, der den Ornamenten der Rede vorbehalten war. Die Poetiken hatten einen ausdrücklich normativen Charakter – von daher der Titel *Gradus ad Parnassum*, den viele von ihnen führten; sie verfuhren taxinomisch, d. h., daß sie, wie die antike Rhetorik, die verschiedenen Mittel aufzählten und beschrieben, die eine poetische Redeweise konstituieren sollen. Schon die Römer hatten die Poetik immer mehr in die Nähe einer Kunstlehre und einer erwerbbaren Fertigkeit gerückt, selbst wenn bei Horaz und anderen Anlage und Talent ausdrücklich betont wurden. Über Horaz und die zahlreichen Horaz-Kommentare des Frühhumanismus und der Renaissance bestimmt die antike rhetorisch-poetische Tradition das Denken über Dichtung und Kunst bis ins 17. Jh. hinein.

In den italienischen und französischen Poetiken beschränkte sich die ehemals allgemeine Wissenschaft, die Rhetorik, im wesentlichen auf die elocutio, auf eine bloße Lehre der geschmückten, poetischen Redeweise. Zwar gibt es im Zuge der Platon-Renaissance bei Leonardo Bruni, bei Marsilio Ficino, Cristoforo Landino oder Francesco Patrizi bzw. Patricio (*Della Rettorica* [1560]) entschiedene Versuche, durch einen Rückgriff auf die Enthusiasmuslehre den Primat des ›furor divinus‹ und somit die Überlegenheit der Dichtung unter bzw. über den artes zu behaupten. Aber das rhetorisch-poetische Paradigma überstand die Angriffe, die rhetorische Trias ›delectare, docere, movere‹ beschränkte die Funktion der poetischen Redeweise auf das movere, und das decorum blieb, wie z. B. bei Pietro Bembo, dichtungstheoretisch auf die kanonisch gewordene Unterscheidung der drei Stilarten eingeengt.

Auch die Barockpoetik ist ohne die Rhetorik-Tradition nicht zu verstehen.[19] Die meisten der etwa hundert poetischen Lehrbücher, die zwischen Martin Opitz' *Buch von der deutschen Poeterey* aus dem Jahre 1624 und Johann Christoph Gottscheds *Critischer Dichtkunst* (1730) erschienen, sind Traktate über Euphonie und Prosodie oder Reimlexika. Als Beispiel sei hier nur eine dieser Poetiken, Siegmund von Birkens *Teutsche Rede- bind- und Dicht-Kunst* aus dem Jahre 1679, kurz vorgestellt. Die Kapitel (Redstücke) behandeln den ›Wortthon‹ (I. De Quantitate Syllabarum), die Metren (II. Von Gebänd-tritten. De Pedibus Metricis), den Versbau (III. Von den Gebändzeilen. De Versibus und IV. Von den Abschnitt-Zeilen. De Caesura Versuum), den Reim (V. Von der Reimung. De Rhytmo). Die nachdrückliche normative Intention kommt vor allem im VI. Kapitel (Von den Gebändzeit-Fehlern. De Vitiis versuum) zum Zuge. Bevor die Kapitel VIII bis XII auf die einzelnen Gattungen eingehen, widmet sich das VII. dem ›ornatu versuum‹. Birken bekennt sich ausdrücklich zum Horazschen ›ut pictura poesis‹: »Die Poesy und Mahlerei sind gleichsam Zwillings-Geschwistere / und in vielem einander gleich: sonderlich in diesem / daß sie beide sich befleißigen / alles / was ist / zierlich aus- und vorzubilden. Und solches geschihet / wie in dieser durch wolgemischte Farben / also in jener durch wolzusammengesetzte Worte.«[20] Aufgezählt und auf ihre Wirksamkeit und Zulässigkeit hin charakterisiert werden die verschiedenen Mittel, auf die der Dichter zurückgreifen kann: die Epitheta oder Beisatz-Wörter (und dabei vor allem die Composita), die Umschreibungen (Periphrases), die Wiederholungen (Repetitiones), die Wortvergleichungen (Paronomasiae), die Gegensätze (Antitheta), und sogar die Antiphrasis, die verschiedenen Gleichnisreden, die Metonymia, die Synechdoche und die Allegorie – letztere allerdings soweit, wie sie bei der Zusammenführung von Gleichem und Ungleichem »recht auf den Zweck zielt« (83). Nicht zuletzt werden auch, dem Horazschen prodesse und delectare gemäß, Lehrsprüche als »die größte Zier der Werke« (88) empfohlen. Nach Opitz' Buch *Von der deutschen Poeterey* (1624) »dienet also dieses alle zue uberredung vnd unterricht, auch ergetzung der Leute: welche der Poeterey vornehmster zweck ist«[21]. Wenn Gottsched die barocke Dichtung schonungslos kritisierte, dann weil sie, von diesen normativ-technischen, also poetischen Regeln ausgehend, sich in Beflissenheit und

---

19 Vgl. HERMANN WIEGMANN, Geschichte der Poetik. Ein Abriß (Stuttgart 1977), 45.
20 SIEGMUND VON BIRKEN, Teutsche Rede- bind- und Dicht-Kunst (1679; Hildesheim/New York 1973), 73.
21 MARTIN OPITZ, Buch von der deutschen Poeterey (1624), hg. v. R. Alewyn (Tübingen 1966), 12.

Feinheiten erschöpfte.[22] Gottsched schreibt 1733 in seiner *Weltweisheit*: »Ich selbst hatte 1714 bey Prof. Rohden zu Koenigsberg, über des Menantes allerneuste Art zur galanten Poesie zu gelangen, gehöret; auch schon damals M. Rothens, und Prof. Omeisens, vollständigere Anweisungen kennen gelernet. Auch nach der Zeit hatte ich Opitzens, Buchners, Kindermanns, Zesens, Harsdörfers u. a. m. dahin gehörige Bücher gelesen, oder mir doch bekannt gemachet. Aber ich vermissete gleichwohl in allen diesen Lehrbüchern eben das, was mir in den deutschen Anleitungen zur Beredsamkeit zu fehlen geschienen hatte: nämlich einen recht vernünftigen deutlichen Begriff, von dem wahren Wesen der Dichtkunst; aus welchem alle besondere Regeln derselben hergeleitet werden könnten. [...] Ich sah es vorher, wie das ganze Reich der Poesie bey uns aufgeläutet und erweitert werden würde; wenn man endlich aufhören möchte zu glauben: das Wesen der Dichtkunst bestünde im scandiren und reimen; die Poesie sey nichts anders, als eine gebundene Beredsamkeit.«[23] Die Bemühungen um die deutsche Sprache führen sogar zu vermehrten wortkunsttheoretischen Anstrengungen. Gottscheds Feldzug ist deshalb epochemachend: Er zweifelt grundsätzlich an der Nützlichkeit der metaphorischen Übertragung, d. h. an der Funktion der elocutio – um so mehr, als das Kriterium des Übertragens nicht mehr eigentlich die Angemessenheit, d. i. die Wirksamkeit der Alten, war, sondern die bienséance, die herrschende kulturelle Norm, die sich die geforderte Entsprechung zwischen Thema, Gattung und Stilebene zu eigen gemacht hatte.

4. Feudale Repräsentation

Bei den Griechen und Römern war das Ornament alles andere denn ein von außen Hinzugefügtes; es drückte vielmehr die auctoritas aus, die im künstlerischen Bereich das gelungene Werk als Vermittlung des Materials (natura), der technischen Ausarbeitung (fabrica), des profanen oder sakralen Zwecks (statio) und der Herkunft und Gewohnheit (consuetudo) bestimmte. Anstatt der Kritik unterworfen zu sein, gab das Ornament als Mittelpunkt das Kriterium des kritischen Urteils ab. Das decorum des Vitruv ist in diesem Sinn die Metapher des Maßes oder Mittelmaßes. Indem er aber die rhetorischen Auffassungen auf die Architektur übertrug, stellte Vitruv zugleich die Architektur und die Rhetorik in den Dienst der Repräsentation der Gemeinschaft bzw. der Macht.

Als Mittel der Selbstrepräsentation der Gemeinschaft entspricht das Ornament dem habitus: Es bezeichnet den Einklang zwischen Individuum und Gemeinschaft und trägt gleichsam die implizite Gemeinsamkeit, auf der diese beruht, zur Schau. Unter decorum verstand Cicero, der für Vitruv eine wichtige Quelle ist, nichts anderes. Auch Claude Perrault setzt noch ausdrücklich die auctoritas, nach der sich für Vitruv die Arbeit des Architekten richten soll, mit der bienséance, der Anständigkeit, d. h. mit dem in der Gesellschaft maßgebenden Kodex gleich: »La bienséance est ce qui fait que l'aspect de l'édifice est tellement correct, qu'il n'y a rien qui ne soit approuvé et fondé sur quelque autorité.«[24]

In der politischen Repräsentation des Ancien régime trat das Ornament das Erbe des antiken prepon oder decorum an (prepon bedeutet ja im Griechischen zugleich das Ziemende und das Auszeichnende), aber mit einer Bedeutungssteigerung, die ungefähr dem entspricht, was wir vorhin als die Belastung der Rhetorik mit einem transzendenten Wahrheitsgehalt beschrieben haben. »Das den Römern vertraute Wort [Repräsentation – d. Verf.]«, schreibt Hans Georg Gadamer in *Wahrheit und Methode* (1960), »erfährt im Lichte des christlichen Gedankens der Inkarnation und des ›corpus mysticum‹ eine ganz neue Bedeutungswendung. Repräsentation heißt nun nicht mehr Abbildung oder bildliche Darstellung, [...] sondern es heißt jetzt Vertretung« und sogar »bis ins 17. Jh. hinein die dargestellte Gegenwart des Göttlichen selbst«[25]. Der Fürst repräsentiert Gott, er ist der Stellvertreter, franz. lieutenant, Gottes, wie es Ludwig XIV.

---

22 Vgl. GOTTSCHED (DICHTKUNST), 93.
23 JOHANN CHRISTOPH GOTTSCHED, Erste Gründe der gesammten Weltweisheit (1733), in: Gottsched, Ausgewählte Werke, hg. v. P. M. Mitchell, Bd. 5/2 (Berlin/New York 1983), 29, 31.
24 CLAUDE PERRAULT, Commentaire de Vitruve. Les Dix livres d'architecture (Paris 1674), 95.
25 HANS-GEORG GADAMER, Wahrheit und Methode (Tübingen 1960), 134, 476.

in seinen *Mémoires* (1667) ausdrückt.[26] Diese göttliche Macht wird von Ornamenten sichtbar gemacht – wobei Jacques Bénigne Bossuet nicht das griechische Maß, sondern das ›asianische‹ Vorbild der orientalischen Pracht am Hofe Salomons heraufbeschwört.[27]

Die »repräsentative Öffentlichkeit« des Ancien régime ist »an Attribute der Person geknüpft: an Insignien (Abzeichen, Waffen), Habitus (Kleidung, Haartracht), Gestus (Grußform, Gebärde) und Rhetorik (Form der Anrede, förmliche Rede überhaupt), mit einem Wort – an einen strengen Kodex *edlen* Verhaltens. Dieser kristallisiert sich während des hohen Mittelalters im höfischen Tugendsystem, einer christianisierten Form der aristotelischen Kardinaltugenden, die das Heroische zum Chevaleresken, Seigneuralen mildert«[28]. Daraus erklärt sich die zentrale Bedeutung der Bekleidung in der ästhetischen Diskussion des 18. Jh. Von Johann Joachim Winckelmann bis Gotthold Ephraim Lessing ist am Gegensatz von Kleid und Nacktheit eine Steigerung festzustellen. Winckelmann verdammt die Entartung der Repräsentation, die dazu führt, daß man »in den neueren Zeiten [...] ein Gewand über das andere, und zuweilen schwere Gewänder« trägt, und setzt der überflüssigen Verkleidung nicht eigentlich Nacktheit, sondern Einfalt, das heißt durchsichtige Einkleidung entgegen: Das Kleid darf nicht verbergen, sondern wie »das ganz oberste Gewand des griechischen Frauenzimmers«[29], das Peplon, die Schönheit des Körpers zu sehen geben. Winckelmann behandelt das Kleid wie die Allegorie, die gereinigt werden soll, um ihre symbolische Funktion wieder erfüllen zu können. Für Lessing sind hingegen alle allegorischen Attribute ›Erfindungen der Not‹, die beseitigt werden müssen. Lessing geht es um die Befreiung des ›bloßen Menschen‹ von allen Statusmerkmalen. Laokoon soll uns nicht als Priester, sondern als bloßer Mensch interessieren.[30] Neben dem Kleid spielt die Rhetorik als Ausdrucksmittel des Status eine ebenfalls zentrale Rolle; beide hängen als allegorische bzw. symbolische Ornamente der Macht aufs engste zusammen. In *Römischer Katholizismus und politische Form* (1925) hat Carl Schmitt unter den verschiedenen künstlerischen Ausdrucksformen der »repräsentativen Öffentlichkeit«[31] (Architektur, Musik usw.) die zentrale Funktion der Rhetorik in ihrem Gegensatz zur späteren bürgerlichen öffentlichen Debatte hervorgehoben.

Das decorum als Metapher der Macht ist freilich im System der feudalen Repräsentation immer wieder mit historischen Krisen konfrontiert gewesen, die mit dessen unvermeidlicher Modernisierung zusammenhängen. Wie sehr es auch noch auf ihren Prämissen beruht, ja diese mehr denn je mobilisiert (und daran nehmen Kritiker wie Winckelmann eben Anstoß), ist das Ancien régime des 17. Jh. mit einer Modernisierung seiner repräsentativen Öffentlichkeit konfrontiert. Deutlich wird dies an der Architektur des französischen Absolutismus am Ende des 17. Jh.: So zeugt die neue Louvre, und besonders die Ostfassade, von dem neuen, absolutistischen Umgang mit dem Raum. Die Modernisierung der absoluten Monarchie bewirkt im künstlerischen Bereich eine Neubegründung ihrer Sichtbarkeit, ihrer Repräsentation. Gerhard Schröder sieht darin nicht nur den Unterschied zwischen dem modernen Machtstaat und dem prämodernen Territorialstaat, sondern er führt diesen Unterschied auf einen Paradigmenwechsel zurück: An die Stelle von Niccolò Machiavellis *Principe* (1532) tritt René Descartes' *Discours de la méthode* (1637).[32] Nicht zuletzt deswegen gerät das religiöse Fundament der feudalen Repräsentation und der Legitimität in eine tiefe Krise. Es

---

26 Vgl. LOUIS XIV, Mémoires pour l'instruction du Dauphin (1667; Paris 1960), 177.
27 Vgl. JACQUES BÉNIGNE BOSSUET, Discours sur l'histoire universelle (1681), in: Bossuet, Textes choisis et commentés, hg. v. H. Brémond, Bd. 2 (Paris 1913), 122.
28 JÜRGEN HABERMAS, Strukturwandel der Öffentlichkeit (Darmstadt/Neuwied 1962), 20f.
29 JOHANN JOACHIM WINCKELMANN, Gedanken über die Nachahmung der griechischen Werke in der Malerei und Bildhauerkunst (1755), hg. v. L. Uhlig (Stuttgart 1995), 19.
30 Vgl. GOTTHOLD EPHRAIM LESSING, Laokoon oder über die Grenzen der Malerei und Poesie (1766), in: LESSING (LACHMANN), Bd. 9 (1893), 42f., 73.
31 CARL SCHMITT, Römischer Katholizismus und politische Form (München 1925), 32f.
32 Vgl. GERHARD SCHRÖDER, Ornement et fonction: archéologie d'une controverse, in: M. Collomb/G. Raulet (Hg.), Critique de l'ornement. De Vienne à la post-modernité (Paris 1992), 225–236.

muß – wie wir vorhin im Hinblick auf die Rhetorik feststellten – vom Rationalismus metaphysisch neubegründet werden. Aber die Monarchie des späten 17. Jh. erweist sich als nicht frei von Widersprüchen. So modern sie auf dem Gebiet der Politik auch ist, oder sein will, zeigt sie sich auf dem der Künste sehr oft prämodern, und wenn der Louvre und die Pläne der Königsachse von ihrem Willen zeugen, durch Raumgestaltung Geschichte zu machen, also die Repräsentation an Geschichte zu binden, so gilt das keineswegs für die künstlerischen Darstellungen der königlichen Macht. Die Malerei am Hof Ludwigs XIV. gilt Winckelmann in seinen *Gedanken über die Nachahmung der griechischen Werke in der Malerei und Bildhauerkunst* (1755) als das Beispiel einer ans Lächerliche grenzenden, weil sinnlos gewordenen Repräsentation.[33] Werden die Allegorien um der bloßen Repräsentation willen praktiziert, dann geht nicht nur ihr Sinn, ihre symbolische Bedeutung verloren, sondern sie ver- und entstellen dermaßen das Sujet, das sie verkleiden, daß die Darstellung zur Satire wird: »Der Künstler, dem man seine Willkür überläßt, [wählt] aus Mangel allegorischer Bilder oft Vorwürfe, die mehr zur Satire als zur Ehre desjenigen, dem er seine Kunst weihet, gereichen müssen« (38).

Wie die königlichen in Frankreich haben in Italien die päpstlichen Bauprogramme die repräsentativen Ansprüche an die Architektur gesteigert. Wenn etwa Giovanni Lorenzo Bernini die Aufgabe des Architekten als die Kunst definiert, die Lücken als Spielräume auszunutzen, trägt er wohl der Situation Rechnung, in der sich ein Architekt im Rom des 16. und 17. Jh. befand, und zwar nicht nur wegen der Dichte der Bebauung, sondern auch wegen der Kürze der Regierungszeit der Päpste und der relativen Kurzatmigkeit ihrer Bauprogramme. Er mußte die Lücken so füllen, daß durch ingeniöse Lösungen die Widersprüche vertuscht wurden, die der Kontinuität der Macht und ihres Repräsentationssystems geschadet hätten. Grundsätzlicher noch ist es aber der tiefgreifende moderne Substanzverlust der feudalen Herrschaft, der durch gesteigerte Repräsentation kompensiert werden mußte. In dem Maße, wie die Entstehung des Absolutismus und die zunehmende Zentralisierung der Macht die Legitimität der Herrschaft von der Grundherrschaft entkoppelt, macht sie deren symbolische Verstärkung notwendig. Der Hofstaat wird immer mehr zur Veranschaulichung der Lehnsherrlichkeit, das ererbte Zeremoniell verwandelt sich in Etikette.[34] Aus der tiefgreifenden Modernisierung des Ancien régime ergeben sich also höchst paradoxe Konsequenzen: Die öffentliche Selbstbehauptung der erweiterten absolutistischen Herrschaft sieht sich auf eine schrumpfende, immer privater werdende Ausübungssphäre ihres decorum angewiesen; diese wachsende Isolation gerät in Widerspruch zur immer mobiler werdenden Herrschaftsstruktur, die die hereditären Privilegien durch königlich erteilte, durch eine wachsende Zahl anvertrauter Ämter ersetzt hat, die nicht mehr an die feudale Grundherrschaft und Lehnsherrlichkeit gebunden sind.

5. Von der Ästhetik des französischen Klassizismus zum 18. Jahrhundert

In Nicolas Boileaus *Art poétique* (1674) sind Allegorie, Fabel und Ornament gleichbedeutende Begriffe. Wie Pierre Corneille in der *Défense des fables dans la poésie* (1669) tadelt Boileau im dritten Gesang jene Autoren, die mit falschem Eifer die Allegorie verbannen wollen: »Et par tout des discours, comme une idolatrie, dans leur faux zele, iront chasser l'Allegorie.«[35] Boileau ist freilich nicht bereit, alle Ornamente gelten zu lassen. Im sogenannten Mythologie-Streit, der eines der wichtigsten Momente der ›Querelle des Anciens et des Modernes‹ ausmacht, bekämpft er die Mischung heidnischer Vorstellungen mit den christlichen Mysterien. Von seinen jansenistischen Neigungen abgesehen und obwohl er ohne jeglichen Zweifel zu den Anciens zu zählen ist, zeigt er sich der unüberbrückbaren Entfernung bewußt, welche die antike von der modernen Welt trennt. Nicht anders argumentiert sechzig Jahre später der Rationalist und Wolff-Schüler Gottsched, als er in seiner *Critischen Dichtkunst* die wunderbaren Fabeln der Alten für viel zu ›abgeschmackt für unsre Zeit‹ hält; sie würden kaum Kindern ohne Lachen er-

---

33 Vgl. WINCKELMANN (s. Anm. 29), 37.
34 Vgl. HABERMAS (s. Anm. 28), 24 f.
35 NICOLAS BOILEAU-DESPRÉAUX, L'Art poétique (1674), hg. v. A. Buck (München 1970), 90.

zählt werden können und sind also wie die »Maschinen und anderen Zierate der Schaubühne«[36] einfach unzeitgemäß, unwahrscheinlich und überflüssig. Bei Gottsched sind Fabel, Allegorie und Ornament keine Synonyme mehr. Die Fabeln der Alten sind zu bloßen Ornamenten geworden – im besten Fall zu fragwürdigen Allegorien.

Der Bruch mit dem überkommenen antiken Vorrat der Fabeln, aus denen die memoria schöpfte, signalisiert einen tiefgreifenderen Bruch mit der rhetorischen Tradition. Die *Rhetorik* des Aristoteles hatte in ihrem II. Buch einen ausgeprägten ethischen Anspruch. Sie zielte zwar nicht auf die Wahrheit – da es ihr ja, wie das erste Kapitel des II. Buchs ausdrücklich sagt, vor allem darum ging, wie man auf den ›Geist der Richter‹ einwirken kann –, wohl aber auf ethische Verhaltensweisen und auf ihren angemessenen Niederschlag in der Rede. Demgegenüber drückt Charles Perrault seine Ungeduld aus: Ihm genügt diese Auffassung der Ethik nicht mehr: »Galimatias qui a été expliqué en tant de manières différentes qu'on peut croire qu'il n'a été entendu de personne.«[37] Ähnlich weigert sich René Descartes im Sendungsbrief zu *Les Passions de l'âme* (1649), die Leidenschaften ›en orateur‹ zu behandeln. Das rationalistische Zeitalter fordert eine verbindlichere Begründung der Ethik. Die Verabschiedung und Disqualifizierung des rhetorischen Ansatzes bringt Voltaire in seinem *Dictionnaire philosophique* (1764) in einer Bemerkung über Aristoteles auf ironische Weise zum Ausdruck: »il traite à fond de l'élocution, sans laquelle tout languit; il recommande les métaphores, pourvu qu'elles soient justes et nobles; il exige surtout la convenance et la bienséance. Tous ces préceptes respirent la justesse éclairée d'un philosophe et la politesse d'un Athénien.«[38] Ebenfalls sarkastisch meint Nicolas de Malebranche: »Pour ceux qui aiment mieux les lire en grec, que de les apprendre par quelques réflexions sur ce qui se passe devant leurs yeux, ils peuvent lire le second livre de la *Rhétorique* d'Aristote. C'est, je crois, le meilleur ouvrage de ce philosophe, parce qu'il y dit peu de choses dans lesquelles on puisse se tromper; et qu'il se hasarde rarement de prouver ce qu'il avance.«[39]

Um die Mitte des Jh. ist auch in den bildenden Künsten der Bruch vollzogen. Da trifft er in erster Linie den barocken Stil. In seinem *Handlexikon oder kurzgefaßtes Wörterbuch der schönen Wissenschaften und freyen Künste. Zum Gebrauch der Liebhaber derselben* (1760) empört sich Gottsched über die nichtsbedeutenden Verzierungen (und nicht zuletzt über die Grotesken – implizit wohl auch über den ›style rocaille‹ oder das Muschelwerk –, an denen sich damals die Ornament-Debatte entzündet), welche die Kunst überfluten, und er fordert, wie zur selben Zeit Winckelmann in seinen *Gedanken über die Nachahmung der griechischen Werke*, eine ›gereinigte‹ Allegorie. Indem er ›Regeln der Verzierung‹ bestimmt, macht sich Gottsched wie Winckelmann die Regel des prepon oder decorum, d.h. die Angemessenheit zu eigen, die Vitruv von der Rhetorik übernommen und auf die Architektur übertragen hatte: »Hier ist zweyerley zu betrachten, etwas der Natur, der Sache, dem Orte und der Wahrheit gemäß; und ferner nichts nach einer willkührlichen Phantasie zu verzieren. Das Unheilige muß nicht zu dem Heiligen, und das Schreckhafte nicht zu dem Erhabenen gestellet werden. Das erste Gesetz führet den Künstler zur Allegorie, und das zweyte zur Nachahmung des Alterthums.«[40] In diesen Äußerungen, die allem Anschein nach dem überkommenen rhetorisch-ästhetischen Paradigma noch treu bleiben, kommt der radikale Wandel, an dem Gottscheds rationalistischer Ansatz mitbeteiligt ist, freilich nur mittelbar zum Ausdruck. Dahinter spielt sich aber schon der Übergang zur philosophischen Ästhetik ab.

6. Der Übergang zur philosophischen Ästhetik

Der Verfall der normativen Rhetorik setzt bekanntlich mit dem Ende des 18. Jh. ein und reicht

---

36 GOTTSCHED (DICHTKUNST), 624.
37 CHARLES PERRAULT, Parallèle des Anciens et des Modernes, Bd. 3 (Paris 1692), 276.
38 VOLTAIRE, ›Éloquence‹, in: Voltaire, Dictionnaire philosophique (1764), in: VOLTAIRE, Bd. 18 (1878), 515.
39 NICOLAS DE MALEBRANCHE, Recherche de la vérité (1712), in: MALEBRANCHE, Bd. 5 (1964), 2.
40 GOTTSCHED, ›Verzierung, Regeln der‹, in: Gottsched, Handlexicon oder kurzgefaßtes Wörterbuch der schönen Wissenschaften und freyen Künste. Zum Gebrauch der Liebhaber derselben (Leipzig 1760), 1614.

bis ins 19. Jh. Er beginnt aber schon im 17. Jh., spätestens auf der Schwelle zum 18. Jh. und fällt bezeichnenderweise mit einer radikalen Umwandlung der Rationalität zusammen. Vorbereitet wurde diese durch den Streit zwischen inventio und elocutio. Im 17. Jh. verdrängt die Inanspruchnahme der ehemaligen inventio durch den Rationalismus die elocutio in eine untergeordnete Rolle, die Blaise Pascal schlicht und brutal zusammenfaßt: »La vraie éloquence se moque de l'éloquence.«[41] Im *Discours de la méthode* meint Descartes grundsätzlich nichts anderes. Eine mittlere Position nehmen diejenigen ein, die wie Charles Batteux zwischen einer Logik des Verstandes und einer Logik des Herzens unterscheiden; aber auch sie beschränken die rhetorische Angemessenheit auf das aristotelische ēthos und die elocutio, während die verstandsmäßige Angemessenheit ausdrücklich als ein metaphysisches Anliegen aufgefaßt wird: »Il y a deux manières d'arranger les mots, l'une selon l'esprit, l'autre selon le cœur de celui qui parle ou de ceux à qui on a parlé [...] Ces deux manières d'arrangement sont convenables, si on le veut, chacune dans leur genre, c'est-à-dire la première dans le genre grammatical et métaphysique, et la seconde dans le genre oratoire et de pratique.«[42] Die Wirkungen dieses Verfalls des rhetorischen Paradigmas kann man ebenfalls auf dem Gebiet der Poetiken an dem Unterschied zwischen der Poetik eines Gottsched und derjenigen eines Opitz erkennen. Die Normativität wird nicht mehr von der Rhetorik geliefert, sondern von einer philosophischen (bei Gottsched deduktiven) Begründung der ästhetischen Kategorien. Gleichzeitig entsteht die philosophische Ästhetik als eigenständige Disziplin.

Der Rhetorik als einer allgemeinen Wissenschaft der Rede hat der Rationalismus den Todesstoß gegeben. Als er sie verdrängte, war sie freilich, wie gesehen, schon längst zur bloßen Lehre der geschmückten, poetischen Redeweise geworden und beschränkte sich im wesentlichen auf die elocutio (die ›Ornamente der Rede‹ in den Poetiken des 16. und 17. Jh.), während die inventio, die der Logik entsprach, zur Sache des Verstandes wurde. Dieser Paradigmenwechsel hat sich allmählich durchgesetzt. Ein stichhaltiges Zeichen des Paradigmenwechsels dürfte der Umstand sein, daß im 17. Jh. die Préfaces immer mehr die Poetiken nach Art des Cinquecento ablösen. Im dichtungstheoretischen Bereich zeichnet sich damit der Weg ab, der von der Traditionsgebundenheit zu den modernen Manifesten führen wird.

Diese Entwicklung führt im 18. Jh. zur Behauptung der Autonomie des Kunstwerks und des Künstlers: Das Genie gibt sich selbst die Regeln (vgl. Kant und schon Lessing), anstatt sie von der Rhetorik zu beziehen oder philosophisch zu deduzieren. Diese Autonomie setzt die normative Funktion der Rhetorik endgültig außer Kraft; letztere hört auf, für die Literatur konstitutiv zu sein. Selbst wenn sie aus bestimmten Diskursgattungen nicht ganz verschwindet, reduziert sie sich immer mehr auf eine Lehre des vornehmen oder anständigen Redens, die sozio-kulturellen Normen gehorcht und zur Unterscheidung der Gattungen nach ihren Stilebenen dient. Die Entstehung einer von der Rhetorik befreiten philosophischen Ästhetik verändert grundsätzlich den Status des Ornaments. Gleichzeitig wird das Ornament, das in der alten Rhetorik für den gelungenen – d. h. auch richtigen – Ausdruck konstitutiv war, zum bloßen Zierat. In seinem Kommentar zu César Chesneau Du Marsais' *Tropen* (1730) wird Pierre Fontanier, dessen *Figures du discours* (1827) als ein Dokument des Übergangs von der normativen zur philologisch-historischen Rhetorik angesehen werden können, 1818 meinen: »Les figures s'éloignent [...] de la manière simple, de la manière ordinaire et commune de parler [...] dans ce sens qu'on pourrait leur substituer quelque chose de plus ordinaire et de plus commun.«[43] Mit anderen Worten besteht zwischen der Anständigkeit und der Richtigkeit kein notwendiger Zusammenhang mehr; etwas Richtiges kann auf mehr oder weniger vornehme, anständige oder gar angenehme Art ausgedrückt werden; das Ornament wird, wenn

---

41 BLAISE PASCAL, Pensées (1670), in: Pascal, Œuvres complètes, hg. v. L. Lafuma (Paris 1963), 576.
42 CHARLES BATTEUX, Principes de littérature (1747–1748), Bd. 5 (Paris 1824), 222 f.
43 PIERRE FONTANIER, Commentaire raisonné sur les tropes de Du Marsais (1818), in: C. Chesneau Du Marsais, Des tropes (1730), hg. v. P. Fontanier (1818); Genf 1967), 3 f.

auch nicht ganz überflüssig, so doch höchst fragwürdig.
Die Auflösung der antiken Einheit der Rhetorik erreicht gegen Ende des 18. Jh. ihren Höhepunkt. In der *Kritik der Urteilskraft* (1790) unterscheidet Kant zwischen Rhetorik und ›ars oratoria‹, wiewohl beide zu den schönen Künsten gehören: »Beredtheit und Wohlredenheit (zusammen Rhetorik) gehören zur schönen Kunst; aber Rednerkunst (ars oratoria) ist, als Kunst sich der Schwächen der Menschen zu seinen Absichten zu bedienen (diese mögen immer so gut gemeint oder auch wirklich gut sein, als sie wollen), gar keiner Achtung würdig.«[44] An anderer Stelle bezeichnet er sogar die Beredsamkeit als eine »hinterlistige Kunst«, als die Kunst, »durch den schönen Schein zu hintergehen«, und er setzt sie der Dichtkunst entgegen, denn sie ist »eine Dialektik, die von der Dichtkunst nur so viel entlehnt, als nötig ist, die Gemüter vor der Beurteilung, für den Redner zu dessen Vorteil zu gewinnen, und dieser die Freiheit zu benehmen« (266). Intellectio und inventio einerseits, elocutio und actio anderseits sind auseinandergefallen.

Die Art und Weise, wie Schiller in den Jahren 1792–94 in verschiedenen brieflichen Äußerungen das philosophische Vorhaben umreißt, das in den *Briefen über die ästhetische Erziehung des Menschen* (1795) seinen Niederschlag finden wird, zeigt aber, daß er nichts anderes anstrebt als eine ›moderne‹ Wiederherstellung der antiken rhetorischen Einheit, um der neuen Barbarei, die aus der Tyrannei der Vernunft resultiert, abzuhelfen. In einem Brief vom 21. November 1793 an den dänischen Erbprinzen Friedrich Christian von Augustenburg unterscheidet er die Erforschung der Wahrheit vom Vortrag derselben. »Ein Meister in der guten Darstellung muß […] die Geschicklichkeit besitzen, das Werk der Abstraktion augenblicklich in einen Stoff für die Phantasie zu verwandeln, Begriffe in Bilder umzusetzen, Schlüsse in Gefühle aufzulösen, und die strenge Gesetzmäßigkeit des Verstandes unter einem Schein von Willkür zu verbergen.«[45] Diese Formulierung erinnert an den berühmten Satz aus den Kallias-Briefen, nach welchem Freiheit in der Erscheinung mit der Schönheit eins ist, wirft aber im Hinblick auf die intendierte moderne Wiederherstellung der alten rhetorischen Wirkungsfähigkeit die Frage auf, was es mit diesem ›Schein‹ auf sich hat. Denn für die antike Rhetorik kam es, wie gesehen, nicht auf das Wahre, sondern nur auf das Überzeugende an. In demselben Brief stellt Schiller sogar eine für unser Thema besonders aufschlußreiche Verbindung her zwischen dem »schönen Vortrag« und dem Ornament, zu dem die spät- und nachantike Rhetorik eben verkommen war: »Wenn der dogmatische Vortrag in geraden Linien und harten Ecken mit mathematischer Steifigkeit fortschreitet, so windet sich der schöne Vortrag in einer freyen Wellenbewegung fort, ändert in jedem Punkt unmerklich seine Richtung, und kehrt ebenso unmerklich zu derselben zurück« (397). Entweder ist die Schlangenlinie – bekanntlich eine ornamentale Grundfigur – eine bloße Ornamentalisierung und captatio benevolentiae, die sich des delectare und der voluptas bedient, um zu überreden, oder sie ist nicht nur ein Darstellungsmittel, sondern auch ein Erkenntnismittel, das dem Verstand bzw. der Vernunft nicht widerspricht und vielleicht sogar neue Erkenntnisse vermitteln kann.

II. Das Ornament
in der modernen philosophischen Ästhetik

1. Der Bruch mit dem Barock:
von Winckelmann bis Kant

Die Loslösung des Ornaments vom feudalen Repräsentationssystem macht aus ihm ein beliebiges Versatzstück, das seines Sinns entleert ist und historisch eingesetzt wird. Dagegen richtet sich Winckelmanns Feldzug gegen den schlechten Stil der Nachahmer und gegen die unangemessenen, überflüssigen Allegorien.[46] Die Allegorien sollen für ihn »der Natur der Sache und dem Orte gemäß«[47]

---

44 IMMANUEL KANT, Kritik der Urteilskraft (1790), in: KANT (WA), Bd. 10 (1974), 267.
45 FRIEDRICH SCHILLER an Friedrich Christian von Augustenburg (21. 11. 1793), in: Schiller, Briefe, hg. v. F. Jonas, Bd. 3 (Stuttgart 1892), 395 f.
46 Vgl. FRIEDRICH AUGUST KRUBSACIUS, Gedanken über den Ursprung, Wachsen und Zerfall der Dekoration in den schönen Künsten (o. O. 1759).
47 WINCKELMANN (s. Anm. 29), 122.

sein. Wie für die Alten resultiert für Winckelmann der Mangel an Bedeutung, der die Allegorie zur sinnlosen Dekoration entarten läßt, vor allem aus ihrer Unangemessenheit: »Armaturen und Trophäen werden allemal auf ein Jagdhaus ebenso unbequem stehen, als Ganymedes und der Adler, Jupiter und Leda unter der erhobenen Arbeit der Türen von Erzt, am Eingang der St. Peterskirche in Rom« (39). Winckelmanns Auffassung der Angemessenheit ist aber nicht mehr diejenige der Alten. Einerseits meint er wie alle Modernen die Richtigkeit der vom Verstand geleiteten Nachahmung. Andererseits ist der Verstand bei ihm das Vermögen ›bedeutungsvoller Anschauung‹. Durch diese erhebt sich das Auge zur Seele. An der Kunst der alten Griechen bewundert er, daß sie, unter glücklichen natürlichen und kulturellen Bedingungen schaffend, sich über die bloße Beobachtung der Natur erhob (vgl. 10), nämlich zur Anschauung der Ideen. Diese Ideen sind der höhere Sinn, ohne welchen die Allegorien sinnlos werden. Der Satz aus den *Gedanken*, in dem er die Unangemessenheit mythologischer Figuren am Eingang der Peterskirche tadelt, warnt vor den Gefahren einer mißverstandenen Säkularisierung, d. h. vor einer Loslösung der Form von ihrem metaphysischen Gehalt, die zur Folge hat, daß die Zeichen ihrer metaphysischen Begründung beraubt werden. Was Winckelmann also beklagt, ist vor allem der Verlust der transzendenten Bedeutung der Allegorie.

Winckelmann deutet den Barock als eine Krise der Repräsentation und, radikaler noch, als eine Krise der Bedeutung, die den Mißbrauch schlechter Allegorien und unangemessener (der auctoritas nicht gemäßer) Ornamente zum Zweck bloßer, d. h. nur noch sich selbst repräsentierender Repräsentation fördert. Er kritisiert am Barock vor allem einen Stil und eine Weltanschauung, in denen die Zeichen und die Repräsentation über das Bezeichnete und Repräsentierte die Oberhand gewinnen. Gegen diesen Zerfall haben sehr früh die Jesuiten selbst protestiert und die spätere Bezeichnung der Architektur der Gegenreformation als ›Jesuitenarchitektur‹ Lügen gestraft. Die Schuld tragen in den meisten Fällen weniger die Jesuiten selbst als die Auftraggeber, deren Rolle im 16. und 17. Jh. immer wichtiger wird. ›Il modo nostro‹ der Jesuiten legte vor allem Wert auf die praktische, zweckgebundenen Aspekte der inneren Architektur: helle Kirchen, eine gute Akustik, ein müheloser Zugang zum Abendmahlstisch sollten es den Gläubigen ermöglichen, sich an der heiligen Messe aktiver zu beteiligen. Alles andere, nicht nur den Stil, sondern auch den Grundriß des Gebäudes selbst, blieb dem Architekten, und das heißt auch dem Spender überlassen. Entscheidend scheint in jenen zwei Jahrhunderten der Umstand gewesen zu sein, daß die gesellschaftliche und politische Demonstration des Status über die Vergegenwärtigung seines religiösen Ursprungs die Oberhand gewinnt.

Winckelmann war sich auch dessen bewußt, daß diese Säkularisierung in einen bodenlosen Historismus mündet, den er in seiner *Geschichte der Kunst* (1764) als Stil der Nachahmer und als typisches Produkt aller späten, dekadenten historischen Epochen anprangert. Die frühen *Gedanken über die Nachahmung der griechischen Werke* und die spätere *Geschichte der Kunst* gehören zu den ersten Dokumenten des Wissens um die Historizität der Kunst – wobei Winckelmann diese Historisierung als Verfall empfindet, als ontologischen Verlust. Diesem Verfall versucht er durch die Übersetzung des christlichen Dualismus in einen platonischen und durch seine an Platons doppelter Bewegung der dihairesis und der synagogē orientierte Hermeneutik des Ideal-Schönen abzuhelfen. Ein letzter, verzweifelter Versuch; denn Winckelmanns Ästhetik, wie sehr sie auch mit den Modernes die Historizität der Kunst betont, bleibt noch zu sehr der rhetorisch-repräsentativen Tradition verhaftet, um den Folgen der Säkularisierung der Kunst Rechnung tragen zu können. Wo Winckelmann um metaphysische Rückbindung bemüht ist, führt die Loslösung der Kunst von der Religion und der Repräsentation zur Behauptung ihrer Autonomie, d. h. zu ihrer Begründung durch sich selbst, und öffnet völlig neue Perspektiven: Während das seiner metaphysisch-normativ-politischen Begründung beraubte Ornament nur noch schlechte Dekoration sein konnte, wird, sobald man die Kunst nicht mehr an diesem Referenzsystem mißt, der Weg frei für eine Rehabilitierung des freien, autonomen Ornaments. Die normative Vakanz, in die das Ornament geraten war, hat so zur Autonomie der Kunst, d. h. zu ihrer Begründung durch sich selbst mächtig beigetragen und ihr völlig neue Perspektiven eröffnet. Kants ›pulchritudo vaga‹ ist nichts anderes als eine gesellschaftlich und politisch freischwebende Schönheit, die ihren ›gemeinschaftlichen Sinn‹ nicht mehr von einer vorgegebenen herrschenden Normativität bezieht, sondern diese erst zustandebringt. Ist das Ornament einem Gegenstand allein zum Zwecke seiner Verschönerung beigegeben, dann heißt es »Schmuck und tut der echten Schönheit Abbruch«[48]. Dem Gegenstand nicht wesensmäßig verhaftet, sondern ihn in völliger Zweckfreiheit umspielend, werden hingegen die freien Ornamentschönheiten (z. B. die Arabesken) selbst Gegenstand. Während man um 1750 die Rocaille und die gesamte überladene Rokoko-Ornamentik verworfen hatte, wohnt man nach 1780 einer Rehabilitierung des Grotesken und sogar einer Arabeskenmode bei, soweit diese mit Mäßigung benutzt werden. In seinem Aufsatz Von Arabesken (1789) schreibt Goethe den Ornamenten eine doppelte Funktion zu: Zwar bleiben sie etwas Beigefügtes, aber einmal erfreuen sie das Auge, und zum andern heben sie den Sinngehalt des verzierten Gegenstandes hervor, indem sie die Aufmerksamkeit des Betrachters auf bestimmte Aspekte lenken.

Goethes Verteidigung des Ornaments macht auf folgendes aufmerksam: Kant hat der Umbruchsphase des 18. Jh. zwar zu ihrer neuen philosophischen Formulierung verholfen, indem er das problematisch gewordene Ornament von seinen ehemaligen religiösen und gesellschaftlich-politischen Bindungen emanzipiert hat, aber sein freischwebendes Ornament bleibt deswegen auf der Suche nach seiner Bedeutung bzw. nach seinem Sinn. Die Freiheit des Ornaments spricht es nämlich keineswegs von der Geschichte frei, sondern schreibt es erst recht in die moderne Geschichte der Freiheit ein. Das zweck- und interesselose Ornament dient zwar nicht zu etwas, ist aber Symbol der Freiheit und Ausdruck der gemeinschaftlichen Dimension des Geschmacksurteils, das heißt eines Gemeinsinns oder gemeinschaftlichen Sinns. Nicht von ungefähr versucht Kant in den geschichtsphilosophischen Schriften den Luxus und das Ornament zu dialektisieren. Im Mutmaßlichen Anfang der Menschengeschichte (1786) unterzieht er die Verse aus dem 1. Buch Mose (Gen. 3, 7 und Gen. 3, 21), nach welchen Adam seine Nacktheit zuerst mit einem Feigenblatt, dann mit einem Tierpelz verhüllte, einer kritischen Interpretation und behauptet, daß der erste Mensch mit der Bekleidung das entdeckt habe, was Sigmund Freud später zielgehemmte Befriedigung nennen wird, das heißt nichts anderes als den Mechanismus der Sublimierung. »Weigerung«, sagt Kant, »war das Kunststück, um von bloß empfundenen zu idealischen Reizen, von der bloß tierischen Begierde allmählich zur Liebe, und mit dieser vom Gefühl des bloß Angenehmen zum Geschmack für Schönheit, anfänglich nur an Menschen, dann aber auch an der Natur, überzuführen«[49]. Die Sittlichkeit entspringt also nicht aus dem Schamgefühl des Menschen, sondern vielmehr aus dieser ersten Erscheinung der vernünftigen Fähigkeit, mit der unmittelbaren Befriedigung der tierischen Begierden zu spielen. Hier nähme die Sittsamkeit und der Anstand als »Verhehlung dessen, was Geringschätzung erregen könnte« (90) und als Zeigen dessen, was umgekehrt den Menschen ziert, ihren Ursprung. Selbst die intersubjektive Kommunikation erweist sich unter diesem Gesichtspunkt als durch Repräsentation vermittelt; darin unterscheidet sich nicht zuletzt die ästhetisch-teleologische Auffassung der Öffentlichkeit von der moralischen Publizität der Maximen. Der 83. Paragraph der Kritik der Urteilskraft verteidigt in diesem Sinn ausdrücklich den Luxus gegen Rousseaus pessimistische Bilanz der kulturellen Wirkungen der Wissenschaften und der Künste.

2. Ornament, Allegorie und Symbol

Infolge der Krise der barocken Repräsentation wird die Allegorie bei Winckelmann zu einem pejorativen Begriff, dessen Entwertung zu einer Differenzierung zwischen Symbol und Allegorie führt. In der Tradition der Poetiken war die Allegorie eines unter vielen anderen Mitteln, die zur Verzierung und Verstärkung des Ausdrucks dienten. Bei dem oben beispielhaft angeführten Siegmund von Birken hieß es von ihr: »Wann die Gleichnis-Rede sich vervielfältigt / und mit mehr

---

[48] KANT (s. Anm. 44), 142.
[49] KANT, Mutmaßlicher Anfang der Menschengeschichte (1786), in: KANT (WA), Bd. 11 (1977), 89.

als einen Wort durchfähret / verdienet sie erst recht diesen Namen / und wird von den Lateinern Allegoria genennet.«[50] Diese Definition der Allegorie als Redeschmuck bzw. erweiterte Metapher findet sich in allen Poetiken wieder; noch Gottsched schreibt sie ab: »Wenn die Metaphora länger als in einem Worte fortgesetzt wird, so heißt sie eine Allegorie.«[51] Erst im späten 18. Jh. setzen sich eine neue Bedeutung der Allegorie und eine Unterscheidung zwischen Symbol und Allegorie durch. Weder das Wörterbuch von Johann Christoph Adelung im Jahre 1793 noch Johann Georg Sulzer in seiner *Allgemeinen Theorie der schönen Künste* (1792) ziehen diese damals mühsam entstehende Unterscheidung in Betracht. Beide beschränken noch das Symbol auf die willkürlichen, abstrakten, deshalb aber auch eindeutigen Zeichen der Mathematik oder der Logik. Diese Unterscheidung setzt sich erst parallel zu einem neuen Verständnis der Willkürlichkeit der Sprache überhaupt durch, auf welches wir in diesem Zusammenhang nicht eingehen können, obwohl es auch Lessings Bruch mit der Rhetorik und dem Horazschen ›ut pictura poesis‹ zugrunde liegt: Erst die Erkenntnis der grundsätzlichen Willkürlichkeit der sprachlichen Zeichen ermöglichte nämlich die Entstehung einer mediumsästhetischen Reflexion, d. h. einer eigentlichen Ästhetik.

Nachdem die Allegorie immer mehr zum schlechten Ornament verkommen war, kam nun dem Symbol die Aufgabe zu, die ehemals von ihr ausgedrückte metaphysische Weltordnung zu ›retten‹. Winckelmanns Versuch, die Allegorie zu reinigen, seine Unterscheidung zwischen sinnvoller Allegorie und schlechtem Ornament und das paradoxe Argument, nach dem wir die unnachahmlichen Griechen nachahmen sollen, um selber unnachahmlich zu werden, versuchen, diesen Verfall aufzuhalten, indem sie dem griechischen Stil eine ontologische Verbindlichkeit verleihen, die Winckelmann der platonischen Metaphysik entlehnt. Winckelmanns gereinigte Allegorie erweist sich als ein Symbol im modernen, klassisch-romantischen Sinn – ein Symbol, wie es etwa Goethe der Allegorie entgegensetzt als Tiefe im Gegensatz zur Breite, zum sich breitmachenden Allegorisieren und zur Oberfläche – während sich Oberfläche und Tiefe, Allegorie und Symbol im prämodernen Denken ebensowenig unterschieden wie Raum und Zeit.[52] Weil aber das moderne Gegensatzpaar von Allegorie und Symbol erst am Ende des 18. Jh. entsteht und der Gegensatz von Raum und Zeit erst von Lessing zu einem ästhetischen Grundsatz gemacht wird, verfügt Winckelmann nicht über eine angemessene Begrifflichkeit, um der Säkularisierung und dem Zerfall der prämodernen Repräsentation anders als durch die platonische Rationalisierung des christlichen Sinnbezugs abzuhelfen.

Ebensowenig Karl Philipp Moritz in seinen *Vorbegriffen zu einer Theorie der Ornamente* (1793).[53] Daraus mag sich erklären, daß seine Bedeutung als Theoretiker von den Philosophen und Literaturwissenschaftlern unterschätzt wird. Die *Vorbegriffe* sind aphoristisch abgefaßt und in einem Strauß von Fragmenten zusammengebunden. Sie spiegeln nichtsdestoweniger einen grundlegenden Wandel des Kunstverständnisses wider. Moritz faßt, wie Tzvetan Todorov sagt, die Schönheit und das Symbol ›intransitiv‹ auf; sie haben ihren Zweck ›in sich selbst‹.[54] Auch das Ornament ist intransitiv, es gewinnt Authentizität und Autonomie in dem Sinn, daß Oberfläche als sie selbst thematisiert und in ihrer Eigenart untersucht wird, und nicht mehr auf etwas anderes hin, auf Tiefe als das eigentliche Bedeutsame (Goethe). Diese Auffassung konterkariert das klassische Kunstverständnis, in dessen Horizont sie entsteht. Moritz identifiziert das Ornament mit dem vollendeten autonomen Kunstwerk, mit der ›schönen Figur‹: Diese »soll nur von sich selber, von ihrem innern Wesen durch ihre äußere Oberfläche gleichsam sprechen, soll durch sich selbst bedeutend werden«[55]. Der Gegensatz von Oberfläche und Tiefe (bzw. von schlechtem Orna-

50 VON BIRKEN (s. Anm. 20), 81.
51 GOTTSCHED (DICHTKUNST), 266.
52 Vgl. GÉRARD RAULET, Von der Allegorie zur Geschichte. Säkularisierung und Ornament im 18. Jahrhundert, in: Raulet, Von der Rhetorik zur Ästhetik (Rennes 1992), 145–166.
53 Vgl. HANNO W. KRUFT, Einleitung, in: K. P. Moritz. Vorbegriffe zu einer Theorie der Ornamente (1793) Nördlingen 1986), 9 ff.
54 Vgl. TZVETAN TODOROV, Théories du symbole (Paris 1977), 188 ff.
55 KARL PHILIPP MORITZ, Über die Allegorie (1789), in: Moritz (s. Anm. 53), 41.

ment und sinnvoller Allegorie) wird in der Autonomie des Kunstwerks aufgehoben, das seine Norm aus sich selbst schöpft, anstatt sie von einer Transzendenz zu beziehen. Diese Norm findet Moritz in der Übereinstimmung von Form und Funktion, die gleichsam den antiken Zusammenhang von firmitas, utilitas und venustas neu begründet: Die Autonomie des Kunstwerks überwindet also die moderne Krise des Ornaments, aber um den Preis seiner Unabhängigkeit von jeglicher außerkünstlerischen Bestimmung; das Ornament repräsentiert nur sich selbst.

Wie Kant die Arabeske als freie Schönheit (pulchritudo vaga) rehabilitiert, so billigt Moritz die Wellenlinie als eine Form zweckfreier Schönheit, die ihren Sinn in sich selbst hat. Damit wird die barocke Weltanschauung endgültig verabschiedet, ohne daß dieser ästhetische Umbruch der vulgärbürgerlichen Unterordnung der Kunst unter das Prinzip des Nutzens Vorschub leisten würde. Gegen den Nutzen macht Moritz die Übereinstimmung des Ornaments mit dem Begriff, also mit dem Sinn des schönen Gegenstands geltend: »Bei den Gebäuden ist der Begriff des Feststehens ganz der Herrschende – und die Wellenlinie ist diesem Begriff ganz disharmonisch [...] Bei dem Schiffe hingegen ist die krumme Linie schön, weil sie mit dem Begriff der Bewegung harmonirt, der bei einem Schiff der Hauptbegriff ist« (76). Wie Hanno W. Kruft mit Recht bemerkt, nimmt Moritz den modernen Funktionalismusbegriff vorweg[56], allerdings so, wie ihn etwa Otto Wagner und vor ihm schon Karl Friedrich Schinkel verstanden haben: »Schön« kann ein Gebäude sein, wenn es seine inneren Zweckfunktionen (Nützlichkeit, Festigkeit, Bequemlichkeit) in ›idealer‹ Weise zur Sprache bringt. Dazu aber dient das Ornament. Es lichtet die statische Substanz des Baukerns auf. Es akzentuiert die Struktureigentümlichkeiten der Komposition. Es transzendiert die vordem bloß ›trivial‹ erscheinende in eine ›ideale‹ Zweckmäßigkeit.«[57] Wie diejenigen Winckelmanns und Goethes läßt sich Moritz' Ästhetik als ein Versuch interpretieren, die Moderne zu stabilisieren, aber aus ihr selbst heraus, ohne platonische Metaphysik als Ersatz der christlichen Transzendenz und ohne Naturphilosophie als neuer organischer Weltzusammenhang wie bei Goethe. Wenn ihm der Begriff des Symbols gefehlt hat, so brauchte er ihn vielleicht deshalb nicht. Denn der moderne Begriff des Symbols, der am Ende des 18. Jh. entsteht und sowohl für die sog. deutsche Klassik als auch für die Romantik grundlegend wird, drückt in seinem Gegensatz zur Allegorie und zum schlechten Ornament das Bewußtsein einer modernen Entzweiung aus, die bei ihm durch die Autonomie des Kunstwerks aufgehoben zu werden scheint.

Anders Goethe: Nachdem die Allegorie immer mehr zum schlechten Ornament, zur bloßen Oberfläche eines falschen decorum verkommen ist, kommt bei ihm dem Symbol die Aufgabe zu, ihr wieder Tiefe zu verleihen und die ehemals von ihr ausgedrückte metaphysische Weltordnung zu retten. Darin sieht er die Aufgabe der Klassik. In einer kurzen Bemerkung lobt Goethe Palladio dafür, daß er, ohne in Historismus oder Eklektizismus zu verfallen, beim Bau von Villen »das, was sonst nur Tempeln und öffentlichen Gebäuden angehörte, auf Privatwohnungen herübertrug, um ihnen ein herrliches Ansehen zu geben«[58]. Aus der gelungenen Verbindung von Säule und Fassade ergebe sich mehr als bloße dekorative Nachahmung: eine Vermittlung von Öffentlichkeit und Privatheit. Das ehemals Sakrale oder Repräsentative wird bürgerlich gerettet; durch die Vermittlung von Wand und Säule füllt Palladio die Lücken bzw. Risse des im Umbruch begriffenen Repräsentationssystems. Nicht von ungefähr vollzieht sich das am Verhältnis zwischen Wand und Säule: Die Säule durchzieht die Auseinandersetzung der ganzen neuzeitlichen Ästhetik mit dem Ornament.[59] An ihr orientiert sich noch die philosophische Ästhetik der Architektur von Hegel bis Schelling, wenn vom Ornament die Rede ist. Sie wirft zugleich das Problem des Verhältnisses zur Antike auf (Historis-

---

[56] Vgl. KRUFT (s. Anm. 53), 14 f.
[57] FRANK-LOTHAR KROLL, Das Ornament in der Kunsttheorie des 19. Jahrhunderts (Hildesheim/Zürich/New York 1987), 24 f.; vgl. KARL FRIEDRICH SCHINKEL, Entwurf zu einer Begräbniskapelle für Ihre Majestät die Hochselige Königin Luise von Preußen (1810), in: Schinkel, Nachlaß, hg. v. A. v. Wolzogen, Bd. 3 (Berlin 1862), 158.
[58] JOHANN WOLFGANG GOETHE, Schriften zur Kunst. Baukunst (1795), in: GOETHE (HA), Bd. 12 (1981), 37.
[59] Vgl. SCHÜTTE (s. Anm. 16), 49–162.

mus, Nachahmung) und darüber hinaus – bei Goethe ausdrücklich – das Problem des Verhältnisses zwischen Transzendenz (der Vertikalität der Säule) und Immanenz (der Horizontalität der Wand, der Breite). Säule und Wand sind in Goethes kunsttheoretischen Schriften von der Allegorie-Symbol-Problematik untrennbar, die selber aus dem Bruch mit der repräsentativen Allegorie entstanden ist.

Gérard Raulet

III. Ornament und Historismus: das 19. Jahrhundert

Der Ornament-Begriff des 19. Jh. zeichnete sich durch eine erhebliche Erweiterung der dem Ornament zugewiesenen Funktionszusammenhänge aus. Galten in der älteren Kunstliteratur Ornament, Schmuck und Dekoration in der Regel eher als luxurierendes Beiwerk, dem weder ein eigener Gattungsrang noch eine ästhetisch autonome Wertsphäre zugemessen wurde, so kam dem Ornament in den zahlreichen philosophisch fundierten Ästhetiken und Kunstlehren, wie sie besonders für die Zeit nach Hegel so bezeichnend waren, nicht selten entscheidende Bedeutung beim Aufweis kunsttheoretischer Begründungszusammenhänge zu. Das rege Angebot an ornamenttheoretischen Deutungsversuchen beschränkte sich dabei nicht auf kunstgeschichtliche und kunstwissenschaftliche Erörterungen: Philosophen, Psychologen, Ethnologen und nicht zuletzt die bildenden Künstler selbst haben sich vor allem gegen Ende des Jahrhunderts an der Ornament-Diskussion beteiligt und das kunsttheoretische Gespräch bereichert. Der Weg von Friedrich Theodor Vischer über Gottfried Semper und Alois Riegl bis zu den Ornamentkünstlern des Jugendstils und den ornamentfeindlichen Repräsentanten einer ›Neuen Sachlichkeit‹ war nicht immer ein geradliniger, aber doch ein in sich konsequenter und zusammenhängender.

Eine für die erste Jahrhunderthälfte vielfach repräsentative Ornament-Definition gab Hegel mit seiner auf renaissancistische (Alberti) bzw. klassizistische (Winckelmann) Kunsttheorien Bezug nehmenden Unterscheidung zwischen der architektonischen Grundform eines Gebäudes und dessen ornamentaler Zierform. Letztere erschien dabei nicht nur als bloßer ›Schmuck‹, sondern als unverzichtbare Ergänzung des technisch-struktiven Baubestandes: Erst die jeweils ›passende‹ Dekoration verlieh einem zweckmäßig errichteten Bauwerk den Charakter eines Kunstwerkes. Zwar sind nach Hegel Ornamente »sowohl in Rücksicht auf die Formen des Organischen als auch in betreff der Gesetze der Mechanik naturwidrig, doch diese Art der Naturwidrigkeit ist nicht nur ein Recht der Kunst überhaupt, sondern sogar eine Pflicht der Architektur, denn dadurch allein werden die sonst für die Baukunst ungeeigneten lebendigen Formen dem wahrhaft architektonischen Stile anpassend und in Einklang mit demselben gesetzt«. Erst durch Ornamente erfolgt eine »angemessene Umbildung zum eigentlich Architektonischen«[60].

Hegels Unterscheidung von ›Kernform‹ und ›Zierform‹ eines Gebäudes gewann in der Architekturtheorie (Carl Boetticher), in der Künstlerästhetik (Schinkel) und in zahlreichen ästhetischen Theorien der Folgezeit (Theodor Lipps) weitgehende Verbreitung. Hingegen lehnte der bedeutendste nachhegelsche Ästhetiker des 19. Jh., Vischer, die Trennung des Bauwerks in eine struktive Kern- und eine dekorative Zierform ausdrücklich ab. »Das ästhetische Leben des Bauwerks bliebe […] ein verborgenes, wenn es sich nicht eine besondere Welt von Formen erzeugte, die sich als sein decorativer Ausdruck […] der Kernform anlegen«[61]. Ihm galt das Ornament in erster Linie nicht als schmückende Zutat, sondern als integraler Bestandteil einer auf ›Verlebendigung‹ mittels Dekoration und Verzierung wesensmäßig angewiesenen Kunstauffassung (»nie wäre ein Bau schön zu nennen ohne die dekorative Gliederung und weitere Verzierung«[62]), der nur ein in die jeweilige Lebenswirklichkeit eingebundenes Artefakt als ›vollständiges‹ und ›ganzes‹ Werk erschien. Denn: »Die Kunst

---

60 GEORG WILHELM FRIEDRICH HEGEL, Vorlesungen über die Ästhetik (1835–1838), in: HEGEL (TWA), Bd. 14 (1970), 301 f.
61 VISCHER, Bd. 3 (1852), 238.
62 FRIEDRICH THEODOR VISCHER, Kritik meiner Ästhetik (1866/1873), in: Vischer, Kritische Gänge, hg. v. R. Vischer, Bd. 4 (München 1922), 271 f.

als die Wirklichkeit des Schönen hat keinen Zweck außerhalb ihrer selbst.«[63]

Kam der Erörterung ornamentaler Kunstformen in den ästhetischen Entwürfen Hegels und Vischers eine nur periphere Bedeutung zu, so standen die Themen Ornament, Schmuck und Bekleidung bei Semper im Mittelpunkt seiner in der nachhegelschen Ästhetik vieldiskutierten Kunst- und Architekturtheorie. Sempers Ornamentlehre war im Grunde eine Entstehungstheorie der Kunst schlechthin. Textile Produkte wie Teppiche, Dekken und Gewänder, die ihre Entstehung dem elementaren Verlangen nach Körperschutz, also dem Bedürfnis nach Befriedigung materieller Lebenserfordernisse verdankten, galten Semper als älteste, einfachste und ursprünglichste Manifestationen menschlicher Kunsttätigkeit.[64] Als »ursprüngliche Raumtrennung« gingen »Geflechte und Teppiche«[65] der Errichtung fester Wände aus Holz oder Stein voran und wurden erst allmählich durch festes Mauerwerk ersetzt. Die Architektur, die entwicklungsgeschichtlich erst lange nach Ausbildung von Kunsthandwerk und Kunstindustrie ins Leben trat, übernahm dabei mit der Funktion zugleich auch Formensprache, Motivschatz und stilistische Gestaltungsweisen der textilen »Urtechnik« (266), deren ornamentale Gesetzmäßigkeiten lediglich in ein anderes, dauerhafteres Material übertragen wurden. Kunst und Ornament wurzelten also primär in den materiellen Bedürfnissen des täglichen Lebens; ornamentale Schmuck- und Zierformen waren das Resultat einer bestimmten Zweckfunktion, die der ornamental ausgeschmückte Gegenstand zu erfüllen hatte, eines bestimmten Materials, das bei der Ornamentierung benutzt wurde, und einer bestimmten Technik, die dabei in Anwendung kam. »So ist es angemessen, die allgemeineren formell-ästhetischen Betrachtungen an die Frage über das Zweckliche [...] zu knüpfen.«[66] Dieses alles hatte zur Folge, daß Ornament und Schmuck nur dort legitim und ›schön‹ erschienen, wo sie »eine natürliche logisch abgeleitete Consequenz des Rohstoffes« (90) waren und einem praktischen Zweck in angemessener Weise zu entsprechen, d. h. ihn symbolisch zu veranschaulichen vermochten. »Jeder ästhetisch-formalen Nothwendigkeit liegt eine thatsächliche und ganz naiv-materielle zum Grunde.«[67]

Sempers Ausführungen über Wesen, Herkunft und Entwicklung ornamentaler Schmuckformen mit ihrem Postulat der Zweck-, Material- und Funktionsgerechtigkeit und ihrer Aufwertung des ›ornamentalen‹ Kunstgewerbes gegenüber den entwicklungsgeschichtlich ›späteren‹ Formen der Architektur, Plastik und Malerei eröffneten eine auf dem Feld kunstgeschichtlicher Einzelforschung außerordentlich rege Ornament-Diskussion, die um das Jahr 1900 mit den Theorien Riegls und Wilhelm Worringers einen Höhepunkt erreichte und auch in der Künstlerästhetik jener Jahre, etwa bei William Morris und Henry van de Velde, lebhaften Niederschlag fand.

Trotz ausdrücklicher Anerkennung der Semperschen Leistung durch Riegl bezeichnen dessen *Stilfragen* (1893) einen kunst- und geistesgeschichtlichen Gegenpol zu Sempers Ornament-Theorie. Diese werte, so Riegl, Ornamentkunst ausschließlich als Produkt eines mechanisch-materiellen Vorgangs – des elementaren menschlichen Bedürfnisses nach Leibesschutz mittels textiler Bekleidung als dem ›Urgrund‹ dekorativer Formgebung.[68] Für Riegl dagegen war das Ornament Ausdruck einer ideellen schöpferischen Leistung der menschlichen Phantasie: Manifestation eines alle Kunstgattungen und Kulturverhältnisse einer Zeit gleichermaßen beherrschenden epochentypischen Kunstwollens, das weit über den ›technischen‹ Interessen und Materialbedingungen stand. Und gerade weil sich das Ornament als eine weitgehend ungegenständliche,

---

63 VISCHER, Bd. 3 (1922), 193.
64 Vgl. GOTTFRIED SEMPER, Die vier Elemente der Baukunst. Ein Beitrag zur vergleichenden Baukunde (Braunschweig 1851), 56ff.
65 SEMPER, Entwurf eines Systems der vergleichenden Stillehre (1853), in: Semper, Kleine Schriften, hg. v. H. Semper/M. Semper (Berlin/Stuttgart 1884), 288; vgl. SEMPER, Über architektonische Symbole (1854), in: ebd., 298; SEMPER, Entwicklung der Wand- und Mauerkonstruktion bei den antiken Völkern (1853/1854), in: ebd., 383.
66 SEMPER, Der Stil in den technischen und tektonischen Künsten oder Praktische Ästhetik (1860–1863), Bd. 1 (München 1878), 8.
67 Ebd., Bd. 2 (1879), 88.
68 Vgl. ALOIS RIEGL, Spätrömische Kunstindustrie (1901; Wien 1927), 51ff.

›inhaltslose‹ und von subjektiv gestimmten Künstlerlaunen unabhängige Kunstgattung präsentierte, spiegelte es die leitenden Tendenzen des ›Kunstwollens‹ einer Zeit reiner, objektiver und unmittelbarer wider als die hochgradig individualistischen Manifestationen der ›großen‹ Kunst.[69] Auf der Basis dieser Grundauffassung verfolgte Riegl in seinen *Stilfragen* den Entwicklungsgang des Pflanzenornaments von dessen ersten Anfängen bis in die spätrömische, byzantinische und sarazenisch-islamische Zeit. Allerdings drang er dabei nicht zu einer vorurteilslosen Einschätzung des Ornaments als Phänomen der Weltkunstgeschichte durch. Ihm galt vielmehr das Akanthusmotiv der klassischen griechischen Kunst – naturverbunden, aber nicht direkt am Naturvorbild orientiert[70] – als unüberbietbare Gipfelleistung, an deren Qualität alle nachfolgenden Ornamentkulturen, vor allem die islamische[71], gemessen wurden.

Schloß eine derartige Bindung an die künstlerische Ausdruckswelt des klassischen Griechenlands – trotz Betonung der Unabhängigkeit und Eigenwertigkeit des ›Kunstwollens‹ einer jeden Epoche – eine vorurteilsfreie Betrachtung anderer Kunstkreise im Grunde aus, so vollzog Worringer wenig später die bewußte Abkehr von aller klassizistisch und eurozentrisch orientierten Ornamentdeutung mit ihrem offen oder verdeckt am Kriterium der Naturnachahmung ausgerichteten Geschmackspostulat. Nicht der Wunsch nach einfühlender Nachbildung der Natur, sondern das Bestreben, diese zu überwinden, stand für Worringer am Anfang aller künstlerischen und ornamentalen Entwicklung. »Der Prozess ist also der, dass ein reines Ornament, d. h. ein abstraktes Gebilde, nachträglich naturalisiert wird und nicht der, dass ein Naturobjekt nachträglich stilisiert wird.«[72] Als deren Ausgangspunkt galt ihm mithin der Drang nach linearer Abstraktion, denn »anstatt vom Einfühlungsdrange des Menschen auszugehen«, wählt er den »Abstraktionsdrange des Menschen« (3) als Ausgangspunkt. Den Grund für diesen Abstraktionsdrang erblickte Worringer in einer Art Entlastungsbedürfnis des sich in seinem täglichen Leben von einer verwirrenden Fülle ›natürlicher‹ Erscheinungen umringt sehenden Urmenschen, den die Vielfalt der sich bietenden Wahrnehmungen verängstigte und dem die Fertigung bzw. Betrachtung geometrisch-linearer Ornamentschöpfungen Halt und Ruhe vor der andrängenden Weltwirklichkeit bot. Durch seine beruhigende Linienführung befreite das naturfern-abstrakte Ornament von den Ängsten und Zwängen der Außenwelt, schützte vor dem Widersinn, »der Willkür und Wechselhaftigkeit«[73] des Lebens und vermittelte Empfindungen der Ausgeglichenheit und des Geborgenseins. Mit alledem ging das Ornament bei Worringer sowohl über die ›materielle‹ Aufgabe reiner Bedürfnisbefriedigung (Semper) als auch über die ›ideelle‹ Funktion der Widerspiegelung des zeitgenössischen ›Kunstwollens‹ (Riegl) hinaus. Indem es der elementaren Seinsvergewisserung und Selbsterhaltung des frühzeitlichen Menschen diente, gewann es lebensexistentielle Bedeutung.

Die ornamenttheoretischen Deutungsversuche Riegls und Worringers standen in engem Bezug zu den zeitgenössischen Bemühungen der künstlerischen Avantgarde, welche sich durch die Suche nach neuen formkünstlerischen Ausdrucksmöglichkeiten und durch ein vehement gestiegenes Interesse an Fragen und Problemen ornamentaler Gestaltung auszeichneten. Ihren Ausgangspunkt nahm diese Entwicklung im viktorianischen England. Dort war bereits seit Mitte der 1870er Jahre von führenden Kunstschriftstellern im Rahmen auf ästhetische Kultivierung des Alltagslebens und auf eine allgemeine Reform des gesamten zeitgenössischen Kulturgefüges zielender Bestrebungen um eine schöpferische Erneuerung der Gebrauchskunst (lesser arts) gerungen und in diesem Zusammenhang die ›Schönheit‹ eines Gebrauchsgegenstandes von der Zweckmäßigkeit seiner formalen und von der Zwecksymbolik seiner ornamentalen

---

69 Vgl. ebd., 19 f., 70, 130, 256, 282.
70 Vgl. RIEGL, Stilfragen. Grundlegungen zu einer Geschichte der Ornamentik (1893; Berlin 1923), 127, 212 ff., 230 ff.
71 Vgl. RIEGL, Historische Grammatik der bildenden Künste, hg. v. K. M. Swoboda/O. Pächt (Graz/Köln 1966), 36 f., 98 ff., 183 ff., 237.
72 WILHELM WORRINGER, Abstraktion und Einfühlung. Ein Beitrag zur Stilpsychologie (1908; München 1911), 65.
73 WORRINGER, Entstehung und Gestaltungsprinzipien in der Ornamentik, in: Kongress für Ästhetik und Allgemeine Kunstwissenschaft (Stuttgart 1914), 224.

Erscheinung abhängig gemacht worden. John Ruskin hatte der Überladenheit viktorianischen Ornamentschaffens mittels der Wiederbelebung einer am Naturvorbild ausgerichteten hochmittelalterlichen Baudekoration beizukommen versucht. »The less of nature it contains, the more degraded is the ornament.«[74] William Morris propagierte mit gleicher Intention die Neuschöpfung einer zwar ebenfalls durch Naturstudium inspirierten, sich dabei aber aller ›historischen‹ Reminiszenzen enthaltenden Ornament- und Designgestaltung im Stil der eigenen Zeit: »For your teachers, they must be Nature and History«[75]. Die Repräsentanten der *Arts-and-Crafts*-Bewegung – allen voran Owen Jones, Christopher Dresser, Walter Crane, William Richard Lethaby, Charles Robert Ashbee und Charles Francis Annesley Voysey – bemühten sich im Sinne derartiger Vorgaben ebenso um eine praktische Rehabilitierung kunstgewerblichen und kunsthandwerklichen Schaffens[76] wie die vielfach vom britischen Vorbild inspirierten Vertreter der ›Stilkunst um 1900‹ in Deutschland, Österreich, Frankreich und den Vereinigten Staaten.

Ihnen allen gemeinsam war eine gleichermaßen heftige Abwehrstellung gegen das als unecht empfundene Ornamentschaffen des Historismus. Einig war man sich in der Kritik an der ornamentalen Überladenheit zeitgenössischer Bauten und in der Ablehnung stilkopierender Innen- bzw. Fassadendekoration. Deren eklektizistischer Charakter erschien als ein Signum des Verfalls. Statt der Imitation und Reproduktion historisch überkommener Stilmittel benötigte die Kunst dringend einen eigenschöpferischen, zeitgemäßen Stil, der die Prinzipien von ›Dekoration‹ und ›Konstruktion‹ wieder in einen harmonischen Einklang zu bringen vermochte.[77]

Nahezu alle Künstlerästhetiken nach der Jahrhundertwende nahmen diese Kritik am Historismus auf. Über die Wege zu seiner Beseitigung gab es freilich unterschiedliche Auffassungen. Während die Vertreter des Jugendstils – allen voran Henry van de Velde – die zeitgenössischen Stilplatitüden durch reinigende Neuschaffung einer ›modernen‹ Ornamentkunst zu überwinden trachteten, suchten die Anhänger der Neuen Sachlichkeit – allen voran Adolf Loos – in ihren Schriften und Werken die ›Zeitgemäßheit‹ der modernen Kunst gerade durch deren Ornamentlosigkeit zu konstituieren. War für van de Velde das Ornament – als Herzblut und Mutterschoß aller Kunst – das wichtigste, die Rolle eines bloßen Schmuckes weit hinter sich lassende Ausdrucksmittel des Künstlers, der seine seelischen Empfindungen, Stimmungen und Gefühle in ornamentale Linien umsetzte und sie so an den Betrachter weitergab, so galt seinem Antipoden Loos die Ornamentierfreude als Ausdruck einer frühen und grundsätzlich überwundenen Stufe der Menschheitsentwicklung. Erblickte van de Velde dementsprechend in der »völligen Erneuerung der Ornamentik«[78], vor allem auf dem Gebiet des Kunstgewerbes, die Voraussetzung für die ersehnte »Auferstehung der Kunst« (50), so empfand Loos derartige Wiederbelebungsversuche als absurd, weil ihm die Ornamentlosigkeit als die dem modernen Menschen einzig angemessene Weise kulturkonformer Artikulation erschien: »evolution der kultur ist gleichbedeutend mit dem entfernen des ornamentes aus dem gebrauchsgegenstande«[79];

---

74 JOHN RUSKIN, The Two Paths (1859), in: Ruskin, Works, hg. v. E. T. Cook/A. Weddeburn, Bd. 16 (London 1905), 325; vgl. RUSKIN, Modern Painters, Bd. 5 (1860), in: ebd., Bd. 7 (1905), 139.
75 WILLIAM MORRIS, The Lesser Arts (1877), in: Morris, Collected Works, hg. v. M. Morris, Bd. 22 (London u. a. 1914), 15; vgl. MORRIS, Some Hints on Patterndesigning (1882), in: ebd., 201; MORRIS, An Address Delivered at the Distribution of Prizes to Students of the Birmingham Municipal School of Art (1894), in: ebd., 436.
76 Vgl. ALF BØE, From Gothic Revival to Functional Form. A Study in Victorian Theories of Design (Oslo/Oxford 1957).
77 Vgl. OTTO WAGNER, Moderne Architektur (Wien 1896), 41; WAGNER, Die Baukunst unserer Zeit. Dem Baukunstjünger ein Führer auf diesem Kunstgebiete (Wien 1914), 104; LOUIS H. SULLIVAN, Das Ornament in der Architektur (1892), in: S. Paul, Louis H. Sullivan. Ein amerikanischer Architekt und Denker (Berlin/Frankfurt/Wien 1963), 47, 112 ff., 130; HERMANN OBRIST, Neue Möglichkeiten in der Bildenden Kunst (Leipzig 1903), 26, 33, 144; HENRY VAN DE VELDE, Die drei Sünden wider die Schönheit (Zürich 1918), 26 ff.
78 VAN DE VELDE, Die Renaissance im modernen Kunstgewerbe (Berlin 1901), 23.
79 ADOLF LOOS, Ornament und Verbrechen (1908), in: Loos, Sämtliche Schriften, hg. v. F. Glück (Wien/München 1962), 277.

wer um 1900 noch ornamentiere, sei deshalb entweder ein »degenerierter« oder ein »verbrecher«[80]. Von diesem Verdikt waren sowohl die Apologeten historistischen Bauschmucks als auch die Anhänger der Sezessions- und Jugendstil-Kunst betroffen, welche beide eine unwiderruflich überwundene Kulturerscheinung – eben das Ornament – entweder konservieren oder sogar neu erschaffen wollten.

Bei genauerem Hinsehen freilich waren die von van de Velde und Loos verfochtenen Positionen gar nicht so weit voneinander entfernt. Auch van de Velde verband sein Postulat einer Neuschöpfung des Ornaments mit einem Kanon strikt einzuhaltender Gestaltungsprinzipien, deren Grundausrichtung (Zweck- und Funktionsgerechtheit ornamentaler Formgebung entsprechend dem »Sinn der Werke«[81], Ehrlichkeit und Einfachheit, Moralität und ein »logisches und vernünftiges Prinzip«[82] als herrschende Kriterien schöpferischen Tuns und künstlerischer Schönheit) auch einem Manifest der ›funktionalistischen‹ Architektur-Theorie entstammen könnte, wie sie bei Loos, aber auch etwa bei Alfred Lichtwark, Hermann Muthesius oder Frank Lloyd Wright ihren programmatischen und propagandistischen Ausdruck gefunden hat. Im Gegensatz zu manchen anderen Jugendstil-Künstlern (wie z. B. Otto Eckmann, Josef Maria Olbrich) verband van de Velde sein Postulat vernunftgemäßen ornamentalen Gestaltens mit der Forderung nach einer abstrakten, auf die Übernahme floral-vegetabiler bzw. naturalisierender Formen strikt verzichtenden Dekorationspraxis. Von einem »abstrakten und einem floralen Lager kann jedoch erst seit etwa 1900 [...] die Rede sein.«[83]

Verglichen mit der Fülle unterschiedlicher Ornament-Deutungen im 19. und im ersten Drittel des 20. Jh. zeigen sich in der neueren Ästhetik und Kunstphilosophie nur vereinzelt Versuche zur theoretischen Auseinandersetzung mit den Problemen ornamentalen Werkschaffens. Die von Loos weithin sichtbar eingeleitete Verdrängung des Ornaments aus großen Bezirken der zeitgenössischen Kunst dürfte hier ebenso zu einer Art Ent-Aktualisierung des Themas ›Ornament‹ in der modernen Architektur-Diskussion geführt haben, wie der weitgehende Verzicht auf eine systematische Sinn-deutung aller künstlerischer Ausdrucks- und Schaffensformen in der Kunstphilosophie der Gegenwart eine stärkere Hinwendung zur Erforschung einzelner ästhetischer Grundfragen gebracht hat, zu denen diejenige des Ornaments nun einmal nicht gehört. Neben eher hilflosen Bemühungen neuerer ›Systemdenker‹ (Nicolai Hartmann, Hermann Schmitz), dem Ornament einen Platz innerhalb der Hierarchie künstlerischer Gattungen zuzuweisen, steht der Versuch von Georg Lukács, das ›Wesen‹ ornamentaler Kunst – in der Nachfolge Worringers – durch den Rekurs auf deren »abstrakte Formen«[84] zu verorten. Geometrisch-lineare ungegenständliche »Ordnungsprinzipien« (300) wie »Rhythmus«, »Symmetrie« oder »Proportion« (284) seien für den Stimmungsgehalt und den ästhetischen Wert des Ornaments ausschlaggebend. Stilisierung und Schematisierung als bestimmende Formkräfte der Ornamentkunst konstituierten diese in ihrer »Weltlosigkeit« (300), die zugleich ein Abstrahieren von den Problemen und Problemzusammenhängen der Wirklichkeit, von den Widersprüchlichkeiten und Spannungen des Lebens bedeute. Derartige Positionsbestimmungen stehen in enger Verwandtschaft zu den neueren Ergebnissen kunstwissenschaftlicher Ornament-Deutung, die sich den Problemen dekorativen Schaffens von ikonologischer[85], phänomenologischer[86] oder strukturanalytischer[87] Seite zu nä-

---

80 LOOS, Architektur (1910), in: ebd., 304 f.
81 VAN DE VELDE, Das neue Ornament (1901), in: Van de Velde, Zum neuen Stil, hg. v. H. Curjel (München 1955), 98; vgl. VAN DE VELDE, Ruskin und Morris (1898), in: ebd., 74; VAN DE VELDE, Was ich will (1901), in: ebd., 82 f.
82 VAN DE VELDE, Kunstgewerbliche Laienpredigten (Leipzig 1902), 182.
83 KROLL, Probleme des Ornaments in Theorie und Praxis der Jugendstil-Kunst, in: Zeitschrift für Ästhetik und allgemeine Kunstwissenschaft 34 (1989), 95.
84 GEORG LUKÁCS, Die Eigenart des Ästhetischen, in: LUKÁCS, Bd. 11 (1963), 284.
85 Vgl. GÜNTER BANDMANN, Ikonologie des Ornaments und der Dekoration, in: Jahrbuch für Ästhetik und allgemeine Kunstwissenschaft 4 (1958/1959), 232–258.
86 Vgl. HEINRICH LÜTZELER, Führer zur Kunst (1938; Freiburg ⁵1951), 9–135.
87 Vgl. HERMANN BAUER, Rocaille. Zur Herkunft und zum Wesen eines Ornament-Motivs (Berlin 1962).

hern und dabei zunehmend auch weltkünstlerische Zusammenhänge in den Blick zu nehmen versuchen.[88] Aufs Ganze gesehen vermittelt der Blick auf die ornamenttheoretischen Deutungsversuche des 19. und 20. Jh. eine Palette verschiedenartigster und vielfach miteinander konkurrierender Auffassungen über Ursprung bzw. Entstehung des Ornaments, seine formalen bzw. materialen Kennzeichen, seine gattungsüberschreitenden Funktionen und seine Rolle als Spiegelbild des Selbst- bzw. Weltverständnisses einer Epoche. Daß dem Ornament dabei die Bedeutung einer für die Stillage des jeweiligen Kulturkreises typischen Kunstäußerung, einer unbewußten und unterschwelligen, aber gerade deshalb höchst charakteristischen Abbreviatur der Grundgestimmtheit einer Gesellschaft zuzusprechen ist – diese Erkenntnis wird man noch am ehesten als gemeinsames Fazit aller angeführten ornamenttheoretischen Entwürfe bilanzieren können.

Frank-Lothar Kroll

IV. Die künstlerische ›Moderne‹: eine antiornamentale Ästhetik?

1. Jahrhundertwende

Wenn innerhalb nur eines Jahrzehnts (1900–1910) die Ornamentdebatte paroxystische Formen annimmt, so ist das auch die Folge eines grundsätzlichen Statuswandels des Ornaments, zu welchem die Erneuerung der Ornamentik als akademische Disziplin in den 90er Jahren des 19. Jh. mächtig beigetragen hat. Um 1900 ist das Ornament nicht mehr nur Hinweis auf den Stil, sondern es ist der Stil selbst – und das gilt sowohl vom Historismus als auch vom Jugendstil und von der Gleichsetzung des echten Ornaments mit der ›Materialechtheit‹ bei Otto Wagner.

Das Ornament ist ebensowenig prä- oder antimodern, wie die Moderne insgesamt (auch die eng periodizistisch verstandene klassische Moderne) ornamentfeindlich wäre. In den Jahren 1890–1930 erheben die verschiedensten Kunstströmungen den Anspruch, modern zu sein: die Wiener Sezession, die Wiener Werkstätten, die Arts décoratifs, der Werkbund und nicht zuletzt das Bauhaus, das ja selber keine einheitliche Bewegung gewesen ist. Schon dem Jugendstil muß zugestanden werden, daß er eine unverfälschte Synthese von Technik und Ornament anstrebte – einen neuen Epochenstil, der sich der neuen Baustoffe Glas, Eisen und Gußeisen bediente. Der Stein des Anstoßes ist dabei die ornamentale Verwendung auch dieser neuen Stoffe, im Gegensatz zu dem, was Hermann Muthesius, einer der unerbittlichsten Kritiker des Jugendstils, den »Maschinenstil«[89] nannte und als »saubere Knappheit der Form«[90] definierte. Bei Muthesius wird das Verhältnis zwischen Technik und Ornament umgekehrt: Gingen Henry Van de Velde und die Jugendstilkünstler vom Ornament aus und setzte sich die ›architecture d'art‹ eines Hector Guimard, des Architekten der Pariser Metro-Stationen, zum Ziel, das Ornament funktional zu machen, so soll jetzt die Schönheit aus der Funktion selbst entspringen.

Eine Untersuchung der verschiedenen normativen Paradigmen der Kritik des Ornaments ergibt, daß sie selber sehr oft ambivalent sind und daß das Bekenntnis zur Modernität mit der Reaktion gegen sie konkurriert bzw. daß sich beide Haltungen gleichzeitig behaupten. Gerade die Strömungen, die am lautesten den ›Tod des Ornaments‹ aussprechen, nehmen sich gleichzeitig vor, ihr Ornament durchzusetzen.[91] Das legt die Annahme einer ›Selbstkritik des Ornaments‹ nahe[92], die – ganz ähnlich wie die Selbstkritik der Vernunft bzw. par-

---

88 Vgl. ERNST KÜHNEL, Die Arabeske. Sinn und Wandlung eines Ornaments (1949; Graz 1977), bes. 13 ff.; OLEG GRABAR, Das Ornament in der islamischen Kunst, in: Neunzehnter Deutscher Orientalistentag (1975), Vorträge, hg. v. W. Voigt (Wiesbaden 1977), XLI–LIV; LÜTZELER, Die Moschee. Raum in der islamischen Architektur, in: Zeitschrift für Ästhetik und allgemeine Kunstwissenschaft 26 (1981), bes. 49 ff.
89 HERMANN MUTHESIUS, Kunst und Maschine, in: Dekorative Kunst 9 (1902), 144.
90 MUTHESIUS, Stilarchitektur und Baukunst, Wandlungen der Architektur und der gewerblichen Künste im 19. Jahrhundert und ihr heutiger Standpunkt (Mühlheim a. d. Ruhr 1902), 53.
91 Vgl. RAULET, Natur und Ornament (Darmstadt/Neuwied 1987).
92 Vgl. RAULET/BURGHART SCHMIDT (Hg.), Kritische Theorie des Ornaments (Wien/Köln/Weimar 1993).

allel zu ihr – die konstitutive Widersprüchlichkeit und Krisenhaftigkeit der Moderne ausdrückt. Besonders heftigen Angriffen von Seiten der Kunsttheorie war das Ornament immer dann ausgesetzt, wenn im gleichzeitigen Kunstschaffen die Verwendung überreicher Schmuck- und Zierformen zur Regel wurde; dies war in der Rokoko-Kunst um die Mitte des 18. Jh. ebenso der Fall wie während der Epoche künstlerischer Vorherrschaft von Jugendstil und Art nouveau zu Beginn des 20. Jh. Jede Moderne kritisiert das Ornament im Namen ihrer eigenen Vorstellung eines authentischen Ornaments und stellt dabei die normative Begründung dieser Authentizität in Frage. Der problematische Status des Ornaments ist nicht nur ein Aspekt der allgemeineren Krise der Normativität, des Wertsystems und der Identität einer Epoche, sondern die Frage nach seiner Echtheit oder Unechtheit weist darauf hin, daß es – ob echt oder unecht – der jeweilige Ausdruck dieser Identität ist, das ästhetische Paradigma, mit dessen Hilfe eine Epoche sich ihrer Identität bewußt wird.

Wenn das Ornament im Mittelpunkt der Debatten der klassischen Moderne steht, so ist das sicherlich kein Zufall, sondern der Ausdruck eines Krisenbewußtseins, das man in anderen Epochen nicht nur der Neuzeit, sondern sogar schon der Antike beobachten kann und das jeweils aus dem problematischen Status des Ornaments das Zeichen eines Umbruchs macht. In diesem Sinn hat Hermann Broch am Anfang seines Essays *Hofmannsthal und seine Zeit* (1951–1955) den Eklektizismus und Historismus des letzten Jahrzehnts des 19. Jh. als Ausdruck eines ›Wert-Vakuums‹ denunziert. Was sich hier ereignet, ist nichts anderes als eine neue Repräsentationskrise, die mit derjenigen verglichen werden kann, die an das barocke Ornament zugrundeging.[93]

Die Ornamentkritik des Fin de siècle kritisiert die Dekadenz einer als Zerfall erlebten Moderne. Dabei nimmt sie nicht selten vitalistische Züge an. In seinen *Stilfragen* hatte Riegl einen unauslöschlichen Drang des Menschen zum Ornament postuliert. Für Broch spiegelt sich das gleichsam natürliche Leben der Kulturen in der Lebendigkeit des Ornaments wider, das sie hervorbringen; eine Kulturkrise tritt dann ein, wenn diese Lebendigkeit nachläßt – so zum Beispiel, wenn man historistisch zum (Neo-)Klassizismus zurückkehrt. Brochs Kritik des ›Unstils‹ und des ›Wert-Vakuums‹ geht davon aus, daß jede Kultur ihr Ornament hervorbringt und daß die Authentizität des Ornaments der Maßstab ist, an dem die Vitalität einer Kultur zu messen ist. So wie Broch das Ornament der neunziger Jahre bekämpft, fordert er auch die Wiederbelebung eines Ornaments, das von der Lebenskraft der Kultur zeugen würde.

Auch Loos' Gleichsetzung des Ornaments mit den Tätowierungen der primitiven Völker liegt ein ähnliches anthropologisch-historisches Modell zugrunde. Zwar beruht Loos' Verurteilung des Ornaments auf einer Geschichtsauffassung, nach welcher der Mensch sich zur Ornamentlosigkeit, vom Ornament zur Askese entwickelt. Das natürliche Bedürfnis zum Schmücken und Verzieren stellt vielmehr den Uranfang aller Kunst dar. Kunst ist demnach keine Hervorbringung einer hochentwickelten Kultur, sondern eine grundlegende Ausdrucksform des Menschen, deren Ursache nach Loos in der Sexualität zu suchen ist: Alle Kunst ist erotisch. Interessant ist in diesen Geschichtskonstruktionen, daß sie durch die anthropologisch-historische Erweiterung des Blicks auf andere Kulturen und Zeiten den Stellenwert der Exotik und des historischen Zitats in der abendländischen Moderne zu bestimmen versuchen. Zwar sind in Loos' ontogenetisch-phylogenetischem Modell die außereuropäischen Kulturen solche, die nicht über die Stufe der Kindheit hinausgekommen sind; der Papua und das Kind sind entwicklungsgeschichtlich gleichgestellt. Wichtig ist aber auch für Loos, daß die heutigen ›normalen‹ Bürger in der Tätowierung das Zeichen einer Gegenwelt sehen. Die Tätowierten stehen in Verbindung mit dem fremden fernen Paradies der Südsee, dessen Tattoo-Praktiken Thomas Cook 1774 entdeckt hatte, und das zum Wunsch- und Urbild zivilisationsmüder Sehnsüchte wird.

Es ist nun kein Zufall, wenn die Kritik des Ornaments ihren Höhepunkt in den Jahren erreichte, in denen das maschinell produzierte Ornament

---

[93] Vgl. HERMANN BROCH, Hofmannsthal und seine Zeit (1951–1955), in: Broch, Gesammelte Werke, Bd. 6 (Zürich 1955), 43.

»gemein wurde«[94]. Gleichzeitig bleibt das Ornament im Mittelpunkt der Verhältnisse zwischen Privatheit und Öffentlichkeit. So hat etwa Otto Wagner 1890 mit dem historistischen Ornament dezidiert gebrochen und sich zum ›Nutzstil‹ als dem Stil der Zukunft bekannt.[95] »Utilität« und Realismus erweisen sich aber bei näherer Betrachtung, wie Peter Haiko gezeigt hat, als die beiden Grundpfeiler, auf die sich die eigentliche »Aufgabe der Kunst«, nämlich »Bestehendes zu idealisieren«, gründen kann. »Das Gestaltungsprinzip Wagners schlechthin ist die Visualisierung geglückter künstlerischer Lösungen.«[96] Ein bekanntes Beispiel ist die Wiener Postsparkasse, die Wagner mit dünnen Steinplatten verkleidete: obwohl diese in einem Mörtelbett liegen und der Nagel-Verankerung gar nicht bedürfen, visualisiert er durch die Aluminiumnägel das Grundprinzip seiner Architektur: die Versöhnung von Schönheit und Konstruktion. Die dekorative Wirkung des Ornaments ist bei Wagner in einem doppelten Sinn symbolisch: Sie symbolisiert nicht nur den neuen architektonischen Funktionalismus, sondern übernimmt durchaus »die in Historismus dem traditionellen Ornament überantwortete Rolle der Nobilitierung« und wird zum Ausdruck eines sozialen Status: »Beim Portal des Hauses Döblergasse 4 etwa haben überdimensionierte und in überreicher Zahl angebrachte Nieten dem Betrachter wie dem Benutzer sozusagen ›einzuhämmern‹: Nur wer des Schlüssels würdig ist, soll dieses Haus auch betreten dürfen« (78); sie befestigen nicht nur das Aluminiumblech, das die Tür gegen achtloses Beschädigen schützt, sondern markieren die Trennung zwischen bürgerlichem Interieur und Außenwelt.

Dagegen hat sich Loos aufgelehnt, obwohl er Wagner für den größten zeitgenössischen Architekten hält, der in der Entwicklung der Kunstform aus der Zweckform am weitesten fortgeschritten ist und obwohl auch für ihn das eigentlich Mystische das Material ist. Am Ende der Entwicklungsgeschichte soll eine demokratische Kultur entstehen, die nach dem Prinzip der Nüchternheit und Sparsamkeit organisiert ist. Die Verzierung von bloßen Bedürfnissen setzt in seinen Augen den Zustand fort, der jede Gesellschaft vom Jäger bis zum Monarchen kennzeichnet, und sie gibt den Menschen den Eindruck, sie lebten ›stilvoll‹ wie ein König vergangener Tage. Loos setzt freilich Wagner und die ›kulturlose‹ Periode am Ende des 19. Jh. nicht gleich. Er radikalisiert aber Wagners Ansatz, indem er gegen den Rückbezug auf Stile vergangener Epochen und die Verwechslung von Stil und Kultur die Wiederherstellung der Gleichzeitigkeit zwischen der gesellschaftlichen Wirklichkeit und ihrem symbolischen Ausdruck fordert.

2. Zwanziger Jahre

Was nun in jenen Jahren geschieht, ist keine bloße innere Wandlung des Kunstbegriffs, sondern der bewußte und dezidierte Übergang zur fortgeschrittenen industriellen Produktionsweise. Man wird sich dessen bewußt, daß – um es in den Worten Ernst Blochs in Geist der Utopie (1918) auszudrücken – »der alte Handwerker nicht wiederkommt«[97]. In den Statuten des Deutschen Werkbunds war 1908 von einem Bündnis zwischen industrieller Kunst und Handwerk die Rede, welches die industrielle Arbeit veredeln würde.[98] Selbst Loos' scheinbar so radikaler Ansatz ist nicht frei von Widersprüchen. Der Prozeß der kulturellen Entwicklung geht von jener Stufe, auf der alles mit Ornamenten verziert wird, kontinuierlich fort zum völligen Verschwinden des Ornaments. Am Ende der Entwicklungsgeschichte steht eine demokratische Kultur, die nach den Prinzipien der Nüchternheit und Sparsamkeit organisiert ist. So faßt man gewöhnlich seine Theorie zusammen. So einfach verhält es sich aber nicht: Mit seinem Angriff auf die Kultur des Ornaments ist Loos auf die Wiederherstellung eines gemeinschaftlichen Sinns aus, wie ihn früher das Ornament kristallisiert hat. Als Ausweg aus der konzeptionellen Sackgasse der Archi-

---

94 MUTHESIUS, Wirtschaftsformen im Kunstgewerbe (Berlin 1908), 10.
95 Vgl. WAGNER (s. Anm. 77).
96 PETER HAIKO, Das Ornament im Spannungsfeld von Technik und Repräsentation. Das neue, moderne und zeitgemäße Ornament bei Otto Wagner, in: Raulet/Schmidt (s. Anm. 92), 78.
97 ERNST BLOCH, Geist der Utopie (1918; Frankfurt a. M. 1964), 21.
98 Vgl. HEINRICH WAENTIG, Wirtschaft und Kunst (Jena 1909), 292 f.

tektur bietet sich sogar für Loos nur die Tradition an: Die Tradition ist die Wahrheit. Der Anknüpfungspunkt liegt für Loos in der vorindustriellen Handwerkstradition. Die moderne Arbeitsteilung in der Industrieproduktion führt nämlich zur Trennung von Gestaltung und Produktion. Die vom Material gelöste Gestaltung gebiert pervertierte Formen. Jedes Material hat seine eigene Formensprache, die der Handwerker besser kennt als der Architekt, weil er mit dem Material arbeitet. Die am Zeichentisch entworfenen Formen sind nach abstrakten idealen Gestaltungsprinzipien gebildet und bleiben dem Material fremd. Loos' Angriff ist vor allem gegen das Ornament als Konzession an den Geschmack des Konsumenten gerichtet; das Ornament, sofern es Ausdruck der ästhetischen Freude des Produzenten, des Handwerkers oder des Ingenieurs am Material ist, läßt er aber nicht nur gelten, sondern er rehabilitiert es sogar ausdrücklich. Und dabei geht es nicht nur um Materialechtheit. Die Architektur hat eine soziale Funktion zu erfüllen: Loos ist einer der ersten Architekten, die sich intensiv mit Siedlungsbau für das moderne Industrieproletariat auseinandersetzten. Seine Idee des kulturellen Fortschritts nimmt in den Planungen für Gartensiedlungen konkrete Gestalt an. Jene Gleichzeitigkeit, die für Loos Indikator der Kultur ist, soll durch seine Siedlung schon jetzt und nicht erst in ferner Zeit verwirklicht werden.[99]

Die erste Phase des Bauhauses knüpft an ähnliche Vorstellungen an. Die Bauhäusler nennen sich sogar Meister, Gesellen und Lehrlinge. Spätestens 1924/25 wendet sich aber das Bauhaus der technisch-industriellen Produktion zu, wie es schon Walter Gropius' *Grundsätze der Bauhausproduktion* (1925) zeigen. Mit Hannes Meyers Amtsantritt ist 1928 die Wende vollzogen. Daraus folgt ein epochaler Funktionswandel der Ästhetik, der ihr ihren bisherigen Status in der Moderne überwinden hilft. Kunst sei so keine autonome Sphäre neben der Technik mehr: Kunst und Technik, die neue Einheit, so lautet nun das Glaubensbekenntnis einer ganzen Generation. Diese neue Einheit setzt der Trennung zwischen Künstler und Handwerker, die durch die Auflösung der alten Gilden (etwa durch die *Proclamation de la liberté du travail* vom 17. Mai 1791) bewirkt worden war, ein Ende. Die

neue Einheit scheint zunächst totale Ornamentlosigkeit zu implizieren. Gropius setzt die Fabrik oder die moderne Wohnsiedlung als Ausdrücke des Epochenstils mit der gotischen Kathedrale gleich. Wie in dieser das Ornament keineswegs überflüssig ist, sondern dem Geist der Epoche entspricht, erübrigt es sich in den neuen Gebäuden, die ausschließlich ›präzis‹ und funktionell zu sein haben.

Den Widerspruch zwischen Technik und Ornament deuten die Marxisten – etwa Bloch oder Walter Benjamin – als eine Erscheinungsform des Grundwiderspruchs zwischen Produktivkräften und Produktionsverhältnissen, und sie protestieren gegen die Pervertierung der Autonomie der Kunst zu ideologischen Zwecken. Wo Loos bereits den Gegensatz von Produzent und Konsument diagnostizierte, sehen sie eine verzweifelte Bemühung der bürgerlichen Gesellschaft, ihre inneren Widersprüche zu vertuschen und die Dialektik aufzuhalten. Das Interieur, das zum bloßen Dekor wird, bezeichnet Benjamin als fantasmagorischen Ausdruck dieser Dialektik im Stillstand, als einen Traum, aus dem es zu erwachen gilt. Dieser bürgerlichen Fantasmagorie soll eine neue Ethik, der Entwurf einer neuen Sittlichkeit, entgegengesetzt werden. In der Entwicklung des Bauhauses hält sich ein Prinzip, das vom Übergang zur industriellen Produktion nach 1925 noch verstärkt wird: »Typen für die nützlichen Gegenstände des täglichen Gebrauchs« entwerfen, wie Gropius in seinen *Grundsätzen der Bauhausproduktion* erklärte, und den überflüssigen, bloß privaten Luxus verwerfen, weil »die Lebensbedürfnisse der Mehrzahl der Menschen in der Hauptsache gleichartig«[100] sind. Gropius' Nachfolger Hannes Meyer wird dies zu dem Slogan zuspitzen: Volksbedarf statt Luxusbedarf. Ähnliche Thesen vertrat auch der Werkbund, der ab 1923/24 einen neuen Aufschwung erlebte; seine Entwicklung wandte sich unter dem Einfluß von Mies van der Rohe immer entschiedener der Serienherstel-

---

99 Vgl. MICHAEL R. PEPLOW, Adolf Loos: Die Verwerfung des wilden Ornaments, in: U. Franke/H. Paetzold (Hg.), Ornament und Geschichte (Bonn 1996), 173–189.
100 WALTER GROPIUS, Grundsätze der Bauhausproduktion (1925), in: H. M. Wingler (Hg.), Neue Arbeiten der Bauhauswerkstätten (Mainz/Berlin 1981), 7.

lung zu und gipfelte 1930 mit der Berliner Ausstellung *Das vorbildliche Serienerzeugnis*. Sowohl der Werkbund als auch das Bauhaus setzen sich wenn auch nicht sozialistische, so doch sozialdemokratische oder wenigstens soziale, reformatorische Ziele; man denke etwa an den Platz, den der soziale Wohnungsbau in der Tätigkeit des Werkbundes nach 1923 einnimmt. Werkbund und Bauhaus verstehen den Funktionalismus und die Ablehnung des Ornaments, gleichsam als eine »Antizipation der Klassenlosigkeit«[101].

3. Postmoderne

Auch in der sog. Postmoderne ist das Ornament von der Problematik der Demokratie und der Repräsentation untrennbar. In der postmodernen Architektur behaupten sich gleichzeitig das modernste High Tech und eine Rückkehr zu Ornament und Stil. Beide nicht selten vermischte Tendenzen verweisen auf je verschiedene Weise auf die Erschöpfung des ›internationalen Stils‹ der sechziger Jahre, der alles auf demokratische Weise gleichsetzte, und auf den Legitimitätsverlust der neuzeitlichen bzw. modernen Ideale, auf eine Krise der Repräsentation, die mit einer Krise der Vernunft in der Geschichte koinzidiert. Einerseits bekennt sich die Postmoderne zur Entfesselung der technischen Produktivkräfte, andererseits ist sie mittels ihres Historismus und Eklektizismus auf Versöhnung aus: Sie bemüht sich um einen pluralistischen Konsens der Kunstkonsumenten, indem sie gleichsam für die Ornamente für eine erhabene technische Flucht nach vorn sorgt und dadurch wieder an jenes Gefühl des Schönen appelliert, das in Kants *Kritik der Urteilskraft* den ›gemeinschaftlichen Sinn‹ zugleich manifestiert und ermöglicht.[102]

Dabei stellt sich die Frage, ob die Rehabilitierung des Schönen mehr sein kann als historistische Nachahmung – wie ironisch auch immer. Im Gegensatz zum kantischen Geschmacksurteil ist nämlich der solcherart künstlich restaurierte Gemeinsinn insofern nicht allgemeingültig, als die Mehrfachkodierung (Charles Jencks) und die beliebige eklektizistische Vielzahl der Stilzitate eine unendliche Differenzierung der Konsensmöglichkeiten zur Folge haben und nur durch die Anerkennung der gesellschaftlichen Atomisierung Legitimität erlangen und Legitimation bewirken. Außerdem wird die Dualität von Schönheit und Funktion keineswegs aufgehoben, sondern vielmehr bestätigt und verfestigt. Das Jencksche linguistische Paradigma mündet wieder in ein rein pragmatisches rhetorisches Ethos.[103]

Versteht man sie als eine weitere Krise des Geschichtsbewußtseins, dann wirft also die Postmoderne die Frage auf, ob die Rückkehr des bzw. zum Ornament die Liquidierung des Projekts der Moderne bedeutet, oder ob sie eine neue Dialektik der Vernunft und des Ausdrucks in Gang bringen kann, die auch die Vernunft innerlich verändern würde.

Die Postmoderne verdankt ihren Titel der Bemühung, diese zwanghafte Wiederkehr des Ornaments bewußt zu beschwören und eklektizistisch zu bannen. Die Gegenwart der Vergangenheit zitiert bzw. erzählt die Vergangenheit, ohne der Nostalgie zu verfallen und ohne die vergangene Ordnung wiederherstellen zu wollen. Sie bietet der Öffentlichkeit ›demokratische‹ Identifikationsmuster an, über welche diese frei verfügen können soll. Indem sie auf diese Weise die für die Moderne konstitutive Ornament-Problematik zu neutralisieren versucht, strebt sie im Kontext einer neuen Krise des Geschichtsdenkens eine räumlich-pluralistische Stabilisierung der Moderne an.

Gérard Raulet

Literatur

BARNER, WILFRIED, Barockrhetorik. Untersuchungen zu ihren geschichtlichen Grundlagen (Tübingen 1970); BAUER, HERMANN, Rocaille. Zur Herkunft und zum Wesen eines Ornament-Motivs (Berlin 1962); BLUMENBERG, HANS, Säkularisierung und Selbstbehauptung (Frankfurt a.M. 1974); BØE, ALF, From Gothic Revival to Functional Form. A Study in Victorian Theories of Design (Oslo/Oxford 1957); COLLOMB, MICHEL/RAULET, GÉRARD, (Hg.), Critique de l'ornement. De Vienne à la post-modernité (Paris 1992); COOMARASWAMY, ANANDA K., Ornament, in: The Art Bulletin 21 (1939), 375–382; DOCKHORN, KLAUS, Macht und Wirkung der Rhetorik. Vier Aufsätze zur Ideengeschichte der Vormo-

---

101 JOST HERMAND/FRANK TROMMLER, Die Kultur der Weimarer Republik (München 1978), 377.
102 Vgl. RAULET, Ornament und Demokratie, in: Kunstforum international 100 (1989), 342–353.
103 Vgl. CHARLES JENCKS, The language of post-modern architecture (London 1977).

derne (Bad Homburg/Berlin/Zürich 1968); EVANS, JOAN, Pattern. A Study of Ornament in Western Europe from 1180–1900 (New York 1931); FRANKE, URSULA/PAETZOLD, HEINZ (Hg.), Ornament und Geschichte (Bonn 1996); GOMBRICH, ERNST H., The Sense of Order (Oxford 1979); GOMBRICH, ERNST H., Ornament und Kunst. Schmucktrieb und Ordnungssinn in der Psychologie des dekorativen Schaffens (Stuttgart 1982); GRABAR, OLEG, Das Ornament in der islamischen Kunst, in: Neunzehnter deutscher Orientalistentag (1975). Vorträge, hg. v. W. Voigt (Wiesbaden 1977), XLI–LIV; GRASSI, ERNESTO, Theorie des Schönen in der Antike (Köln 1962); HOLZ, HANS HEINZ, Die Repristination des Ornaments, in: Holz, Vom Kunstwerk zur Ware. Studien zur Funktion des ästhetischen Gegenstands im Spätkapitalismus (Neuwied/Berlin 1972), 140–166; IRMSCHER, GÜNTER, Kleine Kunstgeschichte des europäischen Ornaments seit der frühen Neuzeit (1400–1900) (Darmstadt 1984); KROLL, FRANK-LOTHAR, Beiträge zu einer Geistesgeschichte des Ornaments, in: Zeitschrift für Ästhetik und allgemeine Kunstwissenschaft 31 (1986), 80–107; KROLL, FRANK-LOTHAR, Das Ornament in der Kunsttheorie des 19. Jahrhunderts (Hildesheim/Zürich/New York 1987); KROLL, FRANK-LOTHAR, Probleme des Ornaments in Theorie und Praxis der Jugendstil-Kunst, in: Zeitschrift für Ästhetik und allgemeine Kunstwissenschaft 34 (1989), 90–102; KROLL, FRANK-LOTHAR, Zur Problematik des Ornaments im 18. Jahrhundert, in: U. Franke/H. Paetzold (Hg.), Ornament und Geschichte. Studien zum Strukturwandel des Ornaments in der Moderne (Bonn 1996), 63–87; KROLL, FRANK-LOTHAR, Ornamenttheorien im Zeitalter des Historismus, in: I. Frank/F. Hartung (Hg.), Die Rhetorik des Ornaments (München 2001), 163–175; KÜHNEL, ERNST, Die Arabeske. Sinn und Wandlung eines Ornaments (Graz 1977); LÜTTICHAU, MARIO-ANDREAS VON, Die deutsche Ornamentkritik im 18. Jahrhundert (Hildesheim/Zürich/New York 1983); MEYER, PETER, Das Ornament in der Kunstgeschichte (Zürich 1944); MILDNER, URSULA, ›Decorum‹, in: UEDING, Bd. 2 (1994), 423–451; MÜLLER, MICHAEL, Die Verdrängung des Ornaments. Zum Verhältnis von Architektur und Lebenspraxis (Frankfurt a. M. 1977); MÜLLER, MICHAEL, Schöner Schein (Frankfurt a. M. 1987); PFABIGAN, ALFRED (Hg.), Ornament und Askese (Wien 1985); RAULET, GÉRARD, Natur und Ornament. Zur Erzeugung von Heimat (Darmstadt/Neuwied 1987); RAULET, GÉRARD/SCHMIDT, BURGHART (Hg.), Kritische Theorie des Ornaments (Wien 1994); SCHÜTTE, ULRICH, Ordnung und Verzierung. Untersuchungen zur deutschsprachigen Architekturtheorie des 18. Jahrhunderts (Braunschweig/Wiesbaden 1986); SHERMAN, PAUL, Louis H. Sullivan. Ein amerikanischer Architekt (Berlin/Frankfurt a.M./Wien 1963); STRAUSS, ERNST, Über einige Grundfragen der Ornamentbetrachtung, in: L. Dittmann (Hg.), Koloritgeschichtliche Untersuchungen zur Malerei seit Giotto und andere Studien (München/Berlin 1983), 315–331; UEDING, GERT/STEINBRINK, BERND, Grundriß der Rheto-

rik, (Stuttgart/Weimar 1994); WERNER, PETER, Pompeji und die Wanddekoration der Goethezeit (München 1970); WILAMOWITZ-MOELLENDORFF, ULRICH VON, Asianismus und Attizismus, in: Hermes 35 (1900), 1–52.

Passion/Leidenschaft
(griech. πάθος; lat. passio; engl. passion; frz. passion; ital. passione; span. pasión; russ. страсть)

Einleitung; I. Passio und Leidenschaft; 1. Wortgeschichte; 2. Passio als Leidenschaft: Erich Auerbach; **II. Die Natur der Leidenschaften;** 1. Descartes; 2. Hobbes; 3. Spinoza; **III. Die Sprache der Leidenschaften;** 1. Physiognomik und Pathognomik; 2. Pathosfiguren; 3. Tragödientheorie; **IV. Aufgeklärte Leidenschaften;** 1. England; 2. Frankreich; a) Du Bos: Ästhetik des Pathetischen; b) Diderot und die ›Encyclopédie‹; c) Helvétius und Holbach: Materialistische Anthropologie; d) Charles Fourier: Der leidenschaftliche Mensch; 3. Deutschland; a) Produktionsästhetische Wendung der Leidenschaftsdarstellung: Nicolai, Lessing, Goethe; b) Leidenschaft und Affekt: Kant; **V. Die ›normalen‹ Leidenschaften (19. Jahrhundert);** 1. Pathologische Ästhetik; 2. Leidenschaftliche Musik; **VI. Die Leidenschaften der Masse (20. Jahrhundert);** 1. Zivilisationstheorie; 2. Massenpsychologie und Psychoanalyse; 3. Kulturkritik

Einleitung

Unsere Welt, so der Psychoanalytiker Peter Kutter, ist »eine Welt *ohne Leidenschaft*«[1]. Viele moderne Menschen seien, psychosomatisch gesehen, von der Alexithymie (Gefühls- und Ausdruckslosigkeit) beherrscht. Man spreche bei den Psychoanalytikern in diesem Zusammenhang vom ›Pinocchio-Syndrom‹. Als Ursache wird die »soziale Idealisierung der Leidenschaftslosigkeit, der Rationalität, der Technik« (14) ausgemacht und daran die Hoffnung auf neue Leidenschaftlichkeit geknüpft.[2] Es sei an der Zeit, so schließlich das Programm, »die Leidenschaften als positive Werte wieder zu entdecken. Der Mensch ist nicht nur *Homo sapiens* und *Homo faber*, also vernunftbegabtes und symbolisch schaffendes Wesen, das sich seiner selbst bewußt ist, seinen Willen hat und fähig ist zu handeln. Er ist auch ein *Homo sentiens*, ein fühlbegabtes Wesen, das der Erregung fähig ist, das fühlen kann und imstande ist, zu lieben und zu hassen, und dadurch erst lebt.« (15)

Dieser Klage um die verlorenen Leidenschaften stehen anderslautende Befunde entgegen. So wird intensive Leidenschaftlichkeit in der Alltags- und Freizeitkultur, beispielsweise in der am Strand von Coney Island, beobachtet.[3] Wir finden leidenschaftliches Erleben beim Konsum von Film und Fernsehproduktionen (besonders in den Soap Operas[4]), beim Sport, in den ekstatischen Spielarten der Jugendkultur. Ist die Äußerung von Leidenschaften in unserer unter Rationalisierungsdruck stehenden westlichen Kultur einerseits als gesellschaftlich unschicklich verpönt und dem Gebot vernunftgesteuerter Selbstkontrolle unterworfen, sucht die Freizeitgesellschaft in ihren mannigfaltigen Vergnügungen andererseits »das Erlebnis ihrer selbst«. Die Freizeitgesellschaft mit ihrem Kult der Leidenschaften ist »dem anderen, entgegengesetzten Leitverhalten der Zeit, der ›Coolness‹, zwitterhaft verbunden«[5]. Amerikanische Psychologen sehen denn auch die Leidenschaften neutraler und pragmatischer als einen Typus sozialen Grundverhaltens.[6]

Der ästhetische Gesichtspunkt, der eine Begriffsgeschichte der Leidenschaft nahelegt, liegt darin, daß in der Produktions- und Wirkungsästhetik der ausdrucksstarken Künste Musik und Literatur, aber auch in Malerei und Plastik Affekte, Leidenschaften und Pathos von großer Bedeutung sind. Der pathetische Bezirk menschlicher Subjektivität ist eine anthropologische Konstante ersten Ranges, die aber in der Praxis von Kunst nicht aufgeht. Gerade in einer ästhetischen Theorie, die sich gegen schönheitsmetaphysische Verengungen der Ästhetik prononciert *aisthetisch* orientiert, also den gesamten Bereich sinnlicher Wahrnehmung zu ihrem Gegenstand machen möchte, ist die ›leidende‹ sinnliche Wahrnehmung, die ›leidende‹

---

[1] PETER KUTTER, Liebe, Haß, Neid, Eifersucht. Eine Psychoanalyse der Leidenschaften (Göttingen/Zürich 1994), 12.
[2] Vgl. ebd., 99.
[3] Vgl. NADJA KLINGER, Promenade der Leidenschaften, in: Der Tagesspiegel (27. 8. 2001), 3.
[4] Vgl. GEORG SEESSLEN, Der Tag, als Mutter Beimer starb. Glück und Elend der deutschen Fernsehfamilie (Berlin 2001).
[5] MARGRET KAMPMEYER-KÄDING, Starke Gefühle, in: B.-M. Baumunk/M. Kampmeyer-Käding (Hg.), Träumen. Sinne, Spiele, Leidenschaften. Über die subjektive Seite der Vernunft (Berlin 2000), 71 f.
[6] Vgl. ROBERTO MANGABEIRA UNGER, Passion. An Essay on Personality (New York 1984).

Vernunft[7] Gegenstand höchsten Interesses. Sedimentierungen des Wissens um die Leidenschaften und Affekte, um ihre Natur, Wirkung und Diätetik finden wir im 17. und 18. Jh. in den Klugheitslehren, in der Geschmacksästhetik, bei den Moralisten und in der Rhetorik. In dieser Tradition steht die Ästhetik, und in dieser Tradition stehend hat sie wie ihre Vorgänger teil an einer ›Lehre vom Menschen‹.[8]

Eine Begriffsgeschichte von Leidenschaft muß sich weiterhin ihr Verhältnis zum Begriff Affekt bewußt machen. Wenngleich über weite Strecken die Bedeutungen synonym sind, läßt sich doch eine Abgrenzung treffen, die eine eigene Begriffsgeschichte von Passion/Leidenschaft rechtfertigt: Der englische und französische Begriff ›passion‹ und das deutsche ›Leidenschaft‹ sind verbunden mit den Begriffen Neigung, Begierde, Begehrungsvermögen, Sucht, Bestrebung, Trieb usw., haben also ein erstrebtes Objekt.[9] Abgesehen davon, daß dieser Objektbezug (als Kontrapost zur ›Interesselosigkeit‹ der ästhetischen Einstellung) vielfach mit negativen Konnotierungen verbunden ist, hat ›Leidenschaft‹ eine auf Personen und Sachen rückbezügliche Tendenz. So bestimmt beispielsweise Anfang des 17. Jh. der Puritaner Thomas Wright die ›passions‹ als Operationen der Seele zwischen ›will‹ und ›senses‹: »They are called Passions ([...]: a sensual motion of our appetitive facultie, through the imagination of some good or ill thing) because when these affections are stirring in our minds, they alter the humours of our bodies, causing some passion or alteration in them.«[10]

Es läßt sich somit zwischen Affekt und Leidenschaft in Hinsicht auf die objektive bzw. subjektive Bezüglichkeit unterscheiden. Leidenschaften sind rückbezogen auf ein Objekt, in dessen Besitz man sich setzen möchte. Leidenschaft ist in der Definition der Philosophen »eine zur Herrschaft über das Vorstellungs- und Willensleben gekommene, dauernd gewordene Begierde, ein habituelles Begehren von bestimmter Richtung und großer Stärke, welches als Disposition bereitliegt, und auf Befriedigung lauert«[11]. Zugleich finden wir im Begriff ›Leidenschaft‹ die Mischung passiver und aktiver Momente und die Spannung von leidend und tätig, Krankheit und Vitalität usw. So hat sich im Begriff des Pathos der Zusammenhang mit Leiden und Erleiden verdunkelt, in dem der Leidenschaft aber erhalten, wovon auch das Sprichwort zeugen kann: ›Die Liebe ist eine Leidenschaft, die Leiden schafft‹, oder: ›Die Eifersucht ist eine Leidenschaft, die mit Eifer Leiden schafft.‹[12]

Für die Unterscheidung von Affekt und Leidenschaft spricht schließlich auch, daß im französischen und angelsächsischen Sprachraum keine so ausgeprägte Konkurrenz zwischen den Begriffen ›Affekt‹ und ›Leidenschaft‹ besteht[13], so daß engl. und frz. ›passion‹ die deutsche Trennung von ›Leidenschaft‹ und ›Affekt‹ eigentlich unterlaufen. Die im deutschen Idealismus Schule machende strikte definitorische Trennung von Leidenschaft und Affekt geht auf Kant zurück, und auch Kant betont das Habituelle von Leidenschaft und deren Objektbezogenheit.[14] Da die Abgrenzung von Affekt und Leidenschaft aber immer nur tendenziell erfolgen kann, wird im folgenden nicht versucht, die Leidenschaften zu katalogisieren. »In der Ge-

---

7 Vgl. ERNST BLOCH, Aus der Begriffsgeschichte des (doppelsinnig) ›Unbewußten‹, in: BLOCH, Bd. 10 (1969), 91.
8 Vgl. STEFFEN W. GROSS, Felix Aestheticus. Die Ästhetik als Lehre vom Menschen. Zum 250. Jahrestag des Erscheinens von Alexander Gottlieb Baumgartens ›Aesthetica‹ (Würzburg 2001).
9 Vgl. ANSGAR HÄFNER, Sehnsucht – Affekt und Antrieb. Begriff, Struktur und praktische Bedeutung (Freiburg/München 1993), 88–109.
10 THOMAS WRIGHT, The Passions of the Minde in generall (1601; London 1604), 8.
11 RUDOLF EISLER, ›Leidenschaft‹, in: Eisler, Handwörterbuch der Philosophie, hg. v. R. Müller-Freienfells (Berlin ²1922), 366; vgl. HINRICH FINK-EITEL/GEORG LOHMANN, Einleitung, in: Fink-Eitel/Lohmann (Hg.), Zur Philosophie der Gefühle (Frankfurt a. M. 1993), 8; GERHARD SAUDER, Empfindsamkeit, Bd. 1 (Stuttgart 1974), 135.
12 Vgl. HELMUTH PLESSNER, Über den Begriff der Leidenschaft (1950), in: Plessner, Ges. Schriften, Bd. 8 (Frankfurt a. M. 1983), 66–76; PLESSNER, Trieb und Leidenschaft (1971), in: ebd., 367–379.
13 Vgl. FRANÇOIS TRICAUD, Pathos-Passion-Leidenschaft: quelques jalons de lexicographie historique, in: La passion dans le monde anglo-américain aux XVIIe et XVIIIe siècles. Actes du Colloque tenu à Paris les 27 et 28 octobre 1978 (Bordeaux 1979), 7–13.
14 Vgl. IMMANUEL KANT, Kritik der Urtheilskraft (1790), in: KANT (AA), Bd. 5 (1905), 271–274; KANT, Anthropologie in pragmatischer Hinsicht (1798), in: KANT (AA), Bd. 7 (1907), 252 f.

schichte der L[eidenschafts]theorien werden mal mehr, mal weniger L[eidenschaften] unterschieden, so 130 bei den Stoikern, 42 bei Descartes, 48 bei Spinoza.«[15] Das taxonomische Geschäft führte ins Uferlose und widerspräche dem begriffsgeschichtlichen Grundansatz.

Betrachtet man die Leidenschaften anthropologisch, so verbinden sich mit ihnen zwei Grenzerfahrungen des Menschen. Weil sich mit der Leidenschaft ein begehrender Objektbezug herstellt, macht das Subjekt die Grenzerfahrung des *Mangels*. Folglich herrscht eine dialektische Spannung zwischen Präsenz und Absenz, zwischen dem Wunsch nach Erfüllung und dem abwesenden Objekt. Das Subjekt erfährt in Form des Mangels die Differenz zwischen der dem Bewußtsein immanenten Vorstellung und dem abwesenden Objekt, zwischen gegenwärtigem Wunsch und für die Zukunft erhoffter Erfüllung. Eine zweite Grenzerfahrung stellt sich insofern ein, als das Subjekt im Zustand leidenschaftlicher Erregung mit Dimensionen seiner leibseelischen Natur konfrontiert wird und im Bezug auf bestehende Ordnungen die Erfahrung der *Alterität* macht. Diese zwei Grenzerfahrungen, die der Differenz zwischen Subjekt und Objekt und die der Alterität der dem Bewußtsein und der Sprache unzugänglichen leibseelischen Bereiche, gilt für alle Diskursformationen, wird aber in den verschiedenen Epochen unterschiedlich thematisiert und konzipiert.[16]

---

15 REMO BODEI, ›Leidenschaften‹, in: SANDKÜHLER, Bd. 1 (Hamburg 1990), 774; vgl. BODEI, Geometria della passioni. Paura, speranza, felicità: filosofia e uso politico (Mailand 1991).
16 Vgl. WOLFGANG MATZAT, Diskursgeschichte der Leidenschaft. Zur Affektmodellierung im französischen Roman von Rousseau bis Balzac (Tübingen 1990), 9–16.
17 Vgl. ebd., 85 ff.
18 Vgl. MAX KOMMERELL, Lessing und Aristoteles. Untersuchungen über die Theorie der Tragödie (1940; Frankfurt a. Main ⁵1984); GUSTAV EDUARD BENSELER, Griechisch-deutsches Schulwörterbuch, bearb. von A. Kaegi (Leipzig/Berlin ¹³1911), 674 f.
19 Vgl. ERICH AUERBACH, Passio als Leidenschaft (1941), in: Auerbach, Ges. Aufsätze zur romanischen Philologie (Bern/München 1967), 161 f.
20 Vgl. ARISTOTELES, Phys., 202b; KOMMERELL (s. Anm. 18), 178–197.

Legt man nun Foucaults Trennung der großen Diskursformationen ›klassische‹ und ›moderne Episteme‹ zugrunde, so ist die grundlegende Zäsur der Diskursgeschichte von Leidenschaft am Ende des 18. bzw. zu Beginn des 19. Jh. zu suchen. Wolfgang Matzat macht diese Zäsur in der Neuartigkeit romantischer Affektivität aus.[17] Dieser Befund ist zu ergänzen durch die Beobachtung, daß innerhalb der klassischen Episteme (Foucault: System der Repräsentation) die Leidenschaften ›rationalisiert‹, in den modernen Epistemen (Foucault: System der Tiefendimensionen) dagegen ›irrationalisiert‹, d. h. nunmehr an den Mustern und Maßen von Normalität gemessen werden und somit tendenziell als pathologisch (gleich ›krank‹) eingestuft werden können. Dieser diskursgeschichtliche Umschlag in der Sicht auf die Leidenschaften läßt sich nahezu punktgenau orten: in Kants Unterscheidung von Affekt und Leidenschaft.

I. Passio und Leidenschaft

1. Wortgeschichte

Die Begriffe des pathetischen Bereichs menschlicher Subjektivität gehen in dieser oder jener Weise alle auf das griechische πάθος, πάθημα, παθήματα (pathos, pathēma, pathēmata) zurück. Die charakteristischen Merkmale des griechischen pathos sind: das ›Leidentliche‹, Passive, ein Befallenoder Behaftetsein, ein Empfangen oder Erleiden in den Bereichen sinnlicher Wahrnehmung, der Erfahrung, des Erlebnisses, der Empfindung, des Gefühls. Umgangssprachlich bedeutet pathos Schmerz, Krankheit, Leiden, Unglück.[18] Charakteristisch ist die griech. Entgegensetzung von pathos einerseits, πρᾶξις, ποίησις und ἔργον (praxis, poiēsis, ergon) andererseits[19], bei Aristoteles beispielsweise die Entgegensetzung von ›Tun‹ (ποιεῖν, poiein) und ›Leiden‹ (πάσχειν, paschein).[20]

Im Lateinischen dann gibt es zwei Äquivalente für griech. pathos, und zwar affectus und passio. Außerdem bildet sich der feste Terminus passio Christi für die Leidensgeschichte des Messias aus. Während das Englische und Französische passion von lat. passio ableiten und frz. passion die Begriffe Leiden und Leidenschaft in einem Wort verbindet, gibt es zwar auch im Deutschen das Fremdwort Passion, erstmals 1567 bzw. 1571 in Simon Roths *Fremdwörterbuch* belegt. Doch ab dem 17. Jh. bildet sich ein eigenes Wort Leidenschaft aus, das erstmals 1647 bei Philipp von Zesen belegt ist, während Affekt dagegen bereits für 1526 bezeugt ist.[21] Das neue Wort setzt sich sehr langsam durch. Noch 1691 bezeichnete der Lexikograph Kaspar Stieler Leidenschaft als ›novum vocabulum‹. Das Suffix -schaft bedeutet den Zustand, Leidenschaft bedeute demnach: leidender Zustand.[22] In Krünitz' *Encyclopädie* heißt es: »Leidenschaft ist ein vielbedeutendes Wort, das auch Affekt oder Passion heißt«[23]. Am Ende des 18. Jh. wird in Johann Christoph Adelungs *Wörterbuch* eine dreiteilige Definition gegeben: In der ersten, weitesten Bedeutung gehe Leidenschaft auf griech. pathos zurück und bezeichne »eine Veränderung, welche von außen in einem Dinge hervor gebracht wird, und wobey sich dasselbe leidendlich verhält, im Gegensatz der Handlung«. In diesem weiten Verständnis ist für Adelung auch die »Veränderung, welche in einem Schwamme vorgehet, wenn ich ihn zusammen drücke, eine Leidenschaft«. Dieser Sinn hat sich residual bis heute erhalten, z.B. in der Wendung ›etwas wird in Mitleidenschaft gezogen‹. Im zweiten, engeren Sinne und in »gewöhnlicherer Bedeutung« ist Leidenschaft »eine jede Gemüthsbewegung, wenn sie zu einer Fertigkeit geworden ist, weil sich die Seele dabey leidendlicher verhält, als sie sollte. In diesem Verstande sind Liebe, Haß, Verlangen, Abscheu, Traurigkeit, Furcht, Verzweiflung u.s.f. so bald sie zur Fertigkeit werden, Leidenschaften.« Drittens schließlich leitet Adelung zu den ›Affecten‹ (»einzelnen Ausbrüchen heftiger Begierden«[24]) über. In dem eigens dem Affekt gewidmeten Artikel heißt es zur Abgrenzung von Affekt und Leidenschaft (vermutlich schon unter dem Einfluß von Kants Definitionen): »Leidenschaft und Affect werden oft für gleich bedeutend gehalten, sind es aber nicht. Affect bezeichnet jede starke Gemüthsbewegung; aber Leidenschaft setzet vermöge der Ableitungssylbe -schaft eine Thätigkeit voraus, und bezeichnet eine zur Fertigkeit gewordene Gemüthsbewegung.«[25]

Im Zusammenhang mit der lateinischen und französischen Wortgeschichte ist davon auszugehen, daß lat. affectus und passio und frz. passion und affection lange in einem offensichtlichen Konkurrenzverhältnis stehen. So ist es aufschlußreich, daß Descartes in *Les Passions de l'Ame* (1649) durchgehend passion, nie jedoch affection gebraucht; in der Übersetzung ins Lateinische aber wird durchweg affectus benutzt. Auch Spinozas lateinisch geschriebene *Ethik* (1677) verwendet affectus, es taucht allerdings dort, wo es um die Differenzierung von passivem Erleiden und ›tätigem‹ Leiden geht, für das passive Erleiden oft passio auf.

2. *Passio als Leidenschaft: Erich Auerbach*

Erich Auerbach machte 1941 in seinem noch heute grundlegenden Aufsatz *Passio als Leidenschaft* als erster darauf aufmerksam, daß bereits seit der Antike, seit Aristoteles, sich an pathos ein aktivischer Sinn anlagert. So kann sich schon im Aristotelismus der Leidend-Befallene zugleich im Zustand potentieller Wirksamkeit befinden, wofür das Lateinische später den Begriff motus animi, bzw. die aus der Seefahrt entlehnte Metapher perturbationes verwendet. Mit dem von Auerbach in seinen Argumentationen ausgebreiteten Material, das sich seinerseits auf Material seines romanistischen Kollegen Eugen Lerch stützte[26], läßt sich das ›Aktivwerden‹ des passivischen pathos/passio in drei markanten begriffsgeschichtlichen Stufen fassen:

(1) Die stoische Interpretation der passio ist strikt abwertend, weil die passiones Unruhe, richtungsloses Bewegt- und Umgetriebensein (perturbatio) mit sich bringen, die die Ruhe des Weisen

---

21 Vgl. EUGEN LERCH, ›Passion‹ und ›Gefühl‹, in: Archivum romanicum. Nuova rivista di filologia romanza 22 (1938), 320–349.
22 Vgl. ›Leidenschaft‹, in: PAUL, 524; HERMANN HIRT, Etymologie der neuhochdeutschen Sprache (München 1921), 116.
23 FRIEDRICH JAKOB FLOERKEN, ›Leidenschaft‹, in: KRÜNITZ, Bd. 19 (1799), 551.
24 ›Die Leidenschaft‹, in: ADELUNG, Bd. 2 (1796), 2010.
25 ›Der Affect‹, in: ebd., Bd. 1 (1793), 173.
26 Vgl. LERCH (s. Anm. 21); PAUL HAZARD, Les origines philosophiques de l'homme de sentiment, in: Romanic Review 28 (1937), 318–341.

stören, dessen oberstes Ideal ja die impassio ist. Somit tritt der ursprüngliche Gegensatz von passio und actio in den Hintergrund und verschiebt sich zu dem neuen Gegensatz von passio und ratio. Die Pointe dabei ist, daß es mit dieser stoischen Entgegensetzung zugleich möglich wird, die passiones, für die man ab diesem Datum, so Auerbachs Einschätzung, auch den deutschen Begriff der Leidenschaft verwenden kann, als eine ›Bewegung‹ (perturbatio animi) zu verstehen. Beide Bedeutungsschichten, die aristotelische und die stoische, bleiben in der weiteren Begriffsgeschichte wirksam und mischen sich in vielfältiger Weise.

(2) Die mittelalterliche christliche Ethik schließt zunächst an die stoische Interpretation an. Die passiones werden einerseits zu Sünden, zu ›Begierden des Fleisches‹ (concupiscentiae carnis). Indem bei den christlichen Autoren ›Leiden‹ positiv wird, als gloriosa passio aus glühender Gottesliebe, ist andererseits nicht mehr die impassio der Stoiker maßgebend, sondern das Ideal der leidenden Überwindung der Welt. Das (passive) ›Leiden‹ (passio) und die (aktive) ›Leidenschaft‹ (fervor) kreuzen sich und bestimmen in dieser mystischen Mischung die gesamte weitere Begriffsgeschichte von Leidenschaft.[27]

(3) Diese christliche Passionsmystik ist nach Auerbachs Urteil auf die Entwicklung von »passio-Leidenschaft« so von Einfluß gewesen, »daß sie passio für den modernen Inhalt ›Leidenschaft‹ aufnahmebereiter machte und ihm in dieser Hinsicht vor

---

27 Vgl. AUERBACH (s. Anm. 19), 163–166.
28 Vgl. AUERBACH, Racine und die Leidenschaften (1926), in: Auerbach, Gesammelte Aufsätze zur romanischen Philologie (Bern/München 1967), 196–203; AUERBACH, Über Pascals politische Theorie (1951), in: ebd., 204–221; DIANE MEUR, Préface, in: Auerbach, Le Culte des passions. Essais sur le XVIIe siècle français, hg. u. übers. v. D. Meur (Paris 1998), 5–33.
29 Vgl. WILHELM DILTHEY, Die Funktion der Anthropologie in der Kultur des 16. und 17. Jahrhunderts (1904), in: DILTHEY, Bd. 2 (1923), 416–492.
30 Vgl. ALBERT O. HIRSCHMANN, The Passions and the Interests. Political Arguments for Capitalism before its Triumph (Princeton, N. J. 1977), 12–14; KLAUS-MICHAEL KODALLE, ›Natur‹ im Naturrechtsdenken von Thomas Hobbes, in: R. Bubner/B. Gladigow/W. Haug (Hg.), Die Trennung von Natur und Geist (München 1990), 25–53.

dem konkurrierenden Ausdruck *affectus* einen Vorsprung verlieh« (170). Im 16. Jh. festigt sich passio in der modernen Bedeutung von Leidenschaft, wenngleich Spannung und Konkurrenz zu der aristotelischen Bedeutung (Erfahrung, Gefühl oder leidenschaftsfreies Leiden) und dem Begriff affectus bleiben. In dem Maße, in dem im französischen 17. Jh. passion aus der Wissenschaftssprache der Gelehrten heraustritt, bedeutet das Wort ausschließlich und eindeutig Leidenschaft im modernen Sinn, v. a. im Sinne von Liebesleidenschaft. Auf dieser Basis treten dann auch passion und sentiment (Leidenschaft und Gefühl) auseinander, womit die Begriffs-Usancen des 18. und 19. Jh. begründet werden.

Auerbach hat sich mit diesem Aufsatz selbst in die Begriffsgeschichte eingeschrieben, indem er im klassischen Kult der Leidenschaften des 17. Jh. die christliche Tradition der gloriosa passio aufgedeckt hat. Sein Aufsatz mündet in der Tragödientheorie des 17. Jh., die er bereits im Racine-Aufsatz von 1926 unter dem Gesichtspunkt der Leidenschaftsdarstellung behandelt hatte.[28]

II. Die Natur der Leidenschaften

In der Renaissance, seit Machiavellis *Il Principe* (1535), beginnt in der aufblühenden bürgerlichen Anthropologie[29] eine Entwicklung, in der die Forderung erhoben wird, den Menschen so zu sehen, wie er ist. Es geht um die Natur seiner Leidenschaften und Affekte und darum, das vermehrte Wissen auf diesem Gebiet für die Staatskunst fruchtbar zu machen. Im 17. Jh. kommt dann hinzu, daß die Fortschritte in Mathematik und Astronomie und eine technomorphe Modellierung der Natur es als möglich erscheinen lassen, Gesetzmäßigkeiten auch in den Handlungen der Menschen zu entdecken.[30] Spinoza benennt die Methode seiner *Ethik* ›ordine geometrico demonstrata‹. Vico, Spinoza folgend, bringt den Unterschied zwischen der normativen Sicht auf die menschlichen Leidenschaften und einer realistischen Sicht im Interesse der Staatskunst auf den Punkt: »La Filosofia considera l'uomo, quale dev'essere; e si non può fruttare, ch'a pochissimi, che vogliono vivere nelle repubblica di Platone, non rovesciarsi nella feccia di Romolo. La Legislazione considera l'huomo, qual'è, per farne buoni usi nell'umana società.« (Die Philosophie betrachtet den Menschen, wie er sein soll, und kann so nur sehr wenigen nützen, die in der Republik Platons leben, nicht sich in den Schmutz des Romulus stürzen wollen. Die Gesetzgebung betrachtet den Menschen, wie er ist, um vom ihm guten Gebrauch in der menschlichen Gesellschaft zu machen.)[31] Und auch die ›lebensklugen‹ und scharfsichtigen Kalkulationen der Leidenschaften bei Baltasar Gracián und bei den französischen Moralisten des 17. und 18. Jh. sind in diesem Zusammenhang zu sehen.[32]

Mit dieser Sicht auf den Menschen, wie er wirklich ist, sind besondere ästhetische Aspekte der Leidenschaftsdiskurse verbunden, die paradigmatisch, jeweils einen besonderen Gesichtspunkt heraushebend und am aktuellen Interesse orientiert, bei Descartes (Begründung einer Theorie der Leidenschaften in einer psycho-physischen Wahrnehmungslehre), Hobbes (die natürliche ›Kunstfertigkeit‹ des Menschen bei der Moderierung der Leidenschaften) und Spinoza (die Leidenschaften in einer Ethik des gelingenden Lebens) beschrieben werden sollen.

1. Descartes

In der Grunddefinition der passions im 1. Artikel von René Descartes' *Les Passions de l'Ame* (1649) knüpft der Autor an Aristoteles' Entgegensetzung von Tätigkeit und Leiden an, wendet diese Unterscheidung nun aber auf die Leidenschaften selbst an: »Je considere que tout ce qui se fait ou qui arrive de nouveau, est generalement appellé par les Philosophes une Passion au regard du sujet auquel il arrive, & une Action au regard de celuy qui fait qu'il arrive. En sorte que, bien que l'agent & le patient soient souvent fort differens, l'Action & la Passion ne laissent pas d'estre tousjours une mesme chose«[33]. Die Momente des passiven Erleidens und des aktiven Strebens kreuzen sich also innerhalb des affektiven Vorgangs, so wenn die Leidenschaften die Seele veranlassen, das zu wollen, was die Natur dem Menschen als nützlich angibt.[34] So ergibt sich bei Descartes, in Auseinandersetzung mit der Tugendlehre der Stoa, eine Theorie emotionsbestimmten Handelns. Aufschlußreich sind die Schritte, die Descartes geht, um zu dieser Theorie zu gelangen.

Der erste Teil der Schrift handelt von »des passions en general: Et par occasion, de toute la nature de l'homme« (2) – und dieses ›über die Natur des Menschen im Ganzen‹ ist wörtlich zu nehmen. Descartes baut von unten her auf; er beginnt mit der elementaren Bestimmung des Körper-Geist-Verhältnisses und leitet über zur Physiologie des menschlichen Körpers. Darin behandelt er das Nervensystem und die Muskelbewegungen. Besonders aber interessiert ihn der menschliche Blutkreislauf, den William Harvey 1628 zum ersten Mal beschrieben hatte. Er spielt für Descartes eine zentrale Rolle, weil er es erlaubt, den lebenden Körper als einen Automaten selbstgesteuerter Bewegung zu begreifen. In diesem Automaten haben wiederum die Lebensgeister (»esprits animaux«, 12), die er als einen sehr subtilen Teil des Blutes (»parties du sang tres-subtiles«, 16) versteht, große Bedeutung. Auf der Grundlage dieses physiologischen Modells bestimmt Descartes die körperlichen Wahrnehmungen, die »perceptions qui sont causées par le corps« (36), in dreifacher Bedeutung, als »perceptions que nous rapportons aux objets qui sont hors de nous«, »perceptions que nous raportons à nostre corps« (40) und »perceptions que nous raportons à nostre ame« (42). Einigermaßen im Einklang mit dem deutschen Sprachgebrauch des 17. und 18. Jh. kann man übersetzen mit ›Wahrnehmung‹ (im engeren Sinn: physiologische Wahrnehmung), ›Empfindung‹ und ›Gemütsbewegung‹. Descartes argumentiert weiter: Obgleich

---

31 GIAMBATTISTA VICO, Scienza Nuova (1744; Florenz 1994), 74 f.; dt.: Vico, Prinzipien einer neuen Wissenschaft über die gemeinsame Natur der Völker, übers. v. V. Hösle/C. Jermann, Bd. 1 (Hamburg 1990), 90 f.
32 Vgl. KARL-HEINZ MULAGK, Phänomene des politischen Menschen im 17. Jahrhundert (Berlin 1973), 132–140; ANTHONY LEVI, French Moralists. The Theory of the Passions (Oxford 1964).
33 RENÉ DESCARTES, Les Passions de l'Ame (1649)/Die Leidenschaften der Seele, frz.-dt., hg. u. übers. v. K. Hammacher (Hamburg ²1996), 4.
34 Vgl. ebd., 92.

alle drei Wahrnehmungsarten »passions au regard de nostre ame« (42) seien, d. h. ›Leiden‹ implizierten, seien nur die letzteren wirkliche Leidenschaften der Seele (passions de l'ame). Hier ist bemerkenswert, wie Descartes eine Verbindung zwischen den physiologischen Wahrnehmungen, Körperempfindungen einerseits und den Leiden(-schaften) andererseits, mithin zwischen Körper und Seele herstellt, die sich grundlegend auf die Perzeption des Menschen gründet. Dieser Zusammenhang geht dann auch in die Definition der passions de l'ame ein: »Apres avoir consideré en quoy les passions de l'ame different de toutes ses autres pensées, il me semble qu'on peut generalement les definir: Des perceptions [...] ou des émotions de l'ame, qu'on raporte particulierement à elle, & qui sont causées, entretenuës & fortifiées par quelque mouvement des esprits.« (46) Den Sitz der konkreten psycho-physiologischen Verbindungsstelle zwischen Körper und Seele verlegt Descartes an einen metaphysiologischen Ort, in die Hypophyse (Hirnanhangsdrüse, ›Zirbeldrüse‹), die er als »petite glande qui est au milieu du cerveau« (56) beschreibt. In der ›petite glande‹ findet also die pathokinetische Vermittlung zwischen der als unteilbar gedachten Seele mit dem Körper als Ganzem statt.

Gemessen an der Bedeutung des 1. Teils der *Passions de l'Ame* fallen die anderen beiden Teile ab. Der 2. Teil (›Du nombre & de l'ordre des Passions‹) beschreibt 42 Leidenschaften, die auf sechs Grundleidenschaften (»Passions primitives«, 108) zurückgeführt werden: »l'Admiration, l'Amour, la Haine, le Desir, la Ioye, & la Tristesse« (108). Der 3. Teil (›Des Passions particulieres‹) geht wiederum von den sechs Grundleidenschaften aus und betrachtet, wie durch Mischungen aus diesen Grundaffekten weitere entstehen. Hier bewegt sich Descartes ganz im zeittypischen Fahrwasser der Behandlung der Leidenschaften und nähert sich mit seinem essayistischen Stil der Moralistik.

Hervorzuheben ist allerdings die Rolle der ›admiration‹, die in der spezifischen Bedeutung, die Descartes ihr gibt, nicht mit ›Bewunderung‹, sondern als ›Verwunderung‹ übersetzt werden muß. Hier läßt sich die Abgrenzung der Erkenntnishaltung von der ästhetischen und ethischen Haltung in statu nascendi verfolgen. Aus der Reihe der passions primitives hebt Descartes die admiration, die in anderen Klassifikationen der Leidenschaften des 17. und 18. Jh. kaum eine Rolle spielt, hervor: als eine staunende Haltung (»une subite surprise de l'ame, qui fait qu'elle se porte à considerer avec attention les objects qui luy semblent rares & extraordinaires«, 108), bei der keine Veränderung im Herzen noch im Blut vor sich geht: »Elle n'a point de rapport avec le cœur & le sang, desquels depend tout le bien du corps, mais seulement avec le cerveau, où sont les organes des sens qui servent à cette connoissance.« (110) Man kann dies als eine Haltung reiner Erkenntnis betrachten. Admiration ist aber auch der Ursprung einer ästhetischen Haltung, bei der eine leidenschaftliche Bewegung auf das Objekt oder von ihm weg erfolgt, so bei der Unterscheidung von Liebe und Haß, von Schönem und Häßlichen. Die Beziehung zu den schönen Dingen ist durch Wohlgefallen (agréement) gekennzeichnet, die zu den häßlichen Dingen durch Schauder (horreur) oder Aversion (aversion). Descartes betont, daß die Leidenschaften des Wohlgefallens und des Schauders stärker sind als die anderen Arten von Liebe und Haß, weil das, was durch die Sinne auf die Seele wirkt, viel stärker ist als das, was durch die Vernunft vorgestellt wird.[35] Diese Zuordnung des Schreckens zum Häßlichen und des Wohlgefallens zum Schönen wird dann auch für die englische sensualistische Ästhetik zu einer grundlegenden Unterscheidung.

2. Hobbes

Bei den Klassifikationen der Leidenschaften, die Thomas Hobbes im 6. Kapitel seines *Leviathan* (1651) (›Of the Interiour Beginnings of Voluntary Motions; commonly called the Passions. And the speeches by which they are expressed‹) vornimmt, steht er in relativer Kontinuität zu Descartes' Klassifikationen der Leidenschaften, aber die Architektur der Beweisführung ist anders.[36] War die Wahrnehmungs- und Empfindungslehre bei Descartes v. a. von dem Interesse bestimmt, den Zusammenhang zwischen physiologischem und psychologi-

---

35 Vgl. ebd., 132.
36 Vgl. HOBBES (LEV), 37–46.

schem Apparat der Leidenschaften aufzuklären, und hatte die Wahrnehmungslehre damit relative Selbständigkeit, so gibt es bei Hobbes einen weitergreifenden Zielpunkt. Die Kennzeichnung der passions als ›voluntary motions‹, die Beschreibung der anthropologischen Grundstruktur des Naturwesens, brauchte Hobbes, um im 13. Kapitel über die natürlichen Bedingungen der Menschheit in Hinsicht auf ihr Glück oder Elend (›Of the *Naturall Condition* of Mankind, as concerning their Felicity, and Misery‹) zu handeln. Die Argumentation dieses für die ganze Schrift zentralen Kapitels ist: Die Natur hat allen Menschen gleiche Voraussetzungen gegeben. Diese naturgegebene Gleichheit aber kreuzt sich mit den gleichfalls natürlichen Leidenschaften Konkurrenz, Mißtrauen, Ruhmsucht (competition, diffidence, glory). Wenn sie nicht von einer Macht im Zaum gehalten werden, bewirken diese Leidenschaften – Hobbes spricht hier auch als Zeitgenosse des blutigen Bürgerkriegs –, daß Krieg eines jeden gegen jeden ausbricht: »Hereby it is manifest, that during the time men live without a common Power to keep them all in awe, they are in that condition which is called Warre; and such a warre, as is of every man, against every man.« (88) Hobbes erhebt nun keine Anklage gegen die Verderbtheit der menschlichen Natur, sondern er rechnet mit diesen Leidenschaften: »The Desires, and other Passions of man, are in themselves no Sin. No more are the Actions, that proceed from those Passions, till they know a Law that forbids them: which till Lawes be made they cannot know: nor can any Law be made, till they have agreed upon the Person that shall make it.« (89) Durch Gesetz und durch einen Souverän ist also die Moderierung der natürlichen Leidenschaften möglich. Daß diese Moderierung im Einklang mit der menschlichen Natur gelingen kann, hat wiederum darin seine Grundlage, daß es passions gibt, die den Menschen friedfertig machen, so die Todesfurcht (als Angst vor der Todesstrafe), das Verlangen nach Dingen, die zu einem angenehmen Leben notwendig sind, und die Hoffnung, sie durch Fleiß erlangen zu können: »The Passions that encline men to Peace, are Feare of Death; Desire of such things as are necessary to commodious living; and a Hope by their Industry to obtain them.« (90) Die Moderierung der Leidenschaften durch den bewußten Einsatz ihrer Gegensätze schafft Möglichkeiten für die Vernunft und die Grundsätze des Friedens. So geschieht der Ausgleich: Das Naturrecht (jus naturale), das einem jeden die Freiheit einräumt, aus eigener Macht nach Erhaltung seiner eigenen Natur und seines eigenen Lebens zu streben, wird ergänzt durch das Naturgesetz (lex naturalis; natural law), in dem die Gebote der Vernunft herrschen: »the Lawes of Nature (as *Justice, Equity, Modesty, Mercy,* and (in summe) *doing to others, as wee would be done to*« (117). Dies sind die Voraussetzungen für das Common-Wealth mit den zentralen Funktionen des Souveräns und der Verträge, des Gemeinwesens oder Staates – jenes »great *Leviathan*«, der nichts anderes ist als ein künstlicher Mensch (»Artificiall Man«), ein politischer Körper (»Body Politique«), der durch die Kunstfertigkeit des Menschen (»*Art* of man«, 9) erschaffen wird – in einem ähnlichen Schöpfungsakt wie dem, mit dem Gott die Welt erschaffen hat. Spricht somit die Natur von der Kunstfertigkeit, mit der Gott die Welt gemacht hat und lenkt, so zeugt der Staat, der große Leviathan, von der Kunstfertigkeit des Menschen, seine Leidenschaften zu moderieren und sich (Natur-)Gesetze geben zu können.

Die Spannweite der Interpretationen und die Ambivalenz von Hobbes' Leidenschaftstheorie demonstrierten am Beginn des 18. Jh. zwei Leser von Hobbes: So heißt es bei Vico: »come della ferocia, dell'avarizia, dell'ambizione, che sono gli tre vizi, che portano a travverso tutto il Gener'Umano, [la società] ne fa la milizia, la mercatanzia, e la corte; e sì la fortezza, l'opulenza, e la sapienza delle Repubbliche: e di questi tre grandi vizi, i quali certamente distruggerebbero l'umana generazione sopra la terra, ne fa la Civile Filicità. Questa Dignità pruova, esservi Provvedenza Divina; e che ella sia una Divina Mente Legislatrice; la quale delle passioni degli uomini tutti attenuti alle loro private utilità, per le quali viverebbono da fiere bestie dentro le solitudini, ne ha fatto gli ordini civili, per gli quali vivano in Umana Società.« (Aus der Grausamkeit, der Habsucht und dem Ehrgeiz – den drei Lastern, die das ganze Menschengeschlecht verwirren – [macht die Gesellschaft] das Militär, den Handel und den Hof und damit die Stärke, den Reichtum und die Weisheit der Staaten; und aus diesen drei großen Lastern, die sonst sicher das Menschengeschlecht auf Erden vernichten würden, macht sie einen glücklichen politischen Zustand. Dieser Grundsatz beweist, daß es eine göttliche Vorsehung gibt und daß sie ein göttlicher gesetzgebender Geist ist, der aus den Leidenschaften der Menschen, die alle nur an ihrem Privatnutzen hängen und vermöge jener Leidenschaften wie wilde Bestien in den Einöden leben würden, die politischen Ordnungen hervorgebracht hat, durch die sie in menschlicher Gesellschaft leben können.)[37]

Wesentlich weniger optimistisch fallen die Befunde bei dem englischen Arzt Bernard Mandeville aus, der in seiner *Fable of the Bees* (1714) die durch den Frühkapitalismus freigesetzten Leidenschaften ahnt, die zum gnadenlosen, durch nichts gemilderten Konkurrenzkampf zwischen den Individuen führen. Bei Mandeville ist die Leidenschaft des Selbsterhaltungstriebes und die der Selbstliebe die durch keinen geselligen oder altruistischen Trieb gemilderte Garantie des eigenen Überlebens. So ist für ihn auch die Vernunft eine Sklavin der Leidenschaften. Und gegen seinen erbitterten Gegner Shaftesbury, der die platonischen und stoischen Argumente gegen die Leidenschaften übernommen hatte, heißt es in dem Abschnitt ›A Search into the Nature of Society‹: »For we are ever pushing our Reason which way soever we feel Passion to draw it, and Self-love pleads to all human Creatures for their different Views, still furnishing every individual with Arguments to justify their Inclination. The boasted middle way, and the calm Virtues recommended in the Characteristicks, are good for nothing but to breed Drones.«[38] So ist Mandevilles natürlicher Mensch der egoistische Mensch, der durch den politischen Körper (»Body Politick«) der Gesellschaft mit überlegener Gewalt unterworfen werden muß (»subdued by Superior Force«[39]).

3. Spinoza

Von den insgesamt fünf Teilen der *Ethica* Baruch de Spinozas (entst. 1662–1675; ersch. 1677) handeln die beiden ersten ›De Deo‹ (Von Gott) und ›De Natura, & Origine Mentis‹ (Von der Natur und dem Ursprung der Seele), sind also Ontologie und Erkenntnistheorie gewidmet. Die drei weiteren Teile zentrieren sich um die Ethik, in der die Leidenschaften unter der Fragestellung der mentalen Orientierung des Menschen in einer monistisch/pantheistisch verstandenen Welt der zentrale Bezugspunkt sind.

Die Kritik Spinozas an Descartes' freiem Willen und seiner anthropomorphen Gottestheorie ist der Ausgangspunkt. Spinoza setzt dagegen, es gebe keinen schöpferischen Gott, der den Dingen transzendent wäre. Göttliche Macht (potentia) ist nicht Potentialität, sondern erfüllte Wirklichkeit, und Gottes Wirksamkeit ist immanente Kausalität.[40] Spinozas Ethik hat ihr Zentrum in der These, daß die Welt weder die beste noch die schlechteste unter mehreren möglichen Welten ist, sondern die einzig mögliche. Entsprechend argumentiert er auch zu den Affekten und Leidenschaften: Sie sind unstreitige und nicht zu verleugnende Eigenschaften der Natur, die es zu begreifen gilt, und zwar mit einer an der Mathematik orientierten Methode, »ac si Quaestio de lineis, planis aut de corporibus esset« (als wenn die Untersuchung es mit Linien, Flächen und Körpern zu tun hätte)[41].

Von diesem Kernargument her baut Spinoza eine ethisch motivierte Handlungstheorie auf, die zunächst vom leidenden/erleidenden Menschen ausgeht. Der Mensch ist als Modus der Natur und darin als Teil der Natur immer äußeren Ursachen ausgesetzt, die ihn leiden lassen, und Leiden (passiones) sind Eindrücke, bei welchen der Geist keine aktive, sondern eine passive Rolle spielt.[42] Aber diese Leidenschaften haben zugleich eine aktive Tendenz, die sich über den zentralen Begriff des Strebens (conatus) erschließt: Affekte haben ih-

---

37 VICO (s. Anm. 31), 75; dt. 91.
38 BERNARD DE MANDEVILLE, The Fable of the Bees: Or, Private Vices, Publick Benefits (1714/1729), hg. v. F. B. Kaye, Bd. 1 (Oxford 1957), 333.
39 Ebd., 347.
40 Vgl. WOLFGANG BARTUSCHAT, Baruch Spinoza (München 1996), 50 f.; BARTUSCHAT, Spinozas Theorie des Menschen (Hamburg 1992).
41 BARUCH DE SPINOZA, Ethica ordine geometrico demonstrata (1677), in: SPINOZA, Bd. 2 (1925), 138 (Pars 3, Praef.); dt.: Die Ethik nach geometrischer Methode dargestellt, übers. v. O. Baensch (Hamburg 1989), 109.
42 Vgl. ebd., 212 f. (Pars 4, Prop. 2 u. 4); dt. 193 ff.

ren Ursprung in einem Handeln, das, auf Äußeres gerichtet, zu einem Streben gegen etwas wird. Die Affekte betreffen den Menschen in seiner Aktivität, bremsen diese Aktivität. Er nimmt sie deshalb nicht einfach hin, sondern sucht sie so zu gestalten, daß die Aktivität die Oberhand behält: »Unaquaeque res, quantùm in se est, in suo esse perseverare conatur.« (Jedes Ding strebt, soviel an ihm ist, in seinem Sein zu beharren.)[43] Es setzt allem, was seine Existenz aufheben könnte, Widerstand entgegen. Diese Selbsterhaltung ist tendenzielle Selbststeigerung. Aber es gibt eben auch kein Handeln, das reine Aktivität wäre, sondern es ist immer gebrochen durch Merkmale des Leidens (passion), dem der conatus, das Streben, »esse, agere & vivere, hoc est, actu existere« (zu sein, zu handeln und zu leben, das heißt wirklich zu existieren)[44], eine positive Tendenz verleiht.

Spinoza kommt es also darauf an, eine Theorie zur Beherrschung der Affekte zu entwickeln, die nicht gegen die Affekte selbst gerichtet ist, sondern den Menschen jenseits der Annahmen von Willensfreiheit, Teleologie oder Normativität als Handelnden in und mit seinen Affekten zeigen kann. In diesem Handeln ist die Ethik eines gelingenden, auf Glückseligkeit (beatitudo) gerichteten Lebens begründet, in der die Herrschaft der Leidenschaften durchschaubar gemacht wird und ihre Wirkungen untereinander ausgeglichen werden können.[45]

III. Die Sprache der Leidenschaften

Mit dem Stichwort ›Sprache der Leidenschaften‹ wird der seit der Antike virulente weite ästhetische Bereich der ›Lektüre‹, der Darstellung und der Wirkung der Leidenschaften aufgerufen. Der notwendigen lexikalischen Begrenzung gehorchend, werden in systematischer Sicht drei Querschnittkomplexe ausgewählt, die jeweils eine spezifische sach- und begriffsgeschichtliche Tradition aufweisen. Es geht (1) um das ›Lesen‹ und Deuten von Leidenschaften in einer Korrelierung des Außen und Innen (Körper und Seele/Psyche) in der Tradition der *Physiognomik*; (2) um die Darstellung von Leidenschaften in pathetischen Ausdrucksformen der Kunst (*Pathosfiguren*) und (3) um die Wirkung von dargestellten Leidenschaften in der Wirkungsästhetik der klassischen Tragödie. Von den Künsten her gesehen, stehen in diesen drei Querschnitten die bildende Kunst und die Tragödie im Mittelpunkt. Die Musik bleibt ausgespart, weil alle Musiktheorie traditionell mit dem Begriff des *Affekts* und des *Ausdrucks* verbunden bleibt.

1. Physiognomik und Pathognomik

Physiognomik (wörtlich: die Kenntnis des Körpers/der Körperlichkeit) wird definiert als die deutende Darstellung des Inneren aus äußeren Zeichen des Körpers, als die Wissenschaft von der Lektüre der Körperzeichen.[46] Ihre Tradition geht bis zu Aristoteles[47] und weiter zurück, wenn man berücksichtigt, daß Aristoteles seinerseits auf ein älteres physiognomisches Wissen zurückgreifen konnte. So scheint das ›Physiognomisieren‹ ein Urbedürfnis des sich kultivierenden Menschen zu sein, mit der Lektüre des Körpers und seiner Zeichen auf das Innere, z. B. die den Menschen beherrschenden Leidenschaften, zu schließen.

Die Renaissance rekonstruierte das antike physiognomische Wissen und vermittelte es mit dem des Mittelalters und der Neuzeit. Giambattista Della Portas mit reichem Bildmaterial (v. a. Holzschnitten) versehenes Werk *De humana physiognomia* (1586) faßte das überlieferte Material an physiognomischen Beobachtungen in einem umfangreichen Katalog physiognomischer Charakterdeutungen zusammen, der über einen Zeitraum

---

43 Ebd., 168 (Pars 3, Prop. 6); dt. 118.
44 Ebd., 225 (Pars 4, Prop. 21); dt. 208.
45 Vgl. ebd., 241 (Pars 4, Prop. 42); dt. 226.
46 Vgl. RÜDIGER CAMPE, Rhetorik und Physiognomik. Oder: Die Zeichen der Literatur (1680–1730), in: Campe/M. Schneider (Hg.), Geschichten der Physiognomik: Text, Bild, Wissen (Freiburg i. Br. 1996), 283; NORBERT BORRMANN, Kunst und Physiognomik. Menschendeutung und Menschendarstellung im Abendland (Köln 1994), 10.
47 Vgl. ARISTOTELES, Physiognomik. Schlüsse vom Körperlichen auf Seelisches, übers. v. M. Schneidewin (Heidelberg 1929); ANDREAS DEGKWITZ, Die pseudoaristotelischen ›Physiognomica‹, in: Campe/Schneider (s. Anm. 46), 13–44.

von 150 Jahren in 13 Auflagen und in allen europäischen Sprachen weit verbreitet wurde (eine erste deutsche Übersetzung erschien 1601[48]) und den frühmodernen Diskurs der Physiognomik des 17. Jh. nachhaltig geprägt hat.

Im 17. Jh. stand das physiognomische Lesen des körperlichen Ausdrucks der Leidenschaften mit der Medizin und Astrologie in enger Verbindung. Aus den Körperzeichen wurden Leiden und Leidenschaften abgeleitet und astrologischen Konstellationen unterstellt.[49] Das Wissen vom Menschen bündelte sich also in einem Wissensbereich, der von einer kosmobiologischen Ordnung beherrscht war. In dem Maß, wie sich diese kosmobiologische Ordnung langsam auflöste, wurde die Astrologie ephemer, vollzog sich die Trennung zwischen Medizin und Physiognomik, und die Physiognomik wurde aus der ihre Bedeutung verbürgenden Konstellation mit Medizin und Astrologie entlassen und mit dem neuzeitlichen Gebot von Wissenschaftlichkeit konfrontiert. So entsprach die Blüte der Physiognomik im 18. Jh. dem rationalistischen Aufklärungsbestreben, den Ausdruck der Seele zu verstehen und zu erklären. Sie wurde aber auch dem Gebot unterstellt, dies mit Mitteln zu tun, die einem wissenschaftlichen Anspruch standhalten können. Lavaters Definition der Physiognomik stellte sich diesem Anspruch: »In so fern ich von der Physiognomik als einer Wissenschaft rede – begreif ich unter Physiognomie alle unmittelbaren Äußerungen des Menschen. Alle Züge, Umrisse, alle passive und active Bewegungen, alle Lagen und Stellungen des menschlichen Körpers; alles wodurch der leidende oder handelnde Mensch unmittelbar bemerkt werden kann, wodurch er seine Person zeigt – ist der Gegenstand der Physiognomik.«[50] Gerade aber an der Lavaterschen Praxis des Physiognomisierens schieden sich die Geister. Der Vorwurf unwissenschaftlicher Seichtbeutelei war kombiniert mit Argumenten aus einer Naturwissenschaft bzw. Naturgeschichte des Menschen, d. h. der sich ausbildenden Anthropologie. Im Zuge dieser Verwissenschaftlichung wurde ein Wechsel von der Physiognomik zur Pathognomik gefordert, wofür Georg Christoph Lichtenbergs Auseinandersetzung mit Lavater das bedeutendste Zeugnis ist.[51]

Hat die Physiognomik, so fragt Lichtenberg am Ausgangspunkt seiner Argumentationen, »in den traurigen Tagen der falschen Empfindsamkeit«[52] nicht doch ein positives, produktives Ziel, indem sie 1. den Beobachtungsgeist aufweckt, 2. die Selbsterkenntnis des Menschen betreibt, 3. den Künsten vorarbeitet? Damit ist das Terrain der Argumente abgesteckt. Lichtenberg kommt bei allen drei Punkten zu einem negativen Urteil über die Physiognomik Lavaterscher Prägung. Unter dem Stichwort *Beobachtungsgeist* nähert er sich zuerst dem (natur-) wissenschaftlichen Anspruch der Physiognomiker, ein Außen, eine Oberfläche zu lesen, um daraus auf das Innere, den ›Geist‹, die ›Seele‹ und die das betreffende Individuum beherrschenden Leidenschaften zu schließen. Diesen wissenschaftlichen Anspruch, den Anspruch der Physiognomiker, zu den »Naturlehrern« (275) gerechnet zu werden, zerpflückt Lichtenberg gnadenlos, weil sie den unermeßlichen Sprung »von der Oberfläche des Leibes zum Innern der Seele« (258) verkennen. Lichtenberg empfiehlt, wenn die Phy-

---

48 Vgl. GIAMBATTISTA DELLA PORTA, Menschliche Physiognomy/ Dass ist/ Ein gewisse Weiss und Regel/ wie man aus der eusserlichen Gestalt/ Statur [...] dess menschlichen Leibs und aus dessen Gliedmassen schliessen koenne/ wie derselbe auch innerlich von Gemuet beschaffen/ gesinnet und geartet sey (Frankfurt 1601).
49 Vgl. JEAN-JACQUES COURTINE, Körper, Blick, Diskurs. Typologie und Klassifizierung in der Physiognomik des Klassischen Zeitalters, übers. v. S. Fuchs, in: Campe/Schneider (s. Anm. 46), 214 f.
50 JOHANN CASPAR LAVATER, Physiognomische Fragmente zur Beförderung der Menschenkenntnis und Menschenliebe (1775–1778), hg. v. C. Siegrist (Stuttgart 1984), 21 f.
51 Vgl. BARBARA STAFFORD, Body Criticism. Imaging the Unseen in Enlightenment Art and Medicine (Cambridge, Mass./London 1991), 103–128; HELMUT PFOTENHAUER, Sich selber schreiben. Lichtenbergs fragmentarisches Ich, in: Pfotenhauer, Um 1800. Konfigurationen der Literatur, Kunstliteratur und Ästhetik (Tübingen 1991), 5–26; JÜRGEN OELKERS, Hogarth, Lichtenberg, Lavater und das Problem des Lernens, in: J. Oelkers/D. Tröhler (Hg.), Die Leidenschaft der Aufklärung. Studien über Zusammenhänge bürgerlicher Gesellschaft und Bildung (Weinheim/Basel 1999), 53–84.
52 GEORG CHRISTOPH LICHTENBERG, Über Physiognomik; wider die Physiognomen. Zu Beförderung der Menschenliebe und Menschenkenntnis (1777), in: LICHTENBERG, Bd. 3 (1972), 264.

siognomiker schon ›Naturlehrer‹, also Wissenschaftler sein wollten, so sollten sie bescheidener und zunächst einmal gute Beobachter sein. Aber gerade das unterscheide eben den eigentlichen Wissenschaftler (›Physiker‹) vom Physiognomiker, bei dem unter der Maske der Wissenschaft sich neuer Aberglaube verberge. Inhärent ist dabei der Abweis des der Physiognomik zugrunde liegenden vormodernen Naturverständnisses, in dem der Mensch und seine Umwelt als geordnetes Tableau eines zusammenstimmenden Innen und Außen beschrieben wurden.

Seinen anthropologischen und ästhetischen Gesichtspunkt bringt Lichtenberg über das Stichwort der *Selbsterkenntnis* ein. Mit einem rhetorischen Chiasmus kehrt er den Untertitel des Lavaterschen Werkes um und nennt seinen Beitrag ›Zu Beförderung der Menschenliebe und Menschenkenntnis‹, statt, wie es bei Lavater geheißen hatte, ›Beförderung der Menschenkenntnis und Menschenliebe‹. Damit drückt Lichtenberg aus, daß die Anthropologie, die die Physiognomik ablöst (und auch ersetzt), ein anderes Mensch-Natur-Verhältnis zugrunde legt. Gegen das statische Menschenbild der Physiognomik betont er die *Perfektibilität* und *Korruptibilität* des Menschen: »das ist es eben was den Menschen macht, und was ihn von dem Sprengel der Physiognomik auf ewig ausschließen wird. Er steht allein auf dieser Kugel, wie Gott, der ihn nach seinem Bilde geschaffen hat, allein in der Natur.« (269) Durch diese Individualisierung sind für eine Wissenschaft vom Menschen »Selbstbeobachtung und Kenntnis des Menschen« erforderlich, die gerade in Deutschland »in einem fast schimpflichen Verfall liegt« (269). Mit Lichtenbergs anthropologischem Ansatz ist seine ästhetische Stellungnahme zum Verhältnis von Schön und Häßlich direkt verbunden. Die Physiognomiker neigen zu der alten ontologisch argumentierenden und vorästhetischen Zuordnung von Häßlich und Schön zu den moralischen Werten von Gut und Böse: Sie behaupten, »die schönste Seele bewohne den schönsten Körper, und die häßlichste den häßlichsten« (270). Diese Zuordnung, die ausschließt, daß Newtons Genie in dem Kopf eines Negers zu denken wäre, und vor deren weiteren unabsehbaren Gefahren Lichtenberg eindringlich warnt, wird bei ihm durch eine Schön-Häßlich-Dialektik ersetzt,

die sich vom Schönheitsbegriff Winckelmanns ab- und den Häßlichkeitsfiguren Hogarths zuwendet.[53]

Dazwischen liegt der Schritt, den Lichtenberg mit der Formulierung »den Künsten vorarbeiten« (264) markiert. Während die Physiognomen glauben, im Buch der Natur zu lesen, verlagert er die ganze Fragestellung der Physiognomik in das Gebiet der Semiotik, einer lesbaren Sprache der Leidenschaften, die v. a. für die Kunst von allergrößter Bedeutung sei. Für diesen Platzwechsel von der Annahme einer festen, starren Natur des Menschen zur Zeichensprache vorübergehender Handlungen und des körperlichen Ausdrucks von Leidenschaften ist die Unterscheidung von *Physiognomik* und *Pathognomik* maßgeblich. Unter Pathognomik versteht Lichtenberg »die ganze Semiotik der Affekten oder die Kenntnis der natürlichen Zeichen der Gemütsbewegungen, nach allen ihren Gradationen und Mischungen« (264). Es geht dabei um vorübergehende und darstellbare Ausdrucksfiguren von Leidenschaften, wie sie später auch bei Johann Jakob Engel in dessen *Ideen zu einer Mimik* (1810) eine große Rolle spielen.[54]

Damit ist den Künsten insofern ›vorgearbeitet‹, als diese Semiotik der Leidenschaften den wirkungsästhetischen Einsatz einer »unwillkürlichen Gebärden-Sprache, die von den Leidenschaften in allen ihren Gradationen über die ganze Erde geredet wird« (278), unterstützt. So wird auch eine moralisch-ästhetische Wertung der Schön-Häßlich-Unterscheidung wieder möglich, nicht aber als naturgegebene Unterscheidung, sondern als eine artifiziell in Szene gesetzte, der jeweils ein bestimmtes Ausdruckspotential zukommt: »Daß der Maler und der Dichter ihre Tugendhaften schön, und ihre Lasterhaften häßlich vorstellen, kommt nicht von einer durch Intuition erkannten notwendigen Verbindung dieser Eigenschaften her, sondern weil sie alsdann Liebe und Haß mit doppelter Kraft erwecken, wovon die eine den Men-

---

53 Vgl. ebd., 273, 270, 293 ff.
54 Vgl. MICHAEL FRANZ, Von der Ausdruckssemiotik zur Physiologie. Zum Projekt einer Verbindungskunst der gestischen Zeichen bei Johann Jakob Engel, in: I. Baxmann/M. Franz/W. Schäffner (Hg.), Das Laokoon-Paradigma. Zeichenregime im 18. Jahrhundert (Berlin 2000), 544–568.

schen am Geist, die andere am Fleisch anfaßt.« (291)

Daß sich Lichtenberg in dieser Richtung v. a. auf englische Beispiele (Shakespeare, den Schauspieler Garrick, Hogarths Stiche) bezieht, ist genausowenig zufällig wie der Umstand, daß in der englischen ›Kritik‹ diese Pathognomik auch theoretisch eine große Rolle spielt – so etwa in Henry Homes ›Ästhetik‹, den *Elements of Criticism* (1762), in denen Kapitel 15 den ›External Signs of Emotions and Passions‹ und Kapitel 17 der ›Language of Passion‹ gewidmet ist. Wie Lichtenberg betont auch Home Funktion und Rang der Beobachtung, aber auch die Grenzen der sinnlichen Wahrnehmungen des Auges: »The external sign [der Leidenschaften – d. Verf.] is indeed visible. But to understand its meaning, we must be able to connect it with the passion that causes it; an operation far beyond the reach of eye-sight. Where then is the instructor to be found, that can unvail this secret connection? If we apply to experience, it is yielded, that from long and diligent observation, we may gather in some measure in what manner those we are acquainted with express their passions ex-ternally.«[55] Auch andere englische Kritiker, die Lichtenberg sicher gekannt hat, plädierten für eine Verwissenschaftlichung der Physiognomik in der Form einer Pathognomik.[56]

Im Zuge dieser Verwissenschaftlichung nahmen sich dann zunehmend auch Mediziner (James Parson, Peter Camper, Jean-Joseph Sue) der Physiognomik an.[57] Zum Ende des 18. Jh. und zu Beginn des 19. geht das physiognomische Lesen von Ausdruck über an die Kriminalisten, Gehirnphysiologen und Verhaltensforscher. Obwohl der Lavaterschen Physiognomik Antimodernität attestiert werden muß, »bahnt sie bekanntlich einigen mehr oder weniger anerkannten wissenschaftlichen Disziplinen den Weg, so der Kranioskopie bzw. Phrenologie, der Kriminologie und Kriminalanthropologie, der Symbolforschung, der Graphologie, der Ausdruckspsychologie und Ausdruckslehre überhaupt«[58].

2. Pathosfiguren

Lichtenbergs Analyse führt hin zum Problem des Ausdrucks von Leidenschaften in der bildenden Kunst und Malerei, wofür in der Kunstwissenschaft der Begriff der *Pathosfigur* gebräuchlich geworden ist. Der im wesentlichen auf Aby Warburg zurückgehende Begriff der *Pathosformel* setzt sich davon ab und meint in einem engeren, spezielleren Sinne die nach dem Prinzip des *contrapposto* gebildeten Bildformeln, die in der Tradition der antiken Pathos-Ethos-Verbindungen entgegengesetzte Affektgebärden zu einer spannungsvollen Einheit zusammenfügen. Seit der Renaissance drückte sich in diesen Pathosformeln eine antiklassische Haltung aus, die sich sowohl gegen den Realismus des Quattrocento wie gegen die Symbolik des Mittelalters richtete.[59] Im weiten Bereich der bildkünstlerischen Darstellung der Leidenschaften besetzte die Warburgsche Pathosformel einen bestimmten Platz, und zwar den der toposhaften Bewahrung eines durch den Gegensatz von Leidenschaften bestimmten Augenblicks.[60] Das Interesse Warburgs galt v. a. »den polaren, leidenschaftlich aufgeladenen Gebärden des Kampfes, des Sieges, des Triumphes, der Verfolgung, des Raubes, des Todes, der Klage, der Trauer und des sinnenden Innehaltens, der Kontemplation. Aus der antiken Kunst wurden

---

[55] HOME, Bd. 2 (1762), 117 f.
[56] Vgl. JAMES HARRIS, Three Treatises. The first concerning Art; The second concerning Music, Painting and Poetrie. The third concerning Happiness (London ²1762).
[57] Vgl. THOMAS KIRCHNER, L'expression des passions. Ausdruck als Darstellungsproblem in der französischen Kunst und Kunsttheorie des 17. und 18. Jahrhunderts (Mainz 1991), 306–340; GEORG GUSTAV FÜLLEBORN, Abriß einer Geschichte und Litteratur der Physiognomik, in: Fülleborn, Beyträge zur Geschichte der Philosophie, Stück 8 (Züllichau 1797), 1–188.
[58] URSULA GEITNER, Klartext. Zur Physiognomik Johann Caspar Lavaters, in: Campe/Schneider (s. Anm. 46), 356; vgl. MANFRED SCHNEIDER, Die Beobachtung des Zeugen nach Artikel 71 der ›Carolina‹: Der Aufbau eines Codes der Glaubwürdigkeit 1532–1850, in: ebd., 176–179.
[59] Vgl. ERNST H. GOMBRICH, Aby Warburg. An Intellectual Biography (London 1970), 168 ff., 177–185; dt.: Aby Warburg. Eine intellektuelle Biographie, übers. v. M. Fienbork (Hamburg 1992).
[60] Vgl. SALVATORE SETTIS, Pathos und Ethos. Morphologie und Funktion, übers. v. B. Schneider, in: Vorträge aus dem Warburg-Haus, Bd. 1 (Berlin 1997), 38–40.

selektiv vor allem die ›superlativen Ausdruckswerte‹, die ›Höchstwerte‹ menschlichen Ausdrucks in die abendländische Kultur integriert und weiterverwendet. Die einmal gefundenen antiken Gestaltformen von Leidenschaften und ›Leidschaft‹, Seelendrama und Triumph, Ekstase und Sophrosyne (= Mäßigung der sinnlichen Begierden) bildeten zum bleibenden Symbol verdichtete ›Pathosformeln‹, die nicht nur in der materiellen Kunst überlebt hatten, sondern auch im ›kollektiven Gedächtnis‹ der menschlichen Gattung.«[61]

In einem weiteren Sinne läßt sich mit ›Pathosfiguren‹ seit der Renaissance die Gesamtheit der pathetischen Ausdrucksformen in Malerei und bildender Kunst, Theater, Pantomime usw. bezeichnen. Emanuele Tesauro z. B. nannte die ›perplexitas‹ eine der ›pathetischen Figuren‹ (Figure pathetiche), die er, wegen ihres hohen Ausdrucksgehalts, den harmonischen Figuren (Figure harmoniche) überordnete.[62] Um welchen wirkungsästhetischen Effekt es dabei geht, beschrieb schon Alberti in seinem Traktat *De pictura* (entst. 1436, ersch. 1540): »Ferner wird ein Vorgang die Seelen der Betrachter dann bewegen, wenn die gemalten Menschen, die auf dem Bild zu sehen sind, ihre eigene Seelenregung ganz deutlich zu erkennen geben. Die Natur nämlich, die in unvergleichlichem Maße an sich reißt, was ihr gleicht: die Natur also schafft es, dass wir mit den Trauernden mittrauern, dass wir die Lächelnden anlächeln, dass wir mit den Leidenden mitleiden. Solche Seelenregungen aber geben sich durch die Bewegungen des Körpers zu erkennen.« (Animos deinde spectantium movebit historia, cum qui aderunt picti homines suum animi motum maxime prae se ferent. Fit namque natura, qua nihil sui similium rapacius inveniri potest, ut lugentibus conlugeamus, ridentibus adrideamus, dolentibus condoleamus. Sed hi motus animi ex motibus corporis cognoscuntur.)[63] Klar erkennbar ist die Orientierung an der Rhetorik: Für die Affektübertragung ist der körperliche Ausdruck der Gemütsbewegung wichtiger als die Worte, weil Gestik und physiognomischer Ausdruck keine Verständnisschwierigkeiten hervorrufen. Diese Rhetorik der Leidenschaften[64] rechnet mit der Eigenart der menschlichen Natur, mit den Gemütsbewegungen und Leidenschaften anderer übereinstimmen zu wollen.[65]

Diese wirkungsästhetischen Reflexionen stellen im übrigen auch den Bezug her zu der Tradition der Paragone-Literatur und zum Prinzip des ›ut pictura poesis‹. In jener Tradition wurde die Nähe von Malerei und Poesie ja gerade unter dem Gesichtspunkt debattiert, wie geeignet die beiden Künste für den Ausdruck der Leidenschaften seien. In der Tradition dieser Debatte steht noch Lessings *Laokoon: oder über die Grenzen der Mahlerey und Poesie* (1766). Bei Lessing freilich wird die traditionelle Wertung, daß die Malerei bzw. bildende Kunst einen höheren pathetischen Ausdruckswert als die Poesie besitze, umgekehrt. Lessing argumentierte mit dem Gesichtspunkt der verschiedenen Medien von Malerei und Poesie und billigte der Poesie als sukzessive verfahrender Kunst einen intensiveren Grad der Darstellung von Leid und Leidenschaften zu.[66]

Für die Pathosfiguren in der Malerei ist das Traktat *Conférence sur l'expression* (1668) von Charles Le Brun, dem Direktor der Akademie und

---

61 ILSEBILL BARTA FLIEDL, [Zu Warburg], in: I. Barta Fliedl/C. Geissmar-Brandi/N. Sato (Hg.), Rhetorik der Leidenschaft. Zur Bildsprache der Kunst im Abendland [Ausst.-Kat.] (Hamburg/München 1999), 182; vgl. ULRICH REISSER, Physiognomik und Ausdrucksstheorie der Renaissance. Der Einfluß charakterologischer Lehren auf die Kunst und Kunsttheorie des 15. und 16. Jahrhunderts (München 1997).
62 Vgl. EMANUELE TESAURO, Il Cannocchiale Aristotelico (1670), hg. v. A. Buck (Bad Homburg/Berlin/Zürich 1968), 222.
63 LEON BATTISTA ALBERTI, De pictura (entst. 1436, ersch. 1540), in: Alberti, De statua. De pictura. Elementa picturae, lat.-dt., hg. u. übers. v. O. Bätschmann/C. Schäublin (Darmstadt 2000), 268 f.; vgl. NORBERT MICHELS, Bewegung zwischen Ethos und Pathos. Zur Wirkungsästhetik italienischer Kunsttheorie des 15. und 16. Jahrhunderts (Münster 1988).
64 Vgl. ARON KIBÉDI VARGA, La rhétorique des passions et les genres, in: Jahrbuch Rhetorik 6 (1987), 67–83.
65 Vgl. MOSHE BARASCH, Der Ausdruck in der italienischen Kunsttheorie der Renaissance, in: Zeitschrift für Ästhetik und allgemeine Kunstwissenschaft 12 (1967), 33–69.
66 Vgl. GOTTHOLD EPHRAIM LESSING, Laokoon: oder über die Grenzen der Mahlerey und Poesie (1766), in: LESSING (LACHMANN), Bd. 9 (1893), 1–177; DAVID E. WELLBERY, Lessing's Laocoon: Semiotics and Aesthetics in the Age of Reason (Cambridge 1984).

Hofmaler Ludwigs XIV., von zentraler Bedeutung.[67] Le Bruns Darstellung des Ausdrucks der Leidenschaften ist zwar nicht die erste. Vor ihm schon hatte der Leibarzt Ludwig XIV., Marin Cureau de la Chambre, ein mehrbändiges Werk *Charactères des passions* (1640–1662) veröffentlicht, in dem der physiologische Ursprung der einzelnen Leidenschaften und ihre Wirkungen untersucht wurden und jeweils am Schluß des Kapitels der entsprechende Seelenzustand dargestellt wurde.[68] Le Bruns Abhandlung aber ist die folgenreichste und wirkungsmächtigste im 17. und 18. Jh., auf die sich alle folgenden Beschäftigungen mit diesem Thema beziehen mußten. Es bleibt bemerkenswert, daß der ›Staatskünstler‹ und Hofmann Le Brun, am Versailler Hof der Reglementierung aller Leidenschaften unterworfen, für die Malerei die Forderung aufstellte: »L'Expression [...] est une naïve & naturelle ressemblance des choses que l'on veut representer: Elle est necessaire & entre dans toutes les parties de la Peinture; un Tableau ne sçauroit être parfait sans l'Expression.«

Le Brun nimmt in seinem Traktat nicht die Haltung des ›Physikers‹ ein, auf die sich Descartes berufen hatte. Er argumentiert eher als Künstler. Auf Descartes' physiologische Thesen zurückgreifend, ohne ihn allerdings zu nennen, will er einen gleichsam gesetzmäßigen Zusammenhang herstellen zwischen den verschiedenen, von Descartes beschriebenen Leidenschaften und ihrem gestischmimischen Ausdruck, verstanden als Handlung (action): »La plus grande partie des passions de l'Ame produit des actions corporelles, il est necessaire que nous sçachions quelles sont les actions du corps qui expriment les passions, & ce que c'est qu'action. L'action n'est autre chose que le mouvement de quelque partie.«[69] Veranschaulicht wurden Le Bruns Zuordnungen zwischen den einzelnen Leidenschaften und ihrem mimischen Ausdruck durch von ihm angefertigte Zeichnungen (schematisierte Köpfe), Zitate aus seinen eigenen oder fremden Werken. Als Beispiel für ›la douleur aigue‹ wählte er den Kopf eines von Laokoons Söhnen. In seinem rationalistischen Eifer lieferte Le Brun eine Art »Baukastensystem der Gesichtsteile« und ein »Nachschlagewerk zur *expression des passions*«[70]. So lassen sich die Köpfe Le Bruns auch als Alphabet einer künstlichen Zeichensprache der Leidenschaften lesen. In den Bildern von Jean-Baptiste Greuze beispielsweise sind die Leidenschaftsgesichter Le Bruns als Zitate wiederzuerkennen.[71]

Immer wieder haben Maler des 17. und 18. Jh., in dieser oder jener Weise in der Tradition Le Bruns stehend, mit prägnanten bildkünstlerischen Formen des Ausdrucks der Leidenschaften gearbeitet. So bevorzugte, um nur einige Beispiele herauszuheben, Peter Paul Rubens in dem Monumentalgemälde *Der Tod des Decius Mus* (1618)[72], Figuren der »persuasion passionelle«[73], wie Roger de Piles es nannte. Giovanni Pietro Bellori berichtete über Rubens' verlorengegangenes Studienbuch, es enthalte eine »ricerca de' principali affetti, ed attioni cauati da descrittioni di Poeti, con le dimostrationi de' pittori. Vi sono battaglie, naufragi, giuochi, amori, & altre passioni.«[74] (Erforschung der wichtigsten Affekte und Aktionen, gesammelt aus den Beschreibungen der Dichter, zusammen mit De-

---

67 Vgl. CHARLES LE BRUN, Conférence sur l'expression générale et particulière (1698), in: Jennifer Montagu, The Expression of the Passions. The Origin and Influence of Charles Le Brun's ›Conference sur l'expression générale et particulière‹ (New Haven/London 1994), 109–124; KIRCHNER (s. Anm. 57), 33–44; LARS OLOF LARSSON, Der Maler als Erzähler: Gebärdensprache und Mimik in der französischen Malerei und Kunsttheorie des 17. Jahrhunderts am Beispiel Charles Le Bruns, in: V. Kapp (Hg.), Die Sprache der Zeichen und Bilder. Rhetorik und nonverbale Kommunikation in der frühen Neuzeit (Marburg 1990), 173–189.
68 Vgl. BORRMANN (s. Anm. 46), 69.
69 LE BRUN (s. Anm. 67), 112.
70 KIRCHNER (s. Anm. 57), 36.
71 Vgl. ebd., 269–275.
72 Vgl. WILLEHAD PAUL ECKERT O. P., Die Darstellung der Affekte im Werk des Peter Paul Rubens, in: I. Craemer-Ruegenberg (Hg.), Pathos, Affekt, Gefühl. Philosophische Beiträge (Freiburg/München 1981), 103–129; WOLFGANG BRASSAT, Tragik, versteckte Kompositionskunst und Katharsis im Werk von Peter Paul Rubens, in: U. Heinen/A. Thielemann (Hg.), Rubens Passioni. Kultur der Leidenschaften im Barock (Göttingen 2001), 41–69; ULRICH HEINEN, Haut und Knochen – Fleisch und Blut. Rubens' Affektmalerei, in: ebd., 70–101.
73 ROGER DE PILES, Cours de peinture par principes (1708; Nimes 1990), 69.
74 GIOVANNI PIETRO BELLORI, Le vite de' pittori, scultori e architetti moderni (Rom 1672), 247.

monstrationen der Maler. Da gibt es Schlachten, Schiffbrüche, Spiele, Liebschaften und andere Leidenschaften.) Rembrandt, der in allen Lebens- und Schaffensphasen Selbstbildnisse malte, benutzte diese Form als mimisches Experimentierfeld, um die Leidenschaften und ihre verschiedenen Expressionen durchzuspielen.[75] Ab den 80er Jahren des 18. Jh. wurde der aus der Schweiz stammende Johann Heinrich Füssli im Rahmen des sich in England ausbreitenden Geschmacks des *Gothic Revival* zum geschätzten Maler des Schrecklich-Pathetischen, dessen Figuren zum Träger von teilweise extremen Ausdruckswerten und Leidenschaften wurden.[76]

3. Tragödientheorie

Was Alberti als Wirkung der Leidenschaftsdarstellung für die Malerei beschrieb, gilt in weit stärkerem Maße noch für die Tragödie, die deshalb schon bei Aristoteles das Zentrum seiner *Poetik* bildete und sich dort mit dem zentralen Gedanken der Katharsis verband. Max Kommerell hat darauf aufmerksam gemacht, daß die Aristotelische Tragödientheorie in diesem Zusammenhang von Leidenschaftsdarstellung und Wirkung der Katharsis ihr Zentrum hat. Die Tragödie ist bei Aristoteles »Anstalt zu einer bestimmten Art der Erschütterung«[77]. Es kommt Aristoteles nicht auf die vollendete Form an, sondern auf das Vermögen der Tragödie, diese Wirkung der Katharsis zu erzeugen. Kommerell meint, daß wir mit Aristoteles' Bestimmung der Tragödie am »Anfang der europäischen Ästhetik« (63) stehen – man muß hinzufügen: einer wirkungsästhetisch orientierten Ästhetik. So erscheint auch in der französischen Tragödientheorie des 17. Jh.,[78] ganz im Gegensatz zum deutschen 18. Jh., wo sich Lessing mit Empörung gegen Corneilles Aristoteles-Interpretation wenden wird, die Aristotelische Katharsisdefinition noch weitgehend unproblematisch. Die selbstverständliche wirkungsästhetische Funktionszuweisung, daß die Tragödie gefallen und rühren muß, hat also den Katharsisgedanken im Hintergrund, bezieht sich aber weit eher, so z.B. bei Pierre Corneille, auf die traditionelle Formel des Gefallens und Rührens[79] als auf Aristoteles.[80] War am Beginn des Jh. noch die stoische Abwertung der Leidenschaften wirksam, so erfolgte im Verlauf des Jh. ein grundlegender Wandel. Die passions wurden aufgewertet zu den großen unendlichen Begierden, die als tragisch, heroisch und bewunderungswürdig galten. Die abstoßend schrecklichen Wirkungen der Leidenschaften einerseits und ihre anziehende bewundernde Würdigung andererseits treffen sich in der Wirkung des Erhabenen.[81]

Ein solcher Wertungswandel prägt nachhaltig den Tragödienstil der beiden bedeutendsten Dramatiker der klassischen Periode, Pierre Corneilles und Jean Racines. Auerbach urteilt, daß die Aufwertung der Leidenschaften in den Tragödien Racines, »deren Ziel es ist, die Leidenschaften zu erregen und zu verherrlichen«, ihren Höhepunkt erreicht: »Nun gibt es *les belles passions* und *les passions généreuses*, und die Kritik beurteilt eine Tragödie nach der Echtheit, Tiefe und Schönheit der dargestellten Leidenschaften; für den fühlenden Zuschauer wird die Qual und das Entzücken der Leidenschaften zur höchsten Lebensform. ›Ce n'est point une nécessité‹, sagt Racine in der Préface zu *Bérénice*, ›qu'il y ait du sang et des morts dans une tragédie: il suffit que l'action en soit grande, que les acteurs en soient héroïques, que les passions y soient excitées, et que tout s'y ressente de cette tristesse majestueuse qui fait tout le plaisir de la tragédie.‹«[82]

Der wirkungsästhetische Einsatz der Passionen verbindet sich mit dem Aufkommen der Kategorie

---

75 Vgl. BORRMANN (s. Anm. 46), 85.
76 Vgl. MATTHIAS VOGEL, Johann Heinrich Füssli – Darsteller der Leidenschaften (Zürich 2001), 163 ff.
77 KOMMERELL (s. Anm. 18), 58.
78 Vgl. ERWIN ROTERMUND, Der Affekt als literarischer Gegenstand: Zur Theorie und Wirkung der passiones im 17. Jahrhundert, in: H. R. Jauß (Hg.), Die nicht mehr schönen Künste. Grenzphänomene des Ästhetischen (München 1968), 239–269; ROTERMUND, Affekt und Artistik. Studien zur Leidenschaftsdarstellung und zum Argumentationsverfahren bei Hofmann von Hofmannswaldau (München 1972), 13–35.
79 Vgl. HORAZ, Ars. 5, 95 f.
80 Vgl. KOMMERELL (s. Anm. 18), 206 f.
81 Vgl. AUERBACH (s. Anm. 19), 173; CARSTEN ZELLE, Die doppelte Ästhetik der Moderne. Revisionen des Schönen von Boileau bis Nietzsche (Stuttgart/Weimar 1995), 55.
82 AUERBACH (s. Anm. 19), 173.

des Interesses. Interesse bezieht sich auf die Dramenhelden, verbunden u.a. mit passion. Interesse ist das, »was die dramatische Person als ihre Sache in zweckorientierter Handlung betreibt«[83], z.B. Medeas Rache. Über das Interesse und die Leidenschaft der dramatis personae erfolgt eine affektive ›Ansteckung‹ das Zuschauers, er wird Partei. Dieses Interesse ist in der Tradition des ›amour propre‹ La Rochefoucaulds zu sehen.[84] Das interessengeleitete tragisch ausgehende Handeln der dramatischen Personen ist Warnung für den Zuschauer. Auch die bei ihm erzeugte Furcht ist wiederum vom Interesse bestimmt: sie ist Furcht für sich selbst.[85]

Parallel zur Tragödientheorie ist Boileaus wirkungsästhetische Argumentation über die leidenschaftliche Ausführung eines Werkes zu lesen, die an Horaz anschließt: »Que dans tout vos discours la passion émuë / Aille chercher le cœur, l'échauffe, et le remuë. / Si d'un beau mouvement l'agreable fureur / Souvent ne nous remplit d'une douce Terreur, / Ou n'excite en nostre ame une Pitié charmante, / Envain vous étalez une scene sçavante: / Vos froids raisonnemens ne feront qu'attiedir / Un Spectateur toûjours paresseux d'applaudir, / Et qui de vains efforts de vostre Rhetorique, / Justement fatigué, s'endort, ou vous critique. / Le secret est d'abord de plaire et de toucher: / Inventez de ressorts qui puissent m'attacher.«[86]

IV. Aufgeklärte Leidenschaften

Die orientierende Frage für das 18. Jh. ist, wie sich der Leidenschaftsdiskurs in die neue Wissenschaft der Ästhetik eingliedert. Zwar handelt es sich um eine deutsche ›Gründung‹, die aber zugleich einen europäischen Wissenshorizont verkörpert. Die europäischen Hauptländer England, Frankreich und Deutschland müssen deshalb einzeln behandelt werden.

In der wissenschaftsgeschichtlichen Perspektive der Ästhetik, die mit dem Namen von Wilhelm Dilthey verbunden ist, vollzieht sich die Integration des Leidenschaftsdiskurses in die Ästhetik über die Entwicklung der Psychologie und Anthropologie[87], so auch bei Max Dessoir.[88] Freilich müssen dabei Anthropologie und Psychologie in einem weiten Sinne genommen werden, bilden sich beide doch als eigene, spezialisierte Wissenschaften erst im 18. Jh. heraus.

1. England

Für die englische Begriffsgeschichte von passion ist Shaftesburys Schrift *An Inquiry Concerning Virtue or Merit* (1699), in der eine Theorie der Leidenschaften zusammenhängend entwickelt wird, ein markanter Ausgangspunkt. Shaftesbury hebt hervor, daß die Neigungen und Leidenschaften (›affection‹ und ›passion‹ werden weitgehend synonym gebraucht) die Handlungen eines lebendigen Wesens notwendig bestimmen: »Whatsoever therefore is done or acted by any animal as such, is done only through some affection oder passion, as of fear, love, or hatred moving him.«[89] Auf dieser anthropologischen Basis unterscheidet er, und hierin folgen ihm dann die meisten englischen und schottischen Moralphilosophen und -empiriker des 18. Jh., die natürlichen Neigungen, die das Wohl des Gemeinwesens zum Ziel haben (»natural affections, which lead to the good of the public«), von den Leidenschaften, die das Privatwohl zum Ziel haben (»which lead only to the good of the pri-

---

83 Vgl. KURT WÖLFEL, ›Interesse/interessant‹, in: K. Barck u.a. (Hg.), Ästhetische Grundbegriffe, Bd. 3 (Stuttgart/Weimar 2001), 141.
84 Vgl. KARLHEINZ STIERLE, Die Modernität der französischen Klassik. Negative Anthropologie und funktionaler Stil, in: F. Nies/K. Stierle (Hg.), Französische Klassik. Theorie, Literatur, Malerei (München 1985), 81–128.
85 Vgl. KOMMERELL (s. Anm. 18), 207.
86 NICOLAS BOILEAU, L'art poétique (1674), in: BOILEAU, 169.
87 Vgl. DILTHEY (s. Anm. 29); HEINRICH VON STEIN, Die Entstehung der neueren Ästhetik (Stuttgart 1886); ROBERT SOMMER, Grundzüge einer Geschichte der deutschen Psychologie und Ästhetik (Würzburg 1892).
88 Vgl. MAX DESSOIR, Geschichte der neueren deutschen Psychologie (1894), Bd. 1 (Berlin ²1902), 558–606.
89 SHAFTESBURY, An Inquiry Concerning Virtue or Merit (1699), in: Shaftesbury, Characteristics of Man, Manners, Opinions, Times, etc., hg. v. J. M. Robertson, Bd. 1 (London 1900), 285.

vate«). Beide Gruppen sind sozial gerichtete Leidenschaften und sind darin strikt zu unterscheiden von einer dritten Gruppe, die Shaftesbury als prinzipiell lasterhaft, weil unsozial qualifiziert: Leidenschaften, »nor tending either to any good of the public or private, but contrary-wise; and which may therefore be justly styled unnatural affections«. Die sozialen Leidenschaften dagegen, die natürlich-geselligen und die privaten, können tugendhaft oder lasterhaft (»virtuous or vicious«), gut oder böse (»good or ill«) sein bzw. werden – je nachdem, wie stark oder schwach diese Leidenschaften bei den einzelnen Individuen ausgebildet sind bzw. auftreten. So kann z. B. das Mitleiden so stark sein, daß es eine notwendige Hilfsleistung verhindert: »As when pity is so overcoming as to destroy its own end, and prevent the succour and relief required« (286). Aber auch die privaten Neigungen können lasterhaft werden, wenn das Individuum seine Selbsterhaltung nicht ernst genug nimmt: »For if a creature be self-neglectful and insensible of danger, or if he want such a degree of passion in any kind as is useful to preserve, sustain, or defend himself, this must certainly be esteemed vicious in regard of the design and of Nature.« (287) Hier zeigt sich, worauf es Shaftesbury ankommt: auf den richtigen Grad der Leidenschaften und ihre richtige Mischung. Er befindet sich damit ganz in der Tradition der Moralphilosophie des 17. Jh. Für die Diätetik zur Erlangung ausgeglichener Leidenschaften und Neigungen in einem Individuum prägt er den Begriff der »economy of passions« (289).

Unter den Leidenschaften nimmt der Enthusiasmus eine herausragende Stellung ein. Shaftesbury schreibt über ihn an den Lordkanzler Somers 1708 einen Brief, dessen Anlaß das Auftreten einer hugenottischen Sekte in England ist, deren religiösen Enthusiasmus Shaftesbury aufs schärfste kritisiert. Hier erreichen die unmoderierten Leidenschaften den Grad des Fanatismus (fanaticism), der mit dem göttlich inspirierten Enthusiasmus (divine enthusiasm) nichts mehr zu tun hat. In Betrachtung des religiösen Fanatismus der hugenottischen Sekte kommt Shaftesbury zu Aufschlüssen über den Zusammenhang von Masse und Leidenschaften, die auf das 20. Jh. vorausweisen. Shaftesbury fragt, wie sich einzelne von sonst hellem Kopf (»clear a head«[90]) von der panischen Leidenschaft anstecken lassen. Er beschreibt diesen Vorgang mit medizinischen Vokabeln als einen der Ansteckung und des Krankheitsausbruchs: »The combustible matters lie prepared within, and ready to take fire at a spark; but chiefly in a multitude seized with the same spirit. No wonder if the blazes rises so of sudden; when innumerable eyes glow with the passion, and heaving breasts are labouring with inspiration; when not the aspect only, but the very breath and exhalations of men are infectious, and the inspiring disease imparts itself by insensible transpiration.« (32) Und er folgert: so wie man als Individuum sich selbst prüfen müsse, um sich von überwältigenden Leidenschaften zu befreien, zur guten Laune (good humour) und zum edlen Enthusiasmus (noble enthusiasm) zu gelangen, so müsse man angesichts der ausufernden Leidenschaften der Masse nach dem Staat und der Regierung rufen und der Obrigkeit zugleich eine geschickte, nicht allzu harte Hand anempfehlen: »The magistrate, if he be any artist, should have a gentler hand; and instead of caustics, incisions, and amputations, should be using the softest balms; and with a kind sympathy entering into the concern of the people; and taking, as it were, their passion upon him should, when he has soothed and satisfied it, endeavour, by cheerful ways, to divert and heal it.« (14)

Bei der Betrachtung der natürlich-geselligen Leidenschaften fordert Shaftesbury wiederum den Ausgleich zwischen körperlichen und geistigen Leidenschaften (»pleasures of the body or of the minds«[91]), wobei die geistigen Vergnügungen bei der Erlangung der Glückseligkeit (happiness) die Führung übernehmen müssen: »The natural affections duly established in a rational creature being the only means which can procure him a constant series or succession of the mental enjoyments, they are the only means which can procure him a certain and solid happiness.« (294) Ganz ähnlich wie später bei Kant, der Shaftesbury nicht nur in diesem Punkt folgt und vermutlich seinen Begriff des

---

90 SHAFTESBURY, A Letter Concerning Enthusiasm (1708), in: ebd., 31.
91 SHAFTESBURY (s. Anm. 89), 293.

Angenehmen unter Rekurs auf Shaftesburys ›delightful‹ aufbaut, werden die körperlichen und sinnlichen Vergnügen, besonders die des Essens und Trinkens, den geistigen Leidenschaften gegenüber abgewertet, zugleich aber in Verbindung gebracht mit den gesellig-natürlichen Neigungen: »Now as to the pleasures of the body and the satisfactions belonging to mere sense, 'tis evident they cannot possibly have their effect or afford any valuable enjoyment otherwise than by the means of social and natural affection.« (309) Auch hier plädiert Shaftesbury dafür, die Leidenschaften in Ordnung zu halten (»regulate their passions«) und sie auf die Waage zu legen (»bring it once for all into the scale, to prove what kind of balance it helps to make within«, 311).

Die privaten Leidenschaften charakterisiert Shaftesbury folgendermaßen: »Those home-affections which relate to the private interest or separate economy of the creature, such as love of live; resentment of injury; pleasure, or appetite towards nourishment and the means of generation; interest, or desire of those conveniences by which we are well provided for and maintained; emulation, or love of praise and honour; indolence, or love of ease and rest: These are affections which relate to the private system, and constitute whatever we call interestedness or self-love.« Auch für die Eigennützigkeit oder Selbstliebe gilt, daß sie nur, wenn sie in Schranken gehalten werden, »are neither injurious to the social life nor a hindrance to virtue« (317).

Wenn sich in der Forschung zählebig das Urteil hält, daß Shaftesbury die Idee des uninteressierten Wohlgefallens am Schönen in die Geschichte der Ästhetik eingeführt habe, so gilt das nur in einem vermittelten Sinn, der sich gerade über sein Konzept der Leidenschaften deutlich erschließt. Zunächst ist für Shaftesbury *alles* soziale Verhalten von Leidenschaften bestimmt und somit ›interestedness‹. Gleichwohl räumt er (gegen Hobbes und Mandeville) einen leidenschaftslosen, ›uninteressierten‹ Zustand des Menschen ein, der sich auf die Liebe zu Gott und die Neigung zur Tugend bezieht. In diesem Zusammenhang verwendet Shaftesbury den Begriff ›disinterestedness‹: Er hebt die Widersprüchlichkeit in den Auffassungen des rein politischen Schriftstellers hervor, der Religion einerseits zu sehr politisch sehe, indem er sie nur mit dem Glauben an künftige Strafen und Belohnungen verbinde und sie zu einer Philosophie herabwürdige, die keinen Raum eröffne »to that other principle of love; but treats all of that kind as enthusiasm for so much as aiming at what is called disinterestedness, or teaching the love of God or virtue or virtue's sake.«[92] Diese Liebe ist (contradictio in adjecto) leidenschaftslos und verbindet sich in platonisch und pythagoreisch gefärbter Argumentation mit der Liebe zur Schönheit, die Shaftesbury beispielsweise bei der Erörterung des Vergnügens an der Mathematik einführt: »When we have thoroughly searched into the nature of this contemplative delight, we shall find it of a kind which relates not in the least to any private interest of the creature, nor has for its object any self-good or advantage of the private system. The admiration, joy, or love turns wholly upon what is exterior and foreign to ourselves. And though the reflected joy or pleasure which arises from the notice of this pleasure once perceived, may be interpreted a self-passion or interested regard, yet the original satisfaction can be no other than what results from the love of truth, proportion, order and symmetry in the things without.«[93] Hier vermag man dann auch die Verbindung zu Kants Idee des uninteressierten Wohlgefallens am Schönen im Rahmen einer Maß- und Formästhetik auszumachen. Freilich bleibt das Problem, daß dieses uninteressierte, leidenschaftsfreie Vergnügen am Formschönen, »a natural joy in the contemplation of those numbers, that harmony, proportion, and concord which supports the universal nature« (296), innerhalb der Erörterung der Leidenschaften entwickelt wird und deren Taxonomie eigentlich sprengt. Shaftesbury ist dieser Widerspruch wohl bewußt gewesen. Zeugnis dafür ist der Umstand, daß in bezug auf das Wohlgefallen am Schönen vorzugsweise und tendenziell auf ›Gefühl‹ und ›Empfindung‹ (sense) zurückgegriffen wird: so wenn Shaftesbury vom »sense of order and proportion« spricht oder die Wahrnehmung des Unter-

---

92 SHAFTESBURY, The Moralists (1709), in: ebd., Bd. 2 (London 1900), 55.
93 SHAFTESBURY (s. Anm. 89), 296.

schieds vom Schönen und Erhabenen auf eine »plain internal sensation«[94] zurückführt. In diesem Sprachgebrauch ist eine Annäherung an das ästhetische Gefühl des ›moral sense‹, des ›inneren Sinns‹ (sensus internus) auszumachen, der ethische wie ästhetische Gefühle umfaßt.[95] Shaftesburys Metaphysik des Schönen wird von Francis Hutcheson ins Empirische transformiert und ausgebaut.[96] Und Edmund Burke wird es dann vorbehalten bleiben, die beiden sozialen Grundtriebe des Menschen, die privaten (»passions which belong to *self-preservation*«) und geselligen Leidenschaften (»passions which belong to *society*«[97]), den fundamental unterschiedlichen ästhetischen Wirkungen des Erhabenen und Schönen zuzuordnen und damit eine empirische Wirkungsästhetik auszubauen, die für die europäische Ästhetik des 18. Jh. von größter Bedeutung war.

Den Zusammenhang von Leidenschaft und Mitleiden, von passion und sympathy (auch diese Kopplung hat für die europäische Ästhetik Folgen) entwickelte Adam Smith in seiner *Theory of Moral Sentiments* (1759). »In every passion of which the mind of man is susceptible, the emotions of the by-stander always correspond to what, by bringing the case home to himself, he imagines should be the sentiments of the sufferer.«[98] Die Bewertung der durch sympathy kommunizierten Leidenschaften geschieht nach dem Maßstab des common sense: »And if we consider all the different passions of human nature, we shall find that they are regarded as decent, or indecent, just in proportion as mankind are more or less disposed to sympathize with them.« (27)

Smith handelt über die ›unsozialen‹ Leidenschaften (»hatred« und »anger«, 37), »vengeance« und »retaliation« (71) und die ›sozialen‹ (»generosity, humanity, kindness, compassion, friendship, esteem, love«, 38) Die »selfish passions« nehmen zwischen beiden eine Mittelstellung ein: »Grief and joy, when conceived upon account of our own private good or bad fortune, constitute this third set of passions.« (40) Die Sympathie mit dem Leiden ist heftiger als die Sympathie mit der Freude: »The word sympathy, in its most proper and primitive signification, denotes our fellow-feeling with the sufferings, not that with the enjoyments, of others.« (43)

2. Frankreich

a) Du Bos: Ästhetik des Pathetischen

Mit Du Bos' *Réflexions critiques sur la poësie et sur la peinture* (1719) bildete sich am Anfang des 18. Jh. der Typus einer Wirkungsästhetik aus, in deren Zentrum die Reflexion über Natur und Wirkung der Leidenschaften steht.[99] Dabei geht Du Bos ganz strikt empirisch vor, was ihm 40 Jahre später von Lessing den Vorwurf einbringen wird: »Wenn das, was Du Bos sagt, kein leeres Gewäsche sein soll, so muß es ein wenig philosophischer ausgedrückt werden.«[100]

Du Bos' erste Beobachtung ist, daß die Werke der Poesie und Malerei ein empfindliches Vergnügen verursachen, welches oft einem Leiden ähnlich ist und sich bisweilen mit allen Kennzeichen des lebhaften Schmerzes äußert. Poesie und Malerei erhalten Beifall, wenn sie schmerzhafte Empfindungen in uns erregen: »On éprouve tous les jours que les vers & les tableaux causent un plaisir sensible; mais il n'en est pas moins difficile d'expliquer en quoi consiste ce plaisir qui ressemble souvent à l'affliction, & dont les symptômes sont quelquefois les mêmes que ceux de la plus vive douleur. L'art de la Poësie & l'art de la Peinture ne sont jamais plus applaudis que lorsqu'ils ont réussi à nous affli-

---

94 SHAFTESBURY (s. Anm. 92), 63.
95 Vgl. FRANCIS HUTCHESON, An Essay on the Nature and Conduct of the Passions and Affections with Illustrations on the Moral Sense (1728; London ³1742), 207–339; URSULA FRANKE, Ein Komplement der Vernunft. Zur Bestimmung des Gefühls im 18. Jahrhundert, in: Craemer-Ruegenberg (s. Anm. 72), 131–148.
96 HUTCHESON, An Inquiry into the Original of our Ideas of Beauty and Virtue (London 1725).
97 BURKE, 38, 40; vgl. ebd., 51 f.
98 ADAM SMITH, The Theory of Moral Sentiments (1759), hg. v. D. D. Raphael/A. L. Macfie (Oxford 1976), 10.
99 Vgl. ERNST CASSIRER, Die Philosophie der Aufklärung (Tübingen 1932), 434 f.; BASIL MUNTEANO, L'Abbé Du Bos – estéticien de la persuasion passionelle, in: Revue de la littérature comparée 30 (1956), 318–350.
100 LESSING an Friedrich Nicolai (2. 4. 1757), in: LESSING (LACHMANN), Bd. 17 (1904), 98.

ger.«[101] Im zweiten Schritt erweitert Du Bos diese Fragestellung und gelangt zu einem allgemeinen anthropologischen Befund: Zur Natur des Menschen gehöre, daß er die verdrießliche Langeweile (ennui) fliehe und nach Gelegenheiten suche, in denen seine Leidenschaften heftig erregt werden. Dafür gibt Du Bos, immer noch außerhalb des Bereichs der Kunst, zwei die Zeiten überspannende Beispiele von Schaustellungen, die etwas über die konstante Natur des Menschen aussagen: Die Attraktion, die von den antiken Gladiatorenkämpfen ausgegangen sei, finde ihr Pendant in dem Interesse, das die Zeitgenossen an öffentlichen Hinrichtungen nähmen. Hier seien Leidenschaften aktiv, die aus dem Vergnügen an den Leiden anderer entstünden.[102] Der Zulauf, den das über mehrere Stunden sich erstreckende öffentliche Schauspiel der Hinrichtung des Königattentäters Robert Damiens auf der Pariser Place Grève (1757) fand, bestätigte Du Bos' Beobachtung nachdrücklich.

Im dritten Schritt wendet sich Du Bos wieder dem Bereich der Kunst zu und stellt die These auf, daß der Hauptvorzug der Gedichte und Gemälde in der Nachahmung solcher Gegenstände bestehe, welche wirkliche Leidenschaft in uns erregt hätten (»imiter les objets qui auroint excité en nous des passions réelles«, 25). Die Leidenschaften, die von diesen Nachahmungen in uns erregt würden, blieben allerdings nur an der Oberfläche der Seele (»Les passions que ces imitations font naître en nous ne sont que superficielles«, 25). Es seien künstliche Leidenschaften (»passions artificielles«, 26), die uns beschäftigten, ohne merkliche Schmerzen und Leiden zu erzeugen (»incapables de nous causer dans la suite des peines réelles & des afflictions véritables«, 26). Diese Nachahmungen hätten nur ein künstliches, ein erborgtes Leben, und diese Künstlichkeit sei der Grund, warum man die Nachahmungen traurigerer und schrecklicher Begebenheiten mit reinem Vergnügen betrachten könne: »Le plaisir qu'on sent à voir les imitations que les Peintres & les Poëtes sçavent faire des objets qui auroient excité en nous des passions dont la réalité nous auroit été à charge, est un plaisir pur. Il n'est pas suivi des inconvéniens dont les émotions sérieuses qui auroient été causées par l'objet même, seroient accompagnées.« (31)

Das fiktive Als-Ob der Nachahmung ist also das Mittel, um schreckliche und schaudererregende Leidenschaften ästhetisch rezipierbar zu machen. Du Bos kommt hier ganz offensichtlich auf die kultivierende Macht der Kunst zu sprechen, die aus den zerstörerisch wirkenden natürlichen Leidenschaften des Menschen einen Gegenstand der mit reinem Vergnügen verbundenen Anschauung und Reflexion machen kann. Von dieser Funktion der künstlerischen Nachahmung aus wendet sich Du Bos nochmals der Natur des Menschen zu. Seine Wirkungsästhetik der Leidenschaftlichkeit hat einen anthropologischen Bezugspunkt insofern, als er die Darstellung der Leidenschaften und deren starke Wirkung (der Abschnitt 4 von Band 1 hat die Überschrift ›Du pouvoir que les imitations ont sur nous, & de la facilité avec laquelle le cœur est ému‹) in das spannungsvolle Verhältnis zwischen natürlicher Empfindsamkeit des menschlichen Herzens, Eigenliebe und Antrieb zur Gesellschaftlichkeit hineinstellt.[103] Mit der pathetischen Wirkung der Kunst wird sowohl der Eigenliebe wie der Sozialität des Menschen Genüge getan. Voraussetzung dieser Wirkung ist allerdings die sensibilité, die Empfindungsfähigkeit für menschliche Leidenschaften.

b) Diderot und die ›Encyclopédie‹
Diderots Stellungnahmen zur künstlerischen Darstellung der Leidenschaften sind widersprüchlich und bewegen sich im Spektrum zwischen klassizistischer und romantischer Stellungnahme. An den Besprechungen der Salons (entst. 1759–1781) läßt sich indessen deutlich ablesen, worauf es Diderot beim bildkünstlerischen Ausdruck von Leidenschaften ankam: Er plädiert für die Darstellung konträrer Leidenschaften, möglichst in einer Person, und dies mit dem Ziel, die direkte, plakative Lesbarkeit eines Bildes zu verhindern. Durch diese Psychologisierung der Leidenschaftsdarstellung, mit der die groben Le Brunschen Typisierungen überwunden werden, vermitteln sich Diderots

---

101 DU BOS, Bd. 1 (1770), 1.
102 Vgl. ebd., 12–25.
103 Vgl. ebd., 39 f.

wissenschaftliche Ansprüche an eine Leidenschaftsdarstellung mit seinen ästhetischen Maßstäben.[104] Die Forderung nach Psychologisierung der Leidenschaftsdarstellung in seiner Kritikerpraxis stimmt mit der Begriffspraxis der *Encyclopédie* (1751–1780) überein. In diesem Zusammenhang ist zuerst der von ihm geschriebene Artikel ›Sensations‹ interessant, in dem die Unterscheidung zwischen Empfindung und Leidenschaft als zwei verschiedenen Arten von Wahrnehmungen erfolgt. Diese Unterscheidung läuft darauf hinaus, daß die Leidenschaften selbstbezüglich seien, während die Empfindungen zwischen Körper und Idee vermittelten: »Les passions sont bien de perceptions confuses qui ne représentent aucun objet; mais ces perceptions se terminant à l'ame même qui les produit, l'ame ne les rapporte qu'à elle-même, elle ne s'apperçoit alors quelle d'elle-même, comme étant affectée de différentes manieres, telles que sont la joie, la tristesse, le desir, la haine & l'amour. Les *sensations* au contraire que l'ame éprouve en soi, elle les rapporte à l'action de quelque cause extérieure, & d'ordinaire elles amenent avec elles l'idée de quelque objet.«[105]

Der umfangreiche Artikel ›Passions‹ ist in 5 Abschnitte gegliedert, in denen die Problematik der Leidenschaften aus der Perspektive verschiedener Wissenschaften bzw. Künste – Philosophie, Rhetorik, Poesie, Medizin und Malerei – betrachtet wird. Als Autor ist allein Louis de Jaucourt für den Teil über die Malerei namhaft zu machen. Auffällig ist, daß die Leidenschaften in der einleitenden Definition sehr negativ bewertet werden: als Neigungen (inclinations), die in ihrer Ausschließlichkeit die Freiheit des Denkens beeinträchtigten und deshalb als Krankheiten der Seele aufzufassen seien: »l'ame […] se tourne entierement de son côté, elle s'y fixe, elle y attache tous ses sens, & dirige toutes ses facultés à la considérer; oubliant dans cette contemplation, dans ce desir ou dans cette crainte presque tous les autres objets: alors elle est dans le cas d'un homme accablé d'une maladie aiguë; il n'a pas la liberté de penser à autre chose qu'à ce qui a du rapport à son mal. C'est encore ainsi que les *passions* sont les maladies de l'ame.«[106] Diese negative Wertung wird aber dadurch relativiert, daß die passions mit dem Gefühl (sentiment) in Verbindung gebracht werden: Alle Empfindungen (sensations), Vorstellungen (imaginations) und selbst die Ideen (ideés intellectuelles) seien entweder vom Gefühl des Vergnügens (plaisir) oder dem des Leides/Schmerzes (peine) begleitet. So sind ›plaisir‹ und ›peine‹ »les pivots sur lesquels roulent toutes nos affections, connues sous le nom *d'inclinations & de passions*, qui ne sont que les différens degrés des modifications de notre ame. Ces sentimens sont donc liés intimement aux *passions*; ils en sont les principes, & ils naissent eux-mêmes de diverses sources que l'on peut reduire à ces quatre.« (142) Diese vier Grundgefühle, Quelle und Umschlagsplatz aller Leidenschaften, benennt der Artikel als (1) »Les plaisirs & le peines de sens«, ausgelöst durch körperliche Empfindungen (sensations); (2) »Les plaisiers de l'esprit ou de l'imagination« (142) – hier geht es um die Wahrnehmung der Schönheit v. a. in den Künsten; (3) »le sentiment de *notre perfection* ou de *notre imperfection*«, verbunden mit der natürlichen und universellen Leidenschaft der Selbstliebe (l'amour de nous-même); diese Selbstliebe findet ihr Pendant (4) in den »plaisirs & […] peines dans le bonheur & le malheur d'autrui« (143).

Hervorzuheben ist, daß durch den starken Bezug auf die Empfindung (sensation) und das Gefühl (sentiment) eine gewisse Aushöhlung bzw. Zerspaltung des Gegenstandes der passions erfolgt, weil die Leidenschaften nun tendenziell negativ bewertet werden. So wird auch auf das traditionelle Tableau der Klassifizierung der Leidenschaften verzichtet. Unter dem Stichwort ›Logique‹ erfolgt lediglich eine knapp charakterisierende Aufzählung der einzelnen passions. Dieser Befund läßt sich mit zwei weiteren Beobachtungen erhärten: Die *Encyclopédie* hat keinen ausführlichen Artikel ›Pathos‹, sondern lediglich einen kurzen Eintrag, in dem auf den Artikel ›Pathétique‹ verwiesen wird: Pathos sei ein »mot purement grec, qui signifie les mouvemens ou les passions que l'orateur ex-

---

104 Vgl. KIRCHNER (s. Anm. 57), 285–305; JOHANNES HAUCK, Affektive Resonanz und der disziplinierende Blick des anderen: Zu Diderots Empfindsamkeit, in: A. Kablitz/G. Neumann (Hg.), Mimesis und Simulation (Freiburg i. Br. 1998), 145–181.
105 DENIS DIDEROT, ›Sensations‹, in: DIDEROT (ENCYCLOPÉDIE), Bd. 15 (1765), 34.
106 ›Passions‹, in: DIDEROT (ENCYCLOPÉDIE), Bd. 12 (1765), 142.

cite ou se propose d'exciter dans l'ame de ses auditeurs.«[107] Man spürt die Distanz gegenüber der ›Erregung von Leidenschaften‹. Der Artikel ›Pathétique‹ benutzt denn auch den Begriff der passion sehr zurückhaltend und argumentiert statt dessen lieber mit dem Enthusiasmus und dem ›Herzen des Menschen‹: »le *pathétique* est cet enthousiasme, cette véhémence naturelle, cette peinture forte qui émeut, qui touche, qui agite le cœur de l'homme«[108]. Die zweite Beobachtung betrifft den Artikel ›Passions‹ selbst, und zwar den Abschnitt ›Passion, (*Méd. Hyg. Pathol. Thér.*)‹[109], in dem ausdrücklich über die passions als ›maladies de l'ame‹ und als Ursache von (psychischen) Krankheiten gehandelt wird. Zwei zentrale Vorgänge scheinen sich bei dieser Herabstufung der Leidenschaften zu überkreuzen. Zum einen eine Entrhetorisierung des Affektausdrucks[110], zum anderen der Anspruch auf die Verwissenschaftlichung der Untersuchungen der Leidenschaften, der sie zum von der Psychologie und von der Psychopathologie und Medizin beanspruchten Gebiet macht.[111] In beiden ›aufklärerischen‹ Ansprüchen wird das wirkungsästhetische Potential des Ausdrucks und der Darstellung von Leidenschaften mit Skepsis betrachtet und abgemindert.

c) Helvétius und Holbach:
Materialistische Anthropologie
In seinem *Discours sur l'origine et les fondemens de l'inégalité parmi les hommes* (1755) stellte Rousseau den ›natürlichen‹ Zustand des Menschen als einen Zustand relativer Leidenschaftslosigkeit dar: »Les Passions, à leur tour, tirent leur origine de nos besoins, et leur progrès de nos connoissances; car on ne peut desirer ou craindre les choses, que sur les idées qu'on en peut avoir, ou par la simple impulsion de la Nature; et l'homme Sauvage, privé de toute sorte de lumiéres, n'éprouve que les Passions de cette derniére espéce; Ses desirs ne passent pas ses besoins Physiques; [...] Les seuls biens qu'il connoisse dans l'Univers, sont la nouriture, une femelle, et le repos; les seuls maux qu'il craigne, sont la douleur, et la faim.«[112] Rousseau gibt sich deshalb verwundert, »d'où nos philosophes peuvent faire naître toutes les passions qu'ils prétent à l'homme Naturel« (214). Anders als bei Hobbes, gegen dessen bösen, natürlichen Menschen sich Rousseau ausdrücklich wendet, wird hier der ›Naturzustand‹ des Menschen lediglich von zwei elementaren Leidenschaften, Selbsterhaltung und Mitleid, beherrscht. Und dies sind denn auch die natürlichen Leidenschaften des Menschen.[113]

Andere Konzepte der Leidenschaften, die sich eher an Hobbes und Mandeville als an Adam Smith orientieren, finden sich in der materialistischen Anthropologie der 1770er Jahre. So machte sich Claude-Adrien Helvétius in seiner ersten Schrift (*De l'esprit*, 1758), die ihm von allen Seiten Kritik und Verfolgung einbrachte, zum Anwalt der »puissance des passions«[114]. In der zweiten großen, systematisch ausgebauten Schrift (*De l'homme, de ses facultés intellectuelles et de son éducation*, 1772), die Helvétius wohlweislich erst nach seinem Tode publizieren ließ, sind die Leidenschaften Motor allen menschlichen Tuns und aller sozialen Produktivität. Dieses ›Lebensprinzip‹ wird v. a. gegen die religiöse Kritik der Leidenschaften geltend gemacht: »Vouloir détruire les passions dans les hommes, c'est vouloir y détruire l'action. Le théologien insulte-t-il aux passions? c'est le pendule qui se moque de son ressort, & l'effet qui méconnoît sa cause«[115].

Anknüpfend an das sensualistische Diderotsche Konzept der Empfindung, baut Helvétius seine »Généalogie des passions« von unten her auf: »Un principe de vie anime l'homme: ce principe est la sensibilité physique«. Bereits im nächsten Schritt aber folgert er anders als Diderot, indem er die Selbstbezüglichkeit der Leidenschaften positiv wertet und sie mit der ›Selbstliebe‹ verbindet: »principe

---

107 ›Pathos‹, in: ebd., 171.
108 LOUIS DE JAUCOURT, ›Pathétique‹, in: ebd., 169.
109 Vgl. ›Passions‹ (s. Anm. 106), 148–153.
110 Vgl. WOLFGANG MATZAT, ›Leidenschaft‹, in: UEDING, Bd. 5 (2001), 161–164.
111 Vgl. KIRCHNER (s. Anm. 57), 307–340.
112 JEAN-JACQUES ROUSSEAU, Discours sur l'origine et les fondemens de l'inégalité parmi les hommes (1755), in: ROUSSEAU, Bd. 3 (1964), 143.
113 Vgl. ebd., 153 ff.
114 CLAUDE-ADRIEN HELVÉTIUS, De l'esprit (1758), in: Helvétius, Œuvres complètes, Bd. 3 (Paris 1795), 263.
115 HELVÉTIUS, De l'homme, de ses facultés intellectuelles et de son éducation (1772), Bd. 1 (London 1773), 35.

qui produit en lui un sentiment d'amour pour le plaisir et de haine pour la douleur. C'est de ces deux sentiments réunis dans l'homme, et toujours présents à son esprit, que se forme ce qu'on appelle en lui le sentiment de l'amour de soi.«[116] Diese Selbstliebe versteht Helvétius als ein privates Gefühl, das durch Lernen soziabel gemacht werden kann. In einer Fußnote erläutert er: »Tout jusqu'à l'amour de soi est en nous une acquisition. On apprend à s'aimer, à être humain ou inhumain, vertueux ou vicieux. L'homme moral est tout éducation & initation.« (326) Die Selbstliebe, so folgert Helvétius weiter, erzeugt »le desir du bonheur«, und dieses Glücksverlangen erzeugt »amour du pouvoir«; daraus geht wiederum die ganze Skala der »passions factices« wie Neid, Geiz, Ehrgeiz hervor, »et généralement [...] toutes les passions factices, qui, sous des noms divers, ne sont en nous qu'un amour du pouvoir, déguisé et appliqué aux divers moyens de se le procurer« (298). So sieht auch Helvétius die Notwendigkeit, Leidenschaften zu moderieren – nicht aber gegen die Leidenschaften, sondern nur durch sie und mit ihnen: Wenn man sich über die Notwendigkeit der Leidenschaften einig weiß, so weiß man auch, »que c'est à leur conservation qu'est attachée celle des empires. Les passions en effet sont des desirs vifs: ces desirs peuvent être également conformes ou contraires au bien public. Si l'avarice & l'intolérance sont des passions nuisibles & criminelles, il en est autrement du desir de s'illustrer par des talens & des vertus patriotiques. En anéantissant les desirs, on anéantit l'ame, & tout homme sans passions n'a en lui ni principe d'action, ni motif pour se mouvoir.« (36)

Ganz ähnlich argumentiert Holbach in seinem *Système de la nature* (1770). Auch sein Ausgangspunkt ist die Wendung gegen die religiöse Kritik der Leidenschaften: »Aveugles Médecins! qui ont pris pour une maladie l'état naturel de l'homme! ils n'ont point vu que les passions & les desirs lui sont essentiels! Que lui défendre d'aimer & de desirer, s'est vouloir lui enlever son être; que l'activité est la vie de la société, & que nous dire de nous haïr & de nous mépriser nous-mêmes, c'est nous ôter le mobile le plus propre à la vertu.«[117] Holbach empfiehlt, nicht zu versuchen, die Leidenschaften auszutreiben, sondern sie zu steuern: »balançons celles qui sont nuisibles, par celles qui sont utiles à la société. La raison [...] n'est que l'art de choisir les passions que nous devons écouter pour notre propre bonheur.«[118] In einem sensualistischen und körperbetonten Menschenbild scheint bei Helvétius wie bei Holbach der alte antagonistische Gegensatz von passion und raison aufgehoben zu sein.

d) Charles Fourier: Der leidenschaftliche Mensch
Am Ausgang des 18. Jh. machen die Libertins des Marquis de Sade ihre Leidenschaften, die durch keine Moral mehr auszugleichen sind, zum allgewaltigen Naturgesetz und zum Grundprinzip ihres Freiheitsanspruchs. Als sich Justine z.B. gegen die Nachstellungen der Madame Delmonse auf ihre Tugend beruft, erfährt sie aus dem Mund der Tribadin: »›Comment! Tu n'est pas encore revenue de tes chimères?‹ ›Chimère, madame?... la vertu une chimère?‹ ›Assurément, mon ange [...]. Les seuls lois de la nature sont nos passions««.[119] Fast gleichzeitig und gleichlautend findet sich bei Charles Fourier der Satz: »Car le vrai bonheur ne consiste qu'à satisfaire toutes ses passions.«[120] Bei de Sade wie bei Fourier werden die traditionelle moralische und ethische Beurteilung und die Forderung nach einer Moderierung der Leidenschaften außer Kraft gesetzt und die Leidenschaften in einen ästhetischen Status überführt – mit dem gravierenden Unterschied freilich, daß die Freiheit der Leidenschaften bei de Sade solipsistisch interpretiert wird, bei Fourier hingegen in die ausgeklügelte soziale Theorie eines harmonischen landwirtschaftlichen Gemeinwesens (Phalanstère) eingepaßt ist.

Das Sozium, das Fourier entwirft, gründet sich auf die These, daß die Grundleidenschaften aller Menschen Reichtum (richesses) und Genuß (plaisirs) sind und daß es gerade diese Leidenschaften,

---

116 Ebd., 298.
117 PAUL HENRI THIRY D'HOLBACH, Système de la nature ou des loix du monde physique & du monde moral (1770), Bd. 1 (London 1770), 344.
118 Ebd., 354 f.
119 DONATIEN ALPHONSE FRANÇOIS DE SADE, La nouvelle Justine ou Les malheurs de la vertu (1797), in: Sade, Œuvres complètes, hg. v. A. Le Brun/J.-J. Pauvert, Bd. 6 (Paris 1987), 60.
120 CHARLES FOURIER, Théorie des quatre mouvements (1801), in: Fourier, Œuvres complètes, Bd. 1 (Paris 1966), 83.

der Reiz des Gewinns (l'appât du gain) und der Sinneslust (voluptés) sind, die in *Serien* (darunter versteht Fourier eine bestimmte, naturgesetzlich wirkende Folge und Ordnung von Leidenschaften) die Eintracht fördern und zur Einheit der Gesellschaft führen können.[121] Waren die Leidenschaften für die traditionelle Philosophie »tigres déchaînés« und »énigmes incompréhensibles«, so sollen sie in den Phalanstères eine auf die »incohérence civilisée« (9) folgende genossenschaftliche Ordnung herstellen, die »ni modération, ni égalité, ni aucune des vues philosophiques« zuläßt. »Il veut des passions ardentes et raffinées; [...] les passions s'accordent d'autant plus facilement qu'elles sont plus vives et plus nombreuses.« (9)

Diese Apologie der Leidenschaften gründet Fourier auf seine Theorie der »quatre mouvements matériel, organique, animal et social« (12), die er mit den 12 Grundleidenschaften (»l'arbre passionnel« [76] oder »la gamme passionnelle« [77]) des Menschen in Verbindung bringt. Die Leidenschaften sind in drei Gruppen unterteilt, die (a) das Individuum, (b) die Gruppe/das Kollektiv und (c) das Sozium betreffen. Innerhalb dieser drei Gruppen herrscht jeweils eine bestimmte zentrale »attraction« bzw. »l'attraction passionnée« (11). In der 1. Gruppe, deren zentrale Leidenschaft das Wohlergehen (luxe) ist, finden sich die fünf sensitiven, auf das Verlangen der fünf Sinne gerichteten Leidenschaften; in der 2. Gruppe die vier affektiven oder Gruppenleidenschaften (»Honneur, ou Corporation. [...] Amitié. [...] Amour. [...] Famille ou [...] Parenté«, 78); in der 3. Gruppe geht es – und hierauf kommt es Fourier v. a. an, aber gerade hier bleiben seine Aussagen auch dunkel – um die sozialen oder distributiven Leidenschaften, die in besonderem Maße der ›Assoziation‹ und ›Serie‹ unterliegen und zu einem »mécanisme social et domestique fort inconnu en Civilisation« (79) tendieren. Diese Zivilisation soll nun durch die neue Ordnung abgelöst werden, wobei die primitive Gesellschaft den angestrebten sozialen und häuslichen Mechanismus bereits gekannt habe: »C'est le secret du bonheur perdu qu'il fallait retrouver. C'est donc sur l'art de former et mécaniser les Séries de groupes que doit rouler principalement le calcul de l'Harmonie passionnelle.« (79)

Fourier versteht sich als naturwissenschaftlichen Entdecker »de l'Association agricole« und »de l'Attraction passionnée« (1) und damit als Begründer einer »Science Sociale encore inconnue« (3). Im Projekt der Phalanstères, wo der Mensch nur seiner Natur folgen muß, um glücklich zu sein, und in seinem Programm der leidenschaftlichen Vernunft liegt zugleich jedoch ein mit zyklischer Geschichtsphilosophie unterfüttertes ästhetisches Programm, das grundsätzlich anders ansetzt als das Schillersche der ›ästhetischen Erziehung‹, freilich genauso utopisch wie dieses: Obwohl die Menschen nur ihrer Natur folgen, entsteht aus dem harmonischen Zusammenspiel der Leidenschaften ein soziales Kunstwerk, eine ›art sociale‹.[122]

3. Deutschland

a) Produktionsästhetische Wendung der Leidenschaftsdarstellung: Nicolai, Lessing, Goethe

In Alexander Gottlieb Baumgartens ästhetischem Projekt einer Theorie der sinnlichen Erkenntnis, einer ›anderen Logik‹ (analogon rationis), war die aus der Rhetorik ererbte Theorie der Leidenschaften und Gemütsbewegungen unter dem Begriff der ästhetischen Pathologie ein integraler Bestandteil. Baumgartens ›Pathologia Aesthetica‹ war dabei zugleich Produktions- und Wirkungsästhetik, indem sie die Kenntnis der Leidenschaften mit ihrer rhetorischen und poetischen Darstellung und mit einer dementsprechenden Wirkungskalkulation verband.[123]

In der 2. Hälfte des 18. Jh. dagegen läßt sich eine Entwicklung ausmachen, in der die Literarisierung der Leidenschaften, d. h. die ins Innere des literarischen Werks gezogene Aushandlung der Leidenschaften, die direkte wirkungsästhetische Ausrichtung der Darstellung von Leidenschaften zunehmend abschwächt. Dieser Vorgang, der hier

---

121 Vgl. ebd., 7 f.
122 Vgl. ELISABETH LENK, Einleitung zur deutschen Ausgabe, in: Fourier, Theorie der vier Bewegungen, hg. v. T. W. Adorno (Frankfurt a. M./Wien 1966), 32–38.
123 Vgl. ALEXANDER GOTTLIEB BAUMGARTEN, Metaphysica (Halle/Magdeburg 1739), 178; DIETER KLICHE, Ästhetische Pathologie: Ein Kapitel aus der Begriffsgeschichte der Ästhetik, in: Archiv für Begriffsgeschichte 42 (2000), 197–222.

an drei Stationen plausibel gemacht werden soll, läßt sich auch terminologisch im Rückgang des Begriffs der Leidenschaft zugunsten anderer Begriffe wie Gefühl und Empfindung deutlich beobachten. In seiner *Abhandlung vom Trauerspiele* (1757) schloß Friedrich Nicolai noch ganz eng an Du Bos' wirkungsästhetische Begründung der Leidenschaften an, indem er nicht müde wurde, den Zweck des Trauerspiels zu betonen. Es sei ein für allemal ausgemacht, daß »die Erregung der Leidenschaften der wahre und einzige Zweck des Trauerspiels«[124] sei. In diesem dramatischen Modell einer »Pathokinetik«[125] räumte Nicolai jedoch überraschenderweise der Katharsis keinen Platz ein. Bei Du Bos dagegen hatte sie im Rahmen der Funktion und Wirkung der passions einen ganz selbstverständlichen Platz eingenommen. Zu allen Zeiten habe es geheißen, so Du Bos, »que la Tragédie purgeoit les passions«[126]. Nicolai übersetzte die Aristotelische Tragödiendefinition für sich nun so, daß die Katharsis ganz und gar ausfiel: »Das Trauerspiel ist die Nachahmung einer einzigen, ernsthaften, wichtigen und ganzen Handlung durch die dramatische Vorstellung derselben; um dadurch heftige Leidenschaften zu erregen.«[127]

Im Rahmen des zwischen Lessing, Nicolai und Mendelssohn geführten *Trauerspielbriefwechsels* (1756/1757) erfolgte an drei Punkten eine entschiedene Intervention Lessings: Zum ersten zog er die Kompetenz Du Bos' für diese Fragen überhaupt in Zweifel[128]; zum anderen sah er die Darstellung der Leidenschaften als *Mittel* und nicht als *Zweck* der dramatischen Veranstaltung an; zum dritten beharrte er mit einer sehr spezifischen, folgenreichen und weit vom Aristotelischen Sinn entfernten Interpretation auf dem Wirkungsmechanismus der Katharsis.[129] Lessing betonte: Unabhängig von den Leidenschaften, von denen die im Stück handelnden Personen getrieben werden (das Trauerspiel kann in »seinen Personen [...] alle mögliche Leidenschaften wirken lassen, die sich zu der Würde des Stoffes schicken«), soll das Trauerspiel im Zuschauer nur eine einzige Leidenschaft rege machen: das Mitleiden. Und dieses Mitleiden wird beim Zuschauer durch die dramatische Wirkung zu einer gesellschaftlichen Tugend habitualisiert: »Der mitleidigste Mensch ist der beste Mensch«[130]. Im Mechanismus der Lessingschen Katharsis (Reinigung der Leidenschaften zum Mitleid) erfolgt der Umschlag zur tugendhaften Fertigkeit und Fähigkeit des Mitleidens, zur Empfindungsfähigkeit und zu einer »humanen Gefühlsbereitschaft [...], die durch sittliche Kultur zu steigern und in Tat überzuleiten ist«[131]. Damit wird sowohl die Rolle der Leidenschaften abgeschwächt, wie auch die ursprünglich medizinische Wirkung der Katharsis. In der späteren Auseinandersetzung mit Corneilles Tragödientheorie argumentierte Lessing gleichfalls in dieser Richtung.[132] So treten die Leidenschaften der im Stück handelnden Personen, die bei Du Bos und Nicolai im Zuschauer jeweils die adäquaten Leidenschaften direkt bewirkten (große, edle und heroische Handlungen erzeugten z. B. Bewunderung usw.), und die beim Zuschauer ausgelösten Leidenschaften auseinander. Die dargestellten Leidenschaften dienen nunmehr ausschließlich der Erzeugung *einer* Leidenschaft: des Mitleids, von dem die handelnden Personen selbst gar nichts wissen. Diese Abschwächung des wirkungsästhetischen Ansatzes bedeutete allerdings zugleich auch ein Stück Autonomisierung des Kunstwerks.

Noch deutlicher wird dieser Vorgang der produktionsästhetischen Wendung in Goethes *Die Leiden des jungen Werther* (1774). Im Sturm und Drang,

---

124 FRIEDRICH NICOLAI, Abhandlung vom Trauerspiele (1757), in: Lessing/Moses Mendelssohn/Nicolai, Briefwechsel über das Trauerspiel, hg. v. J. Schulte-Sasse (München 1972), 17.
125 MATTHIAS LUSERKE, Die Bändigung der wilden Seele (Stuttgart/Weimar 1995), 153.
126 DU BOS, Bd. 1 (1770), 458.
127 NICOLAI (s. Anm. 124), 12.
128 Vgl. LESSING an Nicolai (2. 4. 1757), in: LESSING (LACHMANN), Bd. 17 (1904), 98.
129 Vgl. WOLFGANG SCHADEWALDT, Furcht und Mitleid? Zur Deutung des Aristotelischen Tragödiensatzes, in: Hermes 83 (1955), 129–171; LUSERKE (Hg.), Die aristotelische Katharsis. Dokumente ihrer Deutung im 19. und 20. Jahrhundert (Hildesheim u. a. 1991).
130 Vgl. LESSING an Nicolai (13. 11. 1756), in: LESSING (LACHMANN), Bd. 17 (1904), 65, 66.
131 KOMMERELL (s. Anm. 18), 202.
132 Vgl. LESSING, Hamburgische Dramaturgie (1767–1768), in: LESSING (LACHMANN), Bd. 10 (1894), 97–101 (74. Stück).

dem Goethes *Werther* grosso modo zugerechnet werden kann, vollzog sich eine Aufwertung der Leidenschaften. Im Falle des *Werther* aber geschieht dies *innerhalb* des fiktionalen literarischen Diskurses des Briefromans. So entstand, mit Reminiszenzen an die Passion Christi, eine Pathographie der Leidenschaft und des daraus entstehenden, bis zum Tode führenden Leidens.[133] Eine direkte Wirkung dieses Leidenschafts-Leidens-Diskurses auf den Leser lag nicht in der Absicht dieser Pathographie. Im Gegenteil: alle Lesarten des *Werther*, die sich mit seinem Leiden identifizierten, waren gegen Goethes Intention. Solche Lesarten verkannten, daß in der mehrere Rahmen bildenden literarischen Diskursivierung der Leidenschaften zugleich, gegenläufig gegen die Emanzipation der Leidenschaften, das Moment ihrer Disziplinierung enthalten war.[134]

Friedrich Nicolais Parodie (*Die Freuden des jungen Werther*, 1775) betraf v. a. die direkte ›sentimentalische‹ Wirkung des Romans, das ›Werther-Fieber‹ – eine Wirkung also, die nicht im Sinne Goethes war. Auf Nicolais Parodie reagierte Goethe mit einigen drastischen skatologischen Zeilen (*Nachgetragenes Gedicht: Freuden des jungen Werthers*, entst. 1775), mit denen das wirkungsästhetische Modell der Darstellung der Leidenschaften insgesamt getroffen werden sollte. Dieses Wirkungsmodell wird von Goethe mit der im medizinischen Sinne buchstäblich purgativ verstandenen Katharsis in Verbindung gebracht: »Ein junger Mensch, ich weiß nicht wie, / Starb einst an der Hypochondrie / Und ward denn auch begraben. / Da kam ein schöner Geist herbei / Der hatte seinen Stuhlgang frei, / Wie's denn so Leute haben. / Der setzt' nothdürftig sich aufs Grab, / Und legte da sein Häuflein ab, / Beschaute freundlich seinen Dreck, / Ging wohl erathmet wieder weg, / Und sprach zu sich bedächtiglich: / ›Der gute Mensch, wie hat er sich verdorben! / Hätt er geschissen so wie ich, / Er wäre nicht gestorben!‹«[135] Diese Lesart stellte nun ihrerseits eine Parodie von Wirkungsästhetik und Katharsis dar, die Goethe, wie man sieht, nicht erst in seiner klassischen Periode strikt ablehnte. Im Deutungschor des aristotelischen Tragödiensatzes vertrat er eine Interpretation, mit der aus der wirkungsästhetischen eine produktionsästhetische Kategorie des werkpoetischen Ausgleichs der Leidenschaften von Furcht und Mitleid gemacht werden sollte: »Die Tragödie ist die Nachahmung einer bedeutenden und abgeschlossenen Handlung, die eine gewisse Ausdehnung hat und in anmuthiger Sprache vorgetragen wird, und zwar von abgesonderten Gestalten, deren jede ihre eigne Rolle spielt, und nicht erzählungsweise von einem Einzelnen; nach einem Verlauf aber von Mitleid und Furcht mit Ausgleichung solcher Leidenschaften ihr Geschäft abschließt.«[136]

b) Leidenschaft und Affekt: Kant
Mit einigem Recht kann man Kants Unterscheidung zwischen Affekt und Leidenschaft auf die englische Unterscheidung von passion und ruling passion oder auf die französische von passion dominante und passion forte zurückführen.[137] Damit würde man allerdings diese Kantsche Unterscheidung verharmlosen, weil Kant nie einfach dem Begriffsusus folgte, sondern diese Unterscheidung mit seinen ästhetischen und anthropologischen Konzepten fest verband.

Anlaß der Unterscheidung zwischen Affekt und Leidenschaft ist in der *Kritik der Urtheilskraft* (1790) die Reflexion über die Wirkungen des Erhabenen, wobei Edmunds Burkes »delightful horror«[138] als Leidenschaft (passion) und seine empirisch-physiologische Bestimmung dieser Wirkung der Ausgangs- und Endpunkt von Kants Argumentation ist. Kant will diesen delightful horror, den Zusammenhang von Attraktion und Abstoßung der Sinnlichkeit, von Vergnügen und Schmerz, mit dem Modus des ästhetischen Reflexionsurteils verbinden. Für das Erhabene muß deshalb ein Prinzip a priori gefunden werden, um es aus der empiri-

---

133 Vgl. LUSERKE (s. Anm. 125), 240f.
134 Vgl. ebd., 248f.
135 JOHANN WOLFGANG GOETHE, Nachgetragenes Gedicht: Freuden des jungen Werthers (1775), in: GOETHE (WA), Abt. I, Bd. 5/2 (1910), 279f.
136 GOETHE, Nachlese zu Aristoteles Poetik (1827), in: GOETHE (WA), Abt. I, Bd. 41/2 (1903), 247; vgl. NORBERT CHRISTIAN WOLF, Streitbare Ästhetik. Goethes kunst- und literaturtheoretische Schriften 1771–1789 (Tübingen 2001), 449–462.
137 Vgl. JAKOB LANZ, ›Affekt‹, in: RITTER, Bd. I (1971), 94.
138 BURKE, 136.

schen Bestimmung herauszuheben und »in die Transcendentalphilosophie hinüberzuziehen«[139]. In der ›Allgemeinen Anmerkung zur Exposition der ästhetischen reflectirenden Urtheile‹ argumentiert Kant dann mit den vier Gefühlen der Lust am Angenehmen, Schönen, Erhabenen oder Guten (iucundum, pulchrum, sublime, honestum). Hier ist sichtbar, wie Kant das, was traditionellerweise mit den Begriffen des Affekts oder der Leidenschaft bezeichnet wird, mit ›Gefühl‹ besetzt. Innerhalb dieser Skala gibt es ein Gefühl, das Kant negativ heraushebt: »Das *Angenehme* ist als Triebfeder der Begierden durchgängig von einerlei Art«. Es ist rein auf *Quantität* gerichtet. »Es cultivirt auch nicht, sondern gehört zum bloßen Genusse.«(266) Diese Disqualifizierung führt zur Ausklammerung der Leidenschaften. Es bleibt aber zunächst dabei, daß die Gefühle (Affekte/Leidenschaften) aus der Wirkung des Erhabenen nicht herauszuhalten sind. Affekte, so räumt Kant selbst ein, sind mit dem Erhabenen verbunden und gehören zur menschlichen Natur »in uns« (271). Dies wird ihm insbesondere im Zusammenhang mit dem Enthusiasmus (»die Idee des Guten mit Affect«, 271 f.) bewußt. Spätestens an dieser Stelle entsteht nun aber auch der Zwang, sich zum Affekt deutlich zu erklären. Kant tut dies in einer Fußnote, die zwischen Leidenschaft und Affekt strikt trennt und die Leidenschaften eindeutig dem (außerästhetischen) Begehrungsvermögen zuordnet: »*Affecten* sind von *Leidenschaften* specifisch unterschieden. Jene beziehen sich bloß auf das Gefühl; diese gehören dem Begehrungsvermögen an, und sind Neigungen, welche alle Bestimmbarkeit der Willkür durch Grundsätze erschweren oder unmöglich machen. Jene sind stürmisch und unvorsätzlich, diese anhaltend und überlegt: so ist der Unwille als Zorn ein Affect; aber als Haß (Rachgier) eine Leidenschaft. Die letztere kann niemals und in keinem Verhältnis erhaben genannt werden; weil im Affect die Freiheit des Gemüths zwar *gehemmt*, in der Leidenschaft aber aufgehoben wird.« (272)

Mit dieser Unterscheidung, die im Kontext der Bestimmung der ästhetischen Urteilskraft durch das Erhabene erzwungen wird, rettet Kant die transzendentale Bestimmbarkeit des ästhetischen Urteils ›erhaben‹. Es wird dem ›Gefühl‹ zugeordnet, in dem nur die Affekte mitspielen dürfen, weil diese eine nur vorübergehende Hemmung der Freiheit und ›Uninteressiertheit‹ des ästhetischen Geschmacksurteils bedeuten. Die Leidenschaften hingegen sind schlechthin unästhetisch, weil sie pathologischer Natur sind. Mit diesem Beiwort meint Kant zunächst die interessengeleitete Objektbezogenheit der Leidenschaft, so wenn er in der *Ersten Einleitung in die Kritik der Urteilskraft* (1785) das ästhetische Reflexionsurteil von einem pathologischen Urteil, das sich auf einen Gegenstand materialiter beziehe und das Objekt der Lust hervorzubringen suche[140], unterscheidet. Das Urteil ›pathologisch‹ im Zusammenhang mit den Leidenschaften enthält aber auch (untergründig und im fließenden Übergang) den Beisinn des Kranken. Davon legt der Abschnitt über die Leidenschaften in der *Anthropologie* (1798) deutliches Zeugnis ab. Dort definiert Kant: »Die Neigung, durch welche die Vernunft verhindert wird, sie in Ansehung einer gewissen Wahl mit der Summe aller Neigungen zu vergleichen, ist die *Leidenschaft* (passio animi).« Und wiederum im Vergleich von Affekt und Leidenschaft heißt es: »Und wenn der Affect ein *Rausch* ist, die Leidenschaft eine *Krankheit* sei, welche alle Arzeneimittel verabscheut und daher weit schlimmer ist, als alle jene vorübergehende Gemüthsbewegungen«[141]. Ablesbar ist hier aber auch, daß außerhalb des ästhetischen Kontextes der *Kritik der Urtheilskraft*, wo die Affekte wegen der Wirkungsästhetik des Erhabenen notgedrungen eine Rolle spielen mußten, auch die Affekte nicht mehr in sonderlichem Ansehen stehen: »Affecten und Leidenschaften unterworfen zu sein, ist wohl immer *Krankheit* des *Gemüths*; weil beides die Herrschaft der Vernunft ausschließt.«[142] Lichtenberg kommentierte sarkastisch: »Sollte nicht manches von dem was Herr *Kant* lehrt, zumal in Rücksicht auf das Sittengesetz Folge des Alters sein, wo Leidenschaft und Neigungen ihre Kraft

---

139 KANT, Kritik der Urtheilskraft (1790), in: KANT (AA), Bd. 5 (1905), 266.
140 Vgl. KANT, Erste Einleitung in die Kritik der Urteilskraft, in: KANT (AA), Bd. 20 (1942), 230–232.
141 KANT, Anthropologie in pragmatischer Hinsicht (1798), in: KANT (AA), Bd. 7 (1907), 265 f.; vgl. KLICHE (s. Anm. 123), 220–228.
142 KANT (s. Anm. 141), 251.

verloren haben, und Vernunft allein übrig bleibt.«¹⁴³

So folgenreich diese Abwertung der Affekte und Leidenschaften in der Philosophie- und Ästhetikgeschichte geworden ist, so wenig darf Kant aber auch einseitig auf den Standpunkt rationalistischer Kritik der Leidenschaften festgelegt werden. Es sollte nicht verkannt werden, daß Kant anthropologisches Wissen vermehrt, indem er das Begehrungsvermögen in Neigung, Leidenschaft und Affekt differenziert und gerade in seiner *Anthropologie* die psychophysische Natur des Menschen gegen den Absolutheitsanspruch der Vernunft in Schutz nimmt.¹⁴⁴ Doch bleibt auch für die weitere Geschichte der Ästhetik festzuhalten, daß die Sortierung der Gefühle (nimmt man ›Gefühl‹ einmal als Oberbegriff für die pathetischen Faktoren menschlicher Subjektivität) nach den mehr sinnlichen (Leidenschaften, Affekte, Empfindungen) und den mehr geistigen zur Trennung der Verbindung von Leib und Gefühl führte.¹⁴⁵ Diese Trennung (die Wolffianer und Baumgarten nahmen noch einen stufenlosen Übergang zwischen körperbezogener sinnlicher Wahrnehmung und Erkenntnis an) führte dazu, daß die Ästhetik den sogenannten Geisteswissenschaften zugeschlagen und ein naturwissenschaftlicher Ansatz ausgeschlossen wurde. In Wilhelm Diltheys Begründung der Geisteswissenschaften gehörte das Ästhetische per definitionem zum ›Geist‹ und geriet in Gegensatz zur ›Natur‹. So postulierte Dilthey den »Gegensatz der Außenwelt, als des in der äußeren Wahrnehmung (sensation) durch die Sinne Gegebenen, zu der Innenwelt, als dem primär durch die innere Auffassung der psychischen Ereignisse und Tätigkeiten (reflection) Dargebotenen.« Den Gegenstand der Geisteswissenschaft mache seine »Unvergleichbarkeit mit aller Sinnenerfahrung über die Natur«¹⁴⁶ aus.

V. Die ›normalen‹ Leidenschaften (19. Jahrhundert)

1. Pathologische Ästhetik

War in der Aufklärungsästhetik, die eng mit der Psychologie verbunden blieb, die Vorstellung leitend, daß die Leidenschaften vernünftig kontrolliert werden können und die Ästhetik ein Instrument dieser Regulierung darstellt (diätetische Funktion der Ästhetik als Lebenskunde und Lebenskunst, ästhetische Pathologie), so kehrte sich im Verlauf des 19. Jh. das Verhältnis um. Medizinisches Wissen im weitesten Sinne (die psychologischen, biologischen und physiologischen Diskurse einbegriffen) erlangte eine derartige Bedeutung, daß medizinische Tatsachen und Begriffe eine normative Kraft entfalteten, von der kaum eine Entscheidung über den Wert menschlicher Verhaltensweisen, Einstellungen und Lebensformen unberührt blieb. Nunmehr lieferte in dem naturwissenschaftlich generierten Normalismusdiskurs eher die Psychophysiologie die Maßstäbe des Ästhetischen. Dem korrespondiert die Beobachtung, daß die Leidenschaften am Ende des 18. und zu Beginn des 19. Jh. zunehmend ein Gegenstand der Mediziner und Psychopathologen werden.¹⁴⁷

Im medizinischen Diskurs des beginnenden 19. Jh. wurden die Affekte und Leidenschaften ei-

---

143 LICHTENBERG, Sudelbücher Heft L, 910, in: Lichtenberg, Schriften und Briefe, hg. v. W. Promies, Bd. 2 (Frankfurt a. M. 1994), 523.
144 Vgl. RALPH-RAINER WUTHENOW, Die gebändigte Flamme. Zur Wiederentdeckung der Leidenschaften im Zeitalter der Vernunft (Heidelberg 2000), 136–139; ERNST STÖCKMANN, [Rez.] Ralph-Rainer Wuthenow, Die gebändigte Flamme […], in: Aufklärung. Interdisziplinäres Jahrbuch zur Erforschung des 18. Jahrhunderts und seiner Wirkungsgeschichte 12 (2000/2001), 140–144.
145 Vgl. HERMANN SCHMITZ, Leib und Gefühl. Materialien zu einer philosophischen Therapeutik (1989; Paderborn ²1992), 19 f.
146 DILTHEY, Einleitung in die Geisteswissenschaften (1883), in: DILTHEY, Bd. 1 (⁹1990), 8 f.
147 Vgl. JOHANN FRIEDRICH ZÜCKERT, Medizinische und moralische Abhandlung von den Leidenschaften (Berlin 1784); WILHELM GESENIUS, Pathematologie oder Versuch über die Leidenschaften und ihren Einfluß auf die Geschäfte des körperlichen Lebens (Erfurt 1786); FRIEDRICH CHRISTIAN GOTTLIEB SCHEIDEMANTEL, Die Leidenschaften als Heilmittel betrachtet (Hildburghausen 1787); MICHAEL VON LENHOSSÉK, Untersuchungen über Leidenschaften und Gemüthsaffekten, als Ursachen und Heilmittel der Krankheiten (Pesth 1804); JOACHIM DIETRICH BRANDIS, Pathologie oder Lehre von den Affekten des lebendigen Organismus (Hamburg 1808).

nem Rationalisierungsgebot unterstellt, das zu einer Normierung des normalen und pathologischen Zustands führte.[148] Von John Brown über François Joseph Victor Broussais bis zu Claude Bernard läßt sich quer durch das 19. Jh. die These von der Kontinuität zwischen normalen und pathologischen Phänomenen verfolgen. Damit wurde der noch im 18. Jh. dominierende Dualismus in der Medizin, der Gesundheit und Krankheit als zwei verschiedene Entitäten definiert und (selbst noch bei Georg Ernst Stahl) beide an das Muster des Bösen und Guten gebunden hatte, durch einen Monismus ersetzt, der nicht mehr (tableauartig) die Qualitäten von Gesundheit und Krankheit ontologisch sondieren, sondern Quantitäten messen wollte.[149] Die Bestimmung des Normalen orientierte sich dabei an einer Mittellage, so bei dem schottischen Arzt John Brown, dessen *Elementa medicinae* (1780) auch von Kant rezipiert wurden. Der Brownianismus verdrängte die Humoralpathologie durch eine Erregungstheorie, mit der die lebenden Organismen von den leblosen Substanzen durch das Kriterium der Reizbarkeit unterschieden werden sollten. Diese Reizbarkeit hat ihren Sitz im ganzen Nervensystem und ist Ursache aller physiologischen und pathologischen Erscheinungen. Die pathologischen Zustände entstehen durch zu starke (sthenische) oder zu schwache (asthenische) Reize. So sind alle Krankheiten entweder sthenischen oder asthenischen Ursprungs. Der mittlere Zustand ist der gesunde.[150] Ähnlich benutzte der Londoner Psychiater Henry Maudsley Mitte des 19. Jh. den Begriff der Coenaesthesis, um mit diesem Begriff den leidenschaftslosen ›normalen‹ Gleichgewichtszustand zwischen Hyperästhesie und Anästhesie der Sinne und Vorstellungen zu verbinden. Der mittlere, affektlose Zustand der Coenaesthesis wurde zum Maßstab des Ästhetischen.[151] Canguilhem urteilt: »On affirme l'homogénéité et la continuité réelles du normal et du pathologique, [...] pour que la science physiologique soit fondée à régir l'activité thérapeutique par l'intermédiaire de la pathologie.«[152] Damit wird der Begriff des Normalen zum Kampfbegriff gegen die Leidenschaften: »Le normal n'est pas un concept statique ou pacifique, mais un concept dynamique et polémique.« (176) Wie dieser gegen die Leidenschaften eingesetzte Kampfbegriff des Normalen durch das 19. Jh. hin seine Spur zog, läßt sich am Artikel ›Leidenschaft‹ aus dem *Brockhaus* von 1885 deutlich ablesen: »So hängt der sittliche Wert der einzelnen L[eidenschaft] von demjenigen des die L[eidenschaft] begründenden Triebes oder Begehrens ab; es gibt eine edle L[eidenschaft] für das Sittliche, Schöne und Wahre. [...] Doch nennt man jene edle L[eidenschaft] lieber Enthusiasmus, Begeisterung u. s. w. und braucht infolge dessen das Wort L[eidenschaft] meistens von denjenigen L[eidenschaften], in welchen ein zum Herrschen sittlich nicht berechtigter Trieb sich der dominierenden Stellung bemächtigt hat, und in diesem Sinne ist die L[eidenschaft] immer etwas Krankhaftes, Innormales, welches von der sittlichen Charakterbildung und der überlegenen Vernunft bekämpft werden muß.«[153] Verständlich deshalb, daß im ästhetischen Diskurs des 19. Jh. der Begriff der Leidenschaft zunehmend gemieden wurde. Noch 1805 nannte der in der Tradition Baumgartens und Georg Friedrich Meiers stehende Hallenser Ästhetiker Johann Gebhard Ehrenreich Maaß eine seiner Untersuchungen *Versuch über die Leidenschaften*. 1811 lautete der Titel dann *Versuch über die Gefühle, besonders über die Affekte*.

Auf diesem Hintergrund ist auch die Pathologisierung der Leidenschaften in der klassizistischen Kunsttheorie und Ästhetik zu lesen, in der einer weiteren Abschwächung des wirkungsästhetischen Potentials der Ästhetik Vorschub geleistet wurde. Paradigmatisch für die Kritik an einer vermeintlich pathologischen Ästhetik ist die Polemik Ramdohrs

---

148 Vgl. GEORGES CANGUILHEM, Le normal et le pathologique (1966; Paris ³1991); dt.: Das Normale und das Pathologische, übers. v. M. Noll u. R. Schubert (München 1974); JÜRGEN LINK, Versuch über den Normalismus. Wie Normalität produziert wird (Opladen 1997); THOMAS ROLF, Normalität. Ein philosophischer Grundbegriff des 20. Jahrhunderts (München 1999).
149 Vgl. CANGUILHEM (s. Anm. 148), 26 ff.
150 Vgl. JOHN BROWN, Elementa medicinae (1780); dt.: System der Heilkunde, übers. v. C. H. Pfaff (1796; Kopenhagen 1804), 46 f.
151 Vgl. HENRY MAUDSLEY, The Physiology and Pathology of the Mind (London 1867), 137 f.
152 CANGUILHEM (s. Anm. 148), 62.
153 ›Leidenschaft‹, in: BROCKHAUS, Bd. 10 (¹³1885), 920 f.

gegen den romantischen Caspar David Friedrich und sein Bild *Das Kreuz im Gebirge* (1808). Ramdohr schloß für den bildenden Künstler das Hinarbeiten auf »pathologische Rührung, das heißt, auf die Erregung eines affektvollen Zustandes in dem Beschauer, wie er ihn etwa von den dargestellten Sujets in der Natur selbst erhalten würde«[154], strikt aus.

Eine solche pathologische Ästhetik ist auch im Austausch von Goethe und Schiller ein wichtiges Thema. Sie trafen sich dabei im Abweis der pathologischen ›Reize‹ und ›Rührungen‹, die motivierenden Konzepte ihrer Ablehnung sind allerdings verschieden. So ist Goethes Ästhetik von einem strikt produktionsästhetisch orientierten Wahrnehmungs- und Erkenntniskonzept bestimmt.[155] Wie bereits am *Werther* zu sehen war, lag ihm eine leidenschaftliche Wirkung seines Briefromans fern. Die Leidenschaften sollten ›objektiv‹, im literarischen Text selbst ›gereinigt‹ werden. Auch die wirkungsästhetische Seite der Katharsis stellte er in Zweifel: »Aristoteles, der das Vollkommenste vor sich hatte, soll an den Effekt gedacht haben! welch ein Jammer!«[156] Für die bildende Kunst betonte Goethe den Gesichtspunkt der Form gegen die Wirkung und übertrumpfte dabei noch seinen klassizistischen Freund Heinrich Meyer, der in einer Fassung seines Aufsatzes *Über die Gegenstände der bildenden Kunst* (entst. 1797) geschrieben hatte: »Wir verlangen aber nicht nur Anschauung von Gestalten, sondern daß uns diese Gestalten auch anziehen, interessiren, rühren sollen. Zu diesem Endzweck nun muß ein Bild Regungen und Gefühle in uns erwecken«. Dazu notierte Goethe: »Hier scheint uns auf das wichtige ästhetische *Interesse der Form* nicht genug Rücksicht genommen; das Angeführte ist pathologisch.«[157]

Eine auf die Leidenschaften bauende Wirkungsästhetik lehnte auch Schiller ab, was aus den ästhetischen Schriften der 90er Jahre des 18. Jh., beginnend mit der Rezension der Gedichte Gottfried August Bürgers (1791), abzulesen ist, wobei gerade *Über Bürgers Gedichte* deutlich macht, worum es Schiller bei dieser Abweisung ging. Sein Programm der ästhetischen Bildung und Erziehung, kulminierend in den Briefen an den Herzog von Augustenburg (*Ueber die ästhetische Erziehung des Menschen in einer Reihe von Briefen*, 1795) war v. a. eine politisch-ästhetische Auseinandersetzung mit der Französischen Revolution – aber auch eine Auseinandersetzung mit der heraufkommenden bürgerlichen Trivialliteratur und Massenkultur. So nahm Schiller den Anspruch Bürgers, ›Volksdichter‹ zu sein, auf und gab ihm eine volks- und kunstpädagogische Wendung: Der Volksdichter müsse das »Leidenschaftsbedürfnis« des Volkes, das Bürger mit seinen Gedichten nur bediene, für die »Reinigung der Leidenschaften« nutzen. Dies war in Schillers Konzept – und hier trifft er sich wieder mit Goethe – nur über eine produktionsästhetisch ausgerichtete Idealisierung und Veredlung der Leidenschaften möglich. »Das Idealschöne wird schlechterdings nur durch eine Freiheit des Geistes, durch eine Selbsttätigkeit möglich, welche die Übermacht der Leidenschaft aufhebt.«[158] Hingegen ist die Darstellung der »bloßen Passion«, so Schiller in dem Aufsatz *Ueber das Pathetische* (1793), ohne »Darstellung der übersinnlichen Widerstehungkraft [...] gemein«[159]. Derartige Darstellungen – und hier nahm Schiller die Unterscheidungen Kants getreulich auf – gehören »zum Gebiet des *Angenehmen*, mit dem die schöne Kunst nichts zu thun hat«. »Sie bewirken bloß Ausleerungen des Thränensacks und eine wollüstige Erleichterung der Gefäße« (199).

---

154 FRIEDRICH WILHELM BASILIUS VON RAMDOHR, Ueber ein zum Altarblatte bestimmtes Landschaftsgemälde von Herrn Friedrich in Dresden, und über Landschaftsmalerei, Allegorie und Mysticismus überhaupt, in: Zeitschrift für die elegante Welt (21. 1. 1809), 113.
155 Vgl. WOLF (s. Anm. 136), 449–462.
156 GOETHE an Carl Friedrich Zelter (29. 3. 1827), in: GOETHE (WA), Abt. 4, Bd. 42 (1907), 104; vgl. LUSERKE (s. Anm. 125), 339 f.
157 GOETHE, Bemerkungen zu Meyers Aufsatz über die Gegenstände der bildenden Kunst (entst. ca. 1797), in: GOETHE (WA), Abt. 1, Bd. 47 (1896), 332; vgl. JOACHIM MÜLLER, ›Verwirrung des Gefühls‹. Der Begriff des ›Pathologischen‹ im Drama Goethes und Kleists, in: Sitzungsberichte der Sächsischen Akademie der Wissenschaften zu Leipzig. Philologisch-historische Klasse, Bd. 117, H. 2 (Berlin 1974), 3–40.
158 FRIEDRICH SCHILLER, Über Bürgers Gedichte (1791), in: SCHILLER, Bd. 22 (1958), 256.
159 SCHILLER, Ueber das Pathetische (1793), in: SCHILLER, Bd. 20 (1962), 201.

V. Die ›normalen‹ Leidenschaften (19. Jahrhundert)

Im Bereich des Tragischen allerdings ist die »Affektion des Gefühlsvermögens« (201) zugelassen, aber wiederum nur, wenn sich die pathetische Wirkung auf das Erhabene, also aus der einfachen Sinnlichkeit heraus auf die höhere Vernunft beziehen läßt. Im Vorgang des dramatischen Schreibens wird nun die ›Affektion des Gefühlsvermögens‹ für den dramatischen Dichter selbst zum Problem. Darüber tauschten sich Goethe und Schiller während der Produktionsphase des *Wallenstein* (ersch. 1800) aus. Schiller sprach dabei mehrfach von dem »pathologischen Interesse der Natur an einer solchen Dichterarbeit«, die viel »angreifendes«[160] für ihn habe. Während der Niederschrift des 5. Aktes von *Wallensteins Tod* teilte er Goethe mit: »Dieser so starke Absatz, den meine Gemüthsstimmung hier gegen alle übrigen freieren menschlichen Zustände machte, erweckte mir beinahe eine Furcht, mich auf einem zu pathologischen Wege zu befinden, weil ich das meinem Individuum zuschrieb, was die Natur des Geschäfts mit sich brachte.«[161] Goethe konnte dieses pathologische Affiziertsein des dramatischen Dichters nachempfinden: »Ohne ein lebhaftes pathologisches Interesse ist es auch mir niemals gelungen irgend eine tragische Situation zu bearbeiten, und ich habe sie daher lieber vermieden als aufgesucht.«[162] Aus der Rückschau objektivierte Goethe diese subjektive ästhetische Problematik, wiederum produktionsästhetisch argumentierend, in Richtung der Umweltbedingungen literarischer Produktion: den »wahrhaft Denkenden« sollte dieser Briefwechsel, den sie damals über den *Wallenstein* geführt hatten, veranlassen, »unsre Ästhetik immer inniger mit Physiologie, Pathologie und Physik [zu] vereinigen, um die Bedingungen zu erkennen, welchen einzelne Menschen sowohl als ganze Nationen [...] unterworfen sind«[163].

Hegel nahm zwar den Begriff der Leidenschaft auf und integrierte ihn in seine geschichtsphilosophische Konzeption: Indem die Menschen ihren Leidenschaften folgten, dienten sie einem höheren Zweck, der ihnen verborgen bleibe. Das sei »die List der Vernunft [...], daß sie die Leidenschaften für sich wirken läßt«[164]. In seiner *Ästhetik* aber, die *Philosophie der Kunst* sein soll, verwarf er jede Wirkungsästhetik und ›Empfindung‹. Darin ist Hegels *Ästhetik* eine kunstphilosophische Kritik des Ästhetischen, die den zentralen Punkt der Ästhetik, der sinnlichen Wahrnehmung (= Empfindung), als für die Kunst irrelevant erklärt. »Die Empfindung als solche ist eine durchaus leere Form der subjektiven Affektion [...]. Deshalb bleibt die Untersuchung der Empfindungen, welche die Kunst erregt oder erregen soll, ganz im Unbestimmten stehn und ist eine Betrachtung, welche gerade vom eigentlichen Inhalt und dessen konkretem Wesen und Begriff abstrahiert. Denn die Reflexion auf die Empfindung begnügt sich mit der Beobachtung der subjektiven Affektion und deren Besonderheit, statt sich in die Sache, das Kunstwerk zu versenken und zu vertiefen und darüber die bloße Subjektivität und deren Zustände fahrenzulassen. Bei der Empfindung jedoch ist gerade diese inhaltlose Subjektivität nicht nur erhalten, sondern die Hauptsache, und darum fühlen die Menschen so gern. Deshalb wird aber auch solche Betrachtung ihrer Unbestimmtheit und Leerheit wegen langweilig und durch die Aufmerksamkeit auf die kleinen subjektiven Besonderheiten widrig.«[165] Solche Aussagen richten sich auch gegen Kants ästhetisches (= subjektives) Geschmacksurteil. Im Gefühl der Lust und Unlust, so argumentierte Kant, wird nichts im Objekt bezeichnet, sondern sich ganz auf das Subjekt, »und zwar auf das Lebensgefühl desselben [...] bezogen«[166]. Hervorzuheben ist, daß Hegel mit diesen Bestimmungen wirkungsästhetische Gesichtspunkte zurückdrängte, dafür aber die Autonomie der Kunst stärkte. Wenn es Ziel des Kunstwerks wäre, so sein Argument, überhaupt Empfindungen zu erregen, dann wäre auch kein Unterschied mehr zu »Beredsamkeit, Geschichtsschreibung, religiöser Erbauung usf.«[167].

---

160 SCHILLER an Goethe (8. 12. 1797), in: SCHILLER, Bd. 29 (1977), 165.
161 SCHILLER an Goethe (24. 8. 1798), in: ebd., 265.
162 GOETHE an Schiller (9. 12. 1797), in: GOETHE (WA), Abt. 4, Bd. 12 (1893), 373.
163 GOETHE, Ludwig Tiecks Dramaturgische Blätter (entst. 1826, ersch. 1833), in: GOETHE (WA), Abt. I, Bd. 40 (1901), 182.
164 GEORG WILHELM FRIEDRICH HEGEL, Vorlesungen über die Philosophie der Geschichte (1837), in: HEGEL (TWA), Bd. 12 (1970), 49.
165 HEGEL (ÄSTH), 76f.
166 KANT (s. Anm. 139), 204.
167 HEGEL (ÄSTH), 77.

Dementsprechend ›objektiviert‹ baut Hegel auch seinen Begriff des Pathos auf. »Die allgemeinen Mächte [...], welche nicht nur für sich in ihrer Selbständigkeit auftreten, sondern ebensosehr in der Menschenbrust lebendig sind und das menschliche Gemüt in seinem Innersten bewegen, kann man nach den Alten mit dem Ausdruck πάθος bezeichnen. Übersetzen läßt dies Wort sich schwer, denn ›Leidenschaft‹ führt immer den Nebenbegriff des Geringen, Niedrigen mit sich, indem wir fordern, der Mensch solle nicht in Leidenschaftlichkeit geraten. Pathos nehmen wir deshalb in einem höheren und allgemeineren Sinne ohne diesen Beiklang des Tadelnswerten, Eigensinnigen usf. [...]. Das Pathos in diesem Sinne ist eine in sich selbst berechtigte Macht des Gemüts, ein wesentlicher Gehalt der Vernünftigkeit und des freien Willens.« (248)

In der Malerei sind daher Naturumgebung und Szenerie nur untergeordnetes Beiwerk. In Hinsicht auf das Pathos muß die Natur symbolisch gebraucht werden; deshalb erhalten Farbe und Landschaftsmalerei einen geringeren Stellenwert: »Die Landschaftsmalerei z. B. ist für sich schon ein geringeres Genre als die Historienmalerei, aber auch da, wo sie selbständig auftritt, muß sie an eine allgemeine Empfindung anklingen und die Form eines Pathos haben. – Man hat in diesem Sinne gesagt, die Kunst überhaupt müsse rühren; soll aber dieser Grundsatz gelten, so fragt es sich wesentlich, wodurch die Rührung in der Kunst dürfe hervorgebracht werden. Rührung im allgemeinen ist Mitbewegung als Empfindung, und die Menschen, besonders heutigentags, sind zum Teil leicht zu rühren. Wer Tränen vergießt, sät Tränen, die leicht aufwachsen. In der Kunst jedoch soll nur das in sich selbst wahrhaftige Pathos bewegen.« (249)

Gegen die klassizistische Herabminderung der Affekte und Leidenschaften in der Ästhetik gibt es freilich auch Gegenstimmen, die in erster Linie aus dem Lager derjenigen Ästhetiker kommen, die aus der Tradition Baumgartens stammen. Aber auch Romantiker wenden sich dagegen, z. B. Friedrich Schlegel, der mit seinem skandalträchtigen Roman der Leidenschaften *Lucinde* (1799) beträchtliches Aufsehen erregte und für die universelle Kunst der Poesie eine Wissenschaft forderte, die nicht Ästhetik sein dürfte, »sondern etwa Pathetik sein müßte; eine richtige Einsicht in das Wesen des Zornes, der Wollust u. s. w.; zu deren Aufstellung aber unstreitig die physikalische Theorie des Menschen und der Erde noch viel zu unvollkommen ist«[168].

Kritische Stimmen kommen aber auch aus dem Hegelschen Lager selbst. Der Ästhetiker des 19. Jh., der als Hegelianer geltende Friedrich Theodor Vischer, veröffentlichte 1866 eine breit angelegte Selbstkritik seiner *Ästhetik*[169], in der die Rehabilitierung der pathologischen Wirkung eine große Rolle spielte. Vischer räumte jetzt ein, daß der Kantische Satz vom Wohlgefallen ›ohne Interesse‹ ganz geeignet war, »auf einen rigoristischen Idealismus zu führen. Unsere großen Dichter, Goethe und Schiller, auf der Höhe ihrer classischen Bildung nahmen das Band auf und schnürten es strenge genug an, so daß ihre vielen Erklärungen gegen alles ›pathologische Interesse‹ für die ›Reduction empirischer Formen auf reine‹ – ›Vertilgung des Stoffs durch die Form‹ dem neuerdings systematisirten Formalismus [Vischer bezieht sich auf die sog. Formästhetik Friedrich Herbarts und Robert Zimmermanns – d. Verf.] willkommenes Wasser auf die Mühle seiner subjectiven wie seiner objectiven Bestimmungen waren.« (149) Die Verteidigung pathologischer Wirkung verbindet sich mit der Wendung gegen Kants ›Interesselosigkeit‹: »Das Scheinbild des Lebens muß Alles in uns aufregen, was durch das Leben selbst in uns aufgeregt wird: die Sinnlichkeit, jede Leidenschaft, jede Spannung des Begehrens und Wollens, ebenso des denkenden Geistes. Wir können dies Alles unter dem Gefühle begreifen, [...] Gefühl aber als Theilnahme am Gegenstand, als Ergriffensein, Gepacktsein von demselben, als Spannung auf denselben heißt Interesse.« (153) In seiner *Ästhetik*, und dieses Eingeständnis ist der Kern seiner Selbstkritik, sei versäumt worden, die subjektive Seite des »ästhetischen Aktes« genauer ins Auge zu fassen. »Die Folge meiner Unterlassung ist, daß ich mich in Widersprüche verwickle; denn ich spreche an gar

---

168 FRIEDRICH SCHLEGEL, Lessings Gedanken und Meinungen (1804), in: SCHLEGEL (KFSA), Bd. 3 (1975), 57.
169 Vgl. FRIEDRICH THEODOR VISCHER, Kritik meiner Ästhetik, in: Vischer, Kritische Gänge, Neue Folge, Heft 5 (Stuttgart 1866), 1–156.

manchen Orten stark genug von der tiefen Erschütterung des ganzen Menschen durch das Schöne, Erhabene und namentlich durch das Tragische, wie von der entgegengesetzten Schüttlung durch das Komische, und ich vergesse mich zu fragen, wie diese Stellen mit der strengen Abweisung jedes pathologischen Eindrucks stimmen.« (136) Mit seiner *Selbstkritik* bezog Vischer wieder psychologische Momente der Kunstwirkung ein, womit er der ›Ästhetik von unten‹ (Gustav Theodor Fechner, Karl Groos, Richard Wallaschek u. a.) wie auch der Einfühlungsästhetik (Theodor Lipps) im letzten Drittel des 19. Jh. vorarbeitete. Gerade die pathologische/pathetische Wirkung wird zu deren besonderem Interessenpunkt und Forschungsgegenstand.

2. Leidenschaftliche Musik

Probleme der künstlerischen Darstellung und der Wirkung von Leidenschaften wurden im 19. Jh. besonders intensiv am Beispiel der Musik weiter debattiert – und auch hier spielt die Spannung zwischen positiver und negativer Wertung pathologischer/pathetischer Wirkung eine große Rolle. Am Ende des 18. Jh. hieß es bei Schiller in dem bereits zitierten Aufsatz *Ueber das Pathetische* zur Wirkung der Musik: »Auch die Musik der Neuern scheint es vorzüglich nur auf die Sinnlichkeit anzulegen, und schmeichelt dadurch dem herrschenden Geschmack, der nur angenehm gekitzelt nicht ergriffen, nicht kräftig gerührt, nicht erhoben seyn will. Alles *schmelzende* wird daher vorgezogen, und wenn noch so großer Lerm in einem Concertsaal ist, so wird plötzlich alles Ohr, wenn eine schmelzende Passage vorgetragen wird. Ein bis ins thierische gehender Ausdruck der Sinnlichkeit erscheint dann gewöhnlich auf allen Gesichtern, die trunkenen Augen schwimmen, der offene Mund ist ganz Begierde, ein wollüstiges Zittern ergreift den ganzen Körper, der Athem ist schnell und schwach, kurz alle Symptome der Berauschung stellen sich ein: zum deutlichen Beweise, daß die Sinne schwelgen, der Geist aber oder das Princip der Freyheit im Menschen der Gewalt des sinnlichen Eindrucks zum Raube wird.«[170] Der Leipziger Ästhetiker Johann August Eberhard schrieb dagegen von seiner Fasziniertheit durch die von der Musik, z. B. in der Oper, ausgelösten Gemütsbewegungen: »Aus dieser Magie des Vergnügens und der Leidenschaft ist es begreiflich, warum uns das Wunderbare der Handlung, des Vortrags und der Vorstellung in der Oper, welches der kalten Vernunft so anstößig ist, in den Augenblicken des Genusses so anziehend seyn kann. Das Larische des Gesanges reißt die Einbildungskraft auf den Flügeln der Leidenschaft fort, und die vereinigten Schönheiten der Werke des Decorateurs und des Tonkünstlers machen die Sinnlichkeit willig, die Illusion, sich selbst unbemerkt, zu unterhalten.«[171] Eberhards Ästhetik sieht die mit Vergnügen verbundene leidenschaftliche Gemütserregung (des Reizes und der Rührung) als höchste Wirkung der Kunst an. »Ich nenne einen Gegenstand ganz eigentlich rührend, wenn er Leidenschaften hervorbringt. Ein jeder schöner Gegenstand macht Vergnügen, und wenn dieses Vergnügen groß genug ist, daß er irgend eine Leidenschaft erregt, mittelbar oder unmittelbar, sey es auch nur Bewunderung: so ist er rührend.«[172] Darin ist er einer der entschiedensten Gegner Kants und der Weimarer Klassiker, was ihm auch die schärfste Kritik der späteren Ästhetikgeschichtsschreibung eingebracht hat: »Aus dieser Entartung der subjektivistischen Ästhetik zu einer Verherrlichung des Leidenschaftlichen erklären sich neben Kants scharfer Opposition auch die abfälligen Urteile, welche von den Klassikern über diese Aesthetik gefällt worden sind.«[173]

Die Ambivalenz pathologischer Wirkung der Musik beschäftigte auch den Romantiker Heinrich Heine, als er den Klavierspieler Franz Liszt, den wiederauferstandenen »Rattenfänger von Hameln«, erlebte. Mit seinem Klavierspiel sei dieser

---

170 SCHILLER (s. Anm. 159), 200.
171 JOHANN AUGUST EBERHARD, Ueber die ästhetische Täuschung, in: Philosophisches Magazin 4 (1792), 48.
172 EBERHARD, Einige Anmerkungen über die Recension meiner Theorie der schönen K. und W. [...], in: ebd., 154.
173 ROBERT SOMMER, Grundzüge einer Geschichte der deutschen Psychologie und Aesthetik von Wolff-Baumgarten bis Kant-Schiller (Würzburg 1892), 254.

der »moderne Amphion, der mit den Tönen seines Saitenspiels beim Kölner Dombau die Steine in Bewegung setzte«[174]. »Er ist hier, der Attila, die Geißel Gottes aller Érardschen Pianos, die schon bei der Nachricht seines Kommens erzitterten und die nun wieder unter seiner Hand zucken, bluten und wimmern.« (567) Heine fragt sich, warum von Liszts Klavierspiel eine solche Wirkung ausgehe, und gibt eine Antwort, die ironisch mit den Phänomenen des Rausches und der Krankheit spielt: »Die Lösung der Frage gehört vielleicht eher in die Pathologie als in die Ästhetik. Ein Arzt, dessen Spezialität weibliche Krankheiten sind und den ich über den Zauber befragte, den unser Liszt auf sein Publikum ausübt, lächelte äußerst sonderbar und sprach dabei allerlei von Magnetismus, Galvanismus, Elektrizität, von der Kontagion in einem schwülen, mit unzähligen Wachskerzen und einigen hundert parfümierten und schwitzenden Menschen angefüllten Saale, von Histrionalepilepsis, von dem Phänomen des Kitzelns, von musikalischen Kanthariden und anderen skabrosen Dingen, welche, glaub ich, Bezug haben auf die Mysterien der Bona Dea.« (568 f.)

Die musiktheoretische Abwehr der pathologischen Wirkung der Musik lieferte Mitte des 19. Jh. Eduard Hanslick. Er unternahm es, »siegreiche Mauerbrecher gegen die verottete Gefühlsästhetik auf den Kampfplatz zu tragen«[175]. Hanslick erneuerte die Hegelsche Kritik an der Empfindung als Zweck der Kunstwirkung: »Die Herrschaft der unwissenschaftlichen Empfindungsästhetik muß vernichtet werden [...]. In ästhetischen Untersuchungen [sei] vorerst das schöne Object, und nicht das empfindende Subject zu erforschen.« Es müsse mit der älteren Anschauungsweise gebrochen werden, »welche die Untersuchung lediglich mit Rücksicht – beinahe aus Rücksicht – für die dadurch hervorgerufenen Gefühle vornahm, und die Philosophie des *Schönen* als eine Tochter der *Empfindung* (αἴσθησις) aus der Taufe hob.« (2) Das 5. Kapitel stellte Hanslick dann unter die Überschrift ›Das ästhetische Aufnehmen der Kunst gegenüber dem *pathologischen*‹. Die musikalische Wirkung auf Empfindung und Gefühl klassifizierte er eindeutig als ›krank‹: »eine vorherrschende Wirkung auf das *Gefühl* ist noch bedenklicher, nämlich geradezu *pathologisch.*« (5)

Gerade aber die hier vehement kritisierte Wirkung der Musik wurde in der 2. Hälfte des 19. Jh. noch einmal zum Ausgangspunkt einer mit den Leidenschaften rechnenden Ästhetik. So vollzog Nietzsche die neue (und alte) Verbindung von Leiden und Leidenschaft, Krankheit und Leidenschaft, in einem positiv gewendeten Sinne: »Man muß sich darüber verstehen, daß gegen *Leidenschaft* eingewendet werden kann, was gegen *Krankheit* einzuwenden ist: trotzdem – wir dürften der Krankheit nicht entbehren, und noch weniger der Leidenschaften ... / Wir *brauchen* das Anormale, wir geben dem Leben einen ungeheuren choc durch diese großen Krankheiten«[176]. Nietzsches Radikalisierung der pathetischen Wirkung des Tragischen[177] war verbunden mit der Musik. Die alte Tragödie, so Nietzsche, ist nicht, wie die neuere Tragödie, aus dem Epos entstanden, sondern aus der Lyrik. Ihr Akzent liege nicht auf dem Tun, sondern auf dem Leiden. In den die Tragödienschrift vorbereitenden Notizen heißt es: »Das Verschwinden des Dionysischen in der Tragödie: Ende des Mythus, Verwendung der Musik als Aufregungsmittel, die Leidenschaft, die veränderte Metaphysik, deus ex machina an Stelle des metaphysischen Trostes.«[178] Bei dieser Beweisführung griff Nietzsche auf den von Friedrich Wilhelm Ritschl formulierten Gegensatz von apollinischer Kitharistik und dionysischer Auletik, von apollinischer Saitenmusik und dionysischer Flötenmusik, zurück: »das gesetzmäßig-Architektonische in der Musik ist charakteristisch für die apollinische Kunst, das rein Musikalische, ja Pathologische des Tons für die dionysische«. Die dionysische Ekstase, der gegenüber »das principium individuatio-

---

174 HEINRICH HEINE, Musikalische Saison von 1844, in: Heine, Werke und Briefe, hg. v. H. Kaufmann, Bd. 6 (Berlin 1962), 566.
175 EDUARD HANSLICK, Vom Musikalisch-Schönen. Ein Beitrag zur Revision der Ästhetik der Tonkunst (1854; Darmstadt 1981), V.
176 FRIEDRICH NIETZSCHE, Nachgelassene Fragmente Anfang 1888 bis Anfang 1889, in: NIETZSCHE (KGA), Abt. 8, Bd. 3 (1972), 133.
177 Vgl. ZELLE (s. Anm. 81), 308 ff.
178 NIETZSCHE, Nachgelassene Fragmente Herbst 1869 bis Herbst 1872, in: NIETZSCHE (KGA), Abt. 3, Bd. 3 (1978), 299.

nis« als ein »Schwächezustand der Natur«[179] erscheint, geht mit einer Affektverwandlung einher: »Schmerzen erwecken Lust, der Schrecken Freude« (12). Eine Interpretation, die meint, daß Nietzsche einlinig für das dionysische Kunstprinzip votiert, ist inadäquat. Es geht bei ihm vielmehr um die Spannung zwischen Apollinischem und Dionysischem, zwischen Pathos und Ethos, zwischen dem Leidenschaftlichen als Leiden/Krankheit und seiner Bewältigung durch Form. Dieser Gegensatz und diese Spannung dienten Nietzsche zur Formulierung seiner tragischen Kulturtheorie.[180]

Als Nietzsche 1875 ein Stück Musikgeschichte des 19. Jh., und zwar das Verhältnis zwischen Beethovens und Wagners Musik skizzierte, sah er in Beethovens Musik den höchstentwickelten künstlerischen Einsatz der Leidenschaften: Beethoven habe die musikalische »Sprache der *Leidenschaft*«[181] erfunden und damit der nur unterhaltenden oder höchstens rührenden Musik neue musikalische und dramatische Ausdruckswerte erschlossen. In Beethovens Sinfonien, besonders in der 9. *Sinfonie* und dort gipfelnd im Schlußchor des vierten Satzes, sieht er »die Erfindung der großen Form der Leidenschaft« (273), mit der der dramatische Bogen der Leidenschaften zwischen Pathos und Ethos gehalten wird. Dann, bei Wagner, entstehe, auf diesen Ausdruckswerten aufbauend, das Musikdrama: »das bewegte Leben mehrerer Leidenschaften und ihre *Geschichte*, gleichsam ein Bündel von Kräften und Feuerzungen, die sich kreuzen, abstoßen, aufflammen, ersterben machen.« (275)

Nietzsche ist es dann auch, der in seiner Tragödienschrift der Katharsis eine gegen Lessing und Goethe gerichtete Interpretation gibt, in der der Gesichtspunkt des Leidens/Erleidens und der Reinigung von den Leidenschaften betont wurde. Jacob Bernays' heiß umstrittene Auslegung der Aristotelischen Katharsis, die gegen die idealistische deutsche Interpretation die ursprüngliche, medizinisch-purgative Bedeutung der Katharsis wieder freilegte[182], hat Nietzsche gut gekannt.[183] Im Dezember 1872 berichtete er anläßlich seiner Tragödienschrift Erwin Rhode: »Mein Buch ist thatsächlich in Leipzig *vergriffen*. Das Neueste ist daß Jacob Bernays erklärt hat, es seien *seine* Anschauungen, nur stark übertrieben. Ich finde das göttlich frech von diesem gebildeten und klugen Juden, zugleich aber als ein lustiges Zeichen, daß die ›Schlauen im Lande‹ doch bereits etwas Witterung haben.«[184] Bernays' Schrift wiederum wirkte, was eine Brücke zum 20. Jh. bildete, auf Freud und die Psychoanalyse.[185] Gleichfalls mit dem Blick auf das 20. Jh. ist hervorzuheben, daß Nietzsche nicht müde wurde, die Leidenschaft als individuelle Leidenschaft, als Eigenschaft des Künstlermenschen von der Masse abzuheben: »Wir erfreuen uns der *Leidenschaft* – als einer *natürlichen Kraft*. Darum sind unsre Dichter pathologisch.«[186] Dieser Aussage korrespondiert das Urteil: »Weil die Masse *keine* Leidenschaft hat, so hat sie die Leidenschaft *bewundert*, weil sie mit Opfern verknüpft und unklug ist – den *Genuß* konnte man sich nicht vorstellen, man *leugnete* ihn.«[187]

VI. Die Leidenschaften der Masse

1. Zivilisationstheorie

Im 20. Jh. gewinnen Zivilisations- und Kulturtheorien an Einfluß, in denen die Leidenschaften, Affektivität und Emotionalität des Menschen auf das Spannungsverhältnis zwischen Individuum und

---

179 NIETZSCHE, Einleitung in die Tragödie des Sophocles. 20 Vorlesungen (entst. 1870), in: NIETZSCHE (KGA), Abt. 2, Bd. 3 (1993), 11.
180 Vgl. ZELLE (s. Anm. 81), 323.
181 NIETZSCHE, Nachgelassene Fragmente. Sommer 1875, in: NIETZSCHE (KGA), Abt. 4, Bd. 1 (1967), 272.
182 Vgl. JACOB BERNAYS, Grundzüge der verlorengegangenen Abhandlung des Aristoteles über Wirkung der Tragödie (1857), in: Bernays, Zwei Abhandlungen über die aristotelische Theorie des Dramas (Berlin 1880), 1–118.
183 Vgl. FRIEDRICH NIETZSCHE (s. Anm. 178), 71.
184 NIETZSCHE an Erwin Rhode (7. 12. 1872), in: Briefwechsel, hg. v. G. Colli/M. Montinari, Abt. 2, Bd. 3 (Berlin/New York 1978), 97.
185 Vgl. MARTIN TREML, Zum Verhältnis von Jacob Bernays und Sigmund Freud, in: Luzifer-Amor: Zeitschrift zur Geschichte der Psychoanalyse 11 (1997), H. 9, 7–32.
186 NIETZSCHE (s. Anm. 178), 317.
187 Vgl. NIETZSCHE, Nachgelassene Fragmente Frühjahr 1881 – Sommer 1882, in: NIETZSCHE (KGA), Abt. 5, Bd. 2 (1973), 360.

Masse bezogen werden und dabei verschiedenartige Konzeptualisierungen erfahren, die auch für die Ästhetik von Bedeutung sind. An erster Stelle ist dabei auf Norbert Elias' Zivilisationstheorie (*Über den Prozeß der Zivilisation. Soziogenetische und psychogenetische Untersuchungen*, 2 Bde., 1936) zu verweisen.[188] Elias verband einen ›soziogenetischen‹ mit einem ›psychogenetischen‹ Gesichtspunkt. Das bedeutet, daß er den Prozeß der Zivilisation mit einer »historischen Psychologie«[189] zu verbinden suchte. In dieser Kombination kam es ihm an Hand sehr umfangreichen historischen Materials v. a. auf die Beobachtung der »Veränderung des menschlichen Verhaltens und Empfindens« (323) an. Im Zivilisationsprozeß, für den es keinen Nullpunkt gebe und der sich »von den frühesten Zeiten der abendländischen Gesellschaft bis zur Gegenwart« (327) erstrecke, unterliege der psychische Apparat des Menschen verschiedenen Modellierungen. Die Resultante dieses Prozesses in bezug auf die Leidenschaften sei die Verwandlung der »Fremdzwänge in Selbstzwänge«, so daß »in immer differenzierterer Form menschliche Verrichtungen hinter die Kulisse des gesellschaftlichen Lebens verdrängt und mit Schamgefühlen belegt werden, wie die Regelung des gesamten Trieb- und Affektlebens durch eine beständige Selbstkontrolle immer allseitiger, gleichmäßiger und stabiler wird« (324). Es sind Verhaltensveränderungen des Menschen im Sinne der Zivilisation. Der äußeren Kontroll- und Überwachungsapparatur der Gesellschaft – ein Gesichtspunkt, der von Michel Foucault in seinen Analysen der Macht und des Zwangs der Diskurse dann vertieft werden wird – entspricht im Inneren »die leidenschaftlosere Selbstbeherrschung« des Menschen. Die Kontrollapparatur, die sich im Seelenhaushalt des Individuums herausbilde, suche, wie die gesellschaftliche Regulierung der Leidenschaften und Affekte, »das ganze Verhalten, alle Leidenschaften gleichermaßen, einer genaueren Regelung zu unterwerfen« (338). Das Ziel der Zivilisation sei die innere Pazifizierung der Gesellschaft. Für diesen Vorgang könne die »Verhöflichung des Kriegers« (362) als herausragendes Beispiel gelten. Antipode der Zivilisation sei immer die destruktive Leidenschaftsnatur des Menschen, die, im Sinne einer »Dämpfung der Triebe. Psychologisierung und Rationalisierung« (380), zunehmend strengerer Kontrolle unterworfen werde. Gewissermaßen in einem Seitenstück zu dieser Zivilisationstheorie hat Albert O. Hirschman beschrieben, wie die Ableitung und Zähmung der Leidenschaften auch durch Umpolung auf ökonomische Interessen erfolgen kann: »›Interest‹ and ›Interests‹ as tamers of the Passions«[190].

Elias vertritt ganz offensichtlich ein »genetisch-teleologisches Zivilisationsmodell«[191], in dem in erster Linie die Resultante des Zivilisationprozesses interessiert. Die regressiven und repressiven Folgen, die dadurch entstehen, daß in diesem Vorgang Leidenschaften und Affekte zurückgedrängt, unterdrückt und ›beherrscht‹ werden müssen, bleiben unterbelichtet. Die Zivilisations›krankheiten‹ der *Seele* und der *Massenseele* werden in anderen Modellen thematisiert.

2. *Massenpsychologie und Psychoanalyse*

Das Stichwort der ›Massenseele‹ stammt aus Gustave Le Bons weit verbreitetem Buch *Psychologie des foules* (1895), das im Zusammenhang mit Studien des italienischen Juristen Scipio Sighele und des Franzosen Gabriel Tarde über das Verhältnis von Massen, Massenauflauf und Verbrechen der Masse entstanden war. Gemeinsame Berufungsinstanz für alle drei war wiederum Hippolyte Taine mit seinem unter dem Eindruck der revolutionären Vorgänge in Frankreich seit 1789 und besonders der Pariser Kommune (1870) entstandenen mehrbändigen Werk *Les origines de la France contemporaine* (1876–1894). Den Frauen wurde, was sich schon in

---

188 Vgl. REINHARD BLOMERT, Psyche und Zivilisation. Zur theoretischen Konstruktion bei Norbert Elias (Münster 1989); ARTUR BOGNER, Zivilisation und Rationalisierung. Die Zivilisationstheorien Max Webers, Nobert Elias' und der Frankfurter Schule im Vergleich (Opladen 1989); HELMUT KUZMICS (Hg.), Der unendliche Prozeß der Zivilisation. Zur Kultursoziologie der Moderne (Frankfurt a. M. 1991).
189 NORBERT ELIAS, Über den Prozeß der Zivilisation. Soziogenetische und psychogenetische Untersuchungen, Bd. 2 (1936; Frankfurt a. M. 1997), 396.
190 ALBERT O. HIRSCHMAN, The Passions and the Interests. Political Arguments for Capitalism before Its Triumph (Princeton, N. J. 1977), 31.
191 Vgl. LUSERKE (s. Anm. 125), 42.

Schillers Imagination revolutionärer Frauen im *Lied von der Glocke* (1800) lesen ließ, in diesen Massen eine besonders leidenschaftliche, grausame und zerstörerische Rolle zugeschrieben[192] – ein Vorurteil, das auch noch Emile Zola in seinem Roman *Germinal* (1885) bediente. Die Suggestion, die von der Massenpsychologie ausging und die den enormen Erfolg von Le Bons Buch erklärt, ist v. a. darauf zurückzuführen, daß die Massenpsychologie den Finger in die Wunde legte: Sie insistierte darauf, daß die Zivilisation es nicht vermocht habe, die Zustände der Wildheit und Barbarei vollständig zu überwinden. »Während der Prozeß der Zivilisation den Alltag der Menschen gewaltfreier und berechenbarer, stabiler und ausgeglichener machen sollte, kehrt mit den flüchtigen und unbeständigen Massen der jähe Wechsel, der Schock, etwas Unkalkulierbares, Gewalttätiges, Archaisches, ein Stück ungezähmter Triebnatur in die Zivilisation zurück.«[193]

Im 1. Buch seiner *Psychologie des foules*, das ganz der ›Massenseele‹ gewidmet ist, heißt es, und das trifft den Kern der Massenpsychologie: »Par le fait seul qu'il fait partie d'une foule, l'homme descend donc plusieurs degrés sur l'échelle de la civilisation. Isolé, c'était peut-être un individu cultivé, en foule c'est un instinctif, par conséquent un barbare. Il a la spontanéité, la violence, la férocité, et aussi les enthousiasmes et les héroïsmes des êtres primitifs. Il s'en rapproche encore par sa facilité à se laisser impressionner par les mots, des images, et conduire à des actes lésant ses intérêts les plus évidents.«[194] Grundaxiome der Le Bonschen Massenpsychologie sind: das Zurücktreten des Gehirnlebens und Vorherrschen des Rückenmarkslebens, die Verminderung des Verstandes und völlige Umwandlung der Gefühle, intellektuelle Hemmung und leidenschaftliche Ausbrüche des Individuums in der Masse.

Le Bons massenpsychologische Formeln fanden Sigmund Freuds großes Interesse, als er im Jahrzehnt zwischen 1920 und 1930 die Psychoanalyse zu einer Zivilisations- und Kulturtheorie auszubauen suchte.[195] Freud hatte mit seinem psychoanalytischen, im Rahmen einer Psychologie des Individuums entwickelten Ansatz eine Psychologie des Unbewußten entworfen, das Verhältnis zwischen Triebverzicht, Verdrängung, Sublimierung und Bildung eines Über-Ich aufgearbeitet und für die Erkennung und Behandlung von Neurosen und Hysterie praktisch nutzbar gemacht. Dabei schlossen Freuds Modellierungen per se sozialpsychologische und zivilisationsgeschichtliche Seiten ein, auf die sich auch Norbert Elias in seiner Theorie der Zivilisation ausdrücklich bezog, ohne das Konzept der Psychoanalyse grundsätzlich zu teilen.[196] Von dessen optimistisch ausgerichteter Zivilisationstheorie unterscheidet sich Freuds Ansatz aber dadurch, daß die Verinnerlichung des Zwangs zum Trieb- und Leidenschaftsverzicht auch bleibende regressive Folgen zeitigt, Kultur und Zivilisation somit immer mit Gewalt über das Individuum verbunden bleiben. Zum Wesen der Kultur gehören »Arbeitszwang und Triebverzicht«[197].

Freud nahm Le Bons Bestimmungen der Massenseele dankbar auf, weil er bei ihm die Bedeutung des unbewußten Seelenlebens anerkannt fand, und er fühlte sich zugleich angeregt, die Befunde der Massenpsychologie mit den Mitteln der Psychoanalyse weiterzudenken. Er fand dabei v. a. die Rolle des Führers bei Le Bon unzureichend erklärt. Mit den Kategorien ›Suggestion‹ und ›Libido‹ versuchte er, diese Leerstelle auszufüllen. Die »libidinöse Organisation einer Masse«[198] komme zustande, weil sich das Individuum – in der Masse unter der Macht einer Leidenschaft, des Eros, stehend – sowohl an den Führer wie an die Individuen neben ihm ›liebend‹, »ihnen zuliebe« (87) gebunden fühle. Diese libidinöse Disposition der Massenseele verbindet sich mit der Fähigkeit des Führer zu Suggestion und Hypnose. »Verliebtheit

---

192 Vgl. HELMUT KÖNIG, Zivilisation und Leidenschaften. Die Masse im bürgerlichen Zeitalter (Reinbek 1992), 157–168.
193 Ebd., 148.
194 GUSTAVE LE BON, Psychologie des foules (1895; Paris 1939), 19.
195 Vgl. SIGMUND FREUD, Massenpsychologie und Ich-Analyse (1921), in: FREUD (SA), Bd. 9 (1974), 61–134; FREUD, Die Zukunft einer Illusion (1927), in: ebd., 135–190; FREUD, Das Unbehagen in der Kultur (1930), in: ebd., 191–270.
196 Vgl. ELIAS (s. Anm. 189), 340–347.
197 FREUD, Die Zukunft einer Illusion (s. Anm. 195), 144.
198 FREUD, Massenpsychologie und Ich-Analyse (s. Anm. 195), 103.

und Hypnose« (104) sind also der passive und aktive Pol bei den rätselhaften Vorgängen zwischen Masse und Individuum.

In das *Unbehagen in der Kultur* (1930) wurden diese Zusammenhänge in den weiteren Horizont einer auf der Spannung von Eros und Todestrieb aufbauenden Kultur- und Zivilisationstheorie eingepaßt. Kultur ist, so Freud, ein Prozeß im »Dienste des Eros«[199] – zur Bildung von Familie, Gemeinschaft, Menschheit, in denen die Menschen libidinös verbunden sind. Diesem Programm und Progress der Kultur aber widersetzt sich die natürliche Leidenschaft der Aggression, die ein Abkömmling des Todestriebes ist. Somit ist Kultur zugleich ein *Kulturkampf*: ein Kampf zwischen Eros und Tod, zwischen Lebenstrieb und Destruktionstrieb. Freud leitete aus seiner Zivilisationstheorie den Wunsch ab, daß »jemand eines Tages das Wagnis einer solchen [d. h. psychoanalytisch verfahrenden – d. Verf.] Pathologie der kulturellen Gemeinschaften unternehmen wird« (269). Welche Latenz Freuds Analysen im Zusammenhang mit den faschistischen Massenbewegungen der 20er und 30er Jahre hatten, belegt Arnold Zweigs 1927 unternommener Versuch, mit den Mitteln der Psychoanalyse den Antisemitismus aufzuklären[200], wie auf ganz andere Weise Thomas Manns Erzählung *Mario und der Zauberer* (1930), wo der Hypnotiseur Cippola, Abbreviatur faschistischer Protagonisten, Willen und Leidenschaften der aus dem Publikum herausgeleuchteten Individuen beliebig manipuliert, schließlich auch die tastende essayistische Erkundung von Massenphänomenen bei Elias Canetti.[201]

---

199 FREUD, Das Unbehagen in der Kultur (s. Anm. 195), 249.
200 Vgl. ARNOLD ZWEIG, Caliban oder Politik und Leidenschaft. Versuch über die menschlichen Gruppenleidenschaften, dargetan am Antisemitismus (1927; Berlin 2000).
201 Vgl. ELIAS CANETTI, Masse und Macht (1960; Hildesheim 1992).
202 MAX HORKHEIMER/THEODOR W. ADORNO, Dialektik der Aufklärung (1947), in: ADORNO, Bd. 3 (1969), 265
203 Vgl. ebd., 265–271.

3. Kulturkritik

Aus der Erfahrung zweier Weltkriege und der faschistischen Herrschaft in Deutschland erwuchs die radikale Kulturkritik, die Max Horkheimer und Theodor W. Adorno mit der *Dialektik der Aufklärung* (1947) vorlegten. Im Verhältnis von Masse und Leidenschaften/Affekten hat diese Kulturkritik eines ihrer Zentren: »Unter der bekannten Geschichte Europas läuft eine unterirdische. Sie besteht im Schicksal der durch Zivilisation verdrängten menschlichen Instinkte und Leidenschaften. Von der faschistischen Gegenwart aus, in der das Verborgene ans Licht tritt, erscheint auch die manifeste Geschichte in ihrem Zusammenhang mit jener Nachtseite, die in der ofiziellen Legende der Nationalstaaten und nicht weniger in ihrer progressiven Kritik übergangen wird.«[202] Diese allgemeine These, die in den Aufzeichnungen und Entwürfen aus Adornos Nachlaß das Desiderat einer Repressionsgeschichte des Körpers signalisieren sollte[203], wird im gedruckten Text in drei Argumentationssträngen entfaltet, die den großen Abschnitten der *Dialektik der Aufklärung* entsprechen: Begriff der Aufklärung, Kulturindustrie und Antisemitismus. In diesen drei Zusammenhängen, in denen erkenntnistheoretische, soziologische und psychologische Gesichtspunkte miteinander verbunden werden, erscheint das Thema Masse, Individuum, Leidenschaft in jeweils spezifischer ›Dialektik‹.

Der erste Abschnitt entwickelt eine Zivilisationskritik, die vom Zusammenbruch der bürgerlichen Zivilisation und der Selbstzerstörung der Aufklärung ausgeht. Die Aufklärung hatte das Ziel, von »den Menschen die Furcht zu nehmen«. »Aber die vollends aufgeklärte Erde strahlt im Zeichen triumphalen Unheils.« (19) Der desaströse Endzustand der Zivilisation schärft den Blick für die »repressive Egalität« des Kollektivs, die »Entfaltung der Gleichheit des Rechts zum Unrecht durch die Gleichen« (29). Durch Arbeitsteilung, Hierarchie und Zwang gewinnt die Gesellschaft Macht über den einzelnen, obwohl die ökonomische Regularität des Marktes im Warentausch Gleichheit suggeriert. In der Kraft des Kollektivs, »das von der Schulklasse bis zur Gewerkschaft aufpaßt« (45), geschieht die Angleichung des Individuums an die »Objektivität seiner Funktion« (45) in einer von der Massenproduktion beherrschten Kultur. Darin ist, so Horkheimer und Adorno, die Aufklärung »totalitär wie nur irgendein System« (41).

Das Thema der Macht über den einzelnen wird mit der Wirkungsweise des Mythos (Zauber und Macht) verbunden und in der Interpretation des 12. Gesangs der *Odyssee* eine »ahnungsvolle Allegorie der Dialektik der Aufklärung« entwickelt, in der die »Verschlingung von Mythos, Herrschaft und Arbeit« (49) sinnbildlich erscheint. Die Interpretation, die Hegels Unterscheidung von Herr und Knecht aufnimmt, läuft auf die zugleich geschichtsphilosophische wie kulturkritische These hinaus: »Der Knecht bleibt unterjocht an Leib und Seele, der Herr regrediert« (52), was bedeutet, daß der ›Herr‹ (Fluch der Arbeitsteilung) an der Arbeit selbst nicht mehr teil hat, »während die Gefährten bei aller Nähe zu den Dingen die Arbeit nicht genießen können, weil sie sich unter Zwang, verzweifelt, bei gewaltsam verschlossenen Sinnen vollzieht« (52). So ist der »Fluch des unaufhaltsamen Fortschritts die unaufhaltsame Regression« (53).

Das ›Kulturindustrie‹-Kapitel der *Dialektik der Aufklärung* will im Zirkel von Manipulation und rückwirkendem Bedürfnis die ›Aufklärung als Massenbetrug‹ denunzieren. Es geht in diesem Zusammenhang darum, daß die durch Kulturindustrie vermittelte »Rationalität der Herrschaft« (142) nicht nur oktroyiert ist, sondern daß im Amüsierbetrieb der Unterhaltungsindustrie eine repressionsfreie Systemanpassung erfolgt. Am Beispiel des Trickfilms räumen Horkheimer und Adorno zwar ein, daß die Trickfilme »einmal Exponenten der Phantasie gegen den Rationalismus« (160) waren; heute aber würden sie nur »den Sieg der technologischen Vernunft über die Wahrheit« bestätigen. »Gerade noch in den ersten Sequenzen des Trickfilms wird ein Handlungsmotiv angegeben, damit an ihm während des Verlaufs die Zerstörung sich betätigen kann: unterm Hallo des Publikums wird die Hauptgestalt wie ein Lumpen herumgeschleudert. So schlägt die Quantität des organisierten Amusements in die Qualität der organisierten Grausamkeit um. Die selbstkorenen Zensoren der Filmindustrie, ihre Wahlverwandten, wachen über die Länge der als Hatz ausgedehnten Untat. Die Lustigkeit schneidet jene Lust ab, welche der Anblick der Umarmung vermeintlich gewähren könnte und verschiebt die Befriedigung auf den Tag des Pogroms.« (160)

So betrügt die Kulturindustrie ihre Konsumenten auch, indem sie ihnen die Lust, die sie versprochen hatte, vorenthält. Es bleibt bei der Lektüre der Menükarte. Die »permanente Versagung, die Zivilisation auferlegt« (163), wird denen, die im Einflußbereich der Kulturindustrie sind, nochmals auferlegt. »Der Begierde, die all die glanzvollen Namen und Bilder reizen, wird zuletzt bloß die Anpreisung des grauen Alltags serviert, dem sie entrinnen wollte.« (161)

Der Abschnitt ›Elemente des Antisemitismus. Grenzen der Aufklärung‹ geht davon aus, daß der Antisemitismus »seelische Energien« (208) einspanne und, unter dem Gesichtspunkt der Mimesis, eine organisierte Nachahmung magischer Praxis bedeute. Die tabuierten Regungen und Leidenschaften, die der herrschenden Ordnung zuwiderlaufen, werden mittels seelischer Induktionsströme in »konformierende Idiosynkrasien« (210) umgesetzt. Insofern macht der totalitäre Faschismus »die Rebellion der unterdrückten Natur gegen die Herrschaft unmittelbar der Herrschaft nutzbar«. An Freud anknüpfend, wird die »psychoanalytische Theorie der pathischen Projektion« (217) zur Erklärung des Phänomens des Antisemitismus eingesetzt. Pathische Projektion bedeutet in diesem Zusammenhang, daß das ›Ich‹, unter dem Druck der Regelungsinstanz des ›Über-Ich‹, die vom ›Es‹ ausgehenden, durch ihre Stärke ihm selbst gefährlichen Aggressionslüste als böse Intentionen anderer in die Außenwelt abschiebt, um sie damit loszuwerden. So wird das Verpönte in Aggression umgesetzt. Dabei sei das Pathische am Antisemitismus nicht das projektive Verhalten als solches, sondern (so ja auch der Befund der Massenpsychologie) der Ausfall der Reflexion dabei. Dadurch nähere sich diese pathische Projektion dem Krankhaften. Das Individuum entwickle einen paranoiden Verfolgungswahn, der, verbunden mit einer durch das Raster eines Feindbildes geschwächten Wahrnehmung, von Innen nach Außen projiziert werde. Die psychische Energie dieser Paranoia, auch hier wird an Freud angeknüpft, stamme aus ihrer libidinösen Dynamik. Der Paranoiker leide dabei am unerträglichen Bruch von Innen und Außen. Horkheimer und Adorno wählen deshalb wohl bewußt den Begriff pathisch (statt pathologisch etwa), um den engen Zusammenhang zwischen Leiden, das in der Paranoia liegt, und Krankheit im Sinne eines pathologischen individuellen Verhaltens zu bezeichnen. Zu den Elementen des Antisemitismus sei weiterhin die Gruppenbildung der Paranoiker zu rechnen: »Die paranoiden Bewußtseinsformen streben zur Bildung von Bünden, Fronden und Rackets. Ihre Mitglieder haben Angst davor, ihren Wahnsinn allein zu glauben. Projizierend sehen sie überall Verschwörung und Proselytenmacherei.« (222) Und auch das Bild des Juden im Antisemitismus ist, so die *Dialektik der Aufklärung*, eine pathische Projektion. Es trage Züge von Leidenschaften, die das Individuum in der totalitären Herrschaft ersehne, aber nicht durchsetzen könne: Glück ohne Macht, Lohn ohne Arbeit, Heimat ohne Grenzsteine, Religion ohne Mythos.

Dieter Kliche

Literatur
BARTA FLIEDL, ILSEBILL/GEISSMAR, CHRISTOPH (Hg.), Die Beredsamkeit des Leibes. Zur Körpersprache in der Kunst (Salzburg/Wien 1992); BODEI, REMO, Geometria delle passioni. Paura, speranza, felicità: filosofia e uso politico (Mailand 1991); KIRCHNER, THOMAS, L'expression des passions. Ausdruck als Darstellungsproblem in der französischen Kunst und Kunsttheorie des 17. und 18. Jahrhunderts (Mainz 1991); KÖNIG, HELMUT, Zivilisation und Leidenschaften. Die Masse im bürgerlichen Zeitalter (Reinbek 1992); LEWIS, MICHAEL/JEANNETTE M. HAVILAND (Hg.), Handbook of Emotions (New York 1993); LUHMANN, NIKLAS, Liebe als Passion. Zur Codierung von Intimität (1982; Frankfurt a.M. 1995); LUSERKE, MATTHIAS, Die Bändigung der wilden Seele. Literatur und Leidenschaft in der Aufklärung (Stuttgart/Weimar 1995); MATZAT, WOLFGANG, Diskursgeschichte der Leidenschaft. Zur Affektmodellierung im französischen Roman von Rousseau bis Balzac (Tübingen 1990); MEYER, MICHEL, Le philosophe et les passions (Paris 1991); NISCHIK, REINGARD M. (Hg.), Leidenschaften literarisch (Konstanz 1998); ›Penser les émotions‹ [Themenheft], in: Critique 55 (1999), Nr. 625/626; TORRA-MATTEN-

1 Vgl. PLATON, Tht., 193c.
2 Vgl. PLATON, Phaid., 96a.
3 ARISTOTELES, Metaph., 1022b.
4 Vgl. ARISTOTELES, Poet., 1452b.

KLOTT, CAROLINE, Metaphorologie der Rührung. Ästhetische Theorie und Mechanik im 18. Jahrhundert (München 2002).

Pathos/pathetisch

(griech. πάθος, παθητικός; lat. affectus, passio, perturbatio, perturbatus; engl. pathos, pathetic; frz. pathos, pathétique; ital. pathos, patetico; span. pathos, patético; russ. пафос, патетическое)

Einleitung; I. Griechische Antike; II. Römische Antike und Spätantike; III. Renaissance; IV. Barock und Aufklärung; V. Klassik und Spätaufklärung; VI. Dekadenz und Existentialismus

Einleitung

Grundbedeutung von Pathos ist ein Leiden oder Erleiden. Ganz allgemein ist damit das gemeint, was einem Ding oder einem Menschen[1] zustößt und sich ihm damit einprägt. Bezogen auf das Menschliche, verbindet sich mit Pathos eine Erfahrung, die gut oder schlecht sein kann. Wie es bei Platon heißt, stehen die pathē (πάθη) dafür, wie es einem ergeht.[2] Aristoteles gibt die ontologische Entsprechung des Pathos im 4. Buch der *Metaphysik* mit einer Qualität an, die zu einer Veränderung fähig ist oder den Vollzug oder Veränderung anzeigt, also Potenz oder Aktualität eines Wechsels einschließt. Mögliche anthropologische Bedeutung gewinnt das Pathos, wenn damit »besonders die schädlichen Umwandlungen und Bewegungen, vorzüglich aber die schmerzhaften Schäden« (αἱ βλαβεραὶ ἀλλοιώσεις καὶ κινήσεις, καὶ μάλιστα αἱ λυπηραὶ βλάβαι) gemeint sind. Erweitert wird diese Bedeutung, indem Pathos auch für ihre Ursache, also für »große Unglücksfälle« (τὰ μεγέθη τῶν συμφορῶν[3]), steht. Daraus ergibt sich die Definition, auf die Aristoteles in der *Poetik* für die Darstellungszwecke der dramatischen Kunst zurückgreift.[4] Die ethische Relevanz der pathē zeigt sich dann in dem Eindruck, den die Ereignisse in der Seele hinterlassen haben. So bestimmt Aristoteles in der *Nikomachischen Ethik* die pathē als »Empfindungen, die von Lust oder Unlust begleitet werden« (ὅλως οἷς ἕπεται ἡδονὴ ἢ λύπη[5]). Die Stoa verengt später die Bedeutung des Pathos auf einen Seelenaffekt, der einer »perturbatio«, einer Verwirrung der Seele, gleichkommt als Folge einer »animi commotio«, einer Bewegung der Seele »aversa a recta ratione contra naturam«[6], naturwidrig und von der rechten Vernunft abgewandt. Die medizinische Ableitung des Pathologischen schließt sich an diesen Wortgebrauch an. Verbunden mit der Lehre von den Seelenaffekten ist dann auch die Instrumentalisierung der pathē als ein rhetorisches Mittel, den Zuhörer für eine Sache einzunehmen. Pathos ist demnach eines der drei ›Überzeugungsmittel‹ (πίστις)[7] der Rede. Schließlich steht es auch noch metonymisch für einen Stil oder eine Redeweise, die auf die Erregung von pathē abzielt (vgl. 1408b).

I. Griechische Antike

Schon an diesen frühen Definitionen von Pathos läßt sich ablesen, daß mit der Rede von den Affekten ursprünglich noch kein wirklich ästhetisches Konzept gemeint war. Das Wesen des Erleidens und Erduldens wie der Seelenzustände, die damit korrespondieren, erklärt sich vielmehr zuerst aus praktischen Zusammenhängen. Aristoteles fügt entsprechend die Analyse des Pathos an zwei Stellen in seinen Wissenschaftskosmos ein, die beide mit Fragen des Handelns zu tun haben. Genauer ist es die Rolle des Pathos, die ihn in den ›technischen‹ Traktaten interessiert. Bezogen auf die Darstellung von Handlung, kommt dem Pathos dabei eine besondere Funktion in der *Rhetorik* und der *Poetik* zu.

Bekannt ist die These der *Poetik* von der »pathēmatōn katharsis« (παθημάτων κάθαρσις)[8], der Reinigung von ›Mitleid und Furcht‹ (ἔλεος καὶ φόβος), die das Drama herbeiführen soll, insofern der Zuschauer in seiner Ergriffenheit von dem Dargestellten dann doch wieder Distanz gewinnt. Das Pathos, das Aristoteles auch mit der »zum Untergang führenden oder qualvollen Handlung« (πρᾶξις φθαρτικὴ ἢ ὀδυνηρά; 1452 b) selbst im Drama identifiziert, verhilft dem Zuschauer zur Wiedergewinnung einer affektiven Mitte. Auch wenn die Erzeugung von Affekten einer verständigen Aufklärung des Publikums entgegengesetzt scheint, so wird doch nach Aristoteles damit ein ethisch-politisches Ziel verfolgt. Die Wiedergewinnung der Seelenruhe beim Anblick existentieller Extreme verbessert die Bedingungen zu privatem wie öffentlichem Handeln.

Für die Ausführung der Art und Weise, wie ›Mitleid, Furcht und Zorn‹ im Drama erregt werden können, verweist Aristoteles dann auch auf die Parallele zu der Behandlung des Themas in der *Rhetorik*. Hier wie dort geht es darum, mit Hilfe des Pathos eine handlungsrelevante Wirkung beim Rezipienten der Rede oder des Schauspiels zu erzielen. Allerdings steht der ›pragmatische‹ Aspekt des Pathos in der Rhetorik deutlicher im Vordergrund. Ziel der Rede ist es ja, nicht wie im Schauspiel alltägliche Konflikte in die Dimensionen des Tragischen zu vergrößern, um so mit der Brisanz des Äußersten zu warnen, sondern im Gegensatz dazu eine konkrete Handlung nahezulegen. Besonders gilt dies für die forensischen Beratungen oder vor Gericht. Nicht soll das Mitgefühl mit dem Agierenden in seinem Übermaß zu einer anschließenden Ausgeglichenheit der Seele führen, sondern umgekehrt soll das Pathos des Redners den noch unentschiedenen Zuhörer für die vorgestellte Sache einnehmen. Dabei wäre es allerdings verfrüht, in der intendierten Übertragung einer Seelenbewegung bereits ein Moment reinen Scheins wahrzunehmen, das mit der vertretenen Sache nichts mehr zu tun hätte. Im Unterschied zu den Anleitungen der *Poetik* besteht die *Rhetorik* ja gerade darauf, daß das Pathos zu einem ›Überzeugungsmittel‹ am besten dann geeignet ist, wenn seine Sache nicht erfunden ist.

Daß es bei der richtigen Darstellung einer Sache überhaupt eines Rückgriffs auf das Pathos bedarf, liegt für Aristoteles am besonderen Charakter der Argumentation, die von der Rhetorik angeleitet

---

5 ARISTOTELES, Eth. Nic., 1105b.
6 CICERO, Tusc. 4, 11.
7 Vgl. ARISTOTELES, Rhet., 1356a; dt.: Aristoteles, Rhetorik, übers. v. F. G. Sieveke (München ³1989).
8 ARISTOTELES, Poet., 1449b.

werden soll. Anders als im Bereich der Wissenschaften kommt die Rede hier an einen Punkt, »wo keine letzte Gewißheit ist, sondern Zweifel herrscht« (ἐν οἷς δὲ τὸ ἀκριβὲς μὴ ἔστιν ἀλλὰ τὸ ἀμφιδοξεῖν)[9]. Dieser Zweifel ist durch keine weitere Beweisführung mehr zu beseitigen. Um eine Sache dennoch wahrscheinlich zu machen, muß deshalb zum einen auf das ›Ethos‹ des Redners, seinen glaubwürdigen Charakter, verwiesen werden, zum anderen wollen die Zuhörer für das Anliegen des Redners affektiv eingenommen werden. Das geschieht durch das Pathos, das die nötige Stimmung im Auditorium für die Sache erzeugen soll.

Zwar ist es so, daß die in der *Rhetorik* behandelten »Affekte der Seele nicht auf die Sache selbst, sondern auf den Richter« (πάθη τῆς ψυχῆς οὐ περὶ τοῦ πράγματός ἐστιν, ἀλλὰ πρὸς τὸν δικαστήν; 1354a) abzielen, diesen überzeugen sie aber jeweils am besten, wenn sie das richtige Urteil vorbereiten helfen. Das zeigt sich besonders im dritten Buch der *Rhetorik*, in dem die Frage des rechten sprachlichen Ausdrucks einer Rede und ihres geeigneten Vortrags diskutiert wird. Im Gegensatz zur gängigen Entlarvung der sophistischen Rhetorik als Anleitung zur Produktion von ›Schein‹ (δόξα) muß nämlich zugestanden werden, daß »die Beachtung des sprachlichen Ausdrucks, zu einem geringen Grad wenigstens, notwendig in jeder Form der Unterweisung« (τὸ μὲν οὖν τῆς λέξεως ὅμως ἔχει τι μικρὸν ἀναγκαῖον ἐν πάσῃ διδασκαλίᾳ; 1404a) nötig ist. So kommt es, daß schon das Recht immerhin ex negativo die Grenzen des Ausdrucks festlegt, da es wohl von der Rede verlangt, daß sie »weder Betrübnis erzeuge noch der Schmeichelei diene« (μήτε λυπεῖν μήτ᾽ εὐφραίνειν; 1404a). Positiv formuliert ist diese Mesotes-Bestimmung wiederum identisch mit der Deutlichkeit der Rede, die für eine »λέξεως ἀρετή« (lexeōs aretē; Vollkommenheit des sprachlichen Ausdrucks; 1404b) einstehen muß. Deutlich ist die Rede aber, wenn sie »angemessen« (πρέπουσαν) ist. Für die Prosarede heißt das genauer, daß sie »weder niedrig noch über die Maßen erhaben sei« (μήτε ταπεινὴν μήτε ὑπὲρ τὸ ἀξίωμα; 1404b). Grundlage für die Angemessenheit ihrerseits ist wiederum der Sachbezug der Rede, der sich bei Aristoteles aus dem ›mimetischen‹ Bezug der Sprache zum Gegenstand erschließt (»τὰ γὰρ ὀνόματα μιμήματα ἐστίν«; Die Worte nämlich besitzen mimetische Kraft; 1404a). Der »Affekt« (παθητική) ist demnach am Platz, wenn er von einer Rede gebraucht wird, die »in der rechten Relation zu dem zugrundeliegenden Sachverhalt steht« (τοῖς ὑποκειμένοις πράγμασιν ἀνάλογον). »Die rechte Relation aber liegt vor, wenn man nicht über Erhabenes ohne Sorgfalt und über Geringfügiges erhaben spricht« (τὸ δ᾽ ἀνάλογόν ἐστιν ἐὰν μήτε περὶ εὐόγκων αὐτοκαβδάλως λέγηται μήτε περὶ εὐτελῶν σεμνῶς; 1408a). Der pathetische Stil findet sich folglich sinnvollerweise dort, wo man »in der Begeisterung« (ἐνθουσιάσαι) spricht, wie man denn zum Beispiel »dem Zürnenden verzeiht, wenn er ein Übel himmelhoch oder ungeheuerlich nennt« (συγγνώμη γὰρ ὀργιζομένῳ κακὸν φάναι οὐρανόμηκες, ἢ πελώριον εἰπεῖν; 1408b).

Entsprechend ergeben sich hieraus Folgerungen für die Gattungen, in denen pathetischer Stil am Platz sein kann. Begeisterung ist in der schriftlich abgefaßten Rede weniger zu vermitteln als in der mündlichen, weil der Situationsbezug in der Rede nie vollständig bedacht werden kann (vgl. 1413b). Auch ist das »genus demonstrativum« (ἐπιδεικτικὴ λέξις; 1414a) ungeeignet für Affekterzeugung. Innerhalb des »Debattenstils« (λέξις ἀγωνιστικὴ) wird noch einmal unterschieden zwischen der Gerichtsrede, insofern sie den »ethischen Stil« (λέξις ἠθικὴ) pflegt, und der Volksrede, die durch einen »pathetischen Stil« (λέξις παθητικὴ) ihre Wirkung erzielt (1413b).

Ästhetische Valenz bekommt nun das Pathos an der Stelle, an der es vom kathartischen Ziel des Schauspiels und dem pragmatischen Ziel der Rede entbunden oder zumindest unabhängig von ihm betrachtet wird.

In der Rede dringt die Möglichkeit des Scheins durch den Gebrauch des Pathos genau dann ein, wenn die Übereinstimmung nicht mehr zwischen der Rede und der Sache auf sachlicher Ebene besteht, sondern nur noch auf dem Niveau der Affekte zwischen dem Redner und seinem Auditorium: »διὸ πολλοὶ καταπλήττουσι τοὺς ἀκροατὰς θορυβοῦντες« (Aus diesem Grund erschüttern viele ihre Zuhörer, indem sie bloß Lärm ver-

---

[9] ARISTOTELES, Rhet., 1356a.

ursachen; 1408a). Dann gleicht die Redeweise der »Dekorationsmalerei« (σκιαγραφία; 1414a). Insofern aber der sprachliche Ausdruck ohne seinen Bezug auf Wahrheit oder Wahrscheinlichkeit betrachtet wird, wechselt nun die Kunst, die seine Prinzipien behandelt. »Sprachlicher Ausdruck« (λέξις) und »mündlicher Vortrag« (ὑπόκρισις) sind dann »ebenso Bestandteil der *Rhetorik* wie der *Poetik*« (καὶ περὶ τὴν ῥητορικήν ἐστι τὸ τοιοῦτον ὥσπερ καὶ περὶ τὴν ποιητικήν; 1403b). Für den pathetischen Stil heißt das genauer: Insofern er sich durch die ›Begeisterung‹ auszeichnet, die in ihm ausgedrückt werden soll, paßt er auch zur Poesie, »denn Poesie ist [Ausdruck der] Begeisterung« (ἔνθεον γὰρ ἡ ποίησις; 1408b). Dabei wird nun eine rein ästhetische Betrachtung der Rede wie auch des Schauspiels für Aristoteles ein Zeichen für Dekadenz. So wie in den Wettkämpfen »heutzutage die Schauspieler ein höheres Ansehen genießen als die Dichter, so auch, infolge der Verderbtheit der staatlichen Verhältnisse, in den politischen Kämpfen« (καὶ καθάπερ ἐκεῖ μεῖζον δύνανται νῦν τῶν ποιητῶν οἱ ὑποκριταί, καὶ κατὰ τοὺς πολιτικοὺς ἀγῶνας, διὰ τὴν μοχθηρίαν τῶν πολιτῶν; 1403b). Die Dekadenz besteht in der Verwechslung von Schein und Wirklichkeit. So wie das Publikum den Schauspieler, der ohne Wissen um den eigentlichen Sinn des Dramas seine Rolle spielt, höher schätzt als den Dichter, so zieht es auch den redegewandten Politiker dem Fachmann fürs Gerechte vor, wie man platonisch sagen würde. Pathos ist dann in beiden Fällen nur ein Instrument, die Seelen zu erregen, und was goutiert wird, ist auch nur diese Erregung. Die Lust wird um der Lust willen, die Empörung um der Empörung willen hervorgebracht. Weder eine ›Reinigung der Affekte‹ noch eine Neigung zum richtigen Beschluß ist dann intendiert, weil das Pathos in keinem greifbaren Verhältnis mehr zur ›dramatischen‹ Handlung steht, sei es auf der politischen Szene oder auf der Schauspielbühne.

II. Römische Antike und Spätantike

Nicht unerheblich wird die Rezeption des Pathosbegriffs als eines ästhetischen durch die Funktionalisierung der Rhetorik in der pragmatischen Redetradition des klassischen Rom vorbereitet. So findet sich bei Quintilian der Unterschied zwischen pathos und ēthos insofern eingeebnet, als es sich bei beiden in den Formen der ›affectus‹ und ›mores‹ in gleicher Weise um Affekte handelt, die sich eigentlich mehr durch die Quantität ihrer Wirkung als durch die Qualität ihrer Ursachen voneinander unterscheiden.[10] Handelt es sich doch bei den ēthē um angenehme Empfindungen, die zur ›captatio benevolentiae‹ taugen, während die pathē nun für die erregenden und aufwühlenden Emotionen stehen, die die inneren Sinne zur ›perturbatio animi‹ bringen.[11] Verlorengegangen ist dabei die spezifische sachliche Dimension, die besonders mit dem Begriff der ēthē bei Aristoteles noch verbunden war. Zwar ist es richtig, daß sich der ›Charakter‹ des Redners auch in seinem Vortrag zeigen muß, dadurch also auch durch Verstellung die Möglichkeit zur Täuschung im rhetorischen Schein besteht. Zugleich hält Aristoteles es für eine falsche Annahme, »daß der sittliche Lebenswandel des Redners nichts beitrage zur Glaubwürdigkeit« (τὴν ἐπιείκειαν τοῦ λέγοντος, ὡς οὐδὲν συμβαλλομένης πρὸς τὸ πιθανόν)[12]. Die ›ethische‹ Glaubwürdigkeit des Redners ist folglich zu einem guten Teil noch in seinen allgemeinen Lebensbezügen verankert. Die pathē schaffen dagegen eine Identität der Stimmungen, die ausschließlich von der Rede hervorgebracht wird. So befindet sich »der Hörer immer in der gleichen affektiven Stimmung wie der affektiv Redende, selbst wenn er nichts [Stichhaltiges] vorbringt« (καὶ συνομοπαθεῖ ὁ ἀκούων ἀεὶ τῷ παθητικῶς λέγοντι, κἂν μηθὲν λέγῃ; 1408a). Mit der qualitativen Assimilierung von pathē und ēthē entsteht nun bei Quintilian der Eindruck, als sei die Sache mehr von der Rede abhängig als die Rede von der Sache. Der Redeerfolg geht keine Gleichung mehr

---

10 Vgl. QUINTILIAN, Inst. 6, 2, 12; dt.: Marcus Fabius Quintilianus, Institutio Oratoria. Ausbildung des Redners, hg. u. übers. v. H. Rahn, Bd. 1 (Darmstadt ²1988).
11 Vgl. ebd., 6, 2, 9.
12 ARISTOTELES, Rhet., 1356a.

mit dem Sachbezug der Rede ein, die Sache wird vielmehr den Bezügen unterstellt, die eine erfolgreiche Rede erst hervorbringt. Entsprechend heißt es bei Quintilian, hier liege die »Aufgabe und Anstrengung« des Redners, »ohne die alles andere nackt, nüchtern, schwach und verlorene Liebesmühe ist« (huc igitur incumbat orator, hoc opus eius, hic labor est, sine quo cetera nuda, ieiuna, infirma, ingrata sunt), nämlich in der Hervorbingung der »Gefühlswirkungen« (adfectus). Das Urteil sei schon »in aller Öffentlichkeit gesprochen«, wenn der Richter »in Schluchzen ausbricht« (an cum ille [...] fletus erumpit, non palam dicta sententia est?)[13]. Die pathē sind damit das rhetorische Mittel zu unmittelbarem Redeerfolg.

Wenn das Pathos auf diese Weise bereits vom Sein der Sache abgelöst zum Mittel strategischer Scheinerzeugung wird, so ist es in der Folge nun die Ablösung der strategischen Züge vom Charakter des pathetischen Scheinens, in der sich eine zunehmende ästhetische Relevanz des Pathos ankündigt. Denn die Sache, der das Pathos angemessen wird, ist dann nicht mehr der tatsächliche oder der rhetorisch gemeinte Gegenstand der Debatte. Auch liegt keine poetische Inszenierung der dargestellten Dramatik mehr zugrunde. Pathos wird vielmehr wesentlich als Ausdruck einer Sublimierung bestimmt. Jenseits aller lebensweltlichen Zusammenhänge gibt das Pathos etwas zu verstehen, was unabhängig vom sachlichen Für und Wider allem Ausdruck wechselnder Rede vorausgeht. Der pathetische Schein erweist sich damit als ein Medium, das Zugang zu der Sphäre einer eigentlichen, dabei aber nun transzendenten Bestimmung des Menschen schafft.

Beispielhaft illustriert diese Veränderung der spätantike Traktat des (Pseudo-)Longinos Περὶ ὕψους (Peri hypsous; Über das Erhabene). Hier erscheint nun die pathetische Rede als eine von fünf Quellen, das Erhabene hervorzubringen. Es liegt dem Redenden »zum größten Teil« in seiner »natürlichen Anlage« (κατὰ τὸ πλέον αὐθιγενεῖς συστάσεις), über das »enthousiastikon pathos« (ἐνθουσιαστικὸν πάθος)[14] zu verfügen. Was es beim Zuhörer hervorruft, ist eine ›leidenschaftliche Bewegung‹ (vgl. 18, 1; 20, 1), fast mit der Macht der Musik zu vergleichen. Aus der übernatürlichen Natur des Menschen entsprungen, führt sie ihn selbst ins Übernatürliche, Erhabene in dem Sinne einer Nähe zur »Seelengröße des Gottes« (μεγαλοφροσύνη θεοῦ; 36, 1). Im Pathos entdeckt die Seele ihre eigene wahre Natur. Longin folgt dabei einem weitgehend stoischen Naturbegriff, in dem die klassische Harmonie des Schönen zugunsten einer kosmischen Ordnung verabschiedet wurde, in der das Unerhörte, Große und dabei durch seine schiere Größe Staunenerweckende Zeichen des Weltlogos ist. Das ekstatische Einfinden in eine solche Ordnung ist demnach das neue Ziel des Pathos.[15] Nicht umsonst macht nun der Traktat auch keine Unterscheidung mehr zwischen der Anwendung des Pathos in Rhetorik und Poetik. Mit Blick auf die eine nur des Staunens werte Welt-Ordnung sind die Gattungsunterschiede nebensächlich geworden. Das Pathos erfüllt einen beides übergreifenden Zweck.

Angedeutet findet sich diese Sublimierung des Pathos allerdings bereits im ersten nachchristlichen Jh., neben Ansätzen bei Quintilian[16] vor allem bei Seneca in seinen Briefen an Lucilius. Hier erscheint der Naturbegriff als der Schlüssel zu einer Identifikation des Außergewöhnlichen, Gottgleichen, mit dem wahren Menschlichen. So heißt es in Brief 41: »Vis isto divina descendit; animum excellentem, moderatum, omnia tamquam minora transeuntem [...] caelestis potentia agitat« (Eine göttliche Kraft hat sich da hineingesenkt: Einen Geist, hervorragend und maßvoll, der sich über alles, als wäre es weniger wichtig, hinwegsetzt [...], bewegt eine himmlische Macht)[17]. Tacitus nimmt dann entsprechend auch bereits Distanz zu den klassischen Einteilungen der ›genera dicendi‹, wie sie sich beispielsweise in der Rhetorica ad Herennium[18] finden.

---

13 QUINTILIAN, Inst. 6, 2, 7; vgl. auch CICERO, De or. 2, 186.
14 LONGIN, Peri hypsous 8, 1.
15 Vgl. REINHARD BRANDT, Einleitung, in: Pseudo-Longinos, Peri hypsous/Vom Erhabenen, griech.-dt., hg. u. übers. v. R. Brandt (Darmstadt 1966), 11–26.
16 Vgl. QUINTILIAN, Inst. 10, 1, 66; 11, 1, 3; 12, 10, 73.
17 SENECA, Epist. 41, 5; dt.: Seneca, Epistulae morales ad Lucilium Liber 4. Briefe an Lucilius über Ethik, 4. Buch, hg. u. übers. v. F. Loretto (Stuttgart 1987), 58 f.
18 Vgl. Rhet. Her. 4, 8 ff.

III. Renaissance

Diese Ansätze tragen eine späte Frucht bei der Neubestimmung des Sublimen, wie sie die Spätrenaissance in Frankreich mit Montaigne einleitet, was Paolo Manuzio im *Discorso intorno all'ufficio dell'oratore* (1556) ausführt. Damit ist ein neuer Rahmen dafür vorgegeben, was von der pathetischen Rede in der Neuzeit erwartet werden kann. Begreiflicherweise ist es die Opposition zum scholastisch überformten Regelwerk antiker Rhetorik, die dem Erhabenen dabei seine neue Stellung verleiht. Nicht mehr die regelgerecht hervorgebrachte Rede weiß zu überzeugen, sondern der bereits von Erasmus entdeckte ›genius‹ ist für ihr Gelingen verantwortlich. Nicht mehr sind die formalen Kriterien maßgebend, was zählt, ist allein die Wirkung, die eine Rede hervorbringt. Und bei dieser wird auch nicht mehr auf pragmatische Effektivität abgehoben. Der Effekt besteht nun einzig in dem »transport«, dem »enthousiasme«[19] des Rezipienten. Entsprechend schreibt Montaigne in einem Zusatz zu seinem *Essai* über den jungen Cato, »la bonne, l'excessive, la divine [poësie] est au-dessus des regles et de la raison«[20]. Deren Schönheit erscheine wie die »splendeur d'un esclair«. »Elle ne pratique point nostre jugement; elle le ravit et ravage.« (228) Boileau hat nun schon mit Blick auf Longin, dessen Übersetzer er ist, die neue Funktion des Sublimen im rhetorischen Kanon festgeschrieben: »Il faut sçavoir que par *Sublime* Longin n'entend pas ce que les Orateurs appellent le stile sublime; mais cet extraordinaire et ce merveilleux qui fait qu'un Ouvrage enleve, ravit, transporte. Le stile sublime veut tousjours de grands mots, mais le Sublime se peut trouver dans une seule pensée, dans une seule figure, dans un seul tour de paroles.«[21] ›Sermo humilis‹ und ›sermo grandis‹ können demnach in gleicher Weise erhaben sein, da alles jetzt von dem ›erhebenden‹ Eindruck abhängt, den die poetische oder auch rhetorische Rede auf den Zuhörer macht.

Deutlich wird das nicht zuletzt an Montaignes Stellungnahme im antiken Streit um Sokrates' philosophische Seelengröße oder rhetorisches Unvermögen bei dem gegen ihn angestrengten Asebieprozeß. Montaigne bemerkt zur Sokratischen ›Selbstverteidigung‹: »Voylà pas un plaidoyer sec et sain, mais quand et quand naïf et bas, d'une hauteur inimaginable, veritable, franc et juste au delà de tout exemple«[22]. Es ist gerade die Sokratische Façon zu argumentieren, »admirable esgalement en simplicité et en vehemence« (1032), die nun die Naivität des Ausdrucks mit seinem hohen Sinn verbinden kann. Das Sublime des Ausdrucks leitet sich wiederum von der Einzigartigkeit des Individuums her, und ebenda »loge l'extreme degré de perfection et de difficulté: l'art n'y peut joindre.« (1032 f.) Die Perfektion ist nun ohne Kunst zu haben, das Pathos wird ohne Regel und ohne eine kalkulierende sachliche Abmessung erzielt.

›Vehemenz‹ bei aller ›Simplizität‹, das ist auch die Kernaussage der ›Pathosformel‹, auf die zuerst Warburg[23], dann Panofsky die Wiederaufnahme des »antiken Pathos«[24] in der bildenden Kunst der Renaissance bringen. In Reaktion auf den Realismus des Quattrocento wie auf die Symbolik des Mittelalters erscheine es als ein Rückgriff auf die »tragische Unruhe« der Antike eher denn auf ihre »klassische Ruhe«[25]. Die Bewegung, die zuerst in der Darstellung ›äußerlich bewegten Beiwerks‹ erscheine, bilde so ein Kontrastmittel zu Gegenwart und Vergangenheit zugleich. Daß es sich dabei nicht um eine originäre Wiederaufnahme der Antike handelt, werde nicht zuletzt aus der Spannung der Stile deutlich, die nun in ihrem Gegenspiel

---

19 Vgl. MICHEL MAGNIEN, Montaigne et le sublime dans les Essais, in: J. O. Brien/M. Quainton/J. J. Supple (Hg.), Montaigne et la rhétorique. Actes du Colloque de St. Andrews (Paris 1995), 28.
20 MICHEL DE MONTAIGNE, Essais (1580), in: Montaigne, Œuvres complètes, hg. v. A. Thibaudet/M. Rat (Paris 1962), 227.
21 NICOLAS BOILEAU-DESPRÉAUX, Réflexion X ou Refutation d'une Dissertation de Monsieur Le Clerc contre Longin (entst. 1683; ersch. 1716), in: BOILEAU, 544.
22 MONTAIGNE (s. Anm. 20), 1031.
23 Vgl. ABY WARBURG, S. Botticellis ›Geburt der Venus‹ und ›Frühling‹. Eine Untersuchung über die Vorstellung von der Antike in der italienischen Frührenaissance (Straßburg 1892).
24 ERWIN PANOFSKY, Sinn und Deutung in der bildenden Kunst (1924; Köln 1978), 276.
25 WARBURG, Der Eintritt des antikisierenden Idealstils in die Malerei der Frührenaissance, in: Warburg, Gesammelte Schriften, hg. v. G. Bing, Bd. 1 (Leipzig/Berlin 1932), 175 f.

schon als durchaus natürlich angesehen werden könne. Pathos verdankt sich so einer ›Leidenschaft‹, deren vermeintliche Ursprünglichkeit, wie Panofsky am Beispiel Dürers zeigt, eine Referenz auf konkrete Vorbilder der Antike unwahrscheinlich werden läßt.

Möglich hat diese Erweiterung des pathetischen Spektrums eine gänzlich neue Auffassung von Natur und Natürlichkeit gemacht. Zwar findet sich im Platonischen *Ion* bereits der sokratische Gedanke, daß der Rhapsode die Poesie ebenso wie ein magnetischer Ring seine Anziehungskraft nicht durch Regelbefolgung, sondern durch ›Eingebung‹, durch Inspiration hervorbringt, doch versteht Montaigne diese Metapher in Anlehnung an die Dichter der Pléiade nicht mehr als eine Befolgung des Logos der Sage. Sokrates wird nun vielmehr bezichtigt, seine Neigungen »par art«[26], künstlich, durcheinandergebracht zu haben. Montaigne gibt dagegen dem »precepte ancien« (1036), das darin besteht, »que nous ne sçaurions faillir à suivre nature« (1036f.), den neuen, modernen Sinn: daß die Natur aus sich heraus alles hervorbringt. Wer im Buch der Natur zu lesen weiß, wird unmittelbar zur Wahrheit geführt: »je naturaliserois l'art autant comme ils [die Wissenschaftler] artialisent la nature« (852) gilt entsprechend als die neue Maxime. Die »inspiration sacrée des muses« bewirkt dann »l'enfileure de noz aiguilles« (228), die gleiche Ausrichtung aller Kompaßnadeln. So bringt schließlich das neue Pathos, das im niederen wie im hohen Stil zu Hause sein kann, ›enthusiastisch‹ die gleiche natürliche Schwingung des Geistes hervor wie die physische Natur die Polarisierung ihrer Phänomene. Und natürlich verstandenes Pathos bringt durch den Affekt die eigentliche Natur des Menschen zum Vorschein.

IV. Barock und Aufklärung

Damit ist nun gleich zweierlei vorbereitet: Zum einen bildet die inhaltliche Feststellung pathetischer Rede die Möglichkeit zur Systematisierung ihrer möglichen Funktionen. Wenn man davon ausgehen kann, daß Ursprung und Ziel des Pathos gleichermaßen natürlich lokalisierbar sind, macht es Sinn, poetische Regelwerke nach dem Vorbild der neuen Naturwissenschaften zu verfeinern. Entsprechend hat der Humanismus und der Barock eine Systematisierung der Poetik vorangetrieben, in deren Verlauf das Pathos nach Maßgabe der Angemessenheitsregel bestimmten Gegenständen und Gattungen zugeordnet wird. Dabei hält sich die Gattungsspezifizierung noch weitgehend an das aristotelische Muster, nach dem vor allem die Tragödie nach Pathos verlangt.[27] Konsequenterweise ist Gegenstand des Pathos nun nicht mehr die tragische Handlung des Menschen, sondern die Peripetien der Natur in Form kosmischer Katastrophen natürlicher oder geschichtlicher Art.

Anders als noch bei Longin etwa ist im Barock nun nicht mehr nur der unmittelbare Ausdruck der Geste von der natürlichen Anlage des Redners abhängig. Rhetorik und Poetologie erklären nun auch noch die ›plasis tōn schēmatōn‹ zum Ausdruck von Affekten.[28] Wurden in der Renaissance schon die zuvor rein technisch verstandenen Redefiguren psychologisiert und damit emotionalisiert, so wird im Barock umgekehrt auch das ihnen zugehörige Gefühl wiederum artifizialisiert.[29] Das Pathos erscheint nun als eine weitere Variante des Theatercoups. Der Affekt soll zwar den Zuschauer bewegen, aber immer schon unter dem Vorzeichen seiner scherzhaften Auflösung. Ein wirklich tragischer Gang der Handlung ist gar nicht zu erwarten, da jede Gefühlsverwicklung mit der gleichen Souveränität am Ende wieder aufgehoben werden kann, mit der sie geschaffen wurde. Das Pathos wird damit Bestandteil eines Satyrspiels der Vernunft, das die Tragödie der Leidenschaft bereits überwunden hat, selbst wenn es sich ihrer Sprache bedient.[30]

Zum anderen bereitet die Longinische Neufassung des Pathoskonzepts und seine Aufnahme im Humanismus des 16. Jh. auch die Kritik an einer solchermaßen technisierten und stilisierten Rede vor. Nachdem bereits Melchior Junius, Johann

---

26 MONTAIGNE (s. Anm. 20), 1037.
27 Vgl. ARISTOTELES, Poet., 1452b.
28 Vgl. EMANUELE TESAURO, Il Cannocchiale Aristotelico (Venezia 1655).
29 Vgl. WILFRIED BARNER, Barockrhetorik. Untersuchungen zu ihren geschichtlichen Grundlagen (Tübingen 1970).
30 Vgl. REINHART MEYER-KALKUS, ›Pathos‹, in: RITTER, Bd. 7 (1984), 194.

Konrad Dannhauer und Valentin Thilo in ihrer Systematisierung der Pathoskonzeption – in Form einer Pathologia rhetoricae – als Teil der Topik auf das poetische Verfahren der Autoaffektion[31] zurückgegriffen haben, ist nun die nachbarocke Poetik darauf bedacht, aus dieser rhetorischen Quelle die Argumente für eine Ablehnung der barocken Pathosformeln zu schöpfen. Der geforderte Reflex auf die eigene Natur, davon wird jetzt ausgegangen, läßt sich nicht gut mit einem raffinierten Arrangement des ›ingenio‹ wiedergeben. Pathos verlangt nun wesentlich nach kunstloser Authentizität. Gerade das Unberechenbare der Natur erscheint in der neuerlichen Sublimierung des Pathos als der Grund des wahren Affekts.

Vorbereitet auf poetischem Felde findet sich die Pathoskritik bereits in den komödiantischen Überzeichnungen des ›style ampoulé‹ bei Molière. Die *Précieuses Ridicules* von 1659 bilden dazu den Auftakt, indem sie die Manieriertheit der Barocksprache in Zusammenhang mit einer angelernten Herzensschwäche bringen. Die Geschraubtheit des sprachlichen Ausdrucks erscheint so als eine Folge falsch verstandener Sublimierung. Pathetischen Ursprungs erscheint diese jeweils an den Stellen, die unangemessene Superlative einsetzen oder vermeintlich bedeutungssteigernde Adverbien der Art ›furieusement‹ oder ›terriblement‹ mehr oder weniger wahllos benutzen.[32] Die *Femmes savantes* von 1672 ergänzen die Satire um den Zug der wissenschaftlich-philosophischen Begründung des manierierten Stils.

An der Schwelle vom Klassizismus zum Zeitalter der ›sensibilité‹ läßt Voltaire den »dieu du Goût«[33] gegenüber seinem Rivalen den neuen Anspruch an den sprachlichen Ausdruck auf die Formel bringen: »Il prend mon nom, mon étendard; / Mais on voit assez l'imposture: / Car il n'est que le fils de l'Art, / Moi, je le suis de la Nature« (156). In den ›temple du Goût‹ werden nur noch all jene Dichter eingelassen, die sich dem Ideal der Natürlichkeit verschreiben. Für Voltaire als dem Historiographen des ›siècle de Louis XIV‹ freilich ist die Natürlichkeit des Ausdrucks immer noch an strenge Regeln der Sprachbehandlung gebunden, die analog den Newtonschen Naturgesetzen Anspruch auf überzeitliche Geltung haben. Wie fremd ihm das Pathos der neuen Herzensbildung erscheinen muß,

kommt nirgends deutlicher zum Ausdruck als in seiner polemischen Replik auf Rousseaus *Nouvelle Héloïse* (1761). Dort bekennt er freimütig: »Si je compare le langage des plus orgueilleux écrivains de notre siècle à celui des bons auteurs du siècle de Louis XIV ou au vôtre, je ne trouve rien qui se ressemble«. Und nur wenige Zeilen später heißt es dann: »Concevez donc ma juste affliction de ne pouvoir entendre les nouveaux génies qu'il faut admirer« (395). Dabei sind es natürlich vor allem die ›expressions sublimes‹, die Voltaire seinem Gegenspieler Rousseau in der *Nouvelle Héloïse* ankreidet, »ouvrage dans lequel cet homme se met si noblement au-dessus des règles de la langue et des bienséances« (398).

Das deutsche Gegenstück zur Voltaireschen Pathoskritik findet sich in Gottscheds *Versuch einer Critischen Dichtkunst* (1730). Hier steht von vornherein fest, daß die Dichtung vor allem eine Aufgabe hat: »Zu allererst wähle man sich einen lehrreichen moralischen Satz«, fordert Gottsched. »Hierzu ersinne man sich eine ganz allgemeine Begebenheit, worinn eine Handlung vorkömmt, daran dieser erwählte Lehrsatz sehr augenscheinlich in die Sinne fällt.«[34] Die moralische Besserung muß mithin von der Art sein, daß die vorgestellten Lehrsätze mit den Mitteln des Verstandes faßbar sind. Das bedeutet einmal, daß eine enthusiastische Darstellung der Maximen völlig verfehlt sein muß, insofern sie das Fassungsvermögen des ordnenden Verstandes übersteigt. Weiter leuchtet dann auch ein, daß die »Schreibart«, die »pathetisch [...] affectuös, hitzig und beweglich«[35] ist, nun gegenüber der Unterweisung des Verstandes kein Eigenrecht beanspruchen darf. Gerade als Mittel zur Unterweisung taugt das Pathos schwerlich, ist aber in Dichtungsformen geduldet, in denen kein ausgesprochen didaktischer Anspruch besteht, wie in Oden oder Elegien. Gottscheds Mittel gegen das Pathos ist

---

31 Vgl. ARISTOTELES, Poet., 1455a; CICERO, De or. 2, 188; HORAZ, Ars 99–118.
32 Vgl. ROGER LATHUILLIÈRE, La Préciosité, étude historique et linguistique, Bd. 1 (Paris 1966).
33 VOLTAIRE, Le temple du Goût (1733/1775), in: Voltaire, Mélanges, hg. v. J. van den Heuvel (Paris 1961), 155.
34 GOTTSCHED (DICHTKUNST), 161.
35 ›Pathetisch‹, in: GOTTSCHED, 1254.

freilich nun nicht mehr wie bei Voltaire die Ironie, sondern, wie seine praktische Theaterarbeit in Leipzig zeigt, schlicht die Verbannung. Auf den Grundlagen Leibniz-Wolffscher Rationalität zeigt er in den Augen der Späteren schon Züge einer Karikatur, wie sie Voltaire zu Anfang des *Candide* (1757) vom deutschen Lehrmeister zeichnet.

Mit der Kritik am ›Schwulst- und Tumorstil‹ im nachbarocken Klassizismus – im Hintergrund stehen die Aristotelischen Bestimmungen der Rhetorik zum richtigen Einsatz des ὄγκος (onkos), des Erhabenheit suggerierenden Redeschmucks[36], und die Longinische Stilpathologie – ist allerdings nicht wiederum eine Renaissance des ursprünglichen Pathosbegriffs eingeleitet. Das deutet sich bereits in der Wiederaufnahme des Pathosbegriffs in der zeitgenössischen Rhetorik an. Shaftesbury hatte dafür die Grundlage geliefert, indem er gegenüber Hobbes und seiner staatsrechtlichen Inanspruchnahme egoistischer Naturzustandsinteressen seinerseits einen ›common sense‹ postuliert, der allem sozialen Leben immer schon zugrunde liegen müsse.[37] Hume leitet hieraus das Konzept der ›sympathy‹ ab, die zwischen allen Mitgliedern einer Gemeinschaft herrschen müsse, da sie doch alle von vornherein einem ›Gemeinsinn‹ verpflichtet sind. In der Rhetorik rückt nach Hume nun das Pathoskonzept an eine prominente Stelle, insofern mit ihm die als ursprünglich anzunehmende ›sympathy‹ wieder hergestellt werden kann. Anders als durch langwierige Argumentation erreicht der Redner durch Gebrauch des Pathos ein unmittelbares Einverständnis, da es sich nun ja nur noch darum handelt, die Verstellungen des vorausgesetz-

---

36 Vgl. ARISTOTELES, Rhet., 1407b – 1408a.
37 Vgl. A. A. C. SHAFTESBURY, Sensus communis. An Essay on the Freedom of Wit and Humour (1709), in: Shaftesbury, Characteristics of Men, Manners, Opinions, Times, etc., hg. v. J. M. Robertson, Bd. 1 (London 1900), 55.
38 DAVID HUME, Essays Moral, Political, and Literary (1742), in: HUME, Bd. 3 (1875), 170.
39 Vgl. PETER PTASSEK, Rhetorische Rationalität. Stationen einer Verdrängungsgeschichte von der Antike bis zur Neuzeit (München 1993), 151–161; PETER PTASSEK u. a., Macht und Meinung. Die rhetorische Konstitution der politischen Welt (Göttingen 1992), 138–149.
40 VOLTAIRE (s. Anm. 33), 404.

ten Gemeinsinns zu beseitigen. Einsatz von Pathos erzeugt so »rapid harmony, exactly adjusted to the sense«[38]. Im Gegensatz zur antiken Rhetorik handelt es sich dabei aber nicht mehr um ein Einverständnis, das sich unmittelbar zwischen Redner und Hörer einstellt, sondern um eine ›harmony‹, die sich aus der Wiederangleichung des vorläufig verwirrten ›moral sense‹ des einzelnen an den ›common sense‹ der Gemeinschaft herstellt, also nicht nur durch diesen vermittelt ist, sondern vielmehr nur in der bruchlosen Übereinstimmung mit ihm besteht.[39] Was mit Pathos intendiert ist, geht aller Beratung voraus und ›beseelt‹ gleichermaßen Redner wie Zuhörer. Insofern kann die Rhetorik auch an das Longinische Konzept des Erhabenen anknüpfen, dessen Pathos Redende wie Hörende in die Ekstase ihrer eigentlichen und damit wahren überindividuellen Natur versetzen soll.

Analog zu der Entwicklung in der Rhetorik zeichnet sich nun ein Umschwung der Extreme im Feld der Poetik ab. Als Reaktion auf den kalkulierenden Einsatz psychologisch verstandener Affektionen im Barock kann man die Antwort der ›sensibilité‹-Schriftsteller verstehen, die nun dem effektiven, dabei aber immer harmlosen Spiel mit Emotionen nach dem Vorbild der Theatereffekte eine zu Herzen gehende Bildung entgegensetzen. Auch hier ist grundsätzlich wiederum nicht eine jeweils neue Rührung intendiert, die, vielfältig nach Art aller ›Herzensangelegenheiten‹ sich aus der Darstellung merkwürdiger Schicksale gewinnen läßt. Die pathetische Einstimmung zielt im Gegenzug darauf ab, gleichen Zugang zu einer Sphäre der Moral zu schaffen, die immer schon als Grundgesetz in alle Herzen eingeschrieben ist. Die Übereinstimmung selbst der Liebenden kommt nur im Überpersönlichen zustande, das jenseits aller Individualität die Menschen verbindet. Das Pathos öffnet hierfür nur die Augen. Voltaire hat das klar erkannt, als er Rousseau wiederum mit Blick auf die *Nouvelle Héloïse* vorwirft: »Jean-Jacques [...] n'avait nulle intention de faire un roman. Ce genre d'ouvrage [...] demande du génie, et surtout l'art de préparer les événements [...]. Jean-Jacques a voulu seulement [...] instruire notre nation«[40].

Für den deutschen Sprachraum bereiten die Schweizer Breitinger und Bodmer den Boden für die neue poetologische Akzeptation von Pathos.

Gegenüber Gottsched hatte Breitinger bereits in seiner *Critischen Abhandlung von der Natur, den Absichten und dem Gebrauch der Gleichnisse* (1740) erkennen lassen, daß er der rhetorischen Figur des Gleichnisses bedeutend mehr zutraut, als die Aufklärungspoetik des Wolffianers für gut befinden konnte. Die Funktion, die die Gleichnisse erfüllen, besteht nämlich nun in nicht geringem Maße darin, die Kräfte der Phantasie freizusetzen. In der gleichzeitig vorgelegten allgemeinen Poetik, der *Critischen Dichtkunst* (1740), erkennt Breitinger entsprechend für die ›figurae patheticae‹ nun auch mit Blick auf ihren Ursprung, sie wären »nicht viel mehr, als blosse Zierrathen, [...] überflüssig, müssig und unwahrscheinlich [...], wenn sie nicht aus einem entzündeten Herzen hervorfliessen«[41].

In seinen *Critischen Betrachtungen über die Poetischen Gemählde der Dichter* von 1741 kann sich auf dieser Grundlage nun Bodmer direkt auf Longin berufen, wenn es darum geht, Wirkung wie Ursprung wahrer Poesie zu präzisieren. So sagt Bodmer »von der Absicht der poetischen Gemählde«: Die Poesie wolle »überraschen und entzücken«[42], »indem sie die Phantasie der Leser und Hörer mit Bildern von trefflich schönen, grossen und ungestümen Sachen anfüllet« (126). Dabei macht er auch deutlich, daß die Phantasie nicht den Seelenzustand des Poeten widerzuspiegeln habe. Es muß dem Dichter also darum gehen, »dieselben Empfindungen« im Rezipienten »hervorzubringen, die das Urbild selber darinnen erwecken würde« (98). Ganz neuplatonisch verstanden wird nun die in der Ekstase erreichte Sphäre Grundlage für die Wahrheit des Ausdrucks. Trifft der Poet diese Wahrheit, so fällt sie mit der »Natürlichkeit des eigenen Wortes« (87) zusammen.

Rousseau selbst gibt nun nicht nur, wie Voltaire erkannt hat und Moses Mendelssohn[43] später bestätigen wird, in seinen Romanen das beste Beispiel eines der neuen ›sensibilité‹ entsprungenen Pathos. Es findet sich bei ihm auch die eindeutigste Formulierung der neuen Aufgabenstellung, der sich der empfindsame Dichter gegenübersieht. Dabei mag es nur auf den ersten Blick erstaunen, daß die theoretische Reflexion über die Funktion des Pathos nicht in einer Poetik abgehandelt wird. Rousseaus Ausgangspunkt ist die Frage nach der Möglichkeit der Sprache, wahr im emphatischen Sinne zu sein. Diese Frage läßt sich in seinen Augen nur durch eine Klärung der Ursprünge der Sprache lösen. Im goldenen Zeitalter der Welt hat auch der Ausdruck der Sprache noch nichts von seiner Wahrhaftigkeit eingebüßt. Sie war damit fähig, ihrer sozialen Aufgabe gerecht zu werden: nämlich »favorable [...] à la liberté«[44] zu sein. Das konnte sie allerdings nur, weil ihr Ursprung nicht in den natürlichen Bedürfnissen zu finden ist, sondern in den »besoins moraux«, in den »passions« (380). Die ›passions‹ drücken sich in der Sprache nun durch die Melodie aus, »et voilà pourquoi les prémiéres langues furent chantantes« (381). Die Dinge, die wirklich wichtig waren, sagte man »avec feu *par cela même qu'on les disoit avec peine*« (333). Entsprechend heißt es auch, daß man zuerst nur »en poesie« (381) sprechen konnte. Der Ausdruck der moralisch inspirierten Affekte findet sich demnach zuerst in der Musik, die noch gar nicht wirklich von ihrem sprachlichen Ausdruck geschieden werden konnte. Die Definition dessen, was ›pathétique‹ ist, gibt Rousseau folgerichtig in seinem *Dictionnaire de Musique* (1768): Es bezeichnet das »Genre de Musique dramatique et théâtral, qui tend à peindre et à émouvoir les grandes passions, et plus particulièrement la douleur et la tristesse«. Aber schon an der Schlußbemerkung des Eintrags wird klar, daß das echte Pathos die Gattungsgrenzen übersteigt, weil es allein fähig ist, Zugang zum unverbildeten Herzen zu gewähren. »Le vrai *Pathétique*«, schließt Rousseau den Artikel, »est dans l'Accent passionné, qui ne se détermine pas par les règles; mais que le génie trouve et que le cœur sent, sans que l'Art puisse, en aucune manière, en donner la loi«[45].

Sulzer wird in seiner *Allgemeinen Theorie der schönen Künste* (1773) auf allgemein anthropologischer

---

41 BREITINGER, Bd. 2 (1740), 367.
42 BODMER, 127.
43 Vgl. MOSES MENDELSSOHN, [Rez.] Rousseau, ›Nouvelle Héloïse‹, in: Mendelssohn, Gesammelte Schriften, hg. v. G. B. Mendelssohn, Bd. 4/2 (Leipzig 1844), 275.
44 JEAN-JACQUES ROUSSEAU, Essai sur les origines des langues (entst. 1763; 1781), in: ROUSSEAU, Bd. 5 (1995), 428.
45 ROUSSEAU, Dictionnaire de Musique (1768), in: ROUSSEAU, Bd. 5 (1995), 976.

Basis die Definition auch für die Musik übernehmen und das Pathetische in die Leidenschaften legen, »die das Gemüth mit Furcht, Schreken und finsterer Traurigkeit erfüllen«[46]. Über den Gebrauch »in Kirchensachen und in der tragischen Oper« (661) hinaus, wie es bei Sulzer noch allein vorgesehen war, wird Beethoven dann den Begriff zum ersten Mal auch auf Instrumentalmusik anwenden. Die unter dem Titel *Pathétique* berühmt gewordene *Klaviersonate opus 13 c-moll* verdankt dabei ihren Namen wahrscheinlich dem Einfluß eines Bonner Lehrers Beethovens, Christian Gottlob Neefe, der seinerseits wiederum zu der Übertragung der Bezeichung durch eine Vertonung einiger Oden Klopstocks angeregt wurde.[47]

Augenscheinlich ist bei dieser Akzeptation auch eine Bedeutungsverlagerung vom Pathos zum ›Pathetischen‹ bereits vollzogen. Das Pathos steht nunmehr nur noch für die inkriminierten Barockformeln, die von der Aufklärung wie der sensibilistischen Gegenbewegung gleichermaßen für überwunden erklärt werden. Das Pathetische dagegen bewahrt die von Longin initiierte Integrität wahrer Inspiration. Das schlägt sich am deutlichsten in der Definition nieder, die die *Encyclopédie* (1765) d'Alemberts und Diderots nun vorschlägt. Demnach verbirgt sich hinter dem ›pathos‹ nur noch ein vager Begriff von »force« und »énergie«, während das Pathetische nun für den »enthousiasme« einstehen kann, »cette véhémence naturelle, cette peinture forte qui émeut, qui touche, qui agite le cœur de l'homme. Tout ce qui transporte l'auditeur hors de lui-même, tout ce qui captive son entendement et subjuge sa volonté, voilà le pathétique«[48].

V. Klassik und Spätaufklärung

Mit der Übernahme des Bedeutungskerns von Pathos im Pathetischen vollzieht Schiller zugleich die entscheidende Wendung des Konzepts vom praktischen Ursprung ins Ästhetische. Pathos ist kein ›Überzeugungsmittel‹ mehr, denn das Pathetische wird von ihm nun zu einer Sphäre erklärt, in der sich die rechte Praxis in dramatischer Präsentation als solche erst zeigt. Das Pathetische wird damit zum Teil einer Konzeption, die der Ästhetik im Verhältnis zum Sein des Menschen weit mehr zutraut, als die Antike es vorsah. Der Mensch, sagt Schiller im 15. Brief *Ueber die ästhetische Erziehung des Menschen*, sei »nur da ganz Mensch, wo er spielt«[49]. Gefordert wird in letzter Konsequenz ein »Staat des schönen Scheins« (410).

Den Ausgangspunkt für diese Neubewertung des Pathetischen findet Schiller in den Kantischen Ausführungen zum Erhabenen im Rahmen der *Kritik der Urteilskraft* (1790). Kant übernimmt von den Engländern die Vorstellung, Erhabenes, das in der Einheit der Natur zu lokalisieren sei, rufe im Menschen ein bestimmtes Gefühl hervor, das sich bei Shaftesbury[50] als ›Enthusiasmus‹ äußert und sich bei Hume auf eine ›pleasant impression‹[51] zurückführen läßt. Burke spricht in diesem Zusammenhang von dem »modified terror«, der gemäßigten Erschütterung, und dem »delightful horror«[52], dem frohen Schrecken, dem die Seele beim Anblick des Erhabenen ausgesetzt ist. Kant[53] und dann auch Schiller[54] werden Burke noch weiter folgen, wenn dieser einen moralisch-teleologischen ›Instinkt‹[55] als Grund für das Wohlgefallen bei allem Schrecken des Erhabenen ausmacht. Verbunden mit dieser neuplatonischen Inspirationslehre ist also die Annahme einer sittlichen Wirkung des Schönen, greifbar schon bei Shaftesbury mit dessen Verweis des Gefühls auf angeborene

---

46 SULZER, Bd. 3 (²1793), 661.
47 Vgl. EGON VOSS, Klaviersonate c-Moll, Pathétique, op. 13, in: A. Riethmüller/C. Dahlhaus/A. L. Ringer (Hg.), Beethoven. Interpretationen seiner Werke, Bd. 1 (Laaber 1994), 89–95.
48 JEAN-FRANÇOIS MARMONTEL, ›Pathétique, le‹, in: DIDEROT (ENCYCLOPÉDIE), Bd. 12 (1765), 169.
49 FRIEDRICH SCHILLER, Ueber die ästhetische Erziehung des Menschen in einer Reihe von Briefen (1795), in: SCHILLER, Bd. 20 (1962), 359.
50 Vgl. SHAFTESBURY, A Letter Concerning Enthusiasm (1708), in: Shaftesbury, Characteristics of Men, Manners, Opinions, Times, etc., hg. v. J. M. Robertson, Bd. 1 (London 1900), 3–39.
51 Vgl. HUME (TREATISE), 298.
52 BURKE, 176.
53 Vgl. IMMANUEL KANT, Kritik der Urteilskraft (1790), in: KANT (WA), Bd. 10 (1974), 204f.
54 Vgl. SCHILLER an Christian Gottfried Körner (25. 1. 1793), in: SCHILLER, Bd. 26 (1992), 175 f.
55 Vgl. BURKE, 81.

(»innate«⁵⁶) Ideen oder einen besonderen ›Instinkt‹ für das Gute und Schöne. Daraus entwickelt sich die Konzeption von der Möglichkeit einer ästhetischen Schärfung des ›moral sense‹ als »a good fancy« (150), was, rhetorisch analysiert, wiederum die besondere Funktion des Pathos in Rede und Debatte definiert.

Von der französischen Tradition der ›sensibilité‹-Schriftsteller übernimmt Kant die Vorstellung, in der Natur des Menschen liege der Schlüssel zu einem angemessenen Verständnis des Humanen im Zeitalter der Aufklärung. Kant hat mit der ›kopernikanischen Wende‹ der Philosophie bekanntlich versucht, das in der Herzenskultur unverstanden Gebliebene dieser Natur durch Verallgemeinerungstendenzen des Intellekts aufzuhellen, die dem Menschen seine Würde nun kraft der Autonomie der Vernunft sichern. So kommt es, daß das Natürliche und das Vernünftige zuerst einmal auseinandertreten und die Eindrücke der Natur auf die Bestimmung des menschlichen Handelns nicht als ›pathetisch‹, sondern als ›pathologisch‹⁵⁷ bezeichnet werden. Selbst das ›moralische Gefühl‹⁵⁸, wie Kant den ›moral sense‹ wiedergibt, oder auch der ›Geschmack‹⁵⁹ gelten in diesem Zusammenhang noch als Ursache sinnlich affiziierter Zustände und sind damit den ›spontanen‹ Bestimmungen des vernünftigen Willens entgegengesetzt. Mehr als eine »Tendenz zur äußeren Beförderung der Moralität« (570) kann dem ›Geschmack‹ nicht zugestanden werden.

Die Dimension des Humanen im Erleiden von Eindrücken wird aber dann auch schon bei Kant wieder sichtbar, wenn er im Paragraphen 59 der *Kritik der Urteilskraft* das »Schöne als das Symbol des Sittlichguten« erkennt. Es stelle sich beim entsprechenden Kunstgenuß im Gemüt das Bewußtsein einer »gewissen Veredlung und Erhebung über die bloße Empfänglichkeit einer Lust durch Sinneneindrücke«⁶⁰ ein. Deutlicher wird der Ursprung dieser ›Erhebung‹ noch im »Urteil über das Erhabene der Natur«. Dieses bedarf der »Kultur […] (mehr als das [Urteil] über das Schöne)«, wiewohl es »seine Grundlage in der menschlichen Natur« hat, »und zwar [in] demjenigen, was man mit dem gesunden Verstande zugleich jedermann ansinnen und von ihm fordern kann, nämlich in der Anlage zum Gefühl für (praktische) Ideen, d.i. *zu dem* moralischen« (354). Es ist wohl der Umstand, daß vornehmlich die Natur solche Zustände des Erschauerns in uns hervorruft, der Kant davon abhält, die Wirkung des Erhabenen ›pathetisch‹ zu nennen. Die Ausdruckskraft der Natur in ihren ›Schauspielen‹ verhält sich zu den Leistungen der Schauspieler oder Redner wie Urbild zu Abbild.

Schillers erste Modifikation am Kantischen Begriff des Erhabenen besteht denn auch in einer Differenzierung, die nun einen Bezug des Sublimen auf das Schauspiel erlaubt. »Diejenige Dichtungsart«, erkennt Schiller in der Abhandlung *Über den Grund des Vergnügens an tragischen Gegenständen*, »welche uns die moralische Lust in vorzüglichem Grade gewährt«, ist die »*Tragödie*«⁶¹, und um dies auf der Grundlage der Vernunftkritik plausibel zu machen, ordnet er das Kantische Erklärungsmuster des Erhabenen dem Typus des »Kontemplativerhabenen« zu. Dies ergibt sich aus einer Gegenüberstellung eines Subjekts und eines »Gegenstandes als Macht«, die »objektive Ursache des Leidens« ist, wobei es allerdings dem Subjekt und seiner Einbildungskraft überlassen bleibt, daraus »etwas Furchtbares für die Menschheit zu machen«⁶². Davon unterschieden ist für Schiller der Typus des »Pathetischerhabenen« (192), das auch wiederum das betrachtende Subjekt einer objektiven Macht aussetzt, dabei aber die Einbildungskaft an die Äußerung der ›Gewalt‹ bindet, insofern es »sympathetisch« (192) das dargestellte Leiden nachvollzieht. Ein anderes Subjekt muß demnach das Leiden an der Macht zum Ausdruck bringen, allerdings auch wiederum nicht so, daß es für »die Sinnlichkeit

---

56 SHAFTESBURY, The Moralists. A Philosophical Rhapsody being A Recital of certain Conversations on Natural and Moral Subjects (1709), in: Shaftesbury, Characteristics of Men, Manners, Opinions, Times, etc., hg. v. J. M. Robertson, Bd. 2 (London 1900), 135.
57 Vgl. KANT, Von einem neuerdings erhobenen vornehmen Ton in der Philosophie (1796), in: KANT (WA), Bd. 6 (1977), 384.
58 Vgl. KANT, Grundlegung zur Metaphysik der Sitten (1785), in: KANT (WA), Bd. 7 (1974), 77.
59 Vgl. KANT, Anthropologie in pragmatischer Hinsicht (1798), in: KANT (WA), Bd. 12 (1977), 569 f.
60 KANT (s. Anm. 53), 297.
61 SCHILLER, Ueber den Grund des Vergnügens an tragischen Gegenständen (1792), in: SCHILLER, Bd. 20 (1962), 140.
62 SCHILLER, Vom Erhabenen (1795/96), in: SCHILLER, Bd. 20 (1962), 186.

schon zu angreifend« ist, sondern als »Illusion und Erdichtung« oder als bloße Vorstellung der »Einbildungskraft« (192).

Indem das Erhabene auf diese Weise pathetisch werden kann, sieht Schiller nun die Möglichkeit, der Kunst eine Vermittlungsfunktion zuzuschreiben. Wo die Kantische Vernunftkritik in eine Zwei-Reiche-Lehre auseinanderzubrechen droht, entsteht nun mit der Kultivierung des ästhetischen Scheins eine Instanz, die dem Rigorismus des Sittengesetzes nicht ausweicht, ohne dabei die sinnliche Natur des Menschen zu überfordern. So sei es doch »ein achtungswerter Charakterzug der Menschheit«, heißt es zum Schluß der Ausführungen über das »Pathetischerhabene«, »daß sie sich wenigstens in *ästhetischen* Urteilen zu der guten Sache bekennt [...] und daß sie den reinen Ideen der Vernunft in der Empfindung wenigstens huldigt, wenn sie gleich nicht immer Stärke genug hat, wirklich danach zu *handeln*« (195).

Das ›Pathetische‹ wird damit zum Schlüsselbegriff eines ästhetischen Seins, in dem die ›Freiheit‹ des Menschen wiedergewonnen werden soll. »Freiheit« in diesem Sinne ist nicht schon sittliches Handeln, sie steht vielmehr nur für die »Möglichkeit des absolut freyen Wollens«. Alles kommt deshalb darauf an, Freiheit »sichtbar«[63] zu machen. »Der letzte Zweck der Kunst«, postuliert Schiller entsprechend, »ist die Darstellung des Uebersinnlichen und die tragische Kunst insbesondere bewerkstelligt dieses dadurch, daß sie in uns die moralische Independenz von Naturgesetzen im Zustand des Affekts versinnlicht.« Daraus folgt: »Pathos muß da seyn, damit das Vernunftwesen seine Unabhängigkeit kund thun und sich *handelnd* darstellen könne.« (196) In der Darstellung des moralischen Widerstands gegen mitreißende Neigungen vollendet sich demnach das Bild der Menschheit.

Indem das Pathos so zur »ersten und unnachlaßlichen Forderung an den tragischen Künstler« (ebd.) wird, ist für Schiller nun auch die Lessingsche Aufklärung des Pathosbegriffs fundiert. Die »Darstellung des Leidens [ist] so weit zu treiben, als es, *ohne Nachteil für seinen* [des Künstlers] *letzten Zweck*, ohne Unterdrückung der moralischen Freyheit, geschehen kann« (ebd.). Lessing hatte in *Laokoon: oder über die Grenzen der Mahlerey und Poesie* (1766) ein Pathos für »Beredsamkeit und Poesie« angenommen, das im Gegensatz zur Malerei »so hoch getrieben werden kann als möglich«[64], dabei aber, wie später klar wird, doch nicht ohne alle Reflexion gedacht werden darf. Am Beispiel des Kommentars zum *Laokoon* entwickelt Schiller dann die Weiterführung der Lessingschen Furcht- und Mitleid-Diskussion.[65] Trotz seines Mißtrauens gegen alles Spekulative wird Goethe in der Diskussion *Über Laokoon* von 1798 Schiller folgend anerkennen, daß der »höchste pathetische Ausdruck« nur durch das Zusammenwirken des »geistigen« und des »physischen«[66] Menschen zustande kommen kann. Später wird sich auch Krug noch diese Definition im wesentlichen zu eigen machen, wenn er für das »Pathetische« sowohl das »physische« als auch das »moralische Element« in »unsrer geistigen Thätigkeit«[67] einfordert.

Mit der Skepsis der ausgereiften Geistphilosophie gegenüber allen ästhetischen Syntheseversuchen mit Blick auf ein Absolutes nimmt Hegel nun die Schillersche Funktionalisierung des Pathetischen auf, verkehrt aber zugleich den Sinn der Entwicklungstendenz, die der späte Schiller im Unterschied der alten und der neuen Affektenlehre erkennen wollte. So schien der naive Dichter in der Abhandlung *Ueber naive und sentimentalische Dichtung* (1800), dem es auf die »Nachahmung des Wirklichen«[68] ankommt, gar nicht wirklich fähig, den tragischen Affekt hervorzubringen, da er doch »selbst bey sehr pathetischen Gegenständen, immer fröhlich, immer rein, immer ruhig« (441, Anm.) vorgefunden werde. Nur dem sentimentalischen Dichter, der auf »die Darstellung des Ideals« (437) aus ist, gelingt es wirklich, »anspannend« (441, Anm.) zu sein. Eben weil er immer die »Wirklichkeit als Grenze« (441) gegenüber der Idee empfin-

---

63 SCHILLER, Ueber das Pathetische (1793), in: SCHILLER, Bd. 20 (1962), 221.
64 GOTTHOLD EPHRAIM LESSING, Laokoon: oder über die Grenzen der Mahlerey und Poesie (1766), in: LESSING (LACHMANN), Bd. 9 (1893), 173.
65 Vgl. SCHILLER (s. Anm. 63), 207ff.
66 GOETHE, Über Laokoon (1798), in: GOETHE (WA), Abt. 1, Bd. 47 (1896), 110.
67 KRUG, Bd. 3 (²1833), 165.
68 SCHILLER, Ueber naive und sentimentalische Dichtung (1800), in: SCHILLER, Bd. 20 (1962), 437.

den muß, neigt er zur »Satire«, die auf dem Gebiete eines unauflöslichen Konflikts des »Willens« zur »*strafenden* oder pathetischen« (442) Satire wird. Das Bewußtsein der Distanz zwischen Idee und Wirklichkeit ist es für Hegel nun, das ein Pathos in Form einer genuinen »Leidenschaft«[69] offenbar gerade verhindert. Der ›sentimentalische‹ dramatische Dichter nähert sich mit der Reflexion auf sein Dichten schon der Auflösung seiner Kunstform. Dort, wo sich der Geist aber bereits selbstreflexiv über die Gegensätze erhebt, ist jeder dichtenden Darstellung die Dramatik genommen. So ist es nun gerade der undurchschaute Antagonismus des »Schicksals« (490) und seiner Mächte, der für das pathetische Schauspiel konstitutiv wird. Pathos entsteht, wenn das »Allgemeine«, wie es in der *Phänomenologie des Geistes* (1807) heißt, »als *individuelles* Tun«[70] erscheint derart, daß die sittliche Substanz in Gegensatz zu einer anderen allgemeinen »Macht« tritt. Die »Individuen dieses Pathos« sind also gerade keine in sich gebrochenen »Charaktere«, »als Gegenteil der heutigen Ironie« sind sie »feste Figuren«[71]. Pathos ist im wesentlichen der Ausdruck einer Zeit, die ›naive‹ Dichtung hervorbringt. Der Geist, der sich dabei als Substanz zu erkennen gibt, ist nur erst ›an sich‹. Sobald er voll und ganz ›für sich‹ wird, findet er in der Affekterregung keinen angemessenen Ausdruck mehr.

VI. Dekadenz und Existentialismus

Ausgehend von Schopenhauers Bestimmung der ›Affekte‹ als »Bewegungen« und »Äußerungen« eines »Willens«[72], der sich als das »eigentliche Agens« und damit als das »Ding an sich«[73] zu erkennen gibt, gewinnt der Pathosbegriff bei Nietzsche eine ästhetische Valenz, die ganz im Gegensatz zu Schillers Anliegen eine echte Versöhnung im Ethischen und Politischen zwischen Moral und naturgewolltem Glück gerade ausschließt. Der Wille, dessen Ausdruck das Pathos ist, erhebt den willentlich ›Leidenden‹ vielmehr über alle allgemeinverbindliche Tugend. Es ist der ›Wille zur Macht‹, der das »Pathos der Distanz«[74] hervorbringt. Es ist zugleich das »Pathos der Vornehmheit […], das dauernde und dominante Gesamt- und Grundgefühl einer höheren herrschenden Art im Verhältnis zu einer niederen Art, zu einem ›Unten‹«. Aus dem »Pathos der Distanz« ergibt sich das »Recht, Werthe zu schaffen, Namen der Werthe auszuprägen« (273).

Nietzsche beruft sich also erneut auf die Größe der »Tugend«[75] im Tragischen, anders als Hegel glaubt er aber nicht mehr, daß das Substantielle daran reflexiv im Geiste der Zeit aufgehoben werden wird. Die »Spannweite zwischen den Extremen« werde »heute immer kleiner«, die Gesellschaft sei ein »Verfalls-Gebilde« (132). Im Pathos scheint nun eine Möglichkeit auf, die Unterschiede des »Ranges«, die den »Mächtigen, Höhergestellten und Hochgesinnten«[76] auszeichnen, wiederherzustellen. Allerdings zeichnet sich das Pathos eben dadurch aus, daß es sich im Grunde immer noch einer ästhetischen Wirkung verdankt. »Zum Pathos, nicht zur Handlung bereitete Alles vor«[77] hieß es schon in der *Geburt der Tragödie*. Wenn das, was Nietzsche »Pathos der Distanz« nennt, »jeder *starken* Zeit zu eigen«[78] ist, dann ist die Stärke der Zeit, die er selbst erlebt, nur wiederum im Schein der Kunst zu haben. Der Wille, der sich bei Hegel im antiken Drama noch als eine substanzielle Macht zu erkennen gab, ist, wie Nietzsche später erkennt, schließlich nur noch im Kult des Individuums zu Hause. In dieser Form der Vereinzelung folgt diesem Willen dann auch gar kein echtes ›Leiden‹ mehr nach. Wahrhaft pathetisch ist der »heroische Mensch, der vom Kampf und den Stra-

---

69 G. W. F. HEGEL, Vorlesungen über die Ästhetik (1835), in: HEGEL (TWA), Bd. 15 (1970), 540.
70 HEGEL, Phänomenologie des Geistes (1807), in: HEGEL (TWA), Bd. 3 (1970), 352.
71 HEGEL (s. Anm. 69), 540.
72 ARTHUR SCHOPENHAUER, Die beiden Grundprobleme der Ethik (1860), in: Schopenhauer, Sämtliche Werke, hg. v. W. Fr. v. Löhneysen, Bd. 3 (Frankfurt a. M. 1986), 530.
73 SCHOPENHAUER, Parerga und Paralipomena (1851), in: Schopenhauer (s. Anm. 72), Bd. 4 (1986), 321.
74 NIETZSCHE, Zur Genealogie der Moral (1887), in: NIETZSCHE (KGA), Abt. 6, Bd. 2 (1968), 273.
75 NIETZSCHE, Götzen-Dämmerung (1889), in: ebd., Abt. 6, Bd. 3 (1969), 131.
76 NIETZSCHE (s. Anm. 74), 273.
77 NIETZSCHE, Die Geburt der Tragödie (1871), in: NIETZSCHE (KGA), Abt. 3, Bd. 1 (1972), 81.
78 NIETZSCHE (s. Anm. 75), 132.

pazen und dem Hasse ausruht«[79]. Seine Stimmung ist »freudig-heiter [...] und schalkhaft dabei« (627). Die ›Distanz‹, die sich im ›Pathos der Distanz‹ zeigt, entfernt damit nicht nur den Unpathetischen vom Pathetischen, sondern auch das Pathetische von seinem Ursprung und damit von sich selbst. Die sich mehr und mehr komplizierende Dialektik von ästhetischer Auszeichnung und sozialer Differenzierung, die sowohl das Ästhetische an der Auszeichnung wie auch das Soziale an der Differenzierung im Akt der Wertung zugleich auch wieder in Frage stellt, ist für Georg Simmel der Ausgangspunkt für eine Erweiterung der Reichweite des Nietzscheschen Pathosbegriffs. Pathos und Distanz zeigen sich jetzt als grundlegend für das Verständnis von Gesellschaft, insofern soziale Kultur und Kritik sich einem fortlaufenden Wertungs- und Umwertungsprozeß verdanken. Im ›Pathos der Distanz‹ zeigt sich demnach ganz allgemein wieder der »Dualismus« des »Geistes«. Als »Kultur« gibt er die »übersubjektive Logik der geistgeformten Dinge« vor, »an der entlang das Subjekt sich über sich selbst zu sich selbst erhebt«[80]. Pathos wird so zum Ausdruck der »Tragödie der Kultur« (116), in der der »Konflikt der modernen Kultur« (148) ausgetragen wird.

Daß mit der äußersten Distanznahme eines solchen Pathos zugleich eine Möglichkeit aufscheint, unmittelbare Einheit zu stiften, versucht dagegen auf künstlerischer Ebene der Expressionismus glaubhaft zu machen. Stefan Zweig fordert, das »ja sagende Pathos par excellence‹ im Sinne Nietzsches«[81] mit der rousseauistisch gedachten Wirkung des »Urgedichts« zu verbinden. Längst vor Schrift und Druck entstanden, war es »nichts als ein modulierter, kaum Sprache gewordener Schrei« (231). Wie es nun imstande war, Leidenschaften zu erzeugen, soll das »neue Pathos« im Zeitalter einer »unendlichen Vervielfältigung des Druckes« (232) zu einem neuen »Überschwang einer Empfindung« (231) führen, in dem sich Gemeinschaft jenseits der modernen Vereinzelung der Menschen herstellt. Das neue Pathos soll den Dichter von seinem bloßen »Eigengefühl« befreien. Im Gegensatz zu Nietzsche kann es deshalb kein Zeichen mehr für Vornehmheit und Distanz sein. Es soll jetzt vielmehr gerade den »innigen, glühenden Kontakt mit der Masse« (232) wiederherstellen. Walter Benjamin stellt dazu im Vergleich zur Sprache des deutschen Barockdramas fest, diese müsse »Bewegung wenigstens vortäuschen; darin lag eine technische Notwendigkeit des Pathos«[82]. Das »Werben um neues Pathos« geschehe nun allerdings in der Zeit eines »fruchtbaren [...] Verfalls« (236). Der Surrealismus, der das Erbe der Bewegung antritt, wird weiter die Dimension des Aktes im Pathetischen betonen, dessen Konzeption nun mit dem »feinen ästhetischen Wohlgefühl« (235) des Kunstrezipienten allein nichts mehr zu tun haben will. Thomas Mann wird zumindest in den Betrachtungen eines Unpolitischen (1918) seinerseits noch auf die Möglichkeit setzen, in einer »literarischen Publizität« das Pathos des Künstlers in seiner »öffentlichen Einsamkeit« oder »einsamen Öffentlichkeit« mit dem Würdebegriff der »sinnlich-gesellschaftlichen Öffentlichkeit« kompatibel zu machen. In der Erfahrung fielen »beide Öffentlichkeiten gewissermaßen zusammen«. Das von Nietzsche stammende Einsamkeitspathos soll damit im Roman und Essay »gesellschaftsfähig« gemacht werden. Auch wenn es für die Masse unerreichbar bleibt, könnte das Pathos doch, auch ohne poetische Unmittelbarkeit und Choctechniken, »bürgerlich möglich, sogar bürgerlich verdienstlich«[83] werden.

Eine letzte, grundlegende Wende erfährt das Nietzschesche ›Pathos der Distanz‹ in Heideggers Ontologisierung des Pathosbegriffs. Die Distanz, die Heidegger sucht, ist nun nicht mehr im Abstand des ›Vornehmen‹ von denen ›unten‹ zu finden und auch nicht mehr mit einer ästhetischen Könnerschaft der freien Wertsetzung zu begründen. Im rechten Verständnis von Pathos zeigt sich vielmehr die Differenz zwischen Sein und Seien-

---

[79] NIETZSCHE, Nachgelassene Fragmente (1880–1882), in: NIETZSCHE (KGA), Abt. 5, Bd. 1 (1971), 627f.
[80] GEORG SIMMEL, Der Begriff und die Tragödie der Kultur (1911), in: Simmel, Das individuelle Gesetz, hg. v. M. Landmann (Frankfurt a. M. 1968), 145.
[81] STEFAN ZWEIG, Das neue Pathos (1913), in: P. Pörtner (Hg.), Literatur-Revolution 1910–1925, Bd. 1 (Darmstadt/Neuwied 1960), 234.
[82] WALTER BENJAMIN, Ursprung des deutschen Trauerspiels (1928), in: BENJAMIN, Bd. I/1 (1974), 380.
[83] THOMAS MANN, Betrachtungen eines Unpolitischen (1918; Frankfurt a. M. 1983), 8.

dem, die pathē richtig deuten heißt, in der Seinsweise des Daseins eine entscheidende Fundierung im Wesensgrund aller Stimmungen zu erkennen. Wilhelm Dilthey hatte diese Sicht auf das Pathos mit seiner Redeweise von den »Lebensstimmungen«[84] vorbereitet, die jeder expliziten »Auslegung der Welt« (82) zugrunde liegen müßten. Schon früh setzt Heidegger entsprechend in seiner Augustinus-Deutung »affectio« mit »Befindlichkeit«[85] gleich. Darin erschließt sich dann später das Dasein in seiner »Geworfenheit«[86] und in ihr auch in seiner Endlichkeit. Die Rhetorik des Aristoteles wird in diesem Zusammenhang als »die erste systematische Hermeneutik der Alltäglichkeit des Miteinanderseins« (138) gedeutet.

Die ästhetischen Versuche, soziale Praxis zu begründen, geraten so in die Nähe des Mißverständnisses, in den Affekten nicht mehr als »psychische Phänomene« (139) wahrzunehmen. Nietzsches ›Pathos der Distanz‹ selbst fällt unter den Verdacht, noch Bestandteil einer Metaphysik zu sein, die im »Vorstellen und Wollen« (139) jedes Seinsverständnis begründen will. Im Gegenzug dazu scheint es Heidegger evident, daß nur im Rückgang auf das welterschließende Potential ursprünglich praktischer Bezüge das Sein des Daseins entdeckt werden kann. Im Versuch einer Fundamentalontologie zeigt sich deshalb, daß der Rhetor nur im Rahmen einer existenziellen Selbstbestimmung der Gemeinschaft seinen Schein produzieren kann. In die »Gestimmtheit« der Öffentlichkeit »hinein und aus ihr heraus spricht der Redner«. Dabei ist es aber letztlich doch die »Öffentlichkeit« selbst, die nicht nur die Stimmung »braucht«, sondern sie auch für sich »macht« (138). Die Domäne des Scheins wird somit dem Zugriff des Artisten entzogen und kehrt am Ende der Geschichte des Pathosbegriffs wieder unter die Dominanz des politisch praktischen Geschehens zurück.

Martin Gessmann

Literatur

AUERBACH, ERICH, Passio als Leidenschaft, in: Auerbach, Gesammelte Aufsätze zur romanischen Philologie (Berlin/München 1967), 161–175; CRAEMER-RUEGENBERG, INGRID (Hg.), Pathos, Affekt, Gefühl. Philosophische Beiträge (Freiburg/München 1981); GILL, CHRISTOPHER, The Ēthos/Pathos Distinction in Rhetorical and Literary Criticism, in: Classical Quarterly, N. S. 34 (1984), 149–166; GURMÉNDEZ, CARLOS, Crítica de la pasión pura, 2 Bde. (Mexico-City/Madrid 1989/1993); HINDERER, WALTER, Pathos und Passion. Die Leiddarstellung in Büchners ›Lenz‹, in: A. v. Bormann (Hg.), Wissen aus Erfahrungen. Werkbegriff und Interpretation heute. Festschrift für Herman Meyer zum 65. Geburtstag (Tübingen 1976), 474–494; KOCH, WALTER A., For a Semiotics of Emotion (Bochum 1989); LEVI, ANTHONY, French Moralists. The Theory of the Passions 1585 to 1649 (Oxford 1964); MEUTHEN, ERICH, Pathos der Distanz, in: J. Kopperschmidt/H. Schanze (Hg.), Nietzsche oder ›Die Sprache ist Rhetorik‹ (München 1994), 127–137; MICHELS, NORBERT, Bewegung zwischen Ethos und Pathos. Zur Wirkungsästhetik italienischer Kunsttheorie des 15. und 16. Jahrhunderts (Münster 1988); PICHT, GEORG, Mythos und Affekt, in: Picht, Kunst und Mythos (Stuttgart 1986), 441–457; SETTIS, SALVATORE, Pathos und Ethos, in: W. Kemp u. a. (Hg.), Vorträge aus dem Warburg-Haus, Bd. 1 (Berlin 1997), 31–74; ZINN, ERNST, Ironie und Pathos bei Horaz, in: A. Schaefer (Hg.), Ironie und Dichtung. Sechs Essays (München 1970), 39–58.

---

84 WILHELM DILTHEY, Die Typen der Weltanschauung und ihre Ausbildung in den metaphysischen Systemen (1911), in: DILTHEY, Bd. 8 (1931), 81.
85 MARTIN HEIDEGGER, Der Begriff der Zeit (1924; Tübingen 1989), 11.
86 HEIDEGGER, Sein und Zeit (1927; Tübingen [17]1993), 136.

Performance

Einleitung; I. Performance art/performance (Kunst); II. Cultural performances – darstellerische Tätigkeiten; III. Oralität, poésie orale/littérature orale, oral performance und cultural performance; IV. Zur diskursiven Reichweite des Konzepts ›cultural performance‹ als darstellerischer Tätigkeit; V. Performance, Theatralität, Theater; VI. Performance und Theatralität im Diskurs der Postmoderne.

Einleitung

›Performance‹ bezeichnet gegenwärtig eine Reihe unterschiedlicher Praktiken und Konzepte und zugleich einige übergreifende Merkmale dieser Praktiken und Konzepte. Die bestimmenden Bedeutungen sind ›Machen‹, ›Aufführung‹, ›Ausstellen‹, ›Darstellen‹, wobei das Machen jeweils die wesentliche Dimension ist. Performance in diesem allgemeinen Sinne ist im 20. Jh. aus dem Amerikanisch-Englischen in die internationalen Diskurse über Kultur, Kunst, Sprache und gesellschaftliche Bewegungen eingedrungen. Das Übergreifende ergibt sich aus den vielfältigen Bedeutungen, die das englische Wort geschichtlich entfaltete und heute generieren kann: Ausführung, Leistung (Abschneiden), Leistungsfähigkeit, Kompetenz, Machen, Aufführung, Durchführung, Darstellung. Das *Oxford English Dictionary* führt an, daß es im Sinne von »the doing of any action or work« bereits 1494 benutzt wurde.[1] Schon Maria Stuart gebrauchte den Terminus in einem französisch geschriebenen Memorandum Anfang der 70er Jahre des 16. Jh. In bezug auf die Gestaltung eines künstlerischen Werkes wird es bereits 1599 in Shakespeares *Henry VIII* verwendet, wo der Chorus auf die ›performance‹ des Stückes anspielt.[2]

Als Begriff für eine bestimmte kulturelle Praxis wird Performance erst seit den 50er Jahren benutzt. Die Kontexte dieser Begriffsverwendung werden im Hauptteil des Artikels erörtert. Am Schluß werden Anmerkungen zu den Begriffen gemacht, die ähnliche Phänomene wie Performance bezeichnen.

Der Akzent meiner Skizze liegt auf dem umfassenden Konzept Performance, wie es mit Vorstellungen von cultural performance und ›Anthropologie der Performance‹ reflektiert worden ist. Ihre ästhetisch-künstlerisch dominierten Erscheinungen sind besondere, ausspezialisierte Formen. Es wird darauf ankommen, Korrespondenzen und Differenzen der verschiedenen performativen Praktiken in den jeweiligen historischen Kontexten genauer zu untersuchen. Dabei sollten ihre jeweils gemeinsamen oder ähnlichen Züge besonders interessieren. Johannes Fabians Buch *Power and Performance* (1990) zeigt die Produktivität eines solchen Herangehens, ohne daß er das ausdrücklich reflektiert. Ein als populäre Kunst ausgesondertes Theater untersuchend, betonte er, u. a. in der Legitimation einer ›performativen Ethnologie‹: »Performance, as I like to think of it here, certainly is action, but not merely enactment of a preexisting script; it is making, fashioning, creating. What I called sociality (better, perhaps: social praxis) is, in my view, the result of a multitude of actors working together to give form to experiences, ideas, feelings, projects. Performance can therefore have a guiding function in investigations where we encounter neither social order nor equilibrium, nor a homogeneous shared culture embodying undisputed values and norms.« Er machte zugleich auf die schillernde Mehrschichtigkeit und Unschärfe des Konzepts aufmerksam. Sie wohne ihm gleichsam inne. Allerdings solle man daraus nicht schließen, Performance erscheine schließlich nur noch als Metapher, als Bild oder als Phänomen des Mentalen oder des Diskursiven. Das würde Performance die kritische Schärfe nehmen. »Political naïveté is perhaps the more serious of the two shortcomings I see in some performance theory. Fascination with the communicative, esthetically creative, inspiring, and entertaining qualities of cultural performances all too easily make us overlook that the people who perform relate to each other and to their society at large in terms of power.« Er teile Turners Überzeugung, »that our inquiries into cultural performances need to be grounded in something that is real, something more serious than the contemplation of drama. Yet, as long as our contributions

---

1 Vgl. OED, Bd. 11 (1989), 544.
2 Vgl. ebd.

to knowledge are based on participation in uncontrolled, contingent events, I doubt that we can find anything ›harder‹ than political praxis.«³

Ob nun als Entwurf einer sozial-kulturellen Anthropologie, einer ›performativen Ethnologie‹ oder einer Performance-Theorie, die aus den Erfahrungen eines Theaterkünstlers und Theatertheoretikers wie Richard Bauman erwachsen ist, sind offensichtlich die Konturen des Phänomens Performance unscharf, das Konzept selbst mehrdeutig. Ein Aspekt davon sind die Korrespondenzen, Ähnlichkeiten, ja Gemeinsamkeiten mit theatralen Phänomenen bzw. der Vorstellung Theatralität – Gemeinsamkeiten, die bis zur häufigen Austauschbarkeit der Bezeichnungen gehen können. Das würde ich nicht als schweren Mangel sehen. Das Wechseln der Begrifflichkeiten dürfte eher durch häufige Perspektivenwechsel⁴ erzwungen werden, die der Beoachter/Forscher in der Wahrnehmung von Phänomenen vornehmen muß oder sollte, um Phänomene adäquat/produktiv zu denken, die selbst vielschichtig-unscharf, ihrem Wesen nach fließend und in ständiger Bewegung sind.

I. Performance art/performance (Kunst)

Mit performance art im engeren Sinn werden künstlerische Darstellungen interpersonaler und auch medialer Kommunikation (in der Hauptsache Video) bezeichnet, die das künstlerische Machen und spezifisches kreative Tun betont ausstellen. Oft ohne Interesse an Inhalten und Referenzen außerhalb ihrer selbst und nicht selten ganz und gar asemantisch, zeigen diese Darstellungen künstlerische Fertigkeiten und Materialien in ihrer Beschaffenheit und demonstrieren konkrete Beziehungen von Formen, Techniken und Kunstgattungselementen. So ist performance art in der Tendenz das öffentliche, kommunikative Machen und die Gestalt eines Ereignisses, zunächst vor allem die raumzeitliche Bewegung und Kommunikation von Signifikanten, wie man Richard Kostelanetz' Äußerungen von 1978 umschreiben könnte. Performing art finde statt, »wenn sich ein paar Leute zusammentun, um für andere ein Ereignis, ein Geschehen (event) zu kreieren«. Das müsse nicht unbedingt live sein, es könne sich auch »um Videoaufzeichnungen, Tonbänder, Film« handeln. John Cage ergänzte »auch bildende Kunst«; man male z. B. während einer Tanzaufführung. Darauf Kostelanetz: »Aber das heißt doch, nur der künstlerische Akt selbst, das ›Machen‹, kann als performance bezeichnet werden«⁵.

Performance art begann als breite Bewegung Ende der 50er, Anfang der 60er Jahre in den USA zunächst unter dem Namen Happening. Erste Ansätze finden wir bei Musikern (Cage 1952/1953) und bildenden Künstlern (Allan Kaprow 1959).⁶ Bei ihnen wurde eine Kunsthaltung aufgebrochen, die auf streng getrennte Gattungen fixiert war. Musik stellte sich als kreative theatralische Tätigkeit aus; bildende Künstler/Architekten zeigten ihre Arbeit als Produkte in konkreten raumzeitlichen Bewegungsvorgängen. Sie stellten sich der Öffentlichkeit als spezifische Schöpfer dar und führten ihre Kunst als Geschehnis (Happening), als Tätigkeit (Aktionskunst) auf und vor. Spätestens seit den 70er Jahren wurden so praktisch alle historisch möglichen künstlerischen Ausdrucks- und Kommunikationsmöglichkeiten, darunter nicht zuletzt die jeweils neuesten medialen wie jene mittels Video und Computer, als Kunstereignis dargestellt oder auch in der Performance von Kunstsignifikanten demonstriert, meistens vermischt oder zusammenwirkend in einer Aktion.

Da performance art in starkem Maße von bildenden Künstlern als das ›In-Aktion-Bringen-der-Objekte‹ entfaltet worden ist, wurde sie auch als

---

3 JOHANNES FABIAN, Power and Performance (Madison, Wisc. 1990), 13, 17, 18.
4 Vgl. JOACHIM FIEBACH, Theatralitätsstudien unter historisch-komparatistischen Aspekten, in: Fiebach/W. Mühl-Benninghaus (Hg.), Spektakel der Moderne. Bausteine zu einer Kulturgeschichte der Medien und des darstellerischen Verhaltens (Berlin 1996), 9–67.
5 JOHN CAGE/RICHARD FOREMAN/RICHARD KOSTELANETZ, Gespräch über performing arts und Avantgardekultur in den USA, in: Theater heute 21 (1980), H. 1, 20; vgl. DANIEL CHARLES, Ästhetiken der Performance, übers. v. M. Ott, in: Charles, Zeitspielräume. Performance Musik Ästhetik (Berlin 1989), 25–85.
6 Vgl. CAGE, For the Birds: John Cage in conversation with Daniel Charles (Boston/London 1981), 164–166; MICHAEL KIRBY, Happenings: An Illustrated Anthology (New York 1965).

eine neue Form bildender Kunst gedeutet. Der Sammelband *The Art of Performance: A Critical Anthology* (1977) betonte, daß performance art eine Verschiebung/Umschichtung tradierter bildender und literarischer Kunst (Poesie) sei. Robert Nickas meinte in seiner ›Introduction‹: »Thus, performance can be seen not only as a new presence that has ›replaced the presence which poems and pictures silently proffered before‹ but an extension of their possibilities.«[7] In diese Richtung weist schon ein Beschreibungsversuch von 1971 in *Rolling Stone*: »Performance art is basically an extension of art into the theater, often involving more or less set programs at specified times and places.«[8] Die Vorgeschichte solcher performance art reicht jedoch zumindest bis zur Jahrhundertwende zurück, an der sich der allgemeine Paradigmenwechsel europäischer Künste vollzieht. Attanasio di Felice verfolgt diese Vorgeschichte noch weiter zurück bis zu den Inszenierungen vor allem bildender Künstler in der Kette von Leonardo da Vinci bis Gian Lorenzo Bernini.[9]

Performance art ist aber nicht nur auf die sich verändernden Haltungen und Bewegungen *einer* in den westeuropäischen Kulturen tradierten Kunst-Gattung zurückzuführen. Der Verweis des *OED* auf eine Einschätzung des *National Observer* von 1976 deutet darauf hin: »Not quite the same as theater or dance, though it combines elements of both, performance art grew out of avant garde movements, particularly in painting and poetry, that swept Europe early this century.«[10]

Diese Einschätzung lenkt den Blick auf eine weitere wichtige Entstehungslinie, die von den 80er Jahren des 19. Jh. bis zu Stéphane Mallarmé reicht. Mallarmé meinte, daß die Literatur, wenn man sie in ihrer Wurzel als Kunst und Wissenschaft nimmt, »nous fournira un Théâtre, dont les représentations seront le vrai culte moderne; un Livre, explication de l'homme, suffisante à nos plus beaux rêves«[11]. Der Begriff Performance spielte dabei zunächst keine oder nur eine zufällige Rolle. Roselee Goldberg begann seine Geschichte der Performance in der Kunst mit dem Futurismus, für den Theater und Drama das bezeichneten, was hier als performance art umrissen wird.[12]

Vor den theatralen Auftritten des Futurismus, mit denen dieser als Künstlerbewegung 1910 in die Öffentlichkeit trat, und auch unabhängig von spezifischen Konzepten eines futuristischen Theaters (vgl. Filippo T. Marinetti, *Il Teatro di Varietà*, 1913) und einer ›performativen Musik‹, hatte Edward G. Craig auf Umrisse einer performance art verwiesen. Seine vier Skizzen (1904) zu wechselnden Stimmungen und Konstellationen einer Treppe und ähnliche Bewegungsstudien in den folgenden Jahren, als Schritte zu einem neuen Theater als Kunst gedacht, waren im Kern Szenarien für die darstellerische Bewegung von Signifikanten (menschliche Körper, Techniken der Raumgestaltung, Beleuchtung, Musik, Techniken bildender Künste). Ereignisse des Alltags, darunter Straßenaufzüge und Vorgänge in einem Restaurant, waren ihm schon vor 1915 Strukturmodelle für Drama und Theater. Sie primär als Aktionen (action), als Bewegungen (movement) nehmend, skizzierte er bereits Konzepte und darstellerische Tätigkeiten, die den ›Geschehnissen‹ (happenings) der späten 50er und der 60er Jahre entsprechen. 1908 schrieb er, Aktionen der Kellner eines Restaurants zum Theater in Beziehung setzend, sie wären nicht von besonderer Bedeutung in dem Geschehen, das er beobachte. »More likely it will be through something to do with line, colour, movement – things far removed from impersonation or representation – which has little to do with the reproduction of actualities.«[13] 1913 beschrieb er das Treiben von Tauben auf dem Markusplatz in Venedig oder dem Trafalgar Square in London und nahm die Beobachtung der Tauben als Beispiel für ideales Frei-

---

7 ROBERT NICKAS, Introduction, in: G. Battcock/Nickas (Hg.), The Art of Performance: A Critical Anthology (New York 1984), XII.
8 Zit. nach OED (s. Anm. 1), 544.
9 Vgl. ATTANASIO DI FELICE, Renaissance Performance: Notes on Prototypical Artistic Actions in the Age of the Platonic Princes, in: Battcock/Nickas (s. Anm. 7), 3–23.
10 Zit. nach OED (s. Anm. 1), 544.
11 STÉPHANE MALLARMÉ, Sur le Théâtre (1891), in: Mallarmé, Œuvres complètes, hg. v. H. Mondor/G. Jean-Aubry (Paris 1945), 875 f.
12 Vgl. ROSELEE GOLDBERG, Performance Art: From Futurism to the Present (New York 1979); KIRBY, Futurist Performance (New York 1971).
13 EDWARD G. CRAIG, The Theatre Advancing (London 1921), 146.

licht-Theater. Selbst die stumpfesten Passanten bleiben stehen und »watch the performance. Just such a performance is being played in front of my window as I write«[14].

Gleichzeitig mit dem Futurismus, aber wohl unabhängig von ihm, unternahm Wassily Kandinsky in *Der gelbe Klang* (1912), dem Entwurf einer ›Bühnenkomposition‹, den ersten programmatischen Schritt, mit dem originären Interesse eines bildenden Künstlers die bis dahin ›statische‹, gleichsam objekt-fixierte bildende Kunst in Bewegung zu bringen und sie zum Faktor eines performativen Ereignisses zu machen, in dem alle traditionellen künstlerischen Ausdrucks- und Kommunikationsmöglichkeiten synthetisierend aktiviert oder in Momente darstellerischer Tätigkeit übersetzt werden.[15] In der Entfaltung einer solchen Performance-Kunst wirkten unterschiedliche und wechselnde Faktoren oder wurden komplexe und zugleich differente weltanschauliche Interessen und Kunstauffassungen anders vermittelt. Der ursprüngliche Ansatz war, wie die Beispiele Craig, Kandinsky, Futurismus zeigen, gattungsübergreifend. Der zunächst gemeinsame Horizont war die Abwendung von der Fixierung auf tradierte Praktiken, die sich an hegemonialen, oft normativen Vorstellungen europäischer Kulturen orientierten, nach denen Kunst primär ›Abbildung des Lebens‹, direkte Repräsentation des normal wahrnehmbar Wirklichen, in diesem Sinne Reproduktion von objektiv vorhandenen Oberflächenrealitäten war. Die neuen Konzepte, Zielvorstellungen und Praktiken, die gegen diese dominante Überlieferung gesetzt wurden, waren different oder sogar gegensätzlich: Craig z. B. arbeitete an der symbolischen Darstellung und sinnlichen Vermittlung einer gleichsam existenten Welt unsichtbarer, zuweilen mysteriös genannter Kräfte. Er wollte die hinter der Oberfläche der Erscheinungen vermutete wesentliche Welt sichtbar machen, die sich in den Kunstbewegungen symbolisiert und von der Imagination, der nicht von strenger Rationalität beherrschten Assoziationstätigkeit, erahnen läßt, ohne daß sie ihre geheimnisvolle Andersartigkeit verliert. Die frühen Darstellungen und die spezifischen Theaterkonzepte des Futurismus waren theatrale Aktionen zur Ver- und Zerstörung alltäglicher, normaler Wahrnehmung und alltäglichen Verhaltens. Sie waren performative Ereignisse, mit denen entgegen der anscheinend absoluten Herrschaft des Rationalen und des normal Wahrnehmbaren ganz andere Dimensionen des Alogischen, des Irrationalen, des in den Dingen wirkenden Absurden eröffnet werden sollten. Kandinsky ging von einer Theorie des inneren geistigen, nicht wahrnehmbaren Wesens aus, das sich in der Kunst und somit in Bühnenkompositionen ausdrücken müsse.

Die radikal naturalistische Vorstellung verwerfend, Kunst sei Abbildung oder Repräsentation einer außerhalb ihrer selbst objektiv existierenden Wirklichkeit, war dieser neuen Kunst das eminente Interesse an dem ihr Eigenen eingeschrieben, an ihren spezifischen Tätigkeiten und an ihrer je spezifischen Kunst-Realität. Craigs tendenziell asemantische Bewegungs-Szenarien entstanden bei der Suche nach dem Spezifischen der Kunstform Theater, das er 1905 im Zusammenwirken von Aktion, Szenengestaltung und Stimme und letztlich in der sinnlichen Bewegung ›an sich‹ faßte. Er sah bewußt ab von der eher traditionellen Vorstellung, Theater sei eine synthetisierende Tätigkeit aus Drama, Komponenten bildender Kunst und Musik.

Obwohl er die Differenzen der verschiedenen Künste sah, wurde ein neues Bewußtsein übergreifender Gemeinsamkeiten bestimmend. Craig lebte das praktisch vor. Er setzte seine verschiedenen Kunstfähigkeiten und -tätigkeiten als Graphiker, Zeichner, Schauspieler in die Vision einer spezifischen Kunst des Theaters um. Als der bildende Künstler Kandinsky für eine neue Kunst argumentierte, die Geistiges ausdrücken und inneren geistigen Notwendigkeiten folgen sollte[16], bezog er sich u. a. auf Arnold Schönberg, Maurice Maeterlinck und Isadora Duncan, die in der Musik, der Dich-

---

[14] CRAIG, Towards a New Theatre (London/Toronto 1913), 8.
[15] Vgl. WASSILY KANDINSKY, Der gelbe Klang – Eine Bühnenkomposition (1912), in: A. Hüneke (Hg.), Der Blaue Reiter (Leipzig 1986), 142–149; KANDINSKY, Über Bühnenkomposition (1912), in: ebd., 137–142.
[16] Vgl. KANDINSKY, Über das Geistige in der Kunst (1912), in: ebd., 322–357.

tung und dem Tanz wie er den Koordinatenwechsel vollzögen.

Der Futurismus war von Anfang an eine Avantgarde der Literaten, Musiker und bildenden Künstler, die Theatralität, daher Aufführungen oder auch Spektakel, als entscheidende Kommunikationsweise wählten. Die Ereignishaftigkeit oder die darstellerische Tätigkeit (performances) wurde für die futuristische Kunst zentral.[17]

Offensichtlich spielten für die Anfänge einer solchen performance art gleichermaßen philosophisch-weltanschauliche Bedürfnisse, Interessen, fast Zwänge und spezielle künstlerisch-ästhetische Überlegungen eine Rolle, beides wohl unauflöslich miteinander verknüpft und jeweils einander wechselseitig generierend. Die wiederum sehr unterschiedlichen, entgegengesetzten Haltungen zum historischen Kontext sind dafür aufschlußreich. Das Unbehagen an den erfahrbaren Realitäten der Jahre nach 1900 führte Craig[18] und Kandinsky zu dem, was man als Abkehr von der positiven Annahme und von der künstlerischen Verarbeitung der wahrnehmbaren äußeren Welt umschreiben könnte. Sie suchten Positivität in einer Art platonischer Ideenwelt, im Geistig-Inneren, dem Seelischen oder in einer abstrahierten Notwendigkeit. Als Feld des Positiven erschien die eigene Realität des Künstlers und des Kunstmachens, daher die Kunst als Raum unbehinderter Kreativität. Das wiederum forcierte die Auseinandersetzung mit den strukturellen Möglichkeiten der Kunst und die Konzentration auf die Mechanismen des Produzierens. In den Mittelpunkt rückte das Durchmustern der je spezifischen Konturen, Beziehungen, Oberflächen, Formen und Strukturen der Produktionen selbst sowie ihrer Kommunikationsweisen. Es war die Sehnsucht nach dem generellen ›In-die-Bewegung-kommen‹. Daraus resultierte, daß man überkommene mächtige Grenzmarkierungen in kreativen synthetischen Darstellungen niederreißen wollte, und zwar gerade als Tätigkeit, als sinnliche Bewegung, im Performativen, daher im Theatralen. Beides führte zu weltanschaulich bestimmten Konzepten und Praktiken einer Performance-Kunst: Der schöpferische Künstler kann innerhalb einer kreativ verstandenen Kunst-Realität frei experimentieren, ohne über diese Realität hinausblicken oder hinausdenken zu müssen. Dahin tendierten Entwürfe wie Kandinskys *Der gelbe Klang* und Craigs Bewegungsstudien.

Am anderen Pol steht der Futurismus mit einer geradezu obsessiven Betonung des historischen Kontextes in seiner technologischen Dimension industrieller Kommunikationsrevolution. Kunst soll diese Kommunikation mitvollziehen und sie bestätigen. Dies aber geschieht ebenfalls in der kategorischen Verwerfung vorgefundener historischer Systeme, Anschauungsweisen und Künste und so auch mit der Zertrümmerung der normalen Oberflächenwirklichkeiten des Wahrnehmbar-Alltäglichen. In der eindimensionalen »Verschmelzung«[19] mit dem Leben, bei der außerkünstlerische Realitäten als nur technologische verstanden wurden, lag in der Lösung von den außertechnologischen Lebenswirklichkeiten eine andere Tendenz zum Asemantischen und Referenzlosen. So führten Überlegungen zum futuristischen Theater, deutlich bei Enrico Prampolini, zu einer performance art gleichsam sich selbst bewegender, auf sich selbst gelenkter Bewegungen von Raum, Licht, Maschinerie.[20]

Im Bauhaus zeigte sich dann, wie diese verschiedenen Momente zu einer in der Tendenz asemantischen Performance-Kunst führen konnten. Das Konzept einer Kunst-Welt, die nicht in einander fremde, rigide voneinander abgegrenzte Gattungen und Praktiken gegliedert ist, lieferte dafür den Rahmen. Die Theaterentwürfe der 20er Jahre waren prototypisch für das, was heute als semantisch desinteressierte Performance (Geschehnis-Machen-Kunst) erscheint und weltanschaulich gelesen wird. Oskar Schlemmers Theater experimentierte mit der Stellung des gleichsam biologisch-geometrischen Phänomens Mensch im Raum, mit den Bewegungen dieses Menschen-Körpers und den Bewegungen und Beziehungen moderner industrieller Materialien. In unendlich vielen Varianten und Bezügen versuchte er diesen Körper und seine Stellung in der Welt zu vermessen und die neuen

---

17 Vgl. KIRBY (s. Anm. 12).
18 Vgl. JOACHIM FIEBACH, Von Craig bis Brecht (Berlin 1991), 83–87.
19 Vgl. PETER BÜRGER, Theorie der Avantgarde (Frankfurt a. M. 1974), 67.
20 Vgl. FIEBACH (s. Anm. 18), 180–183.

industriell-technologischen Materialien buchstäblich zum Tanzen zu bringen, folglich in raumzeitlicher Bewegung und in experimenteller tänzerischer Darstellung zu zeigen. Durch die Ausblendung lebensweltlicher Bedeutungen und des individuell-sozialen Menschen neigte sein Theater zum Abstrakten und Gegenstandslosen und war in diesem Sinne tendenziell asemantische Performance.[21] László Moholy-Nagy formulierte vielleicht am radikalsten vor den Aktions-, Happening-, Performance-Künstlern der 60er und 70er Jahre, worauf die Versuche zielten – auf das experimentelle Darstellen von Beziehungen zwischen Räumen, Dingen, Verfahren. Das könnte auch gesehen werden als das öffentliche Ausstellen der besonderen Realität Kunst-Produktion und Künstlertum. 1922 schrieb er über *Produktion – Reproduktion*: Wenn man zu einem Weiterbau kommen wolle, müsse man den Menschen selbst und die in seiner gestaltenden Tätigkeit von ihm angewandten Mittel untersuchen. Gestaltungen seien nur dann von Nutzen, »wenn sie neue, bisher unbekannte Relationen produzieren«. Für den Film nannte er dabei als die wichtigste Aufgabe »die Gestaltung der *Bewegung an sich*«[22]. Das bestimmte dann 1924 seinen Entwurf eines *theaters der totalität*. Er räumte ihm für eine Übergangsphase noch referentielle Funktionen im Sinne der Behandlung politischer und sozialer außertheatraler Vorgänge ein, aber Hauptrichtung dieser Art Theater seien nicht-referentielle oder ›gegenstandlose‹ Darstellungen. Es gebe zwei Auffassungen dazu. Die eine wolle Theater als Aktionsraum von Ton, Licht, Farbe, Form und Bewegung, in dem der Mensch entbehrlich sei, da heute geeignetere Apparaturen vorhanden sein. Die andere Auffassung möchte auf den Menschen als »ein großartiges Instrument« nicht verzichten. »Aber wie lassen sich menschliche Bewegungs- und Gedankenfolgen in den Zusammenhang von beherrschten, ›absoluten‹ Ton-, Licht- (Farbe), Form- und Bewegungselementen gleichwertig einordnen?«[23]

Die Happening- und Aktions-Kunst der 50er und 60er Jahre folgte im wesentlichen solchen Überlegungen und setzte sie geschichtlich erstmals in breiterem Umfang praktisch um. Die performativen Ereignisse sollten vor allem die Kreativität ihrer Macher und der Produktion selbst, des künstlerischen Tuns, realisieren und ausstellen. Es kam auf die Tätigkeit als solche an, auf ihre Sinnlichkeit, auf die Bewegung von Materialien und deren Beziehungen zueinander, auf Gestaltungsmechanismen und künstlerische Verfahren und auf die kreative Wahrnehmungsweise/-haltung, auch auf das sinnlich-physische Mit-Machen der Rezipienten. So wurde die Haltung *Against Interpretation*, wie Susan Sontag 1966 ihre Aufsatzsammlung zur gegenwärtigen künstlerischen Kultur überschrieb, demonstriert. Oder anders: Es ging um Produktionen, die tendenziell ohne Referenzen auf andere Realitäten sind und nicht beabsichtigen, Bedeutungen zu generieren. Sich auf den Dadaismus beziehend, beschrieb George Maciunas gegenwärtige Aktionskunst als Neo-Dada, als nicht-narrative Darstellungen, die sich als »Raumzeitkunst […] ohne zweckhafte Absicht« entfalten. Ihre Künstler seien fast ausnahmslos auf das »Konzept des Konkretismus« verpflichtet. Es gebe in einem solchen Theater nur das Prinzip der sich im je Gegenwärtigen vollziehenden Spontaneität des Machens, bestimmt von dem Prinzip der Unbestimmtheit. Wie bei einer mathematischen Aufgabe sei die »Schönheit einer solchen Komposition allein in der Methode enthalten«[24]. Seine Materialaktionen, so Otto Mühl, operierten mit Symbolen, die nichts erklären wollen. Sie seien das, »als was sie erscheinen, […] eine sich vollziehende Wirklichkeit«. Sie behandelten den Menschen nicht als Menschen, »sondern als Körper«[25].

Indem man scheinbar ausschließlich auf die Konkret-Präsentation zielte und das spezifische Hier und Jetzt des Machens als die sich je vollziehende (generierende) Wirklichkeit (Konkretismus) betonte, brachte man gegenüber den Ansätzen von

---

21 Vgl. Oskar Schlemmer und die abstrakte Bühne, hg. v. Kunstgewerbemuseum Zürich (Zürich 1961), 18 f.
22 LÁSZLÓ MOHOLY-NAGY, Produktion – Reproduktion, in: De Stijl 5 (1922), 98, 100.
23 MOHOLY-NAGY, Theater, Zirkus, Varieté, in: W. Gropius/Moholy-Nagy (Hg.), Die Bühne im Bauhaus (München [1925]), 51.
24 GEORGE MACIUNAS, Neo-Dada in den Vereinigten Staaten (1962), in: J. Becker/W. Vostell (Hg.), Happenings. Fluxus, Pop Art, Nouveau Réalisme (Reinbek b. Hamburg 1965), 192, 194.
25 OTTO MÜHL, Die Materialaktion (1964), in: ebd., 362.

Craig über Dada bis zum Bauhaus ein neues Moment in die Bewegung zur performance art ein. Es könnte so gelesen werden, daß die Performance-Kunst der 60er, 70er und 80er Jahre die Tendenz zur Entsubjektivierung abbrach, nämlich Darstellungen hauptsächlich oder ausschließlich als das Bewegen von Verhältnissen und Materialien zu verstehen, wie die ästhetisch-künstlerische Programmatik Craigs, von einigen Futuristen, Bauhaus-Theoretikern oder Fernand Léger aufgefaßt werden könnte. Robert Nickas deutete, gestützt auf Aussagen von Performance-Künstlern wie Laurie Anderson, vorsichtig an, daß jetzt der Künstler selbst und seine Präsenz im Vordergrund stehe.[26] Ein anderer neuer Aspekt war die zumindest in der Theorie geforderte unendliche Beweglichkeit, die permanente Veränderlichkeit, die in die Strukturen und in die Darstellungen als Grundmerkmal eingeschrieben werden soll. Damit werde gewährleistet, daß jede Produktion ihre bzw. eine Wirklichkeit immer wieder neu herstelle. Dem entspricht die Spontaneität des darstellerischen Ereignisses, die zumindest von einem Teil der spezifischen Happenings auch praktiziert wurde.

1968 unterstrich Michael Kirby, daß seine Beschreibung der Darstellung von *Room 706* in Brooklyn zwar teilweise beabsichtige, eine Anleitung für diejenigen zu sein, die die Arbeit erneut kreieren (recreate) wollten, daß sich dann aber doch die Struktur, selbst der physische Rahmen, verändern würde. »The ›integrity‹ of the piece lies not in the particular words and images used in the original performance, but in the concept and the manner in which the material is generated«[27].

Das Performance-Phänomen wird in diesem Sinne gleichsam weltanschaulich besetzt. Das zeigt sich einmal in der sehnsuchtsvollen Betonung des unendlichen, permanenten Kreativen, das Kunstaktion sei (sein solle). Andererseits erscheint es, mit der Sehnsucht nach dem unendlich Kreativen letztlich unlösbar verbunden, in der kompromißlosen Kritik jeder Repräsentation als Legitimierung eines anderen als dessen, was die Sache, die Darstellung selber ist bzw. produziert. Dieses andere wären etwa sozio-politische Kontexte oder auch die ausdrücklich erwähnte gegenwärtige rationalistisch-utilitäre Leistungsgesellschaft der Gegenwart.[28] Daniel Charles folgte weitgehend Lyotard und Thierry de Duve und beschrieb Performance als einen ›Zeitspielraum‹, in dem immer wieder nur das absolut Präsentische, das Konkrete als Konkretes, das nicht weiter ›Hinterfragbare‹ geschehe. Es gehe um Vorgänge oder besser um ein Tun, das gerade das Nicht-Repräsentierende der Dinge, des Tuns, der Kunst demonstriere, um ein Phänomen, das, nach Charles und Duve, »den Nachrichten völlig *gleichgültig*« gegenüberstehe. Performance sei so absolute Gegenwart, »das wirkliche In-der-Welt-Sein des Alltagsmenschen« (80), gleichsam reine Sinnlichkeit, unendliche Bewegung, Veränderung. Als Kunst generiere jede Performance jeweils ihre eigenen Verfahren, Regeln, Methoden. Performance, schlußfolgert Charles, »geschieht nicht in der Zeit, sie erzeugt ihre eigene Zeit; sie ist nicht im Raum, sie schafft ihren eigenen Raum. Präsenz wird Aktualität« (79). Duve habe besonders die Verkettung von postmoderner Performance und Technologie aufgezeigt, wobei letztere als Lebensform zu sehen sei und nicht als Mittel oder Instrument zu einem anderen Ziel. Dem Zuschauer werde ermöglicht, seine Aufmerksamkeit auf die Maschine zu lenken, die ihn (wiederum) in die Lage bringe, einer Projektion beizuwohnen. Die Geige von Laurie Anderson ›werde‹ Stimme, die Stimme ›werde‹ Violine – »man kann die Inszenierung des funktionierenden Zusammenschlusses von Künstler und Maschine sehen und hören« (81). Der Höhepunkt der Performance sei erreicht, wenn das Publikum aktiver Teil der Koppelung werde. Das sei im stärksten Sinne des Wortes »politisch« zu nehmen, im Sinne Heideggers als Ort der Geschichte. Und politisch seien nur die Dichter, ohne Institutionen und Grenzen, ohne Architektur und Ordnung, da sie als Schaffende all das zuerst begründen müssen. »Die Performance kann uns heute alle zu Dichtern machen.« (82)

Wie sich in den frühen Ansätzen zur gegenstandslosen, referenzlosen Darstellungskunst die weltanschaulichen, sozio-kulturellen Interessen ab-

---

26 Vgl. NICKAS (s. Anm. 7), X, XVI.
27 KIRBY, Room 706, in: The Drama Review 12 (1967/68), H. 3, 141.
28 Vgl. CHARLES (s. Anm. 5), 48.

zeichneten und die funktionalen Beziehungen und Kausalketten zu den historischen Kontexten sichtbar waren, so zeigt sich hier die weltanschauliche, nach Sinn trachtende Sehnsucht als militant postmoderne Versessenheit auf das Präsentische. Dieses wird stilisiert als das absolute Gegenteil des Symbolisierens, des Bedeutens und Sinn-Produzierens. In der obsessiv ausschließenden Entgegensetzung entsteht aber zugleich wieder Sehnsucht nach Sinn: Die anscheinend oder auch vorgeblich rein präsentischen Darstellungen oder Performances sind, indem sie unablässig von der Kreativität ihrer Macher reden, gebieterische Produktionsmaschinerien von Konnotationen. Performance-Kunst erscheint als symbolische Aktion absoluter, unentfremdeter Kreativität und der Freiheit ihrer Akteure, die nicht nur als Körper, sondern umfassender als ›humanes schöpferisches Wesen‹ verstanden werden. Der Mensch beschaut sich in seiner schöpferischen Tätigkeit und erfährt sich sinnlich konkret als ausführender (performing) Künstler. Diese konnotative Bedeutungsproduktion zeigt sich selbst in der performance art, die im Sinne Lyotards oder Charles' die ›Berührung‹, d. h. die assoziativen, mentalen Beziehungen mit einem Anderen verhindern will.

II. Cultural performances – darstellerische Tätigkeiten

Seit den 60er Jahren wurde Performance zunehmend als eine Praxis mit weitreichenden soziokulturellen Implikationen aufgefaßt, wofür das Verständnis des Symbolischen und der referentiellen Wechselbeziehungen mit anderen historischen Realitäten maßgeblich war. Entsprechende Ansätze führten von der ›cultural performance‹, die der Anthropologe Milton Singer 1959 vorstellte[29], über Victor Turners Konzept des ›social drama‹[30], von dem aus er 1986 zu einer *Anthropology of Performance* kam, über die Suche nach Erklärungsmustern für ›poésie orale‹ (Paul Zumthor), für ›orale Literatur‹ bzw. das Homer-Phänomen[31], zur Selbstreflexion folkloristischer Forschung mit Bezügen zur Linguistik und zur Oral-Literatur-Forschung[32], schließlich zum Überdenken der Elemente der eigenen Kunst durch Theatermacher.[33] Performance erscheint als ein breitgefächertes Feld sozio-kultureller und politischer Tätigkeiten, auf dem dominant ästhetisch-künstlerische Produktionen, ganz zu schweigen von performance art, nur einen Teil ausmachen. Darstellungen spielen als ›cultural performances‹ (Singers Begriffsprägung von 1959)[34] mit je unterschiedlichen Gestalten, Strukturen und Ausmaßen in allen historisch erkennbaren Kontexten eine wesentliche Rolle.

Die Grenzen des Phänomens Performance können dabei ungewöhnlich weit gesteckt und durchlässig sein. So konzentrierte sich Peggy Phelan, Mitarbeiterin in dem speziell eingerichteten *Department of Performance Studies* der New York University, 1993 nicht nur auf den ›repräsentierenden‹, den abbildnerischen Aspekt von Darstellungen. Sie erweiterte den Rahmen möglicher Performance-Phänomene auf die Kommunikation von Darstellungs-Produkten, von Produktionen als ›unbelebten Abbildungen‹ (Fotografie). Ihr Buch *Unmarked: The Politics of Performance* (1993) befaßt sich mit der »relationship between the self and the other as it is represented in photographs, paintings, films, theatre, political protests, and performance art. [...] Examining the politics of the exchange of gaze across these diverse representational mediums leads to an extended definition of the field of performance«[35]. Bemerkenswert ist hier zweierlei: das hartnäckige Bestehen auf der Repräsentation, also einer zu Lyotard und Charles gegensätzlichen Fundierung von Darstellungen, und das Zusammense-

---

29 Vgl. MILTON SINGER (Hg.), Traditional India: Structure and Change (Philadelphia 1959).
30 Vgl. VICTOR W. TURNER, Dramas, Fields, and Metaphors: Symbolic Action in Human Society (Ithaca/London 1974), 37–41; TURNER, The Anthropology of Performance (1986), in: Turner, The Anthropology of Performance (New York 1986), 74–76.
31 Vgl. ALBERT LORD, Singer of Tales (Cambridge, Mass. 1960).
32 Vgl. RICHARD BAUMAN, Performance, in: Bauman (Hg.), Folklore, Cultural Performances, and Popular Entertainments (New York/Oxford 1992), 29–49.
33 Vgl. RICHARD SCHECHNER, Essays on Performance Theory 1970–1976 (New York 1977).
34 Vgl. SINGER (s. Anm. 29), XIII.
35 PEGGY PHELAN, Unmarked (London/New York 1993), 4.

hen funktional und strukturell verschieden dominierter Darstellungs-Realitäten, die sie fast unbekümmert unter dem Ästhetischen, als Kunst, faßt. Sie wolle andeuten, daß die genannten Darstellungen als »forms of representations« an einem »performative exchange« teilnehmen. Das solle erweitern die »current disciplinary boundaries which define the field of the gaze, the animate and the inanimate, and the seen and the unseen. Performance is the art form which most fully understands the generative possibilities of disappearance. Poised forever at the threshold of the present, performance enacts the productive appeal of the nonreproductive«[36].

Am Anfang dieser Zusammenschau sehr verschiedener Tätigkeiten stand die soziologische und anthropologische Beobachtung übergreifender Strukturen und Funktionen gesellschaftlicher Aktionen, die als bedeutungsträchtige und zugleich instrumentelle und zweckgerichtete Vorgänge verstanden wurden. Vielleicht ist es nicht zufällig, daß 1959 Erving Goffmans *The Presentation of Self in Everyday Life* als soziologische Studie zum Performativ-Theatralen des Alltagsverhalten und Singers Überlegungen zu der gewichtigen Rolle von cultural performance als wesentliche Faktoren für gesellschaftliche Veränderungen des gegenwärtigen Indien fast gleichzeitig ohne sichtbare Beziehung aufeinander erschienen. Beide Ansätze dürften die wichtigen forschungshistorischen Ausgangspunkte gewesen sein, von denen aus seit den 60er Jahren in wachsendem Maße reflektiert wird, daß und in welchen Formen sich wesentliche kulturelle und sozio-politische Vorgänge oder eben Tätigkeiten als cultural performances oder Darstellungen vollziehen.

In besonderen Formen kultureller Organisation wie Hochzeiten, Tempelfesten, Rezitationen, Drama, Musikaufführungen stellen sich Inder, und vielleicht alle Völker, sich selbst und anderen dar.[37]

Religiös gebundene Rituale und Zeremonien hätten als solche kulturellen Darstellungen viele gemeinsame Züge mit den eher säkularen Darstellungen in Theaterhäusern, Konzerthallen, Radioprogrammen und im Film.[38] »As I observed the range of cultural performances [...] it seemed to me that my Indian friends – and perhaps all peoples – thought of their culture as encapsulated in these discrete performances which they could exhibit to visitors and themselves. The performances became for me the elementary constituents of the culture«. Sie beleuchteten in erheblichem Maße »processes of social and cultural change«[39].

Goffman und Singer setzten gleichsam den Rahmen, den andere Ethnographen, Anthropologen und Sozial- und Kulturhistoriker mit konkreten, vertieften Untersuchungen und Problematisierungen füllten und ausweiteten. Die gemeinsame Grundlage ist das Verständnis der enormen Rolle, die symbolische Praktiken für die Strukturierung von Lebenswelten, gesellschaftlichen Ordnungen und konkreten historischen Bewegungen spielen. Symptomatisch war 1973 Clifford Geertz' Sicht von Kultur als praktischem Gewebe von Bedeutungen und Bedeutungsproduktionen. Er entfaltete diese Sicht gerade in bezug auf symbolträchtige, performative Tätigkeiten wie den Hahnenkampf oder auch aufs Theatralische wesentlicher Aspekte indonesischer Gesellschaften.[40]

Für Victor Turner wurde das europäisch tradierte aristotelische Drama zum Modell, um grundlegende gesellschaftliche Phänome als höchst konflikthafte, dramatische Bewegungen, als Vorgänge eines sich immer wieder ereignenden ›social drama‹ zu fassen, das in Phasen der beginnenden Konflikte, der Krise und der versuchten Lösung verläuft, wie sie das aristotelische Drama kennt. In der Behandlung der Konflikte und Krisen spielen darstellerische Tätigkeiten eine entscheidende Rolle. Turner entwickelte sein Konzept aus ethnographischen Untersuchungen in Dörfern Sambias während der 50er und 60er Jahre. So zunächst von relativ einfach strukturierten tradierten Dorfgesellschaften Afrikas und ihren rituellen symbolischen Praktiken ausgehend, kam er 1974 zu der Verallgemeinerung, daß ähnliche und zugleich sehr verschiedene ›soziale Dramen‹ in der Form von symbolischen Tätigkeiten Gesellschaften wesentlich

---

36 Ebd., 27.
37 Vgl. SINGER (s. Anm. 29), XIII.
38 Vgl. SINGER, The Great Tradition in a Metropolitan Center: Madras, in: ebd., 145.
39 SINGER, When a Great Tradition Modernizes (London 1972), 71, 77.
40 Vgl. CLIFFORD GEERTZ, The Interpretation of Culture (New York 1973).

prägen und bewegen. »In previous studies I have used the notion of social drama as a device for describing and analyzing episodes that manifest social conflict. At its simplest, the drama consists of a four-stage model, proceeding from breach of some relationship regarded as crucial in the relevant social group, which provides not only its setting but many of its goals, through a phase of rapidly mounting crisis in the direction of the group's major dichotomous cleavage, to the application of legal or ritual means of redress or reconciliation between the conflicting parties which compose the action set. The final stage is either the public and symbolic expression of reconciliation or else of irremediable schism.«[41] Später erschien sein Konzept dann umformuliert unter der übergreifenden Vorstellung Performance, teilweise auch ›cultural performance‹. Kulturelle Darstellungen (cultural performance) seien nicht einfach Ausdruck von Kultur, sondern könnten selbst aktive Faktoren von Veränderungen sein. Sie seien das Auge, durch das sich Kulturen selbst sehen, und das Zeichenbrett (»drawing board«), auf dem kreative Akteure skizzieren, was sie für geeignetere und interessantere ›Lebensentwürfe‹ (»designs for living«[42]) halten.

Den Weg zu einer Anthropologie der Performance ging Turner im intensiven Austausch mit dem Theaterpraktiker und -forscher Richard Schechner, der 1977, seinerseits mit Bezug auf Turner, eine verallgemeinernde Performance-Theorie vorlegte. »Performance is a very inclusive notion of action; theatre is only one mode on a continuum that reaches from ritualization in animal behavior (including humans) through performances in everyday life – greetings, displays of emotion, family scenes and so on – to rites, ceremonies and performances: large scale theatrical events.«[43] Die Theorie verallgemeinerte seine Erfahrungen theatraler Aktionen der Bürgerrechtsbewegung in den USA der 60er Jahre (Demonstrationen, Guerilla-Theater-Aktionen auf den Straßen) und seine Beobachtungen in Indien/Ozeanien. In dem Buch *Environmental Theater* (1973), das vor allem seine Theaterarbeit seit Ende der 60er Jahre dokumentierte, war Performance im Sinne von Singers und später Turners cultural performance ein wichtiger Zusammenhang. In der Vorbemerkung formulierte er: »My trips to Latin America in 1968 and Asia in 1971–72 have had deep, lasting effects on me. My studies of anthropology, social psychology, psychoanalysis, and gestalt therapy are the bases of my belief that *performance theory* is a social science, not a branch of aesthetics. I reject aesthetics.«[44]

III. Oralität, poésie orale/littérature orale, oral performance und cultural performance

Zu dieser weitgefächerten sozial- und kulturanthropologisch akzentuierten Sicht von Performance trugen – anfangs wohl voneinander unabhängig, später miteinander korrespondierend – folgende Forschungsrichtungen wesentlich bei: Zum einen die Forschungen zu dem, was zunächst enger als ›oral literature‹ bzw. ›littérature orale‹ (mündliche Dichtung) verstanden wurde, und generell die in den 50er Jahren beginnenden Untersuchungen sozialer Kommunikation als Mediengeschichte, mit Marshall McLuhan als wichtigstem Vertreter Anfang der 60er Jahre; zum anderen Reflexionen der Folkloristen über ihre Forschungsmethodik und ihre Forschungsgegenstände. Dabei ergaben sich Problematisierungen, die sich wiederum auf die Linguistik (generative Grammatik, Sprechakt-Theorie) bezogen und an die soziale Kommunikations- und Oral-Literature-Forschung anknüpften.[45]

Die Auseinandersetzung mit dem Epos, zunächst mit Homer, führte nach Beobachtungen serbokroatischer Epen-Darsteller 1960 zu Albert Lords Buch über den Sänger von Geschichten. Das war eine Wendemarke im Verständnis mündlicher

---

41 TURNER, Dramas, Fields, and Metaphors (s. Anm. 30), 78 f.
42 TURNER, Images and Reflections: Ritual, Drama, Carnival, Film, and Spectacle in Cultural Performance, in: Turner, The Anthropology of Performance (New York 1986), 24.
43 SCHECHNER (s. Anm. 33), IX.
44 SCHECHNER, Environmental Theater (New York 1973), VII.
45 Vgl. DAN BEN-AMOS/KENNETH S. GOLDSTEIN (Hg.), Folklore: Performance and Communication (Den Haag/Paris 1975).

Dichtung als Performance (Darstellung) und als großer oraler Form. Kern war »our knowledge of literature as a process, endlessly multiform and continuous«, und zwar als darstellerische Aktion oder eben Performance. Obwohl er diesen Aspekt nicht näher diskutierte, verstand Lord Performance als die Produktionsweise und kommunikative Praxis mündlicher Dichtung. Das sei bedingt durch Oralität, die spezifische Kommunikationsweise des mündlich vorgetragenen und dargestellten Epos. Die »oral tradition«, in der diese Praxis steht, mache es letztendlich unmöglich, eine fixierte Originalität eines Textes wie in der geschriebenen Literatur zu finden und festzumachen: »It should be clear from the foregoing that the author of an oral epic, that is the text of a performance, is the performer, the singer before us.«[46]

Die Forschungen zum Komplex Oralität und Dichtung wurden vor allem durch Beobachtungen der noch in beträchtlichem Umfang lebendigen mündlichen Erzählformen im subsaharischen Afrika vorangetrieben. Die erste breit angelegte Übersicht zur afrikanischen ›oral literature‹, Ruth Finnegans 1968 fertiggestelltes Buch, behandelte diese ›Literatur‹ nicht als besondere kulturelle Produktion, sondern als ›oral performance‹. Sie verwies aber auf die Performance-Praxis – »the importance of performance is stressed«[47]. Entsprechende frankophone Ansätze vernachlässigten die bestimmende Spezifik der Oralität und damit den Darstellungscharakter.[48] Samuel-Martin Eno Belingas *La littérature orale africaine* (1978), ein mit Finnegans Buch vergleichbarer Ansatz verallgemeinernder Beschreibung, ging so gut wie überhaupt nicht auf Performance ein. In der anglophonen Forschung wurde der Performance-Charakter ›mündlicher Dichtung‹ seit den 70er Jahren genauer verfolgt.[49] ›Oral Literature‹ erscheint seitdem vor allem als ›oral performance‹ (orale Darstellung). Für die Folklore-Forschung erörterte der Sammelband *Folklore: Performance and Communication* (1975), der auf eine Konferenz von 1969 zurückging, den Durchbruch zur Performance. Dell Hymes Aufsatz *Breakthrough into Performance* skizzierte Gründe und Anregungen der relativ neuen Sicht amerikanischer Folkloristen. Er verwies auf Kenneth Burke, der seit den 40er Jahren Literatur und Sprache als symbolische Handlungen beschrieben hatte[50], auf Beiträge zur sozialen Kommunikation seit den 50er Jahren[51], auf Linguisten und auf Folkloristen, die bereits von Performance gesprochen hatten.[52] Ein entscheidender Antrieb war das Interesse, Probleme der Überlieferung von ihrer Tradition zu lösen und ›authentische‹ Gegenstände der Folklore auszumachen, die wesentlich in der oralen Kommunikation konstituiert und so übermittelt und für die Beobachter-Forscher wahrnehmbar würden. Es ging um die Berücksichtigung der Tatsache, daß Phänomene der Oralität gerade durch die konkrete kommunikative Situation geprägt werden und nur in dieser existieren. Die Darstellung der oralen Akteure, ob ›originale‹ Geschichtenerzähler oder Informanten der Folkloristen, also der Kommunikationsakt, sei wesentlich. Es gebe in diesem Sinne keine festgeschriebenen Gegenstände für Folkloristen. »But especially in an oral tradition performance is a mode of existence and realization that is partly *constitutive* of what the tradition is«. Daher gelte: »There is no more an ›Ur-performance‹ than there is an ›Ur-text‹. Only the systematic study of performances can disclose the true structure.«[53] Hymes nannte in diesem Zuammenhang die »systematic study of variation in phonology«[54], wie sie 1968 theoretisch von William La-

---

46 LORD (s. Anm. 31), XV, 101.
47 RUTH FINNEGAN, Oral Literature in Africa (Oxford 1970), 13.
48 Vgl. DJIBRIL TAMSIR NIANE, Soundjata ou l'Epopée Mandingue (Paris 1960).
49 Vgl. ISIDORE OKPEWHO, The Epic in Africa: Towards a Poetics of the Oral Performance (New York 1979).
50 Vgl. KENNETH BURKE, Symbolism in Religion and Literature (Cambridge, Mass. 1958); BURKE, Language as Symbolic Action: Essays on Life, Literature, and Method (Berkeley 1953).
51 Vgl. ERVING GOFFMAN, The Presentation of Self in Everyday Life (Garden City, N. Y. 1959); GOFFMAN, Encounters: Two Studies in the Sociology of Interaction (Indianapolis 1961); GOFFMAN, Strategic Interaction (Philadelphia 1969).
52 Vgl. WILLIAM H. JANSEN, Classifying Performance in the Study of Verbal Folklore, in: W. E. Richmond (Hg.), Studies in Foklore in Honour of Distinguished Service Professor Stith Thompson (Bloomington 1957), 110–118.
53 DELL HYMES, Breakthrough into Performance, in: Ben-Amos/Goldstein (s. Anm. 45), 19, 20.
54 Ebd., 20.

bov, Uriel Weinreich und Marvin Herzog umrissen[55] und 1966 in einer Fallstudie zur sozialen Stratifikation des Englischen in New York City von Labov dargelegt wurde.[56] Mit dem Verweis auf Melville Jacobs' *Content and Style of an Oral Literature* (1959) betonte Hymes: »The concern is with performance, not as something mechanical or inferior, as in some linguistic discussion, but with performance as something creative, realized, achieved, even transcendent of the ordinary course of events.«[57] In ihrem Beitrag *A Parable in Context: A Social Interactional Analysis of Storytelling Performance* machte Barbara Kirshenblatt-Gimblett darauf aufmerksam, daß Bronislaw Malinowski als Anthropologe schon 1926 auf die prägenden Faktoren des Kontextes und der Performance für das Geschichtenerzählen und dessen ethnographische Erforschung verwiesen hatte.[58] 1935 habe Malinowski dann in *Coral Gardens and their Magic II* »the contextual specification of meaning as part of his ethnographic theory of language«[59] diskutiert.

1992 behandelte das Handbuch *Folklore, Cultural Performance and Popular Entertainments* Performance als ein Grundkonzept und als einen der entscheidenden analytischen Gesichtspunkte. Den entsprechenden Artikel schrieb der Herausgeber Richard Bauman, der seit den 70er Jahren die Darstellungen des Geschichtenerzählens als Faktoren der Oralität untersucht hatte.

IV. Zur diskursiven Reichweite des Konzepts ›cultural performance‹ als darstellerischer Tätigkeit

Milton Singers und Albert Lords Ansätze deuteten bereits die mögliche Reichweite der Phänomene an, die mit der Vorstellung cultural performance zu fassen wären. Als wesentliche kulturelle Produktionen können sie entscheidende Faktoren sozialer Kommunikation sein und so historische Prozesse mitverhandeln. Indem sie weltanschauliche Positionen, soziale Haltungen, Wertvorstellungen zum Ausdruck bringen und prägen, seien sie auch mitbestimmend für die Gestaltung sozialökonomischer, kultureller, politischer Strukturen und Bewegungen. In ihnen können sich ganze Gesellschaften und Klassen, Schichten und Gruppen darstellen, ansehen und über sich reflektieren; sie können sich selbst sinnlich-symbolisch ›behandeln‹, ihre Interessen aushandeln und mannigfaltige Konflikte austragen.

Ohne die historischen Implikationen zu erörtern, erschütterte Lords Sicht des Sänger-Darstellers, der jeweils nur ›präsentisch‹ produziert und kommuniziert, die unkritische Fixierung europäisch-nordamerikanischer Kulturen auf die vermeintliche Identität des künstlerischen Produkts ›Werk‹. Die Darstellung bzw. die Oralität als Kommunikationsweise erschien als etwas grundsätzlich anderes als die Kommunikation der Schriftlichkeit, besonders in der dominierenden Kommunikationsweise der Druck-Kulturen. So kamen die Historizität und Relativität von Wahrnehmungs-, Denkweisen und Wertmaßstäben in den Blick, die spätestens seit der Renaissance als absolut angesehen wurden. Das betrifft besonders die Identität und Authentizität künstlerischer Produktionen (›Werke‹), die wie etwas Geronnenes, wie Dinge, als Produkte angesehen und behandelt werden. Ansatzpunkte zu grundsätzlicher Kritik und relativierender Selbst-Historisierung westlicher Haltungen und Weltsichten waren gegeben. Jacques Derridas Auseinandersetzung mit den Fixierungen, die in der Dogmatisierung des Geschriebenen, des vermeintlich für die Dauer objektiv Signifizierten auftreten, ist in diesem Zusammenhang als komplementäres Unternehmen zu sehen. Die ›différance‹, die permanente Dekonstruktion, die jede Fixierung (Verdinglichung) aufschiebt bzw. dieser entgegengearbeitet, können historisch weitreichende, umwälzende Einsichten der Performance-Diskurse zur Historizität der Produktions- und

---

55 Vgl. WILLIAM LABOV/URIEL WEINREICH/MARVIN HERZOG, Empirical Foundations for a Theory of Language Change, in: W. P. Lehman/Y. Malkiel (Hg.), Directions for Historical Linguistics (Austin 1968), 95–188.
56 Vgl. LABOV, The Social Stratification of English in New York City (Washington 1966).
57 HYMES (s. Anm. 53), 13.
58 Vgl. BRONISLAW MALINOWSKI, Myth in Primitive Psychology (New York 1926).
59 BARBARA KIRSHENBLATT-GIMBLETT, A Parable in Context, in: Ben-Amos/Goldstein (s. Anm. 45), 105.

Kommunikationsweisen und somit der Wahrnehmungs- und Denkhaltungen untermauern. Derrida deutete mit *De la grammatologie* (1967) zumindest indirekt den Zusammenhang zwischen einem (dem europäisch cartesianischen) eindimensionalen oder linearen Denken und der alphabetischen Schriftlichkeit an, indem er auf den Unterschied dieses Denkens zum mehrdimensionalen symbolisch-mythischen Denken schriftloser Geschichten verwies.[60] Auf die Oralität als besondere Kommunikationsweise dieses Denkens und auf mündliche Dichtung ging er nicht ein.

Einsichten weiterverfolgend, daß Performance konstitutive Faktoren wesentlicher kommunikativer Praktiken gesellschaftlicher (›systemischer‹) wie lebensweltlicher Prozesse sein können, kam man in den 80er Jahren zu solchen Entwürfen wie Turners Anthropologie der Performance und einer ›Theory of Cultural Performance‹[61] und zur Annahme von Performance als einem Basis-Konzept für die Erforschung von Folklore-Phänomenen.[62]

Turners Weg könnte als exemplarisch gelten. Gesellschaftliches Leben und, so wäre hinzuzufügen, generell alltägliche Lebenswelt sei für seine Anthropologie in wesentlichen Aspekten von Darstellungen geprägt oder, in Goffmans ursprünglicher Begrifflichkeit, theatral. »As I said earlier, the basic stuff of social life is performance.«[63] Gesellschaftliche Realitäten seien grundlegend prozeßhaft; sie verlaufen in fundamentalen Spannungen, Widersprüchen und der Suche nach Lösungen für Konflikte. Kulturelle Darstellungen sind dialektische Momente oder Zeiträume, Produktionen und mitbewegende Faktoren dieser vielschichtig-komplexen Prozeßhaftigkeit. »Since the relationship between quotidian or workaday social process (including economic, political, jural, domestic, etc., interactions) and cultural performance is dialectical and reflexive, the pervasive quality of the latter rests on the principle that mainstream society generates its opposite; that we are, in fact, concerned in cultural performances with a topsy-turvy, inverted [...] domain of human action.«[64] Wie schon erwähnt, waren Beobachtungen von Dorfgesellschaften in Afrika sein Ausgangspunkt. Ihre entscheidenden Bewegungen, ihre Konfliktstrukturen, die Reflexion und Vermittlung dieser Realitäten und die Versuche, konkrete, praktische Lösungen für Krisen zu finden, sah er als ›rites des passages‹ bzw. symbolische Aktionen, die er zunächst als *soziale Dramen* im buchstäblichen Sinne charakterisierte. Das Konflikthafte, Dissonantische, Aharmonische von Lebensprozessen wäre dafür bestimmend –»social dramas as units of aharmonic or disharmonic social process, arising in conflict situations«[65]. Entscheidende Momente dieser Dramen vollziehen sich in reflexiven symbolischen Ritualen, in Darstellungen, die er später als Performance umschrieb. Sie sind für Gesellschaften, Schichten, Gruppen wesentliche Zeiträume bzw. Handlungen, in denen sich besondere Seins- und Wahrnehmungsweisen realisieren und erfahren lassen. In diesem Sinne sind sie ›topsy-turvy, inverted‹, eben das Andere, das Außergewöhnliche. Für relativ unkomplexe, vorindustrielle Gesellschaften wären nach Turner Prozesse der Liminalität (»liminality«[66]) oder »communitas« (96). In komplexen (industrialisierten) Gesellschaften sind sie das Liminoide (»liminoid«[67]) gegenüber dem Normal-Alltäglichen der fest geordneten Sozialität, die er als Struktur sieht. Als liminale oder liminoide oder, wie er in den Aufsätzen zur Anthropologie der Performance dann schrieb, als konjunktive (»subjunctive«) Zeiträume, die sich von den indikativen (»indicative«[68]) Lebensvorgängen unterscheiden, ermöglichen sie die Durchdringung und die refle-

---

60 Vgl. JACQUES DERRIDA, De la grammatologie (Paris 1967), 145 ff.; dt.: Grammatologie, übers. V. H.-J. Reinberger/H. Zischler (Frankfurt a. M. 1974).
61 Vgl. JOHN J. MACALOON, Introduction: Cultural Performances, Culture Theory, in: MacAloon (Hg.), Rite, Drama, Festival, Spectacle: Rehearsals Toward a Theory of Cultural Performance (Philadelphia 1984), 1–15.
62 Vgl. BAUMAN (s. Anm. 32).
63 TURNER, The Anthropology of Performance (s. Anm. 30), 81.
64 TURNER (s. Anm. 42), 24 f.
65 TURNER (s. Anm. 63), 74.
66 Vgl. TURNER, The Ritual Process: Structure and Anti-Structure (New York 1969), 94–96.
67 Vgl. TURNER, Liminal to Liminoid, in Play, Flow, and Ritual: An Essay in Comparative Symbology (1979), in: Turner, From Ritual to Theatre: The Human Seriousness of Play (New York 1982), 20–60.
68 TURNER, Rokuyo's Jealousy: Liminality and the Performative Genres (1982), in: Turner, The Anthropology of Performance (New York 1986), 101.

xive Durchmusterung jeweiliger gesellschaftlicher Zustände, von Welt generell und damit das kritisch-emanzipative Erfahren, Sehen und Denken der eigenen Gesellschaft und ihrer Historizität. Kulturelle Darstellungen »are not simple reflectors or expressions of culture or even of changing culture but may themselves be active agencies of change, representing the eye by which culture sees itself and the drawing board on which creative actors sketch out what they believe to be more apt or interesting ›designs for living‹«[69]. Performative Situationen wären so praktisch-symbolische, sinnlich erfahrene Zeiträume des Anderen und der möglichen Veränderung des Gegebenen. Sie wären weitgehend im Symbolischen und zugleich Praktisch-Sinnlichen, als Tun und entsprechende Wahrnehmung konjunktive Ansatzpunkte für verändernde gesellschaftliche Bewegung und in diesem Sinn wirksame Faktoren der Geschichte. Turners Buch *From Ritual to Theatre* (1982) klang folgendermaßen aus: »When we act in everyday life we do not merely re-act to indicative stimuli, we act in frames we have wrested from the genres of cultural performance. And when we act on the stage, whatever our stage may be, we must now in this reflexive age of psychoanalysis and semiotics as never before, bring into the symbolic or fictitious world the urgent problems of our reality. We have to go into the subjunctive world of monsters, demons, and clowns, of cruelty and poetry, in order to make sense of our daily lives, earning our daily bread.«[70]

Eine vergleichbare ›humanistische‹ Sicht von Performance ergab sich aus der Beschäftigung mit der mündlichen Dichtung und damit der Oralität im allgemeinen. Beides gründet in der Sinnlichkeit oder Körperlichkeit ihrer Teilnehmer. Als Produktion wie als Kommunikation realisiert sich Oralität in der Bewegung des ganzen Darstellers und der akustischen wie der visuellen sinnlichen Sinnentätigkeit der Rezipienten. Mit Bezug auf afrikanische Erfahrungen deutete man das seit den 60er Jahren als Potential humaner Handlungen und Kreativität, nicht zuletzt unter der Vorstellung des ›stratagème théâtral‹, das François N'Sougan Agblemagnon als einen Grundzug oraler Gesellschaften sah. Zu den mündlichen Erzählungen, die »une école d'éducation« bildeten und in denen die Gesellschaft auseinandergelegt und gespielt werde (»›démontée‹ et ›jouée‹«), bemerkte er: »Ce stratagème théâtral joue un rôle non seulement dans la ›réduction des tensions‹ entre l'individu et la société, mais crée, par un climat collectif de participation active au jeu, une ambiance propice à la cohésion du groupe, une plus grande perméabilité de l'individu aux valeurs du groupe, une réceptivité plus grande des individus.«[71]

Zumthor unterstreicht das kreative Potential und die Aktualisierung des Humanen in der oralen Darstellung von Performance in zweierlei Hinsicht: Einmal in der Sinnlichkeit der Stimme, die für ihn das Zentrale ist. Die einzige fundamentale Frage sei heute, so 1990, warum und wie die »poésie« im radikalen Sinn, »notre ›littérature‹« umfassend, dazu beitragen könne, »à créer ou à confirmer (ou à rejeter?) le statut de l'homme comme homme«[72]. So sieht er Performance als übergreifend, als konstitutiv, auch für die Kommunikation des geschriebenen Wortes. Die Rezeption wäre hier eine gleichsam virtuelle Performance, die Körperlichkeit in der Übersetzung der Stimme und die der kommunikativen Situation ins Auge fassend, eine Rezeption in dem Sinne, daß »tous ces éléments cristallisent dans et par une perception sensorielle – c'est-à-dire une engagement du corps« (19). Nach Zumthor verändert Performance in gewisser Weise das Bewußtsein. Im Kommunizieren präge sie die Kommunikation selbst. Da Performance sich als Akt selbst vollziehe, sei sie ein Vorgang gegen die Dauer. Man kann auch sagen – ein Vorgang gegen Fixierung und Schließung. »Chaque performance nouvelle remet tout en cause. La forme se perçoit en performance, mais à chaque performance elle se transmue.« (36) Zumthors humanistische Hypothese ist nun folgende: »Ce qui dans la performance orale pure est réalité éprouvée, est dans la lecture de l'ordre du désir.« (37) Perfor-

---

69 TURNER (s. Anm. 42), 24.
70 TURNER, Acting in Everyday Life and Everyday Life in Acting (1982), in: Turner (s. Anm. 67), 122.
71 FRANÇOIS N'SOUGAN AGBLEMAGNON, Sociologie des sociétés orales d'Afrique Noire (Paris/Den Haag 1969), 149.
72 PAUL ZUMTHOR, Performance, réception, lecture (Longueuil 1990), 18.

mance sei das Phänomen des Konkreten, des Präsentischen, Unmittelbaren. Sie existiere deshalb »hors de la durée«. Elle actualise des virtualités plus ou moins nombreuses.« (55) In einem weitgreifenden Sinn ist daher auch Lektüre des geschriebenen Wortes eine virtuell aktiv-präsentische, sinnliche Tätigkeit, vermittelt durch die Körperlichkeit der Stimme. Sie stelle als kreativer humaner Faktor die Beziehung der »altérité« her, und sie sei »une subversion ou une rupture de la clôture du corps«. (90) Die Stimme schließe das Gehör bzw. den Gehörsinn ein: »Voix implique ouïe.« (94) Der Körper ist durch ›l'ouïe‹ bei sich selbst. »Or la lecture du texte poétique est écoute d'une voix. Le lecteur, dans et par cette écoute, refait en corps et en esprit le parcours tracé par la voix du poète: du silence antérieur jusqu'à l'objet qui lui est donné, ici, sur la page.« (94f.)

Parallel zu dem emanzipativen Ansatz Turners sieht Zumthor gerade in der dominant oralen Kommunikation, daher auch der Performanz der mündlichen Dichtung, der Erzähler-Darstellungen, grundsätzlich das Potential der Subversion, des Kritischen gegenüber etablierter Macht, Unterdrückungsapparaten und der Abschließung des Dialogischen, des Veränderbaren. In dieser Möglichkeit entfalte sie historisch Bedeutungen gegen die geschriebene Dichtung, gegen die Privilegierung von ›écriture‹, gar des Gedruckten. So wäre ein Hauptgedanke seiner Lesart mittelalterlicher Literatur zu verstehen. In *La lettre et la voix* schreibt er: »Le texte écrit, puisqu'il subsiste, peut assumer pleinement sa capacité d'avenir. Le texte oral ne le peut pas, trop étroitement asservi à l'exigence présente de la performance; en revanche, il jouit de la liberté de se mouvoir sans cesse, de sans cesse varier le nombre, la nature et l'intensité de ses effets.« Und: »De même qu'elle requiert nécessairement [...] la voix humaine, la transmission de la poésie, entre le Xe et le XIVe siècle, requit le geste humain«. Der dargestellte Text (Oralität, Performance) »remplit pour le groupe la fonction du rêve

pour l'individu: libération imaginaire, réalisation ludique d'un désir. D'où son extraordinaire puissance dans l'économie de cette civilisation.«[73] Die ›littérature‹ sei erst gewachsen nach dem 12. Jh., besonders mit der Verbreitung des Druckwesens. Im Roman z. B. »ce qui subsiste, au cœur du texte, d'une présence vocale suffit à freiner, voire à bloquer, la mutation«. Der literarische Text, die Literatur-Kultur, wurde privilegiert. Der ›literarische‹ Text sei geschlossen (clos), der traditionelle (orale) konnte als performativer nicht anders als offen sein. Der poetische mittelalterliche Text war nicht hegemonial. Die Literatur (dagegen) diene unvermeidlich dem Staat. »La société où se transmirent les poésies traditionelles ignorait tout monopole du pouvoir. Le discours poétique y disait l'univers et la liberté, sinon l'incohérence, de ce qui existe, et rien de ce qu'il proposait n'etait vérifiable au delà d'une sphère étroite, autour de chacun de ses auditeurs: dans la portée d'une voix. Les rois du XII siècle, en Angleterre, en France, en Espagne, en Allemagne, tentèrent de s'approprier le pouvoir. Ce fut le temps des premières émergences ›littéraires‹.«[74]

V. Performance, Theatralität, Theater

Performance, ob im engen Sinne der performance art oder im weiten der kulturellen Darstellungen, ist kommunikatives sinnliches Ausstellen, Hervorheben, das Präsentieren von Haltungen, Seinsweisen, und zwar als Tätigkeit, in der Bewegung, ob nun mit dem Zentrum lebendiger Körper oder auf dem anderen Pol der Bewegung an sich (Craigs ›action‹ und ›movement‹), von Materialien, Zeichen, Linien, Farben, der audiovisuell mediatisierten Bewegung. Performance ist in diesem Sinne theatral. Das Konzept könnte vielleicht auch nur als eine besondere Umformulierung von Erscheinungsweisen der Theatralität gelten. So tauscht man oft die Begriffe und Bezeichnungen wechselseitig aus, verbindet Performance mit Theatralität und Theater bzw. Theaterkunst. Auffällig ist das in Schechners Analyse der ›theatricality‹ amerikanischer Fernsehnachrichten.[75] Schechner wechselte, Performance-Theorie betreibend, in den 70er und

---

73 ZUMTHOR, La lettre et la voix. De la ›littérature‹ médiévale (Paris 1987), 216, 279, 292f.
74 Ebd., 318, 319f.
75 Vgl. SCHECHNER, Between Theater and Anthropology (Philadelphia 1985).

80er Jahren immer wieder zwischen den Vorstellungen und Bezeichnungen Theatralität, Theater, Performance, theatral, performativ. Turner nahm die Anregung für seine Konzeption des ›social drama‹ aus dem Bereich des Kunsttheaters bzw. seines Dramas (Aristoteles). Die Linie, die er 1982 vom *Ritual to Theatre* zog, führte unmittelbar zu der übergreifenden ›Anthropologie der Performance‹, für die Theatralität, Drama, Theaterformen gewichtige Aspekte sind. Wenn es wie beim Ausgangspunkt von Turners Überlegungen zum ›social drama‹ um besondere Rituale als symbolische Aktionen (Darstellungen) geht, deutet man nicht selten auf Aspekte von Theatralität wie Drama und Dramatisierung hin[76].

Gerade mit dem Blick auf afrikanische Kontexte sind orale Produktion und Kommunikation oder kulturelle Darstellungen als theatrale Phänomene, in ihrer Theatralität gesehen worden. 1969 behandelte Agblemagnon nicht nur die mündlichen Erzählungen als theatrale. Da gleichsam das ganze gesellschaftliche Leben sich in Musik und Tanz vollziehe, sei »toute la société« eine »scène ininterrompue, [...] où les comportements deviennent des rôles, au sens théâtral«. Diese »théâtralisation ritualisée de la vie sociale n'est rendue possible qu'avec la musique«[77]. So las Harold Scheub 1976 mündliche Erzählungen als eine Form von Theater.[78] Isidore Okpewho hob 1979 den mimetischen Charakter hervor, den er, indirekt an aristotelische Katharsis-Deutungen angelehnt, in der Identifizierung (Einfühlung) der Darsteller-Erzählenden mit den Figuren der Erzählung und der Rezipienten mit den Produzenten sah.[79] Eine sehr frühe Arbeit, die sowohl ethnologisch wie kommunikationsgeschichtlich wichtig ist, hatte bereits die Theatralität der oralen Darstellungen bzw. Interaktionen angedeutet.[80] Orale Darstellungen noch 1986 als ›littérature orale‹ nehmend, betonte Jacques Chevrier dessenungeachtet die Beziehungen zwischen dem »conteur« der »récitation« und seinem Publikum als wesentlich. Sie bedingten in erheblichem Maße »le succès de la performance«. Die Kunst des Erzählers beruhe weitgehend auf »paralinguistischen Elementen«, die zu lange von den Forschern vernachlässigt worden seien. Die »qualités théâtrales du conteur« wären wesentlich. »Tour à tour mime, bouffon et danseur, celui-ci capte en effet l'attention du public par tout un ensemble de procédés dramatiques qui définissent le style oral: position du corps, intonations, débit et volume de la voix, gestuelle.«[81]

Das Sinnliche, den gestisch-mimischen Einsatz in Rechnung stellend, wurde für Zumthor mündliche Dichtung generell zu einem Phänomen, das auf der Körperlichkeit, auf der sinnlichen Interaktion fußt und somit fundamental ist.[82] Da Performance den ganzen Körper involviere, tendiere die Idee der Performance auch, wie im angloamerikanischen Gebrauch, dazu, den ganzen Raum der Theatralität wiederzuentdecken. Daher verwies er 1990 auch auf die Theatralität von Literatur bzw. des Rezipierens von Literatur. »Toute ›littérature‹ n'est-elle pas, fondamentalement, théâtre?«[83] Zumthors Betonung der Körperlichkeit, die für die Performance-Relevanz der Dichtung und die Performance-Situation des Lesens bestimmend sei, deutet übrigens darauf hin, wie sich der gleichsam wohlwollende Blick auf Literatur auch als ein Phänomen des Theatralen, oder hier der Performanz, gegenüber dem 19./frühen 20. Jh. verschoben hat. Mallarmé betonte die Träume, das Spirituelle, das Geistige, die ihre Verkörperung im Theater (Ballett, Mime, Dramentheater) finden, oder umgekehrt, ihn interessierte besonders ein »théâtre, inhérent à l'esprit«, das vor »toutes contingences de la représentation« bewahrt. Ein Beispiel wäre »l'art de M. Maeterlinck qui [...] inséra le théâtre au livre«[84]. Auf Mallarmé, Alfred Jarrys emblematisches Theater des César-Antichrist und auf Raymond

---

76 Vgl. TURNER, Compte rendu des débats, in: J. Le Goff/J.-C. Schmitt (Hg.), Le Charivari (Paris/La Haye/New York 1981), 384.
77 AGBLEMAGNON (s. Anm. 71), 115.
78 Vgl. HAROLD SCHEUB, The Xhosa Ntsomi (Oxford 1976).
79 Vgl. OKPEWHO (s. Anm. 49), 14 ff.
80 Vgl. CARL MEINHOF, Die Dichtung der Afrikaner (Berlin 1911), 123 ff.
81 JACQUES CHEVRIER, Essai sur les Contes & Recits Traditionels d'Afrique Noire. L'arbre et palabres (Paris 1986), 17.
82 Vgl. ZUMTHOR, Introduction à la poésie orale (Paris 1983).
83 ZUMTHOR (s. Anm. 72), 19.
84 MALLARMÉ, Crayonné au théâtre (1987), in: Mallarmé (s. Anm. 11), 328 f.

Roussel verweisend, argumentiert Helga Finter in Anlehnung an Julia Kristeva, daß der »Nichtort des modernen Theaters« szenisch gedacht werde. Text und Theater verbänden sich bei diesen Autoren zur Utopie einer szenischen Schrift in actu. Ihre Vorstellungen entsprächen der »Utopie einer Performance«[85], die, was sie sagen wolle, erst in der Präsenz des theatralischen Handelns schaffe.

Im Zusammenhang mit Vorstellungen von Theater, Drama/Dramatisierung und Theatralität bzw. mit dem primären Bezug auf Theaterkunst haben Anthropologen, Ethnographen, Sozial- und Kulturhistoriker seit den 30er Jahren immer wieder die Phänomene gelesen, die in anderen Zusamenhängen bzw. von anderen Forschern als Performance, spezifischer als cultural performance, behandelt werden: darstellerische Tätigkeiten wie Rituale, Feste, Geschichten-Vorträge, herausgehobene (als Konflikt- und Krisensituationen ›gerahmte‹) sozio-politische Auseinandersetzungen. In seiner umfangreichen Arbeit zu den Masken-Aufführungen bzw. Ritualen oder aber eben den cultural performances der Dogon, die u. a. entscheidende Lebensfragen (Tod, Mechanismen des sozialen Zuammenlebens) verhandelten, deutete Marcel Griaule die Tendenz zur ›Laizisation‹ an, die in den rituellen Maskenvorführungen liege. Es gebe einen gleichsam ästhetischen Aspekt, der durch die Öffentlichkeit und so auch durch das Spektakuläre (Darstellen-Wahrnehmen) gegeben sei.[86] Die Dogon wissen zu unterscheiden zwischen Bild und Objekt, also der Darstellung und dem Dargestellten. »Ils n'attendent du masque et de sa mimique que le résumé d'un être et d'un drame.« Und weiter: »L'ensemble va du religieux au beau et même au ridicule; le grand drame initial présent par l'ensemble des l'awa tourne peu à peu à l'opéra-comique.«[87] Struktural vergleichbare Darstellungen des Zâr-Kults unter den Gonda (Äthiopien) beschrieb Michel Leiris 1958 als theatral.[88] Als 1990 der Ethnograph und Anthropologe Johannes Fabian die Arbeit der *Troupe Theatrâle Mufwankolo*, eines populären Theaters in Zaire, seit den 50er Jahren untersuchte, stellte er sein Unternehmen unter das Thema *Power und Performance* (1990).

In begrenztem Maße hatte die Historiographie des europäischen Theaters solcher Sicht vorgearbeitet. Edmund K. Chambers behandelte 1903 Prozessionen, Zeremonien, Verkehrungsfeste (Karnevaleskes), beliebige Rituale und somit Darstellungen (cultural performance) als Formen mittelalterlichen Theaters.[89] Soweit es um die Zeremonien, die Rituale, das öffentliche Auftreten und damit Sich-Darstellen der Herrschenden ging, führte Chambers Vorgänge an, die gleichsam Jürgen Habermas' Sicht feudaler repräsentativer Öffentlichkeit konkret veranschaulichen. In ihr, so Habermas, müssen sich seigneurale adlige Tugenden usw. »verkörpern«, sie müssen »sich öffentlich *darstellen* [Hervorh. v. Verf.] lassen können«[90].

Der Sozialhistoriker Edward P. Thompson beschrieb übergreifende praktisch-symbolische, performative Prozesse der Machtausübung und zugleich des Dissenses, des Widerstands als Theater. Die Kontrolle der Herrschenden im England des 18. Jh., so Thompson, lag vor allem in einer kulturellen Hegemonie und erst sekundär im Hervorkehren ökonomischer oder physischer militärischer Gewalt. »To define control in terms of cultural hegemony is not to give up attempts at analysis, but to prepare for analysis at the points at which it should be made: into the images of power and authority, the popular mentalities of subordination.«[91] Die Auftritte der Gentry »have much of the studied ceremonial purposes; but the elaboration of wig and powder, ornamented clothing and canes, and even the rehearsed patrician gestures and the hauteur of bearing and expression, all were designed to exhibit authority to the plebs and to exact from the difference. And with this went certain significant ritual appearances: the ritual of the

---

85 HELGA FINTER, Die Theaterutopien Stéphane Mallarmés, Alfred Jarrys und Raymond Roussels. Sprachräume des Imaginären, in: Finter, Der subjektive Raum, Bd. 1 (Tübingen 1990), 3 f.
86 Vgl. MARCEL GRIAULE, Masques Dogons (Paris 1938), 787 ff.
87 Ebd., 795, 799.
88 Vgl. MICHEL LEIRIS, La Possession et ses Théâtraux chez les Ethiopiens de Gonda (Paris 1958).
89 Vgl. EDMUND K. CHAMBERS, The Mediaeval Stage, Bd. 1 (Cambridge 1903), 274–419.
90 JÜRGEN HABERMAS, Strukturwandel der Öffentlichkeit (1962; Darmstadt/Neuwied 1978), 21.
91 EDWARD P. THOMPSON, Patrician Society, Plebeian Culture, in: Journal of Social History 7 (1974), 387.

hunt; the pomp of assizes (and all the theatrical style of the law courts«. Thompson betonte, er thematisiere hier Theater nicht metaphorisch, gleichsam als diskursive Arbeitsvorstellung. Komplexe historische Öffentlichkeiten hätten sich in theatralen Strukturen bewegt. »We have here a studied and elaborate hegemonic style, a theatrical role in which the great were schooled in infancy and which they maintained until death.« Wenn er dies als Theater bezeichne, so nicht um seine Bedeutung zu mindern. »A great part of politics and law is always theatre.«[92]

VI. Performance und Theatralität im Diskurs der Postmoderne

Im Versuch, typisch-spezifische, übergreifende sozio-kulturelle Prozesse insbesondere der hochindustrialisierten Gesellschaften seit den 60er Jahren als eine Postmoderne zu fassen, benutzte man auch im wechselseitigen Austausch die Konzepte Performance, Theatralität, Theatrales/Theater, Dramatisierung. Der Sammelband *Performance in Postmodern Culture* (1977) machte das überdeutlich. Michel Benamou fragte in seiner Einleitung, betitelt ›Presence and Play‹: »Performance, the unifying mode of the postmodern, is now what matters. [...] What is this new presence, and how has it replaced the presence which poems and pictures silently proffered before? Has everything from politics to poetics become theatrical? [...] Our society is dramatized by television«[93]. 1990 hielt dann Walter Truett Anderson die ›Realität‹ für grundlegend verändert: »We can also see an increasing theatricality of politics, in which events are scripted and stage-managed for mass consumption, and in which individuals and groups struggle for starring roles (or at least bit parts) in the dramas of life. This theatricality is a natural – and inevitable – feature of our time. It is what happens when a lot of people begin to understand that reality is a social construction.«[94]

Die oben angeführten Arbeiten dürften zeigen, wie eng, oder vielleicht genauer, wie historisch blind solche postmodernen Diagnosen gegenwärtiger Geschichte sind. Performance oder (und?) Theatralität, daher die ›darstellerische Konstruktion‹ und Inszenierung vieler Lebensvorgänge, sind nicht nur konstitutiv für große Bereiche heutiger Lebensprozesse. Sie dürften, nicht zuletzt als symbolische Aktionen, eine Universalie geschichtlicher Bewegungen sein: sozio-kulturelle Praktiken, die sich in diesen Bewegungen ständig verändern und differente Strukturaspekte und Funktionen in ihren jeweils spezifischen historischen Kontexten ausbilden.

Eine ethnographische und zugleich historische Anthropologie kann heute darüber vielleicht am ehesten Aufschlüsse geben. 1980 skizzierte der Soziologe, Ethnologe, Afrikanist Georges Balandier historische Linien, wie sich in Theatralität oder eben in sozio-kulturellen Performance Auseinandersetzungen zwischen Oben und Unten abspielen. Solche diskontinuierlichen Ketten verfolgte er von den relativ unkomplexen Gesellschaften ohne Staaten bis zu den hochkomplexen industrialisierten. Die Darstellungen sind für die Strukturierung und die Bewegung von Gesellschaften wesentliche Faktoren. Er beginnt seine Überlegungen bei staatenlosen, oralen Gesellschaften. »La mise en évidence de la théâtralité du ›politique‹, de sa sacralisation et de ses rites, n'est pas une façon oblique de le réduire à des apparences et à des jeux illusoires. Il est une résultante, tout y concourt – depuis les rapports sociaux que le système de production définit jusqu'a ceux que les valeurs et l'imaginaire collectif constituent [...]. La société ne ›tient‹ pas par le seul moyen de la coercition, des rapports de forces légitimes, mais aussi par l'ensemble des transfigurations dont elle est, à la fois, l'objet et le réalisateur. Son ordre reste vulnérable; il est porteur de perturbation et de désordre, eux-mêmes générateurs de ruses et de dramatisations montrant le pouvoir en négatif.«[95]

---

92 Ebd., 389.
93 MICHEL BENAMOU, Presence and Play, in: Benamou/ C. Caramello (Hg.), Performance in Postmodern Culture (Madison, Wisc. 1977), 3.
94 WALTER TRUETT ANDERSON, Reality – Isn't What it Used to Be: Theatrical Politics, Reday-to-Wear Religion, Global Myths, and Other Wonders of the Postmodern World (San Francisco 1990), 5.
95 GEORGES BALANDIER, Le pouvoir sur scène (Paris 1980), 50f.

Dann zieht er diskontinuierliche Linien der ›Macht auf der Bühne‹ bis zu den hochindustrialisierten Kulturen, den telekommunizierenden (tele-theatralen), in denen die Bildschirme (Film, vor allem das Fernsehen) einer der wichtigsten Bereiche oder eben Bühnen der Machthabenden und ihrer Antipoden, ihrer subversiven Gegenkräfte sind. »Les jeux de l'écran imposent aussi un nouveau type d'acteur politique (le ›télépoliticien‹) dans les sociétés à régime pluraliste, et une nouvelle présentation de la figure de l'autorité suprême dans le cas des régimes totalitaires. Ils permettent une dramatisation permanente, adaptable aux circonstances et aux objectifs. Ils apportent à la dramaturgie politique une unité de lieu tout en étant visibles au même moment dans une multitude des foyers. [...] La dramatisation généralisée, outrepassant donc les frontières du champ politique strictement défini, est une caracteristique des sociétés électroniques. [...] Des formes de la vie quotidienne aux produits et événements culturels, tout est susceptible d'y contribuer, fournissant un prétexte ou un support.«[96]

Joachim Fiebach

Literatur
ABRAHAM, ROGER D., The Man-of-Words in the West Indies: Performance and the Emergence of Creole Culture (Baltimore/London 1983); ALMHOFER, EDITH, Performance Art. Die Kunst zu leben (Wien 1986); BAUMAN, RICHARD, Story, Performance, and Event: Contextual Studies of Oral Literature (Cambridge 1986); CARLSON, MARVIN, Performance: A Critical Introduction (London/New York 1996); CHANEY, DAVID, Fictions of Collective Life: Public Drama in Late Modern Culture (London/New York 1993); HUGHES-FREELAND, FELICIA (Hg.), Ritual, Performance, Media (London/New York 1998); KAYE, NICK, Postmodernism and Performance (London 1994); KUIPERS, JOEL C., Power in Performance: The Creation of Textual Authority in Weyewa Ritual Speech (Philadelphia 1990); MANNING, FRANK E. (Hg.), The Celebration of Society: Perspectives on Contemporary Cultural Performance (Bowling Green, Ohio/London, Canada 1983); MARTIN, RANDY, Performance as Political Act: The Embodied Self (New York 1990); MITCHELL, WILLIAM E. (Hg.), Clowning as Critical Practice: Performance Humor in the South Pacific (Pittsburgh 1992); OTT, MICHAELA, Kopiertreduziertstilisiert – Ist Performance weiblich? in: Konkret 6 (1984), H. 11, 74–79; PARKIN, DAVID/CAPLAN, LIONEL/FISHER, HUMPHREY (Hg.), The Politics of Cultural Performance (Oxford 1996); SCHECHNER, RICHARD, Performance Theory (New York/London 1988); SCHECHNER, RICHARD/APPEL, WILLIAM (Hg.), By Means of Performance: Intercultural Studies of Theatre and Ritual (New York 1990); TURNER, VICTOR W. (Hg.), Celebration: Studies in Festivity and Ritual (Washington 1982); VAIL, LEROY/WHITE, LANDEG, Power and the Praise Poem: Southern African Voices in History (Charlottesville/London 1991).

Perspektive/Perspektivismus
(engl. perspective, perspectivism; frz. perspective, perspectivisme; ital. prospettiva, prospettivismo; span. perspectiva, perspectivismo; russ. перспектива)

Einleitung; 1. Hauptaspekte der Darstellung; 2. Hinweise zur Wort- und Begriffsgeschichte; a) Perspektive; b) Horizont; **I. Vorgeschichte; II. Allgemeine Hinweise zur Emergenz des Perspektivismus; III. Die ästhetische Wende: Baumgarten und Chladenius; IV. Erklärungen der Emergenz des Perspektivismus; V. Technische Aspekte der Entwicklung: Von der Camera obscura zum Stereoskop; VI. Der Fluchtpunkt der Texte; VII. Von Kant zu Nietzsche; VIII. ›Horizont‹ in Hermeneutik und Literaturtheorie (Gadamer und Jauß)**

Einleitung

1. Hauptaspekte der Darstellung

Die Theorie der Perspektive beschäftigt sich damit, wie ein dreidimensionaler Gegenstand auf einer zweidimensionalen Oberfläche so dargestellt werden kann, daß das Bild den Proportionen des unmittelbaren Sehens entspricht. Die Geschichte der Perspektive teilt sich in zwei Abschnitte, die Periode der perspectiva communis oder naturalis und die der perspectiva artificialis oder pingendi. Im 15. und 16. Jh. löst die perspectiva artificialis oder pingendi (die Linear- oder Zentralperspektive, die den einen Gesichtspunkt betont, aus dem das

---

96 Ebd., 162, 165.

ganze Bild perspektivisch zu betrachten ist) die perspectiva communis oder naturalis ab.

Die Zentral- bzw. Linearperspektive ist keine technische Erfindung der Moderne. Ansätze zur Körperperspektive gab es bereits in der griechischen Vasenmalerei der Spätarchaik. Auch die Raumperspektive scheint in der (verlorengegangenen) Malerei Griechenlands und in den Skenographien (Bühnenbildern) des griechischen Theaters theoretisch wie praktisch gemeistert worden zu sein, ohne daß die Zentralperspektive bedeutend wurde. In den erhaltenen Zeichnungen werden die Gegenstände eines Bildes nicht aus einem, sondern aus mehreren Gesichtspunkten perspektivisch dargestellt, was den einzelnen Objekten einen größeren Realismus gibt. Da der Mensch als Maß aller Dinge galt und der ihn umgebende Raum bloßer Hintergrund seiner Darstellung war, wurden bildliche Darstellungen nie von einem einzigen Gesichtspunkt aus (dem später so genannten Augenpunkt) perspektivisch durchorganisiert.

Der Aufstieg der Linearperspektive seit Anfang des 15. Jh. muß als Manifestation eines langzeitlichen kulturrevolutionären Prozesses gelesen werden, in dem Subjekte sich in Raum und Zeit zu situieren und zu orientieren lernen und neue (weltliche) Verhaltensweisen einüben. Elisabeth Ströker hat das zentralperspektivische Sehen als »eine spezifische Verhaltensweise des Subjekts zur Welt« beschrieben, in der »das menschliche Leibsubjekt« sich »als Zentrum seiner räumlichen Welt«[1] erlebt. Die lebenspraktische Einstellung sehender Subjekte auf vor-sich-hingestellte Objekte ist, wie Gottfried Boehm nachdrücklich betont, die wohl wichtigste geschichtliche Voraussetzung der ästhetischen Kultur der Moderne und somit auch ihrer Theorie, der Ästhetik. Boehm nennt die Entstehung der Ästhetik mit Recht »Artikulation der neuen Grundstellung des Menschen« und prägt in diesem Zusammenhang den Begriff vom »Ästhetisch-werden der Kunst«[2]. Dabei bezieht er die neuzeitliche Kunst generell »auf die Koordinaten ihres perspektivischen Anfangs, d. h. ihres Anfangs einer horizonthaft-weltlichen Kunst« und spricht von einer »ihrer Geschichte einheitlich [...] zugrundeliegenden Ontologie der Perspektivität« (54 f.). Perspektivisches Sehen bzw. Denken habe sich vom 15. zum 18. Jh. von der bildenden Kunst allmählich in andere Bereiche ausgebreitet. Ein spätes Ergebnis dieses Prozesses sei die Bewußtseinsphilosophie des deutschen Idealismus, in dem Bewußtsein »ja wesentlich immer ausblickendes Bewußtsein von« (31) etwas sei. Derartige Deutungen rekapitulieren und präzisieren Martin Heideggers Einsichten in die epistemische Bedeutung von Bild und bildlicher Vor-Stellung für den Subjektivitätsbegriff der Moderne. »Daß die Welt zum Bild wird«, so Heidegger, »ist ein und derselbe Vorgang mit dem, daß der Mensch innerhalb des Seienden zum Subjectum wird«[3].

Die Auswirkungen dieser Entwicklung auf die Literaturgeschichte hat vor allem Erich Auerbach untersucht. Ihm zufolge ist ein »subjektivistisch-perspektivistisches Verfahren, welches Vordergrund und Hintergrund schafft, so daß die Gegenwart sich nach der Vergangenheitstiefe öffnet«, dem vormodernen Stil völlig fremd. Homer etwa kenne »nur Vordergrund, nur gleichmäßig beleuchtete, gleichmäßig objektive Gegenwart«[4]. Die Figuraldeutung, die die antike und christliche Weltsicht über Jahrhunderte hin beherrschte, laufe auf eine vertikale Einordnung allen Geschehens hinaus; sie habe deshalb »nicht wenig dazu beigetragen, den horizontalen, geschichtsmäßigen Zusammenhang der Geschehnisse zu entwerten« (113). Erst im 16. Jh. »lockerte sich die christlich-figurale Rahmenvorstellung fast überall in Europa« (302), was zu einem hohen »Maß von perspektivisch-geschichtlichem Bewußtsein« (305) geführt habe. Der Siegeszug der Perspektive erweist sich damit auch für die Ästhetik- und Literaturgeschichte als ein Schlüsselereignis. Das Aufkommen des Perspektivismus und die damit einhergehende Veränderung der Sehgewohnheiten ist ein kulturge-

---

[1] ELISABETH STRÖKER, Die Perspektive in der bildenden Kunst. Versuch einer philosophischen Deutung, in: Jahrbuch für Ästhetik und allgemeine Kunstwissenschaft 4 (1958/59), 144 f.
[2] GOTTFRIED BOEHM, Studien zur Perspektivität. Philosophie und Kunst in der Frühen Neuzeit (Heidelberg 1969), 38 f.
[3] MARTIN HEIDEGGER, Die Zeit des Weltbildes (1938), in: Heidegger, Holzwege (Frankfurt a. M. ³1957), 85.
[4] ERICH AUERBACH, Mimesis. Dargestellte Wirklichkeit in der abendländischen Literatur (1946; Bern/München ⁶1977), 9.

schichtliches Phänomen, ohne das beispielsweise auch die Begründung der Ästhetik durch Alexander Gottlieb Baumgarten nicht verständlich wird.

2. Hinweise zur Wort- und Begriffsgeschichte

a) Perspektive
Der Begriff der perspectiva hatte ursprünglich wenig mit Perspektive im modernen Sinne gemein; er wurde von Boethius als Übersetzung von τὰ ὀπτικά eingeführt.[5] Die traditionelle Optik wurde bis ins 15. Jh. perspectiva naturalis (die Lehre vom menschlichen Sehvorgang und von optischen Phänomenen wie Lichtbrechung) genannt, und noch im 16. Jh. bedeutet Perspektive häufig Optik (die begriffliche Unterscheidung von aesthetica naturalis und aesthetica artificialis, die Baumgarten in § 2 und 3 seiner Aesthetica [1750/58] vornimmt, scheint eine Anspielung auf den Unterschied von perspectiva naturalis und perspectiva artificialis zu sein[6]).

Sofern der Begriff der perspectiva naturalis eine Methode bildlicher Darstellung meint, ist er eindeutig von der perspectiva artificialis oder pingendi (linear- oder zentralperspektivisches Zeichnen) unterschieden. Räumliche Entfernung etwa wird in ihr nicht mit Hilfe geometrischer Regeln, sondern durch verbliche Farben wiedergegeben. Der Widerstand gegen die Anwendung geometrischer Regeln in bildlichen Darstellungen ging von Theologen bzw. Metaphysikern aus. Unendlichkeit galt ihnen als göttliches Attribut, weshalb sie vehement die These ablehnten, daß zwei Parallelen sich im Unendlichen treffen. Außerdem akzeptierten sie das Prinzip nicht, daß ein Punkt auf einer ebenen Fläche (wie der Fluchtpunkt der Zentralperspektive) das Unendliche repräsentieren kann. Der italienische Architekt, Mathematiker und Abt Guarino Guarini erfand deshalb eine Technik, die es erlauben sollte, komplexe Figuren ausschließlich mit endlichen Punkten darzustellen. Noch René Descartes zögerte anzuerkennen, daß Parallelen konvergierende Linien sind.

Die Ablehnung der perspectiva pingendi aus metaphysischen bzw. theologischen Gründen erinnert an die Herrschaft der Bedeutungsperspektive im Mittelalter. Diese beruhte auf dem Prinzip, daß es eine verhältnismäßige Beziehung zwischen der (ontologischen oder sozialen) Bedeutung einer Figur und ihrer gegenständlichen Größe in bildlicher Repräsentation geben müsse. So werden in mittelalterlicher Kunst die bedeutenderen Engel größer dargestellt als die weniger bedeutenden und die Stifter eines Gemäldes größer als Bauern. Dem gleichen Darstellungsprinzip entspricht die bildliche Wiedergabe von sogenannten Adoranten, betenden Figuren auf Christus- oder Marienbildnissen, die gegenüber Christus oder Maria verkleinert dargestellt werden, obwohl es sich bei ihnen in der Regel um Herrscher- oder Stifterfiguren handelt. Noch Leibniz leitet 1712 in einem Brief an Bartholomäus des Bosses den Unterschied zwischen Szenographie und Ichnographie bzw. Linear- und Vogelperspektive aus dem ontologischen Unterschied von menschlichem und göttlichem Sehen ab.[7]

Der Architekt und Bildhauer Filippo Brunelleschi wendet 1413 als erster die Regeln der Linearperspektive in seinem Schaffen an. Theoretisch gefaßt wurde die Methode in Leon Battista Albertis Schriften De pictura (1435) und Trattato della Pittura (1436). Alberti ging in seiner Konstruktion der Perspektive durch einen einzigen Fluchtpunkt von einer Sehpyramide aus, deren Basis im Gegenstand und deren Spitze im Auge lag; der Ansatz Albertis wurde von Piero della Francesca (De Prospectiva Pingendi [1474]) weitergeführt, indem er die Algebra bei der Lösung geometrischer Probleme anwandte.

b) Horizont
Der Begriff der Perspektive ist geschichtlich mit dem des Horizontes verbunden. Insbesondere im 18. Jh. gehören Perspektive, Horizont, Gesichtspunkt und Standort demselben Sprach- und Begriffsfeld an. Auch die Geschichte des Horizontbegriffs teilt sich, wie die der Perspektive, in zwei Abschnitte. Im Mittelalter, etwa bei Thomas von Aquin, ist der Begriff des horizon mit dem des

---
5 Vgl. GERT KÖNIG, ›Perspektive, Perspektivismus, perspektivisch‹, in: RITTER, Bd. 7 (1989), 363.
6 Vgl. BAUMGARTEN, Bd. 1 (1750), 1.
7 Vgl. JONATHAN CRARY, Techniques of the Observer. On Vision and Modernity in the Nineteenth Century (Cambridge, Mass. 1990), 51.

confinium (Grenze, Grenzscheide) austauschbar. Aufgrund seiner Doppelnatur als zugleich geistiges und sinnliches Wesen stehe der Mensch an der Grenze eines »horizonte aeternitatis et temporis«[8]. Der Begriff des Horizontes, der in seiner lateinischen Fassung vor allem bei Baumgarten eine große Rolle spielt, wird im 18. Jh. aus der Astronomie übernommen. »Diese Übernahme des Begriffes [...] bewirkt einen deutlichen Traditionsbruch. Sie verhindert, daß das breite Bedeutungsfeld, das sich der Begriff in der Spätantike und im Mittelalter erobert hatte, in seiner neuzeitlichen Verwendung wirksam bleibt. Insbesondere tritt die alte, zentrale, metaphysische Bedeutung völlig in den Hintergrund. An ihrer Stelle erscheint in der Neuzeit als wichtigstes Anwendungsgebiet des Begriffes die Erkenntnistheorie; seit Leibniz wird der Begriff ausschließlich zur Bestimmung des Umfanges der Erkenntnis verwandt. [...] Der Begriff des H[orizontes] dient jetzt nicht mehr dazu, dem Menschen seinen Platz in einem geordneten Kosmos gleichsam von außen anzuweisen, sondern wird zur Selbstbestimmung seines Erkenntnis- und Wirkungsbereiches verwendet. [...] Der Mensch *ist* nicht mehr, sondern *hat* einen H[orizont], den er durch Reflexion auf das eigene Bewußtsein selbst bestimmt.«[9]

Der Horizontbegriff wird seit dem 18. Jh. häufig weiter gefaßt als der der Perspektive oder der des Gesichtspunktes. Die Koordinaten von Raum und Zeit, die den Begriff der Perspektive überdeterminieren, treten beim Horizontbegriff zugunsten des umfassenderen Begriffs eines fast schon panorama-ähnlichen Lebensweltbegriffs zurück. Horizont gewinnt vor allem seit der zweiten Hälfte des 19. Jh. in einem geistigen Milieu an Bedeutung, in dem sich wissenschaftlicher Objektivismus und Lebenswelt unvereinbar gegenüberstehen, während Perspektive und Gesichtspunkt zu einer Zeit wichtig wurden, in der es um eine generelle kulturelle Umpolung der menschlichen Blickrichtung von der Vertikalen in die Horizontale ging. Allerdings hat der Begriff einer von einem Horizont bestimmten Lebenswelt mit den Begriffen der Perspektive und des Gesichtspunktes gemein, daß sie alle grundsätzlich geschichtliche Begriffe sind. Lebenswelt ist »das Ganze, in das wir als geschichtlich Lebende hineinleben«[10]. Perspektive, Horizont und Gesichtskreis sind Zentralbegriffe eines Denkens, das auf den »horizontalen, geschichtsmäßigen Zusammenhang der Geschehnisse«[11] ausgerichtet ist und ein hohes Maß an »perspektivisch-geschichtlichem Bewußtsein« (305) besitzt.

I. Vorgeschichte

Perspektive, Horizont und Gesichtskreis standen bei der Begründung der Ästhetik durch Baumgarten Pate. Sie gehören ebenso wie αἴσθησις einem Begriffsfeld an, das – um die Auerbachschen Begriffe zu benutzen – für die horizontalen Kulturen der Moderne strukturell genauso bedeutend ist, wie das Feld ihrer Gegenbegriffe für die vertikalen Kulturen der Antike und des Mittelalters. Die Gegenbegriffe vertikaler Kulturen schwingen in den dominanten Begriffen horizontaler Kulturen mit. Es ist deshalb sinnvoll, kurz auf die Geschichte einiger dieser strukturbildenden Begriffsgegensätze einzugehen.

Ein wichtiger Gegensatz zwischen den beiden Begriffsfeldern ist der ihrer unterschiedlichen Wertung von geistigem und körperlichem Sehen – oder, was weitgehend dasselbe ist, von θεωρία und αἴσθησις. Seit der Antike ist das θεωρεῖν bzw. die θεωρία (oder ihr lat. Äquivalent, die contemplatio) in aller Regel als geistiges Sehen mit dem göttlichen lumen, αἴσθησις als körperliches Sehen mit dem weltlichen lux verbunden, wobei das geistige Sehen das vorherrschende Paradigma vertikaler Kulturen, das körperliche dasjenige horizontaler Kulturen bildet.

Joachim Ritter weist auf die schon in der griechischen Antike geläufige volksetymologische Ableitung des θεώς vom θεωρός bzw. von θεωρεῖν hin. Diese (falsche) Etymologie hat über Jahrhun-

---

8 THOMAS VON AQUIN, De dilectione Dei et proximi, in: Thomas von Aquin, Opera omnia, hg. v. S. E. Fretté, Bd. 28 (Paris 1875), 328.
9 HANS-JÜRGEN ENGFER, ›Horizont I‹, in: RITTER, Bd. 3 (1974), 1195.
10 HANS-GEORG GADAMER, Wahrheit und Methode. Grundzüge einer philosophischen Hermeneutik (Tübingen 1960), 233.
11 AUERBACH (s. Anm. 4), 113.

derte hin Denkweisen beeinflußt: »das ›griechische Volksempfinden‹ sah in den Bestandteilen des zusammengesetzten Wortes θεωρός das Wort für Gott. Bei dem Grundwort θεωρητικός geht die Erinnerung an das festliche Anschauen der panhellenischen Kampfspiele mit.« Der aus ihr ableitbare »religiöse Oberton«[12] von Theorie mache sich, so Ritter, u. a. in der Bestimmung der freien Erkenntnis bei Aristoteles bemerkbar; denn Aristoteles habe die von allem Praktischen befreite Erkenntnis »theoretisch« genannt, »weil Theorie Anschauung des Göttlichen ist« (14). Dementsprechend wird Nikolaus von Kues am Ausgang des Mittelalters behaupten: Gott wird »Theos genannt, weil er alles schaut« (theos ab hoc dicitur, quia omnia intuetur)[13]. Im Hinblick auf die begriffliche und kulturelle Differenz von theōria und aisthēsis könnte man sagen: Wie die antike und mittelalterliche Kultur sich ihrer selbst durch die theōria (das Wahrnehmen bzw. Kontemplieren des Göttlichen) versichert, so die moderne durch die aisthēsis (das Wahrnehmen weltlicher Dinge). Die Perspektive konnte erst im Paradigma der aisthēsis relevant werden.

Die theōria korrespondiert mit der Bedeutungs-, die aisthēsis mit der Linearperspektive. Theōria und aisthēsis, Bedeutungs- und Linearperspektive sind in eine unterschiedliche Ontologie des Sehens integriert. Für Augustinus etwa ist Ziel des Blickens »jene höchste, unaussprechliche, unstoffliche, unwandelbare Natur [...], die durch die Einsicht irgendwie zu sehen ist« (illam summam, ineffabilem, incorporalem, immutabilemque naturam)[14];

das läuft auf eine Stillstellung des physischen Blickens hinaus, auf seine Beruhigung in einem (meditativen) Blick, der nicht mehr Blick auf Differenz ist. Die geistige Schau hebt sich als Blick selbst auf. Augustinus kritisiert den physischen oder ästhetischen Blick, der eine Spiegelbeziehung zwischen einem Ich und seinem materiellen Vorstellungsgegenstand begründe, scharf. Wer sich den Geist und seinen Blick nur als einen Vorgang in Raum und Zeit vorstellen könne, so meint er, könne sich nichts »sine phantasiis [...] corporum« (ohne körperliche Vorstellungsbilder) (979; dt. 82) vorstellen.

Die christliche Theologie des Blickes findet in Nikolaus von Kues' *De visione Dei* (1453) ihren Höhepunkt. ›Theos‹ bedeutet für Nikolaus kennzeichnenderweise gleichzeitig Gott und Gottes Blick; Gottes Blick bestimmt sein Wesen.[15] Um seine Theologie des Blickes zu erläutern, benutzt er ein ästhetisches Beispiel, ein Bild Gottes, das er auf seinen Reisen in einem Kloster gesehen hatte. Gott sei auf diesem Gemälde so dargestellt gewesen, daß er – ganz gleich von welcher Seite angeschaut – stets so zurückschaut, als ob er den jeweiligen Betrachter persönlich anschaue. Die Allgegenwart des göttlichen Blickes hat, so möchte man meinen, zumindest für ein ›modernes‹, individualisiertes Subjekt etwas Bedrohliches an sich. Für Nikolaus allerdings ist die Geborgenheit verheißende, väterliche Qualität des Blickes ausschlaggebend. »Et quia visus iconae te aeque undique respicit et non desinit quocumque pergas in te excitabitur speculatio.« (Weil der Blick des Bildes dich überall gleichermaßen anschaut und nicht verläßt, wohin immer du auch wandern magst, so wird in dir die Betrachtung geweckt.)[16] Gott ist Name eines Ortes der Autorität, dessen Blick den Bewegungen des Subjektes folgt; das Subjekt bewohnt keinen Ort, von dem aus es Welt seinen eigenen Erfordernissen entsprechend ordnen könnte. Nicht ein eigener ›Sehepunkt‹ (Johann Martin Chladenius) konstituiert das Subjekt als Person, sondern der absolute Blick Gottes. Die positive menschliche Reaktion auf einen göttlichen Ur-Blick ist nur möglich, weil Gott prinzipiell liebend und sorgend blickt. »Ita enim tu Domine intueris quodlibet, quod est, ut non possit concipi per omne id, quod est, te aliam curam habere« – »Et cum videre tuum sit esse tuum, ideo ego sum, quia tu me respicis. Et si a me

---

12 JOACHIM RITTER, Die Lehre vom Ursprung und Sinn der Theorie bei Aristoteles (1953), in: Ritter, Metaphysik und Politik. Studien zu Aristoteles und Hegel (Frankfurt a. M. 1969), 16.
13 NIKOLAUS VON KUES, De visione Dei/Die Gottesschau (1453), in: Nikolaus von Kues, Philosophisch-theologische Schriften, lat.-dt., hg. v. L. Gabriel, übers. v. D. Dupré/W. Dupré, Bd. 3 (Wien 1967), 98; dt. 99.
14 AUGUSTINUS, De Trinitate libri XV, in: MIGNE (PL), Bd. 42 (1886), 1096; dt.: Fünfzehn Bücher über die Dreieinigkeit, hg. u. übers. v. M. Schmaus, Bd. 2 (München 1936), 328.
15 Vgl. FRANZ BOLL, Vita contemplativa (Heidelberg 1920).
16 NIKOLAUS VON KUES (s. Anm. 13), 102; dt. 103.

vultum tuum subtraxeris, nequaquam subsistam. (Denn Du Herr, betrachtest alles, was ist, in einer Weise, daß man [...] nicht fassen kann, daß Du noch um etwas anderes Sorge trügest.« – »Und da Dein Sehen Dein Sein ist, bin ich also, weil Du mich anblickst. Wendest Du Dein Antlitz von mir, so würde ich in keiner Weise weiter bestehen.) (104; dt. 105) Der Mangel eines Individualitäts- und Subjektivitätsbegriffs hindert Nikolaus daran, die Zukunftsträchtigkeit perspektivischen Zeichnens einsehen zu können. (Der Zeitpunkt, zu dem Nikolaus seinen Traktat schreibt, ist schon deshalb interessant, weil er eine Ungleichzeitigkeit des Gleichzeitigen unterstreicht. Alberti widmet das erste schriftliche Manifest einer mathematischen Beherrschung des Bildraumes, seinen 18 Jahre vor *De visione Dei* entstandenen Traktat *De pictura* (1435), Brunelleschi, einem Studienfreund des Nikolaus von Kues.)

II. Allgemeine Hinweise zur Emergenz des Perspektivismus

In Augustinus' Kritik des körperlichen Sehens und in Nikolaus' Theologie des Blicks wird der eigentliche Gehalt des fast zweitausendjährigen Gegensatzes von theōria und aisthēsis greifbar. Während das Sehen des theōrein als geistiges Sehen auf eine Überwindung des praktischen und körperlichen Lebens zielt, bleibt das körperliche Sehen der aisthēsis auf Praxis und Poiesis bezogen; es erhebt sich nicht wie das theōrein über die Welt, um sich im Anschauen des Göttlichen der räumlich-zeitlichen Bewegung, dem handelnden Eingreifen, zu entziehen, sondern nutzt seine Wahrnehmungen, um gezielt zu handeln. In diesem Sinne bereitet der in der florentinischen Renaissance aufkommende Perspektivismus die ästhetische Kultur der Moderne vor. Die Einführung der Zentralperspektive in der Malerei und ihre theoretische Ausformulierung in der Literatur der Renaissance ist erstes Anzeichen einer Umorientierung des menschlichen Blicks, die zahllose Bereiche von Praxis und Theorie ergreift.

Es dauert allerdings noch knapp dreihundert Jahre, bis der Perspektivismus zum vorherrschenden Paradigma wird. Zu Beginn des 18. Jh. verwendet Gottfried Wilhelm Leibniz den Begriff der Perspektive in grundlegender Weise in seinen *Essais de Théodicée* (1710) und in der *Monadologie* (1714). Im § 357 der *Théodicée* heißt es: »Il est vrai que la même chose peut être représentée différemment, mais il doit toujours y avoir un rapport exact entre la représentation et la chose, et par conséquent entre les différentes représentations d'une même chose. Les projections de perspective qui reviennent dans le cercle aux sections coniques, font voir qu'un même cercle peut être représenté par une ellipse, par une parabole et par une hyperbole, et même par un autre cercle et par une ligne droite et par un point. [...] Aussi faut-il avouer que chaque âme se représente l'univers suivant son point de vue, et par un rapport qui lui est propre.«[17] Im berühmten Perspektivenparagraphen der *Monadologie* (§ 57) schreibt er: »Et comme une même ville regardée de differens côtés paroist toute autre et est comme multipliée *perspectivement*, il arrive de même, que par la multitude infinie des substances simples, il y a comme autant de differens univers, qui ne sont pourtant que les perspectives d'un seul selon les differens *points de veue* de chaque Monade.«[18] Kennzeichnend ist Leibniz' Tendenz, von konkreten Beispielen zur Perspektive als formender Voraussetzung weltlichen Daseins überzugehen. Aber erst Chladenius und Baumgarten ziehen radikalere Konsequenzen aus Leibniz' Perspektivismus. Chladenius führt 1742 in seiner *Einleitung zur richtigen Auslegung vernünfftiger Reden und Schriften* unter Berufung auf Leibniz den Begriff des ›Sehepunctes‹ ein, dessen Bedeutung er 1752 systematisch begründet; Baumgartens ästhetischer Perspektivismus ist sowohl von Leibniz wie von Chladenius beeinflußt.

---

17 GOTTFRIED WILHELM LEIBNIZ, Essais de Théodicée sur la bonté de Dieu, la liberté de l'homme et l'origine du mal (1710), in: Leibniz, Philosophische Schriften, frz.-dt., hg. u. übers. v. H. H. Holz u. a., Bd. 2/2 (Frankfurt a. M. 1986), 174.
18 LEIBNIZ, Monadologie (1714), in: ebd., Bd. 1 (Frankfurt a. M. 1986), 464.

III. Die ästhetische Wende: Baumgarten und Chladenius

Baumgarten führt den Begriff der Ästhetik 1735 gegen Ende seiner Dissertation *Meditationes philosophicae de nonnullis ad poema pertinentibus* ein. Er fordert dort, die Logik durch eine neue Disziplin, die Ästhetik, zu ergänzen, eine Disziplin, die für sinnlich erfahrbare Gegenstände (›res sensitive cognoscenda‹) zuständig sein soll. Den Neologismus Ästhetik hatte er durch den Begriff der aisthēta vorbereitet, den er der griechischen Philosophie entnommen hatte. Aisthēta waren in der antiken Philosophie sinnliche Vorstellungen, die Baumgarten den noēta, den gewußten Dingen, gegenübergestellt.

Murray Wright Bundy zufolge hat die vorplatonische griechische Philosophie epistemologisch nicht zwischen (äußerer) Sinneswahrnehmung und dem inneren Bild (der Vorstellung) dieser Wahrnehmung unterschieden.[19] Um diesem Mangel abzuhelfen, führte Platon die Begriffe aisthēsis und phantasia ein, wobei er ersteres als äußere Sinneswahrnehmung und letzteres als innere Vorstellung dieser Wahrnehmung definierte; aisthēsis ist passiv, phantasia aktiv.[20] Mit dieser Unterscheidung beginnt die lange Tradition einer hierarchischen Anordnung menschlicher Sinnesvermögen, die bald in aufsteigender Linie so arrangiert wurden: aisthēsis, phantasia, doxa (Meinung, Urteil) und dianoia (Denken), eine Anordnung, die die Erkenntnistheorie des Westens für Jahrhunderte bestimmen sollte. Es gab natürlich einige Variationen dieses Arrangements, etwa in Proklus' Kommentar zu Platons *Timaios*, in dem die Sequenz so lautet: aisthēsis, phantasia, doxa, epistēmē, nous. Grundlegend für die Erkenntnistheorie des Altertums ist die Sequenz aisthēsis, phantasia und nous.[21]

Als Baumgarten den Begriff aesthetica prägte und seine heutige Bedeutung einführte, war er sich der in dieser Sequenz reflektierten epistemologischen Tradition ebenso bewußt wie der philosophischen Tragweite, die darin lag, daß er aus dem Stamm ›aisth‹ abgeleitete Begriffe wiederaufgriff. In den *Meditationes* (1735), in denen er den Begriff der Ästhetik prägt, schreibt er: »graeci iam philosophi et patres inter αἰσθητά et νοητά sedulo semper distinxerunt, [...] sint ergo νοητά cognoscenda facultate superiore obiectum Logices; αἰσθητά, ἐπιστήμης αἰσθητικῆς sive Aestheticae.« (Schon die griechischen Philosophen und die Kirchenväter haben immer sorgfältig unterschieden zwischen den αἰσθητά und den νοητά. [...] Es seien also die νοητά – das, was durch das höhere Vermögen erkannt werden kann – Gegenstand der Logik, die αἰσθητά dagegen seien Gegenstand der ἐπιστήμη αἰσθητική (= der ästhetischen Wissenschaft) oder der *Ästhetik*.)[22] Zwar geht es ihm hier noch um eine grundlegende kategoriale und vertikale Trennung der beiden Vorstellungstypen der aistheta und noēta (die Forderung nach einer Ästhetik erfolgt hier noch recht unvermittelt), doch wird sich das bald ändern. Wann immer Baumgarten sich in der *Aesthetica* auf griechisch αἴσθησις bezieht (etwa § 631, wo er die Begriffe κατ' αισθησιν und κατα νοησιν einander gegenüberstellt), da eignete er sich nicht einfach griechisch αἰσθάνεσθαι (empfinden, wahrnehmen, mit den Sinnen erfassen) für seine eigenen Zwecke an, wie man häufig lesen kann, sondern griff bewußt auf die Tradition der griechischen Erkenntnistheorie zurück und modifizierte und definierte die Begriffe der aisthēsis und – dies zumindest in seinen *Meditationes philosophicae* und der *Metaphysica* – der phantasia für seine ganz anderen Zwecke um.

Baumgartens manchmal verdeckte, häufig direkte Anspielung auf den epistemologischen Status von aisthēsis in der antiken Erkenntnistheorie signalisiert eine Umwertung des Begriffs, die die Grundlage seines Perspektivismus bildet. Denn seit seiner *Metaphysica* von 1739 bemüht sich Baumgarten, eine Philosophie perspektivischen Denkens zu entwickeln. In einem zentralen Definitionsparagraphen (§ 513) dieser Schrift heißt es: »Anima

---

19 Vgl. MURRAY WRIGHT BUNDY, The Theory of the Imagination in Classical and Mediaeval Thought (Urbana, Ill. 1927), 13.
20 Vgl. GERARD WATSON, ›Phantasia‹ in Classical Thought (Galway 1988), 1–7.
21 Vgl. ebd., 104.
22 BAUMGARTEN, Meditationes philosophicae de nonnullis ad poema pertinentibus/Philosophische Betrachtungen über einige Bedingungen des Gedichtes (1735), lat.-dt., übers. v. H. Paetzold (Hamburg 1983), 86f.

mea est vis repraesentativa universi pro positu corporis sui.« (Meine Seele ist eine Kraft, welche vorstellt diese Welt *nach der Stellung meines Körpers*.) Wann immer Baumgarten die traditionellen Begriffe von cognitio clara, distincta usw. aus der rationalistischen Vermögenspsychologie zu übernehmen scheint, tut er dies, indem er sie auf die Dimensionen von Raum und Zeit bezieht und damit deren vertikale Anordnung unterminiert, etwa in § 512: »Ex positu corporis mei in hoc universo cognosci potest, cur haec obscurius, illa clarius, illa distinctius percipiam, i. e. repraesento pro positu corporis mei in hoc universo.« (Aus der Stellung meines Körpers in dieser Welt kann erkannt werden, warum ich mir diese Dinge dunkeler, jene klärer und andere deutlich vorstelle, das ist, ich stelle mir diese Dinge vor nach Maaßgebung der Stellung meines Körpers gegen dieselben in der Welt.)[23] Oder: »Ex positu corporis humani in universo cognosci potest, cur anima humana obscure, clare, distincte repraesentet haec, non alia. Ergo anima humana est vis repraesentativa universi pro positu corporis humani in eodem.« (Aus der Lage des menschlichen Körpers in der Welt kan erkannt werden, warum die menschliche Seele eben diese und keine andern Dinge sich dunkel[,] klar oder deutlich vorstelt. Folglich ist die menschliche Seele die Vorstellungskraft, welche sich die Welt nach der Lage des menschlichen Körpers in derselben vorstelt.) (293; dt. 280)

Baumgartens *Aesthetica*, in der sich Ausdrücke wie ›entsprechend der Lage meines Körpers in der Welt‹ häufen, verstärkt diese Bemühungen; kennzeichnenderweise faßt Baumgarten hier die facultas poetica als jenes Seelenvermögen, mit dessen Hilfe sich die Seele Welt aufgrund ihres körperlichen Standpunktes vorstellt. Die *Aesthetica* ist der manchmal angestrengte, manchmal deutliche Ausdruck einer neuen, horizontal-funktionalen Einstellung auf Welt, die Baumgarten zum erstenmal mit dem Namen Ästhetik belegt. Das wird immer wieder deutlich an der Wortwahl dieses begriffsgeschichtlich außergewöhnlich versierten Philosophen. Denn Baumgarten weist, zusätzlich zu den bereits genannten Anspielungen, auch auf andere Begriffsunterscheidungen der griechischen und lateinischen Philosophie hin, etwa wenn er im Abschnitt über die ›lux aesthetica‹ (§ 614 ff.) auf die erwähnte christliche Unterscheidung von lumen und lux, geistigem und körperlichem Sehen, Bezug nimmt. Entscheidend ist, daß dies selten affirmative Anspielungen sind; er deutet traditionelle Begriffsunterscheidungen kulturrevolutionär um, etwa wenn er die ›lux aesthetica‹ in Ausdrücken wie ›lux et perspicuitas aesthetica‹ mehrfach mit dem Begriff der Perspektive bzw. des Gesichtspunktes verbindet.[24] In den folgenden Paragraphen ist dann immer wieder von der ›lux et perspicuitas aesthetica‹ oder ›lux sensitiva‹, sinnlichem Licht, die Rede. »Omnis itaque lux aesthetica, quam in rebus intendas directo, perspicuitas rerum erit sensitiva, clariatas per multitudinem notarum extensio« (Alle ästhetische Leuchtkraft, die man in den Sachen zur Geltung zu bringen sucht, liegt also in der sinnlichen Deutlichkeit der Dinge selbst, in der Klarheit, die durch die Menge der Merkmale an Umfang gewinnt).[25]

Baumgarten entwickelt in der Nachfolge von Leibniz einen philosophischen Perspektivismus, der sich sprachlich in der häufigen Verwendung von perspicio, perspicue, perspicuitas spiegelt. Vielleicht am erstaunlichsten ist das relativ ungebräuchliche perspicue für das übliche clare. Ähnlich bezeichnend ist sein ständiger Gebrauch von horizon, das im frühen 18. Jh. in der Regel mit Gesichtskreis übersetzt wird. Das ästhetische Denken nehme »innerhalb seines Horizontes« (intra suum horizontem) die Dinge »mit den Sinnen und mit der vernunftähnlichen Intuition [präziser: Anschauung – d. Verf.] feinfühlig« wahr (sensibus et analogo rationis eleganter intueri satagunt) (271; dt. 161). Er nennt diesen Horizont »horizon aestheticus« (58) und weist jedem Individuum und jeder Kultur einen bestimmten, zeitlich und räumlich spezifischen ästhetischen Horizont zu. Obwohl Baumgarten gelegentlich auch vom ›horizon

---

23 BAUMGARTEN, Metaphysica (1739; Halle 1779), 176; dt.: Metaphysik, hg. v. J. A. Eberhard, übers. v. G. F. Meier (Halle 1783), 171 f.
24 Vgl. BAUMGARTEN, Bd. 2 (1758), 401 ff.
25 Ebd., 404; dt.: HANS RUDOLF SCHWEIZER, Ästhetik als Philosophie der sinnlichen Erkenntnis. Eine Interpretation der ›Aesthetica‹ A. G. Baumgartens mit teilweiser Wiedergabe des lateinischen Textes und deutscher Übersetzung (Basel/Stuttgart 1973), 299.

logicus‹ spricht, benutzt er den Begriff primär, um die unteren Erkenntniskräfte als ›analogon rationis‹ von den oberen abzugrenzen.[26] »Der Begriff ›H.‹ dient damit nicht mehr wie bei Leibniz zur Kennzeichnung des Umfanges der menschlichen Erkenntnis überhaupt, sondern dazu, den Umfang bestimmter Erkenntnisvermögen gegeneinander abzugrenzen. Auf diese Weise beginnt bei Baumgarten jene Differenzierung in Hinblick auf den inhaltlich bestimmten Standpunkt, von dem aus geurteilt wird, die für die spätere Ausbreitung des Begriffs charakteristisch ist«[27], weshalb Baumgarten gelegentlich bereits vom ›horizon morum‹, dem Horizont der Sitten, rede.

Mit seiner Akzentuierung von horizon bzw. Gesichtskreis deutet Baumgarten auf die strukturelle Abhängigkeit des menschlichen Denkens von Vorstellungen hin, deren subjektkonstitutive Bedeutung er präzis beschreibt. Indem sich das Subjekt auf (imaginäre oder reale) Gegenstände bezieht und damit in Zeit und Raum situiert, konstituiert es sich als Standort und Ausgangspunkt disponierender Blicke. Baumgarten verlagert so den Akzent vom Inhalt einzelner Vorstellungen auf die Relation von Ich und Vorstellung.

Dies führt ihn auch zu einem präziseren Verständnis von Darstellung. Baumgarten hatte die Ästhetik als eine Theorie der sinnlichen Erkenntnis und Darstellung definiert, eine Definition, die häufig um den Aspekt der Darstellung verkürzt wiedergegeben wird. Er will der menschlichen Blick an Ausdrucksmitteln (»signis convenientibus«) ausrichten, die es »ab oculos ponere« (vor die Augen zu stellen)[28] gelte. Dabei setzt er die Augenmetapher sehr bewußt ein. Zwar benutzt er sie seltener als sein Übersetzer Hans Rudolf Schweizer, dafür aber immer auf systematische und signifikante Weise; in diesem Fall: ›ab oculos ponere possit‹. Wenn Baumgarten von den Augen und vom Sehen spricht, dann fast immer im Sinne einer blickenden Einstellung auf Darstellung (repraesentatio, signum, propositio). Er hält die Bestimmung bildlicher Darstellungen aufgrund der raum-zeitlichen Eigenschaften des Dargestellten für poetisch: »phantasmata indicando coexistentia per locum et tempus determinare poeticum« (Einbildungen zu bestimmen, indem man das in Raum und Zeit Mitwirkliche angibt.)[29] Die ›signa convenientes‹ initiieren ein reflexives Nachdenken in den Koordinaten von Raum und Zeit, das nicht einfach darauf zielt, Gegenstände wahrzunehmen bzw. zu erkennen; das Subjekt reflektiert vielmehr auf die Zeichen bzw. Vorstellungen, sich selbst und die Gegenstände sowie die Beziehungen zwischen ihnen. Reflexion erlaubt es dem Subjekt, sich kontemplativ sozusagen auf sich selbst zurückzubeugen und damit seine Eigenständigkeit zu begründen. Für Baumgarten ist Reflexion allerdings kein zeitneutraler Vorgang; denn mit den Zeichen, die wir uns vor Augen stellen, können wir vergangene Ereignisse oder Stimmungen, die uns betreffen, als Geschichte uns gegenüberstellen und durch Reflexion auf sie unsere Lebensgeschichte als Einheit und uns selbst als Identität erfahren. Zeichen gestatten, in den Worten Baumgartens, die Vorstellung »meines vergangenen Zustandes« (status mei praeteriti) und, wie er etwas überraschend hinzufügt, folglich auch »des vergangenen Zustandes der Welt« (status mundi praeteriti)[30] als Geschichte und Erzählung. Die »facultas fingendi«[31] – oder »dispositio poetica« (14) – wird deshalb für Baumgarten zur unentbehrlichen Vorbedingung der Selbstbestimmung des modernen Subjekts. Das Ideal des modernen Subjekts ist der schöne Geist, der sich als Ausgangspunkt ordnender Blicke erfährt: »Ingenium venustum naturaliter dispostum est, ut aliquando non a statu suo praeterito solum, quicquid memoria regerat, sed ab ipsis sensationibus externis abstrahendo fictum aliquem statum, ut futurum, attendat, eundem, ut bonum vel malum, perspicaciter intueatur et signis convenientibus ab oculos ponere possit, sub intellectus et rationis imperio« (Der schöne Geist ist natürlicherweise so veranlagt, dass er im gegebenen Falle nicht nur von seinem eigenen vergangenen Zustand, was auch immer das Gedächtnis reproduziert, sondern auch von den äußern Wahrnehmungen selbst abstrahiert und sich auf einen erdachten Zustand, etwa einen zukünftigen, konzentriert, ihn, sei er nun gut oder

---

26 Vgl. ebd. 6, 59, 61, 272 f., 429.
27 ENGFER (s. Anm. 9), 1197.
28 BAUMGARTEN, Bd. 1, 16; dt. 129.
29 BAUMGARTEN (s. Anm. 22), 30; dt. 31.
30 BAUMGARTEN (s. Anm. 23), 197; dt. 191 f.
31 BAUMGARTEN, Bd. 1, 13.

schlecht, scharf ins Auge fasst und fähig wird, ihn mit angemessenen Ausdrucksmitteln, und zwar unter der Leitung des Verstandes und der Vernunft, vor Augen zu stellen.) (16; dt. 129) Dies ist auch der Grund, weshalb die Einbildungskraft zu einem für das moderne Subjekt konstitutivem Vermögen avanciert. Bereits in seiner *Metaphysik*, im allerersten Paragraphen des Abschnitts über die Einbildungskraft, hatte Baumgarten bekräftigt: »Repraesentatio status mundi praeteriti, hinc status mei praeteriti est phantasma (imaginatio, visum, visio). Ergo phantasmata formo, seu imaginor, idque per vim animae repraesentativam universi pro positu corporis mei. Habeo facultatem imaginandi seu phantasiam. Quumque imaginationes meae sint perceptiones rerum, quae olim praesentes fuerunt sunt sensorum, dum imaginor, absentium.« (Die Vorstellung meines vergangenen Zustandes, folglich auch des vergangenen Zustandes der Welt, ist eine Einbildung. Folglich habe ich Einbildungen, und sie werden durch die Kraft der Seele gewürkt, wodurch sie sich Welt nach der Lage ihres Körpers vorstellt. Folglich habe ich eine Einbildungskraft (phantasia), oder das Vermögen der Einbildungen. Und da nun meine Einbildungen Vorstellungen solcher Sachen sind, die vordem gegenwärtig waren, so stellen sie mir Sachen vor, die ich empfunden habe, welche aber zu der Zeit, da ich sie mir einbilde, abwesend sind.)[32] Damit wird die Einbildungskraft zu einem grundlegenden Begriff moderner Subjektkonstitution.

Wann immer Baumgarten davon spricht, wie dringend in kulturpolitischer Hinsicht eine Zentrierung des menschlichen Blickes an vorbildlichen Darstellungen sei, benutzt er vorwiegend Ausdrücke, die zur Wortfamilie von Perspektive gehören. Er ist anscheinend daran interessiert, (kulturell hochgewertete) Texte als unentbehrliche Foci menschlicher Aktivität zu etablieren. Dem häufigen Gebrauch der Redewendung von der ›Lage des menschlichen Körpers in der Welt‹ entspricht der Begriff eines Subjektes als punctum, eines subjektiven Augenpunktes, von dem aus das Subjekt sein jeweiliges räumlich-zeitliches Gesichtsfeld zusammenfaßt und beherrscht. Diese (vorgestellte) Macht ist von dem Selbstverständnis des Subjekts als selbstbewußter Beobachter von Welt abhängig, eines Beobachters, dem Darstellungen, besonders in der Form von Erzählungen und Geschichten, Halt geben.

1752, kurz nach der Publikation des ersten Bandes von Baumgartens *Aesthetica*, publiziert Chladenius eine *Allgemeine Geschichtswissenschaft*. Die Koinzidenz ist nicht zufällig. Auch Chladenius beschreibt die Dialektik von Subjekt und Objekt als eine visuelle Dialektik.

Das wird bereits im ersten Absatz des Werkes deutlich: »Da die Welt nichts anders, als eine unbegreifflich grosse Menge, oder Reyhe, von lauter endlichen und eingeschrenckten Wesen ist; so müssen in derselben, und in allen ihren grossen und kleinen Theilen unaufhörlich Veränderungen vorgehen. Gleichwie nun der unendliche Geist, und das höchste Wesen sich dieselben insgesamt auf das allerdeutlichste vorstellet; also treffen wir bey denen mit Verstand begabten Geschöpfen, oder endlichen Geistern, ebenfalls eine Krafft an, sich die Welt mit ihren Veränderungen, jedoch auf eine gantz andere und eingeschrenckte Art, vorzustellen: indem sie weder alle Veränderungen oder Begebenheiten erkennen, noch sich dieselben auf einmahl, und in ihrer gantzen Verbindung vorstellen können. Und da jede Art der endlichen Geister eine besondere Art haben muß, sich die Welt vorzustellen, so ist uns zu wissen besonders nöthig, wie der Menschen ihre Erkentniß von denen Veränderungen der Welt beschaffen ist.«[33]

Chladenius greift hier die traditionelle vermögenspsychologische Unterscheidung der menschlichen und göttlichen Erkenntnisart auf; die cognitio intuitiva erlaube es Gott, alles Seiende im selben Augenblick und unvermittelt (d.h. ohne die Vermittlung von Zeichen) zu erkennen, während der Mensch Erkenntnis nur durch die cognitio symbolica erreichen kann. Während die anschauliche Erkenntnis Gottes unabhängig von Raum und Zeit ist, ist die symbolische (oder zeichenvermittelte bzw. diskursive) Erkenntnis des Menschen nur realisierbar als raum-zeitliches Geschehen. Gotthold Ephraim Lessing, Moses Mendelssohn und eine Reihe anderer Zeitgenossen werden wenige Jahre später Züge der cognitio intuitiva mit der cognitio

---

32 BAUMGARTEN (s. Anm. 23), 197; dt. 191 f.
33 JOHANN MARTIN CHLADENIUS, Allgemeine Geschichtswissenschaft (1752; Wien u.a. 1985), 1 f.

symbolica des Menschen verbinden und bei der menschlichen Erkenntnis zwei Arten unterscheiden, die anschauende (oder ästhetische) Erkenntnis und die begriffliche Erkenntnis. Baumgarten und Chladenius bereiten diese Entwicklung vor. Baumgarten hatte bereits in seiner *Metaphysik* von der anschauenden Erkenntnis gesagt, sie werde ›durch die Kraft der Seele gewürkt, wodurch sie sich die Welt nach der Lage ihres Körpers vorstellt‹. Ähnlich geht es Chladenius nicht um eine ontologische Rangordnung von göttlicher und menschlicher Erkenntnis, sondern um die Legitimierung menschlicher, körperlicher, perspektivischer Erkenntnis, d. h. um die Umpolung der Blickrichtung von der Vertikalen in die Horizontale. Perspektivische Erkenntnis setzt er dabei mit historischer Erkenntnis gleich. Zwar verweist ein Ding, das ist, auf den Raum, eine Sache, die geschieht, auf die Zeit; doch gelte: »Die Erkentniß der Dinge, welche sind oder geschehen, wird zusammen genommen die Historische Erkentniß genennet.« (2) Die historische oder perspektivische Erkenntnis erfordert einen Subjektbegriff, dem zufolge sich das Subjekt von seiner Umwelt abschottet, bevor es sich auf Welt mit disponierenden Blicken beziehen kann: »Der Ort, den unser Auge bey Beschauung eines Cörpers einnimmt, heisset der Gesichtspunckt: oder der Sehepunckt« (37); »der Sehepunckt ist nichts anders, als der Zustand des Zuschauers, in so ferne daraus die Art des Anschauens, und die Beschaffenheit der Erzehlung kan verstanden werden.« (100) Chladenius' Gedanken kreisen immer wieder um die Dialektik von abgesonderter Individualität und welterschließendem Bezug auf Gegenstände. Zwar sei »das Gefühl der Sinn […], wodurch wir eigentlich von dem Daseyn eines Cörpers versichert werden« (29). Doch gilt gleichzeitig: »Bey der Empfindung der Cörper giebt man allezeit hauptsächlich aufs Sehen achtung, welches nicht allein der deutlichste Sinn ist, sondern auch derjenige, womit wir am weitesten reichen; und bey diesem Sinn nun ist klar genug, was der Sehepunckt sey, nehmlich der Ort, wo das Auge des Zuschauers sich befindet.« (93) Der Blick vermittelt die scheinbaren Gegensätze von Exklusivität und Weltbezug.

Anfänglich von der Optik ausgehend, erweitert Chladenius den Begriff des ›Sehepunktes‹ systematisch zu einer Philosophie normativer Aus- und Einrichtung von Subjekten in den Dimensionen von Raum und Zeit. Der durch einen jeweils eigentümlichen Standort (= Traditionen) determinierte ›Sehepunckt‹ ist »der innerliche und äusserliche Zustand eines Zuschauers, in so ferne daraus eine gewisse und besondere Art, die vorkommenden Dinge anzuschauen und zu betrachten, flüsset.« (100) Innerlichkeit wird so zur Funktion eines räumlich und zeitlich definierten Blickpunktes.

Das unentbehrliche Korrelat des Gefühls der eigenen Körperlichkeit, d. h. der Selbstvergewisserung der eigenen Existenz als Ausgangspunkt der Orientierung, bildet der ›visuelle‹ Bezug auf Gegenstände. »Alle Vorstellungen der Dinge werden Bilder gennenet; zumahl wenn es Dinge sind, die sich durch die Augen erkennen lassen.« (126) Das angeblickte Objekt wird für ihn nicht nur als Vor-, sondern auch als textliche Darstellung wichtig; auch bei Texten handelt es sich stets um eine visuelle Beziehung. Denn Chladenius will Bild – wie er wiederholt betont – keineswegs auf »das Bild der Geschichte, welches ein Zuschauer durch seine Sinne erhalten hat« (126 f.), beschränken. Auch die »aus Thaten und Begebenheiten« bestehende Erzählung müsse »in die Augen der Menschen fallen« (XXIX), wobei er den Ausdruck ›in die Augen der Menschen fallen‹ durch Fettdruck hervorhebt. Die Bedeutung perspektivischen Sehens kulminiert in der kulturellen Bedeutung von Texten für Subjekte, die sich als deutende Lesende reflexiv ihres eigenen Ortes vergewissern. Der ›Sehepunckt‹ wird zur Grundlage eines »Anschauungsurtheils« (115), das seinen Sinn nicht so sehr in seinen Inhalten findet als in der Form von Reflexivität als Voraussetzung moderner Subjektkonstitution.

Allerdings bestimmt Chladenius den ›Sehepunckt‹ nicht nur individualistisch bzw. subjekttheoretisch, sondern auch wie später Johann Gottfried Herder in Bezug auf Gemeinschaft: »Nicht weniger ist beträchtlich, ob der Zuschauer mit denen, die die Begebenheit angehet, einerley Sitten habe oder nicht; einerley Religion, oder nicht; mithin, da Länder und Völker, die zumahl weit von einander entfernet sind, gemeiniglich andere Sitten und andere Religion haben, ob der, der einer Begebenheit zusiehet, aus eben dem Lande sey, oder nicht? Der Unterschied ist, daß wenn eine

Geschichte und Begebenheit einen Zuschauer von gantz fremden Sitten hat, er sich ein gantz ander Bild und Vorstellung davon macht, als die Einheimischen vermuthen.« (109f.) Doch spielt dieser Begriff individueller Volkskulturen bei Chladenius nur eine untergeordnete Rolle. Sein Interesse gilt einem subjekttheoretischen Perspektivismus. Das (kaum verdeckte) Ziel dieser Philosophie des ›Sehepunctes‹ ist eine Zähmung des schweifenden Blickens zur konzentrierten Anschauung; diese zwängt das Subjekt auf einen Augenpunkt ein und diszipliniert es so: »Eine sehr kurtze Vorstellung, oder auch die erste Vorstellung eines Cörpers durchs Gesicht, wird ein Blick, oder Anblick genennet. Eine fortgesetzte Vorstellung aber von körperlichen Dingen durchs Gesicht, wird das Anschauen genennet. Das Anschauen ist daher ein vielfacher und ununterbrochener Anblick. Doch ist ein grosser Unterschied, ob ich einen Cörper bloß erblicke, oder ob ich ihn anschaue.« (31) Erst die Anschauung begründet eine Dialektik von Subjekt und Objekt, die es dem Subjekt erlaubt, durch seine Reflexion auf Gegenstände sich als Selbst zu ergreifen. Das hat Konsequenzen für die sich entfaltende bürgerliche Lesekultur. Leonhard Meister wird in seinem Buch über die dichterische Einbildungskraft 1778 schreiben: »Ohne Ordnung und Ebenmaß fehlts der Imagination [des Subjektes – d. Verf.] an festem Punkt, um den sie sich herumdreht«[34]. Der feste Punkt (das Kunstwerk, das Buch als schriftlicher Spiegel) entspricht in der Dialektik von Subjekt und Objekt dem ›Sehepunckt‹ des Lesers. Das Buch, auf das sich der Lesende blickend bezieht, bildet die Grundlage eines Anschauungsurteils, das es dem Leser erlaubt, sich als Selbst zu konsolidieren.

Die christliche Tradition hatte insistiert, daß sich der Geist im Spiegel von Bildern niemals als Selbst erfahren könne; versuche er es dennoch, so werde er, in Augustinus' Formulierung, »ihnen nämlich irgendwie angeglichen, nicht in seiner Wirklichkeit, sondern in seiner Meinung, nicht als ob er sich für ihr Bild hielte, sondern indem er sich ganz und gar für das hält, dessen Bild er in sich trägt«. (Ita enim conformatur eis quodam modo, non id existendo, sed putando: non quo se imaginem putet; sed omnino illud ipsum cujus imaginem secum habet.)[35] Einzig im bildlosen Medium Gott dürfe sich der Christ als ›identitas personalis‹ konstituieren, und dazu müsse er sein geistiges, nicht sein körperliches Sehen aktivieren. Noch Descartes lehnt im zweiten Abschnitt seiner *Méditations* (1641) das »contempler la figure ou l'image d'une chose corporelle«[36] als unwesentlich oder gar gefährlich ab. Wenn man im 18. Jh. dem contempler von figure und image schließlich eine konstitutive Bedeutung für das Ich des cogito zuschreibt, dann hat das weitreichende ordnungs- und diskurspolitische Folgen. Das sich spiegelnde Ich löst sich aus autoritären Ordnungen und ergreift im Spiegel von Kultur von sich selbst Besitz; es ist das Subjekt des Besitzindividualismus. Auch das Ästhetische fungiert, als eine wichtige und schon bald institutionalisierte Form der Repräsentation des Imaginären, in diesem Sinne als Spiegel.

IV. Erklärungen der Emergenz des Perspektivismus

Der Fluchtpunkt zentralperspektivischer Zeichnungen ist der Bildpunkt eines unendlich fernen Punktes; ihm ist ein bildexterner Ursprungsort, der Augenpunkt, zugeordnet. Diese technischen Details haben mentalitätsgeschichtliche Folgen. So wie der Fluchtpunkt das Bild objektiv zu organisieren scheint, so erweckt der Augenpunkt im Betrachter den Eindruck, daß er über das Gesehene verfügt. Diese Ermächtigung des Subjekts begünstigt eine Trennung »von Selbstsein und Welt (als Vorstellung, Erscheinung, Anschauung, Gegenstand)«[37]. Niemand kann sagen, wodurch dieser Prozeß eingeleitet worden ist. Doch scheint sicher zu sein, daß die Linearperspektive frühes Zeugnis eines langzeitlichen kulturrevolutionären Prozesses ist, in dem Subjekte durch das Durchexerzieren neuer Verhaltensweisen sich in Raum und Zeit zu

---

34 LEONHARD MEISTER, Ueber die Einbildungskraft (Bern 1778), 104.
35 AUGUSTINUS (s. Anm. 14), 978; dt. Bd. 2, 80.
36 RENÉ DESCARTES, Méditations (1641), in: Descartes, Œuvres et lettres, hg. v. A. Bridoux (Paris 1952), 277f.
37 BOEHM (s. Anm. 2), 11.

situieren lernen und sich damit allererst als (forschende und handelnde) Subjekte konstituieren.

Ein Aspekt dieses Prozesses ist die Emergenz eines neuen Begriffs von Unendlichkeit. Die theologische Tradition hatte, wie erwähnt, Unendlichkeit als göttliches Attribut verstanden. Der Fluchtpunkt linearperspektivischen Zeichnens hatte folglich über seine technischen Aspekte hinaus, insofern er als unendlich ferner Punkt verstanden wurde, metaphysische Implikationen. Der Siegeszug der Technik zentralperspektivischen Zeichnens spiegelt demzufolge eine theoretisch wie mentalitätsgeschichtlich bedeutende Umdeutung des Unendlichkeitsbegriffs wider.

Diese Umdeutung bzw. Säkularisierung des Unendlichkeitsbegriffs hat Brian Rotman in seinem bedeutenden Buch *Signifying Nothing* (1987)[38] untersucht. Er geht dabei von dem oben erwähnten Gemäldebeispiel des Nikolaus von Kues aus und kontrastiert die von gotischer Ikonik vorausgesetzte Sichtweise, die für Nikolaus bestimmt ist, mit dem Auge des individuellen Betrachters perspektivischer Bilder, deren Ära in der Lebenszeit des Nikolaus beginnt. In gotischer Ikonik verhindert das all-sehende, zeit- und raumlose Auge Gottes ein subjektivistisches Hochgefühl des Bildbetrachters; der Betrachter unterwirft sich dem Auge Gottes, das alles menschliche Sehen transzendiert und als raum- und zeitloses den Raum und die Zeit so durchdringt, daß als sie aufhebt. Der Blick Gottes wird Anlaß zu einer religiösen theōria oder contemplatio, die institutionelle Autorität grundsätzlich anerkennt. Unendlichkeit ist hier Ort einer Autorität, der sich der menschliche Blick nur im Akt der gläubigen Unterwerfung annähern kann. Das zur gleichen Zeit aufkommende perspektivische Zeichnen dagegen setzt einen anderen Unendlichkeitsbegriff voraus; Unendlichkeit meint hier einen zwar entrückten, aber in der Horizontalen lokalisierten Punkt, auf den sich der raumzeitliche und körperliche Blick eines Handelnden bezieht.

Rotman entwickelt dieses neue Verhältnis zur Unendlichkeit subtil und behutsam aus der Einführung des mathematischen Zeichens der Null im Europa des 13. Jh. Die Null setzt ein handelndes, zählendes Subjekt voraus. Die Konsolidierung eines selbstbewußten Subjektes führt nach Rotman 1425 (Nikolaus wurde 1401 geboren) zu Brunelleschis Experimenten und in der Folge zur Einführung perspektivischen Zeichnens und damit zur kompositorischen Bedeutung des Fluchtpunktes. Der Betrachter eines linearperspektivischen Bildes hat das Gefühl, in das Bild hineingezogen und auf den Fluchtpunkt hin bewegt bzw. zentriert zu werden. Unter den Bildzeichen kommt dem Fluchtpunkt folglich eine doppelte Funktion zu: immanent, d. h. als Bildpunkt, ist er Zeichen unter Zeichen, das allerdings wegen seiner unendlichen Ferne von niemandem und nichts besetzt sein kann; gleichzeitig aber ist es ein Metazeichen, das das Bild organisiert. Der Fluchtpunkt, der eine neue Geschlossenheit des Bildes begründet, gibt gleichzeitig dem Betrachter das Gefühl, als Sehender ausgezeichnet und individuell angesprochen zu sein; er wirkt folglich in beide Richtungen, in die Richtung des Sehenden und in die entgegengesetzte eines unendlich fernen Punktes. Dem Sehenden spiegelt er seine eigene Bedeutung zurück, indem er ihn an die Stelle des Künstlerauges setzt. Das perspektivische Bild vermittelt so über das Verhältnis von Augenpunkt und Fluchtpunkt einerseits das Gefühl zentrierter, handlungsmächtiger Subjektivität, andererseits den Eindruck einer Öffnung von Subjektivität auf Unendlichkeit (Fluchtpunkt als Bildpunkt eines unendlich fernen Punktes). Das perspektivische Bild ermöglicht es dem Subjekt folglich, der Unendlichkeit der raumzeitlichen Dimension zum Trotz, sich als einheitlicher, ausgezeichneter Betrachter zu erleben, der eine Perspektive, einen point of view, eine Meinung hat; er erlebt sich als Individuum.

Dem entspricht literaturgeschichtlich der von Auerbach in *Mimesis* beschriebene langzeitliche Übergang von der Figuraldeutung, die die christliche Weltsicht über Jahrhunderte hin beherrschte und auf eine vertikale Einordnung allen Geschehens hinauslief, zu einer Darstellungsweise, die »den horizontalen, geschichtsmäßigen Zusammenhang der Geschehnisse« betont. In der Figuraldeutung wurde »ein vertikaler Zusammenhang, von allem Geschehen nach oben aufsteigend, in Gott

---

[38] Vgl. BRIAN ROTMAN, Signifying Nothing. The Semiotics of Zero (New York 1987).

konvergierend, allein bedeutend«[39]. Dieser vertikale Zusammenhang erlaubte es, unverbundene geschichtliche Ereignisse als Prä- oder Postfigurationen einander zuzuordnen, d. h. ihren figuralen Zusammenhang aus einem vorgegebenen göttlichen Heilsplan abzuleiten. »Wenn zum Beispiel ein Vorgang wie das Opfer Isaacs interpretiert wird als Präfiguration des Opfers Christi, so daß also in dem ersteren das letztere gleichsam angekündigt und versprochen wird, und das letztere das erstere erfüllt [...], so wird ein Zusammenhang zwischen zwei Ereignissen hergestellt, die weder zeitlich noch kausal verbunden sind – ein Zusammenhang, der auf vernünftige Weise in dem horizontalen Ablauf, wenn man dies Wort für eine zeitliche Ausdehnung gestattet, gar nicht herzustellen ist. Herzustellen ist er lediglich, wenn man beide Ereignisse vertikal mit der göttlichen Vorsehung verbindet, die allein auf diese Art Geschichte planen und allein den Schlüssel zu ihrem Verständnis liefern kann. Die zeitlich-horizontale und kausale Verbindung der Ereignisse wird gelöst, das Jetzt und Hier ist nicht mehr Glied eines irdischen Ablaufs, sondern es ist zugleich ein schon immer Gewesenes und ein sich in Zukunft Erfüllendes; und eigentlich, vor Gottes Auge, ist es ein Ewiges, Jederzeitliches, im fragmentarischen Erdgeschehen schon Vollendetes.« (75) Noch Dantes »Auffassung vom Geschehen« in der *Divina Commedia* (um 1307–1321) entfalte sich »in ständigem Zusammenhang mit einem göttlichen Geschehensplan, auf dessen Ziel das irdische Geschehen ständig sich hinbewegt«. Dies sei »nicht nur so zu verstehen, daß die menschliche Gesellschaft im ganzen in fortschreitender Bewegung sich dem Weltende und der Vollendung des Gottesreiches nähert, wobei also alles Geschehen horizontal in die Zukunft ausgerichtet wäre, sondern auch im Sinne einer jederzeitlichen, von aller fortschreitenden Bewegung unabhängigen Verbindung eines jeden irdischen Ereignisses und einer jeden irdischen Erscheinung mit dem göttlichen Plan; es ist also jede irdische Erscheinung, durch eine Fülle vertikaler Verbindungen, unmittelbar auf den Heilsplan der Vorsehung bezogen.« (186)

Auerbach faßt den schrittweisen Übergang von vertikalen zu horizontalen Kulturen teils als Verlust eines transzendenten Grundes, in dem Sinn vertäut werden kann, teils als Emergenz diesseitiger Sinnorientierungen, deren Verankerung nicht durch transzendente Vorgaben gewährleistet ist, sondern von den Teilnehmern des kulturellen Prozesses selbst, d. h. weltimmanent, geleistet werden muß. Zwar hat nach Auerbach bereits »Dantes Komödie [...] den menschlich-tragischen Realismus verwirklicht«, wobei die christliche Figuraldeutung gegen die Absicht des Autors »dabei selbst zerstört worden« (220) sei; doch sei dies nicht zeittypisch gewesen, da »die christlich-figurale Rahmenvorstellung« sich erst im 16. Jh. »fast überall in Europa« (302) gelockert habe. Insbesondere Michel de Montaigne habe »von allen Zeitgenossen am reinsten das Problem der Selbstorientierung des Menschen gesehen; die Aufgabe, sich ohne feste Stützpunkte in der Existenz Wohnlichkeit zu verschaffen« (296). Im Zuge der Emergenz des Perspektivismus werden Bilder des Schwankens oder eines unsicheren Grundes gängiger, Bilder, die am Ende des 18. Jh. in zahlreichen Münchhausen-inspirierten Gleichnissen kulminieren, nach denen sich der Mensch an seinem eigenen Schopf aus dem Sumpf der Sinnlosigkeit ziehen muß. Es ist symptomatisch, daß Montaigne, wenn er derartige Bilder benutzt, wie von ungefähr auf die Perspektive zu sprechen kommt (selbst wenn das Wort nicht vorkommt): »Le monde n'est qu'une branloire perenne. Toutes choses y branlent sans cesse: la terre, les rochers du Caucase, les pyramides d'Ægypte, et du branle public et du leur. La constance mesme n'est autre chose qu'un branle plus languissant. Je ne puis asseurer mon object. Il va trouble et chancelant, d'une yvresse naturelle. Je le prens en ce point, comme il est, en l'instant que je m'amuse à luy. Je ne peints pas l'estre. Je peints le passage: non un passage d'aage en autre, ou, comme dict le peuple, de sept en sept ans, mais de jour en jour, de minute en minute. Il faut accomoder mon histoire à l'heure. Je pourray tantost changer, non de fortune seulement, mais aussi d'intention. C'est un controlle de divers et muables accidens, et d'imaginations irresoluës et, quand il y eschet, contraires: soit que je sois autre moymesme,

---

[39] AUERBACH (s. Anm. 4), 75.

soit que je saisisse les subjects par autres circonstances et considérations.«[40]

Eine etwas anders gewichtete, aber mit dem bisher Gesagten durchaus zu vereinbarende Erklärung bietet der Medientheoretiker Marshall McLuhan an, der die Visualisierung bzw. Perspektivierung der Wahrnehmung auf den Prozeß der Alphabetisierung westlicher Kulturen zurückführt. Durch die Verinnerlichung der Technologie des phonetischen Alphabets, so McLuhan, habe der Mensch die magische Welt des Ohres verlassen und sei in die neutralere, objektivere, Gegenstände distanzierende Welt des Auges eingetreten: »Only the phonetic alphabet makes a break between eye and ear, between semantic meaning and visual code; and thus only phonetic writing has the power to translate man from the tribal to the civilized sphere, to give him an eye for an ear.«[41] Dabei geht McLuhan auch auf die Einführung perspektivischen Zeichnens und Denkens seit der Renaissance ein. Sich auf Ernst Hans Gombrich berufend, schreibt er: »Far from being a normal mode of human vision, three-dimensional perspective is a conventionally acquired mode of seeing, as much acquired as is the means of recognizing the letters of the alphabet, or of following chronological narrative.« (16) Letztendlich führe die Visualisierung menschlicher Kulturen und die Perspektivierung des menschlichen Bezuges auf Welt zur Revolutionierung der Art, wie sich Menschen als Subjekte konstituieren: »Literacy gives people the power to focus a little way in front of an image so that we take in the whole image or picture at a glance.« (37) McLuhan spricht der Perspektivierung des menschlichen Sehens sogar charakterologische Folgen zu. Die Begriffsopposition von Innen- und Außenlenkung aus David Riesmans *The Lonely Crowd* (1950) aufgreifend, schreibt er, »that inner direction depends upon a fixed point of view. A stable, consistent character is one with an unwavering outlook, an almost hypnotized visual stance, as it were.« Ein fester, konsequenter Charakter entspricht einer unerschütterlichen Einstellung, einer sozusagen hypnotisierten visuellen Haltung. Zwar gelte letzteres erst voll und ganz für typographische Kulturen, denn: »Manuscripts were altogether too slow and uneven a matter to provide either a fixed point of view or the habit of gliding steadily on single planes of thought and information.« (28) Doch soll dieser Wandel bereits durch die Alphabetisierung eingeleitet worden sein.

V. Technische Aspekte der Entwicklung: Von der Camera obscura zum Stereoskop

Die im 16. Jh. konstruierte und in der zweiten Hälfte des 17. Jh. an Popularität gewinnende Camera obscura oder Lochkamera ist ein lichtdichter Kasten mit einem sehr kleinen Loch in der einen und einer Mattscheibe in der gegenüberliegenden Wand. (Das Bild auf der Projektionswand ist in beiden Dimensionen seitenverkehrt.) Da ihre Wirkungsweise wie das linearperspektivische Zeichnen seit der Antike bekannt war, drängt sich die Frage auf, warum die Camera obscura im 16. und 17. Jh. so überaus populär wurde. Die klarste Antwort auf diese Frage hat Jonathan Crary gegeben, dem zufolge die Camera obscura das Erscheinen einer neuen Art von Subjektivität bzw. eines neuen Subjekt-Effekts ankündigt. Sie definiere den Beobachter als isoliertes, auf sich selbst zurückgeworfenes Individuum. Gleichzeitig trenne dieser Effekt den Sehvorgang vom leiblichen Körper des Beobachters ab und führe zu einer Entkörperlichung des Sehens. Der Subjekt-Effekt der Camera obscura sei, daß sich das Subjekt als *punctum* erfährt. »First of all the camera obscura performs an operation of individuation; that is, it necessarily defines an observer as isolated, enclosed, and autonomous within its dark confines. It impels a kind of *askesis*, or withdrawal from the world, in order to regulate and purify one's relation to the manifold contents of the now ›exterior‹ world. [...] At the same time, another related and equally decisive function of the camera was to sunder the act of seeing from the physical body of the observer, to decorporealize vision. The monadic viewpoint of the individual is authenticated and legitimized by the camera obscura, but the observer's physical and sensory expe-

---

40 MICHEL DE MONTAIGNE, Essais (1580), hg. v. A. Thibaudet (Paris 1950), 899 f. (3, 2).
41 MARSHALL MCLUHAN, The Gutenberg Galaxy (Toronto 1962), 27.

rience is supplanted by the relations between a mechanical apparatus and a pre-given world of objective truth.«[42]

Die Popularität der Camera obscura erklärt sich daraus, daß sie als Paradigma oder Schema einer neuen Weltsicht fungiert. Der photographische Apparat wird zum Sinnbild der Trennung von Subjekt und Welt und der Vergegenständlichung oder Verbildlichung von Welt. Die Camera obscura muß Crary zufolge verstanden werden »within the context of a distinctly post-Copernican framework, within a world from which an absolutely privileged point had vanished« (50). Die Reduktion des Betrachters auf einen Punkt (vgl. den Ausdruck ›Gesichtspunkt‹) entköperlicht das Subjekt, d. h. der Körper des Subjekts wird für das perspektivische Sehen zu einem unwesentlichen Faktor reduziert, was seinerseits zu einer Dekorporalisierung des menschlichen Geistes führt. »Even in Diderot, a so-called materialist, the senses are conceived more as adjuncts of a rational mind and less as physiological organs. Each sense operates according to an immutable semantic logic that transcends its mere physical mode of functioning.« (60) Der Betrachter wird somit auf einen körperlosen Blick, einen transzendentalen ›Sehepunkt‹, eingegrenzt.

Das Paradigma des Blickpunktes, und damit jenes Perspektivismus, der die Frühgeschichte der Moderne dominiert hat, wird mit der Erfindung des Stereoskops und der Photographie im 19. Jh. brüchig. Die Entwicklung des Stereoskops durch Charles Wheatstone 1830–1832 stellt Subjektivität als stabiles, gesichertes Blickzentrum in Frage. Das Stereoskop kombiniert zwei flache (zweidimensionale) Bilder desselben Gegenstandes so, daß der Eindruck eines einzelnen dreidimensionalen Bildes entsteht. So stellt sich durch das Stereoskop heraus, daß der Augenpunkt, das Subjekt als punctum, eine Fiktion ist. Denn eine flache, zweidimensionale Zeichnung kann immer nur die Anschauung eines einzelnen Auges wiedergeben. Der körperliche Totaleindruck eines Gegenstandes (dies gilt vor allem für nahe Gegenstände) ist ein Konstrukt von zwei getrennten Sehvorgängen des rechten und des linken Auges. Das Stereoskop signalisiert deshalb »an eradication of the ›point of view‹ around which, for several centuries, meanings had been as-

signed reciprocally to an observer and the object of his or her vision. There is no longer the possibility of perspective under such a technique of beholding. The relation of observer to image is no longer to an object quantified in relation to a position in space, but rather to two dissimilar images whose position simulates the anatomical structure of the observer's body.« (128)

Eine noch stärkere Wirkung hatte die Erfindung (1838) und medienwirksame öffentliche Vorstellung (1839) der Photographie, denn den Zeitgenossen fiel prompt eine Diskrepanz zwischen dem subjektiven Sehfeld des Menschen und dem objektiven des Kameraobjektivs auf. »Das menschliche Auge fokussiert bekanntlich nur einen Punkt des Sehfeldes scharf. Der Rest ist ein mehr oder weniger verschwimmender ›Horizont‹, auf dessen Einzelpunkt sich das gesunde Auge allerdings schnell einstellen kann.«[43] Die Photographie wurde deshalb bereits zur Zeit ihrer Erfindung als subjektloses Medium begriffen. Crary weist auf den kultur- und intellektualgeschichtlich symptomatischen Fall von Arthur Schopenhauer hin. Schopenhauer, der sich intensiv mit optischen und physiologischen Theorien seiner Zeit auseinandersetzte, bestand auf einem Begriff zentrierter Subjektivität, der diesen Theorien widersprach. »The more Schopenhauer involved himself in the new collective knowledge of a fragmented body composed of separate organic systems, subject to the opacity of the sensory organs and dominated by involuntary reflex activity, the more intensely he sought to establish a visuality that escaped the demands of that body.«[44] Stereoskopie, Photographie und Physiologie unterhöhlten gemeinsam das Welt- und Subjektivitätsverständnis eines Perspektivismus, der vom Blick als Ausgangspunkt (= Augenpunkt) einer raumzeitlichen Organisation von Welt ausging.

---

42 CRARY (s. Anm. 7), 39 f.
43 JOCHEN HÖRISCH, Der Sinn und die Sinne. Eine Geschichte der Medien (Frankfurt a. M. 2001), 243.
44 CRARY (s. Anm. 7), 76.

VI. Der Fluchtpunkt der Texte

Das sich als Blickzentrum erfahrende Subjekt kann diese Erfahrung nur auf der Basis von Spiegelungsverhältnissen konsolidieren: das moderne Subjekt konstituiert seine personale Identität im Medium von vergegenständlichten Vorstellungsbildern. Indem das Subjekt ein Gegenüber aus sich herausstellt, erfährt es sich durch Spiegelung in realen oder imaginären Körpern als Erlebniszentrum. Dabei entspricht der Blick auf darstellende Texte strukturell dem Blick auf perspektivisch gezeichnete Gemälde. Es ist sicher nicht zufällig, daß Baumgarten, wenn er von einem scharfen Ins-Auge-Fassen einer moralisch-narrativ geordneten Welt spricht, mit Vorliebe Wörter benutzt, die zur Wortfamilie von Perspektive gehören. Der Lesende unterwirft sich dabei keinem autoritativen Blick des Textes als einem Anderen, sondern richtet seine Aufmerksamkeit auf eine von ihm selbst zu entdeckende und immer auch individuell variierende Bedeutungsvielfalt, die sich im Fluchtpunkt künstlerischer Texte verliert. Das spiegelt sich in der Bedeutung wider, die zunehmend der Einbildungskraft zugeschrieben wird; sie muß, so einer ihrer bedeutendsten Theoretiker, »bei den Anschauungen der Sinne mitwirken [...], um das Mannichfaltige, wie dasselben percipiren, in Ein Bild zu fassen«[45]. Der semantische Fluchtpunkt künstlerischer Texte zentriert Kunst auf ähnliche Weise, wie der Fluchtpunkt der Linearperspektive Gemälde zentriert; er gibt dem Lesenden das Gefühl, als Deutender ausgezeichnet und individuell angesprochen zu sein. Auch perspektivisches Erzählen wirkt in die Richtung des Lesenden und in die entgegengesetzte Richtung eines unendlich fernen Sinnpunktes. Dem Lesenden spiegelt es seine eigene Bedeutung zurück, indem es ihn im Akt der Deutung an die Stelle des Künstlers setzt. Das lesende Subjekt bereitet sich damit zugleich auf (eigene) Handlungen vor.

---

[45] JOHANN GEBHARD EHRENREICH MAASS, Versuch über die Leidenschaften, Bd. 1 (Halle/Leipzig 1805), 142.
[46] HEIDEGGER (s. Anm. 3), 85.
[47] IMMANUEL KANT, Kritik der reinen Vernunft (1781), hg. v. R. Schmidt (Hamburg 1956), 63.

Selbst wenn der Blick, wie Jacques Lacan sagt, seinen Ursprung immer im anderen hat, träumt sich das moderne Subjekt selbst als Ursprung des Blicks und institutionalisiert diskursive Praktiken, die ihm erlauben, diese Illusion aufrechtzuerhalten. Der ästhetische Blick strebt einen ausgewogenen Transfer der Blicke zwischen Subjekt und Kunstobjekt an. Das ästhetische Objekt suggeriert seinem Liebhaber, daß es seinen Blick nicht verängstigen wird, und zwar selbst dann nicht, wenn es seine Überzeugung erschüttert. Entfremdung und ästhetische Erfahrung bleiben dabei funktional aufeinander bezogen; historische Voraussetzung beider ist die von Heidegger beschriebene Veränderung der Art, wie sich Subjekte auf Welt beziehen.[46]

VII. Von Kant zu Nietzsche

Perspektivisches Denken herrscht auch in Kants Transzendentalphilosophie vor. Voraussetzung menschlicher Erkenntnis ist der blickende Bezug von Subjekten auf Gegenstände. Der erste Satz der Kritik der reinen Vernunft lautet: »Auf welche Art und durch welche Mittel sich auch immer eine Erkenntnis auf Gegenstände beziehen mag, es ist doch diejenige, wodurch sie sich auf dieselbe unmittelbar bezieht, und worauf alles Denken als Mittel abzweckt, die *Anschauung*«[47]; wobei er »zwei reine Formen sinnlicher Anschauung, als Prinzipien der Erkenntnis a priori« unterscheidet, »nämlich Raum und Zeit« (65). Kant betont immer wieder den dialektischen Zusammenhang zwischen einem sich selbst ergreifenden Subjekt und dem zu erkennenden Objekt. Es genüge nicht, daß wir uns, »vermittelst des äußeren Sinnes, (einer Eigenschaft unseres Gemüts), [...] Gegenstände als außer uns« und zwar »insgesamt im Raume« vorstellen. Voraussetzung einer Transformation solcher Vorstellungen in Erkenntnis ist ein »innerer Sinn«, mit dessen Hilfe sich das Subjekt als Erkenntnis- und Sinnzentrum reflexiv ergreift. »Der innere Sinn, vermittelst dessen das Gemüt sich selbst, oder seinen inneren Zustand anschaut, gibt zwar keine Anschauung von der Seele selbst, als einem Objekt; allein es ist doch eine bestimmte

Form, unter der die Anschauung ihres inneren Zustandes allein möglich ist, so daß alles, was zu den inneren Bestimmungen gehört, in den Verhältnissen der Zeit vorgestellt wird. Äußerlich kann die Zeit nicht angeschaut werden, so wenig wie der Raum, als etwas in uns.« (66) Beobachtung und Erkenntnis sind nur möglich, wenn das Subjekt in den Dimensionen von Raum und Zeit den Widerstand der Sinnenwelt erfährt, diese vergegenständlicht und sich in der Folge reflexiv auf sich rückbezieht. Gerade an den Metaphern und Sinnbildern der ersten Kritik wird deutlich, wie wichtig dieser Gedanke für Kant ist. So heißt es bereits in der Einleitung zur *Kritik der reinen Vernunft* (1781): »Die leichte Taube, indem sie im freien Fluge die Luft teilt, deren Widerstand sie fühlt, könnte die Vorstellung fassen, daß es ihr im luftleeren Raum noch viel besser gelingen werde. Ebenso verließ Plato die Sinnenwelt, weil sie dem Verstande so *enge Schranken setzt*, und wagte sich jenseits derselben, auf den Flügeln der Ideen, in den leeren Raum des reinen Verstandes. Er bemerkte nicht, daß er durch seine Bemühungen keinen Weg gewönne, denn er hatte keinen Widerhalt, gleichsam zur Unterlage, worauf er sich steifen, und woran er seinen Kräfte anwenden konnte, um den Verstand von der Stelle zu bringen.« (43B f.)

Abgesehen von Gustav Teichmüller, der in *Die wirkliche und die scheinbare Welt. Neue Grundlegung der Metaphysik* (1882) unter Rückgriff auf Leibniz eine Philosophie des Perspektivismus vorlegte[48], gewinnt der Perspektive-Begriff und das perspektivische Denken erst bei Friedrich Nietzsche wieder an Bedeutung. Allerdings radikalisiert Nietzsche den Gesichtspunkt der Perspektive beträchtlich. Bereits Teichmüller hatte darauf hingewiesen, daß Anschauungen, die »den perspectivischen Charakter des perspectivischen Bildes ausmachen«[49], nichts mit der Wirklichkeit zu tun haben, eine Feststellung, die eine durch Stereoskopie und Photographie (und zahlreiche andere technische Neuerungen wie z.B. die Eisenbahnfahrt, die die Raumerfahrung revolutionierte) verschärfte Krise des Subjekts widerspiegelt. Nietzsche charakterisiert seine Philosophie mehrfach als Perspektivismus. Allerdings sind in dem, was er Perspektivismus nennt, alle Spuren jenes den Perspektivismus des 18. Jh. bestimmenden erkenntnistheoretischen Optimismus verschwunden, dem zufolge das transzendentale Subjekt einen Augen- oder Gesichtspunkt besitzt, aus dem heraus es Welt sachgemäß zu erkennen vermag. So heißt es in *Die fröhliche Wissenschaft* (1882): »wir sind heute zum mindesten ferne von der lächerlichen Unbescheidenheit, von unsrer Ecke aus zu dekretieren, daß man nur von dieser Ecke aus Perspektiven haben *dürfe*. Die Welt ist uns vielmehr noch einmal ›unendlich‹ geworden: insofern wir die Möglichkeit nicht abweisen können, daß sie *unendliche Interpretationen in sich schließt*.«[50]

Perspektivismus bedeutet für Nietzsche demnach nicht mehr wie für Leibniz, Baumgarten oder Chladenius eine individuelle Sicht auf eine Totalität, die zumindest hypothetisch durch die Summe aller möglichen Ansichten unverkürzt erkannt werden kann, sondern eine Ansammlung oft unvereinbarer Ansichten. »Soweit überhaupt das Wort ›Erkenntnis‹ Sinn hat, ist die Welt erkennbar: aber sie ist anders *deutbar*, sie hat keinen Sinn hinter sich, sondern unzählige Sinne. – ›Perspektivismus.‹«[51] Dennoch ist dieser Begriff für ihn ein positiver. Er hält das »Perspektivische« für die »Grundbedingung alles Lebens«[52] und spricht von einem »notwendigen *Perspektivismus*, vermöge dessen jedes Kraftzentrum – und nicht nur der Mensch – von sich aus die ganze übrige Welt konstruiert«[53]. Selbst wenn das »Perspektivische in jeder Wertschätzung« notwendigerweise auf eine »Verschiebung, Verzerrung und scheinbare Teleologie des Horizonts«[54] hinausläuft, hängt Begriffen wie Verschiebung oder Verzerrung nicht der geringste Defätismus an; denn »es bestünde gar kein Leben, wenn nicht auf dem Grunde perspektivi-

---

48 Vgl. KÖNIG (s. Anm. 5), 367.
49 GUSTAV TEICHMÜLLER, Die wirkliche und die scheinbare Welt. Neue Grundlegung der Metaphysik (Breslau 1882), 346.
50 FRIEDRICH NIETZSCHE, Die fröhliche Wissenschaft (1882), in: NIETZSCHE (SCHLECHTA), Bd. 2 (1955), 250.
51 NIETZSCHE, Aus dem Nachlaß der Achtzigerjahre, in: ebd., Bd. 3 (1956), 903.
52 NIETZSCHE, Jenseits von Gut und Böse (1886), in: ebd., Bd. 2, 566.
53 NIETZSCHE (s. Anm. 51), 705.
54 NIETZSCHE, Menschliches, Allzumenschliches I (1878), in: ebd., Bd. 1 (1954), 443.

scher Schätzungen und Scheinbarkeiten«[55]. Letztere sind als affektiver Ausdruck von Lebenskraft unverzichtbare Voraussetzung möglicher Erkenntnis. So heißt es in der *Genealogie der Moral* (1887) emphatisch: »einmal anders sehn, anders sehn-*wollen* ist keine kleine Zucht und Vorbereitung des Intellekts zu seiner einstmaligen ›Objektivität‹ – letztere nicht als ›interesselose Anschauung‹ verstanden (als welche ein Unbegriff und Widersinn ist), sondern als das Vermögen, sein Für und Wider *in der Gewalt zu haben* und aus- und einzuhängen: so daß man sich gerade die *Verschiedenheit* der Perspektiven und der Affekt-Interpretationen für die Erkenntnis nutzbar zu machen weiß. Hüten wir uns nämlich, meine Herren Philosophen, von nun an besser vor der gefährlichen alten Begriffs-Fabelei, welche ein ›reines willenloses, schmerzloses, zeitloses Subjekt der Erkenntnis‹ angesetzt hat, hüten wir uns vor den Fangarmen solcher kontradiktorischer Begriffe wie ›reine Vernunft‹, ›absolute Geistigkeit‹, ›Erkenntnis an sich‹; – hier wird immer ein Auge zu denken verlangt, das gar nicht gedacht werden kann, ein Auge, das durchaus keine Richtung haben soll, bei dem die aktiven und interpretierenden Kräfte unterbunden sein sollen, fehlen sollen, durch die doch Sehen erst ein Etwas-Sehen wird, hier wird also immer ein Widersinn und Unbegriff vom Auge verlangt. Es gibt *nur* ein perspektivisches Sehen, *nur* ein perspektivisches ›Erkennen‹; und *je mehr* Affekte wir über eine Sache zu Worte kommen lassen, *je mehr* Augen, verschiedne Augen wir uns für dieselbe Sache einzusetzen wissen, um so vollständiger wird unser ›Begriff‹ diese Sache, unsre ›Objektivität‹ sein.«[56]

VIII. ›Horizont‹ in Hermeneutik und Literaturtheorie (Gadamer und Jauß)

Nietzsches Festhalten am Begriff der Perspektive ist für die weitere Entwicklung untypisch. Denn in Perspektive schwingt sowohl etymologisch wie begriffsgeschichtlich eine erkenntnistheoretische Zuversicht mit, die dem Horizontbegriff abgeht. Dennoch gibt es begriffsgeschichtliche Verbindungen zwischen dem Perspektivenbegriff des 18. und 19. und dem Horizontbegriff des 19. und 20. Jh. Das wird bei Gadamer deutlich, für den Horizont von einer »Situation« gekennzeichnet ist, die er als »einen Standort« versteht, »der die Möglichkeit des Sehens beschränkt«. Gedanklich greift er dabei auf den philosophischen Perspektivismus von Leibniz bis Kant zurück: »Horizont ist der Gesichtskreis, der all das umfaßt und umschließt, was von einem Punkte aus sichtbar ist. In der Anwendung auf das denkende Bewußtsein reden wir dann von Enge des Horizontes, von möglicher Erweiterung des Horizontes, von Erschließung neuer Horizonte usw.« Damit beginnt Gadamer sich vom philosophischen Perspektivismus des 18. und 19. Jh. abzusetzen und den Horizontbegriff als eine entscheidende Umbildung des Begriffs der Perspektive zu behandeln: »Insbesondre hat der philosophische Sprachgebrauch seit Nietzsche und Husserl das Wort verwendet, um die Gebundenheit des Denkens an seine endliche Bestimmtheit und das Schrittgesetz der Erweiterung des Gesichtskreises dadurch zu charakterisieren. [...] Wer Horizont hat, weiß die Bedeutung aller Dinge innerhalb dieses Horizontes richtig einzuschätzen nach Nähe und Ferne, Größe und Kleinheit.«[57]

Gadamer greift in erster Linie Husserls Lebensweltbegriff auf, der sich gegen die Idee eines positiven und objektiven Wissens, einer visuellen Vergegenständlichung von Welt (und damit auch gegen perspektivisches Sehen im Sinne von Leibniz oder Kant) wendet. Gadamer bezieht sich in seiner Einführung des Horizontbegriffs präzis auf diesen Aspekt der Husserlschen Philosophie: »Husserl nennt in bewußter Gegenbildung gegen einen Weltbegriff, der das Universum des von den Wissenschaften Objektivierbaren umfaßt, diesen phänomenologischen Weltbegriff ›die Lebenswelt‹, d. h. die Welt, in die wir in der natürlichen Einstellung hineinleben, die uns nicht als solche je gegenständlich wird, sondern die den vorgegebenen Boden aller Erfahrung darstellt. Dieser Welthorizont bleibt auch in aller Wissenschaft vorausgesetzt und ist daher ursprünglicher als sie. Als ein Horizont-

---

[55] NIETZSCHE (s. Anm. 52), 599.
[56] NIETZSCHE, Zur Genealogie der Moral (1887), in: ebd., Bd. 2, 860f.
[57] GADAMER (s. Anm. 10), 286.

phänomen ist diese ›Welt‹ wesensmäßig bezogen auf Subjektivität.« (233) Da der Horizont des Subjekts diesem nicht immer voll bewußt ist, entvisualisiert Gadamer seinen Begriff: Horizont bezeichnet für ihn nicht eine primär visuelle und konkrete Subjekt-Objekt-Relation, sondern komplexe Vorstellungsfelder. So spricht er von einem »großen, von innen her beweglichen Horizont, der über die Grenzen des Gegenwärtigen hinaus die Geschichtstiefe unseres Selbstbewußtseins umfaßt«. (288)

Der Begriff der Horizontverschmelzung folgt aus der Positivismuskritik, die Nietzsche und Husserl gegen den klassischen Perspektivismus entwickelt hatten. Die historistische Parole, den »historischen Horizont« einer gegebenen Zeit objektiv zu rekonstruieren, bleibe »gerade das Verständnis schuldig [...], das von einem verlangt wird. Es ist genauso wie im Gespräch, das wir mit jemandem nur zu dem Zwecke führen, um ihn kennenzulernen, d. h. um seinen Standort und seinen Horizont zu ermessen. Das ist kein wahres Gespräch, d. h. es wird darin nicht die Verständigung über eine Sache gesucht, sondern alle sachlichen Inhalte sind nur ein Mittel, um den Horizont des anderen kennenzulernen. [...] Der Text, der historisch verstanden wird, wird aus dem Anspruch, Wahres zu sagen, förmlich herausgedrängt. Indem man die Überlieferung vom historischen Standpunkt aus sieht, d. h. sich in die historische Situation versetzt und den historischen Horizont zu rekonstruieren sucht, meint man zu verstehen.« Natürlich bezweifelt Gadamer, daß es diesen Unterschied zweier Horizonte, »den Horizont, in dem der Verstehende lebt, und den jeweiligen Horizont, in den er sich versetzt« (286f.), überhaupt gibt: »Es macht die geschichtliche Bewegtheit des menschlichen Daseins aus, daß es keine schlechthinnige Standortgebundenheit besitzt und daher auch niemals einen wahrhaft geschlossenen Horizont. [...] In Wahrheit ist es also ein einziger Horizont, der all das umschließt, was das geschichtliche Bewußtsein in sich enthält.« (288) Verstehen sei »immer der Vorgang der Verschmelzung [...] vermeintlich für sich seiender Horizonte« (289). Der »kontrollierte Vollzug solcher Verschmelzung« sei »die Aufgabe des wirkungsgeschichtlichen Bewußtseins« (290).

Auch der Begriff des Erwartungshorizontes, den Hans Robert Jauß in seinem einflußreichen Essay *Literaturgeschichte als Provokation der Literaturwissenschaft* (1968/70) einführte, steht in der Nachfolge von Husserls panoramischer Erweiterung des Horizontbegriffs. (Den Begriff selbst hat Jauß anscheinend von Karl Mannheim übernommen.) Jauß wendet sich gegen Methoden, die »das *literarische Faktum* im geschlossenen Kreis einer Produktions- und Darstellungsästhetik«[58] begreifen. Er stellt dem eine Rezeptions- und Wirkungsästhetik entgegen, die dem Publikum im »Dreieck von Autor, Werk und Publikum« eine nicht bloß passive Rolle zuschreibt. Erst durch die »Vermittlung« des Publikums trete »das Werk in den sich wandelnden Erfahrungshorizont einer Kontinuität, in der sich die ständige Umsetzung von einfacher Aufnahme in kritisches Verstehen, von passiver in aktive Rezeption, von anerkannten ästhetischen Normen in neue, sie übersteigende Produktion vollzieht« (169). Dabei wendet er den Begriff des Horizontes auch auf das Werk selbst an: »Ein literarisches Werk, auch wenn es neu erscheint, präsentiert sich nicht als absolute Neuheit in einem informatorischen Vakuum, sondern prädisponiert sein Publikum durch Ankündigungen, offene und versteckte Signale, vertraute Merkmale oder implizite Hinweise für eine ganz bestimmte Weise der Rezeption.« Denn die »Aufnahme eines Textes« sei »im primären Horizont der ästhetischen Erfahrung keineswegs nur eine willkürliche Folge nur subjektiver Eindrücke, sondern der Vollzug bestimmter Anweisungen in einem Prozeß gelenkter Wahrnehmung, der nach seinen konstituierenden Motivationen und auslösenden Signalen erfaßt und auch textlinguistisch beschrieben werden kann«. Jauß spricht von einem »Prozeß fortgesetzter Horizontstiftung und Horizontveränderung« (175); ein »transsubjektiver Horizont des Verstehens« bestimme »die Wirkung des Textes«. Er meint, daß der »Abstand zwischen dem vorgegebenen Erwartungshorizont und der Erscheinung eines neuen Werkes« einen »Horizontwandel« (177) herbeiführen kann. Der Begriff des Horizontwandels, der auf Husserl zurückgeht, zeigt an, wie sehr sich der Begriff des Horizonts vom klassischen Begriff der

---

[58] HANS ROBERT JAUSS, Literaturgeschichte als Provokation (Frankfurt a. M. 1970), 168.

Perspektive, als dessen Nachfolgebegriff er angesehen werden muß, entfernt hat. Horizontwandel meint eine Veränderung von Vorstellungsfeldern, von Einsichten, nicht Ansichten im wörtlichen Sinne. Allgemein läßt sich sagen, daß der Begriff der Perspektive im 18. und frühen 19. Jh. ein frühmodernes Raum- und Zeitverständnis widerspiegelt und daß der ihn ersetzende Begriff des Horizontes unter den Bedingungen eines modernen, technologisch revolutionierten Raum- und Zeitverständnisses entstanden ist. Das Verhältnis zwischen beobachtendem Subjekt und beobachtetem Objekt veränderte sich im Zuge der Industrialisierung radikal. Das beobachtende Subjekt »increasingly had to function within disjunct and defamiliarized urban spaces, the perceptual and temporal dislocations of railroad travel, telegraphy, industrial production, and flows of typographic and visual information«[59]. Diese Entwicklung findet ihren ästhetischen Ausdruck in der Entwertung perspektivischen Erzählens, einer temporalen Narrato-Logik, unter den Bedingungen der Moderne und Postmoderne und in der Zunahme von detemporalisierten, nurmehr assoziativ verbundenen kulturellen Zeichen und Sinnbildern (was freilich für die Populärkultur nie zutraf und wohl auch nie zutreffen wird). Hatte sich durch die Eisenbahn und das Auto zunächst die Wahrnehmung des Raumes verändert, so verändert sich durch die instantane weltweite Kommunikation in der Postmoderne auch die Wahrnehmung der Zeit. McLuhan hatte Medientechnik als Körperextension, als Nerven- und Sinnesausdehnung verstanden. Die wahrnehmungstheoretische und -praktische Bedeutung der Perspektive war von einer Welterfahrung geprägt, in der sich das Subjekt distanziert auf räumliche und zeitliche Gegenstände bezieht. »Wer mit Teleskopen den Himmel absucht (oder auf Konkurrenten einschlägt), wer ein Telegramm schreibt, wer telephoniert, wer ein Telefax losschickt, wer vom Teleprompter abliest oder wer sich televisionär die Zeit vertreibt, sieht, hört und kommuniziert weit

---

59 CRARY (s. Anm. 7), 11.
60 HÖRISCH (s. Anm. 43), 62.

über die Grenzen hinaus, die die Reichweite seiner fünf Sinne und seine körperlichen Hier-und-Jetzt-Koordinaten vorgeben.«[60]

Jochen Schulte-Sasse

Literatur
AUERBACH, ERICH, Mimesis. Dargestellte Wirklichkeit in der abendländischen Literatur (Bern/München 1946); BOEHM, GOTTFRIED, Studien zur Perspektivität. Philosophie und Kunst in der Frühen Neuzeit (Heidelberg 1969); CRARY, JONATHAN, Techniques of the Observer. On Vision and Modernity in the Nineteenth Century (Cambridge, Mass. 1990); GADAMER, HANS-GEORG, Wahrheit und Methode. Grundzüge einer philosophischen Hermeneutik (Tübingen 1960); HEIDEGGER, MARTIN, Die Zeit des Weltbildes (1938), in: Heidegger, Holzwege (Frankfurt a. M. 1957); MCLUHAN, MARSHALL, The Gutenberg Galaxy. The Making of Typographic Man (Toronto 1962); ROTMAN, BRIAN, Signifying Nothing. The Semiotics of Zero (New York 1987); STRÖKER, ELISABETH, Die Perspektive in der bildenden Kunst. Versuch einer philosophischen Deutung, in: Jahrbuch für Ästhetik und allgemeine Kunstwissenschaft 4 (1958/59).

Phantasie

(griech. φαντασία; lat. phantasia, imaginatio; engl. fancy, fantasy; frz. fantaisie, imagination; ital. fantasia, immaginazione; span. fantasía, imaginación; russ. фантазия, воображение)

I. Einleitung; 1. Zur Aktualität des Begriffs; 2. Wortgeschichte; **II. Erste Begriffsnuancen von Phantasie und Einbildungskraft im 18. Jahrhundert; III. Die Romantik und der deutsche Idealismus; IV. Psychoanalyse; V. Sozialphantasie; VI. Moderne, Avantgarde und Studentenbewegung**

I. Einleitung

1. Zur Aktualität des Begriffs

Der Begriff der Phantasie wurde jahrhundertelang als Synonym für Imagination, später Einbildungskraft benutzt. Doch in dem Maße, in dem die Einbildungskraft oder Imagination in der Moderne zu einer kreativen Formkraft umgedeutet wurde, wurde der Ausdruck Phantasie tendenziell vom Begriff der Einbildungskraft oder Imagination abgekoppelt und, vor seiner Um- und Aufwertung in der Romantik, vielfach dazu benutzt, eine negative Variante oder gar pathologische Degeneration der Einbildungskraft zu bezeichnen. Während eine gebildete Einbildungskraft die Qualität von (subjektiven) Anschauungsweisen und (objektiven) Anschauungsformen garantieren soll, soll die Phantasie dazu neigen, Subjekte durch diffuse Wunschbilder zu ›zerstreuen‹ und sich auf Gegenstände primär als Objekte des Begehrens zu richten. Darin tradiert der Begriff, anders als die seit dem frühen 18. Jh. umgedeutete Einbildungskraft, alte ontologische und epistemologische Vorurteile dem bilderschaffenden Vermögen gegenüber. Denn seit Aristoteles die φαντασία (phantasia) als einen im Grunde animalischen und von der Vernunft zu kontrollierenden psychischen Vorgang bestimmt hatte[1], wurde sie über Jahrhunderte hin als ein Hindernis auf dem Wege der kognitiven und moralischen Vervollkommnung des Menschen angesehen. Positiv gesehen hatte sie die Funktion, auf der ontologischen Skala von der formlosen Materialität zur Immaterialität der Transzendenz zwischen Körperlichkeit und Geistigkeit zu vermitteln. Dabei wurde die Übersetzungsfunktion nach oben (von der Körperlichkeit zur Geistigkeit) in der Regel als positiv, nach unten (von der Geistigkeit zur Körperlichkeit) als riskant oder negativ angesehen.

Die grundsätzliche Sinngleichheit von Einbildungskraft und Phantasie änderte sich mit der Frühromantik, die die Einbildungskraft eher als kulturell eingebundenes bzw. zivilisationsgeschichtlich gezähmtes Vermögen betrachtete, während die Phantasie aufgrund ihrer ungebändigten Assoziationskraft sich vom Rationalitätsdruck der Moderne freihalten oder doch deren Bedingungszusammenhänge dekonstruieren könne. Die Einbildungskraft wurde (wenn auch nicht immer eindeutig, so doch tendenziell) dem Schönen, die Phantasie dem Erhabenen zugeordnet. Der romantische Phantasiebegriff wurde von einigen Dichtern der Moderne, von der historischen Avantgarde, der französischen Studentenbewegung und der Postmoderne wiederbelebt.

Ein weiterer Bedeutungsstrang von Phantasie kommt in der Psychoanalyse zum Tragen. Während ›Einbildungskraft‹ in der Psychoanalyse (bzw. bei den von ihr beeinflußten Autoren) so gut wie keine Rolle spielt, ist der Begriff der Phantasie hier zentral. Die Psychoanalyse knüpft an die traditionelle Bestimmung der Phantasie als Vermögen des Schwelgens in (bildlichen) Wunschvorstellungen an, deutet den Begriff jedoch radikal um, indem sie ihn auf den topologischen Unterschied von Bewußtem und Unbewußtem bezieht.

2. Wortgeschichte

Phantasie (griech. φαντασία, phantasia) ist älter als Imagination oder die seit dem frühen 16. Jh. gebräuchliche Einbildungskraft. Das mittelhochdeutsche Wort fantasie bedeutet allerdings eher Einbildung oder Trugbild. Vom 16. bis ins späte 18. Jh. werden Einbildungskraft, Imagination und Phantasie nur selten unterschieden.

Platon hatte den Begriff der phantasia als Ergänzung zu den Begriffen der αἴσθησις (aisthēsis, sinnlicher Eindruck, Empfindung) und δόξα (doxa, Meinung, Urteil) bzw. διάνοια (dianoia, Denken) eingeführt. Murray W. Bundy zufolge unterschied die antike Philosophie vor Platon erkenntnistheoretisch nicht zwischen dem äußeren Sinneseindruck und dem inneren Bild dieses Sinneseindrucks.[2] Platon sah hier ein Problem und definierte aisthēsis als den äußeren Sinneseindruck und phantasia als das innere Bild dieses Sinneseindrucks; aisthēsis ist passiv, phantasia aktiv.[3] In seiner deutschen Übersetzung des Sophistes gibt Friedrich Schleiermacher aisthēsis als »Wahrnehmung« und phantasia als »Vorstellung«[4] wieder, in der des Theaitetos aisthēsis als »Erscheinung« und phantasia

---

1 Vgl. JOCHEN SCHULTE-SASSE, ›Einbildungskraft/Imagination‹, in: K. Barck u. a. (Hg.), Ästhetische Grundbegriffe, Bd. 2 (Stuttgart/Weimar 2001), 88–120.
2 MURRAY WRIGHT BUNDY, The Theory of Imagination in Classical and Medieval Thought (Urbana 1927), 13.
3 Vgl. GERARD WATSON, ›Phantasia‹ in Classical Thought (Galway 1988), 1–7.
4 PLATON, Soph., 263e; dt.: Sophistes, in: Platon, Werke, hg. v. G. Eigler, übers. v. F. Schleiermacher, Bd. 6 (Darmstadt 1970), 385.

als »Wahrnehmung«[5]. Entscheidend ist, daß die phantasia dasjenige Seelenvermögen ist, das das menschliche Urteilsvermögen auf die aisthēsis anwendet. Sie wird hier ansatzweise zu einem reflektierenden Vermögen.[6] Das Ergebnis der Bearbeitung der aisthēsis durch die phantasia sind die φαντάσματα (phantasmata). Aristoteles sagt in *De anima*, daß die Seele niemals ohne phantasmata denke.[7] Die phantasia übersetzt die Sinneswahrnehmung (αἴσθημα, aisthēma) in ein Vorstellungsbild (phantasma): »We recall that phantasia comes between perception and intellect, and that it is that in virtue of which we say that a *phantasma* occurs to us. Phantasia must then be involved in the mutation of sense-perceptions into *phantasmata*, which are then available for the activity of the intellective soul.«[8] In *De anima* sagt Aristoteles entsprechend, daß wir nur über phantasmata nachdenken können.[9] Letztere werden vom immateriellen Denken (νοῦς, nous), dessen Aktivität Aristoteles θεωρεῖν (theōrein, anschauen) nennt, zum νόημα (noēma, Gedanke) umgeformt.[10] Allen Abwandlungen zum Trotz (die Stoiker etwa, die einen immateriellen nous ablehnen, werten die phantasia auf) bestimmt die Hierarchie von aisthēsis, phantasia und nous bzw. aisthēma, phantasma and noēma das antike Denken. Aristoteles' Vorstellung einer Übersetzungsfunktion der phantasia (sie ist das wichtigste Seelenvermögen in der Transformation von aisthēmata zu phantasmata und noēmata) wird auch noch die rationalistische Psychologie des 17. und 18. Jh. bestimmen.

Allerdings ist dieser Traditionszusammenhang kein ununterbrochener. Denn die platonische und aristotelische Begriffsabgrenzung von phantasia und phantasma, der zufolge phantasia ein produktives Vermögen und phantasma eine Vorstellung ist, wird bereits in der Antike häufig dahingehend abgewandelt, daß die phantasia als Vorstellung, nicht als produktives Vermögen gefaßt wird.[11] Diese Tendenz verstärkt sich bei den Patristikern. Bei Augustinus etwa, bei dem die Unterscheidung von phantasmata und phantasiae in *De trinitate*, den *Confessiones* und in seinem Essay *De musica* eine Rolle spielt, bedeuten phantasia und phantasma zwei unterschiedliche Arten von Vorstellung. Unter phantasma versteht er – so sein Herausgeber Michael Schmaus in einer Fußnote – »die künstliche hervorgerufene Vorstellung (Bild) nicht wahrgenommener Gegenstände, während er unter phantasia das im Gedächtnis aufbewahrte Bild eines wahrgenommenen Gegenstandes versteht (= species, imago)«[12]. Sowohl phantasmata wie phantasiae sind Augustinus zufolge negative Komponenten des Erkenntnisprozesses. Die phantasmata rangieren auf der Geist-Körper-Skala am niedrigsten, sie sind für ihn einfach falsch, während die phantasiae »als Bilder körperlicher Dinge ein Hindernis dafür darstellen, daß die Seele in sich selbst die Wahrheit als Bild Gottes enthüllt«; sowohl phantasmata als auch phantasiae »gelten als Synonyme des ›Aufruhrs des Fleisches‹, welchen sie erregen und nähren«[13]. Vermögenspsychologisch geht Augustinus von der folgenden Stufenleiter aus: phantasmata (= Bilder von Körpern, die nicht existieren), phantasiae (= Bilder von Körpern, die existieren), Körper, die Seele als das Leben der Körper und Gott als das Leben der Seele.

Die von Platon und Aristoteles bis zu Johannes Damaskenos, einem der letzten Kirchenlehrer, etablierte epistemologische und ontologische Abstufung von aisthēsis, phantasia und nous beherrscht das abendländische Denken bis ins 18. Jh. Noch Alexander Gottlieb Baumgarten zeigt sich ihr verpflichtet. Gleichzeitig gilt, daß – solange die Anordnung der menschlichen Vermögen parallel zur vertikalen Ontologie von Immaterialität und Materialität erfolgte – Einbildungskraft, Imagination und Phantasie begrifflich mehr oder weniger als synonym behandelt wurden. Das Neue deutet sich, wie so häufig, bei Baumgarten an. Er spricht davon, daß die »Begabung der Phantasie«

---

5 PLATON, Tht., 152c; dt.: Theaitetos, in: ebd., 33.
6 Vgl. WATSON (s. Anm. 3), 11–13.
7 Vgl. ARISTOTELES, An., 421a8–17.
8 WATSON (s. Anm. 3), 27.
9 Vgl. ARISTOTELES, An., 432a4–12.
10 Vgl. WATSON (s. Anm. 3), 28.
11 Vgl. GIORGIO CAMASSA, ›Phantasia I.1–5‹, in: RITTER, Bd. 7 (1989), 516–522; ETIENNE EVRARD, ›Phantasia I.6‹, in: ebd., 522–524.
12 MICHAEL SCHMAUS, [Kommentar], in: Augustinus, Fünfzehn Bücher über die Dreieinigkeit, hg. u. übers. v. M. Schmaus, Bd. 2 (München 1936), 54.
13 MARIA RITA PAGNONI-STURLESE, ›Phantasia III‹, in: RITTER, Bd. 7 (1989), 526.

(ευφαντασιωτον)¹⁴ es dem Subjekt gestatte, sich in der Zeit als Identität zu konstituieren und zu erleben. Die Einbildungskraft, Imagination oder Phantasie wird bei ihm zu einem Vermögen, mit dem der Mensch sich in den Dimensionen von Raum und Zeit auf Wirklichkeit bezieht und sich gleichzeitig als blickendes, in sich zentriertes Subjekt konstituiert. Denn die Phantasie begründet für ihn nicht nur die Ordnung des künstlerischen Werkes (in produktions- und rezeptionsästhetischer Hinsicht), sondern auch die Ordnung bzw. Identität des Subjekts; mit Hilfe seiner Phantasie konstituiere sich das Subjekt als Subjekt. »Nec mirabitur psychologus perpendens, quanta pulcrae meditationis portio combinando praescindendoque phantasmata formanda sit.« (Der Psychologe wird sich darüber nicht wundern, wenn er genau erwägt, was für ein großer Teil des schönen Denkens dadurch geformt werden muß, daß man die Bilder der Phantasie [phantasmata] zueinander in Beziehung setzt und sie auch beschneidet.) (14; dt. 127) Die miteinander verknüpften Vorstellungen (= Bilder der Phantasie oder phantasmata) arrangieren das Subjekt narrativ.

Zwar unterscheidet Baumgarten noch nicht zwischen Phantasie und Einbildungskraft, doch bereitet seine subjekttheoretische Bestimmung der Phantasie den Boden für die in den folgenden Jahrzehnten einsetzende Abgrenzung von Phantasie und Einbildungskraft. Letztere wird zu einem subjekttheoretisch relevanten Vermögen, während erstere seit der Frühromantik zu einem kreativ-dekonstruktivistischen Vermögen umgedeutet wird. Vor und nach dieser Umdeutung gibt es allerdings einen begriffsgeschichtlichen Strang, der dazu neigt, Phantasie und Einbildungskraft in kulturkritischer Absicht voneinander abzugrenzen. So wurde über mehr als zwei Jahrhunderte hin vor allem die als riskant oder negativ eingestufte Übersetzungsfunktion der Einbildungskraft nach unten (von der Geistigkeit zur Körperlichkeit) vorzugsweise mit dem zunehmend kritisch gewendeten Begriff der Phantasie gefaßt, während die Einbildungskraft zur kreativen Dicht- und Erfindungskunst avanciert. Gottsched etwa meint 1734: »Die eine Art sich etwas ohne Beobachtung eines zureichenden Grundes einzubilden, heißt eigentlich träumen oder phantasiren [...]. Ganz anders verhält sichs, wo man [...] nach dem Satze des zureichenden Grundes verfährt: Woraus nämlich eine vernünftige Dicht- und Erfindungskunst entsteht.«¹⁵

II. Erste Begriffsnuancen von Phantasie und Einbildungskraft im 18. Jahrhundert

In der von Aristoteles begründeten psychologischen Tradition kannte man positive und negative Folgen (und damit Formen) der Einbildungskraft, Imagination oder Phantasie. Die Einbildungskraft und ihre Synonyme bezeichneten jene Fähigkeit, die zwischen der Sinnlichkeit und dem Geistigen, zwischen der Materialität und der Immaterialität vermittelte. Sie gab Sinnesdaten mit Hilfe von Bildern an den Geist weiter oder prägte Geistiges in Körperliches ein. Man faßte »activities within the whole human economy as translations up and down a ›gradual scale‹ that stretched from the corporeal to the immaterial«¹⁶. Noch Joseph Addison, Autor eines der frühesten Zeugnisse eines modernen, kreativen Begriffes der Einbildungskraft, zeigt sich an anderer Stelle von der alten Vorstellung einer Übersetzungsfunktion der Phantasie beeinflußt: »the Fancy is busie in copying after the Understanding, and transcribing Ideas out of the Intellectual World into the Material.«¹⁷ Gleichzeitig wurde der Phantasie seit der Antike die Aufgabe zugeschrieben, vergangene Bilder aus dem Gedächtnis zurückzuholen und neue Bilder aus erin-

---

14 BAUMGARTEN, Bd. 1 (1750), 12; dt.: HANS RUDOLF SCHWEIZER, Ästhetik als Philosophie der sinnlichen Erkenntnis. Eine Interpretation der ›Aesthetica‹ A. G. Baumgartens mit teilweiser Wiedergabe des lateinischen Textes und deutscher Übersetzung (Basel/Stuttgart 1973), 125.
15 JOHANN CHRISTOPH GOTTSCHED, Erste Gründe der gesammten Weltweisheit (1733–1734), in: Gottsched, Ausgewählte Werke, hg. v. P. M. Mitchell, Bd. 5/1 (Berlin/New York 1983), 520.
16 DENNIS TODD, Imagining Monsters. Miscreations of the Self in Eighteenth-Century England (Chicago/London 1995), 54.
17 JOSEPH ADDISON, The Spectator, No. 421 (3. 7. 1712), in: ADDISON u. a., The Spectator, hg. v. G. G. Smith, Bd. 3 (London/New York 1958), 305.

nerten oder wahrgenommenen zusammenzustellen. Die Fähigkeit, Bilder aus dem Fundus des Gedächtnisses zurückzurufen und Erinnerungsbilder nicht nur neu zu arrangieren, sondern mit Abbildern der Wirklichkeit zu kombinieren, konnte dazu führen, daß die Einbildungskraft oder Phantasie sich von der Wirklichkeit entfernte und zu einem phantastischen Vermögen, einem Vermögen phantastischer Formungen wurde. In der Regel wurden die Fehlleistungen der Phantasie aus unzureichenden Vermittlungen zwischen Körper und Geist erklärt. Ein typisches Beispiel dafür bietet die medizinische Erklärung von deformierten Neugeborenen. »Since monstrosities were produced by the imagination, and since the imagination was subject to the control of the higher faculties, monstrous birth signaled a yielding to the power of fancy, an abdication of one's responsibility to think, to exercise judgment, and to practice some self-control. Monsters were produced by choosing to acquiesce to the working of the imagination.«[18]

Das alte Denkbild einer Übersetzungs- bzw. Vermittlungsrolle der Phantasie entlang der graduellen Stufenleiter von der Materialität zur Immaterialität bestimmt in abgewandelter Form auch noch den Kunstbegriff der Moderne. Dafür bieten Hegels *Vorlesungen über die Ästhetik* (1835–1838) ein anschauliches Beispiel; in ihnen beschreibt Hegel die Phantasie folgendermaßen: »Sie ist das Vernünftige, das als Geist nur ist, insofern es sich zum Bewußtsein tätig hervortreibt, doch, was es in sich trägt, erst in sinnlicher Form vor sich hinstellt. Diese Tätigkeit hat also geistigen Gehalt, den sie aber sinnlich gestaltet, weil sie nur in dieser sinnlichen Weise desselben bewußt zu werden vermag. [...] Die künstlerische produktive Phantasie aber ist [...] das Auffassen und Erzeugen von Vorstellungen und Gestalten, und zwar von den tiefsten und allgemeinsten menschlichen Interessen in bildlicher, völlig bestimmter sinnlicher Darstellung. [...] Die Phantasie [...] hat eine Weise zugleich instinktartiger Produktion, indem die wesentliche Bildlichkeit und Sinnlichkeit des Kunstwerks subjektiv im Künstler als Naturanlage und Naturtrieb vorhanden und als bewußtloses Wirken auch der Naturseite des Menschen angehören muß. Zwar füllt die Naturfähigkeit nicht das ganze Talent und Genie aus, da die Kunstproduktion ebenso geistiger, selbstbewußter Art ist, sondern die Geistigkeit muß nur überhaupt ein Moment natürlichen Bildens und Gestaltens in sich haben.«[19] Hegel formt hier die alte vertikale (und prozessuale) Übersetzungs- bzw. Vermittlungsrolle der Phantasie in eine horizontale (und im Ergebnis statische) Vermittlung von Geistigem und Sinnlichem um. Ist das Ergebnis der vertikalen Vermittlung eine Entmaterialisierung oder (in entgegengesetzter Richtung) materielle Verunreinigung des Geistigen, so strebt die horizontale Vermittlung eine Vermittlung im dialektischen Sinne an: Das Vernünftige ist nur als in sinnlicher Form vor das Subjekt hingestellte Darstellung. Nur so könne der Geist sich zum Bewußtsein tätig hervortreiben. Die ›künstlerische produktive Phantasie‹ wird damit zum Vermögen eines horizontalen Bezuges auf Welt als Bild bzw. Vorstellungsinhalt. Hegel ist untypisch, denn das Vermögen, dem er hier den Namen Phantasie gibt, wird allgemein als Einbildungskraft gefaßt. Seine Abweichung vom üblichen Wortgebrauch spiegelt sich auch darin, daß er die Phantasie als eine »hervorstechend künstlerische Fähigkeit« einer »bloß passiven Einbildungskraft« (290) gegenüberstellt.

Die zunächst zaghafte Einführung einer Begriffsdifferenz von Einbildungskraft und Phantasie um 1750 wurde in kulturkritischer Absicht vorgenommen. Allerdings benutzen zahlreiche Kulturkritiker dieser Jahre zunächst den Begriff einer ›luxurierenden Einbildungskraft‹, um das dem Rationalitätsdruck der Moderne gegenüber kompensatorische Verlangen nach Entgrenzungserfahrungen zu kritisieren.[20] Die ›luxurierende Einbildungskraft‹ beziehe das menschliche Begehren nicht auf einen Mittel- oder Zielpunkt der Aufmerksamkeit, sondern lasse es ›in sanften Gefühlen‹ ausschweifen. Doch neigt bereits Samuel Johnson, einer der vehementesten Kritiker einer ›luxurierenden Einbildungskraft‹, dazu, den Begriff der Phantasie (fancy), wenn es ihm um Kulturkritik geht, vorzuziehen: »Many impose upon the world, and many upon themselves, by an appearance of severe and exemplary diligence, when they, in real-

---

18 TODD (s. Anm. 16), 210.
19 HEGEL (ÄSTH), 83.
20 Vgl. SCHULTE-SASSE (s. Anm. 1), 105 ff.

ity, give themselves up to the luxury of fancy, please their minds with regulating the past, or planning out the future; place themselves at will in varied situations of happiness, and slumber away their days in voluntary visions.« Er sieht das menschliche Verlangen nach »airy gratifications« als ein zunehmendes Phänomen an, das kulturell entschärft und eingedämmt werden muß, da es die Handlungsfähigkeit der Bürger zersetzt: »The dreamer [...] abandons himself to his own fancy; new worlds rise up before him, one image is followed by another, and a long succession of delights dances round him. [...] The infatuation strengthens by degrees, and, like the poison of opiates, weakens his powers, without any external symptom of malignity.«[21]

Die Dimension der Zeit war seit dem 17. Jh. zur Dimension einer Ordnung von personaler Identität geworden. Eine Identität, die sich narrativ ordnet, schafft damit die Voraussetzung ihres Entwurfs in die Zukunft. Das Ich wird als planendes funktional in das Projekt der Moderne eingespannt. Wenn Johnson davon spricht, daß viele ›please their minds with regulating the past, or planning out the future‹, dann bezieht er sich auf dieses Projekt und drückt die verbreitete Angst aus, daß die Ausschweifungen der Phantasie die geforderte Subjektkonstitution blockieren. Johann Christoph Bährens geht sogar so weit zu behaupten: »Der Gedanke der Zukunft ist schon an sich selbst blos für die Phantasie.«[22] Viele Autoren der Zeit sehen klar, daß die menschliche Einbildungskraft oder Phantasie als Folge sozialer und historischer Prozesse »verzeitlicht« worden ist und daß ihre Ausrichtung auf Zukunft entweder negativ von Wünschen oder positiv von rationalen Zielsetzungen motiviert sein kann. Bährens meint, man könne in »zivilisierten« Gesellschaften die Entstehung eines neuen Menschentyps verfolgen, für den es wichtiger sei, »mehr zu wünschen und zu hoffen, als würklich zu genießen« (108) zu haben.

Johnsons Kulturkritik der Jahrhundertmitte wird in Deutschland in den 1780er Jahren, in denen auch Bährens schreibt, vorherrschend, wobei auch hier wiederum die Tendenz zu beobachten ist, die negativen Formen der Einbildungskraft mit dem Begriff der Phantasie zu bezeichnen. So schreibt Carl Friedrich Pockels 1787: »Der zu sehr sinnlich gewordene Mensch, der keine Kraft zum Denken mehr übrig hat, der gern seine Phantasie in sanften Gefühlen wiegt, und jede Selbstuntersuchung fliehet, weil sie ihm lästig und unbequem wird, ergreift am liebsten ein Religionssystem, welches ihn gleichsam mit einer neuen Art Wollust nährt, und sein Gewissen durch eine erträumte mystische Gnade beruhigt.«[23] Wo die »Phantasie sich angenehme Bilder schaffen kann [...] und jene wunderliche Harmonie [...] in die Seele hineinwinselt«, da spricht man vom neuen Menschentyp des »romantischen Schwärmers«[24], der »allenthalben nach luftigen von der erhitzten Phantasie geschafnen Idealen« hascht und »alles schlecht und ekelhaft findet, was unter diesen hohen Urbildern von Schönheit zurückbleibt« (32). Auch Johann Gebhard Ehrenreich Maaß, der wiederholt eine »Theorie über die Disciplin der Einbildungskraft«[25] bzw. eine »sittliche Disciplin der Phantasie« (256) fordert, die um so »wohltätiger« wirke, je mehr »sie die brauchbarsten Mittel aufzählte, wodurch die Phantasie nach und nach unter die Botmäßigkeit der Vernunft gebracht [...] werden könnte« (115), wechselt terminologisch immer wieder zum Begriff der Phantasie, wenn es ihm um kulturkritische Warnungen vor der ›luxurierenden‹ Einbildungskraft geht. Den Zustand, »der mit Recht Verrückung heißt, da er die Ordnung der Seelenkräfte umkehrt« (266), führt er darauf zurück, daß in ihm »die Phantasie nach und nach die Oberhand in der Seele gewonnen« (271) habe. Das begriffliche Gleiten von Einbildungskraft zu Phantasie, wenn es um negative Auswirkungen dieses Vermögens geht, drückt sich bei Immanuel

---

21 SAMUEL JOHNSON, The Rambler, No. 89 (22. 1. 1751), in: The Rambler, Bd. 1 (London 1820), 463 f.
22 JOHANN CHRISTOPH BÄHRENS, Ueber den Werth der Empfindsamkeit besonders in Rücksicht auf die Romane. Nebst einer Nachschrift über den sittlichen Werth der Empfindsamkeit von Johann August Eberhard (Halle 1786), 78.
23 CARL FRIEDRICH POCKELS, [Über religiöse Schwärmerei] (1787), in: G. Sauder, Empfindsamkeit, Bd. 3 (Stuttgart 1980), 74.
24 BÄHRENS (s. Anm. 22), 69 f.
25 JOHANN GEBHARD EHRENREICH MAASS, Versuch über die Einbildungskraft (1792; Halle/Leipzig ²1797), 115; vgl. MAASS, Versuch über die Leidenschaften, Bd. 1 (Halle/Leipzig 1805), 473 f.

Kant 1798 so aus: »Die Vergehungen (vitia) der Einbildungskraft sind, daß ihre Dichtungen entweder bloß *zügellos* oder gar *regellos* sind [...]. Der letztere Fehler ist der ärgste. [...] Die zügellose Phantasie kann immer noch einbeugen [...]; aber die regellose nähert sich dem Wahnsinn, wo die Phantasie gänzlich mit dem Menschen spielt, und der Unglückliche den Lauf seiner Vorstellungen gar nicht in seiner Gewalt hat.«[26]

Der Anthropologe Ernst Platner führt 1772 eine Unterscheidung zwischen Phantasie und Einbildungskraft ein, die einen modernen Werk- bzw. Textbegriff vorbereitet. Er verknüpft Phantasie mit Willkürlichkeit und Einbildungskraft mit einem geordneten Ganzen: Phantasie ist für ihn die »Vorstellung der Ideen ohne Beziehung auf die Wirklichkeit, und ohne Prüfung der Möglichkeit, Wahrscheinlichkeit und des Verhältnisses.«[27] Für die Einbildungskraft gilt demgegenüber: »Wenn mehrere Impressionen zugleich erwachen, und nicht jede als einzeln von andern unterschieden werden kann, so entsteht daraus in der Seele die Idee eines neuen Ganzen.« (168) Insofern Platner den Unterschied von Phantasie und Einbildungskraft auf den zwischen einem willkürlichen, ungeordneten, dissonanten Gemenge und einem sinnvollen, harmonischen Ganzen zurückführt, scheint er eine rein kunsttheoretische Unterscheidung zu treffen. Doch geht es ihm nirgends allein um Kunsttheorie, sondern in erster Linie um Anthropologie, und das heißt, um die »Vollständigkeit« und ›Selbstgenügsamkeit‹ des menschlichen Organismus«[28], letztlich also um die Möglichkeit eines autonomen, auf Reflexion und Kontemplation gegründeten Subjektbegriffes. Platner geht von einem moralischen Zentrum im Subjekt aus. Die Grenzlinie zwischen Körperlichkeit und Geistigkeit, zwischen materieller Fremdbestimmung und geistiger Eigenständigkeit lief vor der Begriffsdifferenzierung des späten 18. Jh. mitten durch den Begriffskomplex Einbildungskraft/Phantasie hindurch; deren einer Teil, die Phantasie, wird nun negativ besetzt, während der andere, die Einbildungskraft, zum konstitutiven Bestandteil autonomer Subjektivität und ihrer Kreativität wird. Die materielle Phantasie ist für Platner Ergebnis »unordentlicher Bewegungen des Nervensafts«; den »regellosen Gang der mechanischen Phantasie« sieht er als Ursache von Krankheiten an, wobei auch die »natürliche Anlage zu einem Originalgenie [...] nicht ohne Gefahr der Verstandesverwirrung«[29] sei.

Eine derartige Begriffsabgrenzung setzt sich gegen Ende des Jahrhunderts immer stärker durch. Wenn etwa Friedrich Schiller betont, daß die »Unabhängigkeit der Phantasie von äußern Eindrücken wenigstens die negative Bedingung ihres schöpferischen Vermögens« sei, so folgt er einer negativ/positiv gewichteten Begriffsdifferenz. Ein reflexiver Rückbezug auf die von dem »freien Bilderstrome« der Phantasie ausgelösten Gefühle ist für ihn »ohne alle Beziehung auf Gestalt« nicht mehr denkbar. Charakteristischerweise wählt er, wenn er von einer ästhetischen Kultur spricht, in der »endlich die Einbildungskraft in dem Versuch *einer freien Form* den Sprung zum ästhetischen Spiele«[30] macht, den nunmehr eindeutig positiv besetzten Begriff der Einbildungskraft.

Sieht man die Richtung der Begriffsdifferenzierung von Einbildungskraft und Phantasie, so kann es nicht verwundern, daß sie assoziativ immer wieder mit dem Unterschied der Geschlechter gleichgesetzt wurde. Die Einbildungskraft galt als männlich und die (regellose) Phantasie als weiblich. So heißt es in einem britischen Synonymenlexikon von 1794: »An intelligent stranger will observe too, that although we give sex very arbitrarily to personified qualities – yet he will commonly find *fancy* feminine, *imagination* masculine.«[31] Die geschlechtsdifferentielle Kodierung des Begriffunterschiedes muß nicht unbedingt ausgesprochen werden, um vorhanden zu sein. Wenn Caleb Thomas Winchester schreibt: »The Creative imagination spontaneously selects among the elements given by experience and combines them into new wholes.

---

26 IMMANUEL KANT, Anthropologie in pragmatischer Hinsicht (1798), in: KANT (WA), Bd. 12 (1977), 484 f.
27 ERNST PLATNER, Anthropologie für Aerzte und Weltweise (Leipzig 1772), 262.
28 CLAUDIA HONEGGER, Die Ordnung der Geschlechter. Die Wissenschaft vom Menschen und das Weib (Frankfurt a. M. 1991), 109.
29 PLATNER (s. Anm. 27), 173.
30 FRIEDRICH SCHILLER, Ueber die ästhetische Erziehung des Menschen in einer Reihe von Briefen (1795), in: SCHILLER, Bd. 20 (1962), 407.
31 ›Fancy, Imagination‹, in: HESTER LYNCH PIOZZI, British Synonymy, Bd. 1 (London 1794), 220.

II. Erste Begriffsnuancen von Phantasie und Einbildungskraft im 18. Jahrhundert

If this combination be arbitrary or irrational, the faculty is called Fancy«[32], dann ist die geschlechtliche Differenzierung ästhetischer Begriffe zumindest unterschwellig präsent.

An der sich im 18. Jh. durchsetzenden Begriffsdifferenz von Einbildungskraft und Phantasie ist nicht so sehr die begriffliche Differenz dieses spezifischen Wortpaares, sondern eine Verschiebung beider Begriffe von der Bezugsfolie ›geistig/körperlich‹ zu der Folie ›(kon)zentriert/zerstreut‹ entscheidend. Bevor Philosophen, Anthropologen, Kulturkritiker und Kunsttheoretiker des 18. Jh. das Wortpaar Einbildungskraft und Phantasie benutzten, um damit den Gegensatz geordnet/ungeordnet, (kon)zentriert/zerstreut zu bezeichnen, drückten sie mit anderen Begriffen grundsätzlich dasselbe aus: Sie haben z. B. zwischen einer Einbildungskraft oder Phantasie, die dem Verstandes- oder Urteilsvermögen unterworfen ist, und einer, die ihm nicht unterworfen ist, unterschieden. So erklärt etwa Gottsched: »Eine gar zu hitzige Einbildungskraft macht unsinnige Dichter: dafern das Feuer der Phantasie nicht durch eine gesunde Vernunft gemäßiget wird. Nicht alle Einfälle sind gleich schön, gleich wohlgegründet, gleich natürlich und wahrscheinlich. Das Urtheil des Verstandes muß Richter darüber seyn.«[33] Verstand oder Vernunft werden von Gottsched noch von einem (psychologischen, ontologischen und sozialen) Hierarchiemodell aus gedacht; sie werden noch nicht einem Zentrum von Subjektivität zugeordnet, da die Universalität der Vernunft dem Menschen (und der Welt) transzendent bleibt. Obwohl sich der Begriff einer eingegrenzten, in sich zentrierten Subjektivität im Laufe des 18. Jh. erst sehr allmählich herauskristallisiert, ist die Angst vor auflösenden, die subjektive Handlungsfähigkeit unterminierenden Auswirkungen der Phantasie auch vor der Begriffsdifferenzierung des späteren 18. Jh. verbreitet. Shaftesbury etwa spricht den Zusammenhang zwischen der Zivilisierung von Subjekten und der kulturellen Rolle der Phantasie bereits 1711 mehrfach an: »Can there be strength of mind, can there be command over oneself, if the ideas of pleasure, the suggestions of fancy, and the strong pleadings of appetite and desire are not often withstood, and the imaginations soundly reprimanded and brought under subjection?«[33] »For if the fancies are left to themselves, the government must of course be theirs. And then, what difference between such a state and madness?« »If I vote with Fancy, resign my opinion to her command, and judge of happiness and misery as she judges, how am I myself?«[34]

Dennis Todd hat darauf hingewiesen, daß die Vorstellung personaler Identität im frühen 18. Jh. in eine Krise geriet. Für die Zeit vor der Krise gelte: »If humans had no immaterial substance, they had no identities at all.«[35] Der Begriff personaler Identität war abhängig vom Dualismus von Körper und Geist, d. h. von den zwei Substanzen res extensa und res cogitans. Allein die Präsenz einer unwandelbaren, immateriellen Substanz im Menschen konnte personale Identität garantieren. Ein Individuum, so ein Zeitgenosse, »cannot subsist without the notion of a spiritual substance.«[36] Todd kommentiert: »To be an individual, to have an identity, meant that one had to possess a selfhood that was a unitary thing persisting through time, and therefore individual identity had to be grounded in a substance that was itself indivisible and unchanging. Identity, in short, had to be grounded in an immaterial substance: immaterial substance alone ›secure[d] a principle of Personal Identity,‹ for it alone was ontologically immutable and indivisible.« Todd gibt zahlreiche Beispiele dafür, wie undenkbar anfangs der Vorstellung war, die materielle Substanz des menschlichen Körpers sei in der Lage, Identität zu begründen. »If that which ›is properly called, I My Self‹ is ›an Unextended and Indivisible Unity, […] one Self-Active, Living Power, Substantial, or Inside-Being, that Containeth, Holdeth, and connecteth all together,‹ it could

---

32 CALEB THOMAS WINCHESTER, Some Principles of Literary Criticism (1899; London/New York 1919), 123 f.
33 GOTTSCHED (DICHTKUNST), 108.
34 SHAFTESBURY, Soliloquy or Advice to an Author (1710), in: Shaftesbury, Characteristics of Men, Manners, Opinions, Times, hg. v. J. M. Robertson, Bd. 1 (London 1900), 202, 208, 209.
35 TODD (s. Anm. 16), 121.
36 CHARLES KERBY-MILLER (Hg.), The Memoirs of the Extraordinary Life, Works and Discoveries of Martinus Scriblerus (1950; Oxford 1988), 140.

not possibly adhere in ›the *Extended Bulk* of the Body, which is not *One* but *Many Substances*.‹«[37] Die Alternative, Identität als körperlich begründete zu verstehen, setzte sich im Laufe des 18. Jh. erst im Zuge der Veränderung des Körperbegriffs durch. Erst indem der Körper als ein von Haut eingegrenzter und vom Nervensystem zentrierter gefaßt wurde, konnte das Selbst als blickende, sich auf Welt beziehende körperliche Einheit verstanden werden.[38] Im frühen 18. Jh. wurde diese Möglichkeit als töricht verworfen: »When the Freethinker Collins made just such a heterodox claim, asserting that individual identity was a kind of epiphenomenon of the mechanics of the body, that ›several Particles of Matter, when united in one System, [may] become an individual being,‹ Samuel Clarke derided him. A self grounded in the mechanical systems of the body could not be an ›Individual Being‹ because the material substance it was grounded in was ›in perpetual flux and change,‹ and ›it is a manifest Contradiction that the *Consciousness* of [my action's] being done by *me*, by *my own individual self* in particular, should continue in me after my whole Substance is changed‹: ›So if a Man at Forty Years of Age, has nothing of the same Substance in him ... that he had at Twenty; he may be called the *same Person*, by a mere *external imaginary Denomination*. [...] But he cannot be really and truly the same person.‹«[39]

Erst für ein sich als körperliche Einheit begreifendes, sich blickend auf Welt beziehendes Subjekt ergibt sich die Notwendigkeit, zwischen einer positiven, visuellen und reflektierenden Einbildungskraft und einer negativen, zersetzenden Phantasie zu unterscheiden. Gegen Ende des Jahrhunderts ist die einem subjekttheoretischen Interesse entspringende Wertabstufung von Einbildungskraft und Phantasie mehr oder weniger fest etabliert. Kant etwa schreibt 1798 in seiner *Anthropologie in pragmatischer Hinsicht*: »Die Einbildungskraft, so fern sie auch unwillkürlich Einbildungen hervorbringt, heißt Phantasie. Der, welcher diese für (innere oder äußere) Erfahrungen zu halten gewohnt ist, ist ein *Phantast*.« – »Wir spielen oft und gern mit der Einbildungskraft; aber die Einbildungskraft (als Phantasie) spielt eben so oft und bisweilen sehr *ungelegen* auch mit uns.«[40] Johann Adam Bergk kommt 1799 zu einem positiveren, wenn auch funktional völlig analogen Urteil: Der Mensch müsse »nicht allein die Phantasie, sondern auch die Einbildungskraft ausbilden, die sich von jener dadurch unterscheidet, daß sie neue Verbindungen von Ideen und Gegenständen macht, und als Schöpfer auftritt, während jene Erfahrungen und Anschauungen, die schon da gewesen sind, wieder vergegenwärtigt und lebhaft darstellt.« Die Einbildungskraft stellt die neuen »Verbindungen von Ideen und Gegenständen« als Darstellungen vor sich hin und bezieht sich auf sie als blickendes und reflektierendes Individuum, während die Wiedervergegenwärtigung und lebhafte Darstellung vergangener Erfahrungen und Anschauungen durch die Phantasie erst durch den objektivierenden Einfluß der Einbildungskraft zum Bezugspunkt von Reflexion wird. Es geht bei diesem Gegensatz letztlich darum, wie sehr der Mensch, der sein Zentrum über fast zwei Jahrtausende hin außer sich, in Transzendenz imaginierte, sich zu einem blickenden, in sich zentrierten Subjekt stilisiert. Daß Bergks Unterscheidung von Einbildungskraft und Phantasie in einer Theorie der Subjektivität fundiert ist, wird daran deutlich, daß sein anscheinend rein kunsttheoretischer Diskurs am Ende der zitierten Begriffsunterscheidung in einen anthropologischen und charakterologischen umschlägt: Er hält eine »Ausbildung« von Phantasie und Einbildungskraft für die Voraussetzung von »Kraft und Energie des Charakters«[41], wobei er der Einbildungskraft wie Kant die kulturanthropologisch wichtigere Funktion zuschreibt.

Auffallend ist, wie häufig um 1800 kulturkritische Traktate den Begriff der Phantasie mit dem der Zerstreuung verbinden. Die »Lebhaftigkeit der Bilder der Phantasie«, so Maaß, könne »Zerstreuung bewirken«[42]. Typisch ist ein Passus aus seinem

---

37 TODD (s. Anm. 16), 121 f.
38 Vgl. BARBARA DUDEN, Geschichte unter der Haut. Ein Eisenacher Arzt und seine Patientinnen um 1730 (Stuttgart 1987).
39 TODD (s. Anm. 16), 122.
40 KANT (s. Anm. 26), 466, 476.
41 JOHANN ADAM BERGK, Die Kunst, Bücher zu lesen (Jena 1799), 125.
42 MAASS, Versuch über die Leidenschaften (s. Anm. 25), Bd. 1, 149.

Versuch über die Einbildungskraft, der gleichzeitig anzeigt, wie sehr die begriffliche Abgrenzung von Phantasie und Einbildungskraft auch hier noch häufig Tendenz bleibt: »So entspringt demnach der Zustand der Zerstreuung sehr häufig aus der Einbildungskraft, und kann durch eine doppelte Ursache befördert werden. Zuerst durch eine genialische Stärke der Phantasie, wonach sie ihre Bilder mit einem solchen Glanze beleuchtet, daß die Aufmerksamkeit zum Anschauen derselben unaufhaltsam fortgerissen wird. Sodann aber auch durch eine Schwäche der Aufmerksamkeit, wenn diese nicht im Stande ist, sich auf gegebene Vorstellungen zu fixiren, sondern sich durch jedes lebhafte Bild der Phantasie davon abwenden läßt. Deshalb ist es ein sehr zweideutiger Charakter, öfters zerstreut zu seyn. Wenigstens gehört es zu einem guten Beobachter, daß er die Zerstreuung vermeiden könne, und überhaupt seine Phantasie in der Gewalt habe.«[43]

III. Die Romantik und der deutsche Idealismus

Die Frühromantiker wendeten sich erkenntnistheoretisch gegen die verstandesgemäße Kategorisierung von Welt, gegen eine Welt der Identitäten und der Unterschiede. Die logische Konsequenz dieser Haltung ist eine vor allem bei Friedrich Schlegel und Novalis zu beobachtende Aufwertung einer ungebundenen, nicht durch den Verstand gezähmten Einbildungskraft. Wortgeschichtlich führt das zu einer Wiederaufwertung der Phantasie gegenüber der Einbildungskraft. In Friedrich Schlegels *Gespräch über die Poesie* (1800) heißt es: »Denn das ist der Anfang aller Poesie, den Gang und die Gesetze der vernünftig denkenden Vernunft aufzuheben und uns wieder in die schöne Verwirrung der Fantasie, in das ursprüngliche Chaos der menschlichen Natur zu versetzen, für das ich kein schöneres Symbol bis jetzt kenne, als das bunte Gewimmel der alten Götter.«[44] In den *Literarischen Notizen* schreibt er der Phantasie gar eine chiliastische Kraft zu: »Hat die Fantasie den Sieg davongetragen über die menschliche Reflexion, so ist die Menschheit vollendet.«[45] Ähnlich

schreibt Novalis: »Unregel ist Fantasieregel − *Willkührregel* − Zufall − Wunderregel.« − »Sollte[n] die Grundgesetze der Fantasie die Entgegengesetzten (nicht die Umgekehrten) der Logik seyn? Inconsequenz d[er] Fantasie. *Magismus*. Vereinigung beyder der Fantasie und Denkkraft.«[46]

Eine nicht bloß spielerische, sondern erkenntniskritisch radikalisierte Phantasie ist für Friedrich Schlegel das einzige Mittel, das dem menschlichen Geist in seinem Kampf gegen die Instrumentalisierung und Petrifizierung des Denkens in der Moderne zur Verfügung steht. Dichtung, in der eine radikal dekonstruktive Phantasie am Werke ist, begnügt sich nicht wie die sentimentale Dichtung damit, Mängel der Wirklichkeit im Imaginären bloß auszugleichen; sie »chaotisirt«[47] vielmehr den Verstand, um intellektuelle Atrophie zu verhindern und den Weg für einen kritischen Neubeginn frei zu machen. Der Verstand sei zwar »die höchste Potenz des Bewußtseyns«, wenn es um Unterscheidungen und Bestimmungen gehe, die Phantasie aber, der »Gegensatz« des Verstandes, treibe »das Endliche ins Unendliche hinaus, wobey alles Gesetzliche aufhört«[48]. Ähnlich argumentiert August Wilhelm Schlegel, indem er die spekulative Vernunft und die Phantasie als eigentlich kreative Vermögen dem Verstand und den äußeren Sinnen gegenüberstellt. Erreichbar sei das Unendliche, d.h. die denkerische Freiheit von etablierten Strukturen, »nur in unserer Vernunft und Phantasie; mit dem äußeren Sinne und dem Verstande können wir sie nie ergreifen, denn diese bestehen eben nur durch ein beständiges Setzen von Endlichkeiten und Verneinen des Unendlichen«[49]. Entsprechend

---

43 MAASS, Versuch über die Einbildungskraft (s. Anm. 25), 196 f.
44 FRIEDRICH SCHLEGEL, Gespräch über die Poesie (1800), in: SCHLEGEL (KFSA), Bd. 2 (1967), 319.
45 F. SCHLEGEL, Literarische Notizen (entst. 1797–1801), hg. v. H. Eichner (1957; Frankfurt a.M./Berlin/Wien 1980), 211.
46 NOVALIS, Das Allgemeine Brouillon (1798–1799), in: NOVALIS, Bd. 3 (1960), 409, 416 f.
47 F. SCHLEGEL (s. Anm. 45), 171.
48 F. SCHLEGEL, Transcendentalphilosophie (1800–1801), in: SCHLEGEL (KFSA), Bd. 12 (1964), 84.
49 AUGUST WILHELM SCHLEGEL, Die Kunstlehre (1801–1802), in: Schlegel, Kritische Schriften und Briefe, hg. v. E. Lohner. Bd. 2 (Stuttgart 1963), 81.

nennt Novalis die Phantasie eine »außermechanische Kraft«[50].

Die Frühromantiker kehren folglich die aufklärerische Charakterisierung einer ungebundenen Phantasie als Wahnsinn um. Phantasie ist ihnen Garant der Gesundheit, ein Vermögen, das Wirklichkeit (im Sinne von Bestimmtheit bzw. Strukturiertheit) in erkenntniskritischer Absicht verflüssigt. Es wird in ihren Augen als Vermögen gerade deshalb immer wichtiger, weil das Projekt der Moderne zu materiellen wie kognitiven Einschränkungen und Begrenzungen von Wirklichkeit geführt hat – ein Prozeß, der seinerseits die intellektuelle Kreativität der Menschen eingeengt hat. Die Bedingungen der Moderne, so die Romantiker, haben das nachdrückliche und berechtigte Bedürfnis hervorgerufen, etablierte und ossifizierte Denkstrukturen durch nicht-konformes Denken aufzuweichen. Dabei scheuen sie nicht einmal vor den politischen Folgen ihres kulturkritischen Konzeptes zurück: »Eine Gesellschaft nach diesem Begriff der Freiheit wird *Anarchie* seyn – man mag sie nun nennen *das Reich Gottes*, oder das goldene Zeitalter. Das Wesentliche wird allemahl Anarchie seyn.«[51] Was sich dem Versuch des Verstandes widersetzt, Wirklichkeit zu kategorisieren bzw. kausalgenetisch zu verstehen, muß ihm chaotisch erscheinen. Für die Romantiker eröffnet das Chaotische jedoch einen Zugang zum Absoluten: »Durch die Anschauung des Chaos [...] geht der Verstand zu aller Erkenntniß des Absoluten, es sey in der Kunst oder in der Wissenschaft, über.«[52]

Ein kulturkritisch inspirierter, jedoch positiv gewendeter Begriff der Phantasie läßt sich keineswegs allein im engen Kreis der Jenaer Frühromantiker finden. Selbst Hegel zeigt sich von der romantischen Aufwertung der Phantasie beeinflußt,

wenn er schreibt, man müsse sich »hüten, die Phantasie mit der bloß passiven Einbildungskraft zu verwechseln. Die Phantasie ist schaffend.«[53] Den Frühromantikern noch näher zeigt sich Wilhelm von Humboldt, wenn er schreibt: »Die Phantasie begränzt nie, sie geht immer ins Unendliche fort, und sobald also das Genie des Künstlers sie begeistert, verbindet sie ihre Unendlichkeit mit den Formen, die er ihr vorlegt, ohne sich um einen Widerspruch zu bekümmern, der zwar den Verstand und die bloße sinnliche Anschauung, nicht aber sie angeht.«[54] Der Künstler müsse »in unsrer Seele jede Erinnerung an die Wirklichkeit vertilgen und nur die Phantasie allein rege und lebendig erhalten.« Das Nachahmungsprinzip, d.h. die behauptete Beziehbarkeit von Fiktion auf Wirklichkeit, ist für Humboldt schon deshalb problematisch, weil die Funktion des Nachgeahmten eine völlig andere sei als die des Originals der Wirklichkeit: »die Seele, von der Phantasie begeistert, [erhebt] sich über die Wirklichkeit« (137) – »Das Reich der Phantasie ist dem Reich der Wirklichkeit durchaus entgegengesetzt; und ebenso entgegengesetzt ist daher auch der Charakter dessen, was dem einen oder dem andern dieser beiden Gebiete angehört.« (139)

Auch Jean Paul schätzt die Phantasie höher als die Einbildungskraft ein. Die Einbildungskraft ist ihm bloß »die Prose der Bildungskraft oder Phantasie«[55]. Als »etwas Höheres« sei die »Phantasie oder Bildungskraft [...] der Elementargeist der übrigen Kräfte; darum kann eine große Phantasie zwar in die Richtungen einzelner Kräfte, z.B. des Witzes, des Scharfsinns u. s. w., abgegraben und abgeleitet werden, aber keine dieser Kräfte lässet sich zur Phantasie erweitern.« (47) Wenn Jean Paul betont, daß die Einbildungskraft einrahme, daß sich der Mensch mit ihrer Hilfe auf eine eingerahmte Anschauung beziehe, dann klingt darin die für das späte 18. Jh. typische subjekttheoretische Einbindung der Einbildungskraft an, nur daß er diese ihre Funktion gegenüber derjenigen der Phantasie geringer einschätzt: Die Phantasie ergänze das Angeschaute kreativ, was ein »Mißverhältnis zwischen Gestalt und Überkraft« (96) öffne. Entscheidend ist, daß Jean Paul nicht, was naheliegend gewesen wäre, die Einbildungskraft mit dem Schönen und die Phantasie mit dem Erhabenen

---

50 NOVALIS (s. Anm. 46), 430.
51 F. SCHLEGEL (s. Anm. 48), 84.
52 F. W. J. SCHELLING, Philosophie der Kunst (entst. 1802–1803), in: SCHELLING (SW), Abt. 1, Bd. 5 (1859), 110.
53 HEGEL (ÄSTH.), 290.
54 WILHELM VON HUMBOLDT, Über Göthes Herrmann und Dorothea (1798), in: Humboldt, Werke, hg. v. A. Flitner/K. Giel, Bd. 2 (Stuttgart 1961), 142.
55 JEAN PAUL, Vorschule der Ästhetik (1804), in: JEAN PAUL (MILLER), Abt. 1, Bd. 5 (1963), 47.

verbindet. Denn spätestens seit Edmund Burkes *A Philosophical Enquiry into the Origin of our Ideas of the Sublime and Beautiful* (1757) galt das Schöne als das ästhetisch Begrenzbare, das Erhabene als das den Rahmen Sprengende. Für Jean Paul wird das Begrenzbare, und damit die Geltung einer perspektivischen Hermeneutik, grundsätzlich fragwürdig: »Das Romantische ist das Schöne ohne Begrenzung, oder das *schöne* Unendliche, so wie es ein *erhabenes* gibt.« (88) Die sich auf ein Schönes beziehende Phantasie totalisiert ein nicht in der Anschauung Gegebenes. »Die Phantasie macht [...] alle Weltteile zu Welten, sie totalisieret alles, auch das unendliche All [...]. Sie führt gleichsam das Absolute und das Unendliche der Vernunft näher und anschaulicher vor den sterblichen Menschen.« (47 f.)

Der Übergang von der vertikalen Kultur der Vormoderne zur horizontalen der Moderne kann in wesentlichen Punkten als eine Perspektivierung des menschlichen Bezuges auf Welt beschrieben werden. Im Zuge dieser Perspektivierung wurde die Einbildungskraft zunehmend als visuelles Vermögen gefaßt, als ein Vermögen, mit dem sich der Mensch reflektierend und ordnend auf Welt bezieht. In diesem Kontext ist Jean Pauls Bestimmung der Phantasie als visuelles Vermögen deshalb so aufschlußreich, weil er die Phantasie ausdrücklich nicht mit Bezug auf die perspektivische Hermeneutik bestimmt. Denn die »Bilder und Kontraste« der Phantasie zielen auf eine »überfließende Darstellung« (139), eine Darstellung, die sich nicht perspektivisch ordnen läßt. »Vor der Phantasie stehen nie bleibende, nur werdende Gestalten; sie schauet ein ewiges Entstehen, folglich ein ewiges Vergehen an. Jeder Blick erleuchtet und verzehrt mit demselben Blitze seinen Gegenstand, und wo wir lange den nämlichen anzuschauen glauben, ist es nur das irre Umherlaufen des Leuchtpunktes auf einer ausgedehnten Gestalt.« (283) Zwar bezieht sich Phantasie, ob es sich um das Schöne oder Erhabene handelt, auf ein Angeschautes, doch begnügt sie sich damit nicht. Denn die »Flügel« der Phantasie wollen »einen unendlichen *Raum* und eine unendliche *Zeit* bedecken [...], weil sie über jede endliche reichen«[56]. Jean Paul wendet sich wiederholt gegen Kants Definition des Erhabenen als »ein angeschautes Unendliches«, denn erhaben sei etwas »nicht durch die Gabe der Sinne, sondern der Phantasie, die sich an die optischen Grenzen, an jene scheinbare Grenzenlosigkeit hinstellt, um in eine wahre hinüberzuschauen« (201).

Phantasie als kreatives Vermögen der Anschauung bestimmt auch die Philosophie Arthur Schopenhauers, für den »Werke des Genies« solche sind, »welche unmittelbar von der Anschauung ausgehen und an die Anschauung sich wenden, also die der bildenden Künste, und nächstdem die der Poesie, welche ihre Anschauungen durch die Phantasie vermittelt.« Phantasie ist für ihn eine positive intellektuelle Vorstellungskraft, die vor allem dem Genie zukomme, bei dem »die vorstellende Kraft des Gehirns einen solchen Ueberschuß hat, daß ein reines, deutliches, objektives Bild der Außenwelt sich *zwecklos* darstellt«, ein Bild also, das »für die Absichten des Willens unnütz«[57] sei. Phantasie ist eigentlich produktive Kraft: Es bedürfe »der Phantasie, um alle bedeutungsvollen Bilder des Lebens zu vervollständigen, zu ordnen, auszumalen, festzuhalten und beliebig zu wiederholen, je nachdem es die Zwecke einer tief eindringenden Erkenntniß und des bedeutungsvollen Werkes, dadurch sie mitgetheilt werden soll, erfordern. Hierauf beruht der hohe Werth der Phantasie, als welche ein dem Genie unentbehrliches Werkzeug ist.« (441)

Der romantische Begriff einer Begrenzungen auflösenden Phantasie hat im 20. Jh. vor allem den avantgardistischen Phantasiebegriff beeinflußt. Auch Walter Benjamins Miszelle *Phantasie* (um 1920/1921) steht in der dekonstruktivistischen Tradition der Romantik. Sie definiert die »Erscheinungen der Phantasie« als »Entstaltung des Gestalteten«: Es sei »aller Phantasie eigen, daß sie um die Gestalten ein auflösendes Spiel treibt«. »Die Welt der jungen Erscheinungen, welche dergestalt mit der Auflösung des Gestalteten sich bildet, hat ihre eigenen Gesetze, welche die der Phantasie sind, deren oberstes eines ist, daß die Phantasie, wo sie entstaltet, dennoch niemals zerstört. Die Erscheinungen der Phantasie vielmehr entstehen in jenem

---

[56] JEAN PAUL, Leben des Quintus Fixlein (1795), in: ebd., Bd. 4 (1962), 200.
[57] ARTHUR SCHOPENHAUER, Die Welt als Wille und Vorstellung, Bd. 2 (1844), in: Schopenhauer, Werke, hg. v. L. Lütkehaus, Bd. 2 (Zürich 1988), 438 f.

Bereich der Gestalt, da diese sich selbst auflöst. Phantasie löst also nicht selbst auf, denn wo sie dies versucht, wird sie phantastisch.«[58]

IV. Psychoanalyse

Anders als der Begriff der Einbildungskraft sind die Begriffe der Phantasie und Urphantasie (engl. ›primal fantasy‹, frz. ›fantasme originaire‹) in der Psychoanalyse fest etabliert. Das gilt bereits für Sigmund Freud. Der Begriff der Einbildung kommt im Gesamtregister von Freuds gesammelten Werken zweimal vor, ohne daß dem Begriff dabei große Bedeutung zugeschrieben würde. Im Gegensatz dazu erstrecken sich die Hinweise auf Phantasie und Phantasieren über mehr als vier Seiten. Dabei verschiebt sich der Akzent der Bedeutung allerdings von Phantasie als Vermögen zu Phantasie als phantasiertem Objekt. Die französischen Psychoanalytiker Jean Laplanche und Jean-Bertrand Pontalis sehen dementsprechend eine Ambivalenz im deutschen Ausdruck Phantasie und meinen, daß in dem erst durch die Psychoanalyse wiederbelebten französischen Ausdruck ›fantasme‹ »mehr Psychoanalytisches« anklinge als im deutschen Ausdruck. Allerdings hat die Akzentverlagerung vom Vermögen zum Objekt eine lange Tradition in Deutschland. Bereits im 18. Jh. sprach man von Phantasien als »erphantasierten Glückseligkeiten« und »phantastischen Bedürfnißen«[59].

Doch kann die Phantasie psychoanalytisch nicht zureichend als rein illusorische Produktion von Wunschobjekten definiert werden; sie hat vielmehr eine Szene zum Inhalt, an der das Subjekt, »eingefangen in die Sequenz der Bilder«, handelnd beteiligt ist. Laplanche und Pontalis definieren Phantasie dementsprechend als »Imaginäres Szenarium, in dem das Subjekt anwesend ist und das in einer durch die Abwehrvorgänge mehr oder weniger entstellten Form die Erfüllung eines Wunsches, eines letztlich unbewußten Wunsches darstellt.«[60] Erscheinungsformen der Phantasie sind ihnen zufolge (1) bewußte Phantasien oder Tagträume (Szenen, Episoden, Romane, Fiktionen), die das Subjekt im Wachzustand ersinnt, (2) unbewußte Phantasien und (3) Urphantasien (typische, generell anzutreffende Phantasien, die sich aus unbewußten, ererbten Schemata ableiten). Über letztere schreibt Freud: »Die unbewußten Phantasien sind entweder von jeher unbewußt gewesen, im Unbewußten gebildet worden, oder, was der häufigere Fall ist, sie waren einmal bewußte Phantasien, Tagträume, und sind dann mit Absicht vergessen worden, durch die ›Verdrängung‹ ins Unbewußte geraten.«[61]

Die Entstehung von bewußten Phantasien oder Tagträumen verbindet Freud mit der »Einsetzung des Realitätsprinzips«, mit dem »eine Art Denktätigkeit abgespalten [wurde], die von der Realitätsprüfung freigehalten und allein dem Lustprinzip unterworfen blieb«. Freud nennt diese Denktätigkeit »das *Phantasieren*, welches bereits mit dem Spielen der Kinder beginnt und später als *Tagträumen* fortgesetzt die Anlehnung an reale Objekte aufgibt«[62]. Der Begriff des bewußten Phantasierens oder Tagträumens bestimmt vor allem die Psychologie der Neurosen und die Massenpsychologie. Erstere, so Freud, sei bestimmt durch eine »Vorherrschaft des Phantasielebens und der vom unerfüllten Wunsch getragenen Illusion«; denn für die Neurotiker gelte »nicht die gemeine objektive, sondern die psychische Realität. Ein hysterisches Symptom gründet sich auf Phantasie, anstatt auf die Wiederholung wirklichen Erlebens, ein zwangsneurotisches Schuldbewußtsein auf die Tatsache eines bösen Vorsatzes, der nie zur Ausführung gekommen.« Allerdings seien die Psychologie der Neurosen und die Massenpsychologie nicht scharf zu trennen. Denn auch in der »Seelentätigkeit der Masse« trete »wie im Traum und in der Hypnose, [...] die Realitätsprüfung zurück gegen die Stärke

---

58 WALTER BENJAMIN, Phantasie (entst. um 1920/1921), in: BENJAMIN, Bd. 6 (1985), 114f.
59 JOHANN GEORG SCHLOSSER, Xenocrates oder Ueber die Abgaben (Basel 1784), 120, 123.
60 ›Phantasie‹, in: JEAN LAPLANCHE/JEAN-BERTRAND PONTALIS, Das Vokabular der Psychoanalyse, übers. v. E. Moersch (Frankfurt a. M. 1972), 388.
61 SIGMUND FREUD, Hysterische Phantasien und ihre Beziehung zur Bisexualität (1908), in: FREUD (SA), Bd. 6 (1971), 190.
62 FREUD, Formulierungen über die zwei Prinzipien des psychischen Geschehens (1911), in: FREUD (SA), Bd. 3 (1975), 20f.

der affektiv besetzten Wunschregungen«⁶³. Die Masse, deren Verhalten durch Dominanz des Es bzw. Freisetzung des Verdrängten charakterisiert sei, »denkt in Bildern, die einander assoziativ hervorrufen, wie sie sich beim Einzelnen in Zuständen des freien Phantasierens einstellen, und die von keiner verständigen Instanz an der Übereinstimmung mit der Wirklichkeit gemessen werden« (72).

Wie die Charakterisierung des Phantasierens der Massen als ein Denken ›in Bildern, die einander assoziativ hervorrufen‹, andeutet, muß man sich den Übergang von bewußten zu unbewußten Phantasien als fließend vorstellen. Freud verbindet das Realitätsprinzips mit einer Vorherrschaft des Verbalen, das Lustprinzip und das Unbewußte mit einer Dominanz des Visuellen. In *Moses und Monotheismus* (1938) führt er das biblische Bilderverbot darauf zurück, daß die Bedeutung sinnlicher Wahrnehmung gegenüber abstraktem Denken zur Zeit des Bilderverbots abgenommen habe. Es zeige den Sieg des Geistes über die Sinne, den er mit dem Übergang vom Matriarchat zum Patriarchat gleichsetzt. Die Mutter, die Sinnlichkeit, das Bild werden vom ›Gesetz‹ und dem ›Namen des Vaters‹ abgelöst. Mit anderen Worten: Das Verbot, sich von Gott ein Bildnis zu machen, ist eine Bewegung von der Mutter hin zum abstrakten Gesetz des Vaters.

Dieses Evolutionsschema hilft, Freuds Begriff der unbewußten Phantasien und der Urphantasien zu erhellen. Freud geht davon aus, daß die gebündelten Energien des Unbewußten, die ›Vorstellungsrepräsentanzen‹, ihrem Wesen nach visuell sind, daß dagegen das Bewußte verbal organisiert ist. Entsprechend spricht er von Bildrepräsentanz und Wortrepräsentanz. Die bilderorientierte Phantasie zeigt also auch als bewußte bzw. tagträumerische eine Affinität zum Unbewußten.

Den Begriff der Urphantasie führt Freud für von der Psychoanalyse entdeckte typische Phantasien ein, deren Vorkommen er von unbewußten, ererbten Schemata ableitet: »Die Beobachtung des Liebesverkehres der Eltern ist ein selten vermißtes Stück aus dem Schatze unbewußter Phantasien, die man bei allen Neurotikern, wahrscheinlich bei allen Menschenkindern, durch die Analyse auffinden kann. Ich heiße diese Phantasiebildungen, die der Beobachtung des elterlichen Geschlechtsverkehres, die der Verführung, der Kastration und andere, *Urphantasien*.«⁶⁴

Jacques Lacans Begriff des Phantasmas (fantasme) bezieht sich nicht wie der Begriff der Phantasie bei Freud auf die Topologie des Unbewußten und Bewußten, sondern auf den unüberbrückbaren Gegensatz zwischen einem nicht symbolisierbaren Realen und der immer schon symbolisch vermittelten Realität. Das Subjekt, das sich nur illusionär als einheitliches konstituieren kann, hat »immer eine antizipierte Beziehung zu seiner eigenen Verwirklichung, die es selbst auf die Ebene einer tiefen Unzulänglichkeit zurückwirft, und bei sich von einem Sprung zeugt, von einer ursprünglichen Zerrissenheit, einer Verfallenheit«⁶⁵. Diese Unzulänglichkeit wird zum möglichen Einfallstor des Realen; weshalb wir gewohnt sind, das Phantasma am Platz des Realen auftauchen zu sehen: »nous avons l'usage de voir surgir aussi à la place du réel, à savoir le fantasme«⁶⁶. Denn der Reim, den sich das Phantasma auf den »Wahn der Identität« macht, »ist eine Falle, in die das Subjekt sich verstrickt: das Eigentliche, die Einheit, die Fülle«⁶⁷. Bemerkenswert ist, daß die ›Falle‹ des Phantasmas dennoch zur Stützmauer des Subjekts werden kann, da es ihm die Möglichkeit der Vermittlung des Realen mit der symbolisch konstituierten Realität vorspiegelt. Anders als bei Freud, der von einem unversöhnlichen Gegensatz von Phantasie und Realitätsprinzip ausgeht, stützt das Lacansche Phantasma die menschliche Wirklichkeitsauffassung ab. Indem es das vor-ontologische Reale entschärft, verhindert es, daß die imaginär-symbolische Konstruktion von Subjektivität grundsätzlich scheitert.

---

63 FREUD, Massenpsychologie und Ich-Analyse (1921), in: FREUD (SA), Bd. 9 (1974), 75.
64 FREUD, Mitteilung eines der psychoanalytischen Theorie widersprechenden Falles von Paranoia (1915), in: FREUD (SA), Bd. 7 (1973), 213.
65 JACQUES LACAN, Der Individualmythos des Neurotikers (1953/1978), hg. v. J.-A. Miller, übers. v. E. Demoisy u. C. Schrübbers, in: Der Wunderblock. Zeitschrift für Psychoanalyse 5/6 (1980), 66f.
66 LACAN, Encore. 1972–1973 (Paris 1975), 58.
67 DIETMAR KAMPER, Zur Soziologie der Imagination (München 1986), 85f.

Die Phantasie und das Phantasieren werden in der Kulturkritik der Moderne vom 18. Jh. bis in die Gegenwart auch außerhalb der Romantik und ihrer Tradition mitunter als ein produktives Vermögen angesehen, das sich der Moderne in der Form geschichtsphilosophischer Utopien widersetzt. Das gilt besonders für Herbert Marcuses *Triebstruktur und Gesellschaft* (1955). Marcuse geht von Freuds Begriff des Phantasierens aus, den er allerdings entscheidend verändert. Das obige Zitat Freuds über die Einsetzung des Realitätsprinzips kommentiert Marcuse so: »Durch die Organisation des Lust-Ich in ein Realitäts-Ich wird die Phantasie als abgetrennter seelischer Vorgang geboren – und wird zu gleicher Zeit in den Hintergrund gedrängt. Die Vernunft siegt: sie wird lustlos aber nützlich und ›richtig‹; die Phantasie bleibt lustvoll, aber sie wird nutzlos und unwahr – ein bloßes Spiel, Tagträumerei.«[68] Es ist aufschlußreich, wie die Dualität von Realitätsprinzip und Lustprinzip bei Marcuse von Anfang an verzeitlicht bzw. narrativiert wird. Während Freud von dem ›Abspalten‹ einer Denktätigkeit spricht und dies ontogenetisch illustriert (Spielen der Kinder), spricht Marcuse dramatischer von einem In-den-Hintergrund-Drängen und einem Sieg der Vernunft. So subtil die Unterschiede zwischen Freuds und Marcuses Perspektiven hier noch sind, Freuds Perspektive ist durchwegs eine strukturale, während Marcuse die strukturale Dualität von Realitätsprinzip und Lustprinzip in eine historisch und narrativ sich entfaltende überführt. Für ihn ›fährt sie [die Phantasie – d. Verf.] fort«, »die Sprache des Lustprinzips zu sprechen, die Sprache der Freiheit von Unterdrückung und Verdrängung, von ungehemmten Wünschen und Erfüllungen – während die Wirklichkeit sich nach Gesetzen der Vernunft durchsetzt, ohne weiterhin der Sprache der Träume verhaftet zu sein.« (142) Er transformiert die Phantasie in ein Instrument utopischen Denkens und spricht ihr »einen eigenen Wahrheitsgehalt« zu, »der einer besonderen, ihr eigenen Erfahrung entspricht – nämlich der Überwindung der feindseligen menschlichen Wirklichkeit.« Noch zugespitzter: »Die Phantasie sieht das Bild der Wiederversöhnung des Einzelnen mit dem Ganzen, des Wunsches mit der Verwirklichung, des Glücks mit der Vernunft.« (143) Voraussetzung dieser Argumentation ist, daß Marcuse innerhalb der Dualität von Realitätsprinzip und Lustprinzip den Akzent von einer strukturalen, also nicht-ätiologischen Funktionalität und Komplementarität der beiden Begriffe zu einer sozialphilosophisch inspirierten wertenden Abstufung hin verschiebt, die sich kulturrevolutionär als Umwertung gibt (instrumentelle Vernunft herrscht tatsächlich, Phantasie sollte herrschen). Das Freudsche ›Abspalten‹ weitet Marcuse zur dualen »Aufspaltung und Verstümmelung« aus: »Die Aufrichtung des Realitätsprinzips verursacht eine Aufspaltung und eine Verstümmelung der Psyche, die verhängnisvoll über ihre gesamte Entwicklung entscheiden.« (141)

Marcuse begehrt und projiziert einen ›anderen‹ Ort, einen A-topos; er entfaltet einen topologischen Gegensatz von gut und schlecht, frei und unfrei. Die Psychoanalyse wird bei ihm sozialphilosophisch funktionalisierbar: »Die Phantasie aber behält die Struktur und die Strebungen der Psyche bei, wie sie vor deren Organisation durch die Wirklichkeit bestanden, ehe sie zu einem ›Individuum‹ wurde, das sich gegen andere Individuen absetzt.« Dabei schlägt bei ihm wiederholt ein ontogenetischer Gedankengang in einen phylogenetischen um; denn Phantasie und Es bewahren »die ›Erinnerung‹ an die vorhistorische Vergangenheit, als das Leben des Einzelnen das Leben der Gattung war«; und diese Erinnerung soll eine »an das Urbild der unmittelbaren Einheit zwischen dem Allgemeinen und dem Gesonderten unter der Herrschaft des Lustprinzips« (142) sein. Gerade aufgrund ihres Ursprungs in Urbildern können »die Bilder der Phantasie« auf eine »noch uneroberte Zukunft der Menschheit Bezug« (147) nehmen.

Marcuses topologischer Wertgegensatz ist sowohl ein räumlicher (Es) als auch ein zeitlicher (Urbild). Das Es repräsentiert einen anderen Ort und das Urbild eine andere Zeit. Beide sind Utopien im etymologischen Sinne von Nicht-Ort und Nicht-Zeit. Marcuse entwirft eine Erzählung, deren Zweck es ist, die Strukturalität der Struktur durch ihre Narrativierung als auflösbar vorzustellen. Wie weit Marcuses Begriff der Phantasie von

---

68 HERBERT MARCUSE, Eros and Civilisation (Boston 1955); dt.: Triebstruktur und Gesellschaft, übers. v. M. von Eckardt-Jaffe (Frankfurt a. M. 1980), 141 f.

dem Freuds (und Lacans) entfernt ist, wird deutlich, wenn er folgert, daß es die Phantasie sei, »die gegen die Welt und in der Welt des antagonistischen *principium individuationis* den Anspruch des Gesamtindividuums, das in Einklang mit dem Genuß und der ›archaischen‹ Vergangenheit ist, aufrechterhält« (143). Marcuses Begriff der Phantasie steht zwischen der aufklärerischen und der romantischen Tradition; es ist fraglich, ob er sie vermittelt hat.

V. Sozialphantasie

Der Begriff der Sozialphantasie (social-ideological fantasy) spielt in der Sozialphilosophie und -psychoanalyse des slowenischen Lacanianers Slavoj Žižek eine grundlegende Rolle. Sozialphantasien verhüllen die Unmöglichkeit von Gesellschaft als organischer Gemeinschaft; sie füllen die von gesellschaftlichen Widersprüchen generierten Leerstellen gesellschaftlicher Strukturen symbolisch aus. Der Reim, den sich das Phantasma des Individuums bei Lacan auf den ›Wahn der persönlichen Identität‹ macht, wird bei Žižek zu einer Kollektivphantasie, in die sich eine Gemeinschaft verstrickt. Für Kollektivphantasien gilt das gleiche wie für die Phantasmata des Individuums: Sie sind nicht nur Falle, in die das Kollektiv tappt, sondern stützen die kollektive Wirklichkeitsauffassung gleichzeitig ab. Sie verhindern, daß die imaginärsymbolische Konstruktion von Gemeinschaft grundsätzlich scheitert. »Fantasy is basically a scenario filling out the empty space of a fundamental impossibility, a screen masking a void.« Žižek illustriert den Begriff und die Wirkungsweise von Sozialphantasie mit dem Antisemitismus und der Figur des Juden. »›Jew‹ is a fetish which simultaneously denies and embodies the structural impossibility of ›Society‹: it is as if in the figure of the Jew this impossibility had acquired a positive, palpable existence«. Er meint, daß »the stake of social-ideological fantasy is to construct a vision of society which *does* exist, a society which is not split by an antagonistic division, a society in which the relation between its parts is organic, complementary.«[69] Sozialphantasien sind rhetorisch-diskursive Figuren, die von der symbolischen Ordnung als privilegierte, zentrale Signifikanten ausgegeben werden, um einen Mangel zu verhüllen. Doch sind Sozialphantasien nicht einfach privilegierte Signifikanten in der symbolischen Ordnung, sog. ›Steppunkte‹ in der Terminologie Lacans; sie ›versteppen‹ nicht einfach die symbolische Ordnung, sondern organisieren Gesellschaft, indem sie einen inhärenten Mangel auf eine Figur projizieren, die als verkörperter Mangel aus Gesellschaft ausgeschlossen wird und als ausgeschlossener dennoch Gesellschaft organisiert. Nur eine symbolische Ordnung, die Sozialphantasien in sich integriert hat, ist in der Lage, kohärente (Schein-)Erklärungen von Welt anzubieten.

Žižeks Begriff der Sozialphantasie ist einerseits von Lacan, andererseits von Ernesto Laclaus und Chantal Mouffes Theorie der ›suture‹ und der diskursiven Hegemonie inspiriert.[70] Allerdings ist fraglich, ob Žižeks Begriff der Sozialphantasie mit dem Lacanschen Begriff des Phantasmas kompatibel ist. Denn Lacan geht davon aus, daß das Phantasma unbewußt bleibt und auf der Ebene bewußter Bedeutungen nicht repräsentiert ist. Sollte das Phantasma in Ausnahmefällen dennoch ins Bewußtsein durchbrechen, dann sei das eine pathologische Erscheinung. Die nicht-pathologische, bewußte Form des ›fantasme‹ ist das Imaginäre. Žižeks Begriff der Sozialphantasie scheint eine Synthese der Lacanschen Begriffe des Phantasmas und des Imaginären zu sein. Allerdings ist es keine wirkliche Synthese; denn Žižek scheint die Dimension des Phantasmas zu privilegieren. Das Imaginäre ist unentbehrlich für ein Funktionieren von Individuum und Gesellschaft; es kann nicht ›traversed‹ und ›dismantled‹ werden. Žižek scheint das Imaginäre im Begriff der Sozialphantasie als Phantasma zu betrachten, womit er letztendlich doch die Sozialphantasie als kollektives Phantasma zu behandeln scheint. Eine der Fragen, die sich bei der Parallelisierung von Phantasma und Sozialphantasie ergeben, ist, ob das Freund-Feind-Den-

---

69 SLAVOJ ŽIŽEK, The Sublime Object of Ideology (London/New York 1989), 126.
70 Vgl. ERNESTO LACLAU/CHANTAL MOUFFE, Hegemony and Socialist Strategy. Towards a Radical Democratic Politics (London/New York 1985).

ken, ohne das Žižeks Bestimmung der Sozialphantasie nicht auszukommen scheint, grundsätzlich als pathologisch einzustufen oder ob es nicht gerade, wie Mouffe und andere im Anschluß an Carl Schmitt argumentiert haben, die Voraussetzung des Politischen ist.

Der Versuch, einen sozialphilosophisch engagierten und psychoanalytisch inspirierten Phantasiebegriff an Lacans ›fantasme‹ anzuschließen, zeigt sich in anderer Weise in Eric Santners Studie zur Psychotheologie des Alltagslebens als problematisch. Im Anschluß an Freud und Franz Rosenzweig faßt Santner »fundamental fantasies« als das Ergebnis von Defensivstrategien gegenüber vom Leben produzierten »symptomatic torsions«[71]. Zwar unterscheidet er »fantasies that underlie our political and ideological captivation, that sustain our psychic entanglement with regimes of power and authority, our psychic attachments to existing social reality« von jenen »that were of primary interest to Freud in his work with individual patients, that is, the fantasies that testify to the impasses of desire as they emerge in the context of an individual's fateful passage through the straits of oedipal narrativity«. Doch meint er, daß – allen wichtigen Unterschieden zwischen Sozial- und Individualphantasien zum Trotz – mehr gewonnen würde, wenn man sich darauf konzentriere, »what they share than in treating them in isolation«. Den Grund dafür sieht Santner darin, daß es bei der Phantasie um die verschiedenen Weisen gehe, »in which human beings, in their everyday life, turn away from the challenges and claims of what is in their midst« (24). Die Auswirkungen der Phantasie sind damit als eindeutig negativ markiert, d. h. nicht mehr anschließbar an das Imaginäre bei Lacan. Santner strebt »a release« von jenen Phantasien an, »that keep us in the thrall of some sort of exceptional ›beyond‹« (31); es geht ihm um einen »affect-laden process of traversing and dismantling defensive fantasies« (23), wobei er den Begriff der ›defensive fantasies‹ als im Grunde tautologisch behandelt, da jede Phantasie in einem fundamentalen Sinne defensiv sei.

Ein grundsätzliches Problem sieht Santner im Mehrwert oder Überhang von Geltung (Bedeutsamkeit) über Bedeutung. Die emotionale Besetzung von Bedeutung eröffnet die Möglichkeit einer Diskrepanz von Geltung und Bedeutung – das Problem eines Überhangs von Geltung über Bedeutung kann man sich mit Begriffen wie Heimat oder Familie oder mit dem emotiv-semantischen Überschuß illustrieren, den die eigene Nationalflagge oder -hymne gegenüber denen anderer Nationen hat. Die Diskrepanz von Geltung und Bedeutung schafft Santner zufolge Probleme. Bereits Freud habe darauf hingewiesen, »that no interpretation ever comes off without a remainder, a ›surplus cause‹ that persists beyond any determinate lack and its possible satisfaction, that is, beyond the workings of the pleasure principle.« Phantasie sei der Name für jenen Prozeß, der diesen Überhang binde, der ihn »into a support of social adaptation, a way of being in the world« überführe. Offenheit dem Anderen gegenüber »involves the risk of an unbinding or loosening of this fantasy as well as the social bond effectuated in it.« (33) Das Ideal der Offenheit, das sich hier abzeichnet und in Santners Argument eine wichtige Rolle übernimmt, denkt er als unabhängig vom Projekt- bzw. Entwurfcharakter menschlichen Daseins. Phantasien »hinder our openness in and to the world, our being in the *midst of life*« (100) in einem ganz grundsätzlichen Sinne. »Fantasy organizes or ›binds‹« den Mehrwert (surplus) von Geltung über Bedeutung »into a schema, a distinctive ›torsion‹ or spin that colors/distorts the shape of our universe, how the world is disclosed to us.« (39) So ist es kein Wunder, daß Santner neben einer Phantasie, die die Möglichkeit einer Öffnung dem Anderen gegenüber verhindert, kein psychologisches Vermögen kennt, daß es dem Menschen erlaubt, sich temporal zu entwerfen, ohne daß das Entworfene sofort phantasmatisch entstellt würde.

VI. Moderne, Avantgarde und Studentenbewegung

Der romantische Begriff der Phantasie wird von avantgardistischen Bewegungen des 20. Jh. wiederaufgegriffen. Für den Carl Einstein der 30er Jahre

---

71 ERIC L. SANTNER, On the Psychotheology of Everyday Life. Reflections on Freud and Rosenzweig (Chicago/London 2001), 22.

etwa soll die Kunst der Moderne durch Phantasie der Gesellschaft gegenüber widerständig werden und es dem einzelnen ermöglichen, »die toetlichen Generalisierungen, die rationale Verarmung der Welt zu bekaempfen, und die Ketten der Kausalitaet, die Netze der Versinnung der Welt zu zertrennen«[72]. Einstein benutzt drei im wesentlichen synonym verwendete Begriffe für dieses menschliche Vermögen: neben Phantasie das Halluzinative und die Imagination. Es ist im Unbewußten lokalisiert und Ausdruck von dessen »dauernd wechselnder taetiger arbeitender Kraft«[73], die sich stilistisch als »freie Verbindung discrepanter Funktionszeichen« ausdrückt und dadurch die »logische Causalität und Gebundenheit«[74] überschreitet. »In der Halluzination stirbt das differenzierte, spaete Ich ab, die spaet erworbenen bewussten Schichten verfallen und damit versinkt alle erlernte oder gewohnte Erinnerung. Der Schauende wird ungeschichtlich, die gestuften Varianten, die sekundaere Fassade tauchen unter, doch nun gewinnt der Schauende eine ungemeine Freiheit der Ueberlieferung und der Geschichte gegenueber.«[75]

In einem Fragment zur Fortsetzung des *Bebuquin* (1906–1912) schreibt Einstein in kritischer, aber präziser Rückschau auf sein früheres Denken: »Imagination – irrational = individual – daher unbeweisbar u[nd] unvergleichbar – also mytische Situation durch Individualism, Regress. [...] Mythik [...] ohne Dogma Struktur u[nd] socialen Unterbau – also entfesselte Fantasie, man drückt nur noch die irrational asocialen Funktionen des Menschen aus. – Infantilism – Wahnsinn – die Nachtseite etc.«[76] Mythos war für den frühen Einstein ein von der ästhetischen Moderne wiederherzustellender Zustand. Mythos ist positiver Regreß, weil die »metamorphotische Identifizierung«[77] von Subjekt und Objekt, die er erzeugt, die historisch späten Trennungen des Zivilisationsprozesses momenthaft überwindet. Der Mythos läßt sich in der Moderne nach Einstein aber nur als Produkt individualistischer Phantasie wiederbeleben; denn ein kollektiv verbindlicher Mythos ist nach der mentalitätsgeschichtlichen Trennung von Subjekt und Objekt, Subjekt und Subjekt nicht mehr oder, wie im Nationalsozialismus, nur als Pseudomythos möglich. In der künstlerischen Phantasieleistung des einzelnen, d. h. in »der Vision, also aus dem Nichts, zieht die Realitaet den mythischen Gestaltzuwachs, ohne den sie abstuerbe« (91).

Realität ist für den frühen Einstein niemals ein vom Subjekt unabhängiges, auf dieses einwirkendes Gegenüber, sondern eine vom Zivilisationsprozeß transzendental eingeschliffene und zu überwindende Form des Sehens. Diese transzendentalen Apperzeptionsformen konstituieren das bewußte Ich. Durch den Mythos und die Phantasie, und das heißt, durch die »halluzinativ« bestimmte ästhetische Moderne, »wird das bewusste Ich [mit seinen entfremdeten Apperzeptionsformen – d. Verf.] vernichtet und die dualistische Position von Subjekt und Objekt ist damit erledigt« (99). Der durch die Erfahrungen des Stalinismus und Faschismus materialistisch gewendete Romantiker Einstein gibt den Phantasiebegriff in den 30er Jahren auf. Viele seiner Kommentare aus dieser Zeit klingen wie eine kritische Antwort auf F. Schlegels positiv chiliastische Einschätzung der Phantasie: »In der Moderne steckt romantische Chiliastik. Man glaubt an den besseren, imaginativen Menschen, der das Wirkliche bekämpfen und widerlegen kann. Diese Ablehnung des Realen erinnert an die alte idee fixe von der Erbsünde.«[78]

Der romantische Begriff der Phantasie prägt auch die historische Avantgarde. Zwar unterscheidet das Französische nicht zwischen Imagination und Phantasie, doch muß der Begriff imagination, den die Surrealisten verwenden, im Deutschen eindeutig mit Phantasie übersetzt werden. André Breton zitiert 1934 in seinem Essay *Qu'est-ce que le surréalisme?* einen längeren Absatz aus seinem eigenen ersten *Manifeste du surréalisme* (1924) und un-

---

72 CARL EINSTEIN, Gestalt und Begriff, in: S. Penkert, Carl Einstein. Existenz und Ästhetik. Einführung mit einem Anhang unveröffentlicher Nachlaßtexte (Wiesbaden 1970), 91.
73 EINSTEIN, Betrachtung zum Werk des Georges Braque (entst. 1931–1932), zit. nach H. Oehm, Die Kunsttheorie Carl Einsteins (München 1976), 19.
74 SIBYLLE PENKERT, Einführung, in: Penkert (s. Anm. 72), 28.
75 EINSTEIN (s. Anm. 73), 60.
76 Zit. nach PENKERT (s. Anm. 74), 33.
77 EINSTEIN (s. Anm. 72), 99.
78 EINSTEIN, Die Fabrikation der Fiktionen (entst. um 1930/1931), hg. v. S. Penkert (Reinbek b. Hamburg 1973), 24.

terstreicht dadurch die Bedeutung, die er diesem Gedanken zumißt. »Sous couleur de civilisation, sous prétexte de progrès, on est parvenu à bannir de l'esprit tout ce qui se peut taxer à tort ou à raison de superstition, de chimère; à proscrire tout monde de recherche de la vérité qui n'est pas conforme à l'usage. C'est par le plus grand hasard, en apparence, qu'a été récemment rendue à la lumière une partie du monde intellectuel, et à mon sens de beaucoup la plus importante, dont on affectait de ne plus se soucier. [...] L'imagination est peut-être sur le point de reprendre ses droits.«[79] Bretons künstlerisches und politisches Vertrauen in die positive Kraft der Phantasie ist einer der zentralsten thematischen Aspekte seiner Schriften. Noch 20 Jahre nach seinem ersten surrealistischen Manifest insistiert er: »Les puissances de l'imagination ne sont aucunement domestiquables, elles ne consentent pas à s'épuiser en slogans publicitaires. Celui qui s'y livre tout entier en vient très vite à placer son orgueil ailleurs que dans les petites vanités du ›succès‹ immédiat.«[80]

Der surrealistische Begriff der Phantasie inspirierte die französische und deutsche Studentenbewegung. Der Pariser Kampfruf ›Pouvoir à l'imagination‹ wurde von der deutschen Studentenbewegung schnell übernommen. Peter Schneider nahm ihn 1969 zum Ausgangspunkt eines einflußreichen Essays im *Kursbuch* – einer Zeitschrift, die man zu Recht als das Hauptorgan der Studentenbewegung charakterisiert hat.[81] Schneider war seit seiner Teilnahme 1967 im sogenannten ›Springer-Tribunal‹ einer der Hauptrepräsentanten der Bewegung; von 1967 bis 1971 fungierte er als ihr Sprachrohr, als Organisator von Demonstrationen und als Verfasser von Flugblättern. Begriffsgeschichtlich korrekt benutzt er Phantasie, nicht Einbildungskraft, für das französische ›imagination‹. Sein vielfach gelesener und diskutierter Essay von 1969 hatte den Titel *Die Phantasie im Spätkapitalismus und die Kulturrevolution.* Der Essay beginnt mit einem Zitat einer Wandzeitung in der Sorbonne vom Mai 1968: »Die Gesellschaft der Selbstentfremdung [...] muß aus der Geschichte verschwinden. Wir erfinden eine neue und originelle Welt. Die Phantasie ist an die Macht gelangt.«

Es ist für die deutsche Studentenbewegung bezeichnend, daß Schneider den Satz ›Die Phantasie ist an die Macht gelangt‹ unmittelbar kritisiert: »Die Gespenster der alten und ewig gleichen Welt, die Funktionäre des Kapitals, die Minister, Unternehmer und Bürokraten, Militärs und Staatsschauspieler atmen bei diesen Worten erleichtert auf.«[82] – »Selbst wenn es einem gelänge, seine Phantasie vor den Anschlägen des Kapitals zu bewahren und in tollkühner Abgeschiedenheit die Bilder der zukünftigen Freiheit im Gedicht, im Theater, im Bild festzuhalten, so hätte er doch keine gesellschaftliche Kraft im Rücken, an der sich seine Gedichte festhalten könnten.« (146) Schneider wendet sich, wie zunächst die deutsche Studentenbewegung und von ihr beeinflußte Jungakademiker insgesamt, gegen den romantisch-avantgardistischen Phantasiebegriff.[83] Vielleicht ist es kein Zufall, daß das von der Studentenbewegung am wenigsten rezipierte Mitglied der Frankfurter Schule, Theodor W. Adorno, 1969 in *Positivismusstreit in der deutschen Soziologie* schreibt: »Eine Geistesgeschichte der Phantasie zu schreiben, um die es in den positivistischen Verboten eigentlich geht, verlohnte sich. Im achtzehnten Jahrhundert, bei Saint-Simon sowohl wie im Discours préliminaire von d'Alembert, wird sie samt der Kunst zur produktiven Arbeit gerechnet, hat teil an der Idee der Entfesselung der Produktivkräfte; erst Comte, dessen Soziologie apologetisch-statisch sich umwendet, ist als Feind von Metaphysik auch der von Phantasie. Ihre Diffamierung, oder Abdrängung in ein arbeitsteiliges Spezialbereich, ist ein Urphänomen der Regression bürgerlichen Geistes«[84]

---

79 ANDRÉ BRETON, Manifeste du surréalisme (1924), in: Breton, Manifestes du surréalisme (Paris 1972), 19.
80 BRETON, Genèse et perspective artistiques du surréalisme (1941), in: Breton, Le surréalisme et la peinture (New York 1945), 99.
81 Vgl. SABINE VON DIRKE, ›All power to the imagination.‹ The West German Counterculture from the Student Movement to the Greens (Lincoln 1997), 47.
82 PETER SCHNEIDER, Die Phantasie im Spätkapitalismus und die Kulturrevolution (1969), in: Schneider, Atempause. Versuch, meine Gedanken über Literatur und Kunst zu ordnen (Reinbek b. Hamburg 1977), 127.
83 Vgl. RICHARD FABER, Novalis: Die Phantasie an die Macht (Stuttgart 1970).
84 THEODOR W. ADORNO, Einleitung, in: Adorno u. a., Der Positivismusstreit in der deutschen Soziologie (Neuwied/Berlin 1969), 62 f.

Die ›Diffamierung der Phantasie‹ sollte sich in der deutschen Studenten- und alsdann Jungakademikerbewegung erst Ende der 70er Jahre ändern. Typisch hierfür ist der Text auf dem Rücken eines Buches zur Romantik, das 1979 publiziert wurde: »Über den Einfluß der Frühromantik auf Freud und Marx wurde noch kaum konkret gearbeitet, ebensowenig über den Einfluß auf die ›Frankfurter Schule‹, noch weniger über den Einfluß auf die Studentenbewegung und den Pariser Mai 68 nachgedacht, trotz der bewußt paradoxen Parole ›Die Phantasie an die Macht‹. Von dieser subversiven Tradition, antiklassisch, antirealistisch, antiobjektiv, soll in diesem Band die Rede sein.«[85]

Auf dem Umweg über den Einfluß der historischen Avantgarde auf die französische (und verspätet deutsche) Studentenbewegung, die die Phantasie als ein wichtiges und unersetzliches Gegengewicht zur Herrschaft instrumenteller Vernunft ansah, ist der Begriff der Einbildungskraft als Übersetzung für das französische ›imagination‹ seit den 70er Jahren mitunter dort zur Verwendung gekommen, wo von der deutschen Tradition her eher Phantasie nahegelegen hätte. Ein Beispiel dafür ist Dietmar Kampers *Zur Geschichte der Einbildungskraft* (1981). Das Buch bietet weniger einen Beitrag zur ›Geschichte‹ der Einbildungskraft als eine im Stil surrealistischer Manifeste geschriebene ästhetische und politische Programmschrift, die Gründe zu entwickeln sucht, warum Phantasie als Prinzip gesellschaftlicher Praxis gerade heute so wichtig sei. In diesem Sinne ist sie dem romantischen Phantasiebegriff verpflichtet. Kamper geht dabei rückblickend auf die Rolle ein, welche die Einbildungskraft oder Phantasie in den kulturoppositionellen Bewegungen der 60er und 70er Jahre gespielt habe. In diesem Zusammenhang betont er, es werde in allen einschlägigen Dokumenten von Hans Magnus Enzensberger bis Nicolas Born »deutlich, was sich trotz zunehmender Klage an gemeinsamen Fundamenten der romantischen Ausgangsstrategie beschreiben läßt: daß zur Überwindung der Kälte der äußerlichen Welt (des ›kalten‹ Verstandes) die Herzwärme einer inneren Kraft taugt und auch gebraucht werden kann, daß ein vernünftig-allgemeines Ordnungsprinzip die Lebenswünsche der Menschen zu ersticken droht und deshalb wie eine Fessel aufgesprengt werden muß, daß gegen das Gefängnis einer isolierten Vergesellschaftung die Macht der Sinnlichkeit und der körpernahen Phantasie mobilisiert zu werden vermag.«[86] Eine Instanz, die wie die Phantasie als Geneninstanz zur Gesellschaft gedeutet wird, weist gewöhnlich, wie die erste Generation der Frankfurter Schule immer wieder betont hat, qua Antithese auf das innerste Prinzip dieser Gesellschaft hin. Für Kamper, wie für Einstein, Marcuse und Adorno vor ihm, geht es deshalb in der Analyse gegenwärtiger Kultur nicht primär um die binäre Opposition von Rationalität und Phantasie, sondern um die Frage, ob im Angesicht der Domestizierung der Phantasie in der Moderne die Reste ungezügelter menschlicher Phantasie dazu benutzt werden können, neue Wirklichkeiten zu produzieren oder ob Phantasie grundsätzlich so domestiziert ist, daß sie nur noch bestehende Zustände im Imaginären affirmativ kompensiert.

Jochen Schulte-Sasse

Literatur

DOD, ELMAR, Die Vernünftigkeit der Imagination in Aufklärung und Romantik. Eine komparatistische Studie zu Schillers und Shelleys ästhetischen Theorien in ihrem europäischen Kontext (Tübingen 1985); KAMPER, DIETMAR, Zur Geschichte der Einbildungskraft (München 1981); KAMPER, DIETMAR, Zur Soziologie der Imagination (München 1986); KEARNEY, RICHARD, The Wake of the Imagination (Minneapolis 1988); KÜSTER, BERND, Transzendentale Einbildungskraft und ästhetische Phantasie. Zum Verhältnis von philosophischem Idealismus und Romantik (Meisenheim 1979); LAPLANCHE, JEAN/PONTALIS, JEAN-BERTRAND, Fantasme originaire, fantasmes des origines, origines du fantasme (Paris 1985); ROSENMEYER, THOMAS G., Φαντασία und Einbildungskraft. Zur Vorgeschichte eines Leitbegriffs der europäischen Ästhetik, in: Poetica 18 (1986), 197–248; SANTNER, ERIC L., On the Psychotheology of Everyday Life. Reflections on Freud and Rosenzweig (Chicago/London 2001); TODD, DENNIS, Imagining Monsters. Miscreations of the Self in Eighteenth-Century England (Chicago/London 1995); VIETTA, SILVIO, Literarische Phantasie: Theorie und Geschichte. Barock und Aufklärung (Stuttgart 1986); WATSON, GERARD, ›Phantasia‹ in Classical Thought

---

85 Vgl. GISELA DISCHNER/FABER (Hg.), Romantische Utopie – Utopische Romantik (Hildesheim 1979).
86 DIETMAR KAMPER, Zur Geschichte der Einbildungskraft (München/Wien 1981), 29.

(Galway 1988); WHITE, ALAN R., The Language of Imagination (Oxford 1990); ŽIŽEK, SLAVOJ, The Sublime Object of Ideology (London/New York 1989).

Phantastisch/Phantastik
(engl. fantastic; frz. fantastique; ital. fantastico; span. fantástico; russ. фантастическое, фантастика)

I. Phantastik am Ende des 20. Jahrhunderts – einige Thesen; II. **Begriffsgeschichte, benachbarte Begriffe, Gebrauchskontexte**; III. **Zur Theorie des Phantastischen: Definitionsansätze**; 1. Die narrative Fundierung des Phantastischen; 2. Bildzentrierte Ansätze und ihr Bezug zu den narrativen; **IV. Zur Bestimmung des Phantastischen in der bildenden Kunst**; **V. Das Phantastische in der Literatur vom späten 18. Jahrhundert bis zur frühen Moderne**; **VI. Der phantastische Film – Möglichkeiten, Verteilung, Subgenres**

I. Phantastik am Ende des 20. Jahrhunderts – einige Thesen

Das Phantastische scheint gegenwärtig Konjunktur zu haben, wie exemplarisch im populären Medium Fernsehen zu sehen ist; Serien wie *Akte X – Die unheimlichen Fälle des FBI, Stargate, Angel – Jäger der Finsternis* oder *PSI Factor – Es geschieht jeden Tag* dokumentieren diesen Befund. Diese Formen sind allerdings nicht als phantastische im engeren Sinne zu begreifen. Denn das Phantastische setzt notwendig eine (narrative oder visuelle) Grenzüberschreitung voraus. Diese Grenzüberschreitung ist insofern zu spezifizieren, als sie Konzepte der Modellierung von Realität betrifft. Das Phantastische beruht auf einer historisch gewordenen Realitätserfahrung, beginnt mit der Aufklärung und läuft in der sog. Postmoderne aus. Das Phantastische setzt einen bestimmten Realitätsbegriff voraus, der im kulturellen Bewußtsein nicht mehr gültig zu sein scheint. So ist gegenwärtig die Voraussetzung einer phantastischen Grenzüberschreitung zum einen nicht gegeben, da von einer Diffundierung und Aufhebung von Grenzen auszugehen ist. Insofern Grenzen in ihrem Status als Grenze nivelliert werden, evoziert ihre Überschreitung kein Ereignis und ist damit nicht mehr produktiv für eine phantastische Qualität. Dies korreliert damit, daß ein Bezug zur Realität nicht mehr in direkter Konfrontation inszeniert wird, sondern nur mehr ›historisch‹ vermittelt gegeben ist, insofern primär auf schon gegebenes, mediales Material rekurriert wird, dem lediglich Zitatstatus zugesprochen werden kann.[1] Zur Aufhebung der Grenzen trägt also die Medialisierung der Welt bei, die, insbesondere durch die neuen Medien, zu einer prinzipiellen Virtualisierung und alltäglich gewordenen Simulationserfahrung führt. Die Voraussetzung einer phantastischen Grenzüberschreitung ist zum anderen durch interne Ausdifferenzierung erschwert. Das Phantastische als ästhetisches Phänomen osziliert mit einem ›Phantastischen‹ im sozialen Kontext. Nun ist zwar gegenwärtig Esoterik in vielfältigsten Spielformen existent und Gegenstand der Alltagskultur, sie ist dies allerdings unproblematisiert, undiskutiert und anerkannterweise, da sie sich (und solange sie sich) in den ihr zugewiesenen Nischen befindet. Insbesondere ist das Verhältnis zu den ästhetischen Medien als eines des unbeeinflußten Nebeneinanders zu beschreiben. Diese Realität wirkt sich nicht auf die ästhetische Produktion aus, insofern sie nicht mehr den ernsthaften (Denk-)Hintergrund ästhetisch modellierter Auseinandersetzung zu bilden imstande ist. Statt Motor künstlerischer, origineller und originärer Betätigung zu sein, wird ein phantastisches Substrat serialisiert und zum unproduktiven Motiv innerhalb eines anderen, strukturdominierenden Genres, wie etwa in *Akte X* dem des Kriminalgenres. Das Phantastische wird zur Fallgeschichte und in bekannte Muster integriert.

Neben der Serialisierung, die einem Phantastischen seine konstitutive Semantik des Abweichenden nimmt, ist es die Genrebildung, die im Kontext der Ausdifferenzierung zu verzeichnen ist und die in den verschiedenen Medien unterschiedlich

---

[1] Vgl. HANS KRAH, Die Narration vom Ende. Weltuntergangsszenarien in Literatur und Film nach 1945 (Habil. Kiel 2000).

früh ausgeprägt ist. Die phantastischen Modelle, wie sie insbesondere in der frühen Moderne (1890–1930) entwickelt werden, sind selbst bereits zu literarischen Schreibweisen konventionalisiert, wie die Etablierung von Genres selbst zu Genreerwartungen führt und somit die phantastische Qualität des Dargestellten mindert. Insbesondere läßt sich dies anhand des Subgenres des ›Vampirfilms‹ erkennen, bei dem das ›Monster‹, die phantastische Wesenheit ›Vampir‹, qua Realität des Genres geradezu auftreten muß.

Ein Phantastisches ist somit ›normal‹ geworden, was seinen Einsatz als reales, ernstgemeintes und eigentliches Phänomen erschwert. Dies äußert sich im filmischen Kontext u. a. auch darin, daß nicht mehr nur die Filme an sich, sondern in verstärktem Maße die Produktionsbedingungen von Interesse sind und ein Phantastisches in seiner spezifisch ästhetisch-medialen Bedeutung mit einem Phantastischen in der Alltagssprache oszilliert: Die Verlagerung auf den Diskurskontext ›the making of‹ und die Technisierung der Welt bedingen, daß ein phantastischer Film nicht mehr nur durch seine Inhalte, sondern auch durch die Möglichkeiten seiner Realisierung, durch ›special effects‹ usw., phantastisch wird.

Eine Eigenständigkeit eines phantastischen Diskurses scheint somit allgemein nicht mehr gegeben zu sein. In nicht-genregebundenen oder genrebrechenden Texten fungiert ein Phantastisches zumeist nur mehr als Material, mit dessen Konventionen man spielt und auf dessen Konzepte man sich bewußt beziehen kann. Das Phantastische selbst wird also funktionalisiert, sei es, daß es zeichenhaft verwendet wird, als Träger für andere Diskurse, so z. B. die Größe ›Vampir‹ in den Filmen *The Hunger* (Tony Scott, 1982), *Near Dark* (Kathryn Bigelow, 1987) oder *The Addiction* (Abel Ferrara, 1995), sei es, daß es in selbstreflexive Kontexte gestellt wird und für poetologische Sachverhalte und Leistungen von Medien funktionalisiert wird, wie z. B. in Günter Grass' *Der Butt* (1977) und *Die Rättin* (1986), Johannes Mario Simmels *Der Stoff, aus dem die Träume sind* (1971) oder auch Michael Endes *Die unendliche Geschichte* (1979). Hier wird, insofern der Übertritt in die andere, phantastische Welt an die Lektüre eines Buches gebunden ist und mit dieser anderen Welt im Namen ›Phantasien‹ eine selbstbezügliche Metaebene installiert ist, der Aspekt der Mediendiskussion explizit.

Die Leistungen des Phantastischen, wie sie im Diskurs der Moderne zu bestimmen sind (Kompensation eines verlorenen religiösen Glaubens, Indikator für Krisensituationen des kulturellen Realitätsbegriffs, Verhandlung des Verhältnisses von Individuum und Gesellschaft), scheinen gegenwärtig nicht mehr Funktion des Phantastischen zu sein; statt dessen hat eine Funktionsübernahme von seiten der Medien im allgemeinen stattgefunden.

Diese Ausführungen zum Status des Phantastischen bedürfen einer notwendigen Einschränkung, insofern sie sich auf das Phantastische an sich beziehen. Dieses ist konstitutiv vom denkgeschichtlichen Kontext abhängig. Insofern das Phantastische als ›textuelles‹ Phänomen an das Denksystem gebunden ist, können sich Aussagen über das Phantastische jeweils nur auf den zugrundeliegenden Kulturkreis beziehen. Sie sind somit zum einen temporal nicht zu verabsolutieren und jederzeit revidierbar. Zum anderen sind räumlich kulturelle Unterschiede im Umgang mit dem Phantastischen und in dessen konkreten Realisierungsformen möglich, wie etwa die ästhetisch äußerst fruchtbaren Produktionen eines Jorge Luis Borges, Julio Cortázar und Gabriel García Márquez und die Variante des ›magischen Realismus‹ in der lateinamerikanischen Literatur auch und gerade in der zweiten Hälfte des 20. Jh. zeigen.[2]

II. Begriffsgeschichte, benachbarte Begriffe, Gebrauchskontexte

Das über Phantast von Phantasie abgeleitete Adjektiv phantastisch bedeutet zunächst ›in der Weise eines Phantasten‹, ›nur in der Phantasie bestehend‹. Hiervon ausgehend wird phantastisch im allgemei-

---

[2] Vgl. GUSTAV SIEBENMANN, Phantastik und ›Realismo Mágico‹ in der lateinamerikanischen Literatur des 20. Jahrhunderts, in: W. Buddecke/J. Hienger (Hg.), Phantastik in Literatur und Film. Ein internationales Symposium des Fachbereichs Germanistik der Gesamthochschule-Universität Kassel (Frankfurt a. M. u. a. 1987), 141–161.

nen Sprachgebrauch auf ›nicht als real interpretierte‹ Sachverhalte bezogen und evaluativ zunächst negativ bis neutral verwendet, um sich dann in einen eindeutig positiv konnotierten Term zu wandeln. Dieser dokumentiert eine nicht einkalkulierte und nicht vorherzusehende Übererfüllung einer Erwartungshaltung – eine Abweichung vom Standard – und ist dementsprechend nicht auf der semantischen Ebene – im Sinne einer Zuweisung von Eigenschaften an den prädizierten Term – zu situieren. Er spiegelt die Einstellung des Sprechers und seine Beziehung zum prädizierten Term wider und weist somit eine stark pragmatische, kontextualisierte Komponente auf. Hiervon differenziert sich die Bedeutungsvariante im ästhetisch-medialen Diskurskontext, in dem der Begriff phantastisch mit Texttypen (z. B. conte fantastique) und/ oder Medien kombiniert wird. Festzuhalten ist, daß die adjektivische Begriffsbildung vergleichsweise jüngeren Datums ist, dementsprechend auch ihre Anwendung: Phantastisch ist nicht primär ein historischer Begriff der ästhetischen Theorie und der programmatischen Selbstbezeichnung ästhetischer Stilrichtungen, sondern ein theoretischer Metabegriff der Deskription historischer Phänomenbereiche und wird qua Konvention verwendet. Der Gegenstandsbereich wird über diese Zuordnung letztlich erst a posteriori etabliert und differiert je nach den relevant gesetzten Kriterien der Zuschreibung. Es finden sich demgemäß eine Reihe benachbarter Begriffe, die heterogene Untergruppen, abzugrenzende Gegenstandsbereiche sowie diachrone und medienspezifische Klassifizierungen bezeichnen. Im literarischen Bereich wären dies etwa auf historischer Ebene die Bezeichnungen gothic novel, Schauerroman oder Gespenstergeschichte[3], auf systematischer Ebene die Positionierung von phantastisch im Kontext der Begriffsreihe Märchen – Science-Fiction – Utopie, im filmischen Bereich die Subgenres des phantastischen Films Fantasy-, Science-Fiction-, Horrorfilm, in der bildenden Kunst etwa die Beziehungen zu Symbolismus und Surrealismus. Im angloamerikanischen und französischen Kontext werden die Begriffe ›mystery‹, ›supernatural‹, ›weird‹, ›surnaturel‹ und insbesondere ›merveilleux‹ verwendet, allgemein werden Konzepte der Einbildungskraft[4] und Sigmund Freuds Konzept des ›Unheimlichen‹ zu adaptieren versucht. Im osteuropäischen Raum hat sich die Bezeichnung научная фантастика (naučnaja fantastika, wissenschaftliche Phantastik) ausgebildet. Die Reihe wäre fortzusetzen.[5]

Zunächst wird eher vom Grotesken gesprochen als vom Phantastischen. Faßbar wird der Begriff phantastisch in dieser Reihe erst ab dem ausgehenden 19. Jh., zunächst in Frankreich, und ohne eine übernationale Verbreitung zu erfahren.[6] Als wissenschaftliche Kategorie bürgert sich phantastisch, wiederum ausgehend von Frankreich, erst nach 1945 ein, zunächst dominant im literarwissenschaftlichen Kontext[7] (und hier in jüngerer Zeit auch im mediävistischen Bereich[8]). Phantastisch erscheint zu Anfang des 20. Jh. als Sammelbegriff und Selbstzuschreibung heterogener Texte, deren Gemeinsamkeit nur ex negativo in der Abweichung von der Normalität besteht, neben anderen Begriffen (etwa ›merkwürdige Geschichten‹, ›sonderbare Geschichten‹).[9] Der Vorzug vor solchen

---

3 Vgl. KLAUS KANZOG, ›Gespenstergeschichte‹, in: W. Kohlschmidt/W. Mohr (Hg.), Reallexikon der deutschen Literaturgeschichte, Bd. 1 (Berlin ²1958), 573–576.
4 Vgl. PETER CERSOWSKY, Phantastische Literatur im ersten Viertel des 20. Jahrhunderts. Untersuchungen zum Strukturwandel des Genres, seinen geistesgeschichtlichen Voraussetzungen und zur Tradition der ›schwarzen Romantik‹ insbesondere bei Gustav Meyrink, Alfred Kubin und Franz Kafka (München 1983), 141 ff.
5 Vgl. HANS EDWIN FRIEDRICH, Science Fiction in der deutschsprachigen Literatur. Ein Referat zur Forschung bis 1993 (Tübingen 1995).
6 Vgl. REIMER JEHMLICH, Phantastik – Science Fiction – Utopie. Begriffsgeschichte und Begriffsabgrenzung, in: C. W. Thomsen/J. M. Fischer (Hg.), Phantastik in Literatur und Kunst (Darmstadt 1980), 11–16; MARIANNE WÜNSCH, Die fantastische Literatur der frühen Moderne (1890–1930). Definition. Denkgeschichtlicher Kontext. Strukturen (München 1991), 7–10.
7 Vgl. z. B. PIERRE-GEORGES CASTEX, Le Conte fantastique en France de Nodier à Maupassant (Paris 1951); LOUIS VAX, L'art et la littérature fantastique (Paris 1960); ROGER CAILLOIS, Au cœur du fantastique (Paris 1965); TZVETAN TODOROV, Introduction à la littérature fantastique (Paris 1970); JACQUES FINNÉ, La littérature fantastique. Essai sur l'organisation surnaturelle (Brüssel 1980).
8 Vgl. FRANCIS DUBOST, Aspects fantastiques de la littérature narrative médiévale (Genf 1991).
9 Vgl. WÜNSCH (s. Anm. 6), 69 ff.

anderen Begriffen und damit der Anlaß der Verwissenschaftlichung und Theoretisierung des Begriffes dürfte zum einen darin liegen, daß der Begriff historisch nicht ausgewiesen und damit nicht konnotativ vorgeformt und semantisch ausgelastet ist. Ein neues wissenschaftliches Interesse kann sich so anhand eines semantisch ›leeren‹ Begriffes initialisieren. Zum anderen und vor allem stellt phantastisch im Unterschied zu alternativen Möglichkeiten den Begriff dar, der am wenigsten auf eine Wirkungskomponente rekurriert, sondern der ästhetischen Dimension Raum gibt.[10] Wenn der Text und dessen Strukturkomponenten im Fokus der (Gattungs-)Bestimmung stehen, erscheint diese Hinwendung somit als die adäquate und nachvollziehbare. Noch Tzvetan Todorov erhebt den Vorwurf, daß es nicht angehen könne, »que le genre d'une œuvre dépend du sang-froid de son lecteur«[11].

Im filmischen Kontext hat sich phantastisch erst ab den 80er Jahren als explizite Markierung und Genre-Oberbegriff verstärkt eingebürgert (vgl. z.B. die Zeitschrift *cinefantastic*, *Lexikon des phantastischen Films*). In den bildenden Künsten erscheint der Begriff zunächst nur vereinzelt. Er firmiert z.B. als Bildunterschrift im Objektbereich in Wendungen wie *Phantastische Komposition* oder *Phantastische Szene* (z.B. bei Richard Oelze, 1931/1933), in theoretischen Abhandlungen (vor allem in Marcel Brions *Art Fantastique*, 1961, oder in Jurgis Baltrušaitis' *Le Moyen Âge fantastique*, 1955) und, ausgehend von einer Reihe von Ausstellungen in den 60er Jahren (z.B. *Ars Phantastica*, 1967 in Nürnberg, *Phantastische Malerei der Gegenwart*, 1962 in Wien, *Reiche des Phantastischen*, 1968 in Recklinghausen), bei der Betitelung von Bildanthologien und Lexika, insbesondere in den 70er Jahren.[12] Zur Bezeichnung eines reihenbildenden Kunststils bzw. einer -richtung erscheint das Adjektiv phantastisch erst in den letzten 30 Jahren, in dem Kompositum ›phantastischer Realismus‹.

Aufgrund dieser Ausgangslage können demgemäß nicht die Begriffs- und Bedeutungs*geschichte* im Vordergrund stehen, sondern die mittels dieses Begriffes ausgedrückten Vorstellungen, d.h. die Diskussion der möglichen Gegenstandsbereiche und damit der Anwendungskonzepte, die diese Gegenstandsbereiche hervorbringen.

III. Zur Theorie des Phantastischen: Definitionsansätze

Zum Phantastischen gibt es unterschiedliche Definitionsansätze, die sich scheinbar ausschließen.[13] Diese Exklusivität ist aber letztlich nur ein Oberflächenphänomen, da die einzelnen Definitionen auf unterschiedlichen Ebenen angesiedelt sind und unterschiedliche Aspekte fokussieren. Grundlegend lassen sich die unterschiedlichen Positionen in zwei Großgruppen zusammenfassen. Konsens besteht darin, daß das Phantastische nicht als Gattung oder Texttyp aufzufassen ist. In einer Richtung wird es statt dessen als ästhetische Kategorie begriffen, die keine Eigenschaften hat, sondern selbst eine ist. Was einen Text dabei primär phantastisch macht, sind die darin enthaltenen möglichen Bilder.[14] Analog argumentiert Norbert Stresau: »Die Domäne des Fantasyfilms sind vor allem Bilder, große Bilder.«[15] Demgegenüber steht die – quantitativ dominante – Positionsgruppe, die das Phantastische – mehr oder weniger explizit – als eine Textstruktur beschreibt, die zwar nicht an eine spezifische Gattung gebunden ist, dennoch aber spezifische Eigenschaften aufweist und spezifischen Kriterien genügen muß: »Das ›Fantastische‹ ist nicht als *Texttyp*, sondern es ist als eine vom

---

10 Vgl. HANS-JOACHIM FLECHTNER, Die phantastische Literatur. Eine literar-ästhetische Untersuchung, in: Zeitschrift für Ästhetik und allgemeine Kunstwissenschaft 24 (1930), H. 1, 37–46.
11 TODOROV (s. Anm. 7), 40.
12 Vgl. GIULIANO BRIGANTI, Pittura fantastica e visionaria dell'ottocento (Mailand 1969); dt.: Phantastische Malerei im 19. Jahrhundert, übers. v. L. Birk (München 1974); WIELAND SCHMIED, Zweihundert Jahre phantastische Malerei (Berlin 1974); WILLIAM GAUNT, Painters of Fantasy (Oxford 1974); dt.: Phantastische Malerei von Hieronymus Bosch bis Salvador Dali, übers. v. E. Künzel (Wiesbaden 1976); JÖRG KRICHBAUM/REIN A. ZONDERGELD, DuMont's kleines Lexikon der phantastischen Malerei (Köln 1977).
13 Vgl. z.B. HANS HOLLÄNDER, Das Bild in der Theorie des Phantastischen, in: Thomsen/Fischer (s. Anm. 6), 52–78.
14 Vgl. ebd., 77.
15 NORBERT STRESAU, Der Fantasy Film (München 1984), 10.

Texttyp unabhängige *Struktur*, die als Element in verschiedene Texttypen und Medien integriert werden kann, einzuführen.«[16]

Zentriert sich in der ersten Gruppe das Spezifische des Phantastischen auf eine visuelle Ebene bzw. eine imaginierte visuelle Ebene, so ist die zentrale Ebene, auf die das Phantastische in der zweiten Gruppe bezogen wird, als gattungs- und medienunspezifische Gegebenheit, die narrative.

1. Die narrative Fundierung des Phantastischen

Die narrative Fundierung des Phantastischen läßt sich mit dem von Jurij M. Lotman und Karl N. Renner präzisierten Begriff des ›Ereignisses‹ auf der Basis einer semantischen ›Grenzüberschreitung‹[17] modellieren.

Grundlegend für die Definition eines Phantastischen ist ein Ereignis in der dargestellten Welt, das Basisannahmen, die festlegen, was als möglich oder als unmöglich in dieser Welt gilt, verletzt.[18] Solche Ereignisse können sich aktantiell manifestieren, durch das Auftreten von Wesenheiten, oder durch Geschehnisse. Im Begriff des Ereignisses ist bereits impliziert, daß dieses Phänomen eine Abweichung von der etablierten Ordnung der dargestellten Welt bedeutet. Diese Ordnung kann als grundsätzlich realistische gelesen werden. Situiert ist das Ereignis als spezifisch phantastisches – als Differenzkriterium zu den übrigen narrativen Texten – somit auf der Ebene, auf der die textuelle Welt auf die kulturelle referiert und auf den kulturellen Kontext bezogen ist: Die Welt des Textes ist insofern als realistische konzipiert, als die Basisannahmen, die verletzt werden, zugleich die Prämissen von Realitätskompatibilität in der außertextuellen Konstruktion von Wirklichkeit sind. Diese strukturellen Verhältnisse zwischen Text und Wirklichkeit werden nun in den Text – mise en abîme – hineinverlagert. Der Text selbst bildet diese pragmatische Situation ab; die Phänomene werden nicht als Phänomene hingenommen: Es gibt einen Klassifikator, der das Phänomen als abweichendes wahrnimmt und dies konstatiert, und es gibt einen Erklärungsbedarf für dieses Phänomen, da es in der dargestellten Welt als reales gesetzt ist. Dies heißt insbesondere auch, daß das Phänomen weder als rhetorische Uneigentlichkeit noch als reiner Signifikant, als Bedeutungsträger eines sekundären Kodesystems – und damit als prinzipiell übersetzbar –, gesetzt sein darf.

Die einzelnen Erklärungsangebote können entweder okkultistische sein, die das Phantastische definitiv als Phantastisches ausweisen, oder es können rationalistische und psychologische sein, die das Phantastische letztlich als nicht phantastisch ausweisen. Dem Phänomen selbst wird dabei zumindest indirekt und zeitweise ein Status der Ambivalenz, Unentscheidbarkeit und Unerklärlichkeit zugewiesen.[19]

Dieser Konzeption von phantastisch liegen zudem zwei wesentliche Kontextvoraussetzungen zugrunde, die mit dem in Bezug gesetzten Begriff der Realität einhergehen. Zum einen ist Phantastik nur dort möglich, wo es ein Konzept von Realität im Sinne einer Setzung eines Standards, einer Konstruktion einer ideologischen Normalität gibt[20]; zum anderen variiert das, was inhaltlich als phantastisch angesehen wird, mit dem, was in der jeweiligen Konzeption von Realität als real möglich angesehen wird.[21] Das Phantastische ist also in besonderem Maße einer Historizitätsvariablen unterworfen und notwendig kontextualisiert. Kulturelles Wissen und Denksystem tragen somit in besonderem Maße zur Qualifizierung einer Struktur als phantastischer bei.[22] Dies macht evident, warum die Versuche, es über motivische Zusam-

---

16 WÜNSCH (s. Anm. 6), 13.
17 Vgl. JURIJ M. LOTMAN, Struktura chudožestvennogo teksta (Moskau 1970); dt.: Die Struktur literarischer Texte, übers. v. R.-D. Keil (München 1972); KARL N. RENNER, Der Findling. Eine Erzählung von Heinrich von Kleist und ein Film von George Moorse. Prinzipien einer adäquaten Wiedergabe narrativer Strukturen (München 1983).
18 Vgl. WÜNSCH (s. Anm. 6), 17–25.
19 Vgl. TODOROV (s. Anm. 7).
20 Vgl. ECKHARD PABST, Das Monster als die genrekonstituierende Größe im Horrorfilm, in: N. Stresau/H. Wimmer (Hg.), Enzyklopädie des phantastischen Films, 40. Erg.-Lfg. (Meitingen 1995), 1–17.
21 Vgl. JEHMLICH (s. Anm. 6), 24.
22 Vgl. MICHAEL TITZMANN, Kulturelles Wissen – Diskurs – Denksystem. Zu einigen Begriffen der Literaturgeschichtsschreibung, in: Zeitschrift für französische Sprache und Literatur 99 (1989), 47–61.

menhänge oder Ikonographien zu beschreiben, über einen heuristischen Nutzen hinaus letztlich nicht fruchten können. Die Situierung des Phantastischen auf der narrativen Ebene impliziert zusätzlich, über die histoire-Orientierung – die Ebene der Geschichte – hinaus, die Relevanz der Formen der Modi und Präsentation dieser Geschichte und somit des discours-Aspektes: Die Notwendigkeit des Klassifikators macht über dessen konstitutives ›Sich-Wundern‹ die Kategorien der Perspektive und der Wahrnehmung notwendig, der Status des Phantastischen als Reales ruft die Ebene der Realitätsmodi der Abbildung auf und damit die Ebene der Mittel und Strategien der Indizierung und Markierung des Dargestellten hinsichtlich dieser Modi, in Abgrenzung etwa zu Traum, Halluzination oder Wahnvorstellung. Ebenso erzwingt der Faktor der Ambivalenz eine Zuordnung des Dargestellten zu einer subjektiven Wahrnehmungsperspektive. Die Frage nach dem Phantastischen ist somit notwendig mit der Frage des ›point of view‹ gekoppelt. Evident erscheint demgemäß, daß in Medien und Texttypen, die diese Ebene nicht aufweisen, Phantastisches eher selten auftritt. Das Drama wäre ein Beispiel hierfür, das, obwohl narrativ, den Bedingungen eines Phantastischen in der obigen Konzeption nicht vollständig zu genügen scheint.

Dieses rudimentäre Modell des Phantastischen erlaubt es, das Phantastische von anderen Formen nicht-mimetischer Kunst abzugrenzen. So lassen sich im literarischen Bereich etwa Allegorie und Parabel auf der Ebene der Bedingung der Eigentlichkeit von dem Phantastischen unterscheiden, während das Märchen – im Sinne des Zaubermärchens – insbesondere durch das Fehlen eines Klassifikators und einer abweichenden Konzeption von Welt – Max Lüthis ›Eindimensionalität‹[23] – abzugrenzen wäre. Science-Fiction und Utopie andererseits können über den Typ der Basisannahmen, die verletzt werden, spezifiziert werden. Während es in der phantastischen Literatur eher logische, ontologische und ›theologische‹ Basisannahmen sind, die verletzt werden, sind es in den Utopien die sozialphilosophisch-sozialwissenschaftlichen, in der Science-Fiction die naturwissenschaftlichen.

2. Bildzentrierte Ansätze und ihr Bezug zu den narrativen

Die bildzentrierten Definitionsansätze des Phantastischen setzen sich zunächst dezidiert von einer narrativen Modellierung des Phantastischen ab. In ihnen besteht das Phantastische in der »Möglichkeit, Welten zu erfinden«[24], die in ihrer Andersartigkeit ›Gegenwelten‹ zur realen Welt darstellen. In dieser Definition wird deutlich, daß die bildzentrierten Ansätze nicht per se gleichzusetzen sind mit einer Eingrenzung des Gegenstandsbereiches auf visuelle Medien, insbesondere die bildende Kunst. Auch Literatur kann, in der schriftlichen Vermittlung einer imaginierten Welt, diese Bedingung erfüllen.[25] In der Diskussion, welches Medium sie am besten erfüllen kann, wird dabei ein weiteres Kriterium dieser Konzeption deutlich: Die Welt muß, soll sie als phantastische gelten, einen wie immer gearteten Freiraum, eine Offenheit, aufweisen.[26] Das Phantastische ist in dieser Konzeption somit eine Kategorie, die über das auf der Oberfläche vorgegebene Kodesystem – Schrift oder Bild – hinaus verweisen kann: »Bilder des Phantastischen [sind] geladen mit Geschichte und möglichen Geschichten, mit Symbolen, die vieldeutig sind.«[27]

Letztlich beruhen die fundamentalen Abgrenzungen zu narrativen Konzepten auf einer sehr engen Sicht dessen, was narrativ bedeutet. So beinhaltet die Konzeption der Offenheit selbst bereits über die ›möglichen Geschichten‹ deutliche Bezüge zu einem narrativen Aspekt im allgemeinen, wie sie im besonderen letztlich eine Umformulierung sowohl des Ambivalenz- als auch des Eigentlichkeits-Merkmals darstellt. Darüber hinaus impliziert das Konzept des Freiraums, etwa eine »Freiheit von ästhetischen und ikonographischen Normen« (54), die Kategorie der Abweichung als

---

23 Vgl. MAX LÜTHI, Das Volksmärchen als Dichtung. Ästhetik und Anthropologie (Düsseldorf/Köln 1975), 56.
24 HOLLÄNDER (s. Anm. 13), 57.
25 Vgl. JOHN RONALD REUEL TOLKIEN, On Fairy-Stories (1938/1939), in: Tolkien, Tree and Leaf (London 1964), 9–70.
26 Vgl. HOLLÄNDER (s. Anm. 13), 58.
27 Ebd., 70.

konstitutive Grundkonstante. Das Phantastische – als Phänomen – ist somit das Nicht-Normale, das als Abweichung vom Standard definiert ist und sich somit einer Systematisierung permanent zu entziehen hat; dies entspricht strukturell dem Ereignis im obigen theoretischen Kontext. Impliziert ist damit, daß eine Reihenbildung des Phantastischen im Sinne einer programmatischen Kunstrichtung a priori erschwert ist. »Es gibt keinen Bereich des Phantastischen, der davor sicher wäre, bei hinreichender Verbreitung als ganz normal angesehen zu werden.«[28] Die hierin gesetzte mögliche Veränderung der Qualität verweist ebenso wie das grundlegende Merkmal des visuellen Definitionsansatzes des Phantastischen auf die zentrale Voraussetzung des Phantastischen, den Bezug zur Realität in der Setzung und Konstruktion von ›Normalität‹ und Historizität: »Realismus ist eine Fiktion, die vorgibt, keine zu sein. Daraus folgt seine außerordentliche Bedeutung im Bereich des Phantastischen, in der Literatur wie der Malerei.«[29]

IV. Zur Bestimmung des Phantastischen in der bildenden Kunst

Ausgehend von den obigen Überlegungen ergeben sich einige zentrale Folgerungen für die Situierung des Phantastischen in der bildenden Kunst. Ausgangspunkt kann hierfür der Begriff der Gegenwelt sein. In ihm ist die Doppelung von Weltvorstellungen impliziert, die zudem in einem Exklusivitätsverhältnis zueinander stehen. Will ein Bild phantastisch sein, muß es seine Struktur leisten, die Denkmöglichkeit zweier Welten zu evozieren, von denen eine eine konkrete Referenz aufweist, die auf die Wirklichkeit, während die andere insofern referentialisiert ist, als sie als mögliche Welt erkennbar sein muß. Unter diesen Prämissen erscheint es evident, daß phantastische Kunst gegenständlich sein muß; die verschiedenen Formen abstrakter Kunst lassen sich somit per se nicht als

phantastisch begreifen. Dies dürfte erklären, warum sich für die Moderne keine dominante phantastische Richtung in der bildenden Kunst etabliert hat und eine begriffsgeschichtliche Entwicklung dementsprechend wenig zu greifen ist. Letztlich dürfte die phantastische Malerei vom Film abgelöst worden sein.

Da das Abgebildete des weiteren einer anderen Welt angehören muß, muß es eine solche prinzipiell geben können, eine zweite Welt muß denkmöglich sein. Um isomorph in den Bildstrukturen eine solche finden zu können, muß es sie zunächst im Denksystem der Kultur geben. Solange sich das Denken innerhalb eines sich als universell postulierenden Rahmens zu bewegen hat, wie es in der abendländischen Kultur das Christentum mit seinen theologischen Dogmen bis ins 18. Jh. darstellt, kann es das Konzept einer eigenständigen zweiten Welt nicht geben. Die vielfältigen Höllendarstellungen (z. B. von Giovanni da Modena, 1410–1415) oder Darstellungen der Apokalypse (z. B. von Albrecht Dürer, 1498) bilden zwar keine Gegebenheiten der empirischen Wirklichkeit ab, diese stellt aber nicht den Maßstab der Weltvorstellung dar. Vorgeführt werden zwar andere Welten, diese Andersartigkeit entspricht aber keiner Gegenwelt; sie sind insofern real und gehören zur Wirklichkeit, als sie im ursprünglichen Entstehungskontext geglaubte Größen sind. Gerade über den theologischen Rahmen stellen sie bekannte und vertraute Größen dar: Der Ablauf der Apokalypse steht fest, die Zukunft ist vorgegeben. Hier wird deutlich, daß im Denksystem einer Kultur, die phantastische Kunst ermöglicht, das Wissen über eine Freiheit und Gestaltbarkeit der Zukunft enthalten sein muß.[30] Für die Konzeption der zweiten Welt heißt das, sie nicht vollständig in der ersten abbildbar sein darf und somit rein als gefilterte Projektion zugänglich ist. Dies zeigt sich insbesondere in der Abbildung von Wesenheiten wie Engel, Hexen, Teufel usw. (z. B. Hans Baldung, *Die Hexen*, um 1510; Lucas Cranach d. Ä., *Die Versuchung des hl. Antonius*, 1506); solange diese in ein Gesamtsystem integrierbar und mittels dieses interpretierbar sind, stellen sie keine Abweichungen im Sinne eines Ereignisses und kein Beunruhigungspotential im Sinne der Unentscheidbarkeit dar.

---

28 HOLLÄNDER, Konturen einer Ikonographie des Phantastischen, in: Thomsen/Fischer (s. Anm. 6), 392.
29 HOLLÄNDER (s. Anm. 13), 62 f.
30 Vgl. JEHMLICH (s. Anm. 6), 29.

Nimmt man als Bezugspunkt die Gegebenheiten der Kommunikationssituation, in der ein Kunstwerk entsteht, kann der Beginn einer phantastischen Kunst insofern auf das Ende bzw. die zweite Hälfte des 18. Jh. datiert werden; dies plausibilisiert die Modernität der Begriffsbildung phantastisch selbst, da sich die mentale Notwendigkeit, auf bestimmte Phänomene der Welterfahrung sprachlich zu reagieren und diese begrifflich zu fassen, erst als ihre Folge einstellt.

Parallel zu diesen denkgeschichtlichen Veränderungen vollzieht sich seit dem späten 15. Jh. bis etwa 1800 ein Wandel in der bildenden Kunst selbst, der als weitere Voraussetzung für die Bedingung der Möglichkeit des Phantastischen zu reflektieren ist. Das – durch Zentralperspektive, Proportionslehre u. ä. zu erfüllende – Mimesisprinzip propagiert eine Darstellungsweise als scheinbar objektive Darstellung, die sich gleichzeitig als Standard und Norm etabliert. Diese Normalität ist einerseits der Ausgangs- und Bezugspunkt einer phantastischen Darstellung, andererseits lassen sich davon ausgehend Abgrenzungskriterien bestimmen, wann eine Andersartigkeit als Gegenwelt aufzufassen ist bzw. wann per se nicht. Denn die im Zuge dieses Mimesispostulats im 19. Jh. einsetzenden Malweisen, die die Realität nicht mehr auf diese ›neutrale‹, mimetische Weise wiedergeben (beginnend etwa mit William Turner bis zu Impressionismus, Expressionismus usw.), markieren zwar eine Abweichung bezogen auf diesen Standard, rekurrieren aber dennoch eindeutig auf die gleiche Realität, nicht auf eine Gegenwelt. Eine Veränderung in der Malweise, in der ›Manier‹, verändert nicht diesen Bezug oder hebt ihn auf. Hier wäre die Diskussion des phantastischen Realismus zu verorten, der sich programmatisch – und damit auf einer Metaebene – genau auf diesen Sachverhalt und seine Implikationen zu beziehen scheint, wenn er das Adjektiv phantastisch zur Beschreibung eines spezifischen Konstrukts von Realität verwendet. Ebenso reichen die verschiedenen (technischen) Strategien der Bildverfremdung, wie sie etwa in der phantastischen Photographie eingesetzt werden[31], nicht aus, um damit bereits phantastische Bilder im engeren Sinn zu generieren.

Dieser Sachverhalt verweist auf die Relevanz des Abgebildeten, des Dargestellten gegenüber den Modi der Darstellung und leitet über zur Frage nach dem Realitätsstatus, den dieses Abgebildete haben muß, damit es als phantastisch gesehen werden kann. Gerade im Vergleich mit den eindeutig dem Surrealismus zugeordneten Bildern läßt sich die These aufstellen, daß die Abbildungsdimension nicht thematisch sein, das »Bild als ›Gebilde‹ [nicht] autonom«[32] werden darf, soll das Abgebildete als phantastisch gelten. Denn eine solche Autoreflexivität des künstlerischen Prozesses macht bewußt, daß das Abgebildete seine Existenz nur auf der Leinwand hat und durch diese ontologische Reduktion alles möglich ist. Insbesondere ist dies in Bildern von René Magritte zu erkennen, so in *La ruse symétrie* (1928) oder programmatisch in *Ceci n'est pas une pipe* (1928/1929). Als literarisches Beispiel einer analogen Dominanz des Erzählaktes sei auf Wilhelm Raabes *Vom alten Proteus* (1875) verwiesen.

Als prinzipielle Überlegung zu Medien und ihrem Verhältnis zum Phantastischen muß gefolgert werden, daß das Phantastische nur in den Medien auftreten und in dem Maße Fuß fassen kann, wie diese in der Lage sind, ihren medialen Status auszublenden. Nur wenn über spezifische Strategien ihre Medialität, die Ebene der Abbildung, verschleiert werden und das Abgebildete dadurch als unmittelbar gelten kann, ist die Bedingung der Möglichkeit eines Phantastischen gegeben. Im Comic etwa dürfte diese Prämisse nicht zu erfüllen sein.

In diesem Kontext wäre auch Maurits Cornelis Eschers Lithographie *Zeichnen* (1948) zu situieren, bei dem die Indizierung der Abbildungsdimension durch eine paradoxe Struktur geleistet wird. Eschers Bilder führen zur Diskussion eines weiteren Abgrenzungskriteriums. Obwohl sie, wie z. B. *Relativität* (1953), eine andere Welt vorführen, in der andere Gesetze gelten, sind sie nicht phantastisch. Denn diese andere Welt wird als Universum vorgeführt, dessen Logik zwar nicht die unsere ist, aber als Logik, d. h. als Gesetzmäßigkeit, erkennbar ist; das Funktionieren dieser Welt ist vollständig durchschaubar, tangiert uns dadurch aber nicht.

---

31 Vgl. ATTILIO COLOMBO u. a., Fantastische Fotografie, übers. v. R. Kramer [Ausst.-Kat.] (München 1979).
32 HOLLÄNDER (s. Anm. 28), 393.

Auf dieser Ebene wäre ein Unterschied zu Hieronymus Bosch, insbesondere zu dessen *Der Garten der Lüste* (um 1520) zu konstatieren. Auch wenn Boschs Bilder aus den oben dargelegten Gründen nicht phantastisch sind, können sie doch insofern als Vorläufer gelten, die den Ansatz zu einem Phantastischen aufweisen, als die dargestellte Welt nicht vollständig dechiffrierbar ist. Die im einzelnen je tradierten und konventionalisierten Elemente werden hier dergestalt zu einem komplexen System verbunden, daß in diesen Beziehungen ihre Eindeutigkeit verlorengeht und sich so die Welt einer kohärenten Gesamtinterpretation entzieht. Hier wäre der Unterschied anzusiedeln zwischen einer symbolischen oder allegorischen Darstellung, die das Bild insgesamt als uneigentlich setzt und damit eine prinzipielle Verschlüsselung und ein Deutungsgebot indiziert, und einer Verwendung von Symbolen und kulturellen Zeichen, die so in ihren neuen Kontext integriert sind, daß sie in diesem als eigentlich gelten können. Nur letzteres kann phantastisch sein; Bilder von Francisco de Goya, Johann Heinrich Füssli, Guido Reni oder Félicien Rops wären hier anzusiedeln.

An den Bildern von Bosch und Escher ist darüber hinaus ein gemeinsames, eine Zuordnung zum Phantastischen erschwerendes Merkmal rekonstruierbar. Diese Welten erscheinen insofern als hermetische Welten, die ohne Bezug zu unserer Welt sind und somit nicht in sich zwei Welten implizieren, als der gewählte point of view als neutraler und distanzierter zu beschreiben ist. Der Betrachterstandpunkt erlaubt einen Überblick über die Welt, konstituiert dadurch eine Grenze und schließt den Betrachter damit aus dieser Welt aus. Dieses konstitutive Außerhalb- und Darüber-Stehen verhindert die Möglichkeit einer Involvierung in die Gegebenheiten der Gegenwelt; ein Unbehagen evozierendes phantastisches Ereignis kann nicht stattfinden. Giovanni Battista Piranesis *Carceri*

(um 1760) wären demgegenüber als phantastisch zu bestimmen, da die hier vorgeführte Gegenwelt von einem Punkt aus dargestellt wird, der eine Unmittelbarkeit und eine beschränkte Blickmacht suggeriert und den Betrachter dadurch quasi als Teil der Welt in das Bild hineinzieht. Die Andersartigkeit wird von einem Phänomen zu einem Problem, d. h. zu etwas, mit dem man sich auseinanderzusetzen hat. Ein Phantastisches in der bildenden Kunst scheint somit insbesondere von der Etablierung eines spezifischen (Blick-)Kontaktes zwischen Bild und Betrachter oder von dessen homologer Abbildung innerhalb des Bildes abhängig zu sein. Bilder, in denen Blicke – und damit Wahrnehmung – inkorporiert sind, seien es solche innerhalb der Welt oder solche, die aus der Welt hinausgehen, sind für die Konstruktion eines Phantastischen geradezu prädestiniert. Ein Beispiel, in dem innerhalb der Bildwelt eine Wahrnehmungsdimension installiert ist, ist Richard Oelzes *Erwartung* (1935/1936). An diesem Bild lassen sich Überlegungen anschließen, unter welchen Bedingungen ein Bild narrativ ist, d. h. sich sagen läßt, das Bild erzähle eine Geschichte. Da dem Bild medienspezifisch eine syntagmatische Gerichtetheit fehlt, ist eine solche Dimension per se nur indirekt und implizit erschließbar. Möglich ist dies dann, wenn das im Bild Dargestellte quasi als ›Einfrieren‹ eines signifikanten Ausschnitts aus einem größeren Zusammenhang gedeutet werden kann und damit ein Vorher und/oder ein Nachher präsupponierbar ist. Dies ist in zwei Kontexten möglich: als ›implizite Geschichte‹ im Kanzogschen Sinne[33] oder als ›Bündel von möglichen Geschichten‹[34]. Eine spezifisch phantastische Ereignishaftigkeit kann sich durch die Abbildung eines phantastischen Geschehnisses oder einer phantastischen Wesenheit konkretisieren. Um einen Status des Einfrierens durch die Abbildung einer Wesenheit zu vermitteln, muß diese eine Verweisreferenz aufweisen, somit eine ›implizite Geschichte‹ aufrufen (z. B. Rembrandts *Die Verkündigung an die Hirten*, 1634). Solche impliziten Geschichten müssen aber dem Bild vorgelagert sein und gehören dem kulturell kodierten und tradierten Arsenal an Topoi, Mythologien usw. an. Die anzitierte Geschichte ist damit aber per se nicht erklärungsbedürftig. Dies ist aber wesentliche Voraussetzung für eine phantasti-

---

33 Vgl. KANZOG, Die implizite Geschichte des Bildes, in: R. Kloepfer/K.-D. Möller (Hg.), Narrativität in den Medien (Münster/Mannheim 1985), 54–70.
34 Vgl. WÜNSCH, Narrative und rhetorische Strategien im Bild. Das Beispiel der Werbung, in: H. Brunner u. a. (Hg.), Helle döne schöne: versammelte Arbeiten zur älteren und neueren deutschen Literatur (Göppingen 1999), 323–359.

sche Qualität. Werden andererseits Wesenheiten abgebildet, die nicht in kulturellen Kontexten verankert sind, ist die Konstruktion einer Dimension von Geschichte erschwert. Die Abbildung ist zwar in besonderem Maße deutungsbedürftig, aber damit nicht automatisch im phantastischen Sinne erklärungsbedürftig, da die Frage, wieso es diese Entität gibt bzw. woher sie kommt, von der Frage, wofür sie – zeichenhaft – steht, überlagert wird.

Die Abbildung eines dynamischen Geschehnisses ist im Bild ungleich schwieriger als die einer statischen Wesenheit. Schließt man den analogen Fall einer Indizierung durch Stofftraditionen aus, so ist derjenige Fall zu betrachten, bei dem ein Bild aus seinem eigenen Bildaufbau heraus eine Geschichte erzwingt. Schafft es ein Bild, einen derartigen Eindruck zu erzeugen und dabei ein Geschehen zu vermitteln, das eine von tradierten Handlungsmustern und bekannten Geschehenskontexten abweichende Konstellation vorführt, ist die Deutung als phantastische zumindest in einem wesentlichen Merkmal mitimpliziert. Da das Bild in diesem Fall immer nur ein Bündel an möglichen Geschichten aufrufen kann, ist eine Ambivalenz per se gegeben. Ein phantastisches Bild in dieser Form stellt historisch gesehen eher die Ausnahme dar. In Oelzes *Erwartung* weicht die Versammlung in der freien Natur von im kulturellen Wissen verankerten real möglichen Konfigurationen ab und kann somit mit bestehenden Handlungsmustern nicht kohärent gedeutet werden. Dies wird insbesondere durch den innerbildlich installierten point of view, der gemeinsamen, vom Betrachter abgewendeten Blickrichtung in die Tiefe des Bildes, gefördert, der ein – außergewöhnliches – Etwas präsupponiert, das die Aufmerksamkeit einer Menschenmenge zu erregen weiß und deren Wahrnehmung zu lenken imstande ist, ohne selbst physisch-materiell anwesend zu sein. Zudem läßt dieser innerbildlich installierte point of view den Betrachter des Bildes nicht nur zum Betrachter der Menschenmenge werden, sondern über die Parallelität der Blickrichtung auch zu einem von ihnen. In dieser Parallelität wird zudem ein vorhandener Wissensunterschied nivelliert, keiner weiß Genaues. Jeder hat sich – subjektiv – der durch das Bild evozierten Frage nach einem Erklärungsangebot zu stellen.

Gestützt wird diese Interpretation hier zusätzlich durch den Titel: *Erwartung*. Auf der Ebene der Bild-Text-Beziehung werden häufig innerbildlich fehlende, als nicht-objektiv gesetzte Realitäts- und Wahrnehmungsmodi verlagert bzw. Deutungsvorgaben geliefert und damit Point-of-view-Strukturen sekundär vermittelt.[35] Die Frage nach einem Phantastischen in der bildenden Kunst ist damit häufig auf dieser Ebene des kontextuellen Rahmens zu situieren und damit selbst bereits unter Einbeziehung eines textuellen Anteils.

V. Das Phantastische in der Literatur vom späten 18. Jahrhundert bis zur frühen Moderne

Solange der theologische Diskurs bestimmt, was kulturell als Realität gilt, kann es, von Einzelfällen abgesehen, keine Phantastik geben, denn die christlichen Wunder erscheinen als real und andere Wunder wären häretisch. Indem die Aufklärung die Dominanz der Theologie bricht, kann es, in scheinbarer Paradoxie, gegen Ende des 18. Jh. sowohl zu einem (anti)aufklärerischen Okkultismus als auch zu einer phantastischen Literatur – und einer theoretischen Diskussion des Wunderbaren – kommen, beides ein nicht nur deutsches, sondern europäisches Phänomen. Die Anfänge einer deutschen Phantastik in Geisterseher- und Geheimbundroman - Friedrich Schillers *Der Geisterseher* (1789), Karl Grosses *Der Genius* (1791–1795) usw. - sind im wörtlichsten Sinne Aufklärungsromane, in denen, gegen den zeitgenössischen Okkultismus, zunächst scheinbar Phantastisches jeweils rationalistisch reduziert wird; sie tilgen die Abweichung, nachdem sie mit ihrem Reiz gespielt haben. Erst seit den 1790er Jahren tritt nicht nur, aber nicht zuletzt, bei den Romantikern ein nicht-reduziertes Phantastisches auf, dessen Erfolg ganz offenkundig daran gebunden ist, daß erstens dieses Kultursystem den Wunsch nach der Alternative, dem ganz

---

[35] Vgl. TITZMANN, Theoretisch-methodologische Probleme einer Semiotik der Text-Bild-Relationen, in: W. Harms (Hg.), Text und Bild. Bild und Text (Stuttgart 1990), 368–384.

Anderen in verschiedensten Formen hat, dessen primitivstes Symptom der zeitgenössische Okkultismus wäre (vgl. z. B. Franz Anton Mesmers Magnetismus oder Johann Heinrich Jung-Stillings *Theorie der Geisterkunde*, 1808), und daß zweitens mit Hilfe dieser Phantastik für dieses Kultursystem relevante Bedeutungen transportiert werden können, die in ihm auf keine andere Weise semiotisch repräsentiert werden können.

In der Phase des Realismus, wo ein zumindest tendenziell mit den wissenschaftlichen Diskursen kompatibler Realitätsbegriff vorherrscht und die Existenz eines Unbewußten zwar für irrelevant erklärt, aber nicht negiert wird, fehlt für eine Phantastik somit sowohl die Bedingung ihrer Möglichkeit, d. h. die Denkbarkeit ontologisch alternativer Möglichkeiten/Realitäten, als auch eine mögliche kulturelle Funktion, etwa eben als Ausdruck des anders nicht Ausdrückbaren. Im deutschen Realismus sind somit phantastische Texte bzw. Texte mit phantastischen Elementen extrem selten und stellen, wenn sie auftreten (vgl. z. B. Theodor Storms *Ein Bekenntnis*, 1887), selbst schon eine Veränderung dieses Literatursystems dar. Damit unterscheidet sich die deutsche Literatur von der sonstigen europäischen Literatur, die durchaus eine mehr oder minder ausgeprägte phantastische Literatur kennt (in Frankreich z. B. Texte von Jacques Cazotte, Théophile Gautier, Guy de Maupassant; in England z. B. von Bram Stoker, Joseph Sheridan Le Fanu, Wilkie Collins).

Im Gegensatz zum 19. Jh. gehört phantastische Literatur konstitutiv zum Literatursystem der frühen Moderne im deutschen Sprachgebiet, wie übrigens auch im angloamerikanischen, wo auf die Romane Henry Rider Haggards (z. B. *She*, 1887) die Texte von Ambrose Bierce, Arthur Machen, Algernon Blackwood, Howard Phillips Lovecraft u. a. folgen. Frühe Beispiele im deutschsprachigen Gebiet sind Alfred Kubins *Die andere Seite* (1909), Hanns Heinz Ewers' *Alraune* (1911), Karl Hans Strobls *Eleagabal Kuperus* (1910), Gustav Meyrinks *Der Golem* (1915); der quantitative Höhepunkt dieser Literatur liegt in den 1920er Jahren (zu den genannten Autoren kommen z. B. noch Franz Spunda, Leo Perutz, Alexander Lernet-Holenia), in den 30er Jahren nimmt das Interesse dann allmählich ab.

Historisch wird Phantastik offenbar immer nur in Literatursystemen relevant, wo sich im Denk- und Wissenssystem der Zeit - so um 1800 wie um 1900 - okkultistische Diskurse herausgebildet haben. Solche Okkultismen indizieren zum einen das Bedürfnis, verlorenen religiösen Glauben dennoch zu kompensieren, zum anderen eine Krisensituation des kulturellen Realitätsbegriffes. Nicht zufällig verbreitet sich ein geradezu abwitziger Okkultismus neuen Typs gleichzeitig mit der Krise des Newtonschen Wissenschaftsparadigmas: der Spiritismus, ein Phänomen amerikanischer Provenienz, einerseits, magisch-okkultistische Modelle andererseits. Zu den sicherlich einflußreichsten Werken gehören die der Russin Helena Petrowna Blavatsky (*Isis Unveiled. A Master Key to the Mysteries of Ancient and Modern Science and Theology*, 1875; *The Secrete Doctrine. The Synthesis of Science, Religion and Theology*, 1888) und die ihres Plagiators Rudolf Steiner (*Theosophie. Einführung in übersinnliche Welterkenntnis und Menschenbestimmung*, 1904; *Die Geheimwissenschaft im Umriß*, 1910), zu denen sich viele ihresgleichen gesellen. Die Theorien des magischen Okkultismus geben sich den Anschein der Integration aller ›hermetischen Traditionen‹ der Antike wie der Renaissance, Europas wie vor allem auch Asiens; rezipiert, integriert, transformiert werden Alchemie, Kabbala, Dämonologien, Magie, Rosenkreuzer, Hinduismus, Buddhismus; der Spiritismus hingegen wird als unbedarftes Mißverständnis Nicht-Eingeweihter interpretiert. Sie postulieren die Existenz grundsätzlich ›uralten‹ Geheimwissens, das in elitären geheimbundartigen Zirkeln weniger Eingeweihter von Meistern an auserwählte Adepten weitergegeben worden sei und in ›esoterischen‹ Texten, mehr oder weniger stark verschleiert, tradiert wäre: Blavatsky z. B. erfindet sich eine solche angeblich siebzigtausend Jahre alte tibetanisch-mongolische Quelle selbst. In langen Initiationsprozessen könne der Adept bei entsprechender Lebensführung ›übersinnliche‹ Erkenntnisfähigkeiten und ›magische‹ Kräfte erwerben: Fähigkeiten, die im Spiritismus allenfalls der jenseitigen Geisterwelt zugeschrieben werden, können in diesem Modell also schon im Diesseits erworben werden, und mit dem der Theorie nach passiven Medium wird der aktive Magier konfrontiert.

Es sind vor allem die Theoreme des magischen Okkultismus, aus denen sich die phantastische Literatur der frühen Moderne bei der Konstruktion ihrer Welten bedient, wobei der grundsätzlich eklektische Umgang mit den Materialien dieser Theoriebildungen auffällt. Die literarischen Texte sind zudem selbst mythenschaffend und erfinden sich über die verfügbaren Modelle hinaus weitere phantastische Wesenheiten und Phänomene. Die Texte schaffen so eigene Mythologien, sei es, wie bei Meyrink, von Text zu Text neu, sei es, wie bei Spunda, mit der Tendenz einer den Einzeltext übergreifenden Kohärenz. Gerade für die hochwertigen Texte dieser Phantastik (z. B. Kubins *Die andere Seite*, Meyrinks *Der Golem*) gilt zudem, daß keine jener Mythologien, die sie als Erklärungsangebote für das phantastische Geschehen offerieren, jemals als vollständig und konsistent erscheint. Das quasi mythische Erklärungsangebot ist nicht nur eklektisch und fragmentarisch, sondern dieses Merkmal wird bewußt funktionalisiert. Das Erklärungsangebot postuliert die grundsätzliche Erklärbarkeit des phantastischen Geschehens, aber es löst dieses Postulat bewußt nicht ein. Indem die Erklärung unvollständig bleibt, wird ein unauflösbarer Rest von Geheimnis erhalten. Indem die Texte in keiner okkulten Theorie aufgehen, bleiben sie zugleich für den nicht-okkulten Leser lesbar, da die grundsätzliche bloße Zeichenhaftigkeit der Ebene des mythischen Erklärungsangebots dem Leser die Freiheit einer anderen Lesbarkeit ermöglicht. Insofern sind sie ähnlich etwa den Kafkaschen Texten, die zwar keine phantastischen Welten entwerfen, wohl aber solche, die mit normaler Realitätserfahrung inkompatibel sind und die daher eine ›Übersetzung‹ erzwingen.

Mentalitätsgeschichtlich leben die Texte der Phantastik der frühen Moderne zweifellos von der Erfahrung, daß die wahrnehmbare soziale Welt eine fest geregelte, rationale oder zumindest rationalisierte Welt ist, in der es weder Freiräume für das Individuum, das in seinen sozialen Rollen und Funktionen aufgeht, noch auch die Möglichkeit des Unerwarteten und Unerwartbaren oder einen Raum des nicht schon durchschauten Geheimnisses gibt. Die soziale Realität wird als Deprivation des Subjektes erfahren: Freiraum und Geheimnis kann es nur jenseits ihrer geben, sei es im metaphysisch-okkulten Bereich, dessen Existenz die Phantastik postuliert, sei es in der Psyche des Subjektes selbst, mit der sich ein Großteil der Nicht-Phantastik der frühen Moderne, aber, auf andere Weise, auch die Phantastik befaßt. Der Eintritt des Phantastischen in die Welt des Protagonisten ist immer zugleich mit dem Austritt aus der normalen sozialen Realität äquivalent. Das Individuum, dem phantastische Erfahrungen zuteil werden, hat in den Texten immer den Status eines elitären Subjektes: Es ist imstande zu erfahren, was andere zu erfahren nicht vermögen. Das elitäre Subjekt darf kulturelle Normen verletzen oder in Frage stellen; das wiederum gilt nicht nur in der Phantastik der Zeit, denn das tradierte Wert- und Normensystem wird in der frühen Moderne generell als Hindernis für Selbstfindung thematisiert.

Generell wird in den phantastischen Texten dieses Zeitraums das Konzept der Person als einer unauflöslichen psychophysischen Einheit zur Disposition gestellt: Teile der Person – ihre Psyche – können temporär außer Kraft gesetzt werden, was bis zum Fall der Besitzergreifung gesteigert werden kann, bei der die Psyche einer fremden Identität die eigene verdrängt und die Herrschaft über den Körper übernimmt. Was auf den ersten Blick strukturgleich mit der Besessenheit christlicher Dämonologien ist, hat in der phantastischen Literatur der frühen Moderne immer auch zugleich eine zeichenhafte Komponente eines psychischen und psychologischen Sachverhalts, insofern diesem Fremden von außen ein Fremdes im Inneren äquivalent ist und Besessenheit somit auch den Fall abbilden kann, daß nicht-bewußte Anteile der Psyche das bewußte Ich überwältigen und somit scheinbar ein diskontinuierlicher Identitätswechsel stattfindet. Das Problem ist also das der Personengrenze zwischen innen und außen und das Problem ihrer Identität. Im Gegensatz zur goethezeitlichen Phantastik, in der die für das Subjekt positive Lösung in der Vermeidung und Ausgrenzung des Phantastischen – und des von ihm repräsentierten Psychischen – besteht, liegt die positive Lösung der Phantastik der frühen Moderne darin, das Fremde und Phantastische als Psychisches und Subjekteigenes zu erkennen und sich seiner integrativ zu bemächtigen. Wie dort Autonomie des Subjektes nur durch Vermeidung des Phantastischen möglich wird, wird sie es hier nur durch dessen Integration: Die Zielperson dieser Phantastik ist dementsprechend das megalomane Subjekt mit Omnipotenzphantasien - das genaue inverse Korrelat also zur realen Erfahrung der auf die soziale Funktionalität reduzierten Person, in Opposition auch zum realitätsangepaßten und normalisierten Subjekt einer Psychoanalyse. Was das Personenkonzept der Literatur der frühen Moderne dabei zugleich von dem der Psychoanalyse unterscheidet, wird am deutlichsten in der Phantastik: Es geht um die Erhaltung der Psyche als Geheimnis, als Ort quasi-magischer Macht. Auffällig für die deutsche Phantastik ist folgerichtig das Ausmaß, in dem Wesenheiten und Geschehnisse als Emanation dieses magischen Personenkerns interpretiert werden können.

VI. Der phantastische Film – Möglichkeiten, Verteilung, Subgenres

Das Medium Film hat seit seinen Anfängen die Möglichkeiten nicht-realistischer Darstellungsmodi zu nutzen gewußt, wie sie bereits Georges Méliès mit seinem Kino der Attraktion einsetzte (so in *Escamotage d'une Dame chez Robert Houdin*, 1896; *Le voyage dans la lune*, 1902; *Le Royaume des Fées*, 1903; *20000 Lieues sous les Mers*, 1907).[36] Auch wenn dies zunächst rein auf Tricktechnik beruhte und nicht filmisch aufbereitet war, wurden hier Grundlagen für die weite Verbreitung und das Interesse des Films am Phantastischen gelegt. Siegfried Kracauers Verdikt, daß das Phantastische einer filmischen Behandlung wenig zugänglich zu

sein scheint, denn »it lies outside the area of physical existence«[37], ist im Zusammenhang der filmtheoretischen Debatte über das Wesen des Films/ Kinos zu sehen und deutet eher auf dessen subjektive, ideologisch-programmatisch ausgerichtete Sichtweise hin, als daß es objektive Gegebenheiten beschreibe – und wird weder durch die empirische Datenlage noch durch die Möglichkeiten der filmischen Mittel bestätigt. Nicht nur die Spezialeffekte eines Ray Harryhausen – und anderer Trickspezialisten in seiner Folge – wären hier anzuführen. Gerade das Medium Film scheint für die eingangs aufgezeigten Prämissen eines Phantastischen prädestiniert zu sein und eine Kombination der verschiedenen Ansätze zu ermöglichen. Eine genuine und prinzipielle Bestimmung des Phantastischen im Film ist nicht nötig – so sehr im einzelnen auch Spezifikationen und Modifikationen anzusetzen sind –, kann sich der Film doch als späteres Medium auf die Bestimmungen der anderen Medien stützen und diese in eine eigene Synthese überführen. Film erfüllt durch seine Medienspezifika sowohl die narrativen Voraussetzungen als auch die visuellen und kann diese durch ein komplexes System an Point-of-view-Strukturen zusätzlich auf eigene Weise verbinden. Zudem kann Film auf die in der bildenden Kunst und in Literatur bereitgestellten Bildarsenale resp. Strukturkonventionen zurückgreifen. Intermediale Zugriffe auf tradierte Bildkompositionen – insbesondere auch phantastische – bei der Inszenierung von Filmwelten finden sich sowohl in der Frühzeit des Films, z.B. in Friedrich Wilhelm Murnaus *Nosferatu – eine Symphonie des Grauens* (1922)[38], als auch im weiteren Verlauf der Filmgeschichte, so in *The Dark Crystal* (Jim Henson/Frank Oz, 1982) mit einer Referenz auf Boschs *Garten der Lüste*.[39] Darüber hinaus läßt sich insbesondere für eine als phantastisch konzipierte Bilddramaturgie und Bildarchitektur im Film eine Zusammenarbeit mit Bühnenbildnern und bildenden Künstlern konstatieren (hier wäre vor allem H. R. Giger und sein Anteil bei der Konzeption von *Alien* – Ridley Scott, 1979 – zu nennen).

Seinen besonderen filmhistorischen Stellenwert erhielt der Phantastische Film durch die im deutschen Stummfilm hochrangigen Produktionen eines, neben dem bereits erwähnten Murnau, Fritz

---

36 Vgl. STRESAU (s. Anm. 15); ROLF GIESEN, Der phantastische Film. Zur Soziologie von Horror, Science-Fiction und Fantasy im Kino, Bd. 1 (Schondorf/Ammersee 1980), 36–42.
37 SIEGFRIED KRACAUER, Theory of Film. The Redemption of Physical Reality (New York 1960), 82.
38 Vgl. URSULA VON KEITZ, Dialogizität der Bilder. Bemerkungen zum Verhältnis von Bildender Kunst und Film aus semiotischer Sicht, in: J. Paech (Hg.), Film – Fernsehen – Medien und die Künste. Strategien der Intermedialität (Stuttgart/Weimar 1994), 28–39.
39 Vgl. DAVID ANNAN, Cinefantastic. Beyond the Dream Machine (London 1974).

Lang (*Der müde Tod*, 1921; *Dr. Mabuse, der Spieler*, 1922; *Metropolis*, 1925/1926), Robert Wiene (*Das Cabinett des Dr. Caligari*, 1919) oder Paul Wegener (*Der Student von Prag*, 1913; *Der Golem, wie er in die Welt kam*, 1920), die im Kontext des deutschen Expressionismus eine eigenständige Filmsprache entwickelten. Auf der Ebene der Modelle, die für das Phantastische bereitgestellt wurden, und auf der Ebene der Funktionen und Leistungen, die mittels der Darstellung eines Phantastischen verbunden waren, entsprechen sich allerdings früher Film und phantastische Literatur der frühen Moderne. Auf dieser Ebene ist keine Ausdifferenzierung zu erkennen. Sosehr es medienspezifische Ausprägungen und aus der Perspektive des neuen Mediums Film die Bestrebungen gibt, sich als eigenständiges Medium zu etablieren, so nimmt der Film auf die gleichen kulturellen Mentalitäten Bezug – wie auch auf das literarische Ausgangsmaterial, insofern es sich häufig um filmische Adaptionen handelt, so Henrik Galeens *Alraune* (1927) nach dem Buch von Hanns Heinz Ewers – und bietet mit seinen Mitteln homologe Lösungsmodelle an, wie sie auch in der Literatur zu finden sind. Ebenso wie dort geht es im deutschen phantastischen Stummfilm um die Konstituierung eines Ichs und die Diskussion dessen, was zu diesem Ich gehört und was ausgegrenzt werden muß; durch das Auftreten phantastischer Ereignisse werden psychische Prozesse des Individuums visualisiert und eine Abbildbarkeit von dessen Befindlichkeit, sexuellen Bedürfnissen und Verhältnis zur Umwelt (Stichwort ›emphatisches Leben‹) zeichenhaft kodiert. Durch die Ambivalenz und Unentscheidbarkeit von ineinander verwobenen, verschiedenen Erklärungsangeboten (zumeist phantastischen, kriminalistischen und psychologisch-pathologischen wie exemplarisch in Wienes *Orlacs Hände*, 1924) werden Probleme der Wahrnehmung, des theoretisch-wissenschaftlichen wie des mentalen Umgangs mit spezifischen Weltphänomenen dokumentiert.

Unterschiede in den beiden Medien lassen sich in der Bewertung von Schrift und Sehen erkennen. Im Film wird ausgehend vom Modell der Literatur und deren expliziten innerfilmischen Inszenierung die Gefährlichkeit von Leseakten propagiert und Sehen und Blicken zu einer neuen, eigenständigen Kategorie aufgebaut.[40] Aus der sich hieraus ergebenden ›Blickmacht‹ zieht insbesondere der Horrorfilm Kapital.

Im Film des Nationalsozialismus gibt es, von wenigen Ausnahmen abgesehen[41], keine Filme, denen das Prädikat phantastisch zugesprochen werden kann, da hier die Denkmöglichkeit einer zweiten Welt nicht gegeben ist. Einen solchen, mit Freiraum konnotierten Raum, gilt es im Denken des Nationalsozialismus – und anderer totalitärer Systeme – auszublenden. Einen eigenständigen Utopieraum kann es nicht geben, da sich der Nationalsozialismus selbst an dessen Stelle setzen will. Die Versuche, über phantastische Produktionen Kollektivismus zu propagieren und nationalsozialistische Ideologeme zu transportieren, wie dies hauptsächlich in den wenigen Produktionen versucht wurde (so *Der Tunnel*, 1933; *Gold*, 1934; *Der Herr der Welt*, 1934), scheinen also notwendigerweise aus innersystemischen Gründen eines Phantastischen nicht gelingen zu können.

Auffälligerweise hält die Abstinenz gegenüber phantastischen Stoffen auch nach 1945 in Deutschland an. Der Film der 50er und 60er Jahre weist keine nennenswerte phantastische Produktion auf, insofern es offenbar gilt, zunächst einmal eine eigene, erste Welt – ideologisch – aufzubauen. Die in dieser Zeit entstehenden Märchen-Filme, die einzige phantastische Produktion, lassen sich durch ihre dezidiert didaktisch-pädagogische Ausrichtung ohne weiteres darunter subsumieren. In ihnen geht es, wie z. B. in *Zwerg Nase* (Francesco Stefani, 1952) um die Disziplinierung zum ›anständigen‹ Kind; dementsprechend wird dem Märchen sein realer Status genommen: Es wird über eine explizite Vermittlungs- und Erklärungsinstanz auf das ideologisch Wünschenswerte der Realität projiziert.

Die Gegebenheiten des frühen Films sind als historisches Phänomen zu interpretieren, nicht als Genrebildung. Eine Reihenbildung hat im Verlauf

---

40 Vgl. KEITZ, Der Blick ins Imaginäre. Über ›Erzählen‹ und ›Sehen‹ bei Murnau, in: K. Kreimeier (Hg.), Die Metaphysik des Dekors. Raum, Architektur und Licht im klassischen deutschen Stummfilm (Marburg 1994), 80–99.
41 Vgl. KRAFT WETZEL/PETER A. HAGEMANN, Liebe, Tod und Technik. Kino des Phantastischen 1933–1945 (Berlin 1977).

der Filmgeschichte allerdings frühzeitig stattgefunden; es bildeten sich in starkem Maße Subgenres aus, die unter einen weitgefaßten Begriff des phantastischen Films subsumiert werden können und neben heterogenen Einzelfilmen das Spektrum und das Zentrum des phantastischen Films ausmachen. Hierbei haben sich eigene Genrekonventionen entwickelt, die zu einem je spezifischen Umgang mit dem phantastischen Substrat führen. Fantasyfilm und Horrorfilm bilden neben Science-Fiction zwei Muster von Genres, die in ihrer Entwicklung insbesondere dem Medium Film verpflichtet sind.

So operiert das Subgenre des Horrorfilms zunächst vor der Folie des oben entwickelten narrativen Modells.[42] In der als bekannt konzipierten Welt tritt eine Wesenheit auf, das Monster, das oberflächlich unterschiedlich figuriert und konkretisiert ist und als strukturelle und nicht als motivgeschichtliche Größe aufzufassen ist. Aufgrund der diesen Wesenheiten inhärenten Aggressivität, durch die sie sich generell auszeichnen, wird das Monster zur Realität: Die letalen und zumeist die gesamte Menschheit bzw. die Gesamtheit des dargestellten Realitätsausschnittes bedrohenden Folgen erzwingen einen Handlungsbedarf, eine Re-Aktion der Bekämpfung, und verlagern ein eigentlich phantastisches Ereignis von der Bezugsebene ›diese Welt-andere Welt‹ auf die innerweltliche Ebene ›ideologische Normalität-Abweichung‹. Im Horrorfilm geht es somit nicht um Probleme der Psyche und des Individuums, sondern um eine Bedrohung des Kollektivs und des Systems, insofern dessen zentrale Normen und Werte in Frage gestellt werden. Da diese zumeist solche der Restriktion und Normierung von Sexualität beinhalten, erklärt sich, warum der Horrorfilm generell als eine Verarbeitung und Verhandlung sexueller Ängste gilt.

Eine solche Zuschreibung wird dem Genre Fantasyfilm zumeist dezidiert abgesprochen. In ihm seien eskapistische Tendenzen dominant, die ihn der Probleme der Alltagswelt entheben. Hier gilt es allerdings zu differenzieren. Im Fantasyfilm ist eine Sichtweise gewählt, bei der die visuell vorgeführte Welt nicht die bekannte ist. Im Verhältnis zum Horrorfilm kommt es in einer Variante des Fantasyfilms zu einer inversen Konstellation, indem ›einer von uns‹ in den fremden Raum eintritt. Die Anbindung an die reale Welt ist indirekt und implizit vorhanden, indem der grenzüberschreitende Protagonist als ihr Repräsentant ihre Prämissen und Basisannahmen quasi inkorporiert. Diese Variante, exemplarisch in *The Wizard of Oz* (Victor Fleming, 1939), stellt einen diachron frühen Typ von Fantasy dar. In einem jüngeren Typ existiert die Anbindung an die Realität nicht mehr. Vorgeführt wird nur *eine* Welt, die augenscheinlich keine Abbildung unserer Wirklichkeit ist und in anachronistischen Zeiten und enthistorisierten Ländern situiert ist. Das Zusammenfallen der Diegese der einen Welt mit dem Filmrahmen impliziert dabei auch, daß es keine Indikatoren gibt, die die Welt – wie noch in *The Wizard of Oz* – als Traumwelt usw. ausweisen; somit ist deren Realitätsstatus über die Modi der Darstellung als real anzusehen. Als Vorläufer dieser Konzeption können Filme wie *The Thief of Bagdad* (Raoul Walsh, 1924; Alexander Korda, 1940) – mit der Referenz zu *Tausendundeine Nacht* – gelten. Als gemeinsames strukturelles Moment dominiert in beiden Varianten die Reise, die konkretisiert im Modell der phantastischen Reise in fremde, unbekannte Länder und Welten (Lost-World-Filme) eine eigene Ausprägung erfahren kann und eine Affinität zum Abenteuergenre aufweist.

Im Unterschied zum Märchen mit seiner Selbstverständlichkeit der Stabilität der Welt erweist sich die Welt im Fantasyfilm als fragil. Sie bzw. das diesen Zustand der Welt determinierende Werte- bzw. Ordnungssystem ist selbst von Zerstörung bedroht (vgl. im literarischen Bereich auch John Ronald Reuel Tolkiens *Lord of the Rings*, entst. 1937–1949, ersch. 1954/1955, oder Endes *Die unendliche Geschichte*). Dementsprechend ist diese Möglichkeit zumeist handlungskatalysatorisch, sei es, daß ein positiver Zustand der Welt aufrechtzuerhalten ist, wie in Ridley Scotts *Legend* (1985), sei es, daß der negative Zustand rückgängig zu machen ist, wie in *The Dark Crystal*. Nicht in den je-

---

42 Vgl. PABST (s. Anm. 20); PABST, ›Is anybody out there?‹ Zur Funktion von Architektur im Horrorfilm, in: Krah (Hg.), All-Gemeinwissen. Kulturelle Kommunikation in populären Medien (Kiel 2001), 194–211.

weiligen Welten spielen sich Geschichten ab, sondern mit ihnen. Damit korreliert zum anderen die Bewußtheit um den besonderen ›phantastischen‹ Status dieser Welt, insofern das Wunderbare von ihr und der Glaube an Wunder selbst thematisch sind, so bereits in Kordas *The Thief of Bagdad* oder in *Legend*.

In allen Varianten ist eine eskapistische Tendenz funktional für die Gesellschaft bzw. die Rolle des Individuums in ihr; in *The Wizard of Oz* wird dies innerdiegetisch, quasi als Therapie Dorothys, inszeniert. Homologes läßt sich aber auch für die jüngere Variante des Fantasyfilms rekonstruieren. Geht es im Horrorfilm um das Kollektiv und dessen Aufrechterhaltung in Abgrenzung nach außen, so geht es im Fantasyfilm um die Stabilität des Kollektivs von innen durch die Reglementierung der Aufnahme des Individuums in das Kollektiv: vorgeführt werden Initiationsgeschichten. Die Filme bilden einen symbolischen Übergang ab, dessen ›rite de passage‹ quasi in der Rettung der Welt besteht und der eine Paradigmenvermittlung insbesondere auch bezüglich einer Rollenverteilung männlichen/weiblichen Handelns und Verhaltens vorführt. Hierbei ist, auf einer anderen Ebene als im Horrorfilm, aber dennoch ähnlich dezidiert, eine mehr oder weniger markierte sexualsymbolische Lesbarkeit des Dargestellten evident. *The Company of Wolves* (Neil Jordan, 1984), *Legend* oder insbesondere *Conan the Destroyer* (Richard Fleischer, 1984) wären paradigmatische Beispiele.

Signifikant ist, daß das Genre Fantasy, nach einer fast völligen Absenz in den 70er Jahren, sich zu Beginn der 80er rekonstituiert und zu einem dominanten (Film-)Phänomen wird (neben den bereits genannten Filmen sei verwiesen auf: *Excalibur* von John Boorman, 1982; *Conan the Barbarian* von John Milius, 1982; *Die unendliche Geschichte* von Wolfgang Petersen, 1983; *Momo* von Johannes Schaaf, 1986; und Steven Spielbergs *Hook*, 1991).

Science-Fiction, das als drittes Großgenre des phantastischen Films geführt wird, läßt sich auf einer vergleichbaren Ebene schwer bestimmen. Zwar lassen sich motivische Komponenten angeben, Situierung in Zukunft und Relevanz von Wissenschaft und Technik, die für Science-Fiction bestimmend zu sein scheinen, hinreichende Kriterien einer Genrezuordnung oder einer Genrebestimmung sind sie nicht.[43] Strukturell sind viele Filme als Kombination/Varianten den beiden eben skizzierten Modellen zuzuordnen. So fungieren die Außerirdischen der Science-Fiction-Welle der 50er Jahre, exemplarisch die Marsmenschen in *The War of the Worlds* (Byron Haskin, 1953), fast ausschließlich als Monster im Sinne des Horrorfilms; demgegenüber läßt sich in *Star Wars* (George Lucas, 1977) der Kampf einzelner, der durch die Bedrohung bzw. Übernahme des Gesamtuniversums durch das negativ besetzte, totalitäre System des ›Emperors‹ notwendig ist, als deren Initiation lesen, und somit – trotz Technik – als Fantasy.

Als spezifisch für den Science-Fiction-Film wäre allenfalls eine ihm eigene Rationalisierung und Reduzierung der phantastischen Dimension zu konstatieren, indem Wesenheiten, die durch ihre Singularität Ereignisse potentiell evozieren, vergesellschaftet und in Ethnien eingebunden werden. Das Beispiel *Star Trek* mag hierfür und für die Entwicklung im allgemeinen, wie sie in Kap. I skizziert wurde, exemplarisch stehen.

Die Ausdifferenzierung in Genres des Phantastischen ist kein Phänomen, das auf den filmischen Bereich beschränkt ist. Auch für eine phantastische Literatur bietet die Genrebildung das Forum, in dem sie sich einer Bewußtwerdung ihrer Prämissen entziehen kann. Da Genres aus sich heraus durchaus produktiv und innovativ sein können, insofern sich gerade vor dem Hintergrund etablierter Genreerwartungen neue Varianten, Formen und Kombinationen entwickeln und durch Modellbildung zum Standard werden können, sind es paradoxerweise dennoch die Genres, die den ›Schutzraum‹ bilden, in dem diese Implikationen ausgeblendet werden können und die ein Überleben des Phantastischen sichern.

Hans Krah/Marianne Wünsch

Literatur

BALTRUSAITIS, JURGIS, Le Moyen Âge fantastique (Paris 1955); BAUMANN, HANS D., Die Bilder des wissenschaftlich-phantastischen Realismus. Anmerkungen zur Science-Fiction-Kunst, in: M. Kimpel/G. Hallenberger (Hg.), Zukunftsräume. Bildwelten und Weltbilder der Science-fiction (Ebersberg 1984), 29–48; BERG, STE-

---

[43] Vgl. KRAH (s. Anm. 1).

PHAN, Schlimme Zeiten, böse Räume. Zeit- und Raumstrukturen in der phantastischen Literatur des 20. Jahrhunderts (Stuttgart 1991); BROOKE-ROSE, CHRISTINE, A Rhetoric of the Unreal. Studies in Narrative Structure, especially of the Fantastic (Cambridge/London 1981); DONALD, JAMES (Hg.), Fantasy and the Cinema (London 1989); DUBOST, FRANCIS, Aspects fantastiques de la littérature narrative médiévale (Genf 1991); FISCHER, JENS MALTE, Science Fiction – Phantastik – Fantasy. Ein Vorschlag zu ihrer Abgrenzung, in: K. Ermert (Hg.), Neugier oder Flucht? Zu Poetik, Ideologie und Wirkung der Science Fiction (Stuttgart 1980), 8–17; KIENAST, WELF/STRUCK, WOLFGANG (Hg.), Körpereinsatz – Das Kino der Kathryn Bigelow (Marburg 1999); KIMPEL, HARALD/HALLENBERGER, GERD (Hg.), Zukunftsräume. Bildwelten und Weltbilder der Science-fiction (Ebersberg 1984); KRAH, HANS/ORT, CLAUS-MICHAEL (Hg.), Weltentwürfe in Literatur und Medien. Phantastische Wirklichkeiten – realistische Imaginationen (Kiel 2002); LINDNER, MARTIN, Leben in der Krise. Zeitromane der neuen Sachlichkeit und die intellektuelle Mentalität der klassischen Moderne (Stuttgart/Weimar 1994); MARZIN, FLORIAN F., Die phantastische Literatur (Frankfurt a. M. u. a. 1982); RICHTER, THOMAS/ROGOTZKI, NINA (Hg.), Faszinierend! Star Trek und die Wissenschaften (Kiel 2001); SEESSLEN, GEORG/WEIL, CLAUDIUS, Kino des Phantastischen. Geschichte und Mythologie des Horrorfilms (Reinbek b. Hamburg 1980); SOBCHACK, VIVIAN CAROL, The Limits of Infinity. The American Science Fiction Film (Cranbury, N. J. 1980); TRAILL, NANCY H., Possible Worlds of the Fantastic: The Rise of the Paranormal in Fiction (Toronto 1996); VARGA, ARON KIBÉDI, Visuelle Argumentation und visuelle Narrativität, in: W. Harms (Hg.), Text und Bild, Bild und Text (Stuttgart 1990), 356–367; WÜNSCH, MARIANNE, Phantastik in der Literatur der frühen Moderne, in: Y.-G. Mix (Hg.), Naturalismus. Fin de siècle. Expressionismus. 1890–1918 (München 2000), 175–191.

Plastisch

(griech. πλαστικός; lat. plasticus; engl. plastic; frz. plastique; ital. plastico; span. plástico; russ. пластическое)

Einleitung; I. Vorgeschichte; 1. Antike und Mittelalter; 2. Frühneuzeit; a) Kunsttheorie; b) Naturphilosophie; **II. Herausbildung von ›plastisch‹ als Grundbegriff der Ästhetik;** 1. Differenz zur europäischen Terminologie; 2. Herders ›Plastik‹; 3. Idealistische (klassisch-romantische) Ästhetik; a) Schiller; b) Wilhelm von Humboldt; c) Frühromantische Ästhetik; d) Popularisierung und Verschwinden aus der wissenschaftlichen Terminologie; **III. Reformulierung als Anschauungsform;** 1. Poetologie des Naturalismus; 2. Diskussion kunstgeschichtlicher Stil- bzw. Anschauungsformen; 3. Theorie der ästhetischen Praxis; **Zusammenfassung**

Einleitung

›Plastisch‹ findet gegenwärtig hauptsächlich in zwei verschiedenen Sprachen/Diskursen Verwendung: Im Kontext der naturwissenschaftlich-technischen Terminologie dient das Adjektiv zur Bezeichnung der Modellierbarkeit von Stoffen oder der modellierenden Technik (z. B. plastische Chirurgie), wohingegen mit plastisch im ästhetischen Kontext nicht nur ›zum Bereich der Plastik gehörend‹ gemeint ist, sondern ein Bedeutungsspektrum von ›einprägsam‹ über ›deutlich hervortretend‹ bis ›rund und körperlich‹ abgdeckt wird (z. B. plastische Gestaltung). Diese Verwendungsbreite von plastisch findet sich so weder im angelsächsischen noch im romanischen Sprachraum. Dort hat sich plastisch in Einklang mit seiner Etymologie hauptsächlich zu einem naturwissenschaftlich-technischen Terminus entwickelt, der dann in die entsprechende deutsche Fachterminologie übernommen worden ist. Auch seine Verwendung in der ästhetisch-kunsthistorischen Terminologie (plastic arts, arts plastiques) ist technisch-formal bestimmt und spielt nur eine untergeordnete Rolle.

Im Gegensatz dazu steht die Bedeutung von plastisch als ästhetischem Terminus innerhalb des deutschen Sprachraums, die sich seinem Status als Grundbegriff der deutschen idealistischen Ästhetik verdankt. Obwohl sich dieser geschichtsphilosophisch-ästhetische Bezugsrahmen weitgehend aufgelöst hat, bleibt er doch für die hohe Verwendungskonstanz von plastisch bestimmend. Sowohl zeitgenössische kulturkritische Appelle, gegen die moderne Herrschaft des Visuellen, Ephemeren und Mediatisierten die Erfahrung der im Kunstwerk anwesenden ›realen Gegenwart‹ zu setzen[1], wie überhaupt die Verwendung von ›Plastik‹ als Bezeichnung einer Kunstgattung und der in ihr produzierten Werke beziehen sich mehr oder weniger bewußt auf plastisch als Grundbegriff der idealistischen klassisch-romantischen Ästhetik. Innerhalb dieser selbst ist plastisch eng mit der Installierung der griechischen Antike als der paradigmatischen Kunst- und Kulturepoche verbunden und fungiert als differentielles und normatives Kriterium: Es unterscheidet die Kunst und Literatur der griechischen Klassik von anderen Kunstepochen und Kulturen historisch; durch die Bestimmung der griechischen Kunst als höchste Form der Kunst überhaupt wird plastisch von seinem historischen und gattungsmäßigen Ursprung ablösbar und v. a. im kunstkritischen und kunstpolitischen Projekt der Weimarer Klassik zum normativen Kriterium. Die griechische Kunst, in der das klassisch-romantische Konzept der Kunst als Verkörperung des Ideals konzipiert wurde, findet ihren höchsten Ausdruck in den einfachen, durch Abstraktion und Idealisierung gewonnenen Formen der Plastik, die in ihren idealen Körpern ideale Menschen(typen) darstellt. Die einzelne Plastik verkörpert das höchste Ideal, den Menschen, und gibt ihm dadurch Evidenz und Realität. Form und Inhalt der Darstellung müssen sich deswegen in der Plastik vollkommen entsprechen. Plastisch ist in der klassisch-romantischen Ästhetik die Formulierung der Kunst als Ideal auf der Ebene des Stils. Prägnanz, sich unmittelbar aussprechende Bedeutung, Anspruch auf Objektivität und Idealität bilden zusammen die Darstellungsform der Plastik, die aber auch von thematisch ähnlichen Gattungen in der Malerei (v. a. Historie) und Literatur (v. a. Epos) gefordert wird.

Die relative Homogenität der Bedeutung von plastisch in der Hochphase seiner Begriffsgeschichte um 1800 verstellt in gewisser Weise den Blick auf ihre Kompliziertheit. Plastisch und vor allem Plastik als ästhetisch-kunsttheoretische Begriffe sind strenggenommen von Johann Gottfried Herder gebildete Neologismen, die durch die wahrnehmungs- bzw. vermögenspsychologische Formulierung seiner Ästhetik begründet sind. Um die fundamentale Bedeutung und Differenz der Bildnerei (Herders bevorzugter Terminus) innerhalb der Kunstgattungen zu verdeutlichen, importiert er plastisch aus dem zeitgenössischen naturphilosophisch-theologischen in den sich ausbildenden ästhetisch-kunsttheoretischen Diskurs. Mit der schon in seiner *Plastik* (1778) stattfindenden Identifizierung von antiker griechischer Kunst und Plastik überhaupt installiert er plastisch als ein die ästhetische Begriffsarbeit um 1800 motivierendes Paradox von prinzipieller menschlicher Kreativität und einmaliger historischer Situation. Die Inkorporierung von plastisch in das normative Kunstkonzept der Weimarer Klassik und dessen Erstarrung zum Ideologem der bürgerlich-konservativen Kunst(politik) im 19. Jh. stellten das dynamische Potential seiner paradoxen Konstruktion fast völlig still, so daß die vereinzelten Wiederbelebungen von plastisch als ästhetischem Grundbegriff in der Moderne gegenüber der jeweiligen ästhetisch-künstlerischen Situation defensiv erscheinen und größtenteils wirkungslos bleiben.

I. Vorgeschichte

1. Antike und Mittelalter

Der Ursprung von plastisch ist das griechische πλάσσειν (plassein), das ›aus weicher Masse (v. a. Wachs und Ton) bilden, formen‹, aber auch ›durch Erziehung und Übung bilden‹ sowie ›erdichten, ersinnen, lügen‹ bedeutet. Der terminus technicus πλαστική (τέχνη) (plastikē technē, lat. ars plastica) bezeichnet in der griechischen Klassik die Tonbildnerei, wegen der Verwendung von Ton- und Wachsmodellen gelegentlich auch den Erzguß. Erst in der Kunstliteratur des Hellenismus kann plastikē als zusammenfassende Bezeichnung für

---

1 Vgl. GEORGE STEINER, Real Presences: Is There Anything in What We Say? (London u. a. 1989); dt.: Von realer Gegenwart. Hat unser Sprechen Inhalt?, übers. v. J. Trobitius (München/Wien 1990).

Tonbildnerei, Erzguß, Bildhauerei und Schnitzerei verwendet werden.[2] Obwohl diese Terminusbildung auf Überlegungen zu produktionstechnischen Ähnlichkeiten und zur Genese der anderen bildenden Künste aus der plastikē beruht, findet keine allgemeinverbindliche terminologische Systematisierung statt. Die lateinischen Texte übernehmen mit dem Wort plastica die tradierten Bedeutungsmöglichkeiten.

Im Mittelalter ist der Terminus kunsttheoretisch bedeutungslos; im theologischen Kontext bleibt plastisch aber weiter präsent, da im jüdisch-christlichen Denken Gott als ein Handwerker begriffen wird, dessen Schöpfertätigkeit in griechischen Texten und Übersetzungen bevorzugt durch Formen von πλάσσειν wiedergegeben wird.[3]

Die für die neuzeitliche Begriffsbildung von plastisch wichtigeren Begriffsinhalte finden sich in der Antike nicht im Zusammenhang mit der namengebenden Technik, sondern in metaphysischen und erkenntnistheoretischen Diskussionen, in denen die der ›plastikē‹ entgegengesetzte Technik, die Arbeit des Bildhauers, ein topisches Beispiel ist. Entgegen der bei Platon am deutlichsten formulierten Bewertung von Kunstwerken als für die Erkenntnis des Seins sinnlos oder sogar davon ablenkend, können sie im antiken Denken gleichzeitig als Schönes heuretisch auf die Vollkommenheit des Seins verweisen. Diese Tradition hat ihre Topoi in der berühmten Zeusstatue des Phidias und in Polyklets Bronzestatue *Doryphoros* und findet im Abschnitt ›Peri tou kalou‹ der *Enneaden* Plotins ihre einflußreichste und weitgehendste Formulierung. In seiner Lehre von der stufenweisen Erkenntnis des Einen, Wahren, Guten und Schönen (νοῦς) kommt nicht nur dem schönen Kunstwerk eine heuretische Funktion zu, der Künstler selbst wird gewissermaßen zum Teilhaber am ›nous‹, da auch er versucht, die im Grunde unformbare Materie mit der idealen Form zu ›durchseelen‹. Unter den Künstlern räumt Plotin dem Bildhauer einen bevorzugten Platz ein, da dessen Arbeitsweise des Wegnehmens (ἀφαίρεσις, aphairesis, lat. abstractio) selbst ein Bild für den Weg der Erkenntnis ist, der im immer stärkeren Abstrahieren von der Welt (der Materie) besteht.[4] Diese Funktionalisierung der Kunst, v. a. der Skulptur, für metaphysisch-ethische Konzepte findet in Teilen der italienischen Renaissance und im deutschen Idealismus ihre Wiederaufnahme.

2. Frühneuzeit

a) Kunsttheorie
Eine für ganz Europa bis ins 19. Jh. verbindliche kunsttheoretische Terminologie wird in Italien seit dem 15. Jh. in Auseinandersetzung mit der Antike und der sich rapide verändernden zeitgenössischen Kunstpraxis entwickelt. Im Zuge der Entwicklung und Verbreitung dieses Vokabulars erscheint plastico/plastica als Bezeichnung für ›aus weichen Materialien geformt‹ im 16. Jh. im Italienischen, plastique im Französischen. Das englische plastic(k) ist seit dem frühen 17. Jh. belegt. Als terminus technicus für die Ton- und Wachsbildekunst wird das lateinisch (ars) plastica in die jeweiligen Sprachen übernommen (ital. plastica, frz. art plastique, engl. plastic art). Im deutschen Sprachraum wird plastica schon Ende des 15. Jh. gelegentlich als Fremdwort übernommen, verbreitet sind aber Übersetzungen durch bilden/bildnern (z. B. Bildnerkunst als Übersetzung des italienischen plastica).

Die Kanonisierung antiker Schriften (v. a. Plinius' *Historia naturalis*; Vitruvs *De architectura*), die Verschiebung der Unterscheidung zwischen artes liberales und artes mechanicae zu der zwischen Kunst und Handwerk sowie die Systematisierungsversuche innerhalb der Künste (Paragone) bedeuten für die Formationsphase von plastisch gleichzeitig begriffliche Fixierung und Ambiguität. Die plastica ist in Gefahr, durch die nicht nur etymologisch enge Verbindung zu Formen des Handwerks und der populären Kunst (z. B. Wachsporträts) überhaupt nicht zu den freien Künsten gezählt zu werden oder aber als Begriff in den sich seit dem 15. Jh. als Vorstufe des Kollektivsingulars bell'arte (schöne Kunst) entwickelnden Oberbegriffen pittura (Malerei) und scultura (Bildhauerkunst/Skulp-

---

2 Vgl. PHILOSTRATOS, Eikones, Prooimion, 1–5; dt.: Die Bilder, griech.-dt., übers. u. hg. v. O. Schönberger (München 1968), 84 f.
3 Vgl. HERBERT BRAUN, ›Plassō, plasma, plastos‹, in: G. Friedrich (Hg.), Theologisches Wörterbuch zum Neuen Testament, Bd. 6 (Stuttgart 1959), 256–259.
4 Vgl. PLOTIN, Enneades 1, 6, 1–9.

tur) zu verschwinden. Bei einigen Renaissancetheoretikern wird die plastica als hinzufügende Kunst der genauso definierten pittura zugerechnet, wegen ihrer Funktion als Modell (bozzetto) für Marmorskulptur und Bronzeguß aber üblicherweise der scultura.[5] Mit der Einordnung in den funktionalen Zusammenhang der Realisierung eines Kunstwerkes geht aber auch eine Aufwertung des bozzeto einher: Am Ende des 16. Jh. entsteht aus neuplatonischen Strömungen das Konzept der idea, das die im Bewußtsein oder der Seele des Künstlers gebildete oder geschaute Idee des Kunstwerks zum eigentlichen Kunstwerk erklärt. Der im bozzetto realisierte erste Entwurf erhält deswegen wie die Zeichnung (disegno) den Rang eines selbständigen Werkes, das unter dem Gesichtspunkt der Unmittelbarkeit zum Künstler höheren Wert hat als die Ausführung in Marmor oder Bronze. Im Gegensatz zum disegno, dem als Technik eigene Dignität zukommt, ist für den Bedeutungsgewinn der plastica ihre Zuordnung zu diesen im Bezug auf ihre Repräsentationsfunktion höher bewerteten Materialien konstitutiv.[6]

Die Systematisierung der verschiedenen Künste in den Oberbegriffen pittura und scultura wird nicht als mediale Differenzierung gefaßt, sondern als Unterscheidung zweier um die Leitfunktion konkurrierender Disziplinen innerhalb einer Hierarchie der Gattungen und Künste, so daß terminologische Übertragungen immer möglich sind. Der Streit zwischen Skulptur bzw. Zeichnung und Malerei bleibt bis ins 18. Jh. für kunsttheoretische Auseinandersetzungen konstitutiv, wobei der Skulptur eine ambivalente Stellung innerhalb der Diskussion zukommt: Obwohl die meisten Theoretiker aus dem Bereich der Skulptur stammende Begriffe des disegno (d. h. die korrekte Zeichnung, v. a. aber die Konzeption) und des rilievo (Relief) an die Spitze der (technischen) Qualitätskriterien für ein Kunstwerk, d. h. vor allem für Gemälde, setzen, wird die Bildhauerkunst selbst, verstanden als schwere körperliche Arbeit und beschränkt durch das Material, mit einer abwertenden Konnotation versehen. Erst die seit den 1730er Jahren stattfindende Konzentration auf die einzelne Skulptur ermöglicht die Eingliederung der Bildhauerkunst in den v. a. auf den Betrachter konzentrierten ästhetischen Diskurs der Aufklärung.[7] Darüber hinaus ist für die Herausbildung von plastisch als ästhetischem Begriff durch die deutsche idealistische (klassisch-romantische) Ästhetik Johann Joachim Winckelmanns Zentrierung der Diskussion auf die antike, d. h. griechische Skulptur grundlegend. Er (re-)formuliert das Wesen der antiken griechischen Kunst aus ethischen und historischen Überlegungen und leitet daraus ihren absoluten ethisch-ästhetischen Primat ab (*Gedanken über die Nachahmung der griechischen Werke in der Malerei und Bildhauerkunst*, 1755; *Geschichte der Kunst des Alterthums*, 1764). Seine klassizistische Konzeption der griechischen Kunst, d. h. der griechischen Skulptur, faßt Winckelmann prägnant in der Formulierung »edle Einfalt, [...] stille Größe«[8] zusammen, so daß sie für die ästhetische Diskussion des letzten Drittels des 18. Jh. und darüber hinaus zur Referenz und zum mehr oder weniger ausgeführten Topos der Argumentation wird.

b) Naturphilosophie
Für die onomasiologische Tradierung von plastisch und als Ansatzpunkt für die begriffliche Formierung in der deutschen Ästhetik ist die Naturwissenschaft und -philosophie des 17. Jh. wichtiger als die frühneuzeitliche Kunsttheorie. Die schon in der Antike vorhandenen Konzepte von einer formenden Kraft oder formenden Kräften (in) der Natur erfahren in anti-cartesianischen und anti-rationalistischen Strömungen seit dem 17. Jh. eine Wiederaufnahme im Begriff vis plastica oder natura plastica. Das Konzept der plastic power als einer von Gott installierten, aber bewußtlos wirken-

---

5 Vgl. ANTHONY BLUNT, Artistic Theory in Italy (Oxford 1940); dt.: Kunsttheorie in Italien 1450–1600, übers. v. K. Schauerlka (München 1984).
6 Vgl. ERWIN PANOFSKY, Idea. Ein Beitrag zur Begriffsgeschichte der älteren Kunsttheorie (Berlin ²1960).
7 Vgl. OSKAR BÄTSCHMANN, Pygmalion als Betrachter. Die Rezeption von Plastik und Malerei in der zweiten Hälfte des 18. Jahrhunderts, in: W. Kemp (Hg.), Der Betrachter im Bild. Kunstwissenschaft und Rezeptionsästhetik (Köln 1985), 183–224; GUDRUN KÖRNER, Zur Theorie der Bildhauerkunst in der deutschen Aufklärung (Diss. FU Berlin 1990), 64f., 88–98.
8 JOHANN JOACHIM WINCKELMANN, Gedanken über die Nachahmung der griechischen Werke in der Malerei und Bildhauerkunst (1755), in: WINCKELMANN, Bd. 1 (1825), 30.

den Kraft (in) der Natur wird durch die philosophische Theologie der Cambridge Platonists in die wissenschaftliche und philosophische Diskussion eingebracht.[9] Von rationalistisch orientierten Naturwissenschaftlern und Wissenschaftstheoretikern wird das ursprüngliche Konzept um 1700 endgültig als überflüssig und logisch widersprüchlich abgelehnt; transformiert zur Fähigkeit und Kraft der Form-/Gestaltbildung von Gott/Natur und Mensch (Künstler) erhält plastic power (in diesem Zusammenhang auch plastic imagination) in pantheistischen und sensualistischen Konzeptionen, am wirkmächtigsten wohl bei Shaftesbury, eine zentrale Stellung und bildet einen wichtigen Bestandteil der Genieästhetik.[10] Im Zusammenhang dieser Diskussion erhält plastisch als Wort seit der Mitte des 18. Jh. Eingang in den wissenschaftlichen deutschen Sprachschatz; durch die Übersetzung mit ›Einbildungskraft‹ im anthropologisch-ästhetischen Diskurs und/oder ›anschauender Erkenntnis‹ in der (nach-)kantianischen Erkenntnistheorie bleiben Formulierungen wie Novalis' »Theorie der *Fantasie*. Sie ist das Vermögen des Plastisierens«[11] vereinzelt.

II. Herausbildung von ›plastisch‹ als Grundbegriff der Ästhetik

1. *Differenz zur europäischen Terminologie*

Plastisch existiert im deutschen kunstliterarischen Sprachschatz der ersten Hälfte des 18. Jh. nur im Substantiv Plastika, das wie im übrigen Europa die Arbeit in weichen Materialien bezeichnet. Mit der Differenzierung der Kunstliteratur in einen technisch-praktisch orientierten und einen historisch-theoretischen Schwerpunkt verringert sich im Laufe des 18. Jh. die Relevanz technisch korrekter

9 Vgl. WILLIAM B. HUNTER, The 17th Century Doctrine of Plastic Nature, in: The Havard Theological Review 43 (1950), 197–213.
10 Vgl. ERNST CASSIRER, Die platonische Renaissance in England und die Schule von Cambridge (Leipzig/Berlin 1932).
11 NOVALIS, Das Allgemeine Brouillon (entst. 1798/99), in: NOVALIS, Bd. 3 (³1983), 401.

Termini für die kunsthistorische Begriffsbildung; die Formulierung von plastisch als ästhetischem Grundbegriff in der deutschen Ästhetik und Kunsttheorie wird so erst möglich. 1778 dehnt Herder in seiner anonym publizierten Schrift *Plastik. Einige Wahrnehmungen über Form und Gestalt aus Pygmalions bildendem Traume* entgegen der traditionellen Terminologie die Bedeutung von Plastik auf den Bereich der Bildhauerei aus. Obwohl grundlegende Aspekte der Schrift erst am Ende des 19. Jh. rezipiert werden, kann sich im deutschen Sprachraum Plastik um 1800 neben Skulptur oder Bildhauerkunst etablieren. Mit dem neuen Terminus wird aber nicht einfach ein an antiken Vorbildern orientierter Oberbegriff für verwandte Techniken eingeführt, sondern Plastik bezeichnet in der klassisch-romantischen Ästhetik eine Kunstgattung, deren aus spezifischen Inhalten, Formen und Rezeptionsweisen zusammengesetzte künstlerische Praxis über die eigentliche Gattung hinausweist und im Konzept des plastischen Stils Anspruch auf Vorbildlichkeit für Kunst und Literatur erhebt.

Im englischen und romanischen Sprachraum findet sich im 18. und 19. Jh. zu dieser Entwicklung keine Parallele. Für Architektur, Skulptur, Graphik und Malerei existiert im Englischen seit dem 18. Jh. der Kollektivterminus plastic arts, dem seit den 1830er Jahren im Französischen arts plastiques entspricht. Im Gegensatz zum deutschen ›bildende Kunst‹ beinhalten beide Begriffe kaum ethische Implikationen, sondern beziehen sich auf die Etymologie von plastic bzw. plastique, um reale Objekte produzierende Künste zu bezeichnen. Beide Bezeichnungen bleiben den älteren Begriffen (fine) arts bzw. beaux arts aber stets untergeordnet. Seit der ersten Hälfte des 19. Jh. kann plastique in der Bedeutung ›(körperlich) schön‹ bzw. ›vollendet geformt‹ für den Stil von Gemälden und graphischen Arbeiten sowie literarischen Texten verwendet werden; substantiviert zu la plastique bezeichnet es dann das Vermögen oder den Versuch, diese Formen herzustellen. Seit den 1840er Jahren bedeutet la plastique dann hauptsächlich ›schöne Gestalt‹ bzw. umgangssprachlich ›gute Figur‹. Diese Entwicklung resultiert nicht aus einer Verbindung von plastisch mit der griechischen Kunst und deren ästhetisch-geschichtsphilosophischer Privilegierung wie in Deutschland, sondern aus dem naturwissenschaftlichen, v. a. biologisch und verfahrenstechnischen Bereich, in dem plastique mit seinen Ableitungen eine zunehmende Rolle im 19. Jh. spielt. Ähnliches gilt für den angelsächsischen Sprachraum.

2. Herders ›Plastik‹

Herder gewinnt seinen Begriff plastisch aus der wahrnehmungspsychologischen Reformulierung des bei Gotthold Ephraim Lessing zeichentheoretisch begründeten Systems der Künste (*Laokoon oder über die Grenzen der Malerei und Poesie*, 1766). An die Stelle von Lessings Differenzkriterium natürliche/willkürliche Zeichen (bildende Kunst/Literatur) setzt Herder den jeweiligen Sinn, mit dem ein Kunstwerk primär wahrgenommen wird. So gelangt er nicht zur Differenz zwischen Sehen und Hören, in die er Lessings Unterscheidung transformiert, sondern zu drei Wahrnehmungsweisen, »Gesicht, Gehör, Gefühl«, denen er als Wahrgenommenes »Fläche, Ton, Körper«[12] zuordnet. Jeder Sinn kann nur die ihm angemessene Form als schön wahrnehmen, so daß die bildende Kunst für Herder in zwei unvergleichbare Gattungen zerfällt: Malerei und – in Herders schwankender Terminologie – Bildnerei, Bildhauerkunst, Plastik. Beiden kommt durch die ihnen spezifische Wahrnehmungsweise eine analoge Darstellungsweise zu, die bestimmte Inhalte und einen unterschiedlichen Realitätsgrad enthält. Als anthropologische Konstanten konzipierte wahrnehmungspsychologische Kategorien fungieren damit als ästhetische Kriterien, ästhetische Praxis wird zur idealtypischen menschlichen Praxis überhaupt.

Aus dieser Identifizierung ergibt sich die eigentümliche Stellung, die Herder der Bildnerei/Bildhauerkunst einräumt, und die neue Bezeichnung Plastik. Der für die Wahrnehmung von Körpern zuständige Sinn, das Gefühl, hat in Herders sensualistisch beeinflußtem System der Sinne eine fundamentale Funktion: Entwicklungspsychologisch ist es die erste Wahrnehmungsweise überhaupt und konstituiert in der Berührung gleichzeitig Selbstbewußtsein und Bewußtsein von der Umgebung. Die primäre Funktion des Gefühls als Selbstwahrnehmung wiederholt gleichzeitig individuell den göttlichen Schöpfungsakt, die Herstellung oder Wahrnehmung einer Statue wiederum ist die ideale Darstellung und Form dieses subjekt- weltkonstituierenden Gefühls. In der Plastik realisiert sich die kreative Potenz des Menschen also am ursprünglichsten. Durch die Verschränkung des griechischen Ursprungs ›plassein‹ mit den zeitgenössischen philosophisch-theologischen Bedeutungen von plastisch wird die bis dahin einfach die Wachs- und Tonbildnerkunst bedeutende Plastik für Herder zur Bezeichnung der auf dem Gefühl beruhenden Kunst(form).

Die traditionelle Verpflichtung von Kunst auf die Darstellung des Schönen und damit auf das Sehen behält Herder bei, die Verbindung mit der spezifischen Wahrnehmungsform des Gefühls liefert seinem Konzept die thematischen und formalen Normen: »Bildnerei schafft *schöne Formen*, sie *drängt in einander* und *stellt dar*; notwendig muß sie also schaffen, was ihre Darstellung verdient, und was *für sich da steht*. Sie kann nicht durch das *Nebeneinander* gewinnen, daß Eins dem Andern aushelfe und doch also *Alles* so schlecht nicht sei: denn in ihr ist *Eins* Alles und Alles nur *Eins*.« (258) »Wo Seele lebt und einen edlen Körper durchhaucht und die Kunst [d. i. die Plastik – d. Verf.] wetteifern kann, *Seele* im *Körper* darzustellen, Götter, Menschen und edle Tiere, das bilde die Kunst und das hat sie gebildet.« (259) »Die Formen der Skulptur sind so einförmig und ewig, als die einfache reine Menschennatur« (276). Herder übernimmt das von Winckelmann formulierte klassizistische Ideal ›edle Einfalt, stille Größe‹, das in der griechischen Kunst und Kultur wirklicht worden sei, bringt aber mit seiner anthropologischen Ableitung dieses Ideals im Konzept der Plastik die von Winckelmann eher additiv zusammengestellten Kriterien in einen gattungsinternen und systematischen ästhetischen Zusammenhang, in dem sich ästhetische und ethische Normen gegenseitig begründen.

---

12 JOHANN GOTTFRIED HERDER, Plastik. Einige Wahrnehmungen über Form und Gestalt von Pygmalions bildendem Traume (1778), in: Herder, Werke, hg. v. G. Arnold u. a., Bd. 4 (Frankfurt a. M. 1994), 257.

3. Idealistische (klassisch-romantische) Ästhetik

Die idealistische (klassisch-romantische) Ästhetik hat nur eine weiche und keineswegs verbindliche Terminologie ausgebildet, die Verwendungs- und Bedeutungsmöglichkeiten ihrer Begriffe variieren deswegen je nach Erkenntnisinteresse und persönlicher Terminologie der jeweiligen Autoren. Diese terminologische Weichheit wird für plastisch einerseits durch seine Zugehörigkeit zu dem Ensemble von Begriffen abgeschwächt, das um 1800 zur Definition einer zeitgemäßen, d. h. modernen ästhetischen und literaturtheoretischen Position verwendet wird; andererseits erhält plastisch so schnell den Charakter eines eher oberflächlich gebrauchten Schlagwortes. Explizite Äußerungen zu oder programmatische Verwendungen von plastisch sind in der Formierungsphase der klassisch-romantischen Ästhetik selten, sie finden sich erst im Zusammenhang der ideologischen Polarisierungen in der kunst- und literaturpolitischen Debatte der ersten Hälfte des 19. Jh. So formuliert Goethe anläßlich der Aufstellung der Pantheonskulpturen in London 1817: »Der Hauptzweck aller Plastik, welches Wortes wir uns künftiglich zu Ehren der Griechen bedienen, ist, daß die Würde des Menschen innerhalb der menschlichen Gestalt dargestellt werde.«[13] Der dekretierende Ton des Textes zeigt, daß Plastik und davon abgeleitet plastisch als Bezeichnung bestimmter ästhetischer Formen und Inhalte nicht allgemein üblich war, auch wenn über diese selbst in der ästhetischen Debatte Übereinstimmung bestand. Goethe wiederholt Herders Benennung der Bildhauerkunst als Plastik; mit dem expliziten Rückbezug des Wortes auf die griechische Antike neutralisiert er die in Herders Plastikkonzept vorhandenen nicht- bzw. anti-klassizistischen Tendenzen und bindet plastisch unmißverständlich an das idealistische, sich von Winckelmann herschreibende Antikekonzept der klassisch-romantischen Ästhetik. Diese konstruiert die griechische Kunst als die vollkommene Verwirklichung des eigenen Kunstkonzepts, das als höchste

---

13 JOHANN WOLFGANG GOETHE, Verein deutscher Bildhauer (1817), in: Goethe, Gedenkausgabe der Werke, Briefe und Gespräche, hg. v. E. Beutler, Bd. 13 (Zürich 1949), 735.

Aufgabe der bildenden Kunst die Darstellung des Ideals setzt. Innerhalb der griechischen Kunst erhalten die Statuen wiederum eine paradigmatische Stellung, da sie das höchste Ideal überhaupt, den Menschen, darstellen. ›Plastisch‹ gehört so sehr ins Zentrum der klassisch-romantischen Ästhetik, daß die antike Kunst und der davon abgeleitete Begriff plastisch innerhalb dieser Diskussion als Argumentationstopos fungieren, der eine größere theoretische Exposition gerade überflüssig zu machen scheint.

Als historischer Stil- und/oder Gattungsbegriff wird plastisch innerhalb der klassisch-romantischen Ästhetik ab den 1790er Jahren im Zuge der erneuten Auseinandersetzung mit der Antike erarbeitet. Im Gegensatz zu der von Winckelmann bestimmten Antikediskussion der 1760er und 1770er Jahre konzentriert sich die Diskussion um 1800 auf literaturtheoretische und historische bzw. geschichtsphilosophische Fragestellungen. Die griechische Plastik, wie sie v. a. von Winckelmann beschrieben wurde, bildet innerhalb dieser Diskussion den Referenzpunkt zur Bestimmung des Wesens der griechischen Kunst als plastischer; der Bezug auf die geschichtsphilosophisch operierende Ästhetik produziert erst die für die Verwendung von plastisch im 19. Jh. maßgebende Verschränkung von deskriptiver und normativer Ebene: Plastisch ist eine deskriptive kunstgeschichtliche Kategorie, insofern damit der Stil der antiken griechischen Kunst bezeichnet wird; durch die paradigmatische Funktion der griechischen Kunst für die klassisch-romantische Ästhetik erhält plastisch auch ein normatives Potential. Die Darstellung der Begriffsgeschichte von plastisch in der klassisch-romantischen Ästhetik konzentriert sich deswegen auf die Herausbildung und Weiterentwicklung dieser Bedeutungsverschränkung, die plastisch als (negatives) Bestimmungsstück für die Definition und Programmatik einer als modern konzipierten Kunst und Ästhetik etabliert. Zentrale Texte dieser Diskussion sind Friedrich Schillers Ueber naive und sentimentalische Dichtung (1795-1796), der daran anschließende Briefwechsel mit Wilhelm von Humboldt und dessen Über Göthes Herrmann und Dorothea (1798), die frühromantische Kunsttheorie vor allem Friedrich Schlegels und die die Diskussion durch ihre hohe Systematizität gewissweise zusammenfassende *Ästhetik* Hegels (1835–1838), die für die komplexe Geschichte von plastisch innerhalb der wissenschaftlichen Disziplinen Ästhetik und Kunstgeschichte bis in die 1920er Jahre grundlegende Bedeutung hat. Die Vernachlässigung rein sachgeschichtlich relevanter Werke, v. a. der seit den 1820er Jahren stark anwachsenden archäologischen und kunsthistorischen Literatur, ist insoweit gerechtfertigt, als diese ihre Kategorien, Begriffe und Terminologie größtenteils aus der philosophisch-ästhetischen Diskussion empfängt.[14]

a) Schiller
In seiner Abhandlung *Ueber naive und sentimentalische Dichtung* führt Schiller die Opposition zwischen plastischer Antike und malerischer/musikalischer Moderne nicht ein, doch verleiht seine konsequente (geschichts-)philosophische Argumentation der von Winckelmann und Herder vorgegebenen Identifizierung von (griechischer) Antike und Bildhauerkunst neue Brisanz für die zeitgenössische literatur- und kunsttheoretische Diskussion. Die griechische Antike fungiert in Schillers Analyse des subjektiven Bewußtseins als des Produkts einer notwendigen Entzweiung von der Natur und der daraus abgeleiteten Ästhetik als das Beispiel für eine Gesellschaft im Stand der Naivität, d. h. in einem der Natur unentfremdeten Zustand: »Sehr viel anders war es mit den alten Griechen. Bey diesen artete die Kultur nicht so weit aus, daß die Natur darüber verlassen wurde. […] da also der Grieche die Natur in der Menschheit nicht verloren hatte, so konnte er, außerhalb dieser, auch nicht von ihr überrascht werden, und so kein dringendes Bedürfniß nach Gegenständen haben, in denen er sie wieder fand.«[15] Weil die Entzweiung von der Natur notwendig ist, um Selbst-Bewußtsein zu erlangen und damit den allein menschenwürdigen freien Willen, kommt der Antike gerade keine absolute Vorbildlichkeit für die zeitgenössische Literatur und Kunst zu: »Man hätte deßwegen alte und moderne – naive und sentimentalische – Dichter entweder gar nicht, oder nur unter einem gemeinschaftlichen höhern Begriff (einen solchen giebt es wirklich) mit einander vergleichen sollen. Denn freylich, wenn man den Gattungsbegriff der Poesie zuvor einseitig aus den alten Poeten abstrahirt hat, so ist nichts leichter, aber auch nichts trivialer, als die modernen gegen sie herabzusetzen. […] so kann es nicht anders seyn, als daß man den neuern Poeten gerade in ihrer eigensten und erhabensten Schönheit den Nahmen der Dichter wird streitig machen müssen, weil sie gerade hier nur zu dem Zögling der Kunst sprechen, und der einfältigen Natur nichts zu sagen haben.« (439) Wie die Naturgegenstände selbst stellt die Antike für die Moderne das zu erreichende Ziel nur dar: »Wir waren Natur wie sie [die Naturgegenstände – d. Verf.], und unsere Kultur soll uns, auf dem Wege der Vernunft und der Freyheit, zur Natur zurückführen.« (414) »Aber wenn du über das verlorene *Glück* der Natur getröstet bist, so laß ihre *Vollkommenheit* deinem Herzen zum Muster dienen.« (428) »Das Gefühl, von dem hier die Rede ist [d. i. das sentimentalische Naturgefühl – d. Verf.], ist also nicht das, was die Alten hatten; es ist vielmehr einerley mit demjenigen, welches wir *für die Alten haben*. […] Unser Gefühl für Natur gleicht der Empfindung des Kranken für die Gesundheit.« (431)

Schillers Theorie der modernen Literatur integriert den in zeitgenössischen Antikekonzeptionen meist unvermittelt bleibenden normativen und deskriptiv-historischen Aspekt in einem subjekt- und geschichtsphilosophischen Konzept der antiken Kunst und Literatur: Die naive Antike wird erst von der sentimentalischen Moderne aus zur Darstellung der verlorenen und auf einer höheren Stufe wiederzuerlangenden Einheit von Mensch und Natur. Durch den Anschluß der nur angedeuteten traditionellen Theorie über den spezifischen Charakter der einzelnen Künste an seine Modernetheorie wird die Plastik für Schiller zur charakteristischen Kunstform der Antike: »In plastischen Werken hilft daher dem Neuern seine Überlegenheit in Ideen wenig; hier ist er genöthigt, das Bild seiner Einbildungskraft auf das genaueste *im Raum zu bestimmen* und sich folglich mit dem alten Künstler gerade in derjenigen Eigenschaft zu mes-

---

14 Vgl. PETER SZONDI, Antike und Moderne in der Ästhetik der Goethezeit, in: Szondi, Studienausgabe der Vorlesungen, hg. v. J. Bollack u. a., Bd. 2 (Frankfurt a. M. 1974), 13–265.
15 FRIEDRICH SCHILLER, Ueber naive und sentimentalische Dichtung (1795–1796), in: SCHILLER, Bd. 20 (1962), 430 f.

sen, worin dieser seinen unabstreitbaren Vorzug hat.« (440) Der Charakter der antiken Kunst und Literatur wird durch ihren Ursprung aus der ›reinen Natur‹ bestimmt. Sie ist deswegen auch »möglichst vollständige *Nachahmung des Wirklichen*« (437) und hat den Vorzug gegenüber der modernen Kunst und Literatur »in der Einfalt der Formen und in dem, was sinnlich darstellbar und *körperlich* ist« (440); weil »sie einen bestimmten *Gegenstand* nachahmt, [...] kann sie bildend (*plastisch*) [...] genannt werden« (456). Als naive ist sie trotz möglicher verschiedener Gattungen prinzipiell ›gleichförmig‹, d. h. sie erzeugt immer denselben ›ästhetischen Eindruck‹. Auf der geschichtsphilosophischen Argumentationsebene wird die moderne Plastik so zu einem Anachronismus, da in Schillers Gattungstheorie Plastik wegen ihres spezifischen Charakters nicht sentimentalisch und damit im Grunde auch nicht modern sein kann. Für sie gilt dasselbe wie für den naiven Dichter, gemeint ist Goethe: »Dichter von dieser naiven Gattung sind in einem künstlichen Weltalter nicht so recht mehr an ihrer Stelle. Auch sind sie in demselben kaum mehr möglich, wenigstens auf keine andere Weise möglich als daß sie in ihrem Zeitalter *wild laufen*, und durch ein günstiges Geschick vor dem verstümmelnden Einfluß desselben geborgen werden.« (435)

Schiller analysiert in seiner Untersuchung das zeitgenössische Antikekonzept als sentimentalisches Ideal und weist dessen absoluten normativen Anspruch, der zur Verwerfung der modernen Literatur führen muß, entschieden zurück. Er relativiert diese geschichtsphilosophisch begründete Distanzierung von der Antike und dem damit assoziierten plastischen Stil, indem er Goethe als naiven Dichter darstellt, der in der von Schiller aufgeführten Reihe zeitgenössischer Schriftsteller als der vorbildliche Künstler erscheint, gerade weil er als naiver Dichter in der Moderne sentimentalische Stoffe darstellt. Implizit avanciert Goethe so zum einzigen Genie unter den zeitgenössischen Dichtern (»Naiv muß jedes wahre Genie seyn, oder es ist keines.« [424]) und wird mit Homer und Shakespeare auf eine Stufe gestellt, vor allem aber zum ersten Vertreter des von Schiller vorgestellten »Ideals schöner Menschlichkeit« (491), der Verbindung von naivem und sentimentalischem Charakter. Der Goethe von Schiller zugeschriebene plastische Stil wird so vom Merkmal der naiven antiken Dichtung zu dem der geforderten idealen Kunst. Tendenziell öffnet Schiller damit sein strenges geschichts- und subjektphilosophisches Konzept der Moderne für eine typologische Lesart der Differenz naiv-sentimentalisch. Explizit typologisch, nämlich mit dem Paar Realist-Idealist, argumentiert er selbst im Schlußkapitel seiner Untersuchung und nähert sich damit Argumentationsstrategien an, wie sie besonders von Goethe in seiner Unterscheidung von klassisch-romantisch/antikmodern/gesund-krank (»Das Klassische ist das Gesunde und das Romantische das Kranke.«[16]) mit (nach 1800) eindeutig wertendem Akzent und bis zu einem gewissen Grad auch von Wilhelm von Humboldt praktiziert werden.

b) Wilhelm von Humboldt

Wilhelm von Humboldt vertritt in seinem nur handschriftlich zirkulierenden Aufsatz *Über das Studium des Alterthums, und des griechischen insbesondere* (1793) ein uneingeschränktes neuhumanistisches Bildungskonzept mit der griechischen Antike im Zentrum, das er dann vor allem in Auseinandersetzung mit Schillers Kritik an seiner ›Graekomanie‹ modifiziert. In seinem Briefwechsel mit Schiller arbeitet er konsequent die typologische Ebene von dessen *Ueber naive und sentimentalische Dichtung* heraus, wobei er beide Dichtungsarten als Modifikation eines einzigen Prinzips versteht: »und was ich am meisten daran bewundert habe, ist, daß sie die Verschiedenheit der Dichter so unmittelbar aus dem möglichen Umfange des dichterischen Genies, und diesen selbst geradezu aus dem Begriff der Menschheit ableiten«[17]. Im Laufe seines Briefes vom 18. Dezember 1795 stellt Humboldt eine fast vollständige Liste der Begriffspaare zusammen, die dann ab 1798 die kulturelle, v. a. auch kulturpolitische Diskussion bestimmen werden: Neben den bereits von Schiller angeführten naiv-sentimenta-

---

16 JOHANN PETER ECKERMANN, Gespräche mit Goethe in den letzten Jahren seines Lebens (1836/1848), in: Goethe (s. Anm. 13), Bd. 24 (Zürich 1949), 332 (2. 4. 1829).
17 WILHELM VON HUMBOLDT an Schiller (14. u. 18. 12. 1795), in: SCHILLER, Bd. 36/1 (1972), 55.

lisch, antik-modern, plastisch-musikalisch und realistisch-idealistisch treten objektiv-subjektiv, episch-lyrisch und männlich-weiblich auf. Tatsächlich geht es Humboldt aber weniger um die Analyse der Differenz zwischen Moderne und Antike, sondern um die Etablierung eines überzeitlichen Begriffs des Klassischen, der Schillers ›Ideal schöner Menschlichkeit‹ ähnelt. Im Gegensatz zu Schiller hält er dieses Ideal in einigen Werken der antiken Kunst, d. h. für ihn v. a. griechischen Antike für schon realisiert. Da die Griechen »bei weitem mehr plastisch waren, und diese Eigenthümlichkeit mit ihrer lyrischen Poesie, die ihrer Natur nach doch eine musikalische Behandlung erfordert, ein ganz eignes Gepräge aufzudrücken scheint«[18], rückt das Plastische ins Zentrum der (Re-)Konstruktion des Klassischen.

Diese (Re-)Konstruktion findet vor allem in der Abhandlung *Über Göthes Herrmann und Dorothea* statt, bei der es sich – ausgehend von einem von Humboldt als absolut beispielhaft angesehenen Werk – um eine Analyse des Wesens von Kunst überhaupt handelt. Humboldt bestimmt als allgemeine Aufgabe der Kunst, »das Wirkliche in ein Bild zu verwandeln«[19] und »die Phantasie auf den Gipfel ihrer Kraft und ihrer Eigenthümlichkeit zu erheben«. Aus dieser Bestimmung ergibt sich die Forderung nach Idealität, Totalität und Objektivität des Kunstwerks. Die Differenzierung innerhalb der Künste ergibt sich für ihn nur aus den jeweils spezifischen Material- und Rezeptionsbedingungen. Er fordert deswegen, daß der Künstler »immer eigentlich dem Ideal der Kunst nachstrebt, nur so, wie seine besondere Gattung es bestimmt« (161 f.), wodurch die Künste untereinander in Verbindung stehen. Den bildenden Künsten kommt dabei auf der formalen, Probleme der Darstellung betreffenden Ebene eine gewisse Leitfunktion zu, da sie im Gegensatz zur Dichtkunst, die auch auf Verstand und Herz wirken kann, ausschließlich auf die Einbildungskraft oder Phantasie ausgerichtet sind. Um tatsächlich ein Kunstwerk zu sein, muß ein poetisches Werk deswegen den Aspekt des Bildens und Gebildetseins, den Humboldt als das künstlerische Prinzip überhaupt ansieht, von der bildenden Kunst übernehmen. Wenn dem Dichter dies gelingt, überschreitet er die Begrenzungen der bildenden Kunst, die keine Bewegung und damit keine Handlung darstellen kann. Ein sich vollkommen dem allgemeinen Begriff der Kunst annäherndes poetisches Werk wie Goethes *Hermann und Dorothea* (1797) verbindet so die Vorzüge der bildenden Künste (v. a. Objektivität) mit denen der Poesie (und Musik). Diese Verbindung läßt sich wegen der Eigengesetzlichkeiten der Poesie nur im Epos erreichen, das im Gegensatz zu Lyrik, Lehrgedicht und Drama die objektive Realität darstellt. Die drei genannten Gattungen haben ihren Schwerpunkt in der Darstellung von Empfindungen und Ideen, also des subjektiven Bewußtseins, und sind deswegen fast ausschließlich in der Moderne zu finden. Humboldt gesteht diesen Gattungen den Status der Dichtung zu, den des Kunstwerks spricht er ihnen aber im Prinzip ab.

Um eine dem Wesen des Epischen wirklich entsprechende Epopöe und damit das einzig mögliche poetische Kunstwerk zu produzieren, muß der Epiker auf der Darstellungsebene dem bildenden Wirken der Bildhauerkunst analog verfahren, da die Skulptur »am meisten dem reinen Begriffe der Kunst« (166) entspricht: »Homer nun arbeitet überall auf die Form; erst in den einzelnen Figuren, in ihrer Ruhe und ihrer Bewegung, dann in der Verbindung derselben, [...] und endlich alle in Ein Ganzes verknüpft. Darum läßt sich die ganze Ilias oder Odysee am Ende wie eine einzige Statue oder, wenn diese Vergleichung zu kühn ist, wenigstens wie eine einzige Gruppe betrachten.« (182) Mit der Etablierung der Plastik als des produktionsästhetischen Leitverfahrens, das allein poetische Kunstwerke, d. h. klassische Texte, produziert, verschiebt Humboldt den Bedeutungsschwerpunkt von plastisch. Der naturphilosophisch-anthropologische Diskurs, der für die Bildung von Schillers Begriff der unmittelbar aus der Natur hervorgehenden ›plastischen Dichtkunst‹ noch eine leitende Funktion hatte, tritt nun gegenüber dem rein ästhetisch-kunsttheoretischen in den Hintergrund. Durch die Beibehaltung des Mimesispostulats – die Kunst ist »die Darstellung der Natur durch die Einbildungskraft« (145) – bleibt zwar eine Beziehung

---
18 Ebd., 58.
19 HUMBOLDT, Über Göthes Herrmann und Dorothea (1798), in: Humboldt, Werke in fünf Bänden, hg. v. A. Flitner/K. Giel, Bd. 2 (Darmstadt 1961), 143.

von plastisch zu Naturphilosophie und Anthropologie erhalten, die für die Bedeutung von plastisch im späteren Klassizismus maßgebliche Fixierung auf die antike Kunst und damit die Beschränkung des Begriffs auf ein rein ästhetisches Phänomen bereitet sich hier aber vor.

c) Frühromantische Ästhetik
Für die Etablierung von klassisch-romantisch als Gegensatzpaar der zeitgenössischen ästhetischen Diskussion und die darin enthaltene Positionierung von plastisch wurden weniger die Überlegungen von Schiller, Humboldt und Goethe, sondern die von Friedrich und August Wilhelm Schlegel als maßgeblich angesehen. Im Zuge der Ausarbeitung der frühromantischen Kunsttheorie mit dem zentralen Projekt der ›progressiven Universalpoesie‹, programmatisch formuliert im berühmten Fragment 116 von 1798 aus dem *Athenaeum*, unterzieht Friedrich Schlegel die in der ästhetischen Diskussion akzeptierte Trennung von Poesie und bildender Kunst einer grundlegenden Revision. Bei Schiller und Humboldt bleibt die Überlegenheit der Poesie über die bildenden Künste im Prinzip auf die inhaltliche Ebene des Kunstwerkes beschränkt. Ihre Begründung basiert im Anschluß an Lessing auf der spezifischen Medialität der jeweiligen Zeichen; durch den höheren Abstraktionsgrad und die Sukzessivität ihrer Zeichen kann die Poesie im Gegensatz zur bildenden Kunst abstrakte und komplexe Inhalte darstellen. Im Konzept der progressiven Universalpoesie radikalisiert Schlegel gewissermaßen diese inhaltliche Überlegenheit der Poesie innerhalb der klassizistischen Ästhetik, indem er auch die Form des Kunstwerks dem Postulat unendlichen Bedeutens unterstellt. Entsprechend der diesem Konzept zugrunde liegenden Entgrenzungslogik wird die klassische/klassizistische Hierarchie der Künste und Gattungen hinfällig. Diese Entgrenzung gilt aber nicht für alle Künste; die Plastik wird aus dem Bereich der progressiven Universalpoesie ausgeschlossen.

Dieser Ausschluß resultiert aus Schlegels Verschränkung von stiltypologischer und historisch-genetischer Argumentation, die einerseits einen streng normativen Begriff von Klassizität beibehält, andererseits auf die Literatur- und Kunstgeschichte radikal das Prinzip des unendlichen Progresses anwendet. Am breitesten ausgeführt findet sich dieses paradoxe Konzept in Schlegels Beitrag zur Debatte um die Funktion der Antike für die Moderne, *Über das Studium der griechischen Poesie* (1795–1797). Die griechische Antike wird darin als reines Naturprodukt definiert; im Gegensatz zu Schiller aber sieht Schlegel den sentimentalischen Charakter dieser Definition nicht und erhebt so die antike Kunst und Literatur zu absolut normativen Vorbildern: »Die Geschichte der Griechischen Dichtkunst ist eine allgemeine Naturgeschichte der Dichtkunst; eine vollkommne und gesetzgebende Anschauung.« Als Naturpoesie kommen der griechischen Literatur die für die Definition der antiken Kunst schon topischen Bestimmungen zu: Sie ist objektiv, verbindet das Besondere mit dem Allgemeinen, ist harmonisch und organisch. »Ihre Eigentümlichkeit ist der kräftigste, reinste, bestimmteste, einfachste und vollständigste Abdruck der allgemeinen Menschennatur.«[20] In dieser Beschränkung kann sie das »höchste Schöne« erreichen, als »vollständiges Beispiel der unerreichbaren Idee, die hier gleichsam ganz sichtbar wird: *das Urbild der Kunst und des Geschmacks*« (287f.).

Für die moderne Poesie trifft dies alles nicht zu. Sie ist kein quasi bewußtloses Produkt der Natur, sondern wird von Verstandesbegriffen geleitet. Daraus folgen ihre weiteren Bestimmungen wie Subjektivität, Überwiegen philosophischer Inhalte, Auflösung traditioneller Gattungen zugunsten der jeweiligen Autoren geprägter Individualformen, Fragmentierung usw. Als Beurteilungskategorie führt Schlegel deswegen den Begriff des Interessanten ein. Das Schöne, die leitende Kategorie der antiken Poesie, wird für die moderne Poesie nur ein Mittel unter anderen, um ihren eigentlich philosophischen Zweck zu erreichen. Weil Schlegel aber den Anspruch hat, eine allgemeine Theorie der Kunst zu liefern, unterstellt er auch die moderne Kunst dem Ideal der schönen Kunst, das er in der Antike verwirklicht sieht. Das bedeutet für die Moderne, unter dem Blickwinkel der Antike defizitär zu sein; gleichzeitig legitimiert und begründet damit Schlegel ihre historische Bewertung

---

20 FRIEDRICH SCHLEGEL, Über das Studium der griechischen Poesie (1797), in: SCHLEGEL (KFSA), Bd. 1 (1979), 276.

als ständiges Fortschreiten auf ein theoretisches Ideal der Kunst hin.

Die Konsequenz dieser Argumentation für die Antike, deren absolute Normativität für Kunst überhaupt unauflöslich mit ihrer vollständigen Enthistorisierung und damit einer prinzipiellen Irrelevanz für die Moderne einhergeht, umgeht Schlegel für die antike Literatur durch die Betonung des besonderen Mediums von Poesie überhaupt. Ihr spezifischer Zeichencharakter schließt sie an das Projekt der progressiven Universalpoesie an: »die willkürliche Zeichensprache«, die »Menschenwerk und also unendlich perfektibel und korruptibel ist« (294). Für die bildende Kunst, besonders die Plastik, gilt das nicht. Als mit natürlichen, nicht willkürlichen Zeichen operierende findet sie zwar ihre höchste Vollendung in der Antike; genau deswegen kann es eine moderne Plastik im strengen Verstand des Begriffs Moderne in der frühromantischen Ästhetik jedoch nicht geben. Radikaler als Friedrich Schlegel formuliert August Wilhelm Schlegel in seinen *Vorlesungen über schöne Literatur und Kunst* (entst. 1801–1804) den Ausschluß der Plastik und damit des Plastischen aus der genuin modernen Kunst: »In allen anderen Künsten gibt es etwas eigenthümlich Modernes, nur in der Skulptur ist das, was dafür ausgegeben wird, bloße Ausartung. [...] Wir dürfen uns auch über das Nachstehen der Modernen und ihren Mangel an eigenthümlicher Kraft und Richtung in dieser Kunst nicht wundern. Denn wenn wir überhaupt den Geist der gesamten antiken und modernen Kunst durch Zusammenfassung unter das Prinzip einer einzigen Kunstdarstellung charakterisieren wollen, so können wir jenen füglich plastisch, diesen pittoresk nennen.«[21]

d) Popularisierung und Verschwinden aus der wissenschaftlichen Terminologie

Die Umwandlung der ästhetisch-kunsttheoretischen Debatte um die Bedeutung der Antike für die moderne Kunst und Literatur in eine stark ideologisch gefärbte (kunst)politische Auseinandersetzung zwischen Klassizisten und Romantikern im ersten Drittel des 19. Jh. führt für den Terminus plastisch zur endgültigen Identifizierung mit dem Weimarer Klassizismus und dem von ihm propagierten Antikebild (programmatisch vertreten in der von Goethe initiierten Zeitschrift *Propyläen* und den Weimarer Preisausschreiben sowie den zahllosen kunsthistorischen und archäologischen Publikationen des Kreises um Goethe). Obwohl Goethe zumindest die konkreten kunstpolitischen Ambitionen seines klassizistischen Programms als gescheitert ansah (Einstellung der *Propyläen* 1800 und des Weimarer Preisausschreibens 1805), gelangt es durch die publizistischen Aktivitäten seines näheren und weiteren Weimarer Kreises de facto zu einer Vormachtstellung auf dem Gebiet der Kunst- und Literaturkritik.

Im Zuge dieser Entwicklung erhält plastisch (vorwiegend als ›plastische Darstellung‹) Eingang in das Vokabular der sich v. a. an nicht-akademische Leserkreise richtenden kunst- und literaturgeschichtlichen Artikel in Zeitschriften und Konversationslexika. Es wird zu einem der Qualitätskriterien für bildende Kunst und Literatur überhaupt. Parallel zur Popularisierung von plastisch tritt der geschichtsphilosophische und ästhetische Kontext, in dem der Begriff entwickelt wurde, in den Hintergrund, so daß plastisch nun analog zum Begriff klassisch auch Werken der bildenden Kunst und Literatur zugeschrieben wird, die um 1800 noch als malerisch/pittoresk qualifiziert wurden. Plastisch wird zum Prädikat, das die Zugehörigkeit eines Werkes zu einem als vorbildlich anerkannten Kanon anzeigt und aus ihr folgt. Auch wenn sich das Bedeutungsspektrum von plastisch im ersten Drittel differenziert, wird es bis weit in die zweite Hälfte des 19. Jh. durch die grundsätzliche Anbindung an die idealistische Kunstauffassung der klassisch-romantischen Ästhetik bestimmt, auch nachdem das Bewußtsein dieses Zusammenhangs in den Hintergrund tritt.

Plastisch findet spätestens seit den 1820er Jahren in folgenden Bedeutungen Verwendung: 1. zum Bereich der Plastik gehörend; 2. die Fähigkeit und/oder der Trieb, aus amorphem Material schöne, d. h. ideale Formen, v. a. Körper zu bilden; 3. der

---

[21] AUGUST WILHELM SCHLEGEL, Vorlesungen über schöne Literatur und Kunst. Erster Teil: Die Kunstlehre (entst. 1801–1802), in: Schlegel, Vorlesungen über Ästhetik, hg. v. E. Behler, Bd. 1 (Paderborn u. a. 1989), 191.

Stil der griechischen Kunst als der Verwirklichung des Konzepts von Kunst als Ideal; 4. normative Stilforderung innerhalb einer klassizistischen Kunstauffassung; 5. Forderung nach wirklich scheinenden Figuren und Handlung, Körperlichkeit und Räumlichkeit.

Theoretisch reflektiert findet sich die letztgenannte Bedeutungsvariante des Begriffs in Heinrich Heines *Die romantische Schule* (1835), in der er in Auseinandersetzung mit der zeitgenössischen Literatur und Kunst die eigene poetologische Position darstellt. Sein Konzept des Plastischen verbleibt prinzipiell innerhalb der idealistischen klassisch-romantischen Ästhetik; durch seine Betonung der darstellungstechnischen Aspekte von plastisch innerhalb einer symbolisch konzipierten Kunst und Literatur verschiebt Heine aber den Schwerpunkt: Plastisch benennt bei ihm die sinnlich überzeugende Darstellung idealer Bedeutung. Die griechische Kunst ist in Heines Konzeption nur ein bedingt auf die zeitgenössische Situation anwendbarer Spezialfall von plastisch, da ihre historische Situation durch die Identität von Ideal und Wirklichkeit gekennzeichnet ist. Plastisch kann erst in deren Auseinandertreten in Christentum und Moderne als Darstellungsproblem reflektiert werden: »Nämlich die Künstler sollen ihren Stoff immer plastisch bearbeiten, er mag christlich oder heidnisch sein, sie sollen ihn in klaren Umrissen darstellen, kurz: plastische Gestaltung soll in der romantischen modernen Kunst, ebenso wie in der antiken Kunst, die Hauptsache sein. [...] Der Unterschied besteht darin, daß die plastischen Gestalten in der antiken Kunst ganz identisch sind mit dem Darzustellenden, mit der Idee, die der Künstler darstellen wollte [...]. Die klassische Kunst hatte nur das Endliche darzustellen, und ihre Gestalten konnten identisch sein mit der Idee des Künstlers. Die romantische Kunst hatte das Unendliche und lauter spiritualistische Beziehungen darzustellen oder vielmehr anzudeuten, und sie nahm ihre Zuflucht zu einem System traditioneller Symbole, oder vielmehr zum Parabolischen, wie schon Christus selbst seine spiritualistischen Ideen durch allerlei schöne Parabeln deutlich zu machen suchte.«[22]

Das moderne, sozusagen romantische Plastische Heines besteht deswegen nicht in der Darstellung des Ideals in durch Abstraktion gewonnenen idealen Formen gemäß dem antiken Vorbild, sondern im konkreten Sinnlich-Körperlichen der darstellenden Formen. Shakespeare und Goethe, weniger antike Autoren, sind deswegen die paradigmatischen plastischen Dichter: »Goethes größtes Verdienst ist eben die Vollendung alles dessen, was er darstellt [...]. Jede Person in seinen Romanen und Dramen behandelt er, wo sie vorkömmt, als wäre sie die Hauptperson. So ist es auch bei Homer, so bei Shakespeare.« (399) Heine erweitert das klassisch-romantische Bedeutungsspektrum von plastisch über den für ihn vor allem von Humboldts *Über Herrmann und Dorothea* vermittelten Rahmen hinaus, wenn er als Qualitätskriterium für den plastischen Stil gerade nicht die Darstellung idealer Themen und Inhalte gelten läßt: »Oder wußte man wirklich nicht, daß jene hochgerühmten hochidealischen Gestalten, jene Altarbilder der Tugend und Sittlichkeit, die Schiller aufgestellt, weit leichter zu verfertigen waren als jene sündhaften, kleinweltlichen, befleckten Wesen, die uns Goethe in seinen Werken erblicken läßt? Wissen sie denn nicht, daß mittelmäßige Maler meistens lebensgroße Heiligenbilder auf die Leinwand pinseln, daß aber schon ein großer Meister dazu gehört, um etwa einen spanischen Betteljungen, der sich laust, einen niederländischen Bauern, welcher kotzt oder dem ein Zahn ausgezogen wird, und häßliche alte Weiber, wie wir sie auf kleinen holländischen Kabinettbildchen sehen, lebenswahr und technisch vollendet zu malen? Das Große und Furchtbare läßt sich in der Kunst weit leichter darstellen als das Kleine und Putzige.« (398) Heine beschränkt die Bedeutung von plastisch also auf eine rein darstellungstechnisch-formale Ebene, womit er weitgehend die Kontrollfunktion der idealen Inhalte und Themen gegenüber dem mimetischen Potential von plastisch in der traditionellen klassisch-romantischen Ästhetik auflöst. In gewisser Weise reaktiviert Heine damit die in dieser Ästhetik in den Hintergrund gedrängten naturphilosophisch-anthropologischen Elemente der Begriffs-

---

22 HEINRICH HEINE, Die romantische Schule (1835), in: Heine, Sämtliche Schriften, hg. v. K. Briegleb, Bd. 3 (München 1973), 366 f.

geschichte von plastisch, die ihm selbst aber wohl nicht bekannt waren. Wahrscheinlich wegen dieses begriffsgeschichtlichen Hintergrundes vermeidet Hegel in seiner *Ästhetik* im Gegensatz zu Schellings *Philosophie der Kunst* (entst. 1802–1803) geradezu ostentativ die Verwendung von Plastik und bevorzugt stattdessen Skulptur, obwohl er wie Schelling das klassisch-romantische Konzept der Kunst als Ideal und dessen Verwirklichung in der griechischen Kunst nicht verläßt, sondern systematisch herleitet und formuliert. Plastik und plastisch als eine die Griechen und ihre Kunst vor allen anderen Kulturen auszeichnende Eigenschaft wird von Hegel nur einmal explizit, aber an zentraler Stelle für die Herleitung der Skulptur als der Kunstgattung klassischer Idealität (und damit der höchsten Form von Kunst überhaupt) genannt: »Dieser Sinn für die vollendete Plastik des Göttlichen und Menschlichen war vornehmlich in Griechenland heimisch. [...] Denn auch die handelnden Charaktere, wie die dichtenden und denkenden, haben in Griechenlands schönen Tagen diesen plastischen, allgemeinen und doch individuellen, nach außen wie nach innen gleichen Charakter.«[23] Hegels Verwendung des Begriffs plastisch weicht also nicht von dessen üblicher Verwendung in der klassizistisch-romantischen Ästhetik ab; trotzdem verwendet er ihn nicht in klassizistischem Sinne als Bezeichnung einer Kunstgattung. Möglicherweise liegt der Grund für diese auffällige Nicht-Verwendung von plastisch in der Hegelschen Ästhetik in ihrer Fundierung des Schönen in der Sphäre des Geistes. Für Hegel sind deswegen Kunstwerke vor allem Werke, d. h. von Menschen gemacht, und sie werden realisiert im Durcharbeiten der Materie, des Materials durch den Geist: »Die Darstellung muß hier natürlich erscheinen, doch nicht das Natürliche daran als solches, sondern jenes Machen, das Vertilgtwerden gerade der sinnlichen Materialität und der äußerlichen Bedingungen ist das Poetische und Ideale in formellem Sinne. Wir erfreun uns an einer Manifestation, welche erscheinen muß, als hätte die Natur sie hervorgebracht, während sie doch ohne deren Mittel eine Produktion des Geistes ist; die Gegenstände ergötzen uns nicht, weil sie so natürlich, sondern weil sie so natürlich *gemacht* sind.« (190)

In der Etymologie von Skulptur findet sich gerade dieser Aspekt (lat. scalpere bedeutet schneiden, ritzen, wegschlagen); zum anderen könnte die naturphilosophische Vergangenheit des Plastischen als unbewußt schaffender Naturkraft, die seine Übernahme in die Kunstphilosophie Schellings neben der Privilegierung durch Goethe wohl motiviert hat, sein fast gänzliches Verschwinden bei Hegel begründen. Da Hegel seine ästhetische Terminologie nicht begründet, muß jede Erklärung hypothetisch bleiben. Daß plastisch onomasiologisch innerhalb des kunsthistorischen Vokabulars bis ins letzte Drittel des 19. Jh. nur eine untergeordnete Rolle spielt, erklärt sich z. T. durch die grundlegende Funktion, die Hegels ästhetische Terminologie, somit auch die Privilegierung von Skulptur gegenüber Plastik, für die neue Wissenschaft Kunstgeschichte in ihrer Formierungsphase hatte. Die in der idealistischen klassisch-romantischen Ästhetik vorgenommene Identifizierung von plastisch und antiker Kunst, aus der seine Beschränkung auf die Darstellung idealer, überzeitlicher Werte in idealer, vorzugsweise menschlicher Gestalt resultierte, bestimmt bis zu Beginn des 20. Jh. die Bedeutung des Begriffs.

III. Reformulierung als Anschauungsform

Das Auseinandertreten von universitärer und nicht-universitärer Beschäftigung mit Kunst und Literatur und die Differenzierung innerhalb der Wissenschaften sowie der Sozialsysteme Kunst und Literatur im Verlauf des 19. Jh. erschweren oder verhindern allgemeinverbindliche Begrifflichkeiten. Diese Entwicklung löst in den Geisteswissenschaften und Künsten starkes Interesse an neuen theoretischen und methodischen Grundlegungen aus, welche die Ermittlung allgemeiner Grundlagen und Begrifflichkeiten durch den Rekurs auf Anthropologie und Psychologie anstreben, letztlich die Differenzierung der einzelnen Disziplinen untereinander aber verstärken und vertiefen. Für den begrifflichen Status von plastisch ergeben sich

---

23 HEGEL (ÄSTH), 664.

daraus gravierende Änderungen: Plastisch spielt in den theoretischen, methodischen und künstlerischen Diskussionen um 1900 als Wort eine untergeordnete Rolle, da es als Begriff zutiefst der idealistisch klassisch-romantischen Ästhetik verhaftet, als Bestandteil des populären ästhetischen Diskurses wiederum trivial ist. Außerdem löst die Aufnahme von plastisch in die einzelnen Fachterminologien der Spezialdisziplinen und -methoden die begriffliche Komplexität zugunsten einzelner Elemente der Begriffsgeschichte auf. Plastisch als Begriff oder grundlegende Elemente seiner Begriffsgeschichte finden sich in der Poetologie des Naturalismus, der kunsthistorischen Diskussion um überhistorische Stil- bzw. Darstellungsformen sowie der kunsttheoretischen Diskussion um das Spezifische der künstlerischen Tätigkeit.

1. Poetologie des Naturalismus

Für die naturalistische Poetologie hat plastisch als Gegenstand begrifflicher Bestimmung oder expliziter theoretischer Reflexion keine zentrale Funktion. Die Verwendung ist trotzdem nicht trivial wie im übrigen nicht-universitär verankerten kunst- und literaturwissenschaftlichen Diskurs, sondern hat im Zusammenhang der Auseinandersetzung mit Heine zumindest ansatzweise einen theoretischen Hintergrund. Die Bedeutung von plastisch entspricht dabei Heines Verwendung von plastisch, steht also grundsätzlich im Kontext der idealistischen (klassisch-romantischen) Ästhetik. Deutlich und wirkmächtig zeigt sich das v. a. bei Georg Brandes, der Heine dann auch den ›plastischen Stil‹ Goethes abspricht.[24] Eine stärkere Betonung des in Heines Konzept des Plastischen schon selbst angelegten formal-ästhetischen Elements hingegen führt in Wilhelm Bölsches Heine-Analyse[25] zu einer positiven Bewertung von dessen Stil und der Verwandlung von plastisch in ein Merkmal einer dezidiert modernen Schreibweise. Trotz des Außenseiterstatus ihrer Verfasser hatten diese Überlegungen zu einer Theorie moderner Literatur Einfluß auf die sich etablierende Disziplin Literaturwissenschaft. Für plastisch speziell wird hier implizit seine Herauslösung aus seinem klassizistischen, zum Teil dezidiert anti-modernen Kontext und die Umarbeitung in einen reinen Formbegriff geleistet.

2. Diskussion kunstgeschichtlicher Stil- bzw. Anschauungsformen

Die endgültige Etablierung der Kunstgeschichte als selbständige wissenschaftliche Disziplin, der Stilpluralismus des Historismus und neue Konzepte innerhalb der angewandten Kunst führten innerhalb der Kunstgeschichte seit den 1880er Jahren zur Suche nach nicht-geschichtsphilosophisch abgeleiteten Stilbegriffen. Die einflußreichsten Theoretiker auf diesem Gebiet (Alois Riegl, Heinrich Wölfflin, August Schmarsow) übernahmen aus der zeitgenössischen Psychologie und Anthropologie, z. T. durch Vermittlung über die sog. Einfühlungsästhetik, das Konzept von basalen menschlichen Wahrnehmungs- und Darstellungsformen, die als anthropologische Konstanten gefaßt wurden, um entweder ein neues formales Vokabular zur Beschreibung aller möglichen ästhetischen Erscheinungen zu konstruieren (Riegl, Wölfflin) oder die schon eingebürgerten Gattungs-, Stil- und Epochenbegriffe neu zu begründen (Schmarsow). Die wahrnehmungspsychologisch-anthropologische Begründung ästhetischer Kategorien ähnelt nicht nur methodisch dem Vorgehen Herders bezüglich der Plastik, deren wahrnehmungspsychologische Argumente nun langsam in der Ästhetik rezipiert werden, sondern auch konzeptionell ergeben sich Übereinstimmungen, selbst wenn – wie in Wölfflins *Kunstgeschichtlichen Grundbegriffen* (1915) – Visualität und damit v. a. die Malerei die Argumentation begründen: Das schon von Herder postulierte Konzept der spezifischen Wahrnehmungs- und Darstellungsform von Tastsinn und Gesichtssinn wird implizit beibehalten, im Gegensatz zu Herder bildet um 1900 aber gerade die Gültigkeit der so ermittelten binären Oppositionen für alle Kunstgattungen den zentralen Argumentationspunkt.

---

24 Vgl. GEORG BRANDES, Ludwig Börne und Heinrich Heine. Zwei literarische Charakterbilder (1896; Leipzig 1898), 132–140.
25 Vgl. WILHELM BÖLSCHE, Heinrich Heine. Studien über seine Werke und seine Weltanschauung bis zum Tage seiner Abreise nach Paris (Leipzig 1888), 151–165.

Riegl und Wölfflin verwenden in ihrer jeweiligen Begrifflichkeit plastisch nicht, die damit üblicherweise bezeichneten künstlerisch-ästhetischen Verfahren und Formen bilden aber eine Grundlage ihres formal-analytischen Stilkonzeptes. Riegl führt in seinem Hauptwerk *Spätrömische Kunstindustrie* (1901) für diesen Komplex die Bezeichnung ›taktisch‹ (bzw. ›haptisch‹) im Gegensatz zu ›optisch‹ ein. Aus der Interaktion von taktischer und optischer Auffassung leitet er die gesamte Stilentwicklung der Antike ab; implizit führt er diese Bewegung bis zur zeitgenössischen Kunst. Riegl konzipiert analog zu Adolf von Hildebrandt (*Das Problem der Form*, 1893) künstlerische Tätigkeit als die reinste Form der grundlegenden menschlichen Tätigkeit überhaupt: in die chaotischen und zusammenhanglosen Wahrnehmungen der Außenwelt Form, Ordnung und Bedeutung zu bringen. Im Gegensatz zu Hildebrandts Privilegierung des Gesichtssinnes als des ästhetischen Organs sind bei Riegl Tastsinn und Gesichtssinn gleichberechtigt, da in seiner auf der Psychologie Johann Friedrich Herbarts beruhenden Konzeption die Sinne nur Informationslieferanten für das Bewußtsein sind. Erst das Bewußtsein setzt dann die einzelnen Elemente zu immer komplexeren Formen zusammen. Der Tastsinn nimmt stoffliche Undurchdringlichkeit und körperliche Abgrenzungen nur als rein formale Werte wahr; die für die Konstruktion des Herderschen und klassisch-romantischen Konzeptes von plastisch konstitutive Anbindung des Tastsinns an den selbst schon symbolisch aufgefaßten menschlichen Körper entfällt bei Riegl. Dieser Verzicht ermöglicht ihm die Analyse körperlicher und reliefartiger Formen in Kunstwerken und Bereichen, die im klassisch-romantischen Konzept von plastisch marginal erscheinen oder überhaupt nicht wahrgenommen werden: der Bereich der angewandten Kunst und des Kunsthandwerks sowie traditionell als Verfalls- oder Übergangszeiten aufgefaßte Epochen. Konsequent lehnt Riegl auch den Dreischritt Beginn-Blüte-Verfall zur Gliederung der Stil- und damit Kunstgeschichte ab; statt dessen postuliert er eine ständig von einfachen zu komplexeren Formen schreitende Entwicklung für die gesamte Kunstgeschichte. Die im Vergleich zu Riegls früheren Werken, v. a. den *Stilfragen* (1893), signifikante Abwesenheit aller Formen von plastisch in der *Spätrömischen Kunstindustrie* ist daher möglicherweise durch dessen geschichtsphilosophische Implikationen motiviert.

Obwohl Wölfflin seine Terminologie noch viel strikter als Riegl rein formalanalytisch verstanden wissen will, bleiben die traditionell als Höhepunkte der abendländischen Kunstgeschichte angesehenen Epochen und ihre führenden Vertreter sein bevorzugter Untersuchungsgegenstand. Wölfflin zerlegt die im Plastischen (sowie im Malerischen bzw. Pittoresken) der idealistischen Ästhetik zusammengezogenen Elemente in fünf einzelne ›Sehformen‹, die jeweils in Oppositionspaaren auftreten und auf alle Kunstgattungen anwendbar sein sollen: linear-malerisch; Fläche-Tiefe; geschlossene und offene Form; Einheit-Vielheit; Klarheit-Unklarheit. Diese ›kunsthistorischen Grundbegriffe‹ sollen programmatisch die Begrifflichkeit zur Analyse visueller künstlerischer Formen und ihrer Entwicklung bereitstellen; tatsächlich liefern sie die Reformulierung der um 1800 etablierten Oppositionsreihe in einfühlungstheoretisch beeinflußten Termini. Wölfflin identifiziert selbst wiederholt ›linear‹ mit plastisch entsprechend der abendländischen Tradition des engen Zusammenhangs von Zeichnung und Skulptur. Auch die Wahl des Beispiels, Renaissance und Barock, verweist auf die traditionelle Gegenüberstellung von klassizistisch und romantisch bzw. barock. Wölfflins Konzeption der ›Grundbegriffe‹ als reine ›Sehformen‹, die im Gegensatz zu den Stilbegriffen der idealistischen Ästhetik keine hidden Bedeutung haben, steht damit in der um 1900 sich ausbildenden Tendenz, traditionelle Stilbegriffe als reine Formen zu betrachten, die ihrerseits abgelöst von ihren Materialisierungen und spezifischen Inhalten existieren.

Im Gegensatz zu Riegl und Wölfflin hält Schmarsow (*Grundbegriffe der Kunstwissenschaft*, 1905) konsequent an den traditionellen Stil- und v. a. Gattungsbegriffen fest, da er auch die formalen, inhaltlichen und materialen Differenzen zwischen den einzelnen Kunstgattungen, die in ihren Bezeichnungen beinhaltet sind, beibehalten will. Begründet sieht er die Gattungen in der psychologischen Organisation des Menschen, der sich ständig bewußt oder unbewußt ausdrücke. Der Plastik kommt deswegen in seinem System eine herausgehobene Position zu, denn nach und mit der Mimik ist sie eine Art künstlerische Fundamentalgattung: Als Plastik bezeichnet Schmarsow schon das Produzieren von Werkzeugen, Waffen und Behausung, die er als Verlängerung oder Verstärkung menschlicher Gliedmaßen oder analog zum menschlichen Körper konstruiert interpretiert. Plastik im eigentlichen Sinne entsteht, wenn der menschliche Körper (aber auch ähnlich gegliederte Tiere) als organisches Ganzes dargestellt wird. Die starke Ähnlichkeit mit Herders Konzept resultiert aus Schmarsows Übernahme von Elementen der Einfühlungstheorie zur Begründung seiner Systematik. Herders *Plastik* selbst hat er anscheinend nicht zur Kenntnis genommen. Die sehr komplizierte, mindestens auf vier Ebenen operierende Systematik und das konservative Festhalten am traditionellen System der Künste verhinderte einen größeren Einfluß von Schmarsows Gesamtkonzept. Die aus einfühlungstheoretischen Überlegungen stammende Vorstellung von Plastik als fundamentaler menschlicher Praxis findet sich wieder bei einigen Künstlern und Avantgardebewegungen des frühen 20. Jh. (Wassily Kandinsky, Bauhaus); möglicherweise handelt es sich hierbei aber auch um aus derselben Grundlage resultierende Analogbildungen.

Schon im Anschluß an Riegl und Schmarsow, verstärkt aber seit Wölfflins *Kunstgeschichtlichen Grundbegriffen*, entsteht in Kunstwissenschaft und Ästhetik, aber auch in der Literaturwissenschaft eine regelrechte Inflation von Grundbegriffen und Wesensbestimmungen. Die von der idealistischen Ästhetik vorgegebenen Stil-, Gattungs- und Epochenbegriffe werden nun einfühlungsästhetisch und/oder psychologisierend reformuliert und in den Status von Begriffen gehoben. Anstelle einer allgemeinen methodischen und begrifflichen Grundlegung der Kunstwissenschaft postulieren v. a. sich als Theoretiker verstehende Wissenschaftler für jedes Spezialgebiet besondere Methoden und Begriffe, bis sogar die traditionellen Gattungsbegriffe sich immer stärker auflösen. Erst in diesem Prozeß wird plastisch dann substantiviert. Seit dem frühen 20. Jh. ist Plastik zwar als kunsthistorische Gattungsbezeichnung sehr gebräuchlich; was und ob etwas eine Plastik sei, kann parallel zur Entwicklung in der Kunst (Auguste Rodin, Futurismus, Kubismus, Dada und Surrealismus) aber zunehmend nicht mehr Einzelwerke übergreifend bestimmt werden.[26] Von Kunstwissenschaftlern bis in die Gegenwart hinein immer wieder geforderte und versuchte Begriffsbestimmungen haben an der seit den 1880er Jahren stattfindenden begrifflichen Entleerung von plastisch nichts ändern können.

3. Theorie der ästhetischen Praxis

Obwohl in den künstlerischen Auseinandersetzungen seit den 1860er Jahren und z. T. innerhalb der Avantgardekunstbewegungen, die sich um das Spezifische der künstlerischen Tätigkeit drehten, plastisch als Begriff meist nur noch als Gattungsbezeichnung existiert, darf dieser Abschnitt in einer Begriffsgeschichte von plastisch nicht fehlen. Hier findet sich nämlich ein Konzept, das auch ein wichtiges Element der Herderschen *Plastik* ist und durch die idealistische (klassisch-romantische) Ästhetik und Kunstauffassung bei Herder selbst schon neutralisiert wird: ästhetische Praxis als fundamentale menschliche Praxis. Außerdem handelt es sich dabei um die einzige gegenwärtige Verwendung von plastisch, die über seine triviale Bedeutung hinausgeht und ansatzweise seine Vergangenheit als Begriff aufnimmt. Eine direkte Rezeption von Herders Schrift für die Diskussion um die spezifisch künstlerische Tätigkeit läßt sich erst für die kunstpädagogische Literatur der 1980er Jahre feststellen, doch scheint hier ein bestimmtes Konzept emphatisch aufgefaßter ästhetischer Praxis an einen seiner Ursprünge zurückgeführt zu werden.

Die Konzeption von ästhetischer bzw. künstlerischer Praxis als der fundamentalen menschlichen Praxis legitimiert in der Geschichte der modernen Kunst zwei nur oberflächlich entgegengesetzte Strömungen: auf der einen Seite emphatische angewandte Kunst- und Designkonzepte wie z.B. die Arts-and-Crafts-Bewegung und der Jugendstil, auf der anderen Seite Konzepte von abstrakter oder reiner Kunst wie z.B. Paul Klee, Kandinsky und Piet Mondrian. Die Vertreter einer abstrakten oder

---

26 Vgl. EDUARD TRIER, Kategorien der Plastik in der deutschen Kunstgeschichte der zwanziger Jahre, in: L. Dittmann (Hg.), Kategorien und Methoden der deutschen Kunstgeschichte 1900-1930 (Stuttgart 1985), 39-49.

reinen Kunst begründeten ihr Konzept auch mit Argumenten aus der ästhetischen und kunstwissenschaftlichen Diskussion um Grundformen der Wahrnehmung. Im Konzept des Neo-Plastizismus der niederländischen Künstlergruppe um die Zeitschrift *De Stijl* (v. a. Theo van Doesburg und Mondrian) fallen dann Design und Abstraktion zusammen. Ähnlich wie im Bauhaus wird die von allen mimetischen Beigaben gereinigte elementare Formwahrnehmung der Kunst zum Gestaltungsprinzip der Alltagswelt. Durch die Erfahrung dieser reinen Formen und ihrer ausgewogenen Beziehung soll der Betrachter oder Benutzer in einen harmonischen Zustand versetzt werden. Plastische Erfahrung ist also wie bei Herder die eigentliche Selbsterfahrung. An die Stelle der menschlichen Gestalt tritt nun die Wahrnehmung der eigenen Wahrnehmungs- und Sinngebungsprozesse anhand abstrakter Formen. Im Konzept der ›sozialen Plastik‹ radikalisiert Joseph Beuys dann noch einmal die in der klassischen Moderne vollzogene Annäherung zwischen ästhetischer und fundamental menschlicher Praxis: Alle menschliche Praxis, die Objekte hervorbringt, ist (soziale) Plastik. Kreativität und Plastik sind bei Beuys identisch. Von dieser Verschränkung von sozialer Praxis und plastischem Verfahren aus formuliert Beuys sein Konzept einer dem Menschen angemessenen Gesellschaft.

Eine Umsetzung der Beuysschen Konzeption in reale gesellschaftliche Praxis findet sich in kunstpädagogischen Konzepten, die sich emphatisch als Schule der Sinne verstehen. Gegen die als Entfremdung, Entsinnlichung und Entindividualisierung interpretierte Macht der elektronischen Medien, die rein visuell funktionierten und auf passive Konsumtion ausgerichtet seien, wird das plastische Gestalten gesetzt. Hier erfährt sich das körperlich bildende Kind als Individuum und als bewußtes Subjekt des eigenen Handels, in gewisser Weise bildet sich so erst sein Selbstbewußtsein. Daß es sich bei diesem Konzept des Plastischen im Grunde um eine Wiederaufnahme des klassisch-romantischen Plastischen handelt, wird von seinen Theoretikern selbst zur Beglaubigung der eigenen Theorie eingesetzt. Im Gegensatz zu plastisch um 1800, das mit der Einordnung in das Projekt des Klassischen auch an dessen Anspruch auf Realisierung in einer künftigen Kunst partizipierte, erscheint plastisch in seiner Wiederaufnahme am Ende des 20. Jh. als grundsätzlich defensives Konzept, das durch seine Fixierung auf einen idealistisch-humanistischen Subjekt- und Medienbegriff kaum Anschlußmöglichkeiten gegenüber der zeitgenössischen künstlerischen Situation und ästhetischen Debatte hat.[27]

Zusammenfassung

Als ästhetischer Grundbegriff ist plastisch innerhalb der Geschichte der europäischen Ästhetik ein deutscher Spezialfall. Es gehört ins Zentrum des ästhetisch-ethisch-geschichtsphilosophischen Programms der deutschen Klassik und Romantik, das in der europäischen Geistesgeschichte schon entwickelte Inhalte und Konzepte, die mit der Wortfamilie plastisch oft nur in lockerer Verbindung stehen, zusammenfaßt und mit einer neuen Bedeutung auflädt. Im romanischen und angelsächsischen Sprachraum wurde plastisch hauptsächlich in der naturphilosophisch-naturwissenschaftlichen Sphäre weiterentwickelt und wird heute vor allem zur Bezeichnung verschiedener Produkte aus dem Bereich der Kunststoffe verwendet; auch innerhalb der kunstwissenschaftlichen Terminologie bleibt die Verwendung von plastisch gewissermaßen verfahrenstechnisch bestimmt (›arts plastiques‹, ›plastic arts‹). Grundlegend für den Transfer von plastisch aus der naturphilosophisch-naturwissenschaftlichen Terminologie ins Zentrum der idealistischen klassisch-romantischen Ästhetik war der Anschluß der traditionellen Gattungshierarchie und Antikenverehrung an die neue Genieästhetik. Im Begriff plastisch der klassisch-romantischen Ästhetik fallen dann idealer menschlicher Körper und der Mensch als Ideal in der Dialektik von Verkörperung des Ideals und Durchbildung des Materials in der einzelnen Skulptur zusammen. Auch in seiner Hochphase als Begriff in der idealistischen klassisch-ro-

---

27 Vgl. WOLF SPEMANN, Plastisches Gestalten. Anthropologische Aspekte (Hildesheim 1984); DIETER RAHN, Die Plastik und die Dinge. Zum Streit zwischen Philosophie und Kunst (Freiburg 1993).

mantischen Ästhetik ist die Bedeutung von plastisch nicht völlig homogen, so daß sich schon im ersten Drittel des 19. Jh. begriffliche Auflösungserscheinungen zeigen, die mit seiner Popularisierung und Trivialisierung einhergehen. Im Zuge des anthropologischen und psychologischen Paradigmenwechsels um 1900 wird plastisch zwar reformuliert, wie viele um 1800 geprägte ästhetische Begriffe verliert es aber gerade durch diese ›Grundbegriffinflation‹ die Allgemeingültigkeit seiner begrifflichen Bedeutung und zerfällt endgültig in die verschiedenen Elemente seiner Begriffsgeschichte. Nur Plastik kann sich als Bezeichnung vor Skulptur und Bildhauerkunst durchsetzen und bildet heute den Bedeutungsschwerpunkt von plastisch innerhalb des ästhetisch-kunsthistorischen Diskurses.

Christina Dongowski

Literatur
ADLER, HANS, Die Prägnanz des Dunklen. Gnoseologie – Ästhetik – Geschichtsphilosophie bei Johann Gottfried Herder (Hamburg 1990); BÄTSCHMANN, OSKAR, Pygmalion als Betrachter. Die Rezeption von Plastik und Malerei in der zweiten Hälfte des 18. Jahrhunderts, in: W. Kemp (Hg.), Der Betrachter ist im Bild. Kunstwissenschaft und Rezeptionsästhetik (Köln 1985), 183–224; BLUNT, ANTHONY, Artistic Theory in Italy, 1450–1600 (Oxford 1940); dt.: Kunsttheorie in Italien 1450–1600, übers. v. K. Schawelka (München 1984); BRAUN, HERBERT, ›Plassō, plasma, plastos‹, in: G. Friedrich (Hg.), Theologisches Wörterbuch zum Neuen Testament, Bd. 6 (Stuttgart 1959), 254–263; BRAUNGART, GEORG, Leibhafter Sinn. Der andere Diskurs der Moderne (Tübingen 1995); CASSIRER, ERNST, Die platonische Renaissance in England und die Schule von Cambridge (Leipzig/Berlin 1932); MÜLLER, LOTHAR, Jenseits des Transitorischen: zur Reflexion des Plastischen in der Ästhetik der Moderne, in: H. Böhme/K. R. Scherpe (Hg.), Literatur und Kulturwissenschaften. Positionen, Theorien, Modelle (Reinbek bei Hamburg 1996), 134–160; NACHTSHEIM, STEFAN, Kunstphilosophie und empirische Kunstforschung 1870–1920 (Berlin 1984); PODRO, MICHAEL, The Critical Historians of Art (New Haven 1982); RAHN, DIETER, Die Plastik und die Dinge. Zum Streit zwischen Philosophie und Kunst (Freiburg 1993);

SPEMANN, WOLF, Plastisches Gestalten. Anthropologische Aspekte (Hildesheim 1984); SZONDI, PETER, Antike und Moderne in der Ästhetik der Goethezeit, in: Szondi, Studienausgabe der Vorlesungen, hg. v. J. Bollack u. a., Bd. 2 (Frankfurt a. M. 1974), 13–265; TRIER, EDUARD, Kategorien der Plastik in der deutschen Kunstgeschichte der zwanziger Jahre, in: L. Dittmann (Hg.), Kategorien und Methoden der deutschen Kunstgeschichte 1900–1930 (Stuttgart 1985), 39–49.

Populär/volkstümlich/Popularkultur

(lat. popularis; engl. popular, popular culture; frz. populaire; ital. popolare, cultura popolare; span. popular, cultura popular; russ. народное, популярное)

Einleitung; I. Frühmoderne Begriffsspuren; II. Die Herausbildung des Begriffsfeldes zwischen Aufklärung und Romantik; III. Russische Konzeptionen zwischen Slawophilie und sozialistischem Realismus; IV. Volkstümlichkeit und Faschismus; V. Die Debatte um die Kulturindustrie; VI. Selbstreflexivität des Populären, Cultural Studies und neuer Kulturbegriff der Peripherie (Lateinamerika)

Einleitung

Die wortgeschichtlichen Quellen des Begriffsfeldes populär/volkstümlich/Popularkultur sind in ästhetischer Hinsicht zunächst kaum aufschlußreich, vielmehr waren die Ableitungen von ›Volk‹ in der abendländischen und offenbar gesamten Weltgeschichte ursprünglich politisch und legalistisch konnotiert. Reinhart Koselleck faßt die Termini Volk, Nation und Masse zu einer semantischen Grundeinheit mit lange anhaltenden, relativ stabilen Strukturen zusammen, welche seit der römischen Epoche und der frühen Neuzeit in unterschiedlichen Kontexten mit der Organisation und »Selbstwahrnehmung« großer »politischer Handlungseinheiten«[1] verbunden waren.

---

1 REINHART KOSELLECK, ›Volk, Nation, Nationalismus, Masse‹, in: KOSELLECK, Bd. 7 (1992), 142; vgl. ebd. 144–146.

Die Begriffe volksartig/populär/volkstümlich entstehen als ästhetische in spezifischen Schnittpunkten der ungleichmäßigen bürgerlichen Entwicklung Europas am Ende des 18. und am Beginn des 19. Jh. Eine entscheidende, begrifflich konstitutive Rolle kommt der Debatte zwischen den französischen Aufklärern und den deutschen Romantikern zu, in der die politische Auffassung von ›Volk‹ der ersteren und der Protest der Romantiker gegen die klassisch-klassizistische Gelehrtenkultur und zugleich gegen ein politisches Volkskonzept aufeinandertrafen. Im Kontrast zwischen einem idealisch-normativen und einem politisch-legitimativen Volksbegriff werden auf markante Weise die Unterschiede zwischen Deutschland und Frankreich in den Auseinandersetzungen um die Frage des Nationalen/der Nationalkultur deutlich. Es sind die Romantiker, die mit ihren Überlegungen zu ›Volkslied‹ und ›Volkspoesie‹ im Angesicht von Modernisierung und ›Traditionsverlust‹ entscheidend dazu beitragen, den vorreflexiven Zustand der Volkskultur zu überwinden. Die ästhetische Reflexion, die zugleich eine literarische ist, geht mit dem Denken Johann Gottfried Herders von Deutschland aus und begründet in ganz Europa eine einflußreiche Linie von Ableitungen im Umkreis der Termini volksartig/populär und volkstümlich. Die *Enciclopedia Universal Ilustrada Europeo-Americana* verwendet noch 1922 als deutsche Entsprechung für das spanische und englische ›popular‹ das von Herder im direkten Übersetzungszusammenhang gebrauchte Wort ›volksartig‹.[2] (In diesem Sinne wird der Terminus volksartig im vorliegenden Artikel verwendet werden, und zwar, wenn kein expliziter deutscher Bezug, sondern eine komparative Semantik anvisiert wird, die den deutschen Terminus in eine Nähe zum – insgesamt weiter gefaßten – englischen und spanischen Bedeutungsspektrum rückt.) Dabei sind Nostalgie und Idealisierung für die ästhetische Begriffsbildung bestimmende Diskursstrategien, die an ihrem Gegenpol zur Ausgrenzung oder Geringschätzung des Volkes als soziokultureller Kategorie führen.

Seit der Romantik haben die Begriffe widersprüchliche und im internationalen Rahmen äußerst vielfältige Entwicklungen erfahren, weshalb es sinnvoll ist, von einem zunehmend heterogen werdenden semantischen Feld zu sprechen. Diese Entwicklungen hängen im 19. Jh. mit den Kontroversen um den ästhetischen Charakter von Nationalkultur, der fortschreitenden Krise eines klassizistischen Kunst- und Literaturbegriffs und den internationalen Verwerfungen einer entstehenden ›Kunst-Moderne‹ zusammen. Im 20. Jh. wird die Semantik populär/volkstümlich intensiv mit Attributen der industriellen Kultur, der Massengesellschaft und ihrer Verwertungsrhythmen aufgeladen. Dies impliziert Umwertungen, die mit einer Schwerpunktverlagerung von romantischen Begriffsinhalten zu prononciert gegenwartsbezogenen Bestimmungen verbunden sind. Probleme einer ›anderen‹ Kultur und Kunst im sozialen, politischen und massenmedialen Lebensbezug treten an die Stelle nostalgischer ästhetischer Semantik. Das konzeptionelle Feld entwickelt sich fortan nicht nur äußerst uneinheitlich, sondern verwandelt sich zugleich in einen Konfliktraum der Auseinandersetzungen um Grundfragen einer heterogenen Moderne (Populismus vs. Liberalismus; Volksfront vs. Faschismus; Kulturindustrie vs. Kunstautonomie; Europa vs. Amerika; Zentrum vs. Peripherie). In der BRD führt nach dem 2. Weltkrieg die kulturkritische Reaktion auf den Faschismus im Umkreis des Begriffs der Kulturindustrie (Max Horkheimer und Theodor W. Adorno) dazu, daß das politisch stigmatisierte Konzept der Volkstümlichkeit in den Geisteswissenschaften Jahrzehnte hindurch ein Randdasein unter dem traditionellen Dichotomieschema von hoch und niedrig verhaftet bleibt. Dem kontrastieren in der DDR, der Sowjetunion und anderen osteuropäischen Ländern Konzepte und Programme einer ›volksverbundenen‹ Literatur und Kunst, die den sozialistischen Realismus auf Breitenwirkung und Lebensnähe verpflichten sollen. 1993 gab Georg Seeßlen einen ›deutschen‹ Befund: »Das Volk kann als linker Mythos von Stolz und in Armut der Herrschaft widerstehenden schönen und guten Menschen nicht mehr wirken, zu augenfällig sind die Komplizenschaften [...]. Und das Volk kann nicht als rechter Mythos vom Stolz seine territoriale und kulturelle Auserwähltheit [bewahren], [...] zu sehr

---

2 Vgl. ›Popular‹, in: Enciclopedia Universal Ilustrada Europeo-Americana, Bd. 46 (Madrid 1922), 418.

ist die Kultur in den Dienst transterritorialer und transkultureller Waren und Nachrichten gestellt.«³

Andersartige Perspektiven werden in England und in den USA artikuliert, wo neue ästhetische und kulturtheoretische Bewertungen des Begriffs einsetzen. Gänzlich neue ästhetische Konturen erhält das Populäre im Umkreis der Theorien der Pop-art, mit denen seit der Mitte der 50er Jahre des 20. Jh. die Verlagerung der Begriffsarbeit in den angloamerikanischen Raum manifest zu werden beginnt. Die konzeptionelle Brisanz und historische Konsistenz der Pop-art wird fünfzig Jahre nach ihrem Entstehen bezeugt durch eine Bilanzierung ihrer Geschichte in der großen Ausstellung des Centre Pompidou *Les Années POP* (2001), gefördert von den Mäzenen der Pop-Kultur und Mode Yves Saint Laurent und Gucci.⁴ Einer der frühen Theoretiker der Pop-art, der diese bereits in Gestalt massenmedial vermittelter Artefakte untersucht, ist H. Marshall McLuhan, dessen erstes und weitgehend unbeachtetes Buch *The Mechanical Bride* (1951) mit *Folklore of Industrial Man* untertitelt ist. Es formuliert die These, daß sich die tiefgreifendste Umwälzung im Bereich von Volkstraditionen und Folklore im 20. Jh. unter dem Eindruck einer industriell-medial vermittelten Reartikulation traditioneller Mythen, Symbole und Sprachformen vollzieht. »Folklore of industrial man [...] stems from the laboratory, the studio and the advertising agencies.« Aber gleichzeitig scheint es »to arise from a sort of collective dream«⁵. ›Discontinuity‹ erscheint als neuer Nexus von Kunst, Wissenschaft, Kommunikation. Über *The New York Times* und andere Zeitungen als neue, ›kollektive Kunstwerke‹ vermerkt McLuhan: »any paper today is a collective work of art, a daily ›book‹ of industrial man, an Arabian Night's entertainment in which a thousand and one astonishing tales are being told by an anonymous narrator to an equally anonymous audience. It is on its technical and mechanical side that the front page is linked to the techniques of modern science and art. Discontinuity is in different ways a basic concept both of quantum and relativity physics. It is the way in which a Toynbee looks at civilizations, or a Margaret Mead at human cultures. Notoriously, it is the visual technique of a Picasso, the literary technique of James Joyce.« (3) McLuhan, der das Vorurteil von Irrationalismus vs. Manipulation ablehnt, spricht von neuer Sensibilität, ›new intelligibility‹, die komplexes Denken und neue Fragestellungen erfordern.⁶ Mit dem Konzept der ›Folklore des industriellen Menschen‹ greift McLuhan Theoretikern der Pop-art vor, zum Beispiel Lawrence Alloway, der den Terminus 1957 kreiert, und zwar als »shorthand reference to increasingly dominant modes and monuments of popular culture – television, magazines, film, advertising«⁷. Angefangen mit Richard Hamilton, über die ›New Realists‹ bis hin zu Andy Warhol, integriert Pop-art Konsumkultur und massenmedial vermittelte visuelle Kultur nicht nur als inhaltliches Reservoir, sondern auch als kommunikative und stilistische Strategie.

In späteren Kontexten der Kritik werden zwei beinahe zeitgleiche Tendenzen mitunter vermischt oder undifferenziert dem Attribut ›postmodern‹ zugeordnet, die eine unterschiedliche Entwicklung genommen haben: die begrifflichen und kunstpraktischen Projekte der Pop-art zum einen, welche ihre nachhaltigsten Impulse in den USA erhalten⁸; und die neueren Überlegungen zur Konzeption der ›popular culture‹ zum anderen, die von der britischen Schule der Cultural Studies ausgehen. Die konzeptionellen Fragen, die von den Theoretikern der Pop-art (der ›neuen amerikanischen Kunst‹) aufgeworfen werden, richten sich auf einen radikalen Wandel der ästhetischen Wertungs- und Verbreitungskategorien von Kunst, angefangen mit der ›Rückkehr‹ zur philosophischen Frage ›Was ist Kunst?‹.⁹ Hal Foster und Paul Taylor gehen so weit, von der Heraufkunft einer Kunst zu

---

3 GEORG SEESSLEN, Volkstümlichkeit. Über Volksmusik, Biertrinken, Bauerntheater und andere Erscheinungen gnadenloser Gemütlichkeit im neuen Deutschland (Greiz 1993), 143.
4 Vgl. MARK FRANCIS (Hg.), Les Années Pop. 1956–1968 [Ausst.-Kat.] (Paris 2001).
5 HERBERT MARSHALL MCLUHAN, The Mechanical Bride. Folklore of Industrial Man (New York 1951), V.
6 Vgl. ebd., 107–110.
7 KATY SIEGEL, ›Pop Art‹, in: M. Kelly (Hg.), Encyclopedia of Aesthetics, Bd. 4 (New York/Oxford 1998), 35.
8 Vgl. INGRID SCHAFFNER, The Essential Andy Warhol (New York 1999), 15.
9 Vgl. ARTHUR C. DANTO, The Transfiguration of the Commonplace (Cambridge, Mass. 1981).

sprechen, der mit den Kriterien von Schönheit und poetischer Gestaltung nicht mehr beizukommen sei, da diese Kunst als eine Art gesteigerte Selbstreflexivität letztlich semiotisch-spielerische, kritisch-interpretative und damit theoretische Beweggründe habe.[10] Im Unterschied zu den Cultural Studies behält der Begriff Pop-art stets eine kunstperspektivische Orientierung bei.[11] Auch wenn diese weitgehend experimentell-ästhetische Züge trägt, ist sie auf die Fragen nach dem Verhältnis von ›high art‹ und ›popular culture‹, ›high art‹ und ›mass audience‹, ›art audience‹ und ›mass audience‹ gerichtet. »Regardless of the position one takes, it is clear that Pop art turned the attention of high art (and its audience) toward popular culture. [...] Conversely, Pop art turned the attention of the mass audience toward high art. Two new figures [...] were created in the 1960s: the mass audience as art audience and the artist as a combination of movie star and professional.«[12] Warhol, als namhafteste ›Verbindung‹ aus Filmstar und Künstler bekannt, hat die Prinzipien Authentizität und Originalität verabschiedet und gefordert: »I think everybody should be a machine [...]. You should be able to be an Abstract-Expressionist next week, or a Pop artist, or a realist, without feeling that you've given up something.«[13] Ingrid Schaffners Einschätzung zu Warhol mag zugleich als übergreifende Charakteristik von Pop-art gelten: »Warhol's paintings seem to contradict the conventional expectations for a work of art – namely that art is unique (Warhols appear mass-produced), visionary (Warhols use preexisting images), serious (Warhols are noncommittal), meant to convey emotion (Warhols are cool); that art rises above commerce (Warhols are a business) and is priceless (Warhols come in small, medium, and large, priced accordingly). Art-historically speaking, these contradictions are the very essence of Pop, a movement that radically changed the look of things – of high culture, of pop culture, and even [...] of America.«[14]

Ist der Beginn der begriffsgeschichtlichen Entwicklung in Europa dadurch gekennzeichnet, daß traditionelle Volkskultur (Volksgesänge/Volkspoesie) im Status ihrer idealisierenden ›Wiedererweckung‹ zum Gegenstand ästhetischer Reflexion avanciert, so widmen sich beinahe zwei Jahrhunderte später die Vertreter der britischen Cultural Studies einer radikalen Entzauberung des Begriffs. Gegenüber der einstigen Hypostasierung ferner volkspoetischer Traditionen in den Diskursen einer national-kulturgeschichtlichen Mythenstiftung, entwerfen die neuen Theoretiker eine Konzeption der ›popular culture‹, die das Populäre historisierend auf Wechselbeziehungen zwischen ästhetischen Dispositiven, (massen-)kommunikativen Erfahrungen und sozial wie politisch bestimmten Lebenszusammenhängen bezieht.[15] Anders als in den Theorien der Pop-art (doch diese mit einschließend) wird auf dem Wege der Aufwertung eines rhetorisch-kulturellen (von Giambattista Vico über Antonio Gramsci bis zu Michel de Certeau) gegenüber einem poetisch-kulturellen Denken der Begriff des Kunstwerkes/der Kunst durch weniger normativ bestimmte Konzepte wie Narration, Performance/Theatralität und ›politics of aesthetic/politics of art‹ ersetzt. Besonders durch den Einfluß der Theoretiker dieser Richtung, der sich nach ihrer transatlantischen Wanderung in die USA, nach Kanada und Australien (seit den 80er Jahren) sowohl auf Westeuropa wie auf weite Teile Lateinamerikas erstreckt, ist der ästhetische Begriffshorizont grundlegend verändert und neu orientiert worden. Die maßgebliche Arbeit am Begriffsfeld des Populären wird heute im angloamerikanischen und lateinamerikanischen Raum geleistet. Während in Deutschland volkstümlich als stark stigmatisierter und relativ statischer Terminus dasteht, weisen die Konzeptionen ›popular culture‹ und ›cultura popular‹ ein semantisch dynamisches und tendenziell nichtdeterministisches Potential auf. Dies macht es in einem produktiv-kritisch an Herders Übersetzungsarbeit orientierten Schritt erforderlich, den Terminus Popularkultur neben die

10 Vgl. HAL FOSTER, The Anti-Aesthetic (Port Townsend, Wash. 1983); PAUL TAYLOR, Post-Pop Art (Cambridge 1989).
11 Vgl. SCHAFFNER (s. Anm. 8), 6f.
12 SIEGEL (s. Anm. 7), 37.
13 Zit. nach BRUCE GLASER, Oldenburg, Lichtenstein, Warhol: A Discussion, in: Art Forum 4/6 (Februar 1966), 21; vgl. ANDY WARHOL/PAT HACKETT, POPism: The Warhol '60s (New York 1980).
14 SCHAFFNER (s. Anm. 8), 13.
15 Vgl. IOAN DAVIES, Cultural Studies and Beyond. Fragments of Empire (London/New York 1995), 108–138.

Begriffe volkstümlich/populär zu setzen und in die deutschsprachige Begriffsdiskussion einzuführen. (Bewußt wird auf den Terminus Populärkultur verzichtet, weil dieser wesentlich an den epistemologischen Vorentscheidungen der deutschsprachigen Begriffsdiskussion orientiert ist.)

I. Frühmoderne Begriffsspuren

Die ältesten semantischen Fundstellen sind dem Wortfeld Volk zugehörig bzw. dem englischen popular. Deutschsprachige Quellen weisen auf Volk als »geschlossene abtheilung von kriegern, heerhaufe«[16] und unterscheiden von den lateinischen populus und civilitas (polit. Bürgerschaft), plebs und vulgus (Pöbel), bzw. dem griechischen plēthos (Menge).[17] Eine Umwertung der Bezeichnungen der ›Bürgerschaft‹ zu denen der ›Volksmenge‹ und des ›gemeinen Volkes‹, ja der ungebildeten ›Masse‹ findet sich in Ansätzen bereits in Homers *Ilias* belegt.[18] Im Englischen ist frühzeitig eine rechtshistorische Semantik von ›legitim‹ (für popular) in Verbindung mit Rechtserlässen und politischen Entscheidungen wie zugleich auch im Sinne von ›öffentlich‹ (public) sichtbar.[19] Raymond Williams schreibt dazu: »Popular‹ was originally a legal and political term [...]. An ›action popular‹, from Century 15, was a legal suit which it was open to anyone to begin. ›Popular estate‹ and ›popular government‹, from Century 16, referred to a political system constituted or carried on by the whole people, but there was also the sense of ›low‹ or ›base‹«. Darüber hinaus nennt er zwei ältere Bedeutungslinien: »inferior kinds of work; and work deliberately setting out to win favour«[20]. Die politische Bedeutung von ›popular‹ und ›public‹ trägt nicht artikulierte Spuren des Ästhetischen bereits in sich, insofern sie auf die Dimension des (öffentlichen und in der Renaissance ästhetisch aufgewerteten) Volkstheaters verweist. Auch im Spanischen vermittelt ›popular‹ frühzeitig politische (»soberanía popular, gobierno popular« [Volkssouveränität, Volksregierung]) und gemeinschaftlich konnotierte Akzente öffentlichen Verhaltens: »Que por su afabilidad y buen trato es acepto y grato al pueblo«[21] (das in seiner Leutseligkeit und Umgänglichkeit dem Volke angenehm und wohlgefällig ist).

Eine ästhetisch orientierte Begriffserörterung hat Diskontinuitäten und sprachliche Übertragungen im Rahmen vorreflexiver Semantiken, die weitgehend vorliterarische sind, zu berücksichtigen. Nach Koselleck weist die politische Bedeutung von Volk (und Nation) auf das offenbar früheste, römisch-lateinisch untersetzte Wortfeld, das sich mit der Organisation und Wahrnehmung politischer »Handlungseinheiten«[22] verbindet. Spätere, im Denken der Moderne nachweisbare Verschiebungen und Differenzen im semantischen Spektrum von ›volkstümlich‹ hängen mit unterschiedlichen Aneignungsweisen der alten Bedeutung von Volk als politischer Handlungseinheit zusammen. Während im Englischen und Französischen vom römischen ›populus‹ ›people‹ und ›peuple‹ übrigbleiben, tritt im Deutschen im ausgehenden Mittelalter eine Engführung auf ›Pöbel‹ ein. Hier wird für die sich herausbildende ästhetische Semantik ab etwa 1800 allerdings prägnant sein, daß in Deutschland das Lateinische als Gelehrtensprache intensiver und länger wirkte als in den romanischen Ländern und es gerade im Umkreis der Gelehrtenkultur zu einer ästhetischen Wiedergewinnung und Aufwertung früher Bedeutungen kommt. Von daher lassen sich nach 1800 markante Unterschiede benennen, die die begriffsgeschichtlichen Entwicklungen in Deutschland zum einen, in Frankreich und England zum anderen, oder in Ländern wie Spanien und Rußland zum dritten prägen.

Der vorreflexive Kontext ist in seiner Vielfalt kaum überschaubar. Ihn kennzeichnet, daß die Regionen kultureller Genealogien nicht denen späterer Begriffsbildung entsprechen oder in letzterer auf dem Wege einer Umwertung (Idealisierung oder Herabsetzung) eingeführt werden. Zahlreiche Hinweise erwachsen aus den geschichtli-

---

16 ›Volk‹, in: GRIMM, Bd. 12/2 (1951), 454.
17 Vgl. ›Volk‹, in: KLUGE, 825.
18 Vgl. ebd., 160f., 248–281.
19 Vgl. ›Popular‹, in: OED, Bd. 7 (1933), 1125.
20 ›Popular‹, in: RAYMOND WILLIAMS, Keywords. A Vocabulary of Culture and Society (London 1976), 236f.
21 ›Popular‹, in: Enciclopedia Universal Ilustrada Europeo-Americana (s. Anm. 2), 448.
22 KOSELLECK (s. Anm. 1), 142.

chen Bezügen, auf die nach 1800 ein nostalgisches ›ästhetisches Bewußtsein‹ rekurriert. Aus ihnen wird ersichtlich, daß für die genealogischen Spuren des Begriffs volksartig/populär die Zusammenhänge zwischen Gesang, Tanz und Theater zentral sind. Eine spanische Quelle gibt Auskunft: »En todas épocas los pensadores más profundos y los tratadistas de estética han dedicado los mayores encomios al canto popular« (In allen Epochen haben die tiefgründigsten Denker und Verfasser ästhetischer Abhandlungen die bedeutendsten Lobesreden dem Volksgesang gewidmet), denn »en tiempos asimismo muy remotos comenzó a fundirse esa doble actividad: danza y canto. Tal ocurría en las dionisiacas, fiestas que dieron origen al teatro griego«[23] (auch schon in sehr fernen Zeiten begannen sich Tanz und Gesang zu einer doppelten Aktivität zu vereinigen. Solches geschah in den dionysischen Spielen, Festen, die das griechische Theater hervorbrachten). Bedeutsam für vorreflexive Entwicklungen ist die Renaissance insofern, als sie als ein weiter Begegnungsraum von ›brauchmäßiger Volksartigkeit‹ zum einen, und sich ausbildender ästhetischer Professionalität zum anderen erscheint. Begann sich in ihr die Unterscheidung zwischen ›hoher‹ und ›niederer‹ Kunst bereits deutlich abzuzeichnen, so barg das ›Volksartige/Populäre‹ legitime ästhetische Arsenale und Traditionen, ohne die eine sich professionalisierende Kunst nicht auskommen konnte. Als einer der ersten Ästhetiker, der eine uralte plebejische, mimische Tradition in künstlerisch komplexen (›modernen‹) Strategien verarbeitete, gilt William Shakespeare. Shakespeare hat an der Volkskultur besonders das theatralische Element der ›common people‹ als ästhetische Ressource zugunsten einer mimisch-dichterischen Dramatik erschlossen.[24] Anhand der Traditionen einer mündlich-mimischen, d.h. nichtliterarischen Volkskultur, die sowohl Antike und Frühzeit wie auch Mittelalter und Neuzeit durchziehen, wird die ungeheuer weite Fächerung der semantischen Ursprünge von ›volksartig‹ erahnbar.[25]

Im Unterschied zu der Renaissance, die den ›barbarischen‹ Bezügen und der mimisch-stilistischen Vielfalt der Volkskultur aufgeschlossen gegenübersteht, beginnt ein frühaufklärerisches Denken, die politischen und ästhetischen Konnotationen des Populären kritisch zu problematisieren. In einem katholischen Land wie Spanien, wo religiös-klerikale Sprache und Inszenierungspraktiken den Namen des ›pueblo‹ okkupierten, diskutiert der Benediktinermönch Benito Jerónimo Feijóo von aufgeklärter Warte her eine vermeintliche Instrumentalisierung der Stimme des Volkes (»voz del pueblo«) durch ein Denken und eine Sprache des »vulgo«: »Aquella mal entendida maxima, de que Dios se explica en la voz del pueblo, autorizó la plebe para tiranizar el buen juicio, y erigió en ella una potestad tribunicia, capaz de oprimir la nobleza literaria.« (Jene schlecht aufgefaßte Maxime, nach der Gott sich in der Stimme des Volkes erklärt, berechtigte den Pöbel, die gesunde Vernunft zu tyrannisieren, und begründete in ihm eine Tribunengewalt, die imstande war, den literarischen Edelmut zu unterdrücken.) ›Vulgo‹ erscheint als Gegenbegriff zu ›nobleza literaria‹. ›Pueblo‹ wird im Hinblick auf ›Vernunfturteil‹, Sprache und Literatur als nicht artikulationsfähig bezeichnet, als veredelungsbedürftig, womit der Zusammenhang von ›hoch‹ und ›niedrig‹ ästhetisch-hierarchische Konturen anzunehmen beginnt: »Es el pueblo un instrumento de varias voces, que si no por un rarísimo acaso, jamás se pondrán por sí mismas en el debido tono, hasta que alguna mano sabia les temple.«[26] (Das Volk ist ein Instrument mit verschiedenen Stimmen, welche außer im Stande seltensten Zufalls niemals von allein den gemäßen Ton anschlügen, bevor eine weise Hand sie verfeinerte.) Lope de Vega hatte bereits 1599 seinem *Guzmán de Alfarache* zwei

---

23 ›Popular‹, in: Enciclopedia Universal Ilustrada Europeo-Americana (s. Anm. 2), 450.
24 Vgl. ROBERT WEIMANN, Shakespeare und die Tradition des Volkstheaters (Berlin 1967), 17–19; WEIMANN, Shakespeare in a Changing World (An Interview with Robert Weimann), in: The Rising Generation 137 (1992), Nr. 10, 2.
25 Vgl. WEIMANN, La cultura popolare nell'Inghilterra del Rinascimento, in: F. Marenco (Hg.), Storia della civiltà letteraria inglese, Bd. 1 (Turin 1996), 402–428; FRED E. H. SCHROEDER (Hg.), 5000 Years of Popular Culture. Popular Culture Before Printing (Bowling Green 1980).
26 BENITO JERÓNIMO FEIJÓO Y MONTENEGRO, Teatro crítico universal (1726–1740), in: Feijóo, Obras, hg. v. I. L. McClelland (Madrid 1985), 71 f.

verschiedene Prologe vorangestellt, zum einen ›Al vulgo‹, zum anderen ›Al discreto lector‹. Der ›diskrete Leser‹ versprach literarische Kenntnisse und tieferes ästhetisches Empfinden, aber gerade die große Zahl der ›Ungebildeten‹ stellte für ihn ein ebenso ernstzunehmendes Publikum dar. Bezeichnend ist, daß sich der Komödiendichter des gebildeten und des populären Publikums zugleich zu versichern suchte.

In diversen Bezügen des Mittelalters war das spanische ›popular‹ im sprachlichen Bereich von ›común‹ als ›vom Lateinischen unterschieden‹ konnotiert. Ramón Menéndez-Pidal formuliert für die Tradition des ›Romancero hispánico‹: »La palabra *romance* en su sentido primario significó ›lengua vulgar‹, a diferencia de latín, acepción que perdura hasta hoy; pero además tuvo desde la Edad Media en el campo literario un sentido vago, designando composiciones varias redactadas en lengua común, no en el latín de los clérigos.«[27] (Das Wort ›romance‹ bedeutete in seinem ursprünglichen Sinn im Unterschied zum Latein ›vulgäre Sprache‹, eine Auffassung, die bis heute fortdauert; doch darüber hinaus besaß es seit dem Mittelalter auf literarischem Gebiet einen vagen Sinn, es bezeichnete verschiedenartige Kompositionen, die in gewöhnlicher Sprache und nicht im Latein der Kleriker abgefaßt waren.) Latein als ›culto‹ und ›romance‹ als ›vulgar‹ markieren eine der semantischen Oppositionen, die der Unterscheidung hoch und niedrig den Weg ebnen. Latein ist an Schriftsprache gebunden, ›romance‹ an Gesang und orale Kommunikation. Frühe, ästhetisch relevante Synonyme des ›popular‹ stammen nicht zufällig aus dem Umkreis von Gesang, Vortrag, Drama, Tanz und sind, wie im Falle der spanischen ›Cantares de gesta‹ (Heldenepen) oder des ›Romancero‹, nicht selten mit episch-narrativen Praktiken verbunden (»gestas épicas que ora se ›cantaban‹ ora se ›leían«« [epische Heldentaten, die bald gesungen, bald ge-

lesen wurden]). »Hacia 1260 las *Partidas* [...] enumeran entre las diversiones que quitan al hombre cuidados y pesares las estorias e los romances e los otros libros que fablan de aquellas cosas de que los homes reciben alegría e placer.« (3 f.; Um 1260 nennen die Partidas unter den Erbauungen, die dem Menschen Sorgen und Bedrückungen nehmen, die Geschichten und Romanzen und andere Bücher, die von jenen Dingen erzählen, aus denen die Menschen Freude und Genuß schöpfen.) Diese ›canciones narrativas‹ weisen auf ästhetische Inhalte des ›popular‹, die in ihren Ursprüngen und ihrer späteren mittelalterlichen Verbreitung und Neufassung noch keine romantischen Züge tragen. Es handelt sich um Grundlagen einer ›popularidad‹, die sich mündlicher Übertragung und elementaren, balladenähnlichen Gestaltungsmitteln verdanken: »predominio [...] de la más sencilla forma métrica, la monorrima, semejante a la forma usada en la misma épica antigua« (9; Vorherrschen der einfachsten metrischen Form, der einreimigen Strophe, ähnlich der in der alten Epik selbst verwendeten Form).

Michel de Montaigne übernimmt 1580 in seinen Betrachtungen über die amerikanischen Eingeborenen (*Des Cannibales*) Platons Gegenüberstellung von Natur und Kunst und weist den Naturzustand als eine der poetischen Kreation ebenbürtige Disposition aus. In *Des vaines subtilitez* gebraucht er ›la poësie populaire‹ als Synonym von Naturpoesie und unterscheidet sie von ›la poësie selon l'art‹: »La poësie populaire et purement naturelle a des naïvetéz et graces par où elle se compare à la principale beauté de la poësie parfaitte selon l'art«[28]. Die Unterscheidung von Natur- und Kunstpoesie ist damit vorromantischer Herkunft. Sie wird auch von Lope de Vega gepflegt, der in der Komödie *Con su pan se lo coma* (1621) eine der Darstellerinnen über die alten, mündlich weitergegebenen Romanceros sagen läßt: »Estos romances [...] nacen al sembrar los trigos«[29] (Diese Romanzen werden beim Aussäen des Weizens geboren), Hinweis auf den vorschriftlichen Status von Gesängen, die in einer frühen Semantik von »coetaneidad«[30] (Alltäglichkeit) mit der agrarischen Kultivierung des Lebensnotwendigen verwoben sind.

Zur Zeit des Mittelalters begann zugleich die schriftliche Aufzeichnung und Verbreitung der

---

27 RAMÓN MENÉNDEZ-PIDAL, Romancero hispánico. Teoría e historia, Bd. 1 (Madrid 1953), 3.
28 MICHEL DE MONTAIGNE, Essais (1580), hg. v. A. Thibaudet (Paris 1950), 350.
29 LOPE DE VEGA, Con su pan se lo coma (1621), in: Vega, Obras, hg. v. d. Real Academia Española, Bd. 4 (Madrid 1917), 306.
30 MENÉNDEZ PIDAL (s. Anm. 27), 12.

lang tradierten Romanzen. Eine Reihe jüngerer Untersuchungen zur populären Welt des Lesens im ausgehenden Mittelalter und in der Renaissance hat ergeben, daß entgegen weit verbreiteter literarhistorischer Prämissen auch untere Volksschichten wie Bauern, Händler und Handwerker durchaus zum Teil mit der entstehenden Buchkultur vertraut waren, wenngleich nicht im Sinne eines modernen Begriffs des Lesens.[31] ›Populäres Lesen‹ als frühe Kulturpraktik heterodoxen Gebrauchs von Texten (zum Beispiel die Praxis des mündlichen Lesens, die nicht am Hindernis des Analphabetismus scheiterte) erfordert Roger Chartier zufolge eine neue historische Phänomenologie, die Lesen als dialogische, ja kollektive Beziehung zwischen textuellen Signalen und sozialen Gemeinplätzen und Erwartungen zu ergründen vermag. Eine solche Herangehensweise richtet das Interesse am Populären auf sehr unterschiedliche Phänomene und mediale Wandlungsprozesse, denen die frühmodernen Semantiken des Begriffs unterworfen waren. Auch hier ist das Beispiel der Romanzen (romanceros) aufschlußreich, welche am Beginn des 16. Jh. sowohl als orale Gesänge zirkulierten, in Form von handschriftlich gefertigten Einzelblättern (pliegos sueltos) angeboten wurden, als auch in erste gedruckte Liedersammlungen eingingen. In diesen Spuren des Wandels der Romanzen vermitteln sich zugleich implizite Bedeutungsveränderungen des Populären: »Von der mündlichen Tradition zur gedruckten Aufzeichnung, von einer gedruckten oder anderswo abgeschriebenen Fassung und von einer Textgeneration zur nächsten, vom *romancero viejo* bis zu den *romances nuevos*, die Ende des 16. Jahrhunderts von gebildeten Poeten [...] komponiert worden sind, und sogar bis zu den *romances de ciego* beziehungsweise *de cordel*, die zwischen dem 17. und dem 19. Jahrhundert von besonders darauf spezialisierten Autoren für eine volkstümliche, städtische Leserschaft geschrieben wurden. Diese zahlreichen Tendenzen bewirkten schon sehr früh, daß die Romanze zur Grundlage der literarischen Bildung praktisch aller sozialen Schichten wurde, da alle Leute Romanzen hörten, lasen, sangen und lernten.«[32] Auch im England des 16. Jh. waren derartige Tendenzen an der Tagesordnung. So zeigte das poetische und verlegerische Phänomen der ›broadside ballads‹, d. h. handschriftlich gefertigter und ›multimedial‹ verbreiteter Balladen, daß die geschriebene und gedruckte Veröffentlichung populärer Gesänge und Erzählungen die Tradition mündlicher Überlieferung durchaus nicht unmittelbar suspendierte, sondern mit dieser in unterschiedliche Wechselbeziehungen trat. Für Frankreich nennt Chartier die sogenannten ›occasionnels‹ des 16. und 17. Jh. als eine der ersten populären Textsorten, Broschüren, die mit ›wunderbaren‹, ›herrlichen‹, ›entsetzlichen‹, ›fürchterlichen‹ Ereignissen ihr Publikum in Erstaunen versetzen sollten und eine frühe Form der Feuilletonromane darstellten.

Ein kulturell mannigfaches Gefüge von performativen narrativen Gattungen religiöser oder weltlicher Herkunft, von Publikationsweisen und sozial-kommunikativen Kompetenzen am Ausgang des Mittelalters und zur Zeit der Renaissance macht einerseits die Schwierigkeit früher Begriffsrecherchen kenntlich, andererseits zeigt es die Heterogenität eines semantischen Feldes, das später zunehmend der Schematisierung unterworfen wird. Peter Burke spricht zur Bezeichnung ästhetischer Grundmerkmale von historisch offenen, kontextuell sehr verschiedenen Genrekonventionen populärer Kultur zwischen 1500 und 1800, in denen sich regional jeweils besondere Wechselbeziehungen von Bildern, Texten und Performances vermitteln. In seiner weitgefaßten morphologischen Übersicht über die von Vladimir Propp, Viktor Šklovskij, Axel Olrik u. a. untersuchten Formen finden sich ›folk-dances‹, ›folksongs‹, ›popular narrative poems‹, ›popular prose perform-

---

31 Vgl. CARLO GINZBURG, Il formaggio e i vermi. Il cosmo di un mugnaio del '500 (Turin 1976); dt.: Der Käse und die Würmer. Die Welt eines Müllers um 1600, übers. v. K. F. Hauber (Frankfurt a. M. 1979); ROGER CHARTIER/GUGLIELMO CAVALLO (Hg.), Storia della lettura nel mondo occidentale (Rom 1995); dt.: Die Welt des Lesens. Von der Schriftrolle zum Bildschirm, übers. v. H. J. Bußmann u. a. (Frankfurt a. M. u. a. 1999); LISE ANDRIES, ›Culture Populaire‹, in: M. Delon (Hg.), Dictionnaire Européen des Lumières (Paris 1997), 301.

32 ROGER CHARTIER, ›Populärer‹ Lesestoff und ›volkstümliche‹ Leser in Renaissance und Barock, übers. v. K. Jöken, in: Chartier/Cavallo (Hg.), Die Welt des Lesens. Von der Schriftrolle zum Bildschirm (Frankfurt a. M. u. a. 1999), 404.

ances‹ als ›semi-dramatic forms‹ (darunter ›historical stories‹: Sagen; ›poetical stories‹: Märchen), ›popular dramas/plays‹ (die italienische Commedia dell'arte als berühmtes Beispiel), sowie unterschiedlichste Praktiken und Formen der ›parody‹ und des ›carnival‹.[33]

Genrekonventionen populärer Kultur sind seit der Renaissance zum größten Teil in schriftlichen und gedruckten Vermittlungen überkommen, sei es in Chroniken und frühethnographischen Zeugnissen, in Dokumenten von Gerichtsarchiven, oder insbesondere durch die Werke kanonisierter Schriftsteller der Frühmoderne. Für Autoren wie François Villon, François Rabelais, Francisco Gómez de Quevedo und Shakespeare trifft zu, daß »they were of course familiar with the little tradition of their day, the culture of the tavern and the market-place; but they were also familiar with the great tradition [...]. They were not unsophisticated examples of popular culture but sophisticated mediators between the two traditions«[34]. ›Hohe‹ und ›niedere‹ Tradition wurden in der Renaissance ästhetisch unterschieden, wenngleich die ausgeprägte Dichotomie beider Ebenen erst mit dem ausgehenden 18. Jh. zur Basis für einen gesamtgesellschaftlich normativen Kulturbegriff wird. Was unterscheidet Literaten wie Rabelais und Shakespeare von den meisten romantischen Schriftstellern? Ihr Umgang mit populären Balladen, Heldenfiguren, stilistischen und rhetorischen Elementen sowie populären Medien der Verbreitung konnte aus lebendigen karnevalistischen und parodistischen Praktiken plebejischen Typs schöpfen: Ihr Dialog mit populären Elementen gewann ästhetische Intensität aus (hybriden) rhetorischen und performativen Schreibstrategien. Demgegenüber wird in der romantischen Literatur eine melancholisch-idealisierende Sicht auf das Volkstümliche zur poetischen Strategie.

Für das Auffinden der Begriffsspuren von ›populär/volksmäßig‹ im frühmodernen Europa zeigt sich als generelles Problem, daß populäre Ästhetik und Kultur in ephemeren, ›spontanen‹ Manifestationen lebten, die der Permanenz der Texte entbehrten. Sie sind zum Beispiel nur dann schriftlich festgehalten worden, wenn sie mit herrschenden Institutionen in Konflikt gerieten, die, wie etwa die Inquisitionsgerichte, Dokumente und Aufzeichnungen anfertigten. Auf dieser Grundlage hat Carlo Ginzburg die subversiv-heterodoxen Lesegewohnheiten des Müllers Menocchio aus Friaul rekonstruieren können, der 1583 von der Inquisition der Häresie angeklagt wurde. Der Autor analysiert eine frühe Form volkstümlichen Lesens, die im Falle Menocchios unter dem Einfluß der Reformation und des aufkommenden Buchdrucks Texte wie die Bibel (in Gestalt des *Fioretto della Bibbia*), Giovanni Boccaccios *Decameron* (1349–1351) und eine italienische Übersetzung der *Voyages* von Jean de Mandeville (1365) miteinander vermischte: »come isolava, magari deformandole, parole e frasi, accostando passi diversi, facendo scoccare fulminee analogie. [...] Non il libro in quanto tale, ma l'incontro tra pagina scritta e cultura orale formavano nella testa di Menocchio una miscela esplosiva.« (wie er Worte und Sätze aussonderte oder sie gar umgestaltete, indem er verschiedene Abschnitte nebeneinander stellte oder überraschende Analogien herstellte. [...] Nicht das Buch als solches, sondern das Aufeinandertreffen von schriftlichem Text und mündlicher Kultur formten im Kopf Menocchios eine explosive Mischung.)[35]

Diese Art populärer als einer sowohl paradoxalen wie spontan-subversiven Form der Rezeption und Aneignung bereits kanonisierter Texte oder Symbole hat im 16. und 17. Jh. an den Peripherien der Moderne eine besonders große Rolle gespielt. Die Entdeckung und Kolonisierung Amerikas brachte mit der Übertragung der symbolischen Ordnung des Katholizismus in die Neue Welt eine Vielzahl von populären, d. h. heterodoxen Aneignungs- und Lektüreweisen hervor, die aufgrund spärlicher schriftkultureller Kompetenzen stark mit einer Theatralisierung, Verbildlichung und von daher der Re-Narration westlicher Symbole und Doktrinen verbunden waren. Die im Zuge der kulturell-ideologischen Kolonisierung Amerikas von den Jesuiten und Dominikanern (etwa in Mexiko und Peru) praktizierten Bildbegriffe und ›Bil-

---

33 Vgl. PETER BURKE, Popular Culture in Early Modern Europe (1978; Aldershot 1994), 116–124, 136–148; FELIX J. OINAS/STEPHEN SOUDAKOFF (Hg.), The Study of Russian Folklore (Den Haag/Paris 1975).
34 BURKE (s. Anm. 33), 68 f.
35 GINZBURG (s. Anm. 31), 60 f.; dt. 84.

derpolitiken‹ rekurrierten auf frühchristliche, mittelalterliche, aber auch auf verbreitete vorkolumbianische, indigene Elemente eines plebejischen Bildgedächtnisses und machten diese der Evangelisierung der amerikanischen ›indígenas‹ und der Schaffung neuer einheimischer (das hieß synkretistischer) Eliten dienstbar. In einem solchen ideologisch-religiös geprägten Kontext war das Populäre semantisch häufig mit sowohl christlichen wie paganen Konzepten und Praktiken der Idolatrie verwoben; in ihnen bekundeten sich sowohl die Übernahme katholischer Bildnormen wie auch ein subversiver Umgang mit diesen.[36] Hier liegen wichtige Ursprünge einer synkretistisch-plebejischen (populären) lateinamerikanischen Barockkultur, wobei in den meisten kunstgeschichtlichen Betrachtungen zum lateinamerikanischen Barock das paradoxale populäre Element wenig differenzierte Beachtung findet und erst im Rahmen jüngster Analysen diskutiert wird.[37]

II. Die Herausbildung des Begriffsfeldes zwischen Aufklärung und Romantik

Ästhetisches Profil gewinnt das Begriffspaar volksartig/populär (aus dem der Begriff volkstümlich hervorgeht) mit der Moderne im engeren Sinne, d. h. mit der Herausbildung der bürgerlichen Gesellschaft. Am Beginn umfassender konzeptioneller Entwicklung steht die sich zuspitzende Krise eines durch Traditionsgebundenheit, orale und theatrale Kommunikation charakterisierten Konglomerates von Kultur- und Kunstpraktiken. Unter dem Eindruck tiefgehender Wandlungen in Europa, insbesondere der Französischen Revolution und ihrer Auswirkungen, manifestiert sich das Erfordernis, eine ästhetische Identität der Moderne begrifflich zu begründen. Das Begriffsfeld volksartig/populär/volkstümlich bildet sich von vornherein in einer konzeptionellen Spannung heraus. Gesprochen werden kann sogar von einer Polarisierung, die aus den Unterschieden zwischen Positionen der Aufklärung einerseits und Konzepten der romantischen Bewegung andererseits erwächst. Dieses Spannungsfeld markiert den Anfang einer für den Diskurs der Moderne folgenreichen, dualistischen Semantik (›hohe‹ Kultur vs. ›populäre‹ Kultur), die bis weit ins 20. Jh. hinein wirkt. Sein Hauptmerkmal besteht zunächst in einer begrifflichen Doppelentwicklung. Vor dem Hintergrund der bürgerlichen Veränderungen besonders in Frankreich und von dort ausgehend, profiliert sich ›Volk‹ als politische Kategorie. Demgegenüber werden in Deutschland etwa zeitgleich volksartig/populär/volkstümlich als literarisch-ästhetische Begriffe entworfen.

Jean Jacques Rousseau *Du contrat social ou principes du droit politique* (1762) verdeutlicht, wie ›Volk‹ im Interesse politischer Legitimation eines bürgerlichen Gesellschaftsmodells geradezu (neu) erfunden wurde. ›Peuple‹ (im Sinne von souverain/autorité souveraine) erscheint als Zwillingsbegriff von ›volonté générale‹: Verkörperung von »la suprême direction de la volonté générale«. Rousseaus Erfindung des Volkes lag der Gedanke zugrunde, »l'état de nature« und »l'état civil«[38] auf staatsrechtlichem Weg miteinander zu vermitteln, ausgehend von einem im Naturzustand menschlichen Gemeinwesens liegenden (instinktiven) Potential an Gerechtigkeit und Freiheit, welches durch einen aufgeklärten allgemeinen Willen (volonté générale) eingelöst werden sollte: ein zivilisatorisches Zu-Sich-Selbst-Kommen des Volkes. Die mit der Französischen Revolution etablierte staatsrechtliche Bedeutung von ›Volk‹ meint die Gesamtheit der Staatsbürger unter Aufhebung der Standesrechte; die Staatsgewalt soll in der Staatsform der Republik vom Volke ausgehen – dem ›souveränen Volk‹, der ›Volkssouveränität‹. In Deutschland hingegen war aufgrund der Stärke der Monarchie diese Bedeutung weniger verbreitet, es wurde im politischen Sprachgebrauch für die Gesamtheit der

---

36 Vgl. FERNANDO HORCASITAS, El teatro náhuatl. Épocas novohispana y moderna (Mexiko 1974); OTHÓN ARRÓNIZ, Teatro de evangelización en Nueva España (Mexiko 1979).
37 Vgl. SERGE GRUZINSKI, La guerre des images de Christophe Colomb à ›Blade Runner‹ (Paris 1989), 40ff.; MABEL MORAÑA, Viaje al silencio. Exploraciones del discurso barroco (Mexiko 1998).
38 JEAN-JACQUES ROUSSEAU, Du contrat social ou principes du droit politique (1762; Paris 1896), 33 f., 107.

Staatsbürger eher das Wort Nation verwendet (›Volk‹ hingegen erhielt »für die opposition einen berauschenden klang«³⁹). Louis Sébastien Mercier spricht demgegenüber in *Tableau de Paris* (1781) von ›le bas peuple‹.⁴⁰ »Le bas peuple, pour les contemporains de Mercier, ce sont les classes ›dangereuses‹, mouvantes, marginales, cette foule de migrants, travailleurs saisoniers, colporteurs et soldats, mendiants, qui parcourent les routes d'Europe, auxquels on prêtera plus tard, à tort, un rôle déterminant dans les émeutes populaires.«⁴¹ Mercier widmet ein ganzes Kapitel seines *Tableau* einer neuen, mit der Revolution ausufernden ›littérature populaire‹ bzw. ›littérature de colportage‹, für die er nicht mehr als Charakteristika wie ›Ignoranz‹, ›Mittelmäßigkeit‹ und ›Unfähigkeit‹, an starke Kunstwerke heranzureichen‹, übrig hat.⁴² Dominierte im französischen Kontext eine politische Philosophie von ›peuple‹, die einen soziologisch weiten wie politisch normativen Begriff von Volk entwickelte, so ging die politische und soziale Berufung auf das Volk durchaus mit einer Herabsetzung in den Bereichen des Geschmacks und der Kunst einher. Von einem ›pädagogischen‹ Kultur- und Öffentlichkeitsbegriff her wurde der Terminus Volk in den der Revolution folgenden Jahrzehnten von der ›kritischen Vernunft‹, dem ›ordre civil‹ und dem ›guten Geschmack‹ geschieden. Eine um die Verbreitung der aufklärerischen Ideologie bemühte Elite sah ›Volk‹ ähnlich wie bereits Mercier mit ›niederer‹ Subjektivität behaftet (mangelhafte Bildung, Aberglauben, affektive Turbulenz), weshalb es einer »éducation des esprits« und einer »élévation des cœurs«⁴³ bedurfte. Aufgrund des politischen Stellenwertes des Volksbegriffs in Frankreich, der von der konkreten Subjektivität der nationalen werdenden Volksmassen, d. h. ihrer Nationalisierung als kultureller Modernisierung, nicht ganz absehen kann, fällt die ästhetische Semantik von ›populaire‹ allerdings weniger normativ und dualistisch aus als in Deutschland.

Von Deutschland aus leiten Johann Gottfried Herder und in seiner Folge das romantische Denken eine Begriffsentwicklung ein, die Volkspoesie, Volkslieder und mithin das Volksartige/Populäre zur wichtigsten konzeptionellen Grundlage des kulturellen, moralischen und künstlerischen Reichtums einer Nation werden läßt. Koselleck zufolge leitet Herder eine kopernikanische Wende in der semantischen Entwicklung des Volksbegriffs ein: »Mit Ausnahme der staatsrechtlichen Literatur [...] gebrauchen die meisten Quellen vor Herder den Volksbegriff entweder im theologischen, militärischen oder geographischen Sinne [...], oder sie beziehen ihn auf soziale Gruppen der unterschiedlichsten Größe und Zusammensetzung bis hin zur Gesamtheit der Besitzlosen und Ungebildeten in der Gesellschaft. [...] Erst Herder initiiert den entscheidenden Bedeutungswandel, indem er das Volk zu einer kollektiven, mit Sprache, Seele und Charakter begabten Individualität aufwertet«⁴⁴. Die Romantiker glaubten ebenso wie die Aufklärer an den Gegensatz von Vernunft und Mythos, von Gelehrten und Volk, doch sie werteten diese Dichotomie konsequent um. Das Volksartige wurde vom Diktat der Gelehrtenkultur entbunden und in Gestalt der Volkslieder zum »Inbegriff der Fehler und Vollkommenheiten einer Nation, [...] des Höchsten, nach welchem sie strebte«⁴⁵, erklärt. Daher die semantisch konstitutive Nähe von ›volksartig‹ und ›Poesie‹. So rückt ›Volk‹ in diversen Begriffsvarianten im ausgehenden 18. Jh., besonders markant seit etwa 1770, zum Grundbegriff auf. In den benannten zwei Haupttendenzen (in Frankreich und in Deutschland) spiegeln sich jeweils unterschiedliche konzeptionelle Optionen im Rahmen der heterogenen Prozesse bürgerlicher Nationsbildung in Europa.

Herder ist der wichtigste Initiator eines neuen Volksbegriffs, weil er die ›Kultur des Volkes‹ der ›Kultur der Gelehrten‹ als ebenbürtig gegenüber-

---

39 ›Volk‹, in: GRIMM, Bd. 12/2 (1951), 468; vgl. LOUIS DE JAUCOURT, ›Peuple‹, in: DIDEROT (ENCYCLOPÉDIE), Bd. 12 (1765), 475–477.
40 Vgl. LOUIS SÉBASTIEN MERCIER, Tableau de Paris (1781), Bd. 11 (Amsterdam 1788), 39.
41 ANDRIES (s. Anm. 31), 302.
42 Vgl. PIERRE ABRAHAM/ROLAND DESNÉ, Manuel d'histoire littéraire de la France, Bd. 6/1 (Paris 1972), 25, 27, 30.
43 MICHEL DE CERTEAU, L'invention du quotidien. 1. Arts de faire (1980; Paris 1990), 240.
44 KOSELLECK (s. Anm. 1), 283.
45 HERDER, Briefe zur Beförderung der Humanität, 107. Brief (1796), in: HERDER, Bd. 18 (1883), 137.

stellt und ihr einen Status verleiht, demzufolge ›populäre‹ Sprache/Gesänge/Poesie als die eigentlich nationsbildenden Kräfte erscheinen. Damit macht Herder volksartig/populär zum ästhetischen Begriff; aus dem Wortpaar geht wenig später der Terminus volkstümlich hervor. In seinen *Ideen zu einer Philosophie der Geschichte der Menschheit* (1784) formuliert Herder darüber hinaus Gedanken einer anthropologisch orientierten Ästhetik, die als eine frühzeitig differenzierende Sicht auf das Kulturideal der aufstrebenden bürgerlichen Gesellschaft lesbar sind. Menéndez Pidal hebt später an Herder im Unterschied zur ästhetischen Norm der Romantiker hervor, daß er die Menscheit historisch »en su gran variedad de pueblos«[46] (in der großen Vielfalt ihrer Völker) gefaßt hat. Von Herders Denken geht ein enormer Einfluß auf das romantische Denken von Westeuropa bis hin nach Rußland aus. In Deutschland bricht Herder mit jener Tradition, die die frühe politische und legalistische Bedeutung von Volk auf das ›gemeine Volk‹ eingeengt hatte. Herders große Wirkung hängt sowohl mit der schnell einsetzenden Erschütterung des aufklärerischen Rationalismus wie zugleich mit einer semantischen Umwertung zusammen, die es fortan gestattet, ›Volk‹ »wie ein Individuum« zu denken: »man spricht von volksmund, volksseele, […], volksgefühl, -geist, -gemüth, -genius, -herz, -körper, […], -stimme«[47]. Verstandeskultur/›gebildete‹ Dichtung einerseits und Volksdichtung andererseits sind im Anschluß an Herder ästhetisch wie auch innerhalb der Diskussionen um die Entwicklung von Nationalkultur nicht nur voneinander geschieden, sondern bezeichnen die Entwicklung verschiedener, nicht selten alternativ verstandener semantischer Pole.

Herders Begriffsarbeit geht von einer Übertragung aus dem Englischen aus. ›Popular song‹ und das Adjektiv popular werden im Vorgang reflexiver Vertiefung in die Termini Volkslied und volksartig/populär umgedeutet. Diese Übertragung erwächst in einer Zeit, da erhebliches intellektuelles Interesse noch der höfischen Kunst Frankreichs galt, aus einem Vergleich der Entwicklung der Dichtkunst Englands und Deutschlands. Herder macht geltend:»Die Engländer – mit welcher Begierde haben sie ihre alten Gesänge und Melodien gesammelt, gedruckt und wieder gedruckt, genutzt, gelesen! […] aus Samenkörnern der Art ist der Britten beste lyrische, dramatische, mythische, epische Dichtkunst erwachsen, und wir – wir überfüllte, satte, klassische Deutsche – wir? – Man lasse in Deutschland nur Lieder drucken, wie sie Ramsay, Percy u. a. zum Teil haben drucken lassen, und höre, was unsre geschmackvollen, klassischen Kunstrichter sagen!«[48] Herder zielt auf einen ›menschheitlich-internationalen‹ Maßstab ab, der die Normen des an der höfischen Kunst und am »poetischen Zeitalter der Griechen« orientierten Geschmacks der deutschen Klassik unterläuft. Allerdings nahm Herder deutlich einen romantisch-nobilitierenden Gestus vorweg, wenn er seinen Volksbegriff vom »Pöbel« distanzierte: »Volk heißt nicht, der Pöbel auf den Gassen, der singt und dichtet niemals, sondern schreyt und verstümmelt.«[49]

Spezifischere Konturen ästhetischer Bedeutung leiten sich wesentlich aus einer Theorie des Volkslieds ab. So nennt Herder für »volksartig« die folgenden Kriterien: 1. »leicht, einfach, aus Gegenständen und in der Sprache der Menge sowie der reichen und für alle fühlbaren Natur« (313), geprägt vom und bestimmt für den »grossen, ehrwürdigen Theil des Publicums, der Volk heißt«[50], dessen mangelnde Wahrnehmung Herder in der deutschen Öffentlichkeit beklagt[51]; 2. vom (Volks-)Lied als dem Anfangsstadium der Poesie herkommend, und zwar ›Lied‹ im Sinne einer kollektiven kulturellen Praxis nach dem Maßstab der Naturvölker; 3. von fortwirkender Beseeltheit, d. h. Träger eines Gemeinschaftsgedächtnisses: »Archiv des Volks«[52], »der ewige Erb- und Lustgesang des Volks«; 4. »sinnlich, klar, lebendig anschauend«, im Unter-

---

46 MENÉNDEZ PIDAL (s. Anm. 27), 15.
47 ›Volk‹, in GRIMM, Bd. 12/2 (1951), 463 f.
48 HERDER, Von Ähnlichkeit der mittlern englischen und deutschen Dichtkunst, nebst Verschiednem, das daraus folgt (1777), in: HERDER, Bd. 9 (1893), 526 f.
49 HERDER, Volkslieder. Zweiter Teil. Vorrede (1779), in: HERDER, Bd. 25 (1885), 323.
50 HERDER, Auszug aus einem Briefwechsel über Oßian und die Lieder alter Völker (1773), in: HERDER, Bd. 5 (1891), 200.
51 Vgl. ebd., 189.
52 HERDER (s. Anm. 48), 532.

schied zum »Letternverstand«[53]; und schließlich 5. von nationsprägender Kraft. Mit dem letzten Gesichtspunkt weist Herder auf die prekäre Lage der ›Nationaldichtkunst‹ in Deutschland hin, die nicht dadurch wettzumachen sei, daß »wir Alle klassisch gebildet dastehn, französische Lieder singen, wie französische Menuets tanzen, oder gar allesammt Hexameter und horazische Oden schreiben«[54].

Der ästhetische Sinn von ›volksartig‹, gerichtet gegen das neoklassische Prinzip der Imitation, bewertet literarische Poesie und Poesie der Volksgesänge als gleichrangig. Die Aufwertung des Populären, vom Volk Kommenden an der Schwelle eines sich ausformenden Diskurses der Moderne liefert die strategische Begründung für die neue Sensibilität der Romantik. ›Volksartig‹ akzentuiert bei Herder ein Verständnis von Ästhetik als der Auffassung einer naturwüchsig proportionierten und in langwirkenden Traditionen gebildeten Sinnlichkeit, die der kontemplativen Lebensferne der »speculirenden Vernunft«[55] zu entkommen vermag. Den Weg einer Entgegensetzung von ›hoher‹ und ›niederer‹ Kultur zugunsten ersterer, den die Mehrzahl der deutschen Klassiker einschlägt, hält Herder schon damals für eine Sackgasse. Das Studium Kants macht ihn skeptisch und bestärkt ihn in einer ›antiautonomen‹ Position. Er zieht einen »Begrif der Europäischen Cultur« (348) in Zweifel, demzufolge die reine Vernunft des Menschen »unabhängig von Sinnen und Organen und ihm ursprünglich sey« (343). Hier dient ›Tradition‹ als Komplementärbegriff zu ›volksartig‹ nicht romantisierender Nostalgie, sondern einer Universalismuskritik. Kultur und Tradition bestimmen sich »als eine nothwendige Folge dieser oder jener Lebensweise« (310). »Glaube niemand, daß ich einer Lebensart, [...] die Menschen zur bürgerlichen Gesellschaft zu bereiten, etwas von ihrem Werth rauben wolle. [...] Nur lasse man auch andern Lebensarten Gerechtigkeit wiederfahren, die der Beschaffenheit unsrer Erde nach eben so wohl zu Erzieherinnen der Menschheit bestimmt sind.« (318)

Herder erarbeitet im Vergleich zu den Grundtendenzen der deutschen Klassik eine radikale, andersartige Position, der erst nachfolgend von den Romantikern Legitimität zugesprochen wird. Zu erinnern ist an die für die Begriffsdiskussion folgenreiche Polemik Friedrich Schillers mit dem plebejisch empfindenden Balladendichter Gottfried August Bürger. Bürger teilt Herders Anschauung, daß Volk nicht Pöbel ist, sondern »gebildetes Volk«. Er hält die »Poesie für die Kunst [...], die zwar von Gelehrten, aber nicht für Gelehrte, als solche, sondern für das Volk ausgeübt werden muß«[56]. Während sich die gebildete Welt bevorzugt in Latein und Französisch verständigt, plädiert Bürger für die Entwicklung eines dem ganzen Volk zugänglichen literarischen Ausdrucks. »Popularität eines poetischen Werkes ist das Siegel seiner Vollkommenheit.« Popularität bedeutet, »innerhalb des allgemein anschaulichen und empfindbaren poetischen Horizontes« (14f.) zu dichten. Plastischer gesagt: »Gäbe es ein ganzes Volk, dessen Nasen so organisiert wären, daß ihnen Teufelsdreck besser röche, als die Rose, dem besinge man Teufelsdreck, statt der Rose. Den will ich sehen, der diesen Satz umstoßen will aus der Poetik für ein solches Volk.«[57] Volkspoesie zu einer Gattung zu erheben (wie es die »Theoristen machen«), ist in Bürgers Sicht ein Mißverständnis. Vielmehr soll »alle Poesie volksmäßig sein«. »Die größten, unsterblichsten Dichter aller Nationen sind populäre Dichter gewesen.« (Bürger nennt als solche Homer, Ossian und Shakespeare.) »Durch die ganze Geschichte der Dichterei findet sich, daß gerade bei denen Nationen, welche die Poesie nicht aus fremden Landen eingeführt haben, sondern wo sie aus ihrer eigenen Natur aufgesprossen ist, die größte Liebe und Allgemeinheit derselben geherrscht hat. Das gibt die echte wahre Popularität, die mit dem Vorstellungs- und Empfindungsvermögen des Volkes im ganzen am meisten harmoniert.« (730)

Schiller formuliert seine Einwände gegen Bürgers Auffassungen und Gedichte 1791 in einer

---

53 HERDER (s. Anm. 50), 164, 181.
54 HERDER (s. Anm. 48), 530.
55 HERDER, Ideen zur Philosophie der Geschichte der Menschheit (1784), in: HERDER, Bd. 13 (1887), 297.
56 GOTTFRIED AUGUST BÜRGER, Vorrede zur zweiten Ausgabe der Gedichte (1789), in: Bürger, Sämtliche Werke, hg. v. G. Häntzschel (München/Wien 1987), 14.
57 BÜRGER, Von der Popularität der Poesie (1777/1778), in: ebd., 728.

anonymen Rezension vom Standpunkte eines »Verfalls der lyrischen Dichtkunst«, einer Klage über »unsere so unpoetischen Tage«, einer Sehnsucht nach dem »veredelnden Einfluß [der Dichtkunst – d. Verf.] auf das Jahrhundert«[58]. Der Rezensent vermerkt, Bürger den Vergleich mit Homer verwehrend, daß in unserer Welt »zwischen der *Auswahl* einer Nation und der *Masse* derselben ein sehr großer Abstand sichtbar« (247) geworden sei. »Ein Volksdichter für unsre Zeiten hätte also bloß zwischen dem *Allerleichtesten* und dem *Allerschwersten* die Wahl: entweder sich ausschließend der Fassungskraft des großen Haufens zu bequemen und auf den Beifall der gebildeten Klasse Verzicht zu tun – oder den ungeheuren Abstand, der zwischen beiden sich befindet, durch die Größe seiner Kunst aufzuheben« (248). Voraussetzung für eine solche Aufhebung ist Schiller ein »von der verschiednen Fassungskraft seiner Leser durchaus unabhängiger absoluter, innerer Wert« (249 f.). Der anonyme Rezensent setzt die Dichotomie »Popularität« versus »höhere Schönheit« programmatisch ins Recht: »Ist der Popularität nichts von der höhern Schönheit aufgeopfert worden? Haben sie [die für das Volk bestimmten Gedichte – d. Verf.], was sie für die Volksmassen an Interesse gewannen, nicht für den Kenner verloren?« (250) Schillers Gegenbegriff zu Popularität (gleichbedeutend mit dem Anschmiegen an den »Kinderverstand des Volks«, 248) ist die »Individualität« des Dichters. Er schreibt: »Diese seine Individualität so sehr als möglich zu veredeln, zur reinsten herrlichsten Menschheit hinaufzuläutern, ist sein erstes und wichtigstes Geschäft, ehe er es unternehmen darf, die Vortrefflichen zu rühren.« (246) In bezug auf Individualität formuliert Schiller die wegweisenden Merkmale der hohen Kunst: »vollendeter Geist« (247), »Idealisierkunst«, »höchste Vollkommenheit« (253), »idealische Reinheit und Vollendung« (257). Als das in verschiedenen Abwandlungen am häufigsten gebrauchte ästhetische Gegenkonzept von Popularität erscheint die Idealität. Schiller sah in Bürgers »sinnlichen, oft gemeinsinnlichen« Texten die der Veredelung drohende Gefahr »fremdartiger Beimischungen«, welche die Strahlen der Vollkommenheit »in mehrern Gegenständen zerstreuten« (253). Der Volksbegriff Schillers manifestiert sich im weiteren in deutlicher Abgrenzung vom französischen Nationsbegriff und ist auf höchst aporetische Weise einem ›politischen‹ Bedürfnis geschuldet, das für eine strikte Trennung von Kultur und Politik, Macht und Geist plädiert. Unter den Bedingungen des ausgehenden 19. Jh. steht Schillers Idee einer autonomen deutschen Kulturnation für den Versuch, »die Autonomie der Kultur gegen den Zugriff der Politik zu verteidigen, ja zu einer uneinnehmbaren Bastion nationaler Identität auszubauen«[59]. Sein *Lied von der Glocke* (1800) zeigt unverkennbar Skepsis gegenüber einer politischen Selbstbefreiung des Volkes: »Der Meister kann die Form zerbrechen / Mit weiser Hand, zur rechten Zeit, / Doch wehe, wenn in Flammenbächen / Das glühnde Erz sich selbst befreit!/ [...] Wo rohe Kräfte sinnlos walten, / Da kann sich kein Gebild gestalten; / Wenn sich die Völker selbst befrein, / Da kann die Wohlfahrt nicht gedeihn.«[60]

Ihre an Herder orientierte, idealisierend über diesen hinwegreichende, doch umfassend literatur- und kunstbegrifflich orientierte Reflexion verdankt ›Volkspoesie‹ der romantischen Bewegung in Deutschland. Ihre Wirkung breitete sich nicht nur in west- und nordeuropäischer Richtung, sondern auch weit nach Rußland hinein aus. ›Volkstümlich‹ (von volksartig/populär kommend) wird im Kontext romantischen Denkens und Kunstschaffens in ganz Europa zur literarischen und literarhistorischen Kategorie. (Die internationale Hochschätzung des Volksartigen/Populären fällt jedoch unterschiedlich aus. »Nirgendwo wird der Begriff Volk so normativ überhöht wie in Deutschland. Hier erhält er [...] spekulative Überschüsse, die sich mit dem Sosein der Bevölkerung und ihren sozialen Gegebenheiten nicht mehr verrechnen lassen.«[61]) Durch die romantischen Zugänge zur Literatur beeinflußt, entstand im frühen

---

58 FRIEDRICH SCHILLER, Über Bürgers Gedichte (1791), in: SCHILLER, Bd. 22 (1958), 245 f.
59 KOSELLECK (s. Anm. 1), 329.
60 SCHILLER, Das Lied von der Glocke (1800), in: SCHILLER, Bd. 2/I (1983), 236 f.
61 GEORG BOLLENBECK, Tradition, Avantgarde, Reaktion. Deutsche Kontroversen um die kulturelle Moderne 1880–1945 (Frankfurt a. M. 1999), 57 f.

19. Jh. in Deutschland auch die ›Volkskunde‹.⁶² (In ihrer nachfolgenden Entwicklung zur Disziplin, insbesondere in England, verlagert sich der Schwerpunkt auf eine vom archivarischen Prinzip beeinflußte Folkloristik⁶³, welche die ästhetische Sensibilität der Romantiker zugunsten der Faktizität von Zeugnissen zurückdrängt und ihrerseits im ausgehenden 19. Jh. zur Herausbildung der Anthropologie als Disziplin hinführt.) Insonderheit aber begründete die Romantik den geschichtlich-ästhetischen Anspruch, die ›Stimme des Volkes‹ in einen durch individuelle Subjektivität autorisierten Diskurs der Schrift einzuführen.

Namen wie Ludwig Tieck, Clemens Brentano, Achim von Arnim und vor allem Jakob und Wilhelm Grimm bezeugen Bemühungen, im Anschluß an Herder ein ›Volksdichtung‹ genanntes literarisches Gattungskorpus neu zu etablieren. Die romantische Nobilitierung der Volksliteratur zum Begriff verfolgte ein anderes Ziel als die tatsächliche Verbreitung der ›Volksbücher‹⁶⁴ (Joseph Görres prägte den Terminus 1807) in Gestalt von Dichtung und Sachliteratur.⁶⁵ Die Romantiker strebten danach, Volksdichtung nicht so sehr einem stark anwachsenden Lesepublikum, sondern gerade einer literarisch gebildeten Schicht anzuempfehlen. Die nationalliterarischen Programme der Romantiker griffen in einer Zeit großer geschichtlicher Umbrüche auf eine idealisierte Relation von Kunst und Gemeinschaft zurück. In gewisser Weise stand der romantische Literaturbegriff aber auch quer zum dichotomischen Prinzip ›hoch‹ vs. ›niedrig‹, denn er trug trotz poetischer Nobilitierung populärer narrativer Traditionen ein Potential ästhetischer Mischformen in sich.

In dem Maße, wie romantische Autoren alte, teils anonyme Dichtungen und Volkssagen archivierten, stilbewußt bearbeiteten und neu herausgaben, entstanden zahlreiche neue, künstlerisch ›gereinigte‹ Texte – etwa die sogenannten Kunstmärchen.⁶⁶ Christoph Martin Wieland vermerkte 1786 in der Vorrede seiner Sammlung von Feenmärchen: »Producte dieser Art müssen Werke des Geschmacks sein oder sie sind nichts. [...] Man hat keinen Fleiß gespart, die gegenwärtige Sammlung, auch was die Schreibart und Reinigkeit der Sprache betrifft, wo möglich classisch zu machen«⁶⁷. Novalis wiederum hob ein Unterscheidungsmerkmal von märchenhaften Volkserzählungen hervor: »Das Mährchen ist gleichsam der *Canon* der Poesie – alles poetische muß mährchenhaft seyn. Der Dichter betet den Zufall an.«⁶⁸ Bei Tieck, der erstmals mittelalterliche Minnesänge bearbeitete (1803), schließt eine literarisch-dramatische Konzeption des Volkstümlichen mediale Wechselwirkungen bereits bewußt ein. In *Der gestiefelte Kater* (1797), einer spielerisch-kritischen Kombination aus Märchen und Drama, fanden unterschiedliche Stoffe, Stilkomponenten und Gattungselemente Platz. Tiecks Sammlung *Volksmärchen von Peter Lebrecht* (1797), in der auch wichtige Texte des französischen Dichters und Märchensammlers Charles Perrault⁶⁹ dramatisiert und psychologisiert werden, offenbart eine heterogene Dichtungspoetik, die Phantasie und Wunder als ästhetische Alternativen zur Aufklärungsliteratur und zur Entzauberung der Alltagswelt feiert.⁷⁰ Eine mündlich tradierte, prekär oder anonym verschriftlichte Literatur war für die meisten Romantiker weniger als anthropologischer Tatbestand interessant, sondern als genuines Phänomen für die künstlerische Bearbeitung. Ein für ›volksartige‹ Literatur maßgebendes, ästhetisch grenzüberschreitendes Phänomen war das Wunder. Die Präferenz, die die Romantiker dem Wunder einräumten (Gattungsmerkmal des Märchens), as-

---

62 Vgl. FRIEDRICH LUDWIG JAHN, Deutsches Volksthum (1808/1813; Hildesheim/New York 1980).
63 Vgl. RENATO ORTIZ, Cultura popular. Românticos e folcloristas (São Paulo 1992), 28 f.
64 Vgl. JOSEPH GÖRRES, Die teutschen Volksbücher (1807; Hildesheim/New York 1982).
65 Vgl. I. TIMČENKO, ›Volksbücher‹, in: C. Träger (Hg.), Wörterbuch der Literaturwissenschaft (Leipzig 1986), 551.
66 Vgl. ERNST RIBBAT, Ludwig Tieck. Studien zur Konzeption und Praxis romantischer Poesie (Kronberg 1978), 120.
67 CHRISTOPH MARTIN WIELAND, Dschinnistan oder auserlesene Feen- und Geistermärchen. Vorrede (1786), in: Wieland, Werke, Bd. 30 (Berlin 1879), 9 f.
68 NOVALIS, Das Allgemeine Brouillon (1798/1799), in: NOVALIS, Bd. 3 (1960), 449.
69 Vgl. PIERRE SAINTYVES, Les contes de Perrault et les récits parallèles. Leurs origines. Coutumes primitives et liturgies populaires (Genf 1990).
70 Vgl. RIBBAT (s. Anm. 66), 123.

II. Die Herausbildung des Begriffsfeldes zwischen Aufklärung und Romantik

soziiert Herders Verweis auf den prägenden Stellenwert der ›Transgressionen‹ im Volkslied: »je Volksmässiger, [...] desto kühner, desto werfender«[71]. Nach der Wende zum 19. Jh. gewinnt im Umkreis und unter dem Einfluß des Gedankengutes von Friedrich Ludwig Jahn der Terminus Volkstum rapide an Bedeutung. Angesichts der Bedrohung des alten deutschen Reiches durch Napoleon wurde einigen jüngeren Romantikern deutsche Dichtungstradition zum Symbol des Aufbegehrens. Achim von Arnim verbindet mit deutschem ›Volkstum‹ eine national wirkende, verbindende Kraft, die er in der »vollen tateneigenen Gewalt und dem Sinn des Volksliedes«[72] verkörpert sah. In einer Polemik verteidigt Arnim den von ihm und Brentano als Volkslied-Mustersammlung herausgegebenen Band *Des Knaben Wunderhorn* (1809): Es handele sich, gleichwohl im romantischen Tone, um »alte Lieder, die durch einen heiligen Gebrauch [...] tausend Unglücklichen in einer bedrängten Zeit Trost und Kraft verleihen«[73]. In dieser Zeit erhalten in Deutschland die Begriffe Volksgeist, Volkstum und Volkskunde ihre ersten national-programmatischen, auch ›völkisch‹ genannte Prägungen. (Dennoch wäre es verfehlt, das historische Entstehen eines ›völkischen Diskurses‹ in Deutschland mit dem nationalsozialistischen Diskurs gleichzusetzen. »Es gibt nur eine Adressierung völkischer Sprach- und Deutungsmuster, welche wir ex-post mit dem NS-System identifizieren, obwohl sie auch vorher und nachher Bestand hatten.«[74])

Die Arbeit von Arnim und Brentano und wenig später der von ihnen angeregten Brüder Grimm bringt eine erste Systematik volkskundlichen Dokumentierens und Publizierens in Gang. Jakob Grimm schreibt 1811 in einer *Aufforderung an die gesammten Freunde deutscher Poesie und Geschichte*: »Wir sammeln also alle und jede Traditionen und Sagen des gemeinen Mannes, [...], mögen sie mit unserer Büchergeschichte übereinstimmen, oder ihr (was der häufige Fall sein wird) stracks zuwiderlaufen und gar in einem andern Sinn sich als ungereinigt darstellen. [...] Ist nicht die Volkspoesie der Lebenssaft, der sich aus allen Thaten herausgezogen und für sich bestanden hat? und es so thun müßte, weil anders keine Geschichte zum Volk gelangen und keine andere von ihm gebraucht werden könnte?«[75] Die erste Ausgabe der *Kinder- und Hausmärchen. Gesammelt durch die Brüder Grimm* (1812/1815), zwischen Kinderbuch und Dokumentation angesiedelt, erntet die öffentliche Kritik, einerseits nicht kindgemäß und andererseits nicht kunstvoll genug ausgefallen zu sein. Dies ändert sich im Fortgang der Editionen, befördert durch die schrittweisen sprachlichen Verfeinerungen, mit denen Wilhelm Grimm verbreiteten Erwartungen von Kritik und Leserschaft entgegenkam, bis schließlich die Grimmschen Märchen zu jener Mischform aus mündlich übermittelten Volksmärchen und erdichteten Kunstmärchen avancieren, die sie im Laufe der Zeit zum größten deutschsprachigen Bucherfolg in der Welt machten. Die Herderschen Ideen und die Grimmschen Sammlungen entfalteten in der ersten Hälfte des 19. Jh. in ganz Europa enormen Einfluß. Gerade dort, wo prekäre Voraussetzungen nationalstaatlicher Entwicklung mit den Hegemoniebedürfnissen einer aufstrebenden Intelligenz koinzidierten (etwa in Rußland und den nordischen Ländern), artikulieren sich getreu dem deutschen Beispiel Auffassungen von Volksdichtung als der Essenz, als des fruchtbaren Nährbodens einer zu sich selbst strebenden nationalen Kultur.

Das Grimmsche Beispiel verdeutlicht, warum ›volkstümlich‹ innerhalb der ästhetisch-literarischen Begriffsentwicklung in Deutschland unter der Hoheit der gelehrten Literatur und Kunst verbleibt, oder aber im Hinblick auf die Entwicklungen massenkultureller Bedürfnisse in die Nähe eines Negativbegriffs (der sogenannten ›Trivialliteratur

---

71 HERDER (s. Anm. 50), 187.
72 ACHIM VON ARNIM, Von Volksliedern (1805), in: Arnim/C. Brentano, Des Knaben Wunderhorn (1809), hg. v. K. Bode, Bd. 2 (Berlin u. a. 1920), 453.
73 ARNIM an Johann Heinrich Voß (6. 1. 1809), in: ebd., Bd. 1 (Berlin u. a. 1920), LXXII.
74 CLEMENS KNOBLOCH, Begriffspolitik und Wissenschaftsrhetorik bei Leo Weisgerber [Manuskript 1998], 7.
75 JAKOB GRIMM, Aufforderung an die gesammten Freunde deutscher Poesie und Geschichte (1811), in: H. Rölleke, Die Märchen der Brüder Grimm (München/Zürich 1985), 64 f.

tur‹[76]) gerät. Die deutsche Klassik hatte bereits Begründungen geliefert, um die Trennung von ›hoher‹ und ›niederer‹ Literatur in die Norm zu setzen. Zwar waren ›niedere‹ und ›populäre‹ Literatur zunächst nicht gleichbedeutend, doch kommen mit dem 1789 von Schiller diagnostizierten Phänomen Masse ökonomische und soziale Prozesse ins Spiel, die den Anspruch auf eine ›reine und vollendete‹ Dichtung zunehmend in Bedrängnis bringen. Die Romantiker, die den Begriff volkstümlich ästhetisch profilieren, distanzieren sich zugleich von jener neuen Unterhaltungsliteratur, die seit dem ausgehenden 18. Jh. auf einen rapiden Aufschwung des Buchmarktes reagiert und diesen zugleich mitbestimmt. Der Diskurs einer kunstgemäßen Veredelung von Dichtungen und Gesängen aus Renaissance und Mittelalter wie auch älterer Epen und Mythen hat in Deutschland das Potential von ›Vermittlungspoetiken‹ von Kunst- und ›Gebrauchsliteratur‹ zielstrebig verdrängt und hat damit vor allem die Dichotomisierung von ›hoher‹ und ›niederer‹ Literatur in den ersten Jahrzehnten des 19. Jh. vorangetrieben.[77] Damit stellten sich die Romantiker der Frage von Nation und Nationalkultur durch eine normative, doch unhistorische Hypostasierung früh- und vormoderner Traditionen der Volkspoesie. Sie wandten sich im Unterschied zu einer wachsenden Zahl französischer Schriftsteller des einsetzenden 19. Jh. von einer massenhaft um sich greifenden, zeitgenössischen, als modern zu bezeichnenden Popularität in einer Zeit ab, da in Deutschland die nationale Frage bürgerlicher Entwicklung noch weitgehend ungelöst war. Für Deutschland zeichnete sich damit im Unterschied zu Frankreich ab, was Antonio Gramsci später als ein Dilemma auch der italienischen geschichtlichen Situation bezeichnete: das Fehlen einer ›modern-volkstümlichen‹, tatsächlich nationalen volkstümlichen Literatur. Die Konstitution des Volkstümlichen zum ästhetischen Begriff basierte auf eben diesem Mangel.

Das epistemologische Dilemma, das einen romantischen Begriff des Populären in Deutschland prägte, bestand nach Menéndez Pidal darin, »que a los románticos no preocupaba tanto la historia de la poesía popular como su concepto en abstracto«[78] (daß sich die Romantiker nicht so sehr um die Geschichte der Volkspoesie als um ihren abstrakt verstandenen Begriff sorgten). Dieser Tatbestand findet sich eindrucksvoll in Hegels Bestimmung von ›Volkspoesie‹ im Gegensatz zu ›lyrischer, echter Kunstpoesie‹ reflektiert. In seiner *Ästhetik* (1835-1838) formulierte er: »Der allgemeine Charakter nun der lyrischen Volkspoesie ist dem des ursprünglichen Epos nach *der* Seite hin zu vergleichen, daß sich der Dichter als Subjekt nicht heraushebt, sondern sich in seinen Gegenstand hineinverliert. Obschon sich deshalb im Volksliede die konzentrierteste Innigkeit des Gemüts aussprechen kann, so ist es dennoch nicht ein einzelnes Individuum, welches sich darin auch mit seiner subjektiven Eigentümlichkeit künstlerischer Darstellung kenntlich macht, – sondern nur eine Volksempfindung, die das Individuum voll und ganz in sich trägt, insofern es für sich selbst noch kein von der Nation und deren Dasein und Interessen abgelöstes inneres Vorstellen und Empfinden hat. Als Voraussetzung für solche ungetrennte Einheit ist ein Zustand notwendig, in welchem die selbstständige Reflexion und Bildung noch nicht erwacht ist, so daß nun also der Dichter ein als Subjekt zurücktretendes bloßes Organ ist, vermittelst dessen sich das nationale Leben in seiner lyrischen Empfindung und Anschauungsweise äußert. Diese unmittelbare Ursprünglichkeit gibt dem Volksliede allerdings eine reflexionslose Frische kerniger Gedrungenheit und schlagender Wahrheit, die oft von der größten Wirkung ist; aber es erhält dadurch zugleich auch leicht etwas Fragmentarisches, Abgerissenes und einen Mangel an Explikation, der bis zur Unklarheit fortgehn kann.«[79] Im Zwange des Logozentrismus formuliert Hegel weiter: »Das Volkslied liegt noch vor der eigentlichen Ausbildung einer auch prosaischen Gegenwart und Wirklichkeit des Bewußtseins; die lyrische echte Kunstpoesie dagegen entreißt sich dieser bereits vorhandenen Prosa und schafft aus der subjektiv

---

76 Vgl. JOCHEN SCHULTE-SASSE, Die Kritik an der Trivialliteratur seit der Aufklärung. Studien zur Geschichte des modernen Kitschbegriffs (München 1971), 113-129.
77 Vgl. PETER UWE HOHENDAHL, Literarische Kultur im Zeitalter des Liberalismus. 1830-1870 (München 1985), bes. 340f.
78 MENÉNDEZ PIDAL (s. Anm. 27), 19.
79 HEGEL (ÄSTH), 1010.

selbstständig gewordenen Phantasie eine neue poetische Welt der inneren Betrachtung und Empfindung.« (1012) Nachfolgende Attributierungen besagen: »ihrem Inhalte nach häufig roh und barbarisch«, ohne »festen Maßstab«, »weil sie vom Allgemeinmenschlichen zu weit abliegen«, kein »totales Aussprechen des innern Geistes« (1011), werden »leicht trivial und zeugen von keiner schöpferischen Phantasie« (1027). Hegel führte direkt die Verknüpfung des Volkspoesie-Begriffs in deutscher (wenngleich nicht mehr exakt Herderscher) Tradition mit dem arroganten Universalismus des europäischen Projektes der Moderne vor: »Völker, welche es nur zu dergleichen Gedichten, und es weder zu einer weiteren Stufe der Lyrik noch zu Epopöen und dramatischen Werken bringen, sind deshalb meist halbrohe, barbarische Nationen von unausgebildeter Wirklichkeit« (1010); »in dieser Rücksicht scheidet sich die […] lyrische *Kunstpoesie* ausdrücklich von dem Volksliede ab« (1012).

In einem Land wie Spanien (und neuere Untersuchungen konstatieren für Lateinamerika ähnliche Tendenzen) hat gerade die Tradition des über Epochen hinweg lebendigen und auch im 18. und 19. Jh. wandelbar gebliebenen populären Romancero das ästhetische Denken in anderer Richtung beeinflußt. Darauf fußt Menéndez Pidals Kritik des romantischen Begriffs von volkstümlich, welche aus dem Vorhandensein »de muchas versiones orales modernas«[80] (von vielen modernen mündlichen Versionen) des Romancero das gängige Schema in Frage stellt, daß ›la poesía popular‹ der ›poesía de arte individual‹ vorgängig und untergeordnet sei. Demgegenüber faßt der spanische Literarhistoriker ›poesía popular‹ nicht als mythisch geprägte Naturpoesie auf, sondern schlägt eine Unterscheidung der Begriffe ›poesía popular‹ und ›poesía tradicional‹ vor. ›Tradicionalidad‹ rekuriert auf Historizität (des Populären), während ›popularidad‹ (des Populären) auf Erscheinungen der Mode, der effektvollen Verbreitung, der Kurzlebigkeit verweist. Für ›poesía tradicional‹ heißt es: »su duración en la memoria del pueblo es mucha, por lo general de varios siglos. Asimilado por el pueblo, mirado como patrimonio cultural de todos, cada uno se siente dueño de él por herencia, lo repite como suyo, con autoridad de coautor; al repetirlo, lo ajusta y amolda espontáneamente a su más natural manera de expresión, y así, al propagarse en el canto de todos, se han ido fijando en el texto de la canción algunas modificaciones, hondas unas, menudas otras, decisivas todas para irlo acomodando a la índole más connatural del pueblo entero.« (45; Ihr Fortleben im Gedächtnis des Volkes erstreckt sich im allgemeinen über mehrere Jahrhunderte. Da sie vom Volk assimiliert und als kulturelles Erbe aller angesehen wird, fühlt sich ein jeder als ihr Eigentümer, wiederholt sie wie selbstverständlich und mit der Autorität des Koautors; indem er sie wiederholt, formt und gestaltet er sie spontan nach seiner natürlichsten Ausdrucksart, und auf diese Weise, in den Gesang aller eingehend, haben sich im Liedtext schrittweise einige Veränderungen niedergeschlagen, tiefgreifend die einen, geringfügig die anderen, allesamt entscheidend für seine schrittweise Anpassung an das naturgemäße Wesen des ganzen Volkes.) Die im Ergebnis des romantischen Einflusses in Europa weit verbreitete Gegenüberstellung von Volkslied, Volkspoesie einerseits und Kunstlied, Kunstpoesie andererseits wird als unhistorisch kritisiert, »pues no podemos negar arte, en sentido general estético, a la poesía popular; y aunque sostuviéramos que ésta sólo tiene el arte espontáneo e inconsciente, no el arte del estudio y de las reglas, igualmente muchos poetas ›de arte‹ no saben nada de reglas ni de técnica, ni quieren saber de ellas« (46; denn wir können der Volkspoesie den Kunstcharakter in einem allgemeinen ästhetischen Sinne nicht absprechen; und selbst wenn wir behaupten, daß diese nur spontane und unbewußte Kunst ist, nicht die Kunst des Studiums und der Regeln, so wissen auch viele ›Kunstdichter‹ weder etwas von Regeln noch von Technik, noch wollen sie von diesen etwas wissen). Menéndez Pidal stellt, wenngleich wesentlich später als die Romantiker, so doch mit dem Blick auf die Entwicklungen der Volkspoesie in den romanischen Ländern im 18. und 19. Jh., einen dualistischen ästhetischen Begriff von ›popular‹ in Frage. Zwar wird ›poesía popular‹ als ›poesía colectiva‹ von »poesía individual« unterschieden, doch ist die paradoxale Verfaßtheit einer »tradicionalidad moderna« (XVII), d. h. des Wiederauflebens des Po-

---

80 MENÉNDEZ PIDAL (s. Anm. 27), XVII.

pulären und seines Wandels in der Moderne, gerade in den romanischen Ländern ein markantes Kennzeichen der Historizität der »poesía popular« (47).[81] Wollte man die europäischen Hauptakzente der Herausbildung des Begriffsfeldes volksartig/populär/volkstümlich bis zur Mitte des 19. Jh. resümieren, so ergeben sich tendenziell eine deutsche ästhetische Semantik von ›volksartig-poetisch‹, eine französische politische Sinngebung von ›peuple‹ und eine britische Konzeption von ›folklore‹ als Ausgangspunkt ethnographischer Bedeutung. In den kulturell und regional spezifischeren Kontexten der europäischen literarischen Romantik lassen sich auch andere Semantiken nachweisen. Gerade für Länder wie England, Frankreich und Italien hat Mario Praz gezeigt, daß in der sog. zweiten oder späten Romantik Themen, narrative Topoi und mediale Dispositive verbreitet waren, die aus latenten populären, nicht selten religiösen Praktiken transgressive Aspekte entlehnten und ästhetisierten (Vampirismus, Okkultismus, Ritualisierung des Sexuellen usw.). Von traditioneller Literaturkritik abwertend als Dekadenz bezeichnet, artikulierten diese Tendenzen ›unreine‹ Konzepte des Populären[82], die zunehmend in das Arsenal literarischer und filmischer Massenkultur eingehen und im 20. Jh. von einem heterogenen Publikum rezipiert werden.

Unter nordamerikanischen Verhältnissen ist die Entwicklung von ›popular‹ zum ästhetisch relevanten Begriff anders als in Europa verlaufen. Sie steht in Verbindung mit Vorstellungen von der Ursprüngen moderner amerikanischer Kultur, für die ›popular‹ nicht nur in politischer, sondern auch in bildungsbezogener und religiöser Hinsicht wegweisend ist. Noah Websters *American Dictionary of the English Language* (1831) gibt unter dem Stichwort ›popular‹ die Bestimmungen »1. Pertaining to the common people. 2. Suitable to common people; familiar; [...] easy to be comprehended; not critical or abstruse. 3. Beloved by the people; enjoying the favor of the people; [...] 4. Ambitious, studious of the favor of the people.«[83] Die Ausgaben des *Dictionary* von 1848, 1852 und 1857 enthalten als Zusatz die folgende Anmerkung: »Popular, at least in the United States, is not synonymous with vulgar; the latter being applied to the lower classes of people, the illiterate and lowbread; the former is applied to all classes, or to the body of the people, including a great portion, at least, of well-educated citizens.«[84] Die Anmerkung zielt auf eine dezidierte Unterscheidung von der englischen und europäischen Semantik: Alte politische Sinngehalte wirken zwar in den USA weiter, doch ist charakteristisch, daß in der Geburtsphase der amerikanischen Nation tendenziell der Nexus von populär, niedrig, vulgär und ungebildet verschwindet.

Alexis de Tocqueville formuliert 1835 in *De la démocratie en Amérique* das Konzept einer »tyrannie de la majorité«[85], mit dem er eine ›Egalitarisierung‹ sozialen Lebens bezeichnet, die so stark ausgeprägt ist, daß sie der ›populären Masse‹ eine nations- und (kulturell) modernitätsstiftende Rolle zuerkennt. Das Populäre bekundet sich nach dem englisch-amerikanischen Krieg vor allem in einer republikanisch inszenierten ›civic religion‹, einer »säkularisierten Staatsreligion des Amerikanismus«: Popularität wird damit zum wichtigsten Legitimationskriterium von Kultur. »Auch die hohe Kultur kann sich dem Druck dieser republikanischen Norm nicht entziehen. [...] Wollen sie nicht ins Gekünstelte und Affektierte fliehen, müssen die Dichter der Nation sich mit dem ›vernacular‹ abgeben, ihn sich erobern und unterwerfen, wie es Mark Twain und Walt Whitman vermochten.«[86] Matthew Arnold war einer der Autoren, der neben Tocqueville die Entwicklungen in Amerika skeptisch betrachtete. Das Denken Arnolds, der als eine der maßgeblichen kulturkritischen Stimmen

---

81 Vgl. ALFONSO REYES, Marsyas o del tema popular (1941), in: Reyes, Obras completas, Bd. 14 (Mexiko 1962), 52–81.
82 Vgl. MARIO PRAZ, La carne, la morte e il diavolo nella letteratura romantica (1930; Florenz 1976), 41–67.
83 ›Popular‹, in: NOAH WEBSTER, An American Dictionary of the English Language (New York 1831), 625.
84 ›Popular‹, in: ebd. (Springfield, Mass. 1852), 846.
85 ALEXIS DE TOCQUEVILLE, De la démocratie en Amérique (1835), in: Tocqueville, Œuvres, papiers et correspondances, hg. v. J.-P. Mayer, Bd. 1 (Paris 1951), 261.
86 BERNDT OSTENDORF, Die populäre Kultur in der amerikanischen Geschichte, in: W. Krömer/O. Menghin (Hg.), Die Geisteswissenschaften stellen sich vor (Innsbruck 1983), 225.

Englands im 19. Jh. ein Fürsprecher ›gelehrter‹ Trennung von hoher und niederer Kultur ist, macht deutlich, daß sich auch in Großbritannien die Dichotomisierung der Kunst und Kultur durchgesetzt hatte. Die von Herder hochgeschätzten Spencer und Shakespeare hatten zwar der Dichotomisierung einerseits widerstanden, waren aber in ihrem Rezeptionsprozeß nicht außerhalb von Dichotomieprozessen zu denken, d. h. von Entwicklungen, die in England unter andersartigen Vorzeichen und früher als in Deutschland verlaufen sind und in denen ›Volkskultur‹ zunehmend von den Bestrebungen des Humanismus/Protestantismus/Puritanismus begradigt wurde. Auf diese beruft sich Arnold implizit, wenn er in *Culture and Anarchy* (1869) über die Kluft zwischen Europa und den USA räsoniert, herausgefordert durch jenen neuen, ›populären‹ Zusammenhang von Politik, Religion und Kultur, der sich nach 1815 in Gestalt der republikanischen amerikanischen Öffentlichkeit zeigte. Eine Verarmung der neuen großen Nation sah Arnold im denkwürdigen Phänomen, daß die »middle class« – »the Philistines« – plötzlich und mit großem Erfolg den Nährboden für eine soziokulturelle Gesamtheit lieferten: »the strongest and most vital part of English Philistinism was the Puritan and Hebraising middle class […], so it is notorious that the people of the United States issues from this class, and reproduces its tendencies, – its narrow conception of man's spiritual range.«[87] Arnold spricht expressis verbis von einem ›falschen Kulturbegriff‹, der es Amerika unmöglich mache, Kultur als Unternehmen einer geistig-zivilisatorischen Veredelung, als »pursuit of our total perfection« (190), zu begreifen. »Because to enable and stir up people to read their Bible and the newspapers, and to get a practical knowledge of their business, does not serve to the higher spiritual life of a nation so much as culture, truly conceived, serves; and a true conception of culture is […] just what America fails in.« (201) Arnold antizipiert eine Schattierung der elitären Adorno-Horkheimerschen Kulturkonzeption, wenn er im Angesicht der amerikanischen ›Gefahr‹ das Populäre mit dem Massenhaften gleichsetzt und beide Kategorien vom Normenkanon einer westeuropäisch hochkulturell aufgefaßten Moderne distanziert (»the dangers which come from the multitude being in power, with no adequate ideal to elevate or guide the multitude« [15]).

III. Russische Konzeptionen zwischen Slawophilie und sozialistischem Realismus

In Rußlands intellektuellen Debatten gewann im Anschluß an Peter den Großen und die kulturelle Öffnung nach Westeuropa im 18. Jh., insbesondere seit den 20er Jahren des 19. Jh., der Terminus народность (narodnost') – annähernd: ›Volkstümlichkeit‹, später mit ›Volksverbundenheit‹ übersetzt – nachhaltige Bedeutung. Seine begrifflichen Konturen begannen sich offenbar im 18. Jh. in den Diskussionen um das ›alte‹ und ›neue‹ Rußland herauszubilden. In den literarischen Selbstbestimmungen Rußlands in der ersten Hälfte des 19. Jh. wirkte besonders stark die westeuropäische Romantik, wurden im engeren Sinne die Auffassungen Herders und das Schaffen der Gebrüder Grimm rezipiert.

Das semantische Profil des Terminus war vom Bezug (Volks-) Poesie-Seele-Geist geprägt. In der Verbindung von populär und national im Adjektiv народный (narodnyj) war eine den Romantikern nahekommende modern-kritische Sicht noch nicht angelegt, vielmehr verdeutlichte sich die Suche nach einem im ›Volke‹ verwurzelten Potential für einen eigenständigen russischen Beitrag zur Zivilisation. Der häufig lyrisch akzentuierte Gedanke von Nationalkultur, für den die aus der mündlichen Rede erwachsene Erzählkunst Aleksandr S. Puškins und dessen nachfolgende Bewertung[88] wegweisend wurden, berücksichtigte von vornherein das Plebejertum eines ländlichen Rußlands, aus dem (ähnlich auch in anderen slawischen Ländern) das Kriterium der Tradition als ethischem und poetischem Wegweiser in die Zukunft abgeleitet wurde. Vissarion G. Belinskij resümierte eine im

---

87 MATTHEW ARNOLD, Culture and Anarchy (1869), in: Arnold, Culture and Anarchy and other writings, hg. v. S. Collini (Cambridge u. a. 1993), 104, 199.
88 Vgl. BORIS ĖJCHENBAUM, Probleme der Poetik Puschkins (1921), in: Ėjchenbaum, Aufsätze zur Theorie und Geschichte der Literatur, hg. u. übers. v. A. Kaempfe (Frankfurt a. M. 1965), 90, 92, 95–98.

19. Jh. verbreitete intellektuelle Haltung, wenn er narodnost' zum konstitutiven Kriterium für den Eigenwert der russischen Literatur erklärte: Die unverwechselbare Physiognomie des ›mächtigen russischen Volkes‹ sollte aufklärerisch aus ihrem naiven Zustand erweckt werden und mit Hilfe eines Kunstausdrucks und einer Literatursprache, die Belinskij zufolge denen der Westeuropäer ebenbürtig waren, zu ihrem Wesen gelangen.[89]

Das slawophile Denken hat Bestimmungen russischer Besonderheiten hervorgebracht, die Bestandteil einer bis in die Gegenwart reichenden ästhetischen Debatte geworden sind. Ivan V. Kireevskij, einer seiner wichtigsten Begründer, unternahm mehrere Reisen nach Deutschland und führte in den 30er Jahren des 19. Jh. selbst eine große russische Volksliedsammlung durch. In *O charaktere prosveščenija Evropy i o ego otnošenii k prosveščeniju Rossii* (1852; Über den Charakter der Bildung Europas und ihr Verhältnis zur Bildung Rußlands) bestimmte er ›narodničestvo‹ als religiös-ethische Grundhaltung in den einfachen Menschen des Volkes, und er setzte, geschichtsphilosophisch an Herder anknüpfend, die Anlagen für eine integrale christliche Zivilisation, die im alten orthodox-patristischen Rußland zu finden wären, einer gefühllosen metaphysischen Verflachung westlicher Kultur entgegen. Während das westliche Denken eine Formalisierung von Geist und Kunst durch abstrakte Kategorien der Logik und Schönheit durchgesetzt habe, wollte Kireevskij Schönheit unter der Maßgabe von Wahrhaftigkeit als »живое, цельное понимание внутренней, духовной жизни« (lebendige unmittelbare Auffassung des inneren, geistigen Lebens)[90] verstanden wissen. Die Befähigung des russischen Volkes zur sittlichen Bereicherung der Menschheit hat auch Fëdor M. Dostoevskij besonders betont, und 1861 formuliert er: »народ наш [...] носитель Христа« (unser Volk ist [...] ein Träger Christi)[91]. Puškin habe, so Dostoevskij, diese zukunftsweisenden Kräfte im Kontrast zum westlichen Rationalismus als erster nachempfindbar gemacht. Aus einer brüderlichen, zugleich allmenschlich gefaßten Volkskultur könnten die auch den anderen Kulturen offenstehenden Kräfte eines weltumspannenden Mitgefühls erwachsen: So gefaßt bedeutet russische Identität, »стремиться внести примирение в европейские противоречия уже окончательно, указать исход европейской тоске в своей русской душе, всечеловечной и всесоединяющей, вместить в нее с братскою любовью всех наших братьев, а в конце концов, может быть, и изречь окончательное слово великой, общей гармонии, братского окончательного согласия всех племен по Христову евангельскому закону!« (die europäischen Widersprüche in sich endgültig zu versöhnen, der europäischen Sehnsucht in der russischen allmenschlichen und allvereinenden Seele den Ausweg zu zeigen, in dieser Seele sie alle in brüderlicher Liebe aufzunehmen und so vielleicht das letzte Wort der großen, allgemeinen Harmonie, des brüderlichen Einvernehmens aller Völker nach dem evangelischen Gesetz Christi auszusprechen)[92].

Während die Slawophilen den Begriff mit Hilfe der Literatur kulturgeschichtlich und ethnographisch anreicherten, leiteten nach der Jahrhundertmitte die sog. Volkstümler aus der sozialen Situation der ländlichen russischen Bevölkerung die Notwendigkeit eines gesellschaftspolitischen Wandels ab. Es handelte sich um eine auf Ideen der Bauerndemokratie und des utopischen Sozialismus gestützte Bewegung, die 1873 und 1874 zahlreiche Schriftsteller in das einfache Landleben führte und sie zu Aktivisten eines alternativen Gemeinwesens machte. Ihre wichtigsten Stimmen waren Aleksandr Gercen, Nikolaj Černyševskij und Nikolaj Dobroljubov. Die gegen den Zarismus gerichteten Gedichte der Volkstümler, im Ausland gedruckt

---

89 Vgl. VISSARION G. BELINSKIJ, Literaturnye mečtanija in: Belinskij, Sobranie sočinenij v trëch tomach, Bd. 1 (Moskau 1948), 87.
90 IVAN V. KIREEVSKIJ, O charaktere prosveščenija Evropy i o ego otnošenii k prosveščeniju Rossii (1852), in: Kireevskij, Izbrannye stat'i (Moskau 1984), 217; dt.: Über den Charakter der Bildung Europas und ihr Verhältnis zur Bildung Russlands, in: Kireevskij, Russland und Europa, übers. u. hg. v. N. von Bubnoff (Stuttgart 1948), 23.
91 FËDOR M. DOSTOEVSKIJ, Dnevnik pisatelja na 1880 god, in: Dostoevskij, Polnoe sobranie sočinenij v tridcati tomach, Bd. 6 (Leningrad 1984), 170; dt.: Tagebuch eines Schriftstellers, übers. v. E. K. Rahsin (München/Zürich ⁸1996), 548.
92 Ebd., 148; dt. 505.

und in Rußland illegal verbreitet, gelten später als wichtige historische Quelle »revolutionärer Aufklärung« und »proletarischer Lyrik«, auf die sich Auffassungen des »sozialistischen Realismus«[93] berufen. Im Zusammenhang der Begriffsentwicklung weitgehend unterschätzt sind die wenige Jahrzehnte später formulierten Konzepte und Programme der russischen Anarchisten, deren Hinwendung zu den Volksmassen Züge einer nichtmetaphysischen Ästhetik in sich barg, auf die erst später Michail Bachtin, Edward P. Thompson und Historiker der Gegenwart zurückkommen sollten. Michail Bakunin und Pëtr Kropotkin, und in gewisser Hinsicht Lev Tolstoj, hielten den Dualismus zwischen ›hoher‹ und ›niederer‹ Kultur für fehlorientiert, weil er die Materialität und in dieser die Ambivalenz einer ›informellen‹ volkstümlichen Ästhetik übersah: die soziale und politische Funktion populärer Alltagsrituale und Praktiken, die weniger auf die Überwindung als auf eine Inversion und Karnevalisierung herrschender Ungerechtigkeiten orientiert war.[94] Unter der Rubrik ›Primitive Man‹ schrieb Kropotkin 1891: »it is one of the most interesting studies to follow that daily life of the masses; to study the means by which they maintained their own conceptions of equity, mutual aid [...] – of common law, in a word, even when they were submitted to the most ferocious theocracy or autocracy in the State.«[95] Die Vorstellung von einer populären als einer nicht-dichotomischen Ästhetik war in diesen Gedanken bereits angelegt. Jesús Martín-Barbero weist auf wichtige ästhetische Gemeinsamkeiten der russischen und spanischen Anarchisten jener Zeit hin: »el rasgo primordial [de una estética anarquista – d. Verf.] será [...] la continuidad del arte con la vida, encarnado en el proyecto de luchar contra todo lo que separe al arte de la vida. Ya que más que en las obras donde el arte reside es en la experiencia. Y no es en la de unos hombres especiales, los artistasgenios, sino hasta en la del hombre más humilde que sabe narrar o cantar o pulir la madera. Los anarquistas están contra la obra maestra y los museos pero no por ›terroristas‹, por un ›insano amor de la destrucción‹ como piensan sus críticos, sino por militar en favor de *un arte en situación*, concepción que surge de trasladar al espacio estético su concepto político de la ›acción directa‹.«[96] (Das wichtigste Merkmal [einer anarchistischen Ästhetik – d. Verf.] besteht in der Kontinuität zwischen Kunst und Leben, verkörpert im Projekt des Kampfs gegen alles, was die Kunst und das Leben trennt. Denn mehr als in den Kunstwerken ist die Kunst in der Erfahrung zu Hause; nicht in derjenigen einiger spezieller Menschen, der Künstler-Genies, sondern selbst der des einfachsten Menschen, der zu erzählen, zu singen oder das Holz zu polieren weiß. Die Anarchisten richten sich gegen das hohe Kunstwerk und die Museen, doch nicht weil sie, wie ihre Kritiker meinen, Terroristen mit einem ›ungesunden Hang zur Zerstörung‹ wären, sondern weil sie für eine *Situationskunst* eintreten – eine Konzeption, die dadurch entsteht, daß ihr politisches Konzept der ›direkten Aktion‹ in den ästhetischen Raum übertragen wird.)

Im russisch-sowjetischen Kontext avancierte der Begriff der Volkstümlichkeit in den Diskussionen um den ›sozialistischen Realismus‹ zu einem gesellschaftlichen und politischen Zentralbegriff. Anatolij V. Lunačarskij sprach 1928 davon, daß »после революции [...] у нас появляются сотни и тысячи новых писателей из народных низов. Здесь твердая руководящая критика [...] вплоть до просто очень добросовестного и знающего литературное ремесло работника, безусловно, нужны.« (nach der Revolution [...] bei uns Hunderte und Tausende von neuen Schriftstellern aus den Volkstiefen auftauchen. Hier ist eine feste lenkende Kritik [...], bis zu dem einfach sehr gewissenhaften und im literarischen Handwerk bewanderten Funktionär, unbedingt

---

93 Vgl. GERHARD DUDEK, ›Volkstümler‹, in: Träger (s. Anm. 65), 558.
94 Vgl. PËTR A. KROPOTKIN, Mutual Aid Among Savages (1891), in: Kropotkin, Selections From His Writings, hg. v. H. Read (London 1942), 94 f.; KROPOTKIN, Revolutionary Pamphlets, hg. v. R. Baldwin (New York 1927), 51.
95 KROPOTKIN, Mutual Aid Among Savages (s. Anm. 94), 46.
96 JESÚS MARTÍN-BARBERO, De los medios a las mediaciones. Comunicación, cultura y hegemonía (Barcelona 1987), 24; vgl. LILY LITVAK, Musa libertaria (Barcelona 1981); ANDRÉ RESZLER, La estética anarquista (Mexiko 1974).

nötig.)⁹⁷ Bereits vorher hatte er in *Revoljucija i iskusstvo* (Die Revolution und die Kunst, 1920) verkündet, daß die Revolution als Projekt für die Massen einer kommunistischen Erziehung und Erhöhung des Volkes bedürfe, die der Volkskunst ›ihren wirklichen Platz zurückgebe‹: »Вернут [...] его настоящее место. Народный праздник всеми искусствами украсит окружающую его раму, которая будет звучать музыкой и хорами, выражать его чувства и идеи спектаклями на нескольких подмостках, песнями, декламацией стихотворений [...] в ликующей толпе, – которая сольёт потом все во всеобщем действии.« (Das Volksfest wird sich mit allen Künsten umrahmen, wird von Musik und Chören erschallen, wird seine Gefühle und Gedanken durch Aufführungen auf Freilichtbühnen, durch Gesänge und Gedichtrezitationen [...] in einer jubelnden Menge zum Ausdruck bringen, die dann ganz in der Gesamthandlung aufgehen wird.)⁹⁸ Der propagandistischen Tonart unbesehen, wurde das an Einfluß gewinnende Prinzip formuliert, den Massen kulturell und künstlerisch eine positive, d. h. eine als modern und demokratisch verstandene Mission zu vermitteln. Die programmatischen Grundlagen für eine Verkopplung von Kunst- und Gesellschaftspolitik unter der Maxime eines ›sozialistischen Realismus‹ wurden 1934 in Moskau auf dem Ersten Allunionskongreß der Sowjetschriftsteller gelegt. Maksim Gorkij, der bereits 1906 seinen proletarischen Roman *Мать* (*Die Mutter*) veröffentlicht hatte und der selbst in der Tradition der russischen ›Narodniki‹ des 19. Jh. stand, entwarf auf dem Kongreß die Grundsätze einer neuen Auffassung von ›Volkstümlichkeit‹.

Gorkijs Rede auf dem Gründungskongreß des Schriftstellerverbandes, *Doklad o sovetskoj literature* (*Über sowjetische Literatur*), brachte das russische Selbst- als Traditionsbewußtsein mit utopischem Gestus auf einen menschheitlichen Punkt, wobei er die Literatur auf einen volkstümlichen Urgrund künstlerischen Schaffens orientierte: »Идеализируя способности людей и как бы предчувствуя их мощное развитие, мифотворчество, в основах своих, было реалистично.« (Die Mythendichtung idealisierte die Fähigkeit der Menschen, ahnte ihre machtvolle Entwicklung gleichsam voraus und war in ihrem Wesen realistisch.)⁹⁹ Im Gorkijschen Duktus ist ›Realismus‹ eine projektive Aufgabe, die aufgrund ihres affektiven Bezugs auf eine lebendige folkloristische Tradition nicht einfach auf einen später rationalistisch und ideologisch zunehmend begradigten offiziellen Diskurs der Volkstümlichkeit reduziert werden kann. Der Schriftsteller assoziiert ›fol'klor‹ (Folklore) mit einem großen geschichtlichen Projekt, ja er versucht, aus der kulturellen Vorvergangenheit die Ursprünge einer revolutionären Ethik der ›arbeitenden Massen‹ abzuleiten. »Подлинную историю трудового народа нельзя знать, не зная устного народного творчества, [...] От глубокой древности фольклор неотступно и своеобразно сопутствует истории.« (Man kann die wirkliche Geschichte des arbeitenden Volkes nicht kennenlernen, ohne das mündliche Volksschaffen zu studieren. [...] Seit dem tiefsten Altertum ist die Folklore der ständige und originelle Begleiter der Geschichte.) (10; dt. 64) Über den tieferen Sinn der alten Märchen, Mythen und Legenden heißt es: »Смысл этот сводится к стремлению древних рабочих людей облегчить свой труд, усилить его продуктивность, вооружиться против четвероногих и двуногих врагов, а также силою слова, приемов ›заговоров‹, ›заклинаний‹ повлиять на стихийные, враждебные людям явления природы.« (Der Sinn besteht im Streben der arbeitenden Menschen des Altertums, ihre Arbeit zu erleichtern, deren Produktivität zu steigern, sich gegen die vierbeinigen und zweibeinigen Feinde zu bewaffnen, aber

---

97 ANATOLIJ V. LUNAČARSKIJ, Tezisy o zadačach marksistskoj kritiki (1928), in: Lunačarskij, Sobranie sočinenij, Bd. 8 (Moskau 1967), 16; dt.: Thesen über die Aufgaben der marxistischen Kritik, in: Lunačarskij, Die Revolution und die Kunst. Essays, Reden. Notizen, hg. u. übers. v. F. Leschnitzer (Dresden 1962), 15.
98 LUNAČARSKIJ, Revoljucija i iskusstvo (1920), in: ebd., Bd. 7 (Moskau 1967), 296; dt.: Die Revolution und die Kunst, in: ebd., 28.
99 MAKSIM GORKIJ, Doklad o sovetskoj literature, in: Pervyj vsesojuznyj s"ezd sovetskich pisatelej. Stenografičeskij otčet (Moskau 1934), 6; dt.: Über sowjetische Literatur (1934), in: H.-J. Schmitt/G. Schramm (Hg.), Sozialistische Realismuskonzeptionen. Dokumente zum I. Allunionskongreß der Sowjetschriftsteller (Frankfurt a. M. 1974), 53.

auch kraft des Wortes, mit ›Beschwörungsformeln‹ und ›Zaubersprüchen‹, die elementaren, den Menschen feindlichen Naturerscheinungen zu beeinflussen.) (6; dt. 53) Im Hinblick auf einen populären Subjektbegriff beachtenswert ist Gorkijs Feststellung: »Фольклору совершенно чужд пессимизм, невзирая на тот факт, что творцы фольклора жили тяжело« (Der Folklore ist [...] Pessimismus völlig fremd, obwohl ihre Schöpfer ein schweres und qualvolles Leben führten) (8; dt. 58). Der Versuch einer materialistischen Historisierung von Literatur und Dichtung – die Aufmerksamkeit für die gemeinschaftsstiftenden Potentiale vorschriftlicher Erzählkultur – gipfelt im Postulat eines revolutionären Realismus, das Romantik als eine Haltung der Weltveränderung verstehen will: »Миф – это вымысел. Вымыслить – значит извлечь из суммы реально данного основной его смысл и воплотить в образ – так мы получили реализм. Но если к смыслу извлечений из реально данного добавить, домыслить, – по логике гипотезы – желаемое, возможное – получим тот романтизм, который лежит в основе мифа и высоко полезен тем, что способствует возбуждению революционного отношения к действительности, отношения, практически изменяющего мир.« (Die Mythe ist eine Schöpfung dichterischer Phantasie. Etwas erdichten heißt, aus der Gesamtheit der realen Gegebenheiten den Hauptsinn extrahieren und ihn in einer Gestalt zu verkörpern – so entsteht der Realismus. Wenn man aber zu dem extrahierten Sinn der realen Gegebenheiten das Gewünschte und Mögliche hinzufügt, [...] erhält man jene Romantik, die der Mythe zugrunde liegt und äußerst nützlich ist, weil sie die Entfaltung eines revolutionären Verhältnisses zur Wirklichkeit fördert, das die Welt praktisch verändert.) (10; dt. 64)

Auf die ideologischen Ansprüche an Kunst bezogen, die die Programme des sozialistischen Realismus nach dem Schriftstellerkongreß von 1934 geltend machten, entwickelte sich narodnyj/volkstümlich/volksverbunden zu einer zentralen Regulierungskategorie. Nach 1936 hat die Ždanovsche Kulturpolitik die totalitaristische Entartung des Begriffs vorangetrieben. Für Gorkij jedoch war Volkstümlichkeit in erster Linie Legitimat für eine sozialistische Kulturrevolution, die auf Alphabetisierung und ›Kultivierung‹ werktätiger Massen gerichtet war, d. h. auf jene demokratischen Veränderungen, die von hoher Literatur aus nicht zu bewerkstelligen waren. Gorkijs Auffassungen spiegelten das existentielle und zugleich utopische Bemühen wider, Volks- und Schriftstellererziehung zusammenzuführen. Gerade das Beispiel eines Jurij Tynjanov zeigt, daß von den 20er bis zu den 40er Jahren das Problem einer ›nicht-genialen‹ (Massen-)Literatur und damit einer andersartigen Bestimmung und Beeinflussung des literarischen Prozesses in unterschiedlichster Hinsicht latent war.[100] Dies hatte wesentlich mit einer höchst lebendigen volkskulturellen Tradition in Rußland zu tun, die dann unter Stalin staatspolitisch begradigt wurde.[101] Die kulturelle Entmachtung dieser Tradition ist jedoch letztlich nicht gelungen, vielmehr hat sowjetische Kunst sich ihr immer wieder genähert und eine Vielzahl heterogener (interkultureller) filmischer, theaterdramatischer und literarischer Werke hervorgebracht.

Die Überlegungen um die Bestimmung einer ›volkstümlich-sozialistischen‹ als einer alternativen Literatur fallen, situiert man sie in vergleichenden europäischen Bezügen, weitaus differenzierter aus, als es Normenkataloge staatlich regulierter Politiken eines sozialistischen Realismus (einst in der Sowjetunion und nach dem 2. Weltkrieg auch in den Ländern des osteuropäischen Realsozialismus) zu reflektieren vermögen. Diese Überlegungen sind in umfassenderem Sinne mit dem Problemfeld des ›Populismus‹[102] als einer Frage uneinheitlicher Modernisierungs- und Nationsbildungsprozesse verbunden (vgl. im Folgeteil die Auffassungen Gramscis). In ihnen finden die Konflikte um das

100 Vgl. LEV D. GUDKOV/BORIS V. DUBIN, Ponjatie Literatury u Tynjanova i Ideologija literatury v Rossii, in: Tynjanovskij sbornik. Vtorye Tynjanovskie čtenija (Riga 1986), 224.
101 Vgl. HANS-JÜRGEN SCHMITT, Einleitung, in: Schmitt/Schramm (s. Anm. 99), 9–16; SCHMITT, Die Realismuskonzeptionen in den kulturpolitischen Debatten der dreißiger Jahre. Zur Theorie einer sozialistischen Literatur, in: Schmitt (Hg.), Einführung in Theorie, Geschichte und Funktion der DDR-Literatur (Stuttgart 1975), 7–36.
102 Vgl. MARTÍN-BARBERO (s. Anm. 96), 170–172.

Verhältnis von Intellektuellen und Politik, und insbesondere um die Fragen einer nicht-auratischen (nach-auratischen) Kunst im Angesicht der Umbruchsprozesse des 20. Jh. eine ihrer wichtigsten und schwierigsten Projektionsflächen. Intellektuelle wie Gramsci, Bertolt Brecht, Hanns Eisler, Romain Rolland, Ernst Bloch und zahlreiche andere haben vor dem Hintergrund der (nach-)revolutionären Entwicklungen in der Sowjetunion, des aufkommenden Faschismus und der Volksfrontbewegung zur Unterstützung der Spanischen Republik immer wieder intensiv darüber reflektiert.

In den Überlegungen, die wesentlich später in der DDR um eine sozialistisch engagierte Ästhetik angestellt wurden, tauchte häufig das Prinzip der ›Volksverbundenheit‹ auf.[103] In *Ästhetik der Kunst* (1987) wird ›populär‹ in Zusammenhänge einer aufklärerisch orientierten Konzeption à la Peter Weiss, zugleich aber einer nicht-dichotomischen Sicht von Massenkultur gestellt: »Es ist zu fragen, wie die volksverbundene, politisch progressive moderne Kunst nach dem Modell von ›Aufklärung‹ und aktiver Beeinflussung der Volksmassen volkstümlich, populär werden *könnte* [...]. Zu fragen ist [...] auch [...], was in den populären, massenhaft verbreiteten Kunstformen – und das betrifft auch die durch die kapitalistische Kulturindustrie zugleich entfalteten und verwerteten progressiven Potentiale – an Elementen authentischer, echter Volkserfahrung enthalten ist«[104].

Bertolt Brecht schrieb 1938/1939 seinen Aufsatz *Volkstümlichkeit und Realismus* maßgeblich unter dem Eindruck des sowjetischen Schriftstellerkongresses, und er sandte den Text nach Moskau an Alfred Kurella für eine Veröffentlichung in der Zeitschrift *Das Wort*. Der Text wurde in Moskau nicht publiziert. In ihm hieß es: »Es wäre ein Irrtum, diese Begriffe [Volkstümlichkeit und Realismus – d. Verf.] für ganz geklärt, geschichtslos, unkompromittiert, eindeutig zu halten. [...] Der Begriff *volkstümlich* selber ist nicht allzu volkstümlich. Es ist nicht realistisch, dies zu glauben. Eine ganze Reihe von ›Tümlichkeiten‹ müssen mit Vorsicht betrachtet werden. Man denke nur an *Brauchtum, Königstum, Heiligtum*, und man weiß, daß auch *Volkstum* einen ganz besonderen, sakralen, feierlichen und verdächtigen Klang an sich hat, den wir keineswegs überhören dürfen. Wir dürfen diesen verdächtigen Klang nicht überhören, weil wir den Begriff *volkstümlich* unbedingt brauchen.«[105] Brechts Bemühen, den Begriff zu historisieren und zugleich zu objektivieren, zeigte sich in der Bestimmung von Volk als »breite, arbeitende Masse«, die eine »Masse der Leidenden« (406) ist. Er plädierte für eine ›Reinigung‹ des Begriffs von jenen Bedeutungen, die der Klasse der Herrschenden dienten. Unter dem Eindruck des Faschismus und des Spanienkrieges formulierte er: »Das Volk hat sich deutlicher getrennt von seiner Oberschicht, seine Unterdrücker und Ausbeuter sind aus ihm herausgetreten und haben sich in einen nicht mehr übersehbaren, blutigen Kampf mit ihm verwickelt. Es ist leichter geworden, Partei zu ergreifen.« (406) Eine für das Volk (d. h. weniger mit dem Volk) engagierte, ›volksverbundene‹ literarische Ästhetik besagte: »den breiten Massen verständlich, ihre Ausdrucksform aufnehmend und bereichernd / ihren Standpunkt einnehmend, befestigend und korrigierend / den fortschrittlichsten Teil des Volkes so vertretend, daß er die Führung übernehmen kann, also auch den andern Teilen des Volkes verständlich / anknüpfend an die Traditionen, sie weiterführend / dem zur Führung strebenden Teil des Volkes Errungenschaften des jetzt führenden Teils übermittelnd.« (408) »Volkstümliche Kunst« meint »Kunst für die breiten Volksmassen [...], für die vielen, die von den wenigen unterdrückt werden, ›die Völker selber‹, die Masse der Produzierenden, die so lange das Objekt der Politik war und die das Subjekt der Politik werden muß.« (407)

Zugleich ist wiederholt zu lesen, daß die Kriterien für Volkstümlichkeit (und Realismus) nicht formalistischer Natur sein sollen: »dürfen wir uns nicht an ›erprobte‹ Regeln des Erzählens, ehrwürdige Vorbilder der Literatur, ewige ästhetische Gesetze klammern« (408). Brechts Text gestattet unterhalb seiner affirmativen Struktur durchaus eine

---

103 Vgl. DUDEK, ›Volksverbundenheit‹, in: Träger (s. Anm. 65), 558 f.
104 ULRICH ROESNER/GÜNTER MAYER, Epochenerfahrung in den Künsten – Ansprüche an die Ästhetik, in: E. Pracht (Hg.), Ästhetik der Kunst (Berlin 1987), 47 f.
105 BRECHT, Volkstümlichkeit und Realismus I (1938/1939), in: BRECHT (BFA), Bd. 22/1 (1993), 407.

problemhaltige Lektüre. So hieß es über das Volkstümliche weiter: »Zweifellos haftet dem Begriff etwas Hochmütiges an. Das Wort wird sozusagen von oben nach unten gesprochen. [...] Man soll etwas fürs Volk machen [...]. Etwas, was das Volk versteht, das ja etwas begriffsstutzig ist.« (415) Dahinter steht eine Distanz zwischen Schriftsteller und Volk, die Zweifel darüber aufkommen läßt, was überhaupt volkstümlich ist.»Die herrschende Ästhetik, der Buchpreis und die Polizei haben immer eine beträchtliche Distanz zwischen Schriftsteller und Volk gelegt.« (406) Die Frage volkstümlicher Ästhetik ist also nicht ohne weiteres zu lösen, zumal »jedes Publikum [...] eine zusammengesetzte, ungleichförmige Masse der verschiedensten Typen [ist], verschieden in vielfacher Hinsicht.« (417) An diesem Punkt spricht Brecht von der Rolle des Kleinbürgertums, welches er programmatisch vom kämpfenden Volk trennen möchte; doch räumt er gleichwohl ein, daß die Kleinbürger auch zum Volk gehören. Um diese zu gewinnen, »heißt es tatsächlich populär zu sein. Da müssen Gewohnheiten geschont, da muß Zurückgebliebenheit vorausgesetzt werden. [...]. Gegen den Faschismus muß man sich ihrer Vorurteile bedienen, ihren Glauben an den Führer könnte man am besten bekämpfen, wenn man an ihren Aberglauben appellierte.« (416 f.)

Diese Brechtsche These deutet in ihren Konsequenzen über ihren Aussagegehalt hinaus. Sie kann bereits als Symptom für eine differenzierte Bewertung des Problems Populismus gelesen werden, eines Problemfeldes, in dem im 20. Jh. die Begriffe des Populären, des Massenhaften und des Politischen besonders kontroverse Verbindungen eingehen. Dieses eröffnet vom Faschismus zugespitzte, doch nicht auf den historischen Faschismus eingrenzbare Fragen nach der Bewertung von Prozessen, in denen das Populäre zu einem Zentralbegriff der Beziehung von Ästhetik und Herrschafts- bzw. Expansionspolitik avanciert. Die Bedingungen für diese Tendenzen sind in den geschichtlichen und kulturellen Verwerfungen zu suchen, unter deren Vorzeichen im 20. Jh. Modernisierungsprozesse (nach-)vollzogen werden, deren nationsstiftende Impulse nicht selten in heftige Spannungen zum aufklärerisch-schriftkulturellen Projekt der Moderne geraten.

IV. Volkstümlichkeit und Faschismus

Die ersten Jahrzehnte des 20. Jh. waren von Umbrüchen gekennzeichnet, die Bedeutungen aus dem 18. und 19. Jh. in die Krise führten. Die Kategorie Masse trat aus Teilbereichen des Denkens heraus und erstreckte sich auf zentrale Fragen von Kunst, Kultur und Politik.[106] Der Begriff des Populären verlor gegenüber dem der Masse an Einfluß oder aber war dort neuen Spannungen ausgesetzt, wo seine tradierten Semantiken mit künstlerischen und ästhetischen Aspekten der Entwicklungsprozesse des Massenhaften, besonders der medienkulturellen Veränderungen, konfrontiert wurden.[107] Hier wird der Begriff des Volkstümlichen einerseits von einem nationalistisch-völkischen Diskurs des Erhabenen inkorporiert (Deutschland), andererseits aber (zum Beispiel durch Gramsci) kritisch gegen bestimmte, mit dem Massenbegriff einhergehende Totalisierungen aufgeboten. Eine differenzierende Optik hat heute zu bilanzieren, daß sich die Zusammenhänge von Ästhetik und Politik[108] geschichtlich intensiv mit der Problematik der Hegemonie zu verknüpfen begannen. Diese Problematik war latent geworden angesichts von Auseinandersetzungen, die sich zwischen gegensätzlichen gesellschaftspolitischen Systemen und Tendenzen zuspitzten und dabei in so verschiedenen Ländern wie der Sowjetunion, Deutschland, Italien oder Spanien noch in hohem Maße im Namen der ›Gemeinschaft Nation‹ – und ihrer imaginären und symbolischen Konstrukte – geführt wurden. Die Ästhetisierung der Politik im großangelegten Stil war nicht allein ein faschistisches Phänomen, sondern zugleich ein Symptom der in der sozialgeschichtlichen Moderne produzierten Brüche und Konflikte. Hatte die poetische (Wieder-)Erfindung des Volkes an der Wende zum 19. Jh. das Sensorium des tatsächlichen Volkes auf den Straßen übersehen, so ruft über ein Jahrhun-

---

106 Vgl. JOSÉ ORTEGA Y GASSET, La rebelión de las masas (Madrid 1930); GUSTAVE LE BON, Psychologie des foules (Paris 1895).
107 Vgl. MARTÍN-BARBERO (s. Anm. 96), 172 f.
108 Vgl. KARLHEINZ BARCK, Konjunkturen von Ästhetik und Politik oder Politik des Ästhetischen, in: Barck/R. Faber (Hg.), Ästhetik des Politischen – Politik des Ästhetischen (Würzburg 1999), 97–120.

dert später die staats-populistische Politik in ihren faschistischen und anderen Prägungen ästhetische Begierden und Potentiale eines ›anderen‹, von der künstlerischen und philosophischen Moderne verdrängten Populären auf den Plan.[109] Unterschiedliche Strategien der ›Modernisierung‹, besonders in Ländern mit defizitärer bürgerlicher Revolution, bedienten sich unter ausgeprägt nationalistischen Vorzeichen einer populistischen Ästhetisierung der Politik. Eine historische Sichtweise erfordert es daher, die begrifflichen Entwicklungen nicht auf die eine oder andere Maßgabe zu verengen, die dem Volkstümlichen von bestimmten Ideologien oder Herrschaftssystemen totalisierend zugeschrieben wurden.

Die Tatsache, daß in der ersten Hälfte des 20. Jh. über Hegemonie nur wenig theoretisch reflektiert, dafür umso mehr in Zusammenhängen praktischer Politik befunden und entschieden wurde (das Beispiel des Faschismus), hing neben der ›Kompromittierbarkeit‹ des Konzepts des Populismus damit zusammen, daß es ein kategoriales Niemandsland der ästhetischen und literarischen Moderne bezeichnete. Fragen der Hegemonie waren unter den Vorzeichen einer philosophischen Ästhetik nur schwer zu stellen, erforderten sie doch eine Verknüpfung von politischem und ästhetischem Denken, die zugleich auf eine ›rhetorische‹ Konzeption sozialen Handelns und kollektiver Imagination abzielte. Besonders folgenreich war ein von Deutschland herkommendes, als Kulturkritik zu bezeichnendes und im europäischen Denken weit verbreitetes diskursives Feld. Dieses war einerseits charakterisiert durch eine (sich von Frankreich distanzierende) bald nostalgische, bald elitär-pessimistische Trennung von einerseits ›Kultur‹ (Tradition/Nationalismus/Geistigkeit) und andererseits ›moderner Zi-

vilisation‹ (Veränderung/Universalismus/Politik). Unter seinem Einfluß wurden kulturell-ästhetische Bilanzen nur selten auf Fragen der jeweiligen sozialen und konkret machtbestimmten Ordnung bezogen. Ein Verständnis der Veränderungen des Begriffs des Populären erfordert es, die zentral werdende, wenngleich oft nicht in seinen ästhetischen Referenzbereich integrierte Frage von Macht und Hegemonie mitzudenken.

Hier sind die Arbeiten des italienischen Kommunisten Antonio Gramsci aufschlußreich, der innerhalb des linken Denkens eine avancierte Außenseiterposition einnahm und seine Texte (*Quaderni del carcere*) weitgehend als Inhaftierter mussolinischer Gefängnisse in den Jahren 1929–1935 verfaßte. Gramscis Denken steht für den Versuch der Historisierung eines Begriffs, der in Deutschland zur gleichen Zeit unter den Vokabeln Volkstum und Volksgemeinschaft aus der Geschichtlichkeit herausgerissen zu werden begann.[110] Bedeutsam war, daß der von ihm geprägte Terminus des »nazionale-popolare« (popular-national)[111] auf Fragen der Historizität von Gegenwartskultur zielte. Als nach dem 2. Weltkrieg der Begriff des Populären sowohl im angloamerikanischen Raum wie in Lateinamerika Gegenstand neuer theoretischer Debatten wird, die man in Deutschland eine Zeitlang übersieht, spielen Gramscis Ideen dabei eine zentrale Rolle.

Bisher wurden populär und volkstümlich insofern synonymisch gebraucht, als das Begriffsspektrum aufgrund des internationalen Einflusses der Romantik eine gewisse Übersetzbarkeit der Termini popular, populaire, народный und volkstümlich nahelegte. Unter dem Einfluß des Nationalsozialismus erfuhr der deutsche Begriff des Volkstümlichen jedoch eine Entwicklung, die ihn zu einem Instrument der kulturellen, rassischen und politischen Ausschließung machte. Indessen hat Gramsci unter dem italienischen Faschismus daran gearbeitet, das Populäre vor dem Fanatismus zu bewahren, indem er es historisierend zu erneuern versuchte. So sind Gramscis Arbeiten wichtig, sollen die Veränderungen des Begriffs in der ersten Hälfte des 20. Jh. nicht aus ihren Blockierungen heraus verallgemeinert werden: Die antiaufklärerische Tendenz, die sich mit dem Rassismus und den völkisch-mythischen Visionen des ausgehenden

---

109 Vgl. INGE BAXMANN, Mythos: Gemeinschaft. Körper- und Tanzkulturen in der Moderne (München 2000), 17–25.
110 Vgl. GÜNTHER KÜCHENHOFF, ›Volksgemeinschaft und Reich‹, in: F. Stier-Somlo (Hg.), Handwörterbuch der Rechtswissenschaft, Bd. 8 (Berlin/Leipzig 1937), 773–794, bes. 783, 787.
111 ANTONIO GRAMSCI, Quaderni del carcere (1929–1935), hg. v. V. Gerratana, Bd. 3 (Turin 1975), 2113; dt.: Gefängnishefte, hg. v. K. Bochmann/W. F. Haug/P. Jehle, Bd. 8 (Hamburg/Berlin 1998), 2041.

IV. Volkstümlichkeit und Faschismus 859

19. und beginnenden 20. Jh. zuspitzte und die, angeeignet durch die NS-Ideologie, den Schritt ins Verbrechen legitimierte, macht das Populäre als einen Begriff der Moderne nicht überflüssig. Gerade im Anschluß an den Faschismus wird von dem Begriff weiter und in veränderter Form zu sprechen sein. Gramsci faßte das Populäre in Kultur und Kunst als ein zentrales Problem der Bildung einer italienischen Nation modernen Typs auf. Zugehörig zu diesem Problemganzen seien die Frage der kulturellen bzw. sprachlichen Einheit, der Beziehung zwischen Kunst und Leben, des Romans und des volkstümlichen Romans, die Frage einer geistigen und moralischen Reform, d. h. einer ›Volksrevolution‹ mit derselben Funktion. Was Gramsci über Italien feststellte, ließ sich auch auf Deutschland beziehen: »Quando si dice che non è mai esistita una coscienza dell'unità organica di tali problemi occore intendersi: forse è vero che non si è avuto il coraggio di impostare esaurientemente la quistione, perché da una tale impostazione rigorosamente critica e consequenziaria si temeva derivassero immediatamente pericoli vitali per la vita nazionale unitaria; questa timidezza di molti intellettuali italiani [...] è caratteristica della nostra vita nazionale.« (Wenn gesagt wird, dass es niemals ein Bewusstsein der organischen Einheit solcher Probleme gegeben hat, muss man richtig verstehen: vielleicht stimmt es, dass niemals der Mut vorhanden gewesen ist, die Frage erschöpfend zu stellen, weil man befürchtete, dass sich aus einer solchen streng kritischen und mit Konsequenzen verbundenen Problemstellung unmittelbar tödliche Gefahren für das einheitliche nationale Leben ergeben hätten, diese Furchtsamkeit vieler italienischer Intellektuellen [...] ist charakteristisch für das Leben unserer Nation.) (2107f.; dt. 2035) Im ›Katalog‹ der zu untersuchenden Fragen nennt Gramsci als wegweisende: »Perché la letteratura italiana non è popolare in Italia?« (Warum ist die italienische Literatur in Italien nicht populär?) (2108; dt. 2036), und er stellt mehrfach eine »non esistenza di una letteratura popolare in senso stretto (romanzi d'appendice, d'avventure, scientifici, polizieschi etc.)« (Nichtvorhandensein einer Popularliteratur im engen Sinne [Feuilleton-, Abenteuer-, Science-Fiction-, Kriminalromane usw.]) (2109; dt. 2036) fest.

Gramsci erinnerte daran: »il romanzo e il melodramma hanno l'origine nel settecento e fioriscono nel primo 50 del secolo XIX, cioè essi coincidono con la manifestazione e l'espansione delle forze democratiche popolari-nazionali in tutta l'Europa.« (der Roman und das Melodrama haben ihren Ursprung im 18. Jahrhundert und blühen in der ersten Hälfte des 19. Jahrhunderts auf, sie fallen also zusammen mit dem Auftreten und der Ausdehnung der demokratischen popular-nationalen Kräfte in ganz Europa.)[112] Hinter diesem Zusammenhang stand das Problem, wie die für Europa in ihren Formen so unterschiedlich ausfallende Frage der Nationsbildung als eine Frage des Affektiven historisierbar wird. Dies war keine Frage außerhalb der Literatur, sondern erforderte eine neue Akzentuierung von Literatur und ihres Verhältnisses zu anderen Sphären der Imagination und des sprachlichen Ausdrucks (so zu Theater und Film). Wie war im 19. Jh. das Verhältnis von Romantik als europäischer künstlerischer Sensibilität und demokratischen Ausprägungen kollektiven nationalen Empfindens – »sensibilità popolare« (1137) – beschaffen? Wo waren die diesbezüglichen Verdrängungsleistungen eines an ›hoher Literatur‹ und abstrakter Tradition der Bücherweisheit orientierten Nationsempfindens am größten? Gramsci setzt die ›tradizione libresca‹ dann in Anführung, wenn er sie auf einen engen Begriff von hoher Literatur bezieht.

Kritische Bezüge zu Deutschland waren offenkundig. Nicht ohne Ironie formulierte der italienische Theoretiker im Abschnitt *Origine popolaresca del ›superuomo‹* (Der Ursprung des ›Übermenschen‹ im Volk): »Ogni volta che ci si imbatte in qualche ammiratore del Nietzsche, è opportuno domandarsi e ricercare se le sue concezioni ›superumane‹, contro la morale convenzionale, ecc., ecc., siano di pretta origine nicciana, siano cioè il prodotto di una elaborazione di pensiero da porsi nella sfera della ›alta cultura‹, oppure abbiano origini molto piú modeste, siano, per esempio, connesse con la letteratura d'appendice. E lo stesso Nietzsche non sarà stato per nulla influenzato dai romanzi francesi d'appendice?« (Jedesmal, wenn man auf einen

---

112 Ebd., Bd. 2 (1975), 1136; dt.: ebd., Bd. 5 (1993), 1122.

Nietzsche-Verehrer stößt, empfiehlt es sich zu fragen und nachzuforschen, ob seine ›übermenschlichen‹ Auffassungen gegen die konventionelle Moral, usw. usf. rein nietzscheanischer Herkunft, das heißt das Produkt einer in der Sphäre der ›Hochkultur‹ anzusiedelnden gedanklichen Ausarbeitung sind, oder viel bescheidenere Ursprünge haben, zum Beispiel mit der Feuilletonliteratur zusammenhängen. Und sollte Nietzsche selbst gar nicht durch die französischen Feuilletonromane beeinflusst worden sein?) Diese Art Gramscis, Nietzsche sowohl vor nazistischer Vereinnahmung wie auch vom Einfluß Wagners zu ›bewahren‹, hatte tiefere Gründe: Diese lagen in einer impliziten Polemik gegen einen ›nachkantischen‹ Diskurs des Erhabenen. »In ogni modo pare si possa affermare che molta sedicente ›superumanità‹ nicciana ha solo como origene e modello dottrinale non Zaratustra ma *Il conte di Montecristo* di A. Dumas.« (Jedenfalls läßt sich wohl behaupten, dass viel sogenanntes nietzscheanisches ›Übermenschentum‹ nicht Zarathustra, sondern allein den *Grafen von Monte Cristo* von A. Dumas zum Vorbild und doktrinären Vorbild hat.)[113]

Gramsci spricht vom Volk nicht pauschalisierend als Masse, sondern als Gesamtheit der untergeordneten und ausgenutzten, der sog. subalternen Klassen jeder bisher existierenden Gesellschaftsform, der eine radikale Vielfalt ihrer Weltanschauungen eigen wäre. Erschien der ›Übermensch‹ in der populären Literatur als eine in bezug auf »das wirkliche Leben und die Gewohnheiten« (influssi nella vita reale e nei costumi) höchst einfluß- und aufschlußreiche Gestalt, so war dies besonders auf das »Kleinbürgertum und die kleinen Intellektuellen« (la piccola borghesia e i piccoli intellettuali) bezogen. »Che si abbia un certo pudore a giustificare mentalmente le proprie concezioni coi romanzi di Dumas e di Balzac, s'intende facilmente: perciò le si giustifica con Nietzsche e si ammira Balzac come scrittore d'arte e non come creatore di figure romanzesche del tipo appendice. Ma il nesso reale pare certo culturalmente.« (Dass man sich etwas schämt, die eigenen Auffassungen mit den Romanen von Dumas und Balzac geistig zu rechtfertigen, ist leicht zu verstehen: deshalb rechtfertigt man sie mit Nietzsche und verehrt Balzac als Kunstschriftsteller und nicht als Schöpfer von Romangestalten des Feuilleton-Typs. Aber der wirkliche Zusammenhang scheint kulturell außer Zweifel zu stehen.) Dieser Zusammenhang wird in diversen Ambivalenzen beschrieben. So schaffen die romanhaften Bilder des ›Übermenschen‹, d.h. eines populären Helden, dem Kleinbürgertum sein »künstliches Paradies, im Kontrast zur Erbärmlichkeit und Enge ihres unmittelbaren wirklichen Lebens« (il loro ›paradiso artificiale‹ in contrasto con la meschinità e le strettezze della loro vita) (1880; dt. 1830). Andererseits: »Il tipo del ›superuomo‹ è Montecristo, liberato di quel particolare alone di ›fatalismo‹ che è proprio del basso romanticismo [...]. Montecristo portato nella politica è certo oltremodo pittoresco [...], una reazione ›democratica‹ alla concezione d'origine feudale del razzismo.« (Der Typus des ›Übermenschen‹ ist Monte Cristo, befreit von dem besonderen Nimbus des ›Fatalismus‹, welcher der Spätromantik eigen ist. [...] Monte Cristo in die Politik übertragen ist gewiss überaus pittoresk [...], eine ›demokratische‹ Reaktion auf den Begriff des Rassismus feudalen Ursprungs.) (1880f.; dt. 1830 [Übers. geringf. verändert – d. Verf.]

Gramsci macht darauf aufmerksam, daß sich mit dem Bereich im kulturellen Leben von Nation und Volk, zu dem die Fortsetzungsromane gehörten, »niemand kritisch beschäftigt und auseinandersetzt« (esiste un'altra sezione della vita culturale nazionale e popolare di cui nessuno si occupa e si preoccupa criticamente ed è appunto la letteratura d'appendice) (1881; dt. 1831). Doch wurden in Italien in den Jahren 1934/1935 gerade französische Fortsetzungsromane eifrig gedruckt und gelesen, deren Entstehen einhundert Jahre zurücklag. Die Eindringlichkeit der Bilanz des Fehlens einer italienischen populären Literatur lag in diesem Gegenwartsbezug begründet. In seinen Aufzeichnungen zum *Concetto di* ›*nazionale-popolare*‹ diskutiert Gramsci das heikle Problem, das in der Absage vieler guter modernistischer Schriftsteller Italiens (hinzuzufügen ist: Deutschlands) an eine ›kulturgeschichtliche Mission‹ bestand: die Absage moderner Intellektueller an die Herausforderung, beizeiten eine populäre Ästhetik zu entwickeln und zu

---

113 GRAMSCI (s. Anm. 111), 1879; dt. 1829.

praktizieren, die ›national-erzieherischen‹ Interessen bürgerlich-demokratischer Veränderungen dienen konnte (anstatt etwa die Abenteuerromane der ›Willkür von Spekulanten‹ auszuliefern). Dieses im Vergleich zum französischen Beispiel exemplifizierte Defizit vermochte den europäischen Faschismus in vergleichende kulturtheoretische Zusammenhänge der Moderne zu setzen. Gramsci analysierte eine Notiz der *Critica Fascista* vom 1. August 1930, in der beklagt wird, daß zwei große italienische Zeitungen mit der Veröffentlichung folgender Romane in Fortsetzungen begonnen hätten: »Il conte di Montecristo e Giuseppe Balsamo di A. Dumas, e il Calvario di una madre di Paolo Fontenay. Scrive la *Critica*: ›L'ottocento francese è stato senza dubbio un periodo aureo per il romanzo d'appendice, ma debbono avere un ben scarso concetto dei propri lettori quei giornali che ristampano romanzi di un secolo fa, come se il gusto, l'interesse, l'esperienza letteraria non fossero per niente mutate da allora ad ora. Non solo, ma [...] perché non tener conto che esiste, malgrado le opinioni contrarie, un romanzo moderno italiano?‹« (Der Graf von Monte Cristo und Joseph Balsamo von A. Dumas sowie Leidensweg einer Mutter von Paul Fontenay. Die *Critica* schreibt: ›Das französische neunzehnte Jahrhundert ist zweifellos ein goldenes Zeitalter für den Feuilletonroman gewesen, aber eine ziemlich geringschätzige Auffassung von ihren eigenen Lesern müssen die Zeitungen haben, die Romane von vor einem Jahrhundert wiederabdrucken, als ob sich der Geschmack, das Interesse und die literarische Erfahrung von damals bis heute überhaupt nicht gewandelt hätten. Nicht nur das, doch [...] warum nicht zur Kenntnis nehmen, dass es trotz gegenteiliger Meinungen einen modernen italienischen Roman gibt?‹) Gramsci fährt fort: »La *Critica* confonde diversi ordini di problemi: quello della non diffusione tra il popolo della cosí detta letteratura artistica e quello della non esistenza in Italia di una letteratura ›popolare‹ [...], certo nulla impedisce teoricamente che possa esistere una letteratura popolare artistica – l'esempio piú evidente è la fortuna ›popolare‹ dei grandi romanzieri russi – anche oggi; ma non esiste, di fatto, né una popolarità della letteratura artistica, né una produzione paesana di letteratura ›popolare‹ perché manca una identità di concezione del mondo tra ›scrittori‹ e ›popolo‹, cioè i sentimenti popolari non sono vissuti come propri dagli scrittori, né gli scrittori hanno una funzione ›educatrice nazionale‹« (Die *Critica* verwechselt verschiedene Ordnungen von Problemen: die des Nichtverbreitetseins der sogenannten künstlerischen Literatur im Volk und die der Nichtexistenz einer ›Popular‹-Literatur in Italien, [...] gewiss verbietet theoretisch nichts, dass es auch heute eine künstlerische Popularliteratur geben kann – das offensichtlichste Beispiel ist der ›populare‹ Erfolg der großen russischen Romanciers; aber es gibt faktisch weder eine Popularität der künstlerischen Literatur noch eine einheimische Produktion von ›Popular‹-Literatur, weil keine übereinstimmende Weltauffassung zwischen ›Schriftstellern‹ und ›Volk‹ gibt; die Gefühle des Volkes werden also von den Schriftstellern weder als ihre eigenen gelebt noch haben die Schriftsteller eine ›nationalerzieherische‹ Funktion«) (2114; dt. 2041). »In Italia il termine ›nazionale‹ ha un significato molto ristretto ideologicamente e in ogni caso non coincide con ›popolare‹, perché in Italia gli intellettuali sono lontani dal popolo, cioè dalla ›nazione‹ e sono invece legati a una tradizione di casta, che non è mai stata rotta da un forte movimento politico popolare o nazionale dal basso: la tradizione è ›libresca‹ e astratta« (In Italien hat der Terminus ›national‹ ideologisch eine sehr beschränkte Bedeutung und fällt auf keinen Fall mit ›popular‹ zusammen, weil in Italien die Intellektuellen fern vom Volk, das heißt von der ›Nation‹, und vielmehr an eine Kastentradition gebunden sind, die nie von einer starken popularen oder nationalen politischen Bewegung von unten durchbrochen worden ist: Die Tradition ist ›papieren‹ und abstrakt) (2116; dt. 2043).

Die Tatsache, daß italienische Zeitungen von 1930 französische Fortsetzungsromane drucken mußten, um finanziellen und öffentlichen Erfolg zu haben, wurde von Gramsci nicht unter dem Aspekt einer Entgegensetzung von Konsum und Kunst gesehen, sondern im Kontext kultureller Notwendigkeiten, zumal »die Zeitungsleser nicht die Meinung der Zeitung, die sie erwerben, teilen« (i lettori di giornali non sono dell'opinione del giornale che acquistano) (2115; dt. 2042). »La quistione deve essere estesa a tutta la cultura nazionale-popolare e non ristretta alla sola letteratura narrativa: le stesse cose si devono dire del teatro, della letteratura scientifica in generale (scienze della natura, storia ecc.). [...] perché non è nata una letteratura di divulgazione scientifica come in Francia e negli altri paesi?« (Die Frage muß auf die ganze popular-nationale Kultur ausgedehnt werden und nicht nur auf die erzählende Literatur allein: dasselbe muss vom Theater, der wissenschaftlichen Literatur im allgemeinen [Naturwissenschaften, Geschichte usw.] gesagt werden. [...] Warum ist keine populärwissenschaftliche Literatur entstanden wie in Frankreich und den anderen Ländern?) (2116; dt. 2044) Gramscis eigene Antwort lautet: »ma perché l'elemento intellettuale indigeno è piú straniero degli stranieri di fronte al popolo-nazione.« (weil das einheimische intellektuelle Element ausländischer ist als die Ausländer gegenüber dem Volk-Nation.) Dies bedeutet, »che non esiste nel paese un blocco nazionale intellettuale e morale« (dass es im Land keinen intellektuellen und moralischen nationalen Block gibt) (2117; dt. 2044). Im Hinblick auf die kommerzielle Verflachung der Fortsetzungsromane im 20. Jh. (gegenüber ihrer Tendenz zum ›Barocken‹ und ›Idiotischen‹ seien Eugène Sue, Dumas, George Sand, Paul Féval ›originelle Erfinder‹ gewesen) hatte Gramsci bereits 1918 festgestellt: »Perché scrittori di talento non potrebbero scrivere romanzi di avventure in stile semplice, ma elegante e avvincenti per il contenuto? [...] Molti giovani che si accaniscono a produrre mediocri romanzi sedicenti letterari, potrebbero, con fortuna, scrivere romanzi popolari interessanti. Bisogna perciò che sparisca il pregiudizio per il quale il romanzo d'appendice è relegato nei bassifondi della letteratura. Questo pregiudizio ha consegnato il popolo, che non sempre è in grado di controllare, in balía di speculatori che compiono opera corruttrice.« (Warum könnten nicht begabte Autoren Abenteuerromane in einfachem, aber elegantem Stil und mit fesselndem Inhalt schreiben?

[...] Viele junge Leute, die sich darauf versteifen, mittelmäßige Romane mit literarischem Anspruch zu produzieren, könnten mit Erfolg interessante volkstümliche Romane schreiben. Deshalb muß das Vorurteil abgebaut werden, das den Fortsetzungsroman in die Niederungen der Literatur verbannt. Durch dieses Vorurteil ist das Volk, das nicht immer zur Kontrolle fähig ist, der Willkür von Spekulanten ausgeliefert, deren Vorgehen korrumpierend wirkt.)[114]

Zusammenfassend läßt sich sagen: Gramsci wies in der Zeit der faschistischen Machtergreifung in Europa auf ein unterentwickeltes Bewußtsein von den realen kulturellen Zusammenhängen zwischen ›Populärem‹ und Modernität, zwischen ›Volk‹ und Nation hin. Die Frage nach der Modernisierung als Konstituierung einer nationalen demokratischen Kultur war für Gramsci direkt mit der Frage des Populären verbunden. Doch lehnte er für die Zusammenhänge zwischen ästhetischer und kultureller Praxis jene (nachkantischen) Ästhetiken des Erhabenen ab, die sich im 19. Jh. (und danach) als Revolte gegen die Aufklärung verstanden. Ihn interessierten unprätentiösere Verbindungen von kollektiver Affektivität und Narrativität, und zugleich deren Anwendbarkeit im Interesse einer volksdemokratischen Alternative zum Kapitalismus, speziell zum Faschismus. Mit Hilfe einer Neubewertung des melodramatischen Fortsetzungsromans, aber auch des Theaters und des Films, erschloß sich ihm ein Konzept des Affektiven, in dem sich in Anbetracht moderner Veränderungsprozesse Kunst, Leben und Sprache neu verknüpfen ließen.

Liest man Walter Benjamins Aufsatz *Der Erzähler* (1936/1937) im Lichte dieser Betrachtungen, dann wird erkennbar, daß Benjamins am Roman exemplifizierte Modernismuskritik (»Die Geburtskammer des Romans ist das Individuum in seiner Einsamkeit.«[115]) zugleich als Kritik an einem in der Moderne verengten (idealisierten) Begriff des Populären gelesen werden kann. Benjamin bilanziert ähnlich wie Gramsci nicht allein eine Tragik des Auseinanderfallens von ›populärem Erzähler‹ und ›modernistischem Romanschriftsteller‹, sondern bezweifelt letztlich die Gültigkeit eines dichotomischen Kulturbegriffs. Für Gramsci konnte vom historischen Verschwinden des kollektiv erfahrungs-

---

114 GRAMSCI, I romanzi d'appendice (1918), in: Gramsci, Opere, Bd. 8 (Turin 1958), 245; dt.: Die Fortsetzungsromane, übers. v. A. Mudry, in: Gramsci, Gedanken zur Kultur, hg. v. G. Zamiš, übers. v. M.-L. Döring u. a. (Leipzig 1987), 141.
115 WALTER BENJAMIN, Der Erzähler (1936/1937), in: BENJAMIN, Bd. 2/2 (1977), 443.

stiftenden (›mündlichen‹) Erzählers nicht die Rede sein. Vielmehr suchte er nach einer Möglichkeit, die widersprüchliche Aktualität, ja ›Modernität‹ dieses ›benjaminschen‹ Erzählers zu ergründen. Es ging ihm nicht um ›Fortsetzungsromane‹ schlechthin. Diese würden dann »un fattore potente nella formazione della mentalità e della moralità popolare« (ein mächtiger Faktor zur Formung der Mentalität und der Moral des Volkes)[116], wenn sie als Agenturen nationaler kultureller Demokratisierung wirkten. In Benjamins Diktion hieße dies, die Praxis des Erzählers könnte unter diesen Bedingungen zu einer Praxis von Gerechtigkeit werden. (»Der Erzähler ist die Gestalt, in welcher der Gerechte sich selbst begegnet.«[117]) Der Begriff des benjaminschen Erzählers, wird er in Gramscis Sinn im Interesse einer ›populären demokratischen Ästhetik‹ aufgefaßt, markiert jenen äußerst wichtigen Berührungspunkt, wo ein romantischer Begriff des Populären in ein neues kultur- und medientheoretisches Verständnis desselben übergehen kann.[118]

Im Unterschied zu romantischen, nostalgischen oder populistisch-›erhabenen‹ Bedeutungen stellte Gramscis Konzeption, welche das Populäre mit narrativen Dispositiven demokratisch-nationaler Identität (etwa einer melodramatischen Sensibilität) verband, einen wichtigen Versuch dar, den Nexus von Ästhetik und Politik in der Zeit des europäischen Faschismus materialistisch zu denken. Damit war eine Konzeption konturiert, die für die Analyse des Faschismus in Italien und in Deutschland zentrale Ansatzpunkte vermittelte. Doch war die geschichtliche Situation in diesen Ländern bereits tragisch konnotiert. In Gramscis Formulierung: Die weltlichen Kräfte »hanno fallito al loro compito storico di educatori ed elaboratori della intellettualità e della coscienza morale del popolonazione« (haben bei ihrer historischen Aufgabe als Erzieher und Ausarbeiter der Intellektualität und des moralischen Bewusstseins von Volk-Nation versagt)[119].

Die Überlegungen Gramscis werfen Licht auf den Mangel an Historizität deutscher Tendenzen der Begriffsentwicklung, auf die sich der Nationalsozialismus stützen konnte. Zu erinnern ist an eine nicht mit der Romantik identische Tendenz des 19. Jh., in der die symbolische Konstruktion nationaler Gemeinschaft die Konturen eines diffus-mythisierenden Gründungsdiskurses erhielt.[120] Diese Tendenz stand im Zeichen eines Gedankengutes, dem Jahn 1808/1813 den Namen *Deutsches Volksthum* gegeben hatte. Dieses, so hatte Jahn geschrieben, gelte es wieder zu Ansehen zu bringen, denn »immer mehr verschwindet durch eigene Sündenschuld unsere Volksthümlichkeit, oder die Deutschheit«, zunehmend stürben die »Hochgedanken Volk, Deutschheit und Vaterland«[121] ab. Unter »unserem festgegründeten, wenn freilich nicht mit prunkendem Außenschein hervorstehenden Volksthum« verstand Jahn Charakterzüge, die »vom Westphälischen bis zum Tilsiter Frieden [...] nur im Geheimen und Stillen weiter gelebt« (13 f.) hätten : »Vollkraft, Biederkeit, Gradheit, Abscheu der Winkelzüge, Rechtlichkeit, und das ernste Gutmeinen, waren seit einem Paar Jahrtausenden die Kleinode unseres Volksthums, und wir werden sie auch gewiß durch alle Weltstürme bis auf die späteste Nachwelt vererben.« (10) »Welches Volksthum steht am Höchsten, hat sich am meisten der Menschheit genähert? Kein anderes, als was den heiligen Begriff der Menschheit in sich aufgenommen hat, mit einer äußerlichen Allseitigkeit sie sinnbildlich im Kleinen vorbildet, wie weiland volksthümlich die Griechen, und noch bis jetzt weltbürgerlich die Deutschen, der Menschheit heilige Völker!« (21) Hier werden Präzedenzen für den späteren Mißbrauch des Volksbegriffs durch den Nationalsozialismus sichtbar, etwa wenn Jahn für eine nostalgische und chauvinistische Aufwertung des deutsch-römischen Mittelalters plädierte. Ein Jahrhundert später erklärte Alfred Rosenberg in *Der Mythus des 20. Jahrhunderts* (1930) das rassistische Schönheitsideal zur Norm. »Das artbedingte Schöne als äußere Statik der nordischen Rasse, das

---

116 GRAMSCI (s. Anm. 114), 243; dt. 140.
117 BENJAMIN (s. Anm. 115), 465.
118 Vgl. HERMANN HERLINGHAUS, Desafiar a Walter Benjamin desde América Latina. De la ›violencia‹ del discurso a unas ›terribles ambivalencias‹ de la narración«, in: M. Moraña (Hg.), Espacio urbano, comunicación y violencia en América Latina (Pittsburgh 2002), 157–168.
119 GRAMSCI (s. Anm. 111), 2118; dt. 2045.
120 Vgl. WOLFGANG EMMERICH, Germanistische Volkstumsideologie. Genese und Kritik der Volksforschung im Dritten Reich (Tübingen 1968), 79 ff.
121 JAHN (s. Anm. 62), 9 f.

ist Griechentum, das arteigen Schöne als innere Dynamik, das ist nordisches Abendland.«[122] Und weiter: »Die Völker des Abendlandes sind eine Folge rassischer Mischungen und politischer Zuchtsysteme, jedoch hat jedes von ihnen das Wesentliche staatlicher Formkräfte von der nordischen Schicht erhalten und zugleich damit die formenden Kräfte der gesamten Gesittung.« (291) Bereits an der Wende vom 19. zum 20. Jh. griff ein Begriff der »Volksgemeinschaft« um sich, der, »schillernd und vielschichtig, mitunter unberechenbare Leerformel und magischer Assoziationsimpuls«[123], als Gegentendenz zur pessimistischen Kulturkritik an der Moderne auftrat. Anzutreffen waren unter anderem rassisch-blutbezogene Sinnkonstrukte, doch das semantische Sammelsurium war vor dem Faschismus viel weiter gestreut.[124]

Richard Wagner hatte bereits aus einer Vorliebe zum National-Menschheitlichen, Elementar-Naturhaften, Volkstümlich-Messianischen eine folgenreiche Kunsttheorie entworfen. Wagner, der in *Das Kunstwerk der Zukunft* (1850) ein Kapitel mit ›Das Volk als die bedingende Kraft für das Kunstwerk‹ betitelte, nahm unfreiwillig das vom Nationalsozialismus über die moderne Kunst verhängte Entartungsverdikt vorweg.[125] Er stellte die zeitgenössische Kultur als Ausdruck historischen Wandels und des (modernen) »civilisierten Staates« unter das Stichwort einer entstellenden, unnatürlichen »Mode« und wies diese als »frivole«[126], »mechanische«, »künstliche« (58), »geschlechtslose«, »egoistische« und durch »verwirrtes Streben nach Gegensatz zu ihrem Wesen« (57) gekennzeichnete (moderne) Kultur zurück, und zwar zugunsten einer »in der natürlichen Sitte aller Völker« begründet liegenden »wirklichen Schönheit« (61). In dezidiert antimodernistischem Ton vermerkte Wagner, daß Kunst »nicht ein künstliches Produkt […], sondern ein dem natürlichen, wirklichen und unentstellten Menschen ureigenes ist […]. Ja, woraus könnte unser Geist überhaupt den Beweis für ihre Nothwendigkeit führen, wenn nicht aus der Wahrnehmung dieses Kunsttriebes und der ihm entsprossenen herrlichen Früchte bei jenen natürlich entwickelten Völkern, bei dem Volke überhaupt? Vor welcher Erscheinung stehen wir aber mit demüthigenderer Empfindung von der Unfähigkeit unserer frivolen Kultur, als vor der Kunst der *Hellenen*? Auf sie, auf diese Kunst der Lieblinge der allliebenden Natur, der schönsten Menschen, die uns die zeugungsfrohe Mutter bis in die nebelgrauesten Tage heutiger modischer Kultur […] vorhält […], blicken wir hin, um aus ihrem innigen Verständnisse zu entnehmen, wie das Kunstwerk der Zukunft beschaffen sein müsse!« (62) Das, was Wagner schlußfolgernd »die drei reinmenschlichen Kunstarten in ihrem ursprünglichen Vereine« nennt, »Tanzkunst, Tonkunst und Dichtkunst« (67), bezeichnet einen denkwürdigen Grad mythischer Abstraktion populärer Kunstpraktiken, die ihrer kulturgeschichtlichen, noch von Herder geltend gemachten Charakterzüge entledigt werden. In *Publikum und Popularität* (1878) ist zu lesen, was Wagner nicht unter Volk verstand: das moderne Lesepublikum der »gemeinen Presse»: »das ganze lesende Publikum, ja – die ganze, durch das Zeitungslesen heruntergebrachte Nation selber«. Wagners Groll gegen das ›schlechte Popularität‹ »unserer ganzen ›modernen‹ – sogenannten belletristischen – Literatur«[127] läßt sich mit Gramscis Bilanz des Defizits einer wirksamen einheimisch-nationalen (national-populären) Literatur in Ländern wie Italien und Deutschland in Verbindung bringen. Allerdings hatte Wagner seinen Begriff des Volkstümlichen am Gegenpol situiert, wenn er verlangte, den mit der Massenpresse im 19. Jh. »verwahrlosten öffentlichen Kunst- und Kultur-Zuständen« (70) durch eine »würdige Popularität«, eine Popularität des Erhabenen zu begegnen, die sich vom Publikum und dem »Charakter seiner Zeitumgebung« (76) nicht versklaven lassen solle. Eine »adelnde Popularität« käme etwa Schillers

---

122 ALFRED ROSENBERG, Der Mythus des 20. Jahrhunderts (1930; München 1935), 293.
123 NORBERT JEGELKA, Volksgemeinschaft, in: A. Graczyc (Hg.), Das Volk. Abbild, Konstruktion, Phantasma (Berlin 1996), 115f.
124 Vgl. ERNST KRIECK, Philosophie der Erziehung (Jena 1925), 45–53, 235ff.
125 Vgl. STEPHANIE BARRON (Hg.), ›Entartete Kunst‹: Das Schicksal der Avantgarde im Nazi-Deutschland [Ausst.-Kat.] (München 1992).
126 RICHARD WAGNER, Das Kunstwerk der Zukunft (1850), in: Wagner, Gesammelte Schriften und Dichtungen, Bd. 3 (Leipzig ³1897), 62.
127 WAGNER, Publikum und Popularität (1878), in: ebd., Bd. 10 (Leipzig ³1898), 67.

»Konzeption der Jungfrau von Orleans« (90) zu. Wagner war es um eine »ungemeine« (68), am »Werk des Genie's« (67) orientierte Kunst zu tun, die sich an das »ideale Volk, im edelsten Sinne desselben« (90) richten sollte. Auch hierin erhellen semantische Tendenzen, in denen der in bezug auf das ›Volkstümliche‹ verhandelte Begriff des Affektiven und – bei Wagner zentral: des Öffentlichen-Affektiven – an Bedeutung gewann, jedoch von den national latenten Fragen kultureller Demokratisierung abgehoben wurde. Das Volkstümliche erhielt bei Wagner, ausgehend vom zivilisationskritischen Ideal, den Status eines Gegenbegriffs zu ›Moderne‹.

Im Hinblick auf die wissenschaftlichen Analysen des deutschen und europäischen Faschismus wies der argentinische Politikwissenschaftler Ernesto Laclau noch 1977 auf tiefe Unzulänglichkeiten hin, wenn er schreibt, daß es eine »subjectivist aberration« gegeben habe, welche »analyses of fascism in terms of ›masses‹ and the ›adventures of consciousness‹ of the isolated individual« hervorgebracht habe. »As the anti-fascist struggle reached a climax, as fascism became more and more the daily enemy in the political practice of millions of militants, a singular thing happened: the quality of the marxist theoretical literature on fascism declined to such a point that [...] the late 1930's and the 1940's had nothing to offer remotely comparable to the theoretical richness of the analyses of the earlier period«[128] (gemeint sind Leo Trotzki, Gramsci, August Thalheimer u. a.). Die Bilanz ist auch im Hinblick auf die (unzureichenden) kulturtheoretischen Analysen des Faschismus symptomatisch.

Eine besondere Schwierigkeit erwuchs aus dem Tatbestand, daß die Ideologen des deutschen Faschismus eine autoritäre Politik der Volksbeeinflussung wirkungsvoll praktizierten, ohne daß sie ein historisches Konzept von Volkstümlichkeit entwickelt hatten.[129] Die Beeinflussung der Masse der Bevölkerung funktionierte wesentlich mit Hilfe einer diskursiv-ästhetischen Praxis, die für die effektive Kompetenz der nationalsozialistischen Machthaber in der Hegemoniefrage dennoch keine Erklärungen bereitstellte. Bezeichnend waren Goebbels Worte zum Film, als er 1933 verkündete, daß die Filmregisseure den nationalsozialistischen Politikern in der Aufbietung der Massen

nicht gewachsen seien, »weil auf dem Gebiete der Politik der Bühne und dem Film gegenüber die besseren Regisseure standen«: »Während die Kunst sich immer mehr vom Volk entfernte, ist die deutsche Politik, wie wir sie betreiben, immer tiefer in das Volk hineingegangen.« Politik war für Goebbels Kunst, weil »Kunst von Können kommt, daß nicht jeder, der können will, auch etwas können kann«[130]. Damit war, implizit gesprochen, das Erringen von Hegemonie für Goebbels die ›tatsächliche‹ Kunst.

Die massenpsychologisch machtvolle Pragmatik des Nationalsozialismus erscheint nach begrifflich-explikativen Kriterien als banal und unzulänglich. Sie war von der religiös aufgeladenen, vulgär-psychologischen, undifferenzierten Identifizierung der Begriffe Volk und Masse (sowie Rasse) gekennzeichnet. Aus Hitlers Repertoire: »Das Volk ist in seiner überwiegenden Mehrheit so feminin veranlagt [...], daß weniger nüchterne Überlegung als vielmehr gefühlsmäßige Empfindung sein Denken und Handeln bestimmt.«[131] Die »Psyche der breiten Masse« ist »gleich dem Weibe, dessen seelisches Empfinden weniger durch Gründe abstrakter Vernunft bestimmt wird als durch solche einer undefinierbaren, gefühlsmäßigen Sehnsucht nach ergänzender Kraft« (44). In der postulierten Beziehung zwischen Führer und Masse werden soziale Vermittlungen hierarchisch aufgehoben: Die Stärke einer Gesellschaft liegt »keineswegs in einer möglichst großen und selbständigen Geistigkeit der einzelnen Mitglieder [...], als vielmehr in disziplinierten Gehorsam, mit dem ihre Mitglieder der geistigen Führung Gefolgschaft leisten« (510). »Überhaupt besteht die Kunst aller wahrhaft großen Volksführer zu allen Zeiten in erster Linie mit

---

128 ERNESTO LACLAU, Politics and Ideology in Marxist Theory. Capitalism – Fascism – Populism (London 1977), 87.
129 Vgl. ROSENBERG (s. Anm. 122), 305, 685.
130 JOSEPH GOEBBELS, Rede in den Tennishallen Berlin (19. 5. 1933), zit. nach G. Albrecht, Nationalsozialistische Filmpolitik. Eine soziologische Untersuchung über die Spielfilme des Dritten Reichs (Stuttgart 1969), 442 f.
131 ADOLF HITLER, Mein Kampf (1925; München 1941), 201.

darin, die Aufmerksamkeit eines Volkes nicht zu zersplittern, sondern immer auf einen einzigen Gegner zu konzentrieren« (129). Denn, so hieß es: »Die Aufnahmefähigkeit der großen Masse ist nur sehr beschränkt, das Verständnis klein, dafür jedoch die Vergeßlichkeit groß« (198). Die ›wirklichen‹ Akteure einer solcherart konzipierten Ästhetik des Erhabenen waren nicht die Volksmassen als Subjekt, sondern jene auserwählten Nationalsozialisten, die dem Werk des »Allmächtigen« gerecht wurden und (nach Hitler) eine »Ästhetik des Ebenbildes des Herrn« (d. h. Gottes) in die Tat umzusetzen vermochten. Hitler war in Goebbels Augen ein »Instrument jenes göttlichen Willens, der die Geschichte gestaltet«. Die Nationalsozialisten sind »Instrument jenes gestaltenden Willens der Zukunft. Da gibt es kein Ding an sich außer Gott«[132].

Spätere ästhetisch-medienkulturelle Diskussionen waren mit einer komplizierten Lage konfrontiert: die ›nichtschriftlichen‹ Massenmedien (Film, Radio, Bildplakate) wurden vom Nationalsozialismus zu Instanzen autoritärer Politik und von daher zu Hauptagenturen eines vulgarisierenden Kulturbegriffs gemacht, so daß der politische Mißbrauch nicht nur einen differenzierenden Umgang mit diesen Medien, sondern ihre kulturtheoretische Diskussion überhaupt erschweren sollte.[133] Horkheimer und Adorno gehen in Dialektik der Aufklärung (1947) so weit, Faschismus und Kulturindustrie in eine definitorische Verbindung zu bringen, die über den historischen Faschismus in Europa weit hinausreichte. Bezeichnenderweise hatte Hitler »die Unmöglichkeit, nur durch Schrifttum an das Herz der breiten Masse zu gelangen«[134], selbst bei der Presse festgestellt. »Grund, warum die bürgerliche Zeitungswelt [...] nicht den geringsten Einfluß auf die Einstellung der breitesten Schichten unseres Volkes auszuüben vermag.« (530) »Während der Redner aus der Menge heraus [...] eine dauernde Korrektur seines Vortrages erhält [...], kennt der Schriftsteller seine Leser überhaupt nicht.« Größere Aussicht, um die »an sich faule« Masse der Menschen zu erreichen, »besitzt schon das Bild in allen seinen Formen, bis hinauf zum Film. Hier braucht der Mensch noch weniger verstandesmäßig zu arbeiten« (525 f.). Die konzeptionelle Banalität kann nicht darüber hinwegtäuschen, daß Hitler eine kulturell und ästhetisch äußerst wirksame Hegemoniekonzeption besaß. Diese wurde nicht theoretisch expliziert, sondern unter propagandistischen Zwecken enggeführt, denn »die Rede eines Staatsmannes zu seinem Volk habe ich nicht zu messen nach dem Eindruck, den sie bei einem Universitätsprofessor hinterläßt« (534). Zu den Charakteristika der Begriffsentwicklung gehört es somit, daß die materialistische Frage der Hegemonie (nach Gramsci), nämlich die Frage nach den Gründen und Faktoren des Wirkens einer kollektiven Identifikation mit der Herrschaftsmacht, nicht aus dem faschistischen Volkstümlichkeitsdiskurs heraus beantwortet werden kann.

V. Die Debatte um die Kulturindustrie

Die konzeptionelle Reflexion um das Populäre in der zweiten Hälfte des 20. Jh. wird wesentlich von zwei Haupttendenzen durchzogen, die für einen kritischen Umgang mit dem Kulturbegriff der Moderne Gewicht erlangen: erstens der älteren, im deutschen Kontext entstandenen Tendenz der ›Kulturkritik‹, und zweitens der neueren, besonders in Großbritannien und den USA entwickelten ›Cultural Studies‹. Diese Richtungen werden mit den ausgehenden 50er Jahren zu Agenturen eines breiteren Nachdenkens, doch waren ihre Reflexionsgrundlagen von den Veränderungen zwischen dem Ausbruch des 1. und dem Ende des 2. Weltkriegs mitgeprägt. Gramsci, Benjamin und andere Theoretiker hatten einer Blickwende von der Zivilisationskritik im Namen der ›Kultur‹ hin zu einer kulturtheoretischen Analyse der Moderne bereits Nachdruck verliehen. Zugleich war die

---

132 Zit. nach CLAUS-E. BÄRSCH, Das Erhabene und der Nationalsozialismus, in: Merkur 43 (1989), H. 9/10, 784, 788; vgl. SUSANNE VON FALKENHAUSEN, Vom ›Ballhausschwur‹ zum ›Duce‹, in: Graczyk (s. Anm. 123), 13 f.
133 Vgl. MAX HORKHEIMER/THEODOR W. ADORNO, Dialektik der Aufklärung (1947), in: ADORNO, Bd. 3 (1981), 182, 185, 188 f.; WIM WENDERS, That's Entertainment: Hitler (1977), in: Wenders, Emotion Pictures. Essays und Filmkritiken 1968–1984 (Frankfurt a. M. 1986), 114 f.; WENDERS, Der Amerikanische Traum (1984), in: ebd., 168–170.
134 HITLER (s. Anm. 131), 528.

zivilisationspessimistische Kulturkritik in ihren Spielarten in Deutschland und darüber hinaus einflußreich, zieht man etwa ein Spektrum in Betracht, das von Thomas Mann über Julien Benda, Karl Mannheim, Aldous Huxley, Frank R. Leavis und andere bis hin zu José Ortega y Gasset reichte.

Ortega y Gasset, der seine philosophische Ausbildung in Deutschland erhalten hatte, bilanzierte die ›Kulturkrise‹ der Moderne mit Hilfe einer der drastischsten Begründungen des Begriffs der (modernen) Massen. Die Attribute des Ästhetischen finden sich mit dem Übergang vom Begriff Volk zu dem der Masse degradiert, diejenigen des realen Kollektiven erscheinen als ›entästhetisiert‹; und zwar jenem Ideal zufolge, das Volk, Nation und Kultur in eins setzte. Von daher erlebte der Begriff Volk, Ortega y Gasset zufolge, mit *La rebelión de las masas* (1930) seine schwerwiegendste Krise: »Hay un hecho que, para bien o para mal, es el más importante en la vida pública europea de la hora presente. Este hecho es el advenimiento de las masas al pleno poderío social. Como las masas, por definición, no deben ni pueden dirigir su propia existencia, y menos regentar la sociedad, quiere decirse que Europa sufre ahora la más grave crisis que a pueblos, naciones, culturas, cabe padecer.« (Es gibt eine Tatsache, die das öffentliche Leben Europas in der gegenwärtigen Stunde – sei es zum Guten, sei es zum Bösen – entscheidend bestimmt: das Heraufkommen der Massen zur vollen sozialen Macht. Da die Massen ihrem Wesen nach ihr eigenes Dasein nicht lenken können noch dürfen und noch weniger imstande sind, die Gemeinschaft zu regieren, ist damit gesagt, daß Europa heute in einer der schwersten Krisen steht, die über Völker, Nationen, Kulturen kommen kann.)[135] Der Menschentyp, der diese Kulturkrise Europas verkörperte, war Ortega zufolge eine paradoxe Version des Naturmenschen, d.h. eines neuen Primitiven – »el técnico« (34; Mensch der Technik). Die von Ortega besonders drastisch artikulierte Haltung war unter Intellektuellen weit verbreitet.

Der nachhaltige Impuls, unter dessen Einfluß das kulturkritische Erbe dann zu einer über die Grenzen Deutschlands und Europas hinaus wirkenden Diskursformation umformuliert und weiterentwickelt wurde, ging von den Auffassungen der Frankfurter Schule aus, besonders von jenen, die im Namen einer ›kritischen Theorie‹ der Massenmedien normbildend wurden. Vor allem das Denken Adornos und Horkheimers hat dem Populären den folgenreichen Status einer negativen Zentralkategorie im zeitgenössischen Kontext ›nichtautonomer‹ Kunstentwicklungen verschafft. Begründende Schrift ist die von beiden Autoren 1944 in Los Angeles fertiggestellte und 1947 erstmalig in Amsterdam veröffentlichte *Dialektik der Aufklärung*. Das Buch, das anstelle des Populären den Namen ›Kulturindustrie‹ verwendet, entstand im amerikanischen Exil aus einer doppelten Erfahrungsbilanz beider Autoren. Die Auseinandersetzung mit dem deutschen Faschismus wurde parallel zur Kritik der postfordistischen Gesellschaft der USA geführt, wobei der ungekannte Aufschwung des ›consumer capitalism‹ den Zusammenhang für eine weltumspannende Analyse liefern sollte. Die Erfahrungen der historischen Gegenwart schienen das Fatum zu bekräftigen, daß die Möglichkeit radikalen sozialen Wandels zum einen in den faschistischen Konzentrationslagern, zum anderen in der durch kulturelle ›Massenproduktion‹ ausgeübten »totalen Kontrolle«[136] des kapitalistischen Staates über die Bürger unterging.

Der von Horkheimer und Adorno eingeführte Begriff der Kulturindustrie ist mißverständlich. Adorno dazu später: »Der Ausdruck Industrie ist dabei nicht wörtlich zu nehmen. Er bezieht sich auf die Standardisierung der Sache selbst – etwa die jedem Kinobesucher geläufige der Western – und auf die Rationalisierung der Verbreitungstechniken, nicht aber streng auf den Produktionsvorgang.« (339) Insofern kann Kulturindustrie auch mit Manipulations- oder Entfremdungsmaschinerie umschrieben werden. Der Begriffsbildung unterlag weniger eine soziologische als eine philosophische Strategie, die in einer umfassenden dialektischen Kritik der Aufklärung bestand: Der Glaube an wissenschaftlich-technischen Fortschritt und an die Ausweitung menschlicher (als rationalisieren-

---

135 ORTEGA Y GASSET (s. Anm. 106), 34; dt.: Der Aufstand der Massen, übers. v. H. Weyl (Stuttgart 1989), 5; vgl. ELIAS CANETTI, Masse und Macht (1960; Frankfurt a. M. 1980), 197–226.
136 ADORNO, Résumé über Kulturindustrie (1963), in: ADORNO, Bd. 10/1 (1977), 337.

der) Freiheit sei zum Alptraum geworden. Und es sei die Kulturindustrie, in der sich der ›antiaufklärerische‹ Effekt der Modernisierung allumspannend zeige: »Technische Rationalität heute ist die Rationalität der Herrschaft selbst. Sie ist der Zwangscharakter der sich selbst entfremdeten Gesellschaft.«[137] »Wenn irgend etwas in der Welt, dann hat die Kulturindustrie ihre Ontologie«[138], schrieb Adorno noch Jahre später. Entworfen wurde eine Auffassung von Kulturindustrie als totalisierendem Ganzen: Ihr Wesen bestehe darin, daß sie »das Profitmotiv blank auf die geistigen Gebilde« (338) übertrage und kollektive Ohnmacht erzeuge. »Anpassung tritt kraft der Ideologie der Kulturindustrie anstelle von Bewußtsein« (343). »Sie verhindert die Bildung autonomer, selbstständiger, bewußt urteilender und sich entscheidender Individuen.« (345)

Durch Massenkommunikation und Profitstreben standardisierte Kultur gewinnt in Horkheimers und Adornos Sicht eine ontologische Macht über die Individuen, deren Wesen ›reine‹ Ideologie sei. Als Elias Canetti 1962 in einem Gespräch mit Adorno über sein Buch *Masse und Macht* (1960) auf die symbolische Macht des Massenhaften (die ›unsichtbaren Massen‹) für das Verständnis der modernen Massengesellschaft hinwies, erklärte Adorno die symbolischen Realitäten »des Imaginativen, des bereits in die Vorstellungswelt Versetzten« für sekundär »gegenüber der drastischen unmittelbaren Realität«, d. h. gegenüber dem »Druck realer Massen auf die politische Willensbildung«[139]. Aufschlußreich war Adornos Mißtrauen gegenüber »dem ganzen Bereich des Symbolischen« – »diesen in einem weiten Sinn sozialpsychologischen Dingen« – in dreierlei Hinsicht. Zum einen bestand für ihn die epistemologische Basis der »Selbstbehauptung qua Individuum« (231) in der Notwendigkeit rationaler Abstraktion von alldem, was sich bereits »in die Vorstellungswelt versetzt« fand: so auch von der realen Imagination der Massen. D. h., das sogenannte autonome Individuum und mit ihm vor allem das autonome Kunstwerk sind nicht Teil eines historisch-kulturellen und sozialen Prozesses von jeweils wirkenden Vorverständnissen (in Hans-Georg Gadamers Terminologie), oder es soll sich (so die kritisch-aufklärerische Absicht) aus diesem lösen. Zum anderen ist ausgesprochen, daß im Zusammenhang der Massenkommunikation die soziologische, empirische, semiotische und medienkulturelle Analyse gegenüber der Beschreibung einer in den modernen Gesellschaften waltenden Allmacht des Ich-Verlustes am Rande verblieb. Schließlich konnte Adorno für die spekulativ nicht greifbare Frage der Hegemonie kein Verständnis aufbringen. Für ihn war diese Frage mit der tendenziellen Identifizierung von Faschismus einerseits und politischer Logik rationaler Herrschaft und Kontrolle im Kapitalismus andererseits bereits entschieden.

Wie ist das Populäre im Rahmen dieser begrifflichen Prämissen genauer faßbar? Es ist in die Bedeutung von Kulturindustrie direkt eingeschrieben, doch sprach Adorno die Worte populäre Musik, populäres Hören, populärer Film nur ungern aus, so als würde bereits die Benennung den Phänomenen eine kulturelle Eigenwertigkeit bescheinigen. Statt dessen bevorzugt er Attribute wie ›niedrig‹, ›unernst‹, ›untere‹, ›kindisch‹, ›regressiv‹.[140] Er formuliert zusammen mit Horkheimer: »Wenn die Volkslieder zu Recht oder Unrecht herabgesunkenes Kulturgut der Oberschicht genannt wurden, so haben ihre Elemente jedenfalls erst in einem langen, vielfach vermittelten Prozeß der Erfahrung ihre populäre Gestalt angenommen. Die Verbreitung von popular songs dagegen geschieht schlagartig.«[141] In dieser Behauptung wird eine Unterscheidung von volkstümlich und populär getroffen. Zum einen unterscheiden die Autoren ›hohe‹ Kunst und ›niedere‹ (Volks-)Kunst in vor- oder frühbürgerlichen Kontexten, und auf einer anderen Ebene manifestiere sich dann die Dichotomie von autonomer Kunst und Kulturindustrie.[142] (Der Begriff ›Populärkultur‹ begann of-

---

137 HORKHEIMER/ADORNO (s. Anm. 133), 142.
138 ADORNO (s. Anm. 136), 339.
139 ADORNO, ›Masse und Macht‹. Gespräch mit Elias Canetti, in: R. Tiedemann (Hg.), ›Ob nach Auschwitz noch sich leben lasse‹. Ein philosophisches Lesebuch (Fankfurt a. M. 1997), 230 f.
140 Vgl. ADORNO, Über den Fetischcharakter in der Musik und die Regression des Hörers (1938), in: ADORNO, Bd. 14 (1973), 14–50.
141 HORKHEIMER/ADORNO (s. Anm. 133), 189.
142 Vgl. MICHAEL KAUSCH, Kulturindustrie und Populärkultur. Kritische Theorie der Massenmedien (Frankfurt a. M. 1988), 81.

fenbar mit den Veröffentlichungen Leo Löwenthals [oder ihren Übersetzungen] in Deutschland zaghaft zu zirkulieren. Löwenthal hat ihn aus dem amerikanischen Kontext übernommen und auf geschichtliche Entstehungsphasen populärer Literatur an der Schwelle zur Moderne bezogen.[143]) Auf Seiten der Kulturindustrie findet sich nun das Populäre angesiedelt. So heißt es in *Dialektik der Aufklärung*: »Die Reinheit der bürgerlichen Kunst, die sich als Reich der Freiheit im Gegensatz zur materiellen Praxis hypostasierte, war von Anbeginn mit dem Ausschluß der Unterklasse erkauft [...]. Ernste Kunst hat jenen sich verweigert, denen Not und Druck des Daseins den Ernst zum Hohn macht und die froh sein müssen, wenn sie die Zeit, die sie nicht am Triebrad stehen, dazu benutzen können, sich treiben zu lassen. Leichte Kunst hat die autonome als Schatten begleitet. Sie ist das gesellschaftlich schlechte Gewissen der ersten. Was diese auf Grund ihrer gesellschaftlichen Voraussetzungen an Wahrheit verfehlen mußte, gibt jener den Schein sachlichen Rechts. Die Spaltung selbst ist die Wahrheit: sie spricht zumindest die Negativität der Kultur aus, zu der die Sphären sich addieren. Der Gegensatz läßt am wenigsten sich versöhnen, indem man die leichte in die ernste aufnimmt oder umgekehrt. Das aber versucht die Kulturindustrie.«[144] Horkheimer und Adorno sprachen von Kultur und meinten Kunst; sie sahen die Negativität der Kultur im Kapitalismus (das Versagen von Emanzipation) als das Ergebnis der Spaltung ›ernster‹ und ›niederer‹ Kunst an. Kunst stünde, wäre sie nicht auseinandergerissen, als zentrale Agentur der Emanzipation im Sinne der Aufklärung da. Kulturindustrie als symptomatische Kategorie einer gesamthistorischen Kulturbilanz fand sich hypostasiert aus einer bestimmten (an die strikte Trennung von autonomer und massenhaft zirkulierender Kunst gebundenen) Begrifflichkeit von Kunst, und zwar mit starker Affinität zur deutschen Diskurstradition der Kulturkritik.[145] Aufschlußreich ist, daß die Autoren ihre enge epistemologische Verbindung zur deutschen Situation gern einräumen: »Zurückgeblieben hinter der Tendenz zum Kulturmonopol war das vorfaschistische Europa [gemeint war Deutschland – d. Verf.]. Gerade solcher Zurückgebliebenheit aber hatte der Geist einen Rest von Selbstständigkeit [...] zu verdanken. In Deutschland hatte die mangelnde Durchdringung des Lebens mit demokratischer Kontrolle paradox gewirkt. Vieles blieb von jenem Marktmechanismus ausgenommen, der in den westlichen Ländern entfesselt wurde. Das deutsche Erziehungswesen samt den Universitäten, die künstlerisch maßgebenden Theater, die großen Orchester, die Museen standen unter Protektion. Die politischen Mächte, Staat und Kommunen, denen solche Institutionen als Erbe vom Absolutismus zufielen, hatten ihnen ein Stück jener Unabhängigkeit von den auf dem Markt deklarierten Herrschaftsverhältnissen bewahrt, die ihnen bis ins 19. Jh. hinein die Fürsten und Feudalherren schließlich noch gelassen hatten. Das stärkte der späten Kunst den Rücken gegen das Verdikt von Angebot und Nachfrage und steigerte ihre Resistenz weit über die tatsächliche Protektion hinaus.«[146] Das Zitat ist symptomatisch. Adorno und Horkheimer sprachen also in positivem Duktus von jener ›Resistenz der hohen Kunst‹, die Gramsci mit dafür zuständig erklärt hatte, daß die Herausbildung einer nationalen demokratischen Kultur populären Charakters in Ländern wie Italien und Deutschland blockiert worden war. Die Theoretiker der Cultural Studies werden einen solchen Kulturbegriff, der die Kriterien für die Befreiung der ›niederen‹ Kunst unbeirrt aus den Maßstäben der ›hohen‹ heraus als (unerfüllte) Kulturaufgabe formulierte, radikal in Frage stellen.

Kulturindustrie ist im Diskurs der beiden deutschen Philosophen nicht die »spontan aus den Massen selbst aufsteigende Kultur« – »die gegenwärtige Gestalt von Volkskunst«[147]. Statt dessen fabrizieren sie die Lüge einer aufgehobenen Trennung von ›hoch‹ und ›niedrig‹ als neue und allmächtige Ideologie. Ihr gilt ein umfangreicher Normenkatalog von Attributen: »Alle Massenkultur unterm Monopol ist identisch«, »Lichtspiele und Rundfunk« sind »nichts als Geschäft«[148], »Vorherrschaft

---

143 Vgl. LEO LÖWENTHAL, Literature, Popular Culture, and Society (Englewood Cliffs, N. J. 1961).
144 HORKHEIMER/ADORNO (s. Anm. 133), 157.
145 Vgl. ADORNO, Kulturkritik und Gesellschaft (1951), in: ADORNO, Bd. 10/1 (1977), 11–30.
146 HORKHEIMER/ADORNO (s. Anm. 133), 154.
147 ADORNO (s. Anm. 136), 337.
148 HORKHEIMER/ADORNO (s. Anm. 133), 141 f.

des Effekts [...] übers Werk, das einmal die Idee trug« (146), »Verkümmerung der Vorstellungskraft« (148), »ein System der Nicht-Kultur« (150), »Negation von Stil« (151), »Reproduktion des Immergleichen«, »gefrorene Formtypen wie Sketch, Kurzgeschichte, Problemfilm, Schlager« (156), »die Unwahrheit am Geist«, »Fusion von Kultur und Unterhaltung« (165), »Stein der Stereotypie« (171), »Pseudoindividualität« (177), »Serienproduktion« (142), »Heroisierung des Durchschnittlichen« (179), »ästhetische Barbarei« (152), »Standardisierung«[149], »Beförderung und Ausbeutung der Ich-Schwäche« (344). Dem finden sich positiv gegenübergestellt: das vom »gesellschaftlichen System« sich unterscheidende »Werk«[150], das »große bürgerliche Kunstwerk« (147), die »Reinheit der bürgerlichen Kunst«, »das Individuum« (177), die »reinen Kunstwerke«, die »Zwecklosigkeit des großen neueren Kunstwerks« (180), »das Ästhetische«[151], die »Emanzipation« (345). Zwar kritisieren beide Autoren die hohe bürgerliche Kunst als Ausschlußkunst, doch hängen sie zutiefst deren epistemologischen Maßstäben an.

Die besondere marxistische Sichtweise der *Dialektik der Aufklärung* wird einsichtiger im Lichte des ihr vorangehenden Aufsatzes Adornos *Über den Fetischcharakter in der Musik und die Regression des Hörers* (1938). Das Populäre fand sich (in Gestalt der Kulturindustrie) sowohl in den Blickpunkt der Analyse gerückt wie zugleich elitär begradigt durch eine charakteristische (utopische) Verbindung: Die Zurückweisung falscher Hoffnung rational-gesellschaftlicher Emanzipation ging mit anhaltender Hochschätzung eines Idealismus ästhetischer Emanzipation einher. Dabei gewann das ›Kulturindustrielle‹ im Unterschied zu strikt politökonomischen Theorien des Marxismus den Status eines kausal bedingenden Faktors. Diese Aufwertung koinzidierte mit dem Verlust der optimistischen Erwartungen einer proletarischen Revolution im totalitären (das hieß Monopol-)Kapitalismus. Die Theoretiker der Frankfurter Schule führten die Überlebensfähigkeit des Kapitalismus neben ökonomischen Faktoren besonders auf rational perfektionierte Praktiken sozialer Kontrolle zurück, die sich im Zusammenwirken des modernen Staates mit der zur Kulturindustrie verkommenen populären Kultur entfalteten (Kulturindustrie als Waffe eines siegreichen Kapitalismus). Kulturindustrie wurde aufgefaßt als eine qualitativ neue Form des »Zirkulationsprozesses des Kapitals« (340). Dieser Beziehung von Ökonomie und Kultur lag Marx' Theorie des Warenfetischismus zugrunde, der zufolge der Tauschwert über den Gebrauchswert dominiert, wodurch die menschlichen Beziehungen durchgreifender Standardisierung unterworfen sind und in der ›phantastischen‹ Form einer Beziehung zu Dingen (den Waren) erscheinen. Von da aus formulierte Adorno sein Konzept vom ›Fetischcharakter in der Musik‹, das sich gegen »die Unterhaltungsmusik«[152], »die neue Phase des musikalischen Bewußtseins der Massen«, die »Macht des Banalen [...] übers Gesellschaftsganze« (19) wandte.

In der Konzeption über den »musikalischen Fetischismus« (22) fand der Begriff der Kulturindustrie seine deutlichste Konkretisierung. Im Vergleich dazu waren die Thesen des musikgelehrten Philosophen Adorno zum Film – der zweiten Konkretionsebene – spärlicher und gingen über vorurteilsgeprägten Deskriptivismus und einen frauenfeindlichen Sprachduktus[153] nicht hinaus. Zur populären Musik hieß es: »Die Illusion vom gesellschaftlichen Vorrecht der leichten Musik über die ernste hat zum Grunde eben jene Passivität der Massen, welche den Konsum der leichten Musik in Widerspruch zu den objektiven Interessen derer bringt, die sie konsumieren.«[154] Aus der gleichen ›objektivierenden‹ Logik heraus heißt es: »Die Liquidierung des Individuums ist die eigentliche Signatur des neuen musikalischen Zustands.« (21) Weiter argumentierte Adorno, daß die populäre Musik (speziell der Jazz) den Prinzipien der Kulturindustrie funktional folge durch Standardisierung und Pseudo-Individualisierung, die allgemeine Tendenz der Verdinglichung mit einem Hang zum »lückenlos funktionierenden, metall-

---

149 ADORNO (s. Anm. 136), 339.
150 HORKHEIMER/ADORNO (s. Anm. 133), 142.
151 ADORNO (s. Anm. 136), 341.
152 ADORNO (s. Anm. 140), 15.
153 Vgl. TANIA MODLESKI, Femininity as Mas(s)carade: A Feminist Approach to Mass Culture, in: C. MacCabe (Hg.), High Theory/Low Culture (New York 1986), 37 ff.
154 ADORNO (s. Anm. 140), 20.

glänzenden Apparat« (31), Synkopen und »äußerst bescheidenen«[155] rhythmischen Einfällen bestätigend. Festgefügte Bewertungsnorm war die nicht zur Ware werdende klassische Musik, in deren Namen es zu einer beispiellosen Geringschätzung des modernen Jazz kam. Jazz sei »keineswegs ein neues musikalisches Idiom« (124). »Die ernste Musik seit Brahms hatte alles, was am Jazz etwa auffällt, längst aus sich heraus hervorgebracht, ohne dabei zu verweilen.« (126) »So wenig aber Zweifel an den afrikanischen Elementen des Jazz sein kann, so wenig auch daran, daß alles Ungebärdige in ihm von Anfang an in ein striktes Schema eingepaßt war und daß dem Gestus der Rebellion die Bereitschaft zu blindem Parieren derart sich gesellte und immer noch gesellt, wie es die analytische Psychologie vom sadomasochistischen Typus lehrt. [...] Schon die Negro Spirituals, Vorformen des Blues, mögen als Sklavenmusik die Klage über die Unfreiheit mit deren unterwürfiger Bestätigung verbunden haben. [...] Eben diese Tendenz leistet der Standardisierung, kommerziellen Ausschlachtung und Erstarrung des Mediums Vorschub.« (124) Adorno zögert selbst nicht, von einer Affinität der jazzbegeisterten Jugend in den USA zur militaristischen Elektrisierung der Massen in »europäischen Diktaturstaaten« (132 f.) zu sprechen.

In bezug auf die ›Hörermassen‹ der ›fetischisierten Musik‹ ist zu lesen: »Am Gegenpunkt zum Fetischismus der Musik vollzieht sich eine Regression des Hörens. [...] Die hörenden Subjekte [...] entwickeln [...] gewisse Fähigkeiten, die in traditionell-ästhetischen Begriffen weniger zu fassen sind als in solchen von Fußballspielen und Chauffieren. Sie sind nicht kindlich [...]. Sondern sie sind kindisch: ihre Primitivität ist nicht die des Unentwickelten, sondern des zwanghaft Zurückgestauten.«[156] »Mit Sport und Film tragen die Massenmusik und das neue Hören dazu bei, das Ausweichen aus der infantilen Gesamtverfassung unmöglich zu machen.« (35) Nicht ohne aggressiven, ethnozentrischen Sarkasmus entwarf Adorno Typen von Jazz-Hörern wie jene des »Bastlers«, »höheren Schülers«, »Sportsmannes«, »patenten Kerls« (43 f.): »Der Chauffeur ist das Vorbild für den Hörtyp des patenten Kerls. Sein Einverständnis mit allem Herrschenden geht so weit, daß er gar nicht erst mehr Widerstände produziert, sondern von sich aus bereits je und je das leistet, was von ihm verlangt wird um des zuverlässigen Funktionierens willen. Er lügt sich die Vollkommenheit seiner Unterordnung unter den verdinglichten Mechanismus in dessen Beherrschung um.« (44) Zusammengefaßt in einer nostalgischen, Kant evozierenden Formulierung: Regression des Geschmacks ist »Ersatzlust durch Identifikation mit der Macht« (45).

Diese Mentalität, die den ›hohen Geschmack‹ im Zeitalter der Massen als Sphäre des Aufbegehrens beanspruchte, fand auch im englischsprachigen Raum Zuspruch, und zwar in einem kulturkritischen Feld, gegen dessen Verengungen sich ein Thomas S. Eliot wendet.[157] David Riesman setzte 1950 den ›autonomen Menschen‹ aus der vermeintlichen ›Epoche der Innenlenkung‹ der einsamen, ›außengeleiteten‹ Masse gegenüber. »The autonomous person, living like everyone else in a given cultural setting, employs the reserves of his character and station to move away from the adjusted mean of the same setting.« In dankbarer Geste gegenüber einer europäischen Denktradition sucht er deren Geltung lebensweltlich zu motivieren: »The autonomous person of today is the beneficiary of the greater sensitivity brought into our society, at great personal cost, by his autonomous predecessors of the era of inner-direction. The latter, in rejecting the Philistine norm, were frequently very much preoccupied with taste [...]. What they [the Romantic poets – d. Verf.] put into their poems and other works, in refinement and subjectivity, is part of their legacy to the emotional vocabularies of our own day. These precursors, moreover, had no doubt as to who their enemies were: they were the adjusted middle-class people [...] – people for whom life was not something to be tasted but something to be hacked away at.«[158]

Eine andere Sichtweise hatte Walter Benjamin entwickelt, der, ohne den Begriff des Populären

---

155 ADORNO, Zeitlose Mode. Zum Jazz (1953), in: ADORNO, Bd. 10/1 (1977), 126.
156 ADORNO (s. Anm. 140), 34.
157 Vgl. THOMAS S. ELIOT, Notes Towards the Definition of Culture (London 1948).
158 DAVID RIESMAN, The Lonely Crowd. A Study of the Changing American Character (New Haven 1950), 295, 302, 257.

direkt zu benennen, ihn in *Das Kunstwerk im Zeitalter seiner technischen Reproduzierbarkeit* (1936) als Faktor geschichtlich veränderter Wahrnehmungsweisen und Wahrnehmungssubjekte reflektierte. Die kulturell-technologische Auflösung der sog. Aura des einmaligen Kunstwerks (die historisch vom religiösen bis zum transzendentalen Status des Kunstwerks reichte) führe zu einer post-auratischen, technisch reproduzierbaren Kunst (das Beispiel des Films), die nicht mehr dem Bereich des Rituals, sondern dem der Politik und ihrer kulturellen Konflikte zugehöre. Benjamin konkretisierte das Verständnis von Masse unter dem Gesichtspunkt kultureller Dynamiken und eröffnete damit zugleich einen veränderten Blick auf das Populäre: »Die Masse ist eine matrix, aus der gegenwärtig alles gewohnte Verhalten Kunstwerken gegenüber neu geboren hervorgeht. Die Quantität ist in Qualität umgeschlagen: die sehr viel größeren Massen der Anteilnehmenden haben eine veränderte Art des Anteils hervorgebracht.«[159] Hieran anknüpfend wird Martín-Barbero Jahrzehnte später der Wechselwirkung von Massenhaftem und Populärem (›lo masivo‹ und ›lo popular‹[160]) einen zentralen Stellenwert in den Kulturprozessen einer lateinamerikanischen heterogenen Moderne zusprechen.

Insgesamt durchzog ein kulturaristokratischer und ethnozentrischer Rigorismus die empirisch kaum verifizierten Positionen Adornos und Horkheimers. Ihre Auffassungen sprachen der populären Kultur sowohl geschichtlich wie epistemologisch ein Potential ästhetischer und politischer Differenz ab. Der Begriff der Kulturindustrie erscheint besonders problematisch im Status seiner Verallgemeinerung als eine übergreifende totalitäre Machtinstanz, welche sich in ihrer einseitigen Bewertung des Massenpublikums sogar in unfreiwillige Nähe zu jener Verachtung gegenüber den Massen begab, die der nationalsozialistischen Ideologie eigen war. Besonders die Vertreter der Cultural Studies unterziehen die *Dialektik der Aufklärung* kritischer Betrachtung, um Begriffen, die für die Kulturanalyse an Bedeutung gewinnen (Kommunikation, Wahrnehmung, Publikum, Konsum/Kulturgebrauch, Widerstand, Hegemonie) aus den Fesseln dualistischer Vernunft zu lösen. Kennzeichnend ist die hohe Relevanz Benjamins im Rahmen kritischer Lektüren der Konzeptionen der *Frankfurter Schule*. Adornos und Horkheimers Auffassungen zur Kulturindustrie werden in ihren Widersprüchen einsichtig, wenn man sie einerseits als marxistische Version der deutschen kulturkritischen Tradition, dabei auch als das Ergebnis eines Kulturschocks versteht, den die Autoren als Exilanten des Faschismus an der amerikanischen massenkulturellen Moderne erlitten. Zum anderen hat ihre ›apokalyptische‹ Theorie (Umberto Eco) als eine der neueren Bastionen universalistischer Begriffsbildung Sensibilitäten und Widerstände hervorgetrieben, die die zeitgenössische kulturtheoretische Debatte um das Populäre, wenngleich in Deutschland nur zaghaft, polemisch befördern.

VI. Selbstreflexivität des Populären, Cultural Studies und neuer Kulturbegriff der Peripherie (Lateinamerika)

Die Reflexionen um das Begriffsfeld des Populären in der 2. Hälfte des 20. Jh. erscheinen als äußerst heterogen. In den Bereichen ästhetischen und kulturtheoretischen Denkens verlagert sich die Diskussion um eine Erneuerung des Begriffs volkstümlich/populär tendenziell in den angloamerikanischen und den lateinamerikanischen Raum. Ihre Haupttendenz ist durch Versuche charakterisiert, eine im philosophischen Modernedenken, besonders in der deutschen und europäischen Tradition der Kultur- (als Zivilisations-)Kritik verankerte Semantik zu problematisieren. Generell spiegelt die Vielzahl neuer Bedeutungsvarianten die zunehmend kritische Sicht auf einen durch die Trennung von ›hoher‹ und ›niederer‹ Kultur deterministisch belasteten Terminus wieder. Diese Vielfalt findet häufig unter der Rubrik postmoderner Auffassungen zum Populären Verbreitung, ist aber keineswegs auf diese begrenzt, gerade dort, wo es um eine ›Entzauberung‹ und Entidealisierung des Begriffs geht. Vielmehr kommt es unter dem Einfluß

---

159 BENJAMIN, Das Kunstwerk im Zeitalter seiner technischen Reproduzierbarkeit (1936), in: BENJAMIN, Bd. 1/2 (1978), 464f.
160 Vgl. MARTÍN-BARBERO (s. Anm. 96), 247 ff.

der britischen Cultural Studies und ihrer transkontinentalen Wanderung in die USA, nach Kanada und Australien zu Umwertungen, die weite Bereiche der Medienentwicklung, der Alltags- und der politischen Kultur betreffen. An diesem Punkt begriffsgeschichtlicher Erörterung wird eine nichtdichotomische Perspektive erforderlich. Im Sinne eines weiten und komparatistischen Horizontes erscheint es daher sinnvoll, den Terminus der Popularkultur in den deutschen Sprachgebrauch einzuführen. Dieser Schritt erscheint erforderlich, weil im deutschsprachigen Raum das semantische Feld des Volkstümlichen nach dem 2. Weltkrieg entweder diskreditiert oder aus den neueren Diskussionen zum Ästhetischen ausgeblendet wurde, wofür der lang anhaltende normative Einfluß von Horkheimers und Adornos *Dialektik der Aufklärung* als Indiz stehen mag. Aufschlußreich ist z. B., daß sich ein seit den 60er Jahren an Einfluß gewinnender Zweig deutscher Literaturwissenschaft zwar der ›Trivialliteraturforschung‹ zuwendet, dabei aber das Populäre kaum zum Gegenstand begriffsgeschichtlicher Aufarbeitung macht.

Noch 1994 hat Georg Seeßlen die Voreingenommenheit eines deutschen Denkhabitus gegenüber der populären Kultur, in dem der Dualismus ›hohe‹ Kultur vs. Volkstümlichkeit erneuert wird, verteidigt: Es gibt »eine strukturelle Verwandtschaft zwischen der populären Kultur und der faschistischen Ästhetik und Inszenierung von Politik und Krieg. Beide sind ihrem Wesen nach darauf gerichtet, die Modernität abzublocken, [...] beide sind in ihrer Struktur mythisch statt analytisch, zugleich gegen Aufklärung gewandt und den technischen Fortschritt auf magische Weise begrüßend«[161]. Andrew Ross fordert demgegenüber aus britischer Sicht zu einer differenzierenden Selbstreflexion auf: »Intellectuals today are unlikely to recognize [...] what is fully at stake [...] if they fail to understand why so many cultural forms, devoted to horror and porn, and steeped in chauvinism and other bad attitudes, draw their popular appeal from expressions of disrespect for the lessons of educated taste. The sexism, racism, and militarism that pervades these genres is never expressed in pure form [...]; it is articulated through and alongside social resentments born of subordination and exclusion.«[162]

Die Formulierung ›Selbstreflexivität des Populären‹ knüpft an Umberto Ecos ›kritische Kritik der Massenkultur‹ von 1964 an, die als erste radikale Kritik des von Horkheimer und Adorno geprägten ›Begriffsfetischs Kulturindustrie‹ und seines ›apokalyptischen‹ Gebrauchs gelten kann. Das Populäre ist Eco zufolge nicht mit dem Massenkulturellen identisch, doch es ist ebensowenig der poetisch unikale Urgrund, den Schriftsteller und Künstler seit der Romantik von massenkultureller ›Kontamination‹ zu bewahren suchten bzw. im Angesicht ungleicher Modernisierungsprozesse zum ›authentischen‹ Maßstab der Nationsbildung stilisiert hatten. Eine Historisierung des Populären innerhalb der Moderne ist ohne die Analyse seiner Wechselbeziehungen zur Massenkommunikation nicht denkbar. »Cosa di più riprovevole dell'accostamento tra l'idea di cultura (che implica un privato e sottile contatto d'animo) e quello di industria (che evoca linee di montaggio, riproduzione in serie, pubblica circolazione e commercio concreto di oggetti fatti merce)?« (Was ist mehr verpönt als die Kombination des Begriffs Kultur [der eine private und subtile Berührung der Seele andeutet] mit dem Begriff Industrie [der an Fließbänder denken läßt, an serielle Reproduktionen, an die öffentliche Zirkulation und den Tausch von Gegenständen, die zur Ware geworden sind]?)[163] Doch diese Welt »è anche il nostro. Nasce con l'ascesa delle classi subalterne alla fruizione dei beni culturali con la possibilità di produrre questi grazie a procedimenti industriali. [...] L'industria culturale [...] appare con Gutenberg e con l'invenzione della stampa a caratteri mobili, e prima ancora.« (ist vor allem die unsrige. Sie entsteht mit dem Aufstieg der subalternen Klassen zum Genuß der kulturellen Werte und mit der Möglichkeit, kulturelle Güter mittels industrieller Verfahren herzustellen. [...] die Kultur-

---

161 SEESSLEN, Faschismus in der populären Kultur, Bd. 1 (Berlin 1994), 110; vgl. BARCK (s. Anm. 108), 97–118.
162 ANDREW ROSS, No Respect: Intellectuals and Popular Culture (London 1989), 231.
163 UMBERTO ECO, Apocalittici e integrati. Comunicazioni di massa e teorie della cultura di massa (1964; Mailand 1982), 7; dt.: Apokalyptiker und Integrierte. Zur kritischen Kritik der Massenkultur, übers. v. M. Looser (Frankfurt a. M. 1986), 19.

industrie [erscheint] mit Gutenberg, mit der Erfindung der Druckerpresse mit beweglichen Lettern, ja sogar noch früher.) (6; dt. 18) Nicht Adorno, sondern Eco nimmt jenes Erfordernis einer Historisierung der Kunst im Kontext sich wandelnder Kommunikationsverhältnisse ernst, das Benjamin bereits 1936 in *Das Kunstwerk im Zeitalter seiner technischen Reproduzierbarkeit* reflektierte. Eco: »Quello che invece si rimprovera all'apocalittico è di non tentare mai, in realtà, uno studio concreto dei prodotti e dei modi in cui vengono davvero consumati.« (Dem Apokaltyptiker ist vorzuwerfen, daß er niemals eine konkrete Analyse der Produkte und der Formen, in denen ihr Gebrauch und Verbrauch sich abspielen, versucht.) (14; dt. 25) Erst durch diese aber wird die Ambivalenz des Populären faßbar, wird es als jenes ›moderne‹ ästhetische Phänomen greifbar, von dem Benjamin geschrieben hatte: »Die technische Reproduzierbarkeit des Kunstwerks verändert das Verhältnis der Masse zur Kunst. Aus dem rückständigsten, z. B. einem Picasso gegenüber, schlägt es in das fortschrittlichste, z. B. bei Chaplin, um.«[164] Eco zufolge hat eine historische Kritik der Kulturindustrie nicht die erste Fernsehsendung für das vermeintliche ›Übel‹ haftbar zu machen, »bensì all'invenzione della stampa; e con essa, alle ideologie dell'egualitarismo e della sovranità popolare« (sondern die Erfindung der Druckerpresse und damit die Ideologien des Egalitarismus und der Volkssouveränität)[165]. D. h., der Begriff des Populären ist in seinen ästhetischen Dimensionen der Veränderung unterworfen und kann daher auch nicht von der »nuova situazione antropologica della ›civiltà di massa‹« (neuen anthropologischen Situation der ›Medienzivilisation‹) absehen, in der »tutti gli appartenenti alla comunità diventano, in misure diverse, consumatori di una produzione intensiva di messaggi a getto continuo, elaborati industrialmente in serie e trasmessi secondo i canali commerciali di un consumo retto dalle leggi della domanda e dell'offerta« (alle Angehörigen der Gemeinschaft in unterschiedlichem Maße zu Adressaten einer intensiven, ununterbrochenen Produktion von Botschaften [werden], die industriell in Serie gefertigt und in den kommerziellen Kanälen eines Konsums übermittelt werden, den das Gesetz von Angebot und Nachfrage steuert) (22; dt. 33). Auch Löwenthal, der selbst aus der *Frankfurter Schule* stammte, hatte dazu aufgefordert, die Fragen zum Populären anders zu stellen als die Kritiker der Kulturindustrie: »Are the equations art-insight-elite on the one hand, and popular culture-entertainment-mass audience on the other valid? Do elites never seek entertainment and are the broad strata eo ipso alienated from high culture? Does entertainment, on the other hand, preclude insight?«[166]

In seinem Text *La deshumanización del arte* (1925) hatte Ortega y Gasset geschrieben: »Durante siglo y medio el ›pueblo‹, la masa, ha pretendido ser toda la sociedad. La música de Strawinsky o el drama de Pirandello tienen la eficacia sociológica de obligarle a reconocerse como lo que es, como ›sólo pueblo‹, mero ingrediente, entre otros, de la estructura social, inerte materia del proceso histórico, factor secundario del cosmos espiritual. Por otra parte, el arte joven contribuye también a que los ›mejores‹ se conozcan y reconozcan entre el gris de la muchedumbre y aprendan su misión, que consiste en ser pocos y tener que combatir contra los muchos.« (Anderthalb Jahrhunderte lang hat das Volk behauptet, es sei die ganze Gesellschaft. Strawinskis Musik und Pirandellos Drama kommt eine soziologische Wirkungskraft zu, die es zwingt, sich als das zu erkennen, was es ist, als ›nichts als Volk‹, als einen Baustein neben vielen im sozialen Verband, als träges Substrat des historischen Prozesses, als eine Nebensache im Kosmos des Geistes. Andererseits trägt die neue Kunst dazu bei, daß im eintönigen Grau der vielen die wenigen sich selbst und einander erkennen und ihre Mission begreifen: wenig sein und gegen viele kämpfen.)[167] In kritischer Reaktion darauf weist Pierre Bourdieu auf ein besonderes Problem der begrifflichen ›Selbstreflexion‹ hin: »un relativisme esthétique« trägt kaum zu einem analytischen Verständnis ›populärer Ästhetik‹ bei, »tant il est évident que l'es-

---

164 BENJAMIN (s. Anm. 159), 459.
165 ECO (s. Anm. 163), 9; dt. 21.
166 LÖWENTHAL (s. Anm. 143), XIX.
167 JOSÉ ORTEGA Y GASSET, La deshumanización del arte (1925), in: Ortega y Gasset, Obras completas, Bd. 3 (Madrid ⁴1957), 355f.; dt.: Die Vertreibung des Menschen aus der Kunst, in: Ortega y Gasset, Gesammelte Werke, übers. v. U. Weber/H. Weyl, Bd. 2 (Stuttgart 1978), 232.

thétique populaire' se définit par rapport aux esthétiques savantes et que la référence à l'art légitime et au jugement négatif qu'il porte sur le goût ›populaire‹ ne cesse jamais de hanter l'expérience populaire de la beauté. Refus ou privation? La tentation de prêter la cohérence d'une esthétique systématique aux prises de position objectivement esthétiques des classes populaires n'est pas moins dangereuse que l'inclination à se laisser imposer, sans même le savoir, la représentation strictement négative de la vision populaire qui est au fondement de toute esthétique savante.«[168] In Auseinandersetzung mit Vorgaben einer Kantschen Ästhetik formuliert Bourdieu: »Tout se passe comme si l'esthétique populaire' était fondée sur l'affirmation de la continuité de l'art et de la vie [...] ou, si l'on veut, sur le refus du refus qui est au principe même de l'esthétique savante, c'est-à-dire la coupure tranchée entre les dispositions ordinaires et la disposition proprement esthétique [...]. Au théâtre comme au cinéma, le puplic populaire se plaît aux intrigues logiquement et chronologiquement orientées vers une *happy end* et se ›retrouve‹ mieux dans les situations et les personnages simplement dessinés que dans les figures et les actions ambiguës et symboliques ou les problèmes énigmatiques [...]. Le principe des réticences ou des refus ne réside pas seulement dans un défaut de familiarité, mais dans une attente profonde de *participation*, que la recherche formelle déçoit systématiquement [...]. De même, lorsque la recherche formelle vient s'insinuer dans leurs spectacles familiers [...] les spectateurs des classes populaires s'insurgent, non seulement parce qu'ils ne sentent pas la nécessité de ces jeux purs, mais parce qu'ils comprennent parfois qu'ils tiennent leur nécessité de la logique d'un certain champ de production, qui, par ces jeux mêmes, les exclut.« (33–35) Formale und reflexive Komplexität als ›ästhetische Qualität‹ (oder, in Hans Robert Jauss' Terminologie, sekundäre ästhetische Erfahrung) steht demnach nicht für sich, sondern ist historisch Bestandteil »de cet appareil par lequel s'annonce toujours le caractère sacré, séparé et séparant, de la culture légitime. [...] A l'inverse, le spectacle populaire est celui qui procure, inséparablement, la participation individuelle du spectateur au spectacle et la participation collective à la fête dont le spectacle est l'occasion.« (36)[169]

Die Besonderheit des Beitrags der britischen Cultural Studies zum Begriff der popular culture begann sich mit der Wende zu den 60er Jahren an dem Punkt abzuzeichnen, da die Diskussion um ästhetischen Geschmack und ästhetische Qualität explizit als politische Diskussion geführt wurde, die sich dem Anliegen zuwandte, vor dem Hintergrund komplexer Medienentwicklungen der Gegenwart einen neuen, d. h. demokratisch entgrenzten Kulturbegriff zu entwerfen.[170] (Die in Deutschland seit den Nachkriegsjahren de facto abgebrochene bzw. enggeführte Begriffsdiskussion um das Populäre bekundet sich etwa in dem denkwürdigen Sachverhalt, daß die erste umfassende Buchpublikation – als Reader – zu den angloamerikanischen Cultural Studies nicht vor 1999, d. h. beinahe vierzig Jahre nach dem Entstehen der britischen Cultural Studies erscheint.[171]) Die Frage war weniger, wo bestimmte Theorien entstehen, sondern wo sie radikalisiert werden und in neue Untersuchungszusammenhänge einmünden: so haben eine Reihe europäischer Denker wie Benjamin, Gramsci, Louis Althusser, Roland Barthes, de Certeau, Michel Foucault eine wichtige Rolle für die Umwertung der popular culture in den britischen Cultural Studies und in den lateinamerikanischen Diskussionen um eine ›heterogene Moderne‹ gespielt.

Mit T. S. Eliots *Notes Towards the Definition of Culture* (1948) begann sich dann in Großbritannien die Kritik an der einflußreichen Arnoldschen Denktradition, der zufolge Kultur die Anarchie der Massengesellschaft durch einen hochkulturell gesteuerten ›diffusionism‹ zu zähmen habe[172], neu zu artikulieren. Eliot formulierte, daß Kultur im weitesten Sinne »includes all the characteristic activi-

---

168 PIERRE BOURDIEU, La distinction. Critique sociale du jugement (Paris 1979), 33.
169 Vgl. JURIJ M. LOTMAN, Struktura chudožestvennogo teksta, in: Lotman, Ob iskusstve (1970; St. Petersburg 1998), 275–276.
170 Vgl. HERLINGHAUS, [Rez.] Hartmut Böhme/Klaus R. Scherpe (Hg.), Literatur und Kulturwissenschaften, in: Weimarer Beiträge 44 (1998), H. 1, 142–148.
171 Vgl. KARL H. HÖRNING/RAINER WINTER (Hg.), Widerspenstige Kulturen. Cultural Studies als Herausforderung (Frankfurt a. M. 1999).
172 Vgl. ARNOLD (s. Anm. 87), 104, 199.

ties and interests of a people«[173]. Doch als eigentliche Kritiker eines elitär-moralisierenden, ›liberalaktivistischen‹ Kulturbegriffs traten an der Wende zu den 60er Jahren Richard Hoggart, Edward Palmer Thompson und Raymond Williams hervor. Williams schrieb 1958 in seinem Aufsatz *Culture is Ordinary*: »Culture is ordinary: that is the first fact. Every human society has its own shape, its own purposes, its own meanings. Every human society expresses these, in institutions, and in arts and learning. [...] A culture has two aspects: the known meanings and directions, which its members are trained to; the new observations and meanings, which are offered and tested. These are the ordinary processes of human societies and human minds, and we see through them the nature of a culture: that it is always both traditional and creative; that it is both the most ordinary common meanings and the finest individual meanings. We use the word culture in these two senses: to mean a whole way of life – the common meanings; to mean the arts and learning – the special processes of discovery and creative effort.«[174] Damit wird es möglich, »popular cultural expressions« von den Normen eines idealistisch konturierten Kultur- und Geschmacksbegriffs zu lösen: »The [...] false equation is this: that the observable badness of so much widely distributed popular culture is a true guide to the state of mind and feeling, the essential quality of living of its consumers. Too many good man have said this for me to treat it lightly, but I still, on evidence, can't accept it. It is easy to assemble, from print and cinema and television, a terrifying and fantastic congress of cheap feelings and moronic arguments. It is easy to go on from this and assume this deeply degrading version of the actual lives of our contemporaries. Yet do we find this confirmed, when we meet people?« (12)

Hoggart gab seinem Buch *The Uses of Literacy* (1957) zunächst den Arbeitstitel ›The Abuses of Literacy‹. In ihm plädiert er für ein Interesse an populären modernen Texten (»weekly family magazines, commercial popular songs, sex-and-violence novels«), ohne dieses von vornherein durch die Entgegensetzung zum höheren Kanon, zur Avantgarde oder zur traditionellen ›organischen‹ Sicht von volkstümlich einzuschränken. Sein Augenmerk richtete sich auf den Einfluß, den massenhaft vermarktete kulturelle Formen und Genres auf das ›Ethos‹ der arbeitenden Klassen ausübten, wobei er darauf hinwies, daß ein strikt soziologisch gefaßter Klassenbegriff dem Phänomen massenhaft verbreiteter Literatur nicht gerecht wird: »the mass publications from which I draw most of my evidence affect far more than those working-class groups of which I have a close knowledge; in fact, in so far as they tend to be ›classless‹ publications, they affect all classes in society.«[175] Deutlich zeichnet sich bei Williams und Hoggart eine semantische Verschiebung im Verständnis des Populären ab, die eine text- oder kunstwerkzentrierte Bewertung populärer Literatur und Medienprodukte relativiert und sich statt dessen den Gebrauchsweisen zuwendet, in denen sich diese ›Werke‹ vergesellschaften. Auch Eco forderte wenige Jahre später eine kritische Revision des (im britischen Raum 1942 von Virginia Woolf formulierten und verteidigten) Begriffs der drei Kulturniveaus (highbrow, middlebrow, lowbrow)[176]: »I livelli non corrispondono a una livellazione classistica. [...] Si sa che il gusto *high brow* non è necessariamente quello delle classi dominanti« (Die Niveaus entsprechen nicht der Klassenschichtung. [...]. Bekanntlich ist der *highbrow*-Geschmack nicht unbedingt der Geschmack der herrschenden Klassen)[177]. »La differenza di livello tra i vari prodotti non costituisce a priori una differenza di valore, ma una differenza del rapporto fruitivo« (Der Niveauunterschied der verschiedenen Werke bezeichnet nicht vor allem einen Wertunterschied, sondern einen Unterschied im Nutzungsverhältnis) (55; dt. 54). Diese Umwertungen weiterführend, wird Michel de Certeau 1980 ein neues, kulturtheoretisch-anthropologisches Verständnis der Populärkultur aus den Praktiken der Nutzung, des

---

173 ELIOT (s. Anm. 157), 31.
174 WILLIAMS, Culture is Ordinary (1958), in: Williams, Resources of Hope. Culture, Democracy, Socialism (London/New York 1989), 12; vgl. FRANCIS MULHERN, Culture/Metaculture (London/New York 2000), 73.
175 RICHARD HOGGART, The Uses of Literacy (1957; New York 1970), 79.
176 Vgl. VIGINIA WOOLF, The Death of the Moth (1942; London 1981), 113–119.
177 ECO (s. Anm. 163), 51; dt. 52.

Konsums, des Umgangs mit vorgefertigten Kulturprodukten entwickeln.[178] Hoggart macht in *The Uses of Literacy* eine wichtige Beobachtung im Kontext der 50er Jahre, die das Verhältnis von mündlicher Tradition und massenkultureller Moderne betrifft: »if we listen to working-class people at work and at home we are likely to be struck first, not so much by the evidence of fifty years of popular papers and cinema, as by the slight effect these things have had upon the common speech, by the degree to which working-people still draw, in speech and in the assumptions to which speech is a guide, on oral and local tradition. That tradition is no doubt weakening, but if we are to understand the present situation of the working-classes we must not pronounce it dead when it still has remarkable life.«[179] Die Behauptung war für die Auseinandersetzung mit einer zweihundertjährigen Begriffstradition äußerst folgenreich. Sie forderte zu einer kulturanthropologischen Historisierung populären ästhetischen Ausdrucks und Verhaltens innerhalb der Moderne auf, aus der sich erstens der Zusammenhang und zweitens die Nichtidentität von Popularkultur und Massenkultur ergab. D. h., es wurde an der Frage gearbeitet, inwiefern sich das Populäre unter den Bedingungen der Massengesellschaft und in konkreten Zusammenhängen des Massenkulturellen artikulierte, ohne in diesem aufzugehen. Dazu war es Williams zufolge nötig, den »moral spell of culture« zu dekonstruieren, unter dessen Einfluß sich der Kulturbegriff »as an abstraction and an absolute«[180] etabliert hatte. Nach der Artikulation des Populären im Massenkulturellen zu fragen erforderte ein kategoriales Umdenken, an dem noch immer gearbeitet wird und das die Diskussion in anderen Teilen der Welt (insbesondere in Lateinamerika) befruchtet hat. So führte Williams in *Marxism and Literature* (1977) die Suchbegriffe ›the residual‹, ›the emergent‹ und ›the dominant‹ ein, wobei er ›the residual‹ von ›the archaic‹ unterscheidet: »By ›residual‹ I mean something different from the ›archaic‹ […]. Any culture includes available elements of its past, but their place in the contemporary cultural process is profoundly variable. I would call the ›archaic‹ that which is wholly recognized as an element of the past (and has been largely incorporated into the dominant culture). The residual, by definition, has been effectively formed in the past, but is still active in the cultural process, not only and often not at all as an element of the past, but as an effective element of the present. Thus certain experiences, meanings, and values which cannot be expressed […] in terms of the dominant culture, are nevertheless lived and practiced on the basis of the residue. […] By ›emergent‹ I mean […] that new meanings and values, new practices, new relationships are constantly being created.«[181] Da Elemente populärer Ästhetiken aufgrund ihrer Wechselbeziehungen zu Formen und Praktiken der Herrschaft, d. h. in der Konstitution von hegemonialen Dispositiven (Gramsci) ständig ›aktiv‹ sind, sind sie nicht auf denselben (autonomeren) Ebenen faßbar, auf denen spekulativ oder spezialistisch entfaltete Ästhetiken artikuliert werden. Insofern helfen die Konzepte des ›archaic‹, ›residual‹, ›emergent‹ und ›dominant‹, populäre Ästhetik aus dem bekannten Dualismus zu entbinden und in einer kultur-, medien- und sozialgeschichtlich konfliktiven Dynamik zu situieren.

Vor allem Edward Palmer Thompson hat, an Gramsci und damit an eine marginalisierte Tradition rhetorischer Hermeneutik[182] anknüpfend, die Begriffe popular culture und common culture neu in Zusammenhang gebracht. Angefangen mit *The Making of the English Working Class* (1963) gelten seine Arbeiten als wegweisend für die Einführung einer sozialanthropologischen Sichtweise in die Historiographie der Moderne, insbesondere für die Verlagerung eines anthropologischen Interesses am Populären von peripheren Ländern und Kulturen hin zu den kulturellen und medialen Modernisierungsprozessen in den Zentren. Damit wurden zugleich Fragen einer populären Ästhetik, die die Anthropologie traditionell mit dem Studium entfernter Mythen und Rituale verbunden hatte, direkt an die Probleme der sich herausbildenden In-

---

178 Vgl. DE CERTEAU (s. Anm. 43).
179 HOGGART (s. Anm. 175), 27.
180 WILLIAMS, Culture and Society 1780–1950 (1958; Harmondsworth 1961), 17; vgl. ebd., 285.
181 WILLIAMS, Marxism and Literature (Oxford 1977), 122f.
182 Vgl. HANS-GEORG GADAMER, Wahrheit und Methode. Grundzüge einer philosophischen Hermeneutik (1960; Tübingen 1990), 24–35.

dustriegesellschaft geknüpft. Popular culture als ›Arbeitsbegriff‹ aufzufassen hieß für Thompson, seine rhetorisch-praktische Dimension zu beachten, die er zum Beispiel mit Hilfe der Konzepte ›customs‹ und ›common‹ erörterte. Während Tradition ein statisches Verständnis von Kontinuität evoziere, sei »custom [...] a field of change and contest«. Wenig sinnvoll sei eine nur am Konsens orientierte Sicht von popular culture, der zufolge diese ein System von »shared meanings, attitudes and values, and the symbolic forms (performances, artifacts) in which they are embodied« darstelle. Ebenso sei sie »a pool of diverse resources, in which traffic passes between the literate and the oral, the superordinate and the subordinate, the village and the metropolis; it is an arena of conflictual elements, which requires some compelling pressure – as, for example, nationalism or prevalent religious orthodoxy or class consciousness – to take form as ›system‹«[183].

Maßgeblich für einen geschichtlichen Begriff populären ästhetischen Verhaltens sei ein Verständnis der besonderen Ambivalenz populärer Praktiken, gerade dort, wo eine wachsende schriftkulturelle Kompetenz (und Beeinflussung) mit den Logiken von Mündlichkeit und Alltagsritualen zusammentreffe. Die folgende Beobachtung trifft nicht allein auf die *Moral Economy of the English Crowd in the Eighteenth Century* (1971) zu: »where oral tradition is supplemented by growing literacy, the most widely circulated printed products, such as chapbooks, almanacs, broadsides, ›last dying speeches‹ and anecdotal accounts of crime, tend to be subdued to the expectations of the oral culture rather than challenging it with alternatives« (8). Verbanden Adorno und Horkheimer die Diskussion um gesellschaftlich kritische Ästhetik mit den Maßgaben »avanciertester«, »differenziertester«[184] Kunst, so mißt Thompson populärer Ästhetik ein subversives, widerständiges Potential gerade in ihrem Hang zu ›konservativen Formen‹ und Narra-

tionen zu. Für die Überwindung eines verbreiteten Kurzschlusses plädierend, macht Thompson darauf aufmerksam, daß konservative (repetitiv-rhetorische, melodramatische, theatralisch-alltagsbezogene) Formsprache und Ausdruckspraxis populärer Kultur nicht selten mit subversiven und ›rebellischen‹ Funktionen innerhalb der Modernisierungsprozesse des 18. und 19. Jh. verbunden waren. Andererseits gäbe es keinen Anlaß, populäre Kultur von vornherein auf ein Dispositiv der Rebellion oder der Anpassung festzulegen. Für die Historisierung dieser Zusammenhänge sei es erforderlich, den ›praktischen‹ Narrationen (narrativen Handlungen und Vorstellungen), in denen sich gemeinschaftsbildende Prozesse in den symbolischen Kriterien von Identität, Loyalität, Alltagsverhalten vermitteln, größere Aufmerksamkeit zu widmen. Der Begriff des ›common sense‹, dem eine ›philosophy of praxis‹ neu auf die Spur zu kommen habe[185], erhält hier eine hermeneutische Relevanz, die in die kulturelle Moderne zu projizieren ein Hans-Georg Gadamer sich nicht entschließen konnte. D. h., zwischen unterschiedlichen kulturellen Filiationen und Interessen (etwa Hochkultur und Massenkultur) liegt die Sphäre einer ›common culture‹, in der sich die Fragen der ästhetischen Identität, des Konflikts, der Legitimität und Hegemonie als praxis- und alltagsrelevante Fragen des ›Verkehrs‹, der Interaktion und des ›Aushandelns‹ symbolischer und sozialer Positionen jeweils vermitteln. Unter diesem Gesichtspunkt bezeichnet ein entzauberter Begriff von popular culture zunächst nicht mehr als jene Praktiken, Rituale und Narrationen, die »the making of a community«[186] in einem Raum sozialer Alltagsbeziehungen und ästhetischer (aisthetischer) Sensibilitäten vermitteln. Popular culture vermag Daseinsweisen von common culture dann zu bezeichnen, wenn diese den Spannungen zwischen Anpassung und Rebellion gegenüber normativen und herrschaftsgesteuerten Vorgaben Raum verleihen.

Aus diesen Umwertungen erwuchs die Möglichkeit einer Historisierung von populären Ästhetiken, die eine kommunikations- oder wahrnehmungstheoretisch orientierte Sicht an die Stelle dichotomischer Vorgaben setzte. Künstlerische Heterogenität wurde zu einer wichtigen Frage für das neue Verständnis des Populären, und zwar we-

---

183 EDWARD PALMER THOMPSON, Customs in Common (London 1991), 6.
184 ADORNO, Ästhetische Theorie (1970), in: ADORNO, Bd. 7 (1970), 57.
185 Vgl. THOMPSON (s. Anm. 183), 8–11.
186 WILLIAMS (s. Anm. 180), 334; vgl. TERRY EAGLETON, The Idea of Culture (Oxford 2000), 112 ff.

niger unter dem Gesichtspunkt avantgardistischer Ästhetiken, sondern im Hinblick auf die Untersuchung interkultureller Praxis und Geschmacksentwicklung. Stuart Hall und Paddy Whannel verstanden The Popular Arts (1965) weniger kunstwerkbezogen, sondern im Sinne interkulturell wirkender narrativer und performativer ›patterns‹, Strategien und rezeptiver Dispositive, die sich in einer Vielfalt unterschiedlicher medialer Formen und Wechselwirkungen artikulieren und mit den Wandlungen der Medien- wie Alltagsgeschichte der Moderne im Zusammenhang stehen. So unterschieden die Autoren ›folk art‹ und ›popular art‹ voneinander, zugleich aber auch ›popular art‹ und ›mass art‹. The ›popular artist‹ (etwa im Falle Chaplins) kommt Benjamins ›Erzähler‹ nahe, während the ›mass artist‹ zwar einen hohen Grad an Personalisierung aufweist, jedoch der persönlichen Gabe der Vermittlung gemeinschaftsstiftender Erfahrungen entbehrt. »For the popular artist stylization is necessary, and the conventions provide an agreed base from which true creative invention springs. [...] The popular artist may use the conventions to select, emphasize and stress [...] so as to delight the audience with a kind of creative surprise. Mass art uses the stereotypes and formulae to simplify the experience, to mobilize stock feelings and to ›get them going‹.«[187]

Die genannten Perspektiven bezeichnen zentrale begriffliche Umwertungen des Populären, die für das Entstehen der Cultural Studies wegweisend waren. Als institutionelle und intellektuell-politische Bewegung gerieten die Cultural Studies unter der neoliberalistischen Politik der Thatcher-Regierung in Großbritannien in die Defensive und verloren ihren programmatischen Zusammenhalt, der durch das Projekt einer kultur- und kommunikationstheoretischen Erneuerung marxistischen Denkens geprägt war. Zugleich brachte seit den 80er Jahren ihre Ausbreitung und disziplinäre Diversifizierung besonders im nordamerikanischen Raum eine große Zahl von Interpretationen und Konzeptionen populärer Ästhetik und Kultur hervor, die begriffstheoretisch noch unaufgearbeitet sind. Zu ihren markanten Tendenzen gehören: Popular culture, Repräsentation und Differenz[188]; populäre Ästhetik und feministische Medientheorie[189]; kulturelle und ›ästhetische Politiken‹ der

›Subculture‹[190]; populäre ästhetische Praktiken der Fan Culture[191]; audiovisuelle Medien und ›popular audiences‹[192]; populäre und postmoderne Ästhetik[193]; Urbanismus und ›popular sensibilities‹[194]; populärer Film und ›cultural studies‹[195].

In peripheren Regionen wie Lateinamerika ist die Neubewertung des Begriffs der cultura popular seit den 70er und 80er Jahren mit den Diskussionen um ein grundlegend verändertes Verständnis von Moderne verbunden. In Frage gestellt wird eine normative, auf dem Kontinent lang tradierte, noch 1984 von Angel Rama in La ciudad letrada (Die verschriftlichte Stadt) erneuerte Auffassung, die ›Modernismus‹ und die Institution Literatur

---

187 Vgl. STUART HALL/PADDY WHANNEL, The Popular Arts (New York 1965), 69.
188 Vgl. D. Morley/K.-H. Chen (Hg.), Stuart Hall. Critical Dialogues in Cultural Studies (New York/ London 1996), 465–475; HALL (Hg.), Representation. Cultural Representations and Signifying Practices (London 1997); BELL HOOKS, Outlaw Culture. Resisting Representations (New York/London 1994).
189 Vgl. TANIA MODLESKI, Loving with a Vengeance. Mass-produced Fantasies for Women (1982; New York 1984); ELIZABETH ANN KAPLAN, Women and Film. Both Sides of the Camera (New York/London 1983).
190 Vgl. DICK HEBDIGE, Subculture: The Meaning of Style (London 1979); ANGELA MCROBBIE, Feminism and Youth Culture (Basingstoke 1991); LAWRENCE GROSSBERG, We Gotta Get Out of This Place. Popular Conservatism and Postmodern Culture (New York/London 1992).
191 Vgl. HENRY JENKINS, Textual Poachers. Television Fans and Participatory Culture (New York/London 1992); CATHY SCHWICHTENBERG (Hg.), The Madonna Connection. Representational Politics, Subcultural Identities, and Cultural Theory (Boulder/ San Francisco/Oxford 1993).
192 Vgl. DAVID MORLEY, Television Audiences and Cultural Studies (London/New York 1992).
193 Vgl. MCROBBIE, Postmodernism and Popular Culture (London/New York 1994); JOHN DOCKER, Postmodernism and Popular Culture. A Cultural History (Cambridge 1994).
194 Vgl. MIKE DAVIS, City of Quartz. Excavating the Future in Los Angeles (London/New York 1990).
195 Vgl. MATTHEW TINKCOM/AMY VILLAREJO, Keyframes: Popular Cinema and Cultural Studies (London/New York 2001); COURTNEY LEHMANN/LISA S. STARKS, Spectacular Shakespeare. Critical Theory and Popular Cinema (London/Cranbury 2002).

zum Paradigma der Überwindung kultureller Rückständigkeit erklärt hatte.[196] Die Dichotomien Zivilisation vs. Barbarei[197], hohe vs. populäre Kultur, Volkskultur vs. Massenkultur hatten in literarische und intellektuelle Strömungen des 20. Jh. umfassend Eingang gefunden; unter ihnen sind Teile des Werkes des Mexikaners Octavio Paz für eine erneuerte ›romantische‹ Sicht auf Kunst und Kultur des ›Volkes‹ kennzeichnend. Für Paz bedeutete cultura popular jene auf das Substrat der indigenen (archaisch verstandenen) Ursprünge fixierte ›cultura tradicional‹, die er zum authentischen Ausgangspunkt des heutigen Mexiko erklärte: »nuestra América vive [...] la perversión y destrucción de la cultura tradicional (por) la cultura de la sociedad industrial moderna [...]. Los campesinos son cultos aunque sean analfabetos. Tienen un pasado, una tradición, unas imágenes«[198] (unser Amerika erlebt die Perversion und Zerstörung der traditionellen Kultur [durch] die Kultur der modernen Industriegesellschaft. Die Bauern sind gebildet, auch wenn sie Analphabeten sind. Sie besitzen eine Vergangenheit, eine Tradition und eine Bildkultur). Über die Opposition von ›historia‹ und ›poesía‹ formulierte Paz, Marx kommentierend, daß im Gegensatz zu den »aguas heladas del cálculo egoista« (eisigen Wassern egoistischer Berechnung) »el amor y la poesía son marginales« (36 f.; sind die Liebe und die Poesie marginal). Die ›originalidad‹ Mexikos liege im indigenen Urgrund seiner Tradition.[199] Die Romantisierung eines poetischen Ursprungs ›lateinamerikanischer Identität‹ – die allerdings eine ausgeprägtere Sensibilität für die sozialen Probleme des Kontinents aufwies als die europäische Romantik – setzte im 19. Jh. im Interesse nationaler ›comunidades imaginadas‹ ein[200], und sie wurde noch in den 80er Jahren des 20. Jh. von zwei so unterschiedlichen Schriftstellern wie Paz und Rama betrieben. »En la medida en que se identificaba la modernidad con situaciones y procesos urbanos alrededor del núcleo de una cultura escrita – ›La ciudad letrada‹ de Angel Rama –, las culturas populares resaltaban como culturas de etnias locales, destinadas o a rechazar una supuesta contaminación de todo lo moderno, o a enfrentar una inevitable agonía.«[201] (In dem Maße, wie die Moderne auf städtische Situationen und Prozesse mit schriftkulturellem Kern – ›Die verschriftlichte Stadt‹ von Angel Rama – bezogen wurde, fiel die Popularkultur in den Status lokaler Ethnien zurück, die dazu bestimmt waren, entweder die vermeintliche Unreinheit des Modernen zurückzuweisen oder unausweichlich in Agonie zu verfallen.) Auf dem Spiel stand, weit über die lateinamerikanische Diskussion hinaus, ein am poetischen und kritischen Modernismus orientierter Begriff kultureller Moderne. Wenn Jürgen Habermas und Marshall Berman diesen Modernismusbegriff, der auf Entgegensetzung zur poetisch nobilitierten, doch historisch für überholt erklärten cultura popular beruhte, noch in den 80er Jahren verteidigten, so beriefen sie sich gerade auf periphere Schriftsteller wie Paz, um in globaler Perspektive den Dualismus zwischen Hochkultur und Popularkultur zu erneuern.[202] Die uneinheitlichen Modernisierungsprozesse in der Welt ›romantisch‹ interpretierend, lieferte diese Sichtweise ›Volkskultur‹ neuerlich dem Historismus aus.

Dieser in einer statischen und abstrakt poetischen Sicht von Tradition befangene Begriff der cultura popular wurde in den 80er Jahren in Lateinamerika zum Gegenstand radikaler Kritik.

---

196 Vgl. HERLINGHAUS/MONIKA WALTER, ›Modernidad periférica‹ versus ›proyecto de la modernidad‹. Experiencias epistemológicas para una reformulación de lo ›posmoderno‹ desde América Latina, in: Herlinghaus/Walter (Hg.), Posmodernidad en la periferia. Enfoques latinoamericanos de la nueva teoría cultural (Berlin 1994), 19.
197 Vgl. DOMINGO F. SARMIENTO, Civilización y barbarie (Buenos Aires 1962).
198 OCTAVIO PAZ, Vuelta a el laberinto de la soledad (1975), in: Paz, El ogro filantrópico (Barcelona 1979), 36.
199 Vgl. PAZ, El laberinto de la soledad (Mexiko 1950), 132–134.
200 Vgl. DORIS SOMMER, Foundational Fictions. The National Romances of Latin America (Berkeley/Los Angeles/London 1991), 7 ff., 257 ff.
201 HERLINGHAUS/WALTER (s. Anm. 196), 19; vgl. ÁNGEL RAMA, Transculturación narrativa en América Latina (1982; Montevideo 1989), 28.
202 Vgl. JÜRGEN HABERMAS, Die Moderne – ein unvollendetes Projekt (1980), in: Habermas, Die Moderne – ein unvollendetes Projekt. Philosophischpolitische Aufsätze (Leipzig 1990), 36 f.; MARSHALL BERMAN, All That is Solid Melts Into Air. The Experience of Modernity (New York 1982).

Eine neue, kultur- und modernetheoretische Konzeption des Populären wurde von den folgenden Untersuchungen eingeleitet: *Notas sobre cultura popular en México* (1978) von Carlos Monsiváis, *Las culturas populares en el capitalismo* (1982) von Néstor García Canclini, *The Devil and Commodity Fetishism in South America* (1980) von Michael T. Taussig, *Cultura y modernización en América Latina* (1984) von Pedro Morandé. In der zweiten Hälfte der 80er Jahre erreichte die theoretische Auseinandersetzung einen Höhepunkt; als ihre maßgeblichen Theoretiker traten auf: Martín-Barbero (*De los medios a las mediaciones*, 1987; *Procesos de comunicación y matrices de cultura*, 1988), José Joaquín Brunner (*Un espejo trizado*, 1988); Marilena Chauí (*Conformismo e resistença*, 1986); Renato Ortiz (*A moderna tradiçao brasileira*, 1988) und wiederum García Canclini (*Culturas híbridas*, 1990).[203] In den 90er Jahren ist die Diskussion in den lateinamerikanischen Ländern in unterschiedlicher Richtung fortgeführt worden und hat dazu beigetragen, das Denken über die *culturas populares* im Kontext ›heterogener Modernität‹[204] international maßgeblich zu beeinflussen. Zu den wichtigsten Arbeiten zählen: *Televisión y melodrama* (1992) von Martín-Barbero, *Los ejercicios del ver* (1999) von Martín-Barbero und Germán Rey, *Mundialização e cultura* (1994) von Renato Ortiz, *Escenas de la vida posmoderna* (1994) von Beatriz Sarlo, *Consumidores y ciudadanos* (1995) von Néstor García Canclini, *Los rituales del caos* (1995) und *Aires de familia* (2000) von Carlos Monsiváis.

Am Ausgangspunkt standen Untersuchungen wie diejenigen García Canclinis in den 70er Jahren, die »las artesanías y las fiestas populares«[205] (die Kunsthandwerke und die populären Feste) in Mexiko gezielt im Hinblick auf unterschiedliche Einflüsse von Modernisierung und Urbanisierung untersuchten, oder diejenigen Martín-Barberos, der eine Neubewertung melodramatischer Genre-Ästhetiken unter den Gesichtspunkten einer massenmedial vermittelten melodramatischen Sensibilität und Erzählkultur in Gang setzte. Martín-Barbero faßte das Populäre nicht als Essenz, sondern in jeweiligen Wechselbezügen von ›matriz narrativa tradicional‹ (traditioneller narrativer Matrix) und ›nuevos formatos industrializados‹ (neuen Formaten der Industrialisierung) auf.[206] Das besondere Interesse an der Frage nach der Existenz des Populären im Massenhaften verband sich mit der Einschätzung lateinamerikanischer Modernität als »modernidad no-contemporánea« (nicht-zeitgenössischer Modernität) (»vigencia y pluralidad de lo popular« [Gültigkeit und Pluralität des Populären]) und damit als heterogener ästhetischer Erfahrungswelt: »lo que constituye la especificidad histórica de lo popular en América Latina [es] el ser espacio denso de interacciones, de intercambios y reapropriaciones«[207] (was die geschichtliche Spezifik des Populären in Lateinamerika ausmacht, [ist] sein Erscheinen als dichter Raum der Wechselwirkungen, des Austauschs und der Wiederaneignungen). In programmatischem Kontrast zu Paz und Rama formulierte Martín-Barbero: »Las mayorías nacionales en América Latina están accediendo a la modernidad no de la mano del libro sino de las tecnologías y los formatos de la imagen audiovisual.«[208] (Die nationalen Mehrheiten in Lateinamerika finden den Zugang zur Moderne nicht über das Buch, sondern mit Hilfe der Technologien und Formate des audiovisuellen Bildes.) Die lateinamerikanische Telenovela, d. h. die von der nordamerikanischen soap opera unterschiedene Form einer besonderen narrativ-performativen Erscheinungsweise der Fernsehserie, wird zum Diskussionsfeld neuartiger populärer Ästhetiken. In diesen werden die Begriffe Genre und Erzählen einer grundlegenden, medienanthropologischen und alltagstheoretischen Umwertung unterzogen: »un género

---

203 Vgl. auch NÉSTOR GARCÍA CANCLINI/RAFAEL RONCAGLIOLO (Hg.), Cultura transnacional y culturas populares (Lima 1988); JOSÉ JOAQUÍN BRUNNER/ ALICIA BARRIOS/CARLOS CATALÁN, Chile: transformaciones culturales y modernidad (Santiago 1989).
204 Vgl. HERLINGHAUS, Modernidad heterogénea. Descentramientos hermenéuticos desde la comunicación en América Latina (Caracas 2000).
205 GARCÍA CANCLINI, Las culturas populares en el capitalismo (Havanna 1982), 13 f.
206 Vgl. MARTÍN-BARBERO (s. Anm. 96), 133–163.
207 MARTÍN-BARBERO, Identidad, comunicación y modernidad en América Latina, in: Herlinghaus/Walter (s. Anm. 196), 93.
208 MARTÍN-BARBERO/SONIA MUÑOZ, Televisión y melodrama (Bogotá 1992), 14.

no es sólo algo que pasa en el texto sino algo que pasa *por* el texto: una estrategia de comunicación configurada por prácticas de enunciación de unos sujetos – situados tanto del lado de la producción como del consumo/reconocimiento – y por formatos de sedimentación de unos saberes, unos hábitos y unas técnicas, un espacio de ósmosis entre matrices narrativas y serialidades televisivas. De ahí que analizar telenovelas consista menos en describir estructuras que en indagar el movimiento de transformación de una narrativa que es a la vez residuo cultural (en el sentido en que R. Williams diferencia lo residual de lo arcaico) y hecho industrial« (83 f.; Ein Genre ist nicht allein etwas, das sich innerhalb des Textes abspielt, sondern folgt einer Logik, die *durch* den Text hindurchgeht: einer kommunikativen Strategie, die mit den Ausdruckspraktiken der Subjekte verbunden ist, welche sowohl auf der Seite der Produktion wie des Konsums/des Wiedererkennens agieren. Ein Genre konstituiert sich ebenso durch Formate, in denen ein bestimmtes Wissen, bestimmte Gewohnheiten und Techniken abgelagert sind, als Raum der Osmose zwischen narrativer Matrix und televisiver Serialität. Somit geht es bei der Analyse von Telenovelas weniger um die Beschreibung von Strukturen als um die Untersuchung der Veränderung einer Narration, die sowohl ein kulturelles Residuum [in jenem Sinne, in dem R. Williams das Residuale vom Archaischen unterscheidet] wie auch einen industriellen Tatbestand darstellt).[209] Mit seinen Überlegungen zum Melodrama und zu einer massenmedial neu artikuierten Oralität, zu »nuevos modos culturales de escribir y de leer«[210] (neuen kulturellen Schreib- und Leseweisen), hatte Martín-Barbero die Frage populärer Ästhetik mit einer medienanthropologischen und narratologisch-rhetorischen Konzeption des Populären verbunden.

Den neuen lateinamerikanischen Begriffsvarianten der cultura popular[211] kommt insofern ein wichtiger Stellenwert in der internationalen Begriffsdiskussion zu, als diese ungewohnte konzeptionelle Verbindungen ermöglichen. Während in Europa und zum Teil in den USA Cultural Studies einerseits, literarische und künstlerische Postmoderne andererseits nicht selten wechselseitig Skepsis übten (deutlich etwa im Gegensatz von Raymond Williams und Leslie Fiedler, oder allgemeiner: von ›common popular culture‹ und ›pop art‹ bzw. ›intertextueller Phantasie‹)[212], verlief die begriffliche Revision des Populären etwa in Mexiko, Kolumbien, Brasilien und anderen einst peripheren Ländern zum Teil differenzierter und ›offener‹. An Michel de Certeaus Konzeption der populären Kultur anknüpfend (eine Konzeption, die in Europa nur zaghaft rezipiert und in der nordamerikanischen Mediendiskussion zum Teil unhistorisch auf den Bereich der Massenkultur übertragen wurde[213]), schrieb García Canclini, daß die Unsicherheit über Sinn und Wert der Moderne heute nicht mehr nur aus ihren Trennungen spricht, sondern aus den hybriden Konstellationen, in denen hohe Kultur, Massenkultur und Popularkultur interagieren.»Así como no funciona la oposición abrupta entre lo tradicional y lo moderno, tampoco lo culto, lo popular y lo masivo están donde nos habituamos a encontrarlos. Es necesario desconstruir esa división en tres pisos [...], y averiguar si su hibridación puede leerse con las herramientas de las disciplinas que los estudian por separado: la historia del arte y la literatura, que se ocupan de lo culto; el folclor y la antropología, consagrados a lo popular; los trabajos sobre comunicación, especializados en la cultura masiva. Necesitamos ciencias sociales nómadas, capaces de circular por las escale-

---

209 Vgl. auch MICHELLE MATTELART/ARMAND MATTELART, The Carnival of Images. Brazilian Television Fiction (New York/Westport/London 1990); HERLINGHAUS, Über die ausgrenzende Macht begrifflicher Konventionen. Zum Beispiel: das Melodramatische – eine vergessene Kategorie moderner lateinamerikanischer Erzählliteratur, in: Weimarer Beiträge 40 (1994), H. 3, 364–375.
210 MARTÍN-BARBERO/HERLINGHAUS, Contemporaneidad latinoamericana y análisis cultural (Madrid/Frankfurt a. M. 2000), 105.
211 Vgl. JEAN FRANCO, What's in a Name? Popular Culture Theories and Their Limitations (1982), in: Franco, Critical Passions. Selected Essays (Durham/London 1999), 169 ff.; WILLIAM ROWE/VIVIAN SCHELLING, Memory and Modernity. Popular Culture in Latin America (London/New York 1991); MONIKA WALTER, Cultura popular como alegoría de la modernidad latinoamericana, in: Nuevo Texto Crítico 14/15 (1994/1995), 369–375.
212 Vgl. LESLIE A. FIEDLER, Cross the Border – Close the Gap (New York 1972), 63.
213 Vgl. z. B. JOHN FISKE, Understanding Popular Culture (London/Sydney/Wellington 1989).

ras que comunican esos pisos.«²¹⁴ (So, wie die strikte Entgegensetzung von Traditionellem und Modernem nicht aufgeht, so wenig lassen sich hohe Kultur, das Populäre und das Massenhafte dort auffinden, wo wir sie gewohnterweise suchen. Es ist erforderlich, diese Aufteilung in drei Stockwerke zu dekonstruieren [...] und herauszufinden, ob sich ihre Hybridisierung mit den Werkzeugen jener Disziplinen verstehen läßt, die sie jeweils gesondert untersucht haben: der Kunst- und Literaturgeschichte, die sich um die hohe Kultur kümmern; der Folklore und Anthropologie, die sich dem Populären verschrieben haben; der Untersuchungen zur Kommunikation, die sich auf Massenkultur spezialisiert haben. Wir benötigen nomadische Sozialwissenschaften, die geeignet sind, eine bewegliche Kommunikation zwischen den drei Stockwerken der Kultur zu denken.) Das Plädoyer für ›nomadische Wissenschaften‹ hilft, populäre Ästhetik auf den Suchbegriff einer durch die lateinamerikanische Moderne inspirierten ›nomadischen‹ Ästhetik zu bringen, denn »del lado popular, hay que preocuparse menos por lo que se extingue que por lo que se transforma« (17; auf der Seite des Populären hat die Sorge weniger dem Untergehenden als vielmehr dem Transformierten zu gelten).

Der mexikanische Schriftsteller und Chronist Carlos Monsiváis hat die Spannungen, die das semantische Feld des Populären heute verunsichern, eindringlich beschrieben und dabei hartnäckige Distanzen, etwa zwischen dem Bereich traditionellen ästhetischen Ausdrucks wie der Poesie und alltäglichen Szenarien eines ›popular urbano‹, als kulturelle oder ideologische Konstrukte decouvriert.²¹⁵ Seine Chroniken des ›hypermodernen‹, massenkulturellen Mexiko, *Los rituales del caos* (1995), erweisen sich als Metonymie prekärer Identitäts- und Erbauungspraktiken, in denen sich das Populäre in den profanen, von sozialen Konflikten erschütterten Räumen peripherer Modernisierung artikuliert. Mit Hilfe eines performativ-rhetorischen Begriffs von Popularkultur faßt Monsiváis die lateinamerikanische künstlerische Barocktradition, den ritualistischen Charakter der katholischen Religion und die indigenen Traditionen der Idolatrie, des Polytheismus und seiner Theatralisierung zu einem widersprüchlichen anti-autonomen Dispositiv, das zeitgenössische ästhetische Erfahrungswelten in unterschiedlicher Weise beeinflussen kann. In den ›Ritualen des Chaos‹ finden die heterogenen ästhetischen Erfahrungen einer ›anderen Moderne‹ als massenhafte Erfahrungen einen paradoxen Ausdruck. In diesem haben die altbekannten Dualismen zwischen zivilisiert und vulgär, legitim und subaltern, Anpassung und Widerstand, Tradition und Moderne ihren explikativen und normstiftenden Charakter verloren.

Hermann Herlinghaus

Literatur

BURKE, PETER, Popular Culture in Early Modern Europe (Cambridge 1994); CERTEAU, MICHEL DE, L'invention du quotidien. 1. Arts de faire (1980; Paris 1990); CAVALLO, GUGLIELMO/CHARTIER, ROGER, Storia della lettura nel mondo occidentale (Rom 1995); dt.: Die Welt des Lesens. Von der Schriftrolle zum Bildschirm, übers. v. H. J. Bußmann u.a. (Frankfurt a.M. u.a. 1999); COLLINS, JIM, Popular Culture and Post-Modernism (New York/London 1989); DAVIES, IOAN, Cultural Studies and Beyond. Fragments of Empire (London/New York 1995); ECO, UMBERTO, Apocalittici e integrati. Comunicazioni di massa e teorie della cultura di massa (1964; Mailand 1982); FOSTER, HAL, The Anti-Aesthetic (Port Townsend, Wash. 1983); GARCÍA CANCLINI, NÉSTOR, Las culturas populares en el capitalismo (Havanna 1982); GARCÍA CANCLINI, NÉSTOR, Culturas híbridas. Estrategias para entrar y salir de la modernidad (Mexiko 1990); GINZBURG, CARLO, Il formaggio e i vermi. Il cosmo di un mugnaio del '500 (Turin 1976); GRAMSCI, ANTONIO, Quaderni del carcere (1929–1935), hg. v. V. Gerratana (Turin 1975); HALL, STUART/WHANNEL, PADDY, The Popular Arts (New York 1965); HAWKINS, HARRIET, Classics and Trash. Traditions and Taboos in High Literature and Popular Modern Genres (Toronto/Buffalo 1990); HEBDIGE, DICK, Subculture. The Meaning of Style, (1979; London/New York 1987); HERLINGHAUS, HERMANN, Hacia una hermenéutica de lo popular, in: Herlinghaus, Modernidad heterogénea (Caracas 2000), 78–114; HOGGART, RICHARD, The Uses of Literacy (1957; New York 1970); HÖRNING, KARL H./WINTER, RAINER, Widerspenstige Kulturen. Cultural Studies als Herausforderung (Frankfurt a.M. 1999); JENKINS, HENRY, Textual Poachers. Television Fans and Participa-

---

214 GARCÍA CANCLINI, Culturas híbridas. Estrategias para entrar y salir de la modernidad (Mexiko 1990), 14 f.
215 Vgl. CARLOS MONSIVÁIS, Escenas de pudor y liviandad (Mexiko 1988); MONSIVÁIS, Las tradiciones de la imagen. Notas sobre poesía mexicana (Mexiko 2001), 113 ff.

tory Culture (New York/London 1992); MARTÍN-BARBERO, JESÚS, De los medios a las mediaciones. Comunicación, cultura y hegemonía (Barcelona 1987); MARTÍN-BARBERO, JESÚS/MUÑOZ, SONIA, Televisión y melodrama (Bogotá 1992); MCROBBIE, ANGELA, Postmodernism and Popular Culture (London/New York 1994); MENÉNDEZ-PIDAL, RAMÓN, Romancero hispánico. Teoría e historia, Bd. 1 (Madrid 1953); MODLESKI, TANIA, Loving With a Vengeance. Mass-produced Fantasies for Women (1982; New York 1984); MONSIVÁIS, CARLOS, La cultura popular en el ámbito urbano: el caso de México, in: H. Herlinghaus/M. Walter (Hg.), Posmodernidad en la periferia (Berlin 1994), 134–158; MONSIVÁIS, CARLOS, Los rituales del caos (Mexiko 1995); ORTEGA Y GASSET, JOSÉ, La rebelión de las masas (Madrid 1930); OSTENDORF, BERND, Die populäre Kultur in der amerikanischen Geschichte, in: W. Krömer/O. Menghin (Hg.), Die Geisteswissenschaften stellen sich vor (Innsbruck 1983); ROWE, WILLIAM/SCHELLING, VIVIAN, Memory and Modernity. Popular Culture in Latin America (London/New York 1991); STRINATI, DOMINIC, An Introduction to Theories of Popular Culture (London/New York 1995); THOMPSON, EDWARD P., Customs in Common (London 1991).